*
_____
_____
_____

사랑과 용서의 마음을 담아
이 책을 드립니다.

*

전국 아동병원 전문의 35인 강력추천!
왜 의사들이 먼저 이 책을 추천할까요

김지숙 소아청소년과 전문의
부산 부산맘아동병원장

"아이가 태어난 순간, 우리 모두는 경험도 훈련도 없이 부모가 되어버린다. The Bible 시리즈를 곁에 둔다면, 최소한의 시행착오만으로 아이들을 더 건강하고 행복하게 키울 수 있을 것이다. 초보 부모를 현명한 부모로 만들어주는 필독서!"

전창호 소아청소년과 전문의
김해 서울아동병원장

"내용이 아주 좋다! 지금까지 여러 육아서를 접해봤지만 이렇게 자세한 설명은 없었다. 1개월에서 수개월 단위로 연령을 세분화하여 그 시기에 맞는 정상적인 발달 수준을 제공하고, 각각의 개월 수에서 마주치는 다양한 문제들을 아주 상세하게 설명하고 있다. 자신 있는 육아를 원한다면 이 책을 읽어보라."

심재훈 소아청소년과 전문의
마산 서울아동병원장

"소아과 의사들 수십 명의 오랜 경험과 지식이 녹아 있는 것 같고, 방대한 내용이 바이블답게 잘 정리되어 있다. 소아청소년과 전문의인 내가 가장 먼저 갖고 싶은 책!"

백종근 소아청소년과 전문의
사천 서울아동병원장

"병원에서 영유아 검진 시에 첫 아이를 키우는 엄마들이 많이 하는 고민과 질문들이 책 속에 고스란히 담겨 있다! 핵심 포인트를 밑줄로 표시해 다시 찾아보기 편하게 한 점, 나쁜 습관을 교정하는 방법을 여러 가지로 소개하고, 환아의 문제를 해결하기 위한 여러 가지 예를 들어 부모가 아이에게 다양한 시도를 해볼 수 있도록 방향 제시를 한 점 등이 돋보인다. 아이를 키우는 부모는 물론이고 소아청소년과 의사에게도 적극 추천해 주고 싶은 책!"

이승희 가정의학과 전문의
부산 서울아동병원장

"28개월 아이를 둔 엄마이자 아동병원에서 근무하는 의사이다. 육아를 하다보면 의학적으로 해결하기 어려운 부분들도 있는데 이런 것까지 상세히 설명해주어 매우 좋았다. 아이들의 발달단계를 이해하고 있어도 아이들마다 기질이 달라 진료실에서 개개인의 상담을 하기가 쉽지 않다. 특히 국가 영유아 건강검진 시 엄마들은 신체 발달과 함께 심리적인 부분도 많이 질문하는데, 아이들에게 어떻게 놀아줄 것인가에 대한 명확한 해답을 제시하는 것 같아 너무 마음에 든다. 많은 엄마들에게 제목 그대로, 육아의 바이블이라 할 만한 책!"

이승익 소아청소년과 전문의
김해 서울아동병원장

"매우 구체적인 책! 보통의 육아 지침서에 흔히 볼 수 있는 추상적인 내용이 아니라, 아이를 직접 키우면서 실제로 부딪히는 문제들이 체계적으로 잘 정리돼 있다. 소아과 질병, 아이의 성장, 육아 시 놓친 부분은 없는지 조목조목 짚어준다. 거의 모든 궁금증과 해결 방안을 일목요연하게 정리하여, 이 책 하나면 더 이상의 다른 육아 지침서는 필요가 없을 듯!"

박양동 소아청소년과 전문의
창원 서울아동병원장

"아이들의 성장 발달, 영양 관리, 수면 교육, ADHD, 정서 발달, 부모의 역할 만들기뿐만 아니라 아이들이랑 쇼핑하기, 여행준비 등등, 소아과 의사나 전문가보다 더 많은 정보를 제공하는 완벽한 육아 지침서!"

강일송 소아청소년과 전문의, 마산 서울아동병원장
"모유수유에 대한 잘못된 사회적 통념, 모유수유의 장점, 나한테 딱 맞는 의사·병원 찾기 등 소아과 의사로서 깜짝 놀랄 만큼 다양하고 세세한 설명으로 가득했다. 읽는 내내 정말 세계적인 육아 베스트셀러답다는 생각을 하게 만드는 책!"

권오혁 소아청소년과 전문의, 포항 서울아동병원장
"설명이 대단히 상세하다. 그림과 함께 보면 일반인도 이해하기 쉬울 것이다. 여러 가지 필요한 설명(예컨대 수유방법, 직장과 나들이에서 수유하는 방법 등)들이 친절하게 쓰여져 있고, 현재 한국에서 시행 중인 영유아 검진, 예방 접종 등과 연계한 설명도 매우 유용했다!"

김종진 소아청소년과 전문의, (신)마산 서울아동병원장
"시중에 많은 육아 서적들이 나와 있지만, The Bible 시리즈는 매우 구체적일 뿐만 아니라 물어보기 애매한 경우까지도 사례별로 잘 정리되어 초보엄마들에게 큰 도움이 될 것이다!"

김형진 소아청소년과 전문의, 거제 서울아동병원장
"아기 엄마들은 물론이고, 처음 소아과 임상에 접하는 전공의들에게도 좋은 지침서가 될 책! 진료실 현장에서 흔히 접하는, 아기 엄마들이 궁금해 하는 내용 중심으로 잘 정리되었다. 기존 책들이 지나치게 Q&A 식이거나 교과서적 해설 위주라면, 이 책은 궁금해할 만한 내용과 이론이 잘 조화를 이루고 있다."

노경운 소아청소년과 전문의, 통영 서울아동병원장
"아이의 힘과 독창성을 절대 과소평가해서는 안 된다는 말은, 어른들이 안전할 거라고 판단하는 주변 환경에서도 아이들은 사고를 낼 수 있다는 뜻도 된다. 때문에 안전한 환경은 반드시 아이의 눈높이에서 만들어줘야 한다. 아이들이 심적, 육체적으로 건강하고 안전하게 자랄 수 있도록 거의 모든 경우를 사례로써 자세히 설명하는 진정한 육아 지침서!"

손영호 소아청소년과 전문의, 김해 서울아동병원장
"직장 복귀 시 모유 수유 방법에 대한 설명은 정말 마음에 든다. 진료 중 엄마들에게 설명해 주고 싶어도 시간이 없어 설명을 못 하는 부분이었는데 이 책에 모두 쓰여 있다! 또한 '양육에는 절대적인 방식이 없다'라는 것도 부모들이 이해하고 받아들여야 할 부분인데 이 역시 잘 설명되어 있고, Q&A에는 실제 육아에서 발생하는 빈도 높은 질문과 그 해결법이 확실하게 정리되어 있다. 이 책은 제목 그대로 '바이블'이라 할 만하다."

신상훈 소아청소년과 전문의, 양산 서울아이병원장
"진정한 육아 백과사전! 육아에 정답은 없으나 이 책에는 다양한 문제들 하나하나가 자세히 설명되어 실제 육아 상황에서 참고하기에 매우 편리하다. 육아를 위해서 얼마나 많은 것을 생각해야 하는지 다시 한 번 생각하게 만드는 책. 이만한 책을 만나기는 결코 쉽지 않다!"

신용준 소아청소년과 전문의, 양산 서울아이병원장
"육아 중 생길 수 있는 궁금증에 대한 답이 거의 모두 들어 있다! 아이를 키우는 부모들에게 매우 유용할 것이다."

심성섭 소아청소년과 전문의, 진주 서울아동병원장
"쉽고 상세하게 설명되어 아기 엄마와 전문가 모두에게 꼭 필요한 책!"

위현우 소아청소년과 전문의, 포항 서울아동병원장
"아이를 키우면서 생길 수 있는 거의 모든 내용을 담으려고 노력한 책! 아이의 발달과정, 건강문제, 심리적 문제는 물론이고, 육아 중 겪는 일상생활의 사소한 궁금증까지 자세히 짚어볼 수 있다."

유호연 소아청소년과 전문의, 진해 서울아동병원장
"지금까지 접해본 육아 도서 중에 '가족 모두를 위해서' 이렇게 방대한 분량을 할애한 책은 처음 본다! 그것도 아주 구체적으로. 한 마디로 대단히 인상 깊은 책!"

이민혜 소아청소년과 전문의, 사천 서울아동병원장
"초보 부모도 쉽게 이해할 수 있도록 구체적인 예를 들어 꼼꼼하게 설명한 진정한 육아 전문서!"

이은애 소아청소년과 전문의, 청주 서울아동병원장
"그야말로 대박 육아 지침서! 소아과 의사가 필요 없어질 정도로 자세하고 구체적인 책이다."

이재은 소아청소년과 전문의, 마산 서울아동병원장
"육아로 고민하는 모든 부모님들에게 단비 같은 책이며, 동시에 소아를 치료하는 일선 의사 선생님들에게도 큰 도움이 될 것으로 믿어 의심치 않는다!"

이정무 소아청소년과 전문의, (신)마산 서울아동병원장
"의사이지만 남자이고 동시에 아직 육아경험이 없는 나에게도 아주 유용한 정보가 많았다. 예컨대 이유식이 잘 안 되는 아이의 문제 상담이 제일 어려웠는데 몇 가지 팁은 진료 중 유용하게 이용할 수 있을 것 같다. 한국 실정에 맞게 영유아 건강 검진 등의 내용을 추가 해 놓은 것도 돋보인다."

이창연 서울아동병원 의학연구소 소장
"책을 보며 세세하고 깊이 있는 정보와 현실적인 해결 방안에 무릎을 쳤던 적이 한두 번이 아니다. 구체적이고 현실적인 육아법을 고민하는 젊은 부모들에게 큰 도움이 될 것으로 확신한다!"

이택영 소아청소년과 전문의, 오산 서울어린이병원장
"0세부터 3세까지, 아이의 성장과 발달의 변화가 많아 어찌할 바 모르는 부모에게 큰 도움이 될 것이다. 세세한 부분까지 다루며 올바른 방향을 제시한 훌륭한 육아 지침서다. 이 책을 통해 아이를 키우는 시간이 고통이 아닌 행복의 시간으로 느껴지길 바란다."

전은영 소아청소년과 전문의, 진주 서울아동병원장
"시기별로 아기의 성장 발달이 상세히 기술되어 있고 육아 중 아기의 여러 가지 반응에 대해 다각도의 해결 방안이 제시되어 있다. 특히 여러 상황에 대하여 구체적이고 자세한 설명이 돋보인다. 예컨대, 부모의 벌거벗은 부분에 대한 서술도 인상적이고, 아이의 욕구가 증가하기 시작하는 만 2세 즈음에 일어날 수 있는 부모와의 문제점과 대처 방안도 잘 설명해 두었으며, 맞벌이가 많은 시대에 여섯시라는 시간대에 일어나는 부모와 아이의 욕구, 불만의 충돌에 대한 설명 등 다양한 상황에 대한 각각의 설명이 독자에게 큰 도움이 될 것이다."

정선희 소아청소년과 전문의, 부산 부산맘아동병원장
"소아과 의사이지만, 두 아이의 엄마로서 때로는 아이들 키우는데 필요한 정답 같은 게 있으면 좋겠다고 생각한 적이 많다. 정말 답답할 땐 정답이 아니라 누가 조그만 힌트라도 주었으면 하는 생각이 들 때도 있었다. 이 책을 곁에 두고 틈틈이 펼쳐 본다면 답답할 때, 그토록 원하던 육아의 힌트를 발견할 수 있을 것이다."

정재열 소아청소년과 전문의, (신)마산 서울아동병원장
"부모들이 궁금해하는 여러 문제에 대한 해결책이 쉽고 구체적으로 담겨 있다. 부모들은 물론 소아청소년과 전문의가 참고하기에도 좋은 책! 모유 수유 같은 경우는 의사가 보기에도 전문적인 내용까지 거의 모든 궁금증이 해소될 수 있는 훌륭한 내용이다."

정진화 소아청소년과 전문의, 포항 서울아동병원장
"월령별로 아이의 발육과 발달에 따라 구체적인 정보를 담고 있고, 실천 가능한 사항들을 쉽고 자연스럽게 익힐 수 있도록 소개한다. 세세한 부분까지, 예컨대 아기용품의 경우 안전을 최우선으로 하면서 동시에 최신 정보들까지 함께 실은 것이 돋보인다."

조은영 소아청소년과 전문의, 사천 서울아동병원장
"초보 엄마들은 엉터리 육아 정보를 인터넷을 통해 여과 없이 받아들이는 경우가 많다. 필요할 때 부모 곁에서 항상 도움을 주는 소아청소년과 주치의라 할 만한 책!

조재호 소아청소년과 전문의, 구미 서울아동병원장
"가정에 비치하여 자주 읽는다면 보호자에게 큰 도움을 줄 책이다. 응급 부상 치료도 중요한 포인트와 함께 실제 상황에서 도움을 받을 수 있도록 상세하게 설명되어 있다. 자주 읽어보고 연습하면 매우 요긴할 것이다. 단, 응급 치료의 경우 자신이 없으면 빨리 의사나 119 등의 도움을 청하는 것이 중요!"

주희정 소아청소년과 전문의, 부산 서울아동병원장
"아기를 키우면서 부딪힐 수 있는 여러 문제들을 편안하고 쉬운 말로 풀어내 초보 부모에게 큰 도움이 될 책이다. 아기가 아플 때 집에서 할 수 있는 조치나 치료는 물론이고, 정상적인 아이의 발달 과정과 아이의 정서적인 측면까지 월령별로 쉽게 설명하고 있다. 아이를 이해하며, 안전하고 건강하게 키울 방법을 고민하는 초보 부모에게 꼭 추천하고 싶은 책!"

지근하 소아청소년과 전문의, 부산 서울아동병원장
"거의 대부분의 내용이 아주 유용하다! 일부 내용, 예컨대 음식점에 아기 데려가기, 조부모와 육아 마찰 해결하기 등은 어디서도 알기 힘든 내용이다. 육아에 대해 아주 세세한 내용까지 다루고 있어 명실상부한 육아의 바이블이라 할 만하다."

최순식 가정의학과 전문의, 진주 서울아동병원장
"일반인의 눈높이에 맞게 쓰여, 쉽게 읽혀지는 책! 그럼에도 필요한 정보는 충분히 갖춰진 책! 아기를 키우는 집집마다 소장할 만한 책!"

하성훈 소아청소년과 전문의, 부산 서울아동병원장
"출산과 육아를 힘겨워하는 세태에 새로운 동기부여를 줄 필독서! 단언컨대 이보다 더 자상한 육아서는 없을 것이다!"

홍창희 소아청소년과 전문의, 김해 서울아동병원장
"평소 막연하게 이론으로만 대했던 내용을 시간의 흐름에 따라 월령별로 기술해, 마치 내가 직접 아기를 한 명 키우는 느낌이 들 정도로 자세하고 구체적인 책!"

선배 엄마들 9인이 고른 필수 정보들!
책 내용의 10%를 뽑아, 밑줄 표시!

*

〈The Bible〉 시리즈의 밑줄 표시는, 9인의 선배 엄마들이 자신들의 육아 경험을 바탕으로
본문에서 10%(대략 5~15% 사이)를 가려 뽑은 체험적인 필수 정보입니다.

*

10%의 선택 기준은, 선배 엄마들이 과거에 몰라서 힘들었던 부분, 중요 부분,
주의할 부분 등으로 밑줄 부분부터 먼저 읽어보기를 권장합니다.

―― 주부 원고 검토단 ――

김혜경
(46세, 자녀 1명, 고양시 일산구)

도아 맘
(37세, 자녀 1명, 서울 성북구)

범준/민준 맘
(38세, 자녀 2명, 서울 강서구)

석한나
(31세, 자녀 2명, 광명시)

신지원
(41세. 자녀 3명. 서울 강서구)

양하나
(36세. 자녀 1명, 광명시)

예은/예승 맘
(42세, 자녀 2명, 서울 강서구)

이지안 맘
(33세. 자녀 1명. 서울 강서구)

정미옥
(38세, 자녀 3명, 부천시 원미구)

The Bible

*********************③*********************

육아 소아과 수업

12 ~ 36개월

WHAT TO EXPECT® THE TODDLER YEARS, 2ND EDITION
by Heidi Murkoff, Arlene Eisenberg & Sandee Hathaway, B.S.N.
Copyright © 1994, 1996 by Arlene Eisenberg, Heidi E. Murkoff, and Sandee E. Hathaway
What to Expect® is a registered trademark of What to Expect LLC
Korean translation copyright © 2014 by DASAN BOOKS CO., LTD.
This Korean edition published by arrangement with What to Expect LLC c/o Renaissance
Literary & Talent, through Shinwon Agency Co.

이 책의 한국어판 저작권은 신원에이전시를 통해 저작권자와 독점 계약한 다산북스에 있습니다.
저작권법에 의해 한국 내에서 보호를 받는 저작물이므로 무단 전재와 무단 복제를 금합니다.

The Bible

****************③*******************

육아 소아과 수업
12~36개월

하이디 머코프·알렌 아이젠버그·샌디 해서웨이 지음
서민아 옮김
이창연 외 34인 공동감수

다산
사이언스

정말 고맙습니다

✳✳✳

《The Bible ③ 육아 소아과 수업(12~36개월)》을 완성하기까지 우리는 마치 토들러(만 1~3세) 여덟 명을 키우는 것과 진배없는 수많은 어려움들에 부딪혔습니다. 하지만 지난 4년 동안 자료를 조사하고 책을 쓰고 펴내면서 여러 훌륭한 사람들과 작업을 함께할 수 있었기에, 이런 어려움들을 거뜬히 극복할 수 있었습니다. 책이 나오기까지 도움을 준 모든 분들께 이 자리를 빌려 감사의 마음을 표현하고 싶습니다.

✳ 이전 시리즈들을 읽은 모든 독자들께 감사의 인사를 드립니다. 이번 시리즈가 발간되기를 손꼽아 기다려 주신 한분 한분의 조언과, 카드와 편지로 의견을 보내며 보여 주신 통찰력! 그리고 〈The Bible〉 시리즈에 대한 애정은 큰 힘이 되었습니다.

✳ 이제 막 토들러가 된 엘리자베스 해서웨이, 아직 서 있기도 힘든 상태에서 사진 모델이 되어 우리가 원하는 대로 고분고분 포즈를 잡아 주어 고맙다. 네 덕분에 시기별로 알맞은 연령대의 모습을 담을 수 있었단다.

✳ 존경하는 의학 전문가, 모리스 그린 박사님은 우리가 건네는 무수한 원고 더미를 싫은 내색 조금도 없이 받아 주시고, 꼼꼼하고 세심하게 원고를 감수해 주셨습니다. 의학 지식뿐 아니라 다른 부분에 대해서도 사려 깊고 자상하게 조언을 아끼지 않으셨으며, 무척 바쁘실 텐데도 우리 일을 빠르고 정확하게 마무리해 주셨습니다.

✳ 대담한 편집자이며 좋은 친구인 수잔 래퍼는 언제나 특유의 품위와 품격, 유머 감각, 그리고 유려한 편집으로 원고의 바다를 무난히 건널 수 있도록 도와주었습니다.

✳ 이 책을 담당한 모든 팀원들과 출판사 전체 직원들, 특히 디자인을 담당한 리사 홀랜더와 재닛 비카리오, 책의 전반적인 과정을 담당한 섀넌 라이언, 통찰력을 갖고 꼼꼼하게 교정과 교열을 담당한 헬렌 젤런과 데버러 콥스, 베스 피어슨, 누구든지 표지만 보고도 우리 책에 대해 알 수 있도록 표지를 기획한 데이비드 실러, 그리고 지혜와 아량, 인내심을 지닌 피터 워크맨에게 감사의 인사를 드립니다.

✳ 언제나처럼 따뜻하고 매력적으로 표지를

디자인한 주디스 정과 사랑스러운 토들러들을 그린 마리카 한에게도 감사합니다.

* 전체적인 행정을 담당한 엘리스 굿맨과 아널드 굿맨. 당신들의 우정에 대해서도 감사합니다.

* 마크 위돔 박사, 무엇보다 토들러들의 안전과 응급처치에 대한 소중한 조언과 지원에 감사합니다. 그 밖에 자신의 전문적인 지식을 아낌없이 알려 준 많은 사람들, 의학 박사 캐럴 마커스, 의학 박사 러트 리가트, 의학 박사 캐시 레너드, 의학 박사 앨 무니, 임상 간호사 셀리 배제스, 의학 박사 W. K. 프랭컨버그, 베벌리 브레스닉, 케이트 당부아즈, 사라 제이컵스, 앤 웜파이머, 앨런 프리드먼, 수 켈러먼, 웬디 색스, 바버라 브라운, 수재나 모건도, 미미 겔브, 이브 콜슨, 앨리자 코튼, 마이클 랜드, 그리고 우리의 육아 모임과 세미나에서 수많은 질문을 작성해 준 엄마, 아빠들에게 감사의 인사를 드립니다.

* 마이클 콥랜드, 캐럴린 콜바바, 레슬리 윌리엄스를 비롯한 미국소아과학회 직원들과 소아과학회 전 직원 미셸 웨버는 우리 책이 정확한 최신 정보를 담을 수 있도록 도와주었습니다.

* 《최신 소아의학(Contemporary Pediatrics)》 편집자들은 부탁할 때마다 늘 소중한 지원을 아끼지 않았습니다. 미국공익과학센터의 줄리언 골드만, 미국소아전문간호사협회의 보비 킨, 그리고 국제소아임상간호사협회도 감사합니다.

* 유능한 조수 타메카 홀과 니우르카 자메타는 저널부터 회보에 이르기까지 수많은 자료들을 지속적으로 수집했으며, 전화번호를 일일이 확인해 주었고, 또 사무실이 원활하게 돌아가도록 힘써 주었습니다.

* 애비 머코프와 노먼 머코프, 그리고 밀드레드 샤라가와 해리 샤라가는 늘 그렇듯 지치지 않는 지원을 아끼지 않았습니다.

하이디 머코프 *heidi*

오늘날 시대 상황에 맞는 현실적인 육아법

***

시대가 변하고 살아가는 환경이 변하면 시대와 환경에 맞추어 사람의 생활도 변하기 마련입니다. 때문에 그 옛날 고려·조선시대의 육아와 현대의 육아는 아주 큰 차이를 보입니다. 심지어 현대의 한국의 육아법도 1980년대와 1990년대가 달랐고, 2000년대에 들어서면서는 더욱 큰 변화를 보이고 있습니다.

이러한 육아의 변화는 물론 사회·경제·문화적 변화로 인한 것입니다. 간단히 몇 가지만 생각해보면 알 수 있습니다. 먼저 시대적·경제적 요구로 맞벌이 부부가 증가하면서 부모들은 아이들을 놀이방이나 어린이집, 유치원 등에 보내게 되었습니다. 따라서 예전과는 다르게 아이들은 집단생활을 하는 시간이 많아졌습니다. 그러다 보니 자연스럽게 전염성이 있는 위장염, 독감 등이 갑자기 폭발적으로 유행하게 되는 시기가 생기게 되었고, 예전보다 서로 간의 위생에 훨씬 더 주의를 기울이게 되었습니다. 예전에는 드물었던 여름철 감기를 아이들이 많이 앓게 되는 것도 집단생활 등으로 알레르기가 증가하고 에어컨 바람을 많이 맞게 되었기 때문입니다. 한편, 보다 좋은 교육에 대한 부모님들의 요구와 경제 수준의 향상으로 학교 교육의 환경이 개선되어, 아이들의 학교생활이 예전과는 달리 위생적이고 쾌적하게 변했습니다. 하지만 늘어나는 학업 스트레스로 인해 학교와 관련된 아이들의 문제가 끊임없이 제기되고 있기도 합니다.

이러한 사회·경제·문화의 빠른 변화가 육아법 또한 너무 빨리 변하게 만들고 있습니다. 소아과 전문의조차도 급변하는 육아 현실을 따라잡기 힘들 정도입니다. 현실이 이러한 상황에서 우리보다 훨씬 앞선 선진국에서는 어떻게 임신과 출산을 대비하고 육아를 하는지 무척 궁금했습니다. 그러던 차에 미국의 전문가들이 참여한 이 책을 보며 '아하, 그렇구나' 하고 감탄하게 되었습니다. 세세하고 깊이 있는 정보와 현실적인 해결 방안에 무릎을 쳤던 적이 한두 번이 아니었습니다. '어떻게 하면 현대의 경제·사회·문화적 변화를 잘 반영하고, 그에 따라 육아를 할까' 하고 고민하는 젊은 부모들에게 이 책이 큰 도움이 될 것임을 확신합니다.

이창연(소아청소년과 전문의)
서울아동병원 의학연구소 소장

차 례

감사의 글: 정말 고맙습니다   v

추천의 글: 오늘날 시대 상황에 맞는 현실적인 육아법   vii

머리말: 소아과 의사의 처방   xxi

소개의 글: 두 아이 이야기   xxiii

이 책을 읽기 전에   xxv

《The Bible ③ 육아 소아과 수업(12~36개월)》사용 방법 xxvi • 아이의 발달 과정 xxvi • 비전통적 가정에 드리는 말씀 xxvii

제1부   만 1세부터 2세

1장. 생후 13개월   2

아이의 발달 과정   2

13개월 아이의 소아과 건강검진   3

무엇이든 물어보세요 Q&A   4

자꾸 넘어져요 4 • 자꾸 부딪쳐요 6 • 대근육운동 발달이 느려요 6 • 걸음마가 늦어요 7 • 발에 꼭 맞는 신발 신기기 8 • 신발을 교체할 시기 9 • 발가락이 안쪽으로 향해 있어요(안짱다리) 11 • 닥치는 대로 만지기 증후군 11 • 뭐든지 탕탕 쳐요 13 • 기저귀 갈기가 힘들어요 14 • 식욕이 확 줄었어요 16 • 우유 알레르기 17 • 음식을 버려요 18 • 음식을 불어요 19 • 혼자 먹게 하면 사방이 너무 지저분해져요 20 • 매달리기 / 의존 20 • 분리 불안 24 • 부모와 처음 떨어질 때 27 • 부모의 분리 불안 28 • 컵을 거부해요 30 • 젖병 떼기 32 • 젖을 뗄 시기 36 • 아기 놀이터를 거부해요 38 • 토막 잠을 자요 39 • 말이 늦어요 40 • 의사소통이 힘들어요 43

꼭 알아 두세요: 아이의 언어 발달   44

아이에게 꼭 알려 주세요: 다른 사람에게도 권리가 있답니다   49

2장. 생후 14개월   52
아이의 발달 과정   52
무엇이든 물어보세요 Q&A   53
거절증 53 • 한계를 정하기 56 • '하지 말라'는 짓을 꼭 하려고 들어요 57 • 밥을 잘 안 먹어요 58 • 서랍을 전부 비우려고 해요 59 • 물건을 자꾸 떨어뜨려요 60 • 집중하는 시간이 짧아요 61 • 내반슬 62 • 외반슬 62 • 평발 63 • 까치발로 걸어요 63 • 밤에 자다가 깬 경험이 충격적이었나 봐요 64 • 그림을 그리기 시작할 때 64

꼭 알아 두세요: 아이들에게는 노는 게 일   65
아이에게 꼭 알려 주세요: 할머니 할아버지에 대해   69

3장. 생후 15개월   72
아이의 발달 과정   72
15개월 아이의 소아과 건강검진   73
무엇이든 물어보세요 Q&A   74
아이가 지저분하게 놀아요 74 • 아이가 밤에 자꾸 깨요 75 • 밤에 분유를 먹여요 77 • 비사교적인 행동 79 • 아이가 친구를 때려요 81 • 애완동물 기르기 82 • 다시 기어 다녀요 85 • 사용하는 어휘가 줄어들었어요 85 • 원시적인 언어 87 • 모반 88

꼭 알아 두세요: 오감 자극   88
아이에게 꼭 알려 주세요: 완벽한 사람은 아무도 없답니다   92

4장. 생후 16개월   94
아이의 발달 과정   94
무엇이든 물어보세요 Q&A   95
개를 무서워해요 95 • 개를 무서워하지 않아요 97 • 잘못된 식습관 97 • 먹는 양이 일정하지 않아요 97 • 식습관 변화 98 • 식탁 의자를 바꿀 시기 99 • 또래보다 큰 아이 100 • 낯선 사람에 대한 의심 100 • 낯선 사람을 무서워하지 않아요 102 • 엄마를 너무 좋아해요 103 • 자는 아이 베이비시터에게 맡기기 105 • 여전히 물건을 입에 넣어요 106 • 목욕을 싫어해요 107 • 배변 훈련을 할 준비 108 • 책을 먹어요 109 • 올라가는 걸 좋아해요 110 • 치아가 고르지 않아요 111 •

이가 나면서 짜증을 많이 부려요 112

꼭 알아 두세요: 학습, 사고, 새로운 경험을 장려하는 방법 113

아이에게 꼭 알려 주세요: 책 읽기, 아주 중요하답니다 115

5장. 생후 17개월 118

아이의 발달 과정 118

무엇이든 물어보세요 Q&A 119

변이 이상해요 119 • 냉장고 문을 자꾸 열어요 119 • 던지는 버릇 120 •
놀이 모임에서 부모한테 매달려 있어요 121 •
놀이 모임에서 안 좋은 버릇을 배워 와요 125 • 날카롭게 소리와 비명을 질러요 125 •
기저귀를 벗으려고 해요 126 • 아직도 심리적 안정을 주는 물건을 가지고 다녀요 127 •
엄지손가락을 빨아요 129 • 아직도 노리개 젖꼭지를 사용해요 131 •
심리적 안정을 주는 행동들 133 • 안정을 얻는 습관을 갖고 있지 않아요 135 •
아이를 묶어 버리고 싶어요 135

꼭 알아 두세요: 아이 훈육법 136

효과적인 훈육 방법 145

아이에게 꼭 알려 주세요: 언행의 기본, 예의범절 가르치기 148

6장. 생후 18개월 151

아이의 발달 과정 151

18개월 아이의 소아과 건강검진(국민건강보험공단 3차 영유아 검진) 152

무엇이든 물어보세요 Q&A 153

다음 아기는 언제쯤 153 • 지금 당장 해 달라고 안달을 내요 154 •
전화 통화를 방해해요 155 • 방문객들과의 대화를 방해해요 158 •
낮잠을 잘 못자요 160 • 너무 일찍 일어나요 162 • 취침 시간의 반란 164 •
어린이집에 맡길 때마다 너무 힘들어요 166 •
식탁 앞에서 잠시도 가만히 있지 않아요 168 • 즐거운 식사 시간 169 •
안전띠를 안 매려고 해요 170 • 유모차를 타려고 하지 않아요 171 •
머리 감는 걸 싫어해요 174 • 손을 안 씻으려고 해요 175 • 샘이 많아요 178 •
벌써부터 성질을 부리기 시작해요 178 • 걸음마가 늦어요 178

꼭 알아 두세요: 텔레비전과 토들러(만 1~3세 아이)에 대한 모든 것 180

현명한 텔레비전 시청을 위한 십계명 182

| 아이에게 꼭 알려 주세요: 부모가 소중하게 여기는 가치관 | 186 |

7장. 생후 19개월 — 188

아이의 발달 과정 — 188

무엇이든 물어보세요 Q&A — 189

밤중에 집 안을 돌아다녀요 189 • 아기 침대에서 나와요 190 • 이가 나면서 밤에 돌아다녀요 191 • 코를 골아요 191 • 만성 콧물 192 • 과잉 행동 193 • 활동력이 약해요 199 • 발음이 분명하지 않아요 200 • 언어 발달이 늦어요 201 • 아이가 너무 순해요 203 • 과격한 신체 접촉을 좋아해요 204 • 마구 돌아다녀요 205 • 손발톱을 깎으려 하지 않아요 207

꼭 알아 두세요: 아이에게 친구 만들어 주기 — 208

아이에게 꼭 알려 주세요: 동물을 친절하게 대해요 — 211

8장. 생후 20개월 — 213

아이의 발달 과정 — 213

무엇이든 물어보세요 Q&A — 214

공격적인 행동 214 • 머리카락을 잡아당겨요 220 • 깨물어요 220 • 저도 같이 아이를 때려요 223 • 장난감을 이용한 공격성 표현 224 • 공격적인 친구들 224 • 호흡을 멈춰요 225 • '이게 뭐야?' 병에 걸렸어요 225 • 까다로운 아기에서 까다로운 토들러가 됐어요 226 • 벽에 낙서를 해요 227 • 깨끗한 걸 싫어해요 232 • 놀이터에서 잘 못 놀아요 232 • 지나치게 예민해요 234

꼭 알아 두세요: 아이의 두려움과 공포증 다루기 — 235

토들러들이 두려움을 느끼는 이유 235 • 토들러의 두려움에 대응하는 방법 236

아이에게 꼭 알려 주세요: 베푸는 즐거움 — 240

9장. 생후 21개월 — 242

아이의 발달 과정 — 242

무엇이든 물어보세요 Q&A — 243

우리 아이는 구경만 해요 243 • 물건을 삼켜요 244 • 몸의 구멍에 물건을 넣어요 245 • 거세될까 봐 걱정해요 245 • 페니스 선망과 호기심 246 • 입술에 뽀뽀해도 될까요 247 • 애정 표현 248 • 아이를 사랑하기가 어려워요 248 • 성 정체성 250 •

아들의 감정 표현을 억눌러야 할까요 254 • 딸아이를 진취적으로 키우고 싶어요 255 •
장난감 무기 사용 255 • 비이성적인 행동 260

꼭 알아 두세요: 달래는 기술(엄마가 뽀뽀하면 나을 거야) 261

아이에게 꼭 알려 주세요: 옳은 것과 그른 것 263

10장. 생후 22개월 266

아이의 발달 과정 266

무엇이든 물어보세요 Q&A 267

차례를 기다리지 못해요 267 • 부모가 소중히 여기는 물건 보호하기 268 •
기계를 무척 좋아해요 272 • 부부 관계 장면을 아이에게 들켰어요 273 •
생식기 탐색 274 • 자세 문제 275 • 부모만 보면 분노발작을 일으켜요 276 •
늘 똑같은 방식을 고집해요 276 • 음식에 대한 집착 277 • 변화를 거부해요 278 •
계속 같은 책만 읽어 달라고 해요 278 • 항상 똑같은 노래만 들으려고 해요 280 •
지금부터 배변 훈련을 해야 할까요 281 • 큰아이의 배변 학습과 둘째 아이 출산 281 •
너그럽던 아이가 이기적인 아이로 변했어요 282

꼭 알아 두세요: 아이와 여행하기 282

목적지 283 • 비행기 여행 285 • 기차 여행 289 • 자동차 여행 290 •
여행지에서 잠자기: 숙박 시설 선택 292 • 멀미를 억제하는 방법 296 •
여행 짐싸기 297

아이에게 꼭 알려 주세요: 나눔에 대해 300

11장. 생후 23개월 304

아이의 발달 과정 304

무엇이든 물어보세요 Q&A 305

여섯 시만 되면 신경이 날카로워져요 305 • 왼손잡이와 오른손잡이 306 •
수집광 증후군 307 • 이 닦기를 싫어해요 309 • 치약을 먹어요 310 •
치약을 거부해요 311 • 머리 빗기를 끔찍하게 싫어해요 311 •
신발을 안 신으려고 해요 313 • 양말을 안 신으려고 해요 314 •
옷 입히기가 너무 힘들어요 315 • 코트를 안 입으려고 해요 318 •
모자와 장갑을 착용하려 하지 않아요 319 •
스스로 옷을 입으면서 좌절감을 느껴요 320 • 거칠게 놀게 해야 할까요 322 •
같이 놀자고 떼를 써요 323 • 여전히 걸음이 서툴러요 326 •

'안 돼'라는 말을 자주 해요 327 • 공공장소에서 시끄럽게 굴어요 327 •
문법에 맞지 않게 말해요 328 • 한글과 숫자 329

꼭 알아 두세요: 자아 존중감 확립 ... 330
아이에게 꼭 알려 주세요: 운동의 중요성 ... 334

12장. 생후 24개월 ... 336
아이의 발달 과정 ... 336
2세 아이의 소아과 건강검진 ... 337
무엇이든 물어보세요 Q&A ... 338

두 돌 생일 파티 338 • 왜 왜 왜 340 • 배변 훈련이 잘 안 되고 있어요 341 •
의사를 무서워해요 342 • 치과 의사를 무서워해요 345 • 미용실을 무서워해요 346 •
잠드는 걸 무서워해요 347 • 밤에 자꾸 깨요 348 • 스트레스 때문에 밤에 깨요 348 •
악몽을 꾸는 것 같아요 350 • 야경증 351 • 몽유병 352 • 색맹 352 •
반심리학 353 • 영재아 354 • '안아 줘요' 증후군 355 •
아기 침대에서 일반 침대로 옮기고 싶어요 356 • 불친절한 행동 358 •
아이와 노는 게 지루해요 358 • 외반슬 359 • 파괴적인 행동 360 •
좋은 식습관 361 • 유아용 보조 의자에 앉으려 하지 않아요 362 •
뭐든지 따라 해요 362 • 유치원에 다닌 뒤부터 피곤해해요 363 •
뒤늦게 젖병과 젖을 떼려고 하는데요 364 • 무안한 순간들 365 •
우는 소리를 해요 367 • 아이의 분노 371 • 공공장소에서 성질을 부려요 372 •
성질부리는 모습이 귀여워요 374

꼭 알아 두세요: 성질부리는 아이 다루기 ... 374
분노발작 예방 376 • 분노발작 다루기 378 • 폭풍이 지나간 뒤에 380

아이에게 꼭 알려 주세요: 사람은 모두 다 다르답니다 ... 381

13장. 생후 25~27개월 ... 385
아이의 발달 과정 ... 385
무엇이든 물어보세요 Q&A ... 386

음식을 자꾸 엎질러요 386 • 지방과 콜레스테롤 섭취 387 • 씹어 먹는 비타민 389 •
교회에서 계속 돌아다녀요 390 • 짜증이 심해졌어요 391 • 과잉 자극 392 •
코를 후벼요 393 • 처음 보는 음식은 안 먹으려 해요 393 • 유당불내증 394 •
우유를 싫어해요 395 • 우유의 안전성 395 • 놀이에 푹 빠져 있어요 396 •

밥 먹을 때 얌전히 앉아 있지 않아요 397 • 사 달라고 떼를 써요 398 •
변덕이 심해요 399

꼭 알아 두세요: 창조력과 상상력 키우기   402

창조력 402 • 상상력 405

아이에게 꼭 알려 주세요: 성 역할의 편견 없애기   409

14장. 생후 28~30개월   411

아이의 발달 과정   411
무엇이든 물어보세요 Q&A   412

아쉬움이 없는 아이 412 • 남의 아이 훈육하기 413 • 집에 있는 걸 좋아해요 414 •
혼잣말을 해요 415 • 뽀뽀하는 걸 싫어해요 416 • 안기는 걸 싫어해요 416 •
제 뺨을 때려요 417 • 외국어 공부 418 • 가족끼리 알몸을 보여도 될까요 419 •
옷을 벗으려고 해요 419 • 학원에 보내기 420 • 밤중에 안방으로 건너와요 422 •
가족 침대 423 • 어려운 과제로 인한 좌절감 424 • 시도하길 두려워해요 426 •
지나친 독립심 428 • 말을 더듬어요 428 • 발기에 관심을 보여요 429 •
아침에 꾸물거려요 429 • 어슬렁어슬렁 걸어요 431 •
놀이터에서 데리고 나오기가 너무 힘들어요 432 • 너무 천천히 먹어요 433 •
아이가 원하는 음식을 주어야 할까요 433 • 직접 음식을 자르려고 해요 434 •
늘 배가 고프대요 435 • 지시를 따르지 않아요 435 •
유치원에 갈 때 분리 불안을 보여요 436 •
유치원에서는 얌전한데 집에만 오면 흥분해요 438

꼭 알아 두세요: 개인의 기질 인정하기   440
아이에게 꼭 알려 주세요: 규칙을 지켜요   441

15장. 생후 31~33개월   444

아이의 발달 과정   444
무엇이든 물어보세요 Q&A   445

가상 친구 445 • 숫기가 없어요 447 • 어른들에게 반응을 보이지 않아요 449 •
친구가 없어요 451 • 툭하면 울어요 452 • 대장이 되려고 해요 454 •
아이를 놀리면 안 되나요 456 • 귀 기울이려 하지 않아요 456 •
아이가 결정하게 해야 할까요 458 • 집안일 459 • 방 정리 461 •
동생을 임신한 사실을 어떻게 설명해야 할까요 464

아이 앞에서 부부의 애정 표현 466 • 뇌물과 보상 467

꼭 알아 두세요: 아이와 의사소통하기 469

아이에게 꼭 알려 주세요: 지구에 관심 갖기-환경을 소중히 여기는 마음을 가르쳐 주세요 471

16장. 생후 34~36개월 474

아이의 발달 과정 474

3세 아이의 소아과 건강검진(국민건강보험공단 4차 영유아 검진: 생후 30~36개월) 475

무엇이든 물어보세요 Q&A 476

충분한 수면 476 • 어두운 걸 무서워해요 476 • 배변 훈련에 차질이 생겼어요 478 • 오줌을 싸요 482 • 배변 훈련에 관심이 없어요 483 • 자면서 오줌을 싸요 483 • 성장통 484 • 나쁜 말을 해요 485 • 심술궂게 말해요 486 • 우스꽝스러운 행동을 해요 487 • 글자 배우기 487 • 잠꼬대를 해요 488 • 나누지 않는 친구들 488 • 병원놀이 489 • 상점에서 물건을 훔쳐요 490 • 아이와 함께하는 오붓한 시간 491 • 끔찍한 두 살이 아직도 계속이에요 492 • 얼음을 씹어 먹어요 493 • 아이 친구가 마음에 안 들어요 493 • 기억력이 꽝이에요 494 • 음악 수업 496 • 아직도 분명하게 말을 못해요 496 • 동화 내용이 무서워요 497 • 아이의 친구와 함께하는 만 세 살 생일 파티 499

꼭 알아 두세요: 슈퍼차일드 신드롬(Superchild syndrome) 501

아이에게 꼭 알려 주세요: 정직의 중요성 506

제2부 아이의 외모 관리, 건강, 안전

17장. 아이 외모 관리의 첫걸음 512

아이의 피부 관리에서 옷 입히기까지 512

아이의 피부 관리 512 • 아이들에게 가장 일반적인 피부 질환 518 • 아이의 머리카락 관리 522 • 아이에게 흔하게 나타나는 모발 및 두피 질환 523 • 아이의 손톱 관리 525 • 아이의 눈 관리 525 • 아이에게 가장 흔하게 나타나는 시력 문제 528 • 아이에게 안경을 씌워야 한다면 532 • 아이의 귀와 청각 보호 535 • 아이의 치아 관리 539 • 가장 일반적인 치아와 구강 질환 542 • 여아 생식기 관리 544 • 가장 일반적인 여아 생식기 질환 545 •

남아 생식기 관리 545 • 가장 일반적인 남아 생식기 질환 546 •
아이 옷 입히기 547 • 아이에게 옷 입는 방법 가르치기 547

18장. 아이 식단 550

최고의 아이 식단 550
건강한 식습관을 위한 아홉 가지 기본 원칙 550 • 아이의 1일 권장 섭취량 554

체중: 아이의 성장 560
통통한 아이 560 • 마른 아이 563 • 더딘 성장 565

밥 잘 먹이는 요령 567
식성이 까다로운 아이 길들이기 567 • 제한된 음식 목록 573 •
좋아하는 음식 거부 575 • 채식주의자의 식단 575

안전한 먹거리, 안전한 물 578
집 안팎에서 식품 안전 감시하기 578 • 화학물질 섭취 관리 582 •
조리, 상차림, 보관을 위한 도구 관리 586 • 안전한 물 관리 587

19장. 배변 훈련의 모든 것 590

준비됐나요 590

준비하시고 591

출발 594
배변 훈련의 준수 사항 594 • 배변 훈련에서 금지 사항 597

아이가 대소변을 가리지 못할 때 599
대소변을 가리지 못하는 원인 599 •
연령이 높은 아이가 배변 훈련을 거부할 때 600

무엇이든 물어보세요 601
배변 훈련용 팬티로 바꾸려고 해요 601 • 기저귀를 거부해요 602 •
변기 사용 후 뒤처리 문제로 다퉈요 603 • 변기 물 내리는 걸 무서워해요 603 •
서서 소변보는 시기 604 • 이동이 가능한 유아용 변기 의자 605 •
우리 딸은 서서 소변보고 싶어 해요 605 • 대변을 너무 좋아해요 606 •
일반 변기로 옮기기 606 • 밤에 기저귀 발진이 생겨요 607 •
대변볼 때는 기저귀를 차려고 해요 607 • 배변 훈련과 어린이집 607 •
밤에도 기저귀를 마른 상태로 유지하려면 608

20장. 아이의 건강 유지 — 609

예방접종: 주요 전염병 예방 — 609

필수 예방접종 목록 609 • 아이에게 예방접종을 실시하기 전에 615

의사와 토들러(만 1~3세 아이) — 616

부모와 의사의 협력 관계 616 • 의사에게 알려야 하는 경우 619 •
의사에게 전화를 걸기 전에 622

열에 대한 모든 것 — 627

아이의 체온 재기 628 • 체온계 읽기 632 • 열이 나는지 평가하기 632 •
열 내리기 632

아픈 아이 간호 — 636

가정에서 636 • 병원에서 637

약물을 복용해야 하는 경우 — 641

반드시 알아야 할 사항 641 • 안전한 약물 복용 642 • 약물 복용 방법 643

토들러(만 1~3세 아이)들에게 가장 일반적인 건강 문제 — 646

감기(상기도 감염 혹은 URI, Upper Respiratory Infection) 646 •
귀의 염증 648 • 변비 648 • 삼출성 중이염 혹은 심각한 중이염 650 •
설사(구토를 동반하거나 안 하거나) 651 • 요로 감염 654 •
인플루엔자(독감) 655 • 인후염 656 • 중이염 659 • 축농증 662 •
크루프(급성 폐쇄성 후두염, LTB, laryngotracheobronchitis) 663

21장. 아이의 안전 — 665

부모가 지켜야 할 안전 대책 665 • 아이가 지켜야 할 안전 대책 667 •
아이의 환경 개선 670

22장. 토들러의 부상 치료 — 707

토들러(만 1~3세 아이)를 위한 응급처치 — 708

감전 709 • 개에 물린 경우 709 • 경련 709 • 고양이에 물리거나 긁힌 경우 709 •
고체온증 709 • 곤충에 물린 경우 709 • 골절 709 • 귀 부상 710 •
긁힌 상처 710 • 내출혈 710 • 눈 부상 710 • 데인 상처 711 • 독성 물질 섭취 711 •
동상 713 • 머리 부상 714 • 물린 상처 715 • 물에 빠진 경우 718 •
발가락 부상 718 • 발작 718 • 뱀에 물린 경우 718 • 복부 부상 718 •
뼈가 부러진 경우 혹은 골절 719 • 사지나 손발가락 절단 719 • 상처 720 •

손가락과 발가락의 부상 720 • 쇼크 723 • 실신 723 • 열 손상 723 •
염좌 724 • 이물질 725 • 이물질을 삼킨 경우 725 • 입 부상 725 •
입술 갈라짐 혹은 상처 727 • 저체온증 727 • 질식 727 • 찔린 상처 727 •
추위에 의한 부상 727 • 출혈 727 • 치아 부상 727 • 코 부상 727 •
탈구 728 • 피부 상처 728 • 피부 타박상 730 • 햇볕에 의한 화상 730 •
혀 부상 730 • 화상과 데인 상처 730 • 화학약품에 의한 화상 732

토들러(만 1~3세 아이)를 위한 기본 인명 구조법 732

인명 구조의 1-2-3과 A-B-C 732 • 토들러를 위한 구조 호흡 736 •
심폐 소생술: 첫돌이 지난 아이들 737 • 질식한 토들러를 위한 기본 인명 구조법 739

23장. 특별한 도움이 필요한 아이 742

특별한 도움이 필요한 아이를 도와주기 742 •
특별한 도움이 필요한 아이와 함께 생활하기 745

만성 건강 질환 750

간질(뇌전증) 750 • 근위축증(뒤셴형) 751 • 뇌성마비 752 • 다운증후군 753 •
셀리악 병 754 • 소아 류머티스 관절염 755 • 시각장애-법적 시각 상실 758 •
알레르기 758 • 암 764 • 자폐증 765 • 지적장애 767 • 진성 당뇨병 768 •
천식 770 • 청각장애 772 • 취약 X 증후군 774 • 페닐케톤뇨증 774 •
AIDS(후천성 면역결핍 증후군)와 HIV(인간 면역결핍 바이러스) 감염 776

제3부 가족과 함께하는 토들러

24장. 형제들과 생활하기 782
무엇이든 물어보세요 Q&A 782

형제간의 경쟁 심리 782 • 똑같이 나눠 주기 783 •
동생은 누나를 졸졸 따라다니고 누나는 질색해요 784 •
언니는 동생을 예뻐하는데 동생은 아주 귀찮아해요 787 • 형제간의 몸싸움 787 •
두 아이의 취침 시간 791 • 형제들 사이의 장난감 안전 792 •
둘째 아이에게 관심을 많이 못 줘요 793 • 같은 방 사용하기 794 •
동생을 너무 예뻐만 하니 오히려 걱정됩니다 795 • 큰아이의 퇴행 796 •
열정적인 도우미 798 • 형제간의 차이 799 • 관심을 구하는 행동 800 •

아이들 방을 어떻게 정해야 할지 모르겠어요 801

25장. 토들러 양육 803
무엇이든 물어보세요 Q&A 803

부모의 분노 803 • 나도 모르게 아이를 때리게 돼요 804 • 부모의 우울 804 • 아이 앞에서 자꾸 울게 돼요 808 • 부모의 의견 충돌 809 • 육아와 가사 분담 809 • 부모가 몸이 아플 때 812 • 육아에 대한 견해가 달라요 813 • 두 살 미만 아이 둘을 키워야 해요 815 • 나를 위한 시간 817 • 직장 생활에 죄책감이 느껴져요 818 • 하루 종일 아이 곁에 있고 싶어요 819 • 집에서 아이만 돌보고 있으려니 불안해요 819 • 전업주부 아빠 819 • 제가 부모라는 생각이 안 들어요 821 • 직장 생활과 훈육 822 • 아이를 두고 여행을 가도 될까요? 826 • 출장을 자주 가요 830 • 장인, 장모님이 담배를 피우세요 833 • 이사 834 • 입양아 838 • 쌍둥이 혹은 그 이상의 다태아 838 • 한 부모 가정 841 • 싱글 아빠 844 • 별거, 이혼 844 • 양육권이 없는 부모 852 • 동성애자 부모 852 • 중병을 앓는 부모 853 • 부모의 죽음 854

26장. 다른 사람에게 아이를 맡길 때 859
보육 환경을 선택할 때 고려할 사항 859

가장 일반적인 선택 사항 860 • 그 밖에 선택 사항 863

나에게 맞는 보육 방식 선택 864

재택 보육 864 • 가정 보육 시설 867 • 집단 보육 시설이나 유치원 868 • 가끔씩 베이비시터를 이용하는 경우 873

효과적인 보육 874

재택 양육자 고용 874 • 현재 보육 상황 평가 875 • 보육 방식 개편 876 • 유치원 입학 준비 876 • 적응 단계 877

특별히 관심을 가져야 할 문제들 878

아픈 아이와 보육 878 • 학대에 대한 문제 879 • 양육자가 아이를 너무 잘 돌보면 어떻게 하지 880

제4부 참고 자료

1. 뭐 하고 놀까 884

2. 최고의 요리법 886

고구마 튀김 886 • 달고 맛있는 호박 머핀 886 • 초콜릿 밀크케이크 887 •
과일 쿠키 887 • 땅콩버터와 젤리볼 888 • 과일 아이스바, 과일 셔벗 888 •
치즈케이크 푸딩 888 • 과일 주스 젤리 889 • 최고의 셰이크 889

3. 가정에서 많이 이용하는 민간요법 890

가습기 890 • 냉찜질 890 • 눈 찜질 890 • 동종요법 약물 890 •
뜨거운 물에 담그기 890 • 뜨거운 물주머니 891 • 뜨거운 찜질 891 •
뜨거운 찜질기 891 • 머리 들어 올리기 891 • 손 씻기 891 • 수증기 891 •
시원한 찜질 891 • 식염수 코세척 891 • 얼음물에 담그기 893 •
얼음 팩 893 • 온찜질 893

4. 토들러(만 1~3세 아이)들이 잘 걸리는 질병 894

남자아이의 체중, 신장, 머리둘레 성장 도표(0~4세) 908
여자아이의 체중, 신장, 머리둘레 성장 도표(0~4세) 910
국민건강보험공단 영유아 검진 대상 안내 912
예방접종 분류 913
신생아·소아 예방접종표 914
예방접종별 추가 설명 915

찾아보기 917

소아과 의사의 처방

***

이 책은 권위 있는 내용과 쉽고 유용한 해설로 이루어져 있어, 육아서 분야에서 단연 최고의 자리를 차지할 만하다고 자신 있게 말할 수 있습니다. 저는 이 책을 읽으면서, 한편으로는 토들러(만 1~3세)의 욕구와 행동, 발달 상태를 부모들에게 이해시키면서도, 다른 한편으로는 아이를 양육하고 지도하고 다루는 데 필요한 소중한 정보를 최대한 빠짐없이 제공하기 위해 정말 치밀하게 준비했다는 인상을 받았습니다. 어쩌면 다룬다는 말에는 따옴표를 쳐야 할지도 모르겠습니다. 토들러들과 함께 생활하다 보면 누가 누구를 다루는지 수시로 헷갈리기 마련입니다.

《The Bible ③ 육아 소아과 수업(12~36개월)》은 유용한 육아 기술 안내서 이상의 가치를 지니고 있습니다. 이 책의 저자들은 키우기가 힘들기는 하지만 유쾌한 토들러 시기의 핵심 발달 사항을 쉽고도 공감이 가는 방식으로 기술했습니다. 그래서 이 책의 도움을 받은 많은 부모들은 가정에 꼭 구비해야 하는 필수품으로 이 책을 지인들에게 서슴없이 추천합니다.

아이가 태어나 만 3세가 될 때까지의 시기가 향후 발달 방향을 결정한다는 사실이 점점 분명해지고 있습니다. 이 시기에 벌써 앞으로의 건강, 정서 발달, 학업 성취도, 사고 능력, 자존감, 자립심, 긍정적인 인간관계 등에 대한 기초가 거의 마련된다고 할 수 있습니다. 그러므로 아이의 발달에 중요한 이 시기에 관심과 보살핌, 사랑을 조금만 더 쏟으면 단기적으로나 장기적으로나 커다란 보상을 받게 될 것입니다.

〈The Bible〉 시리즈의 최신판인 이 책은 여러 가지 방법으로 이러한 보상을 부모에게 안겨 줍니다. 또한 아이가 시기 및 단계별로 어떻게 성장하는지 알려 주고, 정상적인 발달 범위가 상당히 넓다는 사실을 보여 주어 부모들을 안심시킵니다. 뿐만 아니라 충분한 영양 섭취, 시기에 맞춰 예방접종하기, 안전한 놀이, 숙면, 젖떼기, 말 배우기, 부모로부터 독립시키기, 자제력, 건강과 위생을 위한 습관 들이기, 아이를 키우면서 접하게 되는 다양한 상황 등, 늘 힘들고 때로는 벅차게까지 느껴지는 아주 중요한 발달상의 문제들을 성공적으로 해결할 수 있게 길잡이가 되어 줍니다.

행동 및 발달 과정에서 일어날 수 있는 문제를 예방하기 위해 실질적인 조언을 제시하는 데에도 상당한 관심을 기울였습니다. 저자들은 부정적인 상황을 피하는 방법을 알려 줄 뿐 아니라, 토들러를 보살피고 양육하는 데 있어서 올바른 이해와 잘못된 지식, 그리고 그 둘 사이의 애매한 부분에 대해서도 별도로 설명하여, 긍정적인 가치를 갖게 하는 데도 중점을 두었습니다. 아이가 마구 성질을 부리면? 호흡 정지 발작을 일으키면? 수면 장애를 보이면? 깨물면? 주의 집중 시간이 짧으면? 말이 늦으면? 대소변을 가리지 못하면? 뭐든 혼자 하려 들면? 뭐든 싫다고 하면? 한계를 거부하면? 이런 행동 및 발달상의 문제가 일어나는 원인과 더불어, 문제를 해결하거나 적어도 최소화할 수 있는 여러 가지 방법들을 상세하게 안내하였는데, 이런 조언들은 아이들의 발달 사항을 기반으로 하면서 개별적인 생활 연령과 요구 사항, 능력과도 발맞추어 이루어졌습니다. 부모에게 필요한 조언도 간과하지 않았습니다. 이 책의 주된 목적은 아이를 키우는 일이 수시로 벅차게 느껴지고 때로는 절망감까지 느끼기도 하는 많은 부모들에게 자신감과 자존감, 회복력을 키워 주고, 자신의 능력을 과소평가하지 않도록 유용한 정보를 제공하는 것입니다. 맞벌이 부모를 비롯한 평범한 부모들이 궁금하게 여기는 질문들에 대해 종합적으로 해답을 제시하여 부모들을 안심시키면서, 아이와 부모가 순탄하게 세상에 첫발을 내딛는 방법으로 부모와 토들러 간의 상호작용과 대화를 강력히 권했습니다. 또한 이번 시리즈 전반에 걸쳐 토들러를 가족의 한 사람으로 인식하고 아이의 힘을 확인하고 강화하는 데 중점을 두었습니다.

부모들이 아이와 즐겁게 지낼 수 있도록, 아이의 발달에 중요한 이 시기에 겪게 되는 온갖 어려움에 긍정적으로 접근할 수 있도록, 어처구니없는 듯 보이지만 대개는 그렇지 않은 아이의 행동들을 이해하고 그러한 행동들을 균형 잡힌 시각으로 바라볼 수 있도록, 아이들 각자를 고유한 개인으로 인정하고 그 잠재력을 깨닫기 위해 애쓰도록 하는 것이 저자들의 사려 깊은 조언과 제안의 궁극적인 목표입니다.

이 책은 가족과 사회의 급속한 변화가 특징인 오늘날을 살아가는 부모들의 합리적인 욕구를 즉각적으로 충족시켜 줍니다. 대단히 숙련된 방식으로 양육 원칙을 종합하고, 사교 및 행동학과 생물학을 바탕으로 한 실용적인 지식과 훌륭한 의학 정보를 제공하여, 수많은 육아서들 가운데에서 단연 독보적인 위치에 오른 이 책이 부모는 물론 전문가들에게도 큰 도움이 되리라 자부합니다.

모리스 그린
의학 박사, 미국소아과학회 회원,
인디애나대학교 메디컬센터 소아학 교수

두 아이 이야기

***

돌이켜 보면 엠마의 토들러(만 1~3세) 시절은 내 인생에서 가장 행복했던 시기이자 가장 힘들었던 시기였습니다.

엠마는 신발이 마음에 들지 않는다고 거실 바닥에 내동댕이치고, 크래커 한 귀퉁이가 부서졌다며 안 먹겠다고 고집을 부렸습니다. 1월 엄동설한에 수영복을 입겠다고 떼를 쓰고, 8월 땡볕에 한겨울 외투를 입겠다고 떼를 썼습니다. 다리가 아프다며 더러운 길바닥에 주저앉질 않나, 과자를 사 내라며 슈퍼마켓 과자 진열대 앞에 드러누워 시위를 벌이기도 했습니다. 낮에는 온갖 이유로 짜증을 내고 밤에는 제대로 잠을 이루지 못했습니다. 식탁 앞에서는 "나, 그거 먹기 싫단 말이야!"라고 떼를 쓰는 아이와 늘 전쟁을 치러야 했고, "아직 가고 싶지 않아!" 하고 고집 부리는 아이를 놀이터에 한 번 데리고 나가려면 사정사정을 해야 했습니다. 고집은 황소고집에 성질은 훈련 담당 교관 저리 가라 할 정도이고, 으레 하던 일을 하나라도 빼먹으면 큰일 날 것처럼 굴 땐 거의 강박 장애 환자 같았습니다.

그런가 하면 반짝이는 진주빛 하얀 이를 드러내며 사랑스럽게 미소 지을 때면 얼어붙었던 내 마음이 속수무책으로 스르르 녹아들었습니다. 마음 깊은 곳에서 애정이 솟구쳐 나도 모르게 아이를 꼭 끌어안고 있노라면 세상의 그 어떤 초콜릿보다 달콤한 행복감이 밀려들었습니다. 연거푸 잘못된 발음으로 사랑스럽게 단어를 말하는 목소리는 천사의 목소리처럼 아름다웠습니다. 어디 그뿐인가요? 성질을 부리면서 뭐든 싫다고 떼를 쓰던 순간을 깡그리 잊게 만들고, 나를 즐겁고 행복하게 만들어 주고, 축복받은 사람으로 느끼게 해 준 황홀한 순간은 얼마나 많았던지요? 내가 엠마의 동생에게 젖을 물리는 동안 엠마는 곰 인형에게는 젖을 물리고, 다른 인형에게는 차를 따라 주었으며, 아픈 봉제 인형에게는 주사를 맞혔습니다. 그네를 타면서 노래를 흥얼거렸고, 그림책을 넘기면서 혼자 중얼중얼 이야기를 했으며, 공원을 샅샅이 뒤져 애벌레와 나비를 잡아 와서 집을 만들어 주고는 매일 들여다보았습니다. 몸을 움직이고, 나를 꼭 안아 주고, 깔깔대며 웃고, 놀고, 잠을 자는 모든 순간이 얼마나 예쁘고 아름다웠는지 모릅니다.

물론 여전히 힘든 일은 많지만 즐거운 일도 그 못지않게 많았습니다. 엠마가 갓난아이였을 때부터 사춘기 직전인 지금까지 엠마와 함께 한 날들은 어느 하루도 빠짐없이 나를 행복하게 해 주었지만, 그 가운데에서도 토들러 시기는 그 어느 때보다 파란만장하였지만 설레고 흥분된 날도 많았고, 혼란스러웠다가 황홀했다가 갑자기 화가 치밀기도 하는 롤러코스터 같은 나날의 연속이었으면서도 내게는 가장 행복한 시기였습니다.

하기는 지금이니까 이렇게 말하지 그 당시엔 정말 힘들었습니다. 지금은 엠마가 말 안 듣는 만 2세가 지나 어느덧 사리 분별할 줄 알고 책임감도 생기고, 반응도 보이는 열한 살이 됐고, 나도 거의 10년이라는 시간을 보내면서 어느 정도 균형 감각을 찾게 됐으니 말입니다. 하지만 엠마가 토들러였을 땐 행복하다고 말하는 건 고사하고 아무리 애를 써도 그렇게 느낄 수가 없었습니다.

지금 알고 있는 걸 그때도 깨달았더라면 얼마나 좋았을까요? 다시 말해, 때가 되면 아이가 성장하고 발달한다는 걸 깨달았더라면 한결 여유롭게 아이를 키울 수 있었으련만. 때가 되면 앞니가 나오기 마련이고, 때가 되면 틀림없이 걸음마를 배우기 마련이듯, 때가 되면 그에 맞추어 발달이 이루어지게 되어 있습니다. 제대로 부모 노릇을 하지 않아도, 아이가 부모 말대로 따라 주지 않아도, 아이는 성장하고 발달하게 되어 있습니다. 부모를 돌게 만들려고 성장을 멈추는 아이는 없습니다. 아이들은 성장하고, 발달하고, 연령에 맞게 행동하기 위해 자신이 해야 할 일을 자연스럽게 해 나갑니다.

이처럼 늘 활기차고, 사랑스럽고, 잠재력이 무한하며, 끊임없이 시도하고, 언제나 부모를 어리둥절하게 만드는 토들러들과, 토들러들을 이해하기 위해 애쓰는 모든 부모들에게 이 책을 바칩니다. 이 책이 토들러를 둔 모든 부모들이 인생 최고의 시기를 행복하게 보내고, 최악의 시기를 슬기롭게 극복하는 데 도움이 되길 바랍니다.

하이디 머코프 *heidi*

이 책을 읽기 전에

✳✳✳

《The Bible ③ 육아 소아과 수업 (12~36개월)》 사용 방법

모든 아이는 사랑받아야 하는 존재라는 원칙 외에는 육아에 관해 절대적인 원칙은 거의 없으며, 아이의 안전과 건강에 영향을 미치는 문제를 제외하면 올바른 방법 또한 없습니다. 정보와 통찰력을 얻고, 조언을 구하며, 자세한 설명을 참고하기 위해 이 책을 이용하되, 자신의 직관을 대체하기보다 직관을 보충하고 뒷받침하기 위한 자료로서 이용하길 권합니다. 책의 내용을 참고로 하여 실생활에 응용해야지, 책의 내용으로 인해 생활에 제약을 받아서는 안 됩니다. 아이들마다 효과적인 양육 방법이 다르며, 심지어 한배에서 난 자녀들마다도 다릅니다. 또 같은 아이라도 상황에 따라 달라집니다. 부모에 따라 자신에게 맞는 육아 방법이 있고, 같은 부모라 하더라도 때에 따라 다른 방식을 적용하기도 합니다. 가장 효과적인 방법을 발견하기 위해 나만의 육아 기술, 재능, 직관, 나 자신과 아이에 대한 이해에 도움이 되기 위한 지침으로 이 책을 이용하기 바랍니다. 누구도 나만큼 나 자신과 아이를 이해하지 못한다는 걸 명심하면서.

아이의 발달 과정

모든 아이는 각자 독특한 존재이기에 저마다 나름의 속도로 성장하고 발달합니다. 완벽하게 정상이거나 전형적인 범주에 해당하는 아이는 거의 없는 만큼, 내 아이와 다른 아이들을 비교하는 일은 사실상 무의미합니다. 물론 내 아이가 또래 아이들보다 늦되면 걱정되는 건 당연합니다. 하지만 때가 되면 훌쩍 성장해 또래 아이들을 따라잡거나 그 아이들보다 더 빨리 성장할 수도 있습니다.

그렇지만 대부분의 부모들은 때때로 내 아이의 성장 속도가 다른 아이들에 비해 어느 정도인지 알고 싶어 합니다. 자녀의 발달 정도가 광범위한 정상 범주 안에 속해 있는지 확인하는 데 도움을 주기 위해, 우리는 만 1세 아동을 위한 월별 성취 단계와 만 2세 아동을 위한 분기별 성취 단계를 만들었습니다. 거의 모든 토들러들이 이 단계들에 속할 것입니다. 이 등급표는 널리 신뢰 받고 있는 덴버 발달 선별 검사(Denver II scale)를 기반으로, 높은 평가를 받고 있는 ELM 검사(Early Language Milestone scale)의 몇 가지 항목을 추가했습니다.

등급표를 이용하는 방법은 이렇습니다. '아이의 발달 과정' 측정은 네 가지 범주로 나누어집니다. 첫 번째, '아이가 지금 해야 할 행동'은 그 시기 토들러들의 90% 가량이 도달하는 단계를 열거합니다. 두 번째, '아이가 하게 될 행동'은 75% 가량의 토들러들이 할 줄 아는 발달 행동을 보여 주고, 세 번째, '아이가 할지 모를 행동'에는 50% 가량의 아동이 하는 행동을 열거합니다. 그리고 네 번째, '혹시나 아이에게 기대할 만한 행동'에는 25% 정도의 아이들이 도달하는 행동들이 포함됩니다.

대부분의 부모들은 자녀가 때에 따라 여러 가지 다양한 범주에 해당하는 걸 보게 될 것입니다. 그런가 하면, 한결같이 같은 범주에 속해 있는 아이도 있을 수 있고, 전반적인 발달이 고르지 못하여 이번 달에는 뒤처져 있다가 다음 달에는 또래 아이들을 훨씬 앞지르는 아이도 있을 수 있습니다.

아이가 정상이 아니라는 사실이 증명되기 전까지는 이 네 가지 발달 형태 모두 완벽하게 정상입니다. 그러나 의사의 상담을 받아야 하는 경우도 있습니다. 가령, 아이의 행동이 해당 시기에 '해야 할 행동'보다 계속해서 뒤처진다거나, 아이의 발달에 어딘가 문제가 있다는 느낌이 들 때가 그렇습니다. 물론 이런 경우에도 정밀 검사를 받아 보면 대개는 아무런 문제가 없다는 평가를 받게 될 것입니다. 단지 평균 발달 시간표보다 다소 느릴 뿐 꾸준히 성장하는 아이들도 있으니 말입니다.

원한다면 이 책에 소개된 '아이가 지금 해야 할 행동'을 참고해 정기적으로 아이의 발달 상황을 확인하되, 이 내용을 근거로 삼아 함부로 아이의 잠재력을 판단해서는 안 됩니다. 아이의 잠재력은 누구도 예측할 수 없습니다. 자꾸만 내 아이를 평균 수치와 비교하려는 유혹이 들면, 발달 척도를 아주 가끔만 들여다보거나 아예 들여다보지 않는 편이 더 나을 수도 있습니다. 그래도 아이는 잘 자라고, 어쩌면 아예 신경을 쓰지 않는 편이 아이와 엄마가 더 행복할 수도 있습니다.

각 장에 논의된 질문과 주제들은 〈The Bible〉 시리즈인 《The Bible ① 임신 출산 수업》에 비해 개월 수나 시기가 덜 구체적이라는 사실도 염두에 두기 바랍니다. 그러므로 궁금한 내용을 찾고 싶을 땐 찾아보기를 이용하는 것이 도움이 될 것입니다.

또한 토들러들은 신생아 때처럼 순조롭게 직선 형태로 성장하지 않는다는 사실도 기억합니다. 대부분 조금씩 차근차근 자라다가 갑자기 어느 땐 자랐다가 어느 땐 성장이 멈춰 있는 듯 보이는 것이 보통입니다. 아이들은 크게 한 단계 성장하기 전에는 대개 소강상태를 갖게 되는데, 아무런 진전이 없는 듯 보이다가 어느 날 갑자기 걷거나 종알종알 말을 하게 됩니다. 다시 말해, 겉보기에는 전혀 발달이 이루어지지 않는 기간에도 사실상 아이들은 새로운 기술을 연마하고 있으며, 이러한 정체기는 정상적인 발달에 반드시 필요합니다. 스트레스를 받는 시기에는 발달이 느려지거나 심지어 퇴보할 수 있습니다. 그러나 이런 시기에도 충분한 지원이 뒷받침된다면, 토들러들은 대개 정상적인 궤도를 되찾아 앞으로 성장하게 될 것입니다.

비전통적 가정에 드리는 말씀

오늘날 사람들은 여러 가지 형태로 가정을

꾸립니다. 결혼한 부부가 함께 아이를 키우는, 소위 전통적이라고 하는 가족을 정상적인 가족 형태로 여기는 현상은 여전하지만, 미국에서는 18세 이하의 아동과 청소년들 절반이 비전통적 가정에서 성장하고 있습니다. 때로는 자발적인 선택에 의하지만 대개는 여건상 한 부모가, 그리고 주로 엄마가 가정을 꾸리는 가족이 점점 늘고 있습니다. 그리고 이런 형태의 가정이 아직은 소수이지만, 아버지 혼자 가정을 꾸리거나, 결혼하지 않은 이성애자나 동성애자가 동거를 하면서 가정을 꾸리거나, 엄마와 아빠가 따로 살면서 양육에 대해서는 공동으로 책임을 지거나, 할머니 할아버지가 손자를 키우는 등 다른 형태의 비전통적 가정도 점점 늘고 있는 추세입니다.

이 책에서 언급하는 가정은 전통적이든 비전통적이든 모든 형태의 가정을 일컫습니다. 편의상 모든 형태의 가정을 일일이 열거하기보다 전통적인 가정에 대해 언급하고는 있지만, 그렇다고 해서 덜 전통적인 방식으로 사는 사람들을 제외한다거나 불쾌하게 여긴다는 의미는 전혀 아닙니다. 비전통적 가정에 대한 자세한 내용은 25장을 참조하기 바랍니다.

부모수업 전 일러두기

✱ 육아 소아과 수업에 참여하신 모든 엄마, 아빠에게 알립니다.

1. 본문 중에 나오는 모든 나이는 '만' 나이를 뜻하고, 본문의 토들러(Toddler : 걸음마를 배우는 시기의 아이)라는 표현은 만 1~3세까지의 아이를 말합니다.
《The Bible ③ 육아 소아과 수업(12~36개월)》은 만 1세부터 만 3세까지 아이들을 대상으로 하고 있습니다.

2. 본문 중에 밑줄로 표시된 부분은 선배 주부들이 임신, 출산, 육아, 소아과 질병 상황을 경험하면서 궁금해했던 내용, 꼭 알고 싶었던 내용, 후배 주부들에게 알려주고 싶은 내용들을 선별하여 표시한 것으로 선택된 정보의 중요도와 선호도에 개인차가 있을 수 있습니다.

3. 본서는 미국 책의 번역서로 미국의 실정이 어느 정도 반영되어 있습니다. 원서의 내용 중 본 한국 번역서에 소개할 가치가 거의 없다고 판단되는 내용은 편집 과정 중 제외하였으나, 글로벌 시대에 살면서 국내에 소개할 가치가 높은 내용은 미국의 상황이라 해도 과감하게 그대로 실었습니다. 때문에 책의 어떤 내용은 아직 한국에 정착되지 않았거나 한국의 상황과는 다소 다를 수 있지만, 다른 나라 시스템과 선진국 주부들은 어떻게 임신, 출산, 육아, 소아과 상황에 대처하는지를 자세히 살피고 참고할 수 있습니다. 이런 점을 감안하여 한국의 상황과 비교해가며 세계에서 가장 많이 읽힌 본 '임신 출산, 육아 소아과 수업' 시리즈를 읽으시기를 적극 추천하고 권장합니다.

4. 〈The Bilble〉 시리즈에 등장하는 각종 의학 관련 학회는 기본적으로 미국의 학회를 의미합니다.
예컨대, 원서의 '미국산부인과학회'는 '산부인과학회'로, '미국소아과학회'는 '소아과학회'로 번역하였습니다. 일부 기관의 명칭(예: 적십자사)도 이와 같은 원칙으로 표기하였습니다.
한편, 정확하게 한국의 정보로 구분하여 제공할 필요가 있는 것들은 한국의 정보를 찾아 실었습니다. 예컨대, 영유아 검진 정보는 한국의 국민건강보험공단 영유아 건강검진 안내를 함께 제시하였고, 한국 아이들의 체중, 신장, 머리둘레 성장 도표는 대한소아과학회의 제공 자료를 실었습니다. (4부 참고 자료)

5. 부상 등 비상 상황에서의 응급처치 정보는 신속한 검색을 위하여 해당 장(챕터) 지면의 오른쪽 끝에 검정띠를 인쇄하여 책을 덮은 상태에서도 바로 찾아 펼쳐볼 수 있게 하였습니다.

6. The Bible 시리즈는 《The Bible ① 임신 출산 수업》 《The Bible ② 육아 소아과 수업(0~12개월)》 《The Bible ③ 육아 소아과 수업(12~36개월)》로 구성되어 있습니다.

다산사이언스에서는 〈The Bilble〉 시리즈의 북카페인 〈thebible123〉을 운영, 향후 여러 유익한 이벤트를 개최하고 추가 정보를 제공할 계획입니다. 독자 여러분의 많은 참여와 좋은 의견을 부탁드립니다. 아울러 북카페 회원 간에 임신, 출산, 육아, 소아과에 관한 알찬 정보를 공유하실 분들도 많은 이용 바랍니다.
〈The Bilble〉 시리즈의 북카페 주소
cafe.naver.com/thebible123.cafe

제1부

✻✻

만 1세부터 2세

1장

생후 13개월

***

아이의 발달 과정

이달 말에 아이가 해야 할 행동

* 서 있는 자세를 유지할 수 있다.
* 앉은 자세를 유지할 수 있다.
* 돌아다닌다(무언가를 잡은 상태에서 한 자리에서 다른 자리로 이동한다.).
* 손뼉을 친다(짝짜꿍 놀이를 한다.).
* 우는 것 외에 여러 가지 방법으로 자신의 욕구를 표현한다.

주의 사항 아이가 아직 이 단계에 이르지 못했거나 물건을 집는다든지 하는 목적이 있는 활동을 위해 손을 사용하지 않을 경우 의사와 상담한다. 아직 이 단계에 다다르지 않았더라도 얼마든지 정상일 수 있지만, 어쨌든 평가를 받아 볼 필요가 있다. 또한 아이가 반응을 보이지 않거나, 미소를 짓지 않거나, 소리를 거의 혹은 전혀 내지 않거나, 잘 듣지 못하는 것 같거나, 지속적으로 짜증을 내거나, 끊임없이 관심을 요구하는 경우에도 역시 의사의 상담을 받는다. 단, 예정일보다 일찍 태어난 만 1세 아이들은 생활 연령이 같은 또래 아이들보다 대체로 발달이 느린 편이다. 이런 발달상의 차이는 차츰 좁혀지다가 대개 만 2세 무렵이면 완전히 사라진다.

아이가 하게 될 행동

* 물건을 통에 담는다($12\frac{1}{2}$개월 무렵).
* 동작을 따라 한다($12\frac{1}{2}$개월 무렵).
* 혼자 선다($12\frac{1}{2}$개월 무렵).
* 알아들을 만한 단어 하나를 사용한다.

아이가 할지 모를 행동

* 컵으로 음료를 마신다.
* 알아들을 만한 단어를 2개 정도 사용한다($12\frac{1}{2}$개월 무렵).
* 원하는 물건을 가리킨다($12\frac{1}{2}$개월 무렵).
* 아무렇게나 그림을 그린다.
* 잘 걷는다.

혹시나 아이에게 기대할 만한 행동

* 숟가락이나 포크를 사용한다(한 가지만

사용하지는 않는다.).
* 옷을 벗는다.
* 신체 어느 부분을 가리켜 보라고 요구하면 가리킬 줄 안다.
* 쓰레기통에 쓰레기 버리는 흉내를 낸다.

지능 발달 만 1세에 접어든 토들러(만 1~3세 아이)들은 탐험가이자 과학자이다. 아이들은 오가다 발견한 물건은 무엇이든 집어 보고, 탐색하고, 실험하고, 조작하고, 어쩌면 여전히 입에 넣어 볼지도 모른다. 원인과 결과가 주된 관심사다.

현재 일어나는 일에 관심을 보이며, 아직 상상력을 발휘하거나 추상적인 사고를 할 줄 모른다.

정서적 발달 먹고 울고 자는 것밖에 할 줄 모르던 신생아는 이제 제법 자라 토들러가 되었다. 이제 아이는 많은 것을 보고 듣고 느끼기 시작하면서 기분과 감정과 행동도 다양해진다. 폭넓은 아이의 반응은 성장의 일부이므로 아이가 다양한 반응을 보일 거라 기대하고 받아들인다. 아이는 애착, 자립, 좌절감, 두려움, 분노, 반항, 고집, 제멋대로 함, 슬픔, 불안, 어리둥절함 등, 다양한 감정을 보일 것이다.

13개월 아이의 소아과 건강검진

소아과 건강검진 준비 문진표를 미리 작성한 다음, 지난번 건강검진 이후에 생긴 걱정과 궁금한 내용들(행동, 건강, 식습관, 수면, 가정 문제 등)을 죽 적어 본다. 이렇게 하면 의사가 "그 밖에 다른 의문 사항이 있으십니까?"라고 물어볼 때 즉시 궁금한 내용을 문의할 수 있다. 아이가 보여 주는 새로운 기술들도(손뼉 치기, 빠이빠이 손 흔들기, 뽀뽀하기, 걷기, 계단 오르기 등) 메모해서, "요즘 아이가 어떤 재주를 보여 주나요?"라는 질문을 받을 때 당황하지 않고 선뜻 대답할 수 있도록 한다. 병원에 갈 때 소아청소년 건강수첩도 가지고 가서 아이의 키, 체중, 예방접종 등 검진을 통해 얻은 정보들을 기록한다.

소아과 건강검진 절차 건강검진을 수행하는 담당 의사에 따라 절차가 조금씩 다를 수 있지만, 생후 12개월 아기의 검진은 대체로 다음과 같이 이루어진다.
* 지난번 건강검진 이후 아이의 성장을 평가한다(키, 체중, 머리둘레). 이 결과들을 성장 도표에 표시하면 아이의 키에 비해 체중이 어느 정도인지 평가할 수 있고 과거 측정치들과 비교할 수도 있다. 만 1세가 지나면 성장 속도가 느려진다.
* 지난번 건강검진 이후 아이의 발달, 행동, 식습관, 건강에 대해 질문한다. 주된 스트레스나 변화는 없었는지, 아이가 형제들과 잘 지내는지, 엄마가 아이를 돌보는 데 어려움은 없는지, 보육 시설은 어떤지(보육 시설에 보낼 경우) 등, 아이의 전반적인 생활에 대해서도 질문할지 모른다. 의사는 엄마가 다른 질문이나 걱정이 있는지도 알고 싶어 할 것이다.
* 관찰과 면담을 기반으로 신체 발달과 지능 발달, 청력과 시력에 대해 비공식적으로 평가한다.
* 참고로, 국민건강보험공단 2차 영유아 검진 시기는 생후 9~12개월에 한다.

* 자세한 국민건강보험공단의 영유아 검진 대상 안내는 본서 912쪽과 공단 홈페이지(www.nhis.or.kr)를 참조한다.

예방접종
* 홍역, 유행성 이하선염, 풍진(MMR) 1차 접종
* 수두 1차 접종
* 뇌수막염(Hib) 추가 접종
* 폐렴구균 추가 접종

12~15개월 사이에 접종한다.

선행 지도 의사는 다음과 같은 내용들을 안내할지도 모른다. 바람직한 육아 방법, 아이가 혼자 하겠다고 떼를 쓸 때의 훈육 방법, 아이와 대화하기, 영양 섭취, 젖떼기, 필요한 경우 불소 보충제 이용 방법, 부상 예방법, 말을 하도록 자극을 주는 방법, 그 밖에 앞으로 몇 달 동안 아이의 발달에 중요한 문제들.

다음 검진 아이가 건강하다면 15개월이 될 때 다시 검진을 받는다. 그 전이라도 이 책에 나와 있지 않은 내용에 대해 궁금한 사항이 있거나 아이가 질병의 증상을 보이는 경우, 의사에게 연락해야 한다.

무엇이든 물어보세요 Q&A

─ 자꾸 넘어져요

Q "이제 돌이 지난 우리 딸은 5분을 제대로 서 있지 못하고 꼭 넘어져요. 운동 협응 능력에 문제가 있는 건 아닐까요?"

A 토들러(만 1~3세 아이)들은 넘어지고, 넘어지고, 또 넘어지기 마련이다. 처음 걸음을 뗀 아기가 발을 단단히 딛고 서 있기란 쉬운 일이 아니며, 대부분의 토들러들은 방 안을 아장아장 걷다가도 넘어지기 일쑤다.

이렇게 자꾸 넘어지는 이유는 신체의 균형과 운동 협응을 경험할 기회가 부족하기 때문이며, 많이 연습하다 보면 완벽하게 서고 걸을 수 있게 된다. 성인이 되어 스케이트나 자전거를 배운 경험이 있다면, 아기가 걸음마를 배우는 과정이 어떨지 어렴풋이 짐작할 수 있을 것이다. 또 다른 원인은 먼 데를 보기 때문이다. 이 시기 아이들

넓고 부드럽고 신축성 있는 머리 끈이나 손목 밴드로 잠옷의 발목 부위를 적당히 고정하되, 꽉 묶지는 않는다. 그러면 아이가 옷에 걸려 넘어지는 일을 예방할 수 있다.

대부분이 바로 앞에 있는 사물을 제대로 볼 줄 모른다. 판단력이 부족하고, 한 가지에 몰두하면 다른 건 생각하지 못하는 것도 원인이다. 아이는 어딜 가다가도 주변에서 무슨 일이 일어나면 그 일에 더 많이 관심을 보인다. 게다가 한 번에 여러 가지 일에 집중하기가 힘들기 때문에 수시로 넘어지고 물을 엎지르는 일이 예사다.

몇 달 지나면 차츰 나아지지만, 아마 당분간은 자주 넘어지고 다치게 될 것이다. 안정되게 앞으로 나가는 데 필요한 기술을 갖추려면 대체로 만 3세 정도는 되어야 한다.

그런데 아이가 넘어지지 않도록 하루 24시간 아이만 지켜볼 수는 없는 노릇이므로, 아이가 넘어지는 걸 예방하고, 넘어지더라도 부상을 최소화할 수 있도록 조치를 취하는 것이 가장 좋다. 가능하면 카펫이 깔린 바닥 위를 걷게 하고, 타일이나 돌, 벽돌 같은 단단한 바닥 쪽으로는 가까이 가지 않게 한다. 아이가 자주 다니는 구역에 날카로운 모서리나 돌출된 부분이 없는지 점검해, 그러한 부분이 있다면 덮어 두거나 제거한다. 서랍, 옷장 문, 가전제품 문, 특히 식기세척기 문은 꼭 닫아 둔다. 전선이 대롱대롱 매달려 있다면 치우거나 테이프로 부착한다. 다리가 고장 나 흔들리는 의자나 탁자는 당분간 치워 둔다. 아이가 몸을 지탱하기 위해 잡고 있다가 다칠 수 있다. 계단이나 욕실처럼 넘어지면 크게 위험한 구역은 아이가 절대로 접근하지 못하게 해야 한다.

몸을 보호할 수 있는 옷을 입히는 것도 도움이 된다. 짧은 바지나 치마보다는 긴 바지를 입힌다. 면실로 짠 얇은 내복보다는 두꺼운 코듀로이 천으로 누빈 옷을 입히면, 넘어지더라도 충격을 효과적으로 완화할 수 있다. 신발을 신긴다고

> **안전에 유의하세요**
>
> 유독 모험심이 강한 아이들은 만 1세에 접어들면서부터 벌써 아기 침대에서 빠져나오는 법을 익힌다. 그러므로 아직 아기 침대 매트리스를 제일 낮은 단계로 낮추지 않았다면, 지금 어서 매트리스 단계를 낮추어야 한다. 커다란 봉제 인형이나 아이가 발판으로 삼을 만한 물건들을 아기 침대 안에 들여서도 안 된다. 아이가 밟고 올라서다가 크게 다칠 수 있다.

아이가 안정되게 서는 데 도움이 되지는 않는다. 실내에서는 맨발이 가장 좋고, 양말이나 슬리퍼를 신겨야 한다면 미끄럼 방지 장치가 부착된 것을 신겨야 한다. 신발을 꼭 신겨야 하는 경우, 아이가 넘어지지 않도록 신발 바닥에 적당히 마찰력이 있어야 하며, 신발은 아이 발에 꼭 맞아야 한다. 신발이 너무 크거나 너무 작거나 너무 투박하면 아이가 발을 헛디디게 된다(토들러 신발에 대한 자세한 내용은 10쪽 참조).

아이가 소파나 책장 위에 올라가는 경우, 바닥에 쿠션이나 폭신폭신한 매트를 깔면 발을 헛디뎌도 덜 다칠지 모른다. 아니면 아이가 다칠 만한 가구를 치우거나 접근하지 못하도록 안전 울타리를 설치한다.

적당한 안전 대책을 마련했다면 안심해도 괜찮다. 토들러의 몸은 넘어져도 덜 다치게 되어 있다. 일단 아이의 몸이 지면에 가깝고, 몸 속 지방이 완충 역할을 충분히 해 주기 때문이다. 두개골의 부드러운 부분, 즉 숫구멍이 완전히 닫히지 않아 두개골도 유연하기 때문에, 머리를 살짝 찧어도 대체로 손상을 입지 않는다. 숫구멍은 대개 18개월 정도 지나면 완전히 닫힌다. 아이가 넘어지지 않도록 하려고 몇 시간 동안 아기 놀이터 안에 가두어 놓는 등 지나치게 보호하는 것은

바람직하지 않다. 자꾸 넘어져 봐야 안정되게 서는 법을 익힐 수 있다.

<u>아이를 지나치게 보호하고 아이가 넘어질 때 과잉 반응을 보이면, 탐색을 하려는 자연스러운 욕구가 억제되고, 걷기, 뛰기, 오르기 등의 대근육운동 발달이 느려지며, 필요 이상으로 겁이 많아질 수도 있다.</u>

── 자꾸 부딪쳐요

Q "우리 아들은 자꾸만 부딪칩니다. 탁자에도 부딪치고, 의자에도 부딪치고, 사람들하고도 부딪쳐요. 시력에 문제가 있는 건 아닐까요?"

A 그런 건 아닐 것이다. 보통 만 1세 아이들은 가까운 곳보다는 먼 데를 잘 보고 거리 감각이 제한되어 있기 때문에, 이 시기에 거리를 판단하기란 꽤나 어려울 수 있다. 만 2세 무렵의 시력은 보통 0.3 정도이고, 만 3세 무렵에는 약 0.4~0.5 정도이다. <u>대략 만 6세가 돼야 정상 시력인 1.0이 된다</u>(시력에 문제가 생길 경우의 증상에 대해서는 527쪽 참조).

시력이 완벽하게 정상이라 하더라도 전혀 부딪치지 않고 지내기란 어렵다. 아이는 자신이 어디로 가고 있는지 거의 알지 못하기 때문이다. 아이는 걷는 동작에 몰두해 자신이 어디로 가고 있는지를 생각하기보다는 주로 자신의 발만 바라본다. 그러므로 아이가 걸을 때는 반드시 어른이 지켜보고 있어야 한다. 혹은 소파에 널브러져 있는 헝겊 기린 인형이나 거실 저쪽에서 팔을 활짝 벌리며 아이를 부르는 엄마 아빠같이, 다가가려는 사물이나 사람에게 가는 데 온 정신이 팔려 있어 바닥에 놓인 장애물에 신경을 쓰지 못한다. 따라서 바닥에 세워 둔 전기스탠드나 탁자를 향해 질주하거나 바닥 한가운데에 놓인 장난감 덤프트럭에 걸려 넘어지는 건 당연한 일이다. 그리고 마지막 순간에 용케 장애물을 발견했다 하더라도 돌아서 가거나 바로 앞에서 멈춰 서는 데 필요한 능력을 아직 갖추지 못하여 그러기가 힘들며, 특히 속도를 내어 달리고 있을 때는 더욱 그러기가 어렵다.

다행히 시력과 협응 능력은 시간이 지나면 향상된다. 만 3세 무렵이면, 아이는 보다 안정되고 안전하게 주변을 돌아다니기 시작한다. 그러나 제대로 품위 있게 걸으려면 빨라야 만 8~9세는 돼야 할 것이다.

그때까지는 주변의 안전에 신경을 써 아이가 부딪치지 않도록 예방한다.

── 대근육운동 발달이 느려요

Q "놀이 모임에서 우리 딸이 뒤집기도 제일 느렸고 앉는 것도 제일 느렸어요. 지금 첫돌이 지났는데 아직도 제대로 서질 못해요. 다른 건 다 정상인 것 같아요 말도 잘하고, 손 협응 능력도 아주 좋아요. 의사는 걱정 말라고 하는데, 말이 쉽지 어떻게 걱정을 안 하나요?"

A 거의 모든 부모들이 한 번씩 이런 걱정을 한다. 그리고 걱정 말라고 아무리 얘기해도, 심지어 아이의 담당 의사가 말해도, 부모의 걱정을 완전히 잠재우기 힘들다. 의사가 안심을 시켜 주었는데도 좀 더 알아봐야겠다는 생각이 머리를 떠나지 않는다면, 진단을 받아서 문제가 없다는 걸 확인해야 마음이 놓일 것 같다고 의사에게 설명한다. 그래야 안심이 된다면 의사도

검사를 받는 데 동의할 것이다. 아마도 기기, 앉기, 서기, 오르기와 관련된 신체의 대근육이 발달하는 대근육운동 발달이 정상 범위에서 약간 느린 편이지만, 차츰 저절로 또래 아이들을 따라잡게 될 거라는 결과를 얻게 될 것이다. 이 경우, 다음에 소개하는 방법을 이용하면 발달 속도를 향상시키는 데 도움이 될 수 있다. 드문 경우이기는 하지만, 검사 결과가 특별히 관심을 기울여야 할 정도로 운동 기능에 문제가 있다고 나올지도 모른다. 대근육운동 발달이 느린 원인이 근육 긴장 약화라면, 물리 치료를 통해 근긴장이 크게 향상될 수 있으며, 일찍 치료를 받을수록 도움이 된다. 가정에서 실시할 수 있는 다양한 물리 치료 운동으로 적절히 조치를 취하면, 대근육운동 발달이 느린 아이들 대부분이 또래 아이들을 따라잡고 아주 건강한 상태를 회복한다.

── **걸음마가 늦어요**

Q "지금쯤이면 우리 아들이 걸음마를 시작할 줄 알았어요. 그런데 아직 걸을 생각도 안 하고 있어요."

A 아이가 아직 걸음마 연습을 시작하지 않는다고 해서 평생 걷지 못하는 건 아니다. 일반적으로 아이들은 생후 13개월에서 15개월 사이가 지나면 다 걸음마를 떼게 되어 있다. 물론 7개월이나 8개월에 벌써 걸음마를 시작하는 아이들도 일부 있지만, 완벽하게 정상인 아이들이 16개월이나 그보다 훨씬 뒤에야 걸음을 떼는 경우도 많다.

내 아이가 이처럼 광범위한 정상 발달 범주에 속한다면, 지능이나 장차 운동 능력에 대해 걱정하지 않아도 괜찮다. 말이 늦은 아이들이 대부분 그렇듯, 걸음마가 늦은 아이들도 대부분 일단 걸음마를 시작하고 나면 빠른 속도로 또래 아이들을 따라잡게 되는데, 보통 처음에는 머뭇머뭇 걸음을 떼어 보다가 몇 주만 지나면 펄펄 날아다닌다.

그러나 아이의 걸음마에 대해 걱정하거나 아이를 재촉할 필요는 없지만, 걷는 기술을 익힐 수 있도록 연습할 기회를 많이 만들어 주어야 한다. 부모의 손이나 정강이, 아기 침대 빗장, 탁자 등을 잡고 아이가 혼자 설 수 있도록 격려한다. 엄마 무릎에서 아빠 무릎까지, 이쪽 의자에서 저쪽 의자까지, 아기 침대 이쪽 끝에서 저쪽 끝까지 걸을 수 있도록 도와준다. 아이가 혼자서 연습하는 걸 좋아하지 않고 앉거나 기는 것으로 만족해한다면, 아이를 일으켜 세워 함께 놀아 주어서 다리 근육의 힘을 키워 아이 혼자 힘으로 설 줄 알게 한다. 유아용 식탁 의자나 유모차, 아기 놀이터에 오랜 시간 아이를 가두어 놓아서는 안 된다. 아이가 맨발로 집 안을 돌아다니게 하거나, 바닥이 차가우면 미끄럼 방지가 되어 있는 양말을 신겨 돌아다니게 한다. 딱딱한 신발은 걸음마를 배우는 데 방해가 될 수 있으므로 주의한다. 보행기도 이용해서는 안 된다. 보행기는 잦은 사고의 원인이 되기도 하지만, 보행기에 의지해 걸어 버릇한 아이들은 혼자서 걷는 법을 배우는 데 오래 걸린다. 아이가 보행기를 이용하고 있다면 지금부터 중단하도록 한다.

아이가 물건을 잡고 일어서거나 혼자 힘으로 서려고 하지 않을 경우, 아마 아이는 잘 걸을 준비가 될 때까지 기다리고 있는지도 모른다. 그러나 다음 정기 검진 때 담당 의사와 상의하는 것이 좋겠다.

── 발에 꼭 맞는 신발 신기기

Q "아이 신발을 살 때는 발에 꼭 맞는 신발을 구입해야 한다는 걸 잘 알고 있어요. 하지만 아이는 버둥거리면서 칭얼댈 테고 저는 경험이 없어 쩔쩔맬 텐데, 아이 발에 맞는 신발을 제대로 구입할 수 있을지 걱정이에요."

A 토들러에게 신발을 신어 보게 하는 일은 몹시 까다로운 일이라서, 아이한테 신겨 보는 수고를 들이지 않고 대충 사 버릴까 하는 마음이 들 정도다. 하지만 그래서는 안 된다. 아이 발에 잘 맞는지 신겨 보아야만 맞는 신발을 제대로 고를 수 있다.

신발 가게에 갈 때는 다음 요령을 기억하자.

* **어린아이들에게 요령껏 신발을 신길 줄 아는 직원이 있는 가게에 간다** 다른 부모들에게 좋은 신발 가게를 추천해 달라고 부탁한다.
* **부모와 아이 모두 식사를 하거나 간식을 든든히 먹은 후에 가게에 간다** 아이가 배가 고프면 잘 협조하지 않으며, 부모가 배가 고프면 참을성이 없어진다. 엄마, 아빠는 협동심을 총동원하고 최대한 인내심을 발휘해야 할 것이다.
* **낮잠을 재운 후에 가게에 간다** 아이가 피곤하면 배가 고플 때보다 두 배로 짜증을 낼 거라는 건 두말하면 잔소리다.
* **가능하면 방과 후 시간은 피한다** 신발 가게에 사람이 많을수록 기다리는 시간이 길어지고 신발을 구입하는 과정은 더욱 힘들어진다.
* **아이의 주의를 돌릴 만한 물건을 준비한다** 아이가 좋아하는 곰 인형이나 트럭을 가지고 가면, 신발을 구입하기 위한 탐험이 좀 더 수월할 수 있다.
* **적절한 양말을 신긴다** 구입할 신발을 신을 때 주로 신기게 될 양말과 유사한 무게와 두께의 양말을 신긴다.
* **한쪽만 신겨 보아서는 안 된다** 보통 오른발과 왼발 크기가 다르므로, 신발 사이즈는 더 큰 발에 맞추어야 한다. 따라서 판매원에게 양쪽 발 길이를 모두 재게 한 다음, 양쪽 신발을 모두 신겨 보아야 한다.
* **아이가 앉아 있는 동안 신발을 신기지 않는다** 아이가 양쪽 발에 체중을 실어 바닥에 서 있을 때 신발을 신겨야 한다. 발가락이 닿는 공간을 확인할 때에는 아이가 신발 안에서 발가락을 구부리지 않도록 해야 한다. 어린아이들, 특히 신발을 신는 데 익숙하지 않은 아이들에게 아주 흔하게 볼 수 있는 습관이다. 손으로 아이의 종아리를 문지르면 다리 근육이 이완되어 발가락이 펴진다.
* **부모가 손가락으로 테스트를 해 본다** 신발 안쪽, 발볼이 가장 넓은 부위에 손가락을 넣어서 폭을 확인한다. 손가락을 넣어서 신발 안쪽에 약간의 공간이 생기면 폭이 적당한 것이다. 공간이 넓으면 폭이 너무 넓고, 손가락이 겨우 들어가면 너무 좁은 것이다. 손가락으로 신발 가장자리를 눌러 새끼발가락이나 발 바깥쪽 뼈가 만져져도 신발 폭이 너무 좁은 것이다. 길이를 확인할 때는 엄지발가락이나 가장 긴 발가락 끝 바로 위를 부모의 엄지손가락으로 눌러 본다. 두 번째나 세 번째 발가락이 엄지발가락보다 더 긴 아이들도 있다. 눌러서 엄지손가락 너비만큼의 여유, 대략 1.3cm 정도가 있다면 길이가 적당한 것이다. 앞코도 눌러서 발가락이 오므라지지 않고 편안하게

꼼지락거릴 수 있는지 확인한다.
발뒤꿈치가 잘 맞는지 확인하려면, 아이의 뒤꿈치와 신발 뒤축 사이에 부모의 새끼손가락을 넣어 보아 꼭 맞아야 한다. 손가락이 전혀 들어가지 않거나 겨우 들어가면 신발이 너무 작아 아이의 발뒤꿈치가 쓸리게 된다. 부모의 새끼손가락이 쑥 들어가면 신발이 너무 큰 것이다. 발목 둘레가 너무 벌어져도 아이 발에 맞지 않는다.

* **신발을 신고 걸어 보게 한다** 아이가 아직 혼자 걸을 수 없다면, 아이를 잡아 주어 몇 발자국 걷게 해서 아이가 신발을 신고 편안하게 걷는지 확인한다. 아이가 걸음을 옮길 때마다 발가락으로 질질 끌지는 않는지, 발뒤꿈치가 훌떡 벗겨지지는 않는지 확인한다.

* **빨개진 부분이 없는지 확인한다** 아이의 신발을 벗길 때는 양말도 벗겨서 발이 눌려 빨갛게 표시가 난 부분이 없는지 확인해야 한다. 이런 표시는 신발이 발에 맞지 않다는 증거다.

* **미리 큰 신발을 구입하지 않는다** 아이 발이 크는 속도를 감안하면 발 크기보다 큰 신발을 구입하고 싶어진다. 하지만 그래서는 안 된다. 신발이 너무 크면 피부에 자극이 가해지고 물집이 생길 수 있으며, 자꾸만 넘어져 걷는 데 방해가 될 수 있다.

신발이 아무리 발에 잘 맞아도 양말이 발에 맞지 않으면 발이 쓸리고 자극이 가해질 수 있다. 전문가들에 따르면 아크릴 실로 짠 양말은 발의 수분을 빨아들여 아이들 양말로 좋다고 한다. 신축성이 좋은 양말이 아이 발에 가장 적합하고 오랫동안 신길 수 있다. 양말은 발이 조이지 않고 발에 편안하게 맞아야 한다. 양말이 너무 크면, 주름이 잡히거나 천이 한쪽으로 몰려서 피부에 자극을 가해 물집이 생길 수 있다. 반면 양말이 너무 작으면, 발에 쥐가 나고 발의 성장을 방해할 수 있다. 발에 양말 자국이 생기기 시작하면 한 사이즈 큰 양말로 바꿔야 할 때가 된 것이다.

─── 신발을 교체할 시기

Q "우리 아들 신발을 얼마나 자주 교체해 줘야 할까요?"

A 토들러들은 평균 서너 달에 한 번씩 신발을 교체해 주어야 한다. 그러나 한 번에 쑥쑥 자라거나 정체기에 접어들 때는 두 달에 한 번 혹은 대여섯 달에 한 번씩 교체하기도 한다.

아이의 발이 얼마나 빨리 자랄지 예측하기 어려우므로, 매달 혹은 그보다 더 자주 집에서 아이의 신발 사이즈를 확인해야 한다. 발가락이 닿는 부분의 여유 공간이 어른 엄지손가락 반 정도도 안 된다면 슬슬 신발을 교체할 준비를 한다. 신발을 교체해야 할지 어떨지 잘 모르겠으면 아동용 신발 가게에 들러 확인한다. 믿을 만한 판매원이 신발을 교체할 때인지 아닌지 알려 줄 것이다.

그리고 돈을 절약하고 싶은 마음이 굴뚝같겠지만, 그렇다고 <u>큰아이가 신던 신발을 동생에게 물려주어서는 안 된다. 신발이 크게 해지지 않았다 하더라도, 이미 큰아이의 발 모양에 맞추어졌기 때문에 동생의 발에는 맞지 않을 것이다.</u> 단, 한 가지 예외가 있는데, 정장용 구두 같은 경우는 고작해야 몇 번 신지 않았을 터이므로 물려주어도 괜찮다.

아이 신발 고르기

인류 역사상 대부분의 기간 동안 어린아이들은 맨발로 다녔으며, 지금도 세계 여러 지역에서는 맨발로 생활하는 아이들이 많다. 그러므로 "처음 걸음마를 떼는 아기에게 어떤 신발이 가장 좋은가요?"라는 질문에 확실하게 답하려면 한참 고민을 해야 할 것 같다. 신발을 신지 않는 사회에서 생활하는 사람들 발이 더 유연하고 튼튼하고 건강한 만큼, 대부분의 전문가들은 신발을 신지 않는 것이 발 건강에 가장 좋다고 주장하며, 평소에 신발을 신고 사는 현대 사회에서도 아이들에게는 맨발로 다니게 하도록 권한다. 물론 실외에서는 발을 보호하기 위해, 추운 계절에는 발의 보온을 위해 신발을 신어야 하지만 말이다. 외풍이 있거나 난방이 잘 안 되어 있는 집은 바닥이 차갑기 때문에 항상 맨발로 다니기 어렵다. 이 경우 미끄럼 방지가 되어 있는 슬리퍼 양말을 신기는 것이 좋다. 슬리퍼 양말을 신으면 발을 편안하게 움직이는 동시에 따뜻하게 유지할 수 있다.

맨발 다음으로 가장 좋은 방법은 맨발에 가장 가까운 느낌의 신발을 신는 것이다. 다음 내용을 참고하자.

발에 꼭 맞는 신발 신발은 너무 크거나 너무 작아서는 안 되며, 신발이 너무 큰 경우보다 꽉 끼는 경우가 문제를 일으키기 쉽다. 신발을 고르는 요령은 8쪽을 참조한다.

신고 벗기 쉬운 신발 발목이 높은 신발이 더 나은지 발목이 깊이 파인 신발이 더 나은지에 대해서는 전문가들마다 의견이 분분하다. 발목이 높은 신발은 발을 잘 감싸 주는 대신 부모가 신기고 벗기기가 어렵다. 발목이 깊이 파인 신발은 너무 쉽게 벗겨지고 아이가 마음대로 벗을 수 있다. 더구나 저절로 벗겨지기도 쉽다. 처음 걸음마를 뗀 아이에게 어떤 신발이 가장 좋은지는 신발이 발에 잘 맞는지 여부뿐만 아니라 아이의 발 모양에 좌우될 수 있다.

가벼운 신발 토들러들은 맨발 상태에서도 발 한 번 떼기가 무척 힘들다. 하물며 신발의 무게는, 특히 무거운 신발의 경우에는 발을 떼는 일을 더욱 어렵게 만들 것이다.

유연한 신발 신발의 발가락 부분을 쉽게 위로 구부릴 수 있어야 한다. 약 40도 정도.

바닥이 미끄럽지도 마찰력이 너무 강하지도 않은 신발 바닥이 너무 미끄러워 아이가 걸음을 떼려 할 때 미끄러져서도 안 되며, 반대로 마찰력이 너무 강해 발을 들기 어려워도 안 된다. 가장 좋은 마찰은 맨발 상태의 마찰력과 유사한 정도다. 바닥은 고무로 대어져 있고 바퀴 자국처럼 생긴 홈이 나 있는 신발을 구입한다. 신발 바닥이 부드러워 미끄러지기 쉬운 경우, 가령 정장용 구두 같은 경우, 사포로 문질러 바닥을 거칠게 만들거나 마스킹 테이프 두 조각을 바닥 전체에 붙여 마찰력을 강화한다.

발에 맞는 모양 앞코가 뾰족한 신발보다는 앞코가 높고 사각형 모양으로 된 신발을 고른다.

갑피가 통기성 있는 재질로 만들어진 신발 신발 갑피가 비닐이나 인조 가죽 재질보다는 가죽이나 캔버스 재질로 되어 있으면, 발이 숨을 쉴 수 있고 땀을 배출하기에도 좋다.

굽이 없는 신발 굽이 아주 살짝 있는 신발도 토들러의 자세와 균형을 무너뜨릴 수 있다.

뒤축이 단단한 신발 뒤축이 신발을 단단하게 지탱해야 한다. 뒤축 모서리 둘레에 완충재가 대어진 신발을 선택한다. 이런 신발은 뒤축에 발이 쓸리는 경우를 예방하며, 따라서 발이 한결 편하다.

색상이 밝고 디자인이 예쁜 신발 13개월 아이에게 신발의 색깔과 디자인은 크게 중요하지 않을지 모른다. 하지만 조금 큰 토들러들에게는 색깔과 디자인이 아주 중요하며, 취향에 맞지 않으면 절대로 신으려 들지 않을 수도 있다. 아이들은 색깔과 디자인이 대담한 신발을 좋아하고, 동물과 만화 캐릭터 장식이 덧대어져 있으면 점수를 후하게 준다.

합리적인 가격 다음 해까지 아마 네다섯 켤레, 어쩌면 그보다 더 여러 켤레의 신발을 교체하게 될 것이다. 그러므로 발의 편안함과 안전성을 고려해 잘 만들어진 신발을 선택하는 것은 중요하지만, 영원히 해지지 않을 튼튼한 소재로 만들어진 신발을 선택할 필요는 없다.

여력이 된다면 한 번에 두 켤레의 신발을 구입한다. 아이들은 발에 땀이 많이 나기 때문에, 번갈아 신으면 다음에 신을 때까지 신발이 바짝 마를 것이다.

── 발가락이 안쪽으로 향해 있어요(안짱다리)

Q "딸아이가 걸음마를 시작했는데, 걷는 모양을 보니 발가락이 안쪽으로 향해 있지 뭐예요. 걱정할 일인가요?"

A 처음 걸음마를 뗀 아이들에게 흔히 볼 수 있는 모양이다. 만 1세 초반에 발가락이 안쪽으로 향해 있는 현상은 대개 정강이뼈가 안쪽으로 비틀어진 현상과 관련이 있으며, 보통 저절로 곧게 펴진다.

그러나 6개월 내에 다리가 곧게 펴지지 않거나, 다리 모양 때문에 아이가 걷거나 뛰는 데 지장이 있는 것 같거나, 아이가 걷지 않을 때에도 발가락이 똑바로 앞을 가리키지 않거나, 밑에서 관찰했을 때 아이의 발이 반달 모양으로 곡선을 이루는 경우, 아이의 담당 소아과 의사와 상담을 해야 한다.

아이들 중 8~9%는 성인이 될 때까지도 계속 안짱다리 모양을 유지하기도 한다. 그러나 움직이는 데 지장이 없고 발이 경직되거나 아프지 않다면 거의 문제를 일으키지 않는다.

이 시기에 발가락이 안쪽으로 향하는 아이들보다 바깥으로 향하는 아이들이 만 3~4세 무렵에 일시적으로 안짱다리가 되는 경우가 종종 있는데, 역시 걱정할 필요는 없다.

── 닥치는 대로 만지기 증후군

Q "우리 아이는 뭐든 만져 보지 않고 그냥 지나치는 법이 없어요. 그 바람에 집에 있으면 집 안 물건이 망가지고 밖에 나가면 아이가 위험해서, 우린 늘 조마조마해요."

A 토들러들은 끊임없이 주변의 물건을 탐색하고 만지고 조작하는 바람에 때때로 부모를 돌아 버리게 만드는데, 이런 모습은 아이에게 무슨 악의가 있어서가 아니라 호기심이 충만하기 때문이다. 아이가 이런 행동을 하게 되는 건 아이의 마음속에 악마가 있어서가 아니라 크리스토퍼 콜럼버스와 아이작 뉴턴이 있기 때문이다. 탐험가이자 과학자인 아이에게 주변 세상은 자신의 세계이자 실험실이다. 하지만 좀 더 많은 것을 발견할 수 있도록 지지를 받기는커녕, 매일같이 말썽 좀 피우지 말라는 꾸지람만 듣는다. "만지지 마!"라는 말은 아마도 토들러들이 집에서 부모에게 가장 많이 듣는 말일 것이다. 하지만 토들러들은, 특히 만 1세 초반의 토들러들은 물건을 만지거나 찌르고, 혹은 손에 쥐거나 짜고, 이도 아니면 손으로 훑어 내리고 싶은 충동을 억제할 능력이 전혀 없다.

<u>부모는 아이에게 주변의 물건에 손대지 못하게 할 수도 없으며 그래서도 안 된다.</u> 아이들은 손으로

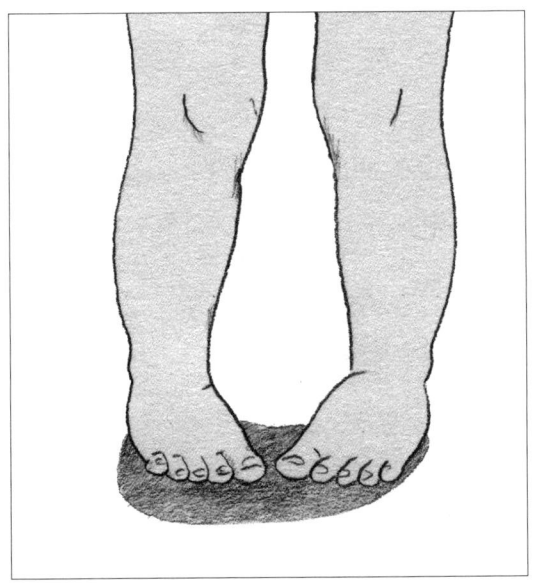

만 1세 초반에는 발가락이 안으로 향하는 현상을 드물지 않게 볼 수 있다.

직접 만져 봐야 세상을 이해할 수 있기 때문이다. 물론 위험하거나 깨지기 쉬운 물건을 만지게 해서는 안 된다. 그러므로 안전한 물건은 만지도록 격려하고, 위험한 물건은 탐색하지 못하도록 주의를 주면서 중도를 지킬 필요가 있겠다.

위험을 제한한다 최대한 아이에게 안전한 집 안 환경을 조성한다. 아이가 좀 더 책임감을 갖는 나이가 될 때까지는 귀중한 물건을 모두 따로 보관하는 것이 좋지만, 그러길 원하지 않는다면, 만져도 깨지지 않는 미술품을 가지고 미술품은 소중히 다루어야 한다는 걸 지금부터 교육한다(268쪽 참조). 가능하면 선견지명을 갖고 사고를 예방한다. 아이가 컵에 담긴 우유나 주스를 쏟아 내용물이 바닥에 흐르는 걸 보길 좋아한다면, 아이 손이 닿지 않는 곳에 음료를 치우고 아이가 달라고 하거나 아이에게 음료를 줘야겠다고 생각될 때에만 컵을 쥐어 준다. 아이의 갈증이 해소되면 즉시 컵을 받아 든다.

외출할 때는 비싸고 깨지기 쉬운 물건이 많은 고급스런 분위기의 장소는 피한다. 할머니 댁이 이런 환경이라면, 할머니는 손녀가 방문하기 전에 가장 소중하게 여기는 물건들을 손녀 손이 닿지 않는 곳에 치워야 할 것이다. 상점과 슈퍼마켓에서는 아이를 쇼핑 카트나 유모차에 태워 안전띠를 매어 주고, 아이의 손이 심심하지 않도록 아이가 좋아하고 촉각을 자극하는 물건을 쥐어 준다. 아이가 얌전히 있으려 하지 않는다면, 아이를 조수로 삼고는 도움을 청해서 잠재적으로 파괴적인 에너지를 생산적으로 활용한다. 엄마가 원하는 시리얼을 손으로 가리키면, 아이는 선반에서 시리얼을 꺼내 엄마에게 건네준다. 엄마가 오렌지나 사과를 고른 다음, 아이에게 비닐봉지에 하나하나 담아 달라고 부탁한다. 아이가 엄마가 선호하는 식료품의 상표를 알아볼 만한 나이가 되면, 선반에서 엄마에게 필요한 식료품을 찾아 알려 달라고 부탁한다. 그런 다음, 쇼핑 카트 안에 넣게 한다.

한계를 분명하게 정하고 일관되게 적용한다
아이의 왕성한 탐험 욕구를 억제하고 싶지는 않다 하더라도, 아이에게 어떤 물건은 손대서는 안 된다는 걸 지금부터 알게 해야 한다. 아이가 가스레인지나 도자기 진열장 등 만져서는 안 되는 물건들에 손을 뻗으려 할 때마다, 아이를 제지하여 즉시 돌려보낸다. 같은 말을 열두 번도 더 반복해야 비로소 아이가 충분히 이해하게 된다는 걸 기억한다.

가능성을 늘려 간다 아이가 자신의 세계를 안전하게 탐색할 수 있게 기회를 많이 제공할수록 탐색을 하면서 말썽을 부리고 싶은 유혹이 줄어든다. 만지고 탐색하고 싶은 아이의 욕구를 안전하게 충족시켜 주는 요령은 503쪽을 참조한다.

감독하고 교육한다 아이가 치약을 짜고 싶어 한다면? 아이에게 치약을 잘 짜는 법을 알려 준 다음, 아이를 가족 대표 치약 짜기 도우미로 공식 임명한다. 그러나 부모가 반드시 곁에 지켜 서서 아이가 치약을 제대로 짜고 있는지 감독해야 한다. 그러지 않으면 욕실 여기저기에 온통 치약 얼룩이 묻을 것이다. 아이가 컴퓨터를 만지고 싶어 한다면? 아이를 15분 동안 부모의 무릎에 앉히고 키보드를 눌러 보게 한다. 아이가 텔레비전을 켜고 싶어 하면? 어떻게 켜는지 알려 주고 아이에게 해 보도록 하되, 부모나 다른 어른이 곁에 있을 때에만 켤 수 있게 한다. 부모가 물건을 정리할 때 도와주는 방법을 알려 준다. 칼, 포크 등 날카로운 도구를 먼저 안전하게 치운 다음, 식기세척기에서 식기류를 꺼내는 방법이나, 잠잘 때 불 끄는 방법 등 간단하고 일상적인 여러 가지 일들을 아이에게 가르치면 아이가 무척 신나 할 것이다.

대체할 만한 것을 준다 잘 빨아 단정하게 개어 놓은 옷을 아이가 망가뜨리려 한다면 아이 손이 닿지 않는 곳에 치운다. 대신 아이에게 수건이나 티셔츠 한두 장을 주어 몸에 걸치게 하거나, 끌고 다니게 하거나, 까꿍 놀이를 하게 한다. 수건 개는 방법을 알려 준 다음, 실컷 갰다 펼쳤다 하게 해도 좋다. 아이가 물을 가지고 실험하길 좋아한다면? 목욕하는 동안 다양한 종류의 플라스틱 용기를 주어 물을 담았다 부었다 할 수 있는 기회를 실컷 마련해 준다.

위반 행동에 대해 너무 엄격하게 다루지 않는다
해서는 안 되는 행동을 즉시 중단시키는 건 중요하지만, 그렇다고 너무 심하게 야단쳐서는 안 된다. 토들러들은 반응이 긍정적이든 부정적이든, 크게 반응을 얻는 활동을 반복하려는 경향이 있다. 가능하면 야단을 치기보다 재미있는 다른 활동으로 주의를 돌리는 기술을 이용하도록 한다.

— **뭐든지 탕탕 쳐요**

Q "우리 아들은 보이는 건 죄다 탕탕 치고 다녀요. 식탁, 거실의 골동품 진열 선반, 텔레비전 할 것 없이 전부 다요. 아이가 물건을 망가뜨릴까 봐 걱정되기도 하고 아이가 다칠까 봐 겁나기도 해요."

A 어린 토들러들이 이처럼 하루 종일 물건을 탕탕 치고 두드리는 모습은 아주 흔하게 볼 수 있는 모습이며 그만큼 정상적인 모습이다. 아이들은 자신이 내는 리드미컬한 소리가 재미있기도 하지만, 자신의 행동에 어른들이 반응하는 걸 무척 좋아한다. 어쨌든 탕탕 치는 소리를 무시하기란 무척 힘들며, 특히 전화 통화 중이거나 온 식구가 모여 저녁 식사를 할 때나 스트레스가 많이 쌓인 날은 더욱 힘들다. 이처럼 물건을 두드리면서 탕탕 소리를 내는 것 외에 아이를 즐겁게 하는 것이 한 가지 더 있는데, 바로 주변이 어지럽혀지는 것이다. 아이는 식탁 위에 놓인 접시 밖으로 완두콩과 당근이 튕겨져 나가고, 선반 위의 골동품들이 제멋대로 흔들리고, 탁자 위에 놓인 잡지들이 펄럭이는 걸 보면서 재미있어 한다.

아이가 물건을 두드리는 행동을 완전히 진정시키기는 어렵겠지만, 어느 정도 한계를 정할 필요는 있다.

✱ **위험한 물건을 두드릴 때는 즉시 중단시킨다**
텔레비전, 탁자 위에 깐 유리판, 접시, 창문 등을 두드리면, 크게 다치거나 물건이 망가지거나, 아니면 둘 다일 수 있으므로 즉시 멈추게 한다. 아이가 식탁을 두드려 식탁이 흔들리면 커피잔의 뜨거운 커피가 쏟아지거나 꽃병이 넘어질 수 있으므로 미리 못 하게 경고한다. 처음에는 '~을 두드리면 안 된다'고 경고하는 것이 좋지만, 백번 말하는 것보다 행동으로 조치를 취하는 편이 더 효과적이다. 아이가 물건을 탕탕 치고 있다면 아이를 물건에서 떼어 놓고, 재빨리 두드릴 만한 다른 물건이나 아이의 주의를 돌릴 만한 물건을 준다. 그만 두드리지 못하겠냐고 소리를 지르고 싶은 마음은 굴뚝같겠지만, 부드러우면서도 단호하고 진지한 목소리로 물건을 두드리지 말라고 말한다. 부모가 화를 내면 물건을 두드리는 것 같은 불쾌한 행동이 진정되기는커녕 오히려 더 심해지는 경향이 있다. 두드리는 소리가 너무 커서 그만하라는 부모 목소리가 들리지 않겠다 싶으면, 부모가 입술만 움직여 그만하라고 말하는 모양을 보여 주면 아이가 호기심을 느끼면서 말을 들을지도 모른다.

금지시킨 물건을 두드리지 말라고 한 번 말해서는 아이의 행동을 개선시킬 수 없다. 부모가 여러 차례 '안 된다'고 말해야 비로소 말을 들을 것이다. 그리고 아마 하지 말라는 말을 듣기 전까지 나무 숟가락으로 탁자를 치거나 장난감 트럭으로 유리문을 두드리는 등 여러 차례 부모를 시험해 볼지 모른다. 아이가 안 된다는 걸 이해할 때까지 방심하지 말고 아이를 지켜보고 있다가 그 자리에서 즉시 그만두게 해야 한다.

* **두드리고 싶은 아이의 충동을 충족시켜 준다**
두드리고 싶으면 두드려야 해소가 된다. 그러므로 안전한 물건을 마음껏 두드리게 해 준다. 아이에게 낡은 냄비와 나무 숟가락, 장난감 드럼과 끝이 고무로 된 드럼 스틱, 아동용 탬버린, 두드리고 칠 수 있는 장난감, 토들러용 장난감 해머와 작업대를 준다. 바닥에 카펫이 깔린 방에서 혹은 천을 씌운 소파나 의자에 앉아서 이런 것들을 두드리면 다른 사람들의 귀에 덜 시끄럽게 들릴 것이다.

* **리드미컬한 박자가 들리면 아이와 함께 귀를 기울여 본다** 집과 자동차의 카세트테이프나 CD에서 여러 종류의 음악이 흐를 때, 손뼉을 치고 발을 구르는 놀이를 할 때, 귀뚤귀뚤 귀뚜라미 소리가 들릴 때, 칙칙폭폭 기차 소리, 째깍째깍 시계 소리가 들릴 때, 아이와 함께 귀를 기울여 소리를 듣는다. 아이에게 음악 소리나 노랫소리에 맞추어 율동을 하게 하거나 리드미컬하게 몸을 흔들게 해도 좋다.

* **공공장소에서는 두드리지 못하게 한다** 아이의 부모야 어느 정도 참을 수 있겠지만, 다른 사람들은 참을 필요도 없고 참아서도 안 되며, 대체로 참고 들어주지 않는다. 그러므로 가령 아이가 음식점에서 숟가락을 잡고 식탁을 두드리기 시작하면, 아이가 다치거나 주변의 물건을 망가뜨릴 위험이 없다 하더라도 즉시 행동을 제지한다. 기왕이면 아이가 무언가를 두드리거나 탕탕 칠 가능성이 있는지 미리 생각하는 것이 좋다. 아이를 식탁에 앉히기 전에 아이 자리에 놓인, 깨지기 쉬운 식기류는 치우고, 아이가 두드리려고 하거나 그럴 가능성이 생기기 전에 공공장소에서 허용될 만한 행동으로 아이의 관심을 끈다. 메뉴판이나 냅킨을 이용해 까꿍 놀이를 하거나, 조용히 노래를 부르거나, 그림책을 읽어 주거나, 지혜롭게 미리 준비해 온 크레파스로 종이에 그림을 그리게 해 아이의 주의를 돌린다. 필요하면 음식이 도착할 때까지 현관 입구나 밖에 잠시 있다 온다.

기저귀 갈기가 힘들어요

Q "기저귀를 갈 때 별별 방법을 다 써 보아도 아이가 얌전하게 있어 주질 않아요."

A 부모는 새로 기저귀를 채우려 하고 아이는 맨몸으로 있으려 해서, 활발한 아이를 둔

가정에서는 기저귀를 갈 때마다 하루에도 몇 번씩 전쟁을 치르기 마련이다. 어쨌든 결국에는 기저귀를 채우게 되니까 겉으로는 부모가 이긴 것 같지만, 기저귀를 채우기까지 부모와 아이 사이의 팽팽한 신경전은 부모에게 승리감을 안겨 주기보다는 오히려 부모를 녹초로 만들어 버리기 십상이다.

기저귀를 갈지 않겠다며 반항하는 시기가 금세 지나가는 아이들이 있는 반면, 배변 훈련이 완벽하게 이루어질 때까지 꽤 오랫동안 반항기를 보내는 아이들도 있다. 다음 요령을 시도하면 휴전을 좀 더 앞당길 수 있을 것이다.

상처가 없는지 확인한다 기저귀 발진이 나면 기저귀를 채울 때 유독 아플 수 있다. 이 경우 의사의 권고를 따라 발진을 치료한다. 발진이 점점 악화되거나 이틀이 지나도 사라지지 않으면, 의사와 상담한다.

빨리 갈 수 있는 도구를 선택한다 속도가 관건인 만큼 최대한 빨리 기저귀를 갈 수 있는 방법을 찾아보아야 한다. 천 기저귀, 핀, 비닐 팬티 대신, 벨크로 접착포로 떼고 닫을 수 있는 기저귀 겸용 팬티나 일회용 기저귀를 이용한다. 잘못해서 핀에 찔리면 기저귀 가는 과정이 훨씬 어려워질 수 있는데, 이런 기저귀를 이용하면 그런 위험이 제거된다.

모든 준비물을 갖추어 놓는다 아이의 기저귀를 벗긴 다음, 물티슈, 베이비파우더, 기저귀를 준비하느라 서두르지 말고 미리 갖추어 놓는다. 안전을 기하기 위해 아이의 손이 닿지 않는 곳에 둔다.

주의를 돌릴 만한 활동을 만든다 기저귀를 가는 동안 아이의 주의를 가장 확실하게 사로잡을 수 있는 활동은 평소에는 하지 않고 기저귀를 갈 때에만 하는 놀이들이다. 그러나 놀이가 또 다른 지루함을 낳을 수 있으므로, 아이가 좋아하는 놀이를 찾을 때까지 여러 차례 시행착오를 거치게 될 것이다. 플라스틱 모래시계, 태엽을 감아 음악 소리가 나오는 깨지지 않는 장난감, 튼튼한 뮤직 박스, 탬버린처럼 흔들면 소리가 나는 악기, 동요 CD, 기저귀를 가는 동안 아이가 조작하거나 관찰하거나 들을 수 있는 여러 가지 흥미로운 오락거리 등이 좋다. 혹은 엄마와 아이가 함께하는 놀이로 주의를 돌릴 수도 있다. "우리 아가 배 어디 있나? 우리 아가 코는 어디 있나?" 하고 물어보면서 해당하는 부위에 뽀뽀를 하거나, 아이를 기저귀 갈이 도우미로 임명해 기저귀를 갈 때에 필요한 물건들을 건네 달라고 부탁한다.

아이가 서 있는 상태에서 기저귀를 간다 아이가 스스로 걸을 줄 알게 되면 억지로 눕히는 걸 모욕적으로 받아들인다. 그러므로 아이가 서 있는 상태에서 기저귀를 가는 것이 종종 편리할 때가 있다. 단, 아이가 소변만 보아 기저귀가 젖어 있기만 한 상태일 때, 그리고 기저귀를 가는 동안 갑자기 소변을 봐 바닥이 젖어도 괜찮은 상황에서만 아이를 세워서 기저귀를 간다. 아이의 뒤에 서서 뒤에서 앞으로 가는 것이 가장 좋은 방법이다. 또한 창문 밖에서 날아다니는 새, 벽에서 변화무쌍하게 바뀌는 그림자, 계속해서 움직이는 기기 등도 아이의 주의를 돌리는 데 도움이 된다.

아이를 기다려 준다 아이가 한창 재미있게 놀고 있다면 기다렸다가 기저귀를 간다. 혹은 아이가 가지고 놀던 장난감을 가져다 놓고 기저귀를 간다.

신호를 바꿔 본다 엄마가 기저귀를 들고 있는 모습이 아이에게 이제 곧 괴로운 일이 시작되리라는 신호를 보내는 것이라 다른 방식으로 신호를 보낼 때가 됐는지도 모른다. 가능하면 기저귀 가는 일을 아빠에게 맡기거나, 기저귀를 갈 줄 알고 기꺼이 대신 갈아 주겠다는 다른 사람에게 부탁한다. 새로운 모양의 기저귀로 눈길을 끌면, 그것이 기저귀라는 사실을 알기 전에 얼른 기저귀를 갈 수도 있다.

억지로 기저귀를 가는 수밖에…… 앞의 방법을 전부 동원했지만 소용이 없다면, 아이를 억지로 눕혀서 최대한 재빨리 기저귀를 간다. 이때, 가급적 버둥거리는 아이의 발을 다른 사람이 잡아 주면 좋다. 상냥하되 단호하게 대한다. 죄책감을 느낄 필요는 없다. 어쨌든 아이가 좋든 싫든 기저귀를 갈아야 하니까.

그러나 완력으로 기저귀를 갈아서는 안 된다 아이가 말을 듣지 않는다고 엉덩이를 찰싹 때리는 것은 기저귀를 갈 때는 물론이고 양육상의 다른 문제에 있어서도 결코 좋은 해결책이 아니다. 엉덩이를 맞은 충격으로 아이가 잠시 동안은 얌전해질지 모르지만, 폭력만이 원하는 것을 얻고 다른 사람을 통제하는 방법임을 가르치는 셈이 된다. 뿐만 아니라 아이를 다치게 할 수도 있다.

침착해지기 위해 노력한다 부모가 전투적인 태도를 보이지 않으면 아이도 싸움에 흥미를 잃을 것이다. 어쨌든 둘이 싸울 마음이 있어야 싸움이 성사되는 거니까.

앞날을 생각한다 기저귀 가는 일로 영원히 싸우지는 않을 것이다. 언젠가는 아이가 배변 훈련을 시작하고, 용변 연습용 팬티를 입게 될 것이다. 기저귀 전쟁에서 유아용 변기 전쟁으로 확대되지 않도록 하려면, 19장의 내용을 참고하여 커다란 변화에 부모와 아이가 함께 준비한다.

── 식욕이 확 줄었어요

Q "우리 딸은 지금까지 뭐든 잘 먹어서 정말 다행이라고 생각했어요. 그런데 갑자기 아무것도 먹으려 들지 않는 거예요. 지금까지 잘 먹던 음식까지도 말이에요. 아이가 어디 아픈 걸까요?"

A 아이가 특별히 무기력, 허약함, 피로, 열, 체중 감소, 짜증 같은 질병의 증상을 보이지 않는다면, 음식을 거부하는 현상을 질병의 증상이라고 보기 어렵다. 오히려 이런 현상은 다음 네 가지 집중 발달의 요인일 수도 있다.

첫째, 정상적인 토들러 시기의 특징인 자립심이 싹튼다. 이런 자립정신은 앞으로 몇 달 동안 여러 가지 형태로 나타날 텐데, 식사 시간뿐 아니라 옷 갈아입는 시간, 목욕 시간, 놀이 시간, 취침 시간 등, 대부분의 시간에 자립심이 싹트는 모습을 보게 될 것이다.

둘째, 첫돌 무렵에는 성장이 서서히 둔화되고 따라서 칼로리 소모가 적은 것이 보통이다. 토들러가 계속해서 생후 1년 동안과 유사한 칼로리를 섭취하고 같은 비율로 체중이 증가한다면, 두 돌이 되기 전에 초등학교 5학년생 몸무게가 될 것이다. 왜냐하면 첫돌 무렵에 아이는 출생 시 체중의 세 배 이상, 다시 말해 앞으로 4년 동안 증가할 체중만큼 증가하기 때문이다.

셋째, 최근에 라이프 스타일이 활발하게 바뀌었다. 토들러들은 대개 걷기나 다른 새로운 기술을 연습하는 데 푹 빠져 있어 다른 일들에, 심지어 먹는 일에조차 시간을 내려 하지 않는다.

넷째, 기억력이 향상된다. 영아들은 내일이 없는 듯이, 즉 마치 다음에는 먹을 게 없는 것처럼 먹는다. 하지만 토들러들은 "엄마 아빠가 하루에 몇 번씩 나한테 맘마를 주는구나. 지금 안 먹어도 나중에는 먹을 수 있겠구나." 하는 걸 서서히 깨닫기 시작한다. 그렇기 때문에 어떤 일에 몰두해 있을 경우, 굳이 밥을 먹느라 하던 일을 멈출 필요는 없다고 생각하는지도 모른다.

그러므로 지금 식욕이 떨어지는 현상은 완벽하게 정상이며 걱정할 필요가 없다. 오랜 연구 결과에 따르면, 건강한 토들러들은 억지로 혹은 강압적으로 식사를 하지 않더라도 정상적인 성장과 발달에 필요한 만큼 충분히 먹는다고 한다. 반면에 아이에게 억지로 음식을 먹일 경우, 만성 식이 장애가 생길 수 있다.

일반적으로 정상적인 아이의 식욕은 식사 때마다, 날마다, 주마다, 달마다 달라진다. 하루 한 끼는 배불리 맛있게 먹고 나머지 두 끼는 깨작거리는 아이들도 있고, 하루 종일 조금씩 자주 먹으면서 몸에 필요한 영양분을 섭취하는 아이들도 있다. 한창 쑥쑥 클 때는 먹는 데 관심이 많다가, 이가 날 시기나 감기, 독감에 걸렸을 때에는 식욕이 둔화되기도 한다. 하지만 몇 주에 걸쳐 섭취량을 계산해 보면, 거의 일관되게 균형 잡힌 식사를 하고 있음을 확인하게 될 것이다.

이 이론을 테스트하기 위해 2주 내지 3주에 걸쳐 아이의 섭취량을 기록해 본다. 그런 다음, 토들러의 하루 권장 섭취량(554쪽 확인)과 비교한다. 매끼 성실하게 기록하고 아이 몸에 좋은 음식만 제공한다면, 실제로 아이가 아주 잘 먹고 있다는 걸 확인하고 깜짝 놀랄지 모른다.

아이가 음식을 거부하는 것이 부모에 대한 거부나 부모의 육아 기술이 부족해서가 아니라는 사실도 기억하자. 음식 타박이 심한 아이를 잘 먹이는 방법(567쪽 참조)을 활용해 아이의 입맛을 돋울 수도 있다.

아이의 생활에 변화가 생기거나 감기나 다른 질병에 걸릴 경우, 일시적으로 입맛을 잃을 수도 있다. 아이가 체중이 늘지 않거나 몸이 불편하고 기분이 좋아 보이지 않으면, 아이의 담당 의사와 상의한다.

—— 우유 알레르기

Q "우리 애는 최근에 젖을 떼고 우유를 먹기 시작했어요. 그런데 갑자기 한 번씩 설사를 시작하는 데다, 숨을 쉴 때마다 쌕쌕거리는 소리를 내고, 하루 종일 콧물을 흘리고 다녀요. 어디 아픈 데는 없는 것 같고 열도 나지 않아요. 진찰을 받아야 할까요?"

A 갑자기 한 가지 이상의 증상이 나타나면 의사에게 연락을 취한다. 아이가 바이러스에 걸렸을 수도 있지만 우유에 대해 알레르기 반응을 보일 가능성이 높다.

우유 알레르기는 이 아이에게 나타난 설사, 천식, 콧물 같은 증상뿐 아니라, 습진, 변비, 과민성, 식욕부진, 피로 등의 증상으로도 나타난다. 어떤 종류의 우유든 아주 소량만 섭취해도 이런 증상을 일으킬 수 있다.

우유 알레르기는 주로 생후 첫해 초, 아이가 우유를 기반으로 한 유동식을 섭취한 경우에, 그리고 때로는 모유 수유를 하는 엄마가 유제품을 많이 섭취하는 경우에 나타난다. 하지만 모유를 먹는 아이나 두유 또는 가수 분해 분유를 먹은 후에 우유를 섭취한 아이에게는 거의 나타나지 않는다.

우유 알레르기는 약 12% 가량의 유아들에게 영향을 미치며, 대개 만 1세 후반 무렵 사라진다. 그러나 일부 아이들의 경우, 이 시기가 지난 후에도 계속 알레르기로 고생하기도 한다. 우유 알레르기가 있는 아이들은 대체로 우유나 유제품을 전혀 섭취할 수 없다. 그렇지만 건강한 성장을 위해 우유에 든 칼슘을 섭취해야 하는데, 이런 칼슘은 칼슘이 강화된 두유나 칼슘이 강화된 오렌지 주스를 통해 얻을 수 있다. 염소유도 우유 알레르기가 있는 아이에게 도움이 될 수 있다. 그 밖에 칼슘이 풍부한 여러 종류의 음식으로도 칼슘을 보충할 수 있다. 아이의 식단에 칼슘을 비롯한 우유의 주된 영양 성분, 즉 단백질, 인, 비타민 D, 리보플라빈 등이 결핍되지 않도록 하기 위해, 아이의 식단에 대해 아이의 담당 의사와 상의한다.

── 음식을 버려요

Q "우리 아이는 음식을 몇 번 썹거나 음료를 몇 모금 마시고 나면 그릇이나 컵을 바닥에 뒤집어엎어요. 정말이지 이젠 바닥이 엉망이 되는 걸 도저히 봐줄 수가 없을 것 같아요."

A 토들러들의 식사 시간을 깔끔하게 유지하는 가장 확실한 방법은 아이에게 음식과 음료를 일체 주지 않는 것뿐이다. 하지만 이건 말도 안 되는 방법이므로, 아이가 음식을 먹는 동안 주변을 어지럽히는 행동을 최소화할 방법을 찾는 수밖에 없다. 다음에 소개하는 방법과 다음 질문 내용인 음식을 부는 경우의 대처 방법을 시도해 보자.

알맞은 양을 준다 많은 아이들이 앞에 음식이 많으면 아무렇지 않게 음식을 낭비하기 마련이므로, 한 번에 조금씩 음식을 주고 아이가 더 먹으려고 하면 조금 더 추가해 준다.

주의를 돌린다 아이에게 숟가락을 쥐어 주며 직접 음식을 먹게 하면, 아이가 크게 흥미를 느껴 밥그릇을 엎는다든지 자기가 먹을 음식을 강아지에게 줄 생각을 하지 않을 것이다. 혹은 식탁 앞에서 할 수 있는 놀이를 시도해 잘못된 행동을 삼가게 한다. "네가 네 맘마 한 입 먹으면 그다음에는 엄마도 엄마 맘마 한 입 먹을게."

부착한다 식탁이나 유아용 식탁 의자의 식판에 부착할 수 있는 그릇이나 컵을 이용해 아이가 바닥에 그릇을 엎지 못하게 한다.

칭찬한다 아이가 비교적 깔끔하게 음식을 먹으면 아이를 칭찬하고, 약간 어지럽힌 걸로 너무 야단치지 않는다. 그리고 처음에 약간 어지럽히다가 결국 식탁 주변을 완전히 엉망으로 만들어 놓으면 즉시 식사를 마친다.

아이가 식사를 할 때 주변을 어지럽히지 못하게 늘 예방할 수는 없지만, 엉망진창이 되는 상황을 조금이나마 개선할 수는 있다. 유아용 식탁 의자를 물로 닦을 수 없는 가구와 벽으로부터 가능한 멀리 떨어뜨려 놓고, 그 아래 신문지나 비닐 시트를 깐다. 아이의 옷을 보호하기 위해 소매를 걷어 올리고 어깨를 완전히 덮어 주는 커다란 턱받이를 매어 준다. 아이가 턱받이를 싫어하면, 허드레옷을 식사용으로 입히거나 실내 온도가 괜찮으면 옷을 모두 벗긴다. 음식이 팔뚝에서 옷으로 주르르 흘러내리지 못하도록 아이의 손목에 타월 천으로 된 두꺼운 머리띠를 묶어 줄 수도 있다. 이런 참신한 시도를 아주 좋아하는 아이도 있지만, 손목에서 머리띠를 빼려는 아이도 있다.

아이가 식사하는 모습을 도저히 눈뜨고 봐 주기 어려우면, 그동안 설거지를 하거나, 당근을 깎거나, 빨래를 개는 등, 다른 일을 한다. 하지만 아이가 여전히 잘 먹고 있는지, 어떤 어려움에 처해 있지는 않은지 수시로 살펴본다.

── 음식을 불어요

Q "우리 아이는 제가 입에 음식을 넣어 주면 곧바로 음식을 불어서 뱉어 내는 이상한 습관이 생겼어요. 그렇게 음식을 불면서 내는 소리가 좋은가 봐요. 하지만 저는 아이의 습관 때문에 짜증이 나서 돌아 버릴 것 같아요. 음식으로 온 사방이 엉망진창이 되니까 말이에요. 아이에게 '하지 말라'고 단호하게 말해 보기도 하지만, 아이가 깔깔 웃으면 저도 모르게 같이 웃게 돼요."

A 생후 6~7개월쯤 된 아기들은 입에 침을 잔뜩 묻히면서 '브브브' 하는 소리를 내는 걸 무척 좋아한다. 이 아이의 지저분한 식습관은 아마도 그 무렵에 음식을 먹으면서 입술과 입술을 붙이고 진동을 시켜 보았더니 아주 흥미로운 소리가 난다는 걸 우연히 알게 되면서 시작됐을 것이다. 그리고 이 행동은 부모의 반응으로 인해 계속됐을 것이다. 부모가 화를 내면서 "그러면 안 돼!"라고 소리를 지르든, 소리를 죽여 키득키득 웃든, 어떤 식으로든 부모가 반응을 보이면, 토들러들은 오래 전부터 해 오던 자신의 행동이 여전히 효과가 있다고 생각할 테고, 더구나 자신의 행동으로 주변 사람들이 웃고 재미있어하면 이런 행동을 더 자주 하게 된다.

다음과 같은 방법을 이용하면 이런 행동을 중단시키는 데 도움이 된다.

음식을 바꿔 본다 유난히 뱉어 내기 좋은 음식이 있다. 으깬 과일과 채소, 요구르트처럼 질척한 음식을 다른 종류의 음식으로 바꿔 본다. 바나나 조각과 잘 익힌 당근, 고구마, 건강에 좋은 비스킷, 통 곡물로 만든 부드러운 빵, 한입에 먹을 수 있는 슬라이스 치즈 등이 좋다. 입술을 마찰시키면서 나는 재미있는 소리가 더 이상 나지 않으면, 아이는 소리를 내려는 의욕이 한결 사라질지 모른다. 좋아하는 음식이 없어 아이가 음식을 먹길 거부하면, 이유를 설명해 준다. '브브브' 하는 소리를 내면서 음식을 뱉어 내지 않으면 다시 좋아하는 음식을 주겠다고 말하되, 아이가 여전히 음식을 뱉어 내면 다시 치운다.

스스로 먹게 한다 아이가 아직 스스로 먹지 않을 경우, 스스로 먹는 책임감과 재미를 느끼게 해 주면, 먹는 재미에 푹 빠져 옛날 버릇에 흥미를 잃게 될 것이다. 물론 아이 혼자 먹게 하면, 부모가 먹여 줄 때보다 시간이 더 오래 걸리고 주변도 더 지저분해지겠지만, 어차피 아이는 조만간 이 발달 단계를 밟아야 한다. 이때, 아이 혼자서도 안전하게 먹을 수 있는 음식을 마련해야 하며, 목이 막힐 수 있는 음식은 삼가야 한다.

관심을 갖지 않는다 주변에 지켜보는 사람이 없으면, 아이가 잘못된 습관을 보여 주면서 만족감을 얻을 수 없으므로 굳이 음식을 뱉어 내려 하지 않을 것이다. 아이 앞에 음식을 놓아두고 부모는 아이와 같은 공간에서 부모가 할 일을 한다. '브브브' 하는 소리가 들려도 돌아보지 않는다. 어쩌다 아이가 음식을 뱉으면서 '브브브' 하고 소리를 내는 현장을 보게 되더라도, 눈도 깜박하지 말고 절대로 빙그레 웃어서도 안 된다.

습관을 완전히 멈추게 한다 음식을 불어서 뱉어 내는 행동이 잘못된 행동임을 아이에게 알려야 한다. 정색을 하면서 단호하고 간단명료하게 "음식 불지 마라."라고 말한다. 그래도 아이가 음식을 불어서 뱉어 내면 "음식 불지 마라."라고 반복해서 경고한 다음, 이렇게 덧붙인다. "음식 가지고 장난치면 치워 버릴 거야." 그래도 또 음식을 뱉어 내면서 '브브브' 소리를 내면 즉시 음식을 치운다. 아이가 부모의 말을 완벽하게 이해하지 못했더라도 이내 의미를 알아차릴 것이다.

── 혼자 먹게 하면 사방이 너무 지저분해져요

Q "아이가 혼자 잘 먹게 하려면 혼자 먹는 경험을 많이 하게 해야 한다는 걸 잘 알지만, 주변이 지저분해지는 걸 참을 수가 없어서 결국에는 아이 손에서 숟가락을 뺏어 들게 되어요."

A 부모가 아이에게 숟가락과 포크를 빼앗고 아이의 식사를 완전히 통제해 버리면, 더 빨리 더 효율적으로 식사를 하게 되는 건 물론이고, 훨씬 깔끔하게 식사를 마치게 되리라는 건 두말할 필요도 없다. 하지만 토들러들에게 음식을 먹는 일은 속도와 효율성, 깔끔함을 요구하는 훈련이 아니다. 음식을 먹는 일은 아이에게 영양분을 제공할 뿐 아니라, 아이가 스스로 먹을 기회를 갖게 되는 경우에 중요한 학습 경험이 되기도 한다.

그러므로 아이가 음식을 식탁에 문지르고, 던지고, 아무렇게나 숟가락에 올려 입속에 마구 집어넣는 등, 도저히 눈 뜨고 볼 수 없는 광경을 연출하더라도, 스스로 먹는 모습을 꾹 참고 봐 주어야 한다. 이렇게 인내심을 갖고 기다리다 보면 차츰 나아져, 아이는 어느새 혼자서도 잘 먹는 아이가 되어 있을 것이다. 하지만 그렇게 되기까지는 주변이 지저분해지는 상황에 관한 앞의 두 질문에 대해 설명한 내용이 도움이 될 것이다. 영양가 있으면서도 숟가락에 잘 붙어 있는 음식을 주면 아이가 먹기 편하다. 숟가락에서 자꾸만 떨어지는 음식보다는 잘 붙어 있는 음식을 주면 아이가 접시에서 입까지 쉽고 깔끔하게 음식을 옮길 수 있다. 또한 아이에게 매일 흥미로운 재료들을 가지고 놀 기회를 제공하는 것도 도움이 될 수 있다. 핑거 페인트, 물, 비눗방울, 모래, 고무찰흙 등으로 놀이를 하면, 식사 시간에 음식을 가지고 실험하고 싶은 욕구가 어느 정도는 줄어들지 모른다.

── 매달리기 / 의존

Q "우리 딸은 저한테 너무 많이 의지하는 것 같아요. 제가 방을 나가려고만 하면 엉엉 울려고 하고, 한방에 있어도 제가 다른 일에 주의를

돌리면 다리를 잡아당기면서 징징대기 시작해요."

A 부모로서는 혼란스러운 일일 것이다. 지금쯤이면 아이가 부모를 점점 덜 필요로 할 거라고 생각했는데, 오히려 그 어느 때보다 더 부모에게 매달리는 것 같으니 말이다. 아이는 독립적으로 행동하고 싶어 하는 것 같다가도, 막상 독립적이 되어야 한다는 압박을 느끼면 이내 뒤로 움츠러든다. 그러나 어린아이들이 부모에게 의지하려는 마음과 독립심 사이에서, 부모로부터 벗어나고 싶은 마음과 부모 곁에 안전하게 머무르고 싶은 마음 사이에서 갈팡질팡하는 이런 모순적인 감정을 느끼는 건 아주 정상이다.

아이의 세계가 확장되었는데도 여전히 부모가 그 세계의 중심이라는 사실은 무척 뿌듯한 일이면서도 동시에 부담스러운 일이기도 하다. 아무 데도 가지 말고 나만 바라보라며 부모의 다리에 매달려 애처롭게 흐느끼는 아이를 외면한 채, 이런저런 집안일을 해야 하는 부모들이라면 모두 공감할 것이다. 그리고 이 경우 부모만 방해를 받는 것이 아니다. 부모에게 매달리느라 아이 역시 신체적, 정서적, 사교적으로 충분히 발달하지 못하고 발육도 늦어질 수 있다.

이처럼 힘겨운 과도기 동안 부모는 아이에게 위안과 안도감을 충분히 제공하다가도 어느 때는 거의 제공하지 못하거나, 아이가 성장할 수 있도록 든든한 버팀목이 되어 주다가도 어느 때는 과보호로 아이의 성장을 억제하는 등, 아슬아슬한 줄타기를 계속하게 될 것이다. 아이는 하룻밤 사이에 갑자기 부모에게서 벗어나게 되지는 않는다. 이 과정은 태어날 때부터 시작해 아동기, 청소년기를 거쳐, 청년기까지 지속된다. 하지만 아이가 애정 어린 격려를 충분히 받는다면, 부모의 다리를 붙잡고 있던 팔을 서서히 풀고 부모 곁에서 성큼성큼 멀어지기 시작할 것이다. 아이가 부모로부터 독립할 수 있도록 길을 열어 주기 위해 다음 내용을 참고하자.

부모가 다시 돌아온다는 걸 확신시킨다 일부 아이들은 이 시기에도 여전히 사랑하는 사람이 눈에 보이지 않으면 영원히 사라져 다시는 돌아오지 않을까 봐 걱정한다. 대상이 더 이상 눈에 보이지 않더라도 여전히 존재한다는 대상영속성을 가르치는 놀이를 하면, 이런 불안함을 어느 정도 더는 데 도움이 된다. 특히 그 대상이 부모인 경우에 더욱 도움이 된다. 아이와 까꿍 놀이를 한다. 옆방 문 뒤에 숨거나, 아이가 아직

대부분의 토들러들은 독립을 하고 싶은 욕구와 두려움 사이에서 갈등을 겪기 때문에, 여전히 부모에게 매달리면서 안정감을 느끼고 싶어 한다.

이런 놀이를 즐길 줄 모르면 아이가 있는 방 안의 소파나 의자 뒤에 숨는다. 그런 다음, 이렇게 물어본다. "엄마 어디 있게?" 그러고 나서 활짝 미소를 지으며 고개를 쏙 내민 다음, 이렇게 말한다. "여기 있지!" 일주일 정도 이 놀이를 하면서 처음에는 몇 초에서 시작해 30초, 1분, 2분까지 차츰 숨는 시간을 늘린다.

부모가 눈에 보이지 않는 동안에도 편안하게 접촉하기 위해 "엄마가 어디 갔지?", "엄마 어디 있는지 알아맞혀 보세요!" 하며 아이에게 말을 건네거나, 단조로운 음으로 아무렇게나 노래를 지어 부른다. 처음 이 놀이를 할 때 아이가 무척 불안해 보인다면, 손이나 냅킨, 책으로 부모의 얼굴만 가리거나, 커튼이나 책으로 신체 일부만 가리거나, 혹은 부모 대신 곰 인형이나 다른 인형을 숨긴다. 부모가 보이지 않아도 아이가 아무렇지 않게 느끼기 시작하면 이번에는 아이에게 숨도록 유도한다. 아이에게 독립심을 부추기는 건 중요하지만, 아기 놀이터나 아기 침대에 안전하게 있는 경우가 아니라면 방 안에 어린아이 혼자 두어서는 안 된다. 아이가 부모 없이 혼자 방에서 지내는 데 익숙해지게 하려면, 다른 성인이나 앞가림을 할 줄 아는 만 5세 이상의 아이가 있을 때에만 기본적인 훈련을 시도한다.

함께하는 시간을 마련하되…… 역설적으로 들리겠지만, 아이는 부모의 관심을 많이 받을수록 관심을 얻고 싶은 갈망이 줄어든다. 아이와 함께 노래를 부르고, 책을 읽고, 간식을 먹고, 블록을 쌓고, 그림을 그리는 등 많은 시간을 함께하면, 아이가 더욱 안정감을 느껴 부모 없이 혼자서도 시간을 보낼 줄 알게 된다. 안아 주고, 뽀뽀하고, 무릎에 앉히는 등 수시로 아이와 몸을 접촉하는

것도 잊어서는 안 된다.

너무 오래 함께하지 않는다 부모가 하루 종일 아이 주변을 떠나지 않으면, 아이가 독립심을 키우고 혼자 즐기는 법을 익히는 데 방해가 될 수 있다. 아이가 독립적으로 놀도록 분위기를 조성한다.

아이가 즐길 만한 놀이를 제공한다 부모가 아이에게서 떨어져 다른 공간으로 가기 전에, 같은 공간의 반대편으로 갈 때조차, 아이가 짧은 시간 동안 부모 대신 몰두할 만한 재미있는 활동을 마련해 준다.

계속해서 아이와 접촉한다 일하는 동안 이따금 아이에게 말을 건다. 팔을 뻗어 아이의 머리를 쓰다듬거나, 아이가 모양 맞추기 놀이를 할 때 어려운 모양이 나오면 맞출 수 있도록 도와준다.

아무렇지 않게 아이에게서 떨어진다 부모들은 간혹 자기도 모르게 자신의 불안감을 아이들에게 보여 준다. 아이 곁에서 떨어질 때는 항상 얼굴에 확신에 찬 미소를 짓고 밝고 경쾌한 말투로 이야기한다.

아이가 불안해할 때에도 차분하게 대처한다 부모가 아이에게서 떨어질 때 아이가 싫다고 떼를 쓰더라도 "네가 자꾸 그러면 엄마 정말 화낸다!"라며 짜증을 내거나, "에그, 불쌍한 우리 아가. 엄마 여기 있어, 아무 데도 안 가!"라고 하며 측은하게 여겨서는 안 된다. 대신 아무런 반응도 보이지 않는다. 그리고 아이가 어떤 반응을 보이든 아이의 반응 때문에 할 일을 미루거나 단념해서는 안 된다. 그냥 무심하게 이렇게 말한다. "괜찮아.

엄마 금방 올 거야." 처음에는 아이가 부모 말을 완전히 이해하지 못하더라도, 부모가 차분한 목소리로 말하면 마음이 놓일 것이다. 아이에게 돌아올 때에도 태연한 모습을 보여 준다. "엄마 왔어요. 재미있게 놀았어?" 그러면 아이는 부모가 잠시 떠나더라도 약속대로 반드시 돌아온다는 사실을 이내 이해하기 시작할 것이다. 아이를 떠나고 돌아올 때마다 같은 말을 사용하면, 마침내 아이는 부모가 오갈 때 한결 마음을 놓기 시작할 것이다.

따라다니게 한다 아이가 한사코 부모를 졸졸 따라다니겠다고 고집을 부리면 굳이 말리지 않는다. 부모가 거부하지 않더라도 아이는 속으로 충분히 갈등을 겪고 있다.

아이 스스로 부모 곁을 떠나게 한다 아무리 부모한테 매달리는 아이들도 자주 부모에게서 벗어나곤 한다. 부모와 아이의 분리는 부모가 아이에게서 벗어날 때에만 아이에게 큰 충격이지, 아이가 부모에게서 벗어나려고 마음먹을 때는 전혀 충격이 되지 않는다. 아이와 함께 놀고 있다가 아이가 다른 일에 몰두하기 위해 그 자리를 벗어나려 하면, 그렇게 하도록 내버려 둔다. 단, 아이가 부모의 눈에 보이는 곳에 안전하게 있는 경우에 한해서만. 아이는 부모 곁을 떠나도 괜찮다는 걸 알 필요가 있다.

자존감을 형성해 안전하다는 느낌을 심어 준다 어린아이에게 안전하다는 느낌을 심어 주기 위해, 따라서 독립심을 키우기 위해, 아이 자신에 대해 긍정적인 생각을 불어넣는 것만큼 좋은 방법은 없다. 아이가 스스로를 바람직하게 느끼게 함으로써 혼자서도 편안하게 놀 수 있도록 도와준다(자존감 형성을 위한 요령은 330쪽 참조).

아이의 의존성을 즐겨서는 안 된다 간혹 아이의 의존성을 은근히 다행으로 여기며, 무의식적으로 그런 분위기를 조장하는 부모들이 있다. 이런 부모들은 굳이 그럴 필요가 없을 때에도 아이 곁을 맴돌고, 아이가 봉제 인형을 가지고 혼자서 재미있게 놀고 있을 때에도 불쑥 끼어들며, 아이가 매달리지 않는데도 매달릴 거라고 지레 짐작한다. 자신이 이처럼 의존적인 악순환에 한몫한다는 걸 깨달으면 악순환을 깨기가 한결 쉬워질 것이다.

참고 기다린다 부모가 곁에 없다는 두려움은 정상적인 발달 단계로, 부모가 사랑을 담아 아이를 격려하면 마침내 이런 두려움에서 벗어나게 될 것이다.

부모와 잠시 물리적으로 떨어져 있어도 안심하게 하기 위해 온갖 노력을 기울였는데도 불구하고 아이가 여전히 부모 곁을 떨어지려 하지 않는다면? 아이가 부모에게 매달리게 내버려 둔다. 지금 당근을 깎지 않으면 저녁에 먹을 반찬이 없다는 걸, 혹은 빨래를 하지 않으면 내일 깨끗한 옷을 입지 못한다는 걸 솔직하게 설명하고, 필요하면 아이가 두 팔로 부모의 다리를 꼭 붙잡게 내버려 둔 채 계속해서 당근을 깎는다. 관심을 얻으려는 방법이 번번이 실패한다는 걸 깨달으면 아이는 이런 방법들을 포기할 것이다.

그럼에도 계속해서, 어쩌면 유치원에 입학한 후에도, 심지어 그보다 훨씬 오랫동안 부모에게 어느 정도는 매달릴지도 모른다. 아이를 유치원에 데려다주었을 때, 아이가 잠시 동안 엄마나 아빠에게 매달리는 것을 드물지 않게 볼 수 있다. 계속해서 부모의 관심을 얻되, 어린이집이나 유치원 등에서 다른 어른들에게 노출되는 기회가 많아지면 성숙해지는 과정에 도움이 되며, 마침내 부모에게 매달리던 일을 지난 일로 만들게 될 것이다.

물론 모든 토들러들이 부모에게 의존적인 것은 아니다. 아무런 거리낌 없이 선뜻 독립적인 모습을 보이는 아이들도 있다. 이런 아이들은 부모에게 매달리지 않고 분리 불안도 보이지 않으며, 무슨 일이든 스스로 하길 좋아한다.

─ 분리 불안

Q "제가 집 밖에만 나서면 제 아들은 큰 소리로 울어 버려요. 결혼기념일에 남편과 함께 외출하기 위해 베이비시터에게 아이를 맡긴 적이 있었는데, 아이가 한 시간 동안 우는 바람에 결국 베이비시터한테 전화를 받고 얼른 집에 와야 했답니다."

A 탯줄이 잘리는 순간부터 인생은 헤어짐의 연속으로 이루어진다. 새로운 발달 단계가 시작되면 새로운 헤어짐을 맞게 된다. 이유식을 시작하면 엄마 젖과 헤어져야 하고, 기고 걸을 줄 알게 되면 안길 필요가 적어진다. 유치원으로 향하는 첫날 아침, 캠프를 떠나 처음으로 집 밖에서 잠을 자던 밤, 대학 기숙사에서 보내는 첫날 등, 성인이 되기 위한 긴 여정을 지나는 동안 수많은 헤어짐을 경험하게 된다. 지금 이 시기에 아이가 헤어짐을 잘 극복하면 나중에 부모와 아이 모두가 분리 상황을 더욱 잘 극복할 수 있을 것이다.

분리 불안을 경험하는 아이는 한쪽 혹은 양쪽 부모가 보이지 않을 때 무척 힘들어한다. 이런 현상은 정상적인 발달 단계로, 보통 생후 10개월 무렵에 시작해서 만 1세 초반 몇 달 동안까지 혹은 그보다 더 오래 지속된다. 그러나 모든 발달 단계들이 그렇듯이 정상 범위가 상당히 넓다.

분리 불안을 전혀 경험하지 않는 아이들도 있는 반면, 두 돌이 가까워 올 무렵에 시작해서 만 2세가 지난 뒤까지 혹은 그보다 더 나중까지 불안을 경험하는 아이들도 있다. <u>부모 외에 다른 사람에게는 한 번도 보살핌을 받아 본 적이 없고 다른 어른들에게 거의 노출된 적이 없는 아이의 경우 분리 불안이 더욱 심할 수 있다. 이사를 하거나 어린이집에 처음 맡겨지거나 동생을 보는 경우처럼 스트레스를 겪는 동안에도 분리 불안을 크게 느낄 수 있다. 천성적으로 수줍음이 많고 말이 없거나, 기질적으로 변화를 싫어하거나, 최근에 처음으로 밤새 부모 곁을 떠나 본 경험이 있는 경우에도 분리 불안이 커질 수 있다.</u>

다음 내용을 참고하면 부모와 아이가 모두 분리 상황을 보다 효율적으로 극복하는 데 도움이 될 것이다.

* **분리 불안을 심각하게 받아들인다** <u>놀리거나 짜증 내지 말고 아이의 마음을 이해하면서 인내심을 갖고 당당하게 반응한다.</u> 물론 이해심과 인내심의 한계가 시험대에 오를 때도 종종 있을 것이다. 가령, 약속 시간에 늦어서 내 다리를 꼭 붙들고 있는 아이의 손을 나도 모르게 억지로 떼어 내려고 할 때는 정말이지 인내심이 바닥이 날 것만 같다. 아이의 마음을 이해하기 위해 최선을 다하되, 나는 그저 인간일 뿐임을 기억해야 한다.

아이와 헤어지는 요령

아이를 베이비시터나 다른 어른에게 맡기는 일이 아무리 어렵다 해도 시간이 지나면 편안해지기 마련이다. 그 과정을 조금이나마 편안하게 보낼 수 있도록 다음 내용을 참고하자.

* **가능하면 미리 외출 준비를 마쳐 아이와 헤어지기 전에 함께 시간을 보낼 수 있도록 한다** 베이비시터가 도착하기 30분 전에 분주하게 샤워를 하고 옷을 갈아입는다면, 아이는 엄마가 집에 있는 동안에도 외면당한다는 느낌을 받을지 모르고, 엄마가 집을 나서고 나면 완전히 버림받은 느낌을 받게 될 것이다. 또한 막판에 허둥지둥 외출 준비를 서두르지 않도록 한다. 이렇게 하면 부모도 피곤할 뿐 아니라 부모의 불안감과 갑작스러운 변화가 아이에게 고스란히 전달될 것이다. 최소한 외출하기 15분 전에는 아이와 함께 앉아 책 한 권을 읽거나, 퍼즐을 맞추거나, 블록을 쌓으면서 시간을 보낸다. 미리 준비할 시간이 없다면 아이와 함께 준비한다. 머리를 말리고 옷을 갈아입는 동안 아이는 곁에서 장난감을 갖고 놀게 한다.

* **외출하기 전에 아이를 바쁘게 만든다** 아이와 베이비시터가 함께할 수 있으면서 아이가 좋아하는 놀이를 마련한다. 이런 식으로 접근한다고 해서 아이가 울지 않는 건 아니지만, 일단 부모가 외출하고 나면 다시 놀이에 몰두할 수 있다.

* **부모를 생각나게 하는 물건을 남겨 둔다** 부모의 베개든, 숄이든, 액자에 넣어 둔 사진이든, 혹은 립스틱을 바른 입으로 아이 손등에 키스를 하든, 부모가 가까이 있다는 걸 느낄 수 있도록 부모의 물건을 아이에게 쥐어 주면, 아이가 부모와 떨어져 있는 상황을 극복하는 데 도움이 될지 모른다. 그러나 베이비시터를 통해 아이가 이런 물건들을 보면서 오히려 엄마를 더 찾게 되는 것 같다는 말을 듣는다면 이 방법을 그만둔다.

* **작별 인사를 요란하게 하지 않는다** 아무렇지 않은 태도로 외출한다. 여전히 걱정이나 죄책감이 남아 있다면 잘 감춘다. 엄마는 이제 나가야 하고 곧 돌아올 거라고 가능한 짧게 설명한 다음, 평소 옆방에 갈 때 연습 삼아 사용하던 표현과 똑같은 표현을 사용한다. 아이가 깨어 있을 때 엄마가 돌아오면 같이 재미있게 놀자고 약속하고, 약속을 지키기 위해 계획을 세운다. 아이와 헤어질 때 할 만한 가벼운 인사말을 선택한 다음, 집을 나설 때마다 이 인사말을 사용한다.

* **부모가 가는 길에 아이에게 손을 흔들게 한다** 집 안 창문에서 인도나 차도, 주차장이 보이면, 아이가 손 흔드는 모습을 볼 수 있도록 아이를 창문 앞에 데려다 달라고 베이비시터에게 부탁한다. 아이가 손을 흔들면서 훌쩍훌쩍 울거나 한사코 손을 흔들려 하지 않더라도, 부모는 당당하게 미소를 지으면서 씩씩하게 손을 흔들며 걸음을 옮긴다.

* **가능하면 아이와 베이비시터가 엄마를 집에 남겨 놓고 떠나도록 계획을 세운다** 때때로 아이에게는 이 방법이 더 쉬울 수 있다. 베이비시터가 아이를 데리고 공원에 가거나 아이 친구 집 놀이 모임에 가느라 엄마를 집에 남겨 둔다면, 아이는 버림받은 느낌을 갖지 않을지 모른다. 이때, 엄마도 곧 외출할 거라는 사실을 분명히 말해야 한다. 그렇지 않으면 엄마가 돌아오기 전에 아이와 베이비시터가 먼저 돌아올 경우, 아이는 엄마가 집에 없다는 사실에 충격을 받을지도 모른다. 뿐만 아니라, 앞으로 엄마와 함께 외출하지 않으면 외출을 꺼려할지도 모른다.

* **그렇지만 너무 심각하게 받아들이지는 않는다** 가지 말라는 아이의 애원은 정말이지 가슴 저미는 일일 수 있지만, 멜로드라마 한 편을 연출할 필요는 없다. 그저 차분하고 사무적인 태도를 보이고, 아이의 마음에 공감하되 아무리 눈물겨운 상황에도 흔들려서는 안 된다.

* **아이와 함께 있을 때 아이가 안심할 수 있게 한다** 아이와 함께할 때 사랑과 관심을 듬뿍 쏟아 주면, 떨어져 있는 상황이 오더라도 아이가 크게 동요하지 않는다. 일상생활에 큰 변화가 일어나면 유독 분리 불안이 심해질 수 있는데, 이렇게 분리 불안이 심한 시기에는 다정하고 애정 어린 관심을 더 많이 쏟아

주고, 꼭 필요할 때가 아니면 아이 곁을 떠나지 않는다. '아이는 지금 힘든 경험을 통해 이 상황을 극복해야 하고 곧 극복하게 될 거야.'라고 속으로 되뇌인다. '시간이 지나면 죽이 되든 밥이 되든 어떻게 되겠지.' 하는 생각으로 접근하기보다는 아이의 감정과 욕구를 세심하게 헤아려 주면, 아이는 더 빨리 극복하게 될 것이다.

* **아이에게 사랑한다고 말한다** <u>그러나 보고 싶을 거라는 말을 덧붙여서는 안 된다. 아이가 자기도 부모를 보고 싶어 해야 한다는 의무감을 갖게 되면 혼자 잘 놀면서도 죄책감을 느끼게 될 것이다.</u>

* **잠깐씩 아이와 떨어져 본다** 부모를 대상으로 놓고 대상 영속성 개념을 익히도록 아이를 연습시키면, 아이는 부모와 떨어지더라도 곧 함께하게 되리라는 걸 알게 된다(21쪽 참조). 부모가 문 뒤나 다른 방에 숨고 아이가 이 상황을 극복하게 되면, 짧은 시간 외출할 수 있을 때까지 차츰 정도를 늘린다. 아이를 베이비시터에게 맡길 때는 25쪽과 27쪽의 요령을 참조한다.

* **몰래 나가지 않는다** <u>아이가 보지 않을 때나 잠들었을 때, 살짝 외출하고 싶은 생각이 들 수도 있겠지만 그래서는 안 된다. 그런 방법은 다음에 외출할 때 아이를 더 예민하고 불안하게 만들 뿐이다. 대신 아이와 신뢰를 쌓을 수 있도록 헤어지는 의식을 만드는 것이 좋다(25쪽 박스 내용 참조).</u>

* **죄책감을 갖지 않는다** 아이를 믿을 만한 사람에게 맡기고 집을 나왔다면 괜히 죄책감을 갖지 않는다. 그런 상황에서 죄책감을 가져 봐야 아무런 도움이 되지 않으며, 아이를 두고 나오는 것이 뭔가 잘못된 일이라는 인상을 줌으로써 아이의 분리 불안을 강화할 수 있다.

* **부모 자신의 불안감을 점검한다** 어린아이들은 부모가 불안해하는 모습을 귀신같이 알아챈다. 그러므로 마지못해 아이를 두고 나온다는 생각이 부모의 얼굴과 몸짓, 말투에서 전달되지 않도록 주의한다. 부모의 불안을 알아채면 아이의 두려움은 더욱 커질 것이다. '엄마(아빠)가 나를 두고 나가면서 저렇게 안타까워하는 걸 보니, 엄마(아빠)가 외출하는 건 옳지 않은 일임에 틀림없어.'라고 생각하게 될 것이다. 또한 부모가 외출하면서 갈등하는 모습을 보이면, 아이 역시 나중에 부모가 없는 동안 혼자 잘 놀면서 죄책감을 갖게 될 수 있다. 부모의 걱정을 극복하는 요령에 대해서는 28쪽을 참조한다.

* **분리 불안은 평생 지속되지 않는다는 사실을 기억한다** <u>아이들은 언젠가는 부모와 떨어져도 울고불고 난리치지 않게 될 테고, 섭섭하게도 때로는 부모가 외출한다는 사실에 크게 기뻐할지도 모른다.</u> 부모 곁을 떠나기 싫다고 울고불고 매달리던 아이가 어느새 독립적인 열 살 어린이가 되면 지금 이 시간을 아쉬워하게 될 것이다.

* **아이가 아무리 울고불고 난리를 친다 해도 아이의 울음에 통제받지 않는다** 어린 시절에 배워야 할 냉정한 가르침 가운데 하나는 아무리 울어도 안 되는 일은 안 되는 일이라는 사실이다. 아이가 아무리 강하게 저항해도 부모가 계획대로 아이를 두고 나온다면, 이러한 교훈을 가르치는 데 도움이 될 것이다. 평소 적절한 조치를 취해, 차츰 다른 사람이 아이를 돌보는 상황에 아이가 익숙해지게

한다.
* 아이가 부모와 헤어지고 나면 거의 내내 비명을 지르며 운다는 말을 베이비시터에게서 듣거나, 아이가 베이비시터 가까이에 가지 않으려 하거나 그 밖에 수면 장애나 불안 같은 긴장된 모습을 보인다면, 어쩌면 아이의 양육 방식을 재평가해야 할 때인지도 모른다.

— 부모와 처음 떨어질 때

Q "믿기지 않겠지만 지금까지 우리는 다른 사람한테 아이를 맡기고 외출해 본 적이 없어요. 요즘 가끔 베이비시터에게 아이를 맡기고 부부끼리 단둘이 외출하고 싶을 때가 있는데, 아이가 어떤 반응을 보일지 걱정되어요."

A 아이를 베이비시터에게 맡길 경우, 아이가 생각보다 잘 지낼지도 모른다. 생후 1년 동안 부모의 품에서 안전하게 지냈다면, 가끔은 부모가 곁에 없더라도 크게 힘들어하지 않을 수도 있다. 다음 계획을 실천하면 아이를 적응시키는 데 도움이 될 것이다.

* **먼저, 아이를 준비시킨다** 평소에 여러 부류의 사람들과 아이를 접촉시킨다. 부모가 곁에 있을 때에는 집, 놀이터, 이웃집 등에서 다른 어른들과 아이들에게 아이를 노출시킨다. 본격적으로 아이와 떨어지기 전에 먼저, 집 안에서 부모와 떨어지는 데 익숙하게 한다 (22쪽 참조).
* **그런 다음, 베이비시터를 구한다** 베이비시터를 구하는 요령은 873쪽을 참조한다. 아무리 힘든 상황에서도 아이를 이해하고 참아 줄 수 있는 사람, 신뢰할 수 있고 책임감 강하며 사랑이 많은 사람을 구한다. 지금까지 아이를 다른 사람에게 맡겨 본 적이 없어 처음에는 아이 보는 일이 다소 힘들 수 있다는 사실을 분명하게 밝히고, 계약을 파기하지 않을 베이비시터를 구한다.
* **이제, 베이비시터에게 아이에 대해 설명한다** 적어도 한 시간 동안 아이에 대해 알려 준다. 아이에게 어떻게 기저귀를 가는지, 아이가 울 때 어떻게 달래는지 보여 준다. 아이가 좋아하는 그림책, 장난감, 음식, 음료, 심리적으로 안정감을 주는 습관, 규칙적으로 하는 일과 등에 대해 목록을 만든다.
* **그런 다음, 베이비시터와 아이가 함께 있게 한다** 아이가 베이비시터와 단둘이 있는 상황을 잘 적응하지 못할까 봐 걱정된다면, 아이가 베이비시터에게 익숙해지고 베이비시터 역시 아이에게 익숙해질 수 있도록 연습 삼아 하루나 이틀 함께 지내게 해도 좋겠다. 물론 이때, 베이비시터에게 비용을 지불해야 한다. 베이비시터에게 부모가 지켜보는 동안 아이와 함께 놀거나 아이에게 책을 읽어 주게 한다. 이때, 부모는 아이와 관련 없는 볼일을 보되 아이와 같은 공간에서 일을 한다. 아이가 베이비시터와 잘 지낸다 싶으면 다른 방으로 간다. 몇 분 후에 다시 와 본다. 주기적으로 방을 드나드는데, 매번 나갈 때마다 다른 방에 있는 시간을 차츰 늘려 30분 이상 아이와 떨어져 본다. 엄마가 여전히 집 안에 있는데도 아이가 베이비시터와 단둘이 있을 때 큰 소리로 울면, 아이를 무릎에 앉혀 안심시킨 상태에서 베이비시터와 친해지게 만든다, 그리고 서서히 차근차근 아이에게서 떨어져 마침내 부모가 없어도 아이가 아무렇지 않게

여기도록 적응시킨다. 그동안 계속 차분한 태도로 아이를 지지하고 안심시킨다.
여러 차례 아이를 떨어뜨려 보았지만 여전히 엄마 목에 딱 달라붙어 있어 부모가 집에 있는 동안에는 아이가 절대로 베이비시터를 받아들이지 않을 거라는 확신이 들면, 다음 단계로 넘어가야 할지도 모른다(다음 내용 참조). 엄마와 아빠가 외출해 별 수 없이 베이비시터와 단둘이 있을 수밖에 없는 상황이 될 때까지는 한사코 베이비시터를 받아들이려 하지 않는 아이들도 있다.

* **마지막으로, 베이비시터에게 아이를 맡기고 외출한다** 아이와 베이비시터가 상당히 친해지면 잠깐 집 밖으로 외출했다 돌아온다. 아이와 헤어지는 요령은 25쪽 박스 내용을 참조한다. 15분쯤 후에 돌아올 계획을 세우되, 먼저 전화를 걸어 아이가 울음을 그쳤는지 확인한다. 일단 아이가 기분이 좋아질 시간을 가진 후에 집으로 돌아오는 것이 바람직하다. 30분이 지나도록 아이가 울음을 그치지 않는다면 얼른 집으로 향한다. 걱정스럽거나 당황한 기색을 보이지 말고, "봤지? 엄마 아빠는 외출했다가 이렇게 다시 왔잖아."라며 차분한 태도로 아이를 달래어 안심시킨다. 베이비시터에게도 반갑게 인사한다. 집에 돌아온 후에는 베이비시터를 서둘러 내보내지 말고, 베이비시터가 계단을 내려가거나 차에 타는 동안 손을 흔들면서 약간 과장되게 작별 인사를 한다. 베이비시터가 가고 나면 재빨리 아이가 좋아하는 놀이를 해서 아이를 즐겁게 해 준다. 엄마 아빠는 외출 후에 반드시 집에 돌아오고, 엄마 아빠가 잠시 집을 비우더라도 생활은 예전과 다름없이 돌아간다는 사실을 아이에게 말해 준다.

아이가 밤에 잠이 든 후에 베이비시터를 오게 하는, 쉬운 방법을 택하려 해서는 안 된다. 어떤 이유로든 아이가 자다가 깰 경우, 아이는 겁을 먹고 버림받은 느낌을 받을 것이다. 평소에는 그런 일이 없어도 부모가 외출하는 날에는 희한하게도 밤에 깨곤 한다. 그러므로 아이가 깨어 있을 때 베이비시터를 소개한다. 그리고 원한다면 베이비시터가 지켜보는 가운데 부모가 직접 아이와 취침 전 일과를 마치고 아이를 재운다. 이렇게 하면 아이가 한밤중에 부모를 찾을 경우 낯선 얼굴을 보게 되더라도 놀라지 않을 것이다.

─── 부모의 분리 불안

Q "제 딸은 저하고 헤어져 있어도 전혀 아무렇지 않은 것 같아요. 오히려 저한테 분리 불안이 있는 것 같아요."

A 분리 불안은 아이들뿐 아니라 부모들 사이에도 널리 퍼져 있는 것 같다. 토들러들과 마찬가지로 부모 역시 이런 심리 상태가 저절로 사라지게 할 수 있다.

부모들이 어린 자녀들과 헤어지면서 마음이 영 불편한 데에는 많은 이유가 있는데, 단순히 암사자가 제 새끼들을 지키고 암탉이 제 병아리 주위를 맴도는 것과 유사한 본능 때문일 수도 있고, 보다 복잡한 이유 때문일 수도 있다. 내가 왜 아이 곁을 떠나길 꺼려하는지 이유를 자세히 들여다보면 꺼려하는 상태를 받아들이는 데 도움이 될 수 있다. 다음은 부모가 분리 불안을 느끼는 보다 일반적인 이유들이다.

* **아이와 떨어져 본 경험이 없다** 지금까지 아이를 베이비시터에게 맡겨 본 적이 없다면, 빨리 맡길수록 아이와 부모 모두 더욱 편해질 것이다.
* **아이를 놓아주기 힘들다** 대부분의 부모들이 부모와 자식 사이의 원만한 관계를 보람으로 여긴다. 하지만 부모와 자식 관계가 중요한 건 사실이지만, 부모의 사생활도 그 이상으로 중요하다. 돈독한 부모 자식 관계가 아이의 어린 시절을 행복하게 만들어 주는 한편, 결과적으로 아이의 성장을, 그리고 부모의 성장도 방해할 수 있다. 인정하기 힘들지 모르지만, 가끔은 아이와 떨어져 지내면 부모와 아이 모두에게 도움이 될 것이다.
* **육아 방식이 불안하다** 베이비시터가 부모만큼 잘할 수 있을까? 베이비시터가 나만큼 내 아이를 잘 보살피고 정서적, 육체적, 지적으로 도움을 줄까? 부모가 베이비시터를 제대로 선택하고 잘 준비시킨다면 아이를 안심하고 맡길 수 있다. 그러나 베이비시터가 여러분이 정한 기준에 부합하는 사람인지 확신을 가지려면, 아이를 맡기는 시간이 일주일에 두 시간밖에 안 된다 하더라도 베이비시터를 늘 예의 주시해야 한다.
* **아이를 두고 나오는 데 죄책감을 갖는다** 아이를 두고 나오는 것이 경제적, 정서적, 지적, 직업적인 이유로 아주 당연하다고 생각하는 부모들조차 죄책감을 느낄 수 있다. <u>그러나 집에 있을 때는 사랑과 관심을 듬뿍 베풀고 집을 나설 때는 훌륭한 보육 상황에 아이를 맡기면, 절대 잘못된 부모라고 생각할 필요가 없다.</u> 뿐만 아니라 적어도 가끔은 아이와 떨어져 지내는 것이 아이와 부모의 사회성 발달에 도움이 될 수 있다. 아이는 다른 사람들과 상호작용하는 법을 배움으로써 사회성의 지평을 넓히고, 부모 역시 가끔 혹은 정기적으로 다른 성인들과 상호작용함으로써 사회성을 넓히게 된다. 그리고 새로운 마음으로 육아에 전념할 수 있고, 아이와도 더 많은 시간을 집중할 수 있을 것이다.
* **부모가 집을 나설 때 아이의 반응에 죄책감을 갖는다** 아이가 눈물을 흘리면서 가지 말라고 애원하면, 특히 부모 자신이 분리 불안을 경험하는 경우라면 죄책감을 느낄 수 있다. 아이는 무의식적인 차원에서 바로 이런 점을 노리고 우는지도 모른다. 하지만 이런 식의 눈물은 거의 언제나 금세 그치기 마련이다. 일단 부모가 집 밖을 나서고 나면, 아이는 비참한 상황과 즐거운 상황 사이에서 선택을 해야 하는데, 이때 아이는 십중팔구 즐거운 상황을 선택할 것이다. 아이의 눈물이 진심이든 악어의 눈물이든, 눈물을 흘린다는 것 자체만으로도 부모의 발걸음을 무겁게 만들지 모르지만, 부모가 절대로 문밖을 나서서는 안 되는 신호가 되는 경우는 거의 없다. 부모가 집을 나선 후 아이가 울음을 그치는 한, 매일 울고불고 해도 걱정할 필요는 없다.
* **부모가 어린 시절 분리 불안을 경험한 기억이 있다** 부모 자신이 어린 시절 학교에 가길 두려워했거나 부모님이 나가시고 다른 사람 손에 맡겨진 상황을 불안해했던 기억이 떠오른다면, 내 아이들도 나와 같은 불안을 경험하지 않을까 걱정할 것이다. 하지만 그럴 필요는 없다. <u>모든 아이들은 저마다 다르고, 내 아이는 나와 헤어져 있는 상황을 나보다 훨씬 수월하게 극복할지 모른다.</u> 내 어린 시절의

* **조산이나 심각한 질병, 장애 등으로 아이의 몸이 건강하지 못하다** 아이가 매 순간 부모를 필요로 하는 상황에서는 아이 곁을 떠나는 걸 많은 부모들이 몹시 꺼려하는데, 사실상 가끔은 아이에게 벗어나는 것이 모두에게 도움이 된다. 아이가 충분히 회복이 됐는데도, 대부분의 부모들은 아이가 다시 갑자기 병이 나지 않을까 은근히 두려워하며, 여전히 아이를 애지중지하면서 과보호를 하려는 경향이 있다.

* **베이비시터에 대해 질투를 느낀다** 모든 부모가 아이를 위해 최고의 베이비시터를 선택하면서도, 베이비시터가 자신보다 아이를 더 잘 돌보게 될까 봐, 심한 경우 아이가 부모보다 베이비시터를 더 좋아하게 될까 봐 속으로 두려워하는 부모들이 많다. 그러나 이런 걱정은 순전히 기우에 지나지 않으므로 안심해도 괜찮다. 물론 아이들은 자신의 양육을 대신 맡아 주는 베이비시터에게 애착을 느끼기 마련이지만, 어떤 베이비시터도 부모를 대신할 수 없으며, 아무리 어린아이라 해도 그걸 잘 알고 있다. 비록 부모가 하루 중 오랜 시간을 직장에서 보낸다 하더라도 부모를 사랑하는 마음은 아이의 마음 안에 가장 먼저, 가장 크게 자리 잡고 있다.

부모의 분리 불안 이유가 무엇이든, 부모뿐 아니라 아이를 위해서도 분리 불안을 극복하는 것이 중요하다. 불안은 감기보다 전염성이 강하다. 그러므로 아이를 떠나면서 부모가 불안해한다면, 아이 역시 혼자 남겨지는 상황을 불안하게 여길 것이다. 더구나 부모가 이 상황을 불편해하면, 아이는 다른 사람에게 애착을 느끼거나 다른 사람과 재미있는 시간을 보내는 것이 잘못된 일이거나 안전하지 못한 일이라고 은연중에 느끼게 된다. 이 경우, 아이의 사회성 발달을 방해할 수 있다.

처음 아이와 떨어지게 되는 경우, 베이비시터에게 아이를 맡기기 전에 먼저, 할머니 할아버지, 이모나 고모, 가장 친한 친구 등 평소 잘 알고 절대적으로 신뢰하는 사람에게 아이를 맡기면, 이 상황을 보다 수월하게 적응할 수 있다. 육아 모임에서 자신의 감정을 이야기하는 것도 아이와 헤어지는 상황에 적응하는 데 도움이 된다. 대부분의 부모들이 처음에는 아이와 헤어지는 걸 몹시 힘들어하지만 결국 적응하는 방법을 찾게 된다는 걸 알게 된다.

부모가 너무 불안해서 도무지 아이를 다른 사람에게 맡길 자신이 없다면 아이의 담당 의사와 상의한다. 때로는 이처럼 상담을 하고 나면 마음이 한결 편해질 수 있다.

컵을 거부해요

Q "아이가 컵으로 마시려 하지 않는데 어떻게 젖병을 끊어야 할지 모르겠어요."

A 조만간 모든 아이들은 컵으로 음료를 마시게 되는데, 어차피 컵을 사용하게 되므로 일찌감치 컵으로 음료를 마시는 데 익숙해지게 하는 것이 좋다. 컵을 시작하기에 가장 좋은 시기는 생후 7개월 무렵으로, 이때는 아기들이 아직 비교적 고분고분하고, 컵으로 마시는 일이 젖을 떼기 위해 꼭 필요한 과정으로보다는 신기한 놀이로 여기는

시기이다.

그러나 최적의 시기가 지났다 하더라도, 지금부터 얼마든지 컵으로 음료를 마시는 데 성공할 수 있다. 아이가 컵으로 마시지 않겠다고 번번이 도리질을 치든, 아니면 좋아하는 젖병을 포기하라는 부모의 압박에 대한 직접적인 반응으로 이제 막 거부감을 보이기 시작하든, 다음 요령을 참고하면 아이가 컵을 사용하게 하는 데 도움이 될 것이다.

* **아이와 함께 컵을 구입한다** 부모가 미리 염두에 둔 컵을 아이에게 잡아 보게 하고, 아이에게 좋아하는 모양, 색, 디자인을 선택하게 한다. 손잡이가 하나인 컵을 좋아하는 아이도 있고, 두 개인 컵을 좋아하는 아이도 있으며, 주둥이가 나온 컵을 좋아하는 아이도 있고, 빨대가 내장되어 있는 컵을 좋아하는 아이도 있다. 그런가 하면 엄마, 아빠 같은 어른이 되고 싶어 진짜 유리컵처럼 생긴 컵으로 마시고 싶어 하는 아이도 있다. 아이가 좋아할 거라고 짐작해 덜컥 컵을 구입하지 말고 미리 여러 가지 모양을 보여 준다. 가능하면 식사 때마다 아이가 원하는 컵을 선택할 수 있도록 여러 모양의 컵을 구입한다. 어떤 컵을 이용하든 깨지지 않아야 하며, 바닥이 무거우면 컵이 잘 넘어지지 않는다.

* **아이가 자신의 컵에 익숙해지게 한다** 아이가 인형에게 물을 먹이거나, 친구에게 차를 대접하거나, 부모의 감독하에 싱크대에서 컵에 물을 채우고 비우는 놀이를 할 때, 자신의 컵을 이용하게 한다.

* **컵으로 먼저 먹인다** 항상 컵으로 먼저 먹인 다음, 엄마 젖이나 젖병을 주되 강요하지는 않는다. 매 식사와 간식 때마다 아이가 좋아하는 음료를 조금 컵에 따라 준다. 아이 손이 닿는 곳에 컵을 두고 아이가 음식을 먹는 동안 수시로 컵을 건넨다. 아이가 컵을 거부하면 억지로 강요하지 않는다. 이처럼 매일 아무런 강요 없이 컵과 음료를 다양하게 바꾸어 가면서 꾸준히 컵을 이용하게 한다. 그러다 보면 아이가 유난히 목이 마른 어느 날, 자연스럽게 컵으로 음료를 마셔 부모를 깜짝 놀라게 할 것이다.

* **음료를 바꾼다** 젖병으로 마신 적이 없는 음료를 컵에 따라 주면 아이가 컵을 덜 거부하게 될 것이다. 일단 아이가 컵에 익숙해지고 나면 아이가 좋아하는 음료를 컵에 채워도 좋다.

* **아이가 컵을 받아들이느냐 마느냐를 기준으로 젖병을 떼지 않는다** 그렇게 되면 아이는 컵이 젖병 대용으로 마땅치 않다고 생각하고는 계속해서 컵을 거부할 것이다. 그러므로 아이가 계속 컵을 거부하더라도 젖병 수유를 끊기 시작한다. 인간의 몸은 수분을 찾게 되어 있으므로, 결국 아이는 부모가 주는 대로 수분을 섭취할 것이다. 젖병을 떼는 과정에서 우유를 덜 섭취하게 되는 경우, 경질 치즈와 지방을 세거하지 않은 요구르트 등 다른 음식을 통해 칼슘을 섭취하게 해야 한다.

* **바닥을 덮는다** 아이가 컵으로 음료를 마시는 일에 능숙해질 때까지는 온 사방이 지저분해질 것이다. 어깨까지 덮이는 커다란 턱받이를 아이에게 두르고 바닥에는 비닐 시트나 신문지를 깔면, 아이가 음료를 흘리더라도 덜 지저분해진다. 또한 물이나 물을 많이 첨가해 희석시킨 주스로 시작하면, 아이의 옷과 바닥이 덜 지저분해질 것이다. 아이가

음료를 흘리더라도 요란을 떨거나 투덜대서는 안 된다. 부모가 이런 반응을 보이면 아이는 오히려 컵을 거부하게 될 것이다.

── 젖병 떼기

Q "이제 아이가 돌이 지났으니 슬슬 젖병을 떼야 한다는 건 알아요. 하지만 아이가 도무지 협조할 준비가 되어 있지 않은 것 같아요."

A 모든 일에 시기가 중요한 건 아니지만 젖병 떼기에 대해서만큼은 시기가 대단히 중요하다. 그리고 아이가 차츰 고집을 부리면서 부모 말을 들으려 하지 않는 만큼, 지금 아이에게 젖병을 떼게 하는 것은 여러 가지 이유에서 아주 시기적절한 선택이다. 물론 6~7개월 전에도 아이는 부모 말을 고분고분 듣지 않았을 테지만, 앞으로 다가올 몇 달에 비하면 아직까지는 말을 아주 잘 듣는 편이다. 일단 아이의 부정적인 태도와 반항심이 시작되어 아이가 사사건건 고집을 부리기 시작하면, 젖병을 떼는 과정에서 아이의 협조를 구하기란 무척 어려워진다. 젖병으로 음료를 마시면 다음과 같은 문제가 생기기 쉽다.

식욕 감소 젖병으로 음료를 먹는 아이들은 필요 이상으로 많은 양의 우유와 주스를 섭취하는 경향이 있다. 아이의 음식 섭취가 줄어드는 시기에 음료를 많이 마시면, 식욕이 저하될 수 있어 음식 섭취가 더욱 힘들어진다. 뿐만 아니라 하루에 3.3~4.4L 가량의 과도한 음료 섭취는 건강에도 문제를 일으킬 수 있다.

지속적인 건강상의 위험 누워서 젖병으로 음료를 마시는 아이들은 중이염에 걸릴 위험이 증가하는데, 아직 젖병을 떼지 않은 토들러들의 경우도 마찬가지다. 새로운 건강상의 문제를 일으킬 수도 있다. 이 시기에 대부분의 토들러들은 최소한 일곱 개의 이가 나는데, 젖병으로 음료를 섭취하면 치아 건강이 위험할 수 있다. 우유나 주스, 혹은 자연스럽게 단맛이 나거나 단맛을 감미한 음료를 자주 입안에 머금고 있는 경우, '우유병 우식증'이라는 충치가 생기며, 특히 잠들기 직전에 많이 생긴다. 이 증세는 아이가 젖병을 빨 때 나타나는 것으로, 컵으로 마실 때에는 나타나지 않는다. 우유의 젖당과 과일의 과당 등 음료 안에 포함된 당분은 입안의 박테리아에 의해 분해된다. 이때, 산이 형성되는 과정에서 치아를 보호하는 치아 에나멜도 같이 분해되어 충치가 생기게 된다. 우유병 우식증은 젖니를 빼고 임시로 치아 보형물을 이식해야 할 정도로 치아 건강에 심각한 영향을 미칠 수 있다. 이 정도로 문제가 심각해지면 비용도 만만치 않을 뿐더러, 젖니를 상실한 아이는 언어 능력 및 정서적인 측면에 문제가 생길 수 있어 대체로 자존감이 낮아진다. 따라서 우유병 우식증을 예방하기 위해 대개 첫돌 무렵 젖병을 떼고 컵을 시작하도록 권장한다.

물론 과학적인 증거나 전문가의 발표, 간단한 논리적 견해들이 아무리 많고 자명해도, 아이에게 젖병을 포기하도록 설득하기란 쉬운 일이 아닐 것이다. 젖병을 포기하기 위한 첫 단계로 아이에게 음료를 담을 대체 용기, 즉 컵을 쥐어 준다. 이맘때의 아이들은 이미 컵으로 능숙하게 음료를 마실 줄 안다. 아이가 컵으로 음료를 잘 마실 줄 알면 젖병을 떼기가 한결 수월할 테지만, 그렇지 않은 경우 30쪽을 참조한다.

일단 아이가 앉은 자리에서 컵으로 음료를

마실 줄 알게 되면, 슬슬 젖병과 작별 인사를 해도 좋다. 아이가 변화를 해결하는 방식과 젖병에 중독되어 있는 정도를 염두에 두면서, 다음 방법 가운데 하나를 선택해 젖병을 떼도록 한다.

갑자기 젖병을 뗀다 아이가 순하고, 변화에 직면해도 당황하지 않으며, 젖병에 크게 의지하지 않고, 컵으로 음료를 잘 마신다면, 한 번에 갑자기 젖병을 뗀다. 아이의 생활에서 다른 큰 변화가 없으면서 부모가 아이에게 시간을 많이 낼 수 있는 시기를 선택한다. 젖병 떼기를 시작해도 좋겠다 싶은 날을 선택한다. 부모나 아이가 자고 일어난 후 특별한 이유 없이 괜히 기분이 좋지 않다면 계획을 미룬다. 환호성과 박수로 대대적인 관심을 보여 준 다음, 이제 아이가 형이 되는 거고 다른 형들처럼 우유도 주스도 모두 컵으로 마시게 될 거라고 공식적으로 발표하면서 하루를 시작한다. 아이를 상점에 데리고 가, 아이가 좋아하는 모양의 컵을 여러 개 선택하게 한다. 아이와 함께 컵의 디자인과 색상을 즐겁게 고른다. 집에 돌아와 아이에게 지금까지 사용하던 젖병과 젖꼭지를 재활용 쓰레기통에 버리게 한다. 젖병 한두 개 정도는 놀이용으로 사용하게

우유를 시작해요

분유 수유를 하는 아이가 우유 맛을 거부할 경우, 다음 방법을 이용하면 좀 더 수월하게 우유로 바꿀 수 있다. 먼저, 우유를 약간 첨가해 분유를 희석한다. 아이가 우유만 마실 때까지 몇 주에 걸쳐 차츰 우유 양을 늘리고 분유 양을 줄인다. 토들러용 분유는 가격이 비쌀 뿐 아니라 당분과 첨가물이 많아서 아이가 나중에 우유를 거부할 가능성이 높으므로, 토들러용 분유는 이용하지 않는 것이 좋다.

남겨 둔다. 욕조용 장난감으로 사용하거나, 인형에게 우유를 먹일 때 사용한다. 젖병을 떼는 동안 아이는 평소보다 짜증이 늘고 예민해질 수 있으며, 엄지손가락을 처음으로 빨기 시작하거나 빠는 횟수가 늘어날 수 있다. 아이에게 더 많은 시간을 할애해 사랑과 관심을 듬뿍 쏟아 주고 더 많이 안아 주어, 젖병을 통해 얻지 못하는 심리적 안정을 보충해 준다. 젖병이 없어도 아이가 당황하지 않고 며칠이 지난 후에도 젖병을 달라고 크게 떼를 쓰지 않는다면 운이 좋다고 생각하고 과정을 마친다.

그러나 아이가 나중에 다시 생각해 보고는 취침 시간이나 젖병에 많이 의지해 왔던 시간에 젖병을 달라고 떼를 쓰기 시작하면, 놀이용으로 보관해 두었던 젖병을 꺼내 씻어서 물을 담아 아이에게 준다. 아이가 원하면 언제든 젖병에 물을 담아 줄 수 있다고 말한다. 물은 아이의 치아에 해가 되지 않는다. 그러나 아이가 젖병에 우유나 주스를 담아 달라고 떼를 쓰면, 이제부터 우유나 주스는 컵으로만 마실 수 있다고 단호하게 말한다.

차츰 젖병을 뗀다 대부분의 아이들에게는 이 단계적인 접근 방식이 가장 효과가 좋다.

베이비시터나 그 밖의 다른 가족이 파트타임이나 풀타임으로 아이를 돌볼 경우, 젖병을 떼는 과정에 함께 참여시켜야 한다.

1. 아이가 컵으로 편안하게 음료를 마실 줄 알면 젖병을 달라고 떼쓰기 전에 컵에 음료를 담아 주고, 식사 시간과 간식 시간에 고형식을 준다. 배가 부르고 갈증이 해소되면 만족스러운 상태가 되어 젖병을 달라고 조르지 않을 수도 있다.

2. 젖병으로 음료를 마시는 일을 덜 재미있게 만든다. 젖병으로 음료를 마실 때는 놀이를 하거나 탐색을 하면서 마시지 못하게 하고, 대신 부모의 무릎이나 특정한 의자에 앉아 마시게 한다. 아이가 일어나려 할 때는 젖병을 내려놓으라고 말한다. 아이가 손에 젖병을 들고 돌아다니지 못하게 한다.

3. 2주의 기간 동안 아이가 젖병을 손에 쥐는 횟수를 줄인다. 아이가 가장 좋아하지 않는 젖병부터 차례대로 버리고, 가장 좋아하는 젖병은 제일 나중에 버린다.

4. 아이의 일과에 변화를 주면 젖병을 단계적으로 없애는 데 도움이 된다. 아이가 최대한 집 밖에서 시간을 보내게 한다. 젖병이 생각나지 않는 상황을 만들고, 젖병에 대해서는 일절 신경을 끊을 만큼 흥미로운 장소에 아이를 데리고 간다. 집에서는 아이를 평소보다 바쁘게 만든다. 아이에게 더 많이 집중적으로 관심을 주고 즐거운 놀이도 더 많이 하게 한다. 핑거 페인팅과 고리 장난감은 손을 사용하는 놀이이므로 젖병을 쥐고 싶다는 생각을 잊게 해 준다. 자연을 관찰하면서 산책을 하면 아이의 몸과 마음을 계속 움직일 수 있고, 야외에서 마음껏 뛰놀게 하면 아이를 피곤하게 만들 수 있다. 가능하면 젖병 수유를 떠올리게 하는 일과를 변경한다. 가령, 낮잠 시간에는 아이에게 젖병을 쥐어 주는 대신 조용한 음악을 들려주어 긴장을 이완시킨다. 취침 시간에 늘 젖병에 우유를 넣어 마셨다면, 우유와 과일 주스로 단맛을 낸 쿠키를 준다. 아이가

젖을 떼는 요령

모유 수유를 하는 경우, 첫돌 무렵에 젖을 떼면 그보다 일찍 젖을 뗄 때보다 엄마들이 육체적으로 덜 힘들다. 이 시기에 아이는 이유식을 더 많이 먹기 때문에 젖 분비가 크게 줄어들어 젖몸살이 생길 가능성이 적다. 뿐만 아니라, 서서히 젖을 떼면 엄마와 아이가 둘만의 아주 특별한 시기를 마감하면서 서로 적응할 시간을 가질 수 있으므로, 모유 수유를 하는 대부분의 엄마와 아이 모두에게 아주 바람직하다.

젖을 떼는 동안 아이에게 사랑과 관심을 더 많이 쏟기로 단단히 마음을 먹는다면 적응 기간이 더욱 수월해질 것이다. 아이에게 젖을 주면서 보냈던 시간을 다른 일대일 활동으로 대체한다. 아이가 모유를 먹으면서 받았던 위안을 엄지손가락을 빠는 등 다른 방식의 심리적 안정을 주는 습관이나, 심리적 안정을 주는 물건으로 대체할 경우, 못마땅한 내색을 비치지 않는다. 이 시기 아이들은 지지와 지원이 최대한 필요하다.

엄마와 아이가 모두 젖을 뗄 준비가 되어 있다면 이 시기에 젖을 떼는 것이 상대적으로 쉬울 수도 있지만, 엄마와 아이 모두 여전히 모유 수유에 강하게 애착을 갖는다면 상대적으로 어려울 수도 있다. 어느 쪽이든 다음 단계를 이용하면 도움이 될 것이다.

1단계 아이가 컵으로 능숙하게 음료를 마실 수 있게 한다(30쪽 참조).

2단계 시기를 신중하게 선택한다. 베이비시터가 바뀌거나, 어린이집에 다니기 시작하거나, 동생을 보는 등 아이가 큰 변화를 경험하거나, 아프거나, 여러 가지 이유로 기분이 좋지 않을 때, 젖을 떼는 과정을 시작해서는 안 된다. 아이의 생활이 전체적으로 비교적 안정될 때까지 기다린 다음 시작한다.

3단계 나중을 위해 모유를 비축한다. 단, 취침 시간에는 주지 않는다. 아이가 아침에 깨거나 낮잠에서 깰 때 혹은 배고파할 때, 먼저 컵에 음료를 따라 주거나 간식을 주거나 이유식을 준다.

넘어졌거나 여러 가지 일로 속상한 상태일 때 젖병으로 마음을 달래 주었다면, 이제는 아이를 무릎에 앉히고 손가락 게임을 한다.

5. **젖병을 하루에 하나씩 서서히 줄인다. 아이가 가장 소중하게 여기는 젖병은 절대로 없애서는 안 된다. 아이가 여느 아이들과 같다면 밤에 잠들기 전에 가장 소중하게 여기는 젖병을 쥐어야 마음이 놓일 것이다.**
이 마지막 젖병을 없애기 전에, 젖병을 대신해 아이의 마음을 편안하게 해 줄 취침 전 일과를 만들어야 한다(취침 전 일과에 대한 정보는 78쪽 참조). 우유 한 잔과 설탕을 첨가하지 않은 간식을 먹거나, 목욕을 하거나, 조용히 책을 읽는 등의 방법들이 있다. 무의식적으로 젖병을 주어서는 안 된다. 아이가 젖병을 달라고 하면 컵에 물을 따라 주어 아이의 주의를 돌린다. 젖병에 우유를 담아 주지 않겠다는 단호한 태도를 취한다. 아이가 젖병을 달라고 애원하면 물만 담아서 준다. 이렇게 하면 두 가지 이점을 얻을 수 있다. 첫째, 우유를 입에 머금고 잠이 들지 않을 터이므로 충치가 생길 위험이 줄어든다. 둘째, 아이가 스스로 젖병을 포기할 기회가 늘어난다. 젖병에 더 이상 우유나 주스가 담기지 않으면 대부분의 아이들은 결국 젖병을 포기하게 된다. 내 아이는 예외라서 물이 담긴 젖병도 좋아하는 것 같다 싶으면, 몇 주 동안은 밤에 계속해서 젖병에 물을 담아 주어도 좋다. 그런 다음, 구멍이 아주 작은 것으로 젖꼭지를 바꾸면 물을 마시기가 무척 힘들어져 아이가 저절로 젖병을 포기하게 된다.

아이가 입맛이 없을 때 젖을 달라고 계속 보채면 그때 모유를 준다. 서서히 모유 섭취량이 줄고 따라서 모유 공급량도 줄어들면, 젖을 떼는 과정이 덜 힘들다.

4단계 목욕, 잠옷 갈아입기, 책 읽기, 간식 먹기, 이 닦기 등 취침 전 일과 후가 아니라 일과 전에 모유를 먹인다. 경쾌한 음악을 틀거나, 이야기를 하거나, 방에 다른 사람을 불러들여서 아이가 젖을 물면서 잠들지 못하게 하고, 잠이 잘 올 수 있게 마음에 안정을 주는 방법을 스스로 찾도록 장려한다(162쪽 참조).

5단계 매일 모유를 먹는 횟수를 줄인다. 아이가 모유에 관심을 가장 적게 보이는 시간대, 대체로 낮 시간대부터 모유를 줄여 나간다. 이렇게 하다 보면 몇 주 정도 기간이 소요될 것이다. 쇼핑센터, 놀이터, 놀이 모임, 박물관 등 모유를 먹이지 않았던 장소에 아이를 데리고 가서 일상적인 습관을 바꾸면 횟수를 줄이기가 더 수월할 것이다. 최종적으로 수유 횟수를 1회까지 줄이고, 아이가 엄마 젖을 무척 먹고 싶어 하는 시간에 모유를 준다. 대체로 취침 시간에 모유를 주게 되지만, 일부 아이들은 아침에 제일 먼저 모유를 먹는 걸 가장 좋아한다. 어느 때든 젖몸살이 나면 손으로 젖을 조금 짜서 압박을 줄인다.

6단계 남은 젖까지 완전히 말린다. 이 마지막 단계를 수월하게 하려면 이틀 동안 엄마는 집 밖에 나가 있고 그동안 아빠나 할머니가 아이를 재우는 것이 좋다. 혹은 친척 집을 방문하거나 휴가를 떠나는 등 환경에 변화를 준다. 모유 수유를 떠올리지 않을 만한 환경에 있게 되면 아이는 젖을 달라고 크게 떼쓰지 않을 것이다. 새 장난감이나 새 책, 카세트테이프, 특별한 방문객 등으로 아이의 주의를 돌리는 방법도 도움이 된다.

젖을 떼려고 서두르지 않는다면 당분간 마지막 단계를 미루는 것이 좋다. 많은 엄마와 아이들이 몇 주일 혹은 그보다 훨씬 오랫동안 계속해서 하루 한 번씩 모유 수유 하기를 좋아한다. 그러나 요구가 많지 않은 만큼 모유 공급량이 급세 줄어들기 때문에 경우에 따라 하루 한 번 모유 수유가 불가능할 수도 있다.

<u>젖병을 떼는 동안에는 아이가 짜증이 늘고 기분이 좋지 않을 거라고 예상하는 것이 좋다. 아이는 자신에게 심리적 안정을 주었던 대상을 잃어버리고 젖병이 사라진 환경과 그로 인한 변화에 적응하려고 노력하는 만큼, 많은 지원이 필요할 것이다.</u> 아이에게 위로와 관심, 놀잇거리를 듬뿍 제공하고, 특히 하루 중 아이가 젖병을 가장 많이 찾는 시간대에 더욱 집중적으로 제공한다. 취침 시간에 아이에게 심리적 안정을 줄 대체물, 가령 아이가 좋아하는 곰 인형이나 새로 산 인형, 껴안기 좋은 담요나 부모의 오래된 잠옷 상의 등을 들고 잠자리에 들게 한다.

─ 젖을 뗄 시기

Q "저는 아기들이 젖을 뗄 준비가 되면 저절로 알아서 젖을 뗄 거라고 생각했어요. 그런데 제 딸은 첫돌이 지났는데도 젖을 떼고 싶은 기미가 요만큼도 보이지 않아요."

A 연령에 맞는 액체 형태의 영양분을 마실 준비가 됐다고 아이 스스로 결정할 때까지 기다리려면 앞으로 아주 한참을 기다려야 할 것이다. 물론 스스로 알아서 모유 수유를 줄이거나 중단하는 아기들과 토들러들도 있지만, 첫돌 무렵 아이들 대부분은 결코 그렇지 않다. 엄마가 젖을 뗄 준비가 되었다면, 엄마가 먼저 젖을 떼는 과정을 시작해야 한다(34쪽 박스 내용 참조). 어쨌든 이 과정은 양쪽 모두의 협력이 이루어져야 하고 언젠가 끝내야 할 일이다.

Q "우리 아이는 젖을 뗄 준비가 된 것 같은데 정작 제가 아직 준비가 안 되었어요. 아이가 아기 단계를 벗어나는 모습을 보고 싶지 않아요."

A 아이가 한 단계에서 다음 단계로 발달하는 모습을 지켜보는 일은 언제나 쓸쓸한 경험이다. 한편으로는 언제 이렇게 컸나 하는 생각이 들며 자부심으로 뿌듯해지다가도, 다른 한편으로는 이제 다시는 아기 때로 돌아갈 수 없다는 생각에 쓸쓸해지기도 한다. 여러 과정들 가운데 유독 심란한 감정을 일으키는 통과 의례들이 있다. 많은 엄마들에게 젖을 떼는 과정이 그런 통과 의례 가운데 하나다.

모유 수유는 분명 흐뭇한 경험임에 틀림없지만, 엄마가 아직 젖을 뗄 준비가 되어 있지 않다고 모유 수유를 무기한 연장하는 것은 바람직하지 않다. 아이가 다음 단계로 발달하길 바란다면 아이의 바람을 따르도록 한다. 아이가 엄마의 가슴을 거부한다고 해서 기분 나쁘게 받아들여서는 안 된다. 아이는 엄마를 거부하는 것이 아니라, 영아기를 벗어나 자립을 향한 다음 단계를 받아들이고 있는 것이다. 엄마 입장에서는 다소 불안하고 심란할지 모르지만 아이로서는 반드시 거쳐야 할 단계다.

처음에는 모유 수유로 가졌던 아이와의 신체 접촉을 그리워하게 될 것이다. 하지만 모유 수유가 아니더라도 아이와 친밀한 신체 접촉을 할 수 있는 활동들은 아주 많다. 껴안기, 함께 놀기, 잠자리에 들기 전에 함께 책 읽기 등, 모유 수유 대신 이런 놀이를 더 자주 즐기도록 하자.

젖을 떼면 호르몬 교란이 일어나 서글픈 감정이 더 심해질 수 있으므로 몇 주, 심지어 몇 달에 걸쳐 서서히 젖을 떼는 방법을 고려해야 한다(34쪽 박스 내용 참조). 몸과 마음이 적응할 수 있도록 충분히 시간을 주면 결국 회복하게 될 것이다.

Q "최소한 아이가 두 돌쯤 될 때까지는 계속 모유 수유를 하고 싶어요. 아이도 저도 아직 모유를 끊을 준비가 되지 않았는데 왜 굳이 모유를 끊어야 하나요?"

A 지금 반드시 젖을 뗄 필요는 없다. 대개 첫돌 무렵 젖을 떼도록 권장하긴 하지만 결코 강요할 사항은 아니다. 모유 수유에 대한 결정이 매우 개인적인 결정이듯, 젖을 뗄 시기를 결정하는 것 역시 매우 개인적이다. 일부 엄마와 아이들은 첫돌이 한참 지난 후에도 계속해서 모유 수유를 하길 원하고 그럴 만한 가치가 있다는 걸 경험을 통해 발견한다. 그러나 모유 수유를 계속하기로 결정하기 전에 몇 가지 사항을 고려하는 것이 좋겠다.

아이의 연령 대부분의 아이들의 경우, 첫돌 무렵 젖을 떼는 것이 가장 좋다. 영양 면에서나 정서적인 측면에서 1년 동안 모유를 먹은 토들러들은 이미 모유 수유를 통해 최상의 이점을 모두 얻었다. 뿐만 아니라 아이는 아직 고집불통인 '끔찍한 두 살'이 되지 않았기 때문에, 시간이 더 지나 고집이 세지고 자기 방식이 굳어질 때보다 지금 이 시기에 젖을 떼는 것이 더 수월할 것이다. 마지막으로, 이 시기의 기억은 쉽게 잊히기 때문에 아이는 엄마 젖에 대한 기분 좋은 기억에 집착할 가능성이 적고, 따라서 젖을 떼는 일이 덜 고통스러울 것이다.

아이에게 필요한 영양 성분 첫돌 무렵이면 모유의 성분도 달라지고, 자라는 아이에게 필요한 영양 성분도 달라진다. 모유만으로는 더 이상 아이의 필수 영양 성분을 충족시킬 수 없으며, 실제로 최근의 연구들에서 이 시기 이후에 계속해서 모유 수유를 하는 아이들은 젖을 뗀 아이들에 비해 충분한 영양분을 섭취하지 못할 수도 있다는 것이 밝혀졌다. 이 부분에 대해서는 좀 더 많은 연구가 이루어져야 하겠지만, 어쨌든 지금 모유 수유를 하는 것은 영양적인 측면에서 더 이상 이득이 없는 건 분명한 것 같다. 그러므로 두 돌이 될 때까지 계속 모유 수유를 하기로 결정하는 경우, 모유를 아이의 주된 영양 공급원이 아니라 영양을 조금 더 보충하는 개념으로 생각해야 할 것이다.

아이의 치아에 미치는 영향 이 문제는 분유 수유를 하는 아이들에게 더 공통적으로 나타나지만, 모유 수유를 하는 아이라고 해서 '우유병 우식증'에 아주 영향을 받지 않는 것은 아니다. 모유 수유를 하는 경우에도 입에 모유를 머금으면 충치가 발생할 수 있다. 아이가 늘 입에 모유를 머금은 채 잠이 드는 경우 충치가 생길 가능성이 더 높고, 밤새도록 엄마 젖을 빨면서 자는 경우 충치가 생길 위험이 가장 높다. 부모의 침대에서 함께 잠을 자는 아이들이 이렇게 되기 쉽다. 모유 수유를 계속할 경우, 낮에만 모유를 주고, 모유를 먹인 뒤에는 매번 아이의 이를 깨끗이 닦아 주면 충치의 위험을 줄일 수 있다.

아이의 식욕에 미치는 영향 모유나 분유를 먹는 토들러들은 만 1세의 성장에 필요한 이유식을 좋아하지 않는 경향이 있다. 모유 수유가 이유식 섭취에 지장을 주어서는 안 된다.

엄마와 아이의 상호작용에 미치는 영향 간혹 엄마들은 모유 수유가 대단히 가치 있다고 여겨, 엄마와 아이가 할 수 있는 다른 즐거운 활동에

충분한 시간을 할애하지 않는다는 사실을
미처 깨닫지 못하는 경우가 있다. 모유 수유를
계속하더라도 다른 놀이에 시간을 많이 할애해야
한다.

건강에 미치는 영향 누워서 모유나 분유를 먹으면
중이염의 위험이 증가할 수 있다. 반면에 첫돌
이후에도 계속 모유 수유를 하면 알레르기의
위험이 감소할 수 있다.

과도한 의존성이 생길 가능성 아이가 엄마에게,
혹은 엄마가 아이에게 지나치게 의존할 가능성이
있다. 반드시 그렇다는 것은 아니며 이런 걱정을
뒷받침할 과학적인 근거도 없지만, 염두에 둘
필요는 있겠다. 모유 수유를 연장하다가 엄마와
아이가 서로를 구속하거나 더 나은 관계로
발전하는 데 지장이 생기지는 않을까? 또한 이런
독점적인 관계로 인해 아빠가 소외되고, 부부간의
돈독한 관계가 방해를 받는 것은 아닐까?

스스로 위안을 찾는 기술 발달 저해 다치거나,
피곤하거나, 원하는 것을 갖지 못할 때마다 젖을
통해서만 위안을 찾는 아이는, 엄마 젖을 이용하지
못하게 될 경우 기분을 좋게 하는 방법을 스스로
찾지 못할 수도 있다. 어차피 언젠가는, 특히 젖을
뗀 후에는 이런 기술을 익혀야 한다.

배우자와의 관계에 미치는 영향 만 1세가
지나서까지 계속해서 모유 수유를 하고, 특히나
부부 침대에서 모유 수유를 할 경우, 배우자와의
관계에 방해가 되기 쉽다. 모유 수유가 잠재의식
상 아이와 친밀해지고 싶어 하는 정서적·신체적
욕구를 충족시킬지 모르지만, 그로 인해 배우자의
성적 행동을 불편하게 여기게 되고 섹스에 대한
흥미는 날로 감소될 것이다. 또한 모유를 끊지
않겠다는 의지는 배우자 입장에서는 자신보다
아이를 더 소중히 여긴다고 해석될 수도 있다.
배우자는 평생 나와 함께할 사람임을 기억하자.
아이는 자라서 언젠가 집을 떠나 제 짝을 찾게 될
것이다. 그러므로 배우자에게도 어느 정도 신경을
써야 한다.

── 아기 놀이터를 거부해요

Q "집안일을 하는 동안 아이가 안전하고 즐겁게
지낼 수 있도록 아기 놀이터를 이용해 왔어요.
그런데 요즘에는 아기 놀이터에 아이를 넣으려고
하면 아이가 싫다고 비명을 질러 대요."

A 이제 막 걸음마를 시작해 사방을 돌아다니면서
온갖 것을 탐색하기에 열심인 아이에게 아기
놀이터에 갇혀 있으라고 하는 건 실형을 선고하는
것과 다를 바 없다. 따라서 아이가 자유를
찾겠다고 비명을 질러 대는 건 너무나 당연하다.
그러니 아이에게 자유를 주도록 하자. 물론
그러기 위해서는 최소한 방 하나는, 기왕이면
집 안 전체를, 아이가 안전하게 돌아다닐 수
있도록 조치를 취해야 할 것이다. 그러나 아이가
안전하게 돌아다닐 수 있도록 아무리 조치를
취했다 하더라도, 부모가 더욱 철저하게 아이를
지켜보면서 아기 놀이터가 제공했던 통제
역할을 담당해야 한다. 다시 말해, 아이에게 더
많은 자유가 허용될수록 부모의 자유는 그만큼
줄어들게 된다.

아이를 풀어 놓은 상태에서 집안일을 마치기
어렵다면, 아이가 낮잠을 자거나 다른 사람이

아이를 지켜보고 있을 때 집안일을 하는 방법을
고려한다.

── 토막 잠을 자요

Q "우리 아이는 유모차나 자동차를 탈 때에만 아주 잠깐 낮잠을 자요. 낮잠 자는 시간이 이렇게 짧다 보니 아이는 아이대로 충분히 휴식을 취하지 못하고, 저는 저대로 아이가 자는 사이를 틈타 집안일을 하기가 힘들어요."

A 평균적인 첫돌 무렵의 아이들은 밤잠만으로 필요한 수면 양을 충족시킬 수 없기 때문에, 대개 하루 두 차례, 즉 오전에 한 번 오후에 한 번, 각각 약 한 시간씩 낮잠을 자야 한다. 그러나 부모로서는 이만저만 실망이 아니겠지만 낮 동안 15분씩 드문드문 토막 잠을 자는 것만으로도 충분히 피로를 회복하는 아이들도 있다. 뿐만 아니라, 하루 한 차례만 낮잠을 자는 아이들이 있는가 하면, 보통 아이들보다 훨씬 오랫동안 여러 차례 낮잠을 자는 아이들도 있다.

몸이 요구하는 만큼 충분히 수면을 취하지 못하면, 아이들은 보통 짜증이 늘고, 더 까다로워지며, 일상생활에서 오는 작은 어려움에도 쉽게 좌절을 느낀다. 부모 역시 아이가 낮잠을 자는 동안 한숨 돌릴 시간이 필요한데, 그럴 시간을 갖지 못하면 마찬가지로 짜증이 늘고, 더 까다로워지며, 쉽게 좌절을 느낀다.

토막 잠을 자는 습관을 바꾸기란 쉽지 않으며 때로는 불가능할지 모른다. 그러나 시도해 봐서 손해 볼 일은 없으므로 다음 요령을 시도해 보자.

* **매일 같은 시간에 눈을 뜨게 한다** 매일 아침 같은 시간에 아이를 깨우면 매일 오후 같은 시간에 피로를 느낄지도 모른다. 아침에 일어나는 시간을 조절하는 방법에 대한 의견들은 162쪽을 참조한다.

* **매일 같은 시간에 잠자리에 들게 한다** 취침 시간이 불규칙하면 낮잠을 자는 패턴도 불규칙해질 수 있다. 하루 중 특정한 시간에 아이가 피곤해지도록 습관을 들이려면, 매일 정해진 시간에 잠자리에 들게 해야 한다.

* **너무 피곤한 상태로 만들지 않는다** 걸음마를 할 수 있게 되면서 새로운 기회를 많이 갖게 됐다는 사실에 무척 신이 난 나머지 잠시도 쉬려고 하지 않는 아이들이 있다. 지나치게 활동량이 많아지면 너무 피곤해져서 쉽게 잠들기 어렵다. 아이가 이렇게까지 피곤한 상태가 되지 않도록 통제한다.

  특히 낮잠을 재우기 전 약 30분 동안은 활동적인 놀이를 그만두고, 그림 그리기나 블록 쌓기, 책 읽기 등 조금 덜 활동적인 놀이를 하도록 아이를 유도한다.

* **아이를 재울 시간을 정한다** 낮 동안 아이의 에너지 패턴을 관찰해 아이가 언제 피곤해하는지, 그래서 언제쯤 잠이 들 가능성이 높은지 발견한다. 대부분의 아이들은 이른 오후 시간에 가장 노곤해진다.

* **졸음이 오도록 분위기를 만든다** <u>매일 취침 전 일과를 만드는 것처럼 낮잠 자기 전 일과를 만든다. 과일 주스로 단맛을 낸 쿠키나 크래커 두 개와 우유 등 잠이 잘 오게 하는 간식을 먹인다. 그런 다음, 방을 어둡게 하고, 필요하면 암막 커튼을 치고, 전기스탠드 조명을 은은하게 맞춘 다음, 책을 한두 권 읽어 준다. 조용한 음악을 틀고 아이를 아기 침대에 눕혀 자장가를 불러 준 다음, 마음을 편안하게 해</u>

주는 말을 몇 마디 속삭이고는 아이가 잠에서 깨기 전에 조용히 방에서 나온다. 처음 몇 번은 아이가 도무지 자려 들지 않을 수도 있는데, 그렇다 하더라도 최소한 1~2주는 이런 일과를 꾸준히 실천한 후에 포기를 해도 포기한다. 마침내 아이는 낮잠 자기 전 일과를 받아들여, 일과를 마치고 나면 스르르 잠이 들지도 모른다. 설사 잠들지 않더라도 20분 내지 30분 동안 그저 조용히 휴식을 취하는 것만으로도 기분이 좋아질 것이다.

* **낮잠으로 인한 분리 불안을 덜어 준다** 잠을 자면 엄마와 떨어져야 한다는 사실 때문에 아이는 어떻게든 낮잠을 안 자려고 버티는지도 모른다. 그러므로 아이의 마음을 안정시켜 주면서도 아이가 가장 좋아하는 물건과 함께 '엄마'의 물건도 아기 침대에 넣어 준다. 낮잠 시간에 책을 읽어 주는 동안, 엄마의 스웨터나 티셔츠, 운동복 등을 아이 곁에 놓아 주거나, 엄마 침대에 놓인 베개나 이불을 아기 침대 안에 넣어 주면, 엄마가 곁에 누워 있는 것 다음으로 아이의 마음을 편안하게 해 줄 것이다.

* **아이를 통제할 수 없다면 아이에게 협조한다** 아이가 아기 침대에서는 도무지 잠을 자려 하지 않는다면, 조금이라도 더 오래 잠을 잘 수 있도록 아이를 유모차에 태워 집 밖에서 한 시간 동안 유모차를 밀어 준다. 유모차를 타면서 잠을 자는 아이들 대부분은 상점이나 다른 실내 공간에 들어서면 귀신같이 잠에서 깬다. 이 방법은 아이의 낮잠 시간을 연장할 뿐 아니라 엄마가 매일 일정량의 유산소 운동을 하게 해 준다. 특히 빠른 속도를 유지하며 걸을 경우 더욱 효과적이다. 물론 이러다 보면 집안일에는 손도 대지 못하겠지만, 아이가 피로를 회복해 짜증을 부리지 않으면 집안일은 조금 나중으로 미루어도 크게 힘들지 않을 것이다.

── 말이 늦어요

Q "한 살 된 다른 아이들은 또박또박 알아듣게 말도 잘하던데, 우리 아이가 하는 말은 도무지 무슨 소린지 알아들을 수가 없어요."

A 아이가 하는 말을 알아들을 수 없을 뿐 아이가 말을 하지 않는 건 아니다. 특히나 지금처럼 어린 나이에는, 그리고 만 1세가 훌쩍 지난 후라 할지라도, 언어 발달이 잘 이루어졌다고 인정받을 만큼 유창하게 말을 할 필요는 없다.

아이들은 두 가지 종류의 연습용 언어를 사용한다. 하나는 흔히 횡설수설하는 소리로 들리지만, 전문가들은 이런 언어를 아이들만의 전문 용어로 받아들이고 있다. 부모의 귀에는 토들러들이 사용하는 용어가 제대로 된 언어로 들리지 않겠지만, 그 말을 사용하는 토들러들끼리는 얼마든지 알아듣는다. 언뜻 보기에 아무 의미 없이 횡설수설 말하는 것 같지만, 아이가 말하는 소리에 주의 깊게 귀를 기울이면 우리가 말할 때와 똑같은 규칙적인 패턴과 억양을 알아차릴 수 있을 것이다. 비록 언어 능력에는 한계가 있지만 아이는 이렇게 횡설수설 옹알이를 하면서 어른들처럼 대화를 하고 싶다는 욕구를 충족하는 것이다.

어린아이들이 사용하는 또 하나의 연습용 언어는 1음절이나 2음절의 소리를 내는 것이다. 대체로 이런 소리들은 부모가 암호를 해독하기 오래 전부터 아이에게 의미를 지닌다. '바'는 밥을,

'우'는 우유를, '빠'는 '아빠'를 의미한다. 또한 처음에는 1음절 안에 아이의 모든 생각이 담겨 있을 수도 있다. 가령, '다'는 '주세요.' 혹은 '그건 뭐예요?'를 의미할 수도 있다. 아이가 처음으로 알아들을 수 있게 단어를 말하는 경우에도 한 단어에 여러 가지 의미를 지닐 수 있다. '빠, 빠'는 아빠를 의미하기도 하지만, 엄마나 베이비시터, 심지어 강아지를 부를 때도 이런 소리를 낼 수도 있다. '마' 역시 때에 따라 '엄마가 필요해요.', '이 사람은 엄마예요', '맘마 주세요, 엄마.', '안아 주세요, 엄마.' 등 여러 가지 의미로 사용될 수 있다.

아이가 하는 말에 주의 깊게 귀를 기울이면 아이의 말을 제법 많이 이해할 수 있다는 사실에 깜짝 놀랄지도 모른다. 반대로 여전히 아이의 말을 이해할 수 없어 당황되더라도 괜찮다. 아이가 완벽하게 말을 하려면 몇 년 동안 꾸준히 연습해야 하며, 다른 기술, 특히 최근에 푹 빠져 있는 걸음마 연습을 하기에도 너무 바빠 말하기 연습을 열심히 하기 힘들다는 사실을 기억하자. 아이들은 대개 일단 신체적인 기능들을 어느 정도 숙달해 놓은 뒤에 언어적 기능에 전념하게 된다.

대부분의 아이들은 생후 10개월에서 14개월 사이에 첫 단어를 말한다. 하지만 이르면 8개월에 한두 단어 정도를 말하는 경우도 드물지 않으며, 18개월이 지난 후에야 알아들을 수 있게 말을 할 줄 아는 아이들도 꽤 많은 편이다. 거의 대부분의 아이들이 이처럼 광범위한 정상 범위 안에 들게 되는데, 이에 영향을 미치는 요인들은 매우 다양하다.

유전 아이들은 대개 부모 가운데 한 사람의 언어 패턴을 따른다. 각자의 부모에게 자신의 어린 시절 언어 발달에 대해 물어보면 내 아이의 언어 발달이 어떻게 진행될지 힌트를 얻을 수 있을 것이다. 수용 언어는 일찍 발달하는 반면, 즉 들리는 말의 대부분을 이해하는 반면, 유전적으로 입과 혀의 근육이 느리게 발달해 말이 늦게 트이는 아이들도 있다.

출생 순위 첫째 아이는 말을 일찍 시작하는 경향이 있는데, 부모들이 아이가 말을 하도록 많은 시간을 들여 격려하고 아이도 경쟁할 형제가 없기 때문이다. 간혹 손위 형제들이 있는 아이들이 말이 느린데, 주변에 말 잘하는 사람들이 많아 말을 꺼낼 기회를 갖지 못하거나, 형이나 누나가 어린 동생에게 무엇이 필요한지 미리 알아서 해결해 주어 굳이 말을 할 필요가 없기 때문이다. 그러나 항상 그런 건 아니다. 언니, 오빠로부터 언어 자극을 많이 받으면 오히려 일찍감치 말문이 트이는 경우도 있다.

성별 평균적으로 여자아이들이 남자아이들보다 일찍 말을 시작한다. 한편으로는 선천적인 차이 때문일 수도 있고, 다른 한편으로는 아들보다는 딸에게 더 많이 말을 걸게 되는 부모의 성향 때문일 수도 있다. 부모들은 대체로 아들에게는 언어적 기술보다 신체적 기술을 습득하도록 강조한다. 물론 여자아이라 하더라도 같은 놀이 모임의 남자아이들보다 늦게 말이 트이는 아이도 있고, 남자아이라 하더라도 누구보다 먼저 자신의 생각을 말로 표현하는 아이도 있다. 결국 평균이라는 것은 편차가 크다는 점을 고려해야 한다.

언어 환경 아이들은 주변에 말을 하는 사람이

많고, 말을 할 기회가 많이 주어지고, 언어적 기술을 연마하도록 격려를 받을 때, 일찍 말을 시작할 가능성이 높아진다. 격려의 형태는 압력부터 실행까지 매우 다양한데, 이런 식의 격려는 바람직하지 않다. 가족이 집에서 한 가지 이상의 언어를 말하거나, 보모가 아이에게 다른 언어로 말하는 경우, 대체로 아이의 언어 발달이 일시적으로 느려지지만, 결국 두 가지 언어 모두 유창하게 말하게 될 것이다.

보육 환경 아이가 하루 중 가장 많은 시간을 보내는 장소와 대상이 어디이고 누구냐에 따라 언어 발달 정도가 크게 달라질 수 있다. 어린이집에 다니는 아이들은 필요에 의해 대체로 일찌감치 말을 배우게 된다. 아이를 돌보는 교사가 일대일 보육 환경에서처럼 아이들에게 무엇이 필요한지 수시로 예측하기 힘들기 때문일 것이다. 또한 어린이집에 다니는 아이들은 자기보다 더 크고 말을 잘하는 아이들과 하루 종일 어울리게 되므로, 좀 더 일찍 말을 시작하도록 자극을 받게 된다.

수용 언어 발달 아이는 말을 배우기 전에 다른 사람의 말을 이해할 수 있어야 하며, 대부분의 아이들은 첫돌이 되기 전에 사람들이 하는 말의 일부를 이해하기 시작한다. "물 마실래?", "밖에 나가자.", "안 돼, 그건 만지는 거 아니야." 같은 말을 한 살짜리 아이가 이해하는지 궁금하다면, 아이의 반응을 보면 분명하게 알 수 있다. 그러므로 아이가 아직 한 번도 말을 한 적이 없다 하더라도 속으로는 언어 기술을 연마하느라 바쁠지도 모른다.

개인적인 일정표 아이의 언어 발달에 영향을

언어의 일반화

대부분의 아이들이 초기에 내뱉는 단어는 사람이나 사물의 이름이다. 그러나 아이들은 경험이 부족하기 때문에 지나치게 일반화하는 경향이 있다. 학자들은 이를 '과대 확대'라고 한다. 아이가 눈가에 주름이 자글자글한 반백의 할아버지를 보고 '하부지'라고 말하지만, 사실은 모든 반백의 노인을 대상으로 '하부지'라고 말하는 것이다. 소를 보고도 '음매'라고 말하지만 농장에서 자라는 동물들은 모두 '음매'가 된다. 또한 꼬리가 달린 네 발 짐승을 '멍멍이'라고 부른다면 고양이도 '멍멍이'가 된다. 아이가 말할 때마다 정확하게 고쳐 주는가? 아니면 대충 무시하는가? 때에 따라 두 가지 경우가 조금씩 해당될 것이다. "아유, 정말 잘 아는구나. 저 동물은 소처럼 꼬리도 달려 있고 다리도 네 개네. 농장에서 자라고 말이야. 하지만 저건 소가 아니라 양이란다. '음매'가 아니라 '매애'야.", "그래, 맞았어. 저기 머리가 하얀 사람은 할아버지하고 비슷하네. 하지만 저 사람은 할아버지가 아니란다. 아마 다른 친구 할아버지인가 봐." 때가 되면 아이는 비슷한 사물과 사람들 간의 차이점을 발견하게 될 것이다. 하지만 그러기 전에는 은행에 있는 남자들을 죄다 가리키며 큰 소리로 '빠빠'라고 말해 엄마를 완전히 당황하게 만들지도 모른다.

대부분의 아이들이 과대 확대를 통해 언어 발달을 시작하지만, 그 반대의 경향, 즉 과도한 축소를 통해 언어 발달을 시작하는 아이들도 있다. 이런 아이들은 가령 신문이나 잡지, 회보 등 읽을거리들을 전부 '책'이라고 부르는 대신, 매일 밤 자기 전에 읽는 침대 곁에 놓인 책에 대해서만 '책'이라고 말하고, 자기 유모차에 대해서만 '유모차'라고 말한다. 과대 확대와 마찬가지로 이러한 '과소 확대'는 아이의 언어가 더욱 정교해지면서 자연스럽게 사라진다.

미치는 여러 요인들 가운데 아이의 개성도 포함시켜야 한다. 아이들은 다른 영역 발달에서와 마찬가지로 언어 영역에서도 각자 나름의 속도로 발달이 이루어진다. 아이가 처음 제대로 알아들을 수 있는 말을 하는 시기는 첫돌 직전부터 첫돌이 한참 지난 후까지로, 아이들마다 천차만별이다. 걷기 전에 떠듬떠듬 문장을 말하는 아이가 있는가 하면, 곧 있으면 두 돌을 맞이하게 되는데 아직도 두 단어를 결합하지 못하는 아이도 있다. 일찍 말을 시작하는 아이들이 똑똑한 경향은 있지만, 그렇다고 말이 늦은 아이들이 둔한 것은 아니다. 말이 조금 늦은 아이들도 학교에 입학할 무렵이면 일찍 말을 시작한 또래 아이들을 따라잡는 건 물론이고, 오히려 더 유창하게 말을 하기도 한다.

아이의 말이 늦되더라도 불안해하거나 죄책감을 갖지 않는다. 아이에게 구어를 노출시키는 한(44쪽 참조) 부모 역할을 충분히 하고 있는 것이다. 그 나머지는 되어 가는 대로 순리에 맡겨야 한다.

아이가 전혀 입으로 소리를 내려 하지 않는다면, 특히 부모가 하는 말을 이해하지 못하는 것 같다면, 청력에 문제가 있거나 다른 건강상 문제가 있을지도 모른다. 아이의 상태를 담당 의사에게 보고한다.

── 의사소통이 힘들어요

Q "아이가 하는 말을 이해하려고 아무리 애를 써도 도무지 무슨 말인지 알아들을 수가 없어요. 그러다 보니 아이가 무척 속상해하는데, 우리가 뭘 어떻게 해야 할지 모르겠어요."

A 그 나라 언어를 전혀 모르는 낯선 지역을 방문해 본 사람이라면, 사람들이 내 말을 알아듣지 못하는 상황이 얼마나 좌절감을 느끼게 하는지 이해할 수 있을 것이다. 아직 말을 할 줄 모르는 아이는 낯선 나라를 방문한 관광객보다 의사소통에 훨씬 애를 먹고 있다. 그럭저럭 이 상황을 돌파하도록 도와줄 생활 회화책이 있는 것도 아니고, 아이로서는 너무나 분명한 말들을 다른 사람들은 전혀 이해하지 못하고 있으니, 좌절감이 느껴지고 짜증이 나는 건 아주 당연한 일이다.

아이의 용어가 알아들을 수 있는 한 마디, 여러 마디, 마침내 여러 문장으로 진화할수록 아이의 좌절감과 더불어 부모의 좌절감도 곧 해소될 것이다. 그때까지는 아이가 보다 빨리 언어를 숙달할 수 있도록 도와주되, 이해받고자 하는 아이의 욕구를 이해하도록 더욱 애써야 한다.

<u>무엇보다 먼저 아이의 말에 주의 깊게 귀를 기울인다. 처음에는 부모가 이해할 수 있는 말보다 이해하기 힘든 말들이 더 많을지 모른다. 귀를 기울일 때는 아이의 표정도 주의 깊게 본다.</u> 종종 미소 짓는 모습, 입을 삐죽 내미는 모습, 눈썹이 치켜 올라가는 모습 등의 얼굴 표정과, 어깨를 축 내려뜨리는 모습, 발을 쿵쿵 구르는 모습, 팔짱을 끼는 모습, 손가락으로 무언가를 가리키는 모습 등의 몸짓으로도 아이가 말하고자 하는 바를 정확하게 이해할 수 있다. 조바심을 내면서 아이의 말을 가로막아서는 안 된다. 말하는 데 얼마나 오랜 시간이 걸리든 아이가 하려는 말을 전부 충분히 말할 수 있게 해야 한다. 무슨 말인지 알아듣지 못하더라도 주의 깊게 귀를 기울인다. "손으로 원하는 걸 가리켜 보렴." 혹은 "가고 싶은 곳에 엄마를 데리고 갈래?"라고 아이에게

부탁하는 것도 도움이 될 수 있다. 부모가 좌절감이 느껴지는 경우, 감정을 드러내지 않도록 노력한다. 부모가 좌절감을 드러내면 아이의 좌절감만 더 깊어질 뿐이다. 그리고 언어 발달을 장려하기 위한 다음 요령을 이용한다.

꼭 알아 두세요: 아이의 언어 발달

언어는 꼭 필요하다. 언어를 알면 다른 사람과 의사소통을 할 수도 있고 조용히 생각을 할 수도 있다. 또한 언어는 창조력뿐 아니라 학습을 위해서도 중요한 도구다.

다행히 아기들은 태어나면서부터 의사를 전달한다. 태어나서 가장 초기에 갖는 욕구가 먹고 자고 편안하게 지내는 것에 한정되므로, 아기들은 처음 몇 주 동안 이 모든 욕구를 우는 것을 통해 전달한다. '으앙' 하고 울어 대면 누군가 젖이나 분유를 주고, 품에 안아 달래 주며, 기저귀를 새로 갈아 준다. 조금 지나 관심과 친밀함에 대한 욕구도 같이 추구하기 시작하면, 이때부터 우는 것 외에 옹알이를 통해 자신의 바람을 표현하기 시작한다. 이처럼 효과적인 두 가지 의사소통 수단은 서서히 진화를 거듭한다. 다시 말해, 의사소통을 하려는 아기의 욕구가 점점 강해질수록 옹알이는 소리로 발전하고, 여러 소리들이 합해져서 단어와 유사한 유아들만의 용어를 하나씩 내뱉다가 진짜 단어들을 발음하고, 마침내 완전한 문장을 말하게 된다. 정리하면, 우는 것으로 겨우 의사를 전달하던 아기는 태어난 지 약 2년 만에 평균 200개의 단어를 습득하면서 말을 할 줄 아는 토들러로 성장하게 되는 것이다. 보통 성인이 대화할 때 가장 사용 빈도가 높은 단어의 개수는 대략 250개 정도다. 만 3세 무렵이 되면, 보통 토들러들이 사용하는 단어는 5배로 증가해 평균 약 1000개의 단어를 사용한다. 이 수치는 아이가 유치원에 갈 준비가 될 무렵이면 두 배 이상 증가한다.

이런 자연스러운 발전은 아이들 개개인의 일정표에 따라 다르다. 요람에 누워 있을 때부터 신체적인 기술을 익히려 애쓰기보다 사교적인 대화로 주변 사람들의 관심을 끄는 데 많은 시간을 할애해, 결과적으로 다른 아기들보다 일찍 말을 시작하는 아기들이 있는가 하면, 신체 활동에 더 많은 시간과 관심을 쏟는 아기들이 있다. 후자의 아기들은 대체로 뒤집고, 일어서고, 올라가고, 걸음마를 하는 것만도 너무 바빠서 의사소통에 신경을 쓸 겨를이 없다. 이런 아기들은 나중에 만 1~2세쯤 되면 그때서야 언어 기술을 익히려 열심히 애를 쓸 테고, 반면에 일찍 말을 시작한 또래 아이들은 지금까지 소홀히 했던 신체 기술을 익히는 데 집중할 것이다.

그러나 각자 일정표가 어떻게 되든, 옆에서 조금만 도와주면 말을 배우는 속도가 빨라진다. 아이가 말을 빨리 배울 수 있도록 돕기 위한 지침들을 알아보자.

경험을 확장시킨다 아이들은 말을 시작하기 한참 전부터 머릿속에 단어와 개념을 축적해 어휘를 차곡차곡 쌓아 간다. 다시 말해, <u>아이들은 수많은 단어와 개념들을 이해한 다음, 말로 표현하는 것이다</u>. 그러므로 슈퍼마켓, 놀이터, 도서관, 마트, <u>박물관, 버스 정류장, 조선소, 농장 등 다양한 환경에 아이를 노출시키고, 부모와 아이가 함께</u>

본 것에 대해 단순한 표현을 사용해 이야기한다. 새로 익힌 경험을 도서관의 책을 통해 보충하면 어휘력이 강화된다. 가령, 동물원을 방문한 후 동물원에 관한 책을 읽으면, 배운 내용을 확실하게 알게 된다. 아이에게 크고 작음, 축축하고 건조함, 위와 아래, 안과 밖, 텅 빈 것과 꽉 찬 것, 서기와 앉기, 행복과 슬픔, 밝음과 어두움, 좋음과 나쁨 등의 단순한 개념과, 가스레인지에 물을 올려놓으면 물이 뜨거워지고 냉장고에 물을 넣으면 차가워지며 냉동실에 물을 넣으면 딱딱하게 어는 것의 원인과 결과를 완전히 이해시킨다. 아이의 주변에서 볼 수 있는 색깔, 질감, 소리, 냄새에 대해 이야기하면서 수시로 아이의 감각을 자극한다.

말하고 또 말한다 언어를 사용하려면 먼저 언어를 이해해야 한다. 그리고 언어를 이해하려면 그 언어가 말로 표현되는 걸 여러 번 되풀이해 들어야 한다. 다시 말해, 아이가 말을 하도록 하려면 부모가 계속해서 말을 해야 한다. 그러므로 혼자 벽을 보고 이야기하는 듯한 바보 같은 기분이 들더라도, 내가 무슨 말을 하는지 아이가 전혀 이해하지 못한다 해도, 계속해서 말을 해야 한다. 아이를 유모차에 태우고 공원에 가면서 파란 하늘, 빨간 자동차, 공을 가지고 노는 여자아이들, 유모차를 미는 아저씨 등에 대해 이야기해 준다. 저녁을 요리하는 동안에는 호박을 자르고, 감자를 썰고, 찌개를 끓이면서 자세하게 과정을 설명한다. 아침에 아이에게 옷을 입힐 때는, 아이의 신체 각 부위의 이름을 알려 주고 옷의 종류와 색깔, 질감에 대해 말해 준다. 그러나 아이를 언어에 노출시키겠다는 일념으로, 말하는 데 너무 도취된 나머지 쉴 새 없이 떠들지 않도록 주의해야 한다. 아이들은 조용히 생각할 시간, 다른 사람의 말을 듣기보다 자신의 생각에 귀를 기울일 시간, 부모의 도움 없이 주변을 관찰할 시간도 필요하다. 아이가 부모의 말을 듣지 않고 외면하면 더 이상 말을 하지 않는다. 청각에 과부하가 걸릴 수도 있다.

읽고 또 읽는다 그림책 속의 익숙한 대상들을 손으로 짚어 주고 이야기가 어떻게 전개될지 설명하면서 아이에게 그림책을 읽어 주면, 아이를 언어에 노출시키는 소중한 기회를 제공할 수 있다. 단순한 이야기들을 귀에 쏙쏙 들어오는 리듬으로 읽어 준다. 아이들은 같은 책을 여러 번 되풀이해 읽어 주는 걸 무척 좋아하는데, 아마도 학습을 위해 반복이 무척 중요하다는 걸 본능적으로 알고 있는 게 아닐까 싶다. 아이에게 책을 읽어 주는 방법에 대해서는 115쪽을 참조한다.

노래를 부르고 또 불러 준다 아이들은 선천적으로 음악을 좋아하며, 단순한 노랫소리에 귀를 기울인다. 무반주로 혹은 오디오 CD를 따라 노래를 불러 주거나, 부모가 피아노나 기타 같은 악기를 연주할 줄 알면 악기 연주에 맞추어 노래를 불러 준다. 아이들은 특히 손뼉을 치거나 손가락 놀이를 하면서 노래를 불러 주면 아주 좋아한다. 이 경우에도 역시 반복이 아이의 어휘력 향상에 도움이 되므로, 서슴지 말고 같은 노래를 되풀이해 불러 준다. 노래 실력에 대해 혹은 아는 노래가 없다고 걱정하지 않아도 된다. 부모가 음정 박자와 상관없이 노래를 부르더라도 아이는 즐겁게 귀를 기울일 것이다.

대상의 이름을 반복해서 들려준다 단어 수는 수천 가지지만 아이는 한 번에 하나씩밖에 익히지 못한다. 아이에게 단어를 가르치는 가장 좋은 방법은 사물의 이름을 알려 주는 것이다. 거리에서 보이는 사물의 이름을 알려 준다. 집 안의 사물과 책 속에 나오는 사물의 이름들도 알려 준다. 부모가 먼저 사물의 이름을 말한 다음, 아이에게 따라서 말하게 한다.

어른답게 말한다 '맘마', '빠방'처럼 아기들과 토들러들이 단어를 말하는 소리를 듣고 있으면 깨물어 주고 싶을 만큼 귀엽다. 아이와 대화를 나눌 때 이처럼 귀여운 말투를 흉내 내고 싶은 유혹이 강하게 들겠지만, 부모가 아기 말투를 사용하면 아이가 혼란스러워할 뿐 아니라 언어 발달에도 도움이 되지 않는다. 그러나 강아지를 '멍멍이'라고 부르는 등 애칭을 이용하는 것은 문제가 되지 않는다.

귀를 기울인다 아이들은 놀이를 하면서 혼자 중얼거리는 걸 좋아하며, 시종일관 곁에서 자기 말을 들어 줄 사람이 필요한 건 아니다. 하지만 아이가 누군가를 향해 이야기를 할 때는 자신의 말을 귀담아듣길 바랄 것이다. 아이가 부모에게 말을 걸 때는 귀를 쫑긋 세우고 아이의 말에 주의를 기울인다. 아이가 말을 하는 동안 전화를 받거나, 배우자에게 이야기를 하거나, 계속 신문을 읽거나, 텔레비전을 시청하거나, 옆방에 가지 않는다. 하던 일을 중단하고, 아이와 눈을 맞추며, 아이가 하는 말을 완벽하게 이해하지 못한다 하더라도 아이의 말을 끝까지 경청한다.

아이의 듣기 능력을 향상시킨다 청각적 능력을 향상시키면 아이가 언어의 미묘한 차이를 해독하는 데 도움이 될 것이다. 일상 대화 내용에 귀를 기울이는 것도 중요하지만, 새소리, 전화벨 소리, 현관 벨 소리, 사이렌 소리, 수돗물 흐르는 소리에 귀를 기울이는 것도 중요하다. 이런 소리가 들릴 때마다 아이에게 알려 주고 아이와 함께 소리에 귀를 기울인다.

아이가 하려는 말을 말해 준다 아이가 하는 말을 도저히 알아듣지 못하더라도 "우아, 그거 정말 재미있구나."라거나 "정말?" 같은 말로 반응을 보여 주는 것이 좋다. 아이가 횡설수설하는 말을 대수롭지 않은 말일 거라고 지레 짐작하기보다, 아이의 몸짓과 표정, 그 밖에 눈에 보이는 단서들을 읽으려 애쓴다. 아이가 스웨터를 쥐고 문으로 향하려고 하면 "밖에 나가고 싶니? 조금 이따가 엄마랑 같이 나가자."라고 말하는 것이 적절할 수 있다. 아이가 눈을 비비면서 칭얼거리면 "우리 아가, 피곤하구나. 낮잠 자고 싶니?"라고 말해 본다. 아이가 뭐라고 말을 하면서 냉장고를 가리킨다면 "물 마시고 싶니? 아니면 치즈 한 조각 줄까?"라고 물어본다. 때때로 아이의 의사를 정확하게 맞출 때도 있지만, 그렇지 않다 하더라도 부모가 반응을 보이는 것만으로도 아이는 무척 좋아할 것이다. 부모가 아이의 말을 못 알아들으면 아이는 성질을 부리면서 울고불고 할지도 모른다. 아이의 말을 알아듣든 못 알아듣든, 피드백을 주면 아이가 계속 말하고 싶은 의욕이 생길 것이다.

아이가 말할 시간을 준다 아이가 말로 욕구를 표현하기 전에 아이의 욕구를 알아차려 버려서이든, 아이에게 말할 시간을 주지 않고 주변 사람들이 계속 말을 해서이든, 말을 할 기회를 얻지 못해 아이들이 말을 하지 않는 경우도 있다. 그러므로 아이가 말을 할 수 있도록 기회를 열어 두려 애쓴다. 그러면 마침내 아이가 신이 나서 열심히 말을 하게 될 것이다.

아이의 말을 감정을 넣어 다시 한 번 반복한다
"우유 마시고 싶다고?", "그래, 맞아, 저건 멍멍이야.", "아, 그래, 밖에 나가고 싶구나."와 같은 방법으로 아이가 한 말을 다른 방식으로 되풀이하면 이중의 효과를 얻을 수 있다. 즉, 아이가 한 말을 부모가 이해하고 있음을 알려 줄 뿐 아니라, 잘못된 발음에 대해 비판을 가하지 않고 자연스럽게 고쳐 줄 기회를 갖게 된다. 경쾌한 대화체로 억양을 풍부하게 사용하면 아이의 흥미를 유발하는 데 도움이 된다.

계속 물어본다 연구 결과에 따르면, 아이들이 대답을 할 능력이 되기 전이라 해도, 아이에게 질문을 하는 방식은 언어 발달에 박차를 가하는 가장 좋은 방법 중 하나라고 한다. 아이가 아는 단어가 거의 없다 하더라도 고개를 끄덕이거나 가로젓거나 투덜대거나 무언가를 가리켜 의사를 표현할 줄 안다면, 이런 간단한 반응을 표현할 기회를 주는 것이 좋다.

아이가 말을 좀 더 잘할 줄 알게 되면 말로 반응하도록 유도한다. 아이가 공을 가리키거나 책을 향해 몸짓을 해 보이면, 아이가 원하는 대상을 즉시 건네주지 말고 이렇게 물어본다. "어떤 것을 줄까?" 아이가 아무 말도 하지 않으면 원하는 대상을 요구하는 거라고 해석하고 이렇게 말한다. "아, 공을 달라고?" 혹은 "이 책 보고 싶구나." 아이가 아무런 반응을 보이지 않을 경우 반응을 보이라고 강요해서는 안 된다. 그보다는 다른 식으로 질문을 해서 아이를 도와준다. "이 공을 줄까? 아니면 이 책을 줄까?" 아이가 투덜대거나, 고개를 끄덕이거나, 손가락으로 가리키면 그것을 대답으로 받아들이되, 아이를 위해 말로 다시 전달한다. "아, 이 책을 보고 싶구나. 자, 여기 있어."

아이가 대화를 하기 시작할 때는, 아이의 말을 단순히 고쳐 말하기보다 정보를 많이 알아내기 위해 질문을 한다. "밖에 나가고 싶니?" 그런 다음, 아이가 대답을 할 수 있도록 잠시 뜸을 들인다. "어디 가고 싶어?" 다시 뜸을 들인다. "공원에 가고 싶니?" 그러나 너무 압력을 가해서는 안 되며, 어떻게든 대답을 얻어 내려 해서는 절대로 안 된다. 아이가 질문을 받으면서 긴장하는 모습을 보인다면 부모가 지나치게 강요하는지도 모른다.

단어를 충분히 익히도록 돕는다 아이에게 말을 할 때는 여러 방식으로 단어를 반복하도록 한다. "자전거 보이니? 형들이 자전거를 탄다. 남자아이들이 자전거를 타고 달리고 있어." 혹은 "하늘에 새 좀 보렴. 봐봐, 새가 하늘을 날고 있네. 새가 하늘 높이 날아가고 있어." 단어를 말할 때도 마찬가지로 반복한다. "그래, 이건 꽃이야. 꽃이 분홍색이구나. 꽃이 정말 예쁘지. 꽃에서 아주 좋은 향기가 난다. 우리 아가도 꽃이 좋아?" 형용사와 부사를 넣어 문장을 확장하고 정교하게 만든다. "아저씨가 빨리 걷고 있어.", "사람들이 많아서 시끄럽다.", "엄마는 천천히 밥을 먹어요."

간단명료하게 말한다 길고 복잡한 문장을 따라 한다거나 조사를 완전히 이해하는 아이는 거의 없다. 뿐만 아니라 정신없이 빠른 속도로 단어가 이어지면 아이들은 당황하는 경향이 있다. 고등학교 1학년 학생이 프랑스 어를 1년 배운 상태에서 프랑스 영화를 이해하기란 쉽지 않다. 마찬가지로 아이 역시 이제 겨우 1년 정도 우리말을 들었을 뿐이다. 알아듣기 쉽게 또박또박 천천히 짧게 말하면, 아이는 부모가 말하는 의미와 언어의 메커니즘을 보다 쉽게 이해하고 마침내 똑같이 따라 하게 된다.

통역사 역할을 한다 마음과 달리 내 아이를 항상 이해할 수는 없겠지만, 부모는 세상 어느 누구보다 내 아이를 가장 잘 이해하는 사람이다. 그러므로 아이가 다른 사람과 대화를 나눌 때는 통역사 역할을 맡아, 사람들이 하는 말을 아이가 이해할 수 있는 언어로 해석해 주고, 아이가 하는 말을 사람들에게 전달해 준다. 그러나 꼭 필요한 상황이 아니라면 굳이 통역사를 자처하지 말고, 대화하는 사람들끼리 스스로 서로를 이해할 기회를 갖게 한다.

마음껏 말하도록 지지한다 부모의 역할은 격려하는 것이지 강요하는 것이 아니다. 아이들은 어떤 일에 외부적인 압력을 느끼면 내부적으로 그것에 저항하려 애쓰는데, 말하기도 예외가 아니다. 아이가 준비가 되면 봇물 터지듯 말문이 터지게 되고, 그렇게 되면 술술 말이 이어질 것이다.

아이들은 발음, 조사, 존댓말, 그 밖에 여러 문법 규칙을 지키려고 최선을 다한다는 사실을 기억하자. 아이가 제법 올바르게 말을 할 줄 알기까지는 앞으로 몇 년이 더 걸릴 것이다. 부모의 잔소리와 교정은 아이에게 아무런 도움도 안 될 뿐더러 오히려 상처만 줄 수 있다. 아이가 잘못 말한 단어를 부모가 반복해서 말할 때는 정확하게 발음해야 한다. 또한 큰 솥 위에 앉아 우는 동물은 강아지가 아니라 어린 송아지라고 설명해 주는 건 좋지만, 비판적인 말투가 아니라 아이를 지지하는 다정한 말투여야 한다. <u>아이가 틀린 용법을 사용했거나 서투른 말로 무언가를 요구했다고 벌을 주어서는 안 된다. 말할 때마다 비판을 받을 거라고 예상하게 되면, 아이들은 차라리 입을 다물어 버리겠다고 결심하기 쉽다.</u> 아이들은 편안한 분위기에서 다른 사람이 정확하게 말하는 소리를 들을 때 가장 효과적으로 말을 배우게 된다.

또한 아이들은 완전히 이해하지 못하는 단어들도 그냥 듣고 반복한다는 사실도 기억하자. 아이가 "약속해."라고 한 말이 우리가 알고 있는 '약속'이라는 의미와 다를 수도 있다. 아마도 아이들은 초등학교에 입학할 무렵이 되어서야 정확한 의미를 알고 말을 하게 될 것이다.

아이의 지지자가 된다 아이가 단어를 정확하게 말하거나 책에서 강아지를 가리키며 '멍멍'이라고 말하면, 몇 마디 칭찬으로 긍정적인 강화를 해 주어야 한다. 그러나 지나치게 호들갑을 떨면서 과하게 칭찬하지 않도록 한다. 그러면 아이는 부모의 진정성을 의심하기 시작하고, 심지어 '병'이나 '밖에' 같은 간단한 말을 할 줄 아는 것이 중요한 단계임에도 불구하고 별로 대수로운 성과가 아니라고 생각할 수도 있다. 또한 일부 아이들은 말을 할 때마다 <u>지나친 관심과 축하를 받으면, 오히려 기가 죽고 어쩔 줄 몰라 마침내 말을 하지 않기로 결심할 수도 있다.</u>

아이의 언어 발달이 정상 범위 내에 들지만, 정상 범위 안에서 조금 느리거나 큰아이 때보다 혹은 또래 아이들보다 조금 느리더라도 걱정할 필요는 없다. 언어 발달이 지적 능력에 대한 확실한 증거가 될 수는 없다. 다른 분야에서 명민하고 즉각적인 반응을 보이며 집에서 언어 자극을 많이 받고 있다면, 아이의 언어 발달은 대개 지능보다 유전적인 경향과 더 관련이 있을 것이다. 물론 아이의 언어 발달이 정상보다 늦다면 담당 의사에게 검사를 받아 보아야 한다. 언어 발달 속도가 다소 느리더라도 완벽하게 정상으로 개선될 수 있으며, 그렇지 않다 하더라도 조기에 조치를 취하면 말이 늦되는 현상을 극복하거나 감소하는 데 도움이 될 수 있다.

아이에게 꼭 알려 주세요: 다른 사람에게도 권리가 있답니다

그 대단했던 대영제국도 토들러들에 비하면 아무것도 아니다. 태양은 토들러들 위로 뜨고 지며, 세상은 토들러들을 중심으로 돌아간다. 놀이 친구, 엄마 아빠, 할머니 할아버지, 베이비시터, 심지어 애완동물조차 토들러의 명령을 받들기 위해 세상에 존재한다. 아이의 바람이 세상에서 제일 중요하고, 아이의 욕구는 타협의 여지가 없으며, 아이의 감정 외에는 아무것도 고려할 필요가 없다.

하지만 이 어린 황제들도 다른 사람들의 권리에 대해 분명히 알고 있어야 한다. 그리고 이것을 배우는 과정은 상당히 험난해, 완전히 이해하기까지 족히 몇 년은 걸릴 것이다. 지금부터 다음 원칙들을 준수함으로써 이에 대한 학습을 시작해 보자.

* 부모가 순교자처럼 굴어서는 안 된다 <u>부모가 된다는 것은 일정 부분 자신의 욕구보다 아이의 욕구를 우선하는 것이다.</u> 그러나 시종일관 부모의 욕구보다 아이의 욕구를 우선하는 것은 두 가지 측면에서 바람직하지 않은 결과를 낳을 수 있다. 하나는 자신이 혹사당한다는 느낌을 갖게 되고, 마침내 분노를 느낄 수도 있다. 누구보다 헌신적이고 이타적으로 부모 역할에 최선을 다하고 있는데도 말이다.

또 하나는, 아이의 독재적인 방식이 강화되고 연장될 수 있다. 그 결과, 아이는 자기중심적이 되어 지금의 정상적인 발달 단계에서 벗어나지

다른 사람들도 감정이 있어요

놀이 친구를 물건처럼 여겨서는 안 된다고 가르치기에는 아직 아이가 너무 어릴지 모르지만, 이 '물건들'마다 각각 감정을 지니고 있다는 사실은 일찍 가르칠수록 좋다. 놀이 모임에서 아이가 다른 아이에게 장난감을 뺏을 때, "장난감 돌려줘, 그건 네 장난감이 아니잖니!"라고만 말해서는 안 된다. 아이들은 세상 모든 것이 자기 것이라고 철석같이 믿기 때문에 아이에게는 이런 말이 사실처럼 들리지 않는다. 대신 이렇게 설명한다. "네가 친구 인형을 뺏으면 친구가 속상해. 지난번에 친구가 네 곰 인형을 빼앗았을 때 너도 많이 속상했던 거 기억나지?" 아이가 친구를 때린 경우 "때리면 안 돼!"라고 말하지 말고 이렇게 설명해 준다. "이런! 네가 친구를 때리면 친구가 아프잖아." 아이가 착하게 행동하기로 결심하면 다시 상대방 아이의 감정을 알려 준다. "보렴, 네가 친구와 사이좋게 지내니까 친구가 아주 좋아하는구나." 그런 다음, 약간의 칭찬을 덧붙인다. "정말 잘했다!" 아이가 일관되게 다른 사람의 감정을 중요하게 여길 수 있으려면 몇 년은 더 기다려야 하겠지만, 다른 사람도 감정을 지니고 있다는 걸 알려 주는 것은 아이의 공감 능력 발달을 위한 첫걸음이 된다.

못하고 아주 버릇없는 아이로 자랄 수 있다. 그러므로 부모 자신뿐 아니라 아이를 위해 <u>부모로서의 권리를 지켜야 한다.</u> 물론 부모가 되기 전과 똑같이 권리를 누리기는 분명 어렵겠지만, 절대로 빼앗겨서는 안 되는 권리도 있다. 하루 종일 놀아 달라고 떼를 쓰는 아이와 끊임없이 놀아 주기보다 때때로 읽고 싶은 책을 읽을 권리, 상황이 괜찮아질 때까지 꾹 참기보다 필요하면 언제든 화장실에 갈 권리, 침실에 블록과 모양 맞추기 장난감을 들여놓지 않을 권리, 한밤중에 아이가 부모의 침대 속으로 파고들지 못하게 할 권리 등은 부모로서 철저하게 지켜야 할 권리들이다.

* **단순히 부모의 권리를 요구하지 말고 아이에게 설명한다** "지금은 놀아 줄 수 없어. 아빠는 지금 책 읽을 거야."라고 단순하게 말하지 말고, "네가 블록을 가지고 노는 게 재미있는 것처럼, 아빠는 지금 책 읽는 게 아주 즐겁단다. 네가 블록으로 재미있게 노는 동안 아빠는 재미있게 책 읽을게."라고 설명한다. 이런 방법은 <u>부모도 아이와 마찬가지로 욕구와 감정을 지닌 인간임을 가르쳐 준다.</u>
마찬가지로 전화 통화를 하는 동안 아이가 책을 읽어 달라고 조를 경우, "기다려!"라고만 말해서는 안 된다. "지금은 엄마가 전화해야 해. 전화 통화 끝나면 책 읽어 줄게."라고 말한다. 아이를 기다리게 하는 요령은 154쪽을 참조한다.
아이에게 형제나 놀이 친구, 낯선 사람의 권리를 존중하도록 요구할 때에도 역시 설명을 해 준다. 퉁명스러운 말투로 "언니 옆에 가지 마!"라고 말하기보다 "언니가 지금 퍼즐을 하고 있으니까 우리가 조금 조용히 하자."라고 말하는 것이 아이를 가르치는 데 더 효과적이다. 마찬가지로 아이와 함께 음식점에 갈 때는 "그렇게 자꾸 식탁 치면 혼난다!" 하고 말하기보다 "사람들이 이야기를 하고 있는데 네가 그렇게 식탁을 치면 말소리가 들리지 않는단다."라고 설명해 주면 아이가 더 잘 알아들을 것이다.
물론 아이는 아이라서 부모가 아무리 알아듣게 설명해도 제대로 말을 듣지 않기 일쑤다. 아주 자연스러운 모습이며, 말 안 듣는 아이의 모습을 어느 정도는 인정하는 것이 좋다. 중요한 건, 다른 사람들도 권리를 지니고 있다는 생각을 아이의 마음에 심어 주기 시작했다는 것이다.

* **다른 사람들도 감정을 지니고 있다는 걸 알려 준다**(49쪽 박스 내용 참조)

* **아이의 권리를 존중한다** 많은 부모들이 내 아이를 너그러운 사람으로 키우겠다는 좋은 의도에서 내 아이의 권리보다는 아이의 놀이 친구의 권리를 우선한다. 그래서 아이에게 허락을 구하지도 않은 채 놀러 온 아이 친구에게 아이가 가장 좋아하는 장난감을 선뜻 건네주거나, 놀이터 모래밭에서 아이들끼리 서로 삽을 갖겠다고 싸우는 상황에서 내 아이가 옳았을 거라는 생각은 아예 해 보지도 않고 자동적으로 다른 아이 편을 들기 일쑤다. 그러나 안타깝게도 이런 방법은 아이를 마음 넓은 사람으로 가르치기는커녕 오히려 이기적인 사람이 되도록 부추길 수 있다. 자신의 권리가 계속 뒷전으로 밀리거나 위협을 받으면, 대부분의 아이들은 절대로 나눠 갖지 않고, 협조하지 않으며, 차례대로 순서를 기다리지 않겠노라고 단단히 마음을 먹게

된다.
동생이 생긴 경우에도 아이의 권리를 계속해서 존중해 주어야 한다. 네가 크니까 양보하라고 끊임없이 아이에게 요구하는 것은 정당하지 않으며, 동생에 대해 적대감을 쌓게 만들 수 있다. 형제에 대한 문제는 24장을 참조한다.

* **아이의 감정을 존중한다** 토들러들은 자신의 감정이 대수롭지 않게 취급당하면 다른 사람의 감정을 존중해야 한다는 걸 알지 못한다. 다른 사람 앞에서 아이에게 무안을 주거나, 아이의 의견을 대수롭지 않게 여기거나, 아이에 대해 하찮게 얘기한다면, 아이의 자존감에 상처를 입힐 뿐 아니라 다른 사람의 감정을 무시해도 괜찮다고 가르치는 꼴이 된다.

* **모범을 보인다** 늘 그렇듯이 아이에게 말로 가르치는 것은 행동으로 가르치는 것만큼 영향을 미치지 못한다. 아이에게 다른 친구의 권리나 감정을 인정하라고 말해 놓고, 정작 부모는 공공연히 베이비시터를 무안하게 하거나, 슈퍼마켓 점원에게 잔소리를 하거나, 버스 정류장 맨 앞으로 새치기를 한다면, 아이는 이렇게 행동해도 괜찮다고 생각하고 부모가 입으로 가르치는 내용을 받아들이지 않을 것이다.

2장

생후 14개월

아이의 발달 과정

이달 말에 아이가 해야 할 행동

* 빠이빠이 하고 손을 흔든다.
* 혼자 선다.
* 물건을 상자 안에 넣는다.
* 의도를 갖고 엄마, 아빠를 부른다(13$\frac{1}{2}$개월 무렵).
* 몸짓을 보여 주지 않아도 1단계 언어적 지시에 따른다(13$\frac{1}{2}$개월 무렵).

주의 사항 아이가 아직 이 단계에 이르지 못했거나, 물건을 집는다든지 하는 목적이 있는 활동을 위해 손을 사용하지 않을 경우, 의사와 상담한다. 아직 이 단계에 다다르지 않았더라도 얼마든지 정상일 수 있지만, 어쨌든 평가를 받아 볼 필요가 있다. 또한 아이가 반응을 보이지 않거나, 미소를 짓지 않거나, 소리를 거의 혹은 전혀 내지 않거나, 잘 듣지 못하는 것 같거나, 지속적으로 짜증을 내거나, 끊임없이 관심을 요구하는 경우에도 역시 의사의 상담을 받는다. 단, 예정일보다 일찍 태어난 만 1세 아이들은 생활 연령이 같은 또래 아이들보다 대체로 발달이 느린 편이다. 이런 발달상의 차이는 차츰 좁혀지다가 대개 만 2세 무렵이면 완전히 사라진다.

토들러들은 물건을 끄집어내면서 굉장한 만족감을 느끼는데, 이때의 만족감은 끄집어낸 물건을 제자리에 넣을 때보다 훨씬 크다.

아이가 하게 될 행동

* 물건 위로 몸을 굽혀 물건을 집는다(13½개월 무렵).
* 잘 걷는다(13½개월 무렵).

아이가 할지 모를 행동

* 다른 사람을 흉내 내어 물건을 버린다.
* 3개의 단어를 사용한다(13½개월 무렵).

혹시나 아이에게 기대할 만한 행동

* 정육면체 블록 2개를 쌓는다(13½개월 무렵).
* 6개 이상의 단어를 사용한다(13½개월 무렵).
* 달린다.
* 계단을 올라간다.
* 몸짓을 보여 주지 않아도 2단계 언어적 지시에 따른다.

무엇이든 물어보세요 Q&A

— 거절증

Q "아이에게 무슨 말을 하거나 부탁을 하면 우리 애는 항상 '싫어!'라고 반항을 해요. 처음에는 이런 반응이 재미있었는데 요즘에는 인내심에 한계를 느껴요."

A '싫어'가 모든 토들러(만 1~3세 아이)들이 처음으로 하는 말은 아니지만, 순식간에 많은 토들러들의 사랑을 받는 단어임에는 틀림없다. 이렇게 되는 원인은 적어도 처음에는 단순한 생리적 현상 때문인데, 고개를 옆으로 가로젓는 것이 위아래로 끄덕이는 것보다 더 쉽기 때문이다. 뿐만 아니라, 토들러들이 긍정적인 말보다 '싫어'라는 말을 훨씬 자주 듣는 경향이 있는 것과도 관련이 있을 수 있다.

아이의 연령이 높아질수록 거절증의 원인은 생리적인 측면에서 심리적인 측면으로 이동한다. 이제는 아이가 '응'이라고 말할 줄 알아도 '싫어'라는 말을 더 많이 하려 드는데, 꼭 심술이 나서가 아니라 짧고도 간결한 이 부정적인 표현이 최근에 눈뜬 자신의 정체성을 드러내주기 때문이다. 이제 아이는 영아기 때처럼 단순히 엄마와 연결된 존재가 아니라 독립적인 개인으로 발전했다. 따라서 '싫어'라는 말을 수없이 되풀이해 부모의 권위와 자신의 자율성을 시험해 보면서 최근에 생긴 독립성이라는 근육을 풀어주는 것이다. '싫어'는 아이의 독립 선언이자 해방 선언이 된다. 아이는 부모의 요구에도 '싫어', 지시에도 '싫어', 제한에도 '싫어', 부모가 뭘 주려고 해도 '싫어'라고 답하고, 심지어 아이가 원하는 걸 준다고 해도 '싫어'라고 답할 것이다. 아이가 부모에게만 부정적인 성향을 보이는 것은 아니다. 놀이 친구, 베이비시터, 형제들도 역시 부정적인 성향을 드러내는 대상이 된다. 또한 독립적인 개인으로서 자신의 권리를 지키려는 노력의 일환으로 갑자기 자기 것에 대한 소유욕이 강해지기 때문에, 가진 것을 빼앗겠다고 위협하는 사람에게 분명하고 확실하게 부정적인 반응을 보인다.

아이의 부정적인 행동은 부모나 다른 형제에 대한 비난이 아니다. 대체로 만 1세 초반에 들어서면, 때로는 그보다 훨씬 일찍부터, 모든 아이들은 무조건 부정하는 시기를 겪는다. 아이들에 따라 이 시기를 짧게 소극적으로 보내는 아이도 있고, 유독 오랫동안 심술을 부리는 아이도 있는데, 어느 쪽이든 간에 이가 나고 성장하는 시기에 스스로를 통제할 수 없는 것과 마찬가지로 권위에 저항하려는 충동을 스스로 통제하기 어렵다. 부모의 권위를 시험해 보려는 아이의 심리는 건강하고 정상적이며, 자기표현의 중요한 형태이고, 자아를 확립하기 위해 꼭 필요한 부분이며, 개성을 다듬어 가는 중요한 단계다.

그러나 아이의 부정적인 행동이 건강하고 정상적이라는 걸 머리로 아는 것과 그걸 감수하는 것과는 별개다. 부모의 권위를 끊임없이 시험하려 드는 아이와 지내다 보면, 부모도 인내심의 한계를 느끼며 버럭 화를 내게 되는데, 특히 아이가 너무 어려 이성적으로 설명하기도 힘든 경우에는 더욱 그렇다. 다행히 거절증은 발달 단계의 하나로 일시적인 현상이다. 아무리 오래 지속된다 해도 보통 5~6개월만 꾹 참으면 사라지기 마련이고, 두 돌 무렵이면 대부분의 아이들이 언제 그랬냐는 듯 보다 긍정적이고 협조적으로 생각하고 행동하기 시작한다. 물론 일부 아이들은 기본적인 성격상 여전히 약간의 반항적인 모습을 보여 주기도 하지만, 그때쯤에는 부모들이 일단 안도의 한숨을 쉴 수 있을 것이다. 적어도 아이가 사춘기가 되어 반항심이 다시 한 번 최고조에 이르기 전까지는. 당분간은 다음 몇 가지 기본 원칙을 참고하면 아이의 부정적인 단계를 조금이나마 덜 부정적으로 만드는 데 도움이 될 것이다.

부모부터 '안 돼'라는 말을 삼간다 아이들은 질책보다 본보기를 통해 훨씬 많은 것을 배운다. 아이에게 '싫어'라는 말만 듣는 부모들은 곰곰이 생각해 보면, 부모 자신이 '그래'라는 말보다 '안 돼'라는 말을 훨씬 많이 사용했다는 것을 알게 될 것이다. 부모가 부정적인 말을 자주 사용하면 아이가 부정적인 사고방식을 갖기 쉽다. 그러므로 '안 돼'라고 말하기 전에 한 번 더 생각하도록 하자.

아이가 '싫어'라는 말을 많이 하지 않게 한다
아이에게 '싫어'라는 대답을 듣고 싶지 않다면 질문을 교묘하게 바꿔서 해 본다. "스웨터 입을래?" 혹은 "스웨터 입어."라고 말하지 말고, 둘 중 한 가지를 선택하도록 질문한다. "후드 달린 스웨터를 입을래, 아니면 코끼리 그림 있는 스웨터를 입을래?" 아이가 아직 말을 잘 할 줄 모른다 해도 원하는 걸 손으로 짚을 수 있다. "저녁 먹게 손 씻어야지."라고 말하는 대신 "주방 싱크대에서 손 씻을래, 욕실에서 손 씻을래? 물비누로 손 씻을래, 그냥 비누로 손 씻을래?"라고 물어본다. 아이가 의사 결정 능력을 발휘하도록 최대한 기회를 많이 줄수록 아이 스스로 생활을 통제하는 데 도움을 줄 수 있고, 따라서 반항하려는 욕구를 줄일 수 있다.

그렇지만 타협의 여지가 없을 때는 과감하게 밀고 나간다 타협의 여지가 없는 문제에 대해서는 분명한 태도를 취한다. 지금 반드시 집에 가야 하는 상황에서 "지금 집에 갈래?"라고 물어보면, 오히려 아이의 반항 심리를 부추기는 셈이 된다. 그보다는 "이제 집에 가자."라고 아이에게 분명하게 말하는 것이 좋다.

아이가 '싫어'라고 말을 할 때 웃지 않는다 아이의 거절증과 그 밖에 다른 모든 반항적인 행동에 대해 유머 감각을 잃지 않는 것만큼이나 웃어넘기지 않는 것도 중요하다. 이런 아이의 모습이 때로는 부모 눈에 재미있어 보일지 모르지만, 아이에게는 조금도 웃을 만한 상황이 아니다. 사실, 아이의 부정적인 말과 행동은 진지하게 받아들여져야 하며, 마땅히 진지하고 정중한 반응을 받을 만하다.

권위적으로 대하지 않는다 하루 종일 지시를 받으면 누구라도 반항하고 싶은 생각이 들기 마련이다. "얼른 카 시트에 앉아."라고 명령하는 대신, "자, 이제 카 시트에 앉으렴." 하고 부드럽게 말한다. "자, 모두 차에 탔습니다, 대장님. 이제 어떻게 할까요?" 하며, 부모는 어떻게 해야 하는지 모르는 척하면서 아이가 알아서 행동하도록 유도하면 대체로 상당히 좋은 효과를 얻는다. 이 방법은 아이가 말을 안 들을 때에도 도움이 된다. "우리 아가 카 시트가 어디에 있을까?" 그런 다음, 아이가 카 시트를 가리키면 "맞아, 저게 바로 우리 아가 카 시트지. 우리 아가가 카 시트에 얼마나 잘 앉나 한번 볼까?" 마침내 아이가 카 시트에 앉으면 손뼉을 치면서 "우아, 우리 아가 최고!"라고 칭찬해 준다.

항상 침착하게 대처한다 아이가 말을 듣지 않는다고 열받아 하면 상황만 더 악화시킬 뿐이다. 어쨌든 부모는 어른이니까 너무 열받아 하면서 흥분된 분위기로 몰아가지 않도록 하는 건 부모가 할 일이다. 아이의 부정적인 모습에 처벌을 가해서도 안 된다. 아이가 '싫다'고 말할 권리를 존중하는 한편, 적절한 때를 봐서 때로는 하기 싫어도 부모 말을 들어야 할 때가 있다고 설명해야 한다.

긍정적인 태도를 강화한다 아이의 부정적인 태도에 벌을 주기보다 몇 마디 칭찬으로 긍정적인 태도를 강화하는 것이 아이의 행동에 더 효과적이라는 걸 알게 될 것이다.

아이가 계속해서 지는 상황을 만들지 않는다 링 안에서 계속 주먹을 맞고도 우승할 사람은 거의 없다. 좋은 부모는 아무 때나 권위를 휘두르지 않으며 때로는 권위를 양보할 때도 있다는 사실을 기억하자. 아이에게 스스로 결정할 기회를 많이 부여할수록, 아이가 '싫다'고 말하면서 자신의 권리를 위해 싸우려 고집을 부리는 일이 줄어들 것이다.

때로는 기꺼이 져 준다 카 시트의 안전띠를 매야 할 때, 비타민을 먹어야 할 때, 잠자리에 들 시간이 됐을 때, 아이가 '싫다'고 하더라도 져 주어서는 안 된다. 하지만 위험성이 낮은 상황일 때는 한 번씩 아이의 부정적인 반응을 인정해 준다. 가령, 쇼핑을 마치고 집에 가는 길에 세탁소에 들러야겠다고 생각했는데, 세탁소 앞에 도착하자마자 아이가 "싫어! 집으로 가!"라고 소리를 지른다면, 세탁소에 들르는 일은 나중으로 미루고 이렇게 말한다. "우리 아가 피곤하구나. 엄마도 피곤해. 세탁소에는 내일 들르지, 뭐. 그래, 그럼 우리 집에 가자." 가끔씩 아이를 이기게 해 주면, 때때로 지는 상황이 오더라도 아이가 덜 괴로워할 것이다. 단, 기왕 아이의 말을 들어주려면 '싫다'는 반응이 짜증으로 악화되기 전에 들어주어야 한다. 아이가 성질을 부리기 때문에 아이 말을 들어주게 되는 상황은 거의 대부분 잘못된 상황이라고 봐도 좋다.

── 한계를 정하기

Q "저는 웬만하면 아이를 야단치지 않으려고 하지만, 제 남편은 아이를 위해 한계를 정해야 한다고 생각해요. 그러다 아이가 사랑받는 느낌을 갖지 못할까 봐 걱정돼요."

A 남편이 옳다. 한계를 정한다고 해서 아이가 사랑받지 못한다고 생각하지는 않는다. 아니, 오히려 한계를 정해 주면 아이들은 더 사랑받는다고 느낄 수도 있다. 타고난 성격상 유독 다른 아이들보다 외적 강제로 행동을 통제해야 하는 아이들도 있지만, 대부분의 아이들은 누군가 한계를 정해 주길 바란다. 토들러들은 아직 스스로 한계를 정할 줄 모르기 때문에, 부모가 자신을 위해 한계를 정해 준다는 걸 알면 더욱 편안하게 안정감을 느낀다. 물론 아이들이 규칙을 지키는 일은 거의 드물겠지만, 이렇게 행동하면 어떻게 될지, 어떻게 행동하는 것이 옳은지 아이에게 알려 주면 혼란스러운 발달 시기에 아이에게 안정감을 줄 수 있다. 그리고 이 시기에 규칙을 지키는 법을 배운 아이들은 나중에 자발적으로 바람직하게 행동하는 경향이 있다.

아이가 자랄수록 부모가 이처럼 규칙을 정하는 이유는, 가족들이 아이에 대해 관심이 있기 때문이라는 걸 점점 분명히 알게 하기 위해서다. 바깥 날씨가 추우니까 장갑과 모자를 써야 한다고 아이에게 말해 주면, 아이는 자신이 춥거나 감기에 걸리길 부모가 원하지 않는다는 걸 알게 된다. 정해진 시간에 잠자리에 들어야 한다고 부모가 주장하면, 아이는 자신이 푹 쉬고 다음 날 아침에 상쾌하게 일어나길 부모가 바란다는 걸 차츰 깨닫게 된다. 아이에게 장난감을 치우라고 말하면, 아이는 자기 물건이 양호한 상태를 유지하고 자신이 깔끔한 환경에서 놀고 생활하길 부모가 바란다는 걸 이해하기 시작한다.

한계와 규칙이 정해진 환경에서 아이를 자라게 하면 아이는 안정감과 사랑받는 느낌을 더 크게 느낄 것이다. 뿐만 아니라, 더욱 사랑스러운 아이로 자라게 될 것이다. 언제 어느 때든 원하는 것을 마음껏 할 수 있도록 풀어 놓아진, 완전히 자유방임적인 분위기에서 자란 아이들은 대체로 집 밖에서는 거의 환영받지 못한다.

물론 한계가 너무 많아도 너무 적은 것만큼이나 어린아이에게 부정적인 영향을 줄 수 있다. 집이 경찰서가 될 정도로 규칙이 너무 많아지면, 아이가 지킬 수 있는 정도를 넘어섰기 때문에 아이는 아예 규칙을 무시하거나, 독립하려는 본능적인 욕구가 억제되기 때문에 규칙에 저항하거나, 경찰서에 갇힌 기죽은 시민처럼 고분고분 말은 잘 듣지만 매사에 무기력해질 것이다. 집에서 엄하게 통제를 받는 아이들은 호시탐탐 지켜보는 부모의 시선에서 벗어나기만 하면 대개 자제력을 잃기 쉽다. 한 번도 무언가를 스스로 결정하도록 허락받아 본 적이 없는 아이들은 성인이 되어서도 현명하게 선택할 줄 모른다.

<u>한계를 정할 때는 단호하게 정하는 것만큼이나 이성적이고 정당하게 정해야 한다. "오늘은 밖에 나갈 수 없어. 엄마가 나가지 말라면 나가지 마."라고 하며 기분 내키는 대로 한계를 정하거나, 어린아이에게 매번 장난감을 치우도록 하거나 집 안에서 항상 목소리를 낮추도록 하는 등 불합리하게 한계를 정하면, 오히려 반항심만 크게 유발하게 된다. 물론 규칙은 어느 정도 강제적이 되어야 효과적이다.</u>

나라마다 법이 다른 것처럼 집집마다 규칙이 다양하다. 각 가정에 맞게 한계를 정해야 부모도 아이도 모두 편안하다. 아이를 위해 규칙과 자율 사이에 적절한 균형을 찾기 위한 요령은 136쪽 아이 훈육법을 참조한다.

— '하지 말라'는 짓을 꼭 하려고 들어요

Q "제 아들은 항상 제게 '싫어'라는 말을 달고 살아요. 그러면서 제가 어떤 일에 대해 '안 된다'고 하면 제 말을 완전히 무시하거나, 싱글싱글 웃으면서 하지 말라고 하는 짓을 기어이 하고 말아요."

A 토들러들은 '싫어'라고 대답하는 건 좋아하면서도 그런 대답을 듣는 건 아주 싫어한다. 독립성을 키우려고 애쓰는 와중에 부모에게 '안 된다'는 말을 들으면, 마치 스스로 내린 결정이 위협을 받고 있다고 느낀다. 다시 말해, 아이의 입장에서 부모가 '안 된다'고 하는 말을 고분고분 듣는다는 건 부모의 권위에 굴복한다는 의미가 되므로, 권위에 굴복하겠다는 걸 인정하는 대신 차라리 권위를 시험하기로 결정하는 것이다.

아이가 끊임없이 권위를 시험하는 것은 성장과 발달에 있어 정상적인 부분인 반면에, 부모 입장에서는 솔직히 신경에 거슬리는 상황이 아닐 수 없으며, 특히 아이와 가정의 안전을 동시에 지켜야 하는 상황에서는 더욱 그렇다. 물론 아이가 부모 말에 완벽하게 순응하길 바라는 건 순전히 부모의 몽상에 지나지 않겠지만, 아이가 부모 말을 잘 따르도록 요령을 찾아볼 수는 있을 것이다.

* **아이가 '싫어'라고 말할 때와 그렇지 않을 때를 예측한다** 부모는 수시로, 특히 아이의 건강과 안전, 위생에 대해서는 더욱더 '안 된다'는 말을 하기 마련이지만, 안 된다는 말을 너무 많이 하면 어린아이를 숨 막히게 할 수 있으며, 지금처럼 아이가 부모 말을 무시해 버릴 수도 있다. '안 된다'는 말이 보다 효력을 얻으려면 꼭 필요한 상황일 때에만 안 된다고 말해야 한다. 아이의 환경에서 잠재적인 갈등 요소들을 최대한 제거해, '안 된다'는 말을 지나치게 사용하지 않으면서도 아이의 탐색 본능을 존중해 준다. 욕실 문을 자물쇠로 잠그고, 깨지기 쉬운 도자기는 안전한 곳으로 치우고, CD 플레이어는 선반 높은 곳에 올려두는 등 아이의 안전을 위해 집 안 환경을 안전하게 만들면, '안 된다'고 말할 이유가 줄어들 것이다.

아이의 손이 닿는 범위 내에 아이가 적당히 조심해서 만지면 크게 손상을 입지 않을 미술품 등으로 '접근 금지' 물건을 몇 가지 남겨 둔 다음, 미술품에 대해 아이가 스스로 통제할 수 있도록 가르친다. 아이가 이들 미술품 가까이 접근하려 하면 이 기회에 아이에게 설명한다. "그건 아빠 거야. 그러니까 가지고 놀면 안 돼요." 대신 다른 물건을 건네준다. "자, 이 오리 인형은 네 거니까 이거 가지고 놀렴." 가끔은 부모가 지켜보는 동안 접근 금지 물건에 손을 대게 해 준다. "너 혼자 있을 때는 엄마 뮤직 박스를 가지고 놀면 안 되지만 엄마하고 같이 가지고 노는 건 괜찮아."(269쪽 참조)

* **예측하지 않는다** 아이가 CD 플레이어를 향해 다가가고 있더라도, 손을 대기 전에는 "CD플레이어 만지지 마라!"라고 말하지 않는다. 그 이유는 <u>첫째, 아이가 잘못된 행동을</u>

할 거라고 예측해 실제로 그 행동을 하기도 전에 미리 '안 된다'고 말해 버리면, 오히려 그 행동을 하도록 부채질하는 셈이 된다. 둘째, 아무리 아이라 해도 부모의 신뢰에 부응하지 않는 행동을 하기 전까지는 아이를 전적으로 신뢰해야 한다. 물론 아이가 접근 금지인 줄 모르고 물건을 향해 다가가거나 위험한 물건을 만지려 한다면 확실하게 중단시켜야 한다.

* **긍정적인 태도를 보인다** 긍정적인 태도를 보이면 부정적인 태도를 보일 때보다 긍정적인 결과를 지속적으로 더 많이 얻을 수 있다. 가령, "인도로 걸어가렴." 하고 말하면 "진흙 쪽으로 걷지 마라."라고 말할 때보다 아이가 말을 더 잘 들을 것이다. 또한 "종이 위에 그림을 그리렴." 하고 말하는 것이 "벽에다 그림 그리면 안 돼."라고 말하는 것보다 더 효과적일 것이다.

* **'안 된다'고 말할 때는 진지하게 말한다** 아이가 강아지 밥그릇 주위에서 코를 킁킁대고 있을 때 "강아지 맘마 먹으면 안 된다."라고 건성으로 말한 후, 아이가 강아지 밥그릇에 코를 박는데도 다른 일을 하고 있다면, 다음에 아이에게 '안 된다'고 말해도 아이는 거의 주의를 기울이지 않을 것이다. '안 된다'고 말했으면 강아지 밥그릇을 치우거나, 아이를 다른 곳으로 안고 가거나, 아이의 주의를 돌리는 등, 행동으로 완벽하게 마무리 지을 준비를 해야 한다. 또한 아이가 개구쟁이처럼 엉뚱한 행동을 하면 깨물어 주고 싶을 만큼 사랑스럽겠지만, 웃고 싶은 충동을 참도록 하자. '안 된다'는 말을 아이가 진지하게 받아들이도록 하려면 부모가 먼저 진지한 모습을 보여야 한다.

* **차분한 목소리로 '안 된다'고 말한다** 화를 내거나 애원하는 목소리로 안 된다고 말하면 아이는 자신이 주도권을 잡고 있다고 생각한다. 단호하게 '안 된다'고 말하면 부모의 권위에 대한 신뢰가 훨씬 높아진다.

* **요구 사항과 규칙에 대해 설명한다** 규칙을 정한 이유를 알면 지키기가 더 쉽다. 그리고 아주 어린 나이라 해도 아이들은 규칙에 이유가 있다는 걸 이해하기 시작한다. 가능하면 아이에게 이유를 설명한다. "먼저 손을 씻어야 치즈스틱에 모래가 묻지 않는단다.", "난방 기구는 뜨거워서 잘못하면 데일 수 있으니까 손으로 만지면 안 된다.", "강아지 꼬리를 잡지 마라. 강아지가 아야 하고 아플 테고 널 물지도 몰라." 단, 간단하게 설명한다. 너무 장황하고 복잡하게 설명하면 아이들은 아예 듣지 않는다.

* **아이가 말을 잘 들으면 칭찬해 준다** 다섯 번 말해서 겨우 한 번 말을 듣더라도 '안 된다'는 부모 말을 아이가 따르면, 아이의 행동을 기꺼이 칭찬해 준다.

── 밥을 잘 안 먹어요

Q "아이에게 밥을 먹이려 할 때마다 아이가 입을 꼭 다물고 고개를 가로저어요. 그렇다고 아이가 스스로 먹게 하면, 주변을 온통 지저분하게 만드는 데다 하루 종일 걸려도 밥을 다 못 먹으니 스스로 먹게 할 수도 없어요."

A 아이가 스스로 먹는 모습을, 그리고 마루며 벽이며 아이 옷에 덕지덕지 묻은 음식들을 지켜보기란 몹시 괴로울 뿐 아니라, 부모가 먹여

줄 때보다 시간이 세 배나 더 걸린다. 그러나 토들러를 키우는 양상들 대부분이 그런 것처럼 밥을 먹이는 일도 고통 없이는 아무런 보상도 얻을 수 없다. 그리고 이 경우에 얻는 보상은 여러 긍정적인 보상 중에서도 특히 독립성과 스스로 먹는 기술, 식사 시간과 식사에 대한 건강한 태도를 길러 주는 등 아이에게 매우 중요한 보상들이다. 부모가 계속해서 아이에게 밥을 먹여 주면 시간도 절약되고 주변도 한결 깨끗해지겠지만, 이런 소중한 보상들을 얻지는 못할 것이다. 또한 아이를 대신해 밥을 먹여 주겠다고 팔을 걷어 부치고 나선다면, 나중에 아이에게 잘못된 식습관을 길러 주는 계기가 될 수 있다.

그러므로 아이가 식사할 시간을 넉넉히 잡고, 바닥이 지저분해지지 않도록 깔개를 넉넉히 깔며, 아이가 먹는 모습을 보기 괴롭더라도 모르는 척하는 등 여러 방면으로 노력을 하여 아이 스스로 밥을 먹게 한다. 아이가 덜 지저분하게 식사하도록 하는 요령에 대해서는 20쪽을 참조한다.

─── 서랍을 전부 비우려고 해요

Q "우리 아들은 집 안을 돌아다니면서 서랍이고, 쓰레기통이고, 장난감통이고 할 것 없이 안에 든 내용물을 죄다 꺼내어 비우려고 해요. 다시 제자리에 넣으라고 아무리 말해도 말을 듣지 않아요."

A 아이들은 물건을 몽땅 꺼내는 능력을 열심히 기른 다음, 몇 달 후에야 제자리에 넣을 줄 알게 된다. 그리고 그래야겠다는 생각이 드는 건 몇 년 후에나 가능하다. 그러나 아이가 물건을 몽땅 꺼내는 골치 아픈 행동을 하는 이유는 이 일이 즐거워서가 아니라 발달을 위한 진지한 작업 과정이기 때문이다.

집 안을 온통 뒤집어엎지 않고도 이처럼 중요한 소근육운동을 연마할 수 있도록 아이를 도울 방법은 없을까? 먼저 다음 요령을 시도해 보자.

위험한 물건을 꺼내지 않도록 예방한다 아이를 다치게 하거나 아이 때문에 망가질 수 있는 물건이 든 찬장, 서랍, 옷장 등에는 아이가 마음대로 여닫을 수 없도록 자물쇠를 단다. 금지된 물건을 만지고 싶은 충동을 아이가 스스로 통제할 수 있으려면 오랜 시간이 지나야 하므로, 당분간은 아이가 이런 물건들에 절대 접근하지 못하도록 부모가 조치를 취해야 한다.

아이가 안전하게 물건을 비울 수 있도록 기회를 준다 아이가 즐겁게 물건을 꺼낼 수 있도록 색깔이 선명하고 질감이 독특한 천 조각들을 상자에 가득 넣어 준다. 단, 끈이나 리본을 넣어서는 안 된다. 아이가 스스로 목을 조를 수 있다. 바구니에 장난감을 담거나, 서랍에 오래된 냄비와 뚜껑, 나무 숟가락, 계량컵 등을 채워 주어도 좋다. 선반 아래 칸을 잘 찢어지지 않는 그림책들로 채운다. 욕조와 모래놀이 통에 플라스틱 컵이나 병, 양동이 등을 쌓아 놓고 아이가 마음껏 채웠다 비웠다 할 수 있게 한다.

제자리에 넣기 놀이를 한다 물건을 꺼내는 방법뿐 아니라 제자리에 넣는 방법도 함께 가르친다. "네가 이 장난감을 장난감 상자에 넣으면, 아빠는 저 장난감을 넣을게."라거나 "누가 먼저 바구니에 장난감을 넣나 해 볼까?"라고 제안한다. 아이가 물건을 꺼낼 때와 마찬가지로 열심히 제자리에 넣을 거라고 기대해서는 안 된다. 물건을 넣는 기술은 훨씬 힘들면서도 훨씬 만족감이 적은 기술이다. 사실 아이가 물건 채우는 놀이를 즐겁게 하고 있다 하더라도, 부모들에게는 상당히 실망스러운 일이겠지만 대부분의 놀이들이 결국에는 물건을 모두 꺼내는 것으로 끝날 것이다. 물론 간혹 물건 넣는 걸 훨씬 즐거워하는 아이도 있어서, 양말 서랍에서 자동차 열쇠를 발견하고 쓰레기통에서 아빠 지갑을 발견하는 경우도 있을 수 있다.

아이가 꺼낸 물건들을 능숙하게 제자리에 넣지 못하거나 그러고 싶어 하지 않는다 해도 재촉하거나 강요하거나 벌하지 않는다. 아이가 물건을 꺼내는 일이 부모 입장에서는 괴로운 일이겠지만, 아이에게는 학습 경험이라는 사실을 기억하도록 하자. 그러나 부모의 통제하에서 적당히 어지럽히게 하려면, 그리고 집 안 물건을 끝도 없이 꺼내려 드는 것은 바람직한 행동이 아니라는 것을 분명하게 알리려면, 아이가 지금 비우고 있는 용기를 아이 보는 앞에서 다시 채워서 다른 곳으로 치우거나 아이를 멀찍이 떨어뜨려 놓는다.

이유를 설명한다 아이의 이해력이 향상되려면 최소한 생후 18개월은 되어야 하며, 그 전까지는 이유를 설명해도 아이가 잘 이해하지 못할 것이다. 그러나 일단 18개월이 되면, 아이가 서랍을 비우거나 찬장의 물건들을 꺼내서 물건이 카펫에 널브러져 있는 경우, 이렇게 어질러 놓는 바람에 어떤 피해가 생길 수 있는지 설명한다. 첫째, 사람들이 물건에 걸려 넘어질 수 있다. 둘째, 그 사람이 물건을 밟다가 깨뜨릴 수 있다. 셋째, 모든 물건이 제자리에 있으면 집이 훨씬 보기 좋다.

이렇게 설명한다고 해서 아이가 물건 꺼내는 일을 중단하거나 꺼낸 물건을 모두 제자리에 놓지는 않을 것이다. 적어도 당분간은 그럴 가능성이 없다. 하지만 물건을 꺼내서는 안 된다는 규칙이 부모가 기분 내키는 대로 만든 규칙이 아니며, 부모가 이런 규칙을 만든 데에는 그럴 만한 이유가 있다는 걸 아이에게 심어 주게 될 것이다.

—— 물건을 자꾸 떨어뜨려요

Q "우리 아이는 물건을 떨어뜨리는 걸 굉장히 좋아해요. 아기 침대에서든, 유아용 식탁 의자에서든, 슈퍼마켓 카트에서든 어디에서나 말이에요. 더구나 제가 번번이 주워 주는 걸 보면서 엄청난 쾌감을 느끼는 것 같아요."

A 아이는 첫돌이 다가올 무렵 처음으로 이런 행동을 시작하는데, 이런 행동은 쥐고 있던 물건을 놓을 수 있을 만큼 손가락에 대한 통제력이 충분히 발달했음을 보여 주는 증거다. 아마도 아이는 다른 기술들과 마찬가지로 이 기술 역시 능숙해질 때까지 수없이 연습을 하는 것 같다. 아이가 지금보다 더 어렸을 때는 물건을 손에 쥐기만 해도 마냥 좋아서 물건을 떨어뜨리면 어떻게 될지 전혀 관심이 없었다. 그러다가 차츰 연령이 높아지면서 떨어뜨리기라는 일종의 과학 실험을 하게 된다. "내가 이 물건을 떨어뜨리면 어떻게 될까? 물건이 어디로 가게 될까?" 궁금해하면서 말이다. 아이는 마치 아이작 뉴턴이라도 된 것처럼 완전히 넋이 나가서 물건이 바닥으로 떨어지는 걸 지켜본다.

그리고 마침내 토들러가 되면 떨어뜨리는 기술이 꽤 재미있다는 사실을 발견하게 된다. 아기 침대나 유아용 식탁 의자에서 엄청나게 빠른 속도로 떨어지는 봉제 인형과 완두콩을 보면서 아이는 깔깔거리며 웃는다. 뿐만 아니라, 물건을 떨어뜨릴 때마다 반복적으로 허리를 굽혀 물건을 줍는 어른들을 보고 있으면 재미는 배가된다.

그러나 아이를 즐겁게 해 주다가는 다리, 허리가 아픈 건 말할 것도 없고 몹시 짜증이 나기 마련이다. 아이를 즐겁게 하면서도 짜증이 덜 나도록 다음 방법들을 참고하자.

불만을 표현하지 않는다 보통 토들러들은 특정한 행동이 부모를 짜증 나게 한다는 걸 알게 되면 그 행동을 되풀이하고 싶은 욕구가 불끈 솟아올라 그 행동을 수없이 반복하게 된다. 그러므로 아이가 물건을 떨어뜨린다고 불만을 표현하지 말고 전혀 귀찮지 않은 척한다.

아이를 바닥에 내려놓는다 아이는 물건을 떨어뜨리려 하고 부모는 그걸 줍고 싶지 않을 때는, 아이를 바닥에 내려놓아 혼자서 실컷 떨어뜨리고 줍게 한다. 물론 아이를 바닥에 앉히면 떨어뜨리기 활동을 완전히 중단할 수도 있다.

식사를 마친다 아이가 음식을 떨어뜨리면 음식을 빼앗고 즉시 식사를 마친다.

물건을 바구니 안에 떨어뜨리게 한다 부모가 허락한 상황에서 허락한 용기 안에 물건을 떨어뜨리게 한다. 가령, 바구니 안에 블록을 떨어뜨리게 하거나, 공을 미끄럼틀에서 굴리게 하거나, 장난감을 장난감 상자에 넣게 하거나, 건포도를 빵 반죽 안에 넣게 한다.

줍기 놀이를 한다 줍기는 떨어뜨리기만큼 재미있지는 않겠지만, 줍기 놀이를 하면 줍는 일을 덜 지루하게 만들 수 있다. 예를 들어, "네가 떨어뜨린 장난감을 누가 빨리 주워 담는지 볼까?"라거나 "음악이 끝나기 전에 여기 있는 블록 모두 담기."라고 말하면서 줍기를 유도한다.

깨지는 물건을 조심한다 두말하면 잔소리지만, 물건을 떨어뜨리는 데 흥미를 느끼는 아이들에게 깨지는 물건을 주어서는 안 된다. 식사 시간에 유리컵, 사기 접시나 컵을 주어서는 안 되며, 정교한 장식품 등 잘 망가지는 물건을 아이 손이 닿는 곳에 두어서도 안 된다.

집중하는 시간이 짧아요

Q "우리 아이는 어떤 일이든 몇 분 이상 집중하지 않아요."

A 전형적인 토들러의 모습을 지닌 아이인 것 같다. 토들러들에게 몇 분은 영원처럼 길게 느껴질 수 있기 때문에, 어떤 일에 몇 분 이상을 할애하는 경우는 거의 드물다. 어린 탐험가는 할 수 있는 일을 전부 다 해치우겠다고 결심한 듯, 금세 한 가지 일에 몰두했다가 어느 순간 다른 일에 몰두하는 모습을 보인다. 이제 14개월 된 아이에게 한 가지 일에 오랜 시간 집중하기를 기대하는 건 무리다. 음식을 먹을 때와 마찬가지로 스스로 삶의 경험들을 조금씩 섭취하게 하면 더 잘 소화시킬 것이다.

물론 가끔은 아이가 한 가지 활동에 완전히 몰입해서 부모를 깜짝 놀라게 할 때도 있을 것이다. 몇 개월이 지나 집중하는 시간이 더 길어지면 이처럼 집중하는 모습을 훨씬 자주 보여 줄 것이다. 하지만 집중을 방해하는 다른 활동이나 자극들을 차단하고 장시간 한 가지 과제에 집중할 수 있는 능력을 기르게 하려면, 현실적으로 아이가 초등학교에 입학할 무렵이 되어야 가능하다 (193쪽 참조).

— 내반슬

Q "우리 딸은 요즘 온 사방을 걸어 다녀요. 그런데 아이의 다리 모양이 안짱다리인 것 같아 걱정이에요."

A 아이마다 벌어진 간격이 달라서 그렇지, 처음 걸음마를 하는 아이들은 거의 모두 다 무릎 사이가 상당히 벌어져 있다. 아이가 우유나 보충제를 통해 비타민 D를 섭취하고 있다면, 아이의 내반슬은 정상적인 발달 과정의 일부에 지나지 않는다고 생각해도 괜찮다. 비타민 D가 결핍되면 구루병에 걸려 영구적으로 안짱다리가 될 수 있다. 아이가 두 돌에 접어들 무렵이면, 활처럼 구부러진 다리 모양이 온데간데없이 사라지고, 전형적인 패턴대로 성장할 경우 외반슬로 대체된다.

그러나 아이가 걷는 데 방해가 될 정도로 내반슬이 심각하거나, 한쪽 다리가 유독 안으로 굽어 있거나, 두 돌이 지난 후 상태가 악화된다면 담당 의사와 상의한다. 다리가 심하게 구부러져 아이의 키가 연령 대비 평균 신장 도표(908쪽 참조)에서 하위 25번째 백분위 수에 해당되는 경우에도 의료적 조언을 구한다.

— 외반슬

Q "우리 아들은 걸음마를 시작한 지 몇 주 됐어요. 그런데 걸을 때 보면 마치 오리 다리처럼 발가락이 바깥으로 향해 있어요. 이런 모습이 정상인가요?"

A 정상일 뿐 아니라 처음 걸음마를 시작하는 대부분의 아이들에게 불가피한 자세이기도 하다. 아이들은 발가락을 바깥으로 향하게 하여 균형을 유지하면서 서 있는 힘을 키우는 것이다. 어른들도 균형을 유지하려 할 때는 다리를 넓게 벌리고 발을 바깥으로 향하려는 경향이 있다. 또한 발을 바깥으로 향하는 자세는 토들러들의 내반슬을 바로잡는 데에도 도움이 된다.

만 2~3세 사이에 내반슬에서 외반슬로 다리 모양이 바뀐다. 이때에도 역시 균형을 유지하기 위해 발가락을 바깥쪽이 아닌 안쪽으로 향해 발의 자세를 바꾸는데, 이때가 되면 아이들은 이제 오리가 아니라 비둘기처럼 걷기 시작한다.

초등학교에 입학할 무렵이면 대부분의

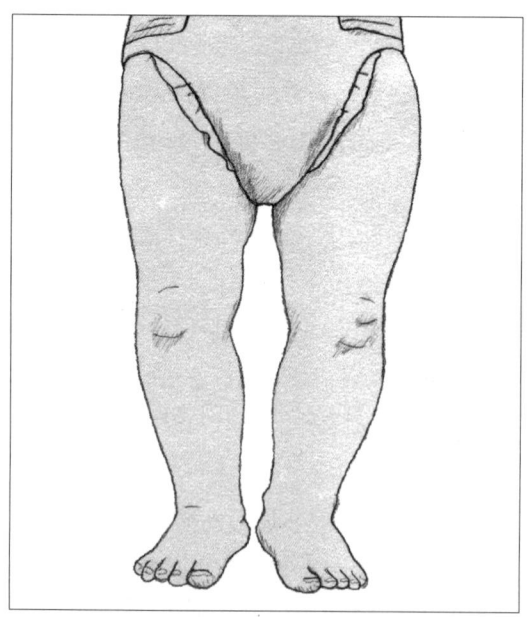

토들러들은 만 1세 후반기에 접어들 때까지는 대체로 다리가 안쪽으로 굽는다. 평발에 발가락이 바깥을 향하는 모양도 토들러들에게 흔히 볼 수 있다.

아이들은 발이 똑바로 앞을 향한 채 혹은 거의 그와 유사한 자세로 걷는다. 그러나 소수의 경우 평생 동안 밭장다리로 걷는 아이들도 있는데, 그렇다 하더라도 걷는 데에는 지장이 거의 없다.

평발

Q "제 아내와 저는 발 모양이 정상입니다. 그런데 14개월 된 우리 아들은 완전히 평발인 것 같아요. 걷는 데 문제가 되지 않을까 걱정입니다."

A 걱정하지 않아도 괜찮다. 최소 2년 동안은 여전히 평발 모양을 유지하겠지만, 때가 되면 엄마, 아빠의 발 모양을 닮을 게 거의 확실하다. 유아기에는 예외 없이 누구나 평발 모양으로 지낸다. 따라서 지금 아이의 발은 자연스러운 발달 과정에 있는 것뿐이다.

토들러들이 평발을 유지하는 이유는 여러 가지다. 첫째, 유아기에는 발의 뼈와 관절을 포함해 신체의 모든 뼈와 관절이 매우 유연하다. 둘째, 발의 보조 근육이 아직 충분히 발달하지 않았다. 이들 보조 근육의 힘이 강화되려면 대부분의 토들러들이 걷는 정도보다 훨씬 많이 걸어야 한다. 또한 아이의 체중으로 인해 느슨한 관절과 약한 근육들이 지면을 향해 눌려서 발바닥 장심이 보이지 않는다. 셋째, 이 시기에는 아이의 포동포동한 살이 장심 주변을 둘러싸 발바닥 곡선을 교묘하게 감춘다. 마지막으로 넷째, 처음 걸음마를 하는 대부분의 아이들은 균형을 유지하기 위해 발가락을 바깥쪽으로 향하는데, 이렇게 되면 발바닥 장심을 향해 체중이 너무 많이 가해지고, 따라서 아주 살짝 곡선을 이루는 장심이 평평하게 보인다.

아이가 초등학교 1학년쯤 되면 윤곽이 뚜렷한 두 개의 장심을 당당하게 지니게 될 것이다. 그리고 여러 가지 이유로 평발을 유지한다 하더라도 걱정할 필요는 없다. 인구의 10~20%는 평생 평발로 지낸다. 과거에는 평발이면 군대에 입대할 자격이 부여되지 않았지만, 요즘 전문가들의 연구 결과에 따르면 평발은 결코 장애가 아니며, 경우에 따라서는 장점이 될 수도 있다고 한다. 충격을 흡수하는 능력이 매우 뛰어나, 평발을 가진 사람들은 발바닥 장심이 깊은 사람들에 비해 발목이 삐거나 피로 골절을 겪을 위험이 적다.

아이의 장심이 발달하길 기다리는 동안 뭔가 조치를 취하려는 충동을 삼간다. 아이의 평발을 고쳐 준다는 특수 신발, 오목 발바닥 받침, 장심 발달에 도움이 된다는 운동 등은 도움이 되지도 않을 뿐더러 사실상 해를 입힐 수도 있다. 자연스럽게 발달이 이루어지도록 내버려 두는 것이 가장 바람직하다.

그러나 아이의 발이 지나치게 경직되어 있거나, 구부러지지 않거나, 아이가 다리를 잘 움직이지 않거나, 움직일 때마다 고통스러워하거나, 걷기를 힘들어하면 의료 상담을 구하고 필요하면 치료를 받는다.

까치발로 걸어요

Q "우리 딸은 이제 막 걷기 시작했는데 자꾸 까치발로 걸어요. 발을 완전히 바닥에 대고 걷는 걸 한 번도 못 봤어요."

A 많은 아이들이 까치발로 걷는데, 단지 그렇게 걸으면 기분이 좋아지기 때문이다. 하지만

아이들이 평생 까치발로 걷는 건 아니다. 대부분의 토들러들은 만 1세 중반 무렵이면 발뒤꿈치부터 바닥에 대고 능숙하게 잘 걷는다.

걸음마를 한 지 몇 달이 지난 후에도 여전히 까치발로 걷거나, 안정되게 잘 서는데도 발을 바닥에 딱 붙이지 못하는 것 같다 싶으면 의사와 상의한다. 당분간은 아이가 발끝으로 우아하게 걸음마를 하더라도 망설이지 말고 칭찬한다.

── 밤에 자다가 깬 경험이 충격적이었나 봐요

Q "우리는 아이가 밤에 자다가 깨면 그냥 울게 내버려 두었는데, 이 방법이 역효과를 일으킨 것 같아요. 아이가 어찌나 충격을 받았는지 요즘에는 자러 갈 시간이라는 말만 해도 얼굴이 사색이 돼요. 어떻게 해야 하지요?"

A 아이를 울게 내버려 두는 방법은 아이에게 해가 아닌 도움을 주려고 고안된 방법이다. 그리고 대부분의 경우, 아이가 밤에 자다가 깨도 다시 스스로 잠드는 방법을 익힐 기회를 제공해 아이에게 상당한 도움을 준다. 하지만 아주 예민한 아이라면 자다가 깨서 혼자 운 경험이 몹시 충격일 수 있다. 이 경우, 잠시 길을 돌아가는 것이 가장 바람직하다. 아이가 혼자 자러 가는 걸 무서워하는 것 같다면, 아무리 시간이 오래 걸리더라도 아이가 잠이 들 때까지 아이 곁을 지켜 준다. 필요하면 아이에게 조용히 이야기를 들려주거나 노래를 불러 준다. 혹은 그냥 아이 곁에 있어만 주어도 좋다. 아이가 한밤중에 자다가 깨도 마찬가지 방법을 이용한다. 아이가 잠들 때까지 아이를 달래며 아이 곁을 지켜 준다. 그러나 아이를 안아서 엄마 아빠의 침대에 같이 눕히지는 않는다.

때가 되면 아이가 혼자 자는 걸 더 편안하고 안전하게 느끼게 되고, 이때쯤이면 아이가 아직 깨어 있을 때 아이 혼자 방에 두고 나와도 괜찮다.

── 그림을 그리기 시작할 때

Q "언제쯤이면 아이에게 크레파스를 주어 그림을 그리게 할 수 있을까요?"

A 아이가 크레파스를 잡을 수 있을 정도의 연령이 되면 얼마든지 그림을 그릴 수 있다. 최소한 아무렇게나 낙서할 수 있다면 충분하다. 그리고 그림 그릴 기회를 주고 그리는 방법을 가르친다면 지금도 충분히 그릴 수 있을 것이다.

아이는 종이에 아무렇게나 낙서하면서 굉장히 신나 할 것이다. 하지만 너무 신이 난 나머지 벽이며 마루, 책, 가구에 마구 낙서를 하고, 크레파스를 입에 넣고 씹을 가능성이 있기 때문에, 부모가 지켜볼 때에만 그림을 그리게 해야 한다. 연필이나 펜보다는 크레파스로 그림을 그리게 한다. 연필이나 펜은 눈이나 피부를 찌르는 등 위험 요소가 많다. 아이가 크레파스를 입으로 가져가려 하면 즉시 가로챈다. 부모가 종이에 그림을 그리면서 "크레파스는 그림을 그릴 때 사용하는 거야. 먹는 게 아니란다."라고 설명한다. 아이가 크레파스를 입에 넣으려 할 때마다 계속해서 가로채되, 무언가를 씹는 데에만 관심을 보이는 것 같다면 그림 그리기를 마치고 간식 시간을 갖는다.

부모가 아무리 열심히 감독해도 아이가 크레파스를 깨물거나 벽지에 낙서하는 행동을 일일이 막을 수는 없으므로, 독성이 없고 물로 지워지는 크레파스를 구입한다. 아이가 간혹 그림 그리는 데 연필을 사용하면서 입에 연필을 넣더라도 걱정하지 않아도 된다. 요즘에는 연필에 납 성분이 없으며, 연필에 사용된 페인트는 무독성이다. 굵은 크레파스는 일반 크레파스보다 더 단단하고 어린아이가 손에 쥐기에도 더 편안하지만, 좀 더 큰 아이들 가운데에는 일반 크기의 크레파스를 쥐는 느낌과 가느다란 선을 더 좋아하는 아이들도 있다. 아이의 그림 연습용으로는 값이 싼 신문용지가 가장 좋다. 필기용 종이와 광고물 뒷면에 그림을 그리게 해도 좋다. 탁자, 유아용 식탁 의자의 식판, 바닥 등에 테이프로 종이를 고정하면 종이가 움직이지 않아 아이가 그림을 그리기도 쉽고, 손을 움직일 때마다 종이가 따라 움직이는 바람에 짜증이 나는 상황도 줄어든다.

꼭 알아 두세요: 아이들에게는 노는 게 일

새들도 놀고, 파충류도 놀고, 모든 종류의 포유류들도 논다. 사실 지금까지 연구해 온 거의 모든 동물들이 놀이를 즐긴다. 동물의 종류마다, 문화마다, 세대마다, 놀이의 이름은 다르지만 모든 동물들이 보편적으로 놀이를 즐긴다. 강아지가 제 꼬리를 쫓아다니고, 어린 개구리가 수련 잎 위를 뛰어다니며, 아프리카 소년이 아버지가 나무에 파 준 구멍으로 만칼라 게임을 하고, 북미의 소녀가 어머니가 장난감 가게에서 사 준 공깃돌로 공기놀이를 하는 것은 모두 성장을 위해 꼭 필요한 부분이다. 연구자들은 이러한 활동이 성장에 대단히 중요하고 앞으로의 발달에 필수적이라고 주장한다. 또한 연구자들은 동물을 대상으로 한 실험에서 실제로 동물이 노는 동안 뇌의 신경 세포를 연결하는 시냅스가 자라는 현상을 관찰했으며, 인간 어린이들이 놀 때에도 마찬가지 현상이 나타난다는 이론을 제시하였다.

하지만 오늘날 많은 부모들은 놀이를 시간 낭비라고 생각한다. 적자생존의 원칙이 팽배한 경쟁 사회에서 아이가 살아남을 수 있도록 교육하려면 한 글자를 더 봐도 시간이 부족한 마당에, 과연 놀이가 공부보다 더 생산적인지 확신이 서지 않는 것이다.

그러나 아이에게 놀이만큼 유익한 취미도 없다. 낱말 카드니 교육용 컴퓨터 게임이니 체조 수업이니 하는 것들도 놀이만큼 엄청난 영역의 혜택을 제공하지는 못한다. 놀이를 통해 얻을 수 있는 혜택을 알아보자.

✽ 놀이는 어린아이를 전지전능하게 만들어 준다

재미있어 보이지만 아이들에게는 놀이가 일이기도 하다.

놀이를 할 때 아이들은 더 이상 힘없는 어린아이가 아니라 엄청난 능력을 발휘하는 거물이 된다. 놀이를 할 때에는 작고 힘없는 존재라는 좌절감, 언제 무엇을 해야 한다는 의무감 따위는 존재하지 않는다. 늘 따라다니는 부모의 간섭 없이 아이들은 스스로 명령을 내리고, 선택을 하며, 규칙을 정하고, 주도권을 잡고, 상황을 장악한다.

* **놀이는 아이가 주변 세상에 대해 배울 수 있게 해 준다** 토들러들은 놀이를 통해 조사하고 발견하며, 이론을 검증하고, 모양과 공간 관계와 색깔에 대해 배우며, 원인과 결과, 사회적 역할, 가족의 소중함을 탐구한다. 아이는 놀이를 하면서 과학자, 부모, 소방관, 건설 노동자, 무용수, 음악가, 목동이 될 수 있다. 이렇듯 놀이가 가르치지 못하는 생활 영역은 거의 없다고 봐도 좋다.

* **놀이는 자존감을 높인다** 아이들은 자신이 잘할 줄 아는 놀이, 스스로 생각하기에 성공할 만한 놀이를 하려는 경향이 있다. 아이들은 놀이를 하면서 규칙을 만들고, 그러면서 성공할 가능성을 높인다. 행동에 일일이 잘못을 지적하는 어른이 없기 때문에, 아이들은 무능하다는 느낌을 갖지 않고 마음껏

만 1세 초반 아이가 가지고 놀 장난감

아이의 장난감을 구입하거나 빌릴 때는 종류에 중점을 두어 아래에 소개한 각각의 범주 가운데에서 한두 가지를 선택한다. 여러 목적으로 사용되는 장난감은 두 가지 이상의 범주에 언급되어 있을 텐데, 이런 장난감들은 대단히 유용하다. 이런 종류의 장난감들은 대부분 이 시기 내내, 그리고 가지고 노는 방식은 달라지겠지만 아이가 크면 큰 대로 아이에게 흥미를 유발할 것이다.

* **소근육운동을 발달시키는 데 도움을 주는 장난감** 끼우고 쌓을 수 있는 장난감, 나무로 만든 간단한 퍼즐, 특히 조각마다 작은 손잡이가 달린 퍼즐은 아이가 조각을 끼우고 제거하기 쉽다. 도형 끼우기 장난감, 블록, 채우고 비우기 위한 상자와 용기들, 다이얼과 손잡이, 조절 버튼이 부착된 장난감과 팝업 장난감

* **대근육운동을 발달시키는 데 도움이 되는 장난감** 모든 크기의 공, 당기는 장난감, 미는 장난감, 타는 장난감, 올라가는 장난감, 그네, 미끄럼틀 등

* **상상력을 자극하는 장난감** 봉제 인형, 인형과 인형 가구, 자동차, 트럭, 비행기, 그림책, 주방 세트와 주방 용구(장난감 주방 용구와 안전한 진짜 주방 용구), 장난감 가정용품(전화기, 쇼핑 카트), 액세서리(모자, 가방, 핸드백), 블록과 레고

* **창조력을 자극하는 장난감** 크레파스와 종이, 장난감 고무찰흙, 콜라주를 할 수 있는 재료들, 솔과 스펀지에 포스터물감을 묻혀 그림 그리기, 모든 미술 재료는 아이 연령대에 맞는 유아용이어야 하며 무독성의 안전한 것이어야 한다.

* **연주할 수 있는 장난감** 드럼, 탬버린, 마라카스, 호른과 다른 관악기, 실로폰, 단순한 키보드, 토들러용으로 제작된 카세트 플레이어와 테이프

* **어른들의 세계에 대해 배울 수 있는 장난감** 인형(요람, 유모차, 기타 아기용품과 함께), 요리에 필요한 용구(가스레인지, 냉장고, 싱크대, 접시, 가짜 음식), 자그마한 집과 원예 도구(가짜 빗자루, 삽, 갈퀴, 잔디 깎는 기계), 탈것(자동차, 트럭, 기차, 비행기, 소방차), 작업대나 공구 벨트, 의상(소방관 모자, 경찰관 모자, 선원 모자, 의사 가방, 발레복 등), 금전 등록기, 쇼핑 카트

* **물리적인 세계를 발견하게 하고 흥미를 주는 장난감** 사물이 작용하는 원리, 원인과 결과, 숫자, 모양, 패턴에 대해 가르쳐 준다. 덤프트럭, 블록과 토들러용 건물 짓기 놀이, 끼워 맞추는 장난감, 도형 끼우기 장난감, 채우고 비울 수 있는 상자와 용기들, 모래놀이 통과 모래놀이용 장난감, 깨지지 않는 거울, 물놀이용 장난감(물에 뜨는 것, 물을 쏘는 것, 물을 담고 부을 수 있는 것)

시행착오를 경험할 수 있다.

* **놀이는 사회적 기술을 향상시킨다** 아이들은 친구들과 어울리기 오래 전부터 놀이를 통해 사회적 기술을 준비한다. 아이의 첫 번째 놀이 친구들은 대개 아무런 위협을 가하지 않는 곰 인형, 봉제 인형, 트럭 같은 무생물이며, 이런 놀이 친구들은 상호작용 기술을 연습할 수 있는 완벽한 도구가 된다. 그리고 이렇게 기초를 다진 후 나중에 또래 아이들과 놀이를 하게 되면, 나누는 방법, 차례를 기다리는 방법, 자신의 권리를 주장하는 방법, 그리고 다른 친구의 권리를 배려하는 방법들에 익숙해진다. 부모와 놀 때에도 사회적 기술을 연마할 수 있다. 연구 결과에 따르면, 부모가 아이와 함께 놀아 주면 아이의 사회성이 한결 좋아진다고 한다.

* **놀이는 감정을 이해할 기회를 제공한다** 역할극을 통해 분노, 두려움, 슬픔, 불안 등을 비롯한 다양한 감정을 표현하게 된다. 예를 들어, 병원에 가는 걸 몹시 두려워하는 아이는

어질러진 장난감 담기

아이의 놀이에서 썩 바람직하지 않은 측면이 한 가지 있다면, 너무 자주 주변이 어질러진다는 것이다. 장난감이 아이에게 이로운 만큼, 부모들은 장난감이 하루빨리 집에서 사라져 주길, 블록도, 인형도, 퍼즐 조각도, 미니카도 줍거나 밟거나 걸려 넘어질 일이 없길, 오랜 시간 바라고 또 바라게 될 것이다.

그러나 때가 되면, 그리고 부모가 인내심을 갖고 기다려 주면, 아이가 하루의 놀이를 마친 후 가지고 놀았던 장난감을 정리하는 법을 알게 된다. 그때까지는 다음과 같은 조치를 취하면 집 안 정리에 도움이 될 것이다.

* **놀이 공간을 마련한다** 집 안 어디에서나 아이가 노는 모습을 지켜볼 수 있는 장소를 놀이 공간으로 하는 것이 가장 좋다. 장난감을 들여놓을 수 있는 공간을 분명하게 정한다. 처음에는 아이가 이런 규칙을 잘 이해하지 못해 온 집 안에 장난감을 끌고 다닐 것이다. 그러나 부모가 매일 꼬박꼬박 정해진 장소에 장난감을 갖다 놓고 그 밖의 공간을 깨끗하게 정리하면, 마침내 아이는 놀이 공간에서만 놀아야 한다는 걸 이해하게 된다. 이상적으로는 놀이 공간에 다음과 같은 것을 갖추어 놓아야 한다. 안락의자나 작은 소파처럼 부모와 아이가 꼭 끌어안고 책을 읽을 수 있는 편안한 공간이 마련되어야 하고, 퍼즐도 맞추고 그림도 그리고 게임도 하고 차도 마실 수 있는 작은 탁자와 아이와 친구나 부모가 앉을 토들러용 의자 두 개를 놓아야 하며, 장난감을 담을 수 있는 안전하고 효율적이며 접근과 이용이 편리한 용기를 두어야 하고, 쌀쌀한 날에는 바닥에서 안락하게 놀 수 있도록 카펫이나 작은 깔개를 깔아야 한다.

* **모든 장난감은 한 장소에 몰아넣는다** 그래야 적어도 가끔씩이라도 모든 장난감이 제자리에 놓일 수 있다. 선반에 색색의 커다란 바구니를 올려놓으면 장난감을 보관하기가 쉽다. 블록은 초록색, 자동차는 파란색, 봉제 인형은 노란색 등 장난감 종류별로 색깔을 정하면, 정리도 간단하고 아이가 색깔을 구별하는 데에도 도움이 된다.

* **자주 정리하는 습관을 들인다** 놀이를 마칠 때마다 정리를 하는 하루 일과를 마친 후에 정리를 하든, 정리 정돈을 일과의 일부로 만든다. 물론 대부분은 부모 손이 가야 하겠지만, 정리 정돈에 아이를 참여시키는 것은 자기 물건을 자기가 챙기는 책임감을 기르는 중요한 첫 단계다. "이제 장난감 치우자. 블록은 초록색 바구니에 넣으렴. 블록을 바구니에 넣어 줄래?" 혼란과 부담을 주지 않도록 한 번에 한 가지 장난감만 정리하게 한다. 정리 정돈 테마 곡을 만들어 부르거나 흥얼거리면 정리 작업이 좀 더 즐거울 것이다. 두 돌 무렵에는 "100 셀 때까지 정리하기." 혹은 "벨이 울릴 때까지 정리하기." 하고 시간을 정하면 따분한 정리 작업이 흥미로운 놀이가 될 수 있다.

아픈 봉제 인형을 대상으로 병원놀이를 하면서 불안을 극복할 수 있다.
* **놀이는 언어 발달에 박차를 가한다** 퍼즐, 트럭, 인형, 불록, 점프하기, 흔들기, 미끄러지기, 올라가기. 내 것, 네 것, 우리 것, 같이 가지고 놀기. 위, 아래, 밑. 놀이를 하는 동안 아이는 상당수의 단어를 사용하고, 대부분 반복적으로 사용해 언어 발달에 속도를 더한다.
* **놀이는 아이를 연령보다 성숙하게 만들어 준다** 너무 어려 실생활에서는 할 수 없는 일들을

아이에게 맞는 장난감 구입

장난감을 사다 보면 모든 성인의 마음속에 잠들어 있던 어린아이가 불쑥불쑥 튀어나오곤 한다. 이런 어린아이가 튀어나올 때면 누구를 위해 장난감을 사려고 하는지 잠시 잊어버리기 일쑤이며, 그 바람에 아직 요람에 누워 있는 갓난아기가 가지고 놀기에는 아주 복잡한 기차놀이 세트를 사 주거나, 아직 말 한 마디 할 줄 모르는 아이에게 컴퓨터식 알파벳 게임을 선물하거나, 걸음마도 안 뗀 아이에게 세발자전거를 사 주는 등, 아이에게 어울리는 장난감을 사기보다 부모의 마음속 어린아이의 관심을 끄는 장난감을 사게 된다. 연령에 앞선 장난감을 사 주어도 어쨌든 아이가 흥미를 보이기야 하겠지만, 대체로 전혀 이용할 줄 모르고 때로는 위험하기도 하다.

이처럼 혹하는 마음에 무턱대고 장난감을 구입해 장난감 선반을 아이의 연령에 맞지 않는 장난감들로 가득 채우는 일이 없도록 하기 위해, 다음에 소개한 구체적인 제안을 지키도록 하자.

* **아이의 발달 단계상 아이가 아직 가지고 놀 준비가 되지 않은 장난감은 선택하지 않는다** 어린 시절의 추억에 젖어 두 살 아이에게 바비 인형을 사 주려 할지 모른다. 하지만 아이는 바비 인형에 옷을 입힐 줄도 모르고, 그럴 나이쯤 되면 인형이 낡아서 쓰레기통 속으로 버려지기 십상이다. 전기를 이용한 기차놀이 세트, 모노폴리 세트 등, 부모의 마음속 어린아이의 관심을 끄는 장난감들은 나중으로 미룬다. 지금 즐겁게 해 주어야 할 대상은 현실 속의 내 아이다. 하지만 아이가 실제로 집에서 재미있게 가지고 놀 만한 장난감을 사 주어야지, 아이가 사 달라고 조르는 장난감을 사 주어서는 안 된다. 장난감 모양이 요란할수록 대체로 금세 관심 밖으로 내동댕이쳐지기 쉽다.
* **장난감이 아닌 것도 장난감으로 활용할 수 있다** 가령, 놀이터 모래밭에서 모래를 넣어 모양을 만들 때 계량컵을 이용한다. 판지로 만든 커다란 상자 안으로 들어갔다 나왔다 하면서 놀 수 있고, 작은 상자는 자동차 주차장이나 인형 놀이할 때 탁자로 이용할 수 있다. 종이 가방으로 가면이나 의상, 인형을 만들 수도 있고, 안에 장난감을 넣어 가지고 다닐 수도 있다. 의자 두 개 사이에 담요를 걸쳐 '텐트'를 만들 수도 있다. 믹싱 볼과 숟가락, 개봉하지 않은 작은 음식 캔이나 비어 있는 시리얼 상자나 크래커 상자, 플라스틱 접시와 컵도 훌륭한 장난감이 될 수 있다.
* **일반적으로 부모와 부모의 가치관에 어긋나는 장난감은 구입하지 않는다** 그러나 아이가 꼭 갖고 싶어 할 때는 마음을 열고 아이에게 양보한다(256쪽 참조).
* **너무 많이 구입하지 않는다** 어린아이들은 본래 기대가 크지 않다. 아이의 기대를 부추기는 대상은 대체로 주변 어른들이다. 나중에는 또래 친구들과 텔레비전이 주범이다. 아이의 생일이나 크리스마스 때 장난감을 잔뜩 사 주려는 경향이 있는데, 그러지 않도록 한다. 벽장 가득 장난감이 들어차 여기저기에서 장난감이 하나씩 튀어나올 정도라면, 아이는 장난감이 좋은 줄도 모르고 즐겁게 가지고 놀지도 않는다. 이미 장난감이 엄청나게 쌓여 있다면, 돌아가면서 한 번에 몇 가지만 가지고 놀게 한다.
* **빌려주고 빌려 받는다** 아는 부모들과 조합을 결성하면 장난감을 교환할 수 있으며, 특히 고가의 장난감이나 아직 멀쩡하지만 흥미를 잃은 장난감을 주고받을 수 있다.
* **융통성을 찾는다** 장난감은 다양한 특징보다는 갖가지 다양한 놀이 기회를 제공해야 한다. 또한 보기에 좋기보다는 아이가 놀고 싶도록 흥미를 불러일으켜야 한다.
* **아이가 놀이를 할 때 독창성을 막지 않는다** 장난감 설계자가 의도한 방식이 아니라 하더라도, 아이 나름대로 장난감을 가지고 놀 수 있어야 한다. 단, 독창성이 위험을 일으킬 수 있는 경우에는 예외다.

놀이에서는 할 수 있다. 아이는 엄마, 아빠, 경찰관, 의사가 될 수 있다. 자동차를 운전하고, 비행기를 조종하고, 책을 읽는다. 큰 빌딩을 세우고 그 사이를 뛰어다닌다. 복잡한 도로를 건설하고 자동차 충돌 사고를 해결한다. 이런 힘들은 아이를 신나게 만들 뿐 아니라 자존감을 높이고, 세상에 대해 가르치며, 어른을 이해하도록 도와준다.

* **놀이는 창조력과 상상력을 자극한다** 모래로 성을 짓거나 신발 상자로 주차장을 만들고, 봉제 인형에게 우유병을 물리거나 국그릇을 가져다주고, 엄마 옷이나 아빠 옷을 입는 등, 놀이를 통해 토들러들 세계의 경계가 확장되고 가상 세계의 즐거움을 경험하게 된다.
* **놀이는 손과 손가락을 사용하는 소근육운동과 손과 눈의 협응 능력을 발달시킨다** 블록으로 탑을 쌓고, 퍼즐을 맞추고, 고무찰흙을 주무르고, 크레파스로 낙서를 하면서 노는 동안 이런 기술이 발달한다.
* **놀이는 대근육운동을 발달시킨다** 걷기, 달리기, 점프하기, 올라가기, 팔딱팔딱 뛰기, 자전거 타기, 그네 타기, 던지기, 잡기, 밀기, 당기기 등 활동적인 놀이는 바른 자세, 신체의 협응 능력, 운동 능력을 발달시키고, 장차 적극적인 생활 태도의 기초를 마련한다.

한 마디로 말해, 아이의 놀이는 일, 그것도 만족을 주고 활기를 북돋는 대단히 가치 있는 일이다. 놀이를 하면서 보내는 시간은 결코 시간 낭비가 아니며 오히려 대단히 보람 있게 보내는 것이다.

그러므로 아이를 놀고, 놀고, 또 놀게 해 주자.

아이에게 꼭 알려 주세요: 할머니 할아버지에 대해

과거에는 가족들이 멀리 떨어져 살지 않았다. 할머니, 할아버지, 고모, 삼촌, 사촌들이 모두 한집에서는 아니더라도 적어도 같은 동네에 살았다. 반면 오늘날은 필요나 선택에 의해, 이렇게 가까이 모여 사는 가족이 거의 없다. 오늘날 가족들은 전국에, 심지어 전 세계에 뿔뿔이 흩어져 지내고, 열 가정 가운데 겨우 한 가정만 할머니 할아버지가 손자 손녀와 한집에 살며, 많은 손자 손녀들이 기껏해야 1년에 한두 번 할머니 할아버지를 만난다.

할머니 할아버지가 멀리 떨어져 살 경우, 아이가 할머니 할아버지와 깊은 유대 관계를 형성하도록 돕기란 여간 힘든 일이 아니다. 하지만 현재의 운송 수단과 의사소통 방식의 도움을 받으면 얼마든지 서로 가깝게 지낼 수 있다. 다음 요령을 참고하면 아이가 할머니 할아버지와, 그리고 다른 먼 지역에 사는 친척들과도 자주 연락을 할 수 있을 것이다.

방문 최소한 1년에 한두 번은 할머니 할아버지를 방문하도록 노력한다. 여행 비수기 기간을 이용하거나, 할인 항공 요금이 나온 게 없는지 평소에 주의 깊게 봐 두거나, 열차나 자동차 이용을 고려하는 등, 이동 비용을 절약한다(아이와 함께 여행하는 방법에 대해서는 282쪽 참조). 혹은 할머니 할아버지를 초대한다. 할머니 할아버지가 노인 우대 할인 요금을 적용받을 수 있다면 이 방법이 비용 면에서 특히 효과적이다.

세 세대가 이틀 이상 한 지붕 아래에 모여 있으면 어느 정도 긴장감이 흐르기 마련이다. 오랜만에 모두 모인 자리에서 서로의 신경을 거스르는 일이 없도록 하려면, 재미있는 야외 활동을 계획한다. 부부가 하룻밤 혹은 주말에 할머니 할아버지에게 아이를 맡기고 외출이나 여행을 다녀오는 계획에 대해 각 세대가 모두 편안하게 생각한다면 이 방법을 고려해 봐도 좋겠다. 할머니 할아버지 집을 방문할 때는 집이 아이가 지내기에 안전한지 확인해야 한다. 부모가 어릴 때 자던 아기 침대가 안전 기준에 부합하지 않는다면, 아이를 이 침대에 재워서는 안 된다. 그리고 아이 손이 닿는 곳에는 약을 두지 않도록 각별히 조심해 달라고 할머니 할아버지에게 부탁한다. 할머니 할아버지가 아이의 집에서 아이를 돌보는 경우, 평소 베이비시터에게 부탁하는 안전에 대한 정보를 모두 알려 준다.

전화 서로 멀리 떨어져 있는 경우, 아이가 전화에 대고 말을 할 줄 안다면 직접 방문하는 것 다음으로 좋은 방법이 전화 통화다. 전화기에 대고 말하길 좋아하는 아이가 있는가 하면, 수화기 저편에서 알 수 없는 목소리를 듣고 겁을 먹은 경험이 있는 경우 유독 전화기 근처에 가지 않으려는 아이도 있다. 하지만 저항하던 아이가 언제 갑자기 전화기에 대고 이야기하겠다고 할지 모르므로 계속 시도해 본다. 할머니 할아버지와 전화 통화를 할 때마다 아이에게 이렇게 말한다. "할머니랑 통화하고 있는데, 너하고 이야기하고 싶어 하신단다." 아이의 귀에 전화기를 대고 할머니 할아버지의 목소리를 들려준다. 아이가 싫다고 하면 강요하지 말고 다음에 다시 시도한다.

사진 앨범 아이를 위해 특별히 할머니 할아버지와 다른 가족들 앨범을 만들어 준다. 아이가 사진을 망가뜨리지 않도록 비닐 사이에 사진을 끼울 수 있는 앨범을 활용한다. 자주 앨범을 꺼내 사진의 얼굴과 이름을 연결시키고, 사진 속 인물에 대해 간단히 이야기를 들려주며, 그들이 아이에게 보낸 선물과 지난번 방문 때 만난 기억을 상기시키고, 명절 때 다시 만나게 될 거라고 말해 준다.

녹음기 단지 멀리 떨어져 산다는 이유로 할머니가 손자 손녀에게 옛날이야기를 들려줄 수 없다는 생각은 그야말로 구시대적 발상이다. 요즘에는 녹음기로 이야기를 녹음해 손자 손녀에게 얼마든지 이야기를 들려줄 수 있다. 녹음된 이야기를 들려주면 아이가 할머니 할아버지를 만나지 못하는 동안에도 가까이 있다고 느낄 수 있다. 할머니 할아버지는 손자 손녀에게 간단한 동화책을 큰 소리로 읽어 주거나 자장가를 불러 줄 수 있고, 나중에는 엄마나 아빠가 어릴 때 어떤 아이였는지 들려주거나 일상생활에 대해서 얘기할 수도 있다. 아이들 역시 녹음기에 대고 중얼거리거나, 노래를 부르거나, 킥킥 웃거나, 소처럼 음매 소리를 내거나, 강아지처럼 멍멍 소리를 낼 수 있다. 아이가 도무지 무슨 소린지 못 알아들을 소리를 낸다 해도 할머니 할아버지 귀에는 음악 소리로 들릴 것이다.

비디오 녹화기 비디오테이프는 그리운 사람의 소리뿐 아니라 모습도 함께 전달한다. 굳이 예술적으로 잘 만들 필요는 없다. 아무리 무미건조한 일상생활도 할머니 할아버지는 고마워하며 재미있게 볼 것이다. 아이가 밥을 먹고, 목욕을 하고, 놀고, 노래 부르고, 심지어 엉엉 우는 모습까지 모두 비디오테이프에 담을 수 있다. 기념이 될 만한 중요한 사건에 대해서도 잊지 말고 비디오로 기록한다. 가령, 첫 걸음을 뗀 날, 처음 머리카락을 자른 날, 할머니 할아버지가 참석하지 못한 생일 등. 할머니 할아버지도 원하는 장면을 비디오로 녹화해 보내 줄 수 있다. 이야기를 들려주고, 책을 읽어 주고, 노래를 불러 줄 수도 있고, 정원 손질을 하거나, 요리를 하거나 인형 옷을 만들거나, 아이의 스웨터를 짜거나, 목공소에서 작업하는 모습 등을 보여 줄 수도 있다.

서로를 직접 대면하지 못하는 기간 동안 자주 얼굴을 보여 주면, 할머니 할아버지가 아이의 집을 방문하거나 아이가 할머니 할아버지 댁을 방문할 때 좀 더 스스럼없이 대하게 될 것이다.

특별한 선물 많은 할머니 할아버지들이 선물을 주길 좋아하고, 거의 모든 손자 손녀들이 선물 받기를 좋아한다. 하지만 누가 선물을 주었는지 반드시 아이가 알고 있어야 한다. 할머니 할아버지 사진을 선물 포장에 부착하거나 선물 사이에 끼워 넣으면 도움이 된다. 아이가 장난감을 가지고 놀거나, 스웨터를 입거나, 쿠키를 먹을 때마다 할머니(혹은 할아버지)가 선물하신 것 이라고 아이에게 상기시킨다.

할머니 할아버지와 함께 여행하기 일부 아이들은 부모와 떨어져 할머니 할아버지와 호텔이나 휴양지에서 하룻밤 지내는 동안 엄마, 아빠를 찾지 않고 즐겁게 잘 지내기도 한다. 그러나 분리 불안을 경험하거나 낯가림이 심한 아이들은 부모 없이 여행하기 힘들다. 아이가 좀 더 안정감을 느낄 때까지 기다린 후, 이런 식의 여행을 시도한다. 여행을 떠나기 전에 적어도 하룻밤, 가급적 며칠 밤을 아이 집에서 함께 지내면서 아이가 할머니 할아버지와 잘 지낼 수 있도록 준비를 시켜야 한다. 아이가 갑자기 엄마, 아빠를 찾으면 계획을 취소해야 할 수도 있으므로, 처음 여행을 할 때는 너무 먼 곳으로 가지 않도록 한다. 하지만 며칠 밤을 무사히 잘 보내고 나면, 주말 혹은 심지어 긴 주말 연휴도 시도해 볼 수 있다. 어린이 위주의 휴양지는 아이에게 맞는 음식과 놀이, 심지어 보육 시설까지 갖추어져 있어, 아이가 어릴 때는 어린이 위주의 휴양지로 여행하는 것이 가장 좋다.

3장

생후 15개월

***

아이의 발달 과정

이달 말에 아이가 해야 할 행동

* 잘 걷는다.
* 물건 위로 몸을 굽혀 물건을 집는다.
* 최소한 1개의 단어를 사용한다.

주의 사항 아이가 아직 이 단계에 이르지 못했다면 의사와 상담한다. 발달 속도가 느려서 아직 이 단계에 다다르지 않았더라도 얼마든지 정상일 수 있지만, 어쨌든 평가를 받아 볼 필요가 있다. 또한 아이가 통제되지 않거나, 말이 별로 없거나, 너무 소극적이거나, 너무 부정적이거나, 미소를 짓지 않거나, 소리를 거의 혹은 전혀 내지 않거나, 잘 듣지 못하는 것 같거나, 지속적으로 짜증을 내거나, 끊임없이 관심을 요구하는 경우에도 역시 의사의 상담을 받는다. 단, 예정일보다 일찍 태어난 만 1세 아이들은 생활 연령이 같은 또래 아이들보다 대체로 발달이 느린 편이다. 이런 발달상의 차이는 차츰 좁혀지다가 대개 만 2세 무렵이면 완전히 사라진다.

아이가 하게 될 행동

* 2개의 단어를 사용한다(14$\frac{1}{2}$개월 무렵).
* 컵으로 음료를 마신다.
* 낙서를 한다.
* 원하는 물건을 가리킨다.

아이가 할지 모를 행동

* 요구를 받으면 신체 부위 한 곳을 가리킨다.
* 숟가락이나 포크를 사용한다. 그러나 한 가지만 사용하지는 않는다.
* 정육면체 블록 2개를 쌓는다.

혹시나 아이에게 기대할 만한 행동

* 인형에게 '맘마'를 먹인다.

정서적 발달 생후 15개월 된 토들러들은 즐거움, 따뜻함, 새로운 경험에 대한 흥미를 전달하고, 부모와 놀이를 하고, 반항을 하고, 한계를 받아들이기 시작한다.

15개월 아이의 소아과 건강검진

소아과 건강검진 준비 지난번 검진 이후에 생긴 궁금한 내용들을 죽 적어 본다. 기록한 내용을 지참하면 의사가 "그 밖에 다른 궁금한 점이 있나요?"라고 물어볼 때, 즉시 궁금한 내용을 문의할 수 있다.

아이가 보여 주는 새로운 기술들도(걷기, 올라가기, 숟가락 사용, 새로운 단어 사용 등) 메모해서, "요즘 아이가 어떤 재주를 보여 주나요?"라는 질문을 받을 때, 당황하지 않고 선뜻 대답할 수 있도록 한다. 소아청소년 건강수첩도 함께 가지고 가면 아이의 키, 체중, 예방접종 등, 검진을 통해 얻은 정보들을 곧바로 기록할 수 있다.

소아과 건강검진 절차 검진을 수행하는 담당 의사에 따라 절차가 조금씩 다를 수 있지만, 생후 15개월 아이의 검진은 대체로 다음과 같이 이루어진다.

* 지난번 검진 이후 아이의 발달, 행동, 식습관, 건강에 대해 질문한다. 가족이 대체로 잘 지내는지, 주된 스트레스나 변화는 없었는지, 아이가 형제들과 잘 지내는지, 엄마가 아이를 돌보는 데 어려움은 없는지, 보육 시설은 어떤지(보육 시설에 보낼 경우) 등, 아이의 전반적인 생활에 대해서도 질문할지 모른다. 의사는 엄마가 다른 궁금한 사항이나 걱정이 있는지도 알고 싶어 할 것이다.
* 지난번 검진 이후 아이의 성장을 평가한다(키, 체중, 머리둘레). 이 결과들을 성장 도표에 표시하면 아이의 키에 비해 체중이 어느 정도인지 평가할 수 있고 과거 측정치들과 비교할 수도 있다.
* 관찰과 면담을 기반으로 신체 발달과 지능 발달, 청력과 시력에 대해 비공식적으로 평가한다.

예방접종 지난번 검진 때 실시하지 않았다면 다음 예방접종을 반드시 진행한다.
* 홍역, 유행성 이하선염, 풍진(MMR) 1차 접종
* 수두 1차 접종
* 뇌수막염(Hib) 추가 접종
* 폐렴구균 추가 접종

이번 검진 때 실시하거나 18개월 정기 검진 때 실시한다.
* 디프테리아, 파상풍, 백일해(DPT) 추가 접종

선행 지도 의사는 다음과 같은 내용들을 안내할지도 모른다. 바람직한 육아 방법, 훈육 방법, 부상 예방법, 스스로 심리적 위안을 찾는 행동(엄지손가락 빨기, 이행 대상(엄마를 대신해 아이에게 심리적 안정을 주는 물건) 등), 텔레비전 시청, 부모의 지지, 배변 훈련을 할 준비, 수면과 수면 장애, 영양, 식습관, 젖떼기, 간식, 비타민 보충제, 육아 시설, 그 밖에 앞으로 몇 달 동안 꼭 알아 두어야 할 문제들.

다음 건강검진 아이가 건강하다면 18개월이 될 때 정기 영유아 건강검진을 받게 될 것이다. 그 전이라도 이 책에 나와 있지 않은 내용에 대해 궁금한 사항이 있거나 아이가 질병의 증상을 보이는 경우, 의사에게 연락해야 한다.

무엇이든 물어보세요 Q&A

── 아이가 지저분하게 놀아요

Q "우리 아들은 요즘 아주 재미있는 놀이를 발견했어요. 바로 차고 있던 기저귀를 풀어 내용물을 가지고 노는 놀이지요. 아, 정말 더러워서 못 살겠어요."

A 토들러(만 1~3세 아이)들은 손에 쥘 수 있는 건 무엇이든 가지고 놀려고 한다. 특히나 그것이 주무르거나 꽉 쥘 수 있고, 쫙 펼 수도 있는 데다 하지 말라고 금지된 것이라면 더더욱 신나게 가지고 논다. 아이가 기저귀 속 내용물을 가지고 노는 게 얼마나 재미있는지 알게 된 이상, 기저귀에 손을 못 대게 하기란 쉽지 않을 것이다. 아이가 이런 지저분한 취미 활동에 싫증이 날 때까지는 며칠 내지 몇 달이 걸릴 수 있지만, 다음과 같은 방법을 이용해 문제를 최소화한다.

접근을 제한한다 기저귀에 손을 대지 않으면 대변에도 손을 댈 수 없을 것이다. 그러므로 기저귀가 느슨해지거나 빠지지 않도록 기저귀를 단단히 채우도록 한다. 그러려면 천 기저귀의 경우, 벨크로가 부착된 기저귀 커버보다는 기저귀 핀을 이용해 아이의 속옷에 천 기저귀를 고정하거나, 잡아당겨서 입고 벗을 수 있는 비닐 팬티를 기저귀 위에 입힌다. 그리고 기저귀 발진의 위험이 증가할 수 있으므로 기저귀를 자주 갈아 주어야 한다. 그러나 기저귀 속에 손을 넣겠다고 작정한 아이는 어떻게든 이런 조치를 피해 목적을 달성하고 말 거라는 사실을 알고 있어야 한다.

아이의 범행을 차단한다 대부분의 아이들은 식사 후마다 변을 보는 유형, 하루에 한 번 아침 식사 후에 변을 보는 유형, 항상 자는 동안 변을 보는 유형 등 변을 보는 패턴이 상당히 규칙적이다. 아이의 패턴을 파악했다면, 최대한 자주 범행 현장을 잡도록 한다. 이렇게 하면 아이가 일을 저지르기 전에 기저귀를 갈 수 있다.

대체할 물건을 준다 주무르고, 꽉 짜고, 쫙 펴는 촉각적 경험은 토들러들에게 도저히 뿌리치기 힘든 치명적인 유혹이다. 아이에게 대안이 되는 경험을 풍부하게 제공하면, 기저귀 안의 내용물을 찾으려고 굳이 애쓰지 않을지 모른다. 아이 연령에 맞고 아이가 깨물어도 뜯어지지 않으면서 주무르고 짤 수 있는 장난감을 주거나, 핑거 페인팅, 모래놀이, 무독성 고무찰흙 놀이를 할 기회를 많이 제공한다. 이런 활동들은 대부분 부모가 곁에서 주의 깊게 지켜보고 있어야 한다.

당황하지 않는다 아이를 말려 보기도 하고 다른 쪽으로 주의를 돌려 보기도 하는 등 별별 방법을 다 동원해도 아이는 어떻게든 기저귀를 탐색할 방법을 찾을 가능성이 농후하다. 그리고 아이의 지저분한 놀이에 부모가 관심을 가지면 가질수록 아이는 이 놀이를 점점 더 재미있어 할 것이다. 그러므로 미소도 화난 표정도 짓지 않는다. 차가운 태도를 유지한 채, 그런 행동은 용납할 수 없다는 메시지를 간단하고도 분명하게 전달한다.

배변 훈련을 시킨다 이 기회에 아이에게 유아용 변기에 변을 보는 훈련을 시킨다. 자기 배설물에 대한 관심이 곧 배변 훈련을 할 준비가 됐다는 신호는 아니지만, 자신의 변에 대한 자연스러운 호기심을 이용해 어디에서 변을 봐야 하는지 가르칠 수 있다. 기저귀 안의 내용물을 변기에 비울 때 아이도 함께 욕실에 데리고 가서 이렇게 설명한다. "똥이 변기 안에 들어갔네." 아이가 관심을 보이고 변기 물소리를 무서워하지 않는다면 아이에게 변기 물을 내리게 한다. 그러나 아이가 당황하거나 이런 과정을 혼란스러워한다 싶으면, 다음부터는 부모 혼자 기저귀를 치운다. 아이의 안전뿐 아니라 물건의 분실을 예방하기 위해 항상 욕실 문을 잠그고 변기를 걸쇠로 걸어야 한다. 그렇지 않으면 종종 물건들이 사라질지도 모른다.

— 아이가 밤에 자꾸 깨요

Q "우리 아이는 아직도 한밤중에 잘 깨요. 지금까지 우리는 조마조마한 마음으로 아이가 울게 내버려 뒀는데, 이젠 정말 한계에 다다른 것 같아요. 우리도 잠 좀 자고 싶어요."

A 아이도 자고 싶을 것이다. 지금뿐 아니라 앞으로도 계속. 밤에 깨는 현상은 정상으로, 모든 사람은 밤에 서너 번씩 깬다. 반면에 자다 깨서 다시 잠들지 못한다면 수면에 문제가 있다고 볼 수 있는데, 이 아이의 경우가 그렇다.

아이의 수면 장애는 온 가족의 수면을 방해하는 건 물론이고, 다음 날 활동에도 지장을 주는 등 온 가족에게 영향을 미친다. 그러나 아이에게는 다른 문제가 있는데, 그것은 밤에 자다가 깰 때마다 보살핌을 받는다면 스스로 다시 잠드는 법을 알지 못하게 된다는 것이다. 아이는 깰 때마다 부모가 달래 줄 거라고 기대할 테고, 부모가 젖병을 주든, 노리개 젖꼭지를 물리든, 안아서 자장가를 불러 주든, 곁에 아이를 눕히든, 어떤 식으로든 자신을 달래 줄 때까지 안 자고 깨어 있을 것이다.

그러므로 불면의 밤이 끝나고 편안한 밤이 시작되면 부모뿐 아니라 아이에게도 큰 도움이 된다. 생후 7개월에서 첫돌 사이에 수면 습관을 들였더라면 지금 수면 습관을 들이는 것보다 훨씬 수월했을 것이다. 그 무렵 아이들은 대체로 말을 잘 듣는 편이지만, 이 시기의 아이들은 자기 의견을 고집할 뿐 아니라, 의견을 말로 표현할 줄도 알기 때문이다. 그러나 다음 요령을 참고하면 좀 더 수월하게 수면 습관을 들일 수 있을 것이다.

오늘 밤부터 당장 시작한다 연구 결과에 따르면 혼자 잠자리에 드는 아이들은, 잠이 들 때까지 부모가 곁에서 재워 주는 아이들보다는, 밤에 자다가 깨도 주위에 아무도 없다는 걸 알고 스스로 알아서 다시 잠이 들 가능성이 높다고 한다. 부모가 아이 곁에서 아이가 다시 잠들길 도와주었다면, 밤에 잠이 깨는 습관을 지속시키도록 도와준 셈이다. 아이가 잠자리에

시원하게 해 주세요

아이가 잠을 잘 자게 하려면 실내 온도를 항상 18도로 유지하는 것이 좋다. 실내 온도가 높은 경우, 창문을 살짝 열어 찬 공기를 유입시키면 실내 온도를 쾌적하게 유지할 수 있다. 그러나 여름에 에어컨을 켜서 실내 온도를 18도로 맞추는 건 환경과 건강에 좋지 않으므로, 에어컨 온도를 약간 높게 설정하고 선풍기를 돌려 공기를 순환시키도록 한다. 선풍기든 에어컨이든 아이에게 직접 바람이 가게 해서는 안 된다.

들게 하는 효과적인 방법은 78쪽을 참조한다.

아이의 신체적 안정을 고려한다 몸이 불편하면 다시 잠들기 어렵다. 아이가 잠을 자는 공간의 온도를 너무 덥지도 춥지도 않게 유지하도록 한다. 몸부림을 치는 아이들은 이불을 차 낼 가능성이 높으므로, 추운 계절에는 발이 달려 있는 두꺼운 잠옷을 입혀 아이가 추위로 몸을 떨지 않게 한다. 봄과 가을에는 더 가벼운 잠옷과 이불로 바꿔 준다. 여름에는 아이 방에 에어컨이 없는 경우 무더운 밤에는 기저귀만 채워도 충분하고, 에어컨이 있다면 얇은 잠옷을 입히고 얇은 이불을 덮어 준다. 아이가 깜깜한 방에서 자는 걸 더 좋아하는지, 전기스탠드를 켜 놓는 걸 더 좋아하는지 파악해, 아이의 기호에 맞게 조명을 조절한다. 소음이 아이의 수면을 방해한다면, 문을 꼭 닫아 방에서 소음이 들리지 않게 한다. 아이가 저녁에 부모가 일하는 소리를 들으면 잠을 더 잘 잘 경우, 아이 방문을 살짝 열어 놓는다.

훌쩍이는 소리가 끝나기를 기다린다 많은 부모들이 아주 약간만 훌쩍이는 소리가 나도 즉시 아이 방으로 달려가 아이의 잠을 완전히 깨워 버리는 실수를 저지른다. 잠결에 훌쩍였을 수도 있어 가만히 내버려 두면 스스로 잠이 들었을지도 모른다. 토들러들은 잠을 자면서도 시끄러운 소리를 내는 것으로 유명하며, 밤중에 아이들이 내는 대부분의 소리들은 특별히 반응해 줄 필요가 없다는 사실을 기억한다. 물론 아기 침대의 주변 환경에 철저하게 안전을 기해야 한다.

상황을 점검한다 훌쩍이는 소리가 울부짖는 소리로 바뀔 경우, 아이 방으로 살며시 들어가 아이가 아프지는 않은지, 이불에 몸이 친친 감긴 건 아닌지 확인한다. 필요하면 이부자리를 정돈해 준다. 아이가 대변이나 소변을 보았다면 기저귀를 갈아 준다. 가급적 아기 침대 안에서 기저귀를 갈고 조명 밝기는 어둑하게 맞춘다. 아이가 일어나 있다면 다시 눕혀 이불을 잘 덮어 준다. 그런 다음……,

아이의 마음을 편안하게 해 준다 그러나 아이를 안심시키는 행동은 자제한다. 다시 말해, 아이를 대신해 아이 마음을 편안하게 해 주기보다는 아이 스스로 마음을 편안하게 하도록 도와주어야 한다. 아이에게 말을 걸거나 아이를 안아 주지 말고, 아이 등을 잠시 가볍게 토닥이거나 쓰다듬어 준다. 필요하면 '쉬이' 하고 마음을 진정시키는 소리를 낸다. 아이가 차분해질 때까지 기다리되, 잠이 들 때까지 기다리지 않는다. 아이가 차분해지면 이제 엄마는 다시 자러 갈 거라고 조용히 말하고 방을 나선다. 아이가 다시 울면 5분간 기다렸다가 다시 들어와서 아이를 진정시키는 과정을 반복한다. 아이가 다시 울기 시작하면 이 과정을 계속하되, 아이 방에 들어가기 전에 밖에서 기다리는 시간을 매번 5분씩 늘려 20분까지 기다린다. 어느 시점이 되면 아이 혼자 곤히 잠들 것이다. 이틀 정도 지나면 밤에 우는 횟수가 줄어들고, 나흘이나 닷새쯤 되면 아이가 깨서 다시 잠이 드는 동안 약간 훌쩍일지 모르지만 울음은 완전히 그칠 것이다.

아이가 혼자 남겨지는 걸 무서워하거나 악몽을 꾸는 것 같다 싶으면 밤에 깨는 문제와 함께 이 문제도 해결해야 한다.

아이가 잠을 설치고 밤에 자주 깬다면, 혹시

수면 무호흡이 아닌지 의사의 진찰을 받아 본다(192쪽 참조).

─── 밤에 분유를 먹여요

Q "우리 딸은 지금도 한밤중에 최소한 한 번은 우리를 깨워요. 우리는 맞벌이를 하기 때문에 잠이 절실히 필요해서 가장 쉬운 방법으로 아이를 재우고 있어요. 바로 아이에게 젖병을 물리는 거지요. 물론 나쁜 습관이라는 건 잘 알지만 달리 방법을 모르겠어요."

A 딸을 다시 재우기 위해 가장 무난한 방법을 선택할 수밖에 없는 마음, 충분히 이해한다. 일상은 바쁘고 아이는 해 달라는 게 많으니 인내심이 점점 바닥이 날 수밖에 없다. 더구나 아이가 새벽에 두세 번씩 꼬박꼬박 깬다면 아이의 수면 문제를 해결할 여력이 더 이상 없을 것이다.

하지만 알다시피 이 시기의 아이에게 한밤중에 젖병을 물리는 건 좋은 생각이 아니다. 여러 가지 이유에서 그렇다. 첫째, <u>밤중 수유는 충치의 위험이 있다</u>(32쪽 참조). 둘째, 아이는 이제 더 이상 밤중에 영양분을 공급받을 필요가 없다. 아이의 몸은 배 속이 비어 있는 상태에서 열 시간 내지 열두 시간을 자도 지장이 없다. 그러므로 음식을 섭취할 필요가 없을 때 음식을 주면 과체중을 일으키고, 음식을 먹는 목적에 대해 혼란이 생겨 잘못된 목적으로 음식을 먹게 될 수 있다. 또한 이런 습관은 나중에 체중 문제로 이어지기 쉽다. 그리고 밤에 수분을 많이 섭취하면 기저귀가 젖어 불편해지는 바람에 자다가 깨게 된다. 더구나 아침에 일어날 시간이 다 돼서 젖병을 물리면, 아침 식사 때 입맛을 잃기 쉬워 고형식을 먹으려 들지 않는다. 마지막으로, 아이를 재우려고 젖병을 물리면 잠을 재우는 데에는 대단히 효과적일지 모르지만, 앞으로 수면을 위해 필요한 기술인 스스로 다시 잠드는 법을 배울 기회를 빼앗게 된다.

확실히 지금은 부모와 아이가 모두 수요와 공급의 악순환에 갇혀 있다. 부모는 아이의 배에 음식을 채우고, 아이의 배는 밤마다 먹을 걸 달라고 아이를, 그리고 부모를 깨운다. 마치

우유가 문제였어

수면 전문가들의 조언을 전부 다 실천해 봤지만, 변함없이 한밤중에 몇 번씩 깨는 아이도 간혹 있다. 대부분의 경우 원인은 우유 알레르기이거나(17쪽 참조) 유당불내증으로(395쪽 참조), 주로 우유 및 유제품 섭취와 관련이 있다. 이 경우 문제가 되는 음식 섭취를 제거하면 대체로 불면증을 없앨 수 있다.

다음과 같은 요인이 발견된다면 우유 알레르기나 유당불내증을 의심할 수 있다.

* 아이가 밤새 잘 잘 수 있도록 75쪽의 방법을 시도해 봤지만 소용이 없다.
* 모유 혹은 분유에서 우유로 바꾸었을 무렵 수면 장애가 시작되었거나 악화되었다.
* 진찰을 받아 보았지만 수면 장애에 대한 아무런 원인이 발견되지 않았다.
* 우유 알레르기나 유당불내증에 대한 가족력이 있다.
* 아이가 콧물, 코나 귀의 재발성 감염, 설사, 습진, 밤에 쌕쌕거리며 숨을 쉬고 땀을 흘리는 등의 증상에 대한 병력이 있다.
* 검사 결과, 아이의 혈액 내 면역 글로불린과 항 락토글로불린 수치가 높게 나타났다.

정오에 꼬박꼬박 점심을 먹는 사람이 매일 열두 시 땡 하면 저절로 배가 고파지듯이 말이다. 모유나 분유를 먹지 않고도 밤새 잘 자도록 아이를 훈련하는 방법은 딱 한 가지, 밤에 음식을 주지 말고 아이의 체내 배꼽시계를 다시 맞추는 것이다.

물론 지금까지 해 왔던 무난한 방법을 중단하면, 깨어 일어나 울어 버리는 등 꽤나 강한 저항에 부딪히게 될 것이다. 하지만 노력에 대한 대가로 마침내 아이와 부모 모두 잠을 잘 자게 될 것이다.

그러려면 일단 두 가지 과제를 수행해야 한다. 즉, 아이가 밤중에 깨지 않도록 조치를 취하고 밤에 젖병을 물리지 않도록 해야 한다. 두 가지 과제를 한꺼번에 할 수도 있다. 앞에서 설명한 밤중에 깨지 않도록 하는 기술을 시도하면서, 동시에 밤중 수유를 즉각 중단해 아이의 수면 습관을 개선하는 것이다. 아니면 먼저 밤중 수유부터 끊도록 시도하고, 그래도 수면 장애가 계속되면 수면 문제를 개선하기 위해 노력한다. 이 방법을 이용할 경우, 아이가 밤에 깰 때 젖병에 평소에 먹던 우유 대신 물을 담아서 준다. 이렇게 하면 아이가 좀 더 오랜 기간 젖병의 도움을 받아 잠이 들 수 있을 것이다. 하지만 그보다 더

이제 잠자리에 들 시간이에요

잠자리에 드는 일은 하루가 끝날 무렵 간절히 고대하는 즐거운 경험일 수도 있지만, 아이와 부모가 똑같이 두려워하는 불쾌한 경험일 수도 있다. 어떤 경험이 될지는 순전히 사전 작업 여부에 달려 있다. 취침 시간이 가족의 하루 일과 가운데 가장 즐거운 시간, 잠을 잘 자는데 도움이 되는 시간이 되도록 하려면 취침 전 일과를 만들어야 한다. 그리고 피치 못할 사정이 있는 경우가 아니라면, 최대한 철저하게 일과를 지켜야 한다. 일과를 통한 예측 가능성은 아이의 심신을 매우 편안하게 해 주어 잠이 잘 오도록 도움을 준다. 취침 전 일과는 편안하고 차분한 분위기 조성을 목적으로 해야 한다. 너무 신나는 놀이나 과격한 놀이는 초저녁에 끝낸다. 다음 내용을 포함시킬 수도 있고, 부모의 필요와 아이의 필요에 맞게 새로운 방법을 시도할 수도 있다.

목욕하기 거의 모든 사람이 따뜻한 욕조에 몸을 담그면 긴장이 풀리는 걸 느낀다. 아이들도 마찬가지다. 그러므로 목욕은 취침 전 일과를 시작하는 가장 좋은 방법이다. 아이가 물이나 욕조를 무서워하는 경우, 당분간 이 절차를 생략하고 107쪽을 참조한다. 아이의 피부가 지나치게 건성이면 목욕을 자주 시키지 않도록 한다.

잠옷 입기 잠옷을 갈아입는 것으로 낮 시간에서 밤 시간으로의 전환이 이루어진다. 잠옷은 포근하고 편안해야 하며, 특히 아이의 피부가 유독 예민한 경우 솔기가 거칠거나 칼라 부분이 피부를 따갑게 하지 않는 잠옷이어야 한다. 아침에 아이가 눈을 뜨면 곧바로 잠옷을 평상복으로 갈아입혀 잠옷이 밤 시간, 취침 시간, 잠의 뚜렷한 상징이 되게 한다.

간식 먹기 특히 저녁을 일찍 먹는 경우 아침 식사를 할 때까지 오랜 시간 빈속으로 있어야 한다. 취침 시간에 가벼운 간식을 먹이면 한밤중의 허기를 피할 수 있고, 간식을 신중하게 잘 선택하면 잠이 잘 오게 도와줄 수도 있다. 단백질과 몸에 좋은 탄수화물의 결합은 잠이 잘 오게 하는 데 도움이 된다. 플레인 요구르트를 조금 뿌린 바나나 조각과 맥아, 치즈 한 조각과 크래커 하나와 오렌지 주스 약간, 주스로 단맛을 낸 쿠키와 우유 한 컵 정도가 좋다.

이 닦기 취침 전 이 닦기는 하루 중 가장 중요한 일과다. 취침 전에 이를 닦지 않으면 아이의 치아에 축적된 박테리아가 아이의 연한 에나멜질을 밤새 신나게 먹어 치워 충치를 일으킬 수 있다. 그러므로 취침 전에 이를 깨끗이 닦아야 한다.

책 읽기 정해진 자리에, 가급적 매일 밤 같은 자리에, 부모와 아이가 나란히 붙어 앉아 함께 책 몇 권을 읽는다. 책 내용은 차분한 것이어야 한다. 마녀나 괴물이 나오거나, 분위기가 으스스한 그림책은 삼간다. 아이가 좀 더 커서

중요한 건, 식욕을 관장하는 뇌의 통제 센터인 식욕 조절 중추가 재조정되어 한밤중에 먹고 싶은 욕구가 사라지고, 따라서 충치와 과체중의 위험도 줄어든다. 그리고 물이 담긴 젖병은 마침내 밤에 깨는 습관을 없애 줄 수도 있다. 밤에 깨 봐야 모유나 분유를 먹을 수 없다는 걸 알면 더 이상 깰 필요가 없을 테니 말이다.

아이가 계속 밤중에 깨서 간식을 달라고 울거나 젖병에 물을 담아 주면 마구 짜증을 낼 경우, 첫 번째 방법, 즉 당장 젖병을 끊는 수밖에 달리 방법이 없다.

비사교적인 행동

Q "제겐 13개월 된 아들이 있어요. 최근 이웃 사람 몇 명과 놀이 모임을 만들어 12~15개월 사이의 아이들 다섯 명이 정기적으로 만나요. 그런데 아이들이 잘 노는데, 서로 같이 놀지는 않아요."

A 대부분의 토들러들이 친구를 사귀는 것에 대해 거의 개념이 없으며, 때로는 이러다 영영 친구 없이 혼자 지내게 되는 것 아닐까 하는

시간과 수 개념을 알면 시간제한을 정해 책을 읽는다. 세 권을 읽기로 하거나, 15분 동안 읽기로 하는 등, 아이가 이해하기 쉬운 방법으로 정한다. 마지막 한 권을 읽을 때 혹은 시간이 몇 분 남지 않았을 때 아이에게 적당히 경고를 해야, 아이가 더 이상 책을 읽을 수 없다는 사실에 갑자기 충격을 받지 않을 것이다.

꼭 안고 자장가 듣기 아이가 좋아하는 자장가나 마음을 편안하게 해 주는 음악을 들으면서 아이를 가만히 안아 주며 좀 더 책을 읽을 수도 있다. 이 방법은 수면의 완벽한 서막을 열어 준다.

하루 일과 이야기하기 취침 전 일과를 실시하는 동안 잠깐 시간을 내서 아이와 그날 하루 있었던 일, 아이와 부모가 함께 한 재미있었던 일, 부모가 아이를 얼마나 사랑하는지를 이야기한다.

모두에게 잘 자라고 인사하기 이 마지막 일과는 아이가 낮 시간의 즐거운 놀이를 마감하고 조용히 혼자 밤 시간을 시작하도록 하는 데 매우 도움이 된다. 아이를 급히 곧바로 아이 방에 보내지 말고, 집 안을 한 바퀴 빙 돌면서 잘 자라고 인사하게 한다. 엄마, 아빠, 형제, 애완동물, 장난감, 봉제 인형, 소파, 냉장고, 창문 밖의 별과 달, 심지어 거울 속 자기 모습에도 잘 자라고 인사하게 한다. 이때, 부모도 함께 인사를 하며 아이를 돕는다. 그러나 각각의 대상에게 작별 인사를 할 때는 짧게 끝내도록 유도한다. 그렇지 않으면 작별 인사하다가 시간이 다 갈 수도 있다.

친구들 들여보내기 아이가 잘 가지고 노는 인형과 봉제 인형들을 함께 골라서 보초병으로 아기 침대 위에 나란히 세워 아이를 지키게 하고, 아이가 좋아하는 담요나 듬직한 곰 인형을 아이 손에 쥐어 주면, 아이가 잠을 자러 가면서 한결 안심할 수 있다. 마지막으로 아이를 안고 입을 맞추며 밝은 목소리로 짧게 인사한다. "내일 아침에 만나자." 같은 인사는 아이가 밤과 낮 사이의 간격을 메우는 데 도움이 된다. 아이가 조른다고 머뭇거려서는 안 된다. 아이가 잠이 들 때까지 함께 있다간 좋은 수면 습관을 가르칠 기회를 빼앗기게 된다. 뿐만 아니라 아이가 잠을 설칠 가능성도 높아진다.

취침 전 일과를 실시하는 사이에 아이가 잠이 들 때도 있을 것이다. 이런 경우 어떻게 대처할지는 아이의 행동 유형에 달려 있다. 아이가 잠깐 눈을 떴다가 이불을 덮어 주면 다시 곧바로 잠이 드는 유형이라면, 가만히 아이를 깨워 본다. 반면에 아기 침대로 옮기는 동안 아이가 잠이 깨서 몹시 성질을 부려 다시 잠이 들기 어려운 유형이라면, 그냥 그대로 자게 두고 나중에 조용히 아기 침대에 옮긴다. 그러나 밤마다 이런 식으로 잠이 든다면, 취침 전 일과를 일찍 시작해 아이가 깨어 있는 상태에서 이불 속에 들어가 스스로 잠이 들 기회를 갖도록 해야 한다.

어린 토들러들이 아직까지는 서로 사이좋게 놀기보다 나란히 앉아 평행 놀이를 하는 경우가 많다. 시간이 지나 경험이 늘면 아이들의 사회성이 발달해 상호작용이 더욱 활발해지는데, 이때쯤 되면 각자 따로 블록을 쌓는 대신 여럿이 모여 블록을 쌓는 모습을 보인다.

걱정마저 들게 한다. 1년 6개월 된 평범한 아이들을 한 공간에 모아 놓으면 서로 사이좋게 놀기보다 치고받고 싸우는 모습을 더 자주 보게 될 것이다.

그러나 이러한 전형적인 비사교적 행동은 자연스러울 뿐 아니라 정상이다. 일찍부터 사교적인 놀이를 시도할 경우, 토들러들은 또래 친구들을 일종의 물건으로 본다. 움직이고 소리를 내지만 그래도 아이에게는 물건으로밖에 보이지 않는 것이다. 필요하면 옆으로 치우기도 했다가 밀치기도 하는 물건, 재미있게 관찰하고 찌르고 쑤실 수 있는 물건, 그렇지만 상호작용하기는 어려운 물건으로 또래 친구를 보고, 그 물건의 장난감이나 음식은 누구나 차지해도 괜찮다고 여긴다.

아이가 친구들과 사이좋게 지내려면, 무엇보다 이 물건들을 사람으로 보는 법을 배워야 할 뿐 아니라, 토들러에게는 쉽지 않기는 하지만 공감하는 능력도 개발해야 한다. 아이는 자신이 우주의 중심에 당당히 앉아 있다고 생각하기 때문에, 자신을 둘러싼 대상들의 필요와 욕구, 감정을 인식하거나 고려할 준비가 전혀 되어 있지 않다.

하지만 <u>아이가 친구들과 사이좋게 지내도록 준비시키는 건 이르면 이를수록 좋다.</u> 아이들은 교양을 갖춘 사회적 존재로 태어나지 않았으며, 까만 눈동자나 음악적 재능처럼 사교적인 기술을 유전적으로 물려받는 것도 아니기 때문에, 학습을 통해 상호작용 기술을 익혀야 한다. 그리고 대부분의 기술과 마찬가지로 상호작용 기술 역시, 연습과 노출, 본보기가 동시에 이루어졌을 때 가장 효과적으로 익힐 수 있다.

가족의 구성원이 되는 것은 사회적 기술을 익히기 위한 중요한 첫 번째 단계이며, 놀이 모임의 구성원이 되는 것은 바람직한 두 번째 단계다(놀이 모임을 시작하는 요령은 123쪽 참조). 그러나 아이가 사교적인 예절을 빨리 익힐 거라고 기대해서는 안 된다. 대부분의 아이들이 또래 아이들과 함께 지내는 걸 좋아하기는 하지만, 그런다고 사교적인 예의가 길러지는 것 같지는 않다. 앞으로 얼마 동안은 아이의 놀이 모임에서 배려심 없고 불친절한 행동들을 자주 목격하게 될 것이다. 공격적인 아이들은 얌전한 아이들에게 군림하려 들 것이다. 아이들이 한 공간에서 놀기는 하지만 서로 접촉하거나 간섭을 하지 않고 각자 노는 평행 놀이가 주로 이루어지고, 서로 협력하며 노는 모습은 찾아보기 어려울 것이다. 대부분의 상호작용은 서로 밀고 빼앗는 형태로 이루어질 것이다. 함께 나눈다는 개념은 머릿속에 들어 있지 않을 것이다. 그러나 다행히 15개월 무렵이면 많은 토들러들이 소유욕이 줄어들어, 누가 장난감을 가지려 하면 싸우지 않고 양보할 것이다. 가끔은 아이가 관대해져서 친구나 가족에게 장난감이나 빵을 주는 모습을 보이기도 하지만, 대부분의 경우 스스로 싫증이 나서 포기하기 전까지는 웬만해선 순순히 주려 들지 않을 것이다.

<u>이처럼 지금은 사실상 서로 협력하면서 노는 모습을 거의 보기 힘들지만, 아이들은 조만간 귀중한 사회적 경험을 쌓게 될 테고, 정기적으로 놀이 모임에 참여하다 보면 마침내 진정한 사회화의 징후를 보여 줄 것이다.</u>

그리고 조만간 이런 징후들이 나타나기 시작할 것이다. 과거에는 아이들이 만 3~4세가 돼야 협조적으로 놀 수 있고, 만 5세 생일이 지날 무렵에야 제대로 친구를 사귈 수 있다고 믿었다. 그러나 일부 전문가들은 정기적으로 또래 친구들과 시간을 보낸 아이들, 특히 어린이집이나 유치원에 다닌 아이들을 관찰한 후, 아이들은 둘이서 함께 노는 법을 배울 줄 알 뿐 아니라 아주 기초적인 의미로 친구 사귀는 법을 배울 줄도 아는데, 간혹 이른 경우에는 첫돌 무렵에도 가능하다고 결론을 내렸다.

일찍부터 사교적 기술을 배우면 유치원 생활을 순조롭게 시작할 수는 있겠지만, 그렇다고 사회적으로 더 잘 적응한다는 증거는 없다. 그러므로 이 시기에 아이에게 친구를 사귈 기회를 자주 제공하지 못한다고 해서 걱정할 필요는 없다. 어차피 학교에 입학하면 다 따라잡게 되어 있다. 아이가 친구들과 어울리는 데 관심이 없는 것 같다거나, 사교적인 기술에 별로 소질이 없어 보여도 역시 걱정할 필요 없다. 부모가 먼저 사교의 모범을 보이면 된다. 가능하면 친구를 사귈 수 있도록 기회를 많이 만들어 주되 강요하지 않는다. 사회적 동물이 될 준비가 되면 자연스럽게 친구를 사귀게 될 것이다. 그러나 아이들마다 사교성의 정도가 크게 다르다는 사실은 염두에 둔다. 천성적으로 유독 사교성이 좋은 아이들이 있다. 아이의 본성이 어떻든 있는 그대로 받아들인다.

아이를 여럿 둔 부모들은 놀이 모임을 시작하거나 참여할 짬을 내기가 힘들고, 둘째, 셋째, 그리고 그 아래 아이들을 위해 집단 놀이 기회를 마련하는 데 신경을 쓸 여력이 없다. <u>하지만 이처럼 형제가 많은 아이들은 사교성이 결여될 가능성이 거의 없는데, 아마도 집에서 충분히 사교적 기술을 익히기 때문일 것이다. 형제와 다정하게 노는 법을 익힌 아이는 다른 사람과도 잘 지내는 법을 알게 된다.</u>

── 아이가 친구를 때려요

Q "제 친구도 아이가 있어서 가끔 아이들 데리고 함께 만나요. 그런데 제 딸이 친구 아이를 주먹으로 때리지 뭐예요. 두 번이나 그러는 걸

보고 얼마나 당황했는지 몰라요. 다행히 친구 아이가 다치지는 않았지만, 잘못하면 다칠 수도 있었을 테니까요."

A 이 시기 아이들의 공격적인 행동은 작정하거나 악의를 가지고 하는 행동이 아니다. 어린 토들러들은 어떤 일이 마음대로 안 되면 좌절감에 빠져 누군가를 때리고, 다른 아이가 길을 방해하면 아무 생각 없이 밀친다. 아직 다른 사람의 감정을 이해하지 못하기 때문에, 누가 육체적 정서적으로 다치든 말든 신경 쓰지 않는다고 해서 냉정하다고 간주해서는 안 된다.

아이가 다른 사람 입장을 진심으로 공감하길 바라는 건 시기상조이다. 친구를 때려서 친구가 울 때 아이들은 친구에게 감정 이입이 되기보다는 원인과 결과의 관계에 호기심을 가질 가능성이 더 높다. 그러나 공감하는 능력은 최대한 일찍 길러줄수록 좋다. 아이가 친구를 주먹으로 때릴 때에는 단호하게 말한다. "때리면 안 돼! 네가 친구를 때리면 친구가 아파, 알겠어? 아야 한단 말이야." 내 아이가 친구에게 맞을 때에는 아이를 달래며 이렇게 말한다. "때리면 이렇게 아파, 그렇지? 그러니까 우리도 친구 때리지 말자." 그러나 말과 함께 반드시 행동이 뒷받침되어야 한다는 사실을 기억하자. 놀이 모임이 있을 때는 아이들을 주의 깊게 지켜보고, 한 아이가 다른 아이를 때리기 시작하면 즉시 두 아이를 떼어 놓고, 재빨리 새로운 활동으로 주의를 돌려 공격적인 행동을 중단시킨다. 이렇게 하면 금세 다시 사이좋게 논다. 그리고 필요하면 중간 휴식 시간을 갖거나 다른 훈육 방법을 이용한다(145쪽 참조).

무슨 일이 있어도 아이의 공격적인 행동에 대해 때리면서 야단쳐서는 안 된다. 부모가 아이를 때리면 폭력이 스트레스를 해소하는 적절한 방법이라고 가르치는 셈이 된다. 그러므로 아이를 다룰 때는 항상 냉정을 유지하도록 노력한다. 아이의 심각한 공격적 성향을 다루는 요령은 214쪽을 참조한다.

── 애완동물 기르기

Q "기르던 개가 있었는데 아이가 태어나기 전에 죽었어요. 다시 애완동물을 기르고 싶은데, 지금 길러도 괜찮을까요?"

A 개는 아이의 가장 좋은 친구일 뿐 아니라 최고의 학습 도구가 될 수 있다. 다른 애완동물들도 그렇지만 개는 특히 아이에게 도움이 된다. 개와 함께 지내는 동안 아이는 동물과 자연, 책임감, 공감 능력, 다른 대상과 잘 지내기, 무조건적인 사랑과 충성심에 대해 배울 수 있다. 아이는 개를 보살피고 먹이를 주면서 개에게 도움을 줄 수 있는데, 이런 행동은 늘 모든 사람의 보살핌을 받는 아이에게 바람직한 역할 전환이 된다. 또한 아이는 자신이 필요하고 원할 때는 개가 늘 곁에 있어 준다고 믿는다. 부모와 달리 개는 바쁜 일이 거의 없기 때문에 언제든 끌어안을 수도 있고 같이 뛰어놀 수도 있으니 말이다. 그리고 강아지들, 특히 어린 강아지들은 토들러들과 똑같이 달리고, 뛰어다니고, 점프하고, 장난치는 걸 좋아하기 때문에, 부모가 아이와 놀 힘이나 기운이 없을 때 부모를 대신해 아이와 함께 놀아 준다.

고양이는 토들러들과 사이좋게 지내기 쉽지 않다. 어린아이들에게 유독 다정하고 인내심을 많이 보이는 고양이들도 간혹 있지만, 대부분은 어른처럼 차분한 상대를 더 선호한다. 고양이는 아이와 어울리기보다 아이를 피하려 들 것이다. 또한 아이의 과격한 장난을 잘 참지 못해 아이에게 아마 위험한 방식으로 불만스러운 내색을 할 수도 있다. 고양이를 기르기로 결정했다면, 아이와 함께 애완동물 가게에 가서 마음에 드는 고양이 몇 마리를 주의 깊게 살펴본다.

애완동물을 식구로 맞이하는 일이 아이에게 소중한 경험인 만큼, 부모는 애완동물을 소유하는 일이 큰 책임감을 동반하는 것임을 진지하게 고려해야 한다. 지금이 애완동물을 식구로 맞이하기에 적절한 시기인지 다음 요인을 기준으로 판단하자.

* **아이가 동물들을 편안하게 대하는가** 아이가 동물을 무서워하거나 동물 주변에 가까이 가길 꺼려한다면, 집에 애완동물을 들이기 전에 다른 사람 소유의 애완동물을 접할 기회를 마련해 주어 아이가 동물을 편안하게 대할 때까지 기다린다. 동물에 대한 두려움을 극복하는 요령에 대해서는 95쪽을 참조한다.
* **집에 애완동물과 아이가 함께 놀 만한 공간이 있는가** 아이들과 마찬가지로 애완동물들, 특히 강아지들은 놀 공간이 마련되어 있어야 한다. 아이와 애완동물이 싸우지 않고 사이좋게 지낼 수 있을 만큼 집 안 공간이 넉넉한지 고려한다.
* **아이와 애완동물을 돌볼 여유가 있는가** 애완동물과 토들러들은 똑같이 보살핌과 관심, 지도가 필요하다. 그리고 아직 복종 훈련을 받지 않은 애완동물을 얻은 경우, 아이와 애완동물 모두 배워야 할 것이 많다. 아이와 애완동물을 먹이고, 단정하게 꾸미고, 즐겁게 놀아 주고, 가르칠 시간이 있는지 점검한다.

애완동물을 들이기 적당한 시기를 선택하는 것 못지않게 우리 집에 맞는 애완동물을 선택하는 것도 중요하다. 따라서 애완동물 가게나 동물 보호소를 방문하기 전에 다음 사항을 고려하자.

품종 모든 품종이 아이에게 친절한 것은 아니다. 아이에게 다정함과 인내심을 발휘하는 것으로 알려진 품종을 선택한다. 주로 잡종이 순종보다 덜 예민하고, 참을성이 더 많으며, 더 똑똑하다. 품종보다 더 중요한 고려 사항은 각 동물의 성격이다. 그러므로 마음에 드는 애완동물을 발견했다면, 당장 목줄을 잡고 집에 데려오지 말고 잠시 아이와 친해질 시간을 갖는 것이 좋다. 아이에게 다정하고 친절하게 대하고, 아이를 피하지 않으며, 아이가 귀를 찌르거나 꼬리를 잡아당겨도 물려고 하지 않는다면 선택해도 괜찮다.

성별 대체로 수컷보다는 암컷이 더 얌전하다. 반면에 고양이는 대체로 수컷이 사람을 더 좋아하고 살갑게 군다. 중성화 수술을 하면 강아지든 고양이든 덜 공격적이고 더 얌전하며 다루기도 더 쉽다. 고양이는 발톱을 제거하면 기르기가 훨씬 쉬울 것이다. 그러나 무엇보다 각 동물의 성격을 가장 중요하게 고려해야 한다.

연령 새끼 강아지나 고양이를 구입하면 아이와 함께 성장할 수 있고, 아이와 애완동물 사이에 강한 유대감이 형성될 수 있다는 장점이 있다. 물론 아기 둘을 데리고 살아야 하고, 둘 다 많은 관심과 훈련이 필요하다는 단점도 있다. 다 자란 동물은 대체로 말을 잘 듣도록 길들여졌거나 대소변 훈련이 되어 있다는 장점이 있다. 그러나 자기 방식이 굳어져 있어 아이와 친하게 지내기 어려울 수도 있다. 어린아이들과 함께 성장한 다 자란 동물이 기르기에 가장 좋지만, 곧 노년이 가까운 애완동물은 보살피는 데 너무 많은 시간이 들 수도 있다.

일단 애완동물을 집에 데려온 후에는 아래 사항을 기억해야 한다.

* **애완동물은 아이에게 단련이 되어야 한다**
 애완동물이 어린아이들과 함께 지내는 데 익숙하지 않다면, 부모가 철저히 감독하는 상황에서만 아이와 함께 지내도록 해야 한다. 처음에는 서로 친해지기 위한 시간을 짧게 가져야 동물도 아이도 스트레스를 덜 받을 것이다.

* **아이 역시 애완동물에게 단련이 되어야 한다**
 대체로 토들러들은 애완동물을 너무 좋아한 나머지 지나친 애정 표현으로 동물을 다치게 하거나 두려움에 떨게 할 수 있다. 애완동물을 세심하고 안전하게 대하도록 아이를 훈련하는 요령은 96쪽을 참조한다.

* **적어도 처음에는 애완동물과 아이 모두 서로로부터 보호를 받아야 한다** 둘 다 어떤 행동을 할지 예측 불가능하기 때문에 양쪽 모두 다칠 위험이 상당히 크다. 아이와 애완동물이 같이 놀 때에는 반드시 둘을 감독해야 하며, 부모가 감독하지 못할 때에는 애완동물이 아이 가까이 접근하지 못하도록 아이가 안전하게 놀 공간을 마련해야 한다. 대체로 출입구에 안전 문을 설치하면 도움이 된다.

* **애완동물과 아이가 함께 식사를 해서는 안 된다**
 아이가 낮잠을 잘 때, 밤에 잠자리에 들 때, 유아용 식탁 의자에 안전하게 통제되어 있을 때, 혹은 다른 방에서 노느라 바쁠 때, 애완동물에게 밥을 먹인다. 상점이나 놀이터에 외출할 때, 애완동물 밥그릇에 먹이를 놓고 갈 수도 있다. 애완동물 밥그릇이 아이가 접근하기 쉬운 공간에 있을 경우, 애완동물이 먹이를 다 먹으면 바로 밥그릇을 치운다. 이런 조치들은 아이가 강아지 음식을 먹지 못하게 예방할 뿐 아니라, 아이가 강아지 음식에 손을 대다가 강아지에게 물리지 않게 예방할 수 있다. 아무리 순한 짐승도 자기 음식을 빼앗기면 적대적이 될 수 있다.

 아이가 음식을 먹고 있을 때는 애완동물을 다른 공간에 보내는 것도 좋은 방법이다. 안 그러면 애완동물이 정신없이 음식에 달려들어, 아이 배 속에 들어가는 음식보다 애완동물 배 속에 들어가는 음식이 더 많을 수도 있다.

* **애완동물도 예방 주사를 맞아야 한다**
 애완동물은 날짜에 맞춰 꼬박꼬박 예방접종을 해야 한다. 광견병은 이웃에서 기르는 스컹크와 라쿤이 애완동물에게 전염할 수 있으므로, 시골뿐 아니라 도시 근교에서도 위험하다. 개는 물론 고양이도 광견병에 걸릴 수 있으며, 감염이 되면 더 공격적이 되고 다른 대상에게 전염시킬 수 있다.

* **동물을 다정하게 대하면 동물은 사람에게 더 다정해진다** 애완동물을 난폭하게 훈련하면 동물이 초조해져서 사람을 물려고 덤벼들 수 있으며, 아이에게 잘못된 예를 보일 수도 있다. 단호하되, 존중하는 마음으로 동물을 대한다. 가능하면, 그리고 필요하면 복종 훈련을 시킨다.

── 다시 기어 다녀요

Q "우리 딸은 일주일 전부터 걸음마를 시작했는데, 요즘 갑자기 다시 기어 다녀요. 무슨 문제가 있는 걸까요?"

A 발달은 대체로 일보 전진 일보 후퇴의 과정을 통해 진행되며, 특히 걸음마처럼 중요한 발달 단계일 때는 더욱 그렇다. 아이가 갑자기 다시 기기 시작하는 이유는 아마도 다음과 같은 요인 때문이 아닐까 싶다.

* **독립에 대한 갈등** 걷는다는 것은 성장을 향한 큰 발전을 의미한다. 대부분의 토들러들은 독립을 갈망하고 즐기지만 가끔은 독립적인 생활을 걱정하기도 한다.
* **좌절감** 완벽하게 걸으려면 인내심이 필요하다. 이 인내심은 대부분의 토들러들에게는 부족한 자질이다. 툭 하면 넘어지고, 걷는 속도도 느리고, 모퉁이를 돌 때마다 이마를 부딪치면서 번번이 좌절감을 느끼던 아이는, 다리와 발이 마음대로 잘 움직여질 때까지 다시 무릎으로 기려고 할지 모른다.
* **넘어져 다친 경험** 크게 넘어져 다친 경험이 있는 경우, 일부 신중한 아이들은 두 발로 걷는 것에 대해 다시 생각해 볼지도 모른다. 아이가 충격에서 벗어날 때까지는 기는 것이 가장 편한 방법이 될 것이다.
* **어수선한 변화** 보육 환경이 달라지거나, 동생이 생기거나, 엄마가 직장에 복직하게 되면, 아이가 일종의 정신적인 스트레스를 받아 과거 아기 때 습관으로 퇴행할 수 있다.
* **새로운 기술** 대체로 말하기 같은 다른 기술을 연마하기 위해 온 힘을 기울이는 동안에는 걸음마처럼 불안정한 기술이 일시적으로 중단될 수 있다.
* **감기나 기타 가벼운 질병** 감기나 독감, 그 밖에 다른 바이러스 증상이 나타나려고 하면, 아이들은 보통 며칠 전부터 기운이 없고 기분도 저조해져 활발하게 돌아다니지 않는다. 이 경우, 가뜩이나 걸음마가 힘든 마당에 더 편하고 스트레스가 적은 기어 다니기로 퇴행하는 건 당연하다.
* **마음대로 안 되는 날** 누구에게나 일이 꼬이는 날이 있듯이 토들러들에게도 유난히 걸음마가 잘 안 되는 날이 있다. 짜증이 나고 피곤하면 일시적으로 에너지가 약화되어 걸음마 같은 신체적 기술을 익히고 싶은 열의가 꺾일 수 있다.

물론, 아이가 전혀 걸으려 하지 않거나, 유난히 짜증을 많이 내거나, 다리를 저는 것 같거나, 똑바로 서지 못한다 싶으면 의사와 상의해, 진단되지 않은 부상이나 질병 등의 신체장애가 있는 건 아닌지 확인해야 한다.

── 사용하는 어휘가 줄어들었어요

Q "한동안 우리 아이는 꽤 많은 단어를 구사했는데, 지난주쯤부터 갑자기 단어 수가 확 줄어들었어요. 어휘력이 늘어도 모자랄 판에 이렇게 줄어들어도 되는 건가요?"

A 아이는 어휘력이 줄어든 것이 아니라, 아마도 새로운 기술을 익히느라 바쁜 것일지 모른다. 토들러들은 보통 다양한 종류의 기술과 기량들을 수시로 번갈아 사용하는데, 가령 이번 주는 언어

기술에 집중했다가, 다음 주는 신체적 기술에, 그다음 주는 사교적 기술에, 그다음 주는 다시 언어 기술에 집중하는 식이다. 그리고 주로 그 주의 기술을 연마하는 데 온 정신을 집중하는 바람에 다른 기술의 연습은 소홀히 한다.

한편 처음 몇 단어를 익힌 후 잠시 공백기를 갖는 토들러들이 많은데, 지금 이 아이도 그런 공백기를 갖고 있는지도 모른다. 이제 처음 말을 시작하는 아이들은 이 공백 기간을 통해 지금까지 습득한 단어들을 통합하고 수용 어휘들을 다질 기회를 가짐으로써 완전히 새로운 단어들을 말할 준비를 한다.

베이비시터를 바꾸거나, 어린이집을 바꾸거나, 휴가를 떠나거나, 엄마나 아빠와 도시 외곽으로 여행을 가는 등 일상생활에 어떤 변화나 혼란이 생겨도 일시적으로 말을 못할 수 있다. 이 경우, 아이를 더 많이 안심시키고 지지해 주면 다시 금세 말을 하게 될 것이다.

아니면 말을 하라는 부모의 압박을 아이가 너무 많이 받고 있을 수도 있다. 아이의 어휘력을 늘리기 위해 스트레스를 주면, 아이는 십중팔구 저항하기 마련이다. 이 경우, 압박을 풀어 주면 틀림없이 다시 말을 하게 될 것이다.

아이가 말하기를 완전히 중단하거나 1~2주가

1년 뒤 모반의 변화

신생아의 몸에는 다양한 형태의 모반이 나타난다. 작은 것, 큰 것, 평평한 것, 튀어나온 것, 밝은 색, 은은한 색 등. 차츰 사라지거나 점점 줄어드는 모반이 있는가 하면, 평생 남아 있는 모반도 있다. 평생 남아 있는 모반 가운데 제거할 수 있거나 그래야 하는 모반은 거의 없다. 아이의 몸에 모반이 있다면 모반 자체가 점점 작아지거나, 아이가 점점 자라기 때문에, 혹은 부모가 모반의 형태에 익숙해졌기 때문에 처음보다 모반이 눈에 덜 띌 것이다. 신생아들에게 가장 흔하게 나타나는 모반들이 생후 1년쯤 뒤에 어떻게 변화되는지 살펴보자.

연어반 경계가 불확실한 연분홍색 혹은 산호색 반점으로, 신생아의 40~45%가량에 나타난다. 눈꺼풀 위나 이마 하단의 중앙에 주로 나타나며 목덜미에도 많이 나타난다. 대개 눈꺼풀에 나타난 병변은 첫돌 무렵 사라지고, 이마 위의 병변은 그보다 좀 더 오래 있다 사라진다. 목덜미의 병변은 평생 사라지지 않지만 어차피 머리카락에 덮여 보이지 않을 것이다. 간혹 완전히 사라진 줄 알았는데 아이가 울거나 운동을 할 때 일시적으로 눈에 띄기도 한다.

검붉은 모반(화염상 모반) 아동 200명 가운데 1명꼴로 나타난다. 색깔은 분홍색에서 짙은 보라색까지 다양하며, 피부가 검은 아이들은 검은색으로 보일 수도 있다. 어느 부위에나 나타날 수 있고, 간혹 튀어나오기도 하지만 대체로 평평하고 경계가 분명하다. 드물지만 다른 이상 증세와 관련이 있을 수도 있다. 조금이라도 염려가 되는 경우 담당 의사와 상의한다. 검붉은 모반은 색이 다소 변할 수는 있지만 대체로 희미해지지는 않는다. 원하면 커버마크 같은 화장품을 이용해 아동기 초기의 검붉은 모반을 감춘다. 연구 결과에 따르면, 이런 종류의 모반은 혈관 레이저 시술을 통해 흉터 없이 제거할 수 있다고 한다. 만 16세 미만의 어린이에게 흉터를 남기기 쉬운 아르곤 레이저 시술과 달리, 혈관 레이저 시술은 영유아들도 이용할 수 있다. 자세한 내용은 소아 피부과 전문의와 상담한다.

딸기 모반(혈관종) 첫돌 무렵, 아동의 8~10%가량에 나타난다. 선명한 적색에 경계가 다소 뚜렷하며 딸기처럼 울퉁불퉁하게 튀어나온다. 주근깨 크기에서 5~8cm까지 크기가 다양하다. 피부 표층에 넓게 퍼진 이 모세혈관 덩어리는 토들러 기간 동안 점차적으로 흐릿해져 회색빛으로 변하다가 마침내 완전히 사라지는데, 만 5세 무렵에는 절반가량, 만 7세 무렵에는 70%, 만 9세 무렵에는 90%의 아동에게서 완전히 사라진다. 딸기 모반은 문제가 되는 부위에 나거나, 감염이 되거나, 출혈이나 지나도 새로운 단어를 말하지 않는다면, 혹은 아이가 평소와 달리 성질을 많이 부리거나 무기력하거나 다른 증상을 보이면서 갑자기 말하는 횟수가 크게 줄었다면, 의사의 진료를 받는다. 아이가 아프거나 특정한 일 때문에 혼란을 겪는지도 모른다.

— 원시적인 언어

Q "14개월 된 우리 아이는 말은 다 알아듣는 것 같은데 말할 줄 아는 단어는 고작 여섯 개밖에 안 돼요. 원하는 게 있으면 주로 그쪽으로 끌고 가거나 뭐라고 웅얼웅얼 소리를 낸답니다."

A 상대방이 알아듣게 말을 하는 것도 아니면서 필요한 의사를 전달할 줄 아는 걸 보면 아이들의 의사 전달 능력은 정말 대단하다. 아이는 엄마의 치맛자락을 붙잡고 주방으로 들어가고, 아빠의 다리를 끌고 뒷문으로 향하며, 물어보는 말에 툴툴대거나 고개를 끄덕이면서 반응을 보이고, 원하는 대상을 손으로 가리킨다. 아이가 어떻게든 의사소통을 하려고 적극적으로 애쓰고 있다면, 말을 배우는 속도가 느리다고 걱정하기보다는 아이의 독창성에 감탄하는 것이 좋겠다.

궤양이 생기거나, 계속해서 자라지 않는 한, 치료를 받지 않고 내버려 두는 것이 가장 좋다. 가령, 눈꺼풀 같은 곳에 딸기 모반이 나타나면, 울퉁불퉁한 모반 때문에 눈꺼풀이 움직이기 힘들 수 있고 시력에 지장을 줄 수도 있다. 이런 경우, 치료를 받아야 한다. 혈관종이 넓게 퍼진 경우 역시 치료를 받아야 한다. 이렇게 치료를 받아야 하는 경우는 드물지만, 치료가 필요하다면 수술, 스테로이드, 압박, 아르곤 레이저, 냉동 요법, 방사선 치료 등의 방법을 이용한다.

해면상 혈관종 이 모반은 딸기 모반을 이루는 혈관보다 더 큰 혈관으로 이루어진다. 푸르스름한 색을 띠며, 딸기 모반에 비해 경계가 덜 뚜렷하다. 100명 중 1~2명꼴로 비교적 덜 흔하게 나타나며, 아주 서서히 사라져서 대부분 만 10세 전에 모두 사라진다. 간혹 흉터가 남기도 한다. 필요한 경우 치료를 받는데, 치료 방법은 딸기 모반과 유사하다.

몽고반 푸른색을 띤 검은색 반점으로 멍이 난 것처럼 보인다. 주로 등이나 엉덩이에 많이 나고 다리와 어깨에는 덜 나타난다. 흑인(98.8%), 아시아인(82%), 라틴아메리카인(70%) 유아에게 가장 흔하다. 대부분의 몽고반은 첫돌 무렵 사라진다. 드문 경우 아동기 후반에 나타나 성인기까지 이어지기도 한다.

커피색 모반 우유를 많이 넣은 커피처럼 연한 베이지색이나 우유를 약간만 넣은 커피처럼 짙은 갈색을 띠는 평평한 반점으로, 대체로 평생 피부에 남아 있다. 필요하면 화장으로 감출 수 있다. 아이에게 커피색 모반이 많이 나타나면 의사에게 말한다. 이런 종류의 모반은 유전적 이상과 관련이 있을 수 있다.

선천성 색소성 모반 작게 돋아나며, 연한 갈색에서 거무스름한 색에 이르기까지 색깔이 다양하고, 아이가 자랄수록 같이 성장하는 경향이 있다. 아동 100명 중 1명에게 영향을 미칠 정도로 꽤 흔하다. 완전히 사라지지는 않지만, 빨리 자라거나 모양과 색깔이 변하지 않는 한 걱정할 필요는 없다. 큰 모반은 평평한 형태도 있고 튀어나온 형태도 있으며, 동전 반만 한 크기에서 멜론 크기까지 크기도 다양하다. 간혹 털이 나기도 한다. 큰 모반은 작은 모반보다 덜 자주 나타나지만 악성 종양이 될 위험이 대단히 높다. 큰 모반과 의심이 가는 작은 모반은 가능하면 수술로 제거하고, 제거할 수 없을 때는 의사의 주의 깊은 관찰이 필요하다. 아이의 담당 의사와 상의한다.

후천성 모반 대체로 피부가 흰 사람들은 평생 동안 수많은 작은 반점들이 생기기 쉽지만, 보통 만 5세 이전에는 잘 생기지 않는다. 그러나 아이의 피부에 갑자기 생긴 점이 연필 지우개보다 크고, 가장자리가 고르지 않거나 여러 가지 색이 혼합되어 있다면, 담당 의사에게 보여 주어야 한다.

물론 부모는 아이의 원시적인 언어를 이해하고, 반응하고, 격려하기 위해 온갖 시도를 하는 한편, 현대적인 언어 기술을 익히도록 도와주기 위해서도 마찬가지로 노력을 기울여야 한다. 예를 들어, 아이가 냉장고를 향해 부모를 끌고 갈 경우 이렇게 말한다. "아, 냉장고에 가고 싶구나. 뭐 먹고 싶니? 주스 줄까?" 아이가 불만스러운 소리를 내면서 선반 위의 봉제 인형을 가리키면, 다시 이렇게 묻는다. "아, 인형 갖고 싶구나. 인형 꺼내 줄까?" 그런 다음, "자, 여기 인형."이라고 말하면서 건네준다. 언어 발달 능력을 자극하기 위한 자세한 방법은 44쪽을 참조한다.

모반

Q "지금쯤이면 아들의 딸기 반점이 제법 흐릿해졌을 거라고 생각했는데 별로 그런 것 같지 않아요."

A 딸기 반점은 보통 최소 몇 년 동안 피부에 남아 있을 것이다. 그러나 임상적으로는 혈관종이라고 하는 유아의 딸기 반점은, 점점 줄어들고 차츰 흐릿해지면서 점점 회색빛을 띠다가 점점 더 작고 납작해지지만, 부모는 매일 들여다보기 때문에 그 차이를 느끼지 못할 것이다. 아이의 담당 의사는 부모에게 매번 말을 하지 않을 뿐 정기 검진 때마다 모반을 확인한다. 처음 모반이 나타났을 때 사진을 찍었다면, 초기 사진과 지금 모반 형태를 비교해 보자. 눈에 띈 변화를 확인하게 될 것이다.

딸기 모반의 변화를 추적 관찰하려면 지금 일단 사진을 찍고 적어도 1년에 한 번씩 사진을 찍어서 비교해 본다. 아이의 모반이 앞으로 몇 년에 걸쳐 어떻게 변할지 86쪽 박스에 설명되어 있다.

꼭 알아 두세요: 오감 자극

성인은 감각을 당연하게 받아들인다. 그래서 깨어 있을 때마다 감각을 사용하지만, 그 잠재력을 최대한 활용하지 않는다. 실제로 장미꽃 향기를 맡기 위해 가던 길을 멈추는 사람이 얼마나 될까? 새들이 지저귀는 소리를 듣는 사람은? 머핀의 계피 맛을 음미하는 사람은? 우리의 손끝은 만지는 대상의 질감을 충분히 느낄 수 있고, 우리의 눈은 모든 아름다운 광경을 한껏 감상할 수 있을까?

하지만 토들러들은 장미 향기를 맡기 위해, 장미를 보고, 만지고, 심지어 맛보기 위해 길을 멈춘다. 아이들은 과학자들이 실험실에서 사용하는 방식으로 오감을 사용한다. 토들러들이 자신이 몸담고 있는 이 복잡한 세상을 알아 가고, 호기심 가득한 지금의 발달 단계에서 엄청난 속도로 세상을 발견하게 되는 건, 모두 이 놀라운 오감 덕분이다.

부모가 격려하지 않아도 아이는 타고난 자원을 본능적으로 활용할 테지만, 부모의 격려가 더해진다면 오감을 한껏 활용할 것이다. 다음 내용을 참고하면 아이의 감각 인식을 자극하기 위한 계획을 세우는 데 도움이 될 것이다.

시각 토들러들은 아직 보고 싶은 것을 선택해서 볼 능력이 발달하지 않았기 때문에, 눈앞에 있는 모든 사물들이 아이의 시야에 서로 들어오려고 경쟁을 벌인다. 공원만 가도 온통 만화경 같은 세상이 펼쳐진다. 커다란 나무, 밝은 색 꽃들, 세발자전거를 타고 달리는 작은 소녀, 롤러스케이트를 타고 쌩 하니 지나가는 소년, 아기를 유모차에 태운 남자, 조깅하는 여자, 도토리를 찾아 돌아다니는 다람쥐, 나비를 쫓는 강아지 등 볼 게 너무 많다 보니, <u>아직 단련되지 않은 아이의 눈은 아주 잠시 동안 단 한 부분도 집중해서 보기가 쉽지 않다.</u>

부모는 다음과 같은 방법으로 아이가 한 번에 한 가지 대상에 집중하도록 유도한다. 먼저, 간단하게 말한다. "분홍색 세발자전거를 탄 언니 좀 보렴. 언니가 세발자전거를 타고 간다." 아이가 좀 더 크면 더 자세하게 설명을 덧붙인다. "언니가 자전거를 잘 타는걸. 언니 머리카락 좀 보렴. 새빨간 리본이 달렸네. 빨간 꽃무늬 바지도 입었어."

가는 곳마다 보기 놀이를 한다. 해변, 동물원, 사람이 많은 시내 도로 등 시각적으로 볼거리가 많은 환경과, 병원, 마트의 주차장, 우체국 등 비교적 시각적으로 자극이 덜한 환경에서 놀이를 시도한다. 수십 번도 더 본 대상을 시각적으로 탐색하는 것은 물론이고, 익숙한 환경에서 새로운 것을 찾아보게 한다든지, 한 번도 본 적 없는 대상을 찾아보도록 아이를 격려한다. <u>이 보기 놀이는 아이의 시각적 자극을 활발하게 할 뿐 아니라, 보는 대상과 단어를 결부시키면 언어 발달을 가속화하는 데에도 도움이 되며, 마트 계산대에서 차례를 기다릴 때처럼 지루하고 짜증 날 수 있는 시간을 보람 있는 시간으로 바꿀 수도 있다.</u>

아이는 다른 시각으로, 가령 거울을 통해 세상을 보는 것도 재미있어 할 것이다. 토들러들은 거울을 통해 자기 모습과 다른 사람의 모습을 보는 걸 아주 좋아한다. 색유리를 통해 아이의 장난감과 다른 사물들이 어떻게 비치는지 보여 주어도 좋겠다. 색이 입혀진 거울을 통해 드러나는 색깔의 왜곡은 어린아이들의 마음을 사로잡는다. 얇은 커튼, 유리블록, 스테인드글라스 장식 등을 통해 드러나는 이미지와 모양의 왜곡도 마찬가지다. 확대경을 이용할 수도 있다. 연령이 높은 토들러들은 확대경으로 주변을 관찰하면서 무척 흥미로워할 것이다. 렌즈가 깨지지 않도록 주의해야 한다. 아이에게 확대경이 작동되는 원리를 알려 준 다음, 실내외에서 사용할 기회를 많이 제공한다.

청각 토들러들의 눈이 그렇듯 귀도 바쁘긴 마찬가지다. 온갖 소리들이 서로 먼저 아이의 귀에 들어가겠다고 아우성이다. 집에서도 소리들이 와글와글 귀로 전달된다. 라디오에서 들려오는 음악 소리, 시계 째깍거리는 소리, 옆집 마당의 개 짖는 소리, 도로의 사이렌 소리, 하늘에서 비행기 날아가는 소리, 엄마가 전화하는 소리, 주방에서 환풍기 돌아가는 소리 등. 아이에게 다른 소리들은 모두 차단하고 한 가지 소리를 충분히 인식할 수 있게 한 가지 소리에만 집중하도록 격려한다면 청각에 좋은 훈련이 될 것이다.

듣기 놀이를 통해 청각적 힘을 키운다. 거실에 앉거나 자동차를 탈 때, 공원을 산책할 때 아이가 소리에 주의를 기울이게 한다. "삐뽀삐뽀 하는 사이렌 소리 들리니? 소방차 소리 같다.", "참새가 짹짹 하고 노래하는 소리 들리니? 정말 귀엽구나.", "비행기가 부웅 하고 하늘을 날아가는 소리 들리니? 소리가 정말 크구나." 이때, 두 손으로 귀를 막아 소리가 크다는 걸 강조한다. 아이가 점점 자라 이해력이 높아지면 좀 더 자세하게 설명을 덧붙인다. "새가 나무 위에 높이 있어서 보이지는 않지만 노래하는 소리를 들을 수 있어.", "소방차는 지금 불이 난 곳으로 가는 거야.", "비행기가 어디로 가는 걸까? 할머니가 살고 계신 제주도로 가나 보다."

아이가 더 자라면 듣기 놀이에서 알아맞히기 놀이로 바꾸어 더욱 즐겁게 청각적 경험을 강화할 수 있다. 아이에게 눈을 감게 한다. 그런 다음, 한 번에 하나씩 다양한 소리를 내서 알아맞히게 한다. 눈가리개로 눈을 가리고 놀이하기를 좋아하는 아이도 있지만 무서워하는 아이도 있으니 유의한다.

음악 소리는 토들러들을 즐겁게 하고 마음을 안정시킬 뿐 아니라 소리에 주의를 기울이도록 가르치기도 한다. 테이프나 라디오를 통해 다양한 형태의 음악을 들려준다. 단, 볼륨을 높이지 않도록 한다. 음악 소리가 너무 크면 청각에 해를 입힐 수 있다. 가까운 곳에 어린이 음악회가 열리면 아이를 데리고 간다. 아이가 노는 동안 옆에서 악기를 연주하거나, 아이와 함께 노래를 부르면서 율동을 한다. 노래를 부르면서 율동을 하면 아이가 음악 소리에 집중하게 된다.

아이가 스스로 음악을 연주하도록 기회를 마련하는 것도 중요하다. 나무 숟가락으로 냄비를 두드린다든지, 숟가락 두 개를 부딪쳐 쨍그랑 소리를 낸다든지, 장난감 악기를 연주한다든지, 피아노 건반을 뚱땅거린다든지, 손톱으로 거실의 카펫, 블라인드, 건물의 벽돌, 종이 등 여러 가지 표면을 긁게 한다.

목소리도 청각 학습을 흥미롭게 유도할 수 있다. 녹음기를 이용해 아이 목소리, 엄마 아빠 목소리, 형제들 목소리, 할머니 할아버지 목소리, 친구들 목소리, 베이비시터의 목소리를 녹음한다. 그런 다음, 목소리를 들려주어 누구 목소리인지 엄마, 아빠와 함께 알아맞힌다. 개 짖는 소리, 경적 울리는 소리, 세탁기 돌아가는 소리, 수돗물 흐르는 소리, 현관 벨 울리는 소리 등 다른 소리들도 녹음해서 알아맞히기 놀이를 할 수 있다.

후각 <u>토들러들은 후각이 상당히 둔하다. 아이들이 더러운 기저귀 냄새를 어른들만큼 불쾌하게 여기지 않는 이유도 아마 그 때문일 것이다. 토들러들은 아직 후각이 발달하지 않았기 때문에, 좀 더 큰 아이나 성인에게는 유독한 냄새가 느껴지는 액상 세제나 상한 음식같이 위험한 물질을 아무런 의심 없이 맛보곤 하는 것이다.</u>

그러나 변기를 이용하는 법을 배울 무렵이면 아이들은 서서히 후각이 발달하기 시작해, 미학적으로 즐거운 것과 그렇지 않은 것을 냄새로 구분하는 능력을 키우게 된다. 다양한 물질의 냄새를 맡도록 기회를 마련하면 이런 후각적 능력이 더욱 발달해, 마침내 아이는 장미 향기를 맡을 줄 아는 것은 물론이고, 장미 향기와 비료 냄새를 구분할 줄도 알게 된다.

아이와 집 안을 돌면서 냄새를 맡으면, 아이의 후각을 열어 주는 좋은 경험이 된다. 꽃병에 꽂힌 꽃 냄새, 깨끗하게 세탁된 옷에서 나는 향긋한 냄새, 맛있게 익은 바나나와 복숭아 냄새, 개 밥그릇에 놓인 사료 냄새, 식탁 위에 놓인 불고기 냄새를 맡게 하고, 각각 무엇인지 알아맞히게 한다. 요리를 할 때는 찌개에 넣을 양파 냄새, 고추장과 된장 냄새, 파스타에 뿌릴 파르메산 치즈 냄새, 샐러드에 넣을 과일 냄새를 맡게 한다. 아이에게 양념 냄새도 맡게 하되, 자칫 가루가 코로 흡입되지 않도록 주의 깊게 지켜보아야 한다.

실외에서도 냄새를 맡아 보게 한다. 공원에서 산책할 때는 라일락, 솔잎, 잔디 냄새를, 마트에 갈 때는 사과, 오렌지, 신선한 채소, 구운 빵, 프라이드치킨 냄새를 맡게 한다.

아이가 좀 더 커서 흥미진진한 놀이를 좋아하면 눈을 가리거나 감게 해서 냄새로 알아맞히기 놀이를 한다. 사물을 아이의 코에 대고 어떤 물건인지 알아맞히게 한다.

미각 대부분의 토들러들은 다른 감각에 비해 미각적 경험을 넓힐 기회가 비교적 적다. 아이가 토들러용 시리얼처럼 생긴 음식이 아니면 좀처럼 입을 벌리려 하지 않는다면, 새로운 미식의 세계를 개척해 보려고 아무리 애를 써도 아이는 번번이 입을 꾹 다물어 버릴 것이다.

하지만 시도한다고 결코 해가 되지는 않으며, 아무리 입맛이 까다로운 아이도 한 번쯤 맛을 볼 때가 있다. 특히, 새로운 음식을 앞에 두고 조금만 응원해 주면 의외로 음식을 잘 먹기도 한다. 다양한 맛과, 식감, 색, 모양으로 시도해 보자. 가끔씩 점심 식사 때 커다란 접시에 여러 가지 음식을 조금씩 예쁘게 담아 준다. 단, 음식들이 서로 섞이지 않도록 주의한다. 많은 토들러들이 맛이 섞이는 걸 좋아하지 않는다. 이런 식의 뷔페식 식사는 미각뿐 아니라 시각도 함께 자극할 것이다. 좋아하는 음식들과 함께 새로운 음식도 접하게 한다. 아이가 음식을 먹을 때 부모가 도와주면서 맛을 묘사하게 한다. 바나나가 달콤하고 부드럽다, 치즈가 짭짤하다, 사과가 달콤하고 아삭아삭하고 즙이 많다, 주스를 넣어 요리한 건포도가 달콤하고 꼭꼭 씹힌다 등. 그러나 음식 맛을 말해 보라고 강요하거나, 압력을 가하거나, 애원하거나, 매수해서는 안

된다. 오히려 저항감만 키울 뿐이고 어쩌면 나중에 식습관에 문제가 생길 수도 있다.

토들러들은 먹을 수 없는 주변 물건을 탐색하기 위해 미각을 이용하기도 한다. 주변 탐색을 위해 입을 사용하는 횟수는 아기 때보다는 덜하지만, 여전히 물건을 입에 넣어서 맛을 확인하는 아이들도 있다. 아이들은 무엇이든 입에 넣으려 하므로, 아이가 손에 쥔 물건에 대해 각별히 주의를 기울여야 한다.

촉각 토들러들은 손끝으로 세상에 대해 상당히 많은 것들을 발견한다. 물론 부모의 관점에서 보았을 때는 세상을 발견하다 못해 도를 지나친 행동을 할 때도 많을 것이다. 예를 들어, 아이들은 잡지를 찢으면서 무척 재미있어하는데, 특히 부모가 아직 읽지 않은 잡지일 때는 최고의 반응을 보인다. 텔레비전 리모컨을 작동할 때마다 아주 신나 한다. 더구나 부모가 그만하라고 반복해서 말하면 더 신나 한다.

토들러들이 촉각을 이용해 얼마나 많이 말썽을 부리는지 생각하면, 부모들이 다른 감각에 비해 촉각 발달에 신경을 덜 쓰는 것도 충분히 이해가 간다. 하지만 촉각은 토들러들에게 많은 것을 가르친다. 그리고 아이가 아무거나 만질 수 없도록 안전하게 조치를 취한 환경에서(268쪽 참조) 물건을 만지도록 장려하면, 촉각 발달에 도움이 될 뿐 아니라 온통 금지투성이 환경에서 오는 일상적인 좌절감이 한결 줄어들 것이다.

아침에 면도를 하지 않은 아빠의 꺼끌꺼끌한 뺨을 만져 보게 한 다음, 면도한 후 부드러운 뺨을 만져 보게 한다. 블라우스의 부드러운 감촉과 스웨터의 울퉁불퉁한 감촉, 탈지면의 푹신한 감촉, 낙엽의 바스락거림을 느끼게

한다. 손끝으로 집 안의 물건을 만져 보게 한다. 베게에 볼록 수놓은 모양, 장식장의 정교하고 세밀한 장식 조각, 꽃잎의 벨벳 같은 부드러움 등을 느끼게 한다. 가는 곳마다 만지는 느낌이 재미있는 질감을 찾아보고, 손가락으로 삼베의 따끔따끔한 표면, 강철의 차고 매끄러운 표면, 벽지의 반들반들한 표면 위를 어루만지게 한다. 천 조각, 카펫, 벨크로 등 재미있는 촉감을 느낄 수 있는 물건들을 모아 촉감 상자에 보관한다. 아이를 도와 부드러운 느낌, 까끌까끌한 느낌, 매끄러운 느낌 등이 느껴지는 물건을 가려내게 한다.

아이가 좀 더 크면 재미있는 방법으로 촉감 테스트를 한다. 아이의 눈을 가리거나 감게 하고, 빗, 장난감 자동차, 열쇠, 사과 등 익숙한 물건을 손으로 만져 알아맞히게 한다. 혹은 나무 상자에 물건을 넣은 다음 한쪽 면에 구멍을 뚫고, 상자 안으로 손을 뻗어 손가락으로 물건을 만져 보고 알아맞히게 한다.

자극이 되는 활동으로 아이의 오감을 발달시키는 방법은 많지만, 자칫 도를 넘을 수 있다는 사실을 반드시 명심해야 한다. 아이들은 앉아서 생각할 시간, 스스로 발견할 시간이 필요하다. 부모가 너무 몰아붙이는 건 아닌지 알고 싶다면 아이의 반응을 보면 된다. 아이가 흥미와 관심이 떨어지고 부모의 말을 건성으로 듣는다 싶으면 자극을 그만두고 다른 놀이를 한다.

아이에게 꼭 알려 주세요: 완벽한 사람은 아무도 없답니다

어린아이 눈에는 부모가 실제보다 훨씬 커 보이고, 뭐든 다 아는 것 같으며, 늘 옳기만 한 것 같다. 한마디로 아이의 눈에 부모는 완벽한 사람이다. 하지만 조금 더 오래 살아 본 사람으로서 우리 모두 너무나 잘 알고 있듯이, 그런 생각은 순전히 착각이다. 아무리 똑똑하고 완벽한 사람도 다 허점과 결함이 있기 마련이며, 세상 누구도 완벽한 사람은 없다.

아이들도 이런 사실을 일찍부터 아는 것이 매우 바람직하다. 사람은 누구나 실수를 한다고 배운 아이들은, 실패를 두려워하지 않고 예측된 위험에 과감하게 뛰어들어 최선을 다하려고 노력하기 때문이다. 다음 내용을 참고해 아이가 이런 교훈을 배울 수 있도록 하자.

* **아이에게 완벽해지길 요구하지 않는다** 아이의 능력 이상을 기대하면 아이가 위축되고, 의욕을 잃으며, 자존감이 낮아질 수 있다. 아이에게 거는 기대는 아이의 연령뿐 아니라 기질과 능력에 적합해야 한다. 하지만 그렇다고 기대 수준을 너무 낮추거나 전혀 기대를 하지 않아서도 안 된다. 어느 정도 기준에 부응하도록 기대를 받지 못한 아이들은 대체로 자제력을 배우지도, 도전을 받아들이지도, 위험을 감수하지도 못한다. 이런 아이들은 어떤 일을 못할 줄 알았는데 해냈을 때 느끼는 자아 신장을 경험하지 못한다. 뿐만 아니라 대체로 성취도도 낮다.

* **다른 사람에게도 완벽하길 요구하지 않는다** 주변 사람들의 결함을 받아들인다. 배우자의 결함, 직장 동료의 결함, 내게 도움을 주는 사람들의 결함, 우체국이나 슈퍼마켓, 은행 직원의 결함을 인정한다. 물론

계속해서 무례하게 군다거나, 업무 능력이 부족하다거나, 일을 대충대충 끝내려는 안일한 태도까지 이해해서는 안 되지만, 아무리 완벽한 사람도 가끔은 실수를 하거나 일이 꼬이는 날이 있다는 걸 감안해 인내심을 연습하도록 한다.

* **부모의 실수를 아이에게 감추지 않는다** 부모가 완벽한 사람이 아니라는 걸 아이들도 알고 기꺼이 인정하는 것이 중요하다. 또한 부모가 발끈 화를 내거나, 아이가 좋아하는 과일을 사는 걸 깜빡 잊어버리거나, 왜 그랬는지 모르지만 아이가 좋아하는 만화 영화가 거의 다 끝날 무렵에야 텔레비전을 안 틀어 줬다는 걸 깨달았을 때, 어처구니없는 실수를 했다는 걸 인정하고 사과해야 한다.

* **부모 스스로 완벽하길 요구하지 않는다**
세상에 완벽한 부모는 없다. 자신의 기대에 못 미치더라도 스스로를 용서하자. 부모도 한낱 인간일 뿐임을 기억하자. 모든 부모들은 때때로 실수를 하며, 대부분의 사람들은 상당히 자주 실수를 하면서 산다. 실수를 인정하고, 실수를 통해 배우며, 인생이 그런 거라는 걸 인정할 필요가 있다.

* **아이의 실수를 완전히 용서하고 무조건 이해한다** 아이의 행동이나 성취도가 기대에 미치지 못하거나 그 밖의 다른 이유 때문에, 더 이상 아이를 사랑하지 않는다거나 그런 척해서는 안 된다. 물론 부모도 완벽한 인간이 아니라서, 아이의 불완전한 행동에 언제나 완벽하게 반응할 수는 없을 것이다. 아이가 골치 아픈 실수나 엄청난 실수를 저지를 때는 때때로 버럭 화를 낼 수도 있다. 하지만 부모가 아무리 화를 내더라도 아이에 대한 사랑만큼은 조금도 흔들리지 않는다는 걸 분명하게 알려야 한다.

아이에게 완벽을 요구하지 않는다고 알려 주다가, 부모의 기대치와 아이의 성취도가 둘 다 낮아지는 건 아닐까 걱정할지 모른다. 하지만 그런 일은 없다. 실수할 걸 각오하고 마음껏 시도해 보는 아이들과 완벽해야 한다는 압박감을 느끼지 않는 아이들은, 언제나 완벽해야 한다는 스트레스를 받는 아이들에 비해 실제로 수행 능력이 더 높다. 되든 안 되든 마음껏 위험을 감수하는 아이들은 자라서 스스로에 대해 더 바람직하게 여기며, 자기 회의로 힘들어하거나 약물 남용에 빠지거나 심각한 우울증을 경험할 가능성이 적다.

4장

생후 16개월

아이의 발달 과정

이달 말에 아이가 해야 할 행동

* 행동을 흉내 낸다.
* 낙서를 한다(15¼개월 무렵).

주의 사항 아이가 아직 이 단계에 이르지 못했다면 의사와 상담한다. 아직 이 단계에 다다르지 않았더라도 얼마든지 정상일 수 있지만, 어쨌든 평가를 받아 볼 필요가 있다. 또한 아이가 통제가 되지 않거나, 말이 별로 없거나, 너무 소극적이거나, 너무 부정적이거나, 미소를 짓지 않거나, 소리를 거의 혹은 전혀 내지 않거나, 잘 듣지 못하는 것 같거나, 지속적으로 짜증을 내거나, 끊임없이 관심을 요구하는 경우에도 역시 의사의 상담을 받는다. 단, 예정일보다 일찍 태어난 만 1세 아이들은 생활 연령이 같은 또래 아이들보다 대체로 발달이 느린 편이다. 이런 발달상의 차이는 차츰 좁혀지다가 대개 만 2세 무렵이면 완전히 사라진다.

아이가 하게 될 행동

* 3개의 단어를 사용한다.
* 다른 사람을 따라서 물건을 버린다.

아이가 할지 모를 행동

* 6개의 단어를 사용한다.
* 달린다.

혹시나 아이에게 기대할 만한 행동

* 공을 앞으로 찬다.
* 도움을 받아 이를 닦는다.

무엇이든 물어보세요 Q&A

—— 개를 무서워해요

Q "우리 아이는 개만 보면, 개하고 한참 떨어져 있는데도 무서워서 저한테 찰싹 달라붙어요. 그 바람에 산책하기가 힘들 정도예요."

A 많은 토들러들이 개한테 가까이 다가가길 조심스러워하는데, 바람직한 현상이라고 생각한다. 아이들이 겁이 전혀 없으면, 아이의 작은 손가락과 얼굴뿐 아니라 개의 북슬북슬한 꼬리와 늘어진 귀도 크게 다칠 수 있다. 그러나 어느 정도의 두려움은 이웃집 개로부터 아이를 안전하게 지킬 수 있다는 점에서 도움이 되는 반면에, 아이가 개를 너무 무서워하면, 부모와 함께 자유롭게 산책하기 힘들 뿐 아니라 개와 친해지면서 얻을 수 있는 여러 가지 이점들을 얻지 못하게 된다.

<u>개에 대한 두려움을 완전히 없애려 할 필요는 없지만, 지나친 두려움을 적당히 가라앉혀 무턱대고 개를 무서워하기보다 현명하게 조심하도록 가르칠 필요는 있겠다.</u>

먼저, 전혀 위협적이지 않은 개한테 아이를 적응시킨다. 쓰다듬고 안아 줄 수 있는 장난감 개, 멍멍 짖고 주변을 돌아다니는 배터리로 작동되는 개, 다양한 크기와 종류의 개들이 그려진 그림책 등을 이용한다. 아이와 개의 우정을 중심으로 한 그림책, 놀이 친구, 조력자, 영웅으로 개를 묘사한 그림책을 읽어 준다. 이렇게 해서 아이가 무생물 개에 대한 두려움이 사라지면, 살아 있는 진짜 개에게 접근을 시도한다. 친구와 이웃, 친척들 가운데 순하고, 다정하며, 아이들과 잘 지내는 개를 기르고 있는 사람이 있는지 알아본다. 대체로 나이가 많은 개, 중성화 수술을 한 개들이 강아지보다 비교적 더 온순하다. 그러나 개가 사람 몸 위로 껑충 뛰어올라 침을 흘려 가면서 애정 표현을 하면, 아이는 개가 짖고 무는 것만큼이나 겁을 먹을 수 있으므로 애정 표현이 지나친 개는 피한다.

이처럼 이상적인 개의 소재를 파악했다면, 아이와 개가 서로 대면하기 전에 개의 사진 한 장을 구해 아이에게 보여 주고 개에 대해 이야기해 준다. 개가 멍멍 짖는 건 개들의 대화 방법이고, 꼬리를 흔드는 건 좋다는 표시이며, 간혹 꼬리로 사람 몸을 툭툭 치지만 사람을 해치려는 의도는 전혀 없다고 설명한다.

마지막으로 실제로 만날 준비를 한다. 처음에는 아이와 개가 서로 어느 정도 거리를 유지하도록 한다. 아이는 부모 품에 안겨 있고 개는 주인이 목줄로 단단히 잡고 있어야 한다. 부모가 개에게 손을 흔들어 인사하고, 말을 걸고, 이름을 부른 다음, 아이에게도 똑같이 해 보도록 격려한다. 아이가 불안해하면 안심시킨다. 아이가 크게 당황해 하는 경우에만 아이를 데리고 잠시 자리를 피한다.

첫 방문 때 아이가 개와 가까워질 준비가 되어 있지 않다 싶으면, 아이가 준비가 될 때까지 얼마 동안은 적당한 거리를 유지한 상태에서 개를 만날 수 있도록 한다. 아이가 차츰 개를 편안하게 느끼면, 그에 따라 아이와 개 사이의 거리를 점점 좁혀 가다가, 마침내 아이가 개를 만질 수 있을 만큼 가까이 다가가게 한다. 그러나 아이가 안정감을 느끼고 개와 높이가 맞도록 하기 위해 처음에는 부모가 아이를 안고 있어야 한다. 이때, 아이에게 개를 쓰다듬어 보라고 강요해서는 안 되며, 구슬려서도 안 된다. 대신 부모가 개를 쓰다듬으면서 이렇게 말한다. "엄마가 예쁜 멍멍이 쓰다듬고 있어. 털이 아주 부드럽다. 우리 아가도 멍멍이 쓰다듬어 볼래?" 아이가 관심을 보이면 부모가 아이의 손을 잡고 조심스럽게 개를 쓰다듬으면서 쓰다듬는 법을 가르쳐 준다. 아이가 거부할 경우, 이렇게 말해 준다. "괜찮아. 쓰다듬지 않아도 돼." 개를 만날 때마다 아이에게 마음을 바꿀 기회를 주고, 마침내 아이가 개를 향해 손을 뻗을 용기를 낼 때까지 꾸준히 개를 만나게 한다.

아무런 강요 없이 개에 대한 두려움을 스스로 완화하거나 최소화하는 과정을 경험하고 나면, 아이는 마침내 두려움을 극복할 뿐 아니라 심지어 개를 사랑하게 될지도 모른다.

부모가 개를 무서워하는 경우, 아이가 개를

애완동물에 대한 주의 사항

집에서 애완동물을 기르든 기르지 않든, 토들러들에게 가능한 한 일찍부터 애완동물을 조심시켜야 한다. 아이의 안전을 위해 다음 규칙을 가르친다.

* 개나 고양이가 먹고 잘 때는 건드리지 않는다. 개나 고양이가 낮잠을 자거나 밤을 먹을 때는 만지거나 가까지 가서는 안 된다. 사료를 건드려서도 안 된다. 개나 고양이는 호기심 많은 아이의 손가락을 위협의 대상으로 인식하기 쉬워, 아무리 순한 동물이라도 아이에게 해를 입힐 수 있다.
* 동물의 눈을 찌르거나, 꼬리와 귀를 잡아당겨서는 절대로 안 된다. 머리 위쪽이 아닌 턱 아래쪽을 가만히 쓰다듬는다. 머리 위를 쓰다듬는 것은 동물의 세계에서는 지배, 우위를 암시한다. 아이에게 쓰다듬는 방법을 보여 준다.
* 동물을 놀려서는 안 된다. 뼈다귀를 주었다가 뺏는다든지, 물그릇으로 가는 길을 막는다든지, 때리는 척한다든지 해서는 안 된다.
* 모르는 개, 고양이, 다람쥐, 라쿤 등의 동물로부터 멀리 떨어진다.
* 병에 걸렸거나 이상한 행동을 하는 동물로부터 멀리 떨어진다. 이런 동물을 보면 부모는 우선 신고를 해야 한다. 동물이 다음과 같은 행동을 보이면 광견병을 의심할 수 있다. 뒷다리의 마비 증세로 인해 다리를 절거나 비틀거린다. 목이 마비되고 턱이 뻣뻣해져서 입에서 거품이 나거나 침을 많이 흘린다. 사람이나 다른 동물, 심지어 사물에 대해서 공격적인 행동을 한다.

야행성 동물이 낮에 돌아다닌다든지 주행성 동물이 밤에 돌아다니는 등 행동에 이상을 보인다. 방향 감각을 상실하고 행동에 거침이 없다. 그러나 감염됐어도 증상이 눈에 띄게 드러나지 않는 동물도 있다.
* 싸우고 있는 개나 고양이 가까이 가지 않는다.
* 새끼와 함께 있는 어미 개나 어미 고양이 가까이 가지 않는다. 새끼를 보호하기 위해 싸우려 들 것이다.
* 어른이 곁에 없을 때는 어떤 동물 곁에도 절대 가까이 가서는 안 된다.
* 동물에게 접근할 때는 항상 서서히 다가간다. 동물을 향해 달려가거나 장난감 자동차를 타고 급히 다가가지 않는다. 동물 앞에서 갑작스런 움직임을 보이거나 점프하지 않는다. 고양이들은 어린아이가 이렇게 놀고 있으면 대체로 달아날 가능성이 높지만, 아이들은 개와 고양이를 구분하지 못하기 때문에, 그리고 신중을 기하는 차원에서 이 규칙은 두 종류의 동물 모두에게 적용해야 한다.
* 개가 으르렁거리거나 화가 나 있는 경우 달아나지 않는다. 개에게 쫓아갈 구실을 줄 수 있다. 대신 바닥을 향해 공처럼 몸을 둥그렇게 말아 두 팔로 얼굴을 가린다.
* 개의 얼굴 가까이에 얼굴을 들이밀어서는 절대로 안 된다. 토들러들은 몸집이 작기 때문에 얼굴, 머리, 목 등 위험한 부위가 물릴 가능성이 높다. 고양이도 마찬가지다. 고양이 발톱 역시 아이의 연한 살을 할퀼 가능성이 높다.

무서워하지 않도록 돕기 전에 자신의 두려움부터 극복해야 할 것이다. 부모가 전혀 무서워할 필요 없다고 말과 행동으로 아무리 보여 주려 애써도, 자신의 두려움과 불안을 아무리 교묘하게 감춘다 하더라도, 아이에게 고스란히 전달되어 아이는 어딘가 무서운 부분이 있다고 생각하게 된다.

―― **개를 무서워하지 않아요**

Q "우리 아이는 개를 무서워하지 않는 건 둘째 치고, 한 번도 본 적 없는 동물도 전혀 겁을 내질 않아요. 정말 걱정되어요."

A 개와 토들러들은 공통점이 많다. 둘 다 장난꾸러기에 활기가 넘치고, 변덕스럽고, 충동적이며, 어디로 튈지 모르고, 대체로 통제하기가 어렵다. 아이와 개가 한데 어울릴 때는, 둘을 박제처럼 꼼짝 못 하게 만들지 않는 한, 뜻하지 않은 사고가 일어날 수 있다.

아이와 개가 만날 때 불상사가 생기지 않도록 하려면 지금부터 서서히 아이에게 주의를 주어야 한다. 아이가 낯선 개나 신뢰할 만큼 잘 알지 못하는 개를 향해 달려갈 때마다 아이가 바싹 다가서기 전에 아이의 걸음을 멈추게 한다. 아이를 불안하게 만들지 말고 이렇게 설명한다. 잘못하다가는 두려움이 커질 수 있다. "엄마나 아빠가 옆에서 보고 괜찮다고 할 때만 개를 쓰다듬어야 한다. 모르는 개는 잘못하면 우리를 무섭게 할지도 몰라. 그래서 우리는 개한테 너무 가까이 가면 안 되고 개를 만져서도 안 돼." 또한 96쪽에 소개한 '애완동물에 대한 주의 사항'을 서서히 알려 주기 시작한다.

―― **잘못된 식습관**

Q "제 딸은 거의 먹으려 들지 않고, 어쩌다 먹어도 한두 숟가락 먹고 나면 끝이에요. 의사 말로는 아이가 잘 자라고 있다고 하는데, 영양분을 섭취하지 않고 언제까지 이 상태를 유지할 수 있을지 모르겠어요."

A 음식 섭취와 성장의 측면에서 볼 때 아이의 몸은 그야말로 수수께끼 같다. 부모가 생각하기에 메뚜기한테 먹여도 부족할 것 같은 양을 먹으면서도 아이는 용케 잘 자라니 말이다. 엄마, 아빠는 '아이가 공기만 먹고 산다'고 푸념하지만, 사실 소식가로 불리는 대부분의 아이들은 영양분을 충분히 섭취하고 있다.

거듭되는 연구 결과에 따르면, <u>건강한 아이들의 경우 부모가 식습관에 간섭을 전혀 하지 않더라도 굶거나 과식하지 않으며, 정상적인 성장에 필요한 만큼 알맞게 음식을 먹는다고 한다. 부모는 영양이 풍부한 음식을 제공한 다음 뒤로 물러나 있고, 나머지는 아이가, 그리고 수수께끼 같은 아이 몸이 알아서 하도록 내버려 둔다.</u>

그래도 마음이 놓이지 않으면, 567쪽을 참고해 아이의 음식 일지를 기록하는 방법과, 아이에게 효과적으로 음식을 먹이는 방법을 알아본다. 물론 아이의 성장이 둔화되기 시작하거나 아이가 힘이 없고 투정이 많아진다 싶으면 담당 의사와 상의한다.

―― **먹는 양이 일정하지 않아요**

Q "우리 아이는 어느 날은 쉬지 않고 먹다가, 어느 날은 거의 아무것도 먹지 않아요. 정말

속상해 죽겠어요."

A 매일 거의 같은 양의 음식을 섭취하고, 거의 비슷한 횟수로 식사와 간식을 먹는 데 익숙한 어른들이 보기에, 어느 때는 신나게 먹다가 어느 때는 전혀 입에도 대지 않는 토들러들의 식습관이 당황스러울 수 있다. 하지만 이처럼 변덕스러운 식습관은 토들러들에게 아주 흔한 현상이며 지극히 정상이다. 아이의 식습관이 한쪽으로 치우쳐 있고 예측 불가능하지만, 그러는 가운데에서도 나름대로 균형을 맞추고 있다. 어느 날은 아침을 잔뜩 먹고 점심 저녁은 손도 대려 하지 않을지 모른다. 또 어느 날은 아침은 평소대로 먹고, 점심을 잔뜩 먹은 다음 저녁은 콩알만큼 먹을지도 모른다. 어느 날은 세끼 식사를 신나게 먹다가 다음 날은 한 끼도 입에 대지 않을지도 모른다. 어느 날은 전체 칼로리 섭취가 운동선수 저리 가랄 정도였다가 다음 날은 벼룩의 간만큼도 먹지 않을지도 모른다.

아이의 매끼 식사량과 식단을 세심하게 들여다보면, 기복이 심한 식습관 속에서 일정한 패턴을 파악할 수 있다. 아이가 며칠 동안 먹은 식단을 살펴보는 등 전체적인 상황을 파악하면, 영양상의 균형에 관해 최소한 어느 정도 유사한 점을 발견하게 된다. 아이가 먹고 싶지 않을 때 억지로 먹게 하거나, 아이는 많이 먹고 싶은데 식사를 중단시키는 등 아이의 식습관을 억지로 조절하려 들면, 아이는 배가 고프고 부른 느낌에 어떻게 반응해야 할지 몰라 결국 식이 장애가 생길 수 있다. 반면에 배가 고프면 실컷 먹게 하고, 먹고 싶지 않을 때는 그만 먹게 하며, 배가 고프지 않으면 식사를 건너뛰게 하는 등 아이의 별스러운 식습관을 눈감아 주면, 아이는 자라면서 건강한 식습관을 형성할 가능성이 높다.

단, 주의할 사항이 있는데, 토들러나 어린 아동의 경우 음식 종류를 선택할 자유를 아이에게 완전히 맡겨서는 안 된다. 매끼 먹는 식사와 간식 양을 정하도록 허용하는 건 영양 면에서 괜찮지만, 두부 대신 도넛을, 달걀찜 대신 감자칩을 선택하게 해서는 안 된다. 영양이 풍부한 음식에 한해서만 아이에게 선택권을 주면, 아이가 마음대로 선택해도 안심할 수 있다. 또한 '아이 식단'(18장 참조)에서 권장하는 양질의 식단만 제공하며, 361쪽의 요령을 시도해 아이에게 건강한 식습관을 심어 주도록 한다.

식습관 변화

Q "아이가 더 어렸을 때는 우리가 주는 대로 다 먹었어요. 그런데 요즘에는 처음 보는 음식을 먹이기가 너무 힘들고, 전에 잘 먹던 음식도 거의 먹을 생각을 하지 않아요. 어디 아픈 건 아닐까요?"

A 잘 놀고 활발한 아이가 갑자기 식습관이 까다로워지는 경우, 병이 있다는 증거라기보다 자기주장이 생기기 시작했다는 증거일 가능성이 높다. 영아기 때 아이의 철학은 아주 단순했다. 그때는 즐겁고 만족스러우면 음식을 잘 먹었다. 주로 유동식으로 이루어진 음식을, 아무런 제약 없이 마음껏 순수한 감각적 경험으로 즐기면서 거부하지 않고 열심히 먹었다. 하지만 지금 이 시기 아이의 철학은 그렇게 단순하지 않다. 따라서 아이에게 음식을 먹이는 일도 만만치 않다.

식탁에서 보이는 아이의 저항은 토들러 시기에 자연스럽게 수반되는 모습인 만큼, 굳이 아이를 얌전하게 만들려고 애쓰지 않는다. 그래 봤자 어차피 이기지도 못할 것이다. 차라리 싸우지 말고 처음부터 포기하고 아이에게 선택의 자유를 준다. 이렇게 하면 아이는 저항할 필요성을 덜 느낄 것이다. 567쪽의 지침을 참고하면, 아이의 다양한 식습관 문제 해결에 도움이 될 것이다.

그러나 식습관 문제 외에, 아이가 짜증을 내면서 어딘가 불편해 보이거나, 성장이 제대로 이루어지지 않거나, 체중이 늘지 않는다 싶으면, 담당 의사와 상의한다. 병이 있거나 그 밖에 의료적인 문제가 있으면 입맛이 없을 수 있다.

식탁 의자를 바꿀 시기

Q "언제쯤 유아용 식탁 의자에서 보조 의자로 바꾸는 게 좋을까요?"

A 아이가 어떤 의자에 앉는 게 가장 좋을지는 의자에 앉는 아이에게 달려 있다. 유아용 식탁 의자가 몸에 맞지 않는데도 100% 만족하는 아이가 있는가 하면, 유아용 식탁 의자에서 빠져나오려고 몸을 꿈지락거리고 칭얼대면서 하루빨리 의자를 바꿔 달라고 분명하게 의사 표시를 하는 아이도 있다.

아이가 유아용 식탁에 앉아 부쩍 투덜대거나 가족들과 함께 식탁에 앉고 싶어 하는 모습을 보인다면, 유아용 보조 의자에 앉힐 때가 된 것이다. 유아용 보조 의자를 선택할 때에는, 아이가 앉을 의자에 단단하게 부착하거나 식탁 윗면에 확실하게 고정할 수 있고, 아이도 보조 의자의 안전띠로 안전하게 고정될 수 있는 것으로 구입해야 한다. 식탁에 고정하는 보조 의자인 경우, 보조 의자 밑에 다른 의자를 두어서는 안

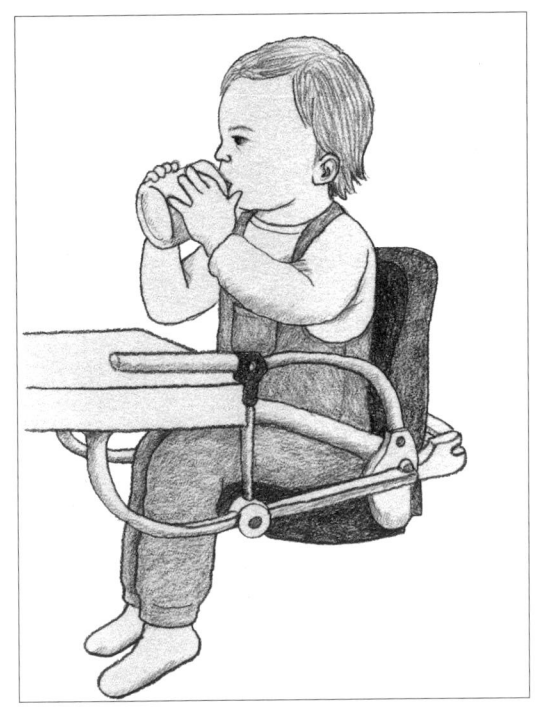

대부분의 토들러들은 만 1세 중반 무렵이면 유아용 식탁 의자에서 벗어나 제약이 덜한 의자에 앉아 음식을 먹을 준비가 되어 있다.

좀 더 큰 토들러들은 대개 보조 의자에 앉기보다 무릎을 꿇고 앉아 먹는 걸 더 좋아한다. 안전하게 앉는 방법은 168쪽을 참조한다.

된다. 아이가 발로 의자를 밀어 보조 의자까지 밀려서 밑으로 굴러 떨어지기 쉽다.

아이가 식탁 앞에 앉아 있을 때는 아이 가까이에 위험한 물건을 올려 두어서는 안 된다. 아이 손이 닿는 곳에는 소금 통이나 후추 통, 설탕 그릇, 뜨거운 음료, 포크, 유리 화병, 질식 위험이 있는 음식 등, 깨지기 쉽고 잘 엎질러지고 위험한 물건들을 모두 치워야 한다.

── 또래보다 큰 아이

Q "제 아들은 연령에 비해 무척 크기 때문에 또래 아이들보다 몇 살은 더 나이가 들어 보여요. 그래서 남들은 늘 제 아이가 큰 아이들처럼 행동하고, 또래 아이들보다 더 많은 기술을 익혔을 거라고 기대해요."

A 남들이 어떻게 기대하고 뭐라고 말하든 일일이 쫓아다니면서 해명할 수는 없지만, 그들이 기대하는 바나 하는 말 때문에 아이가 상처받지 않도록 도와줄 수는 있다.

특히 "어머, 너처럼 큰 애가 아직도 기저귀를 차니?" 같은 조심성 없는 말들이 나오려 할 때에 먼저 재빨리 아이의 연령을 말한다. 조심성 없는 사람을 교화하거나 부모가 곤란한 상황을 모면하기 위해서가 아니라, 아이의 자존감을 지켜 주기 위해 사무적인 태도로 정확한 연령을 말해 준다. "우리 애는 이제 겨우 15개월이에요. 연령에 비해 좀 클 뿐이에요." 행동이 기대에 미치지 못한다는 말을 계속해서 들으면 여린 자존감이 약화될 수 있다.

뿐만 아니라, 이처럼 무신경한 낯선 사람들과 똑같이 생각하지 않도록 부모 스스로 조심해야 한다. 간혹 아이의 연령으로는 하기 힘든 한계에 대해 잘 알 만한 지적인 부모들조차 무의식적으로 아이에게 많은 것을 기대하곤 한다. 혹은 "아직 말을 못 해요?"라는 말을 하도 들어 지친 나머지, 아이가 준비가 되기도 전에 말하기, 걸음마, 배변 훈련을 가르치거나 더 이상 유모차를 타지 못하게 하는 등, 아이의 한계 이상을 강요하려 들 수도 있다. 이런 압력은 아이의 자아에 상처를 주고, 자연스러운 발달 과정을 지연시킬 수 있다. 아이는 자신이 이미 발달 과정을 제대로 밟지 못하고 있다고 생각될 경우, 새로운 기술을 시도하려 들지 않기 때문이다. 그러므로 아이가 할 줄 아는 기술에 박수를 보내고, 아이의 연령과 발달 단계에 맞는 잠재력을 충분히 발휘할 수 있도록 필요한 격려와 지원을 아낌없이 제공한다.

그리고 무엇보다도, 이런 상황에 익숙해져야 한다. 또래보다 큰 토들러들은 대체로 아동기에도 또래보다 크게 자란다. 따라서 아이는 앞으로 몇 년 동안 주변의 과도한 기대를 받을 수밖에 없을 것이다. 부모가 그런 기대에 대해 개인적으로 받아들이지 않으면 아이 역시 부모의 본을 받을 것이다.

── 낯선 사람에 대한 의심

Q "우리 아이는 직계 가족 외에 다른 사람이 다가오면 제 뒤에 숨어 버려요. 낯선 사람을 너무 무서워하는 거 아닌가요?"

A 너무 무서워하는 것이 아니라, 아이의 연령을 고려하면 지극히 정상이다. 이처럼 낯선 사람에 대한 분명한 두려움의 표현은 아이의 발달 단계상 '낯선 사람에 대한 의심(stranger suspicion)'이라고 알려진 현상으로, 토들러 시기에 매우 흔히 볼 수 있는 모습입니다. 첫돌이 다가올 무렵 많은 유아들이 경험하는 '낯가림'과 달리, 낯선 사람에 대한 의심은 보다 이성적인 두려움이다. 부모에게는 이성적으로 보이지 않겠지만. 이런 현상은 사고력이 있는 아이가 보이는 일종의 편집증이라고 할 수 있다. 아이는 전보다 복잡하게 사고할 줄 아는 만큼 보다 복잡한 이유로 두려움을 경험하게 되는 것이다. 이 의심 많은 시기에 엄마나 아빠를 제외한 모든 어른들은 잠재적인 위협의 대상으로 보인다. 따라서 이웃 사람, 베이비시터, 부모의 친구나 동료, 심지어 한때 아이가 잘 따르던 할머니, 할아버지나 다른 친척들을 신뢰하지 못하는 듯한 태도를 보일 수 있다. 이처럼 두려워하는 반응은 때때로 부모를 당황하게 하고 다른 사람을, 특히 부모와 친한 사람들을 무안하게 만들지 모르지만, 사실 아주 나쁜 특성은 아니다. 처음 보는 낯선 사람이 아이에게 과자를 주면서 유인해도 아이가 순순히 따라가지 않을 거라고 생각하면, 이런 특성이 있다는 건 다소 안심이 되기도 한다.

그러나 아이가 낯선 사람을 보면 부모 다리 뒤로 숨는 이유가 반드시 두려워서만은 아닐 것이다. 어쩌면 귀찮을 때도 그처럼 부모 뒤에 숨을지도 모른다. 생각해 보자. 생판 처음 보는 사람, 혹은 별로 잘 알지 못하는 사람이 나한테 저벅저벅 다가와 내 허락도 없이 조금도 주저하지 않고 내 머리를 쓰다듬거나, 뺨을 꼬집거나, 배를 간질이거나, 나를 꼭 안거나, 안아 올리거나, 바보 같은 질문 공세를 퍼붓는다면, 과연 나는 그 사람에게 어떻게 반응하겠는가? 예의범절이 깍듯한 성인이라 해도 이런 경우 공손한 태도를 유지하기란 쉽지 않을 것이다. 하물며 예의와 공손한 태도에 대해 아직 잘 모르는 아이가 이런 공격에 예의를 갖추어 반응한다는 건 거의 불가능한 일이다.

낯선 사람에 대한 의심을 고칠 기적의 치료법 같은 건 없지만, 아이들마다 시기가 조금씩 다르긴 해도 언젠가는 이런 모습이 사라지게 될 것이다. 그러나 아이가 의심의 단계를 벗어날 때까지 낯선 사람들을 완전히 차단시키기란 불가능할 뿐 아니라 바람직하지도 않으므로, 다음의 방법을 시도해 보자. 다음 방법들은 아이와 부모가 이런 현상을 보다 효과적으로 극복하는 데 도움이 될 것이다.

낯선 사람이 아이를 안지 못하게 한다 낯선 사람이 아이를 향해 다가가기 전에 가로막는다. 낯선 대상을 의심하는 동물과 마찬가지로, 낯선 사람을 의심하는 아이 역시 누군가 서서히 다가올 때, 상대방을 파악할 시간을 갖게 되면 두려움을 덜 느끼게 된다. '부끄러움이 많다'느니 '겁이 많다'느니 하면서 아이를 평가하면 경계하는 행동이 지속될 수 있으므로, 아이에게 그런 꼬리표를 붙이지 않는다. 또한 <u>아이를 안고 싶어 하는 사람에게 아이를 향해 서서히 다가가면 아이가 좀 더 안심할 거라고 설명해 준다.</u>

몸으로 아이를 도와준다 <u>낯선 사람이 가까이 있을 때 아이가 부모에게 안기길 바란다면, 아이가 원할 때까지 계속 안아 준다.</u> 아이가 혼자 힘으로 해낼 준비가 되면 부모에게 신호를 보낼 것이다. 그때까지는 <u>아이를 도와주어 불안감을 없애고, 무조건 아이를 이해해 주며, "왜 이렇게 아기처럼 구는 거니?" 하며 아이를 비하하는 말을 하거나, "너 겁쟁이구나?"라고 하며 놀리지 않는다.</u>

더 많이 노출시킨다 다양한 부류의 잘 아는 사람과 낯선 사람들에게 자주 아이를 노출시키면, 아이의 태도가 좀 더 빨리 누그러질 것이다. 그러므로 슈퍼마켓, 마트, 미술관, 동물원, 놀이터, 가족 모임, 종교 모임, 사교 모임 등에 아이를 데리고 간다. 버스와 지하철을 타고 사람이 많은 시내 도로를 걷는다. 그러나 이렇게 외출하는 동안 만나는 사람들에게 예의 바르게 반응하라고 아이를 강요하지 않도록 주의하고, 언제나 아이가 알아서 하게 한다. 지금은 낯선 사람들 한가운데에 있는 것만으로도 충분히 잘하고 있는 것이다.

강요하지 않는다 부모들은 대체로 아이의 마음보다는 거부당한 낯선 사람의 감정을 더 걱정하는데, 특히 낯선 사람이 친구나 친척이라서 그들이 아이에게 거부당하는 모습을 보고 싶지 않은 경우에는 더욱 그렇다. 그래서 내켜 하지 않는 아이를 억지로 낯선 사람 앞에 들이밀게 되는데, 보나마나 그 결과는 언제나 아이의 눈물과 짜증으로 끝을 맺게 된다. 하지만 희한하게도, 아이에게 두려움을 극복하라고 강요하기보다 아이의 두려움을 존중하고 이해해 주면, 아이는 더욱 안심하게 되어 낯선 사람들 앞에 좀 더 선뜻 다가가는 경향을 보인다. 낯선 사람에게는 아이의 반응을 기분 나쁘게 받아들이지 말라, 지금 이 나이 때는 부모밖에 모른다고 설명하면 된다.

토들러들의 두려움에 대한 자세한 내용은 235쪽을 참조한다.

— 낯선 사람을 무서워하지 않아요

Q "우리 아이는 아주 외향적이에요. 그래서 그런지 아무한테나 덥석덥석 잘 안겨요. 그래서 정말 걱정돼요."

A 모든 토들러들이 낯선 사람을 의심하고 경계하는 것은 아니다. 천성적으로 사교적인 아이, 혹은 영아기 때부터 여러 다양한 환경에서 여러 부류의 사람들에게 노출되어 온 아이들은 낯선 사람들에게 쉽게 다가가는 경향이 있다. 그 바람에 부모들은 아이의 안전이 이만저만 걱정되는 게 아니다.

아이는 낯선 사람에게 다가갈 때 잠재적으로 어떤 위험이 있는지 거의 알지 못하는 나이이기 때문에, 아이를 보호하려면 부모가 철저하게 감독해야 한다. 외출할 때는 잠시도 아이에게서 눈을 떼서는 안 된다. 아이가 돌아다니려 하면, 205쪽의 요령을 참고해 아이를 가까이 두도록 해야 한다.

신중하게 분별력을 발휘해 낯선 사람을 대하길 기대하기에는 아직 너무 이르지만, 장차 안전한 행동을 위한 기초를 마련하는 작업은 일찍 시작할수록 좋다. 아이가 부모에게 먼저 물어보지 않고 자신을 향해 미소 짓는 낯선 사람을 향해 다가갈 때는 이렇게 일러 주어야 한다. "누군가한테 '안녕하세요' 하고 인사하고 싶으면 먼저 엄마나 아빠한테 물어봐야 한단다." 물론 아이는 아직 이런 개념이 충분히 이해되지 않겠지만, 자꾸 반복해서 말해 주면 마침내 이해하게 될 것이다. 그렇게 되기까지 부모가 아이 곁에서 아이를 보호하는 한, 아이의 외향적인 성격 때문에 위험에 처할 일은 없을 것이다.

단, 주의해야 할 사항이 있다. <u>낯선 사람을 조심해야 한다고 아이에게 가르칠 때, 낯선 사람들은 대체로 위협적인 존재라는 메시지를 전달하지 않도록 주의해야 한다.</u> "낯선 사람들은 아주 나쁜 사람들이야."라든지 "낯선 사람들은 너를 데리고 갈지도 몰라." 같은 말로 주의를 주어서는 안 된다. 그러나 낯선 사람에게 이야기를 하거나, 낯선 사람에게 다가가거나, 낯선 사람과 함께 어딘가를 가거나, 낯선 사람이 주는 것을 받을 때는 반드시 부모의 허락을 받아야 한다고 일러둔다. 아이가 분별력을 갖고 신중하게 행동하는 것을 목표로 해야지, 낯선 사람을 무턱대고 두려워하게 만들어서는 안 된다.

─ 엄마를 너무 좋아해요

Q "우리 아들은 제가 옆에 있으면 다른 사람은 아무도, 심지어 제 아빠도 자기를 도와주지 못하게 해요. 그 바람에 저는 저대로 하루 종일 아이한테 묶여 있고, 아빠는 아빠대로 쓸모없는 존재가 된 기분을 느끼게 돼요."

A 대부분의 토들러들에게 엄마보다 더 좋은 존재는 없다. 물론 엄마 대신 아빠를 최고로 여기는 아이들도 있지만. 엄마하고 똑같은 방식으로 물을 가져다주고, 샌드위치를 만들어 주고, 신발을 신겨 주고, 기저귀를 갈아 주고, 유모차를 밀어 주는 사람은 아무도 없다. 그리고 거부당하길 좋아하는 사람이라면 모를까, 엄마가 주변에 있는 한 아무도 엄마 대신 그런 일을 하고 싶어 하지는 않을 것이다.

엄마는 대부분의 토들러들이 가장 좋아하는 후보자 가운데 단연 일 등이다. 대부분의 가정에서 엄마는 아이가 갓 태어났을 때부터 기본적인 욕구를 충족시켜 준 사람이었다. 하지만 때로는, 특히 스트레스가 심한 시기에는, 아이의 관심에 우쭐해진다든지 고마워하기 힘들 뿐 아니라,

오히려 아이에게 이용당하는 것 같은 기분이나 억울한 기분이 들기도 한다.

아이에게 거부당하는 부모, 특히 아빠의 경우, 아이에게 그처럼 엄청난 헌신을 감행할 엄두도 내지 못할 뿐 아니라 그럴 필요가 없을 때도 있다.

하지만 어쨌든 아빠는 이 상황을 인내하고, 자신의 관점을 유지하며, 아이의 거부를 아빠 개인에 대한 것으로 받아들이지 않도록 노력해야 한다. 엄마에 대한 편애는 토들러들에게 흔히 볼 수 있는 모습이며 정상적인 발달 과정이다. 아빠가 부모로서 능력이 없다거나 아빠를 좋아하지 않아서가 결코 아니다. 뿐만 아니라, 이런 상태가 영원히 지속되는 것도 아니다. 주로 유치원 무렵까지 이어지는 발달 단계의 공통적인 일반적 특징으로, 아이가 유치원에 다닐 무렵이 되면 아이 눈에는 아빠가 세상에서 제일 멋있는 사람으로 보이고, 엄마는 소외감을 느끼면서 아빠와 아이의 모습을 부러워하며 바라보게 될 것이다.

그때까지는 부모 두 사람 모두가 조금씩 노력하면, 엄마를 향한 일편단심을 어느 정도 최소화할 수 있을 것이다. 엄마가 해야 할 역할은 다음과 같다.

공범이 되지 않는다 아이에게 선택받은 사람이라는 사실에 엄마들은 내심 우쭐해하는 경향이 있다. 겉으로는 아니라고 하지만, 엄마는 아이가 원하고 필요로 하는 존재가 됐다는 사실을 은근히 즐기고 있으며, 무의식적으로 아이에게 편애를 받으려 애쓰고 있다. 아이의 양육을 혼자 도맡아 하고 그 과정에서 아빠는 배제시키고 있는지도 모른다. "차라리 내가 하고 말지. 내가 해야 아이가 더 좋아하니까."와 같은 사고방식은 아빠도 아이를 잘 돌볼 수 있다는 걸 증명해 보일

기회를, 자꾸 연습해 보면서 능숙하게 아이를 돌볼 기회를 아예 차단한다. 게다가 아이가 옳다는 걸, 다시 말해 엄마만 아이를 가장 잘 돌볼 수 있다는 메시지를 암암리에 아이에게 전달하게 된다. 혹시 내가 이런 엄마라고 생각된다면, 엄마를 편애하려는 아이의 욕구를 더 이상 사주하고 부추기지 않도록 노력해야 한다.

좋은 일을 전부 독차지하지 않는다 양육의 책임을 똑같이 분담한다는 것은 귀찮은 일과 즐거운 일을 함께 분담한다는 의미다. 식사 후에 아이를 씻기는 일처럼 아이가 부정적인 반응을 보여 하고 싶지 않은 일들만 아빠에게 맡기고, 취침 전에 책을 읽어 주는 일처럼 아이가 긍정적인 반응을 보이는 좋은 일은 전부 엄마가 독차지한다면, 아빠는 아이와 친해질 기회를 전혀 갖지 못할 것이다.

옆으로 물러난다 혹은 아예 퇴장해 버린다 적어도 가끔씩은, 가급적 일주일이나 격주마다 몇 시간 정도 육아에서 손을 떼고 아빠에게 일을 맡긴다. 엄마가 아예 집 밖으로 나가 있으면 아빠가 아이를 돌보기가 더 수월할 것이다. 불안해하면서 전전긍긍하는 모습을 보이지 말고 태연하게 집을 나선다. 그리고 엄마 없이 아빠와 아이가 잘 지내고 있는지 5분마다 전화를 걸어 확인하지 않도록 한다. 죽이 되든 밥이 되든 알아서 해야 하는 상황이 되면, 대부분의 아빠들은 척척 잘하기 마련이니 마음 푹 놓아도 된다. 그리고 아빠하고 단둘이 있어야 하는 상황이 되면, 대부분의 아이들은 아빠를 의지할 뿐 아니라 아빠를 전적으로 받아들이고 따르게 되어 있다.

세 식구가 모두 모여 있을 때도 아이를 돌보고 아이와 함께 놀 기회를 아빠에게 최대한 많이 부여한다. 엄마가 뒤로 물러나면, 기왕이면 아이의 눈에 보이지 않으면, 아이가 아빠와 함께 잘 지낼 가능성이 크게 증가한다.

다양한 양육 방식의 장점을 인정한다 아빠의 양육 방식이 엄마의 양육 방식과 같지 않다고 해서 양육의 질이 열등한 것은 아니다. 그리고 아이는 지금 당장이야 엄마와 아빠의 다양한 양육 방식이 좋다는 걸 알 수 없겠지만, 때가 되면 다양한 방식의 혜택을 얻게 될 것이다. 엄마와 아빠의 양육 방식이 다양하면 아이의 삶이 더욱 풍요롭고 충만해질 것이다.

아빠를 신뢰해야 한다 큰 소리로 비웃지 않는다 해도, 엄마가 육아에 대한 아빠의 판단과 방식을 신뢰하지 않으면, 아빠와 아이 모두 엄마의 생각을 눈치챌 테고, 그 결과 아이는 아빠를 신뢰하려 하지 않을 것이다. 그리고 엄마가 아빠의 행동을 신뢰하지 않으면, 아빠 역시 자기 자신의 행동을 신뢰하지 못할 것이다. 아빠는 자신의 직관을 신뢰하지 못하고 계속 쭈뼛쭈뼛 엄마의 눈치만 보게 될 것이다.

아빠를 지지한다 아이의 양육 방식에 대해 엄마와 아빠가 서로 의견이 다를 경우, 아이 앞에서 논쟁을 벌이지 않도록 주의한다. 엄마가 강력하게 '안 된다'고 생각하는 일에 대해 아빠가 '괜찮다'고 말하거나 그 반대의 경우에 일단은 아빠를 지지한 다음, 나중에 아이가 가까이 없을 때 그 문제에 대해 결판을 짓는다. 모든 사안에 대해 합의를 보기는 불가능하므로, 협상의 기술을 발휘하는 데 익숙해져야 한다. 장차 몇 년 간 아이를 양육하면서 이 기술이 상당히 도움이 될 것이다.

그리고 때로는 합의점을 찾는 것이 최선일 수 있지만, 어떤 문제를 강하게 주장하는 사람의 의견을 받아들이는 것이 최선일 때도 있다.

아빠를 돋보이게 한다 거절은 남자를 무척 비참하게 만든다. 특히 아이의 호감을 얻으려고 정말 열심히 노력했는데 거절을 당했다면 아빠는 무척 기운이 빠질 것이다. 이런 아빠의 심정을 세심하게 배려하고 지지를 보내며 공감해 주면, 고의는 아니지만 마음을 아프게 한 아이의 무심한 행동을 어느 정도 보상해 줄 수 있을 것이다. 그리고 아빠의 노력을 칭찬하고, 아직 아이가 몰라주더라도 나만큼은 아빠의 노력을 인정한다고 알려 주면 아빠의 서운한 감정이 한결 누그러질 것이다.

물론 모든 발달 원칙에는 예외가 있다. 토들러 시기에는 대부분의 아이들이 아빠보다 엄마와 함께 있는 걸 더 좋아하지만, 처음부터 아빠한테 꼭 붙어 떨어지지 않으려는 아이들도 있다. 이런 모습은 자의에 의해서든 필요에 의해서든 아이의 양육을 거의 대부분 아빠가 책임지는 가정에서 아주 흔하게 볼 수 있지만, 엄마가 양육을 담당하는 가정에서도 심심치 않게 볼 수 있다. 이 경우, 위에 제시한 조언들을 역으로 적용시키면 아빠에 대한 편애를 완화하는 데 도움이 될 것이다.

── 자는 아이 베이비시터에게 맡기기

Q "우리가 외출하는 걸 알면 아이가 따라가겠다고 할까 봐, 우리는 항상 아이가 잠이 들 때까지 기다렸다가 베이비시터를 불러요."

A 이 경우, 부모가 어디에 있는지 모른다는 사실이 아이에게 상처가 될 수 있으며, 복잡한 과정을 거쳐 조마조마한 심정으로 아이 몰래 외출해야 한다는 사실이 부모에게도 상처가 될 수 있다. 잠시 동안은 이 방법이 먹힐지 모르지만, 아이가 어느 날 밤 자고 일어났더니 부모는 없고 낯선 사람과 단둘이 집에 있다는 사실을 알면 오히려 역효과가 날 수밖에 없다. 아이는 부모가 집을 나가는 모습을 보지 못했는데 부모는 갑자기 온데간데없이 사라져, 부모가 언제 돌아올지, 과연 돌아오기는 할지 전혀 알 방법이 없게 되는 것이다. 이런 식의 갑작스러운 상황으로 인한 정신적 충격은 가뜩이나 한밤중에 자다 일어나 정신이 없는 상황에서 아이를 더욱 공황 상태로 만들어 버린다. 그 결과, 단기적으로는 히스테리를 일으키고 장기적으로는 취침 시간만 되면 불안감이 커질 수 있다. 엄마, 아빠는 매일 밤 이렇게 나를 침대에 눕혀 놓고 사라지는 건 아닐까? 뿐만 아니라, 베이비시터를 부르는 전략상의 문제로 인한 불안정함이 상황을 더 복잡하게 만들 수 있다. 아이가 제 시간에 잠이 들지 않기 때문에 저녁 모임에 늦거나 연극의 1막을 놓칠 수 있다. 혹은 낮이나 초저녁에 열리는 행사 초대는 번번이 거절해야 한다. 이런 초대를 거절할 때는 거절 사유가 분명해야 한다.

아이가 깨어 있을 때 집을 나서는 게 아이가 잠들어 있을 때 몰래 빠져나가는 것만큼 쉽지 않을 테지만, 때가 되면 훨씬 수월해질 것이다. 내내 눈물 바람이 되더라도, 부모가 나가는 걸 직접 눈으로 보고 반드시 돌아온다는 사실을 이 시기에 배워 두면, 많은 도움이 된다. 아이를 베이비시터에게 맡기는 요령에 대해서는 27쪽을 참조한다.

── 여전히 물건을 입에 넣어요

Q "지금쯤이면 아무거나 입에 넣는 일은 더 이상 없을 줄 알았어요. 어떻게 하면 이런 더러운 습관을 고칠 수 있을까요?"

A 이 시기에 입을 탐색의 도구로 이용하는 것은 지저분한 습관이 아니라 발달상 정상적인 부분이다. 그리고 발달과 관련된 모든 내용들이 그렇듯, 이 습관이 얼마나 오랫동안 지속될지는 아이마다 다르다. 간혹 첫돌이 되기 전에 이런 습관을 중단하는 아이도 있지만, 대부분의 아이들은 입을 통해 주변을 탐색하는 방식을 토들러 시기까지 죽 지속한다. 아이의 습관을 고치려 애쓰기보다 아이가 나름의 속도에 맞추어 자연스럽게 습관에서 벗어나도록 내버려 두어야 한다.

뭐든 열심히 입에 집어넣던 아이도 생후 24개월 무렵이면 구강을 만족시키려는 원초적인 욕구가 서서히 수그러들고, 다른 감각 수단을 활용하기 시작하여 그런 행동에 차츰 흥미를 잃을 것이다(감각을 느끼게 하는 데 도움이 되는 방법은 88쪽을 참조). 아이가 물건을 입에 넣을 때 부모가 불쾌하다거나 못마땅하다는 표현을 하면, 반항적인 아이의 경우 이런 행동이 오래 지속될 수 있다. 그러므로 다른 방법을 찾아보고 발달 과정이 자연스럽게 이루어지도록 내버려 둔다.

물론 다른 방법을 찾기 전에, 아이가 입에 넣는 물건이 안전한지 반드시 확인해야 한다. 집 안에 떨어진 물건, 닦은 지 오래된 물건을 입에 넣는다고 해서 걱정할 필요는 없다. 욕실 스펀지나 휴지통에서 꺼내 온 곰팡이 핀 빵 쪼가리, 온 시내를 돌아다녀 더러워진 신발이 아니라면 걱정할 필요 없다. 그러나 독성이 있는 물건이나, 삼키거나 목에 걸릴 정도로 작은 물건이나, 아이가 잘근잘근 물어뜯을 수 있는 물건을 입에 넣은 경우에 문제가 커질 수 있다. 가장 좋은 방법은 아이가 입에 넣어서 위험한 물건은 아이 손이 닿지 않는 곳에 두도록 항상 신경 쓰는 것이다. 욕실 문에 자물쇠를 채우고, 쓰레기통 뚜껑은 아이가 함부로 열지 못하도록 조치를 취하며, 신발은 신발장 안에 넣어 두고, 유해한 물질은 안전한 곳에 보관하며, 동전이나 그 밖에 작은 물건이 떨어지지 않았는지 수시로 집 안을 살펴보아야 한다. 그러나 아무리 예방 대책을 세웠다 하더라도 아이 입에 위험한 물건이 들어가지 못하도록 완벽하게 막을 수는 없으므로, 아이와 아이가 입에 넣는 내용물을 주의 깊게 감독해야 한다. 그리고 만일의 경우에 대비해 아이가 물건을 삼켜 질식할 경우의 대처 방법을 알아 두어야 한다(739쪽 참조).

아이가 입에 넣어서는 안 되는 물건을 입에 넣었을 때는 단호하게 말한다. "안 돼, 입에 넣지 마. 그거 엄마 줘." 아이가 부모에게 건네려 하지 않는다면, 부모가 직접 아이의 손이나 입에서 물건을 빼낸다. 일부 아이들은 입에 있는 물건을 빼내지 못하게 저항하기도 한다. 이 경우, 물건을 안전하게 제거하는 방법에 대해 미리 알아 둔다(725쪽 참조). 이 시기의 아이들은 늘 고분고분하게 반응하는 건 아니지만 이런 명령을 이해하고 반응할 수 있으며, 입에 넣어도 되는 물건과 그렇지 않은 물건에 대해 곧 알게 될 것이다. 하지만 그렇다고 아이를 감독하지 않아도 된다는 의미는 아니다. 아이는 규칙을 잊어버리거나 무시할 줄도 안다.

이가 나는 아이는 잇몸의 통증을 진정시키기 위해 잇몸에 물건을 대려 할 수도 있다. 이 경우,

흥미도 있고 안전하기도 한 치발기를 이용하게 한다. 이가 아프지 않을 때는 도형 끼우기 놀이를 할 수 있도록 만들어진 치발기도 나와 있다.

목욕을 싫어해요

Q "제 아들은 늘 목욕하길 좋아했고 물을 전혀 겁내지 않았어요. 그런데 요즘 갑자기 욕조에 들어가려 하질 않아요. 도대체 이유를 모르겠어요."

A 이미 짐작했겠지만, 만 1세가 되면 일단 무엇이든 거절하고 본다. 아이는 먹는 것도 거절하고, 외투를 입자고 해도 거절하며, 밖에 나가자고 해도 거절하고, 집에 들어가자고 해도 거절한다. 그저 아무 이유 없이 거절을 위해 거절하는 것이다. 이유가 있다면 단 하나, 독립을 향해 몸부림치는 것이다. 다음 요령을 참고하면 아이를 다시 욕조 안으로 들여보내는 데 도움이 되고, 아니면 적어도 아이의 행동을 고칠 방법을 찾는 데 도움이 될 것이다.

금지 명령을 철회한다 욕조 안에 유아용 안전 의자를 설치했다면, 아이가 거부하는 것은 욕조 자체가 아니라 제한된 움직임일지 모른다. 몸을 꼼지락꼼지락 움직이거나 물을 튀기면서 욕조 안에서 마음껏 움직이게 하면, 목욕 시간이 즐거울 뿐 아니라 아이의 반항심도 끝날지 모른다. 그러나 690쪽의 요령을 준수하여 아이가 최근에 만난 자유가 안전을 위협하지 않게 한다.

욕조에 비누 거품을 낸다 무독성 비눗방울이나 비누 크레용도 준비한다. 특히 여자아이의 경우,

질이나 요로에 염증이 걸릴 가능성이 높으므로, 무자극 비누도 준비해야 한다. 유아용 액상 목욕 비누를 이용하면 가장 안전하게 비눗방울을 만들 수 있다. 플라스틱 배, 깔때기와 컵, 그 밖에 방수가 되는 장난감들도 준비한다. 몸을 씻는 것이 아니라 장난감을 가지고 노는 데 중점을 둔다. "목욕할 시간이다."라는 말로 목욕 시간을 알리는 대신, "와, 이 비누 거품 좀 봐! 거품이 이렇게 많아서야 이 배들이 어떻게 지나가지?" 혹은 "이 비누 크레용으로 몸에 호랑이 줄무늬를 그려 볼까?"라는 말로 아이를 욕조로 유인한다.

일정에 변화를 준다 늘 같은 시간에 목욕을 하기보다 뜻밖의 시간에 목욕을 하면, 아이가 당황해 미처 반항하지 못할 수도 있다. 물론, 이 방법을 이용하면 아이가 가장 지저분한 상태일 때 씻기기는 어렵겠지만(가령 목욕 시간을 저녁 식사 이후가 아닌 오전으로 바꾼 경우), 단기적으로는 전혀 씻기지 않는 것보다 낫다. 아이가 고분고분 목욕을 잘하게 되고 목욕 시간을 보다 바람직한 시간대로 되돌릴 때까지는, 눈에 띄게 더러운 부위를 수건으로 재빨리 닦아 주면 그럭저럭 깨끗한 상태에서 아이에게 잠옷을 갈아입힐 수 있을 것이다.

함께 목욕한다 욕조 안에 여럿이 함께 들어가 목욕을 하면 목욕 시간이 더 재미있을지 모른다. 엄마나 아빠가 함께 들어가면 가장 좋다. 아이 옆에 알몸으로 들어가기가 불편하다면 수영복을 입는다. 어린아이들은 어른들이 좋아하는 물 온도를 견디지 못하므로, 물의 온도를 부모한테 맞게 높여서는 안 된다는 걸 꼭 기억해야 한다. 큰아이나 놀이 친구가 함께 들어가도 좋다. 그러나

사전에 부모의 허락을 받아야 한다. 함께 목욕하는 친구가 열심히 목욕을 하면 그 분위기가 아이에게 전달될 수 있다.

샤워를 한다 아이가 욕조에 들어가는 걸 질색한다면 대신 부모가 샤워를 시켜 준다. 샴푸캡을 씌우면(174쪽 참조) 눈에 물이 들어가지 않을 테고, 머리 위로 흐르는 물줄기로 인한 불편함이 덜해질 것이다. 아이가 혼자서 샤워기 아래에 설 수 있을 정도로 자신이 생길 때까지 아이를 잡아 주면서 물의 세기를 적당히 조절한다. 비와 관련된 동요를 불러 주면 분위기를 즐겁게 만들 수 있다. 욕조의 물 온도와 마찬가지로 샤워기의 물 온도도 아이에게 맞추어 따뜻하게 설정한다.

깨끗하게 항복한다 아이를 목욕시키기 위해 온갖 방법을 동원해 노력했지만 번번이 실패한 경우, 완력을 이용해서는 안 된다. 그렇게 해서 생긴 트라우마는 아이에게 오랫동안 목욕에 대한 반감을 심어 줄 수 있다. 당분간 목욕을 중단하고, 임시로 물수건으로 몸을 닦아 준다. 스펀지는 질식의 위험이 있으므로 사용하지 않는다.

간혹 아이가 목욕을 두려워하는 이유가 넘어져서 머리를 찧었다든지, 눈에 물이 들어갔다든지, 욕조에서 오줌을 쌌는데 부모의 반응으로 혹은 오줌을 쌌나는 사실만으로 아이가 혼란스러워졌거나 겁을 먹었다든지 하는, 어떤 사건이 기인됐을 수도 있다. 아이가 목욕을 질색하는 이유를 정확히 안다면, 그 문제에 대해 아이와 대화를 나누면서 아이의 심정을 충분히 이해한다고 알려 준다. 그리고 다시 욕조에 들어가도록 설득하기 전에 아이가 스스로 마음을 풀 기회를 준다.

── 배변 훈련을 할 준비

Q "우리는 딸아이가 준비가 됐다고 생각해서 12개월부터 배변 훈련을 시켰어요. 두 달 동안은 잘 따라 주어 제법 성공적이었어요. 그런데 갑자기 아이가 변기를 이용하지 않겠다고 떼를 쓰지 뭐예요. 아예 유아용 변기 근처에 가려고도 하지 않아서 여간 맥이 빠지는 게 아니에요."

A 생후 12개월이면 아이가 아직 부모 말을 상당히 잘 따르는 시기인 데다 변기를 이용한다는 사실 자체가 신기하기도 해서, 부모가 시키는 대로 했을 것이다. 하지만 그건 12개월 때 얘기고 지금은 상황이 다르다. 변기를 이용한다는 신선함은 끝났다. 변기는 더 이상 자발적으로 즐기는 놀이가 아니라, 강요받는 귀찮은 일이 되어 버린 것이다. 게다가 시키는 대로 고분고분 말 잘 듣던 황금 같은 시기도 끝났다. 아이는 이제 부모 마음을 기쁘게 하려 애쓰기보다는, 어떻게 하면 엄마, 아빠를 속상하게 할 수 있을까 연구하는 것 같다. 얼마 전까지만 해도 아이가 식사를 한 후에, 혹은 쪼그리고 앉거나 끙끙댈 때, 낮잠을 자고 일어날 때, 변기에 앉히면 순순히 말을 잘 들었다. 하지만 이제 아이는 도무지 말을 들으려 하지 않는다.

통제를 거부하도록 프로그램 되어 있는 시기에 억지로 아이를 통제하려 하다간 결국 실패하게 되어 있고, 부모와 아이 모두 좌절감을 느낄 수밖에 없다. <u>아이가 일찌감치 변기 사용에 능숙해지길 바란다면, 강압적인 태도로 아이를</u>

굴복시켜 변기에 앉히기보다는 자유방임적인 태도를 취하는 편이 더 빠를 것이다. 사실, 아이가 상황을 계속 통제하기 위해 갈등의 요인을 끝까지 해결하려 들지 않을 경우, 강압적인 태도로 인해 변비를 일으킬 수 있다.

잘하던 배변 훈련이 퇴행됐다고 해서 걱정스런 내색을 하기보다, 애초에 너무 일찍 배변 훈련을 시켰다는 사실을 인정하도록 하자. 그리고 당분간 이 문제를 완전히 내려놓자. 부모끼리 소곤소곤 불평하지도 말자. 대신 부모가, 그리고 다른 가족과 친구들이 화장실에 갈 때마다 아이에게 알려 주고, 부모가 화장실에 갈 때 아이도 데리고 가며 "보렴, 엄마도 변기에 앉아서 쉬하지." 하고 말한다. 때때로 기저귀를 차지 않은 '큰' 아이들을 가리키며 "너도 이제 언니가 되면 기저귀를 뗄 거야."라고 유쾌한 말투로 상기시키면서, 변기를 사용해야 한다는 개념을 계속해서 심어 준다. 그렇다고 기저귀를 차고 있으니 아직도 넌 아기라고 말해서는 안 된다. 언제든 유아용 변기 의자를 이용할 수 있게 계속 비치해 둔다. 아이가 사용 방법을 물어보면 기꺼이 알려 준다. 아이가 물어보지 않으면 완전히 준비가 될 때까지 기다린다. 앞으로 몇 달, 혹은 1년, 혹은 그보다 훨씬 오래 걸릴 수도 있다.

Q "우리 딸은 기저귀에 응가나 쉬를 할 때마다 저를 불러 얼른 갈아 달라고 해요. 배변 훈련할 때가 된 건가요?"

A 아이가 기저귀를 갈고 싶다고 표현한다고 해서 배변 훈련을 할 준비가 됐다는 의미는 아니다. 물론 소변이나 대변이 팬티에 묻었다고 알리는 것은 배변 훈련을 할 준비가 됐다는 신호이긴 하지만, 이런 모습만 가지고는 판단하기 어렵다. 그리고 배변 훈련이 성공적으로 이루어지려면 모든 시스템이 같이 움직여야 한다. 아이에게 깨끗하게 씻고 닦는 방법을 가르치기 위한 완벽한 지침은 19장을 참조한다.

── 책을 먹어요

Q "전 우리 딸이 책을 많이 읽도록 장려하고 싶어요. 하지만 딸아이는 오로지 책을 잘근잘근 씹거나 찢는 데에만 관심을 보이는 것 같아요."

A 토들러들만큼 책과 잡지를 맛있게 먹어 치우고 신나게 찢는 사람도 없을 것이다. 아이들은 책 속의 아름다운 말들을 영원히 기억하고 싶어서가 아니라, 주로 종이의 맛이나 찢는 재미 때문에 이런 행동을 더욱 열심히 하게 된다. 사실 이 시기에 오랜 시간 얌전히 앉아 책 속의 그림과 본문을 조용히 감상할 정도로 발달이 이루어진 아이는 거의 없다.

하지만 책을 씹든 찢든 방법이야 어떻든 책에 대한 아이의 폭발적인 관심을 이용해, 이런 관심을 문학을 향한 타오르는 열정으로 발전시켜야 한다. 아이의 마음에 문학의 불길이 타오르는 동안 책이 망가지지 않도록 보호하기 위해 다음 내용을 참고하자.

쉽게 찢어지지 않는 책을 구입한다 튼튼한 보드북은 아이의 이나 잇몸, 침으로 아무리 공격을 가해도 웬만해선 꿈쩍도 하지 않으며, 작은 손가락으로 책장을 넘기기도 쉽다. 아이의 연령에 맞는 색색의 그림책들을 아이 손이 닿기 쉬운 곳에 꽂아 두면 아이가 수시로 책을 펼쳐 읽게 되고,

부모의 책을 찾아 망가뜨리는 작업에 흥미를 잃게 될 것이다.

망가지기 쉬운 책은 책꽂이 상단에 꽂는다
망가지기 쉬운 책은 책꽂이 높은 곳에 꽂는다. 또는 이런 책이나 잡지들을 빽빽하게 꽂는다. 책을 빽빽하게 꽂으면 아이가 마음대로 꺼낼 수 없기 때문에 호기심 많은 아이의 손과 입속 먹잇감이 되기 어렵다. 하지만 그렇다고 희귀한 초판본이나 고서적, 정교한 화보집이 아니라면 읽을거리들에 절대로 손대지 못하게 해서는 안 된다. 부모가 지켜보는 가운데 아이가 책을 만지고 들여다보게 한다.

일관되게 주의를 준다 어떤 잡지와 신문은 찢어도 된다고 하고 어떤 건 안 된다고 하면, 아이에게 혼란스러운 메시지를 전달하게 된다. 이 시기의 어린아이들은 재활용 바구니에 넣을 읽을거리와 방금 도착한 따끈따끈한 읽을거리를 구분하지 못하기 때문에, 어느 쪽도 찢어도 괜찮다고 허락해서는 안 된다. 특히 신문이나 잡지 같은 인쇄물은 아이에게 유독할 수 있으므로 아이가 입으로 씹지 못하도록 주의해야 한다.

책의 내용에 주의를 돌리게 한다 부모들은 아이에게 읽을거리를 가까이 접하게 하고 싶은 마음에 아이가 책을 찢든 먹든 내버려 둔다. 아이가 책을 망가뜨리는 장면을 포착할 때는 아이를 나무라지 말고 대신 이렇게 부탁한다. "책을 아프게 하지 말아 주세요." 그런 다음, 이렇게 제안한다. "이 책 엄마하고 같이 볼까?" 아이와 함께 나란히 앉아 책 속의 그림들을 가리키며 내용을 말해 주고 몇몇 구절을 큰 소리로 읽어 준다. 아이가 이해하기 어려운 본문은 이해하기 쉽게 풀어서 읽거나 이 기회에 아이의 연령에 맞는 책을 꺼내 온다.

파괴적인 본능을 바로잡는다 아이가 문학적인 관심에서가 아니라 다른 이유로 책을 함부로 다루는 데 열중하고 있다면, 책을 찢으면서 얻는 만족감과 유사한 활동을 시도해 보자. 가령, 빨랫감 분류하기, 지퍼 올렸다 내렸다 하기, 낡은 기저귀 커버에 부착된 벨크로 뗐다 붙였다 하기 등. 아이가 계속해서 책을 씹으면 배가 고픈지 묻는다. 아이는 간식을 먹고 싶은지도 모른다.

평생 책을 좋아하는 아이로 만드는 방법에 대해서는 115쪽을 참조한다.

── 올라가는 걸 좋아해요

Q "요즘 우리 딸이 올라가는 법을 터득한 바람에 물건을 안전하게 놓아둘 데가 없어요. 선반 높은 곳에 올려놓은 물건도 안심할 수 없다니까요."

A 이 시기의 아이들은 위로 위로 올라가길 좋아한다. 기기만 하던 영아기 때는 탐색하는 물건들 대부분이 바닥 가까이에 있는 것들이었다. 그러다가 일어서고 걷게 되면서 아이의 세상은 30cm 혹은 60cm 높이까지 확대되었다. 이제 올라가기 선수가 되었으니 천장 빼고는 어디든 올라가려 들 것이다. 여기에 약간의 재주를 더 부려 쌓기 기술까지 추가하면, 이제 아이 손이 닿지 않는 물건은 거의 없다고 봐도 좋다. 이런 기술은 아이를 대단히 만족시켜 주지만, 말할 것도 없이 부모를 노심초사하게 만든다. 이제 집 안의 물건은 더 이상 안전할 수 없으며, 무엇보다도

아이의 안전이 가장 위험하다.

그렇다고 아이가 올라가지 못하도록 막을 수는 없으며 그래서도 안 된다. 새로 터득하는 기술들이 다 그렇듯, 아이는 이 기술도 자꾸만 연습해서 완벽해지길 바랄 테고 또 그럴 수 있도록 허용되어야 한다. 한편 아이는 아무 데서나 연습해서는 안 되며, 안전한 장소에서 부모가 주의 깊게 지켜볼 때에만 올라갈 수 있다는 걸 배워야 한다. 실외 운동장이 올라가기를 연습하기에 가장 좋다. 소규모의 실내 놀이 체육관도 좋다. 임시로 물건을 쌓아 놓고 올라가게 하면 다소 위험하긴 하지만, 어차피 아이가 올라가려는 걸 완전히 막을 수는 없을 터이므로 최대한 안전하게 쌓아 올린다. 예를 들어, 아이가 의자 위에 올라가길 좋아한다면, 다리가 흔들거리는 의자는 당분간 치워야 한다. 아이가 주방의 계단식 걸상에 관심을 보인다면, 아이가 올라가고 싶어 할 때 딱딱한 주방에서 카펫이 깔린 거실로 걸상을 옮긴다. 아이가 책꽂이 아래 칸의 책을 꺼내 쌓은 다음 위 칸의 책을 꺼내거나, 욕실 세면대 위에 올라가 손 씻길 좋아한다면, 작고 안정된 아이용 계단식 걸상을 놓아 준다. 책을 쌓는 것보다 걸상을 이용하는 것이 훨씬 안정적이라는 걸 아이에게 보여 준다. 아이가 올라가다 다칠 수 있는 곳은 없는지 집 안을 꼼꼼히 둘러보고 위험이 덜하도록 조치를 취한다. 그러나 아이가 올라가면서 발생할 수 있는 모든 문제들을 예측할 수 있을 거라 기대해서는 안 된다. 아이를 보호하려면 24시간 철두철미하게 감독하는 수밖에 방법이 없다. 그리고 아이가 올라가다가 발을 헛디디는 경우, 곧바로 아이를 받아 안을 수 있도록 옆에서 지키고 서 있어야 한다.

아이 양육 규칙1: 세상에 안전한 것은 아무것도 없다. 높은 선반 위에 있는 물건이라 할지라도. 아이는 어떻게든 올라가서 팔이 닿는 높이에 있는 물건은 무엇이든 끄집어내려 한다.

── 치아가 고르지 않아요

Q "아이의 치아가 가지런하지 않아서 나중에 치아 교정을 해야 하는 게 아닌지 걱정돼요."

A 벌써부터 치아 교정을 위해 돈을 모을 필요는 없다. 아이는 앞으로 몇 년 동안 이가 나고 빠질 터이므로, 치아 교정을 할지 말지는 그때 가서 결정해도 늦지 않다.

대체로 처음 나는 젖니들은 가지런하지 않지만, 다른 치아들이 뚫고 나오면서 차츰 똑바로 자리가 잡힌다. 그렇지 않다 하더라도 영구치가 날 때 이가 고르게 날 수도 있다. 고르지 않은 젖니와 고르지 않은 영구치 사이에 직접적인 상관관계는 없다. 하지만 젖니가 고르지 않은 원인이 아이의 치아가 입의 크기에 비해 커서 공간이 비좁기 때문이라면, 영구치 역시 고르지 않을 가능성이 있다.

아이가 치아 교정을 받아야 하는 경우, 다행히 요즘에는 과거에 비해 비용이 훨씬 저렴하고, 교정기를 착용하는 기간도 상당히 짧아졌으며, 외관상으로도 한결 보기가 좋아졌다. 그리고 치과 교정술이 계속 발달하고 있으므로, 앞으로 7~8년 후에는 지금보다 훨씬 좋은 소식들이 많을 것이다.

이가 나면서 짜증을 많이 부려요

Q "지금 15개월 된 우리 아이는 요즘 어금니가 나는 것 같아요. 그런데 다른 이가 날 때보다 많이 괴로워해요."

A 아이가 괴로워하는 데에는 다 그럴 만한 이유가 있다. 어금니는 다른 이보다 크고 모서리도 두 군데이기 때문에, 처음 어금니가 날 때는 앞니가 날 때에 비해 최소한 두 배 이상 힘들고, 아이들 역시 최소한 그만큼 불편을 겪는다. 뿐만 아니라, 어금니가 나면서 생기는 통증을 완화시켜 주기도 두 배로 어렵다. 과거에 이가 날 때 통증을 완화시켰던 방법을 이용하면 도움이 된다. 깨끗한 손가락으로 잇몸을 눌러 주거나, 치발기를 냉장고에 넣어 차게 만들거나, 베이글을 냉동시켜 준다. 베이글이 해동되고 나면, 물어뜯은 덩어리를 질식의 위험 없이 안전하게 먹을 수 있게 해 준다. 예전에 이용하던 다른 방법들은 아이가 이가 나 있는 상태라서 더 이상 안전하지

않다. 가령, 당근을 차게 해서 주는 방법은 아이가 당근을 베어 물다가 목이 막힐 수 있기 때문에 위험하고, 딱딱한 과자는 탄수화물 함량이 높아 하루 종일 입에 물다가 충치가 생길 수 있어 위험하다. 브랜디나 스카치, 그 밖에 약간의 증류주를 아픈 잇몸에 살짝 문지르는 민간요법은 연령을 불문하고 권장되지 않는다. 아무리 소량의 알코올이라도 아이에게는 유독할 수 있으며, 알코올 향에 반복적으로 노출되면 알코올 맛을 좋아할 수도 있다. 이가 나면서 생기는 통증이 아이의 식욕과 수면에 지장을 줄 경우, 통증이 유독 심할 때 진통 해열제 물약을 투여하는 문제에 대해 담당 의사와 상의한다. 의사의 허락 없이 아이에게 약물을 주거나 잇몸에 약물을 대고 문지르지 않는다. 연고를 발라 봤자 진통이 완화되는 시간은 고작 몇 분에 불과하고 크게 도움이 되지 않는다.

많은 아이들이 이가 나려고 하면 성질을 많이 부리고 기분도 좋지 않으며 심지어 경미한 질병 증상이 나타나기도 하는데, 어떤 증상이 나타나든 담당 의사에게 보고해야 한다. 이런 증상들은 이가 나는 것과 전혀 관련이 없을 수도 있고 치료를 해야 할 수도 있다.

어금니가 나기 시작하면 밤중에 몇 번씩 깨기 쉽다. 아이가 통증 때문에 깨서 울다가 주위를 둘러보니 엄마 아빠와 한 침대에 있다는 걸 알게 되면, 통증이 가라앉은 지 한참이 지난 후에도 같은 행동을 반복하게 된다. 이런 상황을 피하고 싶다면 아이의 불편함을 토닥여 주되, 아이를 위로하기 위해 무리한 조치를 취하지 않도록 한다. 부모는 임시로 이런 조치를 취하고자 하겠지만 아이는 절대 그렇게 생각하지 않을 것이다. 밤에 자주 깨는 문제에 대해서는 75쪽을 참조한다.

꼭 알아 두세요: 학습, 사고, 새로운 경험을 장려하는 방법

아이들이 태어나서 처음 몇 년 동안 배운 내용은 이후 인생에서 배우는 내용보다 더 많다. 아이들은 신뢰, 배려, 감정 이입, 분노, 두려움, 질투, 분함 등 관계와 감정에 대해서, 처음에는 단어를 이해하는 법, 그다음에는 말하는 법 등 언어에 대해서, 공을 위로 던지면 반드시 아래로 떨어지고 우유가 담긴 컵을 엎지르면 반드시 우유가 엎질러진다는 사물의 작용 원리에 대해서 배운다. 아이들이 배우는, 혹은 배워야 하는 내용 가운데 가장 중요한 내용은 뭐니 뭐니 해도 배우는 걸 좋아하게 하는 것이다.

모든 아이들은 선천적으로 호기심이 많으며, 이처럼 타고난 호기심 덕분에 일찍부터 학습이 이루어질 수 있다. 그러나 호기심이 창조적인 과정으로 죽 이어질 수 있도록 하려면, 계속해서 호기심을 길러 주어야 한다. 부모가 아이의 지적 탐구를 장려하면, 아이는 적극적이고 열성적으로 학습 과정에 참여하여 계속해서 지식을 탐구할 것이다. 그러나 부모가 아이의 의욕을 꺾으면, 아이는 탐구 작업을 계속할 가능성이 없거나, 최소한 예전과 같은 정도의 열성도 갖지 않을 것이다.

아이의 호기심이 평생 학문에 대한 사랑으로 꽃피울 수 있도록 호기심을 왕성하게 키우는 방법에 대해 알아보자.

* **질문을 받아들이고 장려하며 대답해 준다**
  토들러들은 알고 싶은 게 많은 만큼, 말을 할 줄 알고부터 무수한 질문을 쏟아 내는 건 아주 당연하다. 그리고 아이의 질문을 무시해 버리고 싶은 마음, "이건 뭐야?"라는 질문을 쉰 번도 더 넘게 들은 후에야 겨우 입을 떼는 마음은 이해하지만, 그러지 않도록 노력한다. 아이의 질문은 어느 것 하나 소홀히 해서는 안 된다. 때로는 질문에 대한 최고의 대답이 또 다른 질문이 되기도 하지만(225쪽 참조), 아이는 질문에 대한 대답을 듣지 못하거나, "왜냐하면"이나 "네가 이해하기에는 너무 어려서" 같은 만족스럽지 못한 대답을 들을 때는, 더 이상 질문을 하지 않을지 모른다. 물론 아이의 질문에 대답할 때는 아이의 연령에 맞게 답해야 하고, 설명은 짧고 간단해야 한다.

* **탐색을 인정하고 격려한다** 아이의 탐색 과정이 부모를 힘들게 할지도 모른다. 하지만 아이가 세상을 알아 가는 것은 바로 이 탐색 과정을 통해서다. 세상은 아이가 배우고 경험해야 할 매력적인 사건과 상황으로 가득 차 있다. 그러므로 정리 정돈이나 청결을 이유로 아이의 탐색을 억제하고 싶은 충동을 꾹 참도록 하자. 자칫 중요한 학습 경험을 놓칠 수 있으니 말이다. 아이에게 탐색의 자유를 부여한다고 해서 집, 가정, 아이의 안전이 반드시 위태로워지는 것은 아니다(272쪽 참조).

* **경험을 인정하고 격려한다** 호기심 많은 아이는 아는 것도 많다. 현관 앞 나무의 나뭇잎을 전부 떼어 내면 어떻게 될까? 친구의 얼굴에 모래를 던지면 어떻게 될까? 방 저쪽으로 장난감 자동차를 던지면 어떻게 될까? 물론 꼬마 과학자가 가설을 실험하느라 집을 엉망으로 만들어 놓는 걸 허락하고 싶지 않겠지만, 그렇다고 실험하고자 하는 충동을 억제하고 싶지도 않을 것이다. 실험이 차츰 파괴적이거나 위험한 수준으로 발전하면

실험을 중단시키되, 부모가 싫어하는 것은 실험의 결과지 과정이 아니라는 걸 분명하게 밝힌다. "욕조 가장자리에 물을 부으면 어떻게 될지 보고 싶었구나? 하지만 물은 욕조 안에 부어야 한단다." 그런 다음, 아이의 탐구심을 다른 쪽으로 돌린다. "이 배 안에 물을 부으면 어떻게 되는지 한 번 볼까?" 집을 깨끗하게 유지하는 동시에 아이의 호기심도 충족시키려면 통제된 상태에서 할 수 있는 실험을 고안해야 한다. 민들레 솜털을 불거나, 체에 모래를 붓거나, 싱크대에서 거품이 이는 물에 식용 색소를 혼합한다. 토들러들에게 적합한 실험 방법에 대해서는 503쪽을 참조한다.

* **다양한 환경에 노출시킨다** 미술관, 놀이터, 슈퍼마켓, 마트, 장난감 가게, 공원, 놀이터, 복잡한 시내 도로 등, 안전하고 적당한 장소는 거의 어디든 좋은 학습 경험을 제공한다. 대부분의 토들러들은 관찰력을 통해 많은 것을 눈에 넣는다. 아이에게 여러 가지 질문을 던지고 부모가 관찰한 내용을 말하면 아이의 관찰력을 향상시킬 수 있다.

* **다양한 경험에 노출시킨다** 그네를 타고, 미끄럼틀을 타고 내려오고, 어린이 풀장에서 물장구를 치고, 꽃을 심고, 잡초를 뽑고, 공놀이를 하고, 케이크 반죽을 젓고, 크레파스로 낙서를 하고(64쪽 참조), 탁자를 정리하고, 벨을 울리고, 엘리베이터 버튼을 누르게 한다. 아이가 할 수 있는 일은 무수히 많고 어디에서나 찾을 수 있다. 경험만으로도 큰 도움이 되지만, "보렴, 그네를 세게 미니까 더 높이 올라가지.", "잘 봐라, 이렇게 버튼을 누르니까 빨간 불이 켜졌지." 하고 부모가 옆에서 설명을 덧붙이면 더욱더 도움이 된다.

* **상상의 세계에 노출시킨다** 토들러들은 현실 세계에서만큼이나 책, 영화, 비디오, 텔레비전 방송 등 상상의 세계에서 배울 게 많다. 아이와 함께 놀 때는 역할 놀이를 하도록 장려한다. 상상의 세계에서 아이는 티 파티에 참석하는 어른, 숲 속의 다람쥐, 모자 쓴 고양이 등, 원하는 것은 무엇이든 될 수 있다.

* **지나친 텔레비전 시청을 자제시킨다** 아이의 호감을 얻는 가장 빠른 방법은 텔레비전을 켜는 것이다. 사실 아이들은 텔레비전의 어린이 프로그램을 주의 깊게 시청하면서 한글, 색깔, 수세기 등 많은 정보를 얻지만, 이런 내용들을 모두 수동적으로 받아들인다. 학습 과정에 적극적으로 참여하는 아이들만큼 스스로 학습하도록 격려받지 못하는 것이다. 그리고 텔레비전을 통해 학습하는 아이들은 빠르게 지나가는 현란한 그래픽, 춤추는 동물들, 외우기 쉬운 멜로디 같은 형태로 해답을 듣길 기대하는 경향이 있다. 이런 아이들은 현실에 안주하는 학습자가 되고, 스스로 탐구하려는 본능적인 충동을 억압받는다. 따라서 <u>텔레비전 시청을 제한해야 하고, 아이가 텔레비전을 볼 때는 부모도 함께 참여해야 한다</u>(183쪽 참조).

* **학습을 매일의 일과에 고정시킨다** 부모가 아주 조금만 노력하면 '뽀뽀뽀' 선생님 뺨치게 아이를 가르칠 수 있다. "크래커 하나 먹고 싶니, 두 개 먹고 싶니? 이건 하나고 이건 두 개야.", "파란색 스웨터 입을래, 빨간색 스웨터 입을래? 이건 파란색이고 이건 빨간색이야.", "블록에서 ㄱ을 찾아보렴. ㄱ은 공룡에도 쓰이고 곰에도 쓰여." 이런 식으로 숫자와

색깔, 그리고 글자를 소개한다. 하지만 이렇게 하는 의도는 18개월 무렵에 숫자를 가르치거나 두 살 무렵에 읽기를 가르치기 위해서가 아니라, 이런 주제에 흥미를 유발하고 학습을 장려하는 분위기를 조성하기 위해서다. 아이의 오감을 가르침의 도구로 활용해도 좋다. 88쪽을 참조한다.

* **자존감을 높여 학습을 장려한다** 아이들은 스스로를 바람직하게 여길 때 학습 능력이 좋아진다(330쪽 참조).
* **재미있게 학습한다** 아이에게 학습을 강요하거나 압력을 가하면, 틀렸다고 벌을 주거나 무시하면, 너무 일찍부터 공식적인 학습 환경에 아이를 노출시키면, 아이는 배우는 걸 좋아하기는커녕 오히려 끔찍하게 여길 것이다.
* **본보기를 보인다** 탐색하고 배우는 데 늦은 나이는 결코 없다는 걸, 학습은 평생에 걸쳐 해야 할 일이라는 걸 아이에게 보여 준다. 부모가 먼저 아이의 수준에서뿐 아니라 부모의 수준에서도 학습에 많은 관심을 보이면, 그 열의가 아이에게 전염될 것이다.

아이에게 꼭 알려 주세요: 책 읽기, 아주 중요하답니다

독서는 기본적으로 꼭 필요하다. 하지만 텔레비전 세대인 오늘날의 많은 아이들이 절대 알지 못하는 사실이 하나 더 있는데 바로 독서가 재미도 있다는 것이다. 아이에게 독서를 가르치는 것과 독서를 좋아하도록 가르치는 것은 하늘과 땅 차이다. 그림책 몇 권과 플래시 카드 몇 장 읽는 거야 누구든지 할 수 있는 일이니 말이다. 그리고 대부분의 전문가들은 아이에게 독서를 가르치는 것은, 즉 글자를 알고, 단어를 소리 내어 읽고, 단어를 문장으로 만드는 것은, 아이가 준비될 때까지 자연스럽게 내버려 두는 것이 가장 좋은 반면, 독서를 좋아하도록 가르치는 것은 글을 익히기 훨씬 전부터 시작할 수 있다고 이구동성으로 말한다. 아이가 독서를 좋아하게 만드는 방법에 대해 알아보자.

까다롭게 선택한다 삽화는 크고 선명하고 밝고 현실적이되 발랄하며 본문 내용은 짧고 단순해야 한다. 대부분의 토들러들이 운율이 있는 책을 더 좋아하지만, 이제부터는 아주 단순한 이야기가 산문으로 전개되는 책을 시작하는 것이 좋다. 묵직한 보드북에 기왕이면 스프링 제본이 되어 있는 그림책이 아이가 혼자 읽기에 가장 이상적이다. 좀 더 주의가 필요한 종이로 만들어진 책은 부모가 옆에서 지켜볼 수 있을 때 읽게 한다. 천 소재의 책은 진짜 책과 유사한 부분이 거의 없어 대부분의 토들러들이 만족하지 못하므로 제외시킨다. 비닐 소재의 책은 목욕할 때 이용하기 좋으나, 물에 적신 후에는 반드시 철저하게 말려야 흰곰팡이가 피지 않는다.

인내심을 발휘한다 많은 토들러들이 책을 읽은 지 얼마 지나지 않았는데도 몸을 꼼지락거리면서 집중을 하지 못한다. 하지만 인내심을 가지고 계속해서 책을 읽으면 보상이 따라오게 되어 있다. 적어도 하루에 한 번 정기적으로 책 읽는 시간을 정한다. 목욕 후와 취침 전이 가장 좋다. 오전에 시간이 여유로우면 부모의 침대에서 아이를 꼭 안고 책을 읽어도 아주 좋다. 처음에는 몇 쪽밖에 읽지 못하였는데 아이가 새 장난감을 가지고 놀거나 침대를 오르락내리락하는 걸 더 재미있어 할지도 모른다. 하지만 결국에는 책 읽는 시간이 소중한 일과가 될 테고, 아이가 혼자서 책을 읽을 줄 알게 된 후에도 부모와 아이 모두에게 무척 소중한 시간이 될 것이다. 부모가 책을 읽어 주는 동안 아이에게 이야기에 집중하라고 강요해서는 안 된다. 아이들은 강요를 받으면 책 읽기를 즐겁게 여기기보다 따분하고 지루한 일로 여기게 될 것이다.

창조적이 된다 내 아이가 무엇에 흥미를 느끼는지는 책의 저자보다 부모가 더 잘 안다. 그러므로 책에 쓰인 단어를 굳이 똑같이 읽으려 하지 말고 자유롭게 응용해서 읽으면 아이가 훨씬 재미있게 듣게 될 것이다. 길게 나열된 구절은 요약하고, 아이가 이해하지 못하는 단어는 좀 더 쉬운 단어로 바꾸며, 필요하면 설명과 해설을 생략한다. 아이가 책의 본문에 관심이 없다 싶으면 그림에 초점을 맞추어 "와, 저 커다란 개하고 이 작은 개를 보렴." 혹은 "이 작은 소녀의 바구니에는 무엇이 들어 있을까?" 하며 관심을 유도한다.

상호작용한다 아이들은 스스로 읽을 줄 알기 훨씬 전부터 독서 과정에 참여할 수 있다. 처음에는 삽화에 있는 다양한 등장인물과 사물들을 손으로 가리키게 하고, 여러 번 읽은 책의 경우 문장의 일부를 아이가 말하게 한다. 처음 읽는 책을 접할 때는 아이에게 익숙하지 않은 등장인물, 사물, 색깔, 개념을 찾아보고 그것들을 소개할 시간을 갖는다. 다음에 이 책을 읽을 때는 아이에게 손으로 가리키거나 질문에 대답하도록 격려한다. 그러나 강요해서는 안 된다. 아이가 말을 할 줄 알면 "다음에 어떤 일이 벌어질까?"라거나 "이 남자아이가 몹시 슬플 거 같니?"라고 질문해 대답을 끌어낼 수도 있다. 만지고 느낄 수 있는 촉감책, 작은 플랩 뒤에 그림이 숨어 있는 책, 돌릴 수 있는 다이얼이 부착된 책 등, 상호작용할 수 있도록 고안된 책도 아이의 참여를 유도하는 데 도움이 된다. 이런 종류의 책들은 대체로 부서지기 쉽기 때문에 부모와 함께 읽을 때에만 꺼낸다.

감정을 나타낸다 단조로운 소리를 즐겁게 들을 사람은 아무도 없다. 특히나 이제 막 언어의 뉘앙스를 알아 가는 토들러의 경우, 감정을 담아 책을 읽어 주면 더욱 재미있게 이야기를 들을 뿐 아니라 이해력도 높아진다. 그러므로 다소 과장된 억양으로 감정을 표현한다.

자꾸 반복한다 토들러들은 같은 책을 수없이 되풀이해 읽는 걸 아주 좋아한다. 부모는 미처 버릴 것 같겠지만, 이런 반복은 아이의 귀를 상당히 만족시켜 준다. 특히나 본문에 의성어나 의태어가 들어가 운율적으로 되어 있으면, 얼마 후 아이가 본문의 일부를 외우는 걸 보고 깜짝 놀랄 것이다.

짧게 끝낸다 얌전하게 앉아 있기 힘든 토들러에게는 <u>짧은 책을 짧게 읽어 주는 것이 가장 좋다. 잠시도 가만히 있지 않는 아이가 꼼지락거리지 않고 산만해지지 않도록 하려면, 책장이 빨리 넘어가고 이야기가 빨리 전개되는 책을 선택한다.</u> 그리고 필요하면 몇 분 지나지 않았더라도 책 읽는 시간을 마칠 준비를 한다.

안아 준다 책 읽는 시간은 엄마 아빠의 무릎에 편안하게 안겨 있는 시간이라고 연상하게 되면 나중에 커서도 독서는 즐거운 것이라고 생각하게 된다.

모범을 보인다 어릴 때부터 책을 가까이 접하면 커서도 책을 좋아할 가능성이 매우 높다. 부모가 먼저 모범을 보여 매일 책 읽는 시간을 따로 정해 두도록 한다. 한자리에 앉아 겨우 한두 쪽밖에 읽지 못한다 하더라도. 일정상 도무지 책 읽을 시간을 낼 수 없거나 독서를 좋아하지 않는다 하더라도, 최소한 가끔씩이라도 부모가 책 읽는 모습을 아이에게 보여 주도록 한다. 집 안에 항상 읽을거리를 비치해 둔다. 침대 옆에는 책을, 탁자 위에는 잡지를, 안락의자 옆에는 신문을 비치한다. 그리고 아이와 부모 모두 텔레비전을 시청하는 시간을 최대한 줄인다. 연구 결과에 따르면, 텔레비전을 적게 시청하는 가정일수록 책 읽는 시간이 많다고 한다.

5장

생후 17개월

***

아이의 발달 과정

이달 말에 아이가 해야 할 행동

* 2개의 단어를 사용한다(16½개월 무렵).
* 컵으로 음료를 마신다.

주의 사항 아이가 아직 이 단계에 이르지 못했다면 의사와 상담한다. 아직 이 단계에 다다르지 않았더라도 얼마든지 정상일 수 있지만, 어쨌든 평가를 받아 볼 필요가 있다. 또한 아이가 통제되지 않거나, 말이 거의 없거나, 지나치게 수동적이거나, 지나치게 부정적인 반응을 보이거나, 미소를 짓지 않거나, 소리를 거의 혹은 전혀 내지 않거나, 잘 듣지 못하는 것 같거나, 지속적으로 짜증을 내거나, 끊임없이 관심을 요구하는 경우에도 역시 의사의 상담을 받는다. 단, 예정일보다 일찍 태어난 만 1세 아이들은 생활 연령이 같은 또래 아이들보다 대체로 발달이 느린 편이다. 이런 발달상의 차이는 차츰 좁혀지다가 대개 만 2세 무렵이면 완전히 사라진다.

아이가 하게 될 행동

* 정육면체 블록 2개를 쌓는다.

아이가 할지 모를 행동

* 계단을 올라간다(16½개월 무렵).
* 옷을 벗는다.
* 인형에게 음식을 먹인다.

대부분의 토들러들은 심리적으로 안정을 주는 습관이나 물건을 최소한 하나씩은 가지고 있으며, 여러 가지 습관이나 물건에 매달리는 아이들도 있다.

혹시나 아이에게 기대할 만한 행동

* 정육면체 블록 4개를 쌓는다(16½개월 무렵).
* 그림 2개를 알아보고 손으로 가리킨다.
* 여러 개의 단어를 결합한다.
* 머리 위로 공을 던진다.
* 자주 말을 하고 사람들이 대충 이해할 수 있게 말한다.

무엇이든 물어보세요 Q&A

── 변이 이상해요

Q "아이가 이도 나고 해서 음식을 잘 씹을 줄 알았어요. 그런데 아이의 변을 보면 아직도 음식물이 그대로 나와요."

A 아이의 기저귀에서, 그리고 나중에 얼마 동안은 유아용 변기에서, 계속 희한한 내용물을 발견하게 될 것이다. 처음 나는 젖니 몇 개는 음식을 씹는 용도로는 거의 무용지물이며, 그보다는 베어 무는 용도로 활용된다. 아이는 어금니가 날 때까지는 잇몸으로 음식을 씹어서 음식이 충분히 잘게 씹히지 않은 상태로 삼킨다. 그리고 토들러의 소화 기관도 상당히 미성숙하기 때문에, 이렇게 삼켜진 음식물은 소화 기관을 아주 빠르게 지나간다. 따라서 아이가 먹은 내용물이 거의 그대로 배출되는 건 당연하다. 여러 내용물 가운데에서 특히 완두콩이나 익힌 당근 덩어리, 심홍색의 토마토 껍질, 황금색 옥수수 알갱이 등이 주로 많이 나온다.

아이가 씹는 데 능숙해지고 음식이 위장을 빠져나가는 시간이 느려질수록 음식이 더욱 확실하게 소화되어, 변에서 음식물 덩어리가 발견되는 일이 줄어든다. 그때까지는 아이에게 주는 음식은 잇몸으로도 쉽게 씹을 수 있을 정도로 부드러워야 하므로, 부모가 치아를 사용하지 않고 입안에서 음식을 으깨어 보아 무른 정도를 시험해 본다. 그리고 아주 잘게 잘라서 주어야 하는데, 음식을 잘게 자를수록 변에서 음식의 흔적을 보기가 어렵다. 다른 토들러들과 마찬가지로 내 아이가 잇몸으로 씹는 걸 크게 힘들어하지 않고 오히려 꿀떡꿀떡 넘기면서 먹는 걸 좋아하는 것 같다면, 아이에게 음식을 꼭꼭 씹은 다음 삼키도록 유도한다. 아이가 음식을 먹을 때, 부모가 한 입 베어 문 다음 씹는 방법을 알려 준다. "자, 엄마는 입에 있는 음식을 이렇게 잘게 씹어서 죽처럼 만들고 있단다. 할 수 있겠니?" 아이가 숫자를 배우기 시작했다면 이렇게 시도한다. "이 당근을 네 번 씹어 볼까?"

그러나 이가 다 났다 해도 소화가 잘 안 되는 일부 음식은 여전히 덩어리져 변에 나올 거라는 사실을 염두에 두자. 음식을 씹는 건 잘게 으깨기 위한 과정의 일부에 불과하며, 마무리는 소화력이 담당하기 때문이다. 그리고 아이의 소화 기관이 이 작업을 완벽하게 해낼 만큼 성숙해지려면 앞으로 1~2년은 더 있어야 할 것이다.

── 냉장고 문을 자꾸 열어요

Q "우리 아들이 냉장고 문 여는 방법을 알게 됐어요. 그 바람에 하루에 300번은 문을 열었다 닫았다 해요."

A 토들러가 있는 많은 가정에서 쉽게 볼 수 있는 광경이다. 아이는 냉장고 문을 열고, 부모는 그때마다 문을 닫는 과정이 하루에도 수백 번씩 반복된다. 아이는 냉장고뿐 아니라, 주방 찬장, 욕실 수납장 등, 문손잡이가 낮게 설치된 물건이라면 무엇이든 수백 번도 더 문을 여닫을 것이다. 문 뒤에 있는 물건들 때문에 아이가 위험해질 수 있거나, 아이가 실수로 안에 들어가 갇힐 수 있으므로, 아이가 냉장고나 찬장을 열지 못하도록 자물쇠나 걸쇠를 설치해야 한다. 가령, 냉장고 안에는 대개 깨지기 쉬운 유리병, 아이가 삼켜서 질식할 수도 있는 음식들, 아이에게 해가 되거나 알레르기 반응을 일으킬 수 있는 물질들이 들어 있을 수 있으므로, 아이의 접근을 막는 것이 필요하다. 이렇게 하면, 적어도 부모가 전화를 받거나 오븐에서 피자를 꺼내는 시간에 냉장고 안에 들어가는 일은 없을 것이다.

갑자기 냉장고 문을 열 수 없게 되면 아이는 좌절감을 느끼기 마련이므로, 냉장고 문을 여는 것만큼이나 흥미로우면서도 아이가 열어도 되는 것, 가령 플라스틱 병, 나무 숟가락, 금속 계량컵 세트 등이 들어 있는 안전한 찬장에 주의를 돌릴 수 있게 준비한다. 아이가 먹을 것을 찾는다면 간식을 준다.

── 던지는 버릇

Q "우리 아들은 손에 쥐는 것은 무엇이든 던지는 버릇이 있어요. 그러다가 사람이 다치거나 물건이 망가질까 봐 걱정되어요."

A 새로운 기술을 습득하는 과정은 아이에게는 무척 신나지만 부모에게는 몹시 짜증 나는 일일 수 있다. 처음에는 아이가 물건을 던져 봤자 별다른 피해 없이 부모의 머리에나 살짝 부딪히고 말 거라고 생각하지만, 조만간 전등이 부서지고 친구의 눈이 퍼렇게 멍이 들지 모른다는 악몽 같은 예감이 들기 시작할 것이다.

그렇다고 던지기를 완전히 금지해 버리면 오히려 더 갈증만 나게 할 뿐이다. 그리고 그보다 더 큰 문제는 아이의 발달 과정에 필요한 기술을 연습할 기회를 빼앗게 된다는 것이다. 힘든 일이긴 하지만, 부모의 역할이란 집과 가정을 위태롭게 만들지 않으면서 동시에 아이가 이런 기술을 연습할 수 있도록 장려하는 것이다. 효과적인 방법을 알아보자.

계절과 상관없이 봄철 훈련을 시작한다 <u>부모가 지켜보는 안전한 환경에서 공을 던질 기회를 많이 제공하면, 던지고 싶어 온몸이 근질거리는 욕구를 최소한 어느 정도는 만족시킬 수 있을 것이다.</u> 아이가 잡을 수 있을 거라고는 아직 기대하지 말자. 토들러들은 눈과 손의 동작을 일치시키는 협응 능력이 아직 발달되지 않았다. 그러나 공이 자기 앞으로 굴러와 다시 공을 잡을 수 있게 되면 무척 좋아할 것이다.

다양한 종류의 공을 이용한다 비치볼, 테니스공, 크고 작은 고무공 등, 아이에게 적합한 공의 종류는 매우 다양하다. 딱딱한 공, 입에 들어갈 정도로 작은 공, 물어뜯을 수 있는 스펀지 소재의 공은 피한다. 헝겊 주머니에 콩 등을 넣어 만든 콩 주머니, 고리 던지기 세트, 던지기 놀이를 할 때 이용하는 플라스틱 원반 등을 주어도, 던지고 싶은 아이의 욕구를 마음껏 충족시킬 수 있다. 종이비행기를 접어 집 안에서 날리게 해도 좋겠다.

공이 아니면 안 된다고 분명히 밝힌다 공과 콩주머니 등 던져도 되는 것과 장난감, 블록, 책, 컵 등 던져서는 안 되는 것을 분명히 알려 준다. "이건 공이야. 공은 던져도 된단다. 이건 책이야. 책은 던지면 안 돼. 책은 읽는 거란다."

규칙을 어기면 던지기를 금지한다 던지면 안 되도록 금지한 물건을 아이가 던지거나 막 던지려 하는 걸 목격했다면, 즉시 아이에게서 물건을 빼앗는다. 아무거나 던졌을 때에 어떤 일이 벌어지는지 간단명료하게 설명한다. "네가 이 블록을 던지면 다른 사람이 맞아서 아야 할 수도 있어." 혹은 "네가 트럭을 던지면 트럭이 망가질지도 몰라." 아이가 완강하게 저항하더라도 입장을 꺾어서는 안 된다. 던져도 괜찮은 물건을 아이에게 얼른 쥐어 주거나, 그래도 아이가 만족하지 않으면 완전히 다른 활동으로 아이의 주의를 돌린다.

짜증이 나거나 화가 나면 두 살이든 서른두 살이든 누구나 무언가를 던지고 싶은 충동이 때때로 생길 수 있다. 대부분의 성인들은 그런 욱하는 감정을 통제할 수 있고, 다른 사람에게 해가 되지 않는 방식, 마음을 다치지 않게 하는 방식으로 감정을 표현할 수 있지만, 대부분의 토들러들은 당연히 아직 그런 방법을 익히지 못했다. 아이가 물건을 던지는 행동이 그런 움직임에 흥미가 있어서라기보다 화가 나거나 다른 감정을 발산하기 위해서라면, 좀 더 바람직한 방법으로 감정을 다룰 수 있도록 도와주어야 한다(193쪽 참조). 이렇게 하면 원치 않는 행동을 멈추게 할 뿐 아니라, 평생 동안 아이에게 도움이 될 감정 극복 메커니즘을 가르쳐 줄 수도 있다.

—— 놀이 모임에서 부모한테 매달려 있어요

Q "놀이 모임에 있는 다른 아이들은 부모와 떨어져 있어도 즐겁게 잘 노는 것 같은데, 우리 아이는 두 시간 내내 저한테 딱 붙어서 떨어지려 하지 않아요."

A 원래 놀이 모임에 가면 다른 아이들은 다 잘나 보이는 법이다. 어떤 아이는 사교적으로 적응력이 뛰어나 보이고, 어떤 아이는 말을 굉장히 잘하는 것 같고, 또 어떤 아이는 무척 예의 바르게 행동하는 것 같다. 내 아이를 남의 집 아이들과 비교하는 건 정말이지 불가항력적인 일이긴 하지만, 아주 온당하지 못하다. 토들러들은 저마다 개성과 발달 패턴이 확연히 다르다. 그러므로 부모의 기대치도 놀이 친구의 행동이 아닌 내 아이의 기질과 발달 단계에 기준을 두어야 한다.

사교적인 아이가 평생 사람들과 만날 약속으로 스케줄이 꽉 짜여 있을 거라고 보장할 수 없듯이, 부모에게 매달리는 아이가 성인이 되어 사회 부적응자로 이어진다는 법도 없다는 사실을 기억하자. 아직 어린 이 시기에 아이들은 과감하게 부모 품을 떠나도 괜찮은지 확신이 서지 않기 때문에, 독립이 제공하는 자유와 자율을 향한 열망보다 의존하면서 얻을 수 있는 안정감과 온기를 갈망한다. 아직 날 준비가 되지 않은 수줍은 어린 새에게 날아 보라고 등을 떠밀면, 아이는 오히려 부모 곁에 더 찰싹 달라붙으려 할 것이다. 다음 방법과 같이 최대한 살그머니 밀면서 아이와 공감하는 방식으로 접근하면, 마침내 아이가 날개를 퍼덕이게 될 것이다.

미리 친구를 사귀게 해 준다 지금까지 아이가

잠깐씩이라도 사교적인 접촉을 경험하지 못했다면, 본격적인 놀이 모임에서 위축이 될지도 모른다. 그러므로 모임에 참여하는 아이들을 개별적으로 만나 아이와 함께 놀 수 있도록 자리를 마련한다. 이렇게 하면 아이가 한 번에 한 명씩 다른 친구들과 친해질 기회도 갖게 되고, 친구들과 노는 게 어떤 건지 알게 될 것이다.

차츰 친구들 속에 흡수되도록 격려한다 우선 블록 상자, 여러 권의 책, 아동용 작업대, 모양 맞추기 놀이 등 흥미로운 놀잇거리를 가지고 다른 아이들 가까이에 아이를 앉힌다. 그런 다음, 아이가 놀이를 시작하는 걸 보면 부모는 차츰 다른 부모들이 있는 쪽으로 건너간다. 아이가 부모를 따라가려 하면 그렇게 하게 한다. 단, 몇 분 정도 무릎 위에 앉힌 다음, 친구들이 노는 곳으로 아이를 즐거운 기분으로 돌려보낸다. 아이가 10분 내지 15분 동안 혼자 있어도 충분히 안심할 때까지 여러 차례 이 과정을 반복한다. 이 첫 번째 난관을 극복했으면 다음 단계로 넘어가, 아이 스스로 친구들 곁에 다가가게 한다. 아이가 친구들에게 다가가려 하지 않으면, 아이와 한두 명의 주변 친구들 곁에 부모가 함께 앉아 어떻게 해야 친구들과 친해지는지 보여 주면서 아이가 함께 어울리도록 격려한다. 굉장히 재미있는 것처럼 연출해 도저히 같이 놀지 않고는 못 배기게 만든다. 그런 다음, 아이가 놀이에 몰두하면 다시 뒤로 빠진다. 잘하면, 놀이 모임에 참석할 때마다 부모가 도와주는 시간이 차츰 줄어들 것이다.

아이의 마음을 진정시킨다 아이가 부모의 바짓가랑이를 붙들고 늘어지는가? 그럼 좀 어떤가? 아이가 부모의 무릎에 착 달라붙어 떨어지지 않는가? 그래서 뭐! 아이가 부모의 다리 사이에 숨는가? 얼마든지 숨어도 괜찮다. 사교 현장에 참여하여 아이들과 어울려도 좋고 부모한테 매달려도 괜찮다는 걸, 그래서 그 일이 별일 아니라는 걸 분명하게 알려 주면 아이가 한결 마음이 놓일 것이다. 부모가 자꾸만 노심초사하게 된다면, <u>놀이 모임은 부모와 아이 모두가 재미있으려고 참석하는 거지 괴로우려고 참석하는 것이 아님을 상기하도록 하자.</u>

받아들인다 사교성이 없으면 사람들한테 사랑받지 못한다고 생각하게 만들어서는 안 된다. <u>무조건 아이 편이 되어 주고 아이를 넓게 품어 준다.</u> 아이가 독립적이지 않아도 부모는 아이를 사랑하며, 아이가 놀이 모임에 잘 적응하든 부모의 무릎 위에 안겨 있든 부모의 사랑은 변함이 없다는 걸, 몸짓, 표정, 말투를 통해 보여 준다. 다른 친구들이 모두 거실 한복판에서 쿠키를 먹을 때, 내 아이만 부모의 무릎에 앉아 먹더라도 괜찮다고 안심시킨다.

지지한다 아이를 많이 지지해 주면 아이는 점차 부모의 지지가 덜 필요하게 된다. 아이가 원하는 한 오랫동안 아이 곁에 있어 준다. 부모가 곁에 있어 주면 놀이 모임에 참여해 상호작용할 때 좀 더 자신감을 갖게 되며, 나중에는 부모 없이 혼자서도 아이들이 있는 곳에 기꺼이 다가가게 될 것이다.

과잉보호하지 않는다 필요할 때 부모가 곁에 있어 주길 바란다는 것은 곧 혼자서 잘 놀 때는 뒤로 물러나 달라는 의미일 수 있음을 기억하자.

계속 접촉한다 아이가 용케 부모와 떨어져 친구들 주변에 합류할 때, 커피 한 잔 마시러 주방에 들어가 모습을 감추어서는 안 된다. 계속 가까이에서 아이를 지켜보면 아이가 편안한 상태를 유지하는 데 도움이 될 것이다. 때때로 아이의 머리를 쓰다듬거나 칭찬의 말을 해 주어 직접적으로 느낄 수 있는 지지를 해 주면, 아이는 놀이 모임에 참여하더라도 부모와 완전히 헤어지는 건 아니라는 걸 분명하게 이해하게 된다. 아이가 놀다가 부모 쪽으로 올 때마다 잠깐잠깐 아이를 안아 주면, 아이는 한껏 자신감을 얻어 다시 스스로 친구들을 향해 달려갈 것이다.

인내한다 아이가 기꺼이 놀이 모임에 참여하려면

놀이 모임 준비

이전 세대의 토들러들은 옆집에 또래 아이가 없으면, 대부분의 시간을 혼자서 혹은 가족과 놀아야 했다. 이처럼 또래 아이들과의 상호작용은 유치원에 입학하기 전까지 대체로 크게 제한되었다.

그러다가 놀이 모임이 생기면서 토들러들의 사교적 지평이 크게 넓어졌고, 어린이집이나 유치원에 가지 않더라도 일찍부터 집단 놀이를 경험할 기회를 갖게 되었다. 놀이 모임에서 토들러들은 또래 친구들과 어울리며 즐거운 시간을 보내는 동시에, 혹은 적어도 즐거운 시간을 보내는 법을 배우는 동시에, 사교적 기술을 연습할 수 있다. 그러나 놀이 모임은 토들러들 못지않게 부모들에게도 도움이 된다. 아이들과 벌인 투쟁기를 이야기하고, 나만 이런 게 아니라는 걸, 내 아이만 다른 아이들과 사이좋게 지내기가 어려운 게 아니라는 걸, 내 아이만 다른 아이를 때리거나 깨무는 게 아니라는 걸, 내 아이만 있는 대로 성질을 부리는 게 아니라는 걸, 내 아이만 곧 죽어도 시리얼만 입에 대려 하는 게 아니라는 걸, 보고 듣다 보면 놀라운 치료 효과를 얻게 된다. 뿐만 아니라, 아이의 별난 행동을 다루기 위해 의견과 통찰력과 요령을 교환하면 육아의 효율성과 자신감이 한층 향상될 수 있다.

놀이 모임을 시작하고 유지하는 일이 그렇게 쉬운 일은 아니지만, 대부분의 부모들은 기본적으로 수고를 들일 가치가 충분하다고 여긴다. 놀이 모임을 시작할 때 반드시 지켜야 할 규칙은 없으며, 참여하는 아이와 부모의 환경과 개성에 따라 세부적인 내용들이 크게 달라진다는 사실을 기억하자. 다음 지침들을 참고하면 놀이 모임을 시작하는 데 도움이 될 것이다.

기본적인 틀을 결정한다 아주 어린 아이들을 대상으로 하는 대부분의 놀이 모임에서는 토들러들이 부모나 그 밖에 돌봐 주는 사람과 함께 참석하는 만큼, 아이들이 노는 동안 어른들은 대개 서로 이야기를 나눌 수 있다. 그리고 가급적 놀이 모임의 분위기를 덜 어수선하게 만들고 평화롭게 유지하기 위해 부모가 각자 자기 아이를 훈육하도록 정할 수 있다. 놀이 모임 시간에 부모가 잠시 자리를 비우지 않도록 한다. 아이를 맡기고 다른 볼일을 보는 것이 모임에 참석하는 목적의 일부라면, 놀이 모임의 환경과 보육을 겸한 정식 보육 시설을 고려하는 것이 좋다.

놀이 모임의 참석자 수를 제한한다 여섯 명 정도가 이상적이다. 여섯 명 정도면 대부분의 집에서 수용하기에도 적당하고, 이런 저런 이유로 한두 명 정도 빠지더라도 놀이에 지장이 없다. 네다섯 명 정도도 괜찮지만, 여덟 명 이상이 되면 장소가 너무 붐비고 자극도 너무 많아 혼란스러울 수 있다. 모두에게 돌아갈 정도로 장난감도 충분하지 않고, 간식을 먹일 공간도 넉넉지 않다. 전체 인원을 짝수로 맞추는 것이 좋다. 그래야 아이들이 둘씩 짝을 맞추어 놀이를 할 때에 한 명만 남을 가능성이 줄어들 것이다.

구성원의 조화에 신경 쏟다 토들러들은 하루 단위, 일주일 단위로 기질과 관심이 변하기 마련이다. 이런 부분을 맞추기는 어려울 수 있다. 하지만 연령이 가장 높은 아이와 가장 낮은 아이의 차이가 3~4개월을 넘지 않도록 정해 놓으면, 발달 및 기술에서 크게 차이가 나는 경우를 피할 수 있다. 대체로 남자아이들 혹은 여자아이들로만 이루어지거나, 남녀 성별이 똑같이 나누어져 있는 모임이 한쪽 성별이 다른 쪽 성별에 비해 압도적으로 많은 모임보다 더 효율적으로 돌아간다.

부모들과의 조화에도 신경 쓴다 놀이 모임에 참여하는 부모들이 모두 가장 친한 친구로 시작할 필요는 없지만, 성격과 육아 방식이 상당히 비슷해 서로 화합할 수 있어야 한다. 몇 차례 예비 모임을 가져 서로 잘 통할지 알아보면서 예비 구성원들의 성향을 시험해 본다. 그리고 서로 맞다고 생각되면 그때 가서 놀이 모임을 시작하는 문제에 대해 의논한다. 이미 자리를 잡은 놀이 모임에 참여하게 될 경우, 마찬가지로 모임의 구성원이 되기 전에 시험 삼아 두세 차례 참석해 본다.

모임 장소를 결정한다 대부분의 놀이 모임은 집집마다 돌아가며 이루어지고, 지역 문화 센터나 교회 등 한 장소에서 정기적으로 모임을 갖는 경우도 있다. 때때로 날이 좋을 때는 공원이나 놀이터로, 궂은 날에는 어린이 박물관으로 장소를 바꾸어도 좋다.

모임 시간을 결정한다 토들러들은 대체로 하루 중 특정한 시간에 더 활기차게 논다. 모든 참여자들이 비교적 충분히 휴식을 취하고, 잘 먹은 후에 모임을 갖는다. 배를 든든하게 채울 간식을 줄 계획이 아니라면 식사 시간 직전은 안 된다. 늦은 저녁 시간에 부모와 아이의 스트레스 지수가 높아지기 쉽다면 이 시간은 피한다. 아이들이 모임에 서서히 적응할 수 있도록, 처음에는 한 시간 정도로 모임 시간을 짧게 갖도록 계획한다. 아이들이 놀이 모임을 좀 더 편안해하기 시작하면, 어울려 지내는 데 한계를 보일 때까지 대략 두 시간 정도로 모임 시간을 늘리기 시작한다.

정기적인 모임을 계획한다 모두의 일정에 맞추어 시간을 정했으면, 이 시간을 어김없이 고수하고, 꼭 필요한 경우에만 시간을 변경한다. 가령, 폭풍 주의보가 내려졌거나 세 명의 아이가 독감으로 빠지는 경우처럼 예외적인 일이 아니면 변경하지 않는다. 또한 시간을 수시로 변경하거나, 어떤 부모가 업무상 회의가 잡혔다거나 사교적인 약속이 있다는 이유로 아무렇지 않게 모임을 취소해 버리면, 그 모임은 열기가 식을 수 있다. 불규칙하게 모이게 되면, 혹은 규칙적으로 모이는 놀이 모임에 불규칙적으로 참석하면, 아이들이 지금껏 쌓아 온 사교적 기술에 탄력을 잃게 되고, 수줍음이 많은 아이들은 부모를 떠나 놀이에 참여하면서 다시 편해지기까지 훨씬 오랜 시간이 걸릴 수 있다.

기본적인 안전 규칙을 정한다 대부분의 전문가들이 아이가 아플 때는 모임을 금지하는 것이 최선이라는 데 동의한다. 그 밖의 제안에 대해서는 21장을 참조한다.

기본적인 에티켓을 정한다 놀이 모임에 관한 에티켓 규정을 사전에 의논하고 결정해 충돌과 혼란을 미연에 방지한다. 예를 들면, 놀이 모임이 끝난 후 누가 정리 정돈을 할까? 놀이 모임에 참석하지 못할 경우 어떤 식으로 통지해야 할까? 어떤 행동이 금지되어야 할까? 누가 아이를 훈육할 것이며 훈육 후 얼마나 빨리 놀이 프로그램에 투입시킬까? 훈육에 대한 권고 사항은 413쪽을 참조한다.

장난감에 대한 방침을 정한다 놀이 모임에서 가지고 놀기에 가장 좋은 장난감은 협동심을 기르고 사이좋게 놀 수 있는 장난감들, 이를테면 블록 세트, 장난감 자동차와 트럭 여러 개, 비치볼이나 그 밖의 커다란 공, 그림책, 인형 여러 개, 가짜 음식, 크레파스나 종이, 아이들에게 무해한 고무찰흙, 핑거 페인트 등의 미술 재료, 인형 옷 갈아입히기 세트, 모래놀이 통 등이다. 아이들이 차례를 기다릴 수 있을 만큼 크기 전까지는 타고 다니는 장난감과 특이한 장난감은 치워 버리는 것이 좋다. 모두가 이용할 수 있을 만큼 넉넉히 가지고 있거나 각자 하나씩 가지고 있지 않다면 말이다. 장소를 제공한 부모는 다른 아이들이 가지고 놀지 않았으면 하거나 쉽게 망가질 것 같은 특별한 장난감들을 치우는 방법도 고려해야 할 것이다. 또한 놀기에 알맞은 다른 장소가 있다면, 아이 방 출입을 제한하는 것이 좋을 수도 있다. 다른 아이들과 장난감을 함께 사용하는 문제에 대한 자세한 내용은 301쪽을 참조한다.

음식에 대한 방침을 정한다 크래커, 치즈, 주스, 과일, 우유 등 아이들에게 줄 간식 종류와, 설탕이 첨가된 쿠키와 케이크, 청량음료, 사탕 등 주어서는 안 될 간식 종류를, 다른 부모들과 함께 정한다.

아이를 지켜보되 주변을 맴돌지 않는다 아이들은 안전을 위해 지속적인 감독이 필요하지만, 부모가 지나치게 주변을 맴돌면 독립성이 성장할 기회를 가로막을 수 있다. 매번 부모가 참여할 수 있는 그룹 활동을 하길 원한다면, 부모가 방관자로 지켜보는 동안 아이가 혼자서 재미있게 노는 법을 배울 수 있도록 자유 활동 시간과 균형을 유지하도록 한다. 아이들끼리 다툼이 일어날 경우, 경미한 다툼일 때는 알아서 해결하도록 기회를 준다. 그러나 주먹다짐까지 벌어진다면, 혹은 물거나 밀치면, 부모가 개입해 중재한다.

몇 달이 걸릴지도 모른다. 지난번 놀이 모임이 끝날 무렵 아이가 완전히 적응해 신나게 놀았다 하더라도, 다음 놀이 모임을 시작할 때는 친구들과 어울리기까지 다시 어느 정도 시간이 걸릴 수 있다. 아이에게 충분히 시간을 준다. 몇 번이나 놀이 모임에 참석했는데도 아이의 적응이 느리면 부모로서 좌절감을 느낄 수도 있겠지만, 이런 모습은 대부분의 토들러들에게 아주 정상이다.

── 놀이 모임에서 안 좋은 버릇을 배워 와요

Q "제 딸은 놀이 모임에 다녀올 때마다 꼭 한 가지씩 안 좋은 버릇을 배워 와요. 어느 날은 시끄럽게 소리를 지르는 걸 배워 오고, 어느 날은 입으로 부부 하고 소리 내는 걸 배워 오고, 또 어느 날은 때리는 걸 배워 오기도 해요."

A 토들러들은 사회 현장 속으로 발을 들이고 나면 다른 아이들에게서 많은 것을 배우게 되는데, 안타깝게도 모두 좋은 것만 배우는 것은 아니다. 아이들은 워낙 흉내 내는 데 탁월한 재주를 지닌 터라, 다른 사람들의 버릇과 습관을 긍정적인 것이든 부정적인 것이든 쉽게 따라 하게 된다. 대체로 한두 주 정도 시험해 보다가 흥미를 끄는 새로운 버릇을 습득하면 얼른 그만두지만, 때로는 한 가지 버릇이 꽤 오랫동안 지속되기도 한다. 아이를 꾸짖고 잔소리를 하고 벌을 준다고 해서 아이가 그 행동을 그만두지는 않으며, 오히려 더욱 집요하게 집착할 수 있다. 그러므로 무시하거나, 유독 참아 주기 괴로운 버릇을 계속 밀고 나가려고 한다면, 아이의 관심을 다른 데로 돌리는 것이 가장 좋다. 모방하는 행동이 짜증스러울 뿐 아니라, 때리거나 무는 등 위험하거나 용납할 수 없는 행동이라면, 그 자리에서 차분하게 해결한다(각각의 행동에 대한 요령 참조).

모임에 있는 다른 부모들과 문제를 의논해도 도움을 받을 수 있다. 부모들이 모두 합심해서 용납할 수 없는 행동, 부적절한 행동에 대해 조치를 취하면, 보다 쉽게 해결할 수 있을 것이다.

── 날카롭게 소리와 비명을 질러요

Q "우리 아들은 온 집 안을 돌아다니면서 어찌나 시끄럽게 소리를 질러 대는지 하루 종일 머리가 다 지끈거릴 정도예요."

A 토들러들은 자동 음량 조절 장치, 즉 음량에 대한 자제력이 장착되어 있지 않다. 그리고 부모는 아이의 공연이 재미없을지 몰라도, 아이는 분명 즐겁게 공연을 하고 있을 것이다. 아이는 자신에게 소리를 낼 줄 아는 놀라운 재능이 있다는 걸 문득 발견하고는 이 재능을 신나게 활용하는 것이다. 손가락 끝으로 소리 제어 장치를 작동하는 녹음 기사처럼, 아이는 음조와 음량의 정도를 실험한다. 그 바람에 주변 사람들 모두가 편두통에 시달리고 있는 반면, 아이는 혼자서 아주 즐거운 시간을 보내고 있다.

부모는 아이의 소리를 무시할 수도 있고, 이 괴로운 소리가 저절로 그치게 내버려 둘 수도 있다. 조만간 완전히 귀가 먼 것처럼 아이의 소리가 들리지 않을지도 모른다. 토들러들의 버릇 대부분이 그렇듯, 이 버릇 역시 언젠가 끝이 난다. 다음 요령을 참고하면 소리를 완전히 멈추게 하지는 못하더라도 최소한 귀가 덜 아프게 데시벨 수치를 낮추도록 애써 볼 수는 있다.

아이와 합세하지 않는다 텔레비전이나 라디오 소리를 쾅쾅 울리게 하지 않거나, 시끄러운 록 음악을 틀지 않거나, 부모들끼리 큰 소리를 내며 다투지 않는 등 집 안의 전반적인 소음 수준을 낮게 유지하면, 아이가 소리를 내고 싶은 기분이 들지 않을 것이다. 반면에 아이에게 소리를 지르지 말라고 소리를 질러 야단치면, 오히려 경쟁심을 부추겨 더 크게 소리를 지르게 만들 것이다. 뿐만 아니라, 아이는 소리를 질러도 되는 거라고 생각할 수도 있다. "엄마, 아빠도 소리를 지르는 걸 보니, 소리를 질러도 괜찮은 거구나." 하고 말이다.

재능을 다른 방향으로 돌린다 아이가 소리를 지르려 하면 경쾌한 노래를 틀어 아이에게 따라 부르게 한다. 집 밖에 있는 경우, 아이가 좋아하는 노래나 동요를 즉석에서 부르도록 유도할 수 있다. 아이가 노래 부르길 원하지 않는다 하더라도, 부모가 노래하는 소리를 듣기 위해 소리 지르기를 멈출 것이다. 혹은 목소리를 이용한 다른 재미있는 놀이를 제안한다. 소처럼 '음매' 하고 소리를 내거나, 고양이처럼 '야옹' 하거나, 강아지처럼 '멍멍' 하거나, 자동차처럼 '부릉부릉' 하고 소리를 낸다. 타악기를 이용해 소리를 내면 목을 사용하지 않더라도 소리를 내고 싶은 욕구를 충족시킬 수 있다.

조용히 말한다 아이가 소리를 지르기 시작하면 아이의 눈을 똑바로 쳐다보면서 조용히 속삭인다. 부모의 입술은 움직이는데 말소리가 들리지 않으면, 아이는 호기심이 생겨 소리 지르기를 멈추고 부모의 말을 듣기 시작할 것이다.

낮은 목소리를 내도록 도와준다 어린아이들은 속삭일 정도로 낮은 목소리를 내기가 힘들지만, 시험 삼아 낮은 목소리를 내 보면 무척 재미있어 할 것이다. 아이에게 소리 내어 말하기를 금지시킨 다음, 단어를 속삭여 알아맞히기 놀이를 하자고 제안한다. 부모가 먼저 단어를 속삭이면 아이가 듣고 소곤소곤 되풀이한다. 물론 아이가 속삭인다고 해도 앞으로 2년 동안은 다른 사람 귀에 다 들리겠지만, 속삭이기 놀이를 하면서 소리를 낮추는 것도 높이는 것만큼이나 재미있다는 걸 알게 될 것이다.

큰 목소리를 제한한다 아이가 만 1세 후반부에 접어들면, 소리 지르기를 포함한 몇 가지 제한 사항을 받아들이기가 좀 더 수월할 것이다. 이때쯤 되면 아이는 실내에서 내는 목소리와 실외에서 내는 목소리가 다르다는 걸 이해할 수 있을 것이다. 327쪽을 참조한다. 혹은 큰 목소리를 내도 좋은 때와 장소에 대해 구체적으로 규칙을 정한다. "네 방에서는 소리를 질러도 되지만 다른 장소에서는 안 돼." 혹은 "놀이터에서는 소리를 질러도 되지만 음식점에서는 안 돼." 이렇게 한계를 정하는 것이 비명을 완전히 차단하는 것보다 더 효과적이다. 일반적으로 어떤 행동을 금지하면 그 행동이 훨씬 흥미롭게 보이기 마련이다.

기저귀를 벗으려고 해요

Q "우리 딸은 기저귀를 채우면 2분도 안 돼서 홱 잡아당겨 벗어 버려요. 아이는 그게 재미있나 본데, 저는 얼마나 짜증이 나는지 몰라요."

A 가뜩이나 힘들게 기저귀를 갈아 주었더니

아이가 하나도 힘들이지 않고 얼른 홱 잡아당겨 벗어 버리면 이만저만 속상한 게 아니다. 더구나 러그, 소파, 침대 등, 아이가 자주 돌아다니는 집 안 곳곳이 의외로 무방비 상태라서, 아이가 기저귀를 벗어 버리면 아이뿐 아니라 이런 곳까지 더러워질까 봐 부모들은 몹시 불안하다.

부모가 짜증을 내지 않으려면 기저귀를 벗기 어렵거나 불가능하게 만들어 아이가 짜증 나는 상황을 만드는 수밖에 없다. 벨크로가 부착된 기저귀 커버를 천 기저귀 위에 씌우면 아이가 쉽게 뗄 수 있으므로, 아이가 기저귀를 벗는 버릇을 고칠 때까지 기저귀 핀으로 고정하는 기저귀 커버를 다시 이용해야 할 것이다. 일회용 기저귀를 이용하는 경우, 기저귀 덮개 부분을 핀으로 고정하여 아이가 쉽게 떼지 못하게 한다. 기저귀 핀으로 기저귀나 기저귀 커버를 아이의 속옷 양쪽에 딱 맞게 고정하고, 아이가 쉽게 벗지 못하도록 위아래가 붙은 우주복 형태의 옷을 입히면 기저귀를 벗기가 훨씬 힘들다.

이렇게 조치를 취하면 처음에는 아이가 화를 낼지도 모른다. 그러나 끝까지 입장을 고수하여 침착하게 대처하면서 가급적 아이의 주의를 다른 곳으로 돌리면, 이런 시기도 곧 지나간다.

아이가 유아용 변기 사용을 연습할 때인 두 돌 무렵에 계속해서 기저귀를 벗으려고 몸을 꼼지락거리면, 배변 훈련 과정을 시작할 기회로 삼고 아이가 원하는 대로 기저귀를 벗겨 준다. 이때, 기저귀를 차고 있지 않는 대신 집에서는 배변 연습용 팬티를 입고 있어야 한다고 아이에게 말해 준다. 배변 연습용 팬티는 아이가 변기를 이용할 때 혼자서도 벗을 수 있다. 배변 훈련에 대한 자세한 내용은 19장을 참조한다.

아직도 심리적 안정을 주는 물건을 가지고 다녀요

Q "우리 아이는 아직도 가는 곳마다 담요를 끌고 다녀서 이제 담요가 아예 누더기가 됐어요. 이런 걸 가지고 다닐 나이는 지나지 않았나요?"

A 아이는 절대 그렇게 생각하지 않을 것이다. 그리고 아이들은 대체로 나이에 맞는 행동이 무엇인지에 대해 전문가들이라서, 아이의 의견을 존중해 주는 게 맞을 것이다. 대부분의 아이들이 첫돌 이전부터 심리적 안정을 주는 물건에 집착하게 되는데, 사실 이런 물건에 한창 의존하는 시기는 만 1세가 지나면서부터다. 그럴 만한 이유가 있다. 첫째, 아이는 자신의 세계를 탐색할 때 엄마나 아빠와 항상 같이 다닐 수 없는데, 그렇다고 혼자 힘으로 돌아다닐 준비는 전혀 되어 있지 않다.

이때, <u>낡은 담요나 낡은 곰 인형, 믿을 수 있는 엄지손가락 같은 이행 대상은 어디든 자신과 함께하면서 마음을 완벽하게 안정시켜 준다.</u> 이행 대상이란 아이가 엄마와 동일시되고 있는 대상을 현실 대상으로 바꾸어 놓은 매개물을 말한다. 둘째, 만 1세가 지나면서부터 아이들은 두려움이 커지기 시작한다. 몇 가지 예를 들어 보면, 어둠, 낯선 사람, 개, 진공청소기 등에 대한 두려움이다. 이행 대상이 제공하는 <u>정신적인 지원은 아이가 이러한 두려움에 맞설 수 있도록 큰 도움을 준다.</u>

어른들은 대체로 이런 부분을 진지하게 생각하지 않지만, 어른들 역시 낯선 상황이나 어색한 상황에서 심리적 안정 수준을 높이기 위해 자주 심리적 안정을 주는 물건을 이용한다. 그러나 우리는 아이들처럼 낡은 담요를 들고 다니는 대신 사회적으로 허용되는 물건들에 의지하게 되는데, 가령 칵테일파티에서 술잔을 들고 있다든지, 중요한 회의 때 서류 가방을 꼭 움켜잡고 있다든지, 중요한 거래를 협상할 때 행운을 주는 부적을 문지른다든지 하는 식이다.

그러니 아이에게 심리적으로 안정을 주는 물건에 의지할 권리를 인정하자. 심리적 안정을 주는 물건에 '키키', '곰돌이' 등 애칭을 붙일 수도 있다. 아이가 무척 독창적일 수 있으므로 이런 물건을 언급할 때 마음껏 애칭을 지어 부르게 한다. 그리고 이런 물건을 가지고 다닌다고 아이를 놀리거나, 단념하게 하거나, 집에 두고 오라고 강요해서는 절대로 안 된다. 그리고 아이가 어디든 끌고 다닌다고 아이에게 무안을 주거나 부모 스스로 민망해해서도 안 된다. 이런 행동은 토들러들에게 지극히 정상이다. 그러나 안정감을 주는 물건에 덜 집착하도록, 그리고 아이가 준비가 되었을 때 좀 더 쉽게 포기할 수 있도록 조치를 취할 수는 있다.

* **가능하면 사용을 제한하도록 노력한다** 아이가 어디를 가든 심리적 안정을 주는 물건을 가지고 다니는 것이 아직 습관으로 굳어지지 않았다면, 가지고 갈 수 있는 장소를 제한하도록 한다. 차에는 가지고 갈 수 있지만 슈퍼마켓에는 가지고 갈 수 없다거나, 집 안에서는 어디든 가지고 다닐 수 있지만 놀이터에는 가지고 갈 수 없다고 말한다. 제한을 할 때는 타당한 이유도 말해 준다. "슈퍼마켓에 가지고 갔다가 잊어버릴지도 몰라." 혹은 "놀이터에 가지고 가면 더러워질 거야." 아이가 정글짐에 올라가거나 놀이 모임에서 소꿉놀이를 할 때는 담요를 돌보고 있겠다고 부모가 먼저 말한다. 아이가 담요를 끌고 다닐 수 없는 상황일 때는 아이의 도움을 받아 담요를 보관할 특별한 장소를 찾는다. 그러나 아이가 제한 사항에 대해 전혀 협상을 하려 들지 않더라도 소란스럽게 야단치지 않는다. 때가 되면 그토록 사랑하던 담요를 찾지 않는 날이 올 것이다.

* **안정감을 주는 물건을 자주 세탁한다** 그렇지 않으면 아이가 담요를 끌어안고 있을 때 담요에서 나는 퀴퀴한 냄새에 애착을 가질 수 있고, 그때 가서 물건을 세탁하면 울고불고 난리가 날 것이다. 안정감을 주는 물건으로부터 아이를 떼어 놓기란 쉽지 않기 때문에 아이가 잠든 후에 세탁을 해야 할 것이다.

* **가능하면 같은 것을 두 개 마련한다** 아이가 이제 막 담요에 애착을 갖기 시작하였으면, 아이가 한 장을 들고 다니는 동안 한 장은 빨아 놓을 요량으로 담요를 반으로 잘라 두 장으로 만들더라도 눈치를 채지 못하겠지만, 몇 달 동안 같은 담요를 쥐고 다녔다면 금세 눈치를 채 완강하게 저항할 것이다. 그러므로 같은 담요를 구입해서 너무 새것처럼 보이지 않도록 여러 차례 빨아 추가로 주든지, 아니면 취침 시간에 아무리 찾아도 원래 담요를 찾을 수 없을 때를 대비해 비상용으로 보관한다. 안정감을 주는 물건이 장난감이나 봉제 인형인 경우에도 같은 것을 두 개 구입해 마찬가지로 이용할 수 있다. 그러나 아이가 담요에 집착하는 정도가 아주 약하다면 하나만 가지고도 그럭저럭 버틸 수 있다. 담요를 잃어버릴 경우 아이가 몇 번 울기야 하겠지만 담요 없이도 잘 지낼 수 있다.

* **손으로 할 수 있는 놀이를 마련한다** 손이 바쁘면 담요나 곰 인형을 쥐고 다닐 수 없다. 흥미로운 장난감, 미술 도구, 퍼즐 등에

몰두하게 해, 잠시나마 아이의 손과 관심을 안정감을 주는 물건에서 다른 데로 돌릴 수 있게 한다.

* **지나치게 압박을 주어서는 안 된다** 너무 많은 일을 빨리 해내라고 압박을 준다든지, 아이로서는 할 수 없는 어려운 일을 하도록 강요한다든지, 아직 준비가 되지 않은 상태에서 독립적이 되라고 압력을 가하면, 스트레스가 커져 안정감을 주는 물건에 더 많이 의지하게 된다.
* **부모에게서 충분히 안정감을 느끼게 한다** 때때로 자주 안아 주고 안심시키는 말을 해 주면, 아이는 원하는 안정감을 얻게 되어 안정감을 주는 물건이 덜 필요하게 된다. 그러나 간혹 부모와 이행 대상 둘 다를 통해 최대한 많은 위안이 필요한 아이도 있는데, 그래도 괜찮다.

안정감을 주는 물건들이 모두 해가 없는 것은 아니다. 주스나 우유를 담은 젖병으로 안정감을 찾는 아이들은 충치가 생기거나(32쪽 참조), 주스를 너무 많이 마시거나 우유가 상해서 설사를 할 수 있다. 아이가 늘 젖병을 들고 다니려고 고집하면 젖병에 맹물을 담아 준다. 질식의 위험이 있거나 그 밖에 안전을 위태롭게 하는 물건들은(676쪽 참조) 위험한 물건으로 분류될 수 있다.

어린이집이나 유치원에서 아이의 특별한 담요를 다른 아이들도 갖고 싶어 하거나 아이에게 위안을 주는 특별한 장난감을 같이 가지고 놀고 싶어 하는 경우, 혹은 아이가 다니는 보육 시설의 방침상 이런 안정감을 주는 물건을 가지고 다닐 수 없는 경우, 문제가 발생할 수 있다. 아이에게 어린이집에 가기 전에 담요를 집에 잘 두거나 유모차나 카 시트 안에 두고 가도록 설득해, 문제를 방지한다. 아이가 올 때까지 담요를 잘 보관하고 있겠다고 약속하고, 반드시 약속을 지켜야 한다. 아이가 담요 없이는 어린이집 안으로 들어가려 하지 않으면, 낮 동안 아이의 비밀 장소에 두자고 제안한다. 그래도 아이가 협조하려 들지 않으면, 보육 교사의 도움을 얻어 효과적인 대책을 마련한다.

아이는 스트레스를 받거나 혼란스러운 시기가 닥치면 담요나 그 밖에 안정감을 주는 물건을 다시 찾을 수는 있지만, 대체로 만 2~5세 사이가 되면 그런 물건을 포기할 준비를 하게 된다. 그때까지는 아이가 행복해하고 잘 자라는 한, 안심해도 괜찮다. 그러나 심리적 안정감을 주는 물건이 집착의 대상이 되고, 아이가 장난감을 가지고 놀거나 책을 보거나 친구들과 어울리기보다 담요를 쓰다듬고 끌어안으면서 보내는 시간이 더 많다면, 근본적인 원인을 자세히 살펴볼 필요가 있겠다. 예를 들어, 아이가 양육 환경에 만족하지 못하는지, 집에서 스트레스나 압박이 너무 심하지 않은지, 발견하지 못한 건강상의 문제가 있는지 살펴보아야 한다. 부모가 문제를 발견해 개선할 수 없다면 담당 의사와 상의한다.

엄지손가락을 빨아요

Q "우리 딸은 주로 피곤하거나 기분이 안 좋으면 엄지손가락을 빨아요. 그래도 괜찮나요?"

A 아이는 유아기의 아늑한 쉼터에서 겉으로는 재미있어 보이지만, 실상은 차갑고 잔혹하고 낯선 세상 속으로 성큼 발을 내딛으면서 때때로

정신적인 힘이 되어 줄 친구에게 의지하고 싶어진다. 귀가 떨어진 봉제 인형이든, 낡은 담요든, 늘 함께 해 주는 엄지손가락이든 간에, 이런 친구는 아이가 낯선 세상을 탐색할 때 아이에게 필요한 안정감을 제공하며, 익숙하고 편안한 환경에 있을 때에도 부모로부터 거리를 두게 해 준다.

아이가 독립과 의존 사이의 내적 갈등이 가장 심할 때, 혹은 피곤하거나 짜증이 나거나 몸이 좋지 않거나 따분할 때, 위안이 되는 물건을 찾는데, 그중에서 가장 먼저 엄지손가락을 찾는 것은 당연한 일이다. 대부분의 아이들이 첫돌 이전에 엄지손가락이나 다른 손가락 빨기를 그만두지만, 첫돌이 훨씬 지난 후까지 계속 엄지손가락을 빨면서 마음의 안정을 찾는 아이들도 많다.

이 시기에 <u>엄지손가락이나 다른 손가락을 빠는 버릇은 정상이며, 정도가 심하지 않다면 해롭지 않다.</u> 그러므로 이런 이유로 뭔가 조치를 취할 필요는 없다. 그리고 부모가 압력을 가하면 오히려 버릇이 심해지는 경향이 있다. 다른 사람들이 어떻게 생각할지 걱정된다면 그럴 필요 없다. 무엇보다 요즘은 엄지손가락을 빠는 행동에 대해 과거와 달리 크게 잘못된 행동으로 여기지 않는다. 육아에 대해 공부를 많이 하는 요즘 부모들은 <u>이런 버릇이 아이가 안정감을 찾으려는 정상적인 행동이며 정서 불안의 표시가 아니라고 여긴다. 그리고 다른 사람들이 뭐라고 생각하는지는 중요하지 않다. 중요한 건 부모의 태도다. 사람들이 쯧쯧거리며 혀를 차든 말든, 뭘 모르고 하는 참견은 정중하게 무시하면 그만이다.</u>

또한 엄지손가락을 빠는 버릇 때문에 구강과 치아의 정상적인 발달에 지장이 생길까 봐 걱정하지 않아도 된다. 대부분의 전문가들은, 아이가 하루도 빠짐없이 매일 손가락을 빠는 게 아니라면, 그리고 대부분 아이들처럼 <u>만 4세 무렵에 손가락 빨기를 그만둔다면, 이런 버릇이 문제가 되지 않는다고 말한다.</u> 간혹 일부 아이들의 경우, 엄지손가락을 빠는 바람에 부작용으로 손가락이 빨개지고 염증이 생기기도 하지만 역시 걱정하지 않아도 된다.

심리적 안정을 주는 대부분의 버릇들이 그렇듯, 엄지손가락을 빠는 버릇 역시 대개 만 3세 무렵이면 부모가 개입하지 않아도 차츰 수그러들기 시작한다. 아이가 말하기를 배우고, 음식을 먹고, 놀이와 학습을 하기 위해 손을 사용하는 데 방해가 될 정도로 엄지손가락을 빠는 버릇이 심하다면, 다음 내용을 참고한다.

Q "엄지손가락 빨기 대회가 있다면 우리 아이가 세계 챔피언일 거예요. 잠시도 입에서 엄지손가락을 빼려고 하지 않거든요. 어쩌면 좋지요?"

걱정할 필요는 없지만 약간의 조치는 취할 필요가 있겠다. <u>가끔씩 엄지손가락을 빠는 것과 달리 끊임없이 엄지손가락을 빤다면 구강과 치아에 영구적인 해를 입힐 수 있다. 이런 습관 때문에 구강에 해가 되지 않도록 부모와 아이가 함께 노력해야 한다.</u>

핑거 페인팅, 흔들 목마나 그 밖에 탈 수 있는 장난감 타기, 그네 타기, 공 주고받기, 빵 반죽 만들기 등 양손을 사용해야 하는 활동을 하도록 아이를 유도하고, 추운 계절에는 외출할 때 벙어리장갑을 끼우며, 사랑과 관심을 더 많이 보여 주고, 충분한 휴식과 수면을 취하게 하면 엄지손가락을 빠는 시간을 단축시키는 데 도움이 될 것이다.

아이가 아무런 변화를 보이지 않을 경우, 잔소리를 하거나 스트레스를 주어서는 안 되고, 아이의 소아과 의사나 소아 치과 의사와 이 문제를 상의한다. 좀 더 큰 아이의 엄지손가락 빠는 버릇을 고치기 위한 요령은 480쪽을 참조한다.

── 아직도 노리개 젖꼭지를 사용해요

Q "우리 아들이 아기였을 때는 노리개 젖꼭지를 없앨 용기가 나지 않았어요. 나중에는 그럴 기운이 없었고요. 지금은 아이가 노리개 젖꼭지에 어찌나 집착하는지, 이러다 평생 포기하지 못하면 어쩌나 걱정돼요."

A 노리개 젖꼭지를 좀처럼 입에서 빼려 하지 않는 아이를 보고 있으면 부모들은 이러다 평생 버릇을 고치지 못할까 봐 남몰래 전전긍긍한다. 하지만 거의 모든 아이들이 만 4~5세쯤 되면 그렇게 좋아하던 노리개 젖꼭지를 버리게 되며, 대부분의 아이들은 그보다 훨씬 전부터 젖꼭지 빼는 버릇을 그만둔다. 전문가들 가운데에는 노리개 젖꼭지 사용을 비방하는 사람만큼이나 지지하는 사람도 많다. <u>긍정적인 측면으로는, 미숙아와 영아 산통을 앓는 아기의 경우 노리개 젖꼭지 사용이 도움이 된다는 연구 결과가 나와</u> 있다. 반면 부정적인 측면으로는, <u>노리개 젖꼭지를 장기간 사용하면 중이염의 위험이 증가하고, 구강의 구조와 치아 배치에 손상을 줄 수 있으며, 간혹 언어 전달에 문제가 있고, 우발적으로 앞니에 부상을 입을 위험이 증가한다고 밝혀졌다.</u> 그러나 이 버릇이 제법 일찍 개선되면 구조적인 손상을 입었다 하더라도 저절로 교정이 된다고 본다. 물론

'제법 일찍'이 구체적으로 언제를 말하느냐에 대해서는 논란의 여지가 있는데, 전문가에 따라 만 1세가 끝날 무렵이라고 주장하는 전문가도 있고, 만 3세가 끝날 무렵이라고 주장하는 전문가도 있다. 노리개 젖꼭지의 효과를 밝힌 연구는 거의 없으며, 있다 해도 썩 조명을 받을 만한 것이 못 되었다. 그 결과, 대부분의 부모들은 각자의 직감에 따라 노리개 젖꼭지 사용 여부를 결정하는 게 보통이다.

노리개 젖꼭지 사용에 대한 많은 질문들이 아직 해답을 찾지 못하고 있다. 노리개 젖꼭지 사용이 나중에 구강의 만족을 위한 필요성을 부추겨서 담배나 다른 약물을 이용하게 될까? 아니면 그런 필요성을 감소시킬까? 노리개 젖꼭지 사용이 언어 발달이나 미소 짓기 같은 사교적 능력에 방해가 될까? 아이가 스스로를 달래고 진정시키기 위해 노리개 젖꼭지를 사용하는 것이 정작 스스로를 달래고 진정시키는 법을 배우는 데 방해가 될까? 더 많은 연구 결과가 나올 때까지는 노리개 젖꼭지 사용을 중단시키는 문제에 대해 부모가 알아서 판단해야 할 것이다. 부모가 판단할 때 고려해야 할 사항을 알아보자.

* 노리개 젖꼭지 사용이 아이의 구강과 치아에 영향을 미치기 시작했나? 그렇다면 아이가 장기간 매일 노리개 젖꼭지를 사용했을 가능성이 높다. 정확한 진단을 위해 소아 치과 전문의와 상담하고, 이 경우 무조건 가까운 시일 내에 노리개 젖꼭지 사용을 중단할 것을 고려해야 한다.

* 아이를 얌전하게 하거나 부모의 부담을 덜기 위해 노리개 젖꼭지를 이용하는가? 속상해 있는 아이의 입에 노리개 젖꼭지를 물리는 것은 인간의 중요한 수단인 자기표현을

방해한다. 입을 열어 생각을 말하고 싶을 때마다 누군가 내 입속에 고무젖꼭지를 밀어 넣는다면 내 기분이 어떨지 생각해 보자.
* 노리개 젖꼭지가 아이의 언어 발달에 방해가 되는가? 아이가 단어를 사용하는 대신 노리개 젖꼭지를 물고 웅얼거리거나 원하는 것을 손으로 가리키는가?
* 노리개 젖꼭지가 다른 사람들과의 상호작용을 방해해 아이의 사회성 발달에 지장을 주는 것 같은가? 그러나 어린 토들러의 사교적 기술이 아직 미숙하다는 사실을 염두에 둔다.

노리개 젖꼭지가 아이에게 부정적인 영향을 주고 있어 조만간 아이의 버릇을 고쳐야겠다고 생각한다면, 다음과 같은 몇 가지 조치를 취한다.

한계를 정한다 아이가 노리개 젖꼭지를 언제 어떻게 사용하는지, 그리고 노리개 젖꼭지가 없다면 얼마나 충격을 받을지를 감안해 한계를 정해야 한다. 예를 들어, 아이가 제법 크다면 집 안에서만 혹은 잠자리에 들 때에만 노리개 젖꼭지를 사용하게 할 수 있다.

심리적 안정을 줄 만한 수단들을 더 많이 제공한다
아이가 심리적 안정을 위해 노리개 젖꼭지에 의지하는 것 같다면 위안이 될 다른 수단을 제공한다. 특히 아이가 기분이 울적하거나 불안해할 때는 사랑과 관심을 충분히 쏟아 준다. 아이가 노리개 젖꼭지를 찾기 전에 아이를 많이 안아 준다. 그림책으로 아이의 관심을 돌리거나, 마음을 달래는 음악을 틀고 아이를 꼭 껴안아 마음을 편안하게 해 준다. 혹은 고무찰흙을 쌓아 두드리면서 불안이나 분노를 해소하거나 그림을 그려 감정을 표현하게 한다. 통제력과 자존감을 강화하는 데 도움이 되는 조치를 취해도 좋겠다(330쪽 참조).

아이의 입을 바쁘게 한다 질문을 하고, 대화를 시작하며, 노래를 부르게 하고, 깔깔 웃게 하고, 거울을 보고 재미있는 표정을 짓게 하고, 빨대로 주스를 마시게 하는 등, 노리개 젖꼭지 없이 입을 사용하는 방법을 고안한다. 아이가 입에 노리개 젖꼭지를 물고 말을 하려고 하면, 무슨 말인지 못 알아듣겠다, 네가 하는 말을 정확히 전달하려면 노리개 젖꼭지를 빼야 한다고 말해 준다.

아이를 배가 고프거나 졸리게 만들지 않는다
배가 고프거나 너무 피곤하면 대처 능력을 잃기 쉽고, 그러면 노리개 젖꼭지 같은 익숙한 대응 메커니즘에 의지할 가능성이 높아진다. 아이에게 노리개 젖꼭지가 덜 필요하게 만들려면, 아이의 몸이 요구하는 대로 충분한 영양 섭취를 제공하고, 혈당이 떨어지기 전에 간식을 주고, 휴식을 취하게 해야 한다.

위의 방법들로 노리개 젖꼭지 사용을 줄일 수는 있지만 완전히 중단하게 할 수는 없을 것이다. 노리개 젖꼭지를 완전히 끊게 하려면 보다 단호한 조치가 필요하다. 습관을 영구적으로 중단시키는 방법에 대해서는 480쪽을 참조한다.

아이에게 노리개 젖꼭지를 좀 더 오래 허용하기로 결정했다면, 노리개 젖꼭지 모델에 대해 소아 치과 전문의와 상담한다. 소위 치열 교정용 노리개 젖꼭지가 잠재적으로 입에 덜 해롭다고 널리 알려져 있지만, 소아 치과 전문의들 가운데 강력하게 반대 의견을 주장하는 사람들도 있다. 이들은 정 노리개 젖꼭지를 사용하려 한다면 엄지손가락처럼 생긴 모델을 사용하도록 권한다. 어떤 모양이든 일체형으로 되어 있는 모델을 사용한다. 일체형 모델은 따로 분해될 수 없기 때문에 가장 안전하다. 일반 젖병 젖꼭지는 질식의 위험이 높기 때문에 절대로 노리개 젖꼭지로 사용해서는 안 된다. 젖꼭지와 고리 사이의 평평한 부분 실드는 단단하고, 너비가 최소 3.8cm 정도 되어서 아이의 입에 너무 크지 않아야 하며, 공기가 통하는 구멍이 있어야 한다. 실드가 딱딱하면 아이가 넘어질 경우 심각한 상처를 입힐 수 있으므로, 노리개 젖꼭지를 입에 문 채 돌아다니지 못하게 해야 한다. 또한 그러고 싶은 유혹이 생길 수 있겠지만, 노리개 젖꼭지를 끈이나 리본에 묶어 아이 목에 걸어서는 절대로 안 된다. 노리개 젖꼭지를 하나만 가지고 있다면, 식기세척기나 아주 뜨거운 비눗물로 자주 씻는다. 그리고 자주 확인한다. 찢어지거나 낡은 부분이 보이면 새것으로 교체하거나, 이 기회에 습관을 고치려고 시도해 본다. "에그, 노리개 젖꼭지가 망가졌네, 어쩌니? 할 수 없이 버려야겠다." 운이 좋으면 덕분에 습관을 고칠 수 있지만, 그렇지 않다면 반드시 새것을 구입해야 한다.

별별 방법으로도 습관을 고칠 수 없다면 억지로 강요하지 않는다. 1~2년 뒤에는 또래 친구들이 놀리거나 치아와 구강에 문제가 생길 수 있어 특단의 조치가 필요할지 모르지만, 아직은 그럴 필요가 없다. 마음을 안정시키는 다른 물건과 마찬가지로, 노리개 젖꼭지는 아이의 욕구를 충족시켜 준다. 아이가 노리개 젖꼭지에 의지하게 해 주었다가 정작 가장 필요한 시기에 포기하도록 강요하는 건 바람직하지 못하다.

── 심리적 안정을 주는 행동들

Q "우리 아이는 잠을 자기 전에 꼭 침대 옆 벽에 말 그대로 머리를 찧어 댑니다. 아내와 저는 이 문제로 이만저만 걱정이 아닙니다."

A 조막만 한 머리를 벽에 찧고, 아기 침대 위에서 들썩들썩 몸을 흔들고, 머리카락을 한 움큼 잡아당기는데, 어떻게 걱정하지 않겠는가? 그러나 이처럼 황당하고 엉뚱해 보이는 취침 전 일과는 지켜보는 부모를 불안하게 만드는 반면, 실행하는 아이들에게는 상당한 위안을 준다.

스스로를 달래고 안심시키는 이런 행동들은 심리적 안정을 주는 물건들과 유사한 작용을 한다. 대체로 매우 활동적인 아이들에게서 이런 행동들을 많이 볼 수 있고, 심신에 꽉 들어찬 에너지와 긴장감을 풀어 주어야 하는 밤 시간에 가장 활발하게 나타난다. 그러므로 머리를 찧고, 침대 위를 폴짝폴짝 뛰고, 머리카락을 잡아당기는 등의 방식을 통해 막혀 있던 에너지와 긴장을 발산하게 해 주는 것이 좋다.

심리적 안정을 주는 물건들과 마찬가지로 안정을 주는 행동들 역시 정상이다. 그리고 아이가 평소에 만족스러운 모습을 보이고, 다른 아이들과의 관계에서 정서적으로 안정되어 보인다면, 걱정하지 않아도 괜찮다. 그러나 아이가 새벽 두 시에 침대 위에서 들썩거리거나 머리를 찧는다면, 아이가 가정에서 느끼는 불안 지수가 높을 수 있고, 심지어 매일 밤 온 가족을 깨울 수도 있다.

이런 습관을 억지로 그만두게 하려는 것은 바람직하지 않다. 토들러들의 다른 행동과 마찬가지로, 강압은 거의 효과가 없으며 종종 원치 않는 행동을 증가시킬 수 있기 때문이다. 그러나 가족들에게 영향을 덜 미치도록 조치를 취할 수 있다.

스트레스를 완화한다 엄마가 직장에 출근해 양육 방식이 새롭게 바뀌었거나, 이사를 했거나, 동생이 생겼거나, 모유나 분유를 떼었거나, 그 밖에 불안정한 상황이 생겨서 아이가 일상생활에서 과도한 스트레스를 받고 있다면, 스트레스를 완화시켜 준다. 또한 아이에게 사랑과 관심과 애정을 듬뿍 쏟아 주면 아이가 긴장을 해소하는 데 도움이 될 것이다. 힘든 상황에서 오는 스트레스를 완화하는 방법에 대해서는 각각 해당하는 주제를 찾아본다. 직장에 복직하는 경우(820쪽), 베이비시터를 처음 만나는 경우(27쪽), 어린이집에 처음 가는 경우(166쪽), 방을 옮긴 경우(794쪽), 모유나 분유를 뗀 경우(32, 36쪽), 동생이 생긴 경우(800쪽). 195쪽의 긴장 이완 방법도 참고한다.

해방감을 준다 신경 에너지를 발산할 배출구를 제공한다. 레슬링을 하거나, 장난감 해머로 두드리거나, 장난감 드럼을 치거나, 주먹으로 베개를 치거나, 공을 던지거나, 야외 활동을 한다. 머리카락이 긴 봉제 인형을 주고 머리카락을 잡아당기게 한다. 이렇게 하면 아이가 자기 머리카락을 잡아당길 필요가 줄어들지 모른다. 이 방법이 도움이 안 되면 머리카락을 짧게 자르면 도움이 될 수 있다.

하루 종일 몸을 흔든다 사회적으로 좀 더 허용되는 형태의 리듬감 있는 활동을 할 기회를 충분히 마련해 준다. 흔들의자에 앉혀 흔들어 주고, 그네를 태워 주고, 춤을 추게 하고, 아이를 안아 비행기처럼 회전시키고, 시소를 태우고, 경쾌한 음악에 맞추어 율동을 하게 한다.

아이가 몸을 흔들거나 머리를 찧으면서 충족시켰던 리듬감 있는 움직임에 대한 필요성이 음악만으로도 어느 정도 충족되므로, 음악을 통해 아이의 마음을 진정시킨다. 낮에 경쾌한 음악을 틀어 놓고 음악에 맞추어 춤을 추거나, 손뼉을 치거나, 발을 구르거나, 장난감 악기로 음악에 맞춰 연주하게 한다. 취침 시간에는 잔잔하고 차분한 음악을 틀어 놓은 채, 책을 읽어 주면서 음악에 맞추어 조용히 아이를 흔들어 주거나, 아이를 품에 안고 천천히 춤을 춘다.

취침 전 일과를 지킨다 스스로 위안을 주는 행동들은 대개 저녁 무렵에 가장 활발하다. 아이들은 바쁜 하루를 보낸 뒤 긴장을 해소하기 위해 이런 행동을 한다. 규칙적으로 취침 전 일과를 실시하면(78쪽 참조) 보다 차분하게 긴장을 이완하는 길을 찾을 수 있을 것이다.

너무 일찍 재우지 않는다 아이가 아주 졸릴 때까지 기다린 다음 침대에 눕히면, 잠을 자기 위해 머리를 찧을 필요가 줄어들 수 있다. 그러나 너무 피곤해하기 전에 재우도록 한다. 아이가 지나치게 피곤해지면 오히려 머리를 찧을 가능성이 높아진다.

아이와 아이의 환경을 보호한다 심리적 안정을 얻기 위한 아이의 행동을 중단시킬 수 없다면, 아기 침대를 벽에서 멀찌감치 떨어뜨려 놓아 잠재적인 피해를 줄이도록 한다. 아이가 머리를 찧어 대는 침대나 다른 표면에 두툼한 패드를 깔고, 아기 침대의 바퀴를 제거한 다음 밑에 카펫을 단단히 고정하여, 아이가 침대 위에서 몸을 들썩이거나 머리를 찧어도 침대가 움직이지 않게 한다.

대부분의 아이들은 만 3세 무렵이면 부모가 개입하지 않아도 마음의 안정을 얻기 위한 이런 리듬감 있는 활동을 서서히 그만둔다. 그렇지 않은 경우, 혹은 아이가 실제로 다치거나 다치는 걸 즐기는 것 같거나, 오랫동안 불만족스러워 보이거나, 다른 사람들과 어떤 식으로든 의사소통을 하지 않거나, 안정을 얻기 위한 활동들로 대부분의 시간을 보낸다면, 담당 의사와 상의한다.

── 안정을 얻는 습관을 갖고 있지 않아요

Q "우리 아들은 심리적 안정을 얻는 습관 같은 게 하나도 없어요. 엄지손가락을 빨거나, 담요나 곰 인형을 가지고 다닌 적이 한 번도 없어요. 그래서 마음의 안정을 얻느라 무척 애를 먹고 저한테만 매달려요. 그래도 괜찮을까요?"

A 얼마든지 괜찮다. 심리적 안정을 얻는 습관 역시 아이들마다 제각각이니까. 가지고 다닐 수 있는 무생물에서 안정감을 찾는 아이들이 있는가 하면, 사람에게서 더욱 안정감을 느끼는 아이들도 있다. 이런 아이들 역시 곰 인형을 가지고 놀고 담요를 꼭 끌어안으며 좋아하긴 하지만, 특정한 물건에 애착을 느끼는 일은 결코 없다. 그건 단지 아이들의 방식이 그럴 뿐이며 완벽하게 괜찮다.

심리적 안정을 주는 물건들에 매달리지 않는 것이 장점이 되면 됐지 해가 되는 일은 없다.

누더기가 된 담요를 끌고 다닐 일도 없으며, 애지중지하는 곰 인형이 보이지 않는다고, 엄지손가락이나 노리개 젖꼭지를 빨지 못하게 한다고 트라우마를 경험하는 일도 없다. 그러나 아이가 오로지 엄마한테서만 안정감을 찾는다면 역시 문제가 있을 수 있다. 엄마는 특대형 곰 인형이나 낡은 담요가 된 것 같은 기분을 느낄 수 있고, 안정감을 주는 물건 역할을 하느라 시간을 들이면서 화가 날 수도 있으니 말이다. 그러나 안정을 주는 다른 물건들과 마찬가지로, <u>아이가 준비가 되기 전에는 엄마에게서 얻는 위로와 안정을 포기하도록 강요해서는 안 된다.</u> 아이가 서서히 독립성을 갖게 하는 방법에 대해서는 426쪽을 참조한다.

── 아이를 묶어 버리고 싶어요

Q "아기가 태어나기 전에는 아이가 꼼짝 못하게 끈으로 묶는다는 사람들을 도저히 이해하지 못했어요. 그런데 아이를 앉혀 놓으면 눈 깜짝할 사이에 일어나 달아나곤 해서, 이러다 언젠가는 아이를 잡지 못할 수도 있겠다 싶어 겁이 나더군요. 아이를 묶는 게 아주 잘못된 일일까요?"

A 일부 나라에서는 아이의 안전을 위해 평소 아이를 끈으로 묶기도 한다. 그리고 사실 특정한 상황에서는, 가령 복잡한 버스나 기차, 비행기 터미널, 지하철 안 등에서는, 아이를 묶어 두는 것이 이해가 가기도 한다. 특히 보살펴야 하는 아이가 여럿이거나 짐이 많은데 책임질 어른은 한 명밖에 없을 때는, 정말 이럴 수밖에 없을 것이다. 하지만 끈으로 묶여서 다른 사람에 의해 행동이 억제된 아이는 대체로 자제력을 배우기가 힘들다.

그러므로 거리를 걷거나, 집 앞에서 놀거나, 백화점을 쇼핑할 때와 같은 대부분의 상황에서는 다른 방법으로 아이를 가까이 두는 것이 더 바람직하다. 돌아다니는 아이를 다루는 방법은 205쪽을 참조한다.

꼭 알아 두세요: 아이 훈육법

훈육이라는 단어는 많은 사람들에게 썩 듣기 좋은 어감으로 와 닿지 않을 것이다. 아마도 벨트를 휘두르는 아버지, 자로 학생들을 때리는 교사, 분노로 가득한 위협, 따귀를 맞아 얼얼해진 뺨, 그 밖에도 굴욕적인 처벌들로 가득한 이미지들이 떠오를지 모른다.

그러나 사실상 훈육은 위에 열거한 것들 가운데 하나도 해당되지 않으며, 당연히 위의 내용들은 어느 것도 훈육이라고 할 수 없다. '훈육'이라는 단어는 품성이나 도덕을 가르치고 기른다는 의미로, 지배나 처벌, 고통을 가하는 것과는 관련이 없다.

토들러에게 왜 훈육을 시켜야 할까? 첫째, 옳고 그름의 개념에 대한 이해를 심어 주기 위해서다. 토들러들은 아직 이런 개념을 충분히 이해할 준비가 되어 있지 않지만, 부모가 행동과 말을 통해 그 의미를 알려 줄 수 있다. 둘째, 자제력의 씨앗을 심어 주기 위해서다. 물론 씨앗을 심는다고 금세 싹이 트지는 않겠지만, 성실하게 키우면 장차 아이의 행동에 뿌리가 될 날이 올 것이다. 셋째, 다른 사람의 권리와 기분을 존중하도록 가르쳐, 자기중심적인 이이에서 남을 동정하고 배려하는 어린이로 그리고 성인으로 성장하도록 하기 위해서다. 넷째, 행복한 어른으로 성장할 가능성을 높이기 위해서다. 버릇없는 아이는 현실 세계에 발을 들였을 때 자신을 향하는 뜻밖의 시선과 불유쾌한 상황에 당황하게 될 것이다. 마지막으로,

지금부터 앞으로 몇 년 동안 아이가 저지를 무수한 말썽에서 아이와 가정, 그리고 부모의 분별력을 보호하기 위해서다.

아이를 훈육할 때는 다음 내용을 명심하자.

* **아이마다 가정마다 다 다르고, 그때그때 상황도 다르다** 따라서 훈육 방식도 매우 다양하다. 그러나 모든 사람, 모든 상황에 적용되는 보편적인 행동 규칙이 있다.

* **아이가 고분고분 말을 잘 듣길 기대해서는 안 된다** 아이들이 안전한 것과 그렇지 않은 것, 혹은 적어도 어떤 행동은 허용되고 어떤 행동은 그렇지 않은지 이해할 만한 나이가 될 때까지는, 아이를 안전하게 지키고 말썽을 부리지 않게 할 책임은 전적으로 부모에게 있다.

* **부모의 사랑을 보류하는 것은 바람직한 훈육 방법이 아니다** 이런 방법은 아이의 자존감을 위협하고 나중에 여러 가지 문제를 일으키는 원인이 된다. 아무리 사랑받지 못할 행동을 해도 여전히 사랑받는다는 것을 아이에게 알려 주는 것이 중요하다. "너 마음에 안 들어."라고 말하기보다 "네 행동이 마음에 안 든다."고 말한다.

* **가장 효과적인 훈육은 타협의 여지가 없는 엄격함도 지나친 관대함도 아니다** 자제력을 키우도록 장려하기보다 부모의 감독에 전적으로 의지하도록 훈육하는 경우, 아이들은

대체로 부모에게 완전히 순종하지만, 부모나 다른 어른의 권위가 미치지 않는 상황에서는 종종 통제가 불가능한 모습을 보인다. 지나치게 관대한 부모 역시 예절 바른 아이로 키우기 어렵다. 응석받이로 자란 아이들은 대체로 이기적이고, 버릇이 없으며, 무례하고, 사소한 일로 다투며, 규칙을 잘 준수하지 않는다. 두 가지 극단적인 경우 모두 아이에게 사랑받지 못한다는 느낌을 줄 수 있다. 엄격한 부모는 냉정해 보여 애정이 없다고 생각될 수 있고, 관대한 부모는 무관심해 보여 자신에게 신경을 쓰지 않는다고 생각될 수 있기 때문이다. 아이를 잘 보살피면서 성공적으로 훈육을 하려면 양극단 사이의 중간쯤에 해당하는 태도를 보여야 한다. 다시 말해, 정당하게 한계를 설정하고, 한계를 넘지 않도록 단호하면서도 애정을 갖고 강요해야 한다. 훈육 방식에 조금의 융통성도 허용할 수 없다는 말이 아니다. 부모에 따라 천성적으로 더 너그러운 부모도 있고 더 엄격한 부모도 있다. 양극단에 치우지지만 않는다면 부모로서 자연스럽게 행동하면 된다.

* **효과적으로 훈육하려면 개개인에 따라 다양한 훈육 방식을 적용하여야 한다** 아이가 여럿인 부모들은 아이들마다 천성이 각양각색이라는 걸 절감했을 것이다. 또한 이처럼 아이들마다 성격이 다른 만큼 그에 따라 훈육 방식도 달라져야 한다는 걸 깨달았을 것이다. 가령, 가볍게 충고만 해도 전기 콘센트를 만지지 않는 아이도 있겠지만, 무서워 벌벌 떨 정도로 아주 엄한 말투로 야단치지 않으면 부모의 경고를 진지하게 듣지 않는 아이도 있다. 아무리 야단을 쳐도 소용이 없어 아예 위험 요소를 차단하는 수밖에 방법이 없는 아이도 있고, 싫은 소리 한 마디에 눈물을 찔끔거리는 아이도 있다. 그런가 하면, 아무리 잔소리를 해도 듣는 둥 마는 둥 하는, 심지어 재미있다고 웃는 아이도 있고, 아무 말 없이 날카롭게 바라만 보아도 쩔쩔매는 아이도 있다. 상황에 따라서도 훈육에 대한 아이의 반응이 달라질 수 있다. 평소에 강하게 야단을 쳐야 하는 아이도 피곤하거나 이가 날 때는 약하게 잔소리만 해도 잔뜩 움츠러들 수 있다. 그러므로 아이의 성격뿐 아니라 그때그때 상황에 따라 훈육 방식을 조정한다.

* **아이들은 한계가 필요하다** 아이들은 대체로 자신의 충동을 통제하지 못하고, 통제력을 잃으면 겁을 먹는다. 부모가 한계를 설정해 지키도록 다정하게 배려하면, 아이는 어떻게 행동해야 할지 알게 된다. 그리고 이렇게 정해진 한계는 아이가 탐색하고 성장하는 동안 안전하고 안정되게 지켜 줄 편안한 구속이 되어 준다. 아이가 아직 아기라서 봐 준다는 것은 아이의 행동 때문에 권리를 침해당하는 큰아이나 다른 사람에게는 공정하지 못하다. 아무리 어린 나이라고 해도 큰아이의 머리카락을 잡아당긴다거나 엄마의 잡지를 찢을 권리를 부여해서는 안 된다. 어떤 식으로 한계를 설정할지는 부모의 우선 사항에 따라 다르다. 어떤 가정에서는 거실에서 음식을 먹어서는 안 된다는 것이 가장 중요한 문제가 될 수 있고, 또 어떤 가정에서는 엄마나 아빠의 책상 서랍에 손을 대서는 안 된다는 것이 필수 사항이 될 수 있다. 대부분의 가정에서는 '고맙습니다' 하고 인사하기, 존댓말 사용하기, 사이좋게 지내기,

다른 사람의 감정을 존중하기 등 일반적인 예의범절을 기본적으로 요구할 것이다. 꼭 실시해야겠다고 절실하게 느끼는 규칙을 설정하되, 합리적인 선에서 규칙을 지키게 한다.

한계를 감수하는 법을 배우는 것은 학교, 직장, 사교 모임처럼 한계로 가득 찬 사회에서 살아남기 위해 반드시 필요하다. <u>어릴 때부터 한계를 받아들이는 법을 배우면 '끔찍한 두 살'에 시작되는 엄청난 혼란을 조금이나마 가볍게 하는 데 도움이 될 뿐 아니라, 또래 아이들보다 일찍 통제력을 키울 수 있다.</u>
물론 아이에게 한계를 설정하겠다고 말하는 것과 실제로 실행하는 것과는 천지차이다. 눈에 넣어도 아프지 않을 아이가 부모의 "안 돼!" 하는 말에 장난스럽게 씩 웃어 보인다면, 한계고 뭐고 없애고 싶은 마음이 들 것이다. 혹은 다섯 번이나 안 된다고 말했는데도 번번이 묵살을 당하면, 그만두고 다른 방법을 찾고 싶을지도 모른다. 하지만 마음을 독하게 먹고 한 번 안 된다고 한 것은 끝까지 고수하는 것이 아이를 위해서도 중요하다. 그리고 하마터면 크레파스 범벅이 될 뻔한 탁자나, 축구공처럼 거실 건너편으로 뻥 차일 뻔한 꽃병을 지키기 위해서도 중요하다. 지금은 아이에게 거실에서 과자를 먹어서는 안 된다고 정하는 것이 썩 중요해 보이지 않을 수도 있지만, 사실은 그렇지 않다. 지금 이 시기에 최소한 몇 가지 규칙을 지키는 법을 배우지 못하면, 나중에 커서 감수해야 할 수많은 규칙을 지키기는 훨씬 어려워진다. 처음에는 아이가 고분고분 말을 듣기보다 여러 차례 저항할 거라 예상해야 할 테지만, 시간이 지나면 어느새 부모가 정한 한계들을 당연하게 받아들이기 시작할 것이다.

* **아이가 말썽을 부린다고 해서 '나쁜' 아이는 아니다** 토들러들은 옳고 그름을 구분하지 못하기 때문에 아이들의 잘못된 행동에 악의가 있다고 여겨서는 안 된다. 아이들은 탐색하고, 원인과 결과를 관찰하며, 자신의 환경과 그 안에 속한 어른들을 테스트하면서 세상에 대해 알아 간다. 내가 주스 컵을 엎으면 어떻게 될까? 기울여 보면 어떻게 될까? 다시 기울이면 아까하고 똑같은 일이 벌어질까? 저 싱크대 서랍 안에는 무엇이 들어 있을까? 내가 저 서랍을 엎으면 어떻게 될까? 엄마는 어떤 반응을 보일까?
<u>아이에게 '나쁘다', '버릇없다'는 말을 반복해서 말하면, 어린 자아에 상처를 입히고 장차 성취를 위해 필요한 자제력 발달에 방해가 될 수 있다. 그리고 "넌 왜 하는 일마다 이렇게 말썽이니?"라는 말을 반복해서 들은 아이가 나중에 커서 예언대로 움직이는 건 당연하다. "부모가 나를 나쁘다고 말하는 걸 보니, 나는 나쁜 아이가 틀림없어."라고 아이가 생각할 수도 있다. 아이의 행동을 비판해야지 아이 자체를 비난해서는 안 된다. "때리는 건 나쁜 거야."라고 해야지 "넌 나쁜 애야."라고 해서는 안 된다.</u>
아이들은 때때로 말을 안 듣기 마련이다. 간혹 한 곳에 집중해 있을 때에도 말을 안 듣는 것처럼 보일 수 있다. 어떤 활동을 하느라 바쁘고 한 번에 여러 가지 일에 집중할 수 없는 터라, 아이는 과부하를 피하기 위해 부모가 하는 말을 차단하는지도 모른다. 또한 특정한 상황에서 선택 사항을 평가하고

그 결과를 가늠할 능력이 부족하기 때문에 부모의 권위에 저항할 수도 있다. 부모의 말을 따르기보다, 단지 어떤 일이 벌어질지 보고 싶은 마음에 각각의 가능성을 시도해 보고 싶은 충동이 강하게 드는 것이다. 이런 모습이 부모에게는 고의적인 불복종으로 보일 수 있지만 사실은 그렇지 않다. 게다가 아이들은 충동을 통제하는 힘이 약하다. 따라서 변기 안에 수건을 담그는 것은 잘못된 행동이라는 걸 알면서도 그리고 싶은 충동을 억제하지 못한다.

* **일관성이 중요하다** <u>오늘은 소파에서 과자를 먹으면 안 된다고 했다가 내일은 그래도 괜찮다고 허용하거나, 어제는 식사 전에 손을 씻으라고 강요했다가 그냥 넘어가 준다면, 세상은 혼란스럽고 규칙은 중요하지 않다는 가르침만 배우게 될 것이다. 일관성을 갖지 못하면 신뢰를 잃게 된다. 예외를 만들 때는 이유를 설명한다.</u>

* **확실한 마무리가 중요하다** 부모가 책에서 눈을 들어 텔레비전 선을 잡아당기는 아이를 바라보며 "그러면 안 된다."고 중얼대고는 아이가 확실하게 그만두는 걸 보지 않고 다시 책으로 고개를 돌린다면, 효과적인 훈육이 될 수 없다. 말처럼 행동이 따라 주지 않으면 경고는 영향력을 잃게 될 것이다. 한 번 '안 된다'고 말해서 효과가 없으면 즉시 행동을 취해야 하고, 특히 위험한 상황일 때는 더욱 그래야 한다. 책을 내려놓고 "텔레비전 선 만지면 안 돼. 위험해."라고 단호하게 말하고, 아이를 안아 유혹으로부터 가급적 멀리 떨어뜨려 놓거나 다른 방에 데려다 놓는다. 그런 다음, 아이가 좋아하는 놀이 활동으로 주의를 끌어 텔레비전에서 마음을 돌리게 한다. 대부분의 아이들은 눈에 보이지 않으면 금세 잊어버리지만 간혹 다시 텔레비전으로 접근을 시도하는 아이들도 있는데, 이 경우 필요한 만큼 여러 차례 아이를 안아 다른 장소로 데리고 가는 과정을 반복하거나, 가능하면 금지된 열매에 절대 접근할 수 없도록 조치를 취한다. 놀이 활동으로 주의를 돌리면, 아이가 '안 된다'는 말을 듣고 무안해할 때 체면을 세워 줄 수도 있다.

* **어린 토들러들은 기억력에 한계가 있다** 그러므로 한 번 가르친 내용을 잊지 않고 기억할 거라고 기대해서는 안 되며, 바람직하지 못한 행동에 대해 수없이 반복하고, 반복하고 또 반복해야 한다고 각오하는 것이 좋다. 인내심을 갖고 아이가 충분히 이해할 때까지 혹은 하던 일에 흥미를 잃을 때까지, 몇 주 아니, 심지어 몇 달 동안 같은 말을 되풀이할 준비를 한다. 특히 안전에 대한 내용은 절대로 소홀히 해서는 안 된다. '찻길에 뛰어들지 마라.', '가스레인지 만지지 마라.', '전기 콘센트 가지고 장난치지 마라.' 등 위험한 일을 하지 말라고 누차 가르쳤다고 해서 아이를 믿어서는 안 된다. 아이가 아무리 말을 잘 듣고 현명하게 잘 대처할 거라 생각되더라도, 항상 아이를 철저하게 감독하고, 21장의 안전 권고 사항을 반드시 준수해야 한다.

* **토들러들은 '싫어' 놀이를 좋아한다** 대부분의 아이들은 계단을 오르거나 도형 끼우기에서 어려운 동그라미를 끼울 때 도전 의식을 느끼는 것과 마찬가지로, 부모의 "안 돼!"라는 말에 도전 의식을 느낀다. 그러므로 아이가 어떤 식으로 부모를 자극하더라도 '안 된다'는

말을 장난치듯이 한다든지 말을 하면서 폭소를 터뜨린다든지 해서는 안 된다. 이렇게 하면 아이는 부모를 혹은 부모가 정한 한계를 진지하게 받아들이려 하지 않을 것이다. 아이가 '안 된다'는 말을 받아들이길 거부할 때 아이를 다루는 요령은 57쪽을 참조한다. 적당한 금지는 필요하지만 금지 사항이 너무 많으면 이내 효과가 사라지고 아이를 의기소침하게 만들 수 있다. 융통성 없는 독재자에 의해 내가 하는 일마다 혹은 하려는 일마다 일일이 금지되고 견책당하는 세상에 살고 싶지 않은 것처럼, 내 아이 역시 그런 세상에 살아서는 안 된다. '안 된다'는 말은 아이나 다른 사람, 혹은 가정의 안녕을 위협하는 상황에 한해서만 사용하도록 한다. 모든 사안에 대해 일일이 아이와 부딪힐 필요가 없다는 사실도 기억한다. 사실 아이가 안전하게 돌아다닐 수 있도록 환경을 조성한다면, '안 된다'는 말을 할 일이 거의 없을 테고 아이가 안전하게 탐색할 기회를 많이 만들어 줄 수 있다.

'안 된다'는 말을 할 때는 항상 대안적인 형태로 '된다'는 말도 함께 해 준다. "저 나무의 잎을 뜯는 건 안 되지만, 이쪽에 있는 잡초는 뜯어도 돼.", "아빠의 새 책을 가지고 놀면 안 되지만, 예쁜 그림이 그려진 네 그림책은 읽어도 좋아." 긍정적인 측면을 강조하도록 노력한다. 아이가 이미 책상 서랍을 엎어 내용물을 바닥에 쏟아 버렸다면, "엄마 서류를 이렇게 어지르면 어떻게 하니?"라고 야단을 치면서 허리를 구부려 서류를 챙기는 대신, "이건 엄마 서류야. 엄마 서류는 책상 서랍에 있어야지 바닥에 있으면 안 돼. 네가 서랍 속에 서류를 넣고 잘 닫을 수 있는지 어디 한 번 볼까?"라고 말한다. 아이가 서랍에 서류를 다 넣으면 손뼉을 치면서 칭찬을 조금 해 주고, "엄마 서류는 엄마 책상 서랍에 잘 넣어 두어야 하는 거란다."라고 다시 한 번 단단히 못 박는다. 이런 접근법은 <u>아이의 체면을 손상시키지 않으면서도 서랍을 비우는 건 잘못된 행동이라는 메시지를 이해시키고, 동시에 아이의 기분을 상하게 하지 않는다.</u>

✱ **부모가 항상 이기려 하지 않는다** 위험한 일이 아닌 경우, 혹은 부모가 실수했다는 걸 깨달은 경우, 가끔은 너무 당황하거나 약 오르지 말고 아이의 말을 들어준다. 이렇게 가끔씩 승리를 안겨 주면 매일 '안 된다'는 말만 수도 없이 들어 속상했던 아이의 마음이 풀어질 것이다.

✱ **아이들은 어느 정도 실수가 허용되어야 하고, 실수를 통해 배울 수 있어야 한다** 아이에게 작은 장신구들을 모두 숨겨 놓는다든지 하는 정도의 말썽도 허용하지 않는다면, '안 된다'는 말을 자주 할 필요는 없겠지만 이를 가르칠 중요한 기회들을 놓치게 될 것이다. 안전이 문제가 되는 경우가 아니라면, 융통성을 갖고 아이가 실수를 통해 배울 수 있도록 실수할 여지를 남겨 둔다. 예를 들어, 아이가 삼복더위에 겨울 부츠를 신으려 하는 경우, 어떻게든 샌들을 신기려고 우겨서 아이에게 짜증을 일으키기보다는, 부츠를 신게 내버려 두어 스스로 깨닫게 하는 편이 아이를 더 빨리 이해시킬 수 있다. 아이가 부츠를 신고 있다가 발에 땀이 나면 고집을 꺾고 현명한 판단을 할지 모르니, 기저귀 가방에 샌들이나 운동화 한 켤레를 몰래 넣어 둔다.

✱ **칭찬과 보상은 효과적인 훈육 도구다** 바람직한

행동을 칭찬하고 보상해 주는 긍정적인 강화를 자주 사용한다. 긍정적인 강화는 바람직한 행동을 강화할 뿐 아니라 아이의 자신감을 무너뜨리기보다는 오히려 키워 줄 것이다.

* **잘못을 바로잡아 주는 것은 얼굴을 마주 볼 때 훨씬 효과적이다** 그러므로 아이와 반대편에서 "쿵쿵 소리 좀 그만 내렴." 하고 말하기보다, 아이를 향해 다가가 아이의 눈을 똑바로 바라보고 의견을 정확하게 말한다. 몸짓, 말투, 표정으로 진지하게 하는 말임을 분명하게 드러낸다.

* **정서적인 협박은 바람직하지 않다** "<u>네가 엄마를 사랑한다면 이런 식으로 행동하지 않았을 거야.</u>"처럼 죄책감을 유도하는 것은 비겁한 행동이다. 아이에게 부모를 행복하게 하기 위해서만 행동하도록 요구해서는 안 된다.

* **화를 참지 못하면 효과적으로 훈육할 수 없다** 화를 참지 못하면 생각이 흐려지고, 잘못된 대응 방법을 찾게 되며, 어린아이에게 <u>굴욕감을 주고 겁을 먹게 할 수 있다. 그리고 반복적으로 화를 내면 아이의 자존감을 손상시킬 수 있다.</u> 좀 더 큰 아이와 성인들을 대상으로 이처럼 화를 터뜨리면 대체로 참회보다는 분노를 일으키기 쉽다. 아이가 부모를 화나게 하는 행동을 했다면, 잠시 화를 가라앉힌 후에 반응을 보인다. 일단 침착해지고 나면 아이에게 무엇을, 왜 잘못했는지 차근차근 설명한다. "네가 던진 건 공이 아니라 엄마의 접시였어. 네가 엄마 접시를 깨뜨려서 엄마는 지금 몹시 속상해." 아이의 머리로는 설명을 정확하게 이해하지 못하거나, 아이가 벌써 다른 놀이를 시작했다 하더라도 이렇게 설명하는 것이 중요하다. 자제력을 잃을까 걱정된다면, <u>장기적인 목표는 아이에게 올바른 행동을 가르치는 것이며, 소리를 지르거나 매를 드는 것은 사람이 화가 날 때 반응하는 잘못된 예로서 잘못된 행동을 가르치는 것임을 기억하도록 한다.</u>
그러나 때때로 화가 나는 상태에 제동을 걸기가 불가능하더라도 걱정할 필요는 없다. 부모도 인간이라 약점이 있기 마련이며 아이도 그 사실을 알 필요가 있다. 그리고 평소 길게 야단을 치는 일이 극히 드물고, 아이에 대해서가 아니라 아이의 행동에 대해 비난을 가하며 아이가 잘못한 순간 바짝 야단을 치고 끝났다면, 한 번쯤 길게 야단을 친다 해도 효과적인 육아에 방해가 되지는 않을 것이다. 흥분을 해 야단을 쳤다면 반드시 사과한다. "소리 질러서 미안하다. 하지만 엄마가 몹시 화가 났단다." 그리고 "사랑해."라고 덧붙이면, 누구나 때때로 사랑하는 사람에게 화를 내며 그런 감정이 생기더라도 괜찮다는 걸 아이에게 알려 주게 될 것이다. 그러나 미안한 감정을 지나치게 드러내서 훈육한 것에 대해서까지 미안해한다는 인상을 주어서는 절대로 안 된다.

* **부모가 욕설을 입에 담는다면 아이에게 욕설을 가르치는 것밖에 안 된다** <u>많은 부모들이 생각 없이 욕설을 퍼붓고는, 자기 아이의 입에서 나오는 욕설을 듣고 충격을 받는다.</u>

* **우발적인 행동은 고의적인 악행을 저질렀을 때와 다른 방식으로 다루어야 한다** 사람은 누구나 실수를 할 자격이 있으며, 아이들은 정서적, 신체적, 지적으로 미성숙하기 때문에 아주 많이 실수할 자격이 있다는 사실을 기억한다. 아이가 빵을 집으려다 우유 컵을

엎은 경우, "이런, 우유가 엎질러졌네. 좀 더 조심하지 그러니, 아가."라고 말하는 것이 적절한 반응이다. 그러나 일부러 컵을 엎었다면, "우유는 마시는 것이지 쏟는 것이 아니야. 우유를 쏟으니까 주변도 엉망이고 우유도 낭비되잖니? 봐, 컵에 우유가 하나도 없잖아."라고 말하는 것이 더 적절하다. 어떤 경우든, 마시던 컵에 우유를 아주 약간 따라 주고, 아이에게 걸레를 쥐어 주어 닦는 걸 돕게 하며, 욕조나 그 밖에 허용되는 환경에서 액체를 쏟는 실험을 할 기회를 많이 마련해 주어도 도움이 될 것이다.

* **부모는 가정의 어른이 되어야 한다** 아이에게 책임감 있게 행동하길 기대한다면 부모 역시 그렇게 행동해야 한다. 가령, 아이에게 놀이터에 가자고 약속해 놓고, 밀린 빨래를 하거나 친구를 불러 커피를 마시기로 결정했다고 하자. 성숙한 부모라면 아이와 한 약속을 지키고, 빨래는 나중에 하거나 저녁을 준비하는 동안 전화로 친구와 수다를 떨 것이다.

아이가 실수를 편안하게 인정하길 바란다면 부모 역시 솔선수범을 보여야 한다. 아이가 우유를 엎질렀다고 야단쳐 울렸는데 나중에 알고 보니 할머니가 엎질렀다면, 아이에게 사과하고 다음부터 성급하게 판단하지 않도록 노력한다.

아이가 짜증을 내면 곧이어 따라서 성질을 부린다든지, 아이가 억지를 써서 원하는 걸 쉽게 얻어 내었던 것처럼 따라서 억지를 부리는 등, 종종 나도 모르게 아이 수준으로 내려오는 것 같다면, 잠시 시간을 내서 자신의 행동을 재평가해 본다.

* **부모는 자신 있는 모습을 보여 주어야 한다** "너한테 어떻게 해 줘야 할지 모르겠다……."며 끊임없이 투덜댄다면, 부모로서의 권위가 약화될 뿐 아니라 자신감 없는 모습을 보임으로써 아이를 겁먹게 만들 수 있다.

* **아이들은 존중받을 가치가 있다** 아이를 물건이나 소유물 혹은 그냥 아기로만 대하지 말고, 다른 사람을 존중하듯 존중하는 마음으로 대한다. "고마워.", "미안해.", "~해 줄래."라고 공손하게 말하고, 아이가 이해하지 못할 거라는 생각이 들어도 어떤 일을 금지할 때는 웃는 얼굴로 이유를 설명한다. 실행으로 옮기는 건 허락하지 않더라도 아이의 바람과 감정을 이해하고 공감하며, 낯선 사람이나 친구들 앞에서 야단을 쳐서 아이를 무안하게

엄마와 아이 모두가 이기는 상황

부모와 아이 사이의 분쟁에서 최고의 해법은 둘 다 승자가 되게 하는 것이다. 예를 들어, 아이가 탁자 위의 꽃꽂이에 손을 대고는 도전적인 눈빛으로 부모를 흘끔 쳐다본 다음 뒷걸음질 쳤다면, 더 이상 이 일에 관여하지 않는다. 아이는 접근을 금지한 물건에 손을 댔지만 그 이상 일을 저지르지는 않았거나 아무런 해를 입히지 않았다. 그러므로 둘 다 체면을 세웠고, 결국 둘 다 승자가 됐다. 즐거운 활동, 유머 감각, 반심리학, 그 밖에 창조적인 접근을 이용해 모두가 이기는 상황을 만들 수도 있다. 간단한 협상을 해도 모두가 이길 수 있다. "지금 바로 목욕을 하면 네가 좋아하는 책 읽어 줄게." 이때, 협상을 해야지 매수를 해서는 안 된다. 아이가 욕조에 들어가길 끝끝내 거부한다면, 협조하는 대가로 책을 읽어 주기로 한 약속을 지키지 않는다. 그렇다고 협박을 해서도 안 된다. "지금 당장 목욕을 하지 않으면 앞으로 책 안 읽어 준다." 나중에 아이가 부모 말을 이해할 정도로 크면, 행동의 결과를 설명해 준다. "지금 이렇게 시간을 낭비하면서 늦게 목욕하면 책 읽을 시간 별로 없을 텐데."

하지 않는다. 때로는 사람들 앞에서 아이의 행동을 바로잡아야 할 때도 있다. 그럴 때는 "던지지 마라." 혹은 "때리면 안 돼." 정도로 말하는 것이 좋지만, 좀 더 심하게 꾸짖어야 할 때는 아이를 한쪽으로 데리고 가거나 얼굴을 마주 보고 작은 목소리로 말하는 등, 조용히 야단을 쳐야 한다. 무엇보다 아이가 하는 말을 열심히 귀 기울여 들어 준다. 아이가 말을 할 줄 알기 전에는 웅얼거리고, 손으로 가리키며, 단음절로 된 낱말을 말하는 것이 주된 의사소통 형태라서 아이의 말을 알아듣기가 쉽지 않으며, 아이의 언어 능력이 충분히 발달해 분명하게 말을 할 줄 알 때까지는 정확하게 이해하기 어려울 것이다. 하지만 귀 기울여 들으려는 노력이 중요하다. 자신의 말이 이해받지 못하는 것은 아이 입장에서도 짜증 나는 일임을 기억하자.

* **부모와 아이의 권리가 공정하게 분배되어야 한다** 아이가 어릴 때는 부모가 한쪽 극단으로 치우치려는 실수를 범하기 쉽다. 어떤 부모는 아이를 위해 자신의 권리를 완전히 무시한다. 이런 부모들은 아이의 일정을 중심으로 생활하고, 결코 외출하는 일이 없으며, 친구와 연락도 하지 않고, 개인적인 인간관계를 소홀히 한다. 그런가 하면, 마치 아이가 없는 것처럼 생활하고, 아이의 필요에 주의를 기울이지 않는 부모도 있다. 이런 부모들은 아이가 피곤하거나 말거나 어른들 모임에 아이를 끌고 다니고, 축구 경기를 시청하느라 아이 목욕을 생략하며, 회의에 참석하느라 소아과 진료 예약을 빼먹는다. 적절한 균형을 찾기 위해 애써야 한다.

* **아무도 완벽하지 않으며, 누구도 완벽하길 기대해서는 안 된다** 아이에게 도달하기 불가능한 기준을 세우지 않는다. 아이가 어른들처럼 행동할 수 있을 만큼 발달하려면

웃으면서 야단치는 방법

유머 감각은 생활에 활기를 불어넣어 주고, 축 처져 있을 때는 기운을 북돋는 등 대단히 효과적인 훈육 도구가 되어 준다. 유머 감각을 사용하면 소리 지르고 싸울 일이 없고, 악감정이 생기지 않으며, 아이가 체면을 잃지 않으면서도 항복하게 할 수 있다.
아이가 유모차를 타지 않겠다고 고집을 부릴 때처럼 잔뜩 화가 날 수 있는 상황에서 유머 감각을 이용해 보자. 싫다고 빽빽 고함을 지르는 아이와 소모적으로 싸움을 벌이는 대신, 뜻밖의 엉뚱한 행동으로 짜증과 싸움을 차단한다. 가령, 개를 유모차에 태우겠다고 제안하거나, 부모가 대신 유모차에 타는 척한다. 이런 엉뚱한 제안에 아이는 생각이 다른 데로 향해 마침내 부모가 원하는 임무를 완수할 수 있을 것이다.
다양한 훈육 상황에서 유머 감각을 이용할 수 있다. 부모가 개나 사자, 미키 마우스, 그 밖에 아이가 좋아하는 캐릭터가 된 척하면서 지시를 내린다. 아이가 싫어하는 일을 시킬 때는 엉터리 노래를 불러 주거나 괴상한 실황 중계를 한다. 아이 얼굴을 씻기면서 "지금 세수 괴물이 다가오고 있습니다."라고 말하고, 얼굴에 비누칠을 하면서 "지금 세수 괴물이 얼굴을 열심히 잡아먹고 있습니다."라고 말한다. 아이를 공포의 기저귀 교환대까지 거꾸로 안아서 데리고 가고, 아이가 울면 "그만 울지 못해! 자꾸 울면 혼낸다!"라며 성급하게 꾸짖는 대신 거울을 보고 여러 가지 우스꽝스러운 표정을 지어 아이의 주의를 돌린다.
서로 더 자주 덜 심각해지면, 특히 때때로 폭풍이 찾아오는 만 1세 기간 동안 햇빛이 비치는 날이 더 많아질 것이다.
아이와 즐겁게 협력을 이루기 위한 자세한 방법은 176쪽 '약 먹을 때 설탕 한 숟가락?'을 참조한다.

아동기를 모두 거치고 나서야 비로소 이루어진다. 그리고 부모는 지금도 앞으로도 자신에게 완벽을 기대하지 않는다는 걸 아이가 알고 있어야 한다.

* **부모 역시 완벽하지 않다** 정답을 모두 알고 있고, 결코 통제력을 잃지 않으며, 한 번도 소리를 질러 본 적이 없고, 말 안 듣는 아이를 어디 내버리고 싶다는 엉뚱한 바람을 가져 보지 않은 부모는 아무도 없다. 좌절감을 계속 억누르는 것보다는 때때로 분노를 폭발해 문제를 해결하는 것이 더 바람직하다. 화를 꾹 참고 있다 보면, 전혀 엉뚱한 상황에서 불쾌한 기분을 느끼며 부당하게 버럭 화를 내게 된다.

* **아이들은 자신의 생활에 어느 정도 통제력을 갖고 있다고 느낄 수 있어야 한다** 정신 건강을 위해 사람은 누구나, 어린아이라 할지라도, 최소한 어느 정도는 상황을 통제할 수 있다고 느낄 수 있어야 한다. 언제나 아이 마음대로 할 수는 없겠지만, 가능하면 그렇게 하게 한다. 크래커를 먹을지 빵을 먹을지, 그네를 탈지 미끄럼틀을 탈지, 코끼리가 그려진 티셔츠를 입을지 어릿광대가 그려진 티셔츠를 입을지, 아이에게 선택할 기회를 준다.

* **토들러들은 규칙을 지키는 데 초보자들이다** 부모가 아이에게 블록을 치우라고 말할 때, 부모가 그 말을 이해한다고 해서 아이도 당연히 이해할 거라고 생각해서는 안 된다. 기본적인 과제일수록 간결하게 설명하고, 필요하면 행동으로 보여 주어야 아이가 이해할 수 있다. 먼저 바구니에 블록을 넣는 방법을 보여 준 다음, 바구니를 장난감 선반에 가져다 놓는 방법을 보여 준다. 아이가 이 일을 능숙하게 할 줄 알면, 전체 작업을 아이에게 맡겨 본다. "블록을 치워 주겠니?"라고 말하면 마침내 그에 알맞은 반응을 얻게 될 것이다. 지시 내용은 항상 간단하고 명료해야 한다는 사실을 명심하자. "저거 치워라."라고 말하는 대신 "네 블록 바구니에 넣어라."라고 말한다. "블록 치운 다음, 바닥에 놓인 장난감도 정리하고 네 옷도 치우렴. 다 하고 나면 손 씻고 밥 먹으러 와라."라는 식으로 길게 말하지 않는다. 장황한 지시가 끝날 때쯤이면 아이는 처음 지시 내용을 잊어버릴 것이다. 그러므로 한 번에 한 가지씩만 지시한다. 아이가 한 가지 임무를 완수하면 다음 임무를 알려 준다. 아이에게 전에 가르친 적이 있는 일인지 확신이 서지 않을 경우, 아이가 일을 서툴게 했다고 야단쳐서는 안 된다.

* **아이는 모든 임무를 이해할 수 없다** 아이의 육체적 지적 능력으로는 많은 일들을 감당하기 힘들다. 아이가 집에 들어와 외투를 걸어 놓길 바란다면, 옷걸이를 아이 손이 닿는 곳에 설치해야 아이가 외투를 걸 수 있을 것이다. 더러워진 옷을 빨래 바구니에 넣길 바란다면, 빨래 바구니가 너무 높아서는 안 되고, 아이가 뚜껑을 쉽게 열 수 있어야 하며, 뚜껑을 닫을 때 아이 손이 다치지 않아야 하고, 아이가 옷을 벗는 곳과 가까이 있어야 한다. 다시 말하지만, 애초에 아이가 하기 힘들거나 불가능한 일을 잘 못 한다고 야단쳐서는 안 된다.

* **아이들을 다룰 때는 인내심이 필요하다** 토들러들은 타고난 느림보에 주의를 집중하는 시간도 짧아서, 어떤 일을 보거나 듣게 되면 하던 일에서 금세 주의를 돌리기 쉽다. 그러므로 하던 일을 끝까지 하게 하려면 자주 조용히 상기시킬 필요가 있다.

— 효과적인 훈육 방법

아이를 훈육하는 올바른 방법은 없지만, 다음 내용을 비롯해 몇 가지 효과적인 방법들이 있다. 아이의 성격과 부모의 성격, 그리고 특정한 상황에 따라 훈육 방법과 훈육할 때를 결정한다.

잘한 행동에 관심을 갖는다 대부분의 아이들은 말썽을 부릴 때보다 얌전하게 있을 때 부모의 관심을 덜 받는다는 사실을 일찍부터 알게 된다. 엄마가 30분째 가계부를 들여다보면서 아이에게는 눈길 한 번 주지 않는다면? 아이는 슬슬 엄마의 우편물을 찢기 시작할 것이다. 아빠가 퇴근해서 집에 돌아와 소파에 앉아 신문만 보고 아이에게는 말 한 마디 건네지 않는다면? 아이는 카펫에 개 밥그릇을 엎어 아빠의 눈길을 끌려고 할 것이다. 물론 아이의 사고 과정이 이처럼 명확하지는 않겠지만 결과는 그렇다.

그러므로 아이가 부모의 관심을 끌기 위해 말썽을 부린다면 과잉 반응을 보이지 않도록 하자.

매를 들어야 하나 말아야 하나

체벌은 많은 가정에서 대대로 전해 내려오는 훈육 방법이다. 그럼에도 불구하고 대부분의 전문가들이 체벌은 효과적인 방법이 아니라고 입을 모은다. 매를 맞은 아이들은 위험을 무릅쓰고 또다시 매 맞을 행동을 하기보다 말썽을 삼가는 경향이 있지만, 단지 매가 무서워서 부모 말을 듣는 것이다. 다시 말해, 옳고 그름을 구분하는 법을 배우기보다 매 맞을 행동과 그렇지 않은 행동을 구분하는 법을 배우게 되고, 자제력은 거의 배우지 않는다.

매를 들면, 다른 부정적인 영향도 생긴다. 첫째, 폭력적인 본보기를 보이게 된다. 매를 맞은 아이들은 또래 아이들에게 폭력을 사용하고, 나중에 자기 자녀들에게도 폭력을 행사할 가능성이 높다. 둘째, 논란을 해결하는 최고의 방법은 폭력이라는 걸 가르침으로써 상처를 덜 주면서도 분노와 좌절을 해결할 대안적인 방법을 배울 기회를 아이에게 허용하지 않게 된다. 아주 크고 강한 쪽이 아주 작고 상대적으로 약한 쪽에게 힘을 남용하는 전형적인 예가 되기도 한다. 체벌은 부모와 아이 모두 굴욕감을 느끼게 하고, 품위를 손상시키며, 종종 자존감과 사기를 크게 떨어뜨린다.

특히 크게 화가 나 있는 상태에서 매를 드는 경우 심각한 부상으로 이어질 수도 있다. 화가 가라앉은 후에 매를 들면, 신체적으로는 해를 덜 입히겠지만 훨씬 더 문제가 될 수도 있다. 이 경우, 확실히 더욱 잔인한 방법으로 체벌을 계획하게 되고, 잘못을 저지른 지 한참이 지나서야 처벌이 이루어지기 때문에 결국 행동을 개선하는 데에는 효과가 적다. 베이비시터나 다른 양육자에게 절대로 아이를 때리거나 어떤 형태로든 체벌을 가해서는 안 된다고 지시해야 한다. 아이가 어린이집에 다니는 경우, 체벌이 금지되어 있다는 방침이 있는지 확인해야 한다. 어린이집 교사가 아이를 절대로 때리지 않을 거라는 걸 확실하게 보장받을 수는 없겠지만. 아이를 돌보는 쪽에서 체벌을 했다는 증거가 있는 경우 신속하고 단호하게 개입해야 한다.

첫째, 아이를 돌본 쪽을 해고하고 해당 사건을 보고한다. 에이전시나 다른 기관을 통해 베이비시터를 고용했다면 해당 사건을 알린다. 베이비시터가 아이에게 부상을 입혔다면, 아동 보호 전문 기관에 보고해야 한다.

일부 전문가들과 부모들은 아이가 너무 어려 말로 해서는 중요한 메시지를 이해시키지 못할 경우, 위험한 상황에 한해서 손바닥이나 엉덩이를 때리는 것이 정당화될 수 있다고 주장하기도 한다. 예를 들어, 가까이 가서는 안 된다고 엄하게 경고를 주었는데도 아이가 도로 안으로 들어간다든지, 계속해서 뜨거운 가스레인지에 다가가는 경우, 이 방법은 아이에게 고통을 가하지 않으면서도 상황의 심각성에 재빨리 주의를 환기시킬 수 있다. 이렇게 손바닥이나 엉덩이를 때리고 나면 반드시 설명을 해 주어야 한다. "찻길에 뛰어들면 차가 널 다치게 할 수 있단다." 그러나 아이가 부모 말을 알아듣는 나이가 되면, 아무리 안전에 관한 상황이라 하더라도 더 이상 물리적인 힘이 정당화되어서는 안 된다.

부정적인 반응이라도 부모의 과도한 반응이 바로 아이가 노리는 바다. 대신 아이가 책을 조심스럽게 넘기거나, 엄마가 설거지를 하는 동안 얌전히 퍼즐 맞추기를 하거나, 바닥에서 신문을 주워 아빠에게 건네주면 칭찬을 듬뿍 해 준다. 잘한 행동에 크게 관심을 보여야지, 잘못된 행동에 관심을 보여서는 안 된다.

그리고 아이가 고의적으로 말썽을 부려 부모의 관심을 얻으려 애쓸 필요를 느끼지 못하도록 평소에 아이에게 충분히 관심을 주어야 한다. 아무리 바빠도 한 번씩 아이를 안아 주거나, 아이가 블록을 쌓는 걸 보면서 칭찬해 준다.

적절한 벌을 준다 크레파스로 벽에 그림을 그렸다는 이유로 텔레비전을 보지 못하도록 벌을 주면, 어린 토들러들은 왜 이런 벌을 받는지 거의 이해하지 못한다. 그러나 즉시 크레파스를 빼앗고 점심 식사 이후까지 돌려주지 않으면 부모의 의도를 훨씬 잘 이해할 것이다. 이때, 잊지 말고 도화지도 같이 빼앗는다. 잘못된 행동에는 반드시 그에 적합한 벌을 내려야 한다. 아이가 일부러 오렌지 주스 컵을 엎질렀다면 직접 바닥을 닦게 한다. 블록을 주변에 마구 던지면 그날은 블록을 가지고 놀지 못하게 한다. 모래놀이를 하면서 다른 아이의 삽을 빼앗았다면, 그 아이가 삽을 다 가지고 놀 때까지 기다리게 한다.

잘못한 행동에 따르는 당연한 결과를 감수하게 한다 일부 어른들조차 결코 배우지 못하는 인생에서 아주 중요한 교훈 가운데 하나는 모든 행동에는 결과가 따르기 마련이라는 사실이다. 내 쿠키를 개에게 주면 내가 먹을 쿠키는 없다. 좋아하는 책을 찢어 버리면 아빠가 더 이상 그 책을 읽어 줄 수 없다. 곰 인형을 놀이터의 진흙 웅덩이에 빠뜨리면 빨아서 마를 때까지 곰 인형을 가지고 놀 수 없다. 우발적으로 벌어진 일이 아닌 이상, 아이가 한 행동의 결과로부터 번번이 아이를 지켜 주어 보상을 하려 해서는 안 된다. 쿠키를 더 준다든지, 그림책을 새것으로 한 권 더 사 준다든지, 울음을 그치게 하려고 아이스크림을 사 준다든지 하며 보상을 하려고 해서는 안 된다. 이런 상황에서 아이는 잠시 힘들어하겠지만, 마침내 중요한 교훈을 얻게 될 것이다.

타임아웃을 고려한다 모든 전문가들이 타임아웃이 현명한 훈육 도구라는 데 동의하지는 않지만, 일부

체벌이 학대가 될 때

고의적으로 자녀를 다치게 하는 부모는 거의 없다. 대부분의 아동 학대자들은 홧김에 혹은 아이를 위해서라는 이유로 체벌을 가한다. 그리고 자녀를 학대한 대부분의 부모들 자신도 어릴 때 똑같은 방식으로 훈육을 받았다. 그러나 기저귀가 충분히 완충 장치가 되어 주는 상태에서 엉덩이를 때리는 것 이상의 체벌은, 특히 아이가 어릴 경우 아이를 다치게 할 수 있다. 심지어 흔드는 것처럼 겉으로는 해가 없어 보이는 행동도 영아나 토들러에게 심각한 해를 입힐 수 있다. 벨트나 자, 그 밖의 도구를 사용하는 것은 말할 것도 없이 대단히 위험하다. 자신을 통제할 수 없고 아이를 때리고 싶은 마음이 들면 언제라도 즉시 도움을 요청한다. 이웃이나 가까이 사는 친구에게 혹은 해당 지역의 아동 학대 전화 상담 서비스에 전화를 건다. 아이를 돌봐 주는 사람이나 한집에 사는 누군가가 아이를 때리려고 시도하거나 실제로 때린 경우에도 마찬가지로 도움을 구한다.

부모들은 그렇다고 확신한다. 이 방법의 효과는 부모의 실천력과 아이의 기질에 따라 다르다.

    타임아웃의 목적은 통제되지 않는 아이를 진정시켜 통제력을 되찾아 주려는 데 있다. 또한 연령이 좀 더 높은 아이들에게 타임아웃을 이용할 경우, 자기반성을 할 기회를 제공할 수도 있다. 대체로 이 정지 시간은 폭발 직전의 상황이 최악으로 치닫기 전에 상황을 잠재우는 데 도움이 된다. 토들러에 따라 30초에서 1분이 적당할 수도 있고, 5~10분 정도가 필요할 수도 있다. 타임아웃 시간을 정하기 위해 모래시계나 분 단위 타이머를 이용한다. 연령이 좀 더 높은 아이의 경우, 아이 스스로 준비가 됐다고 생각될 때 일어나도록 할 수도 있다. 아이가 의자에 앉아 있지 않으려 할 경우, 계속해서 의자나 벽으로 단호하게 아이를 돌려보내고, 필요하면 아이의 어깨 위에 손을 얹어 아이가 움직이지 못하게 한다. 타임아웃 시간이 끝나자마자 아이가 다시 바람직하지 않은 행동을 하면 타임아웃을 반복한다.

    타임아웃을 실시할 때 지켜야 할 몇 가지 중요한 지침이 있다. 아이가 처음 잘못된 행동을 했을 때 타임아웃을 이용해서는 안 되며, 한 차례 주의를 주었는데도 말을 듣지 않은 경우에만 실시한다. 부모가 볼 수 있는 안전한 장소, 장난감과 놀이 같은 재미있는 활동과 멀리 떨어진 장소에서 실시해야 한다. 옷장이나 어두운 방에 격리해서는 안 된다. 아주 어린 토들러의 경우, 아기 놀이터를 타임아웃을 위한 전용 공간으로 만들어 아이를 아기 놀이터에 앉힌다. 이 연령대의 아이들은 대부분 아기 놀이터에서 노는 걸 무척 답답하게 여긴다. 아기 침대나 아이 방을 타임아웃 장소로 이용하지 않는다. 이런 공간은 아이가 긍정적인 경험과 연관시켜야 할 공간들이다. 아이가 아기 놀이터 밖으로 기어 나올 수 있는 경우, 타임아웃을 위한 전용 의자를 따로 마련해야 한다. 이 의자 역시 앉아서 텔레비전이나 책을 보거나 창밖을 내다보는 등 흥미 있는 활동을 하는 데 이용해서는 안 되며, 쉽게 부서질 수 있는 물건이나 아이가 쉽게 망가뜨릴 수 있는 물건을 의자 주변에 놓아서도 안 된다. 아이를 의자에 안내하고, 의자에 앉아 있도록 지시를 내리고, 타임아웃 시간 동안에는 아무하고도 이야기를 하지 못하게 해야 한다. 만약 아이가 화장실에 가거나 기저귀를 갈아야 할 때가 됐다고 생각되면, 타임아웃을 시작하기 전에 필요한 일을 마친다.

    타임아웃을 명령한 어른이 타임아웃을 실시해야 하고, 시간이 다 되면 아이를 풀어 주어야 한다. 가령, 명령은 엄마가 하고 풀어 주기는 할아버지가 하면 아이에게 혼란을 줄 수 있다. 다시 말해, 아이는 엄마가 자신을 영원히 타임아웃 상태로 묶어 두길 간절히 바란다고 생각하거나, 할아버지는 자신이 타임아웃을 당할 만큼 잘못하지는 않았다고 생각하기 때문에 풀어 주는 거라고 결론을 내릴 수도 있다.

    타임아웃 방식이 부모와 아이에게 잘 맞다고 생각되면 시도해 봐도 좋다. 그러나 유독 예민한 아이의 경우, 방 한구석으로 쫓겨나면

절대로 아이를 흔들어서는 안 된다

아이를 절대로 때리지 않는 많은 부모들이 분노나 불만을 드러내는 방법으로 아이를 흔드는 건 전혀 문제가 되지 않는다고 생각한다. 그러나 이건 전혀 안전한 방법이 아니다. 토들러의 목 근육이 영아보다는 강하지만, 생후 1년과 2년에 아이를 흔들면 아이의 목이나 뇌에 여전히 심각한 손상을 입힐 수 있다.

거부당했다고 느끼거나 이루 말할 수 없는 화가 날 수도 있다는 사실을 염두에 두어야 한다. 이런 아이의 경우 타임아웃은 최선의 훈육 방법이 아닐 수 있다. 훈육의 목적은 올바른 행동을 가르치는 것이지 처벌을 가해 마음에 상처를 주는 것이 아니다.

그리고 타임아웃을 과용하거나 유일한 훈육 방식으로 이용하지 않도록 주의한다. 타임아웃을 이용할 수밖에 없는 정당한 이유가 있을 때에만 실시한다.

합당한 경고를 한다 아이가 말썽을 부리거나 막 말썽을 부리려는 장면을 포착했을 때, "엄마가 셋 셀 때까지 그만두지 않으면 ~할 거다."라고 경고하는 것은 정당하다. 물론 그런 다음 말한 대로 지켜야지, 그렇지 않으면 부모가 한 말이 아무런 의미가 없어진다. 아이가 어딘가에 부딪치거나, 불이 활활 타오르는 난롯가에 다가가거나, 창문을 쾅쾅 두드리거나 하여 위험한 결과가 예상되는 상황에서는 경고를 생략하고 즉시 아이의 행동을 가로막아야 한다.

처벌에 대해 설명한다 아무리 어린아이라 해도 누나에게 장난감을 던졌기 때문에 부모에게 장난감을 압수당했다는 걸, 혹은 현관 앞 고무나무 잎을 뜯었기 때문에 타임아웃을 받게 됐다는 걸 막연하게나마 이해한다. 훈육을 할 때는 반드시 설명을 한다. 그러나 간단명료하게 설명해야지 그렇지 않으면 메시지가 전달되지 않을 것이다.

즉시 벌을 준다 토들러들은 기억력이 짧고 주의 집중력은 그보다 더 짧다. 부모의 긴 잔소리가 끝나거나 특혜를 없앨 즈음엔, 아이는 벌써 자신이 벌을 받는 이유를 잊어버렸을 것이다. 아침에 잘못한 행동 때문에 저녁에 디저트를 주지 않는다면, 아이는 자신의 잘못과 결과 사이에 전혀 연관성을 찾지 못할 게 분명하다.

벌을 받은 원인을 다시 확인한다 처벌이 끝나면 벌을 받게 된 원인을 짧게 확인하는 것이 좋다. 아이가 말을 할 줄 알면 이렇게 물어본다. "네가 왜 타임아웃을 받아야 했지?", "아빠가 왜 공을 빼앗았지?" 물론 아이가 제법 크기 전까지는 대부분의 경우 부모가 직접 질문에 대답을 해야 할 것이다.

용서하고 잊어버린다 아이가 벌을 다 받았으면 다시 평소의 생활로 돌아가야 한다. 계속 화를 내거나 길게 잔소리를 해서도 안 되지만, 아이를 훈육한 걸 후회한다는 메시지를 전달할 수도 있으므로 지나치게 애정을 보이면서 특별히 혜택을 베풀어서도 안 된다.

아이에게 꼭 알려 주세요: 언행의 기본, 예의범절 가르치기

토들러에게 예의범절을 가르치려 하는 것은 셰퍼드에게 마케팅을 가르치려는 것처럼 무의미한 짓 같아 보일지 모른다. 어쨌든 식사를 마친 후 장난감 상자를 향해 쏜살같이 달려가기 전에 "먼저 자리에서 일어나도 될까요?"라고 말하도록 토들러에게 가르치는 것은, 셰퍼드에게 제품 설명서를 작성하게 하는 것이나 다를 바가 없을 테니 말이다.

그러나 여기에는 분명히 차이가, 그것도 중요한 차이가 있다. 제아무리 영리한 개라 해도 마케팅을 완전히 익힐 수는 없지만, 일찌감치 예의범절을 익히기 시작한 아이는 예절 바른 어른으로 성장할 가능성이 대단히 높다.

예절을 중요하게 여기던 시대에 자란 어른들이 입버릇처럼 말하듯이, 오늘날 아이들은 대체로 언행에 대한 교육을 제대로 받지 않는 것이 사실이다. 아마도 우리가 규율이라는 말을 들을 때 용어에서 느끼게 되는 반발심으로 인해, 요즘 부모들은 비교적 자유방임적인 환경에서 하고 싶은 말을 눈치 보지 않고 하도록 아이를 키워 왔기 때문이 아닌가 싶다.

그러나 자기표현이 확실한 자기중심적인 사람으로 아이를 키우는 것이, 자기 속을 시원하게 털어놓기를 두려워하면서 '~ 해 주세요', '고맙습니다'라는 말을 기계적으로 내뱉는 공손한 자동인형으로 키우는 것보다 훨씬 낫다고 볼 수는 없다. 아이들은 자신의 권리를 옹호하는 법을 배워야 하고, 동시에 다른 사람의 감정과 권리를 배려하고 존중하는 법도 배워야 한다.

다행히 우리는 두 마리 토끼를 모두 잡을 수 있다. 물론 아이가 두 마리 토끼를 잡으려면 어느 정도 시간이 걸리겠지만. 과거 수십 년 동안 그랬던 것처럼 아이가 자신을 표현하지 못하도록 억압하지 않으면서도 예의 바른 아이로 키울 수 있다. 다음 방법을 참고해, 지금부터 서서히 아이에게 예의범절을 알려 주도록 하자.

올바른 기반을 다진다 올바른 예절은 앉아야 할 때와 서 있어야 할 때, 어떤 상황에서는 어떤 도구를 사용해야 하는지를 아는 것이지, '~ 해 주세요', '고맙습니다' 같은 말을 잘한다고 되는 문제가 아니다. 예의범절의 기본 원칙은 다른 사람을 향한 배려다. 다시 말해, '~ 해 주세요', '고맙습니다' 같은 말을 사용하는 것은, 단지 자신이 교육을 잘 받은 사람임을 드러내기 위해서가 아니라 다른 사람을 배려하기 위해서다. 제대로 예의 바른 아이로 키우려면 예의범절의 방법과 함께 이유도 가르쳐야 한다. 그래야 하는 거라고 하니까 버스에서 노인에게 자리를 양보한다든지 하는, 단지 책에 나온 내용을 모방하는 차원이 아니라, 나보다는 노인이 더 자리에 앉고 싶어 할 테니까 자리를 양보하는, 마음에서 우러나오는 예절을 가르쳐야 한다. 남을 배려하는 사람이 되라고 가르침을 받으면서 자란 아이는 공손한 사람으로 성장하게 되어 있다.

본보기를 보인다 아이에게 예의를 가르치는 가장 좋은 방법은 직접 예의를 보여 주는 것이다. 그러므로 고속도로에서 통행료를 지불할 때 "고맙습니다."라고 인사하고, 북적이는 상점에서 다른 사람과 부딪히면 "미안합니다."라고 사과하고, 입을 다문 상태에서 음식을 씹는다. 그러나 무엇보다 가장 중요한 것은, 아이를 대할 때 올바른 언행을 사용해야 한다는 사실을 기억하는 것이다. 아이에게 탁자로 오라고 부탁할 때는 "이리 와 주겠니?"라고 말한다. 아이가 부모의 부탁을 받아 책을 건네주었을 때는 "고맙다."라고 말하고, 실수로 아이가 쌓은 블록을 무너뜨렸을 때는 "미안하다."라고 사과한다. 아이에게 존중과 배려를 가르치려면 항상 아이의 감정을 존중하고 배려해야 한다.

아이를 대변한다 토들러들은 할아버지에게 "안녕히 가세요."라거나, 집에 온 손님에게 "어서

오세요." 혹은 놀이 모임을 주최한 주인에게
"초대해 주셔서 감사합니다."라고 인사할 만큼
성숙하지 않다. 그러므로 아이를 대신해 인사하는
건 부모가 할 일이다. 기본적인 예의를 지키라고 쉴
새 없이 잔소리를 하기보다, 집 안에서든 밖에서든
사람들과 함께하는 자리에서 부모가 예의를
갖춘 말을 반복해서 되풀이하는 것이 아이에게
훨씬 많은 것을 가르칠 수 있다. 아이에게 항상
"자, 지금은 뭐라고 말해야 하지?"라고 재촉하면
아이를 짜증 나게 하고 굴욕감을 줄 수 있으며,
부모가 기대하는 말을 하길 더더욱 꺼리게 만들 수
있다. 가끔은 상기시켜 주는 것도 좋지만, 부모와
단둘이 있을 때 알려 주도록 한다.

압력을 가하지 않는다 예의를 갖추라고 잔소리를
듣거나, "고맙습니다."라고 인사를 하지 않거나
숟가락을 사용하지 않으면 벌을 받는 경우,
아무래도 그렇지 않은 아이들보다 예의범절을
빨리 배울 수는 있다. 하지만 아이가 고집이
센 성격이라면 예의범절을 완전히 거부할지도
모른다. 어느 쪽이든 아이들은 예절에 대해
긍정적으로 받아들이지 않을 테고, 강제적인
부모의 시선에서 벗어나기만 하면 예절을 완전히
무시하려 들 것이다.

그러나 캠페인은 계속한다 강요는 적절한 방법이
아니지만, 때때로 상기시켜 주는 것은 괜찮다.
부모와 단둘이 있을 때 아이가 '~ 해 주세요'라는
말을 잊어버린 경우, "뭐 잊어버린 말 없니?"라고
물어본다. 아이가 '고맙습니다'라는 말을 생략한
경우, "이럴 때 무슨 말을 하면 좋을까?"라고
묻는다. 아이에게 적절한 대답을 들었다면
이것으로 학습을 마친다. 그러나 적절한 대답을
듣지 못했다면 아이 스스로 생각하게 한다.
부모가 예절을 중요하게 생각한다는 걸 평소에
분명하게 알려 준다. 식탁에서도 가볍게 예절을
알려 준다. "이게 뭐지? 숟가락으로 뭘 해야 할까?
이렇게 공중에 흔드는 건가? 모자처럼 머리에
쓰는 건가?" 아이를 꾸짖기보다 도전 의식을
불러일으킨다. "우리 ○○는 아직도 너무 약해서
포크로 고기를 찍기는 힘들 거야."

아이의 말에 귀를 기울인다 평소 부모가 아이의
말에 귀를 기울이면 아이도 다른 사람의 말에 귀를
기울이게 되어 있다. 그리고 남의 말을 잘 경청하는
것은 예의 바른 사람이 되는 중요한 요소다.

아이의 연령에 맞는 적절한 기대치를 갖는다
식탁 위에 팔꿈치를 올리지 않는 아이도 있지만,
대부분의 아이들은 그러기 힘들다. 또한 대부분의
아이들은 손가락에 음식을 묻히거나 음식 그릇에
손을 담그기 일쑤고, 얌전하게 숟가락질을 하거나
자기 컵에 주스를 따르기 어렵다. 토들러들에게
음식을 온몸에 묻히는 건 먹는 재미의 일부다.
지저분하게 먹는 것이 바람직한 모습은 아닐지
몰라도 토들러다운 모습이며, 앞으로 한동안은
그렇게 지낼 것이다. 사교적인 예의에 대해서도
마찬가지다. '고맙습니다'라는 인사를 기억하는
일부터 다른 사람과 기꺼이 나누는 일까지, 예의
바른 어른으로 성숙하려면 다른 사람들의 예의
바른 모습을 몇 년씩 지켜보아야 한다. 그리고
그만큼 부모가 옆에서 일러 주어야 한다. 그러나
인내심을 갖고 계속해서 예의를 가르치다 보면,
언젠가 "세상에, 댁의 아이는 어쩌면 이렇게
예의가 발라요."라는 주위 사람들의 말을 들으며
뿌듯해할 날이 올 것이다.

6장

생후 18개월

✱✱✱

아이의 발달 과정

이달 말에 아이가 해야 할 행동

✱ 3개의 단어를 사용한다.
✱ 원하는 대상을 가리킨다.

주의 사항 아이가 아직 이 단계에 이르지 못했거나 상징 놀이와 상징 표현을 이용하지 않는다면, 의사와 상담한다. 아직 이 단계에 다다르지 않았더라도 얼마든지 정상일 수 있지만, 어쨌든 평가를 받아 볼 필요가 있다. 또한 아이가 통제되지 않거나 과잉 행동을 보이는 경우, 말이 거의 없거나 수동적이거나 내성적인 경우, 지나치게 부정적인 반응을 보이고 요구 사항이 많으며 고집이 센 경우에도 역시 의사의 상담을 받는다. 단, 예정일보다 일찍 태어난 아이들은 생활 연령이 같은 또래 아이들보다 대체로 발달이 느린 편이다. 이런 발달상의 차이는 차츰 좁혀지다가 대개 만 2세 무렵이면 완전히 사라진다.

아이가 하게 될 행동

✱ 달린다.
✱ 숟가락 이나 포크를 사용하지만 한 가지만 사용하지는 않는다.
✱ 요구하면 신체 부위 1군데를 가리킨다.

아이가 할지 모를 행동

✱ 앞으로 공을 찬다.
✱ 몸짓을 보여 주지 않아도 2단계 지시를 수행한다.

혹시나 아이에게 기대할 만한 행동

✱ 그림 1개를 알아보고 이름을 말한다.
✱ 50개 이상의 단어를 사용한다.

정서적 발달 18개월 아이들은 대부분 기쁨, 화, 따뜻함, 자기주장, 호기심 등을 비롯한 다양한 감정과 행동을 드러낸다. 일부 한계를 이해할 줄 알고, 부모를 떠나서 놀고 탐색할 줄 알며, 부모의 사랑을 즐거워한다.

지능 발달 18개월 아이들은 자신의 바람과 의도를 전달할 줄 알고, 장난감을 모방적이고 상징적으로 이용하기 시작한다.

18개월 아이의 소아과 건강검진(국민건강보험공단 3차 영유아 검진)

소아과 건강검진 준비 문진표를 미리 작성한 다음, 지난번 건강검진 이후에 생긴 걱정과 궁금한 내용들을 죽 적어 본다. 이렇게 하면 의사가 "그 밖에 다른 의문 사항이 있습니까?"라고 물어볼 때, 즉시 궁금한 내용을 문의할 수 있다. 걷기, 오르기, 달리기, 숟가락 사용하기, 단어를 이용해 절을 만들기, 신체 부위를 가리키기 등 아이가 보여 주는 새로운 기술들도 메모해서, "요즘 아이가 어떤 재주를 보여 주나요?"라는 질문을 받을 때 당황하지 않고 선뜻 대답할 수 있도록 한다. 병원에 갈 때 소아청소년 건강수첩도 가지고 가서 아이의 키, 체중, 예방접종 등 건강검진을 통해 얻은 정보들을 기록한다.

소아과 건강검진 절차 건강검진을 수행하는 담당 의사에 따라 절차가 조금씩 다를 수 있지만, 생후 18개월 아이의 건강검진은 대체로 다음과 같이 이루어진다.

* 지난번 건강검진 이후 아이의 발달, 행동, 식습관, 건강에 대해 질문한다. 가족이 대체로 잘 지내는지, 주된 스트레스나 변화는 없었는지, 아이가 형제들과 잘 지내는지, 엄마가 아이를 돌보는 데 어려움은 없는지, 보육 시설에 보낼 경우 보육 시설은 어떤지 등, 아이의 전반적인 생활에 대해서도 질문할지 모른다. 의사는 엄마가 다른 질문이나 걱정이 있는지도 알고 싶어 할 것이다.
* 지난번 건강검진 이후 키, 체중, 머리둘레 등 아이의 성장을 평가한다. 이 결과들을 성장 도표에 표시하면 아이의 키에 비해 체중이 어느 정도인지 평가할 수 있고 과거 측정치들과 비교할 수도 있다.
* 관찰과 면담을 기반으로 신체 발달과 지능 발달, 청력과 시력에 대해 비공식적으로 평가한다. 아이가 걷는 방식도 점검할 수 있다.
* 자세한 국민건강보험공단의 영유아 검진 대상 안내는 본서 912쪽과 공단 홈페이지(www.nhis.or.kr)를 참조한다.

예방접종
* 디프테리아, 파상풍, 백일해(DPT) 추가 접종을 실시한다(단, 15개월에 접종하지 않았을 경우에).

선행 지도 의사는 다음과 같은 내용들을 안내할지도 모른다. 바람직한 육아 방법, 부상 예방법, 아이에게 책 읽어 주기, 사이좋게 노는 법 가르치기, 충분한 영양 섭취, 식습관, 간식, 비타민 보충제, 모유나 분유 떼기, 엄지손가락 빨기, 노리개 젖꼭지 이용, 이행 대상 등 심리적 위안을 찾기 위한 습관들, 낮잠과 밤잠의 수면 문제, 밤을 두려워함, 배변 훈련 준비, 훈육, 육아 시설, 부모의 지원, 그 밖에 앞으로 몇 달 동안 꼭 알아 두어야 할 문제들

다음 건강검진 아이가 건강하다면 30개월이 될 때 다시 건강검진을 받게 될 것이다. 그 전이라도 이 책에 나와 있지 않는 내용에 대해 궁금한 사항이 있거나 아이가 질병의 증상을 보이는 경우 의사에게 연락한다.

무엇이든 물어보세요 Q&A

—— 다음 아기는 언제쯤

Q "이제 아들이 태어난 지도 1년 6개월이 지나서, 다시 아기를 가지는 게 어떨까 생각하고 있어요. 하지만 지금이 임신을 해도 괜찮은 시기인지 잘 모르겠어요."

A 아이를 또 갖기에 알맞은 시기 같은 건 없다. 마찬가지로 잘못된 시기도 없다. 자녀의 터울이 짧으면 단기적으로는 어려움이 많을 수 있지만, 장기적으로는 시간을 유용하게 이용할 수 있다. 터울이 길면 둘째를 낳기 전까지 불면의 밤은 줄어들고 좀 더 오랜 기간 쉴 수 있지만, 밤잠을 설치는 걸 이젠 할 수 없다고 생각될 때에 갑자기 다시 불면의 밤을 시작해야 한다. 터울이 짧으면 형제끼리 친구처럼 지낼 수 있고, 터울이 길면 형제끼리 덜 싸우지 않겠느냐고 생각하는 사람들도 있지만, 형제간의 우애는 가족계획에 따른 문제라기보다 운명에 따른 문제라고 하는 게 맞을 것이다. 형제끼리 싸우는 이유는 나이 차이 때문이라기보다 주로 유사한 기질과 이해관계 때문이다. 그리고 형제간에 경쟁의식이 일어나지 않는다고 보장할 수 있는 나이 차이란 없다.

모든 전문가들이 같은 의견은 아니지만, 대부분의 전문가들은 출산에서 다음 임신까지 기간이 18개월 미만인 경우 엄마의 몸에 스트레스가 많고, 아이가 충분한 기간 동안 가족의 막내로 지낼 기회가 박탈될 수 있다고 말한다. 형제간의 터울이 두 살 반에서 세 살이 가장 이상적이라고 주장하는 전문가들도 있는데, 이 정도 기간이면 첫째 아이를 애지중지 대접하기에 충분한 시간이면서도 둘째가 태어날 때 아기를 키우는 감각을 잃어버릴 만큼 아주 긴 시간은 아니기 때문이다. 하지만 사람에 따라 이 기간이 알맞지 않을 수도 있다.

언제쯤 아기를 낳는 게 좋을까 하는 문제는 이 책이나 전문가의 주장 같은 외부 정보에서 정답을 찾으려 하기보다, 가까운 곳에서 정답을 찾는 것이 바람직하다. 엄마의 나이, 건강, 이전 임신과 출산에서 얼마나 빨리 회복했는지 등을 고려하고, 엄마의 에너지 수준과 아이가 특수 교육을 받아야 하는지 여부를 검토한다. 그리고 대부분의 부부들이 임신하는 데 3~6개월이 걸린다는 사실을 감안하여 향후 9~15개월 사이에 예측할 수 있는 라이프 사이클, 동생의 결혼, 이사, 새 직장 등 가정이나 직장에서 일어날 일들에 대해서도 검토한다. 그런 다음, 이런 일들이 임신과 새로 태어날 아기에게 어떤 영향을 미칠지 살펴본다. 부부 두 사람의 생각도 고려한다. 두 사람 모두 시기 적절하다고 생각하면 지금 임신해도 좋고, 시간이 좀 더 필요하다고 생각하면 시간을 좀 더 갖는 것이 좋다. 깊이 생각하고 의논하며, 원한다면 장점과 단점을 기록하되 지나치게 분석하지 않는다. 대략 임신이 가능한 연령이면 언제 어디서든 임신해 잘 키울 수 있고, 모두가 그래 왔다.

Q "많은 사람들이 언제쯤 둘째를 가질 계획이냐고 자꾸만 물어봐요. 하지만 우리는 둘째를 낳는 게 좋을지 잘 모르겠어요. 지금 이렇게 세 식구만으로도 무척 행복하고 만족스러워서 아이를 더 낳고 싶은 생각이 조금도 없거든요.

그냥 아이 하나로 만족하면 안 될까요?"

A 원하면 아이 하나만 낳고 그만두어도 괜찮다. 이 문제에 대해 내 대신 결정을 내릴 자격은 누구에게도 없다. <u>여러 가지 타당한 이유를 근거로 아이를 더 낳을 수는 있지만, 친구와 가족, 사회의 압력 때문에 아이를 낳아서는 안 된다.</u>

과거에는 당연히 그래야 한다는 생각에서 부모들이 아무 생각 없이 여러 명의 아이를 낳았다. 하지만 오늘날은 한 명의 자녀만 두는 부모들이 점점 늘고 있다. 이유는 많다. 그중 대표적인 것이 부모의 나이, 정신없이 바쁜 생활 방식, 불안정한 재정 상태이다. 부모가 나이가 많으면 아이를 더 낳아 기를 기력이 없거나, 50대를 훌쩍 넘긴 나이에 아직 청소년 자녀가 집에 있다는 건 생각조차 할 수 없다. 그리고 일부 부모들은 여가 시간이 거의 없을 만큼 몹시 바빠, 그나마 있는 모든 여가 시간을 한 명의 자녀에게 모두 헌신하려고 한다. 재정 상태를 고려하는 부모의 경우, 아이에게 들어가는 엄청난 사교육비와 조기 퇴직의 불안한 미래로 인해 재정 상태를 염두에 둘 수밖에 없는 것이다.

최근 연구 결과들은 한 자녀 가정이 둘 이상의 자녀를 둔 가정 못지않게 행복하고 만족스럽다고 제시하며, 외동아이들은 결국 외로울 수밖에 없다느니 잘 적응하지 못한다느니 하는 옛말들을 비판한다. 한 연구 결과는 외동아이들은 형제가 많은 아이들만큼 행복하고 정서적으로 건강할 거라고 제시했다. 이 연구에 따르면, 평균적으로 외동아이들은 형제가 있는 아이들보다 학업 성취도가 높으며, 크게 성공한 인물들 가운데 외동으로 자란 사람들이 두드러지게 많다고 한다. 아마도 부모의 사랑을 독차지하면서 자율성과 자신감이 매우 높아지고 경쟁에 대한 불안이 적기 때문이 아닌가 싶다.

장차 내 아이를 한 나라의 대통령, 세간의 이목을 끄는 변호사, 유망 기업 CEO로 키울 가능성을 높이기 위해서는 외동아이를 고집해야 한다는 의미는 아니다. 형제가 있든 없든, 사랑과 지지를 받고 자란 아이라면 누구나 행복하고 성공한 사람으로 성장할 가능성이 높다. 그리고 아이를 더 낳을지 말지를 결정할 때 부부의 생각과 환경을 기준으로 결정해야지, 연구 결과나 통계 자료, 사회 심리를 반영한 온갖 말들을 기준으로 삼아서는 안 된다. 어떤 가정은 아이가 둘 있을 때 기쁨이 두 배일 수 있지만, 어떤 가정은 아이 하나가 딱 알맞을 수 있다. 우리 가정에 몇 명의 아이를 두는 것이 가장 완벽할지는 부부 두 사람만이 알 수 있다.

─ 지금 당장 해 달라고 안달을 내요

Q "우리 아이는 무슨 일이든 지금 당장 해 줘야 직성이 풀려요. 아이가 너무 안달을 내니까 저도 인내심을 잃어 가고 있어요."

A 어린 토들러들에게 1분은 영원처럼 길게 느껴진다. 만 1세 중반 무렵의 아이들은 아직 시간의 흐름에 대한 이해가 제한되어 있고, 과거나 미래에 대한 개념이 거의 없다. 이 무렵의 아이들은 순간을, 지금을 사는 것이다. 그렇기 때문에 아이는 이 쿠키나 저 음료를 먹고 싶을 때, 책을 읽고 싶을 때, 좋아하는 장난감을 가지고 놀고 싶을 때, 지금 당장 그 일을 해야 한다. 아이들은 때가 되면 다 할 수 있다는 걸 아직 모르고, 졸라야 할 수 있다고 생각한다.

보통 토들러들은 대략 두 돌이 지나야 '잠깐 기다려라'라는 말을 받아들일 줄 안다. 이 인내심의 정도는 앞으로 1년 동안 꾸준히 늘어 간다. 만 3세쯤 되면 아이는 자주 적당한 시간을 기다릴 줄 알게 되고, 심지어 시간을 보내기 위해 스스로 놀잇거리를 찾기도 한다. 그때까지는 지금 당장 해 달라며 조르는 아이의 목소리를 계속 들어야 할 것이다.

인내심을 갖고 아이가 인내심을 기를 때까지 기다리자. 다음 내용을 시도하면 기다림이 조금 수월해질 수 있을 것이다.

기다릴 가치가 있는 일을 기다리게 해야 한다
원하는 걸 얻으려면 기다릴 줄 알아야 한다는 생각에 아이를 기다리게 만들고 싶겠지만, 이 방법이 항상 정당하거나 합리적인 것은 아니다. 예를 들어, 배고픔과 갈증은 아이에게 아주 긴급한 문제이며 즉시 해결을 해야 하는 문제들이다. 저녁 식사 시간까지는 30분을 기다려야 하는데 아이가 지금 당장 배가 고프다고 하면, 영양이 풍부한 간식으로 간단히 허기만 면하게 해 준다.

주의를 다른 데로 돌린다 기다리기에 시간도 적당하고 꼭 기다려야 하는 상황이라면, 아이에게 놀잇거리를 주어 시간이 좀 더 빨리 지나가게 해 준다. 예를 들어, 차를 타고 집에 가는 길인데 아이가 지금 당장 밥을 달라고 떼를 쓰는 경우, 아이가 좋아하는 동요를 부르거나 "송아지는 어떻게 울까?" 혹은 "창밖에 멍멍이 보이니?" 같은 질문으로 아이의 주의를 다른 데로 돌리면, 그럭저럭 아이의 떼를 잠재우면서 집까지 도착할 수 있을 것이다.

타이머를 설정한다 5분은 더 있어야 설거지를 마치고 아이와 함께 공원에 갈 수 있다면, 타이머를 설정해 놓고 땡 하는 소리가 들릴 때까지 아이에게 시계를 보고 있게 한다. 혹은 모래시계를 뒤집고 아이에게 모래가 아래로 내려가는 모양을 지켜보게 한다. 이렇게 하면 아이에게 엄마와 시간을 통제한다는 느낌을 줄 수 있다. 이때, 지금 하는 일을 마칠 수 있도록 시간을 충분히 설정한다. 설정한 시간이 다 되면 아이와 약속한 내용을 지킨다. 그렇지 않으면 아이는 앞으로 부모와의 약속을 신뢰하지 않을 것이다.

없앤다 아이의 머릿속에서 생각을 지울 수 없다면 눈에 보이지 않게 치워 버린다. 아이가 지금 가질 수 없거나 가져서는 안 되는 물건을 달라고 떼를 쓸 경우, 그 물건을 물리적으로 아이에게서 떼어 놓는다.

기꺼이 기다린다 목욕할 시간이 됐거나 옷을 갈아입고 외출해야 하는데 아이가 "지금은 싫어. 지금 놀고 있단 말이야."라며 고집을 부리는 경우, 당장 억지로 아이를 끌고 오지 말고 급하지 않다면 1~2분 정도 기꺼이 기다려 준다. 아이에게 타이머로 1분 혹은 2분이나 그 이상을 설정할 테니 타이머가 울릴 때까지는 계속 놀아도 좋다고 말한다. 부모가 참는 모습을 보이면 아이도 참는 법을 배울 가능성이 높다.

—— **전화 통화를 방해해요**

Q "우리 아이는 전화벨 소리만 울리면 자기 좀 봐 달라고 칭얼대기 시작해요. 그 바람에 전화 통화를 제대로 할 수가 없어요."

A 토들러들은 편지 쓰기든 식사 준비든 전화 통화든 부모가 자기한테 전념하지 못하는 상황을 별로 좋아하지 않는다. 혼자 놀기 싫어서가 아니라 그냥 그러고 싶기 때문이다. 아이는 전화 때문에 부모에 대한 통제력을 잃는 상황을 위협적이고 불안하게 느낀다. 그래서 수동적인 행동, 다시 말해 칭얼대고 투덜대는 등 자신이 아는 최선의 방법으로 부모의 관심을 되찾기 위해 애쓴다. 아이는 이 방법이 효과적이라는 걸 깨닫고 부모가 수화기를 잡는 모습만 봤다 하면 이 방법을 이용한다.

아이가 전화 통화를 방해하는 정도는 아이의 성격과 부모의 상황 통제력에 따라 다소 차이가 있겠지만, 보통은 아이가 다른 사람과 노는 데 몰두해 있거나, 잠을 자거나, 집에 없을 때나 겨우 여유 있게 통화를 할 수 있을 것이다. 그리고 아이가 통화 중에 잠을 넣지 않는다 하더라도 부모의 관심을 끌기 위해 계속해서 전화기와 경쟁을 벌일지 모른다. 이렇게 지금은 칭얼대면서 통화를 방해한다면, 몇 년 후에는 말로 통화를 방해할 것이다. "전화 좀 그만해, 엄마. 나 배고프단 말이야!" 하고. 이렇게 부모를 놓고 전화기와 벌이던 경쟁은, 몇 년이 지나면 전화기를 놓고 부모와 경쟁을 벌이는 양상으로 바뀌다가, 더 지나면 전화기를 독점하는 것으로 끝을 맺게 된다.

아이가 전화 통화를 방해하지 못하도록 할 뾰족한 해결책은 없지만, 다음 방법을 이용하면 통화를 마칠 때까지 아이를 기다리게 하는 데 도움이 될 것이다.

아이가 관심을 달라고 떼를 쓸까 봐 신경 쓰지 않는다 전화벨이 울릴 때 "엄마가 통화하는 동안 방해하면 안 돼!"라고 미리 선수를 치면 아이는 틀림없이 방해를 할 것이다. 그러므로 전화벨이 울리면 "누가 전화를 했을까?"라고 쾌활하게 말하면서 전화기를 향해 다가간다.

화를 내지 않는다 아이가 끊임없이 관심을 요구하는 상황이 때로는 짜증이 나기도 하겠지만, 마땅히 공감해 줄 일이지 화낼 일이 아니라고 이해한다. 부모가 화를 내면 아이는 오히려 안정감을 더 많이 요구하게 되고, 따라서 부모를 짜증 나게 만드는 행동만 강화될 뿐이다.

무선 전화기를 이용한다 무선 전화기를 이용하면 통화를 하면서 아이와 함께 움직일 수 있어 아이가 통화를 방해하고 싶은 기분이 덜 생길 것이다. 물론 블록에 트럭이 왔다 갔다 하는 상황에서 통화에 집중하기가 쉽지 않겠지만, 아예 통화를 못 하는 것보다는 낫다.

통화 시간을 정한다 전화기 옆에 모래시계를 놓고, 통화가 시작되면 모래시계를 뒤집어엎는다. 모래가 모두 아래쪽으로 내려가면 전화를 끊겠다고 아이에게 설명한다. 아이에게 모래시계를 엎게 해도 좋다. 모래가 아래로 내려가는 걸 지켜보면서 그쪽으로 주의를 돌릴 수 있고, 상황을 통제한다는 느낌을 줄 수도 있다. 물론 약속한 시간에 전화를 끊지 않으면 이 방법은 효과를 상실할 것이다.

아이도 통화에 참여시킨다 가까운 친구나 가족과 통화를 하는 경우, 아이도 통화에 참여시키면 아이가 전화 통화를 좀 더 편안하게 받아들일 것이다. "이모하고 통화해 볼래?"라고 물어보고는 아이에게 수화기를 건네주거나 스피커폰을 통해 통화를 하게 한다. 그러나 누군지 모르는 목소리를 들으면 아이가 겁을 먹거나 혼란스러워할 수 있으며, 어떻게 반응해야 할지 모를 수 있다는 점을 기억하자. 아이가 전화기를 밀어낸다면 "난 통화하기 싫어요."라는 의미이므로 강요하지 않는다.

아이의 전화기를 마련한다 장난감 전화기를 사 주어도 전화기에 대한 적개심이 줄어들 수 있다. 장난감 전화기를 구입하거나, 사용하지 않는 진짜 전화기를 이용한다. 그러나 전화선은 제거해 아이 손이 닿지 않는 곳에 보관한다. 안전에 해가 될 수 있다. 부모가 전화 통화를 할 때만 장난감 전화기를 이용하도록 해야 아이가 전화기를 오랫동안 신기하게 여길 것이다. 전화 통화를 할 때 아이에게도 아이의 전화기를 건네주며, 할아버지, 사촌, 놀이 모임 친구, 그림책 주인공, 만화 영화 캐릭터 등과 통화하라고 말한다. 전화가 오면 먼저 아이의 전화부터 받아 "우리 아가한테 전화 왔네."라고 말하며 아이에게 전화기를 건네준다. 아이가 아직 할 줄 아는 말이 많지 않아도 괜찮다. 최소한 몇 분은 잘 알아들을 수 없는 말로 혼자 중얼거리면서 통화하느라 바쁠 것이다.

숨겨 둔 장난감을 꺼내 준다 아이가 가지고 있는 장난감 가운데 하나를 골라, 평소에는 감추고 있다가 전화 통화할 때만 꺼내서 놀게 한다. 물론 아이에게 좌절감을 주거나 부모의 도움이 필요한 장난감은 피해야 한다.

아이와 접촉한다 통화하는 동안 아이와 계속 신체 접촉을 하면 전화기에 대한 아이의 질투심을 어느 정도 약화시킬 수 있다. 부모가 지금 다른 사람과 통화하고 있지만 여전히 아이 곁에 있다는 걸 알려 준다. 아이의 팔이나 어깨를 문지르거나, 꼭 껴안거나, 무릎 위에 앉히거나, 손을 잡거나, 아이와 블록을 쌓는다.

통화를 차단한다 전화가 많이 오면 전화 통화로 인해 아이와 함께하는 시간이 방해를 받을 수밖에 없고, 그러다 보면 아이가 화를 내게 되어 있다. 왜 그렇지 않겠는가? 아이와 놀이를 하거나 책 읽기에 몰두할 때는 자동 응답기를 이용해 통화를 차단한다. 전화를 받는 것보다 아이와 함께 있는 걸 더 중요하게 여긴다는 걸 아이에게 알리려면 긴급하다고 생각되는 전화만 받는다. 이렇게 하면 부모가 전화를 받을 때 아이가 좀 더 참을성을 발휘할지 모른다. 자동 응답기가 설치되어 있지 않거나 통화를 차단하기가 편치 않다면, 얼른 전화를 받아 나중에 다시 전화하겠다고만 말하고 끊는다. 시간이 지나면 마침내 아이는 부모가 자신과 함께하는 시간을 소중하게 여긴다는 걸 알고 무턱대고 통화를 방해하지 않을 테고, 부모도 방해받지 않고 다른 사람과 함께 시간을 보낼 권리가 있음을 차츰 존중하게 될 것이다.

긍정적인 강화를 부른다 궁극적인 목표는 부모에게 전화 통화할 권리가 있음을 잠깐 동안만이라도 아이에게 인식시키는 것이다. 이 점을 기억하고, 그런 경우가 드물긴 하겠지만, 통화를 마칠 때까지 아이가 얌전히 기다려 줄 때마다 아이에게 고마움을 표현한다. 통화가 끝나면 이런 긍정적인 강화에 더해 더 많은 관심을 주고 아이를 크게 칭찬한다. "우리 아가 최고다. 덕분에 엄마가 통화를 다 마칠 수 있었단다. 이제 엄마랑 같이 재미있게 놀자."

── 방문객들과의 대화를 방해해요

Q "친구든 친척이든 가스 검침원이든, 누가 우리 집을 방문해 이야기를 하고 있으면 우리 딸이 꼭 방해를 해요."

A 대부분의 토들러들은 자신이 무대의 중심이 되길 원할 뿐 아니라, 무대의 나머지 부분에 아무도 발을 들이지 않길 원한다. 다른 인물이 등장하면, 특히 이 인물이 자신과 관련이 없는 경우, 아이는 아주 분명하게 자기 목소리를 내려는 경향이 있다.

앉아서 수다를 떨 친구나 친척이든 잠깐 볼일을 보고 가는 수리공이나 가스 검침원이든, 집에 손님이 찾아오면 자신에게 향했던 조명이 꺼지기 때문에, 아이는 이 침입을 무척 불쾌하게 여긴다. 따라서 부모가 전화 통화를 할 때와 마찬가지로, 부모의 관심을 끌고 유지하기 위해 부모의 다리에 매달려 칭얼댄다든지, 부모의 무릎 주위를 기어 다니면서 머리카락을 잡아당긴다든지, 부모의 셔츠를 잡아당기면서 훌쩍인다든지, 심지어 손으로 부모의 입을 막는다든지, 부모의 고개를 자기 쪽으로 돌린다든지 하며, 할 수 있는 모든 일을 총동원할 것이다.

이 시기 아이들은 오로지 자신의 필요와 욕구만이 가장 중요하기 때문에, 다른 사람의 필요와 욕구를 존중하라고 가르치기가 무척 어렵다. 그러나 몇 년이 걸려야 이해시킬 수 있는 가르침이라 하더라도, 지금부터 가르침을 시작하는 것이 중요하다. 많이 인내하고, 이해시키고, 세심하게 연출하면, 그리고 다음 요령을 참고하면, 마침내 언젠가는 아이와 방문객이 성공적으로 함께 무대 위에 오르게 될 것이다.

아이의 입장을 이해한다 <u>부모가 다른 사람과 함께하는 시간을 아이가 존중하길 기대한다면, 아이가 부모와 함께하려는 시간 역시 존중해야 한다. 가능하면, 아이가 혼자 놀거나 잘 때 얼마든지 할 수 있는 집안일을 처리하느라, 아이와 함께하는 놀이 시간을 방해하지 않도록 한다.</u> 미룰 수 없는 일이라면 아이도 참여시킨다. 부모가 머리를 감는 동안 아이는 목욕을 하게 하거나, 저녁을 준비하는 동안 아이는 주방 바닥에서 깡통을 쌓게 하거나, 가계부를 기록하는 동안 아이는 그림을 그리게 한다. 아이와 놀고 있는 동안 친구가 방문한 경우, 친구에게 잠시 기다려 달라고 양해를 구하고 아이와의 놀이에 전념한 다음, 놀이 시간이 끝나면 아이에게 5분 정도 후에 다시 놀자고 말한다. 혹은 아이가 다른 놀이 친구를 싫어하지 않는다면 친구에게 놀이에 함께 참여하자고 부탁한다.

방문 시간을 정한다 가능하면 아이가 평소 낮잠 자는 시간에 방문하도록 시간을 정한다. 이 경우 벨이 울리기 전에 문을 열 준비를 한다. 혹은 방문객에게 벨을 누르는 대신 조용히 문을 두드려 달라고 부탁하는 내용의 쪽지를 써서 문에 부착한다. 키우는 개가 낯선 사람이 오면 짖는 경우, 개를 마당으로 내보내거나 짖지 못하게 조치를 취한다.

아이를 무대 뒤로 보내지 않는다 방문객이 도착했을 때 아이가 깨어 있는 경우, 아이가 함께 어울리는 걸 편안하게 생각한다면 아이도 참여시킨다. 그러나 손님과 상호작용을 하도록 강요해서는 안 된다. 아이에게 좋아하는 책이나 인형을 손님에게 보여 드리라고 부탁한다. 가스 검침원에게 계량기가 있는 곳을 알려 줄 때 아이도 데리고 간다. 배관공이 싱크대 아래 파이프를 여는 모습을 아이가 지켜보게 한다. 물론 안전한 거리에서. 특별한 방문객을 맞을 경우, 아이도 준비 과정을 도울 수 있다. 거실을 함께 청소하고, 쿠키를 굽거나 구입하고, 손님을 위해 그림으로 거실을 장식을 한다. 아이의 그림이 칭찬을 받으면 아이의 자부심이 커질 것이다.

특별 소품을 제공한다 손님과 대화하는 장소 근처에 아이가 놀 공간을 마련하고, 블록이나 고리 던지기, 도형 끼우기, 그림책, 퍼즐 등, 아이 혼자서 재미있게 놀 수 있는 장난감을 가져다 놓는다. 아이가 가상 놀이를 좋아하는 경우, 소꿉놀이 도구를 준비해 주면 아이가 부모 곁으로 자꾸 다가오는 횟수가 한결 줄어들 것이다. 청소할 자리를 지정해 주어도 효과가 있다. 먼지떨이, 장난감 빗자루, 앞치마를 주면 손님과 대화하는 동안 아이는 열심히 청소에 몰두할 것이다.

다과를 제공한다 부모와 손님이 배가 고프지 않더라도, 아이와 함께 먹을 간식을 내놓으면 어느 정도 조용한 시간을 확보할 수 있다. 어쨌든 입에 음식이 들어가면 웬만해선 칭얼거리지 않으니까. 단, 아이가 먹기 적당한 간식을 마련하도록 한다. 과일 주스로 단맛을 낸 쿠키, 미니 머핀, 여러 가지 모양으로 자른 작은 샌드위치 정도면 가장 무난하다. 주변이 지저분해지기 쉬운 음식이나 질식할 위험이 있는 음식은 피해야 한다.

중간 휴식 시간을 갖는다 아이가 혼자 놀 수 있는 시간은 현실적으로 그렇게 길지 않다. 그러므로 방문 시간이 길어지는 경우, 한 번씩 손님에게 양해를 구해 잠시 자리를 비워 아이에게 책을 읽어 주거나 자꾸만 쓰러지는 블록 탑 쌓기를 도와준다. 그러나 아이가 만족스럽게 잘 놀고 있을 때는 중간 휴식 시간을 갖지 말고, 아이가 혼자 놀기에 싫증을 내는 것 같다 싶을 때까지 기다린다. 중간 휴식이 시작되기 전에 부모가 언제까지 함께 있을 거라고 미리 분명하게 밝힌다. "지금은 아빠가 대화를 잠깐 쉬고 책을 읽어 줄게. 책 다 읽으면 아빠는 친구한테 갈 테니까 그때 넌 퍼즐을 하렴." 중간 휴식이 끝나면, 아이에게 퍼즐이나 다른 활동을 마련해 준 다음 손님에게 돌아간다. 손님과 대화하는 동안에도 한 번씩 시간을 내서 "넌 탑을 아주 높이 쌓을 수 있을 거야."라고 짧게 격려를 하거나, "와, 네가 만든 반찬 정말 맛있겠다!" 하고 칭찬을 하거나, "동물원 나오는 그림책 읽고 있구나, 그렇지?" 하며 말을 건넨다. 신체적인 접촉도 해 준다. 아이가 부모의 발치에서 놀고 있으면 자주 허리를 굽혀 아이의 어깨를 잡거나, 등을 토닥이거나, 머리를 쓰다듬어 준다.

아이가 무대를 독차지하지 않게 한다 부모는 이따금 찾아오는 손님과 즐거운 시간을 보내거나 수리공에게 몇 분간 시간을 들여 문제를 설명할 권리가 있다. 아이를 위해 이런 권리들을 기꺼이 포기하는 것임을 아이에게 알려 주면, 아이는 부모가 권리를 포기하지 않게 할 것이다. 그러므로 손님이 찾아오면 다정하되 단호하게 아이를 대한다. 손님과 대화할 때 아이가 손으로 부모의 입을 가리면 그때마다 아이 손을 치우고, 아이의 주의를 돌리고, 아이를 참여시키고, 아이를 안고,

간지럼을 태우되, 손님과의 대화를 차단하지 못하게 한다. 주도권은 부모에게 있다는 걸 기억한다. 임시 배우가 무대를 다 차지하도록 내버려 둔다면, 앞으로 몇 년간 아이의 이기적인 행동이 무대를 독점해 부모가 설 자리를 잃을 것이다.

막을 내릴 때를 안다 손님을 맞는 시간이 짧으면 아이가 잘 참아 줄 것이다.

아이의 협조를 칭찬하고 보상한다 손님이 있는 동안 아이가 얌전하게 견뎌 준 시간이 아주 조금밖에 되지 않고 전체 시간의 75% 동안 칭얼댔다 하더라도, 대부분의 부정적인 행동에 주의를 환기시키기보다 얼마 안 되기는 하지만 아이가 하였던 긍정적인 행동을 다음과 같이 강화한다. "손님이 방문하는 동안 엄마가 손님과 대화하도록 얌전히 있어 줘서 정말 예쁘다. 이제 엄마랑 같이 재미있게 놀자꾸나." 그리고 공원에 가거나, 아무런 방해 없이 아이와 시간을 보내거나 공동 미술 작품을 만들면, 부모가 아이의 참을성을 무척 고마워한다는 것을, 얌전하게 있으면 보상이 주어진다는 것을 알려 줄 수 있다. 물론 아이가 그 시간 동안 내내 칭얼거렸다면 칭찬과 보상은 생략한다.

낮잠을 잘 못자요

Q "지난주까지만 해도 우리 딸은 낮잠을 아주 잘 잤어요. 하루 두 번씩 꼬박꼬박 낮잠을 잤거든요. 그런데 요즘 갑자기 오전에는 낮잠을 자려고 하지 않아요."

A 아이가 메시지를 보내고 있는지도 모른다. '이제 오전 낮잠은 그만 잘래요.'라고. 이 시기의 토들러들은 대부분 오후 한 차례 낮잠만으로도 그럭저럭 잘 지낼 수 있고 또 잘 지낸다. 부모야 아이가 오전에 한 번 더 낮잠을 자 주면 좋겠지만 아이는 그렇지 않을 수 있다.

새로운 수면 습관에 익숙해지기까지 누구나 그렇듯이, 아이도 평소 낮잠을 자던 시간쯤이면 졸리고 짜증이 날지 모른다. 아이의 몸이 새로운 스케줄에 적응하면 이런 현상은 자연스럽게 사라진다. 당분간 아이가 오후 낮잠을 일찍 잘 수 있도록 점심을 11시나 11시 30분으로 앞당기면 도움이 될 것이다. 그리고 아이가 낮잠 자던 시간에 아이에게 책을 읽어 주거나 함께 음악을 듣는 등 조용한 분위기를 만들어 주어도 도움이 된다.

Q "우리 아이는 낮잠을 재우려고 오후 내내 애를 써야 겨우 낮잠을 잔답니다. 대략 오후 5시가 돼야 잠이 들어요. 그리고는 8시가 다 돼서 일어나 그때부터 몇 시간 동안 노는데, 그 바람에 온 식구가 제 시간에 밤잠을 잘 수가 없어요."

A 아이가 오후 늦게 낮잠을 자는 경우 부모들은 대체로 두 가지 이유에서 달가워하지 않는다. 첫째, 아이가 오후 늦게 낮잠을 자면 대체로 저녁을 거르거나, 혹은 너무 늦게 저녁을 먹어 부모가 쉬고 싶은 시간에 활동량이 많아진다. 둘째, 아이가 오후 늦게 낮잠을 자면 밤잠을 늦게 자는 경향이 있는데, 이렇게 늦은 시간까지 잠을 안 자면 부모가 저녁 시간을 거의 이용할 수가 없다.

아이가 좀 더 편리한 시간에 낮잠과 밤잠을 잘

수 있도록 아이의 일정을 조절할 땐, 아이의 수면 패턴을 고려해 조치를 취한다.

* **저녁에만 낮잠을 자는가** 18개월 된 토들러들은 보통 하루에 1시간 30분에서 2시간 정도 낮잠을 잘 필요가 있는데, 가급적 이른 시간에 낮잠을 자야 밤잠에 방해를 받지 않는다. 그러므로 이른 시간에 낮잠을 재우도록 한다. 평소 아이가 오후 낮잠을 자던 시간보다 10분 내지 15분 일찍 차분하게 낮잠을 잘 준비를 한다. 며칠 후 아이가 이 시간대에 익숙해졌다 싶으면, 낮잠 시간을 15분 더 앞당긴다. 적당한 시간에 낮잠을 잘 때까지 이 과정을 계속한다. 아이가 낮잠을 잔 지 두 시간이 지나면 아이를 깨우도록 한다. 두 시간 이상 낮잠을 자면 마찬가지로 밤잠을 자기 힘들지 모른다.

* **두 차례 낮잠이 너무 많은가** 이 시기의 토들러들은 대부분 한 차례만 낮잠을 자면 된다. 오전 낮잠 시간을 하루에 15분씩 점점 뒤로 미뤄 오후 이른 시간에 낮잠을 자게 하고 오전 낮잠은 끊는다. 이렇게 하면 오후 늦게 낮잠을 잘 필요를 느끼지 못할 것이다. 그러나 일시적으로 두 가지 부작용이 나타날 수 있다 (160쪽 참조).

* **한 차례 낮잠이 너무 많은가** 18개월 아이들은 이따금 낮잠을 한 차례도 자지 않고 하루를 보내기도 한다. 이 경우, 초저녁에 자서 한밤중에 깨게 하기보다 저녁 7시나 7시 30분에 아예 밤잠을 자게 하는 편이 나을 수 있다. 이렇게 하는 편이 부모에게도 더 낫다. 이때, 오후 휴식 시간으로 충분히 낮잠을 대신할 수 있다. 아이에게 여전히 낮잠이 필요하다면 이 휴식 시간 동안 졸게 될 것이다.

* **늦잠을 자는가** 늦잠을 자면 늦게 낮잠을 자기 쉽다. 이런 패턴을 바꾸려면, 적당한 시간에 일어날 때까지 매일 아침 10분 내지 15분 일찍 깨운다. 이때, 아이의 낮잠과 밤잠 시간도 아침에 일어나는 시간에 맞추어 앞당겨야 한다.

* **오전 늦게 낮잠을 자는가** 오전 늦게 낮잠을 자면 오후 낮잠도 뒤로 밀릴 수 있다. 오전 낮잠을 매일 15분씩 앞당기도록 한다. 오전과 오후 낮잠 모두 보다 편리한 시간대로 이동할 때까지 오후 낮잠도 앞당긴다.

* **오전에 두세 시간 동안 잠을 자는가** 오전 낮잠이 이렇게 길면 이른 오후에 낮잠을 잘 필요성을 거의 느끼지 못한다. 그러므로 오전 낮잠 시간이 1시간이 될 때까지 매일 오전 낮잠을 15분 일찍 깨운다.

상황에 따라 아이가 오후 늦게 낮잠을 자는 것이 편리할 수도 있다. 가령, 부모가 둘 다 직장에 다니는 경우, 퇴근해 돌아와 아이가 자는 동안 오붓하게 식사를 즐길 수 있고, 아이가 밤잠을 자기 전에 얼마간 아이와 놀아 줄 수 있다. 이 경우, 당분간 지금 일정을 유지한다.

Q "우리 아이는 매일 오후 두 시간씩 낮잠을 잤어요. 그런데 요즘에는 아무리 재우려 해도 낮잠을 자려고 하지 않네요. 이제 낮잠을 그만 잘 준비를 하는 건가요?"

A 이 무렵 아이들은 대체로 아이가 충분하다고 생각하는 것보다 더 많이 낮잠을 자야 한다. 따라서 이러한 점을 아이에게 납득시켜야 한다. 하고 싶은 일은 너무 많은데 그에 비해 하루가 너무 짧다 보니, 아이들은 자느라 한두 시간

흘려보내기를 몹시 아까워한다. 환한 햇빛 아래에서 뛰고, 탐색하고, 놀 수 있는데, 왜 굳이 깜깜한 방에 누워 있으려 하겠는가?

때때로 오후에 생일 파티를 하거나, 영화를 보러 가거나, 할머니 집에서 주말을 보내는 등의 행사로 인해 일정이 꼬이는 바람에 예정보다 일찍 낮잠이 중단되기도 한다. 그보다는 드문 경우지만, 정말로 더 이상 낮잠을 잘 필요가 없기 때문에 낮잠이 중단되기도 한다. 아이가 밤잠을 충분히 자거나, 오전에 휴식을 취하는 것 같거나, 하루 종일 즐겁고 대체로 기분이 괜찮다면, 낮잠을 중단해도 괜찮을 것이다. 그러나 아이가 만성적으로 성질을 부리고 지나치게 피곤해 보이거나, 평소 낮잠 시간이나 초저녁에 쉽게 성질을 부리고 발에 걸려 넘어지는 등 동작이 둔하다면, 다시 낮잠을 자도록 조심스럽게 설득해 본다. 아이에게 낮잠을 재우는 요령은 39쪽을 참조한다.

처음에는 정해진 낮잠 시간에 잠이 들지 않거나, 아무리 재우려 해도 가끔씩만 낮잠을 잘지 모른다. 그러나 규칙적으로 낮잠을 자도록 계속해서 유도하면 마침내 잠을 자게 될 것이다. 그렇지 않다 하더라도, 하루 종일 정신없이 보내는 가운데 꼭 필요한 휴식을 취하게 될 테고, 잠시 차분한 시간을 보내는 것만으로도 큰 도움이 될 수 있다. 아이가 휴식을 취하기는커녕 낮잠 시간 내내 안 자겠다고 저항하지 않는 한, 아이가 실제로 잠이 들든 그렇지 않든 낮잠 시간을 고수한다.

아이가 낮잠도 안 자려고 하고 차분한 시간도 거부한다면, 그러면서 계속 피곤한 모습을 보이면, 취침 시간을 앞당기도록 애쓴다.

── 너무 일찍 일어나요

Q "우리 아이는 매일 아침마다 동이 트기도 전, 보통 새벽 5시에 눈을 떠요. 그 바람에 우리는 다음 날을 위해 저녁 8시 30분에 잠자리에 들든지, 아니면 그다음 날 종일 기진맥진해 있어요."

A 농부들과 마찬가지로 어린아이가 있는 부모들은 알람 시계를 맞출 필요가 거의 없다. 토들러들이 일어나 깨우는 소리가 수탉이 우는 소리 못지않게 커서 계속 잠을 잘 수가 없으니 말이다. 수탉은 한 번 운 다음 닭장 속에나 들어가지, 아이는 집안 식구들이 다 깰 때까지 계속해서 시끄럽게 소리를 낸다.

앞으로 몇 년 동안은 이른 아침에 잠을 더 잘 생각은 안 하는 게 좋다. 대체로 아이가 학교에 입학할 때까지는 이런 고생을 해야 하는데, 그때쯤에는 그렇게 일찍 일어나던 아이가 늦잠을 자기 시작해 거꾸로 부모가 아이를 깨워야 할 것이다. 그때까지는 밑져야 본전이라고 생각하고 다음 요령을 시도해 보자. 누가 알겠는가? 덕분에 소중한 아침잠을 몇 분이나마 더 확보할 수 있을지.

아이의 생활 속도를 조절한다 낮에는 많이 움직이고 맑은 공기를 많이 쐬게 하고, 밤에는 충분히 휴식을 취해 긴장을 이완하게 하면, 잠을 푹 잘 수 있을 것이다. 반면에 깨어 있는 동안, 특히 취침 시간 즈음에 너무 많은 자극을 주면 숙면을 방해할 수 있다.

너무 이른 낮잠을 금한다 아이가 새벽 5시에 일어나 8시에 낮잠을 자는 경우, 이 8시 낮잠이 문제가 될 수 있다. 이렇게 일찍 일어나면 한밤중에 일어나는 것과 유사해, 이후 낮잠으로 정상적인 수면 시간을 채우게 된다. 아이의 낮잠 시간을 뒤로 늦추기 위해, 오전 10시나 10시 30분에 낮잠을 잘 때까지 매일 아침 10분씩 낮잠 시간을 미룬다. 한동안은 아이가 짜증을 낼지 모르지만, 아이의 몸이 새로운 낮잠 스케줄에 적응되면 아침에 늦게 일어나기 시작할 것이다.

기다리는 기간을 정한다 아침에 아이가 일어나는 소리가 들린다고 곧바로 아이 방에 달려가지 말고, 아이가 울고 있더라도 10분 내지 15분 동안 기다린다. 아이는 조금 울다가 다시 누워서 잠이 들 수도 있다.

취침 시간을 뒤로 미룬다 아이의 취침 시간이 너무 빨라도 식구들이 적당한 시간에 일어나기 힘들 수 있다. 최근 아이가 저녁 7시에 취침을 시작했다면, 취침 시간이 7시 30분이나 8시가 될 때까지 매일 밤 10분씩 취침 시간을 뒤로 미룬다. 그러나 아이가 너무 피곤하면 숙면을 취하기 어렵거나 늦게 잠이 들 수 있으니 주의하자. 대체로 아이를 너무 늦게 재워서 좋을 건 없다.

빛을 차단한다 유독 빛에 민감한 아이들이 있으므로, 아이가 오래 잘 수 있도록 하려면 아이 방을 어둡게 하는 것이 좋다. 암막 커튼을 치거나 블라인드를 하나 더 친다. 자동차 지나가는 소리나 공사하는 소리가 문제가 되는 경우, 아이 방 창문을 닫는다. 다른 가족들 소리에 아이가 일찍 깨는 경우 아이 방문을 닫는다.

깨자마자 장난감을 가지고 놀게 한다 아기 침대 안에 좋아하는 장난감 한두 개를 넣어 두면 아이가 깨서 혼자 놀 수 있고, 덕분에 부모는 아침에 조금이라도 더 잠을 잘 수 있다. 아이가 장난감에 다치지 않게 해야 하고, 장난감을 쌓아 침대 난간까지 오르지 못하게 해야 한다. 간혹 식구들을 깨워 자기처럼 깨어 있는 사람이 몇 사람 있어야 마음이 놓이는 아이도 있으므로, 이 방법이 도움이 안 될 수도 있다.

밤에 음료를 먹이지 않는다 아이가 아직까지 물이 담긴 젖병을 입에 물고 잠이 드는 경우, 기저귀가 흠뻑 젖는 바람에 일찍 깰 수 있다. 가능하면 젖병을 끊고, 취침 전에는 다른 음료도 너무 많이 먹이지 않는다.

아침 식사를 미룬다 아이가 깨자마자 음료든 고형식이든 음식을 먹이면, 아이의 배가 새벽에 깨는 데 길들여진다. 그러므로 아이의 아침 식사 시간을 새벽보다는 아침에 가까운 시간으로 미룬다. 이 경우 역시, 원하는 시간대에 식사할 때까지 하루 10분씩 미루기 방법을 이용한다. 아이가 정말로 몹시 배가 고플 경우, 아침 식사 때까지 참을 수 있도록 크래커 하나나 마른 시리얼 약간 정도로 간식을 아주 조금만 준다.

바꿀 수 없다면 받아들인다 일찍 자고 일찍 일어나기가 부모에게는 건강에 별로 도움이 안 되는 것 같거나, 시간을 효율적으로 쓰는 것 같지 않거나, 두뇌도 잘 돌아가는 것 같지 않다 하더라도, 익숙해지는 수밖에 도리가 없을지 모른다. 아이는 부모만큼 잠이 많이 필요하지 않는지도 모른다. 사실 늦게까지 잠을 자는 아이를 둔 운 좋은 부모는 극히 소수이며, 아침형 토들러를 둔 부모가 대부분이다.

— 취침 시간의 반란

Q "우리 집은 취침 시간만 되면 전쟁터가 돼요. 우리 아들이 도대체 잠을 자려고 하지 않는 데다, 억지로 제 방에 들여보내면 소리 지르고 떼쓰고 난리를 부려 우리를 돌아 버리게 만들거든요."

A 침대는 토들러들이 가장 가고 싶어 하지 않는 장소 가운데 상위권을 차지한다. 침대와 막상막하로 1, 2등을 다투는 장소는 기저귀 교환대와 병원이다. 대부분의 토들러들은 놀 때 가장 행복해하고, 모든 놀이를 딱 멈춰야 하는 취침 시간을 몹시 괴로워한다. 잠을 자 버리면 10~12시간 동안 장난감과 가족들과 헤어져야 할 뿐 아니라, 그날 하루의 탐색 작업을 그만두어야 하기 때문이다. 게다가 어두운 것과 혼자 있는 것을 슬슬 무서워할 나이라, 많은 아이들이 취침 시간이 다가오면 소란을 피우는 것도 무리가 아니다.

아이가 취침 시간에 흔쾌히 수면 모드로 돌입하게 하려면 취침 전 일과를 정한다(78쪽에 설명한 대로). 취침 전 일과를 실시하면 아이의 긴장을 이완하는 데 도움이 될 것이다. 한편 낮잠 때문에 밤잠을 자는 데 지장이 생기지 않도록 해야 한다. 정해 놓은 취침 시간이 비현실적인 건 아닌지도 확인해 봐야 한다. 보통 18개월 아이들은 낮에 1시간 반에서 2시간 정도의 낮잠과 11~12시간 정도의 밤잠을 자야 한다. 물론 아이들에 따라 더 많이 자야 하는 아이도 있고 더 적게 자도 괜찮은 아이도 있다. 잠을 자기에는 아직 피곤하지 않은 아이를 자꾸 자라고 강요하면 반항을 할 수 있다. 무서움이 문제가 된다면 347쪽을 참조하고, 다음 방법도 참고한다.

* 아이 방이나 아이 침대에서 벌을 세우지 않는다. 그러면 아이가 취침 시간을 즐겁게 여기기 어려울 것이다.
* 건강하게 성장하고, 재미있게 놀고 달리려면 잠을 자야 한다고 설명한다. 밤에 누가누가 자는지 아이에게 상기시킨다. 어린이집 친구들, 사촌들, 할머니 할아버지, 엄마 아빠 등
* 취침 시간을 미루는 방법을 고려한다. 아이가 졸리기 전에 침대에 눕혀 봐야 헛수고다. 아이가 잠이 드는 데 한 시간 이상 걸린다면, 취침 시간을 30분 정도 뒤로 미룬다.
* 취침 전 일과를 시작하기 약 10분 전에 타이머가 울리도록 설정해 아이가 마음의 준비를 할 수 있게 한다. 그리고 취침 시간 30분 전에는 아이가 내켜 하지 않을 지루한 과제에 참여시키지 않는다.
* 아이가 피곤해 보이지 않으면 당장 자야

수면 일지

어젯밤 아이가 몇 시에 일어났더라? 그저께 밤에는? 몇 시에 잠자리에 들었지? 실제로 잠이 든 시간은? 이걸 다 기억하기에는 몸과 마음이 녹초 상태일 것이다. 아이의 수면 패턴이 부모를 힘들게 한다면, 앞으로 2주 동안 수면 일지를 기록한다. 취침 시간, 실제로 잠이 든 시간, 밤에 깬 시간, 밤에 무언가를 먹은 시간을 죽 기록하면, 아이가 밤에 깨어 있는 시간과 먹은 시간을 파악할 수 있다. 언제 어디에서 얼마 동안 낮잠을 잤는지도 기록한다.

수면 일지를 검토하면 아이의 수면 문제가 무엇인지 알 수 있고, 문제를 해결할 실마리를 얻을 수 있다. 뿐만 아니라 아이의 수면 시간이 얼마나 되는지, 아이의 생체 시계가 어떻게 움직이는지 파악하는 데에도 도움이 된다. 아이의 생체 시계가 부모나 가족의 스케줄과 상충될 경우, 아이의 수면 습관을 바꾸도록 시도한다(75쪽 참조). 아이의 수면 문제에 대해 의사와 상담하는 경우 수면 일지도 지참한다.

한다고 고집하지 않는다. 아이를 침대로 보낼 수는 있어도 자게 할 수는 없다. 아이가 좋다면 어두운 방에서 카세트테이프를 듣게 하거나 졸음이 오는 동안 책을 읽게 한다. 그러나 반드시 침대에 누워 있게 한다.

* 취침 시간에 아이에게 심리적 안정을 주는 물건을 준다. 이런 물건은 부모와 함께 깨어 있는 상태에서 부모 없이 잠을 자는 상태로의 이행을 수월하게 해 준다. 곰 인형이나 봉제 인형, 장난감, 부모의 낡은 티셔츠 등은 아기 침대에 안전하게 둘 수 있고 잠이 오는 데 도움이 된다. 오랫동안 좋아하던 인형도 좋고, 취침 시간 전용으로 새로 마련해 주어도 좋다.

* 부모가 심리적 안정을 주는 대상이 되지 않도록 주의한다. 아이가 잠들 때까지 곁에 있어 주지 않는다. 한 번 그렇게 있어 주면 아이는 매일 밤 곁에 있어 달라고 떼를 쓸지 모른다.

* 아이에게 다정하게 이불을 덮어 준 후에는 냉정해진다. 편안하고 아늑하게 잠자리를 봐 주고, 아이를 안고 입을 맞추며 잘 자라고 인사를 한다. 그러나 아이가 이불을 덮고 누운 다음부터는 사무적이 된다. 아이의 질문과 요구를 무시하지 않되, 신속하고 냉정하게 반응하고 계속 단조로운 태도를 보인다. 부모와 대화하는 것이 흥미가 없어 아이가 제풀에 꺾이게 만든다. 잘하면 되풀이되는 냉담한 반응에 싫증을 느끼다가 마침내 피곤해질지 모른다. 가능하면 아이 방문 앞에서 대답한다. 아이가 바라는 대로 부모가 곁에 오지 않으면 아이도 굳이 오라고 하지 않을 것이다. 아이와 2~3분 정도 이야기를 한 다음 이렇게 말한다. "이제 질문은 그만. 엄마는 가서 자야겠다. 사랑해. 잘 자렴. 내일 아침에 보자." 그러나 지금까지 취침 전 규칙이 느슨했다면, 아이가 이가 나거나 아플 때, 베이비시터가 바뀌거나 어린이집이 바뀌거나 동생이 태어나는 등 생활에 다른 혼란이 시작될 때, 배변 훈련 같은 새로운 기술을 배울 때, 갑자기 엄격하게 단속하지 않는다.

* 아이의 특별한 요구에 미리 대비한다. 침대 옆 탁자에 물 한 컵을 올려놓고, 아이가 좋아하는 방식으로 잠자리를 준비해 준다. 옷장 문을 닫고, 전기스탠드를 켜고, 마음에 안정을 주는 물건을 가까이 두고, 아이가 좋아하는 침대보를 깐다. 방 안 온도가 너무 덥거나 추워서는 안 되며, 잠자리에 들기 전에 물을 너무 많이 마시거나 너무 배고프게 하지 않는다. 저녁에 디저트를 생략하고 취침 시간에 간식을 주면, 자기 전에 너무 배고픈 일은 없을 것이다. 단, 당분이 많지 않은 음식만 준다.

* 아이 방을 나설 때 아이가 운다고 즉시 돌아와서는 안 된다. 아이는 울다가 잠이 들 수도 있다. 10분쯤 후에도 여전히 울면 돌아와 부드러운 말로 아이를 달래고 등을 토닥여 준다. 그런 다음, 즉시 방을 나온다. 그래도 계속 울면 아이에게 잠이 쏟아질 때까지 일정한 간격을 두고 이 과정을 반복한다. 일단 시작했으면 끝까지 밀고 나간다. 30분 후에 포기하고 아이를 안아 흔들어 주거나 먹을 걸 주어서는 안 된다. 이렇게 하면 오랫동안 엉엉 울면 원하는 걸 얻을 수 있다는 메시지를 주는 셈이다.

* 필요한 만큼 재차 이불을 덮어 준다. 아이가 침대에서 일어나거나 침대 밖으로 나올 경우,

아이 방에 들어가 아이를 침대에 눕혀 이불을 덮어 준다. 이때, 가능하면 몇 마디 말과 약간의 신체 접촉을 한다.

* 아이가 수월하게 잠자리에 들면 칭찬을 해 준다. 아이가 말썽 부리지 않고 얌전히 잠자리에 들 때마다 황금별 스티커를 붙여 주면, 대부분의 토들러들은 무척 좋아한다. 스티커가 두 줄이 모아지면 상을 준다.
* 포기하지 않는다. 아이 방에 수없이 들락날락하는데도 초지일관 침착한 태도를 잃지 않으면, 마침내 들락거리는 횟수가 줄어들 것이다.

── 어린이집에 맡길 때마다 너무 힘들어요

Q "아이를 어린이집에 맡길 때마다 아이가 울고불고 난리가 나요. 선생님 말로는 아이가 하루 종일 잘 지낸다고 하고 퇴근 후에 제가 데리러 갈 때도 꽤 만족스러워 보이는데, 아침에 헤어질 때만 되면 제 가슴을 미어지게 만들어요."

A 아침에 아이와 헤어지는 걸 괴로워하는 부모가 어디 한둘이겠는가? 몇 달 전에 비하면 아이가 상당히 많이 자란 것 같지만, 아이는 여전히 독립과 의존 사이에서 망설이고 있는지 모른다. 다른 사람들 말로는 엄마가 가고 난 다음에는 명랑하게 잘 지낸다고 하고, 엄마가 퇴근 후 데리러 갈 때도 좋아 보이는 걸 보면, 아이가 어린이집 교사나 프로그램에는 불만이 없는 것 같다. 하지만 만 1세 중반은 분리 불안이 최고조에 달하는 시기이기 때문에, 아이는 엄마에게 버림받을까 봐 두려울 수 있고 혹은 자기 없이 엄마가 뭘 하는지 모르는 상황이 괴로울 수 있다.

이런 종류의 불안은 아이가 움직일 수 있게 되면서 더 악화되는데, 아이는 엄마가 자신을 두고 가 버릴 수 있을 뿐 아니라 자기 역시 엄마를 두고 사라질 수 있다는 걸 깨닫는 것이다.

만 3세쯤 되면 아이는 헤어져 본 경험이 많아지고 그에 따른 불안에 대해 많은 이해와 지지를 받으면서 이별이 좀 더 수월해진다. 그때까지는 다음 내용을 참고하면 엄마와 아이 모두 헤어지는 상황이 조금 덜 괴로울 것이다.

아이의 마음에 공감한다 24쪽 분리 불안에 대해 읽고 나면 아이의 마음이 어떤지 이해할 수 있고, 어떻게 하면 이 현상을 해결할 수 있을지 알게 될 것이다.

안정감을 주는 물건을 가지고 다니게 한다 부모가 아이와 함께 어린이집에 들어갈 수는 없지만, 어린이집 프로그램이 허락한다면 아이가 좋아하는 곰 인형이나 담요, 그 밖에 심리적으로 위안을 주는 물건을(127쪽 참조) 가지고 갈 수 있다. 이런 물건을 가지고 갈 수 없거나 어디 골방에 틀어박혀 있어 찾을 수 없는 경우, 부모의 사진이나 손수건 등 부모를 생각할 수 있는 작은 기념품을 아이의 주머니에 넣어 주면 아이에게 위안을 줄 수 있다.

아이에게 헤어짐을 생각나게 하지 않는다

어린이집에 가는 내내 이제 곧 헤어질 거라는 얘기를 계속해서 중얼대지 않는다. 사실 그에 대한 얘기는 아예 꺼내지 않는 게 좋다. 가슴 아프게 헤어지게 될까 봐 두렵더라도, 순조로울 거라고 생각하고 태연한 척한다. 아이가 어린이집에서 어떤 활동을 할지, 언제쯤 아이를 데리러 갈지 이야기하거나, 날씨나 지나가는 강아지, 신호등 앞에 정차해 있는 커다란 초록색 트럭에 대해 이야기한다.

아이를 더 힘들게 만들지 않는다 부모를 속상하게 만들거나 부모가 자신을 안쓰럽게 여기는 데 성공했다고 생각하면, 아이는 계속해서 불만을 표현할 것이다. 결국 성공이 성공을 부르게 돼 있다. 아이를 심술궂은 마녀에게 맡기는 것이 아니므로, 아이에게 필요한 건 부모의 지지지 동정심이 아니다.

긍정적인 부분을 강조한다 아침에 어린이집에 도착하면 오늘 제일 처음 하는 활동이 무엇인지 교사에게 물어보아 아이에게 그 활동에 대해 좋게 이야기한다. 가능하다면, 아직 부모가 곁에 있는 동안 아이를 그 활동에 참여시키도록 한다. 아이를 데리러 오기 직전에 하는 활동이 무엇인지도 교사에게 물어본다. 엄마를 언제 만나게 될지 예측할 수 있도록 아이에게 정보를 알려 준다.

부정적인 부분을 배제시킨다 아이를 아기라고 놀리거나 꾸짖어서, 가뜩이나 힘들어하는 아이에게 굴욕감과 죄책감까지 얹어 주어서는 안 된다. 아이의 감정은 타당한 것이라고 알려 준다. 아이를 위협하지도 매수하지도 않는다. "뚝 그치지 않으면 오늘 밤 뽀로로 안 보여 준다." 혹은 "울음 그치면 엄마가 데리러 올 때 쿠키 사 줄게." 이런 방식이 효과가 있다 하더라도 바람직하지 않은 선례를 만들게 되고, 아이가 감정을 잘 극복하기보다 감정을 감추도록 가르치게 된다.

뒤돌아보지 않는다 뒤를 돌아봤자 부모한테 가겠다고 애처롭게 버둥거리면서 가지 말라고 애원하는 아이의 모습에 감정만 복잡해진다. 그리고 바로 이것이 아이가 바라는 바다. 그러므로 신속하고 단호하게 그 자리를 나온다. 아이에게는 부모의 모습이 보이지 않으면서 아이를 지켜볼 수 있는 장소가 있다면 그 장소에서 아이를 지켜본다. 서럽게 매달리던 모습에서 방긋 웃는 독립적인 모습으로 순식간에 달라져 있는 아이의 모습을 목격하게 될 게 틀림없다. 그렇지 않다면 아이가 잘 적응하고 있는지 아이의 교사와 상담해야 한다(아이의 보육 시설 환경의 질과 아이가 낮에 잘 지내는지 조금이라도 의심이 생기면 868쪽을 참조). 아마 교사는 아이가 어린이집과 대부분의 활동에 빨리 적응하고 있다고 대답할 것이다. 그렇지 않다면 아이의 문제와 가능한 해결책에 대해 교사와 상담한다.

제 시간에 데리러 간다 아이에게는 기다리는 몇 분이 영원처럼 느껴지고, 특히 친구들이 부모와 함께 급속히 어린이집을 빠져나갈 때는 더욱 길게 느껴진다. 부모가 정해진 시간에 자신을 데리러 올 거라는 믿음이 없으면, 아이는 부모에 대한 확신을 갖지 못해 부모가 떠날 때마다 울고불고 힘들어할 것이다. 그리고 아이를 데리러 갈 때는 뚱한 표정으로 아이를 맞이하지 말고, 그날 아침 아이의 행동에 대해 불만을 표시하지도 않는다. 아침에 헤어질 때 아이가 부모를 아무리 힘들게 했다 하더라도, 아이를 만나 기쁘다는 표정을 지으며 즐거운 자세로 아이를 맞는다.

연령이 더 많은 아이와 유치원에서 헤어질 때의 분리 불안을 다루는 방법에 대해서는 436쪽을 참조한다.

── 식탁 앞에서 잠시도 가만히 있지 않아요

Q "우리 아들은 식사를 하는 동안 가만히 앉아 있으려고 하지 않아요. 안전띠를 채우려 하면 마구 비명을 질러요. 밥은 아주 잘 먹어요. 하지만 그 전에 유아용 식탁 의자에 서서 몸부림을 치고 몸을 비틀고 내려 달라고 한바탕 난리를 쳐야 해요."

A 비교적 최근에 걸음마를 뗀 아이들은 대부분 식사 시간이 최우선 순위가 아니다. 영아 때는 많은 것들을 입으로 탐색하여 먹는 것이 흥미로운 학습 경험이 되었지만, 토들러들은 발로 탐색하길 더 좋아하여 식사 시간이 몹시 짜증 나는 시간 낭비가 된다. 아이는 그럭저럭 몇 숟가락 받아 먹기는 하겠지만, 음식을 먹기 위해 얌전히 앉아 있으려 하지 않는다. 그러나 음식 섭취는 아이가 활동할 수 있도록 에너지를 공급하기 위해 꼭 필요하다. 아이가 얼결에 음식을 먹을 수 있도록 다음 내용을 참고하자.

새로운 자리에 앉힌다 유아용 식탁 의자에서 식판을 제거하거나 유아용 보조 의자를 이용해 아이를 식탁 앞에 앉힌다. 혹은 유아 전용 식탁 앞에 앉힌다. 이렇게 하면 아이가 제약을 덜 느끼고 어른이 된 것 같은 기분을 느낄 것이다.

먹여 주지 않는다 아이는 독립과 새로운 경험을 향한 갈망이 음식을 향한 갈망보다 훨씬 클 것이다. 아직 능숙하지 않더라도 스스로 음식을 먹게 하면 먹는 데 더욱 기꺼이 전념할 것이다(20쪽 참조).

아이 곁에 있어 준다 아이와 같이 식사를 하지 않더라도, 아이가 식사를 하는 동안 함께 식탁에 앉는다. 식사를 하면서 대화를 나누되, "왜 이렇게 조금 먹니?", "왜 이렇게 몸을 꼼지락거리니?"라는 말은 하지 않는다. 토들러들은 종잡을 수 없다는 걸 증명이라도 하듯, 어른이 옆에 없을 때 더 잘 먹는 아이도 있다. 이런 아이들은 오히려 옆에 누가 있으면 먹는 데 집중을 하지 못한다. 그러나 아이가 안전띠를 매지 않았다면, 아이가 떨어지지 않을 거라고 완전히 확신할 때까지 어쨌든 아이 옆에

의자에 안전하게 앉기

아이가 안전띠를 착용하지 않고 유아용 보조 의자에 안전하게 앉을 수 있는지 판단할 수 있는 사람은 부모뿐이다. 아이가 안전 지도를 충분히 이해하고 규칙적으로 준수할 때, 그리고 혼자서도 유아용 보조 의자에서 내려올 수 있거나 잊지 않고 도움을 요청할 때, 비로소 안전하게 앉을 준비가 됐다고 할 수 있다. 아이가 안전띠를 답답하게 여기기 시작하고 보조 의자에 앉을 만큼 성장했 싶으면, 최소한 여섯 번의 식사 시간 동안 아이의 자세를 철저하게 감독해 유아용 보조 의자에 앉을 준비가 됐는지 테스트한다.
일단 안전띠를 착용하지 않은 상태에서 의자 위에 서지 못하게 한다. 활발한 아이가 어느 정도 몸을 꿈틀대는 건 괜찮지만, 유아용 보조 의자나 일반 의자 위에 서는 건 매우 위험하다. 의자 위에 올라서지 말라는 경고를 무시한다면, 안전띠를 매야 한다. 아이가 안전띠를 매지 않겠다고 한사코 고집을 부린다면 식탁 앞에 앉혀서는 안 된다.
만 1세 후반이나 만 2세 초반 무렵 유아용 보조 의자를 이용할 수 없게 되었을 때, 식탁 앞에서 일반 의자에 안전하게 무릎을 꿇고 앉을 수 있다. 이 경우 역시 철저한 감독하에 아이가 일반 의자에 앉을 준비가 되었는지 테스트해야 한다.

앉아 있어야 한다.

기꺼이 풀어 준다 아이가 먹을 만큼 먹었고, 식탁을 벗어나려고 몸부림을 치거나 음식을 가지고 장난을 치면서 충분히 먹었다는 걸 알리면, 의자에서 내려가게 한다. 아주 조금밖에 먹지 않았더라도, <u>"겨우 이것밖에 안 먹었잖아!"라고 투덜대기보다 "다 먹었어? 좋아."라며 사무적인 태도로 풀어 준다. 숟가락에 밥을 퍼 아이가 노는 곳을 쫓아다니면서 "딱 한 숟가락만 더!"라고 애원하지 않는다.</u> 이처럼 음식을 강요하면 나중에 식습관에 문제가 생길 뿐 아니라 "와, 식탁에서 먹지 않아도 되잖아. 내가 노는 동안 엄마, 아빠가 밥을 먹여 줄 테니 말이야."라는 생각을 심어 줄 수도 있다. 나중에 배가 고프면 식탁 앞에 앉아 간식을 먹어야 한다고 분명하게 말해 준다.

—— 즐거운 식사 시간

Q "우리 딸이 첫돌을 넘기면서부터 식사 시간은 재앙이 되고 있어요. 즐겁게 해 주지 않으면 아이가 도무지 먹으려 들지 않거든요. 어느 때는 남편과 제가 서커스 극단의 광대가 된 것 같은 기분이에요. 어쩌면 좋지요?"

A 어릿광대 차림으로 아이에게 밥을 먹이는 일을 당장 중단한다. 곡예, 저글링, 춤과 노래, 코미디, 그 밖에 다양한 공연으로 아이를 꾀어 밥을 먹게 하다간, 조만간 식사 때마다 극장식 식당을 연출해야 하고, 이런 식의 화려한 공연이 펼쳐지지 않으면 아이가 밥을 먹으려 하지 않을 것이다.

목표는 아이 배 속에 음식을 넣는 것이 아니라, 아이가 음식을 먹게 하는 것이다. 장차 식습관에 문제가 생기지 않도록 하려면 아이의 식욕을 돋우어 음식을 섭취하게 하는 것이 중요하다. "배에서 꼬르륵 소리가 나는 걸 보니 이제 밥 먹을 시간이 됐구나." 하고 먹는 것과 배고픔을 연관시켜야지, "아빠가 다시 물구나무를 서는 걸 보니 이제 밥 먹을 시간이 됐구나." 하고 먹는 것과 놀이를 연관시켜서는 안 된다.

식사 시간의 공연을 마감할 때, 아이가 성질을 부리고, 식탁을 탕탕 치고, 단식 투쟁을 하면서 혼자 몇 편의 멜로드라마를 찍더라도, '마지막 고별 공연'을 위해 탭 슈즈를 신고 우스꽝스러운 모자를 쓰려는 유혹을 단호히 물리친다. 아이가 먹든 안 먹든 부모에게는 전혀 중요하지 않다는 듯 차분하고 태연한 자세를 유지한다. 물론 아이가 정상적으로 성장하는 한 이런 태도를 보여서는 안 된다. 일단 배고픔이 고집을 이기고 나면 쇼가 계속되지 않아도 아이가 다시 먹게 될 거라고 확신해도 된다.

그러나 식사 시간에 공연을 하지 않는다고 해서 아이가 밥을 먹는 동안 옆에 있어 주지 말라는 의미는 아니다. 부모는 식사를 하지 않더라도 가벼운 간식이나 음료를 먹으며 아이와 함께 앉아 상호작용을 하면, 아이의 식사 시간을 더욱 흥미 있게 만드는 한편, 아이에게 소중한 사회적 경험을 제공할 수 있다. 아이가 얼마나 많이 먹는지, 혹은 얼마나 적게 먹는지 하는 이야기는 결코 하지 말고, 오늘 아침 아이와 함께 공원에 간 이야기, 오늘 오후에 계획된 놀이 모임 이야기, 정원에 핀 꽃 이야기를 한다. 처음에는 상호작용이라기보다 독백에 가까울지 몰라도 식사 때는 서커스 공연이 아닌 대화가 더 어울린다는 메시지를 전달할 수 있을 것이다.

아이에게 제공하는 음식에 재미를 더하면 놀이를 향한 아이의 욕구도 만족시킬 수 있다.

── 안전띠를 안 매려고 해요

Q "우리 딸은 카 시트에 앉힐 때마다 몸을 뒤로 홱 젖히면서 몸부림을 치는 바람에 도무지 안전띠를 맬 수가 없어요."

A 아이 입장에서는 자유에 대한 권리가 이중으로 침해받는 상황이니 저항하지 않을 수 없다. 카 시트에 몸이 묶이면, 아이가 확립하려고 열심히 애쓰고 있는 독립성과 아주 최근에 개발한 신나는 기술인 이동성, 둘 다에 제약을 받으니 말이다. 그러므로 아이가 얌전히 안전띠를 맬 거라고 확신하는 건 거의 불가능하다고 봐야 한다.

그렇다고 카 시트의 안전띠를 채우지 않으면 아이가 크게 다칠 수 있고, 심하면 큰 부상을 입을 수 있다. 이 점에 대해서는 유모차나 유아용 식탁 의자, 쇼핑 카트도 마찬가지다. 카 시트는 아주 경미한 사고에서도 생사에 영향을 미칠 수 있다. 그러므로 이유 여하를 막론하고, 동네만 살짝 돌고 온다 하더라도 반드시 안전띠를 채워야 한다.

이런 팽팽한 신경전에서는 반드시 부모가 이겨야 한다. 그러나 아이를 배려해 가능한 너그럽게 승리로 이끌도록 한다. 다음 전략들이 도움이 될 것이다.

아이를 편안하게 한다 카 시트 안전띠가 아이의 겨울 외투 위로 너무 꽉 조인다면, 여름에 안전띠가 아이의 맨살에 달라붙거나 금속 버클이 뜨거워진다면, 카 시트의 충전재가 충분하지 않거나 좌석이 너무 비좁다면, 이런 불편들이 아이를 더욱 거세게 저항하게 만들지 모른다(18개월 무렵이면 많은 아이들이 덜 답답한 토들러용 보조 의자에 앉을 수 있다(699쪽 참조). 이런 문제들을 개선하면 아이의 태도를 바꾸는 데 도움이 될 수 있다.

문제를 간접적으로 접근한다 자동차에 탈 때마다 "자, 이제 카 시트 안전띠 매자."라는 말로 시작하면 즉시 저항을 불러일으키게 될 것이다. 대신 편안한 이야기로 아이의 주의를 돌린다. "와, 눈이 왔네. 정말 예쁘구나.", "오후에 할머니, 할아버지를 만나게 될 거야.", "집에 도착하면 아주 맛있는 점심 먹자." 혹은 문제를 내서 아이에게 맞히게 한다. "멍멍이는 어떻게 말하게? 소는? 엄마 코는 어디에 있나?" 그러면서 재빨리 안전띠를 맨다. 아이가 이제 안전띠를 매는구나 하고 연상할 수 있는 동요를 부르거나 즉석에서 노래를 지어 부른다. "안전띠를 매고 안전하게 사탕을 먹을 거예요!" 혹은 아이가 좋아하는 장난감 한두 가지를 준비해 아이의 주의를 돌리고 머리와 양손을 놀이에 몰두하게 한다. 이런 방법들로 지금 무슨 일이 일어나고 있는지 실제로 아이가 전혀 눈치채지 못하든, 그저 아이가 난리법석을 치지 못하게 무사히 방어하는 데 그치든 상관없다. 무사히 목적만 달성한다면.

음악을 틀어 준다 차 안에는 항상 아이가 좋아하는 음악을 준비해, 안전띠를 매고 있는 아이를 진정시킬 준비를 한다. 카스테레오가 장착되어 있다면 바로 음악을 틀어 주고, 그렇지 않다면 휴대용 카세트 플레이어를 이용한다.

몇 가지 놀잇거리를 제공한다 놀잇거리가 항상

효과를 발휘하는 건 아니지만 언제나 해 볼 만한 가치가 있다. 똑딱단추나 벨크로를 이용해 장난감을 카 시트에 부착하거나, 플라스틱 고리나 15cm 미만의 리본이나 끈으로 묶는다. 장난감은 자주 바꾸어 준다. 부착할 수 없는 장난감은 운전자의 시선을 방해할 수 있으며, 급정거를 하는 경우 공중으로 날아갈 수 있기 때문에 잠재적으로 위험하다. 그리고 아이 손이 닿지 않는 곳으로 장난감이 떨어질 경우 아이가 소란을 일으킬 수도 있다. 악기나 그 밖에 소리가 나는 장난감도 운전자를 방해할 수 있으므로 피한다. 카 시트에서 벗어나겠다고 발버둥 치는 아이를 진정시키거나 주의를 돌리기 위해 음식을 이용하는 방법도 아이를 혹하게 해 효과적일 수 있지만, 현명한 방법은 아니며 자주 이용하기에는 더욱 바람직하지 않다.

모두 안전띠를 맨다 <u>안전띠 착용은 운전자를 비롯해 차에 탄 모든 사람이 지켜야 하는 규칙이다.</u> 운전자가 안전띠를 착용하지 않을 경우, 충돌 사고에서 생존할 가능성이 크게 줄어든다. 규칙을 지키기 위해서뿐 아니라 안전을 위해 모두가 안전띠를 착용한다.

아이의 '아기'도 안전띠를 매게 한다 여분의 좌석 안전띠가 있다면, 아이가 카 시트에 앉기 전에 곰 인형이나 다른 인형, 혹은 좋아하는 장난감에 직접 안전띠를 매어 주게 한다. 혹은 임시로 띠를 만들어 인형에 안전띠를 매어 주게 한다. 장난감이 떨어지거나 다치지 않게 하기 위해 장난감들도 안전띠를 매어 주어야 한다, 그래서 사람도 안전띠를 매어야 하는 거라고 설명한다.

아이에게 책임을 맡긴다 아이가 안전띠의 개념을 이해할 정도의 연령이 되면, 아이를 안전띠 감독자로 임명해 차에 탄 사람들에게 '안전띠를 매어야 한다.'고 상기시키도록 책임을 맡긴다. 가끔 부모가 안전띠 매기를 잊어버려 주어, 아이가 부모를 신나게 나무랄 수 있는 기회를 제공한다. 그러나 아이가 부모의 기억을 일깨워 줄 때까지 운전을 시작해서는 안 된다.

예외를 인정하지 않는다 <u>"좋아, 오늘은 안전띠 매지 마."라고 말하는 건 치명적인 실수가 될 수 있다.</u> 잠깐 집 앞 도로를 다녀오는 경우라 하더라도, 어린아이가 카 시트에 앉아 안전띠를 매지 않는다면 치명적일 수 있다. 한 번 아이 말에 굴복하게 되면 이 문제에 대해 부모의 권위가 약화될 수 있고, 자꾸 조르면 부모를 설득할 수 있을 거라는 희망을 아이에게 계속 심어 주게 된다. 경험이 많은 부모라면 이 방법이 작전상 실수라는 걸 알 것이다.

유모차를 타려고 하지 않아요

Q "우리 딸은 유모차에만 태우면 항상 발버둥을 쳐요. 하지만 도시에 살고 있기 때문에 급히 장소를 이동하려면 유모차가 꼭 필요해요."

A 토들러 시절은 거의 내내 묶여 지내게 되는 것 같다. 보통 이 시기 아이들은 스스로 신발을 신을 줄 모르면서 부모가 신발을 신겨 주길 원하지 않는다. 피곤해서 짜증을 내면서도 낮잠을 자려 하지 않는다. 원하는 시간에 원하는 장소에 갈 수 있을 만큼 빨리 걷지 못하면서 유모차는 타려 하지 않는다.

아이에게 유모차 태우기가 쉽다고 말할 수 있는 사람이 누가 있을까? 그런 사람이 있다면 아이를 키워 본 적이 없는 사람일 거다. 토들러 키우기와 편리함은 공존하기 힘든 문제이며, 아이 키우기를 포기할 수 없는 만큼 편리함을 양보하는 수밖에 방법이 없다. 다음 요령들을 시도하면 도움이 되지만, 토들러와 살면서 부딪혀야 하는 현실을 어느 정도 받아들이는 것도 그만한 가치가 있다. 아이와 함께 가는 길이 평소보다 두 배는 더 걸리겠지만 두 배는 더 즐거울 테니까.

아이의 마음에 공감한다 아이가 "유모차 싫어!"라고 불평하거나 "나갈 거야!"라며 소리를 지르면 아이의 마음을 헤아려 준다. "유모차 타기 싫구나. 엄마도 알아. 하지만 지금은 걸어서 갈 시간이 없단다. 집 근처에 도착하면 그때 걷자."

유모차를 갈등의 원인으로 만들지 않는다
부모에게 중요해 보이는 문제일수록 아이는 그 문제를 중심으로 부모와 싸우려 할 것이다. 이것은 토들러들의 본성이다. 그러므로 아이가 유모차에 저항하려고 해도 동요하지 말고, 내려 달라고 통사정을 해도 냉정을 잃지 않으며 최대한 침착하게 대처한다.

좌석 위치를 바꿔 준다 유모차의 좌석을 돌릴 수 있고 아이가 앞을 바라보는 자세로 탈 경우, 좌석을 돌려 부모를 바라보게 한다. 그 반대도 마찬가지다. 아이가 부모를 바라보는 방향으로 앉아 있었다면, 좌석을 돌려 넓은 세상을 볼 수 있게 한다.

놀잇거리를 준다 유모차에 작은 장난감들을 여러 개 매단다. 끈이나 리본을 이용할 경우 15cm 이상이 되어서는 안 된다. 기왕이면 플라스틱 고리를 이용한다. 도서관이나 미술관 등 조용히 해야 하는 장소로 향하는 게 아니라면 작은 악기들이 도움이 된다. 장난감을 자주 바꿔 준다. 이렇게 하면 유모차를 타는 시간이 즐거운 휴식 시간이 될 가능성이 높다.

아이와 계속 이야기하고 노래한다 지나가는 강아지들, 예쁜 꽃들, 상점 유리창에 전시된 상품들, 시멘트 혼합기, 견인차 등을 가리킨다. 우리가 어디에 가는지, 가서 뭘 할 건지 이야기한다. 아이와 큰 소리로 합창을 한다. 끊임없이 이야기를 하고 노래를 부르면 잠시나마 아이의 주의를 돌리는 데 성공할 수 있으며, 아이의 불만을 잠재울 수 있을 것이다. 아이가 색깔, 글자, 숫자를 인식하기 시작하면, 찾기

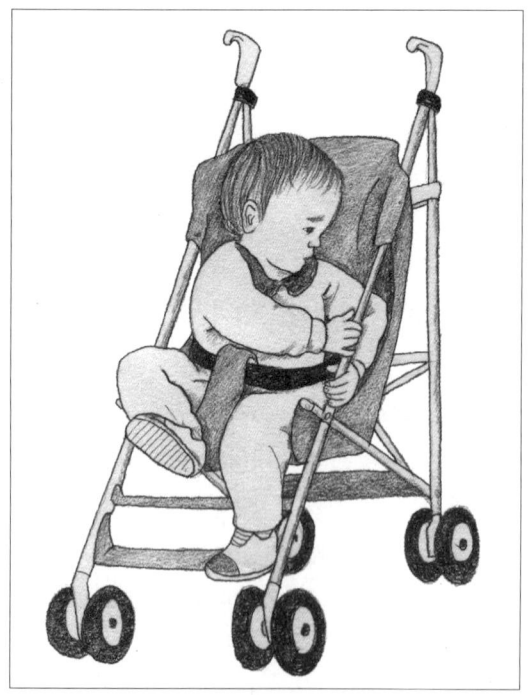

많은 토들러들이 유모차를 타지 않으려고 저항하지만, 엄마나 아빠가 그럼 대신 걸어가겠냐고 물어보면 이내 얌전해진다.

놀이를 할 수 있다. 빨간색, 숫자 '2', 글자 '아'를 먼저 찾는 사람이 이긴다.

아이를 걷게 한다 아이의 입장이 되어 생각해 보자. 아이는 이제 막 두 발로 돌아다니는 법을 배웠는데, 연습하고 탐색할 즐거움을 완전히 차단당했다. 그러므로 조금 일찍 출발하였거나, 조금 늦게 도착하더라도 괜찮다면, 아이를 걷게 한다. 아이의 도움을 받아 함께 유모차를 밀면(가령, 부모가 유모차를 밀도록 아이가 허용해 주는 경우, 아래 질문 내용 참조), 아이와 손을 잡고 보조를 맞추어 걸을 수 있다. 아이의 다리 힘이 버티는 한 걷게 한다. 다리가 아프면 유모차를 태워 달라고 간절히 부탁할지도 모른다.

Q "우리 아들은 더 이상 유모차를 타려고 하지 않아요. 그러면서도 유모차는 꼭 제 스스로 밀려고 합니다. 뭐, 그렇게 나쁘지는 않아요. 다만 유모차를 밀다가 사람이며 물건이며 여기저기 자꾸 부딪쳐서 문제지요. 그렇다고 아이에게 유모차를 빼앗아 제가 밀려고 하면 한바탕 소리를 지르고 난리가 납니다. 어떻게 해야 하지요?"

A 아침 메뉴를 정하는 일이든, 취침 시간에 대해서든, 그리고 유모차를 끄는 일에 대해서든, 토들러들은 통제력을 얻고 싶은 충동에 사로잡힌다. 유모차를 끌려는 충동에 사로잡힌 경우, 아이는 지나가는 사람들의 발뒤꿈치, 나무 둥치, 슈퍼마켓 앞에 세워진 우유 상자, 신문 가판대에 단정하게 쌓인 신문들, 공원의 화단 등을 향해 거침없이 유모차를 밀고 가는 바람에 부모를 화나게 만들고, 사람을 다치게 하고, 물건을 부수고, 심지어 아이 자신이 위험에 처하기도 한다.

경우에 따라 아이가 그토록 통제력을 갖고 싶어 한다면 아이에게 통제력을 넘겨주어도 괜찮지만, 심지어 바람직하기도 하지만, 유모차처럼 제어하기 힘든 경우 통제력을 넘겨주는 것은 결코 바람직하지 않다. 이 경우에는 다음 내용을 참고하자.

갈등의 요인을 집에 두고 온다 유모차 없이 다니기란 쉬운 일이 아닐 수 있지만, 유모차를 밀겠다고 고집을 부리는 아이와 같이 다니는 것보다는 쉬울 것이다. 필요하면 유모차 없이 하기 힘든 외출은 미루거나, 자동차나 대중교통을 이용해 움직인다.

아이가 끝까지 앉아 가도록 돕는다 유모차에 타는 것을 아주 재미있는 일로 만들면(앞의 질문 내용 참조), 아이가 굳이 유모차를 밀겠다고 고집을 부리지 않을지도 모른다.

도와준다 아이가 눈치채지 못하게 하면서 유모차 위에 슬쩍 손을 얹어 방향을 조절하면, 아이가 유모차를 밀면서도 여기저기 부딪치지 않게 할 수 있다. 부모가 방향을 조절할 때는 노래를 부르거나 재미있는 광경을 가리켜 부모의 은밀한 개입을 알지 못하게 아이의 주의를 돌린다. 부모가 도와주는 상황을 포착해 아이가 저항하는 경우, 괜히 이 문제에 통제력을 행사하려 들지 않는다. "넌 아직 어리기 때문에 엄마가 도와줘야 해."라고 말하면 아이를 오히려 더 성질나게 할 뿐이다. 대신 "엄마가 피곤해서 손을 올려놓은 것뿐이야. 와, 유모차 잘 미는구나."라는 식으로 말한다. 아이가 그냥 넘길 수도 있고 그렇지 않을 수도 있지만, 어쨌든 시도는 해 볼 만하다.

아니면 부모가 도와줄 때만 유모차를 밀 수 있다고 말한다.

아이의 몸집에 맞는 것을 밀게 한다 아이가 계속 밀고 다니기에는 일반 유모차나 쇼핑 카트보다는 장난감 유모차나 장난감 쇼핑 카트가 훨씬 쉽다. 그리고 집에서 가상 놀이를 하기에도 아주 훌륭하다. 장난감 유모차는 매우 가볍기 때문에 다른 사람의 발뒤꿈치나 상점 앞에 전시된 물건에 부딪치더라도 해를 끼칠 가능성이 적다. 그러나 유모차를 밀면서 길을 건널 때는 안전을 위해 아이를 도와주어야 한다. 잠깐 외출할 때에만 이 작은 유모차를 가지고 간다. 그렇지 않으면 아이가 다리 아프다고 할 경우, 아이에 유모차까지 같이 안아야 할지 모른다.

── 머리 감는 걸 싫어해요

Q "우리 아이는 머리를 감기는 내내 발버둥을 치고 소리를 질러서 아이 머리 감기기가 무서워요. 아이와 싸우지 않고 머리를 감길 좋은 방법이 없을까요?"

A 많은 부모들이 토들러의 머리 감기기를 두려워한다. 그렇다고 머리를 안 감길 수도 없다. 무난하게 머리를 감길 수 있는 요령을 알아보자.

머리카락을 짧게 자른다 머리카락이 짧을수록 머리를 감기는 시간이 짧아진다. 아이의 머리카락이 길거나 감기기 힘들면, 손질하기 쉽도록 짧게 자르는 방향을 진지하게 고려한다. 아이를 미용실에 데리고 가는 방법은 346쪽을 참조한다.

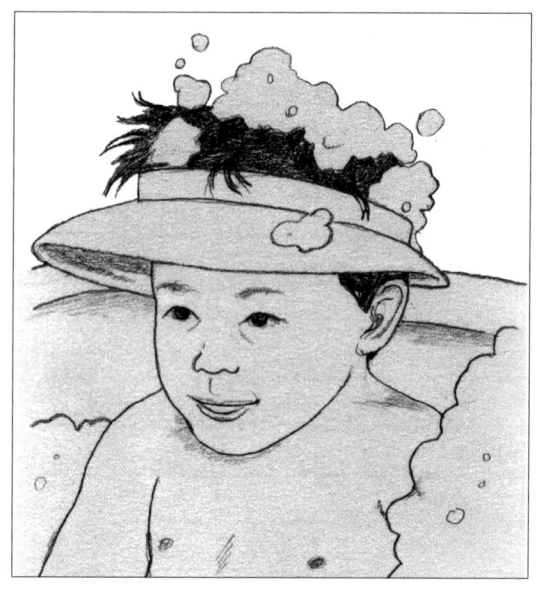

샴푸 캡은 물과 비누 거품이 눈에 들어가지 않게 보호해 준다.

순한 샴푸를 선택한다 반드시 향이 없고 눈에 들어가도 따갑지 않은 샴푸를 선택해야 한다.

엉킨 머리카락부터 푼다 아이의 머리카락은 가늘기 때문에 물에 젖으면 쉽게 엉킨다. 그러므로 머리를 빗은 다음 샴푸를 하면, 머리를 감기가 조금 쉬울 것이다. 그리고 머리를 세게 문질러 비누 거품을 마구 일으키기보다 샴푸를 톡톡 두드려 머리카락 전체에 샴푸를 골고루 묻히면, 자극이 덜할 것이다.

신속하게 끝낸다 물 온도를 알맞게 맞추고, 샴푸와 타월을 가까이 두는 등 모든 준비를 마친 후에 머리를 감겨야, 부모도 아이도 괴로운 시간을 필요 이상 오래 견디지 않아도 된다. 샴푸와 린스를 따로 사용하지 말고 샴푸 린스 겸용 제품을 사용하면 머리 감는 절차를 줄일 수 있다. 혹은 샴푸를 헹군 다음 린스를 사용하지 말고 머리카락 엉킴 방지 스프레이를 뿌린다.

눈을 가린다 무자극성 샴푸라 해도, 심지어 맹물이라 해도 눈에 들어가면 눈물이 날 수 있다. 모자의 윗부분이 뚫려 있고 햇빛 가리개용 모자처럼 생긴 샴푸 캡을 이용해 아이의 눈을 보호한다. 혹은 아이의 이마에 수건을 둘러 눈을 보호하거나 어린이용 스노클링 마스크나 물안경을 씌워 눈에 물이 들어가지 않게 한다.

샤워기 물줄기를 조절한다 손에 쥐고 사용하는 샤워기는 물줄기를 통제하기가 쉽고 물줄기가 잘못된 방향으로 튈 위험이 적다. 손에 쥐는 샤워기가 없는 경우, 어린이용 플라스틱 물뿌리개를 이용한다. 머리를 다 감긴 후 욕조에서 물뿌리개를 가지고 놀게 할 수 있다.

아이를 즐겁게 한다 아기에게 인형 머리카락을 감게 해 주면 아이가 억울한 기분을 덜 느낄지 모른다. 아이도 물뿌리개를 이용하게 한다. 혹은 176쪽 박스 안의 놀이 방법을 시도한다.

아이가 보게 한다 욕조 안에 깨지지 않는 거울을 세워 놓으면 아이가 머리 감는 모습을 재미있게 지켜볼 수 있다. 머리카락에 생긴 비누 거품으로 작품을 만들어도 재미있을 것이다. 그러나 머리카락이 엉키지 않게 해야 한다. 아이에게 인형 머리카락의 거품으로도 재미있는 모양을 만들어 보게 한다.

너무 자주 감기지 않는다 날이 너무 덥거나 아이의 모발이 유독 지성이 아니라면, 혹은 음식이 들러붙지 않았다면, 일주일에 한 번만 머리를 감겨도 충분하다.

— 손을 안 씻으려고 해요

Q "우리 아이는 아침에 놀고 나면 손이 말도 못하게 더러워져요. 그런데도 밥 먹기 전에 도무지 손을 씻으려 하지 않아요."

A 더러움과 토들러는 늘 붙어 다닌다. 모래놀이 통에서 놀다 나올 때마다 무릎은 새까매지고, 팔뚝은 더럽고, 팔꿈치에는 때가 묻고, 얼굴은 끈적거리고, 손가락 사이사이에는 땟국물이 흐른다. 이런 모습은 짜증이나 까다로운 식습관과 마찬가지로 토들러들의 전형적인 특징이다.

그러나 오전에 놀다가 더러워진 상태를 밤에 목욕할 때까지 고스란히 유지한다 하더라도, 손만큼은 식사 전에 반드시 씻어야 한다. 특히 아이들은 손으로 음식을 집어 곧바로 입에 넣기 때문에 더욱 철저하게 손을 씻어야 한다. 그리고 대부분의 토들러들이 욕조에 몸을 담그는 건 좋아하면서도 손을 씻는 건 질색을 한다.

그러나 아이가 손 씻기를 좋아하든 그렇지 않든, 아이에게 손 씻는 습관을 들여야 한다. 손 씻기는 개인위생의 기초로, 아이가 먹을 음식에 먼지가 묻지 않게 해 줄 뿐 아니라 병균의 확산을 예방하기도 한다. 다음 요령을 참고해 손 씻기를 덜 부담스럽고 더 재미있게 만들어 보자.

아이가 씻게 한다 토들러들은 어떤 행동에 대해 자신이 통제력을 가질수록 그 행동에 대한 반감이 줄어든다. 지금까지 부모가 아이의 손을 씻겨 주었다면, 이제부터는 아이가 직접 손을 씻게 한다. 반감이 크게 줄어들어 손을 깨끗이 씻을 것이다. 기껏 손을 씻었는데 또 더럽혔다며 아이를 나무라지 않는다. 어차피 더러워지기 마련이고, 다시 씻으면 된다. 아이의 손이 데지 않도록 아이에게 맞게 물 온도를 조절한다. 안전 예방책으로 온수 온도 조절이 가능하면 온수 온도를 49도 이하로 설정한다. 그리고 아이가 스스로 물 온도를 조절할 만큼 성장하면, 화상을 입지 않도록 수도꼭지의 찬물부터 먼저 틀도록 가르친다.

아이가 손을 다 씻으면 제대로 씻었는지 확인한다. 처음에 비해 별로 깨끗해지지 않았다면 다시 씻게 한다. 혹은 부모가 아이의 손을 씻기는 동안 아이는 부모의 손을 씻기게 한다.

손 씻기를 편하게 해 준다 아이가 손을 씻을 때 가장 힘들어하는 부분 가운데 하나가 바로 팔 뻗기다. 아이가 세면대에 쉽게 접근할 수 있도록 안정된 계단식 걸상 등으로 조치를 취하고 비누와 수건 등의 소품을 아이 손이 닿는 곳에 두면, 편안하게 손을 씻을 수 있을 것이다. 손 씻기를 즐겁게 해 주는 또 한 가지 방법은 토들러용 세면대를 이용하는 것이다. 휴대 가능한 토들러용

약 먹을 때 설탕 한 숟가락?

간혹 아이에게 약을 잘 먹이려고 설탕 한 숟가락을 푹 퍼서 약에 섞는 경우가 있다. 그러나 설탕은 아이의 치아를 상하게 하므로, 그리고 전체적인 건강에도 바람직하지 않으므로, 약을 먹기 좋게 하려면, 뿐만 아니라 머리를 감고, 옷을 갈아입히고, 장난감을 정리하고, 세수를 하는 등, 그 밖에 필요한 일과들을 할 때 말을 잘 듣게 하려면, 다른 방법을 찾아보는 것이 바람직하다. 부모들과 소아 치과 의사들이 전폭적으로 지지하는 방법을 소개하겠다.

엉터리 노래 부르기 "우리 아기는 하나도 안 씻겨 주고 코끼리들만 씻겨 줄 거예요.", "우리는 발에 이렇게 옷을 입혀 준답니다……." 같은 엉터리 노래를 부모 마음대로 지어 부른다. 노래 가사가 말도 안 되고 터무니없을수록 아이는 노래에 정신이 팔릴 것이다. 아이가 싫어하는 일과를 할 때마다 똑같은 엉터리 노래를 부르면, 아이가 그 노래를 잔뜩 기대하게 되어 아이와 티격태격하는 일 없이 그럭저럭 무난하게 머리를 감기고, 옷을 갈아입히고, 세수를 시킬 수 있을 것이다.

엄마의(혹은 아빠의) 실수
어린아이들은 '뭘 해라', '어떻게 해라'라는 말만 시종일관 듣기 때문에, 그런 말을 하는 엄마 아빠가 실수하는 모습을 보는 것만큼 재미있는 일은 없을 것이다. 이 놀이의 목적은 아이에게 즐거움을 주는 동시에, 아이가 고분고분 말을 잘 들어 부모 역시 즐거움을 느끼게 하려는 것이다. 예를 들어, 아이에게 우유를 먹이려 할 때 이렇게 말한다. "와, 우유네. 아, 맛있겠다. 이 우유는 내 거야. 내가 얼른 마셔 버려야지." 혹은 아이를 목욕시킬 준비를 마치고 아이가 막 욕조 안에 들어가려는 순간 이렇게 말한다. "아, 이제 목욕 준비 다 했다. 내가 얼른 목욕해 버려야지." 그러면서 옷을 입은 채로 욕조 안에 들어가는 척한다. 아이는 "내가 우유 마실 거야!" 혹은 "내가 목욕할 거야!"라면서 부모의 말을 바로잡는 데서 느끼는 쾌감과 엉뚱한 상황이 주는 우스꽝스러움으로 무척 재미있어할 것이다. 그리고 아이가 컵을 받아 들고 우유를 마시거나 부모가 욕조에 들어가기 전에 제가 먼저 들어가려고 서두르는 걸 보면서 부모도 재미있어할 것이다.

반심리학 때로는 형세를 역전시켜 열세를 만회하기도 한다. 353쪽 참조.

엉뚱한 행동 아이가 말을 안 들을 때 화를 내기보다 엉뚱한 시도를 해 본다. 예를 들어, 외출할 때 아이가 벙어리장갑을 끼지 않거나 외투를 입지 않겠다고 고집을 부리면 강아지한테 장갑을 끼우고 외투를 입히는 척한다. 운이 좋으면 온 식구가 즐겁게 웃는 동시에 "안 돼, 내 장갑이야! 내 코트야!"라는 말을 얻어 낼 것이다.

우스꽝스러운 표정 크게 애쓰지 않아도 아이를 웃게 만들 수 있다. 뺨을 부풀리고, 입 모양을 일그러뜨리고,

세면대를 구입하거나 대여해 욕조 한쪽에 아이 키에 맞추어 설치한다.

물비누로 바꾼다 일반 비누는 잘 미끄러지는 데다 아이가 거품을 내기 어렵다. 또한 아이 손 못지않게 먼지가 묻어 있어 세균의 온상이라고 해도 과언이 아니다. 아이가 누르는 재미에 빠져 물비누를 낭비하지 못하게 하려면, 아이에게 물비누를 건네 적당한 양을 덜게 한 다음 다시 수납장에 넣는다. 또 다른 방법으로는 부모나 아이가 수건 위에 물비누를 적당량 덜어 내는 것이다. 수건으로 손을 닦은 다음 수돗물로 헹구면 된다.

상황에 따라 물수건을 이용한다 외출할 때는 일회용 물수건을 이용하면 가장 편리하고 가장 위생적으로 신속하게 손을 닦을 수 있으며, 아무리 어린아이라 해도 쉽게 손을 닦을 수 있다. 아이의 손이 더러워질 때마다 물수건으로 손을 닦게 한다.

혀를 내미는 등, 즉석에서 우스꽝스러운 표정을 지어 보이면 마침내 아이가 웃으면서 자신이 뭘 안 하겠다고 고집을 부렸는지 잊어버리게 될 것이다.

평소와 다른 말투 높은 목소리, 낮은 목소리, 깩깩거리는 목소리, 갈라지는 목소리, 생쥐 같은 목소리, 광대 같은 목소리 등, 뜻밖의 목소리를 내면 아이의 주의가 분산되어 아무리 싫다고 고집하던 일도 얼마든지 마칠 수 있다. 부모가 벨 소리, 경적 소리, 사이렌 소리, 동물 울음소리 등 다양한 소리들을 흉내 낼 줄 안다면, 이런 소리를 내서 아이를 웃게 만들고 그 틈을 타 아이의 경계심을 허문다.

가상 놀이 신발을 신지 않겠다고 버티는 아이도 신발 가게 놀이를 하면 태도가 달라질 수 있다. 아이 발에 맞지 않은 신발 몇 켤레를 늘어놓고 "이 신발을 신어 보세요, 손님." 하고 제안한다. 몇 차례 엉뚱한 제안을 하면서 서로 키득키득 웃고 나면, 아이는 자기 발에 맞는 신발을 신어 보면서 좋아할 것이다. 마찬가지로 목욕할 시간에는 미용실 놀이를, 옷을 갈아입을 때는 옷 가게 놀이를, 식사 시간에는 음식점 놀이를 한다.

웃으며 할 수 있는 놀이 손 씻기 대회를 열거나, 장갑 빨리 끼기 대회, 정리하기 게임을 한다.

책 속의 캐릭터가 된다 뽀로로가 머리를 감겨 주면 머리 감기가 훨씬 재미있을 것이다. 방귀대장 뿡뿡이가 신발을 신겨 주면 버클을 잠그기가 훨씬 수월할 것이다. 부모가 동화책이나 텔레비전 캐릭터가 되면 아이가 아무리 싫어하는 일도 수월하게 할 수 있다.

아이가 이기게 한다 누구나 이기는 걸 좋아하며, 연령이 높은 토들러들도 예외가 아니다. "넌 절대로 아빠보다 먼저 신발을 신을 수 없을걸."이라고 말해 도전 의식을 불어넣으면, 아이에게 잔소리를 하고, 위협하고, 애원하고, 소리를 지르는 온갖 방식을 총동원하는 것보다 빨리 아이를 움직일 수 있다. 이 방법은 아이를 이기게 해 줄 뿐 아니라 부모가 졌다는 걸 확인시킬 수 있다. 변형 방법으로 '의자에 먼저 앉기 놀이'를 응용할 수 있다. "엄마가 노래를 다 부르기 전에는 이 책들을 책장에 다 꽂지 못할걸." 타이머를 설정하는 방법도 좋다. "타이머가 울릴 때까지 손을 다 씻기는 힘들걸." 아이가 숫자에 관심을 보인다면 수를 세어 도전 정신을 불러일으킨다. "아빠가 열을 셀 때까지는 절대로 블록을 다 치우기 힘들 거야." 아이가 연령이 높으면 거꾸로 수를 센다. "십, 구, 팔…… 삼, 이, 일, 발사!"

이 놀이에는 중요한 규칙이 있다. 즉, 아이가 내기를 받아들이면 어떻게든 아이를 이기게 해야 한다. 부모는 달팽이처럼 느릿느릿 신발을 신고, 아주 느린 속도로 노래를 부르며, 10까지 세는 데 2분이 걸리는 한이 있더라도 말이다. 이기는 기쁨을 누리지 못한다면 아이는 다시는 부모의 내기를 받아들이려 하지 않을 것이다.

이 놀이에서 얻는 보상은 뭐니 뭐니 해도 재미라는 사실을 꼭 기억하기 바란다. 어차피 본격적으로 내기를 하려는 게 아니니까.

── 샘이 많아요

Q "우리 아들은 샘이 많은 것 같아요. 제 남편이 저를 안으려고만 하면 우리를 떼어 놓고 투덜대요. 처음에는 그 모습이 아주 귀여웠는데 요즘에는 점점 짜증 나요."

A 많은 토들러들이 이 시기에 오이디푸스 콤플렉스를 겪는다. 아이들은 엄마를 향해 독점적인 애정을 보이고, 심지어 엄마와 결혼하겠다고까지 말한다. 이런 감정은 정상이며, 잘 다스려 주면 적절한 때에 사라진다. 사실 만 3~4세쯤 되면 많은 남자아이들이 엄마와 포옹을 하고 입을 맞추길 꺼려하면서 엄마와 거리를 두려 한다. 그러므로 아이에게 화를 내거나 지나치게 아이 입장에 공감하지 말고, 기분 좋게 반응하도록 노력한다. 아빠 편을 들어 아이를 거부하면 오히려 질투심만 커지게 만들 뿐 아니라 아빠가 자신을 위협할지 모른다는 두려움을 확인시키는 셈이 되고, 아이를 옹호하느라 아빠를 거부하면 가족 역학 관계에 대한 아이의 개념에 혼란을 줄 뿐이다. 아이가 부모 사이를 파고들려고 하면, 아이가 소외감을 느끼지 않도록 아이도 함께 안아 준다. 그리고 이렇게 상기시킨다. "엄마 너도 사랑하고 아빠도 사랑해. 두 사람 모두 아주 많이 사랑해." 그리고 아이의 행동이 귀엽다고 이런 행동을 부추기거나 아이의 독점적인 사랑을 받는다고 으쓱해지지 않도록 주의한다. 이렇게 설명한다. "난 엄마니까 엄마하고는 결혼할 수 없지만, 나중에 크면 아주 멋있는 여자와 결혼할 수 있단다."

엄마와 아빠 모두가 아이에게 사랑과 관심을 충분히 쏟아 주어야 한다. 아이가 아빠를 경계하는 경우, '우리 남자들끼리만' 하면서 함께 시간을 보내면 차츰 가까워질 것이다. 결국 아이는 아빠의 자리를 차지할 수는 없지만 아빠처럼 될 수 있으리라는 사실을 깨닫게 되고, 그때가 되면 부자 관계가 더욱 좋아진다.

여자아이들 역시 어릴 때부터 엄마를 좋아하는데, 반면에 태어날 때부터 아빠만 좋아하는 딸도 있다. 누구를 편애하든 이런 식의 편애는 현재 덜 좋아하는 부모에 대한 개인적인 모욕이 아니라 그저 정상적인 발달 과정일 뿐임을 기억해야 한다. 토들러기 후반에는 아이의 충성이 부모 중 다른 쪽으로 향하게 되고, 그보다 더 시간이 지나면 다시 처음 대상으로 돌아온다.

── 벌써부터 성질을 부리기 시작해요

Q "끔찍한 두 살 시기에 아이들이 성질을 많이 부린다는 말을 들었어요. 그런데 제 딸은 일찍부터 성질을 부리기 시작하는 것 같아요. 그럴 수도 있나요?"

A 얼마든지 그럴 수 있다. 겨우 12개월밖에 안 된 아기도 원하는 대로 안 되면 몸부림을 치고 소리를 지르는 일이 아주 없지 않다. 그리고 만 1세 중반 무렵이면 대부분의 아이들이 어느 정도 '끔찍한 두 살'의 전형적인 행동을 보이기 시작한다. 아이의 성질부리기는 아주 심할 수도 있고 아주 경미할 수도 있으며 그 중간쯤일 수도 있다. 성질부리기를 다루는 방법은 374쪽을 참조한다.

── 걸음마가 늦어요

Q "우리 아들은 지금 18개월인데, 놀이 모임에서

걸음마를 못 하는 아이는 우리 아이뿐이에요. 다른 면에서는 모두 정상인 것 같지만 그래도 몹시 걱정돼요."

A 대부분 18개월 아이들은 부모가 옆에서 잡아 주지 않아도 잘 걷지만, 간혹 완벽하게 정상적인 아이들 가운데에서도 조금 나중에야, 드문 경우 한참 후에야, 겨우 발을 떼는 아이들이 있다. 전에 심하게 넘어진 경험으로 인해 무서워서 혼자 발을 떼 앞으로 나가기를 주저하거나, 기는 실력이 출중해 걸을 필요를 느끼지 못하기 때문일 수 있다. 아이는 두 발로 걷는 것보다 두 손과 무릎을 이용해 기는 것이 훨씬 빠르다는 것을 아는 것이다. 대근육운동이 발달하는 시기가 아주 느린 것이 원인일 수도 있고, 간혹 의학적인 치료가 필요한 문제로 인해 걸음마가 늦어지는 경우도 있다.

아이가 아직 혼자 걸음을 떼지 못하는 원인이 무엇인지 발견하기 위해, 먼저 아이의 담당 의사와 상담한다. 어쩌면 전문의를 추천받을지도 모른다. 철저한 검사를 거친 후에도 발달상의 문제가 발견되지 않았다면, 마음을 놓아도 좋다. 그러나 아이가 걸음을 떼도록 몇 가지 조치를 취하는 것이 좋겠다.

* 부모의 한 손이나 양손을 꼭 잡고 걸음마를 할 기회를 많이 만들어 준다.
* 가구를 잡고 걸음마를 하도록 격려한다. 그러나 아이가 잡을 가구가 튼튼한지 반드시 확인해야 한다.
* 아이가 가구를 잡고 걸음을 떼고, 혼자 힘으로 서고, 걸음마를 하면 아이의 노력을 칭찬하되, 가구를 잡고 걸음을 떼지 못하거나, 혼자 힘으로 서지 못하거나, 걸음마를 하지 못한다 해도 무시하지 않는다.
* 아이가 혼자 서거나 부모의 손을 잡고 설 때 손에 쥘 작고 안전한 장난감을 준다. 이렇게 하면 주의를 돌리게 되어 걸음을 떼고 있다는 걸 의식할 겨를이 없을지 모른다. 혹은 약간

생후 18개월의 놀이와 장난감

18개월 아이들은 다루기가 보통 힘든 게 아니다. 비지 박스 장난감 앞에 앉혀 놓아도 더 이상 예전처럼 오랜 시간 집중하지 않는다. 18개월이 되면 대체로 말도 늘고 사교성도 많아지며, 가상 놀이도 할 줄 알고, 블록 서너 개 쌓아 올리기, 공 던지기, 끌고 다니는 장난감 끌기, 서랍 열고 닫기, 책장 넘기기, 문고리 돌리기, 같은 모양대로 도형 끼우기, 아기 달래기 등 새로운 기술들을 아주 많이 익히게 되며, 아주 많은 도전에 맞설 준비가 되어 있다. 아이에게 도전 의식을 불어넣으려면 흥미를 불러일으킬 다양한 놀이를 제공해 주어야 한다.
유아용 책상과 의자를 준비하면 아이가 게임, 퍼즐, 소꿉놀이, 색칠 놀이 등을 하기에 아주 좋다. 의자는 다리의 바닥이 넓은 것을 선택해야 기울어질 위험이 적다. 책상과 의자의 높이는 아이의 키에 맞는지 확인한다. 의자 높이 28cm, 책상 높이 50cm 정도면 대체로 만 4세까지 적당히 사용할 수 있다. 장난감을 보관할 장소로 접근하기 쉬운 적당한 공간을 마련하는 것도 중요하다(장난감 보관에 대한 요령은 67쪽 참조). 그리고 외출할 때나 이동할 때 가지고 다닐 수 있도록 작은 손가방이나 토들러용 백팩도 마련한다. 66쪽에 소개된 토들러용 장난감도 18개월 아이들에게 적합하지만, 이 시기에는 보다 정교하게 가지고 놀 수 있는 장난감을 이용하게 해야 한다. 아이가 다양한 관심과 기술을 발달하게 하려면 각 범주에 속하는 장난감들을 골고루 이용하게 해야 한다. 물론 연령에 적합한지, 안전한지도 반드시 확인해야 한다.

떨어진 거리에 아이가 좋아하는 장난감을 놓아, 아이가 장난감을 잡기 위해 걸음을 옮기도록 격려한다. 아이가 걸음을 옮기도록 장려하는 장난감은 아이가 앞으로 향하는 동안 안전과 안정을 제공하는 동시에, 아이가 걸음마를 덜 무섭게 여기도록 돕는다.

* 지금까지 보행기를 이용했다면 없애도록 한다. 보행기는 위험할 뿐 아니라, 보행기를 이용하면 혼자 걸을 때 요구되는 걸음마 방식과 다른 방식으로 걷게 되기 때문에 아이 혼자 걷기가 더 힘들어질 수 있다.

꼭 알아 두세요: 텔레비전과 토들러(만 1~3세 아이)에 대한 모든 것

요즘에는 어린이와 텔레비전에 대한 놀라운 통계 자료를 찾으려 굳이 애를 쓰지 않아도 된다. 신문, 잡지, 텔레비전에 수시로 관련 정보가 나오니 말이다. 이들 정보에 따르면 만 2~5세 사이의 아동들이 일주일에 평균 25시간 이상 텔레비전을 시청하고, 일부 아동들은 하루에 5시간 이상 텔레비전에 정신을 빼놓는다고 한다. 이런 추세로 나가면 고등학교를 졸업할 무렵이면 텔레비전 앞에서 보내는 시간이 총 15000시간(밤낮없이 연속 2년에 해당하는 시간)이 되고, 이 시간은 교실에서 보내는 시간보다 무려 4000시간이 더 많다. 텔레비전은 아이들에게 다음과 같은 부작용을 일으킨다.

카우치 포테이토 증후군 아이들이 텔레비전을 보면서 뭔가 다른 일을 하고 있을 거라고 생각하겠지만, 실제로 아이들은 멍하니 시간을 보내기 일쑤다. 사실상 아이들은 비몽사몽간의 상태에 돌입하며, 대사율(신체가 칼로리를 연소하는 비율)이 그저 가만히 앉아서 아무것도 안 하고 있는 휴식 상태의 대사율에 비해 16% 정도 낮다. 그리고 활동할 때 대사율에 비해서는 그보다 훨씬 아래로 떨어진다.

신체적, 지적, 사교적 활동 저하 텔레비전이 켜져 있으면 아이들은 주변을 돌아다니거나, 다른 아이와 놀이를 하거나, 책을 보거나, 이야기를 듣거나, 가상 놀이를 하거나, 그림을 그리거나 하면서 몸과 마음을 움직이려 하지 않는다. 너무 오랫동안 텔레비전을 시청하면 아이들을 장기간 행복하게 해 주는 데 꼭 필요한 기술을 익히지 못한다. 또한 장기간 습관적으로 텔레비전을 시청하게 되면 자극과 만족을 얻기 위해 텔레비전에 의지하게 된다.

비만 연구 결과에 따르면, 지난 20년간 소아 비만의 원인 가운데 하나로 텔레비전이 차지하는 비율이 50%에 이른다고 한다. 이유는 바로 지나친 칼로리 섭취다. 텔레비전에 중독된 아동은 더 많은 칼로리를 섭취한다. 아이들은 텔레비전을 보면서 간식을 먹는 경향이 있고, 광고에 나오는 간식류를 먹으려 하는데, 이런 음식들은 대체로 아이들 건강에 좋지 않다. 그리고 텔레비전을 시청하는 동안 덜 움직이게 되어 대사율이 떨어져서 칼로리를 거의 소모하지 않는다. .

높은 콜레스테롤 수치 장시간 텔레비전을 시청하게 되면 체중이 증가할 뿐 아니라 콜레스테롤 수치도 늘게 된다. 연구자들은 텔레비전을 보는 동안 몸을 움직이지 않는 데다 광고를 통해 심장 건강에 좋지 않은 음식을 먹고 싶은 욕구가 생기고, 텔레비전을 시청하는 동안 간식으로 정크 푸드를 먹게 되는 등, 여러 가지 원인이 결합되어 이런 결과가 나오게 된다고 주장한다. 또한 텔레비전 시청을 통제하지 못하는 부모들은 가족의 식단에서 지방 섭취를 통제하는 데에도 실패할 뿐 아니라, 콜레스테롤을 통제하기 위한 다른 방법들에도 실패할 수 있다고 제시한다.

공격적인 행동 증가 일부 연구들은 여전히 이의를 제기하고 있지만, 많은 부모들이 오랫동안 의심하던 바가 차츰 입증되고 있다. 즉, 텔레비전에서 폭력적인 장면을 시청한 아동은 공격적인 행동이 증가한다. 그렇지 않다 하더라도 최소한 폭력을 둔감하게 받아들여 폭력에 대해 괴로워하기보다는 당연한 것으로 받아들이게 된다. 한 사건에서 화면을 메우며 분주하게 활약하던 등장인물이 다음 사건에서 어김없이 처참한 죽음을 당하는데 왜 그러지 않겠는가?

두려움 증가 어린아이들은 실제와 허구를 구분하기 힘들거나 불가능할 수 있다. 어린아이들은 보고 듣는 모든 것을 있는 그대로 받아들이는 경향이 있으므로, 환상을 현실로 착각하여 겁을 먹게 된다. 다시 말해, 텔레비전에서 본 내용은 거실이나 놀이터에서 일어나는 일만큼이나 아이들에게 현실로 다가오는 것이다. 무서운 장면을 보는 동안에는 놀라지 않은 것처럼 보일지 몰라도, 나중에 그 장면과 관련된 악몽을 경험할 수도 있다.

아이들이 취학 전에 실제와 허구를 구분하기 시작할 때가 되면, 물론 훨씬 나중까지도 확실하게 구분하기는 어렵겠지만, 살인, 방화, 자연 재해, 충돌 사고 등을 보도하는 뉴스 프로그램에 특히 위협을 느끼게 된다. 어린아이들은 텔레비전에서 본 장면이 자신이나 자신이 사랑하는 사람들에게 일어날 거라고 상상하는 경향이 있다.

가치관의 혼란 일부 어린이 프로그램은 매우 기특하게도 참을성, 나눔, 친절, 정직과 같은 긍정적인 가치관을 가르치기 위해 노력을 기울인다. 그러나 대부분의 프로그램들은 원하는 것을 얻기 위해 폭력을 사용하거나 거짓말을 해도 좋다거나, 무언가를 손에 넣어야 내가 중요한 사람 혹은 인기 있는 사람이 된다는 식의 부정적인 가치관을 심어 준다.

효과적이지 못한 대응 기술 아이가 따분해하고, 짜증 내고, 성질을 부리고, 떼를 쓴다면? 대부분의 부모들이 제공하는 해결책은 간단하다. 바로 텔레비전을 트는 것. 전문가들은 부모가 이런 식으로 텔레비전을 이용하는 경우, 아이가 성장했을 때 보통 겪게 되는 삶의 고락을 효과적으로 해결하지 못할 수 있다고 예견한다. 다시 말해, 문제를 해결하기 위해 노력하거나 따분함을 극복할 방법을 찾으려 하기보다, 쉬운 해결책을 기웃거리거나 심지어 자기 파괴적인 습관을 기를 수 있다는 것이다. 어쨌든 〈피노키오〉를 보고 있는 동안은 현실에 직면할 필요는 없으니까 말이다.

지적, 사교적 발달 부진 텔레비전을 많이 시청하는 아이는 그렇지 않은 아이에 비해 독해 능력이 떨어지고 평균적으로 성적이 부진한 경향이 있는데, 이는 아주 당연한 결과다. 원인은 아주 많다. 읽고 공부할 시간이 적고, 학습 방법에 대한 기대가 지나치기 때문이다. 최첨단 특수 효과를 사용하는 텔레비전 교육은 아이들을 수동적인 학습자로 만들어, 학교 교육이 텔레비전 교육만큼 흥미롭지도 빠른 속도로 전개되지도 않으면 아이들은 쉽게 지루해하거나 집중을 하지 못한다. <u>토들러 시기에 텔레비전을 지나치게 많이 시청하게 되면, 지속적인 지적 성장에 매우 중요한 책과 친밀한 관계를 맺기가 어려워질 수 있다.</u>

상상력과 창조력 부진 책을 읽으면 마음으로 그림을 그리고, 장면을 시각화하며, 행동을 상상하게 된다. 반면에 텔레비전을 보면 모든 장면을 눈으로 볼 뿐 아무것도 상상하지 못한다. 드물게 예외는 있으나, 텔레비전 프로그램이 아이들에게 새로운 아이디어를 떠올리게 하거나 창조력을 장려하는 경우는 거의 없다.

독립적인 놀이 기술 부족 텔레비전을 많이 시청하는 아이들은 대체로 혼자서 즐겁게 시간을 보낼 줄 모르고 그래야겠다는 의욕을 전혀 갖지 않는다. 가만히 있어도 텔레비전을 통해 엄청난 자극을 받는 터라 굳이 생각과 상상력이 요구되는 활동을 하기 위해 노력을 기울이려 하지 않는다.

가족 및 사회적 유대 관계 약화 밤낮으로 텔레비전을 시청하는 가족은 차츰 사이가 멀어질 수 있다. 텔레비전 속의 모든 인물들과 상당한 시간을 함께 보내는 바람에 가족 및 친구들과는 거의 상호작용이 이루어지지 않으며, 생각과 감정과 가치관을 거의 공유하지 않는다.

이처럼 충격적인 사실이 밝혀졌다고 해서 당장 아이에게 텔레비전 시청을 금지시킬까? 대부분의 경우 그렇지 않으며, 이유는 여러 가지다.

첫째, 교육적 효과 때문이다. 그러나 텔레비전에는 긍정적인 측면이 전혀 없다. 잘만 활용하면 훌륭한 교육 도구가 될 수도 있겠지만, 사실상 이런 역할을 충실하게 수행하는 경우는 거의 없다.

둘째, 사회적 압력 때문이다. 아이들 사이에서 뽀로로, 방귀대장 뿡뿡이, 토마스와 친구들 같은 캐릭터는 일상생활의 일부이며, 이런 캐릭터를 잘 모르면 소외감을 느낄 수 있다.

셋째, 편리함 때문이다. 바쁜 부모들은 저녁을 준비하거나 메일을 열어 보거나 빨래를 하는 동안 텔레비전을 틀어 아이가 화면에 몰두하게 한다. 아이가 좋아하는 프로그램이 방영되면, 아이를 즐겁게 하거나, 아이와 함께 놀아 주거나, 아이의 문제에 귀를 기울이기 위해 애쓸 필요가 없다.

넷째, 가정의 평화 때문이다. 아이를 텔레비전 앞에 앉히는 것만큼 가정에 평화를 보장해 주는 방법도 없을 것이다. 고요한 시간을 간절히 원하는 부모들은 텔레비전의 유혹을 좀처럼 떨치기 힘들다. 텔레비전만 틀면 아주 신경질적인 아이도 잠잠해지니까.

현명한 텔레비전 시청을 위한 십계명

많은 단점에도 불구하고 텔레비전은 아이들이 어디에서도 발견할 수 없는 놀라운 경험의 세계를 제공한다. 수많은 시각적, 청각적 세계를 경험하게 하고 많은 사람들을 만나게 해 준다. 텔레비전은 세상 방방곡곡, 심지어 우주 저 끝까지 아이들을 데리고 가고, 과거와 미래, 일상생활과 이국적인 생활, 예술과 과학의 세계를 접하게 해 준다. 다음에 소개하는 십계명을 잘 지키면 가족 모두 텔레비전의 위험을 최소화하는 동시에 최고의 이익을 끌어낼 수 있을 것이다.

1. **지금 당장 합리적인 한계를 설정한다**

   아이가 학교에 입학할 때까지 기다렸다가 이런 한계들을 설정하고 시행하려 하면 그때는 일이 훨씬 어려워진다. 그렇다면 어느 정도로 한계를 설정하는 것이 바람직할까? 18개월 이전에는 텔레비전을 전혀 보지 않아도 잘 지낼 수 있다. 18개월 무렵에는 하루에 30분 정도 시청하면 충분하다. 아이가 프로그램을 선택할 정도의 연령이 될 때까지는 아이에게 적합한 프로그램을 부모가 선택한다. 아이가 프로그램을 선택할 수 있을 때쯤에는 이런 식으로 제안한다. "뽀로로 볼래, 아니면 방귀대장 뿡뿡이를 볼래?" 아이가 두 돌이 지나면, 특히 궂은 날씨 때문에 야외 활동이 제한될 때는, 하루 한 시간까지 텔레비전 시청 시간을 확대하는 방법을 고려한다. 그러나 토들러들은 대부분의 시간을 텔레비전 시청보다는 놀이로 보내야 하므로, 텔레비전 시청 시간을 그 이상 확대하는 것은 바람직하지 않다.

2. **정해 놓은 한계를 실천한다**

   한계를 정하는 것과 지키는 것은 별개의 문제다. 정해 놓은 프로그램이 끝나는 즉시 텔레비전을 끄고 아이의 관심을 다른 곳으로 돌리지 않으면 한계를 정해 봐야 소용이 없다. 텔레비전 시청을 마친 후 곧바로 아이가 좋아하는 활동을 계획하면, 한결 수월하게 다음 활동으로 전환할 수 있을 것이다. 물론 대부분의 규칙들이 그렇듯이 텔레비전에 관한 규칙에도 예외가 적용될 때가 있는데, 아이가 아파서 장시간 안정을 취해야 하거나 어린이들을 위한 특집 방송이 방영될 때가 그렇다. 평소에는 절대로 규칙을 변경할 수 없으며, 이런 경우에만 예외로 한다는 사실을 분명하게 밝히도록 한다.

3. **텔레비전 시청 시간을 정한다**

   식사 시간은 가족 시간이 되어야 하는 만큼 이 시간에는 텔레비전을 틀지 않도록 한다. 아이가 사회적 기술을 익혀야 하는 놀이 모임 시간, 가족 모임과 명절에도 텔레비전을 틀지 않는다. 명절 특별 프로그램은 예외다.

4. **함께 시청한다**

   부모와 함께 시청하면서 화면에서 벌어지는 일에 대해 많은 상호작용이 이루어진다면, 아이들이 텔레비전 속으로 빠져들 가능성이 적을 것이다. "와, 말이 정말 아름답지 않니?", "저 광대는 정말 멍청하다!", "꼬마한테 무슨 일이 일어난 거지?" 등 아이에게 말을 건다. 텔레비전을 시청하면서 아이와 함께 블록을 쌓거나 퍼즐을 맞추기를 하거나, 혹은 부모 혼자서 당근을 깎거나, 낱말 퍼즐을 풀거나, 청구서를 계산하는 등 다른 일을 할 수도 있다. 아이에게 혼자 텔레비전을 시청하도록 하는 것은 낯선 사람들 한가운데에 아이 혼자 남겨두는 것과 같다. 반면에 아이와 함께 시청하면, 아이가 잘못 알고 있는 것을 바로잡아 줄 수도 있고, 광고 방송을 감독할 수도 있으며, 아이와 공유하지 않는 가치뿐 아니라 공유하는 가치에 대해서도 짚을 수 있다. 물론 때로는 아이 혼자 시청하게 해야 할 때도 있지만, 혼자 시청하는 습관을 들여서는 안 된다.

5. 텔레비전을 시청하면서 상호작용한다

텔레비전을 시청하면서 화면의 등장인물을 따라 하고, 줄거리와 사건에 대해 이야기하고, 프로그램에서 보여 준 활동을 비슷하게 따라 하고, 프로그램에 대해 평가하고 질문한다. 텔레비전 등장인물과 함께 노래하고 춤을 추며, 함께 미술 작품을 만들도록 장려한다. 노래를 따라 부르면서 율동을 하도록 제작된 비디오를 이용해 아이가 적극적으로 참여하도록 장려해도 좋다. 프로그램이 끝나면 아이에게 프로그램에 대해 이야기하게, 사실상 비평을 하게 한다. 이렇게 하면 텔레비전 시청이 소중한 학습 체험이 될 수 있다.

6. 주의를 끌기 위한 대체물로 텔레비전을 이용하지 않는다

쉴 새 없이 혼자 이야기하고, 아이 말은 결코 귀담아듣는 법이 없으며, 아이의 질문이나 두려움에는 절대 반응하지 않고, 아이의 관심사를 전혀 다루지 못하는 베이비시터를 고용하고 싶지는 않을 것이다. 그러나 텔레비전을 베이비시터 대신 활용한다면 이처럼 원치 않는 베이비시터를 고용하는 셈이 된다. 그러므로 정말 어쩔 수 없는 상황일 때에만 베이비시터 대용으로 텔레비전을 이용한다.

아이를 차분하게 하거나 달래거나 기분 좋게 하기 위해, 혹은 다른 방식으로 아이의 욕구를 들어주기 위해 텔레비전을 이용해서도 안 된다.

아이를 괴롭히는 문제를 텔레비전 화면 뒤로 감추려 하지 말고, 문제가 무엇인지 발견해 아이가 스스로 해결하도록 돕는다. 상황에 대처하는 기술을 기르는 방법에 대해서는 424쪽을 참조한다.

7. 뇌물 및 보상으로 텔레비전을 제공하거나 처벌을 위해 텔레비전을 차단하지 않는다

얌전하게 행동하면 텔레비전을 보게 한다든지, 말을 잘 들으면 텔레비전을 보여 주겠다고 제안하면, 텔레비전 시청을 대단히 흥미로운 일로 만들게 된다.

8. 긍정적인 본보기를 보인다

부모가 백번 말하는 것보다 한 번 행동으로 보여 줄 때 아이들은 부모를 따라 할 가능성이 높다. 그러므로 책임감 있는 텔레비전 시청의 본보기가 되자. 텔레비전을 배경음으로 줄곧 틀어 놓거나 하루 종일 텔레비전을 시청하지 않는다. 이따금 특별한 프로그램을 시청할 때를 제외하면, 아이가 제 시간에 규칙적으로 취침할 수 있도록 텔레비전 시청 시간을 제한한다. 집 안이 완전히 적막이 감도는 걸 좋아하지 않는다면, 시간마다 날씨나 뉴스를 들을 수 있도록 라디오를 틀거나, 부모와 아이가 모두 좋아하는 배경 음악을 틀어 놓는다.

9. 신중하게 선택한다

아이에게 어떤 프로그램을 보여 줄지 신중하게 선택하는 것은 시청 시간과 방법을 통제하는 것 못지않게 중요하다. 다음 내용을 참조한다.

✻ **미리 내용을 파악한다** 아이에게 특정한 프로그램을 보여 주기 전에 아이에게 적합한

내용인지 판단하기 위해 부모가 먼저 시청한다. 주로 아이와 함께 있는 시간에 방영하는 경우, VCR이 있다면 녹화해 두었다가 나중에 부모 혼자 있을 때 시청한다.

* **적절한 프로그램을 선택한다** 단순한 어휘, 매력적인 등장인물들, 음악, 노래, 교육적 가치 등을 두루 갖춘 어린이용 비상업적 프로그램을 선택한다. 폭력성이 강한 만화 영화는 금한다. 폭력성이 아무리 적은 분량이 포함되어 있다 해도 일부 아이들을 놀라게 할 수 있다. 부모의 가치관에 반하는 가치관이 수시로 드러나는 프로그램도 금한다. 집안에 연령이 높은 아이들이 있는 경우, 프로그램이 토들러에게 적합하지 않다면 토들러가 큰 아이들과 함께 텔레비전을 시청하지 못하게 하고 다른 놀이에 몰두할 수 있게 한다. 토들러가 주변에 있을 때는 부모가 시청하는 프로그램 내용에 대해서도 신경을 써야 한다. 뉴스의 내용들이 주로 폭력적인 특성이 있기 때문에, 뉴스 프로그램은 아이가 잠자리에 든 다음 밤늦은 시간에 시청하는 것이 안전하다.

* **녹화한다** VCR이 있다면 아이가 시청하기 힘든 시간대에 방영하는 프로그램을 녹화했다가 아이가 시청할 수 있는 시간에 보여 준다. 이렇게 하면 지금 어떤 프로그램이 방영되든 구애받을 필요가 없다. 아이에게 유익한 프로그램들을 평소에는 꼭꼭 숨겨 두었다가 비상시에 틀어 준다. 아이들은 반복해서 보는 걸 아주 좋아한다. 그러나 비디오에 광고가 없으니 아이가 몇 시간 동안 계속 시청해도 괜찮을 거라며 안심해서는 안 된다. 멍하니 화면에 빠져드는 텔레비전의 부작용이 비디오에도 그대로 적용된다.

또한 언제든 틀면 나오기 때문에 오랜 시간 비디오를 보게 될 가능성이 매우 높다.

10. 부정적인 영향에 대응한다
다음의 내용을 참고하면 텔레비전의 부정적인 영향을 없애거나 최소화할 수 있다.

* **가족들 모두 텔레비전으로부터 관심을 돌린다** 대신 가족이 함께할 수 있는 활동에 관심을 모은다. 요리, 정원 손질, 수영, 그림 그리기, 공원이나 미술관, 동물원 가기 등. 함께 텔레비전을 시청할 때는 동시에 게임 같은 활동을 마련하고, 지금 화면에서 어떤 일이 벌어지고 있는지 이야기한다.

* **가능한 한 좋은 습관을 들인다** 정크 푸드 광고에 현혹되지 말고, 아이들도 광고에 혹하게 하지 말고 가능한 한 최고의 토들러용 식단을 준비하고, 가족 모두 음식과 음식 섭취에 대해 건강한 태도를 형성하며, 운동을 많이 하는 생활 방식을 추구하도록 노력한다.

* **올바른 가치를 전달한다** 아이들이 시청하는 프로그램에서 드러나는 가치관의 옳고 그름에 대해 토론한다. "저 소년들이 아기 코끼리 덤보한테 못되게 굴었다, 그치? 그렇지만 저 생쥐가 덤보의 기분을 좋게 해 주려고 도와주는구나. 엄마하고 아기가 꼭 안고 있네. 서로 많이 사랑하나 보다."

* **창조력과 지적 발달을 자극한다** 관찰 능력과 창조력, 지적 능력을 기르기 위한 수단으로 텔레비전을 이용한다. 아이의 창조적 능력과 상상력을 끌어내며, 다른 방식으로 생각하고 학습하도록(113쪽 참조) 장려하는 데에도 이용할 수 있다.

* **정서적인 욕구를 충족시킨다** 아이들은 옷,

음식, 집, 그리고 텔레비전 외에도 많은 것들이 필요하다. 아이들은 자신의 감정에 관심을 기울여 주고, 감정을 인식하고 다스리는 법을 가르쳐 줄 누군가가 필요하다.

* **폭력성에 대해 이야기한다** 아이들이 텔레비전 화면에서, 신문에서, 거리에서 폭력에 노출되어 있고, 폭력이 의미하는 바가 무엇인지 폭력을 어떻게 바라봐야 하는지 이야기해 주는 사람이 아무도 없다면, 아이들은 혼란에 빠지게 되고 겁을 먹게 될 것이다. 뿐만 아니라 폭력에 대해 왜곡된 시각을 가질 수도 있다. 연령이 높은 토들러가 뉴스에서 우연히 무서운 장면을 접해 당황해 하는 것 같다면, 아이가 마음을 놓을 수 있도록 상황을 설명하고, 필요하면 일부 사람들이 부상을 입었더라도 못 본 척 넘어가 아이의 감정을 순화시키도록 노력한다. 대체로 폭력적인 장면이 없는 프로그램이나 비디오에 어쩌다 폭력적인 장면이 나올 때도 마찬가지다. 가령, 〈아기 사슴 밤비〉에서 엄마 사슴이 총에 맞는 장면 같은 경우가 그렇다. 아주 어린 토들러의 경우 간혹 이런 종류의 행동에 대해 전혀 신경 쓰지 않을 수도 있지만, 아이가 이런 장면에 반응을 보이는 것 같다면 설명하기 위해 노력해야 한다. "밤비의 엄마를 총으로 쏘다니, 정말 나쁜 사람이다."

아이에게 꼭 알려 주세요: 부모가 소중하게 여기는 가치관

올바른 가치관을 지닌 아이로 키우기란 쉬운 일이 아니며, 특히나 과연 가치관이 있기는 한지 때때로 의심스러운 사회에서는 더욱 쉽지 않은 일이다. 그리고 모든 부모들이 아이에게 물려주고 싶은 가치관을 지니고 있다 하더라도 제대로 물려줄 수 있을지 걱정되기도 한다. 10대 때 우리 모습을 떠올리면, 우리 역시 부모님이 우리에게 심어 주고자 그토록 신경 쓰며 애쓰던 가치관을 한사코 거부하면서 내 방식대로 살겠다고 고집을 부렸으니까.

그러나 여러 연구 결과에 따르면, 10대의 반항 시기가 지나면 대부분의 사람들은 결국 부모님의 가치관과 상당히 유사한 가치관을 지니게 된다고 한다. 물론 부모는 자녀의 선천적인 기질이나 타고난 장점과 약점에 거의 영향을 미치지 못한다. 아주 많은 면에서 본성이 교육을 한참 앞서기 때문이다. 그러나 가치관을 기르는 문제에 대해서는 가정 교육이 주도적 역할을 담당한다. 때로는 의식적으로 때로는 전혀 의식하지 않은 상태에서, 부모들은 아이가 자기 자신과 다른 사람들을 대하는 방식에, 그리고 가족, 자선, 정직, 일, 환경, 수많은 도덕적 문제를 대하는 태도에 커다란 영향을 미치고 또 미칠 수 있다.

우리 부모님이 그랬고 부모님의 부모님이 그랬듯이, 우리들 역시 우리가 지닌 가치관을 본능적으로 아이들에게 물려주게 되며, 그렇게 해서 훌륭하고 탄탄한 가치관들이 집안 대대로 이어 가게 된다. 다음에 권장하는 내용을 참고하면(다른 장들에 소개된 '아이에게 꼭 알려 주세요' 란에 특정한 가치관과 그 가치관을 효과적으로 물려주는 방법에 대해 논의된 부분들을 함께 참고한다.) 부모가 가장 소중하게 여기는 가치관을 언젠가 아이에게 물려줄 가능성이 커질 것이다.

자신의 가치관을 확인한다 내가 자랄 때 내 부모가 내게 확립하려 했던 일련의 가치관들로부터 얼마나 멀어지고자 하는지 먼저 생각해 본다. 이 가치관에 몇 가지 가치관을 더 추가하거나, 제거하거나, 완전히 바꾸고 싶은가? 내 아이에게 물려주고 싶은 가치관을 중요한 순서대로 나열하고 배우자에게도 같은 작업을 하도록 요구한다. 가족, 건강, 진실함, 종교, 일, 학습, 예의범절, 환경, 다른 사람을 도움, 참을성, 교양, 정치 활동, 돈과 재산의 축적 등, 가치관의 내용에 넣을 분야는 무궁무진하다. 이제, 내 가치관과 배우자의 가치관을 비교한다. 일치하지 않는 부분이 있는가? 그 부분에 대해 타협할 수 있는가? 합의를 이루었다면 엄선한 가치관을 아이에게 물려주기 위해 더욱 효율적으로 힘을 합할 수 있을 것이다.

가치관대로 산다 아이가 특정한 가치관대로 살기를 바라지만, 때로는 부모 자신도 가치관대로 살기가 어려울 때가 있다. 내 아이가 정직하기를 바라지만, 비행기 탑승을 무료로 하기 위해, 혹은 영화관이나 미술관 입장료를 아끼기 위해 아이의 연령을 속이는 경우도 있다. 아이에게는 자신의 몸을 혹사하지 않도록 가르쳐야겠다고 결심하면서도, 정작 부모는 담배를 피우고, 정크 푸드로 끼니를 때우고, 운동을 게을리 하는 등, 자신의 몸을 존중하지 않는 모습을 보이기도 한다. 아이에게는 너그러운 마음을 가지라고 강조하면서 부모는 나와 다른 사람을 편협한 잣대로 평가한다.

아이에게 효과적으로 가치관을 전달하려면 먼저 부모부터 가치관에 따라 생활해야 하며, 아이가 볼 때만 가치관을 지키는 것이 아니라 습관적으로 늘 가치관을 생활화해야 한다. 결국 가정에서 아이에게 지속적으로 영향을 미치는 사람이, 텔레비전, 영화, 음악을 비롯한 외부에서 한 번씩 영향을 미치는 대상보다 아이에게 궁극적으로 훨씬 큰 영향을 주기 마련이다. 부모가 모범적인 역할 모델이 되면, 아이 역시 모범적인 개인이 될 가능성이 높다.

부모의 가치관을 분명히 설명한다 부모가 가치관대로 사는 것으로는 충분하지 않다. 부모가 왜 가치관을 지키며 살려 하는지 아이에게 이해시켜야 한다. 왜 거짓말하는 것보다 정직하게 사는 것이 더 좋다고 생각하는지, 왜 건강에 신경 쓰는 것이 중요하다고 생각하는지, 왜 다른 사람들이 나에게 해 주길 바라는 대로 내가 그들에게 해 주어야 하는지 설명한다.

아이의 가치관 형성에 대해 균형 있는 시각으로 바라본다 아이가 지킬 수 있도록 가치관의 틀을 마련함으로써 아이를 올바른 방향으로 이끌 수 있다. 그러나 부모가 할 수 있는 최선은 여기까지라는 사실을 인식해야 한다. 아이는 자랄수록 가정에서 부모가 가르친 가르침들 외에 세상에서 발견한 여러 가르침과 경험이 더해져 자신만의 독특한 가치관을 형성하게 된다. 부모가 성장하면서 그랬던 것처럼 말이다.

7장

생후 19개월

✳✳✳

아이의 발달 과정

이달 말에 아이가 해야 할 행동

* 이전 월령들에서 '아이가 해야 할 행동'에 해당하는 모든 행동을 수행한다.

주의 사항 아이가 아직 이 단계에 이르지 못했거나 상징 놀이와 상징 표현을 이용하지 않는다면, 의사와 상담한다. 아직 이 단계에 다다르지 않았더라도 얼마든지 정상일 수 있지만, 어쨌든 평가를 받아 볼 필요가 있다. 또한 아이가 통제되지 않거나 과잉 행동을 보이는 경우, 말이 거의 없거나 수동적이거나 내성적인 경우, 지나치게 부정적인 반응을 보이고 요구 사항이 많으며 고집이 센 경우에도 역시 의사의 상담을 받는다. 단, 예정일보다 일찍 태어난 아이들은 생활 연령이 같은 또래 아이들보다 대체로 발달이 느린 편이다. 이런 발달상의 차이는 차츰 좁혀지다가 대개 만 2세 무렵이면 완전히 사라진다.

아이가 하게 될 행동

* 인형에게 밥을 먹인다.
* 6개의 단어를 사용한다.
* 계단을 걸어 올라간다.

아이가 할지 모를 행동

* 정육면체 블록 4개를 쌓아 올린다.
* 그림 2개를 알아보고 손으로 가리킨다.

혹시나 아이에게 기대할 만한 행동

* 신체 부위 6군데의 이름을 말한다(18½개월 무렵).
* 손을 씻어 수건에 닦는다.

무엇이든 물어보세요 Q&A

—— 밤중에 집 안을 돌아다녀요

Q "동생이 태어난 다음부터 우리 딸은 큰 침대로 옮겼어요. 그런데 요즘 한밤중에 집 안을 돌아다니는 버릇이 생겨 아이의 안전이 몹시 걱정돼요. 어떻게 해야 할까요?"

A 아기 침대 난간을 기어오르는 법을 터득했든, 안전장치가 거의 없는 큰 침대에서 별 어려움 없이 빠져나오든, 토들러가 한밤중에 집 안을 돌아다니는 것은 무척 위험하다. 다음과 같은 예방 대책을 세워 위험을 최소화해야 한다.

주변 환경을 안전하게 만든다 아이 방이나 침대 주위를 점검해 아이가 안전하도록 조치를 취해야 한다. 안전장치가 마련되어 있지 않은 난방 시설이나 선풍기, 그 밖에 위험한 물건들은 절대로 아이 손이 닿지 않게 해야 한다. 토들러들은 올라가기 선수라는 사실을 잊지 말자. 아이가 부딪칠 수 있는 가구, 걸려 넘어질 수 있는 깔개와 장난감, 전기 코드는 치운다. 특히, 전기스탠드에 부착되어 있어 아이가 쉽게 잡아당길 수 있는 전기 코드는 아예 치워 버린다. 창문마다 보호 장치를 설치하고 블라인드에 달린 끈은 아이 손이 닿지 않게 조치를 취한다. 아이가 깜깜한 방에서 침대에 얌전히 누워 있지 않는 경우, 어둠 속에서 주변을 볼 수 있고 주변을 돌아다니다 부딪치는 일을 예방할 수 있도록 야간 등을 켜 놓는다.

탈출 경로를 차단한다 아이를 아이 방에서 안전하게 보호하기 위해 방문을 닫거나 방문을 열고 안전 문을 설치한다. 안전 문을 설치하면, 방 너머 다른 공간을 볼 수 있고 가족들과 완전히 차단되지 않으므로, 아이가 덜 무서워할 것이다. 처음에는 안전 문 하나만 설치해 보고(반드시 안전 규격에 맞아야 한다. 681쪽 참조), 아이가 아기 침대 위를 기어오를 수 있다면 안전 문 위도 기어 올라가 밖으로 나올 가능성이 높다는 사실을 염두에 둔다. 이 경우, 처음 설치한 안전 문 바로 위에 안전 문을 하나 더 설치해야 아이가 밖으로 나올 가능성을 차단할 수 있다. 안전 문은 설치가 쉬워야 하고, 급히 아이에게 가 봐야 할 경우 몇 초 만에 제거할 수 있어야 한다. 아이의 연령이 높은 경우, 얌전하게 침대에 누워 있으면 문을 열어 놓겠다고 혹은 안전 문을 제거하겠다고 협상할 수 있다.

아이는 어떻게든 방에서 나올 수 있으므로, 만일의 경우에 대비해 현관에는 야간 등을 설치하고, 계단 앞에는 안전 문을 설치하며, 주방에 접근하지 못하게 하고, 욕실 문에는 갈고리형 잠금장치를 설치해야 한다. 아이가 밤에 기저귀를 떼기 시작했다면, 욕실로 가는 길을 열어 놓고, 통로와 그 밖에 접근 가능한 공간까지 안전 예방 대책을 확대해야 한다.

아이가 부모에게 오게 하지 말고 부모가 아이에게 간다 언뜻 생각하면 한밤중에 아이를 위험에 내모느니 자기 방에 혼자 있는 걸 무서워하는, 혹은 그저 혼자 있는 걸 싫어하는 아이를 부모의 침대로 들어오게 하는 편이 나을 것 같기도 하다. 하지만 이렇게 하면 결국 아이에게 자다가 일어난 데 대한, 그리고 부모를 깨운 데 대한 보상을 주는 셈이 되므로, 아이를 보호하기는커녕 문제만 더 키울 수 있다. 따라서 아이가 한밤중에 침대 밖으로 나오거나 아기 침대 위로 기어오른다면, 짧게 몇 마디 해서 아이를 돌려보내고 이불을 덮어 준다. 아이가 무서워하는 것 같다면 잠시 아이 곁에 앉아 등을 쓰다듬어 주면서 괜찮다고 안심시킨다. 그러나 아이와 대화를 하거나, 불을 켜거나, 아이 곁에 누워서는 안 된다. 가능하면 배우자와 교대해야 조금이라도 덜 피곤하다. 밤에는 자야 한다, 엄마, 아빠는 네가 그러길 바란다는 메시지를 전달한다. 속으로는 아이가 잠을 잘 잘 수 있을지 걱정되더라도, 이제 곧 잠을 자게 될 걸 믿는 것처럼 행동한다.

악몽이나 야경증을 겪는 아이에 대해서는 350쪽을 참조하고, 몽유병 증상에 대해서는 352쪽을 참조한다.

── 아기 침대에서 나와요

Q "우리 아들은 나이에 비해 키가 많이 크고 아주 민첩해요. 그래서 요즘 아이가 한밤중에 아기 침대 위로 올라가려 하지 않을까 몹시 걱정돼요. 그럴 가능성이 있을까요? 그렇다면 어떻게 조치를 취해야 하나요?"

A 19개월 아이들의 평균 키는 81~86cm 정도지만, 간혹 91cm에 가까운 아이들은 아기 침대 밖으로 거뜬히 탈출한다. 아이의 키가 91cm이거나 머지않아 그렇게 된다면 탈출은 시간문제일 것이다.

아기 침대 난간을 기어오르게 되면 탈출의 자유를 얻는 동시에 머리에 커다란 혹이, 어쩌면

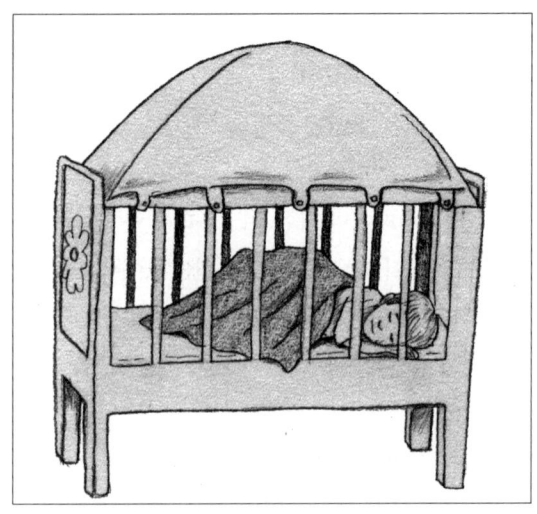

아이가 한밤중에 집 안을 돌아다니는 경우, 아기 침대 위에 텐트처럼 생긴 덮개를 씌우면 안전하고 아늑한 분위기가 조성되어 아이가 한결 마음을 놓을지 모른다.

그보다 더 큰 부상이 생길 수 있으므로, 지금 당장 예방 대책을 생각하는 것이 현명하겠다. 아기 침대의 매트리스는 제일 하단에 맞추고 양쪽 난간은 항상 위로 올려놓아 안전하게 잠가 두어야 한다. 장난감, 베개, 커다란 봉제 인형 등, 아이가 아기 침대 난간 위로 기어 올라가는 데 발판으로 삼을 만한 물건은 어떤 것도 침대 안에 들여놓아서는 안 된다. 추가적인 안전 대책으로, 아이가 난간을 기어올라 탈출에 성공하여 착륙할 때 충격을 덜 받도록, 탈출 경로에 낡은 이불이나 쿠션 같은 것으로 완충 장치를 마련한다. 아이가 쉽게 탈출한다면, 아기 침대를 해체해 매트리스를 제외한 나머지는 모두 방에서 들어내는 것이 바람직할지 모른다. 큰 침대를 설치하기 전까지는 매트리스를 바닥에 깔고 한쪽 면을 벽에 단단히 고정한다. 혹은 인터넷이나 아동용 가구 매장에서 그물 모양으로 된 텐트를 구입해 아기 침대 위에 씌워 탈출을 방지할 수도 있다. 아기 침대의 사방에 꼭 맞게 이 장치를 설치하면, 아이는 침대 안에 있고 부모는 지퍼로 여닫는 입구를 통해

밖에서 안으로 접근할 수 있다. 특히, 부모가 이런 장치를 설치하니 한결 아늑하다거나 작은 집 같다고 강조하여 고치 같은 이런 장치 안에서 밤에 안정감을 느끼며 좋아하는 아이가 있는 반면, 갇혀 있는 것 같아 한사코 거부하는 아이도 있다.

보다 영구적인 방법은 아기 침대에서 벗어나 큰 침대로 이동하는 것이다. 대부분의 아이들은 만 2세 무렵 큰 침대로 이동하게 되지만, 아이가 금세라도 아기 침대 밖으로 기어 올라가려 한다면 일찌감치 큰 침대를 이용하는 것도 좋은 방법이다. 큰 침대를 이용하기로 결정했다면, 아이가 이런 변화를 기꺼이 받아들일 수 있도록 356쪽을 참조한다.

── 이가 나면서 밤에 돌아다녀요

Q "우리 딸은 어금니가 나기 시작하면서부터 밤만 되면 돌아다녀요. 이가 다 나면 더 이상 이런 증상이 나타나지 않을지 아니면 습관으로 굳어져 버릴지 잘 모르겠어요."

A 이가 날 때 아이를 괴롭히는 통증이 몽유병 증상의 시초가 될 수는 있지만, 통증이 사라진 후에도 오랫동안 이 습관이 강하게 지속될지는 부모가 아이에게 어떤 식으로 반응하느냐에 달려 있는 것 같다.

모든 사람은 밤에 자는 동안 자기도 모르는 사이에 서너 번씩 깼다가 다시 잠이 드는데, 아이가 깰 때마다 부모의 관심과 위로를 받는 데 길들여진다면, 그런 관심과 위로를 받기 전까지는 다시 잠이 들지 못할 수도 있다. 이런 길들여짐과 몽유병 증상을 개선하기 위해서는 75쪽의 요령을 참조한다.

── 코를 골아요

Q "우리 아들은 자면서 코를 고는데요, 코 고는 소리가 어찌나 큰지 거실에서도 다 들릴 정도예요. 아이가 코를 고는 게 비정상은 아닌지 걱정돼요."

A 누군가 코를 곤다고 하면 우리는 대개 거구의 남자일 거라고 생각하지 작은 토들러일 거라고는 상상도 못 할 것이다. 그러나 실제로 아주 어린 아기들 가운데에서도 한밤중에 크게 코를 고는 아기들이 있다. 여러 연구 결과에 따르면 아동의 7~9%가 코를 곤다고 한다. 이 비율은 부모가 집 안에서 흡연하는 비율보다 높다. 대체로 만 3~6세 사이에 코를 가장 많이 골지만, 훨씬 일찍부터 코를 고는 아이들도 제법 많다.

코골이 현상은 비대해진 아데노이드나 편도선으로 인해 호흡이 부분적으로 차단될 때 나타난다. 아이가 감기나 독감, 인후염에 걸렸을 때, 코와 목을 지나는 호흡 경로 내에 있는 이런 림프 소절들이 부어오르면서 이따금 일시적으로 코를 골게 만드는 것이다. 알레르기와 담배 연기에 대한 지속적인 노출 역시 편도선이나 아데노이드를 비대하게 만드는 원인이 될 수 있다. 그러나 간혹 뚜렷한 이유가 없는데도 편도선이나 아데노이드가 비대해지는 경우가 있다. 편도선이나 아데노이드가 비대해진 경우 주로 밤에 코를 골게 되지만, 그렇다고 모두 코를 고는 것은 아니다. 편도선이나 아데노이드가 비대해지면 코를 고는 현상 외에도, 밤낮없이, 특히 자는 동안 입으로 호흡을 한다든지, 비음이 난다든지, 숨소리가 거칠 수 있다.

코만 곤다면 걱정하지 않아도 괜찮다. 대체로 편도선이나 아데노이드의 성장이 멈추고 차츰 줄어들기 시작하면, 코를 고는 횟수도 줄어들게 된다(만 7세나 8세 이후). 그러나 코골이가 폐쇄성 수면 무호흡증(아이가 잠을 잘 때 코를 골거나 거칠게 호흡하는 동안 순간적으로 호흡을 멈추는 현상으로, 이따금 밤에 자주 깨는 원인이 된다.)과 관련이 있다면, 즉시 치료를 받아야 한다. 코를 고는 사람들 가운데 폐쇄성 수면 무호흡증을 겪는 사람의 비율은 극히 낮지만, 코골이가 유난히 오래 지속되고 코 고는 소리가 상당히 크다면(부모 가운데 한 사람에게는 소리가 크게 들리는 반면 다른 한 사람에게는 거의 들리지 않을 수도 있기 때문에 이 부분은 판단하기가 어려울지 모른다.), 혹은 코를 골다가 호흡을 시도하느라 잠시 코골이를 중단하는 모습을 보인다면, 밤에 목과 배의 근육에 힘을 주면서 호흡을 하려고 무척 애를 쓰는 모습을 보인다면(아이가 호흡을 하려고 애쓸 때 실제로 이런 근육들이 팽팽해지는 걸 볼 수 있다.), 코를 고는 동안 숨이 막히거나 숨이 가빠 헐떡거리는 모습을 보인다면, 자면서 심하게 몸부림을 친다면, 잘 자고 일어난 뒤에도 피곤하거나 졸린 모습을 보인다면, 아이가 성장하지 않는다면, 이런 문제를 의심해 보는 것이 좋다. 위의 증상들 가운데 한 가지라도 보인다면 아이의 담당 의사에게 보고해야 하며, 어쩌면 전문의의 정밀 진단을 받아야 할지도 모른다.

폐쇄성 수면 무호흡증은 대개 수면 연구실에서 하룻밤 동안 관찰을 통해 진단이 내려진다. 아이는 집처럼 꾸며진 편안한 병실 침대에 이불을 덮고 누워, 호흡과 심장박동, 혈중 산소 포화도를 측정하는 기계장치에 연결된 전극을 몸에 부착한다. 엄마나 아빠는 옆 침대에서 아이와 함께 잔다. 호흡과 심장박동이 불규칙하고 산소 포화도가 기준치보다 미달되면 폐쇄성 수면 무호흡증으로 진단을 받게 된다. 편도선과 아데노이드를 제거하는 방식으로 치료가 이루어지며, 아동의 95% 이상이 치료에 성공한다. 수술을 받으면 정상적인 호흡은 물론, 이런 증상을 앓는 아이들이 자주 겪는 잦은 감기, 만성 중이염, 콧물, 잦은 눈물 등의 증상도 감소되거나 제거될 수 있다.

만성 콧물

Q "우리 아들은 거의 쉴 새 없이 콧물을 흘려요. 아프거나 어디 몸이 불편한 것 같지는 않지만 뭔가 문제가 있는 게 아닌지 걱정돼요."

A 끊임없이 콧물을 흘리는 건 대부분의 토들러들에게 정상이라고 할 수 없지만, 알레르기가 있는 아이들에게는 매우 흔한 현상이다. 지금 당장은 콧물 때문에 아이가 좀 귀찮은 정도에 그치겠지만, 아이가 연령이 높아지면 이런저런 난처한 상황이 벌어질 수 있다. 뿐만 아니라 콧물이 흐르면 코가 막히는 증상도 동반되는데, 그로 인해 아이들은 말이 어눌해지고, 말이 어눌해지니 말하기를 주저하게 된다. 아이의 담당 의사와 상담해 이런 문제들을 해결해야 하며, 아마도 소아 알레르기 전문의를 추천받게 될 것이다.

토들러들은 소매나 손등에 콧물을 닦는 경향이 있는데, 그로 인해 얼굴에 콧물이 묻게 되어 얼굴이 트게 된다. 아이의 뺨이나 코밑의 피부가 벗겨져 빨개진 경우, 유화제나 보습제, 알로에가 함유된 보습 연고나 로션을 발라 준다. 아이에게 손이나 옷 대신 깨끗한 티슈나 손수건으로 코를 닦는 법을 가르쳐도 좋다. 물론 아이가 꼬박꼬박 기억하기까지 몇 년이 걸려야 하겠지만.

── 과잉 행동

Q "우리 아들은 아침에 일어나 눈을 뜰 때부터 밤에 잠이 드는 순간까지 잠시도 움직임을 멈추지 않아요. 저는 아무래도 아이가 과잉 행동이 아닐까 의심스러운데, 제 아내는 이제 겨우 토들러일 뿐이라고 합니다. 누가 옳은 걸까요?"

A 아내의 말이 옳을 가능성이 상당히 높다. 대부분의 부모들에게는 외견상 무한한 에너지를 지니고 있는 토들러들이 과도한 활동을 하는 것처럼 보인다. 그러나 아동 20명 가운데 1명꼴로 ADHD 즉, '주의력 결핍 과잉 행동 장애 (Attention Deficit Hyperactivity Disorder)'의 증상을 앓고 있는 것으로 밝혀지고 있다. 한때는 '과잉 행동'이라고만 분류되었던 이 증상은 과잉 행동 및 주의력 결핍 장애(ADDH: Attention Deficit Disorder with Hyperactivity)로 분류되기도 한다. 이 증상의 변형인 주의력 결핍 장애(ADD: Attention Deficit Disorder)를 지닌 아동은 과제에 집중하는 데 어려움을 겪지만 과잉 행동을 보이지는 않는다. ADD 증상은 여자아이들에게 더

토들러의 에너지 분출 방법

토들러는 대부분 엄청난 에너지를 지니고 있다. 문제는 이 무한한 에너지를 안전하고도 바람직한 방식으로, 그리고 에너지를 유지하려 애쓰는 피곤한 부모가 너무 지치지 않는 방향으로 분출할 배출구를 찾는 것이다. 아이가 몹시 흥분해 있을 때는, 필요하면 부모의 감독하에 에너지를 발산할 활동으로 아이의 관심을 돌려 보자.

실내 활동
* 빵 반죽을 두드리고 치대기
* 샌드백이나 베개 두드리기
* 냄비로 북 치기
* 주먹으로 장난감을 쾅쾅 두드리거나 치기
* 고무찰흙 두드리기
* 경쾌한 음악에 맞추어 춤추기
* 어린이 에어로빅. '발끝 닿기', '팔 벌려 뛰기', '머리 어깨 무릎 발 닿기'를 그냥 재미로 하게 한다.
* 베개 싸움. 불을 켤 수 없거나 깨지기 쉬운 물건이 있는 장소에서 하면 곤란한 상황이 발생할 수 있다.
* 콩 주머니 던지기. 마찬가지로 안전한 장소에서 한다.
* 텀블링. 날카로운 모서리와 기타 위험 요소가 없는 큰 매트리스나 카펫 위에서 한다.
* 경쾌한 노래에 맞춰 원을 그리며 게임을 하거나 율동하기
* 제자리 뛰기(연령이 높은 토들러의 경우)

* 팔짝팔짝 뛰기. 토들러에게 맞게 안전성이 입증된 미니 트램펄린을 잠재적 위험 요인이 제거된 공간의 바닥에 폭신한 깔개를 깔고 이용하면, 더욱 재미있게 점프를 즐길 수 있다. 그러나 이러한 활동은 부모의 철저한 감독하에서만 이루어져야 한다.
* 멀리 뛰기
* 욕조에서 물장구치기

실외 활동
* 마음껏 뛰어놀기: 달리기, 점프, 오르기
* 놀이터에서 놀기: 그네, 미끄럼틀, 정글짐
* 공차기와 공 던지기. 크고 가벼운 공을 이용한다.
* 대형 공 위에서 구르기
* 세발자전거나 그 밖에 타는 장난감 타기
* 카트 끌기
* 어린이 풀장에서 물장구치기 혹은 연령이 높은 토들러의 경우 일반 풀장에서 물장구치기
* 비 오는 날 웅덩이에서 첨벙거리기(먼저 비옷과 장화를 신고)
* 롤러스케이트나 아이스 스케이트 타기(연령이 높은 토들러의 경우)
* 정원에서 잡초 뽑기(절대 맛을 보지 않을 아이에 한해서만), 정원에서 구멍 파기

많이 볼 수 있다.

지금까지 살펴본 바에 따르면 ADHD로 진단받은 아이들은 대체로 영아들처럼 매우 예민하고 흥분을 잘했다. 많이 울고 몸부림도 많이 쳤으며, 소리와 그 밖의 자극들에 무척 민감했다. 물론 쉽게 흥분하는 아이들이 모두 과잉 행동 아동이 되는 것은 결코 아니다. ADHD로 진단을 받은 아이들도 신경계가 성숙해져 오랫동안 주의를 집중할 수 있게 되면, 즉 대략 사춘기에 접어들 무렵이 되면 대부분 차분해진다. 따라서 일부 전문가들은 이런 증상을 장애로 보지 않고, 활동이 지속되어 과도한 활동으로 이어지면서 나타나는 자연스러운 행동이라고 보기도 한다.

과잉 행동 아동들은 간혹 학습 속도가 느리다고 여겨지기도 하지만, ADHD는 학습 부진과 관련이 없다. 사실 ADHD가 있는 아동들의 지능 지수는 대체로 평균이거나 평균보다 높다. 그러나 집중을 방해하는 요인을 차단하기 어렵고 한 가지 일에 몇 분 이상 집중하기 힘들기 때문에 산만해 보이는 것이다.

과잉 행동 아동은 나쁜 아이가 아니다. 이런 아동들은 부모를 열받게 만들고 싶어서가 아니라 얌전하게 앉아 있을 수 없기 때문에 과잉 행동을 보인다. 또한 아이가 이런 행동을 보인다고 해서 부모에게 문제가 있는 것은 아니다. 내 아이가 ADHD로 판명이 난다 하더라도 부모의 잘못이 아니다. 부모가 원인을 제공한 것이 아니므로 죄책감을 갖거나 책임감을 느껴서는 안 된다.

ADHD에 관한 이론은 많지만, 대부분의 경우 현재까지도 원인이 밝혀지지 않고 있다. 대체로 한 가지 형태 이상의 과잉 행동이 나타나며, 각각의 과잉 행동을 유발하는 다양한 요인들이 있는 것 같다. 과잉 행동을 유발하는 요인은 다음과 같다.

미숙함 충동 조절, 감정 조절, 소근육운동 협응 능력의 발달 부진은 ADHD가 있는 아동들에게 흔히 볼 수 있는 현상이다. 이런 아동들도 성숙해질수록 행동이 향상된다.

유전 다른 집안에 비해 유독 ADHD 증상이 많이 나타나는 집안이 있다는 사실로 미루어 보아 유전도 원인으로 볼 수 있을 것 같다. ADHD가 있는 아동 가운데 소수의 경우, 갑상선 호르몬에 반응하는 방식에 있어서 선천적인 결함이 ADHD를 일으킬 수도 있다.

성별 ADHD는 남자아이들에게 4~7배 더 많이 나타난다. 남자아이들은 여자아이들에 비해 성숙이 더 느린 경향이 있다.

출생 전후 환경 일부 아동의 경우, 임신 기간에 어머니의 알코올 남용이나 흡연, 기타 약물 이용이 ADHD의 원인이 될 수 있다. 유아기에 뇌염이나 뇌수막염 같은 질병을 앓은 경우에도 ADHD 증상을 보일 수 있다. 특정한 음식이나 식품 첨가물에 대한 민감성이 ADHD의 특정 사례의 원인이 된다고 믿는 사람들도 있다.

자극에 지나치게 민감함 일부 전문가들은 겉보기에는 정상적인 자극들(시각, 청각, 사람)에 노출될 때, 신경 에너지가 분출되면서 ADHD 증상이 나타난다고 주장하기도 한다. 이런 신경 에너지, 즉 긴장 상태는 과격한 행동, 감정적인 폭발, 신중하지 못한 행동 같은 부적절한 방식으로 표출된다.

때때로 토들러들은 지나치게 흥분하며

ADHD의 여러 증상을 보이기도 하지만, 그렇다고 해서 실제로 ADHD를 겪는 건 아니다. 지능이 높은 데다 에너지가 넘치는 아이들은 이따금 과도하게 활발한 모습을 보이는데, 매우 정상적인 징후다. 혹은 아이로서는 이해할 수 없고 대응하기 어려운, 생활에서 오는 스트레스로 인해 이런 행동이 나타날 수도 있다. 어쩌면 부모들 간의 관계가 만족스럽지 못하거나, 한쪽 혹은 양쪽 부모가 지나치게 스트레스를 받거나 우울하거나, 알코올이나 약물을 남용하거나, 혼잡하고 힘든 환경에서 생활하고 있는지도 모른다.

<u>아이의 행동이 걱정된다면 먼저 아이의 행동과 또래 아이들의 행동을 비교해 본다. 놀이 모임과 놀이터에서 내 아이와 다른 아이들을 관찰하고, 베이비시터나 어린이집 교사와 상담한다. 많은 또래 아이들이 내 아이와 똑같이 과격하게 행동한다는 걸 발견할지 모른다.</u> 그러나 내 아이가 다른 아이들에 비해 유난히 통제가 안 된다 싶으면 아이의 행동을 더 유심히 관찰한다. 다음 질문은 ADHD 아동에게 흔히 볼 수 있는 행동을 설명한 것이다. 그러나 모든 토들러들이 어느 정도 지니고 있는 모습이며, 극단적인 경우에만 잠재적으로 문제가 있음을 암시한다는 사실을 명심하기 바란다.

* 내 아이가 또래 아이들보다 주의 집중 시간이 상당히 짧고 집중하는 데 무척 애를 먹는 것처럼 보이는가? 예를 들어, 책을 읽어 주면 다른 아이들은 책을 다 읽을 때까지 그대로 앉아 있는데, 내 아이는 도중에 일어나 돌아다니는가? 놀이를 하든, 텔레비전을 보든, 식사를 하든, 무슨 일을 하든지 금세 주의가 산만해지는가?
* 또래 아이들에 비해 간단한 지시에 따르기를 힘들어하는 것처럼 보이는가? 다른 사람의

토들러를 위한 긴장 이완 방법

때로는 엄청난 에너지가 지나치게 바짝 응축되어 있어 더 이상 건설적인 방식으로 에너지를 배출하기가 불가능할 수도 있다. 이 경우, 즉시 긴장을 해소하는 것이 가장 좋다. 다음에 소개하는 긴장 이완 방법으로 아이의 긴장을 이완시킨다.

* 안아 주거나 마사지하기
* 가사 여부와 상관없이 조용한 음악 틀어 주기
* 차분한 내용으로 엄선된 비디오테이프 틀어 주기
* 긴장을 이완시키는 책 읽어 주기
* 따뜻한 물에 목욕하기. 부모가 지켜보아야 한다.
* 월풀 목욕. 부모가 지켜보아야 한다. 온수 욕조는 어린아이들에게 위험하므로 이용하지 않는다.
* 간단한 퍼즐 맞추기(그러나 아이가 좌절감을 느끼지 않는 경우에만)
* 낙서하기, 붓이나 손가락으로 색칠하기, 크레파스나 분필로 그림 그리기
* 고무찰흙놀이
* 빵 굽기나 요리하기(부모가 지켜보면서)
* 물놀이
* 어항 속의 물고기 바라보기
* 순한 애완동물이나(아이가 무서워하지 않는다면) 봉제 동물 인형 쓰다듬기
* 부모와 차분하게 상호작용하기
* 연령이 높은 토들러의 경우 부모와 함께 간단히 명상하기. 부모와 아이가 함께 나란히 누워 눈을 감고 평온하고 쾌적한 장소를 상상한다. 처음에는 부모가 아이를 안내해야 할 것이다. "바닷가를 상상해 보렴……."

아이가 차분해졌으면 과격한 행동을 하게 된 근본 원인을 밝히도록 노력하고, 그 행동을 다룰 방법과 재발을 방지할 방법을 알아보아야 한다.

말을 결코 귀담아듣지 않는 것 같은가? 간혹 언어 장애를 ADHD로 잘못 아는 경우도 있다는 사실을 기억하자.

* 과제가 어려운 정도에 비해 자주 울음을 터뜨리거나, 소리를 지르거나, 때리거나, 그 밖에 여러 가지 불만의 기색을 보이면서 지나치게 말이 많고 요구가 많으며 감정적인가? 자주 다른 아이들을 방해하거나 가로막는가? 엄마 혹은 주로 아이를 돌봐 주는 사람이 우울해 있는 경우에도 이런 행동들이 드러날 수 있다.
* 대부분의 토들러들에 비해 얌전하게 앉아 있길 힘들어하는가? 잠시도 휴식을 취하지 않으며 끊임없이 몸을 움직이는가? 잠을 거의 자지 않는가? 잠을 자면서도 팔다리를 마구 휘두르고 발길질을 하면서 몸을 들썩이는가?
* 자신의 행동이 어떤 결과를 초래할지 생각하지 않은 채, 도로 한복판을 마구 달려가거나, 뜨거운 커피 잔을 움켜쥐거나, 낯선 개에게 주먹을 휘두르는 등 자주 무모하게 행동하는가?
* 끊임없이 관심을 요구하는가?
* 경고를 주었는데도 어른의 권위를 거부하고 버릇없는 행동을 고집하는가? 다른 아이들과 놀 때 걸핏하면 싸움과 의견 충돌로 놀이가 중단되는가?

위의 질문에 최소 세 항목 이상 '그렇다'는 대답이 나왔다면 아이의 담당 의사와 상담을 해야 한다. 이 시기의 아이들에게는 ADHD 진단에 대해 고려조차 하지 않을 가능성이 있음을 알아 둔다. ADHD의 가능성 여부는 대개 만 2~3세가 되기 전까지는 심각하게 고려하지 않으며, 대체로 만 5세까지는 진단 결과를 확신하지 않는다. 그럼에도 불구하고 의사는 가족 안에서 일어나는 일에 대해 검토하는 등 전체적인 내용을 알아보고, 아이를 관찰하고, 몇 가지 기본적인 심리 검사를 실시해, 아이의 행동을 평가해 보고 싶을지 모른다. FT4와 갑상선 자극 호르몬 수치를 측정하는 갑상선 검사도 권장될 수 있다.

지금 당장은 ADHD인지 진단받기보다는 아이의 통제 불가능한 행동으로 인해 아이 자신은 물론 가족 모두가 피해를 최소화할 방법을 모색해야 한다. 요즘에는 미리 예방하면 ADHD가 완전히 진행되는 것을 차단할 수 있을 뿐 아니라, ADHD의 주된 부작용인 자존감 손상도 예방할 수 있다. 다음 제안들은 ADHD로 확실하게 진단받게 될 아이들이 아닌, 유독 행동이 과격한 아이들에게 도움이 된다.

* 가족 가운데 누군가가 스트레스나 정신적이든 육체적이든 질병이 있는 경우, 아이의 증상이 유발될 수 있으므로 가족의 상태를 살펴본다. 부모나 다른 가족이 우울하거나 건강이 좋지 못하다면, 부모의 담당 의사나 아이의 담당 의사로부터 도움을 구한다.
* 일과를 잘 지킨다. 식사, 낮잠, 외출, 간식, 목욕을 매일 같은 시간에 실시한다. 아이의 생활을 질서 정연하게 만들어 주면, 산만하고 부산스러운 행동이 차분해지는 데 도움이 될 수 있다. 평온하고 고요한 집안 분위기도 도움이 될 것이다.
* 고급 음식점에서 격식을 갖추어 식사하기, 골동품이 꽉 들어찬 이모 댁 거실에서 차 마시기, 상영 시간이 긴 영화나 라이브 공연 보기, 지루한 예배 시간에 얌전히 앉아 있기 등, 아이가 수행하기에는 터무니없이 어려운

상황에 아이를 밀어 넣고는 아이에게 문제가 있다고 주장해서는 안 된다. 이런 장소에서 아이는 오랜 시간 입을 꼭 다문 채 얌전히 앉아 있어야 하는데, 아이에게 이런 행동은 여간 어려운 일이 아니다.

* 체벌을 가하거나 밧줄로 몸을 묶는 등 물리적인 제재를 가해서는 안 되지만 한계는 정해야 한다(56쪽 참조). 대부분의 아이들이 고삐 풀린 망아지처럼 제멋대로 하려는 충동이 강하지만, 이런 충동은 과잉 행동을 보이는 아동에게 훨씬 강하므로, 한계를 정해 도움을 줄 필요가 있다. 사실상 이런 아이들은 통제가 불가능한 자기 모습을 두려워하므로, 부모가 세심하게 통제를 해 주면 아이가 제 힘으로 통제력을 키우는 데 도움이 될 것이다. 물론 한계 설정은 합리적이어야 한다. 어떤 아이에게도, 특히 아주 활발한 아이에게는 더욱, 장시간 얌전하게 앉아 있으라고 요구해서는 안 된다. 아이의 행동을 예측하고, 활동을 많이 하게 하며, 아이의 행동이 도를 넘지 않는다면 일일이 토를 달지 않는다. 훈육은 일관되고 단호해야 하되 애정이 담겨 있어야 한다(136쪽 참조). 부정적으로 질책하기보다 긍정적인 방식으로 설명한다. 가령, "침대에서 뛰지 마라!"라고 말하지 말고, "침대에서 뛰면 위험해. 침대에서 자는 척하기 놀이를 하는 건 어떨까?"라거나 "카펫 위에서 뛰는 건 어떠니?"라고 말한다.

* 아이의 주의 집중 시간이 서서히 향상되도록 돕는다. 단기적인 목표를 설정하고 목표에 도달하도록 돕는 것도 한 가지 방법이다. 예를 들어, 2분 동안 한 가지 과제를 하게 한다. 성공 가능성을 높이기 위해, 아이가 충분히 휴식을 취한 뒤 비교적 차분한 시간대를 선택한다. 라디오, 텔레비전, 다른 아이들, 열린 창문, 아이가 좋아하는 움직이는 장난감 등, 아이를 산만하게 만들 만한 요소를 제거해야 한다. 그런 다음, 이렇게 말한다. "벨이 울릴 때까지 의자에 앉아 있을 수 있는지 한 번 보자꾸나. 그림을 그리거나, 책을 읽거나, 퍼즐을 하거나, 게임을 해 볼까? 벨이 울리면 공룡 스티커 붙여 줄게." 혹은 아이가 좋아하는 다른 보상을 주어도 좋다. 알람을 맞추어 아이가 이 규칙을 지키도록 격려한다. 아이가 2분 동안 자리에 앉아 집중하는 모습을 보이면 한 번에 1분씩, 10분까지, 혹은 현실적으로 가능하다면 그보다 훨씬 오랫동안, 시간을 늘린다. 이 방법을 놀이로 만들면 아이가 더욱 열심히 집중하려 할 것이다.

* 조용히 놀고 있으면 칭찬한다. 아이가 몇 분 동안 책을 읽거나 퍼즐을 맞추고 있다면 마땅히 박수를 보낸다. 고작해야 아주 짧은 시간에 불과하더라도 이런 놀이를 장려한다.

* 아이가 기본적인 기술을 향상시키도록 돕는다. 좌절감이 생기면 행동이 과격해지기 쉽다. 예를 들어, 스스로 옷을 갈아입는 방법, 세발자전거 타는 방법, 공 잡는 방법 등을 배우면, 혼자서 할 수 없다는 데서 오는 좌절감이 감소되어 전체적인 좌절감 수준이 낮아지는 데 도움이 된다.

* 아이에게 감정을 다스리는 법을 알려 준다. 아이가 슬퍼하면(혹은 화가 나거나, 무서워하거나, 좌절감을 느끼면), 얼마든지 슬퍼해도 좋다고 안심시키고 아이 스스로 기분이 나아지는 방법을 찾도록 돕는다. 운동장에서 달리거나, 뛰거나, 동산을

오르거나, 샌드백을 치거나, 춤을 추거나, 누워서 좋아하는 음악을 듣는 것이 어떻겠냐고 제안한다. 193쪽의 방법들을 참고해도 좋겠다. 언제든 부모에게 와서 안겨도 좋다고 말해 준다.

* 안전을 강조한다. 매일 여러 시간 동안 놀면서 에너지를 발산할 수 있는 안전한 공간을 가급적 실외에 넓게 마련하고, 아이가 놀 때는 항상 철저하게 아이를 지켜보아야 한다. 집을 떠나 외출을 할 때는 잠시도 아이에게서 경계의 시선을 거두어서는 안 된다. 사람이 많은 장소에 갈 때는 아이가 쉽게 눈에 띌 수 있도록 밝은 색 옷을 입힌다. 아무리 철저하게 예방 대책을 세웠어도 아이가 다치는 건 순식간이므로 그런 상황에 대비해 응급처치 방법을(707쪽 참조) 숙지한다.

* 장거리 이동 중에는 아이가 놀 거리를 많이 준비하고 자주 휴식을 취하면서 놀이를 한다. 가끔 간식을 먹기 위해 이동을 멈추는 정도로는 충분하지 않다. 이동 중에 틈틈이 휴식 시간을 갖고, 아이가 주변을 돌아다닐 수 있도록 시간을 넉넉히 비워 둔다.

* 내 아이가 평균적인 또래 아이들만큼 오랜 시간 수면을 취하지 않아도 된다는 사실을 인식하고, 아이에게 적당한 수면 시간보다 더 오래 재우려고 강요하지 않는다. 저녁 시간에 아이가 과격하게 놀거나 너무 시끄럽게 떠들지 않도록 자제시키고, 아이에게 지나치게 자극을 가하지 않는다. 매일 밤 취침 시간을 일정하게 정하고(78쪽 참조), 마사지, 따뜻한 물에 목욕하기, 마음을 안정시키는 음악, 아주 단조로운 이야기 등 긴장을 이완하는 방법을 이용해 취침 전에 오랫동안 충분히 긴장을 이완시킨다. 방의 온도, 조명, 소음 수준 등이 완벽한 수면 환경이 되게 조절한다. 추운 계절에는 두꺼운 잠옷이나 담요 천으로 만든 잠옷을 입혀야 아이가 이불을 모두 걷어차도 편안하게 숙면을 취할 수 있다.

* 아이의 식단에 신경 쓴다. 논란의 여지가 있긴 하지만, 일부 부모들과 의사들은 과잉 행동 아동의 식단에서 설탕과 식품 첨가물을, 그리고 경우에 따라 특정 음식을 제외시키면, 적어도 일부의 경우 아이의 행동이 크게 좋아질 수 있다고 믿는다. 이런 식이 요법은 완벽하게 안전하기 때문에 시도해 볼 만하다. 한두 달 지나도 효과가 없다면 다른 방법을 시도한다.

* 일산화탄소와 납 성분을 비롯해 문제의 원인이 되는 환경 요인이 없는지 살펴본다. 가령, 자동차 배기관이 새는지, 난로의 연통을 청소해야 할 필요가 있는지 등을 살펴보고, 수도꼭지나 페인트에 납 성분이 있는지 알아본다. 이런 요인들이 ADHD를 유발하는 원인이 되는지는 밝혀지지 않았으나, 다른 건강상의 이유를 위해서라도 개선되어야 한다.

* 부모 스스로를 돌본다. 매우 활동적인 아이의 부모들은, 특히 하루 종일 집 안에서 아이를 돌보며 과중한 집안일에 시달리는 부모들은 녹초가 되어 있는 자기 모습을 발견하기 일쑤다. 배우자나 다른 가족, 친구, 베이비시터에게 가능한 한 자주, 최대한 많은 도움을 받는다. 긴장을 이완하기 위해 운동을 하거나 다른 긴장 이완 방법을 시도해도 좋겠다. 몸과 마음의 긴장이 이완될수록, 아이를 다루거나 아이 스스로 문제를 극복하도록 도울 준비가 더욱 잘 갖추어질 것이다.

✻ 아이를 있는 그대로 사랑하고 아이에게 골칫덩어리라는 둥 부정적인 별명을 붙이지 않는다. 부모가 아이에게 보나마나 말썽을 부릴 게 뻔하다고 말한다면, 말한 대로 결과를 얻게 될 것이다. 그러므로 아이에 대해 긍정적인 기대를 갖고 있다는 걸 알려 준다. "오늘 네가 아주 얌전하게 행동하려고 노력할 거라는 거, 엄마는 잘 알고 있어." 아이의 과도한 에너지를 건설적인 방향으로 돌릴 수 있도록 도와주면, 살면서 아이는 이 에너지를 이용해 많은 것을 성취하게 될 것이다.

아이에게 ADHD의 조기 증상이 보인다는 진단을 받았다면, 보다 전문적인 치료를 받는 것이 좋겠다. 가능하면 ADHD 아동을 위한 프로그램이 마련되어 있는 특수 유치원에 입학하는 방법을 고려한다. 확실한 증거가 없어 논란이 되고 있긴 하지만, 많은 부모들이 특수 활동 프로그램과 놀이 치료가 과도한 에너지 및 과잉 행동과 관련된 제반 증상을 줄이는 데 도움이 된다는 사실을 발견해 왔다. 어린아이들의 경우 잠재적인 부작용이 있을 수 있으므로, 약물 치료는 대체로 취학 연령 이후에 시작하며, 어린아이가 전혀 통제가 되지 않는 경우에 한해서만 조금 일찍 처방을 받게 된다. 간혹 대체 치료법으로 비타민을 대량 투여하는 것이 좋다는 말도 있지만, 이 방법은 취학 전이든 후이든 권장되지 않으며 위험할 수도 있다.

— 활동력이 약해요

Q "토들러들은 당연히 활동력이 많을 거라고 생각했어요. 그런데 제 아이 또래의 다른 아이들은 모두 뛰고 달리고 올라가면서 정신없이 몸을 움직이는데, 제 아이는 가만히 앉아 조용히 놀아요."

A 사실 일반 사람들의 예상대로 천편일률적으로 행동하는 연령대는 어디도 없다. 사춘기 청소년이나 예외로 둘 수 있을까. 그런데 유독 토들러들은 쉽게 고정관념의 대상이 되는 것 같다. 영아들, 취학 전 아동들, 초등학생들에 대해서는 쉽게 일반화하지 않는 반면, 토들러들에 대해서만큼은 통념을 바탕으로 아무런 검증 없이 이들의 악명 높은 특징들을 입에 올린다. 다시 말해, 토들러라고 하면 '부정적', '반항적', '이기적', '성질부림', '욕심 많음', '고집 셈', '끊임없이 몸을 움직임' 같은 말들을 쉽게 연상하는 것이다.

그러나 모든 고정관념이 그렇듯, 이 경우에도 틀에 맞지 않는 예외가 있다. 대부분의 토들러들은 때때로 고집이 세고 과격하지만, 항상 차분하고 협조적인 아이들도 있다. 대부분의 토들러들은 욕심이 많지만, 유난히 주는 걸 좋아하는 아이도 있다. 놀이에서 공격적인 모습을 보이는 아이들이 있는가 하면, 싸움이라는 걸 모르고 항상 순하게 노는 아이들도 있다. 대부분의 토들러들은 끊임없이 에너지가 용솟음쳐 쉴 새 없이 몸을 움직이지만, 가만히 앉아서 돌아가는 주변 상황을 바라보는 것만으로도 만족해하는 아이들도 있다.

모든 인간이 제각각이듯 토들러도 제각기 다르다. 아이의 성격과 적성은 타고난 기질에 따라 좌우된다. 따라서 활발하지 않은 아이에게 잔소리를 한다든지, 차분한 성격을 나무란다든지, 활동적인 아이들과 비교한다고 해서 아이가 바뀔 리 없다. 오히려 아이의 자존감에 상처만 입힐 뿐이며 활동을 혐오하는 마음만 더 강해질 뿐이다.

그러므로 아이의 긍정적인 특성을 강조하는 것이 더 바람직하다. 즉, 얌전히 그림을 그리고, 책을 좋아하고, 끝까지 신중하게 퍼즐을 맞추는 모습을 칭찬하도록 한다. 그리고 아이가 또래 아이들과 합류해 활발하게 놀거나, 혼자서 몸을 움직이고 흔들면서 놀 때마다 칭찬을 듬뿍 해 주고 격려해 준다.

온 사방을 휘젓고 다니며 과잉 행동을 하는 아이보다는 조용히 관찰하는 아이가 대체로 완벽하게 건강한 편이지만, 그리고 부모의 정신 건강과 식구들에게도 훨씬 편할 테지만, 아이의 건강을 생각해서라도 적당히 신체 활동을 하도록 유도하는 것은 중요하다. 취학 연령에 가까워질수록 긴장을 풀기 위한 바깥 활동보다는 텔레비전 앞에서 보내는 시간이 점점 많아지며, 따라서 활동량은 상대적으로 점점 줄어든다. 지금 활동을 장려한다고 해서 아이가 평생 건강해질 거라는 보장은 없지만, 세상에 걸음을 내딛을 좋은 토대를 마련할 수 있다. 그러므로 아이가 딴전을 피우더라도 몸을 조금이라도 움직이도록 부추겨야 한다(334쪽에 언급된 다른 신체 활동들도 장려한다.). 아이는 달리고, 올라가고, 과격하게 노는 대신, 율동, 걷기, 줄넘기를 좋아할 수도 있다. 아이가 만 3세가 넘으면, 무용 학원이나 체육 학원, 체조 학원에 다녀도 좋겠다.

아이가 만성적으로 움직임을 강하게 거부할 경우, 담당 의사의 진료를 받아 어디 몸이 불편하거나 우울해서 그런 건 아닌지 확인해야 한다. 또한 부적당한 자극(88쪽 참조)이나 운동 기회 부족 등의 문제는 없는지도 확인해야 한다. 아이가 매일 몇 시간 동안 넋을 놓고 텔레비전을 본다든지, 외출할 때마다 아이를 유모차에 가두어 놓는다든지, "그거 만지지 마라!", "거기 가까이 가지 마!", "거기에서 얼른 나오지 못하니?"라고 끊임없이 규제하고 제한하는 말만 쏟아붓는다면, 아이는 달리 할 수 있는 일이 없기 때문에 자연히 소극적이 될 수 있다.

아이가 건강하고 토들러답게 행동할 기회가 많다면, 차분한 성향 때문에 걱정하지 않아도 된다. 지금의 얌전한 행동을 계속 응원해 주고, 아이가 활발하게 움직이면 박수를 쳐 주며, 더 활동적이 될 수 있도록 무조건 격려한다.

발음이 분명하지 않아요

Q "우리 아이는 요즘 수다쟁이가 다 됐어요. 그런데 정확하게 발음하는 단어가 하나도 없지 뭐예요. 언어 치료를 받아야 할까요?"

A 이 시기 아이들은 발음이 분명하지 않은 것이 아주 일반적이다. 그런데도 아주 사랑스럽다. 어휘력이 아무리 좋다 하더라도 만 1세 중반에 또박또박 발음할 줄 아는 아이는 거의 없다. 그래서 아이의 부모와 주된 양육자가 아니면 아이가 무슨 말을 하는지 거의 잘 알아듣지 못한다. 대부분의 사람들이 아이가 하는 말을 거의 다 알아들으려면 아이가 만 3세쯤 되어야 한다.

그 이유는, <u>대부분의 자음은 혀와 입술을 적절하게 움직여야 발음이 되는데, 이 시기의 아이들은 대부분 혀와 입술을 움직이는 방법을 잘 모른다는 것이다.</u> 혀나 입술을 사용하지 않고 이 문장을 큰 소리로 읽어 보자. 아이가 부딪히는 문제가 무엇인지 알게 될 것이다. 아이는 특정한 소리를 내지 못하면 쉽게 발음할 수 있는 다른 소리를 추가하거나 또는 탈락시키거나 축약하기도 한다. 가령, 'ㅂ' 받침이나 'ㄹ' 받침

발음이 어렵다면, '밥'에 다른 소리를 추가하여 '빠빠'라고 하고 '할아버지'는 소리를 축약하여 '하부지'라고 말한다.

대부분의 아이들은 만 3세가 지나서도 여전히 일부 자음을 제대로 발음하지 못해 다른 자음들을 섞어 사용한다. 유치원에 입학하거나 심지어 초등학교에 입학할 때까지 모든 소리를 제대로 발음하지 못하는 아이도 있다.

<u>아이의 말이 완벽하지 않더라도 일일이 꼬집어 지적하지 말고 아이가 의사소통을 위해 노력하도록 지지한다.</u> 아이가 "어마, 사앙해."라고 말하면 "엄마도 우리 아가 사랑해."라고 대꾸해 준다. 그러나 아이가 잘못 발음한 단어를 정확하게 고쳐 말하게 하지 않는다. 아이에게 압력을 가할수록 아이는 말하는 걸 불안하게 여길 것이다. 그리고 이런 식의 불안은 자존감 상실로 이어지고, 경우에 따라서는 말더듬이로 악화될 수 있다.

청력, 신경계, 기타 의학적 문제가 있는 아이들은 대체로 다른 사람의 말을 알아듣는 데 문제가 있을 수 있는데, 간혹 이런 모습이 낮은 IQ나 학습 장애의 징후로 오인되기도 한다. 이런 아이들은 조기에 흥미를 유발하는 적절한 언어 치료를 받으면 잠재력을 충분히 발달시킬 수 있다.

토들러에게 정말 언어에 문제가 있는지 알아보는 방법은 다음 질문 내용을 참조한다.

—— 언어 발달이 늦어요

Q "우리 딸은 아는 단어가 얼마 없어 걱정이에요. 또래 놀이 친구들은 대부분 훨씬 많이 아는 것 같거든요."

A <u>아이들은 모두 같은 순서로 즉, 처음에는 단어, 그다음에는 절, 그리고 마지막으로 문장의 순서로 말을 배운다.</u> 이런 점을 제외하면 아이들의 언어 발달 정도는 제각기 독특해서, 어느 때는 속도가 빨라졌다가 어느 때는 늦어졌다가 어느 때는 정체기에 접어드는 등 개인적인 시간표에 따라 진행된다. 그렇기 때문에 아이 또래의 다른 아이들과, 심지어 6개월 전 아이의 발달 상태와 비교하는 것은 무리가 있을 수 있다. 놀이 모임에서 제일 먼저 단어를 말할 줄 알았더라도 제일 처음 단어를 결합해 문장을 만들 줄 아는 것은 아니다. 사실 비교적 늦게 말문이 트인 아이들이 가장 먼저 문장을 완성할 수도 있다.

간혹 걷기, 올라가기, 점프하기, 공 던지기 등의 동작을 일찍부터 시작한, 신체적으로 조숙한 아이들이 말이 늦기도 한다. 에너지와 집중력을 신체 활동에 너무 많이 쏟아부어 언어를 탐구할 여력이 거의 없기 때문이다. 자극이 부족해도, 혹은 반대로 말을 하라는 압력이 지나치게 커도, 언어 발달에 방해가 될 수 있다. 아이가 원하는 바를 말하기도 전에 가족들이 알아서 다 해 주는 경우도 마찬가지다. 그러나 어떤 이유로 말이 늦어졌든, 일단 아이가 말을 시작하면 대체로 빠른 속도로 말을 배워 금세 능숙하게 말을 할 줄 알게 된다. 또한 어느 정도 연령이 높은 상태에서 말을 시작하기 때문에, 발음도 더 정확하고, 문법도 직관적으로 파악할 줄 알며, 어휘력도 더 좋을 수 있다. 그동안 아이는 속으로 어휘를 차곡차곡 쌓아 놓고 있었던 것이다.

19개월이 되면 많은 아이들이 통상적으로 50개의 단어를 사용하지만, 이 시기에 말을 배우기 시작하는 아이들도 있다. 이처럼 말이 늦는 아이들은 대체로 몇 달에 걸쳐 갑자기 말이 확 늘지만, 만 2세 무렵까지 말이 늘지 않는 아이들도 있다. 그때까지는 대부분 다양한 비언어적 언어를(87쪽 참조) 사용해 다른 사람들과 의사소통을 하게 될 것이다.

그러나 아이가 말이 늦는 데에 성장 속도 외에 별다른 이유가 없다는 걸 확인하기 위해, 부모가 하는 말에 아이가 어떤 식으로 반응하는지 관찰해야 한다. 아이가 질문을 이해하는가? 간단한 지시를 잘 따르는가? 부모의 말에 반응을 보이는가? 아이가 무언가 먹고 싶거나, 장난감이 손에 닿지 않거나, 텔리비전을 틀고 싶거나, 기저귀를 갈고 싶을 때 말을 사용하지 않고도 의사소통을 할 수 있는 능력이 있는지도 살펴본다. 아이가 다른 사람의 말을 이해하고 비록 말은 아니더라도 자신의 필요와 욕구를 전달할 수 있다면, 언어 발달에 대해 걱정하지 않아도 괜찮다.

공인 언어 치료사에게 정식으로 언어 기술을 평가받거나 청력 검사를 받는 것이 바람직한지 아이의 담당 의사와 상담한다. 검사 결과, 청력에 문제가 있거나 언어 지체 정도가 심각하다는 진단이 내려졌다면, 최대한 빨리 언어 치료를 시작하는 것이 중요하다. 아울러 아이의 자아 존중감을 보호하고, 아이가 학교에 입학한 후 불쑥 튀어나올 수 있는 문제들을 미연에 방지해야 한다.

Q "놀이 모임에 오는 대부분의 아이들이 단어를 결합해 사용한다는 걸 알았어요. 우리 아이는 단어를 상당히 많이 알고 있지만, 아마 100개 정도, 보통 한 번에 딱 한 단어만 사용해요. 두 단어를 결합해서 말하는 경우는 아주 가끔이에요. 아직 문장을 만들지 못해도 괜찮을까요?"

A 전혀 걱정할 필요 없다. 지금 아이의 언어 발달은 계획대로 착착 진행될 뿐 아니라 일정보다 조금 앞서 있는 편이다. 또래 아이들 가운데 일부는 처음 배운 단어를 이제 막 입 밖으로 내뱉는 수준이고, 대부분의 아이들은 50개 남짓의 단어를 알지만, 완벽하게 문장을 말할 줄 아는 아이는 소수에 불과하다. 대부분의 아이들은 두 돌 무렵부터 비로소 단어를 결합해 의미 있는 문장으로 만들기 시작한다. 대개 처음에는 "엄마 물"처럼 두 단어를 결합해 짧은 절을 만들다가, "진수 물 먹어."처럼 주어, 목적어, 서술어로 구성되는 세 단어 이상의 문장을 말한다. 문법적으로 좀 더 올바른 문장을 말하는 건 평균 세 돌 무렵이 됐을 때다.

아이가 최소한 몇 단어를 사용할 줄 알고, 사람들의 말을 이해하며, "이리 오렴.", "엄마한테 책 주세요." 같은 간단한 지시를 따르고, 단어와 손짓, 몸짓을 결합해 의사소통을 할 수 있는 한, 당분간은 아이의 언어 발달이 정상 범주 안에 있다고 확신해도 좋다.

아이와 대화를 할 때는 아기 말투로 대화하지 말고 완벽한 문장을 사용해야 아이의 문장 발달을 북돋을 수 있다. 아이가 한 단어로 말한 내용을 문장으로 풀어서 다시 말해 준다. 가령, 아이가 "우유."라고 말했다면 "우유 먹고 싶니? 우유 여기 있단다."라고 말해 준다. "책이 어디에 있지?", "우리 아기 뭐 하고 놀아?"처럼 '예', '아니오' 대답 이상의 대답을 해야 하는 질문을 던진다.

아이의 언어 발달을 장려하는 동안, 아이가 어른들처럼 대화를 잘 할 수 없으니 그만큼 모자라다는 메시지를 전달하지 않도록 주의한다. 서둘러 언어를 발달시켜야 한다는 압박은 효과도 없을 뿐더러 역효과를 낳을 수 있다. 그리고 이렇게 압박을 받게 되면 아이는 입을 꾹 다물고 말을 하지 않을지 모른다. 느긋하게 생각하고 아이와 즐겁게 대화하다 보면, 어느새 아이가 부모의 말에 대꾸할 날이 올 것이다.

—— 아이가 너무 순해요

Q "우리 딸의 놀이 모임에 있는 아이들은 너나없이 장난감 하나씩을 제 손에 넣으려고 난리인데, 우리 딸은 한 번도 그런 적이 없어요. 그냥 가만히 서 있고, 다른 아이가 자기 걸 가져가도 내버려 둡니다. 아이가 어떤 일에도 적극적인 모습을 보이지 않을까 봐 걱정돼요."

A 욕심은 토들러의 전형적인 모습 가운데 하나이지만, 이런 욕심이 영 성미에 맞지 않는 토들러도 더러 있다. 물론 이런 성향 역시 대체로 아주 정상이다. 이 시기 아이들에게 흔히 볼 수 있는 적극적인 행동이 토들러의 정상적인 발달에 반드시 필수적인 조건도 아닐 뿐더러, 강한 자아의식을 발달하기 위해 필요한 요소도 아니다. 욕심이 많은 아이가 반드시 욕심 많은 어른으로 성장하는 것은 아니며, 마찬가지로 지금 순하고 느긋하다고 해서 반드시 호락호락한 어른으로 성장하는 것도 아니다.

아이에게도 권리가 있음을 주지시키는 것이 중요하다. 그렇다고 권리를 지키기 위해 요란하게 목소리를 높이라는 의미는 아니다. 주변 아이들의 이기적인 행동에도 아이가 전혀 힘들어하지 않는 것 같다면, 아이가 잘 가지고 놀던 장난감을 누군가에게 빼앗겨도 그냥 다른 장난감을 가지고 와서 즐겁게 논다면, 스스로를 만족스럽게 여기고 주변 친구들과 사이좋게 지낸다면, 굳이 아이의 태도를 바꾸려고 애쓸 필요가 없다. 시간이 지나면서 친구들을 접하는 경험이 늘고 부모로부터 어느 정도 격려와 지도를 받는다면, 아이는 차츰 적극적으로 성장하게 될 것이다. 물론 그렇지 않을 가능성도 있다. 성공한 사람들 중에는 조용조용한 목소리로 자신의 생각을 주장하고, 강압적인 태도를 보이지 않고도 주변 사람들과 잘 어울리는 사람들이 많다. 내 아이가 성격상 이런 부류의 사람으로 성장하리라 예상된다면, 부모의 성격이 다소 강압적인 경향이 있다 하더라도 아이의 순한 성향을 받아들이는 것이 좋다.

그러나 놀이 친구들의 맹공격에 대항해 자신을 방어하지 못하면서 그저 장난감을 움켜쥐고 있느라 아이가 정신없어 보이면, 아이를 구하러 가야 한다. 아이가 공격적인 아이들과 부딪히고 있을 때, 개입한다. 예를 들어, 함께 놀던 친구가 내 아이에게서 장난감을 빼앗으려 하는 경우, 아이에게 "지금은 내가 이 장난감 가지고 놀 거야."라고 말하게 해서 스스로의 권리를 옹호하도록 격려한다. 처음에는 스스로의 권리를 옹호하는 방법을 부모가 알려 주고 "지금은 정인이가 그 장난감 가지고 놀 거란다." 하며 아이를 대변한다. 장난감을 빼앗겼을 경우, 다시 빼앗아 오지 않는다. 나에게 잘못한 사람에게 똑같이 잘못을 되갚아 준다고 상황이 나아지는 것은 아니다. <u>다른 아이들의 권리를 짓밟기 위해서가 아니라 아이 자신의 권리를 확고히 하기 위해 이 개념을 가르쳐야 한다.</u> 대신 친절하되 단호하게 부탁하고, 필요하면 반복해서 요구한다. "정인이는 아직 그 장난감을 가지고 놀던 중이었단다. 그래서 다시 장난감을 갖고 싶어 해. 정인이에게 돌려주면 좋겠구나." 놀이 친구가 순순히 부탁을 들어주면 고마움의 마음을 듬뿍 전달한다. 그리고 내 아이가 그 장난감을 다 가지고 놀면, 빼앗으려 했던 친구에게 다시 가져다주도록 격려한다. 놀이 친구가 아이에게 장난감을 주려 하지 않을 경우 서로 장난감을 갖겠다고 쟁탈전을 벌이지 말고, 대신 아이에게 다른 장난감을 찾아 주고 또다시 빼앗기지 않도록 아이 곁을 지킨다.

아이가 또래 친구들 사이에서 힘들어할 때마다, 가령 미끄럼틀에서 자꾸만 뒤로 밀리거나, 모래놀이 통에 꽂아 놓은 삽을 자꾸만 빼앗기거나, 장난감 자동차를 자꾸만 다른 아이에게 빼앗길 때마다 이 방침을 시도한다. 멀리 떨어져 아이를 지켜보고, 아이를 대변하기 전에 아이가 스스로 변호할 기회를 준다. 아이가 이런 뜻밖의 상황을 스스로 해결하도록 가르치는 것이 목적임을 잊지 않는다. 사회적 경험이 풍부해지면 좀 더 적극적으로 스스로를 변호하게 될 것이다. 자신의 권리와 소유를 존중해 주는 사람들로 가득한 집 안에만 있던 아이는 차츰 토들러끼리 있는 정글 같은 세상에서 살아남는 방법을 터득하게 된다. 아이가 방법을 터득하는 동안, 아이의 있는 그대로의 모습을 존중하고, 내 아이가 다른 아이들 물건을 빼앗아 부모들로부터 불평하는 소리를 듣지 않아도 된다는 사실을 다행으로 여긴다.

―― **과격한 신체 접촉을 좋아해요**

Q "우리 아들은 다른 토들러들과 모이면 과격하게 신체 접촉을 하려 들어요. 공격적으로 대하는 건 아니지만, 다른 아이들과 적당히 거리를 두지 않고 찌르거나 미는 방식으로 접촉을 하려 들어서 때때로 아이들을 화나게 만들어요."

A 행동이 거친 아이들이 다른 아이를 꼬집거나 찌르거나 주먹으로 치는 경우, 무슨 악의가 있어서 그러는 건 아니다. 그저 자신의 주변 환경을, 그리고 그 환경의 일부인 다른 아이들을 직접적으로 탐색하느라 정신이 팔린 나머지, 그런 행동을 해도 되는 건지, 친구들의 기분은 어떨지 생각하지 못한 채 그렇게 하는 것이다.

뿐만 아니라, <u>토들러는 말로 의사를 전달하는 능력을 아직 갖추고 있지 않기 때문에, 친구를 사귀기 위해 어쩔 수 없이 신체를 접촉하게 된다.</u> 가령, "안녕, 잘 있었니?"라고 말하지 않고 친구의 팔을 쿡 찌르는 것으로 인사를 대신한다. 친구에게 자기 방에 들어와 새 장난감 트럭을 보라고 말하고 싶을 때, 아이는 말 그대로 친구를 잡아서 끌고 간다. 그리고 이제 그만 친구가 가 주길 바랄 때는 문을 향해 친구를 밀어 버리기도 한다.

<u>문제는 이런 신체적인 언어가 다른 토들러들에게 보편적으로 이해되거나 통용되지 않는다는 것이다.</u> 아이들은 자신은 언어 전달 능력이 부족하지만, 부모, 베이비시터, 형제들 등 주변 사람들이 말로 의사를 전달하는 데에는 익숙해져 있다. 따라서 누군가가 친근하게 쿡 찌르는 행위를 보복을 요구하는 적대적인 행동으로 잘못 이해하기 쉬우며, 결국 그런 행동을 좋은 의미로 받아들이지 않게 된다. '남에게 대접을 받고자 하는 대로 남을 대접해야 한다.'는 말은 토들러에게 결코 어울리는 신조가 아니다.

아이가 또래 친구들을 자꾸만 찌른다면 다음 내용을 시도해 보자.

* **부모와 아이가 신체 접촉을 통해 상호작용하는 방식에 대해 평가해 본다** 아이가 놀이터에서 나오지 않겠다고 고집을 부릴 때 아이 팔을 세게 잡아당기는가? 아이가 놀이 모임에서 못되게 행동하는 걸 보면 아이의 귀를 잡아끌고 나오는가? 아이를 장난으로 찌르고 꼬집는가?

토들러들은 대단한 흉내쟁이들이다. 그러므로 부모가 이런 식으로 행동을 하면 아이가 친구들에게 똑같이 따라 하도록 가르치는 셈이 된다. 아이가 친구들과 조용조용 어울리는 법을 배우길 바란다면 부모의 행동부터 수정해야 한다.

* **아이에게 여지를 주고 있지 않은지 살펴본다**
아이가 집에서 과격한 신체 접촉을 해도 대부분의 부모들은 대충 넘어가 주는데, 이렇게 하면 부모와는 거칠게 놀아도 괜찮지만 다른 사람과는 안 된다는 혼란스러운 메시지를 전달하게 된다. 아이가 부모의 귀를 잡아당기거나 머리로 부모의 배를 칠 때, 그런 식의 접촉을 좋아하지 않는다고 아이에게 분명하게 말한다. "그러지 말았으면 좋겠구나. 그러면 상대방이 다치거든." 포옹, 쓰다듬기, 악수, 하이파이브 등 해도 좋은 접촉과 해서는 안 되는 접촉에 대해 설명한다. 그리고 누군가의 주의를 끌려면 말로 전달하는 것이 가장 효과적이라고 알려 준다. 봉제 인형이나 다른 인형과 연습해도 도움이 된다.

* **선의를 보여 줄 수 있는 좋은 사교 예절을 가르친다** 약간 격식을 갖추어 아이를 대한다. 아이가 아침에 일어나 부모 방에 들어오면 "잘 잤니? 좋은 아침이구나."라거나 그와 유사한 정중한 인사로 아이를 맞이한다. 아이가 낮잠을 자거나, 놀이 모임에 다녀오거나, 공원에서 집에 돌아온 후에도 악수를 하거나 해서 정중하게 아이를 맞아들인다. 다른 가족들과 함께 있을 때에도 최대한 점잖은 태도로 행동하고 아이도 따라 하도록 148쪽을 참조한다.

─ 마구 돌아다녀요

Q "우리 아들은 외출만 하면 이것저것 구경하느라 정신없이 돌아다니거나 저 혼자 앞으로 마구 달려가 도로를 향해 뛰어들어요. 물론 우리는 매번 아이를 쫓아다니느라 바쁘고요. 정말 미쳐 버릴 것 같아요."

A 토들러를 둔 부모들은 대부분 문밖에 발을 내딛는 순간부터 아이를 쫓아다니느라 바쁘다. 아이들은 부모가 오른쪽으로 가려고 하면 왼쪽으로 향하고, 부모가 왼쪽으로 가려고 하면 오른쪽으로 돌며, 바로 앞에 복잡한 교차로가 나타나든 말든 전속력으로 직진한다. 아이가 이렇게 예측할 수 없는 방향으로 돌아다니기 때문에, 부모는 외출할 때마다 고역을 치르느라 완전히 녹초가 되고 짜증이 밀려오기 십상이다.

이처럼 아이가 막무가내로 헤매고 다니는 이유는, 가끔은 부모를 약 올리고 싶어서이기도 하지만, 대부분은 그런 충동 때문이 아니라 주변을 탐색하고 싶은 강한 욕구 때문이다. 탐색의 경로가 늘 다니던 슈퍼마켓에 가는 길과 다르다고 해서 탐색 욕구가 진압되는 것은 아니다. 앞뒤 보지 않고 뛰고 달리다간 위험할 수 있다고 아무리 말해도 아이는 조금도 겁을 먹지 않는다.

아이의 안전을 보호하고 약속 시간에 맞추어 도착하도록 신경을 쓰는 한편, 아이의 탐색을 장려하면서도 기본적인 거리 안전 수칙을 지키도록 가르치는 것이 중요하다. 이런 목적을 완벽하게 달성하기 위해 두 가지 측면에서 외출 방식을 고려한다.

부모가 주도하는 외출 사람이 많은 인도, 거리

한복판, 쓰레기가 쌓인 도로 가장자리 등, 일부 장소는 탐색하기에 위험할 수 있다. 안전이 위태롭거나 짧은 시간에 해야 할 일이 많은 경우, 아이의 호기심을 뒤로 미루어 둔다. 그런 장소에서는 아이가 부모를 앞질러 달리게 하거나 뒤에 처지게 해서는 안 되며, 반드시 부모의 손을 꼭 잡거나 유모차에 타야 한다고 분명하게 일러 주어야 한다. 주변에 보이는 내용들에 대해 부모가 계속해서 말해 주고, 아이의 질문을 받아 주고, 노래를 부르는 등, 아이가 지루할 틈이 없게 만들면, 아이가 이런 조건을 기꺼이 받아들일지도 모른다(176쪽 참조).

강아지와 마찬가지로 토들러는 잠재적으로 위험한 상황에서 스스로를 안전하게 지킬 능력이 부족하다. 그러므로 도로에 뛰어들거나 부모 없이 혼자서 사람들 틈에 휩쓸려 들어가서는 안 되며, 모퉁이에서는 반드시 멈추어 서서 주변을 둘러보고 귀를 기울여야 하고, 절대로 혼자서 거리에 나가서는 안 되며, 부모가 언제 어디에 '그대로 있으라.'고 요구하면 반드시 부모의 말을 들어야 한다고 가르쳐야 한다. 아이가 하루 중 혼자 걸을 수 있는 자유 시간이 있다면 반드시 이런 내용을 숙지시킨다. 훈련을 하는 동안 아이가 마치 도로를 뛰어들 것처럼 주변을 둘러보거나, 부모 옆에 꼭 붙어 있으라고 말했는데도 제멋대로 앞으로 달려간다면, 얼른 아이를 안아 유모차에 태우거나 벤치에 앉혀 타임아웃 시간을 갖거나, 아이의 손을 꼭 잡는다. 규칙을 준수할 만큼 클 때까지는 절대로 혼자 걸어서는 안 된다고 차분하게 설명한다. 이들 규칙은 확고하게 일관성을 갖고 실시해야 한다. 어느 날은 먼저 달려가도 좋다고 허용했다가 어느 날은 금지한다면, 가르침이 실패할 게 뻔하다.

거리의 안전 수칙을 지키도록 아이에게 가르치는 일은 상당한 인내심이 필요하지만, 외출할 때마다 확고한 태도로 같은 규칙을 꾸준히 반복한다면 노력의 대가를 얻게 될 것이다. 거리에서 어떻게 행동해야 하는지 잘 모르는 어린아이와 강아지들은 말 그대로 사고를 일으킬 위험이 가장 높다. 아이가 만 2세가 지나 합의된 지점에 항상 멈출 경우, 그리고 약속을 지킨다는 걸 믿을 수 있는 경우, 앞장서 달려가 부모를 기다려도 좋다고 허용할 수 있다. 그러나 혼자 복잡한 도로를 안전하게 걸을 수 있으려면 시지각이 충분히 발달해 다가오는 차량의 속도와 거리를 판단할 수 있는 만 10세가 되어야 가능하다.

'멈추세요.', '가세요.', '빨간불', '초록불'같이 일관되게 사용되어 온 교통안전 지시 사항을 준수하도록 가르치는 것도 아이의 안전에 도움이 된다.

부모로부터 벗어나 혼자 돌아다니다간 길을 잃어버릴 수 있다는 사실도 알려 주어야 한다. 그러나 이런 내용을 설명하되, 부모하고 떨어져 혼자 돌아다니면 낯선 사람한테 납치를 당할지 모른다든지, 경찰 아저씨가 잡아갈지도 모른다는 식으로 불길한 경고를 해서 필요 이상으로 아이를 겁주지 않는다.

아이가 주도하는 외출 <u>시간이 넉넉하고 이동 경로가 비교적 안전하다면, 눈이 쌓인 곳마다 발로 차면서 천천히 걸어가거나 주차된 차 밑으로 숨어 들어가는 고양이를 찾아 달려가는 등, 아이에게 탐험을 안내하게 한다.</u> 부모는 운동화 끈을 잘 동여매고, 아이가 출발하면 따라 나서기만 하면 된다. 부모가 아이와 함께 탐색을 즐기면, 아이가 주어 온 도토리가 이쪽 참나무에서 떨어진 거라고 알려 주거나, 아이가 향기를 맡고 있는 민들레는 노란색이라고 알려 주거나, 아이가 자랑스럽게 펼쳐 보이는 손바닥 위의 돌멩이에 운모라고 하는 반짝이는 반점들이 박혀 있다는 걸 알려 준다. 그러면 아이는 탐색 과정을 대단히 흡족해할 것이다. 그리고 많은 것을 알게 될 것이다. 그러나 아이 혼자 탐색하게 내버려 두거나 아이가 발견한 것들에 대해 너무 많은 것을 가르치려 해서는 안 된다. 이 탐험을 주도하는 사람은 아이라는 걸 기억해야 한다.

시종일관 아이에게 눈을 떼서는 안 된다는 사실도 명심한다. 부모가 잠깐 고개를 돌리는 사이에 아이는 인파 속에 휩쓸리거나 도로를 향해 달려갈 수 있다.

── 손발톱을 깎으려 하지 않아요

Q "우리 딸은 손발톱이 아주 길고 더러운데도, 깎아 주려고만 하면 소리를 지르고 발버둥을 쳐요."

A 보통 토들러는 손톱을 깎느니 시금치를 먹으려 할 것이다. 이유는 두 가지다. 첫째, 손톱깎이나 가위로 자신의 신체 일부가 깎인다는 사실이, 더구나 상냥한 부모가 이런 도구들을 휘두르는 모습이, 아이를 겁먹게 만든다. 어린 토들러는 손톱을 깎아야 다치지 않는다거나 나중에 손톱이 다시 자란다는 개념을 이해하지 혹은 기억하지 못하는 것 같다. 둘째, 안전을 위해 손톱을 깎는 동안 몸을 마음대로 움직이지 못한다. 아이는 얌전하게 앉아 있어야 할 뿐 아니라, 부모가 꽉 잡고 있어서 손과 손가락을 조금도 움직일 수가 없다.

그러나 어쨌든 손발톱을 깎긴 깎아야 한다. 손톱이 길면 손을 아무리 깨끗이 씻어도 먼지와 세균이 끼게 되고, 의도적이든 실수로든 자기 자신과 다른 사람을 다치게 할 수 있다. 손발톱 깎기는 앞으로 몇 년 동안 매번 아이와 싸워야 할 문제가 되겠지만, 다음 요령을 참고하면 아이의 반항을 조금이나마 잠재울 수 있을 것이다.

무딘 손톱깎이를 이용한다 끝이 뭉툭한 유아용 가위나 작은 손톱깎이를 이용하는 것이 좋다. 최소한 아이가 얌전히 참을 수 있을 정도의 연령이 되기 전까지는 끝이 뾰족한 손톱 가위를 사용해서는 안 된다.

처음에는 부모가 손톱 깎는 모습을 보여 준다 처음에는 아이 앞에서 부모가, 그리고 손톱을 깎고 싶어 하는 다른 가족이 손톱 깎는 모습을 반복적으로 보여 준다. 부모가 손톱 깎는 모습이 무척 재미있다고 생각되면 다음에는 아이도 손톱을 깎겠다고 할 것이다.

목욕 후에 손톱을 깎는다 따뜻한 물은 아이의 마음을 진정시키고 손톱을 부드럽게 해 주어 손톱 깎는 일을 덜 힘들게 할 것이다. 그러므로 아이가 목욕을 하고 나와 기분이 좋을 때 손톱을 깎도록 계획을 세운다.

놀이를 하면서 손발톱을 깎는다 손발톱을 깎을 때 부르면 좋은 노래를 부르면 아이의 주의를 돌릴 수 있어, 소리를 지르는 대신 깔깔대며 손발톱을 깎게 될 것이다.

아이가 잘 때 깎는다 아이가 잘 때 손발톱을 깎는 것이 가장 수월할 수 있다. 빨리 차분하게 깎으면 손발톱을 깎는 동안 아이가 깰 염려가 없을 것이다. 아이가 잠귀가 아주 밝거나 한 번 깨면 다시 잠들기 어렵다면, 만일의 경우를 대비해 아이가 보통 잠에서 깨는 시간 직전에 손발톱을 깎는 것이 더 쉬울 것이다.

꼭 알아 두세요: 아이에게 친구 만들어 주기

많은 어른들이 친구라는 단어를 들으면 어린 시절의 소중한 추억을 떠올릴 것이다. 한가한 여름 오후에 친구들과 아이스크림을 사 먹고, 방과 후에는 사방치기와 잡기 놀이를 하고, 상쾌한 가을 오후에는 공놀이를 하고, 겨울에 눈이 많이 내리면 썰매 타기와 눈싸움을 하고, 2교시 수학 시간에 쪽지를 돌려 보던 추억들 말이다. 어린 시절의 추억은 무엇 하나 아름답지 않은 것이 없다.

그렇지만 친구들과 잘 어울리지 못하고 다른 아이들이 즐겁게 노는 모습을 지켜보면서 소외감과 외로움을 느꼈던 기억만 남은 사람들도 있다. 그 시절을 떠올리면 하나같이 힘든 기억뿐이다.

각자의 어린 시절이 어떠했든 대부분의 부모들은 내 아이가 친구를 많이 사귀어 행복하게 우정을 쌓길 간절히 바랄 것이다. 아이가 놀이 모임에서 잘 놀지 못하거나, 장난감을 같이 가지고 놀려 하지 않거나, 공원에서 또래 친구들하고 즐겁게 어울리다가 갑자기 3차 대전이 벌어질 때면 부모들은 기운이 쭉 빠지곤 한다.

그렇지만 조금만 참자. 곧 아이에게 친구들이 생길 것이다. 하지만 토들러 시기에는 부모가 바라는 종류의 우정이 형성되지 않으며, 아이들은 아직 어른들이 생각하는 방식의 사교성을 발휘할 줄 모른다. 대부분의 토들러들은 여전히 자기밖에 생각할 줄 모르며, 아직 다른 사람의 입장을 공감하거나 둘이나 여럿이서 조화롭게 노는 방법을 알지 못한다. 토들러들에게 가장 중요한 사람은 오로지 나 자신뿐이다. 주고받는 식의 공정한 타협을 시도하려 할 때 아이들이 추구하는 쪽은 '받는' 것뿐이다. 무엇보다 토들러는 무엇이 옳고 무엇이 그른지 여전히 잘 모르고, 친구를 사귀는 기술이 전혀 없으며, 기본적으로 충동을 통제하지 못한다. 그래서 짜증이 나면 친구에게 장난감을 던지거나, 친구가 쌓은 블록을 쓰러뜨리거나, 옆에 있는 친구의 팔을 꼬집는다.

하지만 사교성이 전혀 없던 아이도 앞으로 2년쯤 지나면 사이좋게 나눠 갖는 법을 알게 되고, 다른 친구들의 감정을 세심하게 헤아릴 줄 알게 되며, 의견 충돌이 나더라도 공격적인 행동 대신 말로 해결하는 법을 배우게 된다. 한마디로 말해 친구를 사귀는 법을 알게 되는 것이다. 다음 내용을 참고하면 아이가 친구를 사귀는 데 도움이 될 것이다.

아이의 자아 존중감에 역점을 둔다 아이들은 다른 친구들에게 관심을 보이기 전에 먼저 스스로를 바람직하게 여길 수 있어야 한다(330쪽 참조).

아이와 어울린다 식탁에서, 외출하면서, 놀이터에서, 책을 읽으면서, 놀이를 하면서 아이는 부모와 어울리고, 그러면서 제일 먼저 사회화를 배우게 된다. 그러므로 부모는 올바른 사교 행동의 모범을 보여 줄 수 있어야 한다. 아이에게 먼저 크레파스를 고르라고 한다거나, 먼저 퍼즐 조각을 맞추게 한다거나, 먼저 머핀을 한 입 베어 물게 하는 등, 매번 너그럽게 대하지 않는다. 게임을 할 때도 언제나 아이가 이기게 해서는 안 된다. 사이좋게 나누고, 규칙을 준수하며, 정중하게 부탁하고, 고맙다는 말을 하도록 장려한다. 아이의 반응을 끌어내고 대화 기술을 발달시키기 위해 부모가 무엇을 하고 무엇을 보고 있는지 수시로 이야기한다. 아이가 친구들과 어울리면서 처할 수 있는 상황에 대해 직접적으로 해결을 제시하지 말고, 역할극을 통해 아이 스스로 해결책을 찾도록 한다.

일대일 관계를 시작한다 대부분의 아이들은 한 번에 한 아이하고만 어울리는 걸 가장 편안하게 여긴다. 그러므로 자주 일대일 놀이 모임을 만들어 준다. 특히 여러 아이들이 모인 자리를 아이가 힘들어하는 경향이 있다면, 일대일 모임을 더 자주 만들어 준다. 아이가 가장 친하게 어울리는 친구를 선택하고, 놀이 시간을 짧게 가지며(처음에는 약 한 시간으로 제한한다.), 둘 다 할 수 있는 놀이를 많이 마련한다. 그러나 일방적으로 내 아이 편을 들어주거나 내 아이 위주로 놀이 모임을 정해서는 안 된다. 이런 방법은 공정하지도 않을 뿐더러 완강한 저항에 부딪히기 쉽다.

셋이 모이지 않도록 한다 토들러에게 셋이라는 인원은 다수를 의미할 뿐 아니라 사교적으로 악몽이 될 수 있다. 대체로 가장 공격성이 약하고 사교적인 경험이 가장 없는 한 명이 나머지 두 명한테 괴롭힘을 당하는 일이 비일비재하다.

사이좋게 놀 거라고 기대하지 않는다 아이가 한동안 놀이 모임에 다니지 않았다면, 또래 친구들과의 상호작용 대부분은 같은 공간에서 나란히 놀기는 하지만 반드시 함께 어울려 놀지는 않는, 소위 '평행 놀이' 형태로 이루어질 것이다. 그러나 자세히 들여다보면, 이런 평행 놀이가 사회적 상호작용의 기본적인 시작 단계로 기능한다는 사실을 알게 될 것이다. 두 아이들은 겉으로 보기에는 각자 놀이에 몰두하면서 혼자 큰 소리로 지껄이는 것 같지만, 사실상 서로에 대해 인식하기도 한다. 아이들이 노는 모습을 지켜보고 있으면, 서로 살그머니 상대방을 살펴보고 관찰하며 모방한다는 걸 알 수 있다. 물론 친구가 가진 장난감을 빼앗는 장면도 수시로 목격하게 되겠지만 말이다. 1년쯤 지나면 제대로 상호작용하는 모습을 볼 수 있을 거라 기대해도 좋다.

공동으로 할 수 있는 놀이를 장려한다 여럿이 함께 해야 가능한 놀이들이 있다. 공 주고받기, 소꿉놀이와 병원놀이 같은 가상 놀이, 숨바꼭질, 잡기 놀이, 빵 굽기나 공예처럼 창조력을 요구하는 공동 작업, 원을 그리며 노는 놀이, 차례를 지켜야 하는 놀이 등은 아이들이 처음 친구를 사귈 때 필요한 경험을 쌓게 해 준다. 물론 여럿이 놀다 보면 장난감을 빼앗고, 때리고, 머리카락을 잡아당기고, 꼬집는 등의 바람직하지 않은 행동이 증가할 수 있다. 공격적인 행동을 해결하는 요령은 214쪽을 참조한다.

중립적인 태도를 유지하고 아이 근처에 머무른다 토들러는 행동을 예측하기 어렵고 즉흥적이기 때문에, 초기에 여러 아이들이 모여 사교적인 기술을 연습할 때는 반드시 부모가 곁에서 감독을 해야 한다. 놀이 모임의 모든 아이들이 비교적 얌전한 편이라 하더라도 아이들에게 눈을 떼어서는 안 되고, 갑자기 충돌이 일어날 경우 재빨리 개입해야 한다. 명백히 한 아이가 잘못했다고 생각되더라도 편을 들어서는 안 된다. 차분하게 충돌을 정리하고, 부모의 감독하에 할 수 있는 차분한 놀이를 하도록 이끈다. 놀이 모임에서 충돌이 일어날 때 해결하는 방법은 214쪽을 참조한다.

감정을 드러내지 않는다 <u>아이의 감정을 우선하는 법을 배우기란 쉽지 않지만, 부모 역할에 있어서 가장 중요한 부분이라 해도 과언이 아니다.</u> 부모의 감정을 앞세워 아이의 사교 생활을 방해하는 것은 옳지 못하다. 부모는 사교적인데 아이가 수줍음이 많은 경우, 이런 현상에 대해 불만을 드러내면, 아이에게 사회화를 강요하거나 부끄러움이 많은 아이의 행동을 비난하는 셈이 된다. 또한 다른 부모와 어울릴 때 아이가 말썽을 부린다고 난처해하거나, 다른 아이에게 맞고 있다고 화를 내는 모습 역시 아이를 불리한 상황에 몰아넣는 셈이 되므로 삼가야 한다.

도움을 청한다 아이가 유치원이나 어린이집에 다니는데도 다른 아이들과 잘 어울리지 못한다면, 담당 교사에게 도움을 부탁한다. 교사는 보통 사교성이 강한 아이가 수줍은 아이를 모임에 데리고 들어오게 할 것이다. 이 방법은 교사가 직접 나서는 것보다 더 효과적이다.

아이의 사교 방식을 인정한다 어른과 마찬가지로 아이들도 친구를 사귀는 방식이 각자 다 다르다. 처음부터 강한 사교성을 보이는 아이가 있는가 하면, 성격상 한 번에 한두 명의 친구들과 있을 때 더 만족스러워하는 아이도 있다. 새로운 상황이 벌어질 때마다 열성적으로 뛰어드는 아이가 있는가 하면, 행동에 돌입할 준비가 되기 전까지는 잠시 뒤로 물러나 상황을 지켜보려는 아이들도 있다. 일부 아이들, 즉 관찰자 입장인 아이들은 절대로 행동에 곧장 돌입하려고 하지 않는다는 사실도 기억하자(243쪽 참조). 그리고 그래도 괜찮다.

잠재적인 문제에 주목한다 보람이는 친구를 사귀고 싶지만 공격적인 성향 때문에 번번이 실패한다. 슬기도 친구들과 어울리고 싶지만 수줍음을 극복해야 한다. 이런 성향이 친구를 사귀는 데 방해가 되기 전에, 공격성과 수줍음 같은 문제를 해결할 수 있도록 아이를 돕는 것이 바람직하다.

연습할 기회를 많이 만들어 준다 대가족 안에서, 놀이 모임이나 어린이집에서, 일찍부터 다른 아이들과 접촉할 기회가 많은 아이들은 사교성이 빨리 발달하는 경향이 있다. 아이가 아직 이런 경험을 갖지 못했다면, 놀이 모임에 참여하는 방법을 고려하거나, 최소한 동네 놀이터라도 자주 데리고 다닌다. 놀이 모임에 참여하거나 모임을 만드는 방법에 대해서는 123쪽을 참조한다.

그러나 압력을 가하지는 않는다 어린아이에게 벌써부터 사교성을 강요할 경우, 아이가 친구를 사귀고 영향을 미치는 데 도움이 되지 않는다. 사실, 아이가 이 연령대의 보통 아이들과 성향이 정반대인 경우에 압력을 가하게 되면, 아이는 더욱 비사교적이 될 수 있다. 아이에게 시간과 경험을 풍부하게 제공하면, 마침내 친구들과의 놀이가 재미있다는 것을 깨닫게 될 것이다.

아이에게 꼭 알려 주세요: 동물을 친절하게 대해요

아이가 동물을 대하는 모습을 가만히 들여다보면 가위로 달팽이를 싹둑 자르거나 강아지 꼬리를 잡아당기는 등 난폭한 장면을 목격하게 될 것이다. 자는 고양이 괴롭히기, 오후에 간식을 먹으려고 몰려든 비둘기 떼 쫓아내기, 꿈틀꿈틀 기어가는 민달팽이 손으로 눌러 찌그러뜨리기 등, 아이의 못된 행동은 한두 가지가 아니다.

토들러는 놀이 친구에게보다 동물들에게 훨씬 난폭한 경향이 있다. 채소와 광물, 그리고 또래 친구들과 마찬가지로 동물들도 아이의 원시적인 즐거움을 위해 조작되고, 개인적인 지식 축적을 위해 연구되어지는 대상에 불과하다. 이 대상들이 기다란 귀, 꼬리, 털, 깃털, 그 밖에 흥미로운 부속물이나 덮개를 지니고 있다는 사실만으로 아이들은 잡아당기고, 끌고, 꼬집고, 찌그러뜨리고, 쫓아다니고, 괴롭히고 싶어 안달을 낸다.

그러나 동물 괴롭히기가 아이를 즐겁게 한다고 해서 그런 행동을 용납해서는 안 된다. 아이들은 자신이 동물에게 해를 가하고 있는 줄 전혀 알지 못한다. 어린아이들에게 동물의 권리를 존중하도록 가르치는 것은 인간의 권리를 가르치는 것만큼이나 중요하다. 동물을 친절하게 대하도록 가르치지 않으면, 아이가 마주치는 동물은 물론이고 아이 자신에게도 좋지 않은 영향을 미칠 수 있다. 다음 내용을 참고해 아이에게 동물을 친절하게 대하도록 가르치자.

동물 친구를 찾아다닌다 다양한 환경에 있는 여러 종류의 동물들을 접하면, 날개 달린 동물이나 네 발 달린 동물을 한결 편안하게 대할 수 있을 것이다. 그리고 사람은 편안한 대상에게 더 친절해지는 경향이 있다. 이런 동물을 만날 수 있는 안전한 장소로는 네 마리의 고양이를 기르는 친척 집, 세 마리의 개와 잉꼬를 기르는 할머니 댁, 애완동물 가게, 동물원, 공원 등을 들 수 있다.

책도 새롭고 다양한 동물 친구들을 만날 수 있는 훌륭한 장소다. 처음에는 농장에서 기르는 동물과 가축 등 익숙한 동물 그림이 알아보기 쉽도록 크게 그려진 쉬운 책으로 시작한다. 그런 다음, 이국적인 동물들이 소개된 그림책으로 넘어간다. 토들러는 아기 동물이나 개와 고양이같이 친숙한 동물에 대한 책을 특히 좋아한다.

집에서 애완동물을 기른다 집에서 애완동물을 기르면 동물을 향한 공감 능력이 크게 향상된다. 아직 애완동물을 기르지 않는다면 한 마리 입양해 오는 방법을 고려한다. 재미는 좀 덜할지 몰라도 아이가 어릴 때는 강아지나 고양이보다 금붕어나 기니피그, 햄스터 한 쌍이 기르기가 더 쉬울 것이다(82쪽 참조). 동물을 책임지고 잘 기를 자신이 없다면 뒷마당이나 발코니, 혹은 거리의 나무 위에 새 모이를 주는 장치를 매단다. 깃털 달린 친구들이 모이를 먹으러 오면 아이는 새들을 지켜보며 즐거워할 것이다.

동물을 쓰다듬는 기술을 가르친다 토들러는 타고난 성향상, 유독 다정한 동물들에게 겁을 주려고 한다. 그러므로 안전하고 상냥하게 동물을 안고 쓰다듬는 법을 가르쳐야 한다. 먼저 봉제 동물 인형들을 모아 놓고 아이에게 시범을 보여 준다. "잘 보렴. 이 강아지는 이렇게 쓰다듬어 주는 거야. 천천히 부드럽게 말이야. 그래,

그렇지. 그렇게 쓰다듬어 주면 멍멍이가 아주 좋아한단다." 혹은 아이를 고양이나 강아지라고 가장해서 부모가 부드럽게 긁어 주고 천천히 쓰다듬어 준다. 반대로 부모가 애완동물이 되어 아이에게 쓰다듬게 할 수도 있다.

아이가 동물을 무서워한다면 무서움을 없애기 위해 조치를 취한다(95쪽 참조). 또한 96쪽에 소개된 내용대로 야생 동물이든 가축이든 낯선 동물들에 주의하도록 가르쳐야 한다.

어떻게 하면 동물이 다치는지 말해 준다 "동물도 사람과 마찬가지로 감정이 있단다. 그러니까 동물이 다치지 않도록 항상 조심해야 해."라고 설명한다. "누가 네 꼬리나 귀를 잡아당기고, 털을 뽑고, 발로 차고, 질질 끌고, 발을 짓밟으면 아픈 것처럼 동물도 똑같이 아프단다."라고 가르친다. 그리고 이런 행동은 절대로 해서는 안 된다고 일러둔다. 물리적인 모욕에 유독 너그러운 동물들이 있긴 하지만, 어떤 동물이든 보복할 가능성이 있다. 아이의 안전을 위해서뿐만 아니라 아이와 생활하는 동물의 안전을 위해서도 이런 가르침은 반드시 필요하다. 애완동물 주변에서 아이의 안전을 보호하기 위한 내용은 96쪽을 참조한다.

조심조심 관찰하는 방법을 가르친다 개미가 경사로를 올라갔다 사라지는 모양, 다람쥐가 땅콩 껍질을 부수는 모양, 나비가 이 꽃에서 저 꽃으로 날개를 팔랑이며 날아가는 모양을 관찰한다. 그러면서 개미가 가족들을 만나러 집에 가는 거라고, 다람쥐는 배가 고파 점심을 먹는 거라고 말해 주고, 나비가 우아하게 날아가는 모양에 대해서도 말해 준다. 때때로 곤충을 잡아 투명한 유리병에 넣고 아이가 자세하게 관찰할 수 있게 해 준다. 그러나 반드시 놓아주며 곤충이 집에 돌아가고 싶을 거라고 설명한다. 토들러에게는 야생 동물처럼 난폭한 공격성이 자주 나타나는데, 이런 모습이 나타나면 강하게 제압해야 한다. 벌레를 짓누르고, 개미를 발로 밟고, 나방의 날개를 찢게 해서는 안 된다.

동물을 놀리지 못하게 한다 개의 발이 닿지 않는 곳에서 뼈를 흔들어 보이거나 고양이 밥그릇의 먹이를 먹는 척하며 동물을 놀리는 행동은, 잔인할 뿐 아니라 잠재적으로 위험할 수 있다. 동물의 낮잠을 방해하거나, 동물이 먹이를 먹는 동안 괴롭히거나, 동물의 장난감을 빼앗는 행동은 옳지 못하다고 알려 준다. 동물들은 무례하게 취급받는 걸 사람 이상으로 불쾌하게 여긴다.

8장

생후 20개월

***

아이의 발달 과정

이달 말에 아이가 해야 할 행동

* 다른 사람을 흉내 내 물건을 와르르 무너뜨린다(19½개월 무렵).
* 숟가락이나 포크를 사용한다. 그러나 하나만 사용하지는 않는다.
* 달린다.

주의 사항 아이가 아직 이 단계에 이르지 못했거나 상징 놀이와 상징 표현을 이용하지 않는다면 의사와 상담한다. 아직 이 단계에 다다르지 않았더라도 얼마든지 정상일 수 있지만, 어쨌든 평가를 받아 볼 필요가 있다. 또한 아이가 통제되지 않거나 과잉 행동을 보이는 경우, 말이 거의 없거나 수동적이거나 내성적인 경우, 지나치게 부정적인 반응을 보이고 요구 사항이 많으며 고집이 센 경우에도 역시 의사의 상담을 받는다. 단, 예정일보다 일찍 태어난 아이들은 생활 연령이 같은 또래 아이들보다 대체로 발달이 느린 편이다. 이런 발달상의 차이는 차츰 좁혀지다가 대개 만 2세 무렵이면 완전히 사라진다.

아이가 할지 모를 행동

* 여러 개의 단어를 결합한다.
* 그림 1개를 알아보고 이름을 말한다.
* 신체 부위 6군데의 이름을 말한다.
* 어깨 위로 공을 던진다.
* 말을 하고 대체로 말을 알아듣는다.
* 50개 이상의 단어를 사용한다.

혹시나 아이에게 기대할 만한 행동

* 그림 4개를 알아보고 손으로 가리킨다.
* 정육면체 블록 6개를 쌓아 올린다(19½개월 무렵).

무엇이든 물어보세요 Q&A

— 공격적인 행동

Q "우리 아들은 때리고, 밀고, 움켜잡는 등, 친구들을 무척 공격적으로 대하는 것 같아요. 저와 남편은 둘 다 온순한 사람이라 이런 행동이 몹시 당황스럽고 충격적이에요."

A 아이가 부모하고 전혀 닮은 데가 없다고 걱정하기에는 너무 이르다. 아이의 공격적인 행동은 이 연령대 아이들의 특징적인 행동일 가능성이 많고, 아이의 장래 성격을 예측할 변수라기보다 성별 탓도 어느 정도 있는 것 같다. 다수의 토들러들이 호전적인 경향이 있는데, 그 이유는 여러 가지다.

독립성과 정체성을 향한 욕구 연못에 사는 작은 물고기 한 마리가 점점 몸집이 커지는 것과 마찬가지로, 토들러들도 놀이 모임, 놀이터, 어린이집, 유아 대상 미술 학원과 체육 학원, 유치원으로 활동 반경을 점점 넓혀 간다. 그리고 몸집이 점점 커지는 작은 물고기처럼 <u>자신을 더 크고 더 중요한 존재로 느끼기 위해 공격적인</u>

호전적인 공격성

아이들은 엄마 배 속에 있을 때 선천적인 공격성을 다스리는 방법을 배우지 않는다. 그렇기 때문에 부모로부터 방법을 배워야 한다. 다음에 소개하는 방법들이 도움이 될 것이다.

법칙을 세운다 분쟁을 해결하기 위해, 혹은 원하는 것을 얻기 위해 화를 내면서 물리적인 폭력을 행사하는 것은 용납될 수 없는 행동이며, 다른 사람을 다치게 하는 것은 잘못이라고 기회가 될 때마다 분명하게 일러두어야 한다. 텔레비전 프로그램에서 어떤 등장인물이 다른 사람을 때린다든지, 아이들이 싸우는 모습을 본다든지, 아이가 부모에게 화를 내며 주먹을 휘두른다든지 할 때, "우리는 다른 사람을 다치게 하면 안 돼!"라고 수없이 반복해서 말해야 비로소 메시지가 전달되고, 마침내 아이는 이 메시지를 복음처럼 받아들일 것이다.

물리적으로 대응하지 않는다 모래놀이통에서 나오려 하지 않는 아이를 억지로 끌고 나오고 싶거나, 약속 시간에 늦어 마음이 급한데 인도에서 꾸물거리는 아이를 잡아끌고 싶고, 친구를 발로 찬 데 대한 벌로 아이의 등짝을 한 대 때려 주고 싶은 마음이 불쑥불쑥 들겠지만, 부모가 이런 식으로 대응할 경우 화가 나거나 스트레스를 받으면 물리적으로 대응해도 된다는 생각을 아이에게 심어 주게 된다. 그러므로 화가 나거나 짜증이 나더라도 단호하되 침착한 태도로 아이를 다루도록 한다.

훈육할 때는 중도적인 방식을 취한다 상당히 공격적인 아이들을 보면, 부모의 태도 역시 공격적이며 물리적인 방식으로 처벌을 가하거나, 그렇지 않으면 지나치게 관대해서 아이를 전혀 훈육하지 않거나, 둘 중 한 가지일 때가 많다. 아이의 공격적인 행동을 잠재우려면 이런 극단적인 태도를 피해야 한다. 실질적인 훈육 방법은 136쪽을 참조한다. 아이가 공격적인 성향을 지녔다면, 아이 스스로 선택할 수 있는 기회를 많이 만들어 주면서도 한계를 정하는 등 체계적으로 훈육하는 것이 특히 중요하다.

잘한 행동에 주목한다 자주 무시당하거나 부모 말을 잘 듣는데도 인정받지 못하는 경우, 아이들은 부모의 관심을 얻기 위해 때리고 깨무는 등 여러 가지 공격적인 행동을 자주 보이게 된다. 아이들은 관심을 충분히 받지 못하고 있다고 생각되면, 친구를 때리거나 해서 어떻게든 관심을 받으려 하기 때문이다. 그러므로 아이가 잘한 행동에 대해서는 관심을 보이면서 칭찬하고, 웃어 주고, 안아 준다. 잘못한 행동에 대해서는 아예 관심을 보이지 않는다.

모습을 드러낸다.

좌절감 주변이 자기 뜻대로 돼야 직성이 풀리는 토들러들은 그렇지 않으면 마구 화를 내면서 자신이 아는 유일한 방법으로 반응을 보이려 한다. 그래서 원하는 장난감을 손에 넣기 위해 친구를 때리고, 자신이 가지고 놀던 장난감을 빼앗기면 친구에게 주먹을 날리며, 동생이 텔레비전 앞을 가로막으면 동생을 밀어 버리는 것이다.

자기중심주의 그리고 더불어 종종 함께 수반되는 공감 능력 부족이 원인이다. 만 1세 중반쯤 된 대부분의 토들러들은 여전히 자신을 우주의 중심으로 여기고, 여전히 다른 사람들을 배려할 줄 모르는 모습을 보인다. 또한 많은 토들러들이 여전히 또래 친구들에 대해 감정을 가진 동등한 사람으로 보기보다는 일종의 물건으로 생각하여, 제 마음대로 다루거나, 거칠게 대하거나, 편리에 따라 폐기해도 좋다고 여긴다.

충동 조절 능력 부족 때리면 상대방이 다친다는 걸 알더라도(만 3세경) 때리는 행동을 자제하지 못할 수도 있다. 어른들은 사무실에서 나를 괴롭히는 사람에게 주먹을 날리고 싶어도, 그런 행동에 대한 사회적 규제를 오래 전부터 내면화해 온 터라 충동을 억제할 줄 안다. 토들러들 역시

행동을 중단시키고 사무적인 태도로 적절히 훈육을 시키는 정도의 태도만 취한다.

아이의 감정을 인정한다 행동과 달리 감정은 어떠한 것이든 다 괜찮다. 생각대로 되지 않거나 친구에게 장난감을 빼앗길 때 화가 나는 건 얼마든지 괜찮지만, 때리는 건 안 된다고 알려 준다.

감정을 말로 표현하도록 이끈다
분노든 실망감이든 질투든 슬픔이든 두려움이든, 결국은 모든 감정을 공격적인 행동이 아닌 말로 표현하는 방법을 배워야 한다. 222쪽 '대화로 해결해요'를 참조한다.

감정을 발산할 기회를 만들어 준다
억눌린 좌절감, 에너지, 분노는 공격적인 행동으로 폭발될 수도 있지만, 적절한 여러 배출구를 통해 발산될 수도 있다(193쪽 참조). 건강한 방법으로 안전하게 감정을 표현하도록 가르치면 감정을 물리적인 방식으로 폭발할 필요가 줄어들 것이다.

아이가 피곤한 시간대를 알아 둔다
연령대와 상관없이 아이가 피곤하면 비이성적으로 행동할 수 있다. 토들러 시기에는 아무리 컨디션이 좋아도 비이성적으로 행동하는 경우가 대부분인데, 여기에 피곤하기까지 하면 이성을 잃는 건 불가피하다. 하루 중 아이가 몹시 피곤한 때가 언제인지 파악하고, 이 시간대에는 놀이 모임을 피하거나, 참석하더라도 아이를 철저하게 감독해야 한다. 대부분의 토들러들은 늦은 오후와 초저녁에 몹시 피곤해한다. 놀이 모임에서 문제를 최소화하기 위한 방법은 218쪽을 참조한다.

따분함을 몰아낸다 토들러들은 심심하면 대형 사고를 치는 경향이 있다. 아이가 언제쯤 따분할지 정기적으로 예측해서, 엄청난 사고가 벌어지기 전에 아이의 흥미를 북돋우는 게임이나 활동으로 상황을 대처한다.

좌절감을 최소화한다 토들러들의 공격적인 행동 대부분이 좌절감과 관련이 있다. 친구를 사귀는 방법, 옷을 갈아입는 방법, 노는 방법, 식사하는 방법 등 일상생활에 필요한 방법들을 가르치면, 좌절감이 줄어들 뿐 아니라 공격성도 약해질 수 있다.

마음을 차분하게 하는 활동을 늘린다
가만히 안아 주고, 조용한 노래를 부르고, 책을 읽어 주는 등, 마음을 진정시키는 놀이를 하면서 매일, 특히 스트레스가 심한 시간대에 휴식을 취한다. 이런 놀이들은 아이의 공격성을 분산시키는 데 도움이 될 뿐 아니라, 부모의 긴장을 푸는 데에도 도움이 된다.

부모부터 공격성을 보이지 않는다
의견 차이가 날 때 부모가 행동이 아닌 말로 성숙하게 해결하고 충돌

대신 타협하는 모습을 보고 자란다면, 아이는 시간이 지나면서 부모와 똑같은 방식으로 대응하게 될 것이다. 때때로 배우자나 친구, 혹은 아이에게 버럭 화를 내는 등 부모가 본보기를 보이지 못하는 경우, 자신의 과오를 인정하고 사과하는 모습도 반드시 보여 주어야 한다. 냉정을 유지하기 힘들 경우 803쪽을 참조한다.

개입하지 않을 때를 안다 악의 없이 실수로 누군가를 밀치는 경우, 상대방이 다칠 가능성이 별로 없으므로 어른이 개입할 필요가 없다. 불필요한 상황에 개입하다가 아이에게 중요한 사교적 경험을 빼앗을 수 있다. 아이들은 이런 상황에서 관계가 어떻게 작용하는지, 어떻게 해야 관계를 효율적으로 유지할 수 있는지, 관계가 제대로 형성되지 않으면 어떤 일이 벌어지는지 경험을 통해 배우게 된다. 그러나 사교적 기술을 배우는 속도보다 좌절감이 쌓이는 속도가 더 빠르다면, 절충하고 타협하는 방법을 살짝 가르쳐 주어도 좋다. 예를 들어, 두 아이가 서로 트럭을 갖겠다고 싸우는 경우, 다른 트럭 하나를 가지고 와서 둘 다 즐겁게 놀도록 해 준다. 혹은 집에 딱 한 대밖에 없는 세발자전거를 서로 타겠다고 싸우는 경우, 교대로 타는 방법을 제안한다. 아이들이 타협안을 거부하면 부모가 해결책을 제시한다. "차례대로 자전거를 타지 않겠다면, 자전거를 치우는 수밖에 없다." 그런 다음, 부모의 감독하에 할 수 있는 즐거운 놀이를 제안한다.

개입해야 할 때를 안다 충돌이 곧바로 때리거나 깨물거나 꼬집는 폭력으로 이어지거나, 누군가 곧 다치게 분명한 상황이라면, 개입해서 즉시 중단시킨다. 때린 아이를 야단치기보다 다친 아이를 구하는 데, 그리고 필요하면 위로하는 데 즉각 주의를 집중한다. 내 아이가 친구를 때린 경우, 다른 놀이로 다친 아이의 주의를 돌리고 내 아이를 옆으로 데리고 나온다. 화 내지 말고 차분한 태도로, 아이의 행동은 허용할 수 없는 것이며 왜 그런지 이유를 다음의 예처럼 짧게 설명한다. "네가 예림이를 때려서 아프게 했잖아." 이런 행동을 반복하면 어떤 벌을 받을지 경고한다. "또다시 이러면 엄마 옆에 앉아 타임아웃을 해야 할 거야." 혹은 "또다시 이러면 집에 갈 거야." 그러나 실천할 생각 없이 이런 식의 위협을 가해서는 안 된다. 말만 해 놓고 실천하지 않으면, 아이의 행동을 개선하려는 시도가 허사가 될 것이다. 다른 아이가 내 아이를 공격하는 경우의 대처 방법은 413쪽을 참조한다.

편을 들지 않는다 내 아이가 다른 아이들과 싸울 때 내 아이 편을 드는 부모도 있고, 상대방 아이 편을 드는 부모도 있으며, 누가 먼저 주먹을

누군가 자신을 괴롭힌다고 여기면 마찬가지로 주먹을 날리고 싶은 충동을 느끼는데, 아직 충동을 통제하는 법을 배우지 못해 충동이 그대로 행동으로 표출된다.

결과를 예측할 능력 부족 아이들은 친구를 울린 후 미안한 생각이 들지 모르지만, 친구를 때리지 않았더라면 이런 불미스런 결과를 피할 수 있었을 거라는 예측을 아직 할 줄 모른다.

사교적 기술 부족 인간은 생존을 위해 호전적인 성향을 타고난 반면, 사교적 기술은 타고나지 못했다. 그렇기 때문에 역할 모델이 될 만한 연장자를 흉내 내고, 시행착오를 거치며, 다른 사람들의 반복적인 가르침을 통해 경험을 쌓으면서 사교적 기술을 배워야 한다.

언어 기능 부족 토들러들의 행동은 말보다 훨씬 전달력이 강하다. 토들러들은 자신의 감정이나 욕구, 바람을 표현하기 위해, 혹은 사교적인 문제로부터 스스로를 변호하기 위해 필요한 언어 구사 능력이 아직 발달하지 않았다. 그러므로 아이가 자신을 표현하기 위해 종종 물리적인 수단에 의지하는 것은 놀랄 일이 아니다.

원인과 결과에 대한 관심 간혹 아이가 친구를

날렸는지 확인하려는 부모도 있다. 세 경우 모두 의도는 좋을지 모르지만 최선의 방법은 아니다. 이쪽이든 저쪽이든 한쪽 편을 드는 것은 언제나 부당하다. 그리고 아이들끼리 싸울 때는 양쪽 모두 서로 자신이 옳다고 생각하는 데다 부모가 목격한 장면이 최초로 주먹을 휘두른 상황이 아닐 수 있으므로, 잘잘못을 따지기란 상당히 어렵다. 따라서 개입이 필요한 상황이라면, 방어하거나 판단하거나 심사를 하기보다 중재자 역할을 해야 한다. 누가 먼저 싸움을 시작했는지는 중요하지 않으며, 싸움을 끝내도록 조치를 취해야 한다.

부모 스스로 아이의 공격성을 유도하지 않는다 대단히 막강한 권위자이자 아이가 사랑하는 사람이 자제력을 잃은 모습을 보이면, 굳이 야단을 치지 않더라도, 심지어 엉덩이를 때리지 않아도, 아이는 충분히 겁을 먹게 된다. 아이가 말을 잘 듣게 하려고 위협적인 모습을 보이는 것은 아이에게 그대로 따라 하도록 본보기를 보이는 것과 다를 바 없다.

길게 연설을 하지 않는다 다른 사람을 다치게 하거나 갈등을 해결하기 위해 폭력을 사용하는 건 잘못임을 알려 주는 건 중요하다. 하지만 놀이 모임이 끝났는데도 "오늘 네 태도는 아주 엉망이었어…… 친구한테 그렇게 못되게 굴면 어떻게 하니…… 다음에 또 그렇게 짓궂게 굴면 친구가 다시는 너하고 안 놀아 줄 거야…….".라고 계속해서 길게 잔소리를 하거나, 놀이 모임 30분 전부터 아이를 지도한다고 "잘 들어라, 절대로 친구를 밀면 안 돼. 사이좋게 지내야 하는 거야. 때리거나 물어도 안 된다."라며 잔소리를 늘어놓는다고 해서 아이의 행동이 달라지지는 않는다. 오히려 이런 식의 연설은 아이를 외면하게 만들거나, 내면의 분노 나아가서 공격성을 키울 수 있다. 뿐만 아니라, 아이는 부정적인 행동을 통해 관심을 얻으려고 더 짓궂게 행동할 수 있다.

놀이의 흐름을 바꾼다 공격적인 행동이 일어나는 경우, 간식 만들기, 그림 그리기, 원 그리며 노래하기처럼 부모가 감독하면서 할 수 있는 활동으로 전환하거나, 양쪽 아이들의 관심을 각기 다른 곳으로 돌리면, 대체로 평화로운 분위기를 회복할 수 있다. 놀이 모임이 진행되는 동안 수시로 부모와 일대일 놀이를 마련하면, 아이들이 얌전한 태도를 유지하는 데 한계를 보이기 전에 자유 활동을 마치게 되어 싸움을 예방할 수 있다.

항상 감독한다 아무리 온순한 아이들도 때때로 친구들과 다투기 마련이다. 그러므로 아이들이 함께 놀 때는 반드시 철저하게 감독을 해야 한다.

때리는 사건은 단지 과학적인 실험에 지나지 않을지 모른다. "지난번에 아름이를 때렸더니 울었지. 그럼 한울이를 때려도 같은 일이 벌어질까?"

토들러들의 정상적인 공격성은 외부 요인에 의해 악화될 수 있다. 그럴 가능성이 있는 요인들을 제거하거나 최소화하면 아이의 공격적인 행동도 줄어든다. 외부 요인에는 다음 내용이 포함된다.

수면 부족 어쩌면 아이는 최근 낮잠을 중단해 아직 적응을 하지 못하는지도 모른다. 혹은 어금니가 나는 바람에 밤에 오랜 시간 잠을 이루지 못하는지도 모른다. 아니면 단순히 전날 밤 제대로 숙면을 취하지 못했을 수도 있다.

배고픔 식사를 한 지 한참 지났거나, 당분이 많은 음식을 섭취하면 과격한 행동을 유발할 수 있다. 그러나 후자에 대해서는 논란의 여지가 있다.

질병 갑자기 공격적인 행동을 보인다면 바이러스나 다른 종류의 가벼운 질병에 걸렸거나, 이제 막 질병이 나으려는 참인지도 모른다.

불안정한 생활의 변화 베이비시터가 바뀌었거나,

아이를 데리고 가지 않고 부모끼리 휴가를 떠나는 등의 변화로 인해 평소보다 더 불안해질 수 있다.

관심 부족 얌전하게 행동했을 때 관심을 많이 얻지 못하면, 사람들의 주목을 받기 위해 버릇없이 굴려는 경향이 있다.

매우 적대적인 환경 부모, 베이비시터, 형제 등 아이 주변 사람들의 행동이 난폭하면 아이의 공격성이 악화될 수 있다.

통제받지 않는 환경 한계를 정하지 않는 자유방임적인 부모들은 자신도 모르는 사이에 공격적인 행동을 비롯해 토들러에게 금지된 행동을 부추기는지도 모른다.

제 역할을 하지 못하는 부모 아이의 주변 사람들이 우울증이나 알코올 혹은 약물 남용에 시달리는 경우, 결혼 생활이나 기타 문제로 정상적인 부모의 역할을 하지 못하는 경우, 아이는 행동으로 자신의 괴로움을 드러낼지 모른다.

아이의 공격적인 행동이 어디에서 기인하는지 이해한다 하더라도, 검열을 거치지 않은 채 그 행동을 계속하게 두어서는 결코 안 된다. 보다 공격적인 성향은 다양한 조치들을 통해

놀이 모임에 대한 지침

두 명의 토들러를 한 장소에 데려다 놓으면, 잠시 후 뭔가 새로운 일이 일어나는 걸 볼 수 있다. 장난감 쇼핑 카트를 서로 끌겠다고 싸우거나, 아니면 소꿉놀이를 하면서 아주 즐거운 시간을 보낸다. 이렇게 아이들 둘 이상이 모이면 최악이거나 혹은 최선의 모습을 보이기 마련이다. 다음 내용을 참고하면 최선의 모습은 많이, 최악의 모습은 적게 유도하는 데 도움이 될 것이다.

너무 바쁘게 일정을 짜지 않는다
일주일에 한두 번 놀이 모임을 하면 아이들이 뭔가 기대를 하게 되지만, 매일 혹은 이틀에 한 번 놀이 모임을 갖게 되면 힘에 부칠 수 있다. 또래 친구들과 함께 나누고 사이좋게 지내는 일이 토들러들에게는 쉬운 일이 아니다. 그러므로 매일같이 최고로 훌륭한 사회적 행동을 하라고 요구하는 것은 정말 부당하다. 아이가 매일 유치원이나 어린이집에 다닌다면, 사교적 에너지가 완전히 바닥나지 않도록 하기 위해 아주 가끔씩만 놀이 모임을 가져야 한다. 놀이 모임 일정이 너무 빡빡한지 알아보는 방법은 간단하다. 아이가 놀이 모임을 기다리고 신나게 놀이 모임 장소로 향한다면, 일정에 무리가 없는 것이다. 반대로, 아이가 놀이 모임에 가지 않으려 하고, 가는 길에 눈물을 흘리고, 모임이 진행되는 동안 버릇없이 군다면, 일정을 줄여야 한다.

놀이 모임 시간을 짧게 끝낸다
대부분의 토들러들, 특히 만 2세 이하의 토들러들은 오랜 시간 노는 걸 잘 견디지 못한다. 아이가 적응하는 동안에는 놀이 시간을 한 시간 내지 한 시간 반 정도로 제한한다.

현명하게 시간을 정한다 하루 중 아이가 짜증이 많아지거나 몹시 피곤한 시간, 낮잠 자는 시간, 한창 배가 고픈 식사 전 시간에는 놀이 모임을 피해야 아이의 기분이 불쾌해지지 않을 것이다. 아이가 충분히 쉬고 밥을 든든히 먹은 다음, 놀이 모임을 갖는 것이 가장 좋다.

너무 많은 아이들을 초대하지 않는다
토들러들의 경우 재미있게 놀기에는 둘이 딱 좋고, 셋이나 그 이상은 거의 놀이가 불가능할 수 있다.

집에 친구들을 초대하는 걸 대단한 행운으로 여기게 만든다 아이들은 자기 집에서 놀이 모임을 갖는 걸 더 힘들어한다. 자기 집, 자기 방, 자기 장난감, 자기 음식도 모자라서 자신의 엄마 혹은 아빠까지 나누어야 하니 말이다. 이처럼 아이에게 스트레스가

통제되어야 한다(214쪽 참조).

아무리 애를 써도 아이의 행동이 온순해지지 않는다면, 아이의 공격성이 또래 아이들보다 더욱 심하다면, 버릇없이 굴고도 절대 뉘우치지 않거나 사람과 동물을 다치게 하는 걸 즐긴다면, 담당 의사와 상의한다. <u>만일 문제가 행동 장애라면, 치료를 지체할 경우, 단기적으로는 자아 존중감에 상처를 입어 아이가 자신에 대해 바람직하다고 여기지 않게 되고, 나중에는 더욱 심각한 어려움으로 이어질 수 있다.</u>

간혹 공격적인 행동이 정상적일 뿐 아니라 바람직하다고 보는 부모들이 있다. 이런 부모들은 공격적인 아이가 성공하는 어른으로 성장할 거라고 생각하는 것 같다. 그러나 반드시 그렇다고 볼 수는 없다.

공격적인 아이들은 대체로 또래들이나 교사, 그 밖의 권위자들에게 환영을 받지 못하기 때문이다. 적극적으로 행동하고, 다른 사람의 기분을 상하게 하지 않으면서도 원하는 걸 얻는 방법을 아는 아이가 인생에서 성공할 가능성이 높다. 공격적인 구석이라고는 눈을 씻고 찾아봐도 없는 아이는 따분하고 흐리멍덩한 인생을 살 거라고 생각하는 부모들도 있는데, 역시 꼭 그렇지는 않다. 순한 아이들에 대해서는 203쪽을 참조한다.

될 수 있는 요인에 세심하게 신경을 쓴다. 아이를 '주인님'이라 부르면서 아이가 좋아하는 일에 대해 책임을 갖게 하면, 아이에게 통제력이 부여되어 집에서 놀이 모임을 갖는 일이 더 수월해질 것이다. 문을 열어 주고, 친구를 맞이하고, 장난감을 친구들에게 나누어 주고, 간식을 선택하여 준비하고, 특별 활동을 계획하는 등의 일에 대한 책임을 아이에게 부여하면 좋다. 그리고 아이가 친구들에게 장난감을 나누어 줄 때, 아이가 특별히 좋아하는 장난감 몇 개는 미리 따로 치워 놓고 나머지 장난감을 주게 하면, 아이가 훨씬 덜 힘들어할 것이다.

간식부터 먹는다 두 아이 모두 똑같은 양의 주스와 똑같은 개수의 크래커와 치즈 조각을 받는 한, 간식 먹기는 전혀 위협적이지 않은 활동일 뿐 아니라, 영양이 풍부한 간식을 먼저 먹으면 아이들이 배가 고파 짜증을 내는 상황을 예방할 수 있다.

감독하고 또 감독한다 놀이 모임을 감독하면 아이들이 서로를 다치게 하지 않도록 예방할 뿐 아니라 잠재적으로 위험한 장난을 하지 못하도록 예방할 수 있다.

비상 계획을 세운다 당분간은 일대일 놀이가 가장 효과적이겠지만, 아이들이 서로 싸울 경우에 대비해 어른의 지시에 따라야 하는 활동을 준비한다.

현실적인 기대를 유지한다 이 연령의 토들러에게는 몇 분간 사이좋게 노는 것만도 대견한 일이며, 이 이상 오래 잘 놀아 주면 부모로서는 정말 감사한 일이다. 때로는 이런 횡재를 얻는 날도 있지만 그렇지 않은 날이 더 많다.

함께 놀라고 강요하지 않는다 아이들이 나란히 앉아 각자 놀거나, 심지어 서로 다른 공간에서 즐겁게 놀고 있다면, 그냥 내버려 둔다. 함께 놀라고 요구하거나 강요하지 않는다. 게임을 하거나, 소꿉놀이를 하거나, 블록 쌓기를 하는 등 적절한 활동으로 상호작용을 유도할 수는 있다.

아이에게 부모가 곁에 있음을 알린다 일부 아이들은 주기적으로 다시 기어가 엄마 무릎이 필요하거나, 이따금 "엄마 여기 있으니 걱정하지 마."라는 의미의 다정한 미소나 안심시키는 손길이 필요하다.

갈등을 해결할 준비를 한다 평화로운 분위기를 유지하는 방법에 관해서는 214쪽을 참조하면, 싸움이 벌어지는 경우의 대처 방법을 알 수 있다. 그리고 갈등의 주요 원인이 같은 장난감을 차지하려는 것이라면 타이머를 이용해 교대로 가지고 놀게 한다.

── 머리카락을 잡아당겨요

Q "우리 딸은 자기 마음대로 안 되면 머리카락을 잡아당겨요."

A 어휘력이 부족한 토들러들은 가장 가까이에 있는 사람의 머리카락을 잡아당기는 원시적인 방법을 통해 자신의 의사를 표현한다. 이유는 때리고 깨무는 다른 원시적인 표현 방식을 사용하는 경우와 마찬가지이며, 부모의 개입 역시 이 경우와 같은 방법으로 이루어져야 한다(214쪽 참조).

머리카락을 잡아당기는 아이에게 털이 많은 봉제 인형을 실컷 잡아당기게 하면 도움이 될 수 있다. 정원의 잡초를 뽑게 하는 것도 좋은 방법인데, 단 아이의 손에 장갑을 끼우고 아이가 잡초를 먹지 않도록 가까이에서 지켜보아야 한다. 또 부모의 머리를 빗기게 하거나, 아이의 치렁치렁한 머리카락을 수선을 떨며 다듬어 주는 것도 도움이 된다.

── 깨물어요

Q "우리 딸은 놀이터에서 다른 아이가 장난감을 같이 가지고 놀려 하지 않으면 그 아이를 깨물어 버려요."

A 사용하는 무기는 아이마다 다르지만, 때리는 아이나 깨무는 아이나 주된 동기는 똑같다. 토들러들은 주변 상황을 마음대로 다루지 못하거나 자신의 욕구와 바람을 분명하게 표현하지 못하면서 좌절에 빠지고, 자신이 말로 정확하게 의사를 전달하지 못한다는 걸 깨닫고는 그냥 치아를 사용하는 것이다. 게다가 이렇게 깨물면 언제나 원하는 반응을 바로 얻게 되는 것 같다.

그러나 가끔 전혀 악의 없이 누군가를 깨물기도 한다. 호기심이 강한 아이의 경우, 단지 감각적인 실험 차원에서 누군가를 깨무는지도 모른다. "아름이의 어깨는 무슨 맛일까? 엄마의 팔은?" 애정이 많은 아이는 깨무는 행위가 '사랑한다는' 마음을 전달하는 나름의 독특한 방식일 수도 있다. 다른 아이가 깨무는 걸 보고 그대로 따라 하는 걸 수도 있다. 혹은 지루함, 피곤함, 감각 과부하, 배고픔이 시작되었음을 알리는 신호이기도 하다. 이가 날 때 통증 때문에 무언가 혹은 누군가를 씹을 필요가 생겼다거나, 새로운 환경이 불편하다는 신호를 보내는 것일 수도 있다. 그리고 다른 많은 부정적인 행동들과 마찬가지로, 깨무는 행위 역시 그저 관심을 달라는

토들러들은 종종 머리카락을 잡아당기거나, 꼬집거나, 깨물거나, 그 밖에 여러 가지 공격적인 행동으로 자신의 좌절감을 표현하는데, 이러한 행동은 사교적 기술이 상당히 부족하다는 걸 입증하는 것이다.

> ### 'A형 성격' 아이들
>
> 최근의 한 연구는 'A형 성격'이 선천적 혹은 후천적 결과로 유아기에 나타날 수 있다고 제시한다. 이 연구 결과에 따르면, 네 명의 아동 가운데 한 명이 'A형 성격'의 특징, 다시 말해 매우 예민하고, 신경질적이며, 조급하고, 쉽게 화를 내며, 상당히 경쟁적인 특징을 보였다고 한다. 이런 유형의 아이들은 취학 전에 벌써 스트레스로 인해 혈압이 크게 상승하는 경향을 보였으며, 학령기에는 혈압이 최고조에 달해 두통, 복통, 수면 장애, 만성 피로를 겪을 가능성이 높았다. 또한 이런 아이들의 행동은 때때로 자존감이 낮고, 남의 말을 잘 경청하지 못하며, 주의 집중 시간이 짧고, 다른 사람들과 어울리는 걸 힘들어하며, 학교생활에 어려움을 겪는 등 부정적인 결과로 이어졌다. 그러나 경쟁심으로 인해 학업 성적이 대단히 뛰어난 아이들도 일부 있었다. A형 성격의 아동이 A형 성격의 성인으로 자라지 않을까 하고 의심해 볼 수는 있지만, 그렇다고 확신할 수는 없다. 이 이론이 사실임을 확인하려면 많은 연구가 더 이루어져야 할 것이다. 하지만 부모들이 무척 예민한 아이들에게 긴장을 푸는 방법(195쪽 참조), 공격적이지 않은 방식으로 세상에 대응하는 방법, 만족을 지연시키는 방법(154쪽 참조)을 가르치기 힘든 것은 결코 아니다. 이런 유형의 아이를 둔 부모는, 아이가 성공하도록 압력을 가해서는 안 된다. 그 대신 성취 윤리하고는 거리가 먼, 즐길 수 있는 활동과 가족의 중요성을 강조해야 한다. 마지막으로 A형 성격의 부모들에게는 쉬운 일이 아니겠지만, 시종일관 전속력으로 달리는 모습이 아니라 느긋하게 행동하는 모습을 아이에게 본보기로 보여 준다면, 도움이 될 것이다.

표현에 지나지 않을 수도 있다.

깨무는 행위가 매우 원시적이고 상당히 동물처럼 보이기 때문인지, 아이가 때릴 때보다 깨물 때에 더 크게 충격을 받는 부모들이 많다. 그러나 깨무는 아이가 때리는 아이보다 더 악의가 있는 것은 아니다. 사실 첫돌에서 세 돌 사이의 토들러들 대부분은 깨무는 행위로 자신을 표현한다. 대부분의 경우 이런 행위는 결코 오래 가지 않으며, 몇 차례 실험을 마치고 나면 충동이 채워지는 것 같다. 그러나 일부 토들러의 경우, 깨무는 행위가 장기간 지속되어 계속해서 문제를 일으키기도 한다.

토들러의 공격성을 다루는 요령과 함께(214쪽 참조) 다음 예방 대책을 참고하면, 무는 행동을 중단하는 데 도움이 될 것이다.

씹을 거리를 주어 깨무는 행위를 예방한다

이따금 단지 배가 고파 깨물기도 한다. 놀이 모임을 시작하기 전에 반드시 식사나 간식을 준다. 정제된 설탕은 일부 아이들에게 공격적인 성향을 강화한다는 주장도 있으므로 삼가도록 한다(552쪽 참조).

절대로 같이 깨물지 않는다 아이가 때린다고 부모가 같이 때려서는 안 되는 것과 마찬가지로, 아이가 깨문다고 같이 깨물면 아이를 혼란스럽게 만들 수 있다. 부모가 아이를 깨물면, 아무리 깨물지 말라고 경고를 주어도, "화가 나면 다른 사람을 깨물어도 괜찮아."라고 말하는 것과 다를 바 없다. 또한 아이는 아직 자신의 아픔을 다른 사람이 느끼는 아픔과 연결할 줄 모르기 때문에, 다른 사람을 깨물었을 때 얼마나 아픈지 알려 주기 위해 아이를 깨무는 것은 별 도움이 되지 않는다. 깨물리면 아파하거나 겁을 먹기야 하겠지만, 그렇다고 다시는 깨무는 일이 발생하지 않을 거라고 기대할 수 없다.

초기에 버릇을 고친다 깨문 아이와 다친 아이를 즉시 떼어 놓는다. 다친 아이가 울면 먼저 달래 준 다음, 깨문 아이를 야단친다. 과잉 반응을 보이거나, 소리를 지르거나 길게 훈계하지 말고, 아이를 옆으로 데리고 나와 차분하되 단호한 태도로 설명한다. "깨물지 마. 깨물면 아프단다. 네가 아름이를 깨물어서 아름이가 지금 아프잖아." 아이가 감정을 전달하지 못해 누군가를 깨문다면, 감정을 표현할 수 있도록 아이에게 필요한 단어를 찾도록 도와준다. "우리

대화로 해결해요

모든 부모들이 대화로 갈등을 해결하는 것이, 좌절감과 분노를 해결하고 의견 차이를 조율하기 위해 물리적인 공격이 아닌 대화를 이용하는 것이 얼마나 중요한지 가르쳤다면, 세계의 온갖 분쟁들은 평화 회담으로 얼마든지 해결됐을지 모른다.

토들러들이 언어 기술에 한계가 있다는 점을 고려한다면, 대화를 통해 효과적으로 문제를 해결할 수 있다는 걸 가르치는 것이 과연 그만한 보람이 있는 일인지 의심하지 않을 수 없다. 어쨌든 아이들에게는 대화가 별로 효과적이지 않기 때문에 종종 말보다 주먹을 사용하는 것이 사실이니까. 하지만 지금 당장은 제대로 메시지가 전달되는 것 같지 않겠지만, 앞으로 몇 년에 걸쳐 자주 이런 메시지를 전달하고 꾸준히 강조하면, 언젠가 아이 마음속에 깊이 박힐 날이 반드시 찾아올 것이다.

말뿐 아니라 행동으로 보여 준다 부모가 말뿐 아니라 행동으로 메시지를 전달하면, 아이는 행동보다는 대화가 분쟁을 더 빨리 해결할 수 있음을 이해하게 될 것이다. 문을 쾅 닫고 주먹으로 탁자를 내리치는 대신, 배우자와 차분하게 문제를 의논하는 모습을 보여 주고, 옆집 개가 자꾸만 우리 집 쓰레기통을 뒤질 경우 옆집 마당에 쓰레기를 던져 놓고 정당한 보복이라고 생각하기보다 옆집 사람에게 상황을 전달하는 모습을 보여 준다. 무엇보다 아이가 누군가를 때렸다고 아이를 때려서 가르치는 대신 침착하게 아이를 앉혀 놓고 때리는 것이 왜 잘못됐는지 조곤조곤 설명하는 등 매일 수시로 본보기를 보여 준다면, 이런 인상들이 아이에게 영원히 각인될 것이다.

아이를 대변한다 지금 당장은 아이가 또래 친구에게 장난감을 빼앗겨도 말로 타협을 하지 못할 테고, 모양 맞추기 장난감에 오각형 도형을 맞추지 못해 짜증이 나도 감정을 말로 설명하지 못할 것이다. 그러므로 필요할 때마다 아이에게 단어를 알려 주어 아이를 도와준다. 그러나 아이가 스스로를 변호하지 못한다는 걸 확인할 때까지 기다리는 것이 좋다. 예를 들어, 서로 장난감을 갖겠다고 옥신각신하다가 위험할 정도로 싸움이 커지기 시작하면, 부모가 개입해 교대로 가지고 놀도록 제안한다. 타이머를 이용하면 이처럼 높은 수준의 외교적 기술을 한결 수월하게 해낼 수 있다. 혹은 부모가 곁에 앉아 오각형 도형은 원래 맞추기 어려운 거라며 아이의 마음을 이해해 준다. "우리 아가 화났구나! 오각형 맞추기가 너무 어렵지? 엄마랑 같이하면 맞출 수 있을 거야."

아이도 말을 하도록 유도한다 분노, 실망, 좌절 같은 부정적인 감정조차도 아이들은 마음껏 말로 표현해야 한다. 아이가 자신의 감정을 잘 살펴보고 말로 표현하도록 이끌어 준다. "아름이를 왜 때렸니? 아름이한테 화났니? 뭐가 우리 아가를 그렇게 화나게 했을까?" 자기표현을 해 보라며 강요하지 않는다. 아이가 "나 엄마 싫어!"라고 말하면 부모 입장에서는 불쾌한 게 사실이지만, 어쨌든 손을 뻗어 주먹으로 치는 것보다는 훨씬 세련된 표현 방식이다. 아이가 욕설이나 무례한 말을 사용한다면 당분간은 참아 주고, 자기표현과 무례함을 구분할 줄 아는 나이가 될 때 철저하게 단속해야 한다. 그때까지는 부모부터 먼저 욕설과 무례한 말을 삼가서 아이에게 좋은 본을 보이면 아이가 따라 하게 될 것이다.

다른 역할 모델을 보여 준다 놀이터에서 사이좋게 상호작용하는 아이들을 보여 주되, "대체 넌 왜 저렇게 사이좋게 놀지 못하는 거니?" 하며 비판적인 의견을 덧붙이지 않는다. 타협으로 분쟁을 해결하는 이점을 알려 주는 책을 찾아서 아이에게 읽어 준다. 의견 차이를 폭력으로 해결하는 텔레비전 프로그램과 비디오를 삼가고(만화 영화는 이런 쪽으로 악명이 높다.), 대화로 문제를 해결하는 방법을 가르치는 프로그램을 찾아서 본다.

아가 많이 화났구나. 엄마도 알아. 화가 나면 화내도 괜찮아. 하지만 화가 난다고 다른 사람을 다치게 하면 안 된단다. 화를 푸는 다른 방법을 알아보자꾸나."

이중 잣대를 적용하지 않는다 부모가 아이의 발가락이나 손가락을 장난삼아 깨물거나, 이따금 아이에게 부모의 어깨나 뺨, 혹은 팔을 깨물도록 허용해 놓고는(특히 별로 아프지 않은 경우에), 아이가 친구를 깨물면 야단을 치는 때가 있다. 어떤 식으로든 깨무는 행위를 완전히 금지해 아이에게 혼란을 주지 않는 것이 가장 좋다.

꾹 참는다 아이가 깨무는 모습을 처음 보았을 때 도저히 참지 못하고 웃음을 터뜨리는 부모도 있다. 이런 반응은 그 어떤 반응보다 깨무는 행위를 자극한다. 그러므로 아무리 웃음이 나오더라도 이를 악 물고 꾹 참는다.

── 저도 같이 아이를 때려요

Q "아이가 저를 때리거나 깨물면 너무 화가 나요. 그래서 저도 곧바로 아이를 때리거나 깨물어요. 성숙한 행동이 아니라는 걸 알지만 때때로 감정을 자제할 수가 없어요."

A 부모 안에 있는 어린아이를 끄집어내는 데 토들러만큼 탁월한 재주를 가진 존재도 없다. 평소에는 무척 침착하고 차분한 사람도, 아이가 눈앞에서 화를 돋우면 냉정을 유지하기가 정말 힘들다. 그러다 보니 때때로 반격을 가하고 싶은 충동이 너무 강한 나머지 도저히 참아지지 않을 때가 있다.

이처럼 아이한테 똑같이 되갚아 주고 싶은 충동을 느끼는 건 아무 잘못이 없다. 대부분의 부모들이 적어도 한 번씩 울컥울컥 이런 감정을 느낀다. 그러나 충동을 이기지 못하고 행동으로 드러낸다면 문제가 심각해진다. 첫째, 이런 모습은 분노와 좌절을 해결하는 방법으로 좋지 못한 본보기가 된다. 내 아이가 이런 모습을 따라 하길 원하지 않을 것이다. 둘째, 이런 행동은 아이를 겁먹게 한다. 그리고 한 가지 더, 아동 학대라는 더욱 심각한 문제로 확대될 수 있다. 그러므로 아이를 때리거나 깨물어서 아이의 잘못된 행동을 똑같이 되갚아 주려 하지 말고, 214쪽과 222쪽에 소개된 내용을 참고해 바람직한 방법으로 대응하도록 한다.

아주 가끔 내 안에 있는 어린아이가 불쑥 튀어나와 이성을 잃게 만든다면, 그래서 아이의 엉덩이나 손바닥을 찰싹 때린다 해도 죄책감을 갖지 않는다. 그러나 즉시 진심으로 사과한다. "엄마가 때려서 미안해. 너무 화가 나서 널 때리는지도 몰랐어." 화가 나서라기보다 아이의 안전에 대한 두려움으로 엉덩이를 때린 경우에도 마찬가지로 설명을 해야 한다. "네가 도로 한복판으로 뛰어들 때 엄마는 너무 놀란 데다, 네가 다시는 그래서는 안 된다는 걸 기억하게 해 주려고 엉덩이를 때린 거란다."

그러나 이런 반응이 자주 나타난다면, 한 번 아이를 때린 후로 계속해서 아이를 때리게 된다면, 아이의 몸에 맞은 자국이 남을 정도로 세게 때리거나 얼굴이나 귀, 머리를 겨냥해 때린다면, 가죽끈이나 자, 그 밖의 물건을 이용해 아이를 때린다면, 알코올이나 약물의 영향으로 주먹을 휘두른다면, 자신의 감정과 행동에 대해 최대한 빨리 아이의 담당 의사나 정신과 전문의, 아동 학대 예방 센터의 상담사와 상담해야 한다.

── 장난감을 이용한 공격성 표현

Q "우리 아들은 놀 때 유난히 과격해지는 것 같아요. 누굴 다치게 하지는 않지만 재미로 곰 인형을 벽에 던지거나 동생의 인형을 주먹으로 때려요. 이러다가 다른 아이들에게 폭력을 휘두를까 봐 걱정돼요."

A 사실 아이는 자신의 불안과 공격적인 감정을 해결하기 위해 나름대로 안전한 방법을 발견한 것 같다. 동생과 친구에게 부정적인 감정을 분출하는 것보다는 무생물한테 분출하는 것이 상대적으로 사회적으로 용인되며, 어쨌든 효과도 있고 만족감도 준다. 어른들이 라켓볼 같은 격렬한 운동을 하거나 샌드백을 몇 차례 치는 것으로 좌절감을 해소하는 것과 마찬가지로, 아이는 주변의 누구도 다치게 하지 않으면서 화를 분출하고 있는 것이다. 물론 이런 행동이 불만이나 감정과 아무런 관련이 없을 수도 있으며, 단지 약간의 실험을 하는 것일 수도 있다. "우아, 곰 인형을 던졌더니 벽에서 튕겨 나오네!"

이런 행동이 사람이나 물건에 해가 되지 않는 한 계속해도 괜찮다. 오히려 이런 행동을 문제 삼으면 행동이 더 강화될 수 있으므로 그냥 내버려 두는 것이 기본적으로 최선이다. 그러나 214쪽의 호전적인 공격성에 대한 요령을 반드시 따라야 한다. 이 요령들은 아이의 행동이 악화되지 않도록 예방하는 데 도움이 될 것이다. 그러나 아이의 행동이 악화되어 장난감이나 가구, 기타 물건들을 부수기 시작하거나, 난폭한 행동이 사람이나 동물로 향한다면, 한계를 정해야 한다.

아이가 놀 때마다 부모가 꼬박꼬박 개입해서는 안 된다. 그러나 네가 함부로 다루는 무생물에는 감정이 없지만 사람과 진짜 동물에게는 감정이 있다. 네가 곰 인형을 벽에 던지면 곰 인형은 아프지 않지만 살아 있는 곰이라면 몹시 아프다는 것을 가끔씩은 지적을 해 주는 것이 도움이 된다.

아이의 습관이 강화되어 집착으로 발전했다 싶으면, 다른 활동보다 곰 인형을 벽에 던지면서 노는 시간이 더 많다면, 아이의 담당 의사와 이 문제를 상의한다.

── 공격적인 친구들

Q "우리 딸의 놀이 모임에 있는 아이들은 굉장히 공격적이어서, 우리 아이가 늘 괴롭힘을 당해요. 아이에게 똑같이 맞서 싸우라고 해야 할지, 아이가 공격적이 아니라 다행이라고 생각해야 할지 잘 모르겠어요."

A <u>맞서 싸우는 것과 자신의 권리를 옹호하는 것은 다르다. 아이에게 맞서 싸우라고 가르치는 것은 물리적인 힘을 이용해 갈등을 해결하도록 가르치는 것이다.</u> 다시 말해, 누가 널 때리면 너도 같이 때려라, 누가 널 밀면 너도 밀어라, 누가 장난감으로 네 머리를 때리면 너도 같이 때려라라고 가르치는 셈이 된다. 그리고 이처럼 '눈에는 눈, 이에는 이' 식으로 반격을 가하면, 당장은 속이 시원할지 몰라도 양쪽의 마찰은 거의 해결되지 않으며, 결국에는 둘 중 어떤 아이가 더 강하고 억센지만 확인하게 될 수도 있다.

그렇다고 아이에게 순순히 당해 피해자가 되어 주라고 가르치라는 말은 아니다. 이 문제는 사실상 부당하게 괴롭힘을 당하는 상황을 아이가 어떻게 받아들이는지에 달려 있다. 다른 아이가 자기 장난감을 빼앗아 가도 아이는 전혀 개의치 않고 다른 장난감으로 아주 즐겁게 놀고 있다면, 굳이 부모가 개입할 이유가 없다. 아이의 자아와 자아 존중감은 자기 소유를 얼마나 축적하느냐에 달려 있지 않을 수도 있다.

반면에 다른 아이의 맹공격에 아이가 속상해하는 것 같다면, 순한 아이를 공격하는 성가신 아이들을 통제하는 몇 가지 가르침을 (203쪽 참조) 참고한다. 그리고 놀이 모임의 아이들이 내 아이를 주먹으로 치거나 발로 차거나 깨물거나 다른 방식으로 난폭한 행동을 한다면, 부모가 개입해야 한다. 개입할 때는 새로운 활동이나 간식으로, 혹은 장소를 바꾸어 분위기를 전환한다. "우리 잠시 밖에서 놀다 올까?" 아이들 간의 싸움을 해결하는 요령은 214쪽을 참조한다.

── 호흡을 멈춰요

Q "우리 아들은 한 번씩 분노발작을 일으키는데, 그럴 때는 호흡을 멈추어요. 어제는 어찌나 오랫동안 호흡을 멈추던지 한 1분가량 의식을 잃을 정도였어요. 그러다 다치기라도 하면 어쩌지요?"

A 아이가 의식을 잃을 정도로 호흡을 멈추는 걸 지켜본다는 건 이만저만 힘든 일이 아니며 부모를 무척 불안하게 만든다.

호흡 정지는 만 1세 무렵 아이들에게 가장 흔하게 나타나며, 대개 만 3세 무렵이면 사라진다. 최초의 호흡 정지는 주로 다치거나 해서 심하게 울 때, 그보다 드문 경우는 심하게 분노발작을 일으킬 때 나타난다. 처음에 아이는 얼굴이 빨개질 정도로 크게 운다. 그러다 완전히 이성을 잃고 난리를 치면서 호흡을 멈추기 시작하고, 이어서 산소 부족으로 입술도 파랗게 질리기 시작한다. 너무 오래 숨을 참으면 피부가 파래지고 의식을 잃는다. 이처럼 의식을 잃는 현상은 아이에게 해롭지 않으며, 사실상 호흡이 정상적으로 재개되도록 하는 신체의 보호 반응이다. 이런 반응 덕분에 호흡 정지로 인해 다치는 일이 발생하지 않는 것이다.

이렇게 아이가 한 번씩 호흡을 정지하면, 부모의 신경이 완전히 녹초가 되는 것 외에 한 가지 더 부정적인 결과가 나타날 수 있는데, 바로 아이를 버릇없게 만드는 것이다. 간혹 갈등과 대립이 발작으로 이어지지 않도록 하려고 아이가 요구하는 대로 다 들어주는 부모들이 있다. 눈치 빠른 아이는 이 점을 재빨리 파악해, 자신의 변덕을 맞춰 줄 만능 무기로 호흡 정지를 이용하기 시작한다. 그 결과, 아이는 폭군이 될 뿐 아니라 좌절, 실망, 논쟁, 한계를 다루는 법을 결코 알지 못하게 되고, 따라서 현실에 대처할 준비를 갖추지 못하게 된다.

아이가 호흡을 멈출 때는 보통 성질을 낼 때 다루는 방식대로 다루면 된다. 분노발작에 대한 도움을 구하려면 374쪽을 참조한다.

── '이게 뭐야?' 병에 걸렸어요

Q "우리 아이는 하루에 300번은 '이게 뭐야?' 라고 물어봐요. 다 알면서도 물어보는 것 같아요!"

A 아이가 "이게 뭐야?"라고 묻지 않고는 못 배기게 만드는 한 가지 요인은 알고자 하는 강렬한 충동, 즉 호기심이다. 또 한 가지 요인은 언어

기술을 연습하고 싶은 욕구다. 이러한 욕구로 인해 아이는 종종 뻔히 알고 있는 내용을 질문하기도 한다. 처음 말을 배우는 아이는 "이게 뭐야?" 같은 구절을 사용하는 것이 단어 하나를 사용하는 것보다 훨씬 만족스럽고, 이런 구절을 수차례 반복해 말하면서 더욱 크게 만족감을 얻는다.

그러나 아이가 같은 말을 수도 없이 반복하려는 데에는 한 가지 동기가 더 있는데, 바로 관심을 얻기 위해서다. 아이는 평범한 진술을 할 때보다 이런 질문을 할 때, 부모가 더 적극적이고 일관되게 반응을 보인다는 걸 이내 깨닫는다. 아이가 "아빠, 멍멍이야!"라고 말하면 부모는 그저 고개를 까딱하거나 무심하게 "응." 하고 한 마디 하는 걸로 그치지만, "이게 뭐야?"라고 질문을 하면 대체로 제대로 된 답변을 얻게 되는 것이다.

아이가 좀 더 수준이 높아지면, 마침내 "이게 뭐야?"라고 물어보는 데 싫증을 느끼고, 보다 도전적인 질문 "왜?"로 넘어간다(이런 질문에 대처하는 요령에 대해서는 340쪽을 참조). 그동안은 인내심을 발휘해 "이게 뭐야?"라는 아이의 질문에 반응해 준다. 그러나 아이가 대답을 알고 있을 거라고 생각되면 "너는 이게 뭐라고 생각하니?"라고 되물어 형세를 역전시킨다. 이렇게 하면 반복되는 지루한 질문에서 어느 정도 벗어날 수도 있고, 아이가 스스로 생각하여 알아가도록 유도할 수도 있다.

까다로운 아기에서 까다로운 토들러가 됐어요

Q "우리 아이는 아기 때 너무 까다로워서 정말 힘들었어요. 영아 산통으로 울음 발작 분야에서 둘째가라면 서러울 정도였다니까요. 그런데 토들러가 된 다음부터는 까다로운 정도가 아니라 아예 건드리지도 못하겠어요."

A 정상적으로 까다로운 토들러와 유난히 까다로운 토들러를 구분하기란 쉽지 않다. 어쨌든 대부분의 부모들은 아이가 가끔 성질을 부리거나, 부정적이거나, 반항하거나, 의례적인 일과를 고집하기만 해도 까다롭다고 말하곤 한다. 하지만 평균적으로 까다로운 행동 이상으로 까다로운 행동을 보이는 토들러는 네 명 가운데 한 명꼴로 추정되며, 이런 아이들은 유독 성질을 잘 부리고, 유독 부정적이며, 유독 반항적이고, 유독 의례적인 일과에 집착한다.

이처럼 지나치게 까다로운 토들러들은 아기 때도 다른 아기들보다 훨씬 많이 울고 보챘으며 영아 산통도 상당히 심하게 앓았을 것이다. 이런 아이들은 영아 때도 다루기 힘들었지만 토들러가 된 후로 훨씬 힘들다.

나만 그런 게 아니라는 걸 안다고 해서 크게 도움이 되지는 않겠지만, 같은 배를 탄 부모들과 함께 위로를 하고 서로의 이야기를 주고받으며 요령을 교환하면 도움이 될 것이다. 약 25% 정도의 부모가 같은 처지에 있다. 그러므로 까다로운 토들러를 둔 부모들을 찾아 지원 그룹을 만드는 방법을 고려해 보자. 아이가 다니는 소아과 병원 게시판에 이런 모임을 시작하겠다는 쪽지를 붙여 보자. 엄청난 반응이 쇄도할 것이다. 까다로운 아이를 까다롭게 만드는 원인과 이에 대한 대처 방법을 파악해도 도움이 된다. 228쪽부터 시작하는 박스 내용에는 까다로운 성향의 기본 유형과 각각의 유형에 대처하는 방법들이 소개되어 있다.

다음 사항들을 기억하면 특별한 아이와 함께 살아가는 데, 그리고 그런 아이를 소중하게 여기는 데 도움이 될 것이다.

* 세상에는 여러 성격 유형이 있으며 이런 유형들이 무수히 결합되어 있다. 그리고 언제나 각각의 유형에서 극단을 보이는 사람들이 있기 마련이다. 극단적인 성격을 비정상적이거나 부정적으로 여길 필요는 없다. 아이가 두 살 때 부모를 미치게 만든 성격이 아이가 스물두 살 될 때는 부모를 자랑스럽게 만들지 모른다. 인내심을 갖고 지혜롭게 잘 다루면, 극단적으로 까다로운 아이들이 종종 대단히 의욕적이고 근면하며 성공적인 어른으로 성장하게 된다.
* 아이의 타고난 성향은 아이의 잘못이 아니다. 아이는 자신의 본모습을 크게 변화시킬 수 없다. 그리고 아이가 자기 본성에 따라 행동하는 것이 무슨 잘못을 저지르는 것도 아니며, 부모를 괴롭히려는 의도가 있는 것도 아니다. 아이는 그저 자기 본성대로 행동할 뿐이다. 아이가 행동을 자제하지 못한다는 이유로 벌하거나 비난하는 것은 곱슬머리나 음치라는 이유로 벌하는 것만큼 부당하다. 물론 아이의 타고난 성향이 부모 탓도 아니다. 부모나 가족 가운데 누군가의 성격을 물려받았다 하더라도.
* 부모가 원하는 모습으로 아이를 바꾸려고 끊임없이 발버둥 치기보다 아이의 모습을 있는 그대로 인정하면, 아이가 지닌 천성의 진가를 알아보고 그 장점을 더욱 발전시켜 천성이 골칫거리가 아닌 자산이 되게 하는 데 도움이 될 것이다. 또한 아이의 자존감과 가치관에도 도움이 될 것이다.

벽에 낙서를 해요

Q "우리 아이는 크레파스로 그림 그리는 걸 무척 좋아해요. 종이에 그리지 않아서 문제지만요. 오늘도 아이 방에 들어갔다가 새빨간 크레파스로 벽마다 잔뜩 낙서한 흔적을 발견했어요. 아이가 크레파스를 올바로 사용할 줄 아는 나이가 될 때까지 크레파스를 압수해 버릴까요?"

A 아이는 크레파스를 올바로 사용하고 있다고 생각할 것이다. 어쨌든 크레파스로 그림을 그리고 있으니까. 섣불리 크레파스를 압수했다가 아이의 예술적 경험을 빼앗을 수 있다. 그림 그리기는 장려되어야 할 행동이지 금지되어야 할 행동이 아니다.

그렇다고 온 집 안을 크레파스로 낙서하도록 내버려 두라는 말은 아니다. 아이는 벽에 그림을 그리면 안 된다는 것을 알 필요가 있다. 벽에 그림을 그리면 안 된다는 걸 알아도 실수로 벽에 군데군데 크레파스 자국이 남아 있기 마련이다. 물로 닦이지 않는다면 무독성 페인트로 다시 페인트칠을 하는 방법을 고려한다(673쪽 참조). 또한 아이가 악의로 그러는 것이 아니라 순수하게 그림을 그리고 싶어서 벽에 그림을 그린 거라면, 아이의 의도를 알아주고 존중해 주어야 한다. 아이가 크레파스를 이용해 다른 방향으로 창조력을 발휘하도록 유도하자.

* 아이가 한창 신나게 벽에 낙서하는 장면을 포착한 경우, 화를 내기 전에 열까지 수를 센다. 아이는 자신의 작업을 무척 자랑스러워하며, 자신을 사랑하는 사람들 역시 자랑스럽게 여길 거라고 기대하고 있다는 걸 기억하자. 아이의 노력을 야단치면 자존감이 손상될 뿐

까다로운 아이와 함께 살기

토들러와 함께 살기란 정말 쉬운 일이 아니다. 하물며 까다로운 토들러와 산다는 건 때때로 거의 참을 수 없을 만큼 괴로울 수 있다. 여간해서 집중을 못 하거나, 잠시도 가만히 앉아 있으려 하지 않거나, 변화를 받아들이지 못하거나, 얌전하지 않거나 하는 아이를 다루어야 하는 스트레스는 몸과 마음의 기운을 쭉 빠지게 만든다. 무엇보다 최악은 최선을 다해 아이를 돌보려 애쓰는데도 자꾸만 구제 불능 무능력한 부모가 된 것 같은 기분이 드는 것이다.

어떤 아이들이 유독 까다롭고 어떤 아이들이 정상적으로 까다로운가 하는 문제는 아마도 개인적인 견해의 문제가 아닐까 싶다. 어떤 부모에게는 감당할 수 있는 일반적인 행동이 다른 부모에게는 몹시 힘들 수 있으니 말이다. 어느 쪽이든 아이의 행동을 감당하기 버겁다면 뭔가 조치를 취해야 한다.

어떤 아이들은 '끔찍한 두 살' 같은 아동기의 과도기를 보내느라고, 혹은 가족의 심각한 스트레스나 질병 때문에 일시적으로 까다로운 태도를 취하기도 하지만, 이런 경우 아이의 행동은 일시적이며 타고난 것이 아니다.

다음 목록에서는 까다로운 성향의 기본 유형과 더불어, 부모의 생활과 아이의 생활이 더욱 행복해질 수 있도록 각각의 성향을 다루는 방법을 소개했다. 아이의 성향을 다루는 법을 알면, 아이가 지닌 성향의 부정적인 측면보다 긍정적인 측면을 발전시키는 데에도 도움이 될 것이다. 까다로운 토들러들 가운데에는 한 가지 범주에 정확히 들어맞는 아이가 있는가 하면, 둘 이상의 범주에 해당하는 복합적인 행동을 보이는 아이도 있다. 또한 특정한 성격 특성이 다른 아이들보다 유독 강하게 드러나는 경우도 있다.

✱ **지나치게 과잉 행동을 보이는 토들러** 이런 아이들은 보통의 적극적인 토들러들조차 굼뜬 아이로 보이게 만들 정도로 활동량이 엄청나다. 잠시도 가만히 앉아 있으려 하지 않고, 카 시트, 유아용 식탁 의자, 심지어 아기 침대에도 갇혀 있지 않으려고 완강히 반항한다. 또한 행동이 과격하고 쉽게 자제력을 잃는 경향이 있다.

- **긍정적인 측면** 초과잉 행동을 보이는 아이들이 자신의 에너지를 건설적으로 활용하는 방법을 배우면, 성인이 되어 한꺼번에 많은 일을 처리할 수 있고 결코 활기를 잃는 일이 없다.
- **아이를 다루는 방법** 바깥 활동으로 에너지를 분출할 기회를 많이 제공하되, 안전과 분별력을 위해 구체적으로 한계를 정하고 강하게 밀고 나간다. 침대 위에서 점프하거나, 소파 위로 올라가거나, 계단에서 달려 내려오는 등의 행동을 금지한다. 아이가 극도로 흥분된 상태를 보이면 아이를 한쪽으로 데리고 나와 차분하게 설명한다. "지금 너무 흥분해 있어. 진정하지 않으면 미끄럼틀 못 타게 할 거야." 흥분이 점점 과해지면 흥분을 가라앉히는 시간을 가져야 한다고 주장하고, 195쪽의 방법 한두 가지를 시도한다. 혹은 과도한 에너지를 허용되지 않는 방식 대신 허용되는 방식으로 배출하게 한다(193쪽 참조). 그러나 얌전히 앉아 있지 못하는 아이의 성향을 존중하고, 장시간 조용히 예의를 갖추어야 하는 상황을 피하도록 노력한다. 196쪽의 과잉 행동 아동을 다루는 기타 요령들도 참조한다.

✱ **산만한 토들러** 토들러들은 일반적으로 주의 집중 시간이 짧기 마련이지만, 산만한 아이들은 방금 이 활동을 했다가 어느 순간 저 활동으로 돌아서고, 중요한 일에 완전히 몰두하지 못하고 부차적인 일에 신경을 쓰는 등, 전혀 주의를 집중하지 못하는 태도를 보인다. 산만한 토들러들은 부모, 교사, 양육자, 심지어 놀이 친구에게조차 주의를 기울이지 못하거나 경청하지 못하는 것 같다. 아이가 어떤 활동에 전혀 흥미가 없거나 자신에게 하는 말이 관심사와 거리가 멀면 집중력이 최악으로 떨어진다.

- **긍정적인 측면** 이런 아이들은 꾸준히 격려해 주면 관심 범위가 매우 광범위한, 매력적인 성인이 될 수 있다.
- **아이를 다루는 방법** 대부분의 토들러들이 워낙 상당히 산만하기 때문에 이 시기에 극도로 산만한 토들러들에 대해 특별히 주의를 기울일 필요를 느끼지 못할 수도 있다. 그러나 동물, 자연, 아기, 과학, 운동, 자동차, 공룡 등 아이의 흥미를 가장 크게 자극하는 주제나 활동이 무엇인지 발견하여, 책, 게임, 장난감, 텔레비전 프로그램, 비디오, 영화 등을 선택할 때 이런 내용을 참고하면 집중하는 능력을 차츰 늘릴 수 있을지 모른다. 아이가 몹시 따분해하는 주제는 피하고, 산만한 아이가 감당할 수 있는 시간보다 오래 집중을 강요해서는 안 된다. 집 안 분위기를 조용하고 차분하게 유지하는 것도 아이가 좀 더 오래 주의를 집중하는 데 도움이 될 수 있다.

아이에게 무언가를 지시할 때 부모의 눈을 똑바로

마주 보게 하면, 집중을 방해하는 요소들을 차단하고 오랫동안 부모의 말을 경청하는 데 크게 도움이 된다. 아이가 충분히 집중하게 하려면 "이리 와서 엄마 옆에 앉으렴. 엄마가 하고 싶은 말이 있단다."라고 말한다. 그런 다음, 아이를 옆에 앉히거나 무릎에 앉히고, 얼굴을 마주 보며 이렇게 말한다. "엄마 얼굴 보고 엄마가 하는 말 잘 들어라." 양육자에게도 이 같은 방식으로 아이의 주의를 돌리도록 알려 준다. 부모가 시범을 보여 주면 도움이 될 것이다.

* **적응이 느린 토들러** 보통의 토들러들보다 훨씬 적응이 느린 아이들은 규칙적으로 정해진 일과와 현상 유지를 갈망하고, 좋아하는 옷, 음식, 장난감이 정해져 있으며, 이동과 변화를 무척 불안해한다. 그러나 일단 변화에 적응하고 나면 달라진 상황에 강하게 매달리려는 경향을 보인다. 가령, 집을 나서 놀이 모임에 가야 할 시간이 되면 마구 성질을 부리고, 놀이 모임을 마치고 집으로 돌아갈 시간이 되면 또 성질을 부린다. 이런 아이들은 고집이 세고 끈질기며, 한번 성질을 부리기 시작하면 오래 지속하는 경향이 있고, 원하는 목적을 달성하기 위해 될 때까지 끈질기게 칭얼대기도 한다.
  - **긍정적인 측면** 적응이 느린 토들러들은 대개 좋아하는 주제나 과제에 끝까지 매달릴 줄 아는, 아주 드물고도 소중한 특징을 지닌 어른으로 성장한다.
  - **아이를 다루는 방법** 가급적 어떤 일을 하기 전에 항상 미리 통보해 아이가 변화에 대비할 수 있도록 한다. "점심을 먹고 나면 놀이 모임에 갈 거란다." 놀이 모임에서도 마찬가지로 통보를 해 준다. "미끄럼틀 한 번 더 타고 나면 집에 가자." 연령이 높은 토들러의 경우 미리 전체 오후 일정을 알려 주면 더 잘 대처할 수 있을 것이다. "점심 식사 후에 놀이 모임에 간 다음, 슈퍼마켓에 들러 우유와 빵을 살 거야. 그런 다음, 집에 도착해서 간식 먹자.", "타이머가 울리면 목욕할 시간이야." 이렇게 타이머를 이용해도 변화에 대응하는 데 도움을 줄 수 있다. 또한 가장 성공 가능성이 높은 시간대를 선택하면 변화를 수월하게 받아들일 수 있을 것이다. 예를 들어, 아이가 모양 맞추기 놀이에 싫증을 느낄 때까지 기다린 다음 저녁 식사를 한다. 갑작스런 변화가 불가피할 때는 더욱 참을성을 갖고 아이를 지지한다.
  이런 성향을 지닌 토들러들은 일정상의 변화 못지않게 환경과 소유물의 변화도 힘들어할 수 있다. 이러한 변화들을 완전히 차단하는 것이 불가능하거나 현명하게 대처하기 어렵다면, 필요하지 않은 변화는 감행하지 않는 것이 좋다. 아이 옷이 작아져 한 치수 큰 옷을 구입할 때는 스타일과 색깔이 완전히 다른 옷을 구입하지 말고, 가능하면 입던 옷과 유사한 옷을 구입한다. 아이가 원한다면, 한 벌은 입고 한 벌은 세탁할 수 있게 같은 옷을 두 벌 구입하더라도 매일 같은 옷을 입게 한다. 또한 아이가 매일 똑같은 음식을 먹어야 안심한다면 그렇게 하게 하고, 영양을 고루 섭취하기 위해 꼭 필요할 경우에만 음식에 변화를 준다. 부득이하게 변화를 감행해야 할 때는, 가령 아이가 무척 좋아하는 운동화가 작아져서 새 운동화로 바꾸어야 할 때는, 아이가 적응할 시간을 주도록 한다. 운동화를 구입하기 며칠 전부터 새 운동화에 대해 이야기한다. 상자에서 막 꺼낸 운동화를 얼른 신어 보라고 강요하지 말고, 아이가 새 운동화에 익숙해질 때까지 얼마간 시간을 준다. 운동화를 보고, 만지고, 가지고 다니게 한다. 아이가 새로운 상황에 매달리거나 망설이더라도 인내심을 갖고 필요한 만큼 지지해 준다. 아이에게 압력을 가하거나 "우리 민수는 어찌나 부끄러움이 많은지 몰라."라고 단정 짓지 않는다. 숫기 없는 성격에 대한 자세한 내용은 447쪽을 참조하고, 의례적인 일과를 지키려 고집을 부리는 경우는 276쪽을, 옷 입는 문제에 대해서는 315쪽을 참조한다.

* **처음에 움츠러드는 토들러** 새로운 사람이나 장소, 상황, 음식, 옷을 마주하게 될 때, 이런 아이들은 움츠러들고, 울고 매달리며, 강요를 당하면 성질을 부리기도 한다.
  - **긍정적인 측면** 이런 아이들은 자라서 어른이 되면 어떤 상황에 뛰어들기 전에 그 상황을 신중하게 분석해 현명한 결정을 내릴 가능성이 높다. 월요일에 누군가를 만나 금요일에 성급하게 결혼하려고 달려드는 유형과는 거리가 멀다.
  - **아이를 다루는 방법** 적응이 느린 아이와 마찬가지로, 가급적 매일 같은 음식을 주고, 치수만 달리 해서 같은 옷을 구입하며, 같은 벽지로 침실을 도배한다. 새로운 물건을 구입해야 할 때는 아이에게 고르게 하고, 사용하기 전에 적응하는 기간을 갖도록 한다. 처음에 움츠러드는 아이들에게는 새로운 상황에 적응할 수 있도록 충분한 시간을 주고, 최대한 지지하고 인내하며 이해해야 한다. 또한 외출하기 전에 미리 외출할 거라고 말해 주고, 실제로 집을 나서기 전에 방문할 장소나 만날 사람에 대해 사진을

보여 주며 미리 마음의 준비를 하게 하면, 이런 상황에 맞닥뜨렸을 때 움츠러드는 반응이 덜 할 수 있다. 적응이 느린 아이를 다루는 요령(앞의 내용)과 숫기 없는 아이에 대해서도(447쪽 참조) 참조한다.

* **감정을 강렬하게 표현하는 토들러** 이런 토들러들은 모습이 보이지 않아도 소리만으로 어디에 있는지 알 수 있다. 감정을 강렬하게 표현하는 아이는 행복하거나, 괴롭거나, 화가 나거나, 짜증 나거나, 피곤할 때, 주변 사람 모두가 아이의 소리를 듣고 감정 상태를 알 수 있다.
  - **긍정적인 측면** 이처럼 시끄러운 외향적인 아이는 종종 정치계, 연예계, 영업직 같은 목소리를 높이는 것이 중요한 직업에서 두각을 나타낸다.
  - **아이를 다루는 방법** 실내에서는 비교적 조용히 말하고 실외에서는 어느 정도 편안하게 목소리를 내도 좋다고 가르칠 수 있다면, 꽤 효과적일 뿐 아니라 아이가 반복해서 목이 쉬는 사태를 예방할 수도 있을 것이다. 쉴 새 없이 큰 소리로 떠드는 아이를 다루는 요령은 327쪽을 참조한다. 또한 테이프를 따라 노래를 부르거나, 동물 울음소리를 흉내 내거나, 동요를 부르게 하는 등 사회적으로 허용되는 방식으로 목청을 한껏 활용할 수 있는 기회를 많이 마련해 준다.

* **불규칙한 토들러** 이런 토들러들은 영아들처럼 식사 시간이나 수면 시간이 전혀 자리 잡히지 않는다. 따라서 부모는 아이가 언제 일어날지, 언제 잠을 잘지, 언제 낮잠을 잘지, 언제 배가 고플지, 언제 짜증을 낼지, 언제 기분이 좋을지 전혀 예측하지 못한다. 토들러 시기에도 여전히 아이의 행동을 짐작할 수 없는 것이다. 이런 아이들은 대개 수면 장애를 겪는다.
  - **긍정적인 측면** 불규칙한 아이들은 예측 불가능한 상황을 잘 해결할 줄 안다. 이런 아이들이 자라서 어른이 되면, 라디오와 텔레비전, 출판 저널리즘, 연예계, 의료 서비스업 등 다른 사람들은 정신없이 힘들어하는 직업군에 잘 적응할 것이다.
  - **아이를 다루는 방법** 불규칙한 아이가 규칙적인 일정을 잘 지킬 거라 기대하지 않는 것이 무엇보다 중요하다. 부모가 스케줄을 중요하게 여기지 않는다면, 이런 아이들과 생활하기가 한결 수월할 것이다. 반면에 부모가 스케줄을 중요하게 여긴다면, 어느 정도 일과를 지키되 필요하면 융통성을 갖도록 한다. 예를 들어, 아이가 저녁 식사 시간에 배가 고프지 않다면, 부모가 간식을 먹을 때 아이를 부르되 반드시 밥을 먹어야 한다고 강요하지 않는다. 나중에 아이가 마침내 배가 고파지면 그때 밥을 준다. 아침에 아이가 아직 배가 고프지 않은데 어린이집에 갈 시간이 다 됐다면, 억지로 아침을 먹이지 않는다. 단, 아이가 간식 시간에 무척 배가 고플 거라고 교사에게 알려 준다. 밤에는 취침 시간을 지키되, 아이에게 이불을 덮어 주면서 자라고 강요하지 않는다. 아이에게 얌전히 누워 있으라고만 말한다. 잠이 올 때까지 아이가 즐길 수 있도록 책 몇 권이나 장난감 몇 개를 주거나 자장가를 틀어 준다. 아이가 원한다면 매일 밤 수면 시간을 조금씩 달리해도 좋다.

* **사소한 자극에도 무척 예민한 토들러** 양말이 한쪽으로 뭉치고, 스웨터 때문에 몸이 따갑고, 코트가 너무 덥고, 시계 똑딱거리는 소리가 너무 시끄럽고, 전기스탠드의 조명이 너무 환하고, 개한테 냄새가 심하게 나고, 땅콩버터에 덩어리가 너무 많고, 아이스크림은 너무 부드럽다. 대부분의 아이들이 어떤 부분에 대해 지나치게 까다로움을 피우긴 하지만, 사소한 자극에도 예민한 아이들은 거의 모든 사항에 대해 까다롭다. 이런 아이들은 빛, 소리, 색, 촉감, 온도, 통증, 맛, 냄새에 지나치게 민감하고, 다른 사람들은 의식조차 하지 않는

아니라 앞으로 그림을 그리려는 열의도 꺾일지 모른다. 혹은 벽에 그림을 그렸더니 부모가 관심을 가져 준다는 걸 깨닫고는 오히려 이런 행동을 반복할 수도 있다.
"세상에, 벽에다 저렇게 엉망으로 낙서를 해 놓으면 어떻게 하니?"라고 아이의 작품을 공격하지 말고, 벽에 그림을 그리는 건 잘못이라고 차분하게 설명한다. "정말 멋있는 그림을 그렸구나. 하지만 벽에 그림을 그려서는 안 된단다."

* <u>그랬는데도 아이의 창조적 열정이 쉴 새 없이 넘쳐흐른다면, 아이를 앉히고 "그림은 종이에</u>

부분에 대해 불안해한다.
- **긍정적인 측면** 이런 아이들은 유용하고도 중요한 창조적 예술적 과학적인 분야에 다방면으로 예민한 감각들을 활용할 줄 안다.
- **아이를 다루는 방법** 다른 까다로운 기질들에 대해서도 그렇듯이, 아이를 이해하고 받아들이는 것이 무엇보다 중요하다. 실제로 양말이 한쪽으로 뭉치면 불편하고, 스웨터가 몸을 따갑게 하는 것이 사실이다. 아이가 이런 자극들을 상상으로 만들어 내거나 과장하는 것이 아니다. 아이에게 이야기할 때 이런 부분을 인정한다. "우리 아가, 거리의 소음이 너무 시끄러워서 힘들구나. 엄마도 알아.", "으악, 우리 아가는 쓰레기 냄새를 정말 싫어하는데." 부모의 행동에서도 이런 부분을 인정한다는 것을 보여 준다. 아이에게 꼭 맞고 너무 조이지 않고 발가락 쪽에 솔기가 뭉쳐 있지 않은 신축성 좋은 양말을 구입하고, 아이의 몸을 따갑게 하지 않을 부드러운 면 소재의 옷을 선택하며, 옷을 더 부드럽게 하기 위해 입기 전에 한 번 세탁한다. 옷 안쪽 솔기로 따끔거리거나, 안감이 거칠거나, 목둘레선이 높거나 답답한 옷은 피하고, 옷에 붙은 상표를 모두 제거해 예민한 아이 몸에 닿지 않게 한다. 신발 끈이 똑바로 묶일 때까지 묶고 또 묶느라 가뜩이나 바쁜 아침 시간이 너무 오래 낭비된다면, 다음에 신발을 구입할 때는 벨크로로 여닫는 신발을 구입한다. 내 아이가 음식을 어떻게 조리하는 걸 좋아하는지 잘 기억해 두거나 기록해 둔다. 이렇게 하면 부모가 준비한 음식이 거부당할 가능성이 줄어들 것이다. 아이가 덥다고 계속 불평하면, 옷을 여러 벌 겹쳐 입히거나 좀 더 가볍게 입힌다. 몸을 답답하게 하거나 아주 두꺼운 코트는 피한다. 아이가 특정 색깔을 몹시 싫어하는 경우, 옷을 쇼핑하거나 아이 방을 꾸밀 때 해당하는 색깔을 피한다. 냄새가 문제가 되는 경우, 주방에 환풍기를 설치하고 욕실의 티슈부터 헤어스프레이, 세탁용품까지 향이 없는 물건을 이용한다. 가능하면 집 안의 조명과 소음 수준을 예민한 아이에게 맞게 조절한다. 예를 들어, 똑딱 소리가 나는 시계를 전자시계로 바꾸고, 거실의 전기스탠드를 어둠침침하게 설정하며, 라디오나 텔레비전 볼륨을 낮추고, 필요하면 방음 시설 설치를 고려한다(232쪽 박스 참조). 까다로운 아이에게 옷 갈아입히는 방법에 대해서는 315쪽을 참조한다.

✳ **불만이 많은 토들러** 이런 아이들은 영아 때도 많이 웃지 않고, 토들러 시기에도 다른 아이들보다 더 많이 칭얼대고 불만이 더 많을 수 있으며, 진지한 성향이라는 말을 자주 듣는다.
- **긍정적인 측면** 진지하고 냉철한 아이는 만사태평한 아이처럼 주변 사람들을 썩 즐겁게 하지는 않겠지만, 선천적으로 학업 성적이 우수할 가능성이 높고, 나중에 성인이 되어 진지함을 높이 인정받는 다양한 분야에서 두각을 나타낼 가능성이 높다.
- **아이를 다루는 방법** 진지하고 침울한 아이를 위해 할 수 있는 최선의 방법은 아이를 인정하고, 아이의 성향이 누구의 잘못도 아님을 인식하는 것이다. 아이가 통제할 수 없는 부분인데도 아이의 기분이 부정적이라고 아이를 나무라거나 벌하는 것은 부당하며, 오히려 아이의 기분을 더욱 침울하게 만들 수 있다. 그러나 아이에게 다른 기질상의 문제가 있는 경우, 가령 적응이 느리거나 하는 문제, 이런 문제로 인해 불만족스러울 수도 있으므로, 해당하는 문제를 다루면 불만을 최소화할 수 있다. 부모가 아이 앞에서 많이 웃어 주어도 도움이 된다. 아이의 부정적인 기분을 완화시킬 수 있을 것이다.

그리는 거야."라고 설명한다. 종이가 클수록 크레파스가 바닥이나 탁자, 혹은 근처 벽으로 삐져나오는 일이 줄어들 것이다. 그림을 그릴 때 쫙 펼쳐서 사용할 수 있는 두루마리 종이를 이용하면 아이가 훨씬 즐거워할 것이다. 바닥이나 탁자 혹은 이젤에 테이프로 종이를 부착하면 그림을 그릴 때 종이가 자꾸만 이동하는 걸 막을 수 있다. 아이가 그림을 그릴 때 주변을 서성거리지 않는다. 단, 아이가 또다시 벽에 그림을 그리지 못하도록 계속 지켜보고 있어야 한다.

✳ 벽에 그림을 그려서는 안 된다는 메시지를

더욱 강조하기 위해, 아이에게 젖은 천을 주어 벽의 낙서를 지우는 작업을 돕게 한다. 천에 세제를 묻힐 경우 무독성인지 확인해야 한다. 스펀지를 이용해서는 안 된다. 아이가 조금씩 뜯어서 삼키려 들 수도 있다.
* 매일 시간을 정해 놓고 부모의 감독하에 그림을 그릴 수 있게 하여, 아이에게 예술적인 본성을 표현할 기회를 충분히 마련해 준다. 부모가 감독할 수 없을 때는 크레파스를 아이 손이 닿지 않는 곳에 보관한다.
* 마지막으로, 아이의 작품을 벽이나 냉장고에 자랑스럽게 전시한다. 이렇게 아이의 작품을 감상하면 아이에게 종이에 그림을 그리고 싶다는 생각을 불어넣을 수 있다.

깨끗한 걸 싫어해요

Q "우리 딸은 잠시도 깨끗한 상태로 있질 못해요. 옷을 갈아입히고 얼굴을 닦아 주면 금세 다시 더러워져요. 어떻게 해야 할까요?"

A 포기하는 게 좋다. 토들러들은 지저분한 게 생활이고, 지저분해지는 건 토들러의 본분이다. 또 지저분해져야 한다. 아이가 깨끗한 상태를 유지하길 기대하는 건 아이가 그림처럼 가만히 앉아 있길 바라는 것과 같다. 그리고 두 가지 모두 토들러들에게는 어울리지 않으며, 탐색하고 실험하는 아이의 능력을 방해함으로써 성장을 억제한다. 또한 아이를 나무라 봐야 지저분해지겠다는 반발심만 키울 뿐이다.

그러므로 느긋하게 생각하고, 위생에 대해서만 집중적으로 신경 쓰도록 한다. 음식을 먹기 전, 용변을 본 후, 아주 지저분한 물건에 손을 댄 경우에는 반드시 손을 씻게 한다. 밤마다 목욕을 시키고, 새 모이통이나 거리의 웅덩이, 짐승의 똥 같은 세균의 온상에는 가까이 가지 않게 한다. 놀이옷과 신발은 물빨래가 가능하며 험하게 다루어도 견딜 수 있을 만큼 튼튼한 것이어야 한다. 손 씻기 요령은 175쪽을 참조한다.

놀이터에서 잘 못 놀아요

Q "우리 아들은 무서움이 많아서 그런지 놀이터에서 미끄럼틀이나 그네를 타려고 하지 않아요. 주구장창 모래놀이 통 안에서만 놀아요."

A 아이는 앞일을 내다보고 미리 조심하는 것일 수 있다. 미끄러운 경사면에서 주르륵 미끄러지거나 그네에서 하늘 높이 오르다가 위험한 일이라도 벌어지지 않을까 슬슬 겁을 낼 줄 아는 것이다. 아니면 반대로 뒤늦게 위험을 깨달았는지도 모른다. 다시 말해, 예전에

조용하게 만들어 볼까요

아이의 소리가 너무 커서 번번이 부모의 집중을 방해한다면, 아이가 예민한 편이라 조금만 시끄러워도 불안해한다면, 집 안에 방음 장치를 설치하면 도움이 된다. 바닥에 도톰한 카펫을 깔고, 묵직한 커튼을 달고, 코르크 소재로 벽을 마감하거나 대형 코르크판을 벽에 세우고, 내벽에 방음재를 설치하며, 커다란 실내용 화초들로 벽을 두른다. 예민한 아이가 식기세척기, 세탁기, 건조기 등의 소리에서 멀리 떨어져 놀 수 있도록 공간을 재배치해도 도움이 될 수 있다. 외부 소음을 차단하려면 방음 처리가 된 커튼이나 블라인드, 문풍지, 이중창, 이중창을 대체할 만한 창문 등을 설치하고, 가능하면 건물 벽 내부에 방음재를 충분히 채워 넣는다. 단독 주택에 산다면, 울타리, 나무, 관목들도 거리의 소음을 차단하는 데 도움이 된다.

놀이터에서 놀다가 미끄럼틀이나 그네에서 떨어졌던 기억이 떠올랐는데, 아직 자신감을 회복하지 못한 것일지도 모른다. 혹은 공감과 자기중심주의가 한데 결합되어 있기 때문인지도 모른다. 즉, 다른 아이가 미끄럼틀이나 그네에서 크게 굴러떨어진 걸 보고, 다음에 자신도 그렇게 될까 봐 겁이 났을 수 있다. 아니면, 단순히 성격일지도 모른다. 다른 아이들에 비해 천성적으로 유독 조심성이 많은 아이들이 있다.

이유가 무엇이든 아이의 두려움을 존중하고, 아이나 아이의 행동에 대해 흠을 잡아서는 안 된다. 놀이터에 갈 때마다 그네나 미끄럼틀을 타 보라고 아무렇지 않게 제안한다. 부모도 같이 타면 아이가 이런 놀이 기구들을 덜 무서워할 것이다. 아이를 안전하게 안고 미끄럼틀을 타거나 큰 아이용 그네에서 아이를 안고 탈 수 있다. 아이가 제안을 거절하거나, 미끄럼틀을 한 차례 탄 후, 혹은 잠시 그네에 앉아 있다가 이제 그만 타겠다고 하면, 다시 생각해 보라고 압력을 가하지 않는다. 그네와 미끄럼틀은 나중에 얼마든지 탈 수 있으며, 모래놀이 통 안에서도 아주 재미있게 놀 수 있다며 아이를 안심시킨다. 그리고 바보처럼 다른 놀이 기구에는 관심이 없다며 아이를 비웃지 말고 아이가 만든 모래성을 칭찬해 준다.

두려움에 맞닥뜨리라고 아이를 강요해서는 안 되지만, 조심스럽게 접근을 시도하게 하면 두려움을 극복하는 데 도움이 될 수 있다. 놀이터의 기구들은 위협적으로 느껴질 수 있지만 실내용 작은 놀이 기구들은 그렇지 않을 수 있다. 실내용 놀이 기구를 대여하거나 친구 집이나 실내 놀이터, 병원의 대기실에서 타 보게 한다. 이번에도 역시 강요하지 말고 격려해 준다. 비슷한 두려움이 있는 아이를 다룬 그림책이나 미끄럼틀과 그네, 정글짐과 시소를 타는 아이들을 다룬 그림책을 찾아서 아이에게 읽어 주되, 아이를 얕보는 말이나 아이의 행동과 책 속의 아이들을 비교하는 말은 삼간다. 토들러들이 가장 일반적으로 느끼는 두려움에 대해서는 235쪽을 참조한다.

아이는 과감히 모험을 즐기려 하는데, 부모가 지나치게 조심하고 과잉보호를 해 아이의 두려움을 키워서는 안 된다. 아이가 떨어지더라도 과잉 반응을 보이지 않는다. 혼자서 계단을 내려오는 법을 알려 주어야지, 계단에서 아이를 안고 내려와서는 안 된다. 놀이터의 기구들을 안전하게 타는 방법을 터득하게 해 아이에게 자신감을 북돋아 준다. 부모가 뒤에서 받쳐 주면서 미끄럼틀 계단을 오르내리는 연습을 하도록 격려한다. 그러나 강요는 하지 않는다. 아이가 미끄럼틀 계단 높이를 너무 무서워하면 주방의 발판 사다리부터 오르내리게 한다. 아이가 원하는 경우, 그네에 앉히고 무릎을 구부리게 해서 스스로 그네를 움직일 수 있도록 방법을 알려 준다. 그네를 움직이고 멈추게 할 줄 알면 서서히 용기가 생길 것이다. 아이가 원하지 않으면 밀지 않겠다고 약속하고, 약속을 지킨다. 정글짐의 제일 낮은 단계를 시도하게 하고, 이번에도 역시 아이 곁에서 아이를 잡아 준다. 바를 잡는 법과 바에서 바로 손을 옮기는 방법을 알려 준다. 먼저 옆으로 이동하는 데 익숙해지도록 도와준 다음, 위로 올라가 보라고 제안한다. 그러나 이번에도 역시 아이 스스로 됐다 싶을 때 진도를 나가게 하고, 아이가 위로 올라갈 생각이 전혀 없다면 아이의 의사를 존중한다.

아무리 겁이 많은 아이들도 부모가 인내심을 갖고 지지해 주면, 마침내 기본적인 놀이 기구를 익숙하게 이용하게 된다. 그러나 개중에는 그네와 미끄럼틀을, 그리고 나중에는 롤러코스터와 그 밖에 담력이 요구되는 놀이 기구를 절대로 이용하려 하지 않는 아이들도 있기 마련이다.

당분간은 공원 벤치에 느긋하게 앉아서, 조심성 많은 아이를 둔 것을 다행이라고 여기자. 덕분에 막무가내로 덤벼드는 아이를 감독하느라 벤치 끝에 초조하게 앉아 있지 않아도 되니 말이다. 놀이터 안전 수칙에 대한 내용은 692쪽을 참조한다.

── 지나치게 예민해요

Q "우리 아들은 제가 야단만 치면 의기소침해져요. 아들의 자존감을 다치지 않게 하면서 잘못을 바로잡으려면 어떻게 해야 할까요?"

A 이런 아이들일수록 조심스럽게 접근해야 한다. 어른들이 저마다 다르듯이 아이들 역시 제각기 다르며, 자기만의 독특한 기질을 지니고 있다. 어떤 훈육 방식이 가장 효과적일지는 아이의 기질에 좌우될 것이다. 거칠고 공격적인 아이의 경우, 보다 엄격한 훈육 방식이 요구된다. 부모가 생각하는 것보다 더 엄한 목소리를 내야 할지 모른다. 만사태평한 아이의 경우, 대체로 유머와 단호함이 적절히 조화를 이루어야 제대로 훈육이 이루어진다. 그리고 유독 예민한 아이의 경우, 특히 부드럽게 훈육하는 것이 최선의 방식일 수 있다.

물론, 예민한 아이는 훈육을 받거나 규칙을 지킬 필요가 없다는 의미가 아니다. 이런 유형의 아이들은 조심스럽게 타이르고 약하게 벌을 내려야 한다. 예민한 아이를 다룰 때는 136쪽의 훈육 방침들을 이용하되, 특히 다음 내용에 중점을 둔다.

* 규칙에는 일관성이 있어야 하고 아이가 규칙들을 알고 있어야 한다. 그래야 나무랄 필요가 적어질 것이다.

* 훈계를 할 때 목소리를 높이거나 격한 어조로 말하지 않는다. 대신 가능하면 유머러스하게, 혹은 기분을 전환시키면서, 혹은 다른 간접적인 방식을 이용한다. 또한 부모의 손길이 주는 마법의 힘을 잊지 말고 아이를 무릎에 앉히거나, 손을 잡거나, 안아 주어, 아이의 잘못을 바로잡는 순간에도 여전히 아이를 사랑한다는 것을 알려 준다.

* 가능하면 직접적인 비난보다는 건설적인 제안이나 설명을 한다. "네 장난감 트럭을 다시 받고 싶으면 동생을 때리지 말고 상냥하게 부탁을 해야지." 비난을 해서 아이를 깎아내려서는 안 되며, 아이의 행동에 대해서만 비난을 가한다. 즉, "동생을 때리다니 정말 나쁜 아이구나."라고 말하지 말고 "동생을 때리는 건 올바른 행동이 아니야."라고 말해야 한다. 길게 잔소리를 늘어놓지 않는다.

* 어떤 기질의 아이에게든 체벌을 가해서는 안 된다. 그러나 아이가 장난감 하나를 놓고 동생과 다투거나 마트에 가는 길에 자꾸 꾸물거리는 등, 물리적으로 아이를 다루어야 하는 상황일 때는 부드럽게 조치를 취한다.

* 부모는 아이를 사랑하고 아이가 더 잘할 수 있다는 걸 알기 때문에 잘못을 바로잡아 주는 거라고 아이에게 알려 준다. 그러나 아이의 능력 이상을 기대해서는 안 된다.

꼭 알아 두세요: 아이의 두려움과 공포증 다루기

귀신이나 도깨비 같은 초자연적인 현상들, 개가 으르렁대는 소리, 전원을 연결하면 나는 큰 소리, 눈앞의 먼지들이 쑥 빨려 들어가는 모습, 변기 물이 큰 소리로 내려가는 모양. 이런 일련의 일들이 어른에게는 아무런 해가 없는 당연한 일상이지만, 토들러에게는 엄청난 공포일 수 있다.

두려움은 유아기, 즉 만 2~6세 사이에 흔하게 나타나는 현상이며, 어떤 종류의 두려움이 가장 흔하게 나타나는지는 아이의 연령에 따라 달라진다. 영아들과 어린 토들러들의 경우, 낯선 사람에 대한 두려움이 가장 두드러진다. 만 1세 후반에는 갑작스런 소리, 낯선 동물, 의사를 유독 무서워한다. 만 2세 무렵에는 화장실, 어두움, 광대나 산타클로스 등 가면을 쓰고 분장을 한 사람이 가장 큰 두려움의 대상이다. 만 2세 중반쯤 되면 가상의 존재와 신체적인 위해에 대해 걱정하기 시작한다. 물론 이런 전형적인 패턴에 해당하지 않는 아이들도 많다. 다시 말해, 18개월에 벌써 변기 물 내려가는 모양과 소리를 두려워하고, 만 3세에 불현듯 개가 무서워지기도 한다.

두려움이 무조건 나쁜 건 아니다. 두려움을 전혀 모르는 아이는 건강과 안전이 위험한 상황에 처할 가능성이 대단히 높다. 그러나 지나친 두려움은 아이와 가족의 정상적인 기능을 방해할 수 있으므로, 부모와 양육자는 유아기 두려움의 특징과 두려움을 다루는 방법을 알아 두어야 한다.

토들러들이 두려움을 느끼는 이유

영아들은 순진무구하고, 보호를 받으며, 주로 본능에 따라 행동하고, 반응을 보이기보다 반사 작용을 하는, '내가 모르는 건 나를 해칠 수 없어.'라는 걸 보여 주는 대표적인 본보기다. 그러나 만 1세 무렵이 되면 다음과 같은 발달상의 변화로 인해 이런 태도가 완전히 달라진다.

약간의 지식 토들러들은 점점 똑똑해지면서 세상이 굉장히 위험한 곳이라고 생각하게 된다. 또한 대견하게도 새로운 생각, 새로운 개념, 새로운 정보들을 무수히 많이 축적하고, 이 모든 지식들로 보다 성숙한 사고 과정을 거쳐 수많은 끔찍한 시나리오를 만들어 낸다.

너무 적은 경험 토들러들은 원인과 결과의 개념은 파악할 수 있지만, 합리적인 일과 비합리적인 일을 구분하기에는 경험이 턱없이 부족하기 때문에, 어른들로서는 터무니없다고 생각되는 일에 깊이 골몰하곤 한다. 진공청소기가 먼지와 쓰레기를 빨아들이는데, 어쩌면 나도 빨아들이는 것 아닐까? 옆집 개가 아빠 다리를 물었는데, 세상의 모든 개들이 그렇게 물지 않을까? 물이 욕조 배수구 밑으로 빨려 들어가는데, 사람도, 특히 나처럼 작은 사람도 그렇게 빨려 들어가지 않을까?

크기의 차이에 대한 인식 토들러들은 주변 사람들에 비해 자신이 얼마나 작은지 인식하기 시작한다. 나보다 두세 배는 큰 사람들이 나를 에워싸며 거리를 걷는 장면을 상상해 본다면, 크기의 차이가 아이를 왜 그렇게 두렵게 만드는지 이해할 수 있을 것이다.

커 가는 상상력 옷을 갈아입는 방 한구석을 파도가 높게 일렁이는 바닷가로, 높이 쌓은 블록을 중세의 성으로 변화시키는 수단으로서 상상력은 아이에게 엄청난 재미를 제공한다. 하지만 평소 아늑하고 안전한 침실이 괴물의 은신처나 마녀의 성으로 바뀐다면, 상상력은 무시무시한 두려움을 제공할 수도 있다. 대개 상상력이 커지면 두려움도 커진다.

기억력 확장 아기들은 대개 놀라거나 속상한 경험을 금세 잊어버린다. 그러나 토들러들은 그런 경험들을 오랫동안 기억한다. 고양이한테 얼굴을 긁히거나, 그네를 타고 너무 높이 올라가거나, 계단에서 떨어진 사건 등은 고양이, 그네, 계단에 대해 오랫동안 두려움을 유발할 수 있다. 심지어 허구의 사건들도, 가령 '잠자는 숲 속의 공주'가 손가락이 찔렸다든가, '아기 코끼리 덤보'의 엄마가 갇혔다든가, '빨간 망토의 소녀'의 할머니가 늑대한테 잡아먹혔다는 이야기도 두려움을 일으킬 수 있다.

기동성 증가 끊임없이 돌아다니는 토들러는 부모 품에 안겨 있는 아기보다, 거리를 돌아다니는 개, 천장에 매달린 거미, 작동 중인 잔디 깎는 기계 등 두려움을 일으키는 상황에 더 많이 부딪히기 마련이다.

왜 이렇게 심장이 콩닥거리지?

연령이 높은 토들러들은 깜짝 놀라면 심장박동이 빨라지거나 숨쉬기가 조금 힘들어진다는 걸 의식할지 모른다. 이런 증상은 괜찮으며, 우리 몸이 두려움에 반응하는 것일 뿐이라고 설명한다. 그리고 두 차례 심호흡을 하거나, 좋아하는 노래같이 기분 좋은 것을 생각하거나, 엄마나 아빠의 무릎 위에 올라가 안기면 도움이 된다는 사실도 알려 준다.

자기중심적인 성향 토들러들은 대단히 자기중심적이다. 모든 장난감이 자기 것이고, 모든 관심이 자기를 향해 쏟아져야 하며, 모든 경험이 다 자신에게 일어나는 일들이다. 예를 들어, 책에 등장하는 어린 남자아이가 사자에 쫓긴다면, 자신도 사자에 쫓길지 모른다고 생각한다. 텔레비전에 나오는 어린 여자아이가 벌에 쏘였다면, 자신도 벌에 쏘일 수 있다고 생각한다. 동생이나 언니 오빠가 몹시 아프면 자신도 그럴 수 있다고 생각한다.

쉽게 영향을 받음 다른 사람의 감정이 쉽게 전염된다. 가령, 친구나 형제가 에스컬레이터나 괴물을 무서워하면 자신도 따라서 무서워하게 되는 것이다. 부모가 불안해하면 아이도 불안정한 기분을 느끼게 된다.

── 토들러의 두려움에 대응하는 방법

토들러의 두려움은 관련된 모든 사람들의 생활을 비참하게 만들 뿐 아니라, 도를 넘는 경우 아이의 성장과 발달에 심각한 해를 미칠 수 있다. 토들러가 두려움에 대처하도록 도울 방법을 알아보자.

* **아이의 두려움을 진지하게 받아들인다**
  토들러들이 느끼는 두려움은 다소 비이성적일 수 있지만, 어른들의 두려움과 마찬가지로 진짜다. 많은 종류의 바람직하지 않은 행동들에 대해서는 무시하는 것이 그런 행동을 제거하는 데 도움이 될 수 있지만, 두려움을 무시하는 것은 두려움을 없애는 데에 별 도움이 되지 않는다. 사실상 두려움 따위는 존재하지 않는 척 행동한다면, 오히려 두려움이 더욱 커지기 쉽거나 다른 두려움의 기초가 되기도 한다.

새에 대한 두려움이 모든 동물에 대한 두려움으로 커지거나, 거미에 대한 두려움이 모든 곤충에 대한 두려움으로 될 수 있다.

* **그러나 아이에게 두려움에 정면으로 맞서라고 강요해서는 안 된다** 두려움에 대해서는 죽기 아니면 살기 식의 접근법이 거의 도움이 되지 않는다. 개를 무서워하는 아이에게 옆집 개를 쓰다듬으라고 강요하거나, 물을 무서워하는 아이에게 수영장에 들어가라고 강요하거나, 괴물을 무서워하는 아이에게 유령을 찾아보라며 억지로 침대 밑과 옷장 속을 들여다보게 한다면, 두려움이 공포증으로 커질 수 있다. "용감해야지."라거나 "아기처럼 굴지 마라." 같은 꾸짖음 역시 전혀 도움이 되지 않는다. 그보다는 두려움을 감소하는 프로그램을 실천해(238쪽 참조) 차츰 노출을 강화하면서 세심하게 지지하고 이해해 주도록 한다.

* **두려움과 싸울 때 아이가 불리한 입장에 있음을 인식한다** 어른들은 대체로 자신의 두려움을 회피할 줄 안다. 나는 것이 두려우면 기차를 타면 되고, 고소 공포증이 있다면 에스컬레이터를 멀리하면 된다. 그러나 환경을 통제할 능력이 부족한 토들러들은 항상 자신의 두려움을 막을 수 있는 것은 아니다.

* **누구나 두려움을 지니고 있다는 걸 알려 준다** 엄마와 아빠 같은 어른들조차 때로는 두려워한다고 말해 준다. 아이가 연령이 높다면, 어릴 때 무얼 두려워했고 그런 두려움을 어떻게 극복했는지 말해 준다. 단, 아이가 아직 생각해 본 적 없는 새로운 두려움을 알려 주려 해서는 안 된다. 이런 말들을 해 주면 아이는 나만 무서워하는 게 아니라는 걸 알게 된다.

* **그러나 부모 스스로 두려움을 통제하기 위해 최선을 다하는 모습을 보인다** 부모가 두려움에 침착하게 대처하는 모습을 보인다면, 아이는 부모의 예를 본보기 삼아 마침내 부모와 똑같이 행동하게 될 것이다. 반면에 거미를 볼 때마다 팔짝팔짝 뛰는 모습을 보인다면, 아이 역시 비슷한 방식으로 두려움에 대처하게 될 것이다.

* **아이가 두려워하는 모습을 비웃거나 다른 방식으로 놀리지 않는다** 아무리 어린아이라 해도 아이들은 각자 자신의 두려움에 대해 매우 진지하다. 어린이집에 가야 하는데 아이가 한사코 옷을 입지 않겠다고 고집을 부리는 경우, 장난삼아 약간 놀린다면 기적 같은 효과가 나타날 수 있지만, 개를 무서워하는 아이에게 개처럼 네 발로 기면서 으르렁 짖으며 놀린다면 오히려 공포심만 조장하게 된다.

* **아이의 자아를 고양해야지 깎아내려서는 안 된다** 두려움을 극복하는 데에 자신감이 큰 도움이 될 수 있다. 그러므로 아이가 잘하는

사소한 두려움이 너무 커질 때

낯선 사람, 어두움, 개, 목욕 등 토들러들이 만 1~2세에 경험하는 두려움은 대부분 차츰 사라지지만, 간혹 감옥, 경찰, 야생 동물 같은 더 구체적인 두려움으로 대체되기도 한다. 만 6세가 되면 대체로 두려움이 한결 줄어든다.

개를 보기가 두려워 외출을 꺼리거나, 물이 무서워 목욕이나 손 씻기를 싫어하는 등, 아이가 두려움이 너무 커 가정생활이나 평범한 일상생활에 지장이 생길 정도라면, 전문 상담 기관을 알아보는 것이 가장 바람직할 수 있다.

일이라면 무엇이든, 아무리 작은 일이라도 칭찬해 주고, 아무리 크게 퇴보하더라도 뒤로 퇴보하고 있다고 비난해서는 안 된다. 그리고 무엇보다도, <u>아이가 두려움을 느낀다고 해서 조금이라도 덜 사랑하거나 존중하지 않는다는 느낌을 주어서는 절대로 안 된다는 사실을 반드시 기억한다.</u>

* **부모에게 의지하게 한다** 두려움을 느끼는 아이들은 자신을 지지하고 도와줄 강한 누군가가, 때때로 자신의 부족한 자신감을 보충해 줄 누군가가 필요하다. 세상 그 무엇도 해를 가하지 못하도록 막아 줄 테니 걱정하지 말라고 아이를 안심시켜, 아이가 자신 있고 차분하게 힘든 상황들에 다가가게 한다.

* **그러나 너무 많이 의지하게 해서는 안 된다** 지지가 지나친 의존으로 발전하지 않도록 주의한다. 아이의 두려운 마음을 있는 대로 받아 주다간, 정말로 뭔가 무서운 것이 존재한다는 믿음을 강화할 수 있다. 그리고 두려움을 표현하면 틀림없이 부모가 관심을 보인다는 걸 알아챌 수도 있다.

* **일상생활에서 아이가 느끼는 두려움을 근절한다** 무서운 책(동화를 유독 무서워하는 아이도 있다. 497쪽 참조), 무서운 영화, 무서운 만화, 무서운 텔레비전 뉴스 프로그램들은 모두 아이에게 두려움을 유발할 수 있다. 아이가 화면에 집중하는 것 같지 않지만, 잠깐 휙 하고 지나가는 비행기 잔해 영상이 오랫동안 머리에 남을 수 있다. 그러므로 두려움이 많은 이 시기에는 최대한 이런 자극들을 가까이

두려움에 맞서기

토들러들이 성장해 유치원생쯤 되면, 자신감이 커지고 세상 경험도 많아져 대부분의 두려움들이 간단하게 사라진다. 그러나 유아기 내내, 그리고 제대로 극복되지 않았다면 간혹 성인이 되어서까지도 두려움이 지속되는 경우도 있다. 아이가 두려워하는 대상에 맞설 수 있도록 조심스럽게 도움을 주는 것이야말로 오늘의 두려움이 내일까지 머물지 않도록 제지하는 가장 확실한 방법이다. 다음 방법은 아이가 두려움을 무사히 통과하는 데 도움이 될 것이다.

설명한다 연령이 높은 토들러의 경우 간단하고 합리적으로 설명해 주면 안심을 하기도 한다. 예를 들어, 다음과 같은 설명으로 사이렌 소리에 대한 두려움을 잠재울 수 있다. "소방차가 큰 소리를 내야 자동차와 사람들이 길을 비켜 줄 수 있고, 또 그래야 소방차들이 서둘러 불이 난 곳에 도착할 수 있단다. 그리고 보니 소리가 큰 건 정말 좋은 거구나, 그렇지?" 어린 토들러의 경우 간단히 설명해도 이해하기 어려울 수 있으므로, 직접 시범을 보여 주어야 안심할 것이다. 예를 들어, 욕조의 물이 배수구 아래로 내려가는 모양을 무서워하는 경우, 배수구 아래로 빨려 들어갈 수 있는 것과 그럴 수 없는 것을 잠시 보여 준 후에, 가령 물과 비누 거품은 빨려 들어갈 수 있고, 고무 오리 인형과 아이는 그럴 수 없다는 것을 보여 준 후에 목욕을 하면, 아이가 한결 안심할 것이다. 진공청소기를 무서워하는 경우, 과자 부스러기는 청소기 안으로 빨려 들어갈 수 있지만, 장난감 트럭과 블록, 엄마의 발은 그럴 수 없다는 걸 보여 주면 무서움이 사라질 것이다.

간접적으로 노출시킨다 아이가 변기 물 내려가는 모양을 무서워하는 경우, 변기를 사용하고도 무사히 살아남은 아이에 대한 책을 읽어 주면 아이가 자신감을 얻을지 모른다. 소방차를 무서워하는 경우, 소방관에 대한 그림책을 보거나 소방서를 방문하면 도움이 될 수 있다. 개를 무서워하는 경우, 소녀와 소녀의 개에 대한 잔잔한 영화를 보고 나면 네 발 달린 짐승을 덜 무서워할지 모른다. 아이가 천둥과 같은 자연 현상을 무서워한다면, 그에 대해 설명한 간단한 책을 읽어 주면

하지 않는 것이 현명하다. 그러지 못하는 경우, 가령 가족들 모두 재미있게 즐길 수 있을 거라는 생각에 어린이 영화를 보러 갔는데, 마녀가 나오는 장면에서 아이가 무서워 엉엉 운다든지, 아이와 공원을 산책하는데 우연히 사람들이 몸싸움하는 장면을 목격하는 경우, <u>아이가 본 것에 대해 간단하고 사무적이지만 아이의 불안감을 없애는 방향으로 설명하되, 그 일에 너무 연연하지 말고 아이의 주의를 다른 곳으로 돌린다.</u>

봉제 코끼리 인형, 아기 침대에 장식한 춤추는 곰돌이 세트, 아이 방 벽에 꾸민 예쁜 곰 인형 벽지처럼, 겉보기에 아무런 해가 없는 것 같은 물건들이라 해도 이따금 아이를 무섭게 만들 수 있으므로, 무서움을 덜어 주기 위해 일시적으로나 영구적으로 제거하거나 가리는 것이 좋다.

* **부모가 두려움의 원인이 되지는 않은지 확인한다** "낯선 사람을 가까이 해서는 안 돼. 널 납치해 갈지도 모른단다."와 같은 때때로 반복되는 부모의 경고, 아이를 캄캄한 방에 혼자 두고 문을 잠근다든지 하는 행동, "말 안 들으면 널 내다 버릴 거야." 같은 위협이 두려움을 유발하기도 한다. 그리고 <u>너무 가혹한 훈육도 두려움을 키울 수 있지만, 역설적으로 훈육을 전혀 하지 않아도 두려움을 키울 수 있다.</u> 어린아이에게는 외부의 통제가 전혀 없는 가정에서 지내는 것이 두려울 수 있다.

한편, 부모는 아직 아이의 마음에 자리 잡지 않거나 아이가 표현하지 않은 두려움을

덜 무서워할 것이다. 그러나 두려움이 심해질 수 있는 책이나 그림책, 영화는 피한다. 가령, 소녀와 개의 우정에 대한 영화에서 비록 나쁜 놈이 공격을 당한다 하더라도 격렬한 공격 장면이 나온다면, 아이의 두려움이 누그러지지 않을 것이다.

약간 거리를 두고 노출시켜 두려움에 둔감하게 만든다 아이가 진공청소기를 무서워하는 경우에 아빠가 청소기를 돌리는 동안 엄마는 아이와 함께 거실 끝에 서 있거나, 배수구의 물 빠지는 모양을 무서워하는 경우에 욕조의 물이 빠지는 동안 아이와 함께 욕실 문 앞에 서 있으면, 아이를 안전한 거리에서 두려움에 맞닥뜨리게 하는 데 도움이 된다. 마찬가지로, 아이가 개를 무서워하는 경우, 깔깔대는 웃음소리가 들리고 즐거워하는 모습이 보일 정도로 가깝되 위협이 쉽게 닥치지 않을 만큼 먼 거리에서 또래 친구가 옆집 개와 신나게 뛰어노는 모습을 지켜보게 한다.

차츰 가까이에서 노출시켜 통제력을 키운다 두려움이 느껴지면 연령을 막론하고 누구라도 통제력을 잃기 쉽다. 그러므로 두려운 대상이나 상황에 대해 어느 정도 통제력을 갖도록 도와주면 두려움을 약화시킬 수 있을 것이다. 예를 들어, 진공청소기의 전원을 껐다 켰다 하면서 실험을 하면, 먼저 흡입구가 아니라 사람 손이 청소기를 통제한다는 걸 이해시키는 데 도움이 될 것이다. 플러그를 뽑아 조용한 상태에서 청소기 위에 올라타게 해도 아이를 안심시킬 수 있을 것이다. 아이가 어두움이나 괴물을 무서워하는 경우, 한두 가지 소도구를 준비해 주어 아이에게 힘과 통제력이 있다는 느낌을 강화한다. 예를 들어, 손전등, 사용하기 편한 야간 등, 불청객을 쫓아내라는 명령을 받은 곰 인형 보초병, 밤에 나타나는 유령을 물리칠 주문, 괴물을 쫓아낼 스프레이 병에 담긴 마법의 물약 등을 준비한다.

무서움을 표현하게 한다 누구나 자신의 두려움에 대해 말하면 두려움이 조금 줄어든다. 토들러들도 다르지 않다. 아이에게 두려워하는 대상에 대해 이야기하게 하고 이해심을 갖고 아이의 이야기에 귀를 기울인다.

유머 감각을 유지한다 아이의 두려움에 대해 절대로 놀려서는 안 되지만, 195쪽의 방법 가운데 일부를 이용해 아이가 긴장을 풀고 안심하도록 도와주면 두려움을 줄일 수 있다.

일으키지 않도록 조심해야 한다. 예를 들어, 고양이가 다가올 때 아이에게 "겁내지 마."라고 말하면, 아이의 두려움을 잠재우기보다 오히려 키울 가능성이 많다. 그보다는 "저기 예쁜 고양이가 오네. 우리한테 인사하고 싶은가 봐."라고 말하는 것이 낫다.

아이에게 꼭 알려 주세요: 베푸는 즐거움

만 2세 아이에게 자선을 가르치는 건 소용없는 짓인지도 모른다. 토들러 가운데 이타심에 대해 조금이라도 생각할 줄 아는 아이는 아주 드물 테니까. 그러나 토들러들이 여전히 그 나이답게 자기중심적이고 다른 사람에 대한 공감 능력이 부족한 모습을 보이더라도, 부모가 생각하는 것보다 훨씬 일찍부터 가정 안에서 일종의 자선을 시작해 볼 수 있다.

물론 아이에게 이타심을 가르치는 일이 하루아침에 이루어지지는 않으며, 아이가 이타심이 뭔지 이해는 하고 있는지 감지하기도 쉽지 않다. 아마 몇 년 동안은 아무런 진전을 보지 못할 수도 있다. 그러나 일단 이타심의 씨앗을 마음에 심어 놓고 정기적으로 물을 주면, 그 씨앗이 자라 마침내 자기중심적인 아이가 이타적이고 너그러운 어른으로 자라게 될 것이다. 다음 방법부터 실천해 보자.

따뜻하고 화목한 가정을 만든다 연구 결과에 따르면, 이런 가정에서 자란 아이들이 인정이 많다고 한다. 그러나 다정하고 상냥한 분위기만으로는 충분하지 않다. 한계도 정해 주어야 한다. 한계 없이 성장한 아이는 이기적인 어른이 되기 쉽다.

베풀기를 전통으로 만든다 아이들보다 더 전통을 고대하는 사람은 없을 것이다. 베푸는 것을 가풍으로 만들면, 아이를 기꺼이 베풀 줄 아는 사람으로 만드는 데 도움이 된다. 크리스마스처럼 베푸는 것을 전통으로 하는 기념일에 좋은 본보기를 보여 줄 수 있다. 가령, 아이와 함께 쇼핑을 하러 갈 때, 불우한 아이에게 줄 작은 선물을 고르도록 한다. 우리처럼 장난감이나 옷이 많지 않은 아이들도 있으며, 그런 아이들에게 베풀면 기분이 좋아진다고 설명한다. 몇 년이 지나면 아이는 자선 모금을 위해 자발적으로 돼지저금통을 깰지 모른다.

사계절 내내 산타가 된다 베푸는 때가 따로 정해진 건 아니다. 1년 중 연말에는 후했다가 나머지 기간은 자린고비처럼 행동한다면, 자선은 크리스마스 때나 행사하는 것이라는 메시지를 전하게 된다. 그러므로 일 년 내내 베풀고 부모가 베풀 때 아이도 참여시킨다. 이 연령대 아이들은 저금통이나 상자 속에 동전을 떨어뜨리는 걸 무척 좋아한다. 그러므로 동네 슈퍼의 자선 모금 통이나 교회의 헌금 모금함에 동전을 떨어뜨리게 한다. 이 돈이 누구를 위해 사용되는지 짧게 설명한다. 그리고 아이가 겁을 낼 만한 내용을 불필요하게 설명하지 않는다. 물론 아이가 돈을 기부할 때 부모가 보조해 주어야 하겠지만, 연령이 높은 아이의 경우 용돈이나 모은 돈의 일부를 내놓도록 장려해야 한다. 아이가 커서 맞지 않는 옷이나 더 이상 가지고 놀지 않는 장난감을 기부할 때는 아이에게 포장을 도와 달라고 부탁하고, 이런 물건들을 장난감이나 옷이 많지 않은 아이들에게 줄 거라고 설명한다. 아이에게 상자 안에 넣을 그림을 그려 달라고 부탁한다. 주말에 식료품을 구입할 때는 굶주리거나 집이 없는 사람들에게 줄 식품을 아이에게 고르게 하고, 이 식품들을 기부할 때 아이도 함께 데리고 간다.

할 수 있는 한 돕는다 사회의 빈곤 계층에게 돈이 필요한 건 말할 것도 없지만 시간과 노력도 큰 도움이 된다. 그리고 실제로 어린아이들은 부모가 기부하는 현금 액수보다 직접 몸으로 보여 주는 행동을 통해 베풂에 대해 더 많은 것을 배우게 된다. 아이와 함께 과자를 만들면서 병원에 입원해 있는 아픈 아이들에게 줄 거라고 설명하고, 명절에 음식을 좀 더 많이 만들어 지역의 무료 급식소에 전해 준다. 먼저 전화를 해서 이런 음식들을 받아 주는지 확인한다. 한 달에 한 번 노숙자 쉼터의 저녁 식사 준비를 돕거나, 바깥출입을 못 하는 사람들에게 음식을 배달한다. 부모가 이런 활동에 참여하는 모습은 아이에게 오랫동안 깊은 인상으로 남을 것이다. 아이가 조금 더 커서 부모와 함께 참여할 줄 알게 되면, 기꺼이 자원봉사를 할 가능성이 많아진다. 가족이 모두 자원봉사 활동에 참여한다. 자녀들이 멀리 떨어져 살아 자주 찾아오기 힘든 마을 어르신을 자주 찾아뵙고, 기금 모금 걷기 대회에 참가하며, 휴일 오후에 동네 공원 청소를 돕는다.

웃으면서 베푼다 '힘이 들 때까지 베푸는 것'은 좋은 일이다. 고통스러우면서도 미소를 지을 수 있다면 말이다. 베푸는 행동은 마뜩잖은 의무가 아니라 보람 있고 만족스러운 일이라는 인상을 아이에게 줄 수 있다면, 아이는 이런 행동에 내재된 기쁨을 깨닫게 될 것이다.

기적을 기대하지 않는다 토들러 연령대의 수호성인이 없는 데는 다 그만한 이유가 있다. 토들러들에게 선행이란 그리 쉽지 않기 때문이다. 토들러들은 천성적으로 자기중심적이기 때문에 아이에게 선행의 본보기가 되길 기대하는 것은 부당하다. 아이의 발달 단계를 인정하는 한편, 부모 스스로 선행을 확대하기 위해 의식적인 노력을 지속해 나간다면, 누가 알겠는가? 어느 날 아이의 행동을 통해 '뿌린 대로 거두리라.'는 격언을 믿게 될지.

9장

생후 21개월

***

아이의 발달 과정

이달 말에 아이가 해야 할 행동

* 정육면체 블록 2개를 쌓아 올린다(생후 $20\frac{1}{2}$개월 무렵).
* 요구를 받으면 신체 부위 1군데를 가리킨다.

주의 사항 아이가 아직 이 단계에 이르지 못했거나 상징 놀이와 상징 표현을 이용하지 않는다면 의사와 상담한다. 아직 이 단계에 다다르지 않았더라도 얼마든지 정상일 수 있지만, 어쨌든 평가를 받아 볼 필요가 있다. 또한 아이가 통제되지 않거나 과잉 행동을 보이는 경우, 말이 거의 없거나 수동적이거나 내성적인 경우, 지나치게 부정적인 반응을 보이고 요구 사항이 많으며 고집이 센 경우에도 역시 의사의 상담을 받는다. 단, 예정일보다 일찍 태어난 아이들은 생활 연령이 같은 또래 아이들보다 대체로 발달이 느린 편이다. 이런 발달상의 차이는 차츰 좁혀지다가 대개 만 2세 무렵이면 완전히 사라진다.

아이가 하게 될 행동

* 공을 앞으로 찬다.
* 그림 2개를 알아보고 손으로 가리킨다.
* 옷을 벗는다($20\frac{1}{2}$개월 무렵).

아이가 할지 모를 행동

* 도움을 받아 이를 닦는다.

혹시나 아이에게 기대할 만한 행동

* 옷을 입는다.

무엇이든 물어보세요 Q&A

─ 우리 아이는 구경만 해요

Q "우리 딸은 또래 아이들과 어울려 놀거나 활동하는 일이 전혀 없어요. 그냥 옆에서 아이들 노는 모습을 구경만 해요."

A 아이가 친구들과 함께 적극적으로 놀지 않는다고 해서 놀이에 전혀 참여하지 않는 건 아니다. 연구 결과에 따르면, 토들러들은 깨어 있는 시간의 약 20% 정도를 구경만 하면서 보낸다고 한다. 사실 이 시기에는 사교적인 상호작용을 하면서 보내는 시간보다 사물과 사람, 사건을 응시하면서 보내는 시간이 더 많다. 두 돌이 가까워지면 친구들과 어울리는 시간이 20% 정도 증가하고 응시하면서 보내는 시간은 14% 정도 감소하지만, 여전히 비교적 많은 시간을 응시하면서 보낸다. 그러므로 <u>어린아이들에게 관찰은 매우 중요한 참여의 형태이며, 일부</u>

적어도 상황에 대해 나름대로 주의 깊게 평가를 내릴 때까지 무리에서 떨어져 친구들이 어울리는 모습을 구경하는 걸 더 편안하게 여기는 토들러들도 있다.
아이가 관찰자로 있고 싶어 할 때 참여자가 되라고 자꾸만 재촉하면, 아이는 오히려 참여를 꺼리게 될 것이다.

아이들의 경우 적어도 사교성 발달이 시작되는 초기에는 관찰이 유일한 참여 방법인 것으로 보인다.

선천적으로 사교적인 일부 아이들은 놀이든 대화든, 어떤 활동에서나 쉽게 어울리지만, 대부분의 아이들은 행동에 돌입하기 전에 무리에서 떨어져 어느 정도 상황을 관찰할 시간이 필요하다. 그런가 하면, 그저 멀찍이 구경만 하는 것으로도 충분히 만족해 참여할 마음이 전혀 없는 것 같은 아이들도 있다. 이런 아이들이야말로 관찰자다.

아무래도 내 아이가 사교성이 썩 좋지 않다고 생각되면, 다음 내용을 참고해 아이의 사교적 기술을 발달시키고 자기만의 고치에서 빠져나올 수 있게 하자.

시간을 준다 아이가 친구들과의 놀이에 참여하기 전에 상황을 판단하고 준비 운동을 할 시간이 필요하다면 그렇게 하게 한다. 부모가 보기에는 놀지도 않고 시간을 낭비하는 것처럼 보일지 몰라도 아이에게는 아주 유익하게 시간을 보내는 것일 수 있다.

여유를 준다 아이가 또래 친구들을 관찰하는 동안 아이 주변을 맴돌거나, 아이가 준비가 되기도 전에 모임 안으로 들어가라고 재촉하지 않는다. 아이에게 사교적으로 활동하라는 재촉은 거의 도움이 되지 않을 뿐더러, 사실상 반항심을 일으켜 사교적 상황에서 더 뒤로 물러나게 만들 수 있다.

인정한다 아이의 성격은 아이의 정체성에서 중요한 부분을 차지한다. 아이의 성격을 바꾸려 하면, 아이가 어떤 면에서 무능하다는 메시지를 전달하는 셈이 된다. "엄마와 아빠가 원하는 걸 할 수 없는 걸 보니 나한테 뭔가 문제가 있는 게 틀림없어." 그러므로 아이의 모습을 있는 그대로 인정함으로써 엄마, 아빠는 아이를 소중하게 여기고 존중한다는 걸 알게 한다. 아이가 사교적인 아이들 못지않게 친구들과 차츰 잘 어울리고 있다는 걸 부모의 말과 행동으로 분명하게 표현한다. 외향적인 아이들은 장차 정치가나 기업의 간부가 될 수 있지만, 관찰자인 아이들은 그런 사람들에 대해 기사를 쓰는 기자나 그런 사람들을 연구하는 사회 과학자가 될 가능성이 높다.

지지한다 사교적 상황에서 아이가 주저하거나 당황하거나 수줍어한다면 아이 곁에 있어 준다. 친구와 일대일로 놀이할 기회를 만들어 위협적이지 않은 사교적 경험을 제공한다. 수줍은 성격을 극복하기 위해서는 447쪽의 요령을, 새로운 상황에 적응하기 위해서는 278쪽을 참조한다.

물건을 삼켜요

Q "우리 아들은 놀이터에서 동전을 발견하더니, 제가 막아 볼 새도 없이 얼른 입에 집어넣고는 삼켜 버렸어요. 다행히 이상은 없지만 다음에 또 그러면 어떻게 하지요?"

A 일단은 기다려 본다. 아이가 숨 쉬기 힘들어한다든지 음식을 삼키기 힘들어하지 않고, 가슴의 통증을 호소하지 않는다면, 그리고 기침을 하지 않거나 목이 막힌 것 같지 않다면, 가장 좋은 방법은 며칠 동안 아이의 변을 관찰하는 것이다. 동전이나 작은 물건을 삼킨 경우, 거의 대부분

변을 통해 배출된다.

　아이가 며칠 동안 열이 나거나, 4~5일 후에 기저귀나 변기에서 동전이 보이지 않는다면, 병원을 찾아간다. X선 사진으로 동전이 걸린 위치를 확인하게 되며, 경우에 따라 내시경으로 동전을 제거해야 할지 모른다. 꽤 큰 물체가 소화관에 걸린 경우, 외과 수술을 해야 할 수도 있다.

　그러나 아이가 이물질을 삼켜 기침을 하거나, 음식을 삼키기 힘들어하거나, 가슴에 통증을 느끼는 것 같다면, 즉시 담당 의사에게 전화를 하거나 응급실로 향한다. 이물질을 삼켜 질식한 경우의 해결 방법에 대해서는 739쪽을 참조한다. 핀이나 바늘, 생선 가시, 모서리가 날카로운 장난감 등 날카로운 물건이나 단추 모양의 배터리같이 위험한 물건을 삼킨 경우에도 즉시 치료를 받아야 한다. 때때로 토들러들은 부모나 양육자가 모르게 작은 물건을 입속에 넣고 삼키다가 목에 걸리기도 한다. 아이가 위에 언급한 증상을 보이면, 이런 가능성을 의심하고 병원에 가야 한다.

── 몸의 구멍에 물건을 넣어요

Q "우리 딸은 음식이든 장난감이든 크레파스든 할 것 없이 웬만한 물건은 죄다 콧구멍, 귓구멍, 입속에 넣으려 해요. 그러다 다칠까 봐 걱정돼요."

A 어딘가로 데려가 줄 것만 같은 구멍들은 호기심 많은 토들러들의 마음을 혹하게 만든다. 그리고 귀와 코, 입, 그리고 간혹 신체의 다른 구멍에 대한 이런 식의 탐색이 부모들에게는 당황스러울지 모르지만, 아이들에게는 아주 정상적이다. 극히 드문 경우지만 성별에 관계없이 항문을 탐색하는 아이도 있다.

　그러나 정상이긴 하지만 위험이 없지는 않다. 물건을 귀에 넣으면 고막이 손상될 수 있고, 코에 넣으면 코피가 나고 심지어 감염을 일으킬 수 있으며, 입에 넣으면 질식을 일으키거나 독성 물질에 중독될 수 있고, 질에 넣으면 감염될 수 있다. 뜨겁거나 부식성이 있는 물건인 경우 화상을 입을 수도 있다.

　<u>탐색을 권장하는 건 중요하지만, 호기심으로 인한 결과로부터 아이를 보호하는 것도 중요하다. 아이가 몸의 구멍에 물건을 넣는 모습을 발견한 경우, 이런 행위는 위험하다고 설명하고 물건의 용도를 알려 준다.</u> "건포도는 먹는 거지 콧구멍에 넣는 게 아니란다." 그래도 행동이 개선되지 않거나 아이가 가지고 놀아서는 안 되는 물건을 몸의 구멍 안에 집어넣으려 한다면, 즉시 빼앗되 아이에게 죄책감을 일으키거나 나쁜 아이라고 생각하지 않게 해야 한다.

　콧구멍이나 귓구멍에 이물질을 넣는 경우도 있지만, 아주 가끔 어른이 보지 않을 때는 질 속에 넣기도 한다. 아이의 질에서 악취가 나거나, 혈액이 섞여 있든 그렇지 않든 간에 원인 모를 분비물이 섞여 나오거나, 아이가 그 부위가 아프다고 불평을 토로하기 시작한다면, 이물질을 넣었을지 모르므로 가능성을 의심해 본다. 정체를 알 수 없는 이물질을 안전하게 제거하는 방법과 그에 따른 부상을 치료하기 위한 방법은 725쪽을 참조한다.

── 거세될까 봐 걱정해요

Q "우리 아들은 갓 태어난 여동생의 벌거벗은 몸을 보고 고추가 없다는 걸 확인한 뒤로 자신의 고추를 잃어버릴까 봐 걱정해요."

A 이 시기 토들러들, 특히 갓 태어난 여동생을 둔 남자아이들이 아주 흔하게 하는 걱정이다. 이런 두려움은 단순한 생물학적 가르침만으로도 쉽게 누그러뜨릴 수 있다. 즉, 모든 남자아이들은 고추를 가지고 태어나며 절대로 잃어버릴 수 없다, 여자아이들은 질을 가지고 태어나며 역시 절대로 잃어버릴 수 없다고 설명한다. 어린 여자아이와 어린 남자아이의 생식기, 성인 여성과 성인 남성의 생식기의 기본적인 차이를 알려 주는 간단한 아동용 인체 그림책이 아이에게 그러한 사실을 설명하는 데 도움이 될 뿐 아니라 아이의 마음을 편안하게 해 줄 수 있을 것이다.

── 페니스 선망과 호기심

Q "어젯밤 아들과 목욕을 했는데요, 자기 고추가 제 것보다 훨씬 작다면서 마구 화를 내는 겁니다. 아들 녀석한테 뭐라고 말해야 좋을지 몰라 당황스럽더군요."

A 사실대로 말해 주면 된다. 넌 아직 어리니까 고추가 작은 거라고 말이다. 네가 어리기 때문에 네 손과 발, 다리, 팔, 코, 입도 작은 거라고 설명한다. 아빠의 코와 아들의 코, 아빠의 치아와 아들의 치아가 크기가 다르다는 걸 거울로 확인시킨다. 서로의 발 크기, 손톱 크기, 손 크기도 비교해 본다.

자라면서 모든 신체 부위도 함께 자랄 거라고, 완전히 커서 어른이 되면 모든 신체 부위들이 아빠처럼 커질 거라고 설명한다. 아빠가 어린 꼬마였을 때 찍은 사진과 함께 어린 남자아이와 성장한 어른의 신체적 차이를 간단하게 설명한 그림책을 보여 주면, 아이가 성장 과정을 이해하는

시간 개념 가르치기

토들러들에게 현재 말고 다른 시간은 없다. 사실상 현재만이 유일한 시간이다. '어제, 오늘 아침, 내일, 오늘 밤, 잠시 후, 나중에'는 전부 상대적으로 의미 없는 용어다. 분이나 시간이나 마찬가지로 인식되고, 시간이나 날이나 동일하게 느껴진다. 그러므로 부모가 "서둘러라."라고 말한다고 아이가 서두르고, "기다려라."라고 말한다고 아이가 참아 줄 거라 기대해서는 안 된다. 이 연령대의 아이들은 아직 자신이 무얼 할 수 있는지 전혀 알지 못한다.

만 1세 중반쯤 되면 대부분의 토들러들이 '지금'에 중점을 둔다. 과거와 미래는 아직 이해의 영역을 넘어선 개념이다. 아이들은 '지금' 점심을 먹고 싶고, '지금' 엄마가 집에 오길 바라며, '지금' 밖에 나가고 싶고, '지금' 할머니 집에 가고 싶어 한다. 그러나 두 돌이 다가오면서 시간에 대한 인식이 크게 발달하게 되고, 부모가 '곧' 이라든가 '나중에'라고 말하면 개념을 이해하기 시작한다. 만 3세 무렵이면 더욱더 발전해, '오늘', '어제', '내일' 같은 개념을 다소 모호하긴 하지만 각각 받아들인다. 토들러들은 대부분 과거에 일어난 일을 언급할 때 '어젯밤'이라고 말하고, 일부 토들러들은 용케 '내일'이라는 단어도 사용하지만, 사실상 내일이라는 개념을 제대로 이해하려면 내년이나 내후년쯤 돼야 가능하다. 그리고 만 6세쯤 되어서야 시간이 연속적이라는 개념이 분명하게 이해되기 때문에, 초등학교 저학년이 될 때까지는 시계에 대해 별 의미를 두지 않을 것이다. 그동안은 다음과 같은 요령을 참고하면 학습 과정에 도움을 줄 수 있다.

두 가지 방식으로 시간을 설명한다
아이에게 시간에 대해 이야기할 때 가능하면 한 번에 두 가지 이상의 방식으로 설명한다. "우리는 오늘 오후에, 낮잠 자고 일어나자마자 놀이터에 갈 거야." 혹은 "오늘 아침, 아침 식사 후에 민희가 놀러 오기로 했단다." 아이가 연령이 높은 경우 시간 개념을 덧붙이기 시작한다. "점심

데 도움이 될 것이다.

Q "우리 딸은 지난번 놀이 모임에 갔을 때 어린 남자아이 한 명이 기저귀 가는 모습을 보았어요. 그런데 남자아이의 고추를 보고 상당히 불안해하는 것 같더니, 요즘에는 왜 자기는 고추가 없냐면서 화를 냈어요."

A 토들러에게 소유는 삶의 전부이므로, 소유하지 못하는 것이 있다면 무엇이든 샘을 내기 마련이다. 장난감, 쿠키, 모래놀이 통 안에 자신이 놀 공간, 그리고 신체 부위도 마찬가지다. 그러므로 어린 여자아이가 신체 부위 가운데 누구에게는 있고 누구에게는 없는 게 있다는 걸 처음 깨달을 때, 그 불공평함으로 인해 불안해하는 건 드문 일이 아니다.

아직 성에 대한 기본적인 지식을 설명해 줄 때는 아니다. 아이가 물어보기 전까지는 굳이 설명할 필요가 없지만, 아이가 질문하면 바로 대답할 준비는 갖추도록 한다(464쪽 참조). 지금은 아이를 안심시키고 두 가지 중요한 사실만 알려 주면 된다. 즉, <u>남자아이들 그리고 아빠 같은 남자 어른들에게는 고추가 있으며, 여자아이들 그리고 엄마 같은 여자 어른들에게는 질이 있다고 설명한다. 남자아이와 여자아이는 다르고, 태어날 때부터 다르게 태어났다고 말해 준다.</u>

아이의 연령에 맞는 간단한 그림책을 보여 주면 보다 확실하게 이해시키는 데 도움이 될 것이다.

입술에 뽀뽀해도 될까요

Q "가끔은 지금처럼 계속 딸아이의 입술에

먹고 오후 1시에 놀이터에 가자."

일정을 순서대로 알려 준다 계획된 일정을 순서대로 알려 준다. "제일 먼저 마트에 갈 거야. 그런 다음 도서관에 가고, 마지막으로 점심을 먹을 거란다." 혹은 "먼저 목욕을 한 다음 과자하고 우유를 먹고 마지막으로 책을 읽자." '~ 하기 전에'와 '~ 한 뒤에'의 개념도 알려 준다. "공원에 가기 전에 간식을 먹을 거란다.", "아침을 먹은 뒤에 민수와 민수 엄마가 오실 거야." 또한 '곧'과 '나중에'의 개념도 서서히 알려 주기 시작한다. "곧 네 방에 있는 블록 치울 시간이야.", "나중에 케이크 만들자꾸나." 그러나 아직 이런 단어의 미묘한 차이까지 이해하길 기대해서는 안 된다.

보조 교재를 이용한다 아이의 관점에서 시간의 경과를 설명하려면 구체적인 예를 드는 것이 좋다. 아이의 과거 사진과 현재 사진을 보여 주면서 이렇게 말한다. "예전에 네가 이렇게 작았는데, 지금은 이렇게 자랐어." 책을 다 읽고 나면 책의 내용을 순서대로 요약한다. "처음에 어린 소년이 수영을 했지. 그다음 공원에서 놀았고, 나중에는 집에 돌아와 아이스크림을 먹었어." 아이가 무언가를 기다려야 하는 상황이 되면, 시간의 경과를 알려 주기 위해 타이머를 이용한다. "5분 동안 타이머를 맞춰 놓을게. 타이머가 울리면 엄마랑 같이 그림 그리자."

요일 개념을 익힌다 아이가 요일마다 특정한 활동에 참여한다면

요일 개념이 덜 모호할 것이다. "우리는 월요일에는 놀이 모임에 가고, 화요일에는 도서관에 간다. 일요일에는 할머니 댁에 가고." 사진을 붙일 수 있는 커다란 주간 캘린더나 정기적인 활동을 시각적으로 기억하게 해 주는 다른 도구들을 이용해도 요일 개념을 익히는 데 도움이 될 수 있다. "어제 우리 점심 먹으러 나갔지." 하며 어제 했던 구체적인 일과 "오늘 미술관에서 정말 즐거웠어." 하며 오늘 한 일, 그리고 "내일은 가은이네 집에 놀러 갈 거란다." 하며 내일 할 일을 습관적으로 이야기한다. 아이가 이틀 남은 이모의 방문을 손꼽아 기다린다면, 이모가 도착하는 날을 구체적으로 알려 준다. "두 밤 자고 일어나면 이모가 오실 거야."

뽀뽀를 해도 괜찮을까요? 우리 시어머니는
건강에 좋지 않다고 걱정하세요."

A 부모 중 한쪽에게는 괜찮다고 생각되는 애정
표현이 다른 쪽에게는 잘못이라고 생각될 수 있다.
부모들이 이런 문제에 어떻게 반응해야 할지
판단하는 데에는 성격과 사회 분위기, 양육 방식,
그 밖에 육아에 수반되는 온갖 요인들이 결합된다.

부모도 아이도 전염병에 걸리지 않았을 경우,
딸의 입술에 가볍게 뽀뽀를 하는 것이 모두에게
기분 좋은 일이라면 그렇게 해도 괜찮으며, 특히
아이가 지금처럼 어릴 때는 얼마든지 괜찮다. 물론
진하게 키스를 하는 것은 적절하지 않다. 그리고
가볍게 입을 맞추는 것조차 불편하게 느껴진다면,
아이의 뺨이나 이마에 입을 맞춘다.

── 애정 표현

Q "우리 큰아이는 애교가 많아서 보고 있으면
꼭 안아 주고 싶답니다. 아이도 언제든 안아 주면
좋아하고요. 하지만 우리 막내는 사정사정해야
겨우 한 번 안아 볼 수 있어요."

A 한 가족 안에서도 아이들이 저마다
다르다는 걸 보여 주는 확실한 예다. 어떤 아이는
사교적이고, 어떤 아이는 수줍음이 많다. 어떤
아이는 조금만 야단을 맞아도 울고, 어떤 아이는
거의 아랑곳하지 않는다. 어떤 아이는 안아 주고
싶을 만큼 애교가 많고, 어떤 아이는 그렇지 않다.
이런 차이는 정상이고, 어른들은 각각의 차이를
존중해야 한다. 그러므로 어떤 연령의 아이든
간에 아이가 애정 표현에 몸이 경직되거나 몸을
움츠리는 등, 애정 표현을 썩 좋아하지 않는 듯한

모습을 보인다면, 아이의 성향을 존중한다. 집에서
안아 주는 건 괜찮지만 사람들이 보는 앞에서
안아 주는 건 꺼리는 아이도 있다. 이런 선호 역시
존중받아야 한다.

그러나 안아 주거나 손을 잡는 걸 아이가
몹시 싫어하고, 육체적으로나 정서적으로나 모두
거리를 두면서 건드리지도 못하게 한다면 담당
의사와 상의한다.

Q "아내와 저는 어린 딸에게 어느 정도까지
애정 표현을 해 주어야 할지 잘 모르겠습니다.
아동 성범죄에 대한 이야기를 하도 많이 듣다
보니, 아이를 안아 주거나 엉덩이를 두드려 주어도
괜찮은지 슬슬 걱정이 되기 시작합니다."

A 스킨십은 관계, 특히 부모와 자녀 사이의
관계에서 아주 중요하다. 인간 외에 영장류들도
어린 새끼들이 어미와 수시로 신체 접촉을 하지
못하면 정상적인 발달이 이루어지지 않는다.

그러나 여기에도 한계가 있다. 아이가 특정한
포옹 형태를 싫어하든 특정한 스킨십 강도를
싫어하든 어느 쪽이든 간에 스킨십을 불편하게
여긴다면, 반드시 그만두어야 한다. 물론 스킨십이
부모나 아이를 성적으로 자극한다면 이런 종류의
스킨십은 건강하지 못하다. 이런 식으로 아이와
스킨십하길 원한다면 즉시 전문가의 도움을
받도록 한다. 그렇지 않다면 안심하고 지금처럼
아이를 쓰다듬어 준다.

── 아이를 사랑하기가 어려워요

Q "아이를 사랑해요. 하지만 하루 종일 너무
말을 안 듣고 말썽만 부리니까 가끔은 도저히 못

참겠다는 생각이 들 때가 있어요."

A 청소년기를 제외하고는 토들러 시기만큼 부모의 인내심과 애정을 시험하는 발달 단계도 없다. 그나마 긍정적으로 보자면, 적어도 아직은 여드름도 나지 않고 여자 친구도 없다. 외고집에 매사 비협조적이고 반항적이고 비이성적이다. <u>자제력을 잃지 않고 최대한 침착하게 대하려는 부모의 결심을 번번이 시험하고, 나이에 걸맞게 점잖게 행동하려는 다짐을 여지없이 무너뜨리며, 균형 감각을 유지하려는 능력을 갈수록 약화시키는 등, 아이는 갖고 있는 재능을 총동원해 부모를 힘들게 하려고 작정한 듯하다.</u> 그리고 무엇보다 최악은, 아무런 의심 없이 영원히 아이를 사랑할 거라 생각했던 것과 달리, 때때로 아이를 향한 사랑을 의심하게 만든다는 것이다.

이런 복잡한 감정에서 벗어나려고 발버둥 치는 부모가 나 혼자만은 아니라는 사실을 기억하도록 하자. 물론 다른 아이들보다 다루기 쉬운 아이도 있고 유독 힘든 아이도 있다. 그러나 내 자식이지만 도저히 참기 힘들다는 생각을 적어도 한 번씩 해 보지 않은 부모는 거의 없으며, 때때로 정말이지 도저히 사랑하기가 힘들다는 생각을 해 보지 않은 부모 역시 거의 없다. 그러므로 죄책감도 갖지 말고 절망스러워하지도 말자. 이 격동의 시기를 견디고 나면 훗날 애틋한 마음으로, 적어도 빙그레 미소를 지으며, 이 시간을 회상할 날이 올 것이다. 그리고 생각해 보면, 의존과 독립 사이의 투쟁이 시작되는 사춘기 전까지 대략 10년 동안은 그럭저럭 즐거운 시간을 보내게 될 것이다.

내 아이만 그러는 게 아니랍니다

가뜩이나 복잡한 길거리 한가운데에 주저앉아 발버둥 치면서 고래고래 소리를 지르는 아이가 내 아이만은 아니다. 눈이 펑펑 쏟아지는 한겨울에 부츠나 코트를 입지 않겠다고 고집을 부리고, 마트의 과자 진열대에 있는 과자들을 우르르 떨어뜨리는 아이 역시 내 아이만은 아니다.

하지만 어쨌든 내 입장에서는 내 아이만 그러는 것 같다. 그러나 사실 적어도 어느 시점에서는 거의 대부분의 아이들이 그처럼 까다로운 모습을 보인다. '끔찍한 두 살'을 보내고 있는 내 아이에게서 눈을 돌리면, 내 아이 때문에 겪는 고난과 시련을 똑같이 겪는 부모들이 제법 많다는 사실을 깨닫게 될 것이다. 한두 살 자녀를 둔 부모라면 누구나 나와 같은 괴로움을 겪는다. 그러나 내 아이의 불쾌한 행동에는 당황하지만 다른 아이의 행동에는 신경을 쓰지 않기 때문에, 마치 나만 유독 까다로운 아이를 키우는 것 같은 느낌이 드는 것이다. 어쨌든 다른 집 아이가 길거리 한복판에서 발버둥 치고 소리를 지른다고 내가 창피하거나 곤란한 건 아니니까.

많은 부모들이 공감하는 이 책의 수많은 질문들을 읽어 보아도 내 아이만 그러는 게 아니라는 사실이 충분히 설득되지 않는다면, 토들러를 둔 부모들의 모임에 가입하거나 그런 모임을 만들어 보자. 다른 부모들과 만나고, 다른 아이가 성질을 부리거나 코트를 입지 않겠다고 고집 부리는 모습을 보면 한결 마음이 놓일 것이다. 또한 내가 가진 문제뿐 아니라 해결책도 서로 교환할 기회를 가질 수 있다.

내 아이만 그러는 게 아니라는 사실을 깨닫는다고 아이와 함께하는 생활에 갑자기 산들바람이 부는 건 아니겠지만, 폭풍우를 견디는 데에는 도움이 될 수 있다. 다른 아이들도 비이성적인 행동을 할 때가 있다는 사실을 상기하는 것이야말로, 내 아이가 비이성적인 행동을 할 때 균형감과 냉정을 유지하는 데 가장 좋은 방법이다. 뿐만 아니라, 내가 아이에게 괴롭힘을 당한다는 느낌, 벌을 받는다는 느낌, 죄책감 같은 감정에서 벗어날 수 있으며, "왜 나만 이러는 거야?"라든가 "대체 내가 무슨 잘못을 했다고 이러는 거지?" 같은 질문을 던지지 않게 될 것이다.

그동안은 아이와 함께하는 즐거운 시간에 더 많은 관심을 기울이고, 괴로운 시간은 최대한 무시하도록 노력한다. 착하게 행동하면 더 많은 관심을 받게 된다는 걸 아이가 깨닫게 되면, 앞으로도 계속 착하게 행동하는 것이 좋겠다는 결론을 내릴 것이다. 아이가 부모를 미치게 만들 때는, 아이가 아니라 아이의 행동에 대해 화를 내야 한다. 그래야 부모와 아이 모두 감정을 더 잘 극복하게 될 것이다. 한계를 정하고 실천하며, 145쪽에 소개한 훈육 방법을 이용해도 바람직하지 않은 행동을 줄이고 문제를 일으키지 않도록 하는 데 도움이 될 것이다. 그리고 시간이 지나면 결국 토들러 시절의 행동이 사라지게 되어 있다.

매일 포옹 치료법을 실시해도 도움이 된다. 시간 나는 대로 최대한 많이 안아 주고 뽀뽀해 주고 뺨을 맞대고 등을 쓰다듬어 준다. 안아 주고 싶을 때에도 안아 주고, 안아 주고 싶지 않을 때에도 안아 준다. 아이가 유난히 밉고 아이의 행동이 도무지 사랑스럽지 않을 때는 아이를 향해 손을 뻗어 쓰다듬어 준다. 목을 쓰다듬고 뺨을 어루만지며 예기치 않은 순간에 갑자기 포옹을 하면, 분노와 불쾌한 감정이 눈 녹듯 사라져 아이의 짜증을 예방하거나, 엉망진창이었던 그날 오후가 즐거운 방향으로 전환되는 경우가 많다. 물론 이 방법이 언제나 효과가 좋은 건 아니지만 언제나 시도해 볼 만하다.

물론 다른 아이들처럼 쉽게 안기려 들지 않는 아이들도 있기 때문에 내 아이에게 맞는 신체 접촉을 해야 한다. 포옹을 할 때마다 아이가 빠져나오려고 몸을 꿈틀거린다면, 하이파이브를 하거나 말로 다독이는 것이 더 흥미를 일으킬 것이다. 아이를 무척 사랑한다는 걸 보여 줄, 그리고 이를 부모 스스로 상기할 수 있는 방법을 찾는다.

가끔씩 아이에게 화가 나는 건 정상이지만, 늘 화가 나거나 자칫 폭력으로 이어질 것 같은 아슬아슬한 상황이 자주 반복된다면 정상이라고 볼 수 없다. 때때로 아이를 때릴 정도로 화가 나거나 아이에게 거리감이 느껴진다면 아이의 담당 의사에게 이야기한다. 어느 때든 아이를 때리거나 폭언을 행사할 것 같다는 생각이 들면, 806쪽의 마음을 차분한 상태로 유지하는 방법을 참조한다. 자제력을 잃고 아이를 다치게 할 위험이 있다고 생각되면, 부모 상담 전화에 전화를 걸거나, 자제력을 찾을 때까지 이웃이나 양육자에게 집에 와서 아이 곁에 있어 달라고 부탁한다. 상담 전화번호는 휴대 전화에 입력하거나 집 전화기 가까운 곳에 부착해 놓는다.

─ 성 정체성

Q "우리 아들이 트럭이나 자동차를 가지고 놀지 않아서 걱정이에요. 인형을 가지고 가상 놀이를 하거나 여자아이들하고 노는 걸 더 좋아하는 것 같아요."

A 이 연령대에 이르면 대부분의 남자아이는 남자아이가 되고 대부분의 여자아이는 여자아이가 된다. 그러나 전통적인 성별의 경계를 가로지르는 경우도 드물지 않게 볼 수 있다. 어떤 경우 공격성이 약한 남자아이들은 보통 남자아이들이 거칠게 노는 걸 알기 때문에 여자아이들과 노는 걸 더 좋아한다. 혹은 같이 놀 친구가 여자아이들밖에 없기 때문에 여자아이들하고만 노는 경우도 있다. 이 경우 여자아이들이 좋아하는 인형을 남자아이도

좋아하게 될 수 있다. 그러나 남자아이들은 때때로 또래 여자아이들과는 다른 방식으로 이런 인형들을 이용한다. 가령, 인형을 갓 태어난 아기로 여기는 것이 아니라 슈퍼 영웅으로 대한다든지 하는 식으로 이용한다. 누나를 따라 하는 과정에서 남성과 여성 사이의 경계를 오가는 남자아이도 있고, 단순히 호기심을 충족시키기 위해 그런 모습을 보이는 남자아이도 있다.

만 3세 무렵이면, 아이들은 자신이 누구인지, 앞으로 어떤 사람이 될지 더 강하게 의식하기 시작한다. 남자아이들은 대체로 남자아이들과 어울리게 되고, 전통적인 남자아이용 장난감과 게임으로 돌아선다. 그러나 이전 세대의 취학 전 남자아이들과 달리, 요즘 취학 전 연령의 아이들은 이처럼 관계와 놀이가 달라진 후에도, 적어도 한 번씩은 기꺼이 소꿉놀이를 하기도 한다. 물론 그러면서도 대부분은 아빠를 흉내 내 아기 인형을 안아 주고, 목욕을 시키고, 자장가를 불러 주면서 우유를 먹이고, 곰돌이 푸우 인형에게 벌꿀 요리를 해 줄 것이다. 남자아이가 이처럼 아기를 보살피는 행동을 보이면, 엄마가 되려고 그러냐며 놀리거나 야단을 치기보다 좋은 아빠가 되도록 격려하고 칭찬해 주어야 한다.

아이에게 활동적인 사내아이가 되도록 압력을 가해서도 안 된다. 모든 아이들은 신체적인 활동을 하도록 장려되어야 하지만, 공 던지기보다 그림 그리기나 책 읽기, 소꿉놀이를 더 좋아하는 남자아이를 아이의 취향 때문에 놀리거나 벌을 주어서는 안 된다. 남자다운 남자들도 책을 읽고, 글을 쓰며, 그림을 그리고, 아이 양육과 가사에 참여한다. 남자다운 남자들도 프로 운동선수뿐 아니라 작가도 되고 의사도 되며, 연구자, 사업가, 예술가, 부모도 된다.

아직 어린 남자아이에게 남성의 모습과 여성의 모습이 동시에 드러나는 걸 보고, 많은 부모들이 혹시 내 아이가 동성애 경향을 보이는 건 아닌지 성급하게 결론을 내리곤 한다. 하지만 그런 결론을 내리기에는 너무 이르다. 성별에 근거한 행동이 보다 확립되려면 만 3세는 되어야 하며, 그 시점이 됐다 하더라도 아이가 좋아하는 장난감이 장차 성적 취향을 알 수 있는 확실한 예측 변수가 되는 건 결코 아니다. 그러나 만 3세 무렵의 남자아이가 인형만 가지고 놀거나, 남자아이들과 어울리려 하지 않거나, 주기적으로 여자아이 옷을 입으려 하는 등 의심스런 모습을 자주 보이는 경우, 아이의 담당 의사와 상의하면 도움을 구할 수 있다.

Q "우리 딸 또래의 다른 여자아이들은 장난감 유모차에 인형을 태우고 밀면서 노는데, 우리 딸은 남자아이들과 야단법석을 떨면서 노는 걸 좋아해요. 심지어 남자아이가 되고 싶다는 말까지 하더군요."

A 유아기는 발견, 다시 말해 과학적 발견, 사회적 발견, 그리고 지적 발견을 위한 시기다. 그러나 아마도 가장 중요한 발견은 뭐니 뭐니 해도 아이 자신에 대한 발견일 것이다. 그리고 대부분의 발견은 실험을 통해 이루어진다.

대부분의 부모들이 아이가 과학적 혹은 지적 이론을 실험할 때는 열심히 박수를 쳐 주면서도 성 정체성을 실험할 때는 못 하게 방해를 한다. 그러나 성 정체성에 대한 실험은 다른 실험 못지않게 자주 이루어지고 때로는 다른 실험만큼 필요하기도 하다.

아마 아이는 영원히 남자아이처럼 살고 싶어서가 아니라, 단지 자신과 다른 성을 가진 아이들의 삶이 궁금한지 모른다. 특히나 남자아이들과 보내는 시간이 많으면 그런 호기심이 자극됐을 가능성이 있다. 그리고 여자아이들은 할 수 없는 일들을 남자아이들은 척척 해내는 모습을 자주 목격했을지 모른다. 또한 장난감 기차나 블록같이 전통적으로 남자아이 것이라고 간주되는 장난감에 흥미가 있지만, 그런 장난감을 가지고 놀지 못하거나, 추리닝 바지와 멜빵바지가 더 편한데도 억지로 프릴 달린 드레스를 입어야 하는 경우, 남자아이의 성을 부러워할 수도 있다. 그리고 "남자아이가 되고 싶다."고 말했다면, 단순히 충격을 주는 것이 목적일 수 있다. 토들러들은 부모가 놀라거나 화를 내는 등 부정적으로 반응하는 모습을 보면서 왜곡된 형태의 즐거움을 얻는다. 아니면 부모의 화를 돋우고 말겠다는 반항심 때문일 수도 있다. 이유가 어떻든 아이의 태도는 전혀 걱정하지 않아도 괜찮다.

아이가 성별에 관한 실험을 한다고 해서 못 하게 말리거나 지적해서는 안 된다. 아들이었다면 허용했을 정도의 자유를 허용하도록 한다. 아이가 원하는 방식대로 놀게 해 준다. "여자아이는 그런 거 하고 노는 거 아니야."라며 억제하지 않는다. 아이가 원하는 친구들과 친하게 지내도록 장려하고, 아이가 원한다면 여자아이들뿐 아니라 남자아이들도 함께 어울리는 놀이 모임을 마련한다. 그리고 아이가 입고 싶어 하는 옷을 입힌다. 그와 동시에 아이가 본보기로 삼을 만한 긍정적인 여성의 모습을 보여 주면, 마침내 여자아이가 되는 것이 좋겠다는 걸 깨닫게 될 것이다.

성 정체성은 만 3세 무렵이면 더욱 견고하게 정착된다. 그런데 아이가 세 돌이 지났는데도 여전히 선머슴처럼 지내는 걸 좋아하는 것과는 대조적으로, 여자아이들과 어울리는 것에 대해서는 자주 불만을 표시한다면, 아이의 담당 의사에게 걱정을 이야기한다.

Q "우리 아들은 자동차와 트럭을 가지고 노는 걸 좋아해요. 그래도 그렇지, 제가 사 준 인형은 손도 대지 않고 던져 버려요."

A 일반적으로 만 2세 남자아이를 장난감 유모차까지 데리고 갈 수는 있어도 인형을 가지고 놀게 할 수는 없다. 마찬가지로, 만 2세 여자아이를 장난감 차고까지 데리고 갈 수는 있어도 자동차를 가지고 놀게 할 수는 없다. 그리고 남자아이에게 어찌어찌 인형을 가지고 놀게 만들었다 하더라도, 아이는 인형을 공중으로 던져서 인형이 어떤 식으로 땅에 떨어지는지 확인하는 놀이를 할 것이다. 또한 여자아이에게 자동차를 가지고 놀게 만들더라도, 장난감 가족들의 드라이브용으로 자동차를 이용할 것이다. 진보적인 부모가 되기로 단단히 마음먹고 아들에게는 인형을, 딸에게는 자동차를 사 준 부모들은 차츰 이런 모습을 발견하고 몹시 유감스러워한다. 성별에 대한 고정관념은 어떤 면에서는 우리가 생각하는 것보다 더 일리가 있는 것 같다.

그렇다면 남자아이와 여자아이가 선천적으로 기질이 형성되는 정도와 양육에 의해 기질이 형성되는 정도는 얼마나 될까? 분명한 사실은 성에 대한 전통적인 고정관념은 문화적인 자극에 상당히 많은 영향을 받는다는 것이다. 여러 연구 결과들에 따르면, 부모를 비롯한 다른 사람들은 갓 태어난 남자 아기보다 갓 태어난 여자 아기를 더 조심스럽게 다루고, 남자 아기가 울 때보다 여자

아기가 울 때 더 빨리 반응을 보이는 등, 태어날 때부터 남자아이와 여자아이에게 다른 종류의 관심을 보인다고 한다. 여자아이들은 안아 주고 달래 주는 반면, 남자아이들은 거칠게 다룬다. 여자아이들은 "어머나, 정말 사랑스럽구나."라는 말을 듣고 자라는 반면, 남자아이들은 "우아, 정말 건강하고 튼튼한 녀석인걸."이라는 말을 듣고 자란다. 나중에 아이들이 자랄 때, 여자아이들은 활동이 좀 더 제한적인 반면, 남자아이들은 좀 더 많은 자유가 주어진다. 부모들은 여자아이에게는 문제를 해결하도록 재빨리 도움을 주는 반면, 남자아이에게는 스스로 알아내는 걸 장려한다. 여자아이들과 대화할 때는 중간중간 감정적인 단어들이 개입되는 반면, 남자아이들과 대화할 때는 감정보다는 상황에 중점을 두는 경향이 있다.

그런데 일부 성 역할은 사회의 기대와 관련이 있는 한편, 생물학에 근거를 둔 경향들도 있다. 그렇기 때문에 일부 전문가들은 여자아이와 남자아이를 다르게 양육하려는 경향은 사실상 여자아이와 남자아이가 선천적으로 다르게 행동한다는 사실에서 기인한다고(적어도 부분적으로는) 주장하기도 한다. 뇌와 호르몬은 날 때부터 기질과 행동에서 뚜렷한 차이를 드러내는 것 같다. 대체로 갓 태어난 남자 아기들은 신체적으로 보다 활발하고 활기찬 데 반해, 갓 태어난 여자 아기들은 보다 얌전하고 사람의 얼굴과 목소리에 더 많이 반응한다. 일반적으로 남자아이들은 좀 더 공격적인 반면, 여자아이들은 좀 더 사교적이고, 남자아이들은 사물에 반응하는 반면, 여자아이들은 사람에 반응한다.

물론 모든 고정관념이 그렇듯이 성별에 대한 고정관념 역시 일반화에 근거를 둔다. 이런 고정관념에 딱 들어맞지 않거나 심지어 전혀 들어맞지 않는 남자아이와 여자아이도 상당히 많다. 수학과 기계학 같은 전형적인 남자아이의 영역에 뛰어난 재능을 보이는 여자아이도 있고, 언어와 양육 같은 전형적인 여자아이의 영역에 더 능숙한 남자아이도 있다. 그러나 대부분의 아이들은 각각의 전통적인 성 역할을 충실히 수행한다. 부모가 남녀 구별이 없는 환경에서 성별의 구분이 없는 책을 읽히고, 성별의 구분이 없는 장난감을 사 주며, 성별의 구분 없이 일관된 태도를 취하면서 세심하게 아이를 양육해도 그렇다.

남녀의 차이가 있다고 해서 한쪽 성이 다른 쪽 성보다 더 우월하다는 의미는 결코 아니다. 오히려 요즘 사회는 남성과 여성이 평등하되 다르다는 사실을 서서히 인정하고 있다. 또한 본성이 막강한 영향력을 행사하기 때문에 제아무리 철저하게 양육을 해도 성별에 따른 성향에 전혀 영향을 미치지 못한다는 의미도 아니다.

가급적 아들에게 계속해서 다양한 종류의 장난감을 주되, 남자아이가 흥미를 갖지 않는 장난감을 가지고 놀라고 강요하거나 압력을 가해서는 안 된다. 부모가 강요할수록 아이는 점점 밀어내려 할 것이다. 아이에게 양쪽 성의 아이들과 함께 놀 기회를 제공하되, 여자아이와 놀지 않겠다고 거부하더라도 초조해하지 않는다. 정글짐에 올라가 보라고 아이를 격려할 때처럼 아이의 감정을 표현해 보라고 기꺼이 격려한다. 그런 다음, 가능하면 세심하고 배려할 줄 알며 중립적인 남성으로 만드는 데 모범적인 역할 모델 같은 중요한 요소를 제공한다. 야구를 하고, 자전거를 고치고, 생계를 책임질 뿐 아니라, 집안일을 하고, 기저귀를 갈며, 아이들을 놀이터에 데려다주고, 책을 읽어 주며, 목욕을 시켜 주고,

아이가 다친 곳에 뽀뽀를 하고 꼭 안아 달랠 줄 아는 남자 어른의 모습을 매일 관찰한다면, 아이는 남성과 여성 모두에 대해 긍정적인 감정을 갖고 자랄 수밖에 없으며, 각각의 역할에 대해 열린 마음을 갖지 않을 수 없다. 집안에 그런 이상적인 아버지 상을 갖춘 사람이 없다면, 다른 곳에서 역할 모델을 찾아보자. 그러한 유형의 지인이나 친척을 초대해 아들과 시간을 보내도록 하면, 아들에게 긍정적인 감정이 전달될 것이다. 혹은 이웃 모임이나 종교 모임에서 역할 모델을 찾아본다. 아이의 담당 의사에게 도움을 구할 수도 있다.

── 아들의 감정 표현을 억눌러야 할까요

Q "남편은 아직 아기인 우리 아들을 아주 강하게 다루어야 한다고 주장해요. 아들을 여자아이처럼 나약하게 키우거나 울보로 키우고 싶지 않다고 말이에요. 하지만 그렇게 해서 아들을 남자로 만들기에는 아직 아이가 너무 어리다고 생각돼요."

A 남성의 감정 표현이 지난 수 세기 동안 수많은 문화에서 억압되어 왔다 하더라도, 남자와 소년들은 엄연히 감정을 지니고 있으며 감정 표현이 좌절되어서는 안 된다. 사실 아동기에 자신의 감정을 표현하는 법을 배우는 것은 정상적인 성장과 발달을 위해 중요하다. 남성이든 여성이든 "슬퍼.", "속상해.", "실망했어.", "무서워." 같은 말을 하면서 자란 아이는, 감정을 꼭꼭 감추고 자란 아이들에 비해 정서적으로 건강하게 성장할 가능성이 높다.

전문가들은 남자아이의 성 정체성을 확고히 하기 위해 섬세한 감정을 억제하거나, 의연하게 굴어야 한다느니 사내아이는 울지 않는다느니 하는 사고방식을 부추기거나 하는 노력은 불필요하다고 강력하게 입을 모은다. 사랑하는 이들을 남기고 떠나는 냉혹하고 무신경한 과거 세대의 남자 주인공이, 두려움과 고통, 그리고 눈물을 경험하고 사랑하는 이와 함께 머물기로 결심하는 섬세하고 공감할 줄 아는 남자 주인공에게 자꾸만 뒤로 밀리는 현상만 보더라도, 오늘날 문화는 배려할 줄 아는 순한 성격을 지닌 남자에게 더 많은 점수를 주기 시작했다는 걸 알 수 있다.

물론 남성과 여성의 기질 및 반응과 관련해 생물학적으로 타고난 중요한 차이들이 있다는 주장도 있지만(409쪽 참조), 감정을 표현하는 능력 중 일부는 요람에서부터 시작되는 문화적 환경에서 기인하는 것 같다. 여러 연구 결과들에 따르면, 여자 아기들은 일반적으로 남자 아기들에 비해 언어를 통한 보살핌과 위안을 훨씬 많이 받으며, 이처럼 불공평한 패턴은 아동기 내내 지속된다고 한다. 예를 들어, 세발자전거에서 넘어졌을 때, 여자아이의 경우 부모는 얼른 아이를 안아 달래 주는 반면, 남자아이의 경우 부모는 다친 데가 없는지 확인하고 먼지를 털어 준 다음, 다시 자전거를 타러 가라고 지시한다.

다치거나 화가 난 아이를 달래 주고 좋든 싫든 감정을 말하도록 장려한다고 해서 강하고 적극적인 성인으로 자랄 능력이 감소될 리는 결코 없다. 오히려 이런 식의 접근법은 정신력을 강화해 준다. 뿐만 아니라, 아이를 울보로 만들지도 않는다. 오히려 아이는 따뜻하고 애정 어린 보살핌을 받을 줄 알고, 거꾸로 그런 보살핌을 줄 줄도 아는, 섬세하고 배려할 줄 아는 어른으로 성장하게 될 것이다. 요컨대 진정한 의미에서의 진짜 남자가 되는 것이다. 그러나 성별과 관계없이 모든 아이를 지나치게 애지중지하거나 과보호하지 않도록 조심해야 한다(233쪽 참조).

—— 딸아이를 진취적으로 키우고 싶어요

Q "우리 딸은 상당히 똑똑한 것 같아요. 그래서 아이를 키우면서 무의식적으로 성을 차별해 아이의 잠재력을 제한하고 싶지 않아요. 그런 실수를 저지르지 않으려면 어떻게 해야 할까요?"

A 아이의 잠재력을 전통적인 성차별주의의 한계 안에 가두지 않기 위한 가장 중요한 첫 번째 단계를 이미 밟고 있다. 그것은 바로 부모가 원하는 것이 무엇인지 인정하는 것이다. 두 번째 단계는 정신적 신체적으로 다양한 영역에서 아이를 격려하는 것이다. 소파 뒤에 떨어진 책을 줍는 법이라든지 도형 맞추기 놀이에서 삼각형을 맞추려면 도형을 어느 방향으로 돌려야 하는지 등, 아이가 어려움에 부딪히면 부모가 서둘러 해답을 가르치려 하지 말고, 아이가 직접 답을 알아 가도록 도전 의식을 북돋아 준다. 퍼즐, 낱말 카드와 숫자 카드를 이용한 놀이, 기본적인 과학 실험, '왜'와 '어떻게'에 대해 설명한 책 등 자극을 주는 장난감과 활동으로 아이의 한계를 넓힌다. 아이의 성별 때문에 다음과 같이 말하며 특별히 제약을 두어서는 안 된다. "진흙에서 놀지 마라. 바지가 온통 더러워지잖니!", "언덕이 너무 가팔라서 넌 올라가기 힘들어." 이 시기에 징그러운 벌레를 만지지 못하게 아이를 막는다면, 나중에 아이는 구역질 나는 생물 수업 프로젝트에 참여하길 꺼려할지 모른다. 지금 남자아이들과 공놀이를 하지 못하게 막는다면 나중에는 운동을 아예 피하게 될지 모른다.

그러나 아이의 예술 작품, 정글짐 위로 올라가는 훌륭한 기술, 끝까지 퍼즐을 완성하는 끈기도 잊지 않고 칭찬해 주어야 하지만, 아이의 옷차림이 얼마나 근사한지, 머리 모양이 얼마나 예쁜지도 반드시 칭찬해야 한다. 인형, 인형 집, 소꿉놀이, 아기, 옷 등, 전통적으로 여자아이들의 영역으로 여겨지는 부분에 아이가 흥미를 갖는다면 지지해 준다. 인형을 가지고 노는 여자아이가 자동차를 가지고 노는 여자아이에 비해 훗날 회사 중역에 오를 가능성이 낮다는 증거는 어디에도 없다. 그리고 남성의 영역에 있는 관심사는 북돋아 주는 반면, 여성적 관심사는 하찮게 여긴다면, 남성성과 여성성 가운데 본래 더 좋은 쪽이 있다는 걸 암암리에 주입하는 것과 다를 바 없다. 물론 당연히 그런 건 없다. 뿐만 아니라, 아이가 여성스러운 충동에 대해 죄책감을 느끼거나 그런 충동을 억제하려 애쓸 것이다. 혹은 아이가 순종적이기보다 반항적인 성향이 강하다면, 오히려 최대한 여성적인 여성이 되기로 결심할지 모른다.

딸의 자존감 발달에 가장 중요한 것은 가정에서 엄마가 본보기를 보여 주는 것이다. 엄마가 스스로를 바람직하게 여기고 다른 사람에게 존경받는 모습을 보고 자란 여자아이는, 성인이 되어 사회 활동을 하든 전업주부를 하든 자신이 여성이라는 사실에 대해 바람직하게 여기게 될 것이다. 성 역할에 대한 자세한 내용은 409쪽을 확인한다.

—— 장난감 무기 사용

Q "우리 아들이 장난감 총을 가지고 논다고 생각하면 정말 끔찍해요. 그런데 아이 또래 친구들

대부분이 벌써부터 장난감 무기를 가지고 놀기 때문에, 아이에게 이런 장난감들을 가까이 하지 못하게 하고 폭력적인 놀이를 못 하게 하기가 점점 힘들어져요."

A 인간과 전쟁이 생긴 이래로 남자아이들은 전쟁하는 인간을 흉내 내 왔을 것이다. 그러나 오늘날 많은 부모들은 호전적인 매보다는 평화로운 비둘기로 아이를 키우고 싶어 한다. 이런 부모들은 아들이 딸랑이를 놓고 라이플총을 가지고 노는 걸 생각하고 싶지도 않을 만큼 불쾌하게 여기고, 특히나 시중에 판매되는 장난감 무기들이 놀랄 만큼 정교하게 만들어졌다는 사실을 확인하고 나면 더욱 기겁한다. 과거 아이들이 가지고 놀던 건전한 장난감 병정들은 이제 살인 광선이 부착된 로봇과 완벽한 기관총 모형으로 대체되었다. 장난감 가게에 들어서면 신분 확인이 필요 없다는 점을 제외하면 마치 국방부 건물 안에 들어서는 기분이 들 정도다.

어린 남자아이의 당연한 본능이 중단되고 사회의 영향력이 본능을 대체하게 될 시기가 언제쯤일지는 의견이 분분하며, 기록으로 남기기는 거의 불가능하다. 평화를 사랑하는 부모 밑에서 만 2세 남자아이가 자라는 걸 보아 온 사람이라면, 부모가 장난감 무기며 폭력적인 만화 영화, 저녁 뉴스를 가까이 하지 못하게

아이와 경기장이나 공연 관람을 위해 외출할 때

가족 영화, 인형극, 어린이가 연주하는 쇼팽 연주회, 야구장, 농구 코트 등, 모두 가족들에게 유혹의 손짓을 보내는 이벤트들이다. 연령이 높은 큰아이와 부모는 가족이 다 함께 외출하는 시간을 손꼽아 기다릴 것이다. 물론 이런 과외 활동들 대부분이 토들러의 경험을 확장하고 삶을 풍요롭게 해 주는 등, 토들러들에게도 도움이 되는 건 말할 것도 없다. 토들러들이 이 시간을 무사히 잘 견딜 줄 안다면 말이다. 그러나 대부분의 토들러들은 한 번에 2분도 채 얌전히 앉아 있기 힘들다. 그런 마당에 두 시간 이상 꼼짝 않고 앉아 있어야 하는 장소에 아이를 데리고 갈 생각을 한다는 건 정신 나간 짓인지도 모른다.

토들러는 토들러다. 토들러의 행동은 전혀 예측 불가능하기 때문에, 아이가 관중석이나 관객석에 앉아 어떤 반응을 보일지 어떻게 행동할지 전혀 알 수 없으며, 이번에 보인 반응과 태도가 다음에도 지속될지 역시 도무지 알 길이 없다. 그러므로 기본적으로 부모들은 자신의 직관에 따르고, 운에 맡기며, 잘 되겠거니 낙관하는 수밖에 방법이 없다. 티켓 값을 지불하기 전에 다음 질문 내용을 숙고하면 도움이 될 것이다.

* **아이가 이 경기나 공연에 주의를 집중할 수 있을까** 부모는 대체로 아이가 어떤 종류의 오락물을 즐거워하는지 꽤 잘 알고 있을 것이다. 일반 영화보다는 만화 영화가 훨씬 잘 맞을지 모르고, 진지한 연극보다는 인형극과 뮤지컬, 배우들이 눈에 확 띄는 의상을 입고 등장하는 연극이 훨씬 몰입도가 클지 모른다. 아이가 아직 줄거리를 이해하지 못한다 하더라도, 강렬한 색채, 매력적인 등장인물, 눈길을 끄는 무대 장치, 활기찬 음악에 매료될지 모른다. 토들러도 참여할 수 있도록 동요와 음향 효과를 강조한 어린이 음악회가 있는가 하면, 초등학생에게 적합하도록 구성된 어린이 음악회도 있다. 그러므로 좌석을 예매하기 전에 전화를 걸어, 프로그램이 토들러에게 적합한지 알아본다. 웬만한 서커스 공연은 토들러들이 넋을 잃고 빠져들지만, 마술은 사회자가 안녕히 가시라는 인사를 하기 한참 전부터 싫증을 내기 쉽다. 그러므로 일찌감치 공연장을 빠져나올 준비를 하는 것이 좋다. 활기찬 스포츠 경기를 흥분하며 정신없이 구경하는 아이도 있지만, 1회 말이 끝나기도 전에 벌써 의자에서 내려와 통로를 향해 걸어가는 아이들도 있다.

* **아이가 경기나 공연을 보고 무서워하지는 않을까** 마녀가 나오는 만화 영화, 나무로 만든 꼭두각시 인형을

보호하더라도, 막대기나 빗자루, 심지어 머리빗을 쥐고서라도 무기로 삼아 휘두르는 걸 보면서, 과연 양육 환경이 그리고 최고의 평화주의자의 의도들이 인간의 본능을 완벽하게 잠재울 수 있을지 의문이 들 수밖에 없을 것이다.

그러나 연구 결과들은 한 가지 사항에 대해서만큼은 확실하게 주장한다. 아이에게 경찰과 도둑 놀이, 군인 놀이, 총싸움 놀이를 하지 못하게 막을 방법은 거의 없겠지만, 폭력적인 성인으로 자라지 않도록 보호할 수는 있다고 말이다. 다음 내용을 염두에 두면 도움이 될 것이다.

전쟁은 역사임을 기억한다 아이에게 전쟁이 존재한다는 사실을 숨길 수는 없다. 언젠가 아이가 읽게 될 거의 모든 역사책에는 전쟁에 대해 선명하게 기록해 놓았을 것이다. <u>아이가 전쟁놀이에 푹 빠져 있다면, 섬뜩한 사진과 내용은 피하고 역사 속의 몇몇 전쟁을 알려 준다. 어린아이의 눈높이에 맞추어 전쟁은 놀이가 아니며, 나라와 나라가 승부가 날 때까지 끝까지 싸우면 정말로 사람이 크게 다친다고 설명한다.</u>

에덴동산 이야기에서 힌트를 얻는다 어떤 일이 완전히 차단되면 오히려 더 큰 유혹을 느끼기 쉽다. 에덴동산에서 이브가 사과를 따 먹은 것과 마찬가지로. 아이에게 장난감 총을 가지고 놀지

잠아먹는 고래를 보고 재미있어하는 토들러도 있지만 무서워하는 토들러도 있다. 어느 날은 재미있게 잘 보다가 어느 날은 무서워하는 아이도 있다. 바로 가까이에서 코끼리와 광대를 보고 한껏 신이 난 아이가 있는가 하면 엉엉 우는 아이도 있다. 캐릭터 분장을 한 사람과 꼭두각시 인형을 황홀하게 바라보는 아이도 있지만, 혼란스러워하고 당황해 하는 아이도 있다. 관중의 함성에 덩달아 박수를 치며 신이 난 아이가 있는 반면, 함성에 놀라서 울음을 터뜨리는 아이도 있다. 아이의 성향이나 과거의 경험을 바탕으로, 참석하려고 고려 중인 경기나 공연에 아이가 어떻게 반응할지 상상해 본다. 물론 예상이 완전히 빗나갈 경우에도 대비해야 한다.

* **경기나 공연 시간이 얼마나 될까** 말할 것도 없이 시간이 짧을수록 좋다. 휴식 시간이 예정되어 있거나, 긴 경기 시간이나 공연 시간이 몇 부분으로 나뉘어 있으면, 아이가 경기나 공연을 소화하기 쉬울 뿐 아니라 에너지를 발산할 시간도 가질 수 있다.
* **부모나 큰아이는 정해진 시간 동안 차분히 관람하는 것이 중요한가** 그렇다면 토들러는 집에 남겨 두고 베이비시터에게 돌봐 달라고 부탁하거나, 프로그램의 일부를 놓치는 건 크게 상관없어서 필요하면 언제든 아이를 공연장 밖으로 데리고 나가 줄 사람과 동행한다.
* **쉽게 나올 수 있는가** 좌석을 선택할 때는 출입구에 가까운 쪽을 우선적으로 고려한다. 뒤쪽과 통로 가까운 쪽의 좌석이 도움이 될 것이다. 서커스 공연이나 인형극처럼 무대가 잘 보이는 좌석이 아이의 즐거움을 위해 꼭 필요하다면, 가능한 앞에 앉되 통로 쪽에 앉아야 할 것이다.
* **끝날 때까지 기다릴 장소가 있는가** 로비나 입구의 잔디밭, 가까운 공원, 선물 가게, 카페 등, 부모나 다른 가족, 혹은 베이비시터가 중간에 아이를 데리고 나와 공연이 끝날 때까지 기다릴 수 있는, 아이에게 알맞은 공간이 있는지 확인한다.
* **가격을 지불할 가치가 있는가** 비용이 문제가 되는 경우, 상당히 고가의 프로그램이 진행되는 내내 아이가 얌전히 앉아 있길 기대한다는 건 현명하지 못하다. 어쩌면 일찍 나와야 하거나, 대부분의 공연을 로비나 밖에서 구경해야 할지도 모른다.

언제든 토들러와 외출할 때는 다음을 준비한다. 넉넉한 양의 간식, 책 몇 권, 작전상 일정 시간 뒤에 작동하도록 장치가 되어 있는 조용한 장난감, 아이의 연령에 따른 정상적인 한계를 인정하는 마음, 그리고 부모의 유머 감각.

못하게 하면, 아이는 다른 물건으로 즉석에서 무기를 만들 것이다.

무기는 금해도 상상은 금하지 않는다 집 안에 무기를 들여놓지 않는 것이 부모가 정한 철칙이라면, 어떻게든 무기를 금지한다. 그러나 집에서 임시변통으로 무기를 만들어 전쟁놀이를 하든 친구 집에서 장난감 무기로 전쟁놀이를 하든, 아이가 전쟁놀이를 하는 것까지 문제 삼아서는 안 된다. 아이에게 장난감 무기를 사 주지 않고, 이 문제에 대해 부모가 어떻게 생각하는지 알려 주는 것만으로도 부모의 입장을 충분히 강하게 전달하고 있다.

타협을 고려한다 예를 들어, 어떤 부모들은 현대적 무기류에서 밀려난 해가 없어 보이는 물총과,

규칙적인 일과 지키기

규칙적인 일과라고 하면 대부분의 어른들은 '뻔하다', '지루하다', '단조롭다', '늘 똑같다' 같은 부정적인 단어만 연상할 것이다. 그러나 대부분의 어린아이들에게 규칙적인 일과는 안정감을 보장해 주며 전혀 따분하지 않다. 그래서 아이들은 이런 일과를 간절히 기다린다. 아이가 하루 중 각 시간대에 어떤 일과를 기대하는지 알면, 아이에게 더 큰 안정감과 통제력을 제공할 수 있다. 특히 이 질풍노도 같은 토들러 시기에 규칙적인 일과를 정해 놓으면, 폭풍 같은 아이의 일상에 평온을 찾아 줄 수도 있다.

규칙적인 일과를 규칙적으로 지키면 부모에게도 도움이 된다. 규칙적인 일과는, 책 읽는 시간에서 점심 시간으로 바꿀 때, 놀이터에서 집으로 올 때, 블록 쌓기에서 취침 시간으로 바뀔 때처럼 한 가지 활동에서 다음 활동으로 바뀔 때에 아이의 저항감을 감소시켜, 변화를 보다 수월하게 받아들이게 해 준다. 뿐만 아니라, 일단 일과가 자리 잡히면 더 이상 재고할 필요가 없기 때문에 계획을 세우느라 많은 시간을 들이지 않아도 되고, 시간이 다 되어 허둥대는 일이 줄어들며, 정신없이 바쁜 날들을 전반적으로 좀 더 여유롭게 보내게 된다.

그러나 규칙적인 일과가 모든 사람에게 효과가 있는 것은 아니다. 선천적으로 불규칙한 아이는(230쪽 참조) 혼란을 겪을 수 있으며, 자유로운 사고를 지닌 가족들은 그때그때 즉흥적으로 행동하지 못해 스트레스를 받을 수 있다. 같은 일과가 가족들 모두에게 도움이 되는 것도 아니다. 하지만 어린아이가 있는 대부분의 가정이라면, 일주일에 단 한 차례 일과를 정하든 매일 여러 차례 정하든, 혼란스러운 일정에 어느 정도 규칙적인 일과를 정해 두는 것이 도움이 된다는 걸 깨닫게 될 것이다.

취침 전 일과 취침 전 일과는 아이의 하루 일과를 행복하게 마감하기 위해 분위기를 조성하는 것이 목적이다. 일과를 만드는 방법은 78쪽을 참조한다.

기상 후 일과 아침에 일어나자마자 제일 먼저 아이를 포근하게 안아 주면서 하루를 시작한다. 아침 해가 뜰 때, 알람이 울릴 때, 혹은 아이가 시계를 볼 줄 알면 시계가 6시나 7시를 알릴 때 등, 최대한 이른 시간에 일어나도록 한계를 정해야, 아이가 한밤중에 부모에게 안기려고 깨는 일이 없을 것이다. 입맞춤, 포옹, 좋아하는 노래 등 특별한 방식으로 아침 인사를 해도 좋다.

출근할 때 일과 부모 가운데 한쪽이나 양쪽 모두 아침에 출근할 때는 서로 꼭 끌어안으면서 특별한 작별 인사를 나누고 창가에서 손을 흔들면, 부모와 아이 모두 작별이 좀 더 수월해질 것이다.

청소 일과 가지고 놀던 장난감을 치운 뒤에 다음 장난감을 가지고 놀라고 요구하든, 한 차례 놀이가 끝나거나 하루의 놀이를 마감한 후 주변을 말끔히 정리하라고 요구하든, 놀이가 끝난 뒤 아이가 직접 장난감을 정리하는 일과를 만들어 주면, 장·단기적으로 큰 도움이 될 것이다. 청소 시간에 특정한 노래를 부르거나 특정한 음악을 틀어 주면 무엇보다 일과를 확립하는 데 도움이 되고, 지루하고 힘든 일이 훨씬 즐거워질 것이다. 청소를 놀이로 만들어도

전통적으로 즐겨 사용한 6연발 권총과 플라스틱 검, 활과 화살 같은 무기들은 허용하지만, 기관총처럼 생긴 물총과 물줄기가 너무 센 물총처럼 너무 사실적이거나 폭력적인 무기들은 금하기도 한다.

부모의 반대를 말로 분명하게 전달한다 금지령을 내리든 그렇지 않든, 장난감 무기를 반대하는 이유에 대해 아이에게 설명하는 것이 중요하다. "네가 장난감 총을 가지고 노는 거 좋아한다는 걸 알지만, 진짜 총과 칼이 사람을 다치게 할 수 있다는 것도 알아야 해." 기회가 있을 때마다 "싸우는 것보다 대화로 해결하는 것이 더 좋단다.", "나쁜 사람을 물리치고 너하고 엄마 아빠를 지켜 주기 위해서, 우리를 안전하게 보호하기 위해서, 경찰 아저씨하고 군인 아저씨만

아이의 흥미를 유발할 수 있다. 예를 들어, 모래시계나 타이머를 이용해 시간 전에 청소를 마치게 한다. 청소하기에 대한 자세한 내용은 461쪽을 참조한다.

환영 일과 직장에서, 어린이집에서, 혹은 유치원에서 가족들이 집에 돌아오면, 식사를 하고 우편물을 확인하는 등 필요한 집안일을 하기 전에, 모두 함께 신나게 놀거나, 책을 읽거나, 좋아하는 텔레비전 프로그램을 보는 등 긴장을 풀 수 있는 예측 가능한 일과를 실시하면, 온 식구가 긴 하루를 마감하며 마음을 느긋하게 하는 데 도움이 된다. 혹은 이런 집안일을 일과의 일부로 만들어 다 함께 식탁을 치우고 우편물을 확인해도 좋겠다.

식사 시간의 일과 월요일에는 생선과 당근을, 화요일에는 불고기와 된장찌개를, 수요일에는 피자와 샐러드, 파스타를 먹는다는 걸 알면, 재료를 구입하고 요리하는 스트레스를 조금이나마 덜 수 있다. 식단을 짤 시간적 여유가 좀 더 있다면, 주말에는 새로운 요리를 만들어 본다. 물론 아이가 나름대로 염두에 둔 일과가 있다면, 가령 평일 밤마다 마카로니 치즈나 감자 샐러드를 먹겠다고 하면, 보다 융통성을 갖고 식단을 짜야 할 것이다. 메뉴를 이용한 일과가 싫증이 나면, 다른 방법으로 일과를 만들어 본다. 식전 기도를 하거나, 그날 있었던 일을 돌아가면서 이야기하거나, 음악을 듣거나, 끝말잇기 놀이를 해도 좋다.

여가 시간의 일과 아이가 태어난 후로는 주말 시간을 예전처럼 즉흥적으로 보내기가 쉽지 않기 때문에, 부모와 아이가 모두 고대할 수 있는 주말 일과를 지키는 편이 좋다. 예를 들어, 이른 아침에 서로 끌어안고 간질이기, 아침 식사로 얼굴 모양 팬케이크 만들기, 토요일 오후에는 엄마와 외출하기, 일요일에는 아빠와 공원에 가기 등의 일과를 만든다.

위생에 관한 일과 위생에 관련된 활동을 거부하려는 아이의 경우, 그런 활동을 해야 할 때를 알면 거부감을 줄일 수 있다. 그러므로 이를 닦고, 손을 씻고, 목욕을 하고, 머리를 감는 일과를 정해진 시간에 규칙적으로 실시한다.

작별에 관한 일과 아이들에게 친구 집이나 놀이터, 할머니 댁에서 작별하는 것은 힘든 일이다. 작별을 위한 고정적인 일과를 정한다면, 가령 특정한 작별의 노래를 부른 다음 각자에게 작별 인사를 하고, 집에 오는 길에 애완동물 가게 앞에 멈추어 강아지를 구경한다면, 거부감이 줄어들 수 있다.

어린이집이나 유치원에 갈 때 일과 항상 같은 노래를 부르고, 항상 같은 길로 다니며, 항상 친구들 이름 대기 놀이를 하거나, 색깔 찾기나 부모가 만든 다른 놀이를 하면, 집에서 어린이집까지 가는 길을 예측할 수 있어서 아이가 덜 힘들어한다. 친구 이름 대기를 할 때에는, 미리 같은 반 친구들 이름을 모두 기억하게 한 다음, 각 친구들의 특징을 기억하게 하면 좋다.

일단 일과를 정했으면 가능한 한 철저하게 지키는 것이 중요하다. 휴가 때나 다른 사람 집을 방문할 때는 물론이고, 그 밖에 정상 참작이 가능한 상황에서 기존의 규칙이 조금 흔들릴 때조차 규칙을 지키려고 노력해야 한다. 일부 토들러들은 아주 약간의 변화에도 쉽게 동요한다. 그러므로 어쩔 수 없이 일과를 깨야 하는 상황일 때는, 미리 아이를 준비시키고 인내심을 더욱 발휘해, 아이가 중단된 일과로 인한 변화를 이겨 낼 수 있게 도와야 한다.

총을 사용할 수 있단다."라고 아이에게 말해 준다.

집안 분위기를 평화롭게 유지한다 아이의 성장 환경만큼 장차 아이의 모습에 영향을 미치는 요소는 없다. 부모가 의견 차이와 논쟁을 몸이 아닌 말로 해결하면서 모범을 보여 준다면, 아이가 어떤 장난감으로 무얼 하고 놀든 관계없이 아이도 분명히 그런 어른으로 성장할 것이다. 장난감 무기를 무조건 금지하기보다는 아이에게 사랑을 많이 쏟아 주고, 다른 사람에 대한 권리, 인내심, 친절 같은 가치관을 강조하며, 의사소통 기술을 익히게 하는 것이(469쪽 참조) 비폭력에 대한 신념을 키우는 데 훨씬 중요하다.

책을 이용한다 분쟁을 평화롭게 해결하는 내용을 강조한 책을 찾아본다.

텔레비전, 비디오, 영화의 폭력적인 장면을 차단한다 아이가 상상력을 발휘하며 전쟁놀이를 하는 과정에서 상기하게 되는 그 어떤 내용보다 훨씬 다양하고 창조적인 방식으로 해를 가하는 장면이 만화 영상에 묘사되어 있어, 아이를 서서히 폭력에 둔감하게 만들 수 있다(181쪽 참조).

── 비이성적인 행동

Q "아직 논리적으로 설득하기에는 아이가 너무 어리다는 걸 알지만, 그래도 그렇지 너무 말이 안 통해서 미칠 것 같아요."

A 이성적이고 합리적인 어른이 보기에는 전혀 이해할 수 없지만, 사실 아이가 비합리적으로 구는 데에는 다 그럴 만한 이유가 있다. 토들러들은 추운 날씨에 외투를 입지 않겠다고 고집을 부리고, 방금 전에 시리얼을 달라고 떼를 써 놓고는 막상 입에 대지도 않고, 좋아하는 책을 찢어 놓고는 책장이 찢겨졌다고 화를 내기 일쑤다.

토들러들이 이런 행동을 하는 가장 분명한 이유는 독립을 향해 발버둥 치는 영락없는 토들러이기 때문이다. 아이는 잘못된 결정이라 하더라도 스스로 결정하길 원한다. 가족뿐 아니라 자신에게도 그 과정이 힘들더라도 스스로 알아가길 바란다. 한편 배가 고프거나 피곤하거나 그 밖의 이유로 기분이 좋지 않을 때에도 종종 비합리적으로 군다.

위의 질문에서 부모가 현명하게 인정했듯이, 비합리적인 아이를 합리적으로 설득하기란 현실적으로 불가능하다. 다음 요령을 시도하면 도움이 될 것이다.

음식을 주거나 쉬게 한다 비이성적인 행동을 다룰 때는 우선적으로 음식이나 휴식을 고려하자. 배가 고프거나 피곤해서 이성을 잃은 아이는 음식을 먹거나 휴식을 취하기 전까지는 이성적으로 다루어지지 않는다. 그리고 아이에게 음식을 먹이는 동안 부모도 같이 먹도록 한다. 부모가 배가 든든하면 이성을 잃은 아이를 다룰 때 덜 지친다.

기본적인 성격 차이를 고려한다 일부 토들러들은 언뜻 비이성적으로 보이지만 사실은 자신의 성격 유형에 따라 행동하는 것일 수도 있다. 아직 확인해 보지 않았다면, 비이성적이라고 생각한 부분이 단지 까다로운 아이의 특성은 아닌지(226쪽 참조) 확인해 보자. 그럴 경우 해당하는 유형에 따라 아이를 다룬다.

비이성적인 행동이 지배하게 놔두지 않는다 아이가 카 시트에 앉으려 하지 않는데 큰아이는 얼른 학교에 데려다주어야 하는 경우, 아이가 발버둥을 치고 소리를 질러도 아랑곳하지 말고 안전띠를 착용시킨다. 혹은 아이가 집 안의 책장을 온통 비우기로 작정한 경우, 아이의 주의를 돌리거나 아이를 놀이터에 데리고 가거나 하여 아이의 노력을 중단시킨다. 아이의 비이성적인 행동 때문에 다른 사람의 생활이 지장을 받아서는, 그리고 엉망이 되어서는 안 된다.

원인과 결과의 관계를 깨닫게 한다 실수하며 배우는 것이 아이의 건강과 안정을 해치거나 다른 가족을 크게 불편하게 하지 않는다면, 비합리적인 행동의 결과를 직접 경험하게 한다. 가령, 외투를 입지 않은 채 밖에 나가면 춥다, 밥을 먹지 않으면 배가 고프다, 책을 찢으면 찢은 부분을 볼 수 없다 등. 아이는 많은 시행착오를 겪겠지만, 결국 때로는 부모 말을 듣는 게 좋다는 걸 깨닫게 될 것이다.

"엄마가 뭐랬니?"를 연발하지 않는다 웅덩이 안에 들어가지 말라는 지시를 아이가 어긴 경우, 젖은 운동화를 보면서 아이의 잘못을 자꾸 들춰내고 싶더라도 꾹 참도록 한다. 발이 축축하고 차가운 결과만으로도 아이는 잘못된 판단에 대해 충분히 벌을 받고 있으므로, 여기에 부모의 모욕까지 보태 줄 필요는 없다. 대신 사무적인 말투로 사실을 강조한다. "이런, 발이 다 젖었구나. 그래서 장화 없이 웅덩이 안에 들어가는 건 별로 바람직하지 않단다."

꾀를 낸다 토들러를 둔 부모가 참고할 만한 요령들은 제법 많다. 모든 방법이 항상 효과가 나타나는 건 아니지만, 그 가운데 한두 가지는 때때로 효과가 날 것이다. 부모는 부모대로 목표를 달성하고 아이는 아이대로 체면을 잃지 않는다면 성공적이라고 할 수 있다. 아이가 비이성적인 행동을 할 때는, 아이의 주의를 돌리기 위해 활동을 전환하거나, 손에 낡은 장화를 끼우는 등 엉뚱한 모습을 보이거나, 반심리학을 이용하거나(353쪽 참조), 즉석에서 노래를 만들어 부르거나, 말로 아이를 구슬린다. "우리 오늘 점심 먹은 다음에 뭐 할까?" 하고.

그리고 유머 감각을 유지한다 아이의 비이성적인 행동에 열받아 하는 대신, 엉뚱한 행동을 재미있게 바라보고 속으로 조용히 웃는다. 지금으로서는 믿기 어렵겠지만 '이것 또한 지나가리라'는 말을 수없이 되새기면서 균형 감각을 잃지 않도록 노력한다.

꼭 알아 두세요: 달래는 기술(엄마가 뽀뽀하면 나을 거야)

우리 엄마도 그랬고, 엄마의 엄마도 그랬다. 모르긴 몰라도 원시 시대 엄마들도 그랬을 것이다. 무릎이 깨져서, 입술을 깨물어서, 자존심을 다쳐서 위로가 필요할 때 엄마들은(요즘에는 아빠들도) 줄곧 '엄마가 뽀뽀하면 나을 거야' 전략을 이용해 왔다.

아이를 달래는 것은 영양을 공급하는 것만큼이나 기본적이고도 필수적인 양육의 일부다. 성장을 위해 아이는 위로와 영양분 두 가지를 모두 충분히 받아야 한다. 대부분의 위로는 재빨리 안아 주거나, 다친 부위에 입술을 대거나,

눈물을 닦아 주는 등 본능적으로 이루어지고, 아장아장 걸음마를 하다가 넘어진 아이를 충분히 만족시켜 준다. 하지만 때로는 뽀뽀만으로 아이를 달래기 어려울 때가 있다. 특히 아이가 자라면서 심리가 복잡해질수록 아이를 달래기 위해 좀 더 많은 시간과 노력, 생각이 필요하다.

부모 자신의 힘을 깨닫는다 부모는 단지 인간일 뿐이며, 그것도 지극히 약한 인간일 뿐이다. 그러나 두세 살 아이에게 부모는 거의 전지전능한 신이나 다름없다. 물론 아이가 자랄수록 부모가 전지전능하지 않다는 걸 서서히 깨닫게 되고, 사춘기에 접어들 무렵이면 부모도 약한 인간일 뿐이라는 걸 알게 되겠지만, 지금으로서는 확신을 주는 부모의 말 한 마디, 애정 어린 손길 하나가 상당한 영향력을 갖는다. 아이를 품에 안고 "괜찮아."라고 말하면, 아이는 완전히는 아니더라도 적어도 어느 정도는 기적적으로 낫는 기분이 든다. 그러므로 아이를 괴롭히는 요인이 무엇이든, 신체적인 상처든 마음의 상처든, 위로의 말과 행동이 최고의 약이 될 수 있다.

폭풍 속에서 고요한 섬이 된다 매일 넘어질 때마다 "에그, 넘어졌네, 괜찮아."라고 차분하게 대응하면, 아이는 정말 괜찮다고 확신한다. 부모가 "이런, 우리 불쌍한 강아지! 많이 다쳤어? 괜찮아?"라며 호들갑을 떨면, 아이는 "다쳤어."라고 대답할 아주 확실한 기회를 갖게 될 것이다. 불안해하는 부모보다 더 아이를 불안하게 만드는 것은 없으며, 당황해 하는 부모보다 더 아이를 당황하게 만드는 것은 없다. 아이는 "내가 의지하는 사람이 저렇게 무너지는 걸 보니, 정말로 뭔가 크게 잘못된 게 틀림없어."라고 생각한다. 그러므로 아이의 아픔에 당연히 깊이 공감이 가겠지만, 지나치게 걱정하는 모습을 보이지 않는 것이 가장 좋다. 부모가 계속 차분한 태도를 유지하면, 그리고 말과 어조뿐 아니라 표정과 몸짓에서도 차분한 마음 상태를 전달하면, 아이를 훨씬 효과적으로 안심시키게 될 것이다. 부모가 과잉 반응을 보이지 않으면, 아이는 넘어져도 스스로 일어나 먼지를 툭툭 털고 하던 일을 계속 즐겁게 하게 된다.

그러나 폭풍이 없는 척하지 않는다 아이의 아픔에 과잉 반응을 보여서도 안 되지만, 아이가 다쳤는데도, 특히 마음을 다친 경우, 완전히 무시해서도 안 된다. 우리는 누구나 자신의 감정에는 그만한 타당성이 있다는 걸 알 필요가 있다. 그리고 누구나 때로는 사소한 일을 크게 부풀릴 권리가 있다. 작고 약한 토들러들에게는 더더욱 그럴 권리가 있으며, 사실상 토들러들에게는 사소한 일이 엄청난 일로 다가온다. 아이는 전혀 괜찮지 않은데, "괜찮아, 별 일 아니야……."라고 묵살하면서 아이가 화가 나든 불안해하든 대수롭지 않게 여긴다면, 아이의 감정 따위는 중요하지 않다는 메시지를 전달하는 셈이 된다.

무조건 달래 준다 아이가 부모 말을 듣지 않다가 다쳤다 하더라도, 다친 아이는 어쨌든 위로를 받아야 한다. 2분 전에 분명히 올라가지 말라고 경고를 했는데도 불구하고 의자에 올라가 다쳤거나, 캐비닛 문을 잡고 흔들지 말라고 분명히 말했는데도 말을 안 듣고 문틈에 손가락이 끼었더라도, 아이를 달래 준다.

귀 기울여 들어 주고, 기대어 울게 해 준다 마음의 상처는 육체의 상처 못지않게 위로가 필요하다. 아이가 마음에 상처를 입었다면 무슨 일이 있었는지 말하게 한다. "우리 아가 속상하구나. 왜 그런지 엄마한테 말해 줄래?" 의사소통 기술이 여전히 원만하지 않은 상태에서, 특히나 요즘 스트레스를 받고 있다면, 아이가 하는 말을 이해하기 힘들지 모른다. 그러나 아이의 감정을 이해하고 인정하려는 노력만큼은 아이에게 분명히 전달될 것이다.

귀를 기울이되 잔소리하지 않는다 정신적 육체적으로 다친 아이들은 누군가 자신의 이야기를 들어주고 감정을 인정해 주며 지지해 주는 사람이 필요하지, 잔소리하거나, 깎아 내리거나, '내가 너 그럴 줄 알았다'는 식으로 말하는 사람은 필요하지 않다. 그러나 지나친 동정은 삼가야 한다. 지나친 동정은 의존적인 아이, 자기 연민에 빠진 아이, 순교자 역할을 즐기는 아이로 만들 수 있다.

아이를 탓하지 않는다 "거실 한가운데에 자동차를 내버려 두지 않았더라면 넘어지지 않았을 것 아니니?"처럼 아이를 탓하는 건 위로도 훈계도 아니다. 차라리 "네가 왜 넘어졌는지 이유를 알아볼까?"라고 말하는 것이 좋다. 아이가 "자동차 위로 넘어졌어요."라고 말하면 "다음부터 넘어지지 않으려면 어떻게 해야 할까?"라고 묻는다.

다른 대상을 탓하는 것 역시 도움이 되지 않는다. "예은이 네가 늘 네 블록을 아무렇게나 팽개치니까 네가 놀 때는 블록이 꼭 모자라는구나." 대신 이렇게 물어본다. "다음부터 블록을 잃어버리지 않고 잘 간수하려면 어떻게 해야 할까?"

매번 보상하려 하지 않는다 아이가 장난감 트럭을 창문 밖에 떨어뜨려 망가뜨린 경우, 이렇게 말해 주는 건 괜찮다. "이런, 트럭이 부서져서 어쩌니?" 그러나 얼른 달려가 새 트럭을 사 주는 건 바람직하지 않다. 아이가 실수를 통해 배운다면 같은 실수를 수없이 되풀이하지 않을 것이다.

아이에게 꼭 알려 주세요: 옳은 것과 그른 것

모든 아이의 마음속에는 피노키오가 살아 있다. 피노키오처럼 토들러들은 세상에 대해 잘 모르고 세상을 사는 방식에 미숙하다. 그렇기 때문에 피노키오처럼 토들러들은 호기심이 많고, 말썽을 피우고, 장난을 좋아하고, 가끔은 가슴 아플 정도로 순진무구하다. 그리고 소위 양심이라고 하는 옳고 그름에 대한 내면의 나침반이 결여되어 있다. 피노키오의 경우 카리스마 있는 귀뚜라미가 곁에서 도덕적 가르침을 제시해 주었다면, 토들러들은 부모와 양육자들이 그 방식을 알려 준다.

빵집에서 계산하지 않고 쿠키를 가지고 나와도 되는 건지, 병원 대기실에서 놀아도 되는 건지 잘 모를 때, 아이들은 부모를 보게 된다. 원하는 트럭을 친구가 벌써 차지했을 때 친구를 때리는 건 나쁜 거고, 미끄럼틀 앞에서 줄을 서서 기다리는 것이 힘든 일이긴 하지만 차례를 기다리는 것이 옳은 일이라는 걸 말해 줄 사람은 다름 아닌 부모다. 장난감을 사 준 이모에게 고맙다는 인사를 하도록 재촉하고, 해변에서 친구에게 모래를 던지지 못하게 막는 사람 역시 부모다.

그리고 피노키오 이야기의 귀뚜라미와 마찬가지로, 토들러의 부모 역시 아이를 위해 영원히 양심을 공급하는 양심 조달자가 아니다. 부모는 아이가 스스로 옳고 그름을 구분할 수 있을 때까지 그 차이를 구분해 주는 양심의 대리인일 뿐이다.

연구자들은 어린아이들이 도덕적으로 행동하려는 동기는 자신의 이익과 부정적인 결과에 대한 두려움을 기반으로 한다고 주장한다. 그리고 아이의 발달 단계가 높아지면 동기도 한 단계 높아져서, 인정받고자 하는 욕망, 더 높은 권위에 대한 존경, 그리고 사회 질서 유지의 필요성에 대한 이해를 바탕으로 도덕적 행동이 이루어진다고 한다. 다른 사람의 욕구를 진심으로 배려하거나, 정의와 공정성에 대한 개념이 제대로 잡히려면 대체로 만 10세는 지나야 한다. 하지만 충분한 도덕적 지침과 본보기가 없다면 대부분의 사람들은 결코 그 단계에 이르지 못한다.

그러나 아이에게 일관되게 윤리적 행동을 기대하기는, 심지어 윤리적 행동에 대한 이해를 기대하기에는 너무 이르다고 해서, 양심을 기르기에도 너무 이르다는 의미는 아니다. 아이가 옳고 그름에 대해 철학적 토론을 할 정도의 연령이 될 때까지 기다린다면 너무 오래 기다려야 할 것이다.

피노키오 이야기의 귀뚜라미 역할을 충실히 하기 위해 다음 내용을 참고하자.

행동에는 결과가 따른다는 사실을 설명한다
모래를 던지는 건 나쁜 행동이라고 말해 주는 것도 중요하지만, 왜 나쁜지 설명을 덧붙이는 것도 중요하다. "모래를 던지면 다른 사람 눈에 모래가 들어가서 많이 다칠 수 있단다. 보렴, 민수 눈이 온통 빨개지고 민수가 아파서 울고 있잖니." 미끄럼틀을 타려고 기다릴 때 아이들을 밀치고 나가지 않고 차례를 기다리는 것이 옳은 거라고 가르치는 것도 중요하지만, 그것이 왜 옳은지 덧붙이는 것도 중요하다. "네가 차례를 기다리면 다른 아이들도 차례대로 순서를 기다리면서 즐겁게 미끄럼틀을 타게 되고, 그러면 서로 먼저 타겠다고 밀거나 싸우지 않을 거란다." 공감 능력을 키우는 것은 양심을 키우는 핵심 요소다.

잔소리를 하거나 길게 설교하지 않는다 간단한 설명만으로 충분하다. 길게 설명하면 아이가 외면할 게 뻔하다. 또한 부모는 아이를 안내하는 사람이지 판단하는 사람이 아니라는 사실을 기억한다.

적절한 질문을 한다 일찍부터 도덕 교육에 참여시켜 행동의 결과를 생각하도록 자극한다. 아이가 친구를 찰싹 때렸다면, "네가 친구를 때렸을 때 친구 기분이 어땠을까?" 하고 질문한다. 그에 대한 교훈이 나와 있는 책을 읽었다면, 아이가 이해할 수 있는 말로 설명한 다음 아이의 의견을 묻는다. 책이나 텔레비전에 나온 등장인물이 명백히 옳거나 명백히 잘못된 행동을 할 때에도 아이의 의견을 묻는다.

사람을 나무라지 말고 행동을 나무란다 아이가 뭔가 잘못된 일을 했거나 옳은 행동을 하지 않았다고 아이에게 망신을 주거나, 기분을 상하게 하거나, 무능하다고 생각하게 해서는 안 된다. 행동을 비난해야지 아이를 비난해서는 안 된다(332쪽 참조). 아이에게도 다른 사람의 행동을 판단할 때는 사람이 아닌 행동을 판단해야 한다고 가르친다. "쿠키를 나눠 먹지 않고 혼자 다 먹어 버리기 때문에 쿠키 몬스터는 나빠."라고 말하지 말고, "쿠키 몬스터처럼 쿠키를 사이좋게 나누어 먹지 않고 혼자 다 먹는 건 착한 행동이 아니란다."라고 말한다.

양심적인 행동의 본보기가 된다 늘 그렇듯이 백번 지시하는 것보다 한 번 본보기를 보여 주는 것이 훨씬 효과가 크다. 스스로의 양심이 시키는 대로 따른다면, 아이도 부모의 양심에 따라 행동하게 되고, 마침내 아이는 자신의 양심을 함양하게 될 것이다.

10장

생후 22개월

***

아이의 발달 과정

이달 말에 아이가 해야 할 행동

* 6개의 단어를 사용한다(생후 21½개월 무렵).
* 계단을 올라간다(생후 21½개월 무렵).

주의 사항 아이가 아직 이 단계에 이르지 못했거나 상징 놀이와 상징 표현을 이용하지 않는다면 의사와 상담한다. 아직 이 단계에 다다르지 않았더라도 얼마든지 정상일 수 있지만, 어쨌든 평가를 받아 볼 필요가 있다. 또한 아이가 통제되지 않거나 과잉 행동을 보이는 경우, 말이 거의 없거나 수동적이거나 내성적인 경우, 지나치게 부정적인 반응을 보이고 요구 사항이 많으며 고집이 센 경우에도 역시 의사의 상담을 받는다. 단, 예정일보다 일찍 태어난 아이들은 생활 연령이 같은 또래 아이들보다 대체로 발달이 느린 편이다. 이런 발달상의 차이는 차츰 좁혀지다가 대개 만 2세 무렵이면 완전히 사라진다.

아이가 하게 될 행동

* 정육면체 블록 4개를 쌓아 올린다.
* 몸짓을 보여 주지 않아도 2단계 지시를 수행한다(생후 21½개월 무렵).

아이가 할지 모를 행동

* 정육면체 블록 6개를 쌓아 올린다.
* 그림 4개를 알아보고 손으로 가리킨다.
* 손을 씻고 닦는다.

혹시나 아이에게 기대할 만한 행동

* 팔짝 뛴다(생후 21½개월 무렵).

무엇이든 물어보세요 Q&A

— 차례를 기다리지 못해요

Q "우리 아들은 차례를 기다리는 개념이 아직 잡히지 않은 것 같아요. 놀이터에서나 놀이 모임에서 자기 차례를 기다리려 하지 않고, 항상 다른 아이들을 밀어내고 자기가 먼저 차지하려고 해요."

A 토들러의 생각에는 자신이 세상에서 가장 중요한 존재가 되어야 하기 때문이다. 자신이 인생의 드라마에서 주인공이자 감독이며 무대 연출자이고, 나머지 다른 사람은 하찮은 조연에 불과하다. 자기가 아주 중요한 사람이라고 생각하기 때문에 자신한테는 특정한 권리와 우선권이 주어져야 한다고 기대하고 요구한다. 그래서 미끄럼틀, 그네, 흔들 목마, 도형 맞추기, 식수대를 누구보다 먼저, 혹은 자기 혼자만 이용해야 한다고 생각한다.

아이가 이런 자기중심적인 행동을 보인다고 해서, 나중에 이기적이고 남을 배려할 줄 모르는 고집쟁이로 자란다는 의미는 아니다. 그보다는 아이가 다른 사람의 권리를 적절히 존중할 줄 알려면, 아직 한참 더 자라야 하고 부모가 많이 가르치고 지도를 해야 한다는 의미다. 어린이집이나 유치원에 다니거나 놀이 모임을 자주 접하면, 차례를 기다리는 것에 좀 더 빨리 적응하게 될 것이다. 더불어 다음 요령을 시도해도 도움이 된다.

함께 차례를 지킨다 아이는 또래 아이들에 비해 부모에게는 경쟁심을 거의 느끼지 않으므로, 집에서는 더욱 기꺼이 차례를 지킬지 모른다.

사이좋게 차례를 지킬 줄 아는 토들러는 거의 드물다.

점심을 먹을 때, 찌개를 차례대로 돌아가면서 떠먹는다. 욕조에서 목욕할 때, 차례대로 서로에게 물을 끼얹는다. 아이에게 책을 읽어 줄 때는 차례대로 돌아가면서 책장을 넘긴다.

부모가 먼저 시작한다 토들러와 교대로 어떤 일을 할 때는 항상 아이에게 먼저 하라고 양보하지 말고, 번갈아 가면서 먼저 시작한다. "오늘 아침에는 네가 먼저 블록을 올렸으니까 지금은 엄마가 먼저 블록을 올릴 차례야."

요령껏 실시한다 차례 지키기는 괴로운 일이 아니라 즐거운 일이어야 한다. 아이의 기분이 좋을 때에만 차례 지키기 연습을 시도한다. 아이가 피곤하거나, 배가 고프거나, 기타 여러 가지 이유로 짜증이 나 있을 때, 차례를 지키라고 강요해서는 안 된다. 차례 지키기가 긴장을 유발한다면 중단한다.

타이머를 이용해 교대한다 놀이 모임에서 공정한 심판관으로 타이머를 이용하면, 아이들에게 차례 기다리는 법을 아주 효과적으로 가르칠 수 있다. 이 방법은 아이가 자존심을 다치지 않으면서도 타고 놀던 장난감이나 삽, 기차, 인형을 다른 아이에게 내주거나 양보하게 할 수 있다. 뿐만 아니라, 다툼도 줄일 수 있다. 부모보다 시계한테 따지기가 더 힘들 테니까. "지금부터 시간을 정할 거란다. 타이머가 울리면 네 차례는 끝나고 민경이 차례가 되는 거야."라고 설명한다. 아이가 타이머를 이용하는 방식에 익숙해지려면 여러 차례 시범을 보이고 예행연습을 실시해야 하지만, 꾸준히 하면 큰 효과를 거둘 것이다.

인내심을 갖고 차례 지키기를 실시한다 아이가 최소한 세 돌이 될 때까지는 일상적으로 친구들과 협조하면서 사이좋게 차례를 지키는 모습을 기대해서는 안 된다는 사실을 기억한다.

── 부모가 소중히 여기는 물건 보호하기

Q "우리는 도자기와 다른 예술 작품을 수집해요. 그래서 저와 아내가 작품들과 작품의 정교한 특성을 무척 소중하게 여긴다는 걸 아들에게도 알려 주고 싶습니다. 하지만 아이를 가르치다가 작품을 훼손시킬까 봐 걱정돼요."

A 예술 작품을 소중히 다루도록 아이를 훈련시키는 건 빠르면 빠를수록 좋지만, 걱정하는 것처럼 훈련이 진행되는 동안 예술 작품을 잘 보호하지 않으면 크게 훼손될 것이다. 훈련 기간은 1년이나 2년, 혹은 그보다 훨씬 오래 걸릴 수 있다.

어떤 아이든 일단 방 안 가득 진열된 귀중품들을 마주하면 탐색하고 부수려 들 거라고 생각하기 쉽다. 그러나 아이가 작정하고 부수려 드는 경우는 거의 없다. 아이의 행동 이면에는 호기심과 서투름이라는 두 가지가 아슬아슬하게 공모할 가능성이 훨씬 높다. 다시 말해, 아이가 뭔가 흥미로운 물건을 발견하고, 가까이 들여다보기 위해 손을 대는 순간 떨어뜨리고 마는 것이다. 그러니 깨지기 쉬운 물건인 경우 깨질 수밖에 없다.

소중한 수집품들을 몇 년간 안전하게 포장해 놓는다면 생존 가능성은 대단히 높을 것이다. 그러나 정교한 것이든 그렇지 않은 것이든 아이 손이 닿지 않는 곳에 안전하게 숨겨 둔다면, 다른 사람의 소유물을 존중하는 법을 아이에게 전혀 가르칠 수 없을 테고, 부모는 부모대로 소장품을 즐기는 기쁨도 누리지 못할 것이다.

이런 상황에 대처하는 최선의 방법은 네 단계 계획을 실시하는 것이다. 즉, 부모의 귀중품을 보호하고, '만지지 말라'는 지시를 존중하도록 가르치며, 만져도 되는 물건을 조심스럽게 만지도록 훈련하고, 부모가 소중하게 여기는 물건이라는 인식을 서서히 주입한다.

소중한 물건을 보호한다 가장 안전한 보호 방법은 소장품의 종류, 자리를 차지하는 정도, 평소에 놓인 위치, 그리고 아이가 자주 가까이에서 노는지 여부에 따라 달라진다. 그리고 상황이 어떻든, 깨지기 쉬운 물건이나 아이에게 위험한 물건이라면, 무조건 아이 손이 닿지 않는 곳에 보관해야 한다. 아이는 어디든 아주 잘 올라갈 수 있다는 사실을 염두에 둔다. 특별히 소중하게 여기는 물건의 경우, 다른 방법으로 조치를 취했다 하더라도 당분간은 안전한 곳에 보관해 두어야 한다. 가장 좋은 방법은 잠시만이라도 아이가 접근할 수 없는 장소에 소장품을 보관한 다음, 부모가 지켜볼 때에만 접근을 허용하는 것이다. 소장품이 진열된 공간에 아이가 자주 드나들어야 한다면, 안전 유리문이 장착되고 자물쇠로 채울 수 있는 상자나, 높이가 2m 정도 되는 높은 선반을 이용하면 안전하게 진열할 수 있다.

만지면 안 된다는 걸 가르친다 부모 눈에 잘 보이고 아이 손이 쉽게 닿는 공간에 한두 가지 진열 물품을 두고는 아이에게 가까이 가지 말라고 일러둔다. 처음에는 아이가 말을 잘 들을 거라 기대할 수 없으므로, 아이가 만져도 안전하고 깨지지 않는 물건으로 시작해야 한다. 아이가 가까이 다가갈 때마다 만지면 안 된다고 경고한다. 이 물건들은 장난감이 아니고 특별한 물건들이므로 가지고 놀아서는 안 된다고 설명한다. 그런데도 아이가 만지고 싶어 하면, 그리고 틀림없이 만질 거라고 생각되면, 부모가 직접 물건 하나를 들고 있는 상태에서 아이에게 만져 보게 한다. 물건에 아예 손을 대지 못하게 금하면, 아이는 손을 대고 싶은 충동이 더욱 커질 것이다. 언제든 만지고 싶을 때는 어른한테 도움을 요청해야 한다고 말한다.

조심스럽게 만지는 법을 가르친다 대부분의 부모들은 아이에게 만지는 방법은 가르치지 않고 무조건 만지지 말라고만 가르친다. 귀한 도자기, 깨지기 쉬운 작은 장식품, 책과 같은 무생물이든, 아기, 애완동물, 꽃과 같은 살아 있는 것이든, 정교하고 섬세한 것을 다루는 법에 대해 일찍부터 훈련하여야 한다. 훈련 방법은 다음과 같다.

* 안전한 장소를 선택한다. 카펫 혹은 커다란 침대 한가운데나 소파에 함께 앉는다.
* 안전한 물건을 선택한다. 아주 오래된 소중한 도자기로 시작하지 말고, 부득이한 경우 없어도 크게 아까워하지 않을 물건을 선택한다. 가령, 약혼 선물로 이모가 선물해 준 바나나 모양의 과자 그릇 같은 것을 고른다.
* '만지기' 수업 일정을 현명하게 계획한다. 아이가 짜증이 나거나, 배가 고프거나, 피곤하거나, 긴장한 상태거나, 평소보다 초조해하거나 불만스러워하거나 하지 않을 때, 아이들은 학습이 가장 잘 이루어지고, 정교한 물건을 홧김에 산산조각 낼 가능성도 줄어들 것이다.
* 먼저 본보기를 통해 가르친다. 마치 고려 시대

도자기인 양 다소 과장된 태도로 조심조심 물건을 품에 안고, 아이에게 주입하기 위해 선택한 문구들을 반복해서 언급한다. "조심해서 다루어라.", "아빠가 얼마나 조심스럽게 만지는지 봤지?", "엄마가 아주 살살 다루는 거 보이니?"

* 그런 다음, 아이에게 직접 만져 보게 한다.

물건을 내려놓고 아이가 직접 조심스럽게 만지게 한다. 이때, 부모가 물건을 쓰다듬었던 방식과 같은 방식으로 아이를 쓰다듬으면서, "자, 이렇게 살살 만지는 거야."라고 반복해서 말한다. 이제 부모를 조심스럽게 만지는 방법을 알려 준다. 아이의 손을 잡고 "살며시 쓰다듬으렴." 하고 지시하면서 부모의 피부를

토들러와 쇼핑하기: 불가능을 향한 도전

아이를 키우면서 발생하는 또 한 가지 역설적인 상황은, 아이가 생기면 쇼핑할 일이 더 많아지지만, 아이가 있기 때문에 제대로 쇼핑을 마치기가 불가능하다는 사실이다. 경험으로 알겠지만, 토들러를 키운다는 것은 곧 쇼핑의 끝을 알리는 것이나 다름없다. 아이가 냉동식품 통로 사이로 사라지지 않으면, 조심스럽게 쌓아 올린 시리얼 상자를 와르르 무너뜨리기 일쑤다. 판매대 뒤로 사라지지 않으면 아래로 내려가는 에스컬레이터를 타고 위로 올라가려 애를 쓴다. 방금 선반을 염탐하다 발견한 사탕이나 장난감을 사 달라고 큰 소리로 떼를 쓰지 않으면, 못마땅하게 바라보는 사람들 앞에서 있는 대로 성질을 부린다. 배고프지 않으면 목이 마르고, 그렇지 않으면 화장실에 가야 한다.

그러나 쇼핑을 안 할 수는 없다. 다음 요령들을 따른다고 쇼핑의 과정이 전혀 힘들지 않다거나, 스트레스가 사라진다거나, 쇼핑이 식은 죽 먹기가 되지는 않겠지만, 쇼핑을 무사히 마치는 데에는 도움이 될 것이다.

* **아이와 함께 쇼핑하지 않는다** 아이에게 꼭 맞는 옷이나 신발을 구입해야 하는 경우가 아니라면, 아이 옷을 쇼핑할 때조차 아이가 없는 편이 더 제대로 옷을 고를 수 있다. 그리고 어차피 아이는 옷을 입어 보려 하지도 않을 것이다. 누군가 집에서 아이를 돌봐 줄 사람이 있으면, 그 기회를 이용해 편리한 저녁 시간이나 주말 오전 시간에 혹은 24시간 문을 여는 쇼핑센터에서 쇼핑을 한다. 혹은 토들러가 있는 친구와 함께 일정을 계획해, 교대로 아이를 돌보고 쇼핑을 한다. 혹은 배우자와 번갈아 쇼핑을 해, 한 사람은 아이와 집에 있고 한 사람은 쇼핑을 하러 간다. 둘 다 맞벌이를 하는 경우, 한 사람은 곧장 집에 가고 한 사람은 상점에 들렀다 오도록 계획을 세운다. 가능하면 사무실에 도시락을 가지고 와 점심시간에 얼른 먹은 후 쇼핑을 한다. 집을 나서지 않고도 쇼핑을 할 수 있다. 마트에 전화해 배달을 부탁하거나 인터넷이나 텔레비전 홈쇼핑을 통해 주문한다.

* **아이가 기분이 좋을 때 쇼핑한다** 어쩔 수 없이 아이와 쇼핑할 수밖에 없다면, 배불리 먹고 충분한 휴식을 취하고 자극을 많이 받지 않아서 아이의 컨디션이 비교적 좋을 때 데리고 가야 한다. 아이가 어떻게 행동할지는 알 수 없지만, 굳이 배고프고 피곤하고 짜증이 나는 아이를 상점에 데리고 가 화를 자초할 필요는 없다. 집을 나설 때는 아이와 불꽃 튀는 결전을 벌이지 않도록 만반의 준비를 갖춘다(284쪽 참조).

* **도움을 청한다** 통로를 따라 아이를 뒤쫓을 정도로 원기왕성한 사람 누구에게나 도움을 부탁한다. 10대 초반 아이가 혼자 아이를 돌볼 수는 없겠지만, 부모가 쇼핑을 하는 동안 아이를 감독하는 역할은 훌륭하게 수행할 수 있다.

* **쇼핑 목록을 적어 간다** 집을 나서기 전에 필요한 쇼핑 목록을 꼼꼼히 적는다. 평소 이용하는 마트 안 경로를 따라 같은 구역에서 구입할 수 있는 품목들을 한데 묶어 가장 중요한 순서대로 목록을 기록하면, 쇼핑이 한결 수월해진다. 냉동식품과 잘 상하는 물건을 맨 마지막에 적고, 특수 품목을 위해 여백을 남겨 둔다. 그런 다음, 이 목록을 스무 장 정도 복사해 놓고 주말에 쇼핑을 하기 전에 필요한 물건을 간단히 체크한다. 옷, 약품, 가정용품, 기타 쇼핑을 위한 목록도 마련한다. 이런 목록들을 작성하려면 제법 시간이 걸리겠지만, 한번 작성해 놓으면 쇼핑 시간을 크게 줄일 수 있다. 뿐만 아니라 달걀 사는 걸 깜빡 잊고 계산대 앞에서 허둥지둥

쓰다듬도록 안내한다. 그런 다음, 아이를 안거나 무릎 위에 앉혀 물건을 넘겨주고 조심스럽게 만지도록 지시한다.

* 훈련 시간을 짧게 끝낸다. 가급적 물건이 깨지기 전에, 훈련이 잘 이루어지고 있을 때 끝내야 한다.
* 훈련을 자주 반복한다. 매일 훈련을 할 필요는 없지만 아이가 훈련 내용을 잊어버리지 않을 정도는 반복해 주어야 한다. 아이가 갓 태어난 아기를 만지고 싶어 하거나, 옆집 강아지를 쓰다듬고 싶어 하거나, 할머니 댁에 있는 작고 예쁜 조각상이나 정원의 꽃을 만져 보고 싶어 할 때처럼, 기회가 될 때마다 조심스럽게 만지는 법을 알려 준다. 토들러들에게 원하는 달걀을 사러 간다거나, 까맣게 잊어버리고는 집에 도착해 다시 마트로 향하는 일이 줄어들 것이다.

* **아이를 긍정적으로 준비시킨다** 쇼핑할 목록을 말해 주되 "사탕이나 장난감 사러 가는 거 아니야."라고 말해, 아이의 머릿속에 그런 물건을 샀으면 하는 생각을 심어 주지 않는다. 토들러들은 혼자서도 그런 생각을 해낼 정도로 머리가 좋다. 물론 아이가 사 달라고 조르면 부모는 "안 돼."라고 말해야 한다.
또한 부모가 바라는 행동에 대해 긍정적으로 접근한다. 예를 들어, 마트의 자동문 안에 들어서기 전에 "마트 안에 돌아다니면서 이것저것 만지면 안 돼!"라고 말하지 말고 "마트에 들어가면 쇼핑 카트를 탈 거야. 그러면 목록에 적힌 식품을 찾아 카트 안에 넣어 주렴." 하고 말한다. 아이가 조금이라도 통제력을 발휘해 주었다면 몇 마디 간단하게 칭찬해 주어 긍정적으로 강화하는 걸 잊지 않는다.

* **이동 수단을 제공한다** 아이를 마트의 통로에 걸어 다니게 하지 말고 쇼핑 카트에 타도록 설득하면, 쇼핑 시간을 줄일 수 있다. 물론 어린 토들러들은 안전을 위해 안전띠를 매야 한다. 매년 수천 명의 어린아이들이 카트 밖으로 굴러떨어져 부상을 입는다. 아이들은 넘어지기 쉽기 때문에 카트 안에 서거나 혼자 카트에 올라가지 않게 해야 한다.
구입할 품목이 얼마 안 된다면 유모차를 이용한다. 유모차의 손잡이에 작은 쇼핑 가방을 걸고, 쇼핑하는 동안 아이를 유모차에 태워 안전띠를 채운다. 쇼핑 가방에 물건을 너무 많이 넣지 않도록 한다. 물건 무게가 아이의 체중보다 많이 나가면 유모차가 뒤로 넘어간다. 유모차는 쇼핑센터에서도 요긴하게 사용된다. 쇼핑하는 동안 아이가 몰두할 수 있도록 장난감이나 자질구레한 장신구들을 가지고 가야 한다. 이런 것들을 유모차에 확실하게 부착해야, 떨어진 장난감을 찾느라 통로 끝으로 되돌아가거나 다녔던 곳을 모두 돌아다니면서 시간을 낭비하지 않을 것이다.

* **서둘러 쇼핑을 마친다** 상표를 꼼꼼히 읽고, 쿠폰을 자르고, 상품을 비교하고, 물건을 꼼꼼하게 검토하는 건 혼자 쇼핑할 때나 가능하다. 단가를 계산하는 동안 아이는 통로 세 개를 지나가고 있을지 모른다.

* **편의점 이용을 고려한다** 우유 하나와 바나나 두 개만 있으면 되는 경우, 쉽게 접근할 수 있는 편의점을 이용하면 가격은 조금 비싸지만 비싼 값을 할 것이다.

* **문제를 피한다** 물건이 진열된 위치를 잘 알면, 장난감 코너, 도자기와 유리 그릇 코너, 마시멜로우가 가미된 시리얼 진열대 등 잠재적인 위험 지대를 피하거나 적어도 빨리 지나치기가 훨씬 쉽다. "풍선껌 사 줘, 안 그러면 소리 지를 거야!"라며 아이가 성질을 부리며 졸라 댈 가능성을 없애기 위해, 계산대 앞에 캔디를 진열하지 않는 마트도 간혹 있다. 자주 애용하는 마트에 이런 계산대가 없다면 한 군데 설치해 달라고 제안한다.

* **아이의 손과 머리를 부지런히 움직이게 한다** 쇼핑 카트 미는 걸 돕거나, 좋아하는 크래커 상자를 들고 있거나, 요구르트 병을 하나 둘 셋 세거나, 글자 '아' 자나 빨간색을 찾거나, 엄마가 주는 젤리 두 개 가운데 하나를 고르는 등, 아이가 어떤 일에 몰두하게 되면, 아무 데나 돌아다니거나 소란을 피울 시간도, 그리고 싶은 마음도 없을지 모른다. 미니 쇼핑 카트를 밀게 하고, 부모의 감독하에 그 안에 깨지지 않는 물건을 싣게 해도 도움이 된다. 이용하는 마트에 그런 카트가 없다면, 집에 있는 카트를 가지고 와야 할 것이다. 쇼핑을 하는 데 시간은 조금 더 걸리겠지만, 쇼핑을 모두 마치기 위해 적어도 시도는 해 볼 만하다. 그리고 아이는 자신이 도움이 된다는 생각에 기분이 좋아질 테고, 어쩌면 쇼핑에 대해 배울 수도 있다.

결과를 얻으려면 자꾸 반복해야 한다는 사실을 기억하자.
* 훈련 중에 그리고 훈련 후에 아이를 많이 칭찬한다. 아이가 말을 잘 듣게 하는 데에 긍정적인 강화만큼 효과적인 방법은 없다.
* 아이를 신뢰한다. 아이를 신뢰하면 아이는 신뢰받을 만한 사람이 되기 위해 아주 열심히 노력할 것이다. 그리고 자존감 향상에도 크게 도움이 된다. 신뢰를 보여 주기 위해 아이가 도자기 가게에서 아무렇게나 뛰어다니게 해서는 안 되지만, 아이가 할머니의 커피 테이블 가까이에 올 때마다 벌떡벌떡 일어나 아이를 막아서도 안 된다.
* 요행을 바라지 않는다. 조심스럽게 만지는 방법을 아무리 열심히 훈련했어도 사고가 일어나지 않으리라는 보장은 없다. 그러므로 아이의 훈련이 완벽하게 이루어졌다고 생각되더라도, 소중하게 여기는 물건은, 특히 억만금을 주어도 살 수 없는 물건은, 아이 손이 닿지 않는 곳에 보관해야 한다.
* 물건이 부서지거나 훼손된 경우 과잉 반응을 보이지 않는다. 사고는 누구에게나 일어날 수 있으며, 토들러들에겐 더 자주 일어난다.

물건의 가치를 알려 준다 아이들은 뽀로로 인형이나 곰 인형이 특별한 이유는 잘 알지만, 우스꽝스러운 무늬가 새겨진 그릇이나 인형 크기의 도자기 컵, 크리스털 꽃병이 왜 특별한지는 거의 이해하지 못한다. 아이의 이해력이 높아지면, 부모의 소장품들이 부모에게 왜 특별한지 설명하기 시작한다. 예를 들어, "이 그릇과 항아리는 아주 옛날에 만들어진 것이란다. 이제는 아무도 이런 것들을 만들지 않기 때문에, 엄마에게는 아주 특별한 물건이야." 혹은 "이 컵들은 엄마의 할머니가 아주아주 먼 나라에서 이곳까지 가지고 왔단다. 엄마는 이 컵들을 잘 보관했다가 나중에 네가 커서 네 집이 생기면 너에게 주고 싶어."라고 설명한다. 박물관에 유사한 물건이 있는 경우, 아이를 데리고 박물관을 잠깐 방문해도 물건의 가치를 이해시키는 데 도움이 될 것이다. 오래된 물건을 수집하는 경우, '골동품'이라는 단어의 의미를 설명하고, 골동품을 볼 때 아이에게 가리켜 보여 준다.

─ 기계를 무척 좋아해요

Q "우리 딸은 전기로 작동하는 물건이나 기계 종류를 무척 좋아하는 것 같아요. 항상 기계와 전선을 꼼꼼하게 살펴보는데, 그러다 다치기라도 할까 봐 걱정돼요."

A 자라나는 엔지니어를 감당하기 벅차하는 것 같다. 신중한 부모로서 당장 해결해야 할 걱정이 두 가지가 있는데, 하나는 아이가 미국 MIT에 갈 경우에 대비해 미리 학비를 모아 두어야 하지 않을까 하는 점이고, 또 하나는 아이의 호기심으로부터 아이를 보호해 주어야 한다는 점이다.

토들러의 호기심은 대체로 분별력을 훌쩍 뛰어넘는다. 따라서 부모가 할 일은 판단력이 부족한 아이를 안전의 위협으로부터 보호해 주는 것이다. 물론 가장 쉬운 방법은 기계장치에 대한 탐색을 일절 금지하는 것이다. 그러나 이 방법은 아이의 신체를 위험으로부터 구해 줄지는 모르지만, 과학적 호기심을 억제하게 된다. 사실 탐색의 열의를 완전히 꺾지 않고도 얼마든지 아이가 부상을 입지 않도록 조치를 취할 수 있다.

먼저 안전 수칙을(667쪽 참조) 정해 일과의 일부로 만들고, 전기 코드와 주방의 가스레인지나 오븐, 전자레인지처럼 접근을 완전히 금지해야 하는 물건과, 부모의 감독하에 이용할 수 있는 물건에 대해 아이에게 알려 주어야 한다. 안전 대책을 철저히 마련하고, 부모의 감독하에 아이의 본능적인 호기심을 충족시킬 수 있도록 기회를 충분히 제공하여, 아이의 생명과 신체를 보호하는 한편 흥미도 키워 준다. 아이에게 부모 대신 라디오나 텔레비전을 켜게 하고, 비디오 버튼을 누르게 하며, 컴퓨터 키보드를 누르거나 마우스를 작동시켜 모니터 스크린에 글자나 숫자, 그림이 나오게 한다. 아이가 혼자서 분해하고 조립하며 몰두할 수 있는 장난감을 구입하거나 대여한다. 단, 아이의 연령에 맞는 장난감을 선택해야 한다. 그렇지 않으면 흥미가 생기기 전에 짜증부터 날 수 있다. 조립식 세트와 토들러용 컴퓨터 게임처럼 아이가 부모나 양육자와 공동으로 할 수 있는 과제를 아이에게 부여한다. 가까운 지역에 토들러를 위한 '발견자' 유형 학원이 있다면, 아이를 등록한다. 가능하면 직접 작동할 수 있는 과학 전시회에 아이를 데리고 가 아이가 마음껏 누르고 당기고 밀게 해 준다. 과학의 세계를 비롯해 아이의 흥미를 일으키는 여러 주제를 다룬 책을 보여 준다.

─── 부부 관계 장면을 아이에게 들켰어요

Q "어젯밤 아이가 자기 방에서 나와 돌아다니는 동안 우리는 침실에서 부부 관계를 하고 있었어요. 몇 분 후에야 아이가 안방에 있다는 걸 알았으니까, 그동안 아이는 우리가 하는 행동을 보고 있었던 게 분명해요. 혹시 아이에게 악영향을 미치는 건 아닐까요?"

A 그렇지는 않을 것이다. 아이는 부모가 뭘 하고 있었는지 알지 못할뿐더러, 어떤 일을 알아채기에는 몹시 졸린 상태일 것이다. 설사 아이가 충격을 받은 것 같더라도, 부모가 서로를 다치게 하는 줄 알고 불안해서 그럴 가능성이 매우 높다. 아이는 눈앞에서 벌어지는 일에 대해 개념조차 없기 때문에 섹스 자세가 공격적으로 보일 수 있으며, 섹스를 하는 동안 나오는 소리는 쾌락보다 고통에 대한 반응으로 들릴 수 있다. 아이가 부모에게 지금 싸우는 거냐고 물어보면, 엄마 아빠는 서로를 아프게 하는 게 아니라 엄마 아빠만의 특별한 방식으로 서로를 안아 주고 뽀뽀하고 사랑하고 있는 거라고 말해 아이를 안심시킨다. 한동안은 아이가 별다른 설명을 요구하지 않을 텐데, 특별히 설명을 요구하지 않는다면 굳이 복잡하게 설명하지 않는다(466쪽 참조). 아이가 와 있다는 걸 알아채고 소리를 지르거나 아이를 쫓아냈다면 사과해야 한다. 아이를 보고 너무 놀랐고 조금 무서워서 그랬다고 해명한다.

그러나 나중에 아이가 좀 더 자랐을 때 같은 실수가 반복된다면, 아이도 당황하고 부모도 성생활을 활발히 지속하기 어려울 수 있으므로, 섹스를 할 때는 방문을 잠그는 것이 좋겠다. 방문에 잠금장치가 없다면, 잠금장치를 설치하거나 고리형 잠금장치를 아이 손이 닿지 않는 위치에 설치한다.

나중에 다시 깜빡 잊고 문을 잠그지 않았는데, 아이가 안방에 들어와 부모의 섹스 장면을 목격하게 되는 경우, 침착하게 대처한다. 부모에게 약간의 사생활이 필요하다고 말하고, 잠시 밖에서 기다려 달라고 부탁한다. 재빨리 옷을 걸친 다음, 아이를 불안하게 만들거나 부끄러움이나 죄책감을 느끼게 하지 말고, 침착하게 아이 침대로 돌려보낸다. 아이는 아무것도 잘못이 없으며 부모 역시 마찬가지다.

대부분의 아이들은 이런 일을 금세 잊어버리며, 특히 이런 일이 거의 일어나지 않는다면 더 빨리 잊는다. 그러나 나중에라도 아이가 그 일에 대해 말하고 싶어 하면 그렇게 하게 한다. 아이가 묻는 질문에 아이의 연령에 맞추어 대답해 준다.

── 생식기 탐색

Q "우리 딸은 기저귀를 뗀 후로 틈만 나면 팬티 속에 손을 넣어요. 정상적인 모습이라는 건 알지만 어쩔 수 없이 신경이 쓰이네요. 특히 공공장소에서 그러면 더 거슬려요."

A 지금까지는 중요한 부위가 기저귀에 가려져 있어 아이가 그곳에 손을 댈 일이 거의 없었다. 그러다가 배변 훈련용 팬티로 바꾸면서 은밀한 부위에 손을 대기가 훨씬 쉬워졌을 것이다. 배변 훈련 과정에서 아이들은 자기 몸에 대한 인식이 고조되어 생식기 부위에 관심을 집중하는 경향이 있다.

토들러들에게는 어떤 종류의 탐색이든 모든 탐색은 정상이다. 생식기 탐색은 손가락과 발가락, 배꼽, 귀를 탐색하는 것과 다를 바 없다. 처음 몇 차례 호기심으로 생식기를 탐색해 보다가 생식기를 만졌더니 기분이 좋다는 걸 알게 되고, 이후로 계속해서 팬티 속에 손을 넣게 된다. 겉으로 보기에는 자위를 하는 것 같지만 토들러들에게 이런 행동은 자위가 아니다. 어린 남자아이의 경우, 고추를 만져 발기가 되더라도 자위행위로 볼 수 없다. 생식기를 만지는 것이 기분이 좋을 수는 있지만 성적인 쾌락과는 다르다.

아이를 쫓아다니면서 팬티 속에 손을 넣지 못하게 경고하면, 오히려 이런 행동에 더욱 흥미를 갖게 만든다. 뿐만 아니라, 아이가 발견한 기분 좋은 느낌이 정상적이고 건강한 것이 아니라, 잘못되거나 금지된 것이라는 생각을 심어 줄 수도 있다. 그렇다면 어떤 태도를 취하는 것이 가장 현명할까? 집에서는 이런 행동을 못 본 척하는 것이다.

놀이 모임에서 아이가 팬티 속에 손을 넣으려 하는 모습이 영 거슬린다면, 도형 끼워 넣기나 블록 쌓기 같은, 손을 이용하는 활동을 하도록 유도한다. 그래도 여전히 아이가 팬티 속에 손을 넣고 있다면 중단하고 다른 방법을 찾아본다.

그러나 보다 공적인 장소에서는 생식기를 만지지 못하게 주의를 주어야 한다. 아이의 행동이 잘못됐기 때문이 아니라 공공장소에서는 부적당한 행동으로 여겨지기 때문이며, 특히 소아성애 병자의 눈에 띄는 경우 위험한 충동을 일으킬 수 있기 때문이다. 그러므로 아이에게 사적인 장소와 공적인 장소의 차이를 설명하고, 사적인 장소에서 해도 좋은 일이 공적인 장소에서는 허용되지 않는 사례를 알려 준다. 외출할 때 아이가 부모의 경고를 잊어버리고 팬티 속에 손을 넣는 경우, 조용히 아이에게 상기시킨다. 아이의 손을 잡아 꼭 쥐고 아이의 주의를 돌리며, 집에 갈 때까지 팬티 속에 손을 넣지 않은 걸 보니 이제 다 컸다며 칭찬해 준다.

소변을 볼 때 생식기를 잡아야 마음이 놓이는 아이들도 있는데, 마치 그렇게 해야만 생식기가 달아나지 않고 몸에 붙어 있을 거라고 생각하는 것 같다. 아이가 용변을 보고 싶을 때 생식기를 만지는 경향이 있다면, 아이 손이 생식기 주변을 더듬거리는 모습이 보일 때마다 용변을 보고 싶은지 물어본다.

이따금 걷는 동안 생식기를 만지는 아이들도 있다. 일상적인 기능에 지장을 주는 심리적 안정을 주는 습관들이 그렇듯, 이런 행동 역시 두려움이나 불안에 기반을 둘 수 있다. 그러나 베이비시터가 바뀐다든지, 이사를 한다든지, 부모가 직장에 복직하는 등 다른 종류의 스트레스와 관련이 있는 경우도 많고, 드물지만 성적 학대와 관련이 있을 수도 있다. 아이가 생식기에 집착하는 모습을 보이면 담당 의사와 상의한다.

── 자세 문제

Q "우리 딸은 말랐는데 배만 볼록 나왔어요. 배를 집어넣고 똑바로 서 있으라고 말하고 싶지만 아이가 알아들을 것 같지 않아요. 어떻게 해야 할까요?"

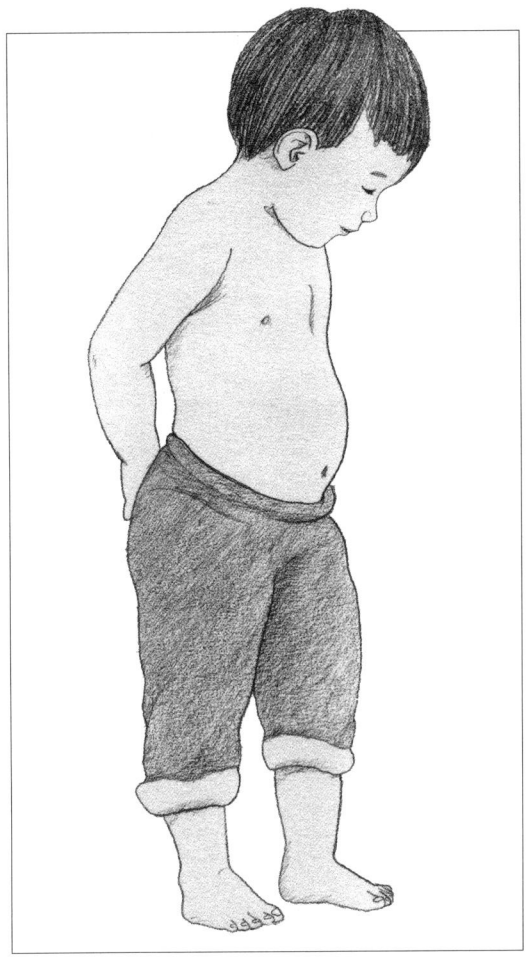

통통한 배는 토들러들의 트레이드 마크로, 아이가 과자를 너무 많이 먹어서 그런 것만은 아니다.

A 아무것도 안 해도 된다. 대부분의 토들러들은 두 돌이 가까워 올 무렵에도 여전히 배가 볼록 튀어나온다. 그러나 만 3~4세 무렵이 되면 복부의 근육이 성장해 튼튼해지므로, 과자를 너무 많이 먹지만 않는다면 대부분의 아이들이 날씬한 옆모습을 유지할 것이다. 그러므로 당분간 아이는 배에 힘을 줄 필요도 없고, 자세를 바르게 하라는 충고를 받을 필요도 없으며, 운동을 많이 할 필요도 없다.

나중에 아이가 좀 더 컸을 때 올바른 자세를 갖도록 장려하는 건 좋지만, 날씬한 외모나 혹은 외모와 관련된 문제를 지나치게 강조하는 것은 결코 바람직하지 않다는 사실도 명심한다. 완벽한 신체라는 달성하기 힘든 목표를 설정하면, 특히나 아이가 자라서 체형이 변할수록 아이의 자아상을 위협할 수 있으며, 심하면 나중에 식이 장애로 이어질 수도 있다.

아이의 배가 또래 아이들에 비해 지나치게 불룩 나왔다면, 담당 의사와 상의한다. 극히 드문 경우지만, 유난히 불룩 나온 배는 건강의 적신호가 될 수 있다.

── 부모만 보면 분노발작을 일으켜요

Q "우리 딸은 베이비시터와 하루 종일 아주 잘 지내요. 그런데 우리가 퇴근해 집에 돌아오면 분노발작을 일으키기 시작해요. 우리한테 무슨 문제가 있는 걸까요?"

A 아이가 엄마, 아빠를 사랑하기 때문이다. 분노발작은 부모를 향한 애정을 가장해 아이가 있는 대로 성질을 부리는 것으로 비칠 수 있지만, 오히려 부모는 아이가 화를 내는 것에 자부심을 느껴야 한다. 아이는 자신이 아무리 짜증을 부리고 떼를 써도 부모한테 버림받지 않을 거라고 굳게 믿기 때문에 마음 놓고 통제력을 잃는 것이다. 그리고 하루 종일 베이비시터를 위해 얌전히 있었으니, 한두 차례 성질을 부리는 방식으로 기분을 풀게 된다. 당연히 베이비시터와 함께하는 시간이 썩 안정적이지는 않았을 것이다.

또한 토들러들은 베이비시터나 교사, 다른 양육자로부터 독립하는 것이 아니라 부모로부터 독립하고 싶은 몸부림의 표현으로, '끔찍한 두 살'로서의 최악의 행동을 꽁꽁 감추어 두었다가 부모를 향해 발산하는 경향이 있다. 아이는 자신이 가장 가깝게 여기는 사람들, 자신이 가장 많이 의지한다고 여기는 사람들로부터 독립해야 한다고 생각하기 때문이다. 따라서 부모에게 자신의 영역을 분명히 표시하고 단호한 입장을 취하며 자율성을 주장하려 드는 것이다.

퇴근 후 아이가 분노발작을 일으키는 이유는, 이 방법이 아이가 알기로 부모의 관심을 가장 빨리 얻을 수 있는 방법이기 때문이기도 하다. 부정적인 반응이라도 무반응보다 낫다는 걸 잊지 말자. 성질을 부리는 것만큼 부모가 모든 일을 중단하고 자기에게만 집중하게 만드는 일은 없다. 퇴근 후 아이의 분노발작은 때때로 자신을 매일 혼자 두고 가 버리는 부모를 향한 불쾌감의 표현이기도 하다. 그러므로 양육자와 아주 즐겁게 시간을 보내다가도 부모만 보면 성질을 부리게 되는 것이다.

아이가 피곤하고, 배가 고프고, 부모와 아이 모두 스트레스를 받을 때는 분노발작을 일으킬 가능성이 매우 높은데, 퇴근 후 시간대에 이런 요소들이 한꺼번에 나타나게 된다. 반대로 베이비시터는 아이가 충분히 휴식을 취해 기분이 상쾌해진 아침 시간에 도착한다. 이런 시간대를 보다 평화롭게 보내는 요령은 305쪽을, 분노발작을 다스리는 요령은 374쪽을 참조한다.

── 늘 똑같은 방식을 고집해요

Q "우리 아이는 뭐든지 똑같은 방식으로 하려고 해요. 항상 똑같은 컵에 오렌지 주스를 따라 마셔야 하고, 항상 똑같은 방식으로 정확하게 샌드위치를 잘라야 하며, 닳고 닳은 파란색 운동화만 주구장창 신으려고 해요."

A 어른에게는 이런 식의 행동이 강박적으로 혹은 집착으로 보일지 모르지만, 토들러에게는 정상이다. 모든 토들러들이 똑같은 방식으로 행동하려고 하는 건 아니지만, 물론 그렇다 해도 역시 정상이다. 토들러들은 대부분 음식, 음료, 옷, 하루 일과 등을 완벽하게 예측할 수 있기를 바란다. 따라서 예측 가능한 방식에서 조금이라도 벗어나면 불평을 터뜨릴 수 있다.

부정적인 성향과 분노발작과 마찬가지로, 똑같은 방식을 고집하는 행동 역시 다루기 쉽지 않지만, 두 돌이 채 되지 않고 키가 1m도 안 된 토들러 입장에서 보면, 자신보다 훨씬 크고 훨씬 영향력 있는 사람에게 어쩔 수 없이 의지할 수밖에 없는 자신의 생활에 대해 어느 정도 통제력을 행사하려는 아이 나름의 방식임을 이해해 주자. 음료를 마시는 컵, 샌드위치가 잘린 모양, 아이가 신는 운동화 등 생활의 작은 부분이나마 스스로 통제할 수 있다는 것은 아이와 아이의 자존감에 큰 의미를 준다.

그러므로 <u>아이에게 다른 방식을 선택하도록 설득하려 하지 말고, 아이가 고집하려는 방식을 인정하고 기꺼이 원하는 대로 해 준다.</u> 다른 사람이 아이를 돌보는 경우, 아이가 원하는 방식을 따라 주도록 일러둔다. 집에서 베이비시터가 아이를 돌보는 경우 아이가 원하는 대로 들어줄 수 있지만, 어린이집 같은 경우 항상 그럴 수는 없을 것이다. 아이가 변화를 통제할 수 있다면 변화를 더 흔쾌히 받아들일 수 있다. 그러므로 가끔씩 새 컵을 골라 보게 한다든지, 재미있는 방식으로 샌드위치 먹는 법을 보여 준다. 쿠키 모양을 찍는 데 사용하는 모형을 이용해 부모의 샌드위치에 별 모양, 동물 모양, 하트 모양을 찍고, 아이의 샌드위치에도 같은 모양을 찍어 줄지 물어본다. 또 아빠가 해변에서 신는 샌들과 똑같은 샌들을 구입하는 게 어떨지 제안한다. 그러나 아이가 관심을 보이지 않으면 강요하지 않는다. 인내심을 갖고 기다리면 아이는 서서히 고집을 버릴 것이다.

음식에 대한 집착

Q "도와주세요! 우리 아들은 다른 음식에 닿은 음식은 입에 대려고도 하지 않아요."

A 아이를 먹이려면 음식을 따로 분리해야 한다. 칸이 나누어진 접시를 이용하고 각각의 칸에 음식을 담는다. 혹은 각각의 그릇에 따로 음식을 담아낸다. 아이의 강박적인 충동에 휩쓸리는 건 아닌지 걱정할 필요는 없다. 아이의 요구를 들어주고 까다로운 식습관을 맞추어 주면, 토들러들에게 아주 흔히 나타나는 이 같은 집착은 결국 자연스럽게 사라지기 마련이다. 아이를 나무라거나 비아냥거리거나 노려보면 오히려 집착이 악화될 것이다.

Q "우리 아이는 크래커나 쿠키가 조금이라도 부서지면 난리가 나요. 도대체 왜 그러는 걸까요?"

A 토들러들은 누구도 그리고 아무것도 완벽하지 않다는 사실을 아직 깨닫지 못했다. 스스로에게 완벽을 요구하는 일은 결코 없지만, 쿠키를 비롯한 주변의 모든 사람과 모든 사물이 완벽하길 기대한다. 적어도 완벽하다고 인식한다. 일반 아동 심리학에서는 자기 자신이 부러지거나 손상되는 것에 대한 두려움이 간혹 부서진 쿠키에 대한 공포증으로 드러난다고 주장한다. "쿠키가 부서지는 걸 보니 나도 저렇게 부서질 수 있겠구나." 이 주장을 받아들이든, 크래커와 쿠키에 대한 아이의 강박적인 태도가 토들러들 특유의 고집과, 통제에서 벗어나려는 욕구 때문이라고 여기든, 최대한 현실적 선에서 아이의 요구에 맞춰 주는 것이 가장 바람직하다. 세 돌 이후, 아이가 이성적으로 생각할 줄 아는 나이가 되면, 쿠키가 부서질 수 있다는 걸 서서히 받아들이게 될 것이다.

그때까지는 쿠키와 크래커를 조심스럽게 다루고, 부서진 쿠키와 크래커를 교체할 여분의 양을 더 준비하며, 잘 부서지는 종류나 크기는 피하도록 한다. 통밀로 만든 롤빵이나 베이글 같은 빵은 가지고 다녀도 잘 부서지지 않는다. 부서진 쿠키는 모아 두었다가 파이 껍질을 만드는 데에, 부서진 크래커는 빵을 만드는 데 사용하는 것이 좋다. 부모가 부서진 것들을 먹어 버리면 틀림없이 다른 문제를 야기하게 될 것이다.

그러나 <u>아이의 까다로운 행동들을 너무 다 받아 주지 않도록 한다. 아이가 자기 크래커를 부서뜨린 경우, 새 크래커를 주지 않는다. 이 경우, 아이는 자신의 행동에 대한 결과를 경험하면서 가르침을 얻을 수 있다.</u>

── 변화를 거부해요

Q "카 시트가 바뀌거나, 취침 전 일과 순서가 바뀌거나, 제 안경이 바뀌는 등 조금이라도 변화가 보이면 우리 딸은 몹시 당황해 해요."

A 일부 토들러에게는 기분 전환을 위해 변화만큼 좋은 방법이 없지만, 변화가 전혀 반갑지 않은 토들러들도 있다.

토들러들이 보여 주는 대부분의 전형적인 모습들이 그렇듯, 변화를 강하게 거부하는 모습 또한 최대한 주변을 통제해 보려는 충동에서 기인한다. 사소한 변화이더라도 혹은 변화가 아이에게 직접적으로 영향을 미치지 않는다 하더라도, 변화에 부딪힐 때 아이는 위협과 좌절감, 불안정감을 느끼고 자신감이 떨어질 수 있다.

<u>모든 토들러들이 변화를 격렬하게 반대하는 건 아니지만, 대부분의 토들러들은 최소한 어느 정도는 변화를 불편하게 여기며, 그 정도가 영아나 연령이 높은 아동보다 훨씬 강하다. 이렇게 변화를 거부하는 모습은 정상이고, 토들러의 연령에 적합한 행동이다. 아이가 변화에 좀 더 유연하게 반응하려면 적어도 1년은 더 지나야 한다는 걸 이해한다면, 이 시기를 보다 수월하게 견딜 수 있을 것이다.</u> 당분간은 새롭고 다양한 상황을 경계하는 아이의 마음을 존중한다. 현재 상태를 그대로 유지해, 아니면 적어도 최대한 현실적으로 유지하여, 아이에게 더욱 안정감을 주고 부모 자식 간의 갈등 요인을 줄이도록 한다. 새 카펫, 새 유모차, 아이 방의 도배, 새로운 일과 등 미룰 수 있는 변화는 아이의 엄격함이 조금 누그러질 때까지 연기하도록 한다. 육아 방식을 갑자기 바꾸어야 하는 경우처럼 중요한 변화를 미룰 수 없을 때에는, 아이가 변화에 대비할 수 있도록 가급적 충분히 주의를 주어, 아이가 변화에 적응할 수 있도록 각별히 애를 써야 한다. 변화에 적응하기까지 아이가 위협을 느끼고, 조금 불안해하며, 더 쉽게 좌절하리라는 것을 예상한다. 아이의 감정에 화를 내면서 반응하지 말고, 더 많이 지지하고 이해해 준다. 아이가 변화라는 거친 바다에 차분하고 안정되게 닻을 내리면 변화를 더욱 쉽게 견딜 수 있을 것이다.

아이가 약간의 변화나 새로운 경험에도 크게 당황한다면, 아이의 행동은 토들러 시기의 일시적인 현상을 넘어선, 타고난 기질 때문일 수 있다. 이런 기질을 다루는 요령은 229쪽을 참조한다.

── 계속 같은 책만 읽어 달라고 해요

Q "우리 아들은 매일 밤마다 같은 책을 읽어 달라고 해요. 그것도 두세 번씩 말이지요. 전 정말 지루해 미칠 것 같아요."

A 토들러들은 좋아하는 음식이든, 좋아하는 담요든, 좋아하는 책이든 간에 무엇이든, 자신이 좋아하는 것에 대해서는 아무리 반복해도 싫증이 나지 않는 것 같다. 어른들에게는 지루하기 짝이 없는 일이 토들러들에게는 엄청난 만족감을 안겨 주는 데에는 여러 가지 이유가 있다. 첫째, 토들러들은 대체로 변화를 좋아하지 않는다. 토들러들은 익숙하고 예측할 수 있는 상황에서 편안함과 안정감을 더 많이 느끼고 자신감을 더 많이 얻는다. 그래서 같은 책을 수없이 되풀이해 읽는 걸 좋아한다. 둘째, 책을 반복해서 읽으면 어휘력과 이해력 향상에 도움이 된다. 아이는 처음 이야기를 들어서는 단어를 모두 이해하지 못할 것이다. 두 번, 세 번 반복해서 읽을 때마다 점점 더 많은 단어들을 익히게 된다. 부모가 지겨워 돌아가실 즈음 되면 아이는 책에 있는 모든 단어를 알게 되고, 아마도 외우게 되고, 책 내용을 완벽하게 이해하게 되어 무척 만족스러워할 것이다. 셋째, 책 내용을 잘 알면 다음에 어떤 이야기가 나올지 예측하고, 곳곳에 알맞은 단어를 채울 줄 알며, 눈에 익은 그림을 손으로 가리키는 등, 책을 읽는 과정에 더욱 적극적으로 참여할 수 있다. 넷째, 운율이 있는 책의 경우, 본문의 운율이 아이를 즐겁게 해 준다. 다섯째, 책의 일부 내용이 종종 아이의 마음을 감동시켜 두려움과 감정을 다루는 데 도움을 준다.

다시 말해, 부모에게는 따분하기만 한 익숙함이 아이에게는 만족감을 준다. 그러므로 아이의 만족을 위해, 그리고 학습을 위해, 부모는 체념하고 계속 반복해 주어야 할 것이다. 지금 당장은 아이가 무척 좋아하는 책도 언젠가는 싫증을 느낄 때가 오기 마련이므로, 아이가 알아서 그 시기를 마감하게 해 준다.

그때까지는 다음과 같은 방법을 이용해 아이를 위해 더욱 재미있게, 그리고 부모는 덜 지루하게 책을 읽어 주도록 하자.

* **과장된 억양으로 읽는다** 아무 생각 없이 입에서 나오는 대로 책을 읽고 싶은 마음이 들기도 하겠지만, 부모와 아이가 좋아하는 경우 매일 밤 목소리나 억양을 바꾸는 등 활기차게 책을 읽으면, 모두가 즐겁게 책을 읽을 수 있을 것이다.
* **책 읽기에 아이를 참여시킨다** 각 쪽의 마지막 줄을 말하게 하는 등 아이가 원하는 만큼 여백을 채우게 한다. 아이에게 다음 이야기가 어떻게 전개될지 물어본다. 부모와 아이 모두 내용을 속속들이 잘 알고 있다 하더라도, 아이는 자신이 똑똑하게 대답할 줄 안다는 사실에 무척 신이 날 것이다. 그리고 그림 속 인물이나 대상, 색깔 등을 물어본다. 책을 읽을 때마다 강아지 목의 빨간 목걸이나 나무 뒤에 숨은 다람쥐 등 아직 아이가 못 보고 지나친 부분을 가리키고, 다음번에 그것을 찾아보게 한다.

지금 읽는 책을 즐겁게 읽는 한편, 새로운 책을 시도하려는 노력을 중단하지 않도록 한다. 매일 밤 다른 그림책을 보여 준다. 그러나 결코 강요하지 않는다. 아이는 좋아하는 책을 중단하는 건 내키지 않지만, 그렇다고 새 책을 읽는 걸 꺼리지는 않을 것이다. 아이가 좋아하는 책의 속편으로 등장인물이 같거나, 저자가 동일하거나, 삽화가가 동일한 책을 선택한다면, 새로운 책을 성공적으로 시작할 수 있을 것이다. 아이와 함께 도서관에 가서 다양한 종류의 책을 보여 주고, 마음에 드는 책 한두 권을 선택하게 해 집에 가지고 오면,

아이가 좋아하는 책의 범위를 확장하는 데 도움이 된다. 동네 서점의 '책 읽어 주는 시간'에 참여하고 시간이 끝나면 아이와 함께 서점을 둘러본다. 할머니가 선물을 보내고 싶어 할 때는 책을 선물해 달라고 부탁한다. 생일이나 크리스마스에 책을 선물하되, 부모 마음에 드는 책보다는 아이가 좋아할 만한 책을 선택한다. 기왕이면 아이가 직접 선택하게 한다.

아이가 곧바로 새 책을 펼치지 않고 매일 밤 똑같은 책을 읽어 달라고 하면, 기꺼이 아이 말을 들어준다. 이 시기가 영원히 계속되지는 않으리라는 걸 기억하자. 때가 되면 다양한 종류의 책을 좋아하게 되고, 그때는 "그 책 또 읽기 싫어!"라고 말하게 될 것이다.

── 항상 똑같은 노래만 들으려고 해요

Q "우리 딸은 하루 종일 한 가지 CD만 들으려고 해요. 똑같은 노래가 쉴 새 없이 반복되는 CD를 듣고 있으려니 저는 멀미가 날 지경이에요. 어떻게 해야 아이에게 다른 노래를 듣게 할 수 있을까요?"

A 계속 같은 노래를 틀어 주는 수밖에 없다. 토들러들은 규칙적인 일과를 통해 편안함을 느끼는 만큼, 같은 책을 수없이 반복해서 읽을 때와 마찬가지로 한 가지 테이프나 CD를 되풀이해 들어야 만족감을 얻을 수 있다. 그리고 책과 마찬가지로 CD를 반복해 듣는 것 역시 훌륭한 학습 경험이 된다. 아이는 같은 CD를 여러 번 반복해 들으면서 노래의 멜로디와 가사를 서서히 습득하게 되는데, 매일 다양한 CD를 듣는다면 그 같은 습득은 거의 불가능할 것이다.

뿐만 아니라 토들러들은 익숙한 음악을 들으면서 커다란 즐거움을 얻는다. 연령을 불문하고 음악을 듣는 대부분의 사람들이 그러하며, 부모가 10대였을 때 좋아하는 노래를 반복해서 불렀던 일을 떠올려 보면 쉽게 이해할 것이다.

그렇다고 아이의 취향에 완전히 굴복하라는 의미가 아니다. 부모의 정신 건강과 아이의 청각적 경험 확장을 위해 이따금 새로운 CD를 시도해 본다. 특히 아이가 기존의 CD를 거의 완전히 습득하였을 때 새로운 CD를 신중하게 잘 선택하면, 아이의 히트 퍼레이드에 새로운 CD를 추가할 수 있을 것이다. 집이나 어린이집, 혹은 좋아하는 텔레비전 프로그램이나 비디오에서 자주 들어 본 노래 등, 아이가 익히 알고 있는 노래 몇 곡이 새 CD에 수록되어 있다면 가장 바람직한 선택이 될 수 있다. 아이가 좋아하는 CD의 가수와 같은 가수이어도 도움이 된다. CD를 선택했으면 부모가 혼자 CD를 듣고 노래를 익힌 다음, 아이가 가장 좋아할 만한 노래를 고르는 등 미리 준비를 한다. 아이에게 CD를 틀어 주기 전에 부모가 직접 노래 몇 곡을 불러 주어 노래를 접하게 한다.

마지막으로, 아이가 퍼즐이나 그림 그리기, 블록 쌓기 등 다른 활동에 집중해 있는 동안 오디오에 CD를 넣는다. 아이가 아무런 지적을 하지 않는다면 그냥 계속 틀어 놓는다. 아이가 불만스러운 표정을 짓는다면, 새 CD에 대해 좋게 말한다. "이 노래 좀 들어 보렴. 할머니가 너한테 늘 불러 주던 노래란다.", "이 노래 정말 웃기지. 방귀대장 뿡뿡이가 부르는 노래란다."

아이와 부모가 교대로 CD를 선택해 왔다면, 이 기회에 새로운 CD를 접하게 한다. 마트까지 차를 운전해 가는 동안, 아이에게 먼저 CD를 선택하게 한 다음, CD를 다 듣고 나면 이렇게 말한다. "자,

이제 엄마 차례야. 엄마는 새 CD를 들을 거란다."

다른 CD를 선택하도록 제안하는 것도 좋지만, 아이가 늘 듣던 노래를 들으려 한다고 불평을 하거나 비난하거나 거절해서는 안 된다. 그래 봐야 아이는 기존의 CD만 계속 듣겠다고 더욱 고집을 부리게 될 것이다. 참고 기다리자. 같은 내용만 주구장창 되풀이하려는 이런 시기도 때가 되면 저절로 끝나기 마련이다.

─── 지금부터 배변 훈련을 해야 할까요

Q "우리 아이가 참여하는 놀이 모임에서 어떤 아이는 대소변을 거의 완벽하게 가릴 줄 알아요. 그런데 우리 딸은 조금도 관심이 없어 보여요. 지금부터 억지로라도 배변 훈련을 시켜야 할까요?"

A <u>배변 학습이라는 용어가 배변 훈련이라는 용어보다 더 적합할 것 같다. 배변에 대해서는 가르치는 부모의 역할보다 배우는 아이의 역할이 더 중요하기 때문이다. 이러한 배변 학습을 망치는 가장 확실한 방법이 강요다. 기기와 걷기 같은 다른 발달 과제와 마찬가지로, 배변 학습 역시 아이는 자기 나름의 일정표에 맞추어서 이 기술을 완수할 수 있어야 한다.</u>

대부분의 토들러들은 대략 20개월 무렵이면 배설 기관이 충분히 발달해 배설 빈도가 서서히 줄어들고, 배설이 보다 규칙적으로 이루어지기 시작한다. 따라서 이 무렵이면 배변 학습을 할 준비를 갖추었다고 볼 수 있다. 배변 학습이 좀 더 일찍 준비되는 아이도 간혹 있지만, 늦게 준비되는 아이들이 더 많다. 그러나 신체적 성숙 정도만으로 배변 훈련의 성공 여부를 장담하기는 어렵다.

아이가 배변 학습을 시작할 준비가 됐는지는 여러 가지 단서를 통해 알 수 있다. 이러한 단서들(590쪽)과 배변 학습에 대한 자세한 내용은 19장을 참조한다.

이런 조짐들이 전부 나타났다 하더라도 대체로 배변 학습이 하루아침에 성공하지는 않는다. 아이가 몇 주에 걸쳐 시행착오를, 그리고 주변 모든 사람들이 인내심을 경험한 후에야 비로소 걸음마를 터득한 것처럼, 배변 학습 역시 마찬가지 과정을 거쳐야 한다.

─── 큰아이의 배변 학습과 둘째 아이 출산

Q "두 달 후면 둘째 아이를 출산할 예정인데, 우리 아들이 아직 배변 학습을 할 준비가 안 된 것 같아요. 억지로 강요하지는 않지만 다시 기저귀를 채워야 하나 고민이에요."

A 아이의 배변 학습은 오직 아이의 일정표에 달려 있다. 아이의 일정표와 부모의 일정표가 서로 양립될 수 있도록 아이의 일정표를 마음대로 조작하고 싶은 마음이야 굴뚝같겠지만, 현명한 방법은 아니다. 모든 발달 단계가 그렇듯이, <u>배변 학습 역시 아이의 부모가 아니라 아이가 준비될 때 가장 효율적으로 이루어진다. 아이가 준비되기 전에 일찍부터 기저귀를 떼도록 압력을 가해 봐야 절대 성공하지 못할 테고, 특히나 동생이 태어나는 시기와 맞물리면 더욱 효과가 없다. 아동용 변기를 잘 사용하던 아이도 동생이 태어나면 퇴행 현상을 보이는 마당에, 이제 막 변기 사용을 배우기 시작한 아이라면 변기 사용법을 제대로 배우기란 거의 불가능하다고 봐야 한다.</u>

물론 아이가 변기 사용법에 정말로 관심을

보인다면, 언니 혹은 오빠로서 자신의 위치를 편안하게 받아들일 때까지 굳이 기다릴 필요 없이 이 기회에 배변 학습을 시작한다(19장 참조). 그러나 각별히 세심하게 배려하고, 아이가 퇴행할 수 있음을 감안하며, 아이가 변기에 앉지 않겠다고 저항하는 경우 당분간 변기를 치울 마음의 준비를 하는 것이 좋다.

── **너그럽던 아이가 이기적인 아이로 변했어요**

Q "우리 딸은 친구들한테 아주 너그러웠어요. 친구들이 원하는 건 아낌없이 주었답니다. 그런데 요즘 갑자기 이기적인 아이로 변했어요."

A 대부분의 만 1세 아이들이 그렇듯, 아이는 또래 아이들과 관계를 맺는 일이 만만치 않다는 걸 문득 깨달은 것이다. 아기였을 때는 소유에 대한 의미가 크게 중요하지 않았으며, 주변 사람들에게 위협을 받는 일이 거의 없었기 때문에 자신의 소유를 옹호할 필요를 느끼지 않았다. 그러나 지금 아이는 '난 원래 이래!'라는 자아의식과 '내 거야!'라는 소유 의식에 눈을 뜨기 시작했고, 따라서 자기중심적인 또래 아이들이 호기심을 갖고 자신의 물건을 만지려 들면 당연히 자신의 영역과 장난감을 보호하려 드는 것이다.

<u>아이가 자신의 소유를 지키려는 충동은, 그리고 때때로 자신의 소유로 만들고 싶은 것을 손에 넣으려는 충동은, 이기적인 행동이 아니라 자연스러운 발달 단계임을 인식하는 것이 중요하다. 소유에 대해 배우고, 자신의 소유를 함께 나누어도 충분히 편안해지기 전까지, 진정한 너그러움이란 있을 수 없다.</u> 아이는 앞으로 적어도 1년 동안은 친구와 사이좋게 나누려 하지 않을 것이다. 아이가 나눌 수 있도록 준비시킨다면(301쪽 참조), 최소한 받는 만큼 줄 줄 아는 아이가 되는 시기를 앞당길 수 있을 것이다.

꼭 알아 두세요: 아이와 여행하기

토들러와 집에만 박혀 있는 건 많은 부모들에게 상당한 고역이다. 그렇지만 당일로 다녀오든 2주일 동안 다녀오든, 아이와 함께 집 밖을 나서는 모험을 감행한다는 건 제아무리 용기백배인 사람도 두려움에 떨게 만들 것이다. 아이가 집에서 성질을 부리면, 창문을 닫고 타임아웃을 실시하면 된다. 마트에서 성질을 부리면, 얼른 차를 향해 달려가 서둘러 집으로 가면 된다. 그러나 해발 9000m 상공에서 비행기가 착륙하려면 족히 두 시간은 더 있어야 하거나, 고속도로 위에서 다음 휴게소까지 30분은 더 달려야 하거나, 여행객들로 붐비는 열차 안에서 하루는 더 있어야 목적지에 도착하는 상황에서, 아이가 있는 대로 성질을 부린다면 부모로서는 그야말로 악몽을 꾸는 것과 다름없을 것이다.

그러나 산과 바다가 손짓하고, 아이를 애지중지 아끼는 할머니 할아버지가 눈이 빠지게 아이를 기다리는데, 그리고 모처럼 휴가를 넉넉히 받았는데, 어떻게 가만히 집에만 있을 수 있겠는가? 그러니 어쨌든 떠나긴 떠나야 한다. 단, 그 전에 철저하게 계획을 세우고 점검하고 또 점검한 후에 떠나도록 하자.

목적지

가족 중 제일 어린 사람에게 전체 휴가 일정을 결정하도록 권한을 준다는 건 상당히 부당해 보이지만, 사실상 제일 어린 사람의 취향과 아량 정도에 맞추어 이동 경로를 결정하는 것이 가장 현명하다. 어쨌든 아이가 불편하면 온 가족이 불편할 수밖에 없으니까. 가족 모두를 위해 다음 내용을 참고하자.

의사와 상의한다 비행기로 이동하는 경우, 출발하기 두 달 전에 소아과 진료를 예약한다. 아이에게 천식이나 당뇨병 같은 만성 질병이 있는 경우, 여행 중에 취해야 할 특별한 예방 조치는 무엇인지, 응급 상황이 발생한 경우 어디로 전화를 해야 하는지 문의하고, 해당 지역의 의사를 추천해 달라고 부탁한다. 아이가 규칙적으로 약을 복용한다면, 여행 중에 약이 떨어지는 경우에 대비해 넉넉하게 처방해 달라고 부탁한다. 감기나 호흡기 알레르기에 자주 걸리는 아이와 비행기를 탈 계획이라면, 항히스타민제나 충혈 완화제 스프레이를 가지고 가도 되는지 문의한다. 해외여행을 하는 경우, 배탈에 대비해 치료약을 추천해 달라고 부탁한다. 아이가 설사가 나는 경우, 물에 타서 먹이는 유아용 지사제 경구용 전해질 용액(652쪽 참조)이 도움이 되므로, 몇 팩 가지고 가는 것이 좋다. 일부 해외 여행지는 특수한 예방접종이나 기타 예방 조치가 필요한 경우도 있다. 아이와 여행할 때 아이의 담당 의사나 대한소아과학회를 통해 건강에 관한 정보를 얻는다. 목적지의 필수 예방접종 및 음식과 물에 대한 안전을 비롯해 해외여행을 떠날 때 반드시 알아야 할 최신 건강 정보에 대해서는 각 지역 보건소를 방문하면 친절히 상담해 준다.

예방접종은 출발하기 최소 6주 전에 필요한 접종을 빠짐없이 받아야 한다. 아이는 기본적인 예방접종을 모두 받아야 하고(612쪽 참조) 목적지에 따라 그 밖에 다른 예방접종을 받아야 하는 경우도 있다.
외교부 해외안전여행(서울시 종로구 사직로 8길 60, 02-2100-2114, www.0404.go.kr에서 해외안전여행 〉 해외안전정보)과 질병관리본부 해외여행질병정보센터(충북 청주시 흥덕구 오송읍 오송생명2로 187 오송보건의료행정타운 질병관리본부, 043-719-7150, travelinfo.cdc.go.kr에서 해외 감염병 정보, 해외여행 건강 정보), 국민건강보험 건강iN(서울시 마포구 독막로 311 국민건강보험공단, 1577-1000, hi.nhis.or.kr에서 건강자료실 〉 해외여행의학정보)을 참고한다.

잠자리를 준비한다 대부분의 호텔과 리조트에는 어린 토들러를 위한 아기 침대가 마련되어 있다. 아이가 일반 침대에서 자는 경우, 침대의 사이드 레일을 이용할 수 있는지, 아이가 자는 침대를 벽과 부모의 침대 사이에 설치할 수 있는지 미리 확인한다. 가족을 방문하는 경우, 아기 침대나 사이드 레일을 대여하거나 빌릴 수 있는지 알아본다. 아이가 좀 더 큰 경우, 유사시에 바닥에 이부자리나 침낭을 깔고 자도록 할 수 있다. 단, 주변이 아이에게 안전해야 한다(295쪽 참조).

여행 일정을 제한한다 친척 집을 방문하든, 가족 중심의 휴양지에 머무르든, 해변의 별장에서 지내든, 한 도시에서 보내든, 아이와 함께 여행할 때는 대체로 목적지를 한 군데로 제한하는 것이 가장 성공적이다. 유람선 여행이나 장거리 항해는 토들러들과 함께하는 여행으로는 썩 바람직하지 않은데, 배 안에서 아이를 끊임없이 지켜봐야 하고 배가 흔들리면 아이가 다치거나 놀랄 수 있기 때문이다. 그러나 토들러가 있는 가족을 위한 바다를 여행할 수 있는 방법들이 일부 마련되어 있다(294쪽 참조). <u>관광을 하면서 휴가를 보낼 계획이라면, 쉴 틈 없이 계속 돌아다니지 않도록 장소를 제한한다.</u> 다시 말해, 며칠 만에 일곱 개 도시를 돌아다니도록 일정을 짜서는 안 된다. 기가 막히게 운이 좋아서 아이가 새로운 환경에 적응을 잘하고 언제 어디서나 고분고분 말을 잘 듣는 게 아니라면, 공연히 사서 고생하게 될 것이다.

기대를 제한한다 아이와 함께 비교적 평화로운 휴가를 보내는 비결은 기대를 낮추고 참을성을 기르는 것이다. 운이 좋다면, 아이는 고분고분 말도 잘 듣고 적응도 잘하며, 부모가 오랫동안 실컷 쇼핑을 하거나 문화생활을 즐겨도 얌전히 부모와 동행하고, 비행기 안에서든 최고급 음식점에서든 완벽하게 예의 바른 행동을 보여 주어 주변 사람을 모두 놀라게 할지도 모른다. 그러나 사실상 아이는 아이답게 행동할 가능성이 훨씬 높다. 대부분의 토들러들은 미술관, 선물 가게, 관광버스에서 몇 날 며칠 오랜 시간을 보내게 되면, 너무 지루한 나머지 말 그대로 엉엉 울어 버릴 것이다. 그러므로 아이에게 맞추어 계획을 세우도록 한다.

관광을 제한한다 관광이 여행의 목적이라면, 전형적인 관광 일정을 따르기 힘들다는 사실을 염두에 둔다. 마음 같아서야 가이드북에 있는 모든 관광지를 샅샅이 돌고 싶겠지만, 아이는 그러려고

빈손으로 집을 나서지 마세요

집을 나설 때는 커다란 손가방에 준비물을 빠짐없이 챙겨 외출 준비를 해야 한다. 하루 이상 여행할 때 짐을 챙기는 방법에 대해서는 297쪽을 참조한다. 기저귀나 팬티 몇 장은 기본이다. 기저귀를 갈 때 아이의 엉덩이를 닦을 용도로도 사용하고, 편리하게 손을 닦을 용도로도 사용할 수 있도록 물티슈도 한 팩 준비한다. 아이가 턱받이를 착용한다면 턱받이도 한 장, 티슈나 종이 수건, 아이가 실수로 쉬나 응가를 할 경우에 대비해 갈아입을 옷과 신발도 챙겨야 한다. 일회용 기저귀를 담거나 젖은 옷이나 천 기저귀를 넣을 비닐봉지도 몇 장 준비한다. 마지막으로, 그렇지만 앞에 언급한 내용 못지않게 중요한

준비물이 있는데, 바로 아이의 주의를 돌릴 도구들이다. 책, 크레파스 작은 상자와 도화지, 아이가 좋아하는 봉제 인형, 트럭 등 장난감이 좋다. 여러 개의 부품으로 이루어진 장난감은 피하는 게 좋겠다.
외출 시간이 얼마가 됐든, 마지막으로 식사를 하거나 음료를 마신 때가 언제든 상관없이, 간식과 음료도 준비한다. 간식으로는 바나나 사과 잼, 100% 과일로만 만든 젤리를 곁들인 땅콩버터 샌드위치나 그냥 땅콩버터 샌드위치, 큐브 치즈나 치즈 스틱, 마른 시리얼, 크래커, 주스로 단맛을 낸 쿠키나 머핀, 신선한 과일이 좋으며, 음료는 주스 한 팩이나 친환경적인 보온병이나 빨대

컵에 주스를 담아 간다. 빵, 크래커, 쿠키는 모두 기본적으로 통밀로 만든 것이어야 한다. 탄수화물 성분의 간식을 먹은 후, 치즈를 조금 먹거나 물로 입을 헹군다면 가장 바람직하다. 치즈는 충치를 예방하는 효과가 있다.
상하기 쉬운 음식을 가지고 가는 경우, 얼음 팩이나 얼음 조각을 넣은 아이스박스에 음식을 보관해야 한다. 아이가 지루해하거나 떼를 쓸 때, 혹은 짜증을 부릴 때 만병통치약으로 음식이나 음료를 주어서는 안 된다. 음식은 식사 시간이나 간식 시간에만, 혹은 아이가 "배고파!"라고 말할 때에만 주도록 한다.

하지 않을 것이다. 그러므로 보모를 데리고 가거나 가족 가운데 누군가가 기꺼이 아이를 돌보겠다고 자처할 정도로 운이 좋지 않다면, 어른을 위한 관광 대신 동물원이나 어린이 미술관, 바닷가, 공원, 놀이공원 등 아이를 위한 활동으로 대체해야 할 것이다. 그리고 하루 일정을 너무 빡빡하게 계획하지 않도록 한다. 대체로 오전에 한 군데, 오후에 한 군데 정도 들르면 아이가 충분히 견딜 수 있을 것이다.

아이가 유모차에서 낮잠을 자거나 적어도 짜증을 내지 않는다면, 박물관, 교회, 역사적인 건축물 등을 방문하도록 계획을 세워 본다. 함께 여행을 하는 가족 가운데 어른이 두 명 이상이면, 관광과 아이 돌보기를 번갈아 하는 방법을 고려한다. 어른이 혼자뿐이라면 이따금 베이비시터를 고용해 잠시나마 관광을 즐길 수 있도록 한다. 여행지에서 베이비시터를 구할 때는 집에서 베이비시터를 구할 때처럼 까다롭게 면접을 봐야 한다(864쪽 참조).

어린 토들러의 경우, 박물관이나 미술관의 분위기, 색깔, 모양 등에 푹 빠져 있다면, 특히 유모차에 편안하게 앉아 있다면, 부모가 한 시간 정도 주변을 둘러볼 수 있을 것이다. 연령이 높은 아이와 동행하는 경우, 게임을 도입하면 더욱 협조적이 될 수 있다. 예를 들어, 미술관에 도착하자마자 곧바로 선물 가게로 가서, 아이에게 미술관에 전시된 그림이나 전시물이 표현된 엽서 두세 장을 고르게 한다. 그런 다음, 엽서와 똑같은 실물을 찾아보게 한다. "이 엽서에 나와 있는 갑옷 입은 기사와 저 엽서의 그림을 찾아볼까?" 물론 이때 기사와 그림을 찾을 수 있는 전시장으로 이동해야 한다.

토들러들이 관심을 가질 만한 명소에 대한 정보는 어린이를 중심으로 한 가이드북을 찾아본다.

혼란을 제한한다 방문이나 관광으로 며칠 동안 바쁜 스케줄을 소화해야 할 때는, 출발 전에 방에서 아침을 먹고 돌아오자마자 방에서 저녁을 먹는다. 이렇게 하면 이곳저곳 돌아다니는 횟수도 줄어들 뿐 아니라, 호텔 방을 다소나마 집처럼 여기게 되어 목욕을 하거나 취침 전 일과를 수행하기가 좀 더 수월하다. 방 안에 냉장고가 있거나 작은 주방이 있다면 더욱 좋다. 자주 먹는 음식과 음료를 냉장고에 채워 넣으면, 계속 외식을 해야 하는 스트레스를, 그리고 비용을 줄일 수 있다.

유머 감각을 잃지 않는다 아이들과 여행할 때는 유머 감각이 생존을 위한 필수 요소다. 상황이 악화될 때 유머 감각을 잃지 않는다면 그렇게 힘들지 않을 것이다.

비행기 여행

미리 예약한다 가능하면 미리 티켓을 예약한다. 이렇게 하면 원하는 비행기와 좌석을 선택할 수 있다. 여행사를 이용하면 미리 좌석을 예약할 수 있어 시간도 절약되고 공항에서 긴장하지 않아도 된다.

비교적 한산한 시간대를 이용한다 비행기가 덜 붐빌수록 이동이 편안하고, 서비스도 더 좋으며, 아이의 행동으로 인해 다른 승객들이 피해를 덜 입을 것이다. 많은 노선들이 월요일 오후에서 목요일 정오가 비교적 한산하다. 평소 아이가 자는 시간에 항공편을 선택하도록 한다. 긴 여행은 밤 비행기를 이용하고, 짧은 여행은 낮잠 자는 시간대에 예약하는 것이 좋다. 어쩌면 정말 운이 좋은 경우, 비행기 안에서 아이가 잠시나마 정말로 잠을 잘지도 모른다.

짧은 여행을 할 때는 직행 운항 편을 찾는다 한 장소에서 다른 장소로 단시간 내에 이동할수록 모두에게 이롭다.

긴 여행은 몇 부분으로 나누어 진행한다 낮 비행이 다섯 시간 이상 지속된다면, 중간에 잠시 쉬는 것이 좀 더 편안한 여행을 하는 데 도움이 된다. 직항 노선을 알아보면, 경유지에서 비행기를 갈아탈 필요가 없고, 아이와 잠시 비행기에서 내려도 짐을 그대로 기내에 두고 올 수 있다. 공항에서 아이를 먹이고, 씻기고, 기저귀를 갈거나 화장실에서 용변을 보게 한다. 아이의 에너지를 발산하게 하고, 다른 비행기들이 이착륙하는 광경을 보여 주며, 공항 내 어린이 놀이방에 들른다. 비행기를 갈아타야 할 때는, 큰 공항인 경우 탑승구가 그야말로 수천 미터 떨어진 곳에 있을 수 있으므로, 아이와 함께 탑승구까지 느긋하게 갈 수 있도록 이동 시간이 충분해야 한다. 가능하면 여러 차례 경유하는 항공편은 피한다.

여유 좌석을 고려한다 만 2세 미만의 아동은 무료로 항공을 이용할 수 있지만, 부모들은 대개 아이를 위해 좌석을 구입한다. 비행기가 이착륙하는 동안이나 난기류를 만날 때, 부모 무릎에 안긴 아이는 발버둥을 치고 몸을 비틀면서 놓아 달라고 소리를 지르게 될 것이다. 아이를 위해 요금을 전액 지불하는 건 낭비라고 생각될 수도 있겠지만 이렇게 하면 아이가 앉고, 놀고, 먹을 때 부모와 아이 모두 덜 번거로우며, 동시에 아이는 자신을 보다 중요한 존재로 여기게 된다. 자기 소유의 안전띠, 음식을 올려놓는 트레이, 헤드폰, 팔걸이가 있으니까. 뿐만 아니라, 정해진 좌석에서 안전띠를 착용하면 심한 난기류 상황에서 부모의 품에 안겨 행동을 저지당하는 것보다 더 안전하다. 더욱 안전을 기하기 위해 아이의 카 시트를 가지고 간다.

어른이 한 명 더 동행하는 경우, 비행기가 붐비지 않다면 여행사에서는 중간에 빈 좌석을 두고 통로 쪽 좌석 하나와 창가 쪽 좌석 하나를 예약해 줄지 모른다. 아직 걷지 못하는 아이가 있다고 말하면, 항공사에서는 꼭 필요한 경우가 아니라면 중간 좌석을 판매하지 않을 수도 있다. 이 경우, 좌석이 예약되지 않은 상태로 비어 있다면 무료로 아이를 앉힐 수 있다. 그렇지 않다면 중간에 앉은 사람이 비행시간 내내 아이가 자신의 무릎을 타 넘으며 왔다 갔다 하게 하느니, 양 끝쪽 좌석 가운데 하나로 기꺼이 좌석을 바꿔 줄 것이다.

통로 쪽 좌석을 택한다 아이들은 창가 쪽 좌석을 좋아하지만, 부모들은 통로에 쉽게 접근하지 못하면 불편하다. 그러므로 <u>아이와 단둘이 여행을 하고 아이를 무릎에 앉혀 가는 경우, 통로 쪽 좌석을 선택한다</u>. 그렇지 않으면 잠시도 가만히 있지 않는 아이를 데리고 수시로 화장실에 가거나 통로를 걷기 위해 옆 사람을 헤치고 지나가야 할 것이다. 물론 일행이 좌석 한 줄을 모두 차지하는 경우에는 통로 쪽 좌석과 창가 쪽 좌석에 모두 앉을 수 있다. 창가 쪽 좌석을 예약할 때는 날개가 보이지 않는 좌석으로 예약을 부탁해야 한다. 날개

쪽 좌석에 앉으면 바깥 경관을 보기 힘들다. 비상구 쪽 줄도 피해야 하며, 불가피한 경우 어른들만 앉도록 한다. 주방 시설과 가까운 쪽 좌석은 시끄럽고, 특히 아직까지 모유 수유를 하는 경우에 사생활을 보장받기 힘든 반면, 화장실에 다녀오기 편리하고 승무원에게 쉽게 연락할 수 있다.

칸막이벽 좌석은 앞쪽으로 여유 공간이 많아 앞좌석 승객을 방해하는 일 없이 아이가 마음껏 돌아다닐 수 있고, 안전띠 착용 등이 꺼지고 나면 바닥에서 놀거나 잠을 잘 수 있기 때문에, 부모들이 자주 선호한다. 그러나 이 같은 장점에 비해 단점이 상당히 많다. 음식을 올리는 트레이가 부모의 무릎 위에 펴져 아이의 음식을 놓을 자리가 없고, 대개 팔걸이를 위로 젖힐 수가 없다. 따라서 아이가 두 개 좌석에 누워 낮잠을 잘 수 없다. 영화를 볼 수 있는 스크린이 설치되어 있는 경우, 좌석이 스크린 바로 앞에 위치하고 바닥에 산소가 적기 때문에, 기내의 산소 수치가 갑자기 떨어지면 아이가 바닥에서 놀거나 잠을 자는 동안 산소를 빼앗길 위험이 있다. 또한 갑자기 난기류를 만날 경우, 바닥에 있던 아이가 여기저기 부딪힐 수도 있고, 좌석 아래에 물건을 보관할 공간이 없어 이착륙 하는 동안 작은 물건 하나도 상단의 선반에 올려놓아야 한다.

당연히 기내식이 나올 거라고 기대하지 않는다
요즘에는 비용 감축 측면에서 기내식이 점차 가벼워지는 추세여서, 과거에는 한 끼 식사로 나오던 음식이 겨우 간식 정도로 그치곤 한다. 그러므로 기내식으로 어떤 음식이 나오는지, 어린이나 토들러를 위해 특별식을 이용할 수 있는지 미리 전화해서 정확히 알아 두어야 한다. 아이의 입맛에 맞는 특별식을, 가령 과일과 치즈 플레이트 혹은 차가운 시리얼을 요구할 수 있는지도 알아본다. 대부분의 간식 종류들이 토들러들은 웬만해서 먹지 않을 음식들이므로 어떤 간식이 나오는지도 문의한다. 간혹 음료와 땅콩 한 봉지로 간식이 제공되는 경우도 있는데, 특히 땅콩은 질식의 위험이 있으므로 만 2세 이하의 토들러들에게는 금해야 한다. 그리고 어떤 식사가 제공되든 관계없이, 집에서 아이에게 맞는 음식을 직접 준비해 가야 한다(284쪽 박스 내용 참조). 착륙 시간이 지연되면 식사 시간도 지연될 수 있고, 음식 서비스가 짜증 날 정도로 천천히 진행될 수도 있으며, 때로는 특별식이 전혀 나오지 않는 경우도 있다.

기내 공기가 매우 건조하여 기내에서는 음료 공급이 특히 중요하다. 그러므로 기내에 마실 물이 구비되어 있지 않거나 음료 서비스가 지연될 경우에 대비해, 반드시 아이가 좋아하는 음료를 준비해야 한다.

비행기 안에서 입을 옷을 준비한다 멋있고 예쁜 옷은 여행용으로 적합하지 않다. 여행할 때는 음식이 묻어도 개의치 않을 수 있고 구겨져도 보기 좋은 편안한 옷이 좋다. 목적지에서 예쁘게 차려입히고 싶다면, 도착해서 옷을 갈아입히거나 모자나 조끼 같은 멋진 액세서리를 가지고 가 비행기에서 내리기 전에 착용하게 한다. 기온을 예측하기 어려우므로 옷을 여러 벌 겹쳐 입힌다. 예를 들어, 추운 계절에 여행하는 경우, 긴 소매 폴로 셔츠 위에 티셔츠를 입힌 다음 그 위에 추리닝 상의나 스웨터를 입혀야, 기내에서나 공항 내 온도에 따라 옷을 더 입히거나 벗길 수 있다. 또한 기저귀를 갈거나 화장실을 이용하기 쉬운 옷을 입혀야 한다.

화물 탁송 서비스를 이용한다 넓고 복잡한 공항에서 짐을 끌어야 하는 수고를 들이지 않기 위해, 귀중품과 필수품을 제외한 모든 짐을 부친다. 항공사에서 대여 서비스를 실시한다면 아기 의자가 장착된 카트를 대여하거나, 공항에서 이용할 수 있도록 가벼운 유모차를 가지고 오면, 아이를 안고 다니지 않아도 된다. 여행지에서 이용하기 위해 유모차를 가지고 가지만 기내에는 들고 갈 수 없는 경우, 유모차가 화물칸에서 무거운 여행 가방에 눌려 망가지지 않도록 유모차를 상자에 넣어 포장해서 부친다.

일찍 탑승하지 않는다 어린아이를 동반한 승객은 대개 먼저 탑승할 수 있도록 배려를 받는데, 비행기에 일찍 오를수록 답답한 기내에 머물러야 하는 시간이 길어진다. 어른 두 명이 함께 가는 경우, 한 사람은 가방 등을 가지고 일찍 탑승하고, 나머지 한 사람은 마지막 탑승 안내 방송이 나올 때까지 비교적 넓은 탑승 대합실에서 아이와 함께 기다린다. 그러나 탑승하기 전에 화장실에 들러 기저귀를 갈거나 용변을 보게 해야 한다. 변기를 이용하거나 기저귀를 가는 일 모두 비행기 안에서는 더 힘들고, 이륙 시에는 특히 더 힘들다. 공항이 번잡한 경우 이륙하는 데 30분 정도가 소요되며, 이륙 시간이 지연되면 그보다 훨씬 오래 걸릴 수 있다.

승무원에게 어떤 부탁을 할 수 있는지 알아 둔다
베개, 담요, 트럼프, 어린아이들이 주로 가지고 노는 놀이 세트 등은 대체로 모두 부탁할 수 있다. 간혹 운항 중이나 탑승 후에 비행기 조종석을 구경할 수도 있다.

귀의 압력 변화에 대비한다 비행기가 이륙할 때 압력이 가중되고 착륙할 때 압력이 감소되는 현상은 아이를 몹시 힘들게 한다. 그리고 아이가 귀가 아프다고 마구 투덜대면 옆에 앉은 어른 역시 참기 힘들 만큼 괴로워진다. 아이가 아직 모유나 분유를 먹는 경우, 이착륙 동안 모유나 분유를 빨아 삼키게 하면 귀의 압력을 완화하는 데 도움이 된다. 비행기가 활주로에서 속력을 늦추기 시작할 때, 그리고 조종사가 비행기를 하강하겠다는 안내 방송을 할 때 시작한다. 모유나 분유를 먹지 않는다면, 아이에게 빨대 컵을 빨게 하거나 보온병에 빨대를 끼워 음료를 마시게 한다. 혹은 오래 씹어야 하는 간식을 넉넉히 주거나, 아이가 삼킬 염려가 없을 정도의 연령이라면 껌을 씹게 한다. 대개 만 4세나 만 5세 이후에 가능하다.

다음과 같은 대중적인 민간요법들도 유스타키오관에 압력이 가중될 때 귀를 뻥 뚫어 주는 데 도움이 된다.

* **뜨거운 타월** 승무원에게 뜨거운 타월 두 장을 달라고 부탁한다. 안쪽 팔꿈치에 대어 보아서 너무 뜨겁지 않은지 확인한 다음, 아이의 양쪽 귀에 타월을 댄다. 열기가 중이 내부의 공기를 확장해 고막의 음압을 분산시킨다.
* **뜨거운 컵** 데이지 않을 정도의 뜨거운 물에 종이 냅킨이나 타월 두 장을 적신 다음, 두 개의 종이컵 안에 뭉쳐 넣고 양쪽 귀에 하나씩 가져다 댄다. 부모가 하기 어려운 경우에는 승무원에게 부탁한다. 타월이 너무 뜨겁지 않은지 확인해야 한다. 이 방법 역시 열기가 압력을 완화시켜 준다.
* **코 풀기** 아이가 코를 풀 줄 안다면, 부모가 아이의 양쪽 콧구멍을 막은 상태에서 아이에게 코를 풀게 한다. 처음에는 아프지만 귀가 뻥

뚫리고 압력이 분산된다.
감기나 알레르기로 인한 코막힘 때문에 유스타키오관이 막힌 경우, 귀의 통증이 더 심해질 수 있다. 아이가 아픈 경우, 비행 전에 아이의 담당 의사에게 진료를 받는다. 의사는 이륙 한 시간 전에 항히스타민제나 충혈 완화제를 먹이도록 권장하고, 비행시간이 약효가 지속되는 시간보다 오래 걸리는 경우 착륙 한 시간 전에 다시 먹이도록 권장할 것이다. 혹은 여행을 완전히 미루도록 권할 수도 있다.

온갖 방법을 동원해 봤지만 실패하고, 아이가 이륙하고 착륙하는 내내 괴로워서 소리를 지르는 경우, 다른 승객들의 화난 표정을 과감히 무시한다. 이들을 다시 볼 일이 거의 없을 거라는 사실을 떠올린다. 그리고 <u>소리를 지르면, 고막의 압력이 줄어들고 귀의 통증이 완화되는 데 도움이 된다는 사실을 기억하자.</u>

무엇보다 안전을 가장 중요하게 여긴다 아이가 만 2세가 넘거나 좌석 하나를 차지하는 경우, 기내용 카 시트를 가지고 가도록 한다. 카 시트가 안전띠만 착용하는 것보다 더 안전하다. 카 시트를 작동하는 방법과 비상시에 신속히 잠금장치를 여는 방법을 익힌다. 대피 지시를 받는 경우, 카 시트와 다른 소지품을 모두 두고 아이만 안고 나온다.

<u>아이를 무릎에 안는 경우, 부모와 함께 안전띠를 착용해서는 안 된다.</u> 아주 경미한 충격에도 심각한 부상을 입을 수 있다. 그대신 <u>부모가 안전띠를 착용한 다음, 이착륙 동안 아이의 허리를 감싸 안고는 두 손목을 맞잡는다.</u> 비행기가 갑자기 난기류를 만날 경우 다칠 위험이 있으므로, 아이 혼자 통로를 돌아다니거나 바닥에 눕거나 놀거나 하게 해서는 안 된다.

또한 산소마스크 사용법을 다시 한 번 숙지하고, 아이 좌석이 따로 없어서 아이용 산소마스크가 없는 경우, 여분의 산소마스크가 있는 곳을 알아 둔다. 부모가 먼저 산소마스크를 착용한 다음, 아이에게 산소마스크를 씌워야 한다는 점을 명심한다. 산소량이 부족한 위급 상황에서 아이에게 먼저 산소마스크를 씌울 경우, 부모가 마스크를 착용하기 전에 의식을 잃을 수 있다.

── 기차 여행

미리 예매한다 여행사를 통해 미리 열차 티켓을 주문하면, 티켓을 소지한 상태로 기차역에 도착할 수 있어 매표소 앞에서 오래 기다릴 필요가 없다. 좌석이나 객실 칸을 결정할 수 있다면 미리 결정한다. 타려는 기차에 어린이가 식사할 만한 음식이 있는지, 있다면 어떤 종류가 있는지 문의하고, 메뉴가 괜찮을 경우 가능하면 미리 주문한다.

비교적 한산한 시간대를 이용한다 여행 성수기, 특히 명절 기간에는 기차 안이 무척 붐빌 수 있다. 그러므로 비교적 한산한 시간대에 기차를 타도록 한다. 아이가 이동 중에 잠을 잘 가능성이 있다면 늦은 저녁 시간대를 이용하는 것이 좋다.

적절히 짐을 꾸린다 밤새 기차를 이용하는 경우, 잠옷, 깨끗한 속옷, 세면도구, 그 밖에 부모와 아이가 기차 안에서 사용할 필수품 등을 그에 맞게 꾸려야 한다. 이렇게 하면 여행 가방을 깔끔하게 쌀 수 있고, 쓸데없이 가방 속을 뒤질 필요가 없다. 또한 가방 안 내용물을 훤히 알고 있어 걱정이 줄고 좌석이나 객실 칸의 공간이 넉넉해질 것이다.

일찍 도착한다 기차가 역에 도착하는 시간을 미리 확인한다. 기차의 도착과 출발 사이에 10분 내지 15분 정도 시간이 있다면 기차가 막 떠나기 직전이 아니라 도착하기 전에 역에 와 있도록 한다. 기차가 붐비지 않거나 네 식구가 함께 여행을 하는 경우, 좌석 두 쌍을 서로 마주 보게 해서 앉으면 아주 즐거운 여행이 될 것이다. 아이를 순방향 창가에 앉혀 바깥 경치를 볼 수 있게 한다.

장시간 정차를 이용한다 15분간 정차할 경우 아이와 기차에서 내려 다리를 스트레칭하고, 가능하면 역 주변을 걸어 다닌다. 단, 짐을 지킬 사람이 있어야 하고 제 시간에 기차를 타야 한다.

간식을 준비한다 식당 칸이 있다 하더라도 아이가 먹을 음식이 하나도 없을 수 있다. 그러므로 아이가 간단히 요기할 수 있는, 잘 먹는 간식을 충분히 준비하여, 목적지에 도착할 때까지 배가 고프지 않게 한다. 우유와 주스는 기차에서 구입해 먹이도록 한다.

침구류를 가지고 온다 밤새 장거리를 이동하는 경우, 가능하면 침대칸을 예약하는 것이 가장 좋다. 침대칸 예약이 어렵고 기차에서 승객을 위해 침구류를 제공하지 않는 경우, 아이를 위해 작은 베개와 담요를 집에서 가지고 온다.

안전 대책을 세운다 간혹 토들러들은 장시간 기차를 타다 보면 너무 답답해 통로를 뛰어다니고 싶은 충동이 생기게 된다. 그러나 기차가 갑자기 흔들리면 좌석이나 다른 승객과 부딪칠 수 있으므로, 어른과 손을 잡을 때에만 천천히 걸을 수 있다고 일러둔다.

── **자동차 여행**

카 시트 없이는 절대로 출발해서는 안 된다 장거리 여행이든 단거리 여행이든 자동차로 이동할 때는 반드시 카 시트를 장착해야 한다. 자동차를 렌트하는 경우, 카 시트를 제공해 달라고 렌트 회사에 주문하거나 가지고 있는 카 시트를 장착한다. 아이가 낮잠을 자는 동안 편안하게 머리를 받칠 수 있도록 카 시트에 폭신한 쿠션을 덧댄다. 그리고 장난감, 장난감 악기, 깨지지 않는 거울, 장난감 핸들 등 카 시트에 부착할 수 있고 안전한 놀잇거리를 주어, 카 시트에 갇혀 있는 시간을 덜 힘들게 한다. 카 시트에 트레이가 장착되어 있다면 카 시트 트레이에, 그리고 창문 옆에 카 시트를 장착하였다면 창문에 흡착할 수 있는 장난감을 흡착시켜도 도움이 된다.

여러 사람이 여행할 경우, 아이를 제외한 모두가 교대로 자리를 바꾸면, 아이의 기분도 전환되고 다른 사람들도 쉴 기회를 가질 수 있다.

아이를 힘들게 만들지 않는다 햄버거나 도넛으로 끼니를 때우고 블랙커피를 마셔 가며 목적지까지 밤새 쉬지 않고 달린다면, 하루 종일 기운이 펄펄 나던 사람도 녹초가 되기 마련이다. 그러므로 아이가 낮잠을 잘 때 최대한 많이 달리고, 아이가 깨어 있을 때는 자주 쉬면서 몸도 좀 움직이고 식사나 간식을 먹으며 기분 전환을 하는 시간을 충분히 갖는 것이 좋다. 다음과 같은 일정이면 바람직하겠다. 이른 시간에 아이가 아직 잠옷을 입은 상태로 출발해 아이가 두 시간 정도 자는 동안 계속 운전한다. 그런 다음, 잠시 휴게소에 들러 일상복으로 옷을 갈아입히고, 잠깐 놀다가 다시 차를 타고 몇 시간 동안 달린 뒤, 점심을 먹는다. 그 사이에 간식을 먹고 스트레칭을 하기 위해 적어도 한 차례 정도 휴게소에 들른다. 가능하면 점심을 먹은 후 놀이터나 마트, 지역 관광 명소 등을 들를 수 있도록 그런 장소가 가까이 있는 곳에서 식사를 한다. 다시 차에 올라 오후 늦게 도착할 수 있도록 시간을 맞추어 달린다. 이렇게 하면 저녁을 먹고 잠자리에 들기 전에 수영장이나 놀이터에서 긴장을 풀 시간을 가질 수 있다. 아이도 자고 도로도 덜 막혀서 야간 운전이 좋겠다고 생각할 수도 있지만, 운전자가 피곤하면 위험할 수 있으며, 특히 하루 일과를 마친 후 벌써 졸린 상태라면 더더욱 위험하다. 아이가 잠을 잘 때 운전하기 위해 낮잠 잘 시간과 초저녁 잠잘 시간 무렵에 운전을 하려고 계획을 세우는 부모들도 있다. 이렇게 하면 자는 아이를 목적지에 도착하자마자 침대에 눕힐 수 있다.

그러나 이 경우 역시 운전자가 충분히 휴식을 취하지 않았다면 밤늦게 운전해서는 안 된다.

휴게소를 최대한 이용한다 장시간 차 안에 앉아 있기란 누구에게나 쉬운 일이 아니지만, 활발한 토들러들에게는 더욱 힘든 일이다. 그러므로 <u>중간중간 휴식을 취해 충분히 몸을 움직일 수 있도록 해야 한다.</u> 휴게소에 잔디밭이나 안전하게 놀 공간이 있다면, 커다란 비치볼을 가지고 가서 던지고 쫓아가면서 논다. 차 안에서 공을 가지고 놀면 도로에 떨어뜨릴 수 있으므로, 운전 중에는 트렁크 안에 보관한다. 그런 다음, 원한다면 차에 타기 전에 식구들을 일렬로 세워 간단한 체조나, 무릎 굽혔다 펴기 등 스트레칭 운동을 짧지만 강렬하게 몇 차례 실시한다.

놀이를 준비한다 장난감, 책, CD 등을 넉넉히 가지고 간다. 카 시트에 부착할 수 없는 물건들은 어른이나 큰아이 손이 쉽게 닿는 곳에 두어, 필요할 때마다 하나씩 아이에게 건네준다. 한꺼번에

여행 중 아이의 배탈 설사

해외여행을 하는 사람들이 다들 그렇듯 토들러들도 여행자 설사를 하게 된다. 아이에게 저온 살균 우유와 병에 담은 주스만 먹이면 설사의 위험이 줄어들 수 있다. 물의 순도가 의심스럽다면, 끓인 물이나 병에 담긴 생수만 이용한다. 얼음 조각은 끓인 물로 얼린 것만 이용한다. 과일은 깨끗하게 씻어 껍질을 벗겨야 한다. 육류, 생선, 해산물도 충분히 익혔는지 확인해야 하고, 치즈, 요구르트 및 기타 유제품은 저온 살균된 것이어야 한다. 위생 관리를 잘 지키는 것으로 보이는 음식점에서만 식사를 하고, 노점상에서 파는 음식은 절대 먹어서는 안 된다. 가족 모두 화장실에 다녀온 후, 혹은 기저귀를 간 후와 식사 전에는 손을 깨끗이 씻어, 스스로 위생을 철저히 지킨다. 세계 각지의 음식과 물의 안전에 관한 정보는 각 지역 보건소에 문의한다(283쪽 참조). 아이가 배탈이 나는 경우, 651쪽 설사 치료 방법을 참고한다.

집에서든 여행지에서든 장거리를 이동하는 경우, 토들러들은 음식 섭취와 일정 변화, 운동 부족 등으로 변비에도 쉽게 걸린다. 변비를 예방하기 위해 신선한 건과일과 건채소, 통곡물 시리얼과 빵을 먹이고, 수분을 충분히 섭취하게 하며, 매일 활발하게 몸을 움직일 기회를 제공한다. 휴대할 수 있는 유아용 변기 의자를 집에서 가지고 가면 아이가 쉽게 변을 볼 수 있고 더 위생적일 수 있다.

이것저것 잔뜩 가져다주면 오히려 혼란만 일으키게 된다. 노래 부르기, 율동하기, 알아맞히기 등, 가는 길에 아이와 함께할 놀이도 준비한다. 어린 토들러들과 함께 개, 소, 말, 트럭, 집, 헛간, 비행기, 버스, 다리 등의 대상을 찾아본다. 아이가 색깔을 구분할 줄 알면 파란색 자동차, 빨간색 집, 흰색 교회 등을 찾아본다. 아이가 모양을 구분할 줄 알면 동그라미, 네모, 세모 모양을 찾아본다. 아이가 글자와 숫자를 알면, 이런 것들도 찾아본다. 그러나 누가 운전을 하든 놀이 때문에 운전에 방해가 되어서는 안 된다.

필요한 준비물도 가지고 간다 어떤 종류의 여행을 하든 필요한 준비물을 가지고 가야 하며(297쪽 참조), 자동차 여행을 할 때는 종이 타월, 쓰레기를 담을 봉지 여러 장, 멀미가 날 경우를 대비해 비닐봉지 몇 장, 차 안에서 아이가 잘 경우에 대비해 담요와 베개, 모두가 입을 얇은 스웨터 등을 준비한다.

안전에 대비한다 <u>안전을 위해 자동차를 탄 사람들은 모두 안전띠나 카 시트를 꼭 맞게 착용해야 한다.</u> 피곤할 때까지 무리해서 운전을 해서는 안 된다. 사고 날 위험이 커진다. 음주 운전은 절대로 안 되며, 차 안에서 담배를 피워서도 안 된다. 무거운 짐이나 공중에 날아다닐 수 있는 물건들은 트렁크에 보관한다.

--- **여행지에서 잠자기: 숙박 시설 선택**

리조트 가족 중심의 리조트는 온 가족이 쾌적하고 편리하게 이용할 수 있다. 이런 리조트들은 한 장소에서 모든 것이 이루어져 건물 안팎을 왔다 갔다 할 필요가 없고, 아이가 먹을 만한 음식이 있는 식당을 찾아다니지 않아도 된다. 어린이를 위한 프로그램으로 일정이 꽉 짜여 있어 부모는 어른들이 할 수 있는 활동을 마음껏 즐길 수 있고, 간절히 필요했던 혼자만의 시간을 가질 수도 있다. 원하면 가족이 다 함께 가족 활동을 할 수 있으며, 아이가 육아 담당 직원과 함께 있으려 하지 않는 경우, 그에 대한 대비책도 마련되어 있다. 모든 비용이 한꺼번에 포함되어 있어 수시로 지갑을 열었다 닫았다 할 필요가 없지만, 주문 내역에 포함시킨 하루 세 끼 식사가 입맛에 맞지 않아 거의 먹지 못하는 일이 생기더라도 비용은 그대로 지불해야 하며, 아이가 좋아하든 싫어하든 놀이에 대한 추가 비용을 따로 지불해야 한다.

호텔 지나가는 길에 하룻밤 묵든 일주일 동안 묵든, 아이가 있는 부모라면 호텔에서 반드시 확인해야 할 기본적인 사항들이 있다. 첫째, 아이에게 아직 아기 침대가 필요한 경우 아기 침대를 이용할 수 있는지 확인한다. 둘째, 식사 시간 외에 아이의 허기와 갈증을 편리하게 해결할 수 있는지 확인한다. 방 안에 냉장고가 구비되어 있거나, 간이 주방이 설치되어 있다면 가장 바람직할 것이다. 그렇지 않다면, 24시간 룸서비스나 24시간 커피 전문점이 있는지 찾아보고, 집에서 준비한 음식을 시원하게 보관할 수 있도록 하다못해 제빙기라도 설치되어 있어야 한다. 셋째, 현장에서 즐길 만한 오락거리가 있는지 확인한다. 가령, 아이가 놀 수 있는 수영장이나 놀이터, 넓은 실내 놀이 공간, 미니 골프장, 오락실 등이 있는지 확인한다. 넷째, 아이 없이 밤에 시내를 구경하고 싶다면, 호텔에서 베이비시터 서비스를 제공하는지 확인한다.

다섯째, 동전을 넣어 작동하는 세탁기나 합리적인 가격의 세탁 서비스가 있는지 확인한다. 여섯째, 아주 피곤한 시간에 대비해, 비디오를 대여할 수 있는지 혹은 적어도 어린이 프로그램을 방영하는 케이블 텔레비전을 이용할 수 있는지 확인한다. 방의 위치를 선택할 수 있다면, <u>사방이 다른 방에 둘러싸이지 않고 복도 끝에 위치한 방을 확보하면, 아이 때문에 다른 객실 손님들에게 방해되는 일이 적을 것이다.</u> 마지막으로, 잊지 말고 특별 가족 할인 요금에 대해 문의한다. 이런 요금 할인제를 도입하는 호텔들도 있다.

펜션, 콘도, 민박 예약 전에 숙박 장소를 알아 두는 것이 가장 좋지만, 무엇보다 토들러와 함께할 수 있는지 확인하는 것이 특히 중요하다. 직접 해당 장소에 가서 예약할 수 없다면, 상세 정보를 가급적 사진이나 동영상으로 알려 달라고 요청한다. 마트, 음식점, 보육 시설, 병원, 편의 시설 등과 가까운 장소의 숙박 시설을 선택하면, 매일 먼 거리를 운전하면서 왔다 갔다 하지 않아도 될 것이다. 숙박 시설 내부나 아주 가까운 곳에 세탁기와 건조기가 구비되어 있어야 한다. 해당 지역에 인공 놀이 시설이 있다면 금상첨화다. 어른들은 자연 속에서 산책하는 걸 좋아하겠지만 아이들은 금세 심심해할 것이다. 게다가 이틀 내내 쉴 새 없이 비가 내리면 낯선 집 외에 어디 한 군데 돌아다닐 곳이 없을 수 있다.

예약하려는 숙박 시설 주변에 교통량이 많다면 숙박 시설에 울타리가 둘러져 있는지 확인한다. 해변 가까운 곳이라면 절벽 끝에 위치해 있는지 확인한다. 경치는 숨이 막히게 좋겠지만 자칫 사고라도 나면 숨이 완전히 끊어질 수도 있다. 바닷가 바로 위에 위치한다면, 바닷가 주위가 바위로 둘러싸여 있어 갑자기 바위가 떨어지지는 않을지, 예기치 않게 강한 해류나 저류가 일어나지는 않을지 확인한다. 건물 내부에 수영장이 있는 경우, 수영장에 울타리가 쳐져 있는지 문의한다. 울타리가 없는 경우 어린아이들의 안전이 크게 위험할 수 있다. 건물 내부에 수영장이 있거나 가까운 곳에 바닷가나 호수가 있다면, 아이가 건물 밖에 나갈 때 정신을 바짝 차려 아이를 감독해야 한다. 어린이 풀장도 아이의 키가 75cm인 경우 금세 물속에 잠길 수 있다. 모든 설비는 어린아이 손에 망가지거나 부서지지 않도록 견고해야 하고, 아이들이 쉽게 다룰 수 없어야 한다(670쪽 참조). 골동품이나 귀중품, 깨지기 쉬운 물건으로 가득 찬 곳, 여러 층으로 이루어져 계단이 많은 곳, 연기 탐지기와 기타 안전 장비가 없는 곳은 이용하지 않는다.

야외 캠핑 아무리 캠핑 경험이 많아도 어린아이와 야외에서 캠핑을 한다는 건 상당히 힘든 일이며, 특히 날씨가 도와주지 않으면 완전히 녹초가 될 수 있다. 그럼에도 불구하고 밤하늘의 별을 보면서 휴가를 보내고 싶다면, 근처 모텔의 빈방을 이용하는 등 대비책을 마련하도록 한다. 또한 음식과 음료, 구급약품, 어깨에 메는 등산용 아기 캐리어 등도 빠짐없이 준비해야 한다.

캠핑카를 이용하면 편안하고 쾌적한 잠자리는 물론이고, 냉장고, 조리대, 화장실, 샤워실, 심지어 에어컨까지 갖추어져 있어, 일석이조의 효과를 얻을 수 있다. 캠핑카를 이용한 여행은 토들러를 둔 부모들에게 특히 주목을 받고 있지만, 대여비가 상당히 비싸고, 다루기 힘들며, 기름값이 많이 들고, 어떤 사람들은 몹시 답답해하기도 한다.

유람선 최근까지만 해도 유람선 여행은 휴가를 화려하게 즐기려는 성인들만의 전유물이었다. 그러나 요즘에는 어린이들뿐 아니라 어떤 경우 토들러들도 좋아할 만한 프로그램과 음식이 포함된 패키지 상품이 점점 늘어 가는 추세다. 거액의 비용을 지불하기 전에 몇 가지 사항을 고려하자. 아이와 갑판 위를 돌아다니면서 느긋하게 쉴 수 있을까? 배의 난간이 아이에게 안전한지 확인한다. 아이가 멀미를 일으키지 않을까? 여행 기간은 얼마 동안이 좋을까? 일주일이 넘으면 아이가 배에서 뛰어내리려 할지도 모른다. 부모가 지켜볼 수 있는, 토들러들을 위한 활동적인 프로그램이 마련되어 있는가? 몇 세부터 유람선을 이용할 수 있는가? 얼마나 즐거울까? 놀이방, 상담자, 음식, 안전장치, 의료 시설 등에 대해 문의한다. 아무 때나 음식과 간식을 이용할 수 있는가? 토들러를 위해 특별 메뉴를 선택할 수 있는가?

어디로 휴가를 떠나든, <u>목적지에 도착하면</u>

아이의 시차 적응

표준 시간이 다른 지역으로 토들러와 여행한다는 건 간혹 며칠간 공포를 감수해야 하는 일이 될 수도 있다. 어른들과 마찬가지로 토들러들 역시 표준 시간대가 다른 지역으로 이동하는 일이 쉽지 않다. 외부의 시계를 재설정하는 것보다 체내의 생체 시계를 새로 맞추기가 훨씬 어렵기 때문이다. 우리는 매일 아침 정해진 시간에 눈을 뜨기 위해 알람을 맞추지만, 대부분의 사람들은 특정한 시간에 습관적으로 눈을 뜨기 때문에 알람이 울리지 않아도 거의 비슷한 시간에 일어난다. 우리의 생체 시계는 우리가 몇 시쯤이면 피곤해서 잠을 자야 하는지, 몇 시쯤이면 잘 만큼 잤으니 일어나야 하는지 알려 준다.

그러나 시차가 다른 지역에서 어른들은 외부 시계를 한 번 쳐다보고 생체 시계로 인해 늘 일어나던 시간에 눈을 떴다는 걸 확인하고는 다시 몸을 돌려 잠을 청할 수 있지만, 아이들은 그러기가 쉽지 않아 한밤중에 같이 놀자고 부모를 깨우기 일쑤다.

전문가들은 시차가 늦은 지역에서 적응하기가 더 쉽다고 주장하지만, 어린아이를 둔 부모들은 차라리 시차가 빠른 지역에서 스트레스를 덜 받는 경향이 있다. 예를 들어, 서울에 사는 가족이 방콕으로 여행하는 경우, 아이는 매일 아침 해가 뜨기 훨씬 전부터 눈을 뜨게 되고, 그 결과 매일 저녁 어두워지기 전에 저녁도 먹기 훨씬 전부터 슬슬 피곤해지기 시작한다. 그러나 방콕에 사는 가족이 서울로 여행하는 경우, 한밤중이 지나도록 안 자고 버티다가 오전 내내 꿈나라에서 헤어 나오지 못하는 아이 때문에 이만저만 곤란한 게 아니다. 시차가 빠른 지역이든 늦은 지역이든, 시차가 다른 지역으로 여행을 갈 때 다음 내용을 참조하면 더 편안하게 여행을 즐길 수 있을 것이다. 시차가 많이 벌어지는 지역으로 여행하는 경우 다음 내용을 참조한다.

그럴 필요가 있을 때에만 아이의 생체 시계를 재설정한다 여행 기간이 일주일 이내라면, 아이의 일정을 평소와 비슷하게 유지하는 것이 더 바람직하다. 그렇지 않을 경우, 새로운 일정에 적응할 만하면 집에 돌아와 생체 시계를 다시 맞춰야 하기 때문이다. 여행 기간은 짧지만 합리적인 이유로 새로운 시간대에 맞추어 움직여야 한다면, 예를 들어, 매일 이른 아침에 계획이 있어 아이가 오전에 늦잠을 자고 일어날 때까지 기다릴 수 없는 경우, 다음 내용을 참고한다.

출발하기 전에 생체 시계를 새로 맞춘다 서쪽에서 동쪽으로 이동하는 경우, 최소한 출발 예정일 사흘 전부터 아이를 저녁에 일찍 재우고 아침에 일찍 깨운다. 동쪽에서 서쪽으로 이동하는 경우, 매일 저녁 취침 시간을 좀 더 뒤로 미루도록 한다. 또한 무엇보다 아이를 위해 출발하기 며칠 전부터 차분한 생활을 유지하고, 빡빡한 일정과 부담스러운 활동은 피해야 한다. 이런 일정은 피로를 유발할 수 있으며, 피곤하면 시차 적응이 더 어려워진다.

시계를 다시 맞춘다 여행을 떠날 때 목적지의 시간에 맞추어 시계를 맞추고, 식사 시간과 수면 패턴을 새로운 시간대에 맞춘다. 아이가 재빨리 주변의 안전을 점검한 뒤에 아이를 돌아다니게 해야 한다. 창문은 열려 있지 않은지 확인하고 맨 위 창문만 열어 놓는다. 발코니 문은 열려 있지 않은지 점검 후, 바깥쪽 문은 잠가 둔다, 안전 플러그를 가지고 가서 콘센트가 노출되어 있으면 조치를 취한다. 전기스탠드 선이 늘어져 있지는 않은지 점검 후, 선을 가구 뒤에 밀어 넣는다, 커튼 끈이나 블라인드 손잡이가 매달려 있지는 않은지 확인하고, 아이 손이 닿지 않는 곳에 매듭으로 묶는다, 유리그릇은 없는지 확인하고, 있으면 아이 손이 닿지 않는 곳에 보관한다. 욕실 문은 항상 닫아 두고, 필요하면 의자나 여행 가방으로 막는다, 만일의 경우에 대비해 비상구와 대피 요령을 알아 놓는다. 놀이 공간을 마련해 집에서 가지고 온 장난감을 그곳에 두면, 아이가 다른 곳을 탐색하려는 호기심이 줄어들어 문제를 일으킬 가능성이 적어질지 모른다. 야외에서, 특히 숲에서 많은 시간을 보내는 경우, 692쪽에 제시한 안전 대책을 마련한다.

이동 중에 잠을 자는 경향이 있다면, 낮잠을 많이 자 아무런 일정도 제대로 소화하지 못한다 하더라도 괜찮다. 이렇게 일정이 뒤죽박죽이 되면 아이의 생체 시계가 크게 혼란을 일으켜 낮인지 밤인지 분간을 못하게 되는데, 차라리 이렇게 되면 목적지의 표준 시간대에 적응하기가 더 쉽다.

원한다면 차츰 시간을 맞춘다 자동차로, 혹은 자동차보다는 덜하지만 기차로 이동하는 경우, 한 번에 하나씩 새로운 표준 시간대에 아이를 적응시킬 수 있다. 각 표준 시간대에 이틀씩 머물면서 천천히 이동하면 적응하기가 훨씬 쉬울 것이다.

시간을 완전히 새로 맞춘다 해당 지역이 취침 시간이 아니면 여행객이 제대로 잠을 이루기가 쉽지 않다. 그러므로 아이의 생체 시계를 재설정하려면, 해당 지역 사람들이 먹고, 일어나고, 낮잠을 자고, 노는 시간에 아이도 똑같이 움직이게 해야 한다. 일어날 시간이 되면 아이를 계속 자게 내버려 두지 말고 적당한 시간에 깨운다. 살살 깨우고, 아이가 짜증을 낼 거라고 예상한다. 방에 햇볕이 들어오게 하면 도움이 된다. 아침에 일어나자마자 곧바로 아침을 먹고, 나머지 시간들도 새로운 표준 시간에 최대한 맞추어 생활한다. 저녁 무렵이면 틀림없이 녹초가 되어 아이가 평소보다 일찍 잠자리에 들 준비를 할 것이다. 낮잠을 생략하면 취침 시간을 앞당기는 데 더 빨리 적응하겠지만, 역효과가 날 수도 있다. 아이들은 너무 피곤해도 잠을 잘 안 자려는 경향이 있다.

아이의 생체 시계를 새로 맞추려 애를 썼는데도 불구하고, 아이가 적어도 당분간은 원래 생체 시계를 고수할지 모른다. 아이가 한밤중에 깨서 다시 자려 하지 않을 경우에 대비해 조용한 놀이를 준비한다. 또한 새벽 세 시에 아침밥을 달라고 조를 경우에 대비해 간편하게 먹을 간식도 준비한다.

햇빛을 본다 햇볕은 우리 몸이 생체 시계를 다시 맞추는 데 중요한 역할을 하는 것 같다. 그러므로 가능한 한, 여행지에 도착하자마자 햇빛이 비치는 환한 야외에서 최대한 오랜 시간을 보내면, 온 가족이 새로운 시간대에 좀 더 빨리 적응하게 될 것이다. 햇볕이 뜨거운 경우 적절한 예방 조치를 취해야 한다(514쪽 참조).

서쪽에서 동쪽으로 이동하든 동쪽에서 서쪽으로 이동하든, 장거리 여행을 할 때는 도착하자마자 식구들 모두 한낮에 햇볕을 쪼이도록 애쓰면 생체 시계가 보다 쉽게 맞춰질 것이다.

생체 시계가 하룻밤 사이에 다시 맞춰질 거라 기대해서는 안 된다. 대체로 최소한 며칠은 걸려야 한다. 또한 상당히 많은 인내심도 필요하다. 아이는 처음에는 다소 짜증을 내고 매달리며 대체로 몸도 좀 불편할 것이다. 세심하게 반응해 주면 차츰 나아진다. 가능하면 여행지에 도착해 처음 이틀 동안은 오랫동안 관광을 하지 않도록 한다. 이 적응 기간에는 해변에서 편안하게 긴장을 풀거나, 수영장에서 물장구를 치거나, 그냥 빈둥거리면서 보내는 것이 가장 바람직하다. 집에 돌아온 후에도 마찬가지로 처음 며칠 동안은 긴장을 풀면서 편안하게 시간을 보낸다. 보통 여행하는 동안에는 집에서보다 규칙적인 일정에 덜 매달리게 된다. 임시로 새로운 일정을 계획한다. 무엇을 하든 할 일을 만들어 실행한다. 그러다 보면 뜻밖에 아이는 시간의 변화를 거의 알아채지 못할 수도 있다.

─── 멀미를 억제하는 방법

많은 아이들이 평소 자동차를 타고 마트나 동물원에 갈 때는 아무런 증상을 보이지 않다가도, 자동차나 비행기, 배, 기차를 타고 장시간 여행을 하면, 특히 평소에 먹지 않던 음식을 먹게 되면, 점점 속이 메스꺼워지면서 멀미가 나곤 한다. 여행을 계획할 때는 아이가 이전에 한 번도 멀미가 난 적이 없다 하더라도, 그리고 멀미가 난 경험이 있다면 더욱 다음 예방 대책을 따르도록 한다.

의사의 진찰을 받는다 과거에 멀미가 심하게 난 경험이 있다면 멀미약을 가져가는 건 어떤지 의사에게 문의한다. 그러나 이런 약들은 간혹 심각한 부작용을 일으킬 수 있으니, 최후의 수단으로만 이용한다. 어린이에게는 붙이는 멀미약을 이용해서는 안 된다.

씨밴드를 착용한다 씨밴드는 손목 안쪽의 지압점을 눌러 멀미를 억제하는 신축성 있는 팔찌다. 오랫동안 항해사들이 주로 애용하여 왔는데, 바다뿐 아니라 육지에서도 효과가 있다, 게다가 저렴하고, 이용이 편리하며, 안전하고, 착용이 편하며, 효과도 꽤 좋다. 씨밴드는 해양 용품과 캠핑용품 판매점, 일부 약국과 건강식품 매장, 임신 출산 용품점, 인터넷 등을 통해 구입할 수 있다. 한 가지 사이즈로 웬만하면 모든 사람에게 맞지만, 아이의 팔목에 딱 맞지 않을 경우 몇 바늘 꿰맨다.

배 속을 비우지 않는다 위장이 비어 있으면 멀미가 날 가능성이 높다. 그러므로 여행할 때는 가벼운 간식을 자주 먹인다.

아주 신 과일과 주스는 피한다 오렌지, 자몽, 레몬, 파인애플과 이런 과일들로 만든 주스는 여행 중에 배 속을 불편하게 만들기 쉽다. 이동 중에는 신맛이 덜한 과일과 채소로 필수 비타민 C 공급량을 충족시킨다. 머스크멜론이나 비타민 C가 풍부한 사과 주스가 좋다. 날이 덥거나 아이가 구토를 하는 경우, 물이나 신맛이 나지 않는 주스를 조금씩 자주 먹여 잃어버린 수분을 보충해 주어야 한다. 아이스바를 빨아도 도움이 될 수 있다. 거품이 많은 음료나 탄산음료는 배 속을 더욱 불편하게 만들 수 있으므로 삼간다. 토들러들은 평소에는 체중 1kg 당 150mL의 수분을 섭취해야 하는데(따라서 체중이 13kg인 아이는 약 2L(1950mL)의 수분을 섭취해야 한다. 더운 계절이나 비행기 여행 중이나 혹은 아이가 구토나 설사를 한 경우에는 수분을 더 섭취해야 한다. 간혹 멀미로 인해 구토를 해 탈수 상태가 되는 아이도 있다. 비행기를 타거나 더운 날씨에 아이가 땀까지 흘리게 되면 탈수 상태가 될 가능성이 매우 높다. 탈수증상이 나타나면(653쪽 참조) 적절한 조치를 취한다.

지방을 삼간다 기름진 음식도 멀미를 악화시킬 수 있으므로, 튀긴 음식, 감자 칩, 햄버거, 기름기가 많은 후식 등, 지방이 많은 음식은 주지 않는다.

맑은 공기를 쐬게 하고…… 자동차 안에서는 창문을 열어 신선한 공기를 쐬면 멀미가 날 가능성이 줄어든다. 배를 탄 경우, 갑판을 걸으면 도움이 된다. 비행기를 탄 경우, 머리 위의 통풍구를 이용하는 것이 거의 최선의 방법이다.

경치가 보이는 곳에 앉힌다 수평선을 보고 있으면 멀미를 가라앉히는 데 도움이 될 수 있다.

가능하면 아이를 창가에 앉히고 수시로 먼 곳의 풍경으로 주의를 돌린다. 책을 보거나 집중해서 가까이 들여다봐야 하는 놀이는 멀미를 악화시킬 수 있으므로 못 하게 한다. 뒷좌석보다 앞좌석이 멀미를 덜 일으키지만, 안전을 위해 만 13세 이하의 어린이를 앞좌석에 태워서는 안 된다. 특히, 조수석에 에어백이 설치되어 있는 경우에는 더더욱 안 된다.

낮잠을 자게 한다 아이가 잠을 자거나 적어도 대부분의 이동 시간 동안 눈을 감고 쉴 수 있다면, 멀미가 날 가능성이 크게 줄어든다. 몸을 많이 움직이면 오히려 불편해질 수 있으므로 많이 움직이지 못하게 한다.

다른 곳으로 주의를 돌린다 배 속이 불편하다는 생각을 잊고 있어도 멀미 예방에 도움이 된다. 장난감을 가지고 놀거나, CD를 틀거나, 노래를 부르거나, 이야기를 하거나, 색깔 맞히기 놀이를 한다.

멀미용 비닐을 준비한다 앞의 방법들이 아무런 효과를 발휘하지 못할 수 있으므로 최악의 경우에 대비한다. 자동차나 기차로 이동하는 경우, 가까운 곳에 커다란 비닐봉지 몇 장을 준비해 둔다. 비행기의 경우, 좌석 앞주머니에 비행기 멀미용 주머니가 비치되어 있다. 그러나 아이 손이 닿지 않는 곳에 두어야 한다. 여벌 옷과 넉넉한 양의 물티슈, 방향제도 준비한다. 물티슈는 아이 몸과 옷, 좌석, 덮개, 바닥을 닦을 때 사용한다.

아이가 메스꺼운 느낌이 생기더라도 그 느낌에 대해 잘 모르거나 설명하지 못할 수도 있다. 그냥 몸이 좋지 않다는 정도로만 불평하는 아이가 있는가 하면, 목이 아프다고 불평하거나 손으로 목을 움켜잡는 아이도 있다. 어떤 아이는 구역질이 나는 데 대한 반응으로 기침을 하기도 한다. 어떤 아이들은 얼굴이 창백하거나 턱과 귀 밑이 푸르스름해지기도 한다. 그러나 아이가 토하기 전까지 특별한 증상을 보이지 않을 수도 있다.

자동차로 이동하는 동안 아이가 멀미로 구토를 한 경우, 먼저 차를 세우고 차 내부를 최대한 깨끗이 닦은 다음, 아이에게 눈을 감고 잠시 쉬게 한 후에 다시 이동한다. 아이의 이마에 젖은 수건을 대도 신선한 공기를 쐴 때처럼 도움이 된다. 아이가 구토를 하더라도 과잉 반응을 보이지 않는다. 부모가 과잉 반응을 보이면, 아이는 자신이 잘못을 저질렀다고 생각할 수 있다.

여행 짐싸기

보다 즐거운 여행을 위해 꼭 챙겨야 할 준비물에 어떤 것이 있는지 알아보자.

캐리올 가방 칸이 많이 나누어진 기저귀 가방이나 토트백, 백팩 하나면 어떤 형태의 여행이든 기본적인 필수품을 모두 넣을 수 있다. 어깨 끈이 있으면 가방도 갖고 다니기 쉽고 아이도 데리고 가기가 훨씬 수월하다. 지갑에 현금이나 여행자 수표, 신용카드, 여행 관련 서류, 티켓, 처방전 등을 보관하고, 지갑을 가방 가운데 칸에 넣어 안전하게 지퍼로 잠근다. 바로 쓸 현금이나 신용카드 한두 장은 쉽게 꺼낼 수 있는 옆 주머니나 옷 주머니에 보관한다. 다음 준비물들도 캐리올 가방 안에 넣는다.

기저귀나 배변 훈련용 팬티 아이가 아직 기저귀를 찬다면, 이동 수단이 뜻밖에 지연되거나 짐을 늦게 찾거나 아이가 여행자 설사가 날 경우에 대비해, 이동 중에 필요한 기저귀 개수에 하루치를 더 추가해 기저귀를 넉넉히 준비한다. 즉시 버릴 곳이 마땅치 않을 경우, 더러운 기저귀를 넣어 두기 위해 비닐봉지도 가지고 가서 끈이나 고무 밴드로 묶는다. 혹은 그냥 봉지째 매듭을 짓는다. 이 비닐봉지를 가방 한 칸에 넣고 지퍼를 채우는 등 아이가 쉽게 건드리지 못하게 한다. 여행 수하물 안에도 기저귀를 넣어 둔다. 목적지에서 기저귀를 구입할 수 있는지 미리 알아보고, 여행하는 나라에서 일회용 기저귀를 판매하지 않는다면 전체 여행 일정 동안 필요한 기저귀를 충분히 준비해 간다.

아이가 배변 훈련용 팬티를 입는다면, 만일의 경우에 대비해 두세 개를 더 챙겨 넣는다. 여행이 설레고 흥분된 나머지 배탈이 나면 평소보다 실수가 잦을 수 있다. 아이가 여행하는 동안 잠을 많이 자는 경향이 있고 평소 낮잠을 잘 때 기저귀를 찬다면, 이동 중에 기저귀를 채우는 것을 고려한다.

넉넉한 양의 물티슈 더러운 손, 꾀죄죄한 얼굴, 얼룩이 묻은 옷, 지저분한 자동차 덮개를 물티슈로 닦는다. 욕실이 가까이에 없거나 더럽다면 비누와 물 대신 물티슈로 충분히 깨끗하게 닦을 수 있다.

갈아입을 옷 여행할 때는 언제나 머리부터 발끝까지 옷가지를 최소한 한 세트 이상 더 준비한다. 아이가 턱받이를 착용한다면, 음식을 흘려 옷이 지저분해지는 일을 줄이기 위해 물티슈로 닦을 수 있는 비닐 턱받이를 가지고 간다.

음식 걸어서 가든, 비행기로 가든, 배를 타든, 기차를 타든, 심지어 유모차에 태워 가든, 토들러와 함께 여행할 때는 반드시 음식과 음료를 가지고 가야 한다. 그렇지 않으면 두고두고

여행 중에 아이가 성질을 부린다면

아이가 여행 중에 성질을 부리는 핑계거리를 굳이 찾아본다면, 아마도 휴가 기간에 벌어지는 일상적인 이유들 때문일 수 있다. 다시 말해, 수면 시간이 바뀌고, 식사 시간이 일정하지 않으며, 장시간 억지로 앉아 있어야 하고, 낯선 환경에 놓여 그럴 수밖에 없을 것이다. 여행 중에 아이가 성질을 부리면 집에서 성질을 부릴 때보다 다루기가 훨씬 어렵기 때문에, 가능하면 미리 예방하는 것이 최선이다.

수면 부족, 배고픔, 따분함 등은 모두 분노발작을 일으킬 수 있다. 아이가 관심을 가져 달라고 소리를 지르기 전에 아이에게 필요한 것이 무엇인지 예측하는 것이 좋다. 식사 시간이 지연되면 간식을 주고, 아이가 낮잠을 잘 수 있도록 역사적인 건축물을 방문할 시간을 다시 조정하며, 아이가 좋아하는 활동을 계획한다. 오락의 귀재가 되어, 아이가 성질을 부리기 직전에 아이의 관심을 모을 비법을 짜잔 하고 내놓아 본다. 그리고 또 한 가지, 지나친 건 모자람만 못하다는 사실도 기억해 둔다. 느슨하게 일정을 계획하면 아이에게 지나치게 자극이 가해지는 걸 예방할 수 있으며, 아울러 아이가 성질을 내는 일도 예방할 수 있다. 편안하게 쉴 수 있는 시간도 마련한다. 책을 읽고, 음악을 듣고, 서로 꼭 끌어안는 시간을 마련하면 아이가 폭발하는 일도 예방할 수 있다. 그러나 아이가 짜증을 부린다면 참고 받아 준다. 아이가 공공장소에서 성질을 부릴 때 부모들은 난처한 표정부터 짓기 쉬운데, 그러지 않도록 주의해야 한다. 아이가 공항 바닥에 드러누워 발버둥을 친다면, 주변 사람들을 무시하고 마치 아이와 단둘이 있는 것처럼 아이를 다루도록 한다. 성질부리는 아이를 다루는 방법은 374쪽을 참조한다.

후회하게 될 것이다. 아이스박스가 없다면, 4등분한 땅콩버터 샌드위치 같은 깔끔하고 잘 상하지 않는 음식을 가지고 간다. 통곡물 크래커, 프레첼, 약간의 시리얼을 플라스틱 용기에 담아 가도 좋다. 시리얼은 작은 상자에 넣어 들고 갈 수도 있다. 과일 주스로 단맛을 낸 통곡물 쿠키와 건과일(먹은 후 곧바로 이를 닦거나 헹굴 수 있을 때에만), 통곡물 롤 케이크와 베이글 등도 바람직하다. 얼린 아이스 팩이 들어 있는 아이스박스 안에 시원하게 보관하거나, 두 시간 내에 먹을 수 있다면, 치즈 스틱, 완숙 달걀, 과일로 단맛을 낸 요구르트, 먹기 좋게 자른 과일이 좋다. 이런 음식을 먹으면서 음료를 함께 마실 수 있도록 보온병과 구부러진 빨대를 가지고 가, 우유나 주스, 물을 채워 마시게 한다. 아이가 가장 좋아하는 컵, 플라스틱 숟가락 몇 개, 플라스틱 칼, 작은 깡통 따개도 가지고 간다.

작은 약 상자 아이가 복용할 약을 지퍼 달린 가방 안에, 기왕이면 잠금장치가 있는 가방에 넣어 캐리올 가방 속에 보관한다. 수하물 속에 넣지 않도록 한다. 아이의 담당 의사가 권장한, 여행 중에 필요한 약품(283쪽 참조), 아이의 치약과 칫솔, 진통 해열제, 접착테이프나 살균된 거즈 패드, 붕대, 알코올 처리된 물수건, 항생제 연고, 응급 스프레이 등 응급처치에 필요한 약품, 갈라진 피부에 바를 로션, 선크림, 방충제, 기저귀 발진 연고 등을 준비한다. 식단이 바뀌고 기저귀를 불규칙하게 갈게 되면 기저귀 발진이 나타날 위험이 증가한다. 여행 관련 서류와 함께 가족 개개인의 연령, 체중, 예방접종 이력, 규칙적으로 복용해야 할 약, 알레르기, 혈액형 등 건강 정보를 작성하여 가지고 가는 것도 좋겠다.

몇 가지 깜짝 선물 여행할 때는 아이가 잘 가지고 놀던 장난감을 가지고 가는 것도 중요하지만, 슬슬 지루함이 밀려오기 시작할 때 새로운 장난감이나 새 책을 짠 하고 내놓으면, 부모가 차분히 집중해서 운전할 시간을 벌 수 있으며, 비행기에서 아이의 기분을 띄울 수 있다. 자질구레한 장난감들을 구입했다가 필요할 때마다 한 번씩 아이에게 준다.

그 밖에 필요에 따라 다음과 같은 준비물을 준비한다.

휴대할 수 있는 유아용 변기 의자 가볍고 접을 수 있으며 휴대가 가능한 유아용 변기 의자를 가지고 가면, 아이가 낯선 화장실을 보다 쉽게 이용할 수 있다. 특히 이미 익숙하게 사용하고 있는 변기 의자를 가지고 간다면, 더욱 수월하게 용변을 보게 될 것이다. 혹은 살균 스프레이를 공중 화장실 변기에 뿌리거나, 휴지 혹은 구할 수 있다면 종이 변기 커버로 변기 주위를 덮는다.

휴게소가 아직 멀었다고 용변을 참을 줄 아는 토들러들은 거의 없다. 뿐만 아니라 화장실이 깨끗하지 않거나 단순히 낯설다는 이유로 화장실을 이용하지 않으려는 아이도 있다. 그러므로 자동차로 이동할 계획인 경우, 두루마리 휴지와 함께 휴대용 변기를 가지고 가면, 휴게소까지 한참 더 가야 할 때 길가에서 변기를 이용해 용변을 보게 할 수 있다.

아기가 멜 백팩 아이에게 백팩을 메어 주면, 아이가 스스로를 중요한 사람으로 여기게 되며, 중요한 개인 소지품을 쉽게 꺼낼 수도 있다. 좋아하는 장난감과 책, 종이 한 뭉치와 크레파스를 아이가 직접 가방에 넣게 한다. 지도와 아동용 나침반은 아이의 기분 전환 거리로 그만이다. 지갑에 가짜 돈과 기간이 만료된 도서관 카드나 헬스클럽 카드 등 가짜 신용카드를 넣어 주어도 아이가 무척 좋아할 것이다. 연필과 펜, 그 밖에 뾰족한 물건들은 급정거를 하거나, 기차나 비행기가 갑자기 흔들리는 경우 위험할 수 있으므로, 가지고 가지 않는다. 장난감 권총이나 금속 장난감, 시끄러운 장난감, 여러 가지 부품으로 이루어진 장난감이나 게임, 쉽게 굴러가 다른 승객들에게 불편을 주는 장난감, 풍선 등은 피한다.

심리적 안정을 주는 물건 아이가 좋아하는 담요나 곰 인형 등의 물건이 있다면 가지고 가야 한다. 비행기나 기차를 탈 때 소지할 가방 안에 넣는다.

음악 테이프와 책 아동용 카세트 플레이어와 헤드폰을 가지고 가면 연령이 높은 토들러는 먼 거리를 지루한 줄 모르고 이동할 것이다. 부모가 테이프를 바꿔 주어야 하겠지만, 좋아하는 노래 및 이야기 테이프를 가지고 가고, 그에 딸린 책을 가져가도 좋고 그러지 않아도 괜찮다. 아이가 헤드폰을 쓰려 하지 않는다면, 부모도 테이프 내용을 같이 들어야 할 것이다. 기차에서도 테이프를 들을 수 있지만, 다른 승객들을 방해하지 않기 위해 헤드폰을 사용해야 한다. 비행기에서는 개인 테이프를 사용할 수 없지만, 많은 항공사에서는 이어폰을 지급하고 어린 승객들을 위해 어린이 전용 채널을 제공한다.

유모차 유모차는 어떤 형태의 휴가든 매우 유용하게 이용된다. 부모가 산책이나 관광을 할 때 아이가 유모차를 타면, 미술관과 놀이공원, 명소들을 훨씬 쉽게 돌아다닐 수 있다. 필요에 따라 가볍고 쉽게 접을 수 있는 유모차나, 카 시트와 에어 시트 겸용인 최신형 다목적 유모차를 선택한다. 그러나 비행기 안에 가지고 들어갈 수 있는지, 검색대의 검사를 받아야 하는지 항공사에 미리 확인한다.

여행 복장 여행 기간 동안 그럭저럭 입을 수 있을 정도로만 최대한 간단히 준비해 간다. 쉽게 물빨래할 수 있는 옷만 가지고 가서 저녁에 빨아 널어놓는다. 여러 가지 색깔의 옷을 골고루 준비하는 것이 가장 좋다. 아이가 점심 때 초콜릿 아이스크림을 먹다가 셔츠에 묻힐 경우, 바지에 어울리는 다른 셔츠를 갈아입힐 수 있다. 날씨가 따뜻해도 서늘한 저녁이나 에어컨 바람이 차가울 때 가볍게 걸칠 수 있는 스웨터 한 장을 가지고 간다. 기생 생물이 문제가 되는 지역이 아니라면 해변에서는 샌들이 유용하지만, 일반 길을 걷거나 야외 활동에 대비해, 특히 시골 지역을 여행하는 경우 운동화를 가지고 간다.

아이에게 꼭 알려 주세요: 나눔에 대해

토들러에게는 네 것, 내 것, 우리 것이라는 개념이 없다. 오직 내 것만 있을 뿐이다. 이제 막 소유 개념을 이해하기 시작했지만, 다른 사람이 무언가를 가질 수 있다는 개념은 아직 머릿속에 잡히지 않았다. 아이들은 마땅히 자신에게 속한 것뿐 아니라 마땅히 다른 사람에게 속한 것도 모두

내 것이라고 주장한다. 심지어 버스, 놀이터의 미끄럼틀, 공원에 핀 꽃처럼 모든 사람이 공동으로 소유하는 대상도 자기 것으로 여길지 모른다. 이처럼 당분간 내 것은 토들러들이 즐겨 사용하는 단어가 될 것이다.

그러나 이 시기에 소유욕을 강하게 드러낸다고 해서 평생 이기적인 사람이 되는 건 결코 아니다. 다른 사람의 물건을 빼앗고 자신의 물건을 빼앗기지 않으려 집착하는 모습은 자율성과 독자성을 확립하려는 욕구, 자신의 한계를 시험하고 권리를 주장하려는 욕구를 드러내는 것으로, 또 하나의 정상적인 모습일 뿐이다.

토들러의 소유욕은 정상일 뿐 아니라 사이좋게 나누는 과정으로 가는 필수적이고 극히 중요한 단계다. 아이가 자신의 소유를 즐기고 인정할 기회를 갖지 못한다면, 나누는 방법을 배우기 어렵다. 토들러의 발달 척도는 '소유하기' 다음에 '나누기'로 이어진다. 대부분의 아이들은 만 2세 후반기 무렵에 소유에 대한 개념을 이해하지만, 나눔에 대해서는 만 3~4세가 되어야 이해한다.

아이들이 사이좋게 나누는 걸 힘들게 만드는 또 하나의 방해 요소는 빌려주고 빌린다는 개념이다. 장난감이 됐든 먼저 맡아 놓은 미끄럼틀이 됐든, 아이들은 자신의 소유를 친구가 잠시 이용한다거나 이용하다가 돌려준다는 개념을 이해하지 못하며, 잠시 주는 것과 아주 주는 것을 동일시한다.

한편, 아이가 울고 있는 동생에게 자신이 좋아하는 곰 인형을 준다든지, 엄마가 무척 힘들어 보일 때 자신의 쿠키를 주는 행위는 나눈다기보다 공감의 표현에 더 가깝다. 아이는 위로를 하는 것이지 나누는 것이 아니다. 그렇지만 이런 행동은 칭찬해 주고 북돋아 주어야 한다. 아이들은 칭찬받은 행동을 반복하려는 경향이 있으며, 행동을 반복하면 습관이 된다.

아이가 친구나 가족에게 자신의 물건이나 장난감을 주려는 모습을 보일 때도 있는데, 그렇지만 막상 상대방이 정말로 물건을 받으면 마구 화를 낼지 모른다. 이 경우, 아이는 실제로 자기 물건을 주려고 하기보다 단지 자신에게 소중한 물건을 자랑하고 싶은 것이다.

아이가 나누기를 싫어하는 것이 당연한 것처럼, 아이가 나누는 법을 배우길 바라는 부모의 심정 또한 당연한 것이다. 나눔을 시작하는 방법을 알아보자.

* **아이의 자존감을 키운다** 자신이 없는 아이는 나누는 법을 배우기가 훨씬 어렵다. 이런 아이들은 스스로에 대한 느낌을 강화하기 위해 자신의 소유물을 쌓는 축적가가 되기 쉽다. 자존감을 키우는 방법에 대해서는 330쪽을 참조한다.

* **아이에게 나눔을 강요하지 않는다** 나눔을 강요하면 부모가 아이의 욕구를 다른 아이의 욕구보다 덜 중요하게 여긴다는 걸 암시할 수 있다. 그러나 자아의식과 자존감이 막 발달하기 시작하는 지금 같은 예민한 시기에, 아이는 자신이 다른 아이 못지않게 중요한 존재임을 인식할 필요가 있다. 또한 토들러들은 안도감을 찾으려 한다. 누군가 자신의 소유물을 가질 수 있다는 생각은 아이를 불안하고 긴장하게 만든다. 그러므로 어떤 것이 아이의 것이고 어떤 것이 다른 사람 것인지 아이에게 알려 주어야 한다. 마지막으로, 아이에게 나눔을 강요하면 너그러움에 대해 결코 가르치지 못하게 된다. 겉으로는 아이가 부모의 바람대로 나눌 줄

아는 것처럼 보이지만, 단지 부모가 시키는 대로 움직일 뿐이다.

* **다른 사람의 소유에 대한 개념을 알려 준다**
아이가 인정하기 어렵겠지만, 주변의 모든 것이 아이의 소유는 아니다. 어린이집에 있는 장난감이나 놀이터의 놀이 시설처럼 어떤 것은 단체나 모든 사람들에게 공동으로 속한 것이고, 친구의 인형이나 트럭, 엄마의 책처럼 어떤 것은 다른 사람에게 속한 것임을 배워야 한다. 뿐만 아니라 미끄럼틀을 교대로 타야 하고, 그네는 차례를 기다려 타야 하며, 다른 아이의 세발자전거를 빼앗아서는 안 된다는 사실도 알아야 한다. 이런 규칙들을 자주 주입한다. 어떤 상황에서 아이가 규칙을 어기려 한다면, 아이를 밖으로 데리고 나와 규칙의 중요성을 알려 주어야 한다. 아이를 이해하되 단호하게 대한다.

* **나눔을 거부하는 아이의 입장을 생각해 본다**
단 15분도 자신의 장난감 트럭을 나눠 주려 하지 않는 모습은 언뜻 부당해 보일 수 있지만, 아이의 입장에서는 아주 정당하다. 아이에게는 15분이 50시간처럼 여겨질 수 있다. 아이의 입장에서 생각해 보자. 나라면 내 차를, 내가 좋아하는 구두를, 내가 특별히 아끼는 액세서리를, 아무리 믿을 만한 친구이고 단 하룻밤이라 해도 기꺼이 빌려줄 수 있겠는가? 빌려주면 잠시 후 받을 수 있다는 걸 이해하지 못하는 토들러들에게 자신의 소유를 나눈다는 것은 그보다 훨씬 힘든 일이다.

* **아이에게 나눔은 어렵다는 걸 인정한다**
"친구한테 네 자동차를 가지고 놀게 하지 않다니, 정말 못됐구나."라고 야단치지 말고 "맞아, 네 자동차를 빌려주는 건 정말 힘든 일이야. 너한테 얼마나 소중한 건데."라고 말하면서 아이의 마음을 헤아려 준다. 이렇게 이해해 주면 나눔에 대한 거부감을 좀 더 빨리 극복하는 데 도움이 된다. 또한 아이가 친구의 마음을 이해하도록 도와주어야 한다. "네가 퍼즐을 가지고 놀지 못하게 해서 친구가 속상하겠다."

* **아이 대신 부모가 나눠 주지 않는다** 아이의 장난감은 아이 것이다. 부모가 이 사실을 인정한다는 걸 보여 준다. 항상 아이의 의향을 물어본 후에 친구에게 장난감을 주도록 한다. 아이가 주기 싫다고 하면 강요하지 않는다. 이렇게 아이의 소유를 존중해 주면, 마침내 아이의 마음이 너그러워져 자신의 소유를 철저하게 챙기려는 욕구가 줄어들 것이다. 아이가 반드시 나누어야 할 상황이라면, 가령 집에서 놀이 모임을 열거나 친구를 초대한 경우라면, 따로 보관하고 싶은 특별한 장난감은 무엇인지, 친구들에게 기꺼이 나눠 줄 수 있는 장난감은 무엇인지 미리 아이와 상의한다. 나눔이 일상이 될 때까지는 아이가 유독 소유욕이 강해질 때를 대비하여, 아이의 친구들에게 각자 자기 장난감 한두 개를 가지고 오게 한다. 아이들이 조금씩 타협할 줄 알게 되면 서로의 장난감을 바꾸기 시작하고, 그러면서 차츰 나눔에 익숙해질 것이다. 또한 아이들이 장난감 하나를 두고 싸우는 경우, 부모가 개입하기 전에 스스로 알아서 해결하는지 두고 본다. 물론 서로 주먹을 날리지 않을 때에만. 아이들이 사이좋게 화해하거나 한 아이가 너그럽게 양보하면 듬뿍 칭찬해 준다.

* **아이와 함께 나눈다** 늘 그렇듯이 아이에게

최고의 학습 방법은 부모가 본보기를 보여 주는 것이다. 자주 아이에게 나누는 모습을 보여 주어야 한다. 부모의 접시에 놓인 머핀 하나, 치즈 한 조각을 아이에게 주고, 부모의 잡지를 보게 하며, 부모의 부츠를 신어 보게 한다. 그리고 이렇게 설명한다. "이건 아빠 것이지만 너하고 함께 나누고 싶어."
놀이를 통해 나누는 방법을 보여 주어도 좋겠다. "아빠가 네 인형 가지고 놀게 해 주면 아빠도 아빠 트럼프 가지고 놀게 해 줄게." 부모와 나누는 건 또래 친구와 나눌 때보다 덜 위협적일 수 있어, 좋은 연습이 되고 소중한 준비 과정이 된다.

✳ **빌리고 빌려주기 시작한다** 무언가를 빌려주면 다시 받을 수 있고, 무언가를 빌려 오면 다시 가져다주어야 한다고 설명한다. 일상생활에서 이런 예를 보여 줄 기회를 찾아 활용한다. 잠시 아이의 곰 인형을 빌린 후 되돌려 준다. 아이에게 부모의 선글라스를 빌리게 한 다음 돌려 달라고 부탁한다. 놀이터에서 아이들이 그네를 타고 놀지만 그네를 집에 가지고 가지는 않는다는 걸, 친구 집에서 함께 블록을 가지고 놀지만 친구 블록을 집에 가지고 오지는 않는다는 걸 알려 준다. 이런 것들을 당분간 빌릴 뿐이라고 설명한다.

✳ **별 것 아닌 걸 나누거나 억지로 나누더라도, 나누려는 모습을 보일 때마다 많이 칭찬한다** 아이가 나누겠다는 데 동의할 때마다 친절한 행동이라고 말하고 칭찬을 해 준다. 가능하면 나눔 자체가 보상임을 아이에게 이해시켜 준다. 친구에게 삽을 빌려주면 더 멋진 성을 쌓게 된다든지, 친구에게 트럭을 빌려주면 자동차 경주가 훨씬 흥미로워진다는 걸 알게 한다. 시간이 지나 경험이 쌓이고 부모가 옆에서 조심스럽게 지도해 주면. 가령 아이가 특정한 장난감을 나누려 하지 않을 때는 다른 장난감을 제시해 본다든지 하면, 마침내 아이들은 나눔은 놀이를 더 생산적으로 만들어 주고, 티격태격 싸우면 소중한 시간이 낭비된다는 걸 깨닫기 시작한다. 보육 시설에서든 놀이 모임에서든, 주로 또래 아이들에게 더 자주 더 정기적으로 노출된 아이들이 더 빨리 이런 결론에 이르게 된다.

11장

생후 23개월

***

아이의 발달 과정

이달 말에 아이가 해야 할 행동

* 작은 공을 앞으로 찬다.

주의 사항 아이가 아직 이 단계에 이르지 못했거나 상징 놀이와 상징 표현을 이용하지 않는다면 의사와 상담한다. 아직 이 단계에 다다르지 않았더라도 얼마든지 정상일 수 있지만, 어쨌든 평가를 받아 볼 필요가 있다. 또한 아이가 통제되지 않거나 과잉 행동을 보이는 경우, 말이 거의 없거나 수동적이거나 내성적인 경우, 지나치게 부정적인 반응을 보이고 요구 사항이 많으며 고집이 센 경우에도 역시 의사의 상담을 받는다. 단, 예정일보다 일찍 태어난 아이들은 생활 연령이 같은 또래 아이들보다 대체로 발달이 느린 편이다. 생후 23개월 무렵이면 이런 발달상의 차이가 차츰 좁혀지고 대개 만 2세 무렵에 완전히 사라진다.

아이가 하게 될 행동

* 단어를 결합한다(생후 22$\frac{1}{2}$개월 무렵).
* 신체 부위 6군데를 알고 이름을 말할 줄 안다.
* 50개 이상의 단어를 사용한다.

아이가 할지 모를 행동

* 옷을 입을 줄 안다.

혹시나 아이에게 기대할 만한 행동

* 그림 속의 대상 4개를 알아보고 이름을 말할 줄 안다.

무엇이든 물어보세요 Q&A

—— 여섯 시만 되면 신경이 날카로워져요

Q "매일 오후에 퇴근해 집에 오면 그때부터 우리 아이는 완전히 제정신이 아니에요. 잔뜩 들떠 있고 신경도 예민해져 있는 데다 있는 대로 짜증을 내서 도무지 다룰 수가 없어요. 이 시간이 정말 두려워요."

A 오후 6시를 토들러와 함께 행복하게 보낼 수 있는 사람은 아마 세상에 단 한 사람도 없을 것이다. 오후 6시를 전후한 시간대에 긴장을 풀고 마음을 느긋하게 갖기란 좀처럼 쉽지 않다. 이 시간만 되면 거의 대부분의 아이들이 몹시 흥분하며 신경이 곤두서 있는 게 보통이다. <u>긴 하루를 마감하면서 토들러들은 대체로 상당히 지쳐 있고, 몹시 예민해 있으며, 잔뜩 긴장해 있어 불합리하고 부정적인 모습이 다른 때보다 훨씬 많이 나타난다.</u> 안타깝게도 이처럼 다루기 힘든 행동은 부모의 인내심이 팽팽해져 끊어지기 직전일 때, 대체로 아이가 낮 시간을 정신없이 바쁘게 보낸 후에, 혹은 부모가 직장에서 힘들게 일을 마치고 돌아온 후에 일어난다. 이 시간은 제아무리 냉철한 두뇌도 금세 펄펄 끓게 만들 것이다.

그 어떤 것도 평화, 고요, 온전한 정신을 보장해 줄 수는 없다. 그러나 6시의 기진맥진한 상태에서 벗어날 방법들이 있으며, 대부분의 방법들이 하루 종일 집에서 토들러를 돌보는 부모들에게도 상당히 도움이 될 것이다.

퇴근 후 집에 도착하기 전에 긴장을 푼다 6시에 몹시 예민해지기 쉬운 사람이 토들러만은 아니다. 저녁 준비해야지, 어린이집에 있는 아이 데리고 와야지, 하루 종일 직장에서 근무하고 돌아온 부모라면 집 안 청소에 빨래에 우편물 확인해야지, 정말이지 부모가 받는 스트레스는 순식간에 쭉쭉 올라가기 십상이다. 부모가 6시에 극도로 예민한 상태가 되면 아이 역시 고스란히 그 영향을 받는 경향이 있다. 그러므로 아이를 어린이집에서 데리고 오거나 퇴근 후 집 앞에 도착하기 전에 잠시 긴장을 푸는 시간을 갖도록 해야 한다. 집에서 몇 정거장 떨어진 곳에서 버스나 지하철을 내려 천천히 걸어간다. 걷는 동안 조용한 음악을 듣는다. 자동차로 이동하는 경우, 차 안에서 조용한 음악을 듣고 주차장에 차를 세워 5분 이상 앉아 심호흡을 하면서 긴장 이완 훈련을 실시한다. 그리고 무엇보다 집에 들어가 해야 할 일을 걱정하느라 지나치게 신경을 곤두세우지 않도록 하고, 대신 고요하고 평안한 마음을 갖도록 노력한다. 이렇게 하면 정신없는 집안일에 발을 들이기 전에 마음을 차분하게 하는 데 도움이 될 것이다.

하루 종일 집에서 아이를 돌보았다면, 아이와 함께 긴장을 푸는 활동을 시작해야 할 것이다(아래 내용 참조).

함께 중간 휴식 시간을 갖는다 <u>퇴근 후 집에 도착하자마자 곧바로 집안일에 착수하지 말고 잠시 느긋하게 쉬는 시간을 갖도록 한다.</u> 아이가 부모의 다리에 매달리며 칭얼대고 있으면 어차피 아무 일도 할 수 없을 것이다. 몇 차례 심호흡을 하고, 저녁 준비나 우편물 확인은 뒤로 미루고,

아이와 함께 편안히 앉아 특별한 활동을 할 준비를 한다. 해야 할 일에 대해서는 가급적 생각하지 않는다. <u>아이를 꼭 껴안고 책을 읽어 주거나 조용한 어린이용 음악을 듣는다. 매일 저녁 같은 음악을 들으면 일관성이 주는 편안함을 느낄 수 있고, 심지어 조건 반사적인 반응을 얻을지도 모른다.</u> 이런 행동이 반복되면, 부모와 아이는 음악을 들으면 차분해진다는 걸 연상하게 될 것이다. 혹은 부모와 아이가 둘 다 좋아하는 활동을 한다. 퍼즐, 책 읽기, 아기 사진 보기, 조용하고 어두운 방에서 함께 쉬기, 따뜻한 물이 담긴 욕조에서 함께 거품 목욕하기, 고무찰흙 놀이, 그림 그리기, 부모의 감독이 필요한 장난감 가지고 놀기 등을 한다. 가족이 다 함께 운동을 하면서 긴장을 풀어도 좋겠다. 놀이터까지 걸어가기, 동네 한 바퀴 조깅하기, 거실에 러그를 깔고 요가나 에어로빅하기 등. 저녁을 준비할 때 아이에게 거들게 한다.

차분한 분위기를 조성한다 전화기를 끄거나 조명이 너무 환하면 어둠침침하게 조절하거나 텔레비전을 끄는 등, 마음을 동요시켜 차분한 분위기를 방해하는 요인을 전부 제거한다. 오후 6시, 지금은 평온함이 감도는 시간이다. 아이가 가만가만 놀게 하고 에너지를 많이 쓰는 활동은 피하도록 장려한다. 토들러들이 할 수 있는 긴장을 완화하는 놀이는 195쪽을 참조한다.

배고프게 하지 않는다 토들러들은 연령이 높은 아동이나 성인에 비해 배가 고픈 때가 일정하지 않다. 따라서 저녁을 차릴 때까지 기다리라고 하는 것은 무리한 요구일 수 있다. 그리고 아이들은 대개 배가 고프면 기분이 좋지 않고 심술을 부리기 쉽기 때문에, 일찌감치 저녁을 먹이면 아이의 배고픔만이 아니라 아이의 성질도 달래 줄 수 있다. 아이에게 일찍 저녁을 먹일 때 얻게 되는 장점은 이뿐만이 아니다. 무엇보다 아이는 저녁을 맛있게 잘 먹게 될 것이다. 아이가 너무 피곤하면 잠을 잘 못 자듯이, 너무 배가 고파도 잘 못 먹는다. 부모도 잘 먹게 된다. 짜증 내는 아이와 한 식탁에 앉아 있으면 누구라도 입맛이 뚝 떨어지기 마련이다. 뿐만 아니라, 혼자서 혹은 배우자와 함께 어느 정도 호젓한 시간을 즐길 수 있다. 특히, 부모가 저녁 식탁에 앉기 전에 아이가 잠자리에 들어 준다면, 그 정도까지는 아니더라도 아이가 차분하게라도 있어 준다면.

아이의 짜증을 받아넘긴다 이처럼 신경이 날카로운 시간대에는 아이가 좌절감을 느낄 만한 활동을 하지 않게 한다. 아이의 능력을 넘어서는 게임이나 퍼즐, 아이가 자신의 결과물에 자주 실망한다면 그림 그리기나 색칠하기, 자신이 쌓은 탑이 무너지는 걸 속상해한다면 블록 쌓기를 피하도록 한다.

── 왼손잡이와 오른손잡이

Q "우리 아들은 왼손잡이인 것 같아요. 아이에게 오른손을 쓰도록 장려해야 할까요?"

A 그냥 내버려 두어야 한다! 인구의 대부분이 오른손잡이지만 5~10%는 왼손잡이다. 아이가 어느 쪽 손을 사용하든 그 본질적인 특성 및 특성이 드러나는 시기를 신뢰해야 한다. 그래야 하는 데에는 몇 가지 타당한 이유가 있다.

첫째, 아이가 선호하는 쪽 손은 유전적으로

결정된다고 하는, 설득력 있는 주장이 있다. 부모가 둘 다 왼손잡이일 때, 아이가 왼손잡이일 가능성은 50% 이상이다. 부모 가운데 한 사람이 왼손잡이일 때, 아이가 왼손잡이일 가능성은 약 17%다. 부모 양쪽 모두 왼손잡이가 아닐 때, 아이가 왼손잡이일 가능성은 2% 미만이다. 이처럼 왼손잡이나 오른손잡이는 유전적으로 결정되는 것이지 양육에 의해 결정되는 것이 아니므로, 오른손을 사용하도록 유도한다고 해서 도움이 되지도 않을 뿐더러 오히려 상처가 될 수 있다.

둘째, 아이가 어느 손을 주로 사용하는지는 대개 최소한 만 3세가 지나서야 드러나며, 일부 아이들은 세 돌이 지난 지 몇 해가 되어도 여전히 부모를 궁금하게 만들기도 한다. 지금 같은 이른 시기에는 대부분의 아이들이 양손을 다 잘 쓰는 경향을 보이며, 어느 쪽 손이 더 편한지 결정할 때까지는 양손 모두 자유자재로 왔다 갔다 하며 쓰게 된다. 그리고 아동의 약 20%는 시간이 지나도 왼손이나 오른손만 고정적으로 사용하지 않고 어느 정도 양손잡이로 남아 있다. 양손을 똑같이 잘 사용해 거의 모든 일에 양손을 쓰는 아이도 있고, 특정한 활동을 할 때는 특정한 손을 사용하는 아이도 있다. 가령, 밥을 먹을 때는 오른손을 사용하고, 물건을 던질 때는 왼손을 사용한다.

셋째, 연구 결과에 따르면, <u>유전적으로 프로그램되지 않은 손을 사용하라고 아이를 강요하는 경우, 필체가 엉망이라든가 그 밖에 다른 문제들이 나타날 수 있다고 한다.</u> 부모가 한 번 재미 삼아 평소 사용하지 않는 손으로 글씨를 써 본다면, 이 일이 무척 어렵다는 걸 알 수 있을 것이다. 하루 종일 서투른 쪽 손을 사용하라고 강요당할 경우, 생활이 얼마나 힘들어질지 상상해 보자.

아이가 나중에 어느 쪽 손을 선호할지 확실하게 알 수 있는 방법은 없지만, 어린 토들러 시절부터 대충 짐작해 볼 수 있는 방법들이 몇 가지 있다. 일부 단서들은, 가령 그림을 그리거나 공을 던지는 손은, 다른 단서들보다, 가령 숟가락을 잡는 손보다 더 정확한 예측 변수를 제공한다. 그런가 하면 어떤 행동들은, 가령 핑거 푸드를 집거나 장난감을 향해 뻗을 때 사용하는 손은 그때그때 닥치는 대로 일어나기 때문에, 아이가 어느 손잡이인지 알아내기 위한 변수로는 거의 신뢰할 수 없다.

왼손잡이와 관련해 말도 안 되는 불길한 이야기들이 오래 전부터 있어 왔지만, 오른손잡이에 비해 왼손잡이에 대해 특별히 걱정해야 할 일은 전혀 없다. 사실 왼손잡이들은 특정 분야에서, 특히 미술, 건축, 운동 경기 등 공간 관계 능력이 요구되는 특정 분야에서, 오른손잡이보다 평균적으로 더 훌륭한 기량을 발휘하는 것으로 보인다. 왼손잡이의 가장 큰 단점은 사고로 다칠 위험이 크다는 것인데, 오른손잡이가 중심인 세상에서 생활하기 위해 겪어야 할 어쩔 수 없는 문제가 아닐까 싶다. <u>아이가 왼손잡이인 경우, 왼손잡이용 가위와 도구, 왼손잡이용 컵을 마련하고, 가구와 문도 왼손으로 편하게 이용하도록 만드는 등, 아이에게 편리하도록 미리 준비한다.</u> 또한 21장의 안전에 대한 권고 내용을 특히 진지하게 살펴보고 실천에 옮긴다.

── 수집광 증후군

Q "우리 딸은 물건이란 물건은 죄다 이 가방 저 가방에 집어넣고 가지고 다니는 걸 좋아해요. 저는

늘 가방에 들어 있는 물건을 꺼내 제자리에 갖다 놓기 바쁘고요."

A '내 거야.'는 전형적인 토들러들이 사용하는 말 가운데 가장 중요한 말이다. 아이들은 실제로 자기 소유의 물건뿐 아니라 자기 소유가 아닌 물건에 대해서도 '내 거야.'라고 주장하는 것 같다. 자기 소유물을 부지런히 챙겨 쌓아 두려는 아이의 모습은 흡사 겨울을 준비하는 다람쥐와도 같다. 아이는 장난감, 옷, 책, 먹다 남은 음식, 평소에 사용하는 사소한 가정용품에서 아주 값비싼 물건에 이르기까지 놀랄 만큼 다양한 종류의 가정용품들은 말할 것도 없고, 다른 가족 소유의 열쇠, 신용카드, 신발, 넥타이, 스카프, 장신구들까지 전부 수집하거나 감춰 놓을지 모른다. 외출할 때에도 한번 손에 닿은 물건은 웬만해서는 놓을 생각을 하지 않을 것이다. 은행에서 주운 예금 전표와 대출 안내 책자, 공원에서 주운 나뭇가지와 돌멩이는 물론이고 부모가 한눈판 사이에 마트의 사탕과 껌을 슬그머니 제 가방 안에 넣을 수도 있다.

<u>이처럼 물건을 저장하려는 일련의 태도들은 이 연령대 아이에게 적절한 정상적인 행동으로, 아이가 장차 도벽이 있을 거라든지 강박적인 수집광이 될 거라는 예측 변수가 결코 아니다. 아이는 물건을 습득하고 분류하고 잔뜩 쌓아 놓으면서 만족감과 안정감을 얻게 되며, 이렇게 무언가를 모으는 행위가 자아를 확립하는 데 도움이 될 수 있다.</u>

그러므로 아이가 물건을 모으고 쌓으려는 태도에 대해 관대한 태도를 유지하도록 한다. 손가방, 아동용 여행 가방, 백팩 등을 아이에게 주고 아이가 물건을 넣을 수 있도록 도와준다.

그리고 오랫동안 보관할 수 있도록 전용 서랍을 만들어 준다. 아이와 마찰을 최소화하기 위해, 아이가 잠이 든 후에 가방과 서랍에서 물건을 꺼내 제자리에 놓는다. 다음과 같은 조치를 취해 아이가 접근해서는 안 되는 물건 수를 줄이면, 매일 밤 가방 속에 든 물건을 꺼내는 수고를 덜 수 있다. 부모가 소중하게 여기지 않는 물건을 주변에 늘어놓는다. 열쇠와 핸드백을 보호하기 위해 방문에 고리형 자물쇠를 설치하고, 신발은 신발장에, 머리빗은 서랍에 넣는다. 집안의 귀중품은 안전한 곳에 넣어 자물쇠를 채우고,

토들러들은 자신의 소유물을 쌓아 두면서 안정감을 느낀다. 가방에 가득 채우고, 백팩에도 넣고, 주머니에도 쑤셔 넣고, 이렇게 자신의 소유물을 많이 지니면 지닐수록 더 크게 안정감을 느낄 것이다.

상점에서 아이의 행동을 자세히 살펴본다. 계산대에서는 으레 아이의 주머니를 확인해 본다. 아이의 주머니에서 상점의 물건이 발견되는 경우, 490쪽을 참조한다. 그리고 아이가 자기 것이 아닌 물건을 마음대로 가방에 집어넣는 모습을 발견하면, 어떤 물건은 가방에 넣어도 되는지 어떤 물건은 안 되는지 부드러운 태도로 알려 준다. 때가 되면 아이가 이해할 것이다.

── 이 닦기를 싫어해요

Q "우리 아이는 이를 닦아 주려고 하면 입을 꼭 다물고 마구 화를 내요."

A 엄연히 아이의 입이고, 아이는 지금 자신의 입속을 부모가 마음대로 침입하는 걸 달가워하지 않는다는 걸 보여 주고 있다. 이를 닦느냐 마느냐 하는 싸움 역시 아이가 자기 결정 능력을 발휘하기 위해 용맹하게 투쟁을 벌이려는 데에서 오는 실랑이일 뿐이다. 아이가 항복할 가능성은 거의 없으며, 충치로부터 아이의 치아를 보호해야 하므로 부모가 굴복하는 것 또한 현명한 방법이 아니다(539쪽 참조). 따라서 약간 머리를 써서 타협점을 찾을 필요가 있다.

협조를 요청한다 익히 알고 있겠지만, 권위 있는 제3자의 목소리는 언제나 부모의 목소리보다 훨씬 영향력이 있다. 그러므로 이 닦기의 중요성을 의사나 치과 의사에게 설명해 달라고 부탁한다. 아이가 이를 닦기 싫다고 화를 내면 의사의 말을 상기시킨다. "의사 선생님이 이를 건강하게 하려면 반드시 이를 닦아야 한다고 하셨잖아."

기분에 따라 칫솔을 바꾼다 아이와 함께 마트에 가서 아동용 칫솔을 색깔별로 두세 가지 고르게 한다. 칫솔모는 부드럽고 질이 좋아야 한다. 그런 다음, 매일 아침과 저녁에 아이가 원하는 칫솔을 선택하게 한다. 이렇게 하면 통제력에 대한 문제가 줄어들고, 아이가 주의를 다른 데로 돌려 반항하겠다는 생각을 잊어버릴 수 있다.

아이 스스로 이를 닦게 한다 <u>아이에게 칫솔을 주어 미리 어느 정도 닦게 한다.</u> 아이가 이를 잘 닦을지 칫솔이 금세 망가지지는 않을지 걱정하지 않는다. 당연히 칫솔모가 금세 닳고 모양이 비틀어질 것이다. <u>아이가 알고 있는 최선의 방법으로 이를 닦게 내버려 둔다. 아이의 이 닦기 실력이 형편없다 해도 아이의 노력에 대해 듬뿍 칭찬해 준다.</u> 아이가 좀 더 능숙해지면, 취침 시간에는 계속 이 닦기를 도와주더라도 아침에는 아이에게 완전히 일임할 수도 있다. 그러나 아이가 만 7세 무렵이 될 때까지는 혼자 이 닦기가 아주 능숙해질 거라고 기대해서는 안 된다.

이 닦는 시간에 아이에게 놀이용으로 남겨 둔 칫솔을 이용해 인형 이를 닦아 주게 하면, 다른 사람이 자신의 입에 칫솔을 넣어도 순순히 응할 것이다.

그런 다음, 부모가 이를 닦아 준다 아이에게 이를 아주 잘 닦았다고 칭찬한 다음, 다른 칫솔을 사용해서 부모가 이를 닦아 준다(이 닦기 요령은 541쪽을 참조). 아이를 거울 앞에 앉혀 부모가 이를 닦아 주는 모습을 볼 수 있게 하면, 계속해서 이 닦기에 참여한다는 느낌을 줄 수 있다. 아이의 뒤에서 고개를 뒤로 살짝 젖히게 하면, 치아도 잘 보이고 칫솔을 움직이기도 가장 쉽다. 혹은

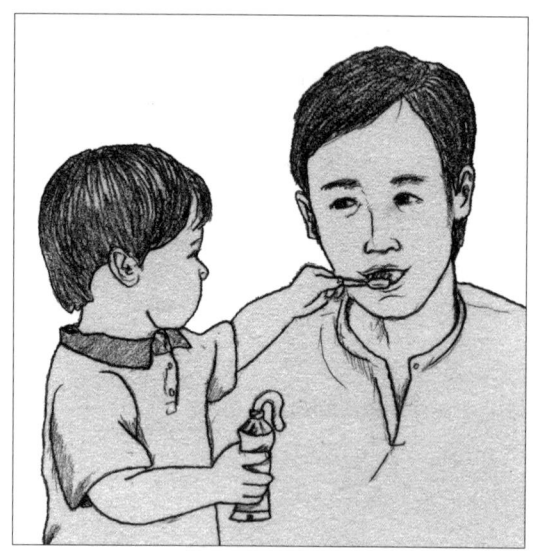

토들러들은 자신이 먼저 부모의 치아를 닦아 준 다음, 부모가 자기 이를 닦아 주면 더 말을 잘 들을 것이다.

부모가 바닥에 앉고 아이를 무릎에 앉혀 부모에게 기대게 한다. 부모와 함께 칫솔을 잡게 하면 이를 닦는 동안 어느 정도 통제력을 유지하게 할 수 있고, 올바른 이 닦기 방법을 경험하게 할 수도 있다. 그리고 치아도 완벽하게 닦을 수 있다. "와, 이쪽 치아 두 개는 반짝반짝 아주 깨끗하게 닦였다. 이제 두 개만 더 닦으면 되겠는걸." 혹은 '이에는 이' 접근법을 시도한다. 아이의 이를 닦아 주고 나면, 아이에게 부모의 이를 닦게 한다. 본격적으로 이를 닦아 주기 전에 실수로 아이의 코나 뺨을 맹물로 닦는 등 살짝 실수를 해 주어도 아이가 긴장을 조금 푸는 데 도움이 된다.

서로 확인한다 아이가 스스로 이를 닦고 나면, 아이의 입을 벌려 입안을 검사해 입속에 음식 찌꺼기가 남아 있는지 확인한다. 이제 부모가 아이의 이를 닦아 준 다음, 깨끗하게 닦인 치아를 거울을 통해 확인하게 한다. 부모가 이를 닦은 후에도 아이에게 검사를 받을 수 있다. 바람직한 치아 관리 요령은 539쪽을 참조한다.

── 치약을 먹어요

Q "가만히 내버려 두면 우리 딸은 치약 한 통을 다 먹어 버릴 거예요. 물론 먹게 내버려 두지는 않지만 치약만 보면 더 먹겠다고 소리를 질러요."

A 가끔 어쩌다 약간의 치약을 삼키는 건 아이에게 해가 되지 않으며, 대부분의 토들러들이 한 번쯤 치약을 삼킨다. 그러나 만성적으로 실컷 먹게 내버려 두면 해가 될 수 있다. 다들 잘 알다시피, 여러 가지 좋은 성분 가운데 하나인 불소를 너무 많이 섭취하게 되기 때문이다. 소량의 불소는 아이의 치아를 튼튼하게 하고 충치의 위험을 감소하는 데 도움이 되지만, 대량의 불소는 사실 치아에 영구적으로 반점이나 얼룩을 만들 수 있다. 일명 '반상치'라고 한다. 사카린 무첨가 치약을 이용하면 이론상으로는 위험이 줄어들지만, 치약에 불소가 함유되어 있는 한, 아이에게 많은 양의 치약을 먹게 하는 건 바람직하지 않다. 그리고 사실 만 3세 미만의 유아에게 불소가 함유된 치약을 절대 사용하지 않도록 권장된다. 만 6세 이하의 아이도 치아가 손상될 정도로 과도한 양의 불소를 삼킬 수 있으므로, 아이가 치약을 마음껏 먹지 못하게 제지하는 것이 중요하다. 다음 내용을 기억하자.

소량은 괜찮다 실제로 아이의 치아를 깨끗하게 해 주는 것은 치약이 아니라 칫솔질이다. 대부분의 치과 의사들은 토들러들이 물로만 이를 닦는 것이 치약으로 닦는 것보다 더 낫다고는 할 수 없어도, 그래도 괜찮다고 이구동성으로 말한다.

그리고 이를 닦을 때 거품이 보이지 않아 이 닦는 과정도 잘 볼 수 있다. 이 연령대의 대부분의 아이들은 다른 공급원으로부터 불소를 공급받기 때문에(540쪽 참조) 치약에 불소가 포함될 필요는 없다. 그러나 많은 토들러들이 치약 특유의 향이 없으면 이를 닦으려 하지 않을 것이다. 이 경우, 칫솔에 콩알만큼만 치약을 짜 준다. 아이가 치약을 핥을 수 없도록 치약을 펴서 칫솔모 안에 넣는다. 그리고 손을 씻을 때 비누를 사용하는 것처럼 치약은 이를 닦을 때 사용하는 것이지 먹는 것이 아니라고 분명하게 알려 준다.

헹굼이 중요하다 음식 찌꺼기뿐 아니라 치약을 헹구어 뱉는 것이 이를 닦는 과정에서 가장 중요한 부분이다. 입안에 물을 머금고 입안을 씻은 다음, 물을 뱉는 방법을 알려 준다. 만 3세 무렵이면 대부분의 토들러들은 그럭저럭 잘할 줄 안다. 아직 입을 헹굴 줄 모른다면, 불소 함유 치약을 절대로 사용해서는 안 된다.

보이지 않으면 잊어버린다 욕실 선반에 놓인 치약은 토들러에게 차마 거부하기 힘든 엄청난 유혹이다. 그러므로 치약을 약장에 감추고 필요하면 약장 문을 잠근다. 아이의 칫솔에 치약을 묻힌 다음 아이를 욕실에 데리고 들어가기 전에 재빨리 감추면, 치약을 또 달라고 우는 일을 예방할 수 있다.

치약을 칫솔모 사이에 밀어 넣어 예방 조치를 취했어도, 아이는 어떻게든 치약을 빨아먹을지 모른다. 이 경우, 혹은 아이가 치약을 더 달라고 계속 소리를 지르는 경우, 당분간 칫솔질을 할 때 치약을 완전히 없앤다. 아이가 치약을 먹으려 하거나 더 달라고 계속 운다면, 치약을 칫솔에 묻힐 수 없다고 설명한다. 혹은 불소가 함유되지 않고 삼켜도 안전한, 유아용 구강 세정제로 바꾼다. 치약을 삼키지 않고 물도 잘 헹굴 수 있을 때 다시 치약을 사용할 수 있다고 말해 준다.

── 치약을 거부해요

Q "우리 아들은 치약 맛을 너무 싫어해서 칫솔질을 거부해요. 칫솔에 불소를 묻혀야 할까요?"

A 치약을 사용하면 칫솔질에 색, 향, 상쾌한 맛, 그리고 거품이 더해지지만, 맹물로만 이를 닦아도 충분히 깨끗하게 닦을 수 있다. 그리고 불소가 걱정된다면, 지금은 음료, 치과의 국소 불소 치료, 그리고 불소 보충제(540쪽 참조)로도 충분히 불소를 공급받을 수 있다.

아이가 치약의 맛 때문에 칫솔질을 거부한다면 다른 치약을 시도해 본다. 아이들이 좋아하는 맛을 내고 포장이 예쁜 치약들이 있다. 그래도 아이의 관심을 끌지 못한다면 당분간 치약을 완전히 생략한다.

── 머리 빗기를 끔찍하게 싫어해요

Q "우리 딸은 제가 머리를 빗겨 주려고만 하면 소리를 지르고 발버둥을 쳐요. 그렇다고 머리를 안 빗기면 점점 더 엉망으로 헝클어져요."

A 등골이 오싹해지는 비명 소리. 미친 듯한 몸부림. 사나운 발버둥. 앨프리드 히치콕 영화에 나오는 장면이냐고? 아니, 그보다 더 끔찍한

장면이 있으니, 바로 아이에게 머리를 빗기는 장면이다.

피가 뚝뚝 떨어지는 건 아니지만, 공포 영화에서 피가 떨어지듯 머리를 빗는 동안 눈물이 한 바가지는 쏟아질 것이다. 그러나 매일, 적어도 하루 두 번씩 반드시 상연해야 하는 장면이라는 사실만으로도 머리를 빗는 것은 머리카락을 더욱 쭈뼛 서게 만든다.

아이를 머리 빗기의 공포에서 벗어나게 하여 머리를 예쁘게 빗을 수 있는 방법을 알아보자.

미용실 놀이를 한다 거울 앞에 의자나 유아용 식탁 의자를 가져다 놓고 아이를 앉혀 미용실 놀이를 한다. 아이가 더 잘 볼 수 있게 하려면 보조 의자나 베개를 이용한다. 고객의 머리를 예쁘게 빗기는 동안 아이도 아이의 고객 머리를 빗게 한다. 머리카락이 긴 인형이나 봉제 인형, 그리고 머리빗을 아이에게 준다.

아이도 참여시킨다 아이를 참여시키면 머리 빗기를 거부할 가능성이 줄어들 것이다. 아이가 인형 머리를 빗기는 데 싫증을 느끼면, 자신의 머리를 빗게 한다. 엄마는 왼쪽에서 아이는 오른쪽에서 머리를 빗는다. 그런 다음, 아이가 빗은 부분을 다듬을 수 있도록 방향을 바꾼다. 혹은 "이제 엄마가 머리 빗겨 줄 차례야."라고 하며 교대로 머리를 빗는다. 마지막에는 부모가 머리를 빗겨야 한다.

조심조심 빗는다 빗살이 성글고 끝이 플라스틱으로 코팅된 빗을 사용한다. 빗살이 가는 빗은 머리카락이 당겨지고 빠질 수 있다. 한 번에 한 부분씩 차츰차츰 위로 빗어 올라간다. 즉, 먼저 머리카락 끝에 헝클어진 부분을 풀고 차츰 위로 올라가면서 머리를 빗는다. 머리카락이 당겨지지 않도록 하기 위해 머리카락 뿌리 부분을 잡고 끝 부분을 빗는다. 엉킨 머리를 풀어 주는 스프레이나 헹구지 않아도 되는 크림 형태의 린스를 발라도 헝클어진 머리를 푸는 데 도움이 된다.

엉킴을 방지한다 그러기 위한 한 가지 방법은 손이 많이 가지 않게 아이의 머리를 짧게 자르는 것이다. 이렇게 하면 머리카락이 길 때보다 엉킨 부분도 잘 풀리고 관리하기도 훨씬 쉽다. 물론 늘 그렇듯 막상 해 보면 말처럼 쉽지는 않다. 머리를 자르는 동안 아이가 잘 참게 하는 요령은 346쪽을 참조한다. 또 한 가지 방법은 아이의 머리를 땋거나 포니테일로 묶거나 양 갈래로 묶는 것이다. 길게 늘어뜨린 머리만 헝클어지기 쉬운 것이 아니라, 끈적거리는 음식이나 진흙, 페인트 등 <u>아이 손에 닿을 수 있는 것은 무엇이든 머리카락에 묻어 말라 버리면, 빗질을 하는 데 크게 애를 먹게 된다. 아이의 머리를 땋거나 뒤로 묶을 때는 두피에서부터 너무 꽉 잡아당기지 않도록 한다. 이렇게 하면 일시적으로 원형 탈모가 생길 수 있다.</u> 어린이 전용 머리핀이나 코팅된 고무 밴드로 머리 모양을 고정한다. 일반 고무 밴드는 고무 밴드를 제거할 때 머리카락이 당겨지고 빠질 수 있어서, 아이가 아플 뿐 아니라 모발 건강에도 좋지 않으므로 사용하지 않는다. 아이가 고분고분 말을 잘 듣고 머리카락이 땋을 수 있을 정도로 긴 경우, 아침에 머리를 쉽게 단장할 수 있도록 잠자리에 들기 전에 머리를 땋는 것도 바람직한 방법이다.

아이의 머리 모양과 상관없이 머리를 감기기 전에 엉킨 부분을 빗으로 빗으면, 머리를 감은 후 머리 빗기가 한결 덜 힘들다. 또한 샴푸를 엉킨 부분에만 집중적으로 거품을 내서 세게 문지르지 말고 머리 전체에 묻혀 거품을 내고, 엉키는 현상을 줄이기 위해 린스를, 혹은 샴푸 린스 겸용 제품을 사용해도 도움이 된다.

머리를 다 빗으면 머리핀을 꽂아 준다 머리를 빗는 동안 얌전히 있어 준 데 대한 상으로 아이가 고른 예쁜 머리핀을 꽂아 준다. 아이의 고객에게도 똑같이 상을 주게 한다.

── 신발을 안 신으려고 해요

Q "우리 아이는 신발을 신겨 주려 하면 마구 성질을 부려요. 발로 차고 몸부림을 치는 바람에 신발 한 번 신기려면 아이가 꼼짝 못 하게 붙들고 있어야 해요."

A <u>신발을 신으면 발이 답답하게 갇히고, 스스로 신발을 신지 못하고 누군가 자신을 대신해 신겨 주면 통제받는 느낌을 갖게 되며, 촉각이 예민한 경우 발이 감싸이는 게 불편하고 거추장스럽게 여겨진다. 그래서 아이들은 신발을 신을 때마다 마구 화를 내면서 저항하게 된다.</u> 여기에 정상적인 토들러들의 특성인 부정적인 성향이 더해지고, 많은 아이들이 옷 입기 가운데 신발 신기를 가장 괴로워한다는 사실을 감안한다면, 아이가 성질을 부리는 건 아주 당연하다.

부모가 신발을 들고 다가갈 때마다 아이가 야생마처럼 길길이 날뛰는 이유가 무엇이든, 매일같이 이런 일이 벌어지면 부모도 아이도 모두 지치게 된다. 이 문제에 대한 궁극적인 해결책은 시간이 지나길 기다리는 수밖에 없지만, 다음 요령을 참고하면 지금 당장 아이에게 신발 신기는 어려움을 최소화하는 데 도움이 될 것이다.

신발 끈을 제거한다 복사뼈까지 덮는 목이 긴 운동화, 버클로 채우는 운동화도 피한다. 신기기 까다로운 신발은 무조건 피한다. 대신 그냥 신고 벗을 수 있는 신발, 벨크로로 여닫을 수 있는 신발 등 신고 벗기 편한 신발을 선택한다. 단, 예외가 있다. 아이가 아무 데서나 신발을 벗으려 한다면, 쉽게 신을 수 있는 신발을 피해야 한다. 이런 신발은 벗기도 쉽다.

아이들이 좋아하는 모양을 선택한다 얼룩말 그림, 원숭이 그림, 코끼리 그림 등, 아이가 좋아하는 동물이 그려진 신발이나, 토들러들이 혹할 만한 색깔이나 패턴의 신발을 선택한다. 아이가 직접 신발을 선택하면, 신발을 신길 때 고분고분 말을 잘 들을 가능성이 매우 높으므로, 신발을 구입할 때 아이도 데리고 간다.

스스로 신게 한다 신기 쉬운 신발은 아무리 어린 토들러들도 혼자서 그럭저럭 신을 줄 안다. 아이가 신기 좋게 왼발 오른발에 맞추어 신발을 놓아 준다. 아이가 아직 혼자서 신을 줄 모르더라도 벨크로 부분을 직접 접착하게 해 신발 신기에 참여시키면, 협조할 가능성이 크게 높아진다.

아이의 예민함을 이해한다 촉각이 예민한 아이들의 경우, 터틀넥, 목이 꼭 끼는 스웨터, 우주복, 신발과 양말 같은 특정한 형태의 의류를 참을 수 없을 정도로 불편하고 답답하게 여길 수 있다. 이런 예민한 성격을 이해하고 참아 주자. 시간이 지나면 완전히 사라지지는 않더라도 많이 누그러질 것이다(230쪽 참조). 그동안 문제를 최소화하기 위해 발에 잘 맞는 신발을 신기고 끈이나 버클을 너무 꽉 조이지 않도록 한다. 신발 안쪽 거친 솔기가 발에 닿지 않아야 하고, 안감은 아주 부드러워야 한다. 아이가 혼자서도 신을 수 있는 신발을 선택하고, 다음에 이어지는 질문 내용에 언급된 권장 사항을 충족하는 부드럽고 발에 잘 맞는 양말을 신긴다.

아이를 설득한다 우편집배원 아저씨, 옆집 형, 할머니, 할아버지, 삼촌, 이모 등, 모두가 신발을 신는다는 걸 알려 준다. 이런 설명도 덧붙인다. "우리는 발을 깨끗하고 따뜻하고 안전하게 보호하기 위해 신발을 신는단다. 신발을 안 신고 밖에 나가면 발이 아야 해요." 설명한 내용을 아이가 즉시 받아들일 거라고 기대하지 말자. 그러나 때가 되면 신발을 신어야 한다는 걸 이해하는 데 도움이 될 것이다.

유머 감각을 동원한다 아이의 신발을 부모가 신는 척하거나 혹은 부모의 신발을 아이에게 신기는 척하거나, 아이의 곰 인형이나 아이의 귀나 손에 신기는 척해서 아이가 올바로 지적하게 한다. 아이가 깔깔대고 웃고 나면 불만이 수그러들지 모른다. 처음에 이런 방법을 시도해 봐서 역효과가 난다면 다시 시도하지 않는다.

주의를 돌린다 "자, 이제 신발 신어야지."라는 말로 접근하기보다, 아이의 주의를 돌릴 만한 재미있는 노래로 아이의 관심을 끈다. 혹은 밖에 나가서 재미있게 놀자고 아이를 구슬린다. 창밖이나 문밖에서 일어나는 일에 아이의 관심을 돌려도 좋겠다. 잘하면, 부모가 하는 일에 신경을 끊고 부모가 하는 말에 관심을 기울일 것이다.

많이 참는다 토들러에게 대립만큼 큰 비난도 없다. 그러므로 아무리 화가 나도 꾹 눌러 참고 늘 태연하게 미소를 짓는다. 막판에 화가 폭발하는 사태만 피한다면, 이 방법이 신발을 신기기에 훨씬 수월할 것이다. 또한 출발하기 한참 전부터 신발을 신긴다.

신발을 안 신으면 힘들다는 걸 직접 체험하게 한다
아이가 신발을 안 신겠다고 완강하게 거절하면, 양말만 신겨서 유모차에 태운다. 단, 신발을 가지고 가야 한다. 아이의 발이 차가워지거나 아이가 유모차에서 내리려 할 때 신발을 꺼내 보여 준다. "엄마가 뭐랬니?" 같은 말은 하지 말고 무덤덤하게 이렇게 말한다. "이런, 신발 신는 걸 깜빡했네! 나가서 놀려면 얼른 신발 신어야겠다."

물론 굳이 신발을 신을 필요가 없을 때, 억지로 신발을 신기려 해서 사태를 더 악화시킬 필요는 없다. 맨발로 공원에 가는 건 바람직하거나 안전하지 않겠지만, 집 안이나 그 밖에 맨발로 있어도 괜찮은 장소에서는 맨발로 지내게 한다. 신발을 신기지 않아 아이와 충돌을 면할 수 있어서도 좋지만, 신발에서 발을 해방시키는 것은 아이의 발이 성장하는 데 최선의 방법이기도 하다.

──── **양말을 안 신으려고 해요**

Q "아무리 조심조심 양말을 신겨 주어도 우리 딸은 발이 답답하다고 불평을 해요."

A 매트리스 아래에 아주 작은 완두콩 한 알이 박혀도 잠을 못 잤다는 〈공주와 완두콩〉 이야기의 주인공처럼 이 아이는 촉각이 상당히 예민한 것

같다. 혹은 통증 감각 역치가 낮은 것 같다. 촉각이 예민한 아이들은 아주 부드럽고 매끄럽지 않으면, 피부에 닿는 것은 무엇이든, 꼭 껴안은 두 팔이든 우글쭈글한 양말이든, 불편하게 여길 수 있다. 아이가 이런 예민함을 극복하도록 돕는 첫 번째 단계는, 이런 현상은 통제할 수 없는 문제임을 깨닫게 하는 것이다. 두 번째 단계는 아이를 신경 쓰이게 하는 문제가 무엇인지 미리 예측해 최소화하는 것이다. 두꺼운 면양말은 솔기가 두껍고 거칠어 신발과 양말 안쪽에 단단히 접힐 수 있으므로 피한다. 솔기가 발가락 끝이 아닌 발가락 아랫부분에 잡혀 있다면 신경이 덜 쓰일 것이다. 대신 아크릴 소재나 아크릴 소재가 혼합된 신축성 있는 양말을 선택하고, 발에 잘 맞되 너무 크거나 너무 꼭 맞는 것은 피한다. 발에 너무 크면, 발가락 끝이 남을 수 있으며, 너무 꼭 맞으면 아이 발에 양말 자국이나 빨간 반점이 생길 수 있다. 아이에게 양말을 신기기 전에 쑥 잘 들어가게 하기 위해 미리 양말을 잡아당긴다. 발을 불편하게 하지 않는다면 재미있는 디자인과 장식이 달린 양말을 선택한다.

그리고 아이가 스스로 양말을 신을 줄 알면 아이가 직접 신게 한다. 부모가 신겨 주는 것보다 직접 신는 걸 더 편안하게 여길 것이다.

─ 옷 입히기가 너무 힘들어요

Q "우리 딸은 제가 옷을 입혀 주려고만 하면 잔뜩 성질을 내요. 제가 골라 주는 옷은 절대로 입으려고 하지 않아요."

A 통제력을 갈망하는 토들러들은 아무리 좋아하는 샌드위치, 좋아하는 스웨터라 해도, 일일이 물어보고 허락을 구하지 않으면 싫다고 거절할 게 거의 확실하다. 아이를 먹이는 문제와 마찬가지로 입히는 문제도 토들러를 둔 부모에게는 상당히 힘든 과제다. 다음에도 이런 문제에 부딪힐 때는 다음 내용을 참고하자.

선택권을 주되…… 물론 아이에게 마음대로 옷을 입으라고 완전히 선택권을 주는 건 현실성도 없거니와 바람직하지도 않다. 아이에게 선택권을 주면, 엄동설한에 수영복에 샌들을 신는다든지 한여름 땡볕에 코트에 장갑을 끼려고 들 것이다, 하지만 부모가 아주 약간만 통제를 하면, 옷 입을 때마다 싸움이 벌어지는 걸 막는 데 크게 도움이 될 수 있다. 두세 가지 가운데 하나를 선택하게 한다. 아이가 한겨울에 수영복을 입으려 한다든지 하는 엉뚱한 선택을 하려 들면, 최대한 타협을 한다. 가령, 수영복 위에 스웨터를 입게 한다. 불합리한 선택을 할 가능성을 줄이기 위해 계절에 맞지 않는 옷은 따로 보관한다.

아이와 쇼핑을 할 때는, 부모가 미리 봐 둔 옷 가운데에서 아이가 가장 마음에 들어 하는 옷을 고르게 한다. 이렇게 한다고 아이가 이 옷을 입고 싶어 한다는 보장은 없지만 그럴 가능성이 커질 것이다. 의사 결정에 대한 자세한 내용은 458쪽을 참조한다.

선택 사항을 너무 많이 늘어놓지 않는다 옷이 잔뜩 들어 있는 옷장을 보여 주면서 이 가운데서 골라 보라고 하면, 사실상 아이에게 성질을 부리라고 부추기는 것과 다를 바 없다. 선택 사항이 너무 많으면 누구라도 감당하기 힘들어 좌절감을 느끼게 되며, 특히나 경험이 부족한 어린아이는 더욱 힘들어할 것이다. 그러므로 많아야 두세 가지

가운데 하나를 선택하도록 선택의 범위를 좁힌다.

아이의 선택을 칭찬한다 아이가 적절한 선택을 했을 때 칭찬해 준다. 그러나 어울리지 않은 선택, 부모의 관점에서 잘못된 선택을 했어도 비난하지 않는다. 아이가 순순히 받아들인다면, "파란색 줄무늬 셔츠하고 파란색 바지하고 같이 입으면 정말 멋있겠는걸." 하고 부모가 옆에서 제안을 해도 좋지만, 아이가 받아들이지 않는다 해도 걱정할 필요는 없다. 세련된 취향을 배우고 자신의 스타일을 발전시킬 시간은 충분히 많으니까.

Q "우리 아들은 매일 똑같은 바지만 입으려고 해요. 바지를 빨기도 힘들지만 점점 너무 낡고 추레해져서 정말이지 쳐다보고 싶지도 않을 정도예요. 부모인 우리도 이런데 어린이집 선생님이 어떻게 생각하실지 상상이 가고도 남아요."

A 어린이집 교사, 다른 부모들, 낯선 사람들이 어떻게 생각할지는 걱정하지 않아도 된다. 한 가지 옷만 입겠다고 고집을 부리고, 가장자리가 다 헤져 누더기 같은 옷을 입고 나가겠다고 고집을 부리는 아이가 내 아이 말고도 아주 많으니까. 그래도 말을 해 두는 게 마음이 편하겠다면 어린이집 교사에게 상황을 설명한다. 어쩌면 아이가 옷을 갈아입을 마음이 들도록 아이에게 옷에 대해 몇 마디 해 줄지도 모른다.

가능하면 아이가 좋아하는 바지를 같은 것으로 한두 벌 더 구입해 격일로 갈아입힌다. 구입해서 몇 번 빨아야 옷이 부드러워지고 너무 새 옷 같은 티가 나지 않는다. 늘 입던 옷과 함께 다른 종류의 옷도 계속해서 제안해 보되, 아이가 거부하면 너그럽게 패배를 인정한다. 아이는 같은 옷을 입을 때 편안함과 안정감을 느끼는 것이다.

그리고 유머 감각을 유지한다. 토들러 시기가 끝나 가면 이처럼 옷에 대해 유별나게 구는 태도도 차츰 줄어들지만, 청소년기에 거의 틀림없이 그리고 더욱 맹렬하게 다시 나타난다.

Q "매일 아침 아이에게 옷을 입힐 때마다 아이하고 싸워요. 너무 힘들어서 아이를 어린이집에 보내지 말까 하는 생각이 들 정도예요."

A 셔츠를 입힐 때부터 양말을 신길 때까지 발로 차고 소리 지르며 몸부림을 치니, 매일 아이 옷 입히는 일이 부모에게나 아이에게나 고역이 아닐 수 없다. 그러나 나체촌으로 이사하지 않는 이상, 매일 아침 부딪혀야 할 시련이다. 다음 요령을 참고하면 이런 시련들을 극복하는 데 조금이나마 도움이 될 것이다.

안아 준다 옷을 입히기 전에 아이를 안아 주고 분위기를 부드럽게 만든다. 옷을 입는 동안 아이가 잔뜩 긴장하고 있다면 다시 한 번 안아 주어 아이의 마음을 차분하게 해 준다.

주의를 돌린다 옷을 입히는 동안 오늘 어린이집에서 하게 될 활동이라든가, 오후에 놀이 모임에 갈 거라든가, 창밖에 비가 내린다든가 하는 이야기로 아이의 주의를 돌린다.

스스로 입게 한다 아이가 스스로 옷을 입을 줄 알면 옷 입히기가 훨씬 수월하다. 그러므로 아이 스스로 좀 더 쉽게 옷을 입을 수 있도록 최대한 방법을 강구한다. 추리닝 바지나 고무 허리로 된 레깅스처럼 아이가 혼자서도 입을 수 있는 바지를 선택하고, 오른쪽 다리에 오른발을 넣는 걸 도와준다. 그런 다음, 아이에게 바지를 치켜 올리게 한다. 혼자서 쉽게 입을 수 있는, 목 부분에 단추가 열려 있는 풀오버 셔츠와 추리닝 셔츠를 내놓는다. 단추나 똑딱단추가 많이 달린 옷은 피한다. 아이가 혼자 힘으로 옷을 입으려는 시도를 좌절시킬 뿐 아니라, 부모가 단추를 채워 주게 되면 그동안의 시도가 수포로 돌아가게 될 것이다.

아이도 다른 사람에게 옷을 입혀 주게 한다 아이도 다른 사람에게 옷을 입혀 주도록 하면, 부모가 아이 옷을 입혀 줄 때 귀찮다는 느낌을 덜 갖게 될 것이다. 그러므로 인형 옷 입히기를 아침 일과로 만든다. 아이가 입히기 쉬운 인형 옷을 주어, 부모가 아이 옷을 입히는 동안 아이는 인형 옷 입히게 한다. 혹은 인형 옷을 입히기 전이나 후에 스스로 옷을 입게 한다. 부모가 입혀 주는 걸 더 좋아한다면 아이가 요구하는 대로 인형 옷을 입혀 준다.

놀이를 통해 옷 입기를 수월하게 만든다 반항심을 줄이기 위해 놀이를 통해 옷을 입힌다. 머리 위로 셔츠를 끼우는 잠깐의 순간을 아이가 힘들어한다면, "우리 아가 어디 있지? 어디 있는지 못 찾겠네!"라고 말해, 이 시간을 즐거운 숨바꼭질 시간으로 만든다. 마찬가지로 "어, 우리 아기 발이(혹은 손이) 어디 간 거야?", "우리 아기 손가락을 못 찾겠네. 손가락아, 어디에 있니?"라고 말하면, 옷을 안 입겠다고 울고 떼쓰는 대신 깔깔대고 웃으면서 협조할 것이다.

촉각이 예민한 아이의 특성을 이해한다
토들러들은 자신의 불편함을 표현할 만한 적당한 말을 찾지 못하거나, 옷의 어떤 점이 마음에 안 드는지 딱 부러지게 알지 못할 수도 있기 때문에, 스웨터가 따갑거나 청바지가 뻣뻣해서 신경이 쓰이면 그저 짜증을 내고 울게 된다. 아이가 촉각이 예민하다고 생각되면, 매끄럽고 편안하며 헐렁한 옷으로 아이의 욕구를 맞춰 준다. 터틀넥, 따가운 울 소재, 뻣뻣한 합성 소재, 풀 먹인 면

간지럼을 태워 볼까

대부분의 아이들을 깔깔 웃게 만드는 데 간지럼만 한 특효약은 없다. 그러나 아이들 대부분은 간지럼을 태워 주면 깔깔대고 웃지만, 간지럼을 심하게 타거나 너무 오랫동안 간질이면 오히려 괴로워하는 아이들도 있다. 이유는 아이가 자발적으로 원해서 웃는 것이 아니라, 피부의 통증 감각 수용기가 자극을 받아 웃음이 나오기 때문이다.

통증에 대한 반응과 마찬가지로 간지럼에 대한 반응 역시 아이들마다 천차만별이다. 언제 어디에서든 간지럼을 태워 주면 좋아하는 아이들이 있는 반면, 가끔 간지럼을 태워야 좋아하는 아이도 있고, 간지럼이 고통스럽다는 걸 깨닫고 간지럼이라면 질색하는 아이도 있고, 전혀 간지럼을 타지 않는 아이도 있다. 얼마나 오래, 얼마나 자주 간지럼을 태우느냐는, 혹은 간지럼을 태울지 말지는, 아이의 반응에 달려 있다.

아이의 반응이 언제나 분명하게 드러나는 건 아니다. 아이의 눈과 표정, 몸짓을 살펴보아 아이가 계속 간지럼을 태워 주길 바라는지 혹은 그만두기를 바라는지 확인한다. 아이가 즐거워하기보다 겁에 질려 있다 싶으면 즉시 간지럼을 멈춘다. 아이의 모습으로 뚜렷하게 신호를 알 수 없고, 아이가 질문을 이해할 줄 알 정도의 연령이 된다면 직접적으로 물어본다. "간지럼 태워도 괜찮니?"

소재, 단추나 똑딱단추, 맨살에 닿는 상표 등은 피하고, 매끄러운 소재나 사전 세탁이 된 면 소재의 옷을 선택한다. 사전에 세탁된 면직물은 옷이 줄어드는 현상도 방지할 수 있어 좋다.

Q "우리 아이는 굉장히 활발하고 항상 분주해요. 그래서 그런지 아침에 어린이집에 보내기 위해 옷을 갈아입히려고 하면 쏜살같이 달아나 버려요. 아이 방으로 쫓아 들어가 티셔츠 머리 하나 끼우고, 거실로 쫓아가 팔 한쪽 끼우고, 주방으로 가서 다른 쪽 팔 하나를 겨우 끼우는 식이에요."

A 긍정적으로 보자면, 아이는 부모의 몸매를 날씬하게 유지하도록 도와주고 있다. 그리고 부정적인 측면으로는, 아이의 바지까지 마저 다 입힐 때쯤에는 예정된 시간보다 훨씬 늦어질 것이다.

아이가 옷을 갈아입히려는 부모의 손에서 벗어나 저만치 달아나려는 것은, 어쩌면 하루를 준비하느라 모두들 바쁜 아침 시간에 주목을 끌기 위한 아이 나름의 방법일지도 모른다. 만일 아이가 이런 속셈일 거라고 생각되면, 아침 일과에 아이와 단 둘만의 시간을 마련해 보자. 아이와 책을 읽고 간단한 놀이를 하며 함께 아침을 먹는다. 혹은 이런 특별한 활동을 당근으로 삼아도 좋겠다. "네가 서둘러서 옷을 입으면 ~하기 전에 네가 좋아하는 책을 읽을 시간이 생긴단다."

<u>아이가 단지 성격상 활발하거나 짓궂은 거라면, 침대에서 일어나자마자 곧바로 옷을 입혀 도망 다닐 기회를 주지 않는다. 아이에게 옷을 입히는 동안 CD나 책을 이용해 아이를 차분하게 할 수도 있다.</u> 가능하면 책을 읽어 주는 동안 배우자에게 옷을 입히게 하거나 그 반대로 한다.

어느 정도 시간 여유가 되고 인내심을 발휘할 수 있다면, 당분간 매일 아침 벌어지는 이 '옷 입으면서 마라톤하기'에 동조해 주고 이것을 놀이로 만든다. "자, 안방에서 한쪽 팔을 꼈으니까, 이제 다른 쪽 팔은 어디에서 낄까?" 부모가 기꺼이 동참해 주면 아이는 이 놀이를 제법 즐기게 되어, 잘하면 더 이상 도망갈 필요를 느끼지 않을 수도 있다. 온갖 방법을 동원해도 소용이 없고, 가뜩이나 바쁜 아침에 일분일초가 소중하다면, 그냥 아이를 잡아서 옷을 입혀 버린다.

─── 코트를 안 입으려고 해요

Q "우리 딸은 아무리 추워도 코트를 안 입으려고 해요. 코트 한번 입힐 때마다 전쟁이랍니다."

A 다른 사람의 기분에 맞추어 옷을 입어야 한다는 건 토들러에게 반항심을 일으킬 수 있는데, 그 가운데 코트와 우주복은 아이들이 거부하는 첫 번째 항목이 아닐까 싶다. 생각해 보면 이유는 아주 당연하다. 코트와 우주복만큼 아이의 활동을 제약하는 옷도 없으니 말이다. 문제는 평소 다른 부분에서는 어느 정도 아이의 의견이 반영되는 반면, 가령 생일 파티 때 드레스를 거부하고 평상복을 입겠다고 고집을 부리면 그럭저럭 허용되는 반면, 코트에 대해서만큼은 좀처럼 의견이 받아들여지지 않는다는 것이다.

어떻게 하면 아이와 덜 싸우면서 아이에게 코트를 입힐 수 있을까?

활동이 편리한 소재를 선택한다 무거운 겨울 재킷은 활동을 거의 불가능하게 만든다. 너무 꼭 끼거나, 너무 크거나, 너무 따갑거나, 너무 무겁거나, 몸을 너무 구속하는 코트는 피한다. 무거운 충전재보다는 가벼운 충전재를 선택한다.

아이가 선택하게 한다 아이가 마음에 들어 할 코트로 옷장을 가득 채울 필요는 없지만, 양면으로 입을 수 있는 코트를 구입하면 코트를 입히기가 수월할 수 있다. 이렇게 하면 특별한 날에 어느 쪽으로 입을지 아이가 선택할 수 있다. 그리고 날씨가 제법 따뜻하면 코트 대신 두꺼운 스웨터에 추리닝 상의를 겹쳐 입게 한다.

장식을 한다 오래되어 낡은 코트를 재미있는 아플리케로 장식하면 멋진 코트로 변신할 수 있다. 부모의 취향은 드러내지 말고, 잡화점에서 아이의 꾸미기 재능과 상상력을 마음껏 발휘하게 한다. 코트 바깥에 아이의 이름을 새겨서는 안 된다. 낯선 사람이 아이의 관심을 끌려는 수단으로 악용할 수 있다. 코트에 이 아플리케를 달아 아이의 것임을 나타내어 준다.

주의를 돌린다 코트를 들고 아이에게 다가가기 전에 대화나 장난감, 모래시계, 부모의 열쇠 등의 소품으로 아이를 구슬려, 아이의 주의를 돌린다. 그러면서 재빨리 옷을 입힌다.

유머 감각을 발휘한다 아이에게 코트를 입히려고 시도하기 전에 아이의 코트로 우스꽝스러운 행동을 해 보인다. 부모 몸에 코트를 걸치고 이렇게 말한다. "음, 멋지군. 이제 밖에 나가 볼까?" 아니면 아이 코트를 공룡 인형이나 강아지에게 걸친다. 잘하면 아이가 무척 즐거워해, 부모가 코트를 입힐 때 반항할 생각을 하지 못할 수도 있다. 심지어 자기 코트에 강한 집착을 보이면서 코트를 입겠다고 고집할지도 모른다.

이성적으로 설명한다 성질을 부리기 시작하면 아무리 논리적으로 설명해 봐야 소용이 없으므로, 아이가 성질을 부리기 전에 이성적으로 설명한다. 창문 밖으로 지나가는 사람들이 보이면, 창문 앞에서 아이를 안고 사람들을 가리킨다. "밖이 많이 추운가 봐. 다들 코트를 입고 있네. 코트 안 입고 나가면 부들부들 떨겠다."

별별 방법을 동원해도 아이가 코트를 입으려 하지 않을 때는, 억지로 입히는 수밖에 방법이 없다. 아이를 이해하되 단호하게 대한다. "네가 코트 입는 걸 싫어하는 거 알지만, 추운 날에는 코트를 입어야 한단다." 그리고 코트를 다 입히고 나면, 재빨리 아이의 주의를 돌린다. "어서 나가서 입김을 볼 수 있는지 보자꾸나."

모자와 장갑을 착용하려 하지 않아요

Q "모자를 씌우고 장갑을 끼워 주면, 우리 아이는 곧바로 홱 벗어 버려요. 몇 번을 시도해도 벗어 버리기 때문에 결국에는 아이 마음대로 하게 내버려 둬요."

A 거의 모든 토들러들이 모자와 장갑에 대해 변덕스런 태도를 보인다. 손과 머리에 아무것도 착용하지 않으면 추위가 더 크게 느껴지는데, 특히 대부분의 체온이 머리 쪽으로 빠져나가기 때문에 머리에 아무것도 쓰지 않으면 추위를 더 많이 느낀다. 그러나 다행히 그로 인해 감기에 걸리는 일은 없다. 감기는 바이러스에 의해서만 걸린다. 그리고 웬만큼 추운 날에는 아이가 모자와

장갑을 휙 하고 벗어 버려도 크게 걱정하지 않아도 괜찮다.

그러나 체감 온도가 0도 이하로 내려가는 아주 추운 날에는 동상에 걸릴 가능성이 거의 확실하므로, 그런 날 아이가 제대로 옷을 갖춰 입으려 하지 않는다면 밖에서 놀게 해서는 안 된다. 뿐만 아니라 장갑을 끼지 않은 채 눈을 가지고 놀게 해서도 안 된다. 차로 이동하는 경우에는 이런 규칙에 어느 정도 융통성을 둘 수 있다. 가령, 집에서 차까지, 차에서 마트까지 얼른 이동하는 동안 아이 손이 얼지는 않을 테니까. 그러나 어느 정도 거리를 걸어야 하는 경우에는 보온을 유지하기 위해 유모차 위에 방수 덮개를 씌우도록 한다. 이 정도로 보온이 유지되지 않을 경우, 아이가 모자와 장갑을 착용하지 않겠다고 한사코 거부한다면, 아이를 베이비시터에게 맡기고 볼일을 보러 가야 한다. 한두 차례 집에 남아 있다 보면, 아이는 모자와 장갑을 착용해야 한다는 걸 알게 될 것이다.

몇 가지 작전으로 좀 더 빨리 아이의 협조를 얻을 수 있다. 모자와 장갑을 구입할 때 아이에게 고르게 한다. 따가운 울 소재의 모자보다는 아크릴 소재나 폭신한 폴라텍 같은 부드러운 합성 직물로 만든 모자, 머리에 딱 붙는 니트 모자보다는 적당히 여유가 있는 후드, 강아지 귀가 달려 있는 재미있는 모양의 모자 등은 그런대로 아이가 쓰기 편할 것이다. 머리를 끼워 목과 턱을 감싸는 후드 타입의 방한모는 끈으로 묶을 필요가 없으며 목도리를 두를 필요도 없다. 귀마개는 보온을 유지하는 데 별 도움이 되지는 않지만, 귀가 동상에 걸리지 않도록 보호해 준다.

벙어리장갑보다는 실로 뜬 손가락장갑이 아이에게 더 편할 수 있다. 손가락장갑은 벙어리장갑만큼 따뜻하지는 않지만, 벙어리장갑보다 덜 투박해서 움직임이 편하다. 꼭두각시 인형 모양이나 우주선 모양 등이 있는 벙어리장갑도 도움이 될 것이다. 꼭두각시 인형 모양의 장갑을 살 경우, 아이의 두 손이 서로 마주 보며 대화할 수 있다는 걸 알려 준다. 장갑에 방수 처리가 되어 있으면 눈을 가지고 놀 수도 있다.

재킷 소매에 핀으로 장갑을 고정하면, 장갑을 끼지 않을 핑계로 "장갑이 어디에 있는지 못 찾겠어."라는 말을 하지 못할 것이다. 같은 장갑을 두 켤레 구입하면, 한 짝을 잃어버리더라도 계속해서 짝을 맞추어 장갑을 낄 수 있다. 외출할 때는 장갑을 여벌로 한 켤레 가지고 가, 장갑이 없어지더라도 손을 따뜻하게 보호할 수 있도록 한다.

물론 이런 방법들로도 아이가 모자와 장갑을 착용하려 하지 않는다 해도 당황할 필요는 없다. 그리고 기온이 영하로 내려가지만 않는다면, 모자와 장갑을 착용하지 않아도 걱정할 필요는 없다. 외출할 때 부모가 모자와 장갑을 챙겨 가서, 아이가 손을 비비거나 춥다고 불평을 하기 시작하면 착용하겠냐고 제안해 본다.

— 스스로 옷을 입으면서 좌절감을 느껴요

Q "우리 딸은 머리부터 발끝까지 스스로 옷을 입으려고 해요. 저는 손도 못 대게 한답니다. 하지만 대개는 심하게 좌절한 나머지 결국 성질을 부리고 말아요."

A 안타깝게도 스스로 해내고 싶다는 바람은 대개 그럴 능력이 생기기 훨씬 전에 시작된다. 혼자 힘으로 옷을 입을 줄 알려면 세 돌 무렵은

돼야 한다. 그 결과, 좌절감을 느끼게 되어 성질을
부리게 되는 것이다. 아이가 좌절감을 전혀
느끼지 않도록 하는 건 불가능하며, 그렇게 하는
것이 바람직하지도 않다. 어느 정도의 좌절감은
발전과 성취의 원동력이 되기 때문이다. 하지만
다음과 같은 조치를 취하면, 옷을 입을 때 느끼는
좌절감을 최소화할 수 있다.

입기 쉬운 옷을 선택한다 옷을 구입하거나 가지고
있는 옷 가운데 선택할 때는, 고무 허리로 된
입기 쉬운 바지와 반바지, 치마, 지퍼와 단추 또는
똑딱단추가 없는 옷, 목이 넓은 풀오버 셔츠와
추리닝 상의, 입기 쉬운 점퍼를 선택한다. 중간에
걸려 올라가지도 내려가지도 않는 원피스는
피한다.

아이가 아닌 옷을 탓한다 아이가 옷 입기를
힘들어할 때 힘들게 애쓰고 있는 아이를 비난할
것이 아니라 옷을 비난해야 한다. "오늘 이
스웨터, 왜 이렇게 멍청한 거야! 어떻게 해야 우리
아가한테 예쁘게 입혀지는지 전혀 모르나 봐. 안
되겠다. 우리가 이 멍청이 스웨터한테 방법을
가르쳐 줘야겠다."

부모가 시작하고 아이가 마무리하게 한다 아이가
두 다리를 동시에 바지에 넣으려 하거나 원피스를
거꾸로 입으려고 하여 옷을 똑바로 입기가 무척
힘들다면, 부모가 먼저 옷을 입혀 주고 아이가
마무리하게 한다. "엄마는 바지를 못 올리겠어.
엄마 대신 네가 좀 올려 줄래?" 하며 아이의
도움이 필요한 척하면, 아이를 더욱 만족시킬 수
있다. 옷 입히기에 대한 자세한 요령은 547쪽을
참조한다.

Q "우리 아들은 스스로 옷을 입을 생각이 전혀
없는 것 같아요."

A 모든 토들러들이 스스로 옷을 입으려 하는 건
아니다. 편안하게 앉아 누가 대신 옷을 입혀 주는
걸 더 좋아하는 아이들도 있다. 이런 모습은 아이가
선천적으로 게을러서라기보다, 스스로 옷을 입을
준비가 되어 있는가 하는 문제와 관련이 있다. 만
2세 무렵의 토들러들은 대부분 옷을 입는 복잡한
과정을 스스로 해결하기에 아직 역부족이다.
그러나 대부분의 아이들이 옷을 벗는 건 아주
잘할 줄 안다. 그리고 쉽게 잘 입을 줄 알 때까지는
시도조차 하려고 하지 않는 아이들도 있다.

간혹 아이가 스스로 옷을 입는 데 오랫동안
관심을 보이지 않는 원인이 부모에게 있는
경우가 있다. 부모가 머리부터 발끝까지 아이
시중을 들어주어, 스스로 해내려는 아이의 본능을
억제하고 아이의 인생을 너무 편안하게 만들어
버리거나, 너무 일찍부터 독립을 강요해 오히려
아이를 의존성에 매달리게 하는 경우가 그렇다.
혹은 정신없이 바쁜 아침 시간에 아이에게 관심을
주지 않고 내버려 두는 경우, 아이는 부모가 옷을
입혀 주면 갈망하던 관심을 조금이나마 얻을 수
있다는 걸 깨달을 수도 있다.

아이가 혼자서 완벽하게 옷을 입을 줄 알려면
최소한 1년은 더 있어야 하겠지만, 그때까지
다음과 같은 방법을 이용하면 스스로 옷을 입는 데
도움이 될 것이다.

방법을 알려 준다 옷을 잘 입을 줄 아는 사람이야
셔츠나 바지를 입는 방법이 전혀 어려울 게 없지만,
토들러들은 대개 어디서부터 시작해야 하는지
모르기 때문에 부모에게 설명을 들어야 한다.

아이가 먼저 옷을 입게 한다 항상 아이 스스로 옷을 입거나 벗을 기회를 준 다음, 부모가 개입해 마저 옷을 입힌다. 예를 들어 이렇게 말한다. "이제 목욕해야 하니까 옷을 벗으렴. 엄마는 네가 옷 벗는 동안 욕조에 물을 채워 놓을게." 욕조에 물이 다 찰 때쯤에도 아무런 움직임이 없으면 아이를 도와준다. 아침에 옷을 갈아입을 때도 마찬가지다. 아이 옷을 펼쳐 놓고 아이가 옷을 입도록 어느 정도 시간을 준 다음 도와준다.

아이가 쉽게 할 수 있는 몫을 남겨 둔다 아이의 바지를 반쯤 걸쳐 놓은 다음, 뒤로 물러서서 이렇게 말한다. "에이, 어째 바지가 제대로 안 입혀진 것 같다. 어디가 잘못됐지?" 이런 엉뚱한 순간에 아이는 잠시 이 상황에 몰두해 바지를 허리 위로 치켜 올릴지 모른다. 매번 아이가 할 수 있는 몫을 조금씩 남겨 둔다. 아이가 싫어하면 아무 말 하지 말고 그냥 부모가 옷을 입혀 준다.

칭찬을 하고 비난을 삼간다 양말을 집어 부모에게 건네주거나 추리닝 상의 지퍼를 위로 올리거나 하는, 아무리 작은 노력일지라도 칭찬을 받아야 한다. 아무리 엉망진창으로 옷을 입더라도 마찬가지다. 셔츠를 뒤집어 입었어도 아이 스스로 입은 것이므로 마땅히 칭찬을 받아야 한다. 아이가 옷을 바로 고쳐 입으려 하지 않는다면, 혹은 바지의 한쪽 가랑이에 두 다리를 전부 집어넣어 아이의 활동에 지장을 주는 것이 아니라면, 내버려 둔다.

"혼자서 옷을 갈아입지 않으면 잠옷차림으로 데리고 갈 거야."라며 아이를 위협하거나, "아기들이나 옷을 입혀 주는 거지, 너처럼 큰 아이들은 다들 혼자 입는 거야."라며 혼자 입을 줄 모른다고 얕보면, 스스로 옷을 입고 싶은 의욕을 꺾게 된다. 이런 방식은 옷 입기를 부정적으로 여기게 만들어 앞으로 몇 년 동안 매일 아침마다 문제를 일으킬 수 있다.

인내심을 갖되…… 아이는 관심을 끄는 일이 하도 많아서 스스로 옷 입는 데에는 영 관심이 없을 수도 있다. 아이에게는 옷 입기 말고도 더 중요한 일이 있을 수 있으며, 당분간 옷 입기는 몹시 따분할지 모른다. 그러므로 아이에게 압력을 가하지 말고 인내하면서 기다린다.

영원히 기다리지 않는다 만 2세 무렵이 되면, 아이 스스로 옷 입는 법을 배우기 시작하도록 장려해야 한다. 만 3세쯤 되면, 잠그기 힘든 단추나, 멜빵 걸쇠, 그 밖에 잠그기 힘든 부분을 제외하고는 거의 모든 옷을 아이 스스로 입을 줄 알아야 한다. 이 시점이 되면 아이에게 혼자서 옷을 입을 줄 알아야 한다고 요구하기 시작해야 한다. 특히, 아이가 무척 좋아하는 놀이 모임에 갈 때, 이런 요구를 하면 효과가 크다. 아이가 옷을 입지 못해 두세 차례 특별한 행사에 빠지고 나면, 다음부터는 아주 열심히 스스로 옷을 입기 시작할 것이다.

── 거칠게 놀게 해야 할까요

Q "우리 아들은 거친 분위기를 무서워하는 것 같은데, 시아버지는 그래야 아이가 강해진다고 주장하세요."

A 거친 분위기를 좋아하지 않는 아이를 거칠게 놀게 한다고 아이가 강해지는 것은 아니며, 오히려 신체 접촉을 더 경계하거나 거칠게 대하는 사람을 두려워하게 될 뿐이다. 안아 주고 토닥여 주는 데

대해 아이들마다 반응이 다르듯이, 거친 행동에 대해서도 아이들마다 다른 반응을 보인다. 그리고 안고 토닥여 줄 때와 마찬가지로 거칠고 소란스런 놀이를 할 때에도 아이의 반응에 주목하고, 아이가 불편하게 여기는 행동을 삼가야 한다.

장시간 거친 분위기를 지속하게 되면, 아이가 지나치게 무서워할 수 있으며, 심지어 악몽을 꿀 수도 있다. 특히, 취침 시간 직전에 그런 활동을 하지 않도록 삼가야 한다. 또한 아이와 할아버지가 다른 방식으로 놀 수 있도록 놀이 방법을 조정한다. 시아버지에게 이런 사실을 설명하고, 자동차 놀이나 블록 쌓기 같은 아이가 좋아하는 활동으로 바꿔 주십사 부탁한다.

시아버지뿐 아니라 아이를 거칠게 대할지 모를 다른 사람들에게도, 만 3세 이하의 토들러를 심하게 흔들거나 거칠게 쓰러뜨리면, 망막 박리와 뇌 손상을 비롯해 심각한 부상의 위험이 있을 수 있다고 설명해야 한다. 그러나 과거에 거칠게 다룬 부분에 대해서는 걱정하지 않아도 괜찮다. 아이가 어딘가 손상을 입었다면 벌써 증상이 나타났을 것이다.

—— 같이 놀자고 떼를 써요

Q "우리 딸은 제가 차분히 앉아 편지를 쓰거나 신문을 보거나 뭘 좀 하려고만 하면 같이 놀자고 떼를 써요. 아이 혼자 놀게 할 방법이 없을까요?"

A 운이 아주 좋은 부모라 하더라도 아이가 일정 시간 동안 혼자 놀 줄 아는 경우는 극히 드물다. 대부분의 토들러들은 선천적으로 사교적이기 때문에, 혹은 아직 혼자 노는 데 능숙하지 않기 때문에, 누군가와 같이 노는 걸 더 좋아한다.

그리고 부모는 가장 이상적이면서도 아주 유용한 놀이 친구다.

매일 아이와 함께 노는 것은 아이의 발달 및 아이와의 관계를 위해 중요하며, 부모가 놀이를 통해 긴장을 이완하고, 마음이 풍요로워지고, 충족감을 느낄 수 있다면, 하루 종일 아이에게 끌려다니듯 의무감을 느끼지 않을 수 있다. 부모 자신을 위해서 그리고 아이를 위해서 아이는 어느 정도 혼자 노는 경험이 필요하며, 부모가 자신과 함께 블록을 쌓고 소꿉놀이를 하는 것 외에도 나름대로 할 일이 있고 다른 방식으로 휴식을 취할 필요가 있다는 사실을 알게 하는 것이 좋다.

부모가 혼자서 일하는 모습, 혼자서도 즐겁게 여가 시간을 보내는 모습을 아이에게 보여 주면, 아이는 혼자 하는 놀이도 재미있을 수 있다는 걸 알게 될 것이다. 또한 혼자 시간을 보내면서 자기 자신과 잘 지낼 수 있다는 걸 깨닫게 되고, 자기 자신에 대해 만족감을 느끼게 될 것이다. 다음 방법을 참고하자.

방법을 알려 준다 우리는 종종 아이들은 엄마 배 속에서부터 노는 방법을 알고 태어난다고 착각한다. 그러나 사실 블록을 쓰러지지 않게 쌓는 방법, 도형 맞추기에 끼워 넣을 삼각형 도형을 돌리는 방법, 퍼즐을 맞추는 방법 등 특정한 장난감을 사용하는 방법을 가르쳐 줄 사람이 아이들에게는 필요하다. 아이에게 장난감을 가지고 노는 방법을 상세하게 알려 줄수록 아이가 혼자서 장난감을 가지고 재미있게 놀 줄 아는 시기가 더 빨라질 것이다.

아이에게 먼저 놀이를 시작하게 한다 어느 정도 아이 혼자 노는 시간을 갖게 하려면, 아이에게 먼저 놀이를 시작하게 한 다음, 부모가 할 일을 하는 동안 잠시 먼저 놀고 있으라고 말한다. 물론 아이가 수시로 도움을 요청하면 아이에게 시간을 내주어야 한다.

아이의 곁에 있어 준다 아이는 외롭게 혼자 노는 것보다 부모 곁에서 혼자 노는 걸 더 좋아한다. 침대에 부모가 읽을 책 한 권과 아이가 읽을 책 몇 권을 갖다 놓고 아이와 함께 엎드린다. 아이에게 "엄마는 엄마 책 읽을게, 넌 네 책 읽어."라고 말한다. 아이에게 크레파스와 종이를 주고 식탁에서 그림을 그리게 하고 그동안 부모는 밀린 서류 업무를 한다. 아이에게 플라스틱 삽을 주어 흙을 파고 놀게 하고 그동안 부모는 잡초를 뽑는다. 단, 아이에게 흙이나 꽃을 먹지 못하게 해야 한다.

다른 친구와 놀게 한다 아이가 선천적으로 사교적이라 다른 사람들과 잘 어울려 논다면, 놀이 모임에 참여하고 자주 놀이터에 가서 또래 친구들과 노는 데 익숙해지게 한다. 큰아이가 있다면 부모가 집안일을 하는 동안 큰아이와 함께 놀게 한다. 아이와 놀아 주기에는 10대 초반의 아이들이 대개 도움이 되며, 토들러들은 이런 아이들을 아주 잘 따른다.

약간의 권리를 요구하되…… 아이가 요구 사항이 많다면, 부모 역시 아이에게 한두 가지쯤은 요구할 권리가 있다. 메일이나 청구서를 살펴보고, 친구의 안부 문자 메시지에 답장을 하며, 세탁물을 분류하고, 저녁을 준비하며, 간혹 신문이나 책을 읽을 권리를 행사한다. 그리고 책을 읽을 권리는 권리이기도 하지만 아이에게 좋은 본보기가

아이가 잘한 일에 칭찬을 하라는데, 어느 정도로 해야 하지?

아이들은 칭찬을 먹고 산다. 그러나 어떻게, 어느 정도로 칭찬해야 하는지에 대해 전문가들마다 의견이 분분하다. 어떤 전문가들은 마음껏 충분히 칭찬하도록 권하고, 어떤 전문가들은 아이가 자신이 어느 정도 노력했는지 스스로 정확히 판단하기 어려울 거라는 전제 하에 과하게 칭찬하지 말라고 경고한다. 한편, 많은 전문가들이 "네가 세상에서 최고야."처럼 아이 자체를 칭찬하지 말고 "트럭을 사이좋게 가지고 놀다니, 정말 멋졌어."처럼 행동을 칭찬하도록 권한다. 다시 말해, 아이에게 네가 최고라는 식의 칭찬을 계속하게 되면, 아이는 부모의 과도한 기대에 부응하지 못할까 봐 너무 두려운

나머지 시도조차 하지 못하는 무력한 완벽주의자가 될 수 있다는 것이다. 그런가 하면, 아이가 하는 모든 시도가 언제나 성공적인 결과를 낳는 것은 아니기 때문에, 노력 자체에 초점을 두고 칭찬하라고 제안하는 사람들도 있다. "동생이 자는 동안 조용히 하느라 정말 열심히 노력했구나. 고마워." 또 어떤 전문가들은 칭찬하는 사람을 문장 안에 넣어 칭찬하도록 권하기도 한다. "네가 블록을 정리해 주니 엄마는 정말 기뻐."

그렇다면 아이를 칭찬할 때 어떤 방법을 이용해야 할까? 우선 아이에게 가장 효과적일 거라고 생각되는 방법 한 가지를 선택한다. 가령,

칭찬을 자제하고 "동그라미 그리느라 애썼구나."라며 성의 없이 한 마디 던진 경우, 아이가 속상해하는 모습을 보인다면 아이의 노력에 대해 좀 더 구체적으로 칭찬해 준다. "와, 꼬불꼬불한 선을 이렇게 귀엽게 그리다니, 정말 잘했어!" 평소 지나치게 후하고 과분한 칭찬에 아이가 심드렁해하거나, 매사에 대충 하고 넘어간다면, 칭찬을 줄이고 좀 더 솔직하게 평가한다. "조각을 맞추느라 애쓴 건 아주 잘했어. 하지만 조금만 더 노력하면 틀림없이 퍼즐을 완성할 수 있을 거야." 그러나 목표를 세울 때는 현실 가능한 목표를 세워야 한다. 아이가 한 가지 일을 성취해 뿌듯해하면 아이의

되기도 한다. 부모의 권리를 제쳐 두고 항상 아이의 요구 사항만 우선하게 되면, 언제 어떤 일이든 마음대로 할 수 있다고 생각하는 자기중심적인 아이로 키우게 될 것이다. 부모가 권리를 요구하면, 아이는 부모에게도 권리가 있음을 인식하게 되고, 이것은 다른 사람의 권리를 존중하는 법을 배우는 중요한 단계가 된다(49쪽 참조).

그러나 실현 가능한 요구를 한다 현실을 직시한다. 원할 때면 언제든 자유롭게 시간을 보내고, 혼자서 조용하고 평화로운 시간을 누릴 수 있는 권리처럼 부모가 되기 전에 누렸던 권리들을 더 이상 당연한 권리로 여겨져서는 안 된다. 가끔 혼자 있는 시간을 기대해 볼 수는 있지만, 원할 때마다 혼자만의 시간을 갖는다는 건 지금 같은 시기에 사리에 맞지 않는다.

혼자 있을 시간을 마련한다 가계부를 작성한다든지, 중요한 전화 통화를 한다든지, 아이가 참여할 수 없는 다른 일을 처리해야 할 경우, 필요한 시간을 정하여 타이머를 맞추고는 아이에게 시계 바늘이 움직이는 것을 지켜보게 한다. 이 방법은 부모가 일을 하는 동안 아이를 바쁘게 만들어 줄 뿐 아니라, 아이에게 부모에 대해 어느 정도 통제력을 지니고 있다는 느낌을 갖게 해 준다. 타이머가 울리면 기꺼이 아이에게 관심을 돌려야 한다.

인내심을 갖는다 혼자 즐겁게 놀 수 있다는 걸 가르치는 건 오랜 시간이 걸리는 일이다. 단 몇 분만이라도 아이 혼자 시간을 보낸다면 상당한 진전으로 여겨야 하며, 이런 모습은 독립으로 향하는 중요한 단계이다.

기분을 강화시켜 준다. 또한 "혼자서 미끄럼틀에 올라가다니, 네 자신이 정말 자랑스럽겠구나!"처럼 스스로를 칭찬하는 법을 가르치면, 아이가 부모의 칭찬에만 의지하려 들지 않고 스스로에게 갈채를 보내는 법을 알게 될 것이다. 눈에 보이는 성과뿐 아니라, 유머 감각이나 친절함, 새로운 것을 발견하는 능력, 친구와 잘 지내는 모습 등 아이의 특성도 칭찬해 준다.

어떤 방법을 취하든 칭찬할 때는 "아주 잘했어."라고 두루뭉술하게 하지 말고, "장난감을 이렇게 가지런히 정리하다니, 정말 대단한걸."이라고 구체적으로 한다. 다음에도 계속 노력하기 위한 동기 부여가 될 수 있도록 자주 칭찬하되, 칭찬이 빈말로 들린다든지 자존감을 북돋아 주는 데 영향을 주지 못할 정도로 너무 자주 칭찬한다든지 해서는 안 된다. 부모의 칭찬이 과장인지 아닌지 아이들은 대체로 잘 알아차리므로, 아무런 소득을 얻지 못할 칭찬은 피한다. 그렇다고 기준을 너무 높게 잡아 칭찬에 야박해지지 않도록 한다. 최근 칭찬을 많이 하지 않았다면 칭찬할 거리를 열심히 찾아본다. 토들러들은 언제나 새로운 발달 단계에 다다르기 때문에 칭찬할 거리를 찾기란 어렵지 않을 것이다.

육아 교육 권위자들의 주장에도 불구하고, "우리 아들, 오늘 정말 잘했어!"라든가 "친구랑 교대로 자전거를 타다니 우리 딸 최고야!"라고 말하고 싶다면 그렇게 말해도 된다. 부모의 진심 어린 칭찬은 전문가의 주장대로 세심하게 계산된 칭찬보다 훨씬 가치가 크다.

그리고 아이만 칭찬하지 않는다. 가족 모두에게, 베이비시터에게, 아이의 친구들에게, 텔레비전 수리공에게, 쓰레기를 청소하는 환경미화원 아저씨에게도 일을 잘해 주어 고맙다고, 친절한 행동이나 사려 깊은 태도에 감사하다고, 마음에서 우러난 진심 어린 감사의 인사를 하는 모습을 아이에게 보여 준다. 칭찬이 반드시 언어를 통해 이루어져야 할 필요는 없다는 사실도 기억한다. 때로는 등을 토닥이거나, 안아 주거나, 자랑스러운 미소로도 충분히 마음이 전달된다.

── 여전히 걸음이 서툴러요

Q "우리 아이는 걸음마를 한 지 이제 1년이 다 되어 가는데, 아직도 하루에 몇 번씩 넘어지고 발을 헛디뎌요. 혹시 협응 능력에 문제가 있는 건 아닐까요?"

A 대부분의 토들러들이 협응 능력이 원활하지 않은 모습을 보이는데, 이유는 단 하나, 아직 토들러이기 때문이다. 물론 대부분의 아이들이 상당한 발전을 보여, 자신 없고 서툴렀던 작년 첫 걸음마 때에 비하면 지금은 아주 유연하게 성큼성큼 걸음을 내딛는 편이지만, 여전히 갈 길은 멀다. 아직 급정거 기술과 급회전 기술을 익히지 못한 상태인데, 이런 기술들을 완전히 익히고 나면 넘어지는 횟수가 급격히 줄어들 것이다.

아이가 여전히 걸음이 서투른 데에는 여러 가지 이유가 있지만, 그 가운데 일부는 신체의 협응 능력과 전혀 관련이 없다. 토들러들은 끊임없이 몸을 움직이는 경향이 있어, 장애물을

부모가 행복해야 아이도 행복해요

아이를 행복하게 해 줄 비결을 찾고 있는가? 아동 발달 전문가들이 이구동성으로 외치는 가장 중요한 요소 한 가지는 바로 애정이 듬뿍 담긴 신체 접촉이다. 피험자들이 유아기부터 30대가 될 때까지 장기간에 걸쳐 이루어진 한 연구 결과에 따르면, 부모와 포옹과 입맞춤을 많이 하고 자란 아이들은 다른 장점으로 길러진 아이들보다 훨씬 만족스럽고 생산적인 어른으로 성장했으며, 심지어 가난과 가정 붕괴, 스트레스 같은 잠재적인 위험 요소들을 차단하는 데 도움이 되는 것 같다고 주장한다. 이 연구 결과는 또한 어릴 때 부모의 포옹을 많이 받은 아이들은 행복한 성인으로 자랄 가능성이 높을 뿐 아니라, 결혼과 가정생활, 친구 관계, 직업을 비롯해 인생의 모든 분야에서 더 큰 만족감을 얻는다고 제시하고 있다. 그러니 자주 스스로에게 물어보아야겠다. "오늘 아이를 안아 줬던가?"라고.

물론 아이를 안아 준다고 평생 행복이 보장되는 건 아니다. 인간관계가 만족스러울 때, 남을 도울 때, 노력이 결실을 맺을 때, 자존감이 높을 때, 자기 자신과 자신의 목표를 잘 알 때에도 행복을 느끼니까. 그러므로 아이의 생활에서 이런 모든 양상들을 발달시키도록 도와주는 것이 중요하다. 뿐만 아니라, 궁극적으로 자신의 행복은 자신이 만들어야 한다는 걸, 소유물이나 음식 등 외부적인 요소에서 오는 것이 아니라는 걸, 강조해야 한다.

행복하려면 고통 하나 없이 어린 시절을 보내야 한다는 의미가 아니다. 사실상 온실의 화초처럼 아이를 양육하게 되면, 나중에 아이가 현실 세계에 노출될 때 문화적 충격을 받을 수 있다. 그러므로 평생 행복하기만 한 사람은 아무도 없다는 걸, 인생이란 좋을 때가 있으면 힘들 때도 있다는 걸, 아무리 힘든 일도 부모가 사랑으로 극복하게 해 줄 수 있다는 걸, 아이에게 알려 주는 것이 더 바람직하다. 가능하면 부모가 긍정적인 역할 모델이 되어 준다. 자신의 운명에 만족하며 낙관적으로 여기도록 노력하자. 행복한 부모가 행복한 아이를 키울 수 있다. 그렇지만 기분이 저조할 때 일부러 행복한 표정을 지을 필요는 없다. 내내 기분이 저조한 게 아니라면 말이다(804쪽 참조). 그럴 때는, 직장에서 안 좋은 일이 있었다거나 친한 친구가 이사를 갔다거나 해서 오늘 마음이 좋지 않다고 사실대로 말하는 것이 좋다. 우울할 때 기분이 좋아지기 위해 어떤 일을 하는 게 좋을지 아이와 이야기해 보자. 사랑하는 사람을 안고 있거나, 좋아하는 음악을 듣거나, 피아노를 치거나, 책을 읽거나, 퍼즐을 하거나, 조깅을 하거나, 친구랑 수다를 떨거나, 누군가를 도와주는 등, 어떤 일이 도움이 될지 아이와 의논해 보자. 행복을 느끼기 위해 음식이나 돈을 이용하지 않아야 한다. 이런 방법은 오해의 소지가 생길 수 있다. 그리고 당연한 말이지만, 기분을 좋게 하려고 알코올이나 약물에 의지해서는 결코 안 된다. 아이 앞에서는 문을 닫고 몰래 마시든, 그 어떤 것도 절대 해서는 안 된다.

예측하지 못하거나 장애물을 피하기 위해 동작을 늦추지 못한다. 또한 아이들은 호기심이 굉장히 많고 자신이 하는 일에 깊이 몰두해 있어, 주변을 돌아보지 않고 무작정 목표물을 향해 돌진한다. 뿐만 아니라, 토들러들의 판단력은 여전히 운동 기능보다 뒤처져 있다.

아이의 걸음마가 능숙해질 때까지 아이의 주변 환경이 안전하도록 최대한 조치를 취해야 한다. 670쪽을 참조한다. 그러나 아이가 걷기를 힘들어하거나, 다리를 절거나, 다리가 비틀거린다면 담당 의사와 상의한다.

—— '안 돼'라는 말을 자주 해요

Q "우리 딸이 곰 인형한테 아주 날카로운 소리로 '안 돼!'라고 하는 말을 가끔 들어요. 제가 아이한테 안 된다는 말을 너무 자주 해서 그런가요?"

A 모방이 아첨의 가장 진지한 형태라면, 지금 아이는 부모에게 잘 보이려 애쓰고 있는 것이다. 그리고 부모는 아이의 주된 역할 모델인 만큼, 아이는 종종 부모에게 잘 보이고 싶어 한다. 그렇기 때문에 아이들이 처음 가상 놀이를 할 때, 거의 매번 가정생활이 돌아가면서 반복되고, 부모가 자주 되풀이하는 아주 익숙한 말들이 단골 대사로 나오곤 한다. 따라서 이 대사들 가운데 '안 돼'라는 말이 포함되는 건 아주 당연하다.

그러나 아이가 곰 인형에게 '안 돼'라는 말을 하는 이유가 모방 때문만은 아니다. 아이는 곰 인형에게 "안 돼!"라고 말함으로써 힘을 과시하고, 형세를 역전시키고 상황을 통제한다는 느낌을 가지며, 모처럼 강압적으로 말할 기회를 얻게 되는 것이다.

이런 행동들은 모두 건강하고 정상이며 걱정할 필요가 전혀 없다. 다만, 부모가 너무 자주 '안 된다'는 말을 하지 않도록 주의하고(57쪽 참조), 적절한 때에 아이에게 어느 정도 통제력을 주어야 한다.

—— 공공장소에서 시끄럽게 굴어요

Q "우리 아들은 음식점에만 가면 주변에서 제일 시끄럽게 떠들어요. 주변이 조용하면 할수록 더 크게 떠들어요. 얼마나 당황스러운지 몰라요."

A 토들러들은 자기 목소리를 아주 좋아한다. 그래서 조용한 장소에서, 특히 넓고 동굴처럼 소리가 크게 울리는 장소에서 소리를 내고는 아주 만족스러워하는 것이다. 게다가 낯선 사람들은 고개를 돌려 쳐다보고, 부모는 당황하여 얼굴이 빨개지는 등 주변 사람이 보이는 뜨거운 관심에 부모의 잔소리까지 들으니 최고의 기쁨을 누릴 수 있다.

그러나 아이가 이처럼 시끄럽게 소리를 지르는 데에는 토들러 특유의, 장난 이상의 의미가 있다. 토들러들은 공공장소에서 어떻게 행동하는 것이 올바른 행동인지 알지 못한다. 설사 안다 하더라도 충동을 잘 통제할 줄 모르기 때문에 아는 대로 따르기가 힘들다. 뿐만 아니라, 대부분의 토들러들은 밖에서 내는 목소리와 안에서 내는 목소리를 어떻게 조절해야 하는지 알지 못한다. 이런 이유 외에도 음식점에서는 부모들이 메뉴를 보고, 이야기를 나누고, 음식을 먹느라 부모의 관심을 덜 받는데 시끄럽게 굴면 그 즉시 관심을 받게 된다는 사실을 감안하면, 아이의 행동을 쉽게 이해할 수 있을 것이다. 물론 주변 사람들은 아이의 행동을 이해할 수 없으며 조용한 분위기에서 즐겁게 식사를 할 권리가 있다.

그렇다면 어떻게 해야 할까? 당분간 공공장소에 아이를 데리고 다니는 걸 포기할 수도 있지만, 이 방법은 공공장소에서 지켜야 할 예의에 대해 전혀 가르칠 수 없을뿐더러 부모의 생활이 몹시 답답해질 수 있다. 토들러와 성공적으로 외식을 하기 위해 권장되는 몇 가지 조치를(579쪽) 취하면 도움이 될 것이다.

아이에게 목소리를 조절하는 방법을 가르쳐도 음식점의 분위기를 조용히 유지하는 데 도움이 된다.

목소리를 조절하는 방법을 알려 준다 외식하러 가기 전에 아이를 앉혀 놓고, 두 종류의 목소리, 즉 안에서 내는 목소리와 밖에서 내는 목소리가 있다는 걸 직접 소리를 내어 설명한다. 안에서 내는 목소리는 조용한 소리다. 집 안에서 사람들이 잠을 자거나 말을 하거나 텔레비전을 볼 때, 음식점이나 도서관, 미술관, 교회에 있을 때 내는 목소리다. 밖에서 내는 목소리는 크게 내도 괜찮다. 놀이터, 마당, 시끄러운 거리에서 내는 소리다. 그리고 아이가 밖에서 내는 목소리를 낼 수 있는 실외 장소와 안에서 내는 목소리를 내야 하는 실외 장소의 미묘한 차이를 알 때까지 노천 카페는 피해야 한다. 집에 있을 때는 안에서 내는 목소리를 생활화하고, 밖에서 놀 때는 밖에서 내는 목소리를 낼 수 있다고 알려 준다.

밖에서 내는 목소리로 아이의 기분을 해소시켜 준다 아이가 실컷 소리를 지를 수 있도록 기회를 마련해야 한다. 적당한 때에 적당한 장소에서 큰 소리로 노래를 부르고 소리를 지르게 한다. 단, 너무 크게 소리를 지르다가 목이 쉴 수 있으므로 주의한다.

아이가 적당한 목소리를 내면 칭찬해 준다 아이가 적절한 때에 안에서 내는 목소리를 사용할 때마다, 심지어 주방에서 혼자 조용히 말할 때에도, 잊지 말고 아이의 분별력을 칭찬한다. 긍정적인 강화는 비난보다 좋은 결과를 낳는다. 그러나 아이가 장난스런 생각을 하는 타입이라면, 가령 안에서 내는 목소리를 내고 칭찬을 받고는 문득 밖에서 내는 목소리를 내면 얼마나 재미있을까 하는 생각이 떠올라 큰 소리를 내는 타입이라면, 밖에서 내는 소리에서 부모의 요구대로 안에서 내는 소리로 바꿀 때까지 칭찬을 아껴 둔다.

밖으로 데리고 나간다 아이가 음식점에서 큰 소리로 떠들기 시작하고 안에서 내는 목소리로 바꾸도록 상기시켰는데도 말을 듣지 않는다면, 아이를 데리고 밖으로 나간다. 이런 저런 훈계를 할 필요 없이 소리를 높이지도 말고 곧장 데리고 나간다.

마지막으로, 음식점에 갈 때는 기대 수준을 현실적으로 맞추도록 한다. 아이가 식탁 앞에 오랜 시간 얌전히 앉아 있길 바라서는 안 된다. 아이가 한계에 다다르고 말을 안 듣기 시작하면, 일행 가운데 누군가 아이를 데리고 산책을 나갈 때가 된 것이다.

문법에 맞지 않게 말해요

Q "우리 딸은 이제 막 문장으로 말하기

시작했어요. 그런데 문법이 엉망이에요. 처음부터 똑바로 말하도록 지금 바로잡아 주어야 할까요?"

A 아이는 이제 여러 개의 단어를 결합해 이것저것 문장을 만들어 보면서 언어를 구사하는 자신의 능력을 편안하게 느끼기 시작했다. 이런 상황에서 복잡한 문법으로 아이의 기분에 찬물을 끼얹는 건 바람직하지 않다. 이제 막 말을 배우기 시작할 때 정확하게 말하도록 압력을 가하게 되면, 아이의 언어 발달을 향상시키기는커녕, 혹시라도 실수를 저지를까 봐 두려워 아예 입을 꾹 닫아 버리게 할지도 모른다. 아이가 부정확하게 말한 내용을 똑바로 고쳐 주는 건 좋지만, 매번 아이가 틀리게 말할 때마다 지적하는 건 바람직하지 않다.

아이에게 시간을 주고 격려하고 좋은 본보기를 보여 주면 마침내 잘못된 문법을 바로잡게 될 것이다.

── 한글과 숫자

Q "우리 아들과 함께 노는 아이들 몇 명은 벌써 한글과 숫자를 알아요. 하지만 우리 아들은 어느 것에도 관심이 없는 것 같아요. 이러다 학교 들어가서 뒤처지는 건 아닐까요?"

A 요즘 아이들은 수도 세고, 글자도 알고, 심지어 벌써부터 단어도 읽을 줄 안다. 오늘날 너무나 많은 토들러들에게 드러나는 이런 조숙함은 과연 아이가 영재라는 확실한 증거일까? 그렇지 않다. 사실상 텔레비전을 너무 많이 봤다는 증거인 경우가 거의 대부분이다.

일찍부터 '가나다'를 줄줄 말하고 수를 세는 아이들 가운데 대부분은 〈딩동댕유치원〉처럼 흥미로운 등장인물, 기억하기 쉬운 음악, 수차례의 반복 학습을 통해 이런 기술들을 가르치는 텔레비전 프로그램에 너무 일찍 노출되어 있다. 물론 아주 일찍부터 실제로 글자를 읽고 수를 세는 기술을 익히는 아이들도 있지만, 대부분의 아이들은 눈에 보이는 대로 흉내만 낼 뿐이다.

물론 이처럼 선행 학습을 부추기는 원동력이 텔레비전만은 아니다. 집에서 가르치는 지능 교육과 선천적인 능력도 주요 요인이 된다. 그리고 이런 선행 학습이 딱히 문제가 있다고 할 수는 없지만, 그렇다고 굳이 벌써부터 시킬 필요도 없다. 학교에 입학하기 전에 어느 정도 글자와 숫자를 접해 본 아이들이 그렇지 않은 아이들에 비해 잠시 동안 유리할 수는 있겠지만, 연구 결과에 따르면 그렇지 않은 아이들이 재빨리 따라잡기 때문에 계속 앞선 상태를 유지하기는 힘들다고 한다.

아이가 만 2~3세에 공부에 전혀 흥미를 보이지 않는다고 해서 장차 모범생이 되지 못할 거라고 말할 수는 없다. 느긋한 마음으로 아이의 모습을 있는 그대로 바라보자. 아이에게 경험과 자극을 많이 제공하고(88쪽 참조), 대화를 많이 나누고, 책도 많이 읽어 준다. 계단을 올라가거나 크래커를 나눠 줄 때 아이와 함께 수를 세고, 재미있게 구성된 한글 책을 읽어 준다. 샌드위치를 삼각형, 정사각형, 직사각형, 원 모양으로 잘라 준다. 아이가 교육 방송을 본다면, 아이와 함께 보면서 아이가 보는 내용을 보충해 준다. 학습을 재미있고 흥미롭게 만들어 주되(113쪽 참조), 아이가 아직 수를 세거나 글자를 배울 준비가 안 됐다 하더라도 얕보아서는 안 된다. 학교에 입학하기 전에 이런 것을 익힐 시간은 충분히 많다. 지금 당장은 특정한 내용을 학습하기보다 자신을 바람직하게 여기는 것이 훨씬 중요하다.

꼭 알아 두세요: 자아 존중감 확립

대부분의 아이들을 보고 있으면 자아 존중감이 낮을 수 있다는 게 믿기지 않는다. 당당하고 독선적인 아이의 태도는 스스로에 대한 강한 확신에서 비롯된 것 같으니 말이다. 하지만 토들러들은 자신이 원하는 바는 분명하게 알고 있는지 모르지만, 자신이 누구인지에 대해서는 전혀 확신이 없다.

영아기 때 뿌려진 자아 존중감이라는 씨앗은 지금 이 시기에 경작되고 성장하도록 북돋아져야 한다. 연구 결과에 따르면, 일찍부터 "나는 좋은 사람이고, 가치 있는 사람이야."라는 믿음을 갖고 자란 아이들은, 어른이 된 후에도 스스로에 대해 그런 믿음을 지닐 가능성이 높다고 한다. 또한 스스로를 바람직하게 여기기 위해 다른 사람의 관심을 끌거나 다른 사람의 인정을 받으려 애쓸 필요를 덜 느낀다. 다른 사람들과 유익한 관계를 맺고, 또래 집단으로부터 받는 압박을 효과적으로 다룰 줄 알며, 약물과 기타 자기 파괴적인 행동을 거부할 줄 안다. 한마디로 자아 존중감이 높은 사람으로 성장하는 것이다.

자아 존중감을 확립하는 일은 아이 혼자 힘으로 해내야 하는 과제이긴 하지만, 부모의 도움과 지지, 인내가 함께 한다면 더욱 순조롭게 이루어질 것이다. 아이의 자존감을 높이면서 부모의 정신 건강도 보호하는 데에는 유머 감각이 큰 도움이 된다. 더불어 다음 요령도 도움이 될 것이다.

사랑을 표현한다 인간은 사랑을, 그것도 "네가 무슨 짓을 해도 널 사랑한다."는 식의 무조건적인 사랑을 경험하지 못하면, 스스로를 바람직하게 여기기 어렵다.

관심을 표현한다 아무리 스스로에 대해 강한 확신을 지니고 있어도 배우자, 상사, 동료들, 친구들에게 자주 무시를 당한다면, 자신의 가치를 슬슬 의심하게 될 것이다. 토들러 역시 스스로를 가치 있는 사람으로 여기기 위해 자주 관심을 받을 필요가 있다. 아이와 대화를 나누고 아이가 하는 말에 진심으로 귀를 기울인다. 아이의 욕구와 바람에 주의를 기울이며, 부모가 충족시킬 수 없다 하더라도 아이의 욕구와 바람을 무시해서는 안 된다. '~하느라 바쁘다'는 말을 입에 달고 살지 않도록 한다.

충분한 자유를 준다 늘 아이 주변을 맴돌면서 아이가 요구하기도 전에 충고와 도움을 주게 되면, 스스로 동기를 부여하는 능력이 억제될 수 있다. 또한 질문에 대한 답, 문제점에 대한 해결을 제 스스로 찾으려 애쓰기보다 부모에게 기대는 데 익숙해질 수 있다. 동기 부여 능력을 잃으면 시련을 성공적으로 극복하기 위해 필요한 자기만족과 자기 확신도 함께 잃게 된다. 때때로 아이를 혼자 놀게 하는 것도 자신감을 기르는 데 도움이 된다. 아이는 자신이 독립적으로 지낼 수 있고, 시간을 즐겁게 보내기 위해 반드시 다른 사람을 찾지 않아도 되며, 혼자서도 잘 놀 수 있다는 걸 깨닫게 될 것이다(323쪽 참조).

아이를 존중한다 결국 부모와 다른 사람들이 아이를 존중하는 모습을 보여야 아이의 자존감이 높아진다. 아이가 스스로를 중요한 가족 구성원으로 여기게 한다. 아이의 생각과 감정, 욕구를 다른 가족들과 똑같이 배려하고 절대로 하찮게 여기지 않는다. 항상 아이 편을 들어주어 아이를 존중하는 마음을 보여 준다. 부모의 사회생활, 부모의 일, 부모의 종교 생활, 부모의 집안일을 아이의 욕구보다 우선하지 않는다. 한 부모 가정의 경우 이렇게 하기가 특히 어렵겠지만, 그럼에도 불구하고 꼭 필요한 부분이다.

부모 자신을 존중한다 부모 스스로 아이에게 자존감의 모델이 된다. 스스로를 폄하하고, 자신의 판단을 의심하며, 흡연, 알코올 및 약물 남용, 과식 등 자기 파괴적인 행동에 빠지지 않도록 한다. 스스로를 바람직하게 여기는 부모는 아이도 스스로를 바람직하게 여기도록 고무한다.

공정하게 대하고 비교하지 않는다 내 아이는 고유한 개인이다. 행동, 발달, 기질, 식습관 등 모든 부분에서 형제들, 친구들, 심지어 부모가 기억하는 어린 시절 자신의 모습과 아이를 일일이 비교하는 것은 부당할 뿐 아니라 바람직하지도 않다. "넌 왜 정현이처럼 못 하니?", "네 누나처럼 깨끗이 먹을 수 없겠니?", "어린이집 아이들은 다들 변기를 사용하는데 넌 왜 못 그러니?"와 같은 부정적인 비교뿐 아니라, 긍정적인 비교도 마찬가지다. 늘 지나치게 칭찬을 받아 버릇한 아이들은, "네가 그림을 제일 잘 그리는구나!", "네가 세상에서 제일 예뻐!", "네 또래 아이들 중에서 네가 최고야!"처럼 미화된 이미지에 부응하기 힘들다는 걸 깨달을지 모른다. 그리고 정말로 자신이 세상에서 제일 잘났다고 믿는 경우, 대개 참고 봐줄 수 없을 정도로 거만해지기 쉽다. 따라서 또래 아이들은 물론 다른 사람들에게도 소외될 수 있고, 이렇게 되면 결과적으로 진정한 자존감은 약해질 수밖에 없다. 겉으로는 여전히 거만한 모습을 보일지라도. 내 아이가 특별한 개인임을 인정하고 바람직하게 받아들이면(440쪽 참조), 아이도 자신의 모습을 인정하고 바람직하게 받아들이게 될 것이다.

말조심한다 "와, 보람이는 뚱보!", "현서는 아기래요!"처럼 아무리 장난으로 놀리는 거라 해도 품위를 손상시키는 단어나 별명을 사용하지 않도록 주의한다. 상상력이 부족한 토들러들은 이런 놀림을 진지하게 받아들일 수 있다. 비난할 때마다 '~는 맨날 ~하더라', '넌 절대 ~할 수 없을 거야' 같은 말로 시작하는 것은 부당하고 거의 정확한 사실도 아니다. 이런 말을 자주 사용하면, 아이는 정말로 자신이 그런 아이라고 믿게 된다. 또한 "너만 없었더라면 엄마, 아빠는 가끔씩 영화 보러 다닐 수 있을 텐데."라거나 "네가 다니는 유치원이 너무 비싸서 이번 휴가는 못 가겠다." 같은 말로 죄책감을 불러일으켜서도 안 된다.

기대 수준에 균형을 유지한다 아이에게 일찍부터 무언가를 성취하라고 강요한다고 해서 부모의 바람대로 조금이라도 빨리 목표가 성취되는 건 아니다. 오히려 아이는 자신을 부모의 기대를 충족시키지 못하는 실패자로 느낄 수 있다. 반대로 기대 수준을 너무 낮게 잡으면, 아이가 최선을 다해야겠다는 의욕을 전혀 느끼지 않게 된다. 아이의 연령과 능력을 고려해 기대 수준을 맞추고, 현실적으로 아이가 할 수 있는 과제를 제시하는 등 적절한 균형을 찾는 것이 자존감 확립에 가장 큰 도움이 될 것이다.

한계와 기대를 분명하고 일관되게 설정한다 어느

날은 아이에게 식탁에 앉아 간식을 먹으라고 하고, 어느 날은 간식을 들고 거실에 돌아다니면서 먹어도 좋다고 하면, 아이를 혼란스럽게 만들 수 있고, 따라서 아이의 자존감을 낮출 수 있다. 아이는 자신에게 기대되는 바가 무엇인지 알면 안정감과 자신감을 갖게 된다. 물론 기대 수준은 합리적이어야 한다. 예를 들어, 만 2세 아이에게 스스로 잠자리를 준비하거나 아이의 세탁물을 분리하도록 기대할 수는 없다.

아이의 감정을 인정한다 <u>아이의 성격, 재능, 능력을 인정하는 것 못지않게 아이의 감정을 인정하는 것도 중요하다. 비록 질투나 분노 같은 부정적이고 다루기 어려운 감정들이라 할지라도. 그런 감정들을 비난하거나 꾹 참으라고 강요하기보다, 사회적으로 허용되는 방식으로 감정을 표출하도록 방법을 가르치면, 아이는 모든 종류의 감정을, 그리고 자기 자신을 더욱 편안하게 받아들일 것이다.</u>

아이가 결정하게 한다 모든 일에 대해 아이에게 결정권을 주는 건 현실적으로 바람직하지 않다. 만일 그렇게 한다면 취침 시간은 뒤죽박죽이 되고, 저녁에는 아이스크림과 탄산음료를 먹게 될 테고, 눈보라가 치는 날 반바지를 입으려 들 것이다. 그러나 실현 가능한 경우에 대해 아이에게 선택권을 주는 것은 현실적인 동시에 바람직하다. 일찍부터 의사 결정을 연습하는 것은 도처에서 수많은 선택이 우리를 기다리고 있는 현실 세계에서 생활하기 위해 꼭 필요한 준비 과정일 뿐 아니라, 아이의 자존감을 위해서도 지금 당장 아주 중요하다. 현명한 관리자라면 누구나 인정하듯, 관리자가 부하 직원에게 직접 의사 결정을 맡길 정도로 직원을 존중하면, 직원의 사기와 실적이 쑥쑥 오른다.

그러나 아이에게 선택을 하게 할 때는 너무 많은 선택 사항을 내놓아서는 안 된다. 가령, 아침 식단 네 가지 가운데 마음에 드는 것을 고르라고 하는 경우처럼 선택 사항이 너무 많으면, 아이가 감당하기 힘들어 좌절감을 느끼게 되고, 결국 뭘 선택해야 할지 몰라 망설이게 된다. 의사 결정에 대한 자세한 내용은 458쪽을 참조한다.

실수하게 한다 결정을 하다 보면 실수하게 되어 있다. 그리고 실수는 더 나은 의사 결정을 위한 학습 과정의 일부다. 아이에게 실수할 기회를 빼앗아 버리면, 실수를 통해 배울 기회도 빼앗게 된다. 아이에게 결정할 기회를 줄 때마다 실수할 기회도 함께 제공한다. 아이가 내린 결정이 썩 훌륭한 결과를 낳지 못하더라도 아이 편을 들어 준다. "내가 그럴 줄 알았어." 따위의 말로 아이의 자존감을 깎아내려서는 안 된다. 완벽한 사람은 아무도 없고 완벽하지 않아도 괜찮다는 걸 아이에게 알려 주고, 부모 스스로도 마음 깊이 명심하도록 하자(92쪽 참조).

아이가 아닌 행동을 비난한다 토들러들은 설사 자신이 나쁜 짓을 저지르더라도 부모의 사랑이 줄어들거나 중단되지 않는다는 확신을 가질 필요가 있다. 이런 메시지를 아주 분명하게 이해시키려면, "이런 못된 녀석!" 하며 아이 자체를 혼내는 것이 아니라 아이의 행동을 못마땅하게 여긴다는 걸 보여 준다. "장난감을 던지는 건 옳지 않아."라고. 또한 "네가 그런 행동을 해서 깜짝 놀랐어. 친구를 때리는 건 너답지 않구나."라고 말해 여전히 아이를 좋게 생각한다는 걸 보여 준다.

비난을 억제한다 토들러의 행동을 바로잡아 주는 건 불가피하다. 그러나 끊임없이 잘못을 들춰내면, 아이의 자존감이 약화되고 대체로 행동이 개선되지도 않는다. '못된 녀석'이라는 말을 연거푸 반복해서 듣게 되면, 아이는 정말로 자신이 못된 아이라고 믿게 되고, '착한 아이'가 되려고 애써 봐야 소용없다고 생각하게 될 것이다. 아이 때문에 속상한 일을 털어놓지 않고는 못 배기겠다면, 아이 귀에 들리지 않는 다른 방에 가서 털어놓는다.

아이를 때리는 등의 잔인하고 몰인정한 체벌은 삼가야 한다. 또한 친구 앞에서 야단을 치는 등 아이를 당황하게 하거나, "예의바르게 행동하지 않으면 경찰에 전화해서 잡아가라고 할 거다."라고 겁을 주거나, "꼴 보기 싫으니까 저리 가."라고 폄하하는 식의 처벌도 삼가야 한다. 사실상 모든 형태의 처벌은 일체 금지되어야 한다. 바람직한 훈육 방법은 145쪽을 참조한다.

아이에게 공감 능력을 선사한다 다른 사람을 도울 때 스스로를 긍정적으로 여기게 되는 건 어른들과 아이들 모두 마찬가지다. 공감 능력을 발달시키는 요령에 대해 49쪽을 참조한다.

자아뿐 아니라 몸에도 영양분을 공급한다 배가 고픈 아이들, 몸에 좋지 않은 음식을 너무 많이 먹는 아이들, 충분히 휴식을 취하지 않는 아이들은 잠재력을 최대한 발휘하기 어렵고, 쉽게 짜증을 내는 경향이 있다. 이런 감정들은 자존감을 손상시킬 수 있다. 아이가 성질을 부리거나 불쾌한 행동을 할 때, 다른 사람의 부정적인 반응 역시 아이의 자존감에 피해를 입힐 수 있다.

쉽게 성공하게 한다 아이에게 안전하면서도 편리하게 집 안을 꾸며야 한다. 계단식 걸상을 마련해 아이가 싱크대 손잡이에 쉽게 손이 닿게 하고, 타월 걸이 및 책과 장난감을 보관하는 선반은 아이의 키 높이에 맞춘다. 쉽게 입고 벗을 수 있는 옷, 도전 의식을 북돋우면서도 아이의 능력 한도에서 할 수 있는 장난감 역시 아이가 쉽게 성공할 수 있게 해 준다. 이처럼 쉽게 성공을 거두게 되면 자아 존중감이 강화된다.

아이에게 일을 시킨다 아이에게 집안일을 할당하면 자신이 도움이 되는 사람이라는 느낌을 주는 한편, 부모가 아이의 능력을 확신한다는 걸 보여 줄 수 있다. 작은 아이가 자기보다 훨씬 큰 어른을 도울 수 있다는 생각에 자아의식이 한껏 치솟을 것이다. 이렇게 아이의 자신감을 확립해 놓고는, 아이가 아무리 굼뜨고, 서투르고, 도움이 되기는커녕 오히려 방해만 된다 해도 아이의 노력을 비난하여 자신감을 무너뜨려서는 안 된다. 아이의 능력이 미치지 못하는 일, 심하게 좌절감을 주는 일은 삼가고, 아이가 할 수 있겠다고 확신할 수 있는 일만 부과한다. 아이가 일을 마무리하기 위해 도움이 필요할 때는 아이를 도와준다.

천천히 하는 법을 배운다 토들러들은 아직 많은 기술이 미숙한 상태이므로, 일 하나를 마치려면 세월아 네월아 아주 오랜 시간이 걸린다. 부모야 15초면 옷을 걸칠 수 있지만, 이제 막 요령을 터득한 아이는 15분이 걸릴 수도 있다. 그러므로 이를 닦느라 열심히 애쓰고, 바지를 치켜 올리느라 버둥거리는 아이에게 조바심을 내며 "서두르지 못하니? 빨리 좀 하렴!"이라는 말로 재촉하지 않는다. 아이의 느린 속도를 참지 못하고 부모가 개입해 대신 해 주면, 아이를 믿지 못한다는 걸 행동으로 보여 주는 셈이 되고, 이런 행동은 곧 아이의 자존감 부족으로 이어질 수밖에 없다.

그러므로 아이가 제 힘으로 하려면 시간이 많이 걸린다는 걸 감안하고 시간을 충분히 주어, 끝까지 천천히 일을 마무리하게 한다. 한시가 급할 때는 잔소리를 하지 말고, 마치 게임을 하듯 도전 의식을 불어넣어 아이를 서두르게 만든다. "누가 먼저 신발 신나 볼까?"

아이에게 꼭 알려 주세요: 운동의 중요성

우리는 아이가 구르기를 할 줄 알기도 전에 체육 교실에 등록하고, 걷기도 전에 수영 교실에 등록한다. 아이가 체중이 많이 나갈까 봐 걱정하고 조금이라도 군살이 붙으면 조바심을 낸다. 그러나 부모가 좋은 의도로 일찍부터 관심을 갖는데도 불구하고, 오늘날 아이들은 전체적으로 역사 이래 그 어느 세대보다 체력이 약한 모습을 보인다. 과거 세대의 아이들은 자연스럽게 건강을 유지했다. 공차기, 꼬리잡기, 숨바꼭질, 줄넘기, 고무줄놀이, 사방치기 등, 친구들과 어울리면서 끊임없이 몸을 움직였다. 좀 더 연령이 높아지면 집에서, 정원에서, 논밭에서 가족을 도왔다.

그러나 오늘날 아이들의 놀이는 비디오 게임, 컴퓨터 게임, 텔레비전 시청 등 몸을 움직이지 않는 활동이 대부분이다. 그리고 신체 활동이 매일의 일상생활에서 자연스럽게 자발적으로 행해지는 것이 아니라, 무용 학원이나 체육 학원, 학교의 체육 수업 등에서 일정한 계획에 따라 치러지는 행사로 여겨지고 있다. 따라서 하루 일정에 운동이 계획되어 있지 않으면 특별히 운동할 일이 없고, 마당에서 근력을 키우기보다 하루 종일 텔레비전 앞에 엉덩이를 붙이고 앉아 있는 때가 훨씬 많다.

그러나 토들러를 둔 부모로서 지금부터라도 아이가 운동에 재미를 붙이도록 도와주어 운동 부족이 생활로 굳어지지 않도록 예방해야 한다. 어릴 때부터 운동하는 습관을 들이면 평생 운동을 생활화할 가능성이 대단히 높아진다. 방법을 알아보자.

텔레비전을 끈다 중요한 발달 시기에 아이가 소파에 엉덩이를 붙이고 앉아 만화 영화와 비디오 게임에 푹 빠지게 만들어서는 안 된다. 베이비시터 대용으로, 시간 때우기 용으로, 아이의 기분을 안정시키는 용으로 텔레비전을 이용하다간, 독서나 가상 놀이 같은 의식을 확장시키는 활동뿐 아니라 근력을 튼튼하게 만들어 주는 활동에 참여할 기회도 놓치게 된다. 전문가들은 아동들의 체력이 약화된 주된 원인의 하나로 텔레비전 중독을 꼽는다. 텔레비전 시청은 활동량을 줄어들게 만들 뿐 아니라 칼로리와 콜레스테롤, 소금 함량이 높은 간식을 섭취하도록 부추기기 때문이다.

시간을 내 체력 단련을 시킨다 어릴 때부터 매일 시간을 내어, 놀이터, 마당, 가까운 공원이나 들판 등, 달리고 뛰고 올라갈 수 있는, 안전하고 거부감이 없는 실외 장소에서 놀게 해야 한다. 여러 가지 크기의 공과 세발자전거, 여러 가지 타고 놀 장난감, 잠자리채를 준비하고, 가능하면 마당에 미니 체육관을 설치한다.

아침에 일어나 아이와 운동을 한다 아이가 활동을 잘하는 편이 아니라면, 아이와 함께 운동을 해 몸을 움직이도록 장려한다. 아이와 함께 앉아서 책 읽기, 퍼즐 맞추기, 그림 그리기 등을 하며 시간을 보내는 것도 좋지만, 숨바꼭질, 잡기 놀이, 공 뺏기 놀이 등 몸을 움직이는 활동도 함께 병행한다.

체력 관리의 모범을 보여 준다 아이가 본받을 만한 모습을 보여 주고 있는지 생각해 보자. 텔레비전을 너무 많이 보거나, 안락의자에 앉아 있는 시간이 너무 많거나, 가까운 거리도 자동차로 이동하는가? 아니면 운동장에서 달리고 헬스클럽에서 운동을 하며 자전거로 이동하는가? 아이의 장래 체력은 체육 학원, 헬스클럽, 무용 학원 등에 얼마나 많이 등록하느냐보다는 부모가 부모의 여가 시간을 어떻게 보내느냐에 훨씬 많이 좌우된다. 한 연구 결과에 따르면, 엄마가 적극적으로 몸을 움직이면 부모가 몸을 많이 움직이지 않는 경우에 비해 아이가 활발하게 운동할 가능성이 두 배가량 높고, 아빠가 적극적으로 몸을 움직이면 거의 네 배가량 높다고 한다. 그리고 엄마, 아빠가 둘 다 적극적으로 몸을 움직이면 아이가 활발하게 운동할 가능성이 여섯 배가량 높다고 한다.

슈퍼마켓, 도서관, 친구 집에 갈 때는 자동차에 몸을 구겨 넣기보다 걸어서 이동한다. 아이를 유모차에 태워 몇 블록 이상 가는 경우, 아이에게 얼마간이라도 걷도록 부추긴다. 친구 집을 방문할 때 계단을 올라가야 한다면 불평하지 말고 씩씩하게 올라간다. 마트에 갈 때 주차장에서 매장까지 먼 거리를 걸어간다. 아침 산책 내내 아이를 유모차에 태우고 가더라도 아침 산책에 아이를 데리고 간다. 비디오를 보고 운동을 할 때 아이도 함께 참여시킨다. 가족끼리 나들이를 할 때는, 극장에서 팝콘을 실컷 먹이는 것과 같은 앉아서 하는 활동보다 공원에서 썰매를 타는 등 몸을 많이 움직이는 활동을 한다.

아이를 운동 학원에 등록하기 전에 수업 내용을 확인한다 아이를 매주 1회 체육 학원이나 어린이 헬스클럽에 등록하는 건 좋다. 그러나 일정이 너무 빡빡하지 않도록 주의해야 한다(420쪽 참조). 다만, 강사의 주요 목표가 재미있게 운동하는 것이라면 말이다. 아이를 등록하기 전에 수업 내용을 살펴본다. 강사가 아이에게 운동을 하도록 강요하기보다 동기를 부여하는지, 아이의 연령에 맞는 안전한 운동 기구가 갖추어져 있는지, 통제보다는 자유로운 활동을 선호하는 방식으로 프로그램이 구성되어 있는지 살펴본다.

몸을 소중하게 여기도록 가르친다 아이들은 자기 몸을 소중하게 여기는 법을 배우면 몸을 소중하게 돌보려 할 것이다. 부모가 가족 몸에 좋은 음식을 마련하고, 담배와 약물을 끊고 과음하지 않으며, 가족이 다 함께 운동하는 기회를 자주 마련하는 등, 몸을 소중하게 여기는 모습을 보인다. 몸을 돌보는 것이 얼마나 중요한지도 말해 준다. 내가 내 몸을 돌보지 않으면 내 몸 역시 나를 돌보지 않을 거라고 말해 준다.

12장

생후 24개월

✳✳✳

아이의 발달 과정

이달 말에 아이가 해야 할 행동

✱ 옷을 벗을 줄 안다.
✱ 인형에게 맘마를 먹인다.
✱ 정육면체 블록 4개를 쌓는다.
✱ 그림에서 2개의 사물을 알아보고 손가락으로 가리킨다(23.5개월 무렵).

주의 사항 이 시기의 아이가 이 단계를 못하거나, 단순한 지시 내용을 알아듣지 못하거나, 부정확한 발음으로 알아들을 수 없는 말을 하면 의사와 상의한다. 아이에 따라서 발달 속도는 차이가 있기 때문에, 이 단계를 해내지 못한다고 해도 문제가 있는 건 아니지만 일단 전문가의 상담을 받을 필요가 있다. 이 밖에 아이가 통제되지 않거나 과잉 행동을 보이는 경우, 지나치게 요구 사항이 많거나 고집이 세거나 부정적인 경우, 말수가 거의 없거나 수동적이거나 내성적인 경우, 항상 지루해하거나 즐거워하지 않는 경우, 다른 사람과 상호작용 못하거나 같이 놀지 못하는 경우도 의사의 상담을 받는다. 이 연령대에는 예정일보다 일찍 태어난 아이들도 대부분 또래 아이들의 발달 과정을 따라잡는다.

아이가 하게 될 행동

✱ 정육면체 블록 6개를 쌓는다.
✱ 공을 머리 위로 던진다.
✱ 대체로 알아듣게 말을 한다.
✱ 그림에서 2개의 사물을 알아보고 이름을 말한다.
✱ 그림에서 4개의 사물을 알아보고 손으로 가리킨다.

아이가 할지 모를 행동

✱ 뛰어오른다.
✱ 옷을 입을 줄 안다(23.5개월 무렵).

혹시나 아이에게 기대할 만한 행동

✱ 다른 사람을 따라서 세로줄을 그린다.
✱ 정육면체 블록 8개를 쌓는다.
✱ 2~3문장을 만들어 대화한다.

정서적 발달 두 살 아이는 사랑, 기쁨, 행복, 짜증 등 다양한 감정을 행동으로 나타낸다. 적극적으로 행동하고 반항도 많이 한다. 부모나 다른 사람들과 함께 이야기하고 노는 상호작용을 한다. 새로운 활동을 찾고, 어떤 일이든 혼자 힘으로 하고 싶어 한다.

지능 발달 두 살 아이들은 1년 전에 비해 지능이 크게 발달한다. 아이들은 마음속으로 상상을 할 수도 있고, 판단을 하게 된다. 또 개와 고양이는 동물, 컵과 접시는 그릇으로 분류한다. 블록 등 물건을 크기에 따라 늘어놓는 정도의 정리 정돈을 할 줄 안다. 기억력이 구체화되어 아직 수는 셀 수 없지만 '더 많이'와 '더 적게'를 구분하고, '나중에'와 '곧', '같은 것'과 '다른 것' 등의 추상 개념을 이해하기 시작한다. 상상력이 풍부하여 보거나 들은 것을 그대로 모방하여 놀거나 창조적으로 놀이를 만들기도 한다.

원한다고 다 할 수 있는 게 아닌데도, 아이는 사람들 앞에서 큰 소리로 떼를 쓰면 뭔가 해결책이 생길 거라고 생각한다.

2세 아이의 소아과 건강검진

소아과 건강검진 준비 건강검진을 가기 전에 질문 사항을 미리 적어 본다. 아이의 식습관, 수면 습관, 아이의 행동, 심리적 안정을 얻기 위한 습관 등을 메모해 둔다. 건강검진을 하고 의사가 "또 궁금한 점이 있나요?"라고 물으면, 준비한 메모지를 보면서 궁금한 점을 자세히 문의하면 좋다. 아이의 행동 중에서도 혼자서 계단 오르기, 컵과 숟가락 사용, 블록 네다섯 개 쌓기, 동시에 두 가지 지시 내용 따르기, 크레파스로 직선이나 동그라미 따라 그리기, 손 씻기, 배변 훈련 등 발달 정도를 관찰하여 메모해 가서, "요즘 아이가 어떤 행동을 합니까?"라는 질문을 받을 때 당황하지 않고 바로 대답해야 한다. 육아수첩도 꼭 가지고 가서 아이의 키, 체중, 예방접종 등 건강검진을 통해 얻은 정보들을 곧바로 기록한다.

소아과 건강검진 절차 건강검진을 수행하는 의사에 따라 절차가 조금씩 다를 수 있지만, 생후 두 돌 아이의 건강검진은 대체로 다음 과정으로 진행된다.

* 아이의 발달, 행동, 식습관, 건강에 대해 질문한다. 가족이 대체로 잘 지내는지, 주된 스트레스나 변화는 없었는지, 아이가 형제들과 잘 지내는지, 엄마가 아이를 돌보는

데 어려움은 없는지, 어린이집에 보낼 경우 시설은 어떤지 등 아이의 전반적인 생활에 대해서도 질문할 수 있다. 또한 부모가 궁금한 사항을 질문하는 시간을 갖는다.
* 키, 체중, 머리둘레 등 아이의 성장 상태를 측정한다. 이 결과들을 성장 도표(908~911쪽 참조)와 비교하면 아이의 키와 체중의 변화를 알 수 있다.
* 신체 발달과 지능 발달에 대해 비공식적으로 평가한다.
* 청력과 시력 검사를 한다. 눈은 양쪽 눈의 위치가 일직선으로 가지런한지 측정한다.

추가 검진은 필요에 따라서 한다.
* 아이의 빈혈이 의심되는 경우 손가락 끝에서 혈액을 채취해 혈액 검사를 실시한다(헤마토크리트 또는 헤모글로빈 검사). 통상 12개월~만 4세에 한 차례 실시하는 검사이다.
* 손가락 끝에서 혈액을 채취해 혈액 검사를 실시하여 납 성분이 있는지 확인한다.
* 고위험 아이의 경우 투베르쿨린 검사로 폐결핵 여부를 알아본다.

예방접종 이 시기까지 예방접종 시기를 놓친 경우 접종을 실시한다.

선행 지도 의사는 이제부터의 바람직한 육아법, 부상 예방법, 적절한 장난감과 놀이 활동, 영양, 수면, 배변 훈련, 보육 시설, 유치원, 언어 발달 등 꼭 알아 두어야 할 사항을 설명한다.

다음 건강검진 만 3세(36개월)가 될 때 소아과 검진을 받으면 된다. 그때까지는 이 책에 나와 있지 않은 내용에 대해 궁금한 사항이나 아이의 질병 등 기타 문제에 대해서 의사와 상담을 해야 한다.

무엇이든 물어보세요 Q&A

—— 두 돌 생일 파티

Q "딸아이의 두 돌 생일 파티를 계획하고 있어요. 어떻게 준비해야 할까요?"

A 아이가 "오늘은 내 생일이니까 내 마음대로 할 거야."라고 떼를 쓰지 않게 하려면, '단순하고 간소하고 합리적이고 짧게' 생일 파티를 계획해야 한다. 이렇게 간단한 준비를 한다고 해서 완벽한 파티가 보장되는 것은 아니지만, 어느 정도 혼란을 줄이고 즐겁고 기억에 남는 이벤트로 끝낼 가능성이 높아진다.

초대 손님 범위 두 돌을 맞은 아이의 생일 파티에 초대할 손님은 주로 아이가 잘 알고 좋아하는 어른들을 초대하는 것이 가장 안전하고 확실하다. 분위기를 살리기 위해 또래의 다른 아이들도 초대할 계획이라면 인원수가 많지 않게 한다. 또 아이들은 짝을 지어 놀 수 있도록 아이들 수를 짝수로 맞추어야 한다. 부모와 떨어져서 놀기에는 아직 어리기 때문에, 아이들의 엄마 아빠가 잘 돌봐야 파티가 눈물바람으로 끝날 가능성을 최소화할 수 있다. 손님을 집으로 초대할 경우, 집에서 기르는 애완동물을 조심해서 관리해야 한다. 개나 고양이를 무서워하거나 알레르기가 있는 아이도 있고 아무리 순한 애완동물도 아이들이 왁자지껄 떠들고 정신없이 돌아다니면 예기치 못한 행동을 할 수도 있다. 따라서 파티를 하는 동안은 애완동물을 파티 장소에서 떨어진 곳에 따로 두도록 한다.

시간 아이와 함께 외출을 하거나 생일 파티 등을 할 때 가장 문제가 되는 건 시간이다. 생일 파티를 할 때는 아이의 평소 일과에 맞추어 계획해야 한다. 낮잠 시간, 배가 고픈 시간, 평소에 짜증을 부리는 시간대는 피한다. 배가 고픈 시간대일 때는 아이에게 미리 먹을 것을 주어 아이가 불안해하지 않게 한다. 대체로 오전 늦은 시간이나 오후 이른 시간이 가장 좋다. 아이가 기분 좋은 상태를 유지하기에는 한 시간에서 한 시간 반 정도가 가장 적당하다.

파티 장식 장식은 간단히 한다. 장식이 너무 과해도 정신이 사나울 수 있다. 아이가 좋아하는 뽀로로나 뿡뿡이 캐릭터 정도로만 잔뜩 장식해 놓아도 한껏 파티 분위기를 낼 수 있다. 종이로 식탁을 덮으면 쉽게 찢어질 수 있으므로 종이보다 천이나 물로 닦을 수 있는 비닐 식탁보로 덮는 것이 더 낫다. 색색의 장식 리본과 은박 풍선으로 주변을 장식한다. 고무 풍선은 터지거나 바람이 빠지면 질식의 위험이 높으므로 사용하지 않는다(706쪽 참조). 마스크, 시끄러운 소리가 나는 장난감 등 아이를 놀래는 물건들도 피해야 한다.

놀이 두 돌 아이에게 마술사, 광대, 가면을 쓴 구연동화가는 모두 무서운 대상일 수 있다. 이런 형식적인 오락은 차라리 삼가는 편이 낫다. 대신 다른 오락을 준비하자.

* **게임** 모두가 이길 수 있는 게임을 한다. 두 돌 아이들은 아직 게임은 이길 수도 있고 질 수도 있다는 상황을 결코 편안하게 받아들이지 못하기 때문이다. 따라서 원을 그리며 노래를 부르는 경쟁이 없는 놀이가 좋다.
* **율동** 음악을 틀어 춤을 추게 해 넘치는 에너지를 발산시킨다.
* **노래** 아이들이 좋아하는 노래를 다 함께 부른다.
* **책** 누군가 큰 소리로 책을 읽고 다 함께 이야기를 듣는다.
* **미술** 흥미를 끌지만 너무 어려워 좌절하는 일이 없는 미술 활동을 준비한다. 매직펜과 스티커로 식탁 매트나 종이 모자 장식하기, 생일 왕관 만들기, 커다란 신문지에 색칠하기, 생일 주인공을 위해 모두가 협력해 벽화 그리기 등을 할 수 있다. 아이들 각자에게 크레파스나 독성이 없고 물에 지워지는 매직펜을 주면 티격태격 다투는 상황을 예방할 수 있다.
* **자유 놀이** 방 하나에 블록과 미술 도구, 타고 놀 장난감, 변장 놀이 도구 등을 준비한다. 단, 모든 아이들이 고루 가지고 놀 수 있을 만큼 충분히 마련해야 한다.
* **놀이의 하이라이트는 생일 케이크의 촛불 끄기** 파티 전에 미리 아이와 촛불 끄는 연습을 해 둔다. 촛불이 켜 있는 동안에는 아이가 케이크 가까이 가지 않도록 주의해야 한다.

주인공으로서 아이의 역할에 대한 기대 아이가 예의 바르게 손님을 맞고, 얌전하게 선물을 받으며, 다른 사람들에게 먼저 케이크 맛을 보게 하고 파티를 즐기도록 권하는 등 우아한 안주인으로서의 역할을 할 거라고 기대한다는 건 현실적이지도 않고 합리적이지도 않다. 지금 아이가 '나이답게 행동한다'는 것은 곧 '아이다운 모습을 보인다'는 뜻이다. 다시 말해 자기중심적이고 예측할 수 없을 만큼 변덕이 심하며 고집이 세거나, 아니면 부끄러움이 많고 사교적이지 못한 모습이다. 더구나 생일의 주인공이 된다는 스트레스까지 더해지면 아이는 '적절한' 사교적 기술을 보여 줄 가능성이 여느 때보다 훨씬 줄어든다.

마음에 들지 않는 선물에 티를 내는 당황스러운 일도 생길 테고, 우유를 소파에 왕창 쏟는 제법 큰 사고도 일어날 수 있다는 것을 각오한다. 그리고 무엇보다 중요한 사실 하나, 정작 오늘의 주인공은 자신의 생일 파티를 썩 감사하게 여기지 않는다. 이 역시 정상이다.

── 왜 왜 왜

Q "우리 딸은 두 마디 중에 한 마디는 '왜?'라는 질문이에요. 아이가 알아듣도록 완벽하게 설명을 해 주었는데도 또 왜냐고 물어봐요!"

A 아이들은 어째서 "왜?"라고 물어보는 걸까? 물론 때로는 당연히 설명을 필요로 하기 때문에 '왜'냐고 물어본다. 세상은 너무나 복잡해 알면 알수록 모르는 것투성이라서 한창 학구열이 넘치는 아이가 끊임없이 "왜?"라는 질문을 입에 달고 사는 건 아주 당연하다. 아이가 '왜'를 외치는 더 큰 이유는 질문을 해서 답을 얻을 때 느끼는 커다란 만족감 때문이다. 심지어 뻔히 답을 알고 있는 내용에 대해서도 그렇다.

그러나 아이가 '왜'를 연발하는 유일한 동기가 지식에 대한 갈망과 의사소통을 향한 열망만은 아니다. "왜?", "저건 뭐야?"라고 질문을 하면 답을 얻을 수 있는 건 물론이고 금세 자신에게 관심이 쏠린다는 것을 알기 때문이다. 아이 입장에서는 이런 두 가지 이유로 묻고 또 물을 가치는 충분히 높은 것이다. 그리고 반복되는 모든 일들이 그렇듯 '왜'라는 질문도 습관이 된다.

때로는 아이가 똑같은 질문을 수없이 되풀이하는 버릇을 고치고 싶은 마음에 '왜'라는 질문을 무시하고 싶을 때도 있지만 바람직한 생각은 아니다. 아이의 자연스러운 호기심이 억압되고, 배우려는 의욕이 꺾이며, 의사소통을 하려는 욕구를 차단시킬 뿐 아니라, 그 결과 좌절감이 커지기 때문이다. 자신을 둘러싼 환경을 거의 통제할 능력이 없는 아이로서는 질문에 대답을 얻어내지 못하면 자신이 상당히 무능하고 무력한 존재라는 생각을 하게 된다.

그러므로 남아 있는 인내심이란 인내심을 모두 발휘해 아이가 질문을 할 때마다 곧바로 대답을 해야 한다. 때로는 아이의 '왜'라는 질문에 "너는 왜 …… 라고 생각하니?"라고 되물으면 단조로움을 깰 수도 있고 아이 스스로 생각하게 훈련시키는 데 도움이 될 수 있다. 그러나 되묻는 방식이 아이를 짜증 나게 만드는 것 같다면 대답을 강요하지 말고 그냥 부모가 답을 한다.

아이가 더 성장하여 의사소통 기술이 발달하면 무의미한 '왜'는 사라지겠지만 그때까지는 아마도 이유 있는 질문은 결코 멈추지 않을 것이다. 그때까지는 부모로서 인내심이 한계에 다다르려 할 때마다 아이에게는 이 방법이 호기심을 해결하는 최고의 학습 방법임을 꼭 기억하자.

── 배변 훈련이 잘 안 되고 있어요

Q "우리 딸은 오늘로 두 돌이 됐어요. 몇 달 전부터 배변 훈련용 팬티를 입고 배변도 잘 가리고 유아용 변기도 잘 사용해 왔습니다. 그런데 요즘 갑자기 변기에 앉지 않겠다고 고집을 부려요. 그 바람에 얼마나 '사고'를 많이 치는지 몰라요. 어떻게 해야 좋을지 모르겠습니다. 도와주세요!"

A 육아를 할 때 통제하려는 부모와 통제에서 벗어나려고 하는 아이 사이에 신경전을 벌이는 시기가 있다. 아이에 따라 이런 첫돌 직후에 일찍 오기도 하고 늦게는 두 돌 무렵에 오기도 하며, 기간도 짧게 끝나기도 하고 오랫동안 지속되는 경우도 있다. 이렇게 아이마다 시기에 차이가 있을 뿐 주도권 문제는 늘 있기 마련이다.

예를 들어, 부모가 입으라는 옷을 한사코 거부하고 완전히 엉뚱한 옷을 입으려 한다든지, 바로 앞에 놓인 음식은 먹으려 들지 않고 있지도 않은 음식을 내놓으라고 생떼를 부린다든지, 잘 사용하던 변기를 사용하지 않아 '사고'를 치는 식이다. 아이는 이런 모습을 통해 누가 대장인지 보여 주려는 것이다.

주도권 문제로 인해 배변 훈련에 지장이 생기지 않게 하기 위해서 반항적인 만 두 살이 지나갈 때까지 배변 훈련을 연기하는 부모도 있다. 이런 조치가 배변 훈련 과정 자체가 수월해지지는 않더라도 좀 더 매끄럽게 진행시킬 수도 있다. 그러나 이 경우 역시 아이의 반항과 퇴행성 행동이 뒤늦게 나타날 가능성이 매우 높다. 어떤 경우든 변기 사용에 대한 저항을 극복하는 데 다음과 같은 전략을 쓰면 꽤 도움이 된다.

의사와 상의한다 변기를 사용하지 않으려는 이유가 때로는 요로 감염과 같은 의학적인 원인 때문일 수 있다(599쪽 참조). 의학적인 문제가 더 확산되기 전에 반드시 치료를 받아야 한다.

변비를 치료한다 변비로 인해 배변 훈련 과정에 혼란이 올 수 있다. 성인 변비와 마찬가지로 아동 변비도 섬유질, 수분, 운동을 강화하고 심리적 압박을 풀어 주면 변비 치료에 도움이 된다. 변비 예방 및 치료 방법은 648쪽을 참조한다.

스트레스를 해소한다 아이가 배변 훈련을 거부하는 이유가 주도권을 쥐려는 몸부림이 아니라 현재 상황에 만족스럽지 않아서일 수 있다. 동생이 태어났거나, 새로 다니기 시작한 어린이집이 너무 엄해서 스트레스가 쌓인 경우 등 불만족이 해소되면 배변 훈련이 다시 정상 궤도를 찾을 것이다.

압박을 줄인다 <u>아이는 배변 훈련을 잘 수행해야 한다는 압박감 때문에 오히려 퇴행을 일으킬 수 있으므로 압박을 줄여야 한다. 이런 경우, 집에서는 당분간 변기 사용을 강요하지 않는다.</u> 변기를 사용할 수도 있지만 의무 사항이 되어서는 안 된다. 스트레스로 인해 잦은 배뇨를 일으키기도 한다. 일부 아이들은 스트레스를 받으면 한 시간에 서너 번씩 소변보고 싶은 욕구를 느끼기도 하는데, 이 경우 때마다 화장실에 가기가 힘들 수 있다. 이처럼 스트레스로 인해 배뇨 빈도가 증가하는 현상은 몇 주에서 몇 달 동안 지속될 수 있다. 이때는 의사와 상의해야 한다. 아이가 올바른 배변을 하지 않아 옷을 갈아입혀야 할 때, 못마땅해 하며 혀를 차거나 고개를 가로저으며 불평하면 안 된다. 그다지 대수롭지 않은 일인 듯 행동해야 한다. 부모는 아이가 뚜렷한 퇴행 행동을 나타내더라도 좌절하지 말고, 말로든 행동으로든 감정을 드러내지 않아야 한다.

재빨리 변기를 이용할 수 있게 대비한다 아이의 마음이 바뀌어 변기를 사용하려고 할 때, 혼자서 옷을 벗을 수 있도록 벗기 쉬운 옷을 입힌다.

방법을 바꾼다 때로는 약간의 변화를 시도하는 것만으로 자연스럽게 아이가 퇴행 상태에서 빠져나오게 할 수 있다. 아이가 유아용 변기 의자를 사용했다면, 다른 가족들과 비슷해졌다고 느낄 수 있도록 일반 변기 위에 얹는 유아용 변기 시트 구입을 고려한다. 변기를 구입할 때는 아이를 데리고 가서 아이가 마음에 드는 색깔이나 모양을 선택하게 한다. 처음부터 일반 변기 위에 유아용 변기 시트를 놓고 배변 훈련을 시작했다면, 유아용 변기 의자로 바꿔 본다.

아이에게 책임을 맡긴다 배변 훈련 문제로 아이와 대립이 생길 때 어차피 부모가 이길 가능성은 거의 없으니 차라리 품위 있게 져 준다. 배변에 대한 책임을 아이에게 맡기는 방법은 600쪽을 참조한다.

다른 영역에 더 많은 선택권을 준다 아이들은 본질적으로 자신을 옹호하려는 욕구가 있다. 그러므로 어떤 옷을 입을지, 누구랑 놀지, 점심으로 무엇을 먹을지 등 다른 영역에서 아이가 스스로 선택할 수 있도록 하면, 배변 훈련 문제로 굳이 부모와 대립할 필요성을 느끼지 않을 수도 있다.

인신공격을 하지 않는다 사고 몇 번 쳤다고 '아기'라고 놀리면, 오히려 아이는 다음에도 똑같은 행동을 하겠다고 결심한다. 아이가 이런저런 '아기 같은' 행동을 보이더라도 관심을 주지 말고, "네가 혼자 신발을 신은 거야? 와, 우리 딸 이제 다 컸네!" 등 칭찬할 만한 행동을 찾아본다.

시간을 준다 변기를 이용하는 시기는 아이들마다 다르다. 아이가 일찍 배변을 가리면 부모가 뒷수습하느라 지칠 일이 없어 편해지겠지만, 조금 늦게 가려도(세 살 이후) 괜찮다. 배변 훈련 연령과 아이의 지능 또는 학업 성적과는 아무런 관련이 없다. 대소변을 늦게 가린다고 해서 지능이 낮은 것이 아니다. 아이가 이전에 변기를 사용했다면 조만간 아이 스스로가 준비되면 다시 이용하게 될 것이다. 배변 훈련에 대한 자세한 요령은 19장을 참조한다.

의사를 무서워해요

Q "요즘에는 아이를 병원에 데리고 가기가 무척 힘들어요. 지난번에는 두 번이나 억지로 끌고 가다시피 했답니다. 의사를 무서워하는 것 같아요."

A 유아 때는 어떤 경험을 해도 그 기억이 오래 남지 않기 때문에 매번 병원에 가는 일이 새로운 경험이 되고 마트에 가는 것과 다를 바 없다. 그러나 만 두 살 전후에 접어들면서 기억력이 향상되면서 상황이 많이 달라진다. 이제 아이는 지난번 병원에 갔을 때 의사가 이상한 기구로 온몸을 살피고 찌르고 눌렀던 일, 주사기로 푹 찔러 아팠던 일이 떠올라 또다시 똑같은 일을 해야

한다는 생각에 미리 겁을 먹을 것이다.

　　아이가 두려움을 극복하도록 도와줄 가장 우선적이고 중요한 조치는 아이의 감정을 공감하고 충분히 그럴 수 있다고 인정해 주는 것이다. 그런 다음에 다음 조치를 하자.

친숙하게 느끼게 한다　의사와 병원에 대해 많이 알수록 두려움을 덜 느낀다. 병원에 가면 어떤 것을 하는지에 대한 내용이 담긴 그림책을 읽어 준다. 그림이 선명하고 이해하기 쉬운 책이 더욱 좋다. 책을 읽으면서 아이의 마음이 편안해질 이야기를 많이 들려준다. 그러나 너무 장황하게 설명하거나 복잡하고 기술적인 내용은 설명하지 않도록 한다. 무엇보다 의사 선생님은 아이들을 건강하게 해 주는 좋은 사람이고 병원은 안전한 곳이라는 데 초점을 맞추어야 한다.

이해를 시킨다　의사가 어떤 사람이고 얼마나 친절한지, 병원에 어떤 재미있는 장난감이 있는지 등에 대해 아이와 함께 이야기한다. 의사는 아이들이 아프지 않게 도와주고 아픈 사람을 낫게 해 주는 친구라는 것을 깨닫게 해야 한다.

의사놀이를 하게 한다　병원놀이 도구를 준비한다. 아이에게 의사 역할을 맡겨 부모나 친구, 큰아이, 인형 또는 자기 자신을 진찰하게 한다. 다양한 진찰 기구들을 보여 주고, 귀와 목을 검사하는 방법, 심장박동 소리를 듣는 방법, 혈압 체크 방법 등을 알려 준다. 이런 기구들의 용도를 알면 아이는 자신이 통제되고 있다는 느낌과 무력한 희생자라는 기분이 없어진다. 아이가 원한다면 병원에 갈 때 병원놀이 도구를 가지고 가서 대기실에서 기다리는 동안 가지고 놀게 한다.

진료가 시작되면, 먼저 "진료하기 전에 아이가 병원놀이 기구로 의사 선생님의 심장을 검사해도 괜찮을까요?"라고 물어본다.

섣부른 장담은 하지 않는다　전혀 아프지 않을 거라고 장담하면 아이는 오히려 더 의심한다. 왜냐하면 옷을 사러 갈 때나 친구 집에 놀러 갈 때는 아프지 않을 거라는 말은 아예 하지 않기 때문이다. 말 한마디에도 크게 영향을 받는 아이에게는 차라리 아플 수도 있다고 암시하는 편이 아이도 마음의 준비를 하고 있는 그대로 상황을 경험하게 하는 데 도움이 된다. 만약에 아프지 않을 거라고 했는데 조금이라도 아팠다면 다음에는 아무리 달래도 믿으려 하지 않을 것이다.

괜한 겁을 주지 않는다　"약을 먹는 게 나을 걸. 안 그러면 감기에 걸려서 병원에 가서 주사 맞아야 해." 이런 말은 부모들이 아주 예전부터 잘 쓰던 협박이다. 그러나 이런 협박은 병원에 가는 것을 벌받는 거라는 인식만 심어 줄 뿐이다.

아이의 컨디션에 맞게 병원 예약을 한다　가능하면 평소 아이의 낮잠 시간이나 식사 시간, 짜증을 부리는 시간에는 예약하지 않는다. 또 토요일 오전이나 방과 후는 병원이 붐비는 시간이어서 의사나 간호사들이 떼쓰는 아이를 달래 줄 시간도 인내심도 없을 때이니 피한다.

아이가 원하는 걸 해 준다　병원에 다녀오면 얼린 요구르트를 준다거나 놀이터에 가자거나 친구 집에 놀러 가자고 약속을 하면, 아이는 진료를 받는 동안 즐거운 생각을 하게 된다. 떼를 쓰든 안 쓰든 상관없이 약속은 반드시 지켜야 한다. 아이가 협조하지 않았다고 약속을 지키지 않으면 부당할 뿐 아니라 다음에 협조할 가능성을 크게 떨어뜨릴 수 있다. 놀이터에 가는 단순한 일이라도 '병원에 다녀오면 아이가 원하는 걸 해 주기'를 의례적인 일로 만들면 최소한 한 가지쯤은 병원과 즐거운 일을 연관시킬 수 있게 된다.

아이의 마음을 편안하게 하는 데 집중한다 아이가 심리적 안정을 가장 필요로 할 때는 평소에 응석을 부리는 것과는 다른 차원이므로 아이가 마음이 편해질 수 있도록 최선을 다한다. 아이가 좋아하는 담요를 가지고 가, 진료 테이블 위에 깔아 주거나, 아이가 좋아하는 인형이나 장난감을 가지고 간다.

아이가 부모에게 떨어지지 않으려고 하면 무릎에 앉히고, 울어도 야단치지 않는다. "울어도 괜찮지만 의사가 얌전히 앉으라고 요구하면 검사가 좀 길어지더라도 얌전히 앉아 있어야 한다."고 알려 준다.

부모의 불안감부터 다스린다 불안감과 두려움은 전염성이 매우 강하다. 부모가 병원에 가는 건 하나도 안 무섭다고 말하면 아이가 두려움을 극복하는 데 도움이 된다. 그러므로 느긋하고 자신 있는 모습을 보이도록 노력한다. 병원에 갈 시간이 되면 걱정스러운 목소리로 "이제 병원에 가야 해."라고 하거나, 하는 수 없다는 듯이 "병원에 가야지 어쩌겠니."라고 하지 말고, "자, 이제 병원 갈 시간이다."라고 쾌활한 목소리로 말한다. 병원에 도착하면 씩씩한 모습을 보인다. 부모가 먼저 청진기로 검사 받거나 검이경으로 귀를 검사 받고, 주사를 맞을 때는 눈을 감지 않는다.

아이가 버릇없이 굴까 봐 걱정되어 안절부절못하는 모습을 보여서도 안 된다. 의사와 간호사들은 아이의 행동을 충분히 이해한다.

아이에게 만성 질병, 수술 등 건강상 심각한 문제가 있어 병원에 갈 때는 특히 더 불안한 감정을 감추기 위해 애써야 한다.

의사에게 미리 부탁을 한다 아이의 마음을 이해하는 소아과 의사라면 검사를 시작하기 전에 아이에게 검사 장비를 살펴보게 하는 등 진료를

아프지 않은 주사도 있을까?

스웨덴에서 개발해 최근 널리 이용되고 있는 최신형 국소 마취제 EMLA는 예방접종을 비롯해 대부분의 주사에서 통증을 완전히 또는 상당히 줄일 수 있다. 다음에 예방접종을 예약할 때 의사에게 이 국소 마취 크림을 이용할 수 있는지 문의한다. 충분히 효과가 나타나려면 주사를 맞기 최소한 한 시간 전에 크림을 발라야 하므로, 의사는 병원에서 크림을 가지고 가서 집에서 바른 후 다시 방문하도록 권할 수도 있다.

주의 사항 다른 약물과 마찬가지로 EMLA도 수분 정체로 인한 부종, 피부가 살짝 빨개짐, 피부의 온도 감각 변화, 가려움, 발진 등의 부작용이 나타날 수 있다. 약물, 특히 리도카인이나 프릴로카인 같은 국소 마취제에 약물 민감성의 병력이 있는 경우 사용해서는 안 된다. 또한 가격이 비싸고, 통증을 줄이기는 하지만 어린이의 주사 자체에 대한 공포심을 없애지는 못한다는 연구 결과가 있다. 그러나 아이가 혈액 검사, 주사, 정맥 주사를 자주 접해야 하는 경우에는 매우 유용하다.

아이가 코를 풀 줄 알면 주사를 맞는 동안 코를 풀어도 통증 완화에 도움이 된다.

천천히 진행하고, 아이들이 편안해 하도록 몇 가지 방법을 준비한다. 선입견을 없애기 위해 흰 가운을 입지 않는 의사도 있다. 그렇기 때문에 병원에 가기 전에 전화를 걸어 아이가 몹시 두려워하고 있으니 뭔가 조치를 해 달라고 부탁한다고 해서 피해를 주는 건 아니다. 혹시라도 의사가 부모의 걱정을 무시하거나 진료를 하는 동안 아이를 호의적으로 대하지 않는다면 의사를 바꾼다.

놀이방에서 기다린다 대부분 소아과 병원 대기실에는 장난감과 책, 놀이 기구가 준비된 놀이방 시설이 있다. 답답하고 삭막한 진료실보다 놀이방에서 차례를 기다리면 불안을 더는 데 도움이 된다. 진료를 시작할 때도 장난감을 가지고 들어가 아이가 다른 데 몰두할 수 있게 한다. 진료를 위해서 옷을 벗어야 한다면 미리 하지 말고 직전에 벗게 한다. 옷을 벗은 상태로 있으면 아이는 더 나약해진 기분이 들 수 있다.

칭찬을 한다 "울고 싶은 걸 꾹 참다니, 잘했어." 아이가 협조를 했다면 그 정도가 미미하더라도 칭찬하고, 아이가 발버둥을 치고 소리를 질렀더라도 야단치지 않는다. 또한 아이의 두려움을 무시하지 말고 "병원에 오는 거 싫지? 엄마도 잘 알아. 하지만 검사를 받는 건 아주 중요한 일이고 모두가 꼭 받아야 하는 거야."라고 공감을 표현해야 한다.

아이에 따라 병원에서 침착한 태도를 유지하려면 엄청난 노력이 필요한 경우도 있다는 걸 기억한다. 진료를 마치고 나면 아이가 실제로 어떤 행동을 어떻게 잘했는지 구체적으로 말하고 칭찬한다. 이렇게 하면 다음에 더 잘할 수 있다는 자신감을 갖는 데 도움이 된다.

── 치과 의사를 무서워해요

Q "저는 늘 치과에 가는 게 무서웠어요. 우리 딸이 요즘 치과에 다니는데 저랑 똑같이 치과를 무서워할까 봐 걱정입니다."

A 아이들에게 치과에 대한 인식은 궁극적으로 부모의 태도, 사전 준비, 그리고 치과 의사가 조성하는 분위기에 좌우된다. 이 가운데 가장 중요한 요인은 의사다. 어린이 치과 진료를 전문으로 하는 병원을 찾고, 인내심과 유머 감각을 갖춘 의사라면 더욱 좋다. 또한 직원들이 친절하고 어린이 환자의 눈높이에 맞춘 실내 장식을 한 병원을 찾는다.

두 번째 요인은 바로 부모다. 아이가 치과 의사를 두려워하게 되는 가장 큰 계기는 부모가 치과 의사를 무서워하는가이다. 그러므로 아이 앞에서는 두려움을 꼭꼭 숨기도록 한다. 부모가 치과에 갈 때 그랬던 것처럼 아이를 치과에 데리고 가기 전에 마음의 준비를 시킨다. 치과에 대한 그림책을 읽어 주고, 부모나 인형을 상대로 치과 놀이를 하게 하며, 통증에 대한 화제는 피한다. 정확히 어떤 진료가 이루어질지 치과에 문의해서 아이와 미리 예행연습을 한다. 부모가 치과 의사 역할을 할 수도 있고 역할을 바꿀 수도 있다. 진료를 마친 후에 장난감, 스티커 등 작은 선물을 준비하고, 아이에게도 선물이 있을 거라고 미리 말해 준다.

가능하면 예약할 때 미리 부탁을 하는 것도 좋다. 첫 번째 진료는 아이와 친근하게 대화를 나누고 치과를 소개하며 진료는 짧게 끝내는 등 치과와 친해지는 시간이 되었으면 좋겠다고 설명한다. 꼭 해야 할 치료가 있다면 다음 방문

때 해 달라고 부탁한다. 진료를 받는 동안 부모가 병실에 같이 있는 게 좋은지 치과 의사에게 물어본다. 의사에 따라서 부모가 옆에 없어야 치료를 잘하는 경우도 있다. 그렇지 않은 의사들은 부모에게 아이와 함께 있으라고 얘기할 것이다.

이러한 준비를 미리 하더라도 치과에서 벌어지는 통상적인 상황은 진행할 수밖에 없다는 사실도 기억하자. 아이의 두려움을 인정하고 아이가 최대한 극복할 수 있도록 도와준다.

미용실을 무서워해요

Q "처음으로 머리를 잘라 주려고 아들을 미용실에 데려갔는데요. 얌전히 앉아 있으려 하지도 않고 미용사가 가위를 들고 오자 기겁을 하더라고요. 하는 수 없이 머리를 못 자르고 그냥 집에 데려와야 했습니다."

A 생각해 보면 아이가 미용사를 무서워하는 건 지극히 당연하다. 생판 낯선 사람이 평소에 엄마가 위험하다고 경고했던 가위를 양손에 들고 자신을 향해 돌진하는데 몸부림치고, 버둥거리고, 무서워하는 건 지극히 당연하다. 그렇다고 머리를 안 잘라 줄 수도 없는 일이다. 아이가 미용실에 적응하도록 환경을 조성해야 한다.

* **머리카락은 계속 자란다고 설명한다** 아이들 중에는 머리카락 자르는 걸 신체 한 부분을 자르는 것으로 받아들이는 아이도 있다. 머리카락을 잘라도 아프지 않으며 머리카락은 나중에 다시 자란다고 이해시키면 아이가 이런 걱정을 극복하도록 도울 수 있다. 부모의 머리카락을 조금 잘라서 아이가 만지고, 구부려 보고, 뭉쳐 보게 해서 아프지 않다는

걸 알려 준다. 아기 때 사진을 보여 주고, 몸이 이렇게 큰 만큼 머리카락도 자란다고 설명한다.

* **곰돌이 인형으로 미용실 놀이를 한다** 어린이용 안전 가위, 빗, 타월을 준비한다. 거울 앞에 미용실을 차려 놓고 인형의 머리를 다듬게 한다. 아이의 머리카락과 달리 곰돌이 인형의 머리카락은 한 번 자르면 다시 자라지 않는다고 설명해야 한다.

* **어린이 전용 미용실을 선택한다** 어린이 전용 미용실은 일반 미용실에 비해 머리를 자르지 않겠다고 고집을 부리는 아이들에게 더욱 인내심을 발휘해 잘 구슬릴 것이다. 밝은 색깔의 작업복, 비디오, 재미있는 모양의 의자나 보조 의자, 장난감 등을 구비해 놓은 미용실도 있다.

* **미용사가 머리를 자르는 모습을 지켜본다** 미용실을 방문해 다른 아이들이 머리를 자르는 모습을 지켜보게 한다. 다른 아이들이 다친 데

사실대로 말해 주세요

있는 그대로 말해 주면 신뢰가 쌓인다. 검진을 받으러 치과에 가든, 주사를 맞으러 병원에 가든, 머리를 다듬으러 미용실에 가든 아이를 갑자기 놀라게 해서는 안 된다. 그러려면 아이에게 상황을 솔직하게 말해야 한다. 마치 놀이터에 가는 것처럼 집을 나섰다가 치과로 방향을 틀어서도 안 된다. 주사를 맞을 거라는 걸 알면서도 이번에는 병원에 가도 주사를 맞지 않을 거라고 말해서도 안 된다. 백 퍼센트 확신할 수 없다면 과정이 아프지 않을 거라거나 금세 끝날 거라고 섣불리 장담해서는 안 된다. 각각의 경험에 대비해 최대한 완벽하게 아이를 준비시키되, 너무 많은 정보나 쓸데없이 자세한 내용을 전달해 아이의 두려움을 키우지 않도록 해야 한다.

없이 주위를 왔다 갔다 하는 모습을 보면서 아이는 위험하지 않다는 걸 확신하게 될 것이다. 더 좋은 방법은 부모의 머리를 다듬는 모습을 아이가 지켜보게 하는 것이다. 그러는 동안 미용사에게 아이를 소개하면 아이가 미용사를 그다지 낯설어하지 않을 것이다.

* **알맞은 시간을 정하는 것이 현명하다** 아이가 짜증을 내거나 피곤해할 시간대, 배가 고파질 때, 미용실이 붐벼 미용실 직원들이 바쁘고 힘든 시간대에는 예약을 하지 않는다.

* **머리를 감기지 않는다** 미용실에서 머리를 감기 위해 고개를 뒤로 젖히는 동작은 어린아이에게 특히 불편하고 아이를 두렵게 할 수 있다. 공포스럽게 머리를 감기지 말고, 스프레이로 물만 뿌려서 머리를 자르게 한다.

* **아이를 무릎에 앉힌다** 미용실에 있는 크고 높은 의자에 앉으면 외롭고 무서울 수 있다. 머리를 자르는 동안 부모의 무릎에 앉히는 것이 부모나 미용사에게 불편할 수 있지만, 아이가 첫 경험을 보다 편안히 받아들이는 데 도움이 된다. 앞머리를 자를 때는 거울을 마주 보고 앉아 아이를 무릎에 앉히고 뒷머리를 자를 때는 아이를 돌려 앉혀 부모와 마주 보게 한다.

* **보상을 준비한다** 머리를 자르기로 한 건 부모의 생각이지 아이의 생각이 아니라는 걸 기억하자. 아이가 미용실을 즐겁게 받아들이도록 하기 위해 공원, 박물관, 친구 집에 놀러 가기 등과 머리 자르기를 결부시킨다. "오늘 우리 어린이 박물관에 가자. 하지만 먼저 미용실에 들러서 머리부터 자르고." 이 방법은 머리를 잘라야 한다는 불안감에서 즐거운 일에 대한 기대감으로 아이의 관심을 돌릴 것이다. 아이가 미용실에 들어가려고 하지 않으면 "박물관 문 닫기 전에 도착하려면 얼른 머리 잘라야겠다."고 말한다.

* **작은 노력에도 크게 칭찬한다** 아이가 잘 협조하지 않더라도 칭찬은 크게 한다. 머리를 자르는 동안 내내 몸부림을 쳤어도 칭찬을 많이 하고 비난은 삼간다.

* **부모가 직접 머리를 자른다** 아이가 미용실에서 도무지 얌전히 있으려 하지 않는다면 집에서 이발을 시도한다. 이발 가위를 이용해 한 번 자를 때 조금씩 잘라 머리가 너무 짧아지는 일이 없도록 한다.

잠드는 걸 무서워해요

Q "우리 딸은 베개에 머리만 닿으면 곧바로 잠을 잤어요. 그런데 요즘에는 울고, 소리 지르고, 물 달라고 떼쓰고, 아무튼 어떻게든 눈을 안 감으려고 별별 방법을 다 동원한답니다. 마치 자는 걸 무서워하는 것처럼 말이에요."

A 아이에게 '잠'이란 꿈나라로 여행을 떠나는 게 아니다. 잠이 든다는 건 부모의 보호와 따뜻한 품, 장난감, 애완동물, 놀이를 떠나 어둡고 조용한 혼자만의 세계 속으로 들어가야 하는 걸 의미한다. 잠자리에 드는 것은 분리의 한 형태로, 아이들을 불안하게 만든다. 아이가 불안해하지 않고 잠을 잘 수 있도록 안심을 시켜야 한다. 아늑하고 편안하게, 그리고 안심할 수 있도록 취침 전 일과를 실시한다(78쪽 참조). 심리적 안정을 주는 물건을 침대에 가지고 가게 한다. 그런 물건이 없다면 아이가 익숙해 하는 부모의 옷을 주거나 아이가 늘 가지고

다니는 인형을 침대에 넣어 준다. 아이가 필요로 하는 것을 모두 주고, 방을 나올 때 "내일 아침에 만나자."라는 말로 안심시킨다. 이런 인사는 아주 잠깐 동안만 헤어질 뿐이라는 걸 상기시킨다.

아이가 부모를 불러도 즉시 반응하지 말고, 아이가 울더라도 바로 아이 방으로 들어가면 안 된다. 스스로를 달래다 잠이 들도록 15~20분 시간을 준다. 일정한 시간이 지났는데도 계속 울면 아이 방에 들어가 입을 맞추고 등을 토닥여 주어 아이를 안심시키고 내일 아침에 만나자고 약속하되, 아이를 안아 주거나 침대 곁에 앉지 않는다.

아이 방을 다시 나올 때 죄책감을 가져서는 안 된다. 아이를 침대에 눕히는 것이야말로 부모가 할 일이며, 아이를 아이 방에 재우는 것 역시 부모가 할 일이라고 속으로 되뇐다.

그런데 아주 잠깐이라도 혼자 남겨진다는 사실 때문에 비명을 지르면서 극도의 패닉 상태를 나타내는 아이도 있다. 이 경우 64쪽을 참조한다.

— 밤에 자꾸 깨요

Q "거의 1년 동안 밤새 깨지 않고 잘 자던 아이가 요즘 갑자기 주기적으로 깨서 울기 시작해요. 무슨 문제가 있는 걸까요?"

A 몇 달 이상 밤에 깨지 않고 잘 자던 아이가 갑자기 밤중에 깬다면 여러 가지 원인을 생각해 볼 수 있다. 어금니가 나거나(191쪽 참조) 악몽을 꾸거나(350쪽 참조) 야경증 증상이 나타나거나(351쪽 참조) 어둠을 무서워하거나(476쪽 참조) 잠이 드는 걸 무서워하는 경우(347쪽 참조) 아이가 잠자는 중간에 깰 수 있다. 가정 내 스트레스로 인한 불안, 여행이나 기타 원인에 의한 일정 변화, 주로 비대해진 아데노이드나 편도선으로 인해 일시적으로 호흡이 정지되는 폐쇄성 수면 무호흡증(191쪽 참조), 중이염 등 질병(650쪽 참조), 드물지만 유독 밤에 항문 주변의 피부를 가렵게 만드는 요충(902쪽 참조)도 원인이 된다. 각각의 해당 주제를 참조해 아이를 깨우는 요인이 무엇인지 밝혀낸다. 일단 원인을 알아냈으면 정상 수면 패턴을 회복하도록 즉시 조치를 한다.

— 스트레스 때문에 밤에 깨요

Q "우리 딸은 항상 숙면을 했어요. 그런데 친정 어머니가 위독해서 2주 동안 집을 비운 뒤부터 도무지 밤에 잠을 잘 못 자요."

A 이 시기 아이들에게 부모 가운데 한 사람 또는 두 사람이 보이지 않는 상황을 극복하기란 당연히 힘든 일이다. 그렇지만 때로는 이런 분리 상황이 불가피할 때가 있다. 부모가 다시 집에 돌아왔을 때 아이는 힘든 감정을 극복하는 데도 또다시

아이의 밤을 지켜 주세요

겁이 많은 아이들은 잠들어 있는 동안 든든하게 지켜 줄 보호 장치가 필요하다. 곰돌이 인형이나 그 밖에 아이가 좋아하는 물건들을 침대에 올려 보초를 서게 해 준다. 머리맡에 손전등을 두어 그림자가 무서운 모습으로 일렁일 때 얼른 스위치를 켤 수 있게 한다. 무서운 괴물을 물리칠 수 있도록 행운의 마스코트, 마술 지팡이 등도 준비해 둔다. 악몽이나 무서운 환영을 지울 커다란 지우개, 부모의 물건도 놓아두면 좋다. 악마에게 겁을 주기 위해 마법의 주문을 외우려는 아이도 있다.

곰돌이 인형에게 아이 곁에서 보초를 서게 하면 무서워 잠을 못 자는 아이 마음을 편안하게 해 줄 수 있다.

어려움을 겪는다.

스트레스로 인해 잠을 잘 못 자는 현상은 이 밖에도 베이비시터가 바뀌거나, 이사를 하거나, 유치원을 옮기거나, 동생이 태어난 경우에도 나타날 수 있다. 스트레스를 받는 아이가 밤에 잘 자게 하려면 낮 동안 충분한 사랑과 관심을 갖고 안정을 찾도록 보살핀다. 아이를 많이 안아 주고 부모의 사랑을 자주 상기시키는 것이 무엇보다 중요하다. 이때 지나치게 응석을 받아 주어서는 안 된다. 그러면 아이는 부모가 잘못해서 자신에게 이렇게 잘해 주는 거라고 생각하게 되고, 따라서 자기 말 한마디면 뭐든 들어줄 거라고 기대하게 되기 때문이다.

부모가 집을 비운 동안 아이의 일상에 변화가 있었다면 부모와 함께 지내는 일을 다시 시작하는 데 대해 역시나 아이가 불안해지고, 밤에 제대로 잠들지 못할 수 있다. 가능한 한 빨리 부모와 함께 지내는 일상을 되찾아 안정시켜야 한다.

특히 취침 시간에 아이를 안심시키는 것이 무엇보다 중요하다. 아이에게 이불을 덮어 줄 때 아침에 만나자고 말해 주어 부모와 또 떨어지게 될지도 모른다는 두려움을 덜어 준다. 부모가 방에서 나가는 걸 아이가 불안해하고 겁을 먹거나, 자신이 잠들 때까지 곁에 있어 달라고 하면, 곁을 지키다가 아이가 완전히 잠든 후에 방을 나온다. 그러나 아이를 안아 주거나 부모의 침대에 데리고 가는 건 안 된다. 며칠 지나면 아이도 한결 안정을 되찾고 부모도 아이가 잠들기 전에 방에서 나올 수 있을 것이다.

아이가 한밤중에 깨면 아이에게 가서 안심시키되 몇 분 이상 머무르지 않는다. 부모가 방에서 나오자마자 아이가 우는 경우, 바로 들어가지 말고 10~15분을 기다리면 그 사이 잠이 들 수도 있다. 아이가 계속 잠들지 못하고 울 때는 잠이 들 때까지 일정 간격을 두고 들여다보면서 안심시킨다.

── 악몽을 꾸는 것 같아요

Q "요즘 우리 딸은 한밤중에 자꾸 깨요. 그런데 마치 악몽이라도 꾼 것처럼 잔뜩 겁먹은 표정으로 울먹울먹합니다. 이렇게 어린아이도 악몽을 꾸나요?"

A 무시무시한 장면으로 이익을 내는 공포 영화 감독을 제외하고, 세상에 악몽을 즐기는 사람은 아무도 없다. 그래도 어른들은 잠에서 깨고 나면 다행히 꿈이었다는 걸 깨닫고 안심하지만, 아직 경험이 부족한 아이들은 꿈과 현실의 구분을 못한다. 따라서 한밤중에 깬 후에도 꿈속에서 자신을 괴롭힌 야생 동물, 유령, 괴물 등 무서운 존재들이 여전히 자신을 위협한다고 생각한다.

<u>악몽을 꾸는 요인은 여러 가지가 있다. 가정 내 갈등으로 인한 스트레스, 베이비시터 교체·이사·어린이집 변경·침대나 방 교체 등의 변화, 취침 전 지나친 흥분이나 과한 행동, 아플 때 등이 대표적이다. 그러나 아이들이 악몽을 꾸는 가장 일반적인 원인은 기억력 향상과 이성적으로 제어되지 않는 상상력 증가 때문이다.</u> 그리고 상상력이 발달할수록 악몽의 내용도 복잡해진다. 꿈의 내용이 설익은 상태인 만큼 단순하면서도 마음을 어지럽히는 이미지들에 더욱 또렷하게 집중하게 되고 그럴수록 무서움은 더욱 커진다. 아이가 악몽을 꾸는지 확인하는 방법과 악몽과 야경증을 구분하는 방법은 351쪽을 참조한다.

아이가 악몽을 꾸지 않고, 꾸더라도 대수롭지 않게 넘길 수 있도록 해야 한다.

* **취침 전에는 평온하게 시간을 보낸다** 시끄러운 놀이, 무서운 내용의 텔레비전이나 비디오, 그림책은 삼간다. 아이를 재울 시간에 "망태 할아버지가 잡으러 온다."고 겁을 주거나 이불을 덮어 주면서 '도깨비' 얘기를 하지 않는다.

* **아이의 악몽 얘기를 해 달라고 한다** 꿈 이야기를 하고 나면 무서움이 한결 줄어든다. 아이가 어휘력이 부족해 표현을 잘 못하면 감정을 표현할 수 있게 도와준다.

* **괜찮다고 말해 준다** <u>아이들은 악몽을 꾸다가 깨면 자신이 다칠지 모른다는 두려움을 느낀다. 이럴 때는 위험하지 않다는 것을 깨닫도록 안심시킨다.</u> 아이에게 사랑한다고 말하고, 꿈은 실제로 일어나는 일이 아니고 책처럼 상상일 뿐이니 안심해도 된다고 말해 준다. 사람은 누구나 심지어 어른들도 가끔은 악몽을 꾼다고 설명한다. 부모가 침착한 모습을 보이고 과잉 반응을 보이지 않으면 아이는 부모의 말을 더욱 신뢰할 것이다.

* **안전하다는 걸 보여 준다** 아이 방에 불을 켜 밤에도 낮처럼 아늑하고 안전하다는 걸 보여 준다. 아이가 밤에 불을 켜 두길 원하면 전등을 켠다. 아이가 장롱 문 뒤쪽과 침대 밑에 괴물이 숨어 있을까 봐 무서워한다면 괴물이 있는지 샅샅이 확인한다. 벽에 걸린 장식, 스탠드, 옷걸이에 걸어놓은 옷, 그 밖에 방에 있는 물건 등이 마치 괴물처럼 그림자를 드리운다면 방에서 치우거나 다시 배치한다. 아이의 두려움을 진지하게 받아들이고, 아이가 무서워할 것이 없다는 걸 확실히 알게 해 준다. 아이가 다시 잠들지 못하면 물을 마시게 하고 잠시 곁에 있어 주겠다고 말한다.

* **아이 방을 나갈 때 아이를 안심시킨다** 아이는 밤에 나타나는 무시무시한 괴물들에 비해 자신이 아주 작고 약하다고 생각하므로

아이를 안심시키는 말과 행동을 최대한 많이 한다.

* **아침에 일어나면 아이가 안전하다는 걸 강조한다** 악몽은 다른 꿈보다 기억에 오래 남기 때문에, 아이가 아침에 눈을 뜰 때 자세한 내용은 기억하지 못해도 계속 불안감을 느끼게 된다. 아이가 꿈 이야기를 하면 들어주고, 관심을 더 많이 기울인다. "용감하게 다시 잠을 자다니 아주 기특하다."는 칭찬도 잊어서는 안 된다.
* **아이의 생활에서 악몽을 꿀 정도로 스트레스를 받는 상황이 무엇인지 짐작 가는 데가 있다면 조치를 한다**

야경증

Q "어젯밤 우리 아들은 잠결에 울면서 비명을 지르고 눈을 희번덕거리면서 몸부림을 쳤어요. 얼굴은 땀범벅이 돼서 잔뜩 찡그리고 있었어요. 너무 무서웠어요. 그런데 아들을 깨우려 하니까 언제 그랬냐는 듯 다시 조용히 자고 있더라고요. 악몽을 꾼 걸까요?"

A 악몽이라기보다 야경증일 가능성이 훨씬 높다(아래 박스 참조). 야경증은 보기에는 섬뜩할지 몰라도 부모가 걱정을 하거나 조치를 할 필요는 없다.

악몽과 야경증

아이가 한밤중에 일어나 비명을 지른다. 악몽을 꾼 걸까 아니면 야경증 때문일까? 둘 사이의 차이를 알면 쉽게 구분할 수 있다.

빈도 악몽은 야경증보다 자주 나타난다. 그러나 대부분의 아동은 아이 기간이나 학령기 전에 최소한 한 차례 야경증을 경험한다. 야경증을 자주 일으키는 아이들의 경우 대개 가족력이 있다. 간혹 이르면 생후 6개월에 야경증을 경험하는 아이도 있다. 대개 잠을 자면서 지나치게 몸을 들썩이고 팔다리를 심하게 허우적거리는 특징이 있다.

시간 야경증은 주로 잠이 든 지 얼마 되지 않을 때, 아이가 잠자리에 들고 1~4시간 사이에 가장 자주 나타난다. 반면 악몽은 수면 시간 후반에 경험하게 된다.

수면 단계 악몽은 렘 수면(급속 안구 운동) 기간 동안, 즉 잠이 얕아 꿈을 꾸는 동안 일어난다. 아이는 꿈을 꾸는 동안 잠을 자지만 꿈이 끝나면 잠에서 깨 두려움에 떤다. 야경증은 숙면을 취하는 동안(비렘 수면 기간 동안) 나타나는 불완전한 흥분 상태이다. 야경증을 경험하는 아이들은 일부러 깨우지 않는 한 대개 잠에서 깨지 않는다.

징후 야경증을 일으키는 동안 아이는 대개 땀을 많이 흘리고, 심장박동이 매우 빠르며, 놀라고 혼란스러운 모습을 보인다. 아이는 부모를 부르다가도 막상 부모가 다가오면 밀어내기도 한다. 비명을 지르거나, 울거나, 칭얼거리거나, 말을 하거나, 심지어 환각 상태에 빠진 듯한 모습을 보이기도 한다. 앉거나, 서거나, 걷거나, 몸부림을 친다. 눈을 뜨거나 어딘가를 응시하거나 희번덕거리기도 하지만 여전히 잠을 자는 상태다. 깨고 난 후 자신의 야경증 증상을 기억하지 못한다.

반면에 악몽을 꾸는 경우는 꿈을 꾸는 동안 약간 불안한 듯 보이지만, 완전히 잠을 깨기 전에는 패닉 상태를 보이지 않는다. 그러나 잠이 깨고 나면 큰 소리로 울고 비명을 지르면서 극도의 공포감을 드러낸다. 부모가 다가가면 필사적으로 매달리고, 말을 할 줄 아는 경우 악몽의 내용을 말하려 할 수도 있다.

지속 시간 야경증은 10~30분 지속되며, 이 시간이 지나면 대개 다시 잠이 든다. 악몽은 보통 짧게 끝나고 곧이어 잠에서 깨게 된다. 뒤이어 패닉 상태가 지속되는 시간은 아이 또는 상황마다 다르다.

야경증을 일으키는 경우는 아이가 몸부림을 치다가 다치지 않도록 옆에서 지켜보는 것 외에 부모가 할 수 있는 일은 별로 없다. 그럴 일은 거의 없지만 만약 아이가 또다시 야경증을 일으킬 경우 아이를 안거나 제압하면 안 된다. 이런 조치는 아이를 더 불안하게 만들 뿐이므로, 아이를 깨우려 해서는 안 된다. 그냥 아이의 행동을 지켜보고 기다리면 된다. 야경증은 보통 10~30분이면 끝난다. 그때쯤 아이가 다시 차분해지면 편안하게 숙면을 취할 수 있도록 잠자리를 정돈해 준다. 다행히 아이는 다음 날 아침에 일어날 때 다소 불안해 보일 수는 있어도 어젯밤에 무슨 일이 있었는지 전혀 기억하지 못한다.

<u>아이가 너무 피곤하면 야경증이 일어날 수 있으므로 피곤하지 않게 하고 충분한 수면을 하게 해야 한다. 대부분은 초등학교에 입학할 무렵이면 더 이상 야경증을 일으키지 않는다.</u> 그렇지 않은 경우 또는 1년에 세 차례 이상 야경증을 일으키는 경우는 의사와 상의한다. 극히 드물지만 야간 발작 장애일 가능성이 있는데 이 경우 필요하면 약물로 통제해야 한다. 야간 발작 장애의 증상은 다리를 떨고 양팔을 퍼덕거리는 특이하고 반복적인 동작을 보이고 간혹 이런 동작이 격렬하게 나타나기도 한다.

— **몽유병**

Q "우리 딸은 깊이 잠든 상태에서 집 안을 돌아다니는 바람에 우리는 한번씩 일어나 딸을 찾곤 합니다. 몽유병을 문제로 여겨야 할까요? 딸아이의 행동을 중단시켜야 할까요?"

A 옆에서 지켜보는 사람들에게는 몽유병 증상이 으스스해 보일지 모르지만, 사실상 이 증상은 아주 흔하고 지극히 정상이다.

한 가지 위험이 있다면 계단이나 탁자 모서리, 전화선, 전선, 바닥에 떨어진 장난감 등 장애물에 걸려 다칠 수 있다. 이러한 위험을 예방하기 위해 아이 방문 앞에 튼튼한 안전문을 설치하는 것이 바람직하다. 아이의 방문 앞에 안전문을 설치하고 싶지 않거나, 아이가 몽유병 증상을 보일 때 방 안에 갇힌 상태를 몹시 당황해한다면, 집 안 전체에 철저하게 안전 대책을 마련해야 한다. 욕실 문을 잠그고, 주방을 차단하며, 모든 계단 앞에는 단단히 안전 문을 설치하고, 아이가 다닐 만한 통로에는 물건을 모두 치워 걸려 넘어지지 않게 해야 한다. 또한 매일 밤 잠자리에 들기 전에 잠재적인 위험 요소가 없는지 집 안 전체를 살펴보는 습관을 들인다.

<u>몽유병 증상을 보이는 아이는 환한 곳이나 안방으로 향하는 경향이 있다.</u> 그러므로 아이 방에 스탠드를 설치하면 아이가 방에 머무는 데 도움이 될 수 있다. 아이가 안방에 들어오거나 집 안 다른 곳에서 아이를 발견하는 경우, 아이를 깨우지 말고 조심조심 아이 침대로 이끈다.

안전 대책을 세우는 것 외에 부모가 할 수 있거나 해야 할 일은 없으며, 대개 저절로 증상이 사라진다. 또한 부모의 수면에는 방해되지만 아이의 수면에 지장을 주지는 않는다. 야경증과 마찬가지로 취침 전 절제된 분위기와 충분한 휴식이 증상 개선에 도움이 된다.

— **색맹**

Q "우리 아들은 색깔 구별을 못하는 것 같아요. 혹시 색맹일까요?"

A 색맹 여부를 알기에는 너무 이르다. 색맹이라기보다 색깔을 모를 가능성이 더 높다. 대부분의 아이들은 서너 살이 지나야 색깔을 알고, 그것도 대체로 부모나 양육자가 아주 많은 시간을 들여 열심히 색깔을 알려 주기 때문에 가능하다.

아이에게 색깔을 가르치기 위해 시간과 노력을 투자하고 싶다면 지금 노력해도 해가 될 건 없지만 아이가 곧바로 이해할지는 장담할 수 없다. 옷, 자동차, 크레파스, 장난감 등 익숙한 물건들에서 빨간색, 파란색, 초록색, 노란색을 가리키는 것으로 시작한다. 1, 2년 후면 이런 기본적인 색깔을 완전히 익히게 되는데 그런 다음 좀 더 구체적으로 분홍, 갈색, 보라 등을 가르친다.

아이가 처음 색깔의 이름을 말하게 될 때는 눈에 보이는 물건마다 빨간색 아니면 파란색, 초록색이라고 말할 것이다. 이런 모습은 색맹의 증상이 아니라 단순히 경험이 부족하기 때문이다. 아이가 만 네 살에 접어들 무렵에도 여전히 색깔을 헷갈려 한다면 남자아이의 7%에 해당하는 색맹이 아닐지 검사를 받아 본다.

색맹은 대개 엄마로부터 아들에게 유전되며 망막 세포 안에 있는 감광 물질 가운데 하나가 부분적으로 또는 완전히 결핍되기 때문이다. 이러한 결핍으로 인해 초록색과 빨간색, 간혹 파란색을 구분하는 능력이 제한된다. 색맹인 사람들 가운데에는 빛이 환한 곳에서는 정상적으로 색을 구분하지만 빛이 어두운 곳에서는 잘 구분하지 못하는 사람도 있다. 그런가 하면 빛의 밝기에 관계없이 특정한 색깔을 구분하지 못하는 사람도 있다. 드문 경우지만 아주 심한 색맹은 모든 사물이 회색빛으로 보이기도 한다.

색맹은 시력의 정밀함에 전혀 영향을 미치지 않는다. 또한 지능이 낮다거나 학습 장애를 일으키거나 하는 것과는 관련이 없다. 치료 방법은 없지만, 취학 전 색의 식별을 바탕으로 하는 놀이를 할 수 없다는 걸 제외하면 색맹인 아동이 특별히 불리할 일은 그다지 없다. 연령이 높은 아동과 성인의 경우 안경이나 콘택트렌즈에 색깔이 있는 필터를 입히면 색의 대비를 구분하는 데는 도움이 될 수 있지만, 색깔별 차이를 알아보는 데는 도움이 되지 않는다.

── 반심리학

Q "우리 아이는 세 살 아이답게 아주 반항적이고 고집도 세답니다. 그래서 최근에 반심리학을 조금씩 시도해 봤는데요. 효과가 아주 좋아요. 그런데 계속 이 방법을 사용해도 괜찮을까요?"

A 아이들의 부정적인 성향을 치료할 방법은 없지만 시간이 지나면 저절로 해결되는 문제이므로 효과적인 대처 방법을 찾아보는 것이 현명하며 이미 그 방법을 찾은 것 같다. 어린아이들은 부모의 수법을 빤히 알면서도 단순히 '게임'을 즐기려는 이유로 반심리학에 자주 반응을 보인다. 반심리학을 이용하면 부모가 원하는 방향으로 무리 없이 아이를 유도할 수 있다.

아이는 부모가 하지 말라는 것을 하면서 만족해하고, 부모는 아이가 하라는 대로 잘하는 모습을 보면서 만족해한다. 한마디로 이 방법은 부모도 아이도 모두 이기는 게임이다. 반심리학을 대체할 유사한 방법은 176쪽 '약 먹을 때 설탕 한 숟가락?'을 참조한다.

그러나 반심리학을 이용할 때 몇 가지를

염두에 두어야 한다. 첫째, 부모가 정말로 원하는 것이 무엇인지 아이가 알 거라는 확신이 없을 때는 이 방법을 이용하지 않는다. 아이는 평소에는 당근을 먹거나 욕조에 들어가는 걸 부모가 원한다는 걸 알지만, 새로운 상황에서는 부모의 진정한 바람을 알지 못하고 혼란스러워할 수 있다. 둘째, 이 방법은 재미삼아 한 번씩 사용해야 한다. 부모가 말하는 내용과 반대로만 움직이면 된다는 생각을 아이에게 심어 주어서는 안 된다. 그리고 모든 악의 없는 장난들이 그렇듯 아이가 반심리학으로 인해 불안해하거나 어리둥절해 한다면 바로 중단한다.

물론 건강과 안전이 위험한 상황일 때는 아이의 성향과 관계없이 반심리학이나 이와 유사한 장난을 이용해서는 안 된다. 농담이라도 "도로로 뛰어가."라거나 "지금 당장 입속에 나이프를 넣지 그러니."라고 말해서는 안 된다.

── **영재아**

Q "우리 딸은 아주 일찍부터 말을 시작했을 뿐 아니라 글자도 읽을 줄 알고 숫자도 셀 줄 알아요. 혹시 영재가 아닐까요? 영재라면 제가 어떻게 해 줘야 하나요?"

A 아이들은 어떤 분야에서든 각자 재능을 지니고 있다. 부모가 조금만 자세히 들여다보면 내 아이가 어느 분야에 특별한 재능이 있는지 금세 알 수 있다. 언어에 재능이 있는 아이도 있고, 숫자에 재능이 있는 아이도 있으며, 기억력이 대단히 뛰어난 아이도 있다. 논리적이고 분석적 기술에 재능이 있는 아이도 있고 추상적 사고에 재능이 있는 아이도 있다. 공간 관계와 수학적 기술에 귀재인 아이도 있고 음악이나 미술에 재능을 타고난 아이도 있다. 체조나 무용에 뛰어난 재능을 보이는 아이도 있고, 사교적 기술이 뛰어난 아이, 인간의 정신세계를 이해하는 데 탁월한 능력을 지닌 아이도 있다. 방 안을 환하게 밝히는 해맑은 미소를 지닌 아이, 친절과 배려에 소질이 있는 아이, 어른 아이 할 것 없이 사람을 잘 설득하는 재주를 가진 아이도 있다. 아주 일찍부터 재능을 드러내는 아이도 있고, 다소 늦게 드러내는 아이도 있으며, 전통적인 평가로는 결코 증명되지 않는 영역에 재능을 지닌 아이들도 많다.

똑똑하고 호기심이 많으며 빨리 배우는 아이는 확실히 지적 재능이 뛰어날 수 있다. <u>하지만 문제는 아이에게 지적으로 재능이 있는지 없는지를 이렇게 이른 시기에 아는 것이 중요한가, 아이에게 '영재'라는 꼬리표를 다는 것이 과연 이로운가 하는 것인데, 결론부터 말하자면 그렇지 않다는 것이다.</u>

누가 봐도 분명한 재능을 무시하라는 의미가 아니다. 모든 부모가 해야 하는 양육 방식을 똑같이 수행해야 한다는 의미다. 다시 말해, 아이에게 자극과 도전, 용기, 관심은 물론이고 사랑과 안정을 충분히 마련해 줘야 한다. 이것이 바로 아이의 잠재력을 최대한 끌어올릴 수 있도록 돕는 최선의 방법이다.

아이의 재능을 북돋우면서 아이가 탁월하게 잘하지 못하는 영역에서도 힘을 실어 줘야 한다. 아이가 언어와 숫자에 재능이 있다면 당연히 이 분야에 관심 갖도록 지도해야 한다. 아이에게 자주 책을 읽어 주고, 잘 아는 글자와 낱말뿐 아니라 생소한 글자와 낱말도 자주 짚어 주며 숫자 놀이를 한다. 그러나 아이가 지난번보다 정글짐을 더 높이 올라가거나 자신의 샌드위치를 친구와 다정하게 나누어 먹을 때도 칭찬을 한다.

아이가 영재인 것 같다는 생각이 들더라도 서둘러 검증 기관에 달려가지 않는다. 이 시기에는 검사 결과가 정확하지 않고, 몇 가지 제한된 기술에 대해서만 평가가 이루어지며, 영재 판정이 나온다 하더라도 현재로서 할 수 있는 일이 별로 없으므로 대체로 검사를 권하지 않는다. 검사 결과 높은 지능 지수가 나와도 사실상 아이에게 그리고 부모의 관계에 부정적인 영향을 미친다. 부모는 기대가 너무 높아져 아이를 특정 분야로 심하게 강요하는 경향이 있다. 아이를 강요하게 되면 긴장과 불만이 늘고, 읽기 능력은 뛰어날지 모르지만 사교 능력은 뒤처지는 등 발달의 불균형으로 이어질 수 있다. 행복하게 잘 지내는 아이를 신동으로 만들려다가 자칫 평범한 어린 시절을 빼앗을 수도 있다. 그러므로 아이를 슈퍼차일드(501쪽 참조)로 만들려 애쓰지 말고, 아이가 재능을 펼치는 모습을 즐겁게 바라보도록 하자.

'안아 줘요' 증후군

Q "한동안 우리 아이는 어디든 걸어 다니는 걸 좋아했어요. 그런데 요즘에는 자꾸 안기려 합니다. 허리가 아픈 것도 문제지만, 이러다 아이가 너무 의존적으로 되는 건 아닌지 걱정됩니다."

A 아이는 처음 한 발 한 발 걸음을 뗄 때는 걸음마가 새로운 경험이었다. 아주 오랫동안 유모차나 아기 캐리어, 부모의 팔에 안겨야만 이동이 가능했다가 혼자서 마음대로 돌아다닐 수 있게 되었으니 이루 말할 수 없을 정도로 짜릿하고 신났다. 한 발 내디딜 때마다 아직 무른 자부심과 성취감이 점점 탄탄해져 갔다. 하지만 신선한 기분도 이제 식상해졌다. 걷기는 의무가 되기 시작해, 모두들 자신이 걷는 걸 당연하게 여기고 심지어 그래야 한다고 요구하는 날도 많아졌다. <u>세 살 특유의 부정적인 성향이 발동하여 따라 걸으라는 말에 슬슬 저항하면서 다리를 움직이려 하지 않는다. 아마도 아이는 이렇게 생각할 것이다. "엄마 아빠가 내가 걷길 원한다면, 그것만으로도 걷지 않을 이유가 충분해."</u>

또한 많은 아이들이 자립심과 부모와의 분리 사이에서 갈등하며 양면적인 태도를 보이는데, 이런 성향 역시 걷기라는 독립적인 행동을 거부하고 부모에게 매달리도록 유도한다. 다음 내용을 참고하면 아이를 다시 걷게 하는 데 도움이 될 것이다.

걷기를 놀이로 만든다 볼일을 보러 밖에 나갈 때도 가는 내내 즐겁게 걸을 수 있다. "가는 동안 멍멍이를 몇 마리나 만나나 세어 볼까?" 등 놀이를 하고, 노래를 부르고, 재미있는 광경을 구경하면 '걷기' 자체에 대한 아이의 주의를 돌릴 수 있다. 또한 아이가 걸음을 멈추고 흥미를 끄는 사물을 관찰해도 못하게 말리지 않는다. 약속 시간이 정해진 경우 넉넉히 시간을 두고 나와 아이가 구경하며 걸을 수 있도록 한다.

아이를 조수로 임명한다 아이들은 누군가를 도와주는 걸 좋아한다. 마트에 걸어갈 때 아이에게 쇼핑 목록을 들어 달라고 부탁한다. 장을 보고 집에 올 때는 가볍고 깨질 염려가 없는 물건 봉지를 들어 달라고 부탁한다. 아이가 도와주지 않았다면 집에 오기 힘들었을 거라고 말해 아이의 역할을 강조한다. 또는 백 팩을 매게 하거나 인형을 등에 업게 해 제 나이보다 '크게' 느끼게 한다.

아이의 키에 눈을 맞춘다 주변 사람들은 모두 큰데 자기만 너무 작다고 느낄 때 아이들은 때때로 걷기를 불만스럽게 여긴다. 이따금 부모가 허리를 굽혀 아이의 키에 맞추어 주면 이처럼 주변 사람들보다 무력하다는 느낌을 없애는 데 도움이 된다. 그러므로 수시로 걸음을 멈추고 아이와 눈을 맞추어 이야기하거나 포옹하거나 간지럼을 태운다. 이와 같은 몸짓은 자칫 "안아 줘!"라는 응석으로 이어질 수 있는 욕구를 해소시킨다.

서두르거나 재촉하지 않는다 내 다리가 아이 다리만큼 짧다고 생각해 보면 한 블록을 걷는 데도 두 배로 많이 걸어야 하고, 시간도 두 배는 더 걸릴 것이다. 즉 아이가 부모보다 훨씬 일찍 녹초가 될 거라는 의미이기도 하다. 그러므로 기대 수준을 합리적으로 유지하고 이동 거리를 짧게 한다. 유모차, 버스, 지름길 등 대안을 마련한다. 아이가 결국 걷지 않는다 하더라도 불만을 표현하지 않도록 한다.

이 경우 아이에게 주도권을 주어야 한다는 걸 잊어서는 안 된다. 어차피 아이에게 걸으라고 강요할 수는 없다. 걸으라고 재촉해도 아이는 소극적인 저항으로 대응할 테니 말이다. 아이가 축 늘어지거나 길 한복판에 주저앉으면 안고 가거나 억지로 유모차에 태울 수 있을 뿐, 아이가 스스로 걸음을 떼게 할 수는 없다.

아이의 노력을 칭찬한다 긍정적인 강화를 이용한다. 아무리 짧은 거리라도 걷고 나면 아이를 칭찬한다. 이렇게 잘 걷다니 이제 다 컸다고 말하고, 걷기는 다 큰 형들만 할 수 있는 즐거운 일이고 부모한테 안겨 있는 아기는 절대 할 수 없는 일이라고 말한다.

걷지 않더라도 놀리지 않는다 결국 부모가 안아야 하거나 유모차에 태우더라도 아기라고 놀리지 않는다. 한편 "엄마가 임신 중이어서 너를 안을 수 없어.", "동생을 안아야 하니까 너를 안을 수 없어." 등으로 말하면 가뜩이나 마음에 품고 있는 질투심에 기름을 붓는 것과 마찬가지다.

타협한다 집까지 몇 블록밖에 남지 않았는데 아이는 더 이상 걷지 않겠다고 떼를 쓰고 주변에 버스가 다니지 않는다면 아이와 타협을 한다. "이 블록만 걸으면 다음 블록에서 안아 줄게." 성공이 눈앞에 보일 때까지 걷기와 안아 주기를 번갈아 이용한다.

적극적인 모범을 보인다 집안 식구들 모두 걷기를 좋아하면 결국 아이도 그렇게 된다.

아기 침대에서 일반 침대로 옮기고 싶어요

Q "우리 딸을 일반 침대에서 재우고 싶습니다. 좋은 방법이 있을까요?"

A 아이들은 아기 침대에서 일반 침대로 옮기는 걸 무척 신나 하면서도 한편으로는 아기 때를 기억할 수 있는 마지막 연결 고리에 매달리고 싶은 마음도 조금은 남아 있을 수 있다. 그러므로 아무런 사전 예고 없이 아기 침대를 내다 버리고 갑자기 새 침대를 들여놓지 말고, 대신 조심스럽게 기초를 다지도록 한다.

무엇보다 시기가 적절해야 한다. 동생이 태어날 예정이거나 태어났거나, 어린이집에 다니기 시작할 때 등 아이의 생활이 유독 불안정한 시기라면 상황이 안정될 때까지 기다리는 것이 현명하다. 어린아이가 아기 침대에서 일반 침대로 옮기는 내용이 그려진 그림책을 찾아 여러 차례 읽어 준다. 책을 읽어 줄 때는 자주 중간중간에 아이와 접목시켜 "와, 그림책에 나온 소년도 너처럼 침대를 바꿀 건가 봐.", "이 여자아이 침대 정말 크다. 너도 이렇게 큰 침대로 바꿔 줄 거야." 등 말을 건다.

아이가 침대를 바꿀 수 있다는 생각에 익숙해지면, 실행 준비를 한다. 형제나 지인에게 물려받지 않고 침대를 새로 사야 한다면 아이를 데리고 간다. 그러나 사지는 않고 알아보기만 할 때는 아이를 데리고 가지 않도록 한다. 알맞은 침대를 찾아 상점마다 아이를 끌고 다니다간 아이의 기분이 엉망이 되고 말 것이다.

비교적 바닥에 가깝고, 난간을 설치하기 쉽고, 매트리스가 단단한 모델을 선택한다. 2층 침대는 아직 이르다. 몇 가지 종류를 골라 놓은 뒤 아이가 고르게 하는데, 이때 직접 만지고 누워 보게 하면 집에 설치할 때 낯설어 하지 않는다. 이불과 안고 자는 인형을 구입할 때도 아이를 데리고 가 직접 고르게 한다. 새 매트리스가 빨리 낡지 않도록 고무 시트나 방수 패드를 준비하는 것도 잊지 않는다.

침대가 도착하면 아이에게 새 침구류를 펴는 걸 돕게 하고 좋아하는 물건 몇 가지를 놓아 주어 잠자리를 편안하게 만든다. 아기 침대를 사용할 때는 침대 안에 들여놓을 수 없었던 것들을 이제는 들여놓을 수 있다고 분명하게 말한다.

침대 설치를 마치고 나면 아이의 반응을 살핀다. 아이가 새 침대를 좋아하고 아기 침대에는 눈길도 주지 않는다면 아이는 한 단계 발달한 것이다. 그러나 아이가 새 침대로 옮기는 걸 망설인다면 변화를 편안하게 받아들일 수 있도록 좀 더 시간을 준다. 새 침대를 사용하도록 강요하지 말고 며칠 동안 침대에 익숙해질 시간을 갖는다.

처음에는 일반 침대에서 잠깐 잠을 자다가 차츰 본격적으로 일반 침대를 이용하려는 아이도 있다. 즉, 낮에는 일반 침대를 이용하고, 밤에는 익숙하고 편안한 아기 침대로 돌아가는 것이다. 아이가 몇 주, 심지어 그보다 오랫동안 이런 방식을 더 편안하게 생각한다면 그래도 괜찮다. 마침내 아기 침대와 최종적으로 작별 인사를 해야 할 때가 오면 성대한 송별식을 치른다. 아이에게 이렇게 말한다. "이제 네가 많이 자라서 큰 침대에서 자야 하기 때문에 아기 침대는 다른 곳으로 치워야 한단다." 아이에게 "안녕." 하고 인사하게 한 다음 입을 맞추게 한다. 그런 다음 창고에 보관하거나 밖에 내놓는다.

물론 아이가 새 침대를 받아들인 다음에도 여전히 문제는 생기게 마련이다. 어떻게 하면 아이가 침대 밖으로 떨어지지 않을 수 있을까, 어떻게 하면 아이가 힘들어하는 상황을 극복할 수 있을까 하는 문제다. 첫 번째 문제는 침대 둘레에 울타리를 치지 않는 한 해결이 불가능할지 모르지만, 두 번째 문제는 대책을 세울 수 있다. 아이가 밤에 자다가 집 안을 돌아다니는 상황을 극복하는 요령은 189쪽을 참조한다.

침대 양쪽에 난간을 설치하지 않으면 아이가 넓은 침대에서 적응하지 못했을 때 침대 밖으로 굴러떨어질 가능성이 있다. 그러므로 처음 몇 주 동안은 침대 옆에 충격을 완화하기 위한 조치를 한다. 카펫, 두툼한 이불, 베개 몇 개 등을 침대 옆 바닥에 깐다. 그러나 침대에서 떨어지는 정도로는 다칠 가능성이 적으므로 아이가 맨바닥에 떨어진대도 크게 걱정할 필요는 없다.

<u>많은 아이들이 변화를 쉽게 받아들이지</u>

못하므로, 아기 침대에서 일반 침대로 옮기는 일은 결국 새로운 형태의 문제를 일으킬 수 있다. 아이는 '물 줘, 더 안아 줘, 담요 더 줘, 이불을 다시 덮어 줘' 등 많은 요구를 하며 취침 시간을 무한정 연기하려 할 수도 있다. 불가피한 상황을 모면하려는 이런 요구들에 차분하면서도 단호하게 대처하도록 한다. 계속 아이의 요구를 들어주다간 앞으로 몇 주 동안 혼란스러운 저녁 시간을 보낼 수 있다. 낮 시간 동안 아이에게 관심을 많이 쏟고 안심시키는 말과 행동을 충분히 보여 주는 한편 취침 전 일과를 철저하게 지킨다면 가족 모두가 한결 편안하게 잠자리에 들게 될 것이다.

── 불친절한 행동

Q "두 살 된 우리 아들은 놀이 모임에 있는 또래 친구들에게 불친절하게 대해요. 그 바람에 제가 아주 당황스럽습니다."

A 걱정하지 않아도 된다. 이제 만 두 살이 지난 아이는 아직 따뜻한 인정을 경험한 적이 없고, 그러므로 나이에 맞게 행동할 뿐이다. 아이가 정말로 불친절해서가 아니라, 단지 아직은 자기중심적인 성향이 더 많기 때문이다. 아이는 자기 자신을 무척 사랑하기 때문에 아직 친구나 놀이터의 다른 아이들을 사랑할 줄 모른다. 자신의 욕구가 가장 중요하기 때문에 당분간 다른 사람의 욕구는 관심 밖이다. 그리고 아직 혼자 힘으로 무언가를 해본 적이 없기 때문에 다른 사람들을 위해 뭔가를 한다는 생각을 할 리도 없다.

어린이집에서 다른 아이들과 정기적으로 시간을 보내거나 나이 많은 형제와 함께 생활하는 경우, 단체 생활을 통해 '우리는 같은 배를 탄 처지'라는 생각을 하게 되기 때문에 일찍부터 또래 친구들에게 공감하고 동정하는 모습을 보이기 쉽다.

다른 가치를 가르칠 때와 마찬가지로 친절을 가르칠 때도, 어느 날 갑자기 주입시키는 것이 아니라 서서히 가르쳐야 한다. 그리고 아이에게 친절을 가르치는 최선의 방법은 부모가 직접 모범을 보이는 것이다. 부모가 다른 사람들을 친절하게 대하면 마침내 아이도 친절한 모습을 보인다.

── 아이와 노는 게 지루해요

Q "우리 딸은 항상 저랑 같이 놀고 싶어 하지만 저는 너무 지루해서 2분도 앉아 있기 힘들어요. 죄책감이 느껴지긴 하지만 어쩔 수가 없습니다."

A 죄책감 느낄 필요 없다. 대부분 어른은 만 두 살 아이가 좋아하는 활동을 지루하게 느끼고, 그건 아주 당연한 일이다. 어쨌든 어른은 더 이상 만 두 살이 아니니까.

그러나 죄책감에서 벗어난다고 해서 마음이 편할 수만은 없다. 부모가 아이와 함께 놀이를 한다는 건 아이가 중요한 존재며 아이와 함께 있는 것이 즐겁다는 걸 뜻한다. 아이와 놀아 주지 않더라도 이런 메시지를 전달할 방법을 알아보자.

* **아이의 마음이 되어 논다** 아이에서 성인이 된 지 몇 십 년이 지난 지금, 만 두 살 아이가 놀이를 할 때 어떤 기분일지 떠올리기는 당연히 쉽지 않다. 그러나 어려운 것이지 불가능한 건 아니다. 마음은 이미 전혀 즐겁지 않은데 억지로 아이와 놀아 준다면 아이 역시 전혀 즐겁지 않다. 고루한 어른의 방식을

떨쳐내고 순수와 상상력으로 가득한 아이의 세계에 빠지기 위해 의식적으로 노력하면, 실제로 아이와 노는 시간이 즐겁다는 걸 깨닫게 된다. 물론 한쪽 눈은 텔레비전을 향해 있거나 싱크대에 쌓인 설거지에 신경을 쓴다면 제2의 아이 시절에 몰두하기 힘들다. 그러므로 아이와 놀이를 할 때는 온전히 아이에게만 관심을 쏟도록 한다. 전화를 끊고, 세탁기도 돌리지 말고, 뉴스도 시청하지 않는다.

* **아이가 노는 방법을 배운다** 아이의 놀이에 초대 받았다고 놀이 규칙까지 마음대로 정하면 안 된다. 아이들은 놀이의 진행 방식에 매우 확고한 생각을 지니고 있으므로 개입하지 않는 것이 중요하다. 놀이가 견딜 수 없이 지루하거나 지나치게 반복되면 슬쩍 새로운 놀이를 제안해 본다. 그러나 아이가 제안을 싫다고 하면 강요하지 않는다.

* **아이의 한계를 알고, 아이에게도 부모의 한계를 알려 준다** 오랜 시간 마지못해 관심을 보이는 것보다 짧은 시간이라도 적극적으로 참여해야 아이가 더 즐거워한다. 15분 정도 '병원놀이'를 하다가 지루해지고 하품이 나오기 시작하면, 속에서 화가 끓어오르기 전에 그만하자고 말한다. 이때 합당한 제안를 한다. "우리 아픈 곰돌이 인형 두 개만 더 치료하고 책 읽자."

* **부모가 놀이를 선택한다** 어떤 부모들은 가상 놀이를 몹시 힘들어하는 반면 과학 실험은 아주 좋아한다. 책 읽기를 좋아하는 반면 자동차 놀이를 무척 힘들어하는 부모도 있다. 퍼즐 맞추기는 재미있지만 블록 쌓기는 지루해하는 부모도 있다. 아이가 같이 놀자고 조르지만 딱히 원하는 놀이가 없다면 부모가 좋아하는 놀이를 제안한다. 아이는 대체로 부모가 제안하는 놀이를 재미있어 한다.

* **평행 놀이를 시도한다** 때로는 부모가 물리적으로 곁에 있는 것만으로도 함께 놀고 싶다는 아이의 갈망을 충분히 만족시킬 수 있다. 그러므로 아이와 함께 놀 수 없을 때는 아이 옆에서 '논다'. 너는 놀이를 하는 동안 엄마는 옆에서 가계부를 쓰는 놀이를 하겠다고 말한다. 이렇게 하면 소꿉놀이를 하는 아이가 요리를 만들면 먹는 사람 역할을 하고, 엄마 놀이를 할 때 옆에서 인형 아기를 예뻐해 줄 수 있다. 동시에 가상 놀이에 처음부터 끝까지 참여하지 않아도 된다.

* **상황을 바꾸기도 한다** 가끔은 부모의 놀이에 아이를 참여시킨다. 아이에게 작업용 장갑과 플라스틱 모종삽을 주어 부모가 화단을 꾸미는 동안 곁에서 잡초를 뽑고 땅을 고르게 하고, 부모가 바느질을 하는 동안 색색의 천 조각을 살펴보게 하며, 부모가 신문을 읽는 동안 오래된 잡지를 넘겨 보게 하고, 부모가 운동을 하는 동안 아이는 곁에서 평소 하던 운동을 하게 한다. 아이는 부모가 선택한 놀이에 참여하는 걸 좋아할 수도 있고 지루해할 수도 있다. 어차피 부모도 아이가 좋아하는 놀이를 늘 좋아하는 건 아니니까.

── **외반슬**

Q "우리 딸은 1년 전 걸음마를 시작할 때만 해도 심한 내반슬이었어요. 그런데 요즘 갑자기 외반슬로 보여요. 무슨 이상이 생긴 걸까요?"

A 한 살 때 내반슬, 두 살 때 외반슬 형태는 아이들의 일반적인 발달 형태로, 아이는 지금

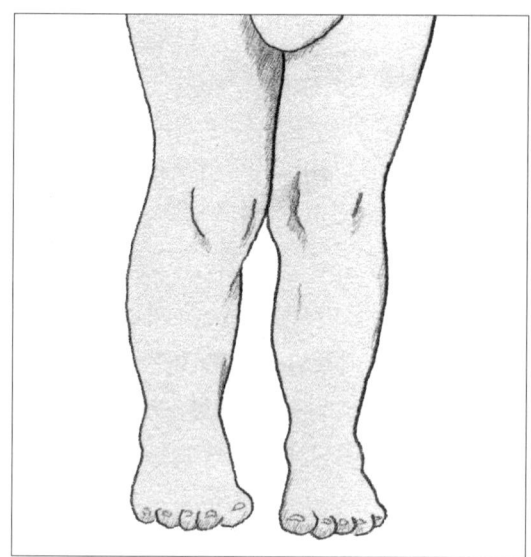
한 살 때 내반슬이었던 아이가 두 살이 되면서 갑자기 외반슬이 되는데, 아주 정상적인 현상이다.

예정된 발달 단계대로 착착 진행하고 있다. 아이의 다리가 제대로 곧게 보이려면 일곱 살에서 열 살 사이가 돼야 한다. 그때까지는 전혀 걱정하지 않아도 된다. 교정용 신발이나 교정용 지지대, 운동 등은 도움되지 않고 오히려 해가 될 수 있다.

한쪽 다리만 외반슬이거나 굽은 모양이 심하거나 아이가 성장 도표 상 정상 키보다 작다면, 이 문제에 대해 아이의 담당 의사와 상의한다. 정형외과 전문의와 상담해야 할 수도 있다. 성장에 문제가 있는 것 같다면 대사 이상 전문의를 방문하는 것이 적절할 수 있다.

── 파괴적인 행동

Q "요즘 우리 아이는 우리가 지켜보지 않으면 어느 순간 사고를 쳐요. 잡지를 찢고, 크레파스로 벽에 낙서를 하고, 텔레비전 손잡이를 잡아당기고 말이에요. 우리 집은 요즘 마치 토네이도가 쓸고 지나간 것 같답니다."

A 아이들이 집 안을 어지르는 건 비일비재한 일이지만 이런 행동은 대개 고의가 아니다. 아이들이 찢고, 깨뜨리고, 부수는 데는 어떤 일이 뜻대로 되지 않는 데 대한 좌절감, 세밀하지 못한 조종 능력, 호기심, 경험 부족 등 여러 가지 이유가 있다. 물론 때로는 텔레비전을 보지 못하게 하니 화가 나서 물건을 던지는 고의적인 행동을 할 때도 있다.

아이가 파괴적인 행동을 하게 만드는 원인을 알아낼 때도 있지만 여전히 수수께끼로 남을 때도 있다. 어느 쪽이든 파괴적인 행동은 이유 여하를 막론하고 다시는 그래서는 안 된다는 걸 아이에게 알리는 것이 중요하다. 아이를 야단치거나 벌을 주어서는 안 되고, 특히 아이가 자기도 모르게 무언가를 파괴했다면 더욱 그래서는 안 된다. 그러나 다음번에는 좀 더 조심하라고 말하고 물건이 망가진 이유를 말해 준다. 그리고 나서 가능하면 망가진 물건을 고칠 때 아이의 도움을 빌린다. 파괴적인 행동의 원인이 좌절감이라면 아이에게 좌절감을 극복할 건설적인 제안을 한다. 분노가 원인이라면 감정을 해소할 다른 방법을 알려 준다(371쪽 참조). 과학적인 호기심 때문이라면 안전하고 허용할 수 있는 실험(272쪽 참조) 및 장난감을 조립하고 분해하는 기회를 많이 준다.

부모의 개입에도 불구하고 파괴적인 행동이 계속되고 고의성이 보인다면 이유를 파악해야 한다. 제약이 너무 많거나 아이의 능력으로는 감당하기 어려울 정도로 기대가 커서 아이가 자주 좌절감이나 분노를 느끼는지, 요즘 아이가 스트레스를 받고 있거나 힘든 과도기인지, 더 많은 사랑과 지원이 필요한지, 가정에 문제가 있는지, 부모가 미처 깨닫지 못하는 아이를 힘들게 하는 문제가 있는지 등 이런 문제들을 살펴봤지만 고의적인 파괴 행동이 줄어들지 않는다면 의사와 상의한다.

—— 좋은 식습관

Q "두 돌까지는 가급적 아이에게 설탕과 밀가루를 먹이지 않으려 해요. 하지만 주변의 아이들이 설탕과 밀가루를 섭취하는 상황에서 내 아이만 올바른 식습관을 유지하기가 거의 불가능합니다."

A 물론 아이를 상아탑 속에 가두어 놓고 그 안에 몸에 좋은 음식만 잔뜩 채워 놓는다면 영양상의 이점을 보호할 수 있을 것이다. 그러나 아이는 현실 세상에 살고 있고 통밀과 무과당의 세상에서 아이를 끌어내려고 도처에서 온갖 유혹의 손짓을 한다.

이런 유혹에 맞서서 아이에게 올바른 식습관을 형성하게 하려면 상당한 노력이 필요하다. 하지만 기초를 탄탄히 마련해 놓은 상태에서 다음 요령을 참고하면 좋은 영양 섭취를 위한 노력이 마침내 빛을 보게 될 것이다.

* **집 안을 영양의 천국으로 만든다** 아이가 밖에 있을 때까지 아이의 식습관을 일일이 관여할 수는 없지만 집에 있을 때는 얼마든지 그럴 수 있다. 집에서는 <u>밀가루, 과도한 지방, 설탕, 인공색소, 화학조미료 등 건강에 좋지 않은 성분을 배제한 음식을 마련하는 등 최대한 건강식을 마련하면</u>(18장 참조) 올바른 식습관을 형성할 수 있다.
* **잘 먹게 만든다** 사탕과 감자 칩 대신 당근을 썰어 준다면, 아이는 몸에 좋은 음식은 곧 맛없는 음식이라고 연상하게 될 것이다. 그러므로 886쪽에 소개한 영양이 풍부하고 맛도 좋은 음식을 만들어 준다. 아직 입맛이 오염되지 않은 아이들은 이런 음식들도 아주 맛있게 먹을 것이다.
* **부모의 식습관부터 올바르게 확립한다** 아빠는 흰 빵에 소시지를 먹고 콜라를 마시면서 아이에게는 이 세 가지를 금지시킨다면? 엄마는 도넛 두 개와 커피를 아침으로 먹으면서 아이에게는 오트밀과 과일, 우유를 먹게 한다면? 아무리 두 살 아이라도 식탁에서 화를 내고 결국 밥을 안 먹겠다고 반항하며 음식에 대해 이중 잣대를 갖게 될 것이다. 그러므로 아이들은 몸에 좋은 음식만 먹어야 하고 엄마 아빠는 원하는 것은 뭐든지 먹을 수 있다는 듯이 보이면 안 되고, '우리 가족은 모두 건강한 식생활이 중요하다고 믿고, 몸에 좋은 것을 먹기 위해 언제나 최선을 다한다.'는 것을 보여 줘야 한다.
* **부모가 원하는 것을 알린다** 부모가 아이를 돌보지 않는 경우 누구든 아이의 식사를 돌보는 사람에게 식생활 원칙에 대해 분명하게 알려 주어야 한다. 그렇다고 어린이집에 있는 친구들이 모두 생일 케이크를 먹는데 내 아이만 먹지 못하게 하라는 의미가 아니다. 수시로 정크 푸드를 먹이는 등 예외 상황을 너무 자주 허용하지 말라는 정도로 부모의 바람을 어린이집에 확실하게 전달하면 된다.
* **약속을 한다** 아이의 건강한 식습관을 방해하는 가장 큰 장애물은 또래 아이들의 식습관이다. 놀이 모임과 점심 식사, 간식 시간 등에 정크 푸드를 삼가고 파티에도 정크 푸드를 제한하기로 친하게 지내는 또래 아이의

부모들과 약속을 한다면, 모든 아이들의 건강한 식습관을 유지하기가 한결 수월해질 것이다. 뿐만 아니라 부모들의 일반적인 불평, "그럼 어쩌겠어요…… 다른 아이들이 전부 저런 정크 푸드를 먹는데."라는 한탄도 더 이상 나오지 않을 것이다.

* **예외를 둔다** 금욕주의적인 방식을 적용할 경우 아이가 부모와 함께 있을 때는 고분고분 말을 잘 듣지만 부모가 눈에 보이지 않으면 곧바로 반항을 할 수 있다. 가끔은 음식에 대해 조금 너그럽게 대하면 아이의 영양을 악화시키지 않고도 호기심과 열망도 충족시킬 수 있다.

── 유아용 보조 의자에 앉으려 하지 않아요

Q "우리 아들은 유아용 식탁 의자나 유아용 보조 의자에 앉으려 하지 않아요. 그렇다고 어른 의자에 앉으면 아직 너무 어려서 식탁에 팔이 닿지 않는답니다."

A 아이가 아직 유아용 보조 의자에 앉지 않으려 하는 건 아주 당연하다. 몸을 꽁꽁 가두어 놓는 의자에 앉으면 식탁에서 활동에 제약이 있고, 일반 의자에 앉아 있는 다른 가족들과 구별되기 때문이다.

아빠가 아이의 보조 의자에 앉으려 하고, 엄마는 "안 돼요, 그건 정현이 자리란 말이에요."라며 아이의 자리를 지켜 주는 듯한 행동을 하는 것도 좋다. 아이가 속아 넘어갈 가능성이 많지 않기 때문에, 아이가 속아 주지 않는다면 그냥 포기한다. 아이가 원하지 않는데 유아용 식탁 의자에 앉으라거나 보조 의자에 앉으라고 강요하면 식습관에 문제가 생길 수 있다. 그러므로 아이가 움직이려 하는 욕구를 존중하고 제약이 적은 다른 대안을 찾아본다. 아이의 키에 맞는 일반 의자와 작은 테이블을 가족 식탁 옆에 설치하면 도움이 된다. 이 방법은 아이가 식사를 하는 동안 주변을 조금씩 돌아다닐 수 있는 융통성을 제공하고, 식사를 마치면 스스로 자리에서 나올 수도 있으며, 가족들이 식사하는 자리에 자신도 함께한다는 기분을 느끼게 할 수 있다. 아이가 일반 식탁 앞에서 일반 의자에 앉는 걸 더 좋아하면 의자에 무릎을 꿇고 앉거나 튼튼한 주방용 의자나 발판 사다리 위에 앉게 한다. 대부분의 아이들은 이런 방법들 가운데 하나를 만족스러워한다. 안전을 위해 아이 옆에 어른이 앉는 것이 바람직하다.

── 뭐든지 따라 해요

Q "우리 아들은 어떤 일을 스스로 생각해서 결정하려 하지 않고 주변 사람들을 똑같이 따라 하려고 해요. 특히 주변에 큰 아이들이 있으면 더욱 그래요."

A 아이가 주도력이 없다고 벌써부터 속단해서는 안 된다. 물론 놀이터에서 노는 모습을 통해 리더십의 잠재력을 엿볼 수도 있지만, 오늘의 추종자가 내일의 리더가 될 수도 있다. 아이에게 다른 사람을 따라 한다느니 하는 꼬리표를 붙이기에는 아직 너무 이르다.

대부분 아이들에게 따라 하기는 상당히 훌륭한 학습 방법이다. 따라 하기는 선두에 서는 것보다 위협이 적고, 추종하는 무리에 섞이면서도 집단에 들락날락거리며 새 친구들의 능력을 시험해볼 수도 있다.

아이가 다른 아이들을 따라 하면서 즐거워하고 안정감을 느낀다면 굳이 개입할 필요 없다. 중요한 건 '내 아이가 스스로를 어떻게 생각하느냐'이지, '누가 놀이 계획을 세우느냐'가 아니다. 아이가 자존감을 형성하도록 돕고(330쪽 참조), 스스로 결정할 기회를 많이 제공하며(458쪽 참조), 최고가 되려는 욕구를 응원해 주면 추종자가 되든 리더가 되든 관계없이 아이는 여전히 즐겁게 생활할 것이다.

유치원에 다닌 뒤부터 피곤해해요

Q "우리 딸은 유치원에 다닌 뒤부터 몹시 피곤해합니다. 아이에게 너무 벅찬 걸까요?"

A 벅차서라기보다 단지 환경이 달라져서 그럴 것이다. 집에 있을 때도 하루 내내 잠시도 쉬지 않고 몸을 움직이며 놀지만 어린이집에서 활동하는 것과는 다르다. 집에서도 식사 시간, 책 읽는 시간, 목욕하는 시간, 취침 시간 등을 정해 놓았더라도 엄격하지 않고 그때그때 즉흥적으로 시간을 보내는 데 익숙해져 있다. 그러나 어린이집이나 유치원에서는 대개 그렇지 않다. 대부분 어린이집과 유치원은 활동 계획에 따라 움직인다. 집에서 느긋하게 지내던 아이는 이처럼 갑작스런 통제에 익숙해지기까지 어느 정도 시간이 걸릴 수 있다. 또한 유치원의 일정에 익숙해질 때까지는 유치원 생활로 인해 정신적 육체적으로 다소 피곤해질 수 있다. 그리고 프로그램은 아이들 각자의 생활 리듬보다는 집단의 편리에 알맞게 만들어졌기 때문에 아이가 적응하는 데 지칠 수도 있다. 평소 낮잠을 자던 시간에 야외 활동을 한다든지, 책 읽는 시간에 낮잠을 잘 수도 있고, 낮잠 시간에 잠을 자지 못했다면 피로가 악화될 수 있다. 뿐만 아니라 어린이집에 있는 동안 계속 얌전하게 행동하기 위해 애쓰느라 피곤할 수도 있다.

조금만 시간이 지나면 아이는 어린이집 생활에 적응하게 될 것이다. 그때까지는 나머지 시간에 꼭 필요하지 않은 활동은 하지 않도록 한다. 오랜 시간 어린이집에 있다가 끝난 후 놀이 모임이나 학원에 간다면 피로가 가중될 수 있고, 사실상 지금은 그럴 필요가 없다. 어린이집이 끝난 후 아이에게 필요한 것은 긴장을 풀 수 있는 자유로운 시간, 건강에 좋은 간식, 그리고 아마도 충분한 낮잠일 것이다. 아이가 오후에 어린이집이나 유치원에 간다면 오전 시간은 활동을 자제하도록 한다. 그리고 가능하다면 어린이집에 가기 전에 낮잠을 재운다.

분리 불안이 아이의 피로에 영향을 미치지 않도록 해야 한다. 이런 가능성을 방지하기 위해 아이와 함께 있을 때 시간과 관심을 많이 쏟고 아이를 안심시키는 말을 많이 해 준다. 분리 불안을 다루는 방법은 436쪽을 참조한다.

몇 주가 지났는데도 아이가 더 피곤해하거나 하루 내내 기분이 가라앉아 있다면 주변 환경을 좀 더 자세히 살펴보는 것이 좋다. 어린이집 프로그램이 아이에게 적합한가, 아이에게 지나치게 스트레스를 주지는 않는가, 낮잠을 필요한 만큼 못 자는가, 집을 떠나 있어서 몹시 흥분하거나 몹시 혼란스러워해 식사와 간식을 잘 먹지 못하는가 등. 어린이집에서는 아무런 문제가 없지만, 아이가 피곤한 것 외에도 질병의 증상이 보이거나, 피로가 계속된다면 역시 의사와 상의한다.

── 뒤늦게 젖병과 젖을 떼려고 하는데요

Q "이제까지 젖병을 떼려고 생각해 본 적이 없어요. 아이가 젖병을 무척 좋아해서 자꾸 미루고 미뤘거든요. 그런데 이제 만 두 살이 되면서 매사에 너무 고집을 부리니까 앞으로 어떻게 젖병을 떼야 하나 고민이에요."

A 나이와 관계없이 젖병을 떼는 일은 상당히 어렵고, 짐작하듯이 전형적인 폭군의 모습을 보이는 두 살 아이에게 젖병을 떼기란 다른 일보다 훨씬 어렵다. 그러나 확고한 인내심과 결단력, 그리고 약간의 우호적인 설득력을 갖춘다면 얼마든지 성공할 수 있다. 그리고 장기간의 젖병 수유로 발생할 수 있는 위험을 없애기 위해서라도 최대한 빨리 젖병을 떼야 한다. 젖병을 떼는 방법을 알아보자.

* 32쪽의 젖병을 떼는 요령을 시도한다 이 요령들은 어린아이들을 염두에 두고 고안되었지만 연령이 높은 아이에게도 도움이 된다.
* **아이에게 선택의 여지를 준다** 아이가 젖병을 또 달라고 하면 아이에게 선택권을 준다. 한 손에는 물이 든 젖병, 다른 손에는 아이가 좋아하는 음료가 담긴 컵을 들고 고르게 한다. 아이가 동시에 두 가지 모두를 쥘 수 없다는 걸 깨닫는다면 좋아하는 음료를 선택하는 것이 젖병을 선택하는 것보다 더 중요하다고 판단할 수 있다. 아이가 처음에 컵을 선택하지 않는다 해도 계속해서 시도한다. 마침내 컵을 향해 손을 뻗게 될 것이다.
* **약간의 보상을 시도한다** 어린아이는 어떤 일을 성취했을 때 보상을 받는다는 개념을 이해하지 못할 테지만, 연령이 높은 아이는 이해할 수 있을 것이다. 그리고 일상적인 일들을 수행하도록 하기 위해 아이에게 수시로 보상을

젖떼기는 할머니 집에서

간혹 부모가 곁에 없을 때 젖떼기가 오히려 효과적일 수 있다. 이 경우 아이를 사랑해 주고 아이가 편안함을 느끼면서도 엄마 젖이나 젖병이 가까이 없어 억지로 단념시킬 필요가 없는 장소로 주말 동안 아이를 보내는 것이 가장 좋다. 적당한 장소로 할머니 집이 될 수도 있고, 아이가 좋아하는 이모나 삼촌 집, 가족의 친구 집이 될 수도 있다. 모유 수유나 분유 수유를 연상시키지 않는 환경과 사람들 가운데 있으면 젖떼기가 덜 힘들다. 아이는 '뭔가 빠진 것 같다' 싶다가도 대개 즐겁게 시간을 보내느라 너무 바쁜 나머지 크게 신경 쓰지 않는다. 주말이 지나 집에 돌아올 때쯤에는 그렇게 좋아하던 수유 방식이 기억에서 희미해질 것이다. 아이가 집에 돌아와 모유나 분유를 달라고 요구하더라도, 부모가 "미안, 우리 예쁜이. 젖병이 없어졌구나. 그렇지만 이제 네가 이렇게 컸으니까 없어도 괜찮을 거야."라고 말하면 부모의 말을 한결 수월하게 받아들이고 며칠 동안 모유나 분유 '없이도' 잘 지낸다. 아이가 모유나 분유를 까맣게 잊을 수 있도록 사랑과 관심을 듬뿍 쏟고 재미있는 활동을 충분히 마련하는 등 세심하게 배려하면 과도기를 한결 편안하게 보낼 것이다.

모유 수유를 하는 경우 이미 하루에 1~2회로 수유 횟수를 줄였다면 더욱 효과적으로 젖을 뗄 수 있다. 그렇지만 아이가 특정한 이유 때문에 힘든 시기를 겪고 있거나, 다른 중요한 변화에 적응해야 하거나, 부모와 떨어져 지내는 것이 젖떼기 스트레스를 줄이기는커녕 오히려 더 심해질 가능성이 있다면, '안 보면 멀어진다'는 식의 접근 방법은 적합하지 않다.

주는 것은 현명한 방법이 아니지만, 한 단계 발전된 모습을 보일 때 보상을 하는 것은 바람직한 동시에 효과적이기도 하다. 아이에게 젖병을 중단하면 책이나 장난감, 동물원 구경 등 특별한 선물을 주겠다고 말한다. 선물은 과하지 않고 젖병을 끊을 가치가 있다는 걸 확신시킬 정도의 소박한 것으로 한다. 또한 젖병을 뗀다는 건 그만큼 아이가 컸다는 증거이며, 젖병을 완전히 떼면 형, 언니와 같은 특혜가 있다고 알려 준다. 아기 침대 대신 일반 침대에서 자기, 비디오 켜고 끄기 등 아이가 중요한 특혜라고 생각하는 것은 무엇이든 얻을 수 있다는 점을 강조한다.

아이가 젖병을 떼려고 노력하면 아이에게 필요한 지원을 최대한 제공하면서 아이를 응원한다. 마침내 목표에 도달하면 보상하고 박수를 쳐 칭찬한다.

아이가 젖병을 떼는 동안 그리고 아마도 젖병을 뗀 후에도 며칠 동안은 평소보다 짜증이 늘고 기분도 더 좋지 않으리라는 걸 염두에 둔다. 아주 특별한 무언가를 포기해야 하는 경우 누구나 그렇듯이, 아이도 적응하려면 어느 정도 시간이 필요하다. 아이에게 많은 관심을 갖고 자주 안아 주는 등 매일 즐겁고 신나는 활동을 만들어 주면 적응하는 데 도움이 될 것이다.

Q "아직도 하루에 두 번은 딸에게 모유를 먹여요. 그런데 이제는 아이가 달라고 할 때마다 모유를 주기에는 아이가 제법 커서 모유를 끊고 싶은 마음이 굴뚝 같습니다. 하지만 아이가 싫증을 느끼는 기미를 전혀 보이지 않는군요."

A 모유 수유를 하려면 엄마와 아이 둘이 필요하고, 모유를 끊는 데도 역시 두 사람이 관련된 일이고 아이의 협조가 필요하다. 이 경우 역시 34쪽의 요령을 시도하고, 그래도 도움이 되지 않는다면 모유 수유를 중단할 가치가 있다는 걸 아이에게 알려 주기 위해 '젖병 떼기'와 마찬가지로 적절한 보상을 한다.

젖을 뗄 때 아이는 최상의 영양분의 원천뿐 아니라 마음의 위안까지 잃게 된다는 사실을 기억하자. 그러므로 더 많은 관심과 위로를 통해 아이에게 보상을 해야 한다. 무엇보다 아이는 신체를 접촉할 기회를 많이 잃게 되므로 신체 접촉에 중점을 두고, 아이와 함께할 즐거운 활동을 알아본다.

아이가 스스로 위안을 얻는 방법을 시도하더라도 놀라거나 못하게 막아서는 안 된다. 아이는 엄지손가락을 자주 빨거나, 심리적 안정을 주는 물건을 찾거나, 부모가 쓰다듬거나 토닥여 주길 바라는 등 모유 수유를 통해 얻었던 안정을 다른 방법으로 찾으려 할 것이다. 적응하는 동안 아이는 친숙한 엄마의 맨살이 그리워 때때로 엄마의 셔츠 속으로 파고들기도 하는데, 그렇게 하게 내버려 둔다. 모유 수유에 대한 기억이 희미해지면 저절로 흥미를 잃게 될 것이다.

무안한 순간들

Q "지난번 카페에서 점심을 먹는데 딸 때문에 어찌나 무안했는지 몰라요. 우리 옆 테이블에 앉은 남자가 굉장히 뚱뚱했는데, 우리 아이가 그 남자를 가리키더니 아주 큰 소리로 "저 아저씨 뚱뚱해!"라고 외치는 거예요. 그 남자를 비롯해 모든 사람들이 그 소리를 들었답니다. 아, 정말

쥐구멍에라도 들어가고 싶은 심정이었어요. 제가 어떻게 했어야 하지요?"

A 모든 부모가 한 번쯤 겪는 일이다. 출퇴근 시간 만원 버스, 백화점이나 음식점, 박물관, 은행 등 공공장소라면 어디에서나 이런 일이 일어나며, 대개 숨을 데가 마땅치 않은 장소에서 이런 일이 벌어진다. 아이는 어딘가 남다른 데가 있다고 생각되는 사람을 집요하게 가리키며, 작은 체구가 믿겨지지 않을 만큼 우렁찬 목소리로 보이는 그대로를 만방에 외친다. "저 아줌마 왜 저렇게 뚱뚱해?", "저 아저씨는 못 걸어?" 등. 그러면 주변의 모든 시선이 부모에게 집중되고, 투명인간 망토가 하늘에서 뚝 떨어지면 얼마나 좋을까 하면서 어떻게 말을 해야 하나 열심히 머리를 굴린다.

당장 완벽한 대답이 생각나지 않았다고 해도 걱정할 필요 없다. 다만, 다음에 다시 이런 일이 벌어질 때에 대비하는 것이 좋다.

이해해야 한다 어른의 경우 공공장소에서 낯선 사람의 외모를 지적하는 것은 대단히 모욕적이고 무례한 행동이다. 그러나 에티켓과 예의에 대해 거의 아는 게 없고 다른 사람의 마음에 상처를 줄 수 있다는 사실에 대해 개념조차 없는 아이가 뚱뚱한 아저씨의 허리둘레에 대해 언급하는 것은 '예쁜 꽃'이나 '커다랗고 빨간 트럭'에 대해 언급하는 것만큼이나 악의가 없다. 아이가 어떤 남자를 보고 뚱뚱하다고 말하는 것은 아이의 눈에 보이는 그대로를 언급한 것뿐이다. 그리고 아이는 큰 소리로 표현해도 좋은 상황과 그래서는 안 되는 상황을 분간할 줄 모른다. 그러므로 아이의 말은 아이의 수준에서 고려해야 한다. 다시 말해 아이의 말에는 남자에 대한 악의도, 부모를 무안하게 하려는 고의도 없었다.

책망하지 않는다 아이의 행동 때문에 주변 사람들의 못마땅한 시선을 받아 굴욕감을 느꼈다 하더라도 당장 곤란한 상황을 모면하고자 아이를 꾸짖어서는 안 된다. 아이는 의견을 말할 때마다 부모의 인정과 박수를 받는 데 익숙하기 때문에 아마도 지금 같은 발언 역시 보통 때처럼 인정과 박수를 받을 거라고 기대했을 것이다. 사람들 간의 차이, 사물의 차이를 관찰하고 호기심을 갖기 시작했다는 것은 그만큼 아이가 지적으로 발달했다는 의미다.

어떤 언급 때문에 아이를 꾸짖는다면 앞으로 아이는 궁금한 내용이 있더라도 꾹 참고 묻지 않을 것이고 자신의 의견을 말하려 하지 않을 것이다. 뿐만 아니라 다름은 '나쁜' 것이고, 다른 사람 역시 '나쁜' 사람이라는 인상을 아이에게 심어 줄 수 있다.

재빨리 그리고 조용히 설명한다 아이를 조용히 불러 좀 더 편하게 이야기할 수 있다면 그렇게 한다. 그러기가 어려운 상황이라면 최대한 아이 가까이 다가가 조용히 이야기한다. 어떤 사람들은 더 뚱뚱하거나 더 말라서 다르게 보일 수 있으며, 그런 사람들 앞에서 뚱뚱하다거나 말랐다고 말하면 그 사람이 많이 속상해 할 거라고 말한다. 눈에 띄는 다른 점들이 궁금하면 언제든 물어볼 수 있지만 '조용한 목소리'로 물어보거나 당사자가 가까이에 없을 때까지 기다려야 한다고 알려 준다. 여전히 화제의 당사자가 가까이 있다면 재빨리 설명을 마치고 더 이상 현장에서 이 이야기를 계속하지 않도록 한다. 틀림없이 아이는 큰 소리로 말할 테니까. 나중에 자세하게 설명하겠다고 약속한 다음 재빨리 아이의 주의를 다른 데로 돌린다.

나중에 자세히 설명한다 아이가 사람들의 차이점을 인식하기 시작한 것으로 보아 이제 이 문제에 대해 토론을 시작할 때가 된 것이다. 인종, 연령층, 직업 등 다양한 사람을 소개하는 그림책을 본다. 사람을 같거나 다르게 구분하는 요소에 대해 설명하고, 가족들과 친구들 사이에 비슷한 모습뿐 아니라 다른 모습들도 찾아본다. 아이가 다름을 배울 수 있도록 도울 방법은 381쪽을 참조한다.

인내와 끈기를 갖는다 <u>모르긴 해도 몇 번은 더 무안한 상황에 부딪치게 될 텐데, 그때마다 설명하고 상기시켜 주어야 비로소 아이는 신중한 태도를 배우게 된다.</u> 그러나 다른 사람에 대해 공개적으로 말하지 않도록 가르치는 것도 중요하지만 다름에 대해 편견을 갖지 않도록 가르치는 것도 중요한 목표라는 것을 기억하자.

모범을 보인다 세상의 온갖 좋다는 강의보다 부모의 태도와 행동, 말 한마디가 장차 다른 사람을 대하는 아이의 태도에 더 많은 영향을 미칠 것이다.

── 우는 소리를 해요

Q "아이가 저를 견딜 수 없이 힘들게 하는 부분이 하나 있다면, 바로 하루 내내 우는 소리를 하는 것이랍니다. 결국 아이가 더 이상 징징대지 않도록 하기 위해 해 달라는 대로 다 해 주고 말아요."

A 수돗물 떨어지는 소리, 손톱으로 칠판 긁는 소리, 자동차 브레이크에서 나는 끼익 소리는 어린아이가 징징거리는 소리에 비하면 고문 축에도 들지 못할 것이다. 마치 살 속에 파고든 나이프를 서서히 비틀어 돌리는 것처럼, 징징대는 소리는 사실상 크게 심각하지 않은 울음이지만 이것만큼 부모를 괴롭히는 것도 없다. 실제로 많은 부모에게 둘 중 하나만 선택하라고 한다면, 수그러들 기미 없이 하루 내내 징징대는 소리를 듣느니 차라리 화끈하게 성질을 부렸다가 누그러뜨리는 모습을 보는 게 더 낫다고 생각할 것이다.

보통 징징거리는 태도는 취학 전 시기 아이들에게 가장 많이 나타난다고 생각하기 쉽지만, 사실상 이런 행동은 유아기 때 딱히 이유 없이 안달복달하며 우는 모습으로 처음 나타난다. 그리고 유독 심하게 징징대는 아이가 있긴 하지만 거의 모든 아이들이 한 번쯤 우는 소리를 내기 때문에 우는 소리 자체만으로 아이가 응석받이로 컸다거나 버릇이 없다는 표시로 볼 수는 없다. <u>일반적으로 아이들은 피곤하거나, 배가 고프거나, 지루하거나, 자극을 많이 받거나, 아프거나, 화가 나거나, 충분한 관심을 받지 못할 때 징징거리는 소리를 내는 경향이 많다.</u> 부모의 반대에 부딪칠 때 또는 부모가 반대할 거라고 예상할 때도 우는 소리를 낸다. 이처럼 시끄럽게 징징대는 소리는 마침내 부모가 자포자기한 심정으로 반대를 찬성으로 바꿀 때까지 계속되는데, 그래서 더욱 부모를 약 오르게 한다.

아이에게 부모는 응석을 받아 줄 가능성이 아주 높은 어른이다. 아이들은 다른 사람들을 많이 의식하기 때문에 부모가 아닌 다른 사람들이 돌볼 때는 징징거리는 일이 거의 없다. 그러나 취학 전이나 후에도 계속 징징댄다면 이런 행동이 점점 굳어져 부정적인 결과를 낳을 수 있다. 밖에 나가 놀면서 계속 우는 소리를 하면 또래 친구들이 아이를 피하게 되고, 유치원이나 학교에서도 이런 행동을 하면 교사들이 관심을 제한하거나 거두게 될 것이다. 뿐만 아니라 이렇게 징징거리는 태도가 습관이 되면 성인이 된 후에도 매사에 투덜대고 우는 소리를 하게 되어 친구를 사귀거나 친구 관계를 유지하기 어려워질 수 있다.

우는 소리를 멈추게 할 확실한 치료 방법은 없지만 횟수를 줄이는 방법은 있다.

관심을 갖는다 많은 아이가 어른의 관심을 끌기 위해 여러 가지 다양한 시도를 하다가 실패하면 이렇게 우는 소리를 내기 시작한다. 아무리 바빠도

두 살 아이에게 맞는 장난감

두 살 아이들은 넘치는 에너지를 어딘가에 발산시켜야 한다. 그러므로 아이에게 맞는 장난감과 놀이를 제공해 어느 정도 에너지를 쏟도록 도와주어야 한다. 아이가 계발하고 있는 다양한 범위의 재능들을 자극하는 장난감을 선택한다.

어른들이 하는 요리, 청소, 육아, 운전, 직장 생활, 놀이 등에 관심을 갖게 할 장난감, 물리적인 세계에 대해 알려 줄 장난감, 창의력과 상상력을 자극하는 장난감(402쪽 참조), 지적 성장에 도움이 되는 장난감(113쪽 참조)을 찾는다. 상상력을 방해하는 장난감, 상호작용이 필요 없는 장난감은 제한한다.

한 살 아이에게 적합한 장난감들은 거의 전부 두 살 아이에게도 적합하다(66쪽 참조). 아이가 즐겁게 놀 수 있도록 기존의 장난감과 새 장난감을 함께 제공하되, 아이의 나이에 적당하고 안전한지 반드시 확인해야 한다(703쪽 참조). 뿐만 아니라 다음과 같이 보다 정교한 장난감을 추가하는 방향도 고려한다.

* 목욕시키고, 먹이고, 기저귀를 갈 수 있는 인형. 그러나 많은 옷을 갈아입혀야 하는 인형은 피한다. 두 살 아이들은 아직 인형 옷 갈아입히기를 힘겨워 한다.
* 캐릭터 인형이나 봉제 인형
* 보다 정교한 액세서리와 핸드백, 앞치마, 셔츠, 소방관·경찰관·항해사 모자, 의사 가방, 발레리나 옷 등
* 장난감 금전 등록기, 쇼핑 카트, 공구 상자
* 아이용 컴퓨터
* 아이용 카세트 플레이어
* 구슬이나 실을 감을 릴
* 정교한 자동차, 트럭, 비행기
* 손가락에 끼우는 강아지 인형
* 단어가 좀 더 많고 이야기가 긴 책
* 나무로 만든 단순한 조각 그림 맞추기 퍼즐
* 물놀이용 장난감
* 육각형, 팔각형, 타원 등 다양한 형태를 같은 도형에 끼우는 장난감
* 다양한 모양과 크기의 나무못으로 이루어진 페그보드
* 듀플로 같은 블록 쌓기 장난감. 블록 조각은 아이가 다루기 쉽고 입에 넣더라도 질식하지 않도록 충분히 커야 한다. 특정한 형태를 만들어야 하는 블록 세트는 삼간다. 아이가 지시를 따르지 못하거나(부모가 도와주더라도) 그림과 똑같이 쌓지 못하면 좌절감을 크게 느낄 수 있다.
* 클레이와 콜라주 재료, 붓과 포스터물감 등 미술 도구 (703쪽 참조)
* 글자 모양의 블록이나 자석, 색깔의 숫자 맞추기 게임 도구, 아주 간단한 숫자와 글자 놀이, 주판
* 드럼, 탬버린, 여러 종류의 관악기, 실로폰, 건반 악기, 아이용 카세트 플레이어, 마이크 등 모든 종류의 장난감 악기. 뮤직 박스는 버튼만 누르면 노래가 나오고 실제로 연주할 수는 없으므로 뮤직 박스보다는 악기를 선택한다.
* 마당에 설치하는 놀이 기구처럼 타고 올라갈 수 있는 장난감. 물론 동네 놀이터를 이용할 수도 있다.
* 모래 놀이터와 모래 장난감
* 세발자전거
* 일종의 '평균대' 용도. 땅에 좁은 판자를 설치하면 아이가 그 위에서 걷기 연습을 하면서 균형 감각을 향상시키고 자신감을 키울 수 있다.

아이가 말을 걸면 귀 기울여 들어주고 아이가 도움을 청하면 즉시 반응하려고 애쓴다. 부모는 귀뿐 아니라 모든 촉각을 총동원해 아이에게 주의를 기울여야 한다. 가능하면 집안일을 하는 틈틈이 시간을 내서 책을 읽어 주거나, 함께 퍼즐을 맞추거나, 그냥 가만히 앉아 안아 준다.

지루하지 않게 한다 '할 일이 아무것도 없을 때' 아이들은 대개 징징댄다. 어린아이들이 혼자 노는 법을 배우는 건 중요하지만, 아이들은 아직 혼자 놀 줄 아는 능력이 상당히 제한되어 있다. 아이가 혼자 놀기에는 인내심이 바닥이 났다 싶으면, 우는 소리를 내기 전에 부모가 아이의 활동에 참여한다.

좌절감을 주지 않는다 어느 정도의 좌절감은 아이가 성장하고 새로운 기술을 익히기 위해 필요한 부분이다. 그러나 강요한다든지, 아직 능력이 안 되는데도 일정한 기술을 수행하도록 재촉한다든지, 수준보다 높은 장난감들을 주면 안 된다. 아이가 지나치게 좌절을 느낀다 싶으면 아이를 도와주거나 다른 일에 주의를 돌리게 한다(좌절감을 극복하도록 도와주기 위한 자세한 내용은 424쪽 참조).

배고픔과 피로를 예방한다 적어도 이 두 가지만이라도 지키면, 아이가 가장 심하게 징징대는 경우를 틀림없이 어느 정도는 예방할 수 있다.

목소리 수업을 한다 아이들은 자신이 우는 소리를 내는 것이 다른 사람들에게 부정적인 영향을 미친다는 걸 거의 깨닫지 못한다. 그러므로 아이가 우는 소리를 낼 때 녹음해 둔다. 그런 다음 아이가 평소 목소리로 말하는 소리도 녹음한다. 아이가 기분이 좋을 때 아이를 앉히고 테이프를 틀고 '징징대는' 소리와 '평소' 목소리 사이의 차이점을 지적한다. 아이는 두 가지 다른 소리를 들으면서 깔깔대고 웃기도 하겠지만, 징징대는 소리가 듣기 싫다는 사실도 깨닫게 될 것이다. "사람들은 징징대는 소리를 듣기 싫어한단다. 그런 소리는 귀를 아프게 해서 더 이상 들으려고 하지 않아."라고 설명해 아이가 깨달은 바를 강조한다. 이런 생생한 깨달음을 바탕으로 아이와 함께 '평소' 목소리 내기 놀이를 한다.

'평소' 목소리를 내면 칭찬한다 아이가 어떤 내용을 평소 목소리로 분명하게 요구할 때마다 "예쁜 목소리로 이렇게 또박또박 말하니까 정말 좋구나. 엄마도 엄마 귀도 아주 행복해."라고 말한다.

부모부터 투덜대며 말하지 않도록 조심한다
아이와 배우자에게 무언가를 요구할 때 자기도 모르게 투덜투덜 잔소리를 하는 사람이 종종 있다. <u>부모 자신부터 항상 '평소' 목소리로 또박또박 요구하도록 노력해야 한다. 어쨌든 부모는 투덜거리면서 아이에게 그런 소리를 내지 말라고 요구할 수는 없으니까.</u>

감정을 털어놓게 한다 감정을 털어놓으면 우는 소리를 덜 내게 될 것이다(222쪽 참조). 아이가 말로 표현하기 힘들어하면 적절한 단어를 알려 준다.

별명을 붙이지 않는다 <u>아이에게 '투덜이'라는 별명을 붙이면 안 된다. 아이들은 부모의 기대를 먹고 사는 존재들이다.</u>

최선을 다해 노력했지만 아이가 우는 소리를 내기 시작한다면, 다음 방법으로 보다 효과적으로 대처할 수 있다.

분명한 원인을 제거한다 아이가 배가 고파서 징징댄다면 먹을 것을 준다. 그러나 징징대는 소리를 멈추기 위해 사탕류나 다른 군것질 거리를 주어서는 안 된다. 기저귀가 젖으면 기저귀를 갈아 주고, 피곤하면 낮잠을 재우거나 쉬게 하며, 지루해하면 함께 놀아 준다. 아이가 전반적으로 기분이 좋지 않다면, 어디가 아프거나 단순히 더 많은 관심이 필요한지 모르므로 상황에 맞추어 아이를 다룬다.

소리치지 않는다 "그만 징징대지 못해!"라고 소리를 지르면 문제의 원인을 알아낼 수도 없고, 오히려 습관이 단단히 굳어져 영구적인 문제로 커지게 된다. 아이가 관심을 요구하는 경우, 이렇게 부정적인 대응을 하면 징징거리는 습관이 굳어지기 쉽다.

굴복하지 않는다 우는 소리가 시작되면, 우는 소리로는 원하는 걸 얻지 못하며 '평소' 목소리로 또박또박 말을 해야만 귀 기울여 들어주겠다고 분명히 말한다. 우는 소리가 계속되는 동안 시선을 마주치지 말고 반응을 보이지 않는다. 아이가 평소 목소리로 바꾸면 최선을 다해 아이의 요구를 들어준다. "지금 쿠키는 안 되지만 사과나 바나나는 먹어도 돼." 아이의 요구를 전혀 들어줄 수 없다면 이유를 설명한다. "지금은 엄마가 저녁을 준비해야 하기 때문에 너하고 앉아서 놀 수 없단다. 그렇지만 식탁을 차리는 걸 네가 도와주는 건 어떨까? 그리고 저녁 먹은 후에 같이 놀자." 그리고 반드시 약속을 지킨다.

아이가 계속 징징대더라도 요구 사항을 마지못해 들어주어서는 안 된다. 어쩔 수 없이 들어주어야 한다면 즉시 들어주는 것이 가장 좋다. 20분 동안 계속 징징댄 후에 결국 아이의 말을 들어주게 되면, 징징대면서 끈질기게 요구하는 것이 성공의 관건이라고, 즉 오랫동안 그냥 징징대기만 하면 언제든지 원하는 걸 얻을 수 있다는 걸 아이에게 가르치는 셈이 된다. 아이가 우는 소리를 하는 동안 '나는 차분하다, 차분하다.'라며 속으로 되풀이해 차분해지도록 노력한다.

이성적으로 설득해도 소용이 없으면 아이의 주의를 돌린다 주의를 다른 데로 돌리면 아이를 무안하게 하지 않으면서도 우는 소리를 멈출 수 있다. 마트에서 자질구레한 장신구를 사 달라고 징징댄다면 아이의 요구를 무시하고 이렇게 말한다. "아 참, 오늘 오후에 놀이터에 가기로 했는데, 기억나니? 얼른 서두르지 않으면 놀이터에 못 가. 민경이랑 민경이 엄마가 놀이터에서 우리를 기다리기로 했어." 이런 식으로 주의를 돌리면 아이가 장난감에 대해 잊어버리고 우는 소리도 그치게 될 것이다.

안아 준다 간혹 아이를 얼른 안아 주거나 등을 쓰다듬어 주면 징징대고 싶은 기분을 누그러뜨릴 수 있다. 뿐만 아니라 부모의 기분도 한결 나아질 수 있다.

아이를 이길 수 없다면 아이와 함께한다 간혹 징징거림을 끝낼 가장 좋은 방법은 아이와 함께 징징거리는 것이다. "나도 징징거리면서 말하고 싶어. 우리 같이 징징거리자."라고 말한다. 이렇게 합창으로 징징대다 보면 웃음이 터져 나와 부모와 아이가 모두 신경이 곤두설 수 있는 상황이 누그러질 수 있다.

약간 엉뚱한 행동을 더해도 우는 소리를 누그러뜨리는 데 도움이 된다. 가령 칭얼대는 소리가 어디에서 들리는지 모르는 척한다. "낑낑거리는 소리 너도 들리니? 어디에서 이런 소리가 나는 거지?" 소파 밑, 텔레비전 뒤, 옷장 안을 확인하고는 낑낑대는 소리의 진원지인 아이의 입을 우연히 발견한 척한다. 그래도 우는 소리를 그치고 깔깔대며 웃지 않는다면, '낑낑대는 소리가 멈추도록' 조치를 취한다. 대개 다정하게 간지럼을 태우면 성공한다. 좋은 의도의 반심리학을 적용해도 징징거리는 소리를 멈출 수 있다. "겨우 이 정도로 우는 소리를 그칠 리가 없어. 더 오래 우는 소리를 내는 게 좋을 거야."

그러나 이런 식으로 놀리면 징징대다가 결국 완전히 성질을 부리는 아이도 있다. 이 경우 다시는 이런 방법을 시도해서는 안 된다.

똑똑히 말하도록 도와준다 원하는 바를 표현할 줄 몰라서 우는 소리를 한다면 나무랄 게 아니라 도와주어야 한다. "네가 무엇 때문에 화가 났는지 안단다. 네 감정을 말로 표현할 수 있도록 도와줄 수 있나 한번 보자." 아이가 제법 말을 잘할 줄 안다면 징징대지 말고 말을 하도록 다독인다. "네가 무슨 말을 하려고 하는지 알고 싶어. 그러려면 징징대지 말고 또박또박 말해야 해." 생각을 말로 표현하게 하려는 시도가 오히려 아이에게 좌절감만 안겨 준다면 음악을 듣거나 책을 읽는 등 차분한 활동으로 아이의 주의를 돌리도록 한다.

<u>징징대는 태도는 세 살에서 여섯 살 사이에 절정에 이르지만 많은 아이가 때때로, 특히 몸이 불편하거나 기분이 좋지 않을 때 계속해서 칭얼대는 소리를 낸다. 이런 태도가 효과가 없고 좋게 받아들여지지 않는다는 걸 알면 이내 누그러질 것이다.</u> 아이가 하루 내내 징징거리고, 전반적으로 불만족스러워 보이며, 이러한 방법들이 아무런 도움이 되지 않는다면 의사와 상의한다.

── 아이의 분노

Q "때때로 우리 아들은 우리한테 크게 화를 내요. 어찌나 심하게 화를 내는지 주먹으로 치거나 깨무는데 도무지 말릴 수가 없습니다. 어떻게 해야 할까요?"

A 무엇보다 분노는 정상적이고 건강한 감정이라는 걸 깨닫는 것이 가장 중요하다. 아이가 화가 나고 심지어 화를 표출하는 건 얼마든지 괜찮다.

그 다음으로 중요한 것은 이런 메시지를 아이에게 전달하는 것이다. 화가 나거나 화났다고 말하는 건 잘못이 아니지만 분노를 공격적인 방식으로 표현하는 건 잘못이라고 알려 주어야 한다.

아이에게 보다 허용할 수 있는 방식으로 분노를 다루는 법을 가르치기 시작한다. 아이가 화를 낼 때는, 아이의 감정을 인정한 다음 감정을 말로 표현하도록 다독인다. "네가 얼마나 화가 났는지 말해 봐. 그러면 기분이 좀 나아질지도 몰라." 대부분의 두 살 아이들이 그렇듯 아이가 단어를 많이 알지 못한다면 적합한 단어를 표현하도록 도와준다. 단어를 찾아야 한다는 좌절감이 오히려 아이를 더 화나게 한다면 물리적인 방식으로 분노를 표출하도록 도와준다. 주먹으로 베개를 치게 하고, 작은 공을 던지게 하며, 주먹으로 고무찰흙을 때리게 하고, 놀이방에서 장애물 코스를 달리게 한다(아이의 감정을 안전하게 해소시킬 방법에 대해 193쪽 참조). 두 팔을 활짝 벌려 아이를 꼭 끌어안아도 아이의 분노를 누그러뜨리고 통제력을 되찾는 데 도움이 된다(아이가 통제력을 되찾는 데 도움이 되는 요령은 378쪽 참조).

<u>아이의 분노 앞에서 침착한 태도를 유지하는 것이 무엇보다 중요하다. 부모의 기분이 고스란히 아이에게 반영되기 때문이기도 하지만, 확고하게 침착한 태도를 유지하는 사람에게 계속해서 화를 내기란 쉽지 않기 때문이다. 아이가 화를 낸다고 부모도 똑같이 화를 내면서 반응하기보다 "화가 많이 났구나. 괜찮아. 그래도 널 사랑한단다."라고 말해 준다.</u> 아이가 "엄마 미워!"라고 소리를 지르더라도 아이를 야단치거나 벌을 주어서는 안 되며, 그런 말을 개인적으로 받아들여서도 안 된다. 부모가 화가 나더라도 아이에게 긍정적인 모범을 보이기 위해 감정을 다스리도록 노력한다(803쪽 참조).

아이가 분노를 통제하지 못하거나 항상 화가 나 있는 상태라면 의사와 상의한다.

공공장소에서 성질을 부려요

Q "우리 딸은 공공장소에만 가면 어김없이 성질을 부립니다. 모르는 사람들이 보면 우리가 아주 나쁜 부모인 줄 알 거예요. 어쩌나 난처한지, 그저 아이를 조용히 만들고 싶은 마음에 아이가 해 달라는 대로 다 합니다."

A 아이들은 가장 곤란하고 가장 적합하지 않은 장소에서 성질을 부려야 최대의 효과를 얻을 수 있다는 걸 금세 안다. 부모가 마음대로 야단을 칠 수 없는 상황이라는 점을 노려, 아이는 발로 차고 소리를 지르면서 자신이 원하는 바를 신속하게 얻어 낸다.

이럴 때 부모는 어떻게 해야 할까? 마음 같아선 다리를 붙들고 늘어지면서 사탕을 사 달라고 칭얼대는 아이를 모르는 척하고 싶지만, 현실적으로 이렇게 하기란 거의 불가능하다. 집에서 활용하기에는 아주 바람직한 방법이다. 그냥 울게 내버려 두자니 주변 사람들의 따가운 시선 때문에 썩 적당한 방법은 아니다.

그렇다면 공공장소에서 성질을 부리며 떼를 쓰는 아이에게 지지 않는 방법은 공공장소에 나가지 않는 수밖에 없는 걸까? 그렇지 않다. 몇 가지 방법이 있다.

예방책을 마련한다 아이라면 누구나 성질을 부리기 마련이지만, 배가 고프거나 피곤하거나 지루하거나 활동량이 지나치게 많은 상황이라면 성질을 부릴 가능성이 거의 백 퍼센트다. 모든 상황을 예방할 수는 없겠지만 식사를 거르거나, 피곤하거나, 지루하거나, 자극이 많거나, 너무 힘든 일정으로 인한 분노발작은 대체로 예방이 가능하다. 외출하기 전에는 아이를 든든히 먹이고 충분히 쉬게 하고, 너무 먼 거리를 무리하게 이동하지 않도록 한다. 아이가 감당할 수 있는 거리를 이동하는 것이 바람직하고, 우체국과 슈퍼마켓 사이에 놀이터나 애완동물 가게가 있어서 중간에 놀다 갈 수 있게 한다.

인형을 가지고 가, 부모가 쇼핑을 하거나 볼일을 보는 동안 아이에게 '아기를 돌보는' 책임을 맡기는 것도 도움이 된다. 이 방법은 아이에게 뭔가 건설적인 일을 부여할 뿐 아니라 인형을 상대로 힘을 행사하게 할 수 있다. 그리고 이렇게 자신이 잘하고 있다는 느낌을 갖게 되면 자제력을 유지하는 데도 도움이 된다(분노발작을 예방하는 방법은 376쪽 참조, 아이와 함께 무사히 쇼핑을 마치는 방법은 270쪽 참조).

올바른 태도를 강화한다 극히 드문 일이겠지만, 무사히 외출을 마쳤다면 얌전히 행동해서 고맙고, 함께 외출해서 무척 즐거웠다고 말한다. 고마움을 표현하기 위해 10~15분 책을 읽어 주거나, 오디오를 틀어 주거나, 같이 놀아 주는 방법도 좋다. 그러나 바람직한 행동에 대해 물질적 보상을 해서는 안 된다. 그러면 아이는 공공장소에서 얌전하게 행동할 때마다 뭔가 보상이 따를 거라고 기대할 것이다.

주의를 돌린다 아이의 분노발작을 예방하기 위해 여러 가지 노력을 기울였지만 결국 아이가 성질을 부리기 시작한다면 재빨리 화제를 바꾼다. "네가 좋아하는 시리얼을 살 수 있는지 얼른 가 보자!" 아이가 포테이토칩이 든 가방을 달라고 떼를 쓰든 참치 캔을 다시 배치하겠다고 고집을 부리든 '안 보면 멀어진다'는 수법을 이용해 원인에서 멀리 떨어뜨려 놓고 즉시 다른 활동에 참여시킨다. 주의를 다른 곳으로 돌리면 아이가 품위를 유지하면서 분노발작에서 벗어날 수 있다(분노발작을 다루는 다른 접근 방법은 378쪽 참조).

따로 떨어뜨려 놓는다 주의를 돌려도 효과가 없다면 최대한 빨리 비교적 사적인 공간으로 아이를 데리고 간다. 그러기 위해서는 아이의 손이나 팔을 잡고 끌고 가는 것이 아니라 안고 가는 것이 가장 좋다. 이때 아이를 단호하게 다루되 절대로 난폭하게 다루어서는 안 된다. 아이를 밖이나 자동차, 휴게실, 탈의실, 집으로 데리고 간다. 다른 사람들과 함께 있다면, 아이가 좋아하는 친구나 친척이 휴식을 위해 아이를 데리고 나오는 것이 더 효과적일 수 있다. 이 방법은 부모와 아이 간의 주도권 싸움에서 벗어나게 할 수 있다. 아이가 타임아웃을 할 줄 안다면 자동차나 쇼핑 카트, 공원의 벤치, 상점 구석의 의자에서 타임아웃을 실시하되 아이 혼자 놔두면 안 된다. 아이가 완전히 차분해질 때까지 기다린 다음 하던 일을 마저 하고, 아이가 도무지 차분해질 기미가 보이지 않으면 외출을 중단하고 나중에 또는 다른 날 다시 볼일을 본다. 집을 나설 때는 아이에게 조용조용 말한다. 이렇게 하면 통제력이 있다는 인상을 주게 되고, 따라서 아이는 물론 부모의 자존심에도 도움이 된다.

주변 사람을 무시한다 붐비는 백화점 한가운데에서 아이가 성질을 부리더라도, 아이의 분노발작은 부모와 아이 사이에서 벌어지는 일이다. 눈앞에 닥친 일에 집중하고 주변 사람들은 완전히 무시한다. 아이가 공공장소에서 성질을 부리는 걸 당연하게 받아들인다. 어쨌든 아이 시기에 성질을 부리는 건 정상적이고 충분히 예측할 수 있는 행동이며, 아이를 키워 본 부모라면 누구나 그걸 알고 있다. 당연히 이 상황이 난처하겠지만 내색하지 않는다. 아이는 부모가 난처해 하는 상황을 이용할 수도 있다. 그리고 굳이 아이 때문에 난처하다고 아이에게 말하지 않는다. 이 시기 아이들은 다른 사람들의 시선에 신경 쓰지 않는다. 그걸 안다면 애초에 공공장소에서 성질을 부리지도 않았을 것이다.

굴복하지 않는다 아이에게 져 주고 싶은 마음이 간절해도, 그리고 아이의 성질이 도무지 멈출 기미가 보이지 않는다 해도, 절대로 아이의 요구에 응하면 안 된다. 그러다간 다음에 더 크게 성질을 부리게 될 것이다.

성질부리는 모습이 귀여워요

Q "아들이 성질부리는 모습이 너무 귀여워서 웃지 않을 수가 없어요."

A 혀를 깨물고 팔을 꼬집고 고개를 돌리고 숨을 참아야 한다. 여하튼 무슨 수를 써서라도 웃어서는 안 된다. 간혹 아이의 성질부리는 모습이 너무나 사랑스러워 보이더라도 웃어서는 안 된다. 일부 아이들의 경우, 자신은 성질부리고 있는데 부모가 옆에서 웃으면 모욕감을 느낄 수 있다.

분노발작의 원인이 되는 분노나 좌절감 같은 감정들은 순수한 감정으로, 이런 감정 앞에서 어른이 키득키득 웃으면 아이의 감정을 얕보는 셈이 되어 분노와 좌절감이 더 깊어질 수 있다. 그런가 하면 이런 상황에서 부모가 웃어 버리면 원치 않는 행동이 긍정적으로 강화될 수도 있다. 즉 아이는 자신이 성질부리는 모습을 부모가 귀엽게 본다는 걸 알기 때문에 부모가 더 이상 귀엽게 보지 않아도 이 행동을 계속 반복하게 될 것이다.

물론 이미 노골적으로 즐거움을 드러낸 것에 대해서는 걱정하지 않아도 괜찮다. 아이가 그런 일로 부모를 원망하지는 않을 테니까. 하지만 이제부터라도 아이의 좌절감을 존중하고 '귀여운' 짜증을 분노의 표현으로 대하도록 하자.

꼭 알아 두세요: 성질부리는 아이 다루기

웹스터 사전은 '분노발작(tantrum)'에 대해 '발끈 성마른 기질을 드러내는 현상'이라고 간단히 정의하고 있다. 하지만 생글생글 미소를 지으며 명랑하게 잘 놀던 아이가 느닷없이 버럭 화를 내며 온몸을 비틀고 바닥을 뒹구는 모습을 지켜보는 부모 입장에서는 분노발작에 대해 그처럼 단순하게 정의하기가 힘들다. 대체 무엇 때문에 천사 같은 아이가 한순간에 악마 같은 모습으로 변하는 걸까?

물론 이런 모습 역시 정상이다. 분노발작은 아이의 삶에서 불가피한 현상으로, 대부분 아이들에게 볼 수 있는 보편적인 모습이다. 이르면 첫돌 무렵 시작해 두 살을 보내는 동안 절정에 달하고, 많은 아이들이 네 살이 지나서도 계속해서 이런 모습을 보인다.

아이가 성질을 부리는 모습은 아이가 '나빠서'가 아니라 그냥 나이에 맞게 행동하는 것뿐이다.

아이가 분노발작하는 이면에는 무엇이 있을까?
분노발작이 아이들의 성장 과정에서 나타나는 정상적인 모습이며 올바른 성장 발달에 도움을 준다고 주장하는 데는 여러 가지 이유가 있다.

✱ **좌절감 해소의 필요성** 지배력과 자립성을 향한

강한 충동은 주변의 어른이나 자신의 한계에 부딪쳐 끊임없이 좌절한다. 퍼즐을 완성하지 못하고, 셔츠의 단추를 끼우지 못하며, 손위 형제의 자전거를 타지 못하고, 의도하는 바를 정확히 말하지 못하는 등

* **감정과 욕구, 바람을 표현하고자 하는 필요성** 대부분의 아이는 자신의 내면을 표현할 수 있을 만큼 아직 언어 기술이 발달하지 않았다. 분노발작은 말보다 더 크게 자신의 내면을 대변해 준다.

* **스스로를 변호하고, "난 중요한 사람이야. 내가 원하는 건 그만한 가치가 있어."라는 메시지를 전달할 필요성**

* **일상생활에서 느끼는 통제력 부족** 어른들이 늘 곁에서 이거 해라, 저건 해서는 안 된다고 잔소리를 하는 상황에서, 분노발작은 종종 아이들이 "됐어! 내가 알아서 할 거야!"라고 표현할 수 있는 유일한 방법이다.

* **자신의 감정에 대한 통제력 부족** 아이들은 자신의 감정을 통제하는 데 미숙하다. 감정이 통제되지 않으면 자기 자신 역시 통제되지 않는다.

* 배고픔, 피로, 지나친 자극, 지루함

* 선택 사항은 너무 많고 제한은 거의 없거나 그 반대일 때(56쪽 참조)

대부분 아이들이 이따금 성질을 부리지만, 유독 성질을 많이 부리는 아이들이 있다. 한 살 아이의 약 14%와 두세 살 아이의 20%, 그리고 네 살 아이의 11% 정도가 하루 두 차례 이상 분노발작을 일으킨다. 또한 이런 아이들은 다른 아이들보다 훨씬 오랫동안, 유치원과 학교에 다닐 때까지도 계속해서 분노발작을 일으킬 가능성이 높은 것으로 나타난다.

이처럼 평균 이상으로 자주 분노발작을 일으키게 되는 드물지만 다양한 원인을 알아보자.

* **유전적 이유** 타고난 기질이 유독 자주 성질을 부리는 아이들이 있다. 이런 기질로는 고집이 세고, 매사에 열성적이고, 적응이 느린(229쪽 참조) 경우를 들 수 있다.

* **극단적인 훈육 방식** 제한이 극히 드문 자유방임적인 환경에서 자란 아이들은 외부의 통제를 받으면 소리를 지르면서 버릇없이 구는 경향이 있다. 또는 부모가 아이에게 너무 많은 결정을 맡길 때 앞에 놓인 무수한 선택 사항에 압도된 나머지 벌컥 화를 낼 수도 있다. 반면에 전반적으로 엄격한 환경에서 자라는 아이는 지나치게 좁은 경계를 넓히고 싶은 바람에 화가 폭발하기도 한다.

* **병력, 만성 장애 또는 건강 이상** 부모들은 의학적으로 심각한 문제가 있는 아이, 수차례의 유산 후 또는 장기간 임신을 시도한 후에 태어난 아이를 '특별하게' 대하는 경향이 높다. 이런 아이들은 제한도 없고 훈육도 받지 않기 때문에 툭하면 성질부리기 쉽다. 또한 청각장애가 있는 아이들, 심각한 언어 장애가 있는 아이들, 그 밖에 의사소통에 어려움을 겪는 아이들, 자폐증이나 기타 심각한 발달 장애가 있는 아이들, 과잉성 행동 장애가 있는 아이들, 알레르기나 잔병치레가 잦은 아이들도 분노발작에 취약하다. 병을 치료하기 위한 특정 약물도 분노발작을 일으킬 수 있다.

* **부모와 아이 사이의 성격 차이** 부모는 외향적인 반면 아이는 조용하고 수줍음이 많은 경우, 부모가 원하는 방향으로 아이를 내몰면 자주 분노발작을 일으킬 수 있다. 부모가 느긋한

성격인 데 반해 아이는 굉장히 활동적인 경우, 아이의 활동을 자제시키려 할 때도 마찬가지다.

* **부모의 이혼이나 별거** 양육권이 있는 부모는 혼자서 아이를 양육해야 한다는 책임감과 아이를 위해 시간을 낼 수 없다는 부담감 때문에 심한 스트레스를 받고, 따로 사는 부모는 아이를 만나는 날 지나치게 관대하게 대한다. 따라서 양쪽 부모 모두 선물 공세와 각종 특혜로 아이의 '환심'을 사려 애쓰게 된다. 이 경우 좌절감이 쌓인 아이는 닥치는 대로 울분을 터뜨리고 부모 가운데 한쪽이나 양쪽 모두를 통제하기 위해 분노발작을 이용하려 들 수 있다.
* **우울증, 과로, 걱정, 질병, 경제적인 어려움 등 부모의 개인적인 문제들** 부모의 문제가 아이의 문제로 발전하면 종종 분노발작을 일으키게 된다. 가난하고 식구가 많은 가정 환경 또한 잦은 분노발작을 촉발할 수 있다.

분노발작 예방

분노발작에는 예방이 최선의 방어다.
분노발작을 예방하려면 낮잠 시간과 식사 시간 전후, 특별한 활동 후 등 아이가 언제 성질을 부리는지, 배고픔, 피로, 제약, 좌절감 등 원인이 무엇인지에 주목하면서 일이 주 동안 기록한다. 그런 다음 기록한 내용을 자세히 살펴보면서 주된 원인이 무엇인지 알아내고, 아래 원칙을 이용해 원인을 교정하거나 제거한다. 아이의 태도가 얼마나 개선되었는지 비교할 수 있도록 계속해서 기록한다.

* **좌절감, 화, 그 밖에 분노발작을 일으킬 만한 감정들을 효과적으로 발산하도록 보살핀다 (193쪽 참조)** 아이에게 울분을 발산할 기회를 충분히 마련해 준다. 신체적 정신적으로 끊임없이 제약을 받는 아이는 부글부글 끓고 있는 주전자와 같아서 항상 금방이라도 물이 끓어 넘칠 것 같다. 아이가 분노나 좌절감을 말로 표현하게 하고 어느 정도 허용되는 방향으로 풀어내도록 이끈다. 아이가 아직 언어 능력이 발달하지 않았다면 적당한 표현을 찾을 수 있도록 도와준다. "퍼즐에서 맞는 조각을 찾지 못해 많이 화가 났구나. 그러니?"
* **아이의 생활을 아이의 성격에 맞게 조절한다** 대부분 아이들은 정해진 시간에 식사하고, 낮잠을 자고, 취침과 목욕을 하면 분노발작을 일으킬 위험이 줄어든다. 그러나 아이가 불규칙한 일정을 편안하게 여긴다면 일정을 다소 느슨하게 짜는 것이 도움이 될 수

성질부리기는 아이의 전유물이 아니다

대부분 부모들이 분노발작은 '끔찍한 두 살' 아이들의 전유물이라고 생각한다. 하지만 사실상 모든 연령대의 '아이들'이 성질을 부린다.

아이들이 성질을 부리는 원인은 어른들이 성질을 부릴 때도 똑같이 적용될 수 있다. 좌절감을 느낄 때, 상황을 통제하기 어려울 때, 화가 날 때를 생각해 보자. 가뜩이나 배가 고프고 피곤한데 짜증 나는 상황들이 연달아 몰아닥치면 아무리 어른이라도 버럭 성질이 나기 마련이다.

다른 점이 있다면, 어른은 상황을 보다 잘 통제할 수 있고, 좌절감과 만족 지연, 짜증 나는 상황을 다루어 본 경험이 더 많기 때문에 분노발작을 일으키지 않으려고 조심한다는 것이다. 정 어쩔 수 없이 성질이 날 때는 주먹을 휘두르고 발버둥을 치는 대신 버럭 소리를 지르면서 말로 화를 풀 수 있다.

분노발작이 아이들만의 전유물이 아니라는 걸 깨닫는다면 아이가 성질부리는 모습을 좀 더 공평한 시각으로 바라볼 수 있을 것이다.

* **수시로 음식을 먹인다** 외출할 때는 반드시 영양이 풍부한 간식을 가지고 가고, 아이의 행동이 감당하기 어려운 지경이 될 때까지 기다리지 말고 미리 수시로 간식을 준다.
* **'안 돼'라고 말하는 상황을 줄인다** 부모의 거절은 분노발작의 주된 원인이 되므로 아이가 안전하게 지낼 수 있도록 집 안 환경을 조성하고 분명하고 일관되게 한계를 정하는 등 '안 돼'라고 말할 횟수를 줄인다. 아이가 부모의 요구에 좀 더 순순히 응하게 하려면, 놀이를 이용하고 도전 정신을 북돋으며(176쪽 참조) 거절당할 위험이 있는 단호한 명령을 삼간다. 또한 규칙을 너무 많이 정해 반항심을 부추기지 않도록 한다(56쪽 참조). 규칙을 정할 때는 "이 규칙이 꼭 필요할까?" 스스로 자문해 본다. 단순히 '누가 대장인지 알리기' 위해 규칙을 정해서는 안 된다. 아이와 싸워야 할 때는 한 번 더 생각하고, 아이의 건강과 안전을 목적으로 조용하고 평온하게 싸운다. 또한 한계를 너무 적게 설정하지 않도록 주의해야 한다.
* **가능하면 '그래'라고 말한다** 아이가 무언가를 요구할 때마다 자동적으로 '안 돼'라고 말하지 말고, '그래'라고 말해서는 안 될 타당한 이유가 있는지 살펴본다. 아이가 성질을 부린 후 압력에 못 이겨 아이 말에 응하기보다 처음부터 응해 주는 것이 훨씬 좋다. 무조건 허락할 수 없을 때는 협상을 시도한다. "목욕을 안 할 수는 없어. 하지만 목욕하러 가기 전에 읽던 책을 마저 읽어 줄게."
* **양다리를 걸치지 않는다** 즉시 '그래' 또는 '안 돼'라고 말하거나 타협한다. 대립을 피할 마음에 속으로는 '안 돼'라고 생각하면서 겉으로는 '글쎄'라고 말한다면 곧이어 틀림없이 싸움이 벌어질 것이다.
* **지나치게 통제하지 않는다** 엄격한 양육 방식은 반항심으로 이어지기 마련이다. 꼭 필요할 때만 단호하게 통제한다.
* **가능하면 선택권을 준다** "이 책 읽을래, 저 책 읽을래?", "청바지 입을래, 줄무늬 바지 입을래?" 등 스스로 결정하도록 기회를 주면 아이는 자신이 통제할 수 있다는 느낌을 더 많이 갖게 되어 성질을 부릴 가능성이 줄어든다. 그러나 너무 많은 선택 사항은 제시하지 않도록 한다. "어떤 셔츠를 입을래?"라고 하면 아이는 엉뚱한 것을 선택하거나 뭘 선택해야 할지 몰라 당황하기 마련이다. 한편 카 시트 착용 등 어떤 일은 타협의 여지가 없다는 사실을 분명히 이해시켜야 한다.
* **집 밖에 있을 때 아이의 분노발작** 분노발작을 예방하려면 여기에 소개한 요령들과 372쪽의 요령을 참고한다.
* **아이가 언제 좌절감을 느낄지 예측한다** 아이의 말에 귀를 기울이고 이해하기 위해 열심히 노력한다. 아이의 성장과 발달에 도움이 되는 도전 과제는 배제하지 말고, 아이의 능력이 미치지 않는 도전 과제에 대해서만 제한을 둔다. 도전 과제가 좌절감을 안긴다면 부모가 개입해 도와주되, 모두 떠맡지 말고 아이가 혼자서 완벽하게 익힐 수 있도록 간단한 안내만 한다. 기대와 기준 역시 현실적이어야 한다. 기대와 기준을 너무 높게 잡으면 아이가 계속 수준에 미치지 못하게 된다.
* **아이의 한계를 넘지 않도록 한다** 아이가 좌절감, 피로, 지나친 자극, 지루함 등으로 금방이라도

쓰러지기 직전이라면, 마음을 진정시키거나 달래고 다른 흥미로운 일에 얼른 주의를 돌린다. 안아 주기, 노래 불러 주기, 집 안의 특정 장소에 있게 하기, 장난감 가지고 놀기, 책 읽어 주기, 할머니 할아버지에게 전화 걸기 등

* **분노발작을 일으킬 때는 원칙을 고수한다**
아이가 노려 보고 소리를 지르는 걸 감당할 수 없어 원칙을 팽개치고 아이스크림을 사 주면 아이는 목적을 달성하는 것이고, 다음에 또 분노발작을 일으킬 기초를 마련하는 셈이 된다.

* **얌전하게 행동하고 성질을 부리지 않으면 칭찬한다** 한 시간의 외출 시간 동안 아이가 한 번도 성질을 부리지 않았다면, 잘 협조해 주어 고맙다고 말한다.

* **부모부터 차분한 태도를 보인다** 화가 나거나 짜증이 난 상태지만 겉으로는 차분하고 이성적인 태도를 취한다면 아이에게 훌륭한 본보기를 보여 주게 될 것이다.

분노발작 다루기

분노발작을 사라지게 할 기적의 명약이라든지 특허 받은 양육 기술 같은 건 세상에 없다. 아동기에 나타나는 그보다 더 심한 행동들과 마찬가지로 분노발작 역시 아이가 크면 저절로 사라진다.

그러나 분노발작을 완전히 몰아내기는 불가능하더라도, 완화하거나 최소화하는 건 대체로 가능하다. 다음에 소개하는 제안들이 바로 이 경우에 해당하며, 일부 제안은 다른 제안들보다 더 효과적일 수도 있고 반대로 전혀 도움이 되지 않을 수도 있다. 일단 어떤 비결이 가장 효과적인지 알아냈다면 아이가 성질을 부릴 때마다 해당하는 방법을 적용한다. 아이를 돌보는 다른 가족이나 베이비시터에게도 같은 방법을 이용하도록 일러둔다.

* **진정시킨다** 흥분한 부모만큼 아이의 성질에 기름을 끼얹은 역할을 하는 것도 없다. 부모가 냉정을 잃은 모습을 보이면 아이가 냉정을 찾기는 더욱 어려워진다. 뿐만 아니라 부모의 분노가 폭발하면 아이는 부모의 사랑을 잃었다는 상실감이 커져 더욱 겁을 먹는다. 아이가 자제력을 잃어 균형 감각이 깨지고 그 바람에 있는 대로 성질을 부릴수록, 부모가 차분한 태도로 대하고 무조건적인 사랑을 확신시켜야 한다. 물론 침착하게 접근한다고 당장 원하는 보상이 주어지는 것도 아니고, 또 침착하게 대하기가 쉽지 않을 게 뻔하지만, 부모가 이런 노력을 보이다 보면 마침내 아이의 자제력이 차츰 높아질 날이 온다. 부모가 유독 화가 많이 나거나 기분이 좋지 않은 날 아이가 소리를 지르기 시작하면 평정심을 유지하기 힘들기 마련인데, 이럴 때는 죄책감을 갖지 말고 재빨리 타임아웃을 실시한 다음 눈에 보이는 안전한 곳에서 806쪽의 마음을 진정시키는 요령들을 참고한다.

* **조용조용 말한다** 소리 지르는 아이를 향해 부모가 맞대응해서 소리를 지르면 아이는 주목 받는 대상이 되려는 경쟁심 때문에 더 크게 소리를 지르려 한다. 반면에 부드러운 목소리는 부모가 통제력을 갖고 있다는 것이니 아이가 평정심을 되찾는 데 도움이 된다. 아이가 잔뜩 성질부리면서 귀청이 찢어져라 소리를 지르는 바람에 부모의 목소리를 듣지 못할 때도 아이를 진정시키도록 유도한다. 잠깐 동안 호기심을 일으켜 부모의 말을 듣게 할 수 있다면 좋다.

* **그러나 압박을 주면 안 된다** 물리적인 체벌에

의지하는 것은 어느 때든 바람직하지 않으며, 분노발작을 그치게 하려고 체벌을 가하는 것은 더욱 바람직하지 않다. 아이 스스로 통제할 수 없는 부분을 벌하는 것은 정당하지 않고, 체벌을 가하면서 부모 역시 통제력을 잃을 수 있기 때문에 결국 심각한 부상을 입힐 수 있다.

* **아이가 성질을 부리는 동안 이성적으로 설명하거나 따지지 않는다** 통제력에서 벗어난 아이에게는 아무리 이성적으로 설명해도 설득되지 않는다. 어떤 논리를 갖다 대도 효과가 없다. 아이가 좀 더 이성을 찾을 때까지 논리적인 설명은 잠시 접는다.

* **아이와 아이의 환경을 보호한다** 성질을 부리면서 발버둥을 치고 몸부림을 치면 가구 모서리에 부딪쳐 다칠 수 있고, 다른 사람을 다치게 할 수도 있으며, 주변의 물건을 망가뜨릴 수도 있다. 그러므로 주변 사람과 안전한 환경을 위해 물리적으로 통제가 불가능한 아이를 안전한 장소로 데리고 간다. 집에서는 침대 한가운데가 가장 바람직한 장소다. 집 밖에 있을 때는 자동차 뒷좌석으로 데리고 가거나 유모차에 태워 안전띠를 채운다. 이런 방법이 곤란할 때는 그냥 아이를 꼭 끌어안아 아이와 다른 사람들, 주변 물건들이 다치지 않게 보호한다. 아이가 부모를 향해 주먹을 휘두르기 시작할 때는 아이를 제지시킨다.

* **아이의 마음에 공감한다** 아이가 원하는 걸 갖지 못해 계속 투덜댄다면 이렇게 말한다. "원하는 걸 갖지 못해서 속상한 거 엄마도 잘 알아. 엄마도 원하는 걸 못 가지면 화가 날 때가 있는 걸."

* **아이를 안아 준다** 아이가 성질을 부리는 동안 꼭 안아 주면 마구 흥분된 상태를 차분하게 진정시키는 데 도움이 되기도 한다. 꼭 안아 주면 화를 누그러뜨리는 데도 도움이 되고 통제력과 평정심도 되찾을 수 있다. 그러나 좀 큰 아이나 평소 안기는 걸 좋아하지 않는 아이의 경우, 분노발작을 제지하려고 부모가 안아 주려 하면 오히려 더 격렬하게 몸부림을 칠 것이다. 아이에게 맞는 효과적인 방법을 시도한다.

* **주의를 돌린다** 일부 아이들은 살살 구슬리면 성질이 누그러지기도 한다. 물론 쉽게 누그러지는 아이도 있고 그렇지 않은 아이도 있다. 그런가 하면 주의를 돌리려고 하면 오히려 더 크게 화를 내는 아이도 있다. 아이가 다른 활동을 비교적 잘 받아들이는 편이라면 좋아하는 책이나 장난감, 오랫동안 같이 가지고 놀지 않았던 퍼즐 등을 꺼내 책을 읽거나 퍼즐을 맞춤으로써 아이가 부모 곁에 앉도록 유도한다. 또는 좋아하는 노래를 틀고 율동을 하거나 따라 부른다.
심각하게 성질을 부리는 상황에서 부모가 유머로 대응하는 데 대해 아이가 거부 반응을 보이지 않는다면, 손에 신발을 끼우거나, 우스꽝스러운 표정을 짓는 등 엉뚱한 행동을 해서 반심리학을 이용해도 좋다. 또는 상황에 맞게 노래 가사를 바꿔 부른다. "반짝 반짝 작은 정현이, 너는 틀림없이 알 거야. 네가 양말을 안 신으면, 우리는 놀이터에서 못 논다는 걸." 다루기 힘든 아이에게 유머를 사용하는 방법은 143쪽과 176쪽을 참조한다.

* **아이의 눈높이에 맞춘다** 부모가 바닥에 앉으면 몸집이 작은 아이와 부모와의 크기 차이에서 오는 아이의 좌절감이 조금이나마 줄어들 수 있다.

* **분노발작을 무시한다** 종종 아무런 대처를 하지 않는 것이 최선의 행동 방침일 때가 있다. 성질을 부리든 말든 내버려 두면 그 상태에서 좀 더 빨리 빠져나올 수도 있다. 육아 전문 용어로 '소거법 (extinction method)'이라는 이 방법은 간혹 아이의 요구가 아주 터무니없을 때 효과적이며, 특히 아이 스스로 그 사실을 알고 있다는 예감이 들면 더욱 효과가 크다. 아이의 비명보다 더 큰 소리로 콧노래나 노래를 부르며 하던 일을 계속하면서 네가 아무리 성질을 부려도 아무 관심 없다는 의사를 확실히 전달한다. 부모가 고의적으로 아이의 분노발작을 무시하기 시작하면 한동안은 분노발작이 더 심해질 수도 있다. 하지만 결국 아이는 아무도 봐 주는 사람이 없는 데 이렇게 힘들게 열을 내도 소용없다는 걸 깨닫게 되고 마침내 성질부리는 횟수가 줄어들게 될 것이다.
  그러나 아이가 특히 예민하거나, 요즘 힘든 시기를 겪고 있거나, 특별히 스트레스 받는 일이 있거나, 무시를 받으면 몹시 속상해 한다면 이런 무간섭적인 접근 방법을 이용해서는 안 되며, 대신 아이에게 위안을 주어야 한다. 상당히 물리적인 방식으로 분노발작을 일으키는 아이에게 이런 방법을 적용할 경우, '관심 없다'는 태도를 취하는 동안 아이와 부모 모두 안전하도록 조치를 해야 한다. 가령, 아이가 성질을 부리는 동안 부모가 가만히 앉아 있지 않고 계속 몸을 움직이면 아이가 부모를 마구 때리기가 힘들기 때문에 계속해서 몸을 움직인다.
  상점에서 쇼핑을 하거나 시부모님을 마중하러 역에 나가야 하는 등 아이의 성질을 무시하기 어려운 경우 372쪽을 참조한다.
* **타임아웃을 실시한다** 일부 아이들, 특히 연령이 높은 아이들은 타임아웃 시간이 '흥분을 가라앉히고' 평정심을 되찾을 기회가 될 수 있다. 타임아웃을 실시하는 방법은 145쪽을 참조한다.
* **분노발작을 즉시 중단시킬 수 없다 해도 걱정할 필요 없다** 자연스럽게 사라지길 기다리면 된다. 억눌린 긴장을 해소하면 아이의 신경질적인 행동도 차츰 줄어들다가 마침내 완전히 사라질 것이다.

분노발작을 다루기로 결심했다면 그 기간 동안은 절대로 아이의 요구를 들어주어서는 안 된다. 아이의 요구를 들어주게 되면 목적을 달성하고 싶을 때마다 매번 분노발작을 이용하려 들 것이다. 아이의 말을 들어줄 거라면 분노발작이 힘을 발휘하기 전에 애초부터 말을 들어주는 것이 좋다.

폭풍이 지나간 뒤에

분노발작이 끝나면 이제 한시름 놓아도 된다. 아이가 용케 신속하게 분노발작을 끝내면 칭찬을 한다. "스스로 진정시키려 애쓰다니 아주 잘했어." 하지만 아이가 어떤 식으로 성질을 부렸는지 반복해서 이야기하거나 잔소리를 하면 안 되며, 아이의 잘못을 사과하라거나 인정하라고 고집해서도 안 된다. 그리고 어떤 식으로든 장난감을 뺏거나 놀러 가기로 한 약속을 취소하는 등 벌을 줘도 안 된다.
  아이는 이제 완전히 그 감정에서 벗어났고, 게다가 애초에 아무것도 잘못한 게 없다. 분노발작을 일으키게 한 원인이 배고픔이나 피로,

좌절감이었다면 원인만 해결하면 된다. 부모의 요구 때문에 분노발작이 촉발되었다면 아이가 차분해진 뒤 부모와 같이 필요한 일을 수행하자고 제안한다. 부모가 아이의 요구를 들어주지 않아 분노발작이 일어났다면 아이에게 굴복하지 말고 아이의 성질이 누그러지고 난 후에 요구를 들어준다. 성질만 부리면 무엇이든 원하는 걸 얻을 수 있다고 생각하게 만들어서는 안 된다.

아이의 주의를 돌릴 만한 즐거운 활동으로 재빨리 전환한다. 아이의 행동에서 칭찬할 만한 일을 찾아본다. 아이의 자아는 최근의 세력 다툼으로 인해 크게 흔들린 상태이므로 부모의 응원이 필요하다. <u>많은 아이들이 분노발작을 일으킨 후 부모에게 꼭 안기고 나면 부모가 계속 자신을 사랑해 준다는 걸 알고 안심한다.</u>

분노발작이 다 같은 분노발작이라고 생각해서는 안 된다. 아이가 너무 자주 분노발작을 일으키거나, 네 살 이후에도 계속해서 정기적으로 분노발작을 일으키거나, 강한 분노, 슬픔, 무력감, 공격적이거나 난폭한 행동 및 기타 행동 장애 이후에 분노발작이 일어나거나 분노발작을 다루기 힘들다면 의사와 상의한다. 또한 부모 스스로 여느 때보다 더 많이 힘을 충전시켜야 하며, 그래야 상황을 명확하게 판단하는 데 도움이 된다.

아이에게 꼭 알려 주세요: 사람은 모두 다 다르답니다

이제는 아이에게 '다름'에 대해서 가르쳐야 할 때다. 많은 유아들이 피부색이 살구색이거나 검거나 흰 사람, 통통한 사람과 마른 사람, 시력이 정상인 사람과 시각 장애인의 차이를 구분하지 못하지만, 어느 정도 성장한 아이들은 모두가 저마다 다르다는 걸 인식하기 시작한다.

그러나 지능이 정상적으로 발달함에 따라 사람은 저마다 다르다는 걸 자연스럽게 인식할 줄 아는 한편, 나와 다른 사람을 두려워하거나 믿지 못하거나 놀랄 수도 있다. <u>아이들은 다름에 대해 상당히 수용적이다. 아이들이 다름을 싫어하는 것은 싫어하도록 주위에서 가르치기 때문이다.</u>

그리고 안타깝게도 아이들은 이런 가르침을 빨리 받아들인다. 아이들은 엄마 배 속에서 나올 때부터 이런 편견에 노출되고 두 살 무렵이면 이런 편견들을 표현하기 시작한다. 대개 다섯 살 무렵이면 나와 다른 사람들을 향한 태도의 기초가 형성되고, 아홉 살 무렵이면 그러한 태도가 굳어진다.

편견에서 벗어나 관용이 넘치는 아이로 키우려면 지금부터 훈련을 시작해야 한다. 부모가 할 수 있는 방법들을 몇 가지 소개하겠다. 다음에 소개한 삶의 경험들은 두 살까지는 의미가 있지만, 세 살에게는 적절하지 않다는 걸 염두에 두자.

* **아이의 자존감을 확립한다** 자신을 긍정적으로 바라볼 줄 아는 사람은 다른 사람에 대해서도 긍정적으로 바라볼 가능성이 높다. 자존감이 낮은 사람은 주변 사람들을 얕볼 가능성이 대단히 높다. 이런 사람들은 다른 사람의 허물을 들추면서 자신을 높이려 한다. 아이가 스스로에 대해 긍정적인 태도를 기르도록 도와주면, 다른 사람에 대해서도 자연스럽게 긍정적인 태도를 기르게 된다(자존감을 확립하는 요령은 330쪽 참조).

* **아이의 뿌리를 알려 준다** 다른 사람에 대해 긍정적으로 생각하려면 먼저 조상, 민족, 종교,

* **아이의 정서적 욕구를 충족시킨다** 사랑이나 관심, 배려가 부족한 아이들은 다른 사람들을 적대적으로 여길 수 있고, 특히 스트레스를 받거나 생활을 마음대로 통제할 수 없을 때 더욱 심할 수 있다. 즉 다른 사람들에게 공격을 퍼부으면서 자신이 사랑받지 못하는 사람, 따돌림 받는 사람이라는 생각을 보상 받으려 하는 것이다. <u>아이에게 충분히 사랑받고 있다는 걸 확인시켜야 한다. 그래야 아이가 다른 사람을 사랑할 줄 아는 마음을 갖는다.</u>

인종 등 자신의 뿌리를 편안하게 받아들이고 관련된 내용을 알고 있어야 한다.

* **아이를 인정한다** 어떤 모습이든 무조건 인정을 받는 아이는 다른 사람에 대해서도 어떤 모습이든 인정하게 될 것이다.

* **아이가 다른 사람의 마음에 공감하도록 돕는다** 다른 사람을 동정할 줄 아는 아이는 적어도 의식적으로라도 다른 사람의 마음을 아프게 하는 행동을 하지 않을 것이다. 공감 능력은 아이들이 하루아침에 만들어 내는 특성이 아니다. 평소에 다른 사람을 동정할 줄 알아야 한다고 수시로 이야기해 주고 다른 사람을 동정하는 모습을 많이 보여 주면, 취학 전까지는 다른 사람을 동정하는 모습을 가끔 보이겠지만 일단 아홉 살이나 열 살이 지나면 자주 보이게 된다. 이런 태도는 아주 일찍부터 키울수록 좋다(49쪽 참조).

* **아이가 다름에 대해 알 수 있는 기회를 만든다** 어릴 때부터 생활 속에서 많은 다양한 배경을 지닌 다양한 종류의 사람들을 접한다면, 다름에 대해 의심하거나 위태롭게 여기기보다 편안하게 받아들이며 성숙한 성인으로 성장할 가능성이 높다. 어린이집이나 유치원 시설을 알아볼 때 다양한 배경을 지닌 아이들, 가능하면 심지어 정신적 신체적으로 발달이 늦는 아이들이 있는 시설을 찾아본다. 나와 '같지' 않은 아이들과도 함께 놀도록 아이를 격려한다. 가능하면 다양한 배경을 지닌 아이들이 함께 어울려 노는 놀이터에 간다. 주변에 나와 다른 사람들을 쉽게 볼 수 있다면 범위를 더 넓혀도 좋다. 민족적, 종교적, 인종적 배경이 다른 사람 또는 신체적으로 장애를 지닌 사람들과 친해졌다면 그들을 집에 초대한다. 가까운 곳에 나이가 많은 어른이나 친척이 산다면 가끔씩 집에 초대하거나 아이와 함께 방문한다. 이 방법은 어른들을 기분 좋게 할 뿐 아니라 아이가 고령자에 대해 건강한 태도를 형성할 수 있도록 도와준다.

부모와 아이의 생활에 다양성을 도입하려는 노력은 처음에는 좀 힘들 수 있다. 어쩌면 다름을 인정하는 척 가식적인 모습을 보이는 게 아닐까 걱정될 수도 있다. 그러나 처음 몇 번의 어색한 노력이 다양성을 자연스러운 삶의 일부로 만드는 중요한 첫 단계다.

주변에 다양한 부류의 사람을 찾아보기 어렵다면 아이에게 다름에 대해 알려 줄 기회가 적을 것이다. 이 경우 다양한 부류의 사람들과 접촉하기 위해 다른 방법을 찾아볼 필요가 있다. 아래 내용을 참조한다.

* **다름에 대해 이야기한다** 여러 다양한 부류의 사람들에게 노출되는 것이 물론 중요하지만 그것만으로는 충분하지 않다. 아이가 자랄수록 아이가 생각하는 다름에 대해 이야기하면 도움이 될 것이다. 이런 주제가 언급될 때마다 사람은 모두가 다르고, 심지어 두 사람끼리도

아주 똑같지 않다고 설명한다. 키가 작은 사람과 큰 사람, 눈동자가 파란 사람과 갈색인 사람, 어린 사람과 나이 든 사람, 걸을 줄 아는 사람과 휠체어를 타는 사람 등. 아이 역시 다른 사람들 눈에는 '다르게' 보인다고 설명한다. 더불어 먹고, 마시고, 사랑하고, 일하고, 놀고, 웃고, 우는 방식은 모두가 똑같다는 사실도 설명한다.

* **다름에 대해 긍정적으로 이야기한다** <u>겉으로 드러나는 다른 모습은 아무런 해를 미치지 않는다는 사실을 알려 줄 뿐 아니라 다름을 긍정적으로 인식하도록 가르치는 것도 중요하다.</u> 세상은 온갖 종류의 다양한 꽃과 나무가 있어서 아름답기도 하지만 다양한 종류의 사람들이 있기 때문에 아름답다고 설명한다. 아이에게 이런 아름다움을 접하게 한다. 박물관에서 다른 나라 예술품을 보여 주고, 지방 축제에 참여하고, 크리스마스 공연 등에 데리고 간다.

  집에서도 다양한 문화를 느끼게 한다. 전 세계 민속 음악을 듣게 하고, 다양한 문화와 집단에 대해 설명한 책을 읽어 준다. 아이가 읽는 책을 통해 우리가 사는 다양한 세계를 알려 준다. 각 나라의 다양한 인형을 구입해도 좋다. 나와 다른 배경을 지닌 어린이에 대한 프로그램이나 외국 문화에 대한 비디오를 함께 시청한다. 기념일을 축하하고, 가능하면 아이의 친구와 부모들을 초대해 기념일에 먹는 대표적인 음식과 관습을 공유한다.

* **유사한 부분에 대해서도 긍정적으로 이야기한다** 사람들은 각자 다른 부분도 많지만 그만큼 유사한 면도 많다는 사실을 설명한다. 아이와 친한 친구가 교회 대신 성당이나 절에 가는 경우, 가는 장소는 다르지만 모두 기도를 한다는 사실은 같다고 말한다. 같은 어린이집에 다니는 아이 중에 잘 듣지 못하는 아이가 있다면, 그렇지만 그림 그리기를 좋아하고 블록을 높이 쌓을 줄 아는 건 다른 친구들과 똑같다고 말해 준다. 길에서 본 휠체어에 탄 남자도 아빠처럼 수염이 났다고 알려 준다. 뿐만 아니라 길 건너에 사는 여자아이와 다른 점도 많지만 같은 점도 많다고 알려 준다.

* **다름에 대해 물으면 대답해 준다** 아이가 사람들에게 차이를 발견하고 질문을 하면 당황하지 말고 침착하게 대답한다. "안드레아는 왜 피부가 갈색이야?", "희영이네 엄마는 왜 저렇게 웃기게 말을 해?", "보람이네 아빠는 왜 막대기를 가지고 다니면서 걸어?". 화제를 돌리지 말고 단순하고도 명료하게 대답한다. "안드레아의 피부가 갈색인 건 엄마와 아빠, 동생의 피부색이 똑같이 갈색이기 때문이야.", "희영이네 엄마는 필리핀 사람인데, 그 나라에서는 영어로 말을 해.", "보람이 아빠는 다리가 약해서 지팡이를 짚고 걸으셔야 해. 막대기는 지팡이라고 하는 건데, 보람이네 아빠가 잘 걸을 수 있도록 도와준단다." 뭐라고 대답해야 할지 몰라 시간이나 정보가 더 필요하다면 그렇다고 말한다. 그런 다음 책을 보면서 아이와 함께 질문의 답을 찾아본다.

* **고정관념을 삼간다** 특정 인종 및 민족 집단에 대해 고정관념을 갖고 있다면, 그것이 부정적인 것이 아니라 하더라도 사람을 각자의 개성이 아닌 집단별로 분류할 수 있다는 메시지를 아이에게 전달하게 되므로 위험하다. 사람을 집단에 소속된 구성원이 아니라

각각의 존재로 보도록 가르친다. '저런 부류의 아이들' 같은 말을 해서 사람을 특정 부류로 묶는다든지, 만나는 사람들을 민족적 배경이나 인종, 종교, 신체 상태에 따라 별명을 붙여서는 안 된다. 다른 인종이나 종교를 지닌 사람들에 대해 고정관념을 갖고 말하는 가족이 있다면 아이와 있을 때는 자신의 일반론을 겉으로 드러내지 말라고 부탁한다.

✱ **심한 편견에 부딪칠 때는 그에 대응한다**
인종적인 비방이나 종교적인 비방을 우연히 아이와 함께 듣게 되었다면 아이에게 조용히 이렇게 말한다. "그렇게 말하는 사람도 있지만, 그건 옳은 생각이 아니고 사람들 마음을 아프게 할 수도 있단다." 아이가 우연히 그런 말을 듣고 특정 부류의 사람에 대해 경멸하는 말을 따라 한다면, 과도하게 반응을 보여서도 안 되지만 그렇다고 무시해서도 안 된다. 이 경우 역시, 그런 말을 하는 건 부끄러운 행동이며 다른 사람의 마음을 아프게 할 수 있다고 설명한다.

✱ **부모가 편견을 갖고 있는지 확인한다** 관용을 가르치는 것만으로는 충분하지 않으며 직접 실천해야 한다. 아이에게 건강하고 편견 없는 태도를 심어 주기 전에 부모 자신부터 그런 태도를 갖춰야 한다. 부모가 특정 민족이나 인종에 대해 비방하거나 그들을 존중하지 않는 모습을 보인다면, 그런 말을 듣고 그런 행동을 본 아이들은 철저히 세뇌되어 서서히 물든 편견을 지우기 힘들 것이다. 부모의 태도와 행동을 점검하고 개선의 여지가 있다면 지체하지 말고 변화를 시도한다.

13장

생후 25~27개월

아이의 발달 과정

2년 3개월 무렵 아이가 해야 할 행동

* 50개 이상의 단어를 사용한다.
* 단어를 결합한다(25개월 무렵).
* 몸짓을 보이지 않아도 2단계 명령을 수행한다(25개월 무렵).

주의 사항 아이가 아직 이 단계에 이르지 못했다면 의사와 상의한다. 아이에 따라서 발달 속도는 차이가 있기 때문에, 이 단계를 해내지 못한다고 해도 문제가 있는 건 아니지만 일단 전문가의 상담을 받을 필요가 있다. 이 밖에 아이가 통제되지 않거나 과잉 행동을 보이는 경우, 지나치게 요구 사항이 많거나 고집이 세거나 부정적인 경우, 말수가 거의 없거나 수동적이거나 내성적인 경우, 항상 지루해하거나 즐거워하지 않는 경우, 다른 사람과 상호작용 못하거나 같이 놀지 못하는 경우도 의사의 상담을 받는다. 이 연령대에는 예정일보다 일찍 태어난 아이들도 대부분 또래 아이들의 발달 과정을 따라잡는다.

아이가 하게 될 행동

* 손을 씻고 말린다.
* 뛰어오른다.
* 옷을 입는다.
* 도움을 받아 이를 닦는다.

아이가 할지 모를 행동

* 정육면체 블록 8개를 쌓아 올린다.
* 전치사를 사용한다.
* 2~3문장으로 이루어진 대화를 한다.

혹시나 아이에게 기대할 만한 행동

* 한쪽 발로 1초 동안 균형을 잡는다.
* 티셔츠를 입는다.
* 친구의 이름을 안다.

무엇이든 물어보세요 Q&A

—— 음식을 자꾸 엎질러요

Q "우리 아들은 실수로 몇 번 물을 엎지르더니 요즘은 일부러 물을 엎질러요. 아주 재미있나 봐요. 바닥이며 식탁이며 할 것 없이 곳곳에 물을 엎지르는데, 웃어야 할지 울어야 할지 모르겠습니다."

A 웃지도 말고 울지도 마라. 아이는 부모의 반응을 보려고 계속 음료를 엎지르는 것이므로, 그런 모습이 보고 싶지 않다면 우유를 쏟든 주스나 물을 쏟든 웃지도 울지도 않는 게 현명하다. 대신 짜증을 꾹 누르고 피식 웃음이 나오는 것도 꾹꾹 참으면서 침착한 태도를 유지한다.

아이들이 음료를 엎지르는 데는 실수로 엎지르기와 일부러 엎지르기 두 가지 양상이 있다. 실수로 엎지르는 건 아이의 발달 정도로 인해 벌어지는 어쩔 수 없는 일이다. 집중력과 소근육운동 능력이 아직 미숙한 아이에게는 무척 힘든 일이다. 아이는 많은 시행착오를 거친 후에야 겨우 제대로 컵을 들기 시작한다.

일부러 음료를 엎지르는 경우 말썽을 부리려는 의도보다는 대체로 호기심 때문 엎지른다. "컵을 엎으면 어떻게 될까? 와, 우유가 바닥으로 주르륵 흐르잖아. 이거 정말 재미있는데!" 어른이 생각하기에는 아이가 이런 행동의 결과를 확인하고 나면 더 이상 같은 실험을 반복하지 않을 것 같지만, 아이들은 지칠 줄 모르고 열심히 이 실험을 하고 또 하려 든다. 그러므로 몇 달 동안은 한 번씩 바닥에 흘린 음료를 닦을 각오를 해야 할 것이다.

실수로 음료를 엎지르지 않게 하려면 연습과 노력이 필요하고, 재미로 엎지르는 걸 그만두게 하려면 그만두려는 아이의 의지가 필요하다. 어느 쪽이든 부모는 인내심과 유머 감각, 충분한 양의 걸레를 준비하고 아래 요령을 참조하자.

* **사고가 일어나지 않도록 예방한다** 컵을 잘 선택하면 음료가 흐르는 걸 피할 수 있다. 바닥이 무겁고 아이가 편하게 잡을 수 있을 만한 작은 크기의 컵을 선택한다. 아이가 싫어하지 않으면 빨대 컵을 사용한다. 한 번에 소량의 음료만 따라 주고 필요하면 더 따라 준다. 또한 음료를 마시지 않을 때는 잘못해서 컵을 엎지 않도록 아이의 팔꿈치가 닿지 않는 곳에 컵을 둔다. 또한 식탁 가장자리 등 위험 구역에 컵을 두지 않도록 주의한다. 음료를 엎지르면 크게 더러워질 수 있는 장소에서는 음료를 마시지 못하게 한다. 주방, 식당, 거실 등으로 먹는 장소를 한정한다고 음료를 엎지르는 걸 완전히 예방할 수는 없지만 아주 심각한 결과는 예방할 수 있다.
빨대 컵을 이용하면 음료가 흐르는 걸 완전히 예방할 수 있지만 일반 컵을 다루는 방법을 가르칠 수 없다. 그러므로 엎질렀을 때 곤란해질 상황에만 빨대 컵을 이용한다.

* **연령에 맞게 행동하는 아이를 나무라지 않는다** 식사를 하는 동안 계속 음료를 엎지르더라도 단순한 실수로 여겨야 한다. 두 살 아이로서는 먹고 마시는 일도 힘들 수 있으며, 아무리 서투르더라도 비난을 받으면 아이의 자존감에 손상을 입게 된다. 아이가 실수로 음료를 엎지를 때 버럭 화를 내고 싶어진다면, 자신이

실수로 음료를 엎었을 때를 떠올리자.
* **아이를 나무라지 말고 걸레를 준다** 아이가 일부러 음료를 흘린 경우, 큰 소리로 고함을 지르거나 혼자 중얼거리기보다는 아이에게 바닥을 닦아 달라고 부탁하는 것이 훨씬 긍정적인 방법이며 다음에 다시 음료를 흘리지 않도록 예방하는 데도 도움이 된다. 또 아이에게 자신의 행동으로 빚어진 결과를 직접 대면하게 하면 책임감을 기르는 데도 도움이 된다. 물론, 바닥을 닦는 일이 재미있다는 걸 발견하고 일부러 음료를 흘린다면 이 방법은 썩 바람직하지 않다. 이 경우, 싱크대나 욕조에서 물을 흘린 후 닦게 하고, 음료를 흘려서는 안 되는 장소에서는 부모가 바닥을 닦는다.
* **음료를 더 주고 부드럽게 타이른다** 아이가 실수로 흘린 경우 음료를 다시 채워 준다. 아이에게 경고를 하기보다 새로 음료를 주고 흘리지 않도록 다독인다. "이번에는 좀 더 조심해서 마시자."
* **아이가 일부러 흘리면 단호하게 대처한다** 고의로 흘리는 건 용납할 수 없다는 태도를 분명히 하되 너무 요란스럽게 야단치지 않는다. 아이가 계속해서 일부러 음료를 흘리면, 부모가 컵을 맡아 놓고 아이가 마시고 싶을 때만 주겠다고 말한다. 아이가 컵에 손을 대자마자 음료를 흘리면 살짝 야단을 치면서 컵을 완전히 빼앗는다. 대신 욕조나 싱크대에서 물을 채우고 따르는 연습을 할 기회를 충분히 제공해야 한다.
* **우유를 엎지르는 걸 보고 소리를 질렀을 때는 이유를 설명한다** 방금 걸레질을 한 바닥에 우유를 흘렸거나 새로 산 식탁보에 포도 주스가 밴 걸 보면 아무리 침착한 부모도 평소와 달리 버럭 화를 내게 될 것이다. 아이에게 화를 냈다고 죄책감을 느끼며 자책하지 말고, 왜 그렇게 화를 냈는지 이유를 설명하고 사과한다. "소리 질러서 미안. 네가 실수로 그런 거 알아."

지방과 콜레스테롤 섭취

Q "이제 아이가 두 살이 넘었으니 지방 섭취를 제한해야 할까요? 나중에 비만이나 콜레스테롤 문제를 예방해야 할 것 같아서요."

A 이제 전유 및 지방을 제거하지 않은 치즈와 요구르트를 먹는 시기는 끝났다. 아니, 이제는 어쨌든 끝내야 한다. 동맥을 막는 플라크는 아동기부터 발달하기 시작하고, 그러므로 한국 소아과학회와 국제 콜레스테롤 교육 프로그램(NCEP)은 자녀가 두 돌이 될 때부터 지방과 콜레스테롤 섭취를 줄이도록 권장한다.

가장 최근의 권장 사항들은 지키기 편리하며, 최고의 아이 식단(550쪽 참조)에 소개된 권장 사항들은 가족 식단에 포함시키는 데 도움이 될 것이다. 두 살 이상의 아동을 위해 식단을 마련할 때 다음과 같은 내용을 참고한다.
* 정상적인 성장을 위해 충분한 열량이 포함된 다양한 식단을 섭취하게 한다.
* **지방을 통해 섭취하는 열량은 전체의 30% 미만이어야 한다** 이 가운데 포화 지방(유제품, 육류, 달걀, 코코넛, 경화 쇼트닝, 코코넛 기름, 야자 기름에 함유)은 3분의 1(30% 가운데 10%)이 넘으면 안 된다. 나머지는 심장의 건강에 가장 좋은 지방으로 알려진 다가 불포화

지방(옥수수기름, 홍화유, 콩기름에 함유)과 특히 단일 불포화 지방(올리브유, 카놀라유에 함유)으로 섭취해야 한다.

* **식이성 콜레스테롤은 하루에 300mg 이하를 섭취한다** 콜레스테롤은 달걀, 육류, 가금류, 전유, 치즈 등 유제품과 같은 동물성 식품에 함유되어 있다.

지방의 감소를 보충하기 위해 아이 식단에 섬유소가 풍부한 통곡물, 콩과 식물, 과일, 채소의 함량을 높이고, 저지방 유제품, 육류, 가금류, 생선을 적당량 포함시킨다. 동맥 플라크가 일찍부터 축적되는 위험을 크게 줄이려면, 신체 활동을 장려하고 텔레비전 보는 시간을 줄여야 한다. 텔레비전을 장시간 시청하는 아이들은 콜레스테롤 수치가 높아지는 경향이 있는데, 텔레비전을 보면서 고지방 음식을 간식으로 먹을 뿐 아니라 운동을 통해 콜레스테롤을 줄이고 건강을 향상시키는 대신 텔레비전 앞에 계속 앉아 있기 때문이다.

아이의 식습관 조절을 시작할 때는 부모의 콜레스테롤과 지방 섭취량과 아이의 섭취량이 다르다는 사실을 염두에 두어야 한다. 사실상 지나치게 식단을 제한해도 심각한 위험에 처하게 된다. 첫째, 아이들은 신체적 지적 성장을 위해 지방이 필요한데, 식단에 지방 함유량이 너무 낮으면 체중, 키, 학습 능력에 불리한 영향을 미칠 수 있다. 둘째, 완전 무지방 식단은 맛이 없고 씹기도 힘들다. 셋째, 지방이 없는 식단은 포만감을 오래 유지하지 못해 늘 배가 고프고 기운이 없는 등 잠재적으로 문제를 유발한다. 넷째, 가령 유제품처럼 지방 함량이 적당한 수준에서 높은 수준으로 다양하게 함유된 특정 음식을 심하게 제한하는 경우, 이런 음식 속에 포함된 필수 영양소까지 제한할 수 있다. 마지막으로, 식단을 지나치게 제한해 지방을 완전히 제거하면 아이가 식사를 하지 않으려고 반항하고 음식에 대해 건강하지 못한 태도를 취하게 되는데, 특히 자신은 절대로 먹지 못하게 한 음식을 다른 아이들이 먹는 모습을 보면 더욱 그렇다.

아이들에게 적합한 고지방 음식은 557쪽을 참조한다.

Q "아이의 콜레스테롤 수치가 높은지 검사를 받아야 할까요?"

어린이의 콜레스테롤 수치

다음 표는 아동의 콜레스테롤 수치를 평가하기 위한 국제 콜레스테롤 교육 프로그램의 권장 사항을 요약한 것이다.

	전체 콜레스테롤	저밀도 리포 단백질(LDLs)
허용 수치	170mg/dL	110mg/dL
경계 수치	170-199mg/dL	110-129mg/dL
높은 수치	200mg/dL 이상	130mg/dL 이상

A 그럴 만한 이유가 없다면 굳이 검사를 받을 필요가 없으며, 장차 아이의 심장병이 걱정되어 검사를 받고 싶다는 건 타당한 이유로 볼 수 없다. 55세 이전에 심장병이 발병된 가족이 있거나 적어도 한쪽 부모의 콜레스테롤 수치가 높게 나온 경우(240mg/dL 이상)에 한해서만 아이의 콜레스테롤 수치를 검사 받을 것을 권한다.

이러한 병력이 있거나 가족력이 있는지 알 수 없을 경우 의사에게 상의한다. 콜레스테롤 수치가 높은 아동(388쪽 표 참조)은 다른 두 살 아이와 마찬가지로 앞에서 언급한 저지방, 저콜레스테롤 음식을 섭취해야 한다. 3개월 동안 이런 음식으로 식이 요법을 했는데도 콜레스테롤 수치가 낮아지지 않는다면 대체로 '2단계' 식단이 처방된다. 이 식단은 포화 지방 섭취를 전체 열량의 7% 미만으로 줄여 지방을 통한 열량이 전체 열량의 4분의 1 이하가 되도록 하고, 하루 콜레스테롤 섭취를 200mg 이하로 제한한다.

── **씹어 먹는 비타민**

Q "가뜩이나 아이에게 비타민 물약을 먹이기가 힘든데 요즘에는 훨씬 힘들어요. 의사는 아이에게 비타민을 먹이라고 권하는데 어떻게 하면 좋을까요?"

A 어린아이들은 자신에게 무엇이 최선인지 잘 모르고 대체로 거의 관심이 없다. 이 시기 아이들은 자신이 무척 강하다고 느끼고, 지금의 행동이 나중에 영향을 미친다는 개념을 이해하지 못하며, '건강을 유지하고 아프지 않으려면 비타민을 먹어야 한다'는 부모의 간청을 들은 척도 하지 않는다. 대부분 아이들이 비타민 물약을 왜 그렇게 꼬박꼬박 받아먹어야 하는지 이유를 잘 모르는 것이다.

그러므로 지금부터는 물약이 아닌 다른 형태로 비타민을 섭취하게 해야 한다. 씹어 먹는 비타민은 튼튼한 이와 단맛을 좋아하는 입맛만 있으면 언제든 쉽게 먹을 수 있으며, 두 살 아이라면 대부분 두 가지 전제조건을 충분히 만족시킨다. 씹어 먹는 비타민은 모양과 색깔이 예쁘고 과일 맛과 향이 나 아이가 쉽게 섭취할 수 있을 뿐 아니라 먹는 과정도 대체로 거부감이 적다. 아이는 마지못해 입을 벌리는 게 아니라, 아이 스스로 약을 입에 넣고 씹으면 된다.

씹어 먹는 비타민을 선택할 때는 의사에게 추천을 부탁한다. 직접 선택할 계획이라면 상표를 꼼꼼하게 살펴본다. 일부 씹어 먹는 비타민은 아이에게 필요한 영양 성분보다 더 많은 성분이 함유되어 있으므로, 어떤 영양소든 아이의 나이에 맞는 하루 권장량의 100%를 넘지 않는 보충제를 선택해야 한다.

대부분 아이들은 씹어 먹는 비타민을 좋아해 처음부터 하루 섭취량을 즐겁게 복용하지만 맛이나 냄새를 싫어하는 아이도 있다. 이 경우, 여러 회사의 비타민을 시도하는 건 비용이 좀 들 수 있지만, 아이가 먹을 만한 비타민을 찾을 때까지 종류를 바꿔 먹인다. 그러다 보면 아이가 먹을 만한 제품이 최소한 한 가지는 나올 것이다. 그렇지 않다면 약간의 속임수를 시도해야 한다. 비타민을 부수어 가루로 만든 다음 사과 소스에 섞어 넣거나 과일 맛 셰이크 속에 섞는다. 액상 비타민을 주스 안에 넣으면 좋다. 보충제를 반으로 나누어 오전에 반 오후에 반씩 나누어 주어도 별로 눈치채지 못할 것이다.

물론 비타민을 먹도록 억지로 강요할 수는

없으며, 특히 매일 꼬박꼬박 먹이기는 힘들 것이다. 돈, 시간, 노력이 낭비된다 싶고 아이가 보충제를 섭취하려는 의지를 보이지 않는다면 한 달 동안 중단한 다음 다시 시도한다. 그때쯤 되면 아이가 좀 더 협조적이거나 비타민 맛에 대한 불쾌한 감정을 잃어버렸을 수 있다.

그러나 안타깝게도 씹어 먹는 비타민 보충제에는 맛있게 만드는 성분이 들어 있어서 아이에게 해를 입힐 수 있다. 이런 보충제들은 쓴맛이 없어 아이들이 과다 복용하기 쉽기 때문이다. 비타민을 아이 손이 닿지 않는 곳에 보관하고, 아이를 철저히 감독하며, 절대로 비타민을 '사탕'이라고 말해서는 안 된다.

—— 교회에서 계속 돌아다녀요

Q "아이를 교회에 데리고 가는데요, 얌전히 앉아 있으라고 수백 번을 말해도 도무지 조용하게 앉아 있으려 하지 않아요. 그렇다고 아이를 안 데리고 갈 수도 없고 데리고 가면 주변 사람들을 계속 방해하니 정말 골치예요."

A 지금 아이가 할 수 없는 두 가지 기술, 즉 얌전히 앉아 있기와 조용히 하기를 동시에 하라고 부탁하는 셈이다. 이 시기 아이들 대부분이 디즈니 만화를 볼 때조차 할 수 없는 것을 하물며 교회에서는 더 말할 것도 없다.

당분간은 예절 부분에서 아이의 한계를 받아들여야 할 것이다. 이러한 한계는 아이가 아직 미숙해서이지 아이의 성향을 나타내는 것은 아니다. 아이가 성숙해지면 몸을 움직이고 말을 하려는 충동을 통제하는 힘도 생기게 된다. 물론 앞으로 몇 년은 걸리겠지만. 그동안은 아예 교회에 가지 않는다거나 아이를 집에 두고 가려고 하지 말고, 아이에게 누누이 강조했던 인내심을 부모 쪽에서 발휘해야 한다. 다음 요령을 시도해 보자. 이 요령들은 교회뿐 아니라 유사한 환경에서도 도움이 된다.

적절한 자리에 앉는다 <u>신속하게 나갈 수 있는 좌석을 선택한다. 통로 쪽, 가급적 사람들과 떨어져 있고 비상구와 최대한 가까운 좌석이면 좋다.</u> 아이 때문에 다른 사람을 방해할 위험이 최소화될 뿐 아니라 몸을 움직일 공간이 넓어 아이가 덜 답답해한다.

편안한 옷을 입힌다 빳빳한 칼라, 목을 꽉 조이는 나비넥타이, 꼭 맞는 바지와 신발은 아이를 불편하게 해 몸을 계속 꼼지락거리게 만든다. 외출복보다는 평상복을 입으면 몸이 훨씬 편안해져 완벽하게 얌전하지는 않더라도 비교적 부모 말에 잘 협조할 것이다. 물론 예쁘게 꾸미는 걸 더 좋아하는 아이도 있는데, 이 경우 격식을 갖춰 옷을 입힌다.

기도서 외에 다른 것도 준비한다 그림책과 소리 나지 않는 장난감을 준비하면 잠시나마 아이를 조용히 시킬 수 있다. 아이에게 인형을 조용히 시키도록 책임을 부여해도 도움이 된다. 중간중간 아이가 먹고 마실 간식을 준비하는 것도 잊어서는 안 된다. 배고픔과 갈증은 얌전하게 행동할 가능성을 빼앗는 최대의 방해꾼이다.

집에서 연습한다 가끔씩 집에서 교회 놀이를 한다. 아이에게 인형들을 나란히 앉히게 한 다음 아무런 압력을 주지 말고, '소곤소곤 말하는' 연습과 예배 시간에 얌전히 앉는 연습을 한다.

선택 사항을 고려한다 교회에 어린이방이나 어린이 예배 시간이 마련되어 있다면 그런 선택 사항을 고려한다. 그렇지 않다면 아이를 위해 직접 방법을 마련한다. 부모들끼리 교대로 아이를 돌보면서 예배에 참석하는 등 서로 협조를 구할 수 있을 것이다. 또는 배우자나 다른 어른과 교대로 아이를 보아도 좋겠다.

아이의 요구가 정당하다는 걸 인정한다 나이에 맞게 행동하는 아이를 압박하거나 꾸짖어서는 안 된다. 아이가 너무 큰 소리로 말하면 작은 목소리로 말하라고 조용히 상기시킨다. 아이가 말을 듣지 않으면 야단치지 말고 밖으로 데리고 간다. 교회는 예를 갖추어 조용히 해야 하는 장소라는 걸 이해시키는 것이 중요하다.

장기적으로 생각한다 부모에게 종교가 중요하다면 아이에게 예배 시간을 즐거운 시간으로 만들어 주어야 나중에 자라서 종교에 대해 부정적인 감정을 갖지 않는다.

짜증이 심해졌어요

Q "요즘 우리 딸은 아침에 눈 뜰 때부터 밤에 눈 감을 때까지 사사건건 트집이랍니다."

A 누구나 기분이 좋지 않은 날이 있고, 그런 날이 심지어 몇 주 동안 지속되기도 한다. 대부분 어른들은 기분이 우울해도 혼자서 다스릴 줄 알지만, 아이들은 자신의 감정을 누구나 알도록 전부 드러내는 경향이 있다. 행복하면 주변 사람 모두에게 미소를 전염시키고, 자신이 자랑스러우면 깃털을 활짝 편 공작새처럼 한껏 우쭐대며 걷는다. 그리고 짜증이 나면 주변 사람 모두가 조심해야 한다.

아이가 짜증을 내기 시작할 때 부모가 같이 맞대응을 해서는 안 된다. 그보다는 아이가 기분을 바꿀 수 있도록 도와준다. 다음 내용을 참고하자.

* **유머 감각을 동원한다** 쾌활한 분위기가 이어지면 짜증 낼 겨를이 없다. 놀린다는 느낌을 주지 않도록 조심하면서 짜증으로 잔뜩 얼굴을 찌푸린 아이에게 미소를 보여 주고, 투덜대는 아이에게 깔깔 웃음을 지어 주며, 침울한 얼굴 앞에서는 우스꽝스러운 표정을 한다.

* **아이가 미끼를 던진다고 덥석 물지 않는다** 아이는 짜증이 나면 아무 일에나 트집을 잡으려 할 것이다. 이때 부모가 싸울 준비를 해서 아이를 만족시켜서는 안 된다. 다정한 모습으로 거리를 유지해 아이의 변덕스러운 기분에 대응한다.

* **아이가 가장 좋아하는 일을 떠올린다** 활짝 미소 짓는 얼굴 모양의 팬케이크를 접시 가득 담아 주고 손가락으로 그림을 그리게 하거나, 쿠키를 굽고 거품 목욕을 하게 하는 등 아이가 기분이 언짢을 때 좋아하는 일을 하게 하면 기운을 북돋는 데 도움이 된다. 좋은 기분이 오래 지속되지 않는다 해도 희망을 잃지 말고 나중에 아이가 좋아하는 다른 일을 더 계획한다.

* **부모의 기분을 살펴본다** 나쁜 기분은 전염성이 강하다. 아이가 부모의 기분에 영향을 받고 있다면 기분이 나아지도록 조치를 취한다.

* **아이에게 시간과 관심을 쏟는다** 때때로 아이의

변덕은 사실상 온전히 자기에게만 시간과 관심을 쏟고, 다정하고 애정 어린 보살핌을 보여 달라는 외침이기도 하다.
* **아이가 별로 좋아하지 않는 일은 하지 않는다** 아이가 최상의 상태에서도 즐기지 않는 활동은 가능하면 기분이 좋은 때로 미룬다.
* **낮잠을 재운다** 잠이 부족하면 짜증을 내기 쉽다. 매일 밤잠을 잘 자게 하고 낮에는 충분히 휴식을 취하게 하면 짜증 내는 일을 예방할 수 있다.

아이가 하루 내내 시무룩해서 뚱한 표정으로 지낸다면 아이의 마음을 이해하기 위해 각별히 신경을 써야 하고, 어쩌면 전문가의 상담이 필요할 수도 있다. 아이의 짜증이 질병의 증상과 관련이 있어 보일 경우는 의사와 상의한다(619쪽 참조).

─── 과잉 자극

Q "우리 아들은 자극적인 환경이나 상황에 놓일 때면 아주 심하게 흥분해요. 어떻게 하면 아이를 차분하게 할 수 있을까요?"

A 아직 주변 세상이 비교적 낯선 아이들은 청각, 시각, 후각 등 연령이 높은 아동과 어른이 간과하거나 선별적으로 무시하고 넘어가는 감각에도 쉽게 사로잡힌다. 이런 감각들이 총동원되어 아이의 관심을 요구하고 평소에 느끼는 자극보다 훨씬 많은 자극을 받으면 감각 회로에 과부하가 걸리게 되는데, 특히 아이가 여러 자극들에 유난히 민감해지면 더욱 크게 '흥분하게' 된다.

가장 좋은 방법은 부모가 미리 예상해 위태위태한 활동을 예방하는 것이다. 자극적인 활동에 아이를 참여시키기 전에 낮잠을 재우고 영양이 풍부한 간식을 먹인다. 그리고 에너지가 많이 필요한 활동이나 놀이 모임 후에 생일 파티를 하는 등 연달아서 하면 안 된다.

그래도 여전히 지나치게 흥분된 상태라면 잔뜩 치솟은 감정을 아무리 가라앉히라고 요구해도 소용이 없다. 흥분한 아이들이 종종 무시하게 되는 자극이 한 가지 있다면 바로 진정하라고 말하는 부모의 소리일 것이다. 대신 다음 내용을 참고한다.
* **잔뜩 흥분된 분위기에서 아이를 데리고 나온다** 열기로 가득한 상황에서 잠시 벗어나게 한다.
* **일단 흥분이 가라앉으면 긴장을 이완하는 기술을 시도한다** 아이마다 상황마다 효과적인 방법이 다르므로, 전부 또는 일부의 방법을 이용해 아이를 진정시킨다. 아이를 꼭 안아 주기, 살며시 안아 주기, 등이나 목 쓰다듬기, 부모의 무릎에 아이의 머리를 기대게 하고 머리카락 쓰다듬기, 조용한 노래 불러 주기, 좋아하는 책 읽어 주기, 우유 한 잔과 고단백 간식 주기 등(195쪽 참조).
* **아이가 차분해졌으면 논리적인 설명을 덧붙인다** 아이가 흥분해 있을 때는 논리적인 설명에 집중하기 힘들지만, 감각 회로가 정상에 가깝게 돌아온 후에는 집중할 수 있을 것이다. 자극적인 상황으로 돌아가기 전에 마음을 진정시키도록 최선을 다해 보라고 부탁한다. 그러나 아이에게 이런 요구를 하는 것이 무리라는 사실을 기억해야 한다. 요구에 응하도록 강요하거나 지나치게 부담을 주어서는 안 된다.
* **반복할 준비를 한다** 아이가 자극적인 상황으로 돌아가자마자 다시 통제력을 잃는다면, 즉시 다시 데리고 나온다. 여러 차례 타임아웃을

실시한 후에도 여전히 통제가 힘들다면 집으로 데리고 가는 방법을 고려한다.

코를 후벼요

Q "우리 딸이 요즘 코를 후비기 시작했는데 도저히 못 보겠어요. 그만두게 하려면 어떻게 해야 하지요?"

A 코 후비기는 부모를 짜증 나게 만드는 아이의 습관 가운데 상위권에 해당한다. 그리고 엄지손가락 빨기나 손톱 깨물기와 같은 다른 습관들과 마찬가지로, 코 후비기 역시 부모가 초기에 버릇을 고치려고 이런저런 시도를 해봤자 코를 파겠다는 아이의 의욕만 더욱 고조시킬 뿐이다.

<u>아이들은 호기심 때문에, 스트레스를 해소하려고, 지루한 시간을 보내려고, 순전히 습관적으로 코를 후빈다. 그러나 코 후비기에 가장 열성적인 아이들은 주로 코에 알레르기가 있는 아이들이다.</u> 점막과 딱딱한 코딱지 때문에 아이들은 자꾸만 콧구멍 속에 '무언가' 들어 있는 느낌을 갖게 되고, 따라서 자신이 아는 유일한 방식으로 콧구멍을 청소해 답답한 느낌을 없애려 하는 것이다.

아이를 야단치고, 잔소리를 하고, 더럽다는 표정으로 쳐다보고, 아이의 코에서 손가락을 휙 잡아 빼는 등 불쾌한 감정을 드러내면 오히려 코를 후비는 또 다른 구실, 즉 부모에게 반항하면서 느끼는 만족감을 제공할 뿐이다. 그리고 이런 구실은 아이에게 죄책감을 느끼게 하고, 자신이 통제할 수 없는 어떤 일을 하고 있다는 생각에 아이를 상심시킬 수도 있다. 그냥 편안하게 코를 후비게 놔두면 초등학교 저학년까지는 계속해서 때때로 코를 후비겠지만 점차 코 후비기에 흥미를 잃게 될 것이다.

그때까지는 부모가 불쾌한 모습을 드러내지 말고 두 손으로 할 수 있는 다른 놀이를 제공한다든지, 꼭 안아 주어 아이의 주의를 돌린다. 아이가 코를 너무 열심히 판 나머지 코 내벽에 상처가 나고 코피가 나고 딱지가 지면, 코를 후비면 코가 '아야' 하니까 코 파기를 중단해야 한다고 설명한다. 의사가 같은 경고를 해 주면 효과가 더 크다. 코를 후비는 원인이 알레르기 때문이라면 의사와 상의해 알레르기 치료를 한다.

처음 보는 음식은 안 먹으려 해요

Q "우리 아들은 날이면 날마다 같은 음식만 먹으려 하고 조금이라도 색다른 음식은 입에 대려고도 하지 않아요. 아이에게 다른 음식을 접하게 하려면 어떻게 해야 할까요?"

A 어른도 낯선 음식 앞에서 상당히 다양한 태도를 보인다. 거의 아무거나 잘 먹는 사람도 있고, 스테이크와 감자, 햄, 달걀만 고집하는 사람도 있다. 그러나 아무리 식성이 까다로운 어른도 아이 시절이 지나면 식성에 상당한 발전을 보인다. 어쨌든 어른이 된 지금까지 땅콩버터와 잼을 바른 샌드위치만 고집하는 사람은 없으니까.

그러므로 지금은 믿기 어렵겠지만, 때가 되면 아이의 미각적 영역이 확장되고, 다양한 종류의 새로운 음식들을 보다 개방적으로 받아들이게 된다. 573쪽의 요령을 참조해 한정된 식이 요법 목록대로 아이에게 음식을 먹이면 그 시기가 좀 더 빨리 앞당겨질 것이다. 대부분의 아이들은 변화에 크게 저항한다는 사실도 기억하자. 어린이집 교사가 바뀌든, 엄마의 머리 모양이 달라지든, 거실에 소파가 바뀌든, 식탁에 새 음식이 놓이든 아이들은 익숙한 것이 아니라는 이유만으로 변화를 거부하려 든다. 부모가 아이에게 융통성을 가지라고 억지로 강요하기보다 아이의 단호한 태도를 인정하면 차츰 새로운 환경에 적응하게 될 것이다. 아이가 유독 새로운 것을 잘 받아들이지 못하는 편이라면(575쪽 참조) 낯선 음식을 서서히 도입한다. 아무리 새로운 음식이라도 2주일 이상 매일 접하면 더 이상 낯설지 않고 쉽게 받아들일 준비를 갖추게 될 것이다.

아이가 새로운 음식을 서슴없이 접하지 못한다고 걱정할 필요는 없다. 그렇다고 굶주리지는 않는다. 대부분의 아이들은 한 번씩 입맛이 까다로운 시기를 겪게 마련이며, 오로지 몇 가지 음식만 먹는 아이가 있는가 하면 겉으로 볼 때는 거의 음식에 손도 대지 않는 것 같은 아이도 있다. 그러나 건강에 좋은 음식을 제공하는 한, 아이들은 대체로 영양적으로 상당히 균형 잡힌 식사를 하게 될 것이다. 통곡물 시리얼, 우유, 바나나, 오렌지 주스, 땅콩버터와 젤리를 바른 통밀 샌드위치, 멜론, 당근만으로 이루어진 식단에 비타민 보충제만 첨가해 주어도 아이 식단(554쪽 참조)의 권장량을 충분히 만족시킨다.

─── 유당불내증

Q "우리 아들은 얼마 전 장염에 걸렸어요. 지금은 다 나았지만, 그 후로 우유만 마시면 복통을 일으킨답니다. 전에는 우유 때문에 배가 아픈 적이 한 번도 없었고 늘 우유를 많이 마셨는데 말이에요. 갑자기 우유에 알레르기가 생길 수 있나요?"

A 아마도 우유에 과민증을 일으키는 유당불내증인 것 같다. 많은 아이들이 한 차례 위장 장애를 앓고 나면 유당을 소화시키는 데 필요한 유당 분해 효소가 일시적으로 결핍되는 증상을 보인다. 이런 아이들이 우유를 마시거나 유제품을 먹으면 더부룩함, 가스, 위경련, 설사 등의 증상을 경험하는데, 이처럼 불편한 증상 때문에 우유를 잘 먹던 아이들이 종종 우유를 기피하게 된다.

간혹 선천적으로 유당을 소화시키지 못하는 아이도 있긴 하지만, 4세 이하의 어린이에게 영구적인 유당불내증이 나타나는 경우는 극히 드물다. 그러므로 아이가 우유 때문에 곤란을 겪는 일이 몇 주 이상 지속될 가능성은 거의 없다. 아이의 증상이 진정될 때까지 의사와 상의해 당분간 유당 함량을 줄이는 방향으로 식단을 바꾼다. 일반 우유, 아이스크림, 찬 밀크, 연질 치즈는 아이가 소화시키기 가장 힘든 음식이다. 유당 함량이 적은 우유로 바꾸면 영양에 큰 피해 없이 유제품을 섭취할 수 있다. 또한 체다 치즈와 같은 소량의 경질 치즈와 능동 배양균이 함유된 요구르트도 잘 소화시킬 수 있다. 간식 시간이 아닌 식사 시간에만 유제품을 주는 것으로 제한을 두어도 소화에 도움이 된다.

정제 형태나 액상 형태의 유당 분해 효소를 섭취해도 도움이 된다. 의사에게 정제 형태나 액상 형태의 유당 분해 효소를 이용하는 문제에 대해 상의한다.

아이가 유제품을 전혀 소화시키지 못하거나 유당 함량이 적은 유제품도 소화시키기 힘든 경우, 식단에서 유제품을 완전히 제외시켰는데도 계속해서 불편함을 호소하거나 몇 주가 지나도 불편한 증상이 완전히 사라지지 않는 경우, 다른 문제가 있는지 의사와 상의한다.

<u>아이는 아직 우유에 함유된 영양 성분이 필요하다는 사실을 잊어서는 안 된다. 아이가 유제품을 전혀 소화시키지 못한다면, 당분간 칼슘이 강화된 두유나 칼슘이 강화된 오렌지 주스를 통해 칼슘을 섭취하도록 해야 한다.</u> '유제품을 함유하지 않은' 음료는 대개 지방과 당분의 혼합물로 우유를 대체할 만큼 영양이 풍부하지 않다는 사실에 유의한다. 아이의 식단에 단백질과 인, 비타민 D, 리보플라빈을 포함한 우유의 주성분이 결핍되지 않도록 하기 위해 의사와 대안을 의논한다.

— 우유를 싫어해요

Q "지금까지는 아이에게 우유를 먹이느라 애먹은 적이 한 번도 없습니다. 그런데 요즘에는 우유에 손도 대려고 하지 않아요. 이러다 칼슘을 충분히 섭취하지 못할까 봐 걱정됩니다."

A 우유는 식단에서 가장 대중적인 칼슘 공급원이지만, 칼슘 공급원이 우유만 있는 건 아니다. 우유 약 230mL에는 약 300mg의 칼슘이 함유되어 있지만 경질 치즈 약 30g, 강판에 간 파르메산 치즈 약 50g, 요구르트 1컵, 분유 3분의 1컵, 농축 우유 2분의 1컵에도 같은 함량의 칼슘이 함유되어 있다. 유제품이 아니더라도 녹색 잎 채소와 통조림으로 된 연어와 뼈째 먹는 정어리, 칼슘으로 응고시킨 두부 등 칼슘의 공급원은 매우 다양하다. 우유를 섭취하지 않는 아이는 비타민 D 하루 권장량이 함유된 비타민과 무기질 보충제도 섭취해야 한다.

그러므로 아이에게 억지로 우유를 마시게 하지 않는다. 지금 강요하지 않으면 나중에 다시 우유를 좋아하게 된다. 아이가 우유를 잘 먹을 때까지 다른 칼슘 공급원을 먹인다.

이따금 갑자기 우유를 싫어하는 현상은 유당불내증이 원인이다. 이 경우 우유를 마시고 나면 속이 불편해지고, 따라서 당연히 우유를 기피하게 된다. 유당불내증 내용을 참조한다.

— 우유의 안전성

Q "우유가 아이들을 포함해 모든 사람들에게 좋은 음식이 아니라는 말을 들었어요. 사실인가요?"

A "우유 안 마시면 간식 안 준다!"라거나 "우유를 안 마시면 키가 안 커요!"라는 잔소리를 들으며 자란 어른들은 우유가 아이들에게 나쁠 수 있다는 사실이 도저히 믿어지지 않을 것이다. 그러나 의료계 일부에서 주장하는 내용들이 대중을 점차 혼란에 빠뜨리고 있는 것이 사실이다. 이들의 주장에 따르면 우유를 마시면 아동기에는 당뇨병, 성인이 된 후에는 높은 혈중 콜레스테롤 수치, 백내장, 난소암에 걸릴 가능성이 높다고 한다.

우유에 대한 이런 주장들이 자녀에게 우유를 마시도록 강조해 온 수많은 부모를 패닉 상태로 만들 만큼 점차 목소리가 커지고 있지만, 사실상 이들이 주장을 뒷받침하기 위해 내놓은 자료들은 의료계의 주된 견해를 바꿀 만큼 설득력을 얻지 못하고 있다. 한편 선천적으로 질병에 취약한 아이가 유아기에 우유를 섭취할 경우 아동기에 당뇨병을 앓게 될 가능성이 있다는 한 소규모 연구 단체의 주장이 있긴 하지만, 아직 다른 연구 기관들에 의해 검증된 바는 없다. 두 살 이상의 아동은 탈지우유를 마실 수 있고 또 마셔야 하며, 주로 저지방 유제품을 섭취하기 때문에 우유가 혈중 콜레스테롤 수치를 높인다는 주장 또한 적절하지 않다. 마지막으로, 우유와 백내장 또는 난소암과의 관련성에 대한 주장은 근거가 부족하다.

우유에 대한 불리한 증거는 충분하지 않은 반면 유리한 증거는 대단히 많다. <u>우유에는 칼슘과 단백질, 비타민 D, 인, 리보플라빈을 비롯해 많은 필수 영양소가 풍부하게 함유되어 있다.</u> 우유는 맛도 좋고 두 살 아이들이 먹기에는 우유 반대자들이 제시하는 대체 식품들보다 훨씬 먹기가 좋다. 아이에게 브로콜리 몇 숟가락을 먹이려고 별별 방법을 다 쓴 사람이라면 채소류 1.5~2컵을 먹이기가 얼마나 힘든 일인지 잘 알 것이다. 그러나 우유 한 컵이면 브로콜리 몇 숟가락, 채소 두 컵에 해당하는 칼슘을 충분히 섭취할 수 있다. 뿐만 아니라 이런 대체 식품들은 칼슘과 기타 영양소는 풍부하지만 우유에 들어 있는 많은 비타민과 무기질은 결핍되어 있다.

그러므로 우유를 마시도록 권장하면 안 되는 아이들이 있다면, 유당불내증이 있는 아이들과 우유에 심한 알레르기가 있는 아이들뿐이다. 부모의 철학에 따라 동물성 식품을 일체 섭취하지 않고 아이에게도 우유를 먹이지 않으려는 엄격한 채식주의자 부모들은 다른 방식으로 필수 영양소를 보충해야 한다(395쪽 참조). 우유 공급 과정에서 포함되는 화학물질이 걱정된다면 585쪽을 참조한다.

그러나 대부분 부모들은 고민할 필요가 없다. 어쨌든 우유만한 식품은 없으니까.

── 놀이에 푹 빠져 있어요

Q "우리 아들은 한번 놀면 정신없이 푹 빠져 있어요. 어느 때는 아주 편하지만 어느 때는 굉장히 짜증 나요. 가령, 목욕을 시키거나 밥을 먹여야 할 때, 외출해야 할 때, 도저히 하던 일을 멈추게 할 방법이 없습니다."

A 부모인 당신이라면 텔레비전 프로그램에 푹 빠져 있을 때, 심지어 급한 서류 작업을 잔뜩 쌓아 놓고 있을 때 방해를 받으면 좋겠는가? 아이도 어떤 일에 한참 정신없이 몰두하고 있을 때 방해를 받으면 똑같은 기분일 것이다. 블록으로 고층 건물을 쌓고 있거나 아픈 곰돌이 인형을 돌보느라 완전히 몰입해 있는데, 또는 자동차를 일렬로 세워 놓고 신나게 경주를 즐기고 있는데 방해를 받으면 짜증이 나고 거슬릴 수 있다. 게다가 해야 할 일이 생기면 하던 일을 잠시 뒤로 미룰 줄 아는 어른들과 달리, 아이들은 한참 재미있게 즐기던 활동에서 손을 떼기가 상당히 힘들다. 이유는 아직 다른 활동으로 이행하는 데 익숙하지 않기 때문이기도 하고, 자제력이나 시간 관념이 크게 발달하지 않았기 때문이기도 하다.

아이는 아이 나름의 원칙이 있기 때문에 불가피한 갈등을 다루는 방법을 모색할 필요가 있다.

* **합당한 경고를 한다** 한창 몰입해 있는 아이에게 점심을 먹어야 하거나 목욕을 해야 하니 '지금 당장' 중단하라고 요구하는 건 합당하지도 않을뿐더러 받아들여지지도 않는다. 그러므로

일정 시간 간격을 두고 예정을 알려 아이가 적응할 시간을 갖게 한다. 처음에는 "곧 점심 먹을 거니까 슬슬 정리해야지?" 하고 말한 다음에, "5분 있으면 스파게티 다 될 거다."라고 말한다. 그리고 마지막으로, "자, 이제 밥 먹자."라고 말한다.

* **시작한 일을 마무리하게 한다** 합당한 경고를 하지 않았고 몇 분 정도 기다릴 수 있다면, 고층 건물을 마저 올리고, 자동차 경주를 마무리하고, 퍼즐을 완성하는 등 마무리 작업을 하게 한다. 아이가 도움을 원한다면 함께한다. 아이의 원칙을 존중하는 모습을 보이면 아이도 부모의 원칙에 협조할 가능성이 크다. 타이머를 이용해 제한 시간을 알 수 있게 한다.

* **가능하면 서로의 욕구를 절충해 아이가 하던 일을 갑자기 중단할 필요가 없게 한다** 예를 들어, 욕조에 자동차를 가지고 가게 해서 목욕하는 동안 아이가 직접 자동차를 깨끗이 닦게 한다. 또는 아이가 이불을 덮기 전에 가지고 놀던 블록이나 아픈 곰돌이 인형을 재우게 한다. 휴대할 수 있는 장난감이라면, 아이가 가지고 놀던 것을 마트에 갈 때 가지고 가게 한다.

* **함께 다음 과정으로 이행한다** 한 가지 활동에서 다음 활동으로 이행하는 과정을 편안하게 받아들이도록 부모가 도와준다면 아이가 그 과정을 덜 거부할 것이다. 그러려면 먼저 부모가 아이의 활동에 함께 참여해야 한다. 자동차 경주를 구경하고 부모가 좋아하는 자동차를 응원한다. 독감에 걸린 곰돌이 인형의 체온을 잰다. 아이가 쌓은 고층 건물 건너편에 탑 하나를 쌓는다. 그런 다음 그만둘 때가 되면 둘 다 놀이를 멈춘다. 이때 부모는 약간 불평을 해도 좋겠다. "벌써 그만 놀아야 하다니, 지금 한참 재미있게 놀고 있었는데. 하지만 점심 먹을 시간이니 밥부터 먹고 놀아야겠다."

* **인내심을 갖고 차분히 대응한다** 아이에게 합당한 경고를 했고 다음 활동으로 편안하게 이행할 수 있도록 도와주었는데도 아이가 꿈쩍도 하지 않는다면, 지금 하는 놀이를 그만두고 부모가 요구한 활동으로 이행할 때가 됐다고 차분하되 단호한 태도로 알려 준다. 필요하다면 물리적인 힘을 이용해 지금 아이가 있는 장소에서 다음 활동을 할 장소로 아이를 데리고 간다.

* **합당한 경우 가끔은 부모의 원칙을 굽힌다** 아이가 어떤 활동에 완전히 몰입해 있고 마트에 갈 계획을 미룰 수 있다면, 계획을 미루는 방법을 고려한다. 점심을 다시 데울 수 있다면 아이가 활동을 마칠 때까지 기다린다. 부모가 어느 정도 유연성을 보이면 아이도 유연한 모습을 보일 수 있다.

─── 밥 먹을 때 얌전히 앉아 있지 않아요

Q "우리 아들은 늘 어찌나 바쁜지 밥을 먹는 동안에도 얌전히 앉아 있으려 하지 않는답니다. 우리가 억지로 식탁에 앉혀 놓으면 금세 다시 일어나 쪼르르 거실로 달려가요."

A 빨리 소화 불량에 걸리는 방법으로는 '시종일관 움직이는 아이와 함께 식사하기'를 따를 것이 없을 것이다. 제발 식탁에 좀 앉으라고 애원도 하고, 부탁도 하고, 잔소리도 하고, 야단도 치지만 아이는 식탁 앞에 앉는 순간 어느새

꼬물꼬물 몸을 움직여 의자 밖으로 벗어나고 있으니 말이다. 이런 식으로 아이는 일어났다 앉았다를 수없이 되풀이하고, 겨우 몇 숟가락 먹일 때쯤 되면 이미 음식은 다 식고 부모의 머릿속은 부글거리고 있다.

대부분 아이들이 장시간 얌전히 앉아 있을 만큼 참을성이 발달하지 않았다는 점을 고려할 때, 식사 시간에 아이가 식탁 앞에 앉기를 바란다는 건 현실적으로 불가능하다. 계속해서 그러라고 요구하다간 식탁을 전쟁터로 만들기 십상이다. 그러고 나서 투닥거리며 겨우 식탁 앞에 앉힌다 하더라도 온 식구가 맛있게 오순도순 식사를 즐길 수 있으리라는 기대는 접어두는 게 좋다.

그러나 언제든 돌파구는 있는 법이다. 가족 모두에게 그리고 아이에게 보다 즐거운 식사 시간을 마련하기 위해 다음 내용을 참고하자.

* **자리를 바꿔 본다** 아이가 앉던 자리를 바꿔 보면 도움이 될 수 있다(168쪽 참조).
* **아이를 중심으로 대화가 이루어지도록 한다** 아이는 어른들의 대화 내용이 지루하기 때문에 식탁에서 벗어나려 하는 것일 수 있다. 그러므로 어른들끼리 할 대화는 아이가 식사를 마친 후로 미룬다. <u>아이가 참여할 수 있는 화제를 꺼내 아이의 관심을 유도한다. 대화 주제가 떨어지면 식탁 주변의 물건으로 낱말 놀이를 한다.</u>
* **잔소리를 하지 않는다** 아이가 밥을 잘 먹지 않는다거나 얌전히 의자에 앉으려 하지 않는다고 잔소리를 하지 않는다.
* **다 먹었으면 마음껏 놀게 한다** 식사를 마쳤으면 식탁에서 나가게 한다. 그러나 음식을 들고 식탁을 벗어나게 해서는 안 된다.
* **부모의 식사 시간을 뒤로 미룬다** 간혹 아이가 아닌 식사 시간에 원인이 있을 수도 있다. 아이들은 어른보다 훨씬 빨리 배가 고파지므로 아이를 좀 더 먼저 먹인다. 이때 혼자 먹는다는 생각이 들지 않도록 아이가 먹는 동안 부모가 함께 식탁에 앉는다. 그런 다음 아이가 정신없이 놀 때까지, 기왕이면 잠자리에 들 때까지 기다린 다음 어른들끼리 따로 식사를 한다. 이렇게 식사를 하면 따뜻한 음식을 먹을 수 있어 소화에도 도움이 되고, 긴장을 이완하면서 천천히 정찬을 즐길 수도 있다.
* **아이가 식사를 거르거나 아주 조금만 먹는다면 식사 사이에 간식을 먹여야 한다** 그러나 간식을 너무 많이 먹여서는 안 되며, 식사 시간이 되어 갈 때 간식을 먹이면 입맛을 잃게 되므로 식탁 예절에 익숙해지기 힘들다.

── 사 달라고 떼를 써요

Q "요즘 우리 아들은 가게에만 갔다 하면 뭐든 사 달라고 떼를 씁니다. 아이를 버릇없이 키우는 것 같지는 않은데 아이가 심한 '떼쟁이'가 되었어요."

A 아이가 원하는 걸 모두 사 줄 수도 없지만, 사 준다고 아이를 늘 달랠 수 있는 것도 아니다. 사 달라고 떼를 쓰는 모습이 모든 아이들이 보이는 보편적인 모습은 아니지만 아주 흔한 모습이다. 어른들이 필요 없는 물건을 무턱대고 사들이려는 태도와 마찬가지로, 아이들이 눈에 보이는 대로 무조건 사 달라고 조르는 모습 역시 자신감을 북돋기 위해 소유물을 쌓아 두려는 필요에서 기인한다.

이 같은 자기애적 충동들이 아이 시기에 볼 수 있는 자연스러운 과정으로 끝날지 아니면 물질

소유에 대한 건강하지 못한 탐욕과 집착, 그리고 행복이 물질적 소유에서 비롯된다는 잘못된 믿음으로 이어질지는 지금 이러한 충동들을 어떻게 다루느냐에서 큰 영향을 받게 될 것이다. 다음 내용들은 아이가 소유에 대해 균형 잡힌 시각을 유지하도록 도움을 준다.

* **사랑은 돈으로 살 수 없다는 사실을 기억한다**
  아이가 원하는 걸 뭐든지 사 준다고 해서 아이가 부모를 더 사랑하는 건 아닐뿐더러 오히려 아이의 욕심만 키울 뿐이다. 아무리 선물을 갖다 바쳐도 부모의 관심을 대신할 수는 없다. <u>충분히 사랑받고 있다는 걸 느끼는 아이는 선물을 많이 받는 아이가 아니라 무한한 관심과 존중을 받는 아이다. 부모가 아이를 사랑한다는 걸 보여 주려면 '차가운' 선물이</u> 아니라 따뜻한 포옹을 많이 베풀어야 한다.

* **떼를 쓰는 아이에게 굴복하지 않는다** 사 달라는 대로 모두 사 준다고 아이가 더 행복해지는 건 아니다. 사실상 선물이 부모의 시간과 관심을 대신하고 있다면, 지금 정반대의 결과를 낳고 있을 수 있다. 아무리 어린아이도 부모가 시간과 관심 대신 선물을 안기고 있다는 걸 속으로는 다 알고 있다.

* **아이에게 굴복하지 않는다고 죄책감을 느낄 필요는 없다** 아이가 아무리 심하게 불평을 하고 부모를 향해 "너무해."라고 소리를 쳐도 소용없다. 부모는 지금 아이를 위해 최선을 다하고 있으며, 원한다고 무조건 내 것이 될 수 없는 현실 사회에 아이를 내보내기 위해 준비시키고 있는 것이다. 뿐만 아니라 '특별한' 날을 위해 신나는 기분을 아끼도록 도와주는 것이기도 하다. 매일 선물을 받는다면, 생일이나 명절에는 더 큰 선물을 받을 거라고 기대하게 될 테고, 선물을 받아도 전혀 고마운 줄 모를 것이다.

* 아이에게 주는 즐거움을 가르치면, 아이는 선물은 받기만 하는 것이 아니라 주기도 하는 것임을 알게 된다(240쪽 참조).

* **기회를 제한한다** 가능하면 장을 볼 때는 아이가 유치원이나 놀이 모임이 있을 때, 또는 가족에게 맡기고 간다. 아이를 데리고 가야 한다면 아이가 피곤하거나, 배가 고프거나, 자극을 많이 받거나, 짜증이 났을 때는 삼가도록 한다. 상점에 들어가기 전에 신발이나 장갑, 토스터기를 사러 가는 거라고 또는 그냥 둘러보기만 할 거라고 설명한다. 장난감을 사지 않을 거라는 말을 해서는 안 된다. 가능성은 희박하지만 아이가 장난감에 대해 전혀 생각하지 않을 수도 있는데 괜히 장난감 얘기를 꺼냈다가 아이에게 장난감을 생각나게 할 수 있다. 그리고 쇼핑을 도와 달라고 부탁해 아이를 쇼핑에 몰두하게 한다.

* **사 달라고 떼를 쓰면서 성질을 부리더라도 굴복하지 않는다** 다른 분노발작을 다룰 때와 마찬가지로 아이를 다룬다(378쪽 참조).

* **선물** 가끔은 아이가 사 달라고 요청하지 않아도 '작은 것'으로 의외의 선물을 한다.

── 변덕이 심해요

Q "우리 딸은 요즘 갑자기 변덕이 심해졌어요. 우리 집은 강아지를 키울 공간이 없는데도 강아지를 키우자고 조르질 않나 엄동설한에 바다에 가자고 생떼를 부리질 않나, 정말 골치 아파요. 자기 마음대로 안 되면 완전히 성질을 부리면서 난리를 친답니다."

A 어린아이들은 이성이 아니라 그때그때 바뀌는 기분에 따라 움직인다. 어떤 충동이 일었다 하면 현실성을 따지지도 않고 무조건 조르기부터 한다. 물론 이런 면이 아이들을 귀엽게 만드는 요소인 건 분명하지만, 부모 입장에서는 골치 아픈 요소이기도 하다.

아이들은 자기 마음대로 안 되면 마구 화를 낼뿐 아니라 심하게 성질을 부리거나 하루 내내 징징거리면서 조르는 등 종종 여러 가지 방법으로 되갚으려 드는데 그 바람에 부모는 아이의 요구를 거절한 것이 과연 잘한 걸까 회의를 느끼기도 한다.

그러나 대체로 아이의 요구를 받아들이지 않는 것이 옳다. 아이의 변덕은 현실성도 없거니와 아이에게 득이 되지도 않을뿐더러 아이들은 시간이 지나면 금세 잊어버린다. 아이의 변덕을 다루는 방법을 참고하자.

변덕의 내용에 따라 맞춰 준다 아이에게 아무런 해가 되지 않아 굳이 거절하려고 힘을 빼거나 아이의 자아에 모욕을 줄 필요가 없는 변덕이 있는가 하면, 절대로 받아들일 수 없는 변덕이 있다.

가끔은 아이의 변덕을 받아 준다 아이에게 해롭지

두 살 아이와 대화하기

부모 혼자 일방적으로 대화를 하던 시기는 이제 완전히 지났다. 두 돌 무렵이면 대부분 아이들이 부모와 대화를 하기 시작한다. 아이와 얼마나 많은 말을 주고받느냐는 아이에 따라 다르다.

일반적인 두 살 아이들은 평균 200개의 단어를 말할 줄 안다고 하지만, 이건 어디까지나 20개 남짓의 단어를 습득한 아이들과 500개 이상의 단어를 완벽하게 익힌 아이들의 단어 개수에 평균을 낸 것에 불과하다. 똑같은 두 살이라도 몇 달 만에 단어를 결합해 정교한 문장을 만드는 아이가 있는가 하면, 같은 개수의 단어를 사용하지만 간단한 표현만 겨우 익히는 아이도 있다. 언어 능력은 보통 세 살에 급성장해, 말이 늦는 아이도 이 시기가 되면 일찍 말이 트인 아이를 따라잡기 시작하고, 머리에서 생각하는 속도에 맞추어 어휘력이 급성장한다. 세 돌쯤 되면 평균 1000개의 단어를 말할 줄 안다.

조금 이른 감이 있지만 이 시기에 아이에게 말을 하게 만드는 가장 좋은 방법은 아이와 대화를 하는 것이다. 대부분 부모가 아이의 언어 발달을 향상시키기 위해 애쓰고 있지만 아래 내용을 참고하면 대화 내용이 더욱 풍부해질 것이다.

아이가 하려는 말을 알려 준다 아이가 하려는 말을 알려 주면 아이는 이내 더 많은 말을 하게 된다. 아이가 "아파트 크다."라고 말하면 "그래, 아파트가 크구나. 정말 큰 아파트네. 하늘까지 높이 올라가 있어."라고 덧붙인다.

구체적으로 말한다 본 내용을 최대한 구체적으로 말한다. 나무 위로 쏜살같이 뛰어 오르는 고양이를 아이에게 보여 주고 싶을 때, 그냥 "저것 좀 보렴!"이라고만 하지 말고 "저것 좀 보렴! 하얀 고양이가 저기 큰 나무 위로 올라가고 있어. 아마 새를 쫓아가나 봐."라고 구체적으로 말한다.

묘사한다 형용사를 덧붙인다. 그냥 "개가 있네."라고 말하지 말고 "털이 북슬북슬한 갈색 개가 있네. 새빨간 개목걸이를 차고 있어."라고 말한다.

좀 더 복잡한 내용을 말한다 아이가 더 어릴 때는 최대한 간단한 문장으로 말하는 것이 바람직하지만, 이제부터는 좀 더 복잡한 문장, 두세 가지 지시 사항 등을 구사해 아이 스스로 의미를 파악하도록 장려하는 것이 현명하다. 그러나 여전히 또박또박 잘 알아듣게 말해야 하며, 한 번 말해서 아이가 잘 이해하지 못하면 반복해서 말할 준비를 한다.

계속 대화한다 아이가 아직 문장을 만들 줄 모르더라도, 부모의 말을 이해하고 자신의 의견을 덧붙일 수 있으며 이런 과정을 반복하면서 마침내 부모와 완벽하게 대화하는 법을 알게 된다.

방금 일어난 일, 요즘 일어나는 일,

않은 변덕, 한여름에 부츠를 신으려 하는 정도는 묵인해 준다. 이따금 엉뚱한 요구를 들어주면 일일이 아이와 전쟁을 치르지 않아도 되고, 아이도 자기가 어느 정도 생활을 통제하고 있다고 생각하게 된다. 그리고 발이 땀에 젖어 아이가 "부츠 벗겨 주세요."라고 요구하면 "그것 봐라, 엄마가 뭐랬니."라고 짚어 준다. 부모 말을 듣지 않으면 문제가 생길 수 있다는 걸 직접 깨닫게 해야 한다.

필요할 때는 '안 돼'라고 말한다 한겨울에 샌들을 신으려 해서 아이의 요구를 들어주지 않는 것이 타당할 때는 가차 없이 아이의 의견을 거절하되 이유를 설명한다. 어른들도 이따금 엉뚱한 변덕을 부릴 때가 있지만 대개 때와 장소를 가릴 줄 안다. 지금 아이를 위해 선을 그어 준다면 나중에 아이가 스스로 분별할 줄 알게 된다.

초기에 주의를 돌린다 부모의 거절에 아이가 분노발작을 일으키지 않도록 예방하기 위해 즉시 아이의 주의를 돌릴 만한 대안을 마련한다. "강아지를 기르는 건 안 돼. 하지만 길 건너 애완동물 가게에 가서 강아지를 구경하고 오는 건 어떨까?", "지금 바닷가에는 갈 수 없지만

앞으로 일어날 일에 대해 토론하는 습관을 들인다.
놀이터에서 집에 가는 길에 대화를 나눈다. "모래 놀이터에서 네가 만들었던 모래성 기억나니?", "아까 웅덩이에서 목욕하던 새, 정말 파랬지." 점심을 먹으면서 오전에 놀이 모임에서 있었던 재미있는 일과 오후에 부모와 함께할 콜라주 작업에 대해 이야기한다. 버스를 기다리는 동안 자동차를 탄 사람들에 대해, 그 사람들이 어디에서 오고 어디로 가는지 이야기한다.
처음에는 아이가 할 수 있는 말이 한두 단어 정도에 그치지만, 머지않아 부모와 대화를 주고받게 된다.

계속 질문을 던진다 질문하기는 아이의 언어 기술을 향상시키는 매우 효율적인 방법이다. '네', '아니오' 식의 대답을 요구하는 질문이 아니라, 아이가 어휘력을 발휘해야 하는 "저 다람쥐가 지금 뭘 하고 있는 걸까?", "저 아이가 지금 왜 웃는 것 같니?"와 같은 질문을 던진다.

책을 읽어 준다 독서는 재미와 더불어 아주 많은 표현을 알려 준다(115쪽 참조).

낱말 게임을 한다 글자 만들기 놀이를 하기에는 아직 이르지만 '이건 뭐지?' 놀이를 하기에는 지금이 딱 적기다. 규칙은 간단하다. 부모가 그림책을 읽어 줄 때 수시로 멈추어 읽고 있는 쪽의 특정 대상을 가리키며 아이에게 말하게 한다. 아이가 당황하거나 틀린 대답을 해도 비난하지 말고 도와준다. "이 동물은 얼룩말이야. 말처럼 발이 네 개고 꼬리가 있단다. 그리고 까만 줄무늬도 있어. 보이니?" 또는 '뭐하고 있나?' 놀이를 해도 좋다. "아기가 아기 침대에서 뭐하고 있니?", "강아지가 뼈다귀를 가지고 뭐하고 있니?"라고 질문을 던진다. 또는 "다음에는 무슨 일이 일어날까?"라고 물어보아 책장을 넘기기 전에 이야기가 어떻게 전개될지 짐작하게 한다. 그 밖에 아이가 말을 하게 하는 게임으로는 '안팎, 위아래' 게임이 있다. 이 게임을 할 때는 작은 장난감과 신발 상자를 이용하면 좋다. "아까는 공이 상자 위에 있었지. 지금은 상자 아래에 있단다."

글자를 알려 주되…… 지금부터 조금씩 글자를 알려 주면 본격적으로 읽는 법을 배우기 시작할 때 글자를 생소하게 받아들이지 않는다.
발음을 도와주고, 글자 공부 책을 읽어 주며, 아이의 이름을 써서 문에 부착하고, 같은 단어로 시작하는 낱말들을 한데 모은다. 그러나 글자를 가르치려고 강요해서는 안 된다. 아이가 스스로 글자에 관심을 갖도록 이끌어 준다.

…… 문법적으로 정확하게 말하도록 강요하지 않는다 아이는 부모의 지적을 통해서가 아니라 부모가 평소에 하는 말을 통해 올바른 문법을 배우게 된다. 부모부터 문법을 잘 지키며 말하고 아이에게 문법 규칙을 지키도록 강요해서는 안 된다. 당분간은 틀리게 말하든 정확하게 말하든 자연스럽게 말하도록 놔둔다.

바닷가에 있다고 가정하고 놀이를 하는 건 어떨까? 바닥에 담요를 깔고 우리 모두 수영복을 입는 거야. 비치볼도 꺼내서 놀고 거실에서 도시락을 먹자." 분노발작을 피할 수 없다 해도 결심을 바꾸면 안 된다. 아이의 기분이 저절로 풀어지게 놔둬야 한다(분노발작을 다루는 요령은 378쪽 참조).

꼭 알아 두세요: 창조력과 상상력 키우기

— 창조력

모든 아이들이 엄마 배 속에서부터 미켈란젤로나 모차르트, 어니스트 헤밍웨이, 마담 퀴리가 되어 태어나는 건 아니다. 그러나 거의 모든 아이들은 창조적인 능력과 욕구를 지니고 태어난다.

창조적인 능력과 욕구를 키운다고 모두가 영재로 자라는 건 아니지만 어떤 분야에서든 창조적인 잠재력을 한껏 발휘할 가능성이 높아진다.

그러므로 아이가 장차 어떤 직업을 갖게 되든 이 시기에 창조력을 키워 주면 아이가 훨씬 풍요롭고 만족스러운 삶을 영위하는 데 도움이 된다. 아래의 요령을 참고하되, 마음껏 창의력을 발휘해 창조력을 기르는 나만의 방식을 고안하도록 하자.

지저분하게 내버려 둔다 창조적인 사람들은 작업 현장을 가지런히 정돈해야 한다는 생각으로 정신을 분산시키기보다는 창조적인 작업 하나에 온전히 몰입한다. 아이들의 경우 특히 이런 면이 두드러진다. 아이들은 주로 여러 가지 수단을 통해 자신의 창조력을 드러내는데, 그러다 보면 대체로 주변이 어질러지기 마련이다. 크레파스는 전부 제자리에 가지런히 놓여야 한다, 고무찰흙은 병에 뚜껑을 잘 닫아 보관해야 한다, 손가락·팔·바닥에 아무것도 묻어서는 안 된다고 고집하는 것은 불가능한 요구를 하는 것이다. 예술가의 재능을 타고난 아이라 하더라도 소근육운동 기술이 발달하려면 아직 멀었다. 어떤 활동이든 창조적인 활동을 하다 보면 물감이 튀고, 여기저기 고무찰흙이 묻고, 접착제가 뚝뚝 떨어지고, 사방에 밀가루가 날리기 마련이다. 그러므로 <u>아이가 창조적인 놀이를 할 때 엉망진창인 상황을 용납하는 게 좋다. 그리고 창조적인 과정에 참여하지 못하게 말려서는 안 된다. 집 안을 깨끗하게 유지해야 한다는 이유로 이 시기에 아이의 욕구를 억제하면 창조적인 욕구가 영원히 잠들어 버릴 수 있다.</u>

그렇다고 창조적인 아이로 키우려면 집 안을 엉망진창으로 만들어야 한다는 말이 아니다. 아이가 이젤이나 화판, 주방의 조리대로 가기 전에 적절한 예방책을 마련하면, 아이의 창조적인 욕구를 방해하지 않고도 집과 아이의 옷을 모두 깨끗하게 보호할 수 있다. 날씨가 좋으면 실외에서 작업을 하게 간이 탁자를 마련한다. 실내에서는 쉽게 청소할 수 있도록 가능하면 싱크대 근처에 작업 도구를 마련해 준다. 바닥과 그 밖에 쉽게 더러워질 수 있는 표면을 신문지나 방수 비닐로 덮는다. 실내든 실외든 아이의 소매를 걷어 올리고 앞치마를 입힌다. 아이가 입으려고 하지 않으면 낡은 옷을 입히거나, 날씨가 따뜻하거나 실내에서 놀 때는 기저귀나 속옷 차림으로 놀게 한다.

지금은 주변을 깨끗하게 유지하는 것도 예술적 작업의 일부라는 걸 가르칠 좋은 기회다. 아이에게 걸레와 물이 담긴 스프레이 통을 주고 창조적인 놀이가 다 끝나면 주변 청소를 도와 달라고 부탁한다. 작업 도구들을 제자리에 놓으라고도 부탁한다.

자유롭게 한다 창조적인 작업은 새로운 영역을 개척해야 하는 일임을 기억한다. 이 말은 곧 낡은 규칙을 깨뜨려야 한다는 의미이기도 하다. 그림을 그리고, 고무찰흙으로 모양을 빚고, 블록을 쌓는데 옳고 그른 방법이 따로 있지 않다. 그러므로 아이 곁을 맴돌면서 이래라저래라 지시하고 조언을 하면 아이의 창조력을 방해할 수 있다. 물론 이따금 아이가 한 작업에 대해 물어보거나 호의적인 평가를 해 주는 것은 괜찮다. 그러나 아이가 도움을 요청할 때만 의견을 제시한다. 아이는 단지 부모를 기쁘게 할 마음에 부모의 의견을 따를지 모르지만, 그렇게 해서 완성된 작품을 온전히 자기 작품으로 여기지 않는다.

<u>아이가 도움을 청하거나 짜증을 내는 상황에서도 혼자 해야 한다는 생각 때문에 내버려 두면 안 된다. 또한 아이가 좋아하지 않는 활동을 시도하려 하거나 계속하라고 강요해서도 안 된다.</u>

비판하지 않는다 작업 과정과 완성된 작품은 부모가 아닌 오직 아이 자신에게 즐거움을 주면 된다. 아이가 할머니에게 줄 카드를 만들고 있는데 곁에서 "할머니는 그런 색깔 안 좋아하실 걸." 하고 말하지 않는다. 아이가 분홍색 셔츠와 빨간색 치마를 입을 때 "옷 색깔이 서로 어울리지 않잖니."라고 말하지 않는다. 결국 창조적인 활동이란 뭔가 다른 방식으로 시도하는 것이다.

<u>아이가 자신의 창작물을 마음에 들어 하지 않을 경우, "어머, 그렇지 않아. 아주 훌륭해!"라고 위로하려 하지 말고 아이의 판단을 존중한다. 엄마 입장에서 잘된 부분을 구체적으로 지적하고 더 잘할 수 있도록 약간의 제안을 한다. 또한 다른 방식으로 시도하도록 격려하되 강요해서는 안 된다.</u>

낙서 하나도 지나치지 않는다 창조적인 작품 하나하나에서 칭찬할 거리를 찾는다. 도화지가 온통 낙서로 가득 차 있다 해도 색깔이나 여백의 활용을 칭찬한다. 장난감 피리로 협주곡은커녕 시끄러운 소음만 일으키더라도, 활기찬 리듬과 톡톡 튀는 박자를 칭찬하거나 피리로 소리를 아주 잘 내고 있다고 칭찬한다. 그러나 너무 과장된 칭찬으로 아이가 부모의 진심을 의심한다든지 더 잘하려는 노력을 중단하게 만들어서는 안 된다.

진지한 수집가가 된다 아이가 그린 그림과 콜라주 작품을 집 안 곳곳에 걸어 두어 아이의 성취감을 고조시킨다. 아이가 언제든 넘겨볼 수 있고 다른 사람들에게도 보여 줄 수 있도록 마음에 드는 작품을 모아 작품집으로 만든다. 부모가 직장을 다니는 경우, 아이에게 자주 '작품'을 의뢰해 직장에 가지고 가서 책상 위에 잘 올려 두거나, 지니고 다닐 수 있도록 지갑 크기의 작품을 그려 달라고 부탁한다. 거실 탁자 위 눈에 잘 띄는 자리, 식탁, 진열장에 아이가 고무찰흙으로 만든 작품을 진열한다. 아이가 음악 분야에 창조력을 발휘한다면 연주 장면을 녹화하거나 소리를 녹음한다. 물론 주의 깊고 안목이 높은 청중의 자세를 잊어서는 안 된다. 아이에게 부모나 다른 사람을 위해 연주를 해 보라고 강요해서도 안 된다.

이야기를 들려준다 이야기하기를 집안의 가풍으로 만들어 보자. 매번 책만 읽어 주기보다 한 번씩 부모가 직접 이야기를 만든다. 같은 등장인물이 등장하거나 지난번 이야기가 끝난 시점에서 계속 이어지면 아이가 더욱 재미있게 들을 것이다. 아이가 이야기 전개에 익숙해지면, 부모와 함께 이야기를 만드는 걸 재미있어 한다. "다음에 어떤 일이 벌어질까?", "어떻게 하면 초초를 구할 수 있을까?"라고 묻는 방법으로 아이의 참여를 유도한다. 아이가 대답을 힘들어하면 두 가지 줄거리를 제시해 그 가운데 하나를 고르게 한다. 때가 되면 아이가 의견을 말하려 하고 심지어 전체 이야기를 만들려고 할 수도 있다. 이야기의 결말을 남겨 두고 아이에게 만들어 달라고 부탁해도 창조적인 과정을 수행하는 데 도움이 된다.

익히 아는 내용을 바꿔 본다 모두가 아는 노래를 부르는 것도 재미있지만, 가끔은 가사를 바꿔 불러도 재미있다. 아이와 협력해서 아이가 특히 좋아하는 노래에 엉뚱한 가사를 만들어 보자.

창조적인 모범을 보인다 학교 미술 시간에 그림을 그린 후로 한 번도 붓을 들어본 적이 없는데 이제 와서 새삼스럽게 유화를 시작할 필요는 없다. '반짝반짝 작은 별'도 끝까지 못 부르면서 소나타 작곡을 시작하려고 애쓸 필요도 없다. 대신 자신의 능력 안에서 창조력을 발휘할 수 있는 통로를 찾아보자. 꽃과 나뭇잎, 조롱박을 이용해 가을 느낌을 물씬 풍기는 꽃꽂이를 해도 좋고, 평소에 입던 옷을 여러 가지 색깔로 염색을 하고 장식을 덧대도 좋고, 동네 매장에서 파티 장식을 구입하는 대신 직접 파티 분위기를 꾸며도 좋다. 이런 모습들이 아이에게 창조적인 인상으로 남을 것이다.

아이를 창조적인 환경에 노출시키되…… 어릴 때부터 자주 미술 작품을 접하게 하면 아이의 안목이 높아질 뿐 아니라 창조적인 작업을 할 때 응용하게 된다. 미술관에 가서 다양한 종류의 예술 작품을 관람한다. 그러나 아이의 주의 집중 시간에 맞추어 짧게 관람을 마치고, 아이가 지루해하는 모습을 보이면 얼른 중단해야 한다. 아이의 연령에 맞는 이야기 구성과 그림이 훌륭한 책을 읽어 주어 좋은 산문과 시, 그림을 접하게 한다. 아이가 얌전히 앉을 수 있을 정도의 연령이 되면 어린이를 대상으로 하는 연주회에 참석하고, 집에서도 동요 외의 다양한 장르의 음악을 들려 준다.

주변 세상의 아름다운 모습도 알려 준다. 창조적인 영감은 나무가 우거진 가을 숲에서도, 봄날의 꽃밭에서도, 부모가 가족을 위해 마련한

흉내쟁이

아이들은 태어나는 순간부터 모방 본능을 드러낸다. 모방은 아이들의 학습 방식 가운데 하나다. 따라서 아이에게 창조적인 자유 시간을 주는 것도 중요하지만, 기본적인 기술을 익힐 수 있도록 모방할 기회를 많이 마련해 주는 것도 중요하다. 아이에게 크레파스나 연필, 붓을 정확하게 잡는 방법을 알려 준다. 아이가 다른 도구를 잡고 싶어 하면 하게 한다. 이따금 아이와 함께 그림을 그릴 때 부모의 도화지에 직선이나 동그라미를 그리면서 "이렇게 그릴 수 있겠니?"라고 말한다. 아이가 고무찰흙을 가지고 놀 줄 알면 고무찰흙을 말아 끈이나 공을 만든다. 쿠키를 구울 때는 쿠키 모양 틀을 이용하는 방법을 알려 준다. 그러나 부모가 보여 주는 행동을 똑같이 따라 하도록 강요해서는 안 되고, 아이가 전혀 다른 방식으로 시도하고 싶어 하면 그렇게 하게 한다.

과일 접시에도, 햇살에 반짝이는 커튼의 무늬에도, 젖은 아스팔트의 기름 웅덩이 속 현란한 무지개 빛깔에도 숨어 있다.

…… 지나치게 노출시키지 않는다 "이 그림들은 정말 클래식하구나. 아니, 그런데 너, 그림 안 보고 뭐 하니!" 미술, 음악, 주변의 아름다움을 느끼라고 너무 강조해도 아이의 흥미를 떨어뜨릴 수 있다.

일상생활에서 창조력을 발휘하게 한다 꼭 예술 작품이 아니더라도 다양한 분야에서 창조적 에너지를 발산할 수 있다. 모래 놀이터에서, 주방에서, 심지어 옷장에서도 아이는 창조적인 행동을 보일 수 있다. 일상의 곳곳에서 창조력을 발휘하도록 장려한다.

상상력

평범한 빗자루가 어떻게 전속력으로 질주하는 말이 될까? 나뭇가지와 돌멩이, 풀 몇 포기로 어떻게 보글보글 수프를 끓일 수 있을까? 평범한 나무 블록 한 바구니로 어떻게 북적북적한 도시를 지을 수 있을까?

<u>상상력, 그것은 어린아이를 지략이 뛰어난 기술자로, 창의력이 풍부한 과학자로, 시대를 앞서간 건축가로, 혁신적인 디자이너로, 감성이 풍부한 시인으로, 다정한 부모로 만들어 주는 풍요로운 힘이다.</u>

역사적으로 크게 성공한 사람들은 꿈을 크게 가진 사람들이었다. 그러나 이런 이유 외에도 아이에게 상상력을 키워 주어야 하는 이유는 아주 많다.

상상력을 활용하는 법을 배운 아이들은 어떤 일이 닥치더라도 당황할 가능성이 줄어든다. 마땅한 소품이 없어도 아이들은 가상 놀이나 상상 놀이를 하기 위한 시나리오를 무궁무진하게 만들어 낸다. 선원 모자 하나로 침실이 망망대해가 되고 곰돌이 인형이 선원이 된다. 장난감 청진기 하나로 거실은 병원이 되고, 야생마가 그려진 빗자루 하나로 주방은 황량한 서부의 목장이 된다. 아기 인형만 있으면 아이 방은 집으로, 아이는 바쁜 부모로 바뀐다.

변장 놀이를 통해 아이는 다양한 종류의 옷을 입어 보면서 여러 가지 역할을 할 수 있다.

아이가 따분하지 않게 해 준다 어릴 때부터

언어 기술을 향상시킨다 자신의 말을 다른 사람들이 알아듣기 전부터 아이들은 상상력을 이용해 가상 놀이의 줄거리를 전개한다. 많은 아이가 자신의 언어 능력을 부모나 또래 아이들을 대상으로 시험할 준비가 되기 훨씬 전부터 장난감을 상대로 '말을 한다'.

창조력을 높이는 도구와 기술

아이들은 주로 크레파스, 핑거 페인트, 고무찰흙으로 미술 작업을 시작하지만, 실제로 아이들이 활용할 수 있는 재료와 기술은 무궁무진하다. 다음 내용을 참고해 응용해 보자.

크레파스 두 살 아이들에게는 뭉툭한 크레파스가 손에 쥐고 다루기에 가장 편리하지만, 대부분 아이들은 표준형 '가느다란' 크레파스를 더 선호한다. 여전히 도화지를 이용하는 것이 좌절감을 최소화하는 데 도움이 되겠지만 이젤을 이용할 수도 있다. 도화지 대신 얇은 갱지를 이용하는 경우, 커다란 갱지 한 장을 식탁 위에 올려 테이프로 부착한 다음 아이가 그림을 다 그리면 침실 벽에 붙인다.

핑거 페인팅 핑거 페인트는 오래전부터 유치원에서 사용하던 미술 도구로, 끈적끈적한 페인트를 손가락으로 꾹 짤 때 느끼는 촉감을 좋아하는 아이들이 주로 선호한다. 그러나 손가락이 지저분해지는 걸 싫어해 핑거 페인팅을 거부하는 아이들도 있다. 이 경우 강요하지 않는다. 핑거 페인팅 작업을 마친 후에는 욕조에서 셰이빙 크림이나 거품 비누를 이용해 씻게 한다. 아이가 눈에 들어간 크림을 비비지 않도록 곁에서 지켜봐야 한다.

고무찰흙 놀이 고무찰흙을 짜고, 굴리고, 잡아당기고, 모양을 빚고, 여러 가지 모양의 틀로 찍어 본다. 독성이 없는 색색의 고무찰흙이면 아이들이 무척 재미있게 가지고 놀 것이다. 구입하거나 직접 만들 수 있다.

물감 칠하기 세 살이 지나면 많은 아이들이 붓과 물감을 이용해 색칠하길 좋아한다. 붓은 대가 가는 것보다 굵은 것이 잡기도 쉽고 선도 더 굵게 나오며 붓놀림도 더 만족스럽다. 커다란 물감을 구입한 경우, 아이가 붓에 묻힐 수 있도록 깨지지 않는 작은 용기에 색깔별로 소량씩 물감을 짜 놓는다. 물감을 덜 흘리게 하려면 두꺼운 스펀지에 물감 용기 만큼 구멍을 뚫고 그 구멍 안에 용기를 넣는다. 똑바로 세우는 이젤을 이용하면 물감으로 색칠하기가 더 쉽고 덜 지저분해진다. 좌우가 똑같이 대칭되는 흥미로운 효과를 내려면, 도화지를 반으로 접어 한쪽 면에만 색을 칠하게 한다. 다른 한쪽은 뒤로 접어야 물감이 묻지 않는다. 색칠이 완성되면 물감이 마르기 전에 칠하지 않은 여백을 칠한 부분 위에 접어 누른다.

스펀지 페인팅 동물 모양 스펀지나 일반 주방용 스펀지를 예쁜 모양으로 잘라, 템페라 페인트에 담근 다음 종이에 꾹 누른다. 이런 스펀지는 작은 손가락으로도 쉽게 다룰 수 있는 흥미로운 도구다. 스펀지 한쪽 끝을 빨래집게로 집으면 '붓'으로도 사용할 수 있다. 그 밖에 면봉, 깃털, 낡은 칫솔, 손톱 솔 등도 붓 대신 재미있게 사용할 수 있다.

끈 페인팅 굵기가 다른 여러 가지 끈을 물감에 담근 다음 커다란 도화지 위를 훑게 한다.

수성 페인트 양동이에 물을 담고 커다란 붓을 챙겨 밖으로 나간다. 아이에게 보도와 진입로, 현관문에 '색칠'을 하게 한다.

채소를 이용해 모양 찍기 뿌리채소를 뭉텅뭉텅 잘라 템페라 페인트에 담근 다음 도화지에 찍으면 재미있는 무늬가 만들어진다. 이 방법은 어린아이보다 연령이 높은 아이들이 더 좋아한다.

고무 스탬프 찍기 연령이 높은 아이들은 동물 모양과 글자 모양의 고무 스탬프를 재미있게 가지고 논다. 그러나 부모가 곁에서 잘 지켜보지 않으면 온 집 안을 스탬프 자국으로 도배할 수도 있다.

문지르기 나무껍질 등 재미있는 질감의 물체에 흰 종이 한 장을 댄다. 그런 다음 크레파스로 종이를 위아래로 세게 문질러 예쁜 모양이 나오게 한다.

분필 대부분 아이들은 밝은색 분필을 무척 좋아한다. 칠판 겸용 이젤을 이용하면 한쪽으로는 물감으로 그림을 그리고 다른 쪽으로는 분필로 그림을 그릴 수 있다. 칠판이 없다면 보도나 현관 앞 계단, 공원의 아스팔트 위에 그리게 해도 좋다. 판지 위에도 분필로 그림을 그릴 수 있다. 검은색 판지를

사교적 기술을 강화시킨다 아이들은 인형이나 다른 장난감들과 놀면서 또래 친구들과 교류하는 법을 배우게 된다.

문제 해결 능력을 향상시킨다 아이들은 가상 놀이를 하는 동안 계속해서 상황을 생각해 내기 때문에 스스로 생각하는 법을 배우게 되고 따라서

이용하면 분필 색깔이 또렷하게 드러나는데, 검은색 배경에 그림이 그려지는 모양을 보면 아이가 무척 재미있어 할 것이다.

연필, 펜, 매직펜 아이들이 이런 도구들에 관심을 갖는 이유는 아마도 부모와 손위 형제들만 사용할 수 있는 도구이기 때문일 것이다. 연필은 눈을 비롯해 몸을 찌르기 쉽고, 잉크는 몸에 묻으면 잘 지워지지 않기 때문에 이런 도구들은 부모가 옆에서 지켜볼 수 있을 때만 사용하게 한다. 잠재적인 해를 줄이기 위해 독성이 없는 수성 매직펜만 사용하고 아이의 손이 닿지 않는 곳에 보관해야 한다.

색칠 공부 책 아이들이 일반 색칠 공부 책을 자주 이용하는 건 그다지 바람직하지 않다. 첫째, 이런 책들은 색깔을 이용한다는 점을 제외하면 창조력을 자극하지 못한다. 둘째, 일부 아이들은 '색칠하기'를 좋아하는 반면, 선을 벗어나지 않게 색을 칠하는 것은 쉽지 않기 때문에 심하게 짜증을 내기도 한다. 연령이 높은 아이들의 경우, 책을 읽으면서 직접 그림을 그리게 하는 등 보다 창조력을 발휘할 수 있는 다양한 종류의 색칠 공부 책을 찾아본다. 색칠 공부 책을 이용할 때는 선을 벗어나지 않게 색칠을 하라거나 관습적으로 정해진 색을 사용하라는 식으로 기준을 정하지 않는다. 마음껏 창의력을 펼칠 수 있도록 격려한다.

책 만들기 아이가 낙서를 할 줄 알 정도의 연령이 되면 저자가 될 자격이 충분하다. 종이 몇 장을 반으로 접어 스테이플러로 고정해 책을 만든다. 판지로 '표지'를 덧댄다. 그런 다음 아이에게 그림을 그리게 한다. 아이가 내용을 불러 주면 부모가 받아 적고 그림을 그려 주어도 좋다. 아이가 좋아하는 사진이나 잡지에서 오린 그림을 붙일 수도 있다.

원통 그림 아이가 그린 그림을 원통 모양으로 말아 서로 만나는 양 끝을 테이프로 붙인다. 아이는 자신의 작품이 이런 모양으로 새롭게 탄생하는 걸 보고 좋아할 것이다. 물론 부모가 둥글게 말린 모양을 좋아하지 않으면 안 해도 된다.

콜라주 콜라주 작품을 만들 수 있는 소재는 무궁무진하다. 천 조각, 깃털, 마카로니, 콩, 씨앗, 구슬, 단추, 잡지 그림 등 집 안에 굴러다니는 가벼운 재료는 무엇이든 화판이나 마분지 같은 튼튼한 종이 위에 붙여 콜라주를 만든다. 공원에 가면 나뭇잎, 도토리, 작은 솔방울, 나뭇가지, 작은 돌멩이, 모래 등 콜라주 재료를 잔뜩 주워 올 수 있다. 커다란 솔방울과 돌멩이는 콜라주를 하기에는 너무 무겁지만 그 위에 색칠을 하거나 장식을 할 수도 있고, 콜라주의 바탕이 될 수도 있다. 가정에서 쓰고 버린 폐품(종이 타월과 휴지의 심, 다 쓴 실패, 코르크 등)을 판지나 다른 튼튼한 바탕 위에 세로로 부착하면 초현실적인 도시 하나가 만들어진다. 접착제가 마르면 템페라 페인트를 이용해 도시에 붉은색 또는 아이가 좋아하는 색을 칠하게 한다.

접착제를 이용할 때 주의할 점: 어린아이들은 접착제를 필요 이상으로 많이 사용하게 된다. 접착제를 많이 사용하면 작품이 마르는 데 며칠이 걸릴 수 있다. 그렇지만 부모가 대신해 접착을 해서 아이의 재미를 깨뜨려서는 안 된다. 부모가 대신 접착하면 주변은 덜 어질러지겠지만 그만큼 학습 효과가 떨어진다. 눌러 짜는 통에 든 접착제를 이용하거나, 종이컵이나 작은 병에 소량을 담아 주거나, 도포용 도구가 포함된 풀이나 스틱형 접착제를 이용하면 접착제 남용을 막을 수 있다.

가위 대부분 아이들이 가위를 이용할 수 있을 만큼 아직 조정 능력이 갖추어지지 않았지만, 그럼에도 불구하고 연령이 높은 많은 아이들이 가위를 이용길 좋아한다. 손잡이가 딱딱하지 않고 끝이 뭉툭하고 작은 가위를 주고, 주의 깊게 지켜보아야 한다.

공책 아이가 마음껏 낙서할 수 있도록 줄이 쳐 있지 않고 스프링으로 제본된 공책을 준다. 대부분 아이들은 여백을 채우면서 꽤장한 만족감을 얻는다. 공책은 아이의 손가방에 넣기도 쉽고, 여백을 다 채우면 한 장 한 장 낱장으로 되어 있는 종이보다 기념으로 보관하기도 더 쉽다.

음식 아이의 접시를 팔레트로 삼는다. 피자나 팬케이크를 먹을 때 부모의 지도 아래 건포도와 바나나 조각을 이용해 사람 얼굴을 만들게 하고, 채소와 소스를 이용해 풍경을 만들게 한다.

문제 해결 능력이 향상된다.

어른의 세계를 맛보게 한다 가상 놀이는 아이들에게 부모에서 비행기 조종사까지 모든 역할을 경험하게 하고 모든 분야를 탐색하게 해, 미래를 위한 다양한 기초를 마련한다.

폭력적인 성향을 없애 준다 연구 결과에 따르면 가상 놀이를 경험한 아이들은 폭력적인 성향이 적다고 한다. 아이들이 텔레비전을 덜 시청하기 때문인지 다른 요인들 때문인지는 명확하지 않지만…….

두려움과 문제를 해결한다 아이들은 가상 놀이를 하면서 자신이 걱정하는 내용을 주제로 놀이를 전개하기도 한다. 예를 들어, 개를 무서워하는 아이는 강아지 인형을 상대로 놀이를 한다.

아이들은 자연스럽게 상상력을 발휘하지만, 부모가 곁에서 조금만 격려해 주면 상상력이 더욱 풍요로워질 수 있다. 다음을 참고해 아이가 상상력을 발휘하도록 동기를 부여한다.

* **지적 능력 못지않게 상상력을 높이 평가한다** 아이가 기린 인형을 위해 공들여 생일 파티를 준비한다면 글자 몇 개를 익힐 때만큼이나 열심히 칭찬한다.
* **옆에서 자주 지켜본다** 아이가 놀이를 하는 동안 주위를 맴돌면 아이의 상상력에 방해가 될 수 있다. 놀이에 대해 질문을 하거나 제안을 해서 수시로 놀이를 방해해도 마찬가지다. 그러나 이따금 '주스' 한잔 마시라고 하거나, 좋아하는 '아이스크림'을 먹겠냐고 물어보거나, 병이 난 척해서 '의사'에게 전문적인 치료를 부탁하거나, 미용실 놀이를 위해 머리카락을 대 주거나, 아니면 아이의 요청이 있을 때 그냥 참여만 해도 아이에게 커다란 만족을 준다.
* **상상력을 발휘해 놀이를 하게 한다** 부모의 생각대로 놀이를 하도록 유도하고 싶은 마음이 들겠지만, 꾹 참는다. 부모처럼 정교하지 않다 하더라도, 아이의 생각대로 놀이를 진행하는 것이 중요하다. 부모의 관여는 아이가 스스로 생각하는 걸 방해할 뿐 아니라 그로 인해 놀이 방식이 바뀌면 아이에게 좌절감을 줄 수도 있다.
* **이따금 아이의 상상력에 참여한다** 아이가 혼자서 잘 놀 때는 놀이에 관여하지 않는 게 가장 좋지만, 아이가 부모의 참여를 받아들이는 것 같다면 주저 없이 상상의 세계에 동참한다. 커다란 기차와 작은 승무원실, 어른 고양이와 아기 고양이, 말과 기수, 의사와 환자가 된다. 소꿉놀이, 농장 놀이, 병원놀이, 덤보 놀이, 피노키오 놀이를 한다. 반드시 어떤 놀이를 할지 아이가 결정하게 한다.
* **소품을 제공한다** 상상의 세계는 마음속에서 비롯되는 것이지만 외부에서 자극을 받기도 한다. 66쪽과 368쪽, 400~401쪽 박스 내용의 도구를 선택한다.

주의 사항 지속적으로 상상의 세계 안에 살거나 다른 놀이는 전혀 하지 않고 늘 똑같은 가상 놀이만 반복해서 재현하는 경우, 약간의 도움이 필요할 수 있다. 의사와 이러한 '상상의 세계'에 대한 문제를 상의한다.

아이에게 꼭 알려 주세요: 성 역할의 편견 없애기

두 세대 전만 해도 대부분 가정에서 보여 주는 성 역할은 아주 분명했다. 엄마는 앞치마를 두르고 청소기를 돌리고 걸레질을 하고 음식을 준비하고 양말의 짝을 맞춘다. 아빠는 양복에 넥타이를 매거나 작업복을 입고 서류 가방이나 공구 상자를 들고 가족의 생계를 위해 일터로 향한다.

그러나 오늘날은 역할의 경계가 그렇게 뚜렷하지 않다. 텔레비전에서도 가정에서도 전통적인 역할은 더 이상 표준이 아니다. 엄마와 아빠는 다양한 역할을 수행하고 그런 장면들이 자연스럽게 받아들여지고 있다. 엄마는 집에서 일하고 아빠는 직장에서 일하는 장면, 아빠가 집에서 일하고 엄마가 직장에서 일하는 장면, 엄마와 아빠가 모두 집에서 일하는 장면, 엄마와 아빠가 모두 직장에서 일하는 장면, 그리고 상당히 많은 경우로 엄마와 아빠가 한집에 살지 않는 장면과 아빠 또는 엄마 어느 한쪽이 없는 장면 등.

그러나 50~60년대 시트콤에서 흔히 볼 수 있었던 전형적인 장면들이 많이 희석되긴 했어도, 여전히 많은 가정에서 이런 장면들을 볼 수 있다. 엄마도 아빠처럼 직장에서 똑같이 일하지만 퇴근해 집에 돌아오면 여전히 가사는 엄마 몫이다. 여가 시간이 없기는 두 사람 다 마찬가지지만 엄마는 집에 돌아와서도 요리, 빨래, 설거지, 육아로 많은 시간을 보낸다. 더구나 엄마 혼자 아이를 키우는 경우라면 혼자만의 시간은 꿈도 꿀 수 없다.

확실히 일부 가정은 평등한 성 역할을 위해 완전히 정비해야 할 필요가 있다. 아빠들도 직장을 다니든 그렇지 않든 관계없이 여가 시간에 엄마들처럼 기저귀를 갈고, 책을 읽어 주고, 식기세척기를 돌리고, 화장실 청소를 해야 한다. 그러나 과거에 비해 많은 발전이 이루어졌다고는 하지만, 자녀들에게 성 역할에 대해 평등한 시각을 갖게 해 주려면 여전히 많은 어려움이 따른다. 이런 어려움을 극복하려면 몇 가지 구체적인 방식으로 조치를 취해야 한다.

평등의 본보기를 보인다 가사와 육아를 똑같이 분담하기 위해 각자 잘하는 분야를 고려해서 의식적으로 노력한다면 아이에게 오래도록 인상을 남길 것이다. 그러나 성별에 근거한 고정관념 없이 아이를 기르려고 시도할 때, 남녀의 성별 차이를 완전히 무시하려 하지 않도록 주의한다. 남자와 여자는 엄연히 다르고 이런 차이는 마땅히 자연스럽게 여겨야 할 부분이다.

양육하는 모습을 보여 준다 아이가 울 때 어깨를 빌려주는 대상이 반드시 엄마일 필요는 없다. 마찬가지로 전쟁놀이와 공놀이를 같이할 대상이 반드시 아빠일 필요는 없다. 딸아이는 실컷 울어도 되고 아들은 눈물을 보여서는 안 된다는 건 말이 안 된다. 딸뿐 아니라 아들에게도 아기를 위해 젖병을 들고 있거나 우는 친구에게 장난감을 주도록 가르쳐야 한다. 엄마와 아빠가 둘 다 아기를 키우는 모습을 보면서 성장한 아이들은 남자아이든 여자아이든 관계없이 부모가 되었을 때 직접 육아를 담당할 가능성이 크게 높아진다. 아들에게 감정을 '꾹 참고 견디라'고 강요하기보다 감정을 표출하게 하면, 세심하고 배려할 줄 아는 남자로 성장하도록 도울 수 있다 (254쪽 참조).

용기와 강인함을 칭찬한다 아이가 정글짐 제일 꼭대기까지 올라가거나, 공을 잡거나, 회전목마를 타면 아들이든 딸이든 똑같이 응원한다. 딸이 좋아한다면 딸이라도 서슴지 말고 거친 놀이를 한다. 마찬가지로 아이가 원하지 않는다면 아들이라도 거칠게 놀아서는 안 된다.

성별에 따라 장난감을 제한하지 않는다 남녀에 대한 전통적인 고정관념에 따라 장난감의 호불호를 판단해서는 안 된다. 가령, 여자아이가 공과 블록, 트럭을 가지고 놀길 원하면 그렇게 하게 하고, 마찬가지로 남자아이가 인형이나 곰돌이 인형을 가지고 소꿉장난을 하고 싶어 하면 그렇게 하게 한다. 또한 성별에 대한 전통적인 고정관념을 깨뜨리기 위해 아이에게 특정 장난감을 강요하거나 거절해서도 안 된다. 트럭을 좋아하는 남자아이에게 인형을 가지고 놀라고 강요해서는 안 되며, 인형을 좋아하는 여자아이에게 트럭을 가지고 놀라고 강요해서도 안 된다(250쪽 참조).

남녀가 대등한 상황을 보여 주는 책을 찾는다 남성과 여성이 둘 다 의사, 기술자, 과학자, 교사, 건축업자인 책, 아빠와 엄마가 육아와 가사에 충분히 참여하는 책을 찾아본다. 그렇다고 성별에 대한 고정관념이 드러난 책을 완전히 차단하려고 지나치게 애를 써서도 안 된다. 그러다간 유명한 세계 명작을 놓칠 수도 있다.

아이의 가능성을 넓혀 준다 남자라서 또는 여자라서 할 수 없는 일은 아무것도 없으며, 누구나 꿈꾸는 일에 뜻을 둘 수 있다는 걸 깨닫게 해 준다. 의사나 소방관, 건축가가 되어도 얼마든지 부모가 될 수 있다는 사실도 알려 준다.

엄마 혼자 아이를 키우는 경우, 남성에 대해 긍정적인 역할 모델을 보여 주기가 매우 어렵다. 책을 통해 가상의 인물 가운데에서 육아를 담당하는 남성을 찾아보는 것도 좋지만, 아이와 함께 시간을 보낼 수 있는 살아 있는 실제 남성 역할 모델, 아이를 다정하고 세심하게 돌보는 남성을 찾는 것도 좋은 방법이다. 친구든 친척이든 교사든 이런 사람과 함께 시간을 보낸다면, 남성에 대한 아이의 인식이 크게 달라진다. 거꾸로 엄마 없이 아빠 혼자 아이를 키우는 경우도 마찬가지다. 부모 혼자 아이를 키우는 상황에 대해서는 841쪽을 참조한다.

14장

생후 28~30개월

아이의 발달 과정

2년 6개월 무렵 아이가 해야 할 행동

* 그림 속의 대상 하나를 알아보고 이름을 말한다.
* 옷을 입는다.
* 뛰어오른다.
* 신체 부위 6군데 이름을 말한다.
* 그림 속의 대상 4개를 알아보고 가리킨다.

주의 사항 아이가 아직 이 단계에 이르지 못했다면 의사와 상의한다. 아이에 따라서 발달 속도는 차이가 있기 때문에, 이 단계를 해내지 못한다고 해도 문제가 있는 건 아니지만 일단 전문가의 상담을 받을 필요가 있다. 이 밖에 아이가 통제되지 않거나 과잉 행동을 보이는 경우, 지나치게 요구 사항이 많거나 고집이 세거나 부정적인 경우, 말수가 거의 없거나 수동적이거나 내성적인 경우, 항상 지루해하거나 즐거워하지 않는 경우, 다른 사람과 상호작용 못하거나 같이 놀지 못하는 경우도 의사의 상담을 받는다. 이 연령대에는 예정일보다 일찍 태어난 아이들도 대부분 또래 아이들의 발달 과정을 따라잡는다.

아이가 하게 될 행동

* 그림 속의 대상 4개를 알아보고 이름을 말한다.

아이가 할지 모를 행동

* 수직선을 따라서 그린다.
* 한쪽 발로 1초 동안 균형을 잡는다.
* 친구의 이름을 안다.

혹시나 아이에게 기대할 만한 행동

* 한쪽 발로 2초 동안 균형을 잡는다.
* 2개의 목적어를 만들어 사용한다.
* 2개의 형용사를 사용한다.
* 멀리뛰기를 한다.

무엇이든 물어보세요 Q&A

── 아쉬움이 없는 아이

Q "우리 아들은 시댁과 친정 양쪽에서 모두 첫 손자예요. 덕분에 옷이며 책이며 장난감이며, 아이가 원하는 건 다 가지고 있답니다. 우리 아이는 예의도 아주 바르고 칭얼대거나 성질을 부리지도 않지만, 우리가 '안 된다'는 말을 너무 안 하는 건 아닌지, 이러다 아이를 버릇없이 만드는 건 아닌지 걱정됩니다."

A 확실히 아이를 키우다 보면 '안 돼'라는 말을 입버릇처럼 하게 된다. "때리면 안 돼!", "과자 더 먹으면 안 돼.", "가스레인지 만지면 안 돼!". '안 돼'라는 말을 적절하게 사용하는 건 세심하고 책임감 강한 사람으로 키우기 위해 반드시 필요하다. 그럼에도 불구하고 '안 된다'는 말을 아낀다고 해서 반드시 아이를 버릇없이 키우는 건 아니다.

세 살이 지나도 여전히 아이가 하고 싶은 일과 할 수 있는 일 사이에는 커다란 차이가 있다. 실제로 할 수 있는 기회를 많이 제공하면 차이를 좁히는 데 도움이 된다.

지금 아이의 모습을 보았을 때는 아이를 버릇없이 키우는 것 같지 않다. 지나친 방종의 표시는 어떻게든 드러나기 마련인데, 설명한 상황을 보면 아이가 그런 징후를 보이는 것 같지는 않다. 이 상태를 유지하기 위해 다음 내용을 참고하자.

잘못된 이유로 '그래'라고 말하지 않는다 아이에게 필요한 걸 주는 것은 그 자체로는 잘못이 아니다. 그리고 합당한 요구나 정당한 구매에 대해 '그래'라고 말하는 것 역시 그 자체는 잘못이 아니다. 그러나 아이를 만족시키기 위해, 대립 회피, 부모가 어린 시절 못했던 것에 대한 대리 충족, 아이와 함께 보내지 못하는 시간에 대한 보상이라는 잘못된 이유로 아이에게 무언가를 사 주고 무조건 아이 뜻을 받아 주면 문제가 생길 수 있다. 너무 자주 많은 걸 받아 주면 아이가 그런 상황을 당연한 것으로 받아들이기 시작해서 받는 즐거움을 모를 뿐 아니라 만족을 지연하는 법을 모르는 떼쟁이가 될 수도 있다. 특히 아이가 열 살이 넘으면 문제가 더 심각해질 수 있다.

확실한 이유로 '안 돼'라고 말한다 아무 때나 '안 돼'라는 단어를 사용하면 아이를 혼란스럽게 만들고 자존심 상하게 한다. 단순히 '안 된다'는 말을 많이 하지 않는 것이 아니라, 확실한 이유에 대해서만 '안 돼'라고 말해야 한다. 그네를 설치할 공간이 없는데 그네를 사 달라고 조를 경우, 집에 아주 좋은 통과 삽이 있는데 새것을 사 달라고 조를 경우, 아이가 하루 내내 텔레비전을 시청하려고 할 경우 등이다.

'안 돼'라고만 말하지 않는다 아주 급박한 상황이 아니라면 "안 돼"라는 말만 하면 안 된다. 반드시 이유도 같이 말해야 한다. 아이가 부모의 설명을 이해하지 못하거나 받아들이려 하지 않더라도, 아이의 이해 수준에 맞추어 간단하게 설명을 하면 부모가 왜 안 된다고 했는지 마침내 파악한다. 예를 들어, 아이가 부모의 경제 사정으로는 구입하기 어려운 아이 몸집만 한 인형을 사 달라고 조르는 경우, 부모의 재정 상태를 낱낱이 설명할 필요는 없다. 대신 이렇게 설명한다. "그 코끼리 인형은 아주 비싸. 네가 코끼리 인형을 갖고 싶어 한다는 거 알지만, 우리는 그 돈으로 음식과 옷을 사야 한단다. 장난감을 사느라 돈을 다 쓸 수는 없어."

조금 더 베풀다가 버릇없는 아이를 만들 수 있다 아쉬운 게 없다고 반드시 버릇없는 아이가 되는 건 아니지만, 필요 이상 많은 것을 가지게 되면 종종 아이가 감당을 못하거나 금세 싫증을 느끼게 된다. 그리고 장기간 지나친 관용에 익숙한 아이는 결국 '안 된다'는 대답을 받아들이지 못해 분노나 눈물, 난폭한 행동으로 거부 반응을 보이게 된다. 버릇없는 아이가 되는 것이다.

주는 즐거움을 경험하게 한다 아동기 초기는 매우 자기중심적인 시기인 만큼, 아이가 받는 것보다 주는 것이 더 행복하다는 걸 알 거라고 기대하기 어렵다. 하지만 부모가 평소 친절한 태도를 보여 주면 차츰 이런 개념이 자리 잡기 시작한다. 가능하면 어려운 사람을 도울 때 아이도 함께 참여시킨다(240쪽 참조). 이렇게 착한 일을 하게 돼서 기분이 무척 좋다고 아이에게 말한다. 가정에서도 주는 기쁨을 경험하게 할 수 있다. 예를 들어, 할머니 생신에 특별한 선물을 구입하거나 만들어 드려 할머니의 환한 표정을 본다든지, 아빠를 위해 밸런타인데이 카드를 만들어 아침에 아빠가 깜짝 놀라며 행복해하는 모습을 본다면 주는 즐거움을 깨닫게 될 것이다.

아이에게 사랑을 준다 주고받는 선물 가운데 가장 중요한 선물은 사랑이다. 그리고 아이가 충분한 사랑을 받고 있고 그 사랑을 되돌려 주는 모습을 조금씩 보이기 시작한다면, 부모가 아이를 바르게 키우고 있다고 봐도 좋다.

남의 아이 훈육하기

Q "우리 딸과 자주 같이 노는 아이들 가운데 한 아이가 다른 아이들을 잘 때려요. 아이 엄마가 없을 때 아이가 다른 아이들을 때리지 못하게 제가 말려야 하는 건지 잘 모르겠어요."

A 아이의 부모나 양육자가 있는 상황에서 잘못된 행동을 하는 아이를 훈육하는 건 적절하지 못한 행동이지만, 아이들을 돌봐야 하는 책임을 맡고 있을 때 훈육하는 건 적절할 뿐 아니라 필요한 행동이다. 아이들을 맡고 있을 때는 아이들의 행동을 감시할 책임이 있다.

그러므로 다음에도 아이들 가운데 누군가가 주먹을 휘두른다면, 때리는 건 용납되지 않는다고 즉시 알려 주어야 한다. 맞은 아이가 울거나 속상해 하고 있다면 먼저 그 아이에게 관심을 집중한 다음 때린 아이를 훈육한다. 단호하면서 침착한 태도로 대한다. 화를 내는 건 아무런 도움이 되지 않는다. 간단명료하게 설명한다. "우리 집에서는 아무도 때리면 안 돼. 계속 다른 아이를 때리면 여기에서 놀지 못하고 집에 가야

한다."(아이의 공격성을 다루는 요령은 214쪽 참조)

그러나 부모가 곁에 없는 경우 아이들은 불안하거나 마음이 편하지 않기 때문에 다른 아이들을 때릴 수 있다는 사실도 염두에 둔다. 또는 관심을 충분히 받지 못하고 있다는 생각에 그처럼 난폭한 행동을 보일 수도 있다. 그러므로 내 아이만 감싸지 말고, 활동을 많이 만들어 부모를 동반하지 않은 아이들이 계속해서 활동에 몰두할 수 있게 하며, 난폭한 행동을 하는 아이가 바르게 행동하면 충분히 칭찬해야 한다.

── 집에 있는 걸 좋아해요

Q "우리 아이는 밖에 나가는 걸 전혀 좋아하지 않아요. 심지어 놀이터에도 나가려 하지 않는다니까요. 그저 자기 방에 틀어박혀 노는 걸 제일 좋아하지요. 저는 하루 내내 집 안에 갇혀서 답답증이 생길 것 같아요."

A 어른들과 마찬가지로 아이들도 기질과 성격의 영향을 많이 받는다. 대부분 아이들은 밖에 나가자는 말이 떨어지기가 무섭게 팔짝팔짝 뛰면서 좋아하지만, 밖에 나가지 않아도 집 안에서 즐겁게 잘 노는 아이들도 있다. 그리고 드물지만 집을 나서서 공원이나 놀이터, 친구 집, 마트에 가자고 하면 번번이 거절하는 아이도 있다.

집 밖으로 나가려 하지 않는 태도는 원인만 파악하면 대개 성공적으로 해결할 수 있다.

변화 일시적으로 변화를 거부하는 아이들이 있다. 평생 변화를 받아들이지 못한다는 의미는 아니고, 변화가 일어날 때 약간의 도움이 필요하다는 의미다. 이런 아이에게는 갑자기 "이제 마트에 가자."라고 하는 대신 아침을 먹고 나서 넌지시 암시를 주는 것이 좋다. "이따가 마트에 가자.", "잠시 후에 마트에 갈 거야."라고 하면 아이는 실제로 집을 나서기 전부터 외출할 거라는 생각을 자연스럽게 받아들인다(변화를 싫어하는 아이에게 도움을 주는 요령은 278쪽 참조).

목적지 아이는 과거에 미끄럼틀에서 내려오다가 깜짝 놀랐다든지, 그네에서 굴러떨어진 경험으로 놀이터에 가는 걸 주저하는 건지도 모른다. 또는 단순히 정글짐에 올라가고, 미끄럼틀을 타고, 그네에 타는 걸 좋아하지 않을 수도 있다. 아이가 거부감을 일으키는 원인이 목적지에 있다면, 박물관이나 동물원, 소방서, 친구 집 등 다른 목적지를 제안한다. 아이가 흥미를 느끼는 목적지로 향하면 보다 긍정적인 반응을 얻을 수 있고, 어쩌면 아이는 마트나 슈퍼마켓을 지루하게 느끼는 건지도 모른다. 이 경우 아이와 쇼핑하는 요령을 참조한다(270쪽 참조).

장난감과 기타 소유물과 분리 늘 가지고 놀던 장난감이나 좋아하는 인형, 심리적 안정감을 주는 물건을 가지고 갈 수 있다면 외출하는 데 거부감이 줄어들 수도 있다. 아이의 장난감을 가지고 가기가 불가능한 경우(유모차 바구니에 나무로 만든 기차 놀이 세트를 넣을 수는 없다.), 다른 장난감이나 책을 가지고 가도록 유도하고 선택하는 걸 도와준다.

야외 놀이 놀이터에서 활동적인 놀이를 하기보다 집에서 혼자 하는 놀이를 더 재미있어하는 아이들이 있다. 이 경우, 자동차나 스케치북,

퍼즐을 가지고 갈 수 있으며, 원하지 않으면 친구들과 어울리거나 활동적으로 놀지 않아도 된다고 알려 준다. 물론 아이가 어느 정도 활동적인 놀이를 하도록 유도하는 것이 좋다(334쪽 참조).

너무 바쁜 일정 하루 중 대부분을 어린이집 등 집 밖에서 보내거나, 하루 내내 이 학원에서 저 학원으로 바쁘게 이동하는 아이들도 있다. 쉴 새 없이 활동하는 것이 잘 맞는 아이가 있는가 하면, 집 안에서 혼자 조용하고 편안한 시간을 보내고 싶어 하는 아이도 있다. 이 경우, '한가한 시간'을 필요로 하는 아이의 욕구를 이해하고, 유독 바쁜 날이나 바쁜 한 주를 보낸 후에는 가급적 외출을 삼간다.

두려움 외출할 기미만 보여도 아이가 겁에 질리거나 무서워하는 모습을 보인다면, 부모가 미처 알지 못하는 나쁜 일을 경험했을 가능성이 있다. 아이가 말을 잘한다면 밖에 나가고 싶지 않은 이유를 말해 달라고 부탁한다. 그렇지 않다면 무슨 일이 있었는지 조사에 나서야 한다. 아이가 옆집 강아지 때문에 놀랐거나, 누가 차에 치여 크게 다쳤다는 말을 들었거나, 자동차가 불에 타는 모습을 봤을 수 있다. 베이비시터나 어린이집 교사에게 확인하고, 문제의 원인을 밝힌다. 원인을 알 수 없다면 이 문제에 대해 의사와 상의한다. 아동 심리 치료사에게 의뢰해 놀이 치료를 통해 아이가 두려워하는 대상을 발견할 수도 있다.

위의 원인에 해당되지 않을 때 외출을 하지 않으려는 태도는 단순히 정상적인 아이 특유의 외고집과 상황을 통제하고 싶은 욕구 때문일 수 있다. 부모와 아이 모두 득이 되는 해결책을 이용하면(142쪽 참조) 아이와 싸우지 않고 함께 외출할 수 있다. 유머 감각, 노래, 심지어 미끼를 이용해 아이를 구슬려 본다. 아이는 한사코 외출을 하지 않겠다고 고집을 부리는데, 부모는 급히 볼일을 보러 가야 하고 집에는 아이를 돌볼 사람이 아무도 없다면, 아이의 의지와 관계없이 아이를 데리고 가는 수밖에 없다. <u>다정하지만 단호한 태도로 아이를 자동차나 유모차에 태우고, 아이가 좋아할 만한 장소에 들르는 등 아이의 마음을 편하게 하기 위해 각별히 노력한다.</u>

<u>외출을 거부하려는 원인을 밝히기 위해</u> 애쓰는 한편, 집에만 틀어박혀 있다고 아이를 꾸짖거나 놀려서는 안 된다. "다른 아이들은 전부 놀이터에서 잘만 노는데, 넌 왜 온종일 집에만 붙어 있으려 하니?" 등의 발언은 아이의 자존심에 상처를 줄 수 있는 무신경한 발언이며, 외출을 하지 않으려는 저항심만 더욱 깊어지게 만든다.

아이를 억지로 밖에 데리고 나갈 때 아이가 완강하게 거부하거나 당황해 하거나 심한 공포를 느낀다면 의사와 상의한다.

─ 혼잣말을 해요

Q "아이가 혼잣말을 하는 게 일반적인 행동인가요? 우리 딸은 하루 내내 혼잣말을 해요."

A 누구나 혼잣말을 한다. 다만 어른들은 조용히 혼잣말하는 방법을 알 뿐이다. 이제 막 자신의 생각을 말로 표현할 줄 알게 된 아이는 생각을 입 밖으로 말하는 것이 훨씬 편할 수 있는데, 이는 책 읽는 법을 막 배우기 시작한 아이가 큰 소리로 책을 읽을 때 책의 내용을 더 잘 이해하게 되는

것과 같은 원리다. 그리고 이 시기의 아이들은 속으로 생각하는 것과 생각을 말로 표현하는 것과의 차이를 인지하지 못한다.

<u>언어 기술을 연습하려는 충동과 자기 목소리를 들으면서 느끼는 만족감, 언어 기술이 점점 향상되는 걸 느낄 때 오는 만족감에 혼잣말을 하기도 한다.</u> 그리고 어른들과 달리 아이들은 혼잣말을 할 때 남의 시선을 의식해 소리를 죽이지 않는다. 아이들은 다른 사람이 뭐라고 생각하든 거의 신경 쓰지 않는다.

아이가 말을 더 잘하게 되면 차츰 속으로만 생각할 줄 알게 되겠지만, 유치원 시기 동안 때때로, 그리고 대부분의 사람들과 마찬가지로 그 이후로도 아주 가끔은 계속해서 혼잣말을 하게 될 것이다. 그때까지는 아이의 혼잣말에 너무 고민하지 말고 즐겁게 들어주면 된다.

── 뽀뽀하는 걸 싫어해요

Q "한때 그렇게 애교가 넘치던 우리 아이는 요즘 우리가 뽀뽀를 하려고 하면 질색을 합니다. 입을 맞추려고 하면 우리를 밀어내요. 왜 그러는 걸까요?"

A 보드라운 두 뺨, 작은 코, 통통한 손가락과 발가락을 보고 있으면 누구라도 입을 맞추고 싶어 한다. 너무나 사랑스러워서 뽀뽀를 하려고 다가갔는데 아이에게 단박에 거절을 당하면 당연히 크게 낙담하게 된다. 특히나 지금까지 아이가 즐겁게 뽀뽀에 잘 응해 주었다면 그 상심은 이루 말할 수 없을 것이다.

모든 아이들이 뽀뽀를 하지 않으려고 고개를 외면하는 건 결코 아니지만 대체로 남자아이들이 뽀뽀를 거부하는 편이다. 뽀뽀를 거부하는 것은 독립과 자립을 선언하는 아이 나름의 방식일 수 있다. 일부 남자아이의 경우, 엄마에게 뽀뽀를 하지 않으려는 태도는 심지어 엄마를 향한 일종의 무서울 정도로 강한 끌림을 다스리기 위한 방식이기도 하다.

<u>뽀뽀를 거부한다고 아이를 나무라서도 안 되고, 애원하거나 간청해서도 안 된다. 이런 식의 접근은 아이에게 죄책감만 줄 뿐, 부모가 원하는 뽀뽀를 할 수는 없을 것이다. 때때로 아이를 쫓아가서 꼭 끌어안고는 어디든 입을 맞출 수 있는 곳에 뽀뽀를 하는 건 괜찮다.</u> 즐거운 분위기에서 이렇게 하면, 아이도 즐겁게 뽀뽀를 받고 어쩌면 이런 놀이를 즐기게 될 수도 있다. 그리고 때를 기다려야 한다. 조만간 아이는 틀림없이 부모의 입맞춤을 다시 따뜻하게 받아들일 것이다.

── 안기는 걸 싫어해요

Q "우리 딸은 아기 때는 잘도 안기더니 요즘에는 안아 주려고만 하면 몸을 꼼지락거리면서 빠져나간답니다. 왠지 버림받은 기분이에요."

A 아이가 부모의 품에서 빠져나가는 모습에 마음 상하지 않길 바란다. 아이는 부모를 거부하는 것이 아니라 단지 신체적인 자유가 제한되는 걸 거부하는 것일 테니까. 부모에게 안기면 활동이 제한될 뿐 아니라 아이가 그토록 소중하게 여기는 통제력과 자율성이 침해를 받게 된다.

그러나 아이가 부모의 신체적인 애정 표현을 예전처럼 달갑게 여기는 것 같지 않다고 해서 더 이상 애정 표현이 필요하지 않다는 의미는 아니다.

14장 ― 생후 28~30개월   417

많은 아이들이 어떤 식으로든 갇혀 있지 않으려고 저항한다. 이때 가장 좋은 결과를 얻는 방법은 안아 주는 강도를 조절해 가면서 "이만큼 사랑해?"라고 물어보는 것이다.

애정 표현을 완전히 중단하기보다 아이의 현재 욕구에 맞추어 방법을 바꾸도록 하자.

가볍게 접촉을 시도하거나…… 특히 촉각에 예민한 이런 아이들은 아기 때도 신체적인 애정 표현을 썩 좋아하지 않았을 것이다(230쪽 참조). 숨이 막힐 만큼 꼭 안기는 건 거부하지만 가볍게 얼른 안아 주거나, 어깨를 잡아 주거나, 뺨을 쓰다듬는 건 좋아할 수 있다. 이런 애정 표현은 활동성이나 독립성을 제한하지 않는다.

……'남자다움을 과시하는' 접촉을 시도한다 유독 활동적인 아이들은 포옹을 너무 '여성스러운' 몸짓이라고 생각한다. 이 경우, 간지럼, 레슬링, 하이파이브 같은 신체 접촉이 더 알맞다.

적절한 시기를 이용한다 낮잠 시간이나 취침 시간 전후, 넘어졌을 때 등 나약한 기분이 들 때 아이들은 부모의 품에 더 쉽게 안긴다. 이런 기회를 이용해 아이를 안아 준다. 또한 아이가 목욕을 마친 후 고정적으로 '책 읽으면서 안아 주기' 시간을 마련한다면 부모와 아이 모두 흡족한 시간을 갖게 될 것이다.

아이가 보내는 신호에 따른다 아이에게 부모가 포옹을 해도 괜찮을 때와 포옹에서 그만 풀려나오고 싶은 때를 알려 달라고 한다. 실컷 안긴 후 더 이상 부모의 품에 안기고 싶지 않다는 걸 아이 스스로 알면, 처음부터 포옹을 덜 거부하게 될 것이다.

시도를 중단하지 않는다 <u>아이는 지금 당장은 안기려 하지 않더라도 부모가 안아 주려고 많은 애를 쓴다는 사실만으로 기분이 좋을 것이다. 포옹을 부끄러워하는 아이들도 결국 부모의 포옹을 다시 자연스럽게 받아들이게 된다.</u> 그러나 소수의 아이들은 여전히 잦은 포옹을 썩 좋아하지 않는 경우도 있다. 아이가 모든 신체적 접촉을 거부한다면, 의사와 상의하면 마음이 좀 놓일 수도 있다.

― 제 뺨을 때려요

Q "우리 아들은 가끔 제 무릎에 앉아 두 손으로 제 얼굴을 만져요. 아마 아이 나름대로 사랑스러운 몸짓인가 봐요. 하지만 그러다가 제 뺨을 때리기 시작한답니다. 그것도 아주 세게 말이에요! 이런 행동은 일종의 애증의 표현인가요?"

A 아이들은 복잡한 감정의 달인들이다.

아이들은 자신감과 불안정감 사이, 독립성과 의존성 사이, 그토록 바라던 무한함 힘과 무력감 사이에 양다리를 걸치고 있다. 그러므로 이처럼 복잡한 감정들이 때때로 상충되는 행동 양상으로 드러나는 것은 놀라운 일이 아니다.

이처럼 애정을 담아 '뺨을 때리는' 행동은 걱정하지 않아도 괜찮다. 이런 행동은 접촉의 방식인 동시에 의사소통과 탐색을 위한 중요한 방식이며, 내면의 혼란이 어느 정도 정리되기 시작하면 차츰 사라진다. 그러나 이처럼 뺨을 때리는 행동이 잘 통제되지 않는다면 즉시 아이의 행동을 중단시킨다. 차분한 태도로 아이의 손을 잡고 그냥 간단히 "때리면 안 돼. 네가 때리면 엄마가 아프단다."라고 말한다. 그런 다음 아이의 손을 잡고 부모의 뺨을 부드럽게 쓰다듬게 하면서 "엄마는 이런 걸 좋아해요."라고 덧붙인다. 이런 방법이 효과가 없다면 퍼즐 조각 떼어 내기, 도형 맞추기, 고무찰흙 놀이 등 아이가 손으로 할 수 있는 다른 방법을 찾아본다. 부모의 가방에 말랑말랑한 공, 작은 장난감, 인형 등을 넣어 다니고, 밖에서 열렬한 애정을 담아 부모의 뺨을 때리려 할 때마다 아이에게 건네주어 가지고 놀게 한다.

외국어 공부

Q "남편과 저에게는 영어가 외국어라, 영어로 의사소통하는 것이 약간 힘들어요. 그렇지만 아이에게는 영어로만 이야기를 하려고 합니다. 하지만 우리 부모님들은 아이가 한국어를 못한다는 사실에 무척 서운해하세요. 아이에게 지금 한국어를 가르치면 영어를 익히는 데 방해가 될까요?"(영어권에 사는 가족)

A 그렇지는 않을 것이다. 사실상 부모님 말씀이 옳다. 외국어를 말할 줄 안다는 건 상당히 중요한 자산이며, 특히나 해당 외국어가 개인의 뿌리와 문화와 관련이 있다면 더욱 중요하다. 그러나 아직 외국어를 시작하지 않았다고 해서 늦는 건 아니다. 사실상 많은 언어 전문가들은 외국어를 배우는 최적의 시기가 두 살 반에서 세 살이라고 주장한다. 그보다 일찍 외국어를 시작하면 모국어와 외국어 모두 발달이 늦어지는 경향이 있다. 반대로 아이가 모국어를 읽을 줄 알 때까지 기다린 후 외국어를 시작하면 외국어를 유창하게 구사하는 데 제약이 따를 수 있다.

아이에게 외국어를 가르치기 위한 방법은 아주 많다. 부모 가운데 한 명은 아이에게 모국어로 말하고 다른 한 명은 외국어로 말한다. 또는 집에서 부모가 둘 다 외국어로 말하고, 아이는 유치원이나 어린이집에서 계속 모국어 실력을 익힌다. 또는 부모는 모국어로 말하고, 할머니 할아버지나 종일 아이를 돌보는 양육자가 외국어로 말할 수도 있다. 부모가 두 가지 언어를 혼용해서 말하면 아이가 언어를 배우기가 상당히 혼란스럽고, 어떤 말이 어떤 언어에 속하는지 식별하기가 어렵다.

어떤 방향을 택하든, 언어를 가르치는 사람은 해당 언어에 유창해야 하고, 아이에게 말할 때는 그 언어만 사용해야 한다. 또한 아이는 매일 몇 시간씩 정기적으로 외국어에 몰두해야 하고, 재미와 학습이 동시에 이루어지도록 게임과 책, 노래, 비디오 등을 이용해야 한다. 그리고 학교에 입학한 후에는 외국어를 읽고 쓰는 법을 가르쳐 기존의 능력을 강화시켜야 한다.

── 가족끼리 알몸을 보여도 될까요

Q "지금까지 우리는 집에 있을 때 옷을 벗고 지내도 전혀 아무렇지 않았어요. 샤워할 때도 온 가족이 함께 목욕탕에 들어갔고, 딸아이 앞에서 옷을 입거나 벗는 것에 전혀 거리낌이 없었어요. 그런데 이제 아이가 두 살이 지나니, 아빠의 알몸을 보여 주는 것이 건강한 방법인지 알고 싶습니다."

A 많은 부모가 이 시기에 아이가 이성의 알몸을 보는 것에 대해 걱정한다. 그런가 하면 많은 부모가 그런 일은 생각조차 하지 않는다. 알몸을 편안하게 받아들이거나 그렇지 않은 태도는 적어도 어느 정도는 부모의 양육 방식과 관련이 있다. 문을 닫고 옷을 갈아입어야 한다고 결정할 때는 부모 자신의 감정을 고려해야 한다.

또한 아이의 태도에서 힌트를 얻어야 한다. 부모의 알몸을 전혀 의식하지 않는 아이들도 있지만, 대부분 아이들은 어느 정도 이성의 사적인 부위에 호기심을 갖고, 손으로 가리키고 질문하고 심지어 흥미로운 부위를 잡아당기려 할 것이다. 이런 호기심에 침착하게 대처하고, 아이가 질문을 하면 간단하고도 정확하게 대답해 주어야 한다. 그리고 아이가 이런 행동을 하면 연령과 관계없이 이성의 알몸을 보이는 일은 이제 끝내야 한다.

아이가 가족의 알몸에 전혀 관심을 보이지 않더라도, 세 살쯤 되면 가족의 알몸이 문제가 될 수 있다. 이 시기에 일부 아이들은 부모의 알몸을 보고 무의식적으로 성적인 자극을 받게 되며, 이런 감정 때문에 혼란스럽고 당황하게 된다고 한다. 그러므로 세 돌 무렵부터는 목욕 가운을 입히고 따로 샤워를 시키는 것이 바람직하다. 그리고 이런 변화에 대해 아이에게 "이제 네가 컸으니까 어느 정도 사생활이 필요하단다. 엄마도 마찬가지야."라고 설명한다.

반면 동성의 부모와 함께 옷을 벗거나 샤워를 하는 것은 자신의 성을 긍정적으로 받아들이는 데 도움이 된다. 엄마가 딸 앞에서 편안하게 옷을 벗고 아빠가 아들 앞에서 편안하게 옷을 벗으면 아주 오랫동안 편안한 마음으로 아이 앞에서 옷을 벗을 수 있다. 그러나 일부 어린 남자아이의 경우 자신의 페니스와 아빠의 페니스를 비교하면서 그 크기 때문에 불안해하기도 한다. 아이의 신체 부위들이 모두 작지만, 연령이 높아질수록 점점 커질 거라고 설명하면 이런 불안감을 줄일 수 있다.

가족이 실제로 알몸을 드러내는 문제보다 더 중요한 문제는 부모 자신의 몸과 아이의 몸에 대한 부모의 태도와 감정이다. 자기 몸에 대해 건강한 생각을 하는 아이로 키우려 할 때, 부모의 지나치게 극단적인 태도는 바람직하지 않다. 알몸이든 옷을 입은 상태든 내 몸은 존중 받아야 하고 소중하게 돌봐야 한다는 사실, 몸은 쑥스러운 것이 아니라 아름다운 것으로 여겨야 한다는 사실을 반드시 가르쳐야 한다. 그리고 무엇보다도 내 몸은 주인인 나 자신이 통제해야 한다는 것을 반드시 기억하게 한다.

── 옷을 벗으려고 해요

Q "우리 딸은 옷을 입혀 주면 곧바로 벗으려고 합니다."

A 아이가 지금 알몸으로 지내는 걸 좋아한다고 해서 평생 나체주의자가 되는 건 아니다. 두 살에서 세 살 사이의 아이들이 옷을 벗고 싶어

하는 건 아주 흔한 일이며, 이유는 여러 가지다. 첫째, 이제 막 옷 벗는 방법을 알게 된 아이들은 이 새로운 기술을 연습하길 좋아한다. 둘째, 아이들은 스스로 옷을 벗을 수 있다는 데에 만족감을 느낀다. 셋째, 아이들은 옷을 입어야 한다는 일상의 규칙에 맞서고, 모든 일과 모든 사람을 시험해 보며, 특히 주변 사람들이 깜짝 놀라는 반응을 재미있어 한다. 넷째, 아이들은 알몸으로 돌아다니는 것이 더 편안하다.

이처럼 옷을 벗고 싶어 하는 현상은 일시적이며, 대부분의 발달 단계들이 그렇듯 강요받지 않으면 더 빨리 지나갈 것이다. 그때까지는 다음 내용을 참고하자.

* **다른 대상을 상대로 옷 벗는 연습을 하게 한다** 옷을 쉽게 벗길 수 있는 인형을 주면 사회적으로 용인되는 방식으로 옷을 벗길 수 있을 것이다. 그러나 아이의 작은 손가락으로 옷을 다시 입히는 건 상당히 힘든 일이라 좌절감을 느낄 수 있으므로 아이 곁에서 도와주어야 한다.
* **알몸으로 돌아다니게 한다** 집 안의 온도가 적당하면 알몸으로 실컷 돌아다니게 한다.
* **적절하지 않을 때는 알몸으로 돌아다니지 못하게 한다** 사람들은 자신의 몸을 보이고 싶지 않기 때문에 집 밖에서는 옷을 벗지 않는다고 설명한다. 아이가 계속 옷을 입고 있어야 하는 상황일 때는 우주복, 단추 달린 셔츠 등 벗기 까다로운 옷을 입힌다.
* **부모가 알몸을 어색하게 여긴다는 이유로 아이가 옷을 벗지 못하게 해서는 안 된다** 아이가 옷을 벗으려는 태도에 과잉 반응을 보이면 몸은 부끄럽게 여겨야 하는 것이라는 메시지를 전달할 수 있고, 따라서 나중에 커서 몸에 대해 건강하지 못한 이미지를 갖게 할 수 있다.
* **아이가 알몸으로 익살스러운 행동을 보이더라도 웃으면 안 된다** 부모가 재미있어하는 모습을 보이면 아이는 더욱 알몸을 보이려 할 것이다.

새로운 도전 과제들이 아이의 관심을 사로잡으면 옷을 벗으려는 연습도 마침내 흥미를 잃게 된다. 사실상 네다섯 살쯤 되면 시키지 않아도 아이는 열심히 옷을 챙겨 입으려 할 테고, 취학 전쯤이면 많은 아이들이 자신의 은밀한 부위를 보이지 않으려고 상당히 신경을 쓴다. 그러므로 당분간은 아이의 노출증을 눈감아 주고 아무런 언급을 하지 않는 게 좋다.

─── 학원에 보내기

Q "우리 아이와 함께 놀이 모임에 참여하는 아이들은 벌써부터 온갖 종류의 학원에 다니기 시작해요. 미술 학원, 체육 학원, 무용 학원, 심지어 과학 학원까지요. 제가 보기에는 지나친 게 아닌가 싶은데, 혹시 제가 너무 안일하게 생각해서 우리 아이를 망치는 건 아닐까요?"

A 요즘에는 두 살 아이로 살아가기도 참 벅차다. 두 살이 감당하기 힘들 만큼 많은 일을 해야 하니 말이다. 일부 아이들은 어린이집이나 유치원은 기본이고 여기에 체육 학원, 미술 학원, 음악 학원, 무용 학원, 놀이 모임까지 체력이 좋고 체계적인 생활에 익숙한 어른도 쉽게 지칠 듯한 일정을 소화하고 있다.

이처럼 하루하루 꽉 짜인 일정을 소화해야 하는 아이들은 그 부작용으로 당연히 늘 피곤하기 마련이며 그 밖에도 수면 문제, 식습관 문제, 짜증,

엄마에게 지나치게 매달림 등의 문제도 안고 있다. 뿐만 아니라 일정이 너무 바쁘다 보니 심심하게 보낼 시간, 혼자 놀 시간, 긴장을 이완시킬 시간, 생각할 시간을 전혀 가질 수 없다.

아이의 피로는 단지 아이 시기에만 잠깐 영향을 미치고 그치는 게 아니다. 가령 음악이나 무용 같은 특정 분야에 너무 많은 시간과 에너지를 강요받게 되면, 심한 경우 그 분야에 천부적인 재능이 있다 하더라도 막상 초등학교에 입학할 무렵에는 흥미를 잃을 수 있다.

그렇다면 아이에게 어느 정도가 적당한 일정일까? 적당한 정도는 아이와 부모의 상황에 따라 다르다. 일부 아이들의 경우, 특히 어린이집이나 유치원에 다니고 놀이 모임에서 많은 시간을 보내는 경우에는 학원 한 곳도 무리일 수 있다. 그런가 하면 일주일에 한두 번 학원에 다니는 정도는 무난하게 소화하는 아이도 있다. 집에서 자극 받을 일이 거의 없고 또래 아이들과 접촉이 별로 없는 아이의 경우, 일주일에 두세 번 학원에 다니면 즐거운 교류 시간을 가질 수 있고,

부모 역시 다른 어른들과 상호작용을 통해 도움을 받을 수 있다.

그럼에도 불구하고 학원은 아이의 발달을 위해 결코 필수가 아니며 대부분 아이들은 평소 놀이를 통해 필요한 자극을 충분히 받고 있다는 데 대해 많은 사람이 동의한다. 학원이 필수는 아니지만 다음 지침을 기억한다면 해가 되지도 않을 것이다.

✱ **아이가 학원에 다니는 목적은 단 한 가지, '즐거움'이어야 한다** 학원에 등록하기 전에, 프로그램의 목적이 아이를 영재로 만드는 것이 아니라 즐겁게 하는 것인지 확인해야 한다. 무용 학원에 등록할 때는 아이를 프리마 발레리나로 만들기 위해 일찍부터 준비시키기 위한 것이 아니라, 음악에 맞추어 뛰고 몸을 흔들면서 재미있게 즐기는 걸 목적으로 한다. 체육 학원에 등록할 때는 올림픽 출전을 목적으로 하는 것이 아니라, 즐겁게 뛰고 구르는 걸 목적으로 한다.

✱ **아이를 대상으로 하는 학원은 강요가 전혀**

아직은 수영을 배울 때가 아니에요

아이가 정식으로 수영 강습을 받을 수 있는 최적의 시기는 언제일까? 대한소아과학회에 따르면 세 살 이후가 가장 좋다고 한다. 어린이 풀장이나 성인용 풀장에서 어른에게 안겨 물장구를 치고 놀면 물을 편안하게 받아들이고 자신감도 생기는 등 중요한 자세를 형성하는 데 도움이 될 수 있다. 그렇지만 정식으로 수영 강습을 시작하는 건 아직 생산적이지도 않고 안전하지도 않다.

일찍부터 수영을 배운다고 더 잘하는 것도 아니고 물에서 더 안전한 것도 아니다. 사실상 수영을 배운 아이들은 물을 편안하게 생각하고 안전하다고 느끼는데다, 부모들 역시 아이가 '수영'을 할 줄 안다는 생각에 안전할 거라고 착각하기 때문에 도리어 수영을 못하는 아이들보다 물가에서 위험한 상황에 처할 가능성이 훨씬 높다. 그러나 물에서 수영을 할 줄 아는 것과 안전을 지키는 것과는 중요한

차이가 있으며, 어린아이들은 어른이 지켜보지 않으면 절대로 안전하지 않다.

아이가 세 돌이 되기 전에 수영 강습을 등록하기로 했다면, 학원이 국제 YMCA의 지침을 따르는지, 아이들에게 절대로 잠수를 시키지 않는지, 심폐 소생술 자격증이 있는 강사가 일대일로 강습하는지 확인한다. 수중 안전에 대한 자세한 내용은 695쪽을 참조한다.

없어야 한다 아이가 프로그램에 참여하길 망설인다면 괜찮다고 용기를 북돋아 주어야 하지만, 교사든 부모든 절대로 강요해서는 안 된다. 교사는 아이의 참여를 북돋아 주고 동기를 부여하고 응원해 주어야 하지만, 만일 아이가 옆에서 지켜보는 걸 더 좋아하면 그렇게 하게 한다. 그러나 아이가 옆에 앉아 있기로 했다고 체념하고 관심을 끊으면 안 된다. 대부분 아이들은 약간만 구슬리면 프로그램에 참여한다.

* **프로그램이 아이의 연령에 맞고 안전한지 확인한다** 아이의 연령별 능력별로 반이 나누어져 있어야 한다. 아무리 재능이 뛰어나고 조숙하다 하더라도 두세 살 아이를 대여섯 살 아이들이 모인 반에 보내서는 안 된다. 두 살 아이에게 다섯 살 아이처럼 수행하도록 재촉하면 아이가 지칠 뿐 아니라 부상을 입을 수도 있다. 연령이 높은 아이들에 맞는 도구들이 두세 살 아이들에게는 적합하지 않으며, 그런 도구를 이용할 경우 위험할 수 있다.

* **프로그램은 특정한 기술보다는 전인 교육에 중점을 두어야 한다** 여러 개의 학원에 등록한 경우, 프로그램 별로 다양한 자극을 받을 수 있어야 한다. 무용과 체육 학원에서는 신체 발달에 중점을 두고, 음아과 미술 학원에서는 창의력에 중점을 두며, 또 과학이나 독서 학원에서는 지적 능력에 중점을 둔다.

* **아이에게 '무리'가 된다면 학원을 중단한다** 아이의 일정이 너무 빡빡하고, 아이가 학원 프로그램을 소화하기 힘들거나 즐거워하지 않는 조짐이 보이면, 학원을 그만둘 때가 된 것이다.

— **밤중에 안방으로 건너와요**

Q "지난번 아이가 열이 나서 몇 차례 안방에 데리고 와 같이 잔 적이 있었어요. 그랬더니 요즘에는 매일 밤 안방에 들어와 침대 속을 파고든답니다. 그 바람에 우리는 잠도 설치고 부부만의 시간을 갖기도 힘들어요. 무엇보다 이런 방식이 습관으로 굳어질까 봐 걱정됩니다."

A 밤중에 부모 침대로 파고드는 건 고치기 힘든 나쁜 버릇이다. 주로 아이가 아플 때, 이가 나서 힘들 때, 어린이집에 다니느라 심리적으로 스트레스를 받을 때, 큰 변화를 경험할 때 이런 버릇이 시작된다. 아이가 안정감을 찾기 위해 밤에 깨서 부모의 침대 속에 파고들게 만드는 일련의 상황들은 차츰 줄어들지만, 그래도 아이의 행동은 변함없이 계속될 것이다. 이런 행동을 중단시키려면 다음과 같은 조치를 취해야 한다.

* **아이를 안정시킨다** 아이가 한밤중에 큰 소리로 울고 아이가 깨어 있다는 것이 확실하면, 아이에게 간다. 등을 문질러 주고 괜찮다고 안심시킨 다음, 엄마(또는 아빠)는 이제 안방에 가겠다고 말한다. 아이가 안방에 따라 들어오면 아이 방으로 다시 데려다준다. 이 방법은 단기적으로는 확실히 부모의 수면에 방해되는 건 맞지만, 밤중에 안방에 들어오는 행동을 근본적으로 차단시켜 마침내 숙면을 가능하게 한다. 엄마와 아빠가 하룻밤씩 교대로 아이를 돌보는 당번을 서면 수면 부족을 줄일 수 있다.

* **일관성을 유지한다** <u>월요일 밤은 아이를 아이 방에 돌려보냈는데, 화요일 밤에는 엄마 아빠와 같은 침대에서 자도 좋다고 허락한다면</u>

아이에게 일단 "졸라 보면 되는구나." 하고 알려 주는 셈이 된다. 아이는 "이번 딱 한 번뿐이야."라는 말을 이해하기에는 아직 어리다. 동요하지 말고 단호한 태도를 취한다. 부모가 동요하고 있다는 걸 아이가 조금이라도 눈치채면, "엄마 아빠 침대에서 잘 수 없다."는 최종 답변을 곧이들으려 하지 않는다.

* **인내하고 사랑을 보여 준다** 아무리 피곤하고 짜증이 나더라도 아이에게 화풀이를 하지 않도록 노력한다. 아이를 다정하게 방에 데려다주고 내쫓긴다는 기분이 들지 않게 한다. 아이가 부모 침대에 들어오는 것을 거절하는 것이지 아이를 거절하는 것이 아니다.

* **전등을 켜 준다** 이 시기 아이들은 대부분 캄캄한 걸 무서워한다. 야간등이나 조도가 낮은 전등을 켜서 아이를 재우면 아이를 안심시키는 데 도움이 될 것이다. 엄마와 아빠의 담요나 베개, 옷 등으로도 안정감을 줄 수 있다.

* **낮에 취침 놀이를 한다** 아이의 인형을 이용해 아이가 한밤중에 안방에 들어오는 상황을 주제로 가상 놀이를 한다. '아기'가 침대에서 일어나 부모의 방에 들어오려는 상황을 설정한다. 그런 다음 아이가 아기를 자기 방으로 돌려보내는 역할을 하게 한다.

* **죄책감을 느끼지 않는다** 아이가 스스로 잠이 들도록 도와주는 동안 부모는 죄책감에 잠을 이루지 못한다. 그러나 죄책감을 느낄 필요 없다. 지금 부모는 아이가 스스로 상황을 대처하고 자신을 달랠 수 있도록 방법을 가르치고 있는 것이다. 그리고 이런 기술은 아이가 어떤 상황에 처하든 자신감을 높이는 데 도움이 된다.

— 가족 침대

Q "우리 딸이 어리고 제가 모유 수유를 할 때는 가족 침대가 아주 쓸모 있는 것 같았어요. 아이 젖 물리느라 일어날 필요도 없고, 아이가 자다 깨면 달랠 수도 있으니까요. 하지만 이제 아이가 두 살 반이 되니 침대가 점점 좁아지는 것 같아요. 새로운 방법을 찾아봐야 할까요?"

A 가족 침대를 지지하는 사람이 많다. 아이를 따로 재우길 원치 않는 부모, 다 함께 잠을 자면서 가족의 단란함이 주는 즐거움을 중요하게 여기는 부모, 한밤중에 아이를 울게 내버려 둬야 하는 괴로움과 자다가 깨어 아이를 제 방에 돌려보내야 하는 번거로움을 피하고 싶은 부모들이 바로 가족 침대의 열렬한 지지자들이다. 그리고 가족은 무조건 한 공간에서 같이 잠을 자는 걸 원칙으로 하는 사회도 상당히 많다.

그렇지만 세 사람이 같이 자면 침대가 비좁다는 사실도 부인할 수 없다. 문제는 이뿐만이 아니다. 연구자들은 가족이 한 침대를 사용할 경우 잠재적으로 여러 가지 부정적인 부작용이 나타난다고 주장한다.

부모의 수면 부족 아이의 팔과 다리에 차이거나 찔리지 않으려고 몸을 피해야 하고 아이가 침대 위에서 굴러떨어지지 않게 신경을 써야 하기 때문에 대부분 부모들은 충분한 숙면을 하기 어렵다.

아이의 수면 문제 증가 부모의 바람대로 가족 침대를 이용하면 아이의 수면 문제가 해결되기는커녕 대체로 더 악화된다. 부모와 함께 잠을 자는 아이들은 혼자 자는 아이들보다 더 자주 깬다. 뿐만 아니라, 자기 침대에서 편안하게 자는 법이나 스스로 다시 잠이 드는 법을 배우지 못한다.

부부 관계 횟수 감소 가족 침대 때문에 수면만 손해 보는 것이 아니다. 부모의 사생활과 성생활에도 방해된다. 아이와 한방에 있으면서 연애 감정을 유지하기란 상당히 힘들고, 침대에 아이가 있으면 목적을 달성하기가 거의 불가능하다. 성생활만 위태로운 게 아니다. 은밀한 대화나 편안하게 꼭 끌어안는 등의 친밀한 행위도 방해를 받는다.

심각한 분리 불안 일부 연구자들은 가족 침대에서 자는 아이는 신체적으로나 정신적으로 부모와 떨어지는 상태를 힘들어하고 자신을 독립적인 개인으로 보기 힘들다고 주장한다. 또한 부모와 같이 잠을 자는 아이들 가운데 일부는 그렇지 않은 아이들보다 더 오랜 기간 분리 불안을 경험한다는 의혹을 제기한다. 연령이 높은 아이의 경우 또래 친구들이 "얘는 자기 침대도 없대!"라고 놀리면 자존감에 상처를 받을 수 있다.

낮 시간에 관심이 줄어든다 부모가 맞벌이를 하는 경우, 낮에 아이와 충분히 시간을 보내지 못한 걸 보상하는 수단으로 가족 침대를 이용하기도 한다. 그러나 이렇게 밤에 한 침대에 있다는 이유로 아이에게 미안한 마음을 덜게 되면서, 낮에는 함께할 시간을 마련하기 위해 그다지 애를 쓰지 않을 수도 있는데, 이렇게 되면 부모도 아이도 모두 손해다(아이를 위해 시간을 마련하기 위한 바람직한 방법은 824쪽 박스 참조).

아이 침대로 보내기 어렵다 연령이 높은 아이와 함께 자는 건 문화적으로 적절하지 않기 때문에, 가족 침대를 사용하는 부모들은 때가 되면 아이에게 자기 방에서 자야 한다고 알려 주어야 한다. 그러나 아이가 연령이 높아질수록 습관도 점점 굳어져 아이 방으로 옮기기가 더 어려워진다.

지금이 아이가 자기 방으로 옮길 시기라고 생각한다면 아이 침대로 옮기기 위해 권장하는 몇 가지 단계들을 이용한다(356쪽 참조). 먼저 대대적인 축하 속에서 아이의 침대를 들인다. 그런 다음 아이가 새로운 장소에서 아늑하게 잠이 들 수 있도록 취침 전 일과를 시작한다. 아이가 가족 침대를 연상하지 않도록 현재 이용하는 취침 전 일과를 약간 바꾼다. 부모가 아이 방을 나올 때 아이가 울면 잠이 들 때까지 침대 곁에 잠시 앉거나 선다. 며칠 후에는 아이가 깊이 잠들기 전에 방을 나오고, 며칠이 더 지나면 아이가 막 졸음을 느낄 때 방을 나온다. 이런 식으로 하다가 나중에는 아이가 깨어 있는 동안 방을 나온다. 아이가 울면 간격을 두고 아이를 달랜다(75쪽 참조). 아이가 밤중에 깨서 부모의 침대에 파고들려 하면, 앞의 질문 내용에 소개한 대처 방법을 시도한다.

가족 침대에서 온 가족이 함께 잠을 자던 단란함이 그립다면, 부모의 일정에 따라 매일 이른 아침에 부모의 침대에 들어오게 해 꼭 안아 주거나 주말에 같이 잠을 잔다.

어려운 과제로 인한 좌절감

Q "우리 아들은 그림을 그리거나 블록을 쌓을 때 원하는 대로 결과가 나오지 않으면 너무 속상해

하면서 엉엉 웁니다. 아이가 좌절감을 경험하지 않도록 보호할 방법이 없을까요?"

A 능력보다 욕심이 크면 어쩔 수 없이 일상생활에서 좌절감을 겪게 된다. 그리고 때로는 좌절감 때문에 아이와 부모가 둘 다 속이 상할 수 있지만, 어느 정도의 좌절감은 사실상 성취와 발전에 박차를 가하기 위해 필요한 부분이기도 하다.

그러므로 아이가 좌절감을 경험하지 않도록 보호하고 싶은 건 부모로서 당연한 심정이지만, 성공에 자극이 되는 이런 감정을 완전히 제거할 수도 없고 제거한다 하더라도 좌절감으로 가득한 세상을 살아가는 데 적절한 토대를 마련하지 못하게 된다. 아이는 어느 정도 좌절감을 경험해 봐야 대처법도 알게 되고, 건설적인 방법으로 이용할 줄 알게 된다.

그러나 이제 겨우 두 살 반 된 아이가 아직 좌절감에 대처할 강력한 기술도 마련되지 않은 상황에서 지나친 좌절감을 경험하면 발달이 저해될 수 있고, 이런 난관들로 인해 무언가를 시도해 보기도 전에 스트레스를 심하게 받게 될 것이다. 뿐만 아니라 분노발작을 유발할 수도 있다. 아이의 일상생활에서 좌절감을 최소화하기 위해 아래 내용을 참고하자.

아이에게 맞는 장난감을 선택한다 아무리 똑똑한 아이라도 장난감이 아이의 연령과 몸집에 맞지 않으면 크게 좌절할 수 있다. 아이에게 도전 의식을 북돋아 주되 아이가 어느 정도 감당할 수 있는 장난감을 선택한다.

할 수 있는 환경을 조성한다 현재 아이가 처한 환경을 효과적으로 조절하면 지나친 좌절감을 최소화할 수 있다. 예를 들어, 세면대에서 손 씻기 쉽게 계단식 받침을 마련해 주거나, 혼자서 머리를 빗을 수 있도록 아이가 쥘 수 있는 머리빗을 주거나, 혼자서 신발을 신고 벗을 수 있도록 벨크로로 접착하는 운동화를 신게 한다.

기술을 가르친다 일상적인 과제에 대처할 수 있는 기술이 있다면 세상을 살면서 좌절감을 훨씬 덜 느낄 것이다. 아이의 경우 장난감을 집어서 정리하는 방법(461쪽 참조), 미술 도구를 이용하는 방법, 조립식 장난감을 조립하는 방법, 옷 입는 방법 등을 알면 좌절감을 훨씬 덜 느낄 것이다. 어른이 대신 하기보다 아이 스스로 할 수 있도록 항상 인내심을 갖고 방법을 가르쳐 주면, 독립심과 자립심이라는 중요한 가치관의 본보기가 될 것이다.

아이의 좌절감을 존중한다 블록이 자꾸만 쓰러져서 아이가 좌절감을 느낀다면, "이대로도 괜찮아."라며 등을 두드리면서 위로하지 않는다. 이미 아이에게는 괜찮지 않은데 아이의 평가를 뒤집으면 아이의 판단력을 모욕하는 셈이 된다. 아이의 노력을 칭찬하고 좌절감을 인정한다. "이 집을 지으려고 정말 열심히 노력했는데 이렇게 자꾸만 쓰러지다니. 정말 화나겠구나."

좌절감을 부채질하지 않는다 끊임없이 비판을 하고 기대를 너무 크게 가지면(501쪽 참조) 좌절감만 커진다. 아이는 자신의 기대를 충족시키지 못하면 무척 괴로워할 것이다. 부모의 기대에 부응해야 한다는 생각을 갖게 해서도 안 된다.

현명하게 돕는다 아이가 스스로 문제를 해결하길 원하면 개입하지 않는다. 언제나 아이를 대신해 문제를 해결해 주면 아이는 스스로 시도해 보기도 전에 도움을 요청할 것이다. 그러나 아이가 좌절감을 느끼고 도움이 필요해 보일 때나 실제로 도움을 청하면, 부모가 대신 문제를 해결하지 말고 도와주는 정도만 한다. "잘 보렴, 블록은 이렇게 쌓는 거야.", "어떻게 해야 블록이 쓰러지지 않을지 한 번 생각해 보자. 작은 블록들을 큰 블록 위에 쌓으면 더 나을 것 같지 않니?". 퍼즐 조각을 바른 각도로 돌려서 아이 손에 쥐어 주어 아이가 제대로 맞출 수 있게 한다. 병뚜껑을 약간 열어 놓아 아이가 혼자 힘으로 열면서 만족감을 느끼게 한다. 대체로 마무리는 부모가 하더라도, 아이가 자신의 작업에 자부심을 느낄 수 있을 만큼 혼자서 충분히 작업하게 해야 한다.

아이가 지속적으로 시도하길 원하면 아이를 지지한다 용기와 칭찬을 듬뿍 제공한다. "포기하지 않고 이렇게 열심히 노력하다니, 정말 대단하구나. 넌 정말 성실한 노력가야."

그러나 아이가 멈추고 싶어 하면 그만두게 한다 다시 시도하도록 압박을 주지 않는다. "다시 한 번 해보렴. 이번에는 더 잘할 수 있을 것 같은데." 포기는 과도한 좌절감을 해결하는 더할 나위 없이 괜찮은 방법이며, 특히 두 살 아이에게는 더욱 반가운 방법이다. 그리고 중단할 때를 아는 것은 연령을 불문하고 중요한 기술이다. 그러므로 아이가 계속 시도하지 않기로 결정하면 아이를 말리지 않는다. "지금까지 열심히 노력해서 정말 대견하다, 그렇지만 노력을 중단해도 괜찮다."고 말한다. 그러나 다음에 다시 시도할 수 있도록 항상 문을 열어 놓는다. "다음에 다시 같이해 보면 되지, 뭐." 아이가 과제를 포기하는 데 대해 위로 받고 싶어 할 때는 최대한 위로해 주고 안심시킨다.

폭풍우가 다가오는 신호에 주의한다 간혹 좌절감이 너무 심하면 분노발작으로 이어질 수 있는데, 이렇게 되기 전에 개입한다. 아이를 어느 정도 도와주거나, 좌절감을 유발하는 활동에서 덜 어려운 활동이나 다소 수동적이고 긴장을 이완시키는 책을 읽거나 음원을 듣는 활동으로 전환한다.

── 시도하길 두려워해요

Q "우리 딸은 제 스스로 그림을 그리거나 퍼즐을 맞추거나 양말을 신으면 마음에 들어 하지 않아서 꼭 저한테 대신 해 달라고 조릅니다. 다른 일들도 전부 그런 식이에요. 이러다 아이가 뭐든지 스스로 하는 방법을 익히지 못할까 봐 걱정됩니다."

A 생각은 많아지는데 작은 손으로는 생각대로 일을 수행할 수 없으니 좌절감이 커질 수밖에 없다. 이럴 때 자신의 한계를 인정하고 다른 일을 찾아보면서 극복하는 아이가 있는가 하면, 분노 표출이나 징징대는 형식으로 표현하면서 극복하는 아이도 있고, 더 잘할 거라고 생각하는 사람에게 크레파스나 삽, 양말을 맡기는 아이도 있다.

좌절감을 완화하기 위해 다른 사람에게 과제를 맡기는 아이들은 대개 장차 완벽주의자가 될 가능성이 높다. 이런 아이들은 예민한 미적 감각을 통해 어른들이 더 좋은 결과를 만들어 준다는 걸 알기 때문에, 자기 힘으로 무언가를 시도하기보다 어른들에게 맡기는 것이 합리적이라고 생각하는 것이다. 이런 완벽주의는 어느 정도는 아이의 천성에 기인하기도 하지만 일정 부분은 아이의 능력보다 많은 것을 기대하는 부모의 압력에 기인하기도 한다. 그러므로 아이를 지나치게 강요하거나 비현실적인 기준을 적용해서는 안 된다(92쪽 참조). 아이가 감당할 수 없는 장난감을 사 주거나 활동을 제안하지 않는다. 그리고 특정한 수준을 수행하지 못하거나 성취하지 못했다고 아이를 비난해서도 안 된다. 아이든 성인이든 끊임없이 질책을 받으면 자존감이 낮아지고, 마음에 상처를 입으며, 무언가를 시도할 때마다 두려움이 생길 수 있다.

부모가 무심코 한 행동으로 아이가 평생 시도를 두려워하게 되는 일은 거의 없으며, 마침내 앉아서 구경만 하는 역할에 싫증을 느끼게 된다. 그리고 보다 자신감이 생기면 차츰 자기 힘으로 해내려 할 것이다. 그때까지는 아이의 참여를 장려하는 것이 좋다.

아이의 의견을 구한다 아이가 해변의 풍경을 그려 달라고 하면, 부모는 아이에게 어떤 풍경인지 설명하라고 한다. 아이의 상상력이 바닥나면 상상력을 불러일으키도록 도와준다. "여기에 어린 소녀가 있으면 어떨까? 소녀가 지금 뭘 하고 있으면 좋을까?" 이외에도 다음에 어떤 퍼즐 조각을 끼우는 게 좋을지 물어보고, 아이의 양말을 끝까지 올릴지 반으로 접을지 의견을 묻는다.

가르쳐 준다 방법을 모르기 때문에 시도를 주저하는 것일 수 있다. 강요하지 말고 크레파스를 쥐는 방법, 양말을 벌려 발가락을 넣는 방법, 색깔과 모양에 맞추어 퍼즐 조각을 맞추는 방법을 알려 준다.

아이에게 도움을 청한다 해님이나 바닷가의 파도를 어떤 색깔로 칠할지, 마지막 퍼즐 조각을 어떻게 끼울지 물어보고, 양말을 마저 끝까지 올려 달라고 부탁한다. <u>아이가 싫어하면 강요하지 않는다. 그러나 아이가 만족감과 성취감을 느낄 수 있도록 작은 부분부터 시도할 수 있게 지속적으로 가능성을 열어 놓는다.</u>

또한 평소에 아이가 완벽하게 할 수 있는 간단한 일로 부모를 '도울' 기회를 충분히 제공해야 한다. 바닥에 떨어진 책을 제자리에 꽂아 달라고 부탁하고, 쇼핑백에서 캔을 꺼내어 찬장 아래 칸에 넣어 달라고 부탁한다. 세탁기에 빨래 넣는 걸 도와 달라거나, 빨래 건조대에서 빨래를 걷으라거나, 유모차를 꺼낼 때 문을 열어 달라거나, 짐이 많을 때 작은 물건을 들어 달라고 부탁한다. 부모를 돕다 보면 자신감을 얻게 되고, 그러다 보면 혼자 힘으로 어려운 일을 해내게 된다.

큰 기여뿐 아니라 작은 기여도 칭찬한다 부모가 그린 그림에 아이가 파란색으로 하늘을 칠하거나, 혼자서 마지막 퍼즐 조각을 맞추거나, 지레 포기하고 부모에게 맡기기 전에 어떻게든 혼자 힘으로 양말을 신어 보려고 양말에 발가락을 넣을 때 아이의 노력에 대해 칭찬한다. 아이가 컵에 주스를 따라 싱크대에서 식탁으로 가지고 오다가 발을 헛디뎌 주스를 쏟으면, "안 흘리고 올 수 없니?"라며 꾸짖기보다 "훌륭해, 거의 식탁까지 잘 가지고 왔구나."라고 칭찬한다. <u>아이의 노력을 인정하면 다음에 더 열심히 하도록 의욕을 북돋는</u>

한편 자아도 고양시킬 수 있다.

신뢰한다 그림을 완성하든 장난감을 정리하든 부모가 거의 다하고 전부 아이 혼자 힘으로 했다고 말하는 건 정직하지 못할 뿐더러 사실상 아이도 이것이 속임수라는 걸 훤히 알고 있다. 그러므로 부모와 아이가 함께한 작업이 아주 잘됐다고 말한다.

─ 지나친 독립심

Q "우리 아들은 뭐든지 혼자 하려고 해요. 그 바람에 뭘 하려면 늘 시간을 너무 많이 낭비해 저도 아이도 짜증이 나요."

A 아이는 시간을 낭비하는 게 아니다. 아이는 시간을 유용하게 사용하고 있는 것이다. 아이의 확고한 노력이 지금은 쓸모없게 보일지 몰라도, 연습을 통해 결국 완벽하게 해낼 것이다.

옷을 입히거나, 음식을 잘라 주거나, 손을 씻길 때, 아이가 "내가 할 거야."라며 부모의 도움을 단호하게 거절한다면 아이의 욕구에 주의를 기울인다. 아이가 노력하는 데 걸리는 시간을 참작해 여유를 두고 일정을 계획하고, 아이의 독립심으로 인해 일정에 지장이 생기지 않게 한다. 아이가 연습하고 또 연습하는 동안 부모는 참고 또 참아야 한다. 아이가 혼자서 옷을 입겠다고 고집하면 옷 입는 시간을 5분이 아닌 15분으로 넉넉히 설정하고, 아이가 부모의 도움 없이 혼자서 아침을 먹겠다고 하면 식사 시간을 15분이 아닌 30분으로 늘린다. 이렇게 하면 시간에 대한 부모의 부담도 줄고, 아이도 편안하게 목표 달성을 할 수 있다.

아이가 어떤 일을 혼자 하겠다고 고집하면 그 일을 하는 방법에 대해 약간 조언을 해 주는 것도 도움이 된다. "그 재킷 입기 좀 힘든데. 어떻게 입는지 한번 볼래?" 그러나 시범을 보여 주는 걸 아이가 거부한다면 그냥 가볍게 말로 설명한다. "가끔 신발 신기 힘들 때는 신발 끈을 약간 느슨하게 하는 게 좋더라."(옷을 입히는 요령은 547쪽 참조)

뭐든 혼자 하는 걸 좋아하는 아이는 부모가 도와주면 거의 모든 일을 빠르고 완벽하게 익히기 때문에 부모가 손이 갈 일이 확실히 줄어든다. 뿐만 아니라 스스로 일을 해내면 자존감이 향상되어 삶이 더 즐거워질 것이다.

─ 말을 더듬어요

Q "우리 아이가 말을 더듬는 것 같아요. 걱정할 일일까요?"

A 걱정할 일이 아니라 인내해야 할 일이다. 이 시기 아이들이 말을 더듬는 현상은 흔히 볼 수 있으며, 대개 머리로 생각하는 것만큼 어휘력이 따르지 않기 때문이다. 아이 네 명 가운데 약 한 명이 소리나, 음절, 단어를 반복한다. 이처럼 '어눌하게' 말하는 현상은 정상이며 며칠이나 몇 달 동안 지속되거나, 나타났다 사라지기를 반복하기도 한다. 주로 아이가 피곤하거나, 당황하거나, 흥분하거나, 말을 하거나 질문에 답하도록 강요를 받을 때 말을 더듬는다. 아이에게 말할 때 편안한 말투로 천천히 말하고, 아이가 말할 때 최대한 주의를 기울이며, 아이의 말을 중간에 끊지 말고, 아무런 내색을 하지 말고 말을 더듬는 현상을 인정한다. 아이가 좌절감을 느끼지 않도록

천천히 말하라거나, 처음부터 다시 말하라거나, 말하기 전에 심호흡을 하라고 요구하지 말고, 아이가 하는 말을 이해하기 위해 최대한 노력한다. 아이가 자주 말을 더듬거나, 장기간 여러 차례 말을 더듬거나, 말을 할 때마다 신체적으로 긴장하는 모습을 보이거나, 말을 더듬는 문제로 인해 불편해하거나 말하기를 주저한다면 언어치료를 받아야 할지 의사와 상의한다.

—— 발기에 관심을 보여요

Q "지난번 우리 아들이 자기 페니스를 가지고 놀더니 왜 페니스를 만지면 자꾸 커지냐고 물어보지 뭐예요. 뭐라고 말해야 할지 몰라 당황했어요."

A 아이들은 탐구심이 왕성하고 주변에 있는 모든 것들의 실체 및 작용 방식과 원리에 크게 마음을 빼앗긴다. 따라서 아이가 바로 가까이에 있는 소중한 것에 호기심을 보이는 건 아주 당연하다.

페니스에 대한 질문을 비롯해 어떤 질문에 대해서든 솔직하게 대답해 주어야 한다. 그러나 솔직한 대답이라고 해서 반드시 의학적으로나 성적으로 완벽하게 대답할 필요는 없다. 그런다고 해서 전혀 이해도 못할뿐더러 오히려 겁을 먹을 수 있다.

이러한 질문에 대해서는 <u>페니스를 만지면 간혹 점점 커지기도 한다고 간단하게 사실대로만 말해도 충분하다. 페니스는 은밀한 부위라 혼자 있을 때만 만지는 것이 가장 좋고, 엄마 아빠가 씻겨 줄 때와 의사가 진료할 때 외에는 아무도 만지게 해서는 안 된다고 덧붙여도 좋다</u>(274쪽 참조).

—— 아침에 꾸물거려요

Q "아이를 시간 맞춰 어린이집에 보내려면 아침마다 한바탕 전쟁을 치러야 해요. 아이가 꾸물거리는 바람에 우리까지 직장에 지각을 하니 정말 미치겠습니다."

A 아이는 부모를 지각하거나 미치게 만들려고 그러는 게 아니다. 사실 아이는 전혀 꾸물대는 것이 아니다. 아이는 그저 아이의 속도대로 움직이고 있지만, 아침에 빛의 속도로 외출 준비를 마치는 맞벌이 부모에게는 이 속도가 매우 느리게 느껴지는 것이다.

아이를 부모의 속도대로 움직이게 한다는 건 현실적이지도 않고 정당하지도 않다. 몇 가지 이유를 들어 보자.

* **미숙함** 통통하고 경험이 많지 않은 손가락은 노련한 어른의 손가락보다 느리게 움직이기 때문에, 잠옷에서 평상복으로 갈아입는 데만도 꽤 오랜 시간이 걸린다.
* **산만함** 침대에서 나와 옷을 갈아입는 사이에도 어젯밤 쌓은 블록에서부터 달래 줘야 할 곰돌이 인형에, 완성하지 않고는 지나칠 수 없는 퍼즐까지, 당장 아이의 흥미를 잡아끄는 일들이 최소한 열두 개는 될 것이다. 주의 집중 시간은 짧은데 주변에 아이를 유혹하는 것들은 지천으로 널린 상황에서, "당장 옷 입지 못하니!"라는 부모의 지시가 제대로 들릴 리 없다.
* **시간 관념 부족** 부모는 아이를 얼른 어린이집에 데려다준 다음 제시간에 회사에 도착할 수 있도록 아이가 빨리빨리 서둘러 주길 바란다. 그러나 아이는 지각하면 어떻게

하나, 차가 막히면 어떻게 하나, 예약 시간을 놓치면 어떻게 하나 하는 부모의 걱정들에 관심이 없다. 이 시기 아이들은 대개 지금 이 순간을 살고 있어서 '나중' 일은 우선 사항이 아니다.

이상은 아이가 오래도록 굼뜬 행동을 하는 이유에 대한 설명으로 부모의 문제에 대한 해결책은 아니다. 문제를 해결하려면 거북이 같은 아이의 속도에 맞추어야 한다.

부모가 먼저 준비한다 일찍 일어나서 부모가 할 일부터 먼저 준비하면(샤워, 옷 입기, 아침 준비, 도시락 싸기) 시간에 쫓기지 않고 아이를 준비시키는 데 더 많은 시간을 할애할 수 있다.

시간 여유를 두고 아이를 준비시킨다 아이가 침대에서 나와 옷을 갈아입고, 아침을 먹고, 머리 손질을 하고, 이를 닦은 다음 8시 15분쯤 외출 준비를 마치길 바란다면, 적어도 한 시간 전에 아이를 깨워야 한다. 아이가 함께 준비하는 시간이 많을수록 시간에 맞춰 준비를 마칠 가능성이 높고, 따라서 아이에게 서두르라고 재촉하는 스트레스도 줄어든다. 부모가 재촉할수록 아이는 더 꾸물거린다는 걸 기억하자.

전날 밤 미리 준비한다 <u>전날 밤 잠자리에 들기 전에 웬만한 준비를 모두 해 놓으면 아침을 좀 더 여유롭게 보낼 수 있다.</u> 부모의 옷과 아이의 옷을 미리 골라 놓고, 눈에 띄는 곳에 옷을 펼쳐 놓는다. 저녁 뉴스에서 날씨 예보에 귀를 기울이고 적당한 겉옷을 현관문 앞에 걸어 둔다. 아이가 아침에 어린이집에 갈 때 장난감을 가지고 가려고 하면 미리 장난감을 골라 놓고 역시 현관문 앞에 준비해 둔다. 아침에 어떤 음식을 먹을지 아이와 의논하고, 가능한 한 많은 부분을 미리 준비한다. 예를 들면, 시리얼과 건포도를 미리 꺼내 놓으면 다음날 아침 우유만 부으면 된다. 아침 식탁을 차리고 나면 아이의 도시락을 준비한다. 아침 시간에는 비교적 덜 중요한 집안일, 메일 검색, 빨래 정리 등은 피한다.

장난감을 치운다 아이가 어린이집에 갈 준비를 순조롭게 마치게 하려면, 장난감이 보이지 않는 안방이나 욕실에서 옷을 갈아입힌다. 또는 아이가 잠이 미처 덜 깬 상태여서, 놀이에 주의를 돌리지 않고 놀겠다고 고집을 부리지 않을 때 얼른 옷을 갈아입힌다. 어떤 방법을 이용하든 아이가 놀이나 과제에 몰입해 있는 동안에는 옷을 갈아입히지 않는 게 좋다. 이럴 때 옷을 갈아입히려고 하면 아이는 당연히 화를 내게 되고, 따라서 협조하려 들지 않을 것이다.

아침을 음악으로 시작한다 어린이집에 갈 준비를 연상시키는 음악을 선택해 아침에 틀어 준다. 경쾌하고 활기찬 음악은 행동을 민첩하게 하는 데 도움이 된다.

다정하게 대할 시간을 갖는다 "어서 일어나렴. 안 그러면 어린이집에 늦는다."라는 말로 아이를 깨우기보다 아이를 꼭 안아 깨운다. 정신없이 아침을 준비하기 전에 가만히 아이를 안아 주고 책 한 권을 읽어 주는 등 바쁜 가운데에도 잠시 시간을 내 아이에게 사랑과 관심을 쏟는다. 이 방법은 부모와 아이 모두 긴장을 이완시킬 뿐 아니라 아이를 보다 협조적으로 만드는 데도 도움이 된다.

타이머를 설정한다 놀이를 통해 준비를 마친다. 옷 입기, 세수하기 같은 일을 할 때 타이머를 설정하고 아이가 이 방에서 저 방으로 이동할 때 타이머를 가지고 가 시계가 똑딱거리는 소리를 듣거나 모래가 아래로 내려가는 모양을 보는 데 재미를 느끼게 한다. 각각의 일을 수행할 때 시간을 넉넉히 주어, 타이머의 벨이 울리기 전에 아이가 여유롭게 일을 마치게 해야 한다. 아이가 숫자를 볼 줄 알면 디지털 시계를 이용해 "끝에 두 숫자가 2와 5가 될 때까지 옷을 다 입어야 한다."고 말하거나, 아날로그 시계를 보여 주어 "긴 바늘이 5에 갈 때까지 옷을 다 입어야 한다."고 알려 준다. 단, 식사는 여유롭게 할 수 있게 타이머를 적용하지 않는다.

아이가 가지고 놀던 것을 챙겨서 집을 나선다
장난감을 가지고 놀거나 책을 읽느라 준비가 더뎌지면 어린이집에 갈 때 가지고 가자고 제안한다.

적절한 기대를 설정한다 아이가 미적거리기를 당장 중단할 거라 기대한다거나, 언제나 시간 맞춰 외출 준비를 마칠 거라 기대해서는 안 된다. 아이에게 꾸물거린다고 잔소리를 하기보다 아이가 제시간에 준비를 마치면 칭찬하고 격려한다.

일찍 일어나지 않아도 되는 주말과 휴일에는 실컷 빈둥거리게 놔둔다. 누구나 일을 제대로 수행하려면 어느 정도 느긋하게 쉬는 시간이 필요한데, 아이들도 마찬가지다.

어슬렁어슬렁 걸어요

Q "아이가 어찌나 천천히 걷는지, 집에서 슈퍼마켓까지 세 블록 거리를 하루 내내 걸려서 간답니다. 빨리 서두르라고 말했지만 제 말은 귓등으로도 안 듣는 것 같아요."

A 부모에게는 보도가 한 장소에서 다른 장소로 향하는 길일 뿐이지만, 아이에게 보도는 한 가지 발견에서 다른 발견으로 이어주는 신세계다. 탐색하고 살펴보고 주워 올 것들이 너무나 많기 때문에, 거리를 걸을 때는 하루가 걸려도 모자랄 지경이다.

하지만 문제는 아이가 길거리의 돌멩이를 분석하는 동안 부모는 늦는다는 사실이다. 유모차나 자동차에 태우지 않는 한 아이를 데리고 가면서 서둘러 이동하기는 힘들다. 그러나 아래 요령을 참고하면 아이와 함께 걷는 길이 조금 덜 고생스러울 것이다.

* **가능하면 여유 시간을 갖는다** 어른이 보통 5분이면 걸어갈 수 있는 거리라면, 아이와 함께 가는 경우 최소한 20분 정도 여유를 둔다. 그리고 아이가 여유 시간을 실컷 즐기게 한다. 수시로 "서둘러라!"라고 말해 이 즐거운 시간을 방해하지 않는다.

* **느긋해지는 법을 배운다** 부모가 성취욕이 강하며 조급한 성격이라서 느긋한 속도에 짜증이 난다면, 걷는 동안 긴장을 이완하는 기술을 시도해 본다. 가령, 여러 차례 심호흡을 하고, 심호흡을 할 때마다 "나는 느긋하다, 느긋하다."라고 속으로 반복한다.

* **재미있는 방법으로 걷는 속도를 높인다**
  모퉁이까지 누가 빨리 가나 시합을 하거나,

한 발이나 두 발로 깡충깡충 뛰거나 높이뛰기 시합을 하거나, '금 밟지 말고 걷기' 시합을 한다. 아이의 흥미를 끄는 꽃이 만발한 사과나무, 앞쪽에 주차된 빨간 자동차, 바삐 움직이는 굴착기 등에 주의를 돌려 아이가 앞으로 이동하게 한다.

* 다음에 아이가 꾸물거리며 걷는 바람에 짜증이 난다면, 아이들에게는 시간이 빨리 지나가지 않는다는 사실을 명심하자 아이들은 과거나 미래에 대해 아주 원시적인 개념만 있을 뿐 오로지 현재에 살고 있기 때문에 왜 서둘러야 하는지 전혀 이해하지 못한다.

* 부모도 때로는 아이를 기다리게 한다는 사실을 기억하자 "이 가계부 다 쓰면 우유 줄게.", "빨래 다하면 같이 놀자." 그러면 아이가 부모를 기다리게 하더라도 너그럽게 이해할 수 있다.

── 놀이터에서 데리고 나오기가 너무 힘들어요

Q "우리 딸은 집에 갈 시간이 됐는데도 도무지 놀이터에서 나오려고 하지 않아요. 아무리 설득을 해도 말을 듣지 않아 결국에는 있는 대로 화를 내면서 억지로 끌고 나와야 한답니다. 이런 일이 반복되다 보니 이젠 아무 데도 데려가고 싶지 않아요."

A 모래 놀이터에 자리를 잡고 앉아 한 손으로는 삽으로 모래를 가득 담고 다른 손으로는 모래성을 다지면서 신나게 놀고 있는데, 부모가 옆에서 "이제 가자."라고 말을 하면 정말이지 맥이 빠질 것이다. "이제 집에 갈 준비하렴."이라는 말이 조금 더 현명하게 들리긴 하지만 썩 기대할 만한 효과는 없으며, 어차피 아이에게 "싫어!"라는 대답을 듣기는 마찬가지다.

두 살 아이를 모래 놀이터 밖으로 유인하거나, 그네를 멈추게 하거나, 정글짐에서 내려오게 하려면, 무엇보다 부모가 차분하고 침착해야 하며 꾀가 아주 많아야 한다.

부모도 모래 놀이터에 같이 들어간다 아이 혼자만 자리를 뜨는 게 아니라면 설득하기가 좀 더 수월하다. 그러므로 출발하기 약 10분 전쯤에 아이의 행동을 살펴봐서 아이를 도와주거나 아이의 건축 기술을 응원하는 등의 명목으로 슬금슬금 아이 옆에 다가간다. 또는 아이가 정글짐에서 그만 놀고 그네를 타려 할 때, 엄마를 위해 재주넘기를 보여 달라고 부탁한다. 물론 그 모습을 보고 칭찬하는 걸 잊으면 안 된다. "와, 재주넘기 정말 잘한다. 얼른 집에 가서 아빠한테 보여 주자."라고 말하면 "얼른 정글짐에서 내려와라. 이제 집에 가야지!"라고 말하는 것보다 훨씬 순조롭게 놀이터를 빠져나올 수 있다.

충분히 예고한다 집에 가자면서 불쑥 아이를 끌고 나오기보다 충분히 예고를 하는 것이 좋다. 이렇게 하면 아이가 놀이를 그만둘 때가 됐다는 사실에 적응하기 시작하고, 마지막으로 한 번 더 미끄럼틀을 탄다거나, 마지막으로 얼른 정글짐에 올라갔다 온다거나, 모래로 만든 작품을 마무리하면서 서서히 떠날 준비를 한다. <u>10분 후에 집에 가자고 예고한 다음 5분 후에 5분이 지났다고 알려 준다. 가능하면 하던 일을 마저 하게 해, 한창 신나게 하던 일을 중단시키지 않는다.</u> 한편 새로운 일을 시작할 수는 없다고 분명하게 말한다. 아이가 '한 번 더'나 '두 번 더'라는 개념을 이해한다면 아이와 협상한다. "미끄럼 두 번만 더 타고 가자.", "정글짐 딱 한 번만 더 올라갔다 와." 그러나 '두 번 더'가 '열 번 더'로 늘어나면 안 된다. 이런 식의 타협은 효과가 없다.

아이가 흥미를 가질 만한 일로 유인한다 "집에 가는 길에 예쁜 나뭇잎 찾아보자.", "집에 가서 새로 산 블록 가지고 놀면 되겠다.", "지금 집에 가면 머핀 구워 줄게." 등의 말로 아이를 설득하면 놀이터에서 데리고 나오기가 조금 덜 힘들다. 그러나 매번 선심을 쓰는 행동을 하지 않도록 주의한다. "지금 집에 가면 가는 길에 아이스크림 사 줄게." 이 방법을 이용하면 집에 가자고 할 때마다 아이는 대가를 기대하고 요구하게 된다.

간식을 준다 어린아이들은 놀이에 몰두할 때는 배가 고픈지 모르다가 놀이를 마칠 때쯤 되면 엄청나게 배고파한다. 그리고 배고픔은 피곤함과 합쳐서 분노발작을 일으키기 쉽다. 영양이 풍부한 간식을 주되, 집에 가서 식사를 할 계획이라면 너무 많이 주지 않는다.

장난감으로 유인한다 아이가 좋아하는 장난감을 가방에 몰래 넣어 간다. 놀이터에서 나올 시간이 되면 '짠' 하고 장난감을 내민다. 손에 장난감을 쥐고 있으면 아이를 데리고 나오기가 한결 쉽다.

이동 수단을 준비한다 놀이터에 갈 때 걸어갔다고 집에 돌아올 때도 걸어올 수 있을 거라고 생각하면 안 된다. 집에 올 때쯤 되면 아이는 당연히 피곤해져서 걸을 기운이 남아 있지 않다. 그러므로 만약을 대비해 유모차를 가지고 가거나, 거리가 좀 멀다면 교통 요금을 준비한다.

아이가 기꺼이 놀이터에서 나오도록 설득할 수 없다면, 물리적으로 데리고 나오지 말고 아이의 마음에 공감하면서 살살 구슬린다. "계속 놀고 싶은 거 엄마도 이해해. 하지만 지금은 집에 가야 해. 내일 다시 오자." 어쨌든 부모는 부모고, 여전히 부모가 대장이니까.

— 너무 천천히 먹어요

Q "우리 아들은 밥을 너무 천천히 먹어요. 식구들이 다 먹고 한참 지난 후에도 계속 먹고 있어요. 먹는 속도를 높일 수 없을까요?"

A 뭐든지 천천히 꾸준히 하는 사람이 경주에서 이기지만, 식사 시간에 아이가 그러면 부모가 미쳐 버릴지 모른다. 하지만 느긋하게 먹는 걸 좋아하는 아이를 상대로 할 수 있는 일은 거의 없다. 아이가 배불리 먹을 수 있도록 필요한 시간을 주는 것이 중요하다. 재촉하거나 잔소리를 하거나 위협하거나 압력을 가하면, 오히려 아이를 더 꾸물거리게 만들 뿐 아니라 건강한 식사 태도를 기르는 데 방해가 된다. 그러므로 아이가 느긋하게 식사할 수 있도록 시간을 넉넉히 준다. 아이가 그만 먹겠다고 할 때까지 계속 천천히 먹게 한다. 물론 장난감이나 형제, 텔레비전 등 집중을 방해하는 다른 요소들 때문에 먹는 속도가 느려져서는 안 된다. 이 경우 집중을 방해하는 요소를 제거한다.

— 아이가 원하는 음식을 주어야 할까요

Q "시어머니는 아이가 아무거나 잘 먹게 하려면 선택의 여지를 주면 안 된다고 주장하세요. 아이가

안 먹겠다고 하면 굶기라는 거지요. 하지만 저는 결국에는 아이가 원하는 음식을 만들어 주거든요. 누가 옳은 걸까요?"

A 시어머니가 양육의 임무를 맡던 시절이라고 아이들이 지금보다 덜 까다로운 건 아니었다. 다만, 그 당시에는 아이들의 별난 요구를 일일이 맞추면 아이를 버릇없게 키운다고들 생각했다. 집안 어른들과 함께 둘러앉은 식탁에서는 철저하게 예절을 지켜야 했으며, 밥과 반찬을 깨작거리고는 샌드위치를 달라고 떼를 쓰면 부모에게 반항한다고 여겨졌다. 따라서 지금 부모가 된 세대들은 어렸을 때는 무조건 식탁에 놓인 음식을 먹어야 했고, 음식을 안 먹으면 디저트도 먹지 못했다.

하지만 세월이 흘러 많은 것이 변했다. 요즘 식생활 관련 전문가들은 아이를 식탁에 앉힐 수는 있어도 어느 정도 전쟁을 치르지 않으면 앞에 놓인 음식을 억지로 먹이기 힘들 거라는 데 동의한다. 그리고 연구 결과에 따르면 음식을 둘러싼 험악한 전쟁은 대개 평생 지속될 상처, 즉 식이 장애, 비정상적인 식습관, 체중 관리 등 형태로 남는다고 한다. 음식을 먹는 일은 스트레스가 없는 즐거운 경험이어야 하고, 음식의 종류는 어른의 분별력뿐 아니라 상당 부분 아이 자신의 배고픔, 식욕, 취향에 의해 결정되어야 한다.

어린아이에게 몇 달 동안 시리얼과 우유, 파스타 또는 빵과 치즈만 계속 먹게 한다고 아이를 응석받이로 키운다거나 무책임한 것도 아니며 얼마든지 용인될 수 있는 일이다. 사실상 어른들은 자신이 원하는 음식을 얼마든지 선택해 먹으면서, 아이들에게는 주는 대로 먹으라고 한다는 건 기본적으로 불합리한 처사다.

그러므로 아이에게 아침 식사로 어른들이 먹는 뻣뻣한 오트밀 대신 건강 케이크와 우유를 준다. 또는 점심에 예정대로 참치 샌드위치를 주는 대신 바나나를 곁들인 시리얼과 우유를 준다. 아니면 저녁에 부모가 먹는 샐러드와 생선 대신 코티지치즈와 멜론을 준다. 아이가 원래 좋아하던 음식을 갑자기 외면한다면 몇 가지 음식 가운데 선택하게 하되 강요하지 않는다.

아이의 식습관에 대한 자세한 내용은 18장을 참조한다.

── 직접 음식을 자르려고 해요

Q "우리 아들은 자기가 먹을 음식을 직접 자르려고 해요. 제가 잘라 주는 건 완강하게 거부합니다. 하지만 아이에게 나이프를 주기가 겁이 나요."

A 아이가 그토록 갈망하는 독립성을 이루도록 도와주려면 직접 옷을 고르게 하고, 음식을 선택하게 하며, 이를 닦게 하는 등 부모가 할 일이 무척 많다. 하지만 아이의 손에 나이프를 쥐어 주는 건 아주 위험하다.

대신 치킨 너겟이나 닭다리 구이, 생선을 가늘고 길게 썰어 튀긴 피시 핑거, 동그랗게 썰어 익힌 당근, 조각 피자 등 칼로 자를 필요 없이 아이가 손으로 들고 먹을 수 있는 음식을 내놓으면 아이의 손가락도 다치지 않고 독립성도 키울 수 있다. 또는 이미 썰어 놓은 음식을 접시에 담아 아이에게 주어도 좋다.

안전하게 음식을 써는 방법을 알려 주려면 버터 바르는 칼로 피시 핑거나 샌드위치를 자르는 방법을 알려 준 다음 직접 하게 한다. 쿠키 틀을 이용해도 샌드위치를 안전하게 자를 수 있다.

── 늘 배가 고프대요

Q "우리 아이는 밥 먹은 지 한 시간도 안 됐는데 배가 고프다고 투덜댑니다. 지금은 뚱뚱하지 않지만 아이가 달라는 대로 다 주다간 뚱뚱해질 것 같아요."

A 부모가 먹이려는 양만큼 먹는 아이는 거의 없다. 아이들은 늘 너무 적게 먹거나 너무 많이 먹거나 몸에 좋지 않은 음식만 먹으려 든다. 문제는 아이를 이런저런 식이 장애를 지닌 어른으로 키우지 않으려면, 배가 고프다는 내부 신호에 맞추어 식욕을 조절하는 법을 가르쳐 주어야 한다는 것이다.

그러므로 아이가 배가 고플 때 먹이되 정말로 배가 고픈지 확인해야 한다. 단지 지루하거나 피곤하거나 좌절감을 느끼거나 긴장해서 먹을 걸 찾는 거라면, 원인을 해결할 수 있는 방법을 찾도록 도와준다. 배가 고프지 않을 때 음식을 주거나 깨끗이 먹으라고 강요하면 안 된다. 음식을 보상이나 뇌물, 또는 아이의 마음을 달래기 위한 수단으로 이용해서도 안 되며, 음식을 주지 않는 벌을 내려서는 절대로 안 된다. 먹는 일이 습관으로 굳어지지 않도록 조심한다. 가령, 슈퍼마켓에 갈 때마다 쿠키를 사 준다든가, 카 시트에 앉힐 때마다 크래커를 준다든가, 놀이터에서 집에 돌아올 때마다 요구르트를 주어서는 안 된다. 대신 장난감을 주거나 대화를 나누는 등 아이를 바쁘게 만들 거리를 찾는다. 그리고 식사를 잘 할 수 있도록 식사 전에 위장을 비울 시간을 충분히 갖게 한다. 식사 시간에 잘

먹지 않는 아이들은 대개 간식을 자주 먹는 경향이 있다.

부모부터 음식에 집착하거나 배고픔이 아닌 다른 이유로 음식을 이용하지 말고 아이에게 모범을 보인다. 부모가 생각 없이 수시로 냉장고 문을 열어 눈에 보이는 대로 아무거나 먹고, 일을 하거나 텔레비전을 보면서 습관적으로 간식을 먹는다면 고치도록 노력한다. 식사뿐 아니라 간식을 먹을 때도 정해진 자리에 앉으면 아이도 똑같이 따라 하게 될 것이다.

아이가 자주 먹으려 하더라도, 너무 많이 먹는다고 야단을 친다거나 그러다 뚱보 된다고 겁을 주면 안 된다. 아이가 먹거리에 관심을 덜 갖게 하려는 의도지만, 사실상 음식을 부정적으로 여기는 데 초점이 맞춰지게 된다. 그러나 아이 체중이 너무 빨리 증가한다면 560쪽에 소개한 통통한 아이를 다루는 방법을 참고하고 아이를 많이 움직이게 해야 한다(334쪽 참조). 그렇다고 아이가 나중에 살이 찔까 봐 걱정되는 마음에 적게 먹이면 안 된다. <u>평균적인 식욕을 가진 아이가 갑자기 열심히 먹기 시작한다면 대개 급격히 성장하기 때문이다. 이렇게 엄청나게 먹는 모습은 단 며칠 동안만 지속되며 전혀 걱정할 필요 없다.</u>

그러나 왕성한 식욕이 오래 지속되고 지나친 갈증과 잦은 배뇨를 동반한다면, 뚜렷한 체중 감소 여부와 관계없이 병원에서 진료를 받아야 한다. 아이가 다른 일에는 전혀 관심을 보이지 않고 음식에만 집착을 보이는 경우도 역시 의사와 상의한다.

── 지시를 따르지 않아요

Q "방을 정리하라고 해도, 외출하게 옷을

갈아입으라고 해도, 우리 딸은 도무지 지시를 따르려고 하지 않아요. 이제 유치원에 가면 교사들 말을 잘 들어야 할 텐데, 유치원에서도 이렇게 말을 안 들으면 어쩌나 걱정돼요."

A 지시를 따르지 않는다고 아이를 탓하기 전에, 처음부터 요령껏 지시를 내려야 한다. 종종 부모의 지시가 너무 모호하거나 어린아이에게 너무 복잡해 아이가 이해하고 따르지 못할 때가 많다.

부모의 지시를 잘 따르도록 하려면 차근차근 방법을 알려 주어야 한다. 일종의 게임 형식을 도입해 방법도 익히고 재미도 느끼게 하면 좋다. 예를 들어, 필요한 준비물을 식탁 위에 나란히 늘어놓는다. "자, 먼저 사과 한 조각을 들어. 잘했어. 이제 사과를 요구르트에 살짝 담그는 거야. 오, 아주 잘하는데. 그럼 이제 이 사과를 시리얼에 굴리는 거야." 거실 바닥에 장애물 코스를 설치한다. "먼저 스펀지 위를 점프하자. 잘했어. 그럼 이제 블록을 들고, 그래, 좋았어. 이제 블록을 아빠한테 주는 거야. 와, 잘하는데. 이제 의자에 얌전히 앉아라."

항상 명확하고 간단하게 지시를 내린다. "방 치워라."라고 포괄적으로 지시를 내린 후 구체적으로 자세하게 설명하지 않으면 아이가 지시를 이해하고 따르기 어렵다. 그러므로 방을 치우기 위해 한 번에 하나씩 아주 간단명료하게 지시를 내려야 한다. "더러운 옷은 빨래 바구니에 넣는 거야.", "곰돌이 인형은 침대에 올려놓고.", "이제 매직펜을 모두 빨간 바구니 안에 넣어라." 등 아이가 지시를 따를 수 있도록 정보를 충분히 전달해야 한다. 예를 들어, 어떤 것이 더러운 옷인지, 빨래 바구니는 어디에 있는지 알려 준다. 아이가 한 가지 수행을 충분히 완수할 때까지

기다린 후 칭찬을 하고 다음 지시를 한다.

물론 아이가 지시를 이해하고 따를 수 있다 하더라도 늘 고분고분 말을 듣지는 않을 것이다. 하던 일을 마저 하고 싶은 욕구와 아이 특유의 외고집으로 종종 부모의 지시를 무시하려 들 것이다. 하지만 유치원에서 어떻게 행동할지는 걱정하지 않아도 괜찮다. 유치원에서는 다른 아이들이 모두 동시에 같은 지시를 수행하고, 부모와 자식 간의 팽팽한 세력 다툼이 없기 때문에 집보다 훨씬 지시를 잘 따를 것이다. 그렇지 않은 경우, 그리고 집에서 계속 비협조적으로 행동한다면 456쪽의 요령을 참조한다.

전형적인 두 살 아이들은 적어도 중간중간 책을 가리키거나 책을 달라고 손을 내미는 등 특별히 연상되는 몸짓을 하지 않아도, "책 좀 집어서 엄마한테 줄래."와 같은 2단계 명령을 수행할 줄 안다. 아이가 이 같은 기능을 수행하지 못한다면 청력 문제나 상황을 다루기 위해 필요한 발달상의 문제가 있는 건 아닌지 의사와 상의한다.

─ 유치원에 갈 때 분리 불안을 보여요

Q "우리는 아침마다 똑같은 문제에 시달려요. 아이를 억지로 유치원에 데려다주고 아이는 싫다고 엉엉 우는 거예요. 오후에 아이를 데리러 갈 때는 아주 잘 노는 것 같은데도, 왜 유치원에 갈 때는 그렇게 안 가려고 떼를 부리는지 모르겠어요. 아이가 유치원을 싫어하는 게 아닐까 걱정입니다."

A 아이의 반항은 유치원을 싫어한다는 신호라기보다 매일 아침마다 집에서 유치원으로 이동하는 과정이 힘들다는 신호일 것이다.

겉으로는 사소해 보이는 변화라도 아이들에게는 힘들 수 있으며, 변화가 클수록 훨씬 힘들 수 있다.

유치원에 도착한 후 얼마 있다가 반항이 누그러지고 아이가 유치원에서 즐겁게 생활하고 있다면 걱정하지 않아도 괜찮다. 아이가 새로운 일과와 유치원 환경에 적응하면 대개 울고 매달리는 현상이 차츰 사라진다. 이런 적응 기간이 다른 아이들보다 오래 걸리는 아이들도 있고, 일이 년이 지나도록 집에서 유치원으로 바뀐 환경을 계속 힘들어하는 아이들도 있다. 부모가 도울 수 있는 방법을 알아보자.

* **피곤하면 자꾸 매달리고 배가 고파도 더 매달린다** 일찍 일어나서 여유 있게 준비하고 아침 식사를 든든하게 한다. 두어 번 따뜻하게 안아 주고 다정하게 이야기도 나누면서 여유롭게 집을 나서야 한다.
* **집에 있는 물건을 가지고 가게 한다** 많은 아이들이 어린이집에 처음 갔을 때처럼, 아이가 좋아하는 담요나 인형, 장난감 등을 가지고 가면 집과 유치원 사이의 간격을 메우는 데 도움이 될 수 있다. 유치원 방침상 집에 있는 장난감을 가지고 와서는 안 된다거나, 아이가 자기만의 특별한 물건을 다른 친구들과 가지고 노는 걸 불편하게 여긴다면, 유치원 건물 앞까지 가지고 가되 아이의 사물함에 두고 가자고 제안한다. 이 정도도 유치원에서 허용하지 않는다면, 유치원이 끝날 때까지 담요나 곰돌이 인형이 자동차나 유모차에서 기다릴 거라고 말해 안심시킨다.
* **부모의 물건을 가지고 가게 한다** 부모의 물건을 지니고 있으면 부모와 떨어지기가 조금 수월하다. 손수건이나 못 쓰는 신용카드가 들어 있는 지갑, 모자, 사진, 부모가 그린 그림, 손등의 '뽀뽀' 자국도 좋다.
* **긍정적으로 생각한다** 문제가 생길 거라 지레 걱정하지 않는다. 유치원에 가는 길에 "오늘은 눈물 한 방울 보이면 안 된다!"라며 아이를 꾸짖는 대신 이동 시간을 이용해 유치원에 갈 마음의 준비를 할 수 있도록 도와주면 아이가 유치원 문 앞에 도착하기 전에 변화를 받아들이기 시작할 것이다. 아이와 같은 반 친구들 이름을 누가 많이 아는지 시합하고, 오늘 먹게 될 간식에 대해 이야기하며, 아이 사물함 옆에는 누구의 사물함이 있는지, 아이가 가장 좋아하는 책은 무엇인지, 아이와 가장 친한 친구는 누구인지 물어본다.
* **행복한 표정을 짓는다** 속마음은 그렇지 않더라도 아이가 유치원에 잘 가고, 가서도 즐겁게 잘 놀 거라고 확신한다는 표정을 짓는다. 부모가 조금이라도 불안해하거나 걱정하는 내색을 보이면 아이는 "내가 유치원에 가는 걸 엄마가 이렇게 걱정하는 걸 보니, 틀림없이 뭔가 걱정할 만한 일이 있는 게 분명해."라고 생각한다. 부모가 아이를 보내고 전전긍긍하는 태도를 보이면, 아이도 유치원에서 전전긍긍하게 된다. 죄책감을 느끼거나 지나치게 동정하거나 미안해해서도 안 된다. 부모가 마음이 약해지면 아이도 같이 흔들리고, 그러면 부모 마음이 훨씬 안 좋을 것이다.
* **꾸짖지 말고 지지한다** 부모가 지지해 주면 아이는 자신감이 커지지만, 부모가 꾸짖으면 자신감이 약해진다.
* **유치원에 일찍 도착한다** 다른 아이들이 우르르 몰려와 분위기에 압도되기 전에 자리에 앉아

차분하게 준비할 수 있고, 교사도 더 여유 있게 아이를 돌볼 수 있다.

* **아이의 교실에 좀 더 머물다 나온다** 아이와 함께 잠시 교실 주변을 거닐면 아이가 좀 더 자신 있게 변화를 받아들이는 데 도움이 된다. 뿐만 아니라 내 유치원이라는 생각과 자부심을 줄 수도 있다. 시간을 좀 더 할애해 아이와 시간을 보내고, 조급한 내색을 보이거나 서둘러 나오지 않도록 한다. 시간에 얽매이지 말고 아이의 행동에 집중한다. "네가 제일 좋아하는 놀이는 뭐야?"라고 아이에게 질문을 하고, 저 블록들 좀 봐!"라고 의견을 말하고, 벽에 걸린 아이의 미술 작품을 칭찬한다. 이런 '순회' 방식이 모든 아이들에게 효과가 있는 건 아니다. 유치원 앞에 내려 주고 그대로 돌아오는 방법이 더 효과적인 아이도 있는데, 이 경우 부모가 오래 머물수록 아이는 더 매달릴 것이다. 이런 유형의 아이들은 완전히 혼자가 되기 전까지 집단에 소속되어 있다는 느낌을 갖지 못하는 경우다. 이 경우 교사에게 아이를 맡기고 손을 흔든 다음 얼른 나온다.

* **작별 인사는 짧지만 즐겁게 끝낸다** 이제 아이와 헤어질 준비가 되면 아이가 이해할 수 있는 방식으로 언제 데리러 올지 말해 주고, 쾌활하고 분명한 태도로 작별 인사를 한 다음 바로 나온다. 현관에서 기분 좋게 손을 흔드는 건 괜찮지만 그런 게 아니라면 뒤돌아보지 않는다. 부모가 빨리 사라질수록 아이가 하루를 빨리 시작할 수 있다.

* **교사에게 도움을 요청한다** 교사가 협조적으로 도와준다면 변화를 보다 수월하게 받아들일 수 있을 것이다. 교사에게 아이의 문제를 알려 주어야 교사가 상황에 맞추어 적절히 도울 준비를 할 수 있다. 아이가 부모와 헤어진 후 잠시 힘든 순간에 부모 대신 아이 곁에 있어 주거나, 부모가 유치원 문을 나설 수 있도록 부모의 다리에 매달린 아이를 떼어 놓을 것이다. 이러한 도움을 기대할 수 없다면 유치원 원장과 상의를 한다. 그래도 안 되면 가능한 빨리 다른 유치원을 알아본다.

* **부모 대신 아이를 유치원에 데려다줄 사람을 알아본다** 온갖 방법을 동원해 봤지만 아이가 계속 부모에게 매달린다면 부모 대신 아이를 데려다줄 사람을 알아보고, 차라리 집에서 아이와 헤어지는 것이 더 쉬울 수 있다.

* **제시간에 아이를 데리러 간다** 아이는 매일 "과연 엄마가 와 줄까?", "안 오면 어떻게 하지?"라고 걱정하는데, 제시간에 아이를 데리러 가면 마침내 이런 걱정이 사라질 것이다. 그리고 집에 가는 길에 아침에 있었던 상황을 꺼내지 않는다. 대신 오늘 하루 아이가 무슨 활동을 하면서 즐겁게 놀았는지, 집에 가면 뭘 할지 이야기한다.

때로는 유치원에 가기 싫은 근본적인 이유가 따로 있을 수도 있다. 피곤하거나 아프거나, 생활의 급격한 변화, 과도한 스트레스, 유치원 내부의 문제 등(875쪽 참조). 이런 문제 가운데 하나가 원인이라고 생각되면 최대한 빨리 해결한다.

유치원에서는 얌전한데 집에만 오면 흥분해요

Q "유치원 교사 말로는 우리 아이가 굉장히 모범적이고 한 번도 말썽을 일으킨 적이 없다고

해요. 하지만 집에만 오면 잔뜩 흥분해서 도무지 가만히 있질 않아요. 왜 그런 거죠?"

A 대개 모범적인 학생으로 인정받는 아이들은 집에 도착하는 순간 흐트러진 모습을 보이는 경향이 있다. 유치원에서 나오자마자 이처럼 고삐 풀린 망아지처럼 흥분하는 이유는 여러 가지가 있다.

첫째, 어린아이에게 변화는 힘든 일이다. 아이는 유치원에서 집으로 이어지는 장소의 변화는 물론이고 속도의 변화 역시 다루기 힘들 수 있다. 둘째, 유치원의 규칙적인 일정은 에너지를 긍정적인 방향으로 집중하고 흐르게 하는 반면, 비교적 체계가 허술한 집에 돌아오면 뭘 해야 할지 모른다. 셋째, 몇 시간 동안 계속 활동을 하고 자극을 받은 후 상대적으로 조용한 집에 돌아오면 부조화를 느낄 수 있다. 넷째, 아마도 이 네 번째 요인이 가장 중요한 이유가 아닐까 싶은데, 유치원에서는 완벽하게 안전하다고 느끼지 못하는 데 비해 집에서는 어떤 행동을 해도 사랑받을 거라는 확신이 있기 때문에, 많은 아이들이 집에서는 마음 놓고 말썽을 부리고 말을 안 듣는다. 오랜 시간 동안 긴장 속에 얌전하게 행동한 후 집에 돌아와 마음껏 감정을 표출할 수 있다는 건 아이들에게 큰 위안이 아닐 수 없다.

아이가 유치원이 아닌 집에서 제멋대로인 모습을 보이는 건 확실히 이점이 있다. 예를 들어, 같은 반 아이와 싸움이 나 다른 학부모들에게 항의 전화를 받지 않아도 되고, 학부모 간담회에 기분 좋게 참석할 수도 있을 것이다. 하지만 '모범생' 아이가 거실에서 정신없이 뛰어다니는 모습을 보면서 이런 이점을 떠올리기란 쉽지 않다. 아이의 에너지를 다스릴 방법을 알아보자.

유치원에 잠시 머무른다 아이를 데리러 갔을 때 아이를 안고 바로 출발하지 않는다. 아이에게 오늘 했던 활동을 보여 달라고 말한다. 아이의 핑거 페인팅 작품, 아이가 완성한 퍼즐, 반 아이들 모두 협동해서 만든 콜라주 작품 등에 대해 충분히 시간을 갖고 칭찬한다. 부모가 잠시 교실에 머무르는 걸 유치원에서 반대하지 않는다면, 아이와 함께 교실 한쪽에 앉아 책을 읽어 준다. 이렇게 하면 유치원과 집 사이의 큰 차이를 메우는 데 도움이 된다. 집에 가는 길에 다음 일정에 대해 이야기한다. 부모가 아닌 다른 사람이 유치원으로 아이를 데리러 가는 경우도 같은 방법을 시도하게 한다.

간식을 가지고 간다 간혹 배가 고프면 아이가 난폭해질 수 있다. 그리고 유치원에서 빵이나 사과 몇 조각에 주스를 마신 게 전부라면, 고단백 복합 탄수화물 간식(치즈스틱과 통밀 빵)을 먹이면 부모의 바람대로 아이가 차분한 모습을 보일 것이다. 집에 가는 길에 간식을 주면 현관 앞에 도착할 때쯤 틀림없이 효과가 나타날 것이다.

다른 곳에 들른다 집에 가는 길에 놀이터에 잠깐 들려 유치원에서 억눌렸던 에너지를 다소나마 발산하게 하면, 집에 도착한 후 에너지를 해소할 필요가 줄어들 수 있다.

집에 돌아온 후 적응할 시간을 갖는다 유치원에서 했던 활동과 유사한 활동을 집에서 하면 유치원에서 가정으로 옮겨진 환경 변화를 좀 더 수월하게 받아들일 수 있다. 그러므로 식사 준비나 다른 용무를 보기 전에 아이와 나란히 앉아 책 읽기, 오디오 듣기, 퍼즐 맞추기, 장난감 가지고 놀기 등 잠깐 동안 아이가 함께하는 시간을 갖는다. 집에 돌아온 아이를 차분하게 하기 위한 요령은 305쪽을 참조한다.

꼭 알아 두세요: 개인의 기질 인정하기

대부분 전문가들은 모든 아이들이 각자 정해진 기질과 재능을 가지고 태어난다는 데 의견을 같이한다. 그리고 여러 명의 자녀를 둔 부모라면 같은 가족이지만 아이들마다 다르다는 걸 인정할 것이다. 숫자에 밝은 아이가 있는가 하면 단어에 밝은 아이도 있다. 선천적으로 운동 신경이 좋은 아이가 있는가 하면 반대로 전혀 재능이 없는 아이도 있다. 강박적일 정도로 깔끔한 아이가 있는가 하면 마냥 게으름을 피우는 아이도 있다. 이런 특성들은 가정 환경에도 어느 정도 영향을 받겠지만 그 밖에 환경적인 요인에도 영향을 받는데, 대개 선천적인 요인이 제일 크다.

아이가 생물학적으로 성장과 발달이 이루어짐에 따라 아이의 모습에서 부모나 할머니 할아버지의 특성이 결합되어 나타나는 걸 보면 아마 깜짝 놀랄 것이다. 부모가 반가워할 만한 특성도 있지만 없어지길 바라는 특성도 있을 것이다. 어떤 특성이든, 부모의 도움으로 어느 정도 개선될 수는 있어도, 타고난 천성을 바꿀 방법은 거의 없다.

아이의 모습을 있는 그대로 받아들인다면 마침내 더 행복하고 생산적인 성인으로 성장하게 될 것이다. 아이가 타고난 능력을 활용할 수 있도록 아래 내용을 참고하자.

기대를 내려놓는다 '보통의' 남자아이들처럼 내 아이도 운동 신경이 좋을 거라 기대했지만 뜻밖에 책벌레일 수 있다. '보통의' 여자아이들처럼 내 아이도 소꿉놀이에 관심이 있을 거라는 예상과 달리 뜻밖에 인형보다는 블록을 훨씬 좋아할 수도 있다. 그럼 좀 어떤가? 내 아이는 이러저러해야 한다는 선입견이 있다면 깨끗이 없애고, 아이가 평소에 할 수 있는 최고의 재능만 기대한다.

탓하지 않는다 아이들은 자신이 원해서가 아니라 자기도 모르게 특성이 드러나므로 아이의 모습을 벌하거나 꾸짖으면 안 된다. 또한 아이가 부모 자신이나 배우자, 또는 다른 사람을 닮았다고 그 사람을 탓해서도 안 된다.

별명을 부르지 않는다 한 가지 별명으로 계속 불린 사람이라면 어릴 때 붙여진 별명을 나중에 없애는 게 무척 어렵다는 걸 잘 알 것이다. '부끄럼쟁이'라는 별명으로 불린 아이들은 늘 자신의 사교적 능력을 의심하기 마련이며, '싸움쟁이'라고 불린 아이들은 평생 아이들을 공격하고 괴롭히려 들 것이다.

무조건 받아들인다 아이의 타고난 기질과 재능을 이해하고 받아들이기 위해 노력한다. 계획을 세우고, 훈육하고, 선물을 구입하고, 양육을 할 때 아이의 기질과 재능을 참작한다(859쪽 참조). 수줍음이 많은 아이에게 파티에서 중심이 되라고 강요한다거나, 혈기 왕성한 아이에게 차분하게 있으라고 찬물을 끼얹지 않는다. 음악에 재능이 있는 아이를 과학자로 만들려 한다든지, 과학에 재능이 있는 아이를 음악가로 만들려 하면 안 된다.

선천적인 재능을 이끌어 주고 바로잡아 준다
선천적으로 수줍은 아이라고 해서 자신감이 없다거나 친구들과 편안하게 어울리지 못하는 건 아니다(208쪽 참조). 에너지가 끝없이 솟구치는 아이라고 해서 늘 말썽을 일으키는 것도 아니며, 아이의 에너지를 운동이나 무용 그 밖에 활발한 활동을 하는 건설적인 방향으로 주파수를 맞출 수 있다. 수 개념을 이해하기 힘든 아이를 억지로 수학 박사로 만들려 해서는 안 되지만, 산수를 잘하고 거스름돈을 계산할 줄 알고 예산에 맞게 돈을 쓰도록 도울 수는 있다. 타고난 성향이 어떻든 부모의 양육 방식은 궁극적으로 아이의 모습에 영향을 미치게 된다.

다른 모습을 기쁘게 받아들인다 머리카락 색깔, 음악적 재능, 과학적 재능, 성격 등은 직계 유전이 아니다. 그렇기 때문에 아이는 부모나 형제들과 많이 다를 수 있다. 아이가 부모나 다른 가족과 더 닮지 않은 걸 아쉬워하기보다 개성 있는 모습을 축하해 준다.

닮은 모습을 기쁘게 받아들인다 때로는 아이가 부모와 전혀 판판일 때보다 부모와 많이 닮을 때 훨씬 잠재적인 갈등이 깊다. 부모 스스로도 받아들이고 싶지 않은 자신의 성격 가운데 일부를 아이가 물려받았더라도 기쁘게 받아들인다. 아이의 모습을 기꺼이 받아들이려면 무엇보다 부모가 자기 자신을 받아들이기 위해 노력해야 한다.

아이의 장점을 찾는다 모든 아이는 특별하다. 모든 아이는 단점뿐 아니라 장점과 재능이 있다. 아무리 까다로운 성격에도 긍정적인 측면이 있으며, 성격의 이면을 보면 장점을 쉽게 찾을 수 있다(226쪽 참조).

<u>책임감, 학습 의욕, 친절, 정직, 다른 사람에 대한 관대함 등 선천적으로 물려받지 않은 재능, 부모가 심어 줄 수 있는 재능도 있다는 사실을</u> 잊어서는 안 된다. 결국 이런 가치관들은 집안의 유전자에 의해 결정되기보다 아이를 양육하는 방식에 더 큰 영향을 받을 것이다.

아이에게 꼭 알려 주세요: 규칙을 지켜요

규칙을 지키기가 늘 쉽지만은 않다. 그러나 규칙을 지켜야 하는 이유를 이해한다면 좀 더 쉬워질 것이다. 빨간 불일 때 멈추면 차나 보행자와 부딪치지 않는다. 스모그 주의보가 발령된 날 나뭇잎을 태우면 공해가 더 심해질 것이다. 개를 산책시킬 때 개의 배설물을 바로바로 치우지 않으면 개의 발에 며칠이라도 배설물이 묻어 있을 수 있다.

그러나 아이에게 규칙을 부과하더라도 대부분 아이들은 규칙을 잘 지키지 않으며, 규칙의 필요성을 거의 또는 전혀 이해하지 못하기 때문에 규칙을 지키기가 훨씬 어렵다. 규칙을 지켜야 할 이유를 이해시키면 아이가 규칙대로 생활하기가 더 쉽고 더 수월하게 받아들일 것이다.

규칙에 대해 설명한다 예를 들어, 아이에게 취침 시간을 지켜야 할 이유에 대해 설명해 주면 왜 그래야 하는지 좀 더 잘 받아들일 수 있다. "네 몸은 계속 무럭무럭 자라고 있어서 언젠가 키도 더 커지고 몸도 더 튼튼해질 거란다. 하지만 그러려면 지금 자야 해." 마찬가지로 이유를 설명해 준다면 '길을 건널 때는 엄마 손을 잡아야 한다.'는 규칙에 덜 반항하게 될 것이다. "넌 아직 작기 때문에 운전하는 사람이 널 못 볼 수도 있어. 하지만 아빠는 크니까 운전하는 사람이 아빠는 볼 수 있지. 그러니까 네가 아빠 손을 잡아야 안전하게 길을 건널 수 있단다." 핵심을 간단명료하게 전달한다. 간단한 규칙에 대해 복잡하게 오래 설명하면 아이는 말을 듣고도 무시할 수 있다.

일관성을 지킨다 어느 날은 규칙을 지켰다가 어느 날은 지키지 않는 등 규칙을 일관되게 적용하지 않으면, 규칙을 유지하기 어렵다. 어느 날은 침대 위에서 뛴다고 아이를 나무랐다가 어느 날은 못 본 척한다면, 아이는 규칙을 심각하게 받아들이지 않을 뿐 아니라 '오늘은 어떤 규칙을 적용할지' 알아보려고 부모를 시험하면서 재미있어 할 수도 있다.

규칙을 분명히 밝힌다 부모의 침대에 올라서는 아이에게 "가구 위에 올라가면 안 된다."고 말할 때, 이 말은 '아이의 침대에 올라가지 말라'는 의미일까? 아니면 어떤 침대든 침대에는 무조건 올라가지 말라는 말일까? 아니면 침대를 포함해 안락의자와 소파 등 모든 가구에 올라가지 말라는 의미일까? 그럼 방석에는 올라가도 괜찮을까? 식탁에는? 규칙을 정할 때는 최대한 구체적으로 알려 주고 아이가 이해하기 쉬운 말로 전달한다.

합리적으로 규칙을 정한다 두 살 아이가 지키기 불가능한 규칙도 있다. 예를 들어, 항상 입을 다물고 음식을 씹어야 한다든지, 부모가 말하지 않아도 알아서 장난감을 치워야 한다는 규칙은 두 살 아이가 지키기 힘들다. 규칙을 정할 때는 아이의 능력을 염두에 둔다.

규칙을 반복해서 일러 준다 아이들은 대체로 무언가를 배우느라 몹시 바쁘기 때문에 규칙을 깜빡 잊어버리기 쉽다. 또한 주의 집중 시간이 상당히 짧고 집중력에 한계가 있어 한 번에 여러 가지를 동시에 집중하기 힘들다. 그러므로 한두 차례, 또는 열두 번 이상 규칙을 말했다고 해서 충분하다고 생각하면 안 된다.

규칙을 너무 많이 정하지 않는다 사사건건 규칙이 적용되어 번번이 규칙을 어기는 상황이 되면 아이는 지금 당장은 아니더라도 나중에 평생 동안, 집에서는 아니더라도 외부에서 모든 규칙에 대해 반발심을 갖게 될 것이다.

규칙을 지킬 수 있도록 방법을 알려 준다 장난감을 어떻게 치워야 하는지 배운 적이 없고 장난감을 정리하기 편리한 특정 장소가 없다면, 장난감을 정리해야 한다는 규칙을 아이가 잘 지킬 거라 기대할 수 없다. 그러므로 규칙을 정할 때는 방법도 함께 알려 주어야 한다.

완벽하게 지킬 거라 기대하지 않는다 아이는 아이다. 당분간은 지키는 규칙보다 그렇지 않은 규칙이 더 많을 거라고 예상하는 것이 좋다. 무심코 규칙을 어길 때도 있고 자신의 행동을 통제하지 못해 규칙을 어길 때도 있다. 그런가 하면 부모가 정한 한계를 시험해 보기 위해 규칙을 어길 때도 있고 홧김에 규칙을 어길 때도 있다. 이유가 무엇이든, 필요에 의해 징계를 내린 후에는 용서하고 이해해 준다.

때로는 규칙을 어길 수밖에 없는 상황도 있다는 걸 이해하자. 무언가를 발견하고 규칙을 어긴 경우, 예를 들어, 마당에 나비가 날아가는 걸 보고 부모에게 알려 주고 싶은 마음에 너무 흥분한 나머지 '집 안에 신발을 신고 들어오면 안 된다'는 규칙을 어기고 흙투성이 신발로 주방에 들어왔을 때 야단치는 데 급급해 아이의 기분을 엉망으로 만들지 않도록 한다. 먼저 아이의 이야기에 귀를 기울인 후에 흙투성이 발자국에 시선을 돌린다. 그런 다음 '집 안에 신발을 신고 들어오면 안 된다'는 규칙을 아이에게 상기시키고 걸레를 주면서 부모가 바닥을 닦는 걸 돕게 한다.

부모부터 먼저 규칙을 지킨다 유턴이 금지된 곳인 줄 뻔히 알면서 유턴을 한다든지, 슈퍼마켓에서 물건을 많이 사고 소량 전용 계산대에 줄을 선다든지, 초록불이 아닌데도 횡단보도를 건너는 등 누구나 쉽게 위반하는 사소한 일들은 크게 해가 되지 않는다고 생각할지 모른다. 그러나 이런 행동이 평소 습관으로 몸에 배면 규칙은 불편하거나 불쾌한 것, 지키지 않아도 괜찮은 것이라고 아이에게 가르치는 셈이 된다. 아이의 역할 모델인 부모가 규칙을 어긴다면, 아이는 규칙 따위 어겨도 되는 거라고 생각하기 쉽다. 늘 그렇듯, 부모의 행동 하나가 백 마디 말보다 설득력이 강하고 힘이 있다.

15장

생후 31~33개월

아이의 발달 과정

2년 9개월 무렵 아이가 해야 할 행동

* 도움을 받아 이를 닦는다.
* 블록 6개를 쌓는다.

주의 사항 아이가 아직 이 단계에 이르지 못했다면 의사와 상의한다. 아이에 따라서 발달 속도는 차이가 있기 때문에, 이 단계를 해내지 못한다고 해도 문제가 있는 건 아니지만 일단 전문가의 상담을 받을 필요가 있다. 이 밖에 아이가 통제되지 않거나 과잉 행동을 보이는 경우, 지나치게 요구 사항이 많거나 고집이 세거나 부정적인 경우, 말수가 거의 없거나 수동적이거나 내성적인 경우, 항상 지루해하거나 즐거워하지 않는 경우, 다른 사람과 상호작용 못하거나 같이 놀지 못하는 경우도 의사의 상담을 받는다. 이 연령대에는 예정일보다 일찍 태어난 아이들도 대부분 또래 아이들의 발달 과정을 따라잡는다.

아이가 하게 될 행동

* 수직선을 따라서 그린다.
* 한쪽 발로 1초 동안 균형을 잡는다.
* 친구의 이름을 안다.
* 2~3문장으로 대화를 한다(31개월 무렵).
* 블록 8개를 쌓는다.
* 손을 씻고 닦는다.
* 조사를 사용한다(31개월 무렵).

아이의 놀이에는 자주 가상 친구들이 등장한다. 이 친구들이 찾아오면 반갑게 맞이한다.

아이가 할지 모를 행동

* 색깔 한 가지를 안다.
* 2개의 형용사를 사용한다.
* 멀리뛰기를 한다.
* 티셔츠를 입는다.

혹시나 아이에게 기대할 만한 행동

* 한쪽 발로 3초 동안 균형을 잡는다.
* 블록 1개를 센다.

무엇이든 물어보세요 Q&A

─ 가상 친구

Q "우리 딸은 항상 가상 친구를 만들어 놀아요. 가족들 모두 아이를 사랑하고 놀이 모임에서 친구도 많거든요. 아이가 왜 가상 친구를 원하거나 필요로 하는 걸까요?"

A 어른들은 복종을 강요하고, 친구들은 다들 욕심이 많고 자기 마음대로 하려고 한다. 이런 상황에서 맘대로 통제할 수 있고, 시키는 대로 말도 잘 듣고, 절대로 말대꾸를 하지 않고, 내 것을 전혀 탐내지 않는 친구를 어떤 아이가 바라지 않겠는가? 가상 친구보다 이 조건에 더 잘 들어맞는 친구가 또 있겠는가?

<u>가상 친구는 이상적인 친구가 될 뿐 아니라 또 다른 자아의 모습을 대변하기도 한다. 이 제2의 자아는 가상 친구를 이용해 부모의 한계를 시험하고, 자신의 잘못을 가상 친구에게 뒤집어씌워 희생양으로 삼는다.</u> 또 때로는 양심의 대변자로, 때로는 표현하기 불편하거나 질투, 분노, 불안 등 감정의 배출구로 유용하게 이용된다. 가상 친구는 아이의 보호자가 될 수도 있고, 아이가 외롭거나 심심할 때 그저 아이 곁에 있어 주기도 한다.

많은 아이들이 가상 친구를 만든다. 아동의 3분의 2가 아동기 초반 어느 시점에서는 가상 친구를 만드는 것으로 추정된다. 대부분의 가상 친구는 아이가 두 살 반에서 세 살 사이에 제일 처음 등장해 2년 동안 아이 주위를 맴돌다가 대여섯 살 무렵 퇴장한다. 가상 친구를 둔 거의 대부분 아이들은 겉으로는 부인하지만 속으로는 자기 친구가 가상이라는 걸 알고 있다.

눈에 보이지 않는 아이의 친구가 가끔 불쑥 집을 방문하는 경우도 있고 항상 집 안에 머무르는 경우도 있다. 가상 친구는 아이, 어른, 개, 요정 등 여러 형태로 나타난다. 이름이나 구체적인 모습을 갖추고 있으며, 나름의 특징이 있을 수 있다. 여러 명의 가상 친구를 둔 아이도 있는데, 이 친구들이 한꺼번에 나타나기도 하고 한 번에 한 명씩 나타나기도 한다.

가상 친구의 장기적인 효과는 무엇일까? 연구 결과에 따르면, 가상 친구가 있는 아이들은 실제로 친구가 많고, 풍부한 어휘력을 드러내며, 창조적·독립적·사교적이고, 교사와 친구들에게 협조적이라고 한다. 다른 아이들과 마찬가지로 실제 세계와 가상의 세계를 구분할 줄 알지만, 가상의 대상과 상상 놀이에 빠지는 걸 더 좋아한다. 창조적이고 성공한 많은 성인들이 어린 시절 가상 친구를 만들었다고 회상한다.

아이가 가상 친구와 함께하는 경험이 가족 모두에게 긍정적인 경험이 될 수 있도록 다음 내용을 참고하자.

* **상상력은 아이가 성장하고 발달하는 데 도움을 주는 소중한 재능임을 기억하자** 방해하거나 폄하하는 말을 하지 말고 아이가 가상 친구와 끝까지 잘 놀게 한다. 가상 친구와 논다고 아이를 놀리거나 외출할 때 가상 친구를 데리고 가지 못하게 한다고 가상 친구를 단념할 리는 없으며 오히려 몰래 우정을 지속하려 할 것이다. 이 경우 아이는 바람직하지 않은 방식으로 상상의 세계 속으로 점점 더 깊이 빠져들 수 있다.

* **아이의 친구로 인정하고 환영한다** <u>가상 친구의 존재를 부정하면 아이가 상심하고 화를 낼 수도 있다. 이의를 제기하기보다 친절하게 맞이한다.</u> 친구를 식탁에 앉히거나, 아이 곁에 눕히거나, '시리얼'을 주는 등 아이가 원하는 대로 맞춰 주고, 아이가 인형이나 자동차를 가지고 놀 때와 마찬가지로 어디까지나 상상 놀이라는 측면에서 아이에게 맞춰 준다.

* **아이에게 주도적인 역할을 맡긴다** 아이가 요구하기 전까지는 식탁에 친구의 자리를 마련하지 말고, 아이가 원하지 않으면 친구에게 굿나잇 키스를 하지 않는다. 그러나 아이가 원하면 요구에 맞추어 준다.

* **친구를 조심해서 '이용'한다** 아이가 협조하도록 구슬리기 위해 가상 친구를 이용하는 부모가 있다. 이런 부모들은 "오늘 날이 추워서 도도는 네가 장갑을 끼고 나가길 원해." 또는 "네가 얼마나 이를 잘 닦는지 도도한테 보여 주자."라고 말한다. 그러나 이런 방법은 역효과를 가져올 수 있다. 부모가 가상 친구에게 역할을 부여하려 할 때 고분고분 말을 잘 듣는 아이도 있지만, 친구에 대한 통제력을 상실했다는 사실에 억울해하며 화를 내거나 비협조적으로 나오는 아이도 있다. 아이가 개의치 않을 거라고 생각될 때만 이 방법을 이용한다.

* **아이가 결과를 회피하기 위한 수단으로 친구를 이용하지 못하게 한다** 지지와 우정, 상상 놀이를 위해 가상 친구를 이용하는 건 괜찮다. 하지만 아이가 바닥에 떨어뜨린 크레파스를 상자에 정리하고 싶지 않아 "도도가 그랬어."라고 주장하는 식으로 가상 친구를 이용하는 건 바람직하지 않다. 이런 꾀를 부릴 때 어쩔 수 없다는 듯 미소를 보인다든지 부모가 직접 크레파스를 정리해서는 안 된다. 대신 다 알고 있다는 듯 "아, 그래?"라고 말한 다음 "그렇다면 네가 친구니까 도도가 크레파스 정리하는 걸 도와주면 되겠구나."라고 덧붙인다. 아이가 가짜 친구를 도와 정리하길 꺼린다면, 더 이상 상상 놀이에 동조하지 말고 아이에게 직접 정리하게 한다.

* **아이가 상상력을 발산할 수 있도록 다른 배출구를 제공한다** 아이에게 일반 인형이나 동물 인형, 로봇 인형, 캐릭터 인형, 변장 놀이 의상, 꼭두각시 인형 등을 주어 상상 놀이를 하게 한다. 아이가 어떻게 놀아야 할지 잘 모를 때는 부모가 함께 놀아 준다. 다양한 등장인물, 장소, 줄거리가 소개된 책을 읽어 주어 아이의 상상력을 북돋아 준다(상상력을 자극하는 방법은 405쪽 참조).

* **아이가 부정적인 감정을 발산할 수 있도록 다른 배출구를 제공한다** 아이가 '친구'를 이용해

분노나 질투 등 부정적인 감정을 배출한다면, '친구' 대신 부모에게 그런 감정을 이야기하게 하거나 다른 안전한 방법으로 감정을 배출하도록 유도한다(193쪽 참조).
* **일상생활에서 우정을 쌓을 기회를 많이 마련한다** 가상 친구가 실제 친구나 부모의 관심을 대신하고 있는 경우, 일상에서 아이가 아쉬워하는 부분을 채워 주기 위해 애쓴다면 가상의 우정을 향한 욕구가 줄어들 수 있다.
* **결국 가상 친구와 헤어질 때가 온다는 사실을 기억하자** 아이가 사교적 환경을 더욱 편안하게 받아들이고 자신의 생각과 감정을 더 잘 표현하게 되면 가상 친구에게 정신적 의지를 하려는 욕구가 사라진다.

가상 친구는 때때로 아이의 심리 상태를 통찰하게 하는 중요한 역할을 하기도 한다. 가짜 친구가 어린이집에 가기 싫어하는 모습을 통해 관심이 필요한 아이의 문제가 드러날 수 있다. 그러나 가상 친구를 떠올린다는 이유로 정서적으로 문제가 있다고 생각하면 안 된다.

하지만 아이가 가상 친구에게 푹 빠져 있거나 가상 친구에게만 너무 의지해서 다른 사람과는 전혀 교류를 하지 않는다든지, 아이가 내성적이거나 불만이 가득해 보인다면 의사와 의논해 보는 것도 좋다.

숫기가 없어요

Q "우리 딸은 사람이 모인 자리에만 가면 굉장히 부끄러워해요. 아이가 안쓰럽지만 어떻게 도와줘야 할지 모르겠습니다."

A 아이들이 많이 모인 자리가 있을 때 아이의 모습을 객관적으로 들여다보자. 아마 내 아이만 숫기가 없는 건 아니라는 것과 실제로 또래 아이들 대부분이 내 아이만큼이나 숫기 없는 모습을 보인다는 사실을 깨닫게 될 것이다.

그만큼 두세 살 아이들은 좀처럼 외향적인 모습을 보이지 않으며, 대부분 아이들이 어느 기간 동안은 숫기 없는 모습을 보인다. 어른들과 함께 있을 때는 편안하지만 또래 아이들이 있을 때는 그렇지 않은 아이가 있는가 하면, 또래 아이들 몇 명과 함께 있을 때는 괜찮지만 직계 가족 외에 다른 어른에게는 말을 하지 않으려는 아이도 있다. 그런가 하면 잘 모르는 사람과 있으면 수줍어하는 아이도 있다. 여섯 살 무렵이면 절반가량의 아이들은 여전히 부끄러움을 타지만, 나머지 절반가량의 아이들은 십대 시절 이후부터는 수줍어하는 모습을 보이지 않을 것이다. 그러나 아동 다섯 명 가운데 한 명 정도는 선천적으로 숫기 없는 성격이다. 이런 아이들은 부끄러움을 완전히 없앨 수는 없지만 대개 극복하는 방법을 알게 된다.

하지만 이 시기에는 아이가 내성적인 것이 선천적인지 아닌지, 아이가 그저 전형적인 아이들처럼 행동할 뿐인지 어떤지 알기 힘들다. 그러므로 아이의 수줍음에 대해 걱정하거나 '고칠' 방법을 알아보려 애쓰기보다는, 아이가 자기 자신과 다른 사람들에게 호감을 갖고, 어른들과 아이들 모두와 상호 교류하는 걸 긍정적으로 여길 수 있도록 도와줄 방법을 찾도록 한다. 부모가 격려하면 선천적으로 아무리 숫기가 없는 아이라 할지라도 친절하고 자신감 있는 성인으로 자랄 수 있다. 물론 선천적으로 수줍음이 많은 사람은 내면 어딘가에 수줍은 성격이 남아 있을 것이다. 다음 방법을 이용하면 아이가 수줍음을 극복하는 데 도움이 된다.

숫기 없는 성격을 인정한다 부모가 외향적이고 사교적인 경우 숫기 없는 아이의 성격을 받아들이기가 더욱 어려울 수 있지만, 그렇기 때문에 더 중요하다. 아이는 독립된 개인이다. 부모처럼 행동하라고 요구하면 안 된다. 아이의 수줍은 성격을 단점으로 여기거나, 심지어 사교성이 없다며 비유적으로 불만을 표시하거나, 아이의 행동 때문에 민망하다는 내색을 하면 아이가 더 위축될 수 있다. 대신 아이의 모습 그대로를 사랑한다는 걸 알려 주어야 한다.

별명을 부르지 않는다 아이에게 말할 때나 다른 사람 앞에서 '부끄럼쟁이'라고 말하면 아이의 마음에 깊이 남아 별명을 사실로 받아들이게 될 것이다. 따라서 부끄러움이 선천적인 성격이 아닌데도 이 별명이 아이를 영원히 숫기 없는 사람으로 만들 수 있다. 뿐만 아니라 나중에는 불쾌하거나 불편한 상황을 회피하는 수단으로 별명이 이용될 수 있다. 사교적인 아이들을 가리키거나 칭찬하지도 말고, 그런 아이들의 사교적인 모습과 내 아이의 모습을 비교하지도 말자. 아이의 감정에 상처를 줄 뿐 아니라 아이의 자존감을 다치게 할 수 있다. 그리고 자존감이 약하면 수줍음이 더 악화될 수 있다.

아이를 이해한다 아무리 외향적인 부모라 하더라도 모임에서 한 명 한 명에게 일부러 다가가 인사를 하기란 상당히 힘들다. 어른도 이런 마당에 아이가 불안해하거나 걱정하는 건 당연하므로 이런 아이의 모습을 보고 놀려서는 안 된다. 최대한 아이를 안심시키고 응원해 준다. 아이가 특정한 상황을 불안해한다면, 그런 상황 속에 억지로 아이를 들이밀어서도 안 되지만 너무 빨리 빼내도 안 된다. 아이가 적응하기 힘들 거라고 판단하기 전에 어느 정도 적응할 기회를 준다.

용기를 준다 사회적 상호 교류를 하라고 강요해서는 안 되지만, 다른 아이들과 어울려 활동에 참여하도록 장려하고 필요하면 서먹서먹한 분위기를 깨도록 도움은 줘야 한다. 처음에는 아이보다 조금 어린아이들이나 한두 살 많은 아이들과 어울리기가 더 쉬울 수 있다. 나이가 몇이든 공격적이기보다는 느긋하고 순한 아이들과 어울리게 해 주어야 한다. 또한 친구를 사귀고(친구를 사귀는 방법은 208쪽 참조), 자신감과 자존감을 강화하며, 스스로를 바람직하게 여기도록 도와준다(330쪽 참조). 아이가 특정한 상황에서 불안해하는 경우 극복하는 방법을 가르쳐 준다.

예행연습을 시킨다 놀이를 통해 역할 놀이를 하도록 장려한다. 곰돌이 인형이 다른 친구들과 놀고 싶지만 먼저 다가갈 자신이 없어 놀이터 가장자리를 맴돌고 있다고 상황을 설정한다. 곰돌이 인형에게 어떤 조언을 해 주면 좋을지 아이에게 물어보고, 곰돌이 인형이 친구들과 함께 놀 수 있도록 조언을 해 준다. 이 제안은 훌륭한 모방자인 아이가 나중에 유사한 상황에서 요긴하게 활용할 수 있을 것이다. 역할극은 반드시 곰돌이 인형이 친구들과 잘 어울려 노는 해피엔딩으로 끝내야 한다는 걸 잊어서는 안 된다.

아이를 준비시킨다 환경이 바뀌는 걸 유독

예민하게 받아들이는 아이들이 있다. 이런 아이들은 새로운 상황에 잘 대비시키거나 다른 아이들보다 시작이 유리하면 보다 수월하게 극복할 수 있을 것이다. 사람들이 모이는 장소에 가는 경우, 미리 몇 분 동안 아이를 준비시키면 자신이 어디에 가는지 정확하게 알게 된다. 그곳에 참석하는 아이들이나 어른들 이름을 알려 주고, 어떤 활동을 하게 될지 소개하며, 도착하면 모두에게 어떻게 인사하는지 가르쳐 준다. 이때 아이의 반응에 주목한다. 지나친 준비는 불안을 해소하기는커녕 오히려 증폭시킬 수 있다.

다른 아이들이 도착하기 몇 분 전에 먼저 유치원에 도착해야 아이가 분위기에 적응할 수 있고, 다른 아이들이 도착할 때 안정된 상태에서 활동에 참여할 수 있다. 늦게 도착하면 모두의 시선이 아이와 부모에게 향해 어른인 부모조차 당황하게 된다. 생일 파티나 놀이 모임에 갈 때도 한창 진행 중일 때 들어가지 말고 일찍 도착하는 편이 좋다. 부득이 늦게 도착하면 어떤 일이 진행될지, 부모는 어떻게 할지 미리 아이에게 알려 준다. "우리가 늦어서 파티가 벌써 시작됐을지도 모르겠다. 도착하면 코트를 벗은 다음 네가 준비한 선물을 테이블 위 다른 선물들 옆에 놓으렴. 그러고 나면 엄마가 아이들이 노는 방으로 너를 데리고 갈 거야." 일단 안으로 들어가면 파티가 진행되는 대로 따라가면 된다.

준비물을 갖춘다 파티에 자주 가는 어른이라면 누구나 경험하듯, 사람들이 모인 자리에 들어갈 때 손에 무언가를 들고 있는 것이 더 편하다. 마찬가지로 아이들도 또래 친구들이 모인 장소에 들어갈 때 인형 같은 무언가를 들고 있으면 훨씬 자신감이 생길 수 있다. 장난감은 아이의 소유기 때문에 안정감을 줄 뿐 아니라 다른 아이들과 친해질 계기를 제공할 수도 있다. 그러나 아이의 장난감을 다른 아이들과 같이 가지고 놀아야 할 수도 있으므로 그럴 가능성에 대해서도 대비시키고, 기꺼이 같이 가지고 놀 수 있는 장난감을 선택하도록 도와준다.

아이가 원하면 도와준다 아이가 다른 아이들 노는 모습을 간절한 눈빛으로 바라보고 있거나, 함께 놀고 싶지만 어떻게 해야 하는지 모르는 것 같다면 몇 가지 조언을 해 준다. <u>아이가 준비되기 전에 다음 단계로 나가라고 재촉하지 말고 아이들 무리에 합류할 수 있는 방법을 제시한다. "저쪽으로 가서 여자아이들에게 네 새 인형을 보여 주면 어떨까?" 아이가 행동에 돌입할 때 부모가 동행하길 바란다면, 친구들 있는 곳에 같이 가자고 제안한다.</u> 아이의 동의를 얻어 아이 손을 잡고 함께 친구들이 노는 곳에 다가간다. 아이들의 허락을 구한 다음 놀이에 합류한다. "연희랑 내가 너희들 모래성 만드는 거 도와줘도 괜찮겠니?" 아이가 부모를 필요로 하면 계속 아이 곁에 있어 주되 너무 오래 머무르지 않는다. 아이가 편안해 보이면 바로 나온다.

아이가 세 살이 지났는데도 수줍은 성격 때문에 유치원이나 모임에 가지 않으려고 한다면 의사와 상의한다. 상담 프로그램과 가벼운 치료를 받으면 지나치게 수줍어하는 아이의 성향을 성공적으로 개선할 수 있다.

── 어른들에게 반응을 보이지 않아요

Q "외출할 때 누가 우리 아이에게 '안녕' 하고

인사를 하려고 하면 아이가 굉장히 무례하게 행동해요. 웃지도 않고 질문에 대답도 안 해서 어찌나 무안한지 모릅니다."

A 말을 건네도 대꾸하지 않는다거나 웃어 주길 바라는데도 웃지 않는다고 아이가 무례한 건 아니다. 아이는 아이로서 지극히 정상적인 행동을 하고 있는 것이다. 대부분 아이들은 잘 모르는 어른들과 만나는 걸 상당히 불편해하고, 인사를 하라고 자꾸만 재촉을 받으면 더욱 불편해한다. <u>아이들은 상대방을 못마땅하게 여기거나 심술이 나서가 아니라 선천적으로 수줍음을 타거나, 사교성이 미흡하거나, 함께 놀아 주지도 않는 낯선 사람들의 친절을 거부한다.</u> 아이에게 좀 더 사교적으로 행동하라고 설득하기란 쉽지 않으며 앞으로 2년 동안은 가능하지 않을 수도 있다. 다음 내용은 이런 상황에서 아이의 불편을 완화하는 데 도움이 될 것이다.

* **아이의 행동보다 감정을 더 배려한다** 아이에게 친절하게 인사하는 사람을 아이가 번번이 무시한다면 부모 입장에서 민망한 게 당연하다. 하지만 무안함에 대해 냉정을 유지하고, 아이의 감정을 헤아리며, 대부분 사람들은 아이가 낯선 사람들 앞에서 좀처럼 말을 하지 않는다는 걸 이해한다는 사실을 인식하는 것이 중요하다. 그러므로 아이에게 강요하지 않는다. 아이의 소극적인 행동을 인정하고, 아이가 친절하게 반응하려 하지 않을 때도 아이를 지지하는 것이 오히려 사교적으로 만드는 데 더 도움이 된다. 그리고 아이에게 너무 버릇없이 굴지 말라고 말하거나 다른 사람 앞에서 왜 그렇게 수줍음을 타고 다그치면서 그와 관련된 별명으로 아이를 부르지 않는다. 그러면 아이는 별명대로 행동할 수밖에 없을 것이다.

* **낯선 사람들이 아이에게 말을 건넬 때, 아이가 말을 하고 싶어 하지 않는다면 부모가 대신 말한다** 이웃 사람이 아이에게 "오늘 뭐 하고 놀았니?"라고 묻는데 아이가 아무 말 하지 않는다면, "우리 방금 놀이터에 갔다 왔지, 그렇지?"라고 부모가 대신 말한다. 이렇게 하면 아이를 대화에 참여시키기 쉬워진다. 이때 아이는 고개를 끄덕이거나, "그네 탔어요." 같은 말로 놀이터에서 있었던 일을 말하고 싶어 하거나, 아니면 계속 입을 다물고 있을 수도 있다. 아이에게 필요하다는 생각이 들 때마다 기꺼이 대변인 역할을 자처하되, 먼저 아이에게 대답할 기회를 준다.

* **연극을 시도한다** 집에서는 아이가 정신적으로 편안하고 자신감도 생기므로, 집에서 사교적 기술을 연습하도록 도와준다. 부모는 계산원이 되고 아이는 고객이 되어 슈퍼마켓에서 만나는 상황을 설정한다. 친절한 어른들이 자주 하는 "안녕!", "모자가 아주 멋지구나, 야구모자니?", "곰돌이 인형 이름이 뭐니?"라고 질문을 하고 아이에게 대답하도록 유도한다. 아이가 망설이면 역할을 바꾸어 부모가 '아이'가 된다. 질문하는 어른 역할이 아이에게는 더 쉬울 수 있다.

* **사교의 모범을 보여 준다** 거리에서 친구를 만나면 멈추어서 이야기를 나누고, 슈퍼마켓 점원이나 은행의 출납계 직원, 주유소 종업원에게 "안녕하세요!" 하고 인사를 건넨다. 날씨나 커피 가격, 금리, 최근 가스 요금에 대해 이야기를 나눈다. 유치원에 아이를 데리러 갈 때 아이의 담당 교사나 놀이

모임에 있는 다른 부모들과 몇 마디 사교적인 인사말을 나눈다. 선천적으로 대화를 잘 나누는 사람은 많지 않으며, 대부분 사람들은 다른 사람들의 대화를 들으면서 배우게 된다.

<u>예의 바른 행동을 하도록 장려하는 건 중요하지만, 아이가 모든 어른들에게 한결같이 다정하게 대해야 한다거나 어른이 하는 말은 무조건 따라야 한다고 생각하게 해서는 안 된다. 아이가 불편해하면 거절해도 괜찮다고 알려 준다.</u>

친구가 없어요

Q "우리 아이는 이제 막 유치원에 다니기 시작했어요. 우리 아이와 같은 반 아이들은 이미 친한 친구들이 정해져 있어서 아이가 친구 사귀기가 힘들 것 같습니다."

A 짝을 지어 노는 모습은 두 살 때보다 세 살 때 더 흔히 볼 수 있지만 일반적인 모습은 아니다. 많은 아이들에게 친구를 사귀는 일이 그렇게 우선 사항이 아니기 때문이다. 아이들은 또래 아이들과 놀거나, 혼자 놀거나, 나이가 더 많은 아이나 어른과 함께 노는 것을 좋아한다. 다만 아이가 얼마나 적극적으로 친구를 사귀느냐 하는 문제는 경험과 크게 관련이 있다. 아이와 같은 반에 있는 또래 아이들 대부분이 아마도 1, 2년 동안 어린이집에 다녔거나, 적어도 유아 때부터 놀이 모임에 정기적으로 참석했을 수 있다. 이런 경험이 있는 아이들은 사교적 만남이 제한된 아이들보다 일찍부터 짝을 이루어 놀이를 하는 경향을 보인다.

앞으로 2년 이내에 아이는 틀림없이 친구를 사귀기 시작할 것이다. 아이가 사교성이 늦게 발달하는 경우, 조금 더 기다리면 사교 생활로 누구보다 바쁜 시간을 보내게 될 것이다. 그러므로 아이에게 압박을 주지 말고, 208쪽에 소개한 사교성을 익히는 요령을 활용해 지지와 도움을 주도록 하자. 외부에 또래 친구가 없다면 부모가 친구가 되어 주자. 아이가 숫기가 없다면 친구를 사귀도록 도와줄 때 이런 성향을 감안해야 할 것이다. 아이가 공격적이거나 대장 행세를 하는 경우, 어느 쪽이든 친구를 사귀는 데 방해가 될 수 있으므로 "다른 아이들은 대장처럼 굴거나 때리는 아이하고는 놀고 싶어 하지 않는단다."라고 설명하고 아이가 이런 특성을 다스릴 수 있도록 조치를 취한다(214, 454쪽 참조). 일부 아이들은 상황을 죽 살펴본 후에 본격적으로 뛰어들려는 경향이 있다는 사실도 기억하자. 이 경우, 아이가 움직일 준비가 될 때까지 상황을 살펴보게 한다. 아이들은 관찰하는 입장일 때는 결코 행동에 돌입하려고 하지 않는다는 사실도 기억하자(243쪽 참조).

만약에 아이가 놀이에 참여하고 싶은 마음은 있지만 너무 수줍어 선뜻 나서지 못하는 것 같다면, 다가가는 방법을 제시해 본다. "희영이는 퍼즐 놀이를 좋아해. 너하고 퍼즐 놀이 같이하고 싶은지 한번 물어볼까?", "정인이하고 블록 놀이 하고 싶으면 같이하자고 하면 어떻겠니?" 등. 이때 강요는 안 된다. 아이가 물어보길 망설이는 경우, 간혹 부모가 아이 대신 물어봐 주면 '이런 식으로 물어보면 되는구나.'라고 아이가 이해하게 될 것이다. 또는 아이에게 재미있는 놀이를 시작하게 한 다음 아이와 같이 놀자고 다른 아이들을 초대한다. 그러나 번번이 부모가 끼어들면 안 된다. 그럴 경우 아이는 스스로 친구들과 접촉을 시도하는 방법을 결코 알지 못할 것이다.

무엇보다 나름의 사교 속도에 맞추어 아이가 알아서 움직이게 하는 것이 가장 중요하다. 아이가 혼자 놀거나 가족과 노는 걸 즐거워하면 그대로 인정한다. 이 시기에 반드시 여러 친구들과 어울릴 필요는 없다. 반면, 아이 자신이 아직 친구가 없다고 속상해하면 아이의 교사에게 상황을 설명한다. 교사가 능숙하게 개입해 주면 친구들을 쉽게 사귀게 될 것이다.

── 툭하면 울어요

Q "우리 아들은 전반적으로 무척 행복해 보여요. 하지만 감수성이 아주 예민해서 별것 아닌 일에도 하루에 열두 번도 더 울음을 터뜨립니다. 남자아이인데 너무 심한 거 아닌가요?"

A 일반적으로 아이들은 많이 운다. 여자아이 남자아이 모두 마찬가지다. 사실상 연구 결과에 따르면 열두 살 이전에는 여자아이와 남자아이 모두 우는 양상이 똑같다고 한다. 최근의 사회적 통념은 남자아이도 울 수 있다는 사실을 받아들이도록 장려하고, 대개의 경우 우는 것은 남자아이나 심지어 남자 어른에게도 더 이상 금지 행위로 여기지 않는다.

어린아이의 경우, 우는 것은 종종 의사소통의 수단이다. 아이들은 아직 언어에 썩 능숙하지 않기 때문에 울면서 감정과 좌절감을 표현한다. 그러므로 아이의 어휘력이 증가하면 우는 일도 줄어들 가능성이 있다. 아이의 신체적 감정적 상처에 부모가 과잉 반응을 보이거나 아이가 눈물을 흘리기 시작하면 관심을 지나치게 쏟음으로써 더 울게 만드는 경우, 다른 아이들보다 유독 자주 울게 될 수 있다. 혹시 내 아이가 이런 경우가 아닌지 살펴보자.

하지만 아이가 감수성이 예민한 성향이라면 매사에 상처를 잘 받는 것처럼 보일 수도 있다. 숫기 없는 성격, 사교적인 성격, 공격적인 성격과 마찬가지로 예민한 성격 역시 대체로 선천적인 성격의 특징이다. 그리고 숫기 없는 아이와 마찬가지로 예민한 아이 역시 대개 새로운 사람과 환경에 적응하는 속도가 느리고 이행과 변화를 더 힘들어한다. 뿐만 아니라 소리와 빛, 촉각에도 예민할 수 있다.

대부분 아이들이 삶을 강렬하게 경험하지만, 예민한 아이는 엄청난 강도로 삶을 경험한다. 무릎이 살짝 까졌든 자아에 약간의 상처를 입었든, 예민한 아이에게는 충분히 울 만한 이유가 되며 필요 이상으로 크고 오래 운다. 예민한 아이는 넘어지는 걸 대수롭게 여기지 않고 그 자리에 주저앉아 한참 동안 엉엉 운다. 예민한 아이는 친구한테 빼앗긴 장난감을 도로 찾아오려 하기보다 바닥에 풀썩 쓰러지며 눈물을 흘린다.

이처럼 예민한 아이가 쉽게 눈물을 보이는 건 사실이지만 그렇다고 불행한 건 아니다. 사실상 지나치게 예민한 아이들은 울기도 잘 울지만 웃기도 잘 웃는 경향이 있다. 그리고 예민한 성격에도 긍정적인 측면이 있다. 예민한 아이는 다른 사람은 물론 심지어 동물의 감정에도 공감할 줄 안다. 또한 대체로 통찰력과 관찰력이 좋아 평생 여러 방면에서 도움이 된다.

<u>아이가 우는 이유가 무엇이든 우는 것이 꼭 나쁜 것만은 아니다. 한바탕 울고 나면 대개 기분이 좀 나아지는데, 연구자들의 주장에 따르면 스트레스로 인해 뇌 속에 쌓인 화학물질을 줄이는 데 눈물이 도움이 된다고 한다. 일부 연구자들은 우는 사람이 그렇지 않은 사람보다 일반적으로</u>

정서적 신체적으로 더 건강하다고 주장하기도 한다. 그러니 눈물을 보이면 안 된다고 아이에게 강요하지 않도록 한다.

그러나 아이가 너무 자주 운다면, 부모와 아이를 돌보는 다른 사람이 덜 괴로우려면 우는 횟수를 줄이기 위해 아래 내용을 참고하자.

* **아이의 예민한 성향을 배려한다** 예민한 아이는 그렇지 않은 아이들보다 정신적 육체적으로 더 강렬하게 아픔을 느낀다. 이런 감정을 놀리는 건 잔인하며 정당한 감정을 부인하는 것이다. 그리고 예민한 아이에게 눈물을 무조건 참으라고 강요하면 아이는 훨씬 크게 상처받고 소외감을 느낄 수 있으므로, 차라리 눈물을 좀 덜 흘리게 하는 편이 좋다. 아이의 고통을 이해하고 위로해 준다.

* **아이의 자존감을 키워 준다** 자존감이 낮으면 매사를 예민하게 받아들여 더 많이 울 수 있다. 그러므로 아이가 바람직한 행동을 하고 무언가를 성취할 때마다 아이를 칭찬해 자아를 북돋아 준다(292쪽 참조). 아이에게 능력 이상의 것을 무리하게 요구하거나 도전하도록 부추기지 않는다.

* **울음을 부추기지 않는다** 운다고 보상을 줘도 안 되지만 벌을 줘도 안 된다. 가능하면 아이가 울더라도 중립적인 태도를 취해야 한다. 주의를 다른 곳으로 돌리면 눈물을 그치게 하는 데 도움이 될 수 있다. 이 방법이 효과가 없으면 침착한 태도로 잠깐 달래 준다. 위로의 표현이 지나치면 울음이 더 커질 뿐이다. 아이가 흡족해할 정도로 꼭 안아 줄 때 생기를 찾는 것 같다면 이런 종류의 효과적인 방법을 자주 이용한다.

* **울부짖는 대신 말로 기분을 설명하도록 도와준다** 괴로운 일이 있으면 "아파."라거나 "속상해."라고 말하도록 방법을 가르친다. 고통을 분명하게 표현할 줄 알면 눈물로 해소해야 할 필요성이 줄어든다.

* **부모의 기분이 부정적인 건 아닌지 확인한다** 아이들은 무척 예민하기 때문에 부모가 아무리 감추려 해도 부모의 불안이나 긴장, 분노, 우울 등 여러 가지 감정을 쉽게 알아챈다. 긴장 이완 기법을 이용해(195쪽 참조) 이런 기분을 다스린다. 화가 날 때는 감정을 덮으려 하지 말고 아주 간단한 단어를 사용해 아이에게 설명한다. 아이가 의아해하거나 혼자 추측하기보다 부모의 감정을 아는 편이 나을 것이다. 하지만 감정을 자세히 이야기하지는 않도록 한다. 아이들이 부모의 짐을 떠맡거나 나눠져서는 안 되며, 특히 예민한 아이들은 아주 사소한 부모의 근심에도 감정적으로 쉽게 무너질 수 있다.

* **비난을 삼간다** 가능하면 칭찬으로 비난을 덮는다. "머리 위로 스웨터를 입을 줄 알다니, 아주 잘했어. 멍멍이 그림이 보이나 안 보이나 거울로 확인해 볼까?" 스웨터 앞쪽에 있어야 할 강아지 그림이 뒤에 있다면, 스웨터 방향이 똑바로 되도록 아이를 도와준다. 결과가 생각만큼 완벽하지 않더라도 아이의 노력을 비난해서는 안 된다. 예를 들어, 아이가 혼자서 손을 씻었다고 자랑스럽게 말하는 경우, 온몸에 물을 흘렸다고 아이를 야단치지 말고 주변에 뚝뚝 흘린 물을 닦는 걸 도와 달라고 부탁한다.

* **가볍게 훈계한다** 예민한 아이는 부모가 눈썹을 치켜뜨거나, 화가 나거나 실망한 표정만 지어도 못마땅하게 생각한다는 걸 충분히 알아차린다. 그러므로 평소 소리를 지르거나

타임아웃을 실시하는 등 다소 극단적인 방법으로 벌을 내릴 필요가 없다. 유머 감각을 이용해 보다 가볍게 훈육을 하는 것(176쪽 참조)이 훨씬 효과적일 수 있다.

그렇다고 예민한 아이에게는 규범을 지키도록 요구하거나 잘못을 지적해서는 안 된다는 의미가 아니다. 아이의 기질이 예민한 만큼 절제된 방식으로 훈육해야 한다. 아이에게 규칙을 분명히 알려 주고 '올바른' 행동을 할 수 있게 필요한 기술을 가르쳐 야단칠 일을 줄이도록 한다.

* **아이에게 평생 낙인을 찍지 않는다**
'까칠하다'거나 '울보'라고 꼬리표를 붙이면 아이는 평생 꼬리표를 달고 살아가게 된다. 아이의 예민한 성격을 다른 사람들에게 설명해야 할 때는 아이가 주변에 없을 때 한다.

* **아이가 우는 척하는 걸 거라고 무조건 단정하지 않는다** 아이가 툭하면 우는 경우, 부모들은 대개 아이가 아무 이유 없이 운다고 생각하고 원인을 알아보기도 전에 모르는 척한다. 하지만 실제로 어떤 중요한 이유가 있을 수 있으니 아이가 눈물을 흘리면 잠깐이라도 반응을 보이면서 살펴보는 것이 좋다.

━━ 대장이 되려고 해요

Q "우리 딸은 뭐든지 자기 뜻대로 해 달라고 졸라요. 혼자서도 얼마든지 잘할 수 있는 일도 우리한테 해 달라고 떼를 쓰면서 우리를 쥐고 흔들어요."

A 이처럼 대장이 되려는 심리 상태는 2~3세 아이들에게 흔히 볼 수 있는 모습이지만, 그렇다고 장차 아이가 폭군이 될 조짐은 결코 아니며, 다만 아이 특유의 자기중심적인 또 하나의 모습일 뿐이다. 세상에서 자신은 가장 중요한 사람인만큼 자기 마음대로 상황을 움직이려 하는 건 지극히 당연하다. 또한 늘 다른 사람들의 통제를 받는 상황에서 어떻게든 약간의 통제력이라도 얻어 보려는 몸부림 역시 아주 당연하다. 다시 말해 아이가 부모에게 이래라저래라 지시하는 건 부모가 아이에게 했던 걸 그대로 되갚는 것이라고 볼 수도 있다.

아이가 자라서 세상이 자신을 중심으로 돌지 않는다는 걸 깨닫기 시작하고 일상에서 일어나는 일에 더 많은 통제력을 갖게 되면 고압적인 태도도 누그러질 것이다. 그리고 아마도 여전히 대장 역할을 하게 되겠지만, 부모가 올바르게 양육한다면 심하게 떼를 부리는 일은 서서히 줄어들 것이다.

* **부모가 아이에게 바라는 대로 아이를 대한다**
아이가 부모에게 대장 노릇하는 걸 멈추고 싶다면, 부모 역시 아이에게 대장 노릇을 하지 않아야 한다. 정당하고 아이의 연령에 알맞으며 과하지 않은 규칙과 기대를 적용해야 한다.

* **아이에게 충분히 관심을 준다** 아이가 떼를 쓰는 건 자신을 위해 더 많은 시간을 할애해 달라는 메시지일 수 있다. 아이가 이런 요구를 하지 않도록 아이와 충분히 시간을 함께해야 한다. 그리고 "이거 고쳐 줘."라거나 "주스 더 줘." 같은 요구를 계속 미루지 말고 가능한 한 빨리 요구를 들어주면 아이의 요구 사항은 줄어들 수 있다. 즉시 반응할 수 없을 때는 이유를 설명하고 언제쯤 아이를 도와줄 수 있을지 알려 준다.

* **그러나 아이가 폭군처럼 굴도록 내버려 두지 않는다** 아이가 무례하게 굴 때는 반응하지 않는다. 부탁을 할 때는 공손한 목소리로 예의를 갖추어 말하도록 요구한다. 아이의 요구가 과하면 차분한 태도로 설명을 하고 일일이 요구를 들어주지 않는다.
* **어느 정도 통제력을 넘겨준다** 낮 동안 아이에게 선택권을 주면 아이는 상황을 통제한다는 느낌을 좀 더 많이 갖게 되어 통제력을 더 차지하려는 강박 관념을 덜 느낄 것이다.
* **어느 정도 책임감을 부여한다** 처음에는 아이가 다룰 수 있는 간단한 임무를 부과하고(460쪽 참조), 혼자서도 얼마든지 할 수 있는 간단한 일인데도 부모에게 해 달라고 떼를 쓰면 거절한다. 아이를 위해 부모가 할 일이 많다고 설명한다. 그러나 아이가 혼자서 할 수 있는 일이 있는 반면 아직 너무 어려 혼자서 하기 힘든 일도 있으므로, 아이의 대장 노릇을 잠재우겠다는 각오로 아이의 요구를 갑자기 무조건 거절해서는 안 된다. 이렇게 하면 아이의 좌절감만 깊어지고 대장 행세가 더 악화될 것이다.
* **자존감을 강화한다** 아이가 어떤 일을 부모에게 해 달라고 요구하지 않고 스스로 해내면, 바로 적절하게 칭찬한다.
* **주도권을 잡으려는 욕망이 아이의 선천적인 기질일 수 있다** 이런 특성을 제거할 수는 없지만 아이에게 리더십 기술과 공감 능력, 공정성, 예의 바른 태도를 가르쳐 긍정적인 방향으로 발전시키도록 도울 수 있다.

Q "우리 아들은 친구와 놀 때마다 친구에게 이것저것 지시를 해요. 아이 친구는 개의치 않는 것 같지만 우리가 너무 신경 쓰입니다. 대장 행세를 하려는 건 아주 바람직하지 않은 성격 특성인 것 같아요."

A 주변의 친구를 상대로 대장 노릇을 해 주도권을 잡으려는 아이들이 있다. 이런 아이들은 자신이 놀이를 결정하고, 규칙도 정하고, 모든 상황에서 지배적인 역할을 맡는 등 확실하게 주도권을 잡는다. "내가 엄마 할게, 넌 아가 해.", "내가 의사 할게, 넌 환자 해." 등.

아이가 대장 행세를 하려는 데는 여러 가지 이유가 있다.

무력감 일부 아이들은 다른 아이들에게 지배력을 행사함으로써 평소에 느끼는 무력감을 보상 받으려 한다. 또래 친구들에게 이래라저래라 지시를 내리면서 어른들과 손위 형제들에게 지시를 받는 상황을 만회하는 것이다.

사교적 기술의 부족 또래 아이들을 어떻게 대해야 할지 아직 잘 모르기 때문에 대장 행세를 하기도 한다. 자기중심적인 이 시기의 아이들은 세상이 자신을 중심으로 돌지 않으며 다른 사람들에게도 권리가 있다는 사실을 아직 이해하지 못한다.

선천적인 기질 일부 아이들은 타고난 리더로서, 일찍부터 대장 노릇을 하는 것은 이러한 성향이 드러나는 것으로 볼 수도 있다.

아이가 대장 노릇을 하는 이유가 무엇이든, 부모가 명령이나 완력으로 아이의 행동을 바꿀 수는 없다. 아이의 대장 노릇이 선천적인 기질이라기보다 아이 특유의 행동이라면, 아이 시기에 일시적으로 나타났다가 사라질 것이다. 반면에 이런 행동이 선천적인 기질 때문이라면 평생 지속될 것이다. 하지만 <u>아이의 자존감을 향상시키고 사교적 기술과 예의를 가르치며, 차례를 지키고 다른 사람의 마음에 공감하며, 친구들과 협조하도록 장려함으로써 선천적으로 권위적인 아이를 제멋대로 행동하는 성인이 아닌 모범적인 리더로 성장시킬 수 있다.</u>

── 아이를 놀리면 안 되나요

Q "우리는 재미로 자주 아이를 놀리고 아이도 그걸 즐거워하는 것 같아요. 하지만 아이를 놀리면 자존감에 상처를 입힐 수 있다고 제 친구가 그러더군요. 정말인가요?"

A 아무리 장난으로 놀려도 크게 상처를 받는 아이가 있고, 아무리 심하게 놀려도 재미있게 여기는 아이도 있다. 아이가 놀리는 걸 재미있어 한다면, 굳이 아이가 좋아하는 놀이를 그만둘 필요는 없다. 악의가 없고 너무 과하거나 기분을 상하게 하지 않는다면, 아이를 놀리는 행위에는 실제로 여러 가지 이점이 있을 수 있다. 즉, 아이의 유머 감각을 키우고, 나중에 커서 놀림을 받는 상황이 오더라도 견딜 수 있도록 준비시킬 수 있다.

아이에게 농담을 할 때 아이의 표정을 통해 힌트를 얻도록 한다. 아이의 반응을 세심하게 살펴보고 그만두어야 할 때를 판단한다. 어린아이들은 어떤 말을 들으면 문자 그대로 받아들인다는 사실도 염두에 둔다. 비가 많이 올 때 부모가 "하늘에서 구멍이 뚫렸네." 하고 말하면, 아이는 정말로 하늘에 구멍이 뚫렸는지 보려고 할 수도 있다. "어, 너 지금 거짓말했지. 네 코가 피노키오처럼 점점 길어지고 있는 걸." 하고 말하면 아이는 정말로 코 위에 나뭇가지와 새 둥지가 있는지 보려고 할 것이다. 그러므로 가볍게 장난쳐야 한다. 부모는 날카로운 농담이라고 생각해서 한 말이지만 아이는 자신을 깎아내리는 말로 받아들일 수 있다. 그리고 아이가 부모의 사랑과 인정을 받으며 안정감을 느끼는 것이 중요하므로, 이런 안정감을 위협할 수 있는 지나친 놀림이나 부주의한 농담은 피한다.

── 귀 기울이려 하지 않아요

Q "우리가 아이에게 어떤 일을 하라거나 하지 말라고 말하면, 아이는 번번이 우리 말을 완전히 무시하거나 심지어 안 들리는 척하고, 그러다 보니 결국에는 아이에게 소리를 지르게 됩니다. 정말이지 그러고 싶지 않은데 말이에요."

A 열 마디 말보다 한 번의 행동이 더 효과적이다. 특히 부모 말을 귀담아 듣지 않는 아이를 다룰 때는 더더욱 그렇다. 아이가 부모의 말을 무시하는 데는 여러 가지 이유가 있다. 첫째, 부모들은 대체로 말을 많이 하게 되고 어떤 의견을 이해시키려 할 때면 잔소리를 늘어놓고 사설이 이어지다 보니, 아이는 자기 방어 차원에서 귀를 막게 된다. 둘째, 말을 듣지 않는 것은 충돌을 피하려는 아이 나름의 방식일 수 있다. 가령, 물을 쏟은 경우, 아이는 부모의 잔소리를 무시하면서 마치 아무 일도 일어나지 않은 것처럼 행동한다. 나쁜 소리는 듣지 않는 게 상책이니까. 셋째, 말을 듣지 않는 것은 부모의 권위와 아이의 자립심을 시험하는 아이 나름의 방법일 수 있다. 엄마나

아빠가 같은 말을 얼마나 많이 되풀이하는지, 엄마나 아빠를 얼마나 화나게 만들 수 있는지 보면서, 아이는 상황도 파악하고 재미도 느끼는 것이다. 넷째, 때때로 아이들은 놀이에 완전히 몰입하거나 기술을 완벽하게 익히느라 깊이 집중하면 말 그대로 주변 소음이 완전히 차단된다. 정말로 아무 소리도 들리지 않는 것이다.

부모 말을 무시하는 이유에 아무리 악의가 없다 해도, 부모 입장에서는 기분이 좋을 리 없다. 아이가 부모 말에 귀를 기울이게 하기 위해 다음 내용을 참고하자.

아이 말에 귀를 기울인다 부모들은 하루에도 몇 번씩 아이 말을 무시한다는 사실을 종종 인식하지 못한다. 아이가 하는 말이 부모에게는 별로 중요하게 들리지 않겠지만, 아이에게는 한 마디 한 마디가 중요하다. 가뜩이나 표현력에 한계가 있어 답답한데 부모가 자신의 말을 귀 기울여 들어주지 않으면 아이는 좌절감을 느끼게 되는데, 이 좌절감은 아이가 부모 말을 귀 기울여 듣지 않을 때 부모가 느끼는 좌절감보다 훨씬 크다. 아이는 자신의 말이 무시를 당하면 크게 주눅이 든다. 그러므로 아이가 부모 말에 귀 기울여 주길 원한다면 아이의 말도 잘 듣도록 노력하자. 그러다 보면 아이 역시 부모에게 같은 모습을 보일 것이다.

실행 가능한 말을 한다 부모들은 종종 아이가 이해하지 못하는 지시를 내리거나, 한 번에 너무 많은 지시를 내린다. 이 시기의 평균적인 아이는 한 번에 두 가지 지시만 수행할 수 있다. 또는 아이의 능력으로 불가능한 지시를 내리기도 한다. 가령, 아이는 빨랫줄에 키도 안 닿는데 "타월 널어라!"라고 지시한다든지, 장난감을 어디에 어떻게 정리해야 하는지 전혀 모르겠는데 "장난감 치워야지!"라고 지시하는 식이다. 아이가 부모 말에 따르길 기대하기 전에 아이에게 구체적인 방법을 알려 준다.

가까이에서 말한다 거실 저 끝에서 또는 아이가 보이지 않는 곳에서 큰 소리로 말하지 않는다. 아이에게 가까이 다가가 아이의 눈을 똑바로 쳐다보고 말한다. 필요하면 아이의 눈높이에 맞추어 무릎을 꿇는다.

짧고 간결하게 말한다 아이의 주의 집중 시간에는 한계가 있다. 하고자 하는 말을 몇 개의 단어로 간단명료하게 말하면 아이에게 더 잘 전달될 것이다.

물리적인 힘을 이용한다 아이가 부모 말에 반응하지 않는다면 다른 방식으로 아이의 주의를 끈다. 텔레비전 그만 보라는 부모의 경고를 아이가 듣지 않는다면? 아이를 번쩍 안아 다른 방에 데려다 놓고 다른 활동으로 주의를 돌린다. 점심 먹으라는 부모의 말에 아이가 아무런 반응을 보이지 않는다면? 장난감이 있는 곳에서 아이를 데리고 나와 식탁 앞에 앉힌다. 아이가 다른 사람을 다치게 하거나 자신이 다칠 상황에 처해 있다면? 즉시 개입한다.

몸짓과 말투, 진지한 표정으로 아이에게 알려 주되, 상냥한 태도를 유지하도록 노력한다. 아이가 한참 진행 중인 활동에서 아이를 떼어 놓아서는 안 된다. 이런 행동은 아이를 발버둥치고 소리 지르게 만들 뿐이다. 차라리 아이를 안아 올리면서 이렇게 말하도록 하자. "이런, 너, 엄마 말 못 들었나 보구나. 이제 점심 먹을 시간이야. 트럭한테

이따가 만나자고 인사해. 그리고 원하면 트럭을 가지고 식탁에 와도 좋아."

아이가 말을 잘 들으면 칭찬한다 사실상 듣는 것은 듣지 않는 것보다 훨씬 많은 주의가 필요하다. "엄마가 점심 먹으라고 말하자마자 곧바로 일어나다니. 네가 엄마 말을 잘 들어서 엄마는 정말 기분이 좋아. 고마워."

아이가 결정하게 해야 할까요

Q "아이가 스스로 결정할 기회를 많이 제공해야 한다는 건 알지만, 우리 아이는 늘 아주 엉뚱한 방향으로 결정을 내려요."

A 부모보다 더 많은 결정을 내려야 하는 사람이 또 있을까? 기업의 CEO도, 힘 있는 정치인도, 영향력 있는 금융업자도, 부모만큼 많은 의사 결정을 내리지는 않을 것이다. 하지만 모든 의사 결정 가운데 가장 힘든 결정은 아마도 아이 스스로 결정을 내리도록 하는 것이 좋을지, 그렇다면 언제 얼마나 자주 결정을 내리게 해야 할지 결정하는 것이다.

아이 스스로 결정하게 하는 것은 약간 위험 부담을 감수해야 하는 일이다. 특히 아직 경험과 판단력이 부족하고 변덕이 심한데다, 대부분의 결정들이 '잘못'될 수 있는 아이 시기에는 더욱 그렇다. 그러나 결정을 내릴 기회를 갖는다는 건 아이의 발달에 반드시 필요하며 성장에 중요한 부분이다. 부모가 모든 결정을 내리는 환경에서 성장한 아이들은 스스로 책임지고 결정을 내리기 위해 필요한 기술을 익히기 어렵다. 이런 아이들은 예를 들어, 친구 집에 놀러 갔을 때, 학교에 다닐 때, 집을 떠나 타지역에서 대학을 다닐 때 등 집을 떠나 어려운 선택을 해야 할 상황이 되면 대개 잘못된 결정을 내리거나 다른 사람에게 대신 결정을 내리게 하는 경향이 있다.

아이에게 의사 결정 기회를 주면, 지금은 통제력을 발휘한다는 느낌을 갖게 되고 나중에는 현명한 의사 결정자가 되는 발판을 마련하게 된다. 비록 처음에는 아이가 결정한 내용들 대부분이 아주 얼토당토 않을 거라 예상해야겠지만…….

그러나 아이를 의사 결정에 참여시킬 때는 몇 가지 주의해야 할 사항이 있다.

* **선택을 제한한다** 예를 들어, "뭐 먹을래?"라고 물으면, 아이는 집에 없는 음식을 달라고 한다든지, 아침 식사로 적당하지 않은 아이스크림을 달라고 할 수도 있다. 아이에게 마음대로 결정하라고 해 놓고 아이의 결정을 반대한다면, 아이는 애초에 자신에게 진정한 선택권이 주어지지 않았다고 판단하게 되고 자신은 올바른 결정을 내리지 못한다고 나약한 결론을 내리게 된다. 그러므로 선택을 하게 할 때는 한계를 정해 다음과 같이 물어봐야 한다. "아침으로 시리얼과 바나나를 먹을래, 아니면 빵을 먹을래?"

* **건강과 안전을 위태롭게 하는 선택은 제한한다** <u>카 시트에 앉거나, 영하의 날씨에 장갑을 껴야 하거나, 도로에 뛰어들면 안 된다는 것은 선택 사항이 아니라고</u> 분명하게 못을 박아야 한다. 그러나 타협의 여지가 없는 상황에도, 다툼을 피할 방법들이 적어도 한두 개는 있기 마련이다. "아빠가 카 시트에 태워 줄까, 할아버지가 태워 줄까?", "길 건널 때 엄마 손 잡을래, 아빠 손잡고 갈래?".

* **유치원을 선택하는 문제처럼 중대한 문제를**

결정할 때 아이에게 부담을 주지 않는다 물론 아이의 조언을 구할 수는 있다. 똑같이 괜찮아 보이는 유치원 두 곳을 선택한 다음, 최종 결정을 아이가 하게 한다. 하지만 중요한 결정에 대한 모든 책임을 전적으로 아이가 지게 하는 건 무책임한 처사다. 그렇게 해서 내린 결정이 결국 잘못되면 아이는 그걸 매일 떠올리게 되고 의사 결정자로서 실패자라는 생각을 하게 되어 앞으로 결정을 내릴 때마다 망설일 수 있다.

* **아이가 감당하기 힘든 문제들을 결정하게 해서 아이를 당황하게 만들지 않도록 주의한다** 하루 내내 옷, 친구, 장난감 등을 일일이 결정하게 하면 스트레스가 커질 수 있다. 그러므로 모든 활동에 대한 결정을 요구하지 않는다.

때로는 아이의 희망 사항과 기분, 부모의 경험과 지식을 기반으로 아이와 부모가 함께 의사 결정을 내릴 수 있다. 아이와 함께 결정을 내릴 때는 평소에 하는 방식대로 편안하게 결정을 내린다. 여러 가지 선택 사안들, 좋은 결정을 내리기 위해 알아야 할 정보, 누가 아프거나 섭섭해 할지 모른다는 사실, 어떤 결정이 옳고 그른지 등에 대해 아이와 이야기를 한다. 위험과 이익을 비교 검토한다는 보다 성숙한 개념을 이용해 상의하기에는 아이가 아직 너무 어리지만, 자신이 내린 결정에 책임을 져야 한다는 걸 배우기에는 그렇게 어리지 않다. "우리는 결정한 대로 놀이터에 갔는데 비가 오는 바람에 온몸이 젖어버렸어. 그래서 지금 도서관에 가는 대신 집에 가야 해."

올바른 결정을 내리기 위해 열심히 노력해도 간혹 실수할 때가 있다는 걸 아이에게 알려 준다. 때로는 실수해도 괜찮다는 걸 알면 과감히 부담 없이 의사 결정을 내릴 수 있다. 아이가 썩 완벽한 결정을 내리지 않더라도 "내 그럴 줄 알았다."와 같은 말을 삼가고 아이가 자연스럽게 알게 한다. 비난을 하거나 판단하지 말고, 각각의 결정에 대한 결과를 검토하며, 그것을 통해 배우고, 다음에는 어떻게 해야 좀 더 올바른 결정을 내릴 수 있을지 생각하도록 도와준다. 예를 들어, 아이가 놀이터에 원피스를 입고 가겠다고 우기다가 결국 넘어져서 무릎이 까진 경우, "그러게, 엄마가 바지 입으라고 했잖니……."라고 말하지 말고 "아이고, 무릎이 까졌구나. 아프겠다. 다음부터 무릎을 다치지 않게 하려면 놀이터에 올 때 어떻게 하는 게 좋을까?"라고 물어본다.

그러나 늘 완벽하게 잘될 거라고 기대하면 안 된다. 경험이 쌓이고 성숙해지면 아이의 의사결정 기술이 향상되겠지만, 그렇다고 언제나 완벽한 결정을 내리지는 않을 것이다. 부모가 그렇듯 아이도 인간일 뿐이니까.

집안일

Q "아이가 집안일을 어느 정도 책임지고 도와주길 바라지만, 그럴 나이가 된 건지 잘 모르겠어요."

A 입던 옷을 벗어서 그대로 내버려 두지 않고 빨래 바구니에 넣고, 부모가 일일이 말하지 않아도 자기 방을 정리하며, 불평 한마디 없이 식탁을 닦고, 토요일 오후에 기꺼이 마당을 청소하는 아이. 모든 부모가 꿈에 그리던 아이의 모습이 바로 이런 모습일 것이다. 하지만 과연 이 꿈이 이루어질 수 있을까? 천만의 말씀. 하지만 책임감 있는 아이로 키우는 건 얼마든지 가능하다.

일찍 시작한다 지속적으로 집안일을 돕도록 요구하는 건 아직 너무 어리지만, 가끔 책임감을 경험하게 해 주기에는 그렇게 이르지 않다. 사실상 대부분의 아이들이 집에서 부모들이 하는 행동을 똑같이 따라 하길 좋아하기 때문에 앞으로 아이가 집안일을 돕도록 준비하기에는 지금이 적기일 수 있다. 장난감을 정리하고, 깨지지 않는 물건을 식탁 이쪽에서 저쪽으로 옮기고, 거실의 먼지를 닦는 등의 안전하고 간단한 임무를 부여한다(보다 많은 아이디어는 아래의 박스 내용 참조). 또한 쓰레기는 휴지통이나 재활용 상자에 바로바로 버리도록 평소에 가르친다.

재미있게 한다 점심 식사를 위해 식탁을 차리도록 아이에게 부탁할 때 아이가 좋아하는 식탁 매트를 깔고, 빨래 바구니를 아이가 좋아하는 캐릭터로 장식하며, 아이가 좋아하는 노래의 리듬에 맞추어 장난감을 줍게 한다(장난감 정리를 더 재미있게 하는 요령은 463쪽 참조).

집안일을 가족 행사로 만든다 가족이 모두 함께 청소나 요리를 하는 가정은 많은 일을 더 즐겁게 마칠 수 있다. 노동이 공정하게 분담되는 한, 이 같은 협동심은 아이가 성장함에 따라 지속적으로 자기 몫의 임무를 수행하도록 장려할 수 있다.

아이들이 할 수 있는 집안일

아이에게 청소기를 돌리게 하는 건 너무 이르지만, 기본적인 집안일 몇 가지에 참여시키기에는 지금이 딱 적당하다. 평균 두세 살 아이가 얼마나 많은 집안일을 완벽하게 해내는지 알면 놀랄 것이다. 아이에게 아래에 열거한 내용 가운데 일부를 배정하거나 부모가 고안한 일을 할당한다(안전과 아이의 능력을 감안해서). 대부분의 일은 부모의 감독이 필요하고 일부는 도움이 필요하다는 사실을 기억하되 최대한 개입하지 않도록 노력하자. 아이는 '혼자 힘으로' 다 해낼 때 더 뿌듯하게 여길 것이다.

* 장난감 집어서 정리하기(좀 더 수월하게 하는 요령은 461쪽 참조)
* 더러운 옷은 빨래 바구니에 넣기
* 빨래 건조대에 걸린 옷 다 마르면 걷기
* 우편함에 우편물 넣고 꺼내기
* 먼지 털기. 먼지털이를 주고, 부모가 시범을 보인 다음 아이에게 먼지를 털게 한다. 주변에 깨지는 물건이 없는지 확인한다.
* 휴지, 키친타월, 빵, 시리얼, 파스타 등 깨지지 않는 물건을 꺼내서 서랍 안에 정리하기
* 작은 빗자루와 쓰레받기로 바닥 쓸기. 세로로 긴 쓰레받기가 일하기가 더 쉽다.
* 식탁에 매트와 냅킨, 깨지지 않는 접시와 컵, 식기류 놓기. 나이프는 위험하므로 제외한다.
* 식탁 위에 깨지지 않는 물건 치우기
* 깨지지 않는 접시와 냄비, 숟가락, 플라스틱 컵 닦기
* 물이 담긴 스프레이 병과 천 조각 또는 물에 젖은 스펀지로 물에 젖어도 되는 물건 닦기
* 주방 싱크대에서 과일과 채소를 물에 씻고 문지르고 헹구기. 튼튼하고 안정감 있는 받침대에 올라서게 한다.
* 샐러드를 만들기 위해 양배추 씻기
* 커다란 그릇에 담긴 소량의 샐러드 뒤적이기
* 완두콩 까기, 옥수수 껍질 벗기기, 브로콜리나 콜리플라워의 작은 송이들 분리하기
* 쿠키 커터로 쿠키나 샌드위치 자르기
* 미트볼, 경단, 공 모양 쿠키 만들기. 이 작업을 하기 전후에는 손을 깨끗이 씻어야 하고, 특히 재료에 익지지 않은 육류나 날달걀이 포함되어 있다면 더욱 철저하게 손을 씻어야 한다. 또한 아이에게 재료를 맛보지 말라고 주의를 준다.
* 달걀, 팬케이크 반죽, 케이크 반죽, 익히지 않은 푸딩 등을 혼합하거나 젓기
* 작은 물뿌리개로 화분에 물 주기
* 잡초 뽑기. 옆에서 지도를 해야 한다.

합리적인 요구를 한다 아이가 집안일을 열심히 돕는 편이라 하더라도, 능력 이상으로 요구해서는 안 되며 내켜하지 않는데 강요해서도 안 된다. 아이가 벌써부터 과중한 책임을 맡고 있다면 일찍부터 에너지가 바닥이 나, 나중에 아이의 아낌없는 도움이 훨씬 중요해질 때 도와 달라고 하면 발끈 화를 낼지 모른다.

부모부터 투덜대지 않는다 설거지할 그릇을 개수대에 넣거나 청소기를 돌려야 할 때마다 부모가 구시렁구시렁 불평을 하면, 아이에게 아주 확실한 메시지를 전달하고 있는 것이다. 집안일은 아주 재미없다고……. 그러므로 일을 할 때 좋아하는 음악을 틀거나 휘파람을 불어 불쾌한 마음을 없애도록 노력한다. 그래도 집안일이 너무 싫어 도무지 불평을 멈출 수가 없다면 속으로만 한다.

── 방 정리

Q "우리 딸은 장난감이란 장난감은 전부 꺼내 마구 어지르며 놀고는 정리를 하지 않아요. 지금쯤이면 방을 정리할 때도 되지 않았나요? 아니, 적어도 놀이를 마치면 가지고 놀았던 장난감이라도 치워야 하지 않을까요?"

A 방이 정리되어 있는지 아닌지는 보는 사람의 관점에 따라 다르다. 그리고 대개 아이의 관점과 부모의 관점은 하늘과 땅 차이다. 부모 눈에는 장난감에 책에 구겨진 종이에 부러진 크레파스가 방 안 가득 어지럽게 뒹구는 것만 보인다. 반면 아이 눈에는 이렇게 어질러진 방이 금지 사항으로 가득한 작은 집에서 그나마 마음을 달래 주는 아늑한 오아시스로 보인다. 사실상 아이는 부모를 정신 사납게 만들 만큼 난장판으로 어질러진 방에서 편안함과 즐거움을 얻는다.

대부분 아이들과 취학 전 아동들이 지저분한 방에서 더 즐겁게 지내는 데는 그럴 만한 이유가 있다. 첫째, 아이들은 자기 소유물에 둘러싸여 그것들을 만지고, 느끼고, 소통하면서 더욱 안정감을 느낀다. 둘째, 아이들의 놀이는 대개 계속 진행 중이다. 가령, 곰돌이 인형과 병원놀이를 하다가 퍼즐이 눈에 띄어 퍼즐을 맞추기 시작했다고 병원놀이가 끝난 것은 아니다. 병원놀이는 계속 진행 중이기 때문에 곰돌이의 치료를 마치기 전에 곰돌이를 치우는 건 아이의 환상을 방해하는 부당한 행동이다.

그러나 아이가 자기 방이나 놀던 공간을 깨끗하게 유지하는 것이 좋다는 걸 잘 모른다고 해서 방을 정리할 필요가 없다는 의미는 아니다. 장난감을 정리하면 걸려 넘어지거나, 밟아서 망가뜨리거나, 침대 밑 어둠 속으로 사라질 염려가 없다. 책을 책꽂이에 잘 꽂으면 찢어지거나 구겨지거나 손상될 위험이 줄어든다. 퍼즐을 제자리에 정리하면 조각을 잃어버리지 않고 당분간은 온전하게 보관할 수 있다. 정리 정돈하는 방법을 배우면 아이의 소유물을 온전하게 보전하는 데도 도움이 되지만 아이 자신에게도 도움이 된다. 정리 정돈을 하면 초등학교 입학 전후의 기대에 부합하도록 아이를 준비시킬 수 있고, 아이가 익히는 다른 기술들이 그렇듯 스스로를 바람직하게 여기는 데 도움이 된다.

일찍부터 정리 정돈을 훈련시켰다면(67쪽 참조) 또래 아이들보다 유리한 입장에 있다고 봐도 좋다. 하지만 일과에 포함시켰든 그렇지 않든, 다음 방법을 이용하면 지금부터 정리 정돈을 습관화하는 데 도움이 될 것이다.

정리 정돈 시간을 정한다 하루 종일 어질러진 상태로 놀다가 저녁 무렵 정리하게 하는 것도 괜찮다. 많은 부모들이 마음껏 어지르게 내버려 두고, 잠자리에 들기 전에 정리를 시작하는 것이 훨씬 실질적이라는 걸 깨달을 것이다. 이런 방법은 아이에게 마음껏 놀 수 있는 기회를 제공하고, 아이는 중간에 장난감이 치워질 거라는 두려움 없이 자유롭게 놀이를 즐길 수 있다.

하지만 아이가 세 살이 가까워질 무렵이면, 놀이를 마친 후에는 놀던 물건을 스스로 치우도록 슬슬 가르치는 것이 바람직하다. 부모가 아이와 함께 놀 때는 놀이가 끝나면 으레 장난감을 정리해야 하는 것으로 정한다. 이런 개념은 아이의 놀이 공간이 가족이 함께 사용하는 공간일 때, 그리고 작은 조각이나 부품으로 이루어진 퍼즐과 장난감을 다룰 때 특히 중요하다. 아이가 완벽하게 말을 잘 들을 거라 기대할 수는 없지만 개념을 서서히 주입시키면 언젠가 스스로 정리 정돈을 하게 될 것이다.

놀이를 방해하지 않는다 청소할 시간이 다 돼 가는데 아이가 블록으로 한창 도시를 만들고 있거나 소꿉장난을 한창 하고 있다면, 장난감을 치워야 한다고 우기지 않는다. 놀이에 방해가 되지 않도록 진행 중인 활동을 서서히 중단시키고, 아침에 꺼냈던 장소에 도로 갖다 놓게 한다. 아이가 블록으로 도시를 완성했지만 아직 블록을 허물 마음의 준비가 되지 않았다면, 아이의 바람을 존중해 당분간 한 장소에 잘 보관한다. 거실 한쪽이나 작은 탁자 위에 잠시 아이의 작품을 전시할 장소를 따로 정해 놓으면 편리하다.

같이 정리한다 부모는 방이 깨끗해지길 바라지만, 아이는 부모와 생각이 다르다는 걸 기억하자. 그러므로 부모가 최소한 일부라도 정리 정돈에 책임을 져야 공평하다. 정리 정돈에 대한 책임을 번번이 아이에게 돌리지 말고 아이와 사이좋게 합심해 아이 방을 정돈하도록 노력한다. 각자의 능력에 따라 일을 분담한다. "엄마가 퍼즐 조각을 정리하면 넌 그걸 제자리에 가져다 놓을래. 네가 책을 차곡차곡 쌓으면 엄마가 책꽂이에 꽂을게."

한 번에 한 가지씩 정리한다 장난감으로 방 안이 온통 어질러져 있으면 정리를 시작하기도 전에 포기하고 싶어진다. 그러므로 어질러진 공간 전체를 한꺼번에 청소하려 하지 말고 정리하기 쉽도록 몇 부분으로 나눈다. 먼저 변장 놀이를

아이가 장난감 정리함을 이용하기 편하게 해 놓으면, 정리 정돈은 매우 쉬워질 것이다.

했던 방 한구석부터 치운 다음, 블록을 정리하고, 그 다음에는 침대 위에 놓인 잡동사니를 정리한다. 큰일을 몇 부분으로 나누면 좌절감은 줄어들고 결과는 극대화된다. 부모가 함께 정리를 할 때는 한 번에 한 가지씩 구체적으로 할 일을 알려 준다. "동물 인형들 전부 선반에 올려 놔."라고 지시하기보다 "기린 인형은 선반에 올리고, 그 다음 꿀꿀이 인형을 그 옆에 놔."라고 지시한다.

놀이를 이용해 정리 정돈을 한다 정리 정돈을 즐거운 일로 만들도록 노력한다. "지금 당장 장난감 치워!"라고 화난 목소리로 말하지 말고, 놀이 말투로 이렇게 말한다. "이제 인형들 잠자리에 들 시간이야. …… 블록들은 블록 상자에 들어가 저녁을 먹어야 해요. …… 자동차들은 차고에서 엔진 점검을 받을 시간이란다." 아이가 이길 수 있는 경쟁에 도전하게 해도 정리 정돈을 즐겁게 할 수 있다. "알람이 울리기 전에 인형 옷들 전부 정리할 수 있나 해볼까?", "열을 셀 때까지 누가 상자 안에 크레파스를 더 많이 넣나 볼까?". 그리고 부모 스스로 불평하지 않고 정리 정돈을 즐겁게 여긴다면, 아이에게도 그렇게 싫은 일이 아니라고 납득시킬 수 있다.

노래를 부른다 많은 유치원에서 장난감을 정리하고 다른 활동으로 이동할 시간을 연상시키기 위해 특정한 '정리 정돈' 노래를 틀거나 부르게 한다. 집에서도 이 방법을 이용하면 정리 정돈 시간을 의례적인 시간으로 만들게 되는데, 이 방법은 아이도 좋아한다. 활기찬 노래를 선택하면 움직이는 속도가 빨라지고 따라서 정리 정돈을 금방 끝낼 수 있다.

정리 정돈을 학습 경험으로 이용한다 "넌 빨간색을 전부 정리해. 아빠는 초록색을 정리할게."라고 말해 색깔을 가르친다. "넌 동그란 블록들을 정리해. 아빠는 네모 블록을 정리할게."라고 말해 모양을 가르친다. "넌 자동차 하나, 둘, 세 대를 정리해, 아빠는 하나, 둘, 셋, 넷, 다섯 대 정리할게."라거나 "아빠가 스물까지 셀 동안 변장용 옷을 전부 치울 수 있나 볼까?"라고 말해 숫자를 가르친다. 이처럼 정리 정돈 시간을 재미있는 학습 시간으로 만든다. 그러나 아이가 스트레스를 받거나 재미있어하지 않으면 중단하고 학습과 관련 없는 방식을 시도한다.

정리 정돈을 쉽게 할 수 있게 한다 정리함에 아이의 손이 닿지 않거나 접근하기 불편하면 정리 정돈을 할 수 없다. 장난감 정리함을 아이 손이 닿는 곳에 두면 아이가 정리 정돈하기 쉽다. 책장은 낮고 개방되어 있어야 하며, 정리함은 얕고 이동이 편리해야 하며, 옷을 거는 못은 늘어나면 안 된다. 책장과 정리함에 장난감 이름이나 그림을 잘 보이게 부착하면 도움이 된다. 장난감 종류에 맞추어 다양한 색깔의 정리함을 이용해도 좋다. 커다란 장난감 상자에 한꺼번에 모두 몰아넣지 않도록 한다. 하나의 상자에 많은 양의 장난감을 와르르 쏟아 넣게 되어 장난감이 망가지기 쉽고, 아이가 찾으려는 장난감을 찾지 못하면 짜증을 일으킬 수 있고 위험할 수도 있다(674쪽 참조).

아이에게 맞는 도구를 준다 장난감 정리를 마쳤으면, 아이가 바닥을 쓸 수 있도록 작은 빗자루와 쓰레받기를 준다. 아이만의 휴지통과 빨래 바구니를 주어도 좋다. 색깔이 화려하면 아이가 더 잘 이용할 수 있다. 물론, 버리면 안 되는 물건이 휩쓸려 갔는지 휴지통을 비우기 전에 반드시 확인해야 한다.

아이의 노력을 인정한다 부모가 스무 개를 치우는 동안 아이가 달랑 크레파스 한 개만 정리하더라도, 장난감 정리함을 선반 위에 올리다가 바닥에 떨어뜨리더라도, 인형을 서랍장에 가지런히 놓지 않고 아무렇게나 겹쳐 놓더라도, 노력에 대해서만큼은 칭찬받을 가치가 있다. 긍정적인 표현을 많이 하고 부정적인 비난을 삼가면, 아이는 정리 정돈을 점점 잘하게 될 것이다.

완벽을 요구하지 않는다 아이가 어지르는 걸 재미있어하는 것 같다면 방을 깔끔하게 유지하도록 고집하지 않는다. 아이 방이라는 사실을 염두에 두고 부모의 기준과 아이의 기준 사이에서 타협점을 찾는다.

── 동생을 임신한 사실을 어떻게 설명해야 할까요

Q "동생이 생길 거라는 말을 들은 뒤로 우리 딸은 아기가 어떻게 만들어지는지 엄청난 관심을 보이고 있어요. 아이한테 어떻게 설명해야 할지 몰라서 지금까지는 질문을 피하고 있습니다."

A 다리 밑에서 주워 왔다는 식의 설명은 하지 않는 게 좋다. 요즘 전문가들은 아이가 생식에 대해 물어보면 진지하게 대답을 해 주어야 한다는 데 동의한다. 아이가 아무리 어리다 해도 이런 질문을 할 정도의 나이라면 솔직한 대답을 충분히 이해할 수 있다. 물론 아이의 나이에 맞게 대답해 주어야 한다. 다음 내용을 참고하자.

문제를 회피하지 않는다 아이의 질문을 못 들은 척하거나 "네가 좀 더 크면 말해 줄게." 또는 "엄마한테(또는 아빠한테) 물어봐."라고 말해 회피하면, 아이는 아기가 생기는 일이나 자신의 호기심에 대해 부끄러운 일로 여길 수 있다. 이 문제를 어떻게 설명해야 할지 몰라 긴장할 수는 있겠지만 걱정할 필요는 없다. 대부분 부모들이 마찬가지다. 부모의 불안이 아이에게 전달되지 않도록 주의해야겠지만, 전달되더라도 걱정할 필요 없다. 이유를 알리지 않은 채 불안한 모습을 보이기보다 사실을 알리면서 불안한 모습을 보이는 것이 더 낫다.

공동 전선을 편다 부모 두 사람이 합심해서 이 문제에 대한 접근 방법을 의논한 뒤에 일관된 방식으로 접근해야 한다.

있는 그대로 사실을 설명한다 아이들은 각 신체의 기능에 대해 호기심이 많다. 아기가 생기는 문제와 관련된 모든 기관에 대해 직선적이고 정확한 정보를 전달하면 호기심을 충족시킬 수 있을 것이다. 반면, 이 문제를 비밀로 쉬쉬한다면 아이는 호기심이 더 커지거나 겁을 먹게 될 것이다. 임신과 분만에 대한 옛날이야기를 들려주어 사실 전달을 미루는 경우 역시 아이를 혼란스럽게 만들 뿐이다. 그리고 나중에 아이가 사실을 알게 되면 부모에 대한 신뢰가 흔들릴 수 있다. 부모는 솔직하게 대답하는 사람이라는 인식을 아이에게 지속적으로 심어 주고 싶다면 처음부터 솔직해야 한다.

아이의 눈높이에 맞추어 말한다 간단명료한 설명이면 충분하다. 그리고 사실상 복잡하고 장황한 설명보다 간단명료한 설명이 아이의 호기심을 충족시키는 데 더 효과적이다. 비유를 들어 설명하면 혼란만 더할 뿐이므로 생략한다. 만족할 만한 설명을 하기가 힘들다면, 아래에 설명한 내용을 참고하거나 "아기가 어떻게 태어나는지 도서관에서 책을 빌려와 같이 읽어 보자."라고 아이에게 말한다. 책은 아이용이나 어린 미취학 아동용이어야 한다. 그리고 아이는 '섹스'에 대해 묻는 것이 아니라 '생식' 즉 아이가 어떻게 만들어지는지에 대해 묻는 것임을 기억한다.

정확한 용어로 설명한다 신체 부위를 에둘러 표현해도 아이에게 혼란을 줄 수 있다. 페니스, 질, 자궁, 난자, 정자라는 용어가 어색하지 않다면 이 같은 정확한 용어를 사용한다.

아이가 질문하는 내용에 대해서만 알려 준다

아이의 질문에만 대답한다. 아기가 어디에 있는지 묻는다면, "자궁이라고 하는 아기들이 자라는 특별한 장소에 있다."고 말한다. 배 속에 있다고 말하지 않는다. 아이는 틀림없이 '배'라는 용어를 먹는 것과 연관시킬 것이다. 아이가 자랄수록 엄마의 가운데 부분도 점점 커진다고 설명한다. 어린아이들 수준에 맞는 책을 통해 태아가 자궁에서 자라는 모습을 보여 주면 부모의 말을 이해하는 데 도움이 된다. 아기는 어떻게 세상에 나오는지 물으면, "대부분의 아기들은 엄마의 질을 통해 나와."라고 말한다. 어떻게 자궁 안에 오게 된 거냐고 물으면, "엄마와 아빠는 서로 많이 사랑한단다. 그리고 너도 아주 많이 사랑해서 너처럼 사랑하는 아기를 또 한 명 만들고 싶었어. 그래서 아빠가 정자를 엄마한테 넣어 주었지. 그런 다음 이 정자가 엄마 몸속에 있는 난자라고 하는 아주 작은 알과 합해져서 점점 자라 아기가 된

최근의 생식 방법

생식에 관한 내용은 단순하고 뻔하다. 남자와 여자가 만나, 결혼을 해, 같이 잠자리에 들어, 아기가 생긴다. 아주 드물게 다른 방법으로도 아이가 생기지만 대개는 썩 바람직한 방법이 아니어서 쉬쉬하며 숨겨 왔다. 요즘에는 간혹 복잡한 방법으로도 아기가 생기는데, 따라서 호기심 많은 아이들에게 이런 과정을 설명하기가 더 어려워졌다. 오늘날에도 남자와 여자가 만나 잠자리에 들어 아기가 생기긴 하지만, 결혼을 하지 않을 수도 있고 심지어 같이 안 살 수도 있다. 또는 침대에서 아기를 만들지 못해 실험실에서 아기를 만들기도 한다. 생식에 대해 좀 더 복잡하게 설명하자면, 대략 25%의 여성은 비전통적인 방식, 즉 여성의 질이 아닌 복부를 통해 분만을 하려 한다. 전통적인 생식에 관한 내용에 대해서도 아이가 이해하기 힘든 부분이 많지만, 최근의 생식에 관한 내용은 이해하기 힘든 부분이 훨씬 많다. 힘들게 아이를 낳은 부모들의 경우, 아이가 그 내용을 이해할 만큼 충분히 자라고 균형 잡힌 시각을 갖출 만큼 성숙할 때까지 기다려야 할 것이다. 지금 당장 아이에게 전반적인 사실을 알려야겠다는 생각이 확고한 게 아니라면, 특수한 상황을 설명할 필요 없이 생식에 관한 일반적인 생각을 전달하는 편이 낫다. 예를 들어, 제왕절개로 태어난 아이가 분만 과정에 대해 물어보는 경우, "대부분의 아기들은 엄마의 질을 통해 태어난단다."라고 설명하면 아이가 대체로 만족하므로 복부 절개 과정에 대해 상세하게 설명해 괜히 아이를 겁먹게 하지 않는다. 정자가 전통적인 방식으로 난자를 수정시키지 않았거나 아이를 입양했다 하더라도 아빠의 정자와 엄마의 난자가 만나서 아기를 만든다는 사실을 아는 것으로 아이는 호기심을 만족시킬 수 있다. 입양과 특수한 가족 형태에 대해 아이에게 알려 주는 요령은 26장을 참조한다.

거야."라고 말한다.

지금은 성관계에 대한 부분은 생략하고 생물학적인 과정만 설명한다. 정자가 어떻게 엄마 몸속으로 들어가는지 물으면 "질을 통해서."라고만 대답한다. 이렇게만 말해도 충분하다. 아이가 여기에서 그치지 않는다면, 다시 말해, 질을 통해 어떻게 정자가 들어가는지 집요하게 알고 싶어 한다면, "아빠의 페니스가 엄마의 질 속으로 정자를 넣었단다. 그래서 정자가 난자를 만났고, 그렇게 해서 아기가 자라기 시작한 거야."라고 말한다.

엄마 몸속에서 어떻게 아기가 생긴 건지, 어떻게 밖으로 나오는 건지 관심을 전혀 표현하지 않는 아이도 있는데, 이런 아이들은 아기가 엄마 몸속에 있는 동안 어떻게 지내는지에 더 관심을 갖는다. 아기가 자궁 안에서 어떻게 먹고 어떻게 숨을 쉬는지 아이가 물어보면, "아기의 배꼽에 탯줄이 붙어 있는데 이 탯줄을 통해 필요한 음식을 전부 섭취해."라고 간단히 설명한다. 자궁 안에서 웅크리고 있는 태아의 사진을 보여 주면 이해시키는 데 도움이 될 것이다. 아이에게 아이의 배꼽을 보여 주면 이 개념을 좀 더 구체적으로 이해시킬 수 있을 것이다.

전체적인 과정을 이해시킨다 아이를 임신했을 때 찍은 사진을 보여 준 다음 아이가 갓난아기였을 때 사진을 보여 주면 전체적인 과정을 이해시키는 데 어느 정도 도움이 된다.

─ 아이 앞에서 부부의 애정 표현

Q "아이 앞에서 어느 정도로 애정 표현을 하는 것이 좋을지 잘 모르겠어요. 어떤 애정 표현은 적절하고 어떤 애정 표현은 부적절한가요?"

A <u>자연스럽게 마음에서 우러나오는 감정은 어느 정도는 아이 앞에서 드러내도 얼마든지 괜찮다. 사실상 부부간의 애정을 아이에게 보여 주면 서로의 사랑을 구체적인 방식으로 입증하게 된다.</u> 부부가 서로를 꼭 안고, 손을 잡고, 소파에서 다정하게 어깨동무를 하고, 입을 맞추고, 쓰다듬거나 어루만지며, '사랑한다'고 말한다면, 아이가 느끼는 안정감도 한결 커진다. 뿐만 아니라 나중에 아이가 커서 다른 사람과 관계를 맺을 때도 본보기로 삼을 수 있는 중요한 모범이 된다. 당연한 말이겠지만, 부부간의 잦은 애정 표현은 결혼 생활을 더욱 견고하게 만든다. 사랑의 불을 계속 켜 두는 최선의 방법 가운데 하나는 자주 신체 접촉을 하는 것이다.

그러나 몇 가지 주의 사항이 있다. 부모가 아이 앞에서 가벼운 입맞춤에서 길고 진한 키스로 이어진다든지, 끌어안다가 서로의 몸을 만진다든지, 가볍게 포옹하다가 애무를 하는 등 깊은 애정을 표현하면 아이를 당황하게 만들고 어쩌면 놀라게 할 수도 있다. 부부의 성관계는 아이의 연령을 막론하고 아이가 보기에 결코 적절하지 않다. 또한 어떤 종류의 애정 표현이든 부모 스스로 불편하다고 여긴다면 적절하지 않을 것이다.

간혹 많은 어린아이들이 부모가 서로 사랑하는 모습에 샘을 낸다. 이런 반응을 최소화하려면 아이를 많이 안아 주고 자주 입을 맞추어야 한다. 부모가 서로 포옹하고 있을 때 아이도 같이 끼고 싶어 하는 것 같으면 아이를 밀어내서는 안 된다. 아이와 함께 온 가족이 포옹을 하되, 부모가 아이를 사랑하는 것만큼이나 부모끼리도 깊이 사랑한다는 걸 분명하게 이해시켜야 한다. "엄마는 널 사랑해. 아빠도 널 사랑해. 엄마와 아빠는 모두 널 사랑해. 그리고 엄마는 아빠를 사랑하고 아빠도 엄마를 사랑해. 우리가 널 안아 주는 걸 좋아하는 것처럼 우리끼리 서로 안는 것도 좋아한단다."(질투심을 다루는 요령은 178쪽 참조)

── 뇌물과 보상

Q "아이가 제 말을 잘 듣게 하려고 저도 모르게 자주 특별한 선물을 주곤 해요. 하지만 잘하는 짓이 아니라는 생각이 들어요."

A 인생은 유인책들로 가득하다. 나는 그냥 X만 하려고 하는데 내게 Y를 주려고 기다리는 사람들이 도처에 널려 있다. 직장에서 아주 열심히 일을 했더니 명절 상여금을 준다. 화장품 코너에서 스킨을 샀더니 여행용 손가방까지 덤으로 준다. 잡지를 1년 정기 구독하면 6개월 치를 더 보내 준다. 세태가 이러니 부모가 이 같은 설득 기법을 아이에게 적용하는 건 아주 당연하다. 브로콜리를 먹으면 쿠키를 주고, 방을 정리하면 뽀로로를 보게 한다. 지금 당장 정글짐에서 내려오면 집에 가는 길에 문구점에 들러 스티커를 사 주고, 친구와 싸우지 않으면 놀이 모임이 끝난 후 애완동물 가게에 간다.

<u>이런 유인책들을 가끔 사용하는 건 해가 되지 않지만 아이를 구슬려 말을 잘 듣게 하려고 습관적으로 사용하는 건 바람직하지 않다.</u> 일부 연구 결과에 따르면, 협조나 성취를 위해 정기적으로 선물을 받는 아이들은 보상을 기대하게 되고, 상을 손에 넣기 위해 꼭 필요할 때만 말을 듣는 경향이 있다고 한다. 결국, 보상이 주어지지 않으면 굳이 노력하려 들지 않는 것이다. 더구나 이들 연구 결과들은 보상이 주어지기 때문에 하는 일은 어떤 일이든 틀림없이 불쾌하거나 달갑지 않게 받아들일 거라고 추정한다. 그렇지 않으면 왜 보상이 필요하겠는가?

이런 아이들은 어떤 일을 할 때 그 자체로 가치가 있기 때문에 한다는 개념을 잘 모른다. 브로콜리를 먹는 건 맛이 좋고 건강에 도움이 되기 때문이고, 방을 정리하는 건 잘 정돈된 방에서 노는 게 더 재미있기 때문이고, 친구와 장난감을 두고 싸우지 않는 건 놀이 모임이 더 재미있어지기 때문이라는 걸 모른다. 전문가들은 학교에서 우수한 성적에 대한 보상으로 너무 많은 상장과 특혜를 제공하는 것도 창의력과 학습 의욕을 방해할 수 있다고 주장한다. 이 경우 아이들은 보상을 받기 위해 꼭 필요한 정도의 에너지만 쏟고, 그 이상은 손가락 하나 까딱하지 않으려는 경향이 있다는 것이다.

대부분 부모들은 내 아이가 누군가에게 지시를 받았거나 특정한 보상을 기대해서가 아니라, 내면의 통제력과 가치관을 올바로 세우고 바람직한 방향으로 노력하길 바랄 것이다. 내 아이를 이런 아이로 키우기 위해 다음 내용을 참고하자.

칭찬으로 보상한다 부모가 아이의 성취나 협조를 자랑스럽게 여긴다는 걸 말과 행동으로 표현하는 것은 유형의 보상을 주는 것보다 동기 부여에 훨씬 효과적이다. 그러나 이때 아이 자체보다는 아이의 행동을 칭찬해야 하며 과장되게 칭찬해서는 안 된다. "방을 청소하다니 우리 딸 정말

착하구나!"가 아니라 "네 방을 청소하다니 정말 대견한 일을 했구나!" 하고 칭찬한다. 칭찬에 대한 자세한 내용은 324~325쪽을 참조한다.

가끔은 유형의 보상을 한다 아이가 장난감을 제자리에 정리하거나 브로콜리를 먹었다고 보상을 해서는 안 되지만, 평소 아이가 해야 할 일 외에 다른 일에 대해 협조를 부탁했다면 놀이터에 가거나 아이스크림을 주는 등 특별한 선물을 하는 것이 좋다. 예를 들어, 부모가 새 옷과 액세서리를 사려고 아이를 데리고 가야 하는 경우, 아이가 얌전하게 행동한 데 대한 보답으로 쇼핑 후에 선물을 주겠다고 약속하는 것은 타당하다. 밤에 이불에 오줌을 싸지 않았거나 새로운 음식을 시도하는 등 아이가 발달상의 도약을 위해 노력할 때 보상을 주는 것도 괜찮다. 또 아주 어린아이들의 경우 대개는 이런 종류의 성취를 위해 스티커 판에 별 스티커를 붙이는 것만으로도 충분하다. 연령이 높은 아이들의 경우, 정해진 개수의 별 스티커가 다 부착되면 선물이나 특권을 선택할 수 있다는 걸 알려 주면 좋아한다. <u>가능하면 아이가 잘한 행동에 어울리는 보상을 해 주는 것이 좋다. 아이가 크게 불평하지 않고 검진을 받았다면 병원놀이 도구를 선물한다든지, 부모가 쇼핑할 때 징징대며 조르지 않고 얌전하게 잘 따라다녔다면 아이의 옷을 사 준다든지, 처음 보는 음식인데도 부모가 시키는 대로 용감하게 먹었다면 재미있는 그림이 그려진 새 식탁 매트나 시리얼 그릇을 사 준다.</u>

깜짝 선물로 보상한다 가장 만족도가 높은 종류의 보상은 깜짝 선물이다. 앞으로 부모의 말에 잘 따르도록 유도할 가능성이 가장 높은 보상이기도 하다. 아이가 대단히 좋은 성과를 거두었거나 협조를 잘한 경우, 이따금 뜻밖의 깜짝 선물을 하면 긍정적인 행동을 강화하는 데 매우 효과적일 수 있다.

뇌물을 삼간다 뇌물은 버릇이 없거나 다루기 힘든 아이를 '매수'하기 위해 이용된다. "지금 당장 식탁에 와라.", "싫어, 나 지금 놀고 있단 말이야!", "지금 바로 식탁에 오면 디저트로 아이스크림 줄 건데." 등 아이가 말을 잘 듣도록 설득하기 위해 대개 뇌물을 제공한다. 하지만 뇌물에 의지하는 것은 큰 실수를 하는 것이다. 뇌물은 아이에게서 바람직한 행동을 끌어내기는커녕, 말을 듣는 데 대한 보상으로 또 선물을 받게 될 거라는 계산을 하게 만들어 다음에도 '싫어'라는 대답을 끌어내게 될 것이다. 그러므로 어차피 보상을 할 거라면 아이가 말을 듣기를 거부하기 전에 보상을 한다.

위협을 최소한으로 줄인다 뇌물과 마찬가지로 위협 역시 책임감 있게 행동하고 성취하려는 내면의 욕구를 억누르기 쉽다. 위협을 받으면 말은 잘 들을지 몰라도, 예정된 처벌을 피하기 위해서일 뿐 마음에서 우러나 순종하는 것이 아니다.

바람직한 행동 자체가 보상이라는 개념을 강화한다 옳은 일을 하는 것만으로 이득을 얻는다는 걸 깨닫게 도와준다. 예를 들어, 부모가 거실을 청소한 후 이렇게 외친다. "깨끗한 거실에 앉으니까 기분이 정말 좋다. 아까는 거실을 청소하기가 너무 싫었는데 지금은 청소하길 정말 잘한 것 같아."

아이 역시 바람직한 행동을 하면 그 자체만으로 이득을 얻을 수 있다는 걸 알려 준다. 예를 들어, 놀이 모임에서 아이가 친구에게 장난감을 양보했다. 그날 집에 돌아와 같이 놀았던 아이 친구의 엄마에게 전화를 받았다면 아이에게 이렇게 말한다. "정현이가 아까 놀이 모임에서 너하고 놀았을 때 아주 즐거웠대. 정현이 엄마가 아까 네가 한 행동을 무척 고마워하시는구나. 정현이가 내일도 너하고 같이 놀고 싶어 한대."

꼭 알아 두세요: 아이와 의사소통하기

많은 기사와 책에서 이 문제를 다루고 있다. 토크쇼에서도 이와 관련된 주제를 다룬다. 부모 교실에서도 이 문제에 많은 시간을 할애한다. 그러나 부모와 자녀 간 의사소통의 중요성에 대해 유용한 정보들은 넘쳐나는데, 많은 부모가 자녀와 대화하는 시간이 극히 적은 것이 사실이다. 일부 연구 결과에 따르면 부모와 자녀의 평균 대화 시간은 놀랍게도 하루에 고작 몇 분에 불과하다고 한다.

어떻게 하면 이 통계 수치를 뛰어넘어 아이와의 대화를 생활의 중요한 부분으로 만들 수 있을까?

일찍 시작한다 말을 잘 못하는 아이도 대화에 참여할 수 있으며, 가정에서 양방향 또는 셋이서 대화를 시작하는 것은 이르면 이를수록 좋다. <u>지금부터 탄탄한 의사소통 기술을 쌓기 시작하면 아이가 자랄수록 계속 대화를 나눌 수 있는 기반을 다지게 되어, 나중에 아이가 컸을 때 민감한 주제, 친구, 부정 행위, 왕따, 데이트, 섹스, 알코올과 약물 등에 대해서도 좀 더 쉽게 이야기할 수 있을 것이다.</u>

대화 시간을 따로 마련한다 아무 때나 아이와 대화를 나눌 수 있지만, 유모차나 그네를 밀 때, 저녁을 준비할 때, 어린이집에 데리고 갈 때, 부모가 출근 준비를 할 때 정도의 대화로는 충분하지 않다. 충분히 대화를 하려면 중간에 끊어지지 않고 죽 이어서 대화를 할 수 있어야 한다. 대체로 식사 시간이 이런 대화를 하기에 좋은데, 이때 텔레비전과 신문, 전화 등 방해물은 금지해야 한다. 부모가 아이와 함께 식사를 하지 않더라도 아이와 대화를 하기 위해 같이 식탁에 앉도록 한다. 특히 그날 있었던 일에 대한 대화는 취침 전 일과의 중요한 일부가 될 수 있다. 가능하면 하루를 시작하기 전에도 아이의 침대나 부모의 침대에서 '아침' 수다를 위한 시간을 갖는다.

아이가 말하고 싶어 할 때는 귀 기울여 듣는다
'나중에'라는 막연한 약속으로 자꾸만 이야기 듣기를 미루면 시간 개념이 없는 아이들은 굉장한 좌절감을 느낄 수 있다. '나중'이라는 시간은 아이에게 평생처럼 느껴질 뿐 아니라, 마침내 '나중'의 시간이 돌아올 때쯤이면 문득 어떤 생각이 나 기껏 힘들게 만든 표현을 까맣게 잊어버릴 것이다. 아이가 인내심을 기르고 나중에 생각을 말할 줄 알 때까지는(대략 4세 무렵) 즉시 아이에게 귀를 기울이도록 노력한다. 물론 어쩔 수 없이 아이를 기다리게 해야 할 때도 있다. 이 경우 일을 마친 후에 이야기를 들어주겠다고 이해시키면 된다. 그러나 번번이 이야기 듣기를 미룬다면 아이는 "아무도 내가 하려는 말을 듣고 싶어 하지 않으니, 이제부터 아무 말도 하지 않겠어. 그냥 혼자만 생각하고 있을 거야."라고 생각하기 시작한다.

신체 접촉을 하면서 대화한다 운전 중일 때, 복잡한 도로에서 유모차를 밀 때, 부엌에서 칼질을 할 때 등 때로는 아이의 말을 귀담아 듣는 것만이 최선일 때가 있다. 그러나 가능하면 아이에게 이야기할 때와 아이의 이야기를 들을 때, 아이와 상의하고 훈육할 때는 눈을 맞추거나 손을 잡는 신체 접촉을 같이하도록 한다. 이처럼 대화와 신체 접촉이 동시에 이루어지면 언어뿐 아니라 사랑과 존중도 함께 전달될 것이다. 부모가 다른 일로 바쁘거나 얼굴을 마주 보고 앉을 상황이 아니라면, 아이와 대화를 하면서 수시로 아이를 쳐다보고, 이따금 머리를 쓰다듬거나 손을 잡는다. 접촉이 전혀 없는 것보다 가끔이라도 하는 것이 훨씬 낫다.

아이에게 주파수를 맞추고 유지한다 아이가 어떤 일에 푹 빠져 열심히 이야기하고 있는데 부모는 듣는 척만 하는 건 정직하지도 정당하지도 않으며, 아이의 자존감뿐 아니라 가족 간 대화의 질에도 큰 차질을 줄 수 있다. 아이가 의사소통을 하려 할 때는 최대한 아이에게 집중하고, 중간중간에 자주 의사 표현을 하여 부모가 의사소통에 열중하고 있다는 걸 보여 준다. 아이들은 자신에게 중요한 것이 부모에게도 중요하다는 걸 알 필요가 있다. 부모가 아이의 말을 들을 수 없는 상황일 때는 이유를 확실하게 설명해야 아이가 서운하게 생각하지 않는다. 물론 나중에 들어주겠다고 말해야 한다.

참을성을 갖고 듣는다 아이가 말을 하거나 생각을 가다듬어 표현하고 싶어 할 때는 언제든지 그렇게 하게 한다. 부모가 아무리 바쁘더라도, 아이가 적당한 표현을 찾지 못해 답답해하는 것 같더라도 참고 들어준다. 아이가 부모의 도움을 필요로 하지 않는다면 아이가 하려는 말을 성급하게 대신 말한다든지 다음에 무슨 말을 할지 지레 짐작하지 않는다.

열성적인 청중이 된다 아이가 소꿉놀이를 아무리 자세하게 설명해도 부모는 별 감동을 얻지 못할 수도 있다. 그러나 아이가 즐거워한다면 열렬한 반응을 보여 줄 가치가 있다. 아이의 말에 "근사하네.", "으응."처럼 성의 없는 대꾸를 하지 말고, "네가 만든 음식에서 맛있는 냄새가 나던데, 혹시 그 음식 네가 다 먹었니?"라며 진심을 담아 재치 있게 대답해, 부모가 아이의 말을 귀담아 듣고 관심을 갖는다는 걸 보여 준다.

아이에게 여유를 준다 아이가 말을 하고 싶어 하지 않으면 강요하지 않는다. 유치원이나 놀이 모임에서 어떻게 지냈는지 부모가 궁금해 한다는 걸 알려 주고, 더 이상 압박을 주지 않는다. 대화가 불쾌하고 거슬리는 고문의 시간이 된다면 아이는 절대로 입을 열려고 하지 않을 것이다.

판단하지 말고 듣는다 아이에게 좋고 나쁜 감정을 마음껏 표현하게 한다. 어렵더라도 아이의 말에 귀를 기울이고, 판단하지 말고 공감한다. 아이가 "난 이 장난감이랑 책, 텔레비전이 정말 좋아."라고 말하면 "바보처럼 뭘 그런 걸 좋아하니."라고 말하지 말고 "네가 그거 좋아할 줄 알았어. 어떤 점이 마음에 드는데?"라고 말한다. 아이가 입을 열면, "그거 재미있네. 내 생각에는 말이야…….'라고 한다. 그러나 아이를 깎아내리는 언급은 해서는 안 된다.

아이가 "찬희가 내 인형 가지고 놀려고 해서 화나."라고 불평하는 경우 사이좋게 놀지 않으면 나쁜 어린이라는 둥 연설을 늘어놓기보다 "맞아, 인형을 사이좋게 가지고 노는 건 정말 힘들어."라고 말한다. 아이가 솔직한 감정을 표현하려 노력할 때 아이를 야단치거나 잔소리를 한다면, 아이는 부모와 결코 편안하게 솔직한 대화를 하지 못할 것이다.

자기 표현을 하도록 도와준다 어린아이들은 감정을 표현하는 단어를 많이 알지 못하지만, 그럼에도 불구하고 여러 가지 감정을 느끼고 있다. 아이에게 적절한 단어를 알려 주어 아이가 감정을 표현하도록 돕는다. 슬프다·화나다·피곤하다·외롭다·지루하다·당황스럽다·속상하다·걱정되다·두렵다·실망럽다 등 부정적인 단어, 행복하다·자랑스럽다·신나다·자신 있다·재미있다·사랑하다·만족스럽다·즐겁다 등 긍정적인 단어를 알려 준다. 부모의 감정과 아이의 감정뿐 아니라 친구의 감정, 가족의 감정, 책과 텔레비전 등장인물의 감정을 표현할 때 자주 이런 단어를 사용한다.

몸짓 언어에도 귀를 기울인다 슬픈 눈빛, 화가 나 찡그린 표정, 깜짝 놀라는 얼굴 표정과 꽉 쥔 주먹, 어깨를 으쓱거림, 팔을 마구 흔드는 몸동작도 단어만큼 자주 의사소통에 이용된다. 특히 아이와 대화할 때는 몸짓 언어를 함께 고려해야 한다. 몸짓 언어와 아이의 언어가 일치하지 않는 것 같다면, 조심스럽게 원인을 알아내도록 한다.

성급하게 결론을 내리지 않는다 언제나 상대편이 말하고자 하는 것이 무엇인지 결론을 내리기 전에 상대편의 말을 끝까지 들어야 한다. 아이들은 종종 빙 돌려서 이야기하는 경향이 있고, 일관되고 체계적인 방식으로 대화를 하는 경우가 거의 드물기 때문에 아이와 대화를 할 때는 이런 점이 특히 중요하다.

아이에게 꼭 알려 주세요: 지구에 관심 갖기 - 환경을 소중히 여기는 마음을 가르쳐 주세요

아이들은 동기 부여를 좋아한다. 아이들은 자신이 도움이 되고 있다는 느낌을 좋아하고 '옳은' 일을 하길 좋아한다. 따라서 아이들에게 환경 운동에 관심을 갖게 하는 것은 의외로 쉽다.

환경을 소중히 여긴다는 개념은 아이가 이해하기에는 무척 어려운 것이 사실이지만, 세 가지 기본 수칙으로 절약, 재사용, 재활용을 일찍부터 접하게 하면 환경에 대한 올바른 행동을 습관화하는 데 도움이 되고, 자연이 다시 정화되는 데도 도움이 될 것이다. 아이에게 환경에 관심을 갖게 하는 방법을 알아보자.

환경을 소중히 여기는 모습을 보인다 모범적인 지구 시민이 된다는 건 많은 시간과 많은 노력이 필요한 일이다. 그리고 어린 자녀 때문에 심한 스트레스를 받고 있는 마당에 환경 문제까지 신경 쓴다는 건 정말 쉽지 않은 일이다. 하지만 부모가 환경을 소중히 여기는 모범을 보이면 두 가지 목적에 도움이 된다. 첫째, 지구를 소중히 여기고 관심을 갖도록 가르친다. 둘째, 아이에게 깨끗한 지구를 물려주고 계속 보호하도록 도와줄 수 있다.

재활용을 생활화한다 가족 모두가 재활용을 생활화한다. 재활용할 수 있는 플라스틱류를 모으고 재활용 상자에 넣는 책임을 아이에게 맡긴다. 비닐과 종이를 따로 정리하게 한다. 아이와 재활용 작업을 할 때는 작업의 목적을 설명한다. "이렇게 하면 다 쓴 비닐봉지가 새 비닐봉지로 만들어지는 거야. 그렇게 되면 쓰레기 처리장이 비닐봉지로 가득 차지 않을 테고, 비닐봉지를 태워 공기가 더러워지지도 않을 거야."

외출할 때 가지고 나간 캔이나 병, 기타 재활용 가능한 물건은 마땅히 버릴 때가 없으면 집으로 다시 가져온다. 이런 행동이 다소 귀찮겠지만 그만큼 지구의 환경에 도움이 된다. 쓰레기를 길거리나 자동차 창문 밖으로 던져서는 안 되며, 아이에게도 쓰레기를 함부로 버리게 해서는 안 된다.

재사용을 생활화한다 마트에 갈 때는 장바구니를 가져가고, 식료품 용기는 곡물·견과류·말린 과일 등 남은 음식이나, 크레파스, 구슬 등을 보관하고, 전단지는 깨끗한 뒷면을 아이가 연습장으로 쓰게 하는 등 일상에서 사용하는 물건들을 재사용하면 천연 자원 고갈을 줄일 수 있다. 미술 작업, 콜라주, '폐품'을 이용한 조각 작품을 만들 때 문구점에서 공예 도구를 구입하는 대신 달걀 용기, 빨대, 단추, 천 조각 등과 같은 가정용품을 이용한다. 아이에게 신발 상자를 장식하게 해 그 안에 크레파스나 장난감 자동차, 인형 액세서리 등 작은 물건들을 보관하거나, 인형 '침대'나 자동차 '차고'로 이용한다.

아이에게 물건을 재사용하는 목적을 설명한다.

예를 들어, "종이가 나무로 만들어진다는 거 아니? 네가 새 도화지 대신 우편물 뒷면에 그림을 그리면 나무 한 그루를 살리는 데 도움을 주는 거야."

절약을 생활화한다 우리가 환경을 아낄수록 환경은 우리에게 많은 것을 제공해 줄 것이다. 매일 일회용 도시락에 점심을 싸는 대신, 재사용할 수 있는 도시락을 사용한다. 샌드위치나 간식을 일회용 비닐에 싸지 말고, 씻어서 재사용 가능한 용기에 담는다. 1회용 종이 팩 주스 대신, 재사용 가능한 컵과 용기에 담긴 주스를 이용한다. 물건을 샀을 때는 비닐봉지나 종이봉투에 담는 대신 장바구니에 넣어 온다. 매번 마트에서 비닐봉지나 종이봉투를 받아 오면 지구에 쓰레기가 쌓일 테고, 사람들이 계속 너무 많은 '봉지'를 이용하면 지구에 쓰레기를 보관할 장소가 더 이상 남지 않을 것이라고 설명한다. "네 방에 쓰레기가 가득 차서 더 이상 자거나 놀 장소가 없어진다고 생각해 보렴."

전기와 물도 아껴 쓰기 위해 노력한다. 방을 나올 때는 반드시 불을 끄고, 이를 닦거나 비누로 손을 닦을 때 물을 흘려보내서는 안 되며, 그냥 재미 삼아 변기 물을 내리거나 샤워를 오래하지 않도록 가르친다.

친환경적인 소비를 한다 쇼핑을 할 때는 환경에 도움이 되는 상품을 선택한다. 재생 도화지, 천연 세제, 재활용 포장 용기, 포장이 간소화된 제품, 리필 제품 등 선택한 물건의 장점을 아이에게 설명한다.

친환경 파티를 한다 생일이나 여러 종류의 파티 때 환경에 부정적인 영향을 최소화하기 위해 식탁에 식탁 매트나 재사용할 수 있는 식탁보, 재활용이 가능한 색색의 플라스틱 접시와 컵을 준비한다. 자연 분해되는 예쁜 종이 접시를 이용한다. 한번 쓰고 버리는 플라스틱 포크와 숟가락은 피하고 '핑거 푸드'를 만들어 준다. 식탁 중앙에 놓는 장식물은 종이나 플라스틱 재질을 구입하지 말고 집에서 직접 만든다. 재활용이 안 되는 비닐로 선물 포장을 하는 대신, 플라스틱 머그잔이나 들통과 부삽 세트 같은 선물 안에 먹을 것을 넣거나 종이 도시락 용기로 선물 주머니를 만든다. 사용했던 포장지, 재활용지로 만든 종이, 신문지, 종이 상자로 선물을 포장한다. 사용한 포장지는 가능하면 재사용한다. 고무 풍선은 절대 사용하지 않는다. 이런 풍선은 아이에게는 물론이고 환경에도 해가 된다.

교육시킨다 부모가 직접 실천하는 모습을 통해, 책이나 텔레비전, 비디오를 통해 우리가 얼마나 자연에 의지하는지 배운다면 아이는 재활용하는 이유를 더 쉽게 이해할 수 있을 것이다. 예를 들어, 아이의 연령에 맞는 책을 찾아 어떻게 나무에서 종이가 만들어지는지 보여 주면, 아이는 사람들이 나무를 돌보고 종이를 낭비해서는 안 되는 이유를 깨닫기 시작할 것이다.

우리가 먹는 음식이 마트가 아닌 지구에서 나는 것임을 이해시키면 아이가 지구의 중요성을 이해하고 고마워하며 존중하는 데 도움이 된다. 텃밭을 가꿀 수 없다면, 농작물을 길러 판매하는 농장을 방문해 과일과 채소를 직접 볼 수 있게 한다.

퇴비를 만든다 정원이든 작은 화단이든 퇴비 더미를 만들 자리가 있다면 음식 찌꺼기와 정원 쓰레기를 모아 퇴비를 만든다.

어린이집이나 유치원에서 환경에 대해 가르친다
어린이집이나 유치원에서 아직 환경 문제를 가르치지 않는다면, 재활용 프로그램을 제안한다. 자원을 아끼는 차원에서 다른 학부모들에게 그림 그리기용으로 이면지를 사용하자고 제안한다. 아이의 교실에 재활용 상자를 가져다 놓는다. 유치원에서 재활용을 이용할 기회가 별로 없다면, 팩이나 병에 담긴 주스, 사용한 알루미늄 포일, 백지, 재활용되는 다른 물건들을 집에서 가지고 오게 한다.

16장

생후 34~36개월

아이의 발달 과정

3세 무렵 아이가 해야 할 행동

* 그림 4개의 이름을 안다.
* 손을 씻고 닦는다(만 3세 이후).
* 친구의 이름을 안다.
* 손을 위로 올려 공을 던진다.
* 말을 많이 하고 대체로 사람들이 알아듣게 말한다.
* 2~3문장으로 대화를 한다.
* 조사를 사용한다.

주의 사항 아이가 아직 이 단계에 이르지 못했다면 의사와 상의한다. 아이에 따라서 발달 속도는 차이가 있기 때문에 이 단계를 해내지 못한다고 해도 문제가 있는 건 아니지만, 일단 전문가의 상담을 받을 필요가 있다. 이 밖에 아이가 통제되지 않거나 과잉 행동을 보이는 경우, 지나치게 요구 사항이 많거나 고집이 세거나 부정적인 경우, 말수가 거의 없거나 수동적이거나 내성적인 경우, 항상 지루해하거나 즐거워하지 않는 경우, 다른 사람과 상호 교류를 못하거나 같이 놀지 못하는 경우도 의사의 상담을 받는다. 이 연령대에는 예정일보다 일찍 태어난 아이들도 대부분 또래 아이들의 발달 과정을 따라잡는다.

아이가 하게 될 행동

* 2개의 형용사를 사용한다.
* 티셔츠를 입는다.
* 멀리뛰기를 한다.

아이가 할지 모를 행동

* 한쪽 발로 2초 동안 균형을 잡는다.
* 2개의 목적어를 이용해 설명한다.

혹시나 아이에게 기대할 만한 행동

* 동그라미를 따라서 그린다.
* 시리얼 그릇을 준비한다.
* 도움 없이 원피스를 입는다.
* 4가지 색깔을 안다.

3세 아이의 소아과 건강검진(국민건강보험공단 4차 영유아 검진: 생후 30~36개월)

소아과 건강검진 준비 건강검진을 가기 전에 질문 사항을 미리 적어 본다. 마음을 안정시키기 위한 습관들, 식욕, 배변 훈련, 행동, 언어 등을 메모해 둔다. 건강검진을 하고 의사가 "또 궁금한 점이 있나요?"라고 물으면, 준비한 메모지를 보면서 궁금한 점을 자세히 문의할 수 있다. 아이의 행동에서도 제자리에서 점프하기, 세발자전거 타기, 정육면체 블록 9개 이상 쌓기, 알아듣게 말하기, 혼자 옷 입기, 혼자 밥 먹기, 동그라미를 따라서 그리기 등 발달 정도를 관찰하여 메모해 가서, "요즘 아이가 어떤 재주를 보여 주나요?"라는 질문을 받을 때 당황하지 않고 바로 대답할 수 있도록 한다. 육아수첩도 꼭 가지고 가서 아이의 키, 체중, 예방접종 등 건강검진을 통해 얻은 정보들을 곧바로 기록할 수 있게 한다.

소아과 건강검진 절차 건강검진을 시행하는 의사나 간호사에 따라 절차가 조금씩 다를 수 있지만, 3세 아이의 건강검진은 대체로 다음과 같이 이루어진다.

* 지난번 건강검진 이후 아이의 발달, 행동, 식습관, 건강에 대해 질문한다. 가족이 대체로 잘 지내는지, 주된 스트레스나 변화는 없었는지, 아이가 형제들과 잘 지내는지, 엄마가 아이를 돌보는 데 어려움은 없는지, 어린이집 시설은 어떤지 등 아이의 전반적인 생활에 대해서도 질문할 수 있다. 엄마가 다른 궁금한 사항이나 걱정이 있는지 묻고, 아이와도 '면담'을 한다.
* 키, 체중, 머리둘레 등 아이의 성장 상태를 측정한다. 이 결과들을 성장 도표(908~911쪽 참조)와 비교하면 아이의 키와 체중의 변화를 알 수 있다.
* 관찰과 면담을 기반으로 신체 발달과 지능 발달, 청력과 시력에 대해 비공식적으로 평가한다. 눈에 사시 증상이 있는지 확인한다.
* 아이의 빈혈이 의심되는 경우 손가락 끝에서 혈액을 채취해 혈액 검사를 실시한다 (헤마토크리트 또는 헤모글로빈 검사). 통상 12개월~4세에 한 차례 실시하는 검사다.
* 납 성분에 대한 노출이 의심될 경우에 한해 혈액 검사를 통해 납 성분이 있는지 판별한다.
* 12개월~4세에 소변 검사를 한 차례 실시한다.
* 고위험 아이들의 경우 투베르쿨린 검사를 통해 폐결핵 여부를 알아본다.

선행 지도 의사는 이제부터의 바람직한 육아 방법, 부상 예방법, 적절한 장난감과 놀이 활동, 충분한 영양 섭취, 훈육, 치아 건강, 배변 훈련, 어린이집이나 유치원 등 꼭 알아 두어야 할 사항을 설명한다.

* 자세한 국민건강보험공단의 영유아 검진 대상 안내는 본서 912쪽과 공단 홈페이지 (www.nhis.or.kr)를 참조한다.

예방접종 최근에 예방접종을 실시했다면 지금은 실시하지 않는다.

다음 건강검진 아이가 건강하고 별 문제 없다면, 다음 건강검진은 4세에 실시한다. 그때까지는 이 책에 나와 있지 않은 내용에 대해 궁금한 사항이나 아이가 질병 증상을 보이는 경우(619쪽 참조) 등 기타 문제에 대해서 의사와 상의를 해야 한다.

무엇이든 물어보세요 Q&A

— 충분한 수면

Q "우리 딸은 요즘 낮잠을 안 자요. 그래서 충분한 수면을 하고 있는지 걱정이 됩니다."

A 아이들마다 수면 시간이 천차만별이고, 같은 아이라 하더라도 매일 다르다. 3세 아이들의 하루 평균 수면 시간은 12시간이지만, 이 평균 안에는 하루에 10시간을 자는 아이도 있고, 14시간을 자는 아이도 있으며, 낮잠을 자는 아이와 그렇지 않은 아이도 있다.

아이가 최근 낮잠을 중단했다면, 아이의 몸이 새로운 수면 일정에 적응할 때까지는 아이가 평소보다 더 졸리고 짜증도 많아질 것이다. 그러나 아이가 현재의 수면 양상에서 무리 없이 잘 생활하고 있는 한, 충분히 수면을 취하고 있다고 안심해도 좋다. 그러나 아이의 몸 상태가 평소와 다르고, 계속 피곤해하면서 짜증을 낸다면, 중단된 낮잠을 보충하기 위해 취침 시간을 조금 일찍 앞당긴다.

— 어두운 걸 무서워해요

Q "우리 아들은 수면을 취하는 데는 전혀 문제가 없지만, 요즘에는 깜깜한 방에 자러 가는 게 무섭다고 합니다. 어떻게 해야 할까요?"

A 겁쟁이라고 아이를 놀리거나 창피를 주고 싶은 충동이 들 수도 있다. 또는 두려움에 맞서라고 강요하거나 심지어 논리적으로 설득하려 할 수도 있다. 하지만 이런 방법은 아이가 두려움을 극복하는 데 전혀 도움이 되지 않는다. 아니, 오히려 두려움이 더 커지게 만들 뿐이다. 그리고 부모가 아이의 두려움을 얕보면 자존감에 상처를 입힐 수도 있다.

다음 내용을 참고해, 어둠에 대한 두려움을 받아들이는 법을 배우고 근본적으로 두려움을 극복할 수 있도록 도와주자.

공감한다 부모가 어둠에 대한 아이의 터무니없어 보이는 두려움을 이해하기란 쉽지 않다. 하지만 <u>아이의 두려움을 인정하고 받아들이는 것은 매우 중요하다. 아이는 자신의 두려움을 인정받는다는 걸 느끼면 두려움에 직면하기가 더 쉬워진다. "넌 이제 다 컸잖니. 다 큰 형은 어둠 따위 무서워하지 않는 거야."라고 말하지 말고, "그래, 어두운 게 무서울 때가 있어."라고 말한다.</u> 아이에게 어둠에 대한 느낌을 말하게 하고 부모가 미리 판단하지 말고 이야기를 들어준다.

불을 켜 준다 무서움이 많은 아이의 경우, 아이가 좋아하는 캐릭터 등이나 전등 밝기 조절 스위치를 설치하면, 무서울 정도로 칠흑 같은 어둠과 잠을 이루기 어려울 정도로 대낮 같이 환한 밝기 사이에서 알맞게 균형을 맞출 수 있다. 조명을 약하게 하면, 장난감과 가구 그림자가 위협적으로 보이지 않고 익숙하고 편안하게 보인다. 대여섯 살쯤 되어 장롱과 깜깜한 그림자 뒤에 아무것도 숨어 있지 않다는 걸 깨닫기 시작하면 아이들은 더 이상 불을 켜지 않아도 잘 잔다. 그러나 아동기 내내 충분히 안심시켜 주어야 하는 아이들도 있는데, 그래도 괜찮다. 딱히 의지할 게 없을 때는 야간등을 켜 두어도 전혀 해가 되지 않는다.

조사한다 이 시기에는 상상력이 활발하게 발달한다. 아이가 침대 밑에 용이 있다거나 장롱 안에 괴물이 있다고 계속 주장하는 경우, 취침 전에 방 안을 샅샅이 뒤지면 도움이 될 수 있다. 그러나 상상력은 대개 이성보다 더 강력하고, 특히 어린아이들의 경우 대단한 위력을 발휘하기 때문에 아무런 도움이 안 될 수도 있다. 이 경우 부모가 큰 소리로 괴물을 쫓아내도 좋다. "어떤 괴물이 감히 우리 집에 들어오려고 하는 거야, 썩 나가지 못해! 우리 집에 한 발자국도 못 들어오게 할 거다." 이렇게 하면 모두 잠들어 있을 때도 부모가 집을 지켜 준다는 걸 아이에게 보여 줄 수 있다.

보초병을 세운다 아이가 어둠을 무서워한다고 부모가 밤새 지킬 수도 없고 그래서도 안 된다. 그러므로 부모 대신 용감한 곰돌이 인형을 보초병으로 세운다. 아이를 지켜 주는 보초병의 능력을 크게 강조한다. "이 방에 괴물은 하나도 없지만, 있다 해도 곰돌이가 너를 지켜 줄 거야." 주문을 외우고 등을 켜 두고, '행운의 부적'이나 특별한 장난감을 침대 옆에 두면 마음이 놓이는 아이들도 있다.

안심시킨다 무서움을 타는 아이들은 때때로 엄마 아빠 뒤로 숨고 싶어 한다. 적당한 위안은 아이를 약하게 하는 것이 아니라 강하게 만든다. 아이가 무서워하면 잠시 안아 주고 한두 차례 포옹을 하는 등 충분히 안심시킨다. 부모가 아이 방을 나선 후에는 가능하면 아이가 잠들 때까지 아이에게 소리가 들리는 거리에 잠시 머문다. 아이들은 부모가 주변에서 왔다 갔다 하는 소리가 들리면 방이 깜깜해도 덜 무서워한다.

낮에 스트레스를 받으면 밤에 무서움을 탈 수 있다. 아이가 최근 베이비시터가 바뀌었거나, 동생이 생겼거나, 기타 큰 변화를 겪은 경우 더 많은 시간과 관심을 쏟고 아이가 문제를 해결하도록 도와주면 밤에 무서움을 덜 탈 수 있다.

너무 많이 달래지 않는다 아이가 무서워하는 모습을 너무 심각하게 받아들이면 부정적인 결과를 얻을 수 있다. 즉, 아이는 정말로 뭔가 걱정할 만한 일이 있다고 믿게 되고, 두려움을 이용해 부모에게 응석을 부릴 수도 있다. 엄청난 관심과 특혜를 얻을 수 있는 행동을 누가 그만두고 싶어 하겠는가? 아이의 두려움에 대해 언급하지 말고, 아이가 조금이나마 용감한 행동을 보이면 한껏 칭찬한다.

용기 있는 모습을 보인다 아이들은 부모의 태도를 똑같이 따라 한다. <u>부모가 깜깜한 곳에서 편안한 모습을 보이면 아이들도 대개 편안해진다. 그러므로 아이의 두려움을 인정한다. 하지만 부추겨서는 안 된다.</u> 어두운 곳도 멋지고 편안한 곳이고, 방은 불이 켜 있을 때나 깜깜할 때나 똑같다고 설명한다.

즐거운 경험을 하게 한다 아이 방을 안전한 천국으로 생각하도록 도와준다. 타임아웃을 실시하거나 벌을 세우기 위해 아이를 방으로 보내서는 절대로 안 된다. 뿐만 아니라 어두움을 즐거운 느낌과 연관시킬 수 있도록 도와준다. 아이가 깜깜한 방에서 부모를 부르면, 아이 방으로 가서 불을 켜지 않은 채 달랜다. 저녁에 거실 불을 끄고 온 가족이 손을 잡고 즐거운 노래를 부르거나 오디오를 듣는다. 또는 깜깜한 아이 방에서 아이와 함께 침대에 누워 눈을 감고 아이스크림, 해변, 할머니 등 좋아하는 것을 상상하게 한다. 깜깜한 아이 방에서 야광 공을 굴려 가족이 각자 차례대로 공을 쫓아가 가지고 온다. 이런 활동에 참여하도록 아이를 강요해서는 안 되지만, 부모가 재미있게 놀이를 즐기면 아이도 하고 싶어 할 것이다. 밝은 곳에서 어둠에 대한 아이의 두려움에 대해 이야기하게 하고, 이런 두려움을 극복한 내용의 책을 읽어 줘도 도움이 된다.

무서운 경험을 만들지 않는다 무서운 영화, 폭력적인 텔레비전 프로그램, 귀신이 나오는 책은 아이가 침대에 누운 뒤에 상상 속에서 활발하게 되살아날 수 있다. 무서움을 자극할 수 있다고 생각되는 내용들을 모두 금한다. 또한 "말 안 들으면 괴물이 잡아간다."고 겁을 주면서 엄하게 벌을 내리거나, 엄하게 벌을 내리겠다고 위협해서도 안 된다. 물론 때로는 아이들이 실생활에서 무서운 일에 노출되기도 하는데 부모가 일일이 그런 경험들을 제거할 수는 없는 노릇이다. 하지만 경험을 최소화하고, 경험 후 아이를 안심시킬 수는 있다.

배변 훈련에 차질이 생겼어요

Q "우리 아들은 지난 이틀 동안 유치원에서 바지에 변을 봤어요. 거의 1년 동안 배변 훈련을 잘 받았는데 이제 와서 퇴행하는 이유가 뭘까요?"

A 1년 동안 변기를 잘 이용해 왔다 하더라도 가끔은 실수할 자격이 있다. 하지만 이런 실수가 자주 일어난다면, 대개 그럴 만한 이유가 있기 때문이다. 스트레스를 받거나 베이비시터가 바뀌었거나, 동생이 태어났거나, 유치원에 다니기 시작했거나, 여행을 떠났거나, 그 밖에 아이의 생활에서 불안을 자극하는 일이 일어나면 아이 내부의 시간표에 교란이 생겨 대변 실수를 일으킬 수 있다.

새로운 일정 이제 막 유치원에 다니기 시작한 경우, 종종 새로운 일정과 체계에 적응하느라 제대로 배변이 이루어지기 어려울 수 있다. 또한 집에서 사용하는 변기와 다른 변기를 이용하는 걸 불편하게 여기거나, 변을 보고 싶다고 말하는 걸 불편하게 여기거나, 부모가 곁에 없을 때는 변기 사용을 불편하게 여기는 아이도 있다.

분노 어떤 이유로든 부모에게 화가 나면 바지에 변을 보는 등의 행동으로 부모를 아주 화나게 만들어 반격을 할 수도 있다.

놀이에 집중 아이들은 활동에 너무 몰입한 나머지 때가 지날 때까지 신체적 욕구를 무시하는 경향이 종종 있다. 이런 현상은 특히 유치원에서 자주 발생하는데, 유치원에서는 아이의 관심을 끄는 일이 너무나 많기 때문이다.

무른 변 무른 변이 나올 때는 변이 나오는지 알아채기 어렵고 아이가 변을 참기 어렵다. 이런 현상은 식단의 변화나 장 바이러스(장 바이러스가 의심되는 경우는 651쪽 참조)가 원인일 수 있다.

변비 어린아이가 변비로 인해(648쪽 참조) 변을 보기가 고통스러운 경우, 변기에 앉는 걸 두려워할 수 있다. 아이는 통증을 피할 생각에 처음에 변을 보려는 욕구가 생길 때 변기에 앉지 않으려 하는 등 의식적으로 변을 참기 시작한다. 그러다 갑자기 책 읽는 시간이나 핑거 페인팅을 할 때, 미끄럼틀을 타고 내려갈 때 참기 힘든 상태가 되고 결국은 바지에 묻게 된다.

바지에 변을 보게 만든 원인이 무엇이든, 이런 실수를 하게 되면 부모만큼이나 아이도 불쾌하고 당황할 것이다. 이런 식의 퇴행 현상은 대개 일시적이다. 이 기간을 빨리 끝낼 수 있도록 다음 내용을 참고하자.

아이의 상황을 배려한다 실수를 하면 아이의 자아에 큰 충격을 입힐 수 있으며, 특히 유치원에서 실수를 하는 경우 충격은 더욱 클 것이다. 그러므로 아이에게 일어난 일을 이해시키고, 아이 마음에 공감하며, 아이를 안심시키기 위해 각별히 노력해야 한다. 야단쳐도 안 되고 스트레스를 줘도 안 된다. 아이가 싫어하면 억지로 실수에 대해 설명하거나 이야기하려 해도 안 된다. 아이는 자신이 바지에 실수를 한 것에 대해 몹시 불안한 나머지, 뻔히 눈에 보이는 증거가 있는데도 실수를 부인할 것이다. 아이에게 실수를 인정하라고 요구하지 않는다. 부모도 알고 아이도 알고 있으니, 그만하면 충분히 알아들었을 것이다. 부모가 곁에 있을 때 아이가 실수를 했다면, 화제를 돌리면서 옷을 갈아입힌다. 아이의 실수에 대해 언급하거나, 특히 이런 실수를 저지르다니 이제 다시 아기라고 불러야겠다는 식으로 말하지 말고, 아이의 실수와 관련이 없는 내용에 대해 가볍게 이야기하면서 다른 곳으로 주의를 돌린다.

아이의 성과를 인정한다 아이가 바지가 아닌 변기에서 변을 볼 때마다 칭찬을 한다. 뿐만 아니라 다른 칭찬할 만한 성과들도 찾아본다. 아이가 혼자 외투를 입을 때, 자기 모습을 그릴 때, 점심 먹기 전에 손을 씻어야 한다는 걸 기억해낼 때 등. 아이는 스스로를 바람직하게 여길수록 다음에 성공적으로 변기에서 변을 볼 가능성이 높아진다.

아이를 편안하게 해 준다 화장실을 사용해야 한다, 앞에 놓인 음식을 다 먹어야 한다, 모범적인 태도를 보여야 한다, 학업이나 사교적인 면에서 좋은 성과를 올려야 한다는 등 압박이 너무 강해도 아이의 행동에 이상이 생길 수 있다. 그리고 이런 행동 이상이 겉으로 드러나는 한 가지 방식이 바로 바지에 실수를 하는 것이다. 그러므로 아이에게 너무 많은 요구나 지나치게 높은 기대를 하지 않도록 한다.

변비를 치료한다 변비가 문제의 원인이라면 648쪽의 조치를 취한다.

설사를 해결한다 자주 무른 변을 보는 것이 아이가 실수를 저지르는 원인이라면, 아이의 식단을 살펴본다. 무른 변을 일으키는 가장 큰 요인은 아마도 과일 주스를 너무 많이 마시기 때문일 것이다. 아이가 하루에 230mL 이상의 과일 주스를 마신다면 마시는 양을 줄인다. 주스를 물로 희석시키거나, 약간의 간식과 함께 물이나 우유로 대체한다. 문제의 원인이 될 가능성은 적지만, 말린 과일과 고섬유질 식품을 너무 많이 먹어도 설사가 생길 수 있다. 1~2주 동안 이런 음식을 줄여 아이가 실수하는 횟수가 줄어들었는지 살펴본다.

유치원의 도움을 받는다 교사에게 아이 문제를 상의하되, 아이가 더 난처해질 수 있으므로 은밀히 상의해야 한다. 실수의 원인이 될 만한 일정상의 변화가 있는지, 친구들 주변에서 변기를 이용하는 걸 아이가 부끄럽게 생각하는지 알아본다.

아이에게 변기를 이용하고 싶은지 물어보고, 아이가 곤란해 한다면 혼자서 볼일을 볼 수 있도록 배려해 달라고 교사에게 부탁한다.

일찍 일어나게 한다 아침을 먹이자마자 서둘러

빠는 버릇, 어떻게 고치죠?

많은 아이들이 세 돌 무렵이면 노리개 젖꼭지나 엄지손가락, 젖병 빨기를 그만둔다. 아직 아이가 이런 습관을 그만두지 않은 경우, 지금 당장 습관을 그만두게 하는 것이 최선일지 아니면 1~2년 더 두고 봤다가 조치를 하는 것이 최선일지 결정해야 할 것이다. 결정을 내릴 때는 아래 내용을 고려하자.

* 아이가 노리개 젖꼭지나 엄지손가락, 젖병을 거의 하루 내내 빠는가? 하루 내내 빤다면 가끔씩 빠는 것보다 입과 치아에 훨씬 해롭다.
* 이런 습관이 아이의 구강 발달에 부정적인 영향을 미치는가? 이런 판단은 치과 의사만 내릴 수 있다(539쪽 참조). 경미한 구강 변화는 빠는 행위를 그만두면 저절로 바로잡을 수 있지만, 심한 구강 변화는 영구적이 될 수 있다.
* 이런 습관이 아이의 의사소통 기술과 발음에 영향을 미치는가? 사교적 상호작용과 스트레스를 다룰 다른 방법을 배우는 데, 또는 놀이에 지장을 주는가?

위 질문 내용 가운데 하나라도 '그렇다'는 대답이 나왔다면, 아이의 습관을 즉시 그만두게 하거나 최소한 줄이도록 노력하는 것이 바람직할 것이다. 아래 방법을 참고하자.

전문가의 도움을 구한다 부모가 밤낮 없이 잔소리를 해도 아이의 습관을 고치는 데 전혀 도움이 되지 않는다. 하지만 소아과 의사나 소아 치과 의사가 "지금 당장 노리개 젖꼭지(또는 젖병이나 엄지손가락) 빠는 버릇을 그만두어야겠구나. 안 그러면 치아와 입이 비뚤어진단다."라고 한마디만 해도, 아이는 그만두어야겠다는 마음이 불끈불끈 솟을 것이다. 소아과 의사나 치과 의사는 아이에게 "이삼일 동안 빠는 버릇을 꾹 참았다면 선생님한테 전화해 줄래?"라고 부탁하기도 한다.

아이가 버릇을 고치는 과정을 할머니나 다른 특정한 사람에게 전화로 알려 주는 것도 좋은 방법일 수 있다. 참여하는 사람이 많을수록 동기 부여가 커진다.

아이의 협조를 구한다 아무리 강요해도 아이는 습관을 그만두지 않는다. 아이들은 자신이 그만두고 싶어야 비로소 그만둘 것이다. 전문가나 부모 또는 다른 어른의 말 한마디에, 친구들이 놀려서, 습관 때문에 난처한 일을 경험해서, 더 큰 언니나 형이 되고 싶은 마음에 자극을 받을 수는 있지만, 그보다 확실한 동기 부여는 따로 있다. 아이에게 습관을 멈추라고 요구하는 것이다. 언제 그만두면 좋을지, 즉시 그만두는 방식이 더 나을지 서서히 그만두는 방식이 더 나을지 아이와 상의한다.

언니나 형다운 행동을 강조한다 아이가 손가락을 빠는 버릇을 '아기 같다'고 깎아내리지 말고, 아이가 화장실에서 볼일을 보거나, 셔츠의 단추를 잠그거나, 도움을 받지 않고 정글짐에 올라가는 등 기회가 될 때마다 '형(또는 언니)'다운 행동에 아이의 주의를 돌리게 한다. '다 컸다'는 평가를 많이 얻을수록 실제로 다 큰 아이처럼 행동해야겠다는 큰 동기를 부여받을 것이다.

압박을 주지 않는다 어린아이들은 부모의 잔소리에 고분고분 말을 듣기보다 반항하려 들 가능성이 높다. "엄지손가락 빠는 버릇 당장 그만두지 않으면 유치원에 못 갈 거다."와 같은 위협 역시 아이의 협조를 얻는 데 도움이 되지 않을 것이다.

대체물을 제공한다 대화를 하거나, 노래를 부르거나, 입으로 연주하는 악기를 주거나, 빨대로 주스나 우유를 마시게 하는 등 아이의 입을 계속 바쁘게 움직이게 하면, 구강을 만족시키려는 필요성이 어느 정도 충족될 수 있다. 또한 젖병이나 노리개 젖꼭지나 엄지손가락을 향한 열망에서 유치원에 보냈다면, 어쩌면 이것이 문제가 됐을 수도 있다. 평소보다 30분 일찍 아침을 먹인 다음 짧은 거리를 걷는다든지 해서 아이가 활동적으로 몸을 움직이게 하면, 유치원에 가기 전에 화장실에 먼저 갈 수도 있다.

아이의 변이 무르거나, 수분이 너무 많거나, 혈액이 섞이거나, 점액이 포함된 경우, 2주일 이상 계속해서 바지에 실수를 하는 경우, 의사와 상의해 건강에 이상이 있는지 알아본다(649쪽 참조).

벗어나게 하는 데도 도움이 된다. 하루 중 빠는 버릇에 가장 오래 몰두하는 시간대에 많이 씹어야 하는 간식을 제공해도 좋다. 단, 아이가 너무 많이 먹거나 한 가지 악습관이 다른 악습관으로 대체되지 않도록 주의해야 한다.

보상을 준다 세 살 아이는 특별한 보상을 받기 위해 기꺼이 빠는 버릇을 그만두려 할 것이다. 그러나 아무리 보상을 약속하더라도 버릇을 고칠 수 있도록 부모가 많이 도와주어야 한다.

노리개 젖꼭지 이용을 제한하기 시작한다 아이와 함께 습관 중단하기 계획을 세운다. 예를 들면, 처음에는 집에서 노리개 젖꼭지 사용을 제한하기로 한다. 그런 다음 거실에서 제한하고, 이런 식으로 제한하는 공간을 하나씩 늘려 마침내 안방과 아이 방을 제외한 모든 공간에서 사용을 제한한다. 다음에는 아이 방에서만 노리개 젖꼭지를 사용하게 하고, 최종적으로 아이가 잠자리에 들 때나 특정한 의자에 앉을 때에만 사용하게 한다.
또는 식사 후나 낮잠과 밤잠을 자기 전에만, 그 다음에는 아침 식사 후나 취침 전에만 노리개 젖꼭지나 젖병을 사용하게 제한하는 등 시간을 정한다. 아니면 한번에 30분까지로 이용을 제한하고, 그 다음에는 20분, 10분, 5분, 2분으로 시간을 줄인다. 아이들은 아직도 다른 어떤 활동들보다 앉아 있는 걸 더 힘들어한다. 그렇기 때문에 앉아 있을 때만 빨 수 있게 하면 제한을 두는 데 가장 효과가 크다. 의무적으로 제한을 강요하기보다 도전 의식을 일으키는 게임을 통해 제한을 유도한다. "주방에서 젖병과 노리개 젖꼭지를 안 빨고 잘 버티는지 한번 볼까?" 그리고 아이가 도전에 성공할 때마다 칭찬을 많이 한다.

젖병을 통해 얻는 즐거움을 일부 빼앗는다 젖병 안에 우유나 주스 대신 물을 넣는다. 우유나 주스를 넣은 젖병을 빨면 치아가 썩는다고 설명한다. 음료를 줄 때는 주스 컵이나 우유 컵과 물이 담긴 젖병 사이에서 선택하게 한다. 이렇게 하면 젖병에 대한 유혹을 크게 줄일 수 있다.

노리개 젖꼭지에 구멍을 뚫는다 노리개 젖꼭지 안에 구멍을 여러 개 뚫거나 끝 부분에 클립을 끼워 고정시킨다. 노리개 젖꼭지를 빨아도 전혀 즐거움을 느끼지 못하면 아이는 바로 집어던질지도 모른다.

잃어버린다 젖병이든 노리개 젖꼭지든 잃어버리면 된다. 기왕이면 아이가 가장 빨기 좋아하는 물건을 외출할 때 일부러 잃어버린다. 그런 다음, 의사가 "젖병을(또는 노리개 젖꼭지를) 물기에는 이제 많이 컸다."고 말했으니, 새것을 사 주지 않겠다고 설명한다.

빨면서 얻었던 위안을 다른 방법으로 대체한다 심리적 위안을 주는 습관을 빼앗긴 아이들은 습관을 고치는 기간 동안, 그리고 그 후로 얼마간, 다른 방법으로 많은 위안을 받을 필요가 있다. 아이가 화가 나 있을 때는 아이의 손을 잡아 주고, 아이에게 관심과 애정을 듬뿍 쏟아 주며, 함께 놀고 외출하는 시간을 많이 갖는다.
빠는 습관 가운데 가장 끊기 힘든 습관은 엄지손가락이나 집게손가락을 빠는 것이다. 젖병이나 노리개 젖꼭지를 빠는 아이들은 어떻게든 습관을 고쳐 줄 수 있어도, 손가락을 빠는 아이들은 고치기가 힘들다. 위의 방법을 시도했는데도 아이가 손가락 빠는 버릇을 중단하지 못하더라도 강요하지도 체념하지도 말자. 필요한 경우, 아이가 연령이 많다면(3~5세) 구강 상태와 치과 의사의 견해에 따라 좀 더 극단적인 방법이 권장될 수도 있다. 대체로 아이가 빠는 손가락에 쓴맛이 나는 약물을 바른다든지 입천장에 금속 교정 장치를 잠시 달아 주는 등의 방법이 이용될 것이다. 빨고 싶은 충동이 생기면 엄지손가락을 안으로 넣어 주먹을 꽉 쥐는 방법을 권해도 좋다. "입에서 손가락 빼."라고 끊임없이 잔소리를 하는 대신, 말도 안 되는 재미있는 암호를 만들어 빨지 않도록 상기시킨다.
아이가 엄지손가락이나 노리개 젖꼭지를 강박적으로 이용하고, 내성적이거나 우울해 있다면, 빠는 행위는 나쁜 습관 이상의 의미를 나타내는 것일 수 있다. 근본적인 문제를 밝히고 해결하기 위해 이런 상황에 대해 의사와 상의한다.

─ 오줌을 싸요

Q "우리 딸은 한동안 변기에서 소변을 잘 보더니만 요즘에는 일주일 내내 바지에 오줌을 싸요. 변기를 이용하라고 계속 상기시켜 주긴 하는데, 아이는 매번 괜찮다고 말하고 잠시 후에 어김없이 오줌을 싸고 말아요."

A 그림 그리랴, 세발자전거 타랴, 블록 쌓으랴, 소꿉놀이하랴, 수백 가지도 넘는 신나는 놀이들로 아이들의 하루는 몹시 바쁘다. 따라서 어린아이들이 바지에 실수를 하는 가장 흔한 이유가 다름 아닌 놀이에 너무 몰두하기 때문이라는 사실은 그리 놀랄 일이 아니다. 일정이나 일과가 크게 바뀌어 스트레스를 받거나 정서적으로 혼란스러운 상태일 때도 퇴행하는 모습을 보이기도 한다. 그러나 간혹, 특히 여자아이들의 경우, 방광염이 원인일 수 있다. 그러므로 아이가 자주 오줌을 싸거나 소변 색깔이 뿌옇거나 분홍색을 띠거나 혈흔이 보이거나, 기타 감염 및 염증의 증상이 나타나면(658쪽 참조) 의사에게 상담을 받고, 소변 배양 검사를 받게 된다. 감염이나 기타 의료적인 문제가 원인이 아니라면, 때가 되면 실수를 멈추게 된다. 그때까지는 다음 내용을 참고하자.

눈감아 준다 "또 오줌 쌌어?" 하고 화를 내면서 과잉 반응을 보이거나, 기저귀를 다시 채워야겠다는 등 굴욕적인 벌을 내리면 아이는 더 마음이 상할 것이고, 그러다 보면 계속 오줌을 쌀 수도 있다. 대신 <u>아무렇지 않게 반응하면서 아이를 안심시킨다. "이런, 화장실에 못 갔구나. 다음에는 꼭 제때 화장실에 가서 소변 보자."</u>

모욕하지 않는다 생일 파티에 가려고 예쁘게 옷을 입고 막 문을 열고 나가려는 순간 흰색 타이즈 아래로 소변이 졸졸 흐를 때, 부모들은 자신이 어른이라는 걸 잊고는 아이에게 모욕적인 말을 퍼붓게 된다. "참, 다 큰 줄 알았더니, 아직 멀었구나!" 그러나 이런 모욕을 준다고 해서 아이의 행동이 어른스러워지는 것은 아니므로, 이런 생각은 속으로만 하자.

긍정적으로 반응한다 누구나 바지에 오줌을 쌀 수 있으며 다음에는 변기를 이용하자고 아이에게 말한다. 아이가 싫어하지 않는다면, 옷을 갈아입고, 바닥에 흘린 소변을 닦고, 바지에 변이 묻었다면 변기 안에 변을 넣고 물을 내리는 등 뒤처리를 돕게 하여 '언니'가 된 기분을 갖게 해 준다. 그러나 강요해서는 안 된다.

아이의 수분 섭취량을 평가한다 누구나 그렇듯이 아이들도 수분을 충분히 섭취해야 한다. 그러나 하루에 여섯 컵 이상의 과도한 수분 섭취는 간혹 바지에 오줌을 쌀 가능성을 높인다. 유독 소변을 빨리 보고 싶게 만드는 수분이 있다. 카페인이 포함된 음료는 이뇨 작용을 촉진시키고, 감귤 주스는 일부 아이들의 경우 요로를 자극한다.

스트레스를 줄인다 최근 바지에 오줌을 싸는 실수가 잦은 이유가 과도한 스트레스 때문이라고 생각된다면, 아이의 생활을 살펴보고 최대한 스트레스를 줄이도록 한다. 또한 아이에게 충분한 관심과 애정을 쏟아야 한다.

맑은 물로만 목욕시킨다 거품 목욕, 목욕용 오일, 강력한 목욕 비누는 모두 바지에 오줌을 싸게 만드는 흔한 요인인 요로 감염을 일으킬 수 있다. 이런 재료들을 피하고, 안전한 목욕을 위해 513쪽을 참조한다.

아이의 성공을 축하한다 몇 차례 실수로 아이의 자존감이 크게 다쳤을 수 있다. 아이가 조만간 변기를 이용하면 성공을 축하하기 위해 의식적으로 노력해 자존감을 다시 일으켜 세우도록 하자. 다른 성과들도 칭찬을 하여 자신감을 북돋아 준다.

부모가 화장실에 갈 때 아이를 데리고 간다 성이 같은 부모가 화장실에 갈 때 아이를 데리고 가면서 변기에서 볼일을 볼 수 있도록 장려할 수 있다. 아이가 화장실이 급해 보이는데도 가지 않겠다고 딱 잘라 거절한다면, 부모가 화장실에서 볼일을 보는 동안 같이 있어 달라고 부탁한다. 화장실에 같이 가는 동지로서, 그리고 부모가 변기를 사용하는 모습을 보고 소변이 흐르는 소리를 듣다 보면, 아이도 변기에 소변보고 싶은 마음이 생길 수 있다. 하지만 아이가 같이 가지 않겠다고 하면 강요하지 않는다.

변기 이용을 일과로 정한다 많은 아이들이 외출하기 전에는 화장실에 가지 않겠다고 고집을 부리고, 집 밖에만 나오면 급하게 화장실을 찾는다. 그러므로 외출 전에는 으레 화장실에 다녀오는 것으로 일과를 정하고 가족들 모두 외출 전에 화장실에 다녀온다. 이렇게 하면 아이만 화장실에 보내는 게 아니므로 아이가 말을 더 잘 들을 수 있다.

── 배변 훈련에 관심이 없어요

Q "아무래도 우리 아이는 이러다 평생 기저귀를 차고 살지 싶어요. 우리가 그렇게 애를 쓰고 또 썼는데도 도무지 협조할 생각을 하지 않아요."

A "한 번에 성공하지 않으면, 시도하고 또 시도해 봐라."라는 격언이 인생의 많은 부분에 적용되지만, 배변 훈련에 대해서만큼은 그렇지 않은 것 같다. 그 이유는 배변 훈련의 성공은 궁극적으로 부모의 노력이 아닌 아이의 노력에 달려 있기 때문이다. 다시 말해, 지금은 부모가 그만 손을 떼고, 아이가 스스로 노력할 준비가 될 때까지 기다려야 할 때인지도 모르고, 그때는 지금부터 며칠 또는 몇 주, 아니면 몇 달 후가 될 수도 있다.

하지만 "기다리는 자에게 복이 있나니."라는, 배변 훈련에 딱 어울리는 격언도 있으니 너무 애태우지 말기 바란다. <u>인내심을 갖고, 아무런 강요 없이 변기나 유아용 변기 의자를 이용할 선택권을 아이에게 주도록 하자</u>(유아용 변기에서 배변 훈련을 하는 요령은 19장 참조). 이렇게 하다 보면 조만간 기저귀는 과거의 유물이 될 것이다.

유아용 변기를 늦게 시작하는 것이 아이의 지능이나 장차 다른 분야의 성공 여부와 전혀 관련이 없다는 사실을 기억하자. 하지만 부모가 압력을 가하는 것과는 관련이 있을 수 있다. 그러므로 아이에게 스트레스를 주지 말고 뒤로 물러나도록 하자.

── 자면서 오줌을 싸요

Q "우리 딸은 낮에 변기에서 대소변을 보도록 훈련을 받은 지 거의 1년이 다 됐어요. 밤에는 계속 기저귀를 차는데, 아침에 일어나 보면 기저귀가 젖어 있어요. 밤에 오줌을 싸지 못하도록

강하게 밀고 나가고 싶은데 언제부터 그래야 할까요?"

A 언제가 됐든 자다가 오줌을 싸는 문제에 대해 공격적으로 대하는 건 생산적인 방법이 아니다. 아이들도 마음 같아선 밤에 자다가 오줌을 싸고 싶지 않을 것이다. 발달상 어쩔 수 없이 오줌을 싸게 되는 것이므로, 위협을 가하거나 벌을 내린다고 상황이 달라지지 않는다. 대여섯 살쯤 되면 아동의 85~90%가 자다가 오줌을 싸는 현상을 부모의 관여하지 않아도 스스로 중단한다. 나머지 10~15% 아이들(대개 여자아이보다 남자아이가 더 많다)은 왜 계속 자다가 오줌을 싸는지 분명히 밝혀진 이유는 없다. 요인은 유전, 평균보다 작은 방광 크기, 밤에 과도한 소변 배출, 그리고 깨기 힘들 정도로 깊은 숙면 등 다양하다. 가장 좋은 치료 방법은 야뇨 경보기를 이용하는 것인데, 대개 여섯 살에서 여덟 살 이전 전까지는 권장되지 않는다. 야뇨 경보기는 기저귀가 젖으면 아이를 깨우는 도구로, 아이가 변기에 앉을 필요가 생길 때 잠에서 깨도록 '길들이는' 것을 목적으로 한다.

밤에 오줌을 싸지 못하도록 압박을 주면 대개 낮이든 밤이든 실수하는 횟수만 늘어날 뿐이고 아이의 자존감도 낮아진다. 아이가 생리적으로 준비가 되면 자면서 오줌을 싸는 일이 일어나지 않는다. 그리고 아이를 야단치거나, 잔소리를 하거나 저녁에 수분 섭취를 제한한다고 해서 이런 준비가 빨리 이루어지는 것은 아니다. 취침 시간에 아이를 변기에 앉히는 건 도움이 될 수 있지만, 이 방법이 수면 문제를 일으키지 않을까 걱정이 되면 시도하지 않는다.

아이가 준비될 때까지는 밤에 기저귀를 채우면 가족 모두 편안하게 수면을 취할 수 있다. 아이가 자다가 오줌을 싸지 않을 준비가 됐다는 걸 알 수 있는 표시는 다음과 같다.

아침에 자고 일어났을 때 기저귀가 거의 젖지 않고 뽀송뽀송할 때, 밤에 기저귀가 젖으면 속상해할 때, 낮에 서너 시간 동안 마른 상태를 유지할 수 있을 때, 한밤중에 소변이 마려워 스스로 일어날 때, 낮잠을 자다 마른 상태에서 자꾸 깨고 간혹 밤에 잠을 자다 마른 상태로 깰 때.

아이에게 상처 주는 말을 하지 말고 밤에 기저귀를 채우면 아이의 매트리스는 물론 자아도 함께 보호할 수 있다. 기저귀 차는 걸 아이가 불편해한다면 아이가 밤에 잠든 후에 기저귀를 채운다. 이 방법이 거추장스럽거나 아이를 깨울까 봐 걱정된다면, 일회용 배변 훈련용 팬티를 고려한다. 기저귀만큼 무겁지만 팬티처럼 입힐 수 있다(596쪽 참조). 고무 소재의 방수 시트를 깔면 소변이 새더라도 매트리스를 보호할 수 있다.

성장통

Q "우리 딸은 다음 주면 만 세 살이 되는데, 요즘 갑자기 자다가 일어나 다리가 아프다고 울어요. 통증이 오래 지속되지는 않고 아이도 곧 다시 잠이 들긴 합니다."

A 전형적인 '성장통'으로 보인다. 이런 성장통은 3~6세 사이에 가장 흔하게 나타나며, 대체로 밤에 주로 종아리나 대퇴부, 또는 무릎 주변에 상당히 심한 통증을 느낀다. 성장과는 아무런 관련이 없지만, 아마도 낮에 아주 활발하게 활동한 후에 근육이 피로해진 것이 원인일 수 있다. 통증은 보통 20분 정도 지속된다. 달래 주고, 안심시켜 주며, 약간의 마사지를 해 주면 다시 잠이 드는 데

도움이 된다.

　너무 심하게 놀아서 다리가 아픈 거라고 말하면 안 된다. 그러면 아이가 노는 걸 두려워하게 되어 신체 활동을 하지 않으려 들 수도 있다. 아이에게 이유를 분명하게 밝히지 말고 그냥 활동을 약간만 자제시키는 것이 바람직하다. 지금 '성장통'을 겪는 거라고 말해서도 안 된다. 이런 설명을 하면 성장에 대한 두려움을 심어 줄 수도 있고 심지어 음식을 먹지 않아야겠다는 생각을 불어넣을 수도 있다.

　그러나 아이가 밤에 지속적으로 통증을 느끼거나, 낮에 통증을 느끼거나, 한쪽 다리에만 통증을 느끼거나, 절뚝거리거나 힘들게 걷거나, 통증과 함께 다리가 뻣뻣하거나 붓거나 열이 나는 등 다른 증상을 동반한다면 진찰을 받아야 한다. 성장통이 몇 주 동안 계속되면 의사와 상의한다. 세 살 이전에 이런 통증을 경험하는 아이들 역시 검사를 받아 보아야 한다.

─ 나쁜 말을 해요

Q "우리 딸이 친구들한테 나쁜 말을 하는 소리를 듣고 이만저만 심란한 게 아닙니다. 물론 '똥머리'라든가 '응가 얼굴'처럼 대부분은 악의 없는 말들이지만 그래도 여간 신경 쓰이는 게 아니에요."

A 아이가 다른 아이들과 어울리기 시작하면 장난감을 가지고 다투거나 서로에게 나쁜 말을 하게 되는 건 어쩔 수 없다. 서너 살 아이들이 가장 좋아하고 가장 많이 하는 나쁜 말은 화장실과 관련된 말이다. 아이들에게 유아용 변기는 여전히 받아들이려 애써야 하는 대상으로, 이런 용어들을 가지고 놀면서 불편한 감정을 완화하려 하는 것이다.

　아이가 나쁜 말을 하는 데 대해 과잉 반응을 보여서도 안 되지만 웃어도 안 된다. 아이가 부모나 다른 사람이 허용하지 않는 말을 퍼부을 때는, <u>그런 나쁜 말을 하면, 손으로 다른 사람의 몸을 때릴 때처럼 다른 사람의 마음을 아프게 할 수 있다고 설명한다.</u> 아이가 대립적인 상황에 처할 때는, "너 때문에 나 많이 화났어."라고 말하거나 괴롭히는 친구와는 놀지 않는 등 사회적으로 보다 용납할 수 있는 방식으로 대응하도록 가르친다. 하지만 완벽하게 성공할 거라 기대해서는 안 된다. 아이는 최소한 2년 동안은 아직 자유자재로 언어를 통제할 수 없고, 때리는 것보다는 나쁜 말을 하는 걸 훨씬 선호할 것이다.

　부모가 잘못된 예를 보이지 않도록 조심해야 한다. 많은 성인들이 욕을 하거나 상스러운 말을 해서 자신의 분노를 표현하는데, 부모는 무의식적으로 하는 말이겠지만 아이들은 한마디 한마디를 절대로 흘려듣지 않는다. 그러므로 다음에 배우자와 격렬한 논쟁을 벌이거나, 고속도로에서 다른 운전자가 나를 추월하려 하거나, 전화 요금이 잘못 나와 전화 회사에 항의하거나, 빌어먹을 세탁기가 고장이 나 물이 넘칠 때, 욕을 하고 싶은 생각이 들더라도 말을 뱉기 전에 한 번 더 생각하도록 하자. 그렇지 않으면 부모의 말을 그대로 따라 하는 아이의 작은 입에서 조만간 똑같은 나쁜 말이 나올 것이다.

　아이들은 대개 화가 나서 나쁜 말을 하는 것이 아니라, 단지 재미로 또는 관심을 끌려고 나쁜 말을 한다. 이 경우 아이에게, 네가 왜 그런 말을 하려는지 이해한다, 하지만 네 방에 들어가 혼자서 그런 말을 하는 건 얼마든지 괜찮지만 사람들 앞에서 그런 말을 하는 건 바람직하지 않다고 사무적으로 말한다. 우스꽝스럽고 덜 모욕적인 말을 하게 하는 것도 괜찮다. 예를 들어 '똥머리' 대신 '바가지머리'라고 한다거나, '응가 얼굴' 대신 '화장실 얼굴'이라고 말하게 한다. 그러나 너무 야단스럽게 반응해서는 안 된다. 가볍게 무시해 주면 '화장실' 관련 용어는 생각보다 빨리 사라질 것이다. 하지만 이런 용어를 뿌리 뽑아 보려고 부모가 별별 방법을 동원한다 해도, 대개 네 살까지는 계속될 거라는 사실도 염두에 두어야 한다.

아이가 좀 더 크면 집 안에서는 나쁜 말을 사용하지 못하도록 어느 정도 철저하게 제한을 두고 싶겠지만, 사실상 이 시기 아이들은 조심해서 말할 수 있을 만큼 자제력이 충분하지 않다.

── 심술궂게 말해요

Q "우리 딸은 놀이 모임에서 친구들에게 심술궂게 말할 때가 있어요. '네 원피스, 별로야.'라든지 '그 그림, 아기를 그린 거니? 전혀 아기 같지 않은 걸.' 같은 식으로 말이에요. 이러다 심술궂은 아이가 되는 게 아닌지 걱정입니다."

A 어린아이가 이런 말을 하는 건 심술궂어서가 아니라 솔직해서다. 이런 문제가 생기는 이유는 노골적으로 솔직하게 말하는 건 때때로 다른 사람에게 상처를 줄 수 있으며, 사람들은 머리에 떠오른 생각을 전부 말하지 않는다는 사실을 아직 배우지 못했기 때문이다.

아이의 솔직함을 나무라는 건 옳지 않지만, 떠오르는 생각대로 다 말하다가 자칫 다른 사람의 마음에 상처를 줄 수 있다고 설명하는 것이 좋다. 다음에 아이가 생각 없이 심술궂게 말을 뱉으면 아이의 친구를 달래 주되 아이를 비판하는 말은 하지 않는다. 모욕을 당한 아이가 마음이 누그러지고 나면 아이를 조용히 한쪽으로 데리고 나와, 네가 친구 입장이면 어떻겠는지 설명한다. "희연이가 네 드레스 마음에 안 든다고 말했다면 넌 기분이 어떨까?", "희연이가 너한테 그림을 잘 못 그린다고 말하면 네 기분은 어떨까?". 아이가 아무런 반응을 보이지 않으면 이렇게 덧붙인다. "엄마 생각에는 네가 무척 속상할 것 같은데."

이처럼 다른 사람 마음에 공감하는 연습이 아이에게는 쉽지 않으므로 참고 이해한다. 아이가 한 말에 대해 꾸짖거나 아이의 감상력에 대해 논하지 않는다. 다른 사람의 드레스를 마음에 들어 하지 않을 수도 있고, 다른 아이가 그림을 별로 잘 그리지 못했다고 생각해도 괜찮지만, 그런 생각을 말해 상대방이 속상해 한다면 말하는 것은 바람직하지 않다고 설명해야 한다. 한 번, 아니 열 번을 설명해도 아이를 충분히 이해시키지 못할 것이다. 하지만 아이가 생각 없이 말할 때마다 다른 사람 마음이 어떨지 생각하도록 가르치면 마침내 아이를 이해시킬 날이 올 것이다.

이런 문제를 크게 다루지도 말고, 아이에게 자기 감정을 표현해서는 안 되는 거라고 생각하게 해서도 안 된다. 누군가 아이를 기분 나쁘게 했거나 마음에 상처를 주었다면, 그 사실을 상대방에게 말해도 좋다고 알려 주고 상대편의 행동이 옳지 않다고 가르쳐 준다. 또한 누군가 위험한 행동을 하거나 아이나 다른 사람을 다치게 하는 경우, 부모나 교사에게 반드시 사실을 알려야 한다고 가르친다.

── 우스꽝스러운 행동을 해요

Q "요즘 우리 아들은 우스꽝스러운 행동을 하고 그런 표현을 사용해요. 처음에는 귀여웠는데 지금은 슬슬 짜증이 납니다."

A 일부 아이에게 이런 바보 같은 모습을 완전히 없애려는 건 거의 불가능하며, 사실상 이런 노력이 썩 정당하지도 않다. 이런 행동을 억제하려 하기보다 어떤 식으로든 관심을 보이지 말고 저절로 사라지게 내버려 두는 것이 좋다. 또한 아이의 행동에 당황하는 기색을 보여서도 안 된다. 주변 사람들은 아이가 그저 나이에 맞는 행동을 하는 거라고 생각할 것이다.

익살스런 행동과 말은 거의 모든 일에 만만하게 사용되는 해결책으로, 특히나 성장이라는 도전적인 일에 맞서고 있는 아이들은 누구 못지않게 이런 특별 처방이 필요하다는 사실을 기억하자. 그리고 아이의 익살 코드가 부모와는 전혀 맞지 않을지 몰라도, 아이의 친구들에게는 정확하게 맞아떨어질 것이다. 적절하지 않은 순간에 익살을 드러내는 게 아니라면 그냥 내버려 두자.

예의를 갖추어야 하는 상황에 있는 경우는 우스꽝스러운 행동을 해도 되는 시간과 장소가 있는데 지금은 그런 상황이 아니라고 알려 준다. 아이에게 우스꽝스러운 행동을 그만두라고 요구하다가 오히려 아이를 깔깔 웃게 만들 것 같다고 생각되면 장난감이나 책으로 아이의 주의를 돌리거나 아이를 화장실에 데리고 간다. 또는 아이를 외부에 데리고 나가 아이 스스로 마음을 진정시킬 때까지 기다린다. 우스꽝스러운 행동에 초점을 맞추거나 집에 데리고 가겠다고 위협해서는 안 된다. 이럴 경우 아이는 어떤 일에서 벗어나는 쉬운 방법, 즉 '우스꽝스러워지기'로 도망가려 할 것이다.

── 글자 배우기

Q "우리 아이 유치원에 같이 다니는 아이들 몇 명은 벌써 자기 이름을 쓸 줄 알더군요. 하지만 우리 아이는 아직 글자를 하나도 몰라요. 혹시 아이가 뒤처지고 있는 걸까요?"

A 이전 세대 아이들에게 읽기와 쓰기는 학교에 입학하기 전까지 수수께끼로 남아 있었고, 보통 대여섯 살이 지난 후에야 수수께끼가 풀렸다. 하지만 요즘에는 많은 아이들이 유치원에서 읽기와 쓰기를 배우고, 교육방송 공부 프로그램이 아이들의 일과 가운데 중요한 부분이 되고 있으며, 교육용 비디오와 유아용 컴퓨터 게임도 많아, 두세 살에 벌써 자기 이름을 쓴다든지 하다못해 글자처럼 생긴 낙서를 하는 모습을 심심치 않게 보게 된다.

아이들이 초등학교에 입학할 때, 일찍부터 쓰기를 할 줄 아는 아이들이 그렇지 않은 아이들보다 더 유리할까? 한 가지 기술을 완벽하게 익혔다는 데 대해 적어도 일시적으로 자신감을 더 얻었을 수는 있겠지만 더 유리하다고는 할 수 없다.

글자와 숫자에 아무 관심이 없는 것 같은 아이들에게 압력을 전혀 가하지 않고 330쪽에 소개한 방식을 도입하는 경우, 대체로 관심을 유발할 수 있다. 쓰기 기술을 장려하기 위해 아이가 그린 그림에 아이의 이름을 쓴 다음 "누구 이름이게?"라고 물어본다. 종이와 크레파스, 칠판,

자석이 부착된 단어 카드를 주고 자주 읽게 한다. 아이가 관심을 보이면 종이에 선과 동그라미를 그리고 아이에게 똑같이 그리게 한다. 아이가 글자를 써 보려 애를 쓴다면, 전혀 글자처럼 보이지 않더라도 흉보지 않는다. 아이의 노력을 칭찬한 다음, 부모가 직접 글자를 써서 보여 준다. "이것 보렴, 엄마는 '아' 자를 이렇게 쓴다."

하지만 아이들은 저마다 발달 시간표와 우선순위가 정해져 있다는 사실을 기억하자. 글자 쓰기를 배우려고 노력하는 아이가 있는가 하면 세발자전거를 타려고 노력하는 아이가 있고, 책을 읽으면서 계속 읽는 연습을 하는 아이가 있는가 하면 공 던지기에 집중하는 아이도 있다. 어느 것이 더 낫고 가치 있다고 정할 수 없으며, 장래의 재능이나 성공 여부를 나타낸다고 볼 수도 없다. 몇 달 후에도 아이가 자신의 이름이나 철자를 쓰는 데 관심을 보이지 않더라도 내버려 둔다. 이런 기술을 발달시킬 시간은 아직 충분하다.

─ 잠꼬대를 해요

Q "우리 아들은 종종 잠꼬대를 해요. 아이가 잠꼬대를 하면 깨워야 할까요? 잠꼬대는 아이가 마음이 안 좋거나 수면 장애가 있다는 의미일까요?"

A 한밤중에 아이가 자면서 신음을 하거나 중얼거리거나 웃는 소리를 듣고는 아이 방에 들어가면 아이는 깊이 잠들어 있다. 이처럼 아이의 잠꼬대는 걱정하지 않아도 괜찮다. 잠꼬대는 완벽하게 정상이며, 아이의 정서적 건강과는 관계가 없다. 아이가 자다가 소리를 지르는 경우 꿈을 꾸거나 악몽을 꾸는 것(350쪽 참조)일 수도

있지만 반드시 깨울 필요는 없다. 그리고 아이의 수면이 심하게 방해를 받아 만성적으로 피로를 느끼는 게 아니라면, 잠꼬대가 전문가의 도움이 필요하다는 걸 암시하지는 않는다.

─ 나누지 않는 친구들

Q "우리 딸은 뭐든지 잘 나누면서 놀아요. 하지만 잘 나누지 않는 친구들한테도 나눠야 한다고 설명했더니 이해하지 못하는 것 같아요."

A 친구들은 장난감을 나누지 않는데 왜 나는 나누어야 하는지 세 살 아이에게 설명하려 애쓰는 건, 동료들은 다들 소득세를 속이는 상황에서 어떤 사람에게만 그래서는 안 된다고 설득하려는 것과 마찬가지다. 성인들은 그 대가로 관대함과 정직함을 키우게 될 거라고 생각할 수 있지만 아이는 그렇지 않다.

그러므로 친구들이 아이에게 인색할 때도 왜 계속 친구들을 관대하게 대해야 하는지 합리적인 이유를 설명하려 하기보다, 언젠가는 관대함이 가치를 인정받게 되리라는 걸 아이 스스로 알게 해야 한다. 기회가 될 때마다 관련된 행동을 칭찬한다. "친구와 장난감을 나누다니, 정말 착하구나." 그러면 칭찬이 아이의 행동에 충분한 보상이 되어 계속 친구들과 사이좋게 지내려 노력하게 된다. 친구들이 자기와 마찬가지로 장난감을 나누지 않더라도, 그리고 친구들의 이기심으로 인해 아이도 방어적으로 욕심스러운 모습을 보인다 해도 꾸짖지 않는다. 너그러운 행동은 아이가 그러고 싶어야 가능한 것이며, 이 시기에는 아무리 잠시라도 아이에게 소유물을 포기하라고 압박을 주면 안 된다(301쪽 참조).

자기 장난감을 절대로 내주지 않던 친구들도 1~2년 안에 서서히 나누기 시작하고, 더구나 내 아이의 관대한 행동을 본받게 되면 더욱 그럴 가능성이 높아진다. 친구들이 더 커서 언니 오빠가 되면 서로 나누는 방법을 알게 될 것이고, 네가 계속 친구들에게 장난감을 나눠 주면서 좋은 본보기를 보여 주면 더 빨리 방법을 알게 될 거라고 말한다. 그러면 아이도 좀 더 수월하게 계속 베풀 수 있을 것이다.

― 병원놀이

Q "제 친구는 얼마 전 세 살 된 아들과 친구가 아이 방에서 서로 생식기를 보여 주는 장면을 목격했대요. 만약 제 아들과 친구가 그럴 경우 전 어떻게 해야 할까요?"

A 지금이야말로 아이의 '병원놀이' 장면을 목격할 경우 어떻게 대처해야 할지 슬슬 고민해야 할 시기다. 조만간 병원놀이 장면을 목격하게 될 테니 말이다. 세 살에서 여섯 살의 아이들은 다른 사람의 알몸에 대해 호기심을 갖게 되고, 네가 몸을 보여 주면 나도 보여 주겠다는 식의 타협으로 호기심을 충족시키려 한다.

어린아이는 단정한 태도라든지 도덕성 같은 규칙들을 아직 모르기 때문에, 병원놀이를 할 때 아무렇지 않게 이런 규칙들을 깨뜨린다. 아이가 친구의 생식기에 호기심을 갖는 건 자신의 생식기에 호기심을 갖는 것만큼이나 자연스럽고 순진한 태도이며, 성적 관심이라기보다 과학적 관심에 의해 더 크게 동기가 부여된다.

아이가 병원놀이 하는 모습을 발견하고 호들갑스럽게 반응하는 부모가 있는가 하면

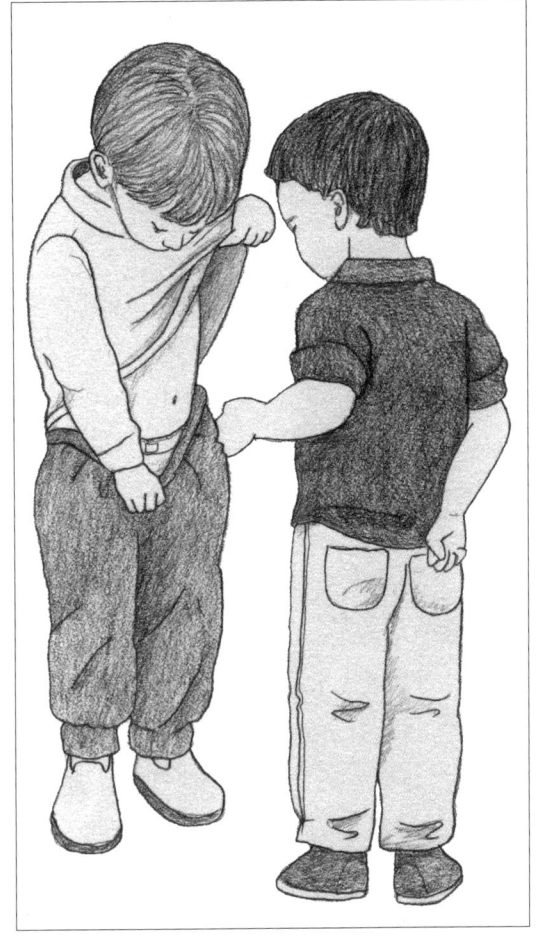

아이들이 다른 사람들 몸에 호기심을 갖는 건 자기 몸에 호기심을 갖는 것만큼이나 정상이다. 아이들은 이런 호기심을 충족시키려 할 때 이따금 '병원놀이'를 하려 한다.

흥미롭게 반응하는 부모도 있는데, 냉정을 잃지 않고 대수롭지 않게 반응하는 것이 가장 바람직하다. 지극히 자연스러운 충동에 따른 행동에 아이를 벌하거나 조롱하거나 야단치거나 해서 당황하게 한다면, 아이를 혼란스럽게 만들고 품위를 손상시키게 되며, '금지'됐다는 이유로 그 행동에 더욱 강한 호기심을 갖게 할 수 있다. 또한 은밀한 신체 부위에 대해 건강하지 못한 생각을 심어 주게 되며, 이런 생각은 청소년기를 거쳐 성인이 될 때까지 계속될 수 있다.

아이가 병원놀이 하는 장면을 발견하는 경우,

놀라서 어쩔 줄 모르는 태도를 보이거나, 최소한 그렇게 비춰지는 모습을 보이지 않는다. '학교' 놀이나 '비행기' 놀이를 목격할 때처럼 아무렇지 않게 이렇게 말한다. "너희들 서로의 몸에 대해 알고 싶은 거구나. 그럼, 너희 둘 다 페니스(고추)가 있다는 걸 알았겠구나." 또는 둘 중 한 명이 여자아이라면, "넌 남자아이니까 페니스(고추)가 있고, 넌 여자아이니까 질이 있다는 걸 알았겠구나." 복잡한 설명을 하지 말고, "우리 몸에서 이런 부분들은 은밀한 부분이란다. 그래서 다른 사람한테 보여 주거나 다른 사람이 만지게 하면 안 돼."라고 알려 준다. 그리고 나중에 몸에 대해 궁금한 점이 있으면 언제든지 물어보라고 말한다.

그런 다음 얼른 옷을 입혀서 "우리 책 읽자.", "마당에서 공놀이 하자." 등 다른 활동을 하자고 제안한다. 다른 활동으로 전환하면 성적 탐색에 몰두하던 아이들이 실제로 안도감을 느끼게 되는데, 아이들은 정확히 이유는 모르겠지만 병원놀이를 하는 동안 어쩐지 마음이 불안해지기 때문이다.

친구와 헤어지고 나면 아이와 함께 앉아 질문을 유도한다. 아이가 아무런 질문도 하지 않거나 이 주제에 대해 말하고 싶어 하지 않는 것 같다면 강요하지 않는다. 아이와 이런 문제에 대해 이야기하기가 어색하거나 적절한 전문 용어를 사용하기가 불편하다면, 먼저 혼자 연습하거나 다른 어른과 연습한다. <u>간단하고 선명한 그림이 들어간 인체에 관한 책 한두 권을 아이와 함께 읽는다면, 아이에게 좀 더 편안하게 설명할 수도 있고 아이를 이해시키기도 더 쉬울 것이다.</u> 마을 도서관이나 서점에서 세 살 아이에게 맞는 권장 도서가 있는지 확인한다. 이 방법이 편하다면,

상대 아이의 부모에게 아이들이 병원놀이를 했다는 사실을 알려 주어 그 부모도 집에서 같은 논의를 할 수 있게 한다.

아이가 다른 아이의 생식기에 지나치게 집착한다면 의사와 상의한다. 이런 관심은 드물게 성폭행의 증거를 발견하기도 한다.

상점에서 물건을 훔쳐요

Q "어제 쇼핑을 갔다가 저희 딸이 상점에서 작은 장난감 하나를 손에 들어 주머니에 넣는 걸 보고 기절하는 줄 알았어요."

A 아이가 이렇게 물건을 슬쩍하는 모습을 발견하면 부모들은 기겁을 하겠지만, 아직 세 살이 채 되지 않은 아이의 행동을 범행이라고 여길 수는 없다. 사실상 이 시기 아이는 고의적으로 범행을 저지를 수 없다. 아이는 마음에 드는 장난감 하나를 보았고, 그래서 손으로 집어 들어 주머니에 넣었을 뿐이다. 마치 공원에서 예쁜 돌멩이를 발견하거나 인도에서 달팽이 껍질을 발견할 때처럼, 이런 충동은 아이에게 아주 정상이다. 아마 친구 집이나 할머니 할아버지 집, 음식점에서도 마음에 드는 물건을 보면 똑같이 행동할 것이다.

한편 이 같은 정상적인 충동으로 인해 법에 위반되는 행위를 할 수도 있다. 그러므로 아이의 가벼운 절도에 과잉 반응을 보여서는 안 되지만 행동을 바로잡을 필요는 있다. 상점에서 장난감이나 원하는 물건을 가져오려면 돈을 지불해야 한다고 아이에게 설명한다. 그러나 '훔친다'는 개념을 설명하거나 아이를 '도둑'이라고 부르면 안 된다. 이 경우 사실상

아이는 장난감을 가지고 싶었을 뿐 부정직하거나 부도덕한 마음이 전혀 없는데도, 부정직하고 부도덕한 의도에서 장난감을 가지려 했다는 의미를 내포한다.

부모가 한 말을 분명하게 이해시키고 정직한 태도를 장려하기 위해, 훔친 장난감을 아이와 함께 다시 가져다 놓고 돌아온다. 훔친 장난감을 구입해서는 안 된다. 그러면 아이는 장난감을 갖고 싶으면 슬쩍 가지고 온 다음 부모에게 돈을 지불하게 하면 되겠다고 생각할 것이다. 원하는 걸 모두 다 살 수는 없지만 '그냥 보는 것'만으로도 즐거울 수 있다는 사실도 설명한다.

아이가 친구나 친척 집에 있는 물건을 주머니에 넣는 걸 발견할 때도 같은 방법을 이용한다. 아이를 꾸짖지 말고 다음에 방문할 때 조용히 제자리에 갖다 놓게 한다.

아이와 함께하는 오붓한 시간

Q "남편과 저는 둘 다 주 5일 근무를 해서 평소에는 아이와 시간을 보내기 힘들어요. 그래서 주말에는 아이하고 최대한 많은 시간을 함께하려 합니다. 하지만 아이는 우리가 특별히 계획한 외출을 전혀 좋아하는 것 같지 않아요. 우리가 뭘 잘못하고 있는 걸까요?"

A 아마도 부모가 너무 열심히 애를 쓰고 있고 이것을 아이에게 인정받길 기대하는 것 같다. 아이를 기쁘게 해 주기 위해 애를 쓴다고 아이가 기뻐할 거라는 보장은 없다. 사실상 아이 특유의 변덕스러운 성격을 감안하면 오히려 정반대의 결과를 얻는 경우가 다반사고, 특히 부모의 계획에 대해 먼저 아이와 상의하는 걸 잊어버렸다면 더욱 그럴 것이다.

부모와 함께하는 시간은 아이에게는 언제든 소중한 시간이다. 특별 외출이 아이의 관심과 제한된 주의 집중 능력에 맞추어 실시되었다면 아이가 재미있어 할 수 있지만, 너무 잦은 외출은 부담이 될 수 있다. 아이들은 박물관, 인형극 극장, 동물원에 가는 것도 좋아하지만, 부모와 함께 거실에서 나무 블록으로 고속도로를 건설하거나, 공원에서 돌멩이와 곤충을 관찰하는 것도 그에 못지않게 즐거워한다. 그리고 작은 즐거움을 목표로 삼아 무리하게 돈을 투자하지 않고, 특별한 것을 해야 한다는 부담감도 낮추고, 기대치를 높이지 않는다면 자주 즐거운 경험을 만끽하게 된다. 주말 계획에 아이를 포함시키면 가족 모두가 즐거운 시간을 보낼 가능성을 크게 향상시킬 수 있다.

마음은 굴뚝같지만 아이와 함께할 시간이 적은 부모로서는 시간을 최대한 활용하고 싶은 건 아주 당연하다. 하지만 과잉 보상을 할 필요는 없다. 아이와 함께하는 단란한 시간이 반드시 화려하거나 비싸거나 세심하게 계획된 의미 있는 프로그램이어야 할 필요는 없다. 바쁜 부모가 가족에게 추억을 남기기 위해 한가로이 프로그램을 마련할 시간을 내기는 힘들다. 아이가 유치원에서 돌아오면 쿠키와 우유를 주면서 대화를 나누고, 겨울에는 거실에 모여 아이를 안고 코코아를 마시게 하며, 여름이면 호숫가에서 수박도 먹고 이인삼각 경기도 하면서 느긋하게 소풍도 즐길 수 있다면 더 바랄 나위가 없겠지만, 현실적으로 쉽지 않다.

하지만 아무리 정신없이 바쁜 날에도 안아 주고, 책을 읽어 주고, 간지럼을 태우고, 베개 싸움을 하고, 욕조에 거품을 풀어 놓고 물장난을 칠 시간 정도는 낼 수 있을 것이다. 반드시 일부러 계획을 세워야 만족스런 시간을 보내는 건 아니다. 즉석에서 재미있게 시간을 보내도 충분히 만족감을 줄 수 있다. 그리고 꼭 함께 놀아야만 즐거운 것도 아니다. 엄마가 식탁을 차리거나 아빠가 설거지하는 걸 아이가 도울 때, 친구에게 보낼 명절 카드를 온 가족이 함께 만들 때, 가족 모두가 대청소를 할 때, 가족의 단란함이 더욱 견고해질 수 있다.

어쩌면 이미 생각보다 훨씬 많은 시간을 아이와 함께 보내는지도 모른다. 그리고 어쩌면 아이에게 사랑받고 보호 받는 느낌을 줄 수 있는 특별한 순간들이 하루에 열두 번도 더 있는데도 모르고 지나가는지도 모른다.

맞벌이 부모만 곤란한 상황에 놓인 건 아니라는 사실을 기억하면 도움이 될 것이다. 집에서 아이를 돌보는 부모들도 아이와 '오붓하게' 보내는 소중한 시간을 충분히 갖기 힘들다고 불평을 한다. 그러므로 죄책감과 불안감을 거두고, 여유로운 마음으로 아이와 함께하는 시간을 즐기며, 계획을 세우든 그렇지 않든 기회가 될 때마다 오붓한 시간을 보내도록 노력한다.

── 끔찍한 두 살이 아직도 계속이에요

Q "우리 딸은 이제 세 살이 다 돼 가는데 아직도 분노발작을 일으켜요. 지금쯤이면 끔찍한 두 살이 끝날 때도 되지 않았나요?"

A '끔찍한 두 살'이라는 말에서 '두 살'이라는 숫자에 약간의 오류가 있다. 두 살이 지나면 그 모든 끔찍한 행동들이 끝날 거라는 의미가 내포되어 있으니 말이다. 아이의 행동 가운데 가장 최악의 행동이 대개 두 돌에서 세 돌 사이에 집중되어 있긴 하지만, 정상 범위는 사실상 훨씬 더 넓다. 이르면 첫돌 무렵에 끔찍한 두 살이 시작되는 아이도 있지만, 세 살이 될 때까지 아무런 조짐이 보이지 않는 아이도 있다. 끔찍한 행동이 몇 달 안에 서서히 줄어드는 아이도 있지만 취학 전까지 끈질기게 이어지는 아이도 있다.

아이의 반항적인 기질(53쪽 참조)은 두 살을 보내는 동안 가장 많이 나타나는데, 이 기간 동안 아이가 세상을 알아 가면서 행동이 차츰 교정된다. 맨 처음 아이는 자신이 어떤 반응을 얻게 될지 알아보려는 차원에서 머뭇머뭇 "싫어."라는 말을 뱉는다. 하지만 세 돌 무렵에는 독립심과 자기 결정을 더욱 진지하게 추구하게 되면서 "그만할 거야!", "안 할 거야!", "나 그거 못해!", "안 해!"라며 훨씬 더 적극적으로 부정적인 태도를 나타낸다.

다른 아이들보다 유독 끔찍한 두 살이 오래 지속되는 아이들의 경우, 대부분의 원인을 타고난 기질에 두고 있다. 이런 아이들은 종종 분노발작을 통해 억눌린 정신적 에너지를 분출시킬 필요가 있다. 다른 아이들보다 선천적으로 더 반항적이거나 고집이 센 아이도 있는데, 이런 아이들 역시 끔찍한 두 살을 더 오래 지속하는 경향이 있다.

끔찍한 두 살의 행동을 즉시 사라지게 만들 기적의 묘책 같은 건 없다. 하지만 다음 방법을 이용하면 좀 더 빨리 행동을 고칠 수는 있을 것이다. 53쪽에 소개한 방법으로 아이의 부정적인 태도를 다루고 아이와 권력 다툼을 하지 않도록 한다. <u>한계를 정하되 너무 많은 한계를 정하지 않는다</u>(56쪽 참조). 아이에게 스스로 결정할 기회를 주되(458쪽 참조) 선택의 여지가 없을 때는 분명하게 말한다. "지금 점심 먹을래?"라고 말하지 말고 "점심 먹을 시간이다."라고 말한다. 정당하게 훈육하고, 아이에게 자제력을 가르치는 것을 목표로 한다(135쪽 참조). 분노발작이 일어나지 않도록 하고(376쪽 참조), 분노발작이 일어나면 최대한 침착하게 다룬다. 물론 아이가 바르게 행동하면 칭찬을 많이 한다.

앞으로 몇 달이 지난 후에도 부정적인 태도와 분노발작이 누그러지지 않으면 의사와 상의한다. 외부의 지원을 받아야 할 수도 있다.

── 얼음을 씹어 먹어요

Q "생각해 보면 저도 어릴 때 늘 얼음을 씹어 먹었던 것 같아요. 하지만 자라면서 한 번도 얼음을 씹고 싶다고 생각한 적은 없어요. 요즘 제 딸이 얼음을 씹는데, 그러다 이를 다칠까 봐 걱정입니다."

A 대대로 아이들이 유독 좋아하는 것들이 몇 가지 있다. 불행히도 과거에는 전혀 해가 되지 않는다고 여겨졌던 일들 가운데 최근에 잠재적으로 해가 된다고 알려진 일들이 있는데, 아무런 대책 없이 햇볕 아래에서 하루 종일 놀기, 부모의 손등에 소금 뿌려 핥아먹게 하기, 맨발에 모자를 쓰지 않고 자전거 타기, 그리고 얼음 깨물어 먹기가 그것이다.

얼음을 씹으면 치아가 손상될 수 있는데, 특히 충치를 때워 이미 치아가 많이 약해진 상태라면 더욱 피해가 클 수 있다. 얼음을 씹어 치아에 금이 가는 경우, 신경이 손상되어 신경 치료를 받아야 할지 모른다. 또한 질식할 위험이 있으므로 부모의 보살핌 없이는 얼음 조각을 빨아 먹게 해서는 안 된다.

컵 밑바닥에 얼음이 보이면 씹고 싶은 유혹을 물리치기 어려우므로 아이가 마시는 음료에는 얼음을 넣지 않는다. 음식점에서는 물이나 음료를 주문할 때 얼음을 넣지 말라고 요구한다. 부모의 노력에도 불구하고 아이가 얼음을 입에 문다면, 얼음은 치아를 다치게 할 수 있다고 설명하면서 즉시 뱉어야 한다고 알려 준다.

── 아이 친구가 마음에 안 들어요

Q "제 아들이 유치원에서 친구를 사귀었는데요, 항상 이 친구하고만 놀려고 해요. 그런데 전 이 아이가 별로 마음에 들지 않습니다. 아이가 너무 공격적이어서 우리 아이한테 좋은 영향을 줄 것 같지 않거든요."

A "어릴 때 부모님이 나한테 그랬던 것처럼 나는 내 아이의 친구 관계에 절대로 간섭하지 않을 거야. 내 마음에 들든 안 들든 아이 친구는 아이가 알아서 사귀게 할 거야."라고 다짐하고 또 다짐했을 것이다. 하지만 우려하던 일이 벌어지고 말았다. 아이가 내 마음에 들지 않는 친구와 어울리다가 친구의 나쁜 버릇을 똑같이 따라할까 봐 이만저만 걱정이 아니다.

이럴 때 현명한 부모라면 어떻게 할까? 무엇보다 먼저 마음을 진정시키자. 또래 친구의 행동보다는 아이가 자라는 가정 환경, 타고난 성격과 기질이 아이의 행동에 훨씬 큰 영향을 미친다. 파괴적이고 제멋대로인 친구가 일시적으로는 아이의 공격성을 강화시킬지 모르지만 영구적인 영향을 끼치지는 않는다.

더구나 부모가 가정에서 차분하고 평온한 환경을 제공한다면 친구의 행동에 영향을 받을 가능성은 거의 없다.

둘째, 부모가 개입하되 아주 약간만 개입한다. 이 무례한 친구를 만나지 못하도록 금지해서는 안 된다. 그러면 아이는 그 친구와 어울려야겠다는 생각이 더 확고해질 뿐이다. 어차피 유치원에서는 둘 사이를 떼어놓을 수 없다. 대신 아이의 사교 범위를 조금 더 확대시키도록 한다. 유치원 교사에게 부모의 걱정을 말하고 다른 아이와 사이좋게 어울릴 수 있는 시간을 많이 갖게 해 달라고 부탁한다. 교사는 다른 아이와 내 아이를 같이 앉히거나 함께 모둠 활동을 하게 해 두 아이가 친하게 잘 지내는지 시험해 보고, 결과가 긍정적이라면 아이의 친구로 추천할 수 있다.

그럼에도 불구하고 아이가 계속 '제멋대로이고 난폭한' 친구와 어울리려 한다면 그렇게 하게 한다. 활력이 넘치는 친구와 함께할 때 느끼는 짜릿한 흥분을 무척 좋아하는 아이들도 있다. 그러나 아이들이 노는 모습을 주의 깊게 지도하고, 가능하면 체계적인 활동을 계획한다. 지나치게 적극적인 아이도 책을 읽어 준다든지, 콜라주를 만들게 한다든지, 숫자 맞추기 게임에 도전할 때는 대체로 급격히 차분해지는 모습을 보인다. 그리고 부모가 인정할 수 없는 행동, 안전하다고 생각되지 않는 행동이 조금이라도 보이면 망설이지 말고 초기에 싹을 잘라야 한다.

아이의 친구가 실제로 파괴적이거나 공격적이라면, "우리 집에서는 그런 행동이 용납되지 않는다. 우리 집에서 우리 아이와 계속 놀고 싶으면 예의 바르게 행동해야 한다."고 알려 준다. 내 아이에게도 이런 내용을 설명해, 친구가 부모의 말을 잘 따르도록 장려하게 한다. 경고를 했는데도 소용이 없다면 친구의 부모와 상의해 좋은 의견이 있는지 묻는다. 친구의 행동이 개선될 때까지 부모 중 한 명이나 양육자가 놀이 모임에 동행하게 할 수도 있다. 친구의 부모가 협조하지 않는 경우, 친구의 행동이 개선될 때까지 놀이 모임에 나가지 않든지 아이가 그 친구와 놀지 못하도록 조치를 취하는 수밖에 방법이 없다.

── 기억력이 꽝이에요

Q "우리 아들은 기억력이 꽝이에요. 유치원이나 친구 집에서 뭘 했는지 물어보면 하나도 기억을 못해요. 방금 바닥에 걸레질을 했으니 그쪽으로는 지나가지 말라고 말했는데도 까맣게 잊어버리고 말이에요. 왜 그렇게 기억력이 없는 걸까요?"

A 왜냐하면 아이이기 때문이다. 어린 아기들과 달리 아이들은 기억 장치에 정보와 경험을 저장할 능력이 충분하다. 하지만 문제는 기억 장치에 저장한 내용들을 언제 인출해야 하는지 잘 모르고, 자료들이 항목별로 정리되어 있어도 그것을 검색하는 데 애를 먹기 일쑤다. 그 이유 가운데 하나는 경험을 바꾸어 말하는 데 미숙하기 때문이다. 그리고 또 다른 이유는 소위 '건망증이 심한 교수 증후군'이라는 현상 때문일 수도 있다. 다시 말해 아이의 머릿속은 '중요한 자료들'로 잔뜩 어질러져 있어 자질구레한 내용에 집중할 시간이 없다. 예를 들어, 아이는 방 한쪽에 있는 장난감을 생각하느라 부모가 젖은 바닥 위로 걸어가지 말라고 한 말을 잊어버리는 것이다.

아이는 자랄수록 기억력이 향상된다. 아이는 학교나 친구 집에서 했던 일들을 기억할 뿐 아니라 그날그날 활동들과 무수한 일화들을 술술

이야기하게 될 것이다. 그리고 바닥이 젖어 있다는 사실을 기억할 뿐 아니라 젖은 바닥 위에 발자국을 남기면 부모가 무척 속상해 한다는 사실도 기억하게 될 것이다.

기억력을 향상시키기 위해 노력할수록 쉽게 기억해 내게 된다. 아이의 기억력 발달에 속도를 붙이고 싶다면 규칙적으로 연습하는 것이 좋다. 그러나 이런 연습에 너무 진지하게 임하지 않도록 주의해야 한다. 기억력에 진전이 보이지 않더라도 절대로 나무라거나 좌절감을 내비쳐서는 안 된다.

✱ **기억력 게임을 한다** 세 가지 다른 물건을 꺼내 일렬로 늘어놓은 다음, 아이에게 주의 깊게 보라고 지시한다. 이 물건들을 가린 후 물건의 위치를 순서대로 말하게 한다. 또는 그림 카드 세 장을 아이에게 보여 주고 뒤집은 다음 어떤 그림인지 알아맞히게 한다. 유치원 같은 반 친구들 이름이나 사촌들 이름을 떠올리게 한다.

✱ **함께 기억하기 놀이를 한다** 공원에 다녀온 후 나란히 앉아 무엇을 보고 어떤 활동을 했는지 서로 이야기한다. 아이가 기억을 못하는 것 같으면 기억력을 환기시킨다. "오늘 공원에서 우리가 뭘 봤는지 기억나니?", "우리 다람쥐 봤지? 또 뭘 봤더라? 어떤 남자아이가 오리한테 먹이 주는 것도 봤지?" 등과 같이 아이를 유도하면 기억력이 마구 샘솟는 데 도움이 된다. 아이가 잘 기억하지 못하는 것 같으면 처음에는 아이를 대신해 하나하나 떠올려 주자. 다음에는 아이가 어느 정도 스스로 기억해낼 수 있을 것이다. 아이가 기억한 내용이 부모가 기대하는 장면이 아니라 해도 놀라지 않는다. 항구 주위에서 보트를 탄 후 아이는 물고기를 잡기 위해 물속으로 뛰어드는 갈매기가 아니라 점심에 먹은 샌드위치 종류를 기억할 수도 있다.

✱ **하루 일과를 상기한다** 가족 모두가 저녁 식사 때나 취침 시간에 그날 있었던 일에 대해 대화 나누는 시간을 갖는다. 이렇게 하루를 돌아보는 시간은 아이의 기억력을 향상시킬 뿐 아니라 마음의 안정을 주는 귀중한 습관이 될 것이다.

✱ **자꾸 기억해 내도록 질문을 던진다** 아이가 정보를 끄집어내게 만들기란 좀처럼 쉽지 않은 일인데, 부모가 잘못된 질문을 던진다면 더욱 힘들 것이다. "오늘 학교에서 뭐 했니?" 같은 감당하기 힘들 만큼 범위가 넓은 질문을 던지면, 아이는 십중팔구 "몰라."라고 대답할 것이다. 그러므로 아이가 기억을 되살릴 수 있도록 구체적인 질문을 던진다. "오늘은 블록으로 뭘 만들었니?", "오늘도 그림 그렸니?", "공원에 갈 때 누구랑 짝 했니?", "간식으로 뭘 먹었니?" 등 아이에게 기억을 유도하되, 아이가 하루 일을 말하길 여전히 꺼리는 것 같거나 말할 기분이 아닌 것 같다면 강요하지 않는다.

✱ **기억할 수 있는 지시를 내린다** 그리고 필요한 만큼 자주 알려 준다. 아이들은 연령이 높은 아동들처럼 기억 저장 공간이 많지 않다. 그러므로 능력과 집중력이 향상될 때까지는 무엇을 하거나 하지 말라고 지시 받은 내용을 '잊어버리는' 것이 당연하다. 아이에게 바닥이 젖었다고 말했다고 해도 채 5분이 안 지났어도 "그럼 바닥 위를 걸으면 안 되겠구나." 하고 기억하지 못한다. 특히나 아이가 놀이에 몰두해 있고 젖은 바닥 건너편에 강아지 인형이 필요한 상황이라면 부모가 한 말을 까맣게 잊을

가능성이 높다. 이 시기 아이들은 한 번에 두 가지 이상을 집중하기 어렵고 쉽게 산만해진다. 그러므로 지시 사항을 수시로 반복해서 말해 주고, 아이가 계속 지시를 잊어버리더라도 너그럽게 대해야 한다. 지시는 한 번에 1~2가지로 제한하고 간단하고 구체적으로 지시를 내려야 뭘 해야 할지 기억할 가능성이 높아진다. 그러나 부모가 아무리 분명하게 지시를 내렸어도 아이가 지시를 거부할 수 있다는 사실을 기억하자. 이 문제는 완전히 다른 내용으로, 456쪽을 참조한다.

* **기억을 상기시킬 도구를 이용한다** 예를 들어, 바닥을 물걸레질한 후에는 '젖은 바닥 위를 걷지 마세요'라고 표지판을 부착한다. 운동화 한 켤레가 그려진 그림에 선명한 빨간색으로 엑스(X) 표시를 한다. 운동화 그림은 잡지에서 오리거나 도화지에 직접 그린다.

── 음악 수업

Q "이르면 세 살에도 피아노와 바이올린을 배우는 아이들이 있다는 말을 들었어요. 우리 딸도 이때부터 시작하는 게 좋을까요?"

A 무엇을 시작하느냐에 따라 다르다. 아이가 적어도 대여섯 살이 되기 전까지는 대개 정식 수업을 권장하지 않는다. 아이들에게 음악을 사랑하는 마음을 심어 주는 건 좋다. 모든 사람이 음악적으로 재능이 있는 건 아니지만, 누구나 음악을 감상하는 법은 배울 수 있다. 아이에게 집에 있는 다양한 악기를 연주하게 하고, 어린이 콘서트에 데려가고, 노래를 부르고 춤을 추는 것을 장려하면 감상 능력을 발달시키는 데 도움이 된다.

아이가 음악에 강한 관심을 표현하고 '진짜' 악기를 연주하고 싶어 하면, 서너 살 아이들에게 바이올린을 가르치는 스즈키 교수법을 고려한다. 어떤 종류의 수업이나 학원을 선택하든 아이에게 강요하지 않는다. 아이가 바이올린 연주에 관심을 보인다면 시도할 기회를 주고, 계속 연주하길 바라면 사기를 북돋아 준다. 그러나 아이가 원하지 않으면 2년 뒤에 바이올린이나 다른 악기로 다시 시도한다.

── 아직도 분명하게 말을 못해요

Q "우리 아이는 아직도 알아듣게 말을 하지 못해요. 심지어 우리도 아이가 하는 말을 잘 못 알아듣습니다. 자음을 제대로 발음하지 못하고 단어도 웅얼거려요."

A 세 살이 되기 한참 전부터 어른들처럼 또박또박 말하도록 유전적으로 프로그램 되어 있는 아이들도 있고, 유치원에 다닐 나이가 되었는데도 여전히 발음이 어눌한 아이들도 있다. <u>명확하게 말할 줄 아느냐의 여부는 지능과 거의 관련이 없으며, 혀와 입술 근육의 통제력 발달 속도와 관련이 있다. 그러므로 자음을 잘못 발음하고 단어를 웅얼거리는 현상 자체는 걱정하지 않아도 괜찮다.</u>

그러나 세 돌 무렵에도 아이가 하는 말을 절반도 알아들을 수 없다면, 청력 결손 등 의료적 개입이 필요한 근본적인 문제가 있을 수 있으므로 의사와 상담을 한다. 언어 지연의 경우 조기에 전문가의 치료를 받으면 언어 발달뿐 아니라 전반적인 학습이 크게 향상되고 무엇보다 아이의 자존감에 큰 영향을 미칠 수 있다.

전문가의 치료를 요하는 문제가 없는 것 같다면, '씹기 운동'을 시도해 구강 구조를 발달시킨다. 당분이 없는 껌·셀러리·당근을 씹게 하거나, 꼭꼭 씹어 먹어야 하는 베이글이나 유사한 음식을 매일 두세 차례 준다. 빠는 버릇으로 인해 구강의 형태가 변형되면 혀짤배기소리를 낼 수 있으므로, 이런 버릇을 중단하게 해도 도움이 된다.

그러나 아이가 말하기 능력에 다소 결함이 있다 하더라도 정상적인 현상이니 지나치게 걱정하지 말고 발음을 강요하지 않는다. <u>잔소리를 하면 아이가 말하기를 주저하고 겁을 먹어 더 크게 위축되며, 발달이 느려질 수 있고 심지어 말을 더듬을 수도 있다. 편안하게 말하도록 장려하고, 아이의 말을 이해하도록 각별히 노력을 기울이며, 아이의 실수를 흉내 내지 않는다.</u> 어느 순간 점점 또렷하게 말을 하게 될 것이다. 아이가 학교에 입학할 무렵이 됐는데도 여전히 일부 자음을 제대로 발음하지 못한다면, 언어치료사에게 상담을 받아야 할지 의사와 상의한다.

── 동화 내용이 무서워요

Q "우리 딸한테 《빨간 모자》, 《헨젤과 그레텔》, 《백설공주》 같은 전래 동화를 읽어 주고 싶지만 아이가 무서워할까 봐 걱정입니다."

A 피에 굶주린 늑대가 할머니를 산 채로 잡아먹는다. 영리한 소녀는 오빠가 마녀의 먹잇감이 되지 않도록 지켜 주고, 오빠를 구우려 했던 화덕에 늙은 마녀를 집어넣고 달아난다. 질투심 많은 여왕은 사냥꾼에게 아름다운 의붓딸을 도살해 심장을 제거하도록 지시하고, 이 계획이 실패하자 순진한 공주를 속여 독이 든 사과를 먹인다.

너무 끔찍하다고? 당연한 말씀! 무섭다고? 두말하면 잔소리. 어린아이들이 읽기에 부적절할 것 같다고? 흠, 아마 그렇지는 않은 것 같다. 동화에는 사악한 마녀, 해로운 짐승, 끔찍하게 생긴 거인 등 무시무시한 인물들이 잔뜩 등장하고 배반과 폭력이 난무하긴 하지만, 이런 악한들이 괜히 등장하는 것은 아니다. 예로부터 내려온 이런 전래 동화들은 하나같이 정의가 불의와 맞서 싸우고, 악한 자는 벌을 받으며, 선한 사람은 마땅히 행복한 결말을 맞는다. 물론 도덕적인 교훈도 풍부하다. 《미녀와 야수》에서 미녀가 마침내 야수와 사랑에 빠질 때, 어린아이들은 사람을 외모로 판단해서는 안 된다는 걸 깨닫게 된다.

부모는 여러 세대를 거쳐서 어린이들이 침대 맡에서 읽어 왔던 이런 동화들을 읽어 주며 아이가 스르르 잠이 드는 걸 가장 큰 매력으로 여길 것이다. 그리고 아이에게 동화를 읽힐지는 아마 부모의 직관과 아이의 성격, 전문가의 의견에 대한 부모의 평가를 기반으로 하게 될 것이다.

유명한 심리학자이자 저자인 브루노 베텔하임(Bruno Bettelheim)은 동화를 절대적으로 찬성한다. 그는 동화가 어린이의 정서 건강에 해가 되지 않을 뿐 아니라 어린이의 생활에 없어서는 안 되는 것으로 보고 있다. 그의 저서 《옛이야기의 매력》에서 베텔하임 박사는 대부분의 아동 문학이 호기심을 일으키는 반면, 동화는 상상력을 자극하고 지적 능력을 발달시키며, 감정을 명확하게 알게 하고, 아이가 갖고 있는 불안감, 문제점, 영감을 확인시키며,

마법이 결핍된 세상을 '마법'으로 가득 채운다고 주장했다. 예를 들어,《빨간 모자》에서 주인공 아이는 온화하고 세심한 사람에서 무시무시한 짐승으로 변한 다음 다시 본모습으로 돌아오는 할머니와 정면으로 맞선다.《헨젤과 그레텔》은 가난과 욕심, 그리고 마녀를 향한 복수를 다룬다. 《백설공주》는 가족 간의 시기와 질투, 경쟁심과 그것을 극복하기 위한 투쟁을 다룬다.

대부분 아이들은 동화를 무서워하지 않는다는 사실도 고려하자. 두려움이 문제가 되는 경우는 대개 "무서워하지 마. 늑대는 널 잡을 수 없단다."라고 부모가 두려움을 심어 주기 때문이다.

그러므로 섣불리 동화 전집을 불태우기로 마음먹기 전에 아래 내용을 시도해 보자.

취침 전 독서로 초저녁에 동화를 읽는다 취침 시간에 동화를 읽으면 아이가 악몽을 꾸거나 잠을 설치지 않을까 걱정이 된다면, 아이가 전래동화를 편안하게 받아들인다는 확신이 서기 전까지는 밝을 때 읽어 준다.

《벌거벗은 임금님》으로 시작한다 또는《미운 오리 새끼》나 비교적 덜 무서운 동화로 시작한다. 아이가 내용을 잘 받아들이는 것 같으면《재크와 콩나무》같은 스릴 넘치는 이야기로 차츰 단계를 높인다.

아이를 안심시키기 위해 꼭 끌어안고 읽는다 포근한 담요를 덮고 꼭 끌어안거나 좋아하는 의자에 아이와 함께 앉아 동화책을 읽으면 아이가 더 안심을 하고 위협적인 인물이 등장해도 덜 무서울 것이다.

좋아하는 책을 반복해서 읽는다 어린아이들은 한 번 읽어서는 책의 내용을 거의 이해하지 못한다. 특히 동화처럼 복잡한 내용은 더욱 이해하기 어려우므로 여러 번 반복해서 읽어 주어야 한다. 아이들은 읽을 때마다 더 많이 배우고 이해하며 책의 가치관을 더 많이 내면화하게 된다.

다 읽고 나면 복습한다 책을 읽어 준 후 책의 내용에 대해 함께 이야기를 나누면 아이가 내용을 훨씬 많이 이해하게 된다. 토론을 시작하기 위해 자유롭게 대답할 수 있는 질문을 던진다. "이 이야기에서 어떤 부분이 마음에 들어?", "느낌이 어때?". 그 다음부터는 아이가 이끄는 대로 따라가면 된다.

약간 각색한다 내용을 바꾸면 저자가 마음 아파할까 봐 걱정하지 않아도 된다. 줄거리가 불편하다 싶으면 미리 훑어본 다음 아이에게 책을 읽어 줄 때 각색한다. 괜찮다면 오래된 이야기들 가운데 일부를 아이나 가족의 필요 및 기질에 맞게 고친다.《빨간 모자》의 할머니는 나무꾼이 나타나 늑대를 숲속으로 쫓아낼 때까지 옷장 속에 숨어 있게 한다. 백설공주는 사과를 먹은 후 급사하는 대신 깊이 잠들게 한다. 헨젤과 그레텔은 마녀를 부엌 의자에 꽁꽁 묶은 후 숲으로 황급히 달아나게 한다.

'잘 생긴 왕자님이 힘없고 아름다운 공주님을 구한다'는 대목이 영 마음에 들지 않는다면, '공주가 사악한 마녀를 물리칠 계획을 세운다거나, 칼을 빼들어 누구보다 용맹하게 결투를 한다'고 여성에게 힘을 실어 주는 내용으로 바꾼다. '그 후로 그들은 행복하게 잘 살았습니다.' 같은 결말이 남녀 사이의 관계를 비현실적으로 간단하게 묘사했다고 생각되면, '그 후로 그들은 서로 아주 많이 사랑하고, 서로 도와 사이좋게 지내면서, 서로에게 가장 진실한 친구가 되었습니다.'로 결말을 만들어, 결혼 생활을 지속하려면 진실한 사랑 말고도 많은 것이 필요하다는 걸 알려 준다. 상업적인 목적을 위해 불쾌한 부분을 제거했거나 여성스러운 부분을 강조한 동화책을 읽히고 싶다면 그래도 괜찮다. 서너 살 아이들에게 읽히기에는 무리가 없지만 원본을 버려서는 안 된다. 아이가 좀 더 크면 원래 이야기를 통해 더 많은 것을 배우게 된다.

가짜라는 걸 알려 준다 세 살 아이는 현실과 가상 사이의 차이에 대해서는 완벽하게 파악하지 못하지만, 가짜에 대해서는 충분히 이해한다. 장난감 컵으로 가짜 차를 마시고, 가짜 아기에게 입을 맞추며, 가짜 영웅과 싸우게 한다. 그러므로 아이에게 동화책을 읽어 줄 때는 이 이야기가 <u>실제가 아니라 상상 속에서 일어나는 가짜라는 걸 반드시 이해시켜야 한다.</u> 예를 들어, 늑대는 실제로 할머니처럼 옷을 입지 않으며, 사실은 말을 할 줄 모르는 크고 사나운 짐승일 뿐이라고 확인시켜 주어야 한다.

아이의 표정을 살펴서 힌트를 얻는다 아이가 특정한 이야기를 무서워하는 것 같다면 아이가 감정을 표현하도록 장려한다. 그러나 강요는 하지 않는다. 그리고 아이가 요구하지 않는 한 그 이야기는 다시 읽지 않는다. 어떤 아이들은 무서운 이야기를 들으면서 느끼는 긴장감과 스릴을 좋아해서 이런 이야기를 계속 반복해 읽어 달라고 조르기도 한다.

아이의 친구와 함께하는 만 세 살 생일 파티

Q "우리 딸은 몇 주만 지나면 만 세 살이 된답니다. 이제 아이도 연령이 높아졌는데, 생일 파티에 얼마나 공을 들여야 좋을지 잘 모르겠어요."

A 벌써부터 파티 전문 업체를 부를 필요는 없다. 세 살 아이들은 두 살 아이들보다 조금 더, 정말로 아주 조금 더 파티에 익숙할 뿐이다. 파티가 너무 화려하면 어린 손님들이 감당하기 힘들어 기대만큼 즐거운 결과를 얻지 못할 수도 있다. 게다가 세 살은 여전히 비교적 순진하고 상대적으로 기대치가 낮다.

그러므로 생일 파티에 자주 다녀본 아이들도 게임 몇 가지나 미술 놀이, 적당한 장식, 아이스크림과 케이크만 있으면 충분히 만족하고 아주 행복해한다. 아직은 꼼꼼하게 계획을 세우고 공연을 준비해 세 살 아이에게 감동을 주려 할 필요는 없으며, 대개는 썩 바람직하지도 않다.

세 살 생일 파티를 전반적으로 행복하게 치르기 위해 다음 내용을 참고하자.

계획하는 과정에 아이를 참여시킨다 세 살 아이는 초대 손님, 장식, 간단한 오락, 놀이 등을 결정하는 데 도움을 줄 수 있다. 초대 받는 손님들에게 특별히 주의해야 할 내용에 대해서도 고려한다. 알레르기가 있는지, 특별히 제한해야 하는 음식이 있는지, 활동에 제한을 줘야 하는지, 그 밖에 다른 문제들은 없는지 등 자세한 내용을 초대 손님의 부모들에게 확인한다.

소규모로 준비한다 유치원에서 같은 반 친구나 놀이 모임 친구들 등 서로 잘 아는 아이들을 초대하는 것이 가장 좋다. 또 신나는 생일을 보내기 위해 영화를 보거나 동물원으로 소풍을 가는 등 아이와 아이가 원하는 친구 한두 명을 데리고 바깥나들이를 하는 방법도 스트레스를 덜 받는 방법이 될 수 있다. 아무도 소외감을 느끼게 하고 싶지 않다면, 유치원이나 어린이집에서 파티를 열어 간식 시간에 컵케이크와 간식을 나누어 주거나, 놀이 모임에서 파티를 연다.

철저하게 보살핀다 생일의 주인공이 집에서 파티를 하고 싶다고 고집하고, 세 살이니까 세 명 이상의 아이를 초대해야 한다면 도와줄 사람이 더 필요할 것이다. 기꺼이 도와줄 어른을 찾지 못할 경우, 음식 대접, 청소, 놀이를 도와줄 도우미를 고용한다. 또는 손위 형제가 싫어하지 않는다면 아이들을 돌보는 '도우미'로 임명한다.

적절하게 일정을 마련한다 손님으로 온 아이들이 여전히 낮잠을 잔다면, 낮잠 시간 이후에 파티를 시작한다. 식사 시간도 배려해 계획한다. 오후 파티 때 케이크와 아이스크림을 대접할 예정이라면, 4시 30분이나 5시 이내에 음식을 주어 손님들이 저녁 식사 때 입맛을 잃지 않도록 한다. 파티를 짧게 끝낼수록 아이들이 기분 좋게 파티를 마치게 될 것이다. 한 시간 30분 정도면 충분하다.

식탁을 예쁘게 차린다 그림책, 텔레비전, 영화의 등장인물은 세 살 아이들에게 대단히 인기가 높고, 종이로 만든 파티 용품들은 파티가 끝난 후 정리를 해야 하는 사람들에게 아주 유용하다. 그러므로 파티 용품점에 아이를 데리고 가 종이컵과 종이 접시, 냅킨을 아이에게 고르게 한다(환경 친화적인 대체물에 대해서는 472쪽 참조). 그러나 식탁보는 종이 재질 대신 음료를 쏟아도 저지 않는 색색의 비닐 천을 이용한다. 또는 튼튼한 흰색 방습지로 식탁을 덮고 컵에 크레파스를 담아 각자의 자리에 놓아 주어 그림을 그리게 한다.

조금씩 덜어 준다 컵이 넘치도록 주스를 따라 주지 말고, 한 번에 3cm 정도씩 따라 주고 필요하면 더 따라 준다. 케이크를 큼지막하게 한 조각 자르거나 아이스크림도 두 숟가락씩 푹 퍼 주지 말고, 조금씩 나누어 준 후에 다 먹고 더 달라고 하면 그때 준다. 케이크 위에 특별한 장식이 있는 경우, 아무한테도 장식을 주지 않거나 모두에게 똑같이 나누어 주어야 평화를 유지할 수 있다.

안전을 최우선으로 한다 <u>메뉴를 계획할 때 질식의 위험이 있는 음식은 모두 제외한다.</u> 세 살이면 많은 아이들이 어금니가 나 있어 핫도그, 팝콘, 포도 같은 음식들을 씹어서 삼킬 수 있지만, 아직도 이런 음식들을 먹으면 목이 막힐 위험이 있는 아이들도 있다. 안전을 기하기 위해 588쪽 박스에 나열된 음식들은 일체 주지 말고, 음식을 먹을 때는 자리에 얌전히 앉아 있게 한다.

격렬한 놀이는 피한다 말타기 놀이나 긴 칼을 삼키는 마술을 좋아하는 아이들도 있겠지만, 이처럼 격렬한 놀이는 아이들을 놀래 파티장이 눈물바다가 될 수도 있다. 아무래도 파티를 이끌 사람을 고용해야겠다면, 열성적이되 너무 과장되지 않은 구연동화가가 가장 바람직하다. 풍선으로 동물을 만들어 주는 사람도 인기가 좋겠지만 풍선이 터지면 질식할 위험이 있다.

재미 위주의 게임을 한다 게임을 짧게 끝내고 경쟁심을 유발하는 게임은 삼간다. 세 살 아이들은 정정당당한 태도에 대해 알지 못한다. 수건돌리기, 동대문을 열어라, 호키포키 춤, 얼음 땡 놀이 등 간단한 놀이를 한다. 모두가 함께 참여하도록 장려하되 강요하지 않는다. 계획한 활동보다 더 많이 진행하지 않는다. 계획대로 모든 활동을 다 할 필요는 없지만, 파티 도중에 준비한 게임을 다 했다면 그대로 게임을 끝낸다.

상을 주지 않는다 상을 주려면 모든 아이에게 주어야 한다. 상을 받기 위해서가 아니라 단순히 재미가 있어서 활동을 즐기는 것이 가장 좋고 편안하다.

기록한다 정신없는 상황에서 뭘 해야 할지 잊어버리지 않도록, 파티 때 할 활동과 시간을 기록한다. 게임과 미술 놀이 내용, 필요한 재료들을 모두 기록하고 준비물을 상자나 바구니에 한데 담아 호기심 많은 아이들 손이 닿지 않는 곳에 보관한다.

미리 예상한다 파티 기념품은 아이들이 망가뜨리거나 잊어버리지 않도록, 파티가 다 끝나고 돌아갈 때 나누어 준다. 모자랄 것을 대비해 먹을 것을 넉넉히 준비한다.

꼭 알아 두세요: 슈퍼차일드 신드롬(Superchild syndrome)

"댁의 아이는 연령에 맞게 발달이 이루어지고 있습니다."라는 말은 부모들을 기분 좋게 만들어 주었다. 부모들은 내 아이가 건강하고 정상적으로, 그리고 알맞은 속도로 발달이 이루어지고 있다는 사실을 확인하고 안도했다.

하지만 성공 지향적이고 경쟁적인 현대 사회에서 많은 부모들은 그 이상을 원하는 것 같다. 내 아이가 건강하고 정상적이길 바라는 건 마찬가지지만, 그러면서도 다른 아이들보다 더 빠르고 탁월한 발달을 하길 바란다. 내 아이가 조숙하고, 재능 있고, 재주가 많고, 유능하고, 남보다 우월하길 바란다. 한마디로 슈퍼차일드가 되길 바라는 것이다.

이처럼 부모들이 내 아이가 최고가 되길 바라는 건 순수하게 아이를 위해서일까? 대부분은 그렇다. 하지만 때로는 다른 이유들 때문이기도 하다. 일류 대학에 입학하길 꿈꾸었지만 실패한 부모들은 아이를 일류 대학에 보내기 위해 어릴 때부터 강하게 교육을 시키려는 경향이 있다. 평범한 운동 선수였던 부모들은 아이를 코트에서, 경기장에서, 스키장에서 뛰어난 선수로 만들기 위해 온 힘을 기울인다. 피아노로 '젓가락 행진곡' 이상은 연주한 적 없는 부모들은 내 아이를 훌륭한 쇼팽 연주자로 만들기로 결심한다. 이처럼 자신의 운명에 결코 만족하지 못하는 부모들은 내 아이에게 더 많은 재능을 만들어 주려 한다. 아이를 자신의 거울이라고 여기는 부모들은 내 아이가 훌륭한 사람으로 인식되길 바란다. 강요하는 것은 바람직하지 않다는 걸 잘 아는 부모들조차 내 아이가 남보다 뒤처지지 않도록 하기 위해 결국에는 강요를 하게 된다.

그러나 슈퍼차일드의 위상을 위해 아이를 강요하는 이유가 무엇이 됐든, 아이를 강요하는 것은 근본적으로 잘못이라는 데 전문가들은 동의한다. 일시적으로는 부모가 꿈꾸는 대로 아이에게 엄청난 능력을 끌어낼 수 있겠지만 그 이점이 오래가지 못하고 비용이 만만치 않게 들어간다. 압력을 덜 받고 자라는 아이들에 비해 너무 이른 시기에 지나치게 많은 압력을 받고 자라는 아이들에 대해 여러 연구 결과들은 다음과 같이 주장한다.

* **장기적인 성과에는 별 차이를 보이지 않는다**
예를 들어, 조기에 읽기를 배운 아이들이 처음에는 다른 아이들보다 앞설지 몰라도, 나중에 시작한 아이들이 따라잡을 때쯤에는 금세 뒤처지게 된다. 아이가 배우고 싶어 할 때까지 기다리는 것이 훨씬 현명하고, 그 때쯤에는 학습이 더 쉽게 이루어진다. 물론, 압력을 받은 아이들 가운데 어른이 되어 크게 성공하는 경우도 있지만, 대개 정상적인 어린 시절과 사교 생활을, 때로는 심지어 행복마저 희생해야 한다.

* **어릴 때부터 극도의 피로에 시달리기 쉽다** 예를 들어, 2년 동안 어린이 발레 학원에 끌려다닌 아이는 본격적으로 발레 수업을 받기 전에 벌써 발레에 싫증을 느끼는 경향이 있고 발레 학원에 가지 않겠다고 반항할 수도 있다.

* **대개 자발성이 약하다** 처음부터 부모에 의해

글자와 숫자 시작하기

앞으로 최소한 12년(대학에 대학원까지 다니면 20년 이상)은 학교에 다닐 텐데, 벌써부터 정규 학습을 시킬 필요는 없다. 물뿌리개 사이로 달려가고, 소꿉놀이를 하고, 세발자전거를 타고 놀이터를 달리고, 눈밭을 구르고, 어린이 풀장에서 물장구를 치고, 공원의 솔방울을 모으는 등 아동기 초기는 무엇에도 방해받지 않고 한껏 즐거워하며 단순한 기쁨으로 가득 찬 시기여야 한다.

하지만 대부분 아이들이 일찍부터 자연스럽게 글자와 숫자에 관심을 보인다. 그리고 이런 학습 과정을 재미있어하고 강요받지 않으며 탁월한 재능을 보인다면, 굳이 글자와 숫자를 시작하지 않을 이유는 없다. 아이에게 글자와 숫자를 가르치는 방법을 알아보자.

* 책과 읽기에 대한 의욕을 북돋아 준다(115쪽 참조). 아이가 글자에 관심을 갖게 하려면 글자와 익숙한 그림이 연결된 한글 책을 알아본다.
* 아이에게 과학에 대한 흥미를 자극시킨다(503쪽 참조).
* 아이 방문에 정자체로 아이의 이름을 써서 붙인다.
* 장난감 선반에 블록, 인형, 책 등 장난감의 이름을 붙인다. 각각의 단어 옆에 해당하는 장난감 그림을 그리면 아이가 글자와 그림을 연상시킬 수 있을 것이다.
* 계단을 올라갈 때, 쿠키를 줄 때, 티셔츠를 갤 때, 시장에서 오렌지를 골라 담을 때, 블록을 치울 때 숫자를 센다.
* 숫자 맞추기 놀이, 동물 도미노 등의 게임은 재미있는 방식으로 수학과 읽기 기술을 맛볼 수 있게 도와준다. 글자와 숫자 인식에 도움을 주는 유치원생용 게임 및 퍼즐 등 여러 종류의 장난감을 알아본다. 이런 놀이 도구들은 아이의 연령에 적합해야 한다. 그렇지 않으면 아이 특유의 본능적인 호기심이 좌절될 것이다.
* 샌드위치와 쿠키를 세모, 동그라미, 정사각형, 직사각형 모양으로 자른다. 모양을 인식하는 법을 배우는 것은 읽기 기술의 사전 작업이다.
* 평소에 '비상구', '정지', '일방통행' 같은 익숙한 표지판을 가리키되, "저건 뭐라고 읽어?"라고 물어보지 않는데도 주변에 있는 표지판을 일일이 큰 소리로 읽어 아이에게 부담을 주지 않는다.
* 아이가 그린 그림에 아이의 이름을 쓰고, 이름을 쓸 때는 한 글자씩 큰 소리로 말한다.
* 아이가 자기 이름에 관심을 보이고 쓰는 방법을 알고 싶어 하면, 한 번에 한 글자씩 알려 준다. 아이들은 대개 자신의 이름으로 시작되는 단어를 찾는 걸 무척 흥미로워한다. "정인이 할 때 정은 '정지' 할 때도 쓰이네."
* 글자판을 이용한다. 글자를 많이 접하는 환경일수록 읽기 기술을 빨리 맛보게 할 수 있다.

아이에게 과학에 대한 호기심을 심어 주세요

모든 아이들의 마음에는 꼬마 과학자들이 살고 있다. 아이를 자세히 관찰해 보면 모래 놀이터에서는 물리학자의 모습을, 공원에서는 식물학자와 곤충학자, 지리학자의 모습을, 해변에서는 해양학자, 주방에서는 화학자, 놀이방에서는 발명자, 창가에서는 천문학자의 모습을 보이면서 온갖 이론을 관찰하고 조사하고 실험하고 비교하고 개발한다. 이 모든 것이 발견하고자 하는 욕구에서 비롯된 것이다. 안타깝게도 발견을 위한 본능적인 성향은 대개 아이 시기에 그치고 만다. 아이가 정식 과학 교육을 시작할 무렵이면, 대개 직접 실천하는 과학에서 멀어지고 마음속의 과학자는 꼭꼭 숨어들게 된다.

그러나 마음속의 과학자가 학교 다니는 시기 내내, 심지어 평생 동안 활동하도록 동기를 부여할 수 있다. 먼저 아래 활동을 시도해 보자.

분류하고 또 분류한다 사물이 어떻게 같고 어떻게 다른지 발견하는 것은 기초적인 기술이다. 그리고 아이들이 아직 식물의 종과 속을 모르더라도 넓은 나뭇잎이 달리는 나무와 뾰족한 나뭇잎이 달리는 나무, 껍질째 먹을 수 있는 과일과 껍질을 깎아야 먹을 수 있는 과일, 두 바퀴, 네 바퀴, 그 이상의 바퀴가 달린 탈것을 구분할 줄 안다.

전기를 발견한다 정전기의 영향력을 관찰한다. 머리카락에 풍선을 문질러 벽에 대게 한다든지, 머리카락에 빗을 문질러 잘게 자른 종잇조각들이 달라붙게 한다.

식물을 키운다 정원에 식물 종자를 심어 사람이 아닌 다른 생명이 자라는 걸 보여 준다. 당근이나 근대 같은 뿌리채소 상단을 잘라 자른 면을 아래로 해서 얕은 접시에 놓아 둔다. 접시에 물을 붓고 햇볕이 잘 드는 곳에 놓아 뿌리가 자라는 모습을 관찰한다.

씨앗을 심는다 달걀 판을 화분으로 이용해 씨를 심는다. 흙에 씨를 심고 물을 주는 방법, 해를 보게 하는 방법을 알려 준다. 식물이 자라는 과정과 사람이 자라는 과정의 비슷한 점을 함께 알아본다. 씨앗이 자라지 않는 경우 간혹 그런 일이 일어나기도 한다고 설명한다.

주방에서는 화학자가 되게 한다 대부분의 흥미로운 과학적 발견은 주방에서 이루어진다. 열을 가하면 투명하고 끈적끈적한 달걀이 하얗고 단단하게 변하는 모양과 빵 조각이 바삭한 토스트로 구워지는 모양, 달걀흰자를 휘휘 저으면 걸쭉하고 거품이 이는 모양, 이스트를 넣으면 빵 반죽이 부풀어 오르는 모양, 뜨거운 음식을 후후 불어 식히는 모양, 머핀 통에 식초와 베이킹소다를 섞어 부글부글 작은 화산이 분출하는 모양, 설탕이나 소금 알갱이가 물속에서 '사라지는' 모양, 유리컵에 소다수를 넣고 건포도가 거품 속에서 '춤을 추는' 모양을 관찰하게 한다.

바퀴를 재발명한다 바퀴 말고 다른 걸 굴릴 수는 없을까? 아이에게 사과와 블록, 동그란 돌멩이와 그렇지 않은 돌멩이, 화장지 심, 코르크, 책, 빈 플라스틱 소다 병 등으로 실험하게 한다. 어떤 물체를 이용하면 잘 굴러갈지 아이와 토론한다.

자석을 이용한다 아이에게 커다란 자석을 주고 부모와 함께 집 안을 돌아다니면서 어떤 물건이 자석에 붙고 어떤 물건은 붙지 않는지 알아본다. 냉장고 자석이 어디에 붙는지 또는 붙지 않는지도 알아본다.

무게를 잰다 깃털, 숟가락, 바나나 등 크기가 같은 물건 세 개를 골라, 손에 올려 무게를 가늠해 본 후 가장 가벼운 것과 가장 무거운 것, 그 중간 무게를 알아보게 한다.

양을 측정한다 물 두 컵을 컵 하나에 담을 수 있을까? 빈 우유 곽 안에 몇 컵의 물을 넣을 수 있을까? 부모의 키는 얼마나 될까? 아이의 발 모양대로 종이를 오려 측정 도구로 사용하고, 부모가 누운 상태에서 키를 재 보게 한다. 성장 도표를 만들어 아이의 키가 얼마나 자랐는지 알려 준다. 2개월마다 벽에 아이의 키를 표시하고, 표시가 점점 위로 올라가는 모양을 함께 관찰한다. 6개월마다 종이에 아이의 발 모양을 그려 비교해 보면서 아이의 발이 자라는 과정을 관찰할 수도 있다. 이때 아이의 성장에 도움이 되는 요소인 휴식, 음식, 음료, 신선한 공기, 운동을 설명해 주는 것이 좋다.

기상학자가 된다 매일 아침 창밖을 보면서 날씨를 관찰하게 한다. 그리고 아이가 어느 정도 어휘력이 발달하면 아침 식사 때 일기 예보를 해 달라고 한다. 유치원에 다닐 무렵이 되면 날씨를 관찰하는 기술이 도움이 된다. 종종 아침 모임 시간이나 그룹별 대화 시간에 날씨 이야기로 시작할 수 있을 것이다. 날씨를 잘 알면 아이가 옷을 입을 때도 도움이 된다. 비 오는 날은 장화와 비옷, 햇볕이 뜨거운 날은 반바지와 샌들, 바람이 많이 부는 날은 따뜻한 재킷과 장갑을 껴야 한다는 걸 가르칠 수 있다. 그 밖에 비 오는 날 실외에 병을 내놓고 빗물을 받은 다음 비가 그치면 자로 양을 측정할 수도 있다. 눈이 올 때도 마찬가지다.

세상을 가까이에서 들여다본다 깨지지 않는 돋보기를 이용해 완전히 새로운 방식으로 세상을 보게 한다. 소금 몇 알갱이, 바나나 껍질, 피부, 머리카락, 나무 조각, 싱싱한 잎과 마른 잎, 거품 목욕할 때 거품 등 아이 마음에 드는 사물은 무엇이든 자세히 관찰하게 한다. 플라스틱 보관함 안에 돋보기를 넣어서 산책할 때 가지고 갈 수도 있다.

자연을 공부한다 다양한 종류의 나무에서 넓은 잎과 뾰족한 잎을 모아 비교한다. 꽃을 조심조심 분해해서 각 부분을 관찰한다. 그러나 이런 실험은 어른의 동의가 있을 때만 실시해야 한다고 분명하게 밝혀야 한다. 그렇지 않으면 집 안 화분이 완전히 엉망이 될 수 있다. 산책할 때 공터나 숲에서 흙을 파 신문지 위에 뿌려 내용물을 관찰한다. 겨우 한 양동이의 흙 안에 온갖 야생 생물이 살고 있는 걸 발견하고 깜짝 놀랄

것이다. 땅콩버터에 옥수숫가루를 섞어 커다란 솔방울에 바른 다음 새장 안에 넣어 새에게 먹인다. 나무 위나 베란다 밖에 매달아 새들이 날면서 먹는 걸 지켜본다. 입에 먹을 것을 물고 가는 개미를 골라 개미집까지 따라가 본다. 다람쥐가 나무 안으로 재빨리 달아나는 모습을 관찰한다. 새가 둥지 안으로 날아가는 모습을 가만히 들여다본다. 우리 집과 동물들이 사는 집의 유사점과 차이점을 이야기한다.

물에 대해 공부한다 욕실이나 주방에 있는 대야 안에 물을 채웠다 비웠다 하게 한다. 물에 젖지 않는 다양한 물건을 아이에게 주고 어떤 물건은 물에 뜨고 어떤 물건은 가라앉는지 발견하게 한다. 어떤 성질 때문에 물에 뜨거나 가라앉는지 부모와 아이가 함께 연구한다. 아이에게 스펀지를 주고, 물에 푹 찍으면 점점 '커지고' 마르면 다시 '줄어드는' 모양을 관찰한다. 종이컵에 물을 담아 냉동실에 넣고, 물이 얼음으로 변하는 과정을 수시로 관찰한다. 물이 다 얼면 다시 꺼내 해동시킨다. 그런 다음 녹인 물을 냄비에 담아 가스레인지에 올리고 열을 가해, 물이 수증기로

변하는 모양을 멀리서 관찰하게 한다.

순서대로 나열하게 한다 가장 작은 것에서 가장 큰 것 순서로 물건들을 모으게 한다. 아이가 눈대중으로 크기를 가늠할 수 있다면 가장 큰 것부터 가장 작은 것 순으로 물건을 일렬로 늘어놓게 한다. 이 방법이 앞의 방법보다 더 어렵다.

과학과 예술을 접목시킨다 공원에서 등을 대고 누워 구름이 지나가는 모양을 관찰한다. 구름이 움직이는 모양, 태양을 가리는 모양 등을 가리킨다. 그런 다음 집에 돌아와 구름의 모양을 그린다.
당근을 길쭉하게 잘라 안을 관찰한 다음, 물감을 묻혀 종이에 찍는다. 산책하는 길에 주운 낙엽과 솔방울로 콜라주를 만든다. 정원의 꽃을 따 두꺼운 책갈피에 끼워 마를 때까지 누른다. 꽃 안의 물기가 압착되면 꽃잎이 마른다고 설명해 준다. 해변에서 부드럽고 납작한 돌멩이나 커다란 조개껍질을 찾아 색칠한다. 이것을 멋진 문진으로 만들어 친구와 친척들에게 선물한다.

동기가 부여된 아이들은 스스로 동기를 부여하는 법을 좀처럼 배우지 못한다.
* **단기적으로는 학습 능력이 더 앞설지 모르지만, 장기적으로는 추론 능력과 논리력, 개념화 과정이 뒤처지는 경향을 보인다** 또한 배운 대로만 앵무새처럼 따라 하고 내용 자체를 제대로 이해하지 못할 수도 있다.
* **대개 창조력과 상상력이 약해진다** 어릴 때 마음껏 활동하게 하지 않고 체계적인 학습에 역점을 두면, 이 같은 중요한 능력들이 발달하지 못할 수 있다.
* **호기심이 억제될 수 있다** 어린아이들은 놀이를 통해 세상을 탐색하고 반복적으로 시험하고 스스로 결론을 내릴 기회를 갖게 되는데, 의문을 던져 보기도 전에 답을 듣는 아이들은 사실상 이런 기회를 거의 박탈당한다. 아동 발달의 권위자 장 피아제(Jean Piaget)의 말대로 아이에게 무언가를 가르칠 때마다 우리는 아이 스스로 창조할 능력을 방해하고 있는 것이다.

개미들이 바쁘게 움직이는 모습을 관찰하는 것은 재미도 있고 교육적이기도 하다.

* **기지가 약해질 수 있다** 철저히 계획된 활동을 하게 되면 스스로 계획하는 방법을 배우지 못할 수 있다. 또한 자기 힘으로 해야 할 상황이 될 때 뭘 어떻게 해야 할지 모른다.
* **정규 교육을 받게 될 때 압력을 덜 받은 아이들에 비해 학습 열의가 적은 경향이 있다** 이유는 아마도 즐거운 학습, 자발적인 학습이 더 이상 이루어지기 어렵고, 스스로 만족하기 위해서가 아니라 부모를 기쁘게 하기 위해 학습하는 데 익숙해져 있기 때문일 것이다.
* 우수한 성과를 올려야 한다고 끊임없이 압박을 주면 아이는 실패를 두려워하고, 틀릴까 봐 겁을 내며, 모험을 감행할 용기를 내지 못한다.
* 성과에 중점을 두는 바람에 정상적인 사교성을 발달시킬 시간이 거의 없어, 발달이 한쪽으로 치우치고 사교적 기술이 뒤처진다.
* **자신의 정체성을 발견하기 어려울 수 있다** 스스로 세운 목표가 아닌 부모가 정해 준 목표를 성취하도록 강요당한 아이들은 자신의 관심사가 무엇인지, 무엇이 자신을 행복하게 하는지 발견할 기회를 잃게 된다.
* **자존감이 약해질 수 있다** 어떤 일을 잘해 낼 때 자존감이 향상되는데, 아이들은 목표가 자신의 능력 범위 내에 설정될 때 대체로 성공한다. 어릴 때부터 능력 밖의 과제를 강요받아 실패를 자주 경험하게 되면 자존감이 크게 꺾인다. 부모가 뭐든 알아서 준비하고 아이는 따라만 가면 되는 경우에도 자존감이 약해진다. "엄마 아빠가 나에게 원하는 것들이 중요하고 내가 원하는 건 중요하지 않구나. 그러니까 나 역시 중요한 존재일 리 없어."
* **극단적인 경우, 아이는 어린 시절의 즐거움을 완전히 잃어버리게 된다** 부모는 놀이 시간을 시간 낭비라고 보기 때문에, 일부 '슈퍼차일드'는 모든 아이들에게 필요한 것, 즉 근심 걱정 없고 재미를 추구하는 아동기를 전혀 경험하지 못한다. 이처럼 꼭 필요한 부분을 박탈당하면 어른으로 성장하는 데

> ### 슈퍼차일드 신드롬의 적신호
>
> 부모들은 자신이 아이를 강하게 압박하고 있다는 걸 잘 모른다. 슈퍼차일드를 만들기 위해 의식적으로 아이를 몰아붙이는 부모도 있지만, 대부분의 부모들은 자신이 아이에게 압력을 가하고 있다는 사실을 전혀 의식하지 못할 뿐 아니라 자신의 강요가 부정적인 영향을 미친다는 걸 꿈에도 생각하지 못한다. 내 아이가 지나치게 압박을 받는 건 아닌지 살펴보자.
>
> * 자유로운 환경에서 마음대로 노는 시간이 거의 또는 전혀 없다.
> * 불안, 긴장, 침울함, 피로, 짜증, 공격성, 자주 울거나 칭얼거림, 잦은 분노발작, 우울함, 열의 부족 등의 모습을 보인다.
> * 수면이나 식사와 관련해 문제를 보인다.
> * 두통, 복통, 몸의 떨림, 틱, 심인성 질병 등이 나타난다. 물론 이런 증상이 나타나는 경우 반드시 의사의 치료를 받아야 한다.
> * 또래 아이들과 잘 놀거나 어울리지 못한다.
>
> 이 가운데 하나라도 신호가 나타나면 아이가 과도한 압력을 받고 있다는 표시거나 다른 우려할 만한 일이 있다는 표시일 수 있으므로 관심을 기울여야 한다. 부모의 지나친 압력이 근본적인 원인이라고 생각된다면, 상황을 재평가하고 압력을 완화하는 방법을 고려해야 한다.

지장이 생길 수 있다.

슈퍼차일드로 만들기 위해 아이를 몰아붙여서는 안 된다는 주장이 강하게 제기되고 있다. <u>아이들은 충분히 사랑받고 있는 그대로의 모습을 인정받으며, 적절한 속도로 성장하도록 허용할 때 최대한 행복하고 건강하며 전반적으로 총명하게 성장한다.</u>

그렇긴 하지만 관심을 불러일으키고 도전 의식을 북돋는 환경이 조성되면, 어릴 때부터 선천적인 학습 의욕이 길러지는 등 이점을 얻을 수 있다. 아이를 강요하지 않고 의욕을 북돋우려면 아이 스스로 주도하게 한다. 아이가 관심을 갖는 분야와 그렇지 않은 분야, 지식을 향한 욕구를 만족시키는 분야와 이미 지나치게 충족된 분야가 무엇인지 확인하고 그대로 따른다.

아이에게 꼭 알려 주세요: 정직의 중요성

세 살 아이가 실수로 크레파스 상자를 엎어 거실 바닥에 크레파스를 흩뜨리고는, 부모의 눈을 똑바로 쳐다보면서 "내가 안 그랬어요."라고 당당하게 말한다.

아이의 첫 번째 거짓말을 들을 때 부모들은 불안하기 마련이다. 이제 순진무구한 모습은 영영 볼 수 없는 걸까? 어쩌면 그럴지도 모른다. 이런 모습은 혹시 아이가 장차 부도덕한 어른으로 자랄 거라는 지표는 아닐까? 절대 그렇지 않으며,

그저 아이 특유의 전형적인 모습일 뿐이다. 세 살 무렵의 아이들은 때때로 부정직한 태도가 난처한 상황에서 벗어나게 한다는 걸 알게 되는 한편, 정직이 최선의 방침이라는 걸 아직 모른다.

아이들이 거짓말을 하는 이유는 여러 가지다.

* **착한 아이라는 인상을 유지할 필요성** 아이의 사고력으로는 나쁜 행동을 했다는 걸 부인하면 악행이 사라지고 여전히 착한 아이로 남을 거라고 생각한다.

* **결과를 감당하고 싶지 않은 바람** 아이들은 이런 식으로 생각한다. "내가 크레파스를 엎었다고 말하지 않으면 줍지 않아도 될 거야."
* **불완전한 기억력** 찬민이는 연희가 자기 장난감을 빼앗았다고 일렀지만, 사실상 찬민이 자신이 먼저 연희의 장난감을 빼앗았다는 사실을 잊어버렸는지 모른다.
* **현실과 상상을 확실하게 구분하기 어려움** 지아의 새 인형을 보고 봄이는 "나도 새 인형 있는데."라고 말하면서도 거짓말을 하고 있다는 생각을 전혀 하지 않는다. 그리고 어쨌든 상상을 말하면서 기분이 더 좋아진다. 그리고 상상력이 아주 풍부한 태환이는 모든 이야기를 지어내지만 자신이 지어낸 이야기라고 말하지 않는다. 태환이의 관점에서 자신은 거짓말이 아니라 이야기를 하고 있는 것이다.

아이들의 사소한 거짓말은 악의적이거나 계산된 것이 아니기 때문에 걱정할 필요는 없다. 아이가 정직하고 서로 신뢰하는 환경에서 생활한다면, 거짓말을 하는 단계는 결국 끝날 것이다. 내면의 작은 목소리가 커질수록, 그리고 그 작은 목소리가 의사 결정과 사교적 상호작용에 큰 역할을 할수록 아이는 더 이상 거짓말을 할 필요가 없어진다. 그때까지 다음 방법을 통해 아이의 거짓말을 다루고 정직한 마음을 키우도록 하자.

* **쉽게 거짓말을 못 하게 한다** 아이가 어떻게 대답할지 뻔히 알면서 아이에게 "너…… 했니?"라고 묻지 않는다. 대신 "나는 네가…… 했다는 걸 알고 있단다." 또는 "네가…… 하는 걸 봤어."라고 말한다.
* **진실을 쉽게 말할 수 있게 한다** "이 주스 컵, 참 이상하네. 어떻게 바닥에 주스가 흘렀을까? 정말 이상한 일도 다 있네……."라고 말하면 "네가 무슨 짓을 했는지 보렴. 주스를 또 흘렸잖니!"라고 야단칠 때보다 아이의 고백을 받아 낼 가능성이 훨씬 높다. 야단치면 오히려 잔뜩 화를 내면서 "내가 안 그랬어!"라고 말하게 될 것이다.
* **진실을 말하면 보상을 한다** 세 살 아이가 크레파스로 거실 벽에 낙서를 한 후 자신의 잘못을 시인했는데 부모가 마구 화를 냈다면, 아이는 다음부터 잘못을 시인하려 하지 않을 것이다. 반대로 아이가 솔직하게 말했을 때 "솔직하게 말해서 좋구나."라고 인정해 주면, 아이는 앞으로도 솔직해질 가능성이 높다. 물론 아무리 솔직하게 잘못을 고백했어도 적절한 벌을 내릴 필요는 있다. 예를 들어, 평소에 아이가 벽에 낙서를 하면 낙서를 지우는 걸 돕게 하거나 당분간 그림 그리기를 못하게 벌을 내렸다면, 여전히 같은 벌을 내려야 한다.
* **아이가 전체 상황을 알 수 있게 도와준다** 종종 아이는 어떤 일의 일부만 기억하게 되는데, 이 경우 전반적인 사정을 이해하도록 부모가 도와주어야 한다. "빈이가 나를 때렸어."라는 말은 사실일지 모르지만, 실상은 아이가 먼저 빈이를 때렸을 수 있다. 이처럼 전후 사정을 알면 비난의 대상이 크게 달라지며, 아이의 기억을 조금만 환기시키면 아이는 전반적인 상황을 이해하게 될 것이다.
* **거짓말을 해야 할 상황을 만들지 않는다** 지나친 압력, 지나치게 높은 기대 수준, 심한 처벌 등은 모두 아이가 극도로 불쾌한 결과를 피하기 위해 거짓말을 하게 만들 수 있다.

* **자백하도록 추궁하지 않는다** 아이가 자발적으로 고백하려 하지 않는다면, 고백을 받아 내려고 압박해서는 안 된다. 아이가 잘못했다는 걸 부모와 아이가 모두 알고 있다면, 잘못을 시인하라고 고집할 필요가 없다. 그리고 아이가 "내가 안 그랬어!"라고 계속 주장하는데 부모가 "네가 또 그랬잖아!"라고 화를 내며 맞받아치면, 아귀다툼이 벌어지거나 분노발작을 일으킬 뿐이다. 그러므로 아이의 행동은 용납할 수 없다는 것을 열 번이든 스무 번이든 알리고, 벌을 내리기로 한 행동이라면 벌을 내린다. 그러나 아이에게 책임이 있는지 확신이 서지 않으면서 아이가 잘못했다고 몰아붙이면 안 된다. 대신 "네 말이 사실이길 바란다. 사실이 아니라면 아빠는 정말 속상할 거야."라고 말한다.

* **아이를 믿는다** 정직과 신뢰는 늘 함께 간다. 정직한 부모는 아이에게 신뢰를 받고, 신뢰를 받은 아이는 정직하게 행동한다. 놀이 모임 전에 "<u>오늘은 아무도 때리지</u>

아주 가끔 선의의 거짓말을 하는 것도 안 될까?

아무리 정직한 사람도 선의의 거짓말은 해 보았을 것이다. 사람들은 선의의 거짓말은 대체로 악의가 없으며, 때로는 마음에 상처를 입지 않도록 보호해 준다고까지 생각하는 것 같다. 어린아이를 다룰 때도 종종 선의의 거짓말은 필수라고 생각하기도 한다. "안 돼, 이제 아이스크림 못 먹어. 아이스크림 전부 팔렸대."

하지만 요점은 아무리 사소한 선의의 거짓말이라도 거짓말은 거짓말이라는 것이다. 아이에게 정직의 가치를 심어 주려면 어떤 형태의 거짓말도 인정해서는 안 된다. 아이가 당분간은 부모의 선의의 거짓말에 속아 넘어갈지 모르지만 결국은 눈치채게 된다. 그리고 부모의 거짓말을 눈치챌 때, 아이는 두 가지 유감스러운 교훈을 얻는다. 첫째, 이런 거짓말을 하면 불쾌한 상황을 재빨리 벗어날 수 있고 원하는 바를 효과적으로 얻을 수 있다. 둘째, 항상 부모를 신뢰할 수는 없다.

물론 가끔은 다른 사람의 마음에 상처를 주지 않기 위해 선의의 거짓말이 필요할 때가 있다. 아이가 '숭고한' 거짓말과 자기 잇속을 위한 거짓말을 구분할 수 있도록 도와주기 위해, 부모가 선의의 거짓말을 했을 경우 그 이유를 반드시 설명해야 한다. 예를 들어, "아빠는 고모가 기분 나쁘길 바라지 않기 때문에, 사실은 고모가 만든 쿠키가 맛이 없었지만 맛있다고 말한 거란다. 때로는 다른 사람의 마음을 다치지 않게 하려고 사실이 아닌 걸 말해야 될 때가 있어. 하지만 누군가를 마음 아프게 할 수 있는 거짓말은 절대로 해서는 안 되는 거야." 허용 가능한 선의의 거짓말과 그렇지 않은 선의의 거짓말 사이의 경계는 무척 모호해서 아이가 한번에 이해하기란 쉽지 않다. 하지만 여러 번 반복해서 설명해 주면 마침내 의미를 충분히 이해하게 된다.

살다 보면 아이를 보호하기 위해, 또는 아이가 이해하기 힘든 일이라서 사실을 모두 말할 수 없을 때가 있다. 예를 들면 아이가 어떻게 만들어지는지, 누가 왜 죽었는지, 이모와 이모부가 왜 함께 살지 않는지 설명해야 할 경우가 그렇다. 그러나 이런 경우에도 거짓말은 하지 않도록 노력하고, 아이가 이해할 수 있을 만큼만 사실을 이야기한다.

산타클로스라든가 부활절 토끼, 이의 요정도 따지고 보면 '선의의 거짓말'에 해당될 수 있다. 이런 환상을 어린아이들이 영원히 간직하길 바라는 부모도 있고, 불가피한 속임수를 불편하게 여기는 부모도 있다. 어느 쪽이든 부모와 아이에게 도움이 되는 방향을 선택하고, 부모와 아이가 모두 즐거워하는 한 환상을 계속 간직한다. 그러나 언젠가 아이가 "산타클로스가 정말 있어?"라고 묻는 날이 오면 마땅히 솔직하게 답해야 한다. 산타클로스의 존재가 사람들을 행복하게 해 주기 때문에 사람들은 산타클로스가 실제로 있다고 믿고 싶어 한다. 산타의 존재는 가짜지만 산타가 '주는' 행복은 진짜라고 설명한다. 상상하는 건 잘못이 아니며, 내가 상상을 말하고 있다는 걸 모두가 알고 있는 한 상상을 말하는 것과 거짓을 말하는 건 엄연히 다르다고 알려 준다.

마라."라고 말하기보다 "오늘은 네가 친절하게 행동하려고 많이 노력할 거라고 믿어."라고 부모가 아이를 신뢰한다는 걸 알려 주면 아이는 신뢰에 부응하려 애쓸 것이다. 한편 아이가 부모를 신뢰할 수 있도록 부모도 노력해야 한다. 아이와 한 약속은 반드시 지키고, 그럴 수 없다면 이유를 설명하고 사과해야 한다. 아이가 잘못을 시인했을 때 정직의 가치에 대해 이야기한다. 사람들은 진실을 말하는 사람을 신뢰하고 그 사람이 하는 말을 믿는다고 설명한다. 아이가 연령이 높으면 〈양치기 소년〉 이야기를 들려주어 진실과 신뢰와의 관계를 설명한다.

* **정직을 부모 삶의 모토로 삼는다** 아이에게 정직을 가르치려 할 때 부모가 모범을 보이는 것만큼 확실한 방법도 없다. 크고 작은 상황에서 정직한 모습을 보인다. 아이 손가락에서 가시를 빼낼 때 아플 거라는 걸 알면서도 아프지 않다고 말하지 않는다. 영화를 보러 갈 거면서 독감에 걸려 친구들 저녁 모임에 갈 수 없다고 말하지 않는다. 우리 집 강아지가 옆집 화단을 망가뜨린 걸 뻔히 알면서 누가 그랬는지 모른다고 말하지 않는다. 심지어 '약간의 선의의 거짓말'도 아이에게 정직의 가치를 이해시키는 데 방해가 될 수 있다(508쪽 참조).

부모가 사소하게 거짓말하는 모습을 아이에게 들킨 경우, 부모의 잘못을 솔직하게 인정해야 아이도 나중에 유사한 상황에서 편안하게 잘못을 시인할 수 있다.

제 2 부

아이의 외모 관리, 건강, 안전

17장

아이 외모 관리의 첫걸음

✱✱✱

아이가 태어난 지 엊그제 같은데……. 처음 목욕을 시키고, 솜털이 보송보송한 머리를 처음 감기고, 작은 손톱을 처음 다듬은 지가 바로 어제 같은데……. 아이는 이제 아기 티를 완전히 벗었다. 그러나 아주 빠른 속도로 무럭무럭 자라고 있다 해도 여전히 많은 관리가 필요하다. 목욕, 머리 감기, 손발톱 깎기는 물론이고 눈과 귀, 피부, 치아, 옷을 입히고 벗기는 모든 일을 부모가 도맡아 해야 하며, 그러면서 기본적인 것은 아이 스스로 할 수 있도록 가르쳐야 한다. 이번 장에서는 좀 더 효율적으로 아이를 관리하는 요령을 알아보자.

아이의 피부 관리에서 옷 입히기까지

― 아이의 피부 관리
― 건성 피부 관리하기

아기의 피부를 언제나 부드럽게 유지하기란 쉬운 일이 아니다. 하물며 점점 성장해 가는 아이의 피부를 부드럽게 유지하기는 더 어렵다. 호르몬이 활발하게 공급되기 시작하는 사춘기 직전까지는 피부를 매끄럽게 유지하고 보호하는 피지선이 활발히 분비되지 않기 때문에, 어린아이들의 피부는 유독 건조해지기 쉽다. 아이의 피부는 두 가지 이유에서 유아의 피부보다 훨씬 연약하다. 첫째, 아이들은 실내외를 수시로 드나들기 때문에, 피부에 마찰이 일어나는 환경에 더 많이 노출된다. 둘째, 아이들은 쉽게 지저분해지는데, 더러움과 더러움을 제거하는 과정 모두가 연약한 피부에 자극을 준다.

그러나 건조함의 원인이 되는 수분 부족을 예방하고, 피부가 건조해질 때 다시 수분을 채울 수 있는 방법이 있다.

실내 온도는 고온을 피한다 실외의 수은주가 뚝 떨어질수록 실내의 수은주는 쑥쑥 올라가는 경향이 있다. 그러나 공기가 지나치게 덥고 건조하면 피부가 심하게 건조해지는데, 특히 아이들은 그 정도가 더욱 심하다. 그러므로 난방을 하는 계절에는 실내 온도를 낮에는 18~20도, 밤에는 16~18도로 유지한다. 낮에는 두꺼운 운동복이나 스웨터를 입히고, 밤에는 플란넬 소재나 따뜻한 소재의 잠옷을 입혀 적정 체온을 유지한다.

찬 공기로부터 피부를 보호한다 보습제를 바르거나 바셀린을 얇게 펴 바르면 심한 추위와 바람 때문에 피부가 건조해져 가렵거나 따가운 현상을 예방할 수 있다.

목욕을 자제한다 아이들은 낮에 쉽게 더러워지기 때문에 밤에 욕조에 비누 거품을 풀어 씻겨야 청결이 유지되지만, 매일 목욕을 하면 몸이 건조할 수 있다. 아이의 피부가 매우 건조하다면 이틀에 한 번이나 그보다 가끔 욕조 목욕을 시키고, 욕조 목욕을 하지 않을 때는 더러운 부분만 씻기거나 스펀지 목욕을 시킨다. 아이를 목욕시킬 때는 뜨거운 물 대신 미지근한 물을 이용한다. 거품 목욕은 피부가 건조해질 뿐 아니라 몸을 따갑게 할 수 있으므로 삼가도록 한다. 목욕은 짧은 시간에 끝내야 욕조에 몸을 푹 담그면서 생기는 건조함을 피할 수 있다. 샤워는 목욕보다 훨씬 건조해진다. 간혹 목욕용 오일을 이용하면 건조함을 예방하는 데 도움이 되기는 하지만, 욕조가 미끈거려 아이가 크게 다칠 수 있고, 일부 아이들은 목욕용 오일 중 일부 성분에 민감하게 반응할 수 있다.

비누를 잘 사용한다 순하고 지방이 많이 함유된 비누나 비눗기 없는 세정제를 이용한다. 탈취제 성분이나 향이 함유된 비누는 사용하지 않는다. 항균성 비누나 일반 비누나 세균 제거 효과는 별반 차이가 없을 뿐 아니라, 항균성 비누는 오히려 피부가 빨개지고 벗겨지는 등 피부에 자극을 줄 수 있으므로 사용하지 않는다. 병원에서도 대부분 일반 비누를 사용한다. 항균성 비누를 장기간 사용하면 세균에 면역력이 떨어져 세균이 더 왕성하게 성장할 수 있다.

아무리 순한 비누라도 자주 사용하지 말고 심하게 더러운 부위와 엉덩이 및 생식기 주변 등 필요할 때만 비누칠을 한다.

욕조 목욕 후 물기를 문질러 닦지 않는다 몸을 문질러 닦지 말고 피부를 톡톡 두드려 말린다.

보습제를 이용한다 목욕 후 아이의 피부가 아직 촉촉할 때 보습제를 바른다. 필요하면 취침 전과 외출 전에도 보습제를 바른다.

아이 피부에는 수분과 오일 성분이 함유되고, 향이 없으며, 화학 첨가제가 거의 포함되지 않은 것이 가장 좋다. 의사에게 보습제를 추천 받거나, 유세인(Eucerin), 모이스처럴(Moisturel), 뉴트로지나 에멀전(Neutrogena Emulsion), 바세린 더마톨로지(Vaseline Dermatology), 아비노 로션(Aveeno Lotion), 루부리덤 크림(Lubriderm Cream) 등의 제품을 이용한다. 극건성 피부인 경우, 바르기는 힘들지만 크림 형태가 로션보다 더 효과적이다.

보습제를 바른 후에 피부가 더 건조해지거나

내 아이 피부, 뽀송뽀송하게 유지하기

피부는 단연 인체의 가장 넓은 면적을 차지하면서도, 평소 그만큼 관심을 받지 못하고 있다. 눈이나 귀에 이상이 생기면 즉시 치료를 받지만, 피부는 거의 대부분이 늘 옷에 가려져 있어 이상이 생겨도 알아채기 어렵다. 그렇기 때문에 요즘에는 의사들이 부모가 아이의 피부를 잘 알고 변화가 생기면 빨리 주의를 기울일 수 있도록 정기적인 피부 검사를 권장한다. 적어도 한 달에 한 번은 아이가 목욕할 때 피부를 확인하는 습관을 들여, 점이나 모반에 변화가 있는지, 지난번에는 보이지 않던 피부 병변이나 반점은 없는지 주의 깊게 살펴본다. 점이나 모반이 사라지지 않고 점점 커지거나, 색깔이 변했거나, 가렵거나, 진물이 나거나, 피가 나거나, 딱지가 앉거나, 벗겨지거나, 만지면 아픈 경우, 의사와 상의한다. 치료를 받고 있는데도 2주 이상 상처가 지속되거나, 이유 없이 발진이 나는 등 다른 증상이 나타날 때도 의사와 상의한다.

발진이 생기는 경우, 제품 사용을 즉시 중단하고 다른 성분이 함유된 보습제를 바르거나 의사에게 추천을 받는다.

수분을 충분히 공급한다 수분이 충분히 공급되지 않으면 여러 문제가 발생하는데 특히 피부가 건조해질 수 있다. 그러므로 아이가 수분을 충분히 섭취할 수 있게 해야 한다(558쪽 참조). 특히 아이가 모유나 분유를 뗀 지 얼마 되지 않았고 아직 컵으로 마시는 걸 힘들어한다면 수분 섭취에 각별히 신경 써야 한다.

따뜻한 날씨에 주의한다 기온이 올라가면 아이들은 피부 건조가 아닌 땀띠와 태양으로부터 보호를 받아야 한다. 아주 건조한 피부가 아니라면 여름에 로션과 크림, 오일을 모두 바를 필요는 없다. 사실상 이런 제품들을 두껍게 바르면 피부를 더 답답하게 만들고, 수분 증발을 차단해 땀띠를 일으킬 수 있다. 더운 계절에 옷을 많이 껴입고 햇볕에 노출돼도 피부에 문제가 생길 수 있다. 다음의 자외선 차단 요령과 549쪽의 더운 날씨에 옷 입히기 그리고 521쪽의 땀띠 치료법을 참고한다.

── 볼이 틀 때

평소 다양한 물질들, 침과 콧물에서 젤리와 토마토소스 등이 이런저런 경로로 아이의 얼굴에 묻고 이쪽 뺨에서 저쪽 뺨으로 마구 문질러지면서 뺨에 자극이 가해져 빨개지는데, 특히 가뜩이나 피부가 건조해지는 겨울에 증상이 더욱 심해진다. 이러한 이물질을 닦으려고 자주 세수를 시켜도 피부 마찰이 심해진다.

첫서리와 함께 아이의 뺨이 발그레해지고 봄이 올 때까지 이 상태가 계속 이어진다면, 다음 방법으로 볼이 트는 증상을 최소화시킨다.

* 세수를 한 후나 침을 많이 흘릴 때마다 부드러운 천으로 얼굴을 톡톡 두드리면서 말린다.
* **아이의 얼굴에는 비누를 사용하지 않는다** 물 이외에 다른 세제가 필요하면 513쪽에 소개한 제품을 사용한다.
* **식사 후에는 얼굴에 묻은 이물질을 즉시 따뜻한 물로 부드럽게 닦고 재빨리 톡톡 두드리며 말린다** 특정한 음식이나 음료가 유독 피부를 자극한다면 볼이 트는 현상이 사라질 때까지 이런 음식을 주지 않는다. 흔히 감귤류 과일과 주스, 딸기, 토마토, 토마토소스처럼 산성 성분이 많이 함유된 과일이 주범이다.
* **순한 보습제로 갈라진 피부를 진정시킨다** (513쪽 참조) 추운 계절에는 외출하기 전에 뺨과 턱, 코에 바셀린을 펴 바르면 피부 보호에 도움이 된다. 특히 이가 나서 침을 많이 흘리거나 콧물이 나는 경우에는 신경 써서 바셀린을 발라 준다.

── 자외선을 피하는 방법

자외선이 유난히 강한 오스트레일리아에서는 외출할 때 셔츠를 입고, 모자를 쓰고, 자외선 차단제를 바르는 생활이 습관화되어 있다.

지구의 오존층이 줄어들면서 피부암 발병률이 크게 증가하고 있다. 과학자들은 전체 피부암의 95%가 자외선이 원인이며, 이제 무방비로 햇볕을 쬐는 날은 영원히 사라졌다고 주장한다. 이제는 아이나 어른이나 누구든 피부를 검게 그을리고 피부 노화와 피부암을 유발하는 장파장 자외선(UVA)과 햇볕에 의한 화상과 피부암을 유발하는 중파장 자외선(UVB)을 차단해야 하지만, 특히 어린이들은 더욱 철저하게 보호를 받아야 한다. 평생 태양에 노출되는 총 시간보다 아동기에 햇볕에 심하게 화상을 입는 게 성인이 된 후 악성 흑색종(피부암의 일종) 발병의 중요한 원인이 될 수 있다는 사실이 입증되었다. 햇볕에 입은 화상은 어린아이들에게 직접적인 해를 입히기도 한다. 어린아이들은 성인보다 몸의 부피에 비해 피부가 차지하는 비율이 훨씬 크기 때문에, 심각한 화상은 수분과 전해질의 심각한 불균형을 일으킬 수 있다.

그리고 햇볕에 그을리는 정도로는 아무런 해가 없다고 생각하는 경향이 있는데, 햇볕에 그을리는 것 자체가 안전하다고 볼 수 없다. 일단 햇볕에 그을렸다는 건 피부가 손상됐다는 표시며, 많은 사람이 생각하는 것과 달리 그을린 피부가 심한 피부 손상을 예방해 주지 못한다.

피부 손상을 예방하기 위해 외출할 때마다 다음 예방 조치를 실시한다.

일 년 내내 자외선을 차단한다 햇볕에 의한 화상이 여름에만 생길 거라고 생각하지만, 햇볕은 겨울 특히 땅에 눈이 쌓여 있을 때는 더더욱 피부를 위협한다. 사실상 눈에 반사되는 태양 광선은 여름의 태양 광선 만큼이나 강렬하다. 그리고 겨울에는 화상을 일으키는 UVB 광선이 지표면에 도달하는 양이 비교적 적지만, UVB만큼 해로운 UVA 광선은 일 년 내내 일정한 양을 유지한다. 태양 광선은 고도가 높은 곳에 올라가거나 적도에 가까이 다가갈수록 강렬해지기 때문에, 고도가 높은 곳이나 적도 부근 지역에서는 1년 365일 철저하게 자외선을 차단해야 한다.

흐린 날 외출할 때도 자외선 차단제를 빼먹어서는 안 되며, 특히 해변에 있을 때는 더욱 신경 써야 한다. 많은 자외선 양이 가벼운 구름을 뚫고 내려올 수 있기 때문이다. 고위험 아동(516쪽 참조)이 장시간 자동차를 타는 경우, 특히 선루프가 장착된 자동차를 타는 경우 신경 써서 자외선을 차단시켜야 한다.

야외 활동 시간을 현명하게 계획한다 자외선이 가장 강한 시간대인 오전 10시~오후 3시, 즉 그림자가 실제 키보다 짧을 때는 적절한 조치를 취했다 하더라도 햇볕에 노출되는 시간을 제한한다. 태양을 방사선의 원천이나 거대한 원자로라고 생각하면 아이에게 햇볕을 쬐지 못하게 한다고 해서 크게 죄책감을 느끼지 않을 것이다.

그늘에서 놀게 한다 그늘이 있는 놀이터를 찾아본다. 집 앞 마당에 하루 내내 또는 하루 중 일정 시간에 그늘이 진다면 마당에 놀이 공간을 마련한다.

직사광선을 피한다 자연 그늘을 찾기 어려운 해변에서 비치파라솔에만 의지하면 안 된다. 비치파라솔로는 모래에 반사되는 눈부신 태양빛을 충분히 차단하기 어렵다. 대신 텐트를 치면 아이가 노는 동안 햇볕을 완전히 가릴 수 있다. 눈, 콘크리트, 물에 반사되는 태양에도 주의한다. 풀장 안에서 물장구치는 아이들은 풀장 옆에서 노는 아이들보다 화상을 입을 위험이 훨씬 높다. 그리고 온실을 가꾸어 본 사람이라면 알겠지만, UVA는 유리를 투과하기 때문에 자동차 유리창 옆에 앉거나 실내의 넓은 창문 가까이에서 놀 때도 태양 광선에 피부가 쉽게 손상될 수 있다.

완전히 가린다 태양이 가장 강렬한 시간대에 아이와 함께 외출해야 하는 경우, 유모차 덮개나 양산, 챙이 넓은 모자나 목을 덮을 수 있는 덮개가 있는 모자로 태양 광선을 차단하고, 편안한 옷과 신발과 양말로 피부를 덮고, 햇볕에 노출되는 신체 부위에는 자외선 차단제를 바른다. 그러나 자외선은 색깔이 연하고 성글게 짜인 얇은 직물은 투과할 수 있고 일반 티셔츠는 자외선 차단 지수(SPF)가 7에서 8에 불과하므로, 장시간 야외에서 시간을 보낼 예정일 때는 자외선 차단제를 바른 후에 티셔츠를 입혀야 한다. 햇볕을 향해 티셔츠를 비추어 티셔츠 직물을 테스트해 볼 수 있다. 빛이 덜 투과될수록 자외선 차단 효과가 높다. 젖은 직물은 마른 직물에 비해 차단 효과가 3분의 1가량 떨어지고, 짙은 색이 옅은 색보다 차단 효과가 더 높으며, 촘촘하게 짜인 직물이 성글게 짜인 직물보다 차단 효과가 더 높다. 데님 천은 모든 직물 가운데 가장 차단 효과가 높다. 아이가 약물 치료 중이거나 햇볕에 노출되면 안 되는 질병을 앓고 있다면, 아이가 이용할 수 있는 자외선 차단 전용 의복에 대해 의사에게 문의한다.

듬뿍 바른다 <u>어떤 옷을 입든 햇볕이 쏟아지는 야외에 나갈 때는 자외선 차단제가 필수다. 외출할 때마다 꼬박꼬박 자외선 차단제를 바르고, 자동차에 탈 때도 반드시 발라야 한다.</u> 지금 자외선 차단제를 바르는 걸 습관화하면 점차 자외선 차단제에 대한 거부감이 덜할 것이다.

베이비시터나 보모에게도 아이에게 수시로 자외선 차단제를 발라 주도록 지시해야 한다. 아이가 어린이집이나 유치원에 가는 경우, 교사에게 자외선 차단제를 발라 주라고 부탁할 수는 없다. 매일 아침 효과가 오래 지속되는 자외선 차단제를 발라 준다.

<u>자외선 차단제를 구입할 때는 성인용보다 순한 아동용으로 구입하되, UVA와 UVB가 모두 차단되는 제품을 선택한다.</u> 아이의 피부색이 흰 편이면 자외선 차단 지수가 최소 15인 제품을 선택하고, 피부색이 검은 편이라면 지수 8 정도가 적당하다(자외선 차단지수에 대한 자세한 설명은 517쪽 박스 내용 참조). 크림 타입과 오일 타입의 제품은 건조함이 덜하고 피부에 오래 남는다. 그러나 바르기는 스프레이 타입이 더 쉽다. 어쨌든 아이가 자외선 차단제를 발라야 효과를 볼 수 있으므로 바르기 쉬운 점을 첫 번째 고려 대상으로 삼아야 한다. 그러나 눈 주위에는 스프레이를 분사하지 않는다. 그리고 향이 있는 자외선 차단제도 피한다. 이런 제품을 사용하면 곤충이 달려들 수 있다. 아무리 어린이용 제품을 선택했다 하더라도 아이가 민감하게 반응하는지 미리 테스트하는 것이 바람직하다. 아이의 피부에 자외선 차단제를 얇게 바르거나 분사해

햇볕을 받으면 매우 위험해요

모든 아이들이 자외선으로부터 보호를 받아야 하지만, 햇볕을 받으면 특히 위험한 아이들이 있다. 머리카락 색이 붉거나 금발이고 피부가 하얀 아이들, 눈동자가 파란색이나 초록색, 회색인 아이들, 피부암에 가족력이 있는 아이들, 열대 기후나 아열대 기후 지대 또는 고지대에 사는 아이들, 점이 많은 아이들, 그리고 피부색과 관계없이 햇볕에 그을리는 걸 넘어서 화상을 입은 아이들이 이 범주에 속한다. 주근깨투성이 얼굴이 보기에는 귀여울지 몰라도, 주근깨 역시 햇볕에 의한 피부 손상에 아주 약하며 이미 햇볕에 과도하게 노출됐을 것이라는 증거이기도 하다.

햇볕을 받으면 크게 위험한 아이들은 반드시 SPF 20 이상의 자외선 차단제를 바르고, 직사광선이 내리쬐는 정오에는 외출을 제한해야 한다.

본다. 피부가 빨개지거나 발진이 생기면 제품을 사용하지 말고, 성분이 다른 제품을 시도한다. 사용하고 있는 제품의 유통기한을 확인하고 유통기한이 지난 제품은 효과가 떨어질 수 있으므로 폐기한다.

아이가 직접 자외선 차단제를 바르도록 습관을 들여야 하겠지만, 자외선 차단제를 바르는 일은 아직은 어리기 때문에 어른이 해야 할 몫이다. 아이들은 자외선 차단제를 골고루 바른다든지 눈과 입 주위를 피해서 바르거나 옷을 피해 바르기 힘들다. 연령이 높은 아이에게 좀 더 적극적으로 자외선 차단제를 바르게 하고 싶다면, "너는 엄마 등을 발라 줘. 엄마는 네 등을 발라 줄게."라고 시도한다. 그러나 아이가 부모의 등에 자외선 차단제를 발라 준 경우, 즉시 아이 손을 닦아 주어야 한다.

자외선 차단제가 피부에 흡수되려면 30분이 걸리므로, 가능하면 외출하기 30분 전에 바르도록 한다. 그러기가 어려우면 외출 직전에라도 바르는 것이 아예 바르지 않는 것보다 훨씬 낫다. 자외선 차단제를 충분히 바르고 노출된 피부에는 꼼꼼히 바르도록 신경 쓴다. 종종 빠뜨리는 목 뒤쪽도 발라야 한다. 또한 자외선 차단제가 아이의 눈에 들어가지 않도록 주의해야 한다. 눈이 유독 예민한 아이들이 이용할 수 있는 눈물이 나지 않는 제품도 있다. 바람과 물은 자외선 차단 효과를 약화시키므로 바람이 많이 불거나, 땀을 많이 흘리거나, 수영장이나 분수 아래에서 노는 경우 매 시간마다 덧발라 준다. 방수 처리된 제품을 바른 경우는 간격을 더 두고 두 시간마다 덧발라도 된다. 그러나 아무리 방수 자외선 차단제라 할지라도 타월로 여러 번 닦으면 닦여 없어질 수 있으므로 이럴 때는 더 자주 덧발라 주어야 한다.

유독 햇볕에 노출되기 쉬운 코, 뺨, 귀 윗부분은 산화아연이나 이산화티탄을 소량 발라 주면 차단 효과가 더 커진다. 이런 종류의 자외선 차단제는 불투명하기 때문에 보기에 썩 좋지는 않지만, 사실상 자외선이 전혀 통과되지 않아 차단 효과는 가장 강력하다. 아이들이 좋아하는 형광색에 바르기 쉬운 립밤 형태의 자외선 차단제도 있다.

입술에도 자외선 차단이 필요하다. 외출 전에 입술 전용 자외선 차단 립밤을 발라 준다.

SPF란?

SPF(sun protection factor), 즉 자외선 차단지수는 자외선 차단제가 자외선을 차단하는 정도를 의미한다. 예를 들어 SPF 15는 자외선 차단제를 바른 상태에서 평소보다 15배 이상 햇볕에 있으면 화상을 입을 수 있다는 의미가 된다. 물론 햇볕에 견디는 시간은 개인에 따라 다르다. 피부가 하얀 사람이 평소 자외선 차단제를 바르지 않은 상태에서 햇볕에 노출되면 15분 이내에 화상을 입는 경우, SPF 15인 자외선 차단제를 사용하면 이론적으로 15×15분(3시간45분) 동안은 화상을 입지 않는다.

그러나 아이가 화상을 입는 데 걸리는 시간이나 태양의 강도를 정확히 알 방법이 없으며, 그 한계를 알기 위해 시험 삼아 장시간 햇볕에 노출시키는 건 바람직하지 못하다. 피부색이 짙은 아이들을 제외하면, 자외선 차단제를 아무리 듬뿍 발랐어도 뜨거운 직사광선을 한 시간 이상 받는 것은 위험하다. 그리고 아이의 뺨 색깔이 변하기 시작할 때쯤 안전한 곳으로 데리고 오기만 하면 별 탈이 없을 거라고 생각해서는 안 된다. 대체로 햇볕에 있을 때는 뺨, 팔, 등 노출된 부위가 두드러지게 분홍색으로 변하지 않는다. 사실상 햇볕에 의한 화상은 햇볕에 노출된 지 여섯 시간에서 스무 시간이 지나야 색깔 변화가 뚜렷하게 눈에 띈다.

립밤은 아이의 입술을 햇볕으로부터 보호할 뿐 아니라 입안의 발진이나 단순 포진 형태로 단순 헤르페스 바이러스 감염이 재발되는 현상도 예방한다(543쪽 참조). 또한 바람과 추위로부터 아이의 입술을 보호해 입술이 트지 않게 해 준다.

평소에 영양이 풍부한 음식을 섭취한다. 자외선 차단과 관련된 식단에는 어떤 것이 있을까? 최근 연구에 따르면 관련 음식이 상당히 많다고 한다. 베타카로틴 함량이 높은 음식(554쪽 참조)은 UVA의 해로운 영향을 감소시켜 자외선으로 인한 피해를 막는다.

아이들에게 가장 일반적인 피부 질환

피부가 튼 것처럼 보이는 현상은 실제로 습진이나 치료가 필요한 피부 질환일 수 있다. 아이의 피부가 벗겨지거나, 가렵거나, 물집이 생기거나, 고름이 나온다면 의사의 진료를 받도록 한다.

아이들에게 가장 일반적인 피부 발진은 다음과 같다.

기저귀 발진

- **정의** 기저귀가 닿는 부위에 나타나는 발진 또는 과민증
- **누가 잘 걸릴까?** 기저귀를 차는 아기들과 아이들. 항생제로 치료 중인 아동은 특히 질염이나 진균 감염에 걸리기 쉽다.
- **증상과 징후** 원인에 따라 다양하다(519쪽 표 참조). 남자아이들의 경우 페니스 끝에 상처가 나는 기저귀 발진의 증상을 보인다.
- **원인** 519쪽 표를 참조한다.
- **전염** 피부 마찰에 의한 피부염, 즉 단순한 기저귀 발진은 전염되지 않는다. 미생물에 의한 기저귀 발진은 간혹 조건이 부합하는 인체의 다른 부위로 퍼질 수 있다. 가령, 축축하고 따뜻한 부위에 발진이 나타나는 경우 유사한 조건을 갖춘 피부에 퍼지기도 한다. 번식 여건이 좋고 예방 조치를 취하지 않으면, 이런 종류의 감염들은 다른 아이에게 퍼질 수도 있다.
- **치료** 피부 마찰에 의한 단순한 피부염의 경우

1. 기저귀가 닿는 부위가 축축해지지 않도록 주의한다. 기저귀가 젖을 때마다 갈아 준다. 엉덩이를 씻은 후에는 톡톡 두드리면서 말린다. 옥수수 전분을 바르면 습기를 줄이는 데 도움이 되며, 기저귀 발진 연고를 듬뿍 바르면 소변이 나올 때 피부를 보호할 수 있다. 이러한 예방 조치는 천 기저귀를 사용하고 젖은 기저귀를 바로바로 갈아 주기 힘들 때 특히 중요하다.

2. 공기에 노출시키는 시간을 늘린다. 맨 엉덩이인 채로 집 안을 돌아다니게 한다. 기저귀를 채우지 않을 때는 만일을 위해 유아용 변기를 가까이에 둔다. 아이에게 평소 천 기저귀 위에 방수용 팬티를 입힌다면, 기회가 있을 때마다 방수용 팬티를 벗겨 놓는다. 그리고 엉덩이를 공기에 노출시킬 때는 연고로 피부를 덮지 않도록 한다. 습기가 연고를 투과할 수 없듯이 공기도 연고를 투과할 수 없다.

3. 피부를 따갑게 하는 물질에 노출되지 않도록 주의한다. 대소변을 본 기저귀는 즉시 갈아 준다. 기저귀를 갈면서 엉덩이를 닦아 줄 때는 물수건을 사용하지 말고 따뜻한 물과 탈지면이나 부드러운 종이 타월만 이용한다. 아이의 엉덩이에는 일반 비누를 사용하되(513쪽 참조) 하루 한 번 이상

사용하지 않는다. 목욕물에 콜로이드 오트밀 입욕제를 첨가하면 기저귀 발진이 진정될 수 있으며, 특히 페니스에 기저귀 발진이 생긴 남자아이에게 도움된다.

4. **기저귀를 바꾼다.** 아이마다 기저귀마다 반응은 천차만별이다. 일회용 기저귀를 사용하는 경우 대체로 기저귀 발진이 나타날 가능성이 적지만, 천 기저귀를 사용할 때 기저귀 발진이 덜 나타나는 아이들도 있다. 그런가 하면 특정 회사의 일회용 기저귀를 사용할 때 기저귀 발진이 덜 나타나는 경우도 있다. 여러 가지 조치를 취했는데도 기저귀 발진이 계속되면 기저귀를 바꾼다. 집에서 기저귀를 세탁하는 경우, 식초나 기저귀 전용 린스를 반 컵 넣고 헹군다.

5. **배변 훈련을 할 조짐을 보이는 아이에게** 치료하기 힘든 기저귀 발진이 나타난 경우, 19장에서 소개하는 조치를 취하면 계속 배변 훈련을 시키는 데 도움이 된다.

사용 금지 제품 붕산은 아이가 삼킬 경우 유독하니 아이가 있는 가정에 상비하기에는 안전하지 않다. 텔컴파우더나 텔크 성분이 함유된 제품은 흡입하면 호흡기 질환을 일으킬 수 있다. 처방약이든 처방전이 필요 없는 약이든 다른 가족이 사용하는 약물도 알레르기 반응을 일으킬 수 있으면 사용하면 안 된다. 의사에게 상담을 받아 증상을 진단 받고, 기저귀 발진이라면 연고를 처방받는다. 증상이 악화되거나, 통증을 느끼거나, 기저귀 부위를 넘어서 발진이 번지거나, 물집이 생기거나, 상처가 나거나, 딱지가 지거나, 종기가 나거나, 고름이 생기거나, 페니스 끝에 상처가 나거나, 사나흘이 지나도 낫지 않거나, 이유를 알 수 없는 열이 나는 경우에도 의사의 상담을 받아야 한다. 약물이 효과를 발휘하기까지 어느 정도 시간이 걸리는지도 물어봐야 한다. 치료를 시작한 후 해당 부위가 호전되지 않거나 더 악화되면 병원에 다시 찾아간다. 아이가 심하게 아프거나 물집이 크게 나면(지름 2.5cm 이상)

기저귀 발진의 종류

종류	증상과 징후	원인
마찰성 피부염	마찰이 심한 부위가 빨개진다. 불편한 증상은 없다.	습기가 닿아 스치기 때문이다.
아토피 피부염	붉고 가렵다(520쪽 참조).	알레르기나 민감성
지루성 피부염	종종 누런 딱지가 덮이는 심홍색 발진. 두피에서 시작하거나 두피로 번질 수 있다. 불편한 증상은 없다.	알려지지 않았다.
칸디다성 피부염	대퇴부와 복부의 주름이 잡힌 부분에 선홍색의 부드러운 발진이 나고 고름이 동반된다. 불편한 증상은 없다.	칸디다 알비칸스(곰팡이). 칸디다균은 대략 사흘 이상 피부 발진을 감염시킨다.
농가진	521쪽 참조	박테리아
간찰진	피부와 피부가 맞닿는 부위가 윤곽이 흐릿하게 붉은색을 띤다. 흰색이나 누런색 물질이 나올 수 있다. 소변이 닿으면 화끈거린다.	피부와 피부가 닿을 때

즉시 의사에게 연락한다.
- **예방** 기저귀가 닿는 부위를 항상 청결하고 뽀송뽀송하게 유지한다. 옥수수 전분을 바르면 습기를 줄이는 데 도움이 된다. 기저귀가 젖은 상태로 오래 두지 말고, 아이가 변을 본 후에는 즉시 갈아 준다. 염증을 일으키기 쉬운 음식을 주지 않는다. 자극을 일으키는 비누와 물수건은 쓰지 않는다. 전염성 기저귀 발진이 난 경우 기저귀를 갈아 준 후 손을 철저하게 씻고, 베이비시터나 유치원 교사에게도 위생적인 예방 조치를 하게 한다.

아토피 피부염(습진)

- **정의** 열한 살 미만의 아동에게 가장 흔하게 나타나는 피부 질환은 보통 '발진을 일으키는 가려움증'이라고 정의한다. 일단 가렵기 시작하면 해당 부위를 긁거나 문지르게 되어 발진을 유발한다.
- **누가 잘 걸릴까?** 습진이나 천식, 건초열의 가족력이 있거나 알레르기의 개인 병력이 있는 가정에서 태어난 아이들에게 가장 많이 나타난다. 대개 한 살에 시작하고 다섯 살에 거의 모든 아이들에게 증상이 나타난다.
- **증상과 징후** 먼저 피부가 가렵고, 간혹 밤에 자다가 깨어 울기도 한다. 침대 시트로 얼굴을 문지르거나 긁는다. 그러면서 시트에 피가 묻을 수도 있다. 아이가 해당 부위를 긁거나 문지르기 때문에, 주로 뺨과 손목, 팔꿈치·무릎·사타구니처럼 살이 접히는 부분 등 두 군데 이상의 부위에 선홍색 딱지가 진다. 종종 피부색이 짙어진다. 피부가 검은 아이의 경우 예방 조치로 멜라닌 색소가 추가로 분비될 수 있어 짙은 색 딱지가 검게 보이기도 한다(과다 색소 침착). 때때로 발진 부위에서 진물이 난다. 대개 포도상구균과 함께 2차 감염이 나타난다. 가려움이 심해지면서 구진 수포성 발진(작은 여드름이나 뾰루지처럼 보인다.)이 나타나 물집이 생긴 다음 진물이 흐르고 딱지가 앉는다. 대부분의 경우 습진이 사라지지만 성인이 된 후에도 계속 피부가 민감할 수도 있다. 이런 아동들은 나중에 천식이나 알레르기성 비염이 생길 위험도 높다.
- **원인** 가려움을 유발하는 데는 많은 원인이 있다. 주된 요인이 되는 건성 피부, 주로 환절기에 뜨겁거나 차가운 기온에 노출, 땀, 모직이나 합성 직물, 마찰, 비누와 세정제, 특정 음식(주로 달걀, 우유, 밀, 땅콩, 콩, 생선, 조개, 닭고기 등), 알레르기 유발 물질(꽃가루, 집먼지 진드기, 곰팡이)을 들이마실 때 등
- **전염** 전염성은 없지만 발진이 2차 감염될 수 있다.
- **치료** 의료적인 치료가 반드시 이루어져야 한다. 치료 과정은 대개 염증에는 스테로이드 크림, 가려움에는 항히스타민제, 2차 감염이 진행되는 경우에는 항생제가 포함된다. 음식 알레르기가 의심되는 경우 피부 테스트와 식단 제한이 권장된다. 집에서는 아이가 긁지 않도록 손톱을 깎아 주고, 샤워는 몸을 건조하게 하므로 피하며, 목욕은 일주일에 3회로 5분 이내에 끝내거나 매일 목욕을 시키는 경우 목욕물에 피부를 진정시키는 콜로이드 오트밀 입욕제를 첨가한다. 몸에 비누칠을 할 때와 머리를 감길 때 도브(Dove)나 그 밖에 순한 비누를 사용하고, 이때 환부에 비눗물이 닿지 않게 한다. 염소 처리한 수영장과 소금물에서 수영을 하지 못하도록 금한다. 민물에서는 수영해도 괜찮다.

의사가 권하는 피부를 부드럽게 해 주는 연고를 듬뿍 바르되 식물성 유지는 이용하지 않는다. 기온 차가 크게 나는 상황을 피하고 실내 공기를 건조하게 만들지 않는다. 겨울에는 가습기를 이용한다(892쪽 참조). 모직이나 합성 직물 대신 면 소재의 옷을 입히고, 가려움을 일으키거나 자극을 주는 소재의 옷은 피한다. 노출된 상처 부위가 감염되지 않도록 위생 관리를 철저히 하고(656쪽 참조), 아이가 다니는 유치원이나 다른 모임의 교사에게도 위생을 철저히 지켜 달라고 부탁한다. 아토피를 유발하는 음식이나 환경 요인을 제거한다(758쪽 참조). 최근 연구 결과에 따르면 비타민 C가 아토피성 피부염을 치료하는 데 도움이 될 수 있다고 한다. 의사에게 문의한다.

농가진

- **정의** 피부의 세균성 감염
- **누가 잘 걸릴까?** 대부분의 어린아이들
- **증상과 징후** '포도상구균' 감염의 경우, 크고 막이 얇은 수포가 터져 황갈색 얇은 딱지가 남는다. '연쇄상구균' 감염의 경우, 주로 코나 입, 귀 주변의 붉어진 피부 주변에 통증 없고 수분을 포함한 단일 수포가 생긴 다음 누르스름한 진물이 나오기 시작해 누런 딱지가 앉는다. 다른 부위로 빠르게 번질 수 있다.
- **원인** 긁히거나 물리거나 염증이 생기는 등 피부가 갈라지면 그 틈으로 연쇄상구균이나 포도상구균 같은 병균이 침입한다.
- **전염** 사람에서 사람으로 전염된다. 발진이 진행되는 동안, 또는 약물을 투입하고 발진이 개선되기 전인 48시간 이내에는 전염될 수 있다.
- **치료** 의료적 치료가 이루어져야 하며 자가 치료를 해서는 안 된다. 표면상 병변 정도의 아주 경미한 경우 대개 항생 연고와 뜨거운 찜질이 처방되고, 복합 병변인 경우 경구용 항생제가 처방된다. 광범위 항생제, 포도상구균 농가진과 연쇄상구균 농가진 모두에 가장 효과가 좋다.
- **예방** 활동적인 감염 증세를 보이는 사람과 접촉을 피하고, 경미한 상처가 난 부위를 비누와 물로 깨끗이 씻은 다음 항생 연고를 바른다.

땀띠

- **정의** 더위로 인한 발진
- **누가 잘 걸릴까?** 대부분의 아기들. 그러나 아이들, 어린이들, 심지어 어른들도 땀띠에 걸릴 수 있다.
- **증상과 징후** 피부의 붉은 부위에 분홍색 작은 뾰루지가 나고 물집이 생긴 후 마른다. 발진은 주로 목 주변과 어깨 부위에 나지만, 등과 얼굴에 나기도 하고 피부와 피부가 마찰되는 부위나 옷이 닿는 부위에 나기도 한다.
- **원인** 온도가 너무 높거나 옷을 너무 많이 입은 경우
- **치료** 옥수수 전분을 고루 펴 발라 주거나 목욕할 때 옥수수 전분을 첨가한다. 물 한 컵에 중탄산나트륨 1티스푼을 첨가한 후 면봉에 묻혀 해당 부위에 발라도 피부가 진정될 수 있다. 그러나 탤크 성분은 흡입하면 호흡기 질환을 일으킬 수 있으므로 탤크 성분이 포함된 제품은 피한다.
- **예방** 실내를 최대한 시원하게 유지해 너무 덥지 않게 한다(더운 날씨에 옷 입히기는 549쪽 참조).

몸 백선증(체부 백선)

- **정의** 피부의 곰팡이 감염
- **누가 잘 걸릴까?** 누구나
- **증상과 징후** 붉은 비늘 모양의 가려운 반점이 점점 커져서 반들반들한 중앙을 둘러싼 둥글거나 타원형의 붉은 '고리'가 생긴다.
- **원인** 다양한 곰팡이 종류
- **전염** 감염된 사람이나 동물과 직접 접촉하거나, 감염된 사람이나 동물이 만진 물건에 의해 전염된다.
- **치료** 대개 피부 병변으로부터 긁어낸 배양 조직을 검사해 진단을 내린 후 항진균성 연고를 처방한다. 2주가 지나도 발진이 사라지지 않으면 경구용 약물이 처방될 수 있다. 다른 약물과 마찬가지로 백선 치료 약물 역시 발진이 일찍 개선되더라도 처방된 기간 동안 꾸준히 바르거나 복용해야 한다.
- **예방** 감염된 사람이나 동물과 접촉을 피하고, 이들이 접촉한 물건에 손을 대지 않는다.

아이의 머리카락 관리

숱 많은 곱슬머리든 솜털처럼 가늘고 숱이 적든 모든 아이들은 어느 정도 모발 관리가 필요하다. 대부분의 아이들은 물론 부모들도 모발 관리는 힘들어하기 때문에 가장 기본적인 부분만 관리하는 것이 바람직하다.

순하고 부드러운 제품을 선택한다 아이의 빗은 '부드러운' 것을 선택한다. 구부러진 것보다는 평평한 것이어야 하고, 빗살 끝이 둥글게 마감되어야 한다. 곱슬머리인 경우, 빗살이 길고 단단하며 빗살 사이의 간격이 넓어야 한다. 두피가 긁힐 정도로 빗살이 거칠어도 안 된다. 손보다는 팔 안쪽이 더 민감하므로 팔 안쪽에 빗을 대고 문질러 보아 부드러운 정도를 확인한다. 유난히 숱이 많거나 심한 곱슬머리인 아이는 빗살이 성긴 빗이 특히 중요하다. 잘 엉클어지는 곱슬머리 전용 엉킴 방지 빗도 유용하다.

샴푸를 선택할 때는 '순한' 제품을 선택한다. 순하고 자극이 없는 어린이용 샴푸가 가장 좋다. 샴푸와 린스 겸용 제품은 머리를 감는 시간을 줄여주어 계속 꼼지락대는 아이의 머리를 감기기에 편리하다. 어린이용 샴푸를 사용한 후 분무식 엉킴 방지용 린스를 뿌리면 일반 린스를 사용할 때처럼 머리를 더 헹굴 필요가 없어 편리하다.

머리카락을 소중히 관리한다 빗질을 하면 두피에 윤기가 생겨 머리카락이 푸석푸석한 아이에게 특히 도움이 된다. 그러나 머리카락이 젖은 상태에서 빗질을 하면 안 된다. 아이의 머리를 빗을 때는 힘껏 잡아당기지 말고 가볍게 살살 빗어 내린다. 빗살이 성긴 빗으로 한 번에 한 부분씩 잡고 끝에서부터 엉킨 부분을 푼다. 헝클어져 좀처럼 빗기지 않는 머리를 쉽게 빗을 수 있도록 분무식 엉킴 방지 린스를 옆에 준비한다. 머리를 땋든, 핀을 꽂든, 포니테일로 묶든 머리카락이 상하거나 빠지지 않도록 머리카락을 너무 꽉 잡아당기지 말고, 코팅 되지 않은 일반 고무줄은

머리카락에 껌이 붙었을 때

아이가 꼭 껌을 씹지 않더라도 형제나 부모가 씹다가 쓰레기통에 버린 껌이 아이 머리카락에 달라붙을 수 있다. 이럴 때는 당황하지 말고 일단 냉장고에서 땅콩버터를 꺼낸다. 땅콩버터를 껌이 묻은 머리카락 주변에 듬뿍 바른 다음 성긴 빗으로 부드럽게 빗질을 하면 껌이 쏙 빠진다. 이제 머리를 감기면 상황 종료!

필요할 때만 머리를 감긴다 다른 부위의 지방 분비선과 마찬가지로 두피의 지방 분비선 역시 사춘기 이전까지는 활발한 기능을 하지 않는다. 그러므로 아이의 머리카락에 음식이나 모래, 먼지가 많이 묻거나 유독 두피가 지성인 아이가 아니라면 머리를 매일 감길 필요가 거의 없다. 특히 머리카락이나 두피가 유난히 건조한 아이들은 일주일에 한 번만 머리를 감기는 것이 좋다. 나머지 경우 이틀에 한 번이나 사흘에 한 번 머리를 감긴다. 여름에는 머리카락이 빨리 엉클어지므로 좀 더 자주 머리를 감긴다. 비눗기가 남아 있으면 때가 달라붙기 쉬우므로 머리를 충분히 헹구는 것이 중요하다(머리를 감지 않으려는 아이를 다루는 요령은 174쪽 참조).

절대로 사용하면 안 된다(빗질을 하지 않으려는 아이를 다루는 요령은 311쪽 참조).

각자의 도구만 사용한다 다른 건 사이좋게 나누어 쓰는 미덕을 권장하지만, 머리카락 관리 도구에 대해서는 미덕이라고 보기 어렵다. 아무리 가족이라도 각자 자신의 빗을 사용해야 하며, 머릿니나 기타 머리와 관련된 질환이 전염되는 걸 예방하기 위해 다른 사람과 함께 사용해서는 안 된다. 빗은 1~2주에 한 번씩 소량의 샴푸로 거품을 내서 세척해 따뜻한 물에 헹군다.

아이에게 흔하게 나타나는 모발 및 두피 질환

탈모증
- **정의** 비정상적인 모발 손실
- **누가 잘 걸릴까?** 누구나 탈모가 생길 수 있지만 개인에 따라 유독 잘 생기는 탈모증이 있고 잘 생기지 않는 탈모증이 있다.
- **증상과 징후** 매일 40~100개의 머리카락이 빠지는 건 정상이며, 머리를 감는 날은 더 많이 빠진다. 이렇게 빠진 자리에 새 머리카락이 난다. 그러나 갑자기 한 움큼씩 머리카락이 빠지기 시작하고 머리가 빠진 두피 부분이 보이기 시작하면 의사와 상의한다.
- **원인** 어린아이들에게 흔한 백선과 같은 곰팡이 감염, 갑상선 질환과 같은 근본적인 질병, 원형 탈모증. 또한 영양 부족, 아이에게는 드물긴 하지만 스트레스, 머리를 찧거나(200쪽 참조) 머리카락을 꼬거나 잡아당기는 습관, 머리카락을 세게 잡아당겨 생기는 견인성 탈모증 등도 탈모의 원인이 될 수 있다.
- **전염** 개개인의 조건에 따라 다르다(다음 내용 참조).
- **치료** 원인에 따라 다르다. 백선이 원인인 경우 다음 내용을 참조한다. 갑상선 질환이 원인인 경우 적절한 약물 치료를 받는다. 원형 탈모가 원인인 경우 대개 치료를 받지 않고 놔두면 증산이 호전된다. 견인성 탈모증은 핀을 꽂거나 머리를 땋지 말고 머리카락을 잡아당기는 스타일과 액세서리를 삼가면 증상이 호전될 수 있다. 탈모의 원인이 무엇이든 단백질을 충분히 섭취해야 모발 성장력이 회복된다는 사실을 기억하자.

두피 백선증(두부 백선)
- **정의** 두피의 곰팡이 감염
- **누가 잘 걸릴까?** 누구나 걸리기 쉽지만 두 살에서 열 살 사이의 아동이 가장 취약하다.
- **증상과 징후** 모발이 가늘어지고 두피가 가렵고 얇은 껍질이 벗겨지면서 머리가 벗겨지기

시작한다. 아이들은 유아 지방관이나 비듬이 없기 때문에, 두피가 얇게 벗겨지면 두피 백선증을 강하게 의심할 수 있다. 곰팡이에 과민증이 있는 경우, 모낭에 염증이 생길 수 있고 수포가 생기고 갈라지고 물러질 수도 있다. 일부 아이들은 심각한 염증으로 인해 열이 나고 분비선이 부어오르는 등의 증상을 겪기도 한다. 백선은 다른 두피 질환과 혼란을 일으킬 수도 있으므로, 의학적 진단이 필수다.

- **원인** 곰팡이, 주로 트리코피톤 톤슈란스(Trichophyton tonsurans)라는 백선균이 머리카락 줄기를 감염시킨다.
- **전염** 빗, 미용사의 미용 도구뿐 아니라 개인 간 접촉으로 전염된다.
- **치료** 4~8주 동안 항진균제와 함께 황화셀레늄 2.5%가 함유된 샴푸를 이용한다. 샴푸만으로는 효과를 보기 어렵다.

머릿니(이 감염증)

- **정의** 이의 모발 침입
- **누가 잘 걸릴까?** 머릿니와 관련된 오명에도 불구하고 의외로 많은 사람에게 머릿니가 생긴다. 모발의 청결 여부, 길이, 숱이 많고 적음에 관계없이 거의 모든 모발에 이가 자리를 잡는다. 아이가 어린이집 등 보육 시설에 다니는 경우 이에 노출될 가능성이 많기 때문에 옮기 쉽다.
- **증상과 징후** <u>아이가 머리를 긁거나 귀 뒤나 머리선 근처, 이마나 목에 긁힌 자국이 보인다. 그러나 이의 침입을 거의 알아채지 못하고 전혀 긁지 않는 아이들도 많다.</u> 머리카락 속이나 두피 근처에 이나 서캐가 보인다.
- **원인** 숙주로부터 소량의 혈액을 빨아먹으며 생존하고 숙주의 모발 속에 알(서캐)을 낳아 번식하는 기생충인 머릿니가 침입하는 것이다.
- **전염** 처방전 없이 구입할 수 있는 머릿니 치료제, 티트리 오일, 피레드린, 퍼메드린을 이용한다. 이런 약품이 효과가 없는 경우에만 린데인이나 린산이 포함된 처방약을 이용한다.

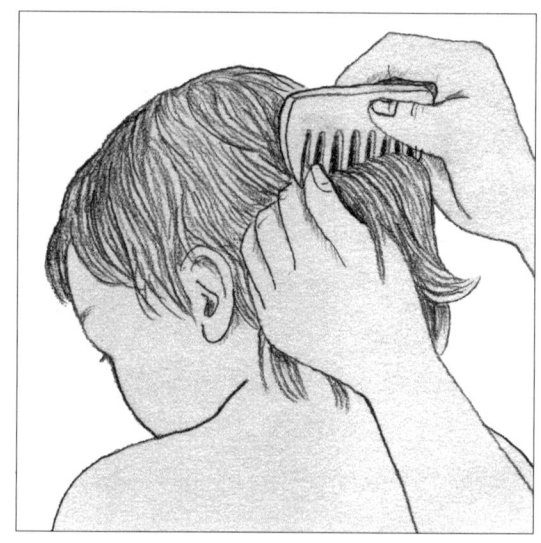

머릿니 제거를 위해 치료를 한 후에는 촘촘한 참빗을 이용해 머리를 빗어 서캐뿐 아니라 서캐 껍질까지 모조리 제거해야 한다.

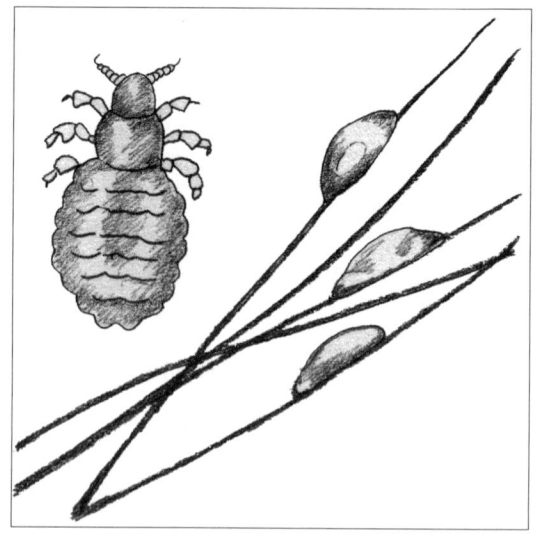

지름이 2~4mm인 머릿니는 일반적으로 두피와 아주 가까운 곳에 알(서캐)을 낳는다. 머릿니는 숙주에 기생해 열흘까지 생존할 수 있고, 서캐는 머리카락에 딱 달라붙어 약 3주 동안 생존한다.

약품의 지시 사항을 주의 깊게 읽고 따른다. 제품에 대해 의문이 생길 경우 제조 회사에 문의한다. 아이 몸 위로 화학물질이 떨어지지 않도록 샤워기나 욕조가 아닌 세면대에서 머리를 감긴다. 치료 후에도 머릿니 제거용으로 나온 가늘고 촘촘한 빗이나 부모가 직접 손가락으로 남은 이뿐 아니라 서캐, 서캐 껍질 등을 남김없이 제거해야 한다. 서캐 제거용 크림 타입 린스를 이용해 머리를 감기면 도움이 된다.

확산 및 재감염

- **예방** 빗, 타월, 베개, 침구류, 옷, 모자, 이어폰을 공용으로 사용하지 않는다. 머릿니에 옮은 아이가 사용하던 침구류나 타월, 옷, 봉제인형 등에 끝까지 남아 있을 서캐나 머릿니를 살처분하기 위해 뜨거운 물(최소 55도 이상)에 빨거나 건조기를 '상'에 맞추고 최소 20분 동안 작동시킨다. 이 정도 고온에 노출할 수 없는 품목은 드라이클리닝 하거나, 총 번식 주기인 2주 동안 밀폐된 비닐봉지에 보관한 후 다시 사용한다. 이는 옷, 가구 등에서 48시간까지 생존할 수 있다는 점을 기억하자. 덮개를 씌운 가구, 카펫, 매트리스, 카 시트 등은 진공청소기로 철저하게 청소해야 한다. 살충제를 뿌릴 필요까지는 없다. 빗은 액상으로 된 소독약이나 표백제, 아이의 모발에 사용한 머릿니 제거 약품 속에 담가 세척해야 한다. 이에 옮지 않은 가족들을 치료하는 문제에 대해서는 의견이 분분하므로 의사에게 조언을 구한다. 그러나 마지막으로 치료를 받은 후 2주 동안은 머리에 이와 서캐가 있는지 온 가족을 대상으로 매일 확인해야 한다. 이는 전염성이 매우 강하기 때문에 이가 있는 아이는 성공적으로 치료를 마칠 때까지 어린이집이나 유치원에 보내서는 안 된다. 이가 돌아다니는 동안에는 유치원이나 어린이집 교사는 아이들의 머리에 이가 있는지 정기적으로 두피를 확인해야 한다.

아이의 손톱 관리

아이의 손톱만 봐도 아이가 오늘 하루 뭘 하면서 보냈는지 알 수 있다. 아이의 손톱 밑에서 진흙, 클레이, 풀, 아침·점심·저녁에 먹은 음식은 물론이고 고약한 냄새가 나는 정체불명의 물질도 발견하게 될 것이다.

장갑으로 손톱을 보호하지 않는 한 아이의 손톱을 항상 청결하게 유지할 수는 없다. 하지만 손톱이 더러워지면 병균도 쉽게 번식하므로 다음과 같은 조치를 해야 한다.

손톱을 항상 짧게 유지한다 손톱이 짧을수록 병균이 덜 번식한다. 발톱을 자르지 않고 내버려두면 안으로 구부러져 살 속으로 파고들기 때문에 발톱도 짧게 자르는 것이 좋다(손발톱을 깎는 요령은 207쪽 참조).

매일 청결을 유지한다 하루 중 마지막 일과에 손톱 청결을 포함한다. 아이가 목욕할 때 또는 취침 전 손을 씻을 때 작은 손톱 브러시를 이용하도록 도와준다. 잘 떨어지지 않는 물질은 끝이 둥근 나무 이쑤시개를 이용해 조심스럽게 제거한다.

아이의 눈 관리

눈과 시력이 얼마나 중요한지는 두말하면 잔소리다. 눈은 세상을 배우기 시작하는 아이 시기는 물론이고 평생에 걸쳐 소중하게 관리되어야 한다. 건강한 눈과 시력을 유지하기 위해 꼭 알아야 할 사항을 살펴보자.

정기 검진을 받는다 시력이나 눈의 이상은 조기에 확인하는 것이 중요하므로, 정기적으로 안과 의사에게 검진을 받아야 한다. 보통 출생 당시와 생후 6개월에 검사를 받고, 영유아 정기 검진 때 약식으로 검사를 받는다. 출생 당시 체중이 1.5kg 미만이었거나 망막아종, 선천성 녹내장, 백내장 등의 가족력, 눈과 관련된 질병이 있는 경우 등 눈에 문제가 생길 위험이 높거나 조금이라도 이상이 발견되면 안과 전문의에게 자세한 검사를 받는 것이 좋다. 생후 첫 해 안에 안과 검사를 받지 않았다면 가능한 한 빨리 검사를 받아야 한다. 시력은 세 살에서 세 살 반 사이에 다시 검사를 받는다. 다음 시력 검사는 보통 초등학교 입학 전, 대략 다섯 살 무렵에 다시 실시한다. 시력 검사는 통증이 없어 아이가 거의 힘들어하지 않는다. 예정일보다 일찍 태어난 아이들은 일반적으로 시력이 약한 경향이 있으므로, 조기에 더 자주 시력 검사를 받을 필요가 있다.

아이들의 시력은 완벽하게 20/20이 되기 어렵다는 사실을 염두에 두자. 두 살 아이들의 평균 시력은 20/60이다. 시력은 몇 년간 꾸준히 향상되어 20/40까지 올라가지만 대략 열 살 이전까지는 20/20이 되기 어렵다.

햇볕에서 눈을 보호한다 눈이 햇볕에 장시간 노출되면 나중에 어른이 되어 백내장에 걸릴 위험이 커진다. 그러므로 햇볕이 강한 한낮에 몇 시간 이상 외출할 때는 선글라스나 챙이 넓은 모자를 쓰게 해야 한다. 어린이들이 햇볕 아래에서 선글라스를 쓰는 문제에 대해서는 논란이 많다. 일부 전문가들은 눈이 어느 정도 햇볕에 노출되지 않으면 자체적인 자외선 차단 메커니즘이 발달할 수 없을 거라고 이의를 제기하기도 한다.

선글라스를 구입할 때는 UV 차단 렌즈를 선택하면 UVA와 UVB를 99% 차단한다. 미국국립표준협회(ANSI)의 선글라스 등급을 참조하면 도움이 된다. 범용은 중간 계열에서 어두운 계열의 색상을 입힌 렌즈로 야외 활동을 할 때 사용한다. 특수 목적용은 햇볕을 많이 받는 환경(눈이 올 때, 스키장)에서 사용한다. 미용용은 가벼운 색상을 입힌 렌즈로 도심 주변에서 사용한다. 사이드 실드를 장착한 선글라스와 고글은 고지대의 눈밭과 열대지방의 해변 등에서 햇볕을 차단하는 데 도움이 된다. 햇볕을 75~85% 차단할 수 있다면 가장 효과적이다. 또한 렌즈를 통해 사물의 상을 보았을 때 상이 일그러져 보이는지도 확인해야 한다. 선글라스를 잡고 팔을 뻗어 렌즈를 통해 직선, 가령 문이나 창문의 가장자리를 본다. 직선을 따라 천천히 렌즈를 움직인다. 직선이 왜곡되거나, 흔들리거나, 구부러지거나, 움직이는 것처럼 보인다면 광학 품질이 좋지 않은 것이다. 렌즈의 색상은 양쪽 렌즈가 전체적으로 균일해야 한다. 선글라스 테는 단단하고 색상 변화가 없어야 하며, 측면에서 받는 햇볕을 차단할 수 있을 만큼 넓고 편안하게 잘 맞아야 한다. 코팅된 플라스틱 렌즈가 가장 내구성이 좋고 안전해서 아이용으로도 가장 실용적이다. 회색 렌즈가 색상 왜곡이 가장 적고, 그 다음이 초록색이나 갈색 렌즈다. 렌즈 색상이 너무 짙으면 앞에 있는 대상을 보기 힘들 수 있으므로 짙은 색상 렌즈는 피한다. 선글라스를 고정시키는 용도로 고안된 아동용 머리띠를 부착해 아이가 놀이를 하는 동안 선글라스가 흘러내리지 않도록 한다.

눈에 상처 나지 않게 보호한다 눈에 부상을 입을 위험이 있을 때는 보호안경을 착용해야 한다. 렌즈는 두께 3mm에 폴리카보네이트 소재로 되어 있고 테는 산업용이나 스포츠용으로 나온 것이 가장 좋다. 염소 처리한 수영장에서 장시간을 보내는 경우, 물이 새지 않는 고글을 착용하는 것이 좋다. 수중 수영은 바람직하지 않다는 사실을 유념하자.

희미한 조명 아래에서 책을 읽거나 놀면 시력이 나빠진다고 알고 있지만 사실은 그렇지 않다. 그러나 빛이 사물에 충분히 비치지 않으면 일시적으로 눈의 피로와 두통을 유발할 수 있기 때문에 항상 적당한 밝기를 유지해야 한다.

아이가 눈을 다칠 위험이 가장 높은 장소는 집이나 어린이집, 놀이터다. 그러므로 21장의 안전을 위한 권고를 따르고, 더불어 다음과 같이 특별한 주의를 기울여야 한다.

부모가 철저히 감독할 수 없을 때는 끝이 날카롭거나 기다란 막대가 달린 장난감, 나뭇가지, 연필과 펜을 가지고 놀지 못하게 해야 한다. 탁자

시력 문제 알아보기

아이들은 사물이 잘 보이지 않는다는 걸 좀처럼 표현하지 못한다. 시력이 소위 정상이 아닌 경우에도 자신의 시력에 문제가 있는지 어떤지 전혀 알지 못한다. 따라서 보통은 부모의 관찰을 통해 아이의 시력에 문제가 있는 것 같다고 의사에게 알리게 된다. 그러므로 아이에게 다음의 행동과 증상이 나타나는지 살펴보고, 의심되는 모습을 보이면 의사와 상의한다.

* 사물이 잘 보이지 않는 듯한 행동을 한다. 주로 행동이 두드러지게 어설프거나 잘 걸려 넘어진다든지 (6, 326쪽 참조) 사물이나 사람을 알아보거나 의식하지 못하는 등의 행동으로 파악할 수 있다.
* 햇살이 밝지 않은데도 자주 눈을 가늘게 뜨거나, 시각적인 과제를 수행하려 할 때 얼굴을 잔뜩 찡그린다. 그러나 이런 모습이 시력 문제와 관계없이 일시적인 버릇일 수 있다는 사실도 염두에 둔다.
* 졸리지 않은데도 자주 눈을 비빈다. 눈이 가렵거나 따갑거나 화끈거릴 때 대개 이런 행동을 한다.
* 빛에 지나치게 민감하거나 자주 빛을 응시한다. 가령, 불빛이 희미한 방에서도 불편한 듯 눈을 찡그린다.
* 울지 않는데도 과도하게 눈물을 흘린다.
* 눈이 붓거나, 빨갛거나, 눈곱이 낀다. 아침에 일어날 때 눈꺼풀에 눈곱이 잔뜩 껴 있다. 흰색이 도는 누르스름한 분비물이나 녹색이 도는 누르스름한 분비물이 나오면 감염의 증상이다. 눈꺼풀이 붓거나 자주 다래끼가 낀다.
* 눈을 규칙적으로 빠르게 깜빡거리거나 눈이 툭 불거져 나온다.
* 더 잘 보려는 것처럼 자주 한쪽 방향으로 고개를 기울인다.
* 멀리 있는 대상을 보려고 몸을 쭉 뻗거나 앞으로 기울인다.
* 불편한 듯 한쪽 눈을 반복해서 가리거나 감는다. 한쪽 눈만 뜨면 세상이 어떻게 보일지 알아보기 위해 수시로 한쪽 눈을 가리거나 감는 것과 다르다.
* 더 잘 보려고 책, 장난감, 그 밖에 다른 대상들을 붙잡고 얼굴 가까이 가져다 댄다. 텔레비전 앞에 바싹 다가가 앉는다. 그러나 아이들은 시력에 문제가 있어서가 아니라 사물을 가까이에서 보는 걸 무척 흥미로워하기 때문에 자주 텔레비전 앞에 가까이 앉기도 한다.
* 좋은 시력이 필요한 활동, 책 읽기 등을 외면한다.
* 사시나 짝눈처럼 보이거나 두 개의 눈동자가 일제히 움직이지 않는다(530쪽 참조).
* 때때로 또는 항상 양쪽 동공의 크기가 다르거나 검은자가 아닌 흰자로 보인다. 두 개의 동공은 같이 움직여야 하고, 희미한 빛에서는 커지고 밝은 빛에서는 작아지는 것이 정상이다.
* 색깔을 구분하기 힘들다. 물론 어린아이들은 색깔을 잘 모른다는 사실을 기억하자(352쪽 참조).
* 하나의 사물이 두 개로 보인다(복시). 책이나 텔레비전 등 사물을 가까이에서 보고 나면 자주 두통이나 현기증, 메스꺼움을 느낀다. 연령이 높고 말을 잘하는 아이만이 이런 증상들을 말로 표현할 수 있을 것이다.

모서리 등 아이의 눈높이에 있는 가구의 뾰족한 모서리에 보호 패드를 부착한다. 손에 장난감을 들고 달리지 못하도록 가르친다. 모든 독성 물질은 대부분 접촉하면 눈에 손상을 줄 수 있기 때문에 아이 손에 닿지 않는 곳에 보관한다(682쪽 참조). 정원을 손질하거나 제설기를 작동할 때는 아이가 가까이 오지 않게 한다(692쪽 참조). 전원 공급 장치에 안전 덮개를 부착한다.

텔레비전에서 눈을 보호한다 아무리 오랜 시간 텔레비전을 시청해도 영구적으로 눈이 손상되는 일은 없지만, 장시간 시청하면 일시적으로 눈의 피로를 유발할 수 있다. 텔레비전 시청을 제한해 이러한 위험을 최소화한다(180쪽 참조). 텔레비전이 켜 있을 때는 방 안 조명 밝기를 적당하게 유지해 화면 불빛 때문에 눈이 부시는 현상을 최소화하고, 30분 간격으로 휴식하게 한다. 또한 아이가 텔레비전 앞에 바싹 다가앉지 못하게 해야 한다. 텔레비전 화면 너비의 최소 5배 정도 거리에 떨어져 앉는 것이 가장 바람직하다. 아이가 자꾸만 화면 가까이 가려는 경우, 근시일 수 있으므로 시력 검사를 받아야 한다. 또한 텔레비전 앞에 바싹 다가앉으면 전자파에 노출될 위험도 크다(684쪽 참조).

눈 알레르기에 주의한다 아이가 알레르기 물질이 많이 발생하는 시기에 눈물을 흘리는 경향이 있다면 외출할 때 꽃가루나 기타 자극적인 물질이 눈에 들어가지 않도록 가급적 고글을 쓰게 해야 한다.

실내에서는 에어컨과 공기청정기가 자극을 줄이는 데 도움이 된다. 가능하면 서늘한 지역으로 피서를 가는 것도 도움이 된다(눈의 부상 및 감염의 치료에 관한 정보는 710쪽 참조).

아이에게 가장 흔하게 나타나는 시력 문제

아이들은 눈이 어떻게 불편한지 표현하기에는 아직 어리기 때문에 시력에 문제가 생겨도 종종 진단하기 힘들다. 아이에게 527쪽에 소개한 적신호가 보이는 경우 의사에게 알려 즉시 진단 및 치료를 받으면 상태가 악화되지 않도록 예방할 수 있을 뿐 아니라 시력 저하로 인한 문제를 막는 데도 도움이 될 것이다.

아이들에게 가장 흔하게 나타나는 시력 문제는 다음과 같다.

눈 깜박임

- **정의** 눈을 떴다 감았다 하는 동작을 반복한다.
- **누가 잘 걸릴까?** 아이라면 누구나
- **증상과 징후** 일반적으로 눈만 깜박거리지만, 수면 부족이 원인일 때는 눈을 비비기도 한다.
- **원인** 눈꺼풀을 빠르게 움직이면 사물이 흥미롭게 보인다는 걸 알게 되어 단순히 버릇처럼 반복적으로 눈을 깜박거리는 아이도 있고, 또래 친구들이 하는 행동을 똑같이 따라하다가 눈을 깜박거리는 아이도 있다. 그런가 하면 수면 부족이나 과도한 스트레스가 원인인 경우도 있는데, 스트레스가 원인인 경우는 이보다 연령이 높은 아이에게 훨씬 많이 나타난다. 극히 드물지만 소발작의 징후로 눈을 깜박이는 경우도 있다.
- **치료** 다른 증상이 동반되지 않는다면 반복적인 눈 깜박임은 일반적으로 양성이며 자체적으로 차츰 호전된다. 대부분 일주일에서 수개월 이내에 저절로 중단된다. 눈 깜박임이 스트레스와 관련된 경우, 아이의 생활에서

스트레스를 줄이면(195쪽 참조) 대체로 증상을 멈출 수 있다. 원인이 무엇이든, 눈을 깜박거린다고 아이에게 잔소리를 하면 오히려 버릇이 오래 지속될 뿐이다. 눈을 깜박이면서 527쪽에 소개된 다른 증상들이 같이 나타나거나, 눈 깜박임이 거의 쉴 새 없이 반복되거나 아이를 힘들게 한다면 의사에게 상의한다.

근시

- **정의** 멀리 있는 사물을 또렷하게 보지 못한다.
- **누가 잘 걸릴까?** 대개 부모 가운데 한 명이나 두 명 모두 근시인 경우. 두세 살에 근시가 시작되는 아이들도 있지만 대체로 근시는 늦게 나타난다.
- **증상과 징후** 눈을 가늘게 뜨고, 책이나 다른 사물을 눈 가까이 가져다 대며, 텔레비전 앞에 바짝 다가가 앉고, 멀리 있는 대상을 알아보지 못한다.
- **원인** 대개 안구가 구 모양이 아니라 길쭉해서 멀리 있는 사물의 상이 눈 뒤편에 있는 망막에 미치지 못하기 때문에 흐릿하게 보인다. 이따금 각막이나 수정체의 문제로 인해 사물이 왜곡되어 보이기도 한다. 유전적 요인 역시 근시의 원인이며, 그 밖에 아직 밝혀지지 않은 원인이 있을 수도 있다.
- **치료** 안경이나 콘택트렌즈를 착용해 저하된 시력을 교정할 수 있다. 어린아이들은 눈의 성장이 빨라 6개월마다 시력 검사를 실시해 안경이나 콘택트렌즈를 바꿔야 한다. 근시 교정을 위한 방사상 각막 절개술(각막 굴절 부위의 모양을 고치는 수술)이 어린이에게 장기간 안전하고 효과가 있는지에 대해 현재 임상 실험 중이다.

원시

- **정의** 가까운 거리의 사물을 또렷하게 보지 못한다.
- **누가 잘 걸릴까?** 유아와 어린아이들은 다소 원시 증상을 보이는 경향이 있지만, 대부분은 시력이 정상으로 돌아온다. 그러나 계속 원시 증상이 나타나는 아이들은 대개 원시에 대한 가족력이 있는 경우다.
- **증상과 징후** 마치 더 잘 보려는 듯 가까이 있는 사물에서 멀찍이 떨어진다. 책을 보거나, 퍼즐을 맞추거나, 구슬을 끼우거나, 가까이 들여다보아야 하는 장난감을 가지고 노는 등 가까운 곳에 있는 사물을 보는 활동에 흥미가 없다. 눈을 비비고, 사시증이 있다.
- **원인** 주된 원인은 안구가 납작해 망막까지 거리가 짧아지면서 물체의 상이 망막 뒤쪽으로 밀려 물체가 흐릿하게 보인다. 간혹 각막이나 수정체가 약해도 원시의 원인이 될 수 있다.
- **치료** 원시가 심해 놀이와 여러 활동에 지장이 있거나 불편이나 경미한 두통을 유발하는 경우에만 교정용 렌즈가 필요하다.

난시

- **정의** 사물이 흐릿하거나 굴절되어 보인다. 사물이 마치 유령의 집 거울에 반사되는 것처럼 보인다.
- **누가 잘 걸릴까?** 누구나 걸릴 수 있지만, 근시도 원시도 아닌 아이들이 난시에 가장 취약하며 대개 태어날 때부터 증상이 나타난다.
- **증상과 징후** 눈을 가늘게 뜨고, 책과 사물을 얼굴 가까이 가져다 대며, 텔레비전에 가까이 다가가 앉고, 두통이나 눈의 피로를 경험한다. 원시의 증상과 유사하지만 의료적인 문제는

서로 다르다.
- **원인** 각막이나 수정체의 굴절 부분이 고르지 않기 때문이다.
- **치료** 안경이나 콘택트렌즈를 이용하면 대체로 교정된다. 고르지 않은 눈의 표면에 콘택트렌즈를 정확하게 끼우기 어렵기 때문에 대체로 콘택트렌즈보다는 안경이 더 효과적이다.

사시증

- **정의** 두 눈동자의 초점을 한꺼번에 맞출 수 없다. 태어날 때부터 증상이 나타나는 선천성 사시증과 나중에 나타나는 후천성 사시증이 있다.
- **누가 잘 걸릴까?** 사시증에 가족력이 있는 아동에게 취약하지만 가족력이 없어도 증상이 나타날 수 있다. 정상 시력의 아이들과 시력이 나쁜 아이들에게도 나타나지만 원시인 아이들에게 특히 취약하다. 원시인 경우 세 살이 지나 사시증이 나타나는데, 가까이에 있는 사물에 초점을 맞추느라 너무 애를 쓴 나머지 눈동자의 방향이 어긋나게 된다.
- **증상과 징후** 유아들은 생후 몇 개월 동안은 종종 눈이 사시처럼 보이는데, 이 경우는 가성 사시라고 한다. 유아기에는 가끔 두 눈동자가 일제히 움직이지 않는 것처럼 보이기도 하지만, 생후 6개월 무렵에는 왼쪽과 오른쪽 위와 아래로 움직이고, 동시에 한곳에 초점을 맞출 수 있어야 한다. 그러나 아동의 약 4%가 시간이 지나도 정상적인 조정 능력을 찾지 못해, 한쪽 또는 양쪽 눈동자가 코를 향해 안쪽으로 움직이는 내사시거나, 바깥으로 움직이는 외사시거나, 위아래로 움직인다. 이처럼 눈동자가 약간 어긋나는 현상이 영구적으로 지속될 수도 있고 일시적으로 나타났다 사라질 수도 있다. 아이는 더 약한 눈을 자주 비비거나 가리고, 시력을 조정하기 위해 고개를 옆으로 기울이며, 거리를 판단해야 하는 놀이(잡기 놀이 등)를 피하려는 모습을 보일 수도 있다. 가정에서 부모가 직접 사시증을 테스트할 수 있다(531쪽 그림 참조).
- **원인** 사시증은 주로 한쪽이나 양쪽 눈 근육이 약화되어 나타난다. 유전적 요인, 여러 가지 눈의 이상(백내장, 원시 등)이나 의학적인 문제(다운증후군, 뇌성마비 등), 극히 드물지만 심각한 신경계 이상이나 눈병과의 관련성도

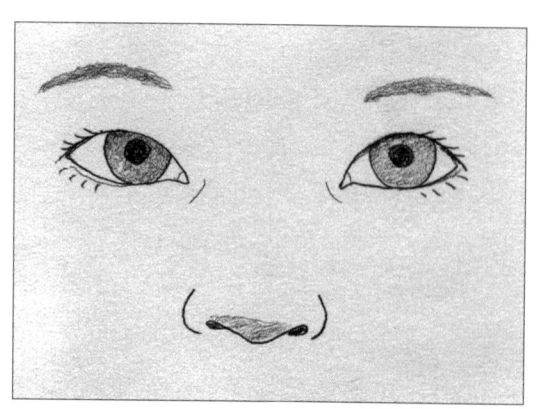

내사시: 한쪽 눈이 안쪽으로 향한다.

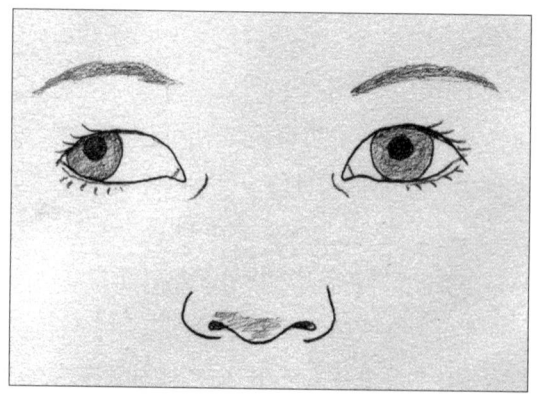

외사시: 한쪽 눈이 바깥쪽으로 향한다.

원인이 될 수 있다.

- **치료** 사시증은 소아 안과 전문의의 진단이 필요하다. 갑자기 사시증이 보인다면 즉시 의사와 상의한다. 아주 미미하게 근육 불균형이 나타나게 되면 뇌의 작용으로 사물의 상이 겹쳐 보이는데(사위), 이런 경우를 제외하면 반드시 치료를 받아 약시(532쪽 참조)와 시력 저하를 피하고, 하나의 물체가 두 개로 보이는 복시를 예방하며, 양쪽 눈이 동시에 하나의 대상에 초점을 맞추는 양안시를 회복해야 한다. 치료 방법은 강한 쪽 눈의 시력을 흐릿하게 하기 위해 안약을 떨어뜨리거나, 매일 짧은 시간 동안 강한 쪽 눈에 안대를 착용해 약한 쪽 눈을 강제로 사용하게 한다. 양쪽 눈 시력을 같게 하기 위해 안경을 착용한다. 눈 근육을 강화하기 위해 때때로 눈 운동을 한다. 경우에 따라 한쪽 눈이나 양쪽 눈 근육의 긴장을 조절하거나, 백내장을 제거하거나, 사시의 원인이 되는 다른 질환을

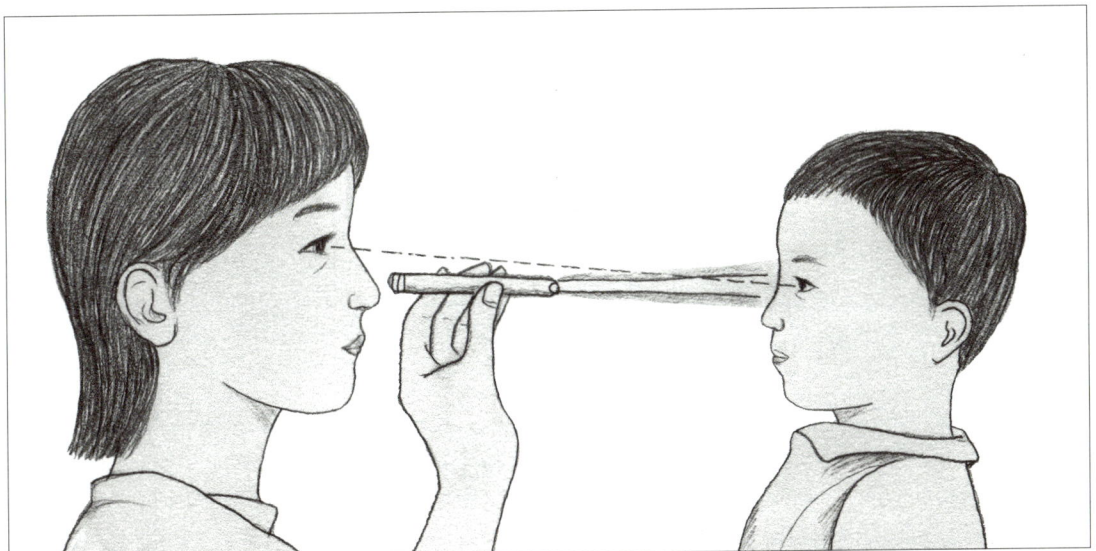

사시증을 테스트하기 위해 부모와 아이가 얼굴을 마주 본다. 만년필형 손전등으로 아이의 눈을 비추고 불빛의 상이 어디에 비치는지 주목한다(아래 그림 참조).

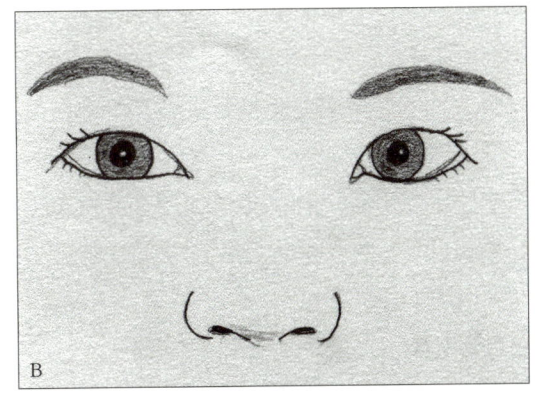

양쪽 눈 모두 눈동자 한가운데에 상이 반사되면(A) 사시증이 없다. 눈이 교차되어 보이지만. 그러나 한쪽 눈은 중앙에 상이 반사되고 다른 쪽 눈은 중앙을 벗어난 지점에서 비친다면(B) 안과 진료를 받아야 하는지 담당 의사와 상의한다.

바로잡기 위해 수술이 필요할 수도 있다.

약시

- **정의** 한쪽 눈의 시력이 다른 쪽 눈의 시력보다 더 좋은 현상으로, 아동 100명 중 약 4명에게 발생한다. 시력이 약한 눈은 활동이 둔해진다. 두뇌는 눈이 전달하는 혼합된 신호와 물체가 겹쳐 보이는 현상으로 인해 혼란을 겪다가, 마침내 활동이 둔한 눈이 보내는 신호를 차단하고 더 강한 쪽 눈이 보내는 신호만 받아들이기 시작하는데, 이렇게 해서 활동이 둔한 눈은 차츰 시력이 약해진다.
- **누가 잘 걸릴까?** 사시증, 눈꺼풀 처짐, 백내장, 한쪽 눈의 시력과 다른 쪽 눈의 시력이 달라지는 굴절 이상 등 눈에 이상이 있거나 눈에 상해를 입은 아이
- **증상과 징후** 간혹 부모가 아무런 증상을 발견하지 못할 수도 있다. 그렇기 때문에 정기적인 시력 검사가 반드시 필요하다.
- **원인** 가장 흔한 원인으로 사시증, 상이한 초점(굴절 이상), 백내장을 들 수 있다.
- **치료** 근본적인 문제나 관련 문제를 치료한다고 약시가 치유되는 것은 아니며, 약시는 별도로 치료를 받아야 한다. 5~6세 무렵에도 약시가 교정되지 않으면 약한 쪽 시력이 더 악화될 수 있고, 심한 경우 시력을 잃을 수도 있다. 안대, 안약, 안경 등으로 치료한다. 백내장 같은 이상 증상이 약시의 원인이라면 교정 수술이 필요할 수 있다.

눈꺼풀 처짐

- **정의** 한쪽 또는 양쪽 눈꺼풀이 처지는 현상
- **누가 잘 걸릴까?** 태어날 때부터 눈꺼풀이 처진 일부 아동(대체로 유전)과 나중에 자라면서 눈꺼풀이 처지는 아동
- **증상과 징후** 눈꺼풀이 비대하거나 무겁거나 아래로 처진다. 간혹 양쪽 눈꺼풀에 영향을 미친다. 경우에 따라 눈꺼풀이 눈을 완전히 덮어 시력을 방해하거나, 각막을 일그러뜨려 난시를 일으키기도 한다.
- **원인** 일반적으로 근육이 약해져 눈꺼풀이 아래로 처진다. 다른 원인은 거의 드물다.
- **치료** 안과 전문의에게 눈꺼풀 처짐의 진단과 치료를 받아야 약시로 발전되지 않도록 예방할 수 있다. 눈꺼풀이 정상인 쪽 눈에 의지하게 되면, 눈꺼풀이 처지는 쪽 눈은 활동이 둔화되어 시력이 저하되기 시작한다. 눈꺼풀의 근육 약화가 문제라면 수술을 통해 근육을 강화시켜 눈꺼풀을 정상 모양으로 만들 수 있다. 서너 살이 되면 수술이 가능하다. 다른 의학적인 문제가 원인이라면 해당 증상을 치료해 눈꺼풀 처짐을 치유할 수 있다.

그 밖에 눈의 이상 증상으로 녹내장, 백내장, 망막아세포종(눈의 종양) 등이 아이에게 극히 드물게 나타난다.

아이에게 안경을 씌워야 한다면

아이에게 안경을 씌워야 한다는 사실을 알게 됐을 때, 대체로 아이보다는 부모가 더 크게 충격을 받는다. 그러나 긍정적인 측면을 생각한다면 그럴 필요 없다. 첫째, <u>안경을 쓰면 아이가 더 잘 볼 수 있다. 안경이 필요한 아이가 안경을 쓰게 되면, 잘 안 보이는 아이들에게 주로 나타나는 일종의 발달 지연과 자존감 약화를 예방하는 데 도움이 된다.</u> 둘째, 대개는 일찍

안경을 쓰는 것이 늦게, 즉 또래 아이들의 의견이 중요해지는 시기에 안경을 쓰는 것보다 훨씬 쉽다. 셋째, 안경을 쓰는 일이 결코 드문 일이 아니다. 세 살에서 여섯 살 사이의 아동 여섯 명 가운데 한 명은 안경을 쓴다. 더구나 부모가 안경에 대해 긍정적인 태도를 보이면 아이가 안경을 쓰는 문제를 바람직하게 여기는 데 도움이 된다. 그렇지만 '전형적인' 아이들의 행동을 감안한다면, 적어도 어느 정도 기간은 아이가 저항할 것이라고 예상하는 것이 좋다.

안경 선택 안경을 선택할 때는 어린아이들을 잘 다루는 안경사에게 간다. 일단 믿을 만한 안경사를 찾고, 그 다음에는 안경의 스타일, 품질, 실용성을 고려한다. 안전유리 소재의 렌즈는 비교적 긁힘이 적은 반면 깨지기 쉽고, 아이들에게는 너무 무거워 코로 흘러내리기 쉽다. 그러므로 일반 플라스틱이나 가볍고 잘 깨지지 않는 폴리카보네이트 소재의 렌즈를 선택한다. 그러나 플라스틱 렌즈는 잘 긁히기 때문에 긁힘 방지 코팅을 입히는 것이 좋다. 코팅 비용은 다소 비싸고 코팅이 벗겨질 수 있으므로, 일정 기간 AS를 보증하는지 문의해야 한다. 어떤 종류의 렌즈를 선택하든 아이가 처음 안경을 착용하는 경우, 조심해서 다루도록 알려 주어야 오랜 시간 렌즈에 흠집 나지 않게 유지할 수 있다(535쪽 참조).

안경을 선택할 때는 안경이 얼굴에 편안하게 잘 맞는지도 고려한다. 대체로 일반 안경테 대신 고무 소재의 탄력 있는 끈을 이용하는 것이 도움이 된다. 고무 소재 끈은 안경을 잘 잡아 주는 동시에 아이가 옆으로 눕거나 뒹굴어도 벗겨질 염려가 없고 불편하지 않다. 일반 안경테가 귀에 걸어 테를 고정시키는 방식인 데 비해 고무 소재의 끈은 머리를 감싸는 형식이므로, 아주 어린아이뿐 아니라 모든 연령대의 아이들에게 실용적이다(534쪽 그림 참조). 경첩이 유연하면

아이의 안과 검사

아이의 시력에 문제가 있는 건 아닌지 걱정되긴 하지만, 안과를 방문할 정도는 아니라고 생각된다면? 가정에서 할 수 있는 몇 가지 테스트를 실시하고, 527쪽에 소개된 적신호 가운데 하나라도 눈에 띄면 즉시 병원 예약을 잡도록 한다. 그리고 아이가 세 살쯤 되면 최소 2회는 안과 검사를 받아야 한다. 일부 심각한 질환들은 정밀 검사를 통해서만 밝혀지기도 한다.

빨간 점 테스트 가족사진으로 알아본다. 가족들 모두 양쪽 눈이 빨갛게 나왔는데 아이만 한쪽 눈만 빨갛게 나왔다면, 부정렬을 의심할 수 있다.

가정용 시력 검사표 한국실명예방재단(보건복지부 지원)에서는 아직 글자를 모르는 어린아이들을 위한 그림 시력 검사표를 제공한다. 이 시력 검사표에는 쉬운 문자와 숫자, C자 모양이 위아래, 좌우로 향하게 그려져 있다.

앞에 걸어오는 사람 알아맞히기 테스트 아이와 함께 거리를 걷는다. 가족이나 친구, 또는 아이가 잘 아는 어른에게 반대 방향에서 다가오도록 부탁하고, 아이에게 누가 걸어오고 있는지 말하게 한다. 아이가 다가오는 사람을 맞출 수 있다면 아이의 시력을 정상으로 봐도 좋다. 그러나 다가오는 사람을 알아보는 데 시간이 오래 걸린다면 근시일 수 있다.

반사 테스트 만년필형 손전등으로 아이의 눈을 비추고 불빛의 상이 눈동자의 어느 부분에서 반사되는지 알아본다. 양쪽 눈 모두 동공의 중앙에 상이 비쳐야 정상이다(531쪽 그림 참조). 그렇지 않은 경우 사시증일 가능성이 높다.

많이 구부려도 잘 견딜 수 있으므로 경첩의 유연성도 고려한다.

안경 착용 안경은 제 위치에 잘 자리 잡지 않으면 효과를 발휘할 수 없으므로 눈에 잘 맞게 착용하는 것이 가장 중요하다. 어린아이들은 콧대가 상당히 넓고 평평해서 안경이 코를 향해 미끄러져 내려가기 쉽기 때문에, 안경의 콧대 부분에 특별히 신경을 써야 한다. 둥근 모양이나 나팔 모양의 코 패드는 안경이 벗겨지지 않도록 도와준다.

아이에게 안경 적응시키기 많은 아이들이 낯선 것을 받아들이길 주저한다. 특히 그것이 평생 해야 하는 일일 때는 더욱 그렇다. 그러나 아이를 배려하면서 차근차근 안경을 씌우면 아이가 안경을 친숙하게 여기는 데 도움이 된다.

* **처음부터 안경에 대해 긍정적인 태도를 보여 준다** 안경을 쓴 다른 아이를 가리키면서 "쯧쯧, 벌써부터 안경을 쓰다니."라고 말했다면 아이는 안경을 쓰는 것은 뭔가 안 좋은 일이라고 생각하게 될 것이다. 그러므로 "희연이가 안경을 쓰니까 정말 근사해 보이지 않니?"라고 말한다.

* **안경 쓴 형제들, 친구들, 부모, 할머니 할아버지, 텔레비전이나 책에 등장하는 좋아하는 캐릭터 등에 대해 알려 준다** 이 사람들 모두 더 잘 보기 위해 안경을 쓰는 거라고 설명한다. 자신만 안경을 쓰는 게 아니라는 걸 알면 아이는 좀 더 편안하게 받아들일 수 있을 것이다.

* **안경을 착용하면 어떤 점이 좋은지 알려 준다** 사물을 잘 볼 수 있게 되어 더 재미있게 놀 수 있고, 머리도 아프지 않고, 더 이상 눈이 아플 일도 없을 거라고 설명한다. 그러나 장점을 지나치게 과장하지 않는다. 아이는 아주 끔찍한 일이 벌어질지 모른다고 의심하거나, 반대로 안경을 썼는데 엄청나게 놀라운 일이 일어나지 않는다고 실망할 수도 있다.

* **손위 형제들과 친구들에게도 간단히 설명한다**

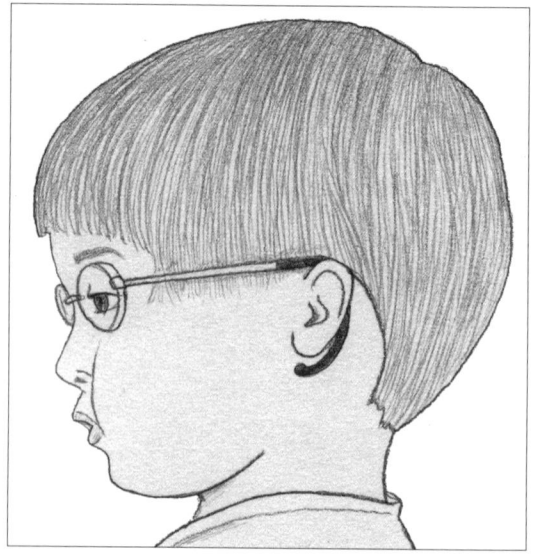

활동적인 아이들은 안경이 벗겨지기 쉬우므로 특별히 고안된 안경을 써야 한다. 유아들과 어린아이들의 경우, 귀에 거는 일반 안경테보다는 신축성 있는 띠(왼쪽)를 이용해 착용하는 것이 안경의 이탈을 방지할 수 있다. 연령이 높은 아이의 경우 귀에 걸치는 철제 소재의 안경테(오른쪽)를 사용할 수 있다.

아이가 안경을 쓰기 전에 형제와 친구들에게 아이를 더욱 응원해 주고 상처가 되는 말을 자제하도록 미리 일러둔다.

* **안경을 쓰는 아이들을 주제로 하는 책을 읽어 준다** 도서관에서 관련된 책을 찾아본다.
* **안경을 선택할 때 아이도 함께 간다** 가능하면 부모가 먼저 안경점을 방문해 안경 스타일과 렌즈, 가격 등 궁금한 점 등을 알아본다. 대략의 정보와 가격을 확인한 후, 아이와 다시 안경점을 방문해 미리 골라 놓은 몇 가지 안경 가운데 선택하게 한다.
* **마음에 드는 안경을 몇 가지 골랐으면, 안경이 얼굴에 잘 맞는지 확인하고 안경사에게 아이와 함께 사용법을 듣는다** 이제 안경에 대해 좋게 이야기하고 안경을 착용하니 근사해 보인다고 말한 다음, 더 이상 안경에 대해 이야기하지 않는다. 그리고 나서 바로 동물원, 놀이터 등에서 다른 활동을 하게 해서 아이의 주의를 딴 데로 돌려 즐거운 시간을 갖게 한다. 아이가 안경에 익숙해지는 동안 인내심을 갖고 계속 안경을 쓰도록 권장한다. 아이가 안경을 쓰자마자 벗어던진다면 조금 시간 간격을 두고 다시 시도한다. 그러나 아이에게 지나치게 재량권을 주어서는 안 된다. 어쨌든 안경을 쓰는 것은 카 시트에 앉는 것만큼이나 타협의 여지가 없는 일이라는 사실을 이해시켜야 한다. 아이가 계속 안경을 거부하면 의사에게 지원을 요청한다. 부모가 아닌 권위자의 목소리는 부모의 목소리보다 훨씬 설득력이 있을 수 있다.

안경을 조심해서 다루도록 가르친다 아이가 책임감을 갖고 안경을 다루기에는 앞으로 몇 년은 더 있어야 하겠지만, 그러기 위한 훈련은 일찍 시작할수록 좋다. 렌즈에 손을 대지 않고 두 손으로 안경을 벗는 방법을 알려 주고, 안경을 쓰지 않을 때는 케이스에 안경을 보관해야 한다고 일러둔다. 아이가 연령이 좀 더 높다면, 보푸라기가 일지 않는 부드러운 천과 물을 이용해 안경을 닦는 방법을 가르칠 수 있다.

아이의 귀와 청각 보호

대부분 아이들은 건강한 귀로 태어나는데, 눈과 마찬가지로 일생 동안 건강하게 유지해야 한다. 여러 가지 요소들이 귀 건강에 영향을 미치지만, 어릴 때 얼마나 잘 관리하느냐에 따라 귀의 기능에 커다란 영향을 미친다.

정기적인 관리 아이의 귀가 최상의 상태를 유지하도록 다음 내용을 참조한다.

* **청력 상실의 징후를 주의 깊게 살피고(536쪽 참조), 조금이라도 징후가 나타나면 의사와 상의한다** 부모의 세심한 관찰이 대단히 중요하며, 종종 정기 검진을 통해 미처 발견하지 못한 청력 문제를 감지할 수 있다. 물론 의료적 진단도 필수다. 선천성 청력 이상이 있을 수 있으므로, 요즘은 모든 유아에게 출생 즉시 청력 검사를 실시하도록 권장한다. 본격적인 청력 검사는 대개 4세 이후에 실시하지만, 좀 더 일찍 청력이 의심되면 미리 검사를 받도록 한다. 그리고 매 소아과 검진 때도 아이가 소리에 잘 반응하는지 측정하고 부모에게 물어볼 것이다. 청력 이상이 확인되면 즉시 치료를 받아야 한다.
* 목욕시킬 때 부드러운 천이나 면봉에 물을 묻혀 귀의 바깥쪽을 잘 닦아 주고, 귓속에 이물질이

들어가지 않았는지 주의 깊게 살펴본다

아이들은 종종 귓속에 이물질을 집어넣는다 (710쪽 참조). 이때 손가락이나 면봉 등으로 귀를 파지 않는다. 귀를 파게 되면 고막이

청각의 이상 징후

많은 아이들이 부모가 하는 말을 절반 정도는 못 듣는 것처럼 보이는데, 대개의 경우 듣고 싶은 말만 선택적으로 듣거나 부모의 말에 주의를 기울이지 않기 때문이다. 정말로 잘 듣지 못하는 아이는 다음과 같은 청력 상실의 징후를 한두 가지 이상 드러낸다. 물론 청력이 정상인 아이도 이 가운데 일부의 모습을 보이는 경우도 있다는 것을 염두에 두자.

* 다른 사람이 하는 말을 항상 또는 때때로 듣지 못한다.
* 옆이나 뒤에서 소리가 들리거나 말하는 사람을 정면에서 마주하지 않을 때는 소리를 잘 듣지 못한다. 청력에 이상이 있는 많은 아이들이 본능적으로 입술의 움직임으로 말을 알아듣는 법을 배우기 때문에 말하는 사람의 입술을 볼 수 있을 때 말을 더 많이 이해한다.
* 조용한 소리로 하는 말에 항상 반응하지 못한다.
* 다른 사람의 말이나 청각을 이용한 신호에 항상 부주의한 모습을 보인다.
* 그럴 만한 나이가 지났는데도 지시를 따르지 못한다.
* 또래 아이들에 비해 알고 있는 어휘가 제한적이다. 수용적인 어휘(듣고 이해하는 단어)와 말하는 어휘 모두(연령별 '아이가 해야 할 일'을 참조). 이런 발달 지연 때문에 아이는 '늦되다'고 오해받을 수도 있다.
* 음악에 반응하지 않는다. 아이가 박수를 치거나 노래를 따라 부르거나 리듬에 맞추어 몸을 흔들지 않는다. 또는 자주 틀어 주는 곡, 심지어 동요도 좋아하거나 인식하지 못한다.
* 언어의 뉘앙스에 반응이 없다. 부모의 말투에서 화가 난 건지, 슬픈 건지, 장난을 치는 건지 구별하지 못한다.
* 주변 소리에 반응이 없다. 전화벨이나 현관벨 소리, 타이머의 버저 소리, 새가 지저귀는 소리, 바람이 부는 소리 등
* 질문에 맞지 않은 대답을 하는 일이 잦다. "퍼즐 하고 놀까?", "아니, 나 배 안 고파."
* 소리를 향해 몸을 돌릴 때 한쪽 귀를 선호하는 경향을 보인다.
* 시계가 째깍거리는 소리처럼 미세한 소리를 듣지 못한다.

* 텔레비전과 오디오의 볼륨을 아주 높게 올리거나, 마치 더 잘 들으려는 듯 그 앞으로 바짝 다가가는 경향을 보인다. 물론 정상적인 청력을 지닌 아이도 이따금 호기심에 이런 모습을 보이기도 한다.
* 벨소리가 들리면 투덜대거나 귀의 통증을 호소한다.

청력 이상일 위험이 큰 아이들은 이런 증상을 보이지 않더라도 조기에 본격적인 청력 검사를 받아야 한다. 다음과 같은 경우 아이의 청력이 위험하다고 여겨진다.

* 프랑코니 증후군처럼 청력 결손과 관련된 의학적 문제를 지닌 것으로 진단된 경우
* 유전적으로 또는 이유는 알 수 없지만 아동기의 청력 상실에 대해 가족력이 있는 경우(형제, 부모, 사촌 등)
* 특히 임신 초기에 자궁 내에서 청각에 영향을 미치는 것으로 알려진 바이러스에 감염된 경우(거대세포 바이러스(CMV, 풍진(MMR) 등)
* 출생 체중이 1.5kg 이하인 경우
* 귀나 얼굴이 기형인 상태로 태어난 경우(두개 안면 기형)
* 출생 당시 아프가(Afgar) 점수가 낮은 경우(4 이하) 또는 질식(산소 결핍), 발작, 두개 내 출혈 등, 신생아로서 심각한 이상 증세를 경험한 경우 또는 장시간 바람을 맞은 경우
* 청력을 손상시키는 내이 신경 독성 약물 치료 (젠타마이신)를 받거나, 청력 손상과 관련 있는 세균성 수막염 등 질병에 걸린 경우

특히 어린 유아에게 조금이라도 청력 이상이 의심되면 청력 검사를 받아야 한다. 치료를 하면 완전히 귀가 들리지 않는 현상을 피할 수 있으며, 사실상 경미한 청력 손실을 앓는 경우 대체로 치료를 통해 청력을 보완할 수 있다. 청력 손실 정도가 어느 정도든 미처 발견하지 못해 치료가 이루어지지 않으면 아이는 언어 및 학습을 제대로 익히지 못하게 되고, 따라서 똑똑한 아이를 '둔하거나' 심지어 '늦된' 아이로 착각할 수 있으며, 그로 인해 아이의 자존감도 낮아질 수 있다. 가장 일반적인 청력 손실 형태와 다양한 치료 방법에 대해서는 772쪽을 참조한다.

파괴되거나 귀지가 귀 안쪽으로 더 들어갈 수 있다.
* **귀지가 쌓여 있는 게 보이면 의사에게 보여 준다** 의사가 제거하거나 가정에서 제거하는 방법을 알려 줄 것이다. 그러나 확실한 설명을 듣지 않은 상태에서 집에서 귀지를 제거하려 하면 안 되고, 귀지를 제거하기 위해 면봉을 이용해서는 절대로 안 된다.
* **귀의 염증이 의심되면 즉시 검진을 받는다** 빨리 치료하면 청력 이상을 예방할 수 있다(659쪽 참조).
* **아이 주변에서는 절대로 담배를 피우지 못하게 한다** 담배 연기에 많이 노출될수록 귀의 염증이 심해질 수 있다.
* 아이가 물놀이 후 외이에 염증을 앓은 경험이 있다면 물속에서 노는 시간을 한 시간 이하로 제한하고, 풀장에서 나오면 즉시 머리를 흔들어 귓속의 물을 빼내게 한다. 아이가 수영을 자주 하는 경우, 물이 못 들어가게 귀마개를 이용하면 도움이 된다.

소음 방지 여러 이유에서 커다란 소음으로부터 청력을 보호해야 한다. 과도한 소음에 노출되면 소음에 의한 청력 상실(NIHL)이 생길 수 있어서, 언어를 통한 의사소통과 자동차 경적 등 청각을 이용한 신호를 배우기 힘들어진다. 또한 맥박과 심장박동이 빨라지고, 다른 신체 기관에 영향을 미치며, 수면에도 방해가 되고, 짜증을 일으킬 수 있다. 크게 예민한 아이는 화를 낼 수도 있다. 그러므로 귀의 건강을 위해 다음 권장 사항을 지키고 가급적 외부 소음을 차단시키는 것이 좋다.
* 가정용 기기와 가전제품을 새로 구입할 때는

귀를 뚫는 건 어떨까

문화적으로 또는 가족의 전통상 여자아이의 귀를 뚫는 경우가 있다. 그런가 하면 머리가 많이 자라지 않은 아이가 아들이 아닌 딸이라는 걸 분명하게 표시하는 방법으로 귀를 뚫는 경우도 있다. 어떤 이유에서든 아이가 간신히 요람에서 벗어나자마자 귀를 뚫는 건 이제 흔한 일이 됐다. 하지만 귀를 뚫는 것이 사람들에게는 커다란 호응을 얻고 있는 반면, 의학계에서는 썩 바람직하게 여기지 않는다.
한 가지 이유는 구멍이 난 부위에 생긴 염증이 부모가 모르는 새에 감당할 수 없을 만큼 심각해질 수 있기 때문이다. 보통 귀를 뚫은 후 몇 달 동안은 염증이 생기기 쉬운데,

대부분 어린아이들은 귀가 가렵다거나 붓는다거나 욱신거린다는 느낌을 부모에게 전달하지 못한다. 일부 아이들은 귀를 잡아당기거나 귀걸이가 삽입될 때 울기도 한다. 따라서 감염의 초기 징후가 간과되기 쉽다.
귀걸이 자체도 문제를 일으킬 수 있다. 어린아이는 귀걸이를 빼서 가지고 놀다가 직접 아무렇게나 귀에 찔러 넣거나 삼킬 수 있다. 그러므로 의사들은 아이가 최소한 네 살이 될 때까지, 가급적 여덟 살 무렵까지는 귀를 뚫지 않도록 권장한다.
그럼에도 불구하고 아이의 귀를 뚫고 싶다면 위생적인 환경에서 공인된 자격증을 지닌 사람에게 귀를 뚫도록 해야 한다. 귀를 뚫은 후에는

소독용 알코올이나 과산화수소수에 푹 적신 면봉으로 귓불을 가볍게 두드리고 매일 아침 귀걸이를 바꾸어 준다. 감염의 기미, 빨개지거나, 붓거나, 고름이 나오거나, 딱지가 앉거나, 욱신거리거나, 피가 나는 등 조금이라도 증상이 보이면 의사에게 연락한다. 달랑거리는 귀걸이는 아이 스스로 또는 다른 아이들이 잡아당기다가 귓불이 찢어질 수도 있기 때문에 착용하면 안 된다. 아이가 귀걸이를 빼려 하거나 가지고 놀려고 하면, 귀걸이 착용을 중단하고 구멍이 자연스럽게 막히게 둔다. 아이가 좀 더 커서 스스로 감당할 수 있을 때 언제든 다시 귀를 뚫을 수 있다.

저소음 제품으로 선택한다.
* **적정 음량을 유지한다** 집 안에서 사용하는 텔레비전, 라디오, 스테레오의 볼륨을 측정해보아, 가장 큰 음량이 평소 말소리보다 더 높지 않게 한다. '진폭제한기'를 이용하면 최대 음량을 설정할 수 있다. 아이가 이어폰을 이용할 때도 조심해야 한다. 이어폰 소리가 부모의 귀에도 들릴 정도라면 음량이 매우 높은 것이다. 그러나 부모가 시끄러운 록 음악을 수 년 동안 들어왔거나 큰 소음에 노출되었다면 부모 자신이 청력이 손상된 상태일 수 있어 '지나치게 높은' 음량이 어느 정도인지 올바로 판단할 수 없다는 사실도 염두에 두자.
* 장난감 권총 같은 소음이 큰 장난감은 피한다
* **귀마개를 착용한다** 공연장, 잔디 깎을 때, 지하철을 탈 때, 전동공구를 이용할 때 등 아이에게 소리를 질러야 말을 전달할 수 있을 정도로 주변이 시끄럽다면 부드러운 고무 소재의 귀마개를 아이의 귀에 끼워주거나 방음용 '귀마개'를 착용해 준다. 부모가 이런 도구를 이용하면 아이도 부모처럼 따라하도록 설득하기가 더 쉽다. 소음을 차단하기 위해 탈지면이나 휴지를 돌돌 말아 귀에 넣어서는 안 된다. 이런 재료들은 소음을 약하게 하는 데는 도움이 될지 몰라도 음파를 통과시키는 데 방해가 된다.
* 뜻밖의 소방차 사이렌 등 커다란 소음이 들릴 때는 귀를 막아야 한다고 가르친다.
* **고가 철도, 열차나 비행기가 지나가는 고소음 지역에 거주하는 경우 집 안의 소음 수준을 낮추도록 한다** 아이가 실외에서 놀 때는 방음용 귀마개가 도움이 된다. 그러나 귀마개를 착용한 상태에서 말소리, 자동차 경적을 들을 수 있어야 한다.
* **다른 사람 귀에 대고 소리를 지르거나 다른 사람이 아이의 귀에 대고 소리를 지르게 해서는 안 된다고 가르친다** 아이에게 가르친 대로 부모 역시 소리를 통제하기 위해 노력한다. 최소한 아이의 귀에 대고 또는 가까이에서

청각에 해가 되는 소음 정도는?

귀는 놀라운 기관이기도 하지만 상당히 섬세한 기관이기도 해서, 소음 정도가 아주 약간만 높아도 손상을 입을 수 있다. 일반적으로 상대방이 들을 수 있을 정도로 크게 소리를 질러야 하는 경우의 음량은 귀 건강에 지장을 줄 만큼 상당히 크다고 할 수 있다. 뿐만 아니라 벨소리나 웅웅거리는 소리가 계속 울리거나 귀에 통증이 있거나, 일시적으로 다른 사람의 목소리가 들리지 않거나 약하게 들리게 만들 정도의 소음들 역시 잠재적으로 해가 될 수 있다. 소음이 내이에 어느 정도 해를 가하는지는 소음의 크기뿐 아니라 소음에 노출되는 시간에 따라 다르다. 일반적으로 장시간 소음에 노출될수록 위험이 커지지만, 권총을 쏘는 소리나 제트 엔진의 굉음처럼 아주 커다란 소음에는 잠시만 노출되어도 심각한 통증과 상해를 입을 수 있다. 아무런 보호 장구 없이 노출되어도 귀에 해가 되지 않을 최대 소음 수준은 다음과 같다.

* 잔디 깎는 기계나 트럭이 지나가는 소리 등 80~90dB 이상의 소음에 8시간 이상 지속적으로 노출되는 경우
* 전기톱, 압축 공기 드릴, 설상차에서 나는 소리처럼 100dB 이상의 소음에 하루 두 시간 노출되는 경우
* 커다란 록 음악, 자동차 경적, 모래 분사 등을 통해 나는 소리처럼 115dB 이상의 소음에 15분 동안 지속적으로 노출되는 경우

크게 소리를 지르지 않도록 한다.

아이의 치아 관리

이 시기에는 치아도 부지런히 관리해야 한다. 첫돌이 돼서야 겨우 치아 하나가 뾰족 나오는 아이도 있지만, 대부분 세 살에 접어들 무렵이면 스무 개의 젖니가 반짝반짝 빛나고 있을 것이다(오른쪽 그림 참조). 이 '젖니'들은 영구적으로 유지되는 것은 아니지만, 앞으로 5~10년 아이가 음식을 먹을 때 이용하게 된다. 젖니 가운데 가장 마지막으로 나는 이는 12~14세가 되어야 영구치로 대체된다. 그리고 이가 잇몸을 뚫고 나오는 순간부터 충치가 생길 수 있으므로, 어릴 때부터 치과 위생에 신경 쓰는 것이 중요하다.

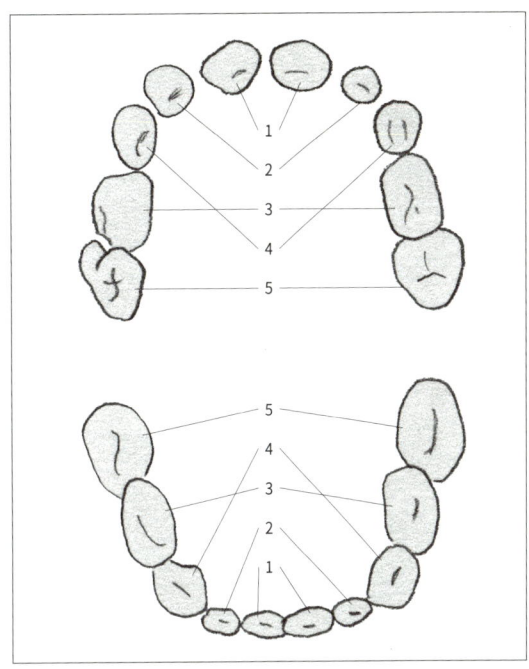

아이가 세 번째 생일을 맞을 무렵이면 젖니가 모두 난다. 간혹 정해진 패턴에서 벗어나는 경우도 있지만 보통 1~20번째까지 특정한 순서대로 이가 난다.

전문적인 관리 아이의 치아를 건강하게 유지하려면 아이, 부모, 치과 의사까지 세 사람의 협조가 이루어져야 한다고 한다. 그러나 치과 의사가 반드시 참여해야 하는 건 아니다. 소아과학회는 최근, 아이 시기에는 소아과 의사에 의해 정기적인 구강검진을 받고 세 살에 처음 치과를 방문하도록 권장하고 있다. 반면 소아치과학회는 충치의 조짐을 조기에 발견하려면 치과를 방문해야 가능하다고 주장하면서, 생후 6개월~1년에 치과를 방문하도록 권장한다. 그런가 하면 일부 소아 치과 의사들은 특별히 치아에 이상이 없는 한, 두 살 반 이전까지는 예약을 받지 않아 부모들의 판단을 더욱 어렵게 만들고 있다.

언제 처음 치과를 방문할지는 아이의 치아 상태, 주치의의 조언, 치과 의사의 권고, 그리고 부모의 판단에 달려 있다. 이 사이가 벌어지거나, 이가 나지 않거나, 잘 못 씹거나, 이가 가지런하지 않거나, 치아에 검은 얼룩이 있거나 고르지 않게 착색되어 있는 등 조금이라도 이상이 발견되면 즉시 치과 검진을 받아야 한다. 조기에 치아 이상을 발견하면 충치로 인해 일찍부터 젖니를 상실하는 상황뿐 아니라 언어 능력 발달에 지장을 주는 부정교합도 예방할 수 있다.

치과 의사를 선택할 때는 소아 치과 의사가 아동의 치아 치료를 위해 추가로 훈련을 받았고, 아동의 특수한 요구를 잘 알며, 아동의 두려움, 질문, 치과 의자에 앉을 때 초조한 기분 등을 일반 치과 의사보다 잘 다룬다는 사실을 염두에 둔다.

치아가 전부 나서 정기적인 치과 검진을 시작하면, 6개월에 한 번씩 치과에서 전문적인 구강 관리를 받는 것이 치태(플라크)로부터 치아 및 잇몸을 보호하는 데 도움이 된다. 불소 치료는(542쪽 참조) 치아 에나멜을 강화하는 데 도움이 된다. 6~7세 무렵에 영구치로 어금니가 처음 나면 치과 의사는 예방 차원에서 씹는 표면에 실란트를 발라 코팅하기도 한다. 실란트는 씹는 표면의 구멍과 틈을 메워 주어, 음식 찌꺼기가 껴서 충치를 유발하는 박테리아가 서식하는 걸 예방한다. 그러나 치과 의사들은 보편적으로 실란트 이용을 권장하지 않는다.

충치에 대한 두려움을 다루는 방법은 345쪽을 참조한다.

가정에서 하는 치아 관리 평생 건강한 치아를 유지하려면 평소에 치아를 관리하는 습관을 들여야 한다. 그러므로 아직 아이가 치아를 관리하는 습관을 들이지 않았다면 지금부터라도 매일 아침과 저녁, 가능하면 점심 식사 후에도 규칙적으로 이를 닦는 습관을 들여야 한다.

먼저 어린이용 칫솔을 선택한다. 칫솔 머리는 작고 칫솔모는 둥글고 부드러워야 한다. 아동용품점과 인터넷 상점 등에서는 아이들이 칫솔을 잡기 쉽도록 손잡이 부분을 특별히 디자인한 칫솔도 선보이고 있다. 이런 손잡이들은

충치를 예방하는 불소

불소는 약 천 년 전부터 있었지만, 불소에 충치를 예방하는 성분이 있다는 사실이 밝혀진 것은 1945년이다. 그 이후 많은 임상 연구에서 불소가 충치 발생을 약화시키는 데 효과적이라는 사실을 입증했다. 증거가 매우 설득력이 있기 때문에, 대한소아과학회와 대한소아치과학회는 수돗물에 불소처리를 하지 않거나 충분한 양의 천연 불소가 함유되지 않은 지역에 거주하는 유아와 어린이, 또는 하루 동안 수분이나 수분이 함유된 음식을 충분히 섭취하지 않는 유아와 어린이에게 불소 보충제를 섭취하도록 권장한다.

불소 함유 치약은 아이가 치약을 삼키지 않는다는 걸 확인한 후에 사용해야 안전하다. 불소가 함유된 치약은 치아 에나멜을 튼튼하게 하지만, 아직 나지 않은 치아에는 아무런 도움이 되지 않는다. 즉, 불소 자체를 적절한 예방책으로 보지는 않는다. 시중에 판매하는 불소 린스는 해가 될 정도로 많은 양을 삼킬 수 있으므로 어린아이들에게 바람직하지 않다.

아이에게 처방되는 불소의 용량은 아이의 연령, 가정의 수돗물에 포함된 불소 함량, 아이가 마시는 수분의 양이나 음식을 통해 섭취하는 수분의 양, 기타 음료를 섭취하는 양 등에 따라 다르다. 아이가 대략 어느 정도의 불소를 섭취하고 있는지 의사와 상의하고, 아이에게 적합한 불소 보충제 섭취량을 결정하는 데 참고한다. 이가 나고 자라는 동안 불소 보충제를 섭취하는 것이 중요하므로 영구치가 모두 날 때까지 계속해서 섭취해야 한다.

현재 권장량은 다음과 같다. 수돗물에 함유된 불소 수치가 0.3ppm 이하인 경우, 생후 6개월~3세 아동은 0.25mg, 3~6세 아동은 0.50mg의 불소를 섭취한다. 수돗물에 함유된 불소 수치가 0.3~0.5ppm인 경우, 3세 이하의 아동은 보충제를 섭취하지 않아도 되며, 3~6세 아동은 0.25mg의 불소를 섭취한다. 수돗물에 함유된 불소 수치가 0.6ppm 이상인 경우, 연령을 불문하고 모든 아동은 불소 보충제를 섭취하지 않아도 된다.

치과 의사가 치아에 직접 불소를 도포하면 에나멜에 불소가 흡수되는 국소 불소 치료도 충치 예방에 이용된다. 불소 치료는 체내에 흡수하는 불소 보충제를 대신하지 못하지만, 에나멜을 튼튼하게 하고 플라크에 직접 대처하며 그 과정에서 충치를 억제할 수 있다.

불소가 첨가된 물을 통해 아이의 1일 불소 섭취량을 충족시키려 하는 경우, 과일 주스를 물에 희석해 하루 수분 섭취량을 충분히 섭취하도록 한다. 또한 수프와 소스, 시리얼을 먹일 때도 불소가 함유된 물을 이용해 아이의 체내에 불소가 흡수되게 한다. 파스타를 삶을 때는 물을 조금 남겨 두었다가 소스를 만들 때 이용한다. 요리할 때 이용한 물에는 불소뿐 아니라 비타민도 포함되어 있다. 요리에 우유를 넣어야 할 때는 물을 타서 쓰는 탈지분유를 이용한다. 아이가 두 살 이하인 경우, 유지방이 10~12%가 되도록 만든 하프앤하프(half and half) 크림을 한두 숟가락 더 첨가한다.

재미있는 모양으로 장식되어 있어, 아이가 칫솔과 쉽게 친해질 수 있다. 이를 닦은 후에는 칫솔을 깨끗하게 헹구고, 칫솔을 눕혀 보관하면 세균이 번식할 수 있으니 칫솔 꽂이에 세워서 보관한다. 칫솔은 3개월마다, 칫솔이 빨리 닳았으면 좀 더 일찍 교체한다. 아무리 가족끼리라도 절대로 칫솔을 함께 사용해서는 안 되며, 아이가 병을 앓은 후에는 칫솔 모 사이에 숨어 있는 세균에 의해 재감염되지 않도록 칫솔을 교체한다.

치아의 씹는 표면 위를 앞뒤로 부드럽게 칫솔질하고, 치아의 측면과 바깥쪽 잇몸을 따라 원을 그리듯 칫솔을 움직인다. 그리고 가능하면 치아 안쪽 표면 위를 앞뒤로 칫솔질한다. 아직 치아가 나지 않은 잇몸은 가볍게 칫솔질하거나, 가제 수건이나 유아용 핑거브러시 또는 물수건을 이용해 닦아 준다. 아이가 입을 헹구고 물을 뱉을 줄 알 때까지는 치약을 사용하지 않거나, 유아 및 어린이용으로 나온 부드럽고 거품이 일지 않으며 불소가 함유되지 않은 치아와 잇몸 세정제를 사용한다.

아이가 칫솔질에 흥미를 보이기 시작하면 이를 닦도록 장려한다. 이 닦는 방법을 가르치는 문제는 걱정하지 않아도 된다. 치과 의사가 나중에 적절한 방법을 알려 줄 것이다. 아이가 어느 정도는 혼자 할 수 있다 해도 적어도 일곱 살이 될 때까지는 부모가 계속 칫솔질을 도와야 한다. 아이가 칫솔질이나 부모의 도움을 거부하는 경우, 309쪽을 참조한다.

입안 헹구기는 칫솔질에서 아주 중요한 부분이다. 입안을 헹구면 치약을 삼키지 않고 뱉어 낼 수 있을 뿐 아니라 이를 닦는 동안 빠져나온 음식물 찌꺼기가 다시 치아 사이에 끼지 않고 제거된다. 가급적 일찍부터 이를 닦은 후 입안을 헹구도록 가르친다. 보통 두 살쯤 되면 입을 헹굴 줄 안다. 그리고 가족마다 자신의 컵으로 이를 헹궈야 하며, 컵은 자주 씻어 주어야 한다.

아이가 입을 헹구고 뱉을 수 있을 때가 되면 불소가 함유된 치약을 칫솔 위에 콩알만큼 올려 주기 시작한다. 그러나 아이가 치약을 먹지 않도록 잘 살펴보아야 한다(310쪽 참조). 아이가 치약 맛을 좋아하지 않으면 치약 없이 이를 닦아 주거나 유아용 치아 세정제를 계속 이용한다.

치아 관리에서 이를 닦고 헹구는 것만큼 중요한 것이 바로 치실 사용이다. 그러나 언제부터 치실을 사용해야 하는지에 대해서는 의견이 분분하다. 대한치과학회에서는 젖니가 모두 나자마자 치실 사용을 시작해야 한다고 주장하는 반면, 많은 치과 의사들은 아이 스스로 치실을 사용할 수 있을 때까지 기다리도록 권장한다. 치실 사용에 대한 조언과 사용 방법, 사용 시기에 대해 치과 의사에게 문의한다. 아이가 적어도 7~8세가 되어 스스로 치실을 사용할 수 있을 때까지는 부모가 대신 치실질을 해 주어야 한다. 그러나 커다란 어른 손으로 아이의 작은 입안을 움직이기가 쉽지 않고, 대부분 아이들이 치실질을 마칠 때까지 얌전히 있으려 하지 않기 때문에, 치실질은 실제로 실천하기는 쉽지 않다.

협조적인 아이가 아니라면 매일 밤 입안 전체에 치실질을 할 수 없고, 잘해야 오늘 밤은 윗니, 다음 날 밤은 아랫니에 치실을 사용할 수 있을 것이다. 치실을 사용할 때는 앞니보다 어금니에 중점을 두는 것이 더 중요하며, 따라서 뒤쪽 치아에서 앞쪽 치아 순서로 치실질을 하도록 한다. 그리고 치실질을 잘 끝내는 것만큼이나 습관화하는 것도 중요하다는 점을 기억하자.

치아 건강에 도움이 되는 식단 건강한 입안에 세균이 침투해 치아에 붙어 있다가 당분과 탄수화물을 섭취하면 산성 물질을 분비해 치아의 법랑질을 부식시키면서 충치가 생기게 된다. 당분 함량이 많은 음식이 충치를 일으킬 수 있다는 사실은 오래전부터 알려졌지만, 최근 연구 결과에 따르면 탄수화물이 많이 함유된 빵과 시리얼 등의 음식 역시 입안에서 당분을 분해해 충치를 일으키는 원인이 될 수 있다고 한다. 쿠키와 케이크처럼 당분과 탄수화물이 모두 함유되어 있고 치아에 잘 달라붙는 음식이 충치를 일으킬 위험이 가장 높다. 반면 치즈를 먹으면 충치 예방에 도움이 되고 실제로 치아 에나멜을 튼튼하게 한다.

음식의 섭취량보다는 음식이 치아에 붙어 있는 시간이 더 중요하다. 예를 들어, 오전 내내 건포도 한 상자를 먹은 경우, 아침 식사로 같은 양의 우유와 시리얼을 먹을 때보다 충치가 생길 위험이 더 높다. 같은 이유로 하루 내내 모유나 우유를 물고 지내는 아이 역시 충치에 특히 약하다(32, 36쪽 참조). 충치를 유발하는 음식이라도 다른 음식을 함께 섭취할 경우, 특히 음식을 먹은 뒤에 치즈를 먹게 될 경우 충치를 일으킬 가능성이 줄어든다. 땅콩과 무가당 껌 역시 충치 유발을 억제할 수 있지만, 아이들은 땅콩이 목에 걸릴 수 있고 껌을 삼킬 수 있으므로 권장되지 않는다.

산 성분이 많은 음식도 치아 에나멜을 손상시킬 수 있으므로, 오렌지나 토마토소스를 곁들인 파스타를 먹거나, 비타민 C 보충제(아스코르브산)를 씹어 먹은 후에는 입안을 헹구어 주어야 한다. 신맛이 나는 음료, 감귤류 주스, 토마토나 채소 주스, 탄산음료는 빨대로 마시면 치아에 음료가 덜 묻게 하는 데 도움이 된다.

가장 일반적인 치아와 구강 질환

치아 우식증

- **정의** 충치
- **누가 잘 걸릴까?** 대부분의 아동. 유독 충치에 잘 걸리는 아이가 있는가 하면 유전적으로 충치에 강한 치아를 물려받은 아이도 있다. 태아기에 엄마가 불소를 섭취했고 이가 나는 동안 불소 보충제를 섭취한 아동 역시 충치에 강한 저항력을 보이는 경향이 있다.
- **증상과 징후** 치아에 검은색 또는 갈색의 점을 보이면서 마침내 통증을 일으키며 부식된다.
- **원인** 당분과 탄수화물을 섭취한 입안에 자연스럽게 세균이 활동하면서 산성 물질이 분비되고 치아 에나멜이 부식되어 충치가 진행된다.
- **전염** 전염되지 않는다.
- **치료** 앞에 언급한 대로 예방이 최선의 치료다. 일단 충치가 생기면 가능한 한 빨리 치과에 가서 충치 부위를 제거하고 메워야 한다. 충치를 치료하지 않고 방치하면 염증이 심해지고 치아를 잃을 위험이 있다. 충치로 치아가 잃는 경우, 영구치가 자리를 잡을 공간을 마련하기 위해 치과 교정 장치를 이용해 공간을 그대로 유지할 필요가 있다.

부정교합

- **정의** 치아와 아래턱의 위치가 고르지 못한

상태. 음식을 씹거나 이를 올바르게 닦기 힘들고 잇몸 건강과 턱의 성장, 언어 발달, 외관에 지장을 준다.

- **누가 잘 걸릴까?** <u>모든 아동에게 발생할 수 있지만 유전적인 요인을 가진 아동과 지속적으로 빠는 습관이 있는 아동, 일찍 치아가 손상된 아동에게 주로 발생한다.</u>
- **증상과 징후** 치열이 고르지 못하고, 치아가 잘못된 위치에 나며, 잘못된 방향으로 돌아간다. 주로 윗니와 아랫니가 제대로 맞물려지지 않는다.
- **원인** 유전과 환경. 유전적인 원인으로 인해 입과 아래턱, 치아의 모양과 크기가 결정된다. 가령, 가족 중 한쪽으로부터 작은 입을, 다른 한쪽으로부터 큰 입을 물려받은 경우 부정교합을 일으킬 수 있다. 또한 지속적으로 엄지손가락이나 노리개 젖꼭지를 빠는 버릇이 있거나 일찍 젖니를 상실한 경우에도 부정교합을 일으킬 수 있다.
- **치료** 검진 및 치아 석고 모형, 사진, X선 등을 통해 상태를 확인한다. 심한 부정교합은 즉시 치료를 받아야 상태가 악화되는 걸 막고 새로 나는 치아에 영향을 주지 않을 뿐 아니라, 언어 능력 발달이 지연되는 현상도 예방할 수 있다. 경미한 부정교합은 영구치가 날 때까지 치료하지 않고 놔두면 사실상 거의 저절로 교정된다.

헤르페스 구순염(입가의 발진, 단순 포진)

- **정의** 대개 입, 입술, 입술 주변에 발생하는 감염이지만 안면 신경과 눈에도 영향을 미칠 수 있다.
- **누가 잘 걸릴까?** 누구나 걸릴 수 있지만 대부분의 1차 감염이 아동기에 일어난다.
- **증상과 징후** 일차 감염, 즉 처음 감염이 될 때는 주로 잇몸과 입 안쪽에 상처가 나고 대개 열과 염증을 동반하며, 때때로 목이 따갑고, 편도선이 부어오르며, 호흡이 곤란하고, 침을 흘리며, 입맛을 잃기도 한다. 그러나 아무런 증상을 나타내지 않는 아이들도 있다. 마치 이가 날 때 나타나는 증상과 유사해서 상처가 마치 잇몸을 뚫고 나오는 치아처럼 보이기도 한다. 염증이 나려 한다는 걸 알 수 있는 유일한 증상은 발열뿐이다. 간혹 열이 41.4도까지 올라가기도 한다. 초기 감염이 다 나은 후에도 대체로 바이러스가 잠복해 있다가 몸이 스트레스를 받으면 다시 나타날 준비를 한다. 2차 감염, 즉 감염이 재발된 경우, 입술 위나 주변이 부으면서 가렵고 따끔거린다(헤르페스 구순염). 그러고 나면 환부에 물집이 잡혀 아프고 진물이 나다가 최종적으로 딱딱하게 굳고 이따금 가려운 딱지가 앉는다. 치료를 받지 않아도 대개 3주 내에 딱지가 떨어진다. 증상이 악화되면 두통을 일으키고, 결막염이나 그보다 더 심각한 눈의 감염을 일으키는 등 눈에도 영향을 미칠 수 있다. 간혹 손가락 한두 개에 감염이 번져 고름이 가득 들어 있는 염증을 일으키기도 하는데, 이런 증상을 헤르페스 손끝염이라고 한다. 매우 심각한 단순 포진 뇌염과 대개 경미하고 자체적으로 한정된 과정을 겪는 단순 포진 수막염 등의 합병증이 드물게 나타나기도 한다.
- **원인** 단순 포진 바이러스(HSV). 이후 신체적인 스트레스(감기, 독감, 발열, 이가 남), 피로, 정신적인 스트레스 또는 자외선 차단제를 바르지 않은 상태에서 장시간 직사광선에

입술을 노출시킨 경우 재발될 수 있다.
- **전염** 계절과 관계없이 구강 및 눈의 분비물에 직접 접촉하거나 병변 자체에 의해 사람에서 사람으로 전염된다. 활동성 감염에 걸린 아이가 얼마나 오랜 기간 전염성을 갖는지는 분명하지 않으며 상처가 보이지 않아도 바이러스에 감염될 수 있으므로, 병변이 치유될 때까지는 전염을 예방하기 위해 지속적으로 예방 조치를 취해야 한다. 잠복기는 2~12일로 추정된다.
- **치료** 일차 감염의 경우, 부드러운 비산성 식품이 도움이 된다. 일반적인 재발의 경우, 처방전 없이 구입할 수 있는 국소 약물을 통해 헤르페스 부위의 불편한 증상을 완화할 수 있다. 감염이 심한 경우, 아세트아미노펜을 이용해 통증을 가라앉힐 수 있다. 상처 부위에 얼음을 대고 있어도 통증이 줄어들지만, 대부분의 아이들은 이런 치료 방법을 오랫동안 참지 못할 것이다. 일부 만성 단순 포진 환자의 경우, 쑤시고 아픈 증상이 처음 나타날 때 락토바실루스 애시도필루스(lactobacillus acidophilus)라는 유산균을 알약이나 캡슐로 복용하면 즉각 재발이 중단되기도 한다. 아이의 경우 씹을 수 있는 알약을 부숴 요구르트나 우유에 타서 먹인다. 의사에게 용량을 문의한다. 아이가 아파 보이면 의사에게 연락한다. 심한 단순 포진 감염에 걸렸거나 면역 체계 손상으로 면역반응이 제대로 이루어지지 않는 경우 보통 항바이러스성 약물이 처방된다. 건강한 어린이에게 이런 약물을 투여했을 때 안전성 여부가 입증되지 않았기 때문에 건강한 어린이에게는 대개 처방되지 않는다. 눈이 감염된 경우, 항바이러스 안약이 처방된다.
- **예방** 가능하면 스트레스를 피하고, 충분한 휴식을 취하며, 밝은 햇볕 아래에서는 자외선 차단제가 함유된 립밤을 바른다.

여아 생식기 관리

여자아이의 질 부위를 청결하게 유지하고 자극을 주지 않는 것이 감염을 예방하는 최선의 방법이다. 다음 방법을 참고하자.

* **기저귀를 갈거나 변기를 이용한 후에는 생식기 부위를 반드시 앞에서 뒤로 닦아 준다** 아이가 직접 닦게 준비시킬 때도 같은 방향으로 닦도록 가르친다. 아직 기저귀를 차는 아이가 유난히 변을 많이 묻혔을 때는 음순을 펴서 주변을 꼼꼼하게 닦아 준다.
* **소변이나 대변을 본 후 가능한 한 빨리 기저귀를 갈아 준다**
* <u>**아이가 기저귀를 뗀 후에는 생식기 부위의 땀띠를 최소화하고 통풍이 잘되도록 순면 소재의 팬티를 입힌다.**</u>
* **깨끗한 물로 헹군다** 거품 목욕, 목욕 오일, 향이 나는 목욕 비누, 세정 효과가 너무 강한 비누, 알코올이나 향이 함유된 물티슈 등은 질 부위에 알레르기를 일으키거나 자극을 가하거나 화끈거리게 만들고 질염과 요로 감염을 일으킬 수 있으므로 피한다. 목욕 후에는 깨끗한 물로 몸을 헹군다. 샤워기나 물뿌리개, 물을 흠뻑 적신 물수건으로 질 부위를 헹군다.
* **아이가 따가운 샴푸 거품을 깔고 앉지 않도록 목욕 마지막 단계에 머리를 감긴다** 샤워기나 물뿌리개, 플라스틱 컵으로 머리를 헹구고, 물이 밑으로 흐를 때 아이를 일으켜 세운다. 세면대에서 머리를 감길 수도 있다.

가장 일반적인 여아 생식기 질환

외음질염 / 질염
- **정의** 질이나 외음부(여성 생식기의 외부)의 염증
- **누가 잘 걸릴까?** 여성이라면 나이를 불문하고 누구나 걸릴 수 있다.
- **증상과 징후** 질의 가려움, 냄새가 나는 질 분비물, 간혹 점상 질출혈(vaginal discharge)과 질출혈 등
- **원인** 칸디다균 같은 다양한 종류의 감염 매체에 질막을 감염시키는 자극, 목욕물, 젖은 기저귀, 삽입된 이물질, 세정력이 강한 세탁 세제나 비누 등
- **치료** 의료 상담이 필요하다. 조금이라도 출혈이 있다면 반드시 당일에 전화를 하거나 병원에 간다. 의사는 검사를 하고, 해당 부위에서 배양조직을 채취할 것이다. 결과에 따라 국소 약물이나 경구용 약물이 처방하기도 한다. 질 속에 삽입된 이물질이 감염의 원인인 경우 이물질을 제거한다. 의사는 아이에게 질 속에 이물질을 삽입하지 않도록, 또는 다른 사람이 삽입하지 못하게 하도록 계도해야 한다.

질(순음) 유착
- **정의** 염증을 일으킨 음순이 들러붙는 현상
- **누가 잘 걸릴까?** 아직 에스트로겐이 분비되지 않은 유아와 어린 여자아이들
- **증상과 징후** 소음순(외부 여성 생식기 내부의 음순)이 서로 들러붙는다. 심한 경우 소변을 보기 힘들 수 있다.
- **원인** 소변이나 땀띠로 인한 염증이 음순의 피부를 벗겨 벗겨진 피부 표면이 달라붙게 된다.
- **치료** 음순이 분리될 수 있고, 아이가 소변을 볼 수 있고, 딱히 통증이 없다면 유착이 되더라도 걱정하지 않아도 괜찮지만, 의사는 음순 치료를 촉진하기 위해 에스트로겐 크림을 처방할 것이다. 유착 정도가 심한 경우, 일정 기간 동안 크림을 발라야 음순이 서서히 벌어질 것이다. 간혹 의사가 특수한 도구를 이용해 음순을 분리해야 하는 경우도 있다. 소변을 보기 힘들거나 음순 아래로 소변이 고이면 요로 감염을 일으킬 위험이 커질 수 있으므로 반드시 치료를 받아야 한다(654쪽 참조). 일부의 경우는 에스트로겐이 분비되기 시작하는 사춘기 전까지 유착 상태가 계속되기도 한다.
- **예방** 질 부위를 건조하게 유지한다. 젖은 기저귀를 장시간 채우지 않는다. 재발을 방지하기 위해 합성섬유 소재의 속옷과 팬티를 입히지 않는다.

남아 생식기 관리

포경 수술 한 페니스 <u>포경 수술 한 페니스는 자주 비눗물로 씻어 주는 것이 유일한 관리법이다.</u>

포경 수술 하지 않은 페니스 포경 수술 하지 않은 페니스 역시 특별한 관리가 필요하지 않다. 포피를 억지로 집어넣으려 한다든지 면봉이나 물, 또는 소독약을 이용해 포피 아래를 닦으려 하는 건 불필요할 뿐 아니라 잠재적으로 해롭다. 포피 아래로 치즈처럼 생긴 분비물이 나오더라도 걱정할 필요 없다. 포피와 귀두가 분리되기 시작할 때 세포의 잔여물이 떨어져 나오는 정상적인 현상이다. 이러한 세포들은 포피 끝으로 서서히 빠져나오고, 평생 동안 지속적으로 떨어져 나온다.

가장 일반적인 남아 생식기 질환

불강하 고환(잠복 고환)

- **정의** 고환 한쪽이나 양쪽 모두가 음낭으로 내려오지 않는 현상
- **누가 잘 걸릴까?** 주로 조기 분만으로 태어난 남자아이들이 잘 걸리지만, 정상 임신 기간을 채우고 태어난 유아들에게도 나타날 수 있다.
- **증상과 징후** 음낭에서 한쪽 또는 양쪽 고환이 잡히지 않는다. 첫돌 무렵까지 고환이 강하하지 않으면 대개는 저절로 강하하지 않는다. 대부분 오른쪽 고환이 영향을 받는다. 강하하지 않는 고환은 거의 대부분 음낭으로 이어지는 서혜관 안에 위치하지만(그림 참조), 음낭 바로 위나 더 위쪽 복부 등 다른 곳에 위치하기도 한다. 불강하 고환의 약 10%는 고환이 아예 없는 경우도 있다.
- **원인** 불강하 고환의 일부 경우는 호르몬의 영향이나 서혜부 탈장과 같은 신체 기관 폐색이 원인인 것으로 밝혀졌으나, 다른 경우에 대해서는 원인이 밝혀지지 않았다.
- **치료** 검사를 통해 의사는 불강하 고환을 음낭 아래로 하강시킬 것이다. 이 조작 과정이 불가능하고 부모가 음낭에서 전혀 고환이 잡히지 않는다고 하는 경우, 일반적으로 첫돌이 지난 후에 다시 조작을 시도한다. 일찍 치료할수록 효과가 뚜렷하고 외상이 줄어든다. 치료는 검사를 통해 호르몬 수치를 확인한 후, 대개 인간 융모성 성선자극 호르몬(hCG)을 일주일에 두세 차례 3주 동안 주입한다. hCG가 고환의 하강을 유도하지 못 하는 경우 일반적으로 고환을 음낭으로 움직이는 고환 고정 수술이 권장된다. 고환이 하강하지 않으면 상태가 악화되어 장차 불임을 일으킬 위험이 증가하므로 고환 고정술은 가능한 한 빨리 실시해야 한다. 경우에 따라 hCG를 시도하지 않고 바로 수술에 들어가기도 한다. 아동기 초기에 호르몬에 의한 치료나 수술을 받으면 장차 불임의 가능성을 줄일 수 있다고 한다.
- **주의 사항** 불강하 고환을 앓는 아이가 서혜부 통증을 호소한다면 즉시 의사에게 연락한다. 고환이 뒤틀리면서 혈액 공급이 차단됐을 가능성이 있다. 치료를 하지 않고 방치하면 고환이 영구 손상될 수 있다.

요도구 협착증

- **정의** 소변의 흐름이 막히거나 지장이 생기는 현상
- **누가 잘 걸릴까?** 어린 남자아이는 누구나 걸릴 수 있지만, 포경 수술을 한 남자아이들에게 더 많이 나타난다.
- **증상과 징후** 소변 줄기가 가늘고 소변을 보기 힘들다. 소변이 천천히 나오거나 똑똑 떨어진다. 간혹 요로 감염이 재발되기도 한다(654쪽 참조).
- **원인** 페니스 끝부분에 염증이 생기면서 요도에 반혼을 남기고, 이 반혼이 요도구의 크기를 줄어들게 만든다.

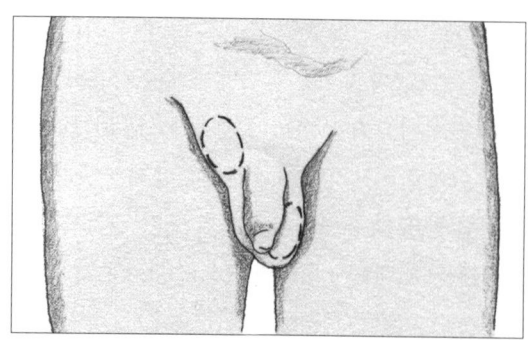

불강하 고환은 주로 서혜관에 위치하게 되지만 간혹 다른 기관에 위치할 수도 있다.

위축 고환

불강하 고환으로 보이지만 사실상 위축 고환인 경우도 있다. 위축 고환은 이따금 음낭 아래로 고환이 내려오지만 추위나 그 밖에 자극에 노출되면 다시 후퇴하는 현상을 말한다. 따뜻한 물에 목욕을 시킬 때 음낭을 관찰하는 것이 고환이 때때로 하강하는지 그렇지 않은지 살펴보기에 가장 좋다. 온도가 따뜻하면 위축되었던 고환이 종종 제자리를 찾아 내려온다. 이렇게 고환이 아래로 내려오면 걱정하지 않아도 괜찮다. 위축 고환은 대개 아무런 치료를 받지 않아도 사춘기 이후 음낭에 영구적으로 자리를 잡는다.

- **치료** 의사가 치료가 필요하다고 결정한 경우, 간단한 수술로 문제를 해결할 수 있다. 절차가 간단한 데 비해 전신마취가 요구되지만, 수술을 하면 불편한 증상이 빠르게 개선된다.
- **예방** 거친 소재의 속옷, 세정력이 강한 세탁 세제, 젖은 기저귀를 갈지 않고 오랫동안 방치하기 등 일정 시간 이상 요도에 염증을 일으켜 상처를 남길 수 있는 모든 상태를 피한다.

아이 옷 입히기

한겨울에 수영복 입기, 오뉴월에 방한복 입기, 스웨터 뒤집어 입기, 신발 짝짝이로 신기 등 아이가 혼자서 옷을 입기 시작하면 "내가 입을 거야."라는 외침을 들어야 하는 건 물론이고, 엉터리로 옷을 입는 모습을 속수무책으로 보아야 한다. 하지만 스스로 옷 입기는 아이의 성장에서 중요한 부분이며, 이 과정에 아이를 참여시키는 것은 아이의 독립심에도 중요한 역할을 한다. 아이의 참여를 유도하면서 올바르게 옷을 입도록 가르칠 수 있다. 아이에게 옷을 입히는 요령은 315쪽을 참조한다.

아이에게 옷 입는 방법 가르치기

어른들이야 혼자 옷을 입은 지 20년에서 30년이 됐으니 옷 입는 요령을 아주 당연하게 여기지만 아이들은 아무리 간단한 옷도 혼자 입기 힘들다. 옷 입기에 대한 몇 가지 실질적인 요령을 참고해 아이가 힘든 과제를 잘 해결할 수 있도록 도와주자.

앞과 뒤를 구별한다 옷의 앞부분에만 그림이 있다면, 아이가 앞판과 뒤판을 구별하기가 쉽다. 그렇지 않은 경우, 옷의 상표는 거의 옷의 뒤쪽에 부착되어 있으므로 아이에게 옷의 상표를 찾도록 가르친다. 뒷면에 상표가 없는 경우 안쪽에 펜으로 표시한다. 가령 '뒤'라고 표기하는 경우, 아이는 '뒤' 자를 빨리 익히게 될 것이다. 남자아이들은 팬티의 앞면과 뒷면이 뚜렷하게 구분되어 있어 앞뒷면을 알아보기가 더 쉽다. 여자아이의 경우 팬티 앞면에 그림이 그려져 있거나 리본이 달려 있으면 구분하기가 더 쉽다.

밑에서부터 단추를 채운다 밑에서부터 차례대로 단추를 채우는 것이 맨 윗단추까지 어긋나지 않고 채울 수 있는 가장 쉬운 방법이다. 물론 단추를 끼우는 일은 아이들의 소근육 발달 능력을 넘어선 일이지만, 부모가 맨 아래 단추부터 단춧구멍에 맞추어 끼우는 방법을 보여 줌으로써 방법을 가르칠 수 있다. 아이에게 스스로 단추를 끼우고 지퍼를 올리게 하고 단추나 레이스, 지퍼가 달린 인형이나 책을 주어 계속 연습하게 한다.

능숙하고 주의 깊게 지퍼를 잠근다 특히 남자아이의 경우 아주 예민한 신체 부위가 지퍼에 집힐 수 있으므로, 지퍼가 달린 옷은 부드러운 피부에 위험할 수 있다. 지퍼를 피부에서 멀찍이 떨어뜨려 잡는 방법을 알려 준다. 아이가 지퍼를 잠글 줄 알더라도 이 부분은 더욱 강조해서 설명해야 한다.

신발을 항상 짝짝이로 신는다면…… 오른발에 오른쪽 신발을, 왼발에 왼쪽 신발을 신는 일은 옷 입기 가운데 가장 어려운 과정이며, 아이 시기가 한참 지난 후에도 여전히 이 과정을 헷갈려 한다. 부모가 인내심도 발휘해야겠지만, 버클과 벨크로 접착 부분이 대개 신발 바깥쪽을 향한다는 걸 알려 주면 연령이 높은 아이들은 신발을 똑바로 신기가 좀 더 수월해진다. 또는 각각의 신발 안쪽에 작은 문양을 그려, 항상 신발 안쪽에 그림이 오게 해서 두 개의 그림이 만나게 하라고 알려 준다. 신발을 짝을 맞추어 현관 앞에 똑바로 놓아두어도 도움이 된다.

추운 계절에 옷 입히기

추운 계절에 아이를 데리고 나갈 때는 외부 기온보다 체감 온도를 기준으로 옷을 입힌다.

얼굴 부분을 잘 감싼다 체온의 상당량이 머리를 통해 빠져나가기 때문에, 기온이 영하로 내려갈 때 아이의 체온을 따뜻하게 유지하는 데는 모자가 가장 효과적이다. 아이가 편안하게 쓸 수 있는 모자를 선택하고, 기온이 크게 떨어질 때는 모자를 써야 한다고 강조한다. 부모도 같이 모자를 쓰면 아이의 저항에 덜 부딪칠 것이다(모자를 씌우는 요령은 319쪽 참조). 체온은 목을 통해서도 빠져나가므로 아이의 목도 잘 감싸야 한다. 방한모를 이용하거나 가급적 목과 얼굴을 모두 가릴 수 있는 모자를 이용하면 머플러를 생략할 수 있다. 또한 아이들이 온몸을 옷으로 잔뜩 두르는 걸 무척 싫어한다는 걸 감안하면, 하나라도 덜 입혀야 옷 입히기가 좀 더 수월할 것이다.

겹쳐 입힌다 아이를 유모차에 태워 놀이터에 갈 때까지 따뜻하게 체온을 유지하면서도 뛰어놀 때는 너무 덥지 않게 옷을 입힐 좋은 방법이 없을까? 옷을 겹쳐 입히면 추울 때는 몸을 따뜻하게 보호하고 체온이 올라가거나 날씨가 따뜻해지면 옷을 벗을 수 있어 편리하다. 아주 추운 계절이거나 아이가 눈밭에서 놀 계획일 때는 긴 방한용 내복을 입히고, 그 위에 터틀넥 스웨터와 따뜻한 바지, 운동복이나 폴라텍플리스 소재의 옷을 입힌 다음 오리털 코트나 방한복을 입힌다. 모직은 따뜻하지만 예민한 피부에 자극을 줄 수 있으며, 유독 예민한 아이들은 몇 겹씩 옷을 입히면 질색할 수 있다.

장갑을 여러 개 구입한다 손가락은 특히 동상에 걸리기 쉬우므로, 추운 계절에는 손을 감싸는 것이 필수다. 눈을 가지고 놀 경우를 대비해 방수용으로 준비한다. 가능하면 같은 장갑을 두세 켤레 구입하면, 한 짝을 잃어버릴 경우 나머지 한 짝을 버리지 않아도 된다. 예비로 한 켤레씩 더 휴대하면 장갑을 잊어버리거나 젖을 때 교체할 수 있다. 아주 추운 계절에는 장갑을 겹쳐 낀다(장갑을 끼우는 요령은 319쪽 참조).

발을 따뜻하게 유지한다 발이 차가우면 불편할 뿐 아니라 동상에 걸리기도 쉬우며, 특히 아이가 눈 속을 걷거나 눈을 가지고 놀 때는 더욱 그렇다. 추운 계절에는 방한용 부츠가 가장 좋다. 방한용 부츠는 방수가 되고, 이음새가 없어야 하며, 발목 위 종아리 부분이 딱 맞아야 보온이 되고 눈이 안으로 들어가지 않는다. 보온 양말을 신은 다음 부츠를 신으면 발이 한결 쾌적해진다. 면 소재는 젖은 발을 계속 젖은 상태로 두므로 피하고, 너무 두꺼운 양말을 신으면 부츠 안이 꽉 끼므로 피한다. 양말과 부츠 사이에 어느 정도 공기가 들어찰 공간이 있어야 발이 더 잘 보호되기 때문이다. 신발이 젖으면 즉시 갈아 신긴다.

체온이 낮은지 높은지 확인한다 아이의 손을 만져 봐서 차가우면 실내에 들어와 몸을 따뜻하게 해야 한다. 아이의 목에 땀이 나면 옷을 느슨하게 풀어 주거나 한 겹 벗긴다.

—— 더운 날씨에 옷 입히기

더운 날씨에 아이를 데리고 나갈 때는, 엷은 색상에 가볍고 느슨한 옷을 입히는 것이 가장 좋다. 그러나 햇볕 아래에서 놀 때는 촘촘하게 짠 짙은 색의 튼튼한 직물이 자외선을 차단하는 데 더 효과적이다. 데님 소재가 가장 좋다. 아이에게 가볍게 옷을 입히는 경우, 자외선 차단제를 바른 다음 옷을 입힌다. 햇볕이 내리쬐는 뜨거운 날에는 반드시 챙이 넓은 모자를 쓰게 한다.

18장

아이 식단

※※※

변화를 거부하고, 녹색 잎만 보면 거부감을 보이고, 조금만 질감이 이상해도 질색을 하는 아이에게 열두 가지 권장 식단에 맞추어 음식을 먹이기란 이만저만 어려운 일이 아니다. 그렇지만 아이 시기에는 골고루 잘 먹도록 가르치는 것이 여러 가지 이유에서 아주 중요하다. 첫 번째 이유는 이 시기에 형성된 식습관이 평생 갈 수 있기 때문이다. 물론 이 말은 아이가 어른이 된 후에도 파스타와 치즈를 주식으로 삼을 거라는 의미는 아니다. 하지만 아이 시기에 맛보고 좋아하게 된 단 음식이나 짜고 지방이 많은 음식은 평생 선호하게 될 가능성이 높다. 또 한 가지 이유는 아이들은 활동량이 엄청나게 많기 때문에 끊임없이 움직이는 생활에 에너지를 불어넣으려면 그만큼 끊임없이 영양분을 섭취해야 하기 때문이다. 충분한 영양 섭취는 최적의 성장과 신체 및 지적 발달에 필수다. 양질의 식단을 섭취한다고 해서 아이의 건강과 장수를 보장하는 건 아니지만, 최고의 아이 식단은 건강과 장수를 향한 가능성을 가장 높이 끌어올릴 것이다.

최고의 아이 식단

— 건강한 식습관을 위한 아홉 가지 기본 원칙

건강한 식습관을 위한 아홉 가지 기본 원칙은 모든 연령에 도움이 된다. 여기에서는 아이의 특수한 요구를 참작해 내용을 약간 수정했다.

식사마다 충분한 영양분을 섭취하게 한다 배는 작고 입맛은 예민하고 까다로운데 부모는 아이가 많이 먹길 기대한다. 그러나 아이가 부모의 기대에 맞추어 하루에 많은 양을 먹는다 하더라도, 흰 빵에 땅콩버터와 젤리, 과즙이 10%만 함유된 음료, 지방과 당분 같은 텅 빈 열량으로 가득 찬 케이크 등 불필요한 영양분으로 배를 채우게 되면 필요한 영양분을 보충하기가 쉽지 않다. 그러므로 매끼 아이가 먹는 음식은 <u>최대한 영양이 풍부한 음식으로 준비하는 것이 아주 중요하다</u>. 빵은 통곡물로 만든 것, 음료는 100% 과즙 음료, 디저트는 건강에 좋은 신선한 과일 등으로 준비한다.

열량이라고 다 같은 열량이 아니다 설탕으로 단맛을 낸 정제된 시리얼 약 30g의 110Kcal와 주스로 단맛을 낸 통곡물 시리얼 약 30g의 110Kcal는 영양 면에서 엄연히 다르다. 아이의 식사와 간식을 준비할 때는 항상 열량의 질을 염두에 둔다.

식사를 거르는 건 위험하지만 아이의 특권이기도 하다 연령을 불문하고 식사를 거르는 것은 바람직하지 않다. 그리고 아이가 자주 식사를 거르게 되면 활발하게 움직이는 데 필요한 필수 에너지를 빼앗길 뿐 아니라, 자꾸만 짜증을 내고 불합리한 행동을 하며 분노발작을 일으키는 경향이 있다. <u>충분한 영양을 꾸준히 공급하려면 하루 세 끼 식사를 거르지 말고 중간에 간식도 챙겨 주어야 한다.</u> 그러나 부모가 주는 대로 아이가 꼬박꼬박 잘 먹을 거라고 기대할 수는 없다. 아이들은 음식이 앞에 놓여 있다고 해서 앞에 놓인 음식을 항상 고분고분 잘 먹지 않는다. 아이들은 간혹 음식을 거부할 때도 있고 다른 사람 앞에서는 좀처럼 먹으려 들지 않을 때도 있는데, 모두가 아이의 특권이다. 식사를 걸렀다면 나중에 영양이 풍부한 간식으로 보충해 주어야 한다. 그러나 다음 식사 시간에 임박해서 간식을 주면 아이가 또 식사를 거부할 수 있으니 시간을 잘 맞춰야 한다. 그리고 가끔은 식사를 건너뛰어도 괜찮으므로 아이에게 억지로 먹이지 않는다. 건강한 아이에게 그때그때 식욕에 따라 많이 먹거나 적게 먹도록 허용할 경우, 일주일간의 평균을 따져 보면 균형에 맞게 음식을 섭취하는 경향을 보인다.

효율적인 식사가 효과적이다 <u>아이들은 아직 위의 용량이 작다. 따라서 아이의 음식을 선택할 때는 효율성을 고려하는 것이 현명하다. 가능하면 여러 영양소의 권장량을 충족시킬 수 있는 음식을 제공한다.</u> 칼슘과 단백질 섭취를 위해 치즈, 비타민 A와 C의 섭취를 위해 멜론, 복합 탄수화물과 철분 섭취를 위해 통곡물을 제공한다. 효율성은 식욕이 왕성한 과체중 아이가 너무 빨리 체중이 증가하는 경향에 제동을 거는 데도 효과적이다. 가령, 신선한 과일과 야채, 기름진 소스를 곁들이지 않은 통곡물 빵과 파스타 같은 음식은 적은 열량에 영양이 풍부하고 포만감을 주어 빨리 배가 부르게 한다. 뿐만 아니라 식욕이 약해 저체중이거나 여간해서 체중이 늘지 않는 아이에게 음식을 섭취하게 하는 데도 도움이 된다. 땅콩버터, 육류, 아보카도, 치즈, 콩 등의 음식은 적은 양을 섭취해도 영양이 풍부하고 열량도 높다.

복합 탄수화물을 섭취한다 빵, 베이글, 스파게티, 마카로니, 시리얼 등 아무리 입맛이 까다로운 아이라도 이 가운데 한 가지 음식은 잘 먹는다. 그러나 탄수화물 음식이 모두 같은 영양소를 포함하고 있는 건 아니다. 설탕, 꿀, 정제된 곡물, 그리고 이런 재료로 만든 음식들처럼 일부 음식은 열량을 거의 또는 전혀 제공하지 않는다. 가정용으로 판매되거나 시판용 빵에 이용되는 흰 밀가루에 티아민, 리보플라빈, 니아신, 철분의 네 가지 영양소가 강화된 건 사실이지만, 정제 과정에서 배아와 겨가

백소맥?

많은 사람들이 밀가루, 빵, 케이크, 쿠키 등에서 '흰색'을 보면 정제된 밀가루, 부족한 영양을 연상한다. 하지만 꼭 그렇지도 않다.
극동 아시아 지역에서 국수 재료로 오랫동안 쓰이고 있는 '백소맥(white wheat)'은 '적소맥(red wheat)'보다 더 하얗고 더 부드러우면서 통밀에 포함된 영양 성분이 그대로 포함되어 있다.

제거되어 스무 가지 이상의 영양 성분이 파괴된 것 또한 사실이다. 통밀가루·통곡물 빵·통곡물 시리얼·현미·수수·퀴노아 등 기타 통곡물과 콩과 식물 같은 복합 탄수화물, 통곡물 파스타나 고단백 파스타 등은 단백질·비타민·무기질·섬유소를 비롯해, 다양한 종류의 중요한 영양소를 제공한다. 식품을 구입하거나 요리하거나 음식점에서 주문할 때는 항상 이런 복합 탄수화물을 선택한다. 정제된 탄수화물은 아주 가끔씩만 이용하거나, 선택의 여지가 없을 때만 이용한다. 주변에 있는 탄수화물 음식들이 온통 정제된 것뿐이라면 작은 용기에 밀배아를 넣어 휴대하면서 흰 밀가루로 만든 빵과 파스타, 피자 등에 영양을 보강한다. 일찍부터 밀배아를 뿌려 먹게 습관을 들이면 아이도 당연하게 여기게 된다.

당분이 제거되면 문제도 제거된다 최근 들어 부모와 교사들은 당분을 많이 섭취하는 아이들은 과잉 행동을 보인다고 주장하고 있다. 그러나 당분이 일부 아동의 행동에 미치는 영향에 대해 이러한 주장을 뒷받침하는 연구도 일부 있지만, 많은 연구들이 이의를 제기하고 있다. 따라서 당분과 아동의 행동에 연관성이 있는지, 있다면 어떤 연관성이 있는지 아직 많은 연구가 이루어져야 할 것이다. 이 문제에 대해 정확한 연구 결과가 나오기 전까지는 여러 가지 이유에서 여전히 아이의 당분 섭취량을 제한하는 것이 좋다. 첫째, <u>당분에는 영양가가 전혀 없다. 당분에는 비타민이나 무기질이 전혀 없으며 오로지 열량만 제공할 뿐이다.</u> 그리고 당분이 식단에 기여하는 열량은 다른 영양이 풍부한 원료를 통해 충분히 제공 받을 수 있다. 둘째, 당분은 종종 영양에 도움이 되지 않는 다른 성분을 동반한다. 다시 말해, 영양 성분이 거의 '전무'한 음식에서 영양면에서 바람직하지 않은 지방이나 정제 곡물 등의 재료와 함께 어울리는 걸 볼 수 있다. 셋째, 당분과 당분이 함유된 음식은 충치에 심각한 영향을 미치고, 비만에도 영향을 미칠 수 있다. 당분이 함유된 많은 음식들은 포만감을 주거나 아무런 영양을 제공하지 않은 채 비만을 부추긴다. 당분은 재료의 맛을 개선하는 데에 이용되기도 하는데 맛이 결핍된 재료들은 종종 영양도 부족하다. 그리고 이런 재료들은 우리 몸이 당분을 소화시킬 때 필요한 크롬의 필요성을 증가시키기 때문에 당뇨병의 직접적인 원인이 되기도 한다. 그러나 당분 섭취량을 제한해야 하는 가장 큰 이유는 뭐니 뭐니 해도 평생 단 음식을 찾아다니고 그로 인해 여러 가지 문제들을 겪어야 하는 상황을 예방하기 위해서다. <u>연구 결과에 따르면, 어릴 때 단 음식을 많이 섭취한 아이들은 어른이 된 후에도 단 음식을 좋아하는 경향이 많다고 한다.</u>

아이의 식단에서 당분을 최소화하려면 당분이 어디에 많이 들어 있는지 알아야 한다. 당분은 흑설탕, 원당, 중백당, 과당, 포도당, 꿀, 메이플 시럽, 옥수수 시럽, 옥수수 시럽 고형분, 고과당 옥수수 시럽, 옥수수 감미료, 포도당, 자당 등 많은 이름으로 통한다. 집에서 아이에게 데워 주기 위해 즉석 조리 식품을 구입할 때 이런 원료로 만든 음식은 피해야 한다. 특히 이런 원료들이 성분 목록 앞부분에 있거나, 성분 목록의 순서와 관계없이 이 가운데 2~3가지 원료가 포함되어 있다면 더욱 그렇다. 그러나 생일 파티처럼 선택의 여지가 없을 때는 예외로 한다.

그러나 당분을 제한한다고 해서 단맛을 완전히 제거하라는 의미는 아니다. 농축 과일 주스로 만든 감미료와 과일로 만든 감미료는 당분으로 만든 음식 못지않게 아이의 입맛을 만족시켜 줄 것이다. 과일로 단맛을 낸 음식을 직접 만들거나 슈퍼마켓이나 건강 식품 전문점에서 즉석 조리 식품을 구입한다. 과일로 단맛을 낸 케이크와 쿠키, 머핀 등은 시중에서 판매하는 식품에 비해 영양이 풍부한 재료들로 만들어졌을 가능성이 훨씬 높다.

가장 좋은 음식은 원산지가 확실한 음식이다

직접 재배한 음식을 섭취하는 시절은 지났다. 요즘 부모들은 다음 날 먹을 빵을 사야 한다는 것도 종종 잊을 정도로 바쁜 터라 빵이 언제 구워졌는지는 거의 신경 쓰기 힘들다. 그러나 요즘 같은 현대 사회일수록 자연의 먹이사슬을 고수하는 것이 좋다. 자신의 '뿌리'를 기억하는 음식은 수확했을 때 고유의 영양 성분을 그대로 지니고 있을 가능성이 매우 높다. 그렇다고 직접 곡식을 재배하고 밀가루를 제분하라는 의미가 아니라, 본래 지니고 있던 영양 성분 가운데 아주 많은 부분을 빼앗긴 정제된 곡물 대신 통곡물로 만든 빵과 시리얼을 구입해야 한다는 뜻이다. 먹을 것을 직접 생산할 필요는 없지만 가공 과정을 많이 거친 음식, 통조림 음식, 익힌 음식보다는 신선한 과일과 채소를 선택해야 한다. 그리고 마당에 과일나무를 심을 필요는 없지만, 비타민과 섬유소가 빠져나간 조리된 과일이나 섬유소가 거의 또는 전부 빠져나간 과일 즙은 제한해야 한다.

식품 가공 과정에서 잃어버린 것뿐 아니라 추가되는 소금, 설탕, 화학 첨가물(584쪽 참조) 또한 자라는 아이들에게 위해하다는 사실도 기억하자.

설탕을 입힌 시리얼

텔레비전 어린이 프로그램을 볼 때 부모들은 프로그램 자체에 대해 당황할 때도 많지만 광고를 보면서도 섬뜩 놀라곤 한다. 외부의 영향을 쉽게 받는 아이들이 설탕을 입힌 시리얼을 처음 맛보는 계기가 바로 이 텔레비전 광고를 통해서이기 때문이다. 아이들은 마트의 시리얼 코너에서 텔레비전 광고에서 본 시리얼을 발견하면 쪼르르 달려가 사 달라고 조른다. 텔레비전 시청을 제한해도 아이들은 어떻게 아는지 광고에 자주 등장하는 시리얼을 냅다 손에 쥐어들곤 한다. 그리고 어차피 영양 많고 설탕 함유량이 낮은 시리얼은 아이들한테는 좀처럼 관심 밖이다. 이런 제품들은 대개 포장부터 이목을 끌지 못하는 데 반해, 설탕을 입힌 시리얼 상자는 어린아이들의 눈을 사로잡기 위해 번쩍번쩍 화려하게 디자인되어 있어 아이들이 서슴없이 손을 뻗게 만든다. 이처럼 '어린이'들이 즐겨 먹는 식품 대부분이 1인분에 3~7티스푼의 당분과 더불어 안심할 수 없는 인공색소와 인공 향을 첨가한다. 그러므로 아이의 건강을 위해 설탕을 듬뿍 묻힌 바삭바삭한 코코아 시리얼과 꿀을 입힌 감자튀김을 단호하게 없애고, 아침 식탁에서 먹을 수 있는 음식을 엄격하게 제한해야 한다. 너무 달콤한 시리얼을 먹이면 안 되고, 시리얼의 영양 성분을 꼼꼼하게 살펴보아 통곡물을 원료로 하고 설탕이 거의 또는 전혀 포함되지 않은 제품을 선택한다. 시리얼 상자에 명시된 탄수화물 정보에서 1인분에 해당하는 자당과 기타 당분은 1~2g을 넘지 않아야 한다. 감미료를 넣지 않은 말린 과일이 포함된 시리얼을 이용하는 것은 괜찮다. 이런 과일에는 꽤 많은 양의 당분이 포함되어 있어 당분의 함량을 상당히 높게 끌어올리지만 천연 당분이므로 안심해도 괜찮다. 그러나 이런 종류의 시리얼에 설탕이나 옥수수 시럽, 과당과 같은 다른 당분이 포함되면 안 된다. 또한 상자에 '천연 감미료'라고 대문짝만 하게 써 있지만 사실상 성분 표시 앞부분에 설탕과 바를 바 없는 꿀이 포함되어 있는 제품에 속지 않도록 한다.

그러므로 식품을 구입하거나 아이에게 먹일 때는 원산지를 분명하게 밝힌 식품, 정제되지 않은 식품, 가공식품이 아닌 신선한 식품을 선택한다. 그리고 가정의 주방에서는 가능한 한 가공 과정을 최소화한다. 즉, 음식을 너무 익히지 말고, 장기간 저장하지 않으며, 영양 성분을 빼앗는 공기나 물, 열에 불필요하게 음식을 노출시키지 않도록 한다.

건강한 식습관을 가정 전체의 공통 과제로 만들어야 한다 부모는 도넛을 먹고 아이에게는 시리얼과 우유를 주는 식으로 식탁에 두 가지 음식을 차리는 건 타당하지도 않고 도움도 되지 않는다. 최고의 아이 식단은 온 가족이 원칙을 지킬 때 성공 가능성이 높다. 가족 모두가 통밀 빵과 감미료를 첨가하지 않은 시리얼을 먹고, 가족 모두가 영양이 풍부한 간식을 선택하고 당분의 섭취를 제한하며 가공식품을 삼간다면, 아이는 자기만 '특별식'을 먹는다는 인식을 갖지 않을 뿐 아니라 올바른 음식 섭취를 생활의 당연한 일부로 여기게 될 것이다. 물론 올바른 식습관이 가족 모두의 공통 과제가 되면 아이는 물론 모두가 혜택을 받을 수 있다.

나쁜 습관은 건강한 식단을 방해한다 건강한 식습관을 방해하는 선동 요인들은 곳곳에 놓여 있다. 마트의 선반 위에서 유혹적인 포장들이 손짓을 하고, 텔레비전 모니터에서 흥미로운 광고들이 우리를 꾀어낸다. 그리고 놀이 모임에서는 간식으로 정크 푸드가 나오고, 유치원에서는 옆 친구가 일반 밀가루 빵 샌드위치와 초콜릿 쿠키, 설탕이 첨가된 과일 펀치를 도시락으로 싸 오는 등 아이가 슬슬 외부 세상과 접하기 시작한다. 이렇게 다른 사람들이 어떤 음식을 먹는지 보게 되면서 이런 방해 요인들의 유혹은 점점 더 무시하기 힘들어진다. 그러나 가정에서 최상의 식단을 충실하게 지켜야 아이가 집 밖에서도 이 원칙을 충실하게 지키기가 쉬워질 것이다.

당분간은 정크 푸드가 아이의 식단에서 최대의 위협 요소로 등장할 것이고, 이후로도 계속 다른 요소들이 속속 밀어닥칠 것이다. 그러나 부모가 담배, 약물, 지나친 음주와 카페인 복용 등 올바른 식습관을 방해하는 요소를 삼가면, 아이는 자라면서 부모의 모범을 본받아 건강한 식습관뿐 아니라 건강한 생활 습관을 지니게 될 것이다.

아이의 1일 권장 섭취량

각의 재료를 일일이 계량해서 음식을 준비하지 않더라도 아이에게 음식을 먹이는 일은 정말 까다롭다. 그렇기 때문에 아이의 1일 권장 섭취량은 밀리그램이나 마이크로그램, 필수 영양소를 측정하는 국제 단위가 아니라 매끼 먹는 음식의 1회분을 기준으로 측정한다. 양이 많지 않은 아이들을 위해 1회분의 음식량을 적게 준비한다. 아이가 적은 양의 음식도 감당하기 벅차거나 여러 가지 음식을 조금씩 먹으면서 어쨌든 1인분의 양만큼 배불리 먹는다면, 여러 가지 음식을 골고루 섞어 목표량대로 먹이도록 한다. 많은 음식들이 영양 면에서 두 가지 기능을 지닐 수 있다는 사실도 기억하자. 예를 들어, 반 컵이 안 되는 양의 브로콜리에는 녹색 잎채소의 필수 권장량이 포함되어 있을 뿐 아니라 비타민 C가 필수 권장량의 약 2배, 칼슘은 3분의 1인분이 포함되어 있다.

1인분에 해당하는 영양분을 정확하게 측정할 필요는 없지만 치즈 약 30g, 땅콩버터 1½테이블스푼, 네모 썰기 한 망고 ¼컵 등을 눈대중으로 정확하게 가늠하게 될 때까지는 음식의 무게와 양을 측정하는 것이 도움이 될 수 있다. 아이에게 음식을 줄 때 계량스푼과 계량컵을 이용하면 1인분의 음식 양을 측정하는 데 도움이 된다.

아래에 소개하는 '1일 권장 섭취량'을 목표로 아이에게 음식을 제공하되, 강요하거나 물건으로 매수하거나 속임수로 구슬리는 등 애써 아이를 설득하지 않도록 한다. 매일 1일 권장 섭취량을 제공하고 영양가가 없는 빈 열량은 식탁에 올리지 않는다면, 며칠간 섭취한 영양소를 종합했을 때 아이는 필수 영양소를 권장량에 가깝게 섭취하게 될 것이다.

열량: 평균 900~1700

계산기를 두드릴 것도 없다. 매번 소아과 검진 때마다 아이의 체중 변화 추이만 잘 살펴봐도 아이의 열량 섭취량이 너무 많은지, 적은지, 알맞은지 판단할 수 있다. 마른 아이가 살이 찌거나 통통한 아이가 살이 빠지느라 곡선이 크게 올라가거나 내려가는 경우를 제외하고 아이의 체중 변화가 거의 일정한 곡선을 유지하고 있다면(908~909쪽 참조) 열량 섭취가 적당한 것이다. 적당한 비율로 꾸준히 체중이 증가하기 위해 어느 정도 섭취량이 필요한지는 아이의 현재 몸집, 신진대사, 활동량에 따라 다르다. 그러나 열량 섭취가 너무 적으면 신체 및 정신의 성장 및 발달이 크게 위태로울 수 있다는 사실을 반드시 기억해야 한다(563쪽 참조). 뿐만 아니라 앞으로 몇 년 동안 지나치게 많은 양의 열량을 섭취하게 되면 체중 문제로 평생 힘들어질 수 있다는 사실도 기억한다(560쪽 참조).

단백질 식품: 4인분(모두 약 25g)

아이가 섭취하는 단백질 4인분의 양은 다음과 같다. 우유 ¾컵, 무지방 분유 ¼컵, 요구르트 ½컵, 코티지치즈 3테이블스푼, 경질 치즈 약 21g, 달걀 1개 또는 흰자 2개, 생선이나 가금류, 육류, 약 21~30g, 두부 약 60g, 땅콩버터 1½테이블스푼, 고단백 파스타 약 30g 또는 통밀 파스타 약 60g, 채식주의자이거나 유제품 단백질을 섭취하는

다양한 음식이 생활을 더 풍요롭게 한다

1~2세 아이들은 좀처럼 여러 가지 음식을 맛보려 하지 않는다. 음식에 변화를 준다고 해 봐야, 삼각형으로 자른 땅콩버터 샌드위치를 네모반듯하게 자른 땅콩버터 샌드위치로 바꿔 보는 게 전부일 것이다.

하지만 제대로 이루어진 다양한 식단은 아이에게 풍부한 영양 성분을 제공할 뿐 아니라 식품의 위해 요소에 노출되는 위험을 최소화시킨다.

게다가 늘 같은 음식을 먹게 되는 단조로움에서 벗어나게 한다. 어릴 때부터 다양한 음식을 선보이면 아이의 식단 목록을 확장시키는 데도 도움이 되고, 최소한 나중에 좀 더 컸을 때 다양한 음식을 주저 없이 받아들일 가능성이 높아진다.

따뜻한 시리얼과 차가운 시리얼을 번갈아 먹여도 좋고, 밀 플레이크와 귀리 시리얼을 번갈아 먹여도 좋다. 오늘은 시리얼에 바나나를 첨가하고 내일은 딸기를 첨가할 수도 있다. 샌드위치 속을 납작한 빵이나 베이글, 얇게 썬 빵 안에 넣어 주어도 좋고, 큐브 모양의 체다 치즈, 스트링 치즈 스틱, 스위스 치즈 슬라이스 또는 햄버거나 치킨 너겟, 가늘고 길게 썬 생선 튀김을 번갈아 먹일 수도 있다. 오렌지 주스(비타민 C), 살구 주스(베타카로틴), 망고와 파파야 주스(비타민 C와 베타카로틴), 사과 주스와 배 주스 등 주스도 번갈아 바꿔 준다.

채식주의자의 단백질 섭취는 576쪽과 577쪽을 참조한다.

칼슘 강화 식품: 4인분 아이가 섭취하는 칼슘 4인분의 양은 다음과 같다. 우유 ⅔컵, 무지방 분유 ⅛컵을 첨가한 칼슘 강화우유 ⅓컵, 칼슘 강화우유 ½컵, 요구르트 ½컵, 저지방 경질 치즈 약 21~30g, 지방을 제거하지 않은 치즈 약 40g, 칼슘이 강화된 오렌지 주스 약 120g.

칼슘 2분의 1인분은 다음과 같다. 두부 약 90g (칼슘으로 응고시킨 두부), 익힌 브로콜리 ⅔컵, 뼈째 으깬 연어 캔 1⅓컵, 뼈째 으깬 정어리 30g

비타민 C 음식: 2인분 이상 아이가 섭취하는 비타민 C 음식의 양은 다음과 같다. 오렌지 작은 것 ½개 또는 그레이프프루트 중간 것 ¼개, 신선한 딸기 ¼컵, 머스크멜론 작은 것 ⅛개 또는 감로멜론 작은 것 1/12개, 신선한 또는 냉동된 오렌지 분말주스 ¼컵, 구아바 큰 것 ¼개 또는 파파야 ¼컵, 망고 큰 것 ⅓개 또는 플랜테인 큰 것 ½개, 브로콜리나 양배추 ¼컵, 익힌 케일이나 기타 녹색 잎채소 ½컵, 녹색 피망 중간 것 ½컵 또는 홍피망 중간 것 ⅙개, 껍질을 까지 않은 토마토 작은 것 1개, 토마토 주스 ¾컵 또는 토마토소스 ½컵, 채소 주스 ½컵

녹황색 채소와 노란색 과일: 2인분 이상 아이의 적정 섭취량은 다음과 같다. 신선한 살구 중간 것 1개 또는 말린 살구 작은 것 반개씩 2개, 머스크멜론 1조각 또는 네모 썰기 한 것 약 ½컵, 망고 큰 것 ⅛개, 껍질 깐 천도복숭아 중간 것 1개, 껍질 깐 황도(백도가 아닌) 큰 것 ½개, 플랜테인 중간 것 ½개, 아스파라거스 6개, 익힌 브로콜리 ½컵, 완두콩 ¾컵, 잘게 다져 익힌 채소 2~3테이블스푼, 당근 작은 것 ¼개, 설탕을 넣지 않은 호박 퓨레 ½테이블스푼, 익혀서 으깬 겨울호박 2테이블스푼, 익힌 오렌지고구마 1테이블스푼, 토마토 작은 것 1개, 익힌 토마토나 토마토 퓨레 ½컵, 채소 주스 ¾컵, 홍피망 큰 것 ¼개

기타 과일과 채소: 1~2인분 이상 아이의 적정 섭취량은 다음과 같다. 사과나 배, 백도, 바나나 큰 것 ½개, 사과소스 ¼컵, 체리나 산딸기, 포도 ⅓컵, 무화과 큰 것 1개, 대추 2개, 말린 복숭아 반쪽 3개, 말린 복숭아 반쪽, 신선한 파인애플이나 파인애플 캔 ½조각, 건포도나 말린 애플링 2테이블스푼, 아스파라거스 2~3개, 아보카도 중간 것 ¼개, 강낭콩 ⅜컵, 사탕무나 가지, 다진 순무 ½컵, 얇게 썬 버섯, 노란 여름호박, 주키니 ¼컵, 완두콩 ⅓컵, 옥수수 작은 것 ½개. 옥수수는 각각의 줄을 세로로 길게 잘라 낟알을 반으로 가른다. 껍질이 단단한 과일은 반드시 껍질을 깎아서 준다.

통곡물과 그 밖에 농축 복합 탄수화물: 6인분 이상 아이의 적정 섭취량은 다음과 같다. 밀 배아 1테이블스푼, 얇게 썬 통곡물 빵 ½조각, 통곡물 피타 빵 작은 것 ½개, 통곡물 베이글이나 잉글리시 머핀 ¼개, 하루 영양 섭취량을 고려한 머핀(886쪽 참조)이나 기타 빵 종류 1개. 통밀 크래커나 막대 모양의 빵(약 40kcal) 2~3개, 현미나 야생쌀 ¼컵, 통곡물 시리얼이나 설탕을 넣지 않거나 과일로 단맛을 낸 시리얼 2분의 1인분(1인분의 양은 영양 성분 표시를 참조), 통밀 파스타나 고단백 파스타 15g, 익힌 렌틸콩,

병아리콩, 강낭콩, 흰 강낭콩 등 여러 콩 종류 ¼컵. 콩 종류는 아이가 먹다가 질식하지 않도록 부드럽게 으깨질 때까지 익힌다.

철분이 풍부한 음식: 매일 적당량 철분이 풍부한 음식은 다음과 같다. 철분이 강화된 시리얼, 소고기, 당밀, 캐럽이나 콩가루를 이용해 구운 빵이나 과자, 통곡물, 밀 배아, 말린 완두콩과 대두를 비롯한 콩류, 말린 과일, 간과 기타 내장육, 정어리, 시금치. 이런 음식에 포함된 철분은 비타민 C가 포함된 음식과 함께 섭취할 때 더 흡수가 잘된다. 이 중에서 내장육은 콜레스테롤이 높고 요즘 가축에는 다량의 화학적 오염 물질이 발견되므로 자주 주지 않고, 시금치는 질산염과 옥살산 수치가 높으므로 자주 주지 않는다. 아이가 철분이 많은 음식을 많이 먹지 않거나 빈혈이 있는 경우, 의사가 철분 보충제를 권장하기도 한다.

고지방 음식: 만 2세 아이는 매일 5~8인분, 만 3세 아이는 매일 5.5~8인분 두 돌이 지나면 일일 필요 열량의 약 30%가 지방을 통해 제공된다. 아이의 적정 섭취량은(약 7g의 지방) 다음과 같다. 고도불포화유지, 올리브 오일, 카놀라유, 버터, 마가린, 마요네즈 ½테이블스푼, 크림치즈 1½테이블스푼, 땅콩버터 1테이블스푼, 아보카도 작은 것 ¼개, 달걀 1개, 전유 ¾컵, 지방 함량을 2%로 낮춘 하프앤하프 우유 1½컵, 전유 요구르트 ¾컵, 아이스크림 ½컵, 유지방이 10~12%가 되도록 만든 크림 3테이블스푼, 유지방 함량이 36% 이상인 헤비 크림 1테이블스푼, 사워크림 2테이블스푼, 경질 치즈 약 20g, 살코기나 양고기, 돼지고기 약 45g, 요리하면 검어지는 가금류(껍질 제외) 약 45g, 연어나 기타 지방이 많은 생선 약 90g, 피자 작은 조각 ½개, 감자튀김 9개, 어린이용 버거 ¾개, 치킨 너겟 2개, 참치 샐러드 ⅓컵

다음은 각각 2분의 1인분에 해당하는 양이다. 통곡물 빵 3조각, 밀 배아 ¼컵, 지방 함량을 1%로 낮춘 우유 1⅔컵, 두부 85g, 요리하면 색깔이 연해지는 가금류(껍질 제외) 약 100g

---

똑똑한 지방 섭취

아이의 식단에서 다양한 지방 식품을 시도해 보자. 전유, 치즈, 고기 등 동물성 지방도 어느 정도 섭취해야 하며 특히 아이가 두 살일 때는 더욱 신경 써서 섭취해야 하겠지만, 대부분은 (특히 세 살 이후부터는) 식물을 통해 지방을 섭취해야 한다. 가장 좋은 기름은 올리브유와 카놀라유 같은 단일 불포화 지방 함량이 높은 기름들이다. 그 다음으로 좋은 기름은 콩기름, 홍화유, 옥수수유, 해바라기유 같은 고도 불포화 지방 함량이 높은 기름이다. 고도 불포화 지방, 면실유, 땅콩기름 함량이 높은 마가린도 괜찮다. 두 돌이 지난 아이의 경우, 코코넛 오일, 야자유, 야자핵 기름, 수소 처리된 지방이나 부분적으로 수소 처리된 지방 및 쇼트닝, 닭고기나 기타 가금류의 지방, 소고기나 돼지고기 지방, 버터 등은 전체 열량의 10%를 넘지 않도록 엄격히 제한한다.

새로운 영양 성분 표시 덕분에 요즘에는 구입하는 거의 모든 식품의 지방 함량을 판단할 수 있다. 아이의 1인분 지방 섭취량이 대략 7g이므로, 어떤 음식을 얼마나 제공해야 아이의 지방 허용량을 맞출 수 있는지 쉽게 계산할 수 있다. 저지방 코티지치즈, 바나나, 대두 등 무지방 음식 안에 함유된 소량의 지방들이 합해져도 아이의 1일 지방 섭취량을 충족시킬 수 있다는 사실도 염두에 두자.

짠 음식: 소금 함량을 제한한다 어떤 사람이 소금을 섭취해야 할까? 사실상 거의 모두가 소금을 섭취해야 하며 정확히 말해 염화나트륨 가운데 나트륨, 즉 식염을 섭취해야 하지만 평균 소금 섭취량만큼 많은 양을 섭취할 필요는 없다. 그리고 아동기 초기에는 소금 맛을 좋아하는 경향이 있기 때문에 이 시기에 소금 섭취량을 제한하면 나중에 짜게 먹는 습관을 예방할 수 있다.

아이들은 본래 나트륨이 포함된 음식과 가공식품에 첨가된 소금을 통해 하루 필수 나트륨을 충분히 섭취한다. 짠 음식을 너무 많이 먹어 짠맛에 길들지 않도록 하려면, 음식을 조리할 때 가급적 소금을 거의 또는 전혀 첨가하지 말아야 한다. 감자 칩, 프레첼, 콘칩, 토르티야칩, 피클, 올리브 피클, 크래커처럼 너무 짠 음식 섭취는 제한한다. 소금을 이용할 때는 요오드 결핍을 예방하기 위해 요오드 첨가 식염을 채워 넣는다.

수분: 매일 4~6컵 과일과 채소는 80~90%가 수분으로 이루어져 있다. 그러나 건강한 체액 평형을 유지하려면 이런 음식에 포함된 수분 외에, 하루 4~6컵의 수분을 더 섭취해야 한다. 더운 계절, 열이 나거나 감기 또는 기타 호흡기 감염에 걸릴 때, 설사나 구토가 날 때는 수분을 더 많이 섭취해야 한다. 그러나 과도한 수분 섭취(2L 이상)는 삼가야 한다. 과일 주스, 채소 주스, 수프, 소다수, 생수 등으로 아이의 필수 수분 섭취량을 충족시킨다. 우유 한 컵은(우유 고형물 $\frac{1}{3}$) 하루 필요 수분 섭취량의 $\frac{2}{3}$만 제공한다.

보충제 아이에게 보충제를 먹이는 게 좋을까 먹이지 않는 게 좋을까? 의학계가 이 문제에 합의를 끌어내기 위해 고심하는 동안 부모들은 계속 고민하고 망설일 것이다. 일부 의사들은 건강하게 잘 자라는 아이들은 굳이 보충제를 섭취하지 않아도 괜찮다고 주장한다. 이런 아이들은 식단을 통해 필요한 영양을 모두 섭취한다는 것이다. 반면에 아이들의 입맛이 워낙 까다롭고 변덕스럽기 때문에 일종의 예방책으로 보충제를 이용하는 것이 바람직하다고 주장하는 의사들도 있다. 비타민 보충제를 섭취하는 아이들의 경우 IQ가 약간이지만 의미를 둘 정도로 증가했다는 연구 결과도 일부 있긴 하지만, 보충제를 섭취하는 것이 좋은지 어떤지에 대해 정확한 연구 결과는 나온 것이 없다.

아이가 1일 필수 영양소를 충분히 섭취하고 있는지 확신이 서지 않는다면, 비타민과 무기질 보충제를 매일 섭취하게 하는 것이 바람직하다. 그리고 다음 두 가지 경고를 염두에 두는 것이 좋겠다. 첫째, 어떤 보충제도 좋은 식단을 대체할 수 없다. 아이에게 보충제를 먹이더라도 건강한 식습관을 위한 아홉 가지 기본 원칙을 소홀히 해서는 안 된다. 음식에는 아직 발견되지 않은

우유를 충분히 먹고 있는 걸까

모유와 분유를 뗀 후로 많은 부모들이 과연 아이가 우유를 충분히 섭취하고 있는지 궁금해한다. 우유 섭취량을 확인하는 쉬운 방법은, 뚜껑 있는 병에 우유 3컵을 따로 붓는 것이다. 하루 필요량 2$\frac{2}{3}$컵에 흘리는 양을 감안해 $\frac{1}{3}$컵을 더 붓는 것이다. 냉장고에 병을 보관했다가 우유가 필요할 때마다 이용한다. 저녁 무렵이면 오늘 하루 아이가 섭취한 우유 양을 알 수 있다. 우유가 계속 남을 경우 다른 형태로 칼슘을 섭취할 수 있게 해 주어야 한다(556쪽, 칼슘 강화 음식 참조).

영양소들이 수십, 수백 가지가 더 포함되어 있으며, 이런 영양소들은 아직 과학자들이 그 정체를 알지 못하기 때문에 보충제로 개발될 수 없다. 게다가 알약이나 물약을 통해 영양분을 섭취하는 것보다 음식을 통해 섭취할 때 더 흡수가 잘된다. 둘째, 부모가 선택한 보충제가 아이에게 적당하지 않고, 아이의 연령에 맞는 하루 권장량을 100% 이상 포함하지 않을 수 있다. 대개 연령대별로 하루 비타민 권장량의 함량이 다르므로 설명서를 주의 깊게 읽는다. 비타민과 무기질을 너무 적게 섭취해도 문제지만 너무 많이 섭취해도 위험할 수 있다는 사실을 명심한다. 가령, 비타민 A와 D는 하루 권장량보다 조금만 많은 양을 섭취해도 몸에 해가 될 수 있다. 대구 간유에는 상당히 해로운 양의 비타민 A가 포함될 수 있으므로 아이에게 주어서는 안 된다.

어금니가 날 때까지는 액상 보충제를 이용하고, 아이가 어금니로 알약을 완전히 씹을 줄 알면 씹어 먹는 무가당 보충제로 바꾼다. 그러나 알약에는 비타민 C가 포함되어 있으므로, 이를 닦기 직전에 먹이거나 알약을 씹은 후 입안을 잘 헹구어 주어야 한다.

<u>보충제는 아이가 열지 못하도록 항상 뚜껑을 잠그고 아이 손이 닿지 않는 곳에 보관하며, 보충제를 '사탕'이라고 말하면 안 된다.</u> 보충제가 아이의 관심을 확 끌어당길 색깔과 모양, 맛과 향으로 이루어지면 아이가 보충제에 관심을 갖고 맛있게 먹을 수 있어 좋지만, 너무 많이 먹으려 하는 단점이 있다. 매년 수만 명의 어린이들이 비타민을 과다 섭취하는데, 대개 보충제의 예쁜 모양과 달콤한 맛에 이끌려 먹고 싶은 충동이 생기는데다 보관이 소홀해 손을 뻗으면 언제나 꺼내 먹을 수 있기 때문이다.

주스에 대한 진실

자연식을 통해 비타민을 섭취할 때, 비타민만 섭취하는 것이 아니라 비타민과 함께 작용하는 몸에 좋은 다른 영양소들도 섭취하게 된다. 이런 이유 때문에 오렌지와 파파야, 파인애플 주스(비타민 C 풍부), 살구 과즙(비타민 A 풍부), 망고 주스와 채소 주스(비타민 C, A 풍부), 그 밖에 영양이 풍부한 천연 주스를 선택해야 한다.

칼슘이 강화된 오렌지 주스가 아무것도 첨가하지 않은 오렌지 주스보다 조금 더 도움이 된다. 사과 주스 역시 천연 음료지만 1위를 차지한 위의 주스들과 차이가 많이 나는 2위에 올라 있다. 사과 주스에 비타민 C가 강화되고 저온 살균된 것으로 준다. 잘 알려진 비타민들이 대량 포함되어 있지는 않지만, 사과 주스에 포함된 일부 성분들이 최근 과학적인 관심을 끌고 있어 조만간 '하루 사과 한 알이면 의사도 필요 없다'는 말의 근거가 밝혀질 전망이다. 주로 포도 주스와 사과 주스로 구성된 혼합 주스 역시 아무것도 강화하지 않은 사과 주스와 마찬가지로 2위를 차지한다. 역시 비타민 C를 강화하면 건강에 도움이 된다. 10% 과즙 음료나 당분과 당분 성분(552쪽 참조)이 포함된 과즙 음료 및 펀치 등은 아이가 먹는 음료에서 아예 제외시켜야 한다. 이런 음료를 마시게 하느니 최소한 빈 열량은 없는 비타민 C 사탕을 주는 것이 낫다.

그리고 주스를 너무 많이 주어도 안 된다. 아무리 좋은 주스라도 너무 많이 마시면 단백질과 복합 탄수화물의 섭취량이 줄어들어 영양 부족으로 이어질 수 있고, 불소가 포함된 물에 희석시킬 경우 불소를 지나치게 섭취하게 된다. 많은 양의 사과 주스나 배 주스를 섭취하면 만성 설사로 이어질 수 있다. 영양이 낮은 주스의 섭취를 하루 약 124~230mL로 제한하고 동량의 물로 희석한다. 그리고 영양이 풍부한 주스라 하더라도 우유나 고형식 대신 주스를 주면 안 된다.

체중: 아이의 성장

부모들은 아이가 너무 통통하다고 걱정하거나, 왜 이렇게 살이 안 붙느냐고 푸념이다. 그런가 하면 날씬한 게 대세라는 광고계의 과장된 광고를 철썩 같이 믿거나, 반대로 모름지기 완벽한 아이라면 살이 통통하고 얼굴에 보조개도 좀 있어야 한다는 옛날 식의 이상적인 이미지를 가지고 있기도 하다. 하지만 두 가지 태도 모두 적절하다고 볼 수 없다. 아이들은 저마다 나름의 속도로 열량을 소비한다. 선천적으로 평생 동안 약간 통통한 몸매를 유지하는 아이들이 있는가 하면, 부모가 살을 찌우려고 아무리 애를 써도 도무지 통통해지지 않는 아이들도 있다. 아이 시기의 체중과 체격을 장차 성장한 후 체중이나 체격의 확실한 지표로 볼 수는 없다. 그리고 이 시기에 몸매, 식습관, 운동 습관에 대해 바람직한 태도를 기르면 유전적으로 물려받은 체중이나 체격도 긍정적인 방향으로 바뀐다.

통통한 아이

아이가 통통한지 그렇지 않은지는 종종 보는 사람의 시각에 따라 달라진다. 그리고 부모들은 아이가 뚱뚱해질까 봐 겁을 먹지만, 눈대중으로 과체중처럼 보이더라도 아이의 성장 도표를 확인하면 그렇지 않은 경우가 많다. 많은 부모들이 정상적인 젖살과 비만에 가까운 체격을 혼동하는 경향이 있다. 통통한 볼, 볼록 나온 배, 살이 옴폭 접히는 팔꿈치 안쪽과 무릎 뒤쪽은 아이의 전형적인 트레이드마크며 반드시 과체중의 증거는 아니다.

그러므로 <u>아이가 통통한 게 아닌지 의심스럽다면, 마트의 다이어트 음식 코너를 기웃거릴 게 아니라 병원을 찾아가도록 한다. 아이가 실제로 과체중인지 아닌지 확인할 수 있고, 필요하면 활동 계획을 세워 줄 것이다.</u> 의사는 두 가지 문제를 고려할 것이다. 첫째, 의학적인 견지에서 아이가 과체중으로 보이는가? 둘째, 아이의 체중이 연령, 성별, 키에 비해 평균보다 20% 이상 많이 나가는가? 두 가지 질문 모두 대답이 '아니다'로 나온다면 당분간 아이의 체중 걱정은 미루어도 좋다. 지금은 아이의 체격이 통통하지만 점차 적당한 비율로 체중이 줄어들 것이다. 장차 아이를 날씬하게 만들고 싶다면, 또는 부모가 평생 체중 문제와 싸우고 있어 아이에게는 그런 힘든 싸움을 면하게 해 주고 싶다면, 과체중 아이를 위해 마련된 561쪽의 요령을 참조한다. 이 요령들은 과체중 직전의 아이들이 과체중으로 넘어가지 않도록 하는 데도 도움이 된다.

아이가 실제로 과체중이라면 지금 올바른 식습관을 들이는 것이 대단히 중요하다. 아이 시기에 과체중이라고 해서 성인 비만으로 이어질 위험이 증가하는 건 아니겠지만, 4세 무렵에 과체중이 되면 위험이 증가할 수 있다. 과체중인 아동 10~40%가 성인기에도 과체중이 될 가능성은 50~85%로 추정된다. 그러므로 아이의 건강에 도움이 되는 방향으로 체중을 조절하기 위해 지금부터 노력해야 한다. 다음 내용을 고려하자.

아이가 먹는 음식 지금은 지방 세포가 늘어날까 봐 지나치게 걱정하기보다 아이에게 식습관을 길러 주기 위해 신경 쓰는 것이 더 중요하다. 이 시기에

> ### 아이의 표본 식단
>
> 다음 식단은 아이의 1일 권장 섭취량에 맞추어 식사와 간식을 준비한 한 가지 예로, 이 밖에도 다양한 식단을 마련할 수 있다. 1인분의 양은 보통의 아이가 평소 한 끼에 섭취할 거라 예상되는 평균 양이다. 물론 매번 먹는 양이 조금씩 차이가 있을 수 있는데 그래도 괜찮다.
>
> * **아침**
>   - 오렌지 주스 ½컵
>   - 통곡물 시리얼 ½컵
>   - 바나나 ½개
>   - 시리얼에 부은 우유 ½컵
>
> * **오전 간식**
>   - 코티지치즈를 바른 통곡물 빵 ½개
>
> * **점심**
>   - 통밀로 만든 구운 치즈 샌드위치 ½개
>   - 머스크멜론 한 조각
>   - 우유 ½컵
>
> * **오후 간식**
>   - 통밀 프레첼
>   - 살구 주스 ½컵
>
> * **저녁**
>   - 통곡물이나 고단백 파스타 30g (토마토소스 등을 곁들임)
>   - 강판에 간 파르메산 치즈 1테이블스푼
>   - 익힌 당근 조각 ¼컵
>   - 우유 ½컵
>
> * **취침 전 간식**
>   - 배 몇 조각
>   - 과일 주스로 단맛을 낸 쿠키
>   - 우유 ½컵

아이가 자주 정크 푸드를 먹어 버릇하면 평생 과체중과 끝도 없는 전쟁을 치를 가능성이 있다. 반면에 통곡물, 과일, 채소, 저지방 유제품(두 살 이후), 과일로 단맛을 낸 간식을 좋아하도록 도와주면 장차 과체중 문제를 예방할 수 있다.

지나친 지방 섭취는 대개 과도한 체지방의 주범이 된다. 2세 미만 아이들은 전유와 달걀을 꾸준히 섭취해야 하기 때문에 연령이 어릴 때는 지방이나 콜레스테롤의 섭취를 제한해서는 안 되지만 과도한 양의 지방 섭취는 제한하는 것이 바람직하다. 감자튀김과 감자칩 등 기름진 음식으로 편중된 식단은 연령을 불문하고 체중 증가의 원인이 될 수 있다. 아이가 두 돌이 지나면 장기적인 건강과 정상적인 성장 및 체중 증가를 위해 심장 건강에 좋은 식습관을 들이는 것이 매우 중요하다. 우유, 치즈, 요구르트 등 기타 유제품을 저지방 또는 무지방으로 바꾼다. 육류 섭취는 살코기 중심으로 소량 섭취하고 달걀이나 달걀노른자는 일주일에 3회로 제한한다. 달걀흰자는 익혀 먹는 한 자주 먹여도 괜찮다. 그러나 아동기에 지방이 너무 없어도 문제가 될 수 있으며, 두 살 이후에도 의사의 특별한 지시 없이 아이의 지방 섭취가 전체 열량의 30% 이하로 감소되면 안 된다.

그리고 아직 부모가 올바른 식습관을 들이지 않았다면 아이를 위해 모범을 보이기 시작한다.

적절한 수분 섭취 많은 아이들, 특히 아직 모유나 분유를 통해 대부분의 수분을 섭취하는 아이들은 대량의 불필요한 열량을 마구 마신다. 그 밖에 잘못된 수분 섭취의 주범은 대개 사과 주스다 사과 주스는 열량에 비해 거의 영양이 없다. 아직 컵으로 음료를 마시기 시작하지 않았다면 컵으로 음료를 먹이고, 특히 사과 주스와 사과를 주원료로 한 주스를 물에 희석하면 열량을 적당하게 줄이는 데 도움이 된다.

간식 먹이는 시간 활동이 많은 어린아이들의 식단에서 간식을 빼놓을 수는 없다. 아이들은 아무런 에너지를 공급받지 못한 상태에서 식사 중간 4~5시간을 버티기가 힘들다. 그러나 체중을 통제하려 애쓰는 경우 너무 많은 양의 간식을 먹이는 건 곤란할 수 있다. 아침과 점심, 점심과 저녁 사이에, 그리고 취침 전에 한 번 더 영양이 풍부하고 열량이 적당한 간식을 준다. 그러나 간식은 어디까지나 간식이므로 많은 양을 주어서는 안 된다.

음식 먹는 방법 아직 부모가 떠먹이는 대로 받아먹는 아이들은 대개 자신이 원하거나 필요로 하는 양보다 더 많은 양을 섭취한다. 그러므로 아이 스스로 먹도록 기회를 많이 주고, 아이가 더 이상 식사를 하고 싶어 하지 않으면 식사를 마친다. 그리고 밥공기를 싹싹 비워야 한다고 강요하지 않는다. 연구 결과에 따르면 이런 강요를 받은 아이들은 나중에 커서 어른이 됐을 때 그렇지 않은 아이들에 비해 비만이 될 가능성이 높다고 한다. 빨리 먹는 아이들도 체중이 증가하기 쉽다. 아이가 쉬지 않고 급하게 밥을 먹는다면, 대화나 다른 활동을 통해 식사 속도를 낮추도록 유도한다.

음식을 먹는 이유 음식을 섭취하는 이유는 단 하나, 배가 고프기 때문이다. 어릴 때부터 이 중요한 교훈을 깨달은 아이들은 나중에 식습관이나 체중 문제를 거의 겪지 않는다. 마음을 편안하게 하기 위해, 스트레스를 해소하기 위해, 지루함을 달래기 위해, 주목을 받고 싶어 음식을 섭취하는 데서 문제가 시작된다. 다친 아이를 달래기 위해 쿠키를 사 주거나, 마트에서 얌전하게 행동하도록 사탕을 사 주거나, 부모가 일을 하는 동안 혼자 시간을 보내도록 과자를 쥐어 주어서는 안 된다. 잘못된 이유로 음식을 주지 않는다면 아이는 잘못된 이유로 음식을 먹지 않을 것이다.

아이의 운동량 먹기만 하고 운동은 거의 하지 않으면 지금 당장은 아니더라도 체중 증가로 인해 문제가 생기게 된다. 체계적인 운동 학원에 참여할 필요까지는 없지만 뛰고, 달리고, 올라가고, 걷는 시간을 많이 마련한다. 그리고 부모도 같이 몸을 움직여야 한다는 걸 잊어서는 안 된다. 다 함께 운동하는 가족은 평생 다 함께 날씬한 몸매를 유지할 수 있다.

아이가 텔레비전 보는 시간 운동이 비만을 예방한다고 입증되었다면, 텔레비전 시청은 비만을 조장하는 것으로 알려져 있다. 아이 시기에 텔레비전을 시청하는 습관을 들이면 평생 습관이 굳어질 가능성이 높다. 그러니 지금부터 텔레비전 시청을 제한하도록 한다(180쪽 참조).

브로콜리를 먹는다

아마 이제는 뽀빠이도 시금치 대신 브로콜리로 바꾸는 걸 고려해야 할지 모르겠다. 시금치가 좋은 식품이 아니라서가 아니라, 브로콜리를 비롯한 십자화과 채소들(콜리플라워, 꼬마 양배추, 양배추)이 영양이 풍부한데다 항암 효과가 크다는 증거들이 계속 나오고 있기 때문이다. 이유는 이런 채소에 함유되어 있는 설포라판(sulforaphane)이라고 하는 화학물질 덕분이다. 설포라판은 암 유발 물질을 해독하고 이런 물질을 인체 밖으로 배출하도록 도와주는 '2단계 효소'의 작용을 촉진시켜 종양의 성장을 차단한다고 한다. 이런 십자화과 채소들의 일부 다른 화학 성분에 대해서는 여전히 연구 중이다. 그러니 브로콜리를 자주 식탁에 올리도록 하자.

아이가 과체중이 될까 봐 걱정이 되더라도 다이어트를 시켜서는 안 된다. 어린아이들은 성장을 위해 열량을 섭취해야 한다. 과체중 아이의 경우, 체중을 줄이는 것을 목표로 해서는 안 되며 건강한 성장을 유지하는 한편 체중 증가율을 서서히 늦추는 것을 목표로 해야 한다.

마른 아이

아이가 통통한지 판단하는 것과 마찬가지로 말랐는지에 대한 판단도 대개 보는 사람의 눈에 따라 다르다. 그리고 통통한 아이에 대해 그렇듯이 마른 아이에 대해서도 부모가 볼 때는 시각이 조금 왜곡되기 마련이다. 그러므로 부모의 눈에 의지하지 말고, 병원을 방문해 임상적인 관점에서 아이가 정말 비정상적으로 마른 건지 알아보는 것이 좋다. 의사가 아이의 성장과 전반적인 건강 상태에 대해 만족해 한다면 걱정을 접고 아이의 모습 그대로를 받아들이고 예쁘게 보아 주자.

아이가 실제로 저체중이라면 의사와 협력해 원인을 파악하는 것이 중요하다. 아이가 어떤 음식을 먹는지, 섭취하는 음식의 양이나 질이 문제의 원인인지 파악하기 위해, 의사는 1~2주 동안 아이가 먹고 마시는 음식과 음료에 대해 매우 상세하게 기록하도록 요구할 수도 있다. 이 기록에는 아이가 섭취한 음식뿐 아니라 음식을 섭취한 시간과 환경도 함께 기록한다. 물론 아이가 음식을 먹을 때마다 얼굴이며 옷, 의자, 바닥 등 온 천지에 음식을 묻히느라 입으로 들어가는 음식은 얼마 되지 않는다는 걸 감안하면, 아이의 섭취량을 정확하게 기록하기란 쉬운 일이 아닐 것이다. 많은 요인이 저체중의 원인이 될 수 있으며, 그 가운데에는 기록을 통해 밝혀지지 않는 원인도 있을 것이다. 하지만 대부분의 원인은 쉽게 개선될 수 있다.

과도한 수분 섭취 많은 아이들이 우유, 주스, 청량음료, 물 등 수분을 잔뜩 섭취하느라 고형식이 들어갈 자리가 없다. 그러므로 음료를 적절히 제한한다(571쪽 참조).

자주 산만해진다 식사를 하는 동안 장난감, 가족, 텔레비전 등 때문에 산만해지면 식사를 충분히 하지 않은 상태에서 식탁을 벗어나게 된다. 그러니 산만하게 만드는 요인을 줄이도록 하자(569쪽 참조).

적극성 부족 일부 아이들은 배가 고파도 결코 불평하지 않는다. 이런 아이들은 음식을 달라고 조르는 일이 없기 때문에 부모는 아이에게 음식을 먹여야 한다는 생각을 자주 잊어버릴 수 있다. 이런 아이들의 경우, 매일 정해진 시간에 규칙적으로 식사와 간식을 제공하는 것이 특히 중요하다.

불편한 자리 식탁이 불편하면 식사를 다 마칠 때까지 식탁에 앉아 있으려 하지 않을 것이다. 아이가 식탁 앞에 얌전히 앉을 수 있도록 168쪽의 요령을 참조한다.

불쾌한 식사 환경 식사 시간에 스트레스를 받으면 어른뿐 아니라 아이들도 입맛을 잃을 수 있다. 그러므로 식사에 도움이 되는 환경을 조성한다(568쪽 참조).

서둘러 밥을 먹인다 많은 어린아이들이 느리게

식사를 한다. 아이들은 여건이 되면 배불리 음식을 먹지만, 부모가 서둘러 밥을 먹이면 다 먹기도 전에 배고픔만 면한 채로 식탁을 나와 버린다(569쪽 참조).

영양가가 적은 음식 지방 함량이 지나치게 적은 음식(387쪽 참조), 다이어트 식 같은 열량이 낮은 음식, 가공 음식이나 정크 푸드 등 영양가가 낮은 음식, 간혹 아이의 성장과 체중 증가에 충분히 도움이 되지 않는 음식을 제공할 때가 있다. 저체중 아이에게 줄 음식은 열량이 높고 고밀도 영양소가 함유된 음식, 열두 가지 1일 필수 영양소를 충족시키는 음식(554쪽 참조)에 초점을 맞춘다.

스스로 음식 먹기 아직까지는 스스로 음식을 먹을 준비가 되지 않은 아이들이 간혹 있다. 이런 아이들은 스스로 음식을 먹게 하면 충분한 양을 섭취하지 못한다. 그런가 하면 스스로 음식을 먹길 원하고 부모가 먹여 주면 먹으려 하지 않는 아이도 있다. 아이의 상황에 맞추어 음식을 먹게 한다(569쪽 참조).

계속되는 모유 수유 첫돌이 지나면 더 이상 모유를 통해 충분한 영양을 섭취하지 못한다. 그리고 아직도 계속 모유를 먹게 되면 다른 음료와 고형식을 충분히 섭취하지 못할 수도 있다. 그러므로 모유도 제한한다(571쪽 참조).

때에 맞지 않는 간식 식사 시간 직전에 간식을 먹이면 당연히 입맛이 없을 수밖에 없다. 그러므로 식사 직전에는 간식을 먹이지 않는다(562쪽 참조).

때에 맞지 않는 식사 배가 고픈 지 한참 지나서 식사를 하게 되면 대개 입맛을 완전히 잃게 된다. 그러므로 배가 고플 때 먹이도록 한다(567쪽 참조).

규칙적이지 않은 식사 성장을 위해서는 규칙성이 필요하다. 그러므로 매일 거의 같은 시간에 식사와 간식을 먹게 한다.

보육 시설에서 식사를 충분히 하지 못한다 간혹 어린이집 교사들은 아이가 식사를 완전히 마치도록 끝까지 돌보기 힘들 때가 있다. 부주의한 베이비시터나 보모 역시 아이가 충분히 식사를 하도록 신경 쓰지 못하거나 잘못된 음식을 줄 수 있다. 다른 사람에게 아이를 맡길 경우 아이가 충분히 식사를 하지 못하는 것 같다고 의심이 들면 상황을 개선하기 위해 조치를 취한다. 아이의 식단을 바꾸려고 시도할 때 양육자도 함께 참여시킨다.

활동량 증가 아이 시기에는 활동량이 크게 증가한다. 일부 아이들은 정말이지 쉴 새 없이 몸을 움직인다. 그렇지만 때때로 부모들은 이 정도 활동을 지속하려면 고열량 식품을 풍부하게 섭취해야 한다는 사실을 깨닫지 못한다. 아이가 무척 활동적이라면 열량을 충분히 섭취하게 해 소모되는 열량을 보충시켜야 한다. 뿐만 아니라 하루 중 잠시 책 읽기, 퍼즐, 블록 쌓기 등 조용한 활동을 하도록 유도해 전반적인 열량 소모를 조금이라도 감소시킨다.

질병 잦은 중이염이나 기타 감염, 천식이나 알레르기, 소화 불량, 대사 이상, 철분 및 아연 결핍 등 다양한 신체적 질병이 저체중의 원인이 될 수 있다. 일부 항생제를 비롯한 특정 약물도 아이의 입맛을 약화시킬 수 있다. 의사와 이런 가능성에 대해 상의한다.

스트레스 음식 섭취에 대한 부모의 압력, 질병, 실직 같은 가족 문제, 이혼, 별거, 동생의 출산, 이사 등 가정의 변화, 어린이집이나 유치원이 바뀌거나 환경이 나쁜 경우, 전반적으로 바쁜 일정 같은 모든 종류의 스트레스는 아이의 입맛에 지장을 줄 수 있다. 아이가 스트레스 때문에 입맛을 잃는다면 원인을 제거하거나 개선하고, 스트레스 완화 기술을 이용해 아이의 긴장을 이완시킨다(195쪽 참조). 이런 방법이 도움이 되지 않는다면 의사와 상의해 전문적인 도움을 받도록 한다.

더딘 성장

아동기에는 성장이 일정하게 진행되지 않을 수 있다. 그리고 신생아 때 몸집이 장차 키나 체격의 지표가 되지는 않는다. 작게 태어나 처음에는 더디게 성장했지만 생후 4개월에서 두 돌 사이에 열심히 박차를 가해 마침내 평균보다 더 키가 크는 아이들도 있다. 유전자 청사진 상 몸집이 작게 태어난 아이도 초기에는 무럭무럭 잘 자랄 수도 있다. 즉, 태어날 때 크게 태어나고 생후 몇 개월 동안 성장이 빨리 이루어지지만, 차츰 유전자 구성에 맞추어 움직이면서 성장이 둔화되는 것이다. 따라서 대부분의 아이들이 성장이 끝날 때쯤 되면 부모의 몸집과 비슷하게 된다. 한 부모가 키가 크고 한 부모가 작다면 아이의 키는 그 중간쯤 될 가능성이 높다.

아이가 건강하고 활발하며 잘 먹는다면, 그리고 키와 체중이 같이 줄어든다면, 생후 18~24개월에 성장 곡선이 아래쪽으로 향하는 것은 그다지 걱정하지 않아도 괜찮다. 그러나 <u>일관된 비율로 꾸준히 성장해야 하는 세 살 무렵에 키와 체중의 성장 곡선이 위로 올라가지 않는다면 관심을 가져야 한다.</u>

체중과 키가 다섯 번째 백분위수 아래에 있거나, 체중이 두 급간 하락하거나, 석 달 이상 계속해서 체중이 감소하거나 갑자기 체중이 줄 때, 특히 이러한 조짐과 함께 피로나 무기력, 행동 변화 등이 동반될 때 성장 장애(FTT) 증후군이 아닌지 의심해야 한다. 의사는 다음과 같은 원인을 찾을 것이다.

자궁 내 성장 지연 임신 기간에 비해 체중 및 신장이 작은 부당경량아(small for gestational age)는 같은 시기 아이들을 따라잡지 못하더라도 결국에는 따라잡게 될 것이다. 임신 기간을 다 채웠지만 출생 체중이 1.8kg 이하인 아이들은 항상 평균보다 작을 수 있다.

정말로 하룻밤 사이에 훌쩍 컸을 수도 있다

하룻밤 사이에 바지가 짧아지다니……. 일주일 전만 해도 무릎까지 오던 치마가 갑자기 미니스커트가 되다니……. 분명히 어제만 해도 셔츠의 단추를 잠갔는데 오늘은 단추가 채워지지 않네. 너무 뜨거운 물에 세탁을 해서 그런가? 설마 아이가 이렇게 빨리 자라다니, 그럴 수도 있는 건가? 최근 연구 결과에 따르면 유아와 어린아이들은 서서히 차츰차츰 자라기보다 정말로 하룻밤 사이에 0.5~2.5cm씩 훌쩍 자랄 수도 있다고 한다. 그동안은 성장할 기미를 전혀 보이지 않다가도 그럴 수 있다. 연구 결과에 따르면 2~63일까지 성장이 정체될 수 있다고 한다. 확실한 연구가 이루어져야겠지만, 아무래도 이런 현상은 부모들이 자주 하는 "정말이라고, 우리 애가 하룻밤 사이에 컸다니까!"라는 말을 뒷받침한다.

체질성 성장 지연 더디게 성장하도록 프로그램된 아이들이 있다. 이런 아이들은 또래 아이들에 비해 뼈의 발육이 한 살에서 네 살까지 뒤처진다. 이런 종류의 성장 지연은 집안 내력일 수도 있고 아이 한 명에게만 영향을 미칠 수도 있는데, 어느 쪽이든 걱정할 필요는 없다. 이런 아이들은 십대 초반을 힘들게 보낼 수 있어 정서적으로 많은 지원이 필요하겠지만, 결국은 평균이나 평균 이상의 신장으로 크게 된다.

질병 당뇨를 비롯한 내분비 장애나 소화기 계통, 콩팥, 심장, 폐, 뼈에 영향을 미치는 질병 등이 성장 지연의 원인이 되기도 한다. 납 중독과 아연 및 철 결핍의 조기 증상은 성장 장애(FTT)의 증상과 유사할 수 있으므로 의사의 상담을 받아야 한다.

스트레스와 불우한 환경 심각한 정신적 스트레스나 불우한 환경 역시 성장 장애의 원인이 될 수 있다.

성장 호르몬 결핍 성장 장애를 겪는 아동 가운데 소수는 성장 호르몬 결핍이 원인이 되기도 한다. 이런 아이들 가운데 일부는 종합적인 호르몬 형태로 이루어진 주사로 치료를 받을 수 있다. 키가 작은 아이, 성장 속도가 비정상적으로 느린 아이, 둥근 얼굴 등 '인형처럼' 생긴 아이, 복부 부위가 통통하게 살이 찐 아이, 저혈당증의 이력이 있는 아이 등 성장 호르몬이 결핍된 아이들에게 치료 효과가 가장 크게 나타난다. 주로 남자아이들이 영향을 많이 받으며 간혹 페니스가 유독 작고 불강하 고환이 나타나기도 한다.

'특발성' 성장 장애 또는 원인 불명 성장 장애 간혹 성장 장애의 원인이 밝혀지지 않는 경우도 있다. 그러나 영양 개선 및 식이요법을 이용해 얼마든지 치료가 가능하다. 성장 장애는 사교적, 정서적, 신체적, 지적 발달에 지장을 줄 수 있으므로 진단 및 치료는 매우 중요하다.

아이의 성장 과정

아이의 성장 속도는 시기별로 크게 차이가 난다. 아이의 출생 체중이 얼마였든, 첫해 동안 얼마나 성장했든 2~3세에는 체중 증가가 둔화한다. 아이의 성장 과정은 평균적으로 아래 표와 같다.

신장	
연령	성장
출생~1년	18~25cm
1~2년	10~13cm
2~3년	5~6cm

체중	
연령	체중 증가
출생~1년	5.5~8kg
1~2년	1.75~2.75kg
2~3년	1.75~2.5kg

밥 잘 먹이는 요령

아이가 있는 집에서는 아무리 철저하게 식단을 짜도 제대로 지키기 힘들다. 아이들은 기껏 신경 써서 만들어 준 음식은 마다하고 매끼 똑같은 음식을 먹겠다고 고집을 부리는가 하면 느닷없이 변덕을 부리기도 한다. 어제 그렇게도 잘 먹던 음식을 오늘은 쳐다보지도 않는다. 이런 행동을 가끔 한두 차례 접하는 경우가 있지만, 늘 이런 행동을 다루어야 하는 부모들도 간혹 있다. 아래의 실질적인 방법들을 이용하면 아이의 식습관을 다루는 데 도움이 될 것이다.

식성이 까다로운 아이 길들이기

식성이 까다로운 아이에게 밥을 먹이려 애써 본 부모라면 그 좌절감을 깊이 통감할 것이다. 아이들은 한 번씩 식성이 까다로워질 때가 있으며, 사실상 많은 아이들이 대체로 까다로운 모습을 보인다. 다른 변덕과 마찬가지로 음식에 까다롭게 구는 것 역시 아이들에게 늘 있을 수 있는 일이다. 몹시 까다로운 두 살 아이를 완벽한 대식가로 만드는 건 불가능할지 모르지만, 음식을 먹이려 애쓰는 부모의 좌절감을 줄일 수는 있을 것이다.

영양이 풍부한 음식만 먹인다 아이가 음식을 많이 먹지 않거나 그때그때 입맛에 따라 먹는 양이 달라진다면, 최대한 영양이 풍부한 음식을 먹게 하는 것이 특히 중요하다. 입이 짧은 아이는 음식에 빨리 싫증을 느낀다. 감자튀김이나 사탕을 많이 먹이면 아이에게 필요한 영양을 제공할 기회를 놓치게 된다.

아이가 저체중이라면 육류, 가금류, 생선, 땅콩버터, 치즈, 바나나, 대두, 완두콩, 말린 과일, 아보카도 같은 고열량 고영양 음식을 먹인다. 열량과 단백질 섭취를 늘리기 위해 탈지분유나 깡통에 밀봉된 무가당 전유를 푸딩이나 커스터드, 수프, 시리얼, 전유에 첨가한다. 뿌려 먹는 가루치즈를 수프나 파스타, 채소에 뿌려도 좋다. 음식을 조리할 때 기름과 버터, 마가린, 마요네즈를 이용하되, 이런 지방 열량들이 다른 필수 영양소를 대체할 정도로 많은 양을 이용하지 않도록 한다. 의사는 철분과 아연이 포함된 종합비타민 보충제를 처방하고 아이의 열량과 단백질 섭취량을 1일 필수 권장량 이상으로 늘리도록 권하기도 한다.

배가 고플 때 먹인다 이상하게 들릴지 모르지만, 아이들이 식사 시간이 됐는데도 밥을 잘 먹지 않는 이유 가운데 가장 큰 것이 배가 고프지 않기 때문이다. 아침에 눈을 뜨자마자 너무너무 배가 고파 시리얼 그릇에 얼굴을 묻을 정도로 열심히 아침을 먹는 아이도 있지만, 아침에 일어나 어느 정도 시간이 지나야 입맛이 도는 아이도 있다. 부모가 직장에서 퇴근하고 돌아와 저녁을 먹을 때까지 기다릴 수 있는 아이도 있지만, 그때쯤에는 배고프다 못해 식욕을 잃는 아이도 있다. 아이마다 배가 고픈 패턴이 다르므로 내 아이의 패턴에 맞추어 준다. 여건이 된다면, 며칠 동안 아이가 음식을 먹고 싶다는 표현을 할 때까지 또는 아이가 배고프다고 불평을 하지 않더라도 짜증을 내는 등 배고플 때 나타나는 증상이 시작될 때까지 기다린 후에 음식을 차린다. 배고파하는 시간을 기록하고, 패턴이 파악되면 배가 고플 시간이 되기 조금 전에 음식을 차리도록 한다. 이렇게 식사 시간을 정했으면 이 시간을 지킨다. 아이들에게는 규칙적이고 예측 가능한 식사 시간, 즉 같은 시간에 같은 장소에서 음식을 먹는 것이 가장 효과가 크다. 아이는 배가 고픈데 다른 가족들이 식사를 할 준비가 될 때까지 기다리게 해서는 안 된다. 필요하면 아이 먼저 먹게 한다. 또는 가족 모두 식탁에 앉을 때까지 아이의 배고픔을 달래기 위해 식사의 일부를 간식으로 먹게 한다.

잘 먹을 수 있도록 분위기를 조성한다 스트레스가 많은 환경에서는 아무리 맛있는 음식이 눈앞에 있어도 입으로 넘기기 어렵다. 음식을 먹을 때는 편안하고 즐거운 분위기를 조성해야 하고,

---

패스트푸드, 그냥 맛으로 먹으면 안 될까?

하루 내내 회사, 상점, 어린이집, 공원, 쇼핑몰, 시장 등으로 왔다 갔다 하느라 온몸이 녹초다. 손가락 하나 까딱할 기운이 없어 요리를 한다는 건 생각만 해도 끔찍하다. 아이는 더 이상 참을 수 없을 만큼 배가 고픈 상태. 음식점에 들어가 음식이 나오기를 기다리기에는 잔뜩 성질이 나 있다. 이때 황금색 아치형 출입구나 '포장 가능' 문구가 어서 오라고 손짓한다. 재빨리 싼 가격으로 아주 간단하게 한 끼 식사를 해결하게 해 줄 테니 아무 걱정 말라면서. 어떻게 하나 갈등하는 사이, "나, 햄버거! 햄버거 먹고 싶어!"라는 아이의 애원에 그만 쥐꼬리만큼 남아 있던 "내 아이에게는 절대로 패스트푸드 안 먹일 거야!"라는 결심은 사라지고 아이의 외침에 굴복하고 만다. 부모들이 먹이고 싶지 않은 음식을 먹을 때 대부분 아이들이 그렇듯 내 아이 역시 기름기 줄줄 흐르는 감자튀김과 치킨 너겟을 설탕이 잔뜩 들어 있는 케첩과 바비큐 소스에 푹 찍으며 신나한다. 그 모습을 지켜보며 부모는 다음부터는 절대로 패스트푸드를 먹이지 않겠노라 굳게 맹세하지만, 마음속 깊은 곳에서는 알고 있다. 이 맹세가 헛된 것이라는 걸…….

하지만 자신을 너무 몰아세우지 말도록 하자. 패스트푸드 가맹점들은 가장 기본적인 인간의 필요에 맞추어 주고 있으며, 아이를 키우느라 하루하루 몹시 시달리고 있는 부모 역시 이런 마케팅에 반응할 수밖에 없는 한낱 인간일 뿐이니까. 다만, 아래의 경고 내용을 충실히 지켜 패스트푸드가 아이의 주식이 되거나 건강을 해치지 않도록 주의한다.

* **패스트푸드를 습관적으로 먹지 않는다** 많아야 한 달에 두 번 정도로 패스트푸드 음식을 제한하도록 한다. 패스트푸드 음식을 부모와 아이가 함께 즐기고 싶어 하는 특별식으로 만든다.

* **영양에 관한 정보를 요구한다** 많은 패스트푸드 음식점들은 고객이 요구하면 각 메뉴의 영양 성분 내역을 제공한다. 이러한 정보는 음식을 선택하는 데 지침이 된다.

* **최대한 영양 손실을 막는다** 많은 패스트푸드 음식점들이 지방이 적은 햄버거에서 통곡물 번에 이르기까지 열량이 더 낮고, 지방이 적으며, 건강에 좋은 메뉴를 출시하고 있다. 피자 역시 치즈와 브로콜리로 빽빽하게 채워 구운 감자를 올린 것이라면 영양 면에서 조금은 안전한 선택이 될 수 있다. 그러나 먹기 전에 먼저 종이 냅킨으로 기름을 한 번 '닦아낸다'. 패스트푸드에 샐러드를 곁들인다면 건강에 더욱 좋다. 샐러드는 대부분 강판에 간 당근, 가늘게 채 썬 치즈, 병아리콩, 코티지치즈 등 녹색잎 채소 외에도 아이가 먹기 알맞은 음식들로 이루어져 있다. 드문 경우지만 아이가 샐러드를 무척 좋아한다면 샐러드로 식사를 해결할 수도 있고, 특히 샐러드 메뉴 가운데 파스타나 구운 감자가 있다면 더 좋다. 그러나 고지방 드레싱에 푹 담긴 샐러드는 피한다. 얼린 요구르트는 파이와 쿠키에 비하면 영양이 풍부한 디저트가 될 수 있다. 청량음료나 고지방 밀크셰이크 대신 우유나 오렌지 주스를 주문해도 영양이 한결 높아질 수 있다.

* **현명하게 보충한다** 아이가 먹을 만한 음식 가운데 영양이 풍부한 음식이 아무것도 없다면, 그래도 괜찮다. 일단 패스트푸드를 먹은 다음 집에 가서 당근과 머스크멜론 한 접시, 통곡물 머핀을 먹이면 된다.

* **죄책감으로 아이의 기쁨을 망치지 않는다** 패스트푸드점을 너무 자주 방문하는 게 아니라면 아이의 건강을 해치지 않는다. 그러므로 죄책감을 갖지 말고 맛있게 음식을 먹도록 하자.

목소리를 높여 말다툼을 한다든지 정신없이 북적거리는 일이 없도록 해야 한다. 그리고 음식을 다 먹으라고 강요하지 말고, 부모가 차린 영양가 높은 음식을 입맛에 따라 충분히 먹게 한다. 아이가 양껏 먹었다면 더 먹이려고 하지 말고 식사를 마치게 한다. 매번 조금 더 먹이려고 아이와 실랑이를 벌이면 나중에 식이 장애의 원인이 될 수 있다. 그러므로 강요를 하거나 매수를 하거나 "기차가 터널 속으로 칙칙 폭폭 들어갑니다."라는 식의 말로 아이를 부추기거나 해서 몇 숟갈 더 먹이려 하지 말고, 아이의 입맛이 당기는 대로 먹게 놔둔다.

산만한 요소를 줄인다 아이의 식사를 방해하는 여러 가지 산만한 요소들을 제거한다. 텔레비전은 아이가 보지 않더라도 식사에 방해가 될 수 있다. 형제나 다른 아이들이 가까이에서 놀고 있어도 마찬가지다. 그러므로 이런 방해 요인을 없애야 한다. 식탁 근처에 장난감이나 기타 놀 거리들이 있어도 문제가 된다. 아이가 좋아하는 장난감 없이는 식탁에 오지 않으려 하면 아이와 타협한다. "식탁에 곰돌이 인형을 가지고 오는 건 괜찮지만 가지고 놀면 안 된다. 네가 밥 먹는 모습을 곰돌이가 지켜보는 건 괜찮아."

천천히 먹게 한다 아이들은 음식을 천천히 먹는다. 그리고 스스로 먹기 시작하면 먹는 속도는 더욱 느려진다. 완두콩은 한 알씩 입안에 넣으려 하고 스파게티 면은 한 번에 한 가닥씩 빨아들인다. 그러므로 아이가 식사를 다 마칠 때까지 충분히 시간을 주어야 한다. 아이가 식탁에서 일찍 일어나지 않게 하려면 음식을 먹는 동안 함께 식탁에 앉아 이야기를 나누면서 친구가 되어 준다.

그러나 아이가 식사를 하면서 자꾸만 음식을 가지고 장난을 치면 즉시 식사를 마친다.

변화를 준다 변화를 주어 약간의 자극을 준다. 핑거 푸드 대신 아이가 숟가락이나 다른 방법으로 먹을 수 있는 음식으로 바꾼다. 빨대 컵 대신 진짜 빨대를 꽂아 마시는 일반 컵을 준다. 아침에는 점심에 먹던 음식으로, 점심에는 아침에 먹던 음식으로 바꾼다. 익힌 채소에서 생채소로, 아이용 음식에서 어른들이 먹는 음식으로 바꾼다.

가두지 않는다 간혹 아이는 식사 자체가 아니라 유아용 식탁 의자 등에 갇혀 있는 상황을 못마땅하게 여긴다. 아이를 덜 답답하게 앉히는 요령은 168쪽을 참조한다.

아이가 선택하게 한다 영양이 풍부한 음식으로만 준비되어 있다면, 아이가 원하는 대로 마음껏 선택해서 먹게 한다. 다른 음식도 먹어 보라고 권하되 이 시기에는 강요하지 않는다. 아이가 유치원에 다닐 무렵이면 앞에 놓인 음식을 먹어야 한다는 걸 가르쳐야 하지만, 아이 시기에는 먹는 법만이라도 잘 익히는 것이 중요하다. 물론 친구 집이어서 음식을 앞에 놓고 까탈을 부리는 것이 예의에 어긋나거나 외부여서 지금 당장 원하는 음식을 줄 수 없는 경우, 아이에게 어떤 음식을 선택할 수 있는지 알려 주어야 한다. "와플이나 토스트 아니면 엄마 가방에 있는 쿠키와 우유 한 잔을 먹을 수 있단다. 전부 다 마음에 안 들면 식탁에 앉지 말고 놀고 있으렴."

재료를 요령껏 섞는다 과일과 채소는 반드시 통째로 내놓거나 아이가 눈치채게 내놓을 필요

없이, 영양만 풍부하면 된다. 잘게 다지거나 으깬 과일을 요구르트에 혼합하거나, 반으로 자른 딸기와 과일 조림을 요구르트 위에 얹어 요구르트 썬데를 만들거나, 시리얼 위에 바나나 몇 조각을 얹거나, 마카로니 치즈 위에 잘게 다지거나 으깬 채소 또는 작은 완두콩을 얹는다. 채소 수프를 만들거나, 팬케이크나 와플 반죽에 곱게 간 당근을 약간 첨가한다. 맛이나 질감이 별로 달라지지 않기 때문에 아이들이 거의 알아차리지 못한다.

바나나나 딸기를 밀크셰이크에 넣어 같이 휘젓는다. 비타민과 무기질이 풍부한 여러 종류의 주스로 살구, 복숭아, 망고, 파파야를 섞거나 당근, 토마토, 각종 채소를 섞는 등 혼합 주스 만든다. 이런 주스들은 생과일이나 생채소에 비해 섬유소가 부족하지만, 까다로운 아이의 혀에 새로운 맛을 적응시켜 나중에 완전한 모양의 과일과 채소를 수월하게 받아들이게 해 준다.

아이가 단 음식을 좋아하는 경우, 깍둑썰기로 잘라 말린 살구, 말린 과일을 이용한 퓌레, 익힌 바나나, 당근, 고구마, 호박 등을 통곡물 빵이나 케이크, 머핀, 팬케이크, 와플 반죽 등에 첨가해 아이의 입맛을 만족시키는 동시에 1일 필요 권장량을 충족시킨다. 영양이 풍부한 과일을 주재료로 만든 셔벗이나 아이스바를 구입하거나 직접 만든다 (888쪽 참조).

선택권을 준다 부모가 슬쩍 첨가한 새로운 음식을 아이가 거절하는 경우, 몇 가지 선택 사항을 제공한다. "요구르트에 바나나를 넣을까, 아니면 사과 소스를 넣을까? …… 시리얼에 딸기를 넣을까 배를 넣을까? …… 마카로니 치즈에 완두콩을 넣을까 브로콜리를 넣을까?" 아이가 아무것도 원하지 않는다 해도 원점일 뿐이다. 하지만 둘 중 하나를 선택하면 아이는 한발 크게 내딛는 것이다. 아이에게 선택권을 주면 식사에 대해 어느 정도 통제력을 가졌다고 느끼기 때문에, 새로운 것을 시도할 가능성이 커진다.

다양한 종류로 시도 대부분의 가정에서는 매끼 식사 때 2~3가지 채소와 3~4가지 과일이 반복해서 식탁에 오른다. 하지만 우리 아이는

똑똑하게 간식 먹이기

건강한 식습관을 위한 기본 원칙을 위반하지 않고 즐겁게 간식을 먹일 좋은 방법이 없을까? 몸에 좋은 간식을 먹이기 위해 아래의 메뉴를 참고하자.

* 통곡물 프레첼, 크래커, 떡, 막대 모양의 빵, 롤 케이크, 빵
* 치즈(스틱 모양, 큐브 모양, 슬라이스, 굵게 채 썬 모양)
* 과일로 단맛을 낸 통곡물 쿠키와 머핀
* 연령이 높은 아이의 경우 부드러운 말린 과일. 살구, 건포도, 대추, 감미료를 첨가하지 않은 파인애플, 사과
* 연령이 높은 아이의 경우 생채소 조각. 홍 피망이나 피망, 당근, 주키니, 버섯
* 강낭콩이나 병아리콩 같은 익힌 콩과 식물. 어린아이는 반으로 잘라서 준다.
* 신선한 오이나 과일 조각. 사과, 배, 살구, 바나나, 복숭아, 천도복숭아, 망고, 멜론 등을 아이의 연령에 맞게 잘라 준다.
* 요구르트. 플레인 요구르트, 신선한 과일이나 과일로 단맛을 낸 잼을 첨가한 플레인 요구르트, 과일로 단맛을 낸 시중에 판매하는 요구르트
* 땅콩버터와 젤리 또는 바나나를 얹은 통밀 빵. 껍질을 깎아 땅콩버터를 얇게 펴 바른 사과 조각

도대체 아무것도 먹으려 들지 않는다고 판단하기 전에 말 그대로 열두 가지 과일과 채소를 먹여 본다(556쪽 제안 참조). 비타민과 무기질은 녹색 채소에만 있는 게 아니라는 걸 기억하자. 열두 가지 1일 필수 영양소 각각의 범주 안에 있는 음식 가운데 최소한 한 가지도 좋아하는 음식이 없는 아이는 드물다. 그리고 설사 그렇다 하더라도 당분간은 필수 영양소 범주 안에 들어 있는 음식을 매일 먹는 것이 매우 중요하다.

재미있게 먹는다 재미있게 음식을 먹는 요령은 572쪽을 참조한다.

음식을 각각의 접시에 담는다 아이들 중에는 음식이 각각의 접시에 따로따로 담기거나 한 번에 한 가지 음식을 먹는 걸 좋아하는 반면, 스튜나 카레라이스 등 여러 가지 재료가 혼합된 음식이나 심지어 음식이 서로 '닿는' 걸 별로 좋아하지 않는 경우가 있다. 음식을 하나씩 따로 내놓거나 칸이 나누어진 그릇에 음식을 담아 준다.

깨끗이 먹는 건 중요하지 않다 스스로 음식을 먹을 경우 대부분의 아이들은 자기 양보다 많이 먹는 경향이 있다. 물론 아이가 직접 음식을 먹게 되면 주변이 이만저만 지저분해지는 게 아니지만, 먹는 것에 대한 통제력을 음식을 먹는 본인의 손에 쥐어 줄 수 있다. 식탁 예절은 나중에 가르치면 된다(스스로 음식을 먹게 하는 요령은 20쪽 참조).

적게 시작한다 음식을 많이 주지 말고 각각의 음식을 소량씩 덜어서 준다. 음식을 너무 많이 주게 되면 아이가 어떻게 해야 할 줄 모르고 심지어 위협을 느끼게 되어, 음식을 먹기도 전에 포기하거나 절반 이상을 바닥에 흘릴 것이다. 아이가 음식을 다 먹으면 두세 차례 더 덜어 주면 된다.

아이가 그만 먹겠다고 하면 멈춘다 다양한 종류의 음식을 먹이되 한 가지 음식을 반드시 먹이려 애쓰지 않는다. 아이가 음식을 다 먹은 후 '한 입 더' 먹으라고 강요해서도 안 된다.

음료를 제한한다 식사를 하지 않을 때와 식사를 하는 동안 너무 많은 음료를 마시면 위장이 수분으로 가득 차 고형식이 들어갈 자리가 없을 수 있다. 젖병으로 음료를 마시는 아이는 여러 가지 이유에서 음료를 많이 마실 가능성이 높다. 컵으로 마시는 것보다 젖병으로 마실 때 음료를 훨씬 많이 마시게 되고, 젖병은 들고 다니기 더 편하며, 젖병으로 음료를 먹는 아이들은 갈증을 해소하기 위해서 뿐 아니라 심리적 안정을 위해서 또는 습관적으로 음료를 마시기 때문이다. 물론 수분을 충분히 섭취해야 하지만 과도한 양을 섭취하지 않도록 주의한다. 매 식사 때 고형식을 먼저 주고 수분을 나중에 주면 고형식 섭취량을 늘리는 데 도움이 된다. 아이가 식사를 할 때 음료를 마시겠다고 고집을 부리면 음료를 주되 한 번에 소량만 부어 준다. 하루에 우유 세 컵과 주스 두 컵으로 음료를 제한하고 날씨가 더울 때가 아니라면 일정 시간 동안 물은 전혀 주지 않도록 한다. 아침에 각각의 병에 우유와 주스의 하루 허용량을 채워 놓으면 용량을 제한하기가 쉽다. 과도한 수분 섭취는 젖병을 이용하는 아이들에게 가장 흔하게 나타나므로, 아이가 체중 미달인 경우 가능한 한 빨리 젖병을 중단하고 컵을 이용하게 하는 것이 중요하다(젖병을 중단하는 요령은

364쪽 참조).

아이가 아직 모유 수유를 하고 있고 부모 역시 젖을 뗄 준비가 되지 않았다면, 반드시 고형식과 다른 음료를 먼저 준 후에 모유를 주어 아이가 모유로 먼저 배를 채우지 않도록 한다. 아이가 늘 갈증을 느낀다면 의사와 상의한다.

모범을 보인다 부모가 하루 내내 군것질을 달고 살아 저녁 식사 때까지는 한 번도 식탁에 앉지 않는다면, 아이는 부모의 행동을 똑같이 배우게 될 것이다. 아침에는 커피에 케이크를 점심에는 팝콘을 먹는다면, 아이도 곧 똑같이 먹겠다고 고집을 부릴 수 있다. 그러므로 아이가 먹는 음식의 종류와 시간, 방식을 신경 쓰는 만큼, 부모 자신이 먹는 음식의 종류와 시간, 방식도 신경 써야 한다. 부모가 바람직하게 적극적으로 모범을 보이면, 아이는 부모의 행동을 보면서 새로운 음식들에 도전하고 음미할 가능성이 높아진다. "음, 이 샐러드 정말 맛있다!", "치즈 소스를 부어서 먹으니까 브로콜리가 정말 맛있는걸!", "이 망고는 지금까지 먹어 본 망고 중에 최고야!"

참을성을 갖는다 아이의 입맛은 언젠가 변하게 되어 있다. 그러나 부모가 강요하지 않으면 더 빨리 변한다.

아이가 계속 입맛이 없는 경우, 아이의 생활에 변화가 생겼거나 감기나 다른 질병에 걸렸을 수도

식사 시간도 즐겁게

많은 아이들에게 먹는 일은 지루한 일이 될 수 있다. 놀고, 배우고, 재미있게 시간을 보내는 데도 시간이 빠듯한데, 그 모든 즐거움을 뒤로하고 식탁 앞에 따분하게 앉아 있으려니 고역일 만도 하다. 하지만 먹는 일이 즐겁다면 보다 고분고분 식탁 앞에 자리를 잡고 앉을 것이다. 그러므로 다음에 아이를 위해 음식을 준비할 때는 살짝 유쾌한 분위기를 만들어 보자. 아래의 내용을 숙지한 다음 용기를 내어 유쾌한 식사 시간을 마련하자.

예쁜 모양을 만든다 샌드위치, 프렌치 토스트, 심지어 치킨 커틀릿(동글납작한)도 나이프나 쿠키 커터를 이용해 동그라미, 하트, 별 등 재미있는 모양으로 만들 수 있다. 크고 얇은 팬케이크, 빵, 통곡물 토르티야 위에 잼이나 사과 버터, 크림치즈, 참치 샐러드 등 여러 재료들을 펴 바른 다음 돌돌 만다. 돌돌 만 음식을 통째로 또는 얇게 썰어 바람개비 모양으로 내놓아도 좋다. 팬케이크 반죽을 얼굴, 글자, 곰돌이 인형, 하트 모양 틀을 놓고 프라이팬에 붓는다. 팬케이크가 다 익은 후 쿠키 커터로 모양을 만들 수도 있다. 건포도나 바나나 조각, 블루베리, 말린 자두 등 여러 과일로 장식한다. 파스타를 구입할 때 자동차 바퀴, 조개껍데기, 꽈배기, 글자 모양 등 재미있는 모양으로 구입한다. 요리 시간이 크게 소요되지 않는 다양한 방법을 연구해본다.

요리로 작품을 만든다 내 안에 있는 예술가 기질을 발휘해 음식으로 작품을 만들어 본다.

그냥 과일 샐러드 대신 긴 바나나에 건포도를 선원으로 하고, 대추는 돛대로, 젤리는 보트 옆에 철썩이는 파도라고 해서 바나나 보트를 만든다. 치즈 '블록'으로 탑을 쌓는다. 브로콜리와 콜리플라워 '나무' 위에 강판으로 갈거나 잘게 조각낸 치즈 '눈'이 덮인 풍경화를 만든다. 코티지치즈 위에 과일 시럽을 흩뿌리고 말린 시리얼과 과일 또는 말린 과일로 몽타주를 박아 넣은 추상화를 만든다. 통밀 빵에 '대문'을 달고, 치즈로 창문을 만들고, 브로콜리로 만든 꽃밭이 있는 집을 짓는다. 머스크멜론은 나무줄기, 가늘게 썬 사과나 말린 자두는 가지, 반으로 가른 포도나 블루베리로는 나뭇잎을 표현해 과일 '나무'를 만든다. 으깬 감자는 구름, 완두콩은 비, 구운 고구마 한 조각으로는 해를 표현해 하늘 풍경을 만들어 준다.

있다. 아이가 체중이 늘지 않거나 몸이 불편한 것 같다면 563쪽을 참조한다. 병원에 방문하는 것이 도움이 될 수도 있다. 아이가 20개월이 지났는데도 스스로 밥을 먹지 못하는 것 같다면 역시 의사와 상의한다.

제한된 음식 목록

어른들은 빵만 먹고 살 수 없지만, 많은 아이들은 빵만 먹고도 잘 살 뿐 아니라 무럭무럭 성장하는 데에 별 무리가 없어 보인다. 그리고 대부분 아이들이 어린 시기에는 시리얼, 우유, 주스 또는 땅콩버터, 젤리, 바나나 등 스스로 식이요법을 하다가도 때가 되면 알아서 그만두게 된다. 매일 같은 음식을 먹으려 하는 모습은 규칙적인 일과와 예측 가능성을 편안하게 여기고 변화를 불편해하는 아이 특유의 성향과도 관계가 있다. 미각이 유난히 예민한 아이 역시 이런 모습을 보인다. 몹시 예민한 미뢰(미각을 맡은 꽃봉오리 모양의 기관)는 자극이 극히 적은 맛을 제외한 모든 맛을 불쾌하게 여길 수 있기 때문이다. 아주 뚜렷한 미각 민감성은 대개 저절로 사라지지만 끝까지 지속될 수도 있다. 일부 성인이 여전히 시금치를 먹지 못한다든지, 해산물 앞에서 여전히 고개를 돌리는 이유도 그 때문이다.

아이의 까다로운 식습관을 무시하기는 어렵겠지만, 그렇다고 어떤 음식을 먹느니 못 먹느니 하면서 요란을 피우면 안 된다. 우격다짐을 한다든지 교묘하게 아이를 조종해 봤자 아이는

작게 만든다 손과 입이 작고 입이 짧은 아이에게는 한입에 먹을 수 있는 크기가 적당하다. 샌드위치나 프렌치 토스트를 작게 4등분하고, 치킨 커틀릿을 너겟이나 핑거 푸드로 만든다. 팬케이크를 4분의 1 크기로 만든다. 익힌 당근을 동전 크기로 자른다. 미니 머핀 팬을 구입해 머핀과 미니 미트볼, 한입에 먹을 수 있는 당근 케이크 등을 만든다. 미니 당근, 방울토마토, 주키니, 호박, 옥수수 등 기타 미니 채소를 구입해 찌거나 볶거나 그라탕으로 요리하거나 생으로 준다.

소스에 찍는다 그냥 음식 자체를 더 좋아하는 아이가 있는 반면, 모든 음식을 소스에 찍어 먹는 걸 더 좋아하는 아이도 있다. 많은 아이들이 특정한 소스에 애착을 보이며 모든 음식을 한 가지 소스에만 찍어 먹으려 한다. 이런 특이한 성향이 치킨에는 토마토소스, 으깬 감자에는 사과 소스, 와플에는 치즈 소스, 토스트에는 요구르트 소스가 어울린다고 생각하는 부모의 마음에 들지 않더라도 그냥 인정하고 받아들인다. 그러나 소스에 소금이나 설탕을 첨가해서는 안 된다. 건강식품 코너에서 판매하는 케첩과 토마토소스를 구입한다.

큰 음식은 갈아 준다 당근을 씹기에 아이가 너무 어린 경우, 당근을 갈아서 수북하게 쌓아 준다. 원한다면 '당근 산'이라고 불러 준다. 사과, 치즈, 적색 양배추 등도 갈아서 접시 가장자리나 한가운데에 가지런히 장식한다. 곱게 간 음식은 아이들이 질식할 위험이 없다.

재미있는 말로 바꿔 말한다 어른들도 "하우스 샐러드 주세요."라고 말하기보다 "머스터드 비니그레이트 소스에 몸부림치는 어린잎 채소들 주세요."라고 주문하고 싶어질 때가 있는 것처럼, 크래커로 달걀 샐러드를 떠 주면서 '달걀 소스'라고 말해 주면 아이가 더 맛있게 먹을 것이다. 땅콩버터와 바나나 샌드위치를 '땅·버·바'라고 말한다든지, 토스트 한가운데에 박힌 달걀 프라이를 '구멍 속에 박힌 달걀'이라고 말하거나, 미니 미트볼을 '미트 머핀'이라고 말하면 아이가 더 재미있게 먹게 될 것이다.

꼬치를 시도한다 아이에게 과일 조각 또는 익힌 채소 조각과 치즈를 끝이 뭉툭한 꼬챙이에 끼우게 한다. 그런 다음 이 꼬치를 소스에 찍어 먹게 한다. 가벼운 간식을 먹을 때는 끝이 뭉툭한 이쑤시개를 이용할 수도 있다.

아이도 조리 과정에 참여시킨다 아이도 음식 준비를 돕게 하면 먹는 일을 더 즐거워한다. 아이들은 '요리'를 도울 때 새롭고 다양한 음식을 더욱 기꺼이 맛보게 된다.

오히려 더 심하게 고집을 부릴 테고 따라서 식탁은 전쟁터로 바뀔 뿐이다. 그러나 취할 수 있는 조치들이 몇 가지 있다.

* **아이가 먹는 한정된 음식들이 건강에 좋은 것인지, 최고의 아이 식단 기준에 부합하는지 확인한다** 예를 들어, 빵과 시리얼은 반드시 통곡물로 만들어져야 하고, 파스타는 통곡물이나 고단백으로 만들어져야 한다. 주스는 영양이 풍부한 종류 가운데 선택하고, 설탕은 아주 가끔씩만 허용해야 한다. 영양 성분이 강화되거나 직접 강화시킨 음식을 선택한다. 칼슘이나 단백질이 강화된 우유를 구입하거나 일반 우유에 전지분유를 첨가한다. 우유 곽에 분유를 첨가한 다음 잘 저어 차게 해서 먹인다. 오렌지 주스에 칼슘을 첨가하고, 빵을 구울 때 전지분유나 강판에 간 당근을 첨가하며, 동그랑땡, 햄버거, 토마토소스에 강판에 간 당근이나 잘게 다져 익힌 콜리플라워 등 여러 가지 채소를 첨가한다.

* **아이가 좋아하는 음식을 기반으로 음식 목록을 확대한다** 예를 들어, 아이가 빵을 좋아하면 당근 빵, 호박 빵, 치즈 빵 등 아이의 구미를 당기는 특별한 빵을 시도한다. 또는 프렌치 토스트, 구운 치즈 샌드위치, 과일로 단맛을 낸 잼과 코티지치즈를 펴 바른 토스트를 만들어 준다. 아이가 땅콩버터 샌드위치만 먹으려 한다면, 바나나 사과, 잘게 다진 말린 살구를 땅콩버터에 첨가한다.

* **매끼 식사 때 식탁에 놓인 음식이나 냉장고 안 음식 가운데 마음에 드는 음식을 선택하게 한다** 치킨이나 두부 한 토막, 파스타 조금, 치즈 약간, 완숙 달걀 반쪽, 바나나 몇 조각, 삶은 당근이나 고구마, 바나나 미니 머핀, 처음 먹어 보는 과일 주스 등 아이가 좋아하는 음식들로 범위를 넓혀 선택권을 주어야 한다. 어쩌면 아이는 더 많은 핑거 푸드를 먹게 되어 스스로 먹기가 더 쉬울 수 있다.

* **계속 시도한다** 어린아이들은 거실의 새 소파든 식탁 위의 새 음식이든 뭔가 새로운 것에 익숙해지기까지 어느 정도 시간이 걸린다. 그러므로 아이가 새로운 음식을 한 번 거절했다고 해서 앞으로도 죽 그 음식을 거절할 거라고 지레짐작하지 않는다. 입맛이 까다로운 아이는 여러 번 반복해서 올려놓아야 비로소 한 입 먹어 볼까 생각하게 될 것이다. 그리고 반드시 입안에 넣고 맛을 보는 게 먼저가 아니라는 사실을 염두에 둔다. 때때로 아이는 음식을 먹기 전에 만지고, 탐색하고, 부숴 보고, 다른 사람이 먹는 모습을 관찰하는 등 다른 방식으로 음식과 친해질 필요가 있다. 한 입 베어 물었다고 해서 아이가 이 새로운 음식을 씹거나 삼킨다는 보장은 없다. 새로운 음식이 아이의 입맛에 맞지 않으면 냅킨이나 종이 타월에 음식을 뱉을 수 있도록 해야 한다. 어쨌든 목적은 과감하게 새로운 음식을 먹도록 용기를 북돋는 것이지 음식을 받아들이지 못한다고 벌을 주는 것이 아니다. 억지로 먹이지 말고 아이의 선택에 맡기면, 언젠가는 지금까지 수차례 거부하던 음식들을 달라고 말해 부모를 깜짝 놀랠 수도 있다.

아이에게 선택을 제안하면서 자신도 모르게 긴 잔소리를 늘어놓게 된다면 당분간 이런 과정을 생략한다. 아이가 음식을 선택했으면 계속해서 그 음식을 식탁에 올려놓되 아이에게 먹어 보라고 강요해서는 안 된다.

* 아이에게 아이용 비타민·무기질 복합제를 매일 복용하게 한다(558쪽 참조)
* **느긋하게 마음먹는다** 아무리 입맛이 까다로운 아이들도 때가 되면 다양한 음식을 먹게 될 것이다.

— 좋아하는 음식 거부

먹으라고 강요하지 않아도 아이가 잘 먹는 음식을 드디어 발견했다고 생각한 순간, 변덕스런 아이는 이 음식을 거부하기 시작한다. 그러나 이건 단지 아이이기 때문이다. 가만히 생각해 보면 아이는 비일관적이라는 면에서만큼은 항상 일관적이었으니까.

잘 먹던 음식을 거절하는 이유가 단순한 변덕 때문이든, 음식에 물려서든, 자기주장을 드러내기 위해서든, 일시적으로 입맛을 잃어서든, 괜한 트집으로 오랫동안 좋아하던 음식을 거부하는 것이든, 메뉴에서 음식을 영원히 제외시키기로 결심하기 전에 아래 요령을 시도해 보자.

당분간은 식탁에 올리지 않는다 아이가 음식을 거부하면 아무런 잔소리를 하지 말고 무심한 태도로 음식을 치우고, 적어도 일주일 동안은 다시 올리지 않는다. 그동안 밥을 거부하면 영양 성분이 유사한 다른 음식으로 대체한다. 조만간 아이는 "내 밥은?" 하고 묻게 될 것이다.

다양한 형태로 식탁에 올린다 아이가 거부한 음식을 다시 식탁에 올릴 때는 다른 그릇에 담거나, 다른 숟가락을 주거나, 다른 시간에 올린다. 아침에 시리얼을 먹었다면 점심이나 저녁에 올리면 더 잘 먹을 수도 있다. 늘 똑같은 시리얼이 올라와 아이가 물리는 것 같다면 다양한 방법을 시도한다. 차가운 시리얼 대신 따뜻한 시리얼을 주거나, 우유 대신 분유를 붓거나, 바나나 대신 잘게 다진 대추나 살구, 복숭아나 블루베리를 얹는다.

매일 주지 않는다 시리얼, 팬케이크, 프렌치 토스트 순서로 돌아가면서 식탁에 올려 질리지 않게 한다. 아이가 다른 음식을 무척 좋아해 그 음식만 먹으려 한다든지 다른 음식으로 바꾸는 걸 싫어하지 않는다면 계속 이 방법을 이용한다.

강요하지 않는다 아이가 음식을 거부하면 무심한 척 대한다. 지나치게 강요하면 일시적인 거부가 영구적으로 굳어질 수 있다. 기껏 준비한 음식이 거부당하면 부모 입장에서 짜증이 나는 게 당연하지만, 짜증 나는 모습을 겉으로 드러내면 오히려 음식을 앞에 두고 아이와 싸움만 커질 뿐이다.

— 채식주의자의 식단

아이 자신의 까다로운 성향 때문에 채식주의자가 됐든 가족의 철학에 의해 채식주의자가 됐든, 육류를 먹지 않아도 아이들은 잘 성장한다. 그리고 다음 말에 동의하지 않는 사람도 있을지 모르지만, 채식주의자의 식단은 어린아이들의 성장에 필요한 영양 성분을 모두 제공할 뿐 아니라, 일상생활에서 가장 건강한 식이요법 가운데 하나가 될 수도 있다.

채식주의자의 식단이 부모의 철학에 의해서든 아이가 원한 것이든, 반드시 필수 영양소를 모두 충족시켜야 한다.

* **매끼 식사를 중요하게 다룬다** 건강한 식습관을 유지하려면 이런 개념을 늘 명심해야 하지만 어린 채식주의자에게 음식을 먹일 때는 특히

신경을 써야 한다. 채식주의자의 음식들은 일반적으로 다른 음식에 비해 양이 많기 때문에 더 빨리 포만감을 느끼게 된다. 그러나 치킨 몇 입으로 얻을 수 있는 단백질량을 채식을 통해 얻으려면 아이들은 쌀과 대두 한 컵 정도를 먹어야 한다. 그리고 대부분의 아이들이 처음에는 입맛이 예민하기 때문에 영양가가 없는 음식에 입맛이 길들면 영양이 풍부한 음식이 들어갈 공간이 거의 또는 전혀 없게 된다.

* **단백질 섭취는 필수다** <u>유제품과 달걀을 먹는 아이들은 단백질 1일 필요 섭취량을 쉽게 충족시킬 수 있다. 그러나 동물성 식품을 전혀 섭취하지 않는 엄격한 채식주의 아이들은 단백질이 부족하기 쉽다.</u> 그리고 단백질은 성장에 꼭 필요한 영양소이기 때문에 부모는 아이에게 반드시 충분한 양의 단백질을 제공하는 것이 필수다(아래 박스와 577쪽 '채식주의 아이를 위한 단백질 조합' 참조). 동물 이외의 원료를 통해 보완 단백질을 제공해야 하는지는 분명하게 밝혀지지 않았지만, 콩밥, 완두콩을 넣은 파스타 등 이런 음식을 제공하기는 비교적 쉽기 때문에 여러 종류의 채소 단백질을 혼합하는 것이 바람직하다. 콩 단백질은 성인과 4세 이상의 어린이들에게 충분히 완벽한 단백질이지만, 메티오닌(콩으로 만든 유아식에 첨가)이 부족하기 때문에 어린아이들의 경우 대두와 두부만으로 단백질을 제공해서는 안 된다. 아이가 유제품과 달걀을 먹는다면, 채소 단백질을 결합하는 문제에 대해서는 전혀 걱정하지 않아도 괜찮다. 소량의 유제품이라 하더라도 식사 때 섭취하는 채소 단백질을 '완벽하게' 보완할 수 있다.

* **필요하면 비타민 B_{12}를 보충한다** 유제품과 달걀을 먹는 아이들은 성장과 발달, 건강한 신경계를 위해 꼭 필요한 비타민인 B_{12} 섭취에 대해 전혀 걱정할 필요가 없지만, 엄격한 채식주의자인 아이들은 그렇지 않다. 채소에는 비타민 B_{12}가 거의 들어 있지 않고, 김과 스피룰리나를 비롯한 일부 해조류에 포함되어 있긴 하지만 이런 형태로는 아이들에게 충분히 흡수되지 않는다. 또한 이런 식품들은 다른 원천을 통해 얻을 수 있는 비타민 B_{12}의 흡수를 방해할 수도 있다. 그러므로 엄격한 채식주의자들은 보충제 섭취가 필수다. 일반적인 아이용 종합 비타민과 무기질 보충제에는 B_{12}가 포함되지 않으므로, 의사에게 아이의 B_{12} 하루 권장량이 포함된 보충제 처방을 요청한다.

* **철분 섭취에 주의한다** 육류에는 철분 함량이 풍부한데, 육류를 먹지 않는 아이들은 종종 이런 중요한 영양 성분을 충분히 섭취하기

아이를 위한 유제품 단백질 조합

유제품 단백질 조합을 위해 다음 음식 가운데 하나와 '채식주의 아이를 위한 단백질 조합(577쪽 참조)'에 소개한 목록 가운데 곡물과 콩과 식물의 1인분에 해당하는 양 하나를 결합한다.
- 코티지치즈 2테이블스푼
- 우유 ⅓컵
- 무지방 분유 2테이블스푼
- 농축 우유 ⅙컵
- 요구르트 ⅓컵
- 달걀 ½개 또는 달걀흰자 1개
- 저지방 경질 치즈 약 10g(스위스치즈나 모차렐라 치즈 등)
- 파르메산 치즈 1테이블스푼

채식주의 아이를 위한 단백질 조합

아이들은 단백질 가운데 일부를 육류나 생선, 가금류, 달걀, 유제품 등의 동물성 원료를 통해 공급받는 것이 더 바람직하다. 부모의 식생활 원칙상 전적으로 동물성 단백질에만 의지하기는 불가능하거나 가끔은 채식만 먹이고 싶은 경우, 아래의 음식을 조합하면 매끼 단백질을 충분히 공급할 수 있을 것이다. 아이의 1인분 단백질 필요량(약 6g)을 충족시키기 위해 아래의 콩과 식물 가운데 하나와 곡물 가운데 하나를 결합한다.

주의 사항 견과류는 단백질 함량이 높아 콩과 식물과 결합해 한 끼분의 식물성 단백질을 제공할 수 있다. 그러나 질식의 위험이 있으므로 아이에게 줄 때는 반드시 곱게 갈아야 한다.

✱ **곡물**
- 대두나 고단백 파스타 약 15g
- 통밀 파스타 약 30g
- 밀 배아 1½테이블스푼
- 귀리 ⅙컵(조리 전)
- 익힌 야생 쌀 ¼컵
- 익힌 현미나 불거(밀을 반쯤 삶아 말린 후 빻은 것), 메밀가루, 수수 ⅓컵
- 통곡물 빵 1조각
- 통밀 피타 작은 것 1개(약 30g)
- 통밀 잉글리시 머핀이나 베이글 ½개

✱ **콩과 식물**
- 렌틸콩이나 으깬 완두콩, 병아리콩, 대두, 녹두, 리마콩, 강낭콩 3테이블스푼
- 동부콩, 흰콩, 누에콩, 흰 강낭콩 ¼컵
- 녹색 완두콩 ⅓컵
- 두부 약 30g
- 땅콩버터 ¾테이블스푼

힘들다. 아이의 식단에서 철분 흡수율을 향상시키려면 철분이 풍부한 음식을 먹일 때마다 비타민 C가 풍부한 음식도 같이 제공한다(556쪽 참조). 의사는 철분이 포함된 비타민과 무기질 보충제를 권장하기도 한다.

✱ **칼슘을 충분히 섭취한다** 유제품을 섭취하지 않는 채식주의자는 식단만으로 충분한 양의 칼슘을 섭취하기 힘들다. 그러므로 엄격한 채식주의자 부모들에게 아이가 최소한 열 살이 될 때까지는 꾸준히 우유를 먹이는 방법을 고려하도록 권장하고 있다. 부모들이 이 생각을 받아들이지 않는 경우, 일정한 형태의 칼슘 보충제를 이용해야 할 것이다. 그렇지 않으면 칼슘뿐 아니라 비타민 A와 D가 함께 강화된 두유를 이용하는 것도 좋은 방법이다. 아이에게 두유를 줄 계획이라면 칼슘과 비타민 A와 D가 강화된 제품만 이용한다. 대부분의 두유에는 이런 영양 성분들이 강화되어 있지 않으므로 제품의 영양 표시를 꼼꼼하게 읽는다. 칼슘 강화 오렌지 주스도 대안이 될 수 있지만 비타민 A와 D가 강화되어 있지 않고 거의 무시해도 될 정도의 단백질이 포함되어 있다.

✱ **비타민-무기질 보충제를 준다** 채식주의자의 식단에는 비타민 D와 리보플라빈 같은 아이의 성장 및 발달을 위해 필요한 다양한 비타민들이 결핍되어 있거나 부족할 수 있으므로, 채식주의자 어린이에게는 어린이용 비타민과 무기질 보충제를 예비로 먹이는 것이 좋다(558쪽 참조).

안전한 먹거리, 안전한 물

── 집 안팎에서 식품 안전 감시하기

덜 익힌 패스트푸드 햄버거와 관련된 식중독 사고에 대해 언론에서 보도하면 갑자기 모든 사람들이 고기를 '완전히' 익히느라 바짝 신경을 쓴다. 회와 관련된 식중독 사고가 발생했다는 보도가 나오면 모두들 조개며 굴은 입에도 대지 않고, 살모넬라균이 급증한다는 보도가 나오면 갑자기 다들 달걀을 푹 익혀 달라고 주문한다.

그러다가 당장의 공포가 지나가고 나면, 식품 오염에 대해 들끓던 걱정은 언제 그랬냐는 듯 한순간에 차갑게 식는다. 하지만 식품 안전은 음식을 조리하는 사람, 특히 아이가 먹을 음식을 조리하는 사람이라면 누구나 지속적으로 신경을 써야 하는 부분이다. 식품 오염으로부터 가족을 보호하는 노력은 어렵지 않으며 그만한 가치가 충분하다. 방법을 알아보자.

* 음식을 조리하기 전에 비누와 따뜻한 물로 손을 깨끗이 씻는다

* '사용 유효 날짜'가 지난 식품은 이용하지 않는다 음식을 구입하고 조리할 때는 '판매 유효 날짜(유통기한)'와 '사용 유효 날짜'에 주의한다.

* 음식이 상했는지 알아볼 때는 코를 신뢰하지 않는다 부패하는 음식 냄새는 맡을 수 있을지 몰라도 박테리아 냄새까지 맡을 수는 없다. 그리고 냄새가 나기 시작하기 전 단계라도 병을 일으킬 수도 있다.

* 과일과 채소를 깨끗하게 씻는다(584쪽 참조) 머스크멜론은 집에 가지고 오자마자 세제와 뜨거운 물, 솔을 이용해 껍질을 씻는다. 껍질에 심각한 질병을 일으킬 수 있는 살모넬라균이 잠복해 있을 수 있다. 멜론을 썰기 전에 멜론이 닿았던 표면을 닦고, 반드시 멜론을 씻은 다음 잘라야 한다. 멜론을 씻기 위해 사용한 솔도 뜨거운 비눗물이나 세제를 푼 물에 씻어야 한다. 잘라 놓은 멜론은 냉장고에 보관한다. 실온 노출은 4시간으로 제한한다.

* 잠복해 있는 박테리아는 특히 어린아이들에게 대단히 위험할 수 있다 아이에게는 연질 치즈(페타 치즈, 브리 치즈, 까망베르 치즈, 블루치즈)는 주지 말고 경질 치즈(스위스 치즈, 체다 치즈, 문스터 치즈), 코티지치즈, 요구르트만 준다.

* 곰팡이를 피한다 연질 치즈나 빵, 연한 과일과 채소(딸기, 포도, 복숭아, 오이, 토마토), 요구르트에 곰팡이가 보이면 전체를 버린다. 경질 치즈에 곰팡이가 핀 경우, 곰팡이 핀 부분과 주위로 2.5cm를 도려낸다. 곰팡이가 피거나, 색깔이 변하거나, 맛이 상한 땅콩이나 땅콩버터에는 위험한 독성 물질인 아플라톡신이 들어 있을 수 있으므로 요리를 하거나 가족이 먹게 해서는 절대로 안 된다.

* 병조림, 통조림의 상태를 확인한다 개봉하지 않았지만 용기가 움푹 들어가거나 불룩하거나 내용물이 새는 통조림, 밀폐된 상태지만 개봉하려고 시도하기 전에 이미 마개가 뽑혀 있거나 처음 개봉할 때 '뻥' 소리가 나지 않는 병 속의 음식은 사용하지 않는다.

* 재가열한 음식은 조심한다 남은 음식을 보관하거나 최소 74도 이상의 온도에서 재가열한 경우, 다른 가족들에게는 안전하지만

아이와 외식할 때

과거 세대에는 음식점에서 유아용 식탁 의자에 앉아야 하는 손님에 대해 세심하게 배려하는 곳이 많지 않았다. 하지만 요즘은 낮에도 아이와 떨어져 지내야 하는 부모가 많아지면서 저녁까지 아이와 함께하지 못하는 상황을 기피하는 터라, 음식점에서 4세 이하의 아동을 보는 일은 그리 드문 일이 아니다. 뿐만 아니라 거의 대부분의 음식점들이 꼬마 손님을 더욱 환대하고 꼬마 손님의 특별한 요구를 잘 맞춰 주고 있다.

아이와 행복하게 외식을 즐기기 위해 집을 나서기 전에 다음 사항을 점검하자.

메뉴 선택 부모는 꼬치구이 요리나 매콤한 요리를 맛보고 싶겠지만, 아이의 입맛은 아마도 파스타와 치킨 핑거에 더 기울어져 있을 것이다. 평화로운 식사 시간을 위해 아이의 기호를 중심으로 음식을 선택하도록 한다. 물론 음식점에서 어린이 메뉴를 제공하면 가장 좋겠지만, 아이에게 맞추어 메뉴를 대체하고 아이의 특별한 요구를 기꺼이 받아들여 주는 음식점이라면 어디든 괜찮다. 샐러드 바가 있는 뷔페식 음식점은 느긋하게 식사를 즐기기는 어렵겠지만 음식이 나오길 기다릴 필요가 없고, 아이가 직접 음식을 선택할 수 있으며, 아이가 더 먹고 싶어 하면 얼마든지 더 가져다 먹을 수 있다. 중국 음식점은 특히 어린이 고객의 요구를 잘 수용해 주고 음식도 아이의 입맛에 잘 맞다. 그리고 미리 준비된 음식을 몇 분 만에 볶아서 내놓기 때문에 대개 음식을 기다리는 시간이 짧다. 반드시 인공 조미료와 향이 강한 향신료를 넣지 말라고 부탁해야 한다. 아이가 피자와 파스타를 좋아한다면 이태리 음식점도 좋지만, 까다로운 아이를 위해 플레인 케사디야를 주문하려면 멕시코 음식점에 가는 것도 괜찮다. 칠리소스나 기타 소스, 다른 고명을 첨가하지 말라고 주문해야 한다. 주된 식사로 구운 감자를 제공하는 스테이크 하우스나 해산물 음식점도 괜찮고, 특히나 아이가 좋아하는 방식으로 조리한 피시 스틱이나 치킨 요리가 제공된다면 금상첨화다. 통곡물 빵을 제공하는 음식점이라면 더욱 좋고, 특히 아이가 주로 빵으로 배를 채운다면 장소로 적당하다.

시설 패밀리 레스토랑에 유아용 보조 의자와 유아용 식탁 의자가 등장한 후로 대부분 음식점에서도 이런 시설을 갖추고 있다. 아이용 좌석이 충분히 마련되어 있는지 미리 전화해 확인한다. 아이가 좌석에 까다로움을 부린다면 집에서 아이가 앉던 보조 의자나 아이용 의자를 가지고 와도 좋은지 문의한다.

태도 음식점과 직원들이 아이에게 친절한가? 시설만 좋다고 만족스러울 수는 없다. 어린이 고객을 대하는 음식점의 태도도 중요하다. 전화를 걸어 문의할 때 "어린이도 기꺼이 환영하는지요?"라고 단도직입적으로 물어보아 음식점의 분위기를 파악해야 한다. 반응을 들어보면 음식점을 선택할지 말지 분명하게 알 수 있을 것이다.

소음 수준 소음 수준이 높으면 대화에 방해가 될지 모르지만, 그렇기 때문에 아이가 칭얼대는 소리, 포크로 식탁을 치는 소리 등이 옆 테이블에 들리지 않을 수도 있다. 경쾌한 음악이 흐르면 음악을 즐길 수도 있고 아이가 시끄럽게 장난치는 소리도 감출 수도 있다.

식사 시간 손님이 뜸한 시간에 식사한다. 식사 시간 전에, 사람이 붐비지 않고 직원이 아직 지치지 않을 때 도착하도록 계획을 세운다.

대기 시간 음식점에서는 원래 기다리는 거려니, 생각해서는 안 된다. 가능하면 예약을 받는 음식점을 선택한다. 보통 예약을 받지 않는 음식점도 '아이가 있다'고 하면 간혹 예외를 두는 경우가 있다. 또는 상황을 설명하면 명단에 이름을 올려놓아 대기 시간을 줄여 주는 음식점도 있다. 기다려야 할 경우 밖에서 아이의 에너지를 어느 정도 소모시킨다. 아이들은 대개 자리가 나길 기다리거나 음식점이 나오길 기다려야 하는 상황을 잘 참지 못한다.

좌석 가능하면 가장 좋은 자리를 예약한다. 아이와 성공적으로 외식을 마치려면, 음식점의 위치는 어디든 상관없지만 좌석의 위치는 대단히 중요하다. 그러므로 미리 전화로 예약할 때 요구 사항과 선호하는 자리를 분명하게 밝혀야 한다. 사람들이 드나들지 않는 자리에 앉을 수 있다면 부모와 음식점 양쪽에 도움이 될 것이다. 큰 소리를 내도 옆 테이블에 방해가 되지 않을 정도로 옆 테이블과 멀리 떨어져 있고, 아이가 갑자기 테이블에서 빠져나와 돌진하더라도 크게 충돌하지 않을 정도로 대기실 및 주방 출입문과 멀리 떨어진 자리가 좋다. 서둘러 나가야 하는 경우를 대비해 출입문과 가까운 쪽 테이블도 괜찮다. 아이가 화장실 사용법을 배우는 과정이라면,

화장실을 쉽게 이용할 수 있는 위치가 좋다. 유아용 식탁 의자에 앉기에는 아이가 너무 크다면 칸막이된 자리가 가장 안전하다. 아이가 부모와 칸막이 사이에 앉게 되면 장난을 치다가 뒤로 넘어질 의자가 옆에 없어 안전하다.

적절한 놀이 도구 음식점에서 크레파스와 종이 테이블보 또는 종이 식탁 매트를 제공한다면 아주 도움이 될 것이다. 요즘에는 놀이방이 마련된 음식점도 점점 늘고 있다. 이런 편의시설을 전혀 제공하지 않는 음식점에는 아예 갈 생각도 하지 말자. 식사 시간이 즐거우려면 주문한 음식을 먹는 것만으로는 충분하지 않으며 아이가 즐길 거리가 풍성해야 한다. 가방에 책과 크레파스, 스케치북, 색칠 공부 책, 소리가 나지 않는 작은 장난감을 챙겨 간다. 아이가 배가 몹시 고픈데 당장 아이의 허기를 만족시킬 음식이 아무것도 없다면 음식이 나올 때까지 아이를 진정시킬 간식거리를 준비한다. 집에서 나서기 전에 가벼운 간식을 줄 수도 있지만, 이렇게 하면 식사를 할 때 식욕을 잃을 수 있으며 아이가 얌전히 앉아 있을 가능성이 거의 없다.

음식점에 도착한 후 상황을 알아보자.

속전속결로 끝낸다 아이를 맡기고 외출했다면 당연히 느긋하게 식사를 즐기는 것이 좋다. 하지만 아이가 엄마와 아빠 사이에 앉아 식탁 위의 음식으로 장난을 치고, 칸막이 뒤로 기어 올라가며, 숟가락으로 접시를 치면서 쨍그랑 소리를 내고 있다면 속전속결로 식사를 끝내는 것이 가장 좋다. 다시 말해, 음식점에 들어가자마자 얼른 식사를 마치고 최대한 빨리 나와야 한다. 빠른 서비스가 장점인 음식점에서(568쪽 참조) 식사를 하는 것도 도움이 된다. 전화 주문을 할 수 있는 음식점은 미리 주문해 두면 도착해서 바로 음식을 먹을 수 있게 준비해 준다. 이런 상황이 모두 불가능하면, 의자에 앉기 전에 메뉴를 읽어 보고 가능한 한 빨리 주문한다. 애피타이저나 음료를 먼저 주문하기보다 모든 음식을 한꺼번에 주문하는 것도 시간 절약에 도움이 된다. 아이의 음식이 먼저 나오게 해 달라고 부탁하는 건 언뜻 바람직해 보이지만, 부모의 음식이 도착할 때쯤 아이가 식사를 마치고 나가자고 떼를 쓸 수 있다는 사실도

염두에 두자. 아이의 식사 속도가 아주 느리지 않다면 모든 음식을 최대한 빨리 가져다 달라고 부탁한다. 부모가 주문한 음식에 샐러드나 수프, 애피타이저가 딸려 나오고 아이의 음식에는 이런 종류가 나오지 않는다면, 부모의 음식 가운데 첫 번째 코스가 나올 때 아이의 음식도 같이 가져다 달라고 부탁하거나 아이도 식사를 시작하기에 적당한 음식을 함께 주문한다. 또는 부모의 첫 번째 코스 음식이 나올 때 아이에게는 집에서 가지고 온 간단한 간식을 준다. 식사 전에 나오는 빵은 적당히 조금만 떼어 주어 빵으로 배를 채우지 않도록 해야 하며, 특히 통밀 빵이 아니라면 아주 조금 맛만 보게 한다. 씹는 데 시간이 오래 걸리고 좀처럼 양이 줄어들지 않는 씹기 힘든 빵이나 껍질이 딱딱한 빵이 가장 좋다. 모두가 거의 비슷한 시간에 식사를 시작하고 마칠 수 있도록 계획을 잘 세운다. 가령, 부모가 이제 막 치킨을 한 입 베어 물려고 하는데 아이는 "다 먹었어!"라고 외치며 숟가락을 내려놓는다면, 부모가 다 먹을 때까지 아이가 얌전히 기다릴 수 있도록 가벼운 디저트, 과일이나 아이스크림

아이에게는 먹이지 않는다. 이런 음식에는 어린아이가 이겨내기 힘든 미생물이 포함될 수 있다.

✱ 보관한 음식이 부패하지 않도록 냉장실의 온도는 4.5도 이하, 냉동실 온도는 0도 이하를 유지한다.

✱ **냉장실 온도는 4.5도 이하를 유지해야 한다** 구이용이나 스테이크용 쇠고기는 냉장고 안에 사흘에서 닷새까지만 보관하고, 햄버거나 닭고기, 칠면조 고기는 하루나 이틀까지만 보관한다.

✱ **육류, 가금류, 생선은 실온보다는 냉장고 안에서 해동시킨다** 또는 밀폐된 비닐봉지 안에 넣은 후 개수대에 놓고 그 위로 찬물을 흘려보낸다.

✱ 익히지 않은 육류나 가금류, 생선을 만진 후에는 비누와 물로 손을 깨끗이 씻는다 이런 음식들이 닿은 표면과 조리 기구도 비눗물로 씻는다. 스펀지와 행주가 오염되지 않도록 종이 타월로 육즙을 닦는다.

✱ 육류와 가금류, 생선은 완전히 익힌다. 육류

등을 주어도 좋다.

관심을 기울인다 아이가 관심을 갈망하여 소리를 지를 정도로 놔두지 않는다. 어른들끼리 나눌 대화는 밤에 어른들끼리 외출할 때 하고, 지금은 아이와 함께 나눌 수 있는 대화에 집중한다. 한 번에 하나씩 놀이를 제공해 음식이 나올 때까지 아이를 즐겁게 해 준다. 장난감이 들어 있는 가방을 깜빡 잊고 집에 놓고 왔다면 냅킨이나 메뉴판을 이용해 까꿍 놀이를 하거나, 손가락 놀이를 하거나, 즉석에서 놀이를 만든다.

잘 먹는 음식을 주문한다 아이가 좋아하는 음식을 주문한다. 음식점에서는 아이의 입맛을 시험하지 않는다. 아이가 어린이용 메뉴를 좋아하면 그 가운데 선택한다. 둘 이상의 아이를 동반한 경우 어른들이 먹는 1인분의 양만큼 따로 나누어 담아 달라고 주문해서 먹게 한다. 코스 요리에서는 애피타이저의 절반을 아이의 주요리로 주문한다. 구운 토마토, 코티지치즈 한 숟갈, 브로콜리 한 접시 등 주요리에 곁들여 나오는 음식도 함께 먹인다. 아이가 음식에 고명이 곁들여지는 걸 싫어한다면 아무것도 곁들이지 말라고 요구한다. 아이는 플레인 파스타 위에 파슬리 가루가 뿌려져도 먹으려 하지 않기 때문에 뿌리지 말라고 설명한다. 아이가 음식이 서로 섞이는 걸 질색한다면(277쪽 참조) 서로 들러붙는 음식은 따로 달라고 부탁한다.

한계를 정한다 아이에게 공손함과 바른 예절의 모범이 되어 식사 시간 내내 얌전히 앉아 있어 주길 기대한다는 건 부당하다. 그러나 옆 테이블 사람들이 아이의 장난을 한 시간 동안 참아야 하는 것 역시 부당하다. 식사 시간 동안 아이를 만족시켜 얌전히 자리에 앉게 하려면 각별히 노력을 기울여야 한다. 그럼에도 불구하고 다른 사람들에게 방해가 될 정도로 아이가 산만하게 군다면, 잠시 아이를 데리고 밖에 나갔다 오는 것이 좋다. 어른 한 명은 테이블에 남고 다른 한 명이 아이를 밖으로 데리고 나가 달라진 환경에서 아이를 진정시킨다. 한 번 더 아이를 데리고 나가야 하는 경우 교대한다. 이렇게 하면 부모 모두가 느긋하게 식사를 즐길 기회를 갖게 된다. 그러나 눈치 빠른 아이가 억지로 부모를 끌고 나가려고 소란을 피울 수도 있으므로 아이의 꾀에 넘어가지 않도록 주의한다. 그리고 부모가 식사를 다 마치기 전에 아이를 데리고 집에 와서는 안 된다. 이렇게 하면 아이는 버릇없이 굴면 부모의 저녁 식사 계획을 바꿀 수 있다고 생각하게 된다.

주의 사항: 허락을 받기 전에는 식사 시간 동안 자리에서 벗어날 수 없다는 걸 원칙으로 정한다. 아이가 혼자 음식점 주변을 돌아다니다가 뜨거운 음식이나 음료를 나르는 음식점 직원과 부딪치면 큰 사고를 일으킬 수 있다.

팁을 지불한다 번번이 특별한 요구를 하고, 카펫 주변에는 파스타가 떨어져 있고, 테이블 여기저기에 토마토소스가 묻고, 음료는 쏟고 음식은 엎질러져 있다. 이런 상황을 일일이 챙겨 주고 아이의 시중을 드는 직원에게 양해를 구하는 의미로 약간의 팁을 지불하는 것이 좋다. 다음에 다시 방문할 계획이라면 특별히 후하게 지불한다.

속 가열 온도는 최소 70도가 되어야 하고, 가금류는 80도, 생선은 70도가 되어야 한다. 닭고기나 칠면조 고기의 뼈 부위나 햄버거, 스테이크, 구이 중앙이 분홍색이어서는 안 된다. 육즙은 맑거나 노르스름해야 하며, 분홍빛을 띠거나 붉은색이어서는 안 된다. 생선은 불투명한 색을 띠고 조각조각 부서질 때까지 익혀야 한다. 핫도그는 미리 조리되어 있더라도 김이 날 때까지 데워야 한다.

* **익힌 음식은 먹기 전 한두 시간 이상(실온이 29도 이상인 경우 1시간) 실온에 두지 않는다** 일단 음식 온도가 실온과 비슷해지면 미생물이 번식하기 시작한다. 음식을 따뜻하게 유지할 때는 온도를 63도 이상으로 유지해야 한다. 확실하게 하기 위해 육류 온도 측정기를 이용한다.

* **냉동식품이나 속을 채운 음식에는 슬로 쿠커(slow cooker)를 이용하지 않는다** 오븐에 음식을 익힐 때는 온도를 165도 이상으로 유지한다.

* 숯불구이를 하는 경우, 익히지 않은 날 재료를 놓았던 접시에 익힌 버거나 스테이크, 소시지, 닭고기, 생선 등을 올리지 않는다 날고기나 생선을 재워 둔 양념장을 요리를 마칠 무렵에 끼얹거나 소스로 사용하지 않는다. 이런 양념장에는 익히지 않은 육즙이 포함되어 있고 오염됐을 수 있다.

* 아이에게 익히지 않은 육류나 가금류, 생선, 해산물(특히 조개류와 굴)을 먹이지 않는다 저온 살균하지 않은 우유와 치즈 등 유제품, 날달걀이나 반숙 달걀, 시저 샐러드, 굽지 않은 케이크 반죽이나 쿠키 반죽, 빵 반죽 등 익히지 않은 달걀이 포함된 음식도 피한다.

* 외식을 할 때는 창문이 더럽고, 파리가 많이 날아다니며, 해충이 돌아다닌 흔적이 있는 등 불결한 음식점에는 들어가지 않는다 음식을 장시간 실온에 두는 음식점, 음식을 취급하는 사람이 맨손으로 음식을 만지는 음식점, 음식을 취급하는 사람이 칼로 베이거나 상처가 나거나 긁힌 부위를 그대로 노출시키는 음식점도 피한다.

* 소풍이나 여행을 위해 음식을 포장할 때는 냉장고에서 방금 꺼낸 차가운 음식을 보냉병이나 아이스박스에 넣는다 뜨거운 음식은 뜨거운 상태로 곧장 보온병이나 보냉병에 넣어야 한다. 모든 음식은 내용물이 새지 않도록 단단히 포장하거나 상자에 넣어 뚜껑을 꼭 닫는다. 아이스박스는 밝은 햇볕이나 자동차 트렁크에 놓지 말고 그늘이나 에어컨이 나오는 자동차 내부에 보관한다. 얼음이 녹거나 아이스 팩이 해동되면 상하기 쉬운 남은 음식은 폐기한다. 소풍 음식을 파리나 기타 곤충, 애완동물로부터 보호한다. 음식을 먹기 전에는 물티슈로 모두 손을 닦게 한다.

— 화학물질 섭취 관리

아이가 음식과 물을 통해 화학물질을 섭취하게 되지 않을까 많은 부모들이 노심초사 걱정하지만, 이런 걱정이 타당한지에 대해서는 아직 분명하게 밝혀지지 않고 있다. 사실상 우리는 미생물의 영향력에 대해서보다 음식의 화학물질의 영향에 대해 아는 것이 더 적다. 그도 그럴 것이 점심 식사에 잠복해 있던 고약한 세균으로 인해 저녁 전에 벌써 몸이 시름시름 아프기 시작하지만, 화학 첨가물은 아무리 위험해도 몇 년 아니 몇 십 년 동안 그 위험성을 드러내지 않기 때문이다.

<u>어린아이들은 어른들보다 체중에 비해 많은 음식을 섭취하고, 체내에 쌓인 위험 물질을 처리하고 배출하는 데 더 오랜 시간이 걸린다. 아이들은 면역 체계가 성숙하지 않고 계속 성장하는 과정에 있으며, 앞으로 수 년 동안 이런 위험 물질들에 해를 입을 수 있기 때문에 어른들보다 화학물질의 오염에 더 취약하다.</u> 그러나 사실상 이런 위험의 직접적인 원인이 위험 물질에 노출되어서인지, 이런 위험이 언제 나타나는지는 아직 과학적으로 밝혀지지 않고 있다.

1980년대 미국에서 사과에 식물 생장 조절 화학 약품인 알라(alar)가 검출되어 식품 안전에 대해 온 국민이 패닉 상태에 빠졌을 때, 많은 부모들은 아이에게 계속 자연식품을 주어도 괜찮을지 고민에 휩싸였다. 대부분 전문가들은 과일과 채소 같은 음식은 화학물질이 일으킬 수 있는 위험으로부터 인체를 보호하기 때문에 이런 음식을 먹이지 않는 건 어리석은 일이라며 재빨리

사태를 진정시켰다.

이처럼 지나치게 경계하는 건 바람직하지 않지만 다음 내용을 숙지해 미리 조심하는 것이 현명하다.

식품 다음 조치를 취해 이론상의 위험을 줄인다.

* **가능하다면 유기농 식품을 구입한다**
지금으로서는 '유기농' 상표가 붙은 식품들이 실제로 농약이나 비료 없이 기른 식품이라는 의미인지 확인하기 어렵다. 현재 한국유기농협회, 민간 인증기관 51곳과 정부 기관으로 국립농산물품질관리원이 유기농 식품 인증 과정을 맡고 있다. '유기농'이라는 이름이 붙은 포장 식품들은 모두 최소 95%의 유기농 재료들로 이루어져야 한다. 50~94%의 유기농 재료로 만들어진 식품은 '유기농 밀로 만들어진' 같은 문구로 표기되고, 유기농 재료가 50% 이하인 식품은 성분 표시에 유기농 재료만 따로 표기될 것이다. '천연 성분'이라고 표기된 식품은 유기농이 아니며 반드시 몸에 좋다는 의미도 아니라는 사실을 기억하자. '전환기 유기농'이라고 표기된 제품도 있는데, 전통적인 재배 방식에서 유기농 재배 방식으로 전환하는 과정에 있으며, 재배 과정에서 화학약품을 이용하지는 않지만 3년 동안 농약과 비료를 사용하지 않는다는 유기농 인증 요건에는 아직 부합하지 않은 식품을 말한다.

순무, 당근, 감자 등 뿌리채소는 농약이 많이 쌓이는 경향이 있으니 특히 유기농으로 구입하도록 한다. 그러나 껍질이 두꺼운 멜론, 오렌지, 바나나 등은 껍질이 화학약품의 침투를 어느 정도 막아 주어 굳이 유기농을 구입하지 않아도 괜찮다.

마트에 유기농 식품이 다양하게 구비되어 있지 않다면 지속적으로 요구한다. 주변 지인에게도 같이 요구하자고 제안한다. 유기농 식품에 대한 요구가 늘어날수록 유기농 재배가 늘어나 마트에서도 많이 구비할 것이고 따라서 자연히 가격도 낮아질 것이다. 또한 자주 가는 마트가 농약 잔류 검사를 실시하는지도 알아본다. 농약 잔류 검사를 실시하는 경우, 전통적인 방식으로 재배하는 식품들도 다른 마트의 식품보다 안전할 것이다.

유기농 식품은 인터넷을 통해서도 구입할 수 있다. 친구나 놀이 모임 학부모들, 소속 기관의 구성원들과 공동 구매를 할 수도 있다.

* **제철 식품을 구입한다** 현지 식품을 구입할 가능성이 높아 식품에 왁스나 수확 후 농약, 살진균제가 뿌려질 가능성이 낮다.

* **재배 지역을 고려한다** 전통적인 방식으로 재배된 국산 식품은 수입된 식품보다 일반적으로 잔류 농약이 적다. 판매처와 가까운 곳에서 재배된 식품은 배로 운송되는 동안 식품을 보호하기 위해 뿌리는 수확 후 농약이 뿌려질 가능성이 적다. 그리고 태평양 연안 지역에서 생산한 과일은 일반적으로 대서양 연안 지역에서 자란 과일보다 살진균제가 뿌려질 가능성이 적은데, 대서양 연안 지역은 습한 기후로 인해 식품에 곰팡이가 서식하기 쉽기 때문이다.

* **가능하면 직접 유기농 작물을 재배한다**
집 마당이나 지역 텃밭에서 유기농 작물을 재배하면 안전한 먹거리를 얻을 수 있을 뿐 아니라 아이에게 귀중한 학습 체험을 제공할 수도 있다. 아이들은 마트에서 구입한 음식이

아니라 직접 애써서 수확한 과일과 채소를 먹을 수 있다.

* **왁스로 코팅해 표면이 매끄러운 과일과 채소는 피하거나 껍질을 깎는다** 피망, 가지, 오이, 사과 등 많은 식품에 해당한다. 왁스 자체는 위험하지 않을지 모르지만 대개 곰팡이균과 부패를 막기 위해 이용되는 발암성 살진균제가 강화된다.

* 일부 전문가들은 비유기농 감자를 요리하기 전이나 후에 감자의 껍질을 깎아, 껍질 위에 싹이 나는 걸 억제하기 위한 화학약품을 제거하라고 충고한다. 이런 충고를 하는 전문가들은 일반 사람들이 흔히 믿는 바와 달리, 껍질에 많은 영양 성분이 들어 있지 않다고 주장한다.

* **못생긴 식품을 선택한다** <u>흠 하나 없이 완벽한 과일과 채소는 재배 및 선적 과정에서 화학약품을 사용했을 가능성이 매우 높다.</u> 그렇다고 굳이 벌레 먹은 사과를 찾을 필요는 없지만 너무 반질반질하고 예쁘게 생긴 식품은 무시하도록 한다.

* **깨끗하게 세척한 후에 먹는다** 채소와 과일 전용 세척액이나 식기 세제 몇 방울을 물에 풀어 거품을 낸 용액에 과일이나 채소를 세척해 표면에 묻은 잔류 농약과 미생물, 먼지를 최대한 제거한다. 찬물로 여러 차례 아주 철저히 헹군다. 껍질을 문지를 수 있는 채소(감자, 당근, 호박, 셀러리)는 튼튼한 채소 전용 솔로 문지른다. 브로콜리와 콜리플라워는 여러 등분으로 나누고, 시금치, 케일, 양상추, 기타 녹색잎 채소는 잎을 분리한 후에 씻는다. 양상추와 양배추는 겉잎을 버리고, 과일과 채소는 가능하면 깎아 먹는다. 셀러리는 잎과 맨 윗부분을 다듬는다.

* **조리를 하면 잔류 농약이 어느 정도 제거된다** 더불어 음식의 영양 성분도 어느 정도 줄어든다는 사실도 기억하자. 그러므로 과일과 채소는 익혀 먹기와 생으로 먹기를 번갈아 하면 좋다.

* **한 가지 식품에 반복적으로 노출되는 농약의 위험을 줄이기 위해 최대한 다양한 음식을 먹인다** 살충제, 살진균제 등 과일과 채소마다 사용하는 화학약품 종류가 다르다.

* **아직도 시판되는 이유식을 이용한다면 가능한 한 얼스 베스트(Earth's Best) 같은 유기농 식품을 구입한다** 이런 식품은 무농약일 뿐 아니라 시판되는 다른 이유식에 포함된 설탕, 닭고기 지방, 나트륨이 포함되어 있지 않다.

* **방사선을 쪼인 식품을 피한다** 방사선이 위험한 미생물을 죽일 수 있으며 특정 식품에 사용되려면 FDA의 허가를 받아야 하지만, 일부 전문가들은 살균 등의 목적으로 방사선에서 방출되는 빛을 쪼인 식품들이 완벽하게 안전하다고 입증할 수 있으려면 더 많은 연구가 필요하다고 주장한다. 더 자세한 내용이 밝혀지기 전까지는 개인적인 판단에 따르되, 기왕이면 안전한 쪽을 따르는 것이 좋다.

* **미심쩍은 화학 첨가물이 포함된 가공식품은 피한다** 아세설팜 칼륨, 인공색소, 뷰틸하이드록시아니솔(BHA), 디부틸하이드록시톨루엔(BHT), 프로필 갤레이트, 사카린, 아질산나트륨 등의 화학 첨가물이 포함된 가공식품은 피한다. 개인에 따라 아황산염, MSG(글루타민산 나트륨), HVP(식물성 단백 가수분해물)에 예민한

사람도 있으므로, 어린아이들에게는 이런 화학 첨가물이 포함된 음식을 주지 않는 것이 바람직하다. 마찬가지로, 어린아이들은 열량이 제한되어서는 안 되므로, 아스파르테임(이퀄, 뉴스타스위트) 같은 인공 감미료로 단맛을 낸 식품이나 올레스트라 같은 대체 지방으로 만든 식품(감자 칩 등)은 두 살 이하의 아동에게 적절하지 않다. 이런 음식들은 영양가가 거의 없고 이런 감미료가 성장기 어린이에게 미치는 장기적인 영향에 대해 아직 밝혀진 것이 없으므로 이 시기 이후에도 아주 가끔만 허용해야 한다.

* 아이에게 카페인이 포함된 음료를 주지 않는다 이런 음료는 일종의 흥분제이며, 따라서 어린아이들이 마시기에 적합하지 않다. 마찬가지로 알코올이 포함된 음료나 음식을 주어서도 안 된다. 알코올은 술이므로 아이들에게 해로울 수 있다.

육류, 가금류, 생선, 유제품 우리가 먹는 식품을 오염시키는 화학물질 가운데 많은 것들이 동물성 사료와 동물이 마시는 물, 호수, 강, 생선이 사는 바다도 오염시킨다. 뿐만 아니라 육류와 가금류에는 이런 동물들이 평생 먹은 항생제나 호르몬의 잔여물도 포함되어 있을 수 있다. 이런 갖가지 화학물질에 오염된 동물성 식품으로부터 위험을 줄이기 위해 다음 내용을 참고한다.

* 가능하면 유기농이거나 화학물질이 없는 것으로 인증된 육류, 가금류, 생선을 구입한다 <u>놓아기른 닭이라고 화학물질이 없는 것은 아니다.</u>

* 육류, 가금류, 생선을 번갈아 준다 쇠고기에는 호르몬 성분, 가금류에는 항생제, 생선에는 PCB(폴리염화비페닐)의 흔적이 남을 수 있는데, 이런 음식을 번갈아 먹이면 적어도 각각의 화학물질을 집중적으로 섭취하지는 않을 것이다.

* 육류는 지방을 제거하고 가금류는 껍질을 벗긴 후에 조리한다 화학물질은 이런 지방 조직에 축적되기 쉽다. 고기의 내장은 삼간다. 특히 간은 동물의 몸에 있는 독소를 처리하기 때문에 잠재적으로 해로운 화학물질이 상당량 포함되어 있다.

* 생선의 껍질, 아가미, 검은 지방 부위를 손질하고 내장을 완전히 제거한다 이런 부위에 오염 물질이 축적되어 있다.

* 유지방에도 화학물질이 축적되기 쉬우므로, 두 살 이후부터는 탈지방 또는 저지방 유제품을 준다 두 살 이전에 이런 화학물질이 어느 정도 체내에 들어간다 하더라도, 나중에 문제를 일으킬 만큼 많은 양이 축적될 가능성은 없다. 가능하면 호르몬제를 먹이지 않은 소에서 짠 우유를 구입한다.

* 오염되지 않은 물에서 잡은 생선과 해산물이 아니라면, 생선과 해산물 섭취는 일주일에 3회로 제한한다 특히 어린아이들에게 먹일 때는 원칙적으로 생선을 종류별로 돌아가면서 먹이는 것이 바람직하다. 호수와 강 등 오염된 물에서 잡은 생선은 삼간다. 먼바다 물고기와 양식 물고기가 대체로 가장 안전하다. 일반적으로 작은 생선이 큰 생선보다 안전하고, 기름기가 적은 생선이 많은 생선보다 안전하다. 일부 전문가들은 취미로 낚시를 하는 사람이 집에서 먹으려고 낚은 고기를 어린아이 또는 임신부에게 주어서는 절대로 안 되고, 판매를 목적으로 낚은 황새치, 게르치, 줄무늬농어 등은 PCB 수준이 높을 수 있으므로 먹는다

해도 아주 가끔만 먹어야 한다고 주장한다. 갑각류에는 주로 납, 카드뮴, 크롬, 비소가 포함되어 있으므로 역시 제한한다.

조리, 상차림, 보관을 위한 도구 관리

아이에게 제공하는 음식 걱정도 모자라, 이제는 음식을 조리하고, 담아내고, 보관하는 냄비, 프라이팬, 접시, 유리 식기류의 안전에 대해서도 이따금 의문이 제기되고 있다. 이런 의문 가운데는 전혀 근거 없는 걱정들도 있지만 지극히 당연한 걱정도 있다.

냄비와 프라이팬 아이에게 최대한 안전하게 조리해 주기 위해 온 마트를 샅샅이 뒤졌을 것이다. 하지만 음식을 조리할 냄비와 프라이팬은 얼마나 안전할까? 다음 내용을 참고하자.

* **코팅 처리된 제품** 음식 재료들이 프라이팬 표면에 닿더라도 코팅 성분이 체내에 흡수되지는 않으며, 심지어 표면이 살짝 벗겨져도 인체에 위험하지 않다. 그러나 뿜어 나오는 연기가 위험할 수 있다는 주장이 제기되고 있으므로, 이런 프라이팬을 사용할 때는 지나치게 열을 세게 가해서는 안 된다.
* **알루미늄 제품** 한때는 알루미늄 조리 도구를 사용하면 알츠하이머병에 걸릴 수 있다는 이론이 제기되기도 했지만, 최근 연구 결과에 따르면 이런 조리 도구와 알츠하이머병과는 아무런 관련이 없다고 하므로 안심하고 사용해도 괜찮다.
* **금속 제품** 이런 종류의 조리 기구는 다루기 힘들지만, 장시간 요리할 때 조리 기구에서 침출된 철분이 산성 식품 속으로 들어가는 경우 인체에 무해할 뿐 아니라 사실상 음식으로 철분을 흡수할 수 있는 좋은 공급원이 되기도 한다.
* **스테인리스스틸 제품** 이런 조리 기구 역시 철분과 함께 크롬, 니켈 성분이 음식 속에 흡수될 수 있다. 그러나 철분과 크롬은 중요한 성분이며, 니켈은 인체에 무해한 성분이므로 스테인리스스틸 기구를 사용해도 대체로 안전하다. 냄비가 오래될수록 이런 무기물이 음식에 덜 흡수된다.
* **파이렉스, 코닝웨어, 기타 내열성 유리 조리 도구와 법랑을 입힌 금속 제품** 이런 제품들 모두 안전하게 사용할 수 있다. 그러나 지나치게 높은 열을 가하거나 직접 가열하면 갈라지고 깨질 수 있으므로 반드시 설명서대로 조심해서 사용해야 한다.
* **구리 제품** 안에 다른 물질을 입히지 않은 구리 프라이팬은 구리 성분이 음식 안에 흡수될 수 있다. 너무 많은 구리 성분에 오염된 음식을 먹으면 속이 메스껍고 구토를 일으킬 수 있다. 그러므로 안전한 물질을 입힌 구리 프라이팬만 사용한다. 그러나 구리 그릇에 달걀흰자를 휘젓는 건 괜찮다.
* **전자레인지에 사용 가능한 조리 도구** <u>반드시 '전제레인지 사용 가능'이라고 표시된 제품을 찾는다.</u> 전자레인지에 사용해서는 안 되는 코티지치즈나 요구르트 용기, 기타 플라스틱 용기는 사용하지 않는다. 플라스틱이 녹거나 음식 안으로 용해될 수 있다. 지방이나 당분 함량이 높은 음식을 데울 때는 플라스틱 용기에 전자레인지용이라고 표기되어 있더라도 유리나 도자기 조리 도구를 이용하는 편이 좋다.

유리그릇과 보관 용기 조리 도구에 신경을 쓰는

것도 중요하지만, 음식을 담고 보관하는 용기에도 신경을 써야 한다. 모든 식기류에는 납 성분이 전혀 없어야 한다. 앤틱 식기류나 수입 식기류에는 납이 포함될 가능성이 높다. 납 성분이 음식이나 음료에 흡수될 수 있으므로, 납 크리스탈 용기나 납땜한 주석, 알루미늄 캔은 이용하지 않는다.

── 안전한 물 관리

안전한 수질 관리를 위해 여전히 많은 과제가 남아 있다. 일부 지역은 최소한의 수질보호 기준도 충족시키지 못하고 있으며, 허용 기준치보다 높은 수준의 화학물질은 물론이고 간혹 유해한 미생물에 수질이 오염되어 있는 곳도 있다. 수질이 안전하지 못한 경우, 문제를 개선하도록 주민들이 해당 관공서에 끊임없는 민원을 넣는 것이 중요하다.

다음 내용은 가족이 마시는 물과 관련해 현명한 결정을 내리는 데 도움이 될 것이다.

오염 물질 검사 유감스럽게도 눈으로 보거나 냄새를 맡거나 맛을 보는 것으로는 수돗물이 안전한지 확인할 수 없다. 대부분의 위험한 오염 물질은 수돗물의 외관이나 냄새, 맛에 영향을 주지 않는다. 이런 오염 물질은 색깔도 냄새도 맛도 없기 때문이다. 그러므로 수돗물의 오염도를 알 수 있는 방법은 검사를 하는 것뿐이다. 수질 검사는 복잡하지 않으며, 이해관계가 없는 제3의 기관에, 즉 검사 외에 필터나 생수 등을 판매할 목적이 없는 기관에 의뢰해야 한다. 환경부에서는 수돗물 수질을 무료로 검사해 주는 '우리집 수돗물 안심확인제'(2014년 3월)를 실시하고 있다. '우리집 수돗물 안심확인제'가 시행되는 지역에서는 해당 지역 주민이 '물사랑' 누리집(www.ilovewater.or.kr)에 신청하거나 해당 시·군에 전화로 수질 검사를 신청하면 담당 지역 공무원이 각 가정을 방문해 무료로 수질 검사를 실시한다.

수질 검사를 위해 아침에 일어나 제일 먼저, 마시거나 요리할 때 주로 이용하는 각각의 수돗물을 받아 놓는다. 물을 흘려보내지 않고 바로

도마 사용

수 세기 동안 전 세계 주방에서는 나무 도마가 애용되어 왔다. 그러나 과학자들이 나무에 난 칼자국, 긁힌 자국, 패인 홈 등에서 위험한 박테리아가 서식할 수 있다고 하자 나무 도마의 명성은 추락하고 대신 세척하기 쉽고 칼자국이 잘 나지 않는 플라스틱 도마가 각광을 받게 되었다. 그러나 이야기는 여기에서 끝나지 않는다. 1990년대 초반, 한 연구에서 미생물은 나무 도마 표면에 서식하지 않으며, 사실상 나무 도마가 플라스틱 도마보다 더 안전하다는 의견을 제시했다. 그리고 이후 다른 연구에서 나무 도마에 박테리아가 서식한다는 사실을 발견해 이 제안이 잘못됐다는 주장을 펼쳤다. 가장 최근에 내린 결론은, 나무 도마나 플라스틱 도마나 모두 칼자국이 깊이 나지 않고 관리만 잘하면 안전하게 사용할 수 있다고 한다.

* 익히지 않은 육류와 가금류 전용 도마와 빵, 채소, 과일 전용 도마를 따로 사용한다. 도마에 칼자국이 깊이 나면 교체한다.
* 도마를 사용한 후 그리고 음식을 조리하는 사이사이에 뜨거운 비눗물에 꼼꼼하게 세척한다. 플라스틱 도마는 식기세척기에 넣는다. 물 ¼컵에 염소 표백제 2티스푼을 첨가한 용액으로 정기적으로 나무 도마 표면을 살균한 다음 뜨거운 물에 꼼꼼하게 헹군다.

받는다. 대부분의 검사 기관들은 수돗물 표본을 받기 위한 플라스틱 병을 제공한다. 검사 비용은 대체로 비싸지 않고 주로 2~3주 안에 결과를 볼 수 있다.

과거에는 우물물을 깨끗한 물로 신뢰할 수 있었지만 요즘에는 오염됐을 가능성이 높다. 우물물을 이용하는 경우, 특히 농장이나 공업지 주변의 우물물을 이용하는 경우, 오염 물질이 흐르는지 검사를 받아야 한다. 세균에 의한 오염 여부도 정기적으로 검사를 받아야 한다.

염소 처리 물의 안전을 위해 대부분의 지방자치단체에서 염소를 이용하는데, 오랫동안 지나치게 염소를 섭취하면 일부 건강 질환에 영향을 미칠 수도 있다. 해당 지역의 상수도에 염소 함량이 유독 높다면(간혹 실제로 냄새를 맡을 수도 있다.) 물을 끓여 마시거나, 블랜더에 넣고 돌려 공기가 통하게 하거나, 뚜껑을 열어 놓은 채 하룻밤 두어 화학물질이 날아가게 한다. 물을 여과하기 위해 활성탄 여과 장치를 이용할 수도 있다.

납 처리 물속에 함유된 납 성분은 어린아이 또는 임신부에게 심각한 위험을 초래할 수 있으므로

질식의 위험

아기들이나 먹는 으깬 음식은 안녕, 이제는 어른들이 먹는 음식도 거뜬히 먹을 수 있다. 이가 제법 많이 나면서 아이들은 음식에 대해 완전히 새로운 경험을 할 준비를 갖추게 된다. 그러나 미식의 지평은 넓어졌지만, 질식할 위험 때문에 여전히 금해야 하는 음식들이 있다.

연령이 높은 아동이나 어른들에 비해 아이들이 쉽게 음식에 질식하게 되는 원인은 복합적이다. 아이들은 젖니가 전부 난 세 돌 중반 무렵에도 씹고 삼키는 기술이 미숙하다. 또한 얼른 먹고 놀고 싶은 마음에 음식을 제대로 씹지 않고 급히 삼키는 경향이 있고 뛰어놀면서 음식을 먹기도 한다.

질식의 위험을 최소화하기 위해 다음과 같은 음식은 제한하도록 하자.

- **핫도그** 세로로 길게 자른 다음 가로로 토막토막 썰어야 질식의 위험이 줄어든다.
- **딱딱한 사탕, 마시멜로**
- **견과류** 특히 땅콩은 7세 전에는 주지 않는 것이 가장 좋다.
- **포도나 체리** 껍질을 벗겨 씨를 빼낸 다음, 반으로 자르거나 사등분하면 질식의 위험이 줄어든다.
- **딱딱한 쿠키나 비스킷** 입안에서 녹는 종류로 선택한다.
- **고깃덩어리**
- **익히지 않은 당근이나 사과** 이가 전부 난 경우 가늘게 채를 썰어 준다.
- **팝콘**
- **땅콩버터 한 숟가락 가득** 빵이나 과일에 얇게 펴 바르는 건 괜찮지만 숟가락째 먹여서는 절대로 안 된다.
- **대두나 병아리콩** 으깬다.
- **익히지 않은 셀러리**
- **딱딱한 건포도** 이가 다 난 아이의 경우 밀폐 용기에 부드러운 상태로 보관된 건포도를 먹이는 건 괜찮다. 더 어린아이의 경우 납작하게 뭉개거나 반으로 자른다.

다음 내용을 참고하면 질식의 위험을 더욱 줄일 수 있다.

* 먹을 때는 얌전히 앉아 있어야 한다고 강조한다. 뛰거나 걷거나 놀거나 눕거나 몸을 반쯤 기울인 자세에서 음식을 먹으면 질식의 위험이 높다. 빵이나 파스타를 포함한 거의 모든 음식이 질식을 일으킬 수 있으므로, 아이가 음식을 먹을 때는 반드시 부모가 옆에서 지켜봐야 한다.
* 자동차 안에 있을 때, 특히 아이가 질식할 경우 곁에서 돌보는 어른이 없는 경우에는 음식을 먹지 못하게 한다.
* 아이가 이가 나서 아파할 때 잇몸의 감각을 둔화시키기 위해 약을 발라 주기도 하는데, 이럴 때는 특히 주의해야 한다. 마취 효과가 사라질 때까지는 아이가 평소처럼 씹기 힘들기 때문에 부드러운 음식만 제공한다.
* 입에 음식을 넣고 말하거나 웃지 않도록 가르친다. 가족이 이렇게 하면 아이도 쉽게 따라 할 것이다.

가정의 식수에 납이 함유되지 않도록 부모가 각별히 주의를 기울여야 한다. 식수에 포함된 납 성분은 상수도를 통해서도 전달되지만, 각 건물의 납관이나 수도시설의 땜납으로 인해 수돗물에 납 성분이 용해되기도 한다.

정수 처리 정수기 회사들이 앞 다투어 광고를 하고 있지만, 사실상 정수기는 거의 필요하지 않다. 그러므로 이해관계가 없는 독립적인 연구실(587쪽 참조)에서 실험하지 않은 상태에서 귀한 돈을 정수기에 쏟아붓지 않도록 한다. 정수기가 필요한 경우, 물속의 오염 물질을 기반으로 선택해야 한다. 탄소 여과 장치는 살충제를 비롯한 다양한 유기 화학물질은 물론 고약한 냄새와 맛까지 제거한다. 라돈도 제거될 수 있는데, 라돈은 집 안의 모든 상수원을 통해(수도꼭지, 변기, 세탁기 등) 퍼질 수 있기 때문에 라돈을 제거하는 유일한 방법은 집 안으로 들어오는 수돗물을 바로바로 정화시키는 POE(point of entry) 탄소 필터를 설치하는 것뿐이다.

수돗물에 염분이 많거나, 질산염의 수치가 높거나, 납이나 철분 기타 중금속 함량이 높은 경우, 역삼투압 정수기를 사용해야 한다. 그러나 이런 정수기들은 고가며 대량의 물이 낭비되기 때문에 꼭 필요한지 알아본 후에 설치를 결정한다.

생수 많은 가정에서 해당 지역 상수도 시설의 안전을 우려해 생수를 이용하지만, 생수가 수돗물보다 더 깨끗하거나 안전하다고 확실하게 보장할 수는 없다.

일부 생수는 다른 집 수돗물을 병에 담아 놓은 것과 별반 다를 바 없는 것도 있다. 불소가 거의 또는 전혀 함유되지 않은 생수는 유아나 아이의 치아를 보호하지 못한다. 생수를 이용할 때는 제조사에 문의해 불소 함유 여부를 알아본 다음, 불소 함량이 너무 적거나 많은지, 또는 적당한지 치과 의사에게 문의한다.

수돗물 맛보다 특정 생수의 맛을 더 선호하거나 수돗물 안전이 의심스럽다면, 생수를 이용하고 아이에게도 생수를 주어야 한다. 그러나 검사 결과가 양호하게 나온다 하더라도 수질이 병마다 균일하다고 보장할 수는 없다.

19장

배변 훈련의 모든 것

***

아이는 뒤집기, 앉기, 서기, 걷기를 배웠고, 이유식에서 밥으로, 아기 체육관에서 정글짐으로, 그리고 아기 침대에서 일반 침대로 발전해 왔다. 지금까지 아이는 아주 많은 것을 익혔고, 다방면에서 상당히 빠른 속도로 성장하고 발달했다. 그런데도 대부분의 또래 아이들이 그렇듯이 여전히 기저귀를 차고 있다. 변기 사용이 아이들의 마지막 관문은 결코 아니지만, 아이에게 4326개째 기저귀를 갈아 주면서도 아이가 기저귀를 벗어 버리고 다음 단계로 성큼 돌진할 날이 까마득히 멀게만 느껴진다. 그러나 믿음을 갖자. 아이가 그동안 익힌 다른 모든 기술과 마찬가지로 변기 사용 역시 완벽하게 숙달될 때가 올 것이다. 이번 장은 아이가 배변 훈련이라는 미로를 무사히 통과할 수 있도록 도와주는 길잡이가 될 것이다.

준비됐나요

옆집 아이는 첫돌 무렵 기저귀를 뗐다는데, 친구 아들은 22개월부터 변기를 사용했다는데, 길 건너 누구네 집 딸은 거의 네 살처럼 능숙하게 변기를 사용한다는데, 우리 아이는 대체 언제쯤 배변 훈련을 시키는 게 좋을까? 너무 일찍부터 배변 훈련을 강요하고 싶지는 않지만, 그렇다고 너무 오래 기다리고 싶지도 않다. 그렇다면 정확히 언제쯤 배변 훈련을 시작하는 것이 가장 적당할까?

다른 발달 영역들이 그렇듯 이 문제 역시 정확한 답을 찾기 위해서는 아이의 태도를 살펴봐야 한다. 배변 훈련을 할 준비가 됐는지, 즉 배변 훈련을 할 능력과 욕구가 있는지는 말이나 행동을 통해서 아이만이 알려 줄 수 있다. 일찍부터 변기를 사용하도록 아이에게 강요할 수는 있지만 바람직하지 않을뿐더러 저항심과 반항심, 지나치게 긴 투쟁으로 이어지기 쉽다. 아이에게 주도권을 주어 아이가 변기를 사용할 준비가 되고 기꺼이 사용하고 싶다는 의향을 보여 줄 때까지 기다리면, 변기 사용을 금세 익히게 될 뿐 아니라 변기를 사용했다는 성취감으로 인해 스스로를 뿌듯하게 여기게 되고 따라서 자아를 고양시키는 데도 기여할 수 있다.

기기, 걷기, 말하기와 마찬가지로 <u>배변 학습 역시 모든 아이들이 나름의 시간표에 맞추어 익혀야 할 발달 과제다.</u> 변기 사용을 완벽하게 익히게 되는 시기는 지적 능력이나 다른 영역의 발달 시기와 아무런 관련이 없다. 즉 일찍 말을 배웠거나 일찍 걸음마를 배웠다고 해서 일찍 변기를 사용하는 것은 아니며, 일찍 변기를 사용한다고 해서 글자를 빨리 익히는 것도 아니다. 두 돌이 되기 전에 배변 훈련을 할 준비가 갖추어진 아이도 있고 세 살이 지난 후에야 배변 훈련을 시작하려는 아이도 있는데, 대부분은 그 중간쯤에 준비가 갖추어진다.

배변 훈련을 할 시기인지 확인하기 위해, 아이가 준비가 되었다는 걸 보여 주는 몇 가지 조짐들을 알아보자.

* **생리적인 준비** 22개월 이전의 아이들은 대개 통제하기 힘들 정도로 수시로 방광을 비운다. <u>낮에 한두 시간 연속적으로 기저귀가 보송보송한 상태를 유지하고, 간혹 낮잠을 자다가 일어났을 때도 기저귀가 말라 있다면, 배변 훈련을 시작할 생리적인 준비가 되었다는 의미다.</u>
* **규칙적인 패턴** 매일 아주 일정한 시간에 변을 본다. 아마 처음에는 매일 아침 눈을 떴을 때나 아침 식사 후 또는 매 식사 후에 변을 볼 것이다. 그러나 배변이 전혀 규칙적으로 이루어지지 않는 아이들도 있다.
* **배변과 관련된 신체 신호를 인지한다** 끙끙댄다든지, 특정한 자세를 취한다든지, 조용한 구석에 가서 쭈그려 앉는다든지, 심지어 배변에 대해 알리는 등 여러 가지 방법으로 배변 활동이 시작되고 있다는 신호를 보낸다. 배변 훈련을 할 준비가 되지 않은 경우 소변이 다리 사이로 흘러 나와도 신경 쓰지 않지만, 준비가 된 아이들은 소변이 흐르는 걸 알아채고 부모에게 말하거나, 손으로 가리키거나, 무척 짜증을 낸다.
* **깔끔하고 청결하고 보송보송한 걸 좋아한다** 손가락과 얼굴이 끈적거리는 걸 갑자기 몹시 싫어한다든지 장난감을 가지런히 정돈하는 모습을 보일 때 대개 대소변이 묻은 기저귀를 질색하면서 즉시 갈아 달라고 조르는 모습도 같이 나타난다. 배변 훈련을 할 준비가 될 때쯤에는 후각이 발달해 냄새에 대해서도 몹시 까다로운 모습을 보인다. 덕분에 변이 묻은 기저귀 냄새도 더 잘 느끼게 된다.
* **주요 개념을 이해한다** 젖은 것과 마른 것, 깨끗함과 더러움, 위와 아래의 차이를 이해한다.
* **가정에서 사용하는 화장실 관련 용어에 익숙하다** 쉬, 응가, 대변, 소변 등의 용어뿐 아니라 고추, 잠지, 엉덩이 등 변기 사용과 관련된 신체 부위의 이름을 잘 안다.
* **욕구를 전달하고 간단한 지시를 이해하고 따를 줄 안다**
* **기저귀 대신 팬티를 입는 데 관심을 보인다**
* **간단한 옷은 혼자 입을 줄 안다** 바지를 내리고, 치마를 올리고, 팬티를 내린 후 다시 끌어올릴 줄 안다.
* **다른 사람의 화장실 사용에 대해 호기심을 갖는다** 형제, 부모 등 다른 사람이 화장실에 갈 때 따라가서 관찰하고 똑같이 따라 하려 한다.

준비하시고

아이가 준비가 되었다는 조짐이 보이는지 확인하고 또 확인했고, 마침내 배변 훈련을 위한 모든 요건이 갖추어진 것 같다. 하지만 기저귀를 떼고 변기를 향해 돌진하기 전에, <u>요즘 가정에서 일어나는 일과 아이의 생활에서 벌어지는 일들을 찬찬히 살펴보자.</u> 동생이 태어났거나, 육아 환경이

달라졌거나, 곧 이사를 하거나, 아이가 아프거나, 그 밖에 집안에 심각한 문제가 있다면 배변 훈련을 미루는 것이 좋다. 별다른 장애가 없다면 다음 조치를 취해 배변 훈련을 위한 준비를 갖춘다.

변기의 긍정적인 측면을 강조한다 변기 사용에 대해 좋게 이야기해 배변 훈련을 준비할 수 있게 한다. "기저귀 대신 팬티를 입으면 정말 좋겠다, 그치?", "너도 곧 화장실에서 응가를 할 수 있을 거야. 엄마 아빠처럼 말이야!" 그렇지만 기저귀 차는 것에 대해 나쁘게 말하지 않도록 한다. 오히려 배변 훈련이 힘들어질 수 있다.

성장의 긍정적인 측면도 강조한다 아이가 이처럼 중요한 단계를 향해 껑충 뛰어오르는 데 관심을 갖게 하려면 혼자 손을 씻거나, 음료를 많이 흘리지 않고 컵으로 마시거나, 장난감을 정리하거나, 다른 친구나 형제에게 관대하게 대하는 등 '성숙한' 행동을 할 때마다 듬뿍 칭찬하고 '아기 같은' 행동을 하면 못 본 척한다. 그러나 지나치게 성숙한 행동을 요구하거나 기대하지 않도록 주의하고, 특히 동생이 태어나거나 이제 막 유치원에 다니기 시작할 때는 아이가 단순했던 유아기 시절을 그리워할 수 있으니 더욱 주의한다.

배변 훈련에 대해 많이 공부한다 배변 훈련을 주제로 한 그림책을 여러 권 알아보고 아이에게 읽어 준다. 그러나 밝고 즐거운 분위기를 유지하면서 부모의 개인적인 의견을 늘어놓지 않는다. 변기 사용법을 익히는 다른 아이들의 모습을 보게 되면 아이를 준비시키는 데 도움이 된다.

변기 사용법을 보여 준다 아직 아이에게 부모가 변기에 앉는 모습을 보여 준 적이 없지만 보여 주어도 괜찮다고 생각되면 그렇게 한다. 배변 활동은 자연스럽게 이루어지겠지만 변기 사용은 학습을 통해 습득된다. 성이 같은 다른 사람이 변기를 이용하는 모습을 몇 차례 보여 주는 것이 백 번 설명하는 것보다 도움이 된다.

아이가 인형을 가르치게 한다 물을 마시면 기저귀가 젖는 인형을 준비해, 아이가 인형에게 변기 사용법을 알려 주고 기저귀를 떼고 배변 훈련용 팬티를 입혀 주도록 장려한다.

유아용 변기를 선택한다 아무 변기나 구입하면 안 된다. 튼튼하고 내구성이 있으며, 아이가

> **많이 기다려 주세요**
>
> 아이는 처음 몇 주 동안 수없이 넘어지고 실패하면서 마침내 걷는 법을 배웠다. 변기 사용법 역시 최소한 그 정도 실수하고 기간이 지나야 비로소 사용법을 완벽하게 터득하게 된다. 이 새로운 기술은 의식, 집중, 신체 조정 능력, 근육 통제력, 그리고 재빠른 타이밍이 필수다.
>
> 아이들이 대변과 소변을 가릴 줄 아는 시기가 거의 비슷하다. 그렇지 않은 아이들은 대체로 대변을 먼저 가리게 된다. 당연히 남자아이들이 여자아이들보다 소변을 가릴 줄 아는 시기가 조금 늦다.
>
> 곁에서 보기에는 하룻밤 사이에 변기 사용법을 익히는 것 같은 아이도 간혹 있고, 아주 드물지만 우연히 변기 사용법을 터득하는 아이도 있다. 그 밖에 아이들, 특히 천성적으로 변화를 거부하는 아이들과 과도기를 힘들게 보내는 아이들(228쪽 참조)의 경우, 배변 훈련 과정이 매우 서서히 이루어질 수 있다. 이런 아이를 둔 부모는 성공적인 배변 훈련을 위해 인내하고 또 인내하는 것이 무엇보다 중요하다.

배변 과정을 확인하기 위해 자리에서 일어날 때 뒤집어지지 않도록 바닥이 안정감 있는 변기를 구입해야 한다. 아이를 자극하는 데 도움이 된다고 생각하면, 유아용 변기를 구입할 때 아이를 데리고 가거나 '선물'처럼 포장해서 준다. 지워지지 않는 매직펜으로 아이의 이름을 쓰고, 아이의 소유임을 분명하게 하기 위해 젖을 가능성이 없는 곳에 스티커를 붙이게 한다. 아이에게 변기의 용도를 설명한다. "쉬야나 응가가 마려우면 기저귀 대신 이 변기를 이용하는 거야."

보조 변기를 사용한다 아이가 다른 가족들처럼 '어른' 변기를 이용하는 걸 더 좋아하는 것 같으면, 일반 변기 위에 설치하는 보조 변기를 선택한다. 보조 변기가 흔들리면 아이가 겁먹을 수 있으므로 일반 변기 위에 꼭 맞아야 하고, 발판이 부착되어 있으면 아이가 변을 볼 때 발판을 누르면서 힘을 줄 수 있다. 계단식 발판은 튼튼하고 안정감 있게 고정되어야 아이가 혼자서 보조 변기 위로 오르내릴 수 있다.

디플렉터는 제거한다 남자아이가 유아용 변기에 앉아 소변을 볼 때 변기 밖으로 소변이 튀지 않도록 방지하기 위한 플라스틱 보호 장치인 소변 디플렉터는 아이가 변기에 앉거나 일어설 때 아이의 살을 베거나 상처를 입힐 수 있다. 아이에게 '아야' 할지 모른다는 정신적 충격을 주지 않으려면 디플렉터를 제거한다. 대신 소변이 튀지 않게 조심하는 방법을 알려 준다. 페니스를 '아래로' 내리면 소변이 아래로 흐르고 밖으로는 흐르지 않는다고 알려 준다. 그릇 안에 휴지를 깔고 과녁을 삼아 연습하면 이런 까다로운 기술을 완벽하게 익히는 데 도움이 된다.

몇 차례 예행연습을 실시한다 유아용 변기를 이용하기 전에 변기에 익숙하도록 도와준다. 변화를 힘들어하는 아이들에게 이 과정은 특히 중요하다. 아이에게 변기를 이 방에서 저 방으로 이동하게 하고, 책을 읽거나 텔레비전을 보는 동안 변기 위에 앉게 한다. 처음부터 변기 사용에 제한을 두기보다 아이 스스로 변기를 통제하게 하면 자율성을 고취시키고 독립적으로 변기를 사용하도록 동기를 부여할 수 있다. 아이가 변기를 편안하게 받아들이면 본래 용도 대로 이용하기도 한결 편안해질 것이다.

기저귀 가는 장소를 바꾼다 욕실에서 기저귀를 갈아 기저귀 안의 내용물과 변기 안의 내용물과의 관련성을 이해시킨다. 기저귀 안의 변을 변기 안에 넣고 물을 내리면 관련성을 훨씬 분명하게 이해시킬 수 있을 것이다. 변기 물 내리는 소리에 아이가 깜짝 놀란다면, 변기 안에 내용물을 떨어뜨리기만 하고 물은 나중에 내린다. 내용물을 변기 안에 넣기만 하는 데도 아이가 크게 당황하는 모습을 보이면 이 단계도 나중으로 미룬다.

변기 관련 용어를 결정한다 쉬야나 응가, 소변이나 대변, 집안 식구 모두가 동일한 용어를 사용하고 아이가 배변 학습을 시작하기 전에 이런 용어들에 익숙해지면 배변 훈련이 더 수월하다. 일부 전문가들은 '아기들'이 사용하는 화장실 용어를 사용하게 되면 나중에 정확한 용어를 새로 배워야 하거나 정확한 용어를 들을 때 당황할 수 있으므로, 아기들이 사용하는 용어나 완곡한 용어보다는 공식적인 용어(대변, 배변, 변, 대변보다, 소변보다)를 사용할 것을 권장한다. 그러나 어떤 용어를 사용하든 선택한 용어를 일관되게 사용하는 것이 중요하다. 그리고 기저귀 안의 내용물에 대해 '구린내가 난다', '악취가 난다', '구역질이 날 것 같다' 등 부정적으로 언급해서는 안 된다. 배설에 대해 부정적인 어감으로 표현하지 않고 자연스러운 과정으로 여긴다면 아이도 그렇게 할 것이다.

몸의 신호를 '듣도록' 장려한다 아이에게 몸의 신호를 알아차리는 법을 알려 준다. 몸이 "배고파.", "목말라.", "졸려.", "응가 마려워."라고 말할 때 그 소리를 잘 듣는 것이 아주 중요하다고 설명한다. 아이가 기저귀에 대변이나 소변을 보는 '현장'을 이용하는 것도 몸의 신호에 주의를 집중하도록 하는 좋은 방법이다. "자, 그렇게 힘을 주고 싶은 건 대변이 나오려고 하기 때문이야. 이제 곧 있으면 변기에 앉아서 대변을 볼 수 있겠구나." 그런 다음 평소처럼 아무렇지 않은 태도로 기저귀를 간다.

출발

아이가 준비를 마치고 부모도 준비가 됐다면, 그리고 변기도 출동할 날을 손꼽아 기다리고 있다면, 마침내 배변 훈련에 착수할 때가 된 것이다. 아이에 따라 효과적인 접근 방법이 다르겠지만 대체로 아래 주의 사항들이 도움이 된다.

배변 훈련의 준수 사항

* **기저귀에서 배변 훈련용 팬티로 바꾼다** 일반 순면 팬티와 일회용 팬티를 번갈아 입히는 것이 좋다(596쪽 박스 내용 참조). 그러나 아이에게 팬티를 입도록 강요해서는 안 되며 그냥 제안만 한다. 배변 훈련 중에도 기저귀를 계속 찰 수 있다는 걸 알면 아이가 배변 훈련 과정에서 더욱 통제력을 느끼게 되고 위협을 덜 느낀다.
* **당분간 맨 엉덩이로 다니게 한다** 기온이 적당하고 집 안이 청소하기 편리하거나 사람들 눈에 띄지 않는 마당이 있다면, 맨 엉덩이로 다니게 하는 것이 아이가 몸의 신호를 알아차리는 데 가장 바람직하다. 기저귀를 차지 않아 배설물이 나오는 걸 확실하게 알아볼 수 있다. 유아용 변기를 가까이에 두어 아이가 여차하면 몸의 신호에 맞추어 조치를 취하도록 한다. 신발이 젖지 않도록 하기 위해 집 안에서는 맨발로 다니게 하거나 물빨래할 수 있는 양말을 신긴다.
* **맨 엉덩이로 다니지 않아도 쉽게 대소변을 볼 수 있게 한다** 아이가 통제력이 발달해 대소변을 '참을' 수 있을 때까지는 한시도 지체할 새가 없을 것이다. 좀처럼 열리지 않는 단추나 다루기 힘든 고리 때문에 쩔쩔매게 하지 않으려면, 얼른 내릴 수 있는 고무 밴드 바지를 입힌다. 지퍼를 내린다든지, 단추를 연다든지, 멜빵을 푼다든지 하는 번거로운 절차가 필요한 옷, 위아래가 붙어 있는 우주복은 피한다. 운동복 바지는 기저귀보다 훨씬 벗기기 쉽다. 그러나 너무 꽉 끼어서 힘들게 끌어내리지 않도록 해야 한다.
* **아이를 자세히 관찰한다** 처음에는 몸이 보내는 신호를 아이보다 부모가 더 잘 알아차릴 것이다. 그러므로 "화장실 가고 싶어!"라는

신호를 놓치지 않기 위해 아이의 행동을 주시해야 한다. 이런 신호를 눈치 챌 때마다 아이에게 "변기에 앉을래?"라고 물어본다. 아이가 그렇게 하고 싶어 하는 것 같다면 아이를 욕실로 데리고 가거나, 휴대용 변기를 이용하는 경우 아이에게 변기를 가지고 오게 한다. 이미 때가 늦었더라도 끝까지 변기를 이용한다. 배변 활동과 변기와의 관계를 강조하는 것이 중요하다. 아이에게 변기에 앉겠냐고 물을 때마다 자동적으로 '아니'라는 대답을 듣는다면 표현을 바꾼다. "네 변기가 널 기다리고 있어. 얼른 변기한테 가 보자."라고 말한 다음 변기로 향한다.

* **시간을 자세히 관찰한다** 아이들은 어른들과 마찬가지로 배변 패턴이 규칙적이다. 예를 들어, 밤잠이든 낮잠이든 자고 일어나자마자 소변을 보거나 아침 식사 후에 대변을 보는 식이다. 아이에게 일정한 패턴이 있다고 판단되면 이 패턴을 이용한다. 성공할 가능성이 높은 시간대에 아이에게 변기에 앉도록 장려하되 절대로 강요해서는 안 된다.

* **아이가 원할 때 언제든지 변기를 이용하게 한다** 변기에 갇힌 포로가 된 기분이 들면 아이는 저항하고 반항하기 마련이다. 어떤 아이들은 변기에 앉아 책을 읽으면 더 오래 앉아 있기도 하고, 어떤 아이들은 책에 정신이 팔린 나머지 자신이 왜 변기에 앉게 됐는지 잊어버리기도 한다. 배변 훈련에 관한 책이라면 특히 변기에 앉아야겠다는 자극을 불러일으킬 수 있다. 아이들은 아직 '지시에 따라 행동하기'를 힘들어하고, 변기에 앉는다고 해서 반드시 배설을 할 수 있는 건 아니라는 걸 기억하자. 장과 방광을 통제하는 근육을 자유자재로 이완할 수 있을 때까지는, 변기에 앉을 때는 물론이고 변기에서 일어난 후에도 볼일을 볼 수 있다.

* **물을 마시면 기저귀가 젖는 인형을 상대로 아이가 배변 훈련을 가르치게 한다** 이 시기에는 파트너가 있으면 배변 훈련을 더 즐겁게 할 수 있다.

* **졸졸 흐르는 물을 이용해 소변이 나오게 한다** 아이가 변기에 앉아 있는 동안 욕실이나 주방의 수도를 튼다. 이 방법은 고전적인 수법이지만 효과가 좋다.

* **아이가 올바른 방향으로 첫걸음을 내딛었다면 잘했다고 칭찬한다** 뒤늦게라도 몸의 신호를 알아차린 건 충분히 잘한 일로 칭찬받을 만하다. 아직 변기와 친해지는 시기에는 수차례 연습을 거듭한 후에야 방광이나 장의 급한 신호를 알아차릴 수 있다. 그러므로 아이가 사고를 저지르더라도 심술이나 반항이라고 여기지 않도록 한다. 순전히 경험이 부족한 때문이다.

* **열광적인 청중이 된다** 아이가 성공적으로 변기를 사용했다면 열렬히 환호하고 듬뿍 칭찬한다. 그러나 너무 요란스럽게 칭찬하면 아이는 칭찬의 진실성을 의심하기 시작한다. 성공을 과도하게 칭찬하면 사고를 저질렀을 때 실패했다는 기분을 불러일으킬 수도 있다.

* **동기를 부여한다** 학생에게 동기를 부여하면 보다 성공적으로 학습할 수 있다. 동기 부여 방식은 아이의 기질과 부모의 양육 철학에 달려 있다. 일부 아이들은 변기를 사용하는 것은 곧 '컸다'는 의미이며 자신을 부모와 손위 형제, 연령이 높은 친구들과 '똑같게' 만들어 준다는 생각이 큰 동기 부여가 된다. 다른

사람을 기쁘게 하길 원하는 아이들은 부모의 칭찬만으로도 동기 부여가 될 것이다. 통제를 원하는 아이들은 변기를 이용할 때 자신의 신체 기능을 통제할 수 있다는 걸 발견하는 것으로 동기가 부여된다. 그 밖에 아이들은 유형의 보상이 단연 효과 만점이다. 대부분의 전문가들은 배변 훈련 같은 발달 과제의 경우 성과에 대해 일시적으로 보상을 하는 것이 효과가 있을 수 있다는 데 동의한다. 아이들은 어쨌든 보상이 중단된 후에도 계속 변기를 사용할 것이다. 그러나 보상을 할 때는 달력에 스티커를 붙이거나, 돼지 저금통에 100원씩 넣거나, 할머니 할아버지에게 전화를 걸어 자랑하거나, 아이가 좋아하는 캐릭터의 팬티를 입히는 등 작은 것으로 해야 한다. 아이가 배변 훈련을 자연스럽게 받아들이기 시작하면 서서히 보상을 중단하도록 계획한다(보상의 장단점에 대해서는 467쪽 참조).

✱ **아이에게 기저귀가 젖었는지 확인하게 한다**
아이에게 팬티나 기저귀가 젖었는지 확인하는 방법을 알려 주면 아이가 배변 과정을 통제할 수 있는 방법이 추가될 것이다. 팬티에 소변을 싸지 않은 걸 칭찬하되 쌌다 하더라도 나무라지 않는다.

✱ **유아용 변기와 일반 변기 사이의 간격을 좁힌다**
유아용 변기 안의 내용물을 일반 변기 안에

배변 훈련용 팬티

배변 훈련 과정 초기에 기저귀를 떼고 순면이나 일회용 배변 훈련용 팬티를 입히면, 이제 아이는 본격적인 변기 사용 단계로 한 계단 올라서게 된다. 배변 훈련용 팬티는 대개 어른의 도움 없이 아이 스스로 입고 벗을 수 있어 아이에게 더 많은 통제력을 제공할 뿐 아니라 제때에 변기를 사용할 가능성을 높이고, 보다 성숙한 디자인으로 아이들의 관심을 끈다. 순면 소재의 배변 훈련용 팬티는 여러 가지 장점이 있다. 순면 팬티를 입은 아이들은 팬티가 대소변에 젖거나 더러워지면 상당히 불편을 느끼고 기저귀도 지저분해져, 여전히 일회용 기저귀를 차는 아이들보다 배설 기능을 더 잘 알아차리게 되는 경향이 있다. 처음에는 일회용 배변 훈련용 팬티로 시작했다가 차츰 일반 배변 훈련용 팬티를 입히는 시간을 늘리고 나중에는 하루 내내 입히는 것이 가장 좋다.

일회용 배변 훈련용 팬티 기저귀와 일반 배변 훈련용 팬티와의 혼합 형태로, 배변 훈련을 막 시작하는 아이에게 가장 이상적인 속옷이다. 모양도 입는 방식도 일반 배변 훈련용 팬티와 같지만 흡수율은 기저귀와 유사해 배변 훈련 초기에 아이와 부모 모두가 만족하게 이용할 수 있다. 사용 후에는 세탁을 하지 않고 쓰레기통에 버리고, 갈아입을 때 팬티를 다리와 발 아래로 끌어내릴 필요 없이 옆에 부착된 접착제를 떼기만 하면 되기 때문에 지저분한 대변이 피부에 묻는 문제를 피할 수 있다. 그러나 일반 배변 훈련용 팬티와 달리 팬티가 젖었는지 알아채기 어려워, 일회용만 사용하는 경우 훈련의 진전이 더딜 수 있고, 두 가지 단점이 더 있다. 일반 일회용 기저귀와 마찬가지로 일회용 배변 훈련용 팬티는 지구의 쓰레기 처리 문제를 악화시키므로 썩 환경 친화적이라고 볼 수 없다. 그리고 기저귀는 바지를 끌어내린 상태에서 갈면 되지만 배변 훈련용 팬티는 다른 옷을 모두 벗겨야 갈아입힐 수 있기 때문에 많은 유치원과 어린이집에서는 배변 훈련용 팬티보다 일반 기저귀를 채울 것을 요구하기도 한다. 그러므로 아이가 어느 정도 배설을 통제하기 시작하면, 대소변 사고를 저지를 경우 심각한 불편을 초래할 수 있는 자동차 안, 상점, 친구 집 등 상황일 때만 일회용을 이용하고 아이의 통제력이 향상될수록 점점 사용을 자제하는 것이 좋다.

일반 순면 배변 훈련용 팬티 최소한 두 차례의 소변은 거뜬히 감당할 수 있는 튼튼하고 흡수력 좋은 종류가 가장 좋다. 아이가 몇 차례 성공적으로 변기를 사용했다면 낮에 집에 있을 때는 기저귀 대신 배변 훈련용 팬티를 입힌다. 아이가 실수를 거의 하지 않으면 마침내 하루 내내 순면 팬티를 입힐 수 있다.

버릴 때 아이의 도움을 받음으로써 유아용 변기와 결국 아이가 사용하게 될 일반 변기와의 관련성을 알게 한다. 유아용 변기에 물을 조금만 부으면 변이 더 쉽게 떨어진다. 아이가 변기 물 내리는 걸 좋아하면 아이에게 물 내리는 임무를 맡긴다. 그렇지 않다면 아이가 욕실을 나간 후에 변기 물을 내린다.

* **학습 진도가 느리더라도 인내한다**
어린아이들이 변기 사용법을 배우는 것은 대단히 중요한 과제지만, 아이가 이 일에만 매달리는 건 아니며, 따라서 변기 사용법을 제대로 익힌 후에도 가끔은 방법을 '잊어버리는' 것이 당연하다는 걸 기억하자.
* **위생에 대해 가르친다**(602쪽 참조)
* **아이를 돌보는 다른 어른들에게도 부모의 배변 훈련 방식을 설명하고 같은 방식을 지켜 달라고 부탁한다** 일관성 있게 훈련하는 게 대단히 중요하다.
* **아이의 감정과 욕구에 민감하게 대처한다** 배변 훈련을 할 때는 아이가 대소변을 잘 가리는 것만큼이나 자신감과 자존감을 키우는 것이 중요하다.

── 배변 훈련에서 금지 사항

* **너무 빨리 너무 많은 걸 기대하지 않는다**
대부분 아이들은 수주 정도 지나야 변기를 능숙하게 사용할 줄 안다. 그리고 처음에는 앞으로 몇 단계 나가는가 싶다가도 어느새 그만큼 뒷걸음치게 될 거라고 예상하는 것이 좋다. 아이에 대해 기대치를 너무 높게 잡으면 아이의 열의가 식고 자신감을 떨어뜨릴 수 있다.
* **나무라거나 벌하거나 망신을 주지 않는다**
아이는 변기에 앉아 있을 때는 아무런 성과를 거두지 못하다가 변기에서 일어나자마자 바닥을 흥건히 적실 수도 있다. 또는 부모가 분주하게 저녁을 준비하는 동안 5분 간격으로 변기에 앉아 보라고 말하지만, 한 차례도 결과물을 얻지 못할 수도 있다. 외출 전에 변기에 앉지 않겠다고 그렇게 고집을 부리다가 진입로를 빠져나온 지 2분도 채 되지 않아 카시트를 흠뻑 적시기도 한다. 이럴 때 부모는 짜증이 확 솟구치면서 아이에게 버럭 화를 내려는 충동을 억누르기 힘든데, 아이의 배변 훈련에 차질이 생기더라도 차분한 태도를 유지하는 것이 궁극적인 성공을 위해 아주 중요하다. 막 배우는 단계에서는 가끔, 아니 꽤 자주 몸의 신호를 잘못 이해할 수 있다는 사실을 기억하자. 아이의 실수에 과도하게 반응하면 아이가 앞으로 시도할 엄두를 내지 못할 수 있다.

* **음료를 못 마시게 해서는 안 된다** 수분 섭취를 자제하면 사고를 저지르지 않을 거라는 생각은 언뜻 타당해 보이지만 이런 방법은 부당하고, 현명하지 못하며, 건강에도 좋지 않고, 근본적으로 아무런 효과가 없다. 사실상 수분 섭취량을 늘리면 아이가 변기를 사용할 기회가 늘어나고, 따라서 성공할 가능성도 더 커진다.

* **원하는 결과를 얻기 위해 부자연스러운 수단을 사용하지 않는다** 아이가 편하게 또는 적절한 때에 변을 보게 하기 위해 완화제나 좌약, 관장제를 주는 부모들이 있다. 그러나 이런 방법은 현명하지 못할 뿐 아니라 대체로 성공적이지도 않다. 단기간은 원하는 결과를 얻을지 몰라도 장기적으로는 장 조절 능력이라는 아주 중요한 기술을 전혀 가르치지

못한다. 이런 약물은 의사가 권장할 때만 복용해야 한다.

* **같은 말을 계속 되풀이하지 않는다** 해야 할 과제에 대해 듣고 싶어 하지 않는 아이에게 계속해서 잔소리를 하면 십중팔구 역효과가 나게 돼 있으며, 부모가 아무리 말해도 아이는 들은 척도 하지 않을 것이다. 이따금 아무렇지 않게 변기의 존재를 상기시키거나 변기 사용을 권하면 배변 훈련을 순조롭게 진행하는 데 도움이 될 수 있다. "네 변기는 늘 이 자리에서 네가 준비가 될 날을 기다리고 있단다.", "엄마는 지금 화장실 갈 건데. 너도 가고 싶으면 같이 갈래?" 그러나 끊임없이 흠을 잡고 잔소리를 하면 틀림없이 노력이 허사가 될 것이다.

* **강요하지 않는다** 아이가 이미 거부했는데도 자꾸만 변기에 앉으라고 강요한다든지, 일어날 준비를 하고 있는데 변기에 계속 앉아 있으라고 억지를 부려서는 안 된다. 변기 사용을 강요하면 배변 훈련을 위한 노력을 방해하는 것은 물론이고, 대변을 참게 되어 변비에 걸리거나 심지어 항문 열상을 일으킬 수 있다(651쪽 참조). 배설의 과정과 결과는 아이가 알아서 할 몫이며 아이만 할 수 있는 일이다. 부모는 방법만 알려 줄 뿐, 결국 통제권은 아이의 손에 넘겨야 한다. 다시 말해, 부모는 아이를 변기까지만 이끌어줄 수 있을 뿐 변기를 사용하게 할 수는 없다. 강요하지 않되 적절한 상황일 때는 수완을 부린다. 예를 들어, 아이가 열중해서 비디오를 보면서 한 손은 사과를 들고 있고 한 손은 다리 사이에 대고 있다면, 태연한 말투로 이렇게 제안해 본다. "앗, 여기에 변기가 있네. 네가 바지 내리는 동안 엄마가 사과 들고 있을까?" 아이는 어떻게 행동해야 할지 계산할 새도 없이 어느새 변기에 앉아 필요한 행동을 하게 될 것이다.

* **변기 사용을 도덕적인 문제로 돌리지 않는다** 변기를 사용하는 문제는 준비가 됐느냐 그렇지 않느냐와 관련이 있을 뿐이지 선이나 악과는 아무런 관련이 없다. 변기를 성공적으로 사용한다고 해서 '착한 아이'라고 말해서는 안 되며, 마찬가지로 대소변 사고를 저질렀다고 해서 '나쁜 아이'라고 말해서도 안 된다. 변기에서 성공적으로 볼일을 본 아이에게 '이제 다 컸다'고 칭찬하면 아이의 자아를 적절한 방식으로 북돋아줄 수도 있지만, 아이가 유아기에서 벗어날지 말지 망설이고 있다면 이런 식의 칭찬은 오히려 배변 훈련을 퇴보시킬 수 있다. 일반적으로 아이 자체보다는 행동을 칭찬하도록 한다. "아유, 착하기도 하지!"가 아니라 "아주 잘했어!"라고 한다.

* **아이 앞에서 배변 훈련의 진전 여부에 대해 말하지 않는다** 아이들은 부모가 생각하는 것보다 훨씬 많은 것을 듣고 이해한다.

* **발전이 더딘 걸 개인적으로 받아들이지 않는다** 대소변을 늦게 가린다고 해서 아이나 부모에게 문제가 있다고 생각해서는 안 된다. 대소변을 늦게 가리는 것과 아둔한 것과는 아무런 상관이 없다. 그러나 압박을 가한다든지 배변 훈련에 대해 완전히 무시해 아이의 자연스러운 발전을 지연시켜서는 안 된다.

* **화장실을 전쟁터로 만들지 않는다** 변기를 사용하는 문제를 놓고 다투게 되면 싸움만 길어질 뿐이다. 아이가 완강하게 거부한다면,

아직 때가 되지 않았으려니 여기고 당분간 배변 훈련을 포기한다. 이 문제를 매일 거론한다든지, 기저귀를 뗀 또래 아이들과 비교한다든지, 기저귀를 갈 때마다 화를 내거나 적대감을 표현해서는 안 된다. 그러나 아이가 가끔 저항하는 경우, 개의치 않는다는 태도로 전과 다름없이 배변 훈련 프로그램을 계속 진행한다.

* **희망을 놓지 않는다** 배변 훈련 과정이 영원히 계속될 것 같겠지만 그럴 리는 없다. 아무리 심하게 저항하던 아이도 어느 날 문득 기저귀에서 벗어나 변기에 앉아야겠다고 결심하게 될 것이다. 그날이 오면 변기에 앉는 일은 부모에게는 물론 아이에게도 당연한 일과가 될 것이다.

아이가 대소변을 가리지 못할 때

걸음마를 배울 때 넘어지는 것이 불가피한 것처럼, 변기 사용법을 배울 때 실수를 저지르는 것 역시 불가피하다. 그러나 <u>사고를 치는 횟수가 많든 적든, 정말로 우발적인 실수든 우연을 가장해 고의로 실수를 저지르든, 이 문제에 대해 가능한 언급을 피하는 것이 좋다.</u>

잔소리를 하거나 위협하는 등 요란스럽게 대처하면 가뜩이나 반항적인 아이의 저항감만 부추길 뿐이며 감정을 잘 표현하지 않는 아이의 경우 자신감이 줄어들 것이다. 처벌은 어떠한 이유에서든 정당화될 수 없다. 아이가 걸음마를 배울 때 넘어졌다고 벌을 주어야겠다고 생각하지 않는 것처럼, 변기 사용법을 배우는 동안 실수를 했다고 해서 벌을 주면 안 된다. 사과를 요구하거나 자백을 받아 내려 해서도 안 된다.

<u>최대한 무심하게 대응한다.</u> 아이가 당황하는 모습을 보이면 <u>"괜찮아. 별거 아니야. 실수한 건데 뭐. 다음부터는 제때에 변기에 앉을 수 있을 거야."라고 말해 안심시킨다. 부정적인 비난을 하지 말고 즉시 아이의 옷을 갈아입힌다.</u> '훈계'를 하겠다고 젖은 옷을 그대로 입히는 건 잔혹한 처사이며, 아이가 실수를 하지 않도록 자극을 주기는커녕 굴욕감이나 분노를 일으킬 것이다. 아이가 꺼리지 않는 경우 부모가 주변을 치울 때 '거들도록' 장려하면 자족감을 기르는 데 도움이 될 것이다. 그리고 부모를 거든 후에는 반드시 손을 씻도록 해야 한다.

대소변을 가리지 못하는 원인

배변 훈련이 상당한 진척을 보이는 동안에도 대소변 실수가 일어날 수 있고, 그것도 자주 일어날 수 있다. 그러나 거의 매번 사고를 일으킨다면, 배변 훈련을 할 적합한 시기가 아닐 수 있으므로 당분간 다시 기저귀를 채우는 방법을 고려한다. 어차피 너무 이른 시기에 배변 훈련을 해봐야 더러운 빨랫감만 쌓일 뿐 크게 이점은 없으니까.

지나치게 잦은 대소변 사고와 지나치게 느린 진전의 가장 일반적인 원인은 배변 훈련에 대한 준비 부족이지만 다른 원인들도 있다.

* **스트레스** 분리 불안, 새로운 베이비시터, 이사, 동생의 출생, 가정 불화 등은 모두 대소변 사고의 원인이 될 수 있으며, 한동안 대소변을 잘 가렸던 아이도 이런 상황에서는 사고를

일으킬 수 있다.
* **피로** 피곤한 아이들은 대소변을 가리는 기술을 비롯한 모든 기술에 대해 통제력이 약화되고, '아기 같은' 행동으로 되돌아갈 가능성도 높다.
* **흥분** 아이들은 종종 흥분하면 방광의 제어 능력을 잃는다.
* **집중** 재미있는 놀이나 새로운 기술 습득에 몰두하다 보면 변기를 사용해야 한다는 걸 미처 기억하지 못할 수 있다. 아이들은 주로 놀이에 몰두할 때 사고를 일으키는 경향이 있다.
* **부모의 압박** 변기 사용에 대해 부모가 집착을 보이면 독립적인 아이들은 오히려 변기 사용에 흥미를 잃기 쉽다.
* **갈등** 변기를 사용한다는 건 컸다는 걸 의미하는데, 아직 가족들 사이에서 '아기'로서의 위치를 포기할 준비가 전혀 되어 있지 않은 경우 자주 오줌을 지리는 아이들도 있다. 또는 부모가 가장 원하는 걸 해서 부모에게 통제력을 넘기고 싶지 않기 때문에 '사고'를 저지르는 아이들도 있다.
* **굼뜬 행동** 일부 아이들은 막판까지 기다리거나 바지를 내리는 속도가 늦어 실수를 하기도 한다. 변기로 가는 길에 소변이나 대변을 지린다.
* **요로 감염** 간혹 어린아이에게 요로 감염이 있는 경우 방광을 제어하기 힘들 수 있다. 아이가 '소변을 참지' 못하거나 잘 참았는데 갑자기 퇴행을 보이고 특히 다른 증상도 같이 동반한다면(654쪽 참조) 반드시 요로 감염을 의심해야 한다.
* **신체적인 문제** 이런 문제들은 아주 드물게 나타나지만 가능성을 보이는 증상을 찾는 것이 바람직하다. 늘 조금씩 오줌을 지리면 소변이 새는 증상일 수 있다. 웃으면 오줌을 지리면 '웃음 요실금'일 수 있다. 또 소변의 흐름이 약하거나, 소변이 나올 때 통증이 있거나, 소변에서 피가 섞여 나오는 경우 반드시 의사의 상담을 받아야 한다.

이 같은 사고의 원인을 해결하면 배변 훈련은 다시 빠른 진전을 보일 것이다.

연령이 높은 아이가 배변 훈련을 거부할 때

두 살 반 이상의 아이가 배변 훈련을 할 만반의 준비가 됐다는 걸 온몸으로 드러내고 있지만 몇 달 동안 아무리 애를 써도 끝끝내 배변 훈련에 협조하지 않는다면, 부모는 아무래도 엄하게 대처할 때가 됐다고 생각할 수 있다. 그러나 이런 경우에도 사실상 내버려 두면서 다음 조치를 취하는 편이 훨씬 도움이 된다.

배변 훈련에 좋은 계절?

예전부터 아이에게 변기 사용을 가르치기에 가장 좋은 계절은 여름이라고 말한다. 일부 어른들은 배변 훈련을 가르칠 시기는 이때뿐이라고 말하기도 한다. 이런 통설이 나오는 데는 몇 가지 타당한 이유가 있다. 겨울처럼 옷을 여러 겹 층층이 겹쳐 입는 것보다 가볍게 입거나 기왕이면 아무것도 걸치지 않으면 제때에 성공적으로 변기에서 볼일을 보기가 훨씬 쉽기 때문이다. 그러나 계절보다는 아이의 준비 상태를 우선 고려해야 한다. 봄 여름 가을 겨울 상관없이 아이가 배울 준비를 갖춘 때가 배변 훈련을 할 최적의 시기다. 아이가 겨울에 배변 훈련을 할 준비가 됐다면 집 안을 평소보다 좀 더 따뜻하게 유지해 아이가 가벼운 차림으로 다닐 수 있게 한다. 옷을 가볍게 입을수록 배변 훈련에 성공할 가능성이 높다.

아이에게 완전히 맡긴다 배변 훈련에 대한 모든 책임을 아이에게 맡긴다. "네 대변이고 네 소변이니까 원하면 변기에서 대소변을 보렴. 엄마가 도와줄 일 있으면 언제든 부탁하고."

선택 사항을 제시한다 기저귀를 찰지 배변 훈련용 팬티를 입을지, 유아용 변기를 이용할지 커다란 일반 변기를 이용할지, 지금 변기에 앉을지 나중에 앉을지 아이에게 결정하게 한다. 부모의 의견은 속으로만 생각한다.

더 이상 상기시키지 않는다 아이가 자신의 일과를 잘 알고 있다면 배변에 대해 언급할 필요가 없다. 배변에 대해 어떤 식으로 언급하든 부모에 대해 반감만 커질 뿐이고, 배변 훈련이 훨씬 지연될 뿐이다.

배변의 '배' 자도 꺼내지 않는다 당분간 배변 훈련을 미뤄 둔다. 아이에게 또는 아이가 있는 곳에서는 배변 훈련의 '배' 자도 꺼내지 않는다.

변기를 좋아하게 만든다 변기 사용에 성공하면 아무렇지 않게 보상을 준다. 아이가 달력에 스티커를 붙이기로 했다면, 가족들이 다 함께 배변 훈련에 참여하는 것처럼 다른 가족들의 변기 사용 '성공' 스티커도 아이에게 붙이게 한다. 아이가 성공하지 않았는데도 스티커나 선물을 달라고 조르거나, 보상이 주어지지 않으면 크게 상심한다면 이 방법을 보류해야 한다.

도움을 요청한다 대개 의사, 유치원 교사 등 중립적인 권위자의 몇 마디가 부모의 백 마디보다 더 효과적이다.

시간을 준다 때가 되면 "아이는 이제 기저귀를 뗄 때가 됐구나." 하고 판단할 것이다. 그때까지 강요하지 말고 내버려 두면 아이가 알아서 기저귀를 뗄 것이다.

무엇이든 물어보세요

── 배변 훈련용 팬티로 바꾸려고 해요

Q "우리 딸은 이제 막 배변 훈련을 시작했어요. 그런데 바로 배변 훈련용 팬티로 갈아입혀야 하나요 아니면 좀 기다려야 하나요?"

A 아이가 팬티를 입혀 달라고 요구하지 않는다면 아직은 배변 훈련용 팬티를 미루는 편이 바람직하다. 배변 훈련을 처음 시작할 때는 며칠 동안 실수를 저지르기 마련이므로, 아이가 어느 정도 성공적인 경험을 하기 전에 배변 훈련용 팬티를 입히게 되면 실패를 자초하는 셈이 될 수 있다. 배변 훈련용 팬티를 입다가 실수를 하면 아이는 불쾌하고 당황할 수 있으며, 배변 훈련용 팬티도 배변 훈련도 갑자기 전부 거부하려 들 수도 있다. 너무 빨리 배변 훈련용 팬티를 갈아입히게 되면 집안일도 크게 늘어날 것이다. 아이가 대소변 실수를 할 때마다 일일이 주변을 치우고 속옷을 빨아야 한다. 그러므로 최소한 몇 차례 성공할 때까지는 계속 기저귀를 채우거나 실내 온도가 쾌적하다면 하의는 아무것도 입히지 않는다.

그러나 아이가 친구나 가족이 팬티를 입은

모습을 보고 팬티를 입고 싶어 한다면 굳이 미루지 않는다. 스스로 동기를 찾게 되면 배변 훈련이 성공할 가능성이 훨씬 높다. 그러므로 아이가 팬티를 입고 동기 부여가 된다면 당연히 팬티를 입히는 것이 좋다. 대안적인 방법으로 위로 끌어올려 입는 일회용 배변 훈련용 팬티를 입힐 수도 있다(596쪽 참조).

<u>기저귀에서 배변 훈련용 팬티로 바꿀 때가 됐다고 판단되면 조용하고 스트레스가 없는 날, 외출할 일이 없고 아이와 단둘이 보낼 시간이 많으며 아이에게 관심을 많이 쏟을 수 있는 날에 배변 훈련용 팬티를 꺼내는 것이 가장 좋다.</u>

기저귀를 거부해요

Q "우리 아들은 이제 막 변기를 사용하기 시작했는데, 기저귀를 채우려고 하면 아주 질색을 해요. 외출할 때도 배변 훈련용 팬티를 입겠다고 고집을 부립니다. 여전히 대소변 실수를 많이 저질러서 외출할 때는 기저귀를 채우고 싶거든요."

A 아이가 변기를 이용하길 원하고 아이에게 변기 이용의 책임을 맡기면 거의 대부분 배변 훈련이 성공적으로 이루어진다. 그렇기 때문에 아이 스스로 기저귀를 뗄 때가 됐다고 결론을 내린 상태에서 기저귀를 채우기란 쉽지 않을 수 있다. 아이가 변기를 사용하기로 결심했다면 부모는 아이의 뜻을 따르기로 마음을 먹어야 한다. 집에서든 밖에서든 여러 차례 저지르는 대소변 실수를 일일이 참아내야 하는 한이 있더라도…….

외출 전에 변기에서 소변을 보게 하고, 당분간 가능하면 장시간 외출을 제한하며, 어디를 가든 화장실 위치를 알아 두고, 자동차 트렁크 안에 공기로 부풀리는 휴대용 변기나 일반 유아용 변기 의자를 넣어 두거나, 기저귀 가방에 접이식 보조 변기 의자를 휴대하며, 쉽게 벗을 수 있는 옷을 입히고, 아이가 소변이 마려운지 주의 깊게 살펴보며, 화장실에 가지 않겠냐고 자주 물어봐 실수할 가능성을 줄인다. 배변 훈련 초기에는 아이의 상태를 종잡을 수 없으므로 음식점이나 상점, 다른 사람 집 등 바닥에 비싼 카펫이 깔려 있거나 패브릭 소파가 있는 장소를 가급적

변기 사용 후 위생

변기 사용법 못지않게 변기 사용 후 위생 문제도 중요하다. 평생 지킬 올바른 화장실 위생에 대해 지금부터 가르치기 시작하자.

* 여자아이에게는 감염을 일으킬 수 있는 세균이 항문에서 질 부위로 이동하지 않도록 앞에서 뒤로 닦아야 한다고 가르친다.
* 가볍게 닦도록 장려한다. 세게 닦으면 예민한 피부를 자극해 상처가 나서 감염이 될 수 있다.
* 변기를 이용한 후에는 반드시 손을 씻어야 한다고 가르친다. 부모가 아이를 닦아 준 후에도 매번 변기를

사용한 후에는 부모와 아이 모두 손을 씻어야 한다. 이렇게 하면 아이 스스로 닦을 줄 알 때쯤에는 손 씻기가 습관이 될 것이다.

* 공중 화장실에서는 특히 조심하도록 한다. 공중 화장실에 앉기 전에는 종이 변기 커버나 휴지로 변기를 덮어야 한다. 아이에게도 외부 화장실 변기는 반드시 휴지로 덮은 후에 앉아야 한다고 알려 준다. 또한 물 내리는 장치에 잠복해 있는 세균이 손에 닿지 않도록 화장지로 장치를 감싼 후에 물을 내리도록 가르친다. 더러운 바닥에 휴지가 떨어져 있는 경우, 바닥에 노출된 부위를 풀어내 버린 후에 사용한다.

피한다면 당황하거나 스트레스 받을 일이 줄어들 것이다. 이런 장소를 피할 수 없을 때는 아이에게 당분간만 일회용 배변 훈련용 팬티를 입어야 한다고 말한다.

흡수력이 뛰어난 배변 훈련용 팬티를 입히고 최소한 갈아입을 옷 한 벌과 물티슈, 흡수력이 좋은 종이 타월 여러 장을 늘 가방에 넣어 두면 아이가 혹시 사고를 저지르더라도 당황하지 않고 대처할 수 있다. 그리고 때와 장소가 마땅치 않은 상황에서 아이가 대소변 사고를 저질렀더라도 야단치거나 비난하거나 "거 봐라, 그러기에 엄마가 기저귀 차고 와야 한다고 했잖니!" 같은 말을 하지 않는다. 그냥 빠르고 차분하게 아이를 닦아 주고 다음에는 더 나아지길 기다린다.

물론 아이가 한 번도 제때에 성공적으로 변기에 앉은 적이 없고, 화장실에 가고 싶다고 말한 적이 없으며, 자신의 배설 기능을 잘 의식하지 못하는 것 같다면 변기에 앉을 준비가 될 때까지 일회용 배변 훈련용 팬티를 입어야 한다고 말한다. 이렇게 타협하면 모두가 만족할 수 있다.

── 변기 사용 후 뒤처리 문제로 다퉈요

Q "우리 딸은 변기를 사용한 후 제가 닦아 주려고 하면 싫다고 해요. 스스로 깨끗하게 잘 닦지도 못하면서 말이에요. 어떻게 해야 하지요?"

A 힘에 굶주린 아이와 변기 사용 후 뒤처리 문제로 싸우다간 결국 변기 사용마저 중단하는 사태에 이를 수 있다. 부모가 억지로 닦아 주려 하면 아이는 새롭게 익힌 변기 사용 기술을 완전히 접기로 마음먹게 될 것이다. 다시 말해, 아이는 혼자 힘으로 할 수 없을 바에야 차라리 완전히 그만두려 할지 모른다.

그러므로 물로 씻을 수 있는 인형을 상대로 제대로 닦는 법을 알려 주도록 한다. 인형 엉덩이에 귀리나 젤리를 약간 묻혀 어떻게 해야 티슈로 엉덩이를 깨끗하게 닦을 수 있는지 보여 준다(변기 사용 후 위생은 602쪽 박스 참조).

최소한 몇 년은 지나야 아주 능숙하게 닦을 수 있다. 그때까지는 아이가 엉덩이를 닦고 나면 부모가 '확인'해도 좋은지 또는 마무리는 부모가 해도 좋은지 자주 물어본다. 아이가 확인해도 좋다고 하면, 썩 만족스럽게 닦지 않았더라도 반드시 아이를 칭찬한다. 부모가 마무리하는 걸 아이가 거부하면 불평하지 말고 더 이상 이 문제를 거론하지 않는다. 아이를 목욕시킬 때 깨끗하게 닦아 주면 된다.

── 변기 물 내리는 걸 무서워해요

Q "우리 아들은 이제 막 변기를 사용하기 시작했는데, 변기 물을 내릴 때마다 번번이 무서워하는 것 같아요. 이러다 배변 훈련을 하지 않겠다고 할까 봐 걱정됩니다."

A 충분히 근거 있는 걱정이다. 사실상 변기 물 내리는 소리 때문에 배변 훈련에 지장을 받는 경우가 상당히 많다. 그러나 아이의 두려움을 존중해 주면 이런 종류의 방해 요인은 얼마든지 극복될 수 있다.

무엇보다 두려움에 정면으로 부딪치라고 강요하면 두려움을 극복하는 데 오히려 방해가 된다. 부모의 강압적인 태도는 두려움을 공포증으로 발전시킬 수도 있다(238쪽 참조). 그러므로 당분간은 아이가 욕실에서 나갈 때까지 변기 물을 내리지 않는다. 그런 다음 아이가 욕실에서 어느 정도 떨어져 있을 때 변기 물을 내려 변기 물 내리는 소리에 서서히 적응시킨다. 아이에게 소리는 들리지만 보이지는 않는 옆방에 있을 때 변기 물을 내린다. 아이가 더 이상 소리에 놀라지 않으면 다른 사람이 변기 물을 내리는 동안 욕실 문 앞에 아이와 함께 서 있는다. 아이가 괜찮다고 하면 아이를 안고 변기 물을 내린다. 아이가 준비가 되면 직접 변기 물을 내리게 한다.

간혹 아이는 변기 물 내리는 소리를 무서워하기보다 대변이 물과 함께 내려갈 때 자신의 일부를 잃어버리는 데 대한 두려움으로 당황하는 모습을 보일 수도 있다. 이 경우에도 아이가 욕실 밖에 나가 다른 일에 몰두해 있을 때 변기 물을 내리는 것이 바람직하다. 변기 물을 내리기 전에 대변에 손을 흔들어 빠이빠이 인사를 하면 작별이 조금 수월할 수 있다. 또는 변기 속에 휴지를 넣고 물 내리는 연습을 하는 것도 도움이 된다. 그러나 아이가 재미있는 놀이라고 생각할 수 있으므로 열쇠나 영수증, 장갑, 장난감 등 변기에 넣으면 안 되는 물건으로 시도하게 하면 안 된다.

── 서서 소변보는 시기

Q "우리는 아들에게 앉아서 소변보도록 가르쳤고, 지금 우리 아들은 아주 잘 따라 하고 있답니다. 그런데 언제쯤 서서 소변보도록 가르치면 좋을까요?"

A 아이가 앉아서 소변보는 데 익숙해지기 시작했다면, 서서 소변보는 걸 급히 서두르지 않아도 된다. 이런 변화를 너무 일찍 도입하면 아이가 혼란스러워 하기 쉽고, 변기에 충분히 앉아 있지 못해 변비에 걸릴 가능성도 높다. 그러므로 기본적인 변기 사용 기술에 숙달될 때까지는 계속 앉아서 소변을 보게 한다.

서서 소변을 보려면 소변 줄기가 변기 안으로 들어가도록 페니스를 변기 쪽으로 조절해야 하기 때문에, 서서 소변보는 기술은 상당한 신체 조정 능력이 요구되는 까다로운 기술이다. 가능하면 아빠나 다른 남자 어른이 아이에게 요령을 가르치거나 한두 차례 시범을 보여 주는 것이 가장 좋다.

어린 남자아이에게 서서 유아용 변기 의자의 작은 통을 겨냥해 소변보게 한다는 것은 화를 자초하는 것이나 다름없다. 그러므로 아이가 유아용 변기 의자를 이용해 왔다면, 서서 볼일을 보도록 시도하기 전에 먼저 커다란 욕실 변기를 편안하게 사용할 수 있어야 한다. 아이가 욕실의 변기를 편안하게 여기면 변기 뚜껑을 마주 보며 앉히기 시작한다. 이 자세로 앉으면 페니스의 방향이 표적에 거의 근접해 목표 지점을 향해 조준하는 기술을 향상시킬 수 있다. 소변 줄기로 휴지 '배'를 가라앉히면 조준 훈련을 훨씬 재미있게 할 수 있을 것이다. 인터넷 쇼핑몰에서 재미있는 모양의 배변 훈련용 과녁을 구입할 수 있으며, 부모가 휴지로 단순하고 기학학적인 모양을 만들어 줄 수도 있다. 반드시 물에 녹는 휴지를 이용해야 한다.

아이가 앉은 자세에서 표적을 통제하는 능력이 제법 향상됐다면, 서서 소변을 보게 한다. 아이는 변기의 높이에 맞추기 위해 계단식 받침대 위에 서게 한다. 계단식 받침대는 아이가 넘어지지 않도록 안정감이 있어야 한다. 물이 빠져 내려가는 구멍을 향해 페니스 방향을 조절하도록 부모가

도와준다. 휴지나 다른 표적을 가라앉히는 방법을
계속 이용할 수도 있다. 소변이 어느 정도 과녁을
벗어날 수 있으며, 특히 아이가 부모의 도움을
거부하면 과녁을 벗어나는 정도가 더 커질 수
있다는 걸 염두에 둔다. 변기 주변 바닥과 벽에
소변 방울이 튀지 않으려면 1년 이상 많은 연습이
필요하다. 그때까지는 많이 칭찬하고 인내하며,
분무식 세제를 가까이에 비치한다.

── 이동이 가능한 유아용 변기 의자

Q "우리 아들은 하루 내내 이 방에서 저 방으로
유아용 변기 의자를 가지고 돌아다니려 해요.
아마 줄곧 곁에 두고 싶은 것 같아요. 아이에게
변기를 화장실에 두게 해 적당한 장소에서 변기를
이용하게 할 수는 없을까요?"

A 지금 당장은 모든 장소가 적당한 장소다.
아이가 유아용 변기 의자를 사용하기만
한다면, 그리고 유아용 변기 의자 사용을
만족스러워한다면, 어디에서 사용하든 문제가
되지 않는다. 배변 훈련을 하는 동안에는 변기에
대해 아무런 제약을 받지 않고 친숙한 관계를
유지하는 것이 필수다. 유아용 변기에 너무
많은 규칙과 제약을 가하면 아이는 변기 사용을
주저할지 모른다.

결국에는 아이도 차츰 일반 변기를 사용하게
될 테고, 다행히 일반 변기는 이동이 불가능하다.
당분간은 유아용 변기를 맘껏 가지고 다니게 하자.

── 우리 딸은 서서 소변보고 싶어 해요

Q "오빠가 서서 소변보는 모습을 본 다음부터
우리 딸은 자기도 똑같이 따라 하려고 해요.
여자들은 그럴 수가 없다고 아무리 설명을 해도
막무가내랍니다."

A 많은 아이들이 한번쯤 반대 성을 지닌
사람들이 소변보는 방식을 상당히 흥미로워한다.
서서 소변을 보도록 배운 남자아이들은
왜 여자아이들처럼 앉아서 소변을 볼 수
없는지 궁금해하고, 앉아서 소변보도록 배운
여자아이들은 왜 남자아이들처럼 서서 소변볼
수 없는지 궁금하게 여긴다. 엄마 역시 앉아서
소변보는 만큼 서서 소변보고 싶어 하는
여자아이를 도울 수 있는 적임자는 바로 엄마다.
앉거나 서서 소변봐야 하는 이유, 남자아이의
소변 줄기는 밖으로 향하고 여자아이의 소변
줄기는 아래로 향한다고 설명하고, 앉아서
소변보는 여자아이들은 앉아서 쉴 수도 있고
소변과 대변을 동시에 해결할 수 있다는 이점을
알려 주며, 아이를 화장실로 데려가 엄마가 직접
예를 보여 준다. 아이가 변기 뚜껑을 마주 보고
앉기를 원한다면 그렇게 앉게 한다.

서서 소변보게 하는 것이 한편으로는 도움이
되기도 하지만 다른 한편으로는 그렇지 않을 수도
있다. 아이들은 간혹 사서 고생해 봐야 호기심을
충족시킬 때가 있다. 아이가 이런 경우라면 화장실
바닥이 젖지 않도록 보호하고, 아이의 신발과
양말, 바지를 벗기며, 세제를 준비해 놓고, 서서
소변보게 한다.

서서 소변본 경험이 썩 편안하지는 않았을
것이다. 아이는 다리에 소변이 흘러내린 느낌을
떠올리며 서서 소변보는 것은 자기에게 맞지
않다는 걸 인정하게 된다. 아이가 한동안 계속해서
서서 소변보겠다고 고집을 부리더라도, 조만간

시들해져서 다른 방향으로 호기심을 돌리게 될 것이다.

─── 대변을 너무 좋아해요

Q "우리 아들이 드디어 유아용 변기를 사용하게 됐을 때 얼마나 기뻤는지 모른답니다. 벽마다 똥을 문지르기 전까지는요."

A 어른들에게 대변은 말 그대로 대변일 뿐이어서 빨리 치울수록 좋다. 그러나 일부 아이들에게 대변은 자기 자신이며, 자랑스러운 업적이자, 기념하고 즐기고 기분이 내키면 장식할 수 있는 대단한 무엇이다.

물론 집안 식구들 가운데 누군가는 이런 사고방식을 확실히 바꿔 주어야 한다. 주로 위생적인 이유에서 부모는 아이에게 변기 안의 내용물을 만져서는 안 되며, '대변은 가지고 노는 것이 아니다, 대변은 변기 것이고 화장실 변기에 버릴 때까지는 변기 안에 그대로 있어야 한다.'고 분명하게 알려 주어야 한다. 그러나 아이의 행동을 나무라거나 아이의 기분을 상하게 하거나 죄책감을 느끼게 해서는 안 된다. 아이는 말썽을 부린 것이 아니라, 아이 나름대로 상당히 멋있는 일을 한 것임을 기억하자. 그리고 침착한 태도를 유지하도록 최선을 다한다. 부모가 사무적인 태도로 대할수록 아이가 말을 받아들일 가능성이 높다.

일단 아이를 씻긴 다음, 아이가 저지른 지저분한 현장을 청소하는 동안 핑거 페인팅과 같은 촉각을 이용한 창작품을 만들게 한다. 같은 행동이 반복되지 않도록, 다음에 아이가 변기를 이용할 때는 아이의 행동을 주시하고 아이가 일을 마치자마자 내용물을 화장실 변기에 버린다. 또는 아이가 원하면 아이에게 버리게 한다. 가능하면 아이를 일반 변기에 앉히는 방법을 고려하는 것도 좋다.

─── 일반 변기로 옮기기

Q "우리는 딸을 위해 유아용 변기 의자를 사용하기 시작했고, 지금까지 우리 딸은 아주 성공적으로 잘했어요. 그런데 언제쯤 일반 변기로 옮기면 좋을까요?"

A 아이가 배변 훈련의 다음 단계로 올라가는 것보다 자신이 앉아 있는 곳에 안정감을 느끼는 것이 더 중요하다. 그리고 대부분 아이들은 아이의 키에 비해 높이 솟아 있는 일반 변기에 앉는 것보다 낮은 유아용 변기 의자에 앉는 것이 훨씬 안심된다. 그러므로 아이가 다음 단계로 옮기는 데 어느 정도 관심을 보일 때까지 기다린다.

아이가 자발적으로 관심을 보이지 않는다면 부모가 화장실에 갈 때 아이를 데리고 가고, 가끔씩 아무렇지 않은 듯한 말투로 '어른' 변기에 앉아 보지 않겠느냐고 물어보면서 관심을 끈다.

일반 변기에 딱 맞는 유아용 보조 변기를 구입하고 아이에게 원하면 언제든지 이용할 수 있다고 알려 주면, 유아용 변기 의자에서 일반 변기로 이행하는 것을 아이가 더욱 흥미롭게 여길 수 있다.

그리고 발판 사다리가 달린 보조 변기를 구입하거나 일반 변기 앞에 작은 계단식 받침대를 설치하면 아이가 큰 변기를 덜 무서워하고 통제력을 더 많이 갖게 될 것이다.

── 밤에 기저귀 발진이 생겨요

Q "우리 아들은 하루 내내 기저귀를 찰 때도 한 번도 기저귀 발진이 난 적이 없었어요. 요즘에는 밤에만 기저귀를 차는데 엉덩이가 많이 따가운지 자다가 깨곤 한답니다. 왜 그런 걸까요?"

A 유아들은 소변의 산성 성질에 차츰 익숙해지면서 기저귀 발진에 상당한 면역력을 갖게 된다. 그러나 엉덩이 피부가 하루 내내 보송보송한 속옷에 익숙해지고 나면 면역력을 잃게 되어 밤에 엉덩이가 젖으면 더 예민해질 수 있다. 또한 이맘 때 아이들은 소변을 오래 '참는' 경향이 있기 때문에 소변의 농도가 더 진해져 마침내 소변이 나올 때 피부를 더 많이 자극하게 된다. 아이가 밤에 오줌을 싸지 않고 잘 자게 되면 이런 기저귀 발진은 더 이상 생기지 않을 것이다. 그때까지는 일반적인 기저귀 발진과 똑같이 치료한다(518쪽 참조).

── 대변볼 때는 기저귀를 차려고 해요

Q "우리 딸은 몇 달 전부터 소변볼 때 변기를 이용하는데요, 대변볼 때는 기저귀를 차려고 고집을 부려요. 그냥 놔둬도 될까요?"

A 당분간은 괜찮다. 괜히 문제 삼으면 부모가 결코 이길 수 없는 힘겨루기에 말려들게 될 뿐 아니라 아이도 심한 변비에 걸리게 될 수 있다. 아이가 대변보기 위해 기저귀를 달라고 하면 일단 변기에 앉아 보지 않겠냐고 권하고, 아이가 거부하면 기저귀를 건넨다. 압력을 주지 말고 기회를 충분히 제공하다 보면 마침내 언젠가는 변기를 이용할 날이 오고, 특히 친구들이 완전히 기저귀를 떼면 아이도 스스럼없이 기저귀를 뗄 것이다.

── 배변 훈련과 어린이집

Q "가을이 되면 두 살 아들을 한나절 동안 어린이집에 보낼까 생각 중이에요. 하지만 아이가 아직 기저귀를 떼지 못해서 걱정입니다. 배변 훈련을 시켜야 할까요?"

A 요즘에는 일찍부터 어린이집이나 유치원에 다니는 아이들이 많아 기저귀를 찬 아이들에 대해 많이 관대하다. 기저귀를 찬 아이를 받아 주는지, 아이가 배변 훈련을 시작할 준비가 될 때 기꺼이 배변 훈련에 협조해 주는지 확인한다. 그런 어린이집을 못 찾는다면 둘 중 하나를 선택한다. 즉, 아이가 배변 훈련을 완전히 마칠 때까지 어린이집 교육을 뒤로 미루거나, 지금부터 이번 장 앞부분에 설명한 대로 배변 훈련을 시작한다. 배변 훈련 측면에서는 첫 번째 선택 사항이 더 바람직하겠지만, 부모가 직장에 복직해야 하고 집에 아이를 돌봐 줄 사람이 없다면 현실적으로 불가능하다.

이 경우, 아이에게 배변 훈련을 시키는 수밖에 없다. 아이가 591쪽의 설명대로 배변 훈련을 할 준비가 됐다는 신호들을 보여 주고 있다면 지금 배변 훈련을 시키는 것이 좋다. 가급적 압박을 하지 말고, 주된 책임을 아이에게 맡기며 어느 정도 보상을 준다면(595쪽 참조) 몇 달 후에는 아이가 능숙하게 변기를 이용하게 될 것이다. 그러나 아이에게 '형들처럼' 행동하지 않으면 어린이집에 갈 수 없다고 말해서는 안 된다. 이런 말은 배변 훈련에 대한 저항감을 키울 뿐 아니라 어린이집에 가는 자체에 대한 거부감을 갖게 할 수 있다.

밤에도 기저귀를 마른 상태로 유지하려면

Q "우리 아이는 지금 세 살이 다 돼 가는데요, 두 살 반 이후부터 낮에는 변기에 대소변을 보기 시작했답니다. 하지만 여전히 아침에 일어나면 기저귀가 흠뻑 젖어 있어요."

A 아이들에게 낮에 기저귀가 마른 상태를 유지하게 하는 것은 밤에 마른 상태를 유지하는 것보다 훨씬 쉬운 일이다. 많은 아이들이 발육 상 아직은 10~12시간 소변을 참는다든지 방광이 꽉 찼다는 신호에 반응해 눈을 뜰 준비가 되지 않았다. 낮에 대소변을 능숙하게 가릴 줄 안 다음부터는 밤에도 저절로 기저귀에 소변보지 않는 아이들도 있지만, 대부분 아이들은 그렇지 않다. 그리고 이런 모습은 정상이므로 이 시기에 밤에 배변 훈련을 시키는 것은 바람직하지 않다.

<u>언제든 아이가 기저귀가 마른 상태에서 눈을 뜨는 날이 잦아지면, 밤에 기저귀를 채우지 않아도 된다.</u> 그렇지 않다 하더라도 밤에 기저귀를 마른 상태로 유지하도록 가르치려 해서는 안 된다. 아이가 다섯 살이 됐는데도 여전히 밤에 기저귀에 소변보는 경우, 보상을 주는 것만으로도 밤에 소변을 통제하는 데 충분히 도움이 될 것이다. 그렇지 않다면 다른 조치를 하면서 보상도 함께 이용한다. 아이가 소변볼 시간이 될 때마다 알람을 울려, 방광이 찰 때 일어나도록 훈련을 시킨다.

20장

아이의 건강 유지

✻✻✻

아픈 걸 좋아하는 사람은 없지만, 아이들만큼 아픈 걸 질색하는 사람도 없을 것이다. 어른들은 아픈 걸 핑계로 하루 이틀쯤 직장을 쉰다든지 일에서 손을 뗄 수도 있다. 두꺼운 소설책이나 잡지 몇 권을 쌓아 놓고 침대에 누워 있거나, 코가 막히는 거 말고는 별다른 불편함 없이 텔레비전 앞에서 이불을 둘둘 말고 앉아 있을 절호의 기회이다. 하지만 어린아이들은 착한 환자가 될 만큼 인내심이 없다. 게다가 질병의 증상도 치료도 모두 질색을 한다. 가만히 누워 있는 것도 약을 먹는 것도 아이들에게는 아주 힘든 일이기 때문이다.

아이가 아프면 부모도 덩달아 힘들다. 그렇기 때문에 아이의 건강을 지키고 병에 걸렸을 때 빠르고 효과적으로 치료할 수 있는 방법들을 알고 있어야 한다. 이번 장에서는 아동기 초기에 가장 흔하게 걸리는 질병과 치료법을 설명하고, 예방접종, 열, 의사에게 알려야 할 경우, 약 먹이는 방법 등에 대한 정보와 요령을 소개한다.

예방접종: 주요 전염병 예방

우리 할머니, 할아버지 세대에는 아동기가 무척 위험한 시기였다. 그러다 한 세기가 바뀔 무렵에 태어난 아이들은 다행히도 디프테리아, 장티푸스, 천연두, 홍역, 백일해, 소아마비 등 당시 아주 흔하고 치명적이거나 장애로 이어지던 전염병에서 벗어날 수 있게 되었다. 요즘은 이런 질병이 무척 드물게 나타나는데, 모두 예방접종 덕분이다.

하지만 첫돌이 될 때까지 여러 종류의 예방접종을 하는데도 불구하고 토들러가 될 때까지는 사실 이런 질병들을 완벽하게 막기 힘들다. 아이의 건강을 위해 꼭 필요한 예방접종에는 어떤 것들이 있는지 알아보자.

필수 예방접종 목록

아이들은 조만간 다음과 같은 예방접종을 해야 한다(권장 시기는 612쪽 참조).

DTP 혹은 DTaP(디프테리아, 파상풍, 백일해 백신) 디프테리아, 파상풍, 백일해 혼합백신의 강화 형태로 생후 2개월, 4개월, 6개월에 기초 접종을 하고, 생후 15~18개월 사이에 1차 추가 접종을 하며, 4~6세 사이에 2차 추가 접종을 한다. 위험하고 치명적이기도 한 질병인 디프테리아,

DTP(디프테리아, 파상품, 백일해) 예방접종에 대해 알아야 할 모든 것

DTP 예방접종의 일반적인 반응

DTP 예방접종의 일반적인 반응을 빈도순으로 나열했다. 첫 번째부터 세 번째 반응까지가 가장 일반적이며, 예방접종을 실시한 아동의 절반가량에서 나타난다. 반응은 일반적으로 하루나 이틀 정도 지속되고, DTaP(무세포성 백일해 백신이 새로 추가된 혼합백신)를 접종하면 덜 나타난다.

* 주사 부위 통증
* 미열에서 중간 정도의 발열(직장 체온계로 37.8~40도 정도)
* 짜증
* 주사 부위의 부종
* 주사 부위가 빨개짐
* 졸음
* 식욕부진
* 구토

발열 및 통증을 최소화하기 위해, 특히 아이가 열성 경련을 일으킬 때 주로 예방접종 직전이나 직후에 아세트아미노펜을 투여할 것을 권장한다. 주사 부위에 온열 찜질을 해도 불쾌감을 줄이는 데 도움이 될 수 있다. 발열과 국부 통증은 이후 DTP 예방접종을 실시할 때 더 심해지는 반면, 짜증과 구토는 줄어들지 모른다.

DTP 예방접종 후 의사에게 알려야 하는 경우

아이가 DTP 예방접종을 실시한 지 48시간 이내에 다음과 같은 증상 및 징후를 보이는 경우, 아이를 보호하고 아이의 반응을 질병관리본부 예방접종 관리센터에 보고하기 위해 병원에 알린다.

* 세 시간 이상 지속적으로 운다(아마 국부적인 통증과 관련된 것으로 보인다.).
* 과도한 졸음(아이가 깨기 힘들어할 수 있다.)
* 유난히 축 처지거나, 창백하거나, 피부에 푸른빛이 돈다.
* 직장 온도가 40도 이상이다.
* 경련(백신으로 인한 발열 때문인 것 같다.)

백일해 백신을 생략해야 하는 경우

DTP 예방접종을 실시한 후 다음과 같은 반응 가운데 한 가지라도 경험한 아동은 이후 백일해 백신을 접종하지 않도록 권장한다. 이 경우 DT, 즉 디프테리아 및 파상풍 톡소이드 백신(diphtheria-tetanus toxoids)만 포함된 예방접종으로 대신해야 한다.

* 접종한 지 몇 시간 내에 알레르기 반응이 나타나는 경우(입이나 목구멍, 얼굴의 부종이나 호흡곤란)
* 7일 이내에 의식 변화와 같은(무반응을 포함한) 뇌염증의 증상이나, 24시간 이내에 몇 시간 이상 회복될 기미 없이 지속적인 발작을 일으키는 경우

비열성 경련 및 발작에 병력이 있는 아동, 만성 신경 질환이나 경련, 신경학적 악화를 일으킬 수 있는 신경 질환이 의심되는 증상에 간질 같은 병력이 있는 아동 역시 일반적으로 백일해 백신을 권장하지 않는다. 뇌성마비 같은 지속적인 신경학적 병변이 있는 아동이나 억제된 신경계 질환이 있는 아동은 대개 백일해 백신을 접종할 수 있다. 아이가 이전 DTP 예방접종에서 다음과 같은 부작용을 경험한 경우, 개개인의 경우에 따라 부모와 의사의 상의 하에 백일해 성분이 보류되거나 DTaP 예방접종으로 대체할 수 있다.

48시간 내에

* 특별한 원인이 밝혀지지 않은 상태에서 체온이 40.5도 이상 올라간다.
* 평소와 달리 세 시간 이상 지속적으로 운다.
* 쇼크와 유사한 증상이 나타난다(과도한 졸음, 무반응, 축 늘어짐, 유난히 창백함, 피부의 푸른빛).

3일 내에

* 열을 동반하거나 동반하지 않은 경련

DTP 투여에 대한 방침은 의사마다 조금씩 다르므로, 조금이라도 우려스러운 사항이 생기면 담당 의사와 상의해야 한다. 대부분의 의사들은 아이가 열이 나면 보통 한 달 정도 예방접종을 연기한다. 아이가 가벼운 감기에 걸린 경우에 접종을 연기하는 의사도 있다. 아이가 감염이 아닌 알레르기로 인해 자주 코막힘을 앓는 경우에는 대체로 예방접종을 미루지 않는다.

이론상 백일해 자체로 인한 위험이 예방접종으로 인한 위험보다 훨씬 크기 때문에, 전염병이 도는 기간에는 고위험 범주에 해당하는 아이들도 DTP 예방접종을 실시해야 할 것이다.

파상풍, 백일해에 면역력을 강화하기 위해 반드시 필요하다. 아이가 DTP나 DTaP의 1차 예방접종 때 심각한 부작용을 보이지 않았다면, 추가 접종 때도 별다른 반응이 나타나지 않을 것이다. 무세포 백일해 백신(acellular pertussis vaccine)은 과거에 이용한 전세포 백신(whole-cell vaccine)보다 부작용이 적어 최근 1, 2차 예방접종에서 많이 사용한다. DTaP는 디프테리아와 파상풍 톡소이드가 혼합된 백신을 말한다.

요즘에는 디프테리아, 파상풍, 백일해뿐만 아니라 b형 헤모필루스 인플루엔자(Hib, Hemophilus influenzae b)를 예방하는 혼합백신도 이용할 수 있다. 이 혼합백신은 네 차례 접종 모두에 이용하거나, 첫 세 차례 접종 때만 이용하고 네 번째 접종 때는 DTaP 접종과 Hib 접종을 각각 따로 할 수도 있다. 혼합백신을 접종하면 주사를 맞는 횟수가 줄어들어 부모와 의사는 물론이고 특히 아이에게 이롭다.

MMR(measles, mumps, rubella, 홍역, 유행성 이하선염 혹은 볼거리, 풍진 백신) DTP와 마찬가지로 MMR도 생명과 건강을 지켜 주는 예방접종이다. 홍역은 잠재적으로 치명적인 합병증을 동반하는 심각한 질병이다. 유행성 이하선염(볼거리라고도 한다.)은 대개 아동에게는 심각한 문제가 나타나지 않지만, 십대 소년이나 성인 남성에게는 불임이나 난청 같은 심각한 결과를 가져올 수 있다. 풍진은 대개 상태가 아주 경미해서 증상을 간과하기 쉽다. 그러나 임신부가 풍진에 감염되면 태아에게 선천성 결손증을 일으킬 수 있으므로, 유아기 때 풍진 예방접종을 하는 것이 좋다. 그래야 여자아이가 장차 임신부가

접종 시기를 놓치지 말자

최근 연구에 따르면 어영부영 예방접종 시기를 놓치는 경우가 많다고 한다. 예를 들어 14개월 된 아이가 아프면 부모가 아이를 데리고 병원에 가고 아이는 치료를 받아 금세 회복된다. 이때 부모들은 이렇게 생각한다. "지난달에 병원에 갔는데 15개월 정기 검진 때 병원에 또 갈 필요 있겠어?"라고. 이런 식으로 예약된 예방접종을 무심코 놓치기 쉬운데, 예방접종 시기는 절대 놓쳐서는 안 된다. 아이가 질병 치료를 위해 문턱이 닳도록 병원을 드나들었더라도 예정된 정기 검진은 반드시 받아야 한다.

되었을 때 태아를 보호하고, 감염된 아이의 위험 요소가 임신한 엄마에게 노출되는 걸 예방할 수 있다. MMR 백신은 생후 12~15개월 사이에 접종한다. 요즘은 4~6세 사이에 MMR을 추가 접종한다.

MMR 백신의 반응은 상당히 공통적이며, 일반적으로 아주 경미하다. 대개 접종 후 한두 주까지는 아무런 반응이 나타나지 않는다. 홍역 백신 성분으로 인해 5명의 아동 가운데 1명꼴로 발진이 나거나 미열이 며칠간 지속되기도 한다. 풍진 백신 성분으로 인해 7명 가운데 1명은 발진이 나거나 목의 분비선이 조금 붓고, 20명 가운데 1명은 관절이 아프거나 붓는다. 이런 현상은 3주까지 지속된다. 간혹 유행성 이하선염의 백신 성분으로 인해 침샘이 붓기도 하며, 아주 드문 경우 손과 발이 따끔거리거나 마비되거나 아프고, 알레르기 반응이 나타난다.

아이가 열이 나면 MMR 예방접종을 연기해야 한다. 최근 연구 결과에 따르면 감기가 홍역 바이러스에 필요한 항체 생성을 방해하는 것으로 짐작되므로, 가벼운 감기에 걸렸을 때에도 예방접종을 미루어야 한다. 백혈병이나 림프종

등 감염에 대한 인체의 저항력을 떨어뜨리는 질병이 있는 경우에도 저항 수준이 낮은 약물을 투여하거나, 예방접종 3개월 이내에 감마글로불린을 투여하거나, 9개월 전에 RSV-IGIV를 투여하는 등, MMR 접종에 주의해야 한다. 항생물질인 네오마이신에 알레르기가 있는 아이에게도 MMR 백신이 위험할 수 있다. 그러나 이 백신에는 달걀 단백질(egg protein)이 거의 없으므로 달걀에 알레르기가 있는 아이들에게는 무리 없이 MMR 백신을 접종할 수 있다. 일부 의사들은 달걀에 알레르기가 있는 아동의 경우, 부정적인 반응이 없는지 확인하기 위해 90분 동안 아이를 지켜보도록 권장하기도 한다.

주사용 소아마비 백신(IPV) 소아마비 백신은 아이의 생명을 구하고 30년 이상 영구적인 불구 상태가 될 위험을 예방한다. 권장하는 접종 시기는 다음과 같다.

1) 2개월과 4개월, 6개월에 주사용 백신을 기초 접종하며, 4~6세 사이에 추가 접종을 한다.

예방접종 권장 시기

연령	DTaP[1]	Td	소아마비[2]	MMR	Hib[1]	Hep-B[3]	VZV[4]
0개월						×	
1개월						×	
2개월	×		×		×		
4개월	×		×		×		
6개월	×		×		×[5]	×	
12개월				×	×		
15개월	×[6]						×
18개월							
24개월							
36개월							
만 4세	×		×	×			
만 6세							
만 11세		×[7]					×[8]
만 12세							

1. DTP 혹은 DTaP. DTaP가 선호된다. DTaP와 Hib를 혼합해 접종할 수 있다.
2. 우리나라에서는 주사용 백신(IPV)만 이용할 수 있다.
3. Hep-B에 양성 반응을 지닌 엄마에게서 태어난 아기들은 출생 당시에 1차 접종을 실시하고 1~2개월 뒤에 2차 접종을, 6개월 뒤에 3차 접종을 실시한다.
4. 수두 대상포진(수두) 바이러스 백신은 최근 건강한 아동에게 이용할 수 있도록 허가되었다.
5. Pedvax Hib를 접종 받은 아동은 이번에 접종 받지 않아도 된다.
6. DTP/DTaP 4차 접종은 3차 접종을 실시한 지 최소 6개월 후에 실시해야 한다.
7. 평생 동안 10년마다 접종을 실시한다.
8. 이전에 예방접종을 받지 않은 경우

2) 2개월, 4개월, 12~18개월 사이, 4~6세 사이에 주사용 백신을 접종한다.
3) 2개월, 4개월, 6~8개월 사이, 4~6세 사이에 경구용 백신을 접종한다.

백신은 무척 안전하다는 게 입증되었고 백신 부작용이 나타나는 아이들은 극히 드물다.

근육에 직접 주사하는 주사용 소아마비 백신은 소아마비에 취약한 가족, 암에 걸린 아동, 질병이나 약물 치료에 의해 면역 체계가 억제된 아동의 위험을 제거할 수 있다. 더욱 철저한 조치를 취하기 위해, 대체로 감기 이상의 심각한 질병이 있거나, 네오마이신에 과민반응을 보이는 아동에게는 경구용 소아마비 백신의 접종을 연기한다. 백신이 접종된 아동이 변을 보거나 구토를 한 후에는 사후 처리에 더욱 세심하게 신경을 써야 하고, 무엇보다 손을 깨끗하게 씻어야 한다.

b형 헤모필루스 인플루엔자(Hib, Hemophilus influenzae b) 백신 b형 헤모필루스 인플루엔자 박테리아(인플루엔자 바이러스와 아무런 관련이 없다.)는 수막염, 후두개염, 패혈증, 봉와직염, 골수염, 심막염 등 유아와 어린아이들에게 다양한 종류의 매우 심각한 감염을 일으킬 수 있다. Hib 접합백신(HbCV)이 이러한 박테리아를 효과적으로 예방한다.

생후 2개월, 4개월, 6개월(혹은 백신의 종류에 따라 2개월과 4개월에만)에 접종을 실시하고, 12~15개월 사이에 4차 접종을 실시한다. 첫돌 무렵까지 예방접종을 받지 않은 경우 12~14개월 사이에 Hib 백신을 두 차례 접종 받게 되며, 15개월에도 아직 접종을 받지 않은 경우 단 한 차례만 접종 받는다.

가벼운 감기 이상의 질병을 앓거나 백신 성분에 알레르기가 있는 아이의 경우, Hib 백신을 접종해서는 안 된다. 부작용은 드물지만, 아동 가운데 극히 일부가 예방접종 후 열이 나고, 주사를 맞은 부위가 빨개지거나 만지면 아프고, 설사나 구토가 나기도 하며, 심하게 울기도 한다.

수두 대상포진 백신(VZV, Varicella zoster vaccine) 수두는 대체로 아동에게 심각한 부작용을 일으키지 않는 경미한 질병이다. 그러나 성인, 특히 임신부에게는 대단히 위험하다. 아동의 약 2%에게 대개 농가진 같은 2차 피부 감염이 나타날 수 있으며, 간혹 1000명 가운데 한두 명꼴로 라이 증후군이나 세균 감염 같은 심각한 합병증이 나타날 수 있다. 사망으로 이어지는 경우는 드물고, 주로 고위험 아동(가령 백혈병이나 면역결핍증이 있는 아이)과 출생 직전에 수두에 감염된 상태에서 태어난 아동에게 사망의 위험이 증가한다. VZV는 12~18개월 사이에 한 차례 접종할 것을 권장한다. 아직 예방접종을 실시하지 않았고, 수두의 면역력 여부가 확실하지 않은 18~20개월 사이의 아동 역시 한 차례 접종을 실시해야 한다. 예방접종을 받지 않은, 연령이 높은 아동과 성인은 4~8주 간격으로 두 차례 예방접종을 받아야 한다. 아프거나, 면역력이 약하거나, 네오마이신에 알레르기가 있거나, 스테로이드제를 다량 복용하거나, 최근 면역글로불린이나 기타 혈액제제를 복용하는 아이에게는 VZV를 접종해서는 안 된다. VZV 접종 이후 6주 동안은 대체로 아스피린 복용을 권장하지 않는다.

아동에게 나타나는 백신 부작용은 경미하다. 간혹 미열이나 국부적인 통증, 피부 붉어짐, 가려움, 피부경화, 발진, 다른 부위의 발진 등이 나타날 수 있다. 백신을 접종한 경우 70% 정도의 효과가 나타나는데, 백신을 접종한 아이가 수두에 걸리는 경우 대개 가볍게 앓고 지나간다. 나중에 추가 접종이 필요할 수도 있지만, 아직 확실하지 않다. 우리나라에서는 12~15개월 사이에 수두 백신을 접종한다.

주의 사항 VZV 백신을 접종한 후 6주 동안은 아스피린을 복용하지 않는다.

유행성감기(influenza) 유행성감기 백신은 어떤 종류의 감기 바이러스가 공격해 올지 전염병 학자와 과학자들의 지식에 근거한 추측을 기반으로 매년 새롭게 개발된다. 독감 주사는 장기간 효과가 나타나지 않으므로 매년 예방접종을 받아야 한다. 독감 예방접종을 실시했다고 해서 독감에 걸리지 않는다고 장담할 수는 없다. 다만 예상되는 주요 바이러스 종류를 예방할 뿐이다.

건강한 아동의 경우 독감 예방 주사를 반드시 맞지는 않아도 괜찮다. 물론 예방접종을 실시하는 것이 안전하고 부모가 요청하면 접종할 수는 있다. 그러나 일부 아동의 경우(천식, 낭포성 섬유증, 기관지폐 형성장애 같은 만성 폐질환을 앓는 아이, 특정한 종류의 심장병을 앓는 아이, HIV에 양성 반응을 보이거나 면역억제 치료를 받는 아이 등) 예방접종을 실시할 것을 권장한다. 만성 신장병이나 만성 대사이상, 당뇨병을 앓는 아이, 장기간 아스피린을 복용하는 아이들 역시 독감 예방접종을 권장한다. 그러나 달걀에 심한 알레르기 반응을 보이는 아이는 절대로 독감 주사를 맞아서는 안 된다. 이런 경우 독감을 예방하기 위해 대신 항바이러스 약물을 투여할 수 있다.

아동에게는 부작용이 거의 없는 분편 바이러스 백신만 접종해야 한다. 가장 적절한 예방접종 시기는 9월 중순에서 11월 중순이다. 아이가 호흡기 감염을 앓거나 지난 3개월 이내에 DTP 예방 주사를 맞은 경우, 독감 주사는 연기해야 한다.

B형 간염 백신(HBV, Hepatitis B Vaccine) B형 간염 백신은 아동에게는 드물지만 성인에게는 만성 B형 간염과 심하면 암으로까지 이어질 수 있는 B형 간염 바이러스를 예방한다. 성인기에는 면역 조치가 잘 이루어지지 않기 때문에, 주로 생후 1년 이내에 모든 아동에게 B형 간염에 대한 예방접종을 실시하도록 권장한다. 아이가 한 살 이전에 모든 차수의 B형 간염 백신을 접종 받지 않았다면, 12~18개월 사이에 접종 받아야 한다.

광견병 인간 광견병 면역글로불린(HRIG human

예방접종을 실시하지 않기로 했다면

아직까지 전 세계 수백만 명의 어린 생명을 앗아가고 있는 질병들을 완벽하게 전멸시키려면, 예방접종이 보편적으로 실시되어야 한다. 그리고 안전을 위해 모든 아동은 반드시 예방접종을 해야만 한다.

그러므로 예방 주사가 해로울지 모른다는 걱정 때문에 아직 아이에게 예방접종을 시키지 않았다면 다시 생각해 주기 바란다. 정상적이고 건강한 아동은 백신에 심각한 위험이 없으며, 매우 큰 혜택을 받고 있다는 사실이 입증되었다. 단발적으로 발생하는 몇 가지 심각하거나 치명적인 반응들에 대해 백신이 원인이 아닐까 추정하고 있지만, 사실상 백신 자체에 원인이 있다고 분명하게 밝혀진 바는 없다.

위험은 낮고 혜택은 상당하므로 지금이라도 밀린 예방접종을 '따라잡도록' 의사와 상의해 일정을 잡는 것이 바람직하다. 이런저런 이유로 제때에 예방접종을 받지 못한 경우에도 예방접종을 준비하도록 하자.

rabies immune globulin)과 광견병 백신 모두 이용할 수 있다. 둘 다 광견병에 걸린 동물이나 광견병에 걸렸을 것으로 짐작되는 동물에게 노출되었을 때, 즉 동물이 물거나 할퀴거나 핥은 경우에 이용한다(715쪽 참조).

기타 백신 다양한 종류의 아동기 질병을 예방하기 위한 백신들을 연구 개발 중이거나 도입하고 있다. 백신이 승인을 받으면 의료 관계자, 부모, 공공의료 정책 입안자들은 어떤 백신을 의무적으로 접종할지, 어떤 백신을 고위험 아동이나 고위험 발생 기간에만 이용할지 결정해야 한다.

* **A형 간염 바이러스** <u>A형 간염 백신(간염 가운데 사망의 위험이 거의 없는 형태. 만성으로 이어지지는 않지만, 6개월에서 10주 동안 지속될 수 있기 때문에 큰 피해를 입게 된다.)</u>은 2~18세 아동에게 접종을 허용한다. 연령을 불문하고 면역력이 없는 아동이 밀접한 접촉을 통해 A형 간염에 노출된 경우, 2주 내에 면역글로불린을 투여 받아야 한다.
* **폐렴구균성 폐렴** 이런 형태의 폐렴에 걸릴 위험이 높은 아동에게(겸상적혈구 빈혈증, HIV, 만성 심장병, 간 질환 등을 앓는 아동) 이용할 수 있는 백신이다. 혈액, 간, 신장 질환이 있는 성인 및 아동에게는 효과가 없다. 현재 유아와 2세 미만 아동의 예방을 보장하는 접합 폐렴구균 백신이 개발되어 2개월, 4개월, 6개월에 3회 접종하며, 12~15개월 사이에 추가 접종을 한다.
* **호흡기 세포융합 바이러스(RSV, Respiratory syncytial virus)** 아동 호흡기 질환의 주된 원인이 되는 바이러스로, 백신 개발을 위해 노력 중이다. 현재로서는 RSV가 유행하는 기간 동안 면역글로불린을 투여한다. 면역글로불린은 심각한 세포융합 바이러스에 감염되기 쉬운 만성질환을 앓는 아동의 위험을 감소시키는 것으로 여겨진다.
* **인체 면역결핍 바이러스(HIV, Human immunodeficiency virus)** 과학자들이 열심히 연구 중이지만 후천성면역결핍증, 즉 AIDS의 원인이 되는 HIV 백신이 개발될 가능성은 현재로서는 요원해 보인다.
* **결핵** 많은 나라에서 보통 BCG 백신을 이용하지만, 부분적으로 효능에 대한 문제로 인해 자주 이용하지 않는다. 결핵 검사에서 양성 반응을 보였지만 치료를 받지 않았거나, 치료를 받았지만 효과가 없거나, 약물 저항성 계통의 결핵에 감염된 가족과 함께 생활하는 아동의 경우, 백신 접종을 권장할 수 있다. 결핵 유행 지역에서 생활하는 아동에게도 백신 접종이 권장된다. 아이가 심한 화상을 입었거나, 피부가 감염되거나 면역 체계가 억제된 경우, 예방접종을 실시하지 않는다.
* **일회성 예방** 유아에게 한 차례 접종해 대부분의 주요 아동기 질병들을 모두 예방할 수 있는 백신이 머지않아 개발될 전망이다.

아이에게 예방접종을 실시하기 전에

예방접종은 기본적으로 안전한 절차지만, 부모와 전문가가 다음과 같은 적절한 예방 조치를 취한다면 더욱 안전하게 실시할 수 있다.

* 지난번 예방접종을 실시한 후 아이에게 어떤 반응이 나타났는지 아이의 담당 의사에게 알린다.
* 예방접종을 실시하기 전에 소아과 건강검진을

받아 현재 아무런 질병이 없다는 걸 확인한다. 아이에게 질병 증상이 보이면 의사에게 알린다.
* 예방접종 후 72시간 동안(처음 48시간 동안은 특히 더) 아이를 가까이에서 지켜보고, 심각한 부작용이 나타나면 의사에게 즉시 보고한다(610쪽 참조). MMR 예방접종을 실시한 지 한두 주 후에 지연 반응이 나타나지 않는지 살펴본다. 아이의 예방접종 부작용 및 건강 상태를 빠짐없이 기록한다.
* 부모가 보고하는 아이의 반응은 물론이고, 백신 제조 회사 이름과 백신의 제품 번호, 배치 번호 등을 아이의 차트에 기록하도록 의사나 간호사에게 부탁한다. 아이의 예방접종 기록을 업데이트하기 위해 정기 검진을 할 때마다 예방접종 기록을 가지고 온다.

의사와 토들러(만 1~3세 아이)

─ 부모와 의사의 협력 관계

오늘날은 환자의 건강에 대한 책임이 오로지 의사의 손에만 달려 있지 않으며, 건강과 건강관리는 관리하는 사람과 관리를 받는 사람의 협력적인 관계에 달려 있다는 개념이 널리 인식되고 있다. 그러나 관리를 받는 사람이 한두 살 아이인 경우, 환자와 의사와의 협력 관계 이상으로 중요한 또 다른 협력 관계가 있는데, 바로 환자 부모와 의사와의 협력 관계다. 아이의 건강을 보호하고, 안전을 유지하며, 건강한 습관을 가르치는 한편, 장차 아이 스스로 이 협력 관계의 일원이 되도록 대비시키기 위해 부모와 의사가 함께 협력해야 한다.

다른 종류의 모범적인 협력 관계에서와 마찬가지로, 부모와 의사의 협력 관계에서도 최상의 결과를 위해 각자 최선을 다해야 한다. 의사는 귀중한 의료 전문 기술을 제공하고, 부모는 아이에 대한 통찰력과 매일 아이와 함께 생활해야만 알 수 있는 아이에 대한 이해를 제공한다. 부모는 매일 아이의 건강을 관리하고 사고를 예방하며, 올바른 습관을 길들이게 하고, 모범을 보일 책임이 있다.

건강관리를 위한 협력 관계가 아이의 건강에 도움이 될 수 있도록 다음 내용을 참조하자.

올바른 파트너 선정하기 좋은 의사는 가능한 최상의 건강관리를 제공하기 위해 기꺼이 부모와 협력하려 할 것이다. 의사는 자격을 갖추어야 하고, 병원은 위치와 진료 시간에 대한 접근성이 좋아야 한다. 뿐만 아니라 의사는 책임감이 강하고, 아이와 부모의 마음을 읽을 줄 알며, 다가가기 편하고 부모에게 질문을 하도록 장려하며, 이해하기 쉽게 설명하고, 필요하면 초과근무를 못마땅하게 여기지 않아야 한다. 물론 내 아이에게 좋은 의사는 다른 아이들에게도 좋은 의사일 것이다.

아직 좋은 의사를 찾지 못했거나 부모와 의사와의 협력 관계가 썩 순조롭지 않다는 생각이 들면 '좋은 의사를 찾는 방법(618쪽 박스 내용)'을 참조한다.

동등한 조건에서 협력하기 파트너 쌍방이 유사한 철학을 지니고 있다면 더할 나위 없이 좋은 협력 관계가 이루어지겠지만, 부모와 의사가 모든 사안에서 의견 일치를 보기란 쉽지 않다.

그럼에도 불구하고 어느 정도는 합의점을 갖는 것이 중요하다. 육아, 훈육, 영양, 젖떼기, 항생제 이용, 심리적 안정감을 주는 물건 이용, 가족이 한 방에서 함께 자는 문제, 그 밖에 양육에 관련된 주제들에 대해 토론할 때 부모의 견해를 말한 후에 의사의 의견을 듣는다. 어떤 관계든 쌍방이 허심탄회하게 의견을 교환해야 무언가 배울 것이 생긴다. 이렇게 의견을 교환한 후 많은 문제에 대해 의견이 일치하지 않는다면 다른 의사를 알아보는 방법을 고려한다.

합의안을 작성한다 아이의 건강관리를 위해 둘 이상의 의사가 개입되어 있다면 어떤 의사에게 정기 검진을 받는 것이 좋을까? 아이가 아플 때는 어떤 의사를 방문하는 것이 좋을까? 내가 선택한 의사에게 검진을 예약할 수 있을까, 아니면 의사의 일정에 맞추어 검진을 예약해야 할까? 그 밖에 다른 문제들도 고려한다. 아이가 열이 날 경우 한밤중에 전화할 수 있는가, 아니면 아침까지 기다려야 하나? 정해진 상담 시간에만 전화해야 하나, 아니면 하루 중 언제라도 전화할 수 있는가? 타당한 상황일 때 의사의 왕진을 요청할 수 있는가? 위급한 상황일 때는 어떻게 해야 하나? 응급실로 바로 가야 하는가? 의사에게 전화를 걸어 응급실에 가는 길이라고 알려야 하나? 아이의 담당 의사와 연락이 되지 않을 경우 누구에게 알려야 하는가?

항상 준비한다 아이의 질병, 예방접종, 중요한 발달 시점뿐 아니라 질문, 걱정, 관찰 내용(아이의 건강, 발달, 식습관 및 수면 습관 등) 등의 건강 상태를 기록한다. 매번 병원을 방문할 때 소아청소년 건강수첩을 가지고 가고, 의사에게 전화를 걸 때 옆에 펼쳐 둔다. 아이의 몸이 좋지 않을 때는 '의사에게 전화를 걸기 전에(622쪽)'를 읽고 직접 해답을 찾아본 후에 의사에게 전화를 건다.

항상 모든 사실을 있는 그대로 전달한다
의도적이든 의도적이지 않든 정확한 정보를 제공하지 않으면 의사가 최상의 관리를 제공하기 힘들다. 협력 관계에서 부모가 책임을 다하려면 아이의 담당 의사에게 최대한 많은 정보를 제공해야 한다. 예를 들어, 부모가 담배를 피우는 경우 부모의 습관을 숨기려 해서는 안 된다. 아이가 귀의 염증이나 기관지염이 재발된 경우, 이런 사실과 밀접한 관련이 있을 수 있다. 부모 가운데 한쪽 가계에 고콜레스테롤 병력이 있는 경우, 이런 정보 역시 의사에게 전달해야 아이가 이런 경향을 물려받을 가능성이 있음을 감안하고 주의 깊게 살펴볼 것이다. 아이의 기관지염 치료를 위해 열흘 치 항생제를 처방 받았는데, 몇 차례 복용을 빼먹은 다음 기침이 심해졌을 때 이 사실을 의사에게 알려야 한다.

설명을 요구한다 의사가 '의학 전문용어'로 설명한다면, 당황하지 말고 이해하기 쉬운 용어로 고쳐 말해 달라고 요구한다. 이해하지 못하는 부분은 다시 설명해 달라고 분명하게 말한다.

의사의 지시를 따른다 아이를 가장 잘 아는 사람이 부모라면, 의학을 가장 잘 아는 사람은 아이의 의사다. 그러므로 아픈 아이의 간호, 약물 복용법 등에 대해 주의 깊게 귀를 기울여 그대로 따르는 것이 아이의 건강에 가장 중요하다. 아이의 소아청소년 건강수첩을 가까이에 두고 의사에게 전화를 걸거나 병원을 방문할 때 내용을 기록한다면, 의사의 지시를 기억하는 데 도움이 될 것이다. 방문을 마칠 무렵에는 지시 내용을 간단히 검토해 내용을 이해했는지 확인한다.

이해할 수 없는 내용은 분명하게 짚고 넘어간다
물론 의사의 지시와 아이에 대해 부모가 알고 있는 사항이 일치하지 않을 때도 있다. 예를 들어 아이가 지난번에 거부했거나 알레르기 반응을 보인 약물을 처방한 경우처럼 말이다. 혹은 의사의 지시와 부모가 알고 있는 지식이 맞아떨어지지 않을 때도 있다. 부모의 견해와 다른데도 무조건 지시를 따른다거나 부모의 견해가 다르다고 해서 지시를 무시하지 말고, 부모의 의견을 정확히 밝혀 의사가 해당하는 문제에 대해 연구할 수 있게 한다. 아이가 처방 약을 먹으려 하지 않는다면 의사는 보다 먹기 좋은 물약이나 아이가 씹을 수 있다면 씹어 먹는 약 혹은 좌약으로 대체하거나, 모두 다 거부할 경우 주사로 대체할 수 있다.

상충되는 조언에 대해 논의한다 가족이나 친구, 책과 같은 다른 곳에서 접한 조언과 의사의 조언이 다른 경우, 상반되는 의견에 대해 허심탄회하게 논의한다.

논쟁이 아닌 논의를 한다 의견 교환은 생산적일 수 있다. 그러나 부모와 의사의 의견이 계속해서 상충된다면 누구에게도 이로울 수 없으며, 특히 가운데에 낀 아이가 가장 손해가 클 것이다.

조언을 청한다 어떤 내용에 대해서든 조언을 청한다. 소아과와 가정의학과 의사들은 대개 베이비시터, 어린이집, 유치원에 대해 유용한 정보를 알고 있을 것이다. 혹은 놀이 모임이나 부모 모임을 만들거나, 기존의 모임에 새 구성원을 받아들이려는 다른 부모와 연결해 줄 수도 있다. 혹은 아이에게 알맞은 비누, 보습제, 자외선 차단제, 아이 용품 등에 대해 조언하고, 구급약품 상자에 보관할 약품에 대해서도 알려 줄 것이다.

좋은 의사를 찾는 방법

대부분의 부모들은 다행히 좋다고 생각하는 의사와 만족스러운 협력 관계를 맺고 있다. 하지만 다른 지역으로 이사를 하거나, 지금까지 아이를 돌봐 주던 의사가 다른 지역으로 이동하거나 은퇴를 하거나, 혹은 현재 의사에게 만족하지 못하는 경우, 아이의 건강을 담당해 줄 의사를 다시 찾아 나서야 한다.
이상적인 의사를 찾기란 결코 쉬운 일이 아니지만, 적절한 사람들에게 문의하면 찾을 가능성이 높다.

산부인과 의사나 내과 전문의에게 추천을 부탁한다. 혹은 친구나 지인 가운데 아이의 건강을 담당할 사람을 알아보거나(특히 소아과 전문의가 있는 경우), 아이가 다니는 놀이 모임이나 어린이집, 유치원의 다른 학부모들, 같은 종교 단체에 소속된 사람이나 직장 동료에게 문의한다. 생활 방식과 기질이 비슷하고 육아 철학이 같은 사람의 추천을 받는 것이 가장 도움이 될 것이다.
가장 좋은 방법은 담당 의사를 정하기 전에 후보 의사들과 면담을 하는 것이다. 면담을 할 때는 부모에게 중요한 문제인 의사의 철학을 알아보고, 병원의 분위기와 방침을 의논하며, 의사와 전반적으로 잘 맞을지 알아본다. 그러나 시간이 촉박한 경우(정기 검진이나 예방접종 시일이 임박하거나, 응급상황이 발생한 경우) 이렇게 여유를 부릴 시간이 없을지 모른다. 그렇더라도 의사의 진료 방법, 태도, 철학, 실무 능력 정도는 알아보아야 한다.

예방한다 건강한 토들러가 건강한 어린이, 건강한 성인으로 자랄 가능성이 높다. 더 건강한 토들러로 키우기 위해 지금부터 예방책을 마련한다. 정기 검진과 예방접종을 빠짐없이 실시한다. 질병의 징후를 주의 깊게 살펴보고, 필요하면 보고할 준비를 한다. 건강을 위해 좋은 습관을 심어 준다. 영양이 풍부한 음식을 먹인다. 운동 및 휴식의 기회를 충분히 제공한다. 감염에 대해 예방 조치를 취한다. 예방접종을 실시하고, 위생을 철저히 지키며, 집 안에서나 밖에서 감염된 사람과 불필요한 접촉을 피하고, 부패하거나 세균에 오염된 음식을 먹지 못하게 보호한다. 아이의 식단에 잔류 물질을 최소화한다(584쪽 참조). 담배 연기와 납 같은 통제할 수 있는 유해 물질을 최대한 차단한다. 사고 및 부상으로부터 아이를 보호한다.

반드시 안전띠와 카 시트를 이용하고, 어린이 안전에 중점을 두어 집 안을 꾸미고, 안전한 장난감을 구입한다. 놀이 공간과 놀이터의 안전을 확인하고, 사고나 부상을 당할 경우를 대비해 대처 방법을 알아 놓는다.

망설이지 말고 전화한다 좋은 의사나 좋은 병원 직원은 부모가 궁금하게 여기는 문제나 걱정 때문에 전화하는 걸 개의치 않는다. 그러나 응급 상황이 아니라면 먼저 상황을 판단해 보고, 이 책이나 다른 신뢰할 만한 정보의 도움을 받아 최대한 조치를 취하는 것이 현명하다(622쪽과 707쪽 참조).

불편한 관계를 개선한다 의사와 부모 간의 협력 관계가 원활하지 않다면 관계를 개선하기 위해 조치를 취한다. 첫째, 부모의 불만과 불만의 이유를 의사와 상의한다. 어떤 대책을 마련할 수 있는지 함께 알아본다. 문제가 개선될 것 같지 않다고 판단되거나, 도무지 진전이 없을 것 같다고 생각되거나, 의사가 부모의 걱정을 귀담아 듣지 않는 것 같다면 다른 의사를 알아보는 것을 고려한다. 그러나 마음에 드는 의사를 구하기 전에 기존의 관계를 끝내서는 안 된다. 아이의 건강을 관리할 의사의 자리를 비워 두어서는 안 된다.

의사에게 알려야 하는 경우

초보 부모들은 증상이 나타나자마자 즉시 의사에게 전화를 거는 경향이 있다. 아이가 첫돌 무렵이 되면 이런 부모들도 좀 더 경험이 쌓이고 자신감도 커져 전화기를 드는 횟수가 줄어들지만, 여전히 의료적 조언이나 확신을 위해 전화를 걸어야 할 때가 생긴다.

'즉시 전화를 해야 하는' 증상과 '오늘 중으로 전화를 하면 되는' 증상, 그리고 '두고 봐도 좋은 증상'을 알아보기란 쉽지 않다. 그리고 일부 아이나 특정한 상황에서는 전화를 걸어야 하는 증상이지만, 다른 아이나 상황에서는 두고 볼만한 증상이 되기도 한다. 그렇기 때문에 전화를 걸어야 하는 경우를 구체적으로 명시해 달라고 아이의 담당 의사나 간호사에게 부탁해야 한다. 다음에 소개한 목록 아래의 여백에 병원에서 알려 주는 구체적인 경우를 받아 적는다. 아이가 만성질환을 앓는다면(심장, 콩팥, 신경 질환 등의 만성질환이나 겸상적혈구 빈혈증 및 기타 만성 빈혈증, 당뇨나 천식 등 23장 참조) 이런 내용은 특히 중요하다.

명시한 내용과 관계없이 아이가 크게 아프다고 생각되면 즉시 담당 의사에게 전화를 건다. 의사와 연락이 되지 않으면 응급실로 향한다.

아이에게 다음과 같은 증상이 나타나면 옆에 지시한 대로 전화를 건다. '진찰 시간에 전화해야 할 증상'이 주말에 나타나는 경우, 월요일까지 기다린 후에 연락하면 된다. '24시간 이내에 전화해야 할 증상'이 주말에 나타나는 경우, 자동 응답기가 전화를 받더라도 명시한 시간 내에 전화를 건다.

발열

* 직장 체온이나 그에 상응하는 다른 방식으로 잰 체온이 40.5도 이상인 경우 즉시 전화한다.
* 열이 40~40.5도 사이인 경우, 24시간 이내에 전화한다.
* 열이 39~39.5도 사이인 경우, 진료 시간에 전화한다.
* 직장 체온이 39도 이하이고(미열), 가벼운 감기나 독감 증상이 사흘 이상 지속되는 경우 진료 시간에 전화한다.
* 뚜렷한 질병의 증상 없이 24시간 이상 열이 지속되는 경우 다음 24시간 이내에 전화한다.
* 해열제를 복용했는데도 한 시간 이내에 열이 전혀 떨어지지 않는 경우 24시간 이내에 전화한다. 열이 40.5도 이상인 경우 즉시 전화한다.
* 이틀 동안 미열(39도 이하)이 나타나다가 갑자기 열이 오르는 경우, 감기나 독감이 걸린 아이가 갑자기 열이 오르는 경우, 중이염이나 패혈성 인두염 같은 2차 감염의 증상일 수 있다. 아이가 병에 걸린 것 같거나 열성 경련에 병력이 있는 경우, 즉시 전화를 걸고, 그렇지 않은 경우 24시간 이내에 전화한다.
* 더운 날 햇볕을 받았거나 장시간 차 안에 있는 등 외부의 열원에 노출된 후 열이 나기 시작한 경우, 즉시 응급 의료 치료를 받아야 한다(열손상은 723쪽 참조).
* 적당히 열이 있는 아이가 옷을 너무 많이 껴입거나 담요를 두르고 있다가 갑자기 열이 오르는 경우, 열 손상으로 다루어야 한다. 이때도 즉시 전화한다.

열과 함께 다음 증상이 동반되는 경우

* 아이가 어떤 것에도 관심을 보이지 않거나, 좀처럼 미소를 짓지 않는 등 기운이 없거나 반응이 없는 경우, 즉시 전화한다.
* 경련(몸이 뻣뻣하거나, 눈동자가 돌아가거나, 사지를 마구 흔든다.) 증상을 처음 보이는 경우, 즉시 연락한다. 과거에 경련 증상을 보인 경우 의사가 달리 대처 방법을(634쪽 참조) 조언하지 않았다면 24시간 이내에 전화한다.
* 경련이 5분 이상 지속되는 경우 즉시 119에 연락해 긴급 지원을 받는다.
* 두세 시간 동안 계속 울고, 달래도 그치지 않는 경우 즉시 전화한다.
* 부모가 만지거나 옮기면 고통스러운 듯 우는 경우 즉시 전화한다.
* 행동과 관계없이 훌쩍이거나 칭얼대는 경우 즉시 전화한다.
* 부위에 관계없이 아이의 피부에 자주색 반점이 나타나는 경우 즉시 전화한다.
* 콧구멍을 닦아 준 후 호흡곤란을 일으키는 경우 즉시 전화한다.
* 심한 두통일 때는(특히 구토와 함께) 즉시 전화한다.
* 침을 흘리고 음료를 삼키려 하지 않는 경우 즉시 전화한다.
* 아이가 가슴을 향해 고개를 숙이려 하지 않을

정도로 목이 뻣뻣한 경우 즉시 전화한다.
* 소변을 보는 동안 타는 듯한 느낌이나 통증을 느끼는 경우(어린 토들러에게는 확인하기 어려울 수 있다.), 즉시 전화한다.
* 인후염(656쪽 참조)은 진료 시간에 전화한다.
* 발진은 진료 시간에 전화한다.
* 반복적인 구토는 20시간 이내에 전화한다.
* 경미한 탈수증세(일반적인 증상인 경우 653쪽 참조)는 진료 시간에 전화한다.
* 심각한 탈수증세(653쪽 참조)는 즉시 전화한다.
* 심한 짜증과 울음, 무기력, 수면 부족, 빛에 민감함, 식욕부진, 귀를 잡아당기거나 움켜쥐는 등 평소와 다른 행동을 보일 경우, 즉시 전화한다.

감기
* 2주 이상 지속되는 경우 진료 시간에 전화한다.
* 밤에 수면을 방해하는 경우 진료 시간에 전화한다.
* 누르스름하거나 푸르스름한 가래가 나오는 경우 진료 시간에 전화한다.
* 혈액이 섞인 가래가 나오는 경우 즉시 전화한다.
* 위의 모든 증상이 나타나는 경우 즉시 전화한다.

감기와 함께 다음 증상이 동반되는 경우
* 호흡곤란, 즉시 전화한다.
* 가슴 통증, 진료 시간에 전화한다.
* '쌕쌕' 거리는 소리(숨을 내쉴 때 천식처럼 휘파람 같은 소리가 난다.), 진료 시간에 전화한다.
* 수축(숨을 쉴 때마다 늑골 사이 피부가 움푹 들어간 것처럼 보인다.), 진료 시간에 전화한다.
* 가쁜 호흡(624쪽 참조), 진료 시간에 전화한다.

인후염
* 인후염 이후 연쇄상구균 감염을 진단 받은 사람에게 노출된 경우, 진료 시간에 전화한다.
* 만성 폐질환, 류머티스성 열, 신장병의 병력이 있는 아이의 경우, 24시간 이내에 전화한다.

인후염과 함께 다음 증상이 동반되는 경우
* 39도 이상의 발열, 진료 시간에 전화한다.
* 삼키기가 힘든 경우 진료 시간에 전화한다.
* 삼키기를 무척 힘들어하고 침을 흘리는 경우 즉시 전화한다.
* 목이 빨개지고 흰 반점이나 물집이 나는 경우(657쪽 참조), 진료 시간에 전화한다.
* 목의 분비선이 붓거나 만지면 아픈 경우(625쪽 참조), 진료 시간에 전화한다.
* 발진이 나는 경우 즉시 전화한다.
* 2주간 계속해서 목이 쉰 경우, 24시간 이내에 전화한다.

출혈 다음 증상이 나타나면 즉시 의사에게 전화한다.
* 소변에 피가 섞여 나오는 경우
* 대변에 피가 섞여 나오는 경우(항문 열상으로 인해 줄무늬로 혈액이 묻어 나오는 경우는 제외한다.)
* 타액이나 점액에 혈액이 섞여 나오는 경우
* 귀에서 피가 새어 나오는 경우

일반적인 태도 다음 증상이 나타나면 즉시

의사에게 전화한다.

* 열을 동반하거나 동반하지 않은 심한 무기력, 잠이 완전히 깨지 못하고 몽롱한 상태, 무반응
* 움직이거나 건드리면 아픈 것처럼 울거나 신음소리를 내는 경우
* 잠을 재우려고 눕히면 30분 이상 가만히 누워 있지 못할 정도로 안절부절못하는 경우
* 3시간 이상 계속해서 울거나, 고음을 내면서 울거나, 약하게 흐느끼는 경우
* 하루 종일 아무것도 먹으려 하지 않는 경우

기타 증상

* 분비선이 부어(625쪽 참조) 빨개지고 뜨거우며 만지면 아픈 경우, 24시간 이내에 전화한다.
* 신체의 모든 부위, 특히 머리나 가슴의 심한 통증은 즉시 전화한다.
* 변비나 유당불내증과 관련이 없는 듯한 복통이 3시간 이상 지속되거나, 구토를 동반하거나, 심해지거나, 간헐적으로 일어나거나, 갑자기 중단되는 경우(624쪽 '맹장염에 대한 경고' 참조) 즉시 전화한다.
* 눈의 흰자나 피부가 누르스름한 경우, 진료 시간에 전화한다.

아이의 담당 의사가 명시하는 특별히 전화를 걸어야 하는 경우

_____
_____
_____
_____
_____
_____
_____
_____
_____
_____
_____
_____
_____
_____
_____

의사에게 전화를 걸기 전에

사실 소아과 의사들은 열이 나는 아기, 중이염을 앓는 토들러, 배가 아픈 유치원생, 자전거를 타다 떨어진 초등학생 부모들에게 어떤 조치를 취해야 할지 알려 주고, 의문 사항에 대답하느라 다른 전문의에 비해 전화 상담 시간이 많다. 그러다 보니 정작 진료 시간은 짧아지기 일쑤고, 때로는 마음과 달리 조금 귀찮아하면서 서둘러 진료를 마치기도 한다. 아이의 부모가 전화 상담 시간을 최대한 활용하려면 전화를 걸기 전에 상황을 충분히 검토해야 한다.

무엇보다 이번 장의 '의사에게 알려야 하는 경우'를 참고해, 즉시 알려야 하는 경우인지 진료 시간까지 기다릴 수 있는 경우인지, 혹은 전화를 하지 않아도 되는 경우인지 등, 상황의 급박한 정도를 판단한다. 응급 상황일 때는 의사에게 연락하려 애쓰느라 시간을 낭비하지 말고, 즉시 119로 전화를 하거나 가장 가까운 응급실로 향한다.

의사와 전화를 해야 하는 상황이라고 판단했다면, 전화기에 손을 뻗기 전에 다음과 같은 준비를 하고 노트에 적어 둔다.

—— **아이의 증상에 대한 정보**

대개 부모들은 아이의 외관을 보는 것만으로도 아이에게 이상이 있는지 충분히 알 수 있다. 그러나 소아과 의사는 아이의 상태를 평가하기 위해 더 많은 정보가 필요하다. 그러므로 의사에게 전화하기 전에, 아이에게 다음과 같은 증상이 있는지 확인한다. 아주 간단한 질병의 경우 두세 가지 증상만 나타나겠지만, 전화하기 전에 다음 항목을 훑어본다면 아이의 증상을 빠뜨리는 일이 없을 것이다. 아이의 호흡을 셀 당시의 체온을 잊어버리지 않기 위해 체온을 기록한다.

체온 아이의 이마를 만져 보아 차가운 느낌이 들면(628쪽 참조) 열이 심하지 않다고 추정해도 좋다. 따뜻한 느낌이 들면 체온계로 정확한 체온을 측정한다(629쪽 참조). 의사에게 체온을 보고할 때는 체온을 잰 방법, 시간, 체온계의 종류를 언급한다.

심박 수 아이의 심박 수는 질병에 영향을 받을 수 있으며, 경우에 따라 중요한 의료적 실마리를 제공하기도 한다. 아이가 심하게 무기력하거나 열이 있는 경우, 요골 맥박(손목 부위의 맥박, 아래 그림 참조)이나 경동맥 맥박(목 부위의 맥박, 736쪽 참조)을 잰다. 두 살 토들러의 정상 맥박 수는 1분에 80~140회다. 수면 중에는 1분에 20회 정도까지 느릴 수 있고, 한바탕 정신없이 울어댈 때는 상당히 빨라질 수도 있다. 세 살 무렵 정상 맥박 수는 80~120회다. 아이의 기준 맥박 수를 알고 있다면 기준 맥박 수와 함께 현재 심박 수를 의사에게 보고한다. 기준 맥박 수는 아이가 건강한 상태일 때 30분 이상, 조용히 놀이를 하는 동안 맥박을 재어 측정하는 것이 가장 좋다.

호흡 아이가 건강할 때 조용히 놀이를 하는 동안 기준 호흡수를 기록해 두는 것이 바람직하다.

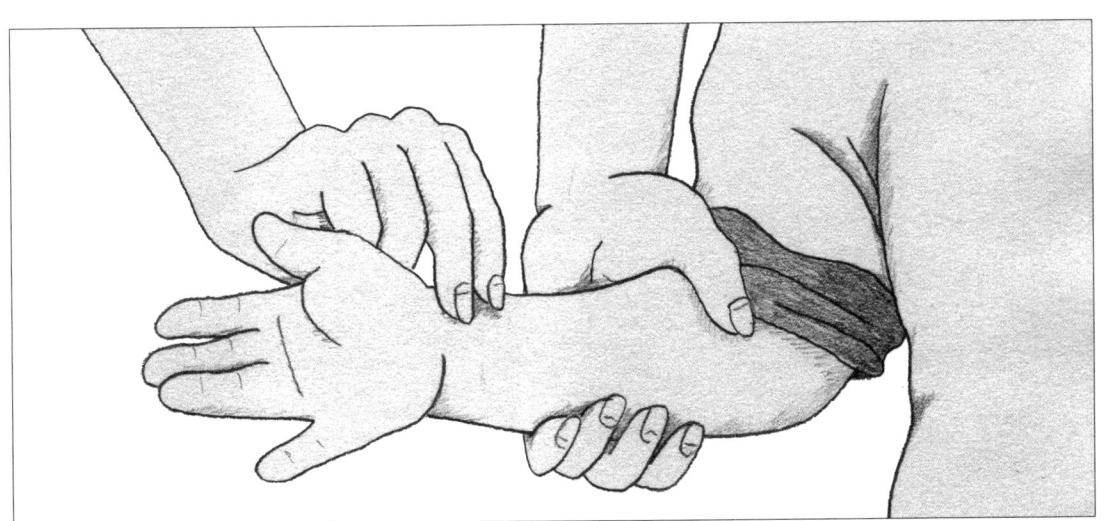

아이의 요골 맥박을 측정하기 위해 부모의 집게손가락과 가운뎃손가락을 엄지손가락이 있는 손목 안쪽에 댄다. 맥박을 잡을 때까지 가볍게 누른 다음, 10초 동안 맥박 수를 센다. 여기에 6을 곱하면 심박 수를 알 수 있다.

1분 동안 아이의 가슴이 올라갔다 내려오는 횟수를 세어 호흡수를 측정한다. 어린아이들은 보통 1분에 20~40회 호흡한다. 호흡은 잘 때보다 활동할 때(울 때를 포함해) 더 빠르고, 병을 앓는 동안 더 빠르거나 느릴 수 있다. 아이가 기침을 하거나, 호흡이 빠르거나 느린 것 같다면 호흡을 확인한다. 아이의 호흡이 평소보다 빠르거나 느린 경우, 정상 범주를 넘어선 경우, 호흡을 할 때 가슴이 올라갔다 내려갔다 하는 모양이 보이지 않는 경우, 호흡이 힘들어 보이거나 거친 소리가 나는 경우, 의사에게 내용을 보고한다.

호흡기 증상 콧물이 나거나 코가 막히는가? 분비물이 묽거나 걸쭉한가? 분비물이 말갛거나 희거나 누르스름하거나 푸르스름한가? 기침을 한다면 마른기침인가, 헛기침인가, 심한 기침인가, 백일해인가? 목에서부터 나는 기침인가, 가슴에서부터 나는 기침인가? 기침을 할 때 다른 점액도 나오는가? 힘들게 기침을 하면서 점액을 뱉어 내는가?

행동 평소와 다른 행동을 보이는가? 졸려 하고 힘이 없거나, 까다롭게 굴고 짜증을 내거나, 달래도 소용이 없거나, 반응이 없는가? 좀처럼 미소를 짓지 않는가?

수면 평소보다 훨씬 오래 자거나, 평소와 달리 졸음이 많거나, 깨기 힘들어하는가? 혹은 잠들기 힘들어하는가?

울음 평소보다 많이 우는가? 울음소리가 평소와 다르거나, 고음을 내는 등 유달리 큰소리로 우는가?

식욕 갑자기 식욕이 변했는가? 유동식이나 고형식을 거부하는가? 혹은 눈에 보이는 건 뭐든 먹거나 마시려 하는가?

피부 어떤 식으로든 피부가 달리 보이거나 다르게 느껴지는가? 빨갛게 상기되는가? 희고 창백한가? 푸르스름하거나 잿빛인가? 땀이 나서 축축하고 따뜻한가, 차고 끈적끈적한가? 유독 건조하거나

맹장염에 대한 경고

맹장염은 어린아이들에게 매우 드물게 나타난다. 대개 증상이 일반 복통과 유사해 맹장염 진단을 내리기가 상당히 힘들다. 전형적인 경우 배꼽 주변에서 통증이 시작되고, 몇 시간 후에 복부 오른쪽 아래로 통증이 이동할 수 있다. 혹은 맹장의 위치가 '잘못된' 경우, 복부의 다른 부위나 심지어 등으로 이동하기도 한다. 통증 부위를 만지면 아플 수 있고, 통증으로 인해 절뚝거리거나 구부정한 자세로 걸을지도 모른다. 통증이 시작되고 나면 입맛을 잃고 구토를 할 수 있다. 통증이 시작되기 전에 구토가 나는 경우, 위장염이거나 위통일 가능성이 높다. 38~38.5도의 미열이 날 수 있고, 간혹 대변이 잦아지기도 한다. 대변에 가스가 차고 나오는 양이 얼마 없으며 설사처럼 묽지 않다. 아이의 증상으로 보아 아주 약간이라도 맹장염이 의심되면 담당 의사에게 전화한다. 몇 시간 후에 통증이 멈추더라도 안심해서는 안 된다. 맹장이 터졌을지 모르니 어쨌든 의사에게 전화를 걸어야 한다. 적절한 진료를 하는 병원에서는 맹장염 진단시 상당수는 맹장이 터져서 진단되는 경우가 많으며, 이것이 정상이다.

주름이 지는가? 입술이나 콧구멍, 뺨이 유독 건조하거나 갈라지는가? 겨드랑이, 귀 뒤쪽, 팔다리, 몸통 등 어느 부위든 피부에 반점이나 다른 병변이 보이는가? 이 병변의 색깔, 모양, 크기, 질감을 어떻게 묘사할 수 있는가? 아이가 병변을 긁거나 문지르는가?

입 치아가 나려는 부위의 잇몸이 붓고 있는가? 특히 어금니가 나는 쪽 잇몸이 많이 아플 수 있다. 잇몸이나 뺨 안쪽, 입천장이나 혀에 붉거나 흰 반점이나 얼룩이 눈에 띄는가? 피가 나는가?

목구멍 목구멍 위에 덮인 아치 모양의 테두리가 빨개졌는가? 희거나 붉은 반점이나 얼룩이 있는가? 아이의 목구멍을 관찰하는 방법은 657쪽을 참조한다.

눈 눈이 평소와 달라 보이는가? 멍하거나 무표정하거나 퀭하거나 흐릿하거나 눈물이 글썽이거나 충혈되었는가? 눈 밑에 다크서클이 있거나 부분적으로 눈이 감긴 것 같은가? 분비물이 있다면 분비물의 색깔과 농도, 양을 어떻게 묘사할 수 있는가? 눈꺼풀 위에 '뾰루지'가 눈에 띄는가?

귀 아이가 한쪽 혹은 양쪽 귀를 잡아당기거나 손가락으로 찌르는가? 귀에서 분비물이 나오는가? 나온다면 어떤 모양인가?

임파선 목의 임파선이 부어 보이는가? 임파선을 확인하는 방법은 위 그림을 참조한다.

소화기 계통 아이가 구토를 하는가? 얼마나 자주 하는가? 토한 내용물이 많거나 대체로 말라

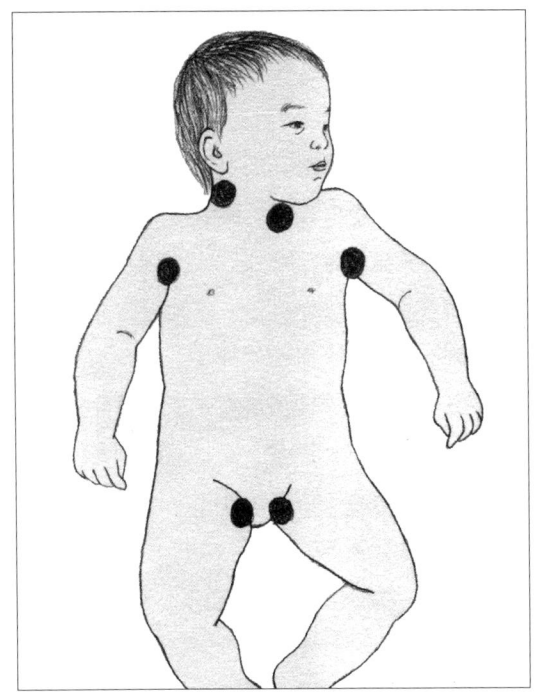

임파선은 질병으로부터 보호하기 위한 신체의 일부다. 임파선 부근에 염증이 생기면 주로 임파선이 붓고 때때로 만지면 아프고 얼얼하다. 손가락 끝으로 만져 볼 수 있다.

있는가? 구토물을 어떻게 묘사할 수 있는가? 굳은 우유 모양인가, 점액에 줄무늬가 묻어 나오는가, 담즙이 묻어 푸르스름한가, 분홍색을 띠는가, 피가 묻어 나오는가, 커피 찌꺼기 모양인가? 억지로 구토를 하는가? 구토물이 멀리까지 튀어나가는가? 구토를 일으키는 구체적인 원인이 있다고 생각되는가? 가령 음식물이나 음료, 혹은 기침 같은? 아이가 독성 물질을 삼켰거나, 그랬을 것으로 의심되는가?

변에 이상이 보이는가? 설사를 하거나, 무른 변을 보거나, 점액이나 피가 섞여 나오는가? 색과 냄새가 평소와 다른가? 변을 유독 자주 보고(24시간 동안 몇 회를 보는가?), 갑자기 급하게 나오는가? 변비에 걸린 것 같은가? 타액이 증가하거나 감소하는가? 침을 많이 흘리는가? 침을 삼키는 걸 힘들어하는 모습이 뚜렷하게 보이는가?

요로 소변을 꽤 자주 보는 것 같은가? 검누렇거나 분홍색을 띠는 등 소변의 색에 이상이 있거나, 평소와 다른 냄새가 나는가? 배뇨를 힘들어하거나 배뇨를 할 때 타는 듯한 느낌이 드는가? 이런 불편함 때문에 아이가 '소변을 참거나', 소변을 보면서 울 수 있다.

복부 배가 평소보다 더 평평하거나, 더 둥글거나, 더 튀어나오는가? 배를 가볍게 누르거나 복부를 향해 무릎을 구부리면 아이가 아파하는가? 오른쪽왼쪽, 위아래 등, 복부의 어느 부위를 아파하는가?

운동계 증상 오싹해 하거나, 몸을 흔들거나, 몸이 뻣뻣해지거나, 경련을 일으키거나, 목 부위가 뻣뻣한 경험(턱을 힘들지 않게 가슴 쪽으로 구부릴 수 있는가?)이 있는가? 신체 부위를 움직이길 힘들어하는가?

통증 팔이나 다리, 복부, 머리, 귀 등, 신체 부위의 통증으로 아이가 불평하는가? 귀를 잡아당긴다든지 하는 비언어적 표현으로 통증을 표현하는가?

그 밖에 평소와 다른 증상들 입이나 코, 귀, 질, 직장에서 불쾌한 냄새가 나는가? 이러한 부위에서 피가 나는가?

지금까지 질병의 과정

어떤 질병이든 의사에게 전화를 걸거나, 병원이나 응급실에 아이를 데리고 갈 때는 몇 가지 일반적인 정보를 준비해야 한다.

* 처음 증상이 나타난 때가 언제인가?
* 증상을 유발한 원인이 있는가, 있다면 무엇인가?
* 무엇이 증상을 악화시키거나 완화시키는가? 가령 앉아 있으면 기침이 가라앉거나, 음식을 먹으면 구토가 나는가? 증상이 나타나는 시간은 하루 중 언제인가? 밤에 더 악화되는가?
* 통증이 나타난다면 정확히 어느 부위에 나타나는가?
* 어떤 종류의 약물이나 민간요법을 시도했는가?
* 형제의 위장 바이러스, 유치원에서 패혈성 인두염, 놀이 모임에서 결막염 등, 최근 바이러스나 감염에 노출되었는가?
* 최근 아이가 사고를 당한 적이 있고, 그 과정에서 눈에 띄지 않는 부상을 입었을 가능성이 있는가?
* 최근 아이가 새로운 약물을 복용하기 시작했나?
* 최근 아이가 새롭거나 특이한 음식 혹은 상했을지도 모를 음식을 먹었는가?

아이의 병력

의사가 아이의 차트를 손에 들고 있지 않다면 다음 정보를 미처 기억하지 못할 수도 있다. 의사가 약물을 처방해야 하는 경우, 다음의 정보가 특히 중요하다. 의사에게 다음 내용을 알린다.

부모의 직관

아이가 어딘가 '이상이' 있는 것 같은데 구체적인 증상을 꼬집어 낼 수는 없을 때 일단 담당 의사에게 전화를 한다. 별일 없는 경우가 대부분이지만, 부모의 직관 덕분에 정밀 검사를 받아야만 알 수 있는 미묘한 문제를 찾게 될지 모른다. 그리고 어쨌든 걱정만 하고 있는 것보다는 전화를 하는 편이 낫다.

* 아이의 연령과 대략의 체중
* 아이에게 만성질환이 있거나, 현재 약물을 복용하고 있는지 여부
* 약물 반응이나 알레르기에 가족 병력이 있는지
* 과거에 약물에 반응을 보인 적이 있는지
* 처방이 내려지는 경우, 약국의 전화번호

부모가 궁금하게 여기는 내용들

아이의 증상뿐 아니라 부모가 궁금하게 여기는 내용에 대해(식단, 어린이집을 그만두고 아이를 집에 데리고 있어야 하는지, 증상이 계속되면 다시 전화를 해야 하는지 등) 질문할 준비를 하고 의사의 답변을 기록할 수 있도록 연필과 종이를 가까이에 둔다.

전화를 했는데 담당 의사가 받지 못한 경우, 언제 다시 통화할 수 있는지 문의한다. 그 시간에 틀림없이 전화를 받을 수 있도록 기다리는 동안 다른 곳에 통화를 하거나 은행에 가지 않는다. 부득이 외출을 해야 한다면 병원에 다시 전화해 돌아오는 시간을 알린다. 정해진 시간에 전화가 오지 않는 경우, 혹시 착오가 생겼을 수 있으므로 다시 전화해 본다.

열에 대한 모든 것

아이가 몸이 좋지 않아도 평소와 달리 아침에 옷 입는 문제를 놓고 성질 발작을 일으킬 수 있다. 잠시 후 보이는 멍한 눈빛과 벌겋게 상기된 두 뺨 역시 아이의 몸이 좋지 않다는 걸 말해 준다. 오후에 아이가 식탁 앞에서 힘없이 숟가락을 내려놓고 잠이 든 모습을 보면서 부모는 아무래도 아이 상태가 평소와 다르다 싶어 이마를 짚어 본다. 열이 느껴지고, 체온계로 체온을 잰 후 의혹이 사실임을 확인한다. 즉, 아이에게 열이 나고 있는 것이다.

얼른 약상자를 향해 달려가 만병통치약인 아세트아미노펜을 향해 손을 뻗어야 할까? 아이의 담당 의사에게 전화를 걸어야 할까? 아니면 담요를 몇 장 더 둘러 주어야 하나? 부엌으로 가서 오렌지 주스를 따라 주어야 하나? 이 모든 내용을 다 준비해야 할까? 아니면 아무것도 할 필요가 없을까? 아이의 건강을 위해 이런 질문의 답을 알아 두는 것이 중요하다.

과학자들은 대개의 경우 열은 건강의 적이 아니라(41.4도의 고열도 영구적인 손상을 일으키지 않는다.), 오히려 바이러스와 세균, 곰팡이균 같은 침입자를 향한 인체의 보호 반응이라고 주장한다. 이처럼 해를 끼치는 미생물이 몸속에 침투하면 백혈구가 행동을 개시해 인터류킨(interleukin)이라고 하는 호르몬을 분비한다. 이 인터류킨은 뇌로 이동해 뇌 속의 분비 기관인 시상하부에 체온을 올리라고 지시를 내린다. 체온 상승은 면역 체계가 감염과 싸우는 데 도움이 되고, 이처럼 높은 체온에서는 일부 미생물이 번식을 할 수 없는 것으로 보인다. 열이 나면 침입자들의 무기질 필요량이 증가하고, 체내의 철분 수치가 낮아진다. 바이러스가 공격을 개시하는 경우, 열은 체내에 인터페론과 그 밖에 항바이러스 물질 분비량을 높인다.

체온이 갑자기 정상 체온보다 2도가량 상승하면 몸이 으슬으슬 떨리는데, 이런 증상은 이제 열이 아주 높이 상승할 테니 몸을 더 따뜻하게 보호해 달라고 몸에 신호를 보내는 것이다.

> **아이에게 알려 주세요**
>
> 어른들과 마찬가지로 토들러도 통증에 대한 반응이 제각각이다. 많이 아플 텐데도 잘 참는 아이들이 있는가 하면, 조금만 아파도 통증을 크게 느끼는 아이들도 있다. 그러므로 아이가 얼마나 아픈지는 저마다 다른 기준으로 접근하는 것이 바람직하다. 예를 들어, 평소 잘 참는 아이가 열이 나면서 한쪽이나 양쪽 귀를 잡아당기면, 귀의 염증을 의심하고 의사에게 전화를 걸어야 한다. 반면에 아이가 조금만 아파도 통증을 크게 느낀다면, 아프다고 칭얼댈 때마다 전화기를 향해 달려가지 않는 것이 현명할지 모른다. 하지만 아이의 통증을 무조건 무시하지 않도록 조심해야 한다. 통증을 크게 호소하는 경우, 간혹 정말로 아플 수도 있다.

체온은 보통 새벽 2~4시 사이에 가장 낮고(경구 체온으로 35.8도), 아침에 일어날 때에도 비교적 낮다가(36.1도), 낮 동안 서서히 상승해 저녁 6~10시 사이에 37.2도로 가장 높다. 체온은 더운 계절에는 약간 상승하고, 추운 계절에는 약간 내려가며, 쉴 때보다 몸을 움직일 때 상승한다. 성인보다 어린아이들이 체온이 더 불안정해 훨씬 급격하게 변한다. 토들러들은 직장 체온이 38.1도에서 38.4도로 상승하기 전까지는 대개 열이 있다고 간주하지 않는다.

열의 양상은 질병의 종류마다 다르다. 어떤 질병은 체온이 계속해서 상승하고, 어떤 질병은 오전에는 조금 내렸다가 저녁에 다시 올라가거나, 뚜렷한 패턴 없이 올라갔다 내려갔다 다시 급격하게 올라간다. 열이 오르내리는 양상은 때로 의사가 질병을 진단하는 데 도움이 되기도 한다.

질병에 대한 신체의 반응으로 인해 열이 나는 경우, 41.1도 이상의 체온은 드물고 42.2도가 넘는 경우는 아직 없다. 그러나 열 손상에서처럼 인체의 체온 조절 메커니즘이 제대로 작동하지 않아 열이 나는 경우, 체온이 45.6도로 급상승할 수 있다. 몸에서 열이 많이 나거나 효과적으로 열을 식힐 수 없을 때, 체내에 이상이 있을 때, 또 일반적인 경우로 사우나나 온수 욕조 같은 외부 열원이나 더운 날씨에 주차된 자동차 안에 갇혀 있을 때 이처럼 열이 심하게 오를 수 있다. 덥고 습한 날씨에 힘든 육체 활동을 하거나 아주 더운 날씨에 옷을 많이 껴입을 때에도 체온이 과열될 수 있다. 토들러 시기는 생후 1년에 비해 열 손상에 덜 민감하지만, 여전히 합리적인 예방이 필요하다 (549쪽 참조).

열 조절 작용으로 인한 발열은 그 자체로 질병이다. 따라서 몸에 이롭기는커녕 해가 되므로 즉시 치료가 필요하다. 질병으로 인해 열이 41.1도 이상 오르는 경우에도 즉시 치료를 받아야 한다. 이 정도 고열은 더 이상 몸에 이롭지 않고, 면역반응에 긍정적으로 작용하던 효과가 역효과를 낼 수 있다.

아이의 체온 재기

아이가 열이 있는지 알 수 있는 가장 빠르고 쉬운 방법은 부모의 입술이나 손등으로 아이의 이마 한쪽이나 목 뒤쪽을 만져 보는 것이다. 약간만 연습해 보면 정상 체온인지 열이 있는지 금세 알게 된다. 아이가 정상 체온보다 약간 열이 있다 싶으면 체온계를 이용해 정확한 체온을 잰다. 실외나 따뜻한 욕조에 있을 때, 방금 뜨겁거나 차가운 음료를 마신 경우에, 입술로 체온을 가늠하는 방법은 효과가 덜하다. 아이가 아침에 일어나 막 이불 밖으로 나올 때는 이마가 미지근한 상태이므로 열이 나는지 여부를 판단하기 어렵다.

체온을 통해 아이에게 병이 있는지 짐작할 수 있고, 아이가 병이 있는 동안 체온을 잼으로써 병이 어느 정도 진행되고 있는지, 치료에 대한 반응은 어떤지 등을 알아볼 수 있다. 대부분의 경우 아침에 한 번, 저녁에 한 번 체온을 재면 필요한 모든 정보를 얻을 수 있다. 아이의 상태가 갑자기 악화된 경우에만 오후에 한 번 더 체온을 잰다. 아이의 상태가 나은 것 같고 입술로 체온을 재봐서 열이 내린 것 같다면, 굳이 체온계로 다시 체온을 잴 필요는 없다.

중심 체온을 가장 정확하게 반영할 수 있는 신체 부위는 네 군데로 입과 직장, 겨드랑이, 그리고 외이도이다. 아이의 입안에 체온계를 넣는 것은 위험해서, 대부분의 의사들이 아이가 최소 네다섯 살이 되어 체온계를 깨물지 않고 혀 밑에 잘 유지할 수 있다고 믿을 수 있을 때까지는 입을 통해 체온을 재는 방식을 권하지 않는다. 당분간은 직장이나 겨드랑이를 통해 체온을 잰다. 혹은 새로 나온 고막 체온계(적외선 귀 체온계)를 구입하면 귀를 통해 즉시 체온을 알 수 있다.

구강, 직장, 겨드랑이 체온계는 일반 유리 체온계나 디지털 형태이며, 고막 체온계는 모두 디지털 방식으로 체온을 읽는다. 디지털 체온계가 일반 유리 형태보다 더 정확한지는 연구 결과마다 다르다. 그러나 일반 유리 형태보다 결과가 빨리 나오는데, 빠른 정도는 모델에 따라 다르고 읽기도 더 쉽다. 디지털 형태는 하나의 체온계로 구강, 직장, 겨드랑이를 통해 체온을 잴 수 있는 반면, 유리 체온계는 대개 구강용, 직장용이 각각 다르다. 구강 체온계는 얇고 끝 부분이 원통형으로 되어 있으며, 직장 체온계는 뭉툭하고 둥근 전구 모양이다. 이마에 부착하는 체온계는 일반 체온계보다 정확하지는 않지만 유사시에 근사한 수치를 얻기 위해 이용할 수 있다. 노리개 젖꼭지 형태의 체온계는 체온이 상승하는지 아닌지만 알 수 있어 역시 유용성이 크지 않다.

아이 준비시키기 격렬하게 몸을 움직이거나 울면 체온이 상승할 수 있으므로, 30분 정도 휴식을 취하거나 조용한 놀이를 한 후에 체온을 재도록 한다. 아이가 울거나 소리를 질렀다면 차분해질 때까지 기다린 후에 체온계를 꺼낸다. 구강 체온계는 측정값에 영향을 미칠 수 있으니 뜨겁거나 찬 음료 및 음식을 먹은 후 30분 내에 사용해서는 안 된다. 직장 체온계나 겨드랑이 체온계는 아무 때나 이용할 수 있다. 그러나 직장 및 겨드랑이 체온계도 실내 온도나 기온 같은 요인에 영향을 받을 수 있다. 그러므로 아이가 과열된 실내에서 놀았거나, 추운 바깥에서 방금 들어왔거나, 따뜻한 욕조에서 방금 나온 경우에도 잠시 기다린 후 체온을 잰다.

체온계 준비 유리 체온계에서 수은이 가리키는 도수를 확인한다. 35.6도 이상을 가리킨다면 온도계 끝의 둥근 부분을 몸에서 멀리 떨어뜨린 상태에서 엄지손가락과 집게손가락으로 단단히 쥐고, 손목을 아래쪽으로 향해 체온계를 조심스럽게 반복해서 흔든다. 뜨거운 물은 수은을 팽창시켜 체온계가 터질 수 있으므로 찬 비눗물에 씻어 헹군 다음, 소독용 알코올에 적신 흡수력이 좋은 탈지면으로 닦는다. 구강 체온계는 사용하기 전에 알코올기가 남지 않도록 다시 깨끗이 헹군다. 직장 체온계는 끝 부분에 바셀린을 바른 후 직장에 삽입한다.

직장 체온 부모가 침대나 소파에 앉아 아이를 무릎 위에 엎드리게 한 후 바지를 내린다(아래 그림 참조). 베개로 아이의 머리를 받치면 좀 더 편안하게 엎드리게 할 수 있다. 혹은 소파나 침대, 기저귀 교환대에 아이를 엎드리게 하고, 허리 밑에 작은 베개나 둘둘 만 타월을 깔면 엉덩이가 들려서 체온계를 삽입하기 쉽다. 이런 자세를 취하면 아이가 통제 받는 느낌이 덜하고, 대부분 차분하게 엎드려 있지는 않더라도 막무가내로 거부할 가능성이 줄어든다. 그러나 부모가 아이를 통제하기 힘들고, 일부 아이들은 계속 엎드려 있으려고 하지 않을 수 있다.

아이가 불안해한다 싶으면 말로 아이를 안심시키고, 좋아하는 노래를 불러 주거나 책이나 장난감을 쥐어 주는 등 다른 쪽으로 주의를 돌린다. 누군가 옆에서 도와주는 것이 가장 편하다. 한손으로 엉덩이를 반듯하게 펴 직장 입구를 노출시킨다. 다른 손으로 체온계의 둥근 끝 부분 2.5cm가량을 직장 안으로 밀어 넣는다. 아이가 저항하면 곧 멈추고 억지로 넣지 않는다. 체온계를 집게손가락과 가운뎃손가락 사이에 고정시키고, 나머지 손가락으로 엉덩이를 눌러 체온계가 빠져나오지 않게 한다. 유리 체온계의 경우 2분 동안, 디지털 체온계의 경우 '삐' 소리가 날 때까지 그대로 둔다. 아이가 아주 적극적으로 저항하고 주변에 아이를 저지할 사람이 없는 경우, 잘못해서 체온계를 깨뜨리지 않도록 즉시 체온계를 뺀다. 체온을 잰 시간이 고작 30초밖에 안 된다 하더라도 체온계에 표시된 체온과 실제 체온과의 차이는 1도 안팎일 뿐이니 평가에 이용하거나 의사에게 보고하기에 충분하다. 티슈로 체온계를 닦은 다음 측정값을 읽는다. 체온계를 내려놓고 아이에게 기저귀를 채운 후에 체온을 읽어도 괜찮다.

드문 경우지만 유리 체온계를 직장에 삽입하는 동안 체온계가 깨질 수 있다. 이 경우 깨진 조각을 모두 찾을 수 없다면 의사에게 전화하되 너무 놀라지 않도록 한다. 아이 살에 약간 긁히는 정도일 뿐 그 이상의 위험은 거의 없으며, 수은 자체가 유독하지는 않다. 체온계에 이용되는 수은은 금속 수은으로, 산화가 매우 느리게 진행되어 수은 이온이 거의 흡수되지 않는다. 직장 체온을 잴 때마다 일회용 종이 덮개를 이용하면 체온계가 깨지더라도 아이가 상처를 입지 않을 것이다. 덮개는 약국에서 구입할 수 있다.

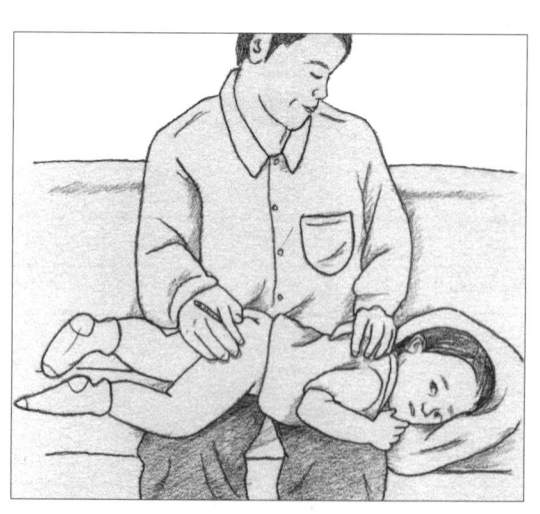

직장 체온계는 토들러에게 가장 자주 이용된다.

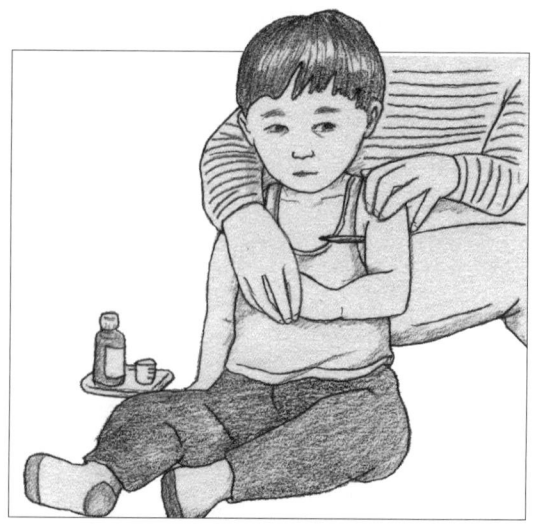

겨드랑이 체온계는 아이가 설사를 하거나 직장 체온계 삽입을 거부할 때 유용하다.

겨드랑이 체온 아이가 얌전하게 누우려 하지 않거나, 설사가 나서 직장 체온계를 이용할 수 없거나, 직장 체온계를 구할 수 없을 때 겨드랑이를 통해 체온을 잰다. 구강 체온계를 직장에 이용해서는 안 된다. 직장 체온계나 구강 체온계, 겨드랑이 체온계를 이용할 수 있으며(4~8분 동안), 디지털 체온계나 최신형 적외선 체온계를(고막 체온계와 유사하며 몇 초 만에 체온을 잴 수 있다.) 이용할 수도 있다. 체온계와 피부 사이에 옷이 끼지 않도록 웃옷을 벗기고, 겨드랑이를 건조한 상태로 유지해야 한다. 체온계의 둥근 끄트머리를 겨드랑이 안에 잘 끼워 넣고, 체온계 위로 팔을 가볍게 내린 다음 팔꿈치로 옆구리를 눌러서 체온계가 빠져나가지 않게 한다. 이 자세를 권장 시간 동안 유지한다. 디지털 체온계의 경우, 체온계를 겨드랑이에 끼워 넣기 전에 팔을 옆구리에 붙이고 5분 동안 자세를 유지하면 측정값이 더욱 정확하게 나온다. 노래를 부르거나, 책을 읽어 주거나, 비디오를 틀어 주어 아이가 자세를 유지하게 한다.

고막 체온 고막 체온계에 동봉된 설명서대로 주의 깊게 따라 한다. 아이의 담당 의사나 간호사에게 올바른 고막 체온계 사용법을 알려 달라고 부탁하는 것이 가장 바람직하다. 기본적으로 고막 체온계는 체온계를 외이 안에 정확하게 삽입하는 것이 관건이다. 정확히 1초 내에 측정값을 얻을 수 있으며, 겨드랑이 체온계보다 정확하다고 볼 수 있다. 가장 정확한 측정값을 얻는 방법을 알아내려면 더욱 많은 연구가 이루어져야 할 것이다.

구강 체온 아이가 입을 다물고 혀 밑으로

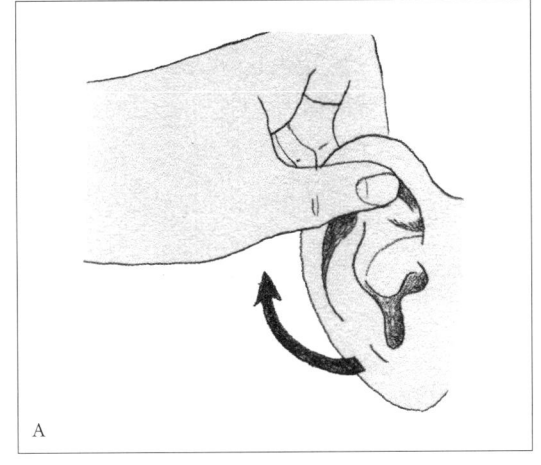

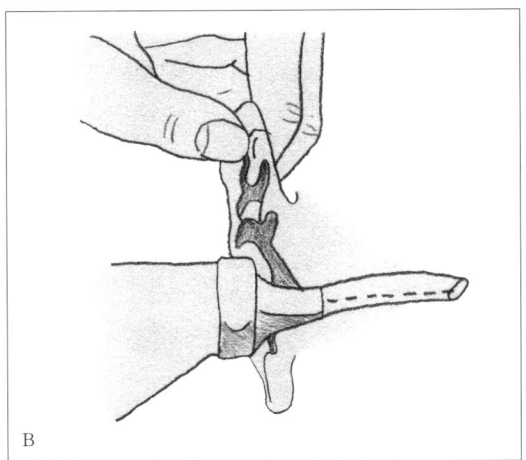

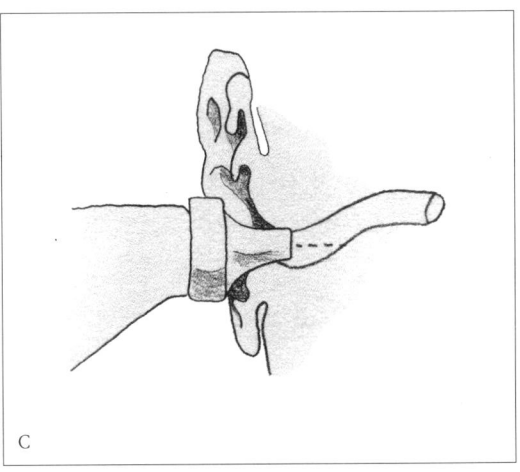

귀를 위로 잡아당겨(A) 외이도를 똑바로 정리해(B) 고막 체온계가 정확하게 체온을 측정할 수 있도록 한다. 외이도가 바르게 펴지지 않으면(C) 체온계가 기울어져 측정값이 왜곡될 수 있다.

체온계를 안전하게 고정시킬 수 있으며, 체온계를 물지 말라는 지시를 이해하고 따를 수 있다면 구강 체온계를 이용할 수 있다. 대개 네다섯 살 무렵이면 이용할 수 있지만, 간혹 더 일찍 이용하기도 한다. 정확한 측정값을 얻기 위해 혓바닥 아래에 체온계를 잘 밀어 넣고, 그 상태로 2~4분을 유지해야 한다. 노리개 젖꼭지 형태의 체온계는 3분 30초 정도 입에 문다. 정확도는 다소 떨어지지만 토들러들이 이용하기에는 안전하다. 아이가 뜨겁거나 찬 음식이나 음료를 먹은 경우, 15분이 지난 후에 구강 체온계를 입안에 넣는다.

── 체온계 읽기

직장 체온은 중심 체온을 재기 때문에 가장 정확하게 체온을 측정하지만, 현재 가장 일반적으로 이용되는 체온은 구강 체온이다. 직장을 통한 체온 측정은 토들러들에게 가장 많이 이용하며, 대개 구강 체온보다 0.5~1도 정도 높게 나온다. 겨드랑이를 통한 체온은 일반적으로 1도 정도 낮지만, 열이 나기 시작할 때는 훨씬 높게 나올 수 있다. 구강 체온으로 37도, 직장 체온으로 37.6도, 겨드랑이 체온으로 36.5도면 대체로 정상으로 간주된다. 최근 연구 결과에 따르면 '정상' 체온은 사람마다 천차만별이며, 평균 체온은 약간 낮을 수 있다고 한다. 직장 체온으로 39도의 측정값은 구강 체온으로 38.4도, 겨드랑이 체온으로 37.9도에 해당한다. 고막 체온계는 직장이나 구강 체온계 측정값과 유사하게 측정값을 조절할 수 있다.

수은 체온계를 읽을 때는 은색 수은 기둥이 보이도록 체온계를 돌리고, 체온계의 눈금이 잘 보이도록 잡는다. 체온계의 눈금은 1도씩, 그리고 0.2도씩 표시되어 있다. 수은 기둥이 눈금을 따라 올라가며 기둥이 끝나는 지점이 바로 체온이 된다. 측정값과 함께 체온을 잰 시간도 기록한다. 의사에게 체온을 보고할 때는 어떤 식으로 체온을 쟀는지도 설명해야 한다.

측정값을 읽고 나면 제조사의 권장 사항에 따라 체온계를 닦은 후 보관한다. 유리 체온계는 매번 사용한 후에 찬 비눗물로 씻어 헹군 다음 알코올을 적신 탈지면으로 닦는다. 햇볕이 내리쬐는 창가나 라디에이터, 빨래 건조기, 주방 스토브 등, 열이 나는 장소에서 멀리 떨어진 곳에 보관한다.

── 열이 나는지 평가하기

대부분의 경우 아이가 얼마나 아픈지는 체온보다 행동을 통해 더 정확하게 가늠할 수 있다. 예를 들어, 아이가 폐렴이나 수막염 등으로 심하게 아픈 경우에는 열이 전혀 없을 수 있고, 가벼운 감기에 걸린 경우에는 열이 높을 수 있다. 그러므로 체온뿐 아니라 체온에 따른 증상을 함께 고려해 아이의 상태를 평가하는 것이 중요하다. 아이가 열이 날 때 의사에게 알려야 하는 상황에 대해서는 620쪽을 참조한다.

── 열 내리기

어린아이들의 모든 열병 가운데 약 80~90%가량은 치료를 하지 않아도 차츰 낫는, 자기 제한적 바이러스 감염과 관련이 있다. 오늘날 대부분의 전문가들은 열이 최소 38.9도를 넘지 않는 한 이런 종류의 열병은 치료를 권장하지 않으며, 일부 전문가들은 체온이 40도가 될 때까지 기다린 후에 약을 처방하도록 권장한다. 그러나 미열이 나는 경우에도 통증을 완화하고 잠을 잘 잘 수 있게 하며 전반적으로 몸을 편안히 하기 위해, 그리고 부모의 불안을 달래는 차원에서 아세트아미노펜을 사용할 것을 권장한다. 반면, 세균에 의한 열병은 반드시 항생제를 이용해 치료를 받아야 한다. 항생제를 이용하면 세균을 파괴해 간접적으로 체온이 내려간다. 질병, 항생제 종류, 아이가 편안한 정도, 열의 정도에 따라 항생제와 해열제를 같이 처방할 수도 있고, 그렇지 않을 수도 있다.

감염과 관련된 대부분의 열병과 달리, 패혈증에서처럼 전신의 박테리아 침입으로 인한 충격으로 열이 나는 경우, 체온을 내리기 위해 즉시 의료적 치료를 받아야 한다. 열 관련 질병(723쪽 참조)으로 인한 열도 마찬가지다.

아이가 열이 날 때 의사가 다른 조치를 권장하지 않는다면, 필요한 경우 다음과 같은 조치를 취한다.

몸을 차게 유지한다 할머니가 뭐라고 말씀하시든 열이 나는 아이에게 담요를 둘러 준다든지, 옷을 겹겹이 껴입힌다든지, 방 안 온도를 높이는 것은 안전한 방법이 아니다. 이런 조치들은 사실상 체온을 위험한 수준까지 높임으로써 열 손상을 일으킬 수 있다. 예외로는 오한이 드는 경우, 오한이 가라앉을 때까지 담요를 두르고 있을 수 있다. 아이의 옷을 가볍게 입혀 체열을 발산할 수 있게 한다. 더운 계절에는 기저귀나 팬티만 입히는 것이 좋다. 얇은 홑이불이나 가벼운 담요만 덮어 주며, 방 안 온도를 20~21.1도로 유지한다. 필요하면 에어컨이나 선풍기를 이용해 실내 온도를 적절하게 유지한다. 그러나 에어컨이나 선풍기 바람, 창가에서 불어오는 바람을 아이가 정면으로 맞게 해서는 안 된다.

수분을 충분히 섭취하게 한다 열이 나면 피부를 통한 수분 손실량이 증가하므로, 열이 나는 아이에게 물로 희석시킨 주스나 감귤과 멜론 같은 즙이 많은 과일, 물, 미음, 몸에 좋은 젤라틴 디저트, 과일 주스로 만든 아이스바 등을 먹여 수분을 충분히 섭취하게 한다. 좋아하는 음료를 자주 마시도록 장려하되 강요하지는 않는다. 아이가 몇 시간 동안 음료를 한 모금도 마시려 하지 않는다면 의사에게 알린다.

약물을 이용해 열을 내린다 그러나 필요한 경우에만 약물을 이용한다. 대부분의 경우 열은 감염과 싸우는 데 중요한 역할을 한다. 아이가 직장 체온으로 열이 39.4도 이상 오르거나, 몸이 무척 불편하거나 아파 보이거나, 잠을 잘 못자면 아세트아미노펜을(혹은 간혹 이부프로펜을, 644쪽 참조) 처방 받을 수 있다. 정해진 복용량을 지키도록 주의한다.

스펀지 목욕으로 열을 내린다 그러나 특정한 상황에 한해서만 이용한다. 요즘에는 일단 약물 치료를 해 본 후에 아이가 해열제에 부작용을 일으키거나 약물이 효과가 없을 때, 즉 약을 복용한 지 한 시간이 지난 후에도 체온이 내려가지 않는 경우 스펀지 목욕을 권장한다. 가끔 스펀지 목욕으로 몸이 더 불편해지는 경우도 있다. 아이가 열이 40도 이상 오를 때 아세트아미노펜 같은 해열제와 함께 스펀지 목욕을 권장할 수도 있다. 스펀지 목욕은 열 손상 치료에 도움이 된다. 약물을 이용한 스펀지 목욕은 권장하지 않는다.

열 손상을 치료하기 위해 스펀지 목욕을 할 때는 찬물을 이용하지만, 질병으로 인한 열을 내리기 위해 스펀지 목욕을 할 때는 미지근한 물, 즉 정상 체온 정도의 물만 이용해야 한다.

질병으로 인한 열에 시원하거나 찬물 혹은 알코올을 이용하면 추위로 몸을 떨게 된다. 따라서 몸이 열을 내리기보다 올리도록 자극을 가하게 되어, 체온이 내려가기는커녕 오히려 올라갈 수 있다. 뿐만 아니라 알코올을 흡입하면 가스로 인해 인체에 해가 될 수도 있다. 뜨거운 물로 스펀지 목욕을 하는 경우에도 체온이 상승하며, 열이 나는 아이에게 옷을 많이 껴입히는 것과 마찬가지로 열사병을 일으킬 수 있다.

아이가 목욕을 좋아하면 욕조에서 스펀지 목욕을 시킬 수 있다. 단 최근 열성 경련을 일으킨 아이를 욕조에 담가서는 안 된다. 타월이나 방수포, 방수 패드, 비닐 식탁보를 깔고, 그 위에서 스펀지 목욕을 시키는 것도 괜찮다. 욕조 안에서

열성 경련

어린아이들 100명 가운데 2~4명 꼴로 열을 동반한 경련(자기도 모르게 눈동자가 뒤로 돌아가고, 몸이 뻣뻣하게 경직되며, 팔다리가 갑자기 홱 움직여진다.)을 경험하는 것으로 추정되며, 대개 열이 나기 시작할 때 경련을 일으킨다. 아이가 열성 경련을 일으키면 부모들은 무척 놀라지만, 최근 의사들은 열성 경련이 해롭지 않다고 주장한다. 연구 결과에 따르면 열성 경련을 경험한 아이가 장차 간질에 걸릴 위험은 아주 약간 증가하지만, 나중에 신경 및 정신 장애를 보이지는 않는다고 한다. 장애 때문에 경련을 일으키는 것이 아니라, 장애에 대한 선천적인 경향의 결과로 경련이 일어날 가능성이 더 높은 것으로 짐작된다. 이러한 경련은 유전적인 요인에 의해 일어나는 것으로 보이나(열성 경련은 집안 내력이다.), 대부분의 경우 주된 요인은 아마도 어린아이의 미숙한 뇌 작용 때문이다. 뇌가 성숙하면 열성 경련도 중단된다.

* **재발 가능성** 유아기 때 열성 경련을 경험한 아이는 그렇지 않은 아이에 비해 토들러 시기에 열성 경련을 일으킬 가능성이 30~40%가량 높다. 그러나 열성 경련을 경험한 아이들 10명 가운데 7~8명은 다시 재발하지 않는다. 발작이 15분 이상 지속됐거나, 열이 나기 시작한 직후에 경련을 일으켰거나, 발작을 보이는 당시에는 열이 크게 높지 않은 경우, 그리고 발작을 일으키는 근본 원인이 있는 경우 발작이 재발될 가능성이 가장 높다.
열성 경련을 지속적으로 치료하면 재발 가능성이 낮을지에 대해서는 아직 분명하게 밝혀진 바가 없다. 열을 치료한다고 해서 열성 경련의 성향을 지닌 아이가 병을 앓는 동안 발작을 일으킬 가능성이 줄어드는 것 같지는 않다. 아마도 이런 종류의 경련은 항상 열이 막 오르는 시기, 즉 아직 치료를 받기 전인 질병 초기에 일어나기 때문인 것 같다.

* **열성 경련 치료** 아이가 열성 경련을 일으킨다면 침착한 태도를 유지하고 다음 조치를 취한다.
발작 지속 시간을 재기 위해 시계를 확인한다. 그런 다음 아이를 안거나 침대나 기타 푹신한 표면 위에 옆으로 눕히고, 가능하면 아이의 머리를 다른 신체 부위보다 아래에 내려놓는다. 어떤 식으로든 아이를 제지하려 해서는 안 된다. 몸에 꼭 끼는 옷은 풀어 준다. 음식이나 음료를 주거나 아이의 입에 다른 물건을 물려서도 안 된다. 노리개 젖꼭지나 음식 등 아이가 입에 물고 있는 것이 있다면 모두 빼낸다. 음식이나 물건을 입에서 빼낼 때는 두 손가락으로 이물질을 집기보다 한 손가락으로 훑어 내야 이물질이 더 깊숙이 들어가지 않는다. 발작을 일으키는 동안 잠시 의식을 잃을 수도 있지만, 대체로 금세 회복된다. 발작은 1~2분간 지속될 것이다.
열성 경련이 끝난 후 아이가 자고 싶어 한다면, 베개나 담요로 괴어 몸을 옆으로 눕힌다. 그런 다음 의사에게 전화를 건다. 의사와 즉시 연락이 닿지 않는다면 연락을 기다리는 동안 스펀지 목욕을 시키고, 아세트아미노펜을 먹여 체온을 떨어뜨린다. 아이가 약을 삼킬 수 없을 만큼 정신을 놓고 있다면, 좌약 형태로 투여한다. 그러나 열을 내리기 위해 아이를 욕조에 담가서는 안 된다. 다시 또 발작을 일으키는 경우, 목욕물을 흡입할 위험이 있다.

* **주의 사항** 발작을 일으킨 후 아이가 정상적으로 호흡하지 않거나 발작이 5분 이상 지속된다면, 119나 가까운 응급센터에 전화를 걸어 즉시 도움을 구한다. 응급실로 이동하는 동안 이 같은 복합 발작의 원인을 알아내야 할 것이다.

하든 밖에서 하든, 실내 온도는 적당히 따뜻하고 외풍이 불지 않아야 한다. 아이가 약물 복용과 함께 스펀지 목욕을 하는 경우, 목욕을 하기 30분 전에 약을 복용하게 한다.

욕조나 대야에 미지근한 물을 받아 놓고 수건을 준비한 다음 아이의 옷을 벗긴다. 욕조 밖에서 스펀지 목욕을 시키는 경우, 가벼운 타월로 아이를 덮어 준다. 그러나 열이 나는 아이를 젖은 타월로 덮지 않도록 한다. 피부 밖으로 열이 배출되어야 하는데, 젖은 타월은 이러한 기능을 방해할 수 있다. 수건에 물을 적셔 물기가 흐르지 않도록 꼭 짠 다음 접어 아이의 이마에 댄다.

스펀지 목욕을 하는 동안 물기가 마르기 시작하면 다시 적신다. 다른 수건 한 장은 물에 적셔 가볍게 짠 다음, 한 번에 한 부위씩 아이의 살갗을 가볍게 문지른다. 목과 얼굴, 배, 팔꿈치와 무릎 안쪽을 집중적으로 문지르되 겨드랑이와 사타구니 주변도 빠뜨리지 않는다. 피부를 문지르다가 피가 나는 경우, 피부에서 미지근한 물이 증발하면서 차가워진다. 수건이 마르기 시작하면 물에 담그고 다른 수건을 이용해 몸을 닦아 준다. 필요할 때마다 수건을 갈아 가며 최소 20~30분 동안 계속해서 몸을 닦는다. 체온이 내려가려면 이 정도 시간이 걸린다. 대야의 물이

아세트아미노펜 복용량		
연령	체중	1회 권장 용량
타이레놀		
4~6개월	7~7.9Kg	2.5mL
7~23개월	8~11.9Kg	3.5mL
만 2~3세	12~15.9Kg	5mL
만 4~6세	16~22.9Kg	7.5mL
만 7~8세	23~29.9Kg	10mL
만 9~10세	30~37.9Kg	12.5mL
만 11세	38~42.9Kg	15mL
만 12세	43Kg 이상	20mL

식어 체온 이하로 떨어지면 따뜻한 물을 부어 수온을 다시 올린다. 목욕을 하는 동안 아이가 추위로 몸을 떨면 물을 조금 데우거나, 약물을 복용한 경우 약이 효과를 발휘할 때까지 20분 이상 기다린다.

천천히 움직이도록 장려한다 아이들도 심하게 아프면 천천히 움직이려 하지만, 열이 있는 아이들은 대체로 뛰어놀고 싶어 한다. 적당한 활동은 허용하되, 격한 활동은 체온을 상승시킬 수

일반적인 체온

신체 부위	체온계 형태	정상 범위	열
직장	수은 체온계 혹은 전자 체온계	36.6~38°C	38.1°C
구강	수은 체온계 혹은 전자 체온계	35.6~37.5°C	37.6°C
겨드랑이	수은 체온계 혹은 전자 체온계	34.7~37.3°C	37.4°C
귀	적외선 방출형 체온계	35.7~37.5°C	37.6°C

있으므로 못하게 막는다.

음식을 많이 섭취하게 한다 열이 나면 칼로리 요구량이 늘어난다. 사실상 아픈 사람은 평소보다 칼로리를 많이 섭취해야 한다.

과잉 진료를 하지 않는다 의사의 지시 없이 관장제나 아세트아미노펜을 제외한 기타 약물을 주지 않는다. 열 손상이 의심되는 경우에는 아세트아미노펜을 비롯해 어떤 약물도 주어서는 안 된다.

의사의 상담을 받는다 필요하면 의사의 상담을 받는다. 뚜렷한 질병의 증상 없이 열이 8일 이상 지속되면 원인 불명 열(FUO, fever of undetermined origin)이나 원인이 없는 열(FWS, fever without a source)로 간주되어 의료적 평가를 받아야 한다.

아픈 아이 간호

—— 가정에서

얼마나 안정을 취해야 할까 열이 나는데도 아무렇지 않은 듯 주위를 마구 뛰어다니는 아이에게 안정을 취하게 하려 애써 본 부모라면, 아픈 아이를 자제시키기가 얼마나 어려운지 잘 알 것이다. 다행스러운 사실은, 아이가 반드시 안정이 필요한 상황이 아니라면 아프다고 해서 자리에 눕힐 필요는 없다는 것이다. 침대에 누워 안정을 취한다고 해서 이런저런 경미한 질병이 호전된다는 증거는 없다. 그리고 아무리 아이라도 자신의 몸 상태를 알아채고 그에 맞추어 행동한다. 가벼운 질병에 걸린 아이는 회복 중에 있는 아이가 그동안 놀지 못한 몫까지 놀려고 더 활발하게 몸을 움직이는 것과 마찬가지로 도무지 얌전하게 앉아 있으려 하지 않는다. 반면 심하게 아픈 아이는 기꺼이 놀이를 중단하고 필요한 휴식과 안정을 취하려 한다. 그러므로 활동을 자제시키라는 '의사의 지시'가 없다면 굳이 아이를 자제시킬 필요는 없다. 하지만 집안 분위기를 최대한 차분하게 유지하는 것이 바람직하다. 어수선한 집안은 연령과 관계없이 아픈 사람에게 좋지 않다. 그리고 아이가 열이 날 때는 격한 활동을 삼가도록 한다. 격한 활동은 체온을 크게 상승시킬 수 있다.

집에 얼마나 있어야 할까 아이와 함께 다시 외출을 하려 한다든지, 어린이집이나 유치원, 놀이 모임에 다시 가려고 할 때는 의사의 지시를 따른다. 38.3도 이상의 열이 나는 경우, 일반적으로 열이 37.9도 이하인 상태를 24시간 동안 유지할 때까지 집에서 쉬어야 한다. 감기 후에 기침이 난다든지 하는 일부 잔류 증상이 나타나는 경우에도 일단 열이 내리면 정상적인 활동을 재개할 수 있다. 하지만 열이 '완전히 사라진' 것처럼 보인다 하더라도 가능하면 집에서 좀 더 오래 안정을 취하는 것이 도움이 될 수 있다.

식단 지침 열이 있든 없든 아픈 사람은 누구나 영양이 풍부한 음식을 섭취해야 하며, 특정한 질병의 경우 그에 따른 권장 식단에 맞추어 먹어야 한다. 열이 나는 경우, 체온이 상승할 때마다 열량이 추가로 소모되기 때문에 더 많은 칼로리 섭취로 소모량을 보충하는 것이 중요하다. 대부분의 질병에는 다음과 같은 점을 지켜 주어야 한다.

* **수분을 충분히 섭취한다** 아이가 열이 나거나 감기, 독감, 기관지염 같은 호흡기 감염에 걸렸을 때, 또 설사나 구토를 동반하는 위장 질환을 앓는 경우, 수분과 수분 함량이 높은 주스, 과일즙, 수프, 과일 주스를 기반으로 한 젤라틴 등이 탈수를 예방하는 데 도움이 된다. 그러나 설탕이 첨가된 청량음료나 주스, 펀치는 제외한다. 간혹 설사가 유독 심한 경우, 경구용 수액제가 필요할 수도 있다. 아이가 한 번에 한 모금 이상 마시지 못하더라도 수시로 수분을 제공한다. 아이가 식욕이 떨어진 경우 고형식을 먹이기 전에 먼저 수분을 먹여야 한다.

* **식단의 질에 중점을 둔다** 아이가 질병으로 인해 식욕이 떨어지면 영양이 풍부한 음식 대신 평소에 못 먹게 하던 영양가 없는 음식을 허용하고 싶은 마음이 굴뚝같아진다. 하지만 꾹 참아야 한다. 아픈 사람은 어른이고 아이고 할 것 없이 누구나 면역 체계가 질병과 열심히 싸울 수 있도록 영양이 풍부한 음식, 특히 단백질, 비타민, 무기질을 충분히 섭취해야 한다. 가뜩이나 먹는 양이 적은 아이일수록 영양이 풍부한 음식을 섭취하는 것이 큰 도움이 된다. 의사가 보충제를 먹이지 말라고 지시하거나 아이가 토해 내지 않는 한, 비타민 보충제도 계속 먹이도록 한다.

* **적게 준다** 아플 때는 입이 짧아질 수 있으므로 적은 양을 자주 먹이는 것이 가장 좋다. 소화하기 어려운, 기름지고 느끼한 음식은 주지 않는다.

* **강요하지 않는다** 아이가 24시간 동안 음식을 한 번도 입에 대지 않았더라도 강요하지 않는다. 그러나 수분을 충분히 섭취하도록 신경 쓰고, 가능하면 섭취량을 기록하는 것이 좋다. 수분을 충분히 섭취하지 않고 식욕이 크게 떨어지면 반드시 의사에게 보고해야 한다.

* **좋아하는 음식을 준다** 새로운 음식이나 아이가 좋아하지 않는 음식은 주지 않는다. 대신 영양이 풍부한 음식에 중점을 둔다. 균형 잡힌 식단보다는 음식의 총 섭취량에 신경 쓴다. 아이가 원하는 경우 하루에 시리얼 6공기, 우유, 바나나면 충분하다. 어떤 음식으로도 식욕을 돋우지 못한다면, 572쪽의 영양이 풍부한 음식을 먹이는 요령을 시도해 본다. 영양이 풍부한 셰이크나 주스, '스무디'(우유나 주스에 바나나나 딸기 등 여러 가지 과일을 얹고, 요구르트나 밀배아 한두 숟가락을 첨가해 만든)는 아이의 입맛을 사로잡을 수 있으며 고형식보다 쉽게 넘길 수 있다.

* **다정한 보살핌** 몸이 좋지 않은 사람, 특히 아이에게 최고의 명약은 바로 부모의 다정한 보살핌이다. 수시로 다정하게 보살펴 준다.

병원에서

낯선 환경에서 낯선 사람들에게 둘러싸여 있어야 하고, 수시로 주사를 맞고 약을 먹어야 하며, 하루 종일 침대에 갇혀 지내야 한다. 하룻밤 입원하고 나오든, 일주일 동안 검사를 받고 결과를 지켜보든, 한 달 이상 장기 치료를 받아야 하든, 아이가 입원해야 하는 경우 누구도 그리고 그 무엇도 아이와 부모를 고통과 걱정이 없이 완벽히 편안하게 해 줄 수는 없다. 그러나 긍정적인 태도로 무장하고 적절한 준비를 갖춘다면 입원 기간을 보다 순조롭게 보낼 수 있을 것이다.

아이가 입원을 해야 하는 상황이라면 다음 절차를 밟아 가능한 빨리 입원 준비를 시작한다.

* **입원이 꼭 필요한지 확인한다** 그렇지 않다면 아이가 당일에 귀가할 수 있도록 외래 환자를 위한 절차를 수행할 수 있는지 문의한다.

* **입원 수속을 밟기 전에 병원 환경을 알아본다** 입원을 하기로 결정했다면 여러 선택 사항을 알아본다. 위급한 상황, 지역적 접근성, 재정 상태, 보험 규정 등에 의해 제약을 받을 수도 있다. 대개 평판이 좋은 소아과 병원이 최상의 선택이며, 큰 소아과 병동이 있는 3차 병원이 그 다음으로 좋다. 수술이나 일반적이지 않은 기타 절차가 필요한 경우, 해당 절차에 실적이 좋은 병원을 찾는다. 집에서 멀리 떨어진 곳에 입원해야 하는 경우도 있을 수 있는데, 최상의 관리를 받기 위해 거리는 얼마든지 감수할 수 있다.

  또한 부모 한 사람이나 두 사람 모두 쉴 수 있는 공간이 마련된 병원을 알아본다. 그 밖에 놀이방이 있는지, 어린이에게 친근한 분위기인지, 직원들은 부모와 아이의 마음을 읽을 줄 아는지(병원이 집에서 가까운 곳에 있다면 잠시 들러 이야기를 해 본다.) 알아본다. 또한 더욱 아늑한 병원 환경을 위해 아이의 마음을 안정시키는 물건들을 집에서 가지고 올 수 있는지도 확인해야 한다.

* **잠시 휴가를 낸다** 적어도 부모 한 사람은 24시간 아이 곁에 있어야 한다. 그래야 아이를 안심시키고 편안하게 해 줄 수 있으며, 대변자 역할을 할 수 있다. 뿐만 아니라 종종 예측할 수 없는 병원 환경에서 안정감과 연속성을 느끼게 할 수 있다. 부모가 둘 다 직장에 다니는 경우, 교대로 휴가를 내 아이 곁을 지키면 휴가 기간을 최소화할 수 있고 정신적, 육체적으로 덜 지칠 수 있다. 한 부모 가족인 경우, 휴식을 취하거나 샤워를 하거나 잠깐 바람 쐬러 나가는 동안 잠시 아이를 봐 줄 친구나 친척을 구해 본다.

* **간호할 준비를 한다** 집에 다른 아이들이 있다면 병원에서 아픈 아이 곁에서 지내려는 계획이 훨씬 복잡해진다. 입원한 아이를 낮 시간과 밤 시간에 간호하는 일은 물론이고, 집에 있는 아이를 어린이집이나 유치원에 데려다주고 데리고 오는 일, 병원을 방문하게 하는 일 등 전반적인 내용들을 어느 정도 미리 계획해야 한다. 최대한 친구와 가족의 도움을 받고, 필요하고 여유가 되면 유급 도우미의 도움을 받는다. 실수를 줄이도록 꼼꼼하게 일정을 계획한다. 매일 일정표를 기록하면 도움이 될 것이다. 가능하면 집에 있는 아이들을 누가 이동시켜 주고 돌봐 줄지 등등, 다음 날 일정을 전날 밤 다시 한 번 확인한다.

* **준비한다** 아이의 상태와(아이의 상태와 관련된 자료를 담당 의사에게 부탁한다.) 병원에서 기대할 수 있는 부분에 대해 최대한 많은 것을 알아 둔다. 아이가 수술을 해야 하는 경우, 전신 마취를 받아야 하는지? 수술 장소에 부모가 들어갈 수 있는지? 어떤 후유증이 나타나는지? 아이가 당분간 움직여서는 안 되는지? 음식이 제한되는지? 정맥주사를 맞아야 하는지? 진통제를 이용할 수 있는지? 아직 모유 수유를 하는 경우 계속 할 수 있는지?

* **아이를 준비시킨다** 연령이 높은 아이라면 병원 환경에 대해 좋은 쪽으로 이야기해야 하겠지만, 토들러들은 일반적으로 병원에 대한 선입견이 없다. 부모의 가장 중요한 과제는 부모가 지닌

부정적인 생각들을 아이에게 전달하지 않도록 하는 것이다. 최대한 즐거운 분위기에서 입원을 준비하고, 아이의 눈높이에 맞추어 입원 과정을 설명한다. 다음 내용을 참고한다.

- **안심시킨다** 아이를 병원에 '보내 버린다'는 인상을 주지 않도록 조심한다. 부모도 함께 가고 부모나 다른 가까운 가족이 줄곧 곁에 있을 거라고 처음부터 분명하게 알려 준다.
- **설명한다** 병원은 아이들이 아플 때 가는 곳이며, 병원에 가면 의사 선생님과 간호사 선생님들이 병이 낫도록 도와줄 거라고 설명한다. 약간의 세부 설명을 곁들여 간략하게 개요를 설명하는 것이 좋다. 아이에게 겁을 줄 만한 용어와 설명은 삼간다. 수술이나 그 밖에 외과적인 절차가 계획된 경우, 예를 들어 "의사 선생님이 배를 가르게 될 거야."라는 식으로 말하지 말고 대신 "의사 선생님이 네 배가 아야 하는 걸 낫게 해 주실 거야."라고 말한다. 아이가 질문을 하면 솔직하게 답하되, 아이가 요구하는 내용 이상의 정보를 제공한다든지 너무 자세하게 설명하지 않는다.
- **관련 자료를 읽어 준다** 아이가 병원에 입원할 마음의 준비를 하는 데 도움이 될 만한 책을 도서관이나 서점에서 찾아본다. 입원하기 며칠 전에 아이와 함께 책을 읽는다. 연령이 높은 토들러의 경우, 이 책을 대화의 발판으로 삼는다.
- **관련된 놀이를 한다** '치과 놀이'는 어린아이들이 치과에 갈 준비를 하는 데 도움이 되고, '이발소 놀이'는 머리를 다듬을 준비를 하는 데 도움이 되며, '병원 놀이'는 입원을 좀 더 편안하게 받아들이는

데 도움이 된다. 수술용 마스크와 병원놀이 장난감을 마련해 아이와 함께 병원놀이를 한다. 일부 병원에서는 입원하기 전 검사할 때 장난감을 제공하기도 한다. 병원놀이는 아이가 청진기와 혈압계 밴드, 심지어 피하 주사기를 편안하게 대하는 데 크게 도움이 될 것이다.

- **병원을 둘러본다** 아이가 병원과 친해지게 만드는 가장 좋은 방법은 직접 병원을 체험하게 하는 것이다. 아이가 입원했을 때 병원 환경과 시설을 너무 낯설어 하지 않도록 잠시 병원을 둘러보게 해 달라고 부탁한다. 입원 전 검사를 받기 위해 병원에 가야 하는 경우, 병원을 둘러볼 수 있는 프로그램이 있는지 알아본다. 놀이방, 선물 가게(퇴원할 때 특별한 선물을 사 주겠다고 약속한다.), 매점을 방문하고 가능하면 빈 병실도 들어가 본다. 아이가 어떻게 생긴 침대에 눕게 될지, 엄마는 어디에서 잠을 자게 될지 알려 준다. 환자가 있는 병실은 가까이 가지 않는다. 아이가 울 수도 있고, 무시무시하게 생긴 수많은 병원 장비들에 겁을 먹을지도 모른다. 소아과 간호사 한두 사람과 이야기를 나눈다. 아이들을 잘 다루는 간호사라면 아이에게 도움이 되는 적절한 말을 해 줄 것이다.
- ✱ **병원을 집처럼 편안하게 꾸민다** 토들러들이 병원에서 지낼 때 가장 힘들어하는 부분 가운데 하나는 집에서 멀어지는 것과 일과대로 생활하지 못하는 것이다. 아이가 좋아하는 익숙한 물건들 몇 개를 집에서 가지고 오면 집에서 병원으로 이동하는 것이 조금 수월할 수 있다. 병원에 가지고 와도 괜찮은 물건인지

먼저 병원 측에 문의해야 한다. 다음과 같은 물건은 가지고 와도 괜찮을 것이다. 아이의 잠옷(병원에서 예쁜 토들러용 잠옷을 제공하지 않고, 반드시 병원복을 입지 않아도 괜찮다면), 침대 시트, 이불, 그 밖에 아이의 마음을 편안하게 해 주는 아이가 좋아하는 담요나 봉제 인형, 장난감, 아이가 평소에 그림 그리는 걸 좋아하면 스케치북과 크레파스, 가족사진, 그림책, 입원을 준비하려고 이용한 병원놀이 도구(때때로 의사놀이를 할 수 있다면 아이가 보다 통제력을 느낄 수 있을 것이다.), VCR을 이용할 수 있다면 아이가 좋아하는 비디오테이프, 식단이 제한되어 아무 음식이나 먹을 수 없는 게 아니라면, 아이가 무척 좋아하는 간식과 특별식 등. 장기간 입원을 해야 하는 경우, 아이 방에 있는 작은 비품 몇 가지를 가지고 온다(작은 흔들의자나 그림 몇 점).

* **병원 직원들과 친해진다** 아이가 병원에 입원해 있는 기간에는 부모와 의료진 간의 협력 관계가 무엇보다 중요하다. 아이의 병에 대해 공부하고, 부모의 의견을 분명하게 밝힌다. 단도직입적으로 질문하고 단도직입적으로 답해 달라고 부탁한다. 의사와 간호사들에게 아이의 상태나 진료에 대해 걱정과 의구심이 생기면 망설이지 말고 솔직하게 표현한다.

* **행복한 표정을 짓는다** 불안은 홍역보다 전염성이 강하다. 입원 사실에 대해 아이를 안심시키려면 자신 있고 긍정적인 태도를 발산할 필요가 있다. 물론 도저히 그럴 수 없을 때도 있겠지만, 아이 곁에 있을 때 기운을 내 항상 미소를 지으려 애쓰면 아이의 공포심을 더는 데 도움이 된다. 알다시피 웃음이야말로 최고의 명약이다. 잔뜩 억눌린 두려움과 긴장을 해소해야 할 때는 병실을 나와 부모의 심정을 이해해 줄 친구나 친척에게 감정을 털어놓는다.

* **영양이 풍부한 음식으로 회복을 돕는다** 입원하기 전과 입원 기간, 그리고 입원 후에는 영양이 풍부한 음식을 최우선으로 여기고, 평소보다 훨씬 신경 써서 먹인다. 최고의 토들러 식단을 중심으로 단백질, 칼로리, 비타민, 무기질을 충분히 섭취하면, 치료 및 회복이 빨라지고 합병증의 위험을 줄이는 데 도움이 된다. 병원에서 아이의 필요량을 충족시킬 만큼 일일 권장 영양을 충분히 제공하지 않는다면, 집에서 음식을 가지고 와 영양분을 보충해도 좋은지 허락을 구한다.

* **행동 변화 및 퇴행에 대비한다** 어린아이가 입원과 질병, 그리고 치료 기간을 견디는 게 힘들 수 있다. 따라서 일시적으로 부모에게 매달리거나, 움츠러들거나, 활기가 없거나, 겁을 먹거나, 불만스러워 보일 수 있으며, 이런 모습들이 복합적으로 나올 수 있다. 혹은 대소변 사고를 저지른다든지, 오래 전에 버린 습관을 다시 시작한다든지, 엄지손가락을 빤다든지 하는 아기 같은 행동이 다시 나타날 수도 있다. 참을성을 갖고 이런 모든 과정을 이해해 준다. 누군가 곁에서 자신을 지지해 주는 사람이 있으면 육체적, 정신적으로 회복이 빨라질 것이다.

약물을 복용해야 하는 경우

현대 약물의 효능 덕분에 오늘날 세상은 토들러들에게 더 건강한 장소가 되었다. 한 세기 전만 해도 종종 사망으로 이어지거나 영원히 장애를 안고 살아야 할 만큼 심각한 합병증들이 이제는 약물 덕분에 대부분 예방이 가능해졌다. 중이염은 더 이상 청력 손실로 이어지지 않으며, 요로 감염은 신장 손상으로, 패혈성 인두염은 약한 심장으로 악화되지 않는다. 일반 폐렴으로 아이의 생명을 앗아가는 일도 더 이상 일어나지 않는다.

그러나 약물이 질병을 치료하고 건강을 보호할 정도로 대단히 유용한 만큼 잘못 사용하면 건강을 해칠 수도 있다. 약을 오용하거나 남용하거나 악용하게 되면, 병을 치료하기는커녕 심각한 문제를 일으킬 수 있다. 그러므로 아이가 아플 때는 안전하고 효과적으로 약물을 사용하는 방법을 익히는 것이 중요하다.

반드시 알아야 할 사항

당연히 의사는 약 처방을 위해 필요한 정보를 알고 있어야 하지만, 부모 역시 약의 종류와 효능, 부작용 등 아이에게 처방되는 약에 대해 자세하게 알고 있어야 한다. 대부분의 궁금한 내용은 의사와 약사에게 답을 얻을 수 있을 것이다.

아이의 약을 처방 받을 때 의사에게 다음 내용을 질문한다.

* 처방된 약물을 하루 세 번 이상 복용해야 하는 경우, 효과는 같으면서도 하루 한두 번만 복용해도 되는 다른 약물은 없는가?
* 아이가 약을 뱉거나 토하는 경우, 다시 약을 주어야 하는가?
* 깜빡 잊고 약을 주지 못한 경우, 어떻게 해야 하나? 나중에 한 번 더 주거나 복용량을 두 배로 늘려야 하는가? 모르고 약을 한 번 더 준 경우에는 어떻게 해야 하나?
* 약을 복용한 뒤 얼마 후에 약효가 나타나는가? 아무런 효과가 나타나지 않으면 언제 의사에게 연락해야 하는가?
* 언제쯤 약을 중단할 수 있는가? 처방된 약을 모두 먹여야 하는가?

대부분의 약사들은 다음 질문 가운데 최소한 몇 개의 질문과 답을 정리한 안내서를 제공한다. 처방약을 받으면 약의 상표와 제약 회사의 의약품 설명서 같은 기타 자료들을 확인한다. 안내서 및 약품 설명서에 아래 질문의 답이 나와 있지 않다면 약사에게 문의한다.

* 약의 일반 명칭은 무엇인가? 상표가 있다면 상표명은 무엇인가?
* 약의 효능은?
* 아이에게 적절한 복용량은?
* 몇 시간마다 복용해야 하는가? 약을 복용하기 위해 아이를 한밤중에 깨워야 하는가?
* 식사 전이나 식사 중, 혹은 식사 후에 약을 복용해야 하는가?
* 우유나 주스, 기타 음료와 복용해도 괜찮은가? 다른 음식과 함께 복용하면 부정적인 상호작용을 일으키는가?
* 흔히 나타나는 부작용은 어떤 것이 있는가?
* 어떤 종류의 이상 반응이 일어날 수 있는가? 의사에게 보고해야 하나?
* 아이가 앓고 있는 만성질환에 바람직하지 않은

결과를 일으킬 수 있는가?

* 아이가 다른 약을 복용하고 있다면(처방약이든 처방전이 필요 없는 약이든), 유해한 상호작용을 일으킬 수 있는가?
* 한번 받은 처방전으로 계속 약을 구입할 수 있는가?
* 약의 유통기한은 어떻게 되는가? 아직 기한이 남아 있다면, 의사가 같은 약을 이용하도록 권장하는 경우 나중에 다시 복용할 수 있는가?

안전한 약물 복용

약물 복용의 위험을 최소화하고 효과를 극대화하기 위해 항상 다음 규칙을 준수해야 한다.

* 의사의 허락 없이는 처방전이 필요 없는 약물, 아이가 먹다 남은 처방약, 다른 사람의 처방약 등 어떠한 종류의 약물도 아이에게 주어서는 안 된다. 그러므로 대부분의 경우 아이가 열이 38.9도 이상 오를 때마다 아세트아미노펜을 준다거나, 쌕쌕거리는 숨소리가 들리기 시작하면 천식 약을 준다는 것처럼, 의사가 현장 처치 지침서를 제공하는 경우를 제외하면, 아이가 아플 때마다 약을 처방 받는 것이 좋다.
* 의사가 구체적으로 다른 지시를 내리지 않는 한, 상표에 나열된 증상에 대해서만 약물을 복용하게 한다.
* 아이에게 투여해도 괜찮다고 분명하게 명시되지 않은 약물은 복용량을 줄이더라도 절대로 아이에게 주어서는 안 된다.
* 의사가 아스피린을 처방하지 않았다면 아스피린이 포함된 약을 아이에게 주지 않는다. 살리실산염이나 살리실아미드도 마찬가지이다.
* 의사나 약사에게 약물 혼합 복용의 안전성을 확인 받지 않은 경우, 한 번에 한 가지 이상의 약물을 주어서는 안 된다.
* 아이에게 주는 약물은 반드시 최근에 제조된 것이어야 한다(645쪽 참조).
* 반드시 아이의 담당 의사나 약사가 지시한 대로, 혹은 처방전이 필요 없는 약물의 경우 약품 설명서에 지시된 대로만 약물을 투여해야 한다. 약품 설명서의 지시가 의사의 지시와 상충되는 경우, 의사나 약사에게 전화를 걸어 모순되는 내용을 해결한 후에 약을 투여한다.
* 정확한 투약을 위해, 그리고 복용량, 복용 시기 및 기타 지시 사항에 대해 기억을 되살리기 위해, 매번 약을 먹이기 전에 설명서를 다시 읽는다. 자신의 기억력을 신뢰하지 않는다. 밤에 불을 켜지 않고 약을 투여할 때는 특히 주의해야 한다. 먼저 불을 켠 다음, 올바른 약을 집었는지 상표를 확인한다.
* 복용량을 철저하게 지킨다. 눈금이 그려진 약숟가락, 점적기, 컵을 사용한다. 일반 숟가락을 사용하면 그때그때 약의 복용량이 달라질 수 있고 다루기도 더 힘들다. 약숟가락이 없다면 계량 숟가락으로 복용량을 측정한 다음, 흘리는 양을 줄이기 위해 커다란 숟가락으로 옮긴다. 우묵한 숟가락보다는 완만하게 둥근 숟가락이 아이가 깨끗하게 핥기 쉽다. 아이가 약을 한 번에 다 먹지 못하면, 숟가락을 뒤집어서 숟가락의 우묵한 부분이 혀에 닿도록 입안에 넣어 남은 약을 혀로 닦아 내게 한다. 그리고 많이 준다고 빨리 낫지 않는다는 걸 기억한다. 물론 적게 주는 것도 효과에 도움이 되지 않는다. 의사의 명백한 지시 없이 복용량을 늘리거나

줄여서는 안 된다.
* 아이가 진통제를 먹다가 뱉거나 토한 경우, 대개는 안전을 기하는 차원에서 추가로 약을 더 주지 않는 것이 좋다. 적은 양을 복용하는 것이 과잉 복용하는 것보다 위험이 적기 때문이다. 그러나 항생제의 경우, 아이가 약을 먹다가 뱉거나 토하거나 과잉 복용했을 때 어떤 방법을 취해야 할지 의사와 상의해야 한다.
* 약을 먹다가 질식할 가능성을 피하기 위해, 혹은 공기 외에 다른 물질을 흡입하다가 흡인성 폐렴에 걸릴 가능성을 피하기 위해 아이의 양 볼을 누르거나, 코를 잡거나, 억지로 고개를 뒤로 젖히지 않는다. 또한 아이를 눕히기보다 똑바로 앉혀야 한다.
* 물을 마시면 안 된다는 지시가 없는 경우, 약을 먹인 후에는 물을 마시게 한다.
* 마지막으로 약을 먹인 시간을 잊지 않기 위해, 냉장고나 기저귀 교환대 위에 종이 한 장을 붙여 놓고 매번 약을 먹일 때마다 시간을 기록한다. 이렇게 하면 깜빡 잊고 약을 빼먹거나 실수로 두 번 먹일 가능성이 거의 없을 것이다. 그러나 약을 먹일 시간보다 조금 늦었다고 당황하지 말고, 다음 예정 시간에 맞추어 약을 먹인다.
* 항생제를 처방 받은 경우, 아이가 완전히 회복된 것 같더라도 다른 지시 사항이 없으면 처방 받은 항생제를 다 먹인다.
* 처방전에 명시된 기간이 지나면 계속해서 약을 먹이지 않는다.
* 아이가 약물에 이상 반응을 보이는 것 같다면, 약물 투여를 일시 중단하고 의사와 상담을 한 후에 다시 재개한다.
* 집이나 유치원, 어린이집에서 다른 양육자가 아이에게 약을 먹이는 경우, 앞의 권고 사항을 숙지하게 한다.
* 나중에 참고 자료로 활용하기 위해 아이에게 주는 약물의 이름과 관련 정보, 즉 약물이 처방된 이유, 복용 기간, 아이가 보이는 부작용이나 이상 반응 등을 아이의 소아청소년 건강수첩에 기록한다.
* 약물을 사탕이나 특수 음료인 것처럼 속여서는 절대로 안 된다. 이런 속임수는 아이에게 약을 먹이는 데에는 도움이 될지 몰라도, 아이가 우연히 약병을 발견해 '간식'인 줄 알고 과잉 복용할 수 있다. 약이라고 분명하게 밝힌다.

약물 복용 방법

마법이라도 이용하지 않는 한 많은 부모들이 아이에게 약 한 번 먹이려면 '설탕 한 숟가락' 외에 뭔가 특단의 조치가 필요할 때가 자주 생긴다.

다행히 아이가 약을 잘 받아먹거나 적어도 완강하게 거부하지 않는 경우도 있다. 비타민이든 항생제든 진통제든, 액상 형태의 낯선 약물 맛을 음미하기도 하고, 약숟가락을 보고 더블 아이스크림콘이라도 먹는 것처럼 입을 크게 벌리기도 한다. 하지만 대부분의 아이들은 어디선가 약이 다가오는 기미만 보여도 온몸으로 약을 거부한다. 입을 꾹 다물고 절대로 약을 먹지 않으려고 발버둥치는 아이를 위해 다음 내용을 참고하자.

* 투약 도구를 바꾼다. 아이가 숟가락으로 순순히 약을 받아먹지 않으며, 처방된 복용량대로 먹이기에는 점적기가 충분히 크지 않다면, 약국에서 약숟가락이나 약물을 아이의 입 안으로 분사할 수 있는 플라스틱 주사기를

구입한다. 아이가 점적기나 숟가락, 주사기로 약을 먹으려 하지 않고 젖꼭지를 좋아한다면, 손에 쥘 수 있는 젖병 젖꼭지에 약을 넣고 아이에게 쏙 빨아먹게 한다. 약을 먹은 후에는 남은 약을 마저 먹을 수 있도록 젖꼭지 안에 물을 부어 먹인다.

* 혀의 앞부분과 중앙에 위치한 미뢰에 자극이 가해지지 않도록 입안 뒤쪽을 향해 숟가락을 넣거나, 어금니와 어금니 사이나 잇몸 뒤쪽과 뺨 사이를 향해 점적기나 주사기를 분사한다. 구역질 반사가 일어나지 않도록 점적기나 숟가락이 혀에서 아주 깊숙한 곳에 닿지 않도록 한다. 약을 먹이는 동안 아이에게 코를 잡고 있게 해도(부모가 직접 잡지 않는다.) 맛을 덜 느끼게 할 수 있다. 혹은 약이 차가우면 맛이 덜 느껴지므로 약을 차게 해도 도움이 된다. 효능에 영향을 주지 않는 경우, 약사에게 문의한다. 약을 먹이기 직전에 아이스바를 빨게 해 미뢰를 마비시킬 수도 있다.

* 식사 도중이나 식후에 약을 먹여야 하는 경우가 아니라면 식사 직전에 약을 준다. 이렇게 하는 이유는 첫째, 아이가 배가 고프면 약을 더 잘 받아먹게 되고, 둘째, 아이가 약을 토하는 경우 음식까지 토할 가능성이 적기 때문이다.

* 자신 있는 태도로 접근한다. 지난번 경험으로 약을 잘 먹일 수 있을지 도저히 자신이 없다 하더라도 그래야 한다. 부모가 힘들어한다는 걸 아이가 눈치채면 약을 먹이기가 힘들어진다. 물론 어떻게든 약을 먹이기야 하겠지만, 자신 있는 태도록 확고하게 접근하면 부모에게 편리한 방향으로 상황이 돌아갈 것이다.

* 액상 형이나 씹어 먹는 정제 형으로 나온

아스피린을 먹일까, 말까?

아이를 치료할 때는 아스피린을 먹이지 않는 쪽으로 간단하게 답이 나온다. 아스피린은 성인의 질병을 치료할 때는 유용하지만, 아동에게는 많은 부작용을 일으킬 수 있기 때문에 거의 권장하지 않는다. 바이러스성 질환이 있는 아이의 경우, 아스피린을 복용하면 라이 증후군이라는 매우 심각한 질병에 걸릴 위험이 있다. 그러므로 의사가 아스피린 성분이 없는 약물에 특별히 아스피린을 추가로 처방하지 않는 한 아이에게 아스피린을 주어서는 안 된다.

아스피린과 마찬가지로 아세트아미노펜(약품 이름: 타이레놀, 템프라, 파나돌, 리퀴프린, 아낙신-3)도 해열제이자 진통제이지만 아스피린과 달리 부작용이 거의 없다. 그러나 간혹 과다 복용과 관련해 간 손상의 부작용 사례가 발생해 왔다. 아세트아미노펜은 점적기나 계량 숟가락, 계량컵으로 투여하는 액상 형과, 연령이 높은 토들러들 용으로 나온 씹어 먹을 수 있는 정제 형, 액상 형이나 정제 형을 먹을 수 없거나 먹으려 하지 않는 토들러들이 이용하는 좌약 형, 그리고 약처럼 생긴 모든 형태에 의심의 눈초리를 보내는 토들러를 위해 음식에 뿌려 투여하는 캡슐 형으로 나와 있다. 이부프로펜(약품 이름: 애드빌 Advil, 모트린 Motrin)은 해열 및 진통에 대해 아세트아미노펜만큼 효과적일 뿐 아니라 소염제 역할도 한다. 아스피린과 마찬가지로 복통을 일으킬 수 있지만, 아동이 이용하더라도 라이 증후군에 걸리지 않는다. 아이의 담당 의사는 특정한 상황에서 이부프로펜을 선택할 수 있다. 단, 2세 이하의 아동은 의사의 권고가 있을 때에만 이용해야 한다.

해열제를 이용해 열을 내리는 데에는 대략 30분의 시간이 걸리며, 약효는 아세트아미노펜의 경우 4~6시간, 이부프로펜의 경우 6~8시간 지속된다. 약에 대한 반응은 연령이 높은 아동에 비해 두 살 이하의 아동에게 더 빨리 나타나는 경향이 있다.

모두가 권장량 이상을 복용하면 위험할 수 있으므로 의사가 지시한 양보다 많은 양을 투여해서는 절대로 안 된다(635쪽 복용량 표 참조). 그리고 아이에게 약을 주지 않을 때는 아이 손이 닿지 않는 곳에 안전하게 보관해야 한다.

아세트아미노펜을 먹으려 하지 않는다면 캡슐 형을 이용한다. 낟알 모양으로 되어 있는 캡슐 형은 비교적 맛이 나지 않아 주스나 과일 퓨레, 사과 소스 한 숟가락에 뿌려 먹일 수 있다.

* 최후의 수단을 이용하기 바로 전 단계로, 차거나 실온의 과일즙이나 과일 주스에(1~2티스푼) 쓴 맛이 나는 약을 섞는다(의사나 약사에게 먼저 확인을 한 경우에만). 많은 양의 음식이나 주스에 약을 희석시키면 아이가 약을 다 먹지 않을 수 있으므로, 약을 먹이기 직전에 한입 분량의 음식이나 주스에 약을 혼합한다. <u>잘 먹는 음식에 쓴 약을 섞으면 쓴 맛이 전달되어 나중에는 좋아하는 음식마저 거부할 수 있으므로, 아이가 평소에 새로운 음식을 거부하지 않는다면 약을 섞을 때는 생소한 과일이나 주스를 이용한다.</u>

* 아이가 도무지 약을 먹으려 하지 않는 경우, 최후의 수단으로 좌약과 주사 같은 대안에 대해 아이의 담당 의사와 상의한다.

유통기한이 지난 약물

유통기한이 지난 약물은 약효가 떨어졌을 가능성이 높고, 심한 경우 인체에 해로울 수 있다. 다음 지침은 토들러에게 신선한 약물을 투여하는 데 도움이 될 것이다.

* 처방전이 필요 없는 약물을 구입할 때는 유통기한을 확인한다. 유통기한 전에 내용물을 모두 이용할 것 같지 않다면, 내용물이 적게 들었거나 유통기한이 많이 남은 약품을 구한다. 시럽 형 기침약과 좌약은 일반적으로 다른 약물에 비해 유통기한이 짧다.

* 처방약은 항상 날짜가 기입되지는 않으므로, 만성질환이 있는 아이를 위해 약을 처방 받을 경우 약품 용기에 유통기한이 기록되어 있지 않으면 약사에게 물어보아 유통기한을 용기에 적어 놓는다.

* 대부분의 액상 형 항생제는 조제 후 효능을 유지하는 기간이 상당히 짧다는 사실을 염두에 둔다. 설탕이 첨가된 비활성 시럽은 대체로 구입 후 2주일이 지나면 약효가 떨어진다.

* 처방 받은 항생제가 남은 경우 '다음에' 먹이기 위해 남겨 두지 않는다. 모든 약물이 그렇지는 않지만 대부분의 약물은 부작용으로 인해 중간에 복용을 중단하지 않는 한, 어쨌든 처방 받은 용량을 모두 복용해야 한다. 간혹 아이가 만성질환을 앓는 경우, 필요할 때마다 이용하기 위해 대용량으로 약물을 처방 받을 수도 있다. 이런 경우에는 남은 약물을 보관하는 것이 좋고, 나중에 사용할 때마다 유통기한을 반드시 확인해야 한다.

* 남은 약물을 잘 보관해 유효기간을 지킨다. 대부분의 약물은 고온다습한 장소에 보관할 경우 약효가 떨어진다. 그러므로 욕실에 약품 상자를 두는 것은 바람직하지 않다. 약품을 보관하는 장소는 서늘하고 어두운 부엌 찬장이나 침실 옷장이 알맞다. 비타민과 무기질 보충제를 비롯해 모든 약품은 절대로 아이 손이 닿지 않는 곳에 보관해야 한다(690쪽 참조). 일부 약물은 냉장고나 서늘한 장소에 보관해야 한다. 차가운 온도를 유지해야 하는 액상 형 약물을 지니고 여행하는 경우, 냉동 팩을 이용해 차게 유지한다. 장시간 이동하는 경우, 액상 형 약물을 씹어 먹을 수 있는 정제 형으로 바꿀 수도 있는데, 약을 부수어 사과 소스나 과일즙 한 숟가락에 섞어 먹일 수 있다.

* 수시로 약품 상자를 살펴보아 유통기한이 지난 약물을 폐기한다. 유통기한이 지나지 않았더라도 모양이 변하면 약효가 떨어졌을 수 있다. 색이 변하거나 뿌옇게 흐려지거나 내용물이 분리된 액상 약물, 딱딱해지거나 내용물이 분리된 연고, 녹거나 엉겨 붙은 캡슐, 부스러지거나 색이 변하거나 처음 구입했을 때는 나지 않던 냄새가 나는 정제 형 약물은 폐기한다. 일 년 이상 보관해 둔 처방약도 모두 폐기한다.

* 유통기한이 지났거나 약효가 떨어진 약물은 화장실 변기에 버리고 물을 내린다. 휴지통에 버리면 아이가 다시 주워 올 수 있다.

토들러(만 1~3세 아이)들에게 가장 일반적인 건강 문제

── 감기(상기도 감염 혹은 URI, Upper Respiratory Infection)

증상 콧물(처음에는 묽은 콧물이 나오다가 탁하고 불투명해지며, 간혹 누르스름하거나 푸르스름한 색을 띠기도 한다.), 코막힘, 재채기, 특히 토들러의 경우 종종 열이 남, 목이 따갑거나 간지러움, 마른기침(밤에 심해질 수 있다.), 피로, 식욕부진. 그렇지만 이런 증상은 대부분 진짜 '증상'은 아니다. 이 가운데 일부는 몸이 병을 막아 내기 위한 면역반응이다.

계절 감기는 언제든 일어날 수 있지만, 대개 가을에서 다음 해 봄 사이에 가장 자주 일어난다.

원인 대부분 바이러스가 원인이다. 감기의 원인으로 알려진 바이러스는 리노바이러스, 파라인플루엔자 바이러스, 호흡기 세포융합 바이러스를 비롯해 약 200여 종 이상이며, 1500개가량의 감기 바이러스나 바이러스 결합이 있는 것으로 추정된다. 토들러들은 이전 감염을 통해 이러한 바이러스에 면역이 생길 기회가 거의 없기 때문에 유독 감기에 잘 걸린다.

감염 방식 손을 접촉할 때 가장 많이 감염되는 것으로 알려져 있다. 감기에 걸린 아이가 손으로 코를 닦은 후에 놀이 모임의 친구 손을 잡고, 이 친구가 손으로 눈을 비비면 감염이 된다. 재채기나 기침을 할 때 나오는 비말을 통해, 혹은 감염된 사람에 의해 오염된 물건에 접촉하는 경우에도 감염이 되지만, 이런 비말 주변에 습기가 남아 있는 동안에만 감염된다. 잠복기는 보통 1~4일 정도다. 감기는 주로 하루나 이틀이 지난 후에 증상이 나타나는데, 일단 콧물이 마르고 나면 전염성이 덜하다.

기간 대개 7~10일(대부분의 감기 환자들은 사흘째가 가장 힘들다.). 그러나 그 이후에도 밤 기침은 오래 지속될 수 있다.

치료 확실한 치료 방법은 알려지지 않았지만, 필요한 경우 다음과 같은 방법으로 증상을 개선할 수 있다.

* 휴식. 감기에 걸린 후 처음 하루, 이틀 동안은 가능한 집에 있게 하는 것이 바람직하다. 그러나 활동을 제한할 필요는 없다. 사실상 몸을 움직이면 천연 충혈 완화제인 아드레날린 분비가 촉진된다.
* 마른 점액을 부드럽게 하기 위한 식염수 점비약(약국에서 판매하는 점비약을 구입하되, 알코올이 포함된 것은 부드러운 점막을 화끈거리게 만들 수 있으니 피한다.)이나 따뜻한 수돗물을 코에 몇 방울 떨어뜨려도 도움이 된다. 점액이 생기지 않을 때까지 하루 두세 차례 각 콧구멍에 세 방울씩 떨어뜨린다. 음식을 먹거나 잠을 자기 전에 이용하면 크게 도움이 된다. 시중에서 판매하는 식염수를 부모의 옷 주머니나 셔츠 안쪽에 15분 정도 품어 체온과 유사한 온도로 데운 후, 아이의 코에 넣어 준다.
* 콧속이 막히지 않도록 집 안의 습도를 적절하게 유지한다.
* 콧구멍 주변과 코 밑이 터서 쓰라리지 않도록

바셀린이나 이와 유사한 성분의 연고를 살짝 발라 준다. 그러나 콧구멍 안쪽에 연고가 들어가면 호흡 경로가 막힐 수 있으므로 주의한다.

* 호흡을 편안하게 하기 위해 침대의 머리 부분을 높이 올린다. 매트리스의 머리 부분 아래에 베개나 책을 쌓아 두어도 좋다.
* 따뜻한 잠옷을 입히거나 수면 양말을 신긴다. 발이 차면 혈류의 재분배로 인해 코가 막힐 수 있다.
* 의사의 처방이 있는 경우에 한해 충혈 완화제를 이용한다. 그러나 충혈 완화제는 어린아이에게는 별 효과가 없다.
* 마른기침이 나는 경우 기침약을 투여하되, 기침이 아이의 수면을 방해하고 의사의 처방이 있을 때에만 이용한다.
* 아스피린 성분이 없는 해열제를 이용하되, 열이 높을 때에만 이용한다. 아스피린 사용 지침에 대해 의사와 상의한다(644쪽 참조).
* 시중에 판매하는 충혈 완화 작용이 있는 점비약이나 코 스프레이를 이용하되, 의사의 지시에 따라 사용해야 한다. 3일 이상 사용하면 증상이 재발되어 코막힘이 처음보다 더 악화될 수 있다. 일부 점비약에는 유독한 성분이 함유되어 있을 수 있다.
* 중이염이나 폐렴 같은 2차 박테리아 감염이 진행되는 경우에 한해 항생제를 이용한다. 항생제는 감기 바이러스를 치료하는 데에는 효과가 없다.

식단 특히 따뜻하게 데운 수분과 영양이 풍부한 음식을 많이 섭취하게 한다. 매일 비타민 C가 풍부한 음식을 2~3인분씩 제공해야 한다. 하루 세 끼를 먹이는 것보다 적은 양을 자주 먹이는 것이 먹이기가 더 쉽다. 우유 섭취를 제한할 필요는 없다. 통념과 달리 우유로 인해 점액 분비량이 늘어나는 것은 아니다. 637쪽의 아픈 아이를 위한 식단 지침도 참조한다.

예방 전반적으로 건강한 생활 습관을 들인다. 아이가 곁에 있을 때는 집 안이든 밖에서든 흡연을 삼간다. 집에 장작난로가 있다면 배기가스 방출 여부를 확인한다. 가능하면 감염된 사람을 아이와 접촉하지 못하게 한다. 감기에 걸린 사람과 접촉하거나 그들이 만진 물건을 다룬 후에는 반드시 손을 씻게 하고, 평소에 자주 손을 씻도록 장려한다. 페놀-알코올 용액(리졸, Lysol 같은)을 이용해 감기 균에 오염됐을지 모를 표면을 살균하고, 질병의 확산을 방지하기 위한 다른 요령들을 참고한다(656쪽 참조). 그러나 사실상 아이를 감기 바이러스로부터 완벽하게 차단시킬 방법은 아무것도 없다는 사실을 기억하자. 보통 아이들은 일 년에 여섯에서 여덟 번 감기에 걸린다. 심하게는 아홉에서 열 번 정도 감기에 걸리는 아이들도 있지만, 아이의 성장과 발달이 무난하게 진행되고 있다면 대체로 걱정할 필요는 없다.

합병증 귀의 염증, 축농증, 훨씬 덜하지만 폐렴

병원에 가야 하는 경우 아이가 힘이 없거나 입맛이 없거나 잠을 잘 못 자는 경우, 콧물이나 가래가 푸르스름하거나 누르스름하고 악취가 나는 경우, 호흡이 평소보다 빠르고 쌕쌕 거리는 소리가 나거나 가슴이 아프다고 호소하는 경우, 다른 증상이 사라진 후에도 기침이 악화되거나 낮 동안 계속되는 경우, 목이 아프거나 음식을 삼키기

힘들거나 목 안이 빨개진 경우(특히 희거나 누런 반점이 보이는 경우), 목 안의 분비선이 부은 경우, 낮이나 밤에 귀를 잡아당기거나 도무지 잠을 이루지 못하거나 한밤중에 비명을 지르면서 깨는 경우, 열이 38.9도 이상 오르거나 4일 이상 미열이 나는 경우, 상태가 호전되지 않고 점점 악화되는 경우, 증상이 10일 이상 지속되는 경우에도 병원에 가야 한다.

주의 사항 아이가 끊임없이 감기에 걸리거나, 아주 오랜 기간 감기가 지속되거나, 자주 감기에 걸리는 것 같다 싶으면 알레르기가 있는지 담당 의사와 상의한다.

── 귀의 염증

중이염 참조(659쪽)

── 변비

증상 3~4일에 한 번씩 적은 양의 단단한 변을 보거나, 매일 변을 보더라도 단단하고 마른 변이라 힘들어하거나 아프다. 변을 보고 나면 복통이 가라앉는다. 약간의 설사가 나오거나 변이 묻는다(변이 꽉 들어찬 경우). 변을 자주 보지 않는 것만으로 변비로 단정 지을 수는 없으며, 다른 사람들보다 변을 자주 보지 않는 아이들도 있다.

계절 사계절 어느 때나 증상이 나타날 수 있지만, 휴가 기간처럼 식단과 일정이 바뀔 때 주로 나타난다.

원인 섬유질과 수분이 부족한 식단 등 많은 경우가 있을 수 있다. 질병을 앓는 동안이나 앓고 난 후에 일시적으로 변비가 생길 수 있으며, 특정한 약물 역시 변비의 원인이 될 수 있다. 한편 배변 훈련 과정에 있으며, 특히 부모가 압력을 가하는 경우 변비가 자주 나타난다(19장 배변 훈련에 대한 압박을 자제해야 하는 이유를 참조한다.). 어린이집이나 유치원, 친구 집, 상점 등 집 바깥의 변기 사용을 불편하게 여기거나, 다른 일에 몰두하는 등 여러 가지 이유로 변이 나오려는 걸 억지로 참는 경우에도 변비가 생길 수 있다. 변을 오래 참을수록 변이 마르고 단단해져 잘 나오지 않고 아프다. 이처럼 마르고 단단한 변을 배출하는 것이 두려워 종종 변을 참게 되고, 변을 참게 되어 또 변비에 걸리는 식의 악순환이 계속된다. 너무 오랫동안 변을 참으면 변이 단단해질 뿐 아니라, 양이 상당히 많아질 수 있다. 이렇게 되면 변이 나올 때 직장이 늘어날 수 있는데, 직장이 반복해서 과도하게 늘어나면 배변 욕구를 인식하기가 더 힘들어지고, 이렇게 되면 변비가 평생 지속될 수 있다. 만성 변비로 발전해 가정에서 치료를 해도 호전되지 않으면, 상당히 드문 경우지만 갑상선 기능 저하나 척수 기형 같은 의학적 질환에서 원인을 찾을 수 있다.

감염 방식 변비는 감염되지 않지만, 종종 변비로

코 풀기

토들러들은 대개 코 흡입기를 이용해 콧물을 배출하는 걸 결사적으로 반대하기 때문에, 감기에 걸리면 코막힘으로 인해 유독 힘들어한다. 이럴 때 좋은 방법이 있는데, 바로 아이들에게 코를 풀도록 가르치는 것이다. 아이가 건강할 때 깃털이나 얇은 휴지 한 장을 코 밑에 대고 재미삼아 코 푸는 놀이를 해서 연습을 시켜 보자. 나중에 정말로 코가 막힐 때 휴지로 직접 코를 풀게 하면 잘 풀 수 있다.

이어지는 나쁜 식습관과 운동 부족은 부모의 영향을 받을 수 있다.

기간 하루로 그치기도 하고, 평생 계속되기도 한다.

치료 근본적인 의료 문제가 원인인 경우, 원인을 확인하고 치료할 뿐 아니라 직장 안에 꽉 들어차서 배출되지 못하는 변을 대체로 관장을 통해 무르게 해 배출시키는 데 중점을 둔다. 그러나 가정에서 관리하는 것이 장기적으로 변비가 재발되지 않도록 예방하는 데에 가장 중요하다. 가정에서 할 수 있는 관리는 다음과 같다.

* **섬유질 섭취** 아이에게 그냥 '밀'이 아닌 '통밀'을 원료로 한 것, 인스턴트가 아닌 으깬 귀리를 원료로 한 통 곡물 빵, 시리얼, 파스타, 잘 익은 사과와 배 같은 신선한 과일, 말린 과일(특히 건포도, 자두, 살구, 무화과), 채소(부드럽게 익히되 곤죽이 되지 않게 한다.), 익혀서 말린 대두와 완두콩 같은 콩과 식물을 먹인다. 연령이 높은 토들러의 경우, 생채소와 샐러드를 추가하는 것이 좋다. 의사가 사용을 권장한 경우에 한해 주요 완화제들에 효과적인 성분인 밀기울을 준다. 시리얼, 팬케이크, 머핀, 빵, 파스타 소스 등, 부드럽고 쫄깃한 식감을 지닌 음식에 밀기울을 첨가할 수 있다. 반드시 수분이 많이 함유된 밀기울을 먹이되, 권장량 이상 초과하지 않으며 필요한 기간 동안만 이용한다.

* **수분** 최근 모유나 분유를 뗀 토들러들 대부분이 젖을 떼기 전에 비해 수분 섭취량이 훨씬 적고, 심지어 필요한 수분 섭취량보다 적은 경우도 있다. 아이에게 수분을 충분히 섭취하게 해야 한다. 아이가 식사 때와 간식 때 매일 최소 1L의 수분을 섭취하지 않는 경우(1.5L 수분 섭취가 바람직하다.), 식사를 하지 않을 때 우유나 주스, 물 등을 수시로 마시게 한다. 특히 과일 주스가 도움이 된다. 우유에는 변을 딱딱하게 하는 칼슘염이 함유되어 있으므로 하루 3컵으로 제한한다.

* **운동** 아이를 동네 헬스클럽에 등록시킨다든지 변비 퇴치 운동을 시킬 필요는 없지만, 하루 종일 카 시트나 유모차에 아이를 묶어 두고 신체 활동을 할 기회를 박탈하지 않도록 주의를 기울여야 한다. 여건이 되면 매일 야외 활동을 하게 한다. 날씨가 궂은 날에는 거실 바닥에서 미용 체조를 한다(차렷 자세에서 뛰면서 발을 벌리고 머리 위에서 양손을 마주쳤다가 다시 원상태로 돌아오는 점핑 잭, 바닥에 누워 양팔과 양발을 높이 쳐든 다음 손끝과 발끝이 닿게 하는 발끝 닿기, 누워서 자전거 타기 등).

* **윤활유** 항문 입구에 바셀린을 약간 바르면 변이 보다 수월하게 나오는 데 도움이 될지 모른다. 의사의 지시 없이 관장제나 좌약을 이용해서는 안 된다. 드문 경우를 제외하면 이런 조치는 상태를 호전시키기보다 악화시킨다.

* **약물 치료** 간혹 의사는 단기간 약물 복용을 권장할 수 있다. 의사가 권하지 않는 경우, 변비 치료를 위해 완화제나 대변 연화제, 미네랄 오일, 허브 차 등 기타 약물을 이용하지 않는다.

* 만성 변비의 경우 장기간의 약물 치료(6개월~2년 이상)가 필요한 경우도 있다.

예방 변비 치료를 위한 생활 방식이 예방에도

도움이 된다. 평소에 섬유질과 수분을 충분히 섭취하고, 규칙적으로 운동을 한다. 특히 변비에 병력이 있거나 가족력이 있는 경우, 이런 생활이 특히 중요하다.

합병증 변비를 치료하지 않고 놔두면 배변 훈련 과정이 중단될 수 있다. 아이는 변을 보기 힘들거나 아프다는 생각에 변을 참게 되고, 그러다 나중에 변을 참기 힘들어지면 마침내 대변 사고를 저지를 수 있다. 항문 열상. 어른이든 아이든 변을 볼 때 매번 지나치게 힘을 주게 되면 직장 주변이 갈라지면서 통증이 생길 수 있다. 항문이 갈라질 때 피가 나기 때문에 종종 대변 속이나 주변에 피가 섞여 나온다. 만성 변비. 건강하지 못한 배변 습관은 마침내 영구적인 만성 변비와 치질 같은 관련 질환으로 발전할 수 있다.

병원에 가야 하는 경우 아이가 4, 5일 동안 변을 보지 않을 때, 변비가 복통이나 구토를 동반할 때, 마르고 단단한 변이 나오거나 배변이 고통스러울 때, 변비가 만성으로 이어지며 앞에 설명한 가정에서 할 수 있는 조치들이 효과가 없을 때, 변에 피가 섞여 나올 때, 의사는 변비 치료에 최적의 접근 방법을 확인하는 한편, 내장 기관에 의한 변비는 가능성이 희박하므로 배제하려 할 것이다.

── 삼출성 중이염 혹은 심각한 중이염

증상 대개 청력이 손상된다. 일시적인 현상이지만 몇 달 동안 청력 손상을 방치하고 놔두면 영구적이 될 수 있다. 간혹 음식을 삼키거나 뺄 때 딸깍거리는 소리나 '펑' 하는 소리가 나기도 하고, 귓속이 꽉 막히거나 울리는 느낌이 들기도 한다. 뚜렷한 증상이 전혀 나타나지 않는 경우도 있다.

계절 일 년 내내

원인 박테리아를 포함하든 그렇지 않든 중이에 체액이 있을 때. 간혹 바이러스 감염이 오래 지속되는 것과 관련이 있을 수 있다.

감염 방식 사람과 사람 간의 직접적인 접촉으로는 감염되지 않는다. 대개 급성 중이염 이후에 발병된다.

기간 몇 주, 몇 개월, 심지어 몇 년 간 지속되기도 한다.

치료 3개월 간 주의 깊게 살펴본다. 체액이 계속 남아 있는 경우, 청력 검사를 실시하고 항생제를 투여한다. 6개월이 지나도 상태가 호전되지 않으며 특히 청력에 영향을 미치는 경우, 고막 절개관 삽입이 권장된다(661쪽 박스 내용 참조). 최근 연구 결과에 따르면 항생제와 함께 스테로이드를 투여하면, 귓속에 남은 체액이 제거되어 고막 절개관을 삽입할 필요가 없거나 감소될 거라고 한다. 아이의 담당 의사에게 이런 치료 방법에 대해 문의한다.

　　아이의 청력이 걱정된다면 청력 전문가와 상담해 보는 것이 좋다.

병원에 가야 하는 경우 아이에게 청력 손상의 조짐이 보이면 바로

예방 정기적인 귀 검사, 고막 절개관 삽입, 저용량의 예방적 항생제 투여. 충혈 완화제로 감기

증상을 치료하는 것은 효과가 없지만, 독감 주사는 도움이 되는 것 같다.

합병증 청력 손상과 그로 인한 언어, 발달, 정서 문제

── 설사(구토를 동반하거나 안 하거나)

증상 담당 의사마다 지침이 다를 수 있지만, 24시간 내에 두세 차례 이상 묽은 변을 본다. 변의 색이나 냄새가 평소와 다를 수 있다. 때때로 변을 보는 횟수와 양이 늘어나고, 변에 점액이 보이며, 구토를 하고, 직장 주변이 빨갛고 따갑다. 며칠~일주일 동안 설사가 계속되면 체중이 감소한다. 많은 의사들이 2~3주 이상 설사가 지속되면 만성 설사로 간주하고, 6주 이상 지속되면 '난치성 설사'로 판단한다. 가끔 평소보다 약간 무른 변을 보는 것은 걱정하지 않아도 괜찮다. 이런 현상은 과일을 너무 많이 먹는다든지 하는 무분별한 음식 섭취 때문인 경우가 대부분이다.

계절 언제든 설사가 날 수 있지만, 과일을 많이 먹고 음식이 빨리 상하는 더운 계절에 더 많이 일어난다. 그러나 로타바이러스에 의한 위장 감염은 온대기후 지역에서 겨울에 더 많이 발생한다.

원인 오염된 음식이나 다른 사람에 의해 직간접적으로 미생물이 옮은 경우, 신선한 과일, 말린 과일, 과일 주스 같은 배변을 돕는 음식을 지나치게 많이 먹은 경우, 소르비톨이나 마니톨이 포함된 음식을 먹거나 껌을 씹은 경우, 우유 같은 음식이나 약물을 소화시키지 못하거나 알레르기가 있는 경우, 신체 부위가 감염된 경우(감기, 귀의 염증 등), 항생제를 복용하는 경우, 이가 나는 경우 등, 여러 가지 원인이 있을 수 있다. 난치성 설사는 갑상선기능항진증, 낭포성 섬유증, 셀리악 병, 효소 결핍증, 특히 유당이나 자당 같은 당류를 소화시키는 효소의 결핍증, 기타 질병과 관련이 있을 수 있다. 간혹 토들러들의 설사는 변비와 관련이 있는데, 이것은 변이 꽉 들어차 주변의 물기가 많은 대변이 항문에서 새어 나오는 모양이 마치 설사처럼 보이는 경우이다.

감염 방식 미생물에 의한 설사는 변에서 손과 입의 경로를 통해 감염되거나, 오염된 음식에 의해 감염될 수 있다. 잠복기는 원인이 되는 유기체에 따라 다르다.

기간 급성 설사증은 대개 몇 시간에서 며칠 동안 지속된다. 일부 난치성 설사는 근본적인 원인이 발견되어 치료를 받지 않으면 무기한 지속될 수 있다. 만성 비특이성 설사는 대개 서너 살 무렵이면 사라진다.

치료 원인에 따라 치료 방법이 다르다. 근본적인 의료적 질환을 원인으로 하지 않은 설사의 경우, 가장 일반적인 치료 방법은 식단 개선이다(652쪽의 식단 참조). 근본적인 의료적 질환으로 인한 설사는 해당 질환을 적절하게 다루어 치료한다. 박테리아와 기생충 감염에 의한 설사는 항생제를 처방하지만, 단순한 급성 설사의 경우 대개 약물을 처방하지 않는다. 카오펙테이트(Kaopectate), 도나겔 PG(Donnagel PG) 같은 카올린-펙틴 제제는 변의 농도를 단단하게 하는 데에는 도움이 되지만, 배변

횟수나 양, 수분 손실을 완화하는 데에는 도움이 되지 않기 때문에 일반적으로 권장하지 않는다. 황산아트로핀(로모틸 Lomotil 등)이나 염산 로페라미드(이모디움 A-D Imodium A-D, 펩토 지사제 Pepto Diarrhea Control 등)는 효과도 없을뿐더러 아동에게 안전하지 않다. 차살리실산 비스무스 제제(펩토-비스몰 Pepto-Bismol 등)는 변의 수분 함량과 배변 횟수를 줄이기는 하지만, 바이러스성 질환이 의심되는 아동에게는 절대로 투여해서는 안 된다(살리실산염이 곧 아스피린이다.). 최근의 연구에서는 경구 수분 보충 요법(oral rehydration therapy, 다음의 식단 참조)에 인간의 장이나 입에서 발견되는 락토바실러스 균이 결합되면, 급성 설사의 회복이 촉진될 것으로 보고 있다.

<u>치료를 받고 식단을 개선한다고 설사가</u> <u>즉시 중단되지는 않는다.</u> 증상이 차츰 호전되고 있는지(간혹 하루 중 첫 번째 변은 비교적 상태가 좋아 보이지만, 이후 다시 무른 변이 나올 수 있다.), 탈수증상이 사라지고 있는지(653쪽 참조)를 근거로 치료가 효과적으로 이루어지고 있는지 알 수 있다.

설사로 인해 감염된 유기체가 질로 확산되는 걸 예방하기 위해, 여자아이의 경우 배변 후 특히 꼼꼼하게 씻기고, 항상 앞에서 뒤를 향해 닦아 주어야 한다.

식단

* **수분 섭취량을 늘린다**(아이가 깨어 있는 동안 한 시간에 최소 70mg) 탈수증상이 없는 경미한 설사의 경우(653쪽 참조), 우유나 주스 혹은 물에 희석시킨 주스 정도면 충분할 것이다. 증상이 심하거나(최소 두 시간마다 무른 변을 보는 경우) 구토나 탈수증이 동반된 경미한 설사의 경우, 특히 <u>아이가 두 살 미만인 경우, 시중에서 구입할 수 있는 전해질 용액을 이용해 경구 수분 보충 요법(ORT)을 실시하도록 권장한다.</u> 아이의 담당 의사에게 특정한 제품을 알려 달라고 부탁하고, 집 안의 약품 상자에 보관해도 좋은지 문의한다. 숟가락이나 컵, 병 등으로 2, 3분에 한 번씩 몇 모금 마시게 한다. 체중이 10kg인 경우 227mg씩 5컵, 12kg인 경우 5¾컵, 14kg인 경우 6컵보다 조금 많이 마시게 한다. 아이가 전해질 용액을 토하는 경우, 계속해서 주되 아주 조금씩 마시게 하거나, 전해질 용액에 좋아하는 주스를 소량 혼합해 아이스바를 만들어 빨아먹게 한다. 경구 수분 보충 요법은 24~48시간 동안 계속 이루어져야 한다. 아이가 경구 수분 보충

영유아기 설사

매일 하루에 두세 차례씩, 심한 경우 여섯 차례까지 무른 변을 보지만 그럼에도 불구하고 잘 자라는 아이들이 있다. 이런 경우 근본적인 이상은 없으며, 설사를 하는 구체적인 원인도 알 수 없다. 영유아기의 만성 비특이성 설사, 혹은 영유아기 설사라고 하는 이러한 증상은 부모와 다른 양육자들을 걱정하게 만든다. 하지만 당사자인 아이에게는 아무런 위협을 주지 않으며, 대개 세 살에서 다섯 살 사이에 사라진다. 일반적으로 장 확장성 약물(차전자 psyllium가 가장 효과가 좋은 것 같다)을 이용해 2주간 치료하면, 이 시기에는 약 80%가 문제를 더욱 빨리 완화하거나 제거하는 데 도움이 된다. 일부 전문가들은 하루에 체중 1kg당 100mL로 수분 섭취량을 줄이고, 과일 주스(특히 사과 주스와 배 주스)와 설탕이 첨가된 청량음료 및 음료, 소르비톨이나 마니톨을 함유한 껌과 사탕을 제한하는 한편, 변의 부피를 팽창시키고 수분을 줄이는 작용을 하는 불용성 섬유질이 함유된 통 곡물 섭취를 늘리도록 권장하기도 한다.

요법을 거부하는 경우, 주사기를 이용해 맛이 덜 느껴지는 입 뒤쪽에 직접 주사를 놓는다. 당분으로 단맛을 낸 음료, 스포츠 음료, 포도당 물, 집에서 만든 설탕물이나 설탕과 소금이 혼합된 물, 희석시키지 않은 주스, 끓인 우유는 주지 않는다. 이런 음식들은 설사를 악화시킬 수 있다.

* **경미한 설사의 경우** 아이의 입맛에 따라 평소 식단을 그대로 유지한다. 계속 고형식을 먹이면 설사가 더욱 빨리 회복되는 경향이 있다. 유제품을 섭취할 때 설사가 악화되는 경우, 하루나 이틀 동안 우유를 줄이거나 완전히 중단해도 도움이 될 수 있다. 설사를 하는 동안 유당불내증을 앓는 아이들도 있다.

* **심한 설사의 경우** 24~48시간 동안 경구 수분 보충 요법만 실시하고(모유는 괜찮다.), 이후 아이가 토하지 않는다면 자극이 적은 음식을 준다. 바나나, 사과, 배 소스, 쌀, 플레인 파스타, 감자, 시리얼, 토스트 같은 소화가 잘 되고 지방과 당분이 적은 복합 탄수화물 식품으로 시작한다. 아이가 입맛이 돌자마자 바로 자극이 적은 닭고기 같은 단백질 음식을 소량 주는 것도 좋다. 이틀쯤 지나 차츰 평소 식단을 시작한다.

* **구토를 동반한 설사의 경우** 구토가 멈출 때까지 고형식은 자제해야 한다. 물에 희석시킨 주스와 경구 수분 보충 요법(용액이나 아이스바 형태로)을 이용해 잃어버린 수분을

탈수증상

설사나 구토로 인해 수분을 빼앗기면 탈수가 될 수 있으니 즉시 경구 수분 보충 요법(652쪽 참조)을 실시해야 한다. 구토나 설사를 하거나, 열이 나거나, 기타 질병이 있는 아이에게 다음과 같은 증상이 나타나면 의사에게 연락한다.

* 점막이 마른다(입술이 튼다.).
* 울고 있는데 눈물이 흐르지 않는다.
* 소변의 양이 감소한다. 아이가 기저귀를 차는 경우 24시간 동안 기저귀를 적신 횟수가 6차례도 안 되거나 2~3시간 동안 마른 상태를 유지한다면 소변 량이 비정상적으로 부족할 가능성이 높다. 아이가 변기를 이용하는 경우, 변기를 이용하는 횟수가 줄거나 소변의 색이 어둡거나 평소보다 노랗거나 결정 상태가 보이는 것으로 탈수 가능성을 알아본다. 흡수력이 좋은 기저귀를 이용해 결정체처럼 보이는 것이 젤라틴이 아님을 확인한다.
* 숫구멍이 가라앉는다. 숫구멍은 정수리의 '유연한 부위'로, 아이가 18개월 미만인 경우 숫구멍이 아직 열려 있는데, 탈수증이 있을 때는 숫구멍이 가라앉아 보인다.
* 평소보다 심박 수가 빠르다(623쪽 참조).
* 생기가 없다.

탈수증이 진행될수록 다른 징후들이 더해진다. 이러한 징후들이 나타나면 즉시 의료적 치료를 받아야 한다. 다음 징후 가운데 하나라도 나타나면, 지체하지 말고 의사에게 연락하거나 응급실로 향해야 한다. 의사의 연락을 기다리거나, 응급실로 향하는 동안 가능하면 아이에게 경구 수분 보충 용액(652쪽 참조)을 먹인다.

* 손발의 피부가 차고 반점이 난다.
* 피부의 탄력이 줄고 주름이 생긴다.
* 모세관 재충혈 시간이 감소한다. 꼬집었다 놓으면 복부의 피부나 손발가락 끝이 창백해진다. 꼬집힌 부위가 정상 색깔로 돌아오는 데 2, 3초 이상 걸린다면 탈수증이 있는 것이다. 그러나 따뜻한 방에서만 제대로 된 결과를 알 수 있다. 추운 방에서는 아무리 건강한 아이라도 정상 피부색으로 돌아오는 데 시간이 오래 걸린다.
* 눈이 푹 꺼져 있다.
* 낮에 4시간 이상 소변을 보지 않는다.
* 지나치게 까다롭게 굴거나 졸려 한다.

보충하는 것이 중요하다. 한 번에 몇 모금씩 수분을 섭취하면 구토를 일으킬 가능성이 줄어든다. 24시간 후에도 구토가 멈추지 않으면, 의사에게 다시 연락한다.

예방 설사를 일으키는 근본적인 원인을 치료한다. 가능하면 설사를 일으키는 음식과 음료, 약물을 삼가거나 제한하고 식품 안전 규칙(578쪽 참조)을 철저히 지킨다. 가족 모두 화장실을 이용하거나 기저귀를 간 후에는 깨끗하게 손을 씻는다. 항생제 요법을 이용하는 동안 살아 있는 배양균이 함유된 요구르트를 먹이는 것도 도움이 될 수 있다. 물론 아이가 유제품에 알레르기나 유당불내증이 없어야 한다.

병원에 가야 하는 경우 아이가 탈수증상을 보이는 경우(653쪽 참조). 탈수가 심한 경우, 급성 설사 혹은 열이나 구토를 동반한 설사가 24시간 이상 지속되는 경우, 아이가 수분을 섭취하려 하지 않는 경우, 변에서 피가 섞여 나온 경우, 구토물이 푸르스름하거나 피가 섞이거나 커피 찌꺼기 모양인 경우, 복부가 붓거나 팽창하거나 복통이 심한 경우, 발진이나 황달 증상이 나타나는 경우, 즉시 병원에 가야 한다.

사진으로 남겨 두세요

아이가 이상한 움직임을 보이거나 경련을 일으킨다든지, 밤에 끙끙거리거나 코를 곤다든지, 울 때 사타구니에 혹 같은 게 만져져 탈장을 의심해 본 경험이 있을 것이다. 이렇게 잠깐잠깐 나타났다 사라지는 증상들을 사진이나 동영상으로 담아 두면 의사와 상담하기가 한결 쉬울 것이다.

요로 감염

증상 소변을 자주 보고, 소변을 볼 때 통증이 느껴진다. 소변을 지리고, 소변에서 피가 섞여 나오며, 치골 부위의 위나 옆으로 통증이 느껴지고, 열이 나는 등의 증상이 자주 보인다. 간혹 아무런 증상이 나타나지 않을 때도 있다. 젤라틴 모양의 질 분비물처럼 생긴 물질은 질 감염이나 기타 질환의 징후가 아니라, 단지 기저귀의 흡수를 돕는 젤리 형 물질이 밖으로 새어 나온 것이므로 걱정하지 않아도 괜찮다.

계절 아무 때나

원인 주로 박테리아가 요도(방광에서부터 시작되는 소변 배출 통로)를 진입할 때 일어난다. 여자아이의 경우 요도가 짧아 박테리아의 이동이 더 쉽기 때문에, 여자아이들이 남자아이들보다 요로 감염에 더 잘 걸린다. 간혹 다른 신체 부위에서 혈류를 통해 콩팥으로 박테리아가 진입할 수도 있다. 감염은 요도나(요도염), 방광(방광염), 콩팥(신우염, 신우신염), 혹은 세 군데 모두에 영향을 미칠 수 있다. 수분을 충분히 섭취하지 않아도 요로 감염을 일으킬 수 있다. 소변 검사물을 받아 배양해 진단을 확인하고, 원인이 되는 유기체를 알아낸다.

감염 방식 주로 대변의 박테리아가 요도를 오염시켜 일어난다(특히 여자아이의 경우).

기간 다양하다. 대개의 경우 항생제로 치료를 받으면 빨리 해결된다.

치료 항생제를 투여한다. 항생제 이용 여부는

소변 배양 검사를 통해 결정된다. 증상이 가라앉더라도 처방 받은 항생제를 반드시 모두 복용해야 한다. 또한 수분을 충분히 섭취해야 한다. 크랜베리 주스는 박테리아가 요로 내벽에 들러붙지 못하도록 예방하므로 특히 도움이 된다. 심각한 요로 감염이나 경미한 요로 감염이 재발된 경우, 검사를 받아 요로의 건강 상태를 확인해야 한다. 간혹 요로 기형이나 요로 폐쇄 증상이 있어 전문의의 치료가 필요한 경우가 있다.

예방 위생적인 화장실 습관과 기저귀 갈기. 대소변을 본 후에는 반드시 앞에서 뒤를 향해 닦고 손을 씻는다. 수분을 충분히 섭취하고, 기저귀를 자주 갈며, 기저귀를 뗀 아이에게는 순면 속옷을 입히고, 필요할 때마다 소변을 보게 한다('참아'라고 하지 않는다.). 통기성이 없는 합성 직물 소재의 딱 붙는 바지를 삼가고, 거품 목욕과 비누는 자극적일 수 있으므로 피한다.

병원에 가야 하는 경우 요로 감염으로 의심되는 증상이 보이자마자. 아이의 요로가 손상을 입지 않도록 즉시 치료를 해야 한다.

합병증 콩팥이 손상될 위험이 있지만, 요로 감염을 즉시 치료하면 그럴 가능성이 없다.

인플루엔자(독감)

증상 갑작스런 두통과 발열, 종종 오한과 몸살 동반, 피로, 전신이 쑤심, 마른기침으로 시작된다. 병이 진행됨에 따라 인후염, 코막힘 등 감기 같은 증상이 나타날 수 있고, 기침이 심해진다. 복통, 메스꺼움, 구토 같은 위장관 증상과 결막염이 나타날 수도 있다. 때때로 독감은 감기와 구별하기 어려울 수 있으며, 열과 피로 외에 딱히 증상이 없는 경우도 있다. 며칠 동안 독감을 앓은 후, 걷기 힘들 만큼 종아리에 통증을 느끼는 아이들도 있다. 간혹 인플루엔자 바이러스가 크루프나 폐렴을 일으키기도 한다.

계절 보통 12월에서 다음 해 3월에 많이 발생하고, 2월에 가장 심하게 발생한다. 남반구에서는 3~9월에 가장 많이 발생한다. 열대 지역에서는 일 년 내내 발생한다.

원인 인플루엔자 바이러스 A와 B가 전염병 형태로 확산되고, 그 과정에서 수많은 변형 바이러스와 바이러스 C가 만들어진다.

감염 방식 감염된 사람과 직접 접촉하는 경우, 기침이나 재채기를 하면 비말을 통해 바이러스가 최대 750cm까지 뿜어 나오는데, 이렇게 공기 중에 떠다니는 오염된 비말을 들이마시는 경우, 혹은 감염된 사람의 코나 목의 분비물에 최근 오염된 물건을 만지는 경우 감염된다. 독감에 걸린 사람들은 증상이 나타나기 전날부터 가라앉기 시작할 때까지 바이러스를 가장 많이 퍼뜨리지만, 아이들은 일주일 이상 계속해서 코의 분비물 안에 있는 바이러스를 퍼뜨릴 수 있다. 잠복기는 주로 1~3일 정도다.

기간 건강한 사람의 경우 보통 5~7일

치료 일반적인 치료 방법은 수분 섭취, 휴식, 영양이 풍부한 음식 섭취 등이다. 증상을 완화하기 위해 가습기를 설치하고, 몸살 및 고열이 나는 경우 필요하면 아세트아미노펜만

> ## 질병 확산 예방
>
> 전염성 질병은 가족들 안에서 삽시간에 퍼지는 경향이
> 있다. 철저한 위생이 질병 확산을 완전히 막아 주지는
> 못하지만, 질병을 억제하는 데에는 도움이 될 것이다.
>
> * 가능하면 노출을 제한한다. 아이가 전염성 질병을 앓고 있다면 가능한 적어도 처음 며칠 동안은 아이를 다른 가족들과 격리시킨다. 그러나 많은 질병들이 증상이 나타나기 전에 이미 전염되기 때문에 경우에 따라 이 방법은 큰 도움이 되지 못할 것이다.
> * 아픈 사람이든 건강한 사람이든 가족 모두 손을 깨끗하게 씻도록 한다. 특히 음식을 먹거나 다루기 전, 눈이나 코, 입을 만지기 전, 코를 풀거나 기침을 한 후, 화장실에 다녀오거나 질병을 앓는 사람과 접촉한 후에는 더욱 꼼꼼하게 손을 씻는다. 손 씻기는 질병 감염을 예방하는 유일하고도 가장 효과적인 방법이다. 자주 손을 씻기 힘들거나 외출할 때는 손 세정제를 지니고 다닌다.
> * 아픈 가족에게는 손수건 대신 일회용 티슈를 이용하게 하고, 티슈를 사용한 후에는 즉시 뚜껑이 덮인 쓰레기통에 버리도록 한다.
> * 기침이나 재채기를 할 때는 반드시 입을 가려야 하고, 다른 사람을 향해 기침이나 재채기를 해서는 안 된다고 가르친다. 가족 가운데 누군가 질병에 걸렸을 때는 입을 맞추지 않도록 한다.
> * 컵과 칫솔을 함께 사용하지 않는다. 욕실에 각자 개인 컵을 마련한다. 작은 종이컵을 이용할 수도 있지만 환경에 미치는 영향을 고려한다. 아픈 가족이 재감염되지 않도록 하려면 질병을 치료한 후 칫솔을 교체하고, 컵은 주방 세제와 뜨거운 물을 이용해 매일 닦아야 한다.
> * 한 식탁에 앉지 않는다. 같은 컵으로 음료를 마시거나 같은 접시에 담긴 음식을 먹거나, 같은 포크나 숟가락을 이용하지 않는다.
> * 음식을 준비하거나 다루기 전에 반드시 손을 씻게 한다.
> * 전염성 질병을 앓는 가족이 이용한 그릇은 뜨거운 비눗물이나 식기 세척기로 꼼꼼하게 세척한다.
> * 욕실 수도꼭지, 전화기, 장난감 등이 오염되었다고 의심 들면 많은 세균을 죽일 수 있는 리졸로 닦거나 분사한다.
> * 옷, 타월, 침구류를 자주 갈아 준다.

복용하며(아스피린이나 아스피린 및 살리실산염 성분이 함유된 기타 약물은 안 된다.), 수면을 돕거나 몸 상태를 편안하게 하기 위해 의사가 권하는 경우 기침 억제제를 이용한다. 그러나 최근의 한 연구는 아동에게 나타나는 효과에 의혹을 제기하고 있다. 필요한 경우 충혈 완화제를 이용하되, 역시 효과가 의심스러우며 의사의 처방이 있는 경우에만 이용해야 한다. 증상이 심하거나 합병증의 위험이 높은 아이에게는 항바이러스성 약물이 처방 될 수 있다.

예방 감염된 사람과 접촉을 삼가고 독감 예방 주사를 맞는다(614쪽 참조).

합병증 간혹 폐렴이나 축농증, 중이염, 라이 증후군(독감 바이러스에 감염된 아이가 아스피린을 복용한 경우와 관련된다.)이 나타날 수 있다.

인후염

증상 편도선이나 인후의 염증으로 목이 아파 음식을 삼키기 힘들다. 간혹 열이 나기도 한다. 목이 따끔거리는 인후염은 종종 감기를 수반한다. 토들러가 연쇄상구균에 감염된 경우, 미열이 나고 짜증을 부리며 입맛이 없고 분비선이 부을 수 있다(625쪽 참조). 연령이 높은 아이가 연쇄상구균에 감염된 경우, 고열과 심각한 인후염을 앓으며 음식을 삼키기 힘들다.

편도선과 아데노이드: 이젠 제거하지 마세요

과거 편도선 절제술은 앞니 두 개가 빠질 무렵 치러지는 유년 시절의 당연한 행사였다. 한때는 거의 모든 아이들이 아데노이드와 함께 편도선을 절제하던 시절도 있었다. 이런 외과적 절차가 인후염과 귀의 염증, 기타 상부 호흡기 질환의 위험을 감소시킨다고 믿었던 것이다. 하지만 요즘은 대부분의 아이들에게 편도선은 질병을 일으키는 것이 아니라, 질병을 예방하는 데 도움이 되는 것으로 인식되고 있다. 목구멍 안에 있는 이러한 조직들은 사실상 면역 체계에 중요한 역할을 하는 림프절이다. 신체의 다른 부위에 있는 림프절과 마찬가지로, 편도선 역시 근처 부위가 병균으로 감염되면 감염을 이기기 위해 비대해지고, 감염이 치료되면 대개 다시 줄어든다.

요즘에는 편도선이나 아데노이드가 비대해진다고 해서 이를 절제해야 한다고 생각하지 않는다. 의사는 이 조직들이 저절로 줄어들도록 어느 정도 시간을 갖고 기다리기를 권하거나, 붓기를 가라앉히기 위해 항생제로 치료할 것이다. 간혹 알레르기를 치료하면 비대해진 아데노이드의 크기가 차츰 줄어들기도 한다.

그러나 수술이 필요한 경우도 있다. 다음과 같은 경우 수술을 권장한다.

* 비대해진 편도선이나 아데노이드가 호흡 및 폐의 산소와 이산화탄소 교환을 크게 방해하는 경우. 충분히 휴식을 취하는데도 매일 졸리고 피곤하며, 수면 무호흡증의(192쪽 참조) 증상이 나타나는 경우
* 비대해진 편도선 때문에 음식을 삼키기가 상당히 힘든 경우
* 비대해진 아데노이드로 인해 호흡곤란이 심하고, 말소리가 비음으로 나오며, 발음이 잘못되어 나오는 경우

다음과 같은 경우는 수술을 받을 수도 있다고 권장한다.
* 아이가 패혈성 인두염이나 기타 심각한 질병을 반복해서 앓은 경험이 있는 경우(1년에 7회, 2년 동안 매년 5회씩, 3년 동안 매년 3회씩)
* 항생제 치료에도 불구하고 편도선염이나 임파선 부종이 만성질환이 된 경우(최소 6개월 동안)
* 편도선 주변이나 뒤쪽에 종양이 있는 경우
* 고막 절개관(661쪽 참조)을 삽입했는데도 귀의 염증이 계속 재발하는 경우
* 호흡 및 음식물을 삼키는 데 어느 정도 지장이 있고, 입으로 숨을 쉬며 코를 고는 경우

계절 늦가을, 겨울, 봄

원인 알레르기, 감기 바이러스나 기타 바이러스, 연쇄상구균이나 기타 박테리아

감염 방식 <u>감기성 인후염은 감기처럼 전염된다.</u> 연쇄상구균은 거의 대부분 활성 감염 환자의 호흡기 분비물에 직접 접촉되어 감염된다. 급성 질환을 앓고 난 후 몇 개월 동안 연쇄상구균이 체내에 남아 있을 수 있지만, 균을 옮기는 것 같지는 않다.

기간 <u>감기성 인후염은 대개 며칠 동안 지속된다.</u> <u>패혈성 인두염은 대체로 이틀 정도 치료를 받으면</u>

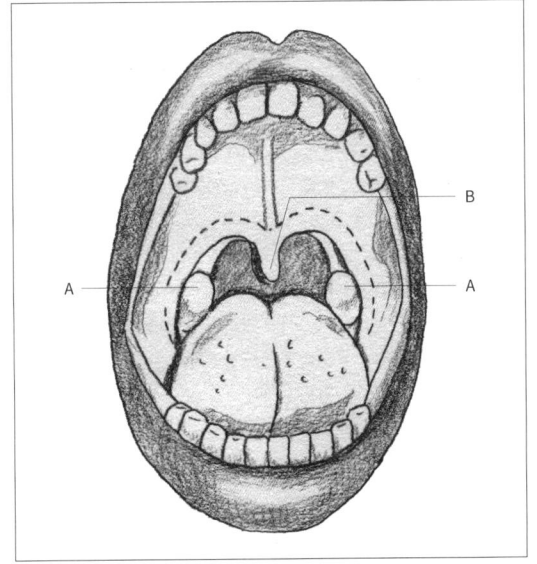

아이에게 "혀를 내밀고 '아' 해 보렴." 하고 말한 후 부모가 시범을 보인다. 만년필형 손전등을 이용해 가장자리 주변이(점선 부분) 빨간지, 흰 반점이 있는지, 편도선(A)이나 목젖(B)이 부었는지 살펴본다.

아이의 증상 치료

* **기침**
  - 습도를 적당히 유지한다.
  - 수분 섭취량을 늘린다(637쪽 참조).
  - 처방을 받은 경우에 한해 기침약을 복용한다.
  - 의사가 권장하고 방법을 가르쳐 준 경우, 체위성 객담 배출법을 이용한다.

* **크루프성 기침**
  - 김과 증기를 충분히 쐰다.
  - 유모차나 자동차에 태워 신선한 공기를 쐰다.
  - 처방을 받은 경우, 감기약을 복용한다.
  - 심각한 경우 의료적 치료를 받고, 간혹 입원을 하기도 한다.

* **설사**
  - 수분 섭취량을 늘리고 경구 수분 보충 요법을 이용한다(652쪽 참조).
  - 처방을 받은 경우에 한해 지사제를 복용한다.

* **귀의 통증**
  - 아세트아미노펜이나 이부프로펜 같은 진통제를 복용한다(635쪽 참조).
  - 귀에 국부적으로 마른 열을 가한다(병에 따뜻한 물을 부어 귀에 댄다.).
  - 머리를 높이 올려 눕힌다.
  - 처방을 받은 경우에 한해 충혈 완화제를 복용한다.
  - 귀의 감염으로 처방을 받은 경우에 한해 항생제를 복용한다.
  - 귀의 감염으로 처방을 받은 경우에 한해 귀 물약을 투여한다.

* **열**
  - 수분 섭취량을 늘린다(637쪽 참조).
  - 충분한 칼로리를 섭취한다.
  - 의사가 권하는 경우 아세트아미노펜이나 이부프로펜 같은 해열제를 투여한다(635쪽 참조).
  - 약물 이용이 적절하지 않거나 효과가 없는 경우 미온수 목욕이나 스펀지 목욕을 한다.
  - 가벼운 옷을 입히고 실내 온도를 서늘하게 유지한다(633쪽 참조).

* **가려움증**
  - 칼라민 로션을 바른다. 칼라드릴(Caladryl)이나 항히스타민 조제 약품은 이용하지 않는다.
  - 적당히 뜨거운 물에 목욕한다. 팔꿈치나 손목으로 수온을 확인한다.
  - 가려움을 진정시키는, 체온과 유사한 온도의 미온수로 목욕을 한다.
  - 콜로이드 오트밀 목욕을 한다.
  - 긁지 못하게 해 감염을 예방한다. 손톱을 짧게 깎고 항균 비누로 손을 씻긴다. 잘 때는 양말이나 장갑을 씌운다.
  - 아세트아미노펜 같은 진통제를 투여한다(그러나 아스피린을 투여해서는 안 된다. 635쪽 참조).
  - 처방을 받은 경우에 한해 경구용 항히스타민제를 투여한다. 국소용 항히스타민제나 마취제는 안 된다.
  - 처방을 받은 경우, 국소용 스테로이드 연고를 바른다.

* **코막힘**
  - 적절한 습도를 유지한다.
  - 소금물로 세척한다.
  - 머리를 높이 들어 올려 눕힌다.
  - 수분 섭취량을 늘린다(637쪽 참조).
  - 처방을 받은 경우에 한해 충혈 완화제를 투여한다.
  - 처방을 받은 경우에 한해 점비약을 투여한다.
  - 경미한 부상으로 인한 통증이나 불편함
  - 안아 주는 등 편안하게 해 준다.
  - 다른 곳으로 주의를 돌린다(722쪽 참조).
  - 아세트아미노펜이나 이부프로펜 같은 진통제를 투여한다.
  - 적절한 경우 온찜질이나 냉찜질을 한다.

* **인후염**
  - 비산성 음식과 음료로 통증을 진정시킨다.
  - 아세트아미노펜이나 이부프로펜 같은 진통제를 투여한다.
  - 필요하면 열을 치료한다(633쪽 참조).
  - 연령이 높은 아동의 경우 소금물로 가글한다 (대부분의 토들러들은 가글을 할 줄 모른다.).

* **이가 날 때의 통증**
  - 안아 주는 등 편안하게 해 준다.
  - 잇몸에 찬 물건을 댄다(112쪽 참조).
  - 잇몸을 누른다(112쪽 참조).
  - 의사가 권하는 경우에 한해 아세트아미노펜이나 이부프로펜 같은 진통제를 투여한다.

* **구토**
  - 조금씩 수분을 마시게 해 수분 섭취량을 늘린다 (637쪽 참조).
  - 식단을 제한한다(653쪽 참조).

낫기 시작한다.

치료 따뜻한 음료를 마신다(637쪽 참조). 부드러운 비산성 음식과 음료를 섭취한다. 가습기를 설치한다. 통증이 심한 경우 필요하면 아세트아미노펜을 복용하되, 일단 의사가 연쇄상구균을 제거하거나 진단한 후에만 복용한다. 일찍 복용하면 진단에 도움이 되는 통증을 감추게 된다. 패혈성 인두염이나 기타 세균성 감염은 반드시 항생제로 치료 받아야 한다.

예방 감기나 연쇄상구균 감염을 피한다. 646쪽의 일반 감기도 참조한다.

병원에 가야 하는 경우 621쪽 '의사에게 알려야 하는 경우'의 인후염을 참조한다. 목구멍이나 편도선에서 누런빛을 띤 흰색의 반점들이 빽빽하게 보이거나(657쪽 그림 참조), 열이 38.3도 이상 오르거나, 인후염과 동시에 혹은 인후염 직후에 반점이 나거나, 아이가 연쇄상구균에 노출된 적이 있거나, 류머티스성 열 및 심장 질환 혹은 신장 질환에 걸린 경험이 있다면, 패혈성 인두염의 원인이 연쇄상구균에 의한 것인지 밝히기 위해 대개 인후 배양이 필요하다.

합병증 드물게 패혈성 인두염, 류머티스성 열, 류머티스성 심장 질환, 성홍열 등이 나타난다. 이러한 합병증들은 항생제로 패혈성 인두염을 치료하면 거의 치료된다.

중이염

증상 대개 한쪽 혹은 양쪽 귀에 통증을 느낀다. 누우면 귀에 압력이 가해지기 때문에 주로 밤에 통증이 악화된다. 아이가 아프다고 불평하거나, 아픈 쪽 귀를 잡아당기거나 문지르거나 움켜잡을지 모른다. 열이 나고 피로하며 짜증이 는다. 때때로 메스꺼움이나 구토, 식욕부진, 무른 변 등의 증상이 나타나기도 하고, 고막이 정상적으로 진동하지 못해 소리가 작게 들리기도 한다. 간혹 아무런 증상이 나타나지 않는 경우도 있다. 검사를 해 보면 중이염 초기에는 고막이 분홍색을 띠다가 빨갛게 부어오른다.

고막에 구멍이 나면(작은 구멍이 난다.) 종종 혈액이 섞인 고름이 외이도 안으로 흘러들어가 압력을 완화하고, 따라서 통증이 줄어든다. 고막은 대개 일주일이 지나면 낫지만, 감염을 치료해야 심각한 고막 손상을 예방할 수 있으므로 고막 파열이 의심되면 의사에게 알린다. 귀의 안쪽과 주변에 딱지가 앉은 것이 결정적인 증거다.

간혹 치료 후에도 중이 안에 체액이 그대로 남아 있는 경우가 있는데, 이를 삼출성 중이염(650쪽 참조)이라고 한다.

계절 언제든 걸릴 수 있지만, 주로 겨울과 초봄에 잘 걸린다.

원인 대개 박테리아가 원인이지만, 감기나 축농증, 인후염, 알레르기 등으로 인한 염증 때문에 체액을 제대로 배출시키지 못하는 유스타키오관을 경유해 코나 목을 지나 작은 중이강(middle-ear cavity, 깍지콩만하다.)으로 이동하는 바이러스가 원인이 되기도 한다. 감염을 막아 보려는 신체 반응으로 고름과 점액이 분비되는데, 염증이 생긴 고막 뒤에 이 분비물들이 쌓이면서 귀앓이를 일으키게 된다. 중이염은 성인보다 유아와 6세 이하의 아동에게 더 흔하게 발생한다. 유아와

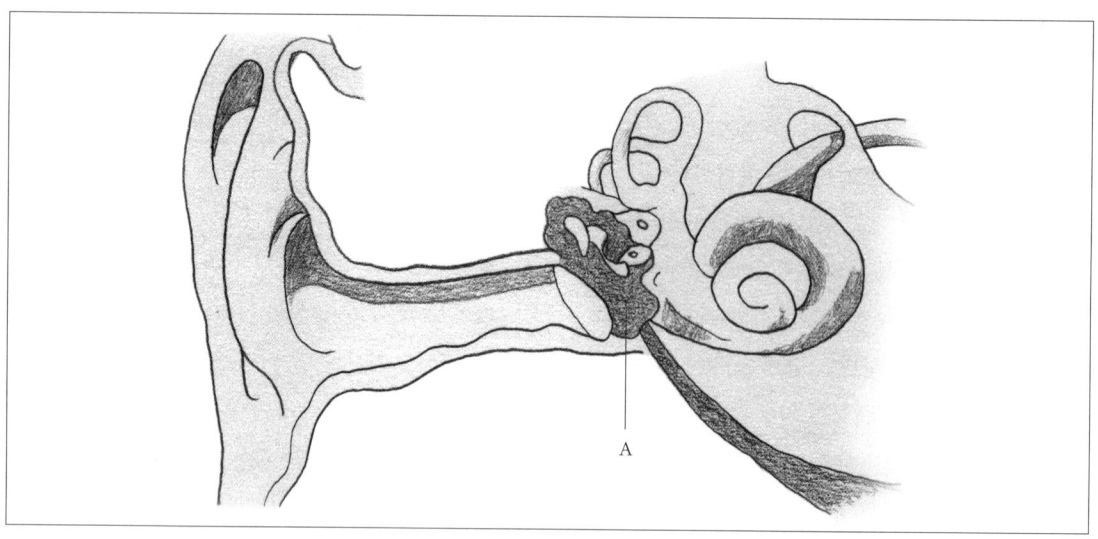

토들러들이 걸리는 대부분의 귀 염증은 중이, 즉 외이도 끝의 작은 공동에서(A) 일어난다.

아동의 유스타키오관이 성인보다 짧기 때문에 유스타키오관이 잘 막히고, 세균이 더 신속하게 이동하게 된다. 비스듬히 경사가 지기보다 수평을 유지하며(그래서 체액이 잘 배출되지 않는다.), 아이들이 성인보다 감기와 기타 호흡기 질환에 잘 걸리기 때문이다.

감염 방식 중이염은 사람에서 사람으로 직접 감염되지 않으며, 주로 감기나 독감 후에 발생한다. 중이염에 잘 걸리는 가족이 있을 수 있다.

기간 치료를 시작하면 이내 통증이 가라앉거나 사라지지만, 중이 안의 체액이 아주 오랫동안 남아 있을 수 있으므로, 급성 귀 감염을 치료하려면 10일~8주 동안 항생제를 복용해야 한다(삼출성 중이염은 650쪽 참조).

치료 열과 통증을 완화하기 위해 필요하면 아세트아미노펜을 복용한다. 병원에 도착할 때까지 통증을 완화하기 위해 온찜질(찜질기를 낮은 온도나 중간 온도로 설정해 귀에 대거나, 물주머니에 따뜻한 물을 담아 귀에 댄다.)을 하거나 냉찜질을(아이스백이나 젖은 물수건으로 싼 얼음을 귀에 댄다) 한다. 아이가 자는 동안 머리를 들어 올려도 도움이 될 수 있다. 의사가 이 같은 특정 질병에 대해 처방하지 않는 한 귀에 넣는 물약을 이용해서는 안 되며, 귀에 상처가 난 경우 절대로 이용해서는 안 된다. 그리고 치료를 위해 이런 방법들에만 의지해서는 안 된다. 중이염은 심각한 합병증의 위험이 있으므로 의료적인 치료를 받아야 한다. 의사는 상황에 따라 감염이 저절로 낫는지 알아보기 위해 2, 3일 기다릴 수도 있고, 역시 상황에 따라 5일이나 10일 동안 항생제를 이용해 즉시 치료를 시작할 수도 있다. 상태가 일찍 호전된 듯 보이더라도 처방된 기간 동안 약물을 모두 복용해야 한다. 약물을 일찍 중단하면 재감염되거나, 만성질환으로 이어지거나, 항생제에 내성이 생길 수 있다. 의사는 초기 검진 이후 72~96시간이 지나 다시 귀를 검사할 것이다. 치료 후에도 질병이 호전되지 않거나 다른 원인을 찾아보아야 하는 경우, 의사는 원인이 되는 미생물의 정체를 정확하게 파악하기 위해 중이에서 세포조직을 떼어 내 세포를 배양할지 모른다. 간혹 귀에서 감염된 체액을 빼내기 위해 고막절제술(myringectomy)이라고 하는 절차를 통해 불룩하게 부은 고막에 구멍을 낼 수도 있다. 절개 부위는 10일쯤 지나면 치료되지만, 그때까지 특별한 관리가 필요하다.

치료 과정이 끝날 즈음 다시 한 번 검사를 받게 될 것이다. 항생제 투여로 감염은 신속히 치유되겠지만, 약 10명 가운데 1명의 아동은 감염이 치료된 후에도 3개월 이상 귀에 체액이 남아 있다(삼출성 중이염은 650쪽 참조).

병원에 가야 하는 경우 귀의 감염이 의심되면 진료 시간에 의사에게 알린다. 치료 후 48시간이 지나도 상태가 호전되지 않거나 악화되는 것 같다면, 혹은 아이가 항생제 복용을 거부하거나 항생제를 토한 경우 다시 알린다. 귀에 부상을 입었거나 귀의 통증이 지속되고, 비명을 지를 정도로 통증이 악화되거나, 목이 뻣뻣해지거나 두통이 심해지거나, 몹시 아파하거나, 걸을 때 유독 균형을 잡지 못하는 경우, 즉시 병원에 가야 한다.

예방 감기와 독감에 걸린 동안 충혈 완화제를 이용하는 것이 중이염 발병률을 줄이는 데 도움이 되는지는 분명하지 않다. 그러나 간접흡연으로부터 노출을 막고, 젖병 수유를 떼면(아이가 누워서 마시는 경우), 중이염 발병률을 줄이는 데 확실히 효과가 있다. 중이염 재발의 원인이 되는 알레르기를 치료해도 도움이 된다(758쪽 참조). 어린이집 같은 집단 육아 방식은 감기에 노출될 위험이 상당히 높기 때문에, 경우에 따라 어린이집에 보내지 않고 집에서 아이를 돌보는 방식이 중이염 감염 횟수를 줄이는 데 도움이 될 수 있다.

중이염이 재발된 경험이 있는 경우(6개월에 3차례 혹은 1년에 4차례), 재발을 억제하기 위해 예방 차원에서 3~6개월 동안 저용량의 항생제를 복용할 수 있다. 혹은 중이염 발병률이 높은 계절이거나 아이가 감기에 걸린 경우,

---

고막 절개관 삽입

귓속의 체액이 도무지 제거되지 않아 청력 손상의 위험이 높은 경우, 마지막 수단으로 관을 삽입하는 방법(고막 절개관을 삽입하기 위한 고막 절개술)을 고려해야 한다. 최근 연구 결과에 따르면 재발하는 중이염 치료를 위해 관을 삽입하는 방식은 치료에 거의 도움이 되지 않는다고 한다. 이러한 외과적 절차는 대개 소아 이비인후과 전문의에 의해 전신마취를 통해 이루어진다. 고막을 통해 작은 관을 삽입해, 내이에 축적된 체액을 빼낸다. 몇 시간 혹은 하룻밤 입원해야 한다. 관은 9~12개월이 지나거나 간혹 그보다 일찍 저절로 빠지고, 종종 중이염 재발을 막아 준다. 그러나 여러 위험이 있기 때문에 아이의 담당 의사와 전문의와 함께 충분히 상의해서 위험과 이익을 비교 검토한 후에 관 삽입술을 계속 진행할지 결정해야 한다. 장기적으로 혜택이 있는지는 확실하지 않다.

관을 삽입할 때는 관이 감염의 매개가 되지 않도록 관리에 신경을 써야 한다. 수영을 하거나 욕조 물속에 잠수를 하다가 귓속으로 물이 들어갈 수 있으므로 수영이나 잠수를 하기 전에 의사와 상담을 해야 한다.

많은 아이들이 목욕이나 수영을 할 때 아동용 귀마개를 착용해 관을 보호한다.

항생제를 투여할 수도 있다. 항생제는 감기에 아무런 효과가 없지만, 귀의 감염 같은 2차 감염을 예방하는 데 도움이 될 수 있다. 예방 목적의 항생제 투여로도 감염 재발을 예방하지 못했다면 튜브 삽입을 고려할 수 있다(661쪽 박스 내용 참조). 아데노이드가 유스타키오관을 막는 경우, 아데노이드를 제거하면 효과가 있을지 모르지만, 토들러들에게 효과가 있는지는 확실하지 않다. 대부분의 아이들은 네다섯 살 무렵이면 중이염이 자주 발생하는 경향이 사라진다.

합병증 삼출성 중이염(650쪽 참조). 항생제 덕분에 유양돌기염 같은 기타 합병증은 극히 드물다.

─── 축농증

증상 2차 감염에 의한 축농증의 경우, 감기 증상이 열흘 이상 지속되면서 맑은 분비물 혹은 탁하고 누르스름하거나 희끄무레한 분비물이 나오고, 밤뿐 아니라 낮에도 기침을 하며, 아침에 일어나면 눈 주위가 붓는다. 간혹 호흡곤란, 열, 눈 뒤쪽이나 위쪽으로 두통이 생기기도 한다(5세 이상의 어린아이의 경우 머리와 얼굴의 통증이 더 흔하게 발생한다.). 감염이 아닌 알레르기나 부상에 의한 축농증인 경우, 열이 나지 않는다.

계절 감기로 인한 2차 감염의 경우, 주로 가을과 겨울에 많이 발생한다. 알레르기에 의한 축농증의 경우 봄, 여름, 가을에 발생한다.

원인 대개 박테리아가 원인이며, 알레르기나 부상이 원인이 되기도 한다.

감염 방식 직접적으로 감염되지는 않는다.

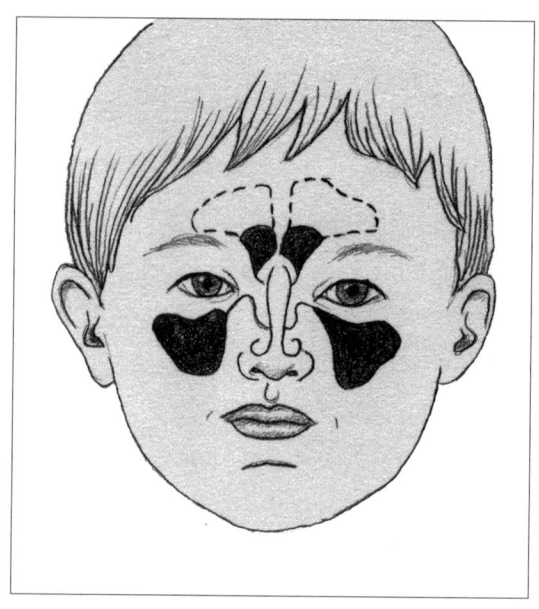

축농증은 알레르기에 의해 염증이 생기거나 감기에 걸려 있는 동안 감염될 수 있다. 어린아이들은 전두동(눈 윗부분)이 완전히 발달되어 있지 않다.

기간 대개의 경우 치료를 받은 지 10~14일이 지나면 상태가 호전되기 시작한다. 만성 축농증의 경우 3~4주 동안 증상이 개선되지 않을 수 있다.

치료 항생제를 이용해 감염을 치료한다. 항생제 요법이 효과가 없는 경우, 염증이 생긴 부비동을 세척해 체액을 빼야 할지 모른다. 드문 경우 수술을 해야 할 수도 있다. 아동의 축농증에는 일반적으로 항히스타민제와 충혈 완화제가 권장되지 않는다. 알레르기가 원인인 경우, 알레르기 유발 항원을 제거하면 도움이 된다.

병원에 가야 하는 경우 급성 축농증 증상이 보일 때

예방 축농증이 알레르기와 관련된 경우, 아이의 주변 환경에서 알레르기 유발 항원을 제거한다(763쪽 참조).

합병증 드문 경우 염증이 중추신경계까지 확산된다. 아이의 눈 주위가 붓거나, 빨개지거나, 두통이 심하거나, 빛에 예민하거나, 짜증이 늘면 즉시 의사에게 연락한다.

── 크루프(급성 폐쇄성 후두염, LTB, laryngotracheobronchitis)

증상

* **발작성 크루프** 한밤중에 갑자기 발병한다. 가쁘게 숨을 헐떡이고, 쉰 목소리가 나며, 기침소리 같은 소리를 낸다. 대개 열은 없다. 하룻밤에 여러 차례 반복해서 발병하거나, 이후 2, 3일 동안 밤에 증상이 나타날 수 있다.
* **후두기관염** 감기 증상이 차츰 발전해 목이 쉬고 기침소리 같은 소리를 낸다. 호흡이 힘들고 시끄러운 소리가 난다. 기도가 확장될 때 늑간극이 수축되고(호흡을 할 때 늑골 사이의 피부가 안으로 수축되어 보일 수 있다.), 분비물이 증가하며 탁해진다. 열이 날 수도 있고 나지 않을 수도 있다.
* **후두기관 기관지염** 후두기관염과 유사한 증상이나, 시작할 때보다 다양한 증상이 나타나며 열이 40도까지 오를 수 있다. 대체로 안색이 좋지 않다.

계절 대개 가을과 이른 겨울

원인 후두와 기관에 염증이 생겨 성대 아래 기도가 좁아지기 때문이다. 알레르기와 바이러스성 감염이 결합되면 주로 발작성 감염을 일으키고(메커니즘은 분명하게 알 수 없다), 바이러스에 감염되면(주로 파라인플루엔자 바이러스) 후두기관염을, 세균성 2차 감염과 함께 바이러스에 감염되면 후두기관 기관지염을 일으킨다.

감염 방식 원인에 따라 다르다. 파라인플루엔자 바이러스는 직접적인 접촉과 오염된 분비물에 의해 감염되는 것으로 여겨진다.

기간 며칠~몇 주. 발작성 크루프는 재발할 수 있다.

치료 증기 흡입. 차가운 밤공기(크루프에 걸린 아이를 15분 동안 집 밖으로 데리고 나간다.). 침실에 가습기를 설치해도 도움이 된다. 또한 울음은 증상을 악화시킬 수 있으므로, 아이가 울지 않도록 최대한 편안하게 해 주고 많이 지지해 주는 것이 매우 중요하다. 심각한 경우 기도를 확보하기 위해 스테로이드제나 기타 약물을 투여한다. 간혹 입원을 해야 하는 경우도 있으며, 호흡곤란이 심해 응급 사태가 생길 수도 있다.

식단 수분을 많이 섭취하게 하고, 특히 수프와 따뜻한 오렌지 에이드, 따뜻한 물을 많이 먹인다.

병원에 가야 하는 경우 아이가 최초로 크루프 발작을 일으키는 경우 즉시 알린다. 반복해서 발작을 일으키는 경우, 의사가 이전에 내린 지시를 따른다. 증기를 쐬었는데도 개 짖는 소리 같은 기침이 멈추지 않거나, 아이가 혈색이 없거나, 힘이 없거나 졸린 것 같거나, 음식이나 음료를 거부하거나, 호흡을 가다듬기 힘들어하는 경우에도 연락한다. 의사에게 연락이 안 되면 가장 가까운 응급실로 향한다. 크루프 발작이 재발되면서 목소리가 변하거나, 비정상적으로 울거나, 천명(호흡을 들이마실 때 나는, 귀에 거슬리는 수탉 울음소리 같은 진동음)이 들리면 더욱 자세히 검사를 받아 보아야 한다. 드물지만 인유두종 바이러스로 인해 후두에 사마귀가 생기면 이런 증상이 나타난다.

예방 확실한 예방책은 없지만, 감기의 경우 가습기가 도움이 될 수 있다.

21장

아이의 안전

***

우발적으로 일어나는 사고란 거의 없다. 사실상 일부 안전 전문가들은 사고란 없으며, 적어도 진정한 의미에서의 사고는 극히 드물다고 주장한다. 그리고 해마다 수많은 14세 이하 아동의 생명을 앗아가고 영구 장애를 일으키는 소위 '사고'의 대부분은 일어나지 않아도 될 일들이다. 이처럼 사고를 예방하지 못할 때, 그 결과로 부상이 일어난다.

하지만 소아마비와 백일해처럼 대부분의 부상은 예방이 가능하고, 예방접종이 아동기 질병을 예방하는 것과 마찬가지로 부상에 대한 예방법 역시 부상을 효과적으로 예방한다. 부상 예방은 질병 예방과 똑같이 우선 사항에 두어야 한다.

사고가 부상으로 이어지기까지 일반적으로 여러 가지 요인들, 즉 위험한 물건이나 물질, 겁 없이 아무거나 만져 다치기 쉬운 상태, 주변 환경 등이 한데 결합된다. 아동기 사고의 경우, 부상으로 이어지게 만드는 요인이 한 가지 더 있는데, 바로 어른의 부주의다.

부상을 예방하려면 이러한 각각의 요인을 개선할 필요가 있다. 위험한 물건이나 물질은 아이 손이 닿지 않는 곳으로 치운다. 아이에게 안전을 지키는 바람직한 습관을 차츰 심어 주어 부상의 위험을 줄인다. 부상의 위험을 높이는 위해한 주변 환경을 개선한다. 모든 약물은 아이가 열지 못하도록 뚜껑을 꼭 닫고, 계단 앞에는 안전 문을 설치하며, 양동이나 기타 용기에 남은 물은 모두 버려야 한다. 그리고 토들러의 경우 무엇보다 가장 중요한 사항은 아이를 돌보는 사람은 누구나 잠재적인 위험에 대해 끊임없이 경계하고, 그러한 위험을 피하는 방법을 알고 있어야 한다는 것이다.

아이가 부상을 입을 가능성을 최소화하기 위해 다음 내용들을 참고하자.

부모가 지켜야 할 안전 대책

지금부터 안전 교육을 시작하더라도 아이가 스스로 자신의 안전을 완전히 책임지기까지는 앞으로 수년이 더 걸릴 것이다. 지금은 부모의 행동이 아이의 안전에 가장 큰 영향을 미친다. 뜻밖의 부상을 당할 위험을 크게 줄이고 싶다면 다음 내용을 참고하자.

* **끊임없이 경계한다** 아무리 안전하게 조치를 취했다 하더라도 집, 자동차, 마당, 자주 방문하는 장소 등을 완벽하게 안전하게 만들기란 거의 불가능하다. 토들러들은 호기심 많고, 충동적이며, 행동을 종잡을 수 없다. 토들러들은 판단력이 부족하기 때문에 성인의

지속적이고 주의 깊은 감독에 의해 충동을 보호 받아야 한다.

* 아이가 마음대로 돌아다니는 동안 가정용 세제나 약물, 가전제품, 전동공구, 기타 위험한 물건이나 물질들을 이용하는 경우, 아이로부터 주의를 돌려서는 안 된다 아이들은 눈 깜짝할 사이에 심각한 문제를 일으킨다. 아이에게 위험할 수 있는 일을 하는 동안 현관 벨이나 전화벨이 울리거나 냄비에 요리가 끓고 있는지 확인하기 위해 주방으로 달려가는 경우, 아이도 데리고 가야 한다.

* 하루 중 스트레스를 많이 받는 시간대에는 특별히 정신을 바짝 차린다 정신이 산만하거나 다른 일에 몰두할 때는 칼을 사용한 후 어디에 두었는지, 약병을 잠갔는지 그냥 열어 두었는지, 계단 맨 위의 안전 문을 잠갔는지 잊어버리기 쉽다.

* 집 안이나 마당에 절대로 아이를 혼자 두어서는 안 된다 아기 놀이터나 아기 침대, 그 밖에 안전 울타리 안에 있을 때를 제외하면, 절대로 아이 혼자 방 안에 두어서는 안 된다. 아이가 잠을 자고 있는 게 아니라면 단 몇 분도 혼자 있게 하지 않는다. 아이가 잠을 잘 때는 주변에 안전하게 조치를 취하고, 아이가 깨서 일어날 때 소리가 들리는 거리에 있는 것이 좋다. 아기 침대나 아기 놀이 울에 '안전하게' 둘러싸여 있다 하더라도, 아이가 깨어 있든 잠을 자든 혼자 있게 해서는 안 된다. 만 5세 이하의 아동이나(만 5세 이하의 아동은 대개 자신이 얼마나 힘이 센지 잘 모르거나, 자신의 행동이 어떤 결과를 초래할지 인식하지 못한다.) 아무리 순한 애완동물이라도 아이 곁에 두고 나와서도 안 된다. 단 몇 분이라도

아이를 자동차 안에 혼자 두는 것 역시 안전하지 않다. 시동 장치에 열쇠를 꽂아 둔 채 나오지 않았다면(어린아이들은 대부분 열쇠를 돌려 본다고 한다.), 차고 문을 닫는 동안 아이를 카 시트에 고정시키는 건 괜찮다.

* 아직 배우지 못했다면 응급처치 절차를 익힌다 (708쪽 참조) 익사 직전, 질식, 머리 부상 등의 경우 처치 방법을 알려 주는 소아 심폐 소생술 과정에 등록한다. 모든 사고를 예방할 수는 없겠지만, 심각한 사고가 일어날 경우 대처 방법을 알면 생명과 신체를 구할 수 있다.

* 아이를 충분히 풀어 준다 환경을 최대한 안전하게 만들었다면, 더 이상 불안해하지 않는다. 아이가 안전하길 바라는 건 좋지만, 아동기의 정상적인 실험 정신을 억누르는 것은 바람직하지 못하다. 어른들과 마찬가지로 아이들도 실수를 통해 더 많은 걸 배울 수 있다. 실수할 기회를 전혀 제공하지 않으면, 성장이 지연되고 사실상 더 큰 위험에 처할 수 있다. 운동을 하다가 다칠 위험이 가장 높은 아이는 시행착오를 겪어가며 운동 도구를 이용해 본 적이 없는 아이다. 그리고 달리기나 등산, 혹은 기타 새로운 시도를 두려워하는 아이는 자유로운 활동을 통한 학습 경험뿐 아니라 아동기의 수많은 재미들을 놓치게 될 것이다.

* 안전에 대해 모범을 보인다 말과 행동이 상충될 때, 아이는 부모의 말보다 행동을 따라할 가능성이 높다는 사실을 기억하자. 안전을 가르치는 최선의 방법은 생활 속에서 안전을 실천하는 것이다. 부모는 안전띠를 매지 않으면서 아이를 카 시트에 고정시킨다든지, 부모는 빨간불일 때 횡단보도를 마구 뛰어가면서 아이에게는 신호를 지키라고

한다든지, 부모는 불이 붙은 담배를 아무데나 버리면서 아이에게는 화재에 주의하라고 가르친다면 아이가 부모의 가르침을 제대로 받아들일 거라고 기대하기 힘들다.

아이가 지켜야 할 안전 대책

부상에 취약한 사람들일수록 부상을 입을 위험이 높다. 그리고 토들러들은 새로운 일을 시도하려는 호기심이 왕성한데다 운동 기능은 불안정하고, 비교적 발달이 덜 이루어졌으며, 판단력도 부족하기 때문에 당연히 부상에 취약하다. 부모의 목적은 이 같은 부상의 위험을 최대한 줄이는 것이다.

이러한 목적을 달성하려면 주변 환경을 안전하게 조성하는 것만으로는 충분하지 않다. 안전한 것과 안전하지 않은 것을 가르치되 그 이유도 가르치고, 몸을 소중하게 여기는 마음과 위험으로부터 몸을 보호하는 방법을 알려 주며, 안전을 위해 바람직한 습관을 길러 주기 시작해야 한다. 동시에 부모가 모범을 보여 주어야 한다. "아야 해.", "뜨거워.", "날카로워.", "만지면 안 돼.", "위험한 거야.", "조심해.", "그거 만지면 아야 해." 같은 경고성 용어를 지금부터 알려 주기 시작한다. 아이는 잠재적으로 위험한 물건과 물질, 상황들과 이런 용어들을 자동적으로 연관시키게 될 것이다. 처음에는 이런 경고들을 한 귀로 듣고 한 귀로 흘리는 것처럼 보일 것이다.

그러나 시간이 지나면 정보들을 머릿속에 저장하고 처리하기 시작해, 언젠가는 이런 가르침들이 머리에 단단히 뿌리 내리게 된다. 지금부터 아이에게 다음 내용을 가르치도록 하자.

날카롭거나 뾰족한 도구들 칼이나 가위, 면도칼, 종이 자르는 칼 등, 날카로운 도구를 이용할 때마다 이건 날카로운 거다, 장난감이 아니다, 엄마나 어른들만 사용할 수 있는 거다, 라고 상기시켜야 한다. 도구의 뾰족한 부분을 만지는 척하며 "아야!" 하고 소리를 지르면서 재빨리 손가락을 도구에서 떼어 내 좀 더 실감나게 위험을 알린다. 가위의 뾰족한 끝을 항상 아래로 향하고, 가위 날이 보이지 않도록 오므리며, 날카로운 물건을 들고 달리지 않는다는 걸 아이에게 보여 주고, 아이도 이런 도구를 사용할 만큼 크면 부모와 똑같이 안전하게 다루어야 한다고 알려 준다. 아이가 연령이 높아져 소근육 기능이 발달하면 안전 가위와 칼로 종이 자르는 방법을 알려 준다. 학교에 입학할 무렵이면 부모의 감독하에 '어른들'용 도구를 사용하게 할 수 있다.

뜨거운 물건 뜨겁다는 개념을 알려 준 지 1년쯤 되면 아이는 '뜨겁다'는 말의 의미가 무엇인지, '뜨겁다!'는 경고는 곧 만지지 말라는 의미이며, 뜨거운 걸 만지면 '아야' 할 수 있다는 걸 이해하게 될 것이다. 아직 뜨겁다는 개념을 도입하지 않았다면 지금부터 시작하자. 아이에게 '뜨거운' 물건을 만져 보게 해서 부모가 알려 주려는 요점을 설명한다. 단, 커피 잔처럼 데일 정도로 뜨거운 것을 만지게 해서는 안 된다. 그러나 커피나 가스레인지, 성냥이나 촛불 등이 뜨거우니 만져서는 안 된다는 걸 끊임없이 상기시켜야 한다. 특히 토스터기를 구입하거나 난로를 새로 설치하는 등, 집 안에 새로운 물건을 들여올 때는 각별히 신경 써서 주의를 주어야 한다. 아이가 성냥불을 켜거나 뜨거운 음료를 들 수 있을 정도의 연령이 되면(대략 초등학교 3, 4학년 무렵), 안전하게 다루는 방법을 알려 주어야 한다.

계단 집 안의 모든 계단 앞에 안전 문을 설치해 이제 막 걸음마를 시작한 아이가 심한 부상을 입지 않도록 보호해야 한다. 그러나 안전하게 계단을 오르는 방법을 알려 주는 것도 중요하다. 계단을 오르내린 적이 없는 아이, 계단 근처에는 접근도 한 적이 없는 아이는 처음 계단을 오르내릴 때 넘어질 위험이 무척 크다. 그러므로 집에 세 계단 이상의 층계가 있는 곳이라면 어디에나 가장 위에 안전 문을 설치한다. 처음 걸음마를 배우는 아이들은 올라가는 것보다 내려가는 것이 훨씬 힘들고, 따라서 훨씬 위험하다. 그러나 아래에서 세 계단 위에 안전 문을 설치해, 아이가 통제된 환경에서 계단을 오르내리는 연습을 할 수 있게 한다. 또한 계단을 오르내릴 때 난간을 잡는 방법을 알려 준다.

아이가 능숙해지면 가끔씩 안전 문을 열어 주어, 부모가 한두 계단 아래에 서거나 앉아 필요하면 아이를 받을 준비를 한 상태에서 아이에게 전체 계단을 오르게 한다. 혹은 부모가 계단을 올라갈 때 아이 손을 잡고 함께 올라간다. 올라가는 것이 완전히 능숙해지면 안전하게 내려가는 법도 익히도록 도와준다. 많은 아이들이 처음에는 엎드려서 기어 내려가거나, 엉덩이를 붙이고 앉아 내려간다. 이런 식으로 내려가기가 좀 더 익숙해지면 한 번에 한 계단씩 내려가기 시작한다. 아이가 아주 안정적으로 계단을 오르내릴 수 있을 때까지는(대략 두 살 무렵), 부모가 곁에 없을 때는 반드시 안전 문을 설치해 잠가 두어야 한다. 아이가 계단을 잘 오르내리더라도 계단 앞에 계속 안전 문을 설치하는 것이 바람직하다. 특히 아이가 밤에 돌아다니는 경향이 있는 경우 유의해야 한다.

집이나 건물에 계단이 없다면, 계단이 있는 장소를 찾아 부모가 가까이에서 지켜보는 동안 계단을 오르내리도록 연습하게 한다.

전기 콘센트, 전기 코드, 가전제품은 모두 호기심 많은 아이들에게 엄청난 매력을 지닌다. 그리고 아이가 보호 장치가 없는 콘센트를 향해 돌진하는 장면을 매번 포착해 아이의 주의를 돌리거나, 집 안에 있는 모든 전기 코드를 감출 수도 없는 노릇이다. 그러므로 전기용품을 잘못 만지면 '아야' 할 수 있다는 걸 반복해서 상기시키고, 전기의 올바른 사용 방법과 물과 전기가 만나면 위험할 수 있다는 사실도 가르쳐야 한다.

욕조, 수영장, 기타 물놀이 장소 물놀이는 재미있고 교육적이다. 그러므로 많이 장려할 필요가 있다. 그러나 물에 대한 건강한 접근 방식도 장려해야 한다. 다음과 같은 기본적인 물 안전 규칙을 가르친다. 부모나 다른 어른과 동행하지 않을 때 물속에 들어가는 건 위험하다. 그리고 절대로 안 된다. 수영장 주변이나 안에서 뛰거나 돌아다녀서는 안 된다. 수영장 근처에서 바퀴 달린 장난감을 가지고 놀아서는 안 된다. 다이빙할 때 머리부터 들어가면 안 된다. 수영장의 얕은 구역 외에 다른 구역에 가서는 안 되고, 얕은 구역은 토들러가 설 수 있을 정도의 깊이여야 한다. 깊은 구역과 얕은 구역을 구분하는 '줄'이 있어야 한다. 그러나 아무리 튜브를 끼우고 수영 강습을 다니고 있다고 해도 물에서는 항상 안전에 주의해야 한다는 점을 기억하고, 절대로 물가에 아이 혼자 있게 해서는 안 된다(695쪽 참조).

질식의 위험이 있는 물건 아이가 입에 넣어서는 안 되는 것들, 예를 들어 동전, 연필, 땅콩, 블록 등을 입에 넣었다면 빼낸 후 이렇게 설명한다. "이런 건 입에 넣으면 안 된단다. 목 안에 달라붙어서 널 아프게 할지도 모르거든." 음식, 막대사탕, 치발기, 연필, 젖꼭지, 장난감 등을 입에 문 채 뛰어다니면 위험하다는 사실도 알려 준다. 아이가 앞으로 고꾸라지다가 목구멍으로 장난감이 들어가면 기도를 막고 부상을 일으키며 질식할 수도 있다. 음식은 항상 앉아서 먹어야 하며, 입에 음식을 넣은 채 말하는 것은 예의바르지 못한 행동일 뿐 아니라 안전하지 않다는 사실도 알려 준다.

독성 물질 대부분의 부모들이 가정용 세제, 약물 등은 항상 신경 써서 안전한 곳에 보관해 둘 것이다. 하지만 집에 손님을 초대한 경우, 손님이 마시던 술잔이며 오렌지 주스가 식탁에 남아 있을 수 있다. 혹은 시부모님 댁에 놀러갔는데, 시아버지가 막힌 배수구를 뚫은 후 욕실 바닥에 배수구 뚫는 용액을 놓아 둘 수도 있다. 아직 아이에게 물질의 안전에 대한 규칙을 가르치지 않았다면, 지금부터라도 서둘러 알려 주어야 한다. 다음 내용을 귀에 딱지가 앉을 정도로 수시로 되풀이해 알려 준다.

* 부모나 잘 아는 어른이 주는 음식 외에는 어떤 것도 먹거나 마시지 않는다. 이런 내용은 어린아이가 이해하기 어려운 개념이지만, 반복해서 알려 주면 마침내 이해하게 될 것이다.
* 간혹 사탕 맛이 나는 약이 있지만, 알약과 비타민은 사탕이 아니다. 부모나 잘 아는 어른이 주는 약이 아니면 먹어서는 안 된다.
* 음식이 아닌 것은 입안에 넣지 않는다. 이 내용 역시 많이 반복해야 한다.
* 연마제, 스프레이 왁스, 식기세척기 세정제 등, 기타 세제는 어른들만 이용할 수 있다. 욕조를 닦거나 가구에 광을 내거나 식기세척기에 그릇을 넣을 때마다 반복해서 알려 준다.

거리 안전 거리에서 안전을 지키는 방법을 지금부터 가르친다. 아이와 함께 길을 건널 때마다 '일단 멈춰서 차가 오는지 주위를 둘러보고 소리를 들어야' 하고, 초록불일 때 건너야 한다고 설명한다. 집 주변에 차도가 있는 경우에도 길을 건너기 전에 일단 멈춰서 차가 오는지 주위를 둘러보고 소리를 들어야 한다고 반드시 설명한다. 운전자는 작은 아이들이 잘 보이지 않기 때문에 어린이는 반드시 어른의 손을 잡아야 한다고 설명하고, 길을 건널 때는 항상 부모나 다른 어른의 손을 잡게 한다. 예외를 두어서는 안 된다. 어른과 동행하지 않을 때는 주변에 차가 다니지 않더라도 절대로 차도에 발을 들여서는 안 된다고 가르친다. 아이 혼자서는 절대로 갓돌 위를 넘어서는 안 된다고 알려 준다.

인도에서도 손을 잡는 것이 바람직하지만,

안전하게 옷 입히기

가장 안전하게 옷을 입히는 방법을 알아보자. 잠옷은 불이 잘 붙지 않는 소재를 선택한다. 그리고 제조 회사의 설명서대로 세탁한다. 바짓단이 너무 길거나 파자마의 발 부분이 너무 헐렁하지 않게 한다. 긴 머리끈을 이용해 발 부분을 고정시키되, 너무 꽉 묶어서 발목 부분의 혈액순환에 지장이 생기지 않게 한다. 아이가 양말을 신고 집 안을 돌아다니는 경우, 바닥에 미끄럼 방지 처리가 된 양말을 신겨야 한다. 슬리퍼나 신발 바닥이 미끄러우면 바닥을 사포로 문지르거나 접착테이프를 부착해 미끄러지지 않게 한다. 긴 스카프나 끈은 놀다가 걸려 넘어질 수 있거나 목을 조를 수도 있으니 삼가고, 15~20cm 이상의 끈이나 넥타이는 피한다.

많은 아이들이 자유롭게 혼자 걷는 걸 아주 좋아한다. 아이가 혼자 걷는 경우, 잠시도 아이에게 눈을 떼지 말고 철저하게 지켜보아야 한다. 아이가 자동차가 다가오는 도로 안으로 뛰어드는 건 그야말로 순식간이다. 절대로 혼자 도로에 들어가서는 안 된다는 규칙을 어긴 경우, 즉시 엄하게 야단을 쳐야 한다.

부모나 잘 아는 어른과 동행하지 않을 때는 집 밖에 나오면 안 된다는 사실도 알려야 한다. 토들러들이 혼자 현관문을 열고 나갔다가는 사고 나기 십상이다.

길거리에 떨어진 것들, 예컨대 쓰레기, 깨진 유리, 담배꽁초, 누가 먹다 버린 음식 등을 건드려서는 안 된다고 가르치는 것도 중요하다. 그러나 아이가 뭘 만지는 걸 불안하게 만들어서는 안 된다. 꽃, 나무, 상점의 유리, 가로등, 우체통 등은 만져도 괜찮다. 그러나 음식을 먹거나 엄지손가락을 빨기 전에 손을 닦을 수 있도록 항상 물티슈를 휴대한다.

자동차 안전 아이가 카 시트에 고정되어 있는 것에 익숙하게 하고, 카 시트에 앉아야 하는 이유를 이해시킨다. 그 밖에 자동차 안전 규칙을 지켜야 하는 이유에 대해서도 쉬운 말로 설명한다. 자동차 주변에 장난감을 떨어뜨리는 것이 왜 안전하지 않은지, 다른 사람이 운전하고 있을 때 운전대를 잡는 것이 왜 위험한지, 아이들은 왜 출입문 잠금장치나 창 조절 버튼을 작동시키면 안 되는지 설명한다. 학령기 아동에게는 혼자 자동차 안에 갇힌 경우에 대비해 잠금장치를 여는 방법을 알려 준다.

놀이터 안전 아이가 놀이터에서 놀 정도의 연령이라면 놀이터 안전 규칙을 배우기에 충분하다. 그네 안전에 대해 가르친다. 누가 타든 타지 않든 그네를 비틀거나, 빈 그네를 밀거나, 한 사람이 타도록 되어 있는 그네에 두 사람이 타거나, 움직이는 그네 앞이나 뒤에서 걸어서는 안 된다. 미끄럼틀 안전에 대해서도 알려 준다. 절대로 미끄럼틀 아래에서 위로 올라가거나 엎드려 내려와서는 안 되고, 항상 앞에 아이가 타고 내려갈 때까지 기다린 후에 탄다. 그리고 미끄럼을 타고 맨 아래에 내려오면 즉시 일어나 자리를 비킨다.

애완동물 안전 애완동물과(집에서 기르는 애완동물이나 다른 집 애완동물, 96쪽 참조) 안전하게 상호작용 하는 방법을 알려 주고, 수상한 동물을 멀리해야 한다고 알려 준다.

곤충 안전 가능하면 벌을 피하고, 벌이 가까이 다가오면 손을 휘둘러서 자극시키지 말고 가만히 서 있으라고 알려 준다. 거미를 자극시키거나 거미집을 가지고 놀아서는 안 된다고 주의를 준다.

아이의 환경 개선

걷기와 오르기를 시작한 아이의 세상은 하루가 다르게 확장되고, 거의 하룻밤 사이에 모든 것이 손에 잡힐 듯 가까이 있는 것 같다. 아이가 기기 시작할 때부터 적용했던 안전 대책과 함께 몇 가지 대책을 더 추가해 아이를 보호한다. 아이에게 최대한 안전한 환경을 만들어 주기 위해 다음 내용을 참고하자.

전반적인 집안 환경

혹시라도 위험한 공간은 없는지 꼼꼼히 둘러보고(무릎을 구부려 앉아 아이의 눈높이에서 살펴본다.), 필요하면 환경을 개선한다.

창문 지면에 창문이 있는 경우, 제조 회사의 지시대로 창문 안전장치를 설치한다. 아이의 추락을 막기 위해 방충망이나 덧창문에만 의지할 수는 없다. 혹은 아이가 창문 밖으로 빠져나갈 수 없도록 창문을 조절한다. 내리닫이창의 경우 가격이 싼 잠금장치를 이용할 수 있고, 창틀에 나사못을 박아 아래쪽 창문이 10cm 이상 열리지 않게 할 수도 있다. 그러나 화재가 나는 등 응급 상황일 때는 재빨리 창문을 열 수 있어야 한다. 안전장치가 설치되어 있다 하더라도, 아래에서부터 열리는 창문이 열린 상태로 방 안에 아이 혼자 두고 나와서는 절대로 안 된다.

위에서부터 열리는 창문은 아이가 창문 높이로 올라갈 수 없는 한 대체로 안전하다. 집이 오래된 경우 수시로 창문을 점검해 창유리가 헐겁지는 않은지, 유리를 끼우는 접착제가 덜 마르거나 떨어지지는 않았는지 확인한다. 창문 앞에 아이가 올라갈 수 있는 가구를 두어서는 안 된다. 그리고 창턱 밑에 의자를 설치해서도 안 된다. 이미 의자를 설치했다면, 의자 곁의 창문은 항상 잠가 두거나 창문 안전장치로 보호해야 한다.

블라인드나 커튼의 끈 아이가 끈에 걸리지 않도록 단단히 묶는다. 끈이 닿는 곳에 아이 침대나 놀이울, 의자, 아이가 올라갈 수 있는 침대를 설치하지 않는다. 어린이 안전용품을 판매하는 곳에서 끈을 짧게 줄이는 장치를 구입할 수 있다.

창문 안전장치와 끈을 짧게 줄이는 장치를(블라인드 끈이든 커튼 끈이든) 이용하면 아이가 더욱 안전하게 창문 가까이 다가갈 수 있다.

유리문은 문이 열려 있는 것처럼 보일 수 있다. 아이가 문에 부딪치지 않도록 도안을 부착한다.

문 아이들은 아무도 알아차리지 못하는 새에 조용히 문 밖을 빠져나가기 때문에 한여름에도 집 안의 모든 문에 잠금장치를 설치해야 한다. 명절이나 손님들이 와 있을 때는 드나드는 사람이 많아 특히 위험하다. 일부 미닫이문은 살짝 열어 둔 상태에서도 잠글 수 있게 되어 있어, 아이가 나갈 염려 없이 공기를 통하게 할 수 있다. 커다란 유리문에 도안을 부착하면 아이가 문에 부딪치는 위험이 줄어들 것이다.

손잡이 커버는 아이가 손잡이를 돌리기 힘들게 한다. 손잡이 커버와 안전 문을 이용하면 아이가 안전한 장소에서 벗어나 위험한 장소로 들어가지 못하게 보호할 수 있다.

전기 코드 가구 뒤로 숨겨 아이가 입에 넣거나 씹거나(감전의 위험이 있다.), 잡아당기고(전기스탠드나 다른 무거운 가전제품이 떨어질 수 있다.) 싶은 생각이 들지 않게 한다. 필요하면 전기테이프나 특별히 고안된 장치를 이용해 벽이나 바닥에 코드를 부착한다. 못이나 스테이플을 이용하지 않는다. 또한 과열될 수 있으므로 카펫 밑에 코드를 감추지 않는다. 가전제품을 사용하지 않을 때는 감전의 위험이 있으므로 콘센트에 코드를 꽂아 두어서는 안 된다.

콘센트 안전장치를 이용해 콘센트를 보호하거나(콘센트와 플러그를 동시에 보호한다.), 콘센트 앞에 무거운 가구를 놓아, 아이가 구멍 안에 머리핀이나 나사못 같은 물건을 넣거나 침이 묻은 손가락으로 찔러 보지 않게 한다. 감전의 위험을 줄이기 위해 가능하면 전기 기사에게 콘센트를 설치하게 한다. 여러 개의 콘센트가 부착된 멀티탭은 어린이에게 안전하지 않으므로 피한다.

전구 밤에 계단에서 떨어지지 않도록 계단에 조명을 설치해야 한다. 현관, 목욕탕, 침실에도 필요하면 야간 등을 이용한다. 그러나 아이 손이 닿는 곳에 놓인 경우, 낮에는 다른 곳으로 치운다.

전기스탠드와 조명 기구 아이가 뜨거운 전구를 만질 수 있는 장소에 전기스탠드를 설치하지 않는다. 전기스탠드든 전구가 없는 조명 장치든 아이 손이 닿는 곳에 설치하지 않는다. 아이들은 빈 소켓을 찔러 보고 싶은 충동을 억제하기 힘든데, 이런 행동은 대단히 위험하다. 전구의 불빛을 직접 보는 것은 유해할 수 있으므로, 전구에 유리나 플라스틱 보호 장치가 씌어져 있지 않다면 할로겐 조명이나 형광 전구를 이용하지 않는다.

불안정한 가구 아이가 가구에 의지해 걸음을 옮기지 않아도 될 만큼 안정적으로 걸을 수 있을 때까지는 흔들거리거나 불안정한 의자나 탁자, 기타 가구를 보이지 않는 곳에 치운다. 책장이나 기타 붙박이장 역시 아이가 넘어뜨릴 위험이 있다면 벽에 바짝 붙여 안정적으로 고정시킨다.

옷장 서랍 아이가 서랍을 열고 안으로 들어가면 자칫 불안정한 옷장이 넘어질 수 있으므로 서랍을 꼭 닫는다. 옷장이 앞으로 넘어질 위험이 있다면, 벽에 바짝 붙여 볼트로 고정시켜야 한다.

페인트칠한 표면 납 성분이 없는 페인트를 이용해야 한다. 오래 전에 지어진 많은 집들이 겉은 새 페인트로 가려져 있지만, 그 밑으로는 고농도의 납 성분이 감추어져 있다. 페인트가 갈라지거나 떨어져 나올 때 납이 함유된 미세 입자들이 같이 떨어져 나온다. 이런 입자들은 결국 집 안의 먼지와 실외의 흙에 섞이고 아이의 손, 장난감, 옷에 묻어 마침내 입으로 들어가게 된다. 가족이 집에 있을 때, 특히 어린이나 임신부가 집에 있을 때는 납 성분 페인트 제거 작업을 해서는 안 된다. 집 안에 납 성분이 있을 거라 의심되는 경우, 특히 음식을 먹기 전에는 손을 씻는 것이 아주 중요하다.

재떨이 아이가 불이 붙어 있는 담배꽁초나 담뱃재, 꽁초를 만지지 않도록 보이지 않는 곳에 재떨이를 치운다. 집 안에서는 아예 담배를 피우지 않는 것이 좋다.

난로, 히터, 벽난로, 보일러, 라디에이터 보호 창살이나 덮개, 울타리 등을 설치해 아이의 작은 손가락이 불이나 뜨거운 표면에 닿지 않게 한다. 이런 표면들은 대부분 전원이나 불을 끈 후에도 오랫동안 열이 남아 있다는 사실을 기억하자.

실내 화분 아이가 잡아 뜯거나 잎이나 먼지를 입에 넣지 않도록 아이 손이 닿지 않는 곳에 치운다. 독성이 있는 식물은 특히 주의한다(704쪽 참조). 아끼는 식물에 독성이 있고 아이 손이 닿지 않는 곳에 두기 힘들다면, 아이가 잎을 먹지 않을 거라 믿을 수 있을 때까지 친척이나 친한 지인에게 맡겨 돌봐 달라고 부탁한다.

가구나 찬장의 헐거운 손잡이 작은 손잡이는 아이가 삼켜서 질식하거나 입에 물고 있을 수 있으므로 모두 제거하거나 확실하게 고정시킨다.

계단 아이가 계단을 내려가거나 올라가지 못하게 하려면 계단 맨 아래에 안전 문을 설치한다. 혹은 아이가 있는 위치에 따라 그때그때 안전 문을

납 성분의 위험

다량의 납 성분은 아동의 뇌에 심각한 손상을 일으킬 수 있다. 비교적 적은 양이라 해도 IQ를 낮추고, 효소의 기능을 변화시키며, 성장을 지연시키고, 콩팥을 손상시킬 뿐 아니라, 학습 장애와 행동 장애를 일으키고, 청력 및 주의력 결핍에도 영향을 미친다. 납은 면역 체계에도 부정적인 영향력을 미칠 수 있다. 특히 고위험 지역이나 1960년대 이전에 지어진 건물에 사는 경우, 수돗물이 납에 오염된 경우(588쪽 참조), 형제나 동거인, 놀이 친구가 혈중 납 수치가 높게 나온 경우, 부모나 집안의 다른 어른이 납에 노출되는 직업이나 취미를 가진 경우, 대기나 흙, 물에 납이 배출될 가능성이 높은 공업 지대에 사는 경우(배터리 공장, 납 용광로 등) 아이의 담당 의사에게 납 성분 선별 검사를 의뢰한다. 지방 함량이 높고 칼슘, 마그네슘, 철분, 아연, 구리의 함량이 낮은 식단은 납중독에 대한 민감성을 증가시킬 수 있다. 검사 결과 아이의 혈중 납 수치가 높게 나온 경우, 이 문제를 다루는 전문가와 상담하는 것이 도움이 될 수 있다. 납을 제거하고 납으로 인한 손상을 예방하기 위해 킬레이션 요법(Chelation therapy)과 철분 및 칼슘 보충제 이용이 권장된다.

이동시킨다. 그러나 안전 문을 설치했다고 어른의 감독을 소홀히 해서는 안 된다. 계단 위에는 장난감, 옷 등, 아이가 걸려 넘어질 수 있는 물건을 모두 치운다. 계단 위에 카펫이 깔려 있으면 발을 딛기가 수월하고, 넘어지더라도 부상을 최소화할 수 있다. 각 계단 밑에 플러시 천으로 만든 푹신푹신한 카펫이나 미끄럼 방지 처리가 된 두툼한 러그를 깔아, 아이가 부딪쳐 타박상을 입을 위험을 줄여야 한다.

난간, 가로대, 발코니 난간을 받치는 작은 기둥들이 헐거워서는 안 된다. 아이의 몸이 끼거나 사이로 빠져나가지 않도록 기둥과 기둥 사이의 간격이 12.5cm 이하가 되도록 해야 한다. 유아의 경우 10cm가 안전하다. 간격이 넓으면 발코니 길이대로 플라스틱이나 튼튼한 그물망을 이용해 안전 '벽'을 설치한다. 어린이 안전용품을 판매하는 상점에서 구입할 수 있다. 가능하면 계단 양쪽에 가로대를 설치하고, 적어도 한쪽 가로대는 아이가 잡을 수 있을 정도로 낮게 설치해야 한다.

식탁보 식탁 매트를 이용하거나 식탁 밑으로 천이 드리워지지 않도록 짧은 식탁보를 이용한다. 혹은 긴 식탁보를 식탁에 단단히 고정시킨다. 확실하게 고정되지 않는 식탁보를 이용하는 경우, 아이가 자거나 주의 깊게 감독할 수 있을 때에만 이용한다.

유리를 깐 탁자 무거운 테이블 패드로 유리를 덮거나 잠시 탁자를 치운다. 커피 테이블의 경우 당분간 유리를 치우고, 대신 좀 더 안전한 소재의 상판을 깐다. 유리를 깔지 않더라도, 아이가 탁자 위에 올라가게 해서는 안 된다.

날카로운 모서리나 모퉁이 아이가 탁자나 옷장 등의 모서리에 부딪칠 위험이 있다면 쿠션이 있는 보호대와 충돌 방지대(아래 그림 참조)를 집에서 만들거나 상점에서 구입한다.

무거운 장식품과 북엔드 아이가 끌어내릴 수 없는 곳에 둔다. 아이의 힘과 독창성을 절대 과소평가해서는 안 된다.

작은 러그 뒷면에 미끄럼 방지 처리를 한다. 계단 위에 놓거나 헝클어진 채 놓지 않도록 한다. 미끄럼 방지를 위해 고무 매트나 양면테이프를 러그 뒷면에 부착하면 도움이 된다.

비디오카세트 녹화기 VCR은 아이 손이 닿지 않는 곳에 두거나 보호 장치를 설치한다.

장난감 보관 상자 장난감을 보관하는 데에는 대체로 개방된 선반과 상자가 더 안전하다. 그러나 밀폐된 상자를 선호한다면, 뚜껑이 가벼운 것이나

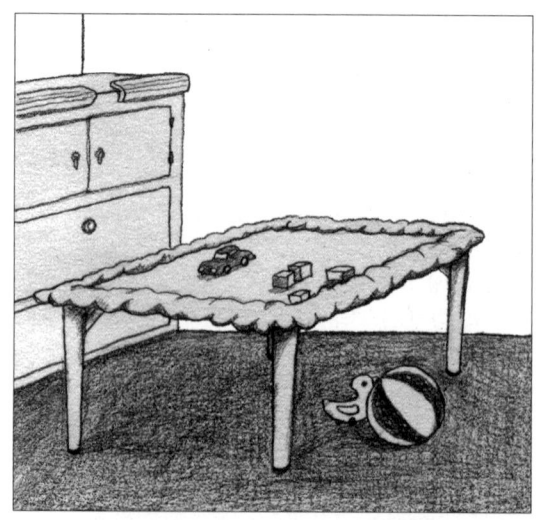

가구의 날카로운 모서리에 충돌 보호대를 대면 아이가 부딪쳐 멍이 들지 않도록 보호할 수 있다. 콘센트 보호 장치는 감전을 예방할 수 있다.

안전한 경첩 형태의 뚜껑이 달린 것을 이용한다. 경첩은 뚜껑이 열리면 어느 정도 각도를 유지한 채 열려 있도록 작동해야 한다.

장난감 상자가 오래된 것이어서 이런 요구 사항을 만족시키지 못한다면, 뚜껑이나 경첩을 아예 제거해 버린다. 아이가 상자 안에 들어가 갇힐 경우에 대비해 상자 몸체에 바람구멍이 여러 개 뚫려 있어야 한다. 바람구멍이 없는 경우, 드릴로 양쪽에 두 개씩 뚫는다. 다른 가구들과 마찬가지로 장난감 상자도 모서리가 둥글거나 보호대를 부착해야 한다.

아기 침대 매트리스를 가장 하단에 맞추고, 부피가 큰 장난감, 베개, 완충대 등, 아이가 침대 밖으로 빠져나올 발판으로 이용될 만한 것들을 모두 제거한다. 예방 조치를 취했는데도 아이가 밖으로 나오는 경우, 떨어져도 덜 다치도록 폭신한 러그나 운동 매트, 쿠션 여러 개를 침대 근처에 깐다. 침대 위에 장난감을 매달아서는 안 된다. 끈으로 아이 목이 졸릴 수 있다. 아이의 키가 90cm 정도 되면 일반 침대로 옮긴다(357쪽 참조).

일반 침대 안전 가로대를 설치하고 창문이나 난방용 환기구, 라디에이터, 벽에 부착하는 램프, 커튼이나 블라인드의 끈에서 최소 60cm 떨어진 곳에 침대를 둔다. 2층 침대를 구입하거나 다른 사람 2층 침대의 위 칸에 아이를 재워서는 안 된다.

바닥 넘어질 위험을 최소화하기 위해 지나다니는 길에 널브러져 있는 물건들을 치우고, 흘린 물은 곧바로 닦고, 휴지는 즉시 줍는다. 바닥의 타일이 헐겁거나 손상을 입었다면 즉시 수선하고, 카펫을 깔아야 한다.

휴지통 아이가 만져서는 안 되는 쓰레기는 절대로 휴지통에 넣지 않는다. 잠재적으로 해로운 쓰레기는 접근할 수 없는 용기에 넣는다(688쪽 참조).

용기 안에 담긴 물 들통이나 양동이, 기저귀 통, 얼음이 녹은 아이스박스, 욕조, 변기, 반신욕조 등, 용기 안에 담긴 물은 아무리 작은 양이라도 아이가 익사할 위험이 크므로 잘 살펴야 한다.

번개 집에 번개가 치면 배관시설과 전화선이 전기를 전도할 수 있다. 건물에 피뢰침이 달려 있지 않다면, 폭풍우가 몰아치거나 곧 몰아칠 조짐이 보일 때는 가족 누구라도 샤워나 목욕을 한다든지 수영장 물놀이 하는 것을 삼가야 한다 (695쪽 참조). 전화를 사용하지 않는다.

운동 기구 어른에게는 운동 기구가 도움이 되지만 아이에게는 위험할 수 있다. 부모가 철저히 감독하는 경우 외에는 자전거, 스키 머신, 로잉 머신, 스텝 머신, 역기, 웨이트 머신 가까이에 아이를 가지 못하게 한다. 부모가 감독을 하더라도 아이들은 재빠르게 움직이기 때문에 위험할 수 있다. 새 자전거를 구입하는 경우, 경제적인 여유가 된다면 바퀴살이 없는 바퀴와 체인과 사슬톱니바퀴를 둘러싸는 장치, 사용하지 않을 때 잠그는 바퀴와 페달 자물쇠를 함께 구입한다. 줄넘기는 아이 손이 닿지 않도록 캐비닛 안에 넣고, 자물쇠를 채워 보관한다.

차고, 지하실, 온실, 작업장 등 이런 공간에는 대개 다양한 종류의 위험한 도구나 독성 물질들이 있기 때문에 항상 문을 잘 잠그고, 부모가 감독하지 않을 때는 아이를 접근하지 못하게 한다.

기타 '조심해야 하는' 공간 깨지기 쉬운 물건을 보관하는 장소에는 아이의 출입을 제한한다. 안전문이나 보호벽을 설치한다.

유해한 물건 집 안 어딘가에 잠재적으로 유해한 물건들이 없는지 주의해서 찾아본다. 이런 물건들이 필요하지 않으면 절대로 집 안에 두지 않는다. 이런 물건들이 필요하다면 서랍이나 캐비닛, 찬장, 옷장 등에 자물쇠를 채우거나, 아이 손이 닿지 않는 선반 높은 곳에 보관하거나, 보관된 장소의 문을 잠근다. 이런 물건을 이용할 때는 부모가 잠깐 한눈을 파는 사이에 아이가 가까이 접근하지 못하게 해야 하고, 작업을 마치면 곧바로 치운다. 특히 유해한 물건들은 다음과 같다.

* **날카로운 도구** 칼, 가위, 바늘, 핀, 뜨개질바늘, 종이 자르는 도구, 일회용 면도칼, 면도날 등 날카로운 도구. 이런 물건들을 욕조 한쪽에 놓거나, 아이가 접근할 수 있는 휴지통에 버리지 않는다.
* **펜, 연필, 그 밖에 뾰족한 필기도구** 대신 뭉툭한 무독성 크레파스나 뭉툭한 수성 매직펜을 이용한다. 아이가 연필이나 펜, 매직펜을 이용해 '어른들처럼 쓰고' 싶어 하는 경우, 앉은 자세에서 부모가 가까이에서 감독할 수 있을 때에만 이런 필기도구를 이용할 수 있게 한다. 잉크는 수성이어야 한다.
* 골무, 단추, 구슬, 동전, 안전핀, 버튼 형 배터리, 아이가 삼키거나 질식할 가능성이 있는 자잘한 물건들(669쪽 참조)
* **비닐** 새 옷과 베개 등을 싼 포장 비닐이나 세탁소 비닐 같은 가볍고 아주 얇은 비닐. 이런 비닐이 아이의 얼굴 위에 덮이면 질식의 위험이 있다.
세탁소에서 옷을 찾아오거나 새 옷을 구입하면, 곧바로 비닐을 벗긴 다음 안전하게 폐기하거나 재활용 수거함에 내놓는다. 옷을 보관할 때는 세탁소 비닐 대신 지퍼 달린 양복 커버를 이용한다.
* 성냥과 성냥갑, 라이터, 불이 붙은 담배 등 방화 가능성이 있는 물건
* **직업 및 취미 도구** 가족 중에 화가가 있다면 페인트와 희석제, 재봉사가 있다면 핀과 바늘, 목수가 있다면 목공 도구 등
* **손위 형제들의 장난감** 이런 장난감들은 대체로 세 살 이하의 아이 손에 닿지 않는 곳에 보관해야 한다. 작은 부품들로 이루어진 조립식 장난감, 커다란 세발자전거, 자전거, 스쿠터, 모형 자동차와 트럭, 모서리가 날카로운 장난감, 작거나 망가지기 쉬운 부품으로 이루어진 장난감, 전선이 연결된 장난감 등은 특별히 조심해야 한다.
* **버튼 형 배터리** 시계, 계산기, 보청기, 카메라 등에 이용하는 원반 모양의 배터리는 삼키기 쉽고, 아이의 식도나 위에 들어가는 경우 유해한 화학물질이 방출될 수 있다. 사용하지

필기도구를 물어뜯는다면

아이가 연필을 물어뜯는 건 썩 권장할 만한 행동은 아니지만, 그림 그리기를 멈추고 연필을 씹는다고 해서 기겁을 할 필요는 없다. 연필은 납이 아닌 흑연으로 만들어졌기 때문에 독성이 없다. 페인트 피니시 역시 독성이 없으니 괜찮다. 하지만 커다란 지우개는 물어뜯을 수 있으며, 그럴 경우 질식을 일으킬 수 있다.

않은 새 배터리는 구입 당시 담겨 있던 상자에 넣어, 아이가 접근하기 어려운 장소에 보관한다. '다 쓴' 배터리도 새 것 못지않게 유해하므로, 즉시 안전하게 폐기해야 한다.

* **가짜 음식** 밀랍, 혼응지, 고무 등 아이에게 안전하지 않은 재료로 만든 사과, 배, 오렌지 등의 가짜 음식(아이스크림선디와 같은 모양과 냄새가 나는 초, 잘 익은 딸기와 똑같은 맛과 모양의 지우개)
* 세제와 기타 가정용품(683쪽의 유독한 가정용품 목록을 참조한다.)
* 유리, 도자기 등 깨지기 쉬운 물건들
* **전구** 야간 등에 사용하는 전구처럼 작은 전구는 아이가 입에 넣어 깨뜨리기 쉽다. 낮에는 아이 방의 야간 등을 치우고, 아이 손이 닿지 않는 안전한 곳에 보관한다.
* **보석류** 대부분 위험하다. 줄에서 떼어 내 삼킬 수 있는 구슬과 작은 알, 반지나 목걸이, 작은 핀 같은 작은 장신구
* **좀약** 유독할 뿐 아니라 질식의 위험도 있다. 좀약 대신 입에 넣지 못하게 큰 향나무 조각을 사용하고, 철 지난 옷은 밀폐된 가방이나 옷장에 보관한다. 좀약을 이용하는 경우 아이가 접근할 수 없는 곳에 보관하고, 옷과 담요 등을 이용하기 전에 냄새가 빠질 때까지 충분히 공기에 노출시킨다.
* **구두 광택제** 아이가 만지면 온몸이 지저분해질 수 있고, 먹을 경우 소화에 문제를 일으킬 수 있다.
* **향수와 모든 화장품 종류. 잠재적으로 독성이 있다.**
* 비타민, 약물
* **호루라기** 어린아이들은 작은 장난감 호루라기와 호루라기 안에 있는 작은 공에 질식할 수 있기 때문에 호루라기는 토들러에게 적합한 장난감이 아니다.
* **고무풍선** 불지 않은 것이든 터진 것이든, 고무풍선을 삼켜 질식할 수 있다(706쪽 참조). 콘돔도 마찬가지다.
* **위험한 파티 음식** 아이가 참석하는 파티에 작고 딱딱한 핑거 푸드(땅콩, 건포도, 팝콘, 딱딱한 사탕 등)를 내놓지 말고, 사탕이나 견과류를 이용한 음식은 아예 만들지 않는다.
* **목을 조를 수 있는 물건들** 끈, 전선, 천 소재의 줄자, 풀릴 수 있는 카세트테이프 등, 아이 목에 두를 수 있는 모든 것들. 오디오 테이프가 내장되어 있는 인형이나 봉제 인형을 침대에 들여놓아서는 안 된다. 아이가 깨서 아무것도 할 일이 없으면 테이프를 제거해 풀어놓을 수 있다.
* 크리스마스 기간의 위험 물질. 다음과 같은 물건들이 포함된다.
  • 장식들 집 안의 다른 물건에 대한 안전 점검과 같은 방식을 적용하고, 깨지기

안전한 높이

아이가 자라면서 올라가는 일이 능숙해질수록 집 안의 '안전 기준'도 높이 이동하게 된다. 기어 다니는 아이는 머리 높이 정도면 대체로 아이 손이 닿지 않아 안전하다. 이제 막 걸음마를 시작한 아이는 식탁이나 작은 모서리, 낮은 옷장의 모서리 정도는 쉽게 닿을 수 있다. 올라가기를 시작한 아이는 의자나 약간 높이 오를 수 있는 가구에 기어 올라갈 수 있다. 걷기와 오르기에 능숙한 아이는 주방 조리대며 싱크대 등, 언뜻 보기에는 아이 손이 닿지 않을 것 같은 장소에 의자, 혹은 상자나 책들을 끌고 가, 부모가 잠깐 한눈을 파는 사이에 그 위에 올라가 있기도 한다.

쉬운 물건, 작은 부품으로 이루어진 물건, 유독한 물질, 작은 물건 등은 피한다. 가령 나무에 다는 작은 장식은 안전하지 않다, 어린아이들의 손이 닿지 않는 높은 곳에 단다.

- **선물** 안전하지 않은 선물을(향수, 화장품, 조립용품 세트, 술 등) 나무나 집 안 곳곳에 놓지 않는다.
- **식물** 식물로 집안을 꾸밀 경우 아이들 손이 닿지 않는 곳에 둔다. 일부 식물은 섭취하면 유독할 수 있다. 화재 위험을 줄이는 방법은 685쪽을 참조한다.

✱ 입에 들어가거나 삼킬 경우 위험할 수 있는 모든 물건들은 683쪽 유독 물질 목록을 참조한다. 아이의 음식과 물의 안전을 위한 주의 사항은 18장을 참조한다.

실내 공기 환경 개선

일반 가정의 실내 공기 환경은 크게 해로워 보이거나 유해한 냄새가 나지 않는다. 하지만 일부 가정은 보이지도 않고 냄새도 나지 않지만 해로울 수 있는 성분들이 공기 중에 상당량 포함되어 있다. 가정에서 부모와 아이가 호흡하는 공기를 안전 수준으로 유지하기 위해, 다음과 같은 실내 대기오염의 요인들에 주의한다.

담배 연기 담배 연기는 실내 대기오염의 주범이다. 4명 가운데 1명의 어린이가 집 안의 담배 연기에 노출되어 있으며, 그로 인한 피해는 상당히 크다. 담배 연기는 간접흡연의 경우에도 세균과 독성 물질, 오염물질에 취약한 기도를 약하게 만들고, 혈중 비타민 C 수준을 낮춘다. 비타민 C는 면역에 중요한 산화방지제로, 암과 심장 질환, 백내장 같은 심각한 질환을 예방하는 것으로 알려져 있다. 간접흡연에 정기적으로 노출되는 아동은 천식, 편도염, 호흡기 감염, 귀의 감염에 더욱 취약하고, 입원할 정도로 심각한 세균과 바이러스 감염에 잘 걸린다. 담배 연기에 노출된 아이들은 대개 건강 상태가 그저 그런 정도이거나 좋지 못하다. 또한 논리력과 어휘력이 낮은 쪽에 속한다. 흡연자의 아이들은 장차 폐암이나 자궁경부암, 뇌종양, 갑상선암, 유방암에 걸릴 위험도 증가하는 것 같다. 이런 위험들이 아니더라도 어린아이 앞에서 담배를 피운다는 것은 좋은 본보기가 못된다. 아이가 사랑하는 사람이 담배를 피우면 아이 자신도 나중에 담배를 피울 가능성이 높고, 따라서 흡연 습관으로 인한 각종 심각한 위험과 그로 인한 수명 단축으로 이어질 가능성이 높아진다. 그러므로 부모들에게 가정에서 혹은 자녀들 앞에서 흡연을 하지 말라고 강조하는 건 아주 당연한 일이다.

일산화탄소 무색, 무취, 무미하지만 연료가 연소할 때 발생하는 상당히 유해한 가스로, 폐 질환, 시력 손상, 두뇌 기능 손상을 일으킬 수 있다. 다량을 흡입하면 치명적이 될 수 있다. 여러 경로를 통해 집 안에 들어올 수 있다. 그러므로 일산화탄소가 집 안에 들어오지 못하도록 조치를 취해야 한다. 장작을 이용한 난로와 석유난로를 정 사용해야 한다면, 적절히 연기를 바깥으로 내보내야 하고, 원활하게 가동되도록 한다. 느리게 연소하는 장작 난로는 통풍 조절판을 열어 두어 빨리 연소시킨다. 실내에는 숯불이나 프로판 히터를 들이지 않는다. 가스난로와 기타 가스 기기들은 가스가 잘 배출되도록 조절해야 한다. 연기가 파란색이 아닌 경우, 제대로 조절되었는지 확인한다. 새 가스레인지를 구입하는 경우, 배출되는 연소

가스량을 줄이기 위해 전기 점화 방식을 선택한다. 부분적으로라도 난방을 위해 가스레인지를 이용해서는 절대로 안 된다. 벽난로를 사용할 경우 불씨가 저절로 꺼지도록 놔두어서는 안 되며(물을 뿌려 끈다.), 굴뚝과 연통을 정기적으로 청소한다. 집 차고에서 잠깐이라도 자동차를 공회전하는 채로 놔두어서는 안 되며, 차고 문을 연 후에 시동을 켠다. 과열된 차는 식힌 후에 차고 문을 닫는다. 집 안에 일산화탄소 오염을 일으킬 위험 요인이 여러 가지가 결합되어 있다면, 가령 차고가 집에 붙어 있고 장작 난로와 오래된 난방 시스템을 이용하거나, 벽난로를 많이 이용하는 경우, 실내 일산화탄소 방출량을 자주 확인하거나, 위험 수치가 되기 전에 수치가 증가하고 있음을 경고하는 일산화탄소 탐지기를 설치한다.

벤조피렌 담배나 장작의 불완전 연소로 인해 발생한 타르 같은 유기성 입자는 눈과 코, 목구멍의

실내 병충해 방제는 아이에게 안전한 방법으로

개미. 바퀴벌레. 쥐. 흰개미. 반갑지 않은 해충 및 유해 동물들이 간혹 집 안에 침입해 들어올 때가 있다. 집 안에 침입한 해충들이 단지 성가실 뿐이든 크게 위험하든, 일단 눈에 띄면 집 밖으로 내쫓거나 완전히 몰살시키고 싶을 것이다. 하지만 아이에게 해로운 물질을 사용하지 않고 해충을 몰아 낼 좋은 방법이 없을까?

차단 창문과 문에 방충망을 설치하고 곤충과 해충이 들어올 만한 입구는 모두 차단한다. 그러나 아이가 창문 밖을 나가지 못하게 보호하기 위해 방충망에 의지해서는 안 된다. 671쪽을 참조한다.

천연 방충제 서점이나 도서관에서 '천연' 병충해 방지를 위해 이용할 수 있는 방법에 대해 안내된 책을 찾아본다. 혹은 건강식품 상점이나 슈퍼마켓에서 무독성 살충제를 구입한다. 그러나 이런 제품들은 환경에는 좋을지 몰라도 아동에게 반드시 안전한 것은 아님을 기억하자. 예를 들어 고춧가루에 물을 혼합하면 환경에는 비교적 덜 해롭겠지만, 아이가 먹거나 눈에 비비면 부상을 입을 수 있다. 초음파 해충 퇴치기는 효과가 없다.

끈끈이 트랩 이런 종류의 덫은 화학약품에 의존하지 않고 해충이나 설치류를 퇴치하는 장치다. 기어 다니는 해충을 닫힌 상자나(바퀴벌레 끈끈이) 용기에(개미 끈끈이) 가두거나, 파리나 날벌레들을 파리잡이 끈끈이(살충제가 첨가되지 않은)로 잡거나, 쥐를 끈끈한 사각형 덫에 가둔다. 사람의 피부가 표면에 들러붙을 수 있기 때문에(떼기 힘들고 무척 아프다.) 이런 트랩류는 아이 손이 닿지 않는 곳에 설치하거나, 밤에 아이가 잠자리에 든 후에 설치했다가 아침에 일어나기 전에 밖에 내놓아야 한다.

미끼를 이용한 덫 덫 안에 독성 물질을 넣는다. 화학물질이 공기 중에 배출되지 않으며 덫 안에 둘러싸여 있기 때문에 아이 손이 닿기 힘들지만, 그래도 아이 손이 닿지 않는 곳에 설치해야 한다.

상자형 덫 마음이 약한 사람들은 상자형 덫에 설치류를 가둔 후에 주택가에서 멀리 떨어진 풀밭이나 숲속에 풀어 줄 수 있지만, 사실상 쉬운 방법은 아니다. 상자에 갇힌 설치류들이 물 수 있기 때문에 아이 손이 닿지 않는 곳에 덫을 보관하거나, 밖에 내놓고 아이가 주변에 다니지 않도록 철저하게 감시해야 한다.

화학 살충제의 안전한 이용 사실상 모든 화학 살충제가 해충뿐 아니라 사람에게도 상당히 유독하다. 화학 살충제를 이용할 경우, 아이가 접근할 수 있는 위치나 음식을 조리하는 표면에 살포하거나 보관해서는 안 된다. 살충 목적을 달성할 수 있을 만큼 최소량의 독성 물질만 사용한다. 스프레이 형을 이용하는 경우, 살충제를 분사하는 동안과 최소한 그 이후 낮 시간 동안은 아이를 집 안에 들어오지 못하게 해야 한다. 가장 좋은 방법은 휴가를 떠나거나 며칠 집을 비우기 전에 살충제를 분사하는 것이다. 집에 돌아오면 몇 시간 동안 창문을 활짝 열어 집 안 공기를 배출시킨다.

염증에서부터 천식, 기관지염, 폐기종, 암에 이르기까지 다양한 종류의 호흡기 질환을 일으킬 수 있다. 아이가 벤조피렌에 노출되지 않도록 하려면, 집 안에서는 담배를 피워서는 안 되고, 장작불에서 나오는 연기를 배출시키는 연통이 새지 않아야 하며, 연소 기구를 실외에 설치해 연기가 밖으로 배출되도록 한다. 또 필요할 때마다 가정용 기기의 공기 필터를 갈아 주며, 자주 환기를 시켜야 한다. 문풍지는 열이 방출되지 않도록 막는 데는 도움이 되지만, 잠재적으로 위험한 가스까지 가두어 둘 수 있다.

미립자 물질(미세 먼지) 육안으로는 보이지 않는 다양한 종류의 미립자들이 실내 공기를 오염시켜 아이들에게 해를 미칠 수 있다. 이런 미립자들은 집 안의 먼지, 담배 연기, 장작 연기, 통풍구가 없는 가스 기기, 석유를 이용한 난방기, 석면 보온재, 건축자재 등을 통해 집 안에 쌓이게 된다. 앞에서 언급한 금연, 필터 청소, 적절한 배출 시설과 충분한 환기 같은 예방 조치를 취하면 미립자 물질로 인한 위협을 최소화할 수 있다. 신뢰할 만한 공기청정기를 설치하면 많은 미립자들을 거를 수 있고, 특히 집안에 알레르기가 있는 식구가 있다면 더욱 유용하다. 집에 석면이 있다면 없애야 할지, 다른 소재로 싸야 할지 전문가의 조언을 구하고, 미립자가 공기 중에 돌아다니기 전에 조치를 취한다.

여러 종류의 매연 세정액, 에어로졸 분무기, 테레빈유와 기타 페인팅 관련 물질 등에서 나오는

너무 걱정하지 마세요

임신 테스트에서 양성 반응이 나온 순간부터 걱정은 육아의 피할 수 없는 한 부분이 되는 것 같다. 아이가 밤새 잠을 못 자도 걱정, 한 번도 안 깨고 계속 자도 걱정이다. 아직 걸음마를 못 해도 걱정, 걸음을 떼면 아이가 가는 곳마다 따라다니면서 걱정이다. 아이가 친구를 못 사귈까 봐 걱정이고, 친구를 사귀면 어떤 친구를 사귈지가 또 걱정이다.

모든 부모들이 걱정 속에서 살고 있다. 그리고 어느 정도의 걱정은 건강하다. 걱정을 해야 매사에 방심하지 않고 신경을 쓰며, 신중하고 주의 깊게 아이를 보살필 테고, 소아과 의사와도 자주 연락을 하게 될 테니 말이다. 하지만 지나친 걱정 혹은 걱정하지 않아도 되는 걱정은 부모와 아이 모두가 경이로움으로 가득 찬 아동기를 충분히 즐기지 못하게 방해한다.

아이를 안전하게 지킬 수 있을 정도의 적당한 걱정은 괜찮지만, 아이를 꼼짝 못하게 할 정도로 지나친 걱정은 해가 된다. 안전한 놀이 시설이 갖추어진 놀이터에만 데리고 다니고 아이가 놀이터에서 노는 동안 계속 지켜보는 정도의 걱정은 얼마든지 괜찮지만, 놀이 시설마다 죄다 접근을 금지시킨다면 걱정이 지나친 것이다. 사람이 많은 상점과 복잡한 도로에서 현명하게 안전 대책을 세우는 정도의 걱정은 괜찮지만, 아이를 집 밖에 한 발짝도 나가지 못하게 하는 건 걱정이 지나친 것이다. 베이비시터나 다른 양육자들의 신원을 신중하게 파악한 후에 아이를 맡기는 건 얼마든지 그럴 수 있지만, 부모 외에 다른 사람에게는 절대로 아이를 맡기지 못하는 건 걱정이 지나친 것이다.

아이들은 부모가 불안해하는지 귀신 같이 알아차린다. 부모의 걱정이 지나치면 부모만큼 아이도 불안해지기 때문에 발달이 더디고 자신감이 약화될 수 있다. 경험이 축적돼야 발달이 이루어지는데, 부모가 위험을 무릅쓰길 두려워하면 아이의 발달이 제대로 이루어지기 어렵다.

그러므로 걱정을 완전히 접어 두어서는 안 되지만, 걱정을 억제하고 균형 잡힌 시각을 유지하도록 노력하자. 아이를 꼼짝 못하게 하기 위해서가 아니라 안전을 지키기 위해, 부모의 사랑으로 아이를 숨 막히게 하기 위해서가 아니라 안전하게 보호하기 위해 걱정하고 경계해야 한다.

가스는 유독할 수 있다. 그러니 수성페인트, 밀랍으로 만든 바닥 왁스, 식물성 오일로 만든 페인트 희석제 등 독성 물질이 최소한 함유된 제품만 이용한다. 환기가 잘 되는 공간에서만 이용하고, 유아나 아동이 가까이 있을 때는 절대로 이용하지 않는다. 가능하면 분무기 형보다는 펌프형 스프레이를 이용한다. 제품을 호기심 많은 아이 손이 닿지 않는 곳에 안전하게 보관하고, 가급적 실외에 보관한다.

포름알데히드 오늘날 파티클 보드의 합성수지에서 실내 장식용 직물에 사용하는 풀, 카펫에 사용하는 접착제에 이르기까지, 많은 제품들이 포름알데히드를 포함하고 있다. 도처에서 포름알데히드 가스가 배출된다고 해도 놀랄 일이 아니다. 호흡기 질환, 발진, 메스꺼움, 기타 여러 증상들과 관련이 있다. 포름알데히드 가스 배출량은 새로운 제품을 구입할 때 가장 높지만, 몇 개월 이상 차츰 양이 줄어들면서 지속적으로 배출되기도 한다. 잠재적인 위험을 최소화하려면 집을 짓거나 가구를 구입할 때 포름알데히드가 없는 친환경 재료나 밀폐가 잘 이루어져 포름알데히드가 방출되지 않는 재료를 찾아야 한다. 포름알데히드를 포함한 물건이 이미 집 안에 있다면, 여러 가지 방법을 이용해 물건을 다룬다. 그 가운데 가장 간단하고도 쾌적한 방법은 집 안 곳곳에 화분을 들여놓는 것이다. 이때는 안전한 식물인지 확인한다(704쪽 참조). 15~20개 정도의 화분이면 일반 규모 주택의 포름알데히드 가스를 충분히 흡수할 수 있다.

승인을 받은 안전 제품 사용

유모차, 유아용 보조 의자, 안전 문 등, 어린이를 위해 고안된 각종 장비들은 까다로운 제조 기준에 적합한지 엄격한 심사를 거친 후 안전 인증을 받게 된다. 다음과 같은 유아 용품을 구입할 때는 승인을 받은 제품인지 확인한다. 그리고 구입하기 전에 쉽게 사용할 수 있는지 시험 삼아 사용해 본다.

* **유모차** 바닥이 넓고 아이가 안에서 움직여도 뒤집어지지 않을 정도로 튼튼해야 한다. 유모차 손잡이에 짐을 많이 걸어 놓을 경우, 유모차가 기울어질 수 있으니 너무 많은 짐을 걸지 않도록 한다. 또한 쉽게 접고 펼 수 있어야 하며, 구석 부분과 연결 부위는 아이의 손가락이 걸려 다칠 염려가 없어야 한다.

* **아기 놀이 울** 촘촘한 그물망으로 측면을 감싸거나(그물코의 간격은 0.5cm 이하여야 한다.) 수직의 가는 널빤지들 사이 간격이 6cm 이하인 보호대가 설치되어야 한다. 아이가 놀이 울 안에 들어가기 전에는 활짝 열어 두어야 한다. 부분적으로 열린 채 놓아두었다가 아이가 들어간 후 문이 잠기면 숨이 막힐 수 있다.

* **안전 문** 아이가 아무 방이나 들락날락하지 못하고 계단에 오르내리지 못하도록 하기 위해 안전 문을 이용한다. 안전 문은 필요에 따라 휴대용이나 붙박이 형을 이용한다. 두 종류 모두 다양한 문틀 크기에 맞게 조절할 수 있고, 높이도 60~80cm까지 변경할 수 있다. 붙박이 형 안전 문을 이용하는 경우, 아이가 안전 문 밖으로 나가려고 발버둥치거나 장난감 자동차를 타고 계속 굴러가다가 문에 부딪쳐도 넘어지지 않도록 나무벽 전용 나사못으로 단단하게 고정시켜야 한다. 모든 안전 문은 튼튼해야 하고, 무독성 소재로 매끄럽게 마감된 것이어야 한다. 또 날카로운 부분이 없어야 하고, 작은 손가락이 걸릴 만한 부분이 없어야 하며, 분리되어 입에 들어갈 만한 작은 부품이 없어야 한다. 설명서에 나온 대로 설치한다. 대개 아이의 키가 85cm가 넘거나 두 살이 지나면 한밤중 외에는 안전 문을 이용하지 않는다. 그때쯤에는 안전 문을 통과하는 방법을 파악하게 된다.

라돈 무색무취의 방사성 가스인 라돈은 돌과 흙 속의 우라늄이 부식하면서 자연스럽게 배출되는 부산물로, 폐암의 주요 요인으로 알려져 있다.

집 안에 라돈이 방출되는 경우 가족들의 폐가 방사성에 노출되고, 수년 이상 이렇게 노출되면 암 발생 가능성이 높은 것으로 추정된다. 특히 라돈이

독극물 통제

매년 많은 아동이 우발적으로 유해한 물질을 섭취하는 것으로 알려져 있다. 그리 놀랄 일은 아니다. 아이들, 특히 아주 어린아이들은 입을 통해 주변 환경을 탐색하기 때문이다. 아이들은 입에 넣기에 적당하지 않고 쓴 맛이 나더라도, 심지어 유독한 것이어도, 일단 손에 쥔 것은 거의 다 입에 넣고 본다. 아이들은 어떤 성분이나 물질이 안전한지 위험한지, 먹어도 괜찮은지 아닌지 고려하지 않는다. 아이들의 미뢰나 후각은 어른들처럼 정교하지 않기 때문에 불쾌한 맛이나 냄새를 통해 성분의 위험 여부를 알지 못한다.

독성 물질의 위험으로부터 아이를 보호하기 위해 다음 규칙들을 반드시 지키도록 하자.

* 잠재적으로 위험한 물질은 모두 아이 손이 닿지 않고 아이가 보이지 않는 곳에 보관해 잠근다. 기어 다니는 아이들도 낮은 의자나 걸상, 쿠션 위에 올라가 탁자나 조리대 위의 물질에 손을 댈 수 있다.
* 약을 '사탕'이라고 하지 않으며 아이 앞에서 약을 복용하지 않는 등, 약물 복용에 관한 안전 규칙을 지킨다(642쪽 참조).
* 독성 물질을 반복해서 섭취하지 않도록 주의한다. 통계에 의하면 한번 독성 물질을 섭취한 경험이 있는 아이는 1년 이내에 같은 실수를 반복할 가능성이 있는 것으로 나타난다.
* 색이 선명하거나 포장이 예쁜 가정용 세제, 세탁용 세제, 기타 먹어서는 안 되는 물질을 구입하지 않는다. 필요하면 아이의 호기심을 끌 만한 도안을 제거하거나 가린다. 설명서와 경고문은 보이게 해야 한다. 독성 물질을 다른 용기, 특히 익숙하게 보아오던 음식 용기에 담아서는 안 된다. 좋은 향이 나는 독성 물질도 구입하지 않는다.
* 가능하면 아이들이 열기 힘든 용기에 담긴 제품을 구입한다. 그러나 아이가 용기를 열지 못할 거라고 방심해서는 안 되며, 항상 안전한 곳에 보관해야 한다.
* 유해한 물질을 사용한 후에는 반드시 뚜껑을 꼭 닫고, 즉시 안전한 장소에 보관하는 습관을 들인다. 전화를 받거나 문을 열어 주느라 가구 광택제가 담긴 스프레이 통이나 식기세척기 세제 상자를 '잠깐' 바닥에 놓아두어서는 안 된다.
* 음식과 음식 아닌 것을 따로 보관하고, 먹을 수 없는 것을 빈 식료품 용기에 넣어서는 안 된다(가령, 사과 주스 통에 표백제를 넣거나 젤리 병 안에 윤활유를 넣는 등). 아이들은 자신이 먹는 음식이 어느 통에 담겨 있는지 아주 일찍부터 파악하며, '주스'가 왜 노란색이 아닌지 '젤리'가 왜 보라색이 아닌지 전혀 의심하지 않은 채 눈에 보이는 대로 손에 집어 입에 가져갈 것이다.
* 아이의 손이 닿는 곳에 술을 놓지 않는다. 어른에게는 긴장을 풀 정도의 적은 양이 아이에게는 치명적일 수 있다. 와인이든 독한 술이든 모든 술은 찬장에 보관해 잠근다. 냉장고에 맥주를 보관하는 경우 제일 상단 안쪽 깊숙이 보관한다. 손님을 초대하는 경우 식탁에 남은 술이 올려져 있을 수 있으니 아이를 잘 지켜보고, 결코 재미로라도 '한 모금' 마시게 해서는 안 된다. 술이 담긴 잔은 잠자리에 들기 전에 모두 비운다. 아이가 다음 날 아침 일찍 일어나 주위를 돌아다니다 남은 술을 마실 수 있다.
* 독성 물질이 정화조를 손상시키지 않을 경우, 독성 물질을 폐기할 때는 변기에 버린다. 보통 설명서의 폐기 방법을 따른다. 설명서에 다른 설명이 없다면 독성 물질을 폐기하기 전에 용기를 한 번 헹군 다음 뚜껑이 꼭 닫힌 쓰레기통이나 재활용 수거함에 즉시 버린다. 뚜껑이 없는 쓰레기통이나 주방 쓰레기통에 버려서는 안 된다.
* 인쇄 잉크, 특히 신문과 원색 그림에 이용되는 잉크에는 고농도의 납 성분이 포함되어 있으므로 아이가 신문과 잡지를 자주 입에 넣지 못하게 해야 한다.
* 주의 사항과 예방 조치에 대해 길게 나열된 가정용품보다는 비교적 덜 해로운 가정용품을 선택한다. 일반적으로 '덜' 해로운 것으로 알려진 가정용품은

담배 연기와 함께 노출될 경우, 위험이 훨씬 크다고 한다.

돌과 흙에서 방출되는 라돈이 집 안으로 스며들고, 집 구조상 환기가 제대로 이루어지지 않으면 라돈이 축적되어 그대로 남아 있게 된다. 다음 안전 대책을 이용하면 라돈 방출을 예방하는

다음과 같다. 비염소 표백제, 식초, 본아미(Bon Ami, 친환경 스테인리스 전용 세제), 베이킹소다, 레몬 오일, 밀랍, 올리브 오일(가구 닦을 때), 화학성분이 없는 파리잡이 끈끈이, 엘머 접착제, 미네랄 오일(윤활유로 활용), 공기 압축을 이용한 뚫어뻥 등

* 집안 식구들 모두가 독성 물질을 보는 즉시 '독성'이 있다는 걸 알아볼 수 있도록 모든 독성 물질 제품에 '독성'이라는 라벨을 붙인다. 시중에 판매하는 독성 표시 라벨을 구입하기 어려운 경우, 각 제품에 검정색 테이프로 X자 모양을 만들어 붙인다. 단 제품 설명이나 경고문을 가리지 않는다. 이런 표시는 '위험하다'는 의미라는 걸 가족들에게 설명한다. 아이에게 위험하다는 메시지를 수시로 강조하면 마침내 아이도 이런 제품이 안전하지 않다는 걸 이해하게 될 것이다.

다음 제품들은 잠재적으로 아주 위험하다.
- 산성 화합물(염산, 아세트산 등)
- 술
- 수은류
- 암모니아
- 항우울제(치사율이 대단히 높다.)
- 부동액
- 아스피린
- 표백제
- 붕산(약용이 아닌)
- 심장병 관련 약물(치사율이 대단히 높다.)
- 염소 표백제
- 화장품(대부분 해롭다. 매니큐어 리무버에는 아세토니트릴이 포함되어 있다.)
- 의치 세정제
- 살균제
- 배수관 세정제(이런 세정제는 사용하지 않는 것이 좋다. 정 사용해야 한다면 사용 후 남은 양은 즉시 폐기한다.)
- 농사에 사용하는 화학물질(부식성)
- 화학 비료
- 살진균제
- 가구 광택제
- 가솔린
- 헤어 스트레이트 약물
- 요오드(응급처치용으로 사용하지 않는다.)
- 살충제
- 빈혈약 및 철분이 포함된 보충제. 어른용과 아동용 모두(철분의 과다 복용은 아동의 치명적인 중독의 주요 원인이다.)
- 등유
- 탄산나트륨이나 규산염이 포함된 세탁 세제
- 라이터 기름
- 잿물(가정에서는 일체 사용하지 않는 것이 가장 좋다.)
- 모든 종류의 약물
- 살리실산메틸(치사율이 높다.)
- 나프탈렌(삼나무로 만든 좀약으로 교체한다.)
- 에탄올이나 알코올이 포함된 구강 청결제(모두 사용하지 않는다.)
- 인쇄 잉크 지연제
- 오븐 세척제
- 농약
- 쥐약
- 녹 제거제
- 수면제
- 습관성 의약품(모두)
- 변기 청소 세제
- 안정제
- 테레빈
- 비타민과 기타 영양 보충제
- 제초제
- 자동차 유리 세정제

모든 가정용품이 독성이 있는 것은 아니다. 다음 가정용품은 아이가 먹지 않는 것이 가장 좋지만, 어쩌다 실수로 섭취하더라도 해롭지는 않다. 거품 목욕제, 면도 크림, 애완동물 먹이, 샴푸, 립스틱, 치약, 방취제, 싱크대에서 사용하는 식기세척기 세제(기계에서 사용하는 식기세척기 세제는 해롭다.)

데 도움이 된다.

* 라돈 수치가 높은 지역에 거주하거나, 집이 라돈에 오염되어 있는지 걱정된다면 검사를 받아 본다. 가장 좋은 방법은 단 며칠에 걸쳐 한 차례 검사를 받는 것보다 몇 개월 동안 여러 차례 검사를 해 평균 측정값을 얻는 것이다. 검사를 받는 동안에는 창문을 모두 닫아야 한다. 창문을 닫으면 수치가 더 높게 나온다.
* 검사 결과 집 안의 라돈 수치가 높게 나왔다면 라돈 제거 회사를 알아본다. 균열되거나 틈이 벌어진 벽과 바닥은 메우고, 전열 교환기를 설치해 환기 방식을 바꾸는 등 가능한 조치를 취한다.

코팅 처리된 조리 기구에서 나는 연기 테플론이나 실버스톤으로 코팅된 냄비와 팬은 조리를 해도 안전하다. 하지만 과열되거나 그을릴 때 뿜어져 나오는 연기는 유해할 수 있다. 그러므로 가스레인지 버너 아래에 코팅된 기름받이를 사용한다든지, 아주 높은 온도에서 코팅된 조리 기구를 이용해서는 안 된다. 오븐 바닥에 코팅된 조리 기구를 올려놓고 기름을 받쳐서도 안 된다. 특히 수분을 가열하지 않도록 주의한다. 코팅된 표면이 탈 수 있다.

전자파 전자파는 엄밀히 말해 공기 오염물질이라고 할 수 없지만 공기를 통해 이동한다. 전자파의 안전에 대해 몇 가지 의혹이 제기되고 있지만, 현재까지 유해하다고 입증된 바는 없다. 그러나 일부 전문가들은 더욱 확실한 결과가 입증되기 전까지 신중하게 접근하도록 권한다. 오래전에 생산된 전기담요, 매트리스 패드, 물침대 가열기 등은 대부분 상당량의 전자파를 발생시키므로 가능하면 삼가는 것이 좋다. 혹은 이런 장치들을 가열시켜 놓았다가 누울 때는 전원을 차단시킨다. 모터로 움직이는 시계와 선풍기 역시 전자파를 발생시키므로 최소한 침대 발치에 놓거나, 디지털시계나 태엽으로 감는 시계, 배터리로 움직이는 시계를 이용한다. 아이가 컴퓨터를 이용하는 경우, 모니터를 책상에서 30cm 뒤에 설치해야 한다. 텔레비전을 볼 때에도 최소한 60cm 떨어진 거리에서 시청해야 한다. 전자레인지가 작동하는 동안에는 아무도 앞에 서 있어서는 안 된다는 걸 원칙으로 삼는다.

화재 안전

대부분의 '사고'사와 마찬가지로 화재에 의한 사망 역시 얼마든지 예방이 가능하다. 대부분의 화재는 예방할 수 있으며, 화재를 예측하기 어려운 경우에도 신중하게 대비가 이루어졌다면 부상은 얼마든지 막을 수 있다. 화재를 예방하기 위해 다음 내용을 참고하자.

* 잠시라도 아이 혼자 집에 두지 않는다. 갑자기 화재가 일어나는 경우, 아이를 구하기 위해 집 안으로 들어갈 수 없을지 모른다.
* 집 안에서 흡연이 허용된 경우 담배를 확실하게 끄고 담배꽁초와 담뱃재, 사용한 성냥은 확실하게 버리며, 아이 손이 닿는 곳에 두어서는 안 된다. 담배를 피운 후에는 즉시 담배꽁초를 버리는 습관을 들인다. 손님이 담배를 피우는 경우 곧바로 재떨이를 비운다.
* 성냥과 라이터는 아이 손이 닿지 않는 곳에 보관한다. 두 살 아이도 라이터를 켤 줄 알고, 세 살 아이는 성냥도 그을 줄 안다. 성냥이나 라이터를 가방에 휴대하는 경우, 가방도 아이 손이 닿지 않는 곳에 두어야 한다. 아이들은

라이터나 성냥에서 불이 켜지는 모양을 보는
걸 무척 좋아한다. 아이 앞에서는 절대로
라이터나 성냥을 켜서는 안 되며, 부모가
감독하는 경우에도 아이가 불을 켜게 해서는
안 된다.

* 타기 쉬운 쓰레기를 쌓아 놓지 않는다
(용액이나 기름, 페인트에 푹 담긴 헝겊이나
종이 타월 등). 불에 잘 타는 쓰레기는
열에 노출되지 않고 환기가 잘 되는 곳에
놓인 쓰레기통에 넣는다. 인화성 물질을
닦은 헝겊이나 천을 세탁하는 경우 자연
건조시키거나, 두 번 빨거나, 기름을 용해하는
세제로 세탁한 후 건조기에서 건조시킨다.
안 그러면 화재를 일으킬 수도 있다.
* 집 안의 인화성 물질(에어로졸 스프레이
등)에 주의한다. 불길, 불이 붙은 담배, 난로,
할로겐램프 등, 열원 근처에서 사용하거나
보관하지 않는다.
* 가솔린이나 석유 같은 인화성 물질은 아이가
접근하기 힘든 실외 장소에 해당 용기에
담아 보관해야 한다. 이런 인화성 물질들을
지하실에 보관해서는 안 된다. 연기가 이동해
난로나 건조기 등 겉으로는 안전거리를
유지하는 듯 보이는 화염원의 점화용 불씨에
의해 불이 붙을 수 있다. 천의 얼룩을 제거하기
위해 시판 제품뿐 아니라 인화성이 높은 액체,
석유 등을 이용하지 않는다. 이런 제품을
이용해야 하는 경우, 환기가 잘 되는 곳에서
이용하고, 세탁을 하거나 올바르게 폐기한다.
* 난로나 장작 난로, 이동식 실내 난방기
근처에서 헐렁헐렁한 잠옷을 입거나, 스카프를
두르거나, 셔츠 자락을 늘어뜨린 채 요리나
일을 하지 않는다. 천이 불길에 닿아 불이 붙을
수 있다.
* 난방 시스템을 해마다 점검 받는다.
* 전류에 과부하가 걸리지 않도록 주의한다.
전선이 따뜻한 건 과부하의 조짐이다.
플러그를 뽑을 때는 확 잡아당기지 말고
올바로 뽑는다. 가전제품과 전기 코드에 탄
자국이 없는지 수시로 확인한다. 탄 자국이
있는 경우 가전제품에 심각한 이상이 있거나,
마모됐거나, 접속 상태가 좋지 못하다는
의미다. 마모되거나 손상된 배선 장치나
플러그는 즉시 교체해야 한다. 무게가 가벼운
연장선을 사용하지 않는다. 퓨즈가 끊어지거나
차단기가 내려가는 이유를 알아내는 것도
바람직하다. 과부하가 걸렸을 수 있는데,
과부하는 화재의 주요 원인이다. 원인을 알 수
없다면 전문가와 상담한다.
* 이동식 실내 난로는 가정 화재의 주요
원인이다. 아예 사용을 하지 않는 것이 가장
좋지만, 사용해야 하는 경우 기울어지거나
다른 물건이 난로에 닿으면 자동적으로 전원이
차단되어야 한다. 산업안전기준에 부합한
제품을 사용하도록 한다. 방에 아무도 없을
때, 잠을 잘 때에는 이동식 실내 난로를 켜지
않는다. 사용하고 있을 때 난로를 만지면
뜨거운 경우 아이가 가까이 가지 못하게 하고,
커튼처럼 불이 잘 붙는 소재와는 최소 90cm
떨어진 곳에 설치한다. 그리고 타월이나 옷을
말리기 위해 이동식 실내 난로를 이용해서는
안 된다. 타월이나 천에 불이 붙을 수 있다.
석유난로는 실외에서 석유를 넣어야 하고,
어떤 난로든 난로가 완전히 식기 전에 연료를
넣어서는 안 된다. 이동식 실내 난로의 환경
위험에 대한 정보는 678~680쪽을 참조한다.

* 장작 난로를 사용하는 경우 불에 강한 소재 위에 설치해야 한다. 그러나 장작 난로에는 다른 문제들도 있다(678~680쪽 참조).
* 크리스마스 시즌에는 특히 다음과 같은 내용에 주의한다.
  - **장식용 전구** <u>KS 승인을 받은 제품이어야 하고, 반드시 설명서의 지시대로 설치한다.</u> 지난해에 사용한 전선이 닳지 않았는지 확인한다.
  - **초** 아이 손이 닿지 않는 곳, 종이 재질의 장식과 멀리 떨어진 곳에 설치한다. 잡아당길 수 있는 테이블보 위에 초를 놓아서는 안 된다.
  - **크리스마스트리** 바싹 마른 나무는 화재의 위험이 크다. 싱싱한 것을 구입해(잎이 유연하고 부러지지 않아야 한다.), 몸통에서 5cm 정도를 톱으로 잘라 물을 채운 나무 받침대에 세운다. 트리를 설치하는 동안 물의 수위를 일정하게 유지하고, 트리가 마르기 시작하면 트리를 치운다. 금속 소재의 트리를 이용하는 경우, 전등으로 장식하면 감전의 위험이 있다.
  - **불꽃놀이** 비전문가가 취급하는 안전한 불꽃놀이 같은 건 없다. 판매자가 '안전'하다고 분류한 불꽃놀이 제품이라도 잠재적으로 위험할 수 있다. <u>손에 들고 터뜨리는 작은 폭죽도 심각한 화상을 입히거나 실명을 일으킬 수 있다. 그러므로 집에서는 불꽃놀이를 해서는 안 된다.</u> 아이들은 불꽃을 터뜨리는 사람과 최소 몇 m 떨어진 곳에 서게 하고, 불꽃놀이를 하는 장소에 잠시라도 아이만 혼자 남겨두어서는 안 된다. 술을 마신 사람에게 폭발물을 다루게 해서도 안 된다.

안전은 아무리 강조해도 지나치지 않다. <u>다섯</u>

안전을 위한 제품

약국, 유아용 제품 매장, 가정용품 매장 등 다양한 상점에서 어린아이들의 안전을 위한 다양한 제품을 구입할 수 있다. 그러나 이런 제품에만 의지해서는 안 된다. 이런 제품은 아이의 속도를 늦추어 부모가 개입할 시간을 많이 제공한다는 장점이 있지만, 모든 아이에게 항상 효과적인 것은 아니다. 뿐만 아니라 안전을 위한 제품을 사용하더라도 아이에 대한 경계심을 늦춰서는 안 된다.

* 캐비닛과 서랍은 자물쇠를 채워 잠근다. 아이가 손을 넣어 뒤지지 않도록 주방의 찬장과 서랍은 반드시 잠근다.
* 가스레인지 보호대 / 손잡이 보호대
* 문손잡이 보호대(아이가 문을 열기 힘들게 하기 위해)
* 문 버팀쇠
* 투명 플라스틱 모서리 보호대(탁자 모서리를 부드럽게 하기 위해)
* 모서리 쿠션(날카로운 모서리를 부드럽게 하기 위해)
* 난로 보호대
* 블라인드와 커튼의 줄을 짧게 하는 도구
* 콘센트 플러그나 커버(플러그로 연결하는 보호 장치 외에 가전제품을 전원에 연결할 때에도 이용할 수 있는 경첩 달린 보호 장치도 있다.)
* VCR 차단막
* 욕조 수도 안전 커버
* 욕조 바닥의 미끄럼 방지 깔판
* 변기 자물쇠(사용하지 않을 때 변기 뚜껑을 내려놓기 위해)
* 미끄럼 방지 처리가 된 계단식 의자
* 아이가 함부로 열 수 없게 만든 미닫이문 잠금장치
* 현관 경보 장치(현관문이 열릴 때 신호를 보낸다.)

살 이하의 아동은 화재가 일어났을 때 부상을 입거나 사망할 위험이 가장 높다. 대체로 아이들은 위험을 인식하지 못해 재빨리 집을 빠져나가지 못하기 때문이다. 화재는 밤에 가장 위험하다. 밤에는 이미 30분 이상 연기가 피어오른 후에야 화재가 났음을 알게 되며, 이때에는 가족이 대피하기에 너무 늦다. 그렇기 때문에 능률적인 화재 탐지와 대피가 대단히 중요하다. 방법을 알아보자.

✱ 해당 지역 소방서가 권장하는 화재 및 연기 탐지기를 설치한다. 주방에는 광전자 모델이 가장 적합하다. 광전자 모델은 훈소 화재에 가장 효과적으로 반응하는 동시에, 조리할 때 나는 연기에는 반응하지 않는다. 화재경보기가 원활하게 작동하는지, 배터리로 작동하는 모델의 경우 배터리가 닳지 않았는지 매달 정기적으로 확인한다. 배터리로 작동하는 화재경보기는 최소한 일 년에 한 번 교체한다. 일부 전문가는 일 년에 두 번 교체할 것을 권장한다.

✱ 주방이나 난로가 놓인 방, 벽난로나 장작 난로 근처 등, 화재의 위험이 가장 높은 공간에 다목적 소화기('ABC'형 소화기)를 설치한다. 아이 손이 닿지 않는 곳에 설치해야 한다. 비상시에는 탄산수소나트륨(베이킹소다)을 이용해 주방의 불을 끌 수도 있다. 화재 정도가 약하고 오븐이나(먼저 오븐을 잠근다.) 프라이팬, 쓰레기통 같은 용기 안에서 화재가 났거나, 불을 끄는 데 성공하지 못했을 때 대피할 출구가 있고, 다른 식구들을 이미 대피시켰거나 대피 중에 있고, 누군가에게 소방서에 전화를 걸도록 지시한 경우에 한해서만 불을 끄려고 시도한다. 불이 약해지기는커녕 확산되기 시작하면 서둘러 중단하고 대피한다.

✱ 아이 방 창문에 스티커 등을 부착해 소방대원이 아이 방을 빨리 찾을 수 있게 한다.

✱ 화재가 났을 때 쉽게 탈출할 수 있도록 위층 창문에 탈출용 사다리를 설치하고, 연령이 높은 아이와 어른들에게 이용 방법을 알려 준다. 일 년에 두어 차례, 온 가족이 사다리를 타고 대피하는 연습을 한다. 그러나 탈출용 창문에 창문 안전장치나 어린이 안전 잠금장치를 설치해, 어른이 감독하지 않을 때 아이들끼리 '탈출' 놀이를 하지 못하게 해야 한다.

✱ 정기적으로 방화 훈련을 실시해, 집안 식구들이나 집에서 일하는 사람들 모두가 비상시에 재빨리 안전하게 대피하는 방법과 집 밖에서 만날 장소를 알려 준다. 이렇게 하면 모두의 소재를 파악할 수 있으며, 이미 탈출한 사람들을 찾느라 소방대원의 생명을 위태롭게 할 필요가 없다. 부모 혹은 집안의 어른들이 각자 한 아이씩 책임지고 맡아 대피시킨다. 여러 장소에서 불이 날 수 있으므로, 가능하면 각 방마다 한 군데 이상 탈출 경로를 마련한다. 가족들, 베이비시터, 보모, 가정부 등에게 화재 안전에 대해 가르친다. 불에 타고 있는 집을 탈출할 때는 걷는 것보다 지면에 가깝게 엎드려 기는 것이 더 안전하다. 대부분의 화재 관련 사망 사고는 직접 불길에 닿아서라기보다 뜨거운 가스와 연기에 의한 질식 및 화상과 관련된다. 옷을 걸치고 나온다든지, 애완동물을 찾으려 한다든지, 귀중품을 가지고 나온다든지, 불을 꺼 보려 한다든지, 소방서에 전화를 하려 애쓰지 말고, 즉시 대피하는 것이 최우선이라는 것을 모두가 명심하게 해야 한다.

일반 주방에는 많은 위험이 도사리고 있다. 찬장 잠금장치와 레인지 안전막 같은 안전장치를 이용해 아이를 보호한다.

대피한 후 최대한 빨리 소방서에 연락한다. 어떤 이유에서든 불에 타고 있는 집 안으로 다시 들어가서는 안 된다. 불을 끄는 일은 소방대원에게 맡긴다.

주방 환경 개선

가족들은 대개 주방에서 상당히 많은 시간을 보내는 만큼 토들러들도 오랜 시간을 주방에서 보내게 된다. 그러나 주방은 집에서 가장 흥미롭고도 위험한 장소이기 때문에 사고를 피하기 위해 특별한 조치가 필요하다. 다음의 조치를 취해, 아이가 안전하게 주방을 드나들 수 있도록 하자.

* 보관 장소를 자주 정리한다. 유리와 도자기 등 깨지기 쉬운 물건, 가장자리가 톱니 모양으로 되어 있는 랩 포장 상자, 날카로운 주방 기구, 눈을 찌를 수 있는 가느다란 손잡이가 달린 도구, 작은 손가락이 낄 수 있는 복잡한 장치로 이루어진 도구와 가전제품(달걀 거품기, 전동 깡통 따개 등), 유해한 세정제, 약물, 잠재적으로 위험한 식품류(땅콩, 땅콩버터, 고춧가루, 삼키면 목에 달라붙을 수도 있는 월계수 잎 등), 아이가 건드려서는 안 되는 것들은 찬장과 서랍 위쪽에 보관한다. '안전한' 냄비와 팬, 나무와 플라스틱 소재의 도구, 통조림류, 종이류, 열어도 해롭지 않은 개봉하지 않은 식품, 행주 등은 찬장과 서랍 낮은 칸에 보관한다.

* 위험한 물건이나 아이가 만지길 원하지 않는 물건은 서랍이나 찬장에 보관하고, 아무리 아이가 접근하기 어려운 서랍이나 찬장이라도 어린이 보호용 잠금장치를 설치한다. 아이가 안전 잠금장치를 여는 방법을 파악했다면, 서랍이나 문마다 위아래로 하나씩 잠금장치를 설치해 보호를 강화해야 한다. 아이가 동시에 두 개를 열기란 아주 어려울 것이다. 아이가 손에 집으려 하는 물건이나 손이 닿는 길이 및 높이는 시간이 지나면서 달라질 테니 보관 장소도 한 번씩 바꿔 주어야 한다. 최소한 6개월에 한 번이나, 필요할 때마다 물건의

위치를 다시 점검한다.

* 적어도 찬장 한 부분은 비워 두어(서랍보다는 찬장이 아이의 손가락이 걸릴 위험이 적다.), 아이가 탐색하고 즐길 수 있도록 한다. 튼튼한 냄비와 팬, 손잡이가 넓은 나무 숟가락, 체, 소쿠리, 행주, 플라스틱 그릇, 뚜껑 달린 용기 등은 아이에게 몇 시간 동안 즐거움을 제공하며, 아이의 호기심을 충분히 만족시켜 주어 금지된 장소에 굳이 가고 싶은 마음이 들지 않을 것이다. 이런 찬장이 주방에서 주로 많은 일을 하는 공간과 떨어져 있으면 아이가 탐색을 즐기는 동안 부모의 발에 밟힐 위험이 적을 것이다.

* 요리할 때 가능하면 가스레인지의 안쪽 버너를 사용하고, 항상 냄비 손잡이를 뒤로 돌려놓아 호기심 많은 아이 손이 닿지 못하도록 한다. 버너 제어장치가 가스레인지 앞쪽에 있다면, 아이가 건드릴 수 없도록 안전막을 설치하거나(688쪽 그림 참조) 스냅식으로 잠글 수 있는 손잡이 커버를 구입한다. 가전제품 잠금장치를 이용해 전자레인지 오븐에 접근하지 못하게 한다. 그리고 토스터기, 커피메이커, 저온에서 장시간 요리할 때 사용하는 도기 냄비 등은 바깥쪽이 화상을 입을 정도로 뜨거워질 수 있고, 전원을 차단한 후에도 한참 동안 열기가 남아 있을 수 있으니, 반드시 아이 손이 닿지 않는 곳에 두어야 한다.

* 냉장고와 잠재적으로 해로울 수 있는 내용물들은 잠금장치를 이용해 아이가 접근하지 못하게 한다. 또한 작은 냉장고 자석은 아이의 관심을 끌어, 아이가 삼키다가 질식할 수 있으므로 사용하지 않도록 한다.

* 부모가 부엌일을 하거나 컵에 주스를 따르는 동안, 아이를 조리대 위에 앉혀 간식을 먹게 한다든지 기다리게 해서는 안 된다. 추락의 위험 외에도 눈 깜짝할 사이에 토스터기에 손가락을 넣거나, 뜨거운 냄비에 손을 집어넣거나, 입을 크게 벌리고 그 안으로 나이프를 넣는 장면을 목격할지도 모른다. 뿐만 아니라 주방에 올라가도 된다는 생각을 심어 주게 되어, 부모가 안 보는 동안 주방에 올라가려 할 수 있다.

* 아이를 안은 상태에서 뜨거운 커피나 음료를 나르지 않는다. 아이가 갑자기 깜짝 놀라게 하거나 부모가 걸음이 불안정해지면, 음료를 쏟게 되어 부모와 아이 모두 데일 가능성이 매우 높다. 뜨거운 음료나 음식을 식탁이나 조리대 가장자리, 아이가 앉는 자리 근처 등, 아이가 손을 뻗을 수 있는 자리에 두어서는 안 된다.

* 쓰레기와 재활용품은 아이가 뚜껑을 열지 못하도록 쓰레기통이나 재활용 수거함의 뚜껑을 꼭 닫거나 싱크대 아래 선반에 넣고 문을 확실하게 잠근다. 아이들은 쓰레기 뒤지는 걸 무척 좋아하고, 쓰레기 안에는 위험 요소들이 많다.

* 음료를 흘리면 바닥이 미끄러워지므로 즉시 닦는다.

* 주방 세제, 연마제, 은 광택제 등, 잠재적으로 독성이 있을 수 있는 모든 주방 세제는 구입과 사용, 보관에 대한 안전 규칙을 따른다(682쪽 참조).

* 아이가 먹을 음식을 전자레인지에 데우지 않도록 한다. 지나치게 뜨거운 음식이나 고르지 않게 데워진 음식의 열층에 의해

아이의 입과 혀가 데일 수 있다. 전자레인지를 이용하는 경우, 항상 음식을 완전히 젓고 아이에게 음식을 주기 전에 부모가 먼저 음식의 온도를 확인해 보아야 한다.

* 방금 전자레인지로 튀긴 팝콘 봉지를 아이에게 열게 한다든지, 아이의 손이 닿는 가까운 거리에 두지 않는다. 김이 나올 때 심한 화상을 입을 수 있다.
* 이쑤시개, 날카로운 꼬챙이 등, 주방에 있는 날카로운 물건들에 접근하지 못하게 한다. 아이의 눈과 코, 귀, 신체 어느 부위든 이런 물건들에 찔리면 심각한 결과를 초래하게 된다.

── 욕실 환경 개선

주방만큼 매력적이면서 주방 못지않게 위험할 수 있는 곳이 바로 욕실이다. 아이를 욕실에 출입하지 못하게 하는 방법은 한 가지, 바로 욕실 문 높은 곳에 갈고리와 구멍 고리 혹은 기타 잠금장치를 설치해 사용하지 않을 때는 잠가 두는 것이다. 아이가 변기를 사용하게 되면 변기에도 잠금장치를 이용해야 할 것이다. 뿐만 아니라 다음과 같은 예방 조치를 취해 아이에게 안전한 욕실 환경을 만들어 주어야 한다.

* 욕조 바닥은 미끄럼 방지 처리를 하고, 그렇지 않은 경우 미끄럼 방지를 위한 스티커를 부착한다.
* 아이가 미끄러질 위험을 최소화하고 미끄러지더라도 충격을 완화하기 위해 욕실 바닥에 미끄럼 방지용 욕실 매트를 깐다.
* 아이가 필요할 때 잡을 수 있도록 욕조의 낮은 위치에 가로대를 설치한다. 가로대에 머리를 찧을 위험이 있다고 생각되면 패드를 댄다.
* 모든 약물과 구강 청결제, 치약, 비타민, 머리카락 미용 용품과 스프레이, 로션, 화장품 등은 아이 손이 닿지 않는 곳에 안전하게 보관한다. 약물과 비타민 보충제는 욕실보다는 습기에 덜 노출되는 침실이나 주방에 보관하는 것이 훨씬 바람직하다. 면도칼, 가위, 손톱깎이도 아이 손이 닿지 않는 곳에 보관해야 한다. 욕조 가장자리에 비누나 샴푸를 두지 않는다. 이런 물건들은 선반 높은 곳에 두어야 한다. 위험한 물건은 아무리 잠시라도 세면대 부근이나 아이 손이 닿을 만한 곳에 두어서는 안 된다.
* 변기 세제 및 기타 세제는 잠금장치가 설치된 욕실 찬장에 보관해 아이 손이 닿지 않게 해야 한다.
* 올라갈 수 있는 아이는 약품 수납 선반에 손을 뻗을 수 있으므로 수납 선반에 잠금장치를 설치해야 한다.
* 자외선램프나 난방장치를 아이 손이 닿는 곳에 두지 않는다. 아이가 전원을 켜거나 플러그를 꽂는 경우 감전될 수 있으며, 전원을 끈 후에도 여전히 뜨거워 화상을 입을 수 있다.
* 아이가 욕실에 있거나 물놀이를 할 때 아이 근처에서 헤어드라이어를 사용해서는 안 되며, 다른 사람에게도 사용하지 못하게 해야 한다. 바람직하지는 않지만 아이의 머리카락을 헤어드라이어로 말릴 경우, 가장 낮은 온도에 맞추어 아이의 머리에서 25~30cm 떨어진 곳에서 말린다. 그리고 일정 시간 동안 한 곳에만 집중적으로 드라이어 바람을 쐬지 말고, 드라이어 위치를 계속 바꾸어 주어 화상의 위험을 최소화한다.
* 가전제품을 사용하지 않을 때는 플러그를 꽂은 채 두어서는 안 된다. 아이가 변기에

헤어드라이어를 빠뜨리거나 전선을 물어뜯을 경우 감전될 수 있고, 고데기의 전원을 켜는 경우 화상을 입을 수 있으며, '면도'를 시도하려다 피부를 다칠 수 있다. 아이가 손재주가 좋거나 고데기나 헤어드라이어기가 여전히 뜨거운 상태라면, 플러그가 빠져 있는 상태라 해도 안심할 수 없다. 전원을 끈 후 몇 분 동안 화상을 입을 수도 있다. 그리고 전기 코드 자체가 목을 조를 위험이 있다. 아이들의 안전을 위해 이런 기기들을 사용한 후에는 즉시 치워야 한다.

* 심각하거나 치명적인 감전을 예방하기 위해 욕실과 주방에 접지 회로 차단기를 설치한다.
* 에너지 절약 및 우발적인 화상을 예방하기 위해 물의 온도는 최대 섭씨 49도로 한다. 어린아이들은 피부가 얇기 때문에 60도 정도의 온도에 3초만 노출되어도 피부 이식수술을 받아야 할 정도로 심각한 3도 화상을 입을 수 있다. 더욱 안전을 기하기 위해, 수도를 틀 때는 항상 찬물이 나오는 꼭지를 먼저 튼 다음 더운물 꼭지를 틀고, 수도를 잠글 때는 더운물이 나오는 꼭지를 먼저 잠근 후에 찬물 꼭지를 잠근다. 그리고 팔꿈치나 손을 이용해 목욕물 온도를 확인하고, 물의 온도를 전체적으로 고르게 하기 위해 욕조의 물을 휘저은 후에 아이를 욕조 안에 들여보낸다. 수도꼭지를 새로 설치할 계획이라면 더운물 꼭지와 찬물 꼭지가 따로 분리된 것보다 한 수도꼭지로 더운물과 찬물을 조절할 수 있는 것이 적당한 수온을 맞추기에 편리할 뿐 아니라 아이가 틀고 잠그기에도 더 안전하다.
* 아이가 부딪치거나 화상을 입을 위험을 예방하기 위해 욕조 수도에 안전 커버를 씌운다.
* 유아용 목욕 의자에 앉힌 경우라도 부모가 지켜보지 않는 상태에서 아이 혼자 욕조에 있게 해서는 안 된다. 이 규칙은 아이가 최소한 다섯 살이 될 때까지 반드시 지켜야 한다.
* <u>욕조를 사용하지 않을 때는 욕조 안에 물을 3cm도 남겨서는 안 된다. 아이가 욕실에서 놀다가 욕조 안에 빠질 경우 익사할 수 있다.</u>
* 토들러들은 아직 신체가 열 조절에 능숙하지 않으므로 아이를 사우나에 들여보내는 것은 위험할 수 있다. 열탕과 월풀 역시 토들러들에게는 적합하지 않다.
* 변기를 사용하지 않을 때는 흡착 컵이나 이런 용도로 특별히 만든 안전 잠금장치를 이용해 뚜껑을 닫아 두어야 한다. 대부분의 토들러들은 한 번씩 변기를 아주 재미있는 놀이 공간이라고 생각하는 것 같다. 그러나 변기에서 노는 건 비위생적일 뿐 아니라, 활발하게 놀다가 변기 안으로 넘어져 머리부터 빠질 경우 밖으로 나오기 어려울 수 있다.
* 아이가 쉽게 열 수 없는 뚜껑 덮인 휴지통을 이용하거나 위험한 쓰레기를 주방의 뚜껑이 있는 용기에 바로 가져다 버린다.
* 욕실 문의 잠금장치는 밖에서 열 수 있도록 해야 하고(반대로 다른 문의 잠금장치는 안에서 열 수 있게 해야 한다.), 문을 여는 도구는 눈에 띄지 않는 장소에 숨겨 둔다.

세탁실 환경 개선

세탁기와 건조기가 주방에 있든 지하실이나 욕실, 혹은 분리된 세탁실에 있든, 이런 가전제품과 세탁용품들은 심각한 위험을 일으킬 수 있다. 위험을 줄이기 위해 다음 내용을 참고하자.
* 세탁실에 접근하지 못하게 한다. 세탁실 문이 따로 나 있다면 늘 닫아 두고 잠금장치를 설치한다.
* 건조기 문은 항상 꼭 닫아 둔다.
* 가능하면 세탁기와 건조기를 사용하지 않을 때는 둘 다 전원을 차단한다.
* 표백제, 세제 등, 기타 세탁 용품은 아이 손이 닿지 않는 선반에 보관한다. 세제를 다 쓰면 빈 용기를 깨끗이 헹군 다음, 아이가 접근하기 힘든 재활용 수거함이나 쓰레기통에 버린다.
* 농약이나 제초제, 화학비료, 부동액, 창유리 세정제, 그 밖에 차량 관리 용품과 페인트, 페인트 희석제, 테레빈유 등은 아이 손이 닿지 않는 캐비닛에 보관한다. 싼 가격의 금속 캐비닛을 최대한 높은 곳에 설치하고, 번호 자물쇠를 채우는 것이 가장 바람직하다. 모든 유해한 제품들은 내용물과 사용 방법, 안전 경고를 잘못 알아보는 일이 없도록 원래 용기에 보관해야 한다. 특정 용기 안에 어떤 내용물이 들어 있는지 확신이 없는 경우, 유해 폐기물을 처리하는 방식대로 처리한다.

안전한 실외 환경 개선

아이에게는 모든 환경 가운데 집 내부가 가장 위험하지만, 심각한 사고는 마당이나 거리, 동네 놀이터에서도 일어날 수 있다. 그러나 집 밖에서 일어나는 많은 사고들은 비교적 예방하기 쉽다.
* <u>절대로 아이 혼자 집 밖에서 놀게 하지 않는다.</u>

안전한 놀이 장소

그네, 미끄럼틀, 정글짐. 모두 어린아이들이 무척 좋아하는 놀이 기구들이다. 그러나 놀이터의 시설이 안전하지 않다면 눈은 시퍼렇게 멍들고, 팔다리에 부상을 입는 등, 좋아하는 놀이 기구가 위험 시설로 변할 수 있다. 다음 내용을 살펴보고 집 안에서나 집 밖에서 놀이 시설의 안전성을 확인하자.

* **연령에 맞는 놀이 시설을 이용한다** 토들러의 경우 놀이 시설에서 가장 높은 지점의 높이가 1.8m 이상이 되어서는 안 된다. 놀이 시설을 받치는 플랫폼은 높이가 1.2m를 넘어서는 안 되며, 가드레일이 설치되어야 하고, 쉽게 내려올 수 있어야 한다. 미끄럼틀은 경사가 30도 이상이어서는 안 되고, 플랫폼은 미끄럼틀만큼 넓어야 하며, 높이는 최소 50cm가 되어야 한다. 미끄럼틀 높이가 1.2m 이상이라면 양 측면 높이도 비례해서 높여야 한다. 트램폴린은 토들러나 연령이 높은 아이들 모두 부상의 위험이 상당히 높기 때문에 사용을 권장하지 않는다. 가정에서 사용하는 놀이 시설은 지금도 이용할 수 있고 아이가 자란 후에도 이용할 수 있도록 조절 장치가 부착된 것이 가장 좋다.
* **안전한지 확인한다** 놀이 시설은 튼튼하게 구성되고, 정확하게 조립되어야 하며(제조 업체의 설명을 정확하게 따른다.), 콘크리트에 단단하게 고정되어야 하고(부드러운 흙이나 충전재로 덮여 있어야 한다.), 울타리나 벽에서 최소 2m 정도 떨어져 설치되어야 한다. 조잡하거나 날카로운 모서리에 다치지 않도록 모든 나사와 볼트는 끄트머리에 캡을 씌우고, 캡이 헐겁지 않은지 정기적으로 확인해야 한다. 그네에는 S자 형 고리를 이용하지 않는다(그네를 세게 흔들 경우 체인이 고리 밖으로 툭 튀어나올 수 있다.). 타고 올라가도록 되어 있는 밧줄이 달려 있다면, 양쪽 끝이 단단하게 매어져 있어야 한다. 그네는 심한 머리 손상을 예방하기 위해 충격을 흡수하는 유연한 소재의 양동이 모양이어야 하고, 지지하는 기둥으로부터 최소 60~75cm 떨어져 설치해야 한다. 모든 고리와 구멍은 아이의 머리가 끼지 않도록 설계되어야 한다(9cm보다

아이가 유모차에서 잠깐 눈을 붙일 때에도 자주 살펴보아야 한다. 재빠른 아이들은 잠시 눈을 뜬 사이에 안전띠 사이로 빠져나와 말썽을 일으킬 수 있다. 안전띠를 풀지 않더라도 유모차에서 서려고 하다가 유모차가 뒤집힐 수도 있다. 뿐만 아니라 아이를 지켜보는 사람이 없으면 유괴를 당할 수도 있다. 전혀 말도 안 되는 일 같겠지만, 실제로 이런 끔찍한 일이 벌어지고 있다.

* **가능하면 아이가 안전하게 놀 수 있도록 마당의 일부분을 막아 놓는다.** 널빤지 사이 간격이 10cm 이하인 울타리를 만들어 설치하거나, 하나로 죽 이어진 널빤지를 설치해 아이가 울타리 너머로 기어 올라갈 수 없게 한다. 놀이 공간에 장난감 등 놀 거리를 마련하고 유해한 식물이나(704쪽 참조) 돌멩이, 잠재적으로 해로울 수 있는 파편들을 제거한다. 아이가 18개월 이하인 경우 이처럼 통제된 환경이라 해도 현장에서 감독을 해야 한다. 연령이 높은 아이의 경우 창문을 통해 지켜보아도 좋다.

* **토들러들의 보행자 사망은 대부분 진입로에서 차를 출발시키다가 아이를 치어 일어나는 만큼, 부모가 지켜보지 않을 때에는 아이가 절대로 진입로에 가지 못하도록 각별히 주의하고, 자동차를 출발시킬 때는 특히 조심해야 한다. 차를 출발하기 전에는 반드시 자동차 주변을 둘러보아 아이들이 있는지 확인한다.**

* 아이가 마당에 있을 때는 잔디를 깎지 않는다.

작든지 23cm보다 커야 한다.). 금속 소재는 페인트를 칠하거나 아예 도금을 해 녹을 방지해야 한다. 나무 소재의 놀이 시설은 썩지 않도록 부식 방지 처리를 해야 한다. 그러나 비소가 함유된 물질로 부식 방지 처리를 한 나무는 인체에 해로우므로, 셸락이나 페인트, 폴리에스테르 섬유 등으로 2년마다 나무를 감싸는 것이 가장 좋다. 이렇게 나무를 감싸지 않은 경우, 아이가 놀이 시설에서 논 후에는 반드시 손을 씻도록 각별히 주의를 기울여야 한다.

* **놀이 시설은 양호한 상태를 유지해야 한다** 망가진 부분은 없는지, 볼트는 느슨해지지 않았는지, 보호 캡이 빠지지는 않았는지, 베어링이 마모되지는 않았는지, 아이의 손가락이 걸릴 만한 기계장치가 노출되어 있지는 않은지, 금속 재질이 부식되지는 않았는지, 나무가 쪼개지거나 상태가 나빠지지는 않았는지 정기적으로 점검한다. 집 안의 놀이 시설인 경우 즉시 수리하고, 수리가 불가능하다면 하자가 생긴 시설을 치우거나 수리가 이루어질 때까지 놀이 공간에 아이의 접근을 금지한다. 공원의 놀이 시설이 제대로 수리가 이루어지지 않은 경우, 해당 지역 공원 관리과에 문제를 알리고 수리가 끝날 때까지 놀이터에 가지 않는다.

* **놀이 시설 주변의 바닥 표면이 부드러워야 한다** 놀이터 바닥 표면 바로 밑에 있거나 표면 위로 돌출된 돌멩이와 나무뿌리를 없앤 다음, 놀이 시설 주변 20~30cm 정도에 모래나 톱밥, 나무 칩, 나무껍질을 깔거나 합성 고무매트나 충격을 흡수하는 소재의 매트를 깐다. 콘크리트나 다진 흙, 잔디는 이용하지 않는다. 아이가 이런 표면 위에 넘어질 경우, 심각하거나 치명적인 부상을 입을 수 있다. 바닥은 놀이 시설 주변으로 2m 정도 깔아 놓아야 한다. 모래로 깐 바닥이 단단하게 뭉치지 않도록 비가 온 후에는 갈퀴로 모래를 정리하고, 필요하면 매년 새 모래를 추가한다.

* **아이의 복장을 갖춘다** 아이가 놀이 시설을 이용할 때는 망토나 소매가 치렁치렁한 옷, 길게 늘어진 원피스 등, 놀이 시설에 걸릴 만한 옷을 입히지 않는다.

* **감독한다** 아이가 어떤 놀이 시설에서 놀든 부모가 감독할 때에만 안전하므로, 항상 주의 깊게 감독해야 한다. 놀이 시설이 아이보다 클 경우 가까운 거리에서 감독해야 한다.

> ### 아이 팔 흔들지 마세요
>
> '요골두 탈구'는 아이의 팔이 탈구되거나 빠지는 현상을 말한다. 이런 현상은 네 살 미만의 아동에게 흔히 볼 수 있다. 이유는 아이의 관절이 비교적 느슨하고 신체의 조정 능력이 부족해, 부모를 비롯한 양육자들이 아이의 팔을 잡고 끌게 되기 때문이다. 팔꿈치 관절이 늘어나면 근처의 부드러운 조직이 관절 안으로 미끄러져 들어가 갇히게 되어, 아래쪽 팔에 심한 통증을 일으키고 움직일 수 없게 된다. 아이의 팔꿈치가 관절을 벗어나지 않도록 하려면, 아이와 놀 때든 화가 날 때든 아이의 팔을 잡아끌거나 팔을 올리거나 흔들어서는 안 된다. 요골두 탈구를 다루는 방법은 다음 장 #46의 응급처치 요령을 참고하자.

잔디를 깎기 전에 통로의 파편들을 치우는 경우에도 자갈이나 그 밖에 미처 챙기지 못하고 놓아둔 못 같은 물건들이 위험한 발사물이 되어 아이의 눈이나 다른 부위를 다치게 할 수 있다. 가능하면 수동식 잔디 깎기 기계를 이용한다. 가스나 전기를 이용한 모델은 더 위험하다. 잔디 깎는 기계와 그 밖의 원예 도구는 아이 손이 닿지 않는 곳에 안전하게 보관한다.

* 베란다와 테라스의 가로대는 튼튼해야 하므로 약해지거나 부서진 곳이 없는지 수시로 확인한다. 가로대의 기둥 사이 간격이 촘촘해서 어린아이들의 머리가 끼거나 기둥 사이로 빠져나가 떨어지는 일이 없도록 해야 한다. 실외에 경사가 급한 구역은 어린아이들이 접근하지 못하게 조치를 취해야 한다.
* 아이를 공공 놀이터에서 놀게 할 때는 아이를 풀어 주기 전에 먼저 놀이터 주변을 점검한다. 개의 배설물이나 깨진 유리, 버려진 약물 기구, 그 밖에 유해한 물건들이 떨어져 있지 않은지 살펴본다.
* 환경 파괴적인 행동을 삼간다. "화단의 꽃은 먹지 말아라!"라고 백 번 얘기하는 것으로는 충분하지 않다. 집 안에서든 밖에서든 식물을 먹으면 안 된다는 걸 아이에게 분명히 알려야 한다. 독이 있는 식물을(704쪽 참조) 집 마당에 심지 않도록 하고, 정 심어야 한다면 최소한 식물 주변에 울타리라도 쳐야 한다. 그리고 아이와 함께 공원에 갈 때는 독이 있는 식물에 가까이 가지 못하도록 철저하게 감독해야 한다.
* 아이가 흙을 먹지 않도록 한다. 흙에는 페인트나 산업 잔류물을 통해 납 성분이 오염되어 있을 수 있다.
* 집에 모래 놀이터를 마련했다면 사용하지 않을 때는 덮어놓는다. 동물의 배설물, 나뭇잎, 쓰레기 등이 섞일 수 있다. 모래가 젖은 경우 햇볕에 바싹 말린다. 모래 놀이터에 모래를 채울 때는 반드시 먼지가 없는 깨끗한 모래를 선택해야 한다. 먼지가 많은 모래에는 투각섬석 석면(tremolite fibers)이 포함되어 있을 수 있다. 공기 중에 떠다니는 투각섬석 석면을 흡입할 경우 심각한 질병을 일으킬 수 있다. 이미 모래를 채운 경우 들통에 30cm 정도 모래를 퍼 담거나, 물 한 컵에 모래 한 숟가락을 넣어 모래가 깨끗한지 시험해 본다. 들통에 퍼

> ### 놀이에 안전한 옷
>
> 날씨에 맞게 아이 옷을 입혀야 한다. 놀이 시설에 걸릴 수 있고(목도리, 모자나 후드의 끈 등 놀이 시설에 걸릴 만한 모든 것들), 질식의 위험이 있는 옷가지들은 아이의 눈에 띄지 않는 구석에 감춰 두자.

자전거를 타는 사람은 누구나 필수적으로 자전거 헬멧을 착용해야 하며, 토들러도 예외가 아니다.

담을 때 뿌연 먼지가 나거나, 유리컵의 물이 모래가 가라앉은 후에도 뿌옇게 흐려지면 모래를 교체한다. 가급적 바닷가의 일반 모래로 교체하는 것이 좋다. 놀이터의 모래는 대부분 돌이나 대리석을 갈아서 만든 것이 많기 때문이다.

* 집 밖에 벽난로나 바비큐 시설을 설치했다면, 이용하는 동안 아이가 가까이 가지 못하게 해야 한다. 불을 붙이는 순간부터 물을 뿌려 불을 끄거나 석탄이 식어 폐기할 때까지 반드시 부모가 아이 곁에 있어야 한다. 석탄은 물을 끼얹지 않으면 불이 꺼진 후에도 한참 동안 열기가 남아 있다는 사실을 기억하자. 식탁 위에 석쇠를 올려놓고 고기를 굽는 경우, 아이 손이 닿아 뒤집어지지 않도록 안정된 바닥 위에 석쇠를 설치해야 한다.
* 아이가 세발자전거를 탈 때는 반드시 헬멧을 착용하게 해야 한다. 진입로나 인도, 사고가 일어날 것 같지 않은 공원에서 세발자전거를 탄다고 안심해서는 안 된다. 많은 자전거 사고가 바로 이런 환경에서 일어나며, 헬멧을 착용하면 심각한 사고 위험을 줄일 수 있다. 헬멧을 착용하는 습관을 들일 때 가장 큰 이점은 지금 당장뿐 아니라 장차 성장한 후에도 아이를 보호할 수 있다는 것이다. 아이가 자전거를 탄다면 부모부터 항상 헬멧을 착용해 안전 의식의 모범을 보여 주어야 한다.
* 변두리나 시골에 거주하는 경우 야생 동물에 주의한다. 너구리나 들개 등은 모두 광견병을 지니고 있을 수 있다. 감염된 동물은 비정상적으로 행동할 수 있으며, 건강한 동물들보다 인간에게 가까이 접근할 가능성이 높다. 쓰레기통 뚜껑은 항상 꼭 닫아 두어 먹이를 찾는 동물들이 쓰레기통을 뒤지지 못하게 해야 하며, 애완동물 음식을 집 밖에 놓아서는 안 된다.
* 아주 덥거나 영하의 날씨일 때는 실외 놀이를 제한한다.
* 날씨가 더울 때는 놀이터의 놀이 기구와 유모차, 자동차 시트, 실외 가구 등의 금속 부분을 확인한 후에 아이가 접촉하게 한다. 금속은 쉽게 뜨거워지며, 특히 뙤약볕에서는 단 몇 초만 손을 대고 있어도 심하게 데일 정도로 뜨거워질 수 있다.

수상 안전 환경 개선

물과 토들러가 있는 곳에는 즐거움과 위험이 동시에 자리한다. 다음과 같이 예방 조치를 취해 위험은 줄이고 즐거움은 고스란히 유지하자.

* 수영장이나 어린이 풀장 등, 물을 모아 놓은 곳은 물의 깊이가 몇 cm밖에 안 된다 하더라도 어른이 감독하지 않을 때는 아이의 접근을

금지한다. 어린이 풀장을 이용하지 않을 때는 반드시 뒤집어 놓거나 한쪽에 치우거나 덮개를 덮어 빗물이 차지 않도록 한다.

* 집에 수영장이 있는 경우 주위에 울타리를 친다. 울타리는 사방으로 둘러쳐야 하고, 높이가 최소 1.5m는 돼야 한다. 수직의 기둥은

벌레에 물리지 않게 한다

뺨에는 군데군데 젤리가 묻어 있고, 손가락은 과일즙으로 끈적끈적하고, 옷 색깔은 대체로 밝고 선명해 토들러들은 벌레들이 아주 좋아하는 표적이 되기 쉽다. 게다가 아이들은 벌레에 대한 상식이 없는데다 벌에 가까이 가서는 안 된다든지, 모기가 많은 곳은 피해야 한다는 사실을 잘 알지 못한다. 또 동작은 빠르고 예측 불가능하며(그래서 벌레를 끌어들이고 벌레의 활동을 자극한다.), 주로 벌레들이 모이는 장소에서 노는 걸 좋아해 벌레들에게 만만한 대상이 된다.

대부분의 곤충은 침을 쏘고 물어도 해가 없지만, 간혹 질병을 옮기거나 심한 알레르기 반응을 일으킬 수 있다. 그러므로 벌레를 경계하고, 벌레에 물리지 않도록 최대한 보호하는 것이 현명하다. 벌레로부터 아이를 보호하는 방법을 알아보자.

모든 곤충으로부터 보호하는 방법
아주 더운 계절에는 힘들겠지만, 곤충으로부터 몸을 보호하는 가장 좋은 방법은 옷으로 몸을 가리는 것이다. 곤충이 떼를 지어 다니는 경우, 최대한 많은 옷가지로 아이의 몸을 가린다. 모자, 긴팔 옷, 긴 바지, 양말, 발을 모두 감싼 신발을 신긴다. 선명한 색, 어두운 색, 꽃무늬 옷보다 흰색, 파스텔 색, 은은한 초록색, 카키색 옷이 벌레가 덜 달려든다. 벌레들은 향에도 끌리기 때문에 벌레가 많은 계절에는 향이 없는 세제, 샴푸, 비누, 물티슈, 로션, 자외선 차단 크림을 이용하고, 향수, 애프터 셰이브 로션, 향이 나는 헤어스프레이는 삼간다. 그리고 놀이 공간에는 밝은 색의 향이 좋은 꽃을 심지 않는다. 자동차 안에 벌레가 들어오면 피하기 어려우므로, 주차하는 동안에는 창문과 선루프를 닫고 가족들을 태우고 달리기 전에 자동차 내부를 점검한다.

모기, 벼룩, 진드기 등을 물리치기 위해 방충제를 이용하되, 어린이 전용 방충제만 이용한다. 디트(DEET)를 함유한 제품은 농도가 10%를 넘어서는 안 되며, 두 살 이하의 아동에게 사용해서는 안 된다(의사의 권고가 있는 경우는 예외다.). 콩기름이나 약초를 원료로 한 방충제 역시 사용 가능하다. 직접 안전하게 바르기 어려운 스프레이 형보다 스틱 형, 회전 도포 형, 몸에 바르는 방식이 더 낫다. 눈과 입 주위, 상처 부위, 다친 부위를 피해 노출된 피부에 조심해서 조금씩 바른다. 디트 성분은 합성섬유와 플라스틱류를 분해할 수 있으므로 옷이나 옷이 닿는 피부에 바르지 않는다. 방충제의 설명서를 주의 깊게 읽는다. 일부 방충제는 지속 시간이 두 시간에 불과하거나 물에(특히 소금물) 씻겨 없어지기 때문에 자주 덧발라 주어야 한다. 실내에 들어온 후에는 방충제를 물로 씻어 없앤다.

벌로부터 보호하는 방법 가급적 벌이 잘 다니는 장소에 아이가 접근하지 못하게 한다(토끼풀이나 야생화가 많은 풀밭, 과일나무 주변, 쓰레기통 부근 등). 집 안이나 부근에서 벌집이나 말벌의 보금자리를 발견한 경우 119에 의뢰해 제거한다. 주변에 벌이 있을 때는 아이에게 과일이나 과일 주스 같은 끈적거리고 달콤한 간식을 주지 않는다. 이런 간식을 주었을 경우 아이가 간식을 먹은 즉시 향이 없는 물티슈로 손가락과 얼굴을 닦아 주어 간식의 흔적을 모두 없앤다. 아이가 벌침에 알레르기 반응을 보인 경험이 있다면 717쪽을 참조한다.

모기로부터 보호하는 방법 모기는 물에서 알을 낳으므로 웅덩이를 메우고, 빗물받이 통을 비우며, 정원의 새 물통에 있는 물을 버린다. 모기가 많이 돌아다니는 계절에는 아이를 밤에 실외로 데리고 나가지 않는다. 실내의 문과 창문의 모기장은 항상 양호한 상태를 유지하도록 손질하고, 창문과 문을 열어 둘 때는 반드시 모기장을 친다. 아이의 유모차 위에 모기장을 씌우면 산책할 때 아이를 보호할 수 있다. 아이가 두 살 이상이라면 방충제를 바를 수도 있다.

독거미로부터 보호하는 방법 거미가 주로 다니는 따뜻하고 건조하며 어두운 장소에 가까이 가지 못하게 한다(벽장, 다락, 지하실, 차고, 창고 등). 옷, 신발, 장화, 창고에서 꺼낸 물건에 거미가 붙어 있는지 주의 깊게 확인하고 거미줄을 발견하면 제거한다.

사이 간격이 10cm 이상 벌어져서는 안 되며 아이가 쉽게 올라가서도 안 된다. 굵은 철사를 다이아몬드 모양으로 엮은 울타리의 경우, 아이가 발을 딛지 못하도록 다이아몬드 모양의 구멍이 아주 작아야 한다. 수영장으로 향하는 입구의 문은 항상 잠겨 있어야 한다. 이 문들은 수영장과 멀리 떨어져 있어야 하고, 아이 손이 닿지 않는 높은 곳에 자기 유지 방식의 잠금장치를 설치해 자동으로 폐쇄되도록 해야 한다. 문이 열려 있음을 알리는 경보장치를 설치하면 더욱 안전하게 보호할 수 있다.

* 배수구 뚜껑이 분실된 경우, 새 뚜껑을 마련할 때까지 아이를 풀장에 들여보내서는 안 된다.
* 울타리 대신 수영장 덮개에만 의지해서는 안 되며, 울타리를 일부분만 설치해서도 안 된다. 토들러들은 열린 틈새로 살그머니 들어갈 수 있다. 수영장 덮개에 빗물이 고이면 즉시 물을 빼야 한다.
* 높이 1.2m 미만의 옥외 간이 수영장이 있는 경우에도 역시 울타리를 설치해야 한다. 옥외

눈 위에서 놀아요

겨울에 눈이 내리면 어른들은 통행로와 진입로에 염화칼슘 뿌려야지, 눈 치워야지, 미끄러운 길 조심조심 걸어 다녀야지, 진흙투성이 장화를 닦고 흠뻑 젖은 방한복 세탁해야지, 골치 아픈 일이 한두 가지가 아니다. 반면에 아이들은 눈사람도 만들고, 눈싸움도 하고, 썰매도 타고 눈 쌓인 언덕을 내려오는 등 즐거운 일들이 한껏 펼쳐진다. 하지만 겨울 날씨며 겨울 놀이들은 위험이 따르기 때문에 부모들이 각별히 신경을 써야 한다. 아이가 겨울 놀이를 즐겁고도 안전하게 즐길 수 있도록 다음 내용을 참고하자.

안전하게 썰매 타기 썰매를 타는 경사로는 사람이 붐비지 않아야 하고, 경사가 아주 완만해야 하며, 얼음에 뒤덮여서는 안 되고, 돌멩이나 나무뿌리 등 썰매를 넘어뜨릴 수 있는 돌출된 것들이 없는지 주의 깊게 점검해야 한다. 또한 경사로가 차량의 활동 거리 내에 위치하지 않아야 하고, 나무가 없어야 한다. 어린아이들이 썰매를 탈 때는 줄곧 감독을 해야 하고, 안전 헬멧을 씌워야 한다. 썰매는 아이의 연령과 크기에 적합한 것이어야 한다. 토들러의 경우, 좌석이 장착되어 있고 안전띠를 매도록 되어 있는 썰매가 가장 안전하다. 이런 썰매를 구할 수 없다면 어른의 다리 사이에 앉아 썰매를 타야 한다. 거꾸로 썰매를 탄다든지, 쓰레기통 뚜껑이나 판지 상자 등을 이용해 임시로 만든 썰매를 타게 해서는 절대로 안 된다. 어린 토들러들은 어른이나 책임을 질 수 있는 정도의 연령이 되는 어린이가 썰매를 끌어 주는 것이 가장 안전하다.

안전하게 눈싸움하기 폭신하게 굴린 눈 뭉치를 재미로 던지는 건 아무런 해가 없고 재미있지만, 눈 뭉치 안에 얼음이나 이물질을 넣는다든지, 지나가는 자동차나 다른 사람의 머리 혹은 얼굴에 눈 뭉치를 던지는 건 위험하다는 걸 알려 주어야 한다.

스키는 나중에 가르친다 토들러 정도면 스키의 기본자세를 어느 정도 익힐 수 있지만, 대부분의 전문가들은 스키처럼 잠재적으로 위험할 수 있는 겨울 스포츠는 최소한 네 살 이후에 시작하도록 권장한다. 마찬가지 이유에서 스케이트 역시 토들러들에게 권장되지 않는다.

눈을 먹지 못하게 한다 아무리 신선하고 깨끗하고 새하얗게 보인다 해도 눈은 보이는 것만큼 깨끗하지 않다. 도시 한복판에 떨어진 눈만 더러운 것이 아니다. 시골에 내린 눈에는 산업 및 농지 유출수가 포함될 수 있고, 동물의 배설물로 오염될 수 있다. 그러므로 아이가 눈을 한 움큼 손에 쥐고 입에 넣지 못하도록 매 순간 감시하기는 어렵겠지만, 부모가 지켜보는 동안만큼은 눈을 먹지 못하게 하는 것이 바람직하다.

그만두어야 할 때를 알린다 바깥 공기가 쌀쌀하게 느껴지기 시작하면 아이를 안으로 들여보낼 때가 된 것이다. 아이가 추위를 느껴 짜증을 부릴 때가 되어서야 집에 들어가지 않도록 한다. 아이의 옷이나 장갑이 젖은 경우에도 따뜻한 실내로 들어가야 한다.

양 측면과 뒤가 막힌 썰매에 앉혀 안전띠를 채우면 아이가 안전하게 썰매를 탈 수 있다.

간이 수영장으로 올라가는 계단이나 사다리는 아이가 접근하지 못하게 하거나, 수영장을 이용하지 않을 때는 치운다.

* 나무, 의자, 벤치, 탁자 등, 아이가 딛고 올라가 울타리나 옥외 간이 수영장으로 넘어갈 수 있을 만한 물건은 모두 치워야 한다.
* 풀장을 이용하지 않을 때는 풀장 안과 주변에서 장난감을 치운다. 아이나 다른 아이들이 물에 들어가고 싶은 유혹을 느낄 수 있다.
* 계속 감독한다. 아이가 어른의 감독 없이 풀장에 들어가게 해서는 절대로 안 되며, 어른은 아이가 풀장 안에 있는 동안 계속 지키면서 매 순간 아이를 감독해야 한다. 아이들은 대체로 눈 깜짝할 사이에 물에 빠지게 되며, 집 반대편에 있는 어른에게 도움을 요청하기에는 무리가 있다. 감독을 하는 어른은 수영장에 있는 아이와 수시로 눈을 마주쳐야 하고, 심폐 소생술을 비롯해 물에 빠진 경우 취해야 할 응급조치를 잘 알고 있어야 하며, 술을 마셔서는 안 된다. 술은 한 모금이라도 응급 상황에서 대처할 능력을 약화시킬 수 있다. 대신 감독할 어른이 없고 자리를 비워야 하는 상황이라면, 잠시 자리를 비우더라도 수영장 안에 있는 아이들을 모두 데리고 가야 한다.
* 안전 규칙을 강화한다. 아이가 수영을 할 줄 알더라도 올바른 판단력을 지닐 때까지는 수상 안전을 보장할 수 없으며, 연령을 불문하고 누구도 '친구' 없이 혼자 수영해서는 안 된다는 걸 기억하자.
* 공기로 부풀리는 튜브나 부낭처럼 물에 뜨는 장난감을 사용하지 않도록 한다. 아이들이 이런 도구에서 미끄러지거나 떨어지는 건 순식간에 벌어지는 일일 뿐만 아니라, 어른과 아이 모두 안전에 대해 잘못된 인식을 심어 줄 수 있다. 보다 확실하게 안전을 기하려면 안전 인증을 받은 구명조끼를 입히되, 구명조끼에만 의지하지 말고 아이를 지켜본다.
* 만일의 경우에 대비해 비상사태에 대처하는 방법을 익힌다. 수영장 양쪽에 막대기와 구명 기구를 비치하고, 심폐 소생술 방법 및 취해야 할 조치를 안내한 내용을 부착한다. 수영장을 이용할 때는 무선전화기나 휴대 전화를 지니고 긴급 전화번호를 입력해 놓는다.
* 마당에 수영장을 설치할 계획이라면, 아이가 최소한 다섯 살은 되고 수영 강습을 받은 후로 미루는 것이 가장 좋다.
* 아이가 물놀이를 하거나 수영을 하는 곳은 모두(매일 물을 비우는 어린이 풀장은 제외하고) 제대로 염소 처리를 한 곳이어야 한다. 염소의 양이 너무 많아도 위험하지만 너무 적어도 위험할 수 있다. 제대로 염소 처리된 수영장이라 해도 아이가 천식과

알레르기가 있다면 문제를 일으킬 수 있다. 아이가 수영장 물을 많이 마시면 설사를 일으킬 수도 있다. 지나치게 물장구를 치거나 물을 튀기지 않게 한다. 염소 처리된 물이 눈 속에 들어가면 염증을 일으킬 수 있다.

* 아이가 아직 유아용 변기를 이용하지 않는 경우, 기저귀에 꼭 맞는 방수 팬티를 입히지 않은 상태에서는 물놀이를 허용하지 않는다. 배설물이 새어 나와 물을 오염시킬 수 있으며, 특히 기저귀를 찬 아이들이 동시에 수영장에 들어가는 경우 오염이 심해질 수 있다.
* 스파나 온수 욕조가 설치된 경우, 단단하고 잠글 수 있는 덮개를 이용해 아이가 가까이 다가가지 못하게 한다. 울타리를 설치해도 좋다.
* 바닷가에서는 인명 구조대 초소 가까이에 자리를 잡는다. 그러나 아이의 안전을 인명 구조대에만 의지해서는 안 되며, 매 순간 아이를 감독해야 한다. 인명 구조대가 심폐 소생술을 잘 알 거라고 기대해서도 안 된다. 안타까운 사실이지만 모르는 사람이 많다.
* 가족들과 보트를 타는 경우, 모든 아이들에게 아동용 안전 인증을 받은 구명조끼를 입힌다. 그러나 인명 구조대와 마찬가지로 구명조끼가 부모의 감독을 대신해서는 안 된다.

자동차 안전 환경 개선

항상 안전띠를 착용하는 것이 자동차 안전에서 가장 중요한 규칙이지만, 그 밖에도 지켜야 할 규칙들이 더 있다.

* 돌보는 사람 없이 아이 혼자 자동차에 두고 나와서는 안 된다. 가슴이 철렁할 만한 일들이 부지기수로 일어날 수 있다. 예를 들어, 아이가 자동차 안을 돌아다니며 놀다가 차를 작동시켜 사람을 치거나 건물에 부딪칠 수 있다. 혹은 낯선 사람이 차를 훔치거나 아이를 납치할 수도 있고, 자동차 안의 온도가 위험할 정도로 내려가거나 올라갈 수 있다.
* 카 시트는 현재 아이의 연령과 체중에 적합해야 하며, 실용성을 위해 향후 1, 2년 동안 계속 이용할 수 있도록 디자인 되어야 한다. 5점식 안전띠는 3점식 안전띠에 비해 채우기는 더 까다롭지만 안전성은 더 높다.
* 카 시트는 항상 정확하게 설치하고 자동차 안전띠로 고정해야 한다. 카 시트와 자동차의 설명서에 나온 내용을 정확하게 따른다. 새 카 시트를 기존의 카 시트와 똑같이 설치하면 될 거라고 지레짐작하지 않는다. 아이가 카 시트 안에서 마구 몸을 뒤틀어도 거의 움직임이

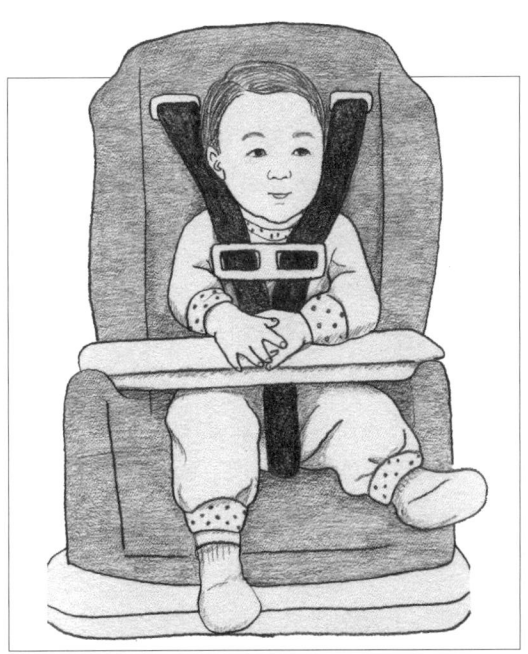

아이는 전환형 카 시트에서 차량의 뒤쪽을 향해 앉다가, 첫돌이 지나고 체중이 9kg이 넘으면 이후부터 앞을 향해 앉을 수 있다. 카 시트 방향을 돌릴 때는 제조 회사의 설명에 따라야 하고, 아이가 자랄수록 안전띠를 다시 조절해야 한다. 이 연령이 되면 체중 9kg, 13kg, 18kg 아동용 앞을 향하는 카 시트에 탈 수도 있다.

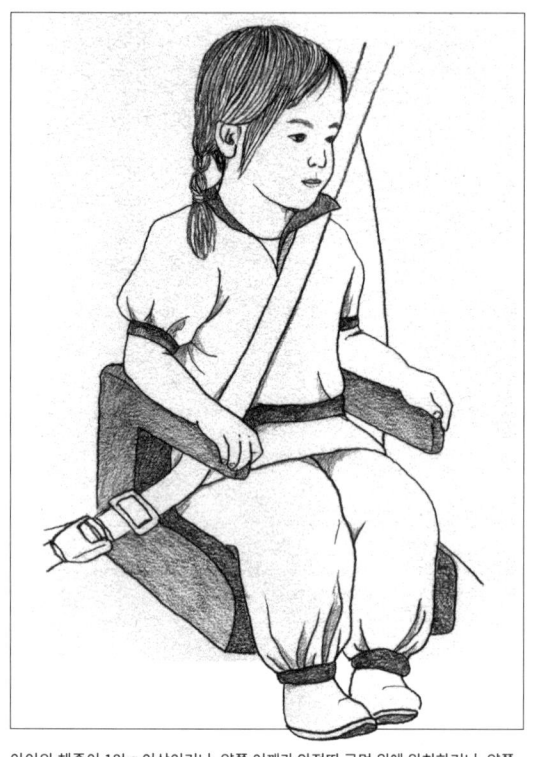

아이의 체중이 18kg 이상이거나, 양쪽 어깨가 안전띠 구멍 위에 위치하거나, 양쪽 귀가 카 시트 뒷면 위에 위치하는 경우, 안전띠로 고정시키는 아동용 보조 의자를 이용해야 한다. 보조 의자는 카 시트 안에 장착하거나 안전띠로 고정시킨다.

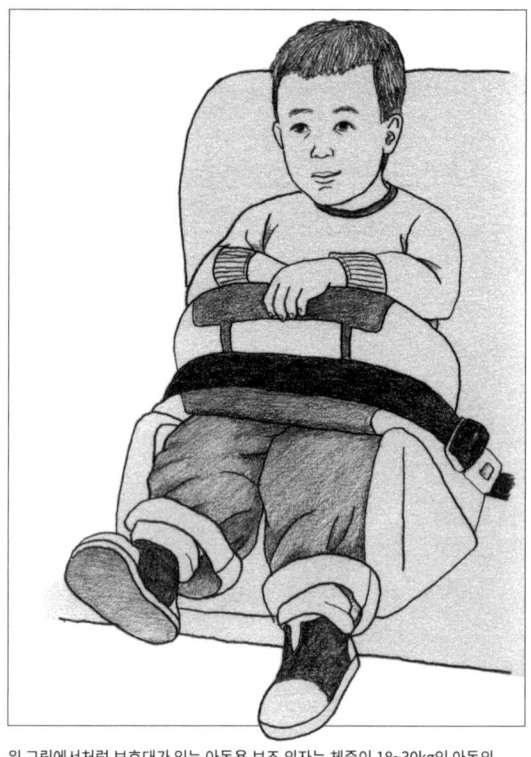

위 그림에서처럼 보호대가 있는 아동용 보조 의자는 체중이 18~30kg인 아동의 경우 안전띠만 매 주어도 괜찮다. 그러나 이런 종류의 보조 의자를 이용하는 것이 차량 안전띠만 매는 것보다는 안전하지만, 무릎과 어깨 양쪽에 안전띠를 매는 보조 의자를 사용하는 것보다는 덜 안전하다는 사실을 기억하자.

없다면 제대로 설치된 것이다. 차량에 자동 감김식 안전띠가 장착되어 있다면, 자동차가 갑자기 방향을 돌리거나 멈출 때 카 시트가 이탈하지 않도록 록킹 클립(locking clip)을 이용한다. 자동차나 카 시트에 록킹 클립이 장착되어 있지 않다면, 자동차 회사나 판매업자 혹은 카 시트를 판매했던 상점에 연락해 구한다.

* 중고 카 시트를 이용할 계획이라면, 분실되거나 망가진 부품이 없고 사고와 관련된 이력이 없는(아무리 충격이 약한 사고라도) 카 시트여야 하며, 제대로 설치하고 정확하게 아이를 고정시킬 수 있도록 카 시트와 함께 사용 설명서도 받아야 한다.

* 간혹 결함으로 인해 카 시트를 리콜해야 할 때가 있다. 그러므로 제조 업체에서 리콜을 실시하는 경우 즉시 통보를 받을 수 있도록 카 시트를 구입할 때는 등록 카드를 작성한다. 오래 사용하던 카 시트의 경우, 리콜 대상 목록에 내가 사용하는 카 시트가 해당되는지 자동차 안전 센터에 문의해 확인한다.

* 카 시트는 가능한 자동차 뒷좌석 중앙에 설치하거나, 중앙에 설치하기 어려우면 뒷좌석의 다른 쪽에라도 설치해야 한다. 앞좌석은 아이에게 위험할 수 있으며, 특히 조수석에 에어백이 장착되어 있는 경우 더욱 위험하다. 사고가 나서 에어백이 갑자기 부풀어 오르면 아이가 중상을 입거나 심하면

토들러와 함께하는 가족 여행에서 가장 이상적인 카 시트는 바로 유모차-카 시트 전환형이다. 이 모델은 카 시트에서 유모차로, 비행기 좌석의 보조 의자에서 다시 원래 기능으로 편리하게 전환할 수 있다. 공항으로 향하는 길과 목적지에서는 카 시트로, 비행기에서는 보조 의자로, 여행지에서는 유모차로 활용할 수 있다.

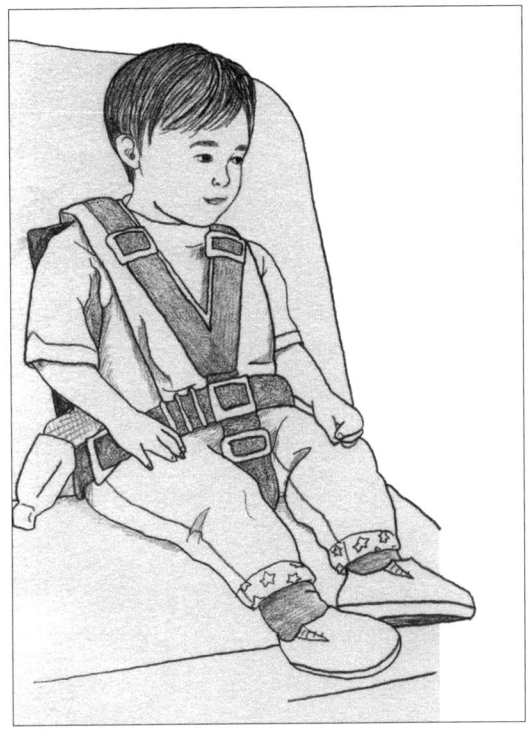

이런 종류의 안전 제어장치는 이동 중에 특히 편리하다. 주로 체중이 9~11kg 이상인 아동을 위해 고안된 것이지만, 제품마다 권장 체중이 다를 수 있으므로 사용 설명서를 확인한다. 다른 안전 제어장치와 마찬가지로 이런 종류의 모델 역시 올바로 설치될 때에만 안전을 보장할 수 있으므로 사용 설명서를 주의 깊게 읽고 그대로 따른다.

사망할 수 있다. 아이를 앞좌석에 앉혀야 한다면 움직이지 못하게 제지시키고, 좌석을 최대한 뒤로 빼야 한다. 뒤를 향하는 유아용 카 시트를 에어백이 장착된 앞좌석에 설치해서는 절대로 안 된다.

* 카 시트를 구입할 때 같이 딸려오는 사용 설명서대로 아이를 고정시켜야 한다. 많은 아이들이 카 시트에 앉아 있는데도 사고가 나면 부상을 입는데, 정확하게 고정되지 않았기 때문이다. 안전띠는 꼭 맞게 채우되 너무 꽉 끼지 않아야 한다. 아이의 성장 정도에 따라 혹은 두꺼운 겨울옷이나 얇은 옷으로 바꾸어 입을 때마다 끈을 조절한다. 리테이너 클립(retainer clip)이 있는 경우, 항상 리테이너 클립을 이용해 어깨의 끈을 고정시킨다. 클립은 카 시트 사용 설명서의 그림대로 가슴 높이에 위치한다.

* 자동차 문을 모두 닫고 아이와 차에 탄 사람들 모두가 제대로 안전띠를 매기 전에는 절대로 차를 출발하지 않는다. 모든 아이는 최소한 네 살이 될 때까지, 혹은 체중이 18kg이 될 때까지는 인증 받은 카 시트를 이용해야 한다. 여러 군데 상점을 신속하게 이동하는 경우에도 반드시 이 규칙을 준수해야 한다. 아이가 카 시트 안에서 즐거운 시간을 보내는 방법은 170쪽을 참조한다.

* 여행할 때에도 자동차 안전을 등한시해서는 안 된다. 많은 부모들이 유모차-카 시트 전환형을

편리하게 여길 것이다(701쪽 그림 참조). 이런 종류는 공항으로 가는 택시 안에서는 카 시트로 이용하고, 공항 주변을 돌아다닐 때는 펼쳐서 유모차로 이용한 다음, 비행기 안에서는 비행기 좌석에 장착해 사용하다가, 마침내 목적지에서 다시 카 시트와 유모차로 이용할 수 있다. 공기로 부풀릴 수 있는 여행용 카 시트도 유용하다. 연령이 높은 토들러의 경우 여행을 하거나(자동차나 비행기 여행) 잠깐 택시를 타고 이동할 때 안전띠가 부착된 단순한 형태의 카 시트를 이용할 수도 있다(701쪽 그림 참조).

* 아이가 장애가 있는 경우 표준형 카 시트가 적합하지 않을 수 있다. 아이의 담당 의사나 소아과 병원에서 관련 정보를 문의한다.
* 자동차 창문이 스위치로 작동시키는 파워 윈도인 경우, 어린아이들이 창문을 조절하지 못하게 해야 한다. 가능하면 창문을 잠근 상태로 유지하고, 필요하면 운전석에서 운전자가 창문을 조절한다. 창밖으로 얼굴을 내민 사람은 없는지, 손이나 손가락, 기타 신체 부위가 창문에 올려져 있지는 않는지 먼저 확인한 후에 버튼을 작동시켜야 한다.
* 움직이는 자동차나 기타 차량에서는 펜이나 연필 등 뾰족한 물건을 이용하지 못하게 하고, 장난감이나 운전자의 시야를 방해할 수 있는 풍선 같은 물건을 가지고 놀지 못하게 한다. 그리고 자동차 뒤 창문 아래의 선반이나 스테이션왜건의 뒤에 물건을 돌아다니게 두지 않는다. 이런 물건들은 급정거할 때 앞으로 날아올 수 있다.
* 운전하는 동안 아이를 야단치거나 훈계하려 하지 않는다. 아이의 행동 때문에 운전에 집중하기 어려운 경우, 갓길에 차를 세운 뒤에 문제를 해결한다.
* 주차된 차량 뒤 혹은 문이 잠겨 있지 않은 차량 근처에서는 절대로 놀지 못하게 한다.
* 스테이션왜건에 애완동물을 태우는 경우 뒤에 태우고, 급정거할 때 승객 좌석으로 넘어오지 못하도록 분리할 수 있는 금속 칸막이를 설치한다. 혹은 애완동물 제어장치를 이용한다.
* 짐칸이 덮여 있든 개방되어 있든, 아이를 절대로 소형 오픈 트럭의 짐칸에 태우지 않는다. 이런 차량은 보호 장치가 없기 때문에 차량이 살짝 급정거만 해도 아이들은 부상을 입을 수 있다. 트럭의 보조 좌석은 일반 자동차 좌석만큼 안전하지는 않지만, 짐칸에 타는 것보다는 훨씬 낫다. 아이를 보조 좌석에 앉히기 전에, 그리고 소형 트럭을 구입하기 전에 안전 기능에 대해 자동차 제조 회사에 확인한다. 가령, 다음과 같은 내용을 문의한다. 충돌 사고가 날 경우 아이의 머리가 어디에 부딪치게 되는가? 안전띠로 카 시트를 고정시킬 수 있는가?

애완동물 안전 환경 개선

애완동물은 가족에게 많은 즐거움을 주지만, 약간의 위험이 따를 수도 있다. 즐거움을 극대화하고 위험을 최소화할 방법을 알아보자.

* 애완동물을 새로 들여올 때는 건강한 동물을 들여와야 한다. 최종 결정을 하기 전에 수의사에게 건강 상태를 확인한다.
* 아이의 예방 대책 못지않게 애완동물의 예방 대책에 대해서도 신경을 쓴다. 애완동물은 필요한 모든 예방접종을 실시해야 한다.

개의 경우 광견병 백신 접종이 필수이며, 광견병 전염률이 높은 지역에서는 고양이를 비롯해 다른 애완동물들도 광견병 백신 접종을 실시해야 한다. 수의사의 권장 일정에 맞추어 벌레와 기생충, 개와 고양이 등의 벼룩을 처리해야 한다. 고양이, 특히 생후 6개월 미만의 고양이에게 로칼리마이아 헨셀라 전염병(Rochalimeaea henselae, 고양이발톱병의 원인균으로 인간에게 전염될 수 있다.) 여부도 확인하는 것이 좋다. 항생제 치료를 하면 감염균이 제거될 수 있다.

* 애완동물과 놀거나 뒤치다꺼리를 한 후에는 <u>손을 깨끗이 씻는다. 아이에게도 손을 씻도록 가르친다.</u> 애완동물이 인간에게 전염할 수 있는 질병에 걸린 경우, 질병의 확산을 예방하기 위해 취해야 할 특별한 예방 대책에 대해 수의사에게 문의한다.
* <u>아이가 동물의 배설물을 만지지 못하게 한다.</u> 특히 애완동물의 변이 무른 경우, 여러 세균들 가운데 심각한 위장 감염과 관련된 캄필로박터 박테리아가 포함되어 있을 가능성이 높다.
* <u>아이가 애완동물 털을 먹지 못하게 해야 한다.</u> 개털을 뽑아 씹어 먹어 버릇하는 아이들이

있는데, 아이의 위장에 모구, 즉 위석(소나 고양이가 삼킨 털섬유가 위에 뭉쳐서 생긴 덩어리)이 형성될 가능성이 있으며 위석을 제거하기 위해 수술을 해야 할 수도 있다.

장난감 상자 환경 개선

장난감은 모든 토들러들 생활에 기초적인 부분이다. 그러나 주의 깊게 선택하지 않으면 아이에게 위협이 될 수 있다. 그러므로 장난감 상점에서 수많은 게임기와 도구들 속을 헤맬 때, 재미와 교육적인 효과뿐 아니라 안전성 여부도 함께 고려해야 한다.

장난감을 구매하기 전에 다음 내용을 점검한다.

연령 적합성 안전을 위해 장난감의 설명서에 안내된 권장 연령을 지킨다. 적합한 연령이 기재되지 않은 장난감은 구매하지 않거나, 구매하기 전에 기준 이하의 사항이 없는지 주의 깊게 확인한다. 그리고 손위 형제들이 가지고 노는 장난감들이 이런 기준에 부합하지 않다면 토들러가 가까이하지 못하게 한다.

안전한 미술 용품

토들러가 이용할 미술 용품을 구입할 때는 활석 성분이 없고 미리 배합된 어린이용 클레이(분말로 된 성인용 클레이에는 석면이 포함되어 있을 수 있다.), 수성 매직펜, 수성페인트, 수성잉크, 목공 풀, 녹말풀(강력 접착제, 순간접착제, 용매형 접착제는 삼간다.)을 찾아본다. 일부 오래된 '무독성' 크레파스는 사실상 무독성이 아닐 수도 있다. 안전 기준을 적용한 것을 구입한다. 다른 미술 용품도 이 같은 안전 기준이 적용된 것을 구입한다. 독성 물질을 섭취할 경우 위험할 수 있다는 사실을 명심하자. 일부 물질은 피부를 통해 흡수되어도 해를 일으킬 수 있다. 그러므로 보디페인팅 전용 페인트가 아닌 다른 페인트로 보디페인팅을 하게 해서는 안 된다. 미술 놀이가 끝나면 페인트, 풀 등, 아이의 피부에 묻은 물질을 물로 씻어 없앤다. 손톱 밑까지 깨끗이 씻어야 한다. 아이가 다니는 어린이집이나 유치원도 미술 용품 이용에 주의를 기울이도록 한다.

발달 적합성 아이의 연령뿐 아니라 행동 및 발달 단계를 고려해 구입한다. 예를 들어, 아이의 연령과 지적 발달 정도와 관계없이 아이가 여전히 물건을 입에 넣어 탐색하여 질식의 위험이 상당히 높다면, 작은 부품으로 이루어진 장난감은 피해야 한다. 생후 12개월에도 입에 넣어서는 안 되는 물건은 더 이상 입에 넣지 않는 아이가 있는 반면, 세 살이나 그 이상이 되어서야 입에 물건을 넣는 버릇을 그만두는 아이도 있다.

안전한 크기 아이의 입에 쏙 들어가는 장난감이나 입에 들어갈 만한 작은 부품으로 이루어진 장난감은(705쪽 참조) 피한다. 큰 장난감도 꼭 쥐거나 압축시켜 위험할 정도로 작아질 수 있는지 확인해야 한다.

튼튼한 구성 부서지기 쉬운 장난감은 오래가지 못할 뿐 아니라, 산산조각이 나거나 부품이 떨어져 나갈 경우 작거나 날카로운 부품들이 아이에게 부상을 입힐 수 있다.

안전한 마감 처리 페인트는 독성이 없고 오래 지속되어야 한다. 마감 처리가 금세 갈라지거나 벗겨질 것처럼 허술해서는 안 된다.

안전한 구성 요소 미술용품은 종이에 사용되는 것만큼이나 입에도 많이 들어가고 피부에도 곧잘 묻으므로 독성이 없어야 한다(703쪽 박스 내용 참조).

물세탁 가능 봉제 인형 및 부드러운 소재의 장난감을 세탁기에 넣어 빨지 못하면 세균의 온상이 될 수 있다. 그러므로 '세탁기 사용 가능'이라는 태그가 부착된 장난감을 구입한다.

다음과 같은 장난감은 피한다.

위험한 화초

많은 토들러들이 식탁 위에 올라오는 채소는 거부하면서 집 안과 정원에 심은 화초를 맛보는 데에는 전혀 거부감을 보이지 않는 것 같다. 하지만 집에서 흔히 키우는 많은 화초들이 입에 넣으면 유독하다. 그러므로 실내에 있는 화초는 잎이나 꽃이 바닥에 닿지 않고 아이가 만질 수 없도록 높은 곳에 올린다. 어린아이가 없는 친구에게 당분간(아이가 어느 정도 클 때까지) 유해한 화초를 맡기면 더욱 좋겠다. 화초에 정확한 식물 이름을 부착하면 아이가 실수로 잎이나 꽃을 먹을 경우 독극물 센터나 담당 의사에게 정확한 정보를 제공할 수 있다. 독성이 있는 식물이든 없는 식물이든 모든 식물은 걸려 넘어질 염려가 없는 안전한 장소에 배치한다.

독성이 있는 식물은 다음과 같다.

* 철쭉
* 수선화 구근
* 서양담쟁이덩굴
* 호랑가시나무
* 히아신스 구근과 다량의 잎과 꽃
* 수국
* 아이리스 근경
* 주목 씨와 잎
* 미나리아재비
* 월계수
* 은방울꽃
* 겨우살이
* 해바라기 씨
* 수선화 구근
* 협죽도
* 쥐똥나무
* 진달래
* 대황 잎
* 스위트피(특히 씨앗인 '콩' 부분)
* 토마토 나무 잎
* 등나무 꼬투리와 씨

많은 논란이 있지만 포인세티아는 위장 장애를 일으킬 수는 있어도 독성은 없다.

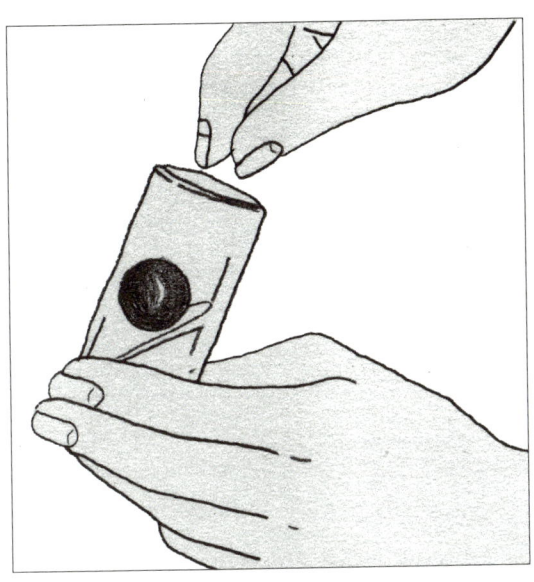 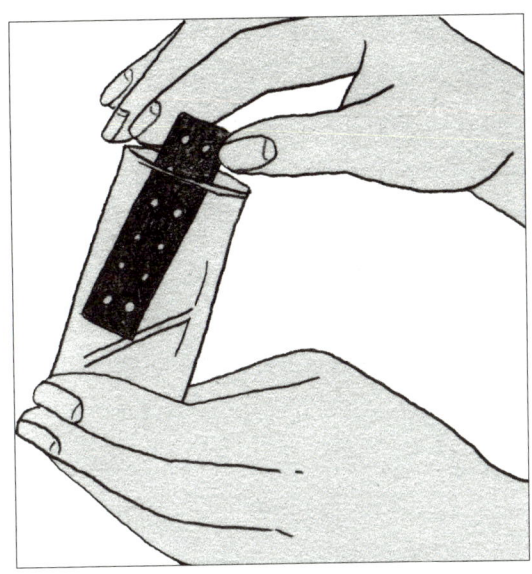

유아 용품 상점이나 인터넷 쇼핑몰에서 구입할 수 있는 초크 튜브(choke tube)를 이용하면 아이가 만지고 입에 넣어도 안전한 물건과 질식의 위험이 있는 물건을 구분하는 데 도움이 된다. 튜브에 꼭 맞는 물건은(왼쪽) 질식의 위험이 있어 아이가 가까이해서는 안 된다. 튜브 밖으로 튀어나오는 물건은(오른쪽) 질식의 위험이 없다.

* 쉽게 빠지거나 느슨해지는 부품으로 이루어진 장난감들. 곰돌이 인형의 눈, 인형 신발, 작은 장난감 캐릭터, 작은 구슬로 이루어진 목걸이, 작은 블록, 손에 쥐어 꼭 짜는 장난감, 장난감 내부나 표면에 쉽게 뗐다 붙였다 할 수 있는 '삑삑' 소리 나는 장치, 삼키거나 질식할 정도로 작은 크기의 장난감이나 부품, 귀나 콧구멍을 찌를 수 있는 장난감 등은 위험하므로 피해야 한다.
* <u>15cm 이상의 끈이나 리본. 끈이 부착된 장난감은 빳빳한 플라스틱으로 만든 것이 아닌 경우 목을 조를 위험이 있다.</u> 이런 장난감은 피하거나 끈을 제거하거나 잘라 낸 후에 가지고 놀게 한다. 오디오 테이프도 가지고 놀게 해서는 안 된다. 아이들은 테이프를 풀면서 노는 걸 아주 좋아한다.
* 스프링이나 장비, 경첩은 작은 손가락이나 긴 머리카락이 낄 수 있다.
* 끝 부분이나 모서리가 뾰족한 장난감.

외부에서 막대기를 주워오지 않도록 주의 깊게 감독한다. 연필과 펜은 부모의 감독하에서만 가지고 놀게 한다.

* 높은 소음 수준. 100dB 이상의 소음을 내는 장난감, 즉 장난감 권총, 엔진이 달린 탈 것, 아주 크게 삑삑 소리를 내는 장난감 등은 아이의 청력을 손상시킬 수 있다(538쪽 참조).
* 발열체가 장착되어 있거나 전기로 접속하는 장난감. 배터리에 전혀 손을 대지 못하게 되어 있거나 어른이 감독할 때에만 가지고 놀 수 있는 장난감이라면 배터리로 움직이는 장난감도 괜찮다. <u>단추 모양의 작은 배터리는 삼켜서 질식할 위험이 있다. 아이가 배터리를 씹을 경우 배터리의 종류를 불문하고 모두 위험하다.</u>
* 스펀지 같은 성분으로 이루어진 장난감. 토들러들은 스펀지 같은 재료로 만들어진 공이나 물건을 보면 씹으려는 경향이 있는데, 그러다가 구역질이 나거나 심하면 질식할 수

있고 물어뜯은 조각에 질식할 수도 있다.
* 도안이나 스티커가 부착된 장난감. 아이가 어떻게든 스티커를 제거해 입에 넣을 경우 질식의 위험이 있다. 스티커 그림책의 비닐 스티커도 질식의 위험이 있다.
* 발사하는 장난감. 장난감 활과 화살, 다트 건 등은 자칫 눈을 찌를 위험이 있으므로 어린아이들에게 적합하지 않다. 물총은 괜찮지만, 물줄기가 세게 나가는 종류는 큰 피해를 입힐 수 있으므로 피한다.

다음 종류의 장난감도 피한다.
* 라텍스 풍선. 라텍스 풍선은 질감 때문에 아이들이 씹고 싶은 유혹이 많이 생긴다. 토들러들은 공기가 빠진 풍선이나 터진 풍선 조각, 서서히 공기가 빠진 채 돌아다니는 풍선에 질식할 수 있다. 그리고 일단 풍선이 목에 걸리면 어떻게 할 방법이 없다. 목에 걸린 이물질을 토하게 하는 하임리히 구명법도 도움이 되지 않을 수 있다. 라텍스 풍선을 이용하는 경우 아이를 철저히 감독하고, 아이가 풍선을 불게 한다든지, 부모가 지켜보지 않을 때 풍선을 가지고 논다든지, 풍선을 씹게 해서는 안 된다. 파티가 끝나면 즉시 풍선의 바람을 빼 조심해서 폐기한다. 알루미늄 은박 풍선을 사용하거나, 아예 풍선을 사용하지 않는 것이 더 좋다.
* 망가진 장난감. 아이의 장난감이 파손되거나 뜯어지지 않았는지 정기적으로 확인한다. 곰돌이 인형의 솔기가 터져 속이 빠져나오거나, 누르는 장난감의 플라스틱 재질이 갈라지거나, 나무 소재의 장난감이 쪼개지는 등, 한때 안전했지만 지금은 아이를 다치게 할 만한 요소가 없는지 살펴본다. 안전하지 않은 장난감은 수선하거나 폐기한다.

22장

토들러의 부상 치료

***

집안 환경은 최대한 사고를 예방하도록 조성했고, 부모 스스로 바짝 긴장해 한시도 아이에게서 눈을 떼지 않는다. 뿐만 아니라 콘센트며 가스레인지 등 집 안팎의 위험한 물건에 가까이 가지 말라고 아이에게 누누이 가르치거나 가르치려 애쓰고 있다. 그러나 아무리 애를 쓰고 경계를 해도 아이는 부모의 통제에서 벗어나기 십상이라, 한 번씩 사고가 날 수밖에 없다. 한 연구 결과에 따르면 전형적인 토들러들은 하루 세 번씩 가벼운 타박상이나 찰과상을 입는다고 한다. 모든 사고를 예방할 수는 없지만, 사고가 나더라도 적절한 조치를 취하면 대체로 사고 흔적이 덜 남는다.

신속한 행동이 대단히 중요한 만큼 아이가 뜨거운 커피 잔에 손을 넣거나 세탁 세제를 꿀꺽꿀꺽 마시기 전에 재빨리 아이의 행동을 제지하고, 일을 저지른 후에야 황급히 비상 대책을 찾으려 애쓰지 않는다. 아이를 목욕시키고 체온을 재는 과정에 익숙한 것처럼, 흔하게 일어나는 부상을 다루고 치료하는 절차에도 익숙하도록 한다. 자주 발생하지 않는 부상을 다루는 방법도 그때그때 상황에 맞게 확인한다. 예를 들어, 캠프 여행을 떠날 계획이라면 뱀에 물릴 경우 처치 방법을 알아 둔다.

이번 장에서는 아동 심폐 소생술, 하임리히 구명법, 기본적인 응급처치 방법 등, 부모들이 익히 알고 있는 내용들을 구체적으로 설명한다. 이러한 기술들을 최신 상태로 유지하고, 정기적으로 재교육 강습을 받아 비상시에 대비할 수 있도록 한다. 아이를 돌보는 다른 사람들 역시 큰 사고에서부터 작은 사고에 이르기까지 비상시 대처 방법에 대해 충분히 숙지하게 한다.

응급 상황에 대비해 더욱 철저히 준비를 갖출 수 있도록 다음 내용을 참고한다.

* 심각한 응급 상황뿐 아니라 생명에 지장이 없는 부상의 경우에도 최선의 행동 방침에 대해 아이의 담당 의사와 상의한다. 병원에 전화를 해야 하는 상황, 응급실에 가야 하는 상황, 두 가지 모두를 해야 하는 상황, 119에 전화해야 하는 상황, 다른 조치를 취해야 하는 상황 등을 문의한다. 작은 부상에도 무조건 응급실부터 달려가고 보는 것은 바람직하지 않다는 걸 기억하자. 생명이 위태로운 중환자를 우선해야 하며 오래 기다릴 수도 있다. 일반적으로 어린이 전문 병원은 일반 지역 병원보다 아동의 응급 상황을 다루기 위해 필요한 시설들이 더 잘 갖추어져 있기 때문에, 아이의 담당 의사는 비상시에 인근

어린이 병원으로 향하도록 권할지 모른다.
* 응급처치 용품들을(720쪽 참조) 상자에 담아 필요할 때 상자째 들고 이동할 수 있도록 한다. 상자는 아이가 열 수 없는 것이어야 한다. 아직 구급상자가 마련되어 있지 않다면, 휴대용 구급상자를 구입해 전화기 옆에 두어 집 안이나 집 주변에서 쉽게 이용할 수 있도록 한다.
* 다음 내용을 적어 집 안의 모든 전화기 가까이에 비치한다.
  - 긴급 전화번호 가족의 주치의, 독극물 센터, 병원 응급실, 약국, 응급 의료 서비스(대개 119), 부모의 직장뿐 아니라 비상시에 부탁할 수 있는 가까운 친척, 친구, 이웃의 전화번호를 비치한다.
  - 개인 정보 아이의 연령, 대략의 체중, 예방접종 기록(마지막으로 파상풍 주사를 접종한 날짜를 포함해), 약물, 알레르기, 만성 질병 등. 비상시에 이런 정보들을 응급 의료 서비스에 알려야 하며 병원이나 응급실에 제출해야 한다.
  - 위치 정보 집 주소, 아파트 동과 호수, 전화번호 등의 정보는 베이비시터나 다른 양육자가 비상시에 전화를 걸 때 필요하며, 가족들도 크게 당황할 때는 이런 정보가 필요할지 모른다.
  - 메모지와 연필 의사나 응급 의료 서비스의 지시 사항을 받아 적기 위해 필요하다.

* 대문에 집 주소를 확실하게 부착하고 밤에도 볼 수 있게 조명을 설치해야 한다.
* 응급실이나 그 밖에 아이의 담당 의사가 추천한 응급 의료 시설로 가는 최단 경로를 알아 둔다.
* 비상시에 응급실이나 병원에 갈 택시비가 필요할 경우에 대비해, 안전한 장소에 어느 정도의 현금을 넣어 둔다. 부모가 크게 불안한 상황일 때는 직접 운전하지 않는 것이 가장 좋다. 아이를 돌보는 다른 사람에게도 현금을 숨겨 둔 장소를 알려 준다.
* 경미한 사고에 침착하게 대처할 수 있도록 대처 방법을 알아 둔다. 이렇게 하면 심각한 사고가 벌어지더라도 침착한 태도를 유지하는 데 도움이 될 것이다. 부모 혹은 다른 양육자의 태도와 말투는 부상에 대한 아이의 반응에 영향을 미칠 것이다. 부모가 크게 당황해 하면 아이는 더욱 혼란스러워 하고, 겁에 질릴 가능성이 높으며, 따라서 제대로 협조하기 힘들다. 아이가 비협조적으로 나오면 다루기가 더욱 힘들다.
* 아이를 더욱 안심시키고 긴장을 완화하기 위해, 최소한 세 가지 감각에 몰두하게 함으로써 부상으로부터 관심을 돌린다. 아이가 부모를 볼 수 있는 장소에 서서, 부모의 목소리를 들을 수 있도록 차분하게 말하며, 부상을 입지 않은 신체 부위를 접촉한다.

토들러(만 1~3세 아이)를 위한 응급처치

다음은 토들러들이 가장 다치기 쉬운 부상들로, 부상과 치료 방법, 병원에 가야 할 상황 등에 대해 알고 있어야 한다. 부상은 가나다 순으로 나열되었으며, 쉽게 참조할 수 있도록 각각의 부상을 번호로 표시했다.

─ 감전

1. **감전** 관련 기기의 접속을 끊거나 콘센트 전원을 꺼 전류를 차단시킨다. 혹은 습기가 없는 빗자루, 나무 사다리, 가운, 쿠션, 의자, 커다란 책, 고무장화 같은 비금속 물질을 이용해 아이를 전류로부터 벗어나게 한다. 아이가 물에 접촉해 있는 경우, 부모는 물을 만져서는 안 된다. 일단 아이를 전력원으로부터 떼어 냈다면, 119에 전화한다. 아이가 호흡을 하지 않는다면 즉시 심폐 소생술을 시작한다(737쪽 참조). 주변에 어른이 두 명 있다면 한 명은 전력원을 차단시킨 후 119에 전화를 하고, 그동안 다른 한 명은 아이를 구조한다.

─ 개에 물린 경우
#14 참조

─ 경련

2. **발작 및 경련** 뇌의 비정상적인 전기 자극에 의한 발작 및 경련 증상은 발작의 형태에 따라 다르지만, 대체로 다음과 같이 나타난다. 의식을 잃어 쓰러지고, 눈동자를 위로 굴리며, 입에 거품을 물고, 몸이 뻣뻣해지다가 통제할 수 없이 갑자기 휙휙 움직이며, 가장 심한 경우 호흡이 곤란해진다. 짧은 경련은 고열이 날 때 드물지 않게 일어난다(열성 경련을 다루는 방법은 634쪽 참조). 비열성 경련의 경우, 아이 주변을 즉시 깨끗이 치우거나 아이를 침대 한가운데나 카펫이 깔린 바닥에 눕혀 부상을 예방한다. 목과 몸통의 옷을 느슨하게 풀고, 아이의 머리는 허리보다 낮은 위치에서 한쪽 옆으로 눕힌다. 베개를 이용해 허리를 들어 올린다. 아이를 제지하지 않되, 부상을 예방하기 위해 곁에서 지킨다. 음식이나 음료, 엄마 젖이나 젖병 등, 아이의 입에 든 것을 모두 제거한다. 아이가 호흡을 하지 않는 경우 즉시 심폐 소생술을(737쪽 참조) 시작한다. 주변에 다른 사람이 있다면 119에 전화를 해 달라고 부탁한다. 부모 혼자라면 다시 호흡을 시작할 때까지 기다렸다가 전화를 하거나, 몇 분 내에 호흡이 재개되지 않으면 바로 전화한다. 발작이 2~3분 이상 지속되는 경우, 발작이 아주 심한 경우, 한 차례 이상 반복해서 나타나는 경우에도 119에 연락한다. 이번이 첫 번째 발작이라면, 발작이 끝난 후 아이의 상태가 양호해 보이더라도 최대한 빨리 아이의 담당 의사에게 연락해 의료적 평가를 받을 준비를 해야 한다.

주의 사항 발작은 처방약이나 기타 독성 물질을 섭취한 경우에도 일어날 수 있다. 그러므로 주변을 살펴보아 아이가 알약이나 기타 유해한 성분을 입에 넣은 흔적이 있는지 확인한다.

─ 고양이에 물리거나 긁힌 경우
#14 참조

─ 고체온증
#32 참조

─ 곤충에 물린 경우
#16 참조

─ 골절
#22, #23, #24 참조

── 귀 부상

3. **귀에 이물질이 들어간 경우** 귀를 아래로 향하고 천천히 머리를 흔들게 해서 이물질을 빼내도록 한다. 그래도 안 되면 다음 방법을 시도한다.
* 곤충이 들어간 경우, 손전등을 비추어 곤충을 밖으로 불러낸다.
* 금속 물질이 들어간 경우, 자석을 이용해 빼낸다. 그러나 자석을 귓속에 넣어서는 안 된다.
* 플라스틱이나 나무로 된 물질이 귀 밖으로 튀어나와 이물질이 눈에 보이는 경우, 종이 클립을 똑바로 펴서 순간접착제 한 방울을 떨어뜨린 다음 이물질에 댄다. 이때 접착제가 피부에 붙지 않게 조심한다. 잘 보이지 않는 귓속에 들이밀어서는 절대로 안 된다. 접착제가 마르길 기다린 다음 종이 클립을 빼내면 이물질이 부착되어 나올 것이다. 주변에 아이를 얌전히 붙잡아 줄 사람이 없을 때는 이 방법을 시도하지 않는다.
  위의 방법들이 실패한 경우, 손가락이나 다른 도구로 이물질을 빼내려 하지 말고, 아이를 병원이나 응급실로 데리고 간다.

4. **귀를 다친 경우** 뾰족한 물질이 귓속에 들어갔거나 귀에 부상을 입은 것 같은 증상을 보이는 경우(외이도에서 피가 나거나, 갑자기 소리를 듣지 못하거나, 귓불이 붓거나, 무척 아파하는 등), 의사에게 연락한다.

── 긁힌 상처

#50 참조

── 내출혈

#20 참조

── 눈 부상

주의 사항 부상 당한 눈에 압력을 가하지 않는다. 부모의 손가락으로 눈을 만지거나, 의사의 조언 없이 약물을 넣지 않는다. 필요하면 작은 컵이나 잔을 아이의 눈에 대거나, 아이의 손을 잡아 아이가 눈을 비비지 못하게 한다.

5. **눈에 이물질이 들어간 경우** 필요하면 다른 사람이 아이를 붙잡고, 그동안 미지근한 물을 눈에 흘려보내 이물질이 씻겨 나오게 한다. 그래도 안 되면 위 눈꺼풀을 밖으로 잡아당겨 아래 눈꺼풀 위에 덮은 다음 몇 초간 그대로 둔다. 아이가 울어도 걱정하지 않는다. 이렇게 눈물이 흘러야 이물질이 눈 밖으로 씻겨 나오는 데 도움이 된다.
그래도 여전히 이물질이 남아 있거나 아이가

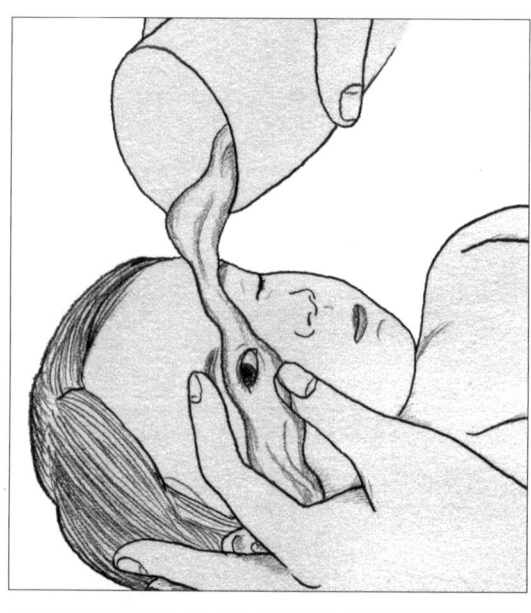

아이의 눈에 물을 흘려 넣는 일이 쉽지는 않지만, 부식성 물질을 씻어 낼 필요가 있다.

계속 불편해하면 병원이나 응급실로 향한다. 이물질이 단단히 박혔거나 눈에 상처를 입었을지 모른다. 눈에 박힌 이물질을 억지로 제거하려 해서는 안 된다. 병원이나 응급실에 가는 동안 불편함을 덜어 주기 위해 살균한 거즈 패드로 눈을 덮어 느슨하게 테이프로 고정시키거나, 깨끗한 티슈 몇 장이나 깨끗한 손수건으로 눈을 덮어 부모가 손으로 대고 있는다.

6. **눈에 부식성 물질이 들어간 경우** 부모의 손가락으로 아이의 눈을 벌리고 즉시 눈 구석구석까지 미지근한 맹물을 붓는다 (바가지나 컵, 병을 이용한다. 710쪽 그림 참조). 한쪽 눈에만 부식성 물질이 들어간 경우, 양호한 눈이 다친 눈보다 위에 위치하도록 아이의 머리를 옆으로 돌려 눕혀, 부식성 물질이 다른 눈에 흐르지 않도록 한다. 안약이나 연고를 넣어서는 안 되고, 아이가

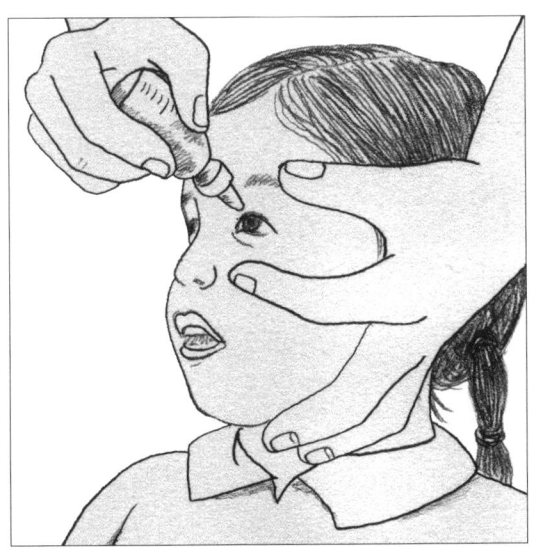

의사의 조언 없이 아이의 눈에 안약을 넣지 않는다. 안약은 주로 결막염 같은 감염 상태일 경우에 권장된다. 안약을 넣을 경우, 세 손가락으로 머리를 안정되게 잡고 두 손가락으로 눈을 벌린다.

눈을 비비지 못하게 한다. 담당 의사에게 연락해 자세한 지시 사항을 듣는다.

7. **뾰족하거나 날카로운 물질에 눈을 다친 경우** 도움을 구하는 동안 아이를 반쯤 기대 앉힌다. 이물질이 눈에 박힌 경우 제거하려 하지 않는다. 이물질이 없는 경우 거즈 패드나 깨끗한 수건, 미용 티슈로 눈을 살짝 덮는다. 어떤 경우든 즉시 119에 전화를 걸어 응급 의료 지원을 받는다. 이런 상처들은 대개 보기보다 상태가 심각하지 않지만, 눈이 아주 약하게 긁히거나 찔린 경우에도 일단은 안과 의사의 상담을 받는 것이 바람직하다.

8. **뭉툭한 물질에 눈을 다친 경우** 아이를 똑바로 눕힌다. 15분 동안 다친 눈 위에 얼음 팩을 대거나 냉찜질을 한다. 필요하면 매시간 반복해 통증과 붓기를 가라앉힌다(890쪽 참조). 눈에 출혈이 있거나, 멍이 들거나, 잘 보이지 않는 것 같거나, 자꾸만 눈을 비비거나, 이런 물질에 고속으로 강타 당하거나, 아이가 지속적인 눈의 통증으로 불만을 호소하는 경우, 의사와 상담한다.

── 데인 상처

#54, #55, #56 참조

── 독성 물질 섭취

9. **독성 물질을 삼킨 경우** 식품 외의 물질은 어떤 것이든 잠재적으로 독성이 있다. 독성 물질을 섭취했을 때 일반적으로 나타나는 증상은 다음과 같다. 불안 혹은 평소와 다른 행동, 빠르고 불규칙한 맥박이나 빠른 호흡,

호흡곤란(가령 세탁 세제를 흡입한 후), 설사나 구토, 눈물이나 땀이 지나치게 많이 나고 침을 많이 흘림, 뜨겁고 건조한 피부와 입, 눈동자의 팽창이나 수축, 눈을 깜박이거나 옆으로 흘김, 몸을 떨거나 경련을 일으킴. 이런 증상 가운데 일부를 보이거나, 그리고 아이의 모습을 달리 어떻게 설명할 수 없거나, 문제가 되는 성분을 섭취했다는 증거가 분명하거나, 그랬을 거라고 짐작하는 경우, 병원 응급실로 즉시 전화를 걸어 지시 사항을 전달 받는다. 아이가 독성 물질을 삼켰다고 의심되면 아무런 증상이 나타나지 않더라도(몇 시간 동안 나타나지 않을 수도 있다.) 지체 없이 연락한다.

아이가 위험한 성분을 섭취한 후 목의 통증이 심하거나, 침을 많이 흘리거나, 호흡을 힘들어하거나, 경련을 일으키거나, 지나치게 졸려 하는 경우, 119에 전화를 걸어 응급 의료 지원을 요청한다. 아이가 의식이 없는 경우 즉시 응급처치를 시작한다. 아이를 탁자나 단단한 바닥 위에 반듯하게 눕혀 호흡을 확인한다(734쪽 참조). 호흡의 기미가 없으면 즉시 심폐 소생술을 시작한다. 2분 후에 119에 전화해 응급 의료 지원을 요청한 후, 아이가 소생하거나 구급차가 도착할 때까지 계속해서 심폐 소생술을 실시한다.

독성 물질을 섭취한 아이를 직접 치료하려 해서는 안 된다. 독성 물질의 제품 설명서에 표기된 지시 사항을 따라서도 안 된다. 대체로 정확하지 않거나 도움이 되지 않거나 심지어 상당히 위험하기까지 하다. 분명한 의료적 지시가 없는 상황에서 음식이나 음료, 만능 해독제로 알려진 활성탄 혼합액, 구토를 유발하는 토근 시럽이나 소금물을 첨가한 날달걀흰자 등을 아이의 입에 넣어 주어서는 안 된다.

아이와 단둘이 있는 경우, 아이를 안전한 자세로 만든 후에 전화를 한다. 아이가 구토를 한다면 옆으로 뉘어 토한 내용물을 삼킬 위험을 줄이고, 아이가 경련을 일으킨다면 옷을 느슨하게 풀고 안전한 장소에 눕혀야 한다(#2 참조).

전화를 할 때는 아이의 질병 기록뿐 아니라 아이가 섭취한 내용물의 이름과 가능하면 성분 및 포장지에 기재된 정보(식물의 일부를 섭취한 경우, 식물의 이름을 말하거나 최소한 생긴 모습을 묘사한다.), 독성 물질을 섭취했을 것으로 추정되는 시간, 섭취량(정확한 양을 모르면 대략 추정되는 양을 말한다.), 아이에게 나타나는 증상, 이미 시도한 치료 방법 등을 말할 수 있도록 준비한다. 종이와 펜을 옆에 두고 정확한 지시 사항을 받아 적는다.

대부분의 독성 물질과 마찬가지로 위장에 있는 독성 물질을 최대한 비워 내기 위해 토근 시럽을 이용해 구토를 유도하라는 조언을 듣게 될 것이다. 독극물 센터나 의사가 권장하는 용량을 정확하게 지킨다. 토근을 이용할 수 없는 경우, 구토를 유도하기 위해

경고문 부착

토근 시럽은 독성 물질을 치료하는 데에는 유용할지 모르지만, 적절하지 않은 상황에 사용하면 위험할 수 있다. 구급상자에 있는 토근 시럽을 실수로 잘못 사용하는 일이 없도록 〈의사의 지시 없이 사용 금지〉라는 경고문을 부착한다. 아이의 담당 의사 전화번호도 같이 기재한다.

액상 식기 세제를 이용해도 좋은지 문의한다. 식기세척기용 세제는 안 된다. 토근을 구입해야 한다면 시간을 절약하기 위해 아이도 데리고 가 약국에서 약을 먹인다. 아이가 토할 수 있도록 대야나 깨지지 않는 그릇, 양동이도 잊지 말고 가지고 간다. 20분 내에 토하지 않으면 다시 먹이되 한 번만 더 먹인다. 성공적으로 구토를 유도했다면 토한 내용물을 잘 보관한다. 응급실이나 병원으로 가라는 지시를 받은 경우, 분석을 위해 내용물을 가지고 간다. 뚜껑 덮인 병이나 지퍼락 타입의 튼튼한 비닐봉투에 넣으면 더 편리하겠지만, 아이가 다시 토할 경우에 대비해 빈 대야를 가지고 간다. 의심되는 물질도 가지고 가야 한다(약병, 세제 용기, 필로덴드론 가지 등).

부식성 물질(표백제, 암모니아, 배수관 청소 용액 등)이나 등유, 벤젠, 가솔린을 원료로 한 물질을(가구 광택제, 세척액 등) 삼킨 경우, 연령을 불문하고 구토를 하도록 유도해서는 안 된다. 이런 물질을 삼킨 사람이 의식이 없거나, 졸려 하거나, 경련을 일으키거나, 몸을 떠는 경우에도 구토를 유도해서는 안 된다. 경우에 따라 독성을 흡수하는 특수 액상 활성탄으로 치료를 시도할 수 있다.

10. **유독가스를 흡입한 경우** 가솔린에서 증발하는 가스, 자동차 배기가스, 유독한 화학물질에서 증발하는 가스, 불길에서 나오는 짙은 연기는 모두 유독하다. 일산화탄소 중독 증상은 두통, 현기증, 기침, 메스꺼움, 졸림, 불규칙한 호흡, 의식 불명 등이다. 아이가 유독한 가스에 노출된 경우 즉시 신선한 공기를 쐬게 한다. 창문을 열거나 밖으로 데리고 나온다. 아이가 호흡을 하지 않으면 즉시 심폐 소생술을 시작한다(737쪽 참조). 가능하면 다른 사람에게 119와 독극물 센터에 전화하게 하고, 그동안 부모는 심폐 소생술을 진행한다. 주변에 아무도 없다면 2분 동안 심폐 소생술을 지속한 후 119에 연락한 다음, 즉시 심폐 소생술을 다시 시작해 호흡이 재개되거나 의료진이 도착할 때까지 계속한다. 응급 차량이 오는 중이 아니라면 지체 없이 아이를 의료 시설에 데리고 간다. 부모가 심폐 소생술을 계속 진행해야 하거나, 부모도 유독가스에 노출된 상태라 판단력과 반사적인 능력이 손상된 경우, 다른 사람에게 운전을 하게 한다. 아이가 호흡을 재개했다 하더라도 즉시 의료적 조치를 취해야 한다.

— **동상**

11. **동상** 어린아이들은 동상에 매우 취약하며, 특히 손가락과 발가락, 귀, 코, 뺨이 동상이 잘 걸린다. 동상에 걸릴 경우, 만지면 환부가 아주 차갑고 희거나 누르스름한 색을 띤 잿빛으로 변하며, 간혹 흰 반점이 생기기도 한다. 심한 동상의 경우 피부가 차고, 밀랍 같고, 창백하며, 딱딱해진다. 아이에게 조금이라도 동상의 증상이 보이면, 즉시 부모의 몸으로 동상 부위를 따뜻하게 해 준다. 부모의 코트와 셔츠를 열어젖혀 동상 부위를 부모의 피부에 밀착시킨다. 겨드랑이가 가장 좋다. 아이의 피부에 따뜻한 공기를 쐬어 주어도 좋다. 가능한 빨리 병원이나 응급실로 향한다. 즉시 병원이나 응급실에 갈 수 없다면, 아이를 실내에 데리고 들어가 차츰 몸을 덥히기 시작한다. 손상된 부위를 마사지하거나,

라디에이터나 난로, 적외선등 바로 옆에 아이를 앉히지 않는다. 손상된 피부가 화상을 입을 수 있다. 뜨거운 물로 서둘러 녹이려 해서도 안 된다. 오히려 피부 손상이 더 심해질 수 있다. 대신 동상에 걸린 손가락과 발가락을 39도 정도(정상 체온보다 온도가 약간 높아 손을 대면 살짝 따뜻한 정도)의 물에 직접 담근다. 코나 귀, 뺨처럼 물에 담글 수 없는 부위의 경우, 아주 조심스럽게 온찜질을 한다. 만지면 살짝 따뜻한 정도의 물에 적신 수건을 댄다. 원래 피부색으로 되돌아올 때까지 30~60분 정도 계속해서 담근다. 따뜻한 물을 마시게 한다. 동상에 걸린 피부가 다시 따뜻해지면 빨개지고 약간 붓게 되며, 물집이 생길 수도 있다. 심하게 동상에 걸린 경우, 피부가 보라색이나 파란색으로 변하거나, 벗겨지거나, 괴저가 생길 수도 있다. 서서히 피부를 건조시키고, 다시 차가워지지 않게 한다. 알로에 베라를 바르면 치료에 도움이 될 수 있다. 아직 의사에게 동상 부위를 보여 주지 않았다면, 지금이라도 치료를 받는 것이 중요하다.

환부가 따뜻해진 후 아이를 다시 병원에 데리고 가야 하는 경우, 녹은 피부 조직이 다시 얼게 되면 손상이 심해질 수 있으므로 환부를 따뜻하게 유지하도록 담요로 싸서 각별히 주의를 기울인다.

머리 부상

주의 사항 아이가 자신의 키와 같거나 높은 위치에서 딱딱한 표면 위로 떨어지거나 무거운 물체에 머리를 맞게 되면 대체로 머리를 심하게 다치게 된다. 머리의 앞이나 뒤보다 측면에 충격이 가해진 경우, 머리 손상이 더 커질 수 있다.

12. **두피의 상처와 타박상** 두피에는 혈관이 많기 때문에 머리에 상처가 나면 아무리 작은 상처라도 보통 출혈 과다로 이어진다. 타박상을 입게 되면 순식간에 달걀 크기만 하게 부어오르는 경향이 있다. 일반 상처나(#49, #50) 타박상(#47) 때와 마찬가지로 치료한다. 아주 경미한 두피의 부상을 제외하면 모두 의사의 상담을 받는다.

13. **심한 두부 외상** 아이들은 활동이 많기 때문에 때때로 머리를 찧곤 한다. 이런 정도의 부상은 대개 두어 차례 입을 맞추어 마음을 진정시키면 낫는다. 하지만 머리를 심하게 부딪친 경우, 제대로 치료를 받아야 한다. 머리에 심한 충격이 가해진 후 6시간 동안은 주의 깊게 아이를 지켜보는 것이 좋다. 즉시 증상이 나타나기도 하지만 며칠 동안 아무런 증상이 나타나지 않는 경우도 있다. 그러므로 심한 두부 손상을 입었다면 아이의 상태가 양호해 보이더라도 계속해서 아이의 상태를 살펴보아야 한다. 머리를 다친 후 다음과 같은 증상이 보인다면, 즉시 아이의 담당 의사에게 연락하거나 119에 전화에 응급 의료 지원을 받는다.

* 잠시 의식을 잃음. 길어야 2, 3시간 정도 나른한 상태를 보이는 것은 일반적인 증상이며 걱정할 필요 없다.

* 두통이 한 시간 이상 지속되거나(어린 토들러들은 머리를 잡으면서 울지 모른다.), 시간이 지날수록 심해지거나, 정상적인 활동이나 수면에 지장을 주거나,

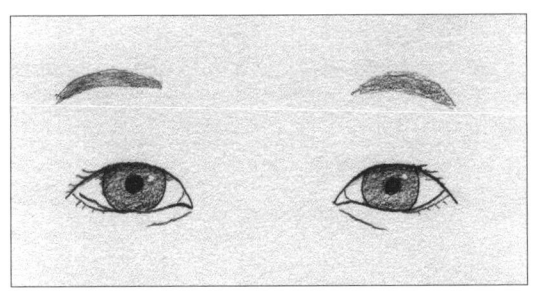 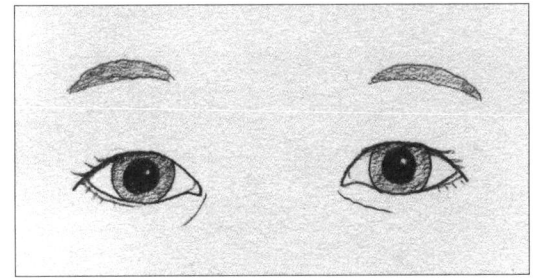

눈동자는 손전등을 비추면 축소되어야 하고(왼쪽), 빛이 사라지면 확대되어야 한다(오른쪽).

아세트아미노펜을 복용해도 나아지지 않는다.
* 잠에서 깨기 힘들다. 머리를 다친 후 첫날은 낮잠을 자는 동안 한두 시간마다, 밤에 잠을 자는 동안 두세 시간마다 아이가 반응을 보이는지 확인해야 한다. 잠든 아이가 도무지 깨지 않는다면 즉시 호흡을 확인한다(734쪽 참조).
* 한두 차례 이상 구토를 한다.
* 귀나 코에서 피가 나거나, 묽은 액체가 나온다.
* 눈 주위나 귀 뒤에 검푸른 멍 자국이 보인다.
* 머리가 움푹 들어가거나 찍힌 자국이 있다.
* 힘들게 걷거나, 걷는 모습이 평소 서투르게 걷는 모습과 달리 어정쩡하거나, 팔이나 다리, 그 밖에 신체 부위를 움직이지 못한다.
* 말이나 행동이 비정상적이다. 발음이 분명하지 않고 극도로 예민하다.
* 머리를 다친 후로 한 시간 이상 지속적으로 현기증을 느낀다. 아이의 균형 감각이 떨어진 것 같다.
* 경련을 일으킨다(#2 참조).
* 동공의 크기가 다르거나, 손전등을 비출 때 동공이 작아지지 않거나 빛이 사라질 때 커지지 않는다(위 그림 참조).
* 한 시간 이상 계속해서 유난히 창백하다.

도움을 기다리는 동안 아이의 머리를 옆으로 돌려 가만히 눕힌다. 목 부상이 의심되는 경우, 움직이지 않는 것이 안전하다면 아이를 움직이지 않는다. 피부가 차고 축축하고 창백하고, 맥박이 약하고 빠르며, 오한이 들고, 혼란스러워 하며, 메스꺼워 하고 구토를 일으키거나 호흡이 얕다는 등, 쇼크의 증상이 나타나는 경우 치료한다(#30 참조). 호흡이 중단된 경우 심폐 소생술을 실시한다(737쪽 참조). 의사나 응급 의료진이 허용할 때까지는 음식이나 음료를 주지 않는다.

물린 상처

14. **동물에 물린 상처** 환부를 움직이지 못하게 하고, 즉시 의사에게 전화한다. 그런 다음 상처 부위를 비눗물로 15분 동안 조심스럽게 씻는다. 소독약이나 그 밖에 약물을 바르지 않는다. 필요하면 출혈 부위를 눌러 지혈하고(#49, #50, #51), 살균 처리한 붕대를 감는다. 검사를 위해 동물을 잡아 두되 물리지 않도록 조심한다. 개, 고양이, 박쥐, 너구리 등에 물리면 광견병에 걸릴 수 있다. 고양이에 물리면 감염될 가능성이 높으므로(붓고, 빨개지며, 만지면 아프다.) 항생제 치료를 받아야 할 수 있다. 위험이 낮은 개에 물릴 경우 대체로 항생제 치료를 받을 필요는 없지만,

어떤 동물에 물리든 일단은 아이의 담당 의사에게 상담을 받는 것이 중요하다. 물린 부위가 붓고, 빨개지고, 만지면 아픈 경우, 즉시 의사에게 연락한다.
고양이에 물리거나 긁힌 경우(특히 생후 6개월 미만의 새끼고양이에게), 고양이발톱병이 생길 수 있다. 그러므로 증상이 나타나는지 유심히 살펴본다. 고양이발톱병의 증상은 주로 사고 후 7~12일 사이에 나타나며, 증상이 보이면 의사에게 연락해야 한다. 고양이에 물리면 상처가 패여 쉽게 청결을 유지하기 어렵기 때문에 감염이 되기도 쉽다.

15. 사람에게 물린 상처 인간의 입안에는 각종 전염성 미생물이 살고 있다. 아이가 형제나 다른 아이에게 물린 경우, 살이 찢어지지 않았다면 걱정할 필요 없다. 살이 찢어진 경우 순한 비누와 미지근한 물을 이용해 약 10분간 물린 부위를 씻는다. 가능하면 수돗물을 틀어 놓고 흐르는 물에 씻거나, 바가지나 컵으로 물을 부어 씻는다. 상처 부위를 문지르거나 연고를 바르거나 분무식 약물을 뿌리지 않는다. 살균한 붕대로 환부를 덮고 의사에게 연락한다. 필요하면 출혈을 막기 위해 압박을 가한다(#50). 감염을 예방하기 위해 항생제가 처방될 수 있다.

16. 벌레에 물린 상처 곤충에 쏘이거나 물린 경우, 다음과 같은 방법으로 치료한다.

* 부모의 손톱이나 신용카드 모서리를 이용해 벌침을 제거한다. 손톱이나 핀셋으로 벌침을 집으려 하지 않는다. 독액이 상처 속으로 더 깊이 들어갈 수 있다.

* 작은 벌, 말벌, 개미, 거미 등에 물린 부위는 비눗물로 씻는다. 물린 부위가 붓거나 아프면 냉찜질이나 차가운 찜질을 한다. 벌레 물린 데 바르는 약을 바르거나, 베이킹소다 혹은 식육 연화제에 물을 섞어 환부에 붙인다. 리도카인 스프레이나, 식초와 소금을 혼합한 용액도 불편함을 완화시키는 데 도움이 된다. 눈이나 눈꺼풀 주위를 물린 경우, 눈에 약물이 들어가지 않도록 주의한다.

* 모기 따위의 벌레에 물려 가려운 부위는 칼라민 로션이나 기타 가려움 완화제를 바른다. 여러 군데 물린 경우 콜로이드 오트밀을 탄 물에 목욕을 해도 가려움이 진정될 수 있다.

* 거미나 불개미에 물린 후 통증이 심하거나 호흡이 곤란하거나 열이 나는 경우, 냉찜질이나 차가운 찜질을 하고 즉시 119에 연락한다. 가능하면 거미나 불개미를 찾아 병에 넣어(물리지 않도록 조심한다.), 병원에 갈 때 가지고 간다. 거미나 불개미를 찾을 수 없다면, 의사가 독성 여부를 판단할 수 있도록 생김새를 묘사한다.

* 꿀벌이나 말벌 침에 심각한 반응을 보이는지 지켜본다. 벌침에 쏘인 경우 아동의 약 90%는 쏘인 부위를 중심으로 5cm 정도가 잠시(24시간 미만) 빨갛게 붓고 아픈 정도로 그친다. 하지만 그 외에는 훨씬 심각한 반응을 보이는데, 벌에 쏘인 부위를 중심으로 지름 10cm 이상의 상당히 넓은 부위가 붓고 예민해지며, 3~7일이 지나야 절정에 달한 뒤 증세가 한풀 꺾인다.
200명 가운데 1~10명 사이는 전신에 초과민 반응을 보인다. 대부분의 초과민 반응은 벌에 쏘인 후 몇 분~몇 시간 후에

시작되며, 두드러기(759쪽 참조), 피부의 붉은 반점(홍반), 가려움증, 부종(혈관부종)과 같은 알레르기 증상이 나타나고, 드물게는 생명을 위협하기도 한다. 드문 현상이지만 생명을 위협하는 초과민 반응은 주로 벌에 쏘인 후 5~10분 내에 시작된다. 대개 얼굴이나 혀가 붓고, 목구멍이 간지럽거나 메스껍거나 음식을 삼키기 힘들거나 목소리가 변하는 등 목이 붓는 증상(후두부종)을 보이며, 기관지 경련(흉부 압박감, 기침, 숨을 헐떡이는 소리, 호흡곤란), 저혈압으로 인한 현기증이나 실신, 심장 혈관 허탈 등의 증상이 나타날 수 있다. 치명적인 결과로 이어지는 경우는 극히 드물지만, 응급처치가 필요할지 모르므로 조금이라도 전신 반응이 나타나면 아이의 담당 의사에게 즉시 보고해야 한다. 아이가 생명이 위태로울 정도의 전신 반응을 보이는 경우 즉시 119에 연락한다.

전신 반응 이후 피부 반응 검사 및 다른 검사를 실시해, 벌침 독에 대한 자극 감응성을 판단하게 될 것이다. 곤충 독으로 인해 생명에 위협을 받을 수 있다는 결과가 나온 경우, 벌이 많은 계절에 아이와 함께 외출할 때는 에피네프린 주사기(760쪽 참조)도 지참하도록 권장될 수 있다.

17. **뱀에 물린 상처** 살무사 같은 독사들은 모두 독을 지니고 있으며, 대체로 물면 식별 가능한 자국을 남긴다. 어린아이가 독사에 물릴 일은 거의 없지만 물리게 되면 매우 위험하다. 아이의 몸집은 작기 때문에 아무리 소량의 독이라도 치명적일 수 있기 때문이다. 독사에 물릴 경우, 아이와 환부를 최대한 움직이지 못하도록 하는 것이 중요하다. 팔다리를 물린 경우, 필요하면 부목을 대 팔다리를 움직이지 못하게 하고, 심장 높이보다 아래에 위치시킨다. 통증을 완화하는 데 도움이 된다면 냉찜질을 하되, 얼음을 대거나 의사의 권고 없이 약을 발라서는 안 된다. 물린 즉시 입으로 독을 빨아들여 뱉는 건 도움이 될 수 있지만, 구조된 지 4~5시간이 지나 심각한 증상으로 발전하지 않는다면 조금이라도 상처를 내서는 안 된다. 아이가 호흡을 하지 않거나 심장박동이 멈춘 경우, 심폐 소생술(737쪽 참조)을 실시한다. 피부가 차고, 축축하고 창백하며, 맥박이 약하고 빠르며, 오한, 혼란, 메스꺼움이나 구토 혹은 얕은 호흡 등이 나타나면 쇼크를 치료한다(#30). 신속하게 의학적인 도움을 받고, 가능하면 뱀의 명칭을 말하거나 모양을 설명한다. 팔다리에 물린 지 한 시간 이내에 의학적인 도움을 받지 못할 경우, 압박대나 지혈대를(벨트나 넥타이, 머리끈을 이용한다.) 물린 부위에서 5cm 정도 위에 손가락 하나 들어갈 정도로 느슨하게 묶어 혈액이 환부를 향해 흐르는 속도를 둔화시킨다. 손가락이나 발가락, 목, 머리, 몸통에 지혈대를 묶는 건 절대로 안 된다. 혈액순환이 중단되지 않도록 수시로 팔다리의 맥박을 확인하고(623쪽 참조), 팔다리가 붓기 시작하면 지혈대를 푼다. 지혈대를 묶은 시간을 기록한다.

독이 없는 뱀에 물린 경우 찔린 상처를 치료할 때와 같은 방법으로 치료하고,(#52), 의사에게 알린다.

18. **해양 동물에 찔린 상처** 해양 동물의 침은 대개

위험하지 않지만, 간혹 아이가 심각한 반응을 보일 때가 있다. 그러므로 예방책으로 즉시 약물 치료를 해야 한다. 응급처치 방법은 해양 동물의 종류마다 다르지만, 부모의 손가락을 보호하기 위해 대체로 수건이나 천을 이용해 살갗에 남은 침을 조심스럽게 털어 낸다. 해파리의 촉수는 신용카드 등 플라스틱 카드로 살살 긁어 제거한다. 과도한 출혈(#51), 쇼크(#30), 호흡 중단(734쪽 참조) 등의 증상이 나타나면 즉시 치료를 받아야 한다. 가벼운 출혈은 걱정하지 않아도 괜찮으며, 독소를 제거하는 데 도움이 될지 모른다. 가오리, 쏠배감펭, 메기, 스톤피쉬, 성게의 침에 물린 부위는 가능한 뜨거운 물에 30분 동안 혹은 의료진에게 치료를 맡길 때까지 푹 담가야 한다. 해파리 촉수에서 나온 독소는 해파리 종류에 따라 식초나 알코올, 희석시킨 암모니아를 바르면 제거될 수 있다. 만일의 경우에 대비해 비치백에 알코올 솜을 휴대한다. 일반인은 해파리 종류를 구분하기 어려우니 바닷물로 씻고 응급실을 방문한다.

— 물에 빠진 경우

19. 물에 빠진 경우 물에서 건져 냈을 때는 의식이 없었지만 금세 정신을 회복한 경우라도 의료적 평가를 받아야 한다. 여전히 의식이 없다면 가능하면 다른 사람에게 119에 전화를 해 달라고 부탁해 응급 의료 지원을 요청하고, 그동안 구조 기술을 시작한다(736쪽 참조). 호흡이 느껴지지 않거나 맥박이 잡히지 않으면 즉시 심폐 소생술을 시작한다. 119에 전화를 해 줄 사람이 아무도 없다면 나중에 전화한다. 아이가 회복되거나 의료진이 도착할 때까지, 시간이 얼마가 됐든 심폐 소생술을 중단하지 않는다. 아이가 구토를 하는 경우, 옆으로 뉘어 질식을 예방한다. 일단 호흡이 재개된 후에도 아이를 옆으로 눕힌다. 건조하고 따뜻한 상태를 유지한다. 단 등이나 목의 부상이 의심되는 경우 아이를 옆으로 돌려서는 안 된다. 이런 부상을 입은 사람을 움직이는 건 대단히 위험하다.

— 발가락 부상

#26, #27, #28, #29 참조

— 발작

#2 참조

— 뱀에 물린 경우

#17 참조

— 복부 부상

20. 내출혈 주먹으로 복부를 맞게 되면 내출혈이 일어날 수 있다. 이러한 부상의 증상은 다음과 같다. 복부에 멍이 들거나, 색이 변한다. 구토를 하거나, 커피 찌꺼기 농도의 검붉은 색 혹은 선홍색 피를 토한다. 부식성 물질을 삼켰을 때에도 같은 증상을 보일 수 있다. 대변이나 소변에 검붉거나 선홍색의 피가 섞여 나온다. 쇼크를 일으킨다(피부가 차고 축축하며 창백하다, 맥박이 약하고 빠르다, 오한이 든다, 혼란스러워 한다, 메스꺼움이나 구토를 일으킬 수 있고, 호흡이 얕을 수도 있다.). 119에 전화해 응급 의료 지원을 구한다. 아이가 쇼크를 일으키는 것 같다면 즉시 치료한다(#30). 음식이나 음료를 주지 않는다.

21. **복부의 상처 및 열상** 다른 상처의 경우와 마찬가지로 치료한다(#49, #50). 심하게 베인 경우 창자가 튀어나올 수 있다. 이때는 창자를 복부에 넣으려 하지 말고, 물에 적신 깨끗한 수건으로 배를 덮고 즉시 119에 전화한다.

뼈가 부러진 경우 혹은 골절

22. **팔, 다리, 쇄골, 손가락이 부러진 경우** 어린아이들의 골절은 대체로 빨리 회복되지만, 제대로 나으려면 병원 치료가 필요하다. 골절이 의심되는 상황이면 아이를 병원이나 응급실로 데리고 간다. 골절의 증상은 다음과 같다. 사고가 난 순간에 딱 소리가 나고, 모양이 변형되며(탈구의 경우에도 변형될 수 있다, #46), 해당 부위를 움직이거나 무게를 감당하지 못한다. 격한 통증을 느끼고(계속해서 우는 것으로 짐작할 수 있다.), 감각이 없거나 얼얼하며, 붓고 색이 변한다. 골절이 의심되면 의사에게 확인 받기 전에는(안전을 위해 필요한 경우를 제외하면) 아이를 움직여서는 안 된다. 아이를 즉시 움직여야 하는 경우, 먼저 자, 잡지, 책, 그 밖에 단단한 물건에 피부를 보호하기 위해 부드러운 천을 두르고 환부 안쪽에 부목을 대, 환부가 움직이지 못하게 해야 한다. 부목 대신 작고 단단한 베개를 이용할 수도 있다. 골절이 의심되는 부분을 중심으로 위아래가 닿도록 확실하게 부목을 댄 다음, 붕대나 천으로 된 끈, 스카프, 넥타이 등으로 단단히 고정시키되 너무 꽉 묶어 혈액순환이 제한되지 않도록 한다. 부목으로 삼을 만한 것이 가까이에 없다면, 부모의 팔을 부목 삼아 다친 팔다리에 댄다. 도움을 기다리는 동안 부목으로 인해 혈액순환이 중단되지 않았는지 수시로 확인한다. 부종을 가라앉히기 위해 얼음 팩을 댄다.

23. **복합 골절** 뼈가 피부 밖으로 튀어나온 경우 환부를 만져서는 안 된다. 가능하면 살균 거즈나 깨끗한 천으로 다친 부위를 덮고, 필요하면 출혈 부위를 눌러 지혈한다(#50). 119에 전화해 응급 의료 지원을 받는다.

24. **목이나 등에 부상을 입은 경우** 목이나 등의 부상이 의심되면, 아이를 절대로 움직여서는 안 된다. 119에 전화해 응급 의료 지원을 요청한다. 도움을 기다리는 동안 아이를 덮어 주어 편안한 상태를 유지하고, 가능하면 책 같은 무거운 물건들을 머리 주변에 쌓아 머리가 움직이지 못하게 한다. 음식이나 음료를 주지 않는다. 심한 출혈(#51), 쇼크(#30), 호흡 정지(734쪽 참조)는 즉시 치료한다.

사지나 손발가락 절단

25. **절단** 이런 심각한 사고는 거의 드물지만, 만일의 경우에 대비해 대처 방법을 알아 두면 팔다리나 손발가락을 잃지 않고 보존할 수 있다. 필요한 경우 즉시 다음 조치를 취한다.
* 출혈을 통제한다. 여러 장의 살균 거즈, 깨끗한 생리대나 기저귀, 깨끗한 수건으로 환부를 강하게 압박한다. 출혈이 계속되면 압박을 더욱 강화한다. 너무 심하게 압박해 손상을 입히지 않을까 걱정하지 않아도 괜찮다. 의사가 권하지 않으면 지혈대를 이용하지 않는다.
* 쇼크가 일어나면 쇼크를 치료한다(#30).
* 호흡을 확인해 봐서 아이가 호흡을 하지

않으면 즉시 심폐 소생술을 시작한다(737쪽 참조).
* 절단된 팔다리나 손발가락을 보존한다. 깨끗한 젖은 수건이나 스펀지에 최대한 빨리 싸서 비닐봉지에 넣는다. 비닐봉지를 단단히 밀봉해 얼음을 채운 다른 비닐봉지에 넣는다. 드라이아이스를 이용하지 않는다. 절단된 부위를 얼음 위에 바로 올려놓지 말고, 물이나 소독제에 담그지 않는다.
* 도움을 요청한다. 119에 연락하거나 다른 사람에게 연락하게 해서 최대한 빨리 응급 의료 지원을 부탁하거나 응급실로 달려간다. 응급실에 도착하자마자 곧바로 치료를 시작할 수 있도록 미리 전화를 건다. 봉합 수술을 할 수 있으므로 얼음주머니에 싼 팔다리나 손발가락도 같이 가지고 가야 한다. 이동 중에도 환부를 계속 압박하고, 필요하면 기본적인 생명 유지 절차를 계속 실시한다.

── 상처
#49, #50 참조

── 손가락과 발가락의 부상
26. 손가락이나 발가락의 타박상 어린아이들은 워낙 호기심이 많아 서랍이나 문에 손가락이 끼여 고통스러운 타박상을 입는 일이 무척

구급상자에 채울 약물들

유아들과 마찬가지로 토들러들도 늦은 밤이나 이른 아침, 혹은 주말에 아프거나 다치는 경향이 있다. 응급 상황이 발생한 경우 필요한 약물을 그때그때 이용할 수 있도록 구급상자에 약을 충분히 채워 넣어야 한다. 다음 약물들은 집안에 필수로 구비해야 하는 종류들이다.

* **아스피린을 함유하지 않은 약물*** 아세트아미노펜(644쪽 참조)이 물약, 씹어 먹는 알약, 좌약, 가루약 등의 형태로 나오며, 타이레놀, 템프라, 리퀴프린, 파나돌 같은 이름으로 처방전 없이 구입할 수 있다. 물약 혹은 엘릭시르제 형태는 모든 연령의 토들러에게 적합하다. 씹어 먹을 수 있는 어린이용 약은 체중이 최소 10kg이며, 약을 완전히 씹을 수 있는 두 살 토들러나 그보다 어리지만 의사의 지시가 있는 경우에 복용할 수 있다. 정확한 복용량은 635쪽 표를 참조한다. 경우에 따라 애드빌 같은 이부프로펜제를 처방 받을 수도 있다.
* **체온계** 이용할 수 있는 체온계 형태에 대한 설명은 629~632쪽을 참조한다.
* **약숟가락** 특히 손잡이의 속이 비어 있고 눈금이 새겨진 숟가락이 약을 다루고 먹이기 편리하다.
* **점적기와 경구 투약기** 약물을 덜 힘들게 먹이는 데 도움이 된다.
* **혀 누르는 기구** 목구멍을 살펴볼 때 이용한다.
* **보온 패드나 뜨거운 물주머니** 근육통을 완화하기 위해 이용한다.
* **식염수 코 스프레이나 점비액** 감기로 인해 막힌 코를 뚫기 위해 이용한다. 가정에서 만드는 것보다 조제되어 판매되는 제품이 더 안전하다.
* **항히스타민제**** 알레르기 반응을 치료하기 위해 이용한다.
* **칼라민 로션이나 ½% 하이드로코르티손 크림*** 모기에 물려 가려운 발진이 날 때 이용한다. 콜로이드 오트밀을 탄 물에 목욕을 해도 가려움증을 가라앉히는 데 도움이 된다.
* **재수화 용액**** 설사나 구토, 열, 기타 질환으로 탈수됐을 때 이용한다. 페디아라이트, 인파라이트, 내추럴라이트 등의 제품명을 비롯해 일반 약품명으로 판매되고 있다.
* **자외선 차단제** 햇볕 아래에서 시간을 보낼 때 이용한다(516쪽 참조).
* **소독용 알코올이나 알코올에 적신 솜***** 체온계, 핀셋 등을 닦을 때 이용한다. 그러나 열을 내리기 위한 신체 마찰용으로는 이용하지 않는다(635쪽 참조).

잦다. 이런 타박상의 경우 얼음물에 손가락을 담근다. 한 시간가량 담그고 있도록 권장되며, 동상을 피하기 위해 10분마다 쉰다. 손가락이 다시 따뜻해지기에 충분한 시간이다. 그러나 부모가 몇 분 동안은 놀이나(722쪽 박스 내용 참조) 완력을 이용해 어찌어찌 아이를 치료할 수 있을지 몰라도, 한 시간 동안 얌전히 앉아 있을 아이들은 거의 없다. 다친 발가락 역시 얼음물에 담그고 있으면 도움이 되지만, 마찬가지로 어린아이들은 긴 시간 치료를 하기가 현실적으로 힘들다. 타박상을 입은 손가락과 발가락을 높이 올려놓으면 덜 붓는다.

상처를 입은 손가락이나 발가락이 아주 빠른 시간에 심하게 붓거나, 모양이 틀어지거나, 쭉 펼 수 없는 경우, 골절을 의심해 봐야 한다(#22). 비틀려 생긴 타박상이거나 움직이는 바큇살에 손이나 발이 끼어 타박상을 입은 경우, 즉시 의사에게 연락한다.

27. 손발톱 밑으로 피가 나는 경우 손가락이나 발가락이 심하게 타박상을 입은 경우, 손발톱 밑으로 혈액이 응고되어 고통스러운 압박감을 일으킨다. 손발톱 밑으로 혈액이 새어 나오는 경우, 손톱을 눌러 혈액이 흐르게 하면 압박감을 완화하는 데 도움이 된다. 아이가

---

* **바셀린** 직장 온도계를 매끄럽게 하고, 일부 경미한 피부 자극을 치료하기 위해 사용한다.
* **토근 시럽***** 독극물 센터나 아이의 담당 의사가 권하는 경우에만 이용한다. 아이와 함께 여행할 때 세면도구와 함께 병에 넣어 가지고 간다. 더욱 안전을 기하기 위해 부모의 가방이나 자동차 앞좌석의 사물함에 보관한다.
* **액상 활성탄***** 최근 연구 결과에 따르면 일부 독성 물질은 액상 활성탄이 토근보다 더 나을 수 있다고 한다. 그러나 토근을 이용할 때와 마찬가지로 독극물 센터나 아이의 담당 의사가 권장할 때에만 이용한다.
* **살균 접착테이프와 거즈 패드**** 나비 모양 반창고를 비롯한 다양한 크기와 모양의 접착테이프와 거즈 패드를 구비한다. 아이가 좋아하는 디자인을 선택하거나 아이에게 선택하게 한다. 쉽게 뗄 수 있고 들러붙지 않는 거즈 패드도 구비한다.
* **항생 연고**** 이런 연고를 권하는 의사들도 있지만, 그렇지 않은 의사들도 있다.
* **두루마리 거즈*****
* **탄력 붕대***** 삐었을 때 이용한다.
* **삼각 붕대***** 팔걸이 붕대를 만들어 부상 부위를 감싸거나 얼음 팩을 고정시킬 때 이용한다.
* **접착테이프***** 거즈 패드를 부착시킬 때 이용한다. 자극을 가하지 않는 접착테이프를 구입한다.
* **살균 탈지면*****
* **소형 손전등***** 아이의 목구멍을 살펴보기 위해, 그리고 두부 손상의 증상 및 독성 물질을 삼킨 후 증상으로 동공의 확대 및 축소 여부를 알아보기 위해 이용한다.
* **끝이 둥근 가위***** 테이프와 붕대 등을 자를 때 이용한다.
* **끝이 비스듬한 핀셋** 가시나 진드기, 각종 이물질을 제거하기 위해 이용한다.
* **얼음 팩** 타박상이나 기타 부상으로 인한 염증을 완화하기 위해 이용한다. 냉동실에 넣어 다시 얼릴 수 있는 종류나 동물 모양 팩을 구비한다. 여차하면 냉동 주스나 냉동 채소 팩을 이용한다.

---

* 의사의 분명한 지시 없이는 아이에게 아스피린을 주지 않는다. 수두나 독감, 기타 바이러스성 전염병을 앓는 아이는 아스피린을 절대 복용해서는 안 된다. 아스피린(아세틸살리실산)과 그 밖에 살리실산염은 처방이 필요 없는 많은 의약품에 함유되어 있으므로, 아이에게 약을 주기 전에 아스피린 성분이 들어 있는지 성분 목록을 주의 깊게 읽어야 한다.

** 항히스타민제를 구입하기 전에 아이의 담당 의사에게 구체적으로 추천하는 약품이 없는지 문의한다.

*** 이런 구급약품은 사고 현장에 쉽게 가지고 갈 수 있도록 휴대용 상자(연장통 같은)에 보관하되, 반드시 아이 손이 닿지 않도록 상자를 잠가 안전한 곳에 두어야 한다.

참을 수 있다면 환부를 얼음물에 담근다. 통증이 지속되는 경우, 압박감을 완화하기 위해 손발톱에 구멍을 뚫어야 할지 모른다. 의사가 직접 구멍을 뚫거나, 부모에게 방법을 알려 줄 수 있다.

28. 손발톱이 찢어진 경우 살짝 찢어진 경우, 찢어진 부분을 깎을 수 있을 정도로 손발톱이 자랄 때까지 접착테이프나 반창고를 붙여 고정시킨다. 거의 전체가 찢어진 경우, 찢어진 선을 따라 가위로 다듬고 손발톱이 손가락이나 발가락 끝을 보호할 정도로 길게 자랄 때까지 반창고로 덮는다.

29. 손발톱이 떨어진 경우 손톱깎이로 깎아 냈는데도 여전히 남은 부분이 있다면 완전히 제거한다. 가능하면 찬물에 20분 동안 손가락이나 발가락을 담근 다음, 항생 연고를 바른 뒤 들러붙지 않는 반창고로 덮는다. 사흘 동안 하루 한 번씩 약 15분간 따뜻한 소금물에(0.5L의 따뜻한 물에 소금 ½티스푼을 섞어) 담근 후, 항생 연고를 바른 다음 새 반창고를 붙인다. 나흘째 되는 날 어느 정도 치료에 진척이 있는 경우에 한해 연고를 중단하되, 앞으로 일주일 동안 매일 미지근한 소금물에 손가락이나 발가락을 담근다. 손발톱이 완전히 자랄 때까지 손발톱 바닥을 반창고로 덮는다. 언제든지 빨개지고 열이 나며 부어오르는 등 감염 증상이 나타나면 의사에게 연락한다.

다친 부위를 빨리 낫게 하려면

상처를 치료할 때 아이들은 좀처럼 협조해 주지 않는다. 상처 부위의 통증이 아무리 괴로워도 아이들은 치료 과정을 훨씬 괴롭게 여기는 것 같다.

드문 경우를 제외하면, 얼음 팩이 타박상을 빨리 낫게 해 준다, 찬물에 담그고 있으면 데인 곳이 시원해진다, 반창고를 바르면 상처 부위가 깨끗하게 유지된다, 라고 아무리 말해 봐야 아이들은 꿈쩍도 하지 않는다. 하지만 아이의 주의를 다른 데로 돌리면 치료하는 데 도움이 될 수 있다. 좋아하는 오르골이나 비디오 테이프, 멍멍 짖으면서 꼬리를 흔드는 장난감 강아지, 칙칙폭폭 소리를 내며 탁자 위를 지나가는 기차를 이용하거나 부모나 형제가 아이 앞에서 춤을 추거나 깡충깡충 뛰거나 노래를 불러 아이를 즐겁게 해 주면 아프고 힘든 치료를 성공적으로 마치는 데 도움이 될 수 있다.

억지로 얌전히 앉아 있어야 하는 자세는 토들러에게 자유를 속박 당한다는 기분을 줄 수 있으므로, 무릎에 얼음 팩을 매 준다든가 데인 손가락에 냉습포를 묶어 주는 등, 아이가 평소대로 움직일 수 있게 하는 것이 좋다.

아이가 친숙하게 여기는 모양의 약품을 이용해도 치료 과정에서 느끼는 통증을 완화하는 데 도움이 될지 모른다. 재미있는 디자인과 모양의 얼음 팩과 반창고를 구입한다(토끼 모양 얼음 팩, 공룡과 만화 캐릭터가 그려진 반창고 등).

어느 정도 강압적으로 치료해야 하는지는 상처의 경중에 달려 있다. 종이에 베인 상처 정도는 치료할 필요가 없지만, 자갈과 흙이 깔린 놀이터에서 무릎이 까진 경우 반드시 치료를 해야 한다.

머리를 살짝 부딪친 정도로는 "싫어!"라고 비명을 지르는 아이에게 굳이 얼음 팩을 대서 정신적 충격을 더할 필요가 없지만, 심한 화상을 입은 경우에는 아이가 치료하는 내내 비명을 지르고 버둥거리더라도 반드시 얼음물에 환부를 담가야 한다. 대부분의 경우 아주 잠깐이라도 환부를 치료해야 한다. 타박상 부위에 다만 몇 분이라도 얼음을 대고 있으면 피하출혈이 줄어든다. 그러나 치료에 의한 이점에 비해 아이가 너무 힘들어한다면 치료를 그만두는 것이 좋다.

— 쇼크

30. 쇼크 중상을 입거나 중병에 걸릴 때 쇼크가 일어날 수 있다. 차고 축축하며 창백한 피부, 빠르고 약한 호흡, 오한, 경련, 잦은 메스꺼움이나 구토, 과도한 갈증, 얕은 호흡 등의 증상이 나타난다. 즉시 119에 전화해 응급 의료 지원을 요청한다. 의료진이 도착할 때까지 아이를 반듯하게 눕힌다. 몸을 조이는 옷가지를 모두 풀고, 베개나 접은 담요, 옷 위에 다리를 올려 혈액이 뇌로 향하도록 하며, 오한이나 체열 손실을 예방하기 위해 가벼운 것을 덮어 준다. 호흡이 힘들어 보이는 경우, 아이의 머리와 어깨를 아주 살짝 올린다. 음식이나 물을 주면 안 되며, 쇼크 상태에 있는 아이를 따뜻하게 하기 위해 뜨거운 물주머니를 이용하지 않는다.

— 실신

31. 실신 호흡을 확인한다. 호흡이 느껴지지 않으면 즉시 심폐 소생술을 실시한다(737쪽 참조). 호흡이 감지되면 아이를 반듯하게 눕히고, 필요하면 따뜻한 덮을 것으로 가볍게 몸을 덮어 준다. 목 주위의 옷을 느슨하게 한다. 아이의 머리를 한쪽으로 돌리고 입안의 음식이나 이물질을 제거한다. 먹을거리나 마실 거리를 주지 않는다. 의사에게 즉시 연락한다.

— 열 손상

32. 일사병, 열사병, 고체온증 소모성 열사병 혹은 경미한 고체온증은 열 손상 가운데 가장 일반적이다. 증상은 다음과 같다. 땀을 많이 흘림, 갈증, 두통, 근육 경련, 현기증이나 가벼운 두통 혹은 메스꺼움. 체온은 38도에서

아픈 곳에 반창고 붙이기

부모가 되면 앞으로 몇 년간 수십 장, 어쩌면 수백 장의 크고 작은 접착 반창고를 붙이게 될 것이다. 아래 요령은 상처 부위를 빨리 아물게 하는 동시에 반창고를 쉽게 붙이는 데 도움이 된다.

* 부상을 올바르게 치료한다. 각각의 부상 종류를 참조한다.
* 접착력을 강화하기 위해 깨끗하고 건조한 피부에 일회용 반창고를 붙이거나 반창고 위에 테이프를 붙인다.
* 개방형 상처에는 살균 처리된 일회용 반창고나 거즈 패드만 이용하고, 사용 전에 포장을 개봉하지 않는다. 손가락으로 패드의 앞면을 만지지 말고, 일회용 반창고의 접착 부분과 거즈 패드의 가장자리나 뒷부분만 만진다.
* 반창고가 상처 부위에 붙지 않도록 들러붙지 않는 패드나 항생연고를 이용한다. 반창고가 너무 딱 붙어 떨어지지 않으면 억지로 잡아당기려 하지 말고 따뜻한 물에 담근다.
* 상처 부위가 폐쇄돼야 하는 경우를 제외하면, 공기가 들어갈 수 있도록 반창고를 헐겁게 붙인다. 발가락이나 손가락에 일회용 반창고를 붙일 때는 너무 꽉 붙여 혈액순환에 지장을 주지 않도록 해야 한다.
* 매일 반창고를 제거해 상처가 얼마나 아물었는지 확인한다. 목욕 중이거나 직후에 반창고를 떼는 것이 가장 좋다. 일회용 반창고가 젖어서 느슨해지면 세게 잡아당기지 않아도 쉽게 떨어진다. 여전히 까진 채로 쓰라려 보이면 반창고를 다시 붙인다. 긁힌 부위에 딱지가 앉거나 상처가 아물었다면 계속 반창고를 붙이지 않아도 괜찮다. 물론 아이가 일회용 반창고를 너무 좋아해서 반창고를 떼지 못하게 한다면 새 반창고를 붙여도 괜찮다. 반창고를 붙이면 아이가 딱지를 떼어 내거나 긁지 못하도록 예방할 수 있고, 놀다가 다친 데를 또 다칠 가능성이 줄어들 것이다.
* 반창고가 더러워지거나 젖으면 더 자주 갈아 준다.

> **애정 어린 보살핌**
>
> 경미한 상처에는 애정 어린 보살핌이 최고의 치료약이 될 때가 많다. 입을 맞추고 꼭 안아 주면 통증이 완화될 수 있다. 그러나 통증의 정도에 따라 위로의 경중을 조절한다. 무릎이 살짝 부딪힌 정도의 부상은 미소를 짓고 입을 맞추면서 안심시키는 말을 해 주면("괜찮아.") 거뜬하게 나을 수 있다. 그러나 손가락이 끼어 심하게 아플 때는 입을 많이 맞추어 주면서 이런저런 방식으로 아이의 주의를 분산시켜야 한다. 대부분의 경우 응급처치를 시도하기 전에 먼저 아이를 차분하게 만들어야 한다. 아이를 차분하게 하는 데 걸리는 시간이 치료의 결과에 영향을 주는 경우는 생명이 위태로운 상황일 때뿐이다. 다행히 이런 상황은 거의 드물고, 이런 상황에서 아이들은 대개 격렬하게 움직이지 않는다.

40도로 오를 수 있다. 아이를 가능하면 에어컨이 가동되는 시원한 곳에 데리고 와, 원액이 아닌 물에 희석시킨 과일 주스 같은 찬 음료를 마시게 해 소모성 열사병을 치료한다. 얼음 팩과 선풍기를 이용해도 도움이 될 수 있다. 아이가 신속히 정상 상태로 돌아오지 않거나, 음료를 마시자마자 토하거나, 열이 높아지면 의사에게 연락한다.

일사병 혹은 심각한 고체온증은 흔하게 나타나지 않으며 상태는 더 심각하다. 보통 햇볕이 이글거리는 더운 날 논다든지, 따뜻한 날씨에 차안에 갇혀 있다든지 해서 체온이 과열된 후 갑자기 나타난다. 눈여겨봐야 할 증상은 다음과 같다. 뜨겁고 건조한(간혹 축축한) 피부, 상당히 높은 열(41도), 설사, 불안 혹은 무기력, 혼란, 경련, 과열과 관련된 의식 상실. 일사병이 의심되면 찬물에 담근 커다란 타월에 아이를 감싼다. 가능하면 세면대에 찬물을 틀고 그 안에 얼음 조각을 부은 후에 타월을 담그거나 최대한 시원한 물을 이용한다. 즉시 119에 전화해 응급 의료 지원을 받거나, 아이를 데리고 가장 가까운 응급실로 달려간다. 타월이 따뜻해지면 차가운 타월로 다시 아이를 감싼다.

─ 염좌

33. 염좌 염좌는 뼈와 뼈를 잇는 질긴 섬유조직인 인대가 부상을 입는 경우다. 아동기에는 뼈와 연골에 비해 인대가 튼튼하기 때문에 뼈가 더 튼튼해지는 성인기 때보다 인대에 부상을 입을 위험이 적다. 하지만 간혹 발목을 삘 수 있고, 발목보다는 드물지만 손목이나 무릎을 삘 수도 있다. 증상은 골절의 경우와 유사하다. 통증, 부종, 삔 관절을 사용할 수 없고, 발목이나 무릎을 삔 경우 걷기 힘들다. 따라서 골절인지 염좌인지 구분하기 위해 대개 의료적 전문 지식이 요구되며, 간혹 엑스레이 검사를 받아야 할 수도 있다. 아이가 이런 증상을 보이면 의사에게 연락한다. 골절의 가능성이 있다면 #22를 참조한다. 염좌를 조기에 치료하려면 전통적인 RICE 치료법을 이용한다. RICE 치료법은 다음과 같다.

* **쉼(Rest)** 다친 팔다리를 쉬게 한다. 다리를 삔 경우, 처음 이틀 동안 혹은 아이가 통증 없이 걸을 수 있을 때까지 다리를 사용하지 못하게 한다.
* **얼음(Ice)** 다친 관절에 얼음 팩을 댄다.
* **압박(Compression)** 압박붕대로 환부를 꼭 맞게 감싼다. 그러나 혈액순환이 제한될 정도로 너무 꽉 묶지 않는다.
* **높이 올림(Elevation)** 다친 팔다리를 최대한 높이 올린다. 아이들은 폭신한

베개나 커다란 봉제 인형 위에 다친 팔다리를 올려놓는 걸 좋아할 것이다. 부상의 경중에 따라 의사는 삔 부위가 나을 때까지 계속 압박붕대를 사용하도록 권하거나, 부목을 이용하거나 깁스를 해서 관절을 움직이지 못하게 할지 모른다. 2주 후에도 삔 부위가 낫지 않거나 오히려 상태가 악화되면 다시 병원을 방문한다. 심한 염좌를 무시하고 지나가면 간혹 영구 손상으로 이어질 수 있다.

── 이물질

귀의 이물질은 #3 참조, 눈의 이물질은 #5 참조, 코의 이물질은 #44 참조, 입이나 목구멍의 이물질은 #41 참조한다.

── 이물질을 삼킨 경우

34. 동전, 구슬, 이와 유사한 작은 물건들 아이가 이런 이물질을 삼켰지만 전혀 괴로워하는 기색이 없다면, 이물질이 소화관을 지나오길 기다리는 것이 가장 좋다. 그러나 이물질이 식도에서 떨어지는 데 도움이 되도록 청량음료나 탄산수를 먹이는 것도 괜찮다. 대부분의 아이들은 삼킨 이물질을 2, 3일 내에 배출할 것이다(244쪽 참조). 이물질이 배출될 때까지 계속해서 변을 확인한다. 그러나 이물질을 삼킨 후 음식을 넘기기 힘들어하거나 가슴의 통증을 호소하는 경우, 얼마간 시간이 지난 후에 가슴이나 목구멍이 아프거나, '쌕쌕' 소리를 내면서 숨을 쉬거나, 침을 흘리거나, 메스꺼워 하거나, 토하거나, 삼키기 힘들어하는 경우, 이물질이 식도에 박혀 있을 수 있다. 즉시 의사에게 연락하거나 아이를 데리고 응급실에 간다. 이런 경우 대개 특수 기구를 이용하거나 풍선 확장술을 통해 이물질을 제거한다. 이 방법으로도 제거하지 못하면 수술을 해야 할지 모른다.

기침을 하거나 호흡을 힘들어하는 경우, 이물질을 삼켰다기보다 흡입했을 가능성이 있으므로 질식할 때처럼 치료한다(739쪽 참조). 버튼 형 배터리를 삼킨 경우 특별한 의료 조치를 취해야 한다(#35 참조).

35. 버튼 형 배터리 아이가 버튼 형 배터리를 삼킨 경우, 종류와 관계없이 담당 의사에게 연락한다. 배터리가 식도에 끼었는지 확인하기 위해 엑스레이 검사를 받거나 상황을 두고 볼 것이다. 대부분의 아이들은 별 문제 없이 소화관을 통해 배출한다. 61%가 이틀 내에 배터리를 배출하고, 86%는 나흘 내에 배출한다. 아무런 관련 증상이 없다면 대체로 소화관을 통과하는 것이며, 간혹 발진이 날 수 있다. 배터리가 식도에 끼게 되면 전문적인 접근이 필요하다(#34 참조).

36. 날카로운 이물질 핀이나 바늘, 생선 가시, 모서리가 날카로운 장난감 등 날카로운 이물질을 삼킨 경우, 즉시 의료적 조치를 취해야 한다. 이물질을 제거해야 할지 모른다 (#34 참조).

── 입 부상

37. 입술의 상처 생후 몇 년 동안 입술에 상처 한 번 나지 않고 지나가는 아이는 거의 없다. 다행히 이런 상처들은 대체로 아주 빨리 낫는다. 통증을 완화하고 출혈을 통제하기

위해 얼음 팩을 댄다. 혹은 어른이 지켜보는 경우에 한해서만 아이스바나 커다란 얼음 조각을 빨게 한다. 질식할 정도로 얼음 조각이 작아지기 전에 새 얼음 조각으로 바꾸어 준다. 상처가 크게 나거나 10~15분이 지나도 출혈이 멈추지 않을 경우 의사에게 연락한다. 아이의 입술 상처가 전선을 씹어서 생긴 것으로 의심되는 경우에도 의사에게 연락한다.

38. 입술이나 입 내부의 상처 이런 부상 역시 어린아이들에게 흔하게 나타난다. 입술이나 뺨 안쪽의 통증을 완화하고 출혈을 통제하기 위해, 어른이 지켜보는 경우에 한해서만 아이에게 아이스바나 커다란 얼음 조각을 빨게 한다. 이 경우 역시 질식할 정도로 얼음 조각이 작아지기 전에 새 얼음 조각으로 바꾸어 준다. 자연스럽게 멎지 않는 혀의 출혈을 멎게 하려면, 거즈 수건이나 깨끗한 수건, 혹은 천기저귀를 이용해 상처 부위의 측면을 꼭 쥔다. 목구멍 뒤쪽이나 연구개(입안 위쪽 뒷부분)에 부상을 입은 경우, 날카로운 물건에 찔려 상처가 난 경우, 10~15분이 지나도 출혈이 멈추지 않는 경우, 의사에게 연락한다.

39. 치아 이탈 연령이 높은 아이의 영구치가 이탈된 경우, 치관을 잡고(이뿌리가 아니라) 흐르는 물에 살살 헹구어야 한다. 그런 다음 가능하면 잇몸 속으로 다시 끼워 넣거나 입속에 혹은 수돗물이나 우유 안에 넣은 상태로 치과에 간다. 사고 후 30~45분이 경과하지 않았다면 재이식이 가능하다. 그러나 유치가 이탈된 경우에는 치과에서 재이식을 시도할 가능성이 거의 없으므로(유치를 재이식하면 농양이 생길 가능성이 높고, 거의 고정되지 않는다.) 일반적으로 유치를 살려 두려 하지 않는다. 그러나 치아 전체가 이탈된 건지, 잇몸에 붙어 있는 치아 조각들이 빠져나와 목구멍으로 넘어가거나, 질식되거나, 잇몸 부위가 감염될 가능성이 있는지 등을 확인하기 위해 치과 의사의 진료를 받아야 한다. 그러므로 치과에 갈 때는, 혹은 치과에 갈 수 없는 경우 담당 의사나 응급실에 갈 때는 치아도 가지고 간다.

40. 이가 부러진 경우 따뜻한 물과 거즈 수건 혹은 깨끗한 천을 이용해 입안의 먼지나 남은 치아 조각들을 조심스럽게 제거한다. 입안에 부러진 치아 조각들이 없는지 꼼꼼하게 확인한다. 부러진 치아 부위의 얼굴에 냉찜질을 해 붓기를 최소화한다. 즉시 담당 치과 의사에게 연락해 자세한 지시 사항을 듣고, 아이가 아직 치과에 간 적이 없다면 담당 의사에게 치과 의사를 추천해 달라고 부탁한다.

41. 입이나 목구멍 안에 이물질이 들어간 경우 이미 목구멍 안에 들어가 입 밖에서 쉽게 잡을 수 없는 경우 이물질을 제거하기란 쉽지 않다. 주의 깊게 하지 않으면 오히려 이물질이 안으로 더 깊숙이 들어갈 수 있다. 티슈나 빵 같은 부드러운 물질의 경우, 아이의 양 뺨을 쥐고 입을 벌려 핀셋을 이용해 제거한다. 그 밖에 다른 물질들의 경우, 손가락으로 입안을 훑는다. 손가락을 구부려 옆으로 재빨리 쓱 이물질을 훔친다. 그러나 이물질이 보이지 않으면 손가락으로 훑는 방법을 시도해서는 안 된다. 아이의 목구멍에 이물질이 박힌 경우,

739쪽의 질식할 때 구조 절차를 시도한다.

— 입술 갈라짐 혹은 상처

#37, #38 참조

— 저체온증

42. 저체온증 장시간 추위에 노출된 후, 열 소실량이 열 생산량을 넘어서면 체온이 정상 수준 이하로 떨어질 수 있다. 아이가 저체온증인 경우 피부를 만지면 유달리 차고, 피부가 창백하고, 입술이 파랗거나 보라색이며(피부가 검은 아이들의 경우 잿빛), 몸을 떨고, 무기력하며, 움직임이 뻣뻣하고, 말하기를 힘들어한다. 저체온증은 응급 상황이다. 저체온증이 심해지면 몸을 떠는 일은 중단되고, 근육 통제력이 상실되며, 의식이 저하된다. 저체온증이 나타나면 지체 없이 가장 가까운 응급실로 달려가야 한다. 빠른 운송 수단이 없는 경우 119에 전화한다. 젖은 옷을 벗기고 두꺼운 담요로 아이를 감싸고, 병원에 가는 길에 자동차 히터를 튼다. 집에서 응급 의료 지원을 기다리는 경우, 아이를 전기담요에 눕히거나 욕조에 뜨거운 물을 받아 들여보낸다. 물론 데일 정도로 뜨거워서는 안 된다. 아이가 정신이 들면 우유나 물에 희석시킨 주스 같은 따뜻한 음료를 마시게 한다.

— 질식

739쪽 참조

— 찔린 상처

#52 참조

— 추위에 의한 부상

동상은 #11, 저체온증은 #42 참조

— 출혈

#49, #50, #51 참조

— 치아 부상

#39, #40 참조

— 코 부상

43. 코피 아이를 똑바로 세워 앉히거나 약간 앞으로 구부리게 한 다음, 부모의 엄지손가락과 집게손가락으로 코의 바깥 측면을 살짝 쥐고 얼굴을 향해 5분 동안 세게 민다. 아이는 자동적으로 입으로 숨을 쉬게 될 것이다. 아이가 울면 혈류량이 증가하므로 아이를 차분하게 만든다. 코피가 계속 나면 흡수력이 좋은 솜으로 코피가 나는 콧구멍을 막고 10분 이상 코를 쥐고 있거나, 냉찜질을 하거나 수건으로 얼음을 싸 코에 대고 있어 혈관을 수축시킨다. 그래도 효과가 없고 출혈이 계속되면 의사에게 연락한다. 그동안에도 계속 아이를 똑바로 세운다. 코피가 난 후 몇 시간 동안은 아이를 차분한 상태로 만든다. 코피가 금방 멎더라도 자주 코피가 나면 아이의 담당 의사에게 보고해야 한다. 습도를 높이면 코피가 나는 횟수가 줄어들기도 한다.

44. 코에 이물질이 들어간 경우 코로 호흡하기가 힘들거나 악취가 나고, 때때로 코피나 분비물이 나오면 콧속에 이물질이 들어갔다는 증거일 수 있다. 아이를 차분한 상태로 유지하고, 입으로 호흡하게 한다. 이물질이

튀어나와 있다면 손가락으로 제거한다. 콧속을 살펴보거나 핀셋을 이용할 경우, 아이가 갑자기 몸을 움직이다가 코에 상처를 입거나 이물질이 비강 속으로 깊숙이 들어갈 수 있다. 이물질을 제거할 수 없다면 아이에게 코를 풀어 보게 한다. 코를 풀어 부모의 손바닥 위에 있는 깃털이나 작은 종잇조각을 움직이게 한다. 그래도 안 되면 병원이나 응급실에 간다.

45. 코에 충격이 가해진 경우 코피가 나는 경우, 코피를 삼켜 질식하지 않도록 아이를 똑바로 세운 자세에서 앞으로 살짝 기울인다. 얼음 팩을 대거나 냉찜질을 해(890쪽 참조) 붓기를 완화한다. 코가 계속 부으면 병원에 데리고 가 부러지지 않았는지 확인한다.

── 탈구

46. 탈구 어깨와 팔꿈치 탈구는 토들러들에게 흔한 일이다(이유는 694쪽 참조). 전형적인 증상은 팔의 뚜렷한 기형이나 팔을 움직이지 못하는 경우로, 아이들은 대개 크게 울어대고 좀처럼 달래지지 않는다. 병원이나 응급실로 신속히 향한다. 경험이 많은 전문의의 손을 거치면 탈구된 부분이 원래 위치로 맞추어져 거의 순식간에 안정을 찾게 될 것이다. 통증이 심하면 집을 나서기 전에 얼음 팩과 부목을 댄다.

── 피부 상처

주의 사항 피부가 찢어질 때는 언제나 파상풍에 노출될 가능성이 생긴다. 개방성 상처를 입은 경우, 최근 파상풍 예방접종을 실시했는지 확인한다. 그 밖에 다른 감염 증상이 나타나지 않는지도 주의 깊게 살펴보고 환부 주위가 빨갛게 붓고 따뜻하며 예민하거나, 고름이 새어 나오는 등의 증상이 나타나면 의사에게 연락한다. 요오드팅크나 메르티올레이트를 바르면 치료가 지연될 수 있다.

47. 타박상이나 멍 자국 상처 부위가 아픈 경우 환부가 쉴 수 있도록 조용한 놀이를 장려한다. 30분 동안, 혹은 아이가 얌전히 앉아 있는 동안 냉찜질을 하거나, 얼음 팩이나 얼음을 싼 천을 댄다. 단 얼음을 직접 피부에 대지 않는다. 피부가 찢어진 경우, 멍이 난 부위를 찰과상이나(#48) 찢어진 상처(#49, #50)를 치료할 때처럼 치료한다. 비틀려 생긴 타박상이거나, 움직이는 바큇살에 손이나 발이 끼어 타박상이 생긴 경우, 즉시 의사에게 연락한다. '뜻밖의 부위에' 멍이 생기거나 멍과 함께 열이 나는 경우에도 의사의 진찰을 받아야 한다. 바늘 끝처럼 작은 멍들이 보이거나 피하 출혈이 일어날 때에도 보고한다. 아이가 기침을 많이 하거나 아주 심하게 울 때, 얼굴과 목에 옷이 칭칭 감겨 있을 때, 팔과 다리에 바이러스 감염이나 기타 질병에 걸렸을 때 이런 점상 출혈(petechiae)이 나타날 수 있다.

48. 찰과상 찰과상을 가장 많이 입는 부위는 무릎과 팔꿈치로, 찰과상을 입게 되면 피부의 맨 바깥층이 긁히고 벗겨져 그 아래 피부막이 빨갛게 드러나고 쓰라리다. 대체로 깊게 벗겨진 부위에서 약간의 출혈이 생긴다. 살균한 거즈나 솜, 깨끗한 수건을 이용해 비눗물로 상처 부위를 조심스럽게 닦아 먼지와 기타 이물질을 제거한다. 아이가 이 과정을

질색한다면 욕조나 대야에 환부를 담근다.
출혈이 저절로 멈추지 않으면 압박을 가한다.
아이의 담당 의사가 권장하는 소독약이 있다면
스프레이나 크림 타입의 소독약을 바른
다음, 들러붙지 않는 살균 반창고를 공기가
통할 수 있도록 느슨하게 붙인다. 출혈이
없으면 반창고를 붙일 필요가 없다. 대부분의
찰과상은 빨리 아문다.

49. 작은 상처 깨끗한 비눗물로 환부를 씻은 다음, 흐르는 물에 상처를 대고 먼지와 이물질을 흘려보낸다. 일부 의사들은 항균 스프레이나 연고를 바른 후에 들러붙지 않는 살균 반창고를 붙이도록 권하기도 한다. 나비 모양 반창고는 작은 상처가 아무는 동안 잘 보호해 줄 것이다. 24시간 이후에 반창고를 제거해 상처 부위를 공기에 노출시키고, 필요할 때에만 다시 반창고를 붙여 상처를 청결하고 건조하게 유지시킨다. 아이의 손이나 얼굴에 상처가 나거나, 상처 부위에서 감염의 기미, 즉 빨갛게 붓고, 따뜻하거나, 고름이 나오거나, 흰 반점이 보이는 경우, 의사와 상담한다.

50. 큰 상처 살균 거즈 패드, 깨끗한 기저귀, 생리대, 깨끗한 수건을 이용해 압박을 가해 출혈을 막는다. 필요하면 압박을 가하는 동시에 환부를 심장보다 높이 올린다. 15분 동안 압박을 가했는데도 출혈이 지속되면 거즈 패드나 천을 더 추가해 압박 강도를 높인다. 지나친 압박으로 환부가 손상될까 봐 걱정하지 않아도 되며, 처음에 사용한 거즈 패드를 제거하지 않는다. 이미 시작된 응고 과정을 방해할 수 있기 때문이다. 상처가 크게 벌어지거나, 깊거나, 들쭉날쭉하게 베이거나, 출혈이 솟구치거나 철철 흐르거나, 30분 내에 출혈이 멎지 않는 경우, 의사에게 연락해 지시 사항을 듣거나 아이를 데리고 응급실로 향한다. 필요하면 의료진이 도착하거나 병원이나 응급실에 도착할 때까지 압박을 유지한다. 다른 부위에도 부상을 입었다면 압박대를 묶거나 반창고로 고정시키고, 부상 부위를 치료한다. 출혈이 멈추지 않을 경우 환부에 들러붙지 않는 살균 반창고를 혈액순환에 지장을 받지 않을 정도로 헐겁게 붙인다. 의사의 지시 없이는 환부에 아무것도 바르지 말고 소독약도 바르지 않는다. 상처를 꿰매야 하는 경우, 꿰맨 실을 제거하느라 또다시 아이를 힘들게 하지 않도록 저절로 용해되는 봉합실을 사용할 수 있는지 문의한다. 얼굴에 상처가 난 경우, 성형외과 의사의 진료를 고려한다.

51. 과다 출혈 팔다리가 절단되거나(#25), 환부에서 출혈이 솟구치는 경우, 즉시 119에 연락해 응급 의료 지원을 받거나 가장 가까운 응급실로 달려간다. 그동안 살균 거즈 패드나 깨끗한 기저귀, 생리대, 깨끗한 수건이나 타월로 환부를 압박한다. 출혈이 멎지 않으면 압박 재료를 추가해 더 세게 압박을 가한다. 지혈대는 간혹 득보다 실이 더 클 수 있으므로 의사의 지시 없이는 지혈대에 의지하지 않는다. 의료진이 도착할 때까지 계속 압박을 가한다.

52. 찔린 상처 압정이나, 바늘, 펜, 연필, 못 등에 살짝 찔린 상처는 적당히 뜨거운 비눗물에 15분 동안 담근다. 그런 다음 이후 치료 방법에

대해 의사와 상담한다. 나이프나 날카로운 막대에 찔려 상처가 깊고 넓은 경우에는 아이를 즉시 병원이나 응급실에 데리고 간다. 과다 출혈이 있는 경우, #51을 참조한다. 찌른 물체가 여전히 환부에 튀어나와 있다면 제거하지 않는다. 제거할 경우 출혈이 증가하거나 다른 손상을 입을 수 있다. 필요하면 물체가 움직이지 않도록 패드로 막거나 고정시킨다. 아이가 움직이면 부상이 악화될 수 있으므로 아이를 최대한 차분하고 얌전하게 만든다.

53. 조각이나 파편이 박힌 경우 깨끗한 물과 비누로 환부를 씻은 다음 얼음 팩이나 얼음 조각(895쪽 참조), 혹은 이가 날 때 바르는 진통 연고를 이용해 감각을 마비시킨다. 파편이 아주 깊숙하게 박힌 경우, 알코올이나 성냥불, 가스버너로 소독한 바늘을 이용해 파편이 박힌 주변을 느슨하게 만든다. 파편 한쪽이 보이면 핀셋으로(역시 알코올이나 불로 소독한다.) 제거한다. 손톱은 더러울 수 있으므로 손톱으로 제거하려 하지 않는다. 조각이나 파편을 빼낸 후에는 다시 환부를 씻는다. 조각이나 파편이 쉽게 제거되지 않는 경우, 이틀 동안 하루 세 차례씩 15~30분 동안 따뜻한 비눗물 또는 황산마그네슘을 녹인 따뜻한 물에 환부를 담그면 빠져나오거나 쉽게 제거할 수 있을 것이다. 조각이나 파편이 깊이 박혀 도무지 나올 생각을 하지 않거나, 환부가 감염된 경우(빨갛게 붓고 열이 나는 것으로 알 수 있다) 의사와 상담한다. 깊이 박혔거나 너무 큰 파편이 박혔고, 아이가 최근 파상풍 주사를 맞지 않았거나, 금속이나 유리 파편에 찔린 경우에도 의사에게 연락한다.

—— **피부 타박상**
#47 참조

—— **햇볕에 의한 화상**
#58 참조

—— **혀 부상**
#38 참조

—— **화상과 데인 상처**
주의 사항 아이의 옷이 불에 붙은 경우, 코트나 담요, 러그, 침대 시트, 부모의 몸을 이용해 불길을 끈다. 아이가 이해할 정도의 연령이라면, 옷에 불이 붙을 경우 절대로 달려서는 안 되며, 멈춰서 몸을 낮추어 굴려야 한다고 가르친다. 화상 치료는 다음 내용을 참조한다.

54. 제한된 열성 화상 화상을 입은 손가락, 손, 발, 발가락, 팔, 다리를 찬물에(10~15도) 담근다. 몸통이나 얼굴에 화상을 입은 경우 냉찜질을 한다(890쪽 참조). 아이가 더 이상 통증을 느끼지 않을 때까지, 대개 15분에서 30분 계속한다. 얼음(피부 손상을 악화시킬 수 있다.)을 대거나 버터나 화상 연고(피부 안에 열을 가둘 수 있다.), 베이킹소다를 바르면 안 된다. 물집을 터뜨리려 해서도 안 된다. 물에 담근 후 화상을 입은 피부가 정상으로 보이거나 살짝 빨개진 정도라면 환부를 덮지 않아도 괜찮다. 이튿날부터 하루 두 차례 바시트라신이나 유사한 항생 연고를 바른다. 그러나 몇 시간 이상 통증이 지속되고 아프면

의사에게 연락한다.

다음과 같은 경우에는 즉시 의사에게 연락해야 한다. 피부가 벗겨지고 물집이 잡힌 화상(2도 화상), 희거나 새까맣게 탄 화상(3도 화상), 얼굴이나 손, 발, 생식기의 화상, 손보다 큰 부위의 화상.

화상으로 인해 피부가 벗겨진 경우, 환부에 붙지 않는 천으로 느슨하게 덮는다(피부에 붙지 않는 살균 붕대, 유사시에는 알루미늄 포일로). 진물이 나오는 경우, 살균 거즈로만 덮고 살균 거즈가 없다면 환부를 개방한 채 둔다. 물집이 생기는 경우, 치료를 받을 때까지 화상 부위를 어떻게 덮어야 하는지 의사에게 조언을 구한다.

집에서 화상을 치료했지만 몇 시간 내에 나을 기미가 보이지 않거나, 점점 빨개지거나, 붓기 시작하거나, 진물이 나거나 악취가 난다면 의사에게 연락한다. 감염이 됐을 수도 있다.

55. 광범위한 부위의 열상 화상 119에 전화해 응급 의료 지원을 받는다. 아이를 반듯하게 눕힌다. 화상 부위의 옷을 모두 제거해 환부에 붙지 않게 한다. 필요하면 가위로 자른다. 옷을 머리 위로 벗기지 않는다. 깨끗한 시트로 가볍게 덮어 쾌적하고 따뜻한 상태를 유지시킨다. 다리에 화상을 입은 경우, 베개 몇 개나 둘둘 만 담요 몇 장에 다리를 올려 다리가 심장보다 높게 위치하게 한다. 수건을 찬물에 적셔 환부에 냉찜질을 한다. 그러나 한 번에 신체 부위의 25% 이상을 냉찜질해서는 안 된다. 압박을 가하거나 연고, 버터나 기름, 분을 바르거나 붕산에 담가서는 안 된다. 아이가 의식이 있고 입 주위에 심한 화상을 입지 않았다면 물이나 음료를 준다. 아이가 아직 젖을 떼지 않았다면 모유나 분유를 준다.

56. 화학약품에 의한 화상 부식성 물질(수산화나트륨, 배수관 청소 약품, 그 밖에 산성 물질)은 심한 화상을 일으킬 수 있다. 마른 화학물질을 살며시 털어 내고(고무장갑을 끼거나 타월이나 깨끗한 수건을 이용해 손을 보호한다.), 오염된 옷은 제거한다. 제품 용기에 해독제가 표기되어 있다면 해당하는 해독제를 이용하고, 그렇지 않으면 비누를 이용해 대량의 물로 즉시 씻어 낸다. 독극물 센터나 소아과 의사, 응급실에 연락해 자세한 조언을 듣는다. 호흡이 힘들거나 어려우면 즉시 병원으로 향한다. 부식성 연기를 흡입해 폐가 손상됐을 수 있다. 화학약품을 삼킨 경우 #9를 참조한다.

57. 전기에 의한 화상 최대한 빨리 전원을 차단한다. 혹은 건조한 비금속 물질을(빗자루, 나무 사다리, 밧줄, 쿠션, 의자, 커다란 책 등) 이용해 아이를 전원에서 멀리 떼어 내되 맨손을 이용하지 않는다. 아이가 숨을 쉬지 않는 경우, 심폐 소생술(737쪽 참조)을 시작하고 119에 전화한다. 모든 전기에 의한 화상은 의사가 평가해야 하므로 아이의 상태가 괜찮아 보이더라도 즉시 담당 의사에게 연락하거나 응급실로 향한다.

58. 햇볕에 의한 화상 붉은 기가 가라앉을 때까지 하루 서너 차례, 10~15분 동안 차가운 수돗물에 찜질을 해 치료한다(891쪽 참조). 물의 수분이 증발하면서 피부를 시원하게

하는 데 도움이 된다. 냉찜질을 하지 않을 때는 화상을 진정시키는 어린이 전용 스프레이나 수분 크림을 바르거나, 차가운 콜로이드 오트밀을 탄 물에 목욕을 한다. 화상 부위에 바셀린을 바르지 않는다. 화상을 치료할 때는 공기가 통해야 하는데, 바셀린을 바르면 공기가 차단된다. 그리고 의사의 처방이 없다면 항히스타민제를 주어서도 안 된다. 어린이용 진통제(아세트아미노펜)는 불편함을 완화시키지만, 아스피린을 복용하는 경우 일부 반대 의견에도 불구하고 햇볕에 의한 피부 손상을 예방하지는 못한다. 그러므로 의사가 권장하는 경우 외에는 아스피린을 이용하지 않는다. 햇볕에 의한 화상이 심할 경우 물집이 잡히고 통증, 메스꺼움, 오한 등의 증상이 나타나는데, 이때는 즉시 의사에게 연락한다. 스테로이드 연고나 크림이 처방될 수 있고, 수포가 많으면 진물을 빼고 상처를 치료해야 할 수도 있다. 수포를 말리기 위해 칼라민 도포제가 권장될 수 있다.

── 화학약품에 의한 화상

#56 참조

토들러(만 1~3세 아이)를 위한 기본 인명 구조법

다음에 설명하는 지시 사항들은 어린아이들을 위한 기본적인 인명 구조법(BLS) 과정에서 배운 내용을 강화하기 위해 꼭 필요하다. 아이의 안전을 위해 이러한 교육을 받아야 한다. 이러한 인명 구조 절차를 정확하게 실시하려면 정식 과정에 참여해야 한다. 아래의 내용들과 교육기관에서 받는 자료들을 정기적으로 복습한다.

심폐 소생술은 호흡을 중단한 아동이나 힘들게 호흡하느라 파랗게 질린 아동(입술과 손톱 끝을 확인한다.)에게만 실시해야 한다. 아이가 호흡을 하려고 발버둥치지만 파랗게 질리지는 않았다면 즉시 119에 연락하거나 가장 가까운 응급실을 향해 달린다. 한편 아이를 따뜻하게 보호하고 최대한 조용한 분위기를 유지하며, 가장 쉽고 편안하게 숨을 쉴 수 있는 자세를 만들어 준다.

인명 구조의 기본 과정을 실시하면서 아이의 건강 상태를 살펴보아 심폐 소생술이 필요한지 확인한다.

── 인명 구조의 1-2-3과 A-B-C
── 1. 반응을 보이는지 확인한다

의식을 잃은 것 같은 아이를 깨우기 위해 여러 차례 큰소리로 이름을 불러 본다. 그래도 반응을 보이지 않으면 발바닥을 가볍게 두드려 본다. 마지막으로 조심스럽게 흔들거나 어깨를 톡톡 친다. 머리나 목의 부상이 의심되는 경우에는 흔들지 않는다.

── 2. 도움을 요청한다

아이가 아무런 반응을 보이지 않으면 다른 사람에게 119에 전화해 응급 의료 지원을 요청하게 하고, 그동안 부모는 3단계를 계속 실시한다. 아이와 단둘이 있고 심폐 소생술을 할 줄 알면 지체 없이 3단계를 진행한다. 가능하면 이웃이나 행인의 도움을 받을 수 있도록 수시로 도와 달라고 외친다. 그러나 심폐 소생술에 익숙하지 않거나 공황 상태에 빠져 아무것도 할 수 없을 것 같다면 즉시 가장 가까운 전화기로 향한다. 머리, 목, 등에 부상을 입은 흔적이 없다면 아이도 데리고 간다. 기왕이면 휴대 전화를 가지고 와 아이 옆에서 119에 전화를 하는 것이 더 좋다. 119 담당자가 최선의 행동 방침을 알려 줄 것이다.

주의 사항 응급 의료 지원을 요청하기 위해 전화를 걸 때는 119 담당자에게 모든 정보를 완벽하게 제공할 수 있도록 필요한 만큼 충분히 통화를 해야 한다. 제공할 정보는 다음과 같다.

* 아이의 이름과 연령, 대략의 체중, 알레르기나 만성질환의 유무나 종류, 복용하고 있는 약물
* 현재 위치 주소, 교차로, 아파트 이름, 지름길 등
* 아이의 상태 아이가 의식이 있는가? 호흡을 하는가? 출혈이 있는가? 쇼크 상태인가? 맥박은 뛰는가?
* 부상 원인 추락, 독성 물질 섭취, 물에 빠짐 등
* 전화번호 부모 대신 전화를 걸어 구조를 요청하는 사람에게 119 담당자가 질문을 마칠 때까지 전화를 끊지 말고, 통화를 마치면 지시 사항을 부모에게 전해 달라고 부탁한다.

3. 아이를 올바르게 위치시킨다

필요하면 단단하고 평평한 표면으로 아이를 데리고 간다. 탁자에 눕히는 것이 더 편하지만 바닥도 괜찮다. 얼굴이 위로 향하고 머리와 가슴이 수평이 되게 눕히고, 신속하게 다음의 A-B-C 절차를 진행한다.

머리, 목, 등에 부상의 가능성이 있다면 아이를 옮기기 전에 호흡을 보고 듣고 느끼기 위해 B 단계를 진행한다. 호흡이 있고, 현재 아이가 있는 위치가 당장 위험한 곳이 아니라면 지금 있는 자리에 그대로 눕힌다. 아이가 호흡이 없고 현재 자세로는 구조 호흡을 할 수 없다면, 머리를 비튼다든지 흔든다든지 비스듬히 기울이지 말고, 머리와 목과 몸통을 하나의 단위로 여기고 아이를 굴려서 얼굴이 위로 향하도록 똑바로 눕힌다.

A. 기도를 확보한다

머리나 목, 등에 부상을 입었을 가능성이 없다면, 기도를 확보하기 위해 아래의 머리 기울이기 / 턱 올리기 과정을 진행한다. 부상이 있는 경우, 다음의 아래턱 밀어 올리기 과정을 실시한다.

주의 사항 의식이 없는 아이는 혀나 후두개의 긴장이 풀리거나 이물질이 막혀 있어 기도가 막힐 수 있다. 관련 조치를 취해야 호흡이 재개될 수 있다.

머리 기울이기 / 턱 올리기 한 손은 아이의 머리에서 가장 가깝게 이마 위에 대고, 다른 손은 손가락 한두 개로(엄지손가락은 제외) 턱 아래의 뼈가 만져지는 아랫부분에 댄다. 이마를 누르고 턱을 중간에 위치하도록 들거나(일직선으로 향하도록), 턱을 약간 더 들어 약간 위로 향하도록 머리를 살짝 뒤로 기울인다. 아래턱의 부드러운 조직을 누르거나 입을 꽉 다물게 해서는 안 된다. 필요하면 부모의 엄지손가락을 입안에 넣어 입술을 벌리게 한다. 734쪽의 그림 1을 참조한다.

아래턱 밀어 올리기(목이나 등의 부상이 의심될 때 이용한다) 부모는 아이의 머리 가까이에 위치해 아이가 누운 곳 표면에 팔꿈치를 댄다. 아래턱을 중심으로 양 옆으로 위아래 턱이 만나는 지점에

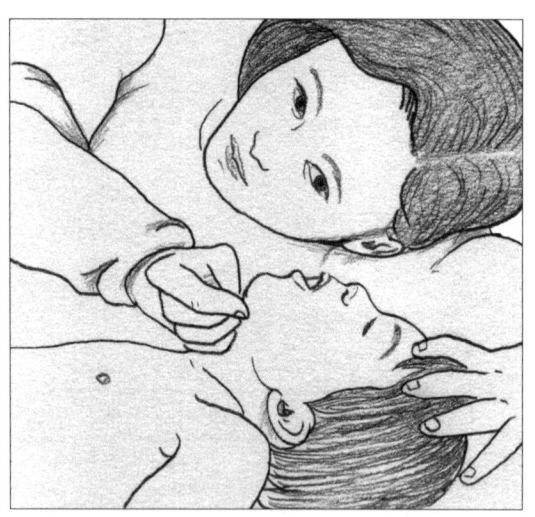

그림 1: 머리 기울이기 / 턱 올리기

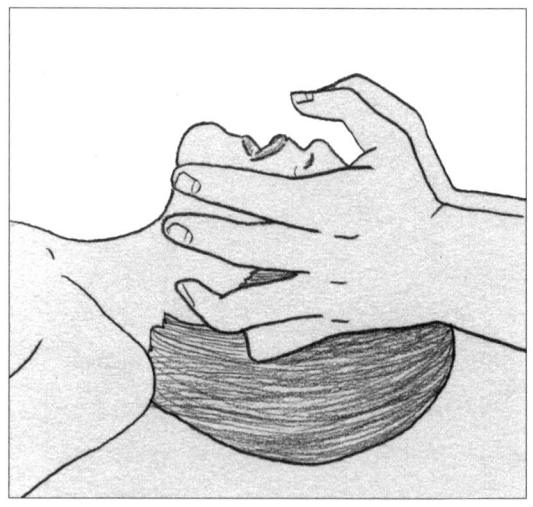

그림 2: 아래턱 밀어 올리기

손가락 두세 개를 올리고 턱이 중간에 위치하도록 살짝 위로 올린다(일직선으로 향하도록). 위의 그림 2를 참조한다.

    B 단계를(다음 참조) 계속 진행한 후 턱 올리기로 기도가 확보되지 않았다면, 척추에 부상을 입었다는 증거가 확실한 경우에 한해(마비, 목의 뻣뻣함, 근육에 힘이 없음) 머리 기울이기를 병행할 수 있다. 옆에 다른 어른이 있다면 경추(목등뼈)를 움직이지 못하도록 타월이나 담요, 옷 등을 둥글게 말아 경추를 감싸고 있어야 한다.

주의 사항 아이가 즉시 호흡을 재개하더라도 의료적 도움을 받아야 한다. 잠시라도 호흡을 중단했거나 의식을 잃었거나, 거의 익사 직전에 있었다면 즉시 의료적 평가를 받아야 한다.

—— **B. 호흡을 확인한다**

B-1. 머리를 기울이거나 아래턱을 밀어 올린 후, 아이가 호흡을 하는지 3~5초 동안 보고, 듣고, 느낀다. 가슴과 복부가 올라갔다 내려오는 모양이 보이는가? 이런 모양만으로 호흡을 단정 지을 수 없다. 아이가 호흡을 하려 애쓰지만 잘 되지 않을 때에도 이런 모양이 나올 수 있다. 아이의 얼굴 앞에 거울을 대면 거울이 뿌옇게 흐려지는가? 아이의 코와 입 가까이에 귀를 대면 숨결이 지나가는 걸 듣거나 느낄 수 있는가?

    호흡이 정상적으로 재개됐다면 머리 기울이기나 아래턱 밀어 올리기를 이용해 계속해서 기도를 확보한다.

    응급 의료 체계를 활용한다. 호흡이 재개되고 아직 아무도 도움을 요청하지 않았다면 지금 곧 119에 연락한다.

    의식을 되찾았다면, 그리고 부상을 입어 움직이지 않는 것이 바람직한 상황이라면 아이를 옆으로 눕힌다. 아이가 자발적으로 호흡을 시작할 때 기침이 터져 나오는 건 이물질을 배출하려는 시도일 수 있다. 기침을 억제하려 하지 않는다.

    호흡이 재개되지 않거나 아이가 호흡을 하려 애쓰고 입술에 푸른빛을 띠거나 소리를

그림 3: 구조 호흡

죽여 약하게 우는 경우, 즉시 아이의 폐에 숨을 불어넣어야 한다. 아래의 B-2 단계를 계속 실시한다.

주의 사항 아직 응급 의료 지원을 요청하지 않았고 아이와 단둘이 있는 경우, 구조 절차를 실시하면서 계속 이웃이나 행인의 도움을 요청한다.

B-2. 아이의 이마에 손을 올려 아이의 머리를 중간 이상 자세로(턱을 약간 위로 올린다.) 유지해 계속해서 기도를 확보한다. 다른 손 손가락으로 입안을 훑어 눈에 보이는 구토물, 먼지, 기타 이물질을 제거한다. 아무것도 보이지 않으면 굳이 입안을 훑지 않는다. 손가락에 천을 감싸면 액체나 반액체 상태를 더 쉽게 제거할 수 있다.

주의 사항 언제든 구토를 일으키면, 아이를 옆으로 눕히고 손가락으로 입안을 훑어 구토물을 제거한다. 그런 다음 다시 원상태로 돌아와 구조 절차를 시작한다. 목이나 등에 부상을 입었을 가능성이 있다면, 아이의 머리와 목, 등을 조심스럽게 받치고 아주 조심해서 몸 전체를 한 번에 옆으로 돌린다. 머리를 비튼다든지, 돌린다든지, 기울이지 않는다.

B-3. 부모가 입으로 숨을 들이마신 다음, 아이의 입을 꼭 다물게 하고 그 위로 부모의 입을 댄다. 머리를 기울이는 손의 엄지와 검지로 아이의 콧구멍을 쥔다. 왼쪽 그림 3쪽을 참조한다.

B-4. 아이의 입안에 두 차례 천천히 숨을 불어넣는다(각각 1~1.5초). 중간에 잠시 멈추고, 고개를 살짝 돌려 다시 입으로 숨을 들이마신다. 충분한 양의 산소를 유지하기 위해 숨을 불어넣는 것이 중요하다. 매번 숨을 불어넣을 때마다 아이의 가슴이 올라오는지 살펴본다. 가슴이 올라오면 내려온 후에 다시 호흡법을 시작한다. 두 차례 성공적으로 숨을 불어넣었으면, C 단계로 이동한다.

B-5. 아이가 호흡을 할 때마다 가슴이 오르락내리락하지 않는다면, 부모의 숨이 너무 약하거나 아이의 기도가 막혔을지 모른다. 아이의 턱을 약간 위로 기울여 머리 위치를 다시 바로잡아(B-1 단계) 기도를 연 다음, 두 번 더 숨을 불어넣는다. 그래도 가슴이 올라오지 않으면 조금 더 세게 불어넣는다. 가슴이 올라올 때까지 혹은 턱이 똑바로 위를 가리킬 때까지 머리 기울이기 / 가슴 올리기 과정을 반복해 계속해서 기도를 확보하고(매번 턱을 약간 높이 올린다.), 두 차례 호흡을 확인한다. 그래도 가슴이 올라오지 않는다면, 음식이나 기타 이물질에 기도가 막혔을 가능성이 있다. 이 경우 739쪽 '질식한 토들러를

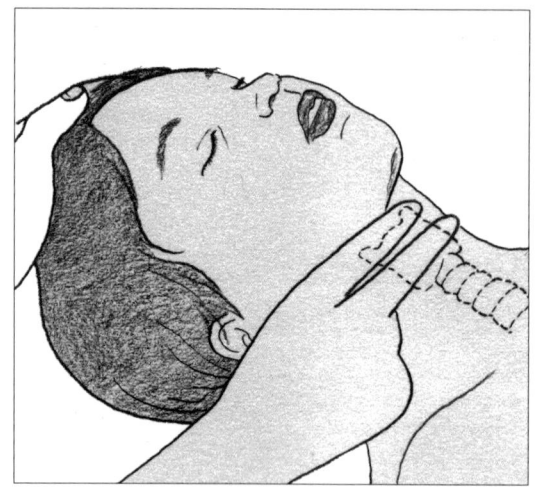

그림 4: 경동맥 맥박을 찾으려면 한 손으로 머리 기울이기 자세를 유지한 상태에서 다른 손 검지와 중지를 목젖에 댄다.

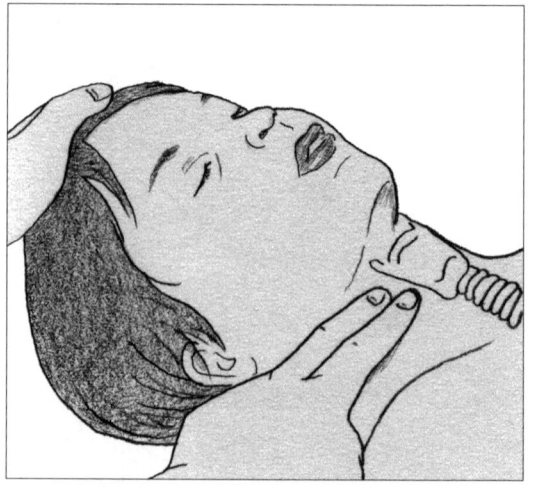

그림 5: 기관 옆의 움푹 들어간 곳으로 손가락을 이동해 맥박을 찾는다.

위한 기본 인명 구조법'에 설명한 절차대로 신속하게 이물질을 제거한다. 가슴이 올라오면 기도가 열렸음을 의미하므로 C 단계로 이동한다.

C. 혈액순환을 확인한다

C-1. 두 차례 성공적으로 숨을 불어넣은 후 기도가 열렸음을 분명하게 확인했으면, 이제 곧바로 검지와 중지를 이용해 경동맥에서 맥박이 뛰는지 확인한다. 경동맥 맥박은 기관과 목 근육 사이 목의 측면에 위치한다. 위 그림 4와 5 참조.

C-2. 5초 내에 맥박을 찾을 수 없다면 즉시 심폐 소생술을 진행한다(737쪽 참조). 맥박을 찾았다면 심장이 뛰고 있다는 의미이므로 심폐 소생술을 실시할 필요가 없다. 호흡이 자발적으로 재개되지 않으면 즉시 구조 호흡으로 돌아간다(다음 내용 참조).

가능한 응급 의료 체계를 활용한다 응급 의료 지원을 아직 요청하지 않았고 누군가 대신 전화할 사람이 있다면 지금 곧 119에 연락하게 한다. 아이의 상태를 평가하기 전에 전화를 했다면, 다시 전화를 걸어 119 담당자에게 가장 최근의 상태를 알려 주도록 한다. 아이가 구조 호흡이나 심폐 소생술이 필요하다면, 지금은 부모가 직접 전화하느라 시간을 보낼 때가 아니다. 지체 없이 구조 작업을 계속 진행하고, 아이와 단둘이 있다면 이웃이나 행인을 향해 수시로 큰소리로 도움을 요청한다.

토들러를 위한 구조 호흡

1. 735쪽 B-4의 설명에서처럼 대략 3초에 한 번꼴로(즉, 1분에 20회) 토들러의 입에 숨을 불어넣는다. 매번 숨을 불어넣을 때마다 아이의 가슴이 오르락내리락하는지 지켜본다.

2. 1분 동안 구조 호흡을 실시한 후, 심장이 뛰고 있는지 확인하기 위해 경동맥 맥박을 감지한다. 맥박이 느껴지지 않으면 심폐 소생술을 실시한다(737쪽 참조). 맥박이 잡히면 3~5초간 자발 호흡을 보고 듣고

느낀다(B-1 참조). 아이가 자발적으로 호흡을 시작했다면, 의료진이 도착하길 기다리는 동안 기도 확보를 유지하면서 호흡과 맥박을 수시로 확인한다. 최대한 조용한 환경에서 아이를 따뜻하게 해 준다. 여전히 자발 호흡이 없다면, 계속해서 구조 호흡을 실시하면서 1분마다 맥박과 자발 호흡을 확인한다.

주의 사항 구조 호흡 중에 아이의 복부가 팽창될 경우 복부를 누르지 않는다. 복부를 누르면 구토를 유도할 수 있고, 구토를 하게 되면 구토물이 폐 속으로 유입되어 더 위험해질 수 있다. 복부의 팽창이 가슴 확장에 지장을 준다고 생각되고 머리나 목, 등에 부상의 가능성이 없다면, 아이를 옆으로 눕혀 가능하면 고개를 숙인 상태에서 복부를 1~2초간 가볍게 누른다.

지금 곧 응급 의료 체계를 활용한다

아이와 단둘이 있고 아직 응급 의료 지원을 요청하지 않았다면, 독립적으로 호흡을 시작하자마자 바로 119에 연락한다. 몇 분 내에 독립적으로 호흡이 시작되지 않으면 즉시 도움을 요청한다. 가능하면 휴대 전화를 아이 옆으로 가지고 온다. 휴대 전화가 없고 아이가 작으며, 머리나 목에 부상이 없다는 것이 확실하면(719쪽, #24 참조) 아이의 머리와 목, 몸통을 받치고 아이를 안아 전화기 옆으로 간다. 가는 동안에도 계속 구조 호흡을 실시한다. 119 담당자에게 "우리 아이가 숨을 쉬지 않아요."라고 신속하고 분명하게 상황을 보고하고, 119 담당자의 질문과 관련된 모든 정보를 제공한다(708쪽 참조). 119 담당자가 끊을 때까지, 전화를 끊지 않는다. 가능하면 119 담당자가 말할 때 계속 구조 호흡을 진행하고, 여의치 않으면 전화를 끊자마자 곧바로 구조 호흡을 다시 실시한다. 아이를 옮길 수 없는 경우, 부모만 얼른 전화기로 가서 재빨리 상황을 설명한 다음, 서둘러 돌아와 구조 호흡을 재개한다.

주의 사항 아이가 독립적으로 호흡을 할 때까지, 혹은 전문 의료진에게 맡길 때까지 구조 호흡을 중단하지 않는다.

심폐 소생술: 첫돌이 지난 아이들

1. **아이를 올바른 자세로 만든다** 단단하고 평평한 표면 위에 똑바로 눕힌다. 아이의 머리 밑에 베개를 대서는 안 된다. 머리는 가슴과 같은 높이가 되도록 하고, 중간보다 약간 더 기울인다(734쪽, 그림 1).

2. **부모의 손 위치를 잡는다** 아이의 머리에 가까이 있는 손을 이용해 머리를 중간보다 약간 위로 기울인 자세를 유지해 기도를 확보한다. 아이의 발에 가까운 손의 중지와 검지를 부모에게 가까운 쪽 흉곽 아래쪽 가장자리에 댄다. 흉곽 아래쪽 가장자리에 댄 손을 중앙으로 이동해 늑골이 흉골과 만나는 V자 모양 지점에(늑골과 늑골 사이의 흉부 중앙으로 내려오는 평평한 가슴뼈) 댄다. 이 손의 중지를 이 V자 모양 지점에 댄 다음, 검지를 그 옆에 내려놓으면서 검지의 상단 가장자리 위치를 기억해 둔다. 이제 손가락을 치우고 검지가 위치했던 자리에 같은 손 손바닥 끝을 댄다. 이때 손바닥 끝의 긴 축이 아이의 흉골과 평행이 되도록 해서 두 손가락이 놓여 있던 지점 바로 위에 나란히

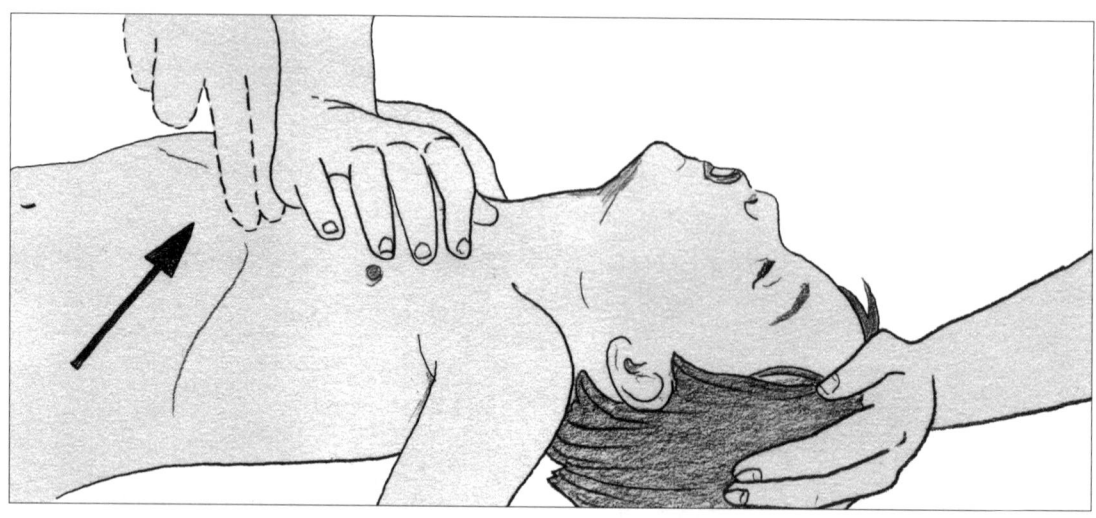

그림 6: 흉부를 압박할 때 손의 위치

위치시킨다(738쪽, 그림 6).

주의 사항 흉골 끝(검상돌기)에 압력을 가하지 않는다. 심한 내부 손상을 일으킬 수 있다.

3. **압박을 시작한다** 손바닥 끝을 이용해 흉부를 약 2.5~4cm 깊이로 압박한다. 손바닥 끝은 흉골 하단 평평한 부분만 접촉해야 하고, 압박을 가하는 동안 늑골에 압력을 가해서는 안 된다. 매번 압박을 가한 후에는 손을 흉부에서 떼지 말고 그대로 둔 채 가슴이 제 위치로 돌아오게 한다. 압박과 이완에 할애하는 시간을 동등하게 잡고, 갑작스러운 움직임을 삼간다.

4. **잠시 멈추어 숨을 불어넣는다** 다섯 번째 압박을 가할 때마다 잠시 멈추어 1~1.5초 동안 천천히 숨을 불어넣는다. 흉부 압박을 할 때는 뇌에 일정한 양의 산소를 공급하기 위해 반드시 구조 호흡을 병행해야 한다. 아이에게 심장박동이 느껴지지 않는 건 아이가 호흡을 하지 않기 때문이며, 따라서 산소가 공급되지 않고 있다. 1분에 80~100회를 목표로 흉부 압박을 하고, 5회마다 한 번씩 호흡을 불어넣는다. 초로 박자를 맞추는 경우 좀 더 빠른 속도로 하나, 둘, 셋, 넷, 다섯, 숨의 순서로 진행한다.

5. **잠시 멈추고 확인한다** 약 1분 후 5초 동안 경동맥 맥박을 확인한다. 맥박이 느껴지지 않는 경우, 천천히 한 차례 숨을 불어넣은 다음 계속해서 흉부를 압박한다. 정기적으로 맥박을 확인하기 위한 심폐 소생술의 환기 사이클이다. 맥박이 잡히면 흉부 압박을 중단한다. 그러나 아이가 독립적으로 호흡을 재개하지 않으면 구조 호흡만 계속 진행한다.

— 지금 곧 응급 의료 체계를 활용한다

아이와 단둘이 있고, 도움을 요청할 상황이 안 되어 아직 응급 의료 지원을 요청하지 못했다면, 몇 분간 심폐 소생술을 실시한 후 잠시 전화기로 가 119로 전화를 건다. 휴대 전화가 있다면 아이 옆에 가지고 온다. 휴대 전화가 없고 머리나 목에 부상을 입었다는 증거가 없으며(719쪽, #24 참조), 옮길 수 있을 정도로 아이가 작다면, 머리와 목과 몸통을 받치고 아이를 안아 전화기로 간다. 가는 동안에도 구조 호흡을 계속한다. 119 담당자에게 "우리 아이가 숨을 쉬지 않고 맥박이 잡히지 않아요."라고 신속하고 분명하게 보고하고, 119 담당자가 요구하는 관련 정보를 모두 제공한다(708쪽 참조). 119 담당자가 끊을 때까지 전화를 끊지 않는다. 가능하면 119 담당자가 말하는 동안 계속 심폐 소생술을 실시한다. 그러기가 힘들면 전화를 끊는 즉시 심폐 소생술을 다시 시작한다. 아이를 옮길 수 없다면, 부모만 신속하게 전화기로 와서 상황을 설명한 다음 서둘러 돌아와 기본 인명 구조 절차를 재개한다.

주의 사항 호흡과 심장박동이 돌아오거나 응급 의료 지원이 도착할 때까지 심폐 소생술을 중단하지 않는다.

── 질식한 토들러를 위한 기본 인명 구조법

기침은 기도에서 점막이나 먼지, 연기를 제거하거나 이물질을 배출하기 위한 자연스러운 방법이다. 음식이나 이물질에 목이 막힐 때 아이가 무리해서 기침을 하고 호흡을 하고 우는 걸 방해해서는 안 된다. 하지만 아이가 2~3분 이상 계속 기침을 한다면 119에 전화를 해 응급 의료 지원을 요청한다. 기침을 해도 효과가 없거나, 아이가 새된 소리를 내면서 힘들게 호흡을 하거나, 말을 하거나 울 수 없거나, 대체로 입술과 손톱 주위부터 창백하게 질리기 시작하면 다음 구조 절차를 시작한다.

아이가 의식이 없고 호흡을 하지 않으며, 기도를 확보하려는 시도가(733~734쪽 A와 B 단계를 참조한다.) 성공하지 못했다면 즉시 다음의 구조 절차를 시작한다.

주의 사항 크루프나 후두개염 같은 감염이 있어도 기도 폐쇄가 일어날 수 있다. 아이의 호흡이 힘들어 보이고 병이 있는 것 같다면(열이 나고, 어쩌면 코가 막히거나 목쉰 소리를 내거나, 침을 흘리거나 무기력하거나, 기운이 없어 축 늘어지는

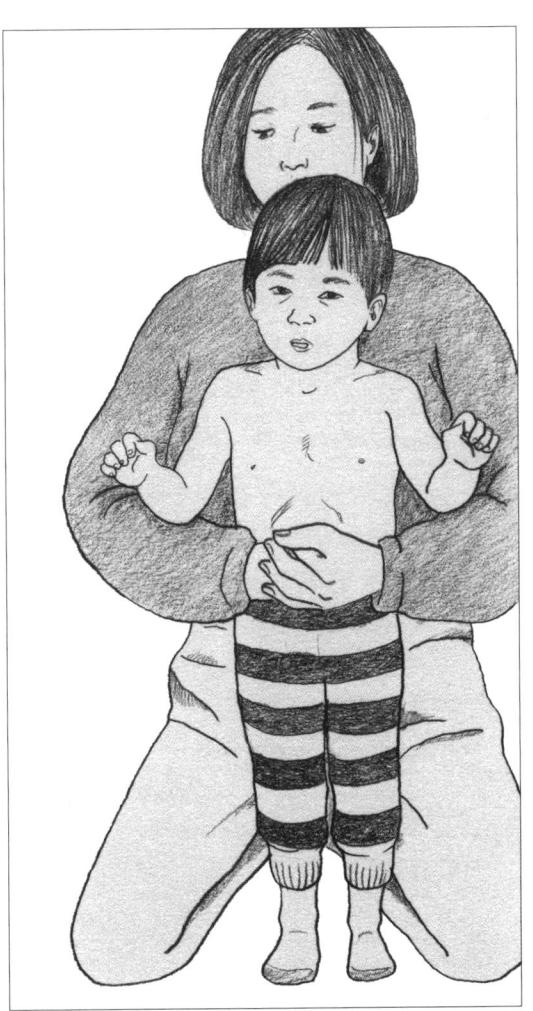

그림 7: 아이에게는 부모가 무릎 꿇은 자세에서 하임리히 구명법을 실시하는 것이 가장 바람직하다.

등) 즉시 응급 의료시설에서 치료를 받아야 한다. 부모 혼자서 문제를 해결해 보려고 위험하고 무익한 시도를 하느라 시간을 낭비해서는 안 된다. 신속하게 119에 연락한다.

1. **도움을 받는다** 주변에 다른 사람이 있다면 119에 연락해 응급 의료 지원을 요청해 달라고 부탁한다. 아이와 단둘이 있고 구조 절차를 잘 모르는 경우, 혹은 부모가 너무 당황해 구조 절차를 잊어버린 경우, 아이를 데리고 전화기로 가서 즉시 119에 전화해 응급 의료 지원을 요청한다. 구조 절차에 익숙하다 하더라도 대개는 시간을 내 전화를 하는 것이 바람직하다. 이렇게 하면 상황이 더 악화될 경우 의료 지원을 받을 수 있다.

아이가 의식이 있는 경우 다음 절차를 진행한다.

2. **부모가 올바른 위치를 잡는다** 아이 뒤에 무릎을 꿇고 앉아 두 팔을 아이의 허리에 감싼다(739쪽, 그림 7).

3. **부모의 손을 올바른 위치에 놓는다** 한 손은 주먹을 쥐고 엄지손가락 쪽을 배꼽에서 약간 위 흉곽 아래 몸의 중앙에 가볍게 올려놓는다. 심한 내부 손상을 피하기 위해 흉골 끝(검상돌기, 738쪽 그림 6 참조)이나 흉곽 하단 가장자리에 압력을 가하지 않는다.

4. **복부 압박을 가한다** 주먹 쥔 손을 다른 손으로 잡고, 아이의 복부를 안쪽과 위쪽으로 밀면서 복부에 압력을 가한다. 성인이나 연령이 높은 아이보다 힘을 덜 준다. 각각의 미는 동작은 확실하게 분리되어야 한다. 5회까지 반복하거나 이물질이 배출될 때까지, 혹은 아이가 정상적으로 호흡을 시작할 때까지 반복한다.

주의 사항 아이가 의식을 잃은 경우, 기도 확보를 시도하고(733쪽 A 단계) 필요하면 구조 호흡을 시도한다. 여전히 기도가 폐쇄되면 의식을 잃은 아이에게 실시하는 하임리히 구명법을 실시한다.

아이가 의식이 없는 경우, 다음 절차를 진행한다.

1. **아이와 부모의 위치를 잡는다** 아이를 단단하고 평평한 표면 위에(바닥이나 탁자에) 똑바로 눕힌다. 아이의 발치에 서거나 무릎을 꿇는다. 작은 아이 위에 걸터앉지 않는다.

2. **부모의 손을 올바른 위치에 놓는다** 한 손바닥 끝을 배꼽에서 약간 위 흉곽 아래에 올려놓고, 손가락이 아이의 얼굴을 향하게 한다. 이 손 위에 다른 손을 포갠다. 741쪽 그림 8에서처럼 손가락을 서로 깍지 끼면 더 단단하게 힘을 줄 수 있다. 흉골 끝(검상돌기, 738쪽 그림 6 참조)이나 흉곽 하단 가장자리에 압력을 가하지 않는다.

3. **복부 압박을 가한다** 위에 올린 손으로 아래에 놓인 손에 압력을 가하면서 안쪽과 위쪽으로 복부를 미는 과정을 5회까지 실시한다. 복부 밀기는 신체의 중심선을 따라 이루어져야지 측면을 밀어서는 안 되며, 각각의 동작이 확실하게 분리되어야 한다. 성인이나 연령이 높은 아이에게 실시할 때보다 힘을 약하게 가해야 한다.

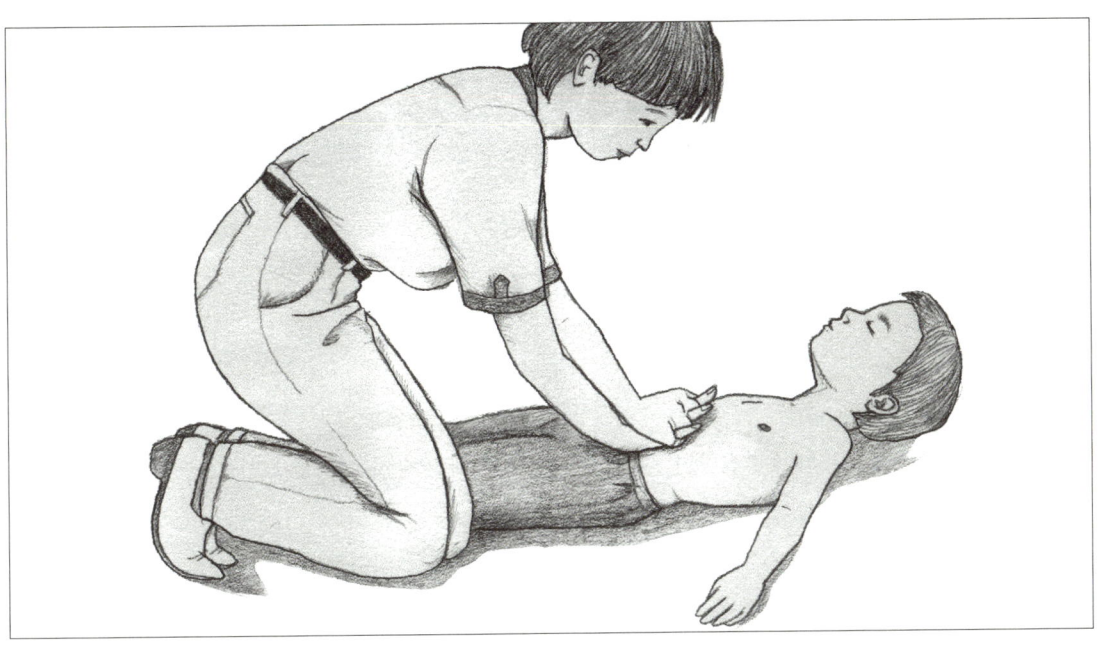

그림 8: 복부 압박을 실시할 때는 늑골이나 흉골 끝(검상돌기)을 압박하지 않도록 조심해야 한다.

—— 5회 복부 압박을 마친 후

복부 압박 후 입안에 이물질이 보이면 손가락으로 입안을 쓱 훑어 이물질을 제거한다. 이물질이 보이지 않으면 엄지와 검지로 혀와 아래턱을 잡고 올린다(혀-턱 들어 올리기). 이 동작을 취하면 목구멍 뒤쪽에서부터 혀가 빠져나와 부분적으로 이물질을 제거할 수 있다. 이물질이 보이면 손가락으로 입안을 훑어 제거한다.

호흡이 재개되지 않는 경우, 기도를 확보하고(733쪽 A 단계) 구조 호흡법을 실시한다. 여전히 기도가 폐쇄된 상태라면(흉부가 올라오지 않는다.) 머리의 위치를 바로 해 다시 구조 호흡법을 실시한다. 그래도 기도가 열리지 않으면 하임리히 구명법을 반복한다.

기도가 열리고 아이가 의식을 찾아 정상적으로 호흡을 할 때까지, 혹은 응급 의료 지원이 도착할 때까지 이 순서를 계속 반복한다. 중단하지 않는다. 산소가 없는 시간이 길어질수록 목구멍의 근육에 힘이 풀려 이물질이 빠져나올 가능성이 높다.

주의 사항 아이가 질식 사고에서 빨리 회복되더라도 치료를 받아야 한다. 즉시 의사나 응급실에 연락한다.

응급처치는 평소 자주 읽어보고 연습하는 것이 중요하다! 만약, 실제 응급 상황에서 자신이 없으면 빨리 의사나, 119, 응급실에 도움을 청해야 한다.

23장

특별한 도움이 필요한 아이

***

아이들은 누구나 특별한 관심이 필요하다. 특히 일부 아이들은 다른 아동들보다 더 많은 관심이 필요하다. 특별한 도움이 알레르기 때문이든, 경미한 만성질환 때문이든, 경미한 선천성 결함이나 신체 기능을 크게 손상시키는 증상 때문이든, 이런 아동에게 필요한 특별한 관심을 제공하는 것과 그렇지 않은 것은 토들러 시기뿐 아니라 이후의 전 인생에서 삶의 질에 큰 차이를 낳는다.

아이에게 특별한 도움이 필요하지 않은 경우에는 이번 장이 별 도움이 되지 않겠지만, 아이에게 많은 관심을 쏟아야 한다면 이번 장의 내용이 지금은 물론 장차 아이를 다룰 때 중요한 토대를 마련해 줄 것이다.

─ 특별한 도움이 필요한 아이를 도와주기

특별한 도움이 필요한 아동의 건강과 행복은 전문적인 관리의 질에 달려 있겠지만, 부모의 참여에 훨씬 크게 좌우된다. 대개의 경우 부모보다 더 아이를 세심하게 돌봐 줄 사람은 없으며, 다음 내용을 참고하면 더욱 효과적인 도움을 제공할 수 있을 것이다.

아이의 상태를 정확히 알아야 안다 조기 진단과 조기 개입이 대단히 중요하다. 진단의 정확성이 조금이라도 의심스럽거나 아이의 담당 의사가 전혀 진단을 내리지 못한다면, 망설이지 말고 다른 의사에게 진단을 받아야 한다. 중복 검사를 피하기 위해 다른 의사에게 진료를 받을 때는 첫 번째 검사 결과를 가지고 간다.

많은 경우 건강 상태의 원인을 알아 두는 것 또한 중요하다. 원인을 알면 죄책감을 덜고 아이의 상태를 이해하고 받아들이는 데 도움이 될 수 있다. 경우에 따라 다른 아이의 재발 위험을 예방할 수도 있다.

잘 들어야 한다 의사와 치료사, 그 밖에 아이를 관리하는 사람들의 말에 주의를 기울인다. 처음 진단 결과를 들을 때 너무 충격을 받은 나머지 제대로 내용을 듣지 못했다면, 가능한 빨리 다시 방문하거나 전화를 걸어 궁금한 내용을 질문하고 답을 들어 아이의 상태에 대해 이해해야 한다. 아이를 담당하는 의료 전문가들에게 아이의 기록이나 평가를 보여 달라고 요구할 수도 있다.

의사소통이 확실하게 이루어져야 한다 전문의가 부모의 말을 경청하는가? 부모의 걱정과 정보를 진지하게 받아들이는가? 어쨌든 아이에 대해 누구보다 잘 아는 사람은 부모이며, 아이를 보살피는 데 부모의 역할이 대단히 중요한 만큼 아이를 돌보는 관계자들은 부모의 말을 경청하고 진지하게 받아들여야 한다. 한편 부모와 의료 관계자들은 위험한 고비 때뿐만 아니라 언제든 의사소통이 이루어져야 한다.

전문가가 되어야 한다 특별한 도움이 필요한 아이를 둔 부모들은 부모와 의사 사이에 오가는 대화를 누가 엿듣는다면 누가 부모고 누가 의사인지 가려내기 힘들 정도로 아이의 상태에 대해 아주 잘 알고 있어야 한다. 아이의 상태에 대해 빨리 공부를 시작할수록 아이와 부모에게 더 많은 도움이 된다. 부모가 아이의 상태에 대해 잘 알면 전문적인 질문을 할 수 있고, 의사와 치료사에 대해, 그리고 의료적인 문제에 대해 올바른 판단을 할 수 있어 신속히 최상의 치료를 받을 수 있다. 또 이 상황을 스스로 관리하고 있다는 느낌을 갖게 되고, 몰라서 생기는 두려움이 줄어들 것이다. 의학 저널에 실린 기사를 통해 끊임없이 최신 정보를 습득하고, 관련 서적을 읽고, 관련 기관에 참여하며(778쪽 참조), 의학 자료를 확보하고 있는 온라인 카페에 가입해 아이의 상태와 그에 따른 관리 및 치료 방법에 대해 최대한 많이 공부한다.

최신 치료 방법과 기술에 대한 정보를 얻는다. 아이의 생명을 구할 수 있는, 혹은 적어도 삶의 질을 향상시킬 수 있는 최신 의학 절차와 최신 인공 기관, 최신 지원 장비들이 매일같이 개발되고 있다. '기적의' 기술에는 들리지 않는 귀를 듣게 해 준다든가 외관이나 기능이 손상된 선천적 결손을 바로잡아 주는 수술에서부터, 모든 기능이 마비된 아동이 눈동자를 움직여 게임을 하고 숙제도 하며 심지어 '말'도 할 수 있도록 도와주는 컴퓨터 기술에 이르기까지 다양한 방식들이 있다. 아이의 상태에 대한 최신 정보를 구체적으로 알기 위해 아이를 담당하는 전문의와 상담한다.

최상의 도움을 받아야 한다 아동기의 여러 만성질환의 경우, 진단 및 치료를 위해 전문의의 전문적인 기술이 필요할 수 있다. 전문의의 상담 여부와 관계없이 아이의 담당 의사가 치료를 관리하는 경우도 있고, 전문의나 부전공 전문의가 관리를 하는 것이 가장 바람직한 경우도 있다. 아동 병원이나 종합병원에 소속된 전문의는 가장 최근의 의학적 자료를 제공할 가능성이 높다. 대개 만성질환은 의료 전문가들과 기타 전문가들, 그리고 부모가 한 팀을 이루어 협력할 때 최고의 관리가 이루어진다.

원칙적으로 아이를 치료하고 다루는 사람은 소아과학을 부전공하고, 특별한 도움이 필요한 아동을 다룬 경험이 있어야 한다. 사례 관리자(대개 의사나 간호사, 사회복지사)가 개별화 가정 서비스 계획을 작성해 아이의 사례를 체계화하는 데 도움을 주기도 한다.

끈질기게 접근해야 한다 아이에게 뭔가 이상이 있다는 생각이 강하게 들고 의료진이 진단 결과를 속 시원히 말하지 않는다 싶으면, 결과를 알 때까지 계속 노력한다. 간혹 진단이 쉽게 내려지지 않는 경우가 있으며, 특히 카르니틴 결손증 같은 비교적 드물면서도 대개의 경우 생사를 가르는 질병일 때는 더욱 진단을 내리기 힘들다. 마찬가지로, 아이가 치료를 받는데도 효과가 빨리 나타나지 않거나 가장 최근의 치료 방법을 이용하지 않는 경우, 아이의 담당 의사가 계속해서 정보를 제공하지 않는 경우, 막연히 더 많은 치료가 이루어져야 할 것 같다는 생각이 머리에서 떠나지 않는 경우, 끈질기게 질문하고 대답을 구해야 한다.

꼼꼼하게 기록해야 한다 아이의 진료 보고, 검사 결과, 예약 날짜, 치료 방법, 약물, 의사와 치료사에 대한 내용 등, 모든 내용을 빠짐없이 기록한다. 종이를 뺏다 끼웠다 할 수 있는 노트나 서류철, 혹은 컴퓨터에 내용을 기록한다. 컴퓨터를 이용하는 경우, 엑스레이 사진이나 검사 보고서 등을 보관하기 위해 서류철을 따로 마련해야 한다. 의사나 다른 전문가와 상담할 때 즉시 질문을 할 수 있도록 평소 질문 내용도 기록해 둔다. 응급 전화번호와 아이의 상태와 관련된 정보를 집 전화에 부착하고, 아이를 돌보는 모든 사람에게 휴대하게 하며, 어린이집과 유치원, 재활 치료 센터 등의 관리자, 교사, 기타 양육자에게도 전달해야 한다.

함께해야 한다 부부 두 사람이 의료 상담에 함께 참여하고, 그날그날 일어나는 문제들을 해결하는 법을 익히며, 평소 아이를 돌보는 일에 함께 참여해야 한다. 부모 한 사람이 아이의 상태에 관련된 정보를 계속 간접적으로만 접하게 되면, 아이의 상태를 이해하고 받아들이기가 쉽지 않을 것이다. 뿐만 아니라 특별한 도움이 필요한 아이를 돌봐야 하는 막중한 책임을 줄곧 부모 한 사람의 어깨 위에만 올려놓게 되면 결국 분노가 쌓이기 마련이다. 한 부모 가정의 경우, 가능하면 할머니, 할아버지나 친척, 혹은 짐을 나눌 수 있는 친구에게 협조를 부탁해야 한다.

적극적이어야 한다 모르는 내용은 서슴없이 질문한다. 대답이 이해되지 않으면 재차 설명을 요구한다. 더욱 쉽게 이해할 수 있도록 도표와 서면 자료, 출처 목록 등을 요구한다. 아이가 기대만큼 치료에 반응을 보이지 않는다면 거리낌 없이 말한다. 다른 조치가 더 효과적일 거라고 생각되면 그렇게 말한다. 처방 받은 약의 용량이 너무 적거나 많다고 생각되면 역시 분명하게 의견을 말한다. 의료 전문가가 뭔가 비위에 거슬리거나 꺼림칙하게 행동하면 당사자에게 의견을 말하되, 큰소리로 말다툼을 하지 않는다. 이성을 잃고 한바탕 분노를 터뜨리기보다 "방금 일어난 이러저러한 일에 몹시 화가 났다."고 의견을 말하는 것이 좋다. 의사들이 부모의 말을 고려하지 않고 사회복지사가 상황을 개선할 수 없다면, 유사한 전문 지식을 갖춘 다른 의료진을 찾아본다.

신중해야 한다 어떤 유형이든 특별한 도움이 필요한 아이를 둔 부모들은 늘 아이의 건강과 삶의 질을 향상시키기를 바라며, 그러기 위한 방법들을 모색하고 있다. 그러나 이러한 목표를 지속적으로 추구하는 한편 조심스럽게 접근해야 한다. 모든 합법적인 대체 요법들의 경우, 잠재적인 위험이 입증되지 않았거나 심지어 위험 요인이 있는 것들이 상당히 많다. 유효성이 검증된 치료가 효과가 없을 때 대체 의학을 고려할 수 있지만, 신중하게 접근해야 하며 항상 아이의 담당 의사와 먼저 상의해야 한다.

긍정적이어야 한다 아이의 상태를 자신의 탓으로 여긴다든지, 자신이나 아이를 측은하게 여기면서 시간과 에너지를 낭비하지 않는다. 부모와 아이 모두를 위해 최대한 낙관적인 생각에 집중한다.

현실적이어야 한다 긍정적인 태도를 유지하는 것만큼이나 현실 감각을 유지하는 것도 중요하다. 그러므로 아이뿐 아니라 부모를 위해 이 상황을 받아들여야 한다. 치료와 관리에 관계되는 모든 방법들을 연구해야 하겠지만, 변할 수 없는 현실도 받아들여야 한다.

재정적인 지식을 갖추어야 한다 만성질환이 있는 아이를 돌보고 치료하느라 가정의 자산이 바닥이 날 수 있다. 국민건강보험공단은 물론 정부와 지자체 등에서 어떤 지원을 받을 수 있는지 알아보고 최대한 지원을 받도록 한다(778쪽 참조).

특별한 도움이 필요한 아이와 함께 생활하기

모든 아이는 저마다 다르다. 정신적 육체적으로 같은 질병이나 장애를 겪는 아이들조차 서로 조금도 유사한 데가 없다. 이렇게 특별한 도움이 필요한 아이들 역시 저마다 독특하지만, 아이들과 가족들의 기본적인 욕구는 모두 동일하다.

사랑 부모가 느끼는 분노나 좌절에 집중한다. 꼭 그래야겠다면 아이의 장애를 경멸하고, 질병을 미워하며, 행동을 비난한다. 그렇지만 아이를 무조건 사랑한다. 특별한 도움이 필요한 아이에게도 다른 아이에게 표현하는 것과 똑같은 방식으로 사랑을 표현한다. 안아 주고, 입을 맞추고, 손을 잡고, 도와주고, 함께 시간을 보내고, 인내하고, 이해한다.
장애가 있는 아이를 사랑하기가 힘들거나 분노가 학대로 이어진다면 즉시 전문가의 도움을 구한다. 아이의 담당 의사가 전문가를 찾는 데 도움을 줄 것이다.

평범한 가정생활 특별한 도움이 필요한 아이를 둔 가족이 평범한 가족처럼 지내기란 쉬운 일이 아니지만 반드시 필요한 일이다. 가능한 정상적인 가정생활을 영위하도록 노력하고, 장애가 있는 아이를 다른 아이와 똑같이 대하도록 노력한다. 말과 행동으로 항상 아이를 존중해 주어 아이의 품위와 자존감을 높인다. 그리고 정말 어려운 일이긴 하지만, 훈육을 자제하지 않는다. 아이의 능력에 맞추어 제한을 두되, 제한이 있음을 확실하게 알려야 한다. 특별한 도움이 필요한 아이를 너무 제멋대로 하게 내버려 둔다든지, 무조건 오냐오냐 한다든지, 과잉보호하는 것은 아이의 발달에 도움이 되지 않을뿐더러 크게 방해가 될 수도 있다.

특별한 도움이 필요한 아이도 다른 아이들과 마찬가지로 '스스로' 하고 싶어 한다는 걸 기억한다. 번번이 냅다 달려가 아이가 할 일을 대신 해 주지 말고("자, 엄마가 해 줄게."), 가능할 때마다 아이가 스스로 해결하도록 기회를 준다. '스스로' 하다가 실수를 하더라도 실수를 통해 배우고, 다음에는 더 잘 하기 위해 노력하도록 격려한다. 최종 결과가 어떻든 항상 노력에 대해 칭찬한다.

대부분의 특별한 도움이 필요한 아이들 역시 분노발작, 부정적인 성향, 자기중심주의, 분리불안 등 다른 일반 토들러들처럼 행동하는 경향이 있다. 이런 행동들에 대해 일반 토들러에게 반응하는 것과 똑같이 반응하도록 노력한다.

그리고 아이의 상태 때문에 단순한 놀이(장난감 가지고 놀기, 외출하기, 친구 사귀기, 새로운 사람들 만나기 등)를 즐기지 못하는 일이 없도록 최대한 노력한다.

일관성 아이의 상태에 익숙해지기까지 시간이 필요했고, 친구와 이웃, 아이의 친구들이 이미 아이의 상태에 익숙해져 있다면, 다른 지역으로 이사를 가서 모두가 안정감을 느낄 때까지 처음부터 다시 시작하는 것은 바람직하지 않다.

설명 아이에게 장애는 아이의 잘못이 아니라는 걸 아주 쉬운 용어로 분명히 이해시키면서 상황을 설명한다. 연령이 높은 토들러들은 보통 생각이 자신에게 집중되어 있어 자신의 잘못이라고 성급하게 결론을 내릴 수 있다. 아무도 이유를 알 수 없지만 어떤 아이들은 이러저러한 장애를 지니고 태어나 다른 아이들이 할 줄 아는 일들을 잘 못할 수도 있다고 설명한다. 아이가 부정적인 측면들을 의식하면 아이의 마음에 공감하되("그래, ……해서 정말 속상할 거야."), 기회가 될 때마다 긍정적인 측면을 강조한다("하지만 넌 ……을 할 수 있잖니."). 모든 치료와 약물, 그 밖에 의료적 개입들이 아이가 최선의 상태로 성장하는 데 중요하다고 설명한다. 긍정적으로 대하고, 지지와 확신을 주되, 그릇된 희망에 매달리게 해서는 안 된다. 아이가 궁금하게 여기는 질문에 답해 주지 못할 때는 일단 모르겠다고 말하고 나중에 대답을 해 준다.

형제들, 할머니와 할아버지, 그 밖에 가족들과 가까운 친구들에게도 상황을 설명한다. 물론 좀처럼 편안하게 받아들이지 못하는 사람도 있겠지만, 주변 사람들이 많이 이해할수록 지원군이 많아진다.

가치 있다는 느낌 아무리 심한 장애를 지닌 아이라도 모든 아이는 자신이 가치 있는 존재임을 알 필요가 있다. 아이의 모습을 있는 그대로 받아들이게 한다. 장애가 있지만 아이를 특별하게 만드는 여러 특징과 성격 특성을 살펴본다. 예쁜 미소, 따뜻한 마음, 동물을 잘 다룰 줄 아는 능력, 굴복하지 않는 정신 등 수없이 많다. 이처럼 가치 있다는 느낌은 아이뿐 아니라 부모의 인생관을 향상시킬 수 있으며, 가족들에게도 여러 장애를 극복할 때 필요한 강인함을 부여할 수 있다.

아이와 인생을 함께하는 다른 사람들의 고마움도 인정해야 한다. 아이를 지지하는 가족들과 아이와 함께 애쓰는 모든 사람들에게 감사의 마음을 표현한다. 아이를 돌보는 데 관련된 사람들은 정신적 육체적으로 상당히 자주 극도의 피로를 느낀다. 이들의 가치를 인정해 준다면 힘든 일을 더욱 보람 있게 만드는 동시에 피로를 덜 느끼게 하는 데 도움이 될 수 있다. 부모 역시 사소한 일에 인정을 받을 때 힘을 얻게 된다. 어린아이들은 아직 부모의 노고를 깨닫지 못하므로 아직은 아이에게 감사와 인정을 받을 수 없을 것이다. 이처럼 인정을 받지 못한다는 느낌이 들어 서운할 때는 배우자나 친척, 친한 친구, 지원 단체에 의지해 기운을 북돋는다.

용기 특히 아이의 상태가 생명을 위협하거나, 아이가 힘들거나 고통스러운 과정에 맞서야 할 때는 좀처럼 용기를 내기 어렵다. 두려움에 사로잡히지 말고 전문가나 내 말에 공감해 줄 친척이나 친구에게 두려운 마음을 털어놓는다. 아이 앞에서 두려움을 드러내지 않도록 노력한다. 부모가 두려워하면 아이의 걱정이 커지는 반면, 부모가 차분한 태도를 유지하면 아이가 덜 무서워한다.

기분 전환 모든 부모들은 효과적인 육아를 위해 한 번씩 쉬어 주어야 한다. 더구나 특별한 도움이 필요한 아이를 둔 부모들은 해야 할 일이 너무 많아 쉽게 지치기 때문에 그만큼 쉬고 싶은 욕구가 훨씬 크다. 임시 위탁 시설(다음의 '일반 지원'을 참조한다.)이나 어린이집, 도와줄 수 있는 친구나 친척을 찾아본다. 일주일에 몇 시간이라도 개인 시간을 마련해 영화를 보거나, 욕조에 몸을 담그고 긴장을 이완하거나, 마사지를 하거나, 조깅을 하거나, 촛불을 밝힌 식탁에 앉아 느긋하게 저녁을 먹는다. 혼자만의 시간을 갖는다고 죄책감을 느껴서는 안 된다. 기분 전환을 하고 긴장을 풀어야 아이를 더 잘 돌볼 수 있다.

즐거움 정신적 혹은 육체적으로 장애가 있거나 만성 질병을 앓는 아이가 있는 경우, 가족의 생활에서 단순한 즐거움마저 사라지는 경향이 있다. 가족들은 즐거운 일을 생각하는 것만으로도 죄책감을 느끼기 때문이다. 그러나 조금 가볍게 삶에 접근하면 아이의 특수한 요구를 다루기가 더욱 수월하게 여겨지고, 긍정적으로 생각하는 데 도움이 될 수 있다. 그리고 긍정적인 생각은 전염성이 있다. 힘들 때마다 어떻게든 웃으려 애쓰고, 조금은 어리석게 조금은 장난스럽게 행동하다 보면 다시 시작할 힘이 생길 것이다. 그리고 가족들은 모두가 즐거움을 누릴 자격이 충분하다.

조기 개입 거의 모든 문제는 조기에 개입하면 빨리 개선될 수 있다. 최대한 빨리 전문의의 진단과 치료를 받아 상태를 호전시킬 가능성을 최대한 끌어올려야 한다. 아이와 같은 상태의 아동을 대상으로 하는 어린이집이나 유치원이 있다면 입학 등록을 한다. 이런 기관들은 프로그램을 통해 대처 기술이라든지 사교적 기술 같은 아이에게 중요한 기술들을 가르쳐 아이의

장애 아동 복지시설

대부분의 아이들은 아무리 심각한 장애를 지녔더라도 집에서 보살핌을 받을 수 있다. 부모가 육체적, 정신적으로 힘이 넘치고, 재정적으로 풍족하며, 아이를 졸졸 따라다니면서 돌볼 수 있을 정도로 시간이 넉넉하다면 말이다. 그러나 특수한 요구를 지닌 아이를 집에서 돌보기가 거의 불가능한 경우가 상당히 많다. 예를 들어 집에 다른 어린아이들이 있거나 집안에 어른이 한 명뿐이고 생계를 위해 정규직으로 일을 해야 하는 경우가 그렇다. 부모 손으로 아이를 돌볼 수 없다는 사실을 인정하기란 쉽지 않으며, 아이를 장애 아동 복지시설에 맡기는 건 그보다 훨씬 어려운 일이지만, 다른 가족의 생활을 위해 어쩔 수 없을 때가 있다. 이런 경우 어느 정도 절충안을 생각해 볼 수 있다. 낮에는 전문 시설에 아이를 맡기고 저녁과 주말에는 집에서 함께 시간을 보내거나, 주중에는 전문 시설에 아이를 맡기고 주말과 공휴일에는 집에 데리고 와 아이와 함께 지낼 수 있다. 그러나 때로는 전일제 전문 시설 관리만이 유일한 대안이 되는 경우도 있다. 의료팀과 상의해 이용할 수 있는 시설을 알아보고 시험 삼아 며칠 지내 보게 한다. 아이들을 대규모로 수용하지 않고, 정기적으로 방문할 수 있으며, 평판이 좋고, 운영이 잘 되는 시설을 찾는다. 아이가 잘 적응하지 못하면 더 나은 대안을 찾을 때까지 다시 집에 데리고 온다. 아마도 아이가 연령이 높아지면 집에서 지내기가 수월해지고, 심지어 하루 종일 집에 있어도 견딜만할 것이다. 당분간 장애 아동 복지시설을 선택하더라도, 장차 다른 보육 방식을 차단하지 않도록 한다.

생활에 큰 도움이 될 것이다. 부모도 도움이 될 수 있다. 아이와 집에서 시간을 보낼 때 자극을 강화하고 교육을 보충할 수 있도록 훈련을 받아, 의료적 개입과 교육적 개입을 동시에 크게 향상시킨다.

일반 지원 일부 지자체에서는 의료 외적인 관리, 아이 돌보기, 재택 보육, 가족 상담, 강습 등, 임시 위탁 서비스를 제공한다. 의사나 치료사, 사회복지사에게 문의한다.

부모 지원 모임 수많은 관련 모임이 전국에서 활발하게 활동하고 있다. 해당 지역에 내 아이와 같은 장애를 지닌 아이의 부모 모임이 없다면 모임을 직접 만들어 보자. 특별한 도움이 필요한 아이를 돌보는 일은 육체적으로 많은 노력이 필요하고, 정신적으로 상당히 진이 빠질 수 있다. 나와 같은 걱정을 하는 부모들과 정기적으로 만나면 긴장을 푸는 데 큰 도움이 될 수 있다. 또 좌절감, 분노, 원망 등의 부정적인 감정들을 속으로 꽁꽁 끌어안다가 아이나 자기 자신, 혹은 다른 식구들에게 터뜨리기보다 내 마음을 공감하는 사람들이 모인 공개적인 장소에서 건강한 방식으로 해소할 수 있다. 서로의 경험과 통찰력, 대처 방법을 교환하는 것도 매우 중요하다. 아이의 사례 관리자나 사회복지사, 의사에게 부모 지원 모임을 추천 받거나 국가 기관에 문의한다(778쪽 참조).

부부 관계 어린아이가 있는 집은 어느 집 할 것 없이 낭만적인 부부 관계가 쉽지 않지만, 아이가 특별한 도움이 필요한 경우라면 더욱 힘들 것이다.

집에서 간호하기

과거에는 만성질병에 걸리면 급성 재발 치료나 장기 요양을 위해 정기적으로 병원에 입원해야 했다. 하지만 요즘에는 집에서도 보호를 받을 수 있어 비용이 절감될 뿐 아니라 상태도 호전되고 삶의 질도 향상되고 있다. 다양한 의학적 절차와 최적의 치료 관리(모니터링, 호흡기 치료 및 지원, 정맥 요법과 식이요법 등) 덕분에 의학적 훈련을 받은 경험이 없는 부모나 양육자도 가정에서 아이를 돌볼 수 있다.

그러나 가족들은 재택 간호의 세부 내용을 실시하고 조직화하기 위해, 재택 간호 전문가 및 간호사와 함께 아이의 질병을 관리하는 담당 의사의 지지는 물론이고 더욱 강력한 지원 네트워크를 필요로 한다. 세부 내용은 다음과 같다.: 충분한 전력량과 저장 용량, 집의 '병실화'를 위한 필수품 확보, 병상과 기타 의료 장비 구입 및 사용 방법 익히기, 질병 치료와 정기 검진(영양 강화, 건강 증진, 질병 예방을 비롯한), 교육과 재활(기본적인 생활 기술을 배워야 하는 어린아이들의 경우 자주 '훈련'을 받아야 한다.)에 대한 문제 해결. 서면으로 작성된 치료 방법과 응급 상황 계획 외에 부모의 훈련과 수료증도 매우 중요하다.

일부 재택 간호는 가족들이 전문 사례 관리자와 협력해 사례 조정자 역할을 하는 경우도 있고, 집에 상주하는 간호사나 재택 간호 도우미가 이러한 업무를 담당하는 경우도 있다.

특정한 상황에서 재택 간호를 선택하는 것이 옳을지 결정할 때에는 재택 간호로 인한 위험과(가령, 가정생활의 혼란, 스트레스 가중, 집안일과 직장 일에 많은 시간을 할애하지 못함, 간호를 망칠 가능성 등) 이익을 비교해야 한다. 뿐만 아니라 재택 간호를 결정할 때 이점을 늘리고 위험을 줄이는 방법도 모색해야 한다. 예를 들어, 전문 간호사가 참여하면 재택 도우미를 선택할 때보다 더 효과적일 수 있다. 재정 상태도 고려해야 할 것이다. 최종 결정을 내리기 전에 건강 보험 담당자와 재택 간호 서비스에 대해 상담한다.

그러나 연구 결과에 따르면 특별한 도움이 필요한 아이가 있다고 으레 결혼 생활이 위험에 처하는 것은 아니다. 결혼 생활이 힘들어질 수도 있겠지만, 사실상 그에 못지않게 견고해지기도 한다는 것이다. 서로를 정서적으로 지원해 주고, 책임을 공유한다. 한쪽 부모에게만 짐을 지게 해서는 안 된다. 부부가 단둘이 보내는 시간을 따로 마련하고(무척 힘들지만 대단히 중요하다.), 언제든 허심탄회하게 대화를 나누어 서로의 감정을 공유한다면 성공적인 결혼 생활을 유지할 가능성이 높다.

형제들과의 관계 특별한 도움이 필요한 아이에게 부득이 많은 관심을 쏟을 수밖에 없는 상황일 때, 다른 형제들이 힘들어할 가능성이 높다. 형제들이 잘 극복할 수 있도록 도울 방법은 756쪽을 참조한다.

대처 전략 전문가, 지원 모임, 나와 똑같은 과정을 미리 경험한 사람들의 도움을 받아 아이의 특별한 요구에 대처하는 방법, 부모의 욕구와 다른 가족들의 욕구를 충족시키는 방법, 시간을 체계화하는 방법, 완벽하지 못한 자신의 모습을 용서하는 방법을 배운다. 완벽한 사람은 아무도 없다는 걸 기억하자.

스트레스를 줄이는 기술을(195쪽 참조) 배우면 특별한 도움이 필요한 아이를 비롯해 온 가족에게 도움이 될 것이다. 이런 기술을 익혀 두면 아이의 상태로 인한 스트레스를 줄이는 것은 물론이고, 부모의 스트레스로 인해 아이의 상태를 악화시킬 위험도 낮출 수 있다.

둔감한 정신 친구나 낯선 사람의 경솔하고 부주의한 말에 주눅 들지 않는다. 그들의 무지나 편협한 태도에 아이가 상처 입지 않도록 한다. 아이의 질병이나 상태에 대해 최대한 있는 그대로 공개해, 다른 사람들의 태도에 난처해하거나 몹시 불안해한다는 인상을 아이나 다른 가족들에게 주지 않는다. 나는 내 아이를 한 인간으로 본다는 사실(아이의 질병이나 장애가 아이 존재의 전부가 아님을) 친척과 친구들에게 분명하게 밝히고, 그들에게도 같은 방식으로 생각하도록 장려한다.

또한 장애를 지닌 사람들을 대하는 방법에 대해 교육시켜 달라고 해당 지역 학교에 건의한다. 이렇게 하면 아이는 물론 특별한 도움이 필요한 다른 아이들이 친구를 사귀기가 수월해지고, 특히 '일반' 학교에 다니게 될 경우 더욱 즐겁게 학교생활을 할 수 있을 것이다. 아이가 일반 아이들이 참여하는 프로그램에 참여해 다른 아이들 사이에서 두드러져 보일 게 걱정되면, 아이가 참석하기 전에 영상 자료를 활용해 아이와 아이의 상태를 소개한다.

장래 계획 세상 누구도 부모만큼 아이를 돌볼 수는 없다. 하지만 정말이지 생각하고 싶지 않은 일이지만, 부모에게 불미스런 일이 일어날 가능성에 대해, 그래서 아이가 지금처럼 보살핌을 받지 못하고 혼자 남게 될 상황에 대비하는 것이 중요하다. 대부분의 전문가들은 일반 신탁 제도보다 '장애인 신탁 제도'를 권장한다. 상속 재산이 있으면 고령자 및 장애인을 위한 생활 보조금과 저소득층 의료보장 제도를 통해 받을 수 있는 보조금을 받지 못하게 되지만, 장애인 신탁 제도를 이용하면 이러한 지원금을 계속 받을 수 있는 한편, 장애인 보조금도 받을 수 있다. 이러한 신탁 제도를 전문으로 하는 변호사에게 조언을 구한다. 일단 수탁 관리자를 정해야 할 것이다. 최선을 다해 아이를 돌봐 줄 믿을 수 있는 사람을 선택하는 것이 가장 좋다.

현실에 대한 인정 많은 장애와 만성질환이 예방되고 있거나 크게 개선되고 있지만, 그럼에도 불구하고 대부분의 장애와 만성질환은 치료가 불가능하다. 아이가 지닌 문제, 아이가 앞으로 할 수 있는 일과 할 수 없는 일에 대해 현실을 인정할 필요가 있다. 최근에 아이의 상태를 진단 받았다면 분노와 비통함, 죄책감으로 몸부림을 친 후에야 비로소 현실을 받아들이게 될 것이다. 처음에는 아이의 결점에 지나치게 집중하게 되고 장점은 거의 눈에 띄지 않을 테지만, 현실을 받아들이려 노력하다 보면 그런 시각을 바꿀 수 있다. 아이가 처한 현실을 받아들일수록 아이 역시 자라면서 자신의 모습을 있는 그대로 받아들일 수 있을 것이다.

격려 아이의 한계를 인정하라는 말은 잠재력을 최대한으로 끌어올리도록 최선을 다할 필요 없이 맥 놓고 있으라는 의미가 아니다. 아이의 지적 신체적 성장과 사교적 기술을 포함해 모든 종류의 기술을 발달시키도록 아이를 격려한다.

희망 아이의 상태를 인정하라는 말은 희망을 버리라는 의미가 아니다. 특별한 도움이 필요한 아이들 가운데 상당수가 사랑과 지지와 적절한 치료를 통해 진단 결과를 개선시킬 수 있으며, 때로는 크게 개선시키기도 한다. 많은 경우, 내일이나 모레 혹은 글피에 발표되는 새로운 연구 결과가 부모들이 그토록 바라던 기적을 가져다주기도 한다. 최근 연구 결과에 따르면, 희망 자체만으로도 아이의(혹은 장애나 만성 질병을 앓는 모두의) 건강과 행복에 영향을 미친다고 한다. 그러므로 희망을 잃지 말고, 아이에게도 항상 희망을 가지라고 격려하자.

만성 건강 질환

— 간질(뇌전증)

정의 재발성 발작을 일으키는 뇌의 만성질환. 발작은 신체의 움직임이나 의식이 자기도 모르게 갑자기 일시적으로 달라지는 현상이다. 관련된 뇌의 부위에 따라 발작의 정도와 종류뿐 아니라 발작을 일으키는 신체 부위와 방식이 달라진다. 과거에는 '대발작'과 '소발작'으로 분류되었으나, 최근 더욱 구체적으로 분류되었다. 발작은 전신의 무의식적인 경련에서부터 갑자기 짧은 시간 동안 의식을 잃는 현상에 이르기까지 다양하다. 간질 발작은 일시적인 기능 장애로, 두뇌가 어떤 식으로든 악화되고 있다는 의미는 아니다.

발병 빈도 간질 환자는 전체 인구의 1% 정도로 추정되며, 아동에게 가장 일반적인 신경 장애다. 아동의 약 3~5%가 최소 한 차례 발작을 경험하지만, 열성 경련처럼 모든 발작이 간질은 아니다. 한 차례 발작을 일으킨 아동이 또다시 발작을 일으킬 가능성은 30%에 불과하다.

취약 대상 간질에 유전적인 소인을 지닌 사람. 뇌에 어느 정도 심각한 외상을(간혹 발견되지 않은 외상도 있다.) 경험한 사람도 취약할 수 있다.

원인 다양한 종류의 뇌 손상으로 인한 뇌의 비정상적인 전기 방전. 뇌 손상의 원인은 다음과 같다. 두부 손상, 뇌 감염, 대사 이상, 태아 발달 기간에 입은 손상, 저혈당증, 드물게는 악성종양 등. 간질 환자의 절반가량은 원인을 밝힐 수 없다.

관련 문제 간질 환자는 사고 상해의 위험이 약간 높을 수 있다.

치료 및 관리 가장 먼저 취해야 할 단계는 진단이다. 발작이 일어나기 전 상황, 발작이 일어나는 동안 아이의 모습, 발작 지속 시간(대개 아이가 실제로 발작을 일으키고 있는지 확신하기 어렵고, 특히 발작 시간이 아주 짧을 때는 더욱 어렵다.) 같은 상세한 내용을 비롯한 최초 발작 상황에 대해 아이의 담당 의사에게 보고한다. 발작의 진단과 평가, 분류는 전문가에 의해 이루어지는 것이 가장 바람직하지만, 간질을 앓는 아동의 일반적인 건강관리는 소아과 의사가 담당할 수 있다. 아이의 상태를 주의 깊게 관찰하고 단일 약물이나 복합 약물을 이용하면, 발작의 발생률을 통제하거나 줄일 수 있다. 약물이 효과가 없는 경우, 수술을 고려할 수 있다. 드물게 주로 지방 함량이 높고, 단백질 함량이 적당하며, 탄수화물 함량이 낮은 특별 식단이 권장되기도 한다.

간질을 앓는 아동은 욕조나 풀장에서 발작을 일으켜 익사할 위험이 더 높기 때문에 연령이나 수영 실력과 관계없이 절대로 보호자 없이 아이 혼자 물가에 놓아두어서는 안 된다. 간질을 앓는 아이들은 노는 동안 부상을 당할 위험도 약간 높지만, 그렇다고 해서 과보호를 한다든지 자연스러운 활동을(달리기 놀이, 정글짐 올라가기, 세발자전거 타기 등) 못하게 막아서는 안 된다. 이런 제약이 정상적인 발달을 저해할 위험이 있음을 염두에 두고, 의사의 상담을 거친 후에만 활동을 제한하도록 한다.

열성 경련을 다루는 방법은 634쪽을 참조한다. 간질 발작과 그 밖의 발작은 대개 유사한 방식으로 다루어진다(709쪽 참조). 발작이 15분 이상 지속되면 응급 의료 지원을 구해야 한다.

예후 아동 10명 가운데 8명은 심각한 약물 부작용 없이 발작을 완벽하게 통제할 수 있다. 2년 동안 발작을 일으키지 않으면 일반적으로 간질이 끝났다고 보고 약물 복용을 중단한다. 간질이 지속되는 아이들 대부분도 적절한 관리와 지원을 받으면 제 역할을 하는 유능한 성인으로 성장할 수 있다.

— 근위축증(뒤셴형)

정의 뒤셴형 근위축증(Duchenne-type muscular dystrophy)은 원발성 진행형 근육 퇴행 가운데 가장 심각한 형태이다. 일반적으로 남자아이에게만 영향을 미치는 이 질환은 출생 당시부터 나타나지만, 증상은 대개 세 살에서 다섯 살 사이쯤에나 나타난다. 그러므로 퇴행이 빠르게 진행되어 뒤셴형 근위축증을 앓는 대부분의 아동은 열 살이나 열두 살 무렵이면 휠체어를 타게 된다. 다른 형태의 근위축증은 훨씬 드물고 증상도 덜 심각하다.

발병 빈도 남자아이 3000명 가운데 약 1명이 증상을 안고 태어난다.

취약 대상 결함 유전자를 물려받은 남성. 간혹

여자아이에게 뒤셴형 근위축증이 나타나기도 하는데, 대개 염색체 이상이 원인이다.

원인 엄마가 아들에게 물려주는 X-연관 유전. 이러한 유전적 결함은 돌연변이 때문이므로 사례의 약 3분의 1가량은 가족력에 아무런 문제가 없다.

관련 문제 심장 및 신경계 관련 문제, 근골격계 기형, 호흡기 장애

치료 및 관리 현재로서는 지지 요법만 이용할 수 있지만, 많은 연구가 진행 중에 있다. 근육모세포라고 하는 미성숙 근육세포를 뒤셴형 근위축증 환자의 근육에 주입하면 근육 강도를 향상할 수 있다는 이론이 있지만 논란의 여지가 있다.

예후 현재로서는 예후가 좋지 않다. 약한 근육은 차츰 악화되고, 뒤셴형 근위축증이 있는 대부분의 아동은 열 살 이후 생존이 불가능하다. 의학적인 연구가 진행되어 앞으로 예후가 좋아지길 기대한다.

뇌성마비

정의 정적 뇌병증이라고도 불리는 뇌성마비는 신경근육 장애다. 비진행형이며(더 악화되지도 않지만 증상이 개선되지도 않는다.), 크게 경련성과 비경련성으로 나뉜다. 생후 6개월이나 7개월 이전까지는 문제 증상이 눈에 띄지 않으며, 두 돌 중반이나 그 이후가 돼야 진단이 이루어진다.
증상은 뇌성마비의 유형에 따라 경미한 정도에서 심한 정도까지 다양하고 사례별로 다르다. 토들러들의 경우 주로 다음과 같은 증상이 나타난다.

* 발달 지연의 이력: 해당 시기에 앉거나 서거나 걷거나 말하지 않았다.
* 근 긴장의 감소: 근육에 힘이 없다.
* 근 긴장의 과잉: 근육이 뻣뻣하다.
* 결론적으로 운동 제어가 잘 이루어지지 않음

발병 빈도 뇌성마비는 아동기에 가장 일반적인 운동 장애로, 우리나라에서는 1000명의 신생아당 약 3.6명에게 발병되는 것으로 추정된다.

취약 대상 초저체중 출생아(출생체중이 1500g 이하). 남자아이의 비율이 여자아이의 비율보다 약간 더 높다. 외둥이보다는 쌍둥이, 세쌍둥이, 네쌍둥이에게 더 많이 나타난다. 크고 작은 신체적 기형이 있는 아동에게도 나타날 수 있다.

원인 주로 태아기에 발달 중인 신경계가 손상되어 발병되는 것으로 여겨진다. 뇌성마비를 일으키는 잠재적인 요인은 매우 다양하다. 엄마의 흡연이나 약물 및 알코올 남용, Rh 부적합성, 엄마의 갑상선기능항진증, 유전적인 원인에 의해 발병될 수 있다는 의견도 있지만 확실하지는 않다. 최근 연구들은 뇌성마비와 분만 중 산소 부족이나 기타 외상과의 관련성을 발견하지 못했다. 뇌성마비의 10~20% 정도는 아동기 초기에 뇌 손상으로 인해 발병되는 것으로 추정된다(두부 손상이나 뇌수막염 같은 질병으로 인해). 뇌성마비의 약 50%는 원인을 확인할 수 없다.

관련 문제 간혹 발작, 의사소통 장애(언어, 시력, 청력), 치아 결함, 정신지체, 학습 장애

치료 및 관리 치료는 불가능하지만, 조기에 진단 및 치료를 받으면 잠재력을 발휘하는 데 도움이 될 수 있다. 치료 계획은 전인적으로 이루어져야 하며 다음 내용이 포함될 수 있다.: 경련 완화 및 기능 향상을 위한 수술, 약물, 물리치료, 움직임을 대신할 방법 훈련, 언어 치료, 컴퓨터 합성을 이용한 의사소통과 같은 대안적인 의사소통 방법 훈련, 작업 요법, 보조기, 부목, 기타 보조 기구 이용, 특수한 가구와 기구, 스스로 작동시키는 훈련. 아이가 소리에 민감한 경우 주변 환경에서 갑작스런 소음을 줄이면 도움이 될 수 있다.

예후 지능이 정상인 경우, 의사소통 수단과 이동 수단을 제공하고 일상생활의 과제를 수행할 능력을 키우면 장기적으로 좋은 결과를 얻을 수 있다. 크거나 작은 정신장애나 인지 장애가 있는 경우, 개개인의 사례에 따라 결과가 크게 달라질 수 있다.

다운증후군

정의 대개 발달 지연, 타원형의 눈, 지나치게 큰 혀, 짧은 목을 비롯한 일련의 증상과 증후군. 다운증후군 아동들은 뒤통수가 납작하고, 귀가 작고, 간혹 양끝이 약간 접혀져 있다. 코가 크고 납작하며, 손이 짧고 넓적하고, 키가 작고, 근긴장이 약하다. 성격은 상냥하고 착하며 사랑스럽다. 염색체 이상의 유형에 따라 다양한 특성이 나타날 수 있고, 관련 문제들도 다양할 수 있다(다음 참조). 오래 전부터 다운증후군을 지적장애와 같은 의미로 여기고 있지만, 조기에 개입하면 일부 다운증후군 아동들은 정상적인 IQ를 지니는 것으로 밝혀졌다. 대부분의 다른 아이들도 경미하거나 중간 정도의 지적장애 증상을 보일 뿐이다.

발병 빈도 우리나라 아동 1000명 가운데 1명꼴로 나타난다.

취약 대상 인종과 사회경제적인 수준을 불문하고 모든 아동에게 나타날 수 있다. 그러나 부모가 이미 다운증후군 아이를 출산한 경험이 있고, 염색체 재배열이 이루어졌으며(다음 원인 참조), 엄마의 연령이(그리고 아빠의 연령도) 35세 이상이면 고위험에 속한다.

원인 다운증후군의 95%가 부모 가운데 한 사람에 의해 아이의 염색체가 하나 더 추가되어, 염색체가 46개가 아닌 47개가 되기 때문에 발생한다. 추가된 염색체는 21번 염색체. 따라서 다운증후군 아동은 21번 염색체가 정상적인 2개가 아니라 3개를 갖게 되는데, 이러한 배열을 '삼염색체성 21증후군'이라고 한다.

관련 문제 다운증후군 아동의 절반 정도는 선천성 심장병을 지니고 있고, 약 5%가량은 위장의 이상을 경험한다. 일부는 면역 체계가 약하거나, 청력과 시력 손상, 갑상선기능저하증, 조로의 경향이 있다. 호흡기 질환에서부터 백혈병과 기타 암에 이르기까지 모든 병에 더 취약하다. 다운증후군 아동은 선천적으로 비만의 위험이 있지만, 식단 조절과 신체 활동을 비롯해 가족과 환경의 긍정적인 요인으로 비만의 위험을 줄일 수 있다.

치료 및 관리 산전 진단이 이루어지지 않은 경우, 다운증후군을 진단하고 원인이 되는 염색체 이상의 형태를 결정하기 위해 출산 후 염색체 검사를 실시해야 한다. 조기에 전문 교육 프로그램을 받으면 다운증후군 아동의 IQ를 크게 향상시켜, 일부 아동의 경우 IQ를 '정상' 범주까지 끌어올릴 수 있다. 양질의 의료 관리를 받으면 관련 문제를 개선할 수 있다. 예를 들어 수술을 받으면 심장의 결함과 소화 결함을 바로잡을 수 있다. 일부 나라에서는 외모를 정상적으로 만들기 위해 수술을 실시하기도 하지만, 이점에 대해서는 논란의 여지가 있다.

예후 상태의 심각성에 따라 다양하다. 대부분의 다운증후군 아동들은 과거 생각했던 것보다 훨씬 능력이 많고, 다운증후군이 진단되는 즉시 개입을 시작하면 이러한 능력들을 최대한 이용할 수 있다. 심각한 지체를 겪는 아동은 10% 미만에 불과하다. 다운증후군 아동은 보통 한동안 일반 학교에 다닐 수 있으며, 대부분은 나중에 보호 시설에서 지내며 직업을 가질 수 있다. 소수의 아동은 성장한 후 독립해 생활하고 직장도 구하며 일부는 결혼도 한다. 처음 2~10년의 힘든 시기를 넘기면, 평균 수명은 55세로, 과거보다 두 배 많아졌다.

─ 셀리악 병

정의 복강 스프루우 혹은 글루텐 과민성 장질환이라고도 불리는 이 질병은 밀, 호밀, 보리, 귀리의 성분인 글루텐에 포함된 글리아딘에 민감성을 보인다. 소화 중에 글루텐이 소장과 만나면 소장의 융모(영양분의 흡수를 촉진시키는 머리카락 같은 작은 돌기들)가 소실되어 소장이 반들반들해지면서 음식의 흡수를 방해한다. 글루텐 과민성 장질환은 아동기나 성인기 어느 때든 시작될 수 있다. 유아들과 어린 토들러들에게 가장 일반적인 증상은 거품이 일며 묽고 악취가 나는 대변, 복부 팽창, 창백한 안색, 성장 실패 등을 들 수 있다. 연령이 높은 토들러의 경우 식욕부진, 체중 증가 중단(혹은 체중 감소), 짜증, 설사처럼 무르고 악취가 나는 분변 등의 증상이 주로 나타난다. 지방이 제대로 소화되지 않아 대변에 지방 소구체가 보일 수도 있다. 간혹 구토나 감염에 극도로 취약함 등의 병력도 나타난다. 변비나 재발성 복통 정도의 증상만 보이는 아이들도 있다. 간혹 성장 실패가 유일한 증상일 때도 있다.

취약 대상 분명하지 않다. 가족 중에 셀리악 병이 있는 경우, 아동이 이 병에 걸릴 위험이 약간 증가한다.

원인 역시 분명하지 않다. 환경 요인과 유전적인 소인이 결합되어 나타날 가능성이 가장 높다.

관련 문제 일부 아동의 유당불내증, 지방 흡수 장애, 체액 저류, 발달 지연, 이가 늦게 남, 구루병

치료 및 관리 소장의 생체검사를 통해 진단이 확정되면, 글루텐을 제거한 식단과 함께 아이가 성장 속도를 따라잡을 수 있도록 칼로리 추가 섭취, 비타민과 무기질 보충제 섭취가 처방된다. 일반 곡물 대신 쌀, 옥수수, 대두, 감자 등, 글루텐이 없는 곡물 가루로 만든 빵과 파스타를 섭취한다. 맥아, 가수분해된 식물성 단백질, 변성 녹말, 식물성 검(gum), MSG, 식초 등의 곡류 부산물 역시 삼가야 한다. 이런 식단을 시행한 지 6~12개월 후에 식단이 효과가 있는지 확인하기 위해 다시 한 번 생체검사가 실시된다. 검사 후 장의 모양이 정상이면, 식단에

글루텐이 다시 첨가될 수 있다. 2년 후, 혹은 증상이 재발되는 즉시 다시 한 번 장 생체검사가 실시된다. 생체검사에서 양성반응으로 진단되면 다시 글루텐을 제거한 식단을 재개한다. 이런 식단을 평생 지속하도록 권장하고 있지만, 일부 전문가들은 이 같은 극단적인 접근법은 필요하지 않다고 주장하기도 한다.

예후 글루텐에 과민반응을 보이는 개인은 글루텐 식품을 피하기만 하면 완벽하게 정상적인 생활을 할 수 있다. 요즘에는 시중에 글루텐을 제거한 식품이 많이 나와 있으므로, 과거에 비해 이러한 식단을 실천하기가 더 수월하다. 아동기에 경미한 글루텐 과민성 장 질환을 모르고 지나가 치료를 받지 않으면 유전적으로 정해진 성장만큼 충분히 자라지 못할 수 있다.

소아 류머티스 관절염

정의 소아 결합 조직 질환 혹은 사실상 결합 조직 질환군. 중간 정도에서 심각한 정도의 소아 류머티스 관절염 아동의 경우 질병 초기에 일반적으로 피로, 미열, 식욕부진, 체중 감소, 성장 실패 등의 증상을 보인다. 오전에 관절의 뻣뻣함, 무 활동 후 '겔화(gelling)', 밤 통증 등도 흔하게 나타나지만, 토들러들은 대개 이러한 증상들을 말로 표현하기 힘들어 대신 계속해서 짜증을 내고, 관절을 보호하는 듯한 모습을 보이며, 절뚝거리고 걸으려 하지 않는다. 소아 류머티스 관절염의 가장 일반적인 형태는 다음과 같다.

* **다발성 관절염** 가장 일반적인 형태로, 주로 무릎과 손목, 팔꿈치, 발목, 손 등 다섯 개 이상의 관절에서 대칭적으로 증상이 나타난다. 관절이 예민하고 아파도 아이는 통증을 불평하지 않을지 모른다. 목이 뻣뻣하고 잘 돌아가지 않는다(머리가 이쪽 옆에서 저쪽 옆으로 완전히 돌아가지 않는다.). 전신성 침습(일반 질병, 발열 등 다음 참조)은 대체로 경미하다.

* **빈발성 관절염(소수 관절형 질환)** 이런 형태의 소아 류머티스 관절염 역시 거의 일반적이다. 네다섯 개의 관절에 증상이 나타난다. 간혹 무릎이나 발목, 혹은 딱 한 군데 관절에만 영향을 미친다.

* **전신성 질환** 소아 류머티스 관절염 사례의 약 10~20%에 해당된다. 관련되는 관절의 수는 가변적이고, 전신성 침습이 두드러지며, 만성 포도막염이 드물게 나타난다. 전신 증상에는 하루 한두 차례 심한 고열(39도 이상)이 오르다가 이내 정상 체온이나 그 이하 체온으로 돌아오고, 연어색 반점이 생겼다 사라지는 등의 증상이 흔히 나타난다. 이런 증상들은 관절에 증상이 나타나기 몇 주 전에 나타난다. 몇 년 동안 간헐적으로 열이 나는 아이도 있고, 심한 만성 다발성 관절염으로 발전하는 아이도 있다. 비장과 간이 비대해지고, 심장을 포함한 여러 기관들에 영향을 미칠 수도 있다.

발병 빈도 미국에서는 425명의 아동 가운데 1명에 영향을 미치는 것으로 추정된다.

취약 대상 소아 류머티스 관절염은 아동기 동안 언제든 시작할 수 있지만, 평균 연령은 한 살에서 세 살이다. 다발성 관절염은 남자아이에 비해 여자아이가 세 배가량 많고, 빈발성 관절염(소수 관절형 질환)은 여자아이에게 5배 이상, 전신성

질환은 여자아이와 남자아이가 거의 같은 비율로 나타난다.

원인 알려지지 않고 있다.

관련 문제 특히 빈발성 관절염의 경우, 포도막염(홍채의 염증), 성장 및 발달 장애

치료 및 관리 아스피린, 메토트렉세이트 혹은 이러한 약물의 혼합 제제나 금이 함유된 약물 주입 등 다양한 종류의 약물을 이용한다. 감염성 관절염의 경우 항생제를 투여한다. 부목을

건강한 형제 돌보기

특별한 도움이 필요한 형제와 함께 성장하는 건 건강한 형제들에게 어떤 영향을 미칠까? 지적장애 형제와 함께 성장한 대학생들을 대상으로 실시한 연구 결과에 의하면, 절반가량은 피해를 보았다고 생각하고 나머지 절반은 도움이 됐다고 생각하는 것으로 나타났다. 아동기를 부정적으로 생각하는 학생들은 자신의 형제를 부끄럽게 여겼으며, 부모가 특별한 도움이 필요한 형제를 돌보는 데 여념이 없어 자신을 등한시했다고 생각했다. 한편 이 건강한 형제들은 책임감으로 상당한 부담을 느꼈으며, 취미를 살리고 행복하게 성장할 기회가 부당하게 제약을 받았다고 믿었다. 반면 아동기를 긍정적으로 생각한 학생들은 특별한 도움이 필요한 형제에게 헌신한 부모를 존경했고, 이 형제가 가족의 유대를 더욱 탄탄하게 만들어 주었다고 생각했다. 이들은 부당한 대우를 받았다고 생각하기보다 오히려 행운이라고 여기기도 했다. 일반적으로 이들은 다른 사람에게 더욱 연민을 느끼고 관대하며, 이해심이 깊고 배려할 줄 알며, 특별한 도움이 필요한 형제가 없는 또래 친구들에 비해 자신의 건강과 지적 능력을 감사하게 여겼다.

건강한 아이가 특별한 도움이 필요한 형제와 한집에서 산다는 건 결코 쉬운 일이 아니지만, 인격 형성을 높이기 위한 경험이 많아질 수 있다. 건강한 아이들이 이로운 경험을 많이 쌓을 수 있도록 다음 내용을 참조하자.

건강한 아이를 참여시킨다 장애를 겪는 형제의 상황이 어떤지, 장애를 겪는 형제는 물론 가족 모두가 서로를 돌보기 위해 어떻게 협력하면 좋을지 건강한 아이가 이해할 수 있는 말로 설명한다. 연령에 맞는 작은 임무를 찾아본다. 예를 들어 천식이 있는 형제가 분무 요법을 실시하는 동안, 형제 앞에서 춤을 추고 노래를 부르며 우스꽝스러운 표정을 지어 형제를 즐겁게 해 준다. 취학 연령의 아이라면 병상에 누운 형제와 함께 책을 읽거나 게임을 할 수 있다. 십대 청소년 무렵이면 때때로 아픈 형제를 보살필 수 있고, 아이가 원하면 물리치료나 기타 치료를 도울 수도 있다.

건강한 아이를 안심시킨다 건강한 아이가 연령이 높다면, 장애를 겪는 형제를 돌보는 일차적인 책임은 아이가 아니라 부모에게 있다는 사실을 분명하게 말해 준다. 건강한 아이가 토로하려면 그냥 이렇게 설명하면 된다. "그래, 네 동생한테 문제가 좀 있단다. 하지만 네 잘못이 아니야. 네가 그런 게 아니란다." 사실 모든 아이들은(특별한 도움이 필요한 아이를 비롯해) 자신에게 책임이 없다는 사실에 안심할 필요가 있다. 또한 형제의 질병이나 장애는 전염되는 것이 아니고, 이런 질병이나 장애가 감기에 걸리 듯 쉽게 걸리는 것도 아니며, 감기나 독감에 걸리게 되더라도 장애를 겪는 형제처럼 심하게 아프지는 않을 거라고 건강한 아이에게 확신시켜 줄 필요도 있다.

건강한 아이를 위한 시간을 마련한다 물론 특별한 도움이 필요한 아이를 돌보는 데 많은 시간을 보낼 수밖에 없겠지만, 건강한 아이들도 부모의 관심이 필요하다. 아이들 각자가 부모와 매일 '단둘이' 보낼 수 있도록 최대한 시간을 마련한다. 어떤 일을 하든지 가족 모두에게 고루 관심이 돌아가게 해야 한다. 예를 들면 취침 시간에 차례대로 아이들 곁에 머무르면 아이들이 부모의 관심을 얻으려고 경쟁할 필요 없이 그날 있었던 일을 부모에게 이야기할 기회를 갖게 된다. 일주일에 한 번씩 아이와 단둘이 특별 외출을 계획할 수도 있다. 이 경우 친척이나 친구에게 특별한 도움이 필요한 아이를 돌봐 달라고 부탁하거나 사람을 고용해야 할 것이다. 입원 기간이 필요한 경우

대거나, 물리치료를 하거나, 운동을 하는 것도 중요하다(그로 인한 통증 때문에 썩 하고 싶지는 않을 테지만). 손상 정도가 심하면 관절 교체 수술이 고려될 수 있다. 포도막염의 경우 스테로이드 안약과 동공 확장제가 도움이 된다. 치료를 받으면 대체로 소아 류머티스 관절염을 완벽하게 통제할 수 있다.

관절 내 약물 주입, 개방 활막 절제술, 관절경을 이용한 활막 절제술 등 일부 절차들은 논란의 여지가 있다. 연령이 높은 아이의 경우 근육 이완, 심상 체험, 명상 호흡 등의 부수적인 치료들이 통증을 완화하고 기능을 향상하는 데 도움이 될 수 있다.

잠시 시간을 내 병실에서 나와 건강한 아이와 단둘이 시간을 보낸다.

모범이 된다 특별한 도움이 필요한 아이를 대하는 부모의 태도는 다른 아이들에게 영향을 미치므로 항상 긍정적인 태도를 유지해야 한다. 난처함이나 절망, 죄책감, 분노 같은 부정적인 감정을 다루는 방법을 익히기 위해 전문가의 도움을 구한다.

희생양을 만들지 않는다 종종 부모의 분노와 좌절감, 극도의 정신적 피로를 특별한 도움이 필요한 아이에게 풀지 못하고 대신 건강한 아이에게 푸는 경향이 있다(건강한 아이에게는 죄책감을 덜 느끼므로. "지금도 충분히 힘든데 너 때문에 더 힘들어야 하겠니!"). 그러나 특별한 도움이 필요한 아이에게는 친절하게 대하면서 건강한 아이를 희생양으로 삼는 건 부당하며, 건강한 아이가 분노와 적대감을 느낄 수 있다. 가족에게 자주 분노를 폭발하게 된다면 도움을 구한다.

이해한다 건강한 아이들은 종종 혼란스러운 감정을 느끼게 된다. "아픈 동생 때문에 속상해.", "동생이 없었으면 좋겠어. 동생 때문에 우리 엄마아빠는 나를 돌볼 시간이 없단 말이야." 이런 모순적인 감정은 정상이며, 심지어 부모조차 이런 생각을 하기 쉽다. 아이에게도 자연스러운 감정이라는 것을 알려 줄 필요가 있다. 아이의 비언어적 단서를 포착하고(슬프거나 화가 나거나 근심스런 표정으로), 감정을 물어 보아("지금 속상하구나? 화가 나는구나? 걱정이 되는구나?"), 아이가 속마음을 말하도록 격려한다. 일부 건강한 아이들은 스트레스를 받으면 특별한 도움이 필요한 형제와 같은 '증상'을 보이기도 한다. 물론 의사의 진단을 받을 때까지는 이런 증상들에 동요하는 모습을 보여서는 안 된다. 의도적으로 행동을 흉내 내려는 아이들도 있다(가령, 기침을 한다든지 다리를 절뚝거린다든지 경련을 일으키는 등). 이런 행동은 주로 관심을 끌려 하거나 어떻게든 장애를 겪는 형제를 이해해 보려는("동생이 어떤 기분인지 알고 싶어.") 시도이다. 건강한 아이에게 좀 더 많은 관심을 주고 아이의 말에 더욱 귀를 기울이면 흉내를 내는 행동은 곧 사라질 것이다. 아이의 행동이 특별한 도움을 필요로 하는 형제를 당황하게 한다면, 아이에게 설명하고 계속 흉내를 내고 싶다면 혼자 있을 때 하도록 한다.

경고 신호에 주의한다 장애가 있는 형제로 인한 스트레스를 해소하지 못하면, 아이들은 우울해지고 위축되거나, 억압된 감정이 행동으로 드러나게 된다(가령, 자주 분노발작을 일으키거나 취침 시간을 지키려 하지 않는 등). 이런 모습들이 보이면 아이와 좀 더 많은 시간을 함께 보내고 더 많은 관심을 쏟으며 아이의 담당 의사와 문제를 의논한다. 개인 상담이나 가족 상담이 도움이 될 수 있다.

압박감을 더하지 않는다 아픈 아이에 대한 보상으로 건강한 아이에게 기대를 많이 한다든지 완벽을 기대하는 건 아이에게 부당한 짐을 지우는 것이다. 모든 아이에게 각자 최선을 다하도록 격려하되 결코 강요하거나 협박하거나 능력 이상의 것을 요구해서는 안 된다.

외부의 지원을 제공한다 건강한 아이가 지원 모임에 참석할 수 있도록 마련해 주면 아이는 자신과 비슷한 환경에 놓인 다른 아이들과 감정과 생각을 공유할 수 있어 큰 도움이 된다. 일부 어린이 병원은 특정한 장애나 질병을 지닌 아이의 형제를 위해 특별 모임이나 교실을 운영하기도 한다. 지원 모임을 찾을 수 없다면(아이의 담당 의사나 병원, 성인 지원 모임에 문의한다) 새로 시작하는 방법을 고려해 본다.

예후

* **다발성 관절염** 나쁜 정도에서 그럭저럭 좋은 정도까지 다양하다.
* **빈발성 관절염** 포도막염을 치료하지 않아 녹내장이나 백내장 같은 시력 손상의 위험이 있는 경우를 제외하면 대체로 상당히 좋다.
* **전신성 질환** 적당하거나 나쁘다. 전신성 질환은 자기 제한적이지만, 소아 류머티스 관절염을 앓는 아동의 절반가량은 관절염이 만성적이며 파괴적으로 발전해 장애를 일으킬 수 있다. 소아 류머티스 관절염을 앓는 아동 대부분은 회복해서 정상적으로 생활하지만, 간혹 관절의 영구 손상과 기형으로 이어질 수 있다. 치료를 받으면 대체로 결과가 상당히 호전된다.

시각장애-법적 시각 상실

정의 시력 교정 렌즈를 착용해도 잘 보이지 않음. 시력 문제에 대한 신호는 527쪽을 참조한다.

취약 대상 눈에 부상을 입거나 시력을 손상시킬 수 있는 질병이 있는 사람은 누구나

원인 부상, 감염, 유전 질환, 백내장이나 녹내장 같은 눈 질환

관련 문제 볼 수 없어 생길 수 있는 수많은 교육 및 사회적 문제들

치료 및 관리 원인에 따라 다르지만, 모든 경우 예방이 최고의 치료다. 간혹 수술을 받으면 부분적으로 시력을 회복할 수 있다. 인쇄된 화면을 목소리로 변환시키는 음성인식 컴퓨터와 기계장치를 비롯해 시각장애인을 교육시키는 현대적 방법들이 많다. 점자 교육에 대해서는 논란의 여지가 있어 최근 중단된 상태지만, 많은 전문가들이 장래의 성공을 위해 점자 교육이 필요하다고 주장한다.

예방 바람직한 눈 관리와 적절한 안전 대책(526쪽 참조). 감염이나 백내장 같은 눈 질환은 즉시 치료를 받아야 한다.

예후 현대 교육공학을 이용하면 앞을 볼 수 없는 아이들도 교육을 통해 성공적인 경력과 만족스러운 삶을 준비할 수 있다.

알레르기

정의 '알레르기 유발 항원'인 특정 물질에 대한 면역 체계 중재 반응(759쪽 일반 알레르기 항원의 '원인' 참조). 음식, 먼지, 약물 같은 일부 알레르기는 연중 언제든지 일어날 수 있다. 꽃가루 알레르기 같은 알레르기는 주로 봄, 여름, 혹은 가을에 계절별로 일어날 수 있으며, 1회 알레르기 발생 기간은 몇 분에서 몇 시간, 며칠까지 지속될 수 있다. 증상은 관련 인체 기관이나 체계에 따라 다음과 같이 다양하게 나타난다.

* **상기도(코와 목구멍)** 묽은 콧물(알레르기 비염), 부비강염(아주 어린아이들에게는 흔하지 않다.), 중이의 분비액(삼출성 중이염), 인후염(알레르기 자체가 원인이기도 하지만 코가 막혀 입으로 숨을 쉬는 것이 원인이 되기도 한다.), 후비루(코의 뒤쪽에서 목구멍으로 떨어지는 점액이 만성 기침을 유발할 수 있다.), 발작성 크루프(663쪽 참조). 알레르기 비염을 앓는 아이들은 대개

다크서클이 있으며, 간혹 눈 밑에 주름이 생기기도 한다. 또한 입으로 숨을 쉬는 경향이 있고, 자주 코를 문질러 코끝에 주름이 생기기도 한다.

* **하기도(기관지와 폐)** 알레르기 기관지염, 천식(770쪽 참조)
* **소화관** 가스 참, 간혹 피가 섞인 설사
* **피부** 습진을 비롯한 아토피성 피부염(520쪽 참조), 두드러기 혹은 염증(빨갛게 돋은 얼룩덜룩한 반점), 혈관부종(특히 눈과 입 주변의 안면 부종. 두드러기처럼 가렵지는 않지만 심각한 알레르기 증상일 수 있다, 760쪽 참조)
* **눈** 가려움, 눈물, 충혈, 기타 눈 염증의 증상들
* **전신** 자극 감수성

발병 빈도 다양한 진단 기준으로 인해 평가도 다양하게 나타나지만, 우리나라 아동의 10% 이상에서 알레르기가 나타나는 것으로 추정되고 있다.

취약 대상 주로 알레르기에 가족력이 있는 아동. 양쪽 부모 모두 알레르기가 있는 경우 가장 위험이 크다(약 80%). 그러나 아이가 잠재적인 알레르기 유발 항원에 노출되지 않는다면, 그리고 노출될 때까지는 알레르기가 나타나지 않는다.

원인 알레르기 유발 항원에 노출된 데 대한 반응으로, 면역 체계에 의해 히스타민과 기타 물질이 분비된다. 알레르기에 대한 경향은 집안 내력이다. 알레르기가 표현되는 방식은 대개 가족들 안에서도 저마다 다른데, 급성 알레르기성 비염을 일으키는 사람도 있고, 천식을 일으키는 사람도 있으며, 딸기를 먹으면 염증이 생기는 사람도 있다. 알레르기 유발 항원은 흡입(꽃가루나 동물의 비듬 등), 섭취(견과류나 우유, 밀, 달걀흰자, 콩 식품 등), 주입(페니실린 주사나 꿀벌 침), 피부 접촉(니켈 보석, 울 소재 의류) 등을 통해 아이의 체내에 유입될 수 있다.

과민증뿐 아니라 두드러기와 혈관부종 같은 피부 반응은 열과 추위, 압력, 진동, 빛, 물, 운동, 감염 매체를 통해서도 일어날 수 있다.

치료 및 관리와 예방 아이의 알레르기를 치료하는 첫 번째 단계는 정확한 진단을 하는 것이다. 아이가 특정한 음식이나 기타 알레르기 유발 항원에 노출될 때마다 유사한 반응을 보인다면 의사의 상담을 받는다. 그러나 음식 알레르기로 의심되는 많은 경우들이 결코 알레르기가 아니며, 특히 어린아이들의 경우 전혀 알레르기 반응이 아닐 수 있기 때문에 정확한 진단이 어렵다. 어린아이들의 경우 피부 반응 검사는 대체로 신뢰할 수 없다(테스트 결과가 음성으로 나올 경우 양성으로 나올 때보다 더 정확할 수는 있지만). 방사선 알레르기 흡착 검사(RAST, radioallergosorbent test) 같은 시험관 검사는 복잡하고 비용도 많이 든다. 경우에 따라 병원에서 알레르기 항원으로 의심이 되는 음식을 섭취하게 하는 유발 검사를 실시해 아이가 특정한 음식에 알레르기가 있는지 판단할 수 있다. 혹은 의심이 되는 알레르기 유발 항원을 몇 주 동안 식단에서 제외시켜 알레르기 증상이 사라졌는지 알아보는 방법이 권장될 수도 있다. 여러 가지 식품을 제외시킨 다음 증상이 모두 사라지고 나면 한 번에 하나씩 식품을 섭취해 알레르기의 주범을 찾을 수도 있다. 이런 방법들이 도움이 되긴 하지만,

의료 감독하에서만 시도해야 한다.

아이가 세 가지 이상의 음식에 알레르기 반응을 보이는 일은 거의 없으므로, 이런 진단이 내려지면 주의해야 한다. 혀 밑, 머리카락, 소변, 피부의 적정 검사(titration test)는 과학적인 근거가 없음을 기억하자. 문제가 되는 알레르기 항원이 밝혀지면 치료를 받아야 한다. 치료를 받지 않으면 천식의 위험이 증가한다. 여러 가지 방법으로 알레르기를 치료할 수 있다.

1. **제한 및 제거** 알레르기의 가장 성공적인 치료법이자 예방법이지만, 동시에 가장 까다로운 방법이기도 하다. 알레르기가 있는 개인의 생활에서 문제가 되는 알레르기 항원을 모두 제거해야 한다. 알레르기가 있다고 판명되면, 다음의 몇 가지 방법에 따라 아이의 환경에서 알레르기의 주범을 제거한다.

* **음식 알레르기 항원** 유아와 어린아이들에게 알레르기 반응을 일으킬 가능성이 가장 높은 음식은 달걀흰자와 우유이며, 그 다음으로 밀과 감귤류가 이어진다. 많은 아이들이 콩과 콩 식품에도 알레르기를 일으키며, 아스파르테임, BHA/BHT, 일부 염료(가령 황색 5번), 글루탐산나트륨(MSG), 질산염과 아질산염, 아황산염 같은 식품첨가물에 알레르기 반응을 보이는 아이들도 있다. 다행히 아이들은 심각한 반응을 유발할 가능성이 가장 큰 견과류, 참깨, 조개류,

---

생명을 위협하는 알레르기

따끔따끔한 목구멍, 줄줄 흐르는 콧물, 눈물이 글썽한 눈, 간질간질한 종기 등, 대부분의 알레르기 증상은 그저 괴로운 정도에 그친다. 그러나 특정 음식이나 약물, 벌침에 대한 초과민 반응 등과 같은 일부 알레르기 반응은 치명적일 수 있다. 심각한 반응을 나타내는 증상은 다음과 같다.

숨을 헐떡거림, 천명 음(시끄럽게 쌕쌕거리는 숨소리), 쉰 목소리, 호흡곤란, 피부의 홍조, 얼굴과 입술, 목구멍이 붓고 가려우며 두드러기가 남(호흡에 지장을 줄 수도 있다), 구토, 간혹 혈액이 섞인 설사, 심한 복통, 갑작스런 혈압 저하, 현기증, 어지러움, 실신, 의식 상실, 과민성 쇼크 같은 심폐기능 부전. 이런 반응들은 즉시 치료를 받아야 한다.

아이가 심한 알레르기 반응 가운데 하나만 경험하더라도 소아 알레르기 전문의와 상담해야 한다. 천식이 있는 아이들은 다른 알레르기가 있는 아이들에 비해 심각한 알레르기 반응을 경험할 가능성이 더 높다. 알레르기 전문의와 상담한 후, 아이가 생명에 위협을 받을 정도로 알레르기에 심각하게 반응할 위험이 있다고 판명되면, 아이를 돌보는 사람들 모두가 정신을 바짝 차려야 한다. 아이에게 더욱 신경을 쓰고 치명적인 알레르기 항원에 노출될 가능성을 피하려면 어떤 조치를 취해야 하는지 알아야 한다. 또한 에피네프린 주사를 항상 소지하고, 부모를 비롯해 어린이집 교사 등 모든 양육자들이 아이의 증상을 알고 에피네프린 주사 이용법을 훈련 받는 것이 좋다.

에피네프린은 혈압을 높이고 기도를 확장시켜 과민증을 해결하는 호르몬으로, 생명을 구조할 수 있다. 즉석에서 쉽게 주사를 놓을 수 있는 펜 타입의 기구를(Epi-Pen) 휴대해, 알레르기 유발 항원에 노출된 지 몇 분~몇 시간 사이에 증상이 나타나면 즉시 주사를 놓은 다음 병원이나 응급실로 향해야 한다. 초기 반응이 아주 약하고 자연스럽게 회복되는 것 같더라도 일단 의학적 치료를 받고 24시간 동안 관찰해야 한다. 1차 반응보다 훨씬 심각하게 2차 반응이 나타날 수 있다. 아이가 중증 알레르기 반응을 보이고 부모가 에피네프린을 휴대하지 않은 경우, 즉시 119에 연락한다.

심각한 알레르기를 일으키는 아이는 알레르기 목록을 표시한 의료 경보 팔찌 등을 착용해야 한다.

기타 생선류 등의 음식에는 알레르기를 덜 일으킨다.

가공식품(예를 들어 견과류, 우유 단백질, 대두에서 추출된 가수분해된 채소 단백질)에는 많은 알레르기 유발 항원이 '숨어' 있으므로, 식품 성분 표시를 꼼꼼하게 읽는 것이 중요하다. 성분이 변경될 수 있으므로 식품을 구입할 때마다 성분을 확인해야 한다. 그리고 아이가 우유에 알레르기가 있는 경우(17쪽 참조), '비유제품(nondairy)' 혹은 심지어 '파르브'(pareve, 육류나 유제품 성분을 전혀 함유하지 않은 식품)라고 표기되어 있다 하더라도 우유가 전혀 없는 식품이라고 장담할 수 없다는 사실을 명심하자. 음식점에서 음식을 주문하거나 다른 사람 집에 초대될 때는 음식의 재료를 물어본다. 집이나 외부에서 아이를 돌보는 사람에게 아이가 알레르기를 일으키는 음식 종류에 대해 분명하게 알려 주어야 한다. 아이의 식단에서 부족할 수 있는 영양분을 메우기 위해 항상 영양 성분이 유사한 대체 음식을 이용한다. 밀 대신 귀리와 쌀, 보리 가루를, 오렌지 주스 대신 망고, 멜론, 브로콜리, 콜리플라워, 붉은색 파프리카를, 달걀 대신 육류와 가금류, 치즈를 대체한다.

첫돌 이후에 늦게 젖을 떼고 알레르기에 가족력이나 개인 병력이 있어 아이가 알레르기를 일으킬 위험이 높은 음식을 가급적 늦게 시작하면 음식 알레르기를 예방하는 데 도움이 될 수 있다. 이상적으로는 우유, 대두, 밀, 옥수수, 감귤류 등은 12개월 이후에 시작하고, 달걀은 24개월 이후에, 땅콩과 생선은 36개월 이후에 시작하는 것이 가장 좋다.

* **꽃가루** 꽃가루 알레르기가 의심되면 (꽃가루가 공기 중에 날리는 계절에는 지속적으로 증상이 나타나다가 계절이 끝나면 증상이 사라진다.), 꽃가루 수가 많아지는 시간대(주로 오전)와 꽃가루가 날리는 계절(꽃가루의 종류에 따라 봄이나 늦여름, 가을)에 유독 바람이 많이 불 때는 가급적 아이를 실내에서 지내게 한다. 꽃가루를 제거하기 위해 매일 목욕을 시키고 머리를 감긴다. 창문을 열면 대기 중의 꽃가루가 집 안으로 유입되므로 더운 계절에는 창문을 닫고 에어컨을 켠다. 꽃가루가 날리지 않도록 정원의 풀을 짧게 깎는다. 애완동물을 기르는 경우, 동물이 실외에서 꽃가루를 묻혀올 수 있으므로 애완동물도 자주 목욕을 시켜야 한다. 아이가 꽃가루 알레르기가 심한 경우,

---

음식 알레르기가 있는 아이가 집 밖에서 생활할 때

아이가 음식에 알레르기나 과민증이 있다고 해서 파티나 친구들 모임에 가는 것을 막을 필요는 없다. 그러나 아이가 친구 집을 방문할 때는 각별히 조심시켜야 한다. 무엇보다 먼저 어떤 음식을 금해야 하는지 알려 준다. 아이가 말을 할 줄 알면 이렇게 말하도록 연습시킨다. "고맙습니다. 하지만 저는 우유를 마실 수 없어요." 가능하면 아이가 먹을 음식을 가지고 가도록 하거나, 아이가 먹을 수 없는 음식 종류에 대해 아이를 초대한 집에 미리 알린다. 위험한 음식을 '딱 한 입' 먹었을 때 어떤 결과가 초래될지 아이와 아이를 초대한 집 모두에게 분명하게 이해시켜야 한다. 이런 음식들이 재료에 포함되어서는 안 된다는 것을(음식의 성분 표시를 꼼꼼하게 읽어야 한다.) 알려 주고, 아이가 위험한 음식에 노출되어 초과민 반응을 보일 경우 취해야 할 대처 방법도 미리 알려 주는 것이 좋다.

가능하면 꽃가루가 많이 날리는 계절에는 꽃가루가 없거나 적은 지역에서 지내게 하는 것이 바람직할 수 있다.

크리스마스트리나 집에서 키우는 상록수에 알레르기 반응을 일으키는 사람도 있다. 침엽수의 나뭇잎에 붙은 꽃가루가 원인일 수 있지만(이 경우 욕조에서 물로 나무를 세척한 후 집 안에 들여놓으면 도움이 된다.), 주로 나무의 강한 향에 대한 민감성 때문에 반응을 일으키게 된다. 이런 경우 가문비나무는 향이 무척 강하므로 집 안에 들여놓지 않는 것이 좋다.

* **애완동물의 비듬과 기타 애완동물 알레르기**
비듬은 동물의 피부에서 벗겨진 작은 딱지들로, 가장 일반적인 알레르기 유발 원인이다. 그러나 동물의 타액이나 소변에 알레르기 반응을 일으키는 사람들도 있는데, 이 경우 고양이나 우리에 갇힌 작은 동물의 대소변 통이 문제가 될 수 있다. 고양이 비듬은 개의 비듬보다 더 문제가 될 수 있으며, 털이 긴 동물이 털이 짧은 동물보다 더 자주 문제를 일으킨다. 아이가 애완동물에 알레르기가 있다고 의심되거나 확인되면 애완동물을 다른 장소에 격리시켜야 한다. 가능하면 동물을 마당이나 지하실, 차고에 내보내거나 매주 목욕을 시켜도 도움이 된다. 비듬이 남아 있을 수 있으므로 바닥을 완전히 덮는 카펫을 제거하고, 천을 덮은 가구나 비품을 최소화하며, 고에너지 미립자 필터를 장착한 공기정화기를 이용한다. 알레르기가 심한 경우, 애완동물을 다른 방에 격리시키는 수밖에 방법이 없을지 모른다. 말 털도 알레르기를 일으킬 수 있으므로, 말 털로 짠 매트리스나 빗을 이용하지 않는다. 동물 가죽이나 동물의 털로 만든 러그와 카펫, 장식품 역시 삼가야 한다. 새에 알레르기가 있는 아이들도 있으므로, 아이의 알레르기 원인을 알 수 없다면 집에서 기르는 새를 의심해 봐야 할 것이다. 또한 거위 털 이불과 베개, 거위 털 소재의 가구 덮개보다는 합성 직물을 이용한다.

* **집 안의 먼지** <u>먼지에 알레르기가 있는 사람들은 대부분 재채기를 하는데, 이때 재채기의 원인은 먼지가 아니라 집먼지진드기다.</u> 곤충처럼 생긴 이 미세한 생물은 육안으로는 보이지 않으며, 대기 중에 가득 차 있어 체내에 흡입될 수 있다. 대부분의 사람들에게는 문제가 되지 않지만, 민감한 사람들에게는 이만저만 괴로운 게 아니다. 아이가 집먼지진드기에 알레르기가 있다고 조금이라도 의심이 되면, 아이가 많은 시간을 보내는 공간, 특히 침실의 먼지를 최대한 제거해 아이의 노출을 제한한다. 먼지가 묻지 않도록 특수 처리된 걸레, 젖은 천, 약간의 가구 광택제를 묻힌 천 등을 이용해 아이가 없을 때 매일 걸레질을 한다. 젖은 걸레로 자주 바닥을 닦고, 러그와 가구 위에 씌운 천의 먼지를 청소기로 꼼꼼하게 빨아들인다. 카펫, 두꺼운 커튼, 셔닐 실로 짠 침대보 등, 아이가 자고 노는 공간에 먼지가 잘 붙는 물건을 들이지 않는다. 봉제 인형, 담요나 이불은 가능하면 뜨거운 물로 자주 세탁하고 커튼, 작은 러그 등의 종류는 최소한 한 달에 두 번 세탁한다. 책처럼 먼지가 잘 모이는 물건들은 가능하면 문 뒤에 정리하고, 옷은 비닐 소재의 양복 커버에 보관한다. 매트리스와 베개는 밀폐된 상자에 넣는다. 강제 공기

배출구 위에 여과 장치를 장착하고, 가능하면 중앙 공기청정기를 설치한다. 그리고 어쩌면 가장 중요한 사항으로, 집의 습도를 적절하게 낮추어야 한다(894쪽 참조). 집먼지진드기는 일반적으로 습도가 50% 미만인 환경에서는 생존이 불가능하다. 일부 전문가들은 습도를 20~30% 사이로 유지하도록 권장하기도 한다. 카펫과 가구 덮개의 진드기를 죽이기 위해 스프레이나 분말 형태의 약품을 이용할 때는 아이의 알레르기 전문의에게 제품 권장 및 제품 안전성에 대한 조언을 부탁한다.

* **곰팡이** 아이가 곰팡이에 알레르기가 있다면 성능이 좋은 제습기를 이용해 습기를 통제한다. 충분히 환기를 시키고, 실외로 습기를 배출하는 배기 송풍기를 이용해 주방과 세탁실, 욕실의 수증기를 제거한다. 곰팡이가 서식하기 쉬운 쓰레기통, 냉장고, 샤워 커튼, 욕실 타일, 축축한 구석 등을 염소 표백제에 같은 양의 물을 첨가해 희석시킨 용액이나 세제를 이용해 자주 꼼꼼히 청소해야 한다. 냉장고에 자동으로 성에를 제거하는 기능이 있다면, 잊지 말고 액체받이 통을 자주 비워 세척해야 한다. 지하실과 그 밖에 습기가 찰 수 있는 장소는 곰팡이 방지 페인트로 페인트칠한다. 습기가 차거나 젖은 곳에 옷이나 신발을 두어서는 안 된다. 식물과 말린 꽃은 아이가 잘 드나들지 않는 방에 보관하고, 장작은 집 밖에 보관한다. 살아 있는 나무로 크리스마스트리를 해야 한다면, 나무에 곰팡이가 자랄 수 있으므로 며칠만 집 안에 둔다. 집이나 건물 주변에 배수 시설을 설치해, 나뭇잎과 그 밖에 식물 부스러기들이 쌓이지 않도록 하고, 마당과 집이 햇볕을 충분히 받아 습기 찬 공간에 곰팡이가 서식하지 않도록 한다.

* **벌침 독** 아이가 벌침 독에 알레르기가 있는 경우 벌이 밀집한 꽃밭 같은 야외 지역은 가급적 가까이 가지 못하게 한다. 곤충을 피하는 요령은 679쪽을 참조한다. 그리고 부모나 어린이집이나 유치원 교사를 비롯해 다른 양육자들은 항상 아이가 벌에 쏘일 경우에 대비해 구급약을 휴대해야 한다.

* **여러 종류의 알레르기 항원들** 필요하면 아이의 환경에서 많은 알레르기 항원을 제거할 수 있다. 모직 담요(면이나 합성섬유 담요를 이용한다.)와 옷(면 스웨터와 합성 직물로 안을 채운 파카를 입히면 보온을 유지할 수 있다.), 거위 털 베개(아이가 베개를 사용할 정도의 연령이 되면 메모리폼 베개나 폴리에스테르로 속을 채운 저자극성 베개를 사용한다.), 담배 연기(집 안에서는 절대로 담배를 피울 수 없게 하고, 외출할 때는 담배 연기가 가득한 공간에 아이를 데리고 가지 않는다.), 향수(향이 없는 물티슈, 스프레이 등을 사용한다.), 비누(저자극성 비누만 사용한다.), 세제(향이 없는 세제로 바꾼다.) 등을 삼가거나 주의해서 사용한다.

2. **면역 요법 혹은 탈 감각** 알레르기는 이물질에 대한 면역 체계의 과민 반응이므로, 간혹 탈 감각을 이용하면 알레르기를 성공적으로 통제할 수 있다. 주로 문제가 되는 알레르기 유발 항원의 양을 차츰 늘리면서 주입해 항원에 대한 감각을 둔화시킨다. 특히 꽃가루와 먼지, 동물의 비듬에 효과가 있다. 그러나 심한 경우를 제외하면 탈 감각 요법은

최소한 네 살 이후에 시작한다.

3. **약물 치료** 항히스타민 제제와 스테로이드 제제가 알레르기 반응을 해소하고 점막의 붓기를 완화하는 데 이용된다.

4. **에피네프린 주사**(760쪽 참조)

예후 우유나 감귤류 등에 대한 음식 알레르기의 약 90%는 서너 살 무렵이면 사라진다. 연령이 높은 아동과 성인도 알레르기를 유발하는 항원을 1~2년 동안 삼가면 음식 알레르기에서 벗어날 수 있다. 그러나 견과류, 대두, 완두콩, 해산물에 대한 알레르기는 대개 평생 계속된다. 연령이 높아지면 알레르기 반응이 나타나지 않는 아이가 있는 반면, 한 가지 알레르기에서(우유) 다른 알레르기로(꽃가루) 이동하는 아이도 있다.

── 암

정의 단일 질병이 아니라 백 가지 이상의 상이한 질병의 집단으로, 모두 비정상적인 세포의 급격한 확산을 특징으로 한다. 증상은 암의 종류에 따라 매우 다양하다.

발병 빈도 아동 특히 토들러에게는 비교적 드물다. 우리나라 15세 미만 아동의 암 발병률은 인구 10만 명당 약 13명꼴이다.

취약 대상 특정 암에(일종의 신장암인 빌름스 종양) 대한 상속 유전자를 지닌 아동, 암에 가족력이 있는 아동, 면역결핍증이 있는 아동, 다운증후군 같은 특정 염색체 이상이나 선천성 기형(홍채가 없는 무홍채증 같은)이 있는 아동, 암 유발 물질(태아의 기형 유발 물질인 테라토겐 같은)에 노출된 아동. 요즘에는 유전 검사를 통해 소수의 유전적 암을 예측할 수 있어, 특정한 악성종양의 발병에 주의하고 예방 조치를 취할 수 있다.

원인 모든 암의 5~10%는 암이 있는 부모로부터 아이에게 직접적으로 유전되는 것 같다. 유전자 돌연변이, 염색체 이상, 유전자와 환경 요인 간의 상호작용(인유두종 바이러스 같은 특정 바이러스를 비롯해) 등도 영향을 미칠 수 있다. 흡연, 음주, 고지방/저섬유질 식단, 어느 정도의 화학물질에 대한 노출(살충제, 음식, 공기 속에 포함된) 등과 같은 환경적 요인은 일반적으로 장기간 노출될 때 악성종양이 발병되기 때문에 성인 암과는 관련이 있지만, 아동기에 발생하는 대부분 암의 원인으로는 볼 수 없다.

관련 문제 종종 치료의 부작용으로 면역 체계 억제와 그로 인한 감염의 위험 증가

치료 및 관리 악성종양의 종류에 따라 다르지만, 전통적인 수술이나 레이저 수술, 화학 요법, 방사선 요법, 골수이식 등이 포함될 수 있다. 경우에 따라 임상실험 절차가 권장될 수도 있다. 대개 소아 암 센터에서 최선의 치료를 받을 수 있다. 치료와 함께 충분한 영양 섭취(최고의 토들러 식단에서 제공하는 식단으로)를 병행하면 면역 체계가 강화되어 악성종양에 맞서 싸울 힘이 생길 것이다.

예방 현재로서는 암을 완벽하게 예방할 방법은 없다. 하지만 아이를 자외선으로부터

보호하고(514쪽 참조), 섬유질이 풍부하고 지방이 적으며 항산화제가 풍부한(비타민 C와 E, 베타카로틴) 식단을 제공하며, 환경오염(담배 연기 등, 21장을 참조한다.) 및 식품과 물에 포함된 잠재적으로 위험한 화학물질(18장 참조)에 대한 노출을 제한하면 아이를 암으로부터 예방하는 데 도움이 된다.

예후 아동기의 악성종양은 성인의 악성종양에 비해 치료 효과가 훨씬 우수하다. 대부분 아동기 암의 생존율은 지난 몇 십 년 동안 현저하게 증가했지만, 암에 대한 예후는 암의 종류와 진단 시기, 치료가 얼마나 잘 이루어지고 있는지에 따라 다르다. 일반적으로 암에 걸린 아동 3명 가운데 2명이 암을 이기고, 일부 암은 생존율이 90%에 가깝다.

5년 이상 장기 생존자들은 힘든 진단과 치료를 마치고 나면 대개 건강하게 생활한다. 이런 아동들이 사회생활과 학교생활을 따라잡을 수 있도록 특별한 관리가 이루어진다면, 친구 관계 및 학업 측면의 문제를 예방하는 데 도움이 될 것이다. 암 생존자들은 일반인에 비해 신종 악성종양이 나타날 가능성이 높으므로, 이후에도 건강관리에 꾸준히 주의하는 것이 중요하다.

자폐증

정의 임상 질환이나 상태라기보다 일종의 증후군으로, 아동기의 전반적 발달장애(PDD, Pervasive Developmental Disorder)의 가장 일반적인 형태다. 자폐증 아동은 다음과 같은 증상을 보인다.

* 언어적 의사소통 장애: 같은 단어를 반복하며, 대화를 시작하지 않는다.
* 비언어적 의사소통을 이해하지 못함: 화난 목소리나 함박웃음 같은
* 관심사가 크게 제한되어 있음
* 사회적 상호작용이 불가능함: 다른 사람의 언어적, 신체적인 접근에 반응하지 못하고, 신체 접촉을 거부한다. 반면에 낯선 사람에게 지나치게 상냥한 태도를 보이거나, 엄마에게만 애착을 보이는 아이들도 있다.
* 엉뚱한 행동: 가령 보이는 것마다 핥거나 냄새를 맡는 등
* 시선을 피하거나 간간이 눈을 맞춤: 반면 몇 시간 동안 계속해서 한 곳을 응시할 수도 있다.

자폐 아동은 명령에 반응하거나 과제를 수행하지 못할 수도 있다. 임상적으로는 청력이 정상인데도 귀가 들리지 않는 것처럼 보이기도 한다. 다른 아이들에 비해(지적장애아들을 비롯해) 장난감을 가지고 노는 시간이 적고, 종종 엉뚱한 방식으로 장난감을 이용한다. 모방 놀이에 관심이 적고, 상상력을 거의 보이지 않는 경향이 있다. 통증을 인지하지 못하기 때문에 부상을 입을 정도로 머리를 찧고, 자신을 깨물며, 소리를 지르는 등 광분한 듯한 행동 양식들이 드물지 않게 나타난다. 자폐아들은 대개 커다란 소음은 싫어하지만, 시각적인 자극은 무척 좋아한다(가령 선풍기 돌아가는 모양 등). 주로 냉담하다, 좋아하는 모습을 보이지 않는다, 가까이 다가가기 어렵다, 감정이 없다 등의 특징으로 묘사된다.

간혹 주변에 아무도 없는 것처럼 행동하기도 해, 부모가 곁에 있어도 마치 빗자루나 의자를 대하듯 한다. 때로는 유아기 초기에 이상 증상이 뚜렷이 드러나기도 하지만(가령, 아기가 사람 얼굴에 초점을 맞추지 않는다든지, 옹알이를 하지 않지 않는 등), 미묘한 증상만 드러날 뿐 나중까지

아무런 이상 증상을 발견하지 못할 수도 있다. 거의 항상 30개월 이전에 증상이 드러난다.

발병 빈도 우리나라 소아 인구의 2.64%가 자폐증으로 추정되며, 이는 미국의 3배에 달한다.

취약 대상 <u>자폐증은 배경 및 인종과 관계없이 나타나지만, 남자아이들에게 나타날 가능성이 서너 배 이상 높다.</u> 또한 페닐케톤뇨증, 취약 X 증후군(X 염색체 이상), 뇌의 특정한 구조적 이상과 대사 이상이 있는 아동에게 더 흔하게 나타나는 것 같다. 형제 가운데 자폐아가 있는 경우 자폐증에 걸릴 가능성이 약간 더 높다.

원인 잘못된 양육은 원인이 아니다. 임신 기간에 엄마가 풍진에 걸린 경우, 염색체 이상, 임신 후반기에 태아의 두뇌 손상 등을 비롯해 원인이 되는 요인은 다양한 것 같다. 분만 중이나 직후의 문제들도 원인이 될 수 있는지는 확실하지 않다. 여자아이들보다 남자아이들에게 자폐증이 많이 나타나고, 형제 가운데 자폐아가 있는 경우 자폐증에 걸릴 위험이 약간 더 높은 것으로 보아, 자폐증에 대한 유전적인 요인이 있음을 짐작할 수 있다. 그러나 자세한 요인은 전혀 파악되지 않고 있으며, 대부분 사례의 원인 역시 밝혀지지 않고 있다.

관련 문제 간혹 지적장애 증상을 보인다. 자폐 아동은 최중도 지적장애아에서 뛰어난 재능을 지닌 아이에 이르기까지 다양하다. 일부 전문가들은 자폐 아동이 이따금 지적장애로 보이는 이유는 활동을 강화하려는 노력이 부족하고, 그로 인해 절망감과 실패에 대한 두려움이 야기되기 때문이라고 주장한다. 똑똑하고 말을 할 줄 아는데도 학습 장애를 보인다. 이상한 신체 동작을 보인다. 즉, 발끝으로 걷거나, 팔짝팔짝 뛰거나, 얼굴을 찡그리거나, 흥분하면 팔을 펄럭거리기도 한다. 간질 발작이 일어난다. 요즘에는 심각한 정신 결함을 지닌 일부 자폐 아동에게 필수적으로 나타나는 증상으로 여겨진다. 연령이 높은 아동의 경우, 주로 우울증이나 정신분열증이 나타난다.

치료 및 관리 정상적인 발육 촉진, 언어 발달, 사회적 상호작용, 학습 능력 향상을 목표로 각각의 아이에게 맞게 개별적인 치료가 이루어져야 한다. 청력 손실로 인해 이러한 증상이 나타난 것은 아닌지 확인하기 위해 무엇보다 먼저 청력 검사를 실시해야 한다. 그러나 대부분의 경우 자폐증을 진단하기 위해 비용이 많이 나가는 첨단 테스트 장치를 이용할 필요는 없다. 치료 방법은 다양하며 과학적인 지식을 기반으로 치료를 진행하기도 하고, 절망적인 부모들은 대체 요법을 찾기도 한다. 자폐증을 완치할 수는 없다. 일부 치료는 상태를 완화하는 데 도움이 되기도 하지만 그렇지 않을 수도 있다. 한 아동에게 효과적인 치료가 다른 아동에게는 아무런 도움이 되지 않을 수도 있다. 어느 정도 효과가 입증된 치료 방법은 다음과 같다.

* 행동 수정: 적절한 행동에 대한 보상과 부적절한 행동에 대한 보상 부정으로
* 특정한 증상을 치료하기 위한 약물
* 동기 부여: 음악, 미술, 과학 등 아이가 흥미를 갖는 분야를 찾고, 이러한 수단을 통해 접촉을 시도한다.

성과를 얻기 위한 과도한 압력과 비현실적인

기대는 바람직하지 않다. 예를 들어 아이가 말을 하려고 시도했다면 완벽한 결과를 얻지 못하더라도 보상을 주어야 한다. 이 같은 긍정적인 강화는 아이를 침묵의 껍질 속으로 숨어들게 하지 않고, 반복해서 시도하도록 용기를 준다. 부모의 두 손으로 아이의 머리를 잡고 서로 얼굴을 마주보며 이야기를 하는 것이 자폐아의 관심을 얻는 가장 좋은 방법인 것 같다.

예후 자폐와 관련 질병의 심각성 정도에 따라 다르다. 토들러 시기에는 예측하기 어렵다. 그러나 부모와 전문가 모두의 광범위하고 집중적인 개입, 의료적 치료, 심리 상담, 언어 치료, 물리치료, 특수 교육을 비롯한 다각적인 접근 방법이 많은 자폐 아동들의 의사소통 기술과 사회적 기술 향상에 도움이 된다. 일부 아동은 평생 보호와 관리가 필요하지만, 눈에 띄게 호전되어 일반 학교에도 다니고 학업 성취도도 높을 뿐 아니라 나중에 직업을 갖는 아이들도 있다. 사회적 기술이 부족하고, 추상적 개념을 다루는 속도가 느리고 힘들어 직업의 종류가 제한될 수는 있다. 고기능 자폐증이 있는 성인 가운데 소수는 결혼을 해 가정을 꾸리기도 하지만, 자폐아 자녀가 태어날 위험을 평가하기 위해 유전 상담이 권장된다. 오늘날에는 치료 방법이 발달해 자폐 아동에 대한 예후가 계속해서 좋아질 것으로 전망된다.

지적장애

정의 <u>학습 속도가 느리고 학습 능력에 제한이 있는 상태. 지능이 정상 범위 이하로, 대개 표준 지수인 IQ 70 이하를 지적장애로 규정한다.</u> 이 집단에 속하는 아동 가운데 11%는 IQ가 50 이하이거나(중간 정도나 심각한 지적장애), 25 이하다(최중도 지적장애). 나머지 89%는 경미한 지적장애로, 학습이 가능하다. 대부분의 경미한 지적장애 아동들은 뇌성마비나 그 밖에 운동 장애를 보이지 않는다면, 적절한 시기에 대근육운동 기술(앉기, 기기, 서기, 걷기)이 발달한다. 경미한 지적장애는 언어 발달이 제대로 이루어지지 않고 있다는 것이 확실할 때까지는 분명하게 알기 어렵다. 보다 심각한 지적장애 아동은 아주 늦게까지 걷지 못할 수 있는데, 아마도 운동 기능과 어느 정도 관련이 있기 때문인 것 같다. 전반적인 발달이 늦고, 일찍부터 운동 장애, 언어 장애, 행동 장애가 나타난다. 또래 아이들의 90%가 도달하는 사회적 언어적 발달 단계보다 계속해서 뒤처진다면 평가를 받아 볼 필요가 있지만, 반드시 지능적 결함으로 판명되는 것은 아니다.

발병 빈도 전 세계 인구 가운데 2~3% 정도가 지적장애로 추정된다. 아동 100명 가운데 약 3명은 IQ가 70 이하이다.

취약 대상 <u>조숙아나 저체중 출생아, 다음의 위험한 '원인' 요인을 지닌 아동. 일반적으로 남자아이들이 여자아이들보다 영향을 받는 경우가 많다.</u>

원인 지적장애 사례의 30~60% 정도는 원인이 알려지지 않는 것으로 추정된다. 주로 알려진 원인은 다운증후군과 취약 X 증후군으로, 두 가지 모두 염색체 이상과 관련된다. 그 밖에 원인은 다음과 같다. 임신 기간 중의 알코올 남용과 그 밖에 약물 남용, 자궁 내 감염이나 분만 중 감염(톡소플라스마증이나 단순 포진 바이러스),

출산 전후에 납과 기타 환경 독성 물질에 노출, 유전인자(후를러 증후군, 신경섬유종증), 치료를 받지 않고 방치한 선천성 대사이상(페닐케톤뇨증, 갑상선기능저하증, 갈락토오스혈증), 분만 전이나 분만 중 외상이나 산소 부족으로 인한 두뇌 손상, 아동기의 심각한 외상(익사할 뻔한 경험이나 두부 외상), 특정한 아동기 질병, 출산 전후의 영양 부족이나 태반부전증. 두 가지 이상의 요인이 결합되어 지적장애를 일으킬 수 있다. 간혹 경미한 지적장애로 보이는 현상은 사실상 주의력 부족이거나 유아기와 아동기 초기에 신체적 지능적 자극을 충분히 받지 못했기 때문이거나, 청력이나 시력의 결함 때문일 수 있다. 이런 아동들은 충분한 개입을 통해 정상 범주로 끌어올릴 수 있다.

관련 문제 간혹 다른 신경 장애, 가장 일반적으로 뇌성마비(지적장애 아동 10명 가운데 1명꼴로 뇌성마비를 앓고 있다.). 청력 상실, 시력 결함, 언어 장애, 발작, 감각 및 인지 장애, 두뇌와 기타 기관계의 기형, 운동 장애 등은 비교적 덜 일반적이지만 드물지는 않다.

치료 및 관리 조기 개입과 훈련. 둘 다 전문가와 전문가에게 훈련 받는 부모가 실시해야 한다. 지적장애 아동의 IQ를 향상시키고, 장차 더욱 생산적인 생활을 위한 기회를 더 많이 제공할 수 있다. 원인이 되는 요인을 제거하거나(물속에 포함된 납 같은) 원인이 되는 상태를 치료해도 (페닐케톤뇨증이나 청력 및 시력의 결함) IQ를 타고난 잠재력까지 끌어올릴 수 있다. 경우에 따라 양질의 영양 공급과 영양소 보충에 의한 영양 치료도 IQ 향상에 도움이 된다.

예후 교육을 받을 수 있는 아동의 경우, 조기에 최적의 교육을 시작하면 기본적인 학습 기능(주로 4학년 수준까지), 사회적 기능, 직업적 기능을 익힐 수 있고, 성인이 되어 독립적으로 기능할 수 있다. 많은 경우 결혼을 해 자녀를 두며(유전 장애와 관련이 없다면 자녀가 지적장애아가 될 가능성은 없다.), 스스로 만족스러운 삶을 꾸리며 생활한다. 훈련 가능급 지적장애아의 경우 읽기와 쓰기, 맞춤법 등을 거의 배울 수 없다. 그러나 조기에 가능한 최적의 교육을 받는다면 말하는 법과 일상적인 작업을 완수하는 법, 개인의 욕구를 돌보는 법을 배울 수 있다. 성인이 되면 대개 보호 시스템을 갖춘 환경에서 제대로 활동하며 지낼 수 있다. 중증 지적장애아와 최중도 지적장애아들은 이 정도 수준의 학습 능력에 도달할 수 없고, 의사소통도 비언어적으로만 이루어진다. 최대 정신연령은 잘 해야 여섯 살이고, 자신의 가장 단순한 욕구조차 돌볼 수 없을 때가 많다. 그러나 뇌성마비만 아니라면 대부분 걷는 법을 배울 수 있다. 최중도 지적장애 장애자들은 평생 끊임없는 관리와 감독이 필요하다.

진성 당뇨병

정의 제1형 당뇨병, 혹은 인슐린 의존성 당뇨병(IDDM, insulin-dependent diabetes mellitus): 연소자형 당뇨병이라고도 한다. 자가 면역 장애로, 인체의 면역 체계가 인슐린을 생성하는 췌장의 베타 세포, 혹은 섬 세포를 공격한다. 당을 세포가 이용할 수 있는 에너지로 변환시키려면 인슐린이 필요하다. 인슐린이 부족하면 혈액에 당이 쌓여 소변으로 흘러넘치면서 소변에서 단맛이 난다. 에너지원을 얻지 못한 굶주린 세포들은 대신 저장된 지방을 연소시키기 시작하는데, 이렇게 되면 잠재적으로 치명적인 당뇨성 혼수를 비롯해 심각한 합병증으로 이어질 수 있다.

토들러의 고혈당 증상으로는 잦은 배뇨, 지나친 갈증, 과도한 식욕과 함께 체중 증가 부진, 간혹 무기력 등을 들 수 있다.

발병 빈도 우리나라에서는 10만 명의 신생아당 1.36명이 당뇨병을 앓는 것으로 추정된다. 전 세계적으로 유독 발병률이 높은 지역과 낮은 지역이 있다. 주로 연령이 높은 아동에게 진단되지만(사춘기 전에 발병률이 가장 높다.), 간혹 토들러 시기에 시작되기도 한다.

취약 대상 주로 인슐린 의존성 당뇨병에 가족력이 있는 아동

원인 인슐린을 분비하는 베타 세포의 파괴. 아직까지는 면역 체계의 구성 성분이 이 파괴의 원인이라는 사실만 확실하게 밝혀진 상태다. 이 질병은 단일 유전자에 의해 전달되지는 않지만, 선천적으로 당뇨병에 취약한 사람들이 있는 것 같다. 아직 확실하게 밝혀지지는 않았으나, 그 밖에 다른 요인들도 관련이 있는 것 같다. 한 연구 결과에 따르면 당뇨병에 취약한 아동의 경우, 생후 1년 동안 우유를 마시면 당뇨병에 걸릴 위험이 크고 모유가 당뇨병을 예방한다고 하는데, 아직 확실한 사실은 아니다.

관련 문제 망막증(홍채의 손상), 콩팥병증(콩팥의 손상), 신경병증(신경계의 손상), 조기 관상동맥 질환, 손과 발의 혈액순환 장애. 혈당 수치를 아주 주의 깊게 통제하면 이런 합병증의 위험을 크게 낮출 수 있다. 당뇨병 환자 4명 가운데 1명은 합병증에 걸리지 않는다.

치료 및 관리 주로 혈당 수치를 정상으로 유지하는 것을 목표로 치료가 이루어진다. 인슐린 투여, 혈당 자가 측정, 운동(다른 장점들도 많지만 특히 과도한 당분은 연소시키고 발까지 정상 혈액순환을 유지시킨다.), 식단 관리. 식단 관리는 혈당이 급상승하거나(단 음식 섭취를 제한함으로써 혈당 상승을 예방한다.), 지나치게 떨어지는 것을(정해진 시간에 음식과 간식을 섭취하고 장기간 공복 상태를 피함으로써 혈당이 떨어지는 것을 예방한다.) 동시에 예방하기 위해 필요하다. 식단은 개별적으로 맞추어야 하지만, 당뇨병을 앓는 아동에게 권장되는 식단은 대체로 복합 탄수화물 50%, 단백질 20%, 지방 30%로 이루어진다. 성인의 경우 간혹 췌장 이식이 권장되지만 아동에게는 권장되지 않는다. 수술과 그에 따른 면역억제는 아동에게 매우 위험하다.

진행 중인 임상 연구는 다음과 같다.

면역세포를 조기에 억제해 더 이상의 베타 세포 파괴를 예방한다. 베타세포를 이식해 인슐린 주사를 맞을 필요성을 끝내고, 많은 심각한 당뇨병 합병증을 예방하거나 치료한다. 이식형 인슐린 펌프와 자동 포도당 센서를 이용해 필요할 때마다 혈당을 측정해 인슐린을 투여한다. 한편 토들러의 부모나 돌보는 이들은 인슐린 측정과 투여 절차를 담당해야 한다. 그 밖에 양육자들은 아이가 직접 담당할 수 있을 만큼 클 때까지.

인슐린 의존성 당뇨병으로 진단된 환자들은 대개 치료 초기에는 인슐린 투여량을 줄여야 할 정도로 상태가 호전되는 것처럼 보인다. 인슐린을

분비하는 세포 가운데 일부가 아직 활동을 하고 있으며, 외부에서 인슐린이 투여되고 있기 때문에 상태가 호전되는 것처럼 보이는 것이다. 그러나 이런 '꿈같은' 기간은 1~2년 이상 지속되지 않는 만큼(마침내 세포가 인슐린 분비를 완전히 중단한다) 부모들은 이 기간 동안 치료에 대한 관심을 게을리해서는 안 된다.

예후 아동기 동안 부모의 도움으로 질병이 올바르게 관리되는 경우 정상적인 생활을 할 가능성이 대단히 높다.

예방 아직은 연구 단계에 있다. 인슐린 분비 베타 세포를 손상시키는 항체를 확인할 수 있도록 당뇨병과 유사한 질병을 구분하는 검사가 정교해진다면, 어떤 사람이 당뇨병에 걸릴 가능성이 높은지 정확하게 예측할 수 있을 것으로 기대된다. 검사 결과 항체에 양성 반응이 나타나는 경우, 항체로 인한 손상을 예방하기 위해 면역 억제 요법으로 치료를 받게 될 것이다.

── 천식

정의 기도가 초과민 반응을 보이는 만성 염증성 폐질환. 특정한 자극(다음 '원인' 참조)에 노출되면 기관지 주변의 근육이 좁아지고, 내벽에 염증이 생기며 붓고, 점액으로 가득 찬다. 기도가 일시적으로 좁아지면서 폐로 드나드는 공기의 흐름이 제한되고, 그로 인해 호흡이 가쁘고 기침을 하며, 천명 음(공기가 좁은 공간을 통해 이동하면서 생기는 휘파람 같은 소리. 간혹 청진기만으로 감지될 때도 있지만, 손으로 아이의 흉곽을 만져 보아 알 수도 있다.)이 난다. 어린아이의 경우 유일한 증상은 크루프의 재발로, '개 짖는 소리' 같은 기침 소리가 몸을 움직일 때나 밤에 악화되고, 간혹 구토를 일으킬 수 있다. 그러나 간혹 가쁘거나 시끄러운 호흡, 흉곽의 수축(호흡할 때마다 늑골 사이 피부가 움푹 들어가 보인다.), 가슴의 담(가래) 등이 나타날 수도 있고 불안, 피로, 식욕부진 증상도 보일 수 있다.

아동기 천식은 성인기 발증형 천식과 다르기 때문에 아동기 천식을 잘 알고(아동기 천식의 증상은 감염 증상으로 잘못 알 수 있다.), 아동기 천식과 기타 폐질환 및 여러 가지 상황(낭포성 섬유증, 세기관지염, 위-식도 역류, 이물질 흡입)을 구별할 줄 아는 소아과 전문의가 담당하게 된다. 질병의 정도 역시 아이마다 다르다. 평생 딱 한 번 천식을 앓고 끝나거나 일주일에 한 번 정도 경미한 증상을 앓는 아이가 있는 반면, 중간 정도나 심한 정도의 증상이 몇 주 동안 계속되고 일 년에 몇 차례씩 응급실을 드나드는 아이도 있다. 같은 아이라도 계절마다 혹은 해마다 증상이 다르게 나타날 수 있다. 연령이 높아질수록 증상이 개선되는 아이도 있고, 오히려 악화되는 아이도 있다.

발병 빈도 매우 흔하다. 전 세계 인구의 5~10%가 천식을 앓는다.

취약 대상 가족력이 있고, 특히 부모가 천식을 앓는 아동(유전적인 소인이 있는 것 같다.), 알레르기가 있는 아동, 기관지 폐형성 장애를 앓는 아동. 천식 아동의 약 40%가 만 3세 무렵, 90%가 만 10세 무렵 천식이 시작된다.

원인 천식의 원인은 그다지 밝혀진 것이 없다. 그러나 천식에 취약한 사람에게 천식을 일으키는 요인은 매우 다양한 것으로 알려져 있다. 천식을 자극하는 요인은 다음과 같다.

* 일반적인 알레르기 유발 항원: 집먼지진드기, 동물의 비듬, 곰팡이, 바퀴벌레 잔해, 나무나 풀의 꽃가루, 돼지풀, 간혹 음식 등(알레르기에 대한 자세한 내용은 758쪽을 참조)
* 바이러스 염증
* 담배 연기
* 강한 냄새: 가정용 세제, 페인트, 광택제 등
* 공기 오염: 실내외의, 678쪽 참조
* 날씨 변화: 온도, 습도, 기압
* 강한 바람
* 불안과 스트레스
* 심한 운동: 특히 추운 날씨에, 혹은 조개류, 셀러리, 멜론 등 특정한 음식을 섭취한 후
* 약물이나 화학물질에 대한 민감성: 석탄과 분필 먼지, 아황산염과 같은 식품 방부제, 특정한 식용 색소, MSG 같은 식품 성분

한밤중에 천식을 일으키는 경우, 침실의 알레르기 유발 항원이나 밤 시간의 차가운 온도, 혹은 위 – 식도 역류 증상(음식이 위에서 식도를 향해 거꾸로 올라오는 증상)이 원인일 수 있다. 정상적인 아이들도 밤에는 기도가 약간 좁아지는데, 이러한 현상도 원인이 될 수 있다. 아이마다 인체 내의 생화학물질이 24시간 동안 시시각각 달라지기 때문에 낮이나 밤 시간 가운데 특정 시간에 천식이 악화되기도 한다.

관련 문제 폐렴을 비롯해 기도에 영향을 미치는 감염의 재발

치료 및 관리 예방 조치, 조기 발견, 원인 파악 (일기를 기록하면 원인을 파악하는 데 도움이 된다.), 이 세 가지가 한데 어우러지면 최고의 결과를 얻을 수 있다. 토들러의 예방 조치는 다음과 같다.

* 천식을 유발하는 원인인 알레르기와 스트레스 등에 대한 노출을 줄인다. 원인이 되는 알레르기 유발 항원을 파악하기 위해 소아 알레르기 전문의와 상담하는 것이 가장 도움이 된다.
* 최적의 영양 섭취, 정기적인 독감 주사, 청결한 위생(656쪽 참조)으로 호흡기 감염의 발병을 줄인다.
* 처방에 따라 신중하게 선택된 약물을 이용해 천식의 위험을 피한다. 이런 예방약은 매일 혹은 천식 유인 물질에 노출될 것으로 예상되는 경우 그 전에 복용한다. 기관지 확장제, 항염증 치료제, 아드레날린 유사물질인 경구용 베타 촉진제 등. 이용이 가능하다면 항히스타민제를 이용할 수도 있지만 신중하게 복용해야 한다. 아이에게 맞추어 이용해야 하며, 증상을 통제하기 위해 꼭 필요한 최소량으로 제한해야 한다. 약물을 복용하게 되면 아이가 초조해지거나 극도로 흥분해서 잠을 잘 못 잘 수 있다. 잠자리에 들기 전에 주변을 뛰어다닐 기회를 주면 이런 감정을 해소하는 데 도움이 되어 잠을 잘 잘 수 있을 것이다. 초콜릿과 카페인 성분이 함유된 음료를 제한해도 도움이 된다. 네뷸라이저(nebulizer)는 알맞은 복용량을 투여하는 가장 바람직한 방법으로 권장된다. 네뷸라이저는 약물을 차가운 수증기로 변화시키는 공기 압축기다. 투명한 플라스틱 마스크를 아이의 코와 입에 맞게

부착해 약물을 주입한다. 네뷸라이저를 처음 사용할 때는 마치 사이비 과학자가 된 것 같은 기분이 들지 모르지만, 이런 도구를 이용하면 응급실을 들락거리는 횟수를 줄이는 데 도움이 된다.
* 돼지풀과 기타 알레르기 유발 항원에 대한 알레르기 주사. 이런 주사들은 천식 증상을 현저하게 낮출 수 있지만, 토들러들에게는 거의 적절하지 않다.
* 영양이 풍부한 식단과 충분한 수분 섭취
* 최근 연구 결과에 따르면 천식이 없는 기증자로부터 정맥용 면역글로불린(IVIg intravenous immune globulin)을 기증 받으면 스테로이드제에 대한 필요성이 크게 줄어들거나 심지어 완전히 제거될 수 있다고 한다.

일단 천식 증상이 시작되면, 차분한 태도를 유지하고(경험이 쌓이다 보면 쉽게 차분해질 것이다.), 지시 받은 대로 약물을 투여한다. 아이가 약물에 반응을 보이지 않으면 즉시 병원이나 응급실로 향한다.

예후 경미한 천식 증상(일 년에 세 차례 미만)을 보이는 많은 아이들과 세 살 이후에 천식이 시작된 많은 아이들이 사춘기 후반 무렵이면 천식에서 벗어난다. 반면 중간에서 심한 정도의 천식을 앓는 아이들은 이처럼 증상이 완화될 가능성이 적다. 그러나 성인이 된 후에도 천식이 계속된다 하더라도, 대부분의 천식 환자들은 바람직한 건강관리를 통해 자신의 분야에서 정상적으로 활동할 수 있다.

청각장애

정의 아동의 청력 상실에는 여러 유형이 있다.
* **전음성 청력 상실** 이 유형의 청력 상실은 소리가 외이도를 통해 효과적으로 전달되지 않고 소리의 크기가 약화된다.
* **감각신경성 청력 상실** 내이(內耳)나 내이에서 뇌로 이어지는 신경 경로의 손상이 원인이다. 소리의 크기가 약화되고, 따라서 음성 언어의 이해도 떨어진다.
* **복합성 청력 상실** 위의 두 가지 경우가 복합된 청력 상실
* **중추성(후미로성) 청력 상실** 소리는 들리지만, 언어를 해독하지 못한다.

청각장애 및 청력 손상의 정도는 다양하며, 청력이 손상된 아동이 모두 '귀가 들리지 않는 것'은 아니다. 귀가 들리지 않는 아동은 청력 상실 정도가 심해 보청기를 이용하더라도 청력만으로는 언어를 이해할 수 없다.

청각장애인 토들러들은 말을 전달하기 위해 손을 이용하는데, 제대로 된 수화는 아니지만 이런 손동작이 상당히 체계화되어 있어 일반 토들러들 특유의 언어 사용 방식과 매우 유사하다.

청각장애의 증상은 536쪽을 참조한다. 아이가 잘 듣지 못하는 것 같다면 아이의 담당 의사와 상의한다.

발병 빈도 우리나라에서는 아동 10만 명당 1500여 명이 어느 정도 청각장애를 경험하는 것으로 추정된다.

취약 대상 536쪽 참조

원인

* **전음성 청력 상실** 외이나 중이의 기형. 추위, 알레르기, 중이염도 원인이지만, 질병과 관련된 청력 상실은 대개 일시적이다.
* **감각신경성 청력 상실** 내이의 기능 부전이나 청각 신경의 손상. 신경이 손상되면 대체로 영구적인 청력 상실로 이어진다. 감각신경성 청력 상실의 원인은 태아기나 출산 전후기, 출산 후에 선천적이거나 후천적으로 나타난다. 유아의 선천성 풍진과 혈우병성 뇌수막염이 감소하고 뇌수막염이 발병하더라도 치료가 제대로 이루어지고 있어 청력 상실의 발병률도 감소하고, 있다.
* **중추성 청력 상실** 부상, 질병, 악성종양, 유전, 혹은 알려지지 않은 원인으로 인해 뇌의 청각 중추신경에 변화가 생겨 나타난다.

관련 문제 언어 발달 장애, 학습 장애, 자존감 부족

치료 및 관리 조기에 청력 상실의 진단을 받고 장애 정도를 판단하는 것이 중요하다. 청각장애는 경미한 정도에서 심각한 정도까지 다양할 수 있다. 무엇보다 먼저 청력 전문가에게 검사를 받는다. 아이가 처음에 내린 지시 내용들을 통과하지 못하면 재검사를 받거나(간혹 첫 번째 검사 내용을 잘 이해하지 못하거나 감기나 기타 감염에 의해 일시적으로 청력이 제한되었을 수 있다.), 소아 이비인후과 전문의에게 정밀 검사와 치료를 받는다.

청력 상실로 진단되면 즉시 치료를 받는 것이 향후 청력 발달과 언어 발달을 극대화할 뿐 아니라 자존감을 보호하기 위해 매우 중요하다. 치료는 이비인후과 전문의와 청력 전문가 모두에 의해 이루어지며 다음과 같은 내용이 포함된다.

* **약물**
* **수술** 달팽이관 이식은 간혹 대화를 이해할 수 있을 정도로 제한된 청력을 회복시켜 주고, 완전히 귀가 먼 아이들의 음성 언어 학습 능력을 향상시킬 수 있다. 달팽이관을 이식하기 위해서는 아동의 연령이 최소 두 살은 되어야 하고, 심각한 양측 감각신경성 난청을 지녀야 하며, 전통적인 청력 보조 기구로도 청력이 제한되거나 아무런 도움을 받지 못하는 상태여야 한다.
* **보청기(모든 소리를 크게 들리게 한다)나 청각 보조 장치(배경음 없이 선택된 소리를 크게 들리게 한다)** 보조 장치에는 여러 종류가 있으며, 아이의 연령과 청력 상실의 형태에 따라 선택한다. 청각 보조 장치에는 보청기와 함께 사용할 수 있는 종류와 따로 사용할 수 있는 종류가 있다.
* **교육** 청력 상실이 진단되는 즉시 교육 프로그램을 시작해야 한다. 교육에는 듣기와

청력검사

두 살 미만 아동에게 가장 일반적인 청력검사는 시각 강화 검사법(VRA, Visual Reinforcement Audiometry)이다. 아이는 불빛이 비치는 움직이는 장난감을 향해 고개를 돌리면 보상을 주는 방식으로 소리가 나는 쪽으로 몸을 돌리도록 훈련을 받는다. 두 살에서 네 살 사이의 아동에게는 유희 청력검사(CPA, Conditioned Play Audiometry)가 권장된다. 아이는 소리가 들리면 '놀이'에 반응하도록 훈련을 받는다(양동이에 블록을 떨어뜨리거나 퍼즐 조각을 맞추는 등). 아이가 협조적이라면 이 검사는 시각 강화 검사법보다 훨씬 많은 정보를 제공할 수 있다. 경우에 따라 여러 차례 평가를 받아야 할 수 있다.

말하기 학습을 돕는 도구 사용법, 구화(speech reading)나 입술 언어를 보충하기 위해 수화를 이용하는 큐드 스피치(cued speech), 구화와 수화, 손가락 문자를 복합적으로 사용하고 듣기 기술과 음성 생성을 강조하는 통합 의사소통 프로그램 등이 포함된다. 모든 청각장애 아동에게 꼭 맞는 프로그램은 없다. 아이의 소아과 의사와 청력 전문의가 아이의 필요에 가장 부합하는 프로그램을 찾을 수 있도록 도와줄 수 있을 것이다.

청각장애 아동이 일반 학교에 다닐 수 있는지는, 즉 정상 청력을 지닌 아이들과 일반 학급에서 공부할 수 있는지는 각각의 상황과 학교에서 제공하는 프로그램, 음성 및 언어 발달을 위한 특수 교실 운영 여부에 달려 있다. 청각장애 토들러가 어린이집이나 유치원에 다닐 준비가 되면 담당 의사와 청력 전문가뿐 아니라 유치원 원장이나 교사와 함께 프로그램 내용을 상의해야 한다.

예후 적절한 치료를 받으면 성공적이고 만족스러운 삶을 누릴 수 있다. 듣고 말하기 위해 도움을 받거나 수화를 통해 의사소통 방법을 배우게 될 것이다.

── 취약 X 증후군

정의 X 염색체 연관성 염색체 이상. 취약 X 증후군이 있는 남자아이들은 보통 말과 언어 발달이 늦고, 이마와 턱이 튀어나오며, 귀가 처지고, 얼굴이 좁고 길며, 고환이 크고, 그 밖에 여러 신체 이상을 보인다. 약간의 학습 장애만 보이는 아동도 일부 있으며, 취약 X 증후군이 있는 남자아이 5명 가운데 1명은 전혀 증상이 나타나지 않는다. 대부분의 여성 보인자들 역시 증상이 나타나지 않지만, 3명 가운데 1명은 경미하거나 중간 정도의 지적장애가 있거나 학습 장애를 보인다.

발병 빈도 남자아이 1000명 가운데 1명꼴로 나타난다. 그러나 대부분의 취약 X 사례들이 증후군으로 진단되지는 않는다.

취약 대상 이 질병은 X 염색체와 관련되어 있는 만큼 남성에게 본격적인 증후군이 드러날 가능성이 훨씬 높다.

원인 X 염색체의 일부가 약하거나 훼손된 유전자 결함

관련 문제 열 살 이후 운동 조정 능력과 균형 감각의 문제. 약 14%가 자폐성이 있어 자폐증의 많은 증상을 보인다(765쪽 참조).

치료 및 관리 현재로서는 지적장애를 다루기 위한 조기 개입이 최상의 치료다(768쪽 참조). 원인이 되는 특정 유전자가 밝혀지면 생화학 조작을 통해 결함을 교정할 수 있으리라 기대한다.

── 페닐케톤뇨증

정의 페닐알라닌이라는 단백질을 에너지로 대사할 수 없는 대사 장애. 혈류에 페닐알라닌이 쌓여 뇌 발달을 방해하고, 심각한 지적장애를 일으킬 수 있다.

발병 빈도 우리나라에서는 신생아 5만 1천 명 가운데 1명에게 영향을 미친다.

취약 대상 부모 모두에게 유전형질이 있는 경우, 페닐케톤뇨증을 지니고 태어날 가능성은 4분의 1이다. 핀란드 인, 아시케나지 유대 인, 아프리카계 사람들은 발병률이 낮다.

원인 상염색체 열성유전. 부모 두 사람이 열성유전자를 물려주어야 아이에게 페닐케톤뇨증이 생긴다.

관련 문제 페닐케톤뇨증이 있는 아이가 치료를 받지 않으면 짜증과 불안한 모습이 많아지고 파괴적이 된다. 곰팡이 비슷한 냄새, 건조한 피부나 발진, 경련 등의 특징을 보일 수 있다. 신체적인 발달은 원만하게 이루어지며, 다른 가족에 비해 금발이 될 가능성이 높다.

치료 및 관리 보통 출생 직후 페닐케톤뇨증을 확인하기 위해 혈액 검사가 이루어진다. 이때 양성반응이 나오는 경우, 페닐알라닌 함량이 낮은 식단으로 이루어진 치료가 시작된다. 모유, 우유, 일반 조제유, 육류, 인공 감미료 아스파르테임은 페닐알라닌 함량이 높다. 최근 연구 결과에 따르면, 이러한 식단은 3개월 이전에 시작되어 적어도 12살까지 지속적으로 실시해야 IQ를 극대화할 수 있다고 한다. 일부 연구에서는 여성의 경우 가임 기간 동안 이런 식단을 지속하는 것이 특히 도움이 된다고 한다. 어쨌든 페닐케톤뇨증이 있는 여성이 임신을 하면 이 식단을 재개해야 한다. 치료 기간 동안 페닐알라닌의 혈액 수준을 정기적으로 측정한다. 연구자들은 페닐케톤뇨증이 있는 개인이 페닐알라닌을 대사하도록 돕는 약물을 개발하기 위해 노력하고 있다. 그때까지는 아동기와 임신 기간 동안 신중한 식단 관리가 무척 중요하다.

예후 대체로 치료를 받으면 완벽하게 정상적인

초저체중 출생아였던 토들러들

출생 당시 체중이 적어도 1500g인 조산아는 부지런히 성장해 두 돌을 보내는 동안 마침내 생활 연령이 같은 아이들을 따라잡는다. 그러나 출생체중이 1500g 미만인 초저체중 출생아와 1000g 미만인 극단적 저체중 출생아는 토들러 시기와 취학 전 시기에 계속해서 또래 아이들보다 뒤처진다. 이런 아이들은 취학 전에 시력과 운동 기능 발달뿐 아니라 집중력도 뒤처지는 경우가 많다. 그러나 이러한 기술을 발달하도록 부모와 교사가 도와주면 많은 초저체중 출생아와 극단적 초저체중 출생아들도 나중에 또래 아이들을 따라잡을 수 있다.

이런 아이들 대부분이 뚜렷하게 눈에 띄는 장애가 있는 건 아니지만, 출생 당시 1000g 미만이었던 아이들은 문제를 지니는 경우가 많다. 이런 아이들은 성장이 아주 더디고, 호흡기나 신경계 질환을 경험하며, 탈장에서 뇌성마비, 시력 저하에서 난청에 이르기까지 많은 분야의 건강 상태에 크게 위협을 받는다. 그러므로 조기 선별 검사가 중요하다. 종종 뚜렷한 신경학적 이상으로 인해 정신적 장애를 겪는 아이도 있고, 지능은 정상이지만 학습 장애가 있고, 차례대로 배열하는 작업 같은 특정한 종류의 과제를 힘들어하는 아이도 있다. 문제가 지속될 위험이 높고 학업 수행과 행동을 향상시키기 위해 개입이 꼭 필요한 아이들은 가난하고, 식구가 많으며, 모성 교육이 이루어지지 않은 집안에서 자라는 등 사회적 환경이 크게 안 좋거나 일상적으로 많은 스트레스에 직면한 아이들이다. 그러나 모든 초저체중 출산아들은 각자의 특수한 요구에 맞게 조기 개입하면 도움을 받을 수 있다.

생활을 할 수 있지만, 치료를 받지 않으면 심각한 지적장애로 이어질 수 있다.

AIDS(후천성 면역결핍 증후군)와 HIV(인간 면역결핍 바이러스) 감염

정의 AIDS는 질병에 대한 인체의 자연면역 체계가 붕괴되어 생기는 질병이다. HIV-1(다음의 '원인'을 참조한다.)에 감염된 아동은 몇 달, 심지어 몇 년 동안 아무런 증상이 나타나지 않는데, 이 기간에 혈액 검사를 통해 감염 여부를 진단할 수 있다. 특징적인 증상이 나타난 후에야 아이가 AIDS에 걸렸음을 알게 된다. 증상은 다양하며 다음과 같다.

열과 식은땀, 몇 주 동안 계속되는 오한 전율, 피로, 빠른 체중 감소 혹은 체중이 증가하지 않음, 목과 겨드랑이의 임파선 부종이나 드문 경우 이하선 비대, 설사의 재발이나 만성 설사, 입안에 흰 반점이나 손상(효모감염인 구강 칸디다증이 지속되어), 발달 지연, 박테리아 감염 재발, 간이나 콩팥의 이상 재발

질병의 패턴은 어른들보다 다양하게 나타나며, 아이들끼리도 다를 수 있다. 일부 아이들은 AIDS가 만성질환의 형태로 나타나기도 한다. AIDS의 증상 및 합병증에 대해서는 '관련 문제'를 참조한다.

발생 빈도 아동에게는 매우 드물고, 특히 저위험군에 속하는 아이들에게는 아주 드물다.

취약 대상 대개 HIV 양성인 엄마에게 태어난 아이들. 이런 아이들 모두가 신생아 때부터 HIV 양성 반응을 보이긴 하지만, 실제로 HIV에 감염되는 아이들은 12~40%에 불과하다. 가장 일반적으로 이용되는 검사들은 엄마의 항체가 아이 몸에서 모두 제거되기 전까지, 대략 생후 15~18개월까지는 정확한 결과를 제공하지 않는다. 비교적 최근 검사들은 생후 6개월 무렵이면 정확한 진단을 제공하는 것 같다. HIV 양성인 엄마가 임신 기간에 AIDS 치료 약물인 아지도티미딘(AZT)으로 치료를 받으면, 아이가 HIV에 감염될 위험이 현저하게 줄어들 수 있다. 과거에는 혈우병이 있거나 수혈을 받은 아이들이 감염의 위험이 높았지만, 오늘날에는 혈액 선별 검사가 개선된 덕분에 HIV-1이 포함된 혈액을 수혈 받을 위험이 극히 미미하다.

원인 인간 면역결핍 바이러스(HIV-1)는 체액에 의해 전염된다. 혈액, 정액, 질의 분비물에 의해 전염되나, 타액, 땀, 눈물에는 전염되지 않는다. 주로 동성과 이성간의 성교를 통해 전염되거나 마약 주사를 같이 이용할 때 전염된다. HIV는 임신과 분만 중에 혹은 출산 후에 모유 수유를 하는 동안 엄마에서 아기에게 전염되기도 한다. 대기를 통해 전염되지 않으며, 모기나 기타 곤충에 물리거나 애완동물이나 기타 가축을 통해 전염되지도 않는다. HIV에 감염된 아이와 무심코 접촉하거나 같이 논다고 해서 AIDS에 걸릴 리는 없다.

이유는 밝혀지지 않았지만 HIV에 접촉된 모든 아이가 AIDS에 걸리는 건 아닌 것 같다.

관련 문제 뉴모시스티스 카리니 폐렴(PCP, Pneumocystis carinii pneumonia), 폐렴구균성 수막염, 특종 형태의 림프종뿐 아니라

평활근육종(leiomyosarcoma) 같은 드문 종류의 암(AIDS에 걸린 성인에게 흔한 카포시 육종은 아동에게는 극히 드물다.), 톡소플라스마증 같은 기생충 감염, 심장 이상(특히 뇌 관련 질환이 있는 아동이나 엡스타인-바 바이러스에 걸린 아동), 운동 장애 및 발달 지연, 소모성 증후군 및 성장 실패, 간 질환, 콩팥 질환, 빈혈, 혈소판 감소증(혈액 응고에 필요한 혈소판 감소), 피부염, 결핵

치료 및 관리 종합적인 접근이 필요하다. 어린아이들은 지금은 아지도티미진(AZT) 같은 한두 종류의 항레트로 바이러스 약물로 치료를 받고, PCP 같은 특정 감염을 치료하기 위해 다른 약물을 이용할 수 있다. 감염의 예방과 적극적인 치료만큼이나 영양과 통증 관리도 중요하다. 어린 AIDS 환자의 경우, 정맥용 면역글로불린(IVIg, intravenous immunoglobulin)을 투여하면 여러 감염의 위험을 줄일 수 있다.

AIDS에 걸린 아이가 어린이집이나 유치원에서 다른 아이들에게 위협이 되지는 않지만, HIV 양성인 아이는 면역 체계가 약하기 때문에 이런 그룹 환경에서 감염에 노출될 경우 심각하거나 치명적인 상태가 될 수 있으므로 각별히 주의를 기울여야 한다.

예방 아이의 예방을 위해 HIV 양성인 엄마는 출산 전에 치료를 받고 모유 수유를 삼간다. 수혈을 받을 때는 오염된 혈액이나 혈액 성분 제제를 삼간다. 자가 헌혈이나 HIV 음성으로 판명된 가족이 기증하는 헌혈이 가장 안전하다. 감염된 아이들을 대상으로 하는 육아 시설과 가정은 위생에 철저해야 한다. 염소 표백제와 일부 가정용 살균제를 이용하면 바이러스를 근절시킬 수 있다.

감염된 아이가 상처가 났을 때는 혈액이 묻은 표면을 꼼꼼하게 닦은 후에 아이를 씻긴다. 아이를 씻기는 사람은 고무장갑을 껴야 하고, 더러워진 물건들은 비닐봉지에 넣어 밀봉한 후 폐기시켜야 한다. 칫솔은 절대로 같이 사용해서는 안 된다. 타액을 통해 감염이 될까 봐 염려돼서가 아니라, 잇몸에서 피가 날 경우 혈액을 통해 감염될 위험을 피하기 위해서다. 연구자들은 HIV에 감염된 아동이 본격적으로 AIDS에 걸리지 않도록 하기 위한 예방 백신을 개발하려 노력하고 있지만 아직 이렇다 할 성과를 보지 못하고 있다.

예후 예측하기 어렵다. HIV-1에 감염된 영유아 4명 가운데 약 1명은 18개월 이전에 사망하지만, 대부분의 HIV 양성 아동은 만 5세 이후까지 생존하며, 간혹 청소년기에도 아무런 증상 없이 생존하는 경우도 있다. 일부 아동은 성인보다 예후가 좋으며, 많은 아동이 완치되거나 최소한 더욱 효과적인 치료를 받길 희망한다.

도움 받을 수 있는 기관

장애 아동을 둔 부모는 나뿐만이 아니며, 여러 기관들이 기꺼이 도움을 손길을 건네고 있다. 특별한 도움이 필요한 아이를 둔 부모들은 다음 기관들로부터 정보를 얻을 수 있다.

- 보건복지콜센터(www.129.go.kr): 129(장애 아동의 복지 및 교육에 대한 전반적인 정보를 알고 싶을 때)
- 국립 특수 교육원(www.knise.kr): 041-537-1500, 장애에 대한 전반적인 이해와 장애 아동의 교육에 대해 알고 싶을 때는 국립 특수 교육원의 장애 이해 사이트(edu.knise.kr/jsp/lesionsee/index.jsp)를 이용한다.
- 국립 재활원(www.nrc.go.kr): 02-901-1700(장애와 관련된 의료 정보 및 건강관리에 대해 알고 싶을 때)
- 국립 장애인 도서관(nlid.nl.go.kr): 1644-6044(장애에 관련된 도서 정보를 알고 싶을 때)
- 각각의 장애에 대한 정보는 다음 기관의 인터넷 사이트와 전화 문의를 통해 알 수 있다. 아동을 위한 교육 자료 등을 구비한 곳도 있다.

※ **간질(뇌전증)**
- 한국 뇌전증 협회(www.epilepsy.re.kr) 02-394-2325
- 대한 뇌전증 학회(www.kes.or.kr) 070-7591-3489, Seizure Free(www.seizurefree.co.kr)

※ **관절염**
- 대한 근관절 건강학회(www.rheumato.org) 02-464-6794

※ **근위축증**
- 척수성 근위축증 환우회(www.koreasma.com)

※ **뇌성마비**
- 한국 뇌성마비 복지회(www.kscp.net) 02-932-4292
- 한국 뇌성마비 정보센터(www.cp4you.net)
- 대한 소아 재활·발달 의학회(ksprm.or.kr) 02-6299-1883
- 대한 재활 의학회(www.karm.or.kr) 02-3295-2011

※ **다운증후군**
- 전국 다운 어린이 부모 모임(cafe.daum.net/downsyndrome)
- 전국 다운증후군 협회(cafe.daum.net/lovedownchild)
- 대구 다운회(www.daegudown.org) 053-561-5008

※ **당뇨병**
- 한국 소아 당뇨인 협회(www.iddm.kr) 02-572-0366
- 대한 소아 내분비 학회(www.kspendo.or.kr) 02-3471-4268

※ **소아 류마티스 관절염**
- 관절염 참조

※ **시각장애**
- 한국 시각장애인 연합회(www.kbuwel.or.kr) 02-6925-1114
- 한국 시각장애인 가족 협회(www.kbfa.or.kr) 02-720-8335
- 서울맹학교(www.bl.sc.kr) 070-4628-5007

※ **알레르기**
- 대한 소아 알레르기 호흡기 학회(www.kapard.or.kr) 02-3276-2031

※ **암**
- 국가 암 정보센터(www.cancer.go.kr) 1577-8899
- 한국 소아암 재단(www.angelc.or.kr) 02-3675-1145
- 한국 백혈병 소아암 협회(soaam.or.kr) 1544-1415
- 한국 소아암 부모회(cafe.daum.net/kfccpo)

※ **언어장애**
- 한국 청각·언어장애 교육학회(www.ksehli.or.kr) 053-850-4197
- 한국 언어 치료 학회(www.ksha1990.or.kr) 051-518-7322

※ **자폐증**
- 한국 자폐 학회(www.autism.or.kr)
- 발달장애 정보 나눔터(cafe.daum.net/jape1234)

※ **지적장애**
- 한국 지적장애 교육학회(www.kaid.kr) 053-819-1367
- 한국 지적장애인 복지협회(www.kaidd.or.kr) 02-592-5023

※ **천식 및 알레르기**
- 한국 천식 알레르기 협회(www.kaaf.org) 02-745-4510
- 대한 천식 알레르기 학회(www.allergy.or.kr) 02-747-0528

- 아토피 천식 교육 정보센터
  (www.atopyinfocenter.co.kr) 1577-9757

✻ 청각장애
- 한국 농아인 협회(www.deafkorea.com)
  02-461-2651
- 한국 청각장애인 부모회(www.hipak.or.kr)
  02-556-3493

✻ AIDS
- 대한 에이즈 학회(www.kosaids.or.kr)
  02-3487-1755
- 한국 에이즈 퇴치 연맹(www.kaids.or.kr)
  02-927-4071
- 한국 가톨릭 레드리본(www.redribbon.kr)
  02-753-2037

제3부

****

가족과 함께하는 토들러

24장

형제들과 생활하기

***

하루아침에 최대의 적에서 가장 친한 친구가 됐다가, 가장 친한 친구에서 최대의 적이 된다. 금세 서로 욕설을 퍼붓다가, 언제 그랬냐는 듯 서로 즐겁게 놀이를 한다. 서로 경쟁도 했다가, 지지도 했다가, 공격도 했다가, 옹호도 한다. 사랑했다가 좋아했다가 미워했다가 용서했다가를 수시로 반복한다. 사이좋게 장난감을 가지고 놀고, 같은 식탁과 같은 침실을 사용하며, 같은 부모 밑에서 생활한다. 이들은 바로 형제들이다.

형제간의 관계는 험악하거나 만족스러울 수 있으며, 거의 대부분이 이 둘 사이를 왔다 갔다 하게 된다. 그러나 형제 가운데 한 명 또는 모두가 토들러인 경우, 아직 사이좋게 지내고, 협상하고, 공감하고, 협동하는 등 사교적인 기술이 부족하다. 또 자기본위에 소유욕이 강하기 때문에 형제간의 관계가 더욱 복잡해질 수 있다. 토들러들은 주목의 대상이 되길 원하며, 주목을 받기 위해 최선을 다한다. 토들러의 형제가 연령이 높은지, 낮은지, 아직 출산 전인지에 따라 다루는 방법이 다양해진다. 부모는 형제간의 관계에 개입해야 할 때와 중재해야 할 때, 무시하고 알아서 해결하도록 내버려 두어야 할 때를 잘 판단해야 한다. 다음 상황들은 토들러 형제를 둔 집안에서 가장 흔하게 벌어지는 몇 가지 사례들로, 이 외에 벌어지는 수백, 수천 가지 사례를 해결하는 데 길잡이가 되어 줄 것이다.

무엇이든 물어보세요 Q&A

─ 형제간의 경쟁 심리

Q "우리는 두 아들이 친구처럼 잘 지내길 원합니다. 그래서 항상 둘이 같이 놀게 하지요. 그런데 둘이 경쟁이 너무 심해서 걱정이에요."

A 형제간의 경쟁 심리는 걱정할 필요 없으며, 그러려니 생각해야 한다. 형제간의 경쟁은 당연히 생기기 마련이다. 그러므로 형제끼리 경쟁을 하느냐 마느냐가 중요한 것이 아니라, 언제 어떤 문제로 경쟁하느냐가 중요하다. 아들들의 마음 같아선 아마 절대로 한집에 살고 싶지 않을 것이다. 어느 정도 자라고 나면 서로를 사랑하고 좋아할 수는 있겠지만, 가장 친한 친구가 되기는 쉽지 않을지 모른다. 형제라는 이유만으로 가족이라는 것 외에 공통점이 많을 거라고 장담할 수는 없으니 말이다. 그리고 설사 공통점이 많다 하더라도 여전히 갈등은 있기 마련이다. 형제끼리

서로 달라도 문제가 생기지만 너무 똑같아도 문제가 생기기는 마찬가지다.

경쟁 심리는 두 사람이 부모의 관심과 사랑을 획득하기 위해 경쟁할 때 생기는 자연스러운 결과다. 부모는 긍정적으로든 부정적으로든 절대로 비교하지 말고, 아이 각자의 모습을 있는 그대로 사랑하고 인정해 주고, 각각의 아이와 단둘이 보내는 시간을 규칙적으로 마련하며, 방침과 특혜를 공평하게 제공하고, 편애하지 않으면 경쟁을 최소화하는 데 도움이 된다. 다른 형제가 부모의 사랑을 더 많이 받고 있다고 생각하는 아이는 부모의 관심을 얻기 위해 더 열심히 노력해야겠다고 생각할 뿐 아니라, 형제와 더 격렬하게 싸우려 들 것이다. 그러나 두 아이를 아무리 공평하게 대해도 경쟁 심리를 완전히 없앨 수는 없다. 형제 사이가 아무리 좋아도 경쟁 심리는 남아 있기 마련이니까. 사실 형제간 경쟁 심리를 예방하는 방법은 외동아이를 두는 것뿐이다. 형제끼리 옥신각신할 때 긍정적인 효과도 얻을 수 있다는 사실을 기억하자(787쪽 참조).

부모의 부당한 압력이나 간섭이 없다면 아이들은 좋은 관계를 구축할 기회를 많이 갖게 될 것이다. 아이들끼리 함께 놀고 함께 외출할 기회를 많이 제공하되, 각자 떨어져 있는 시간도 어느 정도 보장해 주어야 한다. 혼자 있는 시간, 부모와 단둘이 있는 시간, 각자의 친구들과 함께하는 시간. 아이들이 마침내 가장 친한 친구가 된다면 아주 바람직하지만, 그렇지 않더라도 괜찮으니 강요하지 않는다. 서로를 존중하고 지지할 줄 알게 되면, 서로를 더 많이 알게 되고 장차 탄탄한 관계를 위한 좋은 토대를 확립하게 될 것이다.

똑같이 나눠 주기

Q "우리 아들과 딸은 1년 반밖에 터울이 지지 않는데, 뭐든 정확하게 똑같이 가지겠다고 주장해요. 사과 한 쪽부터 부모의 시간과 관심까지 말이지요. 누구는 주고 누구는 안 주는 상황이 벌어지면 어김없이 '그런 게 어디 있어!'라고 항의가 돌아온답니다."

A 인생은 항상 즐거운 경험만 있는 것도 아니고 늘 공평한 것도 아니다. 어린아이들은 받아들이기 힘든 사실이지만 언젠가는 이해해야 할 부분이다. 부모는 어쩔 수 없는 인생의 불공평한 상황으로부터 아이를 보호해 줄 수는 있지만, 모든 상황을 막아 주려 해서는 안 된다.

아이들을 위해 무엇이든 정확하게 똑같이 나누려는 노력은 막상 아이들이 세상을 향해 발을 내딛을 때 실망을 안겨 주기 마련이며, 가족 간의 경쟁을 막는 데에도 도움이 되지 않는다. '동등한 대우', 즉 오빠에게 새 책이 있으니 동생에게도 새 책이 있어야 한다는 식의 방침은 단기간의 사소한 충돌은 잠재울 수 있을지 모른다. 하지만 장기적으로는 아이들을 단련시키기는커녕 오히려 경쟁의식과 서로간의 비교를 강화해 단계적으로 충돌이 점점 커지기 마련이다.

그렇다면 공정한 부모가 되려면 어떻게 해야 할까?

✱ **아이들을 각자 있는 그대로의 모습으로 대한다**
두 아이는 일란성 쌍둥이라 할지라도 정확히 똑같지 않기 때문에 똑같은 방식으로 다루어서는 안 된다. 애정, 훈육, 비판, 칭찬에 대해 각자 개별적인 접근법이 필요하다.

부모가 비교나 판단을 하지 않고 '오빠는 책 읽기를 좋아하고, 동생은 그림 그리기를 좋아하지'와 같이 두 아이의 차이를 인정하면, 아이들은 서로의 개성을 인정하고 매사에 똑같이 대해 달라고 주장하기보다 서로 다른 식으로 다루어질 수 있다는 걸 받아들일 가능성이 높아진다.

* **개별적으로 대한다** 물건을 주든 포옹을 하든, 아이에게 무언가를 나누어 주기 전에 공평한지 아닌지를 일일이 따져 볼 필요는 없다. 오빠가 발이 커져 신발이 맞지 않는다고 동생도 덩달아 새 신발을 사줄 필요는 없다. 한 아이가 엄마 무릎에 15분 동안 앉아 있었으니, 다른 아이도 같은 시간 엄마 무릎에 앉힐 필요는 없다. 그때그때 각자에게 필요한 것을 제공하고, 두 아이에게 똑같은 것을 선물하기보다 아이의 특별한 관심사에 맞추어 선물한다.

* **각각의 아이들과 단둘이 시간을 보낸다** 아이가 부모의 관심을 얻기 위해 경쟁할 필요를 느끼지 않는다면, 다른 모든 일에 대해서도 경쟁하려는 충동을 덜 느끼게 될 것이다.

* **똑같이 사랑한다** 늘 똑같이 사랑을 느낄 수는 없다 하더라도 부모가 공평하게 나누어 주어야 하는 것이 있다면 바로 사랑이다. 늘 똑같이 사랑을 느낄 수는 없다하더라도, 사랑을 주는 방식은 아이마다 다르더라도 사랑의 양이 달라서는 안 된다. 그러나 부모가 아무리 노력해도 아이들은 불공평하다고 불평할 것이다.

* **정확한 기준을 지킨다** 경쟁적인 분위기를 없애려고 아무리 애를 써도, 누가 무얼 가졌는지 더 이상 신경 쓰지 않을 만큼

아이들이 성숙해질 때까지는 사과 한 쪽, 과자 하나, 피자 한 조각도 한 치의 오차 없이 정확하게 반으로 나누어야 한다. 아이들이 연령이 높아지면 누가 더 큰 조각을 먹느냐보다 누가 늦게까지 자지 않고 깨어 있는지, 누가 재미있는 프로그램을 보게 되는지가 더 중요해질 것이다.

이처럼 똑같이 공평해야 한다는 생각에서 오는 갈등을 진정시키려면 어느 정도 기술이 필요하다. 아이들이 누가 더 큰 조각을 얻느냐를 놓고 늘 다툰다면, 돌아가면서 먼저 선택권을 갖게 한다. 선택권을 갖지 못한 아이는 매번 더 작은 조각을 차지하게 되겠지만, 아직은 아이들에게 양보를 기대하지 않도록 한다. 혹은 아이들이 직접 분배하게 한다. 아이들의 연령이 높다면, 한 사람당 일주일 동안 먹을 과자의 양을 정하고 간식 시간에 먹고 싶은 만큼 먹게 한다. 중간에 다 먹으면 다음 주까지 더 이상 과자를 주지 않는다.

그러나 부모가 아무리 공정하게 하려 애써도 아이들을 늘 만족시키지는 못할 거라는 사실을 기억하자. 아이들이 정말로 원하는 건 과자나 사과를 얼마나 갖느냐가 아니다. 한 형제를 편애하는 데에서 오는 불만은 원칙적인 문제다.

▬ 동생은 누나를 졸졸 따라다니고 누나는 질색해요

Q "이제 막 두 살 된 우리 아들은 제 누나를 무척 좋아해요. 가는 데마다 졸졸 쫓아다니고 누나가 하는 건 뭐든지 따라하지요. 처음에는 우리 딸도 좋아하는 것 같더니, 나중에는 아주 질색을 하면서

가까이 못 오게 해 달라고 사정을 하더군요."

A 남동생은 누나가 가는 데마다 따라다니고, 누나는 남동생이 어디 다른 데로 좀 가 주길 바란다. 남동생은 누나가 블록 쌓는 걸 도와주고, 누나가 인형을 태우고 유모차를 밀 때 같이 밀어주고, 누나가 소꿉놀이할 때 같이 끼고 싶다. 누나가 좋아하는 색칠하기 그림책에다 누나하고 똑같이 색칠을 해 보고 싶은 마음도 굴뚝같다. 하지만 이 모든 바람을 행동으로 옮기려는 순간 누나는 동생의 행동을 제지하기로 마음먹는다. 형제간에 흔히 있는 일이다.

큰아이들은 동생이 자신을 추종하는 모습에 처음에는 좀 우쭐해진다. 하지만 가는 데마다 동생이 따라다니고 자신을 흉내 내는 데 차츰 싫증을 느끼고, 잠시도 혼자 놀 시간을 갖지 못한다든지 제대로 쉴 수 없어 짜증이 난다. 게다가 동생의 호기심 어린 손가락과 욕심스런 손으로부터 자신의 공간을 지키려는 노력에 지치면서, 우쭐한 기분은 이내 짜증으로 변하게 된다. 손위 형제 노릇이란 정말이지 쉽지 않으며, 특히나 동생이 두 살일 때는, 아기 침대에 가두어 두기에는 나이가 많고 놀이 친구로 삼기에는 너무 어려 정말 힘들다.

당분간은 다음 내용을 참고해 누나는 좀 더 편하게, 동생은 더욱 만족스럽게 상황을 만들어 주자.

공감하며 귀를 기울인다 곤경에 처한 큰아이의 상황을 이해하고 공감한다는 걸 알려 주면, 그리고 아이가 불만을 털어놓고 싶을 때면 언제든 들어줄 준비가 되어 있다는 걸 알려 주면 아이가 죄의식을 느낄만한 요인을 제거하는 데 크게 도움이 될 것이다. 동생의 짜증 나는 행동에 화가 나는 건 괜찮다, 동생한테 화를 내도 부모는 큰아이에게 화를 내지 않겠다고 알려 준다. 부모 역시 동생이 사방을 어질러 놓아 자주 짜증이 난다고 말하고, 동시에 누군가를 아주 많이 사랑해도 그 사람의 행동에 짜증이 나거나 화가 날 수 있다는 사실도 강조한다. 큰아이가 토들러였을 때 어땠는지도 이야기해 준다. 큰아이가 책장의 책들을 전부 엎은 일, 화장실에 들어가 두루마리 휴지를 온통 풀어헤친 일, 슈퍼마켓 계산대에서 있는 대로 짜증을 내며 난리 쳤던 일을 들려준다. 아이는 이런 이야기들을 흥미롭게 들을 뿐 아니라 동생의 행동에 대해 새로운 시각으로 보게 될 것이다.

큰아이의 사생활을 보호한다 한집에 사는 사람들 누구도 원할 때마다 항상 사생활을 보장 받을 수는 없지만, 한집에 사는 사람 모두가 때로는 사생활을 보장 받을 권리가 있다. 동생이 잠을 자거나 부모나 다른 양육자와 함께 바쁘게 보내는 동안 큰아이에게 매일 아무런 방해를 받지 않는 혼자만의 시간을 갖게 해 주면, 큰아이는 나머지 시간에 동생을 더욱 잘 참아 줄 수 있을 것이다. 가끔씩 주말에 작은아이를 친척이나 친구 집에서 놀게 하면 큰아이 혼자 집과 부모를 독차지하며 즐겁게 지낼 수 있을 것이다.

큰아이의 소유물을 보호한다 큰아이는 '동생'이라고 불리는 콩알만 한 폭탄으로부터 자신의 장난감을 안전하게 지킬 권리가 있다. 큰아이를 위해, 그리고 작은아이를 위해, 큰아이의 소유물이 작은아이의 손에 닿지 않게 한다. 큰아이가 장난감을 다 가지고 놀았으면 안전한 장소에 치워 장난감을 보호하게 한다. 연령이 높은 아이들이 가지고 노는 많은 장난감들이 작은아이에게는 위험할 수 있다. 작은아이가 큰아이의 장난감에 손을 대면 야단을 치되, 누나 허락 없이는 누나의 장난감이나 크레파스, 인형 등을 가지고 놀 수 없다고 설명한다. 작은아이는 그저 그러고 싶어 그럴 뿐이다. 누나 역시 동생의 장난감을 가지고 놀려면 동생의 허락을 받아야 한다고 말해 준다. 한번 말해서 즉시 영향을 미치지는 않겠지만, 부모가 이렇게 말해 주면 큰아이의 기분이 한결 좋아질 것이다. 작은아이가 누나의 소유물에 손을 대려 할 때마다 작은아이의 행동을 금지시켜야 한다. 기왕이면 작은아이를 다른 방으로 데리고 가 작은아이의 소유물에 관심을 돌린다. 물론 큰아이가 자신의 장난감을 나눠 주려 하고 자신의 놀이에 동생을 참여시키겠다고 하면, 큰아이의 행동을 칭찬해 준다. 단, 장난감들은 토들러에게 안전한 것이어야 한다.

더 이상 취급하지 않는 것이라도 손대지 않게 한다
큰아이에게 더 이상 맞지 않는 소유물이 있더라도, 그것을 물려줄지 말지는 큰아이가 결정하게 한다. 큰아이의 허락 없이 큰아이의 물건을 아무렇게나 다루게 되면 틀림없이 악감정을 키우게 된다. 큰아이가 자기 소유물을 물려주기로 결심할 때는, 혹은 '아기 때' 가지고 놀던 장난감을 동생과 함께 가지고 놀기로 스스로 결정할 때는, 당연하게 여기기보다 아이의 관대한 마음을 알아봐 준다.

작은아이를 바쁘게 만든다 작은아이를 위해 놀이 모임을 만들어 작은아이가 또래 친구들과 바쁘게 지내게 하면, 큰아이가 느끼는 부담감을 어느 정도 덜어주는 데 도움이 된다. 물론 집에서 놀이 모임을 주최할 때는 큰아이가 다른 토들러들까지 감당하게 해서는 안 된다. 이럴 때는 큰아이를 다른 친구 집에서 놀게 하면 확실히 도움이 될 것이다.

입주 베이비시터가 되길 기대하지 않는다
큰아이에게 꼬박꼬박 동생과 놀아 주라고 요구하면, 혹은 큰아이가 친구들과 놀 때 동생도 데리고 놀라고 강요하면 분노가 쌓이기 마련이다. 물론 큰아이가 기특하게 동생과 놀아 준다면 칭찬해 주되 기대해서는 안 된다.

큰아이에게 '철이 들라고' 강요하지 않는다 때때로 부모들은 형제간의 평화를 유지하는 문제에 대해 유독 큰아이에게 지나치게 책임을 지운다. 누나니까 동생한테 양보해야 한다든지, 누나니까 더 철이 들어야 한다고 계속해서 큰아이를 압박하는 건 옳지 못하다. 단지 먼저 태어났다는 이유로 번번이 동생에게 권리를 양보하게 해서는 안 된다.

나이가 많은 장점을 잘 이용한다 대장이 될 수 있다면 큰아이는 동생과 함께하는 놀이가 무척 즐거울 것이다. 큰아이가 규칙을 정하고, 동생은 누나가 정한 규칙을 기꺼이 따르게 하면서 함께 놀 수 있도록 장려한다. '엄마 강아지, 아기 강아지 놀이', '선생님과 학생 놀이', '엄마와 아기 놀이', '의사와 환자 놀이'를 하게 한다. 물론 이런 놀이를 할 때 작은아이가 자신이 '대장' 역할을 하려 할 가능성이 있다. 이 경우 다음 질문을 참고한다.

부모가 형제간의 놀이에 지나치게 개입하지 않도록 한다. 일단 어느 정도 기준을 정해 주고 나면 아이들끼리 알아서 문제를 해결하게 한다.

주먹이 왔다 갔다 하거나 눈물 바람이 될 때에만 개입한다.

─── 언니는 동생을 예뻐하는데 동생은 아주 귀찮아해요

Q "여섯 살인 우리 딸은 토들러인 동생이 예뻐서 어쩔 줄 모르겠나 봐요. 하지만 작은아이는 언니가 다가오는 걸 아주 싫어한답니다. 아기 취급받는 게 싫고 그냥 자기 하고 싶은 대로 하게 내버려 두길 바라는 거죠. 물론 우리 큰아이는 무척 속상해 하고요."

A 취학 전 아이들과 학령기 아이들은 어린 동생을 장난감, 다시 말해 저절로 움직이는 살아 있는 인형이라고 생각한다. 그러나 애석하게도 이 '인형'은 나름의 의지가 있어, 큰아이들이 이 인형을 놀이에 참여시키려는 계획에 순순히 응하려 하지 않는다. 큰아이가 부모 대신 돌보려 해도 작은아이는 고분고분 받아들이지 않는다. 독립을 위해 싸우고 있는 토들러들은 가뜩이나 부모의 지배하에 사는 것도 힘든데, 또 다른 사람이 대장 노릇을 하려 드니 영 마음에 들지 않는 것이다.

<u>언니의 장난감이 되고 싶지 않은 동생의 마음을 큰아이에게 최대한 요령껏 설명한다. 큰아이가 동생 나이 때 찍은 사진을 보여 주고, 부모의 기억을 더듬어 큰아이도 어릴 때 독립적으로 행동하길 얼마나 원했는지 한두 가지 일화를 들려준다.</u> 동생한테 엄마, 의사, 선생님, 대장 역할을 맡게 해 주면 언니하고 노는 걸 좋아할지 모른다고 설명한다. 그리고 동생의 자율성을 위협하지 않고 커다란 종이에 벽화 그리기, 클레이 가지고 놀기, 콜라주 만들기, 블록 쌓기 같은 둘이 협력하며 놀 수 있는 활동을 제안한다. 큰아이가 책을 읽을 줄 알면 동생에게 실력을 발휘하게 하면서 둘 다 즐겁게 시간을 보낼 수 있을 것이다.

그리고 큰아이에게 아직 자기 소유의 아기 인형이 없다면, 돌봐 줄 아기 인형을 주면 돌보고 싶은 갈망을 충족시킬 수 있다.

─── 형제간의 몸싸움

Q "우리는 두 살 터울 아들이 둘 있습니다. 둘이 클수록 친하게 지낼 줄 알았는데, 만날 싸움만 하는 것 같아요."

A 터울이 적다고 싸움이 아예 차단되지는 않으며, 오히려 더 잘 싸울 수도 있다. 어쨌든 나이 터울이 적으면 서로 부딪치는 일도 더 많고, 서로에게 경쟁의식도 더 많이 느끼기 때문에 결과적으로 싸움이 잦기 마련이다. 그러나 어느 정도 형제간의 갈등은 나이 터울과 관계없이 불가피한 부분이다. 유독 잘 싸우는 형제가 있는 반면, 아주 가끔 싸우는 형제도 있다. 그리고 가끔은 분위기가 꽤나 험악해질지 몰라도, 싸우며 자란 형제들은 몸을 부딪치며 싸우는 과정에서 체력도 기르고, 갈등도 해결하며, 사회적 기술도 터득하고, 다른 사람들과 어울리는 법도 배우는 등, 현실 세계에서 살기 위한 준비를 한다.

<u>형제간의 싸움은 논쟁을 해결하는 법을 배우는 안전한 방법이다. 아무리 상대방에게 화가 나도 형제는 형제로 남기 때문에 논쟁으로 인해 관계가 끝날지 모른다는 걱정을 할 필요가 없다.</u> 형제간의 싸움은 상황을 극복하게 해 주기도 한다. 놀이

모임에서 다른 아이와 다툰 경우, 문제를 해결하지 못하면 그 자리를 박차고 나올 수 있지만 집을 나올 수는 없으니 말이다. 때로는 험악하게 싸울 때도 있는데, 그럴 때는 당사자들끼리 협상을 하든 양보를 하든, 종종 그렇듯이 주먹을 사용하든 알아서 다툼을 해결해야 한다.

아이들이 어릴수록, 특히 형제 가운데 한 명이 토들러일 때는 몸으로 싸우는 일이 잦다. 어쨌든 토들러는 아직 갈등을 말로 해결할 능력을 갖추지 못했기 때문이다. 토들러인 동생은 기술과 관심이 덜 발달했기 때문에, 큰아이에 비해 무능하고 무력하다는 느낌을 갖게 되어 일단 몸으로 덤비려는 충동이 생긴다. 큰아이 역시 동생과의 이 같은 기술 격차를 답답해 하면서 짜증을 내다가 마침내 주먹이 나갈 수 있다. 뿐만 아니라 토들러들은 생각하고 행동하는 법이 없어, 이런 부주의한 행동이 큰아이를 몹시 짜증 나게 만들 수 있다. 형이 블록으로 멋지게 만든 성을 동생이 아무 생각 없이 지나가다 망가뜨리는 바람에 형은 하루 종일 다시 성을 쌓아야 하는 것처럼.

그러나 형제간의 불화를 정상적이고 당연한 것으로 보는 한편, 다음과 같은 외교적 전략을 이용해 사소한 다툼이 큰 싸움으로 번지지 않도록 한다.

편애하지 않는다 <u>아이들을 서로 비교하거나 한 아이를 편들면, 분노가 커지고 싸움이 격렬해질 뿐이며 어쩌면 평생 관계가 나빠질 수 있다.</u>

재혼 가정의 형제들

대부분의 토들러들은 전통적인 방식으로 형제를 갖게 되는 데 반해, 오늘날 '복합 가족'을 통해 형제를 갖게 되는 아이들이 점점 늘고 있다. 영화와 텔레비전에서 그리는 재혼 가족은 비교적 쉽게, 때로는 약간 엉뚱하게 두 가족이 합쳐지지만, 실상은 그렇지 않다. 새로운 사람을 알아가고 서로 잘 지내기란 무척 어려운 일인데, 더구나 새로운 사람들과 함께 아침 식탁에서, 욕실에서, 거실에서, 마당에서 항상 부딪쳐 가며 생활한다는 건 이만저만 힘든 일이 아니다.

아이가 연령이 높을 때보다는 토들러 시기에 재혼 가정을 꾸리면 여러 가지 면에서 확실히 장점이 있는 것 같다. 첫째, 아이가 적응할 수 있는 기간이 길어 결국 평범한 가정으로 받아들이게 된다.

둘째, 아이의 나이가 어릴수록 훨씬 적응을 잘 한다.
셋째, 연령이 높은 아동의 생활보다 토들러의 생활이 덜 복잡하다. 물론 두 가족이 합치게 되면 토들러들 역시 바뀐 가족의 역학 구조에 대처해야 하지만, 학령기 아동처럼 또래 아이를 받아들여야 한다는 불안감을 해결해야 한다든지, 십대 아이처럼 격렬한 호르몬 작용을 해결해야 할 필요는 없다.
그러나 두 가족이 합해질 때 일어날 수 있는 변화들이 토들러에게 큰 타격을 줄 수 있다. 그러므로 아이가 적응하려 애쓰는 동안 최대한 아이의 생활을 일관되게 유지하는 것이 중요하다. 취침 전 일과, 목욕 시간, 아침 식사 등 예측 가능한 작은 일들을 지속적으로 유지하는 것이 아이를 안심시키는 측면에서 대단히 중요하다. 마찬가지로 부모와 단둘이 보내는 시간도 중요한데, 새 가족이 생기더라도 부모를 잃지는 않는다는 사실을 확인시켜 줄 수 있다.

아무리 노력을 해도, 전통적인 가족에서와 마찬가지로 재혼 가정에서도 형제들 간의 대립이 격렬하고 형제들끼리 자주 말다툼이 오갈 것이다. 가족이 합쳐지면서 동생이 생긴 토들러는 전통적인 방식으로 동생이 생긴 토들러와 많은 면에서 똑같은 감정을 경험할 테고(질투, 분노, 모순적인 감정), 많은 면에서 퇴행과 반항 같은 똑같은 행동이 드러날 것이다. 이런 모든 양태들은 전통적인 가정에서 다루는 방식과 똑같은 방식으로 해결할 수 있다. 물론 재혼 가정만의 특별한 도움이 필요한 특수한 문제들도 있다.

부모의 편애를 받지 못한 아이는 부정적인 자아상을 갖게 되고, 형제에게 질투를 느낄 가능성이 높다. 또한 부모보다는 형제와 싸우는 것이 더 '안전하다'고 생각되면, 사실상 부모에게 화가 나면서도 형제에게 분노를 표출할 수 있다. 부모의 편애를 받는 아이의 경우, '최고'가 되어야 하고 부모의 지나친 기대에 부응해야 한다는 부담감으로 대체로 실패를 두려워하게 된다. 그리고 궁극적으로 시도를 두려워하게 된다. 따라서 결국 어느 쪽도 이로울 수 없다.

그러므로 의식적으로든 무의식적으로든 아이들의 경쟁의식을 강화시켜서는 안 된다. 예를 들어 아이들 가운데 한 명이 부모의 부정적인 모습과 너무 닮았다든지, 반대로 부모와 너무 다르다는 이유로 아이를 못마땅하게 여기지 않도록 한다.

경쟁의식을 덜어 준다 아이들을 비교하지 않는다(799쪽 참조). 비교는 경쟁심을 부추긴다. 시간, 지지, 사랑, 물질 등의 면에서 각각의 아이가 필요로 하는 것을 제공해 주어 아이들이 부모의 사랑과 관심을 얻기 위해 경쟁하려는 충동을 잠재운다. 또한 아이들을 공정하게 대한다는 건 무엇이든 똑같은 걸 제공하는 것이 아님을 기억하자(783쪽 참조).

모범을 보인다 배우자와의 관계는 아이들에게 형제들과 다른 사람들과의 상호작용에 중요한 모범이 된다. 부부가 대체로 서로를 존중하고 인내하며 사랑하고 서로에게 마음을 쓰고 너그럽게 대하면, 서로를 비난하거나 지나치게 비판하거나 부담을 주지 않으려 노력하면, 서로 협동하고 양보하면, 사랑하는 사람들과 잘 지내는 법에 대한 소중한 가르침을 아이들에게 전달하게 된다. 여기에서 그쳐서는 안 된다. 친구와 다른 가족들과의 관계에서도 모범을 보인다.

스트레스를 최소화한다 스트레스의 원인이 무엇이든 아이들이 집에서 지나치게 스트레스를 받으면 형제들끼리는 물론이고 사방에서 그 영향이 드러나게 된다.

올바른 방법으로 싸운다 배우자를 아무리 사랑하고 존중해도 항상 완벽하게 화목한 모습으로만 살 수는 없다. 모든 부부가 한 번씩 다투기도 하고, 그래도 괜찮다. 하지만 아이들이 보는 앞에서 서로를 멸시하면서 추잡하게 다투는 일은 삼가야 한다. 부모가 추잡하게 싸우는 모습을 아이들이 매일 지켜본다면, 자기들끼리 의견 충돌이 일어날 때 똑같은 방식으로 해결할 가능성이 매우 높다. 그러나 부모가 서로에게 욕을 하거나, 주먹을 휘두르거나, 방문을 쾅쾅 닫는 등의 행동을 보이지 않고 단지 문제에 대해 언쟁을 벌인다면, 결국에는 아이들도 성숙한 방식으로 형제간의 갈등은 물론 다른 사람들과의 갈등을 해결하는 법을 배울 가능성이 높다.

존중한다 아이들이 서로를 대하길 바라는 방식대로 아이들을 대한다. 부모에게 배려를 받는 아이들, 소유물과 사생활을 존중 받는 아이들은 형제는 물론 다른 사람들에게 예의 바른 모습을 보일 가능성이 높다. 반면에 끊임없이 트집 잡히고 비난을 받는 아이들은 형제들에게 비난을 가하고 까다롭게 대하기 쉽다. 그리고 부모에게 체벌을 당하는 아이들은 형제들에게 일상적으로 완력을 사용할 가능성이 높다.

아이들의 감정을 인정하되…… 아무리 사랑한다 해도 형제나 부모처럼 항상 가까이에 있는 사람과 잘 지내기란 어려운 일임을 인정한다. 형제와 의견이 다르고, 형제에게 화가 나고, 때로는 너무 화가 나서 싫거나 밉다는 생각마저 드는 건 얼마든지 그럴 수 있는 일이라고 말해 준다. 객관적인 관점으로 아이의 마음에 공감하며, 모든 불만과 감정을 귀담아 들어준다. 아이들이 부풀려 이야기하거나 불합리한 이야기를 하더라도 말이다. 말이나 그림을 통해 부정적인 감정을 표현하는 걸 말리지 않는다. "오빠는 바보 멍청이야!", "이 그림은 나쁜 내 동생을 그린 거야."처럼. 판단하지 않고 귀담아 들어주면, 아이는 형제에 대한 악감정뿐 아니라 형제에게 화가 난 데 대해 부모가 자신에게 화를 낼까 봐 두려운 마음도 덜어질 것이다.

……용납할 수 없는 행동은 인정하지 않는다
때리거나 깨물거나 발로 차는 등, 형제든 다른 이에게든 물리적인 공격을 가하는 건 용납할 수 없다는 걸 분명히 알린다. 주먹 대신 말과 이성으로 해결하려고 노력하면 상황을 더욱 효과적으로 해결할 수 있다는 걸 반복해서 상기시킨다.

죄의식을 심어 주지 않는다 "어떻게 동생하고 싸울 수가 있니?"라는 말로 아이를 나무라면 아이의 분한 감정이 사라지기는커녕 실제로 더 강화될 것이다.

아이와 동질감을 갖는다 부모가 어릴 때 형제들과 자주 싸운 경험을 들려준다. 특히 지금은 형제들과 사이좋게 잘 지낸다면 더욱 효과가 클 것이다.

아이들의 입장을 이해한다 아이들은 각자 자신이 형제간의 관계에서 불리한 입장에 있다고 생각한다. 큰아이는 큰아이대로 적어도 자기가 볼 때는 어른들이 동생한테는 아무것도 요구하지 않으면서 자기한테는 벌써부터 '어른'처럼 행동하고 늘 양보하라고 요구한다고 불만이다. 동생은 동생대로 아직 몸의 움직임이 조화롭지 못하고, 몸집도 더 작고, 말도 잘 못하며, 경쟁하기에 역부족이라고 불만이다. 자신이 불리하다고 생각하는 사람은 누구나 그렇듯이, 형이나 동생이나 모두 힘든 상황에 부딪치면 좌절감을 느끼고 화가 나며 감정이 격해진다.

이럴 때 부모가 어떻게 하면 좋을까? 형제간의 관계에서 큰아이에게 어른처럼 행동하길 기대하는 건 부당한 일임을 인식하고, 손위 형제로서 책임감과 더불어 혜택도 듬뿍 제공해야 한다. 큰아이에게 자신을 귀찮게 하는 동생을 다루도록 도와줄 방법은 785쪽을 참조한다. 그리고 작은아이가 기술을 향상하고 감정을 말로 표현할 수 있도록 도와준다. "네가 트럭을 가지고 노는데 형이 빼앗아 가서 화났니?", "형한테 트럭 돌려달라고 부탁해 보렴."과 같이 성숙한 방법으로 대처하면 문제를 더욱 잘 해결할 수 있다는 걸 알려 준다.

행동의 한계를 정하고 실행으로 옮긴다 때리지 마라, 깨물지 마라, 밀지 마라, 붙잡지 마라, 다른 사람 장난감을 가지고 놀려면 먼저 허락을 구해라 등 어떤 기본 원칙을 세우든, 형제들 모두에게 분명하게 알리고 일관되게 실천해야 한다. 그러다 보면 마침내 아이들이 규칙을 지키게 될 것이다. 큰아이에게는 보다 엄격한 규칙을 적용해야 하겠지만, 그렇더라도 정당하고 지킬 수 있는 규칙이어야 한다. 훈육과 한계 설정에 대한 요령은 56쪽을 참조한다.

서둘러 중재하지 않되…… 아이들이 한창 다투고 있을 때는 아이들을 잘 감독하는 것이 중요하지만, 곧 육탄전이 벌어진다든지 물건이 망가지기 직전이거나 이미 그런 상황이 벌어진 게 아니라면 개입하지 않는다. 가능하면 아이들끼리 알아서 충돌을 해결하게 하는 것이 가장 좋다.

……필요할 때는 중재해야 한다 아이들 스스로 문제를 해결하거나 서로 타협해 갈등을 해결하게 한다. 아이들이 스스로 해결안을 내놓지 못하는 것 같다면, 해결 방법을 생각할 수 있도록 돕는다. 아이들이 특정한 물건을 놓고 다툰다면 시간을 정해 교대로 사용하는 등 타협안을 제시한다. 아이들끼리 효과적인 해결책을 제시했다면 칭찬해 준다.

부모가 아무리 중재를 해도 평화롭게 해결되지 못한다면, 아주 사무적인 태도로 갈등의 원인을 제거해 상황을 종료시키도록 한다. 관련 대상을 없앤 후 아이들 각자에게 타임아웃제를 시행해 분위기를 진정시킨다.

판단하지 않는다 결투를 벌이고 있는 형제들 사이에 개입할 때는 잘잘못을 따지지 않도록 주의한다. 어쨌든 부모는 정확히 누가 잘못했는지 제대로 알지 못할 때가 많다. 괜히 잘잘못을 따지다간 오히려 갈등만 깊어질 뿐이다. 아주 명백한 경우가 아니라면 최대한 공정한 태도를 유지한다.

잘한 행동을 강화한다 싸움이 벌어진 후에야 아이들 일에 관심을 기울이지 않도록 한다. 싸움은 부모의 관심을 얻을 수 있는 가장 확실한 방법이다. 물리적인 충돌로 바뀔 때만 빼고, 이런 식의 부정적인 행동에는 최소한의 신경만 쓰도록 하자. 그리고 형제간의 긍정적인 상호작용을 강화한다. 아이들이 사이좋게 놀거나 서로 협동하거나 나누는 모습을 보일 때는 관심을 보이고 칭찬한다. 아이들이 협력하는 모습을 보이면 재빨리 알은체를 한다.

그리고 용기를 내자. 어릴 때 그렇게 자주 싸워도 어른이 됐을 때 형제간의 우애가 위태로워지는 것 같지는 않다. 사이좋게 잘 지내는 형제들 못지않게 잘 싸우는 형제들도 자라고 나면 친구처럼 가까워진다. 그리고 의견 차이를 말로 협상할 줄 알게 되면 돈독하게 지낼 가능성이 훨씬 높아질 것이다.

── 두 아이의 취침 시간

Q "우리 딸은 네 살이고, 아들은 두 살 반이에요. 딸이 더 크니까 나중에 재워야 할까요, 아니면 둘이 같은 시간에 재워야 할까요?"

A 대부분의 가정에서 형제들이 터울이 적으면 동시에 재우는 것이 더 바람직하다. 첫째, 이렇게 하면 시간이 절약된다. 목욕을 시키고, 잠옷을 갈아입히고, 잠자리에 들기 전에 가볍게 간식과 음료를 먹이고, 이를 닦아 주고, 안아 주고, 책을 읽어 주고, 침대에 눕히는 등, 취침 전 일과는 시간이 많이 소모될 수 있다. 한 아이를 재우는 것보다는 두 아이를 재울 때 시간이 조금 더 걸린다. 특히 둘이 같이 목욕을 하지 않거나 책을 따로 읽어 주어야 하는 경우 아이들을 각각 재우는 것, 특히 부모 두 사람이 아이 한 명씩 맡아

재우는 것이 확실히 빨리 아이를 재울 수 있다. 둘째, 큰아이에게 나중에 자도 좋다고 '특혜'를 주게 되면, 잠을 자는 건 벌을 받는 것이라는 메시지를 두 아이 모두에게 은연중에 심어 줄 수 있다. 뿐만 아니라 형제간에 불필요한 경쟁 심리를 부추길 수 있다. "누나만 늦게 자는 덕분에 엄마, 아빠하고 더 오래 같이 시간을 보내는구나. 누나만 늦게 자게 하고, 엄마, 아빠는 누나를 더 사랑하는 게 틀림없어."처럼. 게다가 두 아이를 동시에 잠자리에 들게 하면 저녁에 '어른들끼리' 보낼 시간이 더 많아진다. 유치원에 다닐 무렵이면 마침내 낮잠을 건너뛰는 날이 많아지는데, 덕분에 큰아이는 밤에 토들러만큼 오랜 시간 잠을 자야 한다.

<u>아이들을 같은 시간에 재우는 경우, 아이들 각자 형제 없이 부모와 단둘만의 특별한 시간을 매일 가져야 한다. 취침 시간이 같다고 해서 취침 전에 하는 모든 행위들까지 똑같이 이루어져야 한다는 의미는 아니다.</u>

부모 한 사람이 자주 혹은 늘 취침 전 일과를 혼자서 다 챙겨야 하는 경우 두 아이를 동시에 재우는 일이 상당히 부담스러울 수 있다. 그러나 아이들이 잠을 잔 후 더 많은 시간을 홀가분하게 보낼 수 있으므로, 취침 전 일과를 위해 잠시 정신없는 상황이 벌어지더라도 그만한 가치가 있다.

큰아이가 동생과 같은 시간에 잠이 오지 않는다면, 일단 둘이 동시에 취침 전 일과를 마친 다음 큰아이는 눈이 감길 때까지 책을 보거나 침대에서 조용히 놀게 한다. 둘이 침실을 같이 쓰는 경우 침대에 클립으로 고정시키는 램프를 달아 조명을 어둠침침하게 한다.

물론 형제간에 나이 차이가 몇 살 이상 나는 경우에는 취침 시간이 서로 다를 수밖에 없다. 아홉 살이나 열 살인 큰아이에게 토들러인 작은 아이와 같은 시간에 잠을 자게 할 수는 없다. 하지만 큰아이가 이 정도로 연령이 높으면 대체로 어린아이만큼 오래 잘 필요도 없고 복잡한 취침 전 일과를 실행하지 않아도 된다. 그리고 목욕, 잠옷 갈아입기, 이 닦기 같은 대부분의 취침 전 일과를 혼자 할 수 있게 해야 한다.

── 형제들 사이의 장난감 안전

Q "조심하려고 애를 쓰지만, 16개월인 딸이 제 오빠 장난감의 작은 부품들을 자꾸만 입에 넣으려고 해서 여간 불안한 게 아닙니다."

A 아이가 혼자라면, 잠재적으로 안전하지 않은 장난감들을 집에 들여놓지 않거나 가까이 하지 못하게 하면 그만이다. 하지만 큰아이가 있는 경우, 토들러인 작은아이에게 장난감 상자에 가까이 가지 못하게 하기란 쉽지 않은 일이다. 그렇다고 작은아이가 가지고 놀면 위험하다는 이유로 큰아이가 잘 가지고 노는 장난감을 없앨 수는 없는 노릇이다. 아이의 폭동을 피하고 싶다면 적어도 이 방법은 효과가 없다.

다음 조치를 취하면 토들러인 작은아이를 보호할 수 있을 것이다.

✱ **큰아이에게 도움을 청한다** <u>'큰 아이들용 장난감'은 동생처럼 어린아이들에게 위험하다고 설명한다. 질식할 정도로 작은 장난감</u>(초크 튜브 테스트를 이용하는 방법을 가르쳐 줄 수도 있다, 705쪽 참조), 큰 장난감에서 분리된 부품을 삼킬 수 있는 장난감, 호기심 많은 동생이 손에 움켜쥘 수

있는 장난감 종류를 큰아이에게 알려 준다. 그런 다음 안전하지 않은 장난감 부품에 주의하고, 그러한 부품들을 안전한 곳에 보관할 임무를 아이에게 맡긴다. 또한 <u>장난감을 꺼내거나 집어넣은 후에는 반드시 장난감 상자와 보관장을 꼭꼭 잠그도록 가르친다.</u> 이런 내용들은 모두 토들러를 안전하게 지킬 뿐 아니라 큰아이가 보다 책임감을 갖고 자신의 소유를 돌보게 하는 데 도움이 된다.

✱ **안전하지 않은 장난감을 토들러의 손이 닿지 않는 곳에 보관한다** 토들러인 동생이 큰아이가 갈 수 있는 곳이라면 어디든 갈 수 있다면, 잠재적으로 위험한 장난감은 부모의 손이 닿는 장소에만 보관하고 큰아이가 가지고 놀고 싶을 때 꺼내 달라고 부탁하게 한다. 이런 장난감들 가운데 일부는 토들러가 열기 힘든 용기에 보관한다. 필요하면 큰아이가 매번 부모에게 부탁할 수 있다. 장난감이 캐비닛 아래쪽에 보관되어 있다면, 안전 잠금장치를 이용하고 큰아이에게 열고 잠그는 방법을 알려 준다. 토들러의 손이 닿지 않는 위치에 갈고리와 구멍 고리를 설치하는 경우, 보관장에 보관한 장난감에 접근하는 시간을 늦출 수는 있지만, 아이가 의자나 상자를 끌어다 그 위에 올라설 줄 알게 되면 더 이상 안전하지 않을 것이다. 큰아이 방에 출입을 제한하기 위해 안전문을 설치하는 것 역시 도움이 되겠지만, 이 경우에도 작은아이가 안전 문 위로 기어 올라가기 전까지만 이용이 가능하다.

✱ **안전하지 않은 장난감은 눈에 보이지 않는 곳에 보관한다** 토들러의 눈에 띄지 않는 보관장 높은 곳에 장난감을 보관해야 아이가 보관장 위에 기어 올라갈 생각을 하지 않을 것이다. 장난감을 보관장이나 불투명한 상자 안에 넣고 잠그면 아이가 관심을 덜 갖게 된다.

✱ **작은아이가 있는 방에서 큰아이가 안전하지 않은 장난감을 가지고 놀 때는 작은아이가 몰두할 수 있는 활동을 시도한다** <u>큰아이가 자기 방에서 혼자 노는 걸 더 좋아한다면 그렇게 하게 한다. 큰아이가 더 이상 부모의 감독이 필요 없는 연령이라면 문을 닫아도 괜찮다.</u> 그렇지 않다면 안전 문을 설치해 토들러인 동생이 밖에서 노는 동안 큰아이의 행동을 감독한다.

✱ **방심하지 않는다** 잠재적으로 위험할 수 있는 장난감에 토들러가 손대지 못하게 온 가족이 아무리 주의를 기울인다 해도, 한입 크기의 장난감 부품이 소파 밑에 숨어 있으면 못 보고 넘어가기 쉽고, 작은 블록 조각이 침대 뒤로 넘어가면 까맣게 잊어버리기 십상이다. 그러므로 <u>토들러가 물건을 손에 들고 입으로 가져가는 동작을 보이지 않는지, 아무것도 먹은 게 없는데 무언가를 씹는 모양을 보이지 않는지 항상 주의 깊게 지켜보아야 한다.</u> 특히 큰아이가 작은 장난감을 가지고 놀 때 더욱 주의한다. 그리고 질식할 경우에 대비해 응급처치 방법을 알고 있어야 한다(739쪽 참조).

둘째 아이에게 관심을 많이 못 줘요

Q "둘째 아이에게 첫애 때만큼 관심을 많이 주지 못하는 것 같아서 몹시 죄책감이 느껴져요. 물론 둘째 아이는 별로 신경 쓰는 것 같지 않지만 우리가 너무 신경이 쓰입니다."

A 거의 모든 가정에서 있는 일이다. 첫 아이를 임신했을 때는 떠들썩하게 파티를 열어 사랑스런

아이가 태어날 것을 예고하고, 아이가 태어난 후에는 아이가 처음 목욕한 날, 아이가 두 번째 목욕한 날, 아이가 세 번째 목욕한 날……처럼 엄청난 양의 사진을 찍고 공들여 꼬박꼬박 육아일기를 썼다. "오늘 처음으로 아기 목욕을 시켰다.", "오늘은 두 번째로 아기 목욕을 시켰다.", "오늘은 우리 아기가 세 번째로 목욕을 한 날이다."……처럼 아이의 일거수일투족을 기록으로 남겼다. 둘째 아이의 출생 역시 어느 집이고 비슷하다. 간절히 바라고 기쁘게 받아들이지 않아서가 아니라, 대대적인 축하를 하고 일일이 기록을 남기기에는 시간도 에너지도 바닥이 나버렸기 때문이다. 그리고 새 식구가 생긴다는 흥분도 사라진 지 오래다.

하지만 거의 모든 둘째들, 그리고 셋째, 넷째, 다섯째들 입장에서는 이처럼 한풀 꺾인 관심이 결과적으로 득이 된다. 둘째들은 2류가 된 기분으로 성장하기는커녕, 아무 탈 없이 무럭무럭 잘 자라는 것 같다. 부모의 관심이 지나치게 집중되지 않기 때문에 더 많은 것을 갈망하지도 않고 덕분에 어떤 일이든 잘 해낼 수 있다.

<u>아이들은 각자 출생 순서와 관계없이 필요로 하는 관심의 양과 방식이 완전히 다르고, 욕구 또한 시간이 지나면서 달라진다는 사실도 기억하자. 첫째에게 쏟는 사랑만큼 둘째에게도 사랑을 쏟고, 아이들이 필요로 하는 관심을 거부하지 않으며, 각각의 아이들과 단둘이 보내는 특별한 시간을 마련한다면, 첫째 아이든 둘째 아이든 부모의 관심과 애정을 부족하게 여기지 않을 것이다.</u>

━━ 같은 방 사용하기

Q "우리 막내는 이제 일반 침대를 사용할 만큼 자랐어요. 지금까지는 우리하고 안방에서 같이 잤는데, 이제 일곱 살 된 형하고 같은 방을 쓰게 하려고 합니다. 그런데 큰아이가 아주 싫어하는군요. '아기'하고 같은 방을 쓰고 싶지 않다는 거죠."

A 혼자 방을 써온 사람이 둘이 한방을 쓰려고 하면 무척 답답하게 느껴질 것이다. 특히 새로 들어올 룸메이트가 어린 동생이라면 더더욱. 그렇다고 혼자 지내고 싶다는 큰아이의 바람을 충족시키자고 이사를 갈 수도 없고 방을 하나 더 만들 수도 없는 노릇이므로, 이런 변화에 대해 큰아이를 잘 설득해야 할 것이다. 다음 내용을 참고하자.

* **큰아이가 꺼려하는 마음을 이해한다**
"이제부터 동생이 그 방에서 잘 테니까 그런 줄 알아!"라고 독단적으로 처리해 놓고 큰아이의 불만을 무시한다든지, "형이 돼가지고 동생하고 한방을 쓰는 게 그렇게 싫어서야 어떻게 제대로 형 노릇 하겠니?"라며 죄책감을 갖게 하지 말고, <u>큰아이가 솔직한 감정을 털어놓을 수 있도록 장려한다. 속상한 마음은 이해하지만 동생과 한방을 사용하는 수밖에 없다고 설명한다.</u> 부모가 어렸을 때 형제와 '같은 방'을 사용해야 했던 경험이 있다면 부모의 경험을 아이와 함께 나누고 혼란스러웠던 감정에 대해 이야기한다. 부모가 최선을 다해 큰아이의 공간과 물건을 지켜 줄 거다, 동생과 한방을 쓴다고 해서 뭐든지 같이 사용해야 할 필요는 없다고 안심시킨다.

* **아이의 방을 분리한다** <u>자기만의 방은 더 이상 소유할 수 없지만 자기만의 공간은 가질 수 있을 것이다.</u> 바닥에 고정시키는 어린이 안전

난간(674쪽 참조) 같은 칸막이를 이용해 놀이 공간과 잠자는 공간을 분리하면 곧 닥칠 변화에 대해 큰아이가 덜 불안하게 여기는 데 도움이 된다. 큰아이의 공간은 큰아이가 직접 꾸미게 해서 자기 공간임을 분명하게 표시하게 해도 도움이 된다. 동생이 건드리지 못하게 큰아이의 장난감을 안전하게 보관할 수 있도록 충분한 공간을 마련해 주어야 한다. 그래야 아이의 장난감뿐 아니라 동생의 안전을 보호할 수 있다.

* **때때로 큰아이 혼자 방을 차지하게 한다** 가끔은 작은아이가 다른 방에서 시간을 보내는 동안 큰아이 혼자 방에서 놀게 한다. 혹은 놀이 모임에 참여해 낮에 작은아이를 다른 집에서 놀게 하고 큰아이는 친구와 집에서 놀게 하거나 그 반대 방법을 이용한다.

* **한방을 사용하는 장점을 좋게 말해 준다** 밤에도 같이 있을 수 있고, 잠자리에 들기 전에 동생과 이야기를 나눌 수도 있으며, 동생과 방 정리도 함께할 수 있다. 그러나 몇 년 이상 계속해서 한방을 사용하게 될 경우에만 이 방법을 이용한다. 그렇지 않으면 이사를 해서 각자 자기 방을 사용할 수 있게 될 때 싫다고 반항할지 모른다. "혼자 자기 싫단 말이야!"

동생을 너무 예뻐만 하니 오히려 걱정됩니다

Q "3주 전, 둘째를 출산해 집에 데리고 온 후부터 지금까지 큰아이는 믿을 수 없을 정도로 착하게 잘 참아 주고 있어요. 혹시 큰아이가 속마음을 억누르고 있는 건 아닐까요? 이러다 조만간 크게 불만을 터뜨리는 게 아닐지 걱정돼요."

A 모든 아이는 저마다 다른 만큼 동생에 대한 반응도 제각각 다르다. 동생이 생겼을 때 퇴행, 질투, 동생과 부모에 대한 분노 등과 같은 일반 토들러들의 반응도 정상이지만, 덜 일반적인 반응 역시 정상이다.

<u>지금 큰아이가 새 식구에게 잘 적응한다고 해서 반드시 분노를 꾹 참았다가 나중에 분출하는 건 아니다. 큰아이는 누나라는 새로운 역할을 즐기고 있는지도 모르고, 특히 부모가 아기를 돌보는 일에 큰아이를 참여시켰다면 그럴 가능성이 높다.</u> 그리고 부모가 큰아이에 대한 사랑이 변함없다는 걸 잘 표현해 주고 있다면 동생 때문에 자신이 무시를 당하고 있다는 느낌을 갖지 않을 수도 있다. 그러나 아기가 성가신 존재가 될 만큼 자랄 때는(784쪽 참조) 큰아이의 마음이 달라질 수 있다는 걸 염두에 두는 것이 좋겠다.

한편 부모의 걱정도 충분히 일리가 있으며, 사실상 큰아이가 솔직한 감정을 억누르고 있을 가능성을 배제할 수 없다. 일부 어린아이들 가운데에는 동생에 대한 부정적인 감정을 표현하면 부모의 사랑을 잃을까 봐 두려워하는 아이들도 있고, 감정을 해소하도록 수시로 부추기지 않으면 폭발해 버리는 아이들도 있다. 즉석에서 이야기를 나누면 아이가 괴로워하는 점을 허심탄회하게 말할 수 있을 것이다. 아이가 먼저 말을 꺼내지 않는다면 부모가 직접 문제를 이야기한다. "언니가 되니 기분이 어떠니? 집에 아기가 있으니 좋니? 불편한 점은 없니?" 아기가 오후 내내 울거나, 끊임없이 기저귀를 갈아 주고 젖을 물려야 할 때, 부모의 모순적인 감정에 대해 솔직하게 이야기한다. "아기가 사랑스럽긴 하지만 가끔은 울음소리를 듣는 게 정말 싫단다.", "아기들은 보살펴야 할 일이 너무 많아!" 큰아이의

감정 표현이 썩 긍정적이지 않다면, "네 마음을 이해한다, 속상하고 화난 심정을 표현해도 아무도 네게 화내지 않을 거다."라고 말해 아이를 안심시킨다. 큰아이가 퇴행을 시작한다면 마찬가지로 참고 이해해 준다.(다음 질문 참조) 퇴행은 일찍 나타날 수도 있고, 아기가 큰아이의 생활을 침해한 데 대한 지연반응으로 늦게 나타날 수도 있다. 대소변 사고를 일으킨다든지, 아기 같은 말투로 말한다든지, 모유나 우유를 달라고 조른다든지, 엄지손가락을 다시 빨기 시작하는 등의 모습을 보일 수 있다. 모두가 더 이상 부모에게 특별한 존재가 아니라는 큰아이의 상실감에서 오는 지극히 자연스러운 반응이다.

간혹 큰아이는 한때 자신이 독차지했지만 이제는 경쟁을 해야 차지할 수 있는, 간절히 바라는 부모의 관심을 '완벽한' 행동을 통해 얻으려 한다. 이런 상황에서 가장 큰 위험은 기쁨에 들뜬 부모들이 큰아이가 발달 면에서나 심적으로나 아직 감당할 준비가 되기 훨씬 전부터 온갖 책임을 떠맡기기 시작하는 것이다. "기저귀 좀 가져다주렴.", "엄마가 아기 젖 먹이는 동안 혼자 놀고 있으렴.", "아기가 떨어지지 않게 침대 옆에 서 있으렴." 등등. 아이가 기대에 부응하지 못하면 부모의 인정을 받지 못한다. 이 과정에서 아이의 자존감이 약해지는 건 물론이고, 당연히 동생에 대한 분노의 감정이 쌓여간다.

아이가 불만을 폭발한 후에야 아이의 마음을 달래려 하지 않는다. 부모의 관심을 갈망하는 모습을 보이지 않더라도 자주 충분히 관심을 주어야 한다. <u>큰아이가 원하지 않아도 아기 없이 큰아이와 단둘이 시간을 보내고, 아이의 속 깊은 마음과 착한 행동을 당연하게 여기거나 기대하기보다 듬뿍 칭찬해 주며, 언제나 부모에게</u> <u>특별한 존재이고 아무도 그 자리를 대신할 수 없다는 걸 알려 준다.</u>

── 큰아이의 퇴행

Q "이제 곧 세 살이 되는 우리 아들은 동생이 태어난 후로 매달리고 짜증을 내는 일이 많아졌어요. 뿐만 아니라 젖을 먹겠다고 하질 않나, 기저귀를 채워달라고 하질 않나 정말이지 아기보다 더 아기 짓을 하려고 든답니다!"

A 지금까지 무대의 중심에서 주목을 받아왔는데, 새로운 등장인물이 관심을 독차지하고 있으니 큰아이가 당황하는 건 아주 당연하다. 그리고 그로 인해 벌어지는 결과들 역시 지극히 정상적인 것이다. 이런 경우 큰아이의 행동은 퇴행(주로 대소변 문제, 언어, 행동 측면에서), 공개적이거나 은밀한 분노(동생이나 부모, 혹은 둘 다를 향한), 수면 장애, 식사 투쟁, 강화된 분노발작, 부정적인 태도 등 매우 다양하게 나타난다.

물론 아이의 반응이 정상이라고 해서 쉽게 받아들일 수 있는 건 아니다. 아이가 매달리고 짜증을 내는 모습을 이해하는 만큼 이런 행동을 다루기가 무척 힘들다. 그러나 큰아이가 부모를 가장 필요로 하는 시기는, 아이로서는 정말이지 받아들이기 힘든 시기인 바로 지금이다. 아이가 외동에서 큰아이가 되는 변화를 무사히 헤쳐 나갈 수 있도록 다음 내용을 참고하자.

부모에게는 얼마든지 아기가 되게 한다 매달리게 하고, 울게 하고, 부모의 무릎에 파고들게 하고, 엄지손가락을 빨고 담요를 가지고 다니게 하고,

원한다면 아기의 젖병에 음료를 담아 마시게
하거나 엄마가 괜찮다면 엄마의 젖을 빨게 한다.
아이는 이런 식으로 음료를 먹어야 하는 노력에
이내 싫증을 느끼거나 어쩌면 빠는 방법을
기억하지 못할 수도 있다. 젖병으로 음료를 마시고
싶어 하면 그렇게 하게 하되 물만 약간 채운다.
아기는 우유를 주면서 자기는 왜 물만 주냐고
불평하면, 아기도 이가 많이 나면 젖병으로 우유를
먹지 않을 거라고 설명한다.

큰아이가 아기처럼 행동한다고 비난하지
않는다. 대신 지금 단지 아기 짓을 할 뿐이라는 걸
아이도 부모도 모두 알고 있다는 걸 알려 준다.
"아기 놀이를 아주 재미있게 하고 있구나."
아이가 몇 발짝 뒷걸음칠 권리를 부인하거나 항상
오빠답게 행동해야 한다고 말하면 오히려 두 번째
유아기만 더 연장될 뿐이다. 그러므로 아이의
감정을 세심하게 배려한다. "네가 왜 다시 아기가
되고 싶어 하는지 이해해. 모두가 아기한테만
매달려 있는 것 같으니 아기가 되고 싶은 건
당연하단다." 지금보다 훨씬 더 커도 부모에게는
언제나 '아기'이며, 부모는 늘 큰아이를 안아 주고
싶고 사랑하고 싶으니 굳이 아기처럼 행동하지
않아도 괜찮다고 말해 아이를 안심시킨다.

큰아이다운 행동을 격려한다 아이가 성숙한
모습을 보여 줄 때마다 재빨리 인정해 준다.
기회가 될 때마다 오빠가 되어 좋은 점들을 말해
준다. 오빠는 진짜 음식을 먹을 수 있고, 그래서
부모와 함께 메뉴를 결정할 수 있고, 재미있는
장난감도 가지고 놀 수 있고, 놀이 모임에도
갈 수 있고, 그네도 탈 수 있다. 부모가 아이와
함께 아이스크림을 먹고 있을 때 이렇게 말한다.
"아기는 정말 안 됐다. 아이스크림도 못 먹고.

아기니까 할 수 없지 뭐." 동물원에서 조랑말을
타기 위해 줄을 설 때 이렇게 상기시킨다. "오빠가
되니까 정말 좋구나. 조랑말도 탈 수 있고 말이야."
아이 혼자서 신발을 신을 수 있고, 부모와 함께
퍼즐을 맞출 수 있고, 숟가락과 포크를 사용할 수
있는 걸 부모가 대단하게 생각한다는 걸 알려 준다.

분노를 표현하게 한다 아기에게 화가 나는 마음을
이해한다고 알려 주고, 그런 마음을 표현할 기회를
주면 큰아이가 분노를 빨리 해소하는 데 도움이
된다. 큰아이가 "아기가 다시 엄마 배 속으로
들어가 버리면 좋겠어."라고 말하는 경우, "설마
진심은 아니겠지? 넌 동생을 사랑하잖니."라고
말해 아이의 말을 부인하지 않는다. 대신 아이의
감정을 인정하고 감정을 솔직하게 털어놓을 수
있도록 장려한다. "얼마든지 화날 수 있어. 엄마도
가끔 화가 나는 걸. 그럴 때는 화나는 마음을
털어놓으면 도움이 된단다."라고 말해 준다.
아이가 아직 말을 잘하지 못하면 크레파스와
종이를 주고 감정을 그림으로 표현하도록 권한다.

아이가 적대적인 감정이 있지만 말로 표현하지
못한다고 생각되면(단서: 아기를 꼬집거나 꼭
쥐거나 항상 약간 세게 힘을 주어 끌어안는다.)
아이가 감정을 해소할 수 있는 보다 안전한 방법을
제공한다(193쪽 참조).

아이가 갈망하는 관심을 준다 큰아이가 다시
아기가 되길 원하는 가장 큰 이유 하나는 아기들이
많은 관심을 받는다고 생각하기 때문이다.
아이가 관심을 얻기 위해 울거나 칭얼거리거나
분노발작을 일으키지 않더라도, 아이에게 충분한
관심을 쏟는다면 아기처럼 행동할 필요가 줄어들
것이다. 아기에게 젖을 물리는 동안 큰아이에게

책을 읽어 주거나, 영아 산통으로 괴로워하는 아기를 아기 캐리어에 태우고 큰아이와 함께 공원을 산책하거나, 아기를 유아용 의자에 앉히고 한 손으로는 의자를 흔들어 주고 다른 한 손으로는 큰아이의 블록 쌓기를 도와준다. 아기 돌보기와 큰아이와 단둘이 시간 보내기를 배우자와 교대로 실시하고, 큰아이와 시간을 보낼 때는 온전히 큰아이에게만 집중한다.

두 아이를 돌볼 어른이 한 사람뿐이라면, 큰아이가 경쟁적인 감정을 극복할 수 있도록 부모의 관심을 고루 분산한다. 친구나 친척, 베이비시터에게 아기를 돌보게 하고 그동안 부모는 큰아이에게 집중한다. 토들러의 욕구보다 영유아의 욕구를 충족시키기가 훨씬 간단한데도 불구하고, 대부분의 부모들은 영유아의 욕구보다 토들러의 욕구를 무시하는 경향이 있음을 기억하자. 아기를 보러 손님들이 찾아올 때는 큰아이에게 더욱 신경을 쓴다. 아기를 위해 준비한 선물을 큰아이에게 열어 보게 하거나 선물을 '시험'해 보게 한다. 손님에게 아기 방을 보여 주게 하며, 아기만큼 큰아이의 사진도 많이 찍어 주어야 한다.

아이를 참여시킨다 때로는 동생을 보살피는 일에 도움을 요청받으면 큰아이가 소외감을 덜 느끼고 부쩍 어른이 된 것 같은 기분이 든다. 아이가 잘 하는 '임무'를 맡긴다. 예를 들어 아기를 즐겁게 해 주고, 기저귀나 아기의 작은 옷들을 개도록 하며, 기저귀를 갈 때 부모에게 기저귀와 물티슈를 건네주게 하고, 아기를 목욕시킬 때 작은 발가락을 씻겨 주게 한다. 단, 아기의 기분이 좋을 때에만 시도해야 한다. 영아 산통을 겪는 아기를 즐겁게 하는 데 실패할 경우 아이는 자존심에 큰 타격을

입을 수 있다. 또 아기의 문제에 대해 큰아이의 의견을 묻는다. "아기가 지금 배가 고플까?", "아기가 낮잠을 자고 싶어 하는 걸까?", "아기가 옹알이를 할 때 네가 통역을 해 주렴. 아기가 뭐라고 말하니?"

그러나 몇 가지 주의해야 할 사항이 있다. 첫째, 큰아이가 '도우미' 역할에 관심이 없다면 절대로 도와 달라고 강요해서는 안 된다. 도울 수 있는지 부탁하되 결코 강요하지 않는다. 둘째, 큰아이가 감당할 수 있는 범위 이상의 일에 대해 책임을 지워서는 안 되며, 특히 아기가 위험에 처할 수 있는 경우라면 더더욱 큰아이에게 책임을 맡겨서는 안 된다(800쪽 참조). 그리고 잠시라도 아이들끼리만 있게 해서는 안 된다.

아이 생활의 변화를 최소화한다 다른 변화가 없더라도 손위 형제가 된다는 사실만으로 아이는 충분히 불안하다. 그러므로 아이가 마음을 놓을 수 있도록 아이의 일정과 일과를 최대한 전과 다름없이 유지하도록 한다. 평소에 잠자리에 들기 전에 아이에게 책을 네 권 읽어 주었다면, 아기를 목욕시키기 위해 책의 권수를 두 권으로 줄이지 않는다. 아침에 옷을 갈아입히기 전에 5분 동안 아이를 안아 주었다면, 안아 주는 시간을 생략하거나 줄이지 않는다.

── 열정적인 도우미

Q "두 살 반인 우리 딸은 이제나저제나 신생아인 동생을 안아 보고 싶어 하고 동생을 돌봐 주고 싶어 어쩔 줄 몰라 해요. 하지만 그러다가 아기를 떨어뜨리거나 다치게 할까 봐 걱정됩니다."

A 신생아가 살짝만 건드려도 깨지기 쉬운 도자기 인형은 아니지만, 그래도 조심조심 다루어야 하기 때문에 어린아이가 돌보기에는 역부족이다. 토들러의 손은 너무 작고, 신생아의 무거운 머리와 충분히 발달이 이루어지지 않은 목 근육을 지지하는 까다로운 기술을 완수하기에는 토들러의 신체가 아직 조화롭게 기능하지 못한다. 뿐만 아니라 주의 집중 시간이 상당히 짧고 금세 정신이 딴 데로 팔리는 경향이 있어, 동생을 안는 순간 신이 나서 어쩔 줄 모르다가도 어느새 지루해지고 산만해져 아기를 소파 가장자리에 인정사정없이 내던져 놓고는 블록을 향해 직행해 버리기 십상이다.

하지만 큰아이의 마음을 세심하게 배려할 필요도 있다. 동생과 가까워질 기회를 허락하지 않으면, 특히 동생과 친해지고 싶은 마음이 간절하다는 것이 분명할 때 아이는 버림받은 느낌, 소외감, 인정받지 못한다는 느낌을 갖게 되어, 마침내 분노를 일으킬 토대를 마련하게 될 것이다.

<u>큰아이가 신생아를 안아 올리거나 안고 돌아다니는 건 안 되지만, 가까이에서 지켜보고 포옹하게 할 수는 있다. 큰아이를 편안한 안락의자에 앉힌 다음 무릎 위에 아기를 눕힌다. 이때 아기의 머리를 받칠 팔 밑에 베개 하나를 댄다. 부모가 손이 닿는 가까운 곳에 있어야, 큰아이가 갑자기 흥미를 잃거나 아기가 꼼지락대기 시작하면 즉시 아기를 받아 안을 수 있다.</u>

─ 형제간의 차이

Q "우리 큰아이는 아기 때도 완벽했고 지금도 거의 완벽해요. 한 번도 말썽을 부린 적이 없답니다. 하지만 둘째는 태어날 때부터 첫째와 많이 달랐고, 두 살이 된 지금은 본격적으로 말썽을 부리기 시작합니다. 하루에도 몇 번씩 짜증을 부리고 말이에요. 이러니 큰아이를 더 예뻐하지 않을 수가 있겠어요?"

A '순한' 아이를 '까다로운' 아이보다 예뻐하기 쉽다. 더구나 순한 아이가 맏이인 경우 부모는 둘째도 맏이처럼 순하길 기대하지만, 까다로운 둘째로서는 도저히 부모의 기대를 충족시킬 수 없고, 그러다 보면 둘째를 맏이만큼 예뻐하기가 더욱 어려워진다.

좀 더 순한 아이를 편애하는 것이 자연스러운 반응인 만큼, 그러지 않으려고 노력하는 것 또한 부모가 보여야 할 반응이다. 부모의 눈에 항상 '2순위'로 비치게 되면 까다로운 아이는 더 까다로워질 것이다. 반면 순한 아이가 항상 편애를 받고 동생과 비교해 호의적으로 평가를 받게 되면 항상 '모범생'으로 살아야 한다는 과도한 압박을 받게 될 것이다. <u>그러므로 까다로운 아이를 아이 자체로 특별한 사람으로 인정하고, 아이의 장점을 찾고 길러 주며, 아이가 자신의 강한 성격을 다루도록 도와준다. 토들러의 신경질적인 기질을 다루는 방법은 375쪽을 참조한다. 아이의 고집과 불같은 기질이 지금은 아이를 '까다롭게' 보일는지 몰라도 제대로 방향을 잡아 주면 강한 의지력으로 발전해 훗날 아이의 인생에 크게 도움이 될 수 있다.</u> 마찬가지로 지금은 아이의 무한한 에너지가 아이를 다루기 힘들게 만들지 모르지만 나중에는 아이의 성공에 커다란 기여를 할 것이다.

아이들 간의 차이를 한탄하기보다 존중하도록 하자. 아이들 각자에게 있는 칭찬할 만한 뚜렷한 특성들을 찾아내고 길러 준다.

한편 둘째 아이의 까다로운 행동은 부모의 반응 때문에 더 심해질 수도 있다. 때때로 부모들은 무의식중에 작은아이에게 큰아이의 행동 패턴을 따르도록 강요한다. 작은아이의 타고난 기질, 즉 특별한 개성을 받아들이면 부모의 태도에 따라 아이의 행동이 개선되는 걸 발견하게 될 것이다.

물론 유독 '까다로운' 성향을 지닌 아이들도 있지만, 모든 아이들은 일정 기간 동안 더 예쁘거나 덜 예쁜 시기를 거친다. 순하던 유치원생 아이가 초등학교 3학년이 되더니 고집불통으로 변할 수도 있고, 성질부리기 대장이던 두 살 아이가 초등학생이 되면서 순둥이로 변할 수도 있다. 아이들이 이런 변화를 보이면 부모의 편파적인 감정도 쉽게 방향을 돌리게 된다. 아이를 변함없이 사랑하지만 아이의 행동이 미워질 수 있다는 사실을 기억하자. 아무리 힘든 상황에서도 자녀에 대한 사랑만큼은 변함이 없다는 걸 알게 될 것이다.

<u>또한 두 아이를 정확히 똑같은 방식으로 사랑하기란 거의 불가능하지만, 각기 다른 방식으로 똑같이 사랑하는 건 가능하다는 사실도</u>

안전이 최고

큰아이가 동생에게 다정하게 대하려 하는데도 아기인 동생은 다칠 수 있다. 단지 조금 힘을 주어 안았을 뿐인데도 말이다. 그러므로 아무리 잠깐이라도 토들러나 5세 이하의 유치원생 큰아이를 아기와 단둘이 있게 해서는 안 된다. 부모가 지켜보지 않을 때 어린아이에게 아기 침대를 흔들게 한다든지, 부모가 바로 옆에 서 있지 않을 때 아기를 안아 올리게 해서도 안 된다.

<u>기억하자. 혹시라도 작은아이에게 "네 언니 좀 닮아라."라는 말이 목구멍까지 올라오려 하면, 입술을 꼭 깨물고 잠시 작은아이의 사랑스러운 면면들을 떠올리면서 아이를 꼭 안아 준다.</u>

관심을 구하는 행동

Q "두 살 반인 우리 아들은 6주 전 동생이 태어난 뒤부터 까다로움을 피우고 버릇없이 굴어요. 제가 아기에게 젖을 물리고 있으면 제 위로 올라오고, 항상 제 관심을 얻으려 애를 쓴답니다. 하지만 큰아이에게 관심을 줄 여력이 없다 보니 죄책감이 느껴져요. 어떻게 하면 좋을까요?"

A 우선 첫 번째, 부모 자신을 너무 자책하지 않도록 한다. 부모는 지금 최선을 다하고 있으며, 지금 부모가 할 수 있는 일은 여기까지다.

두 번째, 큰아이의 행동은 아주 일반적일 뿐 아니라 지극히 정상이라는 사실을 인정한다. 지금 큰아이의 행동은 형제간의 경쟁 심리를 고스란히 보여 주는 것이며, 둘 이상의 아이를 둔 거의 모든 가정에서 늘 있는 일이다.

세 번째, 다음 내용을 시도해 본다.

수유 시간에 큰아이를 참여시킨다 큰아이를 위해 뭔가 특별한 일이 마련되어 있다면, 둘째를 수유할 때 큰아이가 질투심을 덜 느낄 것이다. 소파에서 수유를 하는 동안 큰아이에게 책을 읽어 주거나 큰아이가 좋아하는 테이프를 틀어 준다. 그리고 함께 노래를 부른다. 혹은 바닥에서 수유를 하는 동안 큰아이의 자동차 경주 놀이나 퍼즐 맞추기 놀이를 도와준다. 아니면 큰아이 침대에 누워 수유를 하면서, 큰아이에게 장난감 병원놀이 도구로 부모의 체온을 재게 한다. 식탁에서 수유를 하고 그동안 큰아이 간식을 먹인다. 아기를 안은 팔 밑에 베개를 대면 한 팔로는 아기를 받치고 다른 팔로는 큰아이 손을 잡거나 등을 쓰다듬을 수 있다. 유아인 작은아이에게는 엄마의 품에 안겨 있는 것 자체로 매우 가치 있는 시간이다. 그러나 아기를 안아 수유를 하고 놀아 주는 틈틈이 아기에게 한 번씩 미소를 짓거나, 입을 맞추거나, 속삭이거나, 코를 비벼 주면 작은아이를 위해서도 특별한 시간이 될 수 있다.

'단둘만의 시간'을 마련한다 단 30분만이라도 아이들 각자와 단둘이 보내는 시간을 마련하도록 노력한다. 아기가 낮잠을 자는 동안 서둘러 집안일을 마치고 싶은 마음은 굴뚝 같겠지만, 그 시간의 일부만이라도 부모의 모든 관심을 온전히 큰아이에게 집중한다. 함께 빵을 굽거나, 책을 읽거나, 같은 도형 맞추기 놀이를 하거나, 색칠 공부 놀이를 한다. 혹은 그냥 함께 누워 책을 읽거나 꼭 끌어안고 이야기를 나눈다. 큰아이가 낮잠을 자거나 다른 일에 집중할 때는 작은아이를 안아 주고 속삭이면서 둘만의 시간을 보낸다. 집에 어른이 더 있다면 아이 각자와 교대로 둘만의 시간을 갖는다.

셋이 함께 시간을 보낸다 아이들과 놀이터에 가서 큰아이는 그네를 밀어 주고 작은아이는 아기 캐리지 안에서 주변의 풍경을 보고 듣게 한다. 바닥에 유아용 의자를 놓고 아기를 앉힌 다음 부모와 큰아이가 밝은 색깔의 커다란 공을 주고받는 모습을 보게 한다. 동생에게 노래를 불러 주고 율동을 하고 재미있는 표정을 보여 주는 등, 동생을 즐겁게 하는 임무를 큰아이에게 맡기면 큰아이의 자부심이 높아지고 작은아이의 소질을 키울 수 있다. 그러나 항상 부모가 가까이에서 지켜보고 있어야 한다.

큰아이를 위해 유치원을 고려한다 큰아이가 아직 유치원에 다니지 않는다면, 지금이 아이를 유치원에 보내는 방법을 고려해 볼 때일지 모른다. 큰아이가 일주일에 며칠 오전이나 오후에 유치원에서 생활한다면, 부모는 아기와 단둘이 더 많은 시간을 보낼 수 있을 뿐 아니라 큰아이 역시 아기 없이 보내는 시간을 보장 받게 된다.

아이들 방을 어떻게 정해야 할지 모르겠어요

Q "우리는 두 살 반인 딸이 있고, 몇 개월 후면 둘째를 출산하게 돼요. 그런데 지금 큰아이가 쓰던 방을 아기 방으로 하고 큰아이에게 새로 방을 마련해 주는 게 좋을지, 아니면 큰아이에게 지금 쓰던 방을 그대로 쓰게 하고 아기 방을 새로 마련하는 게 좋을지 결정을 못하겠어요."

A 큰아이를 다른 방으로 보낼 경우, 아이가 새 방을 갖게 되어 좋아할 수도 있지만 동생 때문에 자기 방에서 쫓겨난다고 생각할지도 모른다. 반대로 지금 쓰던 방을 계속 사용하게 할 경우, 익숙한 환경을 편안하게 여길 수도 있지만 동생은 죄다 새 것만 사용한다며 샘을 부릴지도 모른다.

큰아이가 전형적인 두 살 아이라면 자기 방을 계속 사용하는 걸 더 좋아할 가능성이 매우 높다. 두 살 아이들은 변화보다 현상 유지를 좋아하는 경향이 있고, 특히 스트레스가 심한 시기에는 똑같은 일상과 일과를 통해 안정감을 갖게 된다. 지금은 아이 방에 변화만 크게 주어도 아이를 불안하게 만들 수 있다. 그러므로 사용하던 침대와 사용하던 커튼, 사용하던 침대 시트를 그대로 두는 것이 아이를 가장 안심시킬 수 있을 것이다.

반면에 아이가 도무지 예측 불가능한 부류에 속한다면, 새 방과 새 침대, 새 커튼, 새 그림을 무척 마음에 들어 할 가능성도 있다. 가장 확실한 방법은 이 문제에 대해 아이의 생각을 물어보는 것이다. "아기가 태어나면 어느 방을 아기 방으로 하면 좋겠니? 지금 네 침실을 아기 방으로 하는 건 어떨까? 그럼 다른 방을 언니 방으로 예쁘게 꾸며 줄게. 어때, 괜찮겠니? 아니면 지금 이 방을 계속 사용하고 다른 방을 동생 방으로 하는 건 어떻겠니?" 아이가 결정할 수 있도록 도와주면, 아이는 자신이 이 상황을 통제한다는 생각을 갖게 되어 다가올 혼란을 극복하는 데에 도움이 될 것이다.

아이가 어떤 결정을 내리든 방을 꾸미는 일에 아이를 참여시킨다. 고가의 물건은 부모가 선택하지만, 침대 시트, 담요, 스탠드 등, 새로 들일 비품들을 선택할 때는 큰아이 방의 물건이든 아기 방의 물건이든 한때 자신이 독차지했지만 이제는 경쟁을 해야 차지할 수 있는 아이에게 의견을 구한다. 이렇게 아이의 의견을 구하면 아이가 스스로를 중요한 사람이라고 느끼게 되고, 이런 느낌은 위협을 덜 느끼는 데 도움이 된다. 아이가 자기 방을 계속 사용하기로 결정했다면, 심리적 위안을 주는 새로운 물건, 침대 시트 몇 장, 새 인형이나 봉제 인형, 새 야간 등, 새 러그, 새 그림 등 몇 가지 새로운 비품을 선택하게 해 큰 변화를 주지 않으면서도 방을 예쁘게 꾸민다.

그러나 부모가 아무리 애를 쓰고 아무리 잘해 주려 해도, 아이는 이 모든 변화를 일으키는 엄마 배 속의 아기에게 여전히 화가 나 있을지 모른다는 사실을 염두에 두어야 한다. 또한 일단 동생이 태어나 집에 도착하고 나면 마음이 바뀌어 결정을 번복할 수도 있다. 이런 경우 아이에게 네가 직접 방을 결정했으니 이 방이 앞으로 네가 사용할 방이라는 걸 상기시켜야 한다. 많이 지지하고 관심을 보이면 아이가 자신의 결정을 받아들이는 데 도움이 될 것이다. "네가 결정한 일이니 책임져야지." 같이 몰아붙이면 안 된다.

25장

토들러 양육

✷✷✷

아이를 출산해 병원에서 집에 데리고 오는 첫날부터 아이가 성장해 진학이나 취업을 위해 집을 떠나기 전까지, 양육의 매 단계 단계가 도전의 연속이다. 그러나 일반적으로 유독 더 힘든 시기들이 있으며, 많은 부모들에게 토들러 시기도 그 가운데 하나다.

토들러를 양육하는 일이 항상 쉽지는 않은 한편, 인생의 가장 보람된 경험 가운데 하나이기도 하다. 아이를 잔뜩 화나게 만든 일이 아이를 아주 귀엽게 만들 수도 있고, 아이를 너무너무 짜증 나게 만든 일이 아이를 무척 사랑스럽게 만들 수도 있으며, 아이를 기겁하게 만든 일이 아이를 누구보다 훌륭하게 만들 수도 있다.

무엇이든 물어보세요 Q&A

— 부모의 분노

Q "요즘 우리 딸이 정말이지 통제가 안 될 만큼 짜증을 부리는 바람에 제 기분도 아주 엉망이에요. 아이한테 불쑥불쑥 화를 폭발해 버리고는 이내 죄책감에 사로잡힙니다."

A 누구나 한 번씩 분노를 폭발할 자격이 있고, 토들러의 부모라면 누구보다 그럴 자격이 충분하다. 아이를 다루는 일이 그만큼 아주 힘들기 때문이다. 토들러의 불합리하고 부당한 태도는 종종 부모의 인내심을 벼랑 끝으로 밀고, 때로는 아예 벼랑 아래로 떨어뜨려 버리니 말이다. 유독 기분이 좋지 않은 날 화를 폭발해 버리는 건 얼마든지 이해할 수 있을 뿐 아니라 충분히 용서할 수 있는 일이다. 그런 일로 죄책감을 느끼는 건 상황을 다스리는 데 도움이 안 될뿐더러 분노만 더 부채질해, 사실상 상황을 더 악화시킬 수 있다("내가 이렇게 형편없는 부모처럼 느껴지는 건 다 아이 때문이야!"). 그러므로 자기 자신을 용서하되, 여기에서 한 발짝 더 나가야 한다. 즉, 화를 폭발한 데 대해 아이에게 사과한다. "아까는 엄마가 너무 화가 나서 이성을 잃었단다. 너한테 소리 질러서 미안해." 화를 내면서 아이를 때렸다면 때린 데 대해서도 사과한다. "때려서 미안해. 엄마가 나빴어." 아이를 사랑하지 않기 때문에 화를 낸 건 아니라는 걸 알려 준다. 부모가 싫어하는 건 아이 자신이 아니라 아이가 했던 행동임을 이해시켜야 한다. 아이의 행동 때문이 아니라 단지 부모의 기분 때문에 이성을 잃었다면

"엄마가 기분이 너무 안 좋아서 그만 너한테 소리를 질렀구나. 미안해."라고 설명한다.

정말 미안하다, 정말 나빴다고 되풀이해 말한다든지 과장되게 용서를 구하지 않는다. 이런 모든 행동들은 처음 화를 낼 때보다 아이를 더욱 겁먹게 만들지 모른다. 그리고 그날 하루 동안 아이에게 너무 관대하게 대하거나 지켜야 할 규칙을 풀어 주어 부모의 잘못에 대해 지나치게 보상해서도 안 된다. 대신 사랑을 담아 아이를 꼭 안아 주고, 얼른 부모와 아이가 모두 재미있게 놀 수 있는 활동으로 넘어간다.

아무리 기분이 좋지 않은 날에도 화를 잘 다스릴 수 있는 보다 효율적인 방법에 대해 806쪽을 참조한다. 아이를 때리려는 충동을 다스리는 방법은 다음 질문을 참조한다.

── 나도 모르게 아이를 때리게 돼요

Q "아이를 때리면 안 된다는 걸 알지만, 이성을 잃으면 행동이 자제가 안 되는 것 같아요. 어떻게 해야 할지 모르겠어요."

A 화가 났을 때 자주 아이를 때리는 행동은 위험 신호다. 아직은 아이가 크게 다치지 않더라도, 신체적 정서적으로 상해를 입을 가능성이 있다. 그러므로 분노 폭발이 더 심각한 행동으로 이어지기 전에 지금 당장 전문가의 도움을 구해야 한다. 아동 학대 직통 전화(112)로 전화를 하거나, 참여하는 종교 기관의 성직자, 아이나 부모의 담당 의사, 심리학자, 가족 상담사 같은 전문가와 상담한다. 알코올이나 약물 남용으로 인해 통제력이 약해진다면 관련 문제를 극복하기 위해서도 도움을 받아야 한다. 이런 물질들을 남용하면서 유능한 부모가 될 수는 없다.

배우자가 폭력적인 성향을 보인다면 배우자 역시 전문가의 도움을 받을 필요가 있다. 이런 성향이 감당할 수 없을 정도가 되기 전에 망설이지 말고 도움을 요청한다.

── 부모의 우울

Q "가끔씩 기분이 울적해지면 기운을 차리기가 너무 힘들어요. 제 기분이 아이에게 영향을 미칠까 봐 걱정입니다."

A 아무리 쾌활한 사람도 하루 종일 환한 표정을 지을 수는 없다. 그리고 기분이 울적할 때 그로 인한 죄책감으로 괴로움을 더 키울 필요는 없다. 부모가 가끔 우울할 수 있다는 걸 아이가 아는 건 괜찮을 뿐 아니라 중요하기도 하다. 부모가 슬픈 감정을 감추게 되면, 아이들은 자라면서 항상 행복한 모습만 보여야 한다고 생각할 수 있다. 하지만 불가능한 일이다. 실제로 슬픈 일이 있을 때 역시 감정을 감출 필요는 없다. 인생이란 오르막과 내리막이 있고, 때로는 속상한 일도 생길 수 있으며, 그럴 때는 다른 사람과 슬픈 감정을 나누는 것이 좋고, 정 힘들 때는 도움을 구하는 것이("네가 안아 주면 한결 기분이 나아질 거야.") 좋다는 걸 알아갈 때 아이가 더 건강하게 성장할 수 있다.

토들러에게 부모의 기분을 알리는 건 괜찮지만 부모의 기분을 아이 탓으로 돌리는 건 부당하다. 부모가 가끔씩 "오늘은 기분이 조금 안 좋구나."라고 말하는 건 아이가 감당할 수 있지만, 그런 말을 수시로 듣게 해서는 안 된다. "아빠가 직장을 잃었단다. 이제 우리는 어떻게 해야 하니?"처럼 부모의 문제로 아이에게 부담을 주어서는 안 되며, 부모가 슬프거나(부모가 슬플 때는 아이한테 불만이 있어서가 아니라는 걸 알린다.) 기쁜 데에(아이가 안아 주어도 기운이 날 것 같지 않으면 아이에게 안아 달라고 부탁하지 않는다.) 자신에게 책임이 있다고 생각하게 해서도 안 된다.

간혹 맥이 빠지는 날이 있을 수 있다. 하지만 자주 침울해 있으면 부모 자신에게는 물론 아이에게도, 그리고 부모로서의 역할에도 부정적인 영향을 줄 수 있다. 우울한 기분을 최소화하기 위해 다음 내용을 참고하자.

우울한 이유를 파악한다 누구나 한 번씩 우울한 기분을 느낄 때가 있다. 그러나 잦은 우울감은 정상적인 기능을 방해하거나 인간관계에 지장을 준다. 나를 자꾸만 우울하게 만드는 이유를 파악하도록 하자.

예: 몇 주 동안 어른과 이야기를 나누어 보지 못했다, 가치 있다는 느낌을 받지 못했다, '진짜'

아이의 입장이 되어 보세요

주변 사람들은 전부 아주아주 큰데 나만 아직 꼬마라면 기분이 어떨까? 생각과 필요와 감정을 어떻게 표현해야 할지 몰라 항상 다른 사람이 단어를 알려 준다면 기분이 어떨까? 먹는 것, 입는 것, 자는 시간 등, 생활의 모든 면에서 통제력을 갖지 못한다면 어떤 기분이 들까? 토들러가 된다는 건 대체 어떤 기분일까? 아이의 행동 때문에 나도 모르게 당황하거나 약이 오른다면, 잠시 시간을 내 토들러의 입장이 되어 생각해 보자. 아이가 어떤 기분일지 상상해 본다면, 혼란스럽거나 짜증 나는 순간을 보다 현명하게, 보다 참을성을 갖고, 보다 인내하면서, 더욱 효율적인 행동으로 대처할 수 있을 것이다.

직업이 없어 지루하다, 혹은 직장에 다니느라 토들러나 배우자, 자기 자신과 충분한 시간을 보내지 못하고 있다.

원인을 파악했다면 어떻게든 개선하기 위해 노력한다. 생활에는 아무런 문제가 없는데 우울한 기분이 든다면, 생화학적인 이유 때문일 수 있으므로 의사와 상담한다.

내 사정을 공감해 줄 사람을 찾는다 배우자, 친구, 친척, 치료사, 성직자, 부모 지지 모임의 구성원 등, 내 사정을 공감해 줄 사람을 찾고 이야기를 시작한다. 나를 괴롭히는 문제를 털어놓기만 해도 문제를 극복하는 데 도움을 받을 수 있다. 하루 중 어느 정도 고정적으로 대화 시간을 정하지 않았다면 지금 정한다. 아이가 잠자리에 든 후에 배우자와 저녁을 먹으면서 대화를 나누거나, 그러기에는 저녁을 먹는 시간이 너무 늦다면 잠자리에서 이야기를 나눈다.

한 부모이거나 배우자가 출장이나 야근이 잦다면 가까운 친구나 친척과 매일 10~15분 동안 전화로 이야기를 해 의사소통의 단절을 메운다. 상황이 되면 친구와 점심이나 저녁을 함께하거나 차를 함께 마시면서 이야기를 한다. 가끔이라도 이렇게 하면 도움이 된다.

아이와 함께 기운을 북돋는다 문제의 일부인 아이도 해결에 도움이 될 수 있다. 동물원이나 놀이터 등 아이와 함께 재미있게 놀 수 있는 장소에 간다. 기왕이면 다른 집 부모와 아이도 함께 가면 어른과 이야기를 나눌 수 있어 더욱 좋다.

아이 없이 기운을 북돋을 방법을 찾는다 어떤 방법으로 기운을 북돋게 되든 그 방법에 몰두한다.

그 일을 즐기고 그러는 내 모습에 죄책감을 갖지 않는다. 베이비시터에게 아기를 맡기거나 혹은 다른 부모와 교대를 아이를 보아도 좋다(863쪽 참조). 테니스코트나 헬스클럽, 무용 강습실, 하이킹 코스, 야구장, 영화관, 음식점, 미용실로 향한다. 저녁을 차리느라 스트레스를 받지 말고 피자와 샐러드를 시켜 먹는다. 청소기도 돌리지 말고 누워서 쉬면서 비디오를 본다.

아이와 함께 긴장을 푼다 <u>아이와 단둘이 평화롭고 즐거운 시간을 보내고 나면 부모와 아이 둘 다 상당히 치유될 수 있다.</u> 마당의 잔디에 누워 하늘의

언제나 차분한 상태를 유지하려면

하루 24시간 내내 이성적이고 차분하고 침착한 사람은 아무도 없다. 특히나 집에 토들러가 있다면 그러기는 더더욱 불가능하다. 그러나 부모가 자주 짜증을 내면 부모나 아이에게 좋지 않으므로, 감정이 폭발할 가능성을 최소화하기 위해 다음과 같이 간단한 전략을 시도하는 것이 바람직하다.

'위험한' 날에는 스트레스를 피한다
아이가 칭얼대고 너무 피곤해하고 변덕을 부리는 때, 직장에서 문제가 있을 때, 배우자나 부모님, 친한 친구와 싸웠을 때, 생리 전 증후군이 있을 때, 빨래를 한창 돌리던 중에 세탁기가 고장 났는데 A/S 센터 직원은 다음 주나 돼야 올 수 있다고 할 때, 감정이 폭발할 가능성이 아주 높다. 이 같은 '위험 요소 가운데 하나라도 해당되는 날'에는 스트레스를 가중시킬 만한 활동을 되도록 피하도록 한다. 대신 모든 일에서 손을 놓고 부모와 아이 모두의 긴장을 확실하게 풀어 줄 수 있는 활동을 한다. 예를 들면 공원을 산책하거나 편안히 누워 비디오를 본다.

문제를 신중하게 선택한다 모든 문제에 대해 아이와 싸우려 들지 말고, 정말로 중요한 문제에 대해서만 대결을 펼친다. 아이가 이런 방침의 본질적인 공정함을(어른들이 항상 자기 뜻대로만 하지 않는다는 걸) 깨닫게 되면 모든 면에서 부모와 따지려 들지 않을 것이다. 이렇게 하면 양측 모두 감정을 폭발하는 횟수가 줄고, 필요할 때 부모의 입장을 고수하기가 더 수월해진다. 훈육과 한계 설정에 대한 내용은 56쪽과 136쪽을 참조한다.

타임아웃제를 실시한다 감정을 폭발하기 직전일 때는 잠시 이 상황에서 물러난다. 열까지, 더 필요하면 백까지 세고 두 차례 심호흡을 하고, 혹은 출산 교실에서 배운 호흡 운동을 한다. 명상을 하고, 즐거운 일을 생각하고, '나는 침착하고 평온하다.' 같은 마음을 편안하게 해 주는 구절을 계속 되풀이한다. 부글부글 끓는 감정이 멈출 때까지 계속한다. 그러나 부모가 평정심을 되찾는 동안 아이를 혼자 두어서는 안 된다.

아는 대로 행동한다 화가 나는 건 잘못이 아니다. 화는 자연스러운 감정이다. 그러나 신체적 정서적으로 고통을 주지 않고 화를 표현하는 건 쉽게 이루어지는 일이 아니다. 아이가 저지르고 있거나 이미 저지른 일에 자동적으로 화를 내지 말고, 아이의 마음을 상하게 하지 않으면서도 부모의 감정을 표현할 단어를 사용해 이성적으로 감정을 표현하는 훈련을 한다. "누가 이런 짓 하랬니. 엄마가 하지 말라고 했어 안 했어!"라고 말하지 말고, "네가 엄마 말을 제대로 안 들으니까 엄마가 소리를 지르고 싶을 정도로 화가 많이 나잖니."라고 말한다.

표출한다 너무 화가 나서 주먹이라도 휘둘러야 속이 시원하겠다 싶으면 얼른 아이 곁을 떠나 공격적인 감정을 표출해도 덜 망가질 만한 물건을 찾는다. 주먹으로 베개를 치거나, 제자리 뛰기를 하거나, 점핑 잭 한 세트를 하거나, 경보로 방 안을 몇 바퀴 돈다. "네가 한 짓 때문에 엄마가 지금 너무너무 화가 났어. 하지만 거실을 두 바퀴 돌고 나면 화가 좀 가라앉을 것 같아."라고 아이에게 설명한다. 방문을 쾅 닫거나, 접시를 던지거나, 주먹으로 벽을 치는 등 아이가 따라 하길 원치 않는 방법으로 화를 표현하지 않는다. 이 경우에도 역시 아이를 혼자 두어서는 안 된다.

쓴다 공책을 가까이에 두고 통제력을 잃을 것 같을 때마다 화가 난 감정을 공책에 적는다. 점잖게 돌려서 표현하지 말고 머리에서 생각나는 그대로 쏟아 낸다. 종이와 펜이 주는

구름이 떠가는 모습이나 밤하늘에 반짝이는 별을 보거나, 부모의 침대에 함께 누워 마음이 편안해지는 음악을 듣거나, 함께 과자를 굽거나, 운동을 하거나 목욕을 하면서 긴장을 이완한다. 그리고 모든 긴장 이완 방법 가운데 가장 효과적인 치료법인 사랑이 가득 담긴 포옹을 잊지 않는다.

아이 없이 긴장을 푼다 잠시 여유로운 시간을 보낸다. 배우자나 친한 친구와 함께 외식을 하거나, 뜨거운 욕조에 느긋하게 몸을 담그거나, 20분 동안 요가를 하거나, 짧게 명상을 하거나, 긴장 이완 운동을 하면 웬만한 우울한 기분은 사라질 것이다.

치유의 위력에 깜짝 놀랄 것이다.

음악으로 마음을 진정시킨다 음악 역시 기분을 진정시키는 데 도움이 된다. 어른과 아이 모두 마찬가지다. 좋아하는 음악은 부모와 아이 모두의 불쾌한 감정을 이완시킬 것이다.

포옹한다 포옹 요법은 종종 분노 감정을 기적적으로 사라지게 만들고, 한 대 때려 주고 싶은 마음을 효과적으로 막아 준다. 아이와 눈을 마주보며 양 팔로 아이를 감싸고 꼭 끌어안으면 최선의 결과를 얻을 수 있을 것이다. 그러나 아이가 안기는 걸 좋아하지 않으면 포옹 요법을 시도하지 않는다. 이 경우 부모와 아이 모두를 오히려 짜증 나고 화나게 할 뿐이다.

균형 감각을 잃지 않는다 아이가 아주 귀여웠을 때 모습이 담긴 사진을 휴대하고, 아이가 분노를 일으킬 만한 일을 저지를 때마다 사진을 꺼내 든다. 혹은 아이가 짜증을 부리거나 화를 돋우는 행동을 계속할 때는 잠시 눈을 감고 아이가 가장 사랑스러웠던 때를 기억해 낸다. 엄마에게 아이스크림을 한 입 베어 물게 할 때, 미끄럼틀 꼭대기에서 함박웃음을 지을 때, 빨래 개는 걸 도울 때, 천사처럼 잠이 들 때 등

기대어 울 수 있는 대상을 찾는다 아이한테 너무 화가 나는데 무슨 방법으로도 진정이 되지 않을 것 같다면, 내 말을 잘 들어주고 불안을 덜어 줄 친구나 친척에게 전화를 한다. 단, 아이가 낮잠을 자거나 다른 어른과 외출할 때 전화한다.

순교자가 되지 않는다 자신을 보살피기 위해 잠시도 시간을 내지 못한다면 아이를 잘 보살피기가 무척 힘들다. 부모가 순교자가 되면 분노와 적개심이 쌓이게 되고, 결과적으로 통제력을 잃기 쉽다. 그러므로 부모 자신을 소중하게 보살필 시간도 마련해야 한다(818쪽 참조).

감정 폭발의 원인을 찾는다 이성을 잃게 만든 원인을 알면 원인을 통제하기가 쉽다. 최근 너무 자주 화를 내고 있다면 화를 낸 전후 사정을 공책에 기록한다. 화를 낸 후 다시 차분해질 때 화가 난 상황을 기록한다. 감정을 자극한 요인(구체적인 문제, 부모의 기분, 아이의 기분, 부모나 아이 혹은 둘 다 식사를 하지 못했거나 잠을 충분히 못 잠 등), 아이의 행동, 부모의 행동, 상황을 해결한 방식 등을 기록한다. 이런 일이 몇 차례 반복된 후 기록한 내용을 토대로 최대한 공정하게 상황을 평가한다. 부모가 올바르게 행동했나? 부모가 잘못된 행동을 했나? 어떻게 했더라면 더 좋았을까? 가령 주로 '저녁 무렵에 화를 내는가? 부모와 아이가 둘 다 배가 고프고 피곤할 때 화를 내는가?'와 같이 화를 폭발하는 패턴이 있다면 이런 패턴이 화를 예방하는 힌트를 제공할 수 있다. 가령, 화를 터뜨리기 전에 저녁 무렵 간식을 먹고 긴장을 이완하는 활동을 하는 등 말이다.

분노를 일으키는 근본적인 정서적 감정이 있는가? 두 가지 역할을 소화해야 하는 상황에, 즉 가사일과 직장 일을 병행하는 것에 화가 나는가? 직장에 나가고 싶은데 '집에 처박혀' 있어야 해서 화가 나는가? 자기 자신이나 다른 사람에게 화가 나고 그것을 가장 만만하고 무방비 상태인 대상, 즉 아이에게 폭발하는가? 아이에게 한계를 너무 많이 정하거나 지나치게 기회를 많이 제공해 아이가 말썽을 자주 피우는가? '우울감'이나 우울증을 경험한 적이 있는가? 분석된 자료를 토대로 상황을 개선하기 위해 조치를 취한다. 예를 들어 아이를 보느라 직장을 포기해야 해서 화가 난다면, 파트타임이나 상담 업무로 서서히 직장에 복귀할 준비를 한다. 822쪽을 참조한다. 너무 많은 한계를 정해 놓아 아이가 말썽을 부릴 수밖에 없다면 한계를 완화한다. 137쪽을 참조한다. 화의 원인이나 화를 근절시키는 방법을 찾지 못하면 아이나 부모의 담당 의사, 성직자, 치료사와 상담한다. 전문가와 상담하면 도움이 될 수 있다. 그러나 아이 앞에서 상담하지 않는다.

자신을 돌본다 몸에 좋은 건 마음에도 좋다. 몸에 좋은 습관은 정신 건강도 향상시켜 준다. 충분한 수면을 취하고, 영양이 풍부한 음식으로 규칙적인 식사를 한다. '최고의 식단'에서 제시하는 영양의 원칙을 지키는 것 외에, 너무 많은 양의 당분 섭취는 개인에 따라 기분을 침울하게 만들 수 있다는 사실도 염두에 둔다. 지나친 알코올 섭취를 삼간다. 어떤 사람은 하루 한두 잔 술을 마셔도 괜찮은 반면, 어떤 사람은 우울해질 수 있다. 그리고 누구라도 매일 한두 잔 이상을 마시면 건강에 무리가 된다. 충분히 운동한다. 운동 중에 분비되는 엔도르핀은 실제로 운동 유발성 '황홀감'을 일으킨다. 바쁜 일과 중에 할 수 있는 운동에 대해서는 825쪽을 참조한다.

실컷 운다 우울감을 털어 내는 한 가지 방법은 우는 것이다. 연구 결과에 따르면 실컷 울고 나면 우울한 기분을 유발하는 화학물질이 눈물과 함께 인체 밖으로 배출되어 기분을 향상시키는 데 도움이 된다고 한다. 가능하면 아이가 잠을 자거나 집에 없을 때 울도록 하자. 아이 앞에서 울더라도 걱정할 필요는 없다. 가끔 부모가 우는 모습을 본다 해도 아이에게 해가 되지는 않는다. 아이 앞에서 너무 자주 운다면 다음 질문 내용을 참조한다.

실컷 웃는다 심리학자들은 억지로라도 미소를 짓고 큰소리로 웃으면 기분이 좋아질 수 있다는 사실을 확인했다. 코믹 영화, 우스꽝스러운 코미디 프로그램을 보고, 매일 아이에게 자주 미소를 짓는다. 부모와 아이 모두에게 도움이 될 것이다.

필요하면 도움을 청한다 자주 슬럼프가 오거나, 앞의 방법들이 우울한 기분을 몰아 내는 데 도움이 되지 않거나, 울적한 기분 때문에 부모로서나 개인으로 제 역할을 하지 못하거나, 우울한 기분과 함께 불면증, 식욕부진, 자신과 가족에 대해 관심이 없음, 절망감, 무기력, 자해에 대한 생각, 통제력 부족 등이 동반된다면 즉시 전문가의 도움을 구한다. 기분은 전염된다. 부모가 침울하게 지내면 아이도 침울해질 수 있고, 그 결과 아이의 성장, 행동, 수면 등, 여러 가지 신체적 정신적 문제들이 발생할 수 있다.

—— 아이 앞에서 자꾸 울게 돼요

Q "최근 친정아버지가 돌아가셨어요. 지난밤 딸아이한테 책을 읽어 주다가 아버지를 생각나게 하는 대목이 있어서 나도 모르게 울었답니다. 부모가 우는 모습을 보이는 건 아이에게 끔찍한 경험일까요? 아이에게 큰 충격이 됐을까요?"

A 부모에게 행복하거나 슬프거나 하는 감정이 있고, 감정 표현을 두려워하지 않는다는 걸 아이에게 보여 주는 것은 아이에게 크게 도움이 된다. 감정이란 마음속에 꼭꼭 감추어 자물쇠를 채워 두고 사랑하는 사람에게조차 드러내서는 안 되는 것이라고 여기면서 자라는 아이들은 정서적으로 장애가 생길 수 있다.

그러나 뚜렷한 이유 없이 눈물이 흐르는 걸 보게 되면 아이가 혼란스러울 수 있으므로 간단히 설명해 주는 것이 좋다. "돌아가신 할아버지가 생각나서 잠깐 슬펐단다. 엄마는 할아버지가 너무 보고 싶어서 눈물이 난 거야. 하지만 이제 괜찮아. 우리 딸 꼭 안고 있으면 기분이 좋아질 것 같아. 아, 이제 책 마저 읽을 수 있겠다."

> **둘만의 시간**
>
> 온 가족이 함께하는 시간만큼 행복한 시간도 없을 것이다. 하지만 1대1로 즐거운 시간을 보내는 것도 가족의 단란함을 유지하는 데 도움이 된다. 가족의 수가 많든 적든, 모든 식구가 '부모 한 명과 자녀 한 명'이 짝을 이루어 둘만의 시간을 갖는 것이 좋다. 부모와 자녀가 매주 돌아가면서 1대1의 시간을 보낼 수 있도록 일정을 계획한다. 아이와 동네 음식점에서 아침을 먹거나, 피자 가게에서 점심이나 저녁을 먹는다. 오후에 수영장이나 극장에 가고 아이스크림을 먹는다. 집에서 함께 과학 실험을 하거나 미술 작품을 만든다. 이렇게 아이가 좋아하는 일들을 할 수도 있고, 가끔씩 정원 가꾸기나 들새 관찰하기처럼 부모가 좋아하는 활동을 계획할 수도 있다.

그러나 자꾸만 감정에 빠져들게 된다든지, 눈물을 흘리다가 점점 큰소리로 울게 된다든지, 하루 중 많은 시간을 울적한 상태로 보낸다든지, 부모의 행동에 아이가 놀라는 것 같다면 비통함을 달래기 위해 도움을 구한다.

부모의 의견 충돌

Q "남편과 저는 많이 싸우는 편은 아니지만, 가끔 아이 앞에서 싸울 때가 있어요. 의견 충돌을 해결하는 것이 건강하다는 건 알지만, 아이 앞에서 싸워도 괜찮을까요?"

A 어떤 식으로 얼마나 자주 싸우느냐에 따라 다르다. 언쟁이 잦지 않고 올바른 갈등 해결의 귀감이 된다면, 즉 중간에 말을 자르지 않고 서로의 의견과 불만사항을 귀 기울여 들어주는 등 상대방과 상대방의 생각을 존중하고 서로의 의견을 주고받으며, 욕설이나 파괴적인 비난, 신경을 건드리는 말, 굴욕, 비아냥, 폭력에 의지하지 않고 현명하게 타협한다면 부모의 의견 충돌은 결혼 생활과 아이 양육 모두에 도움이 된다. 서로를 아낄 때조차 부부끼리도 의견이 안 맞을 수 있고, 의견 충돌은 관계에서 생산적이고 긍정적인 힘이 될 수 있다는 사실을 아이에게 이해시킬 수 있다면, 더할 나위 없이 귀중한 인생의 교훈을 전달하게 될 것이다. 모든 의견 충돌을 비밀로 유지하게 되면, 아이는 인간관계에 대해 비현실적인 기대를 갖고 자랄 수 있다.

건설적인 의견 충돌이 되려면 다음 규칙을 지켜야 한다.

첫째, 가끔 벌어지는 사소한 말다툼이 일상적인 언쟁으로 이어져서는 안 된다.

둘째, 아이를 불안하거나 불편하게 만들 만한 문제, 사랑받지 못한다고 느낄 수 있는 문제에 대해서는(가령 아이의 행동에 대한 문제, 사랑하는 할아버지의 흡연 문제, 결혼 생활이나 재정적인 문제 등) 아이 앞에서 언쟁하지 않는다.

셋째, 파괴적이고 부정적인 언쟁을 삼간다. 신경질적인 목소리, 방문을 쾅 닫는다든지 주먹으로 벽을 치는 등 감정을 상하게 만드는 행동은 결혼 생활뿐 아니라 아이의 안정감을 서서히 갉아먹을 수 있으므로 삼가야 한다.

넷째, 언쟁의 가장 중요한 부분을 잊어서는 안 된다. 항상 입맞춤과 화해로 언쟁을 마무리해, 이렇게 다투지만 여전히 서로를 사랑한다는 사실을 확인해야 한다.

육아와 가사 분담

Q "남편과 저는 둘 다 직장 생활을 해요. 그런데 육아와 가사를 저 혼자 도맡아 하는 것

같습니다. 힘든 일을 혼자 다 하고 있으려니 이용당하는 것 같은 기분이 들어 화가 나지만, 어떻게 남편을 설득해서 일을 분담할 수 있을지 잘 모르겠습니다."

A 그래도 요즘 아빠들은 과거 아빠들에 비해 집안일을 많이 하는 편이다. 육아, 요리, 청소 같은 전통적으로 여성들이 담당하던 영역에 아빠들이 참여하는 걸 보면 장족의 발전을 이룬 건 확실하다. 요즘 아빠들은 기저귀 갈기, 밥하기, 쓰레기 분리수거, 단추 꿰매기 같은 일을 윗세대보다 더 자주 더 능숙하게 해낸다. 그럼에도 불구하고 여성들이 하는 일에 비하면 아직 평균에도 한참 못 미친다. 연구 결과에 따르면 엄마가 전업주부인 가정에서 아빠가 양육과 가사를 분담하는 비율은 10% 미만이라고 한다. 부모 둘 다 직장 생활을 하는 경우, 아빠들이 육아와 가사를 담당하는 비율은 20~30% 사이로 더 비율이 높지만, 거의 대부분의 일을 엄마들 혼자 짊어지고 있다는 사실에는 변함이 없다.

이런 불평등이 계속되는 이유는 여러 가지다. 첫째, 문화적인 습관은 바뀌기가 어렵다. 집안일과 양육은 태초부터 '여자들 일'로 여겨져 왔으며, 성장기 동안 대부분의 남자들은 집안일에 손가락 하나 까딱하지 않는 아버지를 보고 자랐다. 둘째, 많은 남자들은 기본적으로 이런 역할에 자신이 없다. 더구나 많은 여자들이 '남편'이 이런 일을 거들 때마다 혹평을 하고, 지나치게 비판을 가함으로써 부지불식간에 이런 자신 없는 감정을 키운다. 셋째, 여자들은 혼자 너무 많은 일을 도맡아 한다고 불평을 하면서도 상황을 개선하기 위한 노력은 좀처럼 하지 않는다. 배우자와 머리를 맞대고 앉아 공평하게 일을 분담하기 위해 고심하기보다, 불합리한 현 상태를 그저 견디고 있을 뿐이다.

하지만 공평하게 일을 분담하는 가정이 영 이룰 수 없는 꿈만은 아니다. 사실상 전 세계의 많은 가정이 이런 꿈같은 일을 점점 현실로 만들고 있다. 내 가정에서도 꿈을 현실로 이루기 위해, 엄마의 정신적 육체적 건강을 위해, 그리고 내 아이를 성에 대한 고정관념에 영향을 덜 받는 아이로 키우기 위해 다음 내용을 참고하자. 아버지가 육아와 가사에 참여하는 모습을 보고 자란 남자아이들은 자라서 공평하게 일을 분담할 가능성이 높다.

회담을 갖는다 부모 두 사람 모두 머리가 복잡하거나 바쁘지 않을 때 회의를 소집한다. 전투적인 방식으로 감정을 표현하지 말고, 끝까지 차분하고 이성적인 태도를 유지하기 위해 최선의 노력을 다 한다. 혼자 집안일을 감당하려니 점점 지치고 우울해진다, 이제 뭔가 방법을 바꿔야 할 때가 된 것 같다고 남편에게 알린다. 육아와 가사에 대한 부담이 어떤 식으로 영향을 미치는지(자꾸만 화를 내게 된다, 혼자만의 시간을 전혀 가질 수 없다, 완전히 지친 상태다.), 남편이 함께 분담하면 가정에 어떤 식으로 긍정적인 변화가 일어날지(부부가 단둘이 보낼 시간이 많아질 거다, 아빠와 아이가 더 강한 유대를 갖게 될 거다, 가정적인 남성이라는 역할 모델이 있다는 건 아이에게 도움이 될 거다.) 구체적인 예를 제시한다.

협력 관계를 만든다 집안일과 육아에 '공동 협력자'가 되는 건 남편을 '아내의 조수'로 삼는 것보다 훨씬 근사한 일이며, 이런 협력 관계는 상하 관계보다 생산적일 가능성이 높다. 남편에게 일을 위임하고 남편은 위임 받은 일을 충실히 수행하기보다, 협력 관계 차원에서 공동으로 일을 진행한다.

의무를 분담한다 협력 관계는 각각의 협력자가 가장 잘 알고 가장 잘 하는 일을 담당할 때 가장 성공적이다. 아내는 청소기를 잘 돌리고 남편은 걸레질에 대단한 소질을 보이거나, 아내는 취침 전 아이에게 책을 읽어 주는 데에 타의 추종을 불허한다면, 남편은 목욕시키기에 둘째가라면 서러워할지 모른다. 또한 남편이 한 번도 해 본 적 없는 분야에 능력을 입증해 보일 기회도 필요하다는 사실을 염두에 둔다. 지금까지는 남편이 주방에서 보여 줄 수 있는 기량이라곤 시리얼에 우유를 붓는 것이 고작이었을지 모른다. 그러나 몇 권의 요리책과 함께 조금만 기회를 준다면 요리의 장인이 될지 모른다. 아직 아이에게 약을 먹이거나 체온을 재 본 적이 없더라도, 마침내 최고의 나이팅게일로 거듭 등극할지도 모른다.

비판을 삼간다 육아와 집안일을 남편 스스로 터득하게 한다. 남편은 자신의 실수와 성공을 통해 더욱 효율적으로 배우게 되고, 더 빨리 자신감과 유능한 기분을 갖게 될 것이다. 또한 아내의 조수라는 느낌보다는 파트너라는 느낌을 더 많이 갖게 될 것이다.

한 팀이 되어 일한다 혼자 애쓸 때보다 함께 힘을 모을 때 더 즐겁고, 따라서 성공 가능성도 더 높다. 그러므로 가사와 육아에 함께 참여한다. 남편이 청소기를 돌리면 아내는 걸레질을 한다. 아내가 과일 껍질을 깎으면 남편은 잘게 썬다. 아내가 다림질을 하면 남편은 옷을 갠다. 아내가 아이 목욕을 시키면 남편은 아이 잠자리를 봐 준다.

50-50을 목표로 하되 융통성을 갖는다 노동을 공정하게 분담한다고 해서 파트너 각자가 항상 정확히 50%씩 임무를 나눌 필요는 없다. 각자의 업무 일정, 기술, 그날그날 가족에게 필요한 일과 급한 사정에 따라 공정함이라는 개념이 조금씩 달라질 수 있다. 아내가 70%를 일하고 남편은 30%를 일하는 날이 있을 테고, 남편이 60%를 일하고 아내가 40%를 일하는 날도 있을 것이다. 그때그때 상황에 맞추어 어느 정도 균형이 이루어진다면 끊임없이 계산기를 두드리지 않도록 하자.

일정대로 지킨다–혹은 일정을 느슨하게 짠다 누가 저녁을 요리할 차례고 누가 도시락을 쌀 차례인지 일일이 따질 필요 없이, 가사와 육아의 담당 분야를 미리 계획하길 더 좋아하는 부부가 있는 반면, 그때그때 되는 대로 움직이길 더 좋아하는 부부도 있다. 두 사람이 각자 일관되게 자기 몫을 담당하는 한 어떤 방법이든 가정에 효율적인 방식을 선택한다.

모두가 하기 싫은 일은 교대로 한다 혹은 제비뽑기를 한다. 상추를 씻고 말리는 일이든 아이 머리를 감기는 일이든, 다른 사람보다 유독 내키지 않는 일이 있고, 아무도 하고 싶지 않은 일도 있다. 하기 싫은 일을 한 사람에게만 강요하지 않기 위해 교대로 돌아가면서 하거나 제비뽑기나 가위바위보로 결정하면 억울한 기분이 덜 할 것이다.

일의 양을 조금씩 줄인다 할 일이 너무 많아서 두 사람이 분담하는데도 그 일을 다 해 내지 못한다면? 뭔가 대책을 세워야 한다. 어떤 일을 줄일지 둘이 합심해서 의논한다. 다림질을 줄일 수도 있고, 책꽂이의 먼지를 닦는 일을 생략할 수도 있다. 단, 아이와 함께 보내는 시간, 부부가 단둘이 보내는 시간, 온가족이 함께하는 시간은 줄여서는 안 된다.

최후의 수단으로 파업한다 집안일을 공평하게 분담하자고 분명하게 의견을 말해 봤지만, 여전히 불공평한 상태에서 벗어나지 못하고 있다면? 평화 시위로 주장을 관철한다. 배우자의 옷 세탁에서부터 설거지, 잠자리 정돈, 장난감 정리, 욕실 정리까지 모두 중단한다. 당분간 아무 일도 하지 않고 내버려 두면 아내가 얼마나 많은 일을 해왔는지 드러날 것이다. 그런 다음 남편에게 협조해 달라고 설득한다.

─ 부모가 몸이 아플 때

Q "독감에 걸렸어요. 그 바람에 하루 종일 재채기도 하고 열도 나고 기분도 엉망이랍니다. 아이한테 옮길까 봐 걱정은 안 돼요. 제가 아이한테 옮았거든요. 하지만 온종일 아이 뒤를 따라다녀야 하는데 무슨 수로 독감을 낫게 하지요?"

A 부모가 독감에 걸리면 더 이상 최상의 환경에서 간호를 받을 수가 없다. 가만히 침대에 누워 있으면 누가 죽을 떠먹여 주는 것도 아니고, 하루 종일 아무 일도 안 하고 티슈 한 상자 옆에 낀 채 비디오만 볼 수 있는 상황도 아니며, 여기저기 리모컨만 누를 뿐 달리 책임질 일은 아무것도 없는 팔자 좋은 신세는 더더구나 아니다. 더구나 토들러와 단둘이 집에 있게 되면 상황은 더욱 최악이 될 수 있다. 어린아이들은 아픈 게 뭔지 잘 모르고, 따라서 아픈 사람이 얼마나 힘든지 알지 못한다. 특히나 아픈 사람이 부모인 경우, 아이들은 늘 받아 오던 부모의 관심과 보살핌을 제대로 받지 못해 불만이 커진다.

그러나 부모가 독감에 걸리면 최소한 아이에게 관심과 보살핌이 필요한 만큼 부모에게도 휴식이 필요하고, 빨리 호전되길 원한다면 더욱 충분히 휴식을 취해야 한다. 누군가 집에 와 줄 수 있다면 혹은 낮 동안 아이를 친구나 친척 집에 보낼 수 있다면, 이 기회를 꽉 붙잡는다. 그럴 상황이 안 되고 아이와 단둘이 집에 붙어 있어야 한다면, 빨리 회복하기 위해 최대한 오래 침대에 누워 있어야 한다고 아이가 이해할 수 있는 쉬운 말로 설명해 아이의 협조를 구해 본다. 아이가 아팠을 때 얼마나 괴로웠는지, 놀고 싶은 생각조차 나지 않을 만큼 얼마나 힘들었는지 상기시킨다.

아이가 착하게도 부모에게 덜 보채면 좋겠지만, 그럴 기미가 보이지 않더라도 다 죽어가는 사람처럼 행동해 아이에게 죄책감을 심어 주려 해서는 안 된다. "엄마가 이렇게 아픈데 단 10분도 가만히 누워 있게 하질 않는구나!"처럼. 아이는 아직 토들러일 뿐임을 기억하자. 대신 재미있게 상황을 설정해 아이가 덜 보채게 만든다. 아이를 '오늘의 의사 선생님'으로 임명하고 엄마는 환자를 하겠다고 한다. 이렇게 하면 아이는 자신이 중요한 사람이 된 것 같고 다 큰 어른처럼 생각되어 보다 협조적이 될지 모른다. 그리고 이런 놀이가 당분간이나마 아이를 바쁘게 만들어 줄 것이다. 병원놀이 도구에서 청진기와 혈압계 밴드를 꺼내 엄마를 진찰하게 한다. 베개를 불룩하게 만들고, 이불을 반듯하게 정리하며, 엄마의 이마를 만져 보게 하고(그런 다음 아이의 이마를 만지게 하면 차이를 느낄 수 있을 것이다.), 리모컨이나 잡지를 가지고 오게 한다. 침대에 누워 안정을 취하도록 지시하게 해도 좋겠다. 그러나 부모가 복용하는 약물을 가지고 오게 한다든지, 침대 옆에 두게 해서는 안 된다. 표면상 어린이가 열지 못하게 되어 있는 용기라도 토들러에게 반드시 안전한 것은 아니다. 덧붙여 말하자면, 감기약을 복용할 경우 맑은 정신으로 아이를 돌볼 수 있도록 비진정형 약물을 복용해야 한다.

텔레비전이 있고 편안하게 누울 수 있는 공간이 있는 방을 병실로 삼는다. 마음 같아선 연속극을 보고 싶겠지만 아동용 비디오를 꺼내거나 어린이 채널에 고정시킨다. 그리고 이날만큼은 '텔레비전을 너무 많이 본다.'고 걱정하지 않도록 한다. '병실'에 필요한 비품, 예를 들면 물티슈, 따뜻한 수프나 따뜻한 오렌지에이드를 담을 보온병, 오래 두고 먹을 수 있는 아이 간식과 오렌지 주스 팩, 책 몇 권, 퍼즐, 크레파스와 종이, 장난감 등 아이의 놀이 도구 같은 것을 갖춰 둔다. 나보다 훨씬 건강한 남편에게 아이가 먹을 샌드위치를 만들어 냉장고에 채워 넣어 달라고 부탁하면, 나중에 아이 점심을 차리느라 주방에서 힘들게 고생하지 않아도 된다.

부모가 아이는 아직 걸린 적 없는 바이러스성 질환에 걸린 경우 아이도 같은 질환에 걸릴 수 있다. 그럴수록 아이에게 전염 가능성이 있는 질병에 대해 기본적인 내용을 설명하고, 656쪽의 질병 예방 조치를 취하는 것이 바람직하다.

육아에 대한 견해가 달라요

Q "아내와 저는 육아 문제에 대해 많은 부분에서 견해가 다릅니다. 그 바람에 우리 딸의 생활에 도대체 일관성이 없고, 딸 문제로 자주 말다툼이 오갑니다."

A 다른 면에서는 공통점이 아주 많은 부부들도 육아 철학에 대해서만큼은 공통되는 기반을 찾기 힘든 경향이 있다. 어쨌든 남편과 아내가 육아에 대해 동일한 배경 지식을 지닌 경우는 거의 드물다. 아내와 남편이 서로 다른 성장 과정을 거친 만큼 육아에 대한 견해도 서로 다르기 마련인데, 그 바람에 자녀를 키우는 방식을 놓고 종종 의견 충돌이 일어나게 되는 것이다.

<u>그러나 양육에 관한 부모의 논쟁에서 패자는 거의 대부분 아이다. 아이들은 일관성을 좋아한다. 부모가 서로 다른 신호를 보내고, 모순적인 방침을 정하고, 상대방의 방식을 공개적으로 무시하는 모습을 보이면, 아이들은 일관된 육아와 그에 포함되는 안정감에서 멀어질 수밖에 없다.</u>

이런 저런 영역에 대해, 가령 취침 시간, 훈육 방식, 식사 문제 등에 의견 차이가 생기는 건 불가피하지만 파괴적인 결과로 이어져서는 안 된다. 논쟁으로 인해 아이에게 피해가 가기 전에 논쟁을 해결할 수 있도록 다음 방법을 시도해 보자.

* **미리 의논한다** 의견 충돌이 일어나기 전에, 의견 충돌이 날 때는 어떻게 해결할지 결정한다. 다음 제안을 참조한다. 그런 다음 갈등 해결을 위한 방침을 고수한다.
* **아이 앞에서 의견 차이를 보이지 않는다** 아이에게 직접 영향을 미치지 않는 문제에

대해서는 가끔 아이 앞에서 싸우는 것도 모두를 위해 건강한 방법이지만, 다름 아닌 아이 문제로 아이 앞에서 싸우게 되면 아이를 혼란스럽고 속상하게 만들 수 있으며 죄책감을 일으킬 수 있다. 그러므로 이런 갈등은 아이 모르게 해결한다. 그렇지만 침대에까지 가지고 가지 않는다. 그 자리에서 결론이 나야 하는 경우, 나중에 자세하게 협상할 수 있을 때까지 일단은 해당 문제에 대해 가장 확고한 의견을 지닌 사람을 따르기로 하는 등, 만일의 사태에 대비한 갈등 해결 방침을 지킨다.

* **안전을 우선한다** 자녀의 건강이나 안전, 공정성에 대한 문제는 각자의 견해를 바탕으로 결정하거나 타협할 문제가 아니다. 아이를 더 건강하고 안전하게 지키는 방법, 더 공정한 방법에 대해 배우자와 서로 의견이 다르다면, 이 책이나 다른 육아서를 참고하거나 아이의 담당 의사에게 의견을 구한다.

* **타협한다** 대체로 중간 지점을 찾으면 의견의 일치를 볼 수 있다. 예를 들어 남편은 아이가 스스로 장난감을 정리해야 한다고 생각하는 반면, 아내는 그러기에는 아이가 너무 어리다고 생각하는 경우, 부모의 도움으로 아이가 장난감을 정리하는 방식으로 타협안을 찾을 수 있다. 의견 차이가 나는 이유가 각자의 가족 전통이 서로 다르기 때문이라면 각자의 오래된 전통 가운데 일부를 접목시키거나 완전히 다른 기준을 바탕으로 새로운 가족 전통을 만드는 방법을 고려한다.

* **책임의 소재를 나눈다** 부모 각자가 가장 중요하게 여기는 부분을 담당한다. 남편은 예절을 중요하게 여긴다면 아이가 식탁에서

허리의 통증 완화

아이가 제법 걷기는 하지만, 아직 아이를 안고 다니는 일에서 완전히 해방되지 못했을 것이다. 아이를 안으면 허리에 무리가 많이 간다. 허리 통증을 완화하는 요령을 알아보자.

* 가능하면 아이를 걷게 한다(355쪽 참조). 그러나 아이를 걷게 하는 일이 부모자식간의 권력 다툼이 되어서는 안 된다. 그렇게 되면 아이는 더 자주 "안아 줘!"라며 떼를 쓰게 될 것이다.
* 올바른 자세로 안아 올린다. 아이를 안아 올릴 때는 허리가 아닌 무릎을 구부리고 등이 아닌 두 팔과 다리를 이용해 들어 올린다. 다른 물건을 들어 올릴 때에도 마찬가지다.
* 올바른 자세로 안고 다닌다. 처음에는 옆으로 안는 게 편하게 느껴질지 모르지만, 장시간 옆으로 안지 않도록 한다. 이런 자세는 허리 근육과 척추에 무리가 가고, 특히 몸을 돌리고 비틀 때에는 더욱 압박이 가해질 수 있다. 옆으로 안을 때는 안는 위치를 좌우로 바꿔 준다.

아이를 몸에 바짝 밀착시켜도 허리에 가해지는 압박이 덜하다. 오래 걸을 때는 업는 방법이 가장 좋다.

* 걷는 자세에 주의한다. 골반을 앞으로 밀고 척추를 최대한 똑바로 세운 자세에서 걷는다. 유모차 손잡이가 너무 짧다면 길게 늘이는 장치 한 쌍을 구입한다. 장시간 서 있을 때는 한쪽 발을 의자 위에 올리고 무릎을 구부린다. 장시간 앉을 때는 등받이와 팔걸이가 있고 좌석이 딱딱한 의자에 앉고, 무릎을 살짝 들어 올린 자세를 유지한다. 필요하면 발 받침대를 이용한다. 잠을 잘 때는 딱딱한 매트리스 위에서 옆으로 누워 무릎을 구부린다.
* 허리를 지지하는 복부 근육 강화 운동을 한다. 대개 골반 기울이기(골반을 앞으로 민다), 변형된 다리 들어 올리기(양 무릎을 구부리고 한 번에 다리 하나씩 들어 올린다), 윗몸 일으키기(머리와 어깨를 바닥에서 들어 올리되 수직이 될 때까지 들어 올리지 않는다.) 같은 운동이 권장되며, 비디오를 통해 배우는 것이 가장 도움이 된다.

어떻게 행동해야 하는지 규칙을 정한다. 아내는 식단과 건강을 중요하게 여긴다면 식탁 위에 어떤 음식을 올릴지 결정할 책임은 아내에게 맡긴다.

* **배우자에 대해 나쁘게 말하지 않는다**
"네 엄마는 네 얼굴도 제대로 씻길 줄 모르는구나."라거나 "네 아빠는 뭐 하느라 네 책 한 권 읽어 주는 데 이렇게 꾸물거리는 거니."라는 식으로 불만을 말하지 않는다. 아무리 작은 소리로 웅얼거린다 해도 아이의 눈앞에서 배우자의 권위를 악화시킬 뿐 아니라, "아빠는 엄마를 존중하지 않는구나."처럼 다른 달갑지 않은 메시지도 같이 전달하게 된다. 이렇게 아이 앞에서 결점을 들추고 흠을 잡는 모습을 보이게 되면, 아이가 비판적이고 너그럽지 못한 모습을 본받아 사람들을 부정적인 시선으로 바라보게 될 것이다.

* **가끔은 져 준다** 어떤 문제들은 쟁점으로 삼을 만한 가치가 없는 것들도 있다. 아이와의 충돌에 대해서 뿐 아니라 배우자와의 충돌에 대해서도 마찬가지다. 가끔은 언쟁을 벌이지 말고, 약점을 불평하지도 말고, 그냥 져 주면 상황이 훨씬 편안해질 수 있고, 나중에 배우자가 내 의견을 더 잘 받아들이게 될 것이다.

* **서로의 통찰력을 통해 기꺼이 배운다** 대부분의 시간을 아이와 함께 보내는 부모가 아이에 대해 가장 잘 알 수도 있지만, 때로는 너무 가까이 지내기 때문에 객관적인 시각을 잃을 수도 있다. 마음을 열고 서로의 의견에 귀를 기울이면 생각보다 많은 것을 알게 될 것이다. 그리고 아이 역시 소중한 사실을, 즉 부모가 서로의 의견을 존중한다는 사실을 배우게 될 것이다.

* **일관성을 지킨다** 육아 문제에 대해 아무리 협의가 잘 이루어졌다 하더라도 정작 아이에게 규칙을 적용할 때 일관성이 없으면 아무 소용이 없다. 아내는 아이에게 식사 전에 손을 씻으라고 강조하는데 남편은 그렇지 않거나, 남편은 아이에게 가구 위에 올라가도록 허용하는데 아내는 그렇지 않다면 아이는 혼란스러울 수밖에 없다. 심한 경우 아이는 제 스스로 무엇 하나 제대로 할 수 없다고 믿으며 시도 자체를 포기할지도 모른다. 그러므로 그 당시에 누가 담당하느냐에 따라 육아 방침을 수시로 이랬다저랬다 바꾸어서는 안 된다.

마지막으로, 대부분의 육아 문제들을 효과적으로 해결해 주는 방법 몇 가지를 명심하자. 각각의 문제에 대처하는 여타의 요령보다 아이의 장래에 더 중요하게 작용하는 이 방법은 바로 평소에 부부가 서로에게 호의적으로 반응하고, 서로 존중하며 타협하는 모습을 보여 주는 것이다.

두 살 미만 아이 둘을 키워야 해요

Q "우리 아들은 이제 돌이 지났는데, 2개월 있으면 둘째를 출산해요. 아이들이 14개월 터울이 지는데 이만저만 걱정이 아닙니다. 기저귀 가방 하나면 될까요? 이제 전 어떻게 돌아다니죠? 아기 침대를 안 사고 버틸 방법은 없을까요? 도와주세요!"

A 두 살 미만 아이 둘을 키울 생각을 하면 다른 걱정을 보태지 않더라도 엄청난 스트레스를 받을 것이다. 그러므로 무엇보다 먼저 너무 겁에 질리지

않도록 마음을 잘 다스리는 것이 중요하다. 수많은 부모들이 아이 둘을 키워야 하는 엄청난 난관을 성공적으로 잘 극복했고, 거뜬히 살아남아 과거 일을 웃으며 회상한다.

앞으로 몇 년간 여유 있게 공원을 산책할 일은 꿈도 못 꾸겠지만, 미래를 현실적으로 예상해 계획을 잘 세우고 꼼꼼하게 준비하면 육아라는 긴 여정이 조금 덜 험난해질 것이다. 많은 행운과 도움 외에도 다음과 같은 내용들이 필요할 것이다.

큰아이용 아기 침대 큰아이가 아직은 일반 침대에 적응할 준비가 안 되어 있겠지만, 곧 충분히 적응할 만큼 자랄 테니 아기 침대를 하나 더 들일 필요는 없다. 어린이용 침대로 전환할 수 있는 아기 침대를 알아본다. 동생 때문에 자기 침대에서 쫓겨난다는 생각을 하지 않도록, 지금 침대를 구입해 사용하게 하면 동생이 태어날 무렵에는 새 침대를 편안하게 느낄 것이다. 큰아이만을 위한 '새롭고 특별한' 침대라며 좋게 말해 준다.

2인용 유모차 14개월쯤 되면 큰아이가 걷긴 하겠지만, 외출할 때 아이의 걸음마에 의지할 수는 없고 그래서도 안 된다. 이런 경우, 어린 토들러에게 장거리를 걸으라고 하는 건 부당하다. 토들러의 키로는 거의 모든 거리가 멀게 느껴진다. 더구나 아기는 아늑한 유모차에 태워 편안하게 앞장서 가는데, 큰아이는 걸어서 타박타박 따라오게 하는 건 너무나 불공평하다. 이럴 때 이상적인 해결책은 2인용 유모차를 이용해 부모 한 사람이 동시에 두 아이를 태워 밀어 주는 것이다. 지금 당장 2인용 유모차를 이용할 수 있고(좌석을 뒤로 기울이고 신생아의 머리가 한쪽으로 푹 쓰러지지 않도록 하기 위해 푹신한 머리 지지대를 장착한다), 큰아이가 오래 걸을 수 있을 뿐 아니라 기꺼이 걸으려고 할 때, 즉 최소한 두세 살까지 죽 계속해서 이용할 수 있다. 새 유모차를 구입하길 원하지 않으면 지금 중고 유모차를 알아본다. 놀이터에서 아기 엄마들에게 물어보거나, 아이가 다니는 병원 게시판이나 인마트의 게시판에 공지를 올린다. 신문이나 인터넷, 오프라인 벼룩시장을 찾아보거나 중고 어린이 상점을 살펴본다. <u>2인용 유모차의 덩치가 너무 크면 아기 캐리어를 이용해 부모가 신생아를 안고, 큰아이를 일반 유모차나 쇼핑카트에 태운다.</u>

아이들을 자동차에 태울 때는 큰아이는 토들러용 카 시트에, 신생아는 유아용 카 시트에 앉게 해야 한다. 큰아이에게 "이제 형(오빠)이 돼서 앞을 향하는 카 시트에 앉을 수 있구나."라고 추어올려 주면 아이가 변화를 더욱 수월하게 받아들일 것이다. 두 아이 모두 자동차 뒷좌석에 앉히거나, 토들러는 뒷좌석에 신생아는 뒤를 향하는 유아용 카 시트에 앉혀 앞좌석 중앙(조수석에 에어백이 없는 경우)에 앉힌다.

기저귀 가방 안에 넣을 물건들 기저귀 가방 하나에 두 아이의 물건을 넣을 때 좋은 점은 뭐든지 두 개씩 구입할 필요 없이 물건을 같이 사용할 수 있다는 것이다. 특대형 기저귀 가방 하나를 마련한다. 아이 둘을 챙기기에도 벅찬데 가방을 두 개씩 가지고 다니는 건 바람직하지 않다. <u>가방은 최소 세 개의 칸으로 나뉘어져야 한다. 한 칸은 큰아이 물건, 다른 칸은 신생아 물건, 나머지 하나는 공동으로 사용할 수 있는 물건을 넣는다.</u> 칸이 하나 더 있다면 젖은 물건을 넣을 수 있게 방수 처리 되어 있으면 가장 좋고, 그렇지 않다면 튼튼한 비닐봉지 하나를 가방 안에 휴대한다.

이런 유형의 내용들 외에 두 살 미만의 아이 둘을 키울 때 다루어야 할 무형의 내용들도 중요하다.

각각의 아이를 위한 시간 시간이 계속 부족할 때는 각각의 아이와 단둘이 시간을 보내기란 정말 힘들지만, 꼭 필요한 일이다. 요령을 참고해 보자. 한 번에 두 가지 역할을 소화하는 법을 배우는 거다. 동시에 두 장소에 있는 건 현실적으로 불가능하지만, 동시에 두 가지, 혹은 그 이상의 일을 하는 건 현실적으로 가능하다. 동생에게 젖을 물리는 동안 큰아이에게 책을 읽어 주거나, 동생이 낮잠을 자는 시간에 큰아이와 함께 퍼즐을 맞추거나, 기저귀를 갈아 줄 때 두 아이 모두에게 노래를 불러 준다. 동생이 유모차에 앉아 바깥 풍경을 넋을 잃고 바라보는 동안 큰아이의 그네를 밀어 준다. 부모가 모두 집에 있을 때는 서로 책임을 분담해, 한 사람은 큰아이에게 전념하고 한 사람은 작은아이를 돌본다. 아빠가 아기를 목욕시키는 동안 엄마는 큰아이와 노래를 부르거나, 아빠가 큰아이를 데리고 공원에 나가 신나게 뛰어노는 동안 엄마는 작은아이를 안고 노래를 불러 준다.

큰아이에게 아기가 될 시간을 준다 아무리 형(혹은 오빠)이 됐어도 14개월 아기는 여전히 아기라는 사실을 기억해야 한다. 큰아이가 개월 수를 넘어 변기를 이용하고, 장난감을 알아서 척척 정리하고, 이런저런 집안일을 하고, 항상 부모에게 협조적이고 잘 도와주고, 동생을 예뻐하고, 부모가 동생에게 쏟는 시간과 관심을 흔쾌히 받아들이는 등 성숙한 모습을 보일 거라 기대하는 건 너무 일찍, 너무 많은 걸 기대하는 것이다.

아이가 성숙한 모습을 보이면 그때마다 칭찬을 해 주되, 나이에 맞는 행동이나 동생 나이로 돌아가 퇴행하는 모습을 비난해서는 절대로 안 된다. 부모가 많은 인내와 긍정적인 강화를("오빠들은 뽀로로도 볼 수 있어…… 도서관에서 책도 빌릴 수 있어…… 과자랑 우유도 먹을 수 있어.") 통해 아이를 도와주면, 마침내 아이는 더 이상 아기가 아닐 때 갖게 되는 좋은 점들에 눈을 뜨게 될 것이다. 토들러의 퇴행에 대해서는 796쪽을 참조한다.

부모가 본래의 컨디션을 되찾을 시간을 갖는다
아이를 잘 돌보려면, 특히 두 살 미만의 아이 둘을 잘 돌보려면 연습과 시행착오, 그리고 유머 감각이 필요하다. 때가 되면 규칙적인 변화에 적응이 될 테니, 완벽하려고 애쓴다든지 '혼자 다 해 내려'는 함정에 빠지지 않도록 주의한다. 초보 부모들이 종종 그런다. 신경이 날카롭고 매사에 불만족스러운 완전한 부모보다는 편안하고 행복한 불완전한 부모가 되는 것이 더 낫다. 탁자에 이름을 쓸 수 있을 만큼 먼지가 수북이 쌓이면 좀 어떤가.

— 나를 위한 시간

Q "아이를 사랑하지만, 허구한 날 육아 아니면 집안일 사이를 왔다 갔다 하다 보니 제 자신을 돌볼 시간을 조금도 낼 수 없어요. 부모가 되는 게 다 그런 거려니 생각하다가도 가끔씩 억울한 기분이 드는 건 어쩔 수 없군요."

A 효율적으로 일을 하려면 휴식이 필요하다는 건 잘 알려진 사실이다. 기업의 간부도, 회계

담당자도, 프로 운동선수도, 정비공도, 영업 사원도, 변호사도, 의사도, 치과 의사도, 교사도, 그리고 대부분은 그렇지 못하지만 육아의 정서적 신체적 어려움을 감안하면 부모도 마찬가지다. 특히 토들러들을 둔 부모라면 더욱.

다시 말해 쉴 자격이 충분할 뿐 아니라 일의 효율성을 위해서라도 반드시 휴식이 필요하다. 육아를 담당하는 부모들은 취미며 재미를 완전히 배제하고, 오로지 육아에만 매달려서는 안 된다. 극도로 피곤해하면서 분노를 느낀다면 좋은 부모가 될 수 없으며, 괴로워하는 모습을 보인다면 아이에게 바람직한 역할 모델이 될 수 없다. 최고의 부모, 최고의 역할 모델이라면 편안하고, 제법 만족스러우며, 적어도 어느 정도 성취감을 느낄 수 있어야 한다. 또한 아무리 어린아이라도 부모가 스스로를 돌보는 모습을 보면서 자라는 것이 중요하다.

물론 하루하루가 바쁜데 그 와중에 자신을 돌볼 시간을 찾기란 쉬운 일이 아니다. 824쪽의 요령을 참고해 시간을 더욱 효율적으로 계획한다면 나를 위해 어느 정도 시간을 내는 데 도움이 될 것이다. 배우자나(810쪽 참조) 유급 도우미, 친구에게 어느 정도 도움을 받아도 좋겠다.

조금이라도 시간을 만들었다면 이 시간을 잘 사용해야 한다. 헬스클럽이나 재테크 관련 학원에 다니든, 낮잠을 자든, 시내에서 즐겁게 시간을 보내든, 찜질방을 가든, 강아지를 데리고 오래 산책을 다녀오든, 수채화를 그려 보든, 롤러브레이드를 배워 보든, 뭘 하든 나에게 즐거운 일을 한다.

무엇보다 긴장을 풀고 이 시간을 즐긴다. 소중한 아이와 이런저런 책임들에서 벗어나는 이런 귀한 시간을 갖길 주저하지 말고, 나만을 위한 시간을 갖는다고 죄책감을 느끼지도 말자. 이런 시간을 누릴 자격이 충분하고, 그러고 나면 더 효율적으로 아이를 돌볼 수 있을 것이다.

── 직장 생활에 죄책감이 느껴져요

Q "저는 일을 좋아해요. 그리고 딸하고 하루 종일 집에만 있으면 미쳐버릴 것 같아요. 직장 생활을 계속하기로 한 제 결정에 만족해야 한다는 걸 알지만, 어쩔 수 없이 죄책감이 느껴집니다. 특히 집에서 아이를 돌보는 다른 엄마들을 볼 때는 더더욱이요."

A 나는 나다. 다른 엄마들하고 비교하지 말자. 그리고 다른 부모와 다른 아이들에게 좋은 점이 반드시 나와 내 아이에게도 좋으라는 법은 없다. 그 반대도 마찬가지다. 아이의 행복과 만족에 가장 중요한 것은 바로 부모의 행복과 만족이다. 직장에서 일을 해야 행복과 만족을 느낀다면 나 자신뿐 아니라 아이를 위해서도 그렇게 해야 한다.

그리고 일을 하기로 한 결정이 장차 어떤 식으로든 아이에게 해를 미칠 거라고 생각하지 않도록 한다. 최근 연구 결과에 따르면 다른 모든 상황이 정확히 동등한 경우, 엄마가 직장 생활을 하는 아이들이 엄마가 집에 있는 아이들보다 감정적으로 상처를 더 많이 받거나 정서적으로 덜 안정되지 않으며, 사교적으로나 학업 면에서 대등한 성과를 보인다고 한다. 그러므로 죄책감을 갖지 말고, 여러 가지 기회가 열려 있는 이 세대 여성의 한 명으로 스스로를 행복하게 해 줄 기회를 선택할 수 있게 된 것을 행운으로 여기자.

── 하루 종일 아이 곁에 있고 싶어요

Q "아이가 생후 6개월이 될 때부터 직장에 복직했어요. 이제 돌이 지났는데, 저는 매일같이 눈물 바람이랍니다. 정말이지 아이 곁을 떠나기 싫고 아이가 너무너무 보고 싶어요. 제가 직장을 그만두면 집안 경제가 빠듯하리라는 걸 잘 알지만, 그래도 어찌어찌 살아지지 않을까 하는 생각도 들어요. 그러다가도 제가 전업주부로 있으면 페미니스트로서 제 이상을 저버리는 것만 같아 마음에 걸려요."

A 많은 경우 페미니즘의 가장 중요한 목적은 선택을 제한하는 것이 아니라 확장하는 데 있다. 직장 생활을 원하는 여성이 집에만 있도록 강요당해서는 안 되는 것과 마찬가지로, 아이와 함께 집에 있길 원하는 여성이 억지로 직장 생활을 해서도 안 된다. 아이와 함께 집에 있기로 결정했다고 해서 페미니즘에 어긋나는 행동을 하고 있다고 생각할 이유는 없다. 다만, 여러 가지로 운이 좋다고는 생각할 수 있겠다. 아무리 간절히 원해도 그런 선택을 할 정도로 여유 있는 여성은 많지 않으니까.

<u>그러므로 내가 옳다고 생각하는 대로 밀어붙이고 행동으로 옮긴다. 집에 있어 보다가 집안 형편이 힘들다거나 일을 통해 느끼는 활기가 그립다면 822쪽의 타협안을 고려해도 좋겠다.</u>

── 집에서 아이만 돌보고 있으려니 불안해요

Q "대체로는 집에서 아이를 돌보는 생활이 아주 만족스러워요. 하지만 가끔 창가에 서서 직장에 가는 다른 부모들을 바라보고 있으면, 내가 인생을 제대로 살고 있는 건가 하는 생각이 들어요."

A 육아는 경력이 인정되는 일이 아니다. 점심시간도 쉬는 시간도 없이 하루 종일 동동거리며 힘은 힘대로 들지만, 승진이 되는 것도 아니다. 내 돈으로 고스란히 건강보험료를 내야 하고 휴가가 명시된 고용 계약 같은 것도 없다. 그러나 하루 종일 육아에 전념하는 것은 최소한 직장일 못지않게 가치 있는 일이다. 사람을 키우고 교육시키는 일보다 더 중요한 일이 어디에 있겠는가?

그럼에도 불구하고 전업주부를 선택한 많은 부모들이 뭔가 다른 일을 더 해야 하지 않을까 하는 생각을 떨치기가 어렵다. 변화라는 추가 흔들릴 때 으레 그렇듯 이런 생각이 나를 너무 멀리 떠밀고 있기 때문이다. 과거 세대 여성들은 직장 생활을 더 원했어도 아이를 낳으면 무조건 집에 있어야 한다고 생각했다면, 오늘날 여성들은 하루 종일 집에서 아이를 돌보고 싶어도 직장에 나가야 한다는 의무감을 갖는다.

<u>아이와 집에 있는 것이 나에게 옳은 선택이라고 생각되면 추를 흔드는 압력에 떠밀려서는 안 된다. 그리고 집에 있기로 결정하든 직장에 복직하기로 결정하든, 어느 정도 동요가 일거나 자기 회의가 드는 건 정상적인 감정이라는 걸 기억한다.</u>

집에 있는 생활이 좋지만 어느 정도 외부의 자극이 필요하다고 생각되면, 나에게 알맞은 대안적 근로 형태(822쪽 참조)를 고려해 본다. 간혹 육아와 직장 일을 병행할 수도 있다.

── 전업주부 아빠

Q "아내가 저보다 급여가 훨씬 많아서, 우리는

아내가 직장에 나가고, 제가 집에서 아이를 돌보기로 결정했어요. 외출할 기회가 많아지고 놀이 모임과 문화 센터에 가기 전까지는 모든 것이 아주 만족스러웠습니다. 그런데 집에서 아이를 돌보는 아빠가 나 혼자뿐이다 보니 뭔가 잘못된 결정을 한 게 아닌가 하는 생각이 듭니다."

A 한 세대 전 아버지들은 생계를 책임지는 가장의 위치에 있었다. 그러나 오늘날은 점점 더 많은 가정에서 아버지들이 전업주부 역할을 선택하고 있다. 엄마의 급여가 더 많아서, 엄마의 편익을 위해서, 아빠가 실직을 당해서처럼 경제적인 이유일 수도 있고, 엄마가 곧 승진할 가능성이 있어서, 아빠가 프리랜서로 일하기로 결정해서처럼 경력을 위해서일 수도 있다. 또 엄마는 집에 있으면 몸살이 나는 반면, 아빠는 집에 있는 걸 좋아하는 것처럼 타고난 소질 때문일 수도 있다. 그리고 대부분의 경우 전통적인 역할이 바뀌어도 전반적으로 생활을 무난하게 해 나간다.

그러나 전업주부 아빠에 대한 생각이 차츰

몸은 직장에, 마음은 집에

아무리 일을 즐기는 부모라도 매일 아침 사랑하는 아이를 집에 두고 직장으로 향할 때는 마음이 많이 아프다. 근무시간 동안 몸은 직장에 있지만 마음만은 아이와 함께하는 방법 몇 가지를 알아보자.

일과를 정한다 일하는 부모들의 하루 일정은 좌절할 정도로 그리고 예측할 수 없을 만큼 정신없이 이루어지기 때문에, 규칙적으로 정해진 일과는 아이뿐 아니라 일하는 부모에게도 편리하다. 아침에 일어나 옷을 갈아입기 전에 침대에 누워 서로 꼭 끌어안고, 함께 아침을 먹으면서 아이가 좋아하는 책을 읽어 주며, 점심시간에 전화 통화를 하고, 퇴근 후에 함께 산책을 한다. 퇴근 후 일과에 대한 자세한 내용은 305쪽을 참조한다.

사랑의 쪽지를 남긴다 아이가 어린이집에 들고 가는 도시락 가방 안에, 아이가 낮잠을 자는 베개 안에 특별한 쪽지를 넣거나 아이 방에 부착한다. 글이나 빨간색 커다란 하트, 꽃, 부모가 아이를 꼭 안아 주는 사진 같은 걸로 부모의 마음을 표현하고 베이비시터나 교사에게 전해 달라고 부탁한다. 하지만 "보고 싶어" 같은 아이가 심란해할 글은 피한다.

아이에게 부모를 생각나게 하는 물건을 준다 부모의 물건 가운데 손수건, 책상 앞에 앉아 있는 부모의 사진, 혹은 아이와 함께 벤치에 앉아 있는 사진, 증명사진, 부모 회사의 펜이나 클립보드같이 아이가 항상 지니고 다닐 수 있을 만한 것을 아이에게 주면 떨어져 있을 때 서로를 좀 더 가까이 느낄 수 있을 것이다. 부모 역시 아이의 물건을 지니면 도움이 된다. 책상 위에 아이가 그린 핑거 페인팅을 올려놓거나, 지갑에 아이가 그린 그림을 넣어 다닌다.

연락한다 전화 통화를 해서 아이가 울지 않는다면, 아이가 집에 있을 때 오전 오후에 짧게 통화한다. 오디오나 비디오를 이용해 책을 읽거나 노래를 불러 주어 아이와 접촉을 유지할 수도 있다.

아이를 직장에 데리고 간다 가끔 아이를 직장에 데리고 가 잠깐 들렀다 온다. 아이에게 직장 동료들을 소개하고 부모가 하는 일, 일하는 장소를 알려 준다. 아이에게 부모의 컴퓨터 키보드를 두드려 보게 하고, 빈 송장에 낙서를 하게 하고, 부모의 의자에 앉게 하는 등, 부모의 일을 '체험'해 보게 한다. 부모가 아침에 집을 나서서 어디로 가는지 알면 아이가 부모와 연결되어 있다는 느낌을 더 강하게 갖게 될 것이다. 아이가 보이지 않아도 늘 마음속에 아이를 기억하고 있다는 걸 알리기 위해, 책상 위에 잘 모셔 놓은 아이의 그림이나 지갑에 고이 간직한 아이 사진을 보여 준다.

점심을 함께한다 아이가 점심시간에 잠깐 들를 수 있을 정도로 직장과 집의 거리가 가깝다면, 일주일에 한 번은 아이와 함께 점심을 먹는다. 그러나 아이가 점심 식사를 마친 후에 다시 베이비시터나 어린이집에 가지 않겠다고 떼를 쓴다면 점심 데이트를 중단한다.

인정받고 존중 받고 있다고는 하지만, 예로부터 내려오는, 그리고 텔레비전에서 보여 주는 전통적인 사고방식은 쉽게 사라지지 않는다. 전업주부를 선택한 아빠들이 주류에 편입되어 이 역할을 보다 편안하게 받아들일 수 있으려면 아마 지금 아이들이 아버지가 된 후에야 가능하지 않을까 싶다.

그러나 놀이터에서, 놀이 모임에서, 평일 아침에 가는 어린이 박물관에서, 토들러 전용 체육 교실에서 아이를 데리고 가는 아빠라는 이유로 몇몇 사람들의 호기심 어린 시선을 받을지도 모른다. 하지만 내가 선택한 이 길이 틀림없이 많은 사람의 존경과 존중을 받고 있다는 사실을 기억하자. 하루 종일 아이를 돌보아 그 고충과 희생뿐만 아니라 만족을 아는 사람이라면 누구도 전업주부 아빠를 하찮게 여기지 못할 것이다. 그리고 아마도 선량한 많은 사람들은 오히려 대단하게 생각할 것이다.

그럼에도 불구하고 많은 엄마들처럼 정신적인 지원군들이 필요하다고 느낄지 모른다. 그러므로 같은 선택을 한 다른 아빠들을 찾아 함께 아버지들이 주도하는 놀이 모임을 만든다. 아이의 담당 의사에게 가까운 지역의 전업주부 아빠들을 아는지, 그들의 연락처를 알려 줄 수 있는지 물어보거나 병원 대기실과 몇몇 집단의 게시판에 공지를 붙인다.

Q "아내가 직장에 나가는 동안 두 아이와 함께 집에서 지냅니다. 저는 이 생활이 정말 좋아요. 하지만 모임에서 사람들이 제게 무슨 일을 하느냐고 물어보면 뭐라고 말해야 할지 참 난처합니다."

A 남자든 여자든 전업주부 부모라는 이유로 난처할 필요는 없다. 육아 전담은 다른 어떤 직업 이상으로 헌신과 노력이 요구되고 사회에 기여하는 바가 크다. 문제는 아직 사회가 이런 현실을 인정하지 않고 있으며, 특히 사교적인 모임 같은 곳에서 만나는 사람들은 더욱 받아들이지 못한다는 사실이다.

자신의 입장을 옹호하는 최선의 방법은 공격을 기꺼이 받아들이는 것이다. 무슨 일을 하느냐고 누가 물으면 서슴지 말고 이렇게 대응한다. "직장을 쉬고 아이를 돌보고 있습니다. 그런데 정말이지 지금까지 해 본 일 중에서 제일 힘든(신나는, 어려운, 매력적인, 교육적인 등등) 일인 것 같습니다." 그런 다음 흐뭇한 일화나 재미있는 일화 몇 가지를 들려주면 듣는 사람들은 어느새 나와 같은 기회를 갈망하게 될지 모른다.

듣는 사람이 여전히 거들먹거리는 반응을 보일 경우 다음과 같이 말해 형세를 역전시킬 수 있다. "물론 모두가 이렇게 할 필요는 없지요. 모든 사람이 좋은 부모가 될 수는 없어요. 하지만 지능, 직관력, 독창성이 상당히 요구되거든요. 정말 힘든 일이지요. 가장 보람 있는 일이기도 해요."

제가 부모라는 생각이 안 들어요

Q "아이가 생후 3개월이 될 때부터 직장에 복직했어요. 아이를 무척 사랑하지만 가끔은 내가 엄마가 맞나, 하는 생각이 들 때가 있습니다. 어쨌든 어린이집 교사들보다도 아이와 함께하는 시간이 적으니 말이에요."

A 불안감은 일하는 부모만의 전유물이 아니다.

하루 종일 아이를 돌보는 부모들 역시 직장 생활을 하는 부모만큼이나 부모로서의 역할에 대해 불안해한다. 더구나 토들러들의 행동은 예측하기 힘들고 이해할 수 없을 때가 많기 때문에, 다른 연령대의 아이들보다 부모의 자신감을 더 크게 저하시킨다.

하루의 대부분을 아이와 함께 보낸다고 해서 반드시 좋은 부모-자식 관계가 보장되는 것이 아니듯이, 하루의 대부분을 떨어져서 보낸다고 부모-자식 관계가 나빠지는 것도 아니다. <u>시간을 효율적으로 사용하면 함께하지 못한 시간을 충분히 보상할 수 있다. 그러므로 아이와 오랜 시간을 함께하지 못한다고 걱정하기보다, 마음을 느긋하게 갖고 아이와 함께 보내는 시간을 최대한 활용한다.</u>

직장 생활과 훈육

Q "제가 퇴근해서 집에 돌아오면 우리 아들은 늘 말을 안 듣고 버릇없이 굴어요. 하지만 저는 너무 피곤해서 아이를 야단칠 기운이 없답니다. 게다가 워낙 아이와 함께하는 시간이 적기 때문에 그 시간을 될 수 있으면 충돌 없이 즐겁게 보내고 싶어요. 그러다 보니 자꾸만 아이를 오냐오냐 받아주게 됩니다."

A 직장 생활을 하는 많은 부모들이 아이와 함께하는 시간이 워낙 짧기 때문에, 그 시간 동안 아이에게 타임아웃제를 실시하길 꺼려하고, 아이가 원하는 일은 웬만하면 다 들어주려 한다. 그러나 어떤 관계든 갈등이 전혀 없는 관달걀

두 마리 토끼 잡기 - 내 형편에 맞게

하루 종일 집에 있는 것도, 하루 종일 직장에 있는 것도 모두 부모의 욕구를 충족시킬 수 없다. 많은 부모들이 마음 같아선 두 가지 다 가능하길 원하며, 재정적으로 여유가 된다면 일과 가정 사이에 바람직한 균형을 제공하는 창조적인 타협안을 찾고 싶어 한다. 아직은 이런 타협안을 주로 이용하는 대상은 엄마들이지만, 일부 아빠들도 서서히 이용하기 시작한다.

천천히 간다 출세를 향해 앞만 보고 달리는 사람들은 자신이 혹은 가족들이 감당할 수 있는 정도 이상의 피로와 신경쇠약, 스트레스로 피폐해질 수 있다. 경력의 사다리를 최소한 아이가 좀 더 클 때까지 조금만 천천히 올라간다면 건강하고 분별력 있는 정신을 유지할 수 있다. 그러려면 근무시간, 출장, 책임을 줄여야 할 테고, 대체로 그에 따라 소득도 줄어들 것이다.

일감 나누기 일을 분담해도 경제적으로 크게 부담되지 않는다면, 경력을 유지하는 동시에 아이와 더 많은 시간을 함께할 수 있는 아주 바람직한 방법이 될 수 있다. 일단 내가 맡은 일을 할 수 있는 자격을 갖추고 있고, 이 일에 관심이 있으며, 신뢰할 만한 사람을 찾아야 한다. 어린아이를 둔 부모를 찾을 수 있다면 가장 좋다. 적격자를 찾았으면 다양한 방법으로 일을 분담할 수 있다. 한 사람은 오전, 한 사람은 오후에 각자 매일 반나절씩 근무할 수도 있고, 이틀 반씩 근무할 수도 있으며, 각자 사흘씩 일해 하루는 같이 근무할 수도 있고, 한 사람은 사흘, 다른 사람은 이틀 근무할 수도 있다.

근무시간 단축제 보통 한두 시간 근무시간을 단축하고 그에 따라 소득을 줄이는 방법을 선택할 수도 있다. 이 방법을 선택하면 좀 더 많은 시간을 집에서 보낼 수 있지만, 많은 근로자들이 근무시간이 단축되더라도 전시간 근무를 할 때와 같은 생산력을 보인다. 이유는 주로 가족과 보내는 시간이 늘어나면서 스트레스가 줄고 개인적인 만족이 늘어나며 녹초가 될 정도로 일하지 않기 때문이다. 근로자 측면에서는 근무시간 자유 선택제보다 불공평할 수 있다. 그럼에도 불구하고

없으며, 특히 토들러와 함께할 때는 더욱 그런 관계를 기대하기 힘들다. 그리고 훈육을 하지 않고 아이를 '오냐오냐' 받아 주는 태도가 부모의 죄책감을 어느 정도 달래 줄 수 있을지 몰라도 이런 접근은 아이에게 득이 되지 않는다.

<u>아이는 할 수 있는 일과 할 수 없는 일, 해야 하는 일이 무엇인지 알 필요가 있다. 한계도 없고 기대도 없는 '자유방임적인' 환경에서 아이는 즐겁게 지내는 것 같아 보이지만, 마음 깊은 곳에서는 뭔가 불안정한 느낌, 보호 받지 못하고 있다는 느낌을 갖게 마련이다(56쪽 참조).</u> 또한 하루 종일 여러 한계를 지키며 생활하다가(어린이집에서 혹은 베이비시터와 함께 생활하면서) 저녁이면 갑자기 '무슨 일이든 허용이 되는' 상황 역시 아이를 혼란스럽게 만들 수 있다. 그리고 아이는 부모의 죄책감을 이용해 부모를 마음대로 조정하는 등, 무슨 짓을 하든 내버려 두는 분위기를 최대한 활용할 수 있다.

그러므로 퇴근해서 돌아오면 아이에게 사랑과 관심을 아낌없이 쏟아 주되, 훈육이 필요할 때는 훈육을 한다. 토들러를 훈육하는 요령은 136쪽을, 퇴근 후 집에 있는 시간을 수월하게 보내는 요령은 305쪽을 참조한다.

Q "아내와 저는 둘 다 직장에 다닙니다. 아내는 그게 무척 미안한지 아이가 늦게까지 안자도 내버려 둡니다. 그런 다음 낮에 아이와 함께 지내지 못하는 걸 보충하기 위해 아이를 안방에서 같이 재우지요. 하지만 저는 이 방법이 옳다고 생각되지 않습니다."

많은 부모들에게는 근무시간 단축제를 선택할 가치가 있다.

파트타임 근무 일 단위든 주 단위든 연 단위든, 계획상으로나 재정적으로 시간제 근무가 가능하다면 어린아이가 있는 근로자에게 큰 장점이 될 수 있다. 파트타임 근로자는 대개 피로해지기 시작해 능률이 떨어지기 전에 근무를 마쳐서 생산력이 상당히 높은 편이라 고용주 입장에서도 장점이 된다. 부모가 직접 시간을 정할 수 있다면 부모와 아이의 사정에 맞추어 최적의 시간을 선택한다. 부모와 아이가 매일 한나절씩 함께 있는 것보다 장시간 죽 함께 있을 때가 즐거운 경우도 있고, 장시간 떨어져 있지 않고 매일 반나절씩 정해진 시간에 함께 있는 것이 더 편안한 경우도 있다.

재택근무 어린아이가 있는 부모들 가운데에는 컴퓨터와 인터넷, 팩스, 전화기 등 오늘날 편의 시설의 도움을 받아 재택근무를 하는 경우도 있다. 집에서 자기 사업을 시작하는 사람도 있고, 현실적인 면에서나 수익 면에서 더 나을 경우 기존에 직장에서 하던 일을 프리랜서로 전환해 일하는 사람도 있다. 대부분의 재택근무자들은 생산성을 유지하기 위해 여전히 육아에 어느 정도 도움을 받아야 할 필요가 있는 한편, 아이가 독립적이거나 협조적인 경우 혹은 일처리가 상당히 체계적이고 능률적이어서 아이가 낮잠을 자는 동안 일을 완벽하게 끝낼 수 있는 경우에는 베이비시터 없이도 그럭저럭 육아와 일을 병행할 수 있다.

상담 업무 역시 주로 재택 기반 근무 형태로, 현장과 지속적으로 연락을 취하면서도 시간을 상당히 탄력적으로 이용할 수 있다.

자원봉사 경제적인 보상이 필요하지 않지만 지적 자극과 사람들과의 관계를 원하는 경우, 시간제 자원봉사 활동이 안성맞춤이다. 특히 어린이 박물관 같은 토들러도 함께할 수 있는 장소라면 더욱 좋겠다.

지속적인 교육 경력 발전을 위해 반드시 직업에만 매달릴 필요는 없다. 어쩌면 지금은 나중의 경력 향상을 위해 교육을 받을 수 있는 절호의 시기일 수도 있다. 보육 시설이 갖추어진 프로그램을 찾아보거나, 수업 시간 동안 베이비시터를 고용하거나, 배우자나 다른 가족이 아이를 돌볼 수 있는 야간이나 주말 교육 프로그램을 찾아본다.

A 좋은 방법은 아닐지 몰라도 흔히들 이렇게 한다. 많은 맞벌이 부모들이 의식적이든 무의식적이든 아이와 함께하지 못하는 시간을 보상하려 애쓴다. 그러다 보니 취침 문제에 대해 확고하게 밀고 나가기가 쉽지 않다. 그러나 이렇게 단호하지 못한 태도를 취하면 몇 가지 문제점이 나타난다. 첫째, 늦게까지 잠을 자지 않는 아이는 건강한 성장과 발달을 위해 충분한 수면을 취하지 못한다. 그리고 그 결과 깨어 있는 시간 동안 짜증이 늘고 기분 좋은 상태를 유지하기 어렵다. 둘째, 부모와 한 침대에서 자는 아이는 혼자 자는 법을 배우기 어렵다. 셋째, 아이가 깨어 있든 잠을

정신없는 생활에서 제정신을 유지하려면

육아가 쉬운 적은 한 번도 없었지만, 요즘에는 맞벌이 부부 가정과 한 부모 가정이 점점 늘어나는데다, 슈퍼 차일드, 슈퍼 부모가 되어야 한다는 압력이 그 어느 때보다 강해 육아가 더욱 힘들어지는 것 같다. 그러나 아무리 정신없는 생활 속에서도 제정신을 유지하는 방법들이 있다.

스트레스를 다룬다 살다 보면 스트레스를 받기 마련이고 특히 아이를 키우는 부모라면 스트레스가 어쩔 수 없는 생활의 일부이기도 하지만, 스트레스를 잘 다스릴 수 있다면 많은 도움이 된다. 일단 일상생활에서 스트레스의 주된 요인들이 무엇인지 목록을 작성한다. 목록을 죽 훑어 보면서 각각의 스트레스 요인들을 얼마나 통제하고 있는지 0점부터 10점까지 점수를 매겨 평가한다.
전혀 통제를 못하고 있는 요인들도 있을 테고(0점), 적당히 통제를 하고 있는 요인들(5점), 상당히 통제가 잘 되고 있는 요인들도(10점) 있을 것이다. 그런 다음 비교적 통제가 잘 이루어지고 있는 스트레스 요인들을 살펴보고(8~10점 사이), 이런 요인들을 어떤 식으로 통제하고 있는지 파악한다. 앞으로 2주 동안 이런 요인들을 반드시 극복하기 위해 노력한다.
특정한 스트레스의 원인을 완전히 제거할 수도 있다. 예를 들어 아이를 돌보도록 고용한 양육자가 영 마음에 들지 않을 경우, 다른 사람을 구하는 방법을 고려한다. 바쁜 직장 일에 육아까지 담당하려니 심신이 극도로 피로한 상황이며 경제적으로 여건이 된다면, 직장을 그만두고 당분간 집에 있거나 파트타임 근무를(822쪽 참조) 고려한다.
대개는 스트레스를 극복할 방법을 찾아야 할 것이다. 아이가 매일 아침 어린이집에 가려고만 하면 짜증을 부린다면, 아이가 적응할 수 있도록 더욱 신경 써서 도와주어야 한다(436쪽 참조). 오후 5시만 되면 완전히 기진맥진해진다면, 이 시간을 차분하게 보낼 수 있도록 조치를 취한다(305쪽 참조). 아이가 자주 분노발작을 일으킨다면, 분노발작이 시작되기 전에 미리 예방하는 방법을 알아본다(376쪽 참조).

체계를 세운다 체계를 세우면 일을 좀 더 수월하게 마칠 수 있고, 그렇게 되면 더 많은 자신감을 얻게 된다. 작은 수첩을 휴대해 그날그날 할 일을 모두 기록한다. 집안일, 자잘한 용무, 쇼핑, 육아 관련 일들, 직장 관련 업무 등을 기록한다. 각각의 내용을 A, B, C로 나누어 중요한 순서대로 나열한다.
A 항목은 꼭 마쳐야 할 일 (어린이집에서 아이 데리고 오기, 저녁에 먹을 요리 재료 구입하기), B 항목은 오늘 안에 마치면 좋지만 내일까지 미룰 수 있는 일(친구가 보낸 선물에 감사 전화하기, 치과 예약하기), C 항목은 필요하면 일주일 안에 마쳐도 되는 일(다음 달 동생의 결혼식에 신을 새 신발 구입하기, 동생 결혼식으로 인해 2주 동안 집에 머물 친척들을 위해 집 정리하기)로 구분한다.
반드시 A 항목의 일을 먼저 실행하도록 계획한다. 여력이 되면 B 항목의 일 한두 가지를 더 한다. A 항목과 B 항목을 다 마칠 때까지 C 항목은 보류한다. 간혹 C 항목의 일을 무한정 연기해도 좋을 만큼 필요성이 거의 없다는 걸 발견할 수도 있다.

카풀이나 대중교통을 이용한다
카풀이나 대중교통을 이용하면 매일 운전하느라 힘들이지 않고 느긋하게 오갈 수 있다. 또한 통근 시간을 이용해 업무를 처리하거나, 쇼핑 목록을 작성하거나, 책을 읽거나, 명상을 하거나, 같이 출퇴근하는 동료와 이야기를 나누면서 스트레스를 줄일 수도 있다.

자든 저녁 내내 아이와 함께 있게 되면, 부부가 대화를 통해서나 육체관계를 통해서 친밀감을 유지할 기회를 크게 방해받는다.

물론 가족이 늦게까지 잠을 안자고 다 함께 한방에서 잠을 자기로 결정하는 데에는 합당한 이유들이 있겠지만, 그 이유 가운데 죄책감이 포함되어서는 안 된다. 가족이 한침대를 사용하는 문제에 대해서는 423쪽을 참조한다. 수면과 관계되는 한계를 없애는 대신, 아이와 보다 오래 함께할 다른 방법을 찾아본다(809쪽 참조). 부모 가운데 한쪽 혹은 양쪽 모두가 아이와 충분히 함께하지 못해 아내가 심각하게 걱정한다면,

---

최대한 도움을 받는다 인적 네트워크를 이용하거나 다른 부모와 연계해 아기 돌보기, 어린이집이나 유치원에 데려다주고 데리고 오기 등을 교대로 실시한다. 협조를 구하거나 부부가 서로 일을 분담한다(810쪽 참조). 경제적인 여유가 있으면 도우미를 고용한다. 연령이 높은 토들러의 경우 아이를 어린이집이나 유치원에 보내고 그동안 일을 할 수 있다.

정서적인 지원도 중요하다. 생활에서 일어나는 여러 문제들에 대해 이야기를 하다 보면 문제 해결에 도움이 될 수 있다. 배우자와 이야기하기가 어려우면 유사한 상황에 있는 다른 부모들과 이야기한다.

한 번에 두 가지 일을 한다 한 번에 두 가지 일을 하는 데 익숙해진다. 빨래를 개는 동안 아이가 소꿉놀이를 하면서 만든 '수프'를 맛본다. 채소를 써는 동안 전화 통화를 한다. 아이와 비디오를 보면서 가계부를 정리한다. 가능한 집안일에 아이를 참여시키면 아이와 함께 시간을 보낼 수 있을 뿐 아니라 할 일 목록도 줄어든다. 아이와 함께 요리하고, 함께 식탁을 닦고, 함께 양말의 짝을 찾고, 함께 우편물을 분리한다.

일을 줄인다 일이 너무 많아 스트레스가 심하다면 줄일 수 있는 부분이 없는지 찾아본다. 매주 대청소를 한다면 2주일에 한 번씩 대청소를 한다. 매주 쇼핑을 한다면 2주일에 한 번씩 쇼핑을 한다. 신선한 채소 대신 냉동 채소를 구입한다. 다림질이나 특별한 관리를 하지 않아도 되는 손질이 쉬운 옷만 구입한다.

좋아하는 일을 한다 매일 혹은 상황이 여의치 않으면 최소한 일주일에 두 번은 자신이 좋아하는 일을 한다. 좋아하는 연속극을 본다든지 30분 동안 거품 목욕을 하면서 긴장을 이완하는 정도의 간단한 일이라도 좋다(817쪽 참조). 작게라도 좋아하는 일을 하고 나면 온전한 정신을 유지하는 데 큰 도움이 된다. 필요하면 자신의 성향에 따라 늦게까지 깨어 있거나 일찍 일어나 혼자만의 시간을 마련한다.

부부만의 시간을 갖는다 적어도 일주일에 한 번쯤은 아이를 재운 후에 배우자와 함께 저녁을 먹는다. 아이가 저녁을 먹을 때는 옆에서 가볍게 먹는다. 영화를 보거나 외식을 하기로 '날'을 잡고 성실하게 지킨다. 가끔씩 주말에는 단둘이 여행을 떠난다(826쪽 참조). 부부만의 오붓한 시간은 관계 회복뿐 아니라 정신 건강에도 도움이 된다.

긴장을 이완한다 분만 교실에서 배운 긴장 이완 기술을 이용하거나 마음을 편안하게 하는 사진이나 그림 혹은 심상에 집중하고, '편안하다…… 편안하다…….' 같은 마음을 가라앉히는 간단한 말을 되풀이한다. 스트레스를 감당하기 힘들다고 여길 때마다 긴장 이완 방법을 이용한다. 가능하면 아이도 함께 참여시킨다.

운동한다 사무실까지 12층 계단을 걸어 올라가거나, 몇 정거장 전에 버스에서 내려 걸어가거나, 아이를 유모차에 태워 마트까지 걸어가거나, 아이와 함께 거실 카펫 위에서 15분 동안 유산소 운동을 하거나, 동네 헬스클럽에서 강도 높은 운동을 하는 등, 어떤 식으로든 규칙적으로 운동을 하면 정신이 맑아지고, 기운이 나며, 스트레스가 줄고, 태도가 개선된다. 보너스로 기분전환도 된다.

건강에 신경 쏟다 정신을 맑게 유지하고 체력을 최고 수준으로 끌어올리기 위해 정해진 시간에 영양이 풍부한 음식을 먹고, 흡연과 약물 사용을 삼가며, 알코올과 카페인 섭취를 제한한다.

유머 감각을 유지한다 웃음은 스트레스 해소 방법으로 잘 알려져 있다. 상황이 온통 잿빛으로 보일수록 유머를 찾는다.

회사에서 일하는 시간을 재평가할 필요가 있을지 모른다.

─── 아이를 두고 여행을 가도 될까요?

Q "아이가 젖을 때서 이제 짧게 휴가를 떠나 볼까 생각하고 있어요. 아이 없이 말이에요. 하지만 아이가 우리를 보내 줄지 모르겠습니다."

A 아이가 부모끼리만 여행을 보내 줄 때까지 기다리려면 한참은 더 있어야 할 것이다. 어린아이들은 다른 사람과 함께 있는 것보다 부모와 함께 있는 걸 더 좋아하고, 이런 경향은 초등학교 저학년까지 죽 이어진다. 아이가 연령이 높아질 때까지 아이를 제외한 부부만의 여행을 미룬다고 해서 그때 가서 순조로운 여행이 되리라는 보장은 없으며, 오히려 훨씬 험난해질 수도 있다. 사실상 아이는 한 번씩 부모와 떨어져 있는 상태를 경험해 봄으로써 이 상태를 보다 편안하게 받아들일 수 있다. 올바른 환경에서 기간을 차츰 늘리는 것이 좋다(27쪽 참조).

그러므로 아이가 허락하든 그렇지 않든, 잠깐 휴가를 다녀오기에는 지금이 절호의 시기다. 좋은 베이비시터가 있다면 이 경험이 아이에게 해롭기는커녕 오히려 득이 될 수 있다. 이 시간이 부모에게 좋은 만큼 아이에게도 적지 않은 영향을 미칠 것이다. 다시 말하지만, 부모가 행복해야 더 좋은 부모가 될 수 있다. 모두를 위해 즐거운 여행이 되기 위한 요령은 827쪽을 참조한다.

그리고 아이를 집에 두고 여행을 떠난 후 여행하는 내내 아이 걱정을 할 거라면 차라리 집에 있는 편이 낫다. 그러므로 편안한 마음으로 여행을 즐기도록 하자.

Q "우리는 단둘이 짧게 여행을 다녀오고 싶은 마음이 간절해요. 우리 부모님도 기꺼이 아이를 봐 주겠다고 하셨고요. 그런데 아이를 두고 우리끼리만 가려니 걱정이 됩니다."

A 걱정 말고 짐을 싸시길. 부모가 여행을 간다고 아이가 속상해할 거라고 생각하지 말자. 토들러들은 부모가 생각하는 것보다 떨어져 있는 시간 동안 별 탈 없이 잘 지내고, 특히 자신을 예뻐하고 잘 돌봐 주는 낯익은 사람에게 맡겨질 때는 더욱 즐겁게 지낸다. <u>지금 시기에 가끔씩 시간을 내서 잠깐 여행을 다녀오면, 아이가 부모의 패턴에 익숙해져 아동기 동안 한 번씩 부부만의 여행을 떠나기가 더욱 수월할 것이다.</u> 그리고 부부끼리 떠나는 여행은 두 사람에게 부부로서뿐 아니라 부모로서도 도움이 된다. 며칠 편안하게 휴식을 취하고 나면 피로가 풀리고 기운을 되찾아 부모의 책임을 재개할 준비를 갖추게 된다. 즉, 나에게 베풀고 나면 아이에게 더 많이 베풀게 되는 것이다. 더구나 결혼 생활에 도움이 되면 온 가족에게 이로울 수밖에 없다. 부부가 단둘이 여행하는 것보다 결혼 생활에 도움이 되는 이벤트가 또 있겠는가? 그러므로 827~829쪽의 요령들을 확인해 여행을 추진하기로 하자.

Q "모두들 아이를 놔두고 단둘이 여행을 다녀오라고 강조하지만, 아이 없이 여행을 가는 게 저는 하나도 즐거울 것 같지 않아요. 아이도 데려가면 안 될까요?"

A 아이 없이 여행을 가는 것이 아무런 문제가 되지 않는 것처럼, 부모가 원한다면 아이와 함께 여행을 가는 것 역시 전혀 문제될 게 없다.

초보 부모일수록 아이 없이 부부끼리만 떠나고 싶은 절박한 마음이 덜하고, 낭만적인 둘만의 여행보다는 가족 단위의 휴가를 선호한다. 가족마다 선호하는 여행 스타일이 다르고, 나는 나에게 맞는 방식의 여행을 선택할 필요가 있다.

그러므로 결코 누구도 아이를 놔두고 여행을 떠나도록 강요하지 못하게 해야 한다. 그러나 배우자도 같은 생각인지 확인한다. 나는 아이를 데리고 갈 원하지만 배우자는 아이 없이 단둘이 여행하길 간절히 원한다면, 타협안을 찾는 것이

아이 없이 둘만의 여행을

여행 가방의 거미줄을 걷어 내기 전에 다음 내용을 고려하자.

* 처음 아이와 떨어질 때는 기간을 짧게 잡고(27쪽 참조) 아이의 적응 정도에 따라 차츰 기간을 늘린다. 일반적으로 다음과 같은 방법을 이용한다. 며칠 동안 집을 비운 적이 없다면, 아이를 두고 외박하지 않는다. 아이를 두고 외박한 적이 없다면, 주말에 아이 없이 여행하지 않는다. 주말에 아이를 두고 여행한 적이 없다면, 주중에 아이 없이 여행하지 않는다. 정기적으로 장거리 여행을 해야 하는 경우라도 가능한 횟수를 줄이도록 한다. 예를 들어 여행 일정에 하룻밤 숙박을 계획하는 대신, 오전 아주 이른 시간에 비행기를 타서 밤늦은 시간에 돌아오고 적당한 시간 이상 머무르지 않는다.
* 거리도 짧아야 한다. 처음 집 밖에서 묵을 때는 집에서 가까운 거리로 한정해야 한다. 가령 교외에서 거주하는 경우 도심 호텔에서 묵고, 도시에서 거주하는 경우 가까운 근교 호텔에서 묵는다. 아이가 크게 불안해하는 경우 재빨리 집에 돌아올 수 있다고 생각하면 한결 마음이 편해질 것이다.
* 시기가 중요하다. 처음으로 일박 여행을 계획하는 경우, 가능하면 아이의 생활에서 베이비시터를 처음 들이거나, 어린이집에 다니기 시작하거나, 배변 훈련 과정에 있거나, 아픈 경우와 같이 조금이라도 불안정한 부분이 있을 때는 시도하지 않는다.
* 아이를 돌보는 사람을 선택하는 일도 대단히 중요하다. 가능하면 아이를 사랑하고 잘 돌보는 할머니, 할아버지나 친척, 아이도 잘 아는 친한 친구가 가장 좋다. 그 다음으로는 정기적으로 아이를 돌보는 베이비시터나 믿을 만하고 책임감 강하며 아이도 잘 아는 다른 사람이 아이에게 편할 것이다. 그 밖에 아이 친구의 부모와 교대로 서로의 아이들을 돌보는 방법을 고려할 수 있다.

"우리가 여행갈 때는 우리 아이를 돌봐 주세요. 당신이 여행갈 때는 우리가 당신 아이를 돌봐 줄게요."처럼. 이런 방법들을 전혀 이용할 수 없는 경우, 신뢰할 수 있는 보모 서비스(가능하면 추천을 받는다.)를 이용하면 믿을만한 전문 양육자를 구할 수 있다(양육자 선택 요령은 864쪽 참조). 보모 서비스를 이용하는 경우, 하루 이틀 양육비를 더 지불하더라도 아이와 양육자가 친해진 후에 여행을 떠나야 한다.

* 내 집만 한 곳은 없다. 적어도 처음 한두 번 아이와 떨어져 있을 때는, 아이를 낯선 다른 집에 재우는 것보다 집에서 지내게 하는 것이 가장 좋다. 다시 말해, 아이는 부모가 함께 있는 것만큼 편안하지는 않겠지만, 익숙한 침대, 익숙한 장난감, 익숙한 접시, 익숙한 욕실이 갖추어진 내 집이 낯선 환경보다는 훨씬 편안할 것이다. 아이가 집에서 지내는 게 어려운 상황이거나, 다른 환경에 있을 때 부모를 덜 찾는다면 가지고 갈 수 있는 개인 물품을 챙겨 아이를 보낸다. 아이가 좋아하는 베갯잇, 담요, 장난감, 아이에게 아주 중요하다면 시리얼 그릇도 가지고 간다.
* 양육자 준비도 중요하다. 아이와 함께 지내는 사람은 아이의 규칙적인 일과를 잘 알고 있어야 한다. 서면으로 준비한다. 가능하면 최소한 하루 동안 아이와 함께 지내게 하면서 아이의 일과를 알려 주고 최대한 이 일과대로 따라 주도록 부탁한다. 토들러들은 워낙 일관성을 편안하게 여기지만, 변화가 생길 때는 특히 일관성을 유지하는 것이 중요하다. 또한 특정한 접시에 음식을 담아 주면 먹지 않고 뽀로로 그림이 있는 접시에 담아 주어야 먹는다든지, 취침 전에 좋아하는 책을 세 번씩 읽어 달라고 고집한다든지, 매일 저녁 침대 맡에 야간 등을 켜고 캥거루 인형으로 보초를 세워야 하는 등 아이의 특이한 성향과 아이의 주의를 돌리는 방법과 아이를 차분하게 만들 확실한 방법, 아이가 가장 좋아하는 음식과 음료, 책, 활동, 장난감 등을 알려

주어야 한다. 그러나 아무리 꼼꼼하게 준비해도 아이가 다른 사람과 함께 있을 때 유난히 변덕을 부릴지 모르고, 심지어 전혀 예상 밖의 행동을 할지 모른다는 사실을 감안해야 한다. 양육자에게 이런 상황이 생길 수 있으며 그래도 괜찮다고 말해 준다.

대개의 경우 부모가 없는 동안 양육자가 배변 훈련이나 젖병 떼기 같은 새로운 변화를 시도해서는 안 된다. 극히 드문 경우 부모는 좀처럼 성공하지 못했던 목표를 아주 가까운 할머니, 할아버지나 베이비시터가 성공할 수는 있다. 하지만 부모의 허락이 있을 때에만 시도해야 한다.

* 토들러의 준비도 매우 중요하다. 갑작스럽게 여행을 떠나지 않는다. 고작 일박 여행이라도 아이에게 아무 말 하지 않고 여행을 떠나게 되면, 괴로운 작별 상황은 모면할 수 있을지 몰라도 아이에게 불안감과 배신감을 일으킬 수 있다. 더구나 나중에 아이와 떨어져야 하는 상황이 생기면 아이의 불안이 훨씬 커질 수밖에 없다. 여행을 떠나기 몇 주 전이나(토들러들은 '나중'이라는 개념을 잘 이해하지 못하며, 너무 일찍 말하면 오랫동안 불안감이 쌓일 수 있다.), 문밖을 나서기 직전보다(아이가 부모와 떨어진다는 개념에 익숙해질 충분한 시간을 갖지 못할 것이다.) 이삼일 전에 아이를 준비시킨다.

부모가 여행을 간다는 사실, 여행 장소, 돌아오는 날, 그동안 아이가 누구와 어디에서 지낼지에 대해 간단히 아이에게 설명한다.

* 여행 준비는 조용히 진행한다. 부모들은 대개 여행 하루 전날에도 아직 먼 일인 양 여유를 부리다가 막판에 가서야 목록을 짜고 짐을 싸고 비행기 시간을 확인한다. 이런 사태를 피하기 위해 가능한 평소대로 아이의 일과를 유지하고, 여행을 떠나기 며칠 전부터는 아이와 많은 시간을 함께 보낸다. 가능하면 아이가 잠이 들 때 미리 짐을 싸두면 막판에 허둥대면서 부산스럽게 움직여 아이를 불안하게 만들지 않을 것이다.

* 아이는 부모와 떨어져 있는 동안 즐거운 시간을 보낼 자격이 있다. 어린이 박물관 가기, 좋아하는 비디오 보기, 할아버지와 미니골프 하기 등과 같은 몇 가지 특별한 활동을 준비하고, 즐거운 놀이가 마련되어 있다고 미리 알려 준다. 부모가 없어도 얼마든지 즐겁게 지내도 좋다고 알려 주면("엄마, 아빠 여행 다녀오는 동안 희영이하고 재미있게 보내라.") 부모가 없는 동안 즐겁게 지내도 부모에 대한 신의를 저버리는 것이 아니라는 걸 알고 안심할 것이다. 그리고 부모 역시 즐거운 시간을 보낼 권리가 있음을 잊지 말자!

* 상황을 잘 다룬다면 즐겁게 작별 인사를 할 수 있다. 작별 인사를 하면서 불안해하고 조마조마해 한다면, 아이는 부모와 헤어지는 일이 아주 잘못된 일이라고 여기고 같이 불안하고 조마조마해 할 것이다. 반면에 침착한 태도로 작별 인사를 한다면 아이도 침착한 태도를 유지할 가능성이 높다. 집에서 친근하고 낯익은 사람들에 둘러싸여 작별 인사를 하는 걸 더 편하게 여기는 아이도 있고, 공항이나 기차역에 가서 신나는 광경과 소리에 둘러싸여 있을 때 작별 인사를 하는 것이 더 수월한 아이도 있다. 어느 쪽이든 차분하고 세심하고 다정하게 작별 인사를 할 수 있도록 시간을 넉넉하게 계획한다. 정신없이 차를 타거나 문밖을 나서면 아이도 부모도 기분이 엉망이 될 것이다. 많이 안아 주고 입을 맞추되, 울거나 불안한 모습을 보이지 않는다. 여행 중에도 아이를 생각할 테고 금방 돌아올 거라고 말해 아이를 안심시킨다. 시간을 보다 구체적으로 설명하기 위해 "이틀 후에 올 거야."라고 말하기보다 "두 밤 자면 올 거야"라고 말한다. 가령 "재미있게 놀고 친구들과 사이좋게 지내렴."처럼 출근할 때나 아이를 유치원에 내려줄 때 하던 작별 인사를 해도 언제나처럼 부모가 돌아온다는 걸 이해시키는 데 도움이 된다.

아이가 어떤 반응을 보이더라도 받아들인다. 부모가 떠날 때 아이들은 불쾌한 감정을 드러내기 위해 혹은 전체적인 상황을 도무지 이해할 수 없어서 소리를 지르고 울거나, 가지 말라고 애원하고 매달리거나, 홱 토라지며 등을 돌리거나, 부모를 완전히 무시할지 모른다. 아이에게 작별 입맞춤을 하자고 부탁하되 강요하지 않는다. 작별 인사에 대한 내용은 25쪽을 참조한다.

* '작별'과 '재회'가 익숙하고 즐겁다는 걸 아이에게 연상시킬 수 있다면 부모가 안심하고 편안하게 여행을 떠날 수 있다. 특히 부모가 자주 여행을 하는 경우. 그러므로 여행을 떠나기 전에 아이와 함께 즐길 수 있는 재미있는 의식을 시작한다. 비행기를 타기 전에 공항 커피숍에서 함께 케이크를 먹거나, 여행을 가는 부모에 대한 책을 읽어 주거나, 카드를 써서 서로의 베개 밑에 넣거나, 특별한 작별 노래를 불러 준다. 부모가 돌아오는 걸 연상시킬 수 있는 의식도 만든다. 부모의 환송 파티를 위해 케이크를 굽고 집을 꾸미거나, 부모가 돌아오자마자 함께 아이스크림 가게나 영화관에 간다. 이런 의식들을 충실하게 지키면(부모가 아무리 귀찮고 시간이 늦고 피곤해 죽을 지경이라도 이런 시간을 마련해 잘 지킨다. 짐을 싸거나 풀고, 마지막까지 전화

통화를 하고, 음성 메시지나 우편을 확인하느라 이런 시간을 방해하지 않는다.), 아이는 부모가 여행을 떠나고 돌아올 때마다 뭔가 기대할 일이 생긴다. 이런 의식이 정해지면 부모의 여행이 아이를 덜 위태롭게 하고 어쩌면 꽤 즐겁게 만들어 줄지 모른다.

* 때때로 장거리 전화는 부모가 곁에 있는 것 다음으로 바람직하다. 부모가 아이와 떨어져 있는 동안 장거리 전화로 연락하는 것이 좋은지 여부는 아이에게 달려 있다. 아이가 부모와 전화로 이야기하는 걸 무척 신나 하고, 부모가 미리 녹음한 테이프로 부모의 목소리를 듣길 좋아하며(취침 전 동화를 읽거나 자장가를 불러 녹음한다.), 엄마 아빠 사진을 보고 좋아한다면, 아이가 아직 전화를 받을 줄 모르더라도 규칙적으로, 가능하면 매일 같은 시간에 전화를 한다. 전화를 할 때는 밝고 쾌활하게 전화한다. 우울한 목소리로 "네가 없어서 엄마는 너무 슬퍼!" 하면 아이도 슬퍼야 한다고 생각할 것이다. 또한 적절한 시간에 전화해야 한다. 예를 들어 아이가 좋아하는 텔레비전 프로그램을 보거나 저녁을 먹을 때는 전화하지 않는다. 취침 전에 전화하는 걸 가장 좋아하는 아이들이 있는 반면, 부모가 잠자리를 챙겨 주지 못한다는 생각에 속상해 하는 아이들도 있다. 그런가 하면 전화를 해서 부모가 곁에 없다는 걸 상기하게 되어 오히려 더욱 혼란스러워 하는 아이들도 있다. 이런 아이들의 경우 전화도 하지 말고 아예 생각나게 하지 않는 것이 가장 바람직하다. 평소 저녁에 잠깐 외출할 때 전화를 해 봐서 아이의 반응을 확인한다. 그러나 여행 중에 전화할 때와 다른 반응을 보일 수 있다는 사실을 염두에 둔다. 여행 중에도 그날그날 아이의 컨디션에 따라 반응이 다를 수 있다. 아이가 전혀 말할 기분이 아닌데 자꾸 말해 보라고 다그치지 말고, 양육자에게 대신 부모의 안부를 전해 달라고 부탁한다. 여행지에서 예쁜 엽서를 보내 연락을 유지할 수도 있다. 엽서는 부모가 여행 중이라는 걸 구체적으로 알릴 수 있어 아이의 마음을 편안하게 할 수도 있다. 부모가 집에 도착한 후에 엽서가 도착해도 괜찮다. 아이에게 엽서를 보관할 스크랩북을 마련해 주고 자주 함께 펼쳐 보아 부모가 여행을 떠난 후 반드시 돌아온다는 사실을 확인시킨다("엄마아빠가 제주도에 갔을 때 기억나니? 그런 다음 이렇게 집에 왔지.").

비디오테이프를 통해서도 연락을 유지한다. 아이가 좋아하는 동화책 몇 권과 자장가들을 녹음해 잠자리에 들 때나 스트레스를 받을 때 들려주게 한다. 물론 부모의 목소리가 아이의 그리움을 잠재우기커녕 오히려 더 강화시킨다면 이런 방법은 사용하지 않는다. 토들러의 연령이 높은 경우, 아이가 부모의 행선지를 '따라갈 수 있도록' 여행을 떠나기 전에 벽에 지도를 붙인다. 매직펜이나 테이프를 이용해 일정을 표시하고, 부모가 장소를 이동할 때마다 경로를 따라 스티커나 별을 붙이게 한다. 달력에 스티커를 부착해 부모의 일정을 파악하게 할 수도 있다.

* 처음 여행을 갈 때는 여행이 힘들 수 있다는 사실을 받아들인다. 부모와 처음 떨어져 보는 아이들은 다양한 방식으로 반응을 보일 것이다. 아무런 문제없이 순순히 부모를 보내는 아이들도 있고, 말을 하지 않거나 엉엉 울거나 전반적으로 침울해 하는 아이도 있다. 그런가 하면 부모가 없는 동안에는 아주 즐겁게 지내는 것 같다가도 부모가 돌아오자마자 불만을 표현하는 아이도 있다. 할머니, 할아버지나 베이비시터와 더할 나위 없이 즐거운 시간을 보냈다가도, 부모가 돌아오자마자 상충되는 감정을 표현하는 아이들도 있다. 이런 아이들은 유독 더 매달리거나, 불평을 하거나, 화를 내거나, 앙심을 품거나, 평소보다 더 심하게 분노발작을 일으키거나, 분리불안이 더 심해지거나(부모가 방만 나가도 운다든지), 평소에 잘 먹던 음식을 거부하거나, 잠자리에 들려 하지 않거나 밤에 깨기 시작하는 등의 모습을 보일 수 있다.

여행에 돌아온 후 아이가 이런 반응을 보이면 많이 참아 주고, 사랑과 관심을 충분히 베풀어 아이에게 확신을 준다. 이 같은 여행 후유증은 며칠 내에 사라진다. 부모가 여행을 갈 때마다 부정적인 반응을 보인 아이라도, 여행을 떠나고 돌아오는 과정을 몇 차례 반복해서 경험하고 나면 반응이 한결 누그러질 것이다. 특히 처음 몇 차례는 여행 일정을 짧게 잡다가 천천히 일정을 늘리면 더욱 도움이 된다.

* 그러나 부모가 없을 때나 돌아왔을 때, 혹은 두 경우 모두 아이가 크게 상심하거나 상심한 마음을 극복하기 힘들어하고, 여행이 정기적인 일과가 되었는데도 이런 상태가 개선되지 않는다면 보육 상황을 점검한다(875쪽, 평가 방법 참조). 아이의 보육 상황이 정말 양호한가? 아이를 방치하거나 학대할 가능성은 없는가? 행동 변화를 일으킬 만한 다른 문제는 없는가? 부모 스스로 문제를 해결할 수 없다면 아이의 담당 의사에게 도움을 의뢰한다. 아이의 괴로움을 진정시킬 방법이 없다면 당분간이라도 여행을 줄이거나 중단할 수 있는지 아이가 클 때까지 데리고 갈 수 있는지, 가능성을 알아본다.

현명하다. 아마 하루 종일이나 저녁 시간에 아이 보기 서비스를 제공하는 리조트에서 휴가를 보낸다면 아이도 함께하고 둘만의 시간도 보낼 수 있을 것이다.

── 출장을 자주 가요

Q "회사에 복직한 후로 매달 일주일 정도 출장을 가게 됩니다. 아들과 줄곧 함께 지냈는데, 이렇게 오랜 기간 떨어져서 보내는 시간을 아이가 잘 감당할 수 있을지 걱정돼요. 아직 출장을 간 적은 없지만 벌써부터 죄책감이 느껴집니다."

A 많은 부모들이 한 번씩 출장을 가게 된다. 그리고 육아가 잘 이루어졌다면 출장이 아이에게 오래도록 부정적인 영향을 미치지는 않을 것이다. 출장에 대한 죄책감이 아주 필요 없는 감정은 아니지만, 육아에 불리하게 작용할 수 있다. 아이들은 레이더 같은 정밀함으로 부모의 죄책감을 포착해, 부모가 뭔가 잘못하고 있다는 신호로 해석하곤 한다. 또한 죄책감은 아이와 부모가 함께 즐거운 시간을 보내지 못하도록 방해할 수 있다.

아이들은 놀라울 만큼 적응력이 빠르고 회복력도 뛰어나다. 부모가 없는 동안 부모 가운데 한 사람, 할머니나 할아버지, 그 밖에 아이를

행복한 명절 보내기

몇 주에 걸쳐 계획하고, 청소하고, 쇼핑하고, 요리를 한다. 집 안 구석구석 어딜 둘러봐도 열심히 명절을 준비한 흔적이 역력하다. 잡지를 쏙 빼닮은 집 인테리어에, 아름다운 도자기와 최고급 식탁보, 결혼식 때 장만한 크리스털 식기류, 계절에 맞게 직접 꾸민 식탁 장식으로 마법 같은 분위기를 연출한 식탁까지.

사촌들, 고모들, 삼촌들, 할머니, 할아버지 그리고 친구들이 들뜬 마음으로 한 아름 선물을 안고 들어서면, 주방에서는 고향을 생각나게 하는 명절 냄새가 솔솔 풍겨온다. 바야흐로 명절이 시작된 것이다.

그러나 아이가 자신을 예뻐해 주려고 다가오는 고모를 외면하고 사촌을 울리고, 소파에 음료수를 흘리고 식탁보에 국물을 흘리며, 식탁 장식을 넘어뜨리고 크리스털 유리잔을 깨뜨리고, 식탁 앞에 잔뜩 차려진 음식을 마다하고 시리얼을 달라고 소리소리 지르며, 삼촌이 이야기를 하려고 하는데 시끄럽게 그릇을 두드리고, 모두들 아직 식사 중인데 아이스크림 달라고 떼를 쓰며, 낮잠을 생략해 오후 내내 짜증을 부리고 지나친 자극과 흥분으로 몸도 마음도 피곤해져 계속 칭얼대면, 기대하던 명절은 기억하고 싶지 않은 명절이 돼 버릴 것이다.

토들러와 함께 집에서 행복한 명절을 보내는 건 얼마든지 가능하지만, 그러려면 집 안을 장식하는 것보다 아이의 욕구에 맞추는 데 더 치중해야 할 것이다.

기대치를 낮춘다 기대치를 낮추고 또 낮춘다. 부모가 명절 분위기를 내려고 아무리 많은 시간과 노력을 기울인다 해도, 과거 명절에 대한 기억이 전혀 없는 아이가 그리운 명절 분위기가 재현된 걸 알아봐줄 리 만무하다. 아이는 그저 부산스러운 움직임이 불안하고 당황스러울 뿐이고, 부모의 노력을 황홀하게 감상하기보다는 바뀐 집 안 장식들 때문에 "안 돼, 그거 만지는 거 아니야!"처럼 활동에 제약을 받는 것이 불만일 것이다.

명절 전통을 강요하지 않는다 전통이라는 명목으로 새해에 어른들에게 절을 하라고 강요하거나 추석에 송편을 먹어야 한다고 강요하면, 아이는 명절에 대한 좋은 기억보다 끔찍한 기억이 남을지 모른다. 물론 명절 전통을 아이에게 보여 주는 것이 중요하지만, 참여는 자발적으로 하게 해야 한다.

일과를 생략하지 않는다 명절 기간에도 매일의 일과를 최대한 일관되게 유지하면 아이의 혼란이 최소화될 것이다. 낮잠을 생략하거나, 취침 시간을 미루거나, 취침 전 일과를 생략하지 않는다. 오전 11시에 아침 겸 점심을 먹게 되더라도 아침은 아침대로 먹이고, 오후 3시에 온 가족이 만찬을 먹게 되더라도

사랑하는 친척에게 맡기는 것이 가장 좋다. 이들이 아이에게 필요한 관심을 베풀고 잘 보살핀다면, 아이는 부모의 출장 일정에 재빨리 적응해 거의 문제를 일으키지 않을 것이다.

그렇지만 며칠 동안 집을 비워야 하는 출장은 횟수를 줄이도록 최대한 노력해야 한다. 가령, 다른 지역으로 직접 찾아가는 대신 정보통신 수단을 최대한 이용한다. 불가피하게 출장을 가야 할 때는 될 수 있는 대로 짧게 다녀온다. 25쪽의 요령을 참고하면 작별 시간이 덜 힘들 것이다.

또한 출장을 다녀온 후 아이의 뜻을 다 받아 주어 부모의 부재를 과잉보상하지 않도록 조심해야 한다. 부모가 죄책감을 크게 느낄 때에도 아이에게 일관된 통제가 필요하다. "출장을 가서 너무 미안하니까 오늘 취침 시간은 봐 줘야지."라고 한계를 거두어서는 안 된다. 그러므로 집에 돌아오면 사랑과 애정을 통해서뿐 아니라 일관되게 지켜온 공정함과 효과적인 훈육을 통해서도(136쪽 참조) 아이가 바라는 안정감을 지속적으로 제공해야 한다.

Q "얼마 전 이틀간 출장을 다녀왔어요. 그런데 그 후로 15개월 된 제 딸이 제가 또 어딜 갈까 봐 너무 무서워하는 것 같아요."

점심은 점심대로 먹인다. 아이가 너무 배가 고프거나 너무 피곤하면 손님들을 즐겁게 하거나 협조하지 않는다.

아이도 참여시킨다 어른들이 명절을 준비하고 축하하는 동안 어린아이들은 소외되기 쉽다. 이렇게 아이에게 소홀해지면 아이는 관심을 얻으려고 소리를 질러 보지만 그럴수록 명절을 즐기는 데 방해만 될 뿐이다. 그러므로 명절 준비에 아이를 참여시키도록 한다. 두 살 아이도 손님들이 도착하기 전에 거실 정리를 도울 수 있다. 쿠키 굽기, 집 안 꾸미기 등도 도울 수 있다. 물론 결과는 전문적인 인테리어와 거리가 멀지만 아이가 무척 흡족하게 여길 것이다. 명절 의식과 축하에도 아이를 참여시킨다. 절하는 법과 새해 노래를 가르쳐 주고 음식을 함께 만든다.

느긋한 태도를 취한다 명절 기간 동안 다른 해 명절처럼 정신없이 바쁘게 움직여 스트레스를 받지 말고, 천천히 속도를 늦추고 절제하는 태도를 취한다. 흥분을 가라앉히면 무리하게 준비하려는 생각을 잠재우게 될 것이다.

아이의 입장에서 생각한다 어른들에게는 전통 명절 음식이 더 맛있을지 몰라도, 아이의 입맛에는 피자나 스파게티가 더 맛있을 수 있다. 차례를 지내는 시간이 어른들에게는 명절의 정신을 일깨울 수 있을지 몰라도, 아이에게는 지루하기 짝이 없는 시간이 될 수 있다. 하루 종일 손님들이 드나드는 흥겨운 분위기가 어른들에게는 축제처럼 느껴질지 몰라도 아이에게는 끔찍하게 느껴질 수 있다. 특히 오가는 손님마다 볼을 꼬집어보고, 입을 맞추려 한다면. 모두가 두루두루 즐거운 명절이 되기 위해, 아이의 자연스러운 한계를 고려해 그에 맞게 계획하고 조절한다. 명절 음식과 함께 아이가 먹을 음식도 만들고, 어른들이 차례를 지내는 동안 아이를 다른 방에 데리고 가 조용히 놀게 한다.

과한 선물을 하지 않는다 아이의 명절 선물에 거금을 들이고 싶을지 모르지만, 선물을 너무 많이 하면 아이가 고마운 줄 모를 수 있다. 현명하게 선물하고(68쪽 참조), 아이가 선물을 받으면 고마움을 표현할 거라고 크게 기대하지 않는다. 그렇지만 '고맙습니다.'라고 인사하게 하는 건 괜찮다. 아이는 말하는 곰돌이 인형을 보자마자 눈빛이 반짝반짝 빛나다가도, 얼른 내던지고는 포장 상자와 리본에 정신이 팔릴 수도 있다.

명절 후유증에 대비한다 어른들은 명절을 치르느라 바쁘게 움직이다가 갑자기 평소 생활로 돌아오면 한동안 허탈해진다. 그런가 하면 아이들은 대개 한동안 긴장이 풀려 분노발작을 일으키고 그 밖에 여러 가지 행동상의 문제가 자주 나타날 수 있다. 아이가 명절의 고조된 기분에서 평소 생활로 돌아올 수 있도록 명절 후 며칠 동안은 차분하고 느긋한 활동을 계획한다.

A 대상 영속성(대상이 보이지 않더라도 여전히 존재한다는 사실)이라는 개념을 완전히 이해하지 못하는 아이에게 가장 소중한 대상인 부모의 부재는 무척 두려운 일일 수 있다. 그렇기 때문에 부모가 돌아왔다는 사실만으로 아이가 반드시 마음을 놓는 건 아니다. 어쨌든 다음에 부모가 사라질 때 아주 사라져 버리지 않는다고 어떻게 보장할 수 있겠는가? 아이의 기억력 향상도 불안감을 느끼는 원인이 된다. 유아기 때는 부모가 사라졌다가 잠시 후 돌아왔을 때 부모의 부재를 기억하지 못했다. 하지만 지금은 부재했던 사실을 기억할 수 있고, 그렇기 때문에 다음에 또 부모가 사라질까 봐 두려워하게 되는 것이다.

그러나 걱정하지 않아도 괜찮다. 많은 관심과 사랑으로 안심을 시키면 아이는 다시 안정감을 찾기 시작할 것이다. 그리고 출장 횟수가 잦아질수록 아이의 안정감도 커져, 출장 기간과 부모가 집에 돌아온 후 적응 기간 동안 아이와 부모 모두 차츰 덜 힘들어질 것이다. 부모의 출장이 모두에게 수월하기 위한 요령과 부모가

엄마, 아빠 vs 할머니, 할아버지

양육 문제를 놓고 한 번씩 세대 간의 충돌이 일어나지 않는 집은 거의 없다. 늘 그래왔듯이, 과학적인 연구와 예부터 양육에 가장 좋다고 여겨져 왔던 내용이 극명하고 빈번하게 부딪칠 때 특히 충돌이 크게 일어나는 것 같다. 할머니, 할아버지와 엄마, 아빠, 그리고 아이까지, 세 세대 모두에게 세대 간 갈등으로 인한 영향을 최소화할 방법을 알아보자.

가족이 함께 모일 시간을 만든다
원하는 만큼 자주 손자를 보러 오지 못하는 할머니, 할아버지도, 너무 자주 봐야 하는 압박감을 느끼는 할머니, 할아버지도(매주 수요일 아이를 봐 주러 간다든지, 매주 일요일 점심이나 금요일 저녁을 준비해야 한다든지) 가족 간의 단란함을 이루기가 쉽지 않기는 마찬가지다. 할머니, 할아버지가 가까이 산다면, 어떤 식으로 함께하는 시간을 갖는 게 좋을지 모두가 바람직하다고 여기는 방법을 의논한다.
부모의 생활이 바빠 할머니, 할아버지와 손자를 자주 만나게 할 시간이 없다면, 이런 문제를 해결할 방법을 의논한다. 아이와 할머니, 할아버지가 친하게 지내길 바란다고 설명하고 현실적으로 가능한 방법을 함께 계획한다. 토요일 오후에 정기적으로 방문하거나, 함께 교회에 가거나, 주말에 같이 바깥에서 식사를 하거나 공원을 산책하거나, 다 함께 술래잡기를 하거나, 쿠키를 굽거나, 여행을 간다.
할머니, 할아버지가 손자를 너무 보고 싶어 하는 나머지 수시로 집을 방문한다면, 관계가 너무 소원해서가 아니라 너무 가까워서 문제가 될 수 있다. 할머니, 할아버지가 낮이고 밤이고 아무 때나 예고 없이 찾아오는 것이 불편하다면, 주저하지 말고 그렇게 말씀 드린다. 그래야 할아버지, 할머니가 부모의 생각을 알 수 있을 것이다. 사생활이 필요하다, 미리 맞이할 준비를 하고 싶다, 오시기 전에 전화로 알려 달라고 좋게 말씀 드린다.

갈등이 생기리라는 걸 인정한다
한두 가지 육아 문제에 대해 친정 부모님이나 시부모님과 의견이 다를 수 있고, 어쩌면 모든 면에서 뜻이 안 맞을 수도 있다. 어떤 일에 대해 의견이 다를 수 있지만, 양육 문제에 있어서 최종 결정권자는 부모라는 사실을 명심하자. 계속되는 마찰과 언쟁을 피하기 위해 이 점을 분명하고 명확히 하되 좋게 말씀 드린다. 친정 부모님과 시부모님이 우리를 이렇게 잘 키워 주신 덕분에 지금 우리도 내 아이를 잘 키울 능력과 자신이 충분하다고 설명한다. 부모님들의 제안은 언제나 기꺼이 받아들이겠지만, 결정을 내릴 때는 의사, 전문가 등 다른 사람의 의견, 책, 자신의 직관을 바탕으로 하겠다고 말씀 드린다.

융통성을 갖는다 아무리 어린 토들러라도 아이들은 집집마다 규칙이 다르다는 걸 알고 그에 맞게 대처할 줄 안다. 조만간 아이들은 집에서는 소파에 발을 올려도 되지만 할머니 집에서는 안 되고, 집에서는 저녁 식사 후에 텔레비전을 볼 수 있지만 할머니 집에서는 안 된다는 사실을

없을 때 아이가 잘 지내는 방법 및 아이가 계속 불만스러워 하는 경우 대처 방법에 대해서는 827쪽을 참조한다.

── 장인, 장모님이 담배를 피우세요

Q "장인, 장모님은 두 분 모두 애연가세요. 담배를 끊으려 하지 않으시지요. 그거야 그분들 결정이니 뭐라 할 문제가 아니지만, 우리 아이가 있을 때는 담배를 피우지 않으시면 좋겠습니다. 아내는 부모님 마음을 상하게 할까 봐 아이 옆에서는 담배를 피우지 말라고 말씀 드리기가 조심스러운 것 같아요."

A 아이의 건강을 해치는 것보다는 어른들 감정을 조금 다치게 하는 편이 낫다. 가장 최근의 연구 결과에 따르면 담배 연기는 지금 당장은 건강과 학업 성취도를 약화시킬 뿐 아니라 향후 몇 년 내에 암 발생 가능성을 높이는 등 많은 문제를 일으키는데, 간접흡연을 하는 사람 역시

알게 될 것이다. 가령, 부모의 차든 할머니, 할아버지 차든 카 시트에 앉아야 하는 것처럼 협상의 여지가 없는 일이 아니라면 어느 정도 할머니, 할아버지가 원하는 대로 하게 해 드린다. 부모가 아주 중요하게 여기는 규칙을 할머니, 할아버지가 깨뜨리는 경우(가령 아이에게 사탕을 준다든지) 한번 생각한 후에 반응을 보인다. 부모가 만든 규칙이 부모에게 왜 그렇게 중요한지, 할머니, 할아버지 역시 이 규칙을 존중해 주는 것이 얼마나 중요한 일인지 차분하고 이성적으로 설명한다.

화를 내지 않는다 버스에서 만난 오지랖 넓은 아주머니의 조언이든, 아동용품 매장의 건방진 판매원의 조언이든, 친정 어머니나 시어머니의 조언이든 육아에 대해 청하지도 않은 조언을 정중하게 받아들이기란 결코 쉽지 않다. 누군가 대뜸 "어머, 아기 옷을 이렇게 얇게 입혀서 어쩌나. 옷을 더 입혀야겠어요."라고 말한다든지, "아기가 울 때마다 바로바로 달려가는 거 아니다."라고 날카롭게 지적하면, 짜증이 나고 신경이 날카로워지며 자칫 충돌을 일으킬 수 있다. 그러나 조언을 모욕적으로 받아들이면 세대 간의 쓸데없는 갈등만 깊어질 뿐이다. 그러므로 잘 하라고 하는 말이겠거니, 관심 있는 사람이 생각해서 하는 조언이겠거니 여기고 넘기도록 하자. 받아들일 만한 부분만 받아들이고 나머지는 한 귀로 듣고 한 귀로 흘려버린다.

기꺼이 배운다 내가 결정한 육아 방식이 할머니, 할아버지의 육아 방식과 전혀 다르더라도 가끔 한두 가지 정도는 배울 것이 생긴다. 그러므로 어른들의 조언을 늘 열린 마음으로 귀담아 듣고, 그분들의 조언이 잘못됐다고 생각할 때와 마찬가지로 옳다고 생각할 때에도 즉시 그렇게 말씀 드린다.

할머니, 할아버지를 교육시킨다 30년 전에는 아이가 엄지손가락을 빨면 정서적인 문제가 있다는 표시라고 생각했다. 하지만 요즘에는 이런 행동을 스스로에게 위안을 주려는 정상적인 습관으로 받아들이고 있다. 또한 과거에는 오한이 들면 감기에 걸린다고 믿었지만, 요즘에는 모자와 장갑을 착용하지 않은 채 밖에 나가서가 아니라 바이러스가 감기를 일으킨다고 알고 있다. 우리가 토들러 시절을 보낸 이후로 육아와 건강관리에 대한 내용들이 크게 바뀌었기 때문에 할머니, 할아버지가 소아과 의사가 아닌 한 바뀐 내용을 잘 모를 것이다. 그러므로 이 책과 다른 육아서를 읽도록 장려해 새롭게 바뀐 현대 육아 방식을 알려 드린다.

다른 사람의 견해를 이용한다 할머니, 할아버지가 자신의 의견만 고집하고 부모의 의견을 신뢰하려 하지 않는다면, 아이의 담당 의사나 다른 육아 모임의 의견을 듣게 하거나 이 책을 보여 드린다. 부모가 많이 알수록 결정을 뒷받침할 확신이 커진다.

공동 전선을 편다 배우자와 함께 부모님의 간섭에서 벗어나야 한다. 어느 쪽 부모님의 간섭이든 간에. 그리고 이런 공동전선이 할머니, 할아버지를 거역하는 것이 아니라 내 가족을 지키기 위한 방편이라고 생각한다.

직접 흡연을 하는 사람과 거의 마찬가지로 해를 입는다고 한다.

가장 좋은 방법은 장인, 장모님과의 관계도 원만하게 유지하고 아이의 건강도 지키도록 노력하는 것이다. 아내와 함께 장인, 장모님께 찾아가 그분들을 무척 사랑한다고 먼저 말씀 드린 다음, 담배를 끊으셔야 아이들이 할머니, 할아버지를 더 오랫동안 자주 찾아뵐 수 있을 거라고 설명한다. 물론 결정은 장인, 장모님이 하시는 거지만, 내 아이이자 장인, 장모님 손자의 건강과 행복을 지켜 주는 것은 부모인 우리 책임이라고 말씀 드린다. 필요하면 설명을 뒷받침하기 위해 678쪽 <u>간접흡연의 위험 요인을 알려 드리면서 흡연이 아이에게 어떤 영향을 미치는지 자세히 설명한다. 그런 다음 간접흡연이 위험하다는 확실한 증거가 있으며, 의학계와 관련 기관들 역시 아이들이 있는 곳에서는 흡연을 삼가도록 강력하게 권장하고 있는 만큼, 아이가 있을 때는 담배를 피우지 마시길 부탁 드릴 수밖에 없다고 말씀 드린다.</u> 그리고 장인, 장모님이 아니라 흡연을 달갑게 여기지 않는 것이며, 이러한 원칙은 다른 가족과 친구들에게도 똑같이 적용한다고 말씀 드린다. 또 부모로서의 입장을 개인적으로 받아들이지 말아달라고 분명하게 이해시킨다. 이야기를 할 때는 비판적인 말투가 아닌 최대한 공감하는 말투를 유지하기 위해 노력한다. 처음에는 어른들이 화를 낼 수 있고 어쩌면 크게 격분할 수 있으며, 이 같은 결정에 대해 생각할 시간을 드려야 한다는 사실을 염두에 둔다.

이사

Q "우리는 두 달 후면 도시를 떠나 교외로 이사할 계획이에요. 어떻게 하면 아이에게 최대한 부정적인 영향을 주지 않을 수 있을까요?"

A 이사는 누구에게나 외상적 경험일 수 있다. 이사 가는 지역이 만족스럽더라도, 살고 있는 지역을 떠나게 되어 기쁘더라도, 이사 업체가 아끼는 그릇을 깨뜨리거나 가보로 내려온 식기 진열장에 흠집을 내지 않고 조심조심 짐을 옮겨 준다 하더라도, 이사를 한다는 자체만으로 신경이 곤두서고 감정이 격해지기 쉽다. 특히 태어나서 지금까지 살던 유일한 집, 지금까지 다니던 유일한 학교, 함께 어울리던 유일한 친구들, 지금까지 놀던 유일한 놀이터를 떠나야 하는 학령기 아이들에게는 이사가 더욱 힘들 수 있고, 더구나 왜 이사를 해야 하는지, 어디로 이사를 하는지, 이사하는 동네에서는 어떻게 지낼지 조금도 아는 바가 없을 때는 더더욱 힘들 수 있다. 그러나 아이의 연령이 아주 어린 경우에는 대체로 정신적 외상이 덜하다. 어른들이나 연령이 높은 아이들만큼 살던 동네에 대한 애착이 깊지 않고 관련된 일이 많지 않기 때문이다. 토들러들은 가족과 좋아하는 장난감, 심리적 안정을 주는 물건들이 주변에 있는 한 아무런 영향 없이 잘 지낼 것이다. 이사하는 과정에서 아이를 더욱 편안하게 하기 위해 다음 내용을 참고한다.

비밀로 하지 않는다 화물 트럭이 도착한 후에야 이사 사실을 알게 된다면, 아이는 다가올 변화를 준비할 시간을 충분히 갖지 못할 것이다. 아이에게 이사 사실을 알리는 걸 자꾸 미루게 되면 아이가 다른 사람에게 이사 소식을 들을 가능성이 크고, 그러다 보면 부모의 신뢰가 땅에 떨어질 것이다. 이삿짐을 싸느라 정신없고 혼란스러울 거라는 사실도 설명해야 한다. 그렇지 않으면 아이가 걱정하고 두려워할 가능성이 매우 높다. 그러므로 이사하기 전에 이사 사실에 대해 이야기한다. 짐을 싸기 전에 말하되, 이삿짐 상자들을 밖에 내놓을 때 아이가 부모의 설명을 생생하게 떠올릴 수 있을 만큼 이사 날짜와 가까운 시일에 이야기한다. "지금 집은 우리가 살기에 너무 좁아서 더 큰 집이 필요하단다."는 식으로 아이가 이해할 수 있는 수준에서, 가능한 긍정적인 내용으로 이사하는 이유를 설명한다.

긍정적으로 말한다 새로운 동네에 대해 좋게 말한다. 네 블록만 가면 좋은 놀이터가 있다거나, 동네 수영장에 걸어서 갈 수 있다거나, 가까운 곳에 어린이 박물관이 있다거나, 거리에 예쁜 가로수가 있다고 말한다. 새 집에 대해서도 좋게 말한다. 커다란 마당에서 재미있게 놀 수 있을 거다, 새 방도 가질 수 있다, 놀이방에 이젤을 설치할 수 있다고 말한다.

미리 보여 준다 가능하면 아이를 데리고 이사할 집과 새로 다닐 어린이집이나 유치원을 방문한다. 가능하면 이웃 친구들 몇 명을 만날 수 있도록 주선한다. 미리 방문할 수 없다면 이사할 집과 동네 사진을 보여 주면, 새 집으로 가기 전에 아이가 이런저런 기대를 할 수 있을 것이다. 살던 집에서 이사를 나오기 전에 아이에게 살던 집과 동네, 친구들 사진을 찍어 앨범에 보관하는 게 어떨지 물어본다. 나중에 이사를 가서 앨범을 들여다보면 옛집과 새집 사이의 간극을 메우는 데 도움이 될 수 있다.

아이의 감정을 공유한다 이사를 하면 부모 역시 어느 정도 양면적인 감정을 갖게 된다고 말해 준다. 부모도 살던 동네와 옛 친구들, 옛 집이 그리울 거라고 말하고, 그렇지만 새 집에서 생활하면 무척 즐거울 거라고 강조한다.

확실하지 않으면 함부로 버리지 않는다 이사는 아이가 자라서 더 이상 사용하지 않는 장난감, 낡거나 망가진 장난감, 그 밖에 여러 가지 아이 물건들을 처분할 절호의 기회인 것 같다. 하지만 아이가 다시는 그 물건을 찾거나 그리워하지 않을 거라고 확실하게 자신하지 않는다면, 이사하기 전에 아이의 물건을 내다 버리고 싶은 충동을 꾹 눌러 참는다. 아이가 새 집에 적응할 때까지 기다린 후에 아이의 물건을 버리기로 진지하게 계획한다.

이사 놀이를 한다 장난감 트럭, 블록, 인형집, 인형, 곰돌이 인형, 마분지 상자 등을 이용해 이사 놀이를 해서 아이가 이사할 마음의 준비를 하게 한다. 아이는 놀이를 통해 이사 사실을 받아들이게 되면서 혼란스러운 감정과 두려움을 해소할 수 있다. 이사에 대한 책을 읽어 주어도 도움이 된다.

아이를 챙긴다 이사가 시간을 많이 소요하는 작업임은 두말할 나위가 없다. 깨지기 쉬운 물건들을 포장하고, 상자에 책을 정리하고, 통신회사에 전화해 전화를 끊고 다시 연결하는 등, 챙겨야 할 것들과 해야 할 일이 끝도 없다. 그러나 아무리 바빠도, 이사와 직접적인 관련은 없지만 아주 중요하고 요구 사항이 많은 항목, 즉 아이에게 신경 쓰는 일을 잊어서는 안 된다. 아이가 요구하는 관심을 제공하지 못하면 칭얼대고 매달리고 짜증을 내는 등 이사로 인한 잠재적인 부작용이 악화될 것이다. 그러나 관심 이상으로 감독도 필요하다. 한창 짐을 싸고 푸는 과정 동안 집은 아이에게 상당히 위험할 수 있으며, 특히 부모가 다른 일에 몰두해 있고 정신이 산만한 상태에서는 더욱 위험하다. 아이는 열린 문틈으로 밖으로 나갈 수도 있고, 짐수레를 엎을 수도 있다. 상자에는 아이가 건드려서는 안 되는 물건들이 담겨 있을 수도 있고, 사방에 청소 도구들이 널려 있을 수도 있다. 짐을 싸야 하느라 아이에게 신경을 쓰고 감독할 겨를이 없다면, 다른 사람에게 대신 짐을 싸 달라고 부탁한다. 혹은 부모 두 사람이 함께 있을 때는 이삿짐 짐꾼 감독과 아이 감독을 교대로 돌아가면서 한다. 이사한 후에도 짐을 다 풀고 아이에게 안전하도록 조치를 취할 때까지는 여전히 아이를 감독해야 한다.

아이를 다른 곳에 보내지 않는다 물론 아이가 발밑에 걸리적거리지 않으면 이사가 한결 덜 복잡하겠지만, 이사를 가고 올 때까지 아이를 할머니 집이나 다른 집에 보내는 건 썩 좋은 생각이 아니다. 아이를 이사 과정에 완전히 배제시키고 갑자기 새 집에 뚝 떨어뜨려 놓는 것보다는 처음부터 끝까지 이사에 참여하게 해야 아이가 훨씬 덜 혼란스럽고 덜 어리둥절해 할 것이다.

아이 방 짐은 가장 마지막에 싼다 아이는 제 방의 익숙하고 편안한 물건 없이 보내는 시간이 짧을수록, 텅 빈 공간에 머무는 시간이 짧을수록 좋다. 아이 방 짐을 제일 나중에 싸면 다른 방 짐을 싸는 동안 아이가 안전하게 놀 수 있는 공간과 안전하게 가지고 놀 수 있는 장난감도 마련된다. 아이가 가장 소중하게 여기는 물건들은 상자에 따로 담아 알기 쉽게 표시를 해 두어야 새 집에 도착한 후에 쉽게 찾을 수 있다. 또한 아이 방 상자와 가구를 가장 마지막에 싫어야 나중에 짐을 내릴 때 가장 먼저 내리게 되어 아이 방을 빨리 꾸밀 수 있다.

이사 날, 아이가 낮잠을 자고 싶을 때 편안하게 잘 수 있도록 아이의 베개와 담요, 아이가 갈아입을 옷, 새 집에서 보내는 첫날밤에도 평소처럼 취침 전 책을 읽을 수 있도록 좋아하는 책 몇 권, 아끼는 장난감들을 쉽게 꺼낼 수 있어야 한다. 또한 아이가 배가 고프고 목이 말라 짜증을 낼 때 급하게 가게에 뛰어가지 않도록 하기 위해, 잘 상하지 않은 간식과 음료를 한 가득 챙긴다.

아이가 쌀 짐을 따로 남겨 둔다 주변에서 일어나는 일에 자신도 관여하고 있고 주도하고 있다는 느낌을 갖도록 하기 위해 아이에게 상자 하나를 주어 직접 짐을 싸게 한다. 아이가 잘 때 부모가 다시 제대로 싸면 된다. 또한 아이의 여행 가방이나 배낭을 주어 좋아하는 장난감과 심리적 안정을 주는 물건들을 싸게 하고 새 집으로 이동할 때 아이가 가지고 갈 수 있게 한다.

아이가 빨리 적응하게 한다 아이 방 짐을 제일 먼저 풀어 익숙한 가구와 장난감을 정리하면 아이가 재빨리 편안함을 느낄 수 있을 것이다. 아이의 짐을 정리할 때는 아이의 도움이 오히려 방해가 되더라도 아이가 '돕도록' 장려한다. 이사하기 전에 사용하던 방과 최대한 똑같이 꾸미는 것이 아이가 빨리 편안함을 느끼게 하기에 가장 좋은 방법일 것이다. 아이가 새 가구로 바꿔 달라고 요구하거나 그럴 거라고 기대하지 않는다면, 아이 방 실내 장식을 다시

하기 전에 아이가 새로운 환경에 적응할 때까지 기다린다.

다른 변화들은 보류한다 이사를 한 후 몇 주 동안은 최대한 현 상태를 유지한다. 아이가 기꺼이 변기를 사용하려 하고 배변 훈련의 의욕이 상당히 커서 부모가 이 기회를 놓치고 싶지 않은 경우가 아니라면, 이 시기에는 배변 훈련을 하지 않는다. 아이는 아기 침대에서 일반 침대로 옮기기, 유치원이나 어린이집의 첫 입학 같은 스트레스를 보태지 않더라도 이사한다는 자체만으로 충분히 스트레스가 크다. 새 주방의 식탁에는 같은 식탁보와 접시를 놓고, 자주 먹던 음식을 올리고, 늘 먹던 시간에 식사를 한다.

잠시 시간을 내서 동네를 둘러본다 서두르면 하루 안에 짐을 모두 정리할 수 있다 하더라도, 너무 빠른 속도로 짐을 정리하면 오히려 새로운 장소에 대한 아이의 불안감을 고조시킬 수 있다. 그러므로 운송업자들이 모두 가고 나면 잠깐 시간을 내서 가족끼리 즐거운 시간을 보낸다. 새 동네를 한 바퀴 돈다든지, 새 놀이터에 가본다든지, 새로운 음식점에서 저녁을 먹는다.

접촉한다 새로운 집단에 참여해 친해진다. 놀이 모임, 수영 강습, 동네 박물관, 교회 등에 아이를 참여시킨다. 드라이브나 산책을 한다. 마을의 명소에 방문하고 지역 축제에 참여한다.

연락한다 전화나 편지를 이용하거나, 직접 방문하거나, 비디오나 오디오 테이프를 이용해 살던 동네의 가족과 친구들과 계속 연락을 유지한다.

많이 참는다 과도기에 있는 토들러들은 훈계나 경고가 아닌 인내와 이해가 필요하다. 한동안 부모는 눈코 뜰 새 없이 바쁠 게 틀림없지만, 그렇다고 아이가 예상하는 일과를 생략해서는 안 된다. 취침 전 아이에게 책 다섯 권을 읽어 주었다면 여전히 다섯 권 모두 읽어 주도록 한다. 단 읽는 속도를 빨리 하지 않는다. 목욕할 때 욕조에서 물장구치는 시간을 따로 가졌다면 실컷 물장구를 치게 한다. 아이가 새 방에 익숙해지는 과정에 있을 때는 취침 전 일과가 평소보다 훨씬 힘들 게 분명하다. 이럴 때는 아이가 까다롭게 군다고 화를 내면서 반응하기보다 세심하게 마음을 헤아려 주는 것이 훨씬 효과적이다. 그렇다고 한 침대를 사용하는 걸 원하지 않는데도 아이를 부모와 함께 재운다든지 해서 '아이가 적응할 때까지만' 취침 전 규칙을 변경하는 실수를 저질러서는 안 된다. 그 밖에 다른 규칙도 마찬가지다. 이런 예외들이 어느새 습관으로 굳어져 깨기 힘들어질 수 있다.

토들러라면 아마도 이런 변화에 잘 적응할 테지만, 아이의 연령이 높은 경우, 특히 이사를

의사를 알아보세요

열이 날 때까지 기다리지 않는다. 이사를 한 후 짐을 풀기 전에, 아니 가급적 이사를 하기 전에, 이사 갈 동네에서 아이를 담당할 의사를 알아보아야 한다. 지금 아이의 담당 의사나 이사 갈 동네의 이웃 사람들에게 의사를 추천해 달라고 부탁한다. 새로 소개 받은 의사를 몇 차례 방문해 본 후에 나하고 잘 맞지 않으면 다른 의사로 바꾼다. 그러나 다른 의사를 구할 때까지는 계속 지금 담당 의사에게 치료를 맡겨야 한다. 아이가 갑자기 구토를 할 경우 응급실로 뛰어가거나 전화번호부를 뒤지는 것보다는 그래도 치료를 담당하던 의사에게 연락하는 것이 훨씬 낫다.

자주 다니는 경우 아이가 이사에 적응하기가 더 힘들 것이다. 학령기 동안 대여섯 차례 이사를 다니면 학업과 행동 모두에 문제를 일으킬 수 있다. 이사를 자주 다녀야 한다면 아이가 과도기를 수월하게 넘길 수 있도록 각별히 신경을 써야 한다.

— 입양아

Q "우리는 태어난 지 며칠 안 된 아주 예쁜 남자아이를 입양했어요. 우리 아들은 우리에게 더할 나위 없는 즐거움이 되고 있답니다. 이제 곧 첫돌이 되는데, 조만간 아이에게 입양 사실을 말하는 게 좋을지 어떨지 잘 모르겠습니다."

A 아이가 엄마, 아빠 사이에서 태어나지 않고 입양되어 왔다는 사실을 알리는 시기는 빠르면 빠를수록 좋다. 실제로 아이가 자신의 입양 사실을 일찍 알수록 그 사실을 더 자연스럽게 받아들이게 되는 것 같다. "너를 입양할 수 있었다니, 우리는 정말 운이 좋았어."와 같이 아기 때부터 부모가 자신의 입양 사실에 대해 긍정적으로 말하는 걸 들어온 아이는 아동기 후반에 느닷없이 입양 사실을 알게 된 아이보다 가족 안에서 자신의 위치를 더욱 안정적으로 느낄 가능성이 높다.

그러므로 아이의 입양 사실을 반드시 말해 준다. 그러나 아이가 최소한 서너 살이 되기 전까지는 이런 사실이 아이에게 큰 의미를 갖지 않을 것이다. 아이는 그저 "나는 입양됐어요."라는 말을 앵무새처럼 따라할 수 있을 뿐, 그 말의 의미라든지 부모에게 태어나는 것과 입양된 것의 차이를 전혀 이해하지 못할 것이다. 아기가 어떻게 만들어지는지 설명하면(464쪽 참조) 모든 아기들은 누군가에게 태어난다는 사실을 이해시키는 데 도움이 된다. 그런 다음 어떤 아이들은 낳아 준 친부모와 죽 함께 지내고, 어떤 아이들은 낳아 준 부모가 돌볼 수 없어 그 아이를 무척 사랑하는 다른 가족에게 입양된다는 사실을 설명한다.

입양은 친부모에게 태어나는 것보다 더 좋은 것도 더 나쁜 것도 아니라고 말해 준다. "우리 집이나 다른 집이나 다 마찬가지란다."라고 말하지 말고, 모든 가족은 저마다 다 다르다고 말해 준다. 엄마만 있는 가정도 있고 아빠만 있는 가정도 있으며, 직접 낳은 아이들을 키우는 가정도 있고 입양한 아이들을 키우는 가정도 있으며, 낳은 아이와 입양한 아이를 같이 키우는 가정도 있다고 설명한다.

지금 아이와 나누는 토론은 시작에 불과하다. 입양에 대한 질문은 앞으로 계속될 테지만, 아이가 학교에 입학하고 나면 친부모는 누구인지, 그들은 왜 자신을 포기했는지 등 본격적으로 궁금해하기 시작할 것이다. 그러나 이런 생각들을 전혀 하지 않는 아이들도 있다. 아이가 이런 질문을 하기 전에는 굳이 알려 줄 필요가 없다.

— 쌍둥이 혹은 그 이상의 다태아

Q "우리는 딸 쌍둥이를 두었어요. 지금 18개월인데 벌써부터 둘이 아주 친하게 지낸답니다. 이대로라면 앞으로도 죽 사이좋게 잘 지낼 것 같아요. 어떻게 하면 이 아이들을 최대한 잘 키울 수 있을까요?"

A 아동 발달 전문가들은 쌍둥이, 세쌍둥이, 네쌍둥이는 똑같이 다루어야 한다는 오래된 견해를 더 이상 인정하지 않는다. 쌍둥이를

한 사람으로 취급하면 신체적, 정서적 성장이 지연되고, 언어 발달이 저하되며, 그 결과 지능을 최대한 발휘하지 못할 수 있다. 뿐만 아니라 각각의 아이는 장차 자신에게 필요한 기술을 절반밖에 발달시키지 못할 수도 있다. 일란성 쌍둥이라도 쌍둥이들은 각자 개성을 지닌 개인이며, 따라서 그렇게 다루어져야 한다.

쌍둥이들만의 아주 특별한 관계를 방해하지 않고, 쌍둥이의 개성을 장려하기 위해 다음 내용을 참고하자.

* **쌍둥이를 '쌍둥이'라고 부르지 않는다** 대신 각자의 이름을 부르거나 '우리 애들', '우리 딸들'이라고 부른다. 친구들과 가족들, 양육자들에게도 그렇게 부르게 한다.
* **부모와 그 밖에 모든 사람들이 쌍둥이를 구별할 수 있어야 한다** 아이들의 생김새가 똑같다면 머리 모양을 다르게 하거나 각자의 이름을 새긴 발찌를 착용하게 하는 등, 사람들이 계속해서 이름을 잘못 부른다든지, 한 아이는 비타민을 두 배로 복용하고 다른 아이는 전혀 복용하지 않는 일이 벌어지지 않도록 방법을 마련한다.
* **각자 독특한 옷을 입게 한다** 쌍둥이들을 똑같은 옷으로 맞춰 입히고 싶은 유혹이 들겠지만, 늘 똑같이 옷을 맞춰 입게 되면 각자 자아의식 발달에 지장이 생길 수 있다. 많은 쌍둥이들이 양말까지 맞추어 신으려고 한다. 아이들이 같은 옷을 구입하겠다고 고집을 부린다면 각자 색깔은 다르게 하자고 제안한다. 그리고 같은 옷을 입기보다 서로 다른 옷을 입도록 계속해서 장려한다.
* **쌍둥이 각자에게 자기 소유의 장난감과 물건을 준다** 쌍둥이 토들러들은 다른 토들러들에 비해 물건을 같이 사용할 가능성이 높다. 부모가 제안해서가 아니라 아이들이 기꺼이 그렇게 하길 원하는 경우 물건을 같이 사용할 가능성이 훨씬 높아진다. 하지만 어느 시기에는 연령에 맞는 소유욕이 생기게 마련이다. 모든 물건을 공동으로 소유하도록 요구하는 것은 부당하며, 장차 경쟁의식을 일으킬 수 있다. 그러므로 일부 중복되는 물건이 있다 하더라도 연령이 다른 두 형제에게 제공하는 것과 마찬가지로, 각자 자기 소유의 장난감, 책, 기타 개인 물품을 제공한다. 헷갈리지 않도록 장난감에 이름표를 부착하거나 매니큐어로 이름 첫 글자를 쓴다.
* **공정하게 대하되 다른 형제들에게 대하듯 차이를 존중하고 항상 똑같이 대하지 않는다**(783쪽 참조) 일란성 쌍둥이의 경우 이렇게 하려면 조금 더 노력을 해야 할 것이다. 일란성 쌍둥이들은 닮은 점이 분명하게 눈에 띄는 반면, 개성은 눈에 덜 띈다. 아이들 각자에게 독특한 점을 찾는다. 가령 한 아이는 음악을 좋아하고 다른 아이는 미술을 좋아하거나, 한 아이는 정글짐에 잘 올라가고 다른 아이는 미끄럼틀을 잘 탄다. 아이들이 같은 부분에서 재능을 보이더라도 각자 서로 다른 재능이나 기술을 발견하고 길러 준다.
* **아이 각자와 둘만의 시간을 보낸다** 자녀가 여럿인 부모들은 각각의 아이들과 단둘이 보낼 시간을 마련하기가 쉽지 않은데, 쌍둥이를 둔 부모들은 훨씬 어려운 것 같다. 그리고 대부분의 쌍둥이들은 적어도 아주 어릴 때는 서로 친구 삼아서 즐겁게 잘 지내기 때문에 굳이 각각의 아이와 단둘이 시간을 보내려 애쓸 필요가 없을 것 같다는

생각도 든다. 하지만 모든 아이들은 엄마나 아빠, 혹은 두 사람 모두와 단둘이 시간을 보내는 것이 중요하고, 쌍둥이의 경우 각자 독립된 개인임을 인식하도록 도울 필요가 있는 만큼 더욱 둘만의 시간이 필요하다. 그러므로 쌍둥이 각자와 반드시 일대일 시간을 마련하도록 한다. 정해진 날 정기적으로 피자를 먹으러 가거나, 단둘이 책 읽는 시간을 가져도 좋다.

* **억지로 각자 다른 교실에 보낼 필요는 없다**
  <u>놀이 모임이든 어린이집 학급이든 유치원 그룹이든, 쌍둥이를 따로 갈라놓을지 어떨지는 아이들에게 달려 있다. 대부분의 전문가들은 학령기 동안에는 쌍둥이를 각자 다른 교실에 보내는 것이 가장 좋다고 주장한다.</u> 아이들이 따로 나뉘면 교사와 친구들, 쌍둥이들 자신은 물론 지금까지 하나의 단위라고 생각했던 쌍둥이들을 개별적인 개인으로 바라보게 된다. 또한 경쟁도 최소화된다. 그러나 너무 일찍 아이들을 갈라놓으면 정신적 외상을 일으킬 수 있다. 아주 어린 쌍둥이들 가운데 많은 아이들이 서로의 '반쪽'이 없으면 제대로 기능하길 힘들어한다. 물론 모두 그런 건 아니다. 이런 아이들은 새로운 상황에 부딪칠 때 둘이 한 팀이 되어 서로에게 힘을 얻는다. 그러나 아이들이 요구하면 가끔씩 개별 활동을 하거나, 아이들이 성장하면 각자 친구를 사귀도록 장려한다. 쌍둥이 중 한 아이가 친구를 사귄 경우, 다른 쌍둥이를 데리고 다니지 않고 혼자 그 친구와 놀 권리가 있다. 아이들이 연령이 높아지고 기꺼이 그렇게 하려고 한다면, 가끔씩 따로 새로운 상황에 노출시켜야 혼자서 이런 상황에 대처하는 방법을 배울 수 있다.

* **비교하지 않도록 조심한다** "인수는 항상 장난감을 정리하는데 넌 왜 안 그러니?"처럼 아이들을 비교하면 쌍둥이든 외둥이든 아이 각자의 특성을 부인하게 되고, 아이의 자존감을 손상시키며, 건강하지 않은 경쟁의식만 부추기게 된다(782, 799쪽 참조). 널리 받아들여지고 있는 미신, 즉 일란성 쌍둥이는 한 명은 착하고 한 명은 나쁘다는 미신은 그야말로 미신일 뿐이다. 이런 말들에 혹해서 쌍둥이를 다루는 방식에 영향을 받거나, 자기 현시적인 예언으로 말이 씨가 되게 해서는 안 된다.

* **다른 형제와 경쟁하지 않도록 주의한다**
  지금이든 앞으로든 다른 형제가 있다면, '쌍둥이 증후군'에 형제를 제외시키지 않도록 주의한다. 가족뿐 아니라 외부 사람들까지도 쌍둥이에게 지나치게 관심이 치중되기 때문에 다른 형제들, 특히 손위 형제들은 종종 부당한 대우를 받는다거나 방치된 느낌이 들기 쉽다. 그러므로 외둥이 형제들에게도 똑같은 관심을 주기 위해 신경 쓴다. 또한 쌍둥이들끼리 아주 친하면 자기들도 모르게 다른 형제를 배제시킬 수 있다는 사실도 명심하자. 쌍둥이의 잘못은 아니다. 쌍둥이들은 그저 마음 가는대로 할 뿐이다. 혼자 겉도는 형제는 불안정한 느낌을 받을 수 있다. 부모와 아이 간의 일대일 경험을 많이 갖고 다른 아이들과 사회적 상호작용을 위한 기회를 많이 제공해 이런 기분을 해소할 수 있게 한다.

* **최대한 도움을 받는다** 두 어린아이들을 감독하려면 다른 부모들과는 비교도 안 될 정도로 눈코 뜰 새 없이 바쁘다. 그러므로

친구나 가족, 그냥 아는 사람들이 도와준다고 하면 난처해하지 말고 선뜻 도움을 받아들이거나 필요하면 도움을 청하고, 그런 태도에 대해 죄책감을 갖지 않는다. 곱절의 육아를 담당하느라 녹초가 될 때는, 그래도 연년생이나 두 살 터울 외둥이 둘을 키우는 것보다는 수월하다는 걸 상기하자. 쌍둥이들 특히 일란성 쌍둥이들은 예외도 있지만 친하게 잘 지내는 경향이 있어서 가만히 내버려 두어도 같이 즐겁게 잘 논다. 그리고 대체로 같은 방을 사용하기 때문에 수면 문제를 일으킬 가능성이 적다.

연령이 높은 임산부와 임신 촉진제를 복용한 임산부가 증가한 덕에 쌍둥이, 세쌍둥이, 심지어 네쌍둥이, 다섯 쌍둥이 등 다태아의 수가 많아질수록 아이들의 욕구와 부모의 욕구에 더 많이 주의를 기울여야 한다.

── 한 부모 가정

Q "저는 딸을 사랑하고 미혼모가 되기로 결심한 걸 한 순간도 후회해 본 적이 없습니다. 하지만 어쨌든 부모가 한 사람뿐이라는 사실 때문에 아이가 힘들어하지 않을까 걱정이에요."

A <u>사랑과 관심이 많은 한 부모 가정에서 자란 아이들은 행복한 양 부모 가정에서 자란 아이들과 마찬가지로 잘 자랄 수 있고 또 잘 자란다.</u>
그러나 모든 형태의 가정이 그렇듯이, 한 부모 가정에도 긍정적인 면과 부정적인 면이 있다. 긍정적인 면은 모든 일을 부모의 방식대로 밀고 나갈 수 있다. 즉, 아기가 울게 내버려 두는 것이 나은지, 토들러를 유치원에 보내야 할지, 체벌을 위해 타임아웃제를 시행해도 좋은지 같은 문제를 놓고 언쟁을 벌일 필요가 없다. <u>양 부모 가정보다 한 부모 가정이 부모와 자식 사이가 더 돈독한 경향이 있으며, 아이가 일찍부터 성숙하고 독립적인 경향이 있다.</u> 부정적인 측면은 경제적으로 어려울 수 있고, 쉽게 지치며, 고립감이 크고, 부모가 사적인 시간을 내기 힘들며, 간혹 아이에게 행동 장애가 나타날 수 있다. 뿐만 아니라 육아에 두 배의 노력이 필요하다.

부정적인 측면이 고민된다면, 사회가 전통적인 핵가족을 낭만적으로 묘사하는 한편 어느 가정도 문제없는 가정은 없다는 사실을 기억하자. 요즘은 어느 때보다 아버지들이 육아와 가사의 책임을 많이 짊어지긴 하지만, 그럼에도 불구하고 여전히 많은 여성들이 배우자로부터 거의 도움을 받지 못하고 있다.

혼자서 아이를 키우는 일이 쉽지는 않을 테지만, 배우자와 함께 아이를 키운다고 해서 늘 식은 죽 먹기처럼 간단하지는 않다. 물론 다른 부모의 부재를 메우기 위해 더 많은 시간과 노력을 들여야 하겠지만, 얼마든지 정서적으로 안정되고 행복한 아이로 키울 수 있다. 다음 내용을 참고하면 도움이 될 것이다.

슈퍼 부모, 슈퍼 직장인이 되려는 목표를 버린다
어떤 부모도 모든 일을 다 잘 할 수 없으며, 혼자서 생계와 육아를 책임져야 하는 부모라면 더더욱 힘들다. 어떤 부모도 완벽하지 않다. 한낱 인간일 뿐인데 '슈퍼맨(우먼)'이 되려고 발버둥 치다간 오히려 쓸데없는 스트레스만 가중될 뿐이다.

도움을 받아들인다 모든 일을 다 해내기가 불가능하다면, 어쩔 수 없지만 도움을 받도록 한다. 나 자신뿐 아니라 아이를 위해서도, 딱히 도와주겠다는 사람이 없으면 가족에게 도움을 청한다. 한계 상황이 올 때까지 기다리지 말고 그 전에 다른 사람에게 의지한다. '폐를 끼칠까 봐' 걱정하지 말고, 나를 도와준 사람은 그럴 수 있어서 큰 기쁨을 얻게 될 거라고 생각한다.

할머니, 할아버지나 다른 가까운 친척이 기꺼이 도와주는 게 아니라면 한두 사람에게만 계속해서 도움을 청하지 말고 가능하면 여러 사람들에게 고르게 도움을 청하도록 한다. 그리고 되도록 신세를 갚도록 노력한다. 내가 직장에서 근무하는 동안 일주일에 두 시간씩 내 아이를 어린이 체육관에 데려다주는 이웃에게 가끔씩 선물을 주거나, 회사에서 야근하느라 퇴근이 늦을 때 내 대신 유치원에서 아이를 데리고 와 준 부모를 위해 이따금 베이비시터 역할을 자처하거나, 아낌없이 시간을 제공한 어머니를 위해 명절 준비를 돕는다.

급할 때 도움을 청할 수 있는 한두 사람이 아주 가까이에 산다면 크게 도움이 될 것이다.

자신을 돌본다 <u>한 부모 가정의 어려움에 대처하려면 최대한 기력을 모아야 할 것이다. 그리고 부모가 건강을 유지해야 아이에게 이롭다.</u> 그러므로 잘 먹고, 일주일에 최소 세 차례 운동을 하며(825쪽 참조), 충분한 휴식을 취하고 필요하면 병원과 치과에 가도록 한다.

스트레스를 해소한다 스트레스 관리 방법을 익힌다. 살면서 찾아오는 모든 스트레스를 없앨 수는 없지만, 스트레스를 다루는 방법을 배울 수는 있다. 우선순위를 정하고 체계적으로 계획을 세우며, 긴장을 이완한다. 몇 분의 명상이 몇 시간 동안 기운을 되찾아줄 수 있다. 스트레스를 극복하는 방법은 824쪽을 참조한다.

나만의 시간을 갖는다 아이의 욕구는 채워 주면서 정작 자신의 욕구는 무시한다면, 누구에게도 이롭지 않을뿐더러 원망과 분노가 쌓일 수 있다. 그러므로 일주일에 한 번씩 친구를 만나거나, 한 달에 두 번씩 혼자 영화를 보러 가는 등, 규칙적으로 기운을 차릴 시간을 갖는다. 나만의 시간을 갖는다고 죄책감을 느끼지 않는다. 그럴 만한 자격이 충분하며, 그래야 부모 역할을 더 효과적으로 해낼 수 있다.

아이에게 사랑을 듬뿍 준다 사랑은 큰 효과를 거두며, 아이에게 충분히 주지 못하는 시간이나 에너지, 재정적인 어려움을 상당히 보상할 수 있다. <u>사랑이 많은 한 부모 가정에서 관심을 많이 받고, 의견이 받아들여지며, 존중과 훈육을 받고 자란 아이는 사랑이 부족한 양 부모 가정에서 자란 아이보다 정서적으로 안정되고 행복한 성인으로 자랄 가능성이 더 높다.</u> 그리고 인생의 가치 있는 것들이 대부분 그렇듯이, 사랑은 공짜고 저절로 채워지며 주면 줄수록 줄 것이 많아진다.

시간을 아끼지 않되…… 한 부모의 경우 사랑은 많지만 시간은 내기 어려울 수 있다. 하지만 그럼에도 불구하고 매일 잠깐이라도 아이와 즐거운 시간을 보내는 것이 아주 중요하다. 덜 중요한 다른 일을 마치지 못하게 되더라도.

……아이를 '오냐오냐' 키우지 않는다 훈육은 양

부모 가정뿐 아니라 한 부모 가정에도 필수다. 아이에게 죄책감을 느껴 아이의 버릇없는 행동을 그냥 넘겨서는 안 된다. 한 부모 가정의 아이라고 무례하게 굴거나, 다른 아이를 때리거나, 규칙을 어길 자유를 주어서는 안 된다. 텔레비전을 더 많이 보거나, 정크 푸드를 많이 먹도록 허용하거나, 잘못된 행동에 대해 받아야 할 징계를 으레 감해 주어서도 안 된다. 한 부모 가정의 아이들 역시 다른 아이들이 필요로 하는 것, 즉 공정한 한계와 예측 가능한 기대가 제공하는 안정감(56쪽 참조)을 필요로 한다. 그러나 한계를 정하는 데 있어서 모든 내용을 문제 삼지 않도록 주의한다. 정말 중요한 부분에 대해서만 금지 사항과 규칙을 정한다.

아이에게 기대지 않는다 부모에게 어떤 문제가 있든 아이는 아이가 될 권리, 근심 걱정 없는 아동기를 즐길 권리가 있다. 부모가 지닌 걱정들로 아이에게 부담을 주거나, 친밀함을 향한 욕구와 같이 부모의 개인적인 욕구를 충족시키기 위해 아이를 이용하려 하지 않는다. 또한 부모에게 어떤 문제가 있든 부모를 비난해서는 안 된다는 걸 아이에게 이해시켜야 한다.

외부의 지원을 찾는다 친구나 친척 등, 든든하게 기댈 수 있는 사람들을 찾는다. 더 좋은 방법은 한 부모 지원 모임이 있다면 가입하는 것이다. 그곳에 가면 스스로 선택해서든 이혼이나 사별에 의해서든 한 부모가 된 아버지와 어머니들이 상당히 많다는 걸 알게 될 것이다. 개인적으로 만나거나 해당 지역의 한 부모들과 모임을 이루어 만나면, 많은 면에서 삶의 질이 나아질 것이다. 한 부모 지원 모임은 공식적 만남이든 사교적 만남이든 고립감을 덜어 주는 한편, 비슷한 환경에 있는 다른 사람들과 감정, 생각, 지원을 공유하는 데 도움이 된다.

양 부모 가정의 부모들과도 함께 모인다. 이들 부모들을 통해 한 부모든 양 부모든 모든 부모들은 이따금 똑같이 무능하다는 느낌을 갖는다는 걸, 똑같이 감당하기 힘들어한다는 걸, 똑같이 지원이 필요하다는 걸 알게 될 것이다.

역할 모델이 되어 줄 이성을 찾는다 아이들은 성인 남녀 두 사람과 함께 지낼 때 더 잘 자란다. 그러므로 기꺼이 아이와 시간을 보낼 의향이 있는 남자 혹은 여자 친척이나 친구를 적어도 한 사람 이상 찾아본다.

불가피한 상황에 대비한다 아이가 세 살이 다 되어가고, 양 부모 가정의 친구들이 있으며, 사진에도 다른 부모가 없다면 "나는 왜 아빠가(혹은 엄마가) 없어?"라는 질문이 이미 나왔거나 조만간 나올 것이다. 이런 질문이 자연스럽게 나오지 않는다면, 아이가 물어보길 두려워하고 있다는 의미일 수 있다. 이 경우 결국 부모가 직접 문제를 꺼내야 할지 모른다. 최대한 솔직하게 말하되 아이가 이해하기 힘들거나 당황해 할 정도로 너무 복잡하게 설명하지 않는다. 어떤 식으로 말할지는 각자 개인적인 사정에 따라 다를 것이다. 예를 들어 자발적으로 미혼모가 된 거라면 이렇게 말할 수 있다. "너를 너무 갖고 싶어서 사랑하는 아빠를 찾을 때까지 기다릴 수가 없었단다." 별거나 이혼을 한 경우라면, 791쪽을 참고해 아이가 이해하기 쉽게 설명한다.

<u>세상에는 다양한 종류의 가정이 있고, 모든 가정이 엄마와 아빠가 다 있는 건 아니라고</u>

설명한다. 아이에게 다른 한 부모 가정의 아이들을 소개시킨다. "나는 어떻게 태어났어?"라는 질문에 답하는 방법은 464쪽을 참조한다.

인생을 너무 심각하게 받아들이지 않는다 유머 감각이 필요하다. 그것도 자주.

이런 제안들로는 힘든 상황을 헤쳐 나가는 데 별 도움이 되지 않는다면 주저하지 말고 전문가의 도움을 구한다. 성직자나 아이의 담당 의사, 부모의 담당 의사가 적당한 치료사를 찾도록 도와줄 것이다.

── 싱글 아빠

Q "아이가 생후 6개월일 때 아내가 가족을 꾸릴 준비가 되어 있지 않아 서로 헤어지기로 결정했어요. 그 후로 저 혼자 아이를 키우고 있고, 지금도 그 결정은 잘 했다고 생각합니다. 하지만 제가 아이에게 엄마 역할도, 아빠 역할도 제대로 못하고 있다고 생각하면 한 번씩 무능하다는 기분이 들고 좌절감을 느낍니다."

A 임신, 출산, 모유 수유를 제외하면, 육아에서 어느 한쪽 성의 부모가 다른 쪽 성의 부모에 비해 아이를 보살피지 못할 영역은 없다. 사실상 천성적으로 엄마들보다 아이를 잘 보살피는 아빠들도 있다. 무능하다는 기분, 좌절감 같은 느낌은 부모이기 때문에 갖게 되는 느낌이지 남자라는 사실과는 별로 관계가 없다. 거의 모든 부모는 양 부모든 한 부모든, 남자든 여자든 아무런 경험 없이 부모 역할에 뛰어들게 되기 때문에 자주 무능력하다는 기분을 갖기 마련이다.

어쨌든 부모 역할은 쉬운 일이 아니며, 자녀를 여럿 둔 부모들이라고 해서 좌절감과 무능력한 기분을 느끼지 않는 건 아니다.

지금 느끼는 이런 감정들은 정상이며 부모 역할을 제대로 하지 못하고 있다는 징후가 아니다. 아이에게 늘 엄마인 동시에 아빠가 되어 줄 수는 없겠지만, 많이 노력하고 사랑을 듬뿍 쏟으면 행복한 아이로 키울 수 있다. 앞의 질문과 답변을 통해 한 부모의 육아 방법을 참고하자.

── 별거, 이혼

Q "15개월 전 딸이 태어난 뒤로 남편과 사이가 나빠지기 시작했어요. 우리는 이렇게 혼란스러운 가정에서 아이를 키우는 것이 아이에게 나쁜 영향을 미칠 것 같아 요즘 본격적으로 이혼을 고려하고 있습니다."

A 분노, 비난, 폭언이 난무하는 가정에서 사는 것이 아이에게 좋을 리 없지만, 그런 이유로 이혼하는 가정 역시 아이에게 좋은 영향을 줄 수 없기는 마찬가지다. 지금 같은 상황에서는 딱히 어떤 선택이 좋다고 말하기가 쉽지 않다. 한 가정에서 아이에게 또는 부모에게 최선의 선택이 다른 가정에도 최선이라고 할 수 없을 테니 말이다. 다만 한 가지 보편적인 사실이 모든 가정에 적용되는데, 즉 아이들은 행복한 가정에서 지내는 것이 가장 좋다는 사실이다. 그러므로 무엇보다 먼저 해야 할 일은 관계를 개선하기 위해 노력함으로써 집안 분위기를 화목하게 만들려 애쓰는 것이다. '이혼'이라는 단어가 자주 오르내리는 건 도와 달라는 외침이다. 그러나 불행에서 벗어나기 위해 결혼 생활을 끝내는

것만이 능사가 아니다.

신생아가 있는 부부의 경우, 관계가 악화되거나 신생아를 키우느라 결혼 생활에 소홀해지는 경우를 심심치 않게 보게 된다. 그러나 남편과 아내의 관계는 항상 우선순위 목록에서 일 순위가 되어야 하고, 심지어 신생아와의 관계보다 위에 두어야 한다. 언뜻 이런 관계가 이기적으로 비쳐질지 몰라도, 실제로 아이에게 최고의 이익이 되는 관계임에 틀림없다. 부모의 안정된 관계보다 아이에게 안정감을 주는 것은 없으며, 부모가 서로 아끼는 모습을 보는 것보다 아이에게 사랑받는 느낌을 주는 일은 없다.

정말 만족스러운 방식으로 관계를 개선하려면 시간이 필요한데, 초보 부모들은 이런 시간을 내기가 좀처럼 쉽지 않다. 그러나 부부 관계가 혼란스러울 때 잃어버린 시간을 보충하기 위해 지금부터라도 노력한다면 결혼 생활을 잘 지킬 수 있을 테고 더불어 아이도 지킬 수 있을 것이다. 매일 둘만의 시간을 갖고 아이가 태어나기 전에 나누었던 친밀함을 회복한다. 아침에 눈을 뜨기 전에 둘이 꼭 끌어안고, 토들러와 아직 한 침대를 이용하고 있다면 아이를 따로 재우고 부부만의 침대를 되찾는다. 낮에 둘 다 편한 시간에 전화 통화로 간단한 수다를 떨고 '사랑한다'고 말한다. 통화를 할 때는 "당신이 이걸 처리해, 난 저걸 처리할게." 같은 식의 거래를 하지 않는다. 밤에 아이가 잠든 후에 함께 저녁을 먹으면서 대화를 하고, 일주일에 한 번쯤 정기적으로 외식을 하거나 영화를 보는 등, 아이가 태어나기 전에 단둘이 즐겼던 활동을 한다 주말에 아이 없이 여행을 떠나도 결혼 생활을 크게 개선하는 데 도움이 된다(826쪽 참조).

물론 지금 같은 상황에서는 혼자 힘으로 상황을 개선시켜 보려는 노력보다는 숙련된 관계 회복 방식이 필요할지 모른다. 대개 전문가의 개입이 크게 도움이 될 수 있다. 그러므로 변호사를 찾아가기 전에 성직자나 담당 의사, 부부생활과 관련해 두 사람 모두 존경할 만한 사람, 상담을 해 줄 적절한 치료사를 알아 봐 줄 만한 사람에게 먼저 이야기한다.

관계를 포기하는 것보다 개선하는 쪽이 나와 배우자, 아이를 위해 훨씬 바람직하지만, 도저히 구제할 수 없는 결혼 생활도 있다. 결혼 생활을 유지하기 위해 두 사람 모두 열심히 노력했지만 그럼에도 불구하고 불화가 계속된다면, 헤어짐을 생각할 필요가 있다(다음 내용 참조). 갈라서기로 결정한 경우, 각자 독립적으로 생활하면서도 계속해서 아이를 보호할 방법을 상담을 통해 알아본다.

Q "아이가 태어나기 훨씬 전부터 남편과 저는 사이가 좋지 않았어요. 살다 보면 나아질 거라 기대했고 일 년 동안 부지런히 상담도 받아 봤지만, 도무지 개선의 여지가 없다는 걸 알게 됐습니다. 지금은 우리가 결별해 남편이 집을 나가게 되면 아이에게 어떤 영향을 미칠지가 걱정입니다."

A 부모가 같이 살든 별거를 하든 이혼을 하든, 사이가 좋지 않을 때 자녀가 희생자가 되는 건 정말 안타까운 일이다. 부모의 결별이 아이에게 좋은 영향을 미치지 않겠지만, 같이 산다고 해서 뾰족한 수가 있는 것도 아니다. 별거나 이혼에 적응하는 것보다 끊임없이 언쟁이 오가는 부모와 불행한 집에서 사는 것이 종종 아이에게 더 안 좋은 영향을 미친다. 뿐만 아니라 잘못된 결혼

생활을 아이가 그대로 답습할 수 있으며, 좋은 관계가 어떤 건지 배울 기회도 없다.

<u>무엇보다 죄책감으로 인해 지금의 아픔을 악화시키지 않도록 한다. 더 이상 결혼 생활을 지속할 가능성이 없다고 확신하면, 지금 결혼 생활을 끝내는 것이 부모를 위해서도 바람직하고, 아이에게도 정신적인 외상을 덜 초래할 것이다.</u> 어린아이들은 연령이 높은 아이들보다 가족이 분열된 상황에서 훨씬 회복력이 강한 편이다.

그렇지만 지금까지 알고 있던 유일한 세계가 순식간에 허물어진다면, 그 두려움과 괴로움은 이루 말할 수 없을 만큼 클 것이다. 연구 결과에 따르면, 많은 이혼 가정의 아이들이 정서적으로 안정되고 행복한 성인으로 성장하지만, 상처 없이 행복한 가정의 아이들에 비해 아동기에 행동상의 문제들을 지니는 경향이 있다고 한다. 대개의 경우 이런 행동상의 문제는 이혼 이상으로 가정불화에도 원인이 있는 것으로 나타났다. 아동의 행동상 문제는 대개 결혼 생활이 처음 삐걱대기 시작할 때 나타나기 시작하다가, 본격적으로 붕괴될 때 더 악화되거나 뚜렷해졌다.

부모의 이혼에 대해 아이마다 어떤 식으로 반응을 보일지는 예측하기 어렵다. 일찍부터 영향이 나타나지만 이혼 후 2, 3년 안에 힘든 고비를 넘기는 아이들도 있다. 남편과 아내의 불화가 끝난 자리를 전남편과 전부인의 다툼이 대신 차지해 여전히 스트레스가 계속되지 않는다면. 처음에도 괜찮아 보이고 이혼 후 몇 년이 지날 때까지도 아무런 부정적인 조짐이 나타나지 않는 아이도 있다. 성인기까지 계속해서 힘들어하는 아이들도 있고, 시련을 견디고 더 강해진 아이들도 있다. 여자아이들보다 남자아이들이 상당히 적응하기 힘들어하고,

어릴 때 까다로운 기질을 보인 아이들이(226쪽 참조) 특히 상처를 받기 쉽다. 엄마에게 양육권이 있는 경우, 집에 돌봐 주는 아빠가 없기 때문에 남자아이들이 특히 힘들 수 있다. 아동기 동안 아빠를 거의 보지 못하고 아빠를 대신할 다른 남자어른이 없는 경우, 나중에 친구를 사귀기도 친구 관계를 유지하기도 힘들지 모른다.

당연한 결과지만, 부정적인 분위기가 만연하고, 충돌을 자주 일으키고, 만족스럽지 않은 방식, 즉 타협하기보다 언어적 신체적 공격, 욕설, 권력 행사, 주장 철회 같은 방식으로 충돌을 해결하는 가정에서 자란 아이들, 무책임하고 태만하며 아무런 효과는 없이 권위만 내세우는("시키는 대로 해. 안 그러면……."이라고 경고하지만 한 번도 위협한 대로 실행한 적이 없는) 부모 밑에서 자란 아이들은 성공적으로 성장할 가능성이 거의 없다.

<u>양육권을 지닌 부모가 아이에게 관심을 많이 갖고, 정당하게 훈육하며, 한계를 정하고 일관되게 실천한다면 아이는 한껏 제 능력을 펼칠 수</u> 있을 것이다. 유능하고 성공한 성인으로 성장한 사람들 대부분이 적어도 주로 같이 사는 한쪽 부모와 탄탄하고 좋은 관계를 유지하고 있다. 살아남기 위해 어릴 때부터 한쪽 부모와 다른 쪽 부모를 싸움을 붙여 온 사람들, 즉 다른 사람들을 조종해서 성공한 사람들도 있고, 다른 사람들을 매우 세심하게 신경 쓰고 공감해서 성공한 사람들도 있다(주로 어린 동생들이나 심지어 양육권이 있는 부모를 돌봐야 했던 사람들).

불행한 결혼 생활을 끝내는 것이 장기적으로 모두에게 더 이로울 수 있지만, 단기적으로는 상당히 괴로울 것이다. 토들러들은 어떤 형태의 변화든 변화를 힘들어하는 경향이 있어서,

하다못해 공원에서 놀다가 집에 들어가거나 점심을 먹기 위해 자동차 놀이를 중단해야 하는 경우에도 울고불고 짜증을 내기 일쑤다. 그러므로 별거나 이혼 같은 중요한 변화가 아이에게 커다란 영향을 미치는 건 말할 나위가 없다. 그러나 다음 방식으로 변화에 접근하면, 아이가 보다 빨리 가정의 새로운 역학 구조에 익숙해지고, 잘하면 인생의 혼란한 시기를 무사히 넘기는 데 도움이 될 것이다.

* **전 배우자와 '친구 관계를 유지'할 수 없다면 사무적인 관계를 확립하도록 한다** 좋아하지 않은 사람과도 사업은 할 수 있다는 걸 기억하자. 아이 문제를 의논할 때는 가능하면 아이 없이 중립적인 지역에서 만난다. <u>만나는 시간은 짧게 갖고, 최대한 핵심 내용만 이야기한다. 아이를 데리고 가는 경우, 두 사람은 여전히 존중하고 배려하는 마음으로 아이와 관계된 문제들을 의논하고 있다는 걸 아이에게 보여 주기로 합의한다.</u> 서로를 존중하면서 대하면 아이에게 인간관계에 대해 많은 것을 가르칠 뿐 아니라 아이의 자존감도 강화할 수 있다.

* **아이에게 단도직입적으로, 그러나 간단하게 상황을 설명한다** 인생의 어려운 문제들에 대해 아이에게 답해 줄 때는 언제나 정직이 최선의 방책이지만, 지금 같은 상황에선 특히나 중요한 방책이다. 실제로 별거에 들어가기 전에, 아이가 다른 사람들에게 별거 사실을 전해 듣기 전에, 뭔가 끔찍한 일이 벌어지고 있다는 걸 감으로 느끼기 전에 아이에게 상황을 설명한다. 가능하면 다 함께 자리에 앉아 아이가 이해할 수 있는 말로 설명한다. "엄마와 아빠는 같이 사는 게 행복하지 않단다. 만날 싸움만 하는데 계속 이렇게 싸울 수는 없을 것 같아. 그래서 차라리 한집에서 살지 않는 편이 더 나을 거라고 생각해." 헤어지더라도 아빠는 여전히 아빠고, 아이는 여전히 아빠를 볼 수 있다는 걸, 엄마가 양육자인 경우 아빠는 다른 집에서 살게 될 거라는 걸 아이에게 이해시킨다. "아빠는 집을 나갈 거야."라거나 "아빠는 떠날 거야." 같은 말은 삼간다. 이런 말은 엄마가 집을 나설 때마다 엄마 역시 돌아오지 않을지 모른다는 생각에 아이를 두렵게 만들 수 있다. 집을 떠나는 배우자를 자주 볼 수 없는 경우 아이를 도와줄 방법은 다음 질문을 참조한다.
'이혼'이라는 말을 아무렇게나 내뱉지 않는다. 대부분의 아이들은 이혼이라는 말의 의미를 잘 모르며, 실제보다 훨씬 나쁜 것이라고 상상할 수 있다. 그리고 이혼의 원인이 된 불화 내용에 대해 아이에게 구체적으로 말하지 않는다. 자세한 내용은 아이를 크게 혼란스럽게 만들 수 있다.

* **혼란을 예상한다** 아이는 부모가 하는 말을 전혀 이해하지 못하기 때문에 처음에는 아무런 반응을 보이지 않을지 모른다. 실제로 변화가 일어난 후에도 아무런 반응을 보이지 않다가 나중에야 이 모든 일을 한꺼번에 깨닫기 시작할지 모른다. 아이가 질문을 하는 때도 바로 이때부터일 것이다. 아이가 알고 싶어 하는 내용을 답해 주고, 아이의 질문을 이 문제와 아이의 감정에 대해 이야기할 발판으로 삼는다.

* **아이와 상황이 같은 친구들도 많다는 걸 알려 준다** 아주 어린아이들 수준의 이혼을 주제로 한 책을 아이에게 읽어 주면 나와 같은 상황에

놓인 다른 아이들도 있다는 사실을 알게 될 것이다. 이혼 가정의 어린아이들을 대상으로 한 지원 모임에 아이를 데리고 가도 도움이 될 수 있다.

* **아이는 여전히 엄마, 아빠 모두의 사랑을 받고 있다는 걸 알려 준다** <u>아이는 엄마, 아빠가 더 이상 서로 사랑하지 않으니까 자신도 더 이상 사랑받지 못할 거라고 걱정하기 쉽다. 아이를 향한 부모의 사랑은 변함이 없으며, 앞으로도 결코 변하지 않을 거라고 양쪽 부모 모두가 아이를 안심시킬 필요가 있으며, 양육권을 지닌 부모는 절대로 아이를 버리지 않을 거라는 확신을 주어야 한다.</u> 부모 가운데 한쪽이 가정을 버린 경우, 851쪽을 참조한다.

* **약속을 이행하고 서로 합의된 일정을 지킨다** 어른들끼리 지킬 약속이나 일정이 딱히 없다 하더라도, 아이는 부모를 신뢰해도 좋다는 걸 알 필요가 있으므로 아이를 위해 일정을 마련한다. 그러나 아이에게 최선이 이득이 있는 경우에는 예외를 둔다. 예를 들어 아이가 한쪽 부모와 특별한 가족 행사에 참여해야 하는 경우, 다른 쪽 부모는 아이와의 만남을 나중으로 미룰 수 있다. 아이가 버릇없이 군다고 예외를 두거나 "예의 바르게 행동하지 않으면 아빠를 못 볼 줄 알아라." 위협하지 않는다. 부모를 보는 일은 아이에게 무조건적인 권리가 되어야 한다.

* **아이가 느끼는 시간 개념을 이해한다** 토들러들의 시간 개념은 어른들과 다르다. 토요일에 아빠를 보기 위해 기다려야 하는 시간이 아이에게는 평생처럼 느껴질 수 있다. 그러므로 최소한 처음에는 양육권이 없는 부모와 자주 만나도록 일정을 계획하고, 예를 들어 벽에 거는 커다란 달력을 걸고 방문 날짜마다 특별한 스티커를 부착해 날짜를 손꼽아 기다리게 하는 등, 기다리는 시간을 보다 구체적으로 느낄 수 있게 한다.

* **늘 똑같은 생활을 고수한다** 아이가 무력감을 느끼고 자제력을 잃을 때일수록 늘 해오던 일과를 하면 아이에게 정돈된 느낌, 통제가 이루어지고 있다는 느낌을 줄 수 있다. 아이에게 익숙한 생활 습관들, 예컨대 일요일 아침에 침대에서 꼭 끌어안기, 취침 전에 《잘자요 달님》읽어 주기, 화요일 밤에 피자 먹기 등을 최대한 변경하지 않고 고스란히 지킨다. 전 배우자와 아이가 새로운 장소에서 일과를 지키는 것의 중요성을 의논해, 아이가 양쪽 부모의 집을 오가면서도 최대한 일과를 지속할 수 있게 한다. 집에 있는 아이의 침대, 이불, 아동용 보조 의자 등 똑같은 물건을 아빠 집에 놓으면 아이가 한결 편안하게 연속성을 느낄 것이다.

* **아이가 죄책감을 갖지 않도록 한다** 많은 아이들, 특히 본래 무슨 일이든 자신을 중심으로 생각하는 토들러들이 이혼 사실을 들을 때 가장 먼저 하는 생각이 '내가 뭘 잘못했기에 이런 일이 일어난 거지?'다. <u>지금 벌어진 일에 대해 아이는 아무런 책임이 없고, 아이가 저지른 행동 때문에 이런 일이 벌어진 것이 결코 아니며, 상황을 예전처럼 되돌리기 위해 아이가 할 수 있는 일은 아무것도 없다는 걸 분명하게 이해시키는 것이 중요하다.</u>

* **부정하려는 심리를 다룬다** 일부 아이들은 부정하는 기간을 겪기도 한다. 이런 아이들은 실제로 부모가 헤어지는 일은 일어나지 않았고, 엄마와 아빠는 사실은 서로 사랑하며,

다시 화해할 거라고 상상한다. 아이에게 그렇게 생각하려는 마음을 이해한다, 원하면 그렇게 상상해도 괜찮다, 그렇지만 그렇게 생각한다고 현실로 이루어질 리는 없다고 말해, 이처럼 부정하려는 마음에 세심하게 대응한다.

* **아이를 낯선 환경에 밀어 넣지 않는다** 아이가 아빠와 많은 시간을 지낸 적이 없다면, 아이를 갑자기 아빠한테 보내버려 얼마간 같이 지내게 하지 않는다. 이혼 초기에 일차적인 친권 부모와 장기간 떨어져 지내게 해서는 안 된다. 처음에는 아빠와 단둘이 보내는 시간을 짧게 갖고, 낮에 차츰 시간을 늘리다가 마침내 시험 삼아 하룻밤 자고 오는 등, 일정 기간 아빠와 함께 지내는 공동양육권 시행은 점진적으로 이루어져야 한다. 아이를 아빠와 친하게 지내게 하기 위해 법적으로 친권이 없는 부모의 집에서 자고 올 필요는 없으며, 저녁에 함께 시간을 보내다가 각자 집으로 돌아가도 된다. 아빠 집에서 며칠을 보낼 때 처음에는 하루나 이틀 이상 기간이 길어져서는 안 된다. 물론 아이가 양쪽 부모와 아주 가깝게 지냈다면, 처음에는 부모 둘 다 아이를 매일 혹은 이틀에 한 번씩 보려고 노력해야 한다. 그리고 부모가 어떤 계획을 갖고 있든, 아이가 스트레스를 심하게 받고 있다는 조짐이 보이기 시작하면 좀 더 편안해 보일 때까지 계획을 변경하도록 한다.

* **기존의 규칙을 고수한다** 낯선 아빠의 집에 있을 때에도 침대 위에서 뛰는 문제, 소파 위에 발을 올리는 문제, 집에서 공놀이를 하는 문제에 대해 만든 규칙은 최대한 일관되게 유지해야 한다. 두 사람이 공통된 기준에 동의할 수 없다면, 아빠는 아빠의 방식이 있고 엄마는 엄마의 방식이 있다고 설명한다. 엄마 집에서는 엄마 집에서 대로, 아빠 집에서는 아빠 집에서 대로 규칙을 정한다. 지금은 규칙을 변경할 때가 아닐뿐더러 훈육의 정도를 변경할 때도 아니다. 이혼으로 인해 부모가 신경이 날카롭고 짜증이 늘었다는 이유로 갑자기 엄하게 다스리거나, 이혼으로 인해 죄책감을 느낀다는 이유로 느슨하게 풀어 주어서는 안 된다.

* **아이가 양쪽 부모를 비교하게 하지 않는다** 아이가 아빠와 시간을 보내기 시작한 후로 "그렇지만 아빠는(혹은 엄마는) 허락해 준단 말이야!"라는 불평을 자주 하게 될 것이다. 아이 말에 이리저리 휘둘려서는 안 된다. 공통된 기준을 적용하면 아이가 양쪽 부모를 비교할 수 없을 것이다.

* **이행 대상(transitional object)을 이용해 과도기를 잘 넘긴다** 물론 이런 과도기에는 양쪽 부모 모두에게 위안을 받는 것이 중요하지만, 부모가 매 순간 아이 곁에 있을 수는 없다. 특별한 담요, 곰돌이 인형, 장난감 같은 심리적 안정을 주는 물건은 부모가 곁에 없을 때 부모를 대신할 수 있다. 이 같은 물건은 아이가 양쪽 집에서 양쪽 부모에게 익숙해지기 위해 노력할 때 위로와 일관성을 제공할 수 있다.

* **힘든 시간대를 예상한다** 일반적으로 아이가 엄마, 아빠 모두와 함께 있는 데 익숙한 시간대인 저녁과 주말이 주로 가장 힘들 것이다. 과도기를 겪는 동안 아이가 수면 장애를 일으키고 잠이 들길 무서워하거나("내일 아침에 일어나면 그때도 엄마가 옆에 있을 거야?"), 밤을 무서워하는 모습을 흔히 볼 수

있다. 평소에 잘 자던 아이에게도 이런 모습이 드물지 않게 나타난다. 특히 엄마 집에서 아빠 집으로 옮기거나 다시 아빠 집에서 엄마 집으로 옮기는 날 밤이나, 그날을 중심으로 며칠 동안 이런 모습이 자주 나타날 수 있다. 이럴 때일수록 아이를 이해하고 참아 준다. <u>계속해서 관심과 사랑을 충분히 베풀고 특히 취침시간에 더욱 신경을 쓰되, 부모와 한 침대를 사용하는 실수를 저지르지 않도록 한다. 한번 부모와 한 침대를 쓰기 시작하면 습관을 바꾸기 어려울 뿐</u> 아니라, 아이는 이제 엄마 인생에서 자신이 아빠를 대신한다고 생각할 수 있다. 아이가 한밤중에 소리를 지르면서 깰 경우, 필요하면 잠시 아이 곁을 지키면서 조용히 안심시킨다. 엄마와의 분리도 평소보다 더 힘들 수 있다. 밤에 아이를 재우고 아이 방에서 나오거나 아침에 회사에 출근하면서 아이와 작별 인사를 할 때, 아이가 갑자기 두려워할지 모른다. 이때도 역시 많이 참아 주고 이해하면 아이를 안심시키는 데 도움이 될 것이다.

배변 훈련에서 실수를 한다든지, 젖병에 우유를 담아 먹으려 한다든지, 하루 종일 안아 달라고 한다든지, 의존적인 성향이 늘어나는 퇴행 현상도 흔하게 나타난다. 이런 모습은 대체로 더 단순하고 안전한 유아기 때로, 행복했던 옛날로 돌아가고 싶다는 무의식적 희망을 반영한다. 퇴행 현상에 대해 아이를 꾸짖기보다 받아 주고 안심을 시키면서 반응한다. 이런 과정은 자연스러운 것이므로 지나가도록 내버려 두면 오래 지속되지 않을 것이다.

* **당분간 많이 힘들 거라고 예상한다** 토들러 시기의 가장 악명 높은 특징들 가운데 많은 부분들이 부모의 이혼으로 인해 더욱 두드러져 보일 수 있다. 분노발작, 불합리한 고집, 부정적인 성향, 공격성 등이 더 자주 나타나는 것도 무리는 아니다. 어느 때든 아이의 행동에 대해 평소처럼 대처하되(각각의 행동에 대한 대처 요령은 해당 내용을 참조한다), 다른 때보다 더 아이의 마음에 공감한다. "엄마랑 아빠가 더 이상 같이 살지 않아서 속상하지. 엄마도 알아. 그래서 화나고 슬프구나. 네가 슬프니까 엄마도 슬퍼. 하지만 이럴 수밖에 없었단다."라고 말한다. <u>아이에게 말로 감정을 표현하도록 장려하고, 비언어적으로도 안심하고 감정을 표현할 수 있도록 기회를 많이 마련한다</u>(193쪽 참조).

* **말조심한다** 결혼 생활을 이 지경으로 만든 배우자를 비난하고 싶은 건 아주 당연하며, 특히 불화가 아주 심했다면 그런 심정은 지극히 정상이다. 그러나 비난을 한들 나에게 도움이 되지 않으며 아이에게 상처가 될 수 있다. 아이 앞에서 전남편을 깎아내리는 말을 하거나 전남편과 싸우지 않는다. 아이가 둘 중 누구 편을 들어야 한다고 생각하게 해서는 안 된다. 아이를 친구나 정보원, 중개자로 만들어 부담을 주어서도 안 된다. 아빠가 뭘 하고 있는지 묻는다든지, 엄마 대신 아빠에게 메시지를 전달하게 해서도 안 된다. 그리고 아이에게 어느 쪽 부모와 시간을 보낼지 결정하게 해서는 절대로 안 된다("오늘 누구랑 만나고 싶니?"). 이런 태도는 어린아이가 감당하기에는 너무 무거운 마음의 짐을 지우는 것이다.

* **자신을 너무 자책하지 않는다** 새로운 가족의 역학 구조에 적응해야 하는 사람이 아이만은 아니며 엄마도 많은 스트레스를 받게 될

것이다. 다시 독신이자 편부모로 생활해야 한다는 스트레스를 견뎌야 하는 사람은 누구나 그렇듯이, 몇 달 혹은 그보다 훨씬 오랫동안 감정의 기복을 경험하는 건 아주 당연하다. 편부모가 아니었더라면, 하는 생각에 아이한테까지 화를 낼지도 모른다. 항상 냉정을 유지할 수 없고 항상 눈물을 참을 수 없다면, 한 번씩 나도 모르게 이성을 잃고 감정을 폭발한다면, 자신을 용서한다. 그리고 아이도 나를 용서할 거라고 안심한다. 아이에게 감정을 폭발했다면 사과하고, 마음을 가라앉힌 후에는 사랑을 담아 많이 안아 주어야 한다. 그러나 아이가 무서워할 수 있으므로 지나치게 미안해하거나, 과장하거나 감정적으로 미안함을 표현해서는 안 된다. 냉정을 유지하는 요령은 803쪽을 참조한다.

Q "남편은 저와 두 살 된 딸을 버리고 어느 날 갑자기 떠났어요. 딸은 아빠를 무척 좋아해서 더 이상 아빠를 볼 수 없다는 생각에 엄청난 충격을 받고 있습니다."

A 이처럼 배우자에게 버림받는 일이 드물지 않게 일어나지만, 버림받은 사람에게는 대단히 큰 충격이 될 수 있다. 그러나 많이 지지해 주면 한쪽 부모에게 버림받은 아이들은 이내 회복되어 잘 성장할 것이다.

어떤 면에서 아이는 드문드문 아빠를 보느니 아예 보지 않는 편이 더 나을지 모른다. 친권이 없는 부모는 이처럼 산발적인 방문에 무심한 경향이 있고, 또 이렇게 드문드문 보는 것이 완전히 절연하는 것보다 아이에게 더 안 좋은 영향을 미칠 수 있다. 지금 중요한 것은 아이와 함께 사는 부모가 아이와 지속적으로 탄탄한 관계를 발전해 나가는 것이다. 841쪽 한 부모의 육아 방식이 크게 도움이 될 것이다.

남편에게 얼마나 화가 나 있든 부모의 감정으로 아이에게 부담을 주어서는 안 된다. 아빠가 행복하지 않아 집을 떠났다, 돌아올지 어떨지는 엄마도 모르겠다고 설명한다. 아이가 아빠에 대해 묻거나 아빠와 이야기하고 싶어 하면 그렇게 하게 한다. 개인적인 의견을 덧붙이지 말고, 아빠와 함께했던 추억을 아이와 함께 이야기한다. 아이가 화가 나거나 슬퍼하면 그래도 괜찮다고 말해 준다. 아빠가 돌아올 거라는 환상을 갖는다면 환상을 부추겨서도 안 되지만 놀려서도 안 된다. 아이는 아빠가 떠났다는 현실을 받아들이는 동안 이런 환상에라도 매달릴 필요가 있을지 모른다.

아이가 우울해 보이거나, 항상 말썽을 일으키거나, 잠을 잘 못자거나, 밥을 잘 못 먹는 등, 걱정스러운 행동을 한다면 즉시 전문가의 도움을 구한다. 부모 역시 이 상황을 극복하거나, 적응하거나, 제대로 생활하기 힘들면 도움을 받아야 한다.

Q "아내와 저는 이혼을 했고, 아들에 대한 양육권은 아내에게 있습니다. 그런데 아들을 데리고 올 때마다 아내하고 싸워요. 이러느니 차라리 아예 아들을 안 보는 게 아들한테 더 낫지 않을까 하는 생각이 듭니다."

A 아이의 생활에서 아버지의 중요성을 과소평가해서는 안 된다. 그리고 아들이 가뜩이나 몹시 힘들어하는 지금 아들을 버려서는 안 된다. 예의를 갖추어 아내에게서 아들을 데리고 올

수 없다면, 아내와 서로 부딪치지 않는 방법을 마련한다. 예를 들어 다른 어른에게 중개자 역할을 부탁해, 엄마 집에서 아빠 집으로 아이를 데리고 오고 데리고 가게 한다. 몇 년 세월이 흐르면 아빠도 아들도 지금의 노력을 기뻐할 것이다.

── 양육권이 없는 부모

Q "얼마 전 이혼을 했고 전아내가 두 살 된 아들을 키웁니다. 매주 화요일과 격주로 주말마다 아들을 만나지만, 이런 식으로 앞으로도 죽 아들과 좋은 관계를 유지할 수 있을지 모르겠습니다."

A 어떤 면에서 양육권이 없는 부모는 양육권을 지닌 부모보다 더 수월할 수 있지만, 또 어떤 면에서는 더 어려울 수 있다. 그러나 열심히 노력을 기울인다면 아이와 좋은 관계를 유지할 수 있다. 그러려면 집 안에 아이가 편안하게 지낼 수 있는 공간이 마련되어야 하고, 아이와 함께 있을 때는 온전히 아이에게 집중하며, 아들에게 전화를 해도 좋다는 합의가 이루어진 경우 아들과 함께 있지 못하는 날에는 매일 전화 통화를 한다. 전부인과 가급적 불화를 일으키지 않으며, 불화가 일어날 경우 최대한 아들이 영향을 받지 않도록 한다. 아들을 사랑하되 필요하면 훈육도 실시한다(841쪽 한 부모 가정의 육아 방법 참고). 전부인과 합의가 되었다면 진학 문제, 군대 문제 등 아들의 인생에 대해 함께 결정하며, 옷, 장난감, 책 등 아이에게 필요한 것을 충족시킬 책임을 지되 아이가 너무 제멋대로 굴지 않도록 주의시킨다(412쪽 참조).

또한 844쪽의 별거와 이혼에 대해 아이에게 설명하는 방법을 참고하면, 양육권이 있는 부모와 없는 부모 모두에게 도움이 될 것이다.

── 동성애자 부모

Q "저는 미혼모이고 동성애자예요. 제 인생에 특별한 여자 친구가 있고, 우리는 영원히 같이 살자고 이야기하고 있어요. 하지만 제 친구들은 어린 제 아들한테 별로 좋은 영향을 미치지 못할 거라고 말합니다."

A 미국의 경우, 동성애 가정 약 4백만 가구가 6백만~1천4백만 명의 자녀를 키우고 있는 것으로 추정된다. 이들 가정의 대부분은 외부에 '드러나지 않는다.' 즉, 대부분의 이웃 사람들이나 이들과 가볍게 알고 지내는 사람들은 이들 가정의 부모 가운데 한 사람이나 두 사람 모두 동성애자라는 걸 전혀 알지 못한다. 이런 가정 가운데는 배우자 가운데 한 사람이 이성애자와 가족을 맺은 후에 자신이 동성애자임을 알게 되어 결혼 생활을 중단하고 아이를 데리고 나와 함께 살게 되는 경우가 많다. 아이를 입양하거나 인공수정이나 대리모를 통해 아이를 낳는 남녀 동성애자 부모도 점차 늘고 있다.

과거에는 동성애 부모는 자녀의 정서적 성적 발달에 해가 될 거라고 믿었지만, 이런 믿음은 사실이 아닌 편견에 바탕을 둔 것이다. 자녀 발달 전문가들은 가장 최근에 실시한 여러 연구들을 통해 동성애자 부모 밑에서 자란 아이들이 이성애자 부모 밑에서 자란 아이들 이상으로 심리적으로나 사회적으로 문제를 지니고 있지는 않다고 이구동성으로 주장한다. 뿐만 아니라 아이들이 동성애자가 될 가능성이 더 높은 것도 아니다.

물론 아이 입장에서 동성애자 부모를 둔 것이 언제나 편하지만은 않을 것이다. 아동기 후반과 사춘기 직전, 십대 초반에 또래 아이들에게 놀림을 받고 괴롭힘을 당하는 시기가 있을 수 있는데, 사회적으로 동성애자 부모를 차츰 받아들이는 추세이므로 이런 식의 사회적 압력은 차츰 줄어들 것으로 예상된다. 그때까지는 동성애자 부모들이(본인 스스로가 늘 이런 조롱을 받아왔을 것이다.) 아이가 잘 극복할 수 있도록 많은 도움을 주어야 할 것이다.

동성애자 부모가 파트너와 함께 생활하는 경우, 아이들은 자신감, 자기 수용, 독립심 측면에서 조금 더 발달하는 모습을 보인다. 그러므로 파트너와 함께 아이를 키우면 아이에게 부정적인 영향보다 긍정적인 영향이 더 큰 것 같다. 혼자 아이를 키우는 동성애자 부모의 경우 한 부모 가정의 모든 요령들이 도움이 된다(841쪽 참조). 혼자 아이를 키우든 파트너와 함께 아이를 키우든, 아이와 함께 시간을 보낼 반대 성의 친척이나 친구를 찾는 것이 매우 중요하다. 간혹 생물학적 아버지나 대리모가 기꺼이 이런 역할을 하기도 한다. 기존의 지원 모임에서 도움을 구하거나 직접 모임을 만든다.

─ 중병을 앓는 부모

Q "제 아내는 큰 수술을 받기 위해 이제 곧 병원에 입원할 예정입니다. 수술 후에도 회복될 때까지 몇 주 동안 입원해 있을 거예요. 아이를 놀라게 하지 않고 사실을 설명하려면 어떻게 해야 할지 모르겠습니다."

A 아이가 모르게 하면 아이는 실제보다 훨씬 무서워할지 모른다. 혼란을 일으킬 만한 정보를 감추면 아이들은 뭔가 문제가 있다는 걸 눈치채게 되고, 대개 현실보다 더 안 좋은 쪽으로 상상하기 쉽다.

그러므로 <u>아이를 보호하기 위해 사실을 은폐하려 하지 말자.</u> 어차피 아내가 오랫동안 집을 비우면 계속 감추는 것도 힘들어진다. 아이에게 <u>사실을 정확하게 말하되, 아이가 이해할 수 있도록 간단히 설명한다.</u> "엄마가 아파서 병원에 가야 해. 그래야 의사 선생님이 엄마를 낫게 해 줄 수가 있거든." 수술에 대해 자세히 설명하거나 아이가 묻지 않은 내용까지는 말하지 않는다. 방문이 가능하면 엄마를 방문할 수 있고, 아이가 원하면 사진이나 그림을 엄마에게 가져다 줄 수 있다고 말한다. 엄마가 입원해 아이를 돌보지 못하는 동안 누가 아이를 돌봐 줄지도 말해 준다. 정기적으로 아이를 봐 주는 베이비시터나 할머니, 할아버지, 그 밖에 아이가 잘 알고 친하게 여기는 사람이 돌봐 주는 것이 가장 좋다. 아빠도 아이와 많은 시간 동안 함께 있을 테고 약속을 지키기 위해 최선을 다해 노력할 거라고 아이에게 확신을 준다.

그리고 엄마가 아픈 건 아이의 잘못도 다른 사람의 잘못도 아니라고 말해 주는 것이 가장 중요하다. 아이들은 때때로 "내가 엄마 말을 안 들어서 엄마가 병원에 입원한 거야.", "내가 마트에서 짜증을 부려서 엄마가 아픈 거야."처럼 부모나 다른 사람에게 일어난 안 좋은 일을 자신의 탓으로 돌리는 경향이 있다.

아무리 안심을 시키고 위로를 해 주어도 상황이 상황이니만큼 아이가 불안해할 수 있다. 수면 장애, 식이 장애, 새로운 두려움이나 문제 행동(유독 말을 안 듣고 버릇없이 구는 아이들도 있고, 자기 안으로 숨어들어 안정감을 느끼는 아이들도 있다.)을 하는 모습이 나타날 수 있다. 이런 문제들이 나타나더라도 평소와 다름없이 대하고, 더 잘 이해하고 배려하되 그렇다고 정해진 제한 사항들을 없애서는 안 된다. 예를 들어 지금까지 아이와 한 침대를 사용한 적이 없다면, 아이가 한밤중에 소리를 지르더라도 아이를 부모의 침대에서 재우지 않는다. 이런 패턴은 바로잡기 힘들 뿐 아니라 아이를 안심시키기보다 오히려 더 무섭고 불안하게 만들 수 있다("아빠가 나를 아빠 침대에서 재우는 걸 보니 상황이 정말 심각한 게 틀림없어!"). 그러나 아이가 한밤중에 소리를 지르는 경우, 아이가 잠이 들 때까지 좀 더 오래 곁에 머무르면서 아이를 안심시킨다. 최대한 평소처럼 규칙적으로 일과를 지키고 놀이 모임에 가거나, 놀이터나 실내 놀이 공간에 가는 등 할 일이 많아 바빠져도 도움이 된다. 집에서는 아이가 특별히 좋아하는 음식을 매일 식탁에 올리도록 한다. 또한 병원 면회가 가능하고 아이가 봐서 겁을 먹을 정도로 엄마의 상태가 심각하지 않다면 매일 면회를 가게 해 주어야 한다. 간혹 어린이의 병실 출입이 금지되는 경우, 대기실이나 로비에서 만나게 할 수 있다. 면회가 완전히 차단되는 경우, 수술 받기 전 병실에서 미소 짓는 엄마의 모습을 사진이나 비디오에 담아 나중에 아이에게 보여 주면 아이의 기운을 북돋을 수 있을 것이다. 매일 전화 통화를 해도 좋겠다.

── 부모의 죽음

Q "남편이 어젯밤 심장마비를 일으켜 오늘 아침 사망했습니다. 이제 곧 세 살이 되는 아들에게 어떻게 설명해야 할지 모르겠어요."

A <u>어린아이에게 아주 가까운 사람의 죽음을 이야기하기란 쉽지 않지만, 그럼에도 불구하고 반드시 말해야 한다.</u>

죽음에 대해 말해 주세요

가령 성생활처럼 과거에 조용히 숨겼던 주제들에 대해서는 한결 건강한 태도로 접근하는 반면, 죽음에 대해서는 에둘러 표현하거나 숨죽인 목소리로 어떻게든 감추려 하면서 여전히 금기시하는 것이 일반적이다. 그러나 이런 접근 방식은 아이들을 혼란스럽게 만들고 죽음을 더욱 두렵게 한다. 그러므로 아이에게 죽음에 대해 이야기해야 할 필요가 생길 때는 숨김없이 솔직하게 말한다. 완곡한 표현을 삼가고 필요하면 정확한 전문 용어를 사용한다. '떠나셨다'라거나 '잠드셨다' 같은 말로 죽음을 표현하면 아이에게 여행과 취침 시간에 대해 근거 없는 두려움을 심어 주게 될 뿐 아니라 죽은 사람이나 죽은 동물이 다시 돌아오거나 깨어날 거라는 근거 없는 희망을 줄 수 있다. 그리고 결국 진실을 알게 될 때 모두들 자신에게 거짓말을 했다는 배신감으로 인해 고통이 더욱 커진다.

사실상 어린아이에게 죽음을 제대로 이해시킬 방법은 없다는 걸 염두에 두고, 아이가 어느 정도 이해할 수 있도록 아주 단순한 용어로 죽음에 대해 설명한다. 예를 들어 이런 식으로 말한다. "할머니가 돌아가셨단다. 할머니는 다시는 우리한테 못 오신단다. 그래서 너무 슬프구나." 아주 어린 토들러에게는 이 정도 설명으로도 충분하지만, 사실상 대부분의 아이들은 이렇게 간단한 말조차 거의 이해하지 못할 것이다. 두세 살 아이에게는 이렇게 덧붙일 수 있겠다. "사람이 죽으면 몸이 더 이상 아무 일도 하지 않고 움직이지도 않는단다. 그래서 먹거나 잠을 자거나 숨을 쉴 필요가 없어져서 더 이상 이 세상에 살지 않는 거야." 아이가 물어보는 경우에만 설명을 보충한다.

연령이 높은 토들러는 "할머니는 지금 어디에 계셔?"라고 물어볼지 모른다. 부모가 아이의 질문에 답할 수 있을 만큼 크게 실의에 빠지지 않았다면, 할머니의 몸은 관이라는 상자에 보관되어 묘지라는 안전한 장소에 계신다고 설명한다. 아이에게 물려주고자 하는 죽음에 관한 종교적 철학적 사상이 있다면 역시 아이에게 최대한 간단하고 솔직하게 남편의 죽음에 대해 설명한다. "아빠가 갑자기 심장이 많이 아파서 돌아가셨단다. 의사 선생님들이 아빠를 낫게 하려고 최선을 다했지만 아빠가 많이 아팠나 봐. 이제는 더 이상 우리하고 함께 있을 수 없게 됐단다." 아이는 아마 아빠가 지금 어디에 있는지 알고 싶어 할 텐데, 어느 정도 개인적인 신념에 따라 엄마의 대답이 달라질 것이다. 아래 박스 내용을 참고하면 죽음에 대해 설명할 때 도움이 될 것이다.

연령이 높은 아동과 성인들은 망연자실하는 데 반해, 어린아이들은 종종 뜻밖의 방식으로 반응한다. 적어도 초기에는 많은 아이들이 전혀 반응을 보이지 않는 것 같다. 아이들은 아무 말 없이 듣기만 하다가 아장아장 걸어가 계속 제 볼일을 본다. 이처럼 반응을 보이지 않는 이유는 동정심이 부족하거나 사망한 사람을 사랑하지 않아서가 아니라, 단지 상황을 이해하지 못하거나 감당하기 힘든 소식을 늦게 받아들이고 싶기 때문이다. 아빠의 소식을 듣고 엉엉 우는 아이들도 있는데, 아빠가 사망했다는 걸 이해해서라기보다 아빠에 대해 이야기하다 보니 지금 아빠가 보고 싶기 때문이다. 어쨌든 토들러들은 대개 시간과 관련된 개념을 이해하기 힘들고, 죽으면 다시는 만날 수 없다는 사실을 이해할 수 있으려면 보통 학령기쯤 돼야 가능하다. 대부분의 어린아이들은 죽은 사람에 대해 반복해서 묻고, 죽은 사람은 다시는 올 수 없다는 걸 되풀이해서 상기시켜야 비로소 현실을 이해하게 된다. 엄마나 다른 사람들이 아빠의 짐을 싸는 모습을 보게 하면 아빠가 다시 오지 못한다는 걸 이해시키는 데 도움이 될지 모른다. 사망 후 몇 주일 동안 할머니 집이나 친구 집에 아이를 보내지 않도록 한다. 다른 집으로 보내면 아이를 불안하게 만들 뿐 아니라 죽음을 현실로 받아들이기가 훨씬 힘들어질

설명한다. 그러나 최대한 간단히 설명하고, 이런 설명들이 아이를 무섭게 하거나 오해하지 않게 해야 한다. 아이에게 설명하기 전에, 어린아이들은 거의 모든 내용을 글자 그대로 받아들여 잘못 이해할 수 있다는 점을 고려해야 할 것이다. 예를 들어, "할머니는 하늘나라에 계신단다."라고 말하면, 아이는 "그럼 우리가 가서 만날 수 있는 거야?"라고 물을지 모른다. 죽은 사람은 하늘나라에 가서 다시 이 세상에 올 수 없다고 이해시킨다. 설사 부모가 그렇게 믿는다 하더라도, 죽은 사람에 대해 신이 너무 사랑해서 데리고 간 거라고 말하지 않는다. 그러면 아이는 신이 부모나 다른 소중한 사람들도 데리고 갈 거라고 생각하며 무서워할지 모른다. 어린아이들이 가장 이해하기 힘들지만 아마도 가장 중요한 죽음의 양상은 그 영속성이다. 옆집 강아지가 죽었다는 말을 듣고 아이는 이렇게 물을지 모른다. "그럼 강아지가 언제 죽는 걸 끝내고 다시 우리랑 놀 수 있어요?" 아이가 대상 영속성(눈에 보이지 않을 때에도 대상은 여전히 존재한다는 개념) 개념을 숙지했더라도 죽은 대상은 다시 돌아올 수 없다는 개념은 좀처럼 이해하기 힘들다.

아이들은 종종 죽음에 대해 상당히 억지스러운 개념을 갖고 있다. 아이가 말을 할 줄 안다면, 아이에게 "'죽는다'는 게 뭐라고 생각하니?"라고 물어 보아 아이의 생각을 알아보자. 그런 다음 아이가 오해하는 부분이 있다면 없애 준다. 아이가 생각을 말로 표현하지 못하더라도, 어린아이 수준에 맞는 죽음을 다룬 책을 함께 읽으면 죽음을 이해하는 데 도움이 될 것이다. 어린아이들은 때때로 자신의 삶에서 일어난 일이 자기 탓이라고 생각한다. 그러므로 가까운 사람의 죽음이 아이의 잘못이 아니라는 걸 알려 주는 것이 중요하다.

아이가 원한다면 죽음이나 죽은 사람, 죽은 동물에 대해 이야기하는 걸 못하게 막지 말고, 아이가 관심이 없다면 억지로 이런 주제로 대화를 시도하지 않는다. 어린아이들은 나름의 방식대로 애도할 수 있어야 한다. 그 방식이 어른들이 애도하는 방식과 아주 다르게 보일지 모른다. 그러나 "이모가 우리 집에 올 때마다 오트밀 쿠키 가지고 온 거 기억나니?"처럼 기억을 나누는 것은 아이와 부모 모두의 마음을 치유하는 데 도움이 될 수 있으니 즐거웠던 기억들을 떠올리도록 도와준다.

것이다. 어쨌든 결국에는 아이가 아빠의 부재를 극복해야 하고, 애도 기간을 엄마와 함께 보내면 엄마와 아이 모두 죽음을 받아들이려 노력하고, 둘 사이의 관계를 탄탄하게 하는 데 도움이 될 것이다. 그러나 엄마와 아이 모두 일상생활의 현실적인 문제를 해결하려면 정서적인 지원과 도움이 필요할 터이므로, 친한 친구나 가까운 친척이 집에 머무르면서 도와주면 위로가 될 것이다.

아이는 아빠의 사망 원인을 엉뚱한 방식으로, 예를 들면 아빠가 밥을 먹지 않아서 혹은 코트를 안 입고 밖에 나가서라고 생각할 수도 있다. 혹은 자기 자신과 자신의 '마법 같은' 사고, 즉 "아빠가 나를 동물원에 데리고 가지 않아서 내가 화를 냈기 때문에 아빠가 죽은 거야."라며 탓할 수도 있다. 이런 잘못된 생각들은 들춰내서 없애 줄 필요가 있는데, 그러려면 아이가 감정을 이야기하도록 하거나 그림으로 표현하도록 장려해야 한다. 아이가 곰돌이 인형을 죽은 것으로 가정하고 놀이를 한다든지 묘지를 설정하고 노는 모습을 보더라도 걱정할 필요는 없다. 아이들은 사랑하는 사람을 잃은 상실감을 주로 그림이나 놀이를 통해 해소하는데, 최근 죽음에 노출된 정황을 감안한다면 얼마든지 이런 놀이를 할 수 있다. 그러나 이런 놀이가 몇 달 이상 지속되거나 아이가 하루 종일 이런 놀이에만 몰두한다면 아이의 담당 의사와 상의한다.

어린아이들은 상당히 자기중심적이기 때문에 온 가족에게 계속해서 죽음이 닥칠까 봐 걱정하기 쉽다. 즉 "아빠가 죽었으니까 그 다음은 엄마도, 어쩌면 나도 죽게 될 거야."라고 생각하는 것이다. 아빠의 사망 원인인 질병에 대해 단순한 표현으로 알려 주면 쓸데없는 걱정을 하지 않도록 도와줄 수 있을 것이다. 또한 엄마는 아이를 두고 떠나지 않을 거다, 영원히 아이와 함께 아이를 사랑하고 돌봐 줄 거다, 엄마가 집에 없을 때는 널 돌봐 줄 다른 사람이 항상 옆에 있을 거다, 라고 말해 안심을 시킬 필요가 있다.

이처럼 커다란 상실감을 겪은 아이들은 짧은 애도 기간 동안 혹은 오랜 기간에 걸쳐 지속적으로나 돌발적으로 슬픔과 괴로움이 드러날 수 있다. 주로 이혼(정신적 외상을 초래하는 또 다른 형태의 상실 경험) 이후 아이들에게 드러나는 행동들 가운데 많은 부분이 똑같이 드러난다. 죄책감, 두려움, 퇴행, 의존성 증가, 식욕부진, 수면 장애, 행동 문제들이 모두 공통적으로 나타난다. 특히 사망 후 아이가 충분한 관심을 받지 못하는 경우, 특히 행동 문제가 나타날 가능성이 높다. 이 외에도 과도한 울음뿐 아니라 발달 지연과 일시적인 언어장애가 나타날 수 있다. 일부 아이의 경우 사망한 부모를 향한 분노가 주요 반응으로 나타나기도 한다. "아빠는 왜 나를 떠났어?" 혹은 남은 부모에게 분노를 돌릴 수도 있다. "엄마는 왜 아빠를 죽게 했어?" 아빠와 가장 오랜 시간을 함께 한 시간대, 예를 들어 저녁 식사 시간, 취침 시간, 특히 아빠가 아이에게 목욕을 시키거나 책을 읽어 주었다면, 주말이 아이에게 가장 힘든 시간이 될 것이다.

<u>어린아이를 비롯해 상실을 경험한 사람은 누구나 애도 기간이 필요하다. 아이에게 감정을 이야기하게 하고 실컷 울게 한다. 부모도 울고 싶으면 아이와 함께 실컷 울되, 자칫 아이가 겁을 먹을 수 있으므로 아이 앞에서 자제력을 잃지 않도록 주의한다.</u> 아이에게 아빠에 대해 자주 이야기하고, 아빠의 사진을 보고, 아빠가 좋아하던 길을 산책하며, 아빠가 좋아하는 쿠키를 굽는 등, 아이와 함께 긍정적인 방식으로 아빠를

추억한다. 집에서 남편을 기억나게 하는 물건들을 모조리 없애버려 빨리 슬픔에서 벗어나려 하지 않는다. 남편을 상기시키는 물건들은 처음에는 마음을 아프게 할지 몰라도 결국 위로가 되어 줄 것이다. <u>아이가 아빠를 기억할 수 있도록 아빠가 쓰던 모자, 아빠가 입던 티셔츠, 아빠의 지갑 같은 아빠의 소지품 몇 가지를 아이에게 준다. 아이가 원하면 아이 방에 아빠 사진을 걸어도 좋다.</u>

애도는 중요하지만 지나치게 소모적이어서는 안 된다. 지금은 늘 해오던 반복적인 일과가 부모와 아이에게 그 어느 때보다 위안이 되어 줄 것이다. 일상생활을 최대한 정상 상태로 유지하기 위해 노력한다. 아이의 놀이 모임에도 계속 참석하고, 정해진 시간에 규칙적으로 식사를 하며, 취침 전 일과를 지킨다. 아이는 아이답게 지내게 한다. 즐겁게 노는 건 잘못이라고 생각하게 하지 말고("아빠가 돌아가신 지 얼마나 됐다고 넌 벌써부터 놀기만 하니!"), 얼마든지 놀고 즐기도록 장려한다. 아이가 어린이집이나 유치원에 다닌다면, 일주일 이상 결석하지 않게 한다. 다시 일상생활로 돌아가면 아이가 생활의 안정을 찾고 빨리 슬픔에서 벗어나는 데에도 도움이 될 것이다. 아이가 어린이집이나 유치원에 다니지 않고 엄마가 직장에 복직해야 한다면, 늘 아이를 돌보던 양육자가 하루 종일은 아니더라도 하루 중 많은 시간을 아이를 돌보도록 배려해야 한다. 그리고 가능하면 낯선 사람의 도움에 의지하거나, 날마다 다른 친척이나 친구에게 의지하지 않도록 한다. 어린아이에게 연속성은 늘 중요한 문제지만, 특히 지금처럼 큰 변화에 부딪칠 때는 더욱 중요하다. 부모가 집에 있지만 너무 실의에 빠져 있어 아이를 제대로 돌보기 어렵다면, 아이를 사랑하는 다른 사람이 집에 머무르면서 아이도 돌보고 부모에게 필요한 도움도 줄 수 있도록 해야 한다.

예측 가능한 상황에서 훈육을 해도 아이에게 안정감을 주는 데 도움이 된다. 가정의 규칙을 예전과 다름없이 고수하되, 아이가 감정적으로 상처를 잘 받는 편이라면 부드럽고 세심하게

장례식에 아이를 참석시키는 것이 좋을까?

사랑하는 사람의 장례식에 아이를 참석시킬지 어떨지는 아이와 특정한 상황에 따라 다르다. 아이의 참석 여부를 결정하기 전에 몇 가지 내용을 고려한다. 장례식에 참석하는 사람들이, 특히 아이가 사랑하고 신뢰하는 사람들이 통제력을 잃지는 않을까? 아이와 다른 사람들의 감정이 너무 격해져서 어린아이가 감당하기 힘들어지지는 않을까? 가족들이 모두 장례식장에 가고 아이 혼자 집에 남겨 둘 경우 오히려 아이가 더 무서워하지 않을까? 집에서 아이를 돌보거나 장례식에 함께 와서 보호자 역할을 해 줄 아이와 친한 사람이 없을까? 관이 열려 있을까? 그렇다면 아이가 무서워할까 아니면 죽음을 이해하는 데 도움이 될까? 사랑하는 사람이 아이에게 돌아가신 모습으로 기억되는 것이 좋을까, 생전의 모습으로 기억되는 것이 좋을까? 사랑하는 사람이 땅속에 묻히는 장면을 보는 것이 정신적으로 큰 충격이 될까?(이 경우 아이를 장례식에는 참석시켜도 장지에는 참석하지 않게 한다.) 아이가 장례식에 참석하면 죽음의 영속성이라는 개념을 보다 구체적으로 이해해 돌아가신 분에게 작별 인사 하기가 수월해질까?

아이가 가까운 가족의 장례식에 참석하지 않는 경우, 다른 의식을 통해 작별 인사를 할 수 있게 하는 것이 바람직하다. 장례식 전에 개인적으로 장례식장을 방문하거나, 집에서 의식을 치르거나, 장례식이 끝난 후 함께 묘지에 꽃을 바친다. 이런 방법들은 장례식장에 참석해 정해진 의식을 치르지 않더라도, 아이가 죽음이라는 현실을 받아들이고 삶을 마감하는 것이 어떤 것인지 감지하는 데 도움이 될 것이다.

시행해야 한다. 아이가 밤에 울거나 잠을 잘 못자면 아이 방에 가서 아이를 위로해 준다. 당분간은 아이가 부모를 필요로 하는 만큼 오래 아이 곁에 머물되, 아이를 엄마 침대에 데리고 오려는 유혹은 과감하게 물리쳐야 한다. 부모 역시 아이를 데리고 오고 싶은 마음이 강하겠지만. 아이를 엄마 침대로 데리고 와 아빠 자리인 엄마 옆에 눕히면, 아이는 엄마의 인생에서 자신이 아빠를 대신한다고 믿게 될지 모른다. "이제 집안에 남자는 너밖에 없으니 네가 엄마를 돌봐 드려야 한다." 같은 식의 말도 삼가야 한다.

아이 나름의 속도대로 슬퍼하게 하고 회복하게 하며 충분히 관심과 지원을 제공하면, 부모 혹은 가까운 가족을 잃은 아이들은 대체로 잘 극복한다. 연구 결과에 따르면 남은 부모가 아이를 세심하게 돌보아 상실감을 채워 주지 않거나, 부모 자신이 많은 지원이 필요한 상황이라 아이가 부모를 도와주어야 한다는 의무감을 느끼는 경우에 한해 아이에게 문제가 나타날 가능성이 있다고 한다. 그러므로 부모와 아이 모두를 위해 부모가 필요한 지원을 외부에서 구하는 것이 매우 중요하다. 사별을 당한 배우자는 물론 아이의 경우, 상조 지원 그룹이 크게 도움이 된다. 그룹 환경이 불편하게 느껴지면 친구나 친척, 성직자, 담당 의사, 일대일 치료를 받을 수 있는 상담사를 찾아본다.

아이가 상실을 받아들이기 힘들어하고, 우울해하거나 심각한 행동 장애를 보인다면 즉시 전문 상담가의 상담을 받는다.

Q "우리는 어제 딸아이가 무척 사랑하는 고양이를 안락사시켜야 했습니다. 그런데 이제 겨우 두 살밖에 안 된 아이에게 죽음에 대해 어떻게 말해 줘야 할지 몰라서 아직 말을 못했어요."

A 우선 고양이를 '영원히 잠들게 했다'는 말은 삼가야 한다. 이런 말을 자주 사용하긴 하지만 자칫 아이가 잠에 대해 온갖 종류의 두려움을 갖게 될 수 있다. 특히 고양이가 다시는 깨지 않을 거라는 걸 알게 된다면 말이다. 대신 "고양이가 너무 아파서 죽었단다."라고 말한다. 죽음에 대해 솔직하게 말하되 아이의 눈높이에 맞춘다(854쪽 참조). 어떤 식으로든 아이가 원하는 대로 반응하게 하고, 아이가 원하면 감정을 이야기하도록 장려하며, 얼마든지 슬퍼하게 한다. 사진을 보고 귀여운 행동을 회상하면서 함께 고양이를 추억한다. "야옹이가 네 배 위로 자주 올라갔었지, 기억나니?"처럼. 그러나 아이가 고양이의 죽음에 대해 어떤 식으로든 관심을 보이지 않을 수 있다는 사실을 염두에 둔다. 죽으면 다시는 볼 수 없다는 개념을 이해하기 힘든 어린아이들에게 이런 반응은 지극히 정상적이다.

그러나 고양이의 죽음에 대해 다른 갑작스럽고 속상한 변화에 반응할 때처럼 짜증, 수면 장애, 한층 강화된 분노발작 같은 반응을 보일 수도 있다. 아이가 변화를 받아들이는 동안 많이 참고 이해해 주며, 고양이를 대신할 다른 애완동물이 도움이 될 거라고 생각하면 그렇게 한다. 아이에게 새 애완동물을 직접 선택하게 하면 더 빨리 친해질 것이다.

상당히 예민한 토들러의 경우, 고양이에게 죽음이 닥쳤다면 자신이나 자신이 사랑하는 사람에게도 죽음이 닥칠 수 있다고 걱정할지 모른다. 토들러가 죽음에 대해 알게 된 후 평소보다 더 겁이 많아지고 많이 매달리는 모습을 보인다면, 당분간 부모가 많이 안심을 시킬 필요가 있을 것 같다.

26장

다른 사람에게 아이를 맡길 때

✳✳✳

부모만큼 내 아이를 이해하고 사랑하고 보살펴 줄 사람은 아무도 없다. 마찬가지로 내 아이에게 부모만큼 소중한 사람은 없다. 그러나 일주일에 몇 시간이든 하루에 여덟 시간이든, 부모를 대신해 다른 사람이 아이를 돌봐야 할 때가 있는데, 그럴 때 내 아이를 잘 돌봐 줄 사람을 선택하는 일은 육아에서 가장 힘든 문제가 될 수 있다. 이번 장에서는 이처럼 힘든 문제에 현명하게 대처해, 가족 모두의 욕구를 충족시킬 수 있는 최상의 보육 환경, 혹은 유치원을 찾는 데 도움이 될 것이다.

보육 환경을 선택할 때 고려할 사항

입주 보모, 매일 출퇴근하는 베이비시터, 가끔 이용하는 베이비시터, 어린이집, 유치원 등, 부모가 선택할 수 있는 보육 환경은 다양하지만, 부모와 아이에게 적합한 환경을 선택하려면 몇 가지 고민해야 할 사항들이 있다. 많은 선택 사항들을 샅샅이 조사하기 전에 먼저 몇 가지 기본적인 요인을 고려하자.

아이의 필요 아이가 내성적이라 그룹 안에서 수줍음을 타는 편이거나 아이의 특성에 맞추어 관심을 주어야 하는 아주 어린아이의 경우, 일대일 환경이거나, 적어도 돌봐야 할 아이와 어른의 비율이 낮고 아이들을 세심하게 보살피는 가정식 어린이집에서 더 편안하게 지낼 가능성이 높다. 반면에 아이가 얌전하고 다른 아이들과 오랜 시간을 지낸 적이 없다면, 아이를 지지하는 그룹 환경에서 지내면서 수줍은 성향에서 벗어나게 할 수도 있다. 사교성이 좋고 안정감 있으며 말을 할 줄 아는 아이는 집에서 보모와 단둘이 있는 걸 지루하게 여기고 여러 아이들과 함께 있는 환경에서 더 잘 지낼 것이다. 그러나 대부분의 아이들은 비교적 적응력이 높아, 세심하게 보살핌을 잘 받는 한 어떤 보육 환경에서든 잘 적응할 것이다.

부모의 필요 부모의 일정을 고려해야 한다. 부모가 직장에 나가는가? 일하는 시간이 고정적인가? 아니면 어떤 날은 4시 30분까지 일하고, 어떤 날은 7시 30분까지 일하는가? 매주 다른 요일에 일하거나 오전에만 일하는가? 부모가 도움이 필요할 때마다 올 수 있고 필요할 때까지 아이를 봐 줄 수 있는 탄력적인 베이비시터가 필요한가? 예고 없이 불시에 요일과 시간을 바꿀 수 있는 가정식 어린이집이나 수업 전후에

프로그램이 마련되어 있는 유치원은 어떨까? 승용차를 소유하지 않거나 대중교통을 편리하게 이용하기 어려운 경우, 집에 와서 아이를 봐 줄 양육자나 차량을 제공하는 그룹 프로그램에 대해서도 고려해야 한다. 위치도 중요하다. 어린이집이 집에서 거리가 멀면 차 안에서 보내는 시간이 많은데, 그 시간에 차라리 아이와 재미있게 노는 게 더 낫다.

재정적인 문제 보육료가 부담이 될 수 있으므로, 아이를 보육 시설에 맡기는 문제는 재정적으로 여유가 있는 경우에만 가능할지도 모른다. 일반적으로 베이비시터나 보모가 집에서 아이를 돌보는 경우 보육료가 가장 비싸고, 보육료를 지원 받는 어린이집이나 공동 육아 방식이 가장 비용이 저렴하다. 그러나 자녀가 여럿인 경우 이 같은 일반적인 내용이 적용되지 않을 수 있다. 베이비시터가 집에서 아이 둘을 돌보는 것이 두 아이를 어린이집에 보내는 것보다 비용이 더 저렴할지 모른다.

가장 일반적인 선택 사항

어떤 형태의 보육 환경이 내 가정에 가장 크게 도움이 될지 결정할 때 가장 먼저 고려해야 할 사항은 부모와 아이의 필요, 그리고 경제적 능력이다. 그 다음으로, 가까운 지역에서 다양한 선택 사항들을 이용할 수 있는지 고려해야 할 것이다.

재택 보육

형태 보모나 베이비시터, 기타 양육자가 집으로 와서 상근 혹은 비상근으로 아이를 돌보거나 탄력적인 일정에 맞추어 아이를 돌본다.

장점 아이는 익숙한 환경에서 매일 같은 사람에게 일대일로 보살핌을 받아 편안함과 일관성을 느낄 수 있다. 어린 토들러들에게는 정말 큰 장점이다. 양육자가 사적으로 아이에게 관심을 갖게 되어 더욱 집중적으로 아이를 돌볼 가능성이 높고, 아이와 양육자 사이에 긴밀한 유대감이 형성될 기회가 많아진다. 어린이집이나 유치원으로 오가는 데 들이는 시간이 없고 질병에 걸릴 가능성도 적다. 아프고 난 뒤 다 낫지 않았는데도 어린이집에 가야 할 필요 없이 집에서 쉴 수 있다. 부모의 생활이 덜 복잡하다. 아이를 데려다주고 데리고 올 필요가 없고, 아이가 아플 경우 아이를 데리러 가기 위해 조퇴하지 않아도 된다. 아침에 허둥지둥 서두르지 않아 아이에게 책을 읽어 주거나 놀이를 할 시간이 많아진다. 부모가 출근한 후에 베이비시터가 느림보 토들러의 옷을 입히고 밥을 먹일 것이다. 상황과 직무 조건에 따라 베이비시터가 가벼운 설거지나 빨래, 장보기 등을 도울지 모른다. 그러면 집안일에서 조금은 해방될 수도 있다.

단점 부모나 양육자가 주변 아이들끼리 놀 수 있도록 자리를 마련하거나 놀이 모임을 만들지 않으면 아이가 다른 사람들과 어울릴 기회가 적다. 자격을 갖춘 전문적인 양육자를 구할 수 없거나 구할 여유가 되지 않으면 양질의 보육이 이루어지지 않을 수도 있다. 베이비시터가 갑자기 그만두면 아이에게 혼란과 실망을 안겨 줄 수 있다. 베이비시터와 강한 애착 관계가 형성된 경우, 심하면 상실감을 느낄 수도 있다. 양육자가 아파서 집에 오지 못하겠다고 전화로 알리거나, 교통수단에 문제가 생겼거나, 갑자기 그만둔다고 통보하는 경우, 임시로 도움을 받을 다른 수단이 없다면 당장 부모가 직장을 결근해야 할지 모른다. 입주 보모를 둘 경우 사생활이 적어지고, 하루 종일 집에 낯선 사람이 있는 걸 불편하게 여긴다면 스트레스가 더 커질 수 있다. 비용이 많이 들고, 특히 훈련을 받은 전문 양육자를 고용하는 경우 비용은 더 많이 든다. 어쩌면 아이의 애착 관계를 놓고 양육자에게 경쟁의식을 느낄지도 모른다. 외국어 공부를 목적으로 가사와 육아를 돕는 외국인을 선택하는 경우, 곤란한 상황에 처할 수 있다. 가령 부모나 아이가 이 외국인을 좋아하지 않지만 계약 기간이 끝날 때까지는 어쩔 수 없이 계속 고용해야 하거나, 외국인이 집이 그립다고 아이와 부모의 사정을 고려하지 않고 제 나라로 가려고 하는 경우가 생길 수 있다.

가정 보육 시설

형태 양육자가 자기 아이를 포함해 집에서 소수의 아동을 보살핀다.

장점 환경에 따라 집처럼 편안한 환경에서

두 가정에서 공동으로 베이비시터를 이용하는 경우

많은 부모들의 경우 혼자서 베이비시터 비용을 감당하려면 재정적으로 엄청난 부담을 갖게 된다. 그러나 다른 가정과 비용을 분담하면 놀랄 만큼 비용이 절감된다. 다른 가정과 연계하기 전에 다음 내용을 고려하자.

* 누가 베이비시터를 고용하는가? 한쪽에서 면접을 보고 채용하는 것이 좋을까, 양쪽 가정 모두가 의사결정에 참여하는 것이 좋을까?
* 양쪽 가정의 육아 철학이 서로 잘 맞는가? 한 사람의 베이비시터가 각 가정의 아이들을 완전히 다른 방식으로 보살필 수는 없다. 음식 섭취, 훈육, 기타 중요한 문제에서 양쪽 가정의 사고가 비슷한가? 혹은 편안하게 타협할 수 있는가?
* 아이들은 서로 잘 맞는가? 연령이 같을 필요는 없으며 심지어 기질이 같지 않아도 상관없지만, 아이들이 서로 잘 맞지 않는다면 두 아이를 함께 지내게 하는 건 바람직하지 않다.
* 베이비시터가 어느 집에서 아이를 돌보게 되는가? 양쪽 집을 번갈아 오가는가? 얼마나 자주? 토들러들에게는 일관성이 중요하다. 예측 가능한 일정이 효과적이며, 매일 혹은 일주일에 한 번씩 집을 옮기는 것보다 석 달에 한 번 정도씩 옮기는 것이 더 바람직할 수 있다.
* 필요한 물품을 누가 제공하는가? 방문하는 쪽 가정이 자신의 기저귀와 간식, 음식을 가지고 와야 할까, 아니면 집을 제공하는 가정이 항상 이런 물품을 준비해야 할까? 2인용 유모차가 필요할까? 양쪽 가정에서 돈을 모아 2인용 유모차를 구입하는 것이 좋을까, 아니면 한쪽 가정에서 구입해 자기 소유로 만드는 것이 좋을까?
* 베이비시터가 아파서 오지 못하겠다고 전화하면 누가 대신 아이를 봐 주어야 할까? 그때그때 탄력적으로 해결하는 것이 좋을까. 좀 더 쉽게 직장에 휴가를 낼 수 있는 사람이 아이를 돌본다, 집을 제공하는 쪽 부모가 직장에 휴가를 내고 아이를 돌보거나 양쪽 부모가 돌아가면서 책임을 맡는 식의 규칙을 정해 두는 것이 좋을까?
* 베이비시터가 여러 아이들을 감당할 수 있을까? 돌봐야 할 아이가 두 명 이상이면 무리가 될 수 있지만, 훈련을 잘 받는 양육자라면 잘 해낼 수 있을 것이다. 일주일에 최소 몇 차례씩 놀이 모임과 기타 정해진 활동을 마련하면 스트레스를 줄이는 데 도움이 될 것이다.
* 베이비시터에게 다른 책임도 지우게 될까? 베이비시터 역할 외에 다른 집안일을 부과하지 않는 것이 가장 바람직하다. 그렇지 않으면 베이비시터가 한꺼번에 너무 많은 일을 하게 되어 제대로 아이를 돌보지 못할 수도 있다.
* 재정적인 문제를 어떤 식으로 해결할까? 누가 베이비시터에게 급여를 지불하는가? 누가 세금 신고서를 작성하는가? 보험료 적용은 어떻게 이루어질까? 아이를 돌보는 동안 베이비시터가 다칠 경우 양쪽 가정에서 공동으로 비용을 지불해야 한다.

지낼 수 있다. 아동의 수가 적기 때문에 대규모 어린이집보다 감염에 노출될 위험이 적다. 양육자의 기술과 헌신 정도에 따라 다르겠지만, 보다 개별화된 보살핌이 이루어진다. 대개 다양한 연령대의 다른 아이들과 함께 지낼 기회를 갖게 된다. 비용이 비교적 적게 든다. 시간이 더욱 탄력적이다. 양육자가 집에 있기 때문에 정규 시간 이후에 아이를 데리러 갈 수도 있고 오전에 일찍 맡길 수도 있다.

단점 안전과 건강에 대한 방침이 충분히 이루어지지 않을 수 있고, 특히 인가를 받지 않은 곳이라면 그럴 가능성이 높다(869쪽 참조). 재택 보육 형태보다 감염에 더 많이 노출된다. 양질의 보육이 이루어지지 않을 수 있다. 일부 시설은 대단히 훌륭하지만, 가정 보육 시설의 양육자들 가운데에는 교육을 받지 않은 사람들이 있을 수 있다. 환경이 어수선하다. 이런 형태의 보육 시설은 아이들이 연중 내내 들고나는 경우가 많다.

집단 보육 시설

형태 유아나 아주 어린 아동을 대상으로, 하나 이상의 그룹을 이루어 하루 종일 또는 하루 중 정해진 시간 동안 아이들을 돌본다. 한 명 이상의 교사와 보조 교사들이 비교적 정해진 프로그램을 진행한다. 보육 시간은 대개 부모의 근무시간에 맞추어 이루어진다.

장점 시설의 질에 따라 다르지만 일반 가정 보육 시설에 비해 교육을 받고 경험이 있는 양육자들이 양질의 보육을 할 가능성이 더 높다. 아이의 연령과 발달에 맞는 프로그램이 진행된다. 같은 연령의 아이들과 지낼 기회가 많다. 다양한 장난감과 시설을 이용할 수 있다. 건강과 안전, 그 밖에 여러 프로그램들이 정부의 감독을 받는다. 부모가 안심하고 아이를 맡길 수 있다. 교사가 아플 경우 다른 교사로 대체하기 때문에 부모가 신경 쓰지 않아도 된다.

단점 역시 시설에 따라 다르지만 질병에 노출될 위험이 높고, 따라서 질병에 걸릴 위험도 높다. 그러나 보건 정책을 준수한다면 이런 위험이 줄어들 수 있다. 다른 보육 형태에 비해 개별적인 보살핌을 받기 어려울 수 있으며, 특히 교사에 비해 아동의 비율이 높다면 더욱 어렵다. 부모 입장에서 일정이 정해져 있어 부모의 필요가 고려되지 않을 수 있다. 비용이 상당히 높다. 대체로 재택 보육보다는 낮지만 가정 보육 시설보다는 높다.

어린이집에 다녀야 할까?

사실 집에서 잘 보살필 수 있다면 굳이 어린이집에 보내지 않아도 괜찮다. 이런 프로그램에 참여하는 아이들은 본격적으로 유치원에 다닐 시기가 될 때 초반에 약간 유리할지 모르지만, 이런 장점은 이내 사라진다. 그러나 집에서든 외부에서든, 아동기 초반에 적당히 자극을 가하고 균형이 잡혀 있되 압력을 가하지 않는 프로그램을 접하면, 두 살에서 다섯 살 아동들은 대부분 즐겁게 활동하면서 성장과 발달을 크게 향상시킬 수 있으며, 부모들 역시 육아의 부담에서 어느 정도 벗어날 수 있다.

부모나 성실한 베이비시터가 잘 보살피는 아이들도 좋은 환경의 어린이집에 다니면서 폭넓은 경험을 할 수 있다. 이런 어린이집에서는 협동하기, 순서 지키기, 집안일 돕기, 규칙 지키기, 결정하기, 다 함께 사이좋게 지내기 같은 중요한 기술을 가르친다. 학자들은 강조하지 않지만, 좋은 프로그램은 아이들에게 사회화의 기초 과정을 가르치는 한편, 지적, 창조적인 자극에도 도움을 줄 것이다.

── 유치원

형태 학교에 입학할 준비를 갖추려고 한 명 이상의 교사가 정식 프로그램에 따라 반일 또는 종일반으로 몇 개의 학급을 진행한다. 현재 유치원은 만 3세부터 입학이 가능하다.

장점 유치원의 재량에 따라 다르지만, 교육을 받고 경험이 많은 양육자에게 양질의 보살핌을 받을 가능성이 높다. 아이의 연령 발달에 맞는 공식 프로그램이 진행된다. 연령이 같은 다수의 아이들과 어울릴 기회가 생긴다. 다양한 종류의 장난감과 시설을 이용할 수 있다. 건강과 안전에 대해 정부의 감독을 받는다. 부모가 안심하고 아이를 맡길 수 있다. 교사가 아플 경우 다른 교사가 대체된다.

단점 역시 시설에 따라 다르지만 질병에 노출될 위험이 높고, 따라서 질병에 걸릴 위험도 높다. 그러나 유치원 역시 보건 정책을 준수한다면 이런 위험이 줄어들 수 있다. 유치원 프로그램이 아이에게 지나치게 부담이 되거나 학업을 지나치게 강조하는 경우, 아이가 힘에 부칠 수 있다. 일정상 탄력성이 적다. 비용이 상당히 비싸다.

── 그 밖에 선택 사항

협동 탁아 협동 탁아는 이번 주 금요일 밤에는 옆집에서 내 아이를 봐 주고 일요일에는 내가 옆집 아이를 봐 주는 식으로, 두 가정으로 이루어지거나 여러 가정으로 이루어진다. 여러 가정으로 이루어진 협동 탁아의 경우, 이름, 생년월일, 주소, 집 전화번호, 의사의 전화번호를 비롯해 비상시 전화번호, 낮잠 시간, 알레르기, 좋아하는 음식과 싫어하는 음식, 좋아하는 것과 싫어하는 것, 양쪽 혹은 한쪽 부모가 아이를 돌봐 줄 수 있는 시간 등, 각 아이들에 관한 중요한 정보를 기록한 안내 책자를 만든다. 집에서 아이가 다칠 경우 보상을 받을 수 있도록 협동 탁아의 모든 구성원이 책임보험을 드는 것이 바람직하다.

대규모로 협동 탁아가 이루어지는 경우, 문제를 해결하고 새로 가입한 부모를 소개하기 위해 정기적인 모임을 가져야 할 것이다. 이때 아이들도 초대해 함께 놀 수 있게 한다.

가족 베이비시터 할머니, 할아버지나 아이를 좋아하는 다른 친척이 아이를 보살피는 것이 가장 이상적이겠지만, 정말로 아이를 돌보길 원하고 아이들을 잘 돌볼 줄 아는 사람이어야 한다. 이런 사람에게 아이를 맡길 때에도, 가끔은 가정불화로 이어질 만큼 불리한 측면이 나타나게 된다. 예를 들어 가족의 감정을 상하게 하고 싶지 않아, 보육의 특정 부분에 불만이 생기더라도 아이를 봐 주는 가족에게 함부로 말하지 못할 수 있다. 특히 비용을 지불하지 못하는 경우, 더욱 말하기가 망설여질 것이다. 불편을 최소화하고 분노를 예방하기 위해 정크 푸드는 먹지 않는다, 외출할 때마다 아이에게 선물을 사 주지 않는다 등등, 미리 몇 가지 규칙을 정하고 일일 일정을 지키게 한다. 텔레비전 시청 시간을 제한하고, 놀이터에서 너무 오래 놀지 않게 하며, 정해진 시간에 낮잠을 자고 간식을 먹는다. 아이를 돌보는 가족과 부모가 허심탄회하게 이야기할 수 있도록 분위기를 조성한다.

직장 보육 시설 아직은 상당히 드물지만 직장 내 보육 시설이 맞벌이 부모에게 무척 요긴하다.

딱히 설명할 수 있는 이론은 없지만, 부모들은 아이가 가까이에서 보살핌을 받고 있으면 일의 생산력이 훨씬 높아지는 경향이 있다. 직장 내 보육 시설은 아이를 일찍 맡기고 늦게 데려갈 수 있으며, 아이가 가까이 있어 안심할 수 있다. 부모와 아이가 함께할 시간이 많은 등 탄력적이다. 부모와 아이가 함께 출퇴근하고, 종종 휴식시간과 점심시간에도 함께할 수 있다. 일부 직장 내 보육 시설은 야근하는 부모의 자녀를 위한 프로그램을 제공하며, 드물지만 아픈 아이를 따로 관리하는 경우도 있다. 많은 회사들이 자녀를 둔 근로자를 위해 독자적으로 혹은 다른 회사와 협력해서 직장 내 보육 시설을 마련하길 기대한다.

나에게 맞는 보육 방식 선택

── 재택 보육

지원자 구하기 보모나 그 밖에 재택 양육자를 구하는 가장 좋은 방법은 대개 해당 지역 커뮤니티에 공지하거나, 놀이터에서 아는 부모들에게 물어 보거나, 아이가 있는 친구나 소아과 병원에 추천을 부탁하거나, 아이가 다니는 병원이나 교회, 가까운 유치원, 해당 지역 병원 같은 적절한 장소에 구인 공지를 붙이는 것이다. 베이비시터나 보모를 구해 주는 중개소에 연락할 수도 있다. 중개소를 이용하는 경우, 오랫동안 중개 업무를 해온 신뢰할 수 있는 곳에 의뢰한다. 교육을 잘 받은 검증된 후보자들을 제공하는 평판 좋은 중개소를 알아보되, 특정 후보자에 대한 중개소의 말을 믿어서는 안 된다. 반드시 자기만의 선별법으로(다음 내용 참조) 부모의 마음에 드는 사람을 선택해야 한다. 해당 지역 신문에서 구직 광고를 찾아보거나 직접 구인 광고를 내되, 이러한 경로를 이용할 때는 개인의 신원을 특히 철저하게 조사해야 한다.

재택 양육자에 대해 알아야 할 사항 지원자들이 이력서를 제출하는 경우, 양육자의 선별 과정은 주로 이력서를 살펴보는 것으로 시작된다. 그런 다음 면접을 실시하는데, 먼저 전화 면접을 통해 전혀 적합하지 않은 사람을 추려 내고, 마지막으로 두세 명과 일대일 직접 면접을 실시해 최종 선택을 한다. 첫 번째 면접에서 지원자의 본모습을 파악할 수 있을 만큼 지원자가 긴장을 풀고 여유 있는 모습을 보이는 경우는 거의 없다. 면접을 볼 때는 다음 내용을 알아본다.

이 일을 하려는 이유 일이 절실히 필요한가, 혹은 아이를 돌보는 일을 정말 좋아하는가? 보육을 임시직으로 생각해 다른 '더 좋은' 직장을 구할

베이비시터에게 아이가 있다면

어떤 면에서는 한두 명의 자녀가 있는 베이비시터가 가장 좋을 수 있다. 아무래도 직접 아이를 키워 본 경험이 있을 테니 말이다. 그렇지만 문제도 있다. 예를 들면, 베이비시터의 자녀가 이용하는 보육 방식에 사정이 생긴 경우이다. 이런 경우 내 아이를 잘 보살피고 있는 베이비시터를 해고하기보다, 베이비시터가 난처한 상황에 처할 때 자녀를 같이 데리고 오게 하는 게 좋다. 일부 부모들은 아예 처음부터 베이비시터의 자녀와 내 아이가 같이 지낼 수 있도록 허용하기도 하는데, 두 쌍의 맞벌이 부부가 각자의 아이에게 좋은 출발을 제공하는 데 도움이 될 거라고 생각한다.

때까지만 계속할 생각인가?

자격증 양육자가 아동 발달 관련 학위를 소지할 필요는 없다. 하지만 학위가 있다면 상당한 장점이 된다. 다음과 같은 자격은 갖추고 있어야 한다. 말씨가 점잖아야 하고, 한국어가 모국어가 아니더라도 유창하게 말할 줄 알아야 한다, 아이를 말로 설득하고 지능적으로 아이를 다룰 수 있을 만큼 똑똑해야 하며, 아이들에 대해 잘 알고 아이를 돌본 경험이 있어야 한다. 면접을 통해 그리고 아이와 상호작용하는 모습을 관찰함으로써 어느 정도 파악할 수 있지만, 이력서도 꼼꼼하게 확인해야 한다. 그러나 무엇보다 가장 중요한 것은 이력서에 나타나지 않는 사항들, 몇 가지 증빙 서류를 바탕으로 부모의 직관력과 관찰력을 신뢰해야 하는 부분들, 다시 말해 얼마나 의욕을 갖고 열정적으로 아이를 돌볼지, 얼마나 세심하고 친절하게 사랑으로 아이를 돌볼지 판단하는 것이다.

연령 연령은 다른 고려 사항에 비해 덜 중요한 부분이지만, 상대적으로 젊은 베이비시터는 경험과 원숙함이 부족하다. 물론 나이가 많은 사람이라고 다 경험이 많고 원숙한 건 아니다. 하지만 너무 나이가 많은 베이비시터는 아이를 돌보는 데 필요한 활력이 부족할 수 있다. 그러나 이 경우 역시 나이가 많은 지원자라도 젊은 사람보다 에너지가 많을 수 있다.

과거 경험 특히 다음 내용을 포함해 전체 근무 경력을 알아본다. 지난번 일을 그만 둔 시기와 이유는? 베이비시터 근무 기간은? 근무지를 자주 바꾸는 편인지? 지난번 일을 그만 둔 이후 이렇다 할 이유 없이 너무 오랜 기간 일을 쉬지는 않았는지? 일을 중단한 기간이 있거나 다른 이유로 지원자의 과거에 께름칙한 부분이 있다면 성직자 같은 신원보증인을 요청할 수 있다. 경우에 따라 해당 지역 경찰서에 의뢰해 지원자가 전과 기록이 없는지 확인할 수도 있다.

신원 증명서 면접을 통해 최종 후보자를 몇 명 간추린 다음 신원 증명서를 주의 깊고 철저하게 확인한다. 추천서는 허위로 작성할 수 있으므로 추천서를 믿지 말고, 직접 이전 고용주와 대화를 하겠다고 요구한다. 이전 고용주가 없다면 교사나 성직자, 기타 객관적인 정보원으로부터 추천서를 받아 오도록 요구한다. 가족이나 친구의 추천서는 받지 않는다.

채용 구두 계약 혹은 경우에 따라 서면 계약을 할 수 없더라도 부모가 필요로 하는 만큼 기꺼이 아이를 돌볼 의향이 있는 양육자를 고용하게 되면(가령 부모와 양육자 모두에게 이로운 조건에서), 일정한 기간 동안 지속적으로 아이를 돌볼 거라고 보장할 수 있는 수단이 마련되어야 한다. 그래야 최소한 6개월 이내에 다시 양육자를 구하느라 애를 먹지 않아도 될 것이다.

또한 양육자가 아이를 매일 돌보기 힘들거나 정해진 시간을 넘겨 일을 하기 어려운 개인적인 사정이 있는지도 알아보아야 한다. 이러한 문제에 대한 해결 방안은 864쪽 박스 내용을 참조한다.

육아 철학 일반적으로, 최대한 많은 부분에서 부모의 육아 철학과 유사한 철학을 지닌 사람을 구한다. 영양, 훈육, 배변 훈련, 젖떼기 같은 부모가 중요하다고 생각하는 문제들에 대해 각 지원자와 이야기를 나눈다. 단답형 대답이 아닌 자유롭게 생각을 말할 수 있는 질문을 던진다. 토들러에게 가장 중요한 것이 무엇이라고 생각하는가? 우리 아이와 평소에 어떻게 시간을 보낼 계획인가? 아이가 창틀에 올라가는 걸 발견하면 어떻게 대처하겠는가? 아이의 분노발작에 어떻게 대응하겠는가? 아이가 대소변 실수를 한 경우 어떻게 하겠는가?

신체 건강에 대한 병력 지원자가 일에 지장을 줄 정도로 건강에 이상이 있어서는 안 된다. 다음과 같은 내용을 질문한다. 결핵 검사를 받은 적이 있는지? 간염 예방 주사를 맞았는지? 아이에게 해가 될 수 있는 질병에 대해 가족력이 있거나 현재 앓고 있는지?

개인적인 습관 담배를 피우는지? 간접흡연은 아동에게 대단히 많은 건강상의 문제를 일으킬 수 있으니, 흡연자는 채용하지 않거나 최소한 아이를 돌보는 동안에는 담배를 피우지 않도록 해야 한다. 지원자는 알코올이나 약물 남용 사실에 대해 선뜻 인정하지 않을 테지만, 부모 역시 편안하게 물어보기 쉽지 않다. 하지만 조금만 안목이 있으면 쉽게 파악할 수 있다. 아래 박스 내용을 참조한다.

이동 수단 적절한 이동 수단이 있어서 매일 제시간에 집에 도착할 수 있는가? 아이를 돌보면서 운전을 해야 할 필요가 있는 경우, 운전면허증 소지 여부도 물어본다.

지원자에게 질문을 마쳤다면, 이제 다음과 같은 내용을 검토하자.

✽ 지원자가 면접 시간을 정확히 지켰는가? 그렇지 않았다면 일을 할 때에도 가끔 늦을

양육자의 약물 남용 여부를 알 수 있는 표시

약물이나 알코올을 남용하는 사람은 누구든 아이를 양육하기에 적합하지 않다. 그러나 약물을 남용하는 사람이 자신이 약물 남용자라고 말할 리는 없기 때문에 부모는 두 눈을 부릅뜨고 약물 남용 증거를 샅샅이 잡아 내야 한다. 어떤 부분을 중점적으로 살펴봐야 하는지 알면 약물 남용 증거를 쉽게 찾을 수 있다. 다음 적신호에 주의를 기울인다.

✽ 불명료한 언어, 비틀거리는 걸음걸이, 갈피를 못 잡는 태도, 집중력 저하, 숨을 쉴 때 술 냄새 여부와 상관없이 술에 취한 기색이 나타남(알코올이나 신경안정제, 기타 안정제를 남용했을 때 나타나는 징후).
✽ 불안, 신경과민, 흥분, 동공 확대, 식욕부진(흥분제-가령, 암페타민이나 코카인을 남용했을 때 나타나는 징후).
✽ 도취감, 거리낌이 없음, 식욕증진, 기억력 감퇴, 동공 확대, 눈의 충혈, 편집증(마리화나를 복용했을 때 나타나는 징후)
✽ 점상 동공(초기 헤로인 중독의 징후). 이런 증상의 또 다른 징후로는 유난히 단 음식을 좋아하는 모습을 볼 수 있는데, 면접 때나 본격적으로 일을 할 때에도 거의 파악하기 힘들다. 단 음식을 좋아하는 모습과 함께 점상 동공이 나타나면 눈여겨 볼 필요가 있다.
✽ 눈물이 고이고, 하품을 자주 하며, 짜증, 불안, 떨림, 오한, 발한 등의 모습이 보인다. 약물의 금단 증상. 약물 중독자가 일하는 동안 약물을 복용하지 않을 때 이런 모습이 나타날 수 있다.

이 같은 모습들은 정신적 육체적 질병이 있을 때에도 나타날 수 있다. 최종 후보자에게 이런 모습이 보이면 건강진단을 받도록 요구하고, 약물 남용이나 질병이 확인되면 채용에서 제외시키고 다음 후보자를 검토해야 한다.

거라고 예상할 수 있다.
* 지원자의 외모가 단정하고 청결했는가? 면접을 보러 올 때조차 머리를 감지 않거나 손톱이 더럽다면 채용된 후에 그보다 훨씬 청결에 신경을 덜 쓸 거라는 건 생각해 볼 필요도 없을 것이다. 그리고 개인 위생에 대한 자유방임적 태도는 내 아이를 돌볼 때에도 청결과 기타 중요한 문제들에 대해 자유방임적 태도를 보이리라는 걸 예견해 준다고 볼 수 있다.
* 지원자의 성격이 부모의 성격과 잘 맞을 것 같은가? 부모가 지원자를 대하기 편안한가? 의사소통이 원만하게 이루어질 수 있을 것 같은가? 지원자가 유머 감각이 있는가?
* 아이가 지원자를 편안하게 대하는 것 같은가? 평소 내성적인 아이는 낯선 사람에게 적응하는 데 어느 정도 시간이 걸린다는 사실을 기억하자. 무엇보다 다음 내용을 주의 깊게 살펴본다. 지원자가 내 아이를 편안하게 대하는 것 같은가? 지원자가 친절하고 다정해 보이는가? 지원자가 아이를 잘 참아 주고 진심으로 관심을 보이는가, 혹은 그냥 그런 척 시늉만 하는 것 같은가?
* 정서불안의 위험 신호가 보이지 않았는가? 다음과 같은 태도를 통해 알 수 있다. 눈을 마주치지 않는다. 아주 짧게 대답하거나, 얼버무리거나, 기계적으로 답변을 한다. 대화 내용이 혼란스럽거나, 분명하지 않다. 행동이나 사고방식이 누가 봐도 극단적이다(종교적인 광신자, 심한 결벽증, 지나친 엄격함). 아무 때나 키득거리며 웃거나 억양 없이 단조로운 말투로 대답하는 등 부적절한 행동을 보인다. 복장이나 화장이 너무 튄다. 정서적으로 결핍되어 보인다

(최근 남자친구와 헤어져서 상실감에서 벗어나기 위해 이런 일을 알아보고 있다.). 최종 후보자를 선정했으면 본격적으로 일을 시작하기 전에 지원자의 태도를 알아보기 위해 시험 기간을 갖는다. 이런 기간은 비용을 들일 가치가 충분하다. 부모가 근무하지 않는 날 하루를 잡아서 지원자가 아이를 보는 동안 집에 있거나 외출한다. 아이의 하루 일과뿐 아니라 지원자가 알아 두어야 할 가정의 일과를 알려 주어 시행하게 하고, 아이와 집에 익숙할 기회를 많이 제공한다. 부모가 가까이에 없어야 아이가 양육자에게 더 경계심을 풀 터이므로 두 차례 짧게 연속적으로, 한번에 한 시간 정도씩 자리를 비워야 한다. 부모가 집에 있을 때는 눈과 귀를 활짝 열어 둔다. 아이가 낯가림을 하는 편이라면 아이가 베이비시터에게 어떻게 반응하는지에 관심을 두기보다 베이비시터가 아이에게 어떻게 반응하는지에 더 관심을 갖는다. 아이는 좋은 베이비시터에게 마침내 경계심을 풀고 친근하게 대할 테고, 좋은 베이비시터라면 그 전에 이미 아이를 따뜻하게 대할 것이다. 부모의 직관을 따른다. 어쩐지 이 사람이 내 아이에게 맞지 않는 것 같다는 생각이 들면, 만전을 기하는 차원에서 다른 사람을 알아본다.

── 가정 보육 시설

나에게 맞는 시설 알아보기 이 경우 역시 아이의 담당 의사, 다른 아이의 부모, 친구, 이웃이 훌륭한 안내자이자 추천인이 되어 줄 것이다. 현재 어린이집은 보건복지부, 유치원은 교육부에서 관할하고 있다.

가정 보육 시설 환경에 대해 알아야 할 사항 가정 보육 시설은 대단히 훌륭한 시설에서부터 아주 형편없는 시설까지 편차가 매우 크다. 부모가 원하는 시설을 선별하기 위해 다음 내용을 고려하자.

* **등록된 곳인가?** 보건복지부 '영유아보육법'에 따라 적합한 시설과 양육자를 갖추고, 신고를 통해 등록된 곳인지 확인한다.
* **건강 및 안전 기준** 어린이집이나 유치원 시설에서 찾게 되는 기준과 유사하다. 실내 공간은 청결하고, 어린이에게 안전하며, 자동 소화장치와 화재경보기가 정상적으로 작동하고, 화재가 나는 경우 쉽게 탈출할 수 있어야 한다. 외부의 놀이 공간은 안전해야 하고 담으로 둘러싸여 있어야 한다(692쪽 참조).
* **양육자의 자격** 재택 양육자에게 요구하는 자격과 같은 자격을 찾는다. 경험이 있는 사람, 기왕이면 유아교육을 전공한 사람이면 좋겠다. 응급 치료 방법과 기본적인 인명 구조 방법을 훈련 받고 아이들을 좋아하고 참아 줄 수 있으면 더욱 좋다(865쪽 참조).
* **양육자의 육아 철학** 재택 양육자의 경우와 같은 방식으로 평가한다(865쪽 참조).
* **양육자와 아동의 비율** 두 살 이하 아동의 경우, 양육자 1명당 아동 5명(가급적 3명)이 바람직하다. 두세 살 아동의 경우, 양육자 1명당 아동 수는 최대 7명이 바람직하며, 3세 이상~취학기까지의 아동은 1명당 20명까지 가능하다. 양육자의 자녀가 종일 혹은 어느 정도 집에 있는 경우, 양육자의 자녀도 이 비율에 포함시켜야 한다.
* **환경** 탁아 제공자가 내 아이와 다른 아이를 돌보는 동안 집안일도 병행하는지 확인한다. 그럴 경우 아이들에 대한 집중력이 크게 떨어질 수 있다.
* **장난감과 활동** 관리가 잘 되고 연령에 맞는 장난감이 충분히 구비되어 있으며, 자극이 되고 안전한 활동들이 다양하게 계획되어 있어야 한다. 야외 활동, 미술, 공작, 책 읽기 등. 매일 고정적으로 텔레비전을 시청해서는 안 된다. 아이들에게 도움이 되는 프로그램을 신중하게 선택해 하루에 30분~1시간 정도 시청하는 건 해가 되지 않는다. 하지만 아이들이 보든 양육자가 보든 하루 종일 텔레비전이 켜져 있어서는 안 된다.
* **보조 양육자** 양육자의 자녀나 양육자 자신이 아플 경우 보조 양육자가 있는가?
* **보험** 양육자가 아이들을 돌보는 동안 아이가 다칠 경우에 대비해 보험에 가입되어 있는지 확인한다.
* **추천인** 추천인을 직접 확인해야 한다. 서면 추천서에 의지하지 않는다(865쪽 참조). 최근 해당 보육 시설에 아이를 맡긴 적이 있는 부모들과 지금도 계속 아이를 맡기고 있는 부모들에게 확인한다.

마음에 드는 가정 보육 시설이 우리 집의 필요를 만족시켜 준다고 생각되면, 아이들이 모두 있는 시간에 몇 시간 동안 보육 활동을 참관한다. 탁아 제공자가 부모의 참관을 허락하지 않을 경우 아이를 맡길지 고려할 필요도 없다.

집단 보육 시설이나 유치원

나에게 맞는 시설 알아보기 이 경우 역시 아이의 담당 의사나 다른 아이의 부모, 친구, 이웃이 좋은 안내자이자 추천인이 되어 줄 것이다. 현재 어린이집은 보건복지부, 유치원은 교육부에서 관할하고 있으며, 정말 운이 좋으면 회사 내에 훌륭한 보육 시설이 마련되어 있을지 모른다.

집단 보육 시설이나 유치원에 대해 알아야 할 사항

특징은 시설마다 천차만별이다. 부모와 아이에게 맞는 시설을 찾으려면 시간과 노력이 필요할 것이다. 결정하기 전에 다음 사항을 고려한다.

* 인가를 받았거나 등록이 되어 있는가 현재 인가나 등록이 되어 있는지 문의한다. 시설이 외부 기관에 의해 공인되었는지도 문의한다.

* 건강 및 건강 방침 안전 예방 대책이 있는가? 전기 콘센트는 커버로 씌어지고, 연령에 맞는 장난감을 사용하며, 계단 앞에 안전문이 설치되고, 놀이터의 시설은 상태가 좋은지 등등을 살펴본다. 시설은 환기가 잘 이루어지고 있는가? 방향제 스프레이에 속지 말고 공기청정기가 있는지 확인한다. 화재가 날 경우에 대비해 연기 탐지기 소화기, 창문 안전장치, 비상구 표시와 함께 쉽게 탈출할 수 있는 비상구 등이 마련되어 있는가? 주차장은 놀이 공간에서 멀리 떨어진 위치에 마련되어 있는가? 현장 학습을 갈 때 인증 받은 카 시트를 이용하는가? 아이들이 보육 시설 외부로 산책을 나갈 때 어떤 안전 대책을 세우는가? 토들러를 위한 실내외 안전 대책에 대한 내용은 21장을 참조한다.

보건보육 교사가 있는가? 모든 전화기 옆에 응급실 전화번호가 부착되어 있는가? 아이가 아프거나 다칠 경우 대처 방법을 서면으로 작성해 비치해 두었는가? 아픈 아이가 다른 아이들과 따로 떨어져 안전하게 쉬면서 부모나 양육자를 기다릴 수 있는 장소가 있는가? 아이가 약을 복용하는 경우, 교사가 먹여 주는가? 보건보육 교사가 상주해 있거나 최소한 전화를 하면 언제든지 달려올 수 있는가?

감염 매체의 전염을 줄이기 위해 노력하는가? 장난감을 자주 세척하는가? 봉제 장난감은 세탁기에 돌리고, 플라스틱 장난감은 식기세척기나 뜨거운 비눗물에 세척하는가? 물놀이 탁자처럼 세균이 가장 빠르게 번식하는 젖은 표면은 항상 청결하게 관리하고 소독하는가? 교사들은 항상 철저하게 손을 씻고 특히 기저귀를 갈아준 후, 아이의 배변을 도운 후, 외부에서 실내에 들어온 후, 구토물이나 혈액을 닦은 후, 음식을 다루기 전에 반드시 손을 씻는가? 아이들은 식사 전, 변기 사용 후, 외부에서 놀이를 한 후에는 으레 손을 씻는가? 손을 씻는 세면대와 음식을 조리하는 싱크대가 분리되어 있는가? 교사 한 사람이 기저귀를 갈고 음식을 준비하는가? 각각의 업무를 따로 관리하는 것이 바람직하다. 기저귀를 간 후에는 기저귀 교환대를 깨끗이 닦는가? 기저귀를 찬 아이들은 기저귀 위에 옷을 입는가? 기저귀만 차면 표면의 오염 정도가 더 커질 수 있다. 욕실과 주방은 철저한 위생과 안전 기준을 지키며 잘 관리되고 있는가? 아이들이 각자 집에서 자기 소유의 변기 의자나 배변기를 가지고 오는 것이 가장 바람직하다. 소독 용액 같은 유해한 물질은 아이들 손이 닿지 않는 곳에 보관되어 있는가? 교사와 아이들 모두 뚜껑을 만지지 않아도 되도록 쓰레기통에 발

페달이 부착되어 있는가?

* **일정** 가정의 필요를 충족시킬 수 있는가? 부모는 종일반이 필요할 수도 있고, 처음에는 일주일에 이틀 정도 한나절만 아이를 맡겼다가 차츰 늘려 일주일에 5일 동안 한나절을 맡기고 싶을 수도 있다. 대부분의 보육 시설과 일부 유치원은 맞벌이 부모를 위해 종일반 프로그램과 방과 전후 프로그램을 제공한다. 그러나 집에 아이를 돌봐 줄 사람이 있다면 종일반까지 필요하지는 않을 것이다. 가끔 아이를 일찍 맡기거나 늦게 데리고 올 필요가 생길 경우, 합당한 추가 비용을 지불하면 이러한 프로그램을 이용할 수 있다.

* **비용** 양질의 보육 프로그램과 유치원 프로그램 비용은 감당할 수 없을 만큼 높을 수 있고, 특히 일일이 추가 비용이 들어가면 비용은 압도적으로 높아진다. 재료비나 시간 외 요금을 비롯해 모든 비용이 분명하게 명시되어 있어야 한다. 보조금을 지급 받거나 협력 프로그램이 운영되는 경우, 비용이 크게 낮아질 수 있다. 협력 프로그램을 운영하는 경우 대부분의 가정들은 원활하게 협력이 이루어지겠지만, 지나치게 의존적인 부모나 의존적인 아이들에게는 바람직하지 않다. 부모든 아이든 서로에게 너무 매달리면 정상적인 사회적 상호작용과 부모로서의 책임에 지장이 생길 수 있다. 물론 부모가 일정을 탄력적으로 운영할 수 없다면 협력 프로그램은 현실적으로 불가능하다.

* **입학 정책** 아이가 입학시험과 면접에 '통과'해야 하는가? 그러기 위해 얼마나 많은 압박을 받게 되는가? 경쟁이 얼마나 치열한가? 그럴 가치가 있는가?

* **교사와 아동의 비율** 다음과 같다. 2세 영유아의 경우 교사 1명당 어린이 7명, 3세 영유아는 교사 1명당 20명이 적당하다. 취학기는 교사 1명당 30명이 적당하다.

* **교사의 이직률** 각 교사의 근무 기간에 대해 문의한다. 이직률이 높으면 프로그램의 질에 문제가 생길 위험이 커질 뿐 아니라 아이들을 일관성을 갖고 지속적으로 돌보기 힘들다. 또한 아이가 수행하는 프로그램에 대해 과거와 현재를 비교해 부모에게 말해 주기도 힘들다.

* **교사의 자격증** 원장은 교사 자격증을 소지하고 유아교육을 전공해야 한다. 교사들이 유아 발달에 대해 교육을 받거나 유아교육을 전공했다면 가장 바람직하다. 그러나 집단 보육 시설의 교사들 가운데 이러한 교육을 받은 사람이 적다. 모든 시설에서는 교사를 채용할 때 전과 기록을 확인하고 철저한 건강진단을 실시해야 하지만 제대로 시행되고 있는지 의문이다.

* **물리적 시설** 공간은 충분히 넓은가? 선택할 수 있는 장난감이 충분한가? 장난감은 어린아이가 사용하기에도 안전하고 연령에 적합한가? 장난감은 가장 최근에 구입한 것이고 상태가 양호한가? 퍼즐 조각이 빠진 것이 있거나, 인형 머리가 없거나, 자동차 바퀴가 빠지지는 않았는가? 토들러용 의자에 앉아서 아이의 시선으로 방을 둘러본다. 방은 충분히 밝고, 활동적이지만 부산하지 않은 적당한 수준의 활동을 진행하며, 소음 수준은 편안한가? 놀이 도구, 상상 놀이를 자극하는 놀이 공간, 자연과학 재료들이 충분히 마련되어 있는가? 벽에 그림들이 어린이의 눈높이에 많이 걸려 있고, 미술 작품들이 획일적이거나 지나치게

깔끔하지는 않은가? 낮잠 잘 공간이 충분히 넓은가? 침대나 매트리스, 매트가 마련되어 있는가? 개인 사물을 보관할 사물함이나 공간이 마련되어 있는가? 변기와 세면대는 아동의 키에 맞거나 튼튼한 계단식 걸상을 이용해 접근할 수 있는가? 놀이 공간은 692쪽 안전 기준을 충족시켜야 한다.

* **교사와 부모의 상호작용** 교사와 학부모 간 상담 시간이 마련되어 있는가? 그 밖에 필요할 때마다 직접 만나거나 전화 통화로 상담을 할 수 있는가? 교사와 학부모가 매일 의사소통을 할 수 있는 게시판이나 다른 시스템이 마련되어 있는가? 아이를 종일반에 맡기는 경우 특히 중요하다.

* **음식과 영양 방침** 아이들은 집에서 가지고 온 음식을 먹는가, 혹은 유치원에서 음식을 준비하는가? 현장에서 음식을 조리한다면 어떤 음식이 제공되는가? 영양이 풍부한가(18장 참조)? 식품 안전 규칙을 준수하는가(578쪽 참조)? 어떤 음식과 간식이 제공되고 어떤 식으로 조리되는지 확인하고, 가능하면 시식해 본다.

* **배변 방침** 아직 기저귀를 차는 아이도 받아 주는가? 집단 보육 시설은 대체로 기저귀를 차는 아이들도 받아 주지만, 유치원은 그렇지 않을 것이다. 아이가 배변 훈련 중이거나 곧 배변 훈련을 시작할 예정이라면 교사가 협조할 수 있는가?

프로그램 평가 눈, 코, 귀를 활짝 열고 분별력을 갖추어 프로그램을 평가한다.

* **원장에게 철학을 물어본다** 좋은 보육 시설은 대체로 서클 타임(circle time), 다 함께 노래 부르기, 이야기 시간, 놀이터에서 놀기 같은 비경쟁적 그룹 활동과 관련된 자유 놀이를 진행한다. 한 번에 십 분 내지 십오 분 이상 얌전히 앉아 조용히 경청하라고 강요하지 않으며, 공부에 대한 강요도 전혀 없다. 교사들은 놀이와 일상 활동을 통한 학습을 위해 매일 일지를 기록해야 한다. 일지를 보여 달라고 요구한다.

아이에게 어떤 프로그램이 적합한지는 아이의 특성에 따라 다를 것이다. 형식에 얽매이지 않는 프로그램에 잘 적응하는 아이도 있고, 어느 정도 형식을 필요로 하는 아이도 있으며, 틀에 꽉 짜이기는 했지만 너무 엄격하지 않은 체계 속에서 더 잘 지내는 아이도 있다. 아주 활동적인 아이는 주변을 마음껏 돌아다닐 수 있는 장소와 함께 한계를 명확하게 정해 주는 것도 필요하다. 얌전한 아이에게는 개별적으로 많은 관심을 제공하는 소그룹 활동이 필요하거나 독립적인 활동이 장려되어야 한다. 호기심이 강하고 똑똑한 아이는 더 많은 자극과 도전이 필요하다. 적응 과정에 있거나 다른 활동으로 전환하는 걸 힘들어하는 아이는 탄력적인 유치원 프로그램이 필요하다. 이런 아이들은 처음 며칠 혹은 몇 주 동안 부모가 함께 참여해 초기 적응 기간 동안 아이를 도와줄 필요가 있으며, 한 가지 활동에서 다음 활동으로 넘어갈 때 특별한 도움이 필요할 수 있다. 소리와 과도한 자극에 예민한 아이는 비교적 조용한 환경을 선호하며 자극을 피해 안전하게 있을 수 있는 외진 곳이 있으면 좋다. 아이가 색깔, 문양, 모양 등이 아주 환하고 어지러운 환경에서 과도하게 자극을 받는 편이라면 실내 인테리어가 보다 차분한 보육 시설이나 유치원을 선택한다.

* **프로그램의 교육적인 측면에 대해 문의한다**
좋은 프로그램은 자유 활동과 야외 활동, 그룹 활동이 조화롭게 이루어져 창조적, 지적, 신체적, 사회적으로 자극을 주되, 읽기, 쓰기, 셈하기 같은 학업 성취를 보장하는 보육 시설은 피한다. 어린아이들은 공식적인 학업 프로그램이 필요하지 않으며, 너무 일찍 너무 많은 것을 배우도록 강요 당하면 극도의 피로를 느낄 가능성이 대단히 높다. 501쪽을 참조한다. 그러나 체험을 통한 비공식 학습 경험을 많이 제공하고 글자와 숫자, 음악, 문학, 예술, 과학에 많이 노출시켜야 한다. 좋은 비디오테이프를 가끔 시청하게 하는 건 괜찮지만, 텔레비전 시청이 정규 프로그램에 포함되어서는 안 된다.

* **프로그램을 직접 참관한다** <u>인터뷰 일정을 잡기 전에 아이 없이 부모만 가서 참관한다. 낮에 방문해도 좋은지 문의한다. 직접 참관해 보지 않고는 집단 보육 시설이나 유치원 프로그램을 판단할 수 없다.</u> 방문하기에 가장 좋은 시간대는 낮잠 시간 전처럼 아이들이 가장 힘들어하는 시간이나 아이들이 막 도착해서 부모와 떨어지기 힘든 때다. 그러나 일부 시설은 운영에 지장이 생길 것을 고려해 이 시간대 방문을 허락하지 않을지 모른다. 방문할 때는 교사들이 분란, 분리, 울음, 지루함, 행동 문제를 어떻게 다루는지 관찰한다. 내 아이와 유사한 아이들이 어떻게 다루어지고 있는가? 아이들이 행복한 표정으로 놀이에 몰두하고 있는가? 교사들은 쾌활하며 자신의 보육 책임에 열중하고 있는가? 교사와 아이들, 그리고 아이들과 아이들 간에 상호작용이 많이 이루어지고 있는가? 아이가 놀이에 몰두하지 못하면 교사가 알아채고 아이가 활동할 수 있도록 이끌어 주는가? 아이들은 퍼즐 놀이를 하든 책을 읽든 낮잠을 자든, 각자 하고 싶은 일을 하기 위해 알아서 자리를 이동할 수 있는가? 아이들이 소규모로 인형 놀이, 책읽기, 소꿉장난, 과학 놀이, 블록 쌓기 같은 놀이를 할 수 있도록 놀이 공간이 여러 개로 분리되어 있는가? 실내와 실외에서 지속적으로 감독이 이루어지고 있는가?

지원하고자 하는 학부모 상담과 관련된 방침들은 각 집단 보육 시설이나 유치원마다 다르다. 대부분의 시설들은 미리 예약을 하도록 요구한다. 많은 시설들이 주로 여러 학부모를 대상으로 공식적인 방문 프로그램을 제공하며, 시설을 둘러본 후 개별적으로 각 학급을 살펴보는 시간을 마련한다. 공식적인 약속 없이 개별적으로 시설에 들르는 것은 원칙적으로 허용되지 않는데, 운영에 방해가 될 수 있을 뿐 아니라 안전 문제가 발생할 수 있기 때문이다. 아이가 보육 시설이나 유치원에 다니고 있는 경우, 학부모가 예고 없이 들르는 것이 허용될 수 있지만, 역시 각 시설마다 방침이 다르다. 그러나 부모가 가끔씩 예고 없이 방문하는 걸 강력하게 반대한다면, 뭔가 감추는 게 있는 것이 틀림없다. 아이가 다니는 보육 시설이나 유치원이 이런 경우라면 이런 방침을 정한 이유를 설명하도록 요구하고, 설명을 들은 후에도 만족스럽지 못하거나 안에서 무슨 일이 일어나고 있는지 알 수 없도록 부모의 접근을 기피한다는 의심이 들면, 다른 보육 시설이나 유치원을 알아보는 것이 좋겠다.
보육 시설이나 유치원을 방문할 때는 활동에 지장을 주지 않도록 신경을 쓰고, 교사나 아이들에게 말을 걸지 않으며, 뒤에서 조용히 지켜보아야 한다. 어디에서 지켜보면 좋은지 미리 물어본다.

* **어떤 식으로 훈육하는지 묻고 직접 관찰한다**
  <u>훈육의 목적이 권위에 복종하도록 강요하는 것이 아니라 아이들 스스로 자제력을 배우도록 돕는 것인지 알아보고, 그러한 시설을 찾는다. 교사들은 문제 해결 능력과 대화를 이용해 아이들을 존중하면서 긍정적인 방식으로 훈육을 해야 하고, 필요하면 타임아웃제를 실시한다.</u> 그러나 타임아웃제를 너무 자주 이용해서는 안 된다. 신체적 언어적 학대를 가하고, 호통을 치며, 신체를 구속하고, 감독을 하지 않은 채 아이 혼자 격리시키며, 창피를 주고, 아이들끼리 일어난 충돌을 모른 체하는 모습이 눈에 띠어서는 안 된다.

* **마음에 드는 시설에 현재 자녀를 보내고 있는 학부모 몇 명에게 전화한다** 아는 학부모가 아무도 없다면, 그리고 어느 아이가 어디에 다니는지 전혀 아는 바가 없다면 원장에게 원생들의 이름과 주소록을 달라고 요구한다. 학부모에게 시설의 장단점에 대해 물어본다. 아이들을 데려다주거나 데리고 오는 학부모 한두 사람에게 물어 봐도 좋다.

* **들어 본다** 이 시설에서 어떤 종류의 소리가 들리는가? 행복한 콧노래가 들리는가, 귀청이 찢어질 것 같은 거슬리는 소리가 들리는가? 울음소리나 비명이 많이 들리는가, 아니면 웃음소리와 쾌활한 목소리가 많이 들리는가?

* **냄새를 맡는다** 냄새는 청결 정도를 확인하는 단서가 될 수 있으므로 코를 잘 활용한다. 기저귀 냄새, 담배 냄새, 음식 썩은 냄새, 그 밖에 불쾌한 냄새가 나면 비위생적인 환경일 가능성이 높다.

가끔씩 베이비시터를 이용하는 경우

지원자 구하기 다른 보육 형태와 마찬가지로 친구나 지인, 이웃에게 추천을 부탁하는 것이 좋은 베이비시터를 구하는 바람직한 방법이다. 해당 지역 대학의 취업 사무소에도 연락해 본다. 베이비시터를 알선하는 서비스를 제공할지 모르고, 베이비시터에 관심이 있는 학생들 명단을 게시판에서 확인할 수도 있다. 베이비시터 교육을 받았거나 기꺼이 받을 계획이 있고, 책임감이 강하며, 평소 잘 알고 지내는 십대 청소년도 완벽한 베이비시터가 될 수 있다. 필요할 때 가끔씩 아이를 돌보는 베이비시터라 하더라도 다음의 자격 요건이 갖추어져야 한다.

가끔 필요한 베이비시터에 대해 알아야 할 사항
평소에 아이를 아주 잘 돌봐 주던 할머니에게 사정이 생긴 경우처럼 누구나 때로는 보수를 지급해야 하는 베이비시터가 필요할 때가 있다. 가족이나 친구에게 아이를 봐 달라고 부탁하지 못하고 베이비시터를 고용해야 하는 경우, 다음과 같은 몇 가지 중요한 요인을 고려해야 한다.

* **연령** 나이가 많은 베이비시터의 경우, 젊은 베이비시터들보다 더 기운이 좋은 사람도 있지만, 아이가 매우 활발하다면 아이를 돌보기에 힘에 부칠지 모른다. 아이가 잠을 자는 밤 시간에 베이비시터가 필요한 경우라면 괜찮다. 아이들을 좋아하는 십대 청소년들이 종종 훌륭한 베이비시터가 되어

주기도 하지만, 얼마나 책임감을 갖고 아이를 돌볼지는 연령과 성숙도에 따라 다를 것이다.

* **자격 요건** 당연히 아이를 돌본 경험이 많을수록 좋다. 응급처치 요령을 알고 응급 상황에 대처할 수 있어야 한다. 십대 청소년을 고용할 경우 세이프 시터나 적십자, 기타 보육 방식과 응급처치, 질식 구조 절차 등을 가르치는 베이비시터 훈련 프로그램을 이수한 사람을 찾는 것이 좋다.
* **신원 증명서** 고용하기 전에 직접 신원 증명서를 확인해야 한다. 그런 다음 아이를 돌보는 모습을 지켜본다. 아이와 친해지고 집안의 일과에 익숙해지는 데 필요한 시간도 계산해 비용을 지불해야 한다(25쪽 참조). 베이비시터 교육은 받았지만 경험은 없고 신원을 잘 알지 못하는 청소년을 고용할 계획이라면, 청소년의 교사나 부모, 성직자와 이야기를 나누어 신상을 파악한다.

아이를 베이비시터에게 맡기고 외출하기 전에 기본 지침을 정한다. 전화 사용과 텔레비전 시청, 큰소리로 음악을 듣는 행위, 손님 접대는 사전에 동의한 경우가 아니라면 금한다. 기본 지침과 관련해 부모의 요구 사항을 알린다. 응급 상황이 발생한 경우 전화로 연락하도록 하고, 운전을 할 줄 모르거나 차가 없다면 운전을 할 줄 알고 부모의 외출 사실을 알고 있는 가까운 이웃 사람에게 전화할 수 있도록 전화번호를 알려준다. 집 전화 옆에 가까운 응급 전화번호 목록을 비치한다.

효과적인 보육

재택 양육자 고용

보모나 베이비시터가 일을 잘할 거라고 판단되면 오해의 소지를 예방하기 위해 고용 계약서를 작성한다. 고용 계약서에는 2~4주간 수습 기간을 포함시켜, 이 기간 동안 양측이 자유롭게 계약을 해지할 수 있도록 한다. 아울러 다음 내용도 명시한다.

* **급여** 초과근무시간에는 더 높은 비율로 지불할지, 지불 방식은 일급이나 주급 혹은 월급으로 할지, 작업 시간을 기준으로 급여를 지급할지, 정액제로 지급할지 결정한다.
* **부모가 기대하는 의무** 베이비시터에게 바닥을 닦고, 세탁물을 분류하고, 저녁을 준비하길 기대한다면 아이에게 집중할 시간이 줄어들 거라는 걸 기억하자. 반면에 부모가 직장에 있는 동안 가벼운 집안일을 마치게 하면 부모가 집에 돌아왔을 때 아이와 함께할 시간이 많아질 것이다.
* **베이비시터의 근무일과 근무시간 그리고 초과근무 여부** 입주 보모라도 하루 24시간 내내 대기하도록 요구해서는 안 된다는 걸 기억하자. 대개의 경우 입주 보모는 과로를 피하기 위해 주 5일 근무를 하고, 저녁 시간 이후에는 개인 시간을 갖게 해야 한다.
* **양육자가 입주하는 경우 지낼 거처와 가족 전화, 텔레비전, 주방, 자동차 등의 이용에 관한 기본 원칙** 일부 가정은 입주 양육자를 고용하면 사생활에 지장을 받는다고 여긴다. 대부분의 경우 보모 전용 공간을 따로 마련할 수 있다면 가장 바람직하다. 가능하면 출입문을 따로

내고, 개인 욕실, 미니 주방을 마련한다.
아이의 양육자와 초기에 계약을 맺는
것만큼이나 지속적으로 의사소통이
이루어지는 것도 중요하다. 정기적으로
양육자와 만나 상황이 어떻게 되어 가고
있는지 이야기를 나누고, 칠판이나 일지, 메모
시스템을 설치해 필요한 메시지를 주고받을 수
있도록 한다. 낮잠 시간, 식사, 놀이, 분노발작,
배변 훈련 과정, 변을 보는 문제가 중요한 경우
변을 보았는지, 발달 정도(가령 새로운 단어를
말한다든지), 그 밖에 양육자가 부모와 나누고
싶은 일화 등을 기록하게 한다.

수습 기간뿐 아니라 그 이후에도 상황이 잘못
되어가고 있다는 조짐이 보이지 않는지 주의를
기울여야 한다.

— 현재 보육 상황 평가

아주 마음에 드는 베이비시터나 어린이집을
구했다. 아니, 적어도 아주 최악은 아니라는
확신이 든다. 자, 그렇다면 이제 마음 놓을 수
있을까? 물론 아니다. 부모의 일은 절대 여기에서
끝나지 않는다. 보육 상황을 정기적으로 평가하는
일은 처음 선택할 때만큼이나 중요하다. 그러므로
상황이 잘못 되어가고 있다는 조짐이 보이지
않는지 항상 신경 써야 한다.

아이의 행동 아이가 현재 보육 환경에서 제대로
성장하지 못하고 있다는 걸 보여 주는 단서는
다음과 같다.

먹거나 자는 데 문제를 보인다. 베이비시터가
도착하거나 어린이집에 데리고 가면 크게
불안해한다. 아이가 엄마와 떨어지는 걸 슬퍼하는
걸 넘어서 혼자 남는 걸 정말로 질색하는 모습을
보인다. 저녁 무렵이면 유독 기분이 안 좋아
보인다. 평소답지 않게 움츠러든다. 행동상의
문제가 늘어난다. 아이를 많이 안심시켜도(24쪽
분리 문제를 다루는 요령도 참조한다.) 도움이
되지 않고, 아이의 행동 장애가 보육 환경과
직접적으로 관련이 있다고 의심되면 몇 차례 낮에
불시에 집, 혹은 어린이집이나 유치원을 방문해
부모가 없는 동안 무슨 일이 벌어지고 있는지
확인한다. 아이 놀이 친구의 부모들에게 도움을
청할 수 있다면, 집이나 놀이 모임, 놀이터에서
베이비시터의 행동을 관찰해 행동을 알려 달라고
부탁한다. 아이가 한 달 이상 뭔가 불만족스러운
모습을 보이면 무시하지 않는다. 크게 겁먹은
모습을 보이거나 자주 악몽을 꾸거나, 이상하게
자꾸 멍이 나거나 그 밖에 학대를 당한 흔적이
보이면(879쪽 참조) 각별히 신경을 쓴다. 그리고
즉시 반응을 보인다.

양육자의 행동 좋은 양육자는 부모와 아이,
그리고 부모의 바람에 관심을 보이고 존중하며
의사소통이 원활하게 이루어진다. 그에 대한
보답으로 부모도 그래야 한다. 아이의 양육자에게
이런 모습이 거의 혹은 전혀 나타나지 않거나,
지각이나 결석이 잦거나, 무기력하거나
무신경하거나, 감정 기복이 크거나, 기타 문제가
될 만한 행동을 보인다면(866쪽 참조) 실제로
문제가 있을지 모른다.

평가 결과 아이나 양육자, 혹은 둘 다에게
우려할 만한 원인이 있다고 판단되면 즉시 조치를
취한다. 최대한 빠른 시일에 양육자나 어린이집
원장을 만나 부모가 걱정하는 내용에 대해
이야기한다. 대화 이후 이렇다 할 개선점이 보이지

않으면 보육 방식 개편을 고려한다.

─ 보육 방식 개편

아이와 상황에 따라 양육자를 바꾸는 것이 별 의미가 없을 수도 있고, 정말 잘한 일일 수도 있으며, 아이가 잘 따르던 양육자라면 아이에게 정신적으로 큰 충격이 될 수도 있다.

보육 방식 변화가 아이에게 정신적인 충격을 주는 경우, 적응 기간 동안 아이의 감정을 세심하게 배려해 충격을 완화시킨다. 그만두는 양육자에게 아이가 자는 침대 곁에 두고 볼 수 있게 사진을 남겨 달라고 부탁한다. 아이와 함께 베이비시터에 대한 추억을 나누고, 아이에게 마음껏 감정을 표현하도록 장려한다. 동시에 아이의 일과를 최대한 전과 같게 유지하고, 이 시기에는 불필요한 다른 변화를 삼간다. 예측 가능한 빤한 일상이 아이의 마음을 편안하게 안심시켜 준다.

아이가 새 양육자에게 익숙해지는 동안 아이를 이해하고 참아 준다. 그러나 아이와 마찬가지로 부모 역시 양육자에 대해 반신반의하고 있다는 인상을 주어서는 안 된다. 부모는 새 양육자가 마음에 들고 양육자의 능력을 확신한다는 걸 분명하게 알린다. 아이와 새 양육자가 만날 때 아이가 멈칫거리더라도 부모가 지나치게 걱정하거나 주저하는 태도를 취하지 않는다. 긍정적으로 생각하고 행동하면 아이가 덜 힘들어하면서 좀 더 빨리 적응하게 될 것이다.

─ 유치원 입학 준비

유치원에 입학하기 위해 공식적으로 해야 할 준비 같은 건 따로 없지만 미리 대비해 두어 나쁠 건 없다. 아이가 기본적인 유치원 생활에 익숙해지도록 도와주자.

협동하기 유치원에서는 협동과 차례 지키기가 요구될 것이다. 그러니 기회가 될 때마다 집에서 연습을 시킨다. 같은 인형을 가지고 교대로 가지고 놀고, 차례대로 퍼즐 조각을 맞춘다. 주방 조리대에서 협력하며 음식을 만들고, 함께 힘을 모아 빨래를 세탁한다. 부모가 세탁기에서 빨래를 건지면 아이가 건조대에 넌다. 아이가 집에서 훌륭하게 협동심을 발휘하지 않더라도 실망하지 말자. 아이들은 대부분 항상 부모가 곁에 없을 때 더 고분고분 행동하니까.

이름 맞추기 게임 아이는 아직 자기 이름을 쓰거나 읽을 줄 모르겠지만(물론 쓰고 읽을 줄 아는 아이도 많다.) 방, 도시락, 그림 등 여러 가지 사물에 이름표를 부착하면 각각의 이름이 생긴 모양을 눈에 익히는 데 도움이 된다. 물론 글씨를 익히는 데도 도움이 된다. 아이의 미술 작품에 아이의 이름을 부착하고, 냉장고에 글자 모양 자석으로 아이의 이름을 만들고, 칠판과 모래 위에 아이의 이름을 쓴다. 그러나 아이에게 글자나 단어를 읽을 줄 알아야 한다고 강요하지 않는다.

도시락 싸기 유치원에 도시락을 가지고 가야 하는 경우, 함께 예쁜 모양의 도시락 통을 구입한다. 유치원이나 어린이집에 입학하기 며칠 전부터 도시락을 싸서 식탁에서 도시락으로 음식을 먹게 한다. 도시락 용기를 펼치는 방법과 음식을 다 먹은 후에 다시 싸는 방법을 보여 준다. 또한 유치원 가방을 매는 경우 백팩을 매는 데 익숙하게 한다. 그러나 백팩의 느낌을 싫어하는 아이도 있으므로, 이 경우 등에 매는 대신 손에 들고 다니게 해도 괜찮다. 유치원이나 어린이집에서 낮잠 시간에 매트 위에서 잠을 자는 경우, 입학하기 며칠 전부터 매트 위에서 낮잠을 자게 하면 아이가 낯선 환경에서 쉽게 낮잠을 잘 가능성이 높아진다.

집안일 돕기 아직 아이에게 간단한 집안일을 돕도록 시키지 않았다면 지금부터 시작해 보자. 장난감 정리, 식탁 닦기, 그림붓 씻기 같은, 유치원에서 하게 될 일을 중심으로 시작한다(460쪽 참조).

지시한다 지시대로 따르는 게임을 한다. 아이가 어느 정도 할 줄 아는 내용을 지시한다. 이때 지시 내용을 연달아 여러 차례 말해 준다. "빗 꺼내서 두 번 머리 빗고, 한 바퀴 빙 돌아 엄마한테 갖다 주렴."처럼. 아이가 일관되게 지시를 따르지 않더라도 걱정할 필요는 없다. 유치원에 가면 훨씬 꼼꼼하게 지시를 따를 것이다(436쪽 참조). 강요하지 말고 재미있게 놀이를 즐겨야 한다.

선택하기 유치원에 가면 어느 정도 아이가 직접 선택해야 할 일들이 생긴다. 기회가 될 때마다 아이에게 선택하게 한다 "블록 가지고 놀래, 퍼즐 가지고 놀래?", "아침에 시리얼 먹을래, 밥 먹을래?" 의사결정에 대한 자세한 내용은 458쪽을 참조한다.

체계 갖추기 질서와 통제가 이루어져 빡빡한 일정대로 움직이는 가정도 있는 반면, 이렇다 할 체계가 전혀 갖추어지지 않은 가정도 있다. 후자의 경우 아이가 유치원에 입학하기 몇 주 전부터 일상생활에서 조금씩 체계를 갖추기 시작한다. 놀이 후 청소하기, 점심 먹은 후 책 읽기 등 일정을 글로 적고 아이가 알아볼 수 있도록 그림으로 표현한다. 책 읽는 시간은 책 그림으로, 점심시간은 샌드위치 그림으로, 놀이는 블록 그림으로, 청소하기는 장난감 상자 그림으로 표현한다.

사회화 강화 아이가 아직 정기적으로 놀이 모임에 참여하지 않았다면, 유치원에 입학하기 몇 주 전부터 놀이 모임에 참여해 다른 아이들과 편안하게 지낼 기회를 만들어 주되, 무리하지 않도록 주의한다. 유치원에 입학하기도 전에 사교 생활에 싫증을 느낄 수 있다.

적응 단계

토들러들에게 어떤 일에 적응하기란 무척 힘든 일이다. 특히나 한 번도 오랜 시간 집을 비워 본 적이 없는 아이라면 유치원이나 어린이집에 적응하기가 상당히 힘들 수 있다. 아이가 또래 집단생활에 익숙해지는 동안 어느 때보다 많은 지지가 필요하다는 걸 이해한다면 좀 더 즐겁고 무난하게 적응하는 데 도움이 될 것이다. 다음 내용을 참고해도 좋은 출발을 시작하는 데 도움을 줄 수 있다.

* **긍정적인 경험이 되도록 준비시킨다** 곧 흥미진진한 모험이 시작될 거라고 알려 주고, 이 생각에 차츰 익숙하게 만든다. 어린이집이나 유치원에 다니는 아이들에 관한 책을 읽어 주고, 이미 유치원에 다니고 있는 형제나 사촌, 친구들에 대해 이야기하며, 아이가 참여하게 될 활동들에 대해 무심코 이야기한다. 앞으로 일어날 일들에 대해 즐겁고 신나게 이야기하되, 너무 과장되게 묘사해서 오히려 아이에게 의심이나 불안을 조장하거나 나중에 실망을 안겨 주지 않도록 한다. 막상 기대한 만큼 좋지 않을 수도 있다.

* **처음에는 아이 곁에 있어 준다** 좋아하는 어른이 가까이에 있다는 걸 알면 토들러들은 낯선 환경을 탐색할 용기를 갖게 된다. 그렇기 때문에 대부분의 프로그램들이 적응 기간에는 부모와 양육자를 참여시켜 종일 혹은 몇 시간 아이와 함께 놀이를 하도록 장려한다. 아이 곁에 있어 주는 목적은 아이가 부모에게 매달리게 하려는 것이 아니라 부모와 헤어지는 걸 도와주기 위해서다. 그러므로 아이에게 도움이 되어 주되, 아이가 새로운 환경을 탐색하고 새로운 사람들을 만날 때 아이 주변을 맴돌지 않는다. "자, 이제 소꿉놀이를 하고 놀까, 아니면 그림 그리기를 할까?"라는 질문은 교사에게 맡기는 것이 바람직하다. 아이가 부모 곁에서 차츰 편안하게 놀기 시작했으면, 부모는 서서히 자리를 비키기 시작한다. 처음에는 의자에서 몇 발자국 떨어졌다가, 조금 더 멀리 소파까지 간 다음, 출입문 앞까지 간다.

* **작별 인사를 한다** 차츰 아이에게서 멀어지다가 문 밖을 나갈 때가 되면, 아이와 부모 모두 작별 인사를 하기 힘들겠지만, 정식 인사 없이 살짝 빠져나가지 않는다. 누가 언제 아이를 데리러 올지 최대한 구체적으로 아이에게 알려 주고("엄마가 점심 먹고 올게.", "네가 공원에서 놀다고 오면 이모가 유치원으로 널 데리러 올 거야."), 반드시 약속을 지킨다. 특히 처음 며칠 동안은 조금이라도 늦게 데리러 가면 아이가 크게 충격을 받을 수 있다. 얼굴에 자신에 찬 미소를 지어 보여, 아이가 즐거운 시간을 보낼 거라고 확신한다는 걸 알려 준다.

부모가 곁에 있는 동안에는 낯선 환경을 편안하게 여기지 못하는 아이들이 있다. 이 경우 부모가 아이 곁에서 얼른 떨어져야 아이가 빨리 적응할 수 있다. 교사에게 아이를 지지해 달라고 부탁한다.

특별히 관심을 가져야 할 문제들

아픈 아이와 보육

아픈 아이들은 언제쯤 어린이집이나 유치원에 다니는 것이 좋을까? 많은 보육 시설들이 아픈 아이들에 대한 방침을 지니고 있으며 시설마다 다양한 기준이 마련되어 있으므로 등록할 때 확인하도록 하자. 대부분의 감염은 아이가 아프거나 증상이 나타나기 전에 이미 퍼져 있으므로, 콧물을 흘리는 아이, 혹은 중이염처럼 전혀 전염성이 없는 질병을 앓는 아이를 집에서 쉬게 하는 방침은 질병 확산을 예방하는 데 아무런 효과가 없다. 또한 이런 방침들은 유치원에서 안전하게 지낼 수 있는 아이를 굳이 집에서 쉬게 만들어 부모들의 일정까지 불필요하게 엉망으로 만들어 놓을 수 있다.

보육 시설의 방침과 관계없이 아이의 몸이 상당히 좋지 않은 경우, 따라서 그룹 활동이나 야외 활동을 하기 힘든 경우, 열이 나거나 열이 난 지 24시간이 경과하지 않은 경우, 구토나 급성 설사가 나는 경우에는 집에서 쉬게 하는 것이 모두에게 가장 이롭다. 또한 목구멍이 붓고 빨갛거나, 눈의 감염을 치료 받지 못하거나, 전염성 피부 발진이나 피부 병변을 치료 받지 않거나, 호흡이 가쁘거나 힘들거나, 불쾌하거나 심한 통증이 있거나, 전염성 질병(홍역, 수두,

독감, 성홍열, A형 간염, 농가진, 옴, 백일해 같은)이 여전히 전염 단계에 있는 경우에도 집에서 쉬게 하는 것이 좋다.

어린이집이나 유치원에 가기 힘들 정도로 너무 아플 때는 부모와 함께 집에서 쉬는 것이 가장 좋지만, 안타깝게도 아이를 간호하기 위해 시간을 낼 수 있는 부모들이 많지 않다. 가급적 부모가 직장에서 휴가를 내고 아이 곁에서 간호할 수 있는 제도가 마련된다면 가장 바람직할 것이다.

학대에 대한 문제

어린이집과 유치원의 양육자들에 의한 아동의 신체적, 성적 학대 등 과거에는 생각할 수도 없던 일들이 요즘에는 소수의 공개된 사례 덕분에 전국의 부모들에게 큰 반향을 불러일으키고 있다. 이런 학대는 비교적 드물지만, 어쨌든 이런 일이 벌어지면 아이와 부모 모두에게 정신적으로 큰 충격이 된다.

이번 장에 소개한 지침에 따라 보육 방법을 선택하면 아이를 좋은 양육자의 손에 맡길 가능성이 높아질 테지만, 완벽하게 장담할 수는 없다. 내 아이를 학대의 희생자가 되지 않도록 보호하기 위해 부모가 취할 수 있는 추가적인 예방 대책을 알아보자.

* 아이에게 사랑과 관심, 건강한 애정을 듬뿍

아동 학대를 알아보는 방법

성적 학대의 징후
* 성기에 집착한다: 어린 여자아이가 물건으로 자신의 질을 찌르는 모습을 보인다.
* 집에서 전혀 가르친 적이 없는데 갑자기 성적 지식이나 성적인 용어를 거침없이 말한다. 다른 아이들을 상대로 정상적인 '의사놀이'라고 볼 수 없는 성적인 행동을 시도한다. 특히 벌거벗은 상태일 때 아이가 연령에 맞지 않게 성적으로 잘 알고 있는 듯한 미묘한 발언을 불쑥 내뱉는다.
* 악몽을 꾸거나 그 밖에 두려움에 떠는 듯한 모습을 보인다. 특히 특정한 사람이나 장소, 의사의 신체검사를 병적으로 공포스러워 한다. 평소답지 않게 부모에게 매달린다. 주로 검정색과 빨간색을 사용해 무서운 그림을 그려 두려움을 표현할 수 있다.
* 우울해 하거나, 갑자기 제어할 수 없을 정도로 화를 내거나, 부쩍 자주 폭력적으로 분노발작을 일으키는 등, 행동에 갑작스런 변화가 나타난다.
* 신체적인 징후가 나타난다. 여자아이의 경우 간혹 질 부위가 빨갛게 붓고 따갑고, 왜 그런지 모르겠지만 질이나 요로의 감염이 재발된다. 남자아이의 경우 직장 부위가 빨갛게 붓고 아플 수 있다. 복부 통증이나 생식기의 통증 혹은 출혈, 성병의 증상이 나타나기도 한다.

아이에게 이런 증상이 나타나는 경우, 성급하게 성범죄라고 결론을 내리지 않도록 한다. 일반적인 토들러의 경우에도 유독 별나고 변덕스러운 행동을 하게 되면 얼마든지 이런 증상이 나타날 수 있다.

그러나 성폭력이 의심된다면 즉시 이 사태에 정면으로 맞서 해결해야 한다. 그렇지 않으면 상황이 점점 악화될 수 있다. 우선 제일 먼저 아이를 병원에 데리고 가 완벽하게 검사를 받는 것이 가장 바람직하다. 성적 학대의 조짐이나 부상이 조금이라도 발견되면, 의사는 아이를 치료하고 결과에 대해 부모와 상의한 후 다음 절차에 대해 조언할 것이다. 신체적 상해도 치료해야 하지만, 자격을 갖추고 경험이 많은 정신 건강 전문가에게 끔찍한 경험으로 인한 정신적 영향에 대해 상담을 받아야 한다. 아이와 가족 모두.

신체적 학대의 징후
다른 사람이 돌보는 동안 생긴 멍, 상처, 그 밖에 부상들은 원인이 무엇인지 설명을 들어야 한다. 양육자가 원인을 설명하지 못하거나, 설명이 만족스럽지 못하거나, 아이에게 확인을 받지 못하는 경우, 아이의 담당 의사에게 부상 부위를 보여 준다. 의사는 다음에 어떤 조치를 취해야 할지 판단하도록 도와주고, 조금이라도 학대의 조짐이 보이면 정부 기관(아동 학대 신고는 112)에 보고할 것이다.

쏟는다 집에서 충분한 사랑을 받지 못한다고 여기는 아이들이 학대를 당할 가능성이 높다. 혹은 은밀히 학대를 당하고 있을 가능성이 높다. 사랑을 많이 받고 있다고 여기는 아이들은 자아의식도 강하고 자존감도 높은 경향이 있으며, 좀처럼 애정에 굶주리지 않는다. 아이에게 사랑과 관심을 충분히 쏟지 않으면 아이는 아동 학대자의 공격을 받기 쉽다.

* **은밀한 부위는 은밀하게 지켜야 한다** 토들러의 경우 배변 훈련을 하는 시기에 주로 자신의 생식기나 다른 사람의 생식기에 대한 관심이 최고조에 이른다. 이 기회를 이용해 아이에게 내 몸은 내 것이라는 신체 소유 개념, 다시 말해 신체의 은밀한 부위는 나만 만질 수 있고 나만 통제할 수 있다는 개념을 알려 준다. 부모와 베이비시터는 목욕할 때 아이의 생식기를 씻어 주어야 하고 의사와 간호사가 검사를 하는 동안 때때로 생식기를 만져야 할 때가 있지만, 그 밖에 다른 사람은 아이의 허락 없이 생식기를 만져서는 안 된다고 가르친다. 대부분의 토들러들은 자신의 생식기를 만지면 기분이 '좋다'는 걸 알기 때문에, '좋은 접촉'과 '나쁜 접촉'을 구분하게 하려는 노력이 아이를 혼란스럽게 만들 수 있다. 한편 아이에게 자신의 생식기를 탐색하게 내버려 두다가 성적으로 지나치게 자극이 가해져 자칫 성적 학대로 이어지지 않을까 걱정할 필요는 없다. 이런 식으로 자기가 자기 몸을 만지는 건 괜찮다. 오히려 은밀히 해야 한다고 배운 아이들보다 자기 몸을 만지는 건 '나쁘다'고 배운 아이들이 성적 학대의 희생이 될 위험이 더 크다.

* **누군가 아이를 다치게 하거나 불쾌하게 한 사람이 있다면 부모에게 말하게 한다** 아이의 말이 전혀 믿기지 않더라도 반드시 진상을 조사해야 한다(879쪽 박스 내용 참조).
* **권위주의적인 훈육을 삼간다** 복종을 강요하는 부모에게 엄격한 통제를 받는 아이들은 양육자의 성적, 신체적 학대를 무조건 받아들일 가능성이 높다. 스스로 생각하고 스스로 결정할 기회를 많이 마련하면 이런 상황에서 분명하게 자신의 생각을 말하게 될 것이다.

양육자가 아이를 너무 잘 돌보면 어떻게 하지

부모라면 누구나 내 아이를 위해 사랑이 많고, 세심하며, 책임감이 강하고, 아이가 잘 따르고, 내 아이를 애지중지 해 주는 최고의 양육자를 찾고 싶을 것이다. 부모가 곁에 없어도 아이가 부모를 별로 찾지 않을 만큼, 부모와 똑같은 마음으로 아이를 돌볼 사람을 찾을 수만 있다면 그런 행운도 없을 것이다.

하지만 정말로 그렇게 좋은 양육자를 찾았고, 그래서 아이가 양육자를 아주 잘 따르게 되면, 부모는 경쟁심과 적대감을 느끼지 않을 수 없다. 내 아이가 부모보다 양육자에게 더 애착을 느끼는지 여부와 관계없이, 다른 사람이 아침마다 내 아이를 품에 안고 있는 상황에서 그런 감정을 느끼는 건 지극히 당연하다. 물론 부모가 없는 낮 시간에 아이가 행복하게 지내기를 바라지만, 가끔은 무척 행복해하는 아이의 모습을 보면 속이 상할 때가 있다. 물론 부모가 출근할 때 아이가 쉽게 작별 인사를 하길 바라지만, 너무나 선뜻 빠이빠이를 하며 작별을 받아들이는 모습을 보면 부모로서의 역할에 위협을 느끼기도 한다.

경쟁의식을 느끼기도 한다. 부모로서 나만큼 내 아이를 잘 달래고, 즐겁게 해 주고, 할 일을 만들어 주고, 잘 먹일 사람은 없으면 좋겠다. 하지만 그런 일은 양육자가 해야 할 몫이다. 양육자는 아이에게 온통 관심을 집중해서 일을 하고 급료를 받는 사람이다. 양육자가 자기 역할을 잘 수행하는 걸 보고 있으면 한편으로는 마음이 편하다가도, 다른 한편으로는 이상하게 불안해진다.

이런 감정은 정상이며 많은 부모들이 이런 감정을 경험한다. 그러나 다른 사람이 내 아이를 제아무리 잘 보살핀다 해도, 그리고 아이가 다 클 때까지 한 사람이 지속적으로 보살핀다 해도 아무도 부모의 자리를 대신할 수 없다. 탁아 제공자는 언제든 그만두고 갈 사람이고 또 종종 그러지만, 부모는 평생 아이 곁을 지키며, 아무리 어린아이도 그 사실을 잘 알고 있다. 부모와 아이의 관계는 더 복잡하고 갈등도 잦지만, 그 강도가 관계를 더욱 의미 있게 만들어 준다.

아이가 양육자를 잘 따르면, 부모가 좋은 양육자를 선택했다는 신호라고 받아들이자. 아이가 양육자와 노는 데 너무 열중해 있어서 부모가 퇴근해 현관문을 열고 집 안에 들어섰을 때 마치 보이지 않는 존재가 된 기분이 든다면, 보육이 원만하게 이루어지고 있다는 신호로 받아들이자. 아이가 하루 종일 베이비시터와 잘 지내다가 부모만 보면 짜증을 낸다면, 아이가 부모에게 버릇없이 굴 정도로 부모의 사랑을 굳게 확신한다는 신호로 받아들이자(276쪽 참조).

한 마디로, 걱정을 그만두고 행복하게 이 상황을 즐기자. 그래야 아이도 행복하다.

제 4 부

****

참고 자료

1

뭐 하고 놀까

***

비 오는 날에도 아이가 즐겁게 놀 거리는 얼마든지 많다. 어차피 아무리 화창한 날이라도 공원이나 마당에서 노는 시간이 얼마나 되겠는가? 지금부터 소개하는 놀이들은 오랜 옛날부터 토들러들이 무척 즐겨 하던 것들로 비가 오는 날에도, 화창한 오후에도 틀림없이 아이가 만족해 할 것이다.

돌아온 크레파스 도대체 쓸모없을 것 같은 쓰다 남은 크레파스 조각으로 무슨 놀이를 할 수 있다는 거지? 크레파스 조각들을 모두 모아서 색색의 크레파스 공으로 재활용해 보자. 먼저 크레파스를 싼 종이를 모두 벗기고, 여러 가지 색깔의 몽당 크레파스들을 샌드위치 봉지에 넣는다. 그런 다음 테이프를 붙이거나 고무줄로 묶어 햇볕에 두거나 베이킹 접시에 담아 따뜻한 오븐 안에 넣고 크레파스가 흐물흐물해질 때까지 기다린다. 크레파스가 녹으면 공 모양으로 만들어 냉장고에 넣은 후 단단해질 때까지 기다린다. 자, 이제 화려한 색깔의 예쁜 크레파스 공 등장!

시인이 돼 볼까? 좋아하는 노래에 가사를 새로 만들어 붙여 보자. 먼저 노래를 선택한다. 아무 노래나 다 좋다. 그런 다음 지어낸 단어를 이용해 순서대로 노래를 불러 본다. 엉터리 단어일수록 재미는 두 배! 마트 가는 길에 혹은 저녁을 준비하는 동안 잠시 노래로만 대화를 해 보는 것도 좋다.

대장놀이 교대로 대장이 되어 먼저 기고, 달리고, 손뼉 치고, 뛰면 다른 사람이 따라 한다. 대장이 큰소리로 "팔을 쭉 펴세요! 발끝에 손을 대세요! 아주 빨리 걸어가세요!"같이 행동을 지시하고 나머지 사람들이 지시를 따른다. '따라 하기' 놀이를 해도 좋다. 교대로 한 사람이 우스꽝스러운 표정을 지으면 나머지 사람이 흉내를 내는 놀이이다.

공놀이 토들러들이 공을 잡기란 쉽지 않다. 아이가 부딪쳐 넘어지지 않을 정도의 너무 크지 않은 공을 이용하면 잡기 쉬울 것이다. 아이에게 팔을 앞으로 쭉 뻗어 손바닥을 펴게 한다. 처음에는 한 발짝도 안 되는 가까운 거리에 서서 아이 손안에 조심스럽게 공을 던지고, 아이에게는 "공이 떨어지지 않도록 공을 안으라."고 지시한다. 아이가 공을 잘 받지 못해도 "잘 하는데."라고 말해 준다. 이 정도 거리에서 능숙하게 공을 잡을 줄 알면 약간 떨어져서 공을 던진다. 아이가 잡기 쉬운 높이에서 가볍게 공을 튕겨 보아도 좋다.

밀가루 반죽 놀이 밀가루에 물을 부어 잘 섞은 후 묽게 반죽을 만든다. 양손에 반죽을 쥔다. 반죽을 꼭 짤 때 어떤 느낌인지, 손가락 사이로 반죽이 새어 나올 때 어떤 느낌인지 체험하게 한다. 이 활동은 부모가 요리를 할 때 아이와 함께 주방에서 시간을 보내기 위해 이용할 수도 있고 긴장을 이완하는 치료법으로도 이용할 수 있다.

구슬 꿰기 놀이 아이가 작은 물건을 가지고 놀아도 안전한 나이가 되면, 튜브 형태의 안전한 물건에 끈을 꿸 수 있도록 한다. 실패, 튜브형 굵은 파스타, 원반 모양 시리얼, 커다란 단추, 커다란 나무구슬 등을 이용할 수 있다. 가는 플라스틱 끈(끈이 비교적 단단하기 때문에 아이가 꿰기 쉽고 일반 끈보다 더 안전하다.)이나 신발 끈으로 꿰게 한다.

쓰러뜨리기 놀이 빈 플라스틱 병이나 사용하지 않은 종이 타월, 봉제 인형 등을 일렬로 죽 세우고, 커다란 고무공으로 쓰러뜨리는 방법을 알려 준다. 블록을 쌓아 쓰러뜨리게 할 수도 있다.

마라카스 만들기 작고 주둥이가 가늘며 잡기 쉬운 플라스틱 병에 쌀, 마카로니, 말린 콩 등을 넣는다. 병뚜껑을 잘 닫고 마스킹 테이프를 부착한 다음 아이에게 흔들게 한다. 경쾌한 리듬에 맞추어 신나게 흔든다. 부모의 감독하에서만 이용할 수 있게 한다. 대부분의 아이들은 테이프를 제거하고 뚜껑을 열 수 있다.

비눗방울 놀이 토들러들은 비눗방울 잡기 놀이를 아주 좋아한다. 바람 부는 날 실외에서 비눗방울을 불거나 실내에서 선풍기에 안전망을 씌워 틀어 주면 더 신나게 즐길 수 있다.

아이 모습 꾸미기 아이를 커다란 신문지 위에 눕게 한다. 두꺼운 펜으로 아이의 모양대로 따라 그린 다음 아이에게 건네주어 예쁘게 꾸미게 한다. 다 꾸며지면 벽에 붙여 놓는다.

강을 건너요 15~20cm 정도의 긴 막대기 두 개를 준비해 미끄러지지 않는 바닥(모래, 카펫, 풀밭)에 적당한 간격으로 나란히 놓는다. 막대기 사이 공간을 강이라고 하고 교대로 강을 건넌다. 넓은 마분지나 커다랗고 튼튼한 책을 이용해 '다리'를 만들거나, '징검다리' 모양을 만들어 건널 수도 있다. 생생한 연출을 위해 고무 오리인형 몇 마리를 옆에 두어도 좋다.

널빤지 위를 걸어요 15~20cm 정도의 너비에 길이는 최소 120cm 정도 되는 매끄러운 널빤지를 바닥에 평평하게 깐다. 아이에게 널빤지를 벗어나지 않고 그 위를 걷게 한다. 가시에 찔리지 않게 신발을 신은 상태로 한다. 아이가 잘 걸으면 첫 번째 널빤지 위에 한 장을 덧대어 5cm 정도 높이에서 걷게 한다. 기거나, 발끝으로 걷거나, 깡충깡충 뛰거나, 뒤로 걷거나, 옆으로 걷는 등 여러 가지 방식으로 널빤지를 건너게 한다.

조각상이 돼 볼까 공원이나 박물관을 방문해 아이에게 조각상을 보여 준 후에 이 놀이를 한다. 한 사람이 깡충깡충 뛰고, 달리고, 춤을 추기 시작하면, 다른 사람이 갑자기 '얼음' 하고 외친다. 그러면 조각상 같은 자세로 그대로 동작을 멈추어야 한다. 많이 연습해야 조각상 모양을 완벽하게 유지할 수 있지만 완벽하지 않아도 괜찮다. 놀이를 하는 동안 계속 웃고 또 웃느라 자세를 제대로 유지하기 어려울 것이다.

2

최고의 요리법

✳✳✳

── 고구마 튀김

다양한 영양소가 들어 있는 최고의 패스트푸드. 겉은 아삭아삭하면서도 속은 말랑말랑해 토들러들에게 완벽한 식감을 제공한다.

4인분
* 식물성 기름 1테이블스푼
* 고구마 큰 것 2개
* 달걀흰자 2개

1. 오븐을 220도로 예열한다. 눌어붙지 않는 베이킹 시트 위에 고르게 기름을 두른다.
2. 고구마 껍질을 벗긴 다음 0.5cm 두께로 썬다. 이것을 다시 반으로 썬다.
3. 달걀흰자를 거품이 날 때까지 젓는다. 고구마 조각을 달걀흰자에 넣어 뒤적이면서 옷을 입힌다.
4. 베이킹 시트에 고구마를 올려놓는다. 안이 말랑말랑하고 겉이 적당히 아삭아삭해질 때까지 고구마를 뒤집지 않고 30~35분 정도 굽는다. 타지 않게 주의한다.
5. 튀김을 적당히 식힌 후 접시에 담는다.

── 달고 맛있는 호박 머핀

황색 채소를 달고 맛있게 만드는 최고의 요리법

머핀 24개 분량
* 식물성 기름
* 채소 오일 ¼컵
* 달걀 2개
* 달걀흰자 1개
* 건포도 ⅔컵
* 두툼하게 썰어 말린 달지 않은 파인애플이나 살구 ½컵
* 사과 주스 농축액 1¾컵
* 감미료가 첨가되지 않은 호박 통조림 1컵
* 표백하지 않은 밀가루 ½컵
* 맥아 ½컵
* 베이킹파우더 2티스푼
* 시나몬 가루 1티스푼

1. 오븐을 180도로 예열한다. 12구짜리 머핀 틀 2개나 종이로 만든 컵케이크 틀에 식물성 기름을 살짝 바른다.
2. 커다란 그릇에 오일, 달걀, 달걀흰자를 넣고 마구 젓는다. 건포도와 여러 가지 말린 과일에 사과 농축액을 넣고 믹서기나 분쇄기에 간다.

이렇게 간 재료에 호박을 첨가한 후 달걀과 오일이 혼합된 그릇에 넣는다.

3. 밀가루, 맥아, 베이킹파우더, 시나몬 가루를 커다란 그릇에 넣고 한데 섞는다. 여기에 **2번** 재료를 넣어 고르게 잘 섞이도록 젓는다.
4. 이렇게 만들어진 반죽을 예열된 머핀 컵에 ¾ 정도 채운다. 머핀 한가운데에 나이프를 찔러 보아 나이프가 깨끗해질 때까지 약 25분 동안 굽는다. 머핀 틀 안에서 10분간 식힌 다음 철망 위에 올려놓고 완전히 식힌다.

초콜릿 밀크케이크

유치원생 아이들이 즐겨 찾는 음식이다. 한반 아동 모두가 충분히 먹을 분량을 만들어 보자.

33×48cm 케이크

- 베이킹 팬에 두를 버터와 밀가루
- 통밀 밀가루 1컵
- 표백하지 않은 밀가루 ¼컵
- 맥아 ½컵
- 베이킹파우더 2티스푼
- 감미료가 첨가되지 않은 코코아 ⅔컵
- 식물성 기름 ¼컵
- 사과 주스 농축액 1¾컵
- 무지방 분유 5테이블스푼을 섞은 우유 ½컵
- 달걀 2개
- 달걀흰자 1개
- 바닐라 추출물 1티스푼
- 장식을 위한 휘핑크림(선택 사항)

1. 오븐을 165도로 예열한다. 33×48cm 베이킹 팬에 버터와 밀가루를 살짝 두른다.
2. 커다란 그릇에 밀가루, 맥아, 베이킹파우더, 코코아, 오일, 주스 농축액, 우유를 한데 넣는다. 부드러워질 때까지 젓는다. 여기에 달걀, 달걀흰자, 바닐라를 첨가하고 완전히 섞일 때까지 젓는다.
3. 준비된 베이킹 팬에 반죽을 붓는다. 맨 위를 살짝 눌러 봐서 다시 올라올 때까지 대략 35분 정도 굽는다. 팬에서 살짝 식힌 다음 철망에 놓고 완전히 식힌다. 휘핑크림으로 장식을 하고 팬 채로 바로 대접할 수도 있다.

과일 쿠키

쫄깃쫄깃 씹히는 맛이 일품인 과일과 영양이 풍부한 통곡물

쿠키 40개 분량

- 통밀 밀가루 1컵
- 맥아 ¾컵
- 으깬 귀리 ½컵
- 베이킹파우더 2티스푼
- 시나몬 가루 2티스푼
- 옅은 갈색의 작고 신맛이 나는 건포도 ½컵
- 대충 다진 살구 ½컵
- 사과 주스 농축액 1컵
- 식물성 기름 ¼컵
- 달걀 1개
- 베이킹 시트에 두를 식물성 기름

1. 커다란 그릇에 밀가루, 맥아, 귀리, 베이킹파우더, 시나몬 가루를 한데 넣고 섞는다.
2. 건포도와 살구를 믹서기나 분쇄기에 한꺼번에 넣고 간 다음 주스 농축액과 오일, 달걀을 혼합한다. 이것을 **1번** 밀가루 혼합 재료에

넣고 살살 저어 준다. 이렇게 만들어진 반죽을 그릇에 넣고 뚜껑을 덮어 완전히 차가워질 때까지 약 1시간 정도 냉장고에 보관한다.
3. 오븐을 190도로 예열한다. 베이킹 시트 두 개에 오일을 살짝 두른다.
4. 손을 살짝 물에 적신 다음 반죽으로 2~3cm 크기의 공 모양을 만들어 베이킹 시트 위에 올리고 포크 뒷부분으로 납작하게 누른다. 이때 반죽이 달라붙지 않도록 포크를 물에 살짝 적신다. 약간 노릇노릇해질 때까지 약 10분간 굽는다. 철망에 옮겨 완전히 식힌다.

── 땅콩버터와 젤리볼

요리랄 것도 없이 쉽고 재미있게 만들 수 있으며 무엇보다 오븐이 필요 없다.

쿠키 약 30개 분량

* 크림 같은 땅콩버터 ½컵
* 무지방 분유 ¼컵
* 맥아 ¼컵
* 아이가 좋아하는 시리얼 1컵
* 잘게 다진 말린 살구 ½컵
* 사과 주스 농축액 ¼컵
* 과일 주스로 맛을 낸 젤리나 잼

젤리를 제외한 모든 재료를 그릇에 넣고 섞는다. 이 혼합 재료를 2~3cm 크기의 공 모양으로 만들어 베이킹 시트에 올린다. 각각의 모양 한가운데를 검지로 쿡 찔러 움푹 들어가게 만든다. 파라핀지로 덮어 단단해질 때까지 대략 20분간 냉장고에 보관한다. 움푹 들어간 구멍에 젤리 하나를 박아서 낸다.

── 과일 아이스바, 과일 셔벗

여름철 기분을 상쾌하게 해 주는 달콤한 아이스바. 재미있는 모양의 얼음틀에 넣어 얼리면 먹는 재미가 두 배!

작은 아이스바 6개 분량

* 바나나, 딸기, 망고, 복숭아 같은 달콤한 과일 퓌레 1¼컵
* 감미료를 첨가하지 않은 사과, 오렌지, 파인애플 등의 과일 주스 농축액이나 혼합 농축액 ¼~⅓컵

1. 과일 퓌레와 주스 농축액 ¼컵을 혼합한다. 맛을 봐서 단맛을 더 내고 싶으면 과일 농축액을 더 첨가한다.
2. 아이스바: 혼합 재료를 얼음틀에 넣고 얼린다. 셔벗: 혼합 재료를 아이스크림 제조기에 넣고 얼린다. 혹은 그릇에 넣고 대충 얼린 다음 솜털처럼 북슬북슬한 모양이 만들어질 때까지 두드린 후 냉동실에 넣고 완전히 얼린다.

── 치즈케이크 푸딩

자꾸만 먹고 싶은 고단백 간식

푸딩 12개 분량

* 쿠킹 스프레이(식물성 기름)
* 무지방 혹은 저지방 플레인 요구르트 ½컵
* 무지방 혹은 저지방 리코타치즈 2컵
* 저지방 크림치즈 ½컵
* 옥수수 녹말 5티스푼
* 사과 주스 농축액 ¾컵
* 파인애플 주스 농축액 ⅓컵
* 달걀 2개

* 달걀흰자 4개
* 바닐라 추출물 1테이블스푼
* 딸기나 바나나 조각 혹은 과일로 맛을 낸 잼 (아이가 좋아하는 맛)

1. 180도로 오븐을 예열한다. 재료가 눌어붙지 않도록 커스터드 컵이나 수플레 접시 12개에 각각 쿠킹 스프레이를 뿌린다. 베이킹 시트 위에 가지런히 올린다.
2. 요구르트, 리코타치즈, 크림치즈, 옥수수 녹말을 분쇄기에 넣고 곱게 간다. 주스 농축액, 달걀, 달걀흰자, 바닐라를 첨가해 덩어리가 지지 않도록 골고루 잘 섞는다. 숟가락으로 덜어 준비된 접시에 담는다. 옅은 황금색을 띠고 부풀어 오를 때까지 30~35분가량 굽는다. 10분 동안 그대로 둔 다음 냉장고에 두어 차게 식힌다.
3. 푸딩 위에 과일을 얹거나 잼 한 티스푼을 올린 후에 낸다.

── 과일 주스 젤리

만들기 쉽고, 먹기 쉽고, 소화하기 쉬운 가벼운 간식

토들러가 4회 먹을 분량

* 향이 첨가되지 않은 젤라틴 1테이블스푼
* 물 ½컵
* 감미료가 첨가되지 않은 과일 주스나 혼합 과일 주스 1컵
* 과일 주스 농축액 ½컵
* 얇게 썬 신선한 바나나, 복숭아, 살구 같은 과일 ½컵 혹은 주스로 단맛을 낸 말린 과일 통조림(선택 사항)

1. 작은 소스팬에 젤라틴과 물을 넣는다. 잘 저은 다음 젤라틴이 부드러워질 때까지 1분간 그대로 놓아 둔다. 중불로 열을 가해 끓인다. 불을 끄고 주스와 주스 농축액에 넣고 젤라틴이 녹을 때까지 잘 저어 섞는다.
2. 얕은 그릇이나 커스터드 컵 4개에 혼합 재료를 붓는다. 냉동실에 넣어 걸쭉해질 때까지 10~15분 동안 기다린다. 식성에 따라 과일을 넣고 섞는다. 냉장실에 넣어 단단해질 때까지 식힌다.

── 최고의 셰이크

언제 먹어도 맛있고 칼슘이 풍부한 즉석 간식

1~2인분 분량

* 무지방 혹은 저지방 우유나 플레인 요구르트 1컵
* 바나나, 딸기, 망고, 복숭아, 살구 같은 과일 자른 것 ½컵
* 맥아 1~2테이블스푼(선택 사항)
* 과일 주스 농축액 약간. 맛을 보면서 첨가한다.

우유나 요구르트, 과일, 맥아를 믹서기에 넣고 곱게 간다. 주스 농축액을 첨가한 후 낸다.

3

가정에서 많이 이용하는 민간요법

✳✳✳

토들러들이 잘 걸리는 수많은 질병과 부상들을 치료하는 방법 중에는 집에서도 쉽게 할 수 있는 것들이 많다. 단 아이를 치료하는 치료 시간 등이 기존에 알고 있는 내용과 다르다면 전문가의 조언에 따른다. 또 치료 시간은 아이의 인내력에 따라 달라질 수 있다.

── 가습기
892쪽 '가습' 참조

── 냉찜질
대야에 찬물을 채우고 얼음 쟁반 한두 개 분량의 얼음 조각을 넣는다. 깨끗한 수건을 물에 적셔 꼭 짠 다음 환부에 댄다. 찬기가 사라지면 다시 수건을 얼음물에 적신다. 15~30분 동안 혹은 의사나 다른 의료 전문가가 권장하는 시간 동안 냉찜질을 계속한다. 얼음을 직접 피부에 대지 않는다.

── 눈 찜질
따뜻한 물에 깨끗한 수건을 적시고 3시간마다 5~10분 동안 아이의 눈에 댄다. 손목 안쪽이나 팔뚝에 물을 대 보아 물의 온도가 적당한지 확인하고 시행한다.

── 동종요법 약물
동종요법은 대체 의학의 한 부분으로, 전 세계적으로 점차 대중화되고 있다. 세계 각지에서 아주 오랜 옛날부터 많은 동종요법을 이용하고 있다. 미국에서는 최근 이런 치료들의 효력을 밝히기 위한 연구가 활발하게 진행 중이다. 좀 더 연구가 이루어져야겠지만, 설사 같은 일부 질병에 대해서는 동종요법이 효과가 있을 수 있다는 증거가 나오고 있다. 아이와 가족에게 대체 의학을 이용할 때에는 먼저 담당 의사와 상의하는 것이 좋겠다.

── 뜨거운 물에 담그기
손목 안쪽이나 팔에 물을 대 보아 적당히 뜨거운 정도의 물을 대야에 채운다. 손가락은 아주 뜨거운 온도도 견딜 수 있으므로 손가락으로 수온을 확인하지 않는다. 또한 반드시 물의 온도를 확인한 후에 이용해야 한다. 환부를 뜨거운 물에 15분 동안 담근다.

─ 뜨거운 물주머니
따뜻한 물을 미리 뜨겁게 해 놓은 물주머니에
채운다. 물주머니를 타월이나 천 기저귀로 싼 다음
아이의 환부에 댄다.

─ 뜨거운 찜질
토들러에게는 절대로 뜨거운 찜질을 해서는 안
된다. 대신 온찜질을 이용한다(893쪽 참조).

─ 뜨거운 찜질기
뜨거운 찜질기를 이용할 때는 매번 사용하기
전에 제조사의 설명서를 읽고 그대로 따른다.
찜질기와 전기줄 상태가 안전해야 하고 찜질기는
항상 커버를 씌워 이용해야 한다. 커버가 없다면
수건이나 천 기저귀로 감싼다. 온도를 낮게
설정하고 한 번에 15분 이상 환부에 대지 않는다.
뜨거운 찜질기를 댄 상태로 아이 혼자 두어서는
안 된다. 토들러에게는 전기줄이나 발열체가 필요
없는 뜨거운 물주머니가 더 안전하다.

─ 머리 들어 올리기
감기에 걸린 경우 고개를 살짝 들어 올리면
숨쉬기가 편해져서 숙면을 취할 수 있다. 베개나
쿠션, 접은 담요, 전화번호부를 요나 매트리스
아래에 넣고 그 위에 아이의 머리를 올린다.

─ 손 씻기
어른과 아이가 올바른 방법으로 손을 씻으면
감염이 퍼지는 것을 예방할 수 있다. 손만 잘
씻어도 간혹 재감염과 이차 감염을 예방해 치료에
도움이 될 수도 있다. 비누와 세정제를 이용해
따뜻한 물로 10초간 뽀득뽀득 손을 문지른다.
기름기와 때가 빠져나갈 정도로 따뜻하되 데일
정도로 뜨거워서는 안 된다. 손톱 밑, 큐티클 주변,
주름 사이를 특히 꼼꼼하게 씻는다. 아주 철저하게
헹궈 세균을 물에 씻겨 내보낸다. 아이가 혼자
손을 씻을 수 있는 연령이 될 때까지 꼼꼼하게
손을 씻을 수 있도록 도와준다.

─ 수증기
크루프(663쪽 참조)에 걸린 아이에게 수증기를
신속하게 듬뿍 제공하기 위해 욕실 문을 닫고
욕조나 샤워기의 뜨거운 물을 최대한 세게 튼다.
욕실 안이 재빨리 수증기로 가득 차야 한다.
크루프성 기침이 멈출 때까지 아이를 욕실에 있게
한다.

─ 시원한 찜질
대야에 찬물을 채운다. 깨끗한 수건을 물에 적셔
짠 다음 환부에 댄다. 수건이 마르고 시원한 기가
가시면 다시 적신다. 15~30분 동안 혹은 의사가
지시한 시간 동안 계속한다.

─ 식염수 코세척
집에서 만든 식염수를 이용할 수도 있지만 시중에
판매하는 식염수가 더 안전하고 이용하기도 쉽다.
그러나 약물이 포함된 식염수는 이용하지 않는다.
딱딱한 콧구멍을 부드럽게 하고 코의 분비물을
묽게 하기 위해, 작고 깨끗한 점적기를 이용해
양쪽 콧구멍에 식염수를 두 방울 떨어뜨린다.
식염수를 효과적으로 떨어뜨리려면 아이를
눕히거나 앉힌 자세에서 고개를 뒤로 젖혀야 한다.
식염수를 집에서 만들려면 끓인 물 반 컵에 소금
⅛티스푼을 넣고 체온 정도의 온도로 식힌 후
이용하면 된다.

가습

실내가 너무 건조하면 피부가 건조해지고 목이 따끔거리는데다 호흡기 감염에 대한 저항력도 낮아지기 쉽다. 몇몇 연구 결과에 따르면 실내 습도가 올라가면 호흡기 감염과 알레르기 발병률이 낮아진다고 한다. 가습이 효과적인지 아닌지는 아직 확실하지 않지만, 실제로 실내의 습도를 높이는 조치는 감기와 독감 같은 호흡기 질병에 종종 권장되는 치료 방법이다.

그러나 지나치게 습한 공기는 지나치게 건조한 공기만큼이나 건강에 해로울 수 있다. 습도가 너무 높으면 세균과 집먼지 진드기, 곰팡이, 그리고 일부 바이러스가 번식하기 쉽다. 저렴한 습도계를 장만해 집안의 상대습도를 측정한다. 대부분의 전문가들은 실내 습도가 30~50% 사이일 때 가장 이상적이라고 조언한다. 공기 중의 각종 세균과 바이러스들은 이 정도 습도에서 아주 빠르게 죽고, 이보다 높거나 낮은 습도에서 빠르게 성장한다. 아이나 가족 중 누군가 곰팡이 알레르기가 있다면 습도를 35% 가까이로 유지한다.

—— 가습 방법

여러 가지 방법으로 집안의 습도를 높일 수 있다.

중앙식 가습 중앙식 가습 장치는 집안 전체의 습도를 높일 수 있지만, 실내에 내부 습기 방지용 절연물이 설치되지 않은 경우 습기가 벽 틈으로 빠져나갈 수 있기 때문에 별로 도움이 되지 않는다. 중앙식 가습 장치 역시 다른 가습기가 지닌 문제들, 즉 공기를 지나치게 습하게 만든다거나 가습기 안에 미생물과 무기물, 곰팡이가 가득 차 있다거나 하는 문제가 있을 수 있다.

방 안에 설치하는 가습기 가정의 실내 공기에 습도를 더하는 용도로 사용하는 가전제품들은 건강에 위협이 될 수 있으므로 좋은 제품을 선택하는 것이 중요하다. 다음 내용을 고려해 선택하자.

* **냉 가습기** 물을 미세한 방울로 조각낸 다음 차가운 안개처럼 공기 중에 분사하는 방식이다. 물이 가열되지 않기 때문에 제조사의 지시에 따라 깨끗하게 관리하고 살균하지 않으면 해로운 병균과 진균, 곰팡이가 같이 분사될 수 있다.
* **초음파식 가습기** 박테리아와 곰팡이를 분쇄해 인체에 무해하게 만든다. 그러나 물속의 무기질도 같이 분쇄해 공기 중에 '흰 분말'처럼 내보내는데, 이것은 특히 알레르기 환자나 천식 환자에게 해로울 수 있다. 그러므로 증류수나 무기질을 제거한 물만 사용하거나, 가습기 전용의 광물 제거 카트리지나 필터를 이용하는 것이 가장 바람직하다. 이렇게 하면 흰 분말이 덜 배출될 뿐 아니라 가습기 내부에 물때가 덜 낀다.
* **심지를 이용한 증발식 가습기** 팬이 돌아가면서 젖은 패드나 필터에 공기를 불어넣어 분무가 아닌 증발을 통해 공기 중에 수분을 내보낸다. 그렇기 때문에 흰 분말이 배출되지 않는다. 세균의 온상이 될 수 있는 필터나 패드를 정기적으로 세척하는 한 다른 가습기들보다 세균이 확산될 가능성이 적다.
* **증기 기화기** 이 장치는 물을 끓여 공기 중에 수증기를 내보낸다. 세균이나 다량의 흰 분말을 분출하지는 않지만 물이 끓을 때 남은 무기물을 정기적으로 제거해야 하기 때문에 자주 씻어 주어야 한다. 가장 큰 단점은 아이가 가습기 위로 지나다니다가 화상을 입을 수 있다는 것이다. 그러므로 아이가 있는 가정에서는 이런 종류의 가습기를 권장하지 않으며, 이런 가습기가 있다면 아이가 절대로 가까이 가지 못하게 한다.
* **가열식 기화기** 이런 종류의 장치는 물을 끓이지만 수증기가 약간 식은 상태에서 공기 중에 내보내지기 때문에 김이 증발하는 대신 따뜻한 미세 물방울이 분무된다. 그러나 아이가 있는 가정에서는 여전히 해로우므로 권장되지 않는다.
* **치료를 위한 가습기** 처방을 받는 경우에만 이용할 수 있으며, 천식, 낭포성 섬유증, 기타 만성 폐질환 같은 심각한 호흡기 질환을 치료하기 위해 이용된다. 의료용 분무기를 사용할 경우 코막힘 완화제나 기침 억제제 같은 처방전이 필요 없는 약물을 공기 중에 분무할 수 있지만 의사가 권장할 때만 사용해야 한다.

욕실 수증기 단시간에 습도를 올릴 때 이용할 수 있으며, 갑작스런 크루프성 기침이 시작될 때 가장 효과적이다.

주방의 수증기 가스레인지나 난로의 온도를 가장 낮게 설정해 물을 끓이면(물이 넘치는지, 가스레인지의 불꽃이 깜박이지는 않는지 수시로 확인한다.) 주방과 그 주변의 습도를 높일 수 있다. 그러나 어린아이가 있는 가정에서는 위험하므로 권장되지 않는다. 대용량 커피메이커에 물을 가득 담아 뚜껑을 열고 계속 끓이거나, 라디에이터나 장작 난로 위에 뜨거운 물이 담긴 냄비를 올려놓아도 가습에

── 가습기 청결 유지

정기적으로 가습기를 사용한다면 매일 세척해야 한다. 세척할 때는 남은 물을 모두 비우고 제조사의 설명대로 세척한 다음, 보푸라기가 없는 깨끗한 타월로 내부와 외부의 물기를 꼼꼼하게 닦는다.
사용 중인 가습기는 7일에 한 번씩, 용량이 20L 이상인 경우 14일에 한 번씩 살균 소독해야 한다.

도움이 되지만, 역시 토들러가 가까이 접근하면 매우 위험할 수 있다.

가습기를 살균할 때는 남은 물을 모두 비우고 물 3~4L에 표백제 1티스푼을 넣은 용액을 채운다. 몇 분에 한 번씩 물을 휘휘 저어가면서 20분간 그대로 둔 후 물을 버린다. 그런 다음 식초와 물을 1대1로 섞은 용액과 부드러운 솔이나 타월을 이용해 물때나 무기질 침전물을 제거한다. 표백제 냄새가 나지 않을 때까지 물로 헹군다. 권장 방법에 따라 필터나 벨트를 교체하거나 청소한다.
가습기를 보관하기 전에는 반드시 살균 세척한 후 완전히 말리고, 보관한 가습기를 다시 사용할 때는 외부의 먼지를 제거하고 내부를 다시 살균한 후에 사용한다.

── 얼음물에 담그기

대야에 찬물을 채우고 얼음 쟁반 한두 개 분량의 얼음 조각을 넣는다. 15분 동안 혹은 의사가 지시한 시간 동안 환부를 물에 담근다. 필요하면 30분 후에 반복한다.

── 얼음 팩

시중에 판매하는 얼음 팩을 이용하거나 비닐봉지에 얼음 조각을 채워 이용한다. 얼음이 녹아 생기는 물을 흡수하기 위해 종이 타월 몇 장을 같이 넣고 고무줄이나 끈으로 단단히 묶는다. 개봉하지 않은 얼린 주스 캔이나 냉동 음식 팩도 효과적이다. 얼음 팩을 환부에 직접 대지 말고 타월이나 천 기저귀로 감싼다. 동상에 걸리지 않도록 한 번에 20~30분 동안만 얼음 팩을 대고 있어야 한다. 얼음 팩은 항상 냉동실에 보관한다.

── 온찜질

대야에 뜨거운 물이 아닌 따뜻한 물을 채운다. 손목 안쪽에 물을 대 봐서 적당히 따뜻해야 한다. 깨끗한 수건을 물에 적셔 짠 다음 의사의 지시에 따라 환부에 댄다.

4

토들러(만 1~3세 아이)들이 잘 걸리는 질병

✱✱✱

질병/계절/취약 대상	증상 (숫자는 등장 순서를 나타낸다.)	
	비발진	발진
가와사키 병(피부점막 림프절 증후군) • **계절**: 연중 언제나 발병 가능하나 겨울과 봄에 약간 증가하고 2~3년 주기로 나타난다. • **취약 대상**: 주로 유아와 5세 미만 아동. 여자아이보다 남자아이가 잘 걸리고, 다른 지역에 비해 아시아계 아동이 잘 걸린다(특히 한국, 일본). 물가 지역 거주자들도 걸릴 위험이 높다.	1. 열이 5~39일 동안 지속된다(주로 7일). 2. 열이 오른 지 3일 이내: 코, 입 또는 목구멍 점막의 변화(입술이 빨갛게 트고, 혀가 딸기 모양이 되며, 과도한 충혈로 목구멍이 붓는다.), 목의 임파선 부종, 양쪽 눈의 결막염(눈곱은 끼지 않는다.) 대체로 다른 질환들이 제거된 다음에야 진단이 내려질 수 있다.	2. 몸에 평평하고 붉은 반점. 발바닥과 손바닥이 붉어지고 붓거나 딱딱하다. 3. 2~3주 동안 손바닥과 발바닥 피부가 벗겨진다.
감기	646쪽 참조	
결막염 (눈꺼풀과 눈 안쪽의 얇은 막인 결막의 염증) • **계절**: 관계없다. • **취약 대상**: 원인에 따라 다르다.	• 원인에 따라 나타날 수 있는 증상: 충혈, 눈물, 눈곱(자고 일어나면 눈꺼풀에 눈곱이 낀다.), 화끈거림, 따가움, 약간 예민함. 대개 한쪽 눈에서 시작하지만 다른 쪽 눈에도 전염될 수 있다.	
공수병	896쪽 광견병 참조	

아이가 아프면 어디에 문제가 있는지 당장 알고 싶을 것이다. 항상 그렇지는 않겠지만, 질병 도표의 증상들을 살펴보고 내 아이의 증상과 비교해 보면 대체로 몇 가지 단서를 찾을 수 있을 것이다. 그런 다음 병원에 가서 정확한 진단을 받아 해당하는 조치를 취해야 한다.

대부분의 질병 치료는 증상에 대한 치료다. 다시 말해 질병 자체보다는 열이 나면 해열제를 복용하고, 코가 막히면 습도를 높이는 등 질병에 따른 증상을 치료하는 것이다. 가장 일반적인 증상들에 대한 치료는 890쪽에 설명되어 있으며, 열이 날 때의 치료 방법은 627쪽에 자세히 다루었다. 처방 받은 약물은 복용법을 정확히 지켜야 한다(641쪽 참조). 20장에서 다룬 가장 일반적인 질병들(감기, 독감, 귓병, 복통)도 참고하자.

원인/감염/잠복기/기간	병원에 가야 하는 경우/치료/식단	예방/재발/합병증
• **원인**: 알려져 있지 않다. 어떤 미생물이 원인인지 밝혀지지 않았지만, 최근 연구에 따르면 황색 포도상구균이 분비하는 독소와 관련이 있지 않을까 짐작된다. 기존에 보고된 러그 샴푸와의 관련성은 확실하지 않으며, 알레르기 반응이 나타날 가능성도 없다. • **감염**: 알려져 있지 않다. • **잠복기**: 알려져 있지 않다. • **기간**: 치료를 받지 않을 경우 열이 12일 정도 지속된다. 식욕부진과 과민성은 2~3주 동안 지속될 수 있다. 합병증은 그보다 오래 지속된다.	• **병원에 가야 하는 경우**: 가와사키 병의 증상이 나타날 때 • **치료**: 아스피린*으로 염증을 완화한다. 발병된 지 10일 이내에 면역글로불린과 아스피린 처방을 시작하면 합병증이 줄어들 수 있다. 심장의 건강 상태를 자주 평가하는 것이 중요하다. * 아이가 독감이나 수두에 걸릴 경우 대체로 아스피린 치료를 중단한다.	• **예방**: 알려져 있지 않다. • **재발**: 알려져 있지 않다. • **합병증**: 포도막염(눈의 염증), 관상동맥 동맥류를 비롯한 심장과 혈관 손상, 심장 근육의 염증. 흔하지 않지만 귀와 콩팥, 뇌, 신경계 등에 영향을 미치는 합병증도 나타날 수 있다. 200명 가운데 1명 미만의 사망률을 보인다.
• **원인**: 바이러스, 세균, 클라미디아, 기생충, 진균류, 알레르기 유발 물질, 자극물 등 다양하다. • **감염**: 감염성 미생물이 눈-손-눈의 경로를 거쳐 감염된다. 타월이나 침구류를 통해서도 감염된다. • **잠복기**: 대개 짧다. • **기간**: 원인에 따라 다르다. 바이러스가 원인인 경우 2일~3주(만성이 될 수 있다.), 세균이 원인인 경우 대략 2주, 그 밖의 경우 알레르기 유발 물질이나 자극물이 제거될 때까지	• **병원에 가야 하는 경우**: 진단을 받기 위해 간다. 상태가 악화되거나 치료 후에도 호전되지 않으면 다시 방문한다. • **치료**: 눈 찜질(890쪽), 감염의 예방을 위해 타월과 침구류를 따로 사용하고, 가능하면 담배 연기 같은 자극물을 제거한다. 세균성 감염 및 헤르페스 감염, 바이러스 결막염의 경우 안약이나 안연고를 처방 받아 이차 감염을 예방하고 알레르기 반응에 의한 불편함을 완화한다.	• **예방**: 청결한 위생이 중요하다. 가족 중에 감염된 사람이 있는 경우 침구류와 타월을 따로 사용한다. 알레르기 유발 물질과 자극물을 피한다. • **재발**: 가능하다. 일부 아동은 결막염에 취약하고 재발 가능성도 높다. • **합병증**: 시각 장애(임균 감염의 경우를 제외하면 극히 드물다.), 만성 눈의 감염, 반복적인 감염으로 인한 눈의 손상

질병/계절/취약 대상	증상 (숫자는 등장 순서를 나타낸다.)	
	비발진	발진
광견병(공수병) • **계절**: 언제든 발병할 수 있지만, 여름에 더 많이 발병한다. • **취약 대상**: 누구나	1. 물린 부위의 국소통이나 방사통, 화끈거림, 차갑고 따끔거리고 가려운 감각 2. 38.3~38.8°C의 열, 무기력, 두통, 식욕부진, 메스꺼움, 인후염, 마른기침, 과민성, 빛과 소음에 예민함, 동공 확대, 빠른 심장박동, 가쁜 호흡, 침을 많이 흘림, 눈물, 땀 3. 2~10일 후: 불안, 흥분, 안면 근육 약화, 시력 장애, 39.4°C까지 열이 오른다. 종종 물을 무서워하고, 자주 수분을 뱉어 내고, 거품이 이는 침을 흘린다. 4. 약 3일 후: 마비	
귀의 염증	659쪽 중이염 참조	
기관지염(기관지의 염증) • **계절**: 원인이 되는 미생물에 따라 다르다. • **취약 대상**: 대개 4세 이하의 아동	1. 대개 감기 증상 2. 갑작스런 발병: 38.9°C의 발열, 심한 기침이 나고 밤에 악화되며 간혹 구토를 동반한 발작을 일으킨다. 푸르스름하거나 누르스름한 타액, 숨을 내쉴 때 천명음이나 휴휴 하는 소리(특히 호흡기 알레르기에 가족력이 있는 경우)가 나고, 입술과 손톱에 푸른 기가 돈다.	
농가진	521쪽 참조	
뇌수막염(뇌나 척수를 둘러싼 막의 감염) • **계절**: 원인이 되는 미생물에 따라 다르다. b형 헤모필루스 인플루엔자(Hib)의 경우 겨울에 나타난다. • **취약 대상**: 원인이 되는 미생물에 따라 다르다. Hib의 경우 대개 유아와 3세 이하의 아동에 나타난다. 주로 남자아이, 도시 거주자, 보육 시설에 다니는 아이들이 잘 걸린다.	열, 고음의 시끄러운 울음, 졸림, 짜증, 식욕부진, 구토, 대천문의 융기가 나타난다. 연령이 높은 토들러에게는 목이 뻣뻣함, 빛에 예민함, 시야가 흐릿함, 그 밖에 신경학적 증상이 나타날 수 있다.	
뇌염(뇌의 염증) • **계절**: 원인에 따라 다르다. • **취약 대상**: 원인에 따라 다르다.	열, 졸음, 두통 때때로 신경학적 이상(혼란, 의식 장애, 근육 약화), 말기에 혼수상태로 진행	

원인/감염/잠복기/기간	병원에 가야 하는 경우/치료/식단	예방/재발/합병증
• **원인**: 광견병 바이러스 • **감염**: 감염된 동물에 물린 경우, 드물지만 감염된 동물이 개방성 상처 부위를 핥거나 할퀸 경우, 광견병에 걸린 박쥐나 다른 동물에 근접 노출된 경우 • **잠복기**: 5일~1년 이상, 평균 2개월이다. • **기간**: 증상이 시작되어 마비될 때까지 대략 2주가 걸린다.	• **병원에 가야 하는 경우**: 광견병 예방 주사를 맞았는지 확실히 알지 못하는 동물에 물렸을 때 • **치료**: 동물을 제지하고, 응급처치 지시 내용을 따른다(715쪽 동물에 물린 경우 참조). 동물을 발견하지 못하거나 광견병으로 밝혀진 경우, 사람 광견병 면역글로불린과 사람 이배체 세포백신을 투여하게 될 것이다. 필요하면 파상풍 예방 주사를 맞을 수도 있다. 질병이 호전되지 않으면 입원한다.	• **예방**: 애완동물과 고위험군 개인은 예방접종을 실시한다. 아이들에게 낯선 동물을 조심하도록 교육한다. 야외에서 아이들을 감독한다. 길 잃은 짐승과 야생 동물의 광견병 검역을 위한 지역사회의 노력이 필요하다. • **재발**: 재발이 문제가 아니라, 한 번 광견병에 걸리면 거의 치명적이다. • **합병증**: 질병을 치료하지 않으면 예외 없이 치명적이다. 일단 증상이 나타나면 치료를 받더라도 사망률이 매우 높다.
• **원인**: 대개 바이러스, 간혹 박테리아도 원인이지만 이차 세균 감염이 일반적이다. 담배 연기에 기침이 악화된다. • **감염**: 대개 호흡기 분비물을 통해 감염된다. • **잠복기**: 원인이 되는 미생물에 따라 다르다. • **기간**: 열이 2~3일 동안 지속된다. 기침이 1~2주 이상 지속된다.	• **병원에 가야 하는 경우**: 기침이 심하거나 3일 이상 지속되는 경우 • **치료**: 필요하면 발열과 기침 증상을 치료하고, 경우에 따라 항생제 처방을 한다.	• **예방**: 일반 감기에 걸린 아동을 적절히 관리한다(646쪽). • **재발**: 일부 아동은 유독 취약해 감기에 걸릴 때마다 기관지염에 걸린다. • **합병증**: 중이염
• **원인**: 세균이나 바이러스 바이러스가 원인인 경우 질병의 정도가 좀 더 경미하다. • **감염**: 미생물에 따라 다르다. Hib의 경우 직접 접촉이나 호흡기 분비물의 비말을 흡입함으로써 감염된다. • **잠복기**: 미생물에 따라 다르다. Hib의 경우 대략 10일 미만 • **기간**: 다양하다.	• **병원에 즉시 가야 하는 경우**: 뇌수막염이 의심될 때. 야간에는 응급실로 즉시 간다. • **치료**: 바이러스성 뇌수막염의 경우 증상에 대해 치료한다. 세균성 뇌수막염의 경우 입원과 항생제 투여를 실시한다.	• **예방**: Hib 예방접종은 Hib 뇌수막염을 예방한다. 보육 시설에서는 위생 관리를 철저히 지켜야 한다. • **재발**: Hib의 경우 재발하지 않는다. 한 번 병을 앓으면 면역력이 생긴다. • **합병증**: Hib 및 기타 세균성 뇌수막염은 영구적인 신경학적 손상을 일으킬 수 있으며, 간혹 치명적이다. 바이러스성 뇌수막염은 대체로 장기적인 손상을 입히지 않는다.
• **원인**: 세균이나 바이러스, 주로 다른 질병의 합병증으로 나타난다. • **감염**: 원인에 따라 다르다. 일부 바이러스는 곤충을 통해 감염된다. • **잠복기**: 원인에 따라 다르다. • **기간**: 매우 다양하다.	• **병원에 가야 하는 경우**: 뇌염이 의심되면 즉시 병원에 가거나 응급실로 향한다. • **치료**: 입원을 해야 한다.	• **예방**: 합병증으로 뇌염을 일으킬 수 있는 질병(가령, 수두)의 예방접종 • **재발**: 거의 드물다. • **합병증**: 신경 손상. 치료를 받지 않으면 치명적일 수 있다.

질병/계절/취약 대상	증상 (숫자는 등장 순서를 나타낸다.)	
	비발진	발진
라이 증후군 • **계절**: 계절과 관계없다. • **취약 대상**: 주로 수두나 독감 같은 바이러스성 질병을 앓는 동안 아스피린을 복용한 아동	1. 바이러스 감염 이후 1~7일: 매일 한두 시간마다 지속적인 구토, 무기력, 정신상태가 빠르게 악화되고 변화(과민성, 정신착란, 섬망 상태, 혼수상태), 심장박동과 호흡이 빨라진다. 2. 진행 중인 경우: 발작과 혼수상태	
백일해 • **계절**: 늦겨울, 초봄 • **취약 대상**: 대개 면역력이 없는 유아와 어린아이들(면역력이 있는 아동이 질병에 접촉한 경우에는 대체로 증상이 경미하다.)	1. 카타르기: 마른기침과 함께 감기 증상, 미열, 과민성 2. 발작기(1~2주 후): 숨 쉴 틈 없이 폭발하듯 기침을 연발하고, 탁한 점액이 배출된다. 종종 눈이 툭 튀어나오고 혀를 내민다. 피부가 창백하거나 붉어진다. 구토, 발한, 피로 때때로 기침으로 인한 탈장 3. 회복기: 씩씩거리는 소리와 구토 중단, 기침 완화, 식욕과 기분 향상	
비특이성 바이러스 질환 • **계절**: 주로 여름 • **취약 대상**: 대개 어린아이들	다양하며 열, 식욕부진, 설사 증상이 포함될 수 있다.	다양한 형태의 발진이 함께 나타난다.
사마귀 • **계절**: 계절과 관계없다. • **취약 대상**: 누구나 걸릴 수 있지만 특히 아동		• 일반 사마귀: 갈색을 띤 거칠고 톡 튀어 올라온 병변. 주로 손가락에 나지만 생식기를 비롯한 다른 부위에도 난다. 일반 사마귀는 성행위를 통해 감염되지 않는다. • 편평 사마귀: 황갈색의 작고 조금 우툴두툴하게 도드라지는 다발성 병변. 얼굴, 목, 팔, 다리에 난다. • 발바닥 사마귀: 도드라지거나 들쭉날쭉한 작은 반점. 대개 아프다. • 생식기 사마귀: 생식기에 나는 피부색의 부드러운 뾰루지. 아동의 경우 성폭력 증거가 될 수 있다.
상기도 감염	646쪽 참조	
설사	651쪽 참조	

원인/감염/잠복기/기간	병원에 가야 하는 경우/치료/식단	예방/재발/합병증
• **원인**: 알려져 있지 않지만, 바이러스성 질병을 앓는 동안 아스피린에 대한 반응과 관련된 것으로 짐작된다. • **감염**: 알려져 있지 않다. • **잠복기**: 알려져 있지 않지만 바이러스성 감염이 발병된 지 수일 내로 나타나는 것 같다. • **기간**: 다양하다.	• **병원에 즉시 가거나 응급실에 가야 하는 경우**: 라이 증후군이 의심될 때 • **치료**: 입원이 필수다. 라이 증후군 치료를 전문으로 하는 병원으로 이송해야 한다.	• **예방**: 수두나 독감 같은 바이러스성 질병을 앓는 아동에게 아스피린을 주지 않는다. • **재발**: 없다. • **합병증**: 치명적일 수 있지만, 치료 후에는 대체로 문제가 지속되지 않는다.
• **원인**: 보르데텔라 백일해균 • **감염**: 호흡기 비말을 통한 직접 접촉, 대개 카타르기에 전염된다. 항생제를 복용하면 전염 기간이 단축될 수 있다. • **잠복기**: 7~10일, 드문 경우 2주 이상 • **기간**: 대개 6주. 그러나 그보다 훨씬 오래 지속될 수도 있다.	• **병원에 즉시 가야 하는 경우**: 기침이 계속될 때 • **치료**: 항생제는 첫 번째 단계의 증상과 이후 전염 가능성을 완화하는 데 도움이 된다. 점액 흡입, 가습, 유아의 경우 입원 • **식단**: 조금씩 자주 먹인다. 체액 보충이 필요하다. 유아의 경우 필요하면 정맥주사를 통해 영양을 공급한다.	• **예방**: 백일해 백신(DTP 혹은 DTaP) 예방접종 • **재발**: 없다. 한 번 발병하면 평생 면역력을 갖는다. • **합병증**: 중이염, 폐렴, 경련 등 다양하다. 특히 유아의 경우 치명적일 수 있다.
• **원인**: 콕사키바이러스와 에코바이러스를 비롯한 다양한 장내 바이러스 • **감염**: 배설물-손-입. 입-입으로도 감염될 수 있다. • **잠복기**: 3~6일 • **기간**: 대체로 며칠	• **병원에 가야 하는 경우**: 진단을 확인할 때 • **다시 가야 하는 경우**: 상태가 악화되거나 새로운 증상이 나타날 때 • **치료**: 증상에 대해 치료한다. • **식단**: 설사나 열이 나는 경우 충분한 수분 섭취(652쪽, 633쪽 참조)	• **예방**: 손 씻기(656쪽 참조) 같은 평소 위생 관리 외에는 딱히 없다. • **재발**: 일반적이다. • **합병증**: 매우 드물다.
• **원인**: 인유두종 바이러스 • **감염**: 직접적인 접촉. 생식기 사마귀의 경우 성적 접촉. 분만 중에 감염된 엄마로부터 신생아에게 감염되기도 하지만 아이에게 몇 년 동안 병변이 나타나지 않을 수 있다. • **잠복기**: 1~20개월 • **기간**: 치료를 받지 않아도 6개월~3년이 지나면 자연 치유된다.	• **병원에 가야 하는 경우**: 사마귀가 아프거나, 활동에 지장을 주거나, 그 밖에 부모나 아이에게 방해가 될 때 • **치료**: 다양한 치료 방법을 이용할 수 있다. 가장 간단한 방법을 시도해 우선 통증을 최소화한다. 치료가 반드시 효과가 있는 건 아니며, 때가 되면 저절로 사라진다.	• **예방**: 병변의 접촉을 피한다. • **재발**: 드물지 않다. • **합병증**: 특정한 생식기 사마귀의 경우 후에 자궁경부암을 유발할 위험이 약간 있다.

질병/계절/취약 대상	증상 (숫자는 등장 순서를 나타낸다.)	
	비발진	발진
성홍열 • **계절**: 연중. 늦가을, 겨울, 봄에 더 자주 걸린다. • **취약 대상**: 학령기 아동이 가장 취약하며, 토들러에게는 일반적이지 않다.	1. 패혈성 인두염(657쪽 참조)과 유사하지만 종종 구토와 발진으로 발병을 예고한다. 혀가 하얗게 된 다음 빨갛게 변할 수 있다. 대개 인후 배양을 통해 상태를 확인한다.	2. 얼굴, 사타구니, 겨드랑이에 선홍색 발진이 나타나고, 전신과 팔다리에 퍼진다. 피부가 거칠어지고 벗겨진다. 발진이 가려울 수 있다.
세기관지염 (기관지에서 갈라져 나가 폐까지 이어지는 가는 기관지 말단 부위의 염증) • **계절**: 호흡기세포융합 바이러스(RSV)의 경우 겨울과 봄, 파라인플루엔자 바이러스(PIV)의 경우 여름과 가을 • **취약 대상**: 두 살 미만(특히 6개월 미만) 아동, 알레르기에 가족력이 있는 사람	1. 감기 증상 2. 며칠 후 가쁘고 얕은 호흡, 숨을 내쉴 때 천명음, 약 3일 동안 미열 때때로 숨을 들이쉴 때 흉부가 팽창되지 않는 것 같고, 손톱과 손가락 끝이 창백하거나 푸른 기를 띤다. 식욕부진, 탈수	
소아 장미진(제6병, 돌발성 발진) • **계절**: 계절과 관계없다. • **취약 대상**: 주로 유아와 어린아이들	1. 과민성, 식욕부진, 38.9~40.5°C의 발열이 2~7일 동안 지속 때때로 콧물, 임파선 부종, 경련	2. 발열 후 정상으로 돌아온다. 몸통, 목, 팔, 이따금 얼굴과 다리 등에 압박감을 주며 창백하게 만드는 연분홍색 반점이 나타난다. 경우에 따라 발진이 없을 수도 있다.
수두 • **계절**: 온대지방의 경우 늦겨울과 이른 봄 • **취약 대상**: 감염된 경험이 없는 사람은 누구나. 대부분의 사람들은 아동기에 감염된다.	미열, 불쾌감, 식욕부진 스테로이드제를 복용하는 사람이나 면역 체계가 손상된 사람은 병이 심해질 수 있다.	편평한 붉은 반점이 뾰루지로 변해 물집이 잡히고 딱딱해지다가 딱지가 앉는다. 3~4일 동안 반점이 계속 난다. 대개 가려움증이 심하다.
수막뇌염(뇌염과 뇌수막염이 결합된 형태)	뇌수막염과 뇌염 참조	
수족구병(수포성 구내염) • **계절**: 온대지방의 경우 여름과 가을 • **취약 대상**: 주로 유아와 어린아이들	1. 열, 식욕부진 종종 목과 입이 따갑고 음식을 삼키기 어렵다.	2. 2~3일 후: 입안에 병변(대개 수포)이 나타난다. 3. 그 이후: 손가락에 병변이 나타난다. 때때로 발과 엉덩이, 팔, 다리에, 드물지만 얼굴에도 병변이 나타난다.

원인/감염/잠복기/기간	병원에 가야 하는 경우/치료/식단	예방/재발/합병증
• **원인**: 연쇄상구균 박테리아 • **감염**: 급성 감염을 앓는 사람과 직접 접촉 • **잠복기**: 2~5일 • **기간**: 1~2주. 치료를 받으면 단축된다.	• **병원에 가야 하는 경우**: 성홍열이 의심될 때 가며, 질병이 호전되지 않거나 악화되면 다시 방문한다. • **치료**: 증상을 치료한다. 감염에 대해 항생제를 투여한다. • **식단**: 부드러운 음식, 수분	• **예방**: 감염된 사람을 격리한다. 청결한 위생 관리 • **재발**: 가능하다. • **합병증**: 귀, 부비강, 폐의 감염, 류머티스 열, 드물지만 콩팥 침습
• **원인**: 다양한 종류의 바이러스, 주로 호흡기세포융합 바이러스와 파라인플루엔자 바이러스, 드물게 박테리아 • **감염**: 대개 호흡기 분비물의 직접적인 접촉이나 오염된 물건을 접촉할 때 • **잠복기**: 원인이 되는 미생물에 따라 다르다. 대개 2~8일 • **기간**: 급성 단계는 3일이면 끝나지만, 기침은 1~3주 이상 지속된다.	• **병원에 가야 하는 경우**: 즉시 병원에 가거나 응급실로 향한다. • **치료**: 대개 입원한다. 증기흡입 치료, 스테로이드제, 항바이러스 약물 • **식단**: 입으로 음식을 섭취할 수 있다면 소량의 음식을 자주 섭취한다.	• **예방**: 백신을 이용할 수 없다. 가능하면 호흡기 알레르기에 가족력이 있는 유아나 토들러는 호흡기 질환에 걸린 사람에게 노출되지 않도록 각별히 주의를 기울인다. • **재발**: 재발될 수 있지만 이후에 감염될 때는 증상이 경미하다. • **합병증**: 주로 심장기능 장애, 기관지천식
• **원인**: 인간 헤르페스바이러스 6 • **전염**: 십중팔구 호흡기 분비물을 통해 • **잠복기**: 약 9일 • **기간**: 발열 기간 3~7일, 몇 시간~며칠간 발진	• **병원에 가야 하는 경우**: 진단을 확인할 때 간다. 열이 4~5일 동안 지속되거나, 아이가 경련을 일으키거나 아파 보일 경우 다시 찾아간다. • **치료**: 증상에 대해 치료한다.	• **예방**: 알려진 바 없다. • **재발**: 없다. • **합병증**: 거의 드물다.
• **원인**: 수두대상포진 바이러스 • **감염**: 주로 1대1 접촉과 공기 중에 떠다니는 호흡기 분비물의 비말에 의해 걸린다. 발병하기 1~2일 전부터 모든 병변에 딱지가 생길 때까지(대략 6일) 가장 전염성이 강하다. • **잠복기**: 11~20일 주로 14~16일 아이가 면역글로불린 주사를 맞은 경우 더 길어진다. • **기간**: 처음 생긴 물집은 6~8시간 이후 딱딱해지고 24~48시간 지나면 딱지가 생긴다. 딱지는 5~20일 동안 지속된다.	• **병원에 가야 하는 경우**: 진단을 확인할 때 간다. 고위험 아동은 즉시 병원에 가야 하고, 뇌염 증상(896쪽)이 보이면 다시 병원에 가야 한다. 면역력이 없는 임신부가 노출된 경우에도 병원에 간다. • **치료**: 가려움(658쪽)과 열(632쪽)을 치료한다. 아스피린이나 기타 살리실산염을 처방하지 않는다. 현재로서는 고위험 아동에 한해 항바이러스성 약물의 정기복용을 권장한다.	• **예방**: 예방접종(613쪽), 고위험 아동과 면역력이 없는 임신부의 경우 노출을 삼간다. 노출된 가족의 경우 면역글로불린이나 항바이러스성 약물을 복용한다. • **재발**: 극히 드물지만 잠복해 있던 바이러스가 나중에 갑자기 대상포진으로 재발될 수 있다. • **합병증**: 드물지만 이차 세균성 감염으로 인한 뇌염과 간염. 임신부의 경우 임신 초기나 중기에 태아에 영향을 미칠 가능성이 약간 높고, 분만 5일 전부터 2일 후에 위험이 크게 증가한다.
• **원인**: 콕사키바이러스(장내 바이러스) • **감염**: 입-입, 배설물-손-입 • **잠복기**: 3~6일 • **기간**: 대략 일주일	• **병원에 가야 하는 경우**: 진단을 확인할 때 • **치료**: 증상에 대한 치료 • **식단**: 부드러운 음식이 먹기 편할 것이다.	• **예방**: 알려지지 않았다. • **재발**: 가능하다. • **합병증**: 없다.

질병/계절/취약 대상	증상 (숫자는 등장 순서를 나타낸다.)	
	비발진	발진
요란한 기침	898쪽 백일해 참조	
요로 감염	654쪽 참조	
요충증 • **계절**: 계절과 관계없다. • **취약 대상**: 주로 취학 전 아동과 학령기 아동, 아동의 엄마	1. 요충이 하부소화기에 침입해 산다. 암컷 요충은 항문 주위와 엉덩이 위에 알을 낳는다. 2. 항문 주위가 가렵기 시작한다. 아이는 밤에 울면서 깨고, 잠을 잘 못 이루며, 과민하고, 피로할 수 있다. 아이가 한밤중에 깨면 그 즉시 혹은 아침에 일어나자마자 손전등으로 알이 있는지 확인한다. 항문 주위가 빨갛게 벗겨져 있을지 모른다. 3. 가끔 여자아이의 경우, 외음부가 가렵다. 요충이 질을 통해 들어가면 질염을 일으키고 약간의 질 분비물이 나올 수 있다.	
위장염	651쪽 설사 참조	
유행성 이하선염(볼거리) • **계절**: 늦겨울과 봄 • **취약 대상**: 면역력이 없는 사람은 누구나	1. 때때로 뻐근한 통증, 열, 식욕부진 2. 대체로 양쪽 턱이나 한쪽 턱의 이하선(침샘) 부종, 귀의 통증, 음식을 씹을 때 혹은 산성이나 신 음식 및 음료를 섭취할 때 통증, 침샘의 부종. 약 30%는 아무런 통증이 없다.	
인두염	656쪽 인후염 참조	
인플루엔자	655쪽 참조	
인후염	656쪽 참조	
제5병(전염성 홍반) • **계절**: 초봄 • **취약 대상**: 만 2~12세 아동에게 가장 위험하다.	때때로 발열 드물게 관절 통증	1. 뺨을 맞은 것처럼 심한 안면 홍조 2. 다음 단계로 팔과 다리에 레이스 모양의 발진 3. 3일 후: 피부 안쪽, 손발가락, 몸통, 엉덩이의 발진 4. 2~3주 혹은 몇 개월 동안 목욕물이나 햇볕 같은 열에 노출되면 발진이 다시 나타났다가 사라질 수 있다.
크루프	663쪽 참조	

원인/감염/잠복기/기간	병원에 가야 하는 경우/치료/식단	예방/재발/합병증
• **원인**: 실처럼 생긴 잿빛의 작은 기생충인 요충(0.6~1.2cm) • **감염**: 요충의 알, 손-입(가령 긁거나 닦은 후에 엄지손가락을 빠는 경우), 변기나 기타 물질을 통해 감염된다. 알을 삼킨 경우 부화해 요충이 되어 직장으로 이동한다. 암컷이 알을 낳는 동안 전염성이 있으며, 알은 2~3주 동안 전염성을 갖는다.	• **병원에 가야 하는 경우**: 요충 감염이 의심될 때 병원에 간다. 의사가 현미경으로 확인할 수 있도록 아이가 아침에 일어나면 제일 먼저 투명 테이프를 이용해 항문 주위의 알을 채집한다. • **치료**: 경구용 약물을 복용해 변으로 성숙한 요충을 배출해 낸다. 가족 전체가 치료를 받아야 할지 모른다. 질병을 따로 치료 받지 않아도 된다.	• **예방**: 꼼꼼하게 손을 씻고 평소에 위생 관리를 철저히 한다(656쪽 참조). 애완동물에 요충이 있을 수 있으므로 애완동물을 만진 후에는 반드시 손을 씻는다. 침구류와 잠옷을 매일 깨끗하게 세탁한다. • **재발**: 매우 드물다. • **합병증**: 심한 경우 식욕부진과 체중 감소, 심지어 빈혈이 생기기도 한다. 간혹 성숙한 요충이 골반 같은 다른 부위로 이동해 염증을 일으키기도 한다.
• **원인**: 파라믹소바이러스(유행성 이하선염 바이러스) • **감염**: 주로 발병되기 1~2일 전부터(혹은 최대 7일 전부터) 9일 후까지 호흡기 분비물의 직접적인 접촉을 통해 감염된다. • **잠복기**: 대개 16~18일이지만 최소 12일이나 최대 25일이 될 수도 있다. • **기간**: 5~7일	• **병원에 가야 하는 경우**: 진단을 확인할 때 • **즉시 다시 가야 하는 경우**: 구토, 졸림, 두통, 등이나 목의 뻣뻣함, 그 밖에 수막뇌염 증상이 나타날 때 • **치료**: 열과 통증의 증상에 대한 치료. 뺨에 냉찜질을 한다. • **식단**: 산성 음식과 신 음식을 피한다. 부드러운 음식이 한결 먹기 편하다.	• **예방**: 예방접종(MMR) • **재발**: 한쪽에만 영향을 미친 경우 아주 약간 재발할 수 있다. • **합병증**: 수막뇌염. 그 밖의 합병증은 토들러에게는 드물지만 성인 남성에게는 심각할 수 있다.
• **원인**: 휴먼파보바이러스 B19 • **감염**: 호흡기 분비물과 출혈, 대개 질병이 시작되기 전에 전염성이 가장 강하다. • **잠복기**: 대개 4~14일, 20일까지 지속되기도 한다. • **기간**: 초기 발진은 수일에서 일주일, 발진은 수주일 혹은 수개월 동안 계속해서 재발될 수 있다.	• **병원에 가야 하는 경우**: 진단을 하거나 다른 증상이 나타나는 경우, 아이의 면역반응이 억제되어 있거나 겸상적혈구 빈혈을 앓는 경우 • **치료**: 대개의 경우 치료할 필요는 없다. 면역결핍 환자의 만성 감염은 면역글로불린 주사가 도움이 될 것이다.	• **예방**: 평소 위생 관리(656쪽)를 철저히 해 감염을 통제한다. • **재발**: 가능성이 거의 없다. • **합병증**: 면역력이 결핍된 아동의 경우에만 생긴다. 아직 예방접종을 받지 않은 임신부의 경우 간혹 임신 전반기에 치명적인 해를 입을 수 있고, 후반기에는 위험이 거의 없다.

질병/계절/취약 대상	증상 (숫자는 등장 순서를 나타낸다.)	
	비발진	발진
파상풍 • **계절**: 따뜻한 계절에 더 자주 발생한다. • **취약 대상**: 면역력이 없는 사람은 누구나	• 국소적 증상: 균이 침투한 부위의 경련과 근 긴장 증가 • 일반적 증상: 비자율적 근육 수축으로 등이 굽고, 턱 근육이 마비되며, 목이 비틀어진다. 경련, 빠른 심장박동, 미열 증상이 있다. 땀을 많이 흘린다. 아직 젖병이나 엄마젖을 먹는 아이의 경우 빨기 힘들어한다.	
편도선염	656쪽 참조	
폐렴 • **계절**: 원인이 되는 요인에 따라 다르다. • **취약 대상**: 누구나 취약할 수 있지만 특히 노약자와 만성 질병을 앓는 환자	일반적으로 감기나 기타 질병에 걸린 아동에게 갑자기 증상이 악화된다. 주로 나타나는 증상: 고열, 가래가 나오는 기침, 빠른 호흡, 푸르스름한 피부색, 쌕쌕거리고 가쁘고 힘든 호흡, 숨 가쁨, 흉부 수축(621쪽 참조), 탁한 점액 분비, 복부 팽창과 복통	
풍진 • **계절**: 늦겨울과 초봄 • **취약 대상**: 풍진을 앓은 적이 없거나 풍진 예방접종을 받지 않은 사람은 누구나	풍진 환자의 25~50%는 발진이 나타나지 않는다. 1. 때때로 미열, 임파선 부종	2. 얼굴에 0.25cm 정도의 작고 평평하고 붉은 기가 도는 분홍색 반점 3. 전신에 반점이 번지고 간혹 입천장에도 발진이 난다.
허판지나 • **계절**: 온대지방의 경우 주로 여름과 가을, 열대지방의 경우 연중 언제나 • **취약 대상**: 주로 유아와 어린아이들. 단독으로 혹은 다른 질병과 함께 일어난다.	1. 열: 37.8~40°C, 간혹 41.1°C까지. 인후염. 열이 나면서 열성 경련을 일으킬 수 있다. 1 또는 3. 음식을 삼키기가 고통스럽다. 때때로 구토, 식욕부진, 설사, 복통, 무기력	2. 입이나 목구멍 뒤쪽에 회색빛이 도는 흰색 뾰루지가 5~10개 나고, 물집과 궤양이 생긴다.

원인/감염/잠복기/기간	병원에 가야 하는 경우/치료/식단	예방/재발/합병증
• **원인**: 콜로스트리듐테타니균이 분비하는 독성이 전신에 퍼짐. • **감염**: 찔린 상처, 화상, 심한 찰과상을 통한 세균 오염 • **잠복기**: 3일~3주, 평균 잠복기는 8일이다. • **기간**: 몇 주	• **병원에 즉시 가야 하거나 응급실에 가야 하는 경우**: 예방접종을 실시하지 않은 아동이 감염되기 쉬운 상처를 입었을 때 • **치료**: 파상풍 예방을 위해 파상풍 톡소이드 접종을 비롯한 의료적 치료가 필수다. 파상풍 항독소, 근육 이완제, 항생제, 필요하면 구조 호흡	• **예방**: 예방접종(DTP)을 하고, 야외에서는 모두가 신발을 신고, 아이의 실외 놀이를 감독한다. • **재발**: 없다. • **합병증**: 궤양, 폐렴, 심장박동 이상, 폐의 혈액 응고 등이 나타날 수 있다. 치명적일 수 있다.
• **원인**: 세균, 바이러스, 미코플라스마, 진균, 원생동물 같은 다양한 종류의 미생물, 화학물질과 기타 자극물 흡입 • **감염**: 원인에 따라 다르다. • **잠복기**: 원인에 따라 다르다. • **기간**: 원인에 따라 다르다.	• **병원에 가야 하는 경우**: 기침이 지속되거나 가래가 섞일 때, 감기나 독감에 걸린 아이가 증상이 악화되거나, 열이 높아지거나, 기침이 나거나, 기타 폐렴 증상을 보일 때 • **즉시 병원이나 응급실에 가야 하는 경우**: 아이가 호흡을 힘들어하거나, 파랗게 질리거나, 몹시 아파 보일 때 • **치료**: 기침과 열의 증상을 치료한다. 적절한 경우 항생제를 투여한다. 체위거담법을 이용해 가래를 잘 뱉어 낼 수 있게 한다. 심한 경우 입원한다.	• **예방**: Hib 예방접종을 실시해 Hib 감염을 예방한다. 고위험 아동의 경우, 감염 예방에 각별히 주의한다(656쪽 참조). • **재발**: 여러 형태가 재발될 수 있다. • **합병증**: 면역 체계가 손상된 아동은 합병증 위험이 높다.
• **원인**: 풍진 바이러스 • **감염**: 직접 접촉이나 호흡기 분비물의 비말을 통해 감염된다. 주로 발진이 나타나기 수일 전부터 발진이 나타난 후 5~7일이 전염성이 강하다. • **잠복기**: 14~21일 주로 16~18일 • **기간**: 몇 시간 ~ 4, 5일	• **병원에 가야 하는 경우**: 면역력이 없는 임신부가 걸린 경우 • **치료**: 없다.	• **예방**: MMR 예방접종(611쪽 참조) • **재발**: 없다. 한 번 병을 앓고 나면 평생 면역력이 생긴다. • **합병증**: 매우 드물지만 혈소판 감소증 혹은 뇌염
• **원인**: 콕사키바이러스 같은 비폴리오 엔테로바이러스, 간혹 기타 바이러스 • **감염**: 입-입, 배설물-손-입 • **잠복기**: 3~6일 • **기간**: 4~7일. 그러나 다 나으려면 2~3주일이 걸릴 수 있다.	• **병원에 가야 하는 경우**: 진단을 확인할 때 • **즉시 병원에 가야 하는 경우**: 발작이 나타날 때 • **치료**: 증상에 대한 치료 • **식단**: 부드러운 음식이 좋다.	• **예방**: 청결한 위생 관리 • **재발**: 가능하다. • **합병증**: 드물다.

질병/계절/취약 대상	증상 (숫자는 등장 순서를 나타낸다.)	
	비발진	발진
호흡기세포융합 바이러스 일반 감기(646쪽), 세기관지염(900쪽), 폐렴(904쪽)을 포함 • **계절**: 온대지방의 경우 겨울과 초봄, 열대지방의 경우 우기 • **취약 대상**: 연령을 불문하고 누구나 취약하지만 주로 만 3세 전에 발생한다.	경미한 감기 증상에서 세기관지염과 폐렴 증상까지 다양하다. 기침, 천명음, 인후염, 고통스러운 호흡, 불쾌감, 코와 목 점막의 염증 등이 동반된다. 때때로 주로 조숙아의 경우 무호흡 증상이 나타난다.	
홍역 • **계절**: 겨울과 봄 • **취약 대상**: 아직 면역력이 없는 사람은 누구나	1. 1~2일 동안: 열과 콧물, 빨갛게 충혈되고 눈물에 젖은 눈, 마른기침 때때로 설사, 임파선 부종	2. 뺨 안쪽에 모래 알갱이같이 생긴 작고 흰 반점이 보이며(코플릭 반점) 피가 날 수 있다. 3. 이마와 귀 뒤에 빨갛고 윤기가 없으며 약간 도드라진 발진이 나타나기 시작해 아래로 번지면서 전신이 빨개진다.
후두개염 (후두 상단 부분의 염증) • **계절**: 온대 지역의 경우 겨울철 • **취약 대상**: 주로 2~4세 아동. 주된 원인이 되는 질병의 예방접종 덕분에 점점 줄고 있다.	갑자기 열이 38.9°C 이상 오른다. 2세 미만 토들러는 좀 더 낮다. 마른기침이 난다(2세 미만 토들러의 경우 크루프성 기침). 목이 따갑고 음식을 넘기기 어렵다. 침을 흘린다. 때때로 혀를 내민다. 흉부가 수축된다(621쪽 참조). 손발톱과 입술이 파래진다. 증상이 빠르게 악화된다. 아이는 몸이 불편하고, 흥분하며, 짜증이 늘고, 불안해한다. 공기를 마시기 위해 똑바로 서서 입을 벌린 채 몸을 앞으로 구부린 자세가 바람직하다. 검사를 하면 후두개가 심하게 붓고 빨갛다.	

원인/감염/잠복기/기간	병원에 가야 하는 경우/치료/식단	예방/재발/합병증
• **원인**: 호흡기세포융합 바이러스 • **감염**: 발병일로부터 3일~4주 사이 호흡기 분비물의 직접 혹은 근접 접촉이나 오염된 물건의 접촉 • **잠복기**: 대개 5~8일 • **기간**: 질병에 따라 다르다.	• **병원에 가야 하는 경우**: 감기에 걸린 아이가 호흡곤란을 겪거나(숨을 들이쉴 때마다 콧구멍을 벌름거린다.), 천명음을 내거나, 기침을 할 때 귀에 거슬리는 소리를 내거나, 호흡이 아주 가쁠 때 (624쪽 참조) • **치료**: 증상에 대해 치료한다. 증상이 심하거나 고위험 환자의 경우 항바이러스 약물과 입원이 필요할 수 있다.	• **예방**: 감염된 사람과 격리한다. 손을 깨끗이 씻는다. 위생 대책을 세운다(656쪽 참조). 연기에 노출되는 것을 삼간다. 백신과 호흡기세포융합 바이러스 면역글로불린에 대해 연구 중이지만 아직 이용할 수 없다. • **재발**: 가능하다. 3세 이후에는 주로 상기도 감염 형태로 재발된다. • **합병증**: 귀의 감염, 면역 체계가 손상된 유아와 어린아이들에게는 보다 심각한 질병이 발병될 수 있다.
• **원인**: 홍역 바이러스 • **감염**: 발진이 나타나기 2일 전부터 4일 후까지 호흡기 비말의 직접적인 접촉 • **잠복기**: 8~12일 • **기간**: 약 일주일	• **병원에 가야 하는 경우**: 진단을 확인할 때 • **즉시 다시 가야 하는 경우**: 기침이 심하거나 경련이나 폐렴, 뇌염, 중이염의 증상이 나타나는 경우, 열이 내렸다가 다시 오르는 경우 • **치료**: 증상에 대해 치료한다. 발진 부위를 따뜻한 물에 담근다. 눈이 환한 빛에 노출되더라도 해롭지는 않지만, 불편하다면 조명의 밝기를 낮춘다. 증상이 심하고 고위험 아동인 경우 비타민 A를 투여한다.	• **예방**: MMR 예방접종을 실시한다. 감염된 사람과 철저히 격리한다. • **재발**: 없다. • **합병증**: 중이염, 폐렴, 뇌염. 특히 면역력이 손상된 아동은 치명적일 수 있다. 1000 명 가운데 3명꼴의 사망률(미국)을 보인다.
• **원인**: 주로 b형 헤모필루스 인플루엔자(Hib). 간혹 A군 연쇄상구균 • **감염**: 1대1 접촉이나 호흡기 비말 흡입에 의해 감염된다. • **잠복기**: 확실하지 않으며 상당히 가변적이다. • **기간**: 4~7일 이상	• **병원에 가야 하는 경우**: 후두개염이 의심되면 즉시 119에 전화하거나 응급실로 향한다. 도움을 기다리는 동안 아이를 똑바로 세워 몸을 앞으로 구부리고 입을 벌려 혀를 내밀게 한다. • **치료**: 입원, 기도 확보 유지, 호흡 튜브, 항생제	• **예방**: 후두개염 사례의 최소 75%는 Hib 예방접종으로 예방이 가능하다. • **재발**: 약간의 가능성이 있다. • **합병증**: 즉시 치료하지 않으면 치명적일 수 있다.

남자아이의 체중, 신장, 머리둘레 성장 도표(0~4세)

단위: 체중(kg), 신장(cm), 머리둘레(cm)

연령	구분	백분위수(남자아이)								
		3	5	10	25	50	75	90	95	97
출생시	체중	2.6	2.7	2.8	3.1	3.4	3.8	4.2	4.5	4.6
	신장	44.7	45.3	46.4	48.2	50.1	52.1	53.9	54.9	55.6
	머리둘레	32.1	32.4	32.9	33.7	34.7	35.7	36.7	37.4	37.8
1~2개월	체중	4.5	4.6	4.8	5.2	5.7	6.2	6.6	6.9	7.1
	신장	52.8	53.4	54.4	56.0	57.7	59.4	61.0	61.9	62.5
	머리둘레	35.5	35.9	36.4	37.3	38.3	39.3	40.3	40.9	41.3
2~3개월	체중	5.1	5.3	5.5	5.9	6.5	7.0	7.5	7.8	8.0
	신장	56.1	56.7	57.6	59.2	60.9	62.6	64.1	65.0	65.6
	머리둘레	37.0	37.4	37.9	38.8	39.9	40.9	41.8	42.4	42.8
3~4개월	체중	5.6	5.8	6.0	6.5	7.0	7.6	8.1	8.5	8.7
	신장	58.6	59.2	60.2	61.8	63.5	65.2	66.7	67.6	68.2
	머리둘레	38.2	38.5	39.1	40.0	41.1	42.1	43.0	43.6	43.9
4~5개월	체중	6.0	6.2	6.5	7.0	7.5	8.1	8.7	9.0	9.3
	신장	60.8	61.4	62.3	63.9	65.7	67.4	68.9	69.8	70.4
	머리둘레	39.1	39.5	40.1	41.0	42.0	43.0	44.0	44.5	44.9
5~6개월	체중	6.4	6.6	6.9	7.4	8.0	8.6	9.2	9.5	9.8
	신장	62.6	63.2	64.2	65.8	67.6	69.3	70.9	71.8	72.4
	머리둘레	39.9	40.3	40.9	41.8	42.8	43.9	44.8	45.3	45.7
6~7개월	체중	6.7	6.9	7.2	7.7	8.4	9.0	9.6	10.0	10.2
	신장	64.2	64.9	65.9	67.5	69.3	71.0	72.6	73.6	74.2
	머리둘레	40.6	41.0	41.5	42.5	43.5	44.5	45.4	46.0	46.3
7~8개월	체중	7.0	7.2	7.5	8.1	8.7	9.4	10.0	10.4	10.7
	신장	65.7	66.4	67.3	69.0	70.8	72.6	74.3	75.2	75.9
	머리둘레	41.2	41.5	42.1	43.1	44.1	45.1	46.0	46.6	46.9
8~9개월	체중	7.3	7.5	7.8	8.4	9.0	9.7	10.4	10.8	11.1
	신장	67.0	67.7	68.7	70.4	72.3	74.1	75.8	76.8	77.4
	머리둘레	41.7	42.1	42.6	43.6	44.6	45.7	46.5	47.1	47.4
9~10개월	체중	7.5	7.7	8.1	8.7	9.3	10.1	10.7	11.2	11.4
	신장	68.3	68.9	70.0	71.7	73.6	75.5	77.2	78.2	78.9
	머리둘레	42.1	42.5	43.1	44.1	45.1	46.1	47.0	47.5	47.9

남자아이의 체중, 신장, 머리둘레 성장 도표

도표 보는 법
1. 도표의 1~2개월은 생후 1개월 이상부터 2개월 미만을 의미한다. (다른 연령대도 동일)
2. 같은 연령대의 평균값은 50이다. 50 이하로 내려갈수록 체중, 신장, 머리둘레가 평균값보다 점점 작아지고, 50 이상으로 올라갈수록 평균값보다 점점 커진다.
3. 상위와 하위 5%에 속하는 아동 중 일부는 유전적인 영향에 의한 것으로 건강하게 잘 자라지만, 일부 아이는 키가 대단히 더디 크거나 체중이 지나치게 빨리 증가할 수 있다. 내 아이가 이 그룹에 속한다면 담당 의사와 상의한다. 체중이나 신장 혹은 둘 다 일반적인 범주에 속하던 아이가 갑작스런 변화를 보이는 경우에도 의사와 상담하는 것이 좋지만, 이런 변화는 완전히 정상일 수 있다.
4. 본 도표는 2007년 소아 청소년 표준 성장 도표(대한소아과학회) 기준이다.

연령	구분	백분위수(남자아이)								
		3	5	10	25	50	75	90	95	97
10~11개월	체중	7.8	8.0	8.3	8.9	9.6	10.4	11.1	11.5	11.8
	신장	69.4	70.1	71.2	72.9	74.9	76.8	78.5	79.6	80.2
	머리둘레	42.5	42.9	43.5	44.5	45.5	46.5	47.4	47.9	48.3
11~12개월	체중	8.0	8.2	8.6	9.2	9.9	10.7	11.4	11.8	12.1
	신장	70.5	71.2	72.3	74.1	76.0	78.0	79.8	80.9	81.5
	머리둘레	42.9	43.3	43.9	44.8	45.9	46.9	47.8	48.3	48.7
12~15개월	체중	8.4	8.6	9.0	9.7	10.4	11.2	12.0	12.4	12.8
	신장	72.5	73.2	74.3	76.2	78.2	80.3	82.1	83.3	84.0
	머리둘레	43.6	44.0	44.5	45.5	46.5	47.5	48.4	49.0	49.3
15~18개월	체중	9.0	9.2	9.6	10.3	11.1	12.0	12.8	13.3	13.6
	신장	75.1	75.8	77.0	79.0	81.2	83.3	85.3	86.5	87.3
	머리둘레	44.4	44.7	45.3	46.3	47.3	48.3	49.2	49.7	50.1
18~21개월	체중	9.5	9.8	10.2	10.9	11.7	12.7	13.5	14.1	14.5
	신장	77.4	78.2	79.4	81.5	83.8	86.1	88.2	89.5	90.3
	머리둘레	45.0	45.4	46.0	46.9	47.9	49.0	49.8	50.4	50.7
21~24개월	체중	10.0	10.3	10.7	11.4	12.3	13.3	14.2	14.8	15.2
	신장	79.4	80.3	81.6	83.7	86.2	88.6	90.8	92.2	93.1
	머리둘레	45.5	45.9	46.5	47.4	48.5	49.5	50.4	50.9	51.2
2~2.5세	체중	10.7	11.0	11.4	12.2	13.1	14.2	15.2	15.8	16.3
	신장	82.2	83.1	84.5	86.8	89.4	92.0	94.4	95.9	96.9
	머리둘레	46.2	46.5	47.1	48.0	49.1	50.1	51.0	51.5	51.8
2.5~3세	체중	11.5	11.8	12.2	13.0	14.0	15.1	16.2	16.9	17.4
	신장	85.6	86.5	87.9	90.4	93.1	96.0	98.6	100.2	101.3
	머리둘레	46.8	47.2	47.7	48.6	49.7	50.7	51.6	52.1	52.5
3~3.5세	체중	12.2	12.5	13.0	13.9	14.9	16.1	17.3	18.1	18.6
	신장	89.3	90.2	91.6	94.0	96.7	99.6	102.3	103.9	105.0
	머리둘레	47.3	47.6	48.2	49.1	50.1	51.1	52.0	52.6	52.9
3.5~4세	체중	13.0	13.3	13.8	14.8	15.9	17.2	18.6	19.5	20.1
	신장	92.7	93.6	95.1	97.5	100.3	103.2	105.9	107.6	108.7
	머리둘레	47.7	48.0	48.5	49.4	50.4	51.4	52.4	52.9	53.3

여자아이의 체중, 신장, 머리둘레 성장 도표(0~4세)

단위: 체중(kg), 신장(cm), 머리둘레(cm)

연령	구분	백분위수(여자아이)								
		3	5	10	25	50	75	90	95	97
출생시	체중	2.5	2.6	2.7	3.0	3.3	3.7	4.0	4.3	4.5
	신장	44.5	45.1	46.1	47.6	49.4	51.1	52.8	53.7	54.4
	머리둘레	31.4	31.7	32.2	33.0	34.1	35.1	36.1	36.7	37.1
1~2개월	체중	4.2	4.3	4.6	4.9	5.4	5.8	6.2	6.5	6.7
	신장	51.9	52.5	53.4	54.9	56.7	58.3	59.9	60.8	61.3
	머리둘레	34.8	35.1	35.6	36.5	37.5	38.6	39.6	40.2	40.6
2~3개월	체중	4.8	4.9	5.2	5.6	6.1	6.6	7.0	7.3	7.5
	신장	54.9	55.5	56.5	58.0	59.8	61.5	63.0	63.9	64.5
	머리둘레	36.3	36.6	37.1	38.0	39.0	40.1	41.1	41.7	42.1
3~4개월	체중	5.2	5.4	5.7	6.1	6.6	7.2	7.6	7.9	8.1
	신장	57.4	58.0	59.0	60.5	62.3	64.0	65.5	66.4	67.0
	머리둘레	37.4	37.8	38.3	39.2	40.2	41.2	42.2	42.8	43.2
4~5개월	체중	5.6	5.8	6.1	6.6	7.1	7.7	8.2	8.5	8.7
	신장	59.4	60.1	61.0	62.7	64.4	66.2	67.7	68.7	69.3
	머리둘레	38.4	38.7	39.2	40.1	41.1	42.2	43.2	43.8	44.2
5~6개월	체중	6.0	6.1	6.4	6.9	7.5	8.1	8.6	9.0	9.2
	신장	61.3	61.9	62.9	64.5	66.3	68.1	69.7	70.6	71.2
	머리둘레	39.1	39.5	40.0	40.9	41.9	43.0	43.9	44.6	45.0
6~7개월	체중	6.3	6.5	6.8	7.3	7.9	8.5	9.1	9.4	9.6
	신장	62.9	63.5	64.5	66.2	68.0	69.8	71.5	72.4	73.1
	머리둘레	39.8	40.1	40.7	41.6	42.6	43.6	44.6	45.2	45.6
7~8개월	체중	6.5	6.7	7.1	7.6	8.2	8.9	9.4	9.8	10.0
	신장	64.4	65.0	66.0	67.7	69.6	71.4	73.1	74.1	74.7
	머리둘레	40.4	40.7	41.2	42.1	43.2	44.2	45.2	45.8	46.2
8~9개월	체중	6.8	7.0	7.3	7.9	8.5	9.2	9.8	10.2	10.4
	신장	65.7	66.4	67.4	69.1	71.0	72.9	74.6	75.6	76.3
	머리둘레	40.9	41.2	41.8	42.6	43.7	44.7	45.7	46.3	46.7
9~10개월	체중	7.0	7.3	7.6	8.2	8.8	9.5	10.1	10.5	10.8
	신장	67.0	67.7	68.7	70.4	72.3	74.3	76.0	77.0	77.7
	머리둘레	41.4	41.7	42.2	43.1	44.1	45.2	46.2	46.8	47.2

여자아이의 체중, 신장, 머리둘레 성장 도표

도표 보는 법
1. 도표의 1~2개월은 생후 1개월 이상부터 2개월 미만을 의미한다. (다른 연령대도 동일)
2. 같은 연령대의 평균값은 50이다. 50 이하로 내려갈수록 체중, 신장, 머리둘레가 평균값보다 점점 작아지고, 50 이상으로 올라갈수록 평균값보다 점점 커진다.
3. 상위와 하위 5%에 속하는 아동 중 일부는 유전적인 영향에 의한 것으로 건강하게 잘 자라지만, 일부 아이는 키가 대단히 더디 크거나 체중이 지나치게 빨리 증가할 수 있다. 내 아이가 이 그룹에 속한다면 담당 의사와 상의한다. 체중이나 신장 혹은 둘 다 일반적인 범주에 속하던 아이가 갑작스런 변화를 보이는 경우에도 의사와 상담하는 것이 좋지만, 이런 변화는 완전히 정상일 수 있다.
4. 본 도표는 2007년 소아 청소년 표준 성장 도표(대한소아과학회) 기준이다.

연령	구분	백분위수(여자아이)								
		3	5	10	25	50	75	90	95	97
10~11개월	체중	7.3	7.5	7.8	8.4	9.1	9.8	10.5	10.9	11.1
	신장	68.2	68.8	69.9	71.6	73.6	75.5	77.3	78.4	79.1
	머리둘레	41.8	42.1	42.6	43.5	44.5	45.6	46.6	47.2	47.6
11~12개월	체중	7.5	7.7	8.1	8.7	9.4	10.1	10.8	11.2	11.5
	신장	69.3	70.0	71.0	72.8	74.8	76.8	78.6	79.7	80.4
	머리둘레	42.1	42.5	43.0	43.9	44.9	46.0	46.9	47.5	47.9
12~15개월	체중	7.9	8.1	8.5	9.1	9.8	10.6	11.4	11.8	12.1
	신장	71.3	72.0	73.1	74.9	77.0	79.0	80.9	82.1	82.8
	머리둘레	42.8	43.1	43.6	44.5	45.5	46.6	47.6	48.2	48.6
15~18개월	체중	8.5	8.7	9.1	9.7	10.5	11.4	12.2	12.7	13.0
	신장	74.1	74.8	75.9	77.8	79.9	82.1	84.1	85.3	86.1
	머리둘레	43.6	43.9	44.4	45.3	46.3	47.4	48.3	48.9	49.3
18~21개월	체중	9.0	9.2	9.6	10.3	11.1	12.0	12.9	13.4	13.8
	신장	76.6	77.3	78.4	80.3	82.6	84.8	87.0	88.3	89.1
	머리둘레	44.2	44.6	45.1	45.9	47.0	48.0	49.0	49.6	49.9
21~24개월	체중	9.5	9.7	10.1	10.8	11.7	12.7	13.6	14.2	14.6
	신장	78.8	79.5	80.7	82.7	85.0	87.4	89.6	91.0	91.9
	머리둘레	44.8	45.1	45.6	46.5	47.5	48.5	49.5	50.1	50.5
2~2.5세	체중	10.2	10.4	10.8	11.6	12.5	13.5	14.6	15.2	15.7
	신장	81.6	82.4	83.6	85.8	88.2	90.8	93.2	94.6	95.6
	머리둘레	45.4	45.7	46.2	47.1	48.1	49.1	50.1	50.7	51.1
2.5~3세	체중	10.9	11.2	11.6	12.4	13.4	14.5	15.7	16.4	16.9
	신장	84.8	85.6	87.0	89.3	91.9	94.7	97.2	98.7	99.7
	머리둘레	46.0	46.4	46.9	47.7	48.7	49.7	50.7	51.3	51.7
3~3.5세	체중	11.7	12.0	12.5	13.3	14.3	15.5	16.7	17.5	18.1
	신장	88.2	89.1	90.5	92.9	95.6	98.3	100.9	102.5	103.5
	머리둘레	46.5	46.9	47.4	48.2	49.2	50.2	51.2	51.7	52.1
3.5~4세	체중	12.6	12.9	13.3	14.2	15.3	16.6	17.9	18.8	19.4
	신장	91.7	92.6	94.0	96.5	99.2	102.0	104.6	106.2	107.3
	머리둘레	46.9	47.2	47.7	48.6	49.5	50.6	51.5	52.1	52.5

국민건강보험공단 영유아 검진 대상 안내

국민건강보험공단 영유아 건강검진 실시 안내
1. 대상자 선정: 생후 4개월부터 71개월까지의 영유아를 대상으로 검진시기별로 선정한다.
2. 건강검진표 발송 및 수령: 영유아 건강검진표는 공단에서 직장가입자 및 세대주 주민등록주소지로 우편 발송하고 있으며 전국 영유아 검진기관에서 검진 가능하다.
3. 건강검진 결과 통보(검진기관): 영유아 건강검진 결과는 검진 완료 후 보호자에게 직접 통보한다.

차수	대상 연령	구분	항목
1차	생후 4~6개월	건강검진	문진 및 진찰, 신체계측, 건강교육
2차	생후 9~12개월	건강검진	문진 및 진찰, 신체계측, 발달 선별 검사 및 상담, 건강교육
3차	생후 18~24개월	건강검진	문진 및 진찰, 신체계측, 발달 선별 검사 및 상담, 건강교육
	생후 18~29개월	*구강검진	구강문진 및 진찰, 구강보건교육
4차	생후 30~36개월	건강검진	문진 및 진찰, 신체계측, 발달 선별 검사 및 상담, 건강교육
5차	생후 42~48개월	건강검진	문진 및 진찰, 신체계측, 발달 선별 검사 및 상담, 건강교육
	생후 42~53개월	*구강검진	구강문진 및 진찰, 구강보건교육
6차	생후 54~60개월	건강검진	문진 및 진찰, 신체계측, 발달 선별 검사 및 상담, 건강교육
	생후 54~65개월	*구강검진	구강문진 및 진찰, 구강보건교육
7차	생후 66~71개월	건강검진	문진 및 진찰, 신체계측, 발달 선별 검사 및 상담, 건강교육

예방접종 분류

국가 예방접종

국가 예방접종은 국가가 권장하는 예방접종으로 국가는 '감염병의 예방 및 관리에 관한 법률'을 통해 예방접종 대상 감염병과 예방접종의 실시기준 및 방법에 관한 권장 사항을 정하고 있다.
국가 예방접종은 보건소와 의료기관에서 접종 가능하다.

- 결핵(BCG, 피내접종)
- B형 간염(HepB)
- 디프테리아/파상풍/백일해(DTaP)
- 파상풍/디프테리아(Td)
- 파상풍/디프테리아/백일해(Tdap)
- 폴리오(IPV)
- 디프테리아/파상풍/백일해/폴리오(DTaP-IPV)
- b형 헤모필루스 인플루엔자(Hib)
- 폐렴구균(PCV, PPSV)
- 홍역/유행성 이하선염/풍진(MMR)
- 수두(Var)
- 일본뇌염(JE, 불활성화 백신)
- 일본뇌염(JE, 약독화 생백신)
- 인플루엔자(Flu)
- 장티푸스(ViCPS, 고위험군 대상)
- 신증후군출혈열(HFRS, 고위험군 대상)

기타 예방접종

기타 예방접종은 국가지원 대상 외에 의료기관에서 받을 수 있는 예방접종이다.

- 결핵(BCG, 경피접종)
- A형 간염(HepA)
- 로타바이러스(RV)
- 인유두종 바이러스(HPV)
- 수막구균(MCV4)
- 대상포진(HZV)

신생아·소아 예방접종표

나이	예방접종 종류	참고 사항
0~4주	결핵(BCG 피내용)	생후 4주 이내 접종
0~6개월	B형 간염	3회 접종(0, 1, 6개월)
2~15개월	뇌수막염(Hib)	3회 접종(2, 4, 6개월), 추가 접종(12~15개월)
2개월~만 6세	소아마비(폴리오)	3회 접종(2, 4, 6개월), 추가 접종(만 4~6세)
2~59개월	폐렴구균(단백결합백신 10가, 13가)	3회 접종(2, 4, 6개월), 추가 접종(12~15개월)
2개월~만 12세	디프테리아/파상풍/백일해(DPT)	3회 접종(2, 4, 6개월), 추가 접종(15~18개월, 만 4~6세, 만 11~12세)
2개월~만 6세	디프테리아/파상풍/백일해+폴리오(콤보 백신)	3회 접종(2, 4, 6개월), 추가 접종(만 4~6세)
12~15개월	수두	1회 접종(12~15개월)
12~15개월	홍역, 유행성 이하선염, 풍진(MMR)	1회 접종(12~15개월), 추가 접종(만 4~6세)
12~35개월	일본뇌염(생백신)	1회 접종(12~24개월), 추가 접종(12개월 후)
12개월~만 12세	일본뇌염(사백신)	3회 접종(12~36개월), 추가 접종(만 6세, 12세)
6개월~만 4세	인플루엔자	우선접종권장 대상자
24개월~만 12세	장티푸스	고위험군에 한하여 접종

질병관리본부 제공

예방접종별 추가 설명

결핵
- 접종 대상: 모든 영유아를 대상으로 한다.
- 표준 접종 시기: 생후 1개월 이내에 접종을 권장한다.
- 백신 종류: BCG(피내용)

B형 간염
- 접종 대상: 모든 영유아를 대상으로 한다.
- 표준 접종 시기:
  - 모체가 HBsAg 양성인 경우 : HBIG 및 B형 간염 백신 1차 접종을 생후 12시간 이내 각각 다른 부위에 실시할 것을 권장한다.
  - 모체가 HBsAg 음성인 경우 : 생후 1~2개월에 B형 간염 백신 접종을 시작할 것을 권장한다.
  - 모체의 HBsAg 검사 결과를 알지 못하는 경우 : B형 간염 백신 1차 접종을 생후 12시간 이내에 실시하고, 산모의 검사 결과 양성으로 밝혀지면 가장 빠른 시기(늦어도 7일 이내)에 HBIG를 백신 접종과 다른 부위에 접종할 것을 권장한다.

디프테리아 파상풍 백일해
- 접종 대상: 모든 영유아를 대상으로 한다.
- 표준 접종 시기:
  - 생후 2개월, 4개월, 6개월에 3회 기초 접종할 것을 권장한다.
  - 생후 15~18개월, 만 4~6세, 만 11~12세에 3회 추가 접종할 것을 권장한다.
- ※ 기초 접종 3회는 동일 제조사의 백신으로 접종하는 것을 원칙으로 한다.
- ※ 표준 접종 일정

구분		표준 접종 시기	접종 간격	백신
기초 접종	1차	생후 2개월	최소한 생후 6주 이후	DTaP
	2차	생후 4개월	1차 접종 후 4~8주 경과 후	DTaP
	3차	생후 6개월	2차 접종 후 4~8주 경과 후	DTaP
추가 접종	4차	생후 15~18개월	3차 접종 후 최소 6개월 이상 경과 후	DTaP
	5차	만 4~6세	-	DTaP
	6차	만 11~12세	-	Tdap 혹은 Td

폴리오
- 접종 대상: 모든 영유아를 대상으로 접종한다.
- 표준 접종 시기:
  - 생후 2개월, 4개월, 6개월에 3회 기초 접종할 것을 권장한다. (단, 3차 접종은 생후 6~18개월까지 접종 가능)
  - 만 4~6세에 추가 접종할 것을 권장한다.

예방접종별 추가 설명

홍역 **유행성 이하선염** **풍진**	• 접종 대상: 모든 영유아를 대상으로 한다. • 표준 접종 시기: 생후 12~15개월과 만 4~6세에 2회 접종할 것을 권장한다.

일본뇌염	• 접종 대상: 모든 영유아를 대상으로 한다.
	• 표준 접종 시기:
	  - 쥐 뇌조직 유래 불활성화 백신은 생후 12~23개월 중 7~30일 간격으로 2회 접종한 후, 12개월 뒤에 1회 더 접종하여 기초 접종을 완료하고, 만 6세와 만 12세에 2회 추가 접종할 것을 권장한다.
	  - 햄스터 신장세포 유래 약독화 생백신은 생후 12~23개월에 1회 접종하고, 12개월 후 2차 접종할 것을 권장한다.

수두	• 접종 대상: 모든 영유아를 대상으로 한다. • 표준 접종 시기: 생후 12~15개월에 1회 접종할 것을 권장한다.

b형 헤모필루스 인플루엔자	• 접종 대상: 모든 영유아를 대상으로 한다.
	• 표준 접종 시기:
	  - 생후 2개월, 4개월, 6개월에 3회 기초 접종할 것을 권장한다.
	  - 생후 12~15개월에 1회 추가 접종할 것을 권장한다.

폐렴구균	• 접종 대상: 모든 영유아를 대상으로 한다.
	• 표준 접종 시기:
	  - 영유아의 경우 폐렴구균 단백결합 백신으로 생후 2개월, 4개월, 6개월에 3회 기초 접종을 실시한다.
	  - 생후 12~15개월에 1회 추가 접종할 것을 권장한다.

찾아보기

ㄱ

가금류
    가금류의 안전한 선택 585
    가금류의 안전한 취급 580
가려움증 658
    벌레에 물린 상처 716
    아토피 피부염(습진) 520
    벌레에 물린 상처 716
가르치기/배우기
    글자 배우기 487
    다른 사람의 권리에 대해 가르치기 49
    베푸는 행동 가르치기 240
    사교성 지도하기 208
    숫자와 글자 가르치기 329
    시간 개념 가르치기 246
    식탁 예절 가르치기 168
    쓰기 가르치기 487
    안전 규칙 가르치기 667
    외국어 가르치기 418
    운동의 중요성 가르치기 334
    적극성 가르치기 203
    정직에 대해 가르치기 506
    조심스럽게 만지는 방법 가르치기 269
    책임감 가르치기 459
    포용력에 대해 가르치기 381
    환경을 소중히 여기는 마음 가르치기 471
가방 안에 물건을 집어넣는 아이 308
가벼운 절도 490
가사 분담 809
가상의 친구를 만들어 내는 아이 445, 446
가성 사시 530
가습 892
    가습기의 청결 893
    방 안에 설치하는 가습기 892
    심지를 이용한 증발식 가습기 892
    중앙식 가습 892
    차가운 안개처럼 분사되는 가습기(냉 가습기) 892
    초음파식 가습기 892
    치료를 위한 가습기 892
가와사키 병 894, 895
가전제품의 안전성 666, 688
가정 부모의 문제도 참조
    가정에서의 성 역할 409
    비전통적인 가정 852
    자녀의 수 153
    집에서 가족끼리 알몸 보이기 419
    특별한 도움이 필요한 아이가 있는 가정 745
    한 부모 가정 841
가정 보육 시설 861
    가정 보육 시설 선택 867
    가정 보육 시설에서의 학대에 대한 걱정 879
    가정 보육 시설의 인가 868
    장점/단점 861
가정에서의 치료 890 민간요법도 참조
가족 침대 423
    죄책감에 따른 가족 침대 사용 823
가치관
    가족의 유대 69
    규칙을 지키는 생활 441
    나눔 300
    다른 사람의 권리를 존중함 49
    독서를 좋아함 115
    동물에게 친절하게 대함 211
    베푸는 즐거움 240
    아무도 완벽한 사람은 없음 92
    예의범절 148
    정직함 506
    텔레비전과 가치관 181
    행동의 옳고 그름 가르치기 263
    환경을 소중히 여기는 마음 471
간식
    간식을 주는 시간 562
    현명한 간식 선택 561
간접흡연과 토들러의 건강 678
간지럼 태우기 317 안아 주기도 참조
간질 750
감각 자극하기 88

미각 자극 91
청각 자극 89
촉각 자극 91
후각 자극 90
감각신경성 청력 상실 773
　보청기 773
　원인 773
　이상 징후 536
　청력 검사 773
감전 709
　감전의 위험 672
　감전의 예방 691
감정 표현
　감정 표현이 강렬한 토들러 230
　남자아이들의 감정 254
　다른 사람의 감정도 이해하기 49
　애정 표현으로 뺨을 때림 417
　표현의 독려 371
강요에 의한 성과 501 슈퍼차일드 신드롬도 참조
개 애완동물도 참조
　개를 무서워하지 않음 97
　개를 무서워함 95
　안전과 개 82, 96
　애완동물로서의 개 82
개성 받아들이기 783
거절증 53, 327
거짓말
　거짓말을 못하게 만들기 507
　거짓말하는 상황을 만들지 않기 507
　선의의 거짓말 508
거친 언어와 행동
　거칠게 노는 문제 322
　나쁜 말 하는 습관 485
건강검진
　13개월(1세)의 건강검진 3
　15개월의 건강검진 73
　18개월의 건강검진 152
　2세의 건강검진 337
　3세의 건강검진 475
　건강검진에 대해 아이에게 말해 주기 343
　국민건강보험 영유아 건강검진 152, 475, 912
건강 문제(토들러들에게 가장 일반적인 증상) 646
건설적인 비난 332 자아 존중감도 참조

건초열 520 알레르기도 참조
걷기
　걷기 능력 지연 4
　걸음마의 지연 178
　걷기 독려 5
　걷기를 거부함 355
　걷기와 넘어짐 4
　걷기의 퇴행 85
　걸을 때 부딪침 6
　까치발로 걸음 63
　어슬렁거리며 걷기 431
　첫 번째 걷기 단계 7
검사
　언어 및 청력 손실 검사 201
겁이 많은 아이
　놀 때 겁내기 232
　놀이터에서 겁내기 232
결막염 894
　안약 넣기 711
결혼생활의 문제 844
　별거, 이혼 844
　부모에 의해 버려짐 851
　싱글 아빠 844
겸상적혈구 빈혈증 615
경기나 공연 관람하기 256
　아이와 함께 극장이나 공연장에 가기 256
경동맥의 위치(그림) 736
경련
　간질 경련 750
　경련을 다루는 방법 709
　열성 경련 634
　질병 증상의 경련 620
계단의 안전 668, 673
　안전한 높이 677
고양이 애완동물도 참조
　고양이와 토들러의 안전 83, 96
　애완동물로서의 고양이 82
고양이발톱병 716
고정관념
　성별에 대한 고정관념 252
　인종에 대한 고정관념 383
고체온증 723
　열사병 724

찾아보기

일사병 724
고환
    고환 위축 547
    붙강하 고환 546
곤충
    가정에서의 병충해 방제 679
    곤충에 대해 알려주기 670
    곤충으로부터의 보호 679
곤충에 물리거나 침에 쏘인 경우 716
    독성이 있을 경우 716
    심각한 증상 716
    초과민 반응 716, 717, 760
골절 719
    복합 골절 719
곰팡이에 대한 알레르기 763
공감 능력 자극하기 49
공격적인 행동 214
    공격성 다스리기 214
    공격성 해결 222
    공격성과 텔레비전 181
    공격성의 부족 199
    공격하는 이유 214
    깨물기 220, 221
    때리기 81
    머리카락 잡아당기기 220
    부모를 때림 223
    장난감으로 표현되는 공격성 224
    친구에 대한 공격성 224
공공장소에서 아이가 소리를 지르는 아이 327
공기 환경
    담배 연기와 환경 678
    실내 공기 678
    일산화탄소와 공기 환경 678
    질병과 공기 환경 678
공놀이 884 아이들이 좋아하는 놀이도 참조
공동 탁아 863
공수병 896 광견병도 참조
공포증 235
교회에서 마구 돌아다니는 아이 390
과격한 신체 접촉 204
과일 주스
    과도한 섭취 559
    과일 주스와 설사 651

과일 주스의 선택 559
과일과 채소(아이의 1일 권장 섭취량)
    녹황색 채소 556
    아이 모르게 먹이기 569
    여러 과일과 채소 556
과잉 자극 392
과잉 행동 193
    과잉 행동을 나타내는 아이 228
    과잉 행동을 다루는 방법 195
    과잉 행동의 원인들 221
과체중 560
과학 교육 시작하기 503
관심 요구 323
관절염 755
광견병 896
    예방 접종 614
구경만 하는 아이 243
구급상자
    가정에서 구급상자에 채울 약품들 720
    여행갈 때의 구급상자 283
구조 호흡 736, 737
구토 651
    구토의 일반적인 치료 방법 658
    질병을 앓을 때 626
국소 마취 크림 344
권리
    권리에 대해 아이에게 가르치기 49
    부모의 권리 49
    타인의 권리 49
    토들러의 권리 50
권위를 시험 57
귀
    귀 질환의 증상들 625
    귀를 뚫는 경우 537
    귀를 통해 체온 읽기 631
    귀에 관을 삽입하는 경우 661
    귀에 이물질이 들어간 경우 245, 710
    귀에 해가 되는 소음의 정도 537
    귀의 감염 659
    귀의 관리 535
    귀의 부상 710
    귀의 통증 치료 658
    비행기 여행과 귀 288

알레르기와 귀 657
젖병 수유와 귀 32
귀 기울여 듣지 않는 아이 456
귀를 뚫는 문제 537
귀중품 보호 268
규칙 가르치기/배우기도 참조
규칙을 지키는 생활 441
아이에게 설명하기 143
그림 그리기
그림 그리기를 시작할 때 64
벽에 그리기 227
안전한 그림 도구들 703
근긴장 약화 7
근무 시간의 자유 선택 823
근시 529
근위축증
뒤셴형 근위축증 751
글자
가르치기/배우기 115
시작하기 487
쓰기 487
익히기 502
일찍 가르치기/배우기 329
글자와 숫자 시작하기 502
금세 더러워지는 아이 232
기계 접근의 안전 272
기도
기도의 증상 평가 624
상기도 알레르기 758
하기도 알레르기 759
기본 인명 구조법 732
기억력이 짧은 아이 494
기저귀
기저귀 갈 때 발버둥치는 행동 14
기저귀를 거부함 602
기저귀를 벗으려 함 126
기저귀에서 배변 훈련용 팬티로 596
기저귀의 내용물을 만지며 노는 행동 606
변을 볼 때만 기저귀 사용 607
기저귀 발진 518
기저귀 발진의 종류 519
야간의 기저귀 발진 607
기절 712

기질
각자의 기질 받아들이기 440
까다로운 기질 226
매우 활동적인 기질 193
수줍음이 많은 기질 440
평온한 기질 199
기차 여행 289
기침
의사에게 연락해야 할 때 621
일반적인 기침 치료 658
크루프성 기침 663
기화기
가열식 기화기 891
증기 기화기 891
긴장
토들러의 긴장을 이완시키는 방법 195
긴장 이완
부모를 위한 긴장 이완 806
아이를 위한 긴장 이완 195
길거리 안전 669
거리에서 마구 돌아다님 205
까다로운 아이와 생활하기 228
과잉 행동을 보이는 토들러 228
산만한 토들러 228
적응이 느린 토들러 229
처음에 움츠러드는 토들러 229
까치발로 걷는 아이 63
깨물기 220
깨무는 행동 다루기 221
깨지기 쉬운 물건 보호 268
꽃가루 알레르기 유발 항원 761
끈으로 아이를 묶어 놓고 싶은 충동 135

ㄴ

나눔 300
나누지 않는 친구들 488
나트륨 섭취 관리 558
나쁜 말을 사용하는 아이 485
낙서 그림 그리기도 참조
난시 529
난처한 말을 함 366

날씨
    따뜻한 날씨에 옷 입히기 549
    따뜻한 날의 피부 보호 514
    추운 날씨에 옷 입히기 548
    추운 날의 피부 보호 512

남은 음식의 위험 578

남을 따라 하는 아이 362

남의 아이에 대한 훈육 413

남자아이
    '남자아이용' 장난감 256
    남자아이를 위한 역할 모델 409
    남자아이의 감정 표현 억제 254
    남자아이의 생식기 관리 545
    남자아이의 소변보는 자세 604
    생식기 질환 546
    인형과 남자아이 250

납
    납 검사 673
    납을 다루는 방법 673
    납의 위험 673
    식수에 포함된 납 588
    페인트에 포함된 납 673

낭포성 섬유증 651

낮잠
    13개월의 낮잠 39
    18개월의 낮잠 160
    3세의 낮잠 476
    낮잠 재우기 39
    낮잠의 중단 161
    늦은 시간의 낮잠 161
    토막 잠 39
    한 살부터 낮잠을 줄임 161

낯선 사람
    낯선 사람을 두려워하지 않음 102
    낯선 사람을 의심함/두려워함 100

내반슬 62

내용물을 비우는 아이 59

내출혈 718

냄새
    냄새에 지나치게 예민함 230
    후각 자극 90

냉장고 문을 자꾸 여는 행동 119

냉찜질 890

넘어짐
    23개월의 경우 326
    넘어짐 예방 5
    자주 넘어짐 4

노래 만들어 부르기 884   아이들이 좋아하는 놀이도 참조

노래 불러 주기 45

노리개 젖꼭지
    17개월의 노리개 젖꼭지 131
    3세의 노리개 젖꼭지 481

녹황색 채소
    아이를 위한 권장 섭취량 556
    아이에게 먹이기 556

놀거리   장난감도 참조

놀이 모임
    놀이 모임 만들기 123
    놀이 모임에 가면 부모에게 매달림 121
    놀이 모임에서 안 좋은 버릇을 배움 125
    놀이 모임에서 훈육 413
    놀이 모임을 위한 지침 121, 218

놀이 65
    18개월 아이를 위한 장난감 180
    1세 아이를 위한 장난감 66
    2세 아이를 위한 장난감 368
    놀이 공간 67
    놀이에 몰입 396
    놀이의 이점 65
    다른 아이들이 노는 것을 관찰함 243
    모방 놀이 404
    부모와 아이가 함께 하는 놀이 809
    성별에 따른 놀이 250
    아이와 함께 놀아줄 때의 지루함 358

놀이터
    놀이터 안전 692
    놀이터 안전 가르치기 670
    놀이터에서 겁을 많이 냄 232
    놀이터에서 나오려 하지 않음 432
    안전한 놀이터 시설 692

농가진 521

농산물
    안전한 선택 583
    안전한 취급 584
    올바른 세척 방법 578
    유기농 농산물 583

뇌물 467
    뇌물의 문제점 468
뇌성마비 752
뇌수막염 896
눈
    감염 894
    결막염 894
    눈 검사 526
    눈 깜박임 528
    눈 보호 526
    눈 씻기 710
    눈 질병의 증상들 528
    눈 찜질 890
    눈꺼풀 처짐 532
    눈에 부식성 물질에 들어간 경우 710
    눈에 이물질이 들어간 경우 710
    눈을 깜박거림 528
    눈의 보호 525
    눈의 일반적인 질환들 528
    머리를 다쳤을 때 714
    물로 눈을 씻는 방법 710
    뭉툭한 물질에 부상을 입은 경우 711
    뾰족한 물질에 부상을 입은 경우 711
    사시 530
    시력 문제 527
    안약 넣기 711
    알레르기와 눈 760
    자외선 차단 526
    정기 검진 526
    질병의 증상 625
    텔레비전과 눈 528
눈(snow)
    눈 위에서의 안전 697
    눈싸움 697
    눈을 먹음 697
조리 기구
    조리 기구에서 나는 연기 684
    조리 기구의 관리 586

ㄷ

다른 사람을 배려하지 못하는 아이 365

다름에 대해 가르치기 381
다양성의 가치 일깨우기 381
다리
    걷다가 넘어짐 326
    내반슬 62
    외반슬 62, 359
    통증 484
다시 기어 다니는 행동 85
다운증후군 753
다정한 보살핌
    병을 앓고 있을 때 636
    부상을 당했을 때 724
단백질 음식
    유제품 조합 576
    채식주의 아이를 위한 단백질 조합 577
    채식주의자 식단의 단백질 577
    토들러의 단백질 권장 섭취량 555
단순 포진 543
단추 채우기 547
달래는 기술 261
달팽이관 이식 773
담배 연기와 토들러의 건강 678
당장 해 달라고 조르는 행동 154
대변과 건강   변비, 설사도 참조
    대변 사고 478
    대변 통제의 기술 592
    대변을 볼 때 기저귀 사용 607
    모양이 이상한 대변 119
    아플 때 대변의 변화 625
    이상한 모양의 대변 119
    질병이 있을 때 대변의 변화 625
대변에 대한 관심
    대변 만지기를 좋아함 606
    대변으로 장난치기 74
대상 영속성 21
대장 노릇
    친구들 사이에서 대장 노릇 454
대장놀이 884   아이들이 좋아하는 놀이도 참조
던지는 버릇 120
도덕성 심어주기 263
독감 655
    예방접종 614
독거미

독거미로부터 보호 696
독거미에 물린 부위 치료 방법 716
독극물 통제 682
독립성
독립성의 부족 426
지나친 독립성 428
독성 물질
가장 일반적인 독성 물질 683
가정용품에 포함된 독성 물질 683
독성 물질 통제하기 682
독성 물질 표시하기 683
독성 물질의 구강 섭취 711
독성 물질의 응급처치 711
예방법 684
유독가스에 의한 피해 713
토근을 이용한 응급처치 712
피부에 접촉된 독성 물질 731
독초 704
동물
동물로부터의 안전 84, 95, 703
동물에 물림 715
동물에 친절하도록 가르침 211
동상 713
동생
동생과 배변 훈련 281
동생과 육아 문제 815
동생과 큰아이를 남겨두기 801
동생과 큰아이의 방 794
동생으로 인한 큰아이의 퇴행 796
동생을 갖는 데 대한 회의 153
동생을 보는 시기 153
동생의 모유 수유와 큰아이의 시샘 800
동생이 태어남으로 인한 큰아이의 행동 변화 800
열정적으로 동생을 돌봐주려는 큰아이 798
동생을 임신한 사실 설명하기 420
동성애 경향을 보이는 행동 250
동성애자 가정 852
동성애자 부모 852
동종요법 약물 890
동화책 읽어 주기 497
두드러기 혹은 염증 759
두려움 235
개에 대한 두려움 95

극심한 두려움 237
낯선 사람에 대한 두려움 101
놀이터에서의 두려움 233
동화의 내용에 대한 두려움 497
두려움 극복하기 235
두려움에 맞서기 236
두려움의 원인 235
목욕에 대한 두려움 107
미용실에 대한 두려움 346
변기 물 내리기에 대한 두려움 603
부모로부터 유발되는 두려움 239
시도에 대한 두려움 426
어두움에 대한 두려움 476
외출에 대한 두려움 414
의사에 대한 두려움 342
잠드는 것에 대한 두려움 347
주사에 대한 두려움 344
치과의사에 대한 두려움 345
텔레비전과 두려움 181
두부 백선 523
두피
두피 질환 523
두피의 상처와 타박상 714
두피 백선 523
둘째 아이
둘째 아이의 임신 시기 153
둘째 아이에게 관심을 많이 못 줌 793
등의 부상 719
디트 696
디프테리아, 파상풍, 백일해 백신의 일반적인 증상 610
예방조치 610
의사에게 연락해야 하는 상황 610
따뜻한 날씨
따뜻한 날씨에 옷 입히기 549
따뜻한 날씨에 피부 보호 514
땀띠 521
땅콩
알레르기를 일으킬 수 있는 견과류 760
질식의 위험이 있는 음식 588
때리는 행동 214
다루는 방법 214
부모가 자기도 모르게 아이를 때림 804
부모를 때림 223

애정의 표현으로 부모의 뺨을 침　417
　　　친구를 때림　81
또래 아이들과 잘 어울리지 못하는 아이　79
똑같은 방식을 고수함　276
뜨거운 물에 담그기　890
뜨거운 찜질　891

ㄹ

라돈
　　　라돈으로부터 보호　684
　　　라돈의 위험　682
　　　식수에 포함된 라돈　589
라이 증후군　656, 898

ㅁ

마른 아이　563
마시기
　　　주스를 지나치게 많이 마심　559
　　　충분한 수분 섭취　558
　　　컵으로 마시기　30
마음을 차분하게 해주는 활동들　195
만성 질환　특별한 도움이 필요한 아이도 참조
말벌에 쏘여 심각한 증상을 보일 때　716
말하기　언어 발달도 참조
　　　19개월의 말하기　202
　　　2세의 말하기　400
　　　더딘 말 배우기　40
　　　말더듬　428
　　　말하기 지도　40
　　　자면서 말하기　488
　　　혼잣말　415
맛
　　　맛에 유난히 예민함　230
　　　미각 자극　91
맥박
　　　경동맥 위치　736
　　　맥박 측정　623
　　　요골 맥박　623
맹장염　624

머리 감기기
　　　머리 감길 때 발버둥을 침　174
　　　샴푸 캡　174
머리 기울이기/턱 들어올리기　733　기본 인명 구조법도 참조
머리 둘레(도표)　908
머리 들어 올리기(감기에 걸렸을 때)　891　민간요법도 참조
머리 부상
　　　머리 부상을 입었을 때의 동공　715
　　　머리 부상의 심각한 증상　714
머리를 찧는 습관　133
머리카락
　　　머리 빗기의 거부　311
　　　머리카락 관리　522
　　　머리카락 자르기를 두려워함　346
　　　머리카락 잡아당김　220
　　　머리카락에 붙은 껌 제거하기　522
　　　심리적 안정을 위한 머리카락 잡아당김　133
　　　탈모　523
머릿니　524
먼지 알레르기　762
멀미　296
멍 치료　728
　　　멍든 눈　711
모기 퇴치　696
모래 놀이터의 안전　694
모반
　　　선천성 모반　87
　　　후천성 모반　87
모반　86, 87
　　　검붉은 모반　86
　　　딸기 모반　86
　　　선천성 색소성 모반　87
　　　연어반　86
　　　커피색 모반　87
　　　해면상 혈관종 모반　87
모유 수유
　　　24개월의 모유 수유　365
　　　모유 먹는 동생을 질투하는 큰 아이　800
　　　모유 수유를 끊는 요령　34
　　　모유 수유를 중단해야 하는 이유　37
　　　모유 수유에 대한 감정　36
　　　첫돌이 지난 뒤에도 지속되는 모유 수유　36
모자

겨울용 모자 320
추운 날씨에 쓰는 모자 548
햇볕을 차단하는 모자 516
목구멍
  목구멍 검사 657
  목구멍에 이물질이 걸림 726
  의사에게 연락해야 하는 경우 621
  인후염 656
  증상 625
목소리 크기 조절 125, 327
목욕
  더러워진 피부 씻기 512
  목욕에 대한 두려움/거부 107
  안전한 목욕 690
  열이 날 때의 목욕 633
목의 부상 719
목이 부었을 때 625
몸 백선증 522
몸의 구멍에 물질 삽입 245
몸을 흔들기(안정감을 주는 행동) 134
몽고반 87
  검붉은 모반(화염상 모반) 86
  딸기 모반(혈관종) 86
  연어반 86
몽유병 352
무릎과 팔꿈치를 다쳤을 때 728
문구류의 안전 676, 703
문법적인 오류 328
문장을 만드는 능력 202 언어 발달도 참조
물건
  물건을 떨어뜨림 60
  물건을 입으로 가져감 106
  물건을 탕탕 침 13
  물건을 훔침 490
물림
  곤충에게 물림 716
  동물에게 물림 715
  뱀에게 물림 717
  사람에게 물림 716
물에서의 안전 695
  물에 뜨는 장난감 698
  물에 빠졌을 때의 응급처치 718
  물의 안전에 대해 가르치기 668

수영장이나 해변에서의 안전 695
욕조 안전 691
용기 안에 담긴 물이 근처에 있을 때 675
미술
  미술 활동 406, 884
  미술 활동의 독려 402
  미술 활동의 시작 64
  벽화 그리기 339
  안전한 미술도구 703
미술 작품 만들기 884
미용실에 대한 두려움 346
민간요법 658, 890
민망한 언어 사용 365

ㅂ

바닷가에서의 안전 699
바람직하지 않은 행동
  교회에서 얌전히 있지 못함 390
  귀를 기울이지 않는 태도 456
  기저귀를 벗김 126
  꾸물거리는 태도 429, 431, 432
  '나쁜' 말 485
  내용물을 비움 59
  다른 사람을 따라 함 362
  '닥치는 대로 만지기' 증후군 11
  때리기 81
  마구 돌아다님 205
  물건을 던짐 120
  물건을 떨어뜨림 60
  물건을 사 달라고 떼를 씀 398
  물건을 탕탕 침 13
  반복 행동을 좋아함 278, 280
  방문객과의 대화를 방해함 158
  변덕과 요구 399
  분노발작 178, 371
  소리와 비명 지름 125
  시도하길 두려워하는 태도 426
  아이가 때릴 때 부모도 맞받아 때림 223
  '안 된다'고 하는 부모의 말을 무시함 57
  우는 소리를 냄 367
  위로 올라가려 함 110

음식에 대한 집착 277
음식을 뱉어 냄 18
음식을 엎지름 386
전화 통화를 방해함 155
지시를 따르지 못함 435
집에서만 과격해짐 438
반심리학 353
반점 모반도 참조
반창고 붙이기 723
발
안짱다리 11
외반슬 62
평발 63
발가락 부상 720
발기
발기에 대한 호기심 429
발기에 대해 설명해 주기 429
발달 과정
13개월의 발달 과정 2
14개월의 발달 과정 52
15개월의 발달 과정 72
16개월의 발달 과정 94
17개월의 발달 과정 118
18개월의 발달 과정 151
19개월의 발달 과정 188
20개월의 발달 과정 213
21개월의 발달 과정 242
22개월의 발달 과정 266
23개월의 발달 과정 304
24개월의 발달 과정 336
25~27개월의 발달 과정 385
28~30개월의 발달 과정 411
31~33개월의 발달 과정 444
3세의 발달 과정 474
발달장애(자폐증) 765 특별한 도움이 필요한 아이도 참조
발바닥 사마귀 898
발음
발음 지도 44
발음이 분명하지 않음 200, 496
발진
기저귀 발진 518, 519, 607
일반적인 피부 질환과 발진 518
전염성 질병과 발진 894

밤에 자다가 깨는 아이 75
24개월의 경우 348
밤에 깨는 이유 348
스트레스 348
유당불내증 77
이가 나는 시기 191
밤에 불을 켜주기 476
밤중
밤에 대한 아이의 두려움을 없애는 방법 347
밤에 안방으로 건너옴 422
밤중 수유 77
밤중에 돌아다님 189
방
새로 태어날 동생을 위한 방 801
토들러의 방 관리 461
형제가 방을 함께 사용 794
방광염 654
방문객과의 대화를 방해함 158
방사선을 쪼인 식품 584
방충제 679
배고픔(식사 시간을 알려주는 지표) 567
배변 배변 훈련도 참조
배변 실수 478, 479, 599
배변 실수의 원인 599
배변 훈련 590
16개월의 준비 108
22개월의 준비 281
너무 이른 시기의 배변 훈련 108
둘째 아이 출산과 배변 훈련 281
배변 훈련 속도 592
배변 훈련 준비 591
배변 훈련에 무관심함 483
배변 훈련용 팬티 596
배변 훈련을 거부함 600
배변 훈련을 위한 올바른 유아용 변기 592
배변 훈련을 위한 용어 사용 593
배변 훈련을 하기에 좋은 계절 600
배변 훈련의 금지 사항 597
배변 훈련의 동기 유발 595
배변 훈련의 순서 592
배변 훈련의 시기 592
배변 훈련의 준수 사항 594
배변 훈련이 잘 이루어지지 않음 341

배변 후의 뒤처리 문제 603
배변 훈련할 준비가 되었다는 조짐들 591
보육 시설에서의 배변 871
어린이집과 배변 훈련 607
위생과 배변 훈련 603
배변 훈련용 팬티
    배변 훈련용 팬티 선택 596
    배변 훈련용 팬티로 교체하기 596, 601
배변 훈련의 차질
    대변 478
    소변 482
백내장 530, 531
백일해 898
    예방접종 610
뱀에 물린 경우 717
아쉬운 게 없는 아이 412
버튼 형 배터리를 삼켰을 때의 응급처치 732
    배터리의 위험성 676
번개가 칠 때 보호하기 675
벌
    벌로부터의 보호 696
    벌침 독 알레르기 763
    벌침에 쏘였을 때의 치료 방법 716
    벌침으로 인한 심각한 반응 증상 716
벌거벗음
    아이의 벌거벗는 행동 419
    집에서 벌거벗고 지내기 419
법적 시각 상실 758
베이비시터 재택 보육, 분리도 참조
    가끔 베이비시터를 이용할 경우 873
    가족 베이비시터 863
    베이비시터 공동 고용 861
    베이비시터에 대한 시샘 880
    베이비시터에게 자는 아이 맡기기 105
    베이비시터와 베이비시터의 자녀 864
    베이비시터와 토들러의 불안 27
    전일제 베이비시터 860
베타카로틴
    베타카로틴과 자외선 차단 518
    베타카로틴이 풍부한 음식 555
베풀기
    관대함 베풀기 240
    주는 즐거움 배우기 413

벤조피렌 679
벽난로 안전 673, 679
변덕스런 아이 399
변비 648
    변비와 배변에 대한 인식 478
변화에 대한 거부 278
    기질적으로 변화를 싫어함 278
병력 626, 866
    예방접종 913
병원 놀이 343
보모 재택 보육도 참조
    보모에 대한 시샘 880
보상 467, 507
보습제 513
보육 859
    가끔씩 베이비시터를 이용하는 경우 873
    가정 보육 시설 861
    나에게 맞는 보육 방식 선택 864
    배우자와 육아 분담 810
    보육 방식의 개편 876
    보육 평가를 할 때 고려할 요인들 859
    보육 프로그램 평가 871
    부모가 여행하는 동안의 보육 826
    선택 사항 860
    아픈 아이의 보육 878
    탁아 제공자의 약물 남용 증거 866
    효과적인 보육 874
보육 시설 집단 보육 시설, 가정 보육 시설도 참조
    건강 방침 871
    가정 보육 시설 861
    교사와 아동의 비율 870
    보육 시설에 가는 것을 두려워함 166
    보육 시설에서 학대에 대한 걱정 879
    보육 시설에서의 건강과 안전 871
    보육 시설의 교육 프로그램 872
    직장 내 보육 시설 863
보조 의자 168
    보조 의자로 바꿀 시기 99
    보조 의자에 앉기를 거부 362
보트 타기의 안전 695
보행기 사용 7
복부
    배가 볼록 나옴 275

복부 부상 718
복부 통증 622, 626
질병으로 인한 복부의 변화 626
복부 압박(응급 상황에서) 740
복합 탄수화물 551
　복합 탄수화물 식단 556
　토들러의 복합 탄수화물 권장 섭취량 556
볼이 트는 증상 514
부끄러움이 많은 아이 447
부모
　동성의 부모 852
　부모간의 의견 충돌 809
　부모와 조부모 832
　부모의 행복 326
　양육권이 없는 부모 852
　한 부모 841
부모를 향한 토들러의 행동
　놀이 모임에서 부모에게서 떨어지지 않음 121
　부모에게 매달림 20
　부모의 권위를 시험함 57
　부모의 뺨을 쓰다듬기 417
부모의 문제
　가사 분담 810
　같이 때림 223
　고용 양육자에 대한 질투 880
　긴장을 이완하는 방법 824
　내 아이만 그럴까 하는 느낌 249
　냉정을 유지 806
　도움을 요청 825
　두 아이 양육에 대한 고민 815
　맞벌이 부모와 아이 823
　부모가 심각한 질병에 걸렸을 때 853
　부모라는 생각이 들지 않음 821
　부모의 권리 50
　부모의 분노발작 803
　부부관계 악화 845
　부부관계 장면을 아이에게 들킨 경우 273
　분노 803
　분리 불안 24
　스트레스 관리 824
　싱글 아빠 844
　아이 없이 부모끼리만 여행 826
　아이를 묶어버리고 싶은 마음 135
　아이를 사랑하기 힘듦 248
　아이를 이해하기 805
　아이에 대한 걱정 680
　아이와 놀기 358
　애정 표현 466
　완벽에 대한 기대 92
　우울 804
　육아 분담 810
　육아에 대해 견해가 서로 다름 813
　이혼 후 아이를 포기함 851
　이혼 844
　자기도 모르게 아이를 때림 804
　자신감 부족 249
　전업주부로 생활할 때의 불안함 819
　제정신 유지하기 824
　죄책감 818
　직장에 있을 때 집이 그리워짐 819
　질병 812　직장 생활도 참조
　체계적인 생활 824
　한 부모의 고민 841
　허리 통증 814
　혼자만의 시간 818
부모의 직관 626
부모-자녀 간 의사소통 43, 456
부부만의 여행
　부부만의 여행에 대한 불안감 826
　부부만의 여행에 대한 아이의 부정적인 반응 828
　좀 더 수월하게 여행 떠나기 826, 827
　첫 부부 여행 829
부부만의 휴가 826　부부만의 여행도 참조
　좀 더 수월하게 휴가 보내기 827
　휴가가고 싶지 않음 826
부부의 침대
　아이가 부부의 침대에 들어옴 422
　아이와 함께 사용 423
부비강
　부비강 염증 662
　부비강의 구조 662
부상
　다친 아이 달래주기 262
　응급처치 708
부정교합 542
분노　분노발작도 참조

부모의 분노 803
토들러의 분노를 다스리는 기술 195
부모의 분노를 다스리는 요령 806
분노발작 374
안전한 분노 배출 193
토들러의 분노 371
훈육과 분노 141
분노발작 371
3세의 분노발작 492
공공장소에서의 분노발작 371
부모에게만 분노발작 276
분노발작 다루기 378
분노발작 이후의 조치 380
분노발작의 예방 376
분노발작의 이유 371
아이의 분노발작을 보며 웃는 행동 374
여행 중의 분노발작 298
조기의 분노발작 178
분리 부부만의 여행도 참조
분리에 익숙해지게 하기 24
작별인사 25
최초의 분리 27
하룻밤의 분리 726
분리불안
보육 시설과 분리불안 166
부모의 분리불안 28
유치원과 분리불안 436
토들러의 불리분안 24
분비선 부종 625
분유를 먹는 아이 33
불규칙한 아이 230
불꽃놀이 686
불만이 많은 아이 231
불친절한 아이
불친절한 말 485
불친절한 행동 358
브루노 베텔하임 497
비누 사용 513
비닐봉지의 해로움 676
비만 560
비만과 텔레비전 180
비이성적인 행동 399
비전통적인 생식 방법 465

비타민 A
비타민 A가 풍부한 음식(녹황색 채소) 556
토들러의 하루 섭취 권장량 556
비타민 C 음식
토들러의 하루 섭취 권장량 556
비타민 보충제
비타민 보충제의 필요성 558
씹어 먹는 비타민 보충제 389
안전한 보관 방법 559
비특이성 바이러스 질환 898
비행기 여행 285
비현실적인 목표 92
빈둥거림
걸으면서 빈둥거릴 때 431
놀이터에서 빈둥거릴 때 432
식탁에서 빈둥거릴 때 433
아침 시간에 빈둥거릴 때 429
빈혈 검사 338
빠는 버릇
노리개 젖꼭지 131
빠는 버릇 없애기 480
엄지손가락 빠는 버릇 129

ㅅ

사 달라고 떼를 쓰는 아이 398
사고 응급 상황도 참조
물건에 부딪침 6
사고 예방을 위한 훈육 144
사고났을 때의 응급처치 709
자꾸 넘어짐 4
사고 예방 665
가정환경 개선 670
아이의 행동을 감시 감독 665
안전 교육 시키기 667
안전 문 설치 672
사고력 키우기 113
사교적 기술
놀이 모임에서의 사교적 기술 121
대화로 갈등 해결 222
덜 발달된 사교성 79
사교성 키우기/배우기 208

사교성이 없음 447
이른 시기의 사교적인 놀이 79
텔레비전과 사교성 181
사랑
사랑을 표현하기 어려움 248
사랑의 중요성 326, 328
사마귀 898
사시증
내사시 530
내사시 확인 531
외사시 530
외사시 확인 531
사팔눈 530
사팔눈 검사 531
사회화 877 사교적 기술도 참조
산만한 아이 228
살충제
식품에 첨가된 살충제 584
상상력 자극 405
상처 치료
두피 상처 714
작은 상처 729
큰 상처 729
색맹 352
생선
생선 안전하게 다루기 585
생선의 안전한 선택 585
생선에 잔류하는 오염물질 585
생수 589
생식기
남자아이의 문제 545
남자아이의 생식기 관리 545
생식기 탐색 274, 489
여자아이의 문제 544
여자아이의 생식기 관리 544
생식 과정 이해시키기 464
생일 파티
두 살 생일 파티 338
세 살 생일 파티 499
친환경적인 생일 파티 472
서서 소변보기
남자아이의 경우 604
여자아이의 경우 605

서툰 동작 4, 6
23개월의 서툰 동작 326
선글라스 526
선머슴 같은 여자아이 251
선천성 색소성 모반 87
선택권 부여하기 458
선행 지도
15개월의 선행 지도 73
18개월의 선행 지도 152
1세의 선행 지도 4
2세의 선행 지도 338
3세의 선행 지도 475
설사 651
만성 설사 651
설사와 탈수증 651, 653
여행 중 설사 291
영유아기의 설사 652
일반적인 치료 658
설탕
설탕 입힌 시리얼 553
식단의 설탕 552
섬유소 552, 648, 649
성 정체성 250
성격
'A형' 성격의 행동양식 221
각자의 성격 수용하기 783
까다로운 성격 226
무세포성 백일해 백신 610
예방접종 610
성관계 장면을 아이에게 들킨 경우 273
성별 인식
성 역할 250, 409
성별에 대한 고정관념 252
성별에 대한 고정관념 고치기 409
성에 대한 호기심 274, 464
성인의 사회 경력 직장 생활도 참조
근무 시간 선택 822
천천히 살기 822
성인의 분노발작 376
성장 560
느린 성장 565
성장 도표 908, 910
성장 속도 566

성장 호르몬 결핍 566
하룻밤 사이의 성장 565
성장통 484
성적 학대
보육 시설에서의 성적 학대 879
스킨십에 대한 걱정 248
성적 학대의 증거 879
성홍열 900
세기관지염 900
세발자전거의 안전 695
셀리악 병 754
소금 함량(토들러의 식단) 558
소리 반응
소리에 지나치게 예민함 230
집중에 방해되는 소리 차단 232
청각 자극 89
소리와 비명을 지르는 아이 125, 327
소변
소변 통제 599
소변에 섞여 나오는 피 654
소변 실수 482
소변을 가리지 못하는 원인 599
소변을 못 가림 599
요로 감염 600
의료적 문제 600
소변 조절 590 배변 훈련도 참조
소변 실수 599
소변을 참지 못함 482
소아 당뇨 768
소아 류머티스 관절염 755
소아 장미진 900
소아 전문 간호사 743
소아과의사 의사도 참조
의사 선택 618
의사에게 연락해야 할 때 619
소아마비 예방접종 612
소음과 건강
높은 수준의 소음을 내는 장난감 705
소음 차단 537
지나치게 큰 소음 538
청각의 이상 536
소풍갈 때의 안전한 음식 582
소화 기관

변비 648
설사 651
소화 기관 질병의 증상들 625
소화 기관에 영향을 미치는 알레르기 758
소화 장애 낭포성 섬유증도 참조
손 씻기
배변 후에 손 씻기 602
병치레하는 동안 손 씻기 656
손 씻기 방법 891
손 씻기를 싫어함 175
손가락
부상 689
절단 719
손발톱
손발톱 관리 525
손발톱이 떨어짐 722
손톱 밑 출혈 721
손톱 관리 525
손톱 깎기를 싫어함 207
쇼크
쇼크의 증상 723
쇼크의 치료 723
쇼핑 함께 하기 270
수돗물의 염소 성분 588
수두 900
예방접종 613
수막뇌염 900 뇌수막염도 참조
수면 무호흡증 192
수면 문제
24개월 아이가 한밤중에 깸 348
몽유병 352
밤중 수유 77
밤중에 돌아다님 189
수면 문제와 부모의 죄책감 423
수면 불안 64
수면 연구실에서의 수면 평가 192
실내 온도와 수면 75
우유와 관련된 수면 문제 77
일찍 일어남 162
잠드는 것에 대한 두려움 347
잠을 안 자려고 떼를 씀 164
질병과 수면 624
폐쇄성 수면 무호흡증 192

수면 연구실 192
수면 일지 164
수분 섭취
    경구 수분 보충 요법 652
    과도한 수분 섭취 제한 563, 561
    배변 훈련과 수분 섭취 597
    설사 치료를 위한 수분 섭취 652
    수분 섭취 권장량 558
    열을 내리기 위한 수분 섭취 633
    질병 치료를 위한 수분 섭취 637
수영 배우는 시기 421
수영장의 안전 695
수족구병(수포성 구내염) 900
수증기 가습도 참조
    욕실 수증기 892
    주방 수증기 892
수집광 증후군
    물건 수집하기 308
    소유물에 대한 욕구 398
순한 아이 203
숨 쉴 때 쌕쌕거림(의사에게 전화해야 할 때) 621
숫기 부족 447, 448, 452
숫자
    숫자 가르치기/배우기 329
    숫자 익히기 502
슈퍼차일드 신드롬
    슈퍼차일드 신드롬을 부추김 501
    슈퍼차일드 신드롬의 적신호 506
스스로 먹기
    스스로 먹기를 더 좋아하는 아이 58
    스스로 먹지 못함 562
    지저분하게 먹음 20
스스로 옷을 입을 때 좌절감 320
스트레스
    부모의 스트레스 824
    스트레스와 밤에 깨는 현상 348
    아이의 스트레스를 완화하는 긴장 이완 방법 195
스포츠 경기장에 아이 데려가기 256
습진 520
시각적 자극
    시각적 자극에 무척 예민함 230
시간 개념
    18개월의 시간 개념 154

    시간 개념 가르치기 246
시력 손상 758
시력 자극 87
시력 525
    색맹과 시력 352
    시력 확인 533
    시력에 이상이 있을 때의 증상 527
    시력의 일반적인 문제들 528
    자꾸 부딪힘 6
시리얼
    설탕을 입힌 시리얼 553
    통곡물 시리얼 552
시차 적응 294
식기의 안전한 사용 586
식단
    과체중 토들러의 식단 560
    구토를 할 때의 식단 652
    병이 날 때의 식단 636
    설사가 날 때의 식단 652
    아플 때의 식단 636
    열이 날 때의 식단 633
    채식주의자의 식단 575
    토들러를 위한 최고의 식단 550
식단의 감미료 552
식단의 다양함 555
식사
    식사 시간 567
    식사 시간에 얌전히 앉아 있지 않음 397
    식사 시간을 즐겁게 만드는 방법 169
    식사 시간의 산만한 태도 569
    식사 환경 568
    식사를 거름 567
    아이가 원하는 음식 434
    음식의 선택 561
    음식점에서의 식사 579
식수
    식수에 포함된 납 성분 588
    식수에 포함된 염소 성분 588
    식수의 안전 감독 587
    식수의 오염물질 검사 587
    식수의 정화 589
    식수의 중금속 587
식습관 18, 560

가족의 식습관 554
과도한 식욕 435
과체중 560
너무 천천히 먹음 433
다른 사람의 영향에 따른 식습관 361
먹는 양이 일정하지 않음 98
밤중 수유 77
밥을 잘 먹지 않음 58
부족한 음식 섭취 98
스스로 먹으려 함 58
식사 시간에 얌전히 앉아 있지 않음 397
식성이 까다로운 아이 567
식습관 다루기 567
식습관의 변화 98
식욕이 줄어듦 16
식탁 앞에서 몸부림을 침 168
식탁 예절 150
음식 투정 567
음식에 대한 집착 277
음식을 버림 18
음식을 불어서 뱉어 냄 19
잘못된 식습관 97, 554
저체중 563
제한된 음식 목록 573
좋아하는 음식을 거부함 575
지저분하게 먹음 20
처음 보는 음식을 거부 393
천천히 먹게 함 569
음식을 자꾸 엎지름 386

식염수 코 스프레이 891

식욕(입맛)
과도한 식욕 435
식욕 부진 16
아플 때의 식욕 624
젖 떼기와 식욕 32

식중독 578

식탁 예절 19
식탁 앞에서 얌전히 있게 하기 168, 398

식품 안전
가정에서의 식품 안전 578
소풍갈 때의 음식 포장 582
식당에서의 식품 안전 579
식품의 세균 오염 578
식품의 안전 감시하기 578
우유의 안전성 395
화학물질 오염 582

신발
발에 꼭 맞게 신기기 8
신발 교체 9
신발 선택 8
신발 신기 548
신발을 신지 않으려 함 313

신우염, 신우신염 654

신체의 조정 능력 발달과정 참조

실내 공간의 미립자 물질 680

실내 난로 685

실수
실수 용인하기 93
실수로부터 배움 93, 145

실외의 안전 692

실험 정신 격려하기 113

'싫어' 53
아이에게 져주기 327
아이의 거절이 타당한 경우 412
'안 된다'는 지시를 무시할 때 53

심리의 안정을 주는 물건
심리적 안정을 주는 물건들 127

심리적 안정을 주는 행동
노리개 젖꼭지에 집착하기 131
머리를 벽에 찧음 133
머리를 잡아당김 133
몸을 흔듦 133
심리적 안정을 주는 물건 가지고 다님 127
심리적 안정을 주는 행동에 관심이 없음 135
엄지손가락 빨기 129

심박 수
깜짝 놀랐을 때의 심장박동 236
심박 수 재기 623

심술궂은 언어 표현 486

심폐 소생술 733
구조 호흡 736
기도 유지 735
기도 확보 733
맥박 확인 737
호흡 확인 734
흉부 압박 738

싸움
    놀이 친구들끼리의 싸움 214
    싸움을 평화롭게 해결 222
    형제간의 싸움 787
쌍둥이 또는 다태아 838
썰매 타기의 안전 697

ㅇ

아기 놀이터
    아기 놀이터를 거부함 38
    아기 놀이터의 안전한 선택 692
아기 침대
    아기 침대에서 일반 침대로 옮기기 356
    침대 밖으로 나옴 190
    침대 안전 5, 675
    침대가 더 이상 맞지 않음 357
아기가 만들어지는 과정 464
아데노이드
    아데노이드 제거 662
    아데노이드와 수면 무호흡증 192
    아데노이드와 코골이 191, 348
    편도선과 아데노이드 657
아동 학대
    보육 시설에서 아동 학대의 징후 879
    체벌이 학대가 될 때 146
아빠   부모의 문제도 참조
    가사와 아빠 810
    가정에서 아빠의 역할 409
    싱글 아빠 844
    아빠를 거부함 103
    아빠에게 버림받음 851
    아빠의 육아 참여 104
    육아와 아빠 810
    전업주부 819
아세트아미노펜
    아세트아미노펜 용량 635
    아세트아미노펜의 안전한 복용 644
아스파르테임 585, 760
아스피린 644
    아스피린과 라이 증후군 644
    아스피린을 복용하지 않아야 할 때 658, 721, 732

    아스피린을 함유하지 않은 약물 720
아이를 위한 식단 550   식습관도 참조
    안전한 식단 578
    외식할 때 고려할 것 579
    채식주의자의 식단 575
    최고의 토들러 식단 550
아이들 간의 다툼을 평화롭게 해결하는 방법 222
아이들이 좋아하는 놀이 884
아이를 놀림 456
아이에게 해서는 안 되는 행동
    아이를 흔드는 행동 147
    완벽에 대한 기대 92
아이와 대화
    1세 아이와 대화 40
    2세 아이와 대화 400
    3세 무렵의 아이와 대화 456
아이와 둘만의 시간 809
아이와 함께하는 시간 491
아이의 말에 귀 기울여 듣기 457
아이의 발달 과정
    13개월의 발달 과정 2
    14개월의 발달 과정 52
    15개월의 발달 과정 72
    16개월의 발달 과정 94
    17개월의 발달 과정 118
    18개월의 발달 과정 151
    19개월의 발달 과정 188
    20개월의 발달 과정 213
    21개월의 발달 과정 242
    22개월의 발달 과정 266
    23개월의 발달 과정 304
    24개월의 발달 과정 336
    25~27개월의 발달 과정 385
    28~30개월의 발달 과정 411
    31~33개월의 발달 과정 444
    3세의 발달 과정 474
아이의 지능 발달
    13개월의 지능 발달 3
    18개월의 지능 발달 151
    24개월의 지능 발달 337
    남보다 빠른 경우 354
    지능 발달과 텔레비전 181
아침

아침에 꾸물거림 429
아침에 준비시키기 430
아침 일찍 일어나는 습관 162
아토피성 피부염 520
아픈 아이와 보육 시설 878   질병도 참조
아플 때 몸의 변화 623
악몽 350
　아이의 악몽 다스리기 350
안검하수증 532
안경 532
　안경 관리 535
　안경 구입 532
　안경 맞추기 533
　안경에 적응시키기 534
안아 주기
　안아 주기를 거부함 248, 416
　안아 주기의 이점 326
'안아 줘요' 증후군 355
안전
　기계 접근의 안전 272
　넘어지지 않게 하기 4
　놀이터의 안전 692
　동물과 안전 82, 96, 702
　모래 놀이터의 안전 694
　물에서의 안전 695
　보육 시설의 안전 870
　비행기 안전 285
　세탁실의 안전 691
　식사 시간의 안전 168
　실외에서의 안전 692
　아기침대의 안전 5
　아이 방의 안전 189
　안전띠의 안전 701
　안전을 위한 부모/양육자의 역할 665
　안전을 위한 구명조끼 입히기 699
　안전장치(그림) 671, 672, 674, 688
　안전한 장난감 703
　애완동물 안전 82, 96, 702
　욕실 안전 690
　자동차 안전 670, 699
　주방의 안전 688
　차고의 안전 675
　토들러를 위한 안전 교육 667

화재 안전 684
안전 문 672
　계단에 설치 673
안전에 대한 지나친 걱정 680
안짱다리 11
앉히기
　식탁에 앉히기 99, 168
　어린이용 보조 의자에 앉히기 99
　자동차에 앉히기 170
알레르기 반응에 대비한 에피네프린 주사 760
알레르기 유발 물질 제거 760
알레르기 치료를 위한 면역 요법 763
알레르기 758
　만성 콧물과 알레르기 192
　벌독 알레르기 716
　생명을 위협하는 알레르기 760
　우유 알레르기 17
　피부 알레르기 518
알루미늄 냄비의 안전 586
알코올 음료 534
　알코올 음료의 독성 585
암 764
　십자화과 채소와 암 562
　햇볕 노출과 암 515
암과 브로콜리 562
애도 반응   죽음도 참조
애완동물 82
　고양이발톱 병 716
　애완동물에 의해 유발되는 알레르기 762
　애완동물을 기를 수 있는 시기 82
　애완동물을 무서워하지 않음 97
　애완동물을 무서워함 95
　애완동물을 친절하게 대하도록 가르침 211
　애완동물의 죽음 858
　토들러의 안전과 애완동물 82, 85, 702
애정
　아이 앞에서 부부의 애정 표현 466
　아이에 대한 애정 표현 248
　애정 표현으로 뺨을 때림 417
　토들러의 애정표현 거부 248, 416
애칭(심리적 안정을 주는 물건에 이름 붙이기) 128
야경증 351
　야경증의 증상 351

야단맞는 것에 대해 예민한 아이 234 훈육도 참조
약물
　　약물 복용량 642
　　약물 복용에 대해 알아야 할 것들 641
　　약물 복용의 이점 641
　　약물 부작용 641
　　약물의 안전한 이용 642
　　약물의 유효기간 645
　　약물의 효과적인 복용 방법 643
　　열을 내리기 위한 약물 633
약시 532
양말
　　양말 선택 9
　　양말에 대한 불평 314
양육자 재택 보육, 베이비시터도 참조
　　양육자와 부모의 경쟁심 880
　　양육자와 아이의 불안 24
　　양육자의 약물 남용 징후 866
　　양육자가 약물 중독자인지 확인 867
어금니
　　어금니가 날 때 539
　　어금니 날 때의 짜증 111
어둠
　　어둠에 대한 두려움 476
　　어둠으로부터 아이 보호하기 348, 477
어른에 대한 태도
　　어른에 대한 무반응 449
　　어른에게 무례함 450, 451
어린이집(가정 보육 시설)
　　선택 867
　　인가 868
　　장점/단점 862
　　평가 868
어지럽히는 행동
　　깨끗함을 싫어하는 아이 232
　　방을 어질러놓음 461
　　장난감을 벌여놓음 74, 461
　　지저분하게 음식을 먹을 때 20
어휘
　　19개월의 어휘 201
　　1세의 어휘 41
　　2세의 어휘 400
　　사용 어휘수가 확연히 줄어듦 85

어휘력 발달 지연 44
어휘력 성장 44
언어 능력
　　13개월의 말하는 능력 지연 40, 43
　　19개월의 말하는 능력 지연 200
　　19개월의 분명치 않은 언어 표현 200
　　1세의 언어 능력 장려 40
　　1세의 분명치 않은 언어 표현 40
　　2세의 언어 능력 독려 400
　　3세의 분명치 않은 언어 표현 496
　　말더듬 428
　　비음 191
　　언어 문제 검사 202
　　언어 퇴행 85
　　원시적 언어 87
언어 발달
　　13개월의 언어 발달 지연 44
　　19개월의 언어 발달 지연 201
　　19개월의 언어 발달 평가 201
　　1세에 언어 발달 자극하기 44
　　2세에 언어 발달 자극하기 400
　　발음과 언어 발달 200
　　비언어적 행위 87
　　수용 언어 발달 42
　　알아들을 수 없는 언어 43
　　언어 발달 유도하기 40
　　언어 발달에 영향을 미치는 요인들 41
　　언어 발달의 퇴행 85
　　좌절감과 언어 발달 43
　　지능과 언어 발달 48
언어 치료
　　19개월의 언어 치료 200
　　3세의 언어 치료 496
언어 표현의 과도함 43
얼음을 씹어 먹는 습관 493
얼음 팩 893
얼음물에 담그기 893
엄마 부모의 문제도 참조
　　가정에서 엄마의 역할 409
　　엄마를 지나치게 좋아함 103
엄마에 대한 편애 받아들이기 103
엄마와 아이 모두가 이기는 상황 142
엄지손가락 빨기 129, 480

에너지
    에너지를 안전하게 배출하는 방법 193
    에너지의 과잉 193
    에너지의 부족 199
여섯 시만 되면 신경이 날카로워짐 305
여자아이
    남자아이들과 거칠게 노는 여자아이 251
    여자아이 진취적으로 키우기 255
    여자아이의 배변 자세 605
    여자아이의 생식기 관리 544
연쇄상구균 521, 656
연필을 물어뜯음 676
열 627 체온도 참조
    DTP와 열 610
    열 노출에 의한 고체온증 723
    열 진단 632
    열 치료 632
    열을 내리게 하는 일반적인 치료 632
    열을 내리기 위한 수분 섭취 633
    열을 내리기 위한 스펀지 목욕 633
    열이 나는 원인 627
    의사에게 연락해야 하는 경우 363
열 손상 723
열성 경련 634
염좌의 응급처치 724
영양 식단도 참조
    씹어 먹는 영양 보충제 389
    영양 보충제 558
    영양 섭취(최고의 아이 식단) 550
    영양에 대한 걱정 361
    채식주의자 식단의 영양 보충제 577
영유아기의 설사 652
영어와 한국어 지도 418
영재아 교육 354
영화
    무서운 영화와 두려움 238
    아이를 데리고 영화관에 가기 256
예민성
    감각적인 경험에 대해 예민함 230
    매우 예민하고 신경질적인 성격 221
    야단맞는 것에 대한 예민함 234
    지나친 예민함 234, 452
예방접종 609

13개월의 예방접종 4
15개월의 예방접종 73
18개월의 예방접종 152
예방접종 권장 시기 612
예방접종에 대한 불안 614
예방접종을 실시하기 전에 615
예방접종을 실시하는 이유 614
예방접종의 분류 913
혼합 백신 예방접종 611
예절 가르치기 148
오른손잡이 306
온열 찜질 891
옳고 그름에 대한 인식 심어주기 263
옷 입히기 547
    따뜻한 계절의 옷차림 549
    모자와 장갑 319
    안전을 위한 옷차림 5, 669
    옷 선택 315
    옷 입히기의 어려움 315, 321
    자외선 차단을 위한 옷차림 516
    추운 계절에 옷 입히기 548
외국어 가르치기 418
외국어와 모국어 418
외동아이 154
외래 검진받을 때 확인할 사항 641
외반슬
    1세의 외반슬 62
    2세의 외반슬 359
외식 579
    외식하기에 좋은 음식점 579
    패스트푸드 568
외음질염 545
외출
    외출 시 챙길 물건 284
    외출을 거부함 414
    외출했을 때 마구 돌아다님 205
왼손잡이 306
요골두 탈구 694
요도구 협착증 546
요도염(요로감염) 626, 654
요리
    안전한 요리 678
    함께 요리하기 460

요리법
    고구마 튀김 886
    과일 아이스바, 과일 셔벗 888
    과일 쿠키 887
    과일주스 젤리 889
    땅콩버터와 젤리볼 888
    초콜릿 밀크 케이크 887
    최고의 셰이크 889
    치즈케이크 푸딩 888
    호박 머핀 886
요충증 902
욕실의 안전 690
우스꽝스러운 행동을 보이는 아이 487
우울
    부모의 우울 804
    아이의 우울 228
우유
    밤에 깨는 현상과 우유 75
    우유 시작하기 33
    우유 알레르기 17
    우유를 거부함 365
    우유를 소화시키지 못함 394
    우유의 보관 558
    우유의 섭취량 측정 558
    우유의 안전 395
우유병 우식증 32
운동 기구 주변의 안전 675
운동 334
    부모를 위한 운동 825
    운동 기능의 총체적인 지연 6, 179
    운동과 TV 180
    운동의 중요성 334
울음
    부모의 울음 808
    아플 때의 울음 624
    잦은 울음 452
원시 529
위로 올라감 110
위생
    병을 앓는 동안의 위생 656
    화장실 사용 위생 602
위장관
    변비 648

    설사 651
    증상 625
위장염 651
위험을 즐기는 아이들 667
위험한 파티 음식 677
유기농 식품 583
유당불내증 394
유람선 여행 294
유리그릇 안전하게 보관하기 586
유머 감각
    토들러의 유머 감각 487
    훈육할 때 유머 감각 발휘하기 143, 176
    정신없는 생활에서 유머 감각 유지하기 825
    여행할 때의 유머 감각 285
유모차
    유모차를 밀고 싶어 함 173
    유모차에 타려고 하지 않음 171
    유모차의 안전한 선택 681
유아용 변기 의자
    유아 변기의 선택 592
    이동 가능한 유아 변기 605
유아용 식탁의자에서 일반 의자로 바꿈 99
유제품 우유도 참조
    안전한 유제품 선택 585
    유제품의 단백질 조합 576
유치원 863
    교사와 아동의 비율 870
    병이 났을 때 가정에서의 관리 636
    아이의 피곤함 363
    유치원 교사 870
    유치원 면접 870
    유치원 선택 869
    유치원 입학 경쟁 870
    유치원 평가 869
    유치원에 갈 때 분리불안 436
    유치원에 입학시킬 준비 876
    유치원에 적응하기 877
    유치원에서 건강과 안전 869
    유치원에서의 배변 훈련 607
    유치원의 인가 869
    유치원의 장점/단점 863
    유치원의 필요성 862
유치원 활동에 피곤해하는 아이 363

유행성 이하선염 916
    예방접종 611
육류와 가금류
    안전하게 다루는 방법 580
    안전한 선택 585
음낭 546 고환도 참조
음식
    가공 음식 564, 584
    불충분한 섭취 97
    새로운 음식 주기 574
    새로운 음식을 거부 393
    스스로 음식을 먹으려 함 434
    시판되는 이유식 584
    아이가 원하는 음식을 주기 433
    안전한 음식 578
    알레르기 유발 항원 760
    유기농 음식 583
    음식을 버림 18
    음식을 불어서 뱉어 냄 19
    이유식 584
    좋아하는 음식을 거부 98, 575
    즐겁게 식사하기 572
    질식할 위험 588
    파티 음식 339, 677
    편식 277, 561
음식 알레르기
    음식 알레르기를 일으키는 유발 항원 760
    집 밖에서의 알레르기 증상 761
음식을 잘 씹지 못함 543
음식점
    음식점의 안전 평가 579
    토들러에게 가장 좋은 음식점 579
    패스트푸드 568
음악
    같은 음악 반복하여 듣기 280
    음악 학원 496
응급 상황 응급처치도 참조
    기본 인명 구조법 732
    응급 상황 다루기 737
    응급 상황에서 도움 요청하기 736, 738
    응급 상황에서 반응을 보이는지 확인 738
    응급 상황에서 심폐 소생술 절차 737
    응급 상황을 위한 정보 제공 733

    응급 의료 체계 활용 738
응급 의료체계 활용 737, 766
응급처치 708
    애정 어린 보살핌 724
    응급처치에 필요한 약품과 기구 720
의료 검사
    15개월의 의료 검사 73
    18개월의 의료 검사 152
    2세의 의료 검사 337
    3세의 의료 검사 475
    수면연구실에서의 의료 검사 192
의사
    의사와 부모의 협력관계 616
    좋은 의사 찾기 618
의사 결정권 부여하기 458
의사/소아과의사
    새로운 지역에서 의사 찾기 837
    응급 상황에서 의사에게 전화해야 할 때 620
    의사 놀이 489
    의사에 대한 두려움 342
    의사에게 전화하기 전에 취해야 할 조치들 622
    의사에게 전화해야 할 때 619
    의사와 협력하기 616
    의사의 검진에 대해 아이에게 솔직하게 말하기 343
    좋은 의사 선정 618
의존 20, 426
이 감염증(머릿니) 524
이 닦기
    이 닦기 방법 540
    이 닦기를 거부함 309
이가 나는 시기
    어금니 나는 시기 112
    치아 형성기에 밤중에 깨는 현상 191
    통증을 치료하는 일반적인 방법 112, 658
이기적인 아이 282
이물질을 삼키는 습관 244
    날카로운 물건(바늘, 핀 등) 725
    단추형 배터리 725
    작은 물건(단추, 동전 등) 725
이부프로펜 644
이사 834
이유식 584
이타심 가르치기 240

이행 대상 심리적 안정을 주는 물건도 참조
이혼
    이혼 상황에서 아이 돕기 847
    이혼 상황에서 전남편(부인)과의 다툼 851
    이혼에 대한 고려 844
    이혼이 토들러에게 미치는 영향 845
인공 감미료 584
인두염 인후염도 참조
인슐린 의존성 당뇨병 768
인유두종 바이러스 764, 899
인종 차별에 대해 가르치기 384
인플루엔자(독감) 655
    백신 614
인후염 656
    인후염의 일반적인 치료 방법 659
일감 나누기 822
일과
    규칙적인 일과 258
    취침 전 일과 78
일반 변기
    일반 변기 사용을 거부함 341
    일반 변기로 바꿈 606
일반 침대
    2층 침대 357
    아기 침대에서 일반 침대로 옮기기 356
    침대에서 나와 돌아다님 189
    침대의 안전 675
일산화탄소 678
일어서기 어려움 6
일정
    아이의 학원 일정에 대한 고민 420
    토들러의 불규칙한 일정 230
임파선
    임파선 부종에 걸렸을 때 625
    임파선의 위치 625
입
    물건을 삼켜 버리는 버릇 244
    아무 거나 입 안에 넣는 버릇 106
    입 속 질병의 증상 625
    입 안에 이물질이 들어감 726
    입의 부상 726
입가의 발진 543
입맞춤
    아이가 뽀뽀를 싫어함 416
    아이의 입술에 뽀뽀하는 문제 247
입술의 상처 726
입양아 838
입원 637
    입원에 관한 지침 638
    입원을 위한 준비 688
    입원의 필요성 638
    입원할 병원 선택 638
입으로 호흡 191

ㅈ

자극하기
    19개월의 언어 발달 자극하기 201
    1세의 언어 발달 자극하기 42
    2세의 언어 발달 자극하기 400
    감각을 자극하기 88
    과학적 호기심을 자극하기 503
    독서를 좋아하도록 자극하기 115
    아이의 상상력을 자극하기 405
    아이의 지능 발달을 자극하기 502
    아이의 창조력을 자극하기 402
자녀의 나이 터울 153
자동차 안전 670, 699
자동차 여행 290
자세 문제 275
자아 존중감
    자아 존중감 확립 330
    자존감을 높이는 놀이 66
    높은 기대치로 인한 자존감 파괴 92
    아이의 자존감을 손상시키는 부모의 분노 141
    자존감을 다치지 않는 훈육 234
자외선 차단제
    자외선 차단제 사용 516
    자외선 차단제 선택 516
    자외선 차단제의 SPFs 517
자원봉사 823
자위 행위로 보이는 동작 274
자폐증 765
작별 인사
    부부 여행을 떠날 때의 작별 인사 828

작별 인사를 좀 더 수월하게 하기 27
잘 쓰는 손 306
잘 우는 아이 452
잠들기를 두려워하는 아이 64
잠복 고환 546
잠옷(불에 타지 않는 소재) 669
잠자리 상황
 소변 실수 483, 608
 잠꼬대 488
장난감
 18개월의 장난감 179
 1세의 장난감 66
 2세의 장난감 368
 손위 형제의 장난감에 주의 676
 안전한 장난감 선택 703
 장난감 상자의 보관 674
 장난감 정리 67, 461
 장난감 총 255
 장난감을 이용한 공격성 표현 224
 현명한 장난감 선택 68
장내 바이러스 899, 901
장례식에 아이를 참석시키기 857
장애 아동 복지시설 747
장애를 지닌 사람들에 대해 가르치기 382
장애를 지닌 아동 특별한 도움이 필요한 아이도 참조
재택 간호
 병을 앓는 기간의 재택 간호 636
 특별한 도움이 필요한 아이들을 위한 재택 간호 748
재택 근무 823
재택 보육 860
 양육자 선택 864
 양육자가 바뀌는 경우 876
 자녀가 있는 양육자 864
 재택 보육의 장점/단점 860
 재택 보육의 평가 875
 효과적인 재택 보육 874
재혼 가정 788
저체온 727
저체중 출생아 779
저체중 아동 563
적극성의 부족 203
적응이 느린 토들러 229
전기 장치의 안전한 예방조치 672, 686

전기에 의한 화상 731
전업주부의 불안 819
전염병에 대비한 예방접종 609
 가장 일반적인 전염병 646, 895
 전염병 확산 예방 656
전염성 홍반 902
전음성 청력 상실 772
전자레인지
 오븐 687
 전자레인지에 데운 음식 689
 전자레인지에 사용 가능한 조리 도구 586
전자파의 위험 684
전화 통화를 방해하는 아이 155
정강이뼈 안쪽의 비틀어짐 11
정리하기
 아이 방 정리 461
 장난감 정리 놀이 59
정서적 발달
 13개월(1세)의 정서적 발달 3
 15개월의 정서적 발달 72
 18개월의 정서적 발달 151
 2세의 정서적 발달 337
정직함에 대해 가르치기 506
젖 떼기 34
 24개월에 젖 떼기 365
 젖 떼기에 대한 감정 36
 젖 떼기의 방법 34
 젖 떼기의 시기 36
 젖 떼기의 이유 37
 할머니 집에서 젖 떼기 364
젖병
 1세에 젖병 떼기 32
 24개월에 젖병 떼기 364
 젖병과 충치 32
젖병 떼기 32
 24개월에 젖병 떼기 364
 젖병 떼기는 할머니 할아버지 집에서 364
 젖병 떼기의 방법 32
 젖병 떼기의 시기 32
제5병 902
제6병(돌발성 발진) 900
조리 기구
 조리 기구의 안전 586

코팅 처리된 조리 기구에서 나는 연기 684
존중 자아 존중감도 참조
　　타인에 대해 가르치기 49
좀약의 유해성 677
종이를 먹는 아이 109
좌절감
　　부족한 언어 기술과 좌절감 43
　　어려운 과제로 인한 좌절감 424
　　좌절감을 해소하는 이완 기술 195
　　좌절감의 안전한 배출 방법 193
　　혼자 옷 입을 때의 좌절감 320
죄책감
　　아이와 떨어져 있어야 하는 죄책감 26
　　직장 생활에 대한 죄책감 818, 822
주방의 위생 688
　　도마 깨끗하게 사용하기 587
주사용 소아마비 백신 612
주사의 통증을 완화하는 방법 344
주의 집중 시간
　　대체로 짧은 주의 집중 195
　　짧은 주의 집중 61
주의력 결핍(과잉행동) 장애 193
　　주의력 결핍 장애 다루기 196
　　주의력 결핍 장애의 원인 194
　　주의력 결핍 장애의 징후 195
죽음
　　부모의 죽음 854
　　애완동물의 죽음 858
　　죽음에 대해 이야기하기 854
중이염 659
　　고막 절개관 삽입 661
　　삼출성 중이염 650
　　심각한 증상 650
중추성 청력 상실 772
증상
　　의사에게 연락해야 하는 경우 619
　　증상 알아보기 620
　　증상에 대한 일반적인 치료 658, 890
지나치게 예민한 아이 234
지나치게 활동적인 아이 228
지나친 자극 392
지능 발달
　　18개월의 지능 발달 151

1세의 지능 발달 3
2세의 지능 발달 337
지방
　　1세의 지방 섭취 31
　　2세의 지방 섭취 387
　　가장 좋은 지방 원료 557
　　토들러 식단의 지방 권장 섭취량 557
　　토들러 식단의 지방 원료 557
지시를 따르지 않는 아이 435
지적 장애 752
지퍼 547
직장 보육 시설 863
직장 체온 629
직장 생활
　　근무 시간 단축제 822
　　대안책 822
　　부모라는 생각이 들지 않음 821
　　좀 더 수월한 직장 생활 822
　　직장 생활과 수면의 불규칙함 823
　　직장 생활에 대한 죄책감 819
　　직장 생활을 하지 않아 불안함 819
　　직장 생활을 할 때 한계 설정하기 822
　　직장 생활이 만족스럽지 않음 819
진드기 제거 762
진성 당뇨병 768
진실을 말하기 507 정직함에 대해 가르치기도 참조
진지한 토들러 231
질(음순) 유착 545
질문에 대답해주기 340
　　"왜?" 340
　　"이건 뭐야?" 225
질병
　　병력에 대해 설명하기 626
　　보육과 질병 878
　　부모의 질병 812, 853
　　아동기의 가장 일반적인 질병 646, 894
　　아픈 아이 달래주기 261
　　질병 증상의 정보 623
　　질병에 대한 부모의 직관 626
　　질병을 앓는 동안의 관리 636
　　질병의 확산 예방 656
　　집에서 병간호하기 636
　　치유 기간의 식단 636

통증에 대한 다양한 반응 628
질식
　질식 예방 588, 643
　질식에 대한 응급처치 739
　질식의 원인이 되는 음식 588
　튜브 테스트(그림) 705
질염 545
질투
　부모끼리 입을 맞출 때의 질투 178
　아빠에 대한 질투 103
　양육자에 대한 질투 880
집
　집에 오자마자 과잉 행동을 보임 438
　집을 나서기를 싫어함 414
집 안의 물건 보호 268
집 안의 화초
　독성이 있는 화초 704
　안전한 곳에 화초 두기 673
집단 보육 시설 862
　장점/단점 862
　집단 보육 시설에 적응하기 877
　집단 보육 시설에서 학대에 대한 걱정 879
　집단 보육 시설의 선택 869
집안의 안전 670
　위험한 가정용품 677
집안일
　집안일에 토들러 참여시키기 459
　토들러가 할 수 있는 집안일 460
집중력 부족 193
징징거림 367
짜증 내는 아이 391
찔린 상처의 응급처치 729

ㅊ

차고의 안전 대책 675
차례 기다리기 267
찰과상 치료 728
창문의 안전 671
창조력
　창조력 자극 402
　창조력을 위한 기술들 406

채소와 과일
　채소 먹이는 방법 569
　토들러가 섭취하는 채소와 과일 556
　토들러의 권장 섭취량 556
채식주의자의 식단 575
　채식주의자 식단에서의 비타민 577
　채식주의자를 위한 단백질 결합 577
　채식주의자를 위한 유제품 단백질 조합 576
책
　같은 책만 읽어 달라고 조름 278
　반복하여 읽어 주기 45
　책 선택하기 115
　책 읽기에 흥미를 갖게 유도하기 115
　책을 물어뜯음 109
책임감 가르치기 459
처음에 움츠러드는 아이 229
천식 770
철분이 풍부한 음식 557
청각장애 772
　청각 검사 773
　청각장애 교정을 위한 수술 773
　청각장애를 위한 보청기 773
청력
　검사 201
　문제의 징후들 536
　보호 535
　상실 535
체벌 145
　부모가 자신도 모르게 매를 듦 804
　체벌과 학대 146
체부 백선 522
체온 열도 참조
　겨드랑이 631
　경구 체온 631
　고막 체온 631
　직장 체온 629
　체온 상승 628
　체온 진단 632
체온계
　유리 체온계 629
　체온계 준비 629
체온 확인 632
　열에 노출되어 높은 체온 723

일반적인 체온 635
정상 체온 628
체중(도표)
　남자아이 908
　여자아이 910
체중 증가
　미흡한 체중 563
　지나친 체중 560
초저체중아로 출생했던 토들러 779
촉각
　조심스럽게 만지는 방법 가르치기 269
　촉각 자극 91
　촉각에 지나치게 예민함 230
총체적 운동 기능 발달 (혹은 대근육 발달)
　매우 더딘 운동 기능 발달 179
　운동 기능 발달의 지연 6
최고의 토들러 식단 550
　아홉 가지 기본 원칙 555
　하루 권장 섭취량 554
추운 날씨에 옷 입히기 548
추운 날씨의 피부 보호 512
축농증 662
출장
　잦은 출장 830
　좀 더 쉽게 떠나는 방법 827, 25
　출장에 대한 아이의 부정적인 반응 831
출혈
　내출혈 715
　부상으로 인한 과도한 출혈 729
　의사에게 알려야 할 때 621
충치 542
　젖병으로 우유를 마셨을 때 32
취사도구의 안전 586
취약 X 증후군 774
취침 시간
　자녀가 둘 이상일 때의 취침 791
　취침 시간에 대한 저항 164
　취침 시간을 잘 지키지 않음 164
　취침 전에 해줘야 할 일 75
측정
　머리 둘레 측정 908
　체중 측정 908
　키 측정 908

치과
　치과에 대한 두려움 345
　치과에 처음 방문할 때 539
치과 질환
　고르지 않은 치아 111
　충치 540
치아 건강을 위한 불소 540
치아 관리
　가장 일반적인 치아 문제 542
　가정에서의 치아 관리 540
　가지런하지 않은 치아 111
　식단과 치아 542
　이 닦기 309
　전문적인 치아 관리 539
　치실 541
　치아가 나기 시작함 112
　치아가 나는 순서(그림) 539
　치열이 고르지 않음 111, 542
치아 부상
　치아 이탈 726
　치아가 부러짐 726
치약
　치약을 거부함 311
　치약을 먹음 310
친구
　가상의 친구 445
　공격적인 친구 224
　나누지 않는 친구 488
　마음에 들지 않는 아이의 친구 493
　친구 사귀기 208
　친구로부터 새로운 버릇을 배움 125
　친구를 사귀기 어려움 451
　친구에게 관심이 없음 79
친구들을 구경만 하는 아이 243
친절하지 않은 행동 358
친환경
　친환경 파티 472
　친환경에 대해 가르치기 471
침
　곤충의 침 716, 717
　해양 동물의 침 717
칭찬하기 324

ㅋ

카 시트
- 여행을 위한 카 시트 701
- 중고 카 시트 700
- 카 시트 거부 170
- 카 시트 리콜 700
- 카 시트 선택하기 699, 700, 701
- 카 시트의 안전한 이용 699
- 특별한 도움이 필요한 아이를 위한 카 시트 702

카르니틴 결손증 743
카페인 585
칼로리
- 칼로리의 다양한 종류 550
- 토들러의 칼로리 권장량 555

칼슘 식품
- 채식 식단의 경우 칼슘 섭취 577
- 토들러가 섭취하는 칼슘 556
- 토들러의 칼슘 권장 섭취량 556

캠핑 여행하기 293
컴퓨터의 안전한 사용 684
컵으로 마시기를 거부하는 아이 30
코
- 만성 콧물 192
- 식염수로 코 세척하기 891
- 코 파기 393
- 코골이 192
- 코막힘의 일반적인 치료 방법 658
- 코에 물건을 넣음 245
- 코에 이물질이 들어감 727
- 코에 충격이 가해진 경우 727
- 코풀기 648
- 코피 727

코트 입히기 318
콕사키 바이러스 899
콘서트에 아이 데려가기 256
콜레스테롤
- 2세 아동의 콜레스테롤 섭취량 387
- 아동의 혈중 콜레스테롤 수준 388
- 콜레스테롤 수치 검사 389
- 텔레비전과 콜레스테롤 180

콧물
- 만성 콧물 192

콧물감기 646
콩과 식물 복합 탄수화물도 참조
- 1인분의 단백질 필요량 576

크레파스 사용의 안전 64
크레파스의 재활용 884
크루프성 기침 663
- 수증기 이용 891
- 일반적인 치료 방법 658

크리스마스 기간
- 위험 물질 683
- 화재 안전 677, 687

키
- 남자아이의 키 908
- 또래보다 큰 아이 100
- 여자아이의 키 910

키가 큰 아이들 100

ㅌ

타박상
- 두피의 상처와 타박상 714
- 타박상 치료 728

타이레놀 633, 644
타임아웃 146
탈구(팔꿈치와 어깨) 694, 728
탈모증 523
탈수증 653
탐구심 자극 113
탐색
- 기저귀 탐색 74
- 생식기 탐색 274
- 아이들끼리 서로의 인체를 탐색 489
- 인체의 모든 구멍을 탐색 246
- 탐색 금지 11
- 탐색에 대한 장려 113

텔레비전 180
- 무서운 프로그램이나 어둠을 무서워함 478
- 카우치 포테이토 증후군 180
- 텔레비전 현명하게 시청하기 182
- 텔레비전과 관련된 문제들 180
- 텔레비전과 시력 528
- 텔레비전의 이점 182

템프라(Tempra) 644, 720
토근 시럽의 안전한 사용 712
토들러를 위한 활동 884
    18개월의 토들러 179
    과학적 활동 503
토들러와 여행 282
    건강 문제 296
    기차를 이용한 여행 289
    배를 이용한 여행 294
    비행기 여행 285
    설사와 여행 291
    여행 숙소 292
    여행 스케줄 283
    여행을 위한 짐 싸기 297
    여행을 위한 카 시트 701
    여행의 시차 적응 294
    자동차 여행 290
    잠자리 준비 283
    캠핑 여행 293
    할머니 할아버지 댁 방문하기 69
    해외 여행 282
토들러의 질병 예방접종
    A형 간염 615
    B형 간염 614
    DTP 혹은 DTaP 609
    MMR(홍역, 유행성 이하선염 혹은 볼거리, 풍진 백신) 611
    RSV(호흡기 세포융합 바이러스) 615
    결핵 615
    광견병(인간광견병 면역글로불린) 614
    소아마비 백신 612
    수두 대상포진 613
    실험 중인 백신 615
    인체 면역결핍 바이러스 615
    인플루엔자 614
    주요 전염병 예방 609
    폐렴구균성 폐렴 615
    헤모필루스 인플루엔자 613
    혼합 백신 609, 610
토막 잠을 자는 아이 39
통곡물
    최고의 토들러 식단 550
    토들러가 섭취하는 복합 탄수화물 551
    통곡물의 권장 섭취량 556

통밀빵 551
통증 484
    감염으로 인한 통증 658
    주사의 통증 344
    질병 증상으로서의 통증 623
    통증을 달래주는 방법 261
통통한 아이 560
퇴근 무렵이면 예민해지는 아이 305
투베르쿨린 검사(폐결핵 여부의 확인) 338, 475
트램폴린 692
특별한 도움이 필요한 아이 742
    가정을 위한 지원 748
    가정의 대처 방법 748
    기술적 지원 748
    부모를 위한 기분 전환 방법 747
    재택 간호 748
    적절한 도움 742
    정부의 도움 747
    카 시트 702
    함께 생활하기 745
    형제들 756

ㅍ

파괴적인 행동을 보이는 아이 360
파상풍 904
    예방접종 610, 728
파트타임 근무 823
팔꿈치 탈구 694, 719
팔다리가 절단된 경우의 응급조치 719
패스트푸드 568
패혈성 인두염 659
페니스
    발기 429
    페니스에 대한 걱정들 246
    페니스에 대한 시샘 247
    페니스에 대한 호기심 246
    페니스의 요도구 협착증 546
    포경수술하지 않은 페니스 545
페닐케톤뇨증 774
페인트의 안전한 사용
    아이가 페인트에 접촉했을 때 673

집안을 페인트칠할 때 673
편견 없애 주기 381
편도선
편도선 제거 657
편도선과 코골이 191
편도선염 인후염도 참조
평균 수면 시간
18개월의 평균 수면 시간 164
1세의 낮잠 시간 39
3세의 평균 수면 시간 476
평발 63
폐 질환 천식, 폐렴도 참조
폐렴 904
폐렴구균성 폐렴의 백신 615
폐쇄성 수면 무호흡증 192
포도상구균 521
포름알데히드의 위험 681
포용력 가르치기 381
표본 식단 561
풍선 677
풍선의 위험 339
풍진 904
예방접종 611
프로판 히터 685
피부 발진도 참조
건조한 피부 512
피부 검사 514
피부 관리 512
피부 모반 88
피부 질병의 증상 624
피부에 영향을 미치는 알레르기 520, 759
피부의 상처 722

ㅎ

하임리히 구명법
아이가 의식이 없는 경우 740
아이가 의식이 있는 경우 740
하지 말라는 짓을 하는 아이 53
유머 감각으로 지도하기 176
학습 가르치기/배우기도 참조
학습 장려 115

학원
수영 교실 421
재미와 교육을 위한 학원 421
큰아이 유치원 보내기 801
학원 교육에 대한 문제 420
한 부모 가정 841
한계
부모가 직장에 다니는 경우의 한계 설정 822
한계 설정 56, 137
할머니 할아버지
방문하는 집의 안전 점검 69
베이비시터로서의 상황 863
부모님 댁에 방문하기 69
부모님과의 갈등 832
부모님과의 관계 832
토들러와 할아버지 할머니 69
할머니 할아버지 댁 방문 69
핫도그와 질식의 위험 588
항문에 물건을 넣는 아이 245
해면상 혈관종 87
해양 동물에 찔린 상처 717
해외 감염병 정보 283
햇볕
자외선 차단제 516
야외에서 옷 입기 516
햇볕 차단 515
햇볕 화상의 예방 515
햇볕에 의한 화상 치료 724
햇볕에 의해 손상을 입힐 위험 요소들 516
행동 공격적인 행동도 참조
공격적인 행동 214
과잉 행동 193
까다로운 행동 226
꼬치꼬치 '왜?' 하고 묻는 행동 340
꼬치꼬치 '이건 뭐야?' 하고 묻는 행동 225
대장이 되려는 행동 454
동생이 태어난 후 관심을 받으려는 큰아이의 행동 800
보육 상황에서의 평가 875
부모에게 매달림 20
불친절한 행동 358, 485
불합리한 행동 260
비사교적인 행동 79
비활동성 199

소유욕이 강한 행동　308, 398
　　신체 접촉의 행동　204
　　아플 때의 행동　624
　　어른들에게 반응을 보이지 않는 행동　449
　　우스꽝스러운 행동　487
　　의사에게 알려야 할 때　619
　　짜증내기　391
　　텔레비전에 대한 행동　181
　　파괴적인 행동　360
행복한 명절　830
허리의 통증 완화(아이를 안고 다닌 경우)　814
허판지나　904
헛디딤　4
헤르페스 구순염(입가의 발진)　543
혈관종
　　딸기 혈관종　86
　　해면상 혈관종　87
혈액 순환　736
협동 탁아　863
형제
　　공정하게 대하기　783
　　동생은 따라다니고 큰아이는 질색함　785
　　언니는 동생을 예뻐하는데 동생은 싫어함　784
　　재혼 가정의 형제　788
　　큰아이 유치원 보내기　801
　　큰아이가 동생을 지나치게 예뻐하는 태도　795
　　특별한 도움이 필요한 아이의 형제　756
　　형제간의 경쟁의식　782
　　형제간의 비교　799
　　형제간의 싸움　787
　　형제간의 차이　799
호기심
　　"왜?"　340
　　"이건 뭐야?"　225
　　만져선 안 되는 물건 다루기　12
　　페니스에 대한 호기심　246
　　호기심 자극　113
　　호기심에 의한 질문들　225
호박 머핀　886
호흡
　　구조 호흡　736
　　시끄러운 호흡　191
　　응급 상황에서 호흡 확인　734

　　입으로 호흡　191
　　호흡 곤란　621, 571
　　호흡 횟수 평가　624
호흡 정지　225
호흡기 질환과 실내 오염　678
호흡기 세포융합 바이러스　906
　　백신　615
호흡수 측정　624
홍역, 유행성 이하선염, 풍진　611
홍역　906
　　예방접종　611
화상
　　예방　691
　　치료　730
화염상 모반　86
화장실 변기를 두려워하는 아이　603
화재
　　방화 훈련　687
　　화재 안전　684
　　화재 예방　684
　　화재 탐지기　687
화학물질
　　가정용 살충제에 포함된 화학물질　679
　　식품 첨가물의 화학물질　584
　　화학물질에 오염된 식품　582
화학물질에 의한 화상
　　눈의 화상　711
　　피부의 화상　731
활동력이 약함　199
황색 채소와 과일
　　토들러가 섭취해야 할 황색 채소와 과일　556
　　토들러의 권장 섭취량　556
후두개염　906
후두기관 기관지염　663
후천성 면역결핍증　776
훈육　136
　　'안 된다'는 말을 적절히 이용하기　140
　　남의 자녀에 대한 훈육　413
　　뇌물과 훈육　467
　　맞벌이 부모의 훈육　818
　　보상과 훈육　467
　　체벌하기　145
　　타임아웃제와 훈육　146

효과적인 훈육 방법 145
훈육과 유머 감각 143, 176
훈육에 관한 중요한 사실들 136
훈육의 목적 136
훈육의 의미 136
훈육의 한계를 설정하기 56, 137
휴가 토들러와 여행도 참조
휴식 낮잠도 참조
병을 앓는 동안의 휴식 636
흉부 압박(심폐 소생술) 738
흉부의 수축 621
흡연
간접흡연과 토들러의 건강 834
할머니 할아버지의 흡연 833
흡연과 화재 684
흰색 통밀(백소맥) 551

A~Z

'A형' 행동양식의 아이들 221
유난히 까다로운 아이 226
ADHD, ADD 193, 194
AIDS 776

인간 면역결핍 바이러스 776
면역결핍 바이러스 예방을 위한 백신 연구 615
A형 간염 바이러스 615
BCG 백신 615
결핵 615
B형 간염 백신 614
b형 헤모필루스 인플루엔자 613
예방접종 611, 613
주로 나타나는 질병 613, 896, 907
DTaP(디프테리아, 파상풍, 무세포 백일해) 609, 610
DTP(디프테리아, 파상풍, 백일해 백신) 609, 610
Hib 백신 613 b형 헤모필루스 인플루엔자도 참조
뇌수막염 773
HIV 감염 776
인체 면역결핍 바이러스 615
MMR(홍역, 유행성 이하선염, 풍진 백신) 611
SPF(자외선 차단 지수) 517
자외선 차단 526
자외선 차단제 사용 516
URI(상기도 감염) 646
감기 646
예방 647
합병증 647

지은이
하이디 머코프 Heidi Murkoff

What to Expect 재단 설립자
2011년 타임지 선정 '세계에서 가장 영향력 있는 100인'

하이디 머코프는 미국을 비롯 전 세계에서 가장 많이 팔린 '임신 출산, 육아 소아과' 시리즈인 〈The Bible〉 시리즈의 저자이자 2011년에 타임지가 선정한 '세계에서 가장 영향력 있는 100인' 중 한 명이다. 《The Bible ① 임신 출산 수업》은 미국에서 2,000만 부가 판매된 스테디셀러로, 미국 임신부의 93%가 선택하는 명실공히 '임신 바이블'로 자리매김해왔다. 전 세계 30개 언어로 번역되었고 《해리포터와 마법사의 돌》과 함께 「USA투데이」가 선정한 '가장 영향력 있는 책 25권'으로 꼽혔다. 이 시리즈는 《The Bible ① 임신 출산 수업》을 시작으로 《The Bible ② 육아 소아과 수업(0~12개월)》 《The Bible ③ 육아 소아과 수업(12~36개월)》이 출간되었으며, 그 외에도 임신과 육아에 관한 다양한 주제의 시리즈가 기획되고 있다. 〈The Bible〉 시리즈는 지금까지 총 3,500만 부 이상 판매되었다. 저자는 이 시리즈를 출간하면서 임신과 육아에 대해 많은 관심을 갖게 되었고, 모든 여성들이 건강하고 안전하고 행복하게 아이를 낳고 기를 수 있는 환경을 만들기 위해 비영리단체 'WTE(What to Expect)재단'을 설립했고, 세계 각국에서 도움을 필요로 하는 예비 엄마들을 위한 글로벌 사업을 준비하고 있다. 현재 캘리포니아, 로스앤젤리스에서 가족과 함께 살고 있으며 'www.WhatToExpect.com'을 통해 더 많은 정보를 얻을 수 있다.

공동감수
이창연 외 34인

이창연(대표감수)
서울아동병원 의학연구소 소장

강일송 소아청소년과 전문의
마산시 내서 서울아동병원장

권오혁 소아청소년과 전문의
포항시 서울아동병원장

김종진 소아청소년과 전문의
(신)마산시 서울아동병원장

김지숙 소아청소년과 전문의
부산 하강동 부산맘아동병원장

김형진 소아청소년과 전문의
거제시 서울아동병원장

노경운 소아청소년과 전문의
통영시 서울아동병원장

박양동 소아청소년과 전문의
창원시 서울아동병원장

백종근 소아청소년과 전문의
사천시 서울아동병원장

손영호 소아청소년과 전문의
김해시 장유 서울아동병원장

신상훈 소아청소년과 전문의
양산시 서울아이병원장

신용준 소아청소년과 전문의
양산시 서울아이병원장

심성섭 소아청소년과 전문의
진주시 서울아동병원장

심재훈 소아청소년과 전문의
마산시 내서 서울아동병원장

위현우 소아청소년과 전문의
포항시 서울아동병원장

유호연 소아청소년과 전문의
창원시 진해 서울아동병원장

이민혜 소아청소년과 전문의
사천시 서울아동병원장

이승익 소아청소년과 전문의
김해시 장유 서울아동병원장

이승희 가정의학과 전문의
부산시 화명동 서울아동병원장

이은애 소아청소년과 전문의
청주시 서울아동병원장

이재은 소아청소년과 전문의
마산시 내서 서울아동병원장

이정무 소아청소년과 전문의
(신)마산시 서울아동병원장

이택영 소아청소년과 전문의
오산시 서울어린이병원장

전은영 소아청소년과 전문의
진주시 서울아동병원장

전창호 소아청소년과 전문의
김해시 장유 서울아동병원장

정선희 소아청소년과 전문의
부산 하강동 부산맘아동병원장

정재열 소아청소년과 전문의
(신)마산시 서울아동병원장

정진화 소아청소년과 전문의
포항시 서울아동병원장

조은영 소아청소년과 전문의
사천시 서울아동병원장

조재호 소아청소년과 전문의
구미시 서울아동병원장

주희정 소아청소년과 전문의
부산시 화명동 서울아동병원장

지근하 소아청소년과 전문의
부산시 화명동 서울아동병원장

최순식 가정의학과 전문의
진주시 서울아동병원장

하성훈 소아청소년과 전문의
부산시 화명동 서울아동병원장

홍창희 소아청소년과 전문의
김해시 장유 서울아동병원장

옮긴이 서민아

역자 서민아는 대학에서 영문학과 경영학을 전공하고, 대학원에서 비교문학을 공부했다. 옮긴 책으로《비트겐슈타인 가문》《고릴라 이스마엘》《치와와 오두막에서》《나는 재즈광, 히피, 마약중독자 그리고 경계성 인격장애 환자였다》《너에게 닿는 거리, 17년》《상호의존성이란 무엇인가》《그 여자가 우리 엄마야》《도리언 그레이의 초상》《프로즌 파이어 1, 2》《히든 페이스》《프랑켄슈타인》《오만과 편견》《이성과 감성》《책 사냥꾼》《달콤한 잠의 유혹》등이 있다.

The Bible ③ 육아 소아과 수업(12~36개월)

초판 1쇄 인쇄 2014년 12월 19일
초판 1쇄 발행 2014년 12월 26일

지은이: 하이디 머코프, 알렌 아이젠버그, 샌디 해서웨이
옮긴이: 서민아
감수자: 이창연 외 34인 공동감수
펴낸이: 김선식

경영총괄: 김은영
마케팅총괄: 최창규
북프로듀싱: 장재용
책임편집: 장재용, 콘텐츠뱅크 찾아보기: 심순영, 이승은
디자인: 박연주(표지 및 본문 포맷), 김수미(본문 레이아웃)
일러스트: 최경식(본문), 최인애(표지)
마케팅본부: 이주화, 이상혁, 최혜령, 박현미, 반여진, 이소연
경영관리팀: 송현주, 권송이, 윤이경, 김민아, 임해랑, 하지은

펴낸곳: 다산북스 출판등록: 2005년 12월 23일 제313-2005-00277호
주소: 경기도 파주시 회동길 37-14 3, 4층
전화: 02-702-1724(기획편집) 02-6217-1726(마케팅) 02-704-1724(경영지원)
팩스: 02-703-2219 이메일: dasanbooks@dasanbooks.com
홈페이지: www.dasanbooks.com 블로그: blog.naver.com/dasan_books
종이: 한솔P&S 인쇄 · 제본: (주)현문 후가공: 이지앤비

ISBN 979-11-306-0460-2 (14510)
    979-11-306-0457-2 (세트)

- 책값은 뒤표지에 있습니다.
- 파본은 구입하신 서점에서 교환해드립니다.
- 이 책은 저작권법에 의하여 보호를 받는 저작물이므로 무단 전재와 복제를 금합니다.

다산북스(DASANBOOKS)는 독자 여러분의 책에 관한 아이디어와 원고 투고를 기쁜 마음으로 기다리고 있습니다. 책 출간을 원하는 아이디어가 있으신 분은 이메일 dasanbooks@dasanbooks.com 또는 다산북스 홈페이지 '투고원고'란으로 간단한 개요와 취지, 연락처 등을 보내주세요. 머뭇거리지 말고 문을 두드리세요.